4° F

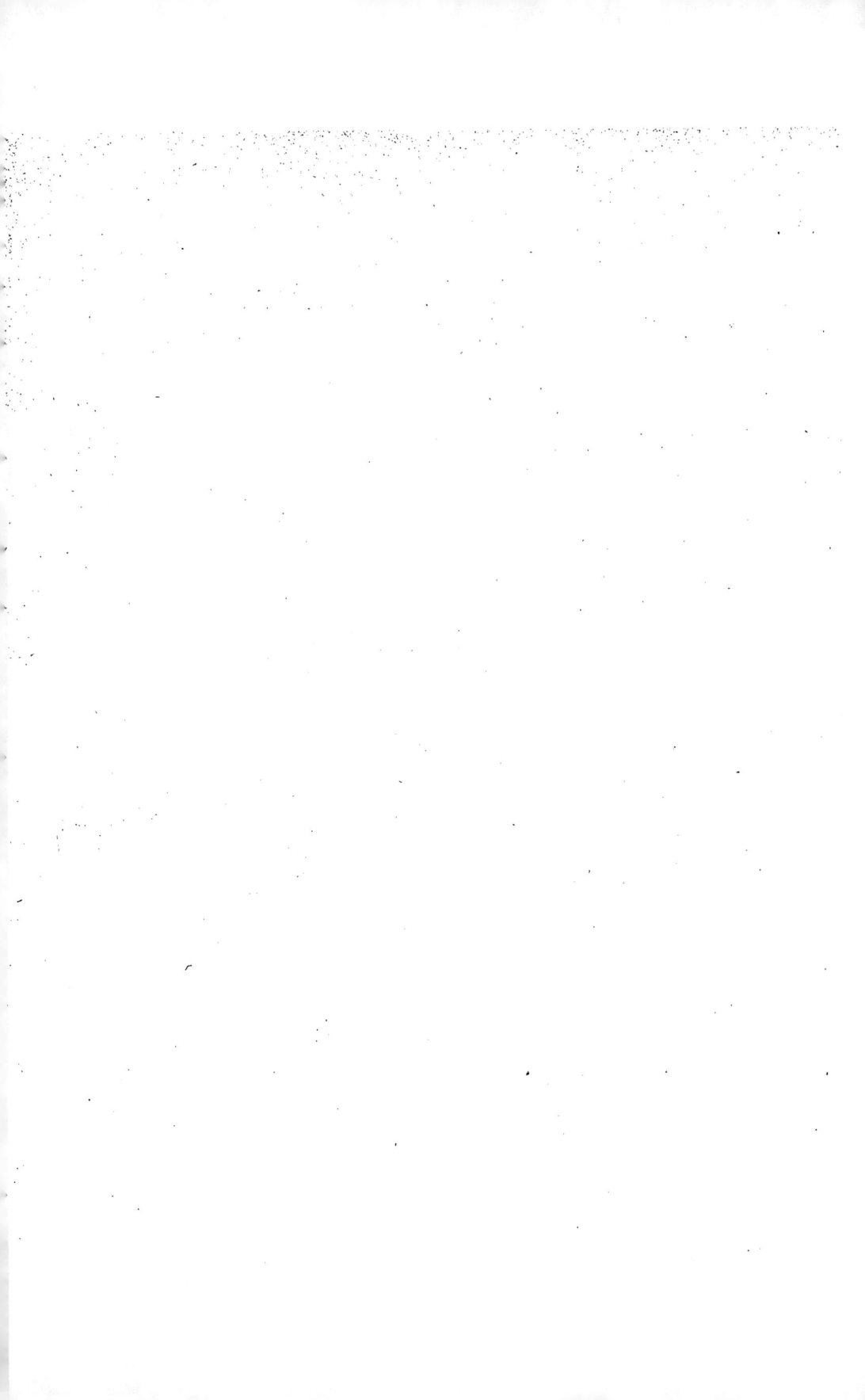

TRAITÉ

DE LA COMMUNE .

EXTRAIT DU RÉPERTOIRE DU DROIT ADMINISTRATIF

M. LÉON BÉQUET, Conseiller d'État

Avec le concours de M. PAUL DUPRÉ, Conseiller d'État

Paris. — Société d'Imprimerie Paul Dupont, 24, rue du Bouloi (Cl.) 99.9.88.

RÉPERTOIRE DU DROIT ADMINISTRATIF

TRAITÉ

DE LA

COMMUNE

PAR

LÉON BÉQUET

Conseiller d'État

AVEC LE CONCOURS DE

M. ROUSSEL, Conseiller d'État

ORGANISATION — ADMINISTRATION — LÉGISLATION

PARIS

SOCIÉTÉ D'IMPRIMERIE ET LIBRAIRIE ADMINISTRATIVES ET DES CHEMINS DE FER

PAUL DUPONT, Éditeur

24, RUE DU BOULOI (HÔTEL DES FERMES)

—

1888

PRÉFACE

Nous présentons au public une étude générale sur la législation municipale.

Le sujet est certes un des plus difficiles à traiter qui soient dans notre organisation politique et civile. La Commune est une institution fort complexe. C'est une agglomération d'habitants réunis par des intérêts et des besoins matériels communs ; c'est une réunion de citoyens exerçant collectivement des attributs spéciaux ; c'est une personne civile ayant des droits et des devoirs particuliers ; c'est un organe de l'Administration générale. D'un côté, presque tout ce qui descend du Gouvernement vers l'individu passe par son intermédiaire, et il en est de même de tout ce qui remonte de l'individu au Gouvernement. C'est dans la Commune que commence tout mouvement initial de la vie nationale ; c'est dans la Commune que vient expirer tout contre-coup des événements qui frappent la Patrie.

Trouver une bonne législation, qui fasse la part équitable entre des intérêts divers, des droits opposés, des obligations souvent contraires, qui attribue à la collectivité municipale la somme de liberté et d'indépendance qu'elle doit posséder pour se développer à son aise, tout en maintenant celle de discipline et d'obéissance indispensable à l'ordre public général, est un problème délicat.

En France, cette difficulté a été accrue, on peut le dire, par les origines mêmes de la société française, par les traditions historiques, les souvenirs des événements, les mœurs locales. La Révolution de 1789 n'a pu rompre avec tout cela, et faire table rase du passé pour constituer une Commune nouvelle et idéale.

Si l'établissement d'une bonne législation municipale a toujours été chose difficile, que dire de l'étude de la législation elle-même ? Lorsque, il y a cent ans, nos pères ont entrepris de refaire notre droit public et notre organisation politique, administrative et financière, ils n'ont pas tout créé d'un coup. Ils n'ont pas aperçu immédiatement toutes les difficultés qui allaient naître, et n'ont pas tenu toujours suffisamment compte des nécessités du présent et des aspirations de l'avenir. Les lois d'organisation communale ont dû être reprises à plusieurs fois ; puis, les régimes politiques se sont modifiés, exigeant chacun une appropriation spéciale du régime municipal à leurs conditions propres d'existence ; les intérêts ont été éveillés, les contestations sont nées, les jugements sont intervenus, et les contradictions, par suite, ont surgi. Les malheureux jurisconsultes, un peu perdus dans les controverses et un peu noyés dans l'amas des documents, n'ont pu parvenir qu'avec une peine infinie à faire l'ordre et la lumière dans un état de choses obscur et multiple de lui-même.

Il nous semble cependant qu'aujourd'hui les difficultés sont, en partie, aplanies. D'un côté, la loi du 5 avril 1884 paraît avoir fixé, pour un certain temps, la législation générale ; d'un autre côté, les arrêts des tribunaux civils, les arrêts et les avis du Conseil d'État, les décisions de l'Administration supérieure ont résolu le plus grand nombre des difficultés.

Nous croyons donc que notre livre vient à son heure.

Nous avons cherché à rendre notre étude aussi détaillée que possible, en donnant à chacune des matières qu'elle comporte tout le développement nécessaire. On sera peut-être un peu effrayé en voyant l'énorme volume que nous publions ; mais on comprendra que, voulant faire une œuvre doctrinale sérieuse, nous avons dû aller jusqu'au bout de la tâche entreprise, et, pour être complets, nous avons dû être longs. Qu'on nous pardonne.

Nous avons suivi, pour notre travail, un plan un peu nouveau. Il nous a semblé que nous devions considérer la Commune comme constituant une sorte de personne privée, d'individu vivant. Et alors, prenant cet individu à sa naissance, nous l'avons, en quelque sorte, accompagné dans sa vie jusqu'au moment où, en pleine possession de tous ses droits, il les exerce.

De là la division de notre Traité, qui débute par examiner l'organisation communale et qui finit par l'administration budgétaire, en passant par tous les degrés, qui commencent à la naissance ou à la formation de la Commune, continuent par la constitution de son pouvoir municipal, le mode de gestion de ses biens, les conséquences de ses contrats, et se terminent enfin, quand elle a fait tous les actes qu'elle doit accomplir, par le payement des obligations imposées.

SOMMAIRE

LIVRE I.

NOTIONS GÉNÉRALES.

TITRE PREMIER.

TITRE II.

LIVRE II.

ORGANISATION COMMUNALE.

TITRE PREMIER.

TRAITÉ

COMMUNE

LIVRE PREMIER

DE L'ORGANISATION MUNICIPALE

NOTIONS HISTORIQUES.

CHAPITRE PREMIER.

ORIGINES.

1. Le mot *commune* a eu des sens et des fortunes diverses. Dans le régime féodal, il désigne le corps des bourgeois d'une ville, ayant su se faire octroyer du seigneur une charte de quasi-souveraineté. Il n'indique plus, dans le régime actuel, qu'une agrégation ou, si l'on préfère, une société de familles, unies par le voisinage, gérant ensemble des intérêts communs et participant, par leurs mandataires, à l'administration du pays. La *commune du moyen âge* est, tour à tour, le symbole de l'indépendance conquise et du privilège organisé. La *commune moderne* est un organe élémentaire *et dépendant* de l'unité nationale. Elle n'a pas à chercher ses principes de vie dans les associations de combat, nées de la tyrannie féodale, grandes, assurément, par le combat même, mais qui n'ont pu dégager de la lutte que des organismes féodaux. L'histoire de la première des deux communes est une page de l'histoire de France : ce n'est pas celle que nous avons à faire ici. L'histoire, ou, plus modestement, l'historique par lequel nous avons à conduire au tableau de la vie municipale actuelle, a son véritable point de départ dans la

Révolution. Car la Révolution n'a pas ressuscité l'*ancienne commune*. Elle en a brisé les restes, comme de toute féodalité. Elle ne lui a pris que son nom et, avec certaines réformes et dans certains cas, ses anciennes circonscriptions ; et l'édifice qu'elle construit sous ce nom et dans ce cadre, étroitement lié à l'administration d'un Etat indivisible, enfermé dans l'unité d'un droit public commun, diffère autant de l'autre que l'égalité du privilège ; que d'un centre de résistance diffère un élément de cohésion.

Nous ne serons que fidèles au plan général de cet ouvrage, en ramenant à ce point de départ les notions historiques, précises et suivies, que la matière commande. Une simple esquisse d'un passé plus lointain, réduite aux traits indispensables à l'intelligence de ces notions mêmes, nous y conduira rapidement.

SECTION PREMIÈRE.

LA COMMUNE GALLO-ROMAINE.

2. Nous ne demanderons rien au passé antique. Aussi bien, il est plein de pièges pour une simple étude du droit municipal. Ce qui importe à cette étude, c'est particulièrement la précision des limites entre *le municipe* et *l'Etat*. Au début des sociétés, il n'y a ni Etat, ni municipe ; mais des associations de formes diverses, pour résister à la violence ou pour s'y livrer en commun. Un peu plus tard, quand les cités naissent, le municipe et l'Etat se mêlent : il faut que l'Etat s'étende pour que le mélange cesse. Il faut même qu'il se centralise : ailleurs, l'Etat primitif, lorsqu'il embrasse plusieurs cités, n'est qu'une fédération de groupes élémentaires où le droit politique et le droit municipal se pénètrent et demeurent confondus.

1

3. Rome républicaine ne nous arrêtera pas davantage. C'est toute son histoire qu'il faudrait faire. Jusqu'à ce qu'elle obéisse à un maître, maître par elle du monde connu, Rome est une cité conquérante, restant cité si loin qu'elle commande et conservant chez elle cette pénétration constante du municipe et de l'État. C'est cependant dans son évolution même qu'il faut chercher les premières traces du municipe local dégagé de la notion d'État. Pendant sa longue ascension, Rome peuple de municipes purs ses possessions progressives : colonies municipales, nées d'elle, ou cités conquises municipalisées. Nulle centralisation effective entre ces municipalités fondées ou permises, et l'État-municipe qui les gouverne. La liberté turbulente du forum romain est l'apanage de tous ces petits satellites, avec des formes variées comme leurs origines. La puissance militaire de la ville-empire suffit à les maintenir dans l'orbite du monde romain. Pendant sa longue chute, Rome les verra successivement dépérir comme elle ; et, dans l'épuisement de sa propre grandeur, ne saura bientôt plus ni les protéger, ni les retenir. La centralisation administrative ne réussira qu'à les abâtardir. Du centre impérial, s'étendra sur eux un réseau de fonctionnaires avides et tyranniques, substituant partout peu à peu leur caprice et leur violence à la liberté locale des grandes époques. L'indépendance même de la vie municipale des jours prospères hâtera l'émiettement de l'empire, passant partout où la liberté à la servitude, faute de liens où ces centres de vie libre puissent chercher et trouver un appui. Le municipe libre dans l'État asservi, telle pourrait être la formule des premiers moments de l'empire ; le municipe asservi dans l'État désagrégé, telle est, assurément, celle de ses derniers moments.

4. Au iv° siècle, la Gaule en était couverte. C'était d'abord les anciennes colonies fondées par Rome entre les Alpes et la mer, longtemps avant la conquête d'outre-Rhône, postes avancés, bases d'opération des légions romaines, jusqu'à ce qu'elles devinssent le modèle de colonies nouvelles, semées sur tout le sol conquis. C'était, ensuite, ces nouvelles colonies, multipliées, à l'instar des premières, sur les routes stratégiques, au confluent des rivières, ou échelonnées sur la frontière. C'était, enfin, les vieilles cités gauloises, débris des fédérations antiques détruites par César, jadis États libres plus encore que municipes, et maintenant toutes, plus ou moins, ramenées au type des colonies voisines ; dépouillées de toute vie politique et conservées à la seule vie municipale. Raynouard [1] compte plus d'une centaine de ces centres municipaux dont l'existence est attestée par les monuments et les vieux écrits [2]. Il faut admettre la coexistence d'un grand nombre d'autres centres de vie locale, sur lesquels la ruine des invasions a fait le silence en détruisant tout ce qui portait trace de leurs noms. Municipes romains, vieilles agglomérations gauloises, les uns ni les autres n'étaient d'ailleurs renfermés dans les murs d'une cité. Ou plutôt, la cité, gauloise ou romaine, étendait le cercle de sa vie propre sur tout un territoire suburbain, peuplé de bourgades et de hameaux. L'ensemble de ce territoire formait le *pagus*, le *pays*. Cité, pays, et, plus tard, évêché, ces termes, d'après Scaliger, sont autant de synonymes ; et quiconque était né dans cet espace était membre de la cité.

5. Le gouvernement intérieur de ces *pays*, entre lesquels se partageaient les Gaules, avait eu ses vicissitudes sous l'empire même, nous l'avons dit. Les municipes d'Auguste n'étaient pas ceux d'Auguste, et la marche de la vie municipale avait suivi celle de la vie générale. C'est un chapitre de la décadence romaine. Nous ne nous y attarderons pas. Mais nous esquisserons brièvement l'organisation de ces *formes municipales*, telle qu'elle apparaît au moment où les Barbares menacent, débordant déjà des Alpes et du Rhin. Quelques-uns, même aujourd'hui, veulent y voir des modèles. Il faut savoir ce qu'elles valent en réalité.

6. Le municipe gallo-romain d'alors est bien réellement une commune, au sens actuel. Le pouvoir politique est gauloise. Les cités d'origine romaine ne l'ont jamais connu. Rome commande à toutes et en semble obéie. Le seul pouvoir qu'elle leur concède est un pouvoir tout municipal. La tutelle y revêt des formes spéciales, mais étroites. La liberté émerge à la surface ; c'est la servitude qui est au fond.

La liberté colore les formes du gouvernement local de ces cités. C'est le suffrage qui fait les magistratures, d'ailleurs toutes temporaires ; et, à côté du suffrage restreint des possesseurs du sol, qui est la base, le suffrage universel lui-même fait figure. Mais de la forme au fond, il y a loin.

7. Le corps municipal est la *curie*, dont les membres se nomment tantôt *curiales*, tantôt *décurions*. La curie est héréditaire et fermée. Elle se renouvelle sans cesse sur elle-même, par le double mécanisme de l'agrégation des fils de curiales, une fois majeurs de vingt-cinq ans, et de celle des propriétaires de vingt-cinq arpents [1] de terre, qu'elle s'associe par son propre choix.

C'est ce corps aristocratique, vague souvenir du sénat romain, dont elle porte même l'un des noms favoris (et qui renferme en lui, en la personne de ses plus hauts dignitaires, un sénat véritable, dont les attributions propres restent obscures), mais qui se distingue de la masse des curiales par la pompe des titres et du costume [2] ; c'est ce corps privilégié qui forme, dans la cité, le collège électoral des magistratures, unique et permanent.

C'est lui qui, après avoir nommé aux charges municipales et aux emplois subordonnés, édiles, professeurs, médecins, scribes, etc..., délibère sur les droits relatifs aux propriétés municipales, sur les ventes, les transactions, les autres contrats ; qui préside aux aliénations, établit les foires et les marchés, décerne les récompenses et les hommages publics, nomme les députations aux préfets de l'Empire, à l'empereur et à ces assemblées provinciales qui ont donné à quelques historiens l'illusion d'un pouvoir intermédiaire entre Rome et ses municipes lointains [3].

8. Sous le contrôle de ce corps municipal, les *duumvirs*, ombres des consuls de la République, ou le *duumvir* (il n'y en a quelquefois qu'un), élus pour une année, comme les consuls romains, ont le pouvoir exécutif de la cité. Ils stipulent pour elle dans la limite des délibérations prises ; ils agissent en son nom. Ils exercent même une basse justice, très limitée, de pure police, ou d'arbitrage volontairement sollicité [4]. Ils

---

(1) Raynouard, *Histoire du droit municipal en France, sous la domination romaine et sous les trois dynasties.* Paris, 1829, t. 1er, p. 21.

(2) Acqs, Agen, Aire, Aix, Albi, Amiens, Angers, Angoulême, Antibes, Apt, Arles, Arras, Auch, Autun, Auxerre, Avignon, Avranches ; — Bayeux, Bayonne, Bazas, Beauvais, Besançon, Béziers, Bordeaux, Boulogne, Bourges ; — Cahors, Cambrai, Carpentras, Castellane, Cavaillon, Châlon-sur-Saône, Châlons-sur-Marne, Chartres, Clermont, Commignes, Coutances ; — Die, Digne, — Embrun, Evreux ; — Fréjus ; — Gap, Glandèves, Grenoble ; — Langres, Lectoure, Lescar, Limoges, Lisieux, Lodève, Lyon ; — Mâcon, le Mans, Marseille, Meaux, Metz ; — Nantes, Narbonne, Nîmes ; — Oléron, Orange, Orléans ; — Paris, Périgueux, Poitiers, le Puy ; — Quimper ; — Reims, Rennes, Rhodez, Riom, Rouen ; — Saintes, Saint-Quentin, Séez, Senez, Senlis, Sens, Sisteron, Soissons, Strasbourg ; — Tarbos, Térouanne, Toul, Toulouse, Tournai, Tours, Trois-Châteaux, Troyes ; — Uzès ; — Vaison, Valence, Vannes, Vence, Verdun, Vienne, Viviers.

(1) *Jugera,* jugères.

(2) *Clarissimes, spectables, illustres, splendidissimes.* Raynouard (*op. cit.,* p. 96-97) se refuse à voir dans le sénat un corps différent de la curie : « Le sénat était une haute et vénérable section de la curie ; mais les décrets se rendaient toujours au nom des décurions. La seule forme D. D. (décret des décurions), inscrite sur les monuments, repousse les conjectures qu'on hasarderait pour faire du sénat un corps spécialement distinct et séparé de la curie. » Mais cette opinion est discutée, et d'autres pensent que le sénat des municipes y avait un rôle à part et prépondérant. Nous ne pensons pas que la question soit encore élucidée.

(3) Raynouard (*op. cit.,* p. 180 et suiv.) va jusqu'à nommer ces assemblées : *assemblées représentatives* des provinces des Gaules, et à constater (p. 220) que depuis cinq siècles le droit *municipal* et le droit *représentatif*, ces précieux éléments de la prospérité publique, protégeaient les cités, et les habitants des Gaules lorsque les irruptions de divers peuples les soumirent à la domination étrangère. Quant à trouver à ces assemblées représentatives une autre fonction que celle de formuler des vœux et d'envoyer des députés à Rome pour les transmettre aux empereurs, il n'y parvient pas, malgré le luxe d'érudition qu'il déploie.

(4) Raynouard, *op. cit.*

reçoivent les actes, les testaments, et leur communiquent l'authenticité.

Le *curateur* a la garde des domaines municipaux.

Les *principaux*, parmi lesquels les *decaprotes*, les dix premiers, nommés pour quinze ans, ont les finances municipales, la répartition et la perception de l'impôt.

9. Cependant, et toujours à l'image de Rome, la plèbe municipale a son tribun : le *défenseur*, qu'elle élit elle-même ; et c'est là qu'apparaît le suffrage universel. Mais les tribuns de Rome ont ouvert toutes les issues au peuple : rien de pareil dans les municipes, où la curie reste un corps fermé. Accorder au peuple une protection active et paternelle ; protéger *même les curiales ;* défendre les habitants de la ville et des campagnes contre l'injustice des taxations, contre *les entreprises des magistrats ;* réclamer contre les concussions ; secourir les pauvres *comme ses propres enfants ;* poursuivre les criminels et les livrer au préfet de la province ; quelquefois, dans les cas moins graves, même les juger ; veiller à la paix des campagnes, à la répartition de l'impôt : tel est le rôle du défenseur (1).

Nul ne peut être emprisonné sans son ordre... ou sans celui des *grands magistrats* (2). Voilà retrouvé, dans la cité *faite à l'image de Rome*, ce choc des pouvoirs rivaux dont Rome périt. Mais du défenseur aux tribuns, la distance est grande. Elle est de tout ce qui sépare Rome souveraine et turbulente de ces municipes engourdis et obéissants. Il est permis de croire que cette magistrature de parade n'exerça jamais sur les municipes de la décadence romaine qu'un pouvoir de trompe-l'œil. On n'en trouve même la trace positive qu'au IVᵉ siècle ; et, bien peu après sa naissance, elle doit passer aux mains des évêques, qui, de rivaux des défenseurs, sauront bientôt se rendre seuls tuteurs, seuls maîtres locaux, de la cité.

10. Ceux-là mêmes, aux mains desquels végétaient les derniers restes de l'ancienne autonomie municipale, étaient, d'ailleurs, les premiers esclaves de leur pouvoir, et l'un des traits les plus caractéristiques de ces municipalités décevantes était l'asservissement du curiale à la curie. Avant cinquante-cinq ans, pas d'excuse ; une seule : avoir douze enfants. Sauf ce père privilégié, quiconque possède les vingt-cinq arpents réglementaires ne peut décliner les fonctions de curiale. Astreint à la résidence, sous peine de confiscation ; astreint à conserver ses domaines, qui le marquent pour la curie, que la loi frappe d'une quasi-inaliénabilité, qu'il ne peut tout au moins vendre qu'avec l'autorisation des agents impériaux. Dure loi, s'il en fût, assurant à l'empire, dans ses provinces lointaines, exposées à toutes les incursions des Barbares, à toutes les désertions, par conséquent, un semblant d'administration romaine que Rome était désormais impuissante à leur donner ; loi inexorable, qu'on ne pouvait renier même en s'engageant dans les ordres, premier refuge cherché ; même en fuyant chez les solitaires du désert, où, d'ordre impérial (3), le préfet d'Orient avait charge de poursuivre les réfractaires, pour les restituer à leur grandeur et à la perception de l'impôt. Car ils en étaient responsables, et, pour Rome obérée, c'était là le vrai rôle, la vraie raison d'être de la curie. Détail piquant, dans ces sortes d'administrations cellulaires, le *duumvir* nommé, qui se refusait à entrer en charge, voyait, de par la loi, ses propres biens suivre le curiale courageux, ou avide, qui s'offrait à le suppléer.

11. Au demeurant, la liberté, c'est-à-dire, dans l'exercice de ce pouvoir imposé comme une servitude, un très large affranchissement du contrôle impérial. Il serait téméraire de préciser le degré de tutelle que Rome exerçait sur ses municipes, à ce moment de relâchement général. A ne regarder que d'un côté, le joug du préfet semble très lourd. Il homologue ou casse à son gré les élections aux charges municipales. Que si l'on regarde de l'autre, on voit la loi frapper de confiscation et d'exil les agents impériaux assez audacieux pour discuter des malheureux municipes.

Et contre les Barbares, aux portes, point d'armes. Les légions romaines, de plus en plus rares, sont seules chargées de défendre ces malheureux municipes. Une incompatibilité rigoureuse, sévèrement garantie par les lois, exclut les curiales des cohortes. La loi des jours de grandeur, faite pour protéger Rome contre les velléités de rébellion, survit, pour l'y livrer, au péril pressant de l'invasion.

12. Voilà cette administration municipale de la Gaule romaine qui a su trouver des panégyristes, pour être un décalque de Rome elle-même. « Je ne crains pas de le dire », a cru pouvoir écrire un auteur généralement estimé (1), « c'est principalement à cette indépendance de l'administration locale que, malgré les bouleversements inévitables.... les cités des Gaules durent la continuation de leur existence politique et le maintien de leur droit municipal. Elles portaient en elles-mêmes, dans leurs institutions légales, dans leurs antiques usages, un principe d'individualité que les vainqueurs ne purent ou n'osèrent détruire. » Illusion étrange, quand cette indépendance même, cette absence de liens véritables entre toutes ces cités, rattachées par un fil à Rome seule, une administration de jour en jour plus défaillante, est, précisément, l'état psychologique qui a le plus contribué à faire la place libre aux Barbares et à livrer, pour des siècles, ce qu'on se plaît à nommer « ces images de Rome », à toutes les formes de la violence et de l'anarchie.

SECTION II.

LA COMMUNE SOUS LES FRANCS.

13. Ce qui resta de ce régime municipal, après l'inondation barbare, n'est pas facile à préciser. Les maîtres de la science historique en sont encore aux conjectures et s'efforcent de bâtir sur des particularités plus ou moins certaines des hypothèses plus ou moins autorisées. Que les municipes gallo-romains aient servi de refuge aux restes de la civilisation antique, et qu'ils soient restés, dans l'anarchie sanglante des premiers siècles, des centres prêts pour le réveil, c'est là, sans doute, un fait indéniable ; mais on aurait tort d'en rien déduire en faveur du régime municipal romain. La force des choses a groupé dans les villes tout ce qui fuyait les Barbares, pendant qu'elle livrait aux tribus germaines les campagnes, plus à portée de leurs violences et moins dissemblables à leurs forêts. Les murs de ces cités firent plus peut-être, pour le salut de ces centres refroidis, que les institutions dégradées dont nous venons d'esquisser les traits. Ces formes d'institution libres, conservées, vivifiées, si l'on veut, après l'agonie du principe chrétien ; démocratisées, comme on se plaît à le dire, par un développement du suffrage populaire et par l'élargissement de la curie, ne surent, en définitive, rien opposer à l'envahissement progressif de la féodalité. Elles se perdirent dans son triomphe, s'y plièrent et se féodalisèrent comme d'elles-mêmes. C'est dans les campagnes et non dans les villes que, durant cette période funeste, il faut chercher les premiers germes d'égalité. C'est là que se forme, de l'aveu même de ceux qui ont le mieux mis en lumière l'éclat et l'importance de la révolution communale, dont le tiers état va sortir, « une masse d'agriculteurs et d'artisans ruraux, dont la destinée tend à s'égaliser chaque jour », et qu'un travail de rénovation sociale se fait, sous l'empire du malheur commun, pendant

(1) Raynouard, *op. cit.*, t. Iᵉʳ, p. 74.
(2) *Neminem oportet ejici custodiæ absque jussione majorum magistratuum aut locorum defensorum.* (L., *Neminem*, 6 cod., lib. 9.)
(3) *Hos igitur atque hujusmodi intra Egyptum deprehensos per comitem Orientis erui à latebris consulta præceptione mandavimus atque ad munia patriarum subeunda revocari.* (L. de Valens, art. 373.)

(1) Raynouard, *op. cit.*, t. Iᵉʳ, p. 287.

que les villes, moins atteintes, « restent stationnaires ou déclinent de plus en plus » (1).

14. Que Toulouse, Marseille, Reims, Angoulême, Agen aient conservé, pendant la tourmente, un corps de douze prud'hommes ; Chartres, de dix ; Tours, Bourges, Châlons, de quatre ; que Lyon fût ou se crût encore en possession du *jus italicum* et n'aspirait qu'aux libertés qu'elle disait tenir des *philosophes romains ;* que la municipalité en trois personnes qui se partageait, féodalement, Amiens au moment de son insurrection intérieure (le comte, l'évêque, le châtelain du roi), se parât avec le vidame de l'église, du titre de *primores urbis*, et leurs assesseurs de celui de *viri authentice habentes in plebe pondus testimonii* (2), ces vestiges de vie et de langue municipales gallo-romaines n'empêchaient pas (l'état d'Amiens même en témoigne) la féodalité de régner en maîtresse absolue sur les villes jalouses de ces vaines images comme sur les simples campagnes peu sensibles à ces puérilités. Et l'absence de ces souvenirs de libertés perdues n'empêchait point ces mêmes campagnes, ces familles agricoles, groupées, dans une servitude commune, autour du manoir féodal, de passer de l'isolement des premiers jours à l'état successif de grandes tribus, d'abord, puis de communautés civiles assez vivaces pour que les plus petites comme les plus grandes se fussent, une fois constituées, imposées à l'ancien régime, à la Révolution, et même à nous (3).

15. Quels étaient au x⁰ siècle, dans les cités gallo-franques, la puissance et le caractère de ce qui restait du régime municipal ? Augustin Thierry se le demande (4) ; mais il ne se répond pas. Il ne tient pour hors de doute que la transformation, variable avec les régions, et, dans chaque région, avec les villes mêmes, partout pourtant sensible, selon lui, du régime aristocratique de la curie en une espèce de gouvernement vraiment électif et à différents degrés populaires avec suprématie non douteuse de l'évêque et avec une tendance, au profit de ce nouveau maître vers une espèce d'autocratie municipale. Ou nous nous trompons fort, à cette heure de l'histoire, cette démocratie locale n'était qu'un leurre ; et la contradiction même de ces deux termes, autocratie, démocratie, donne la mesure de ce qu'il pouvait en être au fond. Rien, en réalité, n'était changé à la servitude du municipe gallo-romain, comme rien n'était changé à l'éparpillement des forces nationales entre ces débris de communautés. Et rien, dans les faits mêmes sur lesquels il la base, ne justifie cette théorie où s'arrête l'illustre historien, d'une période transitoire de véritable liberté municipale, reliant, au milieu même des plus sombres violences, les derniers jours de la décadence romaine aux premiers jours de la féodalité.

SECTION III.

LA COMMUNE SOUS LES ROIS DE FRANCE.

16. Quoi qu'il en ait pu être, il n'en restait assurément rien, au témoignage d'Augustin Thierry lui-même, quand,

(1) Augustin Thierry. — On n'a pas assez remarqué peut-être que le municipe gallo-romain s'étendait aux campagnes comme aux villes par voie d'accession. Nous avons indiqué ce qu'il y comprenait sous le nom de *pagus* (V. *suprà*, n° 4): tout un territoire suburbain. Le premier fait d'impuissance de ces municipes réduits à eux-mêmes, après la rupture de leurs derniers liens avec Rome, a été l'abandon des campagnes et le rétrécissement du municipe à l'enceinte murée. Supposez quelque force propre à cette institution municipale déchue, il serait resté quelque chose de son action sur le voisinage. Réduisez, par hypothèse, cette force à la seule cohésion matérielle de l'agglomération même, et la dislocation s'explique de sol. Qu'après huit siècles, les ferments de révolte contre l'oppression des maîtres, en germe dans les campagnes comme dans les villes, aient trouvé dans les villes un terrain de sélection, c'était encore un fait fatal, avec ou sans vestige de municipe et à l'explication duquel la seule cohésion suffit.
(2) Gasquet, *Institutions politiques et sociales de l'ancienne France*, t. II, p. 71.
(3) V. *infrà*, tit. II, *Organisation territoriale*, chap. II, *De la circonscription communale*.
(4) Augustin Thierry, *Essais sur l'histoire du tiers état*, chap. 1ᵉʳ, p. 14.

dans la seconde moitié du xi° siècle, le mouvement révolutionnaire fit irruption dans les cités gallo-franques, pour y installer successivement des municipalités autonomes, quasi-souveraines ; et quand les villes françaises organisèrent la révolte contre leurs seigneurs féodaux, aspirant non pas tant à la liberté qu'à l'indépendance, à la juridiction, à la puissance militaire, à l'individualité financière, aux privilèges de tout ordre qui caractérisaient le pouvoir du seigneur.

Ce que fit, de l'Italie, ce débordement d'individualisme ne fut que la conséquence nécessaire et fatale de ces passions d'autonomie, et nous ne saurions vraiment nous plaindre qu'en France, après une période plus ou moins heureuse de complète indépendance, cette force désagrégeante ait trouvé son contrepoids. Nous ne saurions regretter, au point de vue de l'unité nationale, qu'après avoir fait leur œuvre, fondé le tiers état, la bourgeoisie moderne mérite par là le renom d'avoir ouvert la voie à la Révolution, les *communes-états* du moyen âge se soient vu ramener, même au delà du nécessaire, à cette unité dont, sous leurs formes excessives, elles étaient comme la négation.

17. A ce moment de notre histoire, pendant que la France méridionale était secouée par le contre-coup des révolutions communales d'Italie, la France du Nord se sentait envahie par un même courant. La *commune consulaire* était née, au Midi, dans les vieilles villes gallo-romaines, sous des formes plus ou moins rapprochées des municipes anciens. La *commune jurée* naissait spontanément au Nord, sous l'action des souvenirs de la Ghilde germanique. Au Centre, en même temps, dans la région intermédiaire, s'établissait sous cette double action une forme particulière de commune, la *ville prévôtale*, plus réservée, moins indépendante, plus *municipale* en un mot ; moins célèbre, par suite, des esprits trop nombreux, que l'éclat des revendications de liberté ferme à la notion des périls des revendications illimitées.

18. Au xii° siècle on ne distinguait pas encore, comme nous sommes, nous, tenus de le faire, quand nous invoquons, au profit des libertés municipales modernes, l'idée communaliste des temps passés. Même dans ses excès, l'insurrection communale apparaissait comme un bienfait. Elle était le refuge contre les désordres et les sévices intolérables de la féodalité. Elle était la forme tangible des associations pour la paix que la saturation de la violence avait suscitées depuis l'an mille. A la fin du xi° siècle, ces associations couvraient les Gaules, affiliées entre elles ; et, sous Louis VI, les évêques, si l'on en croit Orderic Vital, y avaient affilié jusqu'au roi. « Ce qu'on est convenu d'appeler *la révolution communale*, dit à cet égard l'auteur des *Institutions de l'ancienne France* (1) a une portée beaucoup plus vaste que plusieurs historiens ne se l'imaginent. Les pactes conclus et souvent imposés par les quelques villes plus spécialement désignées sous le nom de *communes jurées* ne sont guère qu'un des aspects de cette révolution, un des épisodes dramatiques de cette croisade contre la féodalité. Sur tous les points du territoire, dans les campagnes, comme dans les agglomérations urbaines, dans les bourgs comme dans les villes, se produisit un unanime effort, instauration à ce règlement des tailles et redevances féodales, en même temps qu'à l'institution d'une justice régulière, c'est-à-dire à la garantie des personnes et des biens. Cette révolution s'accomplit par les procédés les plus divers, soit par l'accord de toutes les classes, qui trouvaient également leur compte à la paix commune (2) ; soit par des contrats de gré à gré intervenus entre seigneurs et vilains, soit par des luttes à main armée pour la conquête d'un droit municipal qui limitait l'exploitation seigneuriale.

19. Des trois types généraux de communes que nous avons distingués plus haut et qui sont sortis de cette révolution, c'est la *commune jurée*, la commune proprement dite, qui caractérise au degré le plus haut l'intensité des revendications communalistes et des prétentions à l'autonomie. Pres-

(1) Gasquet, *op. cit.*, t. II, p. 178.
(2) Particulièrement au Midi.

que partout née de l'insurrection ; partout, d'une lutte aiguë, même quand le pacte a prévenu la révolte, la *commune jurée* s'est attribué, arraché par la violence ou la menace, un véritable *self-government*. C'est d'une conjuration qu'elle est sortie, d'où son nom particulier. L'habitude des confréries et des anciennes ghildes germaniques fut son levier d'association. Mais c'est surtout vis-à-vis d'elle, qu'il faut ne prononcer qu'avec réserve le grand mot de *liberté*. C'est *affranchissement* qu'il faut dire, si on la considère dans ses rapports avec le seigneur, laïque ou prélat, qui l'opprimait avant l'insurrection. C'est *privilège* qu'il faut dire si on la considère dans ses rapports avec tout ce qui n'est pas elle, cet ancien seigneur excepté. Comme substituée au maître féodal dans tout ce qu'elle lui arrache, elle devient, à son tour, seigneur. Dijon, dès qu'elle a emprunté à l'une des chartes types des villes du Nord, celle de Soissons, sa constitution toute autonome, revêt le maire du titre de *vicomte-mayeur*. Dijon est vicomte elle-même, et exerce les droits de seigneurie que le duc de Bourgogne lui a cédés. Gouvernement civil et militaire, haute juridiction, haute police, finances propres, même la monnaie, commandement exclusif par le maire de la milice urbaine, garde, par lui, des clefs de la ville : voilà le type d'indépendance communale que la *commune jurée* poursuit, que la plupart des cités où elle triomphe réalisent, que d'autres envient et lui empruntent quoique plus rapprochées d'un type moins excessif (1), comme on le voit par l'exemple cité. La guerre y survit à l'affranchissement : la guerre y est, a-t-on pu dire dans un très bon livre (2), l'élément vital de ces petites républiques isolées. L'égalité n'y est guère connue. La charte de Laon, de 1127, reconnaît même des distinctions entre bourgeois. Elle en forme deux classes, dont les droits diffèrent sur tous les points.

20. Autre, il est vrai, presque toujours du moins, fut l'origine des municipalités *consulaires* du Midi. L'insurrection n'y a joué qu'un faible rôle ; l'intensité du courant d'Italie semble avoir là tout aplani. Le plus souvent, nobles et bourgeois se mêlent ou tout au moins se tolèrent. Rarement le pacte s'achète au prix du sang. Mais, comme au Nord, tous ensemble, bourgeois et nobles aspirent à constituer chez eux un véritable État. Nous ne disons pas un État dans l'État. Ce qui manquait le plus alors était l'État central, national ; et si, du point où nous sommes, ces petites républiques courant à l'indépendance nous représentent, malgré leur victoire sur les forces brutales prédominantes, l'excès des aspirations municipales, il faut convenir qu'elles n'étaient à leur naissance qu'une transformation heureuse de l'organisme féodal, une forme, encore rebelle, mais déjà plus accessible à l'unité qui s'ébauchait en même temps qu'elles et qui devait trouver en elles-mêmes, par leur absorption plus facile, un de ses plus précieux éléments.

Une autre différence très marquée, distingue ces municipalités méridionales de celles du Nord, ce qu'on appelle les *consulats* des *communes jurées*. Ce n'est pas, remarquons-le, cette variété de forme et cette différence de dénominations dans le corps qui régit la cité. Le titre, au Midi, vient d'Italie ; il ramène, en souvenir, aux grands jours de Rome républicaine. Montpellier a douze consuls-majeurs, des consuls de maire, des consuls de quartier; Marseille a trois consuls superposés; Avignon, Marseille elle-même, malgré cette hiérarchie consulaire, a le *podestat* des villes lombardes. Mais ce sont là de pures distinctions de forme où l'on aurait tort de chercher les différences vraies. Des consuls aux maires il n'y a que la distance du nom dont les consuls-majeurs de Montpellier donnent la faible mesure (3). La différence réelle est dans l'esprit qui souffle sur ces communautés. Au Nord, c'est bien pleinement la révolte contre le seigneur ; la révolte contre l'oppression féodale, la taille, le servage, la corvée. Dans les villes du Midi, c'est l'association commerciale, la

contagion de la richesse des cités maritimes de la côte voisine d'Italie ; le goût de cette richesse, plus que celui de la prépondérance, qui n'est pour elles qu'un moyen de l'obtenir. Les races, aussi bien, y sont moins rivales. Tout ce qui reste de Rome est dans ces grandes cités méridionales et le flot des Barbares s'y est moins arrêté.

Au demeurant, même excès d'autonomie. Les *consulats* sont des républiques, autant, plus même peut-être, que les *communes jurées*.

21. Entre le *consulat* et la *commune*, entre le Nord et le Midi, se propage, comme nous l'avons dit, aux mêmes époques, cette forme plus modeste d'association communale qui se contente de la vie municipale propre, sans aspirer à l'autonomie réelle. *Villes prévôtales*, comme on les nomme, soumises au prévôt du seigneur et sans juridiction à elles; mais très librement dotées, en vertu de chartes consenties, de libertés civiles : élection, par les bourgeois, des magistrats qui les administrent ; règlement des tailles; assistance du prévôt dans ses plaids; budget municipal; privilèges commerciaux et domaniaux. C'est peut-être là que la commune actuelle pourrait encore chercher une parenté. Ce sont pourtant ces communes civiles, dédaigneuses de l'exubérance politique, ou n'ayant pu y parvenir, que l'historien, frappé de la vigueur des autres, flétrit du nom de municipalités abâtardies (1). Et de nos jours encore, ce n'est pas leur souvenir qu'on invoque. La liberté communale cherche ses parrains ailleurs. On la trahit, pour peu qu'on la limite aux libertés civiles. La charte de Lorris-en-Gâtinais, qui a servi de modèle à plus de trois cents villes ou bourgs, n'avait point ces visées autonomes. Elle réprimait des abus, modérait des amendes, réglait des taxes arbitraires, concédait des privilèges commerciaux (rien ne marchait alors sans privilège) ; mais nulle juridiction propre; et le respect complet des droits du seigneur, c'est-à-dire, dans le domaine royal, des droits du roi.

22. Sur cet échiquier disparate, il n'y aurait pas eu de France à édifier; et sans l'intervention d'une force nouvelle, à ce moment historique de la multiplicité des communes, des consulats, des villes prévôtales, avec leurs mille formes, leurs mille doses différentes de privilèges et d'individualité, les municipes renaissants étaient impuissants à construire une nation une, comme les municipes mourants, de l'Empire l'avaient été à se sauver. Cette force fut la royauté, qui, comme eux et en même temps qu'eux, se dégageait, péniblement des étreintes de la féodalité. Les rois de France, dans leur domaine, faisaient la guerre aux communes jurées ; mais ils se prêtaient de bonne grâce à l'émancipation de *villes privilégiées*, communes prévôtales satisfaites d'un état civil paisible et garanti. Hors du domaine royal, ils prêtaient main-forte aux communes jurées elles-mêmes, complices, pour le compte de leur propre pouvoir, de l'insurrection contre les seigneurs. En 1137, à Orléans, où il y avait juridiction directe, le roi « apaise l'orgueil et le forcennerie des musards de la cité, qui, pour raison de commune, faisaient semblant de soi rebeller et de décrier contre la couronne (2) ». Et « moult y en eût qui cher le comparèrent (3) ». A Laon (4), à Noyon (5), à Beauvais (6), la royauté sanctionnait l'insurrection communale et en tirait à la fois force contre son vassal et argent pour son trésor. Les rois ne furent pas toujours aussi sages, et la commune jurée pénétra quelquefois dans leur domaine direct. Leur action modératrice, *unificatrice*, ne se dément cependant pas, dans l'ensemble, et l'honneur de la révolution communale n'appartient à aucun d'eux, malgré la légende de Louis le Gros, tous, depuis lui, poursuivirent cette politique de s'appuyer sur les villes contre la féodalité turbulente et de ramener ces mêmes villes, une fois arrachées aux seigneurs, dans l'orbite du pouvoir central. Les communes

---

(1) Celui du Midi.
(2) Dareste de la Chavanne, *Histoire de l'administration en France.*
(3) *Consul-majeur* c'est *consul-maire.* (Maire, mayeur, majeur, même famille étymologique.)

(1) Augustin Thierry.
(2) *Chronique de Saint-Denis*, Louis VII, chap. 1er.
(3) *Ibid.*
(4) *Ibid.*
(5) *Ibid.*
(6) *Ibid.*

mêmes, après la première ardeur, s'y prêtèrent souvent et, dès Philippe-Auguste, on en voit venir sous le patronage du roi. Louis VIII, saint Louis poursuivent l'œuvre et leur action va même s'étendant jusque sur le Midi. Saint-Antonin-de-Rouergue fait confirmer sa commune par Louis IX. Beaucaire et Nîmes lui demandent des privilèges et des règlements.

23. Tout n'allait encore que comme au gré de l'occasion. Avec saint Louis commence, pour les communes, le régime, encore incertain, des ordonnances et les premiers essais partiels d'uniformité. Ce n'est encore que tentative locale, mais ce n'est déjà plus charte isolée. Le roi s'attribue, par voie de règlement, dans son domaine, la nomination de tous les maires, qu'il choisit (1) sur une liste de trois noms dressée par la ville même. Il s'attribue, de plus, le contrôle de leur gestion, dont ils sont tenus de venir lui rendre compte à Paris, chaque année, aux octaves de la Saint-Martin. De ce moment la tutelle est fondée, et le pouvoir royal, avec plus ou moins de vigueur, plus ou moins d'ensemble, ne cessera plus d'appeler à lui le contrôle effectif du gouvernement des cités. Dès 1278, Philippe le Hardi fait admettre, à Rouen, la royauté en partage de la police; en enlevant, du même coup, au maire la haute justice qu'il exerçait. Cette tendance s'accentue sous Philippe le Bel. Philippe le Long essaie de prendre aux villes leurs milices, qu'il soumet à la hiérarchie militaire : capitaine royal relevant d'un capitaine général du bailliage. Partout où la royauté croit pouvoir l'atteindre, la commune jurée perd ainsi peu à peu son autonomie et se rapproche de la ville prévôtale, de la ville privilégiée. Cette révolution s'opère rapidement dans le domaine royal. Dès lors, elle tend à déborder sur les grands fiefs, par voie de partage, d'abord entre les seigneurs et le roi, ce qu'on appelle des traités de *pariage*, bientôt après, par voie d'autorité. Les juristes affirment le droit du roi et le Parlement l'applique. En 1328, un arrêt décide qu'une ville ne peut obtenir de commune que par *lettres royaux*.

24. Cette main-mise de la royauté sur l'indépendance communale, qui n'est au XIIIᵉ siècle qu'un effort grandissant, se généralise au XIVᵉ. Pendant que les villes consulaires du Midi rentrent, peu à peu, dans le giron des seigneurs, les communes jurées du Nord perdent, successivement, leur autonomie au profit du souverain. Laon, Soissons, les plus célèbres, reçoivent, chez elles, un prévôt royal. D'autres, même, succombent tout à fait. Quelques-unes sollicitent *proprio motu* leur déchéance. Et les juristes décident, à cette occasion, qu'elles ne peuvent pas plus abdiquer que naître sans l'aveu du roi. Les créations, d'autre part, deviennent rares, tout exceptionnelles. Et les nouvelles communes entrent, tout aussitôt, dans le cercle d'attributions amoindries, où la royauté s'efforce de réduire celles qui vivent. Les communes nouvelles, dès ce moment, ne sont plus que de simples villes privilégiées.

Le nom même menace de disparaître pour faire, cependant, preuve de vitalité jusqu'à nos jours. Le mot de *bourgeoisie* souvent le remplace ; et ces bourgeoisies multipliées sont le type de la subordination au pouvoir royal. « Au roi seul *et pour le tout*, écrit Charles V à Charles de Navarre, appartient le droit des bourgeoisies. »

25. Au XVᵉ siècle, tout se prépare pour une subordination générale, que trouvera toute mûre le régime des ordonnances d'ensemble, qui, au XVIᵉ, va commencer. La variété des privilèges, des formes municipales reste infinie. Mais le contrôle de l'autorité centrale, qui déjà se possède, s'étend partout. Réciproquement ces privilèges mêmes, conquêtes des villes sur les seigneurs, pénètrent l'administration royale et lui servent de frein. La fixité de l'impôt, la nécessité du consentement des contribuables aux contributions extraordinaires, l'exonération de taxes odieuses, de corvées, sont autant de progrès obtenus, d'abord sous forme de privilège, pour s'imposer, plus ou moins vite, au droit commun. Autant, de privilèges judiciaires; autant, de ces législations pénales ré-

servées en propre à ces petites souverainetés locales par les chartes d'affranchissement; autant, de ces coutumes civiles, qui les différenciaient l'une de l'autre. Si détournée qu'elle fût, la voie du progrès est là, certaine. Peut-être était-elle alors la seule possible; et la féodalité communale, le trait d'union nécessaire entre la féodalité des seigneurs et l'ordre légal moderne, prépara, malgré toutes les fautes, par l'ascension continue du pouvoir centralisateur.

26. A ce même moment, au XVᵉ siècle, si le mode de constitution des corps municipaux reste encore soumis à toutes les formes de la variété, des villes romaines aux communes jurées, et, dans chaque catégorie, d'une ville à l'autre; cette constitution est un des points les plus disputés, dans la lutte contre l'autonomie. L'élection, qui était la règle de la commune proprement dite, qui y était populaire, qui, dans une mesure plus aristocratique, présidait aussi à la formation du municipe dans les vieilles cités méridionales, est partout battue en brèche par les rois. Les villes prévôtales, ces municipalités plus modestes, qui formaient après tout l'immense majorité, servent de point de mire au pouvoir, qui tend, avec constance, à ramener les autres à leur modèle. Lorsqu'une commune passe de l'autonomie politique à la simple existence municipale, le premier soin de la royauté est d'entrer en partage avec le suffrage des citoyens. Ailleurs elle réglemente minutieusement l'élection. A Péronne, par exemple, elle l'impose à trois degrés, même à quatre, le corps élémentaire chargé de constituer le premier degré n'étant pas la communauté même, mais l'ensemble des corps de métiers, déjà constitués en individualités. Ailleurs il y a concours du sort avec ces élections mitigées. Le suffrage restreint, censitaire, fonctionne en maint endroit. Souvent ce sont des conditions très étroites d'éligibilité qui viennent en aide aux tendances d'atténuation du suffrage, pour se retourner, il est vrai, contre le pouvoir central lui-même lorsqu'il s'est substitué aux électeurs. Le fractionnement de l'autorité municipale en plusieurs organes est un autre mode d'atténuation. Tournai a trois conseils, avec attributions distinctes; Péronne, deux. Charles VII et Louis XI pesèrent tout particulièrement sur le droit de suffrage. A Bayonne, à Niort, le pouvoir s'attribue la nomination du maire, d'un maire « *tel qu'il nous plaira* ». Il laisse le conseil à l'élection libre ; mais il le réduit au vote consultatif. A Bourges, le second remplaça les quatre prud'hommes élus traditionnels par un maire assisté de douze échevins que le roi nomme sur la présentation de leurs prédécesseurs. Partout ainsi, à ce moment, la même tendance. Mais partout encore, en ceci comme en tout d'ailleurs, une infinie diversité.

27. Mêmes variétés dans l'exercice des pouvoirs de ces corps municipaux; mais de cette variété d'attributions que le passé légua, se dégage déjà mieux un ensemble de règles acquises. La police, c'est une de ces règles, appartient aux échevins. C'est leur domaine d'indépendance relative. Louis XI essaie de la subordonner même sur ce terrain. Mais c'est un fait passager. Exceptionnellement pourtant, certaines matières lui échappent tout à fait : ainsi de la surveillance des corps de métiers, qui (sauf exception à l'exception même) appartient aux prévôts royaux.

Les officiers municipaux ont gardé la milice. Mais on est déjà loin de l'organisation militaire des communes jurées. Les guerres privées sont éteintes et le pouvoir central veille à les empêcher de renaître. Les milices, dont les villes disposent ne sont plus qu'une garde toute locale et de police : compagnies du guet ou d'arbalétriers.

Les communes ont leurs finances; leurs ressources propres sont les péages, les confiscations et les amendes, le droit sur les marchandises, des droits spéciaux infiniment variables, la taille, exceptionnellement, et les octrois. Mais l'autorisation royale est nécessaire pour lever des tailles comme pour établir des octrois. Elle tend à s'imposer à toute l'administration financière. A cette époque, toutefois, ce n'est encore qu'une tendance, plus ou moins accentuée, selon le roi. Aussi, des emprunts, où l'on ne trouve encore aucune règle fixe, mais où l'on voit l'autorité royale intervenir en cas de banqueroute. Quant au contrôle, il est déjà presque général.

---

(1) Tout au moins en Normandie.

Des villes prévôtales, il va passer à toutes les autres. Les officiers municipaux doivent compte aux prévôts et aux gens du roi. Une réserve générale, insérée dans les chartes de privilège « *des cas et choses appartenant à notre souveraineté, ressort et droits royaux* », couronne l'œuvre grandissante de la tutelle, en permettant au roi, par son grand conseil, de trancher les conflits d'attribution à son profit.

28. Avec le XVIᵉ siècle, commence, réellement, le régime des ordonnances, celui des ordonnances générales. Avec elles, la fin des derniers restes d'autonomie politique. D'État isolé, la commune est progressivement devenue un membre soumis de l'État commun. Les chartes vont disparaître ; la royauté ne traitera plus. Elle commandera. On ne la verra plus compromettre qu'avec les villes d'annexion nouvelle. On la verra même s'attaquer, de haute lutte, aux privilèges antérieurement concédés. Mais, il faut le dire, ce qu'elle attaque n'est pas tant le privilège, qui ne peut guère blesser par lui-même un pouvoir, quand l'ordre entier repose sur lui, c'est le préjudice fiscal qu'en éprouve, ici et là, la royauté.

29. La lutte continue, obstinée, sur ce point capital de la constitution des corps municipaux. Henri II, Charles IX, quelque atteint qu'il fût, cherchent encore à restreindre le droit local d'élection. Bientôt l'élection directe n'est plus guère conservée que dans les campagnes, et censitairement ; dans les bourgs et les petites villes, s'entend ; les villages n'ayant pour la plupart aucune représentation organisée.

30. En cette matière, comme ailleurs, la fiscalité pèse de toute sa force. Avec Louis XIV s'organise la vénalité. Cette révolution commencée par Paris en 1681 s'étendit dix ans plus tard à Lyon et à quelques autres villes. L'année suivante la généralisa. Des charges de maire, de procureur syndic, d'assesseurs à nomination royale, à vie, moyennant finance, furent créées partout. Les charges réelles épuisées, on en inventa d'inutiles, non sans exception cependant ; quelquefois même au profit de l'élection que certaines villes sauvèrent en payant la finance, tandis que, ailleurs, certaines charges, en payant plus cher, s'assuraient l'hérédité.

Sous le même règne, en 1705, tous les nouveaux privilèges accordés aux nouveaux offices sont supprimés. Mais c'est une occasion de finances nouvelles. Dès l'année suivante, les mairies, cette fois, *triennales*, sont mises à prix ; et tous les emplois supérieurs transformés en offices royaux. La fiscalité se faisait beau jeu.

En 1714, nouveau coup de théâtre : les nominations sont rétablies en théorie. En fait, elles restèrent au roi.

31. En même temps, le pouvoir royal faisait payer bien cher, à l'idée municipale, les excès d'indépendance des communes autonomes d'autrefois. Il faisait, et très légitimement rentrer dans le sein de l'État les attributions extramunicipales que conservaient encore les mille communautés.

Ainsi d'abord de la justice, sans abolir, pourtant, du premier coup, les juges municipaux ; mais en attribuant leur nomination au roi, sur une triple liste dressée par les corps municipaux eux-mêmes (1) ; — en supprimant, toutefois, les juridictions inférieures dans les villes, sièges d'un bailliage (2) ; — en créant les juridictions consulaires (3) pour les affaires commerciales que les municipalités avaient retenues presque partout ; — puis, bientôt (4), en enlevant aux juges municipaux toute compétence en matière civile ; — plus tard, enfin (5) en les dessaisissant de toute juridiction criminelle, déjà fort sérieusement atteinte antérieurement.

La justice de police leur reste alors seule, comme annexe à l'administration même de la police, qui demeure leur apanage incontesté. Mais, jusque dans ce domaine, l'intervention royale est constante. Au caprice des règles locales succède une suite non interrompue d'ordonnances générales que les muni-

palités n'ont plus qu'à appliquer. L'époque des communes législatives était définitivement passée.

32. Le contrôle de l'administration financière des communes se précise d'ailleurs chaque jour davantage par une série d'ordonnances, généralisant le droit d'autorisation du roi en matière d'octroi et le refusant aux états provinciaux, qui le lui disputaient (1) ; par d'autres ordonnances instituant les baillis juges des comptes des communes (2) ; créant (3), dans les généralités, un office spécial de surintendant de cette administration financière, office bientôt supprimé sur les résistances universelles, mais remplacé par des dispositions nouvelles qui resserraient encore les règles du contrôle. La royauté assume, d'autre part, la protection des propriétés communales, dès l'ordonnance de Blois (4) même antérieurement (5), et aussi bien contre les dilapidations des communes mêmes que contre les usurpations des seigneurs. Henri IV, en 1600, Louis XIV, en 1650, autorisent le rachat des biens communaux aliénés par des municipalités indépendantes. Presque à la même date, Louis XIV leur interdit toute aliénation, même de droits d'usage, non expressément autorisée. Henri IV enlève aux états provinciaux la vérification des comptes des communes (6). Colbert reprend, après Sully, l'œuvre inachevée, et fait rendre l'ordonnance de 1662, subordonnant la validité de toute dette nouvelle à l'autorisation préalable du roi. Cette politique dure jusqu'à la chute de la royauté, et son expression dernière est l'établissement même du budget des communes par les intendants.

33. A la fin de la monarchie, il est impossible de tracer un tableau exact de la situation des communes. Le droit propre a disparu de partout ; tout est concédé et tout est devenu privilège : privilèges achetés ordinairement, octroyés souvent par la faveur ou le caprice royal, mérités quelquefois par le dévouement et la fidélité ; privilèges variant non seulement d'une province à l'autre, mais d'une commune à une autre commune, et souvent d'un quartier à l'autre ; on peut faire l'histoire d'une commune, on ne peut faire celle de toutes. Le désordre administratif, financier, religieux même est partout, et partout les aspirations philosophiques, les tendances économiques, les raisonnements juridiques secouent cette organisation multiple et enchevêtrée.

CHAPITRE II.

Organisation municipale depuis la révolution.

SECTION PREMIÈRE.

LA COMMUNE SOUS LA CONSTITUANTE.

34. Le 4 août 1789, dans un élan d'enthousiasme qui ferait à lui seul sa gloire, l'Assemblée nationale abolit le régime féodal. Les communes issues, comme tous les corps privilégiés, de ce régime, étaient encore, comme eux, tout imprégnées de féodalité. Le décret du 4 août les atteignait toutes : après les privilèges individuels, il anéantissait les privilèges collectifs. Les députés des communes, après ceux de la noblesse, étaient venus en faire, l'un après l'autre, le sacrifice solennel. Une constitution nationale et la liberté publique étant plus avantageuses aux provinces que les privilèges dont quelques-unes jouissaient et dont le sacrifice est nécessaire à l'union intime de toutes les parties de l'empire, tous les privilèges particuliers des *provinces, principautés, pays, cantons, villes et communautés d'habitants*, soit pécuniaires, soit de

(1) Ord. d'Orléans 1561.
(2) Même ordonnance.
(3) Ord. de 1563.
(4) Ord. de Moulins 1566.
(5) Ord. de Blois 1579 et de Saint-Maur 1590.

(1) Ord. de Blois 1579, 1629 et 1683.
(2) Ord. de Crémieu 1536.
(3) Ord. de 1555.
(4) 1579.
(5) Ord. de 1567.
(6) En 1600.

toute autre nature, sont abolis sans retour, et demeurent confondus *dans le droit commun de tous les Français*. C'est dans ces termes que la Constitution enregistra le sacrifice consommé (1).

Quel serait ce droit commun ? L'Assemblée nationale, à peine constituée, ne pouvait le dire encore. Et l'ancien régime, en principe, n'existait plus. Dans cet interrègne redoutable du droit public, l'imminence du péril social contraignait l'Assemblée à faire appel, pour le salut de l'ordre menacé, à ces mêmes municipalités justement mais subitement amoindries. Un second décret, presque simultané et dont la promulgation devança même celle de l'autre (2), leur confia non moins solennellement la garde de la tranquillité publique, le commandement de la force et le désarmement des suspects (3).

Du premier coup, la plus humble municipalité de village se voyait élevée au rang de défenseur de l'ordre public nouveau, à l'égal des communautés urbaines le plus peuplées et les plus fortes. Du premier coup, s'étaient érigées au sein de la nation, quarante-quatre mille petites républiques (c'est le chiffre d'alors), constituées en organes pour ainsi dire indépendants de la puissance centrale.

35. Du mois d'août au mois de décembre de la grande année, débordée par sa tâche immense, l'Assemblée nationale ne fit guère, vis-à-vis de la commune, que développer ses deux premiers décrets ; réprimant de temps à autre un criant abus de pouvoirs d'une municipalité par trop exubérante, mais proclamant, en même temps, dans sa confiance peut-être intérieurement démentie, les pleins pouvoirs de toute municipalité. Elle veut des municipalités nouvelles, librement élues (4) et, puisant dans cette origine populaire l'obéissance à l'état de chose, qu'elle fonde pour la nation. Elle n'en est pas moins contrainte par la pression des faits, par l'imminence du désordre, à maintenir provisoirement les anciennes municipalités en exercice (5), sous peine de voir tout pouvoir disparaître. C'est à ces municipalités nouvelles, à ces municipalités converties, qu'elle a remis l'exécution de la loi martiale (6) ; la conservation des forêts (7) et des biens ecclésiastiques (8) ; non sans se voir, peu après, contrainte de rappeler ces gardiens improvisés au respect des biens mêmes dont elle leur a confié la sauvegarde (9).

36. Au mois de décembre, cependant, l'Assemblée nationale était prête. Et le 21, elle faisait paraître l'organisation

(1) D. 4 août 1789, art. 10.
(2) D. 10-14 août 1789.
(3) Considérant que l'union de toutes les forces, l'influence de tous les pouvoirs, l'action de tous les moyens et le zèle de tous les bons citoyens doivent concourir à réprimer les désordres, l'Assemblée arrête et décrète : — Que *toutes les municipalités du royaume, tant dans les villes que dans les campagnes, veilleront au maintien de la tranquillité publique*; et *que, sur leur simple réquisition, les milices nationales ainsi que les maréchaussées seront assistées des troupes, à l'effet d'arrêter les perturbateurs du repos public*, de quelque état qu'ils puissent être; — Que tous les attroupements séditieux, soit dans les villes, soit dans les campagnes, même sous prétexte de chasse, seront incontinent dissipés par les milices nationales, les maréchaussées et les troupes, *sur la simple réquisition des municipalités*; — Que dans les villes et les municipalités des campagnes, ainsi que dans chaque district des grandes villes, *il sera dressé par ces mêmes municipalités un rôle des hommes sans aveu, sans métier ni profession et domicile constants, lesquels seront désarmés*; et que les milices nationales, les maréchaussées et les troupes veilleront particulièrement sur leur conduite; — Que les officiers jureront à la tête de leurs troupes, *en présence des officiers municipaux*, de rester fidèles à la nation, au roi et à la loi, et de ne jamais employer ceux qui seront sous leurs ordres contre les milices nationales, *sinon dans le cas de la réquisition des municipaux*; laquelle réquisition sera toujours lue aux troupes assemblées.
(4) Le 15 octobre 1789, elle fait écrire à la municipalité de Falaise que, provisoirement et jusqu'à l'organisation générale, les comités civils et de police doivent être élus librement et au scrutin par les communes assemblées, et prendre seuls les arrêtés propres à maintenir l'exécution des décrets de l'Assemblée nationale, la paix et la tranquillité publique ; que ces milices et leurs chefs doivent prêter la main à l'exécution de ces arrêtés sans pouvoir les contrarier sous aucun rapport; enfin que les officiers, tant municipaux que militaires, élus sous cette forme, sont les seuls qui puissent légalement exercer leurs fonctions sans que, *sous prétexte d'autorisation ministérielle*, aucun citoyen puisse, *contre le vœu de la commune*, se perpétuer ou s'immiscer dans ces mêmes fonctions.
(5) D. 2 décembre 1789.
(6) D. 21 octobre-21 novembre 1789.
(7) Déclaration du roi 3 novembre 1789.
(8) L. 7-28 novembre 1789.
(9) D. 11 décembre 1789.

générale, précédée de quelques jours, de l'organisation municipale (1). Elle avait débuté par la commune, tant elle était pressée de constituer cet organe élémentaire, dont elle faisait comme la base de l'édifice entier.

37. Ces deux premières pierres de notre édilice administratif actuel sont maintenant, pour nous, inséparables, et nous ne saurions, dans l'analyse de la première organisation municipale, faire abstraction de l'organisation d'ensemble où elle venait s'encadrer.

Sur les débris des anciennes provinces, entachées de particularisme, et pour avoir plus vite raison de cet esprit dissolvant, les lettres patentes du 22 décembre 1789 découpaient un nombre encore incertain de circonscriptions nouvelles, de soixante-quinze à quatre-vingt-cinq *départements*. Dans chaque département, un nombre également incertain de *districts* à déterminer plus tard, entre trois et neuf, selon les besoins et les convenances, les représentants locaux entendus. Dans chaque district, des *cantons*, d'environ quatre lieues carrées. Dans chaque canton, réparties entre eux, les quarante-quatre mille *communautés*.

Le cadre administratif n'était pas le même. Il ne comportait que trois degrés. A la base est la *municipalité*. Il y a en une en chaque *ville, bourg, paroisse* et *communauté de campagne*. Au-dessus est le district avec une assemblée administrative *intérieure*, une *administration de district* au chef-lieu. Au-dessus encore, le département, avec une assemblée administrative *supérieure*, *une administration de département*. Le canton, aussitôt nommé, a disparu. Il n'est rien dans la hiérarchie administrative. Il n'est que le centre électoral élémentaire (la commune à part); le noyau des *assemblées primaires* où se réunissent tous les citoyens actifs pour constituer, avec la représentation nationale, les représentations locales du département et du district.

La *commune* n'est pas ce centre, aussi politique qu'administratif. La loi organique s'en explique expressément : « Les citoyens... se réuniront, non en assemblées de paroisse ou de communauté, mais *en assemblées primaires par canton*. » C'est sous cette forme qu'ils nomment les *électeurs* qui, à leur tour, en une seule assemblée, par département et dans chaque district alternativement, élisent les représentants à l'Assemblée nationale, et, immédiatement après, l'administration de chaque département ; puis enfin, dans leurs districts respectifs, l'assemblée intérieure du district.

38. Chaque administration de département est de *trente-six* membres. Chaque assemblée de district est de *douze*. Les assemblées sont permanentes, se renouvelant par moitié tous les deux ans.

Chacune d'elles, département ou district, est à double jeu : un *conseil* et un *directoire*. Le conseil est l'assemblée plénière, tenant session annuelle, celui du département pour fixer les règles de chaque partie de l'administration, ordonner les travaux et les dépenses générales, recevoir les comptes du directoire ; celui du district, avec ce dernier objet, pour préparer les matières à soumettre à l'administration du département et disposer des moyens d'exécution. Le directoire, de huit membres dans le département, de quatre membres dans le district, est l'assemblée exécutive, toujours en activité pour l'expédition des affaires. Un président élu dirige à la fois, dans le département et dans le district, le conseil et le directoire. Du district au département, la subordination est absolue. Le district n'est qu'un instructeur et un exécuteur. S'il prend un arrêté, cet acte n'a de valeur qu'approuvé par le département.

39. Tel est le cadre où viendra se placer la commune, sous le nom de *municipalité*, sans place politique, puisqu'à cet égard le canton la remplace, avec une place administrative aussi subordonnée au district que le district l'est au département, et tous ensemble subordonnés tantôt directement au Corps législatif, tantôt au roi, chef suprême de l'administration du royaume, et, sans aucun intermédiaire entre l'admi-

(1) L. 14 décembre 1789, *sur l'organisation municipale*; L. 22 décembre 1789-6 janvier 1790, *sur l'organisation générale (départementale)*.

nistration locale supérieure et le pouvoir exécutif suprême. Il y a bien, dans chaque département, un procureur général syndic, un procureur syndic dans chaque district; mais ce sont des agents à part, placés à côté do la hiérarchie, nommés par les mêmes électeurs que les conseils locaux, et investis d'un rôle analogue à l'ancien *défenseur* des municipes gallo-romains. Rien qui puisse, de près ou de loin, ressembler aux anciens commissaires départis, intendants ou subdélégués. La haine de l'ancien régime a détruit l'unité d'action. L'administration nouvelle est essentiellement collective, en même temps qu'élective. Erreur funeste, sans aucun doute, mais erreur fatale et dans la logique inéluctable du régime naissant. Erreur manifeste, du point où nous sommes; inévitable, aux jours de la Révolution.

40. La loi du 22 décembre organisait de toutes pièces une administration toute neuve. Celle du 14, qui constituait, par avance, le dernier échelon, respectait en lui les traditions du passé. Elle prenait pour le premier élément de la hiérarchie administrative (1) toutes les *communautés existantes*. Mais elle le prenait unifiées et égalisées. Son premier soin est de confirmer, à cet égard, le décret du 4 août. D'une part, abolition de toutes les formes variées des municipalités de l'ancien régime, *hôtels de ville*, *échevinats*, *mairies*, *consulats*, subsistant alors en chaque *ville*, *bourg*, *paroisse ou communauté*, de tout droit de présentation, nomination, confirmation, présidence ou préséance, prétendus exercés comme attachés à la possession exclusive de certaines terres, aux fonctions de commandant de province ou de ville, aux évêchés, archevêchés, et généralement à quelque titre que ce pût être; d'autre part, même traitement pour toutes les associations communales, petites ou grandes, Paris seul excepté *pour le moment* (2).

41. Sous cette règle uniforme, les municipalités reçoivent une organisation en harmonie complète avec l'ensemble où leur place est marquée.

Tout corps municipal sera nommé au suffrage universel par tous les citoyens *actifs* de la commune, comme le sont, chacune de leur côté, les assemblées de département et de district (3).

Tout corps municipal a à sa tête un *maire*, comme le département et le district un président. Mais ce sont ces assemblées qui nomment leur président elles-mêmes, tandis que c'est la commune qui nomme le maire, au suffrage direct.

Les départements et les districts ont leurs *défenseurs* : procureurs généraux syndics ou procureurs syndics. À côté du maire siégera pareillement un défenseur, un *procureur de la commune*, sans voix délibérative, nommé de même directement, assisté d'un substitut dans les villes importantes (4) : le tribun en face du consul.

42. Les rouages se compliquent, toutefois, ici. L'administration du département et celle du district sont doubles. Celle de la commune n'est triple, à moins que son exiguïté ne l'interdise. À côté du corps municipal siégera un corps de notables, nommés dans les mêmes conditions et appelés, pour les grandes affaires, à constituer avec lui le *conseil général de la commune*, en nombre double de celui de ses membres, lequel varie de trois, y compris les trois pour les communes de cinq cents âmes, à vingt-un pour les communes de cent mille âmes.

Dans les premières, le corps municipal reste un. Dans toutes les autres, il se subdivise : un conseil et un bureau. Le bureau se forme du tiers du corps entier au scrutin annuel. Le maire seul siège de droit dans le bureau, comme dans le

conseil. Le bureau est l'exécutif, comme sont, ailleurs, les directoires. Dans les communes de moins de cinq cents âmes, le principe de l'administration collective fléchit par la force des choses. Le conseil n'a que trois membres. Le maire, à lui seul, en forme le tiers. Il est, par suite, l'exécutif à lui seul.

Le mandat est de deux ans : plein, pour le maire, avec droit de réélection pour une période égale, mais pour une seule; modéré, pour le corps municipal et les notables, par un renouvellement partiel annuel. La compétence, qui naît de l'usage du pouvoir, est sacrifiée à la crainte dominante, qui est celle de la perpétuité des pouvoirs.

43. Le décret du 14 décembre ne règle pas seulement l'organisation proprement dite des futures municipalités. Tout étant à faire, il en détermine les attributions.

Dès le début, l'assemblée pose, à cet égard, avec précision, sinon avec certitude, le principe fondamental de leur dualité. Elle le formule ainsi :

« Les corps municipaux auront deux espèces de fonctions à remplir : les unes propres au pouvoir municipal, les autres propres à l'administration générale de l'État. » Pouvoir propre, d'une part; délégué, de l'autre. Mais à qui ? *Aux municipalités.*

Aux *municipalités*, et non, ce qui grandement diffère, à *l'autorité municipale*. Et, dès ce premier moment, s'établit, dans le langage, une confusion qui devait bientôt passer dans les faits, entre l'agrégation communale et ses administrateurs. Confusion grâce à laquelle devait s'introduire dans nos lois toute une série de mesures; grâce à laquelle cette idée si simple que la délégation d'État n'est pas faite à la commune, mais à ses agents que l'État emprunte pour les faire siens, n'est pas encore, aujourd'hui même, entièrement dégagée de ses premières obscurités.

44. Prenant, maintenant, dans le détail, ces attributions de nature double, la loi du 14 décembre en place, du premier coup, dans le cadre qui subsiste encore : ici, la surveillance; là, l'autorité supérieure de l'État. Elle met sous sa tutelle ce qui appartient à la vie communale; sous sa subordination même, ce qui n'est, dans la commune, qu'une décentralisation voulue des forces vives de la nation. À cette époque, il n'est point question de sortir de ces deux termes. Comme le second, qui doit toujours l'être, qui le restera tant que l'État ne sera pas atteint dans son indivisibilité même, le premier terme est absolu. L'assemblée qui va briser les anciennes provinces (1) ne peut songer, un seul instant, à affranchir les communes de surveillance, pour un objet, si minime qu'il soit. Elle a pu, en fait, se jeter dans leurs bras, en quête d'un pouvoir local qui la seconde contre le désordre menaçant. Devant les principes, plus la menace est grande, moins elle peut transiger. Car l'anarchie se montre dans l'administration municipale même.

45. Entre ces deux natures d'attributions municipales ou générales, la loi de 1789 fait le départ suivant :

Les premières sont : « Régir les biens et revenus des villes, bourgs, paroisses et communautés; régler et acquitter celles des dépenses locales qui doivent être payées des deniers communs; diriger et faire exécuter les travaux publics qui sont à la charge de la communauté; administrer les établissements qui appartiennent à la commune, qui sont entretenus de ses deniers ou qui sont particulièrement à l'usage des citoyens dont elle est composée; enfin ce qui se traduit aujourd'hui encore par l'expression de police municipale — faire jouir les habitants des avantages d'une bonne police, notamment de la propreté, de la salubrité, de la sûreté et de la tranquillité dans les rues, lieux et édifices publics. »

Les secondes sont : « La répartition des contributions directes entre les citoyens dont la communauté est composée; la perception des contributions; leur versement dans les caisses de district et du département; la direction immédiate des travaux publics généraux dans le ressort de la munici-

(1) Sans s'en expliquer pourtant expressément. C'est la loi du 22 (déjà prête et à la veille de paraître) qui attribue, en termes exprès, une municipalité à toute communauté de ville et de campagne.
(2) D. 14 décembre 1789, art. 39. Et seulement pour le moment, le règlement de Paris, dit l'article, devant être donné par l'Assemblée *sur les mêmes bases et sur les mêmes principes*.
(3) Le citoyen *actif* est tout Français majeur de vingt-cinq ans, domicilié de fait depuis un an et payant une contribution de la valeur de trois journées de travail, ni domestique, ni banqueroutier, failli ou débiteur insolvable.
(4) De plus de 10,000 habitants.

(1) L. 24 décembre 1789.

palité ; la surveillance et l'agence nécessaire à la conservation des propriétés publiques. L'inspection directe des travaux de réparation des églises, presbytères et autres objets relatifs au service religieux. »

46. Il faut reconnaître que cette première loi municipale a su formuler avec la plus grande énergie les sages principes, trop souvent battus en brèche, de tutelle et de subordination. Les corps municipaux y sont « entièrement subordonnés pour les fonctions d'État qu'elle leur délègue, aux administrations de district et de département » (1). Quant aux attributions proprement municipales, aucune des délibérations pour lesquelles la convocation du conseil général de la commune est nécessaire, et qui sont celles comportant acquisition ou aliénation d'immeubles ; impôts extraordinaires pour dépenses locales ; emprunts ; travaux à entreprendre ; emplois de fonds, ventes, remboursements, recouvrements ; procès à intenter, même à soutenir, quand le fond du droit est contesté, ne sont exécutoires qu'après approbation du département, le district consulté. Tous les comptes, vérifiés par le district, sont arrêtés par le département.

47. Malheureusement, pour l'œuvre du législateur révolutionnaire, ce contrôle normal ne lui a pas suffi. La loi du 14 décembre en recèle un autre, où elle convie directement les citoyens. Elle a bien compris qu'une fois le corps municipal constitué, il n'y a plus de corps électoral. Elle interdit bien, expressément, les élections faites, toute assemblée en corps de commune. Mais immédiatement, sous la même article, elle permet au corps municipal intégral, au conseil général de la commune, d'autoriser ces réunions plénières. Elle va jusqu'à les autoriser elle-même de plein droit pour le cas où elles seraient requises par le sixième des citoyens actifs dans les villes de plus de 4,000 âmes, par cent cinquante citoyens actifs dans toutes les autres communes. Que fera-t-on dans ces réunions primaires ? La loi ne le dit pas. Elle autorise, pourtant, par un autre article, les citoyens à se réunir paisiblement en assemblées particulières pour rédiger des adresses et des pétitions soit au corps municipal, soit, franchissant la commune, aux administrations dont elle relève, soit même au roi et au Corps législatif. On ne voit pas ce qui peut leur rester à faire en assemblée générale, en corps de commune.

48. La loi du 22 décembre 1789 instituait les départements, mais ne les précisait pas : non plus, les districts ; non plus, les cantons. Les municipalités, au contraire, bien qu'elle ne leur consacrât qu'un seul article (2), y trouvaient une base territoriale fixée. « Il y aura, dit cet article, une municipalité en chaque ville, bourg, paroisse ou communauté de campagne. » Il n'y avait pas à penser à remanier en un jour le cadre multiple et disparate des communes de France. Il n'y avait pas, cependant, un seul instant à perdre pour constituer, dans un cadre quelconque, les pouvoirs élémentaires. La pression des circonstances est ici l'excuse du législateur. Il ne faisait après tout que suivre l'exemple des réformateurs, des devanciers. Turgot, en 1776, dans ses projets de reconstitution de l'administration publique, avait lui-même accepté, comme un point de départ nécessaire, les unités municipales créées par le temps, et respecté, à la base, le fait historique accompli. Ce ne fut cependant point sans débat que l'Assemblée s'y décida. Le 7 janvier 1790, même après la loi rendue, l'éparpillement communal l'effrayait encore. Target proposait de fixer à cinquante feux le cadre le plus étroit d'une administration municipale. Maury réclamait 250 habitants. Mais l'Assemblée, qui n'avait que trop de soucis en tête, se replia sur les administrations départementales, en leur remettant la décision des questions d'union de municipalités. Elle avait pourtant comme le sentiment de sa faute ; et ce sentiment se trahit dans l'instruction que six mois plus tard (3) elle adressait aux départements, les pres-

sant de favoriser ces unions de tout leur pouvoir. « C'est par elles, leur disait-elle, qu'un plus grand nombre de citoyens se trouveront liés par le même régime ; que l'administration municipale prendra un caractère plus important et qu'on obtiendra deux avantages toujours essentiels à acquérir : la simplicité, l'économie. »

49. Ces simples mots : « Il y aura une municipalité dans chaque ville, bourg, etc., » — avaient créé quarante-quatre mille organes à la base de l'échelle administrative (1). Le chiffre est énorme. Les administrations départementales avaient, dès 1790, fait droit aux réclamations de l'Assemblée. Mais après un siècle, après de cruelles mutilations de territoire, nous n'en sommes pas encore bien éloignés (2).

50. L'Assemblée nationale, reconnaissons-le, n'avait ni ne pouvait avoir qu'une notion absolument vague de la géographie municipale. Nulle statistique officielle ne venait l'éclairer ; et les difficultés se dressaient à chaque instant devant ses pas. A peine les lois rendues, elle était obligée (3) de décréter, pour y mettre un peu d'ordre, que les villes, villages, paroisses et communautés qui avaient été jusque-là mi-parties entre les différentes provinces se réuniraient pour ne former qu'une seule et même municipalité, dont l'Assemblée se tiendrait dans le lieu du clocher.

Plus tard, les mêmes difficultés se reproduiront sous une autre forme et l'Assemblée décidera (4) en faisant la carte précise du territoire sur les bases promises par la loi du 6 janvier, que « dans toutes les démarcations fixées entre les départements et les districts, les villes, etc., porteraient le territoire soumis à l'action directe de leurs municipalités et que les communautés de campagne comprendraient de même tout le territoire, les hameaux, toutes les maisons isolées dont les habitants étaient cotisés au rôle d'impositions du chef-lieu.

Elle acceptait, en même temps, la nomenclature communale, telle que la lui léguait l'ancien régime, non sans s'en repentir un peu plus tard et autoriser les communes régénérées à s'affranchir des noms seigneuriaux que leurs anciens maîtres avaient cherché dans leurs propres archives de famille pour les leur imposer (5).

51. Ces difficultés d'exécution n'étaient pourtant que le moindre des obstacles à l'établissement d'un ordre municipal régulier. Cette héroïque Assemblée avait à pourvoir à tout, légiférant, gouvernant, administrant tour à tour, jugeant même ; contrainte à éteindre, au jour le jour, les conflits de préséance et de pouvoir qui naissaient de tous côtés. Tantôt c'est l'élément militaire qui assiège les municipalités ; tantôt il va jusqu'à vouloir le pas sur elles. Et l'Assemblée (6) déclare incompatibles les fonctions militaires et les fonctions municipales ; attribuant la préséance aux assemblées administratives, chacune sur leur territoire, et en toute cérémonie publique, sur les officiers et les corps civils et militaires. (Comme par compensation, un décret presque de même date (7) assujettit les habitants des communes au logement des gens de guerre.)

La confusion est partout. On refuse l'impôt. L'Assemblée se rappelant qu'elle a délégué la police à la commune même la rend responsable des conséquences et atteintes à la sécurité publique qu'elle n'aurait point voulu, ou point su réformer (8). « Les officiers municipaux emploieront toutes les mesures que la confiance publique a mises à leur disposition pour la protection efficace des propriétés publiques et parti-

(1) L. 22 décembre 1789, Sur l'organisation départementale.
(2) Art. 7.
(3) Loi en forme d'instruction 12-20 août 1790.

(1) 9 août 1793. — Rapport de la commission chargée de recenser les procès-verbaux d'acceptation de l'acte constitutionnel du 24 juin 1793, soumis à la sanction du peuple. — Discours préliminaire sur le projet de Constitution du 5 fructidor an III. (Moniteur, 4 messidor.)
(2) Aujourd'hui 36,000, chiffre rond.
(3) D. 20 janvier 1790.
(4) L. 26 février-4 mars 1790, art. 2.
(5) D. 20-23 juin 1790. — Les villes, bourgs, villages et paroisses auxquels les ci-devant seigneurs ont donné leurs noms de famille, sont autorisés à reprendre leurs anciens noms.
(6) D. 29-30 décembre 1789, janvier 1790.
(7) D. 23 janvier 1790.
(8) L. 23-26 février 1790.

culières et des personnes; pour dissiper tout obstacle à la perception des impôts. Devant des attroupements séditieux, ils feront publier la loi martiale. *Toutes les municipalités se prêteront mutuellement main-forte à leur réquisition respective.* Quand elles s'y refuseront, elles seront responsables des suites de ce refus. La loi de l'an iv (1) est ainsi déjà faite ; la Convention ne fera plus tard que développer ce germe.

52. Le désordre entamait les corps municipaux eux-mêmes. Souvent, il fallait, du sein de l'Assemblée, les rappeler à l'exécution des lois (2), au respect des principes de liberté commerciale, comme en témoigne une série de décrets sur la circulation des grains qu'ils prétendaient placer sous leur contrôle, même sous leurs interdictions (3); quand ce n'était pas même au respect de la propriété qu'il fallait les contraindre, comme en témoigne un décret de la même époque (4) leur défendant de se mettre d'office en possession de droits de triages prétendus et leur ordonnant de se pourvoir à cet égard par les voies de droit. Et, presque en même temps (5), s'en remettant encore à eux des soins les plus pressants de l'administration publique, c'est aux officiers municipaux qu'elle confie la mission d'imposer à la contribution patriotique décrétée le 6 octobre 1789 les domiciliés et les absents jouissant de plus de 400 francs de rente, qui n'auraient pas fait la déclaration prescrite, pour la taxation, ainsi faite, devenir définitive faute de réclamation dans le mois.

53. Le désordre, d'ailleurs, gagne jusqu'à la confection des lois. En avril 1790 (6), un même décret réunit, dans un ensemble sans suite, des dispositions d'ordre composite, dont la première donne pour insignes aux officiers municipaux l'écharpe tricolore avec frange d'or pour le maire, blanche pour les autres officiers municipaux, violette pour le procureur de la commune ; — dont la seconde règle leurs rangs respectifs ; le maire et les officiers municipaux dans l'ordre du scrutin, le procureur, ses substituts, les greffiers et trésoriers ; — dont le troisième, que nous retrouverons plus tard, décide que les limites contestées entre les communes seront réglées par les administrateurs de districts ; — dont la quatrième, enfin, décide que la police administrative et contentieuse sera, par provision et jusqu'à l'organisation judiciaire, exercée par les corps municipaux, à la charge de se conformer en tout aux règlements existants, tant qu'ils ne seront ni abrogés ni changés.

54. A ce moment, en effet, les municipalités sont investies de pouvoirs judiciaires considérables. L'Assemblée émue des désordres auxquels donne lieu l'abolition du privilège de la chasse, a fait une loi provisoire qui frappe les contrevenants de vingt-quatre heures à trois mois de prison, avec confiscations des armes ; et ce sont les municipalités qu'elle a investies, non seulement de cette police par des gardes-messiers, bangards et gardes champêtres reçus et assermentés par elle, mais encore du droit d'appliquer les peines et les contraintes sur la plainte de la partie lésée et même d'office, à la poursuite du procureur de la commune, sauf pourtant appel aux bailliages et sénéchaussées royaux (7).

Et, comme pour mieux marquer que cette police, ainsi doublée de justice, lui apparaît bien, à ce moment, comme une attribution normale des municipalités, l'Assemblée décrète à la même époque (7) que pour son exercice, les officiers municipaux n'ont pas d'autre serment à prêter « que celui qu'ils ont fait lors de leur installation d'être fidèles à la nation, à la loi et au roi et de remplir exactement les fonctions civiles et municipales qui leur sont confiées ». L'honneur est périlleux. Il entraîne, aux yeux de l'Assemblée, la responsabilité de la commune ainsi qu'en témoigne un décret spécial (1) rappelant à quelques municipalités négligentes l'obligation de poursuivre les délits de chasse sous peine de se voir déclarer responsables de la destruction du gibier.

55. Nous sommes en mai 1790. A ce moment, l'Assemblée organise la municipalité de Paris (2) à l'instar des autres et lui applique dans leurs termes généraux les règles communes (3).

56. L'Assemblée nationale ne perdait cependant point de vue l'abus de pouvoir auxquels, dans leur zèle de néophyte, les municipalités se livraient de tous côtés. Les rappels à l'ordre pour la libre circulation des grains se succédaient sans relâche. Le 1er juin (4), c'était un abus d'un autre ordre, et l'Assemblée se voyait obligée de rappeler par décret à la municipalité de Brix, tout en admettant des circonstances atténuantes de sa part (5), motivées sur le trouble public et sur les bonnes intentions, qu'elle était incompétente pour mander devant elle et faire arrêter les chefs et officiers des troupes réglées pour des faits relatifs à leurs fonctions et à la conduite des corps placés sous leurs ordres. Un peu plus tard (6), il lui faudra rappeler à l'ordre la municipalité de Saint-Aubin, qui avait ouvert les lettres administratives adressées à l'intendant général des postes, au ministre des affaires étrangères, et même aux ministres de la cour de Madrid.

57. Au mois d'août 1790 (7), dans son zèle infatigable, l'Assemblée nationale, qui par son décret d'organisation (8) a supprimé tout intermédiaire entre les administrations départementales et le pouvoir central, de peur de voir sa pensée mal comprise ou mal servie, explique, dans une longue instruction aux assemblées administratives, ce qu'elle attend d'elles, sincèrement convaincue qu'elle a pourvu à tout par l'étroite subordination hiérarchique où elle a placé les municipalités vis-à-vis d'elles, et ces mêmes assemblées vis-à-vis d'elle-même et du roi. Cette instruction est le miroir fidèle de l'esprit de la grande Assemblée, de ses illusions, de ses confiances, de ses idées d'ordre dans la liberté.

58. Ce mois d'août 1790 est un mois fécond. Il met au jour la nouvelle organisation judiciaire (9). Aux termes de l'article 13, qui fonde la séparation des pouvoirs, les fonctions judiciaires sont distinctes et doivent toujours demeurer séparées des fonctions administratives. Mais le titre II consacre, au profit des municipalités, une grave et considérable exception à ce principe salutaire, devenu, en matière administrative, comme un article de foi. L'article 1er du titre II de la loi des 16-24 août 1790 leur donne juridiction à l'effet de veiller et tenir la main dans l'étendue de chaque municipalité, à l'exécution des lois et règlements de police, et de *connaître de contentieux auquel cette exécution pourra donner lieu*. L'article 2 donne, à la fois, la poursuite au procureur de la commune et à tout citoyen lésé. L'article 5 fixe les peines, soit une amende, soit un emprisonnement de trois jours dans les campagnes, de huit dans les villes. L'article 6 donne l'appel au tribunal du district ; les articles 3, 4 et 7 déterminent les objets de police, ainsi confiés jusqu'à la répression, aux officiers municipaux. Les objets compris dans l'article 3 sont ce qu'on est convenu d'appeler la police municipale.

59. Les autres objets de police confiés par la loi des 16-24 août aux municipalités sont la police des spectacles, que leur donne l'article 4 du titre XI, et, itérativement, la police de sûreté générale que leur maintient l'article 7.

60. A ce moment, toutefois, si la police et la justice sont exceptionnellement confondues dans la personne des officiers

(1) De vendémiaire.
(2) Nous ne nous perdrons pas dans tous ces actes d'administration quotidienne ; mais nous relèverons ceux qui sont propres à mettre en pleine lumière les conditions extraordinaires où fonctionnait à ce moment l'Assemblée souveraine et, sous elle, les corps municipaux.
(3) Notamment les décrets des 27 avril-2 mai 1790, etc.
(4) 15 mai 1790.
(5) L. 27 mars-1er avril 1790.
(6) D. 20-23 mars et 19-20 avril 1790.
(7) D. 28-30 avril 1790.

(1) D. 17-27 mai 1790.
(2) L. 21 mai-27 juin 1790.
(3) V. ve Paris et Seine.
(4) L. mai-1er juin 1790.
(5) 2-3 juin 1790, art. 7.
(6) 4 août 1790.
(7) Loi en forme d'instruction, 17-20 août 1790.
(8) Celui du 22 décembre 1789.
(9) L. 16-24 août 1790.

municipaux, et si les corps municipaux sont ainsi investis d'une redoutable dictature, ils restent sous le coup de l'instruction générale du 12 août 1790, qui interdit à toutes les administrations électives, départements, districts et communes, de faire soit des décrets, soit des ordonnances, soit des règlements. Mais l'année suivante (1), réglant les formes de procédures, les délits et les peines de police municipale dans une longue loi sur laquelle nous pouvons passer, parce qu'elle n'a plus aujourd'hui qu'un intérêt purement historique, et rappelant encore, pour le principe (2), qu'aucun tribunal de police municipale ni aucun corps municipal ne pourra faire de *règlement*, dispose, par exception, que, sous le nom et l'intitulé de *délibération* et sauf réformation s'il y a lieu par le département, sur l'avis du district, ce même corps municipal pourra faire des *arrêtés* sur les objets confiés à sa vigilance et à son autorité par les articles 3 et 4 de la loi que nous venons d'analyser ; et aussi pour publier à nouveau les lois et règlements de police ou rappeler les citoyens à leurs observations. Les municipalités s'étaient-elles donc assagies dans un espace d'une année. Bien malheureusement non. Et l'Assemblée qui leur donnait ce formidable pouvoir et les affranchissait exceptionnellement pour la défense de la sécurité publique de sa règle protectrice qu'elle avait érigée en dogme, en haine des empiétements du pouvoir judiciaire, qui continuait à les associer le plus étroitement aux différentes formes de la perception de l'impôt (3), et mettait ainsi les finances publiques comme à leur discrétion ; qui s'en rapportait à elles sur la fixation de la valeur de la journée de travail, c'est-à-dire sur la désignation des citoyens actifs (4) ; qui leur subordonnait la garde nationale (5) ; qui leur donnait, enfin, dans le décret du 10 juillet 1791 (6) le formidable pouvoir de dresser la liste des *gens sans aveu*, des *gens suspects* et des *gens malintentionnés*, restait perpétuellement sous le coup de leurs abus de pouvoir répétés. Il fallut qu'en décembre 1790 (7), elle décrétât que le comité de Constitution lui ferait un rapport sur les délits spéciaux dont les municipalités pourraient se rendre coupables ; qu'en janvier 1791 (8) elle les rappelât formellement par un décret spécial à l'obéissance au district, à peine de responsabilité personnelle ; qu'en janvier encore (9), elle leur signifiât expressément l'incompatibilité des fonctions de maire, d'officiers municipaux, de procureurs de la commune avec celles de juge de paix. Il fallait que pour le décret relatif au fonctionnement des corps administratifs (10), elle prît des dispositions spéciales (11) contre les coalitions de résistance, dont, comme les autres corps administratifs d'ailleurs, les municipalités les menaçaient ; que par celui du 18-22 mai 1791 (12), elle rappelât formellement « que les assemblées des communes ne peuvent être ordonnées, provoquées et autorisées que pour des objets d'administration purement municipale, frappant de nullité toutes les autres délibérations de ces communes ; que le droit de pétition était individuel (13) et ne pouvait être exercé par les corps municipaux, les sections de communes et les sociétés de citoyens ». Il fallait, enfin, qu'un peu plus tard (14) les mêmes mesures vinssent mettre ordre aux meetings tumultueux d'ouvriers et d'artisans, et qu'au dernier jour, par un décret pour ainsi dire posthume (15), elle frappât de dégradation civique quiconque aurait présidé une assemblée d'officiers

municipaux, ou une assemblée de commune, par communauté entière ou par section, donnant suite à des actes déclarés nuls, et quiconque, comme procureur de commune, se serait associé à ces illégalités.

61. Presque à la veille de se séparer, sentant la police publique lui échapper, deux mois après avoir complété et fortifié la loi martiale et mis tous les citoyens en état de réquisition permanente pour la défense de l'ordre public, à la disposition des municipalités (2), l'Assemblée (2) instituait, dans les principales villes, des commissaires de police placés sous son autorité directe et, pour la première fois, faisait rentrer, bien partiellement encore, la sûreté publique dans le cercle intérieur de la centralisation.

62. Une dernière fois, l'avant-veille même de la séparation (3), la Constituante s'occupa de police. Elle avait réglé, dans la loi des 16-24 août 1790, la police *municipale*. C'était, cette fois, la police *rurale* qu'elle précisait. Cette loi présente un triple caractère : elle est civile, générale et administrative tout à la fois. Le titre II traite de la police rurale ; et les dispositions administratives se mêlent au droit civil, dans le premier ; au droit pénal, dans le second. La loi institue les gardes champêtres à la nomination des conseils généraux des communes, et sous la surveillance des officiers municipaux. La police rurale est partagée entre les juges de paix et les officiers municipaux qui statueront selon l'importance de la contravention ou du délit, et selon le degré de la peine. A la police correctionnelle, les délits entraînant une peine de plus de trois jours dans les campagnes, de plus de huit jours dans les villes. Au-dessous, c'est la police municipale à laquelle l'article 9 du titre trace ses devoirs généraux.

Les dispositions civiles et pénales de ce premier essai de Code rural ont passé, pour la plus grande partie, dans nos codes ; et rien d'autre part n'est venu en abroger les dispositions administratives.

63. Moins d'un mois avant ce dernier acte (4), l'Assemblée nationale avait voté, avec son immortelle déclaration des droits qui lui sert de préface, la Constitution qu'aux premiers jours elle avait solennellement juré de donner à la France. Ni dans cette déclaration, ni dans les dispositions fondamentales garanties par la Constitution, qui commentent la déclaration et forment avec elle, comme les têtes de chapitre du droit public moderne, *la commune* n'est une seule fois nommée. Il faut, pour trouver sa trace, franchir les sept premiers articles du titre II, que l'Assemblée consacre à la division du royaume et à l'état des citoyens. Départements, districts et cantons, voilà même les seules divisions administratives que l'article 1er mette en lumière. C'est à l'article 8 qu'apparaît enfin la commune. « Les citoyens français, y est-il dit, *considérés sous le rapport des relations locales qui naissent de leur réunion dans les villes et dans de certains arrondissements du territoire des campagnes forment des communes.* » L'article ajoute que le pouvoir législatif pourra fixer l'étendue de l'arrondissement de chaque commune. L'article 9 donne aux citoyens qui composent chaque commune le droit d'élire à temps, dans les formes déterminées par la loi, ceux d'entre eux qui, sous le titre d'officiers municipaux, seront chargés de gérer les affaires particulières de la commune. L'article ajoute qu'il pourra leur être délégué *quelques fonctions* relatives à l'intérêt de l'Etat. L'article 10, enfin, soumet, d'un mot, toute l'administration municipale aux règles qui seront fixées par la loi (5).

64. Rien de plus. Partout ailleurs, là où la Constitution traite de la formation des assemblées primaires, des pouvoirs publics, des formes électorales, des règles de l'administration

(1) L. 19-22 juillet 1791.
(2) Art. 46.
(3) Voir les décrets des 16-24 novembre 1790 sur le régime de la perception, notamment les articles 23 et 24. Voir aussi les décrets des 22-27 mars 1791 sur les patentes, et la loi des 26 septembre-2 octobre 1791.
(4) 11 février 1790.
(5) 12-20 août 1790, 28 septembre 1791. Voir aussi 28 juillet 1791.
(6) D. 18-22 juillet 1791 (Extrait).
(7) D. 2 décembre 1790.
(8) 9 janvier 1791.
(9) 25 janvier 1791.
(10) 15-27 mars 1791.
(11) Art. 8 et 9.
(12) Art. 2.
(13) Art. 1er.
(14) 14-22 juin 1791.
(15) 28 septembre-16 octobre 1791, art. 2 et 4.

(1) D. 26 juillet-30 août 1791.
(2) 21-29 septembre 1791.
(3) 28 septembre-6 octobre 1791. (Code rural.)
(4) *Constitution*, 3-14 septembre 1791.
(5) *Ibid.*, art. 10. — Les règles que les officiers municipaux seront tenus de suivre dans l'exercice tant de leurs fonctions municipales que de celles qui leur auront été désignées pour l'intérêt général, seront fixées par la loi.

intérieure, du pouvoir judiciaire, de la force publique, des contributions publiques, on chercherait vainement une simple mention de la commune. On y trouve, au contraire, ce droit considérable de déterminer la valeur de la journée de travail, base de *l'activité*, c'est-à-dire de la capacité politique du citoyen, transféré *au Corps législatif*, de la commune qui, dans les premiers jours, l'avait reçu (1) ; et le soin de dresser la liste des citoyens actifs sur ces bases, transféré (2) de la commune au district. Au chapitre du pouvoir judiciaire, les officiers municipaux restés encore, en fait, investis d'une partie non indifférente de ce pouvoir, ne figurent point parmi les juges institués par la Constitution (3). Le pouvoir exécutif dirige et surveille seul la perception des impôts (4) à laquelle la commune prend encore part sous son étroite responsabilité, d'après les lois encore debout. L'Assemblée nationale n'a point voulu faire figurer, dans le monument qu'elle croyait impérissable de sa Constitution, l'organisation communale qu'elle jugeait susceptible de perpétuelles modifications.

65. Dans le tableau que nous venons d'esquisser des trois premières années d'existence de la commune moderne, nous avons laissé de côté tout ce qui touche aux transformations de sa vie économique, pour nous renfermer exclusivement dans l'exposé de ce qui touche à son organisation administrative et au rôle que la Constituante lui a assigné dans le jeu des pouvoirs publics. C'est délibérément que nous nous sommes réduits à ce dernier de ces deux ordres de faits. L'historique des transformations de la personne communale civile implique un exposé complet de ce qu'était cette personne civile avant 1789. C'est en traitant du domaine communal, des partages qu'il a subis et dont il peut être encore l'objet, des autres sources de revenus de la commune, des charges auxquelles elle a à faire face, des emprunts qu'elle peut faire, des contributions qu'elle peut s'imposer, que nous pouvons rattacher, dans la mesure convenable, le présent au passé. Et nous nous bornerons ici, sur chaque période, à marquer, en quelques mots, les principales mesures économiques qui la signalent et la caractérisent.

66. Ce caractère particulier pour la période où nous sommes, est tout entier dans la chute du système féodal qui, vis-à-vis des communes, avait une double face, en ce sens qu'elles en souffraient sans doute, mais qu'elles en vivaient. Les différentes lois que l'Assemblée constituante a consacrées à la liquidation de la féodalité (5) modifient toutes la situation économique des communes, au double point de vue des charges dont elles les affranchissent et des revenus dont elles les privent. Les communes gagnent sur les seigneurs l'exonération des droits de *triage*, par exemple (6), qui pesaient lourdement sur elles et dont Merlin disait, dans son rapport à l'Assemblée constituante, que c'était le droit pour le seigneur de reprendre ce qu'il a donné ; elles perdent, d'un autre côté, les droits qu'elles percevaient sous des formes variées, sur les transports, sur les consommations ; droits de messagerie, droits d'octroi. On peut dire qu'au début de la période révolutionnaire, les finances des communes sont en l'air. L'Assemblée constituante en a le sentiment profond. Elle comprend que les sacrifices exigés compensent, dans une certaine mesure, l'affranchissement obtenu par suite du brusque passage d'un régime à l'autre. Elle le leur dit et fait appel à leur patriotisme. Elle ménage d'ailleurs les transitions, réservant d'abord l'application des principes dans ce qu'ils auraient de trop rigoureux. Ce n'est, en effet, que presque au bout de deux années (7) qu'elle détermine les nouvelles ressources des communes, et encore à titre provisoire et pour pourvoir au plus pressé, et au vide que va laisser, seulement à cette époque la suppression des taxes que les villes percevaient soit à l'entrée, soit sur les consommations. Elle associe, d'autre part, dans une série de décrets, les municipalités à l'opération de la vente et de la revente des biens nationaux (1). Elle accorde des subventions aux villes, à condition par elles de s'acquitter de l'arriéré des contributions dues au Trésor (2). Elle veille à l'acquittement de leurs dettes, subordonne leurs acquisitions immobilières et leurs emprunts à l'autorisation législative, précise les ressources affectées à leurs dépenses locales, et met à la charge de la nation le surplus des dettes qu'elles n'auraient pu acquitter après vente de leurs biens, et imposition spéciale de 10 deniers pour livre sur les contributions foncière et mobilière. Elle sauvegarde d'ailleurs la situation immobilière en maintenant en possession de leurs biens, non seulement les communes mêmes, mais encore leurs sections intérieures, dont la personnalité civile respectée à l'égal de celle de la commune, s'est perpétuée jusqu'à nos jours.

SECTION II.

LA COMMUNE SOUS LA LÉGISLATIVE.

67. La Législative ne rompit pas avec la politique administrative que la Constituante avait tenue vis-à-vis des communes. Elle continua à les associer à la perception des impôts (3) et à la police de sûreté générale.

68. Un de ses premiers décrets de police (4) débute par un pressant appel aux municipalités « *de la prudence et de la fermeté* desquelles dépend, en grande partie l'efficacité des mesures politiques devenues nécessaires pour réprimer les factieux qui couvrent leur complot d'un voile sacré » (5). Les corps municipaux ne reçoivent, de ce décret, qu'un devoir de simple surveillance. Mais ils auront à faire bonne garde. La responsabilité pécuniaire de la commune (6) est là, comme sanction.

Un peu plus tard (7), l'Assemblée donne aux municipalités la police des grains et le double soin d'assurer leur libre circulation intérieure et d'empêcher leur exportation. L'article final les investit non plus seulement de la surveillance et de la poursuite, mais bien encore du jugement.

Presque en même temps, l'Assemblée charge les officiers municipaux de la délivrance des passeports et de l'arrestation des voyageurs qui n'en sont pas munis (8).

Après que la patrie a été déclarée en danger (9) et un autel dressé dans toutes les communes par les soins des municipalités (10), elle leur confie le soin de procéder aux visites domiciliaires qui doivent fournir des armes à la défense et de désarmer les suspects chez qui seraient trouvées des armes cachées (11). Elle leur donne le soin de faire fabriquer des piques pour suppléer au défaut d'armes, et pour armer jusqu'au dernier citoyen (12). Elle interdit à tout commandant de place de se rendre, sans que le conseil général de la commune y ait préalablement consenti (13).

69. Après le 10 août, quand tout s'exaspère, elle autorise

---

(1) *Constitution*, tit. III, chap. Ier, sect. II, art. 3.
(2) *Ibis.*, tit. III, chap. Ier, sect. IV, art. 4.
(3) Les jugements de police municipale.
(4) *Constitution*, tit. V, art. 5.
(5) D. 15-28 mars 1790, *abolition des droits féodaux* ; D. 3-9 mai 1790, *rachat des droits seigneuriaux* ; D. 13-20 avril 1791, *abolition et rachat*.
(6) Prélèvement du *tiers* sur les biens dont les communes avaient la pleine propriété.
(7) D. 29 mars-3 avril 1791.

(1) D. 9 avril 1790, 31 mai-3 juin 1790, 16-26 juillet 1790, 31 décembre 1790-3 janvier 1791, 28 septembre 1791.
(2) D. 10-17 juin 1791.
(3) D. 20-25 mars, sur la contribution foncière et mobilière ; D. 22-23 mars, sur la vente des sels et des tabacs (art. 4) ; D. 26-31 août, sur la forme à suivre pour les demandes en décharge ou en réduction de la contribution mobilière.
(4) D. 29 novembre 1791. — Le décret figure au *Bulletin* (t. XXX, p. 155) sans date de promulgation, le roi lui ayant refusé sa sanction par la formule *le Roi examinera*.
(5) Voir les considérants du décret.
(6) Les citoyens domiciliés dans la commune, dit l'article.
(7) D. 28 janvier-3 février 1792.
(8) D. 1er février-28 mars 1792 ; 29 juillet 1792, art. 2 ; 23 août 1792.
(9) D. 20 juillet 1792.
(10) D. 20 juin 1792.
(11) D. 28-29 août 1792.
(12) D. 1er août 1792.
(13) D. 25-26 juillet 1792.

les municipalités à empêcher la distribution des journaux contre-révolutionnaires (1), et à opérer des visites domiciliaires nouvelles (2). Et le 11 août (3) elle *charge spécialement*, non plus d'une fonction de police municipale ou de moyenne police, mais des *fonctions de la police de sûreté générale* pour la recherche des crimes *contre la sûreté intérieure et extérieure de l'Etat*. Elle considère que cette grande police devant s'exercer partout où il y a des machinateurs, des traîtres, appartient naturellement aux fonctionnaires publics les plus à portée d'en découvrir et d'en suivre les trames, aux officiers municipaux, dont les fonctions sont plus intimement liées à l'ordre général qu'il s'agit de maintenir, aux magistrats les plus près du peuple, par lui immédiatement élus et par cela même les plus dignes de sa confiance dans l'exercice d'un pouvoir qui l'exige toute entière. Elle érige ainsi en principe, ce qui, chez la Constituante, n'est qu'un refuge temporaire contre l'insuffisance du pouvoir central. Elle a reçu de la Constituante un commencement d'organisation de police centrale placée sous les ordres directs du Corps législatif (4). Elle transforme ces officiers du pouvoir par excellence en agents des communes (5), renouvelables tous les deux ans, assermentés par les municipalités, non révocables mais seulement destituables pour forfaiture gagée. Au cas de vacance, le conseil général de commune pourvoit à l'emploi, en y soumettant un des citoyens actifs et éligibles de la commune.

C'est, d'ailleurs aux municipalités qu'elle confie l'honneur et le pouvoir d'installer les nouveaux tribunaux criminels et de recevoir le serment de leurs chefs et de leurs greffiers (6). C'est encore elles qu'elle charge de recevoir jusqu'au serment des gardes du roi (7).

70. A l'Assemblée législative appartient, d'autre part, l'initiative de la mesure qui assure aux délibérations municipales une pleine et entière publicité (8), sous la double fonction de la nullité radicale des délibérations prises en contravention du décret ; et de la responsabilité, de la part des corps municipaux, du préjudice que cette nullité pourrait causer soit à des tiers, soit à l'intérêt public.

71. Bien qu'on la voie autoriser des réunions de communes (9), l'Assemblée s'oppose à la concentration municipale quand elle n'est pas acceptée par les communes mêmes. Et on la voit annuler un arrêté du directoire de Seine-et-Oise qui avait réuni, malgré elle, la commune de Margency à celle d'Andelys, en érigeant en principe l'inviolabilité des circonscriptions communales comme garantie par la Constitution (10).

72. Quand elle se saisit des cloches pour en faire de la monnaie, elle réserve formellement le droit des municipalités, les cloches des églises paroissiales succursales et des oratoires nationaux ne pouvant être fondues et monnayées que sur la demande des conseils généraux des communes (11).

73. Toutes ses bienveillances pour *les communes* n'empêchent pas cependant l'Assemblée de se sentir quelquefois débordée par les exubérances municipales. Elle se défend des députations qui l'assiègent, non sans s'excuser sur le propre intérêt des municipalités, et en considérant que ces députations extraordinaires les constituent en frais inutiles ; en leur faisant, d'ailleurs, observer que les députés extraordinaires qui séjournent auprès du Corps législatif sont presque tous fonctionnaires publics et qu'il est instant de les rendre à leurs fonctions et de trancher l'abus qui les éloigne (12).

74. Mais surtout, et presque à la veille de se séparer (1), elle se voit contrainte à décréter que les municipalités ne pourront, sous les peines de la rébellion, donner d'ordres ni envoyer de commissaires, ni exercer aucune fonction municipale si ce n'est sur leurs décret ; et à faire défense à tout corps administratif ou militaire et à tout citoyen d'obéir à toute réquisition qui leur serait faite par une municipalité autre que la leur.

75. La veille même de sa séparation (2), saisie de plaintes sur les entraves que reçoit la libre circulation des voyageurs, elle décrète que les officiers municipaux et les commandants de garde nationale qui, au préjudice du décret du 8 septembre arrêteraient ou retarderaient dans leurs voyages ou leurs transports, les personnes ou les choses seraient civilement responsables et passibles, correctionnellement, d'une détention égale à la durée du retard qu'ils auraient fait subir aux voyageurs ou aux objets transportés.

76. L'Assemblée législative n'a, en matière financière, rien innové vis-à-vis des communes. A cet égard, quelques rares décrets marquent cette période. On voit l'Assemblée faire application du principe posé par la Constituante de la nécessité de l'autorisation législative pour la validité des impôts (3) et des emprunts (4) municipaux. Quand elle s'occupe de dégager le Trésor de la liquidation des créances à exercer contre lui, notamment de celles dont peuvent se prévaloir les propriétaires des charges et d'offices, de cautionnements, de dîmes inféodées supprimées. Elle impartit aux communes un délai de cinq ans passé lequel elles encouraient la déchéance des droits que la Constituante leur a généreusement concédé pour la liquidation de leurs dettes (5).

La seule mesure importante qu'elle ait prise est celle qui fait l'objet des décrets des 14 et 25-28 août 1792, par laquelle elle ordonne le partage individuel des biens qui avaient été déclarés communs, comme vagues ou vacants.

SECTION III.

LA COMMUNE SOUS LA CONVENTION.

77. Avec la Convention nationale, on entre dans l'état révolutionnaire proprement dit. Ce n'est pas une période de principes : c'est une période d'action.

Le provisoire, où on s'engage, se révèle à la première séance ; la Convention, simultanément (6) abolit la royauté et déclare qu'il ne peut y avoir de constitution qu'acceptée par le peuple. La Constitution de 1791 est suspendue. Mais, comme, en attendant, il faut vivre et qu'il ne suffit pas de mettre « les personnes et les propriétés sous la sauvegarde de la nation (7) » ; la Convention proclame, en même temps, par un troisième décret, le maintien provisoire des lois et des pouvoirs non révoqués, ni suspendus (8).

La loi organique municipale de la Constituante conserve ainsi momentanément son empire, avec les extensions de pouvoirs que les municipalités ont successivement reçues d'elle, et de la législative aussi.

Seules, au début, les personnes changent. Un premier décret, presque simultané (9), ordonne le renouvellement intégral des corps municipaux. Un second décret pourvoit peu après (10) à l'exécution du premier.

78. Le 29 mai 1793, la Convention publiait, isolément, et comme une préface anticipée de la constitution promise, une nouvelle déclaration des droits.

(1) D. 9-10 et 24 août 1792.
(2) D. 10-12 août 1792.
(3) D. 11 août. Promulgué seulement le 30 septembre 1792, sous la Convention.
(4) D. 21-29 septembre 1791.
(5) D. 1er-8 juin 1792.
(6) D. 13-15 janvier 1792.
(7) D. 12-15 février 1792.
(8) D. 16-17 août 1792.
(9) V. décrets spéciaux 24 novembre 1791 et 7-8 juillet 1792.
(10) D. 14 avril 1792.
(11) D. 14-22 avril 1792.
(12) D. 3-8 juillet 1792.

(1) D. 11-15 septembre 1792.
(2) D. 19 septembre 1792.
(3) D. 21-27 juillet 1791.
(4) D. 17-25 juillet 1792.
(5) D. 6-12 février 1792, art. 7 et 8.
(6) Par trois décrets des 21-22 septembre 1792.
(7) Deuxième décret, du même jour, 2e alinéa.
(8) Troisième décret, du même jour.
(9) D. 22-23 septembre 1792.
(10) D. 19-20 octobre 1792.

La Constitution suit, peu de jours après (1). Une autre déclaration des droits la précède, qui fait *du bonheur* le but commun. La commune n'y apparaît pas. Le principe de l'assistance par l'État y est affirmé avec une énergie toute particulière.

L'acte constitutionnel fait entrer étroitement la commune dans le système administratif général où la Constituante lui faisait pour ainsi dire une place à côté. La Convention distribue le peuple, « pour l'exercice de la souveraineté en assemblées primaires et pour l'administration et la justice, en *départements, districts et municipalités* (2) ». Elle place, il est vrai, les assemblées primaires au canton et non à la commune (3), en ce sens qu'elle les compose des citoyens domiciliés depuis six mois dans chaque canton, en nombre de 200 au moins, 600 au plus : les grandes communes en ayant plusieurs; les petites, à elles seules, n'en ayant pas. Mais chaque commune, si petite qu'elle soit, conserve, au contraire, une administration municipale distincte (4), comme chaque département et chaque district (5) ; les officiers municipaux sont élus par les assemblées de commune (6) et renouvelés tous les ans par moitié, comme les administrateurs de département et de district (7), *sans caractère de représentation* (8). Ils ne peuvent, en aucun cas (défense caractéristique), modifier les actes du Corps législatif ni en suspendre l'exécution (9); le Corps législatif détermine les fonctions des officiers municipaux comme celles des administrateurs, ainsi que les règles de leur subordination et les sanctions pénales (10). La Constitution garantit (11) la publicité des séances.

La commune apparaît, dans cet acte constitutionnel, comme le dernier échelon de la hiérarchie administrative, entièrement subordonné.

79. Cette première œuvre constitutionnelle de la Convention devait être éphémère. Un premier décret du 18 vendémiaire (12), déclarait bientôt nulle de plein droit comme n'ayant jamais été ni acceptée ni jamais soumise au peuple, la déclaration des droits du 29 mai. Un second décret du lendemain (13) instituait le gouvernement révolutionnaire et subordonnait tous les corps constitués, les corps municipaux, par suite, comme tous autres à l'action directe du comité de salut public, chargé de prendre toutes les mesures de sûreté, sauf à rendre compte à la Convention.

L'article 13 de la déclaration avertissait les communes qu'il serait envoyé garnison dans celles où des mouvements contre-révolutionnaires se seraient élevés. Mais les principes de responsabilité introduits par la Constituante recevaient une modification profonde. Les garnisons devaient être payées et entretenues jusqu'à la paix, non plus par les communes mêmes, mais par les riches seuls. Où commencerait *le riche*, le décret ne le dit pas.

Dix jours après (14), il était sursis aux élections des municipalités.

80. Le 14 frimaire (15), une instruction de la Convention précisait ainsi le mode de fonctionnement du gouvernement révolutionnaire :

Les municipalités sont chargées de la publication des lois dont le bulletin leur est adressé directement et jour par jour. Elles ont à en faire, dans les vingt-quatre heures, la publication au son de trompe ou de tambour, et à en faire la lecture, tous les décadis, dans un lieu public. Il y est procédé, soit par le maire, soit par un officier municipal, soit (et voilà les

assemblées primaires associées à l'administration même) *par un président de section* (1).

Comme tous les corps constitués, les corps municipaux sont placés sous l'inspection immédiate du comité de salut public, pour les mesures de gouvernement et de salut, pour tout ce qui est relatif aux personnes et à la sûreté générale et intérieure, sous l'inspection du comité de sûreté générale de la Convention, qui entend leur double rapport (2).

L'application des lois révolutionnaires et des mesures de sûreté générale et de salut public est conférée aux municipalités, et en même temps, aux comités révolutionnaires établis auprès d'elles (3), à charge de rendre compte au district, tous les dix jours, et de lui faire rapport tous les mois, de toutes leurs délibérations quelles qu'elles soient (4).

Les procureurs des communes sont supprimés et remplacés par des *agents nationaux* spécialement chargés de requérir et de poursuivre l'exécution des lois, ainsi que de dénoncer les négligences et les infractions. Les procureurs des communes, à ce moment en fonctions, sont appelés en masse à ce nouveau poste. Sauf épuration individuelle (5), les agents nationaux attachés aux communes sont tenus de rendre compte au district de leur arrondissement, pendant que les présidents des comités révolutionnaires rendent compte de leur côté au comité de sûreté générale de la Convention (6).

La section III du décret du 14 frimaire est tout entière consacrée aux compétences. Elle se résume dans l'obéissance absolue à la Convention agissant pour le comité de salut public et pour les représentants en mission. Les règles de l'ancien ordre établi et auquel il n'est rien changé, dit l'article 11, seront suivies jusqu'à nouvel ordre. Seulement tout est bouleversé.

La section V frappe les fonctionnaires publics non salariés, c'est-à-dire les officiers municipaux de la privation du droit de citoyen pendant 3 ou 4 ans, selon le cas, pour toute négligence, et de la même peine pendant 6 ans, avec confiscation du quart de leurs revenus personnels durant le même laps de temps, pour toute infraction à la loi, pour toute prévarication et tout abus d'autorité.

Tout membre d'un corps municipal (7) qui aura dénoncé ses collègues dans les quinze jours, sur un cas de responsabilité, sera exempt de ces peines.

81. Le 12 germinal, les ministères sont supprimés et remplacés par douze commissions fonctionnant sous l'œil du comité du salut public. La surveillance des municipalités appartient à la commission *des administrations civiles, police et tribunaux* (8).

82. L'état de choses dura jusqu'au 9 thermidor. Il fallut ensuite à la Convention plus d'un an pour le liquider et ramener la Révolution à l'état légal. La Constitution de 1793 n'était plus de mise. Il ne pouvait être question de lui donner vie; quoiqu'elle eût reçu la sanction populaire et qu'elle fût théoriquement debout. Comme prémisses, un décret de vendémiaire (9) établit l'incompatibilité des fonctions administratives et judiciaires et interdit le cumul des différentes fonctions administratives, de l'administration municipale avec toute autre, laissant toutefois ouverte aux officiers municipaux le modeste charge d'assesseur de juge de paix. Puis un décret de ventôse (10) supprima la permanence des conseils généraux de district et les comités révolutionnaires des villes de moins de 50,000 âmes. Un troisième décret de germinal (11) remit la hiérarchie administrative sur sa base et rétablit les

(1) *Constitution* du 24 juin 1793.
(2) *Constitution*, art. 2 et 3.
(3) *Ibid.*, art. 11.
(4) *Ibid.*, art. 78.
(5) *Ibid.*, art. 78.
(6) *Ibid.*, art. 79.
(7) *Ibid.*, art. 81.
(8) *Ibid.*, art. 82.
(9) *Ibid.*, art. 82.
(10) *Ibid.*, art. 83.
(11) *Ibid.*, art. 84.
(12) D. 18 vendémiaire an II (9 octobre 1793).
(13) D. 19 vendémiaire an II (10 octobre 1793).
(14) D. 5 brumaire an II.
(15) D. 14-16 brumaire an II (4-6 décembre 1793).

(1) D. 14-16 brumaire an II (4-6 décembre 1793), sect. 1re, art. 8, 9 et 10.
(2) *Ibid*, sect. II, art. 2.
(3) Voir les décrets des 21 mars et 17 septembre 1793.
(4) D. 14-16 brumaire an II, art. 8 et 10.
(5) Cette épuration est rendue publique par l'envoi des noms au district qui dresse la liste et la proclame.
(6) D. 14-16 brumaire an II, art. 22.
(7) Compris, par prétérition, dans l'expression « agent soumis à une responsabilité solidaire » qui est celle du décret.
(8) D. 12-13 germinal an II (1er-2 avril 1794).
(9) D. 24 vendémiaire an III.
(10) D. 1er ventôse an III.
(11) D. 28 germinal an III.

administrateurs de département et de district dans leurs fonctions antérieures au 31 mai 1793. Mais ce ne fut que le 5 fructidor (1) que la Convention promulgua la Constitution. Le territoire restait divisé en départements. La Constitution les détermine et les nomme ; elle en fixe les limites *maxima* (100 myr. carrés), que, dans cette mesure, une loi peut changer. Chaque département est distribué en cantons qui conservent leurs circonscriptions antérieures, mais dont la loi peut modifier l'étendue. Chaque canton est divisé en communes. La Constitution ne touche pas aux circonscriptions antérieures. Elle veut de plus que les modifications de limites qu'elle autorise ne puissent jamais aller jusqu'à éloigner de plus d'un myriamètre le chef-lieu de la commune la plus lointaine du chef-lieu de son canton (2).

Le titre VII de la Constitution de l'an III est pour notre matière à retenir tout entier. L'administration départementale et l'administration cantonale sont les seuls degrés de hiérarchie conservés. Le district, d'une part, la commune, de l'autre, s'absorbent dans le canton.

Chaque administration départementale est composée de cinq membres, à l'instar du Directoire exécutif, et, comme lui, se renouvelle par cinquième tous les ans.

L'administration municipale est, en principe, au chef-lieu de canton. Toute commune de moins de 5,000 habitants n'a chez elle qu'un agent municipal et un adjoint. Le canton groupe dans une même municipalité tous les agents municipaux des communes, lesquels, sous un président choisi dans le canton, forment la municipalité collective.

Les communes de plus de 5,000 habitants et de moins de 100,000 sont les seules qui conservent l'unité municipale. Au-dessous, elles se groupent. Au-dessus, elles se morcellent. De 5,000 à 10,000 habitants, elles ont cinq officiers municipaux ; sept, de 10,000 à 50,000 ; neuf de 50,000 à 100,000.

Les communes de plus de 100,000 habitants ont trois administrations municipales *au moins*. La division se fait de manière à ce que la population de chacune d'elles n'excède pas 50,000 individus et ne soit pas moindre de 30,000. Chacune de ces municipalités se compose de sept membres.

Un bureau central de sept membres les relie, pour les objets indivisibles *que la loi détermine*.

Le président et les membres des administrations municipales, comme ceux des administrations départementales, sont élus au suffrage de leurs concitoyens.

Ils sont nommés par les assemblées primaires qui se composent de tous les citoyens, domiciliés dans le canton et qui s'assemblent de plein droit le 1er germinal de chaque année, en nombre de 450 au moins, 900 au plus, sous un président qu'elles nomment, pour élire le président de l'administration municipale du canton ou les officiers municipaux dans les communes de plus de 5,000 habitants. Les communes au-dessous de 50,000 habitants se réunissent immédiatement après pour élire les agents de chaque commune et leurs adjoints. Tout autre objet leur est rigoureusement interdit.

Les membres des bureaux centraux des communes divisées en plusieurs municipalités sont élus par l'administration départementale, mais reçoivent l'investiture du pouvoir exécutif. 83. Les corps municipaux se renouvellent tous les ans par moitié. Le mandat dure deux ans. Aucun officier municipal ne peut être réélu qu'après deux ans d'intervalle. Les membres des administrations départementales ne peuvent être réélus officiers municipaux que deux ans après avoir quitté leurs premières fonctions.

D'une élection à l'autre, les administrations municipales, comme les administrations départementales, pourvoient aux vacances, provisoirement.

Auprès de chaque administration départementale et municipale, le directoire a un commissaire qu'il nomme et révoque, et dont la fonction est de surveiller et de requérir l'exécution des lois. Le commissaire doit être d'origine locale et appar-

tenir à la classe des citoyens domiciliés dans le département depuis un an.

Le Corps législatif détermine les règles et le mode de fonctions des administrations, tant municipales que départementales, sur toutes les parties de l'administration antérieure. La Constitution n'en prévoit qu'une seule, qui est la répartition des contributions directes et la surveillance des deniers provenant des revenus publics dans leur territoire.

Les administrations, tant municipales que départementales, ne peuvent modifier ni les actes du Corps législatif, ni ceux du Directoire exécutif, ni en suspendre l'exécution, ni s'immiscer dans les objets dépendants du pouvoir judiciaire.

Les administrations municipales sont étroitement subordonnées aux administrations départementales, qui le sont à leur tour aux ministres.

Les actes des municipalités contraires aux lois ou aux ordres des autorités supérieures sont annulés par les administrations de département qui sont également investies du droit de suspendre, dans ces cas, les membres des municipalités.

Mais le Directoire exécutif a le dernier mot. Aucune suspension ni annulation ne devient définitive qu'après qu'il l'a confirmée. Il a, de plus, le droit d'annulation, de suspension et de destitution directes, et celui de mise en jugement, s'il y a lieu.

Tout arrêté, à ces fins, doit être motivé.

Les administrations, soit de département, soit de canton, ne peuvent correspondre entre elles que sur les affaires qui leur sont attribuées par la loi et non sur les intérêts généraux de la République.

Elles ne peuvent jamais se réunir pour délibérer ensemble (1).

Leurs délibérations sont rendues publiques par le dépôt du registre où elles sont consignées et qui est ouvert à tous les administrés.

Toute administration doit annuellement compte de sa gestion. Les comptes des administrations départementales sont imprimés, ce que la Constitution n'exige pas pour les administrations municipales.

Le titre IX précise comme il suit les droits des administrations municipales pour la réquisition de la force armée :

Aucune partie de la garde nationale sédentaire ni de la garde nationale en activité (ce qui est l'armée proprement dite) ne peut agir pour le service intérieur de la République que sur la réquisition écrite de l'autorité civile, dans les formes prescrites par la loi.

La force publique ne peut être requise par les autorités civiles que dans l'étendue de leur territoire ; elle ne peut se transporter d'un canton dans un autre qu'avec l'autorisation du département, sauf le cas de péril imminent. Toute administration municipale peut, dans ce cas suprême, requérir la garde nationale des cantons voisins ; mais, dans ce cas aussi, municipalité requérante et garde requise rendent immédiatement compte, chacune de leur côté, à l'administration départementale.

En matière de contributions, la Constitution réserve au Directoire exécutif la direction et la surveillance des perceptions et des versements.

En matière de dépenses, les administrations ne peuvent faire aucune répartition au delà des sommes fixées par le Corps législatif, ni délibérer, ou permettre, sans autorisation législative, aucun emprunt local à la charge des citoyens, du département, de la commune ou du canton.

L'instruction publique est attribuée à la nation. La Constitution est muette sur l'assistance.

84. Quinze jours après (2), la Convention précisait les attributions respectives des administrations départementales et des municipalités, soit simples, soit de canton, et certains détails d'organisation que la Constitution n'avait pas déterminés.

L'article 4 du décret organique fixe à deux ans la durée des pouvoirs du président des administrations municipales de

---

(1) *Constitution*, 5 fructidor an III. Proclamée le 1er vendémiaire an IV.
(2) Art. 5.

(1) Art. 367.
(2) D. 21 fructidor an III (7 septembre 1795).

canton, nommé, nous l'avons dit, au suffrage des assemblées communales. L'article 9 donne aux municipalités simples formées des villes ou des fractions de villes au-dessus de 5,000 âmes, le choix annuel de leurs présidents respectifs. Le chapitre des traitements est muet pour les agents municipaux, mais la gratuité de leurs fonctions est loin d'être admise en principe. L'article 26 ne la leur impose que provisoirement, comme dette civique et seulement jusqu'à ce que la situation du Trésor ait permis de les rémunérer. Les commissaires du Directoire près les administrations municipales reçoivent de 400 à 1,000 *myriagrammes de froment* selon la population; les commissaires, près les bureaux centraux des villes, 1,500.

Toutes les administrations municipales ou autres ont la nomination de leurs commis (1).

Les administrations municipales connaissent dans leur ressort :

1° Des objets précédemment attribués aux municipalités.

2° De ceux que la loi déléguait aux anciens districts ou aux agents nationaux près les districts (2).

Les administrations municipales, pour les uns et les autres, n'agissent que sous la surveillance des départements et du Directoire. Mais la mesure de cette surveillance est peu précise et laisse prise aux conflits (3). Le décret ne fixe avec netteté que ce qui touche aux conflits entre les autorités administratives et judiciaires, dont il donne le règlement au Directoire, ou, si mieux l'aiment soit le directoire, soit les corps administratifs eux-mêmes, à la loi (4).

Les agents municipaux des communes au-dessous de 5,000 âmes exercent les fonctions de police dans leurs communes respectives. Ils y constatent les contraventions et y font exécuter les arrêtés pris par l'administration municipale du canton. Les adjoints, en cas d'empêchement, les remplacent, soit à la commune, soit au canton ; ils concourent même avec eux à la police, mais à leur demande seulement (5).

Le président de l'administration collective n'a pas la police. Il a la convocation de l'assemblée des agents, toutes les fois qu'il le juge opportun. En cas d'absence ou d'empêchement, l'agent municipal du chef-lieu le remplace et convoque d'urgence, s'il y a lieu. Le département fixe la périodicité des assemblées ordinaires, qui doivent se réunir au moins trois fois par mois (6).

Dans les villes, les municipalités simples, se réunissent au moins une fois par cinq jours ou par dix jours, selon l'importance (7). Le président empêché est remplacé par un délégué de la municipalité, choisi par elle, parmi ses membres.

La police des villes n'échappe pas aux municipalités, mais aucune disposition du décret ne la leur confie. C'est un décret ultérieur qui y pourvoit (8).

Les bureaux centraux des villes divisées fixent eux-mêmes, évidemment dans la mesure des attributions *municipales*, leurs attributions collectives (9).

Près de chaque municipalité, et près de chaque bureau central, est un commissaire, aux termes de l'article 191 de la Constitution. Le décret fixe sa résidence, qui est celle de l'administration qu'il surveille. Il doit tout entendre, être entendu surtout, sans voix délibérative. Le décret se borne sur son rôle et sur ses pouvoirs à ces laconiques indications. En cas d'absence ou d'empêchement, c'est l'administration surveillée qui pourvoit à son remplacement provisoire, mode au moins singulier d'assurer l'autorité du pouvoir central, quand la restauration de cette autorité est l'esprit même de la Constitution de fructidor et l'unique motif de la substitution du canton à la commune et au district tout à la fois.

(1) Art. 17.
(2) Art. 19 et 21.
(3) Art. 18, 20 et 21.
(4) Art. 27 et 28.
(5) Art. 1 et 2.
(6) Art. 4, 5 et 6.
(7) Art. 8.
(8) Voir le décret du 19 vendémiaire an IV
(9) D. 21 fructidor au III, art. 10.

85. Le décret du 21 fructidor chargeait les départements de procéder d'urgence à la nouvelle distribution des communes par cantons, mais à charge d'en référer à la Convention. Pour l'organisation administrative, il était d'ailleurs, notoirement insuffisant. Un décret de vendémiaire (1) pourvut en partie à ces deux objets.

Pour le premier, il divisa Bordeaux, Lyon et Marseille, chacun en trois municipalités (2), avec bureau central dans chacune de ces villes, formant, chacune aussi, un seul canton. Quant au reste, les décisions provisoires des départements durent faire loi. Les départements furent également chargés de la distribution triennale des citoyens en assemblées primaires.

Pour le second, le décret de vendémiaire donne, dans les quatre grandes cités, la police des subsistances aux bureaux centraux.

Quant à la police générale, tout en maintenant intégralement l'organisation spéciale des gardes champêtres, il la confie à des commissaires de police dans les communes au-dessus de 5,000 habitants, avec compétence dans toute l'étendue de la commune ou de la municipalité d'arrondissement où ils sont attachés. Dans les quatre grandes villes, c'est le bureau central qui nomme et révoque ces commissaires ; c'est l'administration municipale unique dans les autres.

L'état civil est confié à l'agent municipal, ou son adjoint, dans les communes au-dessous de 5,000 habitants. Dans les autres, chaque municipalité désigne l'un de ses membres pour ces fonctions.

86. Ce décret est aussi insuffisant que l'autre, mais la Convention est épuisée. Elle a encore à écouler nombre de mesures importantes, prêtes pour la délibération et le vote. Elle ne s'occupera plus de l'organisation administrative, de la commune amoindrie pas plus que du département, si ce n'est pour rétablir, incidemment (3), l'ordre judiciaire légal, en faisant passer des municipalités aux juges de paix le jugement des contraventions de police municipale, que détenaient encore les officiers municipaux.

87. Le rôle des municipalités dans la police avait, dès les premiers jours de la Constituante, débordé les limites que les lois organiques lui assignent. Quand la Convention se réunit, il n'y avait pas, à proprement parler, de police municipale. Elle trouvait les municipalités associées à la police générale, y pourvoyant pour ainsi dire seules. Elle ne pouvait avoir le désir, ni n'avait, assurément, le pouvoir de leur substituer une véritable police d'État.

Une des premières mesures de police qui lui soit propre, est une mesure toute partielle ; mais très caractéristique. Les receveurs de districts ne sont admis à entrer en fonctions qu'en produisant un certificat de civisme, délivré par la municipalité (4). La municipalité de Paris renchérira et inventera pour son compte le certificat de civisme *moral*.

88. Les municipalités continuent, d'ailleurs, à délivrer les passeports, non sans subir le rigoureux contrôle de l'assemblée, qui casse leurs décisions s'il y a lieu et annule par exemple, les passeports délivrés un jour par la municipalité de Bordeaux.

89. Elles ont la police des assignats, la police des subsistances sur laquelle nous aurons particulièrement à revenir, la police des malversations dans les biens nationaux, de l'embauchage, de la fausse monnaie (6). Elles reçoivent la police de l'émigration (7). Elles sont maîtresses de la circulation des personnes. Elles sont chargées de la surveillance des maisons des émigrés. Elles répondent de cette police rigoureuse, sous peine de destitution des officiers municipaux en cas de négligence ; en cas de connivence, sous peine de deux années de fers. Elles sont autorisées à saisir dans les bureaux

(1) D. 19 vendémiaire an IV (11 octobre 1795).
(2) Paris en eut douze.
(3) Par l'article 151 du Code de Brumaire (3 brumaire an IV).
(4) D. 5-16 février 1793.
(5) D. 5 et 30 septembre 1793, 7 et 30 frimaire an II.
(6) D. 25 février, 28 mars et 9-11 mai 1793.
(7) Décrets cités ci-dessus, *passim*.

2

de poste les lettres adressées aux émigrés et d'en extraire, pour le domaine, les valeurs ; et, pour les archives du district, les titres de propriété.

90. Le décret du 11 août 1792 qui est la base de leur pouvoir général de police ne suffit plus. L'an II, en nivôse (1), le confirme à la fois et le développe. Les municipalités restent chargées des fonctions de police de sûreté générale pour la recherche des crimes attentatoires à la liberté, à l'égalité, à l'unité et l'indivisibilité de la République, à la sûreté intérieure et extérieure de l'État, aux complots pour la royauté ou toute autre autorité contraire à la souveraineté du peuple (2), à tout, en un mot, ce qui n'est pas la répression des crimes purement privés. Elles ont, cependant, un concurrent dans cette haute police : le comité révolutionnaire récemment établi à côté d'elles et qui partage ces hautes attributions. Toute l'instruction première de ces crimes publics appartient aux municipalités ou aux comités. L'autorité judiciaire saisie, le cas échéant, est tenue de renvoyer la plainte aux municipalités seules compétentes, avec les comités, pour instruire (3).

91. Le même mois (4), les municipalités sont associées à la répression même : elles reçoivent le droit de présentation des gardiens des prisons que le district ne peut choisir que sur leurs listes.

92. En germinal (5), elles ont l'exécution du décret redoutable qui poursuit les conjurations des nobles et des étrangers et déporte à la Guyane, au jugement des commissions populaires, quiconque, vivant sans rien faire et n'étant ni sexagénaire, ni infirme, sera convaincu de s'être plaint de la Révolution. Elles dressent les listes sur lesquelles le comité de salut public agit.

93. En prairial an III (6), elles sont déclarées responsables des pillages qu'elles n'auront pas empêchés, tout au moins dénoncés. Les officiers municipaux sont passibles d'amende. La responsabilité du dommage atteint tous les habitants (7).

94. A la veille de la séparation, vendémiaire an IV, à la veille aussi d'émeutes menaçantes, intervient le décret resté célèbre sur la police intérieure des communes, et leur responsabilité civile, dont la loi du 5 avril 1884 a conservé le principe en adoucissant les dispositions.

95. Remontons le cours de ces trois années. Voici un grave objet des préoccupations publiques : les subsistances, où les municipalités sont investies du rôle le plus actif d'administration et de police tout à la fois.

En mai 1793 (8), tout cultivateur est tenu de faire aux municipalités la déclaration de ses grains ou de ses farines. Les officiers municipaux contrôlent la sincérité de ces déclarations, ils envoient au district, le tableau qu'ils ont dressé. Ils sont autorisés à des vérifications sur place, par voie de visites domiciliaires, sur la délibération des conseils généraux des communes. Ils confisquent les fermes et les biens non déclarés. Ils surveillent les ventes. Ils requièrent au besoin l'apport des substances au marché. Ils font même battre d'office les grains en gerbes. Ils répondent de la tranquillité du marché. Ils veillent à l'exécution des prohibitions d'exportations.

C'est la loi du *maximum*. A cela seul, les municipalités restent étrangères. C'est l'administration supérieure qui fixe les prix.

96. En juillet (9), peine capitale contre les accapareurs. Les municipalités ont l'instruction, la surveillance et le devoir de faire procéder d'office aux ventes, par petits lots.

En août (10), les municipalités sont chargées de procéder au recensement général des blés, dans chaque commune.

97. En septembre (1), nouveau décret pour l'exécution et le développement de celui de mai. La Convention intéresse les communes aux poursuites. Les confiscations sont faites à leur profit. Elle les stimule, d'autre part, par la menace de peines : 100 livres d'amende, on cas de négligence pour les officiers municipaux, et, pour le procureur de la commune, dans le même cas, 200.

Le même mois (2), les municipalités sont autorisées à requérir les travailleurs qui délaissent leurs travaux, à les ramener à l'ouvrage et à frapper de trois jours de détention les paresseux ou les récalcitrants.

Le lendemain, nouveau décret accentuant leur surveillance (3) et les maintenant expressément, malgré la décision qui donne aux directeurs de jury une action immédiate sur la police des subsistances. Les deux pouvoirs fonctionneront concurremment.

98. En août 1793 (4), la Convention, passant à l'ordre du jour sur une pétition de la commune de Vicq, avait déclaré les municipalités libres d'établir leurs foires ou leurs marchés où bon leur semble, sans aucune approbation ni homologation des corps administratifs. En vendémiaire, c'est-à-dire presque aussitôt (5), elle se ravise et décide que les anciens marchés antérieurs à 1789 seront conservés. Elle charge les municipalités de les tenir toujours approvisionnés et interdit d'en établir de nouveaux sans une autorisation officielle de la Convention.

99. En brumaire an II (6), les municipalités sont tenues à faire approvisionner les marchés, en exécution du décret du 11 septembre 1793. A ce rappel énergique, s'ajoute la défense d'arrêter les grains à destination de Paris, des armées et des marchés extérieurs, que quelque commune affamée serait tenté de retenir pour elle.

100. Un an après (7), un décret déclare qu'il n'y aura plus de réquisition illimitée. Mais toute denrée, subsistance, tout autre objet nécessaire aux besoins de la République continue à être requérable, dans les formes prescrites ; les municipalités requises sont tenues de faire exécuter les réquisitions et de rendre compte à l'administration supérieure, sous les peines portées par la loi du 14 frimaire an II, c'est-à-dire à peine de la perte des droits de citoyen pendant 4 ans.

101. Le même jour (8), les municipalités sont investies du droit de fixer le prix du pain. C'est la commune du chef-lieu du district qui le fixe pour elle ; et pour toutes les autres communes d'un même canton, c'est celle du chef-lieu du canton (9).

102. En nivôse an III (10). La loi du maximum est abrogée. La liberté de la circulation est rendue, sauf aux frontières et aux côtes, dans un rayon de deux lieues. Là, les grains ne peuvent circuler qu'avec des acquits-à-caution que les municipalités délivrent.

103. En prairial (11), nouveau recensement général dans chaque commune, non seulement des farines, mais des grains même en gerbes ; prélèvement pour la commune ; envoi du reste à Paris et aux armées. Mais ce ne sont plus les municipalités qui opèrent : ce sein délicat incombe au district.

En thermidor, an IV (12), nouvel appel aux municipalités pour le maintien de l'ordre dans les marchés. Le désordre est là. L'appel est si pressant, que c'est dans la loi qui institue la patente qu'il se glisse ; qu'il s'adresse non seulement aux officiers municipaux, mais aux habitants eux-mêmes, et à peine de responsabilité et de *suppression du marché.*

(1) D. 18 nivôse an II (7 janvier 1794).
(2) *Ibid.*, art. 1.
(3) Même décret.
(4) D. 2 nivôse an II.
(5) D. 27 germinal-8 floréal an II.
(6) D. 16 prairial an III.
(7) D. 10 vendémiaire an IV.
(8) D. 4 mai 1793.
(9) D. 26-28 juillet 1793.
(10) D. 17 août 1793.

(1) D. 11 septembre 1793.
(2) D. 29 septembre 1793.
(3) D. 30 septembre 1793.
(4) D. 14 août 1793.
(5) 18 vendémiaire an II.
(6) 25-26 brumaire an II.
(7) D. 19 brumaire an II.
(8) 19 brumaire an II.
(9) On sent déjà là l'esprit de la Constitution future (de l'an III); les petites communes sont déjà tenues en suspicion.
(10) 4 nivôse an III.
(11) 2 prairial an III.
(12) D. 4 thermidor an III, *sur les patentes*, art. 19.

104. En vendémiaire (1), la Convention, près de sa fin, décrète encore que, *par continuation*, les grains ne pourront être vendus que dans les foires et marchés publics ; que les campagnes seront approvisionnées par voie de bons municipaux. Et, en présence des dangers toujours pressants de la famine, elle institue la responsabilité collective des municipalités négligentes, plus les amendes, même la détention et les fers pour les officiers municipaux coupables d'arrestations de grains ou de négligence à les prévenir.

105. L'administration et la police sont encore mêlées. Mais une série de mesures d'administration pure complète les décrets que la Convention a rendus sur cette grave matière. Dans sa haute préoccupation des approvisionnements publics, qui la conduisait à ces mesures dictatoriales du maximum et des réquisitions, à ces responsabilités et à ces peines, la Convention ne pouvait perdre de vue les terres laissées à l'abandon, soit par les défenseurs de la patrie, soit par les émigrés. Une série de décrets (2) chargea les municipalités de mettre ces terres en culture, sauf remboursement par la nation. Le dernier met la conservation de la récolte sous la surveillance et à la garde du patriotisme de tous les citoyens. Elle invite les municipalités à la surveillance, sous la peine de la destitution.

106. Nous n'en avons pas fini avec la police. Il reste encore la police militaire, où les municipalités sont également associées. La loi de la levée des 300,000 hommes appelle et provoque leur concours. Elles président aux enrôlements (3). Elles sont déclarées responsables de l'inutilisation des armes disponibles. Elles poursuivent, par voie de réquisition, l'équipement et le harnachement. Un peu plus tard (4), elles sont chargées de la dénonciation des réfractaires, à peine, pour la commune, de fournir à ses frais autant d'hommes qu'elle en aura laissé se soustraire à leur devoir. Déjà antérieurement (5), elles étaient chargées de délivrer aux citoyens sous les armes les certificats sans lesquels ils ne pouvaient obtenir de congé.

107. Elles sont même investies du plus singulier pouvoir pour la recherche des salpêtres nécessaires à la défense. Aux termes d'un décret de 1793 (6), toutes les terres et matières à salpêtre sont mises à la disposition du conseil exécutif. Et s'il y a dommage, non seulement les municipalités le constatent ; mais elles l'arbitrent *souverainement*. Ceci pour la poudre. Pour les canons, à la demande de la municipalité, toutes les communes sont autorisées (7) à fondre leurs cloches. Plus tard (8), elles y sont tenues et ne peuvent conserver que le timbre de leur horloge.

108. Dans cette période de combat, nous trouvons peu de matières d'administration pure. Nous voyons cependant les municipalités associées à l'opération de l'emprunt forcé (9), et chargées de vérifier, par l'organe des conseils généraux des communes, la sincérité des déclarations ; — de dresser les états de population de chaque commune (10) ; — de participer à l'évaluation des dommages occasionnés par les intempéries, les incendies et les accidents ; — de procéder aux enquêtes, d'en délibérer, d'écouter les dires et contredits, pour être statué par le département à titre définitif (11) ; — de participer également (12) à l'évaluation des secours à accorder pour pertes de guerre, la Convention, dans un élan généreux, s'étant engagée à indemniser tous les citoyens.

109. Nous trouvons enfin un certain nombre de décrets intervenus dans la question du nom des communes, et sur lesquels nous n'insistons pas (13).

110. Quant aux abus de pouvoir, que la Constituante était si souvent obligée de réprimer, nous en trouvons peu de trace. Aussi bien le terrain a changé. On n'est plus dans l'ordre légal, et, au-dessus des abus de pouvoir, il y a, pour inquiéter la Convention, la révolte armée. On voit, çà et là, la Convention interdire aux municipalités toute immixtion dans le service des ports marchands (1) ; défendre, à peine des fers, de dissoudre les sociétés populaires (2) ; mais on voit surtout des mesures de rigueur contre les communes véritablement révoltées : Lyon perdra son nom, à titre de peine, pour celui de Commune affranchie (3), pour reprendre le nom qui lui est cher, le jour où sa soumission est complète (4), et, par une série de décrets de brumaire an II (5), la démolition menace les villes qui se rendent sans avoir reçu l'assaut, et les villes rebelles destinées à une impitoyable destruction. Tout a pris alors des proportions redoutables. L'abus de pouvoir devenu révolte, la répression devait passer du domaine administratif aux plus hauts degrés de l'ordre répressif.

111. La question de la régularisation de l'administration des biens communaux avait été un legs de l'Assemblée législative, qui, par son décret du 14 août et du 28 août 1792, avait réintégré les communes dans les bois, terrains, propriétés, droits d'usage et autres dont elles avaient été dépouillées par l'effet de la puissance féodale, et avait prescrit le partage de ces biens entre les citoyens de chaque commune. La Convention voulut faire exécuter ces décrets, mais en les empreignant de son esprit. Elle définit donc, comme elle voulait qu'on le l'entendît, quels étaient les biens que l'on devait considérer comme communaux, et décréta comment ils devaient être partagés par tête entre les habitants ; quels seraient ceux qui pourraient avoir droit au partage, et comment il serait opéré ; enfin dans quels délais et comment seraient jugées les contestations (6). Son décret ne put heureusement pas être exécuté, et la propriété communale put être sauvée. L'erreur dans laquelle il était entré frappa vite, d'ailleurs, les législateurs, et, les besoins du Trésor public aidant, des mesures furent prises pour arrêter le gaspillage des propriétés communales organisé par le décret du 10 juin 1793 (7), et l'œuvre révolutionnaire cessa sans avoir causé en cette matière trop de mal (8).

112. Les communes avaient des dettes considérables ; l'Assemblée nationale, par son décret du 5 août 1791, l'Assemblée législative, par celui du 6 février 1792, avaient décidé qu'elles devaient être acquittées, et cherché à réglementer leur libération en y consacrant les biens qu'elles possédaient ou qu'on venait de leur attribuer. La Convention les déclara dettes nationales, et prescrivit leur inscription au grand-livre de la dette publique (9). Cette mesure, qui, en d'autres temps, aurait pu être une garantie pour les créanciers des communes, fut leur ruine ; elle fut, en réalité, la conséquence des embarras financiers du budget de l'État. La Convention reprit les biens nationaux confisqués qu'elle avait attribués aux communes, en échange de la charge qu'elle prenait (10).

SECTION IV.

LA COMMUNE SOUS LE DIRECTOIRE.

113. Le Directoire, entre la Révolution et la dictature n'a été qu'une transition. Tout imprégné d'esprit révolutionnaire, et toujours aux prises avec le trouble politique, l'adminis-

---

(1) D. 7 vendémiaire an IV.
(2) D. 25-29 mars 1793, 16 septembre 1793, 23 nivôse an II, 8 messidor an II.
(3) D. 24 février 1793.
(4) D. 28 mars 1793.
(5) D. 13 décembre 1792.
(6) D. 21-28 août 1793.
(7) D. 23 février 1793.
(8) D. 20 frimaire an II.
(9) D. 3 septembre 1793.
(10) D. 11 août 1793.
(11) D. 20-23 février 1793.
(12) D. 14-16 août 1793.
(13) On les trouvera rapportés au titre III, chapitre IV.

(1) D. 26-29 janvier 1793.
(2) D. 25 juillet 1793.
(3) D. 21-22 vendémiaire an II.
(4) D. 16 vendémiaire an III.
(5) C. de brumaire, 1er brumaire, 11 brumaire.
(6) D. 10 juin et 8 août 1793, 26 nivôse et 23 ventôse an II.
(7) D. 13 messidor an II, 30 thermidor et 7 brumaire an III; L. 21 prairial an IV et 2 prairial an V.
(8) V. d'ailleurs *infrà*, liv. III, tit. 3.
(9) D. 15-24 août 1793.
(10) V. d'ailleurs *infrà*, liv. III.

tration cherche sa voie vers un état stable et régulier. Le coup d'État de brumaire ne lui laissera pas le temps de la trouver ; et les décisions sur tous les sujets se multiplieront sans que cependant on puisse démontrer ni les principes qui les ont inspirés, ni les règles pratiques qu'elles ont établies.

114. Une loi dispensant de la résidence au chef-lieu les commissaires du pouvoir exécutif des chefs-lieux de canton de moins de 2,000 âmes et leur assignant tout le canton pour résidence (1) ; — une loi attribuant itérativement aux communes qui veulent s'y soustraire, le payement de leurs frais d'administration intérieure (2) ; — une loi autorisant les municipalités de canton à pourvoir elles-mêmes, d'une élection à l'autre, au remplacement provisoire de leurs présidents en cas de vacance (3) : voilà pour l'an IV.

115. En l'an V, une loi règle la hiérarchie des correspondances entre les différents corps administratifs, en conformité de la hiérarchie des attributions telle que la Constitution l'a fixée (4) ; — Une loi (5), peu après, règle la tenue des assemblées communales, dont elle exclut tout autre objet que la nomination des agents municipaux. — La même loi charge les municipalités de canton de la tenue du *registre civique* où sont inscrits tous les citoyens appelés à prendre part à la constitution des assemblées électives, municipalités et autres; la classification de la Constituante entre les citoyens *actifs* et ceux qui ne le sont pas a disparu du langage législatif. Mais elle se retrouve cachée dans ses dispositions légales, qui écartent du suffrage ceux qui ne contribuent pas aux charges publiques, au moins par une contribution volontaire de trois journées de travail, ou par une campagne pour la République. — Une troisième loi de la même année (6) fixe au 1er floréal de chaque année l'époque d'entrée en exercice des assemblées et des agents municipaux. — Une quatrième (7) fixe à 24 ans l'âge requis pour remplir les fonctions de secrétaire-greffier des municipalités. — Une dernière (8) admet les cousins germains à siéger ensemble dans la même assemblée.

116. L'an VI est encore plus pauvre. Deux lois (9) sur la tenue des assemblées communales modifient certains points de détails, et règlent avec précision l'ensemble des opérations de ces assemblées. Elles appartiennent plutôt à l'histoire électorale qu'à l'histoire municipale et nous nous bornons à les mentionner.

117. L'an VII ne donne rien autre chose et la part de cette courte période consiste dans la législation qui règle au jour le jour la vie communale, et qui s'associe à la vie générale du pays. La police est toujours la grande affaire au milieu des troubles incessants. La police locale ne tient même qu'une faible place dans l'ensemble des mesures de police que le Directoire, comme les assemblées révolutionnaires, met à la charge des municipalités. Avant tout c'est la police générale. Au premier rang de cette police d'État, c'est la police de sûreté.

118. En l'an V deux lois (10) organisent la garde nationale. Les municipalités, responsables des dépôts d'armes, ont, dans leur circonscription la convocation exclusive de cette force publique intérieure. Peu après la seconde, sous l'empire des circonstances (11), le gouvernement directorial abroge ces deux lois et réserve au Directoire la proclamation de l'état de siège et la répression directe des troubles publics. — Mais dès l'an VI, nouvel appel est fait aux municipalités (12). Un arrêté du Directoire les charge, sous leur responsabilité et par application de la loi du 10 vendémiaire an IV, de la répression des troubles que la contrebande suscite aux frontières.

— Presque aussitôt après (1), la garde nationale, reconstituée, est mise en réquisition permanente et à la disposition constante, pour la répression des troubles, des municipalités des grandes villes ; l'administration centrale pourvoyant à la sécurité des communes au-dessous de 10,000 habitants. — En même temps (2) une loi sévère, si sévère même qu'elle ne se donne qu'un an d'existence, et qu'on fait elle n'a pas été prorogée au delà, réprime les vols et les attaques à main armée sur les grands chemins. Le juge est le conseil de guerre, lorsque le trouble provient d'un rassemblement de *plus de deux* personnes, et la peine est la mort. Les municipalités sont chargées, concurremment avec les autorités centrales, de l'arrestation et de la poursuite.

119. En l'an VII (3), un arrêté du Directoire étend aux communes des départements réunis le 9 vendémiaire an IV, les dispositions redoutables de la loi du 10 vendémiaire. La loi sur la gendarmerie (4) prescrit à ce corps d'obéir aux réquisitions des municipalités pour la police des foires, marchés, fêtes, cérémonies publiques. En floréal (5), un arrêté en forme d'instruction trace des devoirs étroits aux administrations municipales dans l'emploi de la garde nationale pour la répression des troubles. En messidor (6), la répression des assassinats et des troubles à main armée impose au gouvernement directorial une nouvelle loi formidable. Dans tout département, canton ou commune déclarés par le Directoire en état de trouble, il est pris des otages parmi les parents d'émigrés, les anciens nobles. Les municipalités ont la surveillance des otages, et achètent à ce prix la suspension de la loi de vendémiaire en leur faveur.

120. Associées à la haute police, comme sous la Convention, les municipalités continuent à l'être à la police générale administrative. Elles sont tenues de prêter assistance personnelle aux gardes spéciaux chargés de la poursuite des délits forestiers (7), dans la répression des vols de bois flottés (8), dans la répression des fraudes de douane (9). Elles sont tenues de prêter main-forte pour l'extinction des incendies qui se multiplient dans les bois et pour la surveillance des forêts, en vue de les prévenir (10) ; et ce, sous peine de perdre leurs droits de pâturage. Elles continuent à intervenir dans la police des grains, et à délivrer les passavants sans lesquels toute circulation est défendue dans le rayon frontière (11). Elles ont la police des bacs et bateaux (12) ; celle des campagnes (13) et répondent, sous la responsabilité de la loi de vendémiaire an IV, du pillage des épaves confiées à leur garde. Elles ont la police de la garantie des matières d'or ou d'argent (14).

121. Elles restent d'ailleurs les auxiliaires énergiques de l'action militaire ; et en même temps qu'elles président, comme par le passé, aux enrôlements (15) ; à l'octroi des congés militaires, leur intervention obligatoire dans la délivrance des certificats (16) ; à l'octroi des dispenses de service, sur lesquelles elles statuent en premier ressort (17), attribution qui leur est cependant retirée plus tard (18) pour passer à l'autorité militaire ; elles sont chargées (19), concurremment avec les commissaires du pouvoir exécutif qui fonctionnent auprès d'elles, de la surveillance des déserteurs et des réfractaires ;

(1) L. 10 pluviôse an IV.
(2) L. 28 messidor an IV.
(3) L. 7 thermidor an IV.
(4) L. 17 pluviôse an V.
(5) L. 5 ventôse an V.
(6) L. 28 germinal an V.
(7) L. 25 floréal an V.
(8) L. 11 thermidor an V.
(9) L. 28 pluviôse et L. 18 ventôse an V.
(10) L. 25 thermidor an V et L. 13 fructidor an V.
(11) L. 19 fructidor an V.
(12) Arr. 8 nivôse an VI.

(1) Arr. 26 nivôse an VI.
(2) L. 29 nivôse an VI.
(3) Arr. 4 brumaire an VII
(4) L. 28 germinal an VI (art. 140 et suiv.).
(5) Arr. 23 floréal an VI.
(6) L. 24 messidor an VII.
(7) Arr. 4 nivôse an V.
(8) Arr. 24 nivôse an V.
(9) Arr. 9 ventôse an VI.
(10) L. 25 pluviôse an VI.
(11) L. 26 ventôse an V.
(12) L. 6 frimaire an VI.
(13) L. 27 thermidor an VII.
(14) L. 19 brumaire an VI (art. 71, 74, 92, 95, 101, 103).
(15) L. 19 fructidor an VI.
(16) Arr. 9 brumaire an VI.
(17) L. 28 nivôse an V.
(18) L. 27 messidor an VII.
(19) L. 4 frimaire an IV; Arr. 8 pluviôse an IV; L. 24 brumaire an VI; Arr. 3 fructidor an VI.

de la délivrance des passeports, jusqu'à pouvoir être poursuivies comme complices si elles laissent échapper des villes murées de la République les réfractaires et les déserteurs poursuivis ; et jusqu'à se voir frappées, dans leurs membres, de la peine de la prison, en cas de négligence, et même des peines rigoureuses de la loi du 4 brumaire an IV.

122. La police à proprement parler municipale est comme effacée au milieu de ces mesures de police générale. De l'an IV à l'an VII on peut cependant relever quelques dispositions de cet ordre dont quelques-unes ont une véritable importance. Telles sont celles qui, imposant le repos des décades et la fermeture des magasins, autorise les municipalités à permettre les étalages portatifs propres à l'embellissement des fêtes (1) ; celle qui charge les municipalités de la publication et de l'exécution de la loi du repos obligatoire (2) ; celle qui associe les agents municipaux aux commissaires de police dans la visite quotidienne des théâtres en vue de prévenir les incendies (3) ; celle qui n'autorise que sous leur agrément l'ouverture des laboratoires de dissection (4),—tels sont, disons-nous, l'arrêté de l'an VI qui impose aux municipalités le devoir étroit de pourvoir à l'application de la loi du 5 nivôse an V, c'est-à-dire à l'interdiction de crier les journaux autrement que par leurs titres (5) ; — les lois et arrêtés de l'an VI qui organisent les poids publics dans les villes de plus de 5,000 âmes, sous la direction des municipalités, moyennant le payement de taxes attribuées aux hospices (6) ; — et surtout la loi de l'an V (7) qui arme les municipalités des pouvoirs les plus étendus pour l'extinction des épizooties et qui prend à la vieille législation des édits et des arrêts des Parlements et du Conseil leurs dispositions protectrices pour les faire passer dans la législation moderne.

123. Si nous passons de la police à l'administration intérieure, nous trouvons que le mélange des attributions d'État et des attributions communales déjà signalé, se perpétue dans les lois financières : les municipalités continuent à être associées à l'assiette et à la perception des impôts (8).

124. En matière d'administration communale propre, le Directoire cherche à établir un peu d'ordre : il confère aux maires et aux adjoints le droit de suivre les actions judiciaires (9) ; il interdit d'aliéner ou d'échanger les biens communaux (10) et surtout, nous le voyons organiser la législation des bureaux de bienfaisance et des hospices communaux, leur constituer des biens, des revenus, des ressources et des droits (11).

SECTION V.

LA COMMUNE SOUS LE CONSULAT.

125. Le 18 brumaire de l'an VIII, la première République a vécu. Elle figurera, quelque temps encore, dans les actes, les monnaies et sur les murailles. C'est la dictature qui la remplace dans les faits. Il sera encore parlé de commune ; mais la vie communale sommeillera.

Le 20 brumaire, les consuls dressaient des listes de pros-

crits immédiatement *dessaisis de tout droit de propriété*. Et le 22 frimaire la Constitution de la *République Française* confisquait la souveraineté, avec le reste.

126. Cet acte débute par un hommage à la commune. L'édifice constitutionnel nouveau repose sur *la cité* (1).

Seulement, la cité consulaire de l'an VIII n'est qu'une étiquette. Il n'y a plus, à proprement parler, ni cité, ni citoyen.

La cité que la Constitution de l'an III avait déjà transportée de la commune ancienne au canton, passe du canton, qui disparaît (2), à ce que la Constitution de frimaire appelle *l'arrondissement communal*, c'est-à-dire la réunion d'un nombre considérable d'anciennes communes dans une nouvelle subdivision départementale de beaucoup supérieure au canton : cette subdivision même qui porte encore, à l'heure actuelle, le nom d'arrondissement. C'est à l'arrondissement qu'est ouvert le registre *civique* et que se font inscrire les citoyens.

127. Le 3 nivôse, la Constitution entre en activité (3).

Le 19 (4), le nouveau pouvoir s'affirme sur les municipalités en réservant au premier consul la nomination des bureaux centraux des grandes villes, qui subsistent encore et semblent, par là, devoir être conservés. Le 21 (5) paraît la formule du serment que l'on aura à prêter.

Le 28 pluviôse, enfin (6), paraît la loi concernant la division du territoire français et l'administration (c'est son titre), et embrassant à la fois dans leurs grandes lignes, l'administration communale et l'administration générale du pays.

128. Au point de vue général, la France reste divisée en départements, chaque département en arrondissements communaux. C'est le premier titre de la loi et ce n'est d'ailleurs que la reproduction de la disposition constitutionnelle. Un préfet, un conseil de préfecture et un autre conseil administratif se partagent, dans chaque département, les attributions exercées par les administrations départementales et les commissaires du pouvoir central. Le préfet est seul chargé de l'administration (7).

Les paragraphes 2 et 3 du titre II sont consacrés, le premier, à l'administration communale et le second aux municipalités.

Chaque arrondissement communal a un sous-préfet à sa tête, avec un conseil d'arrondissement de onze membres. Est-ce à dire que le sous-préfet a l'administration des communes, comme le préfet a l'administration du département ? Que le conseil d'arrondissement tient lieu, pour toutes, de conseil municipal ? Nullement. La suppression de la commune n'entre pas dans le plan consulaire. Et nous allons la retrouver, effacée et languissante, dans le chapitre des *Municipalités*. L'arrondissement communal n'est, au point de vue administratif, qu'un sous-département. Et l'on aurait peine à se rendre compte de la genèse de cette expression légale mal venue, si l'on n'en trouvait la clef dans la Constitution de frimaire, dans cette cité politique sans citoyens dont elle place le centre à l'arrondissement. La loi administrative n'emprunte, d'ailleurs, à cette imagination constitutionnelle que sa terminologie même, et l'on ne trouve pas un mot, dans les quelques articles qu'elle consacre à *l'arrondissement communal*, qui touche de près ou de loin, au droit municipal. On y voit bien que le sous-préfet possède des attributions des anciennes administrations municipales et des commissaires de canton ; mais cela veut dire qu'il est substitué aux anciennes administrations de district, où les municipalités de canton étaient venues se perdre : car le même article fait immédiatement réserve des attribu-

(1) 17 thermidor an VI.
(2) 18 thermidor an VI.
(3) 1er germinal an VIII.
(4) 3 vendémiaire an VII.
(5) Arr. 15 frimaire an VI.
(6) Arr. 27 brumaire an VII.
(7) 25 messidor an V.
(8) L. 29 frimaire an IV, 27 messidor an IV, 6 fructidor an IV, 9 frimaire an V, 26 pluviôse an V, 17 prairial an V, 30 prairial an V, 14 thermidor an V, 7 brumaire an VI, 22 brumaire an VI, 22 brumaire an VII, 7 vendémiaire an VII, 3 frimaire an VII, 4 brumaire an VII, 3 nivôse an VII, 2 messidor an VII.
(9) L. 29 vendémiaire an V.
(10) L. 2 prairial an V.
(11) L. 7 frimaire an V ; L. 16 vendémiaire an V ; L. 20 ventôse an V.

(1) *Constitution*, 22 frimaire, tit. Ier, *De l'exercice du droit de cité*.
(2) *Ibid.*, art. Ier, 2e alinéa. *Le territoire est divisé en départements et arrondissements communaux.*
(3) L. 3 nivôse an VIII (24 décembre 1799) fixant au 8 nivôse la mise en activité de la Constitution, et la transmission des pouvoirs, sauf aux administrations locales, comme aux fonctionnaires en général, à attendre en fonctions l'installation des autorités *correspondantes*.
(4) Arr. consul. 19 nivôse an VIII.
(5) L. 21 nivôse an VIII.
(6) L. 28 pluviôse an VIII.
(7) Nous n'avons pas à analyser ici la loi de pluviôse au point de vue de l'administration générale.

tions des *municipalités*, que (1) la loi définit dans le paragraphe 2. On y voit encore que le conseil d'arrondissement est chargé de la répartition des contributions directes entre les villes, bourgs et villages, et de l'instruction des demandes en décharge que ces villes, bourgs et villages pourraient former (2). Mais ce sont là des attributions d'État, et non municipales. La loi de pluviôse ne fait ici que rendre hommage à la Constitution de frimaire. C'est ailleurs qu'il y faut chercher l'organisation municipale nouvelle.

129. La loi de pluviôse consacre à cette organisation le paragraphe 3 et une partie du paragraphe 4 du titre III.

Elle ramène la commune à son cadre primitif. La Constituante avait subi la multiplicité communale ; en fait, elle avait réagi contre elle, recommandé et, dans une assez forte mesure, effectué la concentration. La Constituante voulait la commune libre et vivante. La Convention, dépassant la mesure, avait décrété la concentration uniforme et fédéralisé les petites communes dans les municipalités de canton. La Convention voulait la commune soumise, mais vivante et libre en même temps. Le pouvoir personnel avait nécessairement d'autres vues. La commune n'était pour lui qu'un organisme d'obéissance. Mais il fallait qu'elle pût paraître une restitution de liberté.

Il y aura donc dans chaque *ville, bourg et autre lieu*, un organisme municipal (3). Il y aura un conseil municipal partout où il y avait un agent municipal (4) : de 10 membres jusqu'à 2,500 habitants ; de 20 membres, jusqu'à 5,000 habitants ; de 30 membres, au delà (5).

A côté, ou plutôt au-dessus de ce conseil municipal, il y aura un maire. Et ce maire ne sera plus l'exécuteur des volontés du conseil. Comme le préfet dans son département, il aura l'administration dans sa commune.

130. Rendons justice même à la dictature. Il y a, ici, un grand et ferme principe posé. On est sorti, pour n'y plus rentrer, dans la commune comme dans l'État, ou pour mieux dire, à tous les degrés de la hiérarchie administrative, de la malheureuse conception de l'administration collective si funeste à l'œuvre de la Révolution. La dictature a remis, en l'an VIII, l'administration sur sa base, qui est l'unité d'action. Mais comme elle ne sortait de cette conception décevante que pour se construire une forteresse, elle n'a laissé de place, dans la conception nouvelle, qu'à l'unité d'action. Au centre, un corps législatif subalterne. Au milieu, des conseils sans pouvoir ; aux extrémités, dans la commune, un corps municipal sans vie. Par contre, au centre, un consul tout-puissant ; au milieu, des préfets aussi soumis au maître, que maîtres à leur tour. Aux extrémités, dans la commune, un maire réunissant en eux le même pouvoir et la même subordination.

L'article 13 de la loi de pluviôse définit ce pouvoir, chez le maire, dans les termes suivants : « Les maires (et adjoints) rempliront les fonctions administratives exercées maintenant par l'agent municipal et l'adjoint, relativement à la police et à l'état civil, ils rempliront les fonctions exercées maintenant par les administrations municipales de canton, les agents municipaux et les adjoints. » Jusque-là, rien d'excessif. Le maire recueille les attributions administratives des anciennes administrations collectives. L'attribution légale est conforme à la théorie vraie. Ce qui manque c'est le contrôle. C'est la délibération du corps municipal. Il y en a un partout, à côté du maire. Mais c'est une apparence, ou peu s'en faut.

C'est le préfet qui institue pour trois ans les conseillers municipaux; qui peut leur retirer, après ce terme, ou leur renouveler leur mandat ; qui peut les suspendre de leurs fonctions. C'est le préfet dans les villes de moins de 5,000 âmes qui nomme les maires. C'est le premier consul dans les autres.

131. Nous avons dit les attributions du maire. L'article 15 définit ainsi celles du conseil municipal :

« Il entendra et pourra débattre le compte des recettes et dépenses municipales, qui sera rendu par le maire au sous-préfet; lequel l'arrêtera définitivement.

« Il réglera le partage des affouages, pâturages, récoltes et fruits communaux.

« Il réglera la répartition des travaux nécessaires à l'entretien et aux réparations des propriétés qui sont à la charge des habitants.

« Il délibérera sur les besoins particuliers et locaux de la municipalité, sur les emprunts, sur les octrois ou contributions, ou centimes additionnels qui pourront être nécessaires pour subvenir à ces besoins; sur les procès qu'il conviendra d'intenter ou de soutenir pour l'exercice et la conservation des droits communs. »

C'est sommaire, et l'on sent les lacunes. D'où, pour les maires, une source nouvelle de pouvoir, et, par prétérition, l'attribution de tout ce que la loi ne donne pas aux conseils. Mais elle eût pu leur donner tout. Agents du préfet, nommés par lui, comme le maire, les conseillers municipaux de la loi de pluviôse ne sont rien. Ils ne peuvent se réunir que quinze jours par an ou sur l'ordre du préfet.

132. Les maires, eux aussi, ont fort à faire. Au-dessus de 2,500 âmes, la loi de pluviôse leur donne deux adjoints (1), et un adjoint en plus par 20,000 habitants au-dessus de 10,000. Un commissaire de police est installé dans les villes au-dessus de 5,000 âmes. Au-dessus de 10,000, chaque excédent de 10,000 âmes implique la présence d'un commissaire de plus. Dans les villes de 100,000 âmes et au-dessus, l'unité municipale reste rompue. Il y a un maire et un adjoint à la place de chaque administration municipale ancienne. (La loi reste muette sur les bureaux centraux.) Un commissaire général de police subordonné au préfet et même directement au ministre de la police, y centralise le service de la sûreté.

Telle est l'organisation municipale que la loi de pluviôse associe, comme organisme inférieur, à l'organisation administrative générale.

133. Le 17 ventôse, ils mettent en œuvre la loi de pluviôse et règlent la transmission des pouvoirs. Les administrations municipales en exercice auront à dresser leurs inventaires. Elles cesseront leurs fonctions dès l'installation des sous-préfets, les agents et adjoints remplissant provisoirement, dans leurs communes respectives, les fonctions nouvelles des maires et des adjoints. A la clôture de chaque assemblée municipale, les juges de paix apposeront les scellés jusqu'à la transmission définitive. Le souvenir des rébellions locales pèse singulièrement sur ces municipalités.

Le 17 floréal (2), on détermine le costume des maires.

Le 19 (3), on règle la nomination des nouvelles autorités municipales : maires, adjoints et conseils. Les maires recevront le serment des conseillers municipaux. C'est comme l'investiture et la marque de la subordination. Les conseils ne s'assembleront qu'à la date réglementaire, le 15 pluviôse an IX.

Le 27 prairial (4), un arrêté consulaire abonne, d'office, les communes au *Bulletin des lois,* depuis la Constitution de l'an VIII.

Le 8 messidor (5), on attribue aux maires et adjoints, à la nomination du premier consul, un costume particulier.

Le 9 (6) il est expliqué, par arrêté consulaire, que les villes de plus de 100,000 âmes auront, aux termes mêmes de la loi de pluviôse, un conseil municipal comme les autres.

134. Jusqu'en pluviôse an IX, l'organisation communale ne fait plus parler d'elle. Les communes attendent la date du 15 fixée pour leur première réunion. Le 2 pluviôse (7) un arrêté

---

(1) L. 28 pluviôse an VIII, tit. II, § 11, art. 9.
(2) *Ibid.*, art. 10, §§ 3 et 4.
(3) *Ibid.*, tit. II, § 2, art. 12.
(4) *Ibid.*, tit. II, § 2, art. 15.
(5) Paris seul n'aura pas de conseil municipal et a conseil départemental en tiendra lieu (*Ibid.*, art. 15).

(1) L. 28 pluviôse an VIII, art. 12.
(2) Arr. consul. 17 floréal an VIII.
(3) Arr. consul. 19 floréal an VIII.
(4) Arr. consul. 27 prairial an VIII.
(5) Arr. consul. 8 messidor an VIII.
(6) Arr. consul. 9 messidor an VIII.
(7) Arr. consul. 2 pluviôse an IX.

consulaire pourvoit à la tenue des séances en réparant quelques omissions de la loi. La présidence de droit du conseil municipal est donnée au maire. A Lyon, Bordeaux et Marseille, où il y a plusieurs municipalités, le préfet désignera, parmi les maires, le président de son choix. Le conseil désignera, parmi ses membres, un président temporaire pour la séance où le maire rendra ses comptes. Il nommera son secrétaire. L'arrêté paraît, au surplus, n'être fait que pour le dernier article, l'article 7 : « Le maire est seul chargé de l'administration. Il aura seulement la faculté d'assembler ses adjoints ; de les consulter lorsqu'il le jugera à propos et de déléguer une partie de ses fonctions. »

135. Le nouvel ordre de choses ne s'établissait pourtant pas sans obstacle ni sans hésitation. En messidor, une curieuse décision consulaire (1) annule toute une procédure communale où la vente d'un terrain à bâtir avait provoqué, de la part d'un sous-préfet, la convocation d'une assemblée générale de commune. Semblables convocations sont contraires au texte et à l'esprit de la loi, disent les conseils, et l'on ne peut que les en louer, le gouvernement direct des communes n'ayant rien à faire avec la vraie liberté.

136. En fructidor (2), le gouvernement consulaire cherche à effacer, jusque dans les termes, le souvenir de ses devanciers. Il ne pourra, à l'avenir, être donné aux communes d'autres noms que ceux portés aux tableaux officiels, où les anciens noms vont successivement reparaître.

En ventôse (3) ce n'est plus aux noms qu'on touche, c'est au territoire des communes, d'un certain nombre d'entre elles tout au moins ; et l'on ne peut nier que ce soit, encore, avec grande raison. Un arrêté consulaire, modifiant un arrêté antérieur du Directoire (4) ramène rigoureusement sous l'autorité du chef-lieu les territoires des communes mi-parties que la division départementale de la Constituante, respectée par le Consulat, avait laissé flotter entre deux départements différents. Nous retrouverons cet arrêté dans sa législation spéciale de la matière, car il a conservé une partie de son actualité.

En floréal (5), on pourvoit à un autre besoin. Un adjoint spécial est créé dans toutes les fractions de communes que la mer ou tout autre obstacle sépare de son chef-lieu; avec délégation particulière et permanente aux fonctions de l'état civil, mais sous l'autorité du maire de la commune à laquelle il se rattache. Nous retrouverons l'innovation dans toutes les lois d'organisation communale qui ont suivi.

137. La législation de l'an VIII ne consacre pas seulement une réforme politique et administrative qui place à tous les échelons de la hiérarchie un fonctionnaire du gouvernement, et substitue à cinq mille municipalités, que leur importance rendait souvent embarrassantes, quarante-quatre mille communes dont le plus grand nombre deviennent des clientes du pouvoir central et pour ainsi dire sa chose, elle opère simultanément la réorganisation de notre système financier. Les finances étaient dans un déplorable état, qui avait principalement pour cause le mode vicieux d'établissement des contributions publiques.

On sait qu'après avoir supprimé les impôts indirects assis sur le sel, les boissons et les objets de consommation en général, l'Assemblée constituante attribua aux administrations locales la confection des rôles de la contribution foncière et des autres contributions directes. C'était leur abandonner en quelque sorte le soin de s'imposer elles-mêmes. Les municipalités avaient apporté à l'exécution de ce travail une lenteur et un manque de régularité, dont il résultait chaque année des difficultés en foule pour la perception des sommes dues par les contribuables. Le rendement diminuait constamment, les déficits s'accumulaient, et d'autre part, le recouvrement confié à de nombreux agents municipaux revenait fort cher.

(1) Arr. consul. 27 messidor an IX.
(2) Arr. consul. 9 fructidor an IX.
(3) Arr. consul. 8 ventôse an X.
(4) Arr. 29 nivôse an VII.
(5) L. 18 floréal an X.

Les consuls dépouillèrent les localités des pouvoirs qui leur avaient été abusivement et imprudemment conférés en ces matières, que la loi, faite au nom du pays tout entier, doit seule régler. Ils décrétèrent l'établissement du cadastre pour toute la France et créèrent, sur le modèle de l'institution de l'ancien régime qu'on appelait l'administration des vingtièmes, le service des contributions directes. La loi du 21 ventôse an IX (art. 8) autorisa simplement les conseils municipaux à répartir les sommes nécessaires pour leurs dépenses d'après la fixation qui en avait été faite lors de la perception de l'impôt, et sans que cette somme pût excéder cinq centimes par franc du principal. Les fonds des communes étaient versés dans la caisse du receveur municipal, qui payait les dépenses régulièrement ordonnancées. Cependant ceux provenant des coupes de bois communaux durent être recouvrés par la régie du domaine, et les communes ne purent en disposer que sur une décision motivée du ministre de l'intérieur (1).

138. Les nouvelles municipalités ne s'étaient pas mises partout promptement au courant de leurs fonctions, et l'administration d'un grand nombre de communes, principalement des petites, laissait beaucoup à désirer. Par crainte d'indisposer les habitants, elles ne leur demandaient jamais d'impositions; aussi des propriétés communales dépérissaient faute d'entretien. Les budgets étaient dressés irrégulièrement, et on ne prenait même pas toujours la peine d'en établir, de sorte que le gouvernement, ignorant les ressources et les besoins réels des localités, manquait de base pour l'appréciation des secours à leur distribuer.

C'est dans ces circonstances que parut l'arrêté du 4 thermidor an X, qui avait pour but de parer aux inconvénients de la situation. Cet acte législatif statuait à la fois pour le présent et pour l'avenir : pour le présent en ordonnant une convocation extraordinaire des conseils municipaux à l'effet de dresser le bilan des communes; pour l'avenir, par des dispositions relatives à l'établissement périodique de leur état financier, dispositions qui sont demeurées la règle fondamentale de la formation des budgets.

139. Les conseils municipaux devaient arrêter d'abord l'état du passif des communes, puis celui de l'actif. Ils devaient déterminer le nombre de centimes à percevoir additionnellement aux contributions, pour les dépenses de l'année courante, dans les limites tracées par la loi ; indiquer les moyens d'accroître les revenus communaux ordinaires: 1° par la location de places aux halles, foires et marchés; 2° par l'établissement d'un poids public; 3° par des octrois sur les consommations, perçus au moyen d'abonnement, par exercice, ou à l'entrée. Il était dit qu'en aucun cas la fixation de la dépense présumée des communes ne pourrait excéder le montant du revenu présumé, c'est-à-dire que le budget devait se solder au moins en équilibre ; que les conseils municipaux ne pourraient demander ni obtenir aucune imposition extraordinaire pour les dépenses ordinaires ; que les centimes perçus et les revenus seraient toujours employés pour l'utilité de la commune, de l'avis du conseil municipal, et qu'au cas où il y aurait de l'excédent, on l'appliquerait en améliorations et embellissements, sur la décision du préfet, après avis de ce conseil et du sous-préfet de l'arrondissement.

140. Les chemins vicinaux étaient mis à la charge des communes (art. 6), le conseil municipal ayant la faculté d'émettre un vœu « sur le mode qu'il jugerait le plus convenable « pour parvenir à leur réparation et de proposer à cet effet « l'organisation qui lui paraîtrait devoir être préférée pour la « prestation en nature. »

L'état des dépenses et des recettes adopté par le conseil municipal, et divisé par chapitres, suivant la nature des unes et des autres (les frais d'administration de la commune formant un chapitre distinct et séparé), devait être adressé par le maire au sous-préfet, chargé de le transmettre avec ses observations, dans le délai de quinzaine, au préfet, qui

(1) Arr. 19 ventôse an X.

devait l'arrêter définitivement, et le retourner dans la quinzaine suivante, au maire, pour exécution. Le receveur municipal ne pouvait, sous peine de responsabilité personnelle, payer de sommes plus fortes que celles portées aux chapitres respectifs. Cet agent devait, à chaque session ordinaire, rendre au conseil municipal compte de sa gestion des deniers communaux, sans préjudice du compte administratif exigé du maire en fin d'exercice. Les comptes arrêtés par le préfet étaient ensuite adressés par lui au conseiller d'État dirigeant la comptabilité des communes. En cas de contestation sur les décisions préfectorales, le gouvernement statuait en Conseil d'État.

141. L'arrêté du 4 thermidor prévoyait, en outre, le cas de dépenses communes à plusieurs municipalités. Le sous-préfet fixait, les conseils municipaux intéressés entendus, et sous la sanction du préfet, la proportion dans laquelle chaque commune devait contribuer à la dépense, et il veillait à l'acquit de ces sommes, de manière que les travaux qu'elles servaient à payer ne pussent jamais être interrompus.

142. Des dispositions particulières étaient prises aussi à l'égard des grandes communes, et on regardait comme telles celles qui avaient plus de 20,000 francs de revenu. Dans ces communes, l'état des recettes et des dépenses était réglé définitivement par les consuls, sur la proposition du ministre de l'intérieur et après examen par le Conseil d'État. Un préposé nommé par le conseil municipal à la majorité absolue des voix, au scrutin secret, et révocable seulement par le ministre, avait charge d'encaisser les recettes et d'acquitter les mandats délivrés par le maire, ou par le commissaire général de police, en ce qui concernait le service spécial. Les autres règles relatives aux receveurs municipaux lui étaient applicables, et il devait en plus fournir le cautionnement imposé aux percepteurs des contributions directes. Les dépenses de police locale faisaient l'objet d'un compte distinct rendu tous les ans par le commissaire général au conseil municipal.

143. Quelques jours après, le consulat à vie fut institué, et l'organisation communale reçut des modifications nouvelles. Le sénatus-consulte organique du 16 thermidor an x disposa que les conseils municipaux se renouvelleraient par moitié tous les dix ans, que les maires et adjoints seraient pris dans leur sein et exerceraient leurs fonctions pendant cinq ans, avec faculté d'être renommés à l'expiration de ce terme pour une durée égale; que, dans les villes de 5,000 âmes, l'assemblée de canton présenterait au gouvernement deux citoyens, pris sur la liste des cent plus imposés, pour chaque place du conseil municipal; et que, dans celles où il y aurait plusieurs justices de paix et, par suite, plusieurs assemblées de canton, chacune de ces assemblées présenterait de même deux citoyens. Toutefois, la liste devait être approuvée et définitivement arrêtée par le préfet, ce qui pouvait amoindrir singulièrement les droits des assemblées électorales. Un arrêté ultérieur décida que la première moitié sortante des conseils municipaux serait désignée par le sort.

144. En ce même an x, la législation concordataire détermina les droits respectifs des autorités laïques et religieuses relativement à l'exercice du culte. Elle rendit aux curés et desservants des succursales les presbytères et jardins y attenant non aliénés, et mit, là où ces biens avaient été vendus, le logement de ces prêtres à la charge des communes.

Une loi du 10 floréal sur l'instruction publique permit aux communes qui n'avaient pas les moyens d'entretenir seules une école primaire de se réunir pour faire face à cette dépense au moyen de fonds communs. Les instituteurs étaient choisis par les maires et les conseils municipaux. Le traitement de ces maîtres, dans lequel on faisait rentrer le logement à fournir par les communes, était, pour le surplus, procuré par une rétribution scolaire payée par les parents sur la fixation du conseil municipal, qui pouvait exempter de cette obligation les enfants pauvres jusqu'à concurrence du cinquième des élèves. Les communes étaient aussi autorisées à établir des écoles secondaires, et celles qui possédaient des lycées devaient en entretenir les bâtiments à leurs frais. Dans ces villes, le maire était membre de droit du conseil d'administration de l'établissement.

145. L'institution des adjoints spéciaux date de cette même année. La loi du 18 floréal an x combla à cet égard une lacune préjudiciable aux parties de communes dont les communications avec le chef-lieu étaient difficiles, dangereuses, ou même temporairement impossibles. Ainsi les villages situés dans des îles ou îlots et dépendant d'une commune dont le chef-lieu était sur le continent ou sur un territoire séparé par la mer, purent obtenir, selon l'importance de leur population, des adjoints en sus du nombre fixé par la loi de pluviôse an VIII.

146. L'arrêté du 4 thermidor an x avait été imparfaitement compris et exécuté, surtout dans ses dispositions relatives aux villes qui possédaient plus de 20,000 francs de revenus. Il n'existait, dans les documents officiels, aucune uniformité dans les tableaux envoyés par elles, ni aucune proportion entre leurs dépenses, leurs revenus et leur population; la plus grande confusion régnait quant au classement de la dépense, et la quotité en variait pour un même objet de telle façon qu'à population égale, les unes payaient trois ou quatre fois plus que d'autres; enfin les sommes employées dépassaient souvent les recettes destinées à les acquitter et étaient aussi quelquefois indûment appliquées. L'arrêté du 17 germinal an xi, pris en Conseil d'État, eut en vue d'obvier à ce désordre financier. Il édicta : 1° que, dans les villes ayant plus de 20,000 francs de revenus, les dépenses d'administration, qu'il énumérait soigneusement, seraient fixées d'une manière invariable à 50 centimes par tête sur le chiffre légal des habitants; 2° que les dépenses de cette nature, étant permanentes, formeraient un chapitre à part sous le titre de dépenses *fixes;* 3° que les dépenses variables figureraient dans des chapitres spéciaux, conformément à des modèles envoyés par le conseiller d'État chargé de la comptabilité des communes.

Le traitement des commissaires de police fut en même temps déterminé. Il était défendu aux maires d'excéder dans leurs mandats les sommes affectées à chaque nature de dépenses et aux receveurs municipaux de payer au delà desdites sommes, sous peine de responsabilité personnelle pour les uns et pour les autres, selon les termes de l'article 4 de l'arrêté de thermidor. Le 14 vendémiaire an xii, un arrêté régla en conséquence le mode des poursuites à intenter contre les receveurs des communes.

147. La législation de l'an xi régla par divers textes non spéciaux à l'administration municipale, mais y touchant sur quelques points, le régime de la propriété communale, en ce qui concernait la vente, l'acquisition, l'échange des immeubles (1); l'exploitation des bois (2); l'effet des dispositions faites au profit des communes (3), qu'elle soumit à l'approbation du gouvernement, etc. Elle statua sur la manière de procéder au cas de contestation judiciaire entre deux sections d'une même commune (4). Il fut décidé que chaque section aurait pour représentant en justice un de ses membres pris par une commission parmi les plus imposés, et autres que le maire et l'adjoint.

148. La loi du 11 germinal an xi, réagissant contre les traditions révolutionnaires qui consacraient la liberté absolue en matière de collation de prénoms, ne permit aux officiers de l'état civil d'inscrire sur leurs registres que les prénoms usités dans les divers calendriers ou ceux empruntés à des personnages célèbres de l'antiquité.

149. Un arrêté du 18 du même mois autorisa les conseils municipaux à délibérer : 1° sur les augmentations de traitement à accorder sur les revenus de la commune aux curés, vicaires et desservants; 2° sur les frais de l'ameublement des maisons curiales; 3° sur les frais d'achat et d'entretien de tous les objets nécessaires au service du culte dans les églises paroissiales ou succursales. Ces délibérations ne devenaient exécutoires qu'après avoir reçu l'approbation du gouverne-

---

(1) Arr. 5 floréal an xi.
(2) Arr. 9 floréal an xi.
(3) Arr. 13 floréal an xi.
(4) Arr. 24 germinal an x.

ment. Une autre application du contrôle de l'administration du culte par la commune découla de l'arrêté du 7 thermid r portant que les biens des fabriques seraient administrés dans la forme de ceux des communes par une commission de trois marguilliers que le préfet nommait sur une liste de candidats présentés de concert par le curé et le maire.

150. Les attributions des maires reçurent en même temps une extension considérable par suite de la promulgation des titres du Code civil concernant le domicile, l'absence, l'état civil, etc.

SECTION VI.

LA COMMUNE SOUS L'EMPIRE.

151. Un an plus tard (1), le gouvernement de la République est confié à un empereur. Ce sont les termes de la nouvelle Constitution, qui ne touche pas à l'organisation communale consulaire, et on peut juger qu'il n'en était nul besoin.

La commune n'y apparaît que dans l'énumération des dignitaires admis à recevoir, pour le peuple français, le serment de l'empereur.

Les maires des 36 premières villes de l'Empire y représentent l'idée municipale. Un décret du 2 messidor en donne la liste (2). Quelques jours après, le décret bien connu sous le nom de décret de messidor détermine le rang des maires dans les cérémonies publiques (3). L'an XII, tout au cérémonial, ne nous produit rien de plus.

L'Empire, au surplus, ne fournira plus que très peu de chose à l'historique d'une organisation que le Consulat a faite pour lui.

152. L'an XIII ne nous donne qu'une loi assimilant l'organisation des municipalités de Bordeaux, Lyon et Marseille à celle des autres villes et établissant l'unité municipale (4). L'an XIV ne donne rien. Mais quand le dernier vestige de la République disparaît, nous voulons dire le calendrier, un décret (5) modifie l'époque de la session ordinaire des conseils municipaux et la fixe du 1er au 15 mai. Un second décret fixe au 1er janvier 1808 le premier renouvellement des maires et des adjoints de toutes les communes de l'Empire. 1806 ne nous fournit plus (6) qu'un décret (7) qui abroge les arrêtés des 9 messidor an VIII et 2 pluviôse an IX pour les fondre ensemble et assurer aux maires des grandes villes comme aux autres leur place au conseil municipal en sus du nombre réglementaire de conseillers.

153. Rien en 1807, sinon ce curieux lapsus de la loi sur les succursales (8) qui subordonne l'établissement des chapelles annexes à une demande du conseil général des communes, et semble croire à l'existence de ces assemblées communales dont le souvenir même est effacé.

154. En 1808 fut promulgué le Code d'instruction criminelle qui donna aux chefs des municipalités et à certains agents communaux des attributions d'officiers de police judiciaire auxiliaires des magistrats du parquet (art. 9, 11 et suiv.). Les maires et adjoints reçurent même (art. 166) un pouvoir de juridiction qu'ils exercèrent, concurremment avec les juges de paix, dans les communes non chefs-lieux de canton. Ils avaient ainsi, dans l'immense majorité des communes, compétence pour statuer sur certaines contraventions dont la connaissance n'est passée uniquement dans les pouvoirs du juge de paix du canton que par la loi du 27 janvier 1873 relative à l'organisation des tribunaux de police,

dont l'article 2 abroge certaines dispositions du code d'instruction criminelle.

155. Durant la période impériale, la législation administrative tendit de plus en plus à réaliser la centralisation, qui était l'objectif du système gouvernemental à l'intérieur. Ce but fut poursuivi, non seulement par des décrets émanant de la volonté directe du souverain, mais au moyen d'avis du Conseil d'État, que l'on consulta fréquemment et dont le concours seconda, d'une manière très efficace, les vues du pouvoir. On s'appliqua à mettre la personne morale de la commune dans une dépendance plus complète de l'État et à accroître les attributions des dépositaires de l'autorité supérieure. Ainsi les budgets des communes ayant plus de 20,000 francs de revenus durent être envoyés au ministère de l'intérieur et soumis à l'approbation de l'empereur (1). La Cour des comptes fut appelée à statuer sur la comptabilité communale (2); l'emploi en valeurs mobilières du produit des remboursements faits aux communes (3) ne put avoir lieu qu'en vertu d'une autorisation du chef de l'État, du ministre de l'intérieur ou du préfet, selon l'importance des sommes, et pour effectuer le placement en biens-fonds, il fallut un décret en Conseil d'État.

156. Le gouvernement avait le dessein de s'approprier les immeubles communaux. Il appuyait sa prétention sur les termes du décret du 24 août 1793 déclarant les dettes des communes dettes nationales, et portant qu'en conséquence l'actif des communes, excepté les biens et objets destinés pour les établissements publics, appartiendrait à la nation, jusqu'à concurrence des sommes à acquitter. Cette rédaction ambiguë avait donné lieu à des difficultés pratiques. Une interprétation fut demandée au Conseil d'État, qui répondit par un avis du 3 nivôse an XIII, auquel on ne donna d'ailleurs pas de suite.

La délibération de cette assemblée portait en substance que les propriétés susceptibles d'être réunies au domaine national étaient, outre les créances, les biens patrimoniaux que les communes affermaient ou louaient pour en retirer une rente, mais que les autres biens communaux (ceux dont les habitants jouissaient en nature), ainsi que les halles, places, marchés, emplacements intérieurs même mis en location, et les bâtiments affectés à un service public, tels que hôtels de ville, prisons, églises, presbytères, etc..., restaient la propriété exclusive de la commune.

Les communes ne restèrent que peu de temps en possession des biens déclarés ainsi incorporables au domaine de l'État. La loi de finances de 1813 opéra cette annexion pour toutes les propriétés ne servant pas à une jouissance en commun, ou qui n'étaient pas consacrées à un service public. Elles furent remises à la caisse d'amortissement, à la charge par celle-ci de fournir au budget municipal le payement d'une rente calculée en proportion du revenu net que la commune avait tiré des immeubles dont on la dépouillait. Les préfets statuaient, sous réserve du droit des parties de se pourvoir en Conseil d'État, sur les difficultés intervenant entre les communes et l'administration des domaines.

Le 6 novembre 1813, un décret, pris en exécution de cette loi, régla la fixation et le mode de payement à faire aux communes de l'équivalent du revenu net des biens cédés à la caisse d'amortissement. La redevance annuelle était établie sous déduction des charges que les communes devaient supporter normalement, charges que le décret arbitrait.

157. Pour les questions litigieuses qui se produisaient au sujet de la propriété des biens communaux, l'État s'appliqua, autant que possible, à substituer la justice administrative à la juridiction civile. C'est ainsi qu'un avis du Conseil d'État (18 juin 1809) avait attribué aux conseils de préfecture le jugement des contestations entre les communes et les particuliers sur les usurpations du domaine communal commises

---

1) Sén. cons. 18 floréal an XII.
(2) D. 2 messidor an XII.
(3) D. 14 messidor an XII.
(4) L. 3 ventôse an XIII. — Un seul maire et six adjoints.
(5) D. 14 février 1806.
(6) Sauf pourtant un décret du 17 janvier 1806, relatif à la formation du registre civique mais qui appartient à l'histoire électorale plus qu'à l'historique du droit municipal.
(7) 4 juin 1806.
(8) L. 30 septembre 1807, art. 9.

(1) D. 7 frimaire an XIII.
(2) L. 16 septembre 1807.
(3) L. 16 juillet 1810.

par ces derniers. Toutefois, à l'égard des usurpations d'un copartageant vis-à-vis d'un autre, les tribunaux devaient prononcer.

158. La consultation du *Bulletin des lois* pour les dernières années de l'Empire offre, en ce qui concerne l'administration communale, un intérêt inégal, et ce serait une besogne aussi aride que peu utile, d'entrer dans de longs développements à cet égard. Les principales mesures par lesquelles s'affirmaient les vues autoritaires du gouvernement ont été indiquées pour leur signification et leur portée. Dans cet ordre d'idées, il convient de mentionner encore deux actes inspirés par les mêmes préoccupations : les décrets des 8 février et 4 mai 1812, dont le premier confiait la perception des octrois à l'administration des droits réunis, et le second faisait cesser, à partir du 1er janvier 1814 (ce délai fut ultérieurement prolongé jusqu'en 1815), dans les municipalités, cette perception par abonnement.

SECTION VII.

LA COMMUNE SOUS LA RESTAURATION.

159. Le régime oppressif fait aux communes par le Consulat et l'Empire avait eu de bons effets en introduisant de la régularité dans l'administration locale, mais il provoquait les mécontentements inséparables de toute atteinte à la liberté. Ces griefs furent une des causes de la faveur qui accueillit le retour de l'ancienne famille royale. Les hommes de la Restauration se montrèrent tout d'abord disposés à donner certaines satisfactions réclamées par les vœux populaires. C'est ainsi que, par une ordonnance du 6 juin 1814, le roi Louis XVIII prescrivit des mesures pour la mise à exécution de la loi de finances de 1813 et du décret du 6 novembre restés jusque-là à peu près lettre morte, au préjudice des communes qui avaient été privées de leurs biens sans recevoir les compensations légitimement dues.

En vertu de cet acte, l'équivalent du revenu net des biens communaux cédés à la caisse d'amortissement, vendus ou encore à vendre, dut être immédiatement réglé et payé au moyen d'inscriptions au grand livre de 5 0/0 consolidés ; les acquéreurs de ces biens furent tenus d'en acquitter le prix dans les délais stipulés, et ceux qui se trouvaient en retard ne purent obtenir qu'on les relevât des déchéances et amendes encourues qu'à la condition de solder les sommes échues avec les intérêts, dans les six semaines à partir de la date de l'ordonnance.

160. Une loi financière autorisa les communes à s'imposer au-dessus de 5 centimes pour leurs dépenses, à la condition d'en soumettre l'état aux Chambres, et leur attribua les bois qui pourraient être distraits du domaine public(1).

161. Les octrois rentrèrent (2) sous l'administration municipale, et les maires furent autorisés, sous la sanction ministérielle, à traiter de gré à gré avec la régie des contributions indirectes, pour que celle-ci se chargeât de la perception.

162. Les communes contribuaient pour une moitié au payement du traitement des préfets, elles en furent dispensées, et cette dépense passa totalement, à dater du 1er janvier 1816, à la charge du département de l'intérieur (3). Des réductions notables furent effectuées à leur bénéfice sur des droits de pesage, mesurage, jaugeage qu'elles acquittaient, etc...

163. A côté de ces mesures libérales, le gouvernement obéit cependant aux tendances rétrogrades qui étaient dans sa nature. Il supprima les noms nouveaux donnés à des communes qui durent reprendre leurs dénominations primitives et leurs anciennes armoiries (4).

164. Lorsque l'empereur revint de l'île d'Elbe, un de ses premiers soins fut d'abroger l'ordonnance « qui avait eu pour but de faire disparaître des dénominations rappelant des souvenirs glorieux ou des temps et des événements dont on voulait anéantir la mémoire » et de rendre aux communes les noms qu'elles portaient depuis la Révolution (1). Il se présentait comme converti aux idées libérales, et quelques jours après (2), il donnait, pour gage de cette évolution, aux habitants des localités, dont les maires et les adjoints étaient à la nomination du préfet, le droit d'élire ces magistrats. Le préfet devait seulement recevoir leur serment, s'ils étaient élus sans contestation, et en cas de difficultés, il soumettait les réclamations électorales au ministre de l'intérieur qui statuait. Nul recours contre cette décision n'était ouvert par le décret impérial.

165. Après les Cent-Jours, le gouvernement de la Restauration, dont toutes les tendances étaient rétrogrades, affecta cependant, en matière d'administration communale, de rester fidèle à son programme libéral d'avant les Cent-Jours. Il ne fallait attendre de lui ni l'émancipation des communes, ni l'abandon des doctrines et des pratiques centralisatrices qui avaient fait la force du précédent régime ; aussi n'apporta-t-il aux institutions municipales aucune modification de fond, mais il les amenda libéralement en quelques points. Il corrigea des abus engendrés par l'excès de cette centralisation. Ainsi le nombre des budgets communaux réglés à Paris en vertu de la législation impériale était trop considérable. Une ordonnance royale du 30 mars 1816 transféra aux préfets le règlement du budget des communes ayant moins de 30,000 francs de revenus.

166. Les pouvoirs des maires et les attributions des conseils municipaux furent parallèlement maintenus et même augmentés au profit des intérêts locaux. Les maires dressèrent les tableaux de recensement pour la conscription et assistèrent aux opérations du tirage au sort (3) ; ils purent provisoirement donner des alignements partiels (4) pour les constructions à faire en bordure de la voie publique.

167. Ces magistrats partagèrent avec les officiers de police la surveillance des entreprises de voitures publiques (5) ; ils choisirent, sauf ratification par le conseil municipal, les gardes champêtres (6) ; ils eurent la faculté de prendre, sauf approbation ministérielle, des arrêtés pour la réglementation des poids et mesures (7). Le Code forestier promulgué en 1827 et la loi du 15 avril 1829 sur la pêche soumirent à leur affirmation ou à celle de leurs adjoints les procès-verbaux des agents chargés de constater les infractions.

168. Les maires firent en outre partie des commissions cantonales chargées de proposer les bases de répartition de l'impôt foncier (8), et des comités institués près des écoles primaires par l'ordonnance du 8 avril 1824 relative à l'instruction publique. Ces fonctionnaires ayant été, ainsi que les corps municipaux, renouvelés dès 1816, l'accroissement simultané de leur autorité propre et de leurs attributions délibératives et consultatives ne devait pas moins servir les intérêts du pouvoir central, auquel ils étaient dévoués, que ceux des populations qu'ils administraient.

169. Les conseils municipaux eurent une part plus effective à l'administration de la commune, et leur consultation devint quelquefois obligatoire quand ils étaient autant d'intérêt général que d'intérêt local. C'est ainsi qu'on les admit à examiner et contester les comptes des receveurs de l'octroi (9) ; qu'on dut demander leur avis préalablement à la fondation de communautés religieuses de femmes (10), etc,..

170. Indépendamment de l'extension des prérogatives de

---

(1) L. 23 septembre 1814.
(2) L. 8 décembre 1814.
(3) L. 28 janvier-25 février 1815.
(4) L. 28 juillet-26 septembre 1814.

---

(1) D. 14 avril 1815.
(2) D. 30 avril 1815.
(3) L. 10 mars 1818.
(4) Ord. 18 mars 1818.
(5) Ord. 4 février 1820.
(6) Ord. 20 novembre 1820.
(7) Ord. 18 décembre 1825.
(8) Ord. 3 octobre 1821.
(9) Ord. 15 juillet 1821.
(10) L. 24 mai 1825.

l'autorité et de l'assemblée municipales, les communes furent de la part du gouvernement l'objet de mesures bienveillantes et avantageuses pour elles.

Une ordonnance du 28 octobre 1818 autorisa les communes dont les biens n'étaient pas nécessaires à la dépaissance de leurs troupeaux à mettre ces biens en ferme, afin de suppléer, par ces locations, à l'insuffisance des revenus affectés aux dépenses communales. La mise en ferme était délibérée par le conseil municipal et homologuée par le préfet, sur l'avis du sous-préfet. Le maire procédait ensuite, en présence des adjoints et d'un conseiller municipal, à l'adjudication qui avait lieu aux enchères publiques devant un notaire désigné par le préfet.

171. Une ordonnance du 10 juillet 1819 relative à la réintégration des communes dans leurs droits sur les biens communaux usurpés, prescrivit la recherche de ces propriétés, et régla la procédure à suivre à cet effet ainsi que la compétence. Les conseils de préfecture statuaient, sauf, si une question de propriété était soulevée, à faire vider le litige par le tribunal, après autorisation donnée, s'il y avait lieu, par ce conseil, aux parties d'ester en justice.

172. Il fut affecté aux besoins des communes les deux tiers des amendes de police correctionnelle (1), et la totalité de celles prononcées pour contraventions aux règlements sur la police municipale et rurale.

173. Le 10 mai 1823 parut une ordonnance réglant la dépense et la comptabilité des communes, et dont les dispositions conçues en conformité de celles qui concernaient la comptabilité des dépenses publiques offraient quelques garanties meilleures que par le passé pour l'emploi régulier des finances municipales. Il y était joint un état des pièces à fournir pour la justification de ces dépenses, divisé en deux parties, dont l'une s'appliquait aux dépenses du personnel et l'autre à celles du matériel.

174. Somme toute, le gouvernement, profitant de l'expérience acquise, apporta dans les rouages de l'administration municipale quelques simplifications utiles, et il permit aux communes de se mouvoir un peu plus librement, en les affranchissant d'un excès de soumission gênante au demeurant pour lui-même, dont elle engageait sans mesure la responsabilité; mais il ne leur fit, sous ce rapport, que des concessions qui lui étaient faciles et ne diminuaient guère en réalité ses pouvoirs. Les vœux du pays ne lui causèrent d'ailleurs, de ce chef, aucun sérieux embarras et les revendications en faveur de la liberté communale furent étrangères à la révolution qui renversa ce régime. On avait même vu l'opposition libérale du parlement s'unir avec la majorité pour repousser un projet de loi émané de l'initiative ministérielle proposant d'appliquer aux officiers municipaux le principe de l'éligibilité

SECTION VIII.

LA COMMUNE SOUS LE GOUVERNEMENT DE JUILLET.

175. Si la Restauration n'a pas rendu à la commune la vie que la dictature lui avait prise, le gouvernement de Juillet, à peine en scène, a réparé ce regrettable oubli.

Il s'y était engagé par sa Charte même (2). « Il sera pourvu dans le plus court délai possible, disait l'acte constitutionnel, à des institutions départementales et municipales fondées sur un système électif. »

Dès le 7 septembre 1830, l'initiative parlementaire mettait le gouvernement en demeure de tenir sa promesse. Un député, M. Humblot-Conté, s'était approprié un projet que le ministère Martignac n'avait pas réussi à faire passer. Le besoin de reconstituer la commune était si pressant et s'imposait tellement à tous les esprits que, pour le satisfaire plus vite, la Chambre et le gouvernement s'entendirent pour dissocier l'une de l'autre les deux parties de la proposition, ajourner la plus difficile, celle qui traitait des attributions municipales et hâter l'éclosion de celle qui devait, au préalable, rendre la commune à elle-même.

Ainsi réduit à l'organisation du corps municipal, le projet fut prêt, en moins de trois mois, pour la discussion des Chambres. La Chambre des députés l'avait voté dès la fin de février; et la Chambre des pairs tenant à honneur de témoigner un empressement égal, la loi organique de la commune était promulguée avant la fin de mars (1).

176. Tous les jurisconsultes sérieux, lit-on dans Dalloz (2), ont reconnu que cette loi avait combiné d'une manière assez heureuse le principe de l'élection et celui de l'autorité gouvernementale. La loi de 1831 fut, en effet, bien accueillie; elle méritait de l'être.

En 1830, il n'était personne qui ne voulût accorder au pouvoir royal, dans la désignation du chef de la commune, plus qu'un concours avec la commune même. Au roi, dans les limites où ce premier choix l'enferme, la désignation du maire qui réunit en lui, à la gestion de l'intérêt local, la fonction plus large et plus haute, de la gestion des intérêts généraux. « Ce mode de nomination, disait le rapporteur à la Chambre des députés, n'a point été combattu au sein de votre commission. » Après l'avoir cependant défendu contre les objections qui pourraient naître au point de vue de la prérogative royale, il répondait à ceux qui voudraient qu'aux électeurs seuls appartint la nomination du maire : « que ce serait méconnaître entièrement la nature de ses fonctions; que le maire, délégué du pouvoir royal, chargé de l'exécution de certaines lois, était revêtu sous ce rapport d'un véritable emploi d'administration publique; qu'il était l'associé du pouvoir judiciaire; qu'il disposait des éléments de la force publique; et qu'à ces divers titres, il devait recevoir son investiture du roi. »

177. La loi organique de 1831 constituait la commune sur les bases suivantes :

Un corps de commune ayant une double source : le cens, d'une part; de l'autre, certaines capacités.

Un conseil municipal élu par ce corps de commune pour six années, se renouvelant par moitié tous les trois ans, et formant avec un maire et un nombre variable d'adjoints, le corps municipal.

178. Le premier élément du corps électoral de la commune se compose des citoyens les plus imposés aux rôles des contributions directes, dans les proportions du dixième de la population communale pour les petites communes, celles de 10,000 âmes et au-dessous, avec accroissement de cinq par 100 habitants en sus, de 1,000 jusqu'à 5,000 ; de quatre par 100 habitants en sus, de 5,000 jusqu'à 15,000 ; de trois par 100 habitants en sus, de 5,000 jusqu'à 35,000.

L'autre élément comprend, tantôt sous des conditions de domicile réel, tantôt sous la simple condition de la résidence, les magistrats, les membres des commissions administratives, collèges, hospices, bureaux de bienfaisance; des chambres de commerce, conseils de manufactures et de prudhommes; de l'Institut et des sociétés savantes; les docteurs de l'une ou l'autre faculté; les avocats, avoués, notaires; les licenciés chargés de cours, les anciens élèves de l'École polytechnique, les officiers de la garde nationale, les pensionnaires de l'État, de l'ordre administratif ou judiciaire, ou militaire; enfin, les électeurs de la Chambre des députés, des conseils généraux, même non imposés dans la commune.

En aucun cas, le nombre des électeurs domiciliés ne peut être moindre de trente : minimum que, sans cette règle spéciale, l'application de la règle générale n'aurait pas assuré aux communes si nombreuses, de moins de 300 habitants.

D'autre part, les fermiers sont admis parmi les plus im-

---

(1) Ord. 19 février 1820.
(2) Charte constitutionnelle du 14-15 août 1830, art. 69.

(1) L. 21-23 mars 1831.
(2) Jur. Gén. — V° *Commune*, t. IX, p. 232.

posés du titre de leur fermage évalué à un tiers, sans que le propriétaire ne perde rien de ses propres droits.

L'âge électoral est la majorité commune : 21 ans.

179. Ce corps électoral nomme un conseil municipal de 10 membres dans les petites communes, celles de 500 habitants et au-dessous; et par une progression de 12, 16, 21, 23 et 27, de 36 membres dans les grandes villes, celles de 30,000 âmes et au-dessus.

Le maire et les adjoints comptent parmi les membres du conseil ; au-dessus de trois adjoints, le conseil est augmenté d'un nombre de membres égal à celui des adjoints supplémentaires.

180. L'âge de l'éligibilité est 25 ans.

N'est éligible que l'électeur communal, dans sa commune, et les deux tiers du conseil appartiennent nécessairement aux censitaires. Les conseils sont fermés aux préfets, sous-préfets, secrétaires généraux et conseillers de préfecture, aux ministres des cultes en exercice dans la commune, aux comptables et agents salariés de la commune. Nul ne peut être membre de deux conseils municipaux. Nul ne peut siéger dans le même conseil avec son père, son frère, son fils ou ses alliés au même degré, sauf dans les communes de moins de 500 âmes où cette interdiction rendrait la constitution, d'un conseil presque impossible.

Entre deux élections triennales, il n'est pourvu aux vacances que lorsque le conseil est réduit aux trois quarts.

Le mandat municipal est essentiellement gratuit.

181. La loi nomme les maires et les adjoints des communes de 3,000 âmes, des chefs-lieux de département et d'arrondissement même moins peuplés. Le préfet nomme tous les autres. Nécessairement pris dans le conseil, ils y conservent leur place et leur mandat. Le préfet peut les suspendre ; le roi, seul, les révoquer.

182. L'âge de l'éligibilité pour les maires et les adjoints est 25 ans. Ils sont tenus au domicile réel.

183. Il y a incompatibilité entre la fonction de maire et d'adjoint et celle de magistrat, même de juge de paix ; de ministre des cultes ; de militaire, même en disponibilité ; de commissaire de police ; d'ingénieur des ponts et chaussées et des mines ; d'employé des finances ; de fonctionnaire ou employé des collèges et écoles communales ; d'agent salarié du maire, pour les fonctions d'adjoint. Il y a incompatibilité entre les fonctions de maire et d'adjoint et le service de la garde nationale.

184. Toute commune a un maire, et n'en a qu'un. Il y a un adjoint jusqu'à 2,500 âmes ; un de plus jusqu'à 10,000 ; et au-dessus un de plus par 20,000 habitants; c'est la proportion de la loi de pluviôse. Il y a de plus un adjoint spécial, chargé de l'état civil, dans les fractions de communes isolées du chef-lieu. Là, mais là seulement, l'adjoint a des fonctions permanentes ; ailleurs il est l'auxiliaire du maire pour toutes les parties de l'administration ; il le remplace en cas d'empêchement ou d'absence : dans l'ordre de nomination lorsqu'il y a plusieurs adjoints. Faute d'adjoint, la fonction échoit à un conseiller municipal dans l'ordre du tableau.

185. Le reste de la loi est relatif, d'une part, à la tenue de l'assemblée municipale ; de l'autre, au détail des élections. Nous n'en retiendrons rien de qui touche les élections.

Nous ne relèverons de cette matière que ce qui concerne le sectionnement des communes que la loi de 1831 admet au-dessus de 800 âmes avec cette double garantie que le nombre et la limite des sections sont fixés par ordonnance royale, le conseil municipal entendu.

186. Quant à la tenue des conseils, ils se réunissent quatre fois par an, au commencement de février, mai, août et novembre, chaque session étant limitée à dix jours. Le préfet autorise, s'il y a lieu, des convocations extraordinaires pour un objet spécial et déterminé, soit à la demande du maire, soit à la demande du tiers des conseillers. Le maire préside. Le conseil ne peut délibérer qu'en nombre égal à la majorité des membres en exercice. Les séances ne sont pas publiques, mais il est dû communication à tout citoyen contribuable de la commune du registre des délibérations. Tout membre qui s'absente trois fois sans excuse légitime, reconnue par le conseil, est déclaré démissionnaire par le préfet.

187. Le roi a le droit de dissolution ; la réélection doit avoir lieu dans les trois mois. Sont nulles les délibérations étrangères aux attributions ou prises hors des réunions légales. Elles sont annulées par le préfet en conseil de préfecture, sauf recours au roi. Le conseil peut être suspendu, le cas échéant, par le préfet, jusqu'à décision du roi. Les membres du conseil sont responsables pénalement en cas de dissolution motivée par des actes tombant sous le coup de la loi.

188. Telle est la loi de 1831, que complète, pour ce qui est des élections, la loi électorale rendue deux ans plus tard (1) et à laquelle la législation postérieure, tant celle de l'Empire que celle de 1884, a beaucoup emprunté. Nous l'avons résumée très fidèlement, et sans en omettre rien d'essentiel, pour permettre les comparaisons entre ses dispositions et celles que soit le progrès, soit les préjugés et les partis pris, lui ont ultérieurement substituées.

189. Le gouvernement de juillet n'avait encore, en provoquant et en menant à bien cette loi fondamentale, tenu que la moitié de sa promesse. Il avait réglé l'organisme même. Restait à régler la fonction. Mais autant la promulgation de la loi d'organisation avait été rapide, autant fut laborieuse celle de la loi d'attributions. Il fallut six ans pour qu'elle vit le jour. C'est la loi de 1837, qui, hier était la base de cette partie du droit municipal (2). Aujourd'hui encore, il faut la connaître par le menu. Il faut pouvoir en comparer toutes les dispositions, comme il sera souvent utile de le faire pour la loi de 1831, avec celles de la loi municipale qui les remplace aujourd'hui l'une et l'autre, avec celles des lois de l'empire qui sont le lien historique entre ces deux phases de législation.

190. La loi de 1837 ne devait être qu'une loi d'attributions. C'est son sous-titre. Elle débute cependant par des dispositions d'organisation pure, que la loi de 1831 avait omis de s'approprier. La loi de 1831 n'avait réglé que l'organisation active. L'organisation territoriale était oubliée. C'est à quoi tout d'abord la loi de 1837 a pourvu.

191. Ses auteurs cherchèrent à concilier les droits et les intérêts des communes avec les droits et les intérêts de l'Etat. Ils considéraient que la commune, douée d'une vie propre, possédait, par suite, des facultés particulières inhérentes à sa nature, mais que, ses intérêts confrontant avec d'autres intérêts sociaux, il en résultait pour le gouvernement l'obligation de surveiller les actes des municipalités, partant le droit correspondant d'exercer une censure sur ces actes, afin de prévenir ou de réprimer ceux qui seraient contraires à l'intérêt général. Ils prévoyaient encore que l'autorité municipale, sans porter atteinte aux droits de l'universalité, sans violer de loi ni sortir de ses attributions, pourrait léser des droits et des intérêts particuliers dignes de protection.

Enfin ils se préoccupaient des conditions de la propriété communale et différentes de celles de la propriété privée. Si l'individu n'est matériellement responsable de son bien que vis-à-vis de lui-même, il peut le dissiper en liberté ; la commune, au contraire, ne détient, en quelque sorte, qu'à titre d'usufruitière ; elle doit transmettre aux générations qui la suivront ce qu'elle a reçu des précédentes. Une administration imprudente ou coupable pourrait compromettre l'avenir de la communauté. Il fallait obvier à ce danger en armant une autorité supérieure des pouvoirs nécessaires pour empêcher les corps municipaux d'engager par des actes inconsidérés ou répréhensibles les biens-fonds qui, par leur nature, sont seuls destinés à durer. Les multiples exigences de cet état de choses appelaient comme conséquence directe la tutelle de l'État. Le gouvernement relativement libéral de 1830 était donc amené à adopter certains procédés déjà mis en usage sous le régime de la monarchie absolue. Il ne s'agissait plus que d'une question de mesure, et en étudiant les dispositions de

(1) L. 22 juin 1833.
(2) L. 18 juillet 1837.

la loi de 1837, on doit reconnaître que, étant donné le courant d'opinion qui dominait, elles établissaient une pondération équitable entre les divers intérêts à sauvegarder.

192. Cette loi se divisait en sept titres sous les rubriques suivantes : 1° des réunions, divisions et formations de communes ; 2° des attributions des maires et des conseils municipaux ; 3° des dépenses et recettes, et des budgets des communes ; 4° des acquisitions, aliénations, baux, dons et legs ; 5° des actions judiciaires et des transactions ; 6° comptabilité des communes ; 7° des intérêts concernant plusieurs communes. On voit par cette énumération qu'elle embrassait généralement et dans leur ensemble tous les objets sur lesquels porte l'administration communale.

193. Par le titre Ier, le législateur, tout en maintenant les communes existantes, prévoyait les cas nombreux où, par suite d'augmentation ou de diminution dans le chiffre des habitants, d'accroissement ou de baisse de leurs ressources, de changements survenus dans les relations sociales, de la création d'intérêts nouveaux et opposés dans le sein de la communauté, il y aurait lieu à modifier la circonscription communale, soit en supprimant une commune pour la réunir à une autre, soit en distrayant une partie de son territoire pour le joindre à une autre commune, soit à former avec la partie distraite une commune nouvelle. Pour chacune de ces opérations, et selon son importance, des règles spéciales étaient tracées. Tantôt il fallait une loi, tantôt une simple ordonnance suffisait pour statuer définitivement, mais un principe commun s'imposait au début dans tous les cas, la consultation des intéressés. Cette consultation qui avait lieu au moyen d'enquêtes auprès des habitants et de l'avis des conseils électifs ou de commissions élues, constituait une innovation que les Chambres admirent malgré l'opposition du gouvernement, dont les membres désiraient retenir pour eux seuls le droit d'apprécier. (Art. 2 et 3.)

194. Le titre II définissait les attributions et pouvoirs respectifs des maires et des conseils municipaux. Il distinguait dans le maire le représentant de l'État et l'agent exécutif des délibérations du conseil municipal. Ce fonctionnaire agissait tantôt sous l'autorité (art. 9), tantôt sous la surveillance de l'administration supérieure (art. 10), suivant que ses actes avaient trait à l'intérêt général ou à l'intérêt local.

195. Le maire nommait et révoquait les titulaires des emplois communaux pour lesquels la loi ne prescrivait pas un mode de nomination spécial, et pour quelques-uns, comme le garde champêtre, il lui fallait l'approbation du conseil municipal et l'agrément du sous-préfet. Il avait le droit de prendre des arrêtés, mais le devoir de les transmettre immédiatement à l'autorité supérieure, qui pouvait les annuler ou en suspendre l'exécution. Ceux de ces arrêtés portant règlement permanent ne devenaient exécutoires, en cas de non-suspension ou non-annulation, qu'un mois après la remise de l'ampliation constatée par le récépissé du sous-préfet. Quoique seul chargé de l'administration, le maire pouvait déléguer une partie de ses fonctions à ses adjoints, ou aux conseillers municipaux appelés à suppléer les adjoints empêchés. S'il négligeait ou refusait de faire des actes prescrits par la loi, le préfet pouvait, après lui avoir adressé une réquisition infructueuse, y procéder d'office par lui-même ou par un délégué spécial. En somme, le maire avait une situation subordonnée et un rôle contingent (art. de 9 à 17), avec une part d'autorité propre.

196. Les conseils municipaux exerçaient un sextuple ordre d'attributions : 1° Ils réglaient certains objets par des délibérations, susceptibles d'annulation dans des cas déterminés ou de suspension par le préfet, et exécutoires à défaut de censure préfectorale dans un délai fixé (art. 17 et 18). 2° Ils prenaient sur certaines questions des délibérations ne devenant exécutoires qu'après l'approbation du préfet, ou du ministre, ou même du roi, par simple ordonnance ou au moyen d'un règlement d'administration publique, suivant les cas (art. 20). Ces matières embrassaient le budget de la commune et, en général, toutes les recettes et dépenses ordinaires ou extraordinaires ; les tarifs et règlements de perception de tous les revenus communaux ; les acquisitions, aliénations et échanges de propriétés communales, et ce qui intéressait leur conservation ou leur amélioration ; la délimitation ou le partage des biens indivis entre plusieurs communes ou des sections de communes ; les conditions des baux à ferme ou à loyer dont la durée excédait dix-huit ans pour les biens ruraux et neuf ans pour les autres biens, ainsi que celles des biens pris à bail d'une durée quelconque par la commune ; les projets de constructions, grosses réparations, démolitions et de travaux à entreprendre ; l'ouverture des rues et places publiques, et les projets d'alignement de voirie municipale ; le parcours et la vaine pâture ; l'acceptation des dons et legs faits à la commune et aux établissements communaux ; les actions judiciaires et transactions ; enfin tous autres objets non spécifiés dans le texte de 1837 sur lesquels les lois et règlements appelaient les conseils municipaux à délibérer (art. 19). 3° Le conseil municipal donnait obligatoirement son avis sur les objets suivants : circonscriptions relatives au culte ; circonscriptions relatives à la distribution des secours publics ; projets d'alignement de grande voirie dans l'intérieur des villes, bourgs et villages ; l'acceptation des dons et legs faits aux établissements de charité et de bienfaisance ; les autorisations d'emprunter, d'acquérir, d'échanger, d'aliéner, de plaider et transiger demandées par ces établissements et par les fabriques des églises ou autres administrations des cultes dont les ministres étaient salariés par l'État ; les budgets et comptes des établissements de charité et de bienfaisance et des établissements religieux ci-dessus, lorsqu'ils recevaient des subventions de la commune, etc. (art. 21). 4° Le conseil municipal pouvait exprimer des vœux sur tous les objets d'intérêt local, sans cependant avoir le droit de faire ou publier aucune protestation, proclamation ou adresse (art. 24). 5° Il délibérait sur les comptes présentés annuellement par le maire, entendait et arrêtait les comptes des deniers des receveurs (art. 23), sauf apuration et règlement définitifs par les conseils de préfecture lorsque les revenus n'excédaient pas 30,000 francs, et par la Cour des comptes pour celles qui jouissaient de revenus supérieurs, cette cour connaissant d'ailleurs des recours portés contre les décisions rendues par les conseils de préfecture relativement aux comptes des petites communes (art. 66). 6° Le conseil municipal avait le droit de réclamer contre le contingent assigné à la commune dans l'établissement des impôts de répartition (art. 22).

Les dispositions du titre II conféraient donc aux conseils municipaux compétence à l'effet : 1° de prendre des délibérations valables en principe par elles-mêmes et susceptibles seulement d'infirmation par le veto de l'autorité supérieure ; 2° de prendre des délibérations pour lesquelles l'approbation expresse de cette autorité était nécessaire ; 3° d'exprimer des avis qu'on devait obligatoirement lui demander ; 4° de formuler des vœux ; 5° d'exercer un contrôle spécial ; 6° de produire des réclamations définies.

Les autres articles du titre II concernaient principalement la procédure à suivre pour les séances des assemblées.

197. L'article 29, le dernier du titre II, interdisait la publicité des séances. Cette disposition avait pour but de sauvegarder l'indépendance du conseil municipal, qui paraissait difficilement compatible avec la présence du public, parmi lequel pouvaient se trouver des citoyens intéressés personnellement par les délibérations. Le législateur avait même poussé à cet égard les précautions de la prudence jusqu'à autoriser le secret du vote, qui en principe s'émettait ouvertement, et il suffisait que trois membres en fissent la demande pour que l'assemblée votât au scrutin secret.

La rigueur de ces prescriptions comportait cependant un tempérament utile, et l'on admettait que les débats fussent officiellement publiés, à la condition que l'autorité supérieure, qui se réservait d'apprécier l'opportunité de cette publication, y adhérerait, non en la laissant passer sans opposition ou par consentement tacite, mais par une autorisation formelle. Il n'est pas nécessaire d'insister sur les avantages que présentaient des mesures préventives au regard d'une publicité intempestive.

198. Le titre III posait le principe de la division des dépenses communales en obligatoires et facultatives, et sans définir le caractère des unes et des autres, il donnait des premières (art. 30) une énumération de laquelle résultaient précisément les éléments qui servaient à faire la distinction. De l'examen de ce texte, il ressort que les dépenses considérées comme obligatoires étaient : celles que rendait nécessaires l'existence même de la commune, sans lesquelles la vie communale est éteinte ou suspendue ; celles qui avaient en vue l'intérêt général de l'État dans ses rapports avec la commune, par exemple les frais de la police, de recensement de la population, les dépenses municipales relatives à l'instruction publique, à la garde nationale, le contingent assigné aux communes pour l'assistance des enfants trouvés et abandonnés ; celles destinées au payement des dettes exigibles ; enfin celles mises à la charge des communes par des dispositions expresses des lois.

Déclarer une dépense obligatoire emportait comme sanction le droit de forcer la commune à la faire. En conséquence la loi édictait (art. 39) l'allocation d'office, par l'autorité supérieure, au budget communal, des sommes destinées à des dépenses obligatoires et non votées par le conseil municipal, fallût-il d'ailleurs frapper une imposition extraordinaire ou même recourir à un emprunt.

Cependant cette inscription d'office faite par le préfet ou conseil de préfecture pour les communes jouissant d'un revenu jusqu'à 100,000 francs inclusivement, et par ordonnance royale pour les communes possédant des revenus supérieurs, n'était réalisée qu'après que le conseil municipal avait été préalablement mis en demeure de délibérer à ce sujet.

S'il y avait un motif d'ordre public à délimiter rigoureusement les dépenses obligatoires, qui sont essentielles, la même raison n'existe pas pour les dépenses facultatives, qu'on peut ne point s'imposer. Aussi, le législateur ne les indiquait point et se bornait à reconnaître comme telles toutes celles qu'il ne rendait pas, d'une manière formelle, obligatoires. Pour ces dépenses, il n'y avait impérativité que quand elles venaient à se convertir en dettes communales exigibles.

199. Après les dépenses, et pour y faire face, figuraient naturellement les recettes, qui étaient divisées en ordinaires et extraordinaires, les premières (art. 31) ayant un caractère de permanence aux termes des lois en vigueur, les secondes (art. 32) accidentelles de leur nature et selon la loi.

200. Le budget était l'état estimatif des recettes et des dépenses dressé à l'avance pour l'année qui allait suivre. Il était proposé par le maire, voté par le conseil municipal et définitivement réglé par arrêté préfectoral, dans les communes ayant moins de 100,000 francs de revenu, dans les autres par une ordonnance du roi ; et l'on réputait ce revenu atteindre 100,000 francs, lorsque les recettes ordinaires constatées dans dans les comptes s'étaient élevées à cette somme pendant les trois dernières années (art. 33).

201. Dans la plus grande partie des communes, les recettes ordinaires ne variaient pas assez sensiblement pour que le pouvoir chargé du règlement de leur budget fût sujet à changer, mais un certain nombre avaient des revenus moins fixes, oscillant autour de 100,000 francs, tantôt dépassant cette somme, tantôt restant un peu en deçà. Pour ces dernières, quand les chiffres résultant des comptes étaient tombés durant trois années consécutives au-dessous de 100,000 francs, l'autorité du préfet se substituait à celle du roi dans le règlement définitif (art. 33). On ne pouvait guère prendre raisonnablement une période plus longue ou plus courte pour justifier leur passage d'une catégorie dans une autre. Si l'expérience d'une année ne paraissait pas très concluante, celle qui s'appliquait à une durée de trois ans contenait au contraire des indications suffisantes pour la base à une modification de régime portant sur les exercices ultérieurs.

202. Il pouvait arriver que, postérieurement au règlement du budget, il se produisit des dépenses nécessitant l'ouverture de crédits nouveaux. Le législateur avait prévu ce cas : l'article 34 autorisait les conseils municipaux à délibérer. L'approbation des crédits complémentaires compétait au préfet pour les communes ayant moins de 100,000 francs de revenu, au ministre pour les autres. Toutefois, dans ces dernières,

le préfet pouvait aussi statuer, quand il y avait urgence.

203. Les perceptions ne peuvent être suspendues, ni les services communaux s'arrêter. C'est ce qui aurait lieu au cas de non-règlement du budget et avant le commencement de l'exercice. Le législateur avisa en édictant que, quelle que fût la cause de ce retard, pour que la commune n'en éprouvât aucun préjudice essentiel, les recettes et dépenses continueraient à être faites conformément au budget de l'année précédente, qui offrait toujours une base régulière d'opérations (art. 35).

204. Du principe de la tutelle administrative découlait le droit, non seulement de forcer les communes à remplir leurs obligations, mais de les empêcher de faire un usage imprudent ou abusif de leur liberté. De là les restrictions apportées à leur pouvoir en matière de dépenses facultatives par l'article 36, qui permit à l'autorité régulatrice du budget de les rejeter ou de les réduire. Mais cette autorité ne pouvait ni les augmenter, ni surtout les créer en insérant au budget un article que le conseil municipal aurait omis ou repoussé. Elle n'avait à inscrire d'office que les dépenses d'ordre obligatoire (art. 38), et quant à ces dernières elle le devait strictement (art. 39).

205. Indépendamment de la faculté d'ouvrir en cours d'exercice des crédits supplémentaires pour parer aux nécessités nouvelles, la loi permettait aux conseils municipaux de voter, au moment de la confection du budget, des sommes spécialement destinées à faire face aux dépenses imprévues. Ces fonds pouvaient servir à acquitter des dépenses faites en vue de remplir des obligations de la commune, l'autorité supérieure n'avait pas en principe le droit de les rayer du budget ; mais comme il fallait contenir par une réglementation sur ce point l'arbitraire possible du conseil municipal, on subordonna l'existence de ces fonds aux conditions d'ensemble de la situation budgétaire. Les sommes ainsi éventuellement inscrites pour besoins imprévus purent donc être réduites ou rejetées, quand les revenus ordinaires, après avoir satisfait à toute la dépense obligatoire, ne permettaient pas de pourvoir à cette dépense, ou quand elles excédaient le dixième des recettes ordinaires. Des précautions particulières étaient d'ailleurs prises en ce qui concernait leur emploi, que le maire ne pouvait faire qu'avec l'approbation du préfet ou du sous-préfet (art. 37).

206. Il fallait prévoir le cas où les recettes ordinaires ne suffisant pas à couvrir les dépenses obligatoires, il y aurait lieu de recourir à une contribution extraordinaire pour combler le déficit. En vue de cette éventualité, les conseils municipaux, conformément à la règle de droit public qui veut que toute imposition soit consentie par les contribuables, prenaient une délibération, et cette délibération devenait exécutoire, en vertu d'un arrêté préfectoral s'il s'agissait d'une commune ayant moins de 100,000 francs de revenu, par l'effet d'une ordonnance royale pour les communes possédant un revenu supérieur.

207. Si cette contribution avait en vue de subvenir à un ordre de dépenses non obligatoire, une ordonnance royale était nécessaire pour l'autoriser dans les communes de la première catégorie et au lieu dans celles de la seconde (art. 40).

208. Les fonds à provenir d'une contribution extraordinaire ne s'obtiennent qu'après les formalités de la mise en recouvrement et, s'il y a à réaliser d'effet délai un capital important, leur capitalisation durerait quelquefois trop de temps au gré de l'intérêt de la communauté, d'où la nécessité de s'adresser en certaines circonstances aux détenteurs de capitaux par la voie de l'emprunt.

La loi permettait en conséquence aux conseils municipaux de voter les emprunts, mais qui ne pouvaient être autorisés qu'en vertu d'une ordonnance royale simple, ou d'une ordonnance rendue en forme de règlement d'administration publique, ou d'une loi, suivant les cas (art. 49).

209. Les impositions extraordinaires et les emprunts municipaux n'étaient pas d'ailleurs des nouveautés. La nécessité en était déjà révélée au législateur, qui avait voulu, tout en les rendant possibles, en empêcher l'abus ; c'est ainsi que la loi des finances du 15 mai 1818 appelait les plus fort imposés en nombre égal aux membres du conseil municipal, à en déli-

bérer. La loi de 1837 conserva (art. 42) pour les communes d'un revenu inférieur à 100,000 francs cette disposition, qui se passe de commentaires, laquelle n'a été abrogée que récemment par une loi spéciale. A défaut de la présence des plus imposés, ceux qui venaient ensuite selon le taux de leurs contributions étaient appelés à la séance du conseil municipal.

Telles étaient les prescriptions fondamentales du titre III. De ses autres dispositions nous ne rappellerons que celle de l'article 45, qui, pour protéger les contribuables contre l'initiative téméraire de leurs administrateurs, édictait qu'aucune construction ou reconstruction d'immeuble communal ne serait autorisée que sur l'approbation préalable des projets et devis par le préfet, ou par le ministre compétent, si la dépense devait excéder 30,000 francs.

210. Aucun texte n'avait abrogé la législation révolutionnaire en vertu de laquelle nulle commune ne pouvait faire aliénation ou échange de ses biens sans y être autorisée par une loi particulière; mais, sous l'Empire, le Corps législatif, convoqué rarement et pour de courtes sessions, ne fut guère saisi de questions d'intérêt local, et le Gouvernement usurpa en ces matières les prérogatives parlementaires. Il prit l'habitude de statuer par de simples décrets t us les actes d'aliénation et d'acquisition d'immeubles communaux, et comme ce procédé facilitait les transactions des municipalités avec les tiers, le public ne réclama point contre son illégalité. La Restauration suivit ces errements, qui se continuèrent sous la monarchie de Juillet, de sorte que la loi était tombée en désuétude par l'effet, non de l'oubli, mais d'une violation véritable. — Le législateur de 1837 régularisa cette situation; tenant compte des faits, il y adapta le droit. Le titre IV reporta la compétence du pouvoir législatif à l'exécutif. Les acquisitions, aliénations, échanges de biens immobiliers communaux, purent avoir lieu à la condition d'être autorisés jusqu'à une certaine valeur par arrêté du préfet en conseil de préfecture, et par ordonnance royale pour une valeur supérieure ou indéterminée (art. 46).

211. Le titre IV contenait d'autres règles relativement à la conservation des biens des communes. Ainsi les baux à long terme devaient recevoir la sanction de la Couronne. Quand elle les avait autorisés, l'acte passé par le maire ne devenait exécutoire qu'après approbation du préfet. Cette dernière règle s'appliquait à tout bail, quelle qu'en fût la durée (art. 47).

212. L'article 910 du Code civil obligeait l'autorité supérieure à concourir à l'acceptation des communes des libéralités destinées à accroître leur patrimoine. En conformité des règles décentralisatrices déjà établies en vue de désencombrer les ministères et de hâter l'expédition des affaires, il fut décidé que l'autorisation d'accepter les dons et legs en argent ou objets mobiliers n'excédant pas 3,000 francs serait accordée par le préfet, le roi statuant à l'égard de ceux d'une valeur plus élevée, ainsi que de ceux portant sur des objets immobiliers. Toutefois il parut qu'au cas de réclamation des familles, l'intervention du pouvoir central, qui a seul charge de veiller à tous les intérêts indispensable, et on en réserva l'examen à l'autorité gouvernementale (art. 48).

213. Le titre V consacré aux actions judiciaires confirmait la législation précédente, en imposant d'une manière absolue aux communes qui voudraient intenter un procès la nécessité d'une autorisation préalable du conseil de préfecture, ou du Conseil d'État, si la juridiction administrative locale refusait d'autoriser.

Il introduisait une innovation consistant à permettre à tout contribuable inscrit au rôle de la commune d'exercer, à ses frais et risques, sous les mêmes sanctions, les actions qu'il jugerait appartenir à la commune ou à la section de commune et que la collectivité intéressée, préalablement appelée à en délibérer, aurait refusé ou négligé d'exercer.

214. Si l'autorité supérieure pouvait empêcher la commune demanderesse de s'engager dans un mauvais procès, la commune défenderesse devait-elle, au contraire, être laissée entièrement libre de ses actions? La tutelle administrative ne devait-elle pas également intervenir, soit pour la protéger contre des revendications injustes, soit pour la contraindre de satisfaire à des réclamations légitimes? C'est ce que pensa le

législateur, et il y pourvut par des mesures de précaution dont la pratique a démontré l'efficacité. Quiconque voulait intenter une action contre une commune ou une section de commune, était tenu d'adresser préalablement au préfet un mémoire exposant les motifs de sa réclamation. Cette pièce était transmise au conseil municipal pour délibération. Le conseil de préfecture décidait ensuite, dans un délai donné, sur l'autorisation à accorder à la commune d'ester en justice. Cette décision était obligatoirement motivée en cas de refus, et la municipalité pouvait alors l'attaquer au moyen d'un pourvoi devant le roi en Conseil d'État.—La commune qui n'avait pas été autorisée à plaider était condamnée par défaut en justice, si elle se laissait assigner; mais le plus souvent, et avant même que l'administration supérieure locale ou centrale eût à se prononcer, il intervenait, et c'était là le résultat utile, entre la commune et les tiers, une transaction qui, homologuée par le roi ou le préfet, terminait le différend à la satisfaction des parties.

La commune n'était admise à défendre sans autorisation du conseil de préfecture, que dans le cas où elle avait à répondre devant les tribunaux ordinaires, qui jugeaient alors comme en matières sommaires, à l'opposition d'un contribuable aux états de recouvrement des recettes municipales dressés par le maire (art. 63).

215. Ceci nous amène sur le terrain de la comptabilité communale, que le législateur avait assujettie à des règles sévères. Comme elles sont presque entièrement reproduites dans la loi du 5 avril 1884, nous nous en tiendrons pour le moment à faire remarquer qu'elles posaient d'une manière très nette le principe de la séparation entre l'ordonnancement et le maniement des fonds, et répartissaient de même les responsabilités imputables à l'ordonnateur et au comptable. Tel était l'objet du titre VI. Le maire était unique ordonnateur et, en cette qualité, il dressait, sauf pour les recettes à l'égard desquelles il existait un mode légal particulier de recouvrement, les états destinés à assurer la rentrée des fonds et il délivrait tous mandats de payement. S'il refusait d'ordonnancer une dépense régulièrement autorisée et liquide, le préfet prenait en conseil de préfecture un arrêté pour tenir lieu de mandat (art. 60 et suiv.).

Le receveur municipal, ou le percepteur qui en remplissait l'office dans les petites communes, était seul chargé de poursuivre le recouvrement des fonds et d'acquitter les dépenses régulières.

216. Néanmoins, toute personne autre que ce fonctionnaire qui, sans autorisation légale, s'ingérait dans le maniement des deniers communaux, était par ce fait constituée comptable et soumise à une responsabilité civile, et même pénale, en vertu de l'article 238 du Code pénal, pour immixtion dans les fonctions publiques.

Les receveurs municipaux devaient présenter, dans des délais prescrits, leurs comptes à l'apuration du conseil de préfecture, pour les communes dont le revenu ne dépassait point 30,000 francs, à la Cour des comptes pour celles dont le revenu excédait cette somme, et ils étaient, en cas de retard, passibles d'amendes prononcées au profit de la commune par l'autorité chargée de juger les comptes. Ils étaient même contraignables par corps pour le payement de ces amendes (art. 64, 65, 66, 67, 68).

217. Il importait que les comptes pussent être contrôlés et vérifiés par les contribuables, intéressés au premier chef à une bonne gestion financière. Le législateur avait avisé en prescrivant le dépôt des budgets et comptes des communes à la mairie, où toute personne aux rôles locaux pouvait en prendre connaissance. Les conseils municipaux dans chaque localité avaient le droit de donner à ces documents une publicité plus grande par l'impression; mais cette faculté devenait une obligation pour les communes riches de 100,000 francs et plus de revenus (art. 69).

218. Des municipalités distinctes avaient quelquefois des intérêts communs résultant de biens ou de droits indivis, ou de travaux entrepris dans un but d'utilité mutuelle. La gestion en devait naturellement appartenir à une commission composée de représentants de toutes les communes intéressées. Elles

pouvaient s'entendre pour laisser le soin de cette administration à l'une d'entre elles; mais, du moment où une seule réclamait, il était formé une commission syndicale au moyen de délégués élus par chaque conseil municipal et pris dans son sein, en nombre déterminé par une ordonnance du roi. Le préfet désignait le syndic chargé de présider cette commission, dont le mandat était temporaire et renouvelable. Les délibérations des commissaires, soumises aux mêmes règles que celles du conseil municipal, ne devenaient exécutoires qu'après l'approbation préfectorale, et l'exécution avait lieu à la diligence du syndic investi, à cet effet, des attributions qu'exerçait le maire à l'égard des propriétés communales.

S'il s'agissait de travaux communs, chaque conseil municipal délibérait spécialement sur l'intérêt particulier de la commune et sur la part de sa contribution à la dépense. Ces délibérations devaient recevoir l'approbation du préfet qui, en cas de désaccord entre les communes, était tenu de prendre, mais non de suivre, l'avis du conseil d'arrondissement et du conseil général. Le préfet pouvait cependant, en cas d'urgence, prescrire les travaux par un arrêté et pourvoir à la dépense à l'aide d'un rôle provisoire, mais la répartition définitive avait lieu ultérieurement en conformité de la règle déjà posée. — Après la fixation définitive de la part incombant à chaque commune, la dépense était considérée comme obligatoire et portée d'office au budget.

Si les communes intéressées aux travaux appartenaient à plusieurs départements, les attributions dévolues au préfet étaient exercées directement par le roi. — Les dispositions tutélaires du titre VII que nous venons d'exposer se retrouvent, avec très peu de changements, dans la législation actuelle.

219. Telle était dans son ensemble cette loi de 1837, loi étudiée, logique, liée en ses diverses parties, qui a subsisté pendant près d'un demi-siècle, sans soulever d'objection fondamentale au sein du pays, jusqu'au jour où les idées de décentralisation administrative sont devenues le programme de l'opposition politique.

220. La législation de la monarchie de Juillet contient en matière de finances, de travaux publics, d'assistance, d'enseignement, etc., d'assez nombreuses dispositions postérieures à la loi de 1837, qui intéressent l'administration communale, mais peu de textes furent édictés dès lors spécialement en vue de cette administration. Il y a à mentionner toutefois l'ordonnance du 18 décembre 1838 qui s'y rapportait directement et était faite pour améliorer et compléter la loi municipale. Cette ordonnance portait que les délibérations du conseil municipal sur les objets énumérés dans l'article 7 de la loi, c'est-à-dire relatives : 1° au mode d'administration des biens communaux ; 2° aux conditions des baux à terme ou à loyer dont la durée n'excédait pas dix-huit ans pour les biens ruraux et neuf ans pour les autres biens; 3° au mode de jouissance et à la répartition des pâturages et fruits communaux autres que les bois, ainsi qu'aux conditions à imposer aux parties prenantes; 4° aux affouages, seraient communiquées aux habitants par voie d'annonce et des publications en usage. Ces délibérations pouvant en effet être annulées sur la réclamation d'un intéressé, leur divulgation s'imposait manifestement. En 1837, 1839 et 1840 furent rendues des ordonnances relatives à la comptabilité des communes, et le 6 février 1843 celle, applicable aussi aux établissements de bienfaisance, qui fixait, pour les communes et pour ces institutions, la clôture des exercices au 31 mars de la deuxième année de l'exercice.

SECTION IX.

LA COMMUNE SOUS LA SECONDE RÉPUBLIQUE ET LE SECOND EMPIRE.

221. La République de 1848 n'a pas marqué de traces durables dans la législation municipale. Le coup d'État de décembre ne lui en a pas laissé le temps. Elle débuta par un appel au pays, sous toutes ses formes et par le renouvellement intégral des conseils électifs, de département, d'arron-

dissement, conseils généraux et municipaux. Un décret du 11 juillet 1848 convoqua pour le 1er août les électeurs municipaux.

Il ne pouvait plus être question de cens. Le suffrage universel avait dès le 5 mars (1) pris son empire pour les élections législatives. L'article 3 du décret du 3 juillet établissait le suffrage local sur les mêmes bases et appelait aux élections municipales tous les citoyens ayant leur domicile réel depuis six mois dans la commune et appelés à nommer les représentants du peuple, abrogeant les articles contraires de la loi de 1831 et de la loi électorale de 1833 (2).

La loi de 1831 sectionnait les communes obligatoirement au-dessus de 2,500 âmes, facultativement, par arrêté préfectoral, sur la proposition du conseil général et le conseil municipal entendu, au-dessous de ce chiffre de 2,500 habitants. Le décret du 11 juillet 1848 supprimait le sectionnement obligatoire et laissait le gouvernement juge selon les cas de l'opportunité du vote par liste unique ou par listes fractionnées (3).

Le décret du 3 juillet fixait ensuite à vingt-cinq ans l'âge d'éligibilité et admettait pour un quart, dans les conseils, les contribuables non domiciliés (4).

222. Statuant sur la nomination des maires (5), le décret la donnait aux conseils, mais seulement en règle générale et dans les petites et moyennes communes. Si démocratique que fût l'esprit de 1848, il ne se croyait pas en contradiction avec lui-même en réservant au pouvoir exécutif le droit de choisir dans le conseil municipal les maires et les adjoints des communes de plus de 6,000 habitants et ceux des chefs-lieux soit de département, soit d'arrondissement (6).

Le décret maintenait d'autre part, et pour tous les maires, le droit de suspension et de révocation au gouvernement (7).

Le décret du 3 juillet était, nous l'avons dit, commun à tous les conseils électifs. Il ordonnait la publicité des séances des conseils généraux; mais des conseils généraux seuls. La République de 1870 sera plus courageuse; et l'avenir dira si elle ne l'aura pas été trop.

223. Le 4 novembre, parut la Constitution (8), dont l'article 76 maintenait la division territoriale en départements, arrondissements, cantons et communes; en disposant qu'à l'avenir aucune modification de circonscription ne pourrait être faite que par une loi. C'était aller un peu loin. Le principe n'a pas intégralement survécu. Encore appliqué, à l'heure actuelle, aux circonscriptions d'ordre supérieur, il a cessé de l'être à la circonscription communale. La chute de la République de 1848 a remis, à cet égard, les choses en l'état antérieur; et l'organisation territoriale des communes s'est retrouvée bientôt replacée sous l'empire de la loi de 1837.

L'article 77 déterminait, avec celle des administrations départementales, la composition des corps municipaux : dans chaque commune, un maire, un ou plusieurs adjoints, et un conseil municipal. Il n'était rien innové à cet égard. La Constitution, pour le reste, pour l'organisation même, s'en référait au législateur, même sur le mode de nomination des maires et des adjoints (9); se bornant à proclamer (10) le principe du suffrage universel; à affirmer (11), pour le pouvoir, le droit de dissolution, confié par la Constitution au président de la République, de l'avis du Conseil d'État ; en laissant d'ailleurs à la loi promise le soin de fixer le délai légal de la réélection.

224. Mais la loi promise ne vint pas. Le Conseil d'État l'étudia et la prépara d'urgence. Son œuvre était prête, quand la République sombra, sans avoir pu même l'examiner.

(1) D. 5 mars 1848. — Acte du gouvernement du 8 juillet 1848.
(2) D. 3-4 juillet 1848, art. 3 et 4.
(3) Ibid., art. 3, 4, 7.
(4) Ibid., art. 9.
(5) Ibid., art. 10.
(6) Ibid., art. 10.
(7) Ibid., art. 10.
(8) Constitution, 4 novembre 1848.
(9) Ibid., art. 78.
(10) Ibid., art. 79.
(11) Ibid., art. 80.

225. Le 14 juin 1851 (1), l'attente de la loi organique fit ajourner le renouvellement des conseils municipaux et des conseils généraux et d'arrondissement tout ensemble. Le délai maximum était fixé au 1er décembre. Le 27 novembre (2), nouvel ajournement au 10. février 1852. Le 10 février se passa sans élection et ce ne fut que la date franchie (3) qu'un troisième ajournement la recula encore de trois mois. Il n'était plus question pourtant de loi organique.

226. Dès 1851, d'ailleurs, les institutions municipales s'étaient vu fortement battre en brèche. Une loi du 19 juin (4) avait mis Lyon hors la loi commune et constitué ce qu'on appelait l'agglomération lyonnaise : la Guillotière, la Croix-Rousse, Vaise, Caluire, Oullins et Sainte-Foy réunies à Lyon; Villeurbanne, Vaux, Brou, Vénissieux du département de l'Isère, Rillieux et Miribel de l'Ain quasi annexées sans quitter leurs départements respectifs ; le préfet du Rhône exerçant dans l'agglomération proprement dite les fonctions de préfet de police telles qu'elles étaient réglées par les dispositions en vigueur de l'arrêté des consuls du 12 messidor an VIII; exerçant dans les autres les fonctions de police déterminées par le décret du 3 brumaire an IX; les maires respectifs restant chargés sous sa surveillance, sans préjudice des attributions générales et spéciales qui leur sont conférées par les lois, de la police dite municipale : un secrétaire général spécial adjoint au préfet du Rhône pour la police ; telle est cette organisation bâtarde qui disloquait les circonscriptions départementales, et qu'un règlement d'administration publique ultérieur (5) consacra dans ses détails incohérents.

227. En 1852, l'empire était fait virtuellement. Le 14 janvier (6), une nouvelle constitution remplaçait la Constitution éphémère de 1848. Respectant le suffrage universel, lui rendant même la plénitude que la loi du 31 mai avait atteinte, elle n'avait pas à s'occuper à cet égard des institutions municipales. Un seul article (7), attribuant au pouvoir exécutif la nomination de tous les maires et le droit de les choisir même en dehors du conseil municipal, suffisait pour armer la nouvelle dictature. La constitution de 1852 ne contient rien de plus.

Mais, presque en même temps, le décret de mars (8), sous prétexte de décentralisation, resserrait plus étroitement la tutelle des communes et la rendait plus efficace en la rapprochant et en investissant les préfets des pouvoirs les plus étendus et les plus variés sur les différentes parties de l'administration municipale.

228. Revenant, à la même époque (9), sur l'organisation spéciale de Lyon, le gouvernement du futur Empire réunissait plus étroitement qu'il ne l'avait fait l'année précédente les communes de la Guillotière, la Croix-Rousse et Vaise à la ville même, annexait au département du Rhône les communes de Villeurbanne, Vaux, Brou et Vénissieux et les soumettait à l'action de police dans les conditions du décret de messidor an VIII au préfet du Rhône, administrateur unique de la commune de Lyon, avec une commission municipale et, dans chaque arrondissement, un maire et deux adjoints spéciaux sous ses ordres.

229. Au mois de juillet 1852, les lois reparaissent. Le régime dictatorial a repris les formes de la légalité. Une loi (10) ordonne le renouvellement des conseils municipaux, dans les quatre mois. L'élection aura lieu (11) conformément aux lois existantes, c'est-à-dire au suffrage universel, et au scrutin de liste, mais avec sectionnements arbitraires, au gré des préfets,

sans limites de population, sans limites d'agglomération, sans limites dans les découpures qu'il pourrait leur plaire d'approprier aux besoins électoraux.

Les maires et les adjoints seront nommés par le pouvoir que la Constitution a déjà investi de ce droit absolu. Le Président de la République se réserve le choix dans les chefs-lieux d'arrondissement et de département et dans les communes de 3,000 âmes et au-dessus. Il le délègue aux préfets dans les autres.

Enfin la loi, en conférant aux préfets le droit de suspendre les conseils et au Président celui de les dissoudre, fixe à une année le délai de réélection, et livre pour toute la durée de la vacance l'administration municipale à une commission préfectorale. On devait aller bientôt bien plus loin.

Deux décrets du même jour ordonnent, le premier la nomination immédiate des maires, et le second la convocation des électeurs municipaux pour une époque variable, du 24 juillet au 26 septembre, selon les convenances des préfets.

230. Ce n'était que du provisoire. Trois ans se passèrent. Et en 1855, une nouvelle loi, cette fois définitive (1), abrogea celle du 21 mars 1831 ainsi que les dispositions du décret du 3 juillet 1848 et de la loi du 7 juillet 1852 relative à l'organisation des corps municipaux.

Ce nouveau code d'organisation municipale laissait les attributions intactes, ou moins d'une manière générale, en se bornant, à cet égard, à étendre l'organisation de police, dont Lyon avait eu les prémisses en 1851 et en 1852, à toutes les villes chefs-lieux de département d'une population supérieure à 40,000 âmes (2). La police, dans les villes, passe des maires aux préfets; mais les conseils municipaux doivent la voter la dépense telle que les préfets l'ont fixée. La dépense est obligatoire et, en cas de refus, elle donne lieu à inscription d'office, mais par décret en Conseil d'État.

231. Quant à l'organisation même, c'est la loi de 1831 appropriée au régime impérial et mise en accord avec son double principe d'autorité jalouse combinée avec le suffrage le plus large possible.

Ainsi, d'une part, l'électorat municipal appartient à tous les Français majeurs, jouissant de leurs droits civils et politiques, qui habitent la commune depuis six mois, ou qui remplissent ces conditions au moment de la clôture définitive des listes. Mais le préfet reste maître du sectionnement électoral, de manière à rester maître, dans nombre de cas, du résultat.

Le mandat est fixé à cinq ans, pour les conseillers municipaux comme pour les maires, sans renouvellement partiel intermédiaire des conseils. Le même temps le droit de suspension restant fixé à deux mois pour le préfet, à un an pour l'empereur, le droit de dissolution qu'exerce l'empereur est pour ainsi dire indéfini. L'état de dissolution peut se prolonger jusqu'à la fin de la période quinquennale ; et, pendant toute cette durée, il est pourvu à l'administration municipale par une commission nommée par décret ou par arrêté préfectoral selon le cas.

Les communes de la Seine sont d'ailleurs atteintes d'une façon permanente. On évite le nom, et l'on ne parle pas de commission, mais on leur applique la chose à l'état continu. L'empereur nomme leurs conseils municipaux.

232. La loi nouvelle changeait peu de choses à la nomination des maires, celle de 1852, ou plutôt la Constitution même, ayant fait l'essentiel. L'Empire eut même, à ce moment, quelque mérite à refuser les dons de plus autoritaires que lui. Le droit de choisir les maires hors des conseils municipaux ne parut pas à tous une marque de subordination suffisante pour ces conseils toujours sous le coup de la dissolution permanente. On proposa d'y substituer l'obligation. Le droit, cependant, parut suffire à un pouvoir qui se proposait d'en user largement. Mais il fit disparaître la condition de domicile et, en y substituant la simple inscription aux rôles de la commune, il se fit attribuer la faculté de choisir les maires,

---

(1) L. 14-18 juin 1851.
(2) L. 27-29 novembre 1851.
(3) D. 21 février et 20 mars 1852.
(4) L. 19-24 juin 1851.
(5) Règlement d'administration publique, 4-11 septembre 1851.
(6) Constitution, 14 janvier 1852.
(7) Ibid., art. 57.
(8) L. 25-30 mars 1852, modifiée ultérieurement par le décret des 13-29 avril 1861.
(9) D. 24-31 mars 1852.
(10) L. 7-8 juillet 1852.
(11) Ibid., art. 2-3.

(1) L. 5-9 mai 1855.
(2) Ibid., art. 50.

3

non seulement hors du conseil municipal, mais hors de la commune même. Et cette faculté a survécu au régime impérial, puisque, aujourd'hui encore, le domicile n'est plus exigé pour le mandat municipal et que les conseils municipaux choisissent librement, sauf quelques cas d'inéligibilité très restreints (1), les maires dans leur sein.

Les préfets perdirent, d'autre part, le droit de nommer les maires des chefs-lieux de canton. La loi de 1855 réserva ces nominations à l'empereur.

Les maires, nommés par le pouvoir, sont naturellement révocables par lui, mais, dans tous les cas, sous la garantie du décret, le préfet n'a même sur les maires qu'il nomme qu'un pouvoir de suspension limité à deux mois.

233. En résumé (nous passons sur les détails), la loi d'organisation de 1855 est, comme nous l'avons dit, l'appropriation de celle de 1831 au nouveau régime. Il semblait qu'elle ne pût être aggravée sur aucun point. Une loi postérieure de 1867 porta cependant à sept années la durée du mandat municipal et, à ce point de vue, éteignit encore la vie communale déjà si fortement atteinte. Mais, dans son ensemble, la loi de 1867 fut une loi relativement libérale empreinte des hésitations qui marquent la deuxième manière du régime impérial, touchant d'ailleurs beaucoup plus aux attributions qu'à l'organisation même, à la loi de 1837, qu'à celle de 1855.

234. La législation du second Empire intéressant l'administration communale, postérieurement à la loi du 9 mai 1855, comprend divers textes spéciaux et des dispositions portées dans des lois ou décrets relatifs à d'autres objets.

Parmi ces dernières, nous devons mentionner :

1° Celles de la loi du 6 juillet 1860 autorisant la Société du Crédit foncier de France à prêter, aux communes qui auraient obtenu la faculté de lui faire des emprunts, des sommes réalisables en argent, avec ou sans garantie hypothécaire, remboursables à court terme, ou à long terme avec annuités, avec ou sans amortissement;

2° Le décret du 12 avril 1861, sur la décentralisation administrative, donnant aux préfets le pouvoir de statuer sur des affaires communales dont la solution appartenait jusque-là au ministre de l'intérieur;

3° Le règlement, toujours en vigueur, du 31 mai 1862, sur la comptabilité publique, dont la partie relative aux communes embrasse 13 divisions et 62 articles;

4° Le décret du 19 avril 1862, dont l'article 6 autorise les communes à voter des fonds pour augmenter le traitement des instituteurs primaires publics.

235. Les lois d'ordre purement communal de cette période sont de deux sortes. Les unes ont trait à l'intérêt financier de la communauté. Telles sont la loi du 2 mai 1855, qui établit une taxe, exclusivement au profit de la commune, sur les chiens; la loi du 28 juillet 1860, ordonnant la mise en valeur des marais et terres incultes susceptibles de culture, appartenant aux communes, et réglant les conditions de l'entreprise de ces travaux; tel est encore le décret du 14 juillet 1866 qui dispense les communes des formalités de la purge des hypothèques pour les acquisitions de gré à gré d'immeubles dont le prix n'excède pas 500 francs.

236. La loi du 28 juillet 1867 est, au contraire, d'intérêt principalement administratif. Elle modifiait certaines dispositions de la loi de 1837, en étendant les attributions du conseil municipal, auquel elle donnait le pouvoir de régler des matières auparavant soumises à la sanction préfectorale, sous la réserve, toutefois, qu'en cas de désaccord entre le conseil et le maire, les délibérations ne seraient exécutoires qu'après l'approbation du préfet ; et elle autorisait, dans les mêmes conditions, cette assemblée à voter quelques dépenses nouvelles, ainsi que des contributions extraordinaires pour y faire face.

237. Cette loi a été abrogée par celle du 5 avril 1884, sauf l'article 9, d'après lequel sont exécutoires les délibérations des conseils municipaux concernant : 1° la suppression

ou la diminution des taxes d'octroi; 2° la prorogation des taxes principales d'octroi pour cinq ans au plus; 3° l'augmentation des taxes jusqu'à concurrence d'un décime pour cinq ans au plus, pourvu qu'aucune des taxes ainsi maintenues ou modifiées n'excède le maximum à établir, après avis des conseils généraux, par un règlement d'administration publique; ou qu'aucune desdites taxes ne porte sur des objets non compris dans ce tarif, cette exécution restant d'ailleurs subordonnée aux conditions de l'article 18 de la loi de 1837, c'est-à-dire, si ne pouvant avoir lieu que dans le délai de 30 jours après la date du récépissé de l'expédition de la délibération, délivré par le sous-préfet, le préfet n'a pas annulé la délibération, soit d'office, pour violation d'une loi ou d'un règlement d'administration publique, soit sur la réclamation de toute partie intéressée. L'exécution n'est possible non plus, en cas de désaccord entre le maire et le conseil, qu'après l'approbation du préfet. L'article 17, qui faisait aux villes de Paris et de Lyon une situation exceptionnelle, n'a été aussi abrogé que dans sa partie relative à la ville de Lyon, actuellement replacée sous le régime du droit commun.

Il convient cependant de signaler ici les innovations introduites, en 1867, à l'égard des villes ayant 3 millions et au-delà de revenus, innovations consistant à soumettre leur budget à l'approbation de l'empereur, sur la proposition du ministre de l'intérieur, et à faire sanctionner par des décrets pris en conseil d'Etat certains traités au sujet de travaux et de concessions de services communaux.

238. 1870 nous offre l'Empire dans sa dernière manière, à laquelle les événements ne sont chargés de mettre brusquement fin. Une nouvelle Constitution (1) avait fait passer du droit constitutionnel dans le droit public ordinaire l'article 57 de la loi de 1862 qui attribuait au pouvoir la nomination de tous les maires, même hors du sein du conseil. Une loi, rendue presque aux derniers moments de l'Empire (2), abrogea cette dernière disposition et imposa au pouvoir l'obligation de choisir les maires et adjoints parmi les conseillers municipaux (3). La même loi réduisait à cinq ans le mandat des conseillers municipaux, que la loi de 1867 avait porté à sept ans. Une seconde loi, simultanée (4), ramenait au droit commun les communes de la Seine et n'en laissait plus en dehors que Lyon avec Paris.

Ce furent, touchant la commune, les derniers actes de l'Empire.

SECTION X.
LA COMMUNE SOUS LA TROISIÈME RÉPUBLIQUE.

239. A peine l'Empire était-il tombé que le gouvernement de la Défense nationale procéda, vis-à-vis des conseils municipaux, comme il est de nécessité pour tout gouvernement, issu d'une crise, de procéder. Un décret de Tours (5) prononça la dissolution des conseils. Il prévoyait des élections immédiates; mais, presque aussitôt, un second décret (6), en présence de la guerre continuée à outrance, suspendait toute élection, soit générale, soit municipale et autorisait les préfets à pourvoir par le maintien des municipalités existantes ou l'installation de municipalités provisoires, en s'inspirant des nécessités.

240. L'Assemblée nationale à peine réunie, ce fut comme un assaut de propositions, l'une tendant simplement à l'élection immédiate des conseils municipaux (7); une autre (8) à la

(1) L. 4 juillet 1867.

(1) Constitution du 22 avril 1870.
(2) L. 22 juillet 1870.
(3) Avec une exception naturelle pour les adjoints spéciaux des fractions de commune isolées du chef-lieu. Exception conservée même par la loi actuelle, et justifiée en effet par la nécessité.
(4) L. 17-22 juillet 1870.
(5) D. 20 septembre et 5 octobre 1870.
(6) D. 24 septembre et 5 octobre 1870.
(7) Proposition de M. Batbie et vingt-huit autres membres de la droite. Séance du 3 mars 1871. — Proposition de M. Talon et vingt et un autres membres de la droite.
(8) Proposition de M. Dubreuil de Saint-Germain et onze autres membres de la droite.

réinstallation des conseils élus sous l'Empire jusqu'à nouvelle organisation des assemblées départementales et communales; à discuter dans les trois mois; une autre encore (1) tendant aux mêmes fins et, de plus, à la nomination des maires par le conseil municipal et à l'attribution provisoire des fonctions de maire au conseiller municipal qui tenait la tête de la liste aux dernières élections impériales.

Toutes ces propositions tendaient au même but, partant d'un même esprit d'hostilité manifeste contre le gouvernement de la Défense nationale et les espérances républicaines. C'étaient des propositions purement politiques, destinées à désarmer le parti républicain; leurs motifs en témoignent, puisqu'on les voit reprocher avec amertume au gouvernement qu'elles cherchaient à battre en brèche d'avoir fait échec au droit électoral des communes pendant cette période de lutte contre l'invasion étrangère où la suspension de la vie publique civile s'imposait comme une nécessité.

241. Le gouvernement d'alors n'avait nul besoin de ces excitations fiévreuses pour comprendre le pressant besoin de rentrer, la guerre finie, dans les conditions normales de fonctionnement. Car, dès le 22 mars, le ministre de l'intérieur, Ernest Picard, présentait à l'Assemblée un projet de loi ordonnant des élections municipales immédiates, et, trois semaines après, l'Assemblée convertissait en loi le projet que sa commission d'étude avait substitué au projet du gouvernement (2).

Le ministre, en effet, allant au plus pressé, proposait simplement de remettre en vigueur provisoire la loi du 3 juillet 1848, pour le choix des maires et s'en tenait à la convocation des électeurs et à la limitation du mandat à trois ans.

Ce n'était pas assez pour l'Assemblée. La loi des 14-16 avril 1871 ne se borna pas à la dissolution des commissions municipales. Elle révoqua les maires et adjoints en exercice, choisis par le gouvernement de la Défense en dehors des anciens conseils municipaux, et leur substitua (3) les membres des anciens conseils dans l'ordre d'inscription; ordonnant d'ailleurs (4) le renouvellement intégral à bref délai, au scrutin de liste pour toute la commune non sectionnement possible (5), et appelant à l'élection (6) tous les citoyens de 21 ans, domiciliés réellement dans la commune depuis un an et à l'éligibilité (7) tous les électeurs municipaux de 25 ans et, pour un quart, les contribuables non domiciliés. Elle réduisait (8) les incompatibilités à deux fonctions : celle de juge de paix titulaire dans le canton, et celle de membres inamovibles des tribunaux dans l'arrondissement. L'article 6 réglait la formation des listes; l'article 7 réduisait le scrutin à un seul jour. L'article 8 limitait le mandat à trois ans; même a une durée moindre en cas de promulgation plus rapide de la loi organique des municipalités. L'article 9 donnait aux conseils municipaux la nomination des maires et des adjoints, sauf révocation possible par décret. Le premier vote sur ce point était absolu et général. Mais l'Assemblée, cédant aux plus énergiques instances de M. Thiers, consentit à le modifier et à admettre *provisoirement* (9) pour les maires et adjoints des chefs-lieux de département et d'arrondissement et de toute ville de plus de 20,000 âmes la nomination par le gouvernement parmi les membres des conseils.

Le reste de la loi réglait l'organisation de Paris, sauf les deux derniers articles (10) qui maintenaient d'une manière générale jusqu'aux lois attendues les dispositions en vigueur sur l'organisation et les attributions municipales auxquelles la loi nouvelle ne touchait pas, et rappelaient expressément le maintien de celle de ces dispositions qui fait de la fonction de maire, d'adjoint et de conseiller municipal une charge *essentiellement* (1) gratuite.

242. Bientôt après, l'Assemblée nationale, réorganisant, sous l'empire de préoccupations décentralisatrices, l'administration départementale (2) attribua aux conseils généraux un pouvoir, nouveau pour eux, sur certains objets d'administration communale (3) et leur donna la décision là où ils n'avaient que le droit de délibérer. Quelques-unes de ces nouvelles attributions se sont consolidées dans leurs mains. D'autres n'ont eu qu'une durée éphémère (4). Ce dont il faut se féliciter, c'est que l'esprit décentralisateur qui soufflait alors n'ait pas réussi à faire passer, ainsi qu'il en avait été sérieusement question, ainsi que le proposait le projet de la commission parlementaire, la tutelle des communes, des préfets représentants du pouvoir central, aux conseils généraux, qui ne représentent qu'un intérêt local, quelquefois hostile, toujours incomplet, par cela seul qu'il est local, à statuer sur les intérêts généraux.

243. Dès le mois d'avril 1871, et successivement, l'Assemblée nationale avait été saisie de nouveaux projets qui embrassaient la totalité des attributions et des fonctions municipales.

Tous ces projets furent examinés par une seule et même commission, la commission dite de *décentralisation*, et ils furent ensemble l'objet d'un rapport. Mais pendant que la commission se recueillait, le ministère, par l'organe du duc de Broglie, demandait à l'Assemblée (5) de lui rendre la nomination des maires et des adjoints, à choisir, pour les conseils, par le Président de la République dans les chefs-lieux de département, d'arrondissement et de canton, et par le préfet dans les simples communes. Il revendiquait, après en avoir refusé les débris à M. Thiers, le régime centralisateur de l'empire tout entier.

Mais l'Assemblée nationale refusa de suivre le ministère: Elle laissa, à très peu de chose près, les choses en l'état pour la police, se bornant à donner aux préfets un peu plus d'action sur le personnel, et se contenta d'accorder provisoirement au gouvernement la nomination des maires et adjoints de toutes les communes sans exception, et même en dehors des conseils municipaux (6).

244. La mairie centrale de Lyon avait été rétablie en fait après la chute de l'Empire, et la loi du 14 avril 1871 n'établissant de régime exceptionnel que pour Paris, Lyon se trouvait en 1873 à très peu de chose près dans les conditions du droit commun, sous les deux seules distinctions suivantes : les arrondissements municipaux y étaient conservés, fonctionnant sous l'autorité du maire central; le préfet du Rhône continuait à exercer dans l'agglomération lyonnaise les fonctions de préfet de police. La loi du 4 avril 1873 assimila entièrement l'administration de Lyon à celle de Paris (7), attribuant expressément au préfet du Rhône les attributions combinées du préfet de la Seine et du préfet de police; et plaçant sous son autorité un maire et deux adjoints par arrondissement municipal. Ces dispositions n'étaient que provisoires ; la loi s'en explique. Mais le rapport de la commission parlementaire expliquait aussi, de son côté, que c'était un premier pas dans une organisation commune à toutes les grandes agglomérations.

245. Un peu plus tard, l'Assemblée rendait une décision plus heureuse, par cela qu'elle subsiste encore, tandis que la précédente a vécu. Elle frappait de peines, telles que démission d'office et inéligibilité temporaire (8), tout membre d'une

(1) Proposition de M. le Dr Chaurand et cinq autres membres de la droite.
(2) L. 14-16 avril 1871.
(3) Art. 1er.
(4) Art. 2.
(5) Art. 3.
(6) Art. 4.
(7) Art. 4.
(8) Art. 5.
(9) Art. 9, § 4.
(10) Art. 18 et 19.

(1) La règle était ancienne, mais le mot « *essentiellement* » l'accentuait encore.
(2) L. 10 août 1871.
(3) *Ibid.* Nos 22 à 26 de l'article 46.
(4) Telles sont les attributions en matière d'octroi (art. 46, no 25 et 48, no 4 de la loi du 10 août 1871), que la loi municipale de 1884 enlève aux conseils généraux.
(5) 28 novembre 1873.
(6) L. 20-22 janvier 1874.
(7) L. 4 avril 1873, art. 16.
(8) Un an. C'est la loi du 7 juin 1873.

assemblée de département, d'un conseil d'arrondissement ou d'un conseil municipal qui se déroberait à ses fonctions. Nous retrouverons cette loi, toujours en vigueur, au cours de ce traité.

246. L'Assemblée nationale poursuivait des projets d'organisation générale avec persistance. En mars 1874, la commission de décentralisation présenta un rapport supplémentaire, joignant un projet définitif d'organisation municipale au projet primitif sur l'électorat. Mais l'Assemblée n'aboutit qu'au vote du dernier (1). Le projet général d'organisation fut encore ajourné (2). Le Conseil d'État, de son côté, saisi d'un projet de loi relatif à cette organisation toujours éloignée, toujours attendue, se borna lui-même, d'accord avec le gouvernement, à des propositions relatives aux conditions de l'électorat et aux élections municipales mêmes. Mais son projet n'eut pas de suite.

247. Mais l'Assemblée nationale cessa d'exister. La forme actuelle de gouvernement est établie par elle et comme malgré elle. La loi du 20 janvier 1874 ne pouvait manquer de devenir un point de mire. Des propositions sont faites de tous côtés, portant sur toute l'organisation municipale.

Cette fois encore, on va au plus pressé : à l'abrogation de la loi de 1874. Le parti républicain, au pouvoir, répudie généreusement les choses du gouvernement du 24 mai.

La loi du 12 août 1876 abroge les articles 1 et 2 de la loi du 20 janvier 1874; et provisoirement, il sera procédé à la nomination des maires par les conseils municipaux, à la majorité absolue avec scrutin de ballottage au troisième tour, mais seulement dans les communes qui ne sont le chef-lieu ni d'un département, ni d'un arrondissement, ni d'un canton. Dans ces dernières, la nomination des maires (et des adjoints) reste réservée au pouvoir exécutif. Le Président de la République est seulement tenu de les choisir dans le sein du conseil municipal.

248. En mars 1877 (3), le gouvernement, par l'organe de M. Jules Simon, ministre de l'Intérieur, complétait le dépôt antérieur de M. de Marcère et la commission de la Chambre se trouvait saisie d'un projet d'organisation complet. En même temps, la commission déposait son rapport sur la première partie : élections; conseils municipaux. La première délibération s'ouvrit le 7 mai, et dura jusqu'au 14. Le 16 mai l'interrompit.

249. La crise terminée, les élections provoquées par la dissolution achevées, la Chambre réunie fut saisie de nouvelles propositions (4) trop tardivement examinées pour pouvoir aboutir avant la fin de la législation.

Dès la réunion de la Chambre nouvelle, les projets furent repris (5).

250. Avant même qu'elle fût en mesure de présenter son travail à la Chambre, la commission nommée voyait réclamer, par le gouvernement, l'urgence pour deux projets portant sur deux points particuliers. Le premier rendait aux conseils municipaux des chefs-lieux l'élection de leurs maires; le second abrogeait les dispositions de la loi municipale relatives à l'adjonction des plus imposés (6).

251. M. de Marcère, rapporteur de la commission, déposa son rapport à la fin de la même année.(7). Au cours de la discussion qui dura quinze mois (8), se produisirent de nouvelles propositions. Mais, enfin, le 5 avril 1884, fut rendue la loi municipale actuelle.

252. Cette date ferme cet exposé, où nous nous sommes efforcés de donner les indications historiques essentielles à l'intelligence de l'organisation municipale actuelle, qu'il nous reste maintenant à préciser. Plus que personne peut-être, nous en sentons les lacunes, mais un siècle d'histoire administrative exigerait des volumes. Nous avons dû nous concentrer pour ainsi dire sur l'historique de l'organisation proprement dite, passant, presque en courant, sur les transformations successives des attributions, de la fonction municipale, de son rôle actif dans l'ensemble de l'organisation administrative, sur celles du domaine communal, de la personnalité communale civile, toutes questions qui vont être maintenant examinées et élucidées dans leurs éléments actuels, mais dont le développement historique nous était interdit par l'exiguïté relative de notre cadre.

TITRE II.

CARACTÈRES GÉNÉRAUX DE LA COMMUNE CONTEMPORAINE.

253. Au moment de passer de l'étude historique de l'organisation communale à l'exposé méthodique de ce qu'elle est aujourd'hui, nous chercherons à définir son véritable caractère actuel et à ramener, s'il est possible, à une formule concise, les éléments de cette définition. Loin de croire, comme certains le pensent, ces sortes de formules inutiles, nous estimons que leur absence est le cachet des théories incertaines; ce qui est encore, dans une certaine mesure, il faut le reconnaître, le cas de la théorie communale.

Ni la Constitution, ni la loi ne nous donnent cette définition. La Constitution, éminemment sommaire, omet la commune. La loi organique la prend dans son état historique, et la réglemente sans dogmatiser.

La Révolution, essentiellement dogmatique, avait cherché la formule. Elle ne l'a point trouvée. La Constitution de 1791 a défini la commune *un groupe de citoyens français considérés sous le rapport des relations locales qui naissent de leur réunion dans les villes ou dans de certains arrondissements du territoire des campagnes* (1). Vuillefroy et Monnier (2), citant, d'ailleurs, inexactement le texte constitutionnel, le critiquent à bon droit. Ils proposent, pour leur compte, la définition suivante : *La plus petite division du territoire de l'État où il existe un centre d'administration*. La définition de la Constituante était évidemment incomplète. La rectification ne l'est pas moins.

254. La Constitution de 1791 n'envisage la commune que sous le rapport des relations locales : ce qui est au moins singulier de la part d'une Assemblée qui a tant demandé à la commune et qui a commencé par en faire comme la cheville ouvrière de l'État. Vuillefroy et Monnier ne l'envisagent que sous le rapport des relations d'État. Avec la définition de 1791, la commune ne serait qu'une espèce d'association libre, gérant ses intérêts dans un ilot du territoire. Avec les auteurs des *Principes*, la personnalité de la commune s'efface et disparaît.

---

(1) L. 7-14 juillet 1874.
(2) Séance du 15 novembre 1875.
(3) Séance du 15 mars 1877.
(4) Proposition Eschassériaux; proposition Robert Mitchell; proposition André Folliet et Pascal Duprat.
(5) Proposition Dreyfus, Cunéo d'Ornano, Jules André et autres.
(6) L. 28 mars 1882; L. 5 avril 1882.
(7) Séance 19 décembre 1882.
(8) Jusqu'en avril 1884. — Dépôt du premier rapport, 19 décembre 1882 : première délibération à la Chambre des députés : 8, 10, 12, 13, 17, 23, 26, 27 février et 1er mars 1883; — 2e délibération.
Deuxième rapport, 24 avril 1883 : discussion à la Chambre des députés : 7, 16 et 25 juillet; 23, 27 et 29 octobre; 5, 6, 8 et 10 novembre 1883. — Discussion au Sénat.
Rapport de M. Demôle, 26 janvier 1884 : Première délibération : 5, 7,

8, 9, 11, 12, 13, 14, 15, 16 et 17 février 1884; — deuxième délibération : 20 février au 15 mars 1884; — nouvelle délibération à la Chambre des députés : 20, 21 et 22 mars 1884 (Rapport de M. Dreyfus); — nouvelle délibération au Sénat; 28 et 29 mars 1884; — adoption à la Chambre des députés : 31 mars 1884.
(1) Constitution du 3-14 septembre 1791, art. 8.
(2) *Principes d'administration*, p. 5.

Les deux définitions étant également insuffisantes, nous en chercherons une autre, qui tienne compte à la fois du caractère complexe de la commune, de sa place dans l'Etat, de sa personnalité et de la subordination, et nous définirons la commune :

Une personne morale formée de l'agrégation des habitants de la circonscription élémentaire du territoire de la République délimitée par la loi, et que la loi constitue tout à la fois comme organe de l'administration générale de l'Etat et comme gérante de ses intérêts privés, sous des conditions et des contrôles déterminés.

255. Reprenons, un à un, les divers éléments de cette formule et arrêtons-nous sur chacun d'eux.

256. La commune se présente, tout d'abord, sous un aspect matériel et tangible. Elle occupe une partie déterminée du territoire de la nation. Il n'y a pas de commune sans territoire, et, réciproquement, il n'y a pas de territoire sans commune. Un ensemble de communes, sans vide entre elles, forme un arrondissement, siège d'un représentant de l'autorité centrale, le sous-préfet; un ensemble d'arrondissements forme le département; l'ensemble des départements forme l'Etat : la commune sans territoire, comme fut un jour la *commune des arts* (1), n'a été qu'une fantaisie administrative passagère et sans portée. *La commune est donc une circonscription territoriale administrative, la troisième et dernière des subdivisions de l'Etat* (2). Toutes les familles comprises dans cette circonscription territoriale, soit qu'elles y résident, soit qu'elles y possèdent, constituent les éléments de la commune et seules la constituent; quiconque n'y est ni résident, ni tout au moins propriétaire y est compté à part et lui reste étranger. Résidents et propriétaires ne participent d'ailleurs à l'administration de la commune que comme citoyens. Il n'en a pas toujours été ainsi. D'aucuns estiment qu'il n'en devrait pas être ainsi. D'une part, et jusque dans les derniers temps, les intérêts ont eu leur prépondérance dans l'administration de la commune par l'adjonction des plus imposés aux mandataires légaux, pour certains cas; d'autre part, on a réclamé et l'on réclame quelquefois encore pour les femmes le droit de participer, au moins par leur vote, à titre de propriétaires, à la gestion des intérêts communaux. Pour le moment, la commune n'appartient qu'aux citoyens (3), Français et électeurs tout à la fois.

D'où la première proposition de la formule : *La commune est l'agrégation de citoyens qui est comprise dans la circonscription territoriale élémentaire...*

257. *Que la loi délimite et constitue :* c'est la seconde proposition.

Comment, en effet, s'est formée la commune ? Il faut nous arrêter ici, car il est devenu comme de style, lorsqu'on la définit et qu'on lui assigne son rang dans l'Etat, de répéter avec Royer-Collard, qui répétait déjà : *Que la commune est comme la famille avant l'Etat ; que la loi politique la trouve et ne la crée pas ;* élevant ainsi, inconsciemment sans doute, la commune à la hauteur d'une institution naturelle, en quelque sorte immuable, à laquelle, logiquement, il ne serait permis de toucher, soit dans ses limites, soit dans son fonctionnement même, que de son libre consentement.

La logique, par bonheur n'a pas la puissance des bornes des mots. A aucun moment, on n'a pensé à contester en fait, à la loi, le pouvoir de modifier les circonscriptions communales même contre le vœu, fût-il unanime, des habitants.

La Constitution de 91 a inscrit la première dans son texte ce droit absolu du législateur. La Constitution de l'an III en a largement usé en déplaçant le centre communal et en mettant, sauf exception, la municipalité au canton. La Constitution de l'an VIII a défait ce que celle de l'an III venait de faire, et ramené la municipalité du canton à l'ancienne paroisse. Tous les gouvernements d'ailleurs, depuis 1789, ont affirmé le droit de faire et de défaire les territoires communaux et ils en ont plus ou moins usé. De même de l'organisation active de la commune, qui a passé par toutes les phases de 1789 jusqu'à nous.

La vérité est que si la proposition de Royer-Collard, se conçoit comme proposition d'ethnique philosophique, en fait, la commune de la Constituante s'est encadrée dans les divisions qui s'étaient formées sous l'ancien régime; et, si l'Assemblée *trouvant* un cadre fait, n'en a pas créé d'autre, et si, après sa tentative de l'an III, on y est revenu dans la généralité, c'est là, reconnaissons-le, une vérité purement empirique, qui n'autorise nullement une déclaration de principe assimilant les droits d'une agglomération d'habitants formée au hasard de l'histoire, aux droits de la famille, et aux liens naturels de la consanguinité ; mettant cette agglomération avant l'Etat ; donnant ainsi, au moins en apparence, à l'élément *civil* de la société *politique* une antériorité de droit sur cette société même, à coup sûr, par suite, le droit d'y participer *politiquement ;* proclamant, par-dessus tout, son inviolabilité : autant de propositions fécondes en erreurs chez les uns, en illusions chez les autres, en périls pour tous. La sentencieuse formule de Royer-Collard, qu'on se repasse de mains en mains sans y prendre garde, n'est pas celle d'une commune *administrative,* subordonnée, unité élémentaire d'un Etat indivisible. Elle est celle de la commune indépendante, de la *tribu* naturellement formée, membre volontaire d'une association politique d'Etat.

D'où la seconde proposition : que la commune est *déterminée par la loi* dans son cadre territorial, et *constituée par la loi* dans son organisation active ; et que ce qu'a fait la loi à cet égard, la loi peut à tout moment le changer, sans porter atteinte à aucun principe supérieur de droit naturel ou constitutionnel.

258. Dans ce cadre territorial que la loi règle et où elle ne doit pouvoir se mouvoir que pour le bien de tous, quel est le rôle de la commune ? Précisons-le.

Ce rôle est double, double étant le caractère. Car la commune est tout à la fois une *agrégation de citoyens* et une *agrégation d'intérêts.* Comme agrégation d'intérêts, la commune est une *personne morale ;* comme agrégation de citoyens *unis à l'Etat indivisible,* la commune est *un des organes de l'administration de cet Etat.*

259. Ce double rôle, que la Constituante a reconnu dès le début, il est de style de lui rendre hommage. On s'entend moins pour en caractériser chaque aspect; et, à cet égard, nous sommes encore loin de limites scientifiques, philosophiquement acceptées. L'Assemblée constituante, tout en proclamant la dualité, a mis elle-même dans la loi le germe de cette confusion tenace. « Faire jouir les habitants des avantages d'une bonne police, notamment de la propreté, de la salubrité, de la sûreté et de la tranquillité dans les rues, lieux et édifices publics, » lui a paru l'une des fonctions propres au pouvoir municipal et le nom de *police municipale* est resté à cette police locale. Tant et si bien qu'en cette matière, comme nous le verrons amplement quand nous en traiterons en son lieu, si l'on consent, à l'heure actuelle, à reconnaître à l'Etat une intervention suprême, le transport des attributions de police du maire au préfet, lorsque les plus étroites nécessités l'exigent, le concours même du préfet dans la police municipale avec le maire, soulèvent toujours des orages. Qui ne voit cependant que l'insalubrité d'une seule commune peut, de proche en proche, contaminer tout le pays ? Est-il d'ailleurs une seule des institutions administratives de la commune qui l'intéresse seule et où le pays entier n'ait pas des intérêts vitaux, par suite, des droits certains. Ce ne sont pas

---

(1) Sous la Convention (*Brumaire* an II).

(2) V. *infra* n° 265 et suivants, nous expliquons, d'une part, que si la commune se sectionne, à de certains points de vue, administrativement elle reste toujours une; — d'autre part, pourquoi nous omettons le canton dans la hiérarchie territoriale, et comment cette hiérarchie se réduit en réalité à trois termes : *Département, arrondissement et commune.*

(3) Nous verrons cependant plus loin (V. *infra*, tit. III, chap. I, n° 2) que les étrangers participent, très exceptionnellement il est vrai, mais enfin dans une mesure qui n'est pas négligeable et à titre de *contribuables* à l'administration de la commune, mais jamais à son organisation. En Algérie, la participation est admise.

assurément les intérêts scolaires : l'ignorance locale est un élément de mal public. Ni ceux de l'assistance, ni ceux de la viabilité. La commune n'est vraiment chez elle que lorsqu'on l'envisage *comme propriétaire*.

260. Mais, ramenée même à ce domaine précis, la commune ne peut y posséder l'indépendance, celle que la loi civile reconnaît aux individus. Peut-il être question de l'affranchir dans ses actes de gestion civile, dans l'administration de ses biens proprement dits, de la *tutelle* que, de tout temps (depuis qu'elle n'est plus une république dans l'Etat), l'Etat a revendiqué sur elle avec plus ou moins de vigueur, de bonheur ou d'autorité ? Cette tutelle peut être plus ou moins étroite, plus ou moins légère, selon le degré de civilisation d'un pays. Mais elle ne saurait jamais entièrement disparaître sans préjudice pour le corps social tout entier. Il n'est pas, il ne peut pas être, indifférent à la société qu'une agrégation communale se ruine et dissipe non seulement ses ressources du jour, mais encore celles de l'avenir ; ruinant, ne fût-ce que dans un coin perdu du territoire, les générations qui doivent y naître. Il ne peut être indifférent qu'elle laisse ses terres en friche, vende ses bois, dégrade ses montagnes, laissant le champ libre aux éléments. La ruine privée d'une commune est un mal public qui, multiplié, deviendrait une calamité. C'est en ce sens que les communes ont toujours été justement tenues pour mineures, à un certain degré.

261. La mesure, sans doute, est délicate, et n'est pas toujours facile à trouver. Dans la commune, la personne morale et l'organe d'administration publique se pénètrent à chaque instant. Quand elle emprunte pour ses écoles, pour ses chemins, pour ses travaux, elle réunit en elle les deux caractères. Raison de plus pour qu'il soit impossible de songer sérieusement à une suppression de contrôle qui la laisserait libre de gaspiller dans des folies municipales les ressources que la société a le droit de lui voir employer en dépenses fructueuses pour elle d'abord ; par elle, pour tous.

262. Pour ce qui est du domaine administratif, de cette part d'intérêts généraux dont la loi confie la gestion à la commune, ce n'est plus de tutelle, mais de direction qu'il s'agit.

Ici encore, souvent, les deux caractères de la commune se mêlent et, par suite, il y a à choisir entre la direction et le contrôle, et selon la prépondérance d'un des éléments sur l'autre, à retenir la direction ou à se contenter du contrôle. Il peut même être expédient, comme on l'a cru, en matière de police dite municipale, de limiter cette direction à une simple surveillance. Mais il serait dangereux de se départir de cette autorité ainsi réduite au minimum.

263. De ce qui précède, nous semblent se déduire les propositions finales de notre formule où nous faisons ressortir le double caractère de la commune, *comme personne morale, admise à la gestion d'intérêts propres sous le contrôle de l'Etat et comme organe d'administration publique*, agissant sous son autorité, ou plutôt comme n'étant à ce point de vue qu'*une partie intégrante de l'Etat même*.

Nous avons, d'autre part, proscrit de la formule toute idée d'*association politique*, nous refusant à suivre dans cette voie plus d'un auteur non sans mérite. La commune est si peu une société politique, que toute ingérence dans la politique en est exclue. Ses mandataires n'ont pas même le droit d'en délibérer, sous la forme la plus modeste, sous celle de vœux. La loi ne fait à cette interdiction qu'une exception, qui est la participation à l'élection des sénateurs, exception sans conséquence, parce qu'elle est unique, et parce qu'elle n'est en réalité qu'une forme d'élection à trois degrés. Hors de là, la commune n'est qu'une société *administrative*.

264. Notre définition renferme la commune dans sa circonscription territoriale *élémentaire*. C'est dire qu'elle est *indivisible*. Cette indivisibilité, pourtant, n'est pas absolue. Elle l'est pour la commune envisagée comme organe d'administration publique. Elle cesse de l'être pour la personne morale. Et nous verrons, au-dessous de la commune, apparaître la section de commune dont nous précisons le caractère et le rôle. Mais la section de commune, n'ayant pas qu'une existence *civile*, et nulle existence *administrative*, n'est pas une *circonscription territoriale*. Petite société d'intérêts distincts, dans la société communale, elle n'a point de place dans l'ordre administratif.

LIVRE II

ORGANISATION COMMUNALE

TITRE PREMIER.

ORGANISATION TERRITORIALE.

CHAPITRE PREMIER.

DE LA CIRCONSCRIPTION COMMUNALE.

265. La circonscription communale est, nous l'avons dit, parmi les circonscriptions administratives, la troisième dans l'ordre hiérarchique. Au sommet, est le département; l'arrondissement est entre les deux. Nous omettons le canton, car si l'arrondissement se subdivise en cantons en même temps qu'il se subdivise en communes, et si le canton paraît, à première vue, une circonscription intermédiaire, un lien administratif entre la commune et l'arrondissement, ce n'est à proprement parler qu'une apparence et un souvenir : un souvenir, puisque, dans la Constitution de l'an III, le canton jouait, on l'a vu, un rôle administratif de premier ordre, étant à la fois substitué à l'ancien district, redevenu plus tard l'arrondissement actuel, et, dans la plupart des cas, à la commune qui ne possédait plus d'existence propre, dès qu'elle descendait au-dessous du chiffre (1) de 5,000 habitants, rarement atteint; une apparence, car le canton n'est plus à proprement parler qu'une circonscription judiciaire, utilisée dans une faible mesure, toujours d'ailleurs temporaire (2), par l'administration proprement dite (3). C'est seulement

d'ailleurs, en faisant abstraction du canton que l'on peut, avec exactitude, assigner à la commune le dernier rang dans l'échelle des circonscriptions territoriales, la circonscription communale n'étant encadrée par celle du canton que dans l'immense majorité des cas; mais pouvant quelquefois, inversement, comprendre elle-même un certain nombre de cantons entiers ou fractionnés. C'est le cas des grandes cités et d'un certain nombre de centres relativement secondaires (1).

266. Paris et Lyon, d'autre part, sont divisées en circonscriptions intérieures qui portent le nom d'arrondissements (2), mais il n'y a rien là qui infirme la règle posée. L'arrondissement intérieur de ces deux cités n'a rien de commun avec les *arrondissements administratifs* entre lesquels les départements se subdivisent. Ce sont des *arrondissements municipaux*, créés pour la commodité et la célérité d'un service urbain trop étendu. Il n'y a là qu'une synonymie assurément fâcheuse, puisqu'elle nécessite une explication. La commune de Lyon n'en est pas moins une subdivision de l'arrondissement administratif du département du Rhône dont Lyon est le chef-lieu (3). Pour Paris, c'est autre chose : il n'y a pas

---

(1) Actuellement encore sur plus de 36,000 communes qui se partagent le territoire, il n'y en a que 560 dépassant le chiffre de 5,000 âmes.
(2) Sauf dans un cas tout particulier, comme circonscription d'enregistrement (V. *la note suivante*).
(3) Au point de vue judiciaire, le canton est le siège d'une justice de paix. Au point de vue administratif, il est l'élément de la représentation du département au conseil général et de l'arrondissement au conseil d'arrondissement. Les tableaux de recensement se dressent par cantons. Le conseil de révision siège au canton, où a lieu le tirage au

sort. Le canton est le siège des bureaux d'enregistrement; et les délégués, dits cantonaux, de l'instruction primaire, s'y réunissent. Voilà tout, si nous ne nous trompons. Aussi, lorsqu'il s'agit de créer un canton, de modifier une circonscription cantonale, est-ce le ministre de la justice qui instruit l'affaire, sur laquelle le ministre de l'intérieur est seulement consulté.
(1) Cent six villes sont dans ce cas : Lyon et Marseille ont 8 cantons; Bordeaux, Nantes, Rouen en ont 6; Lille, 5; Amiens, Clermont-Ferrand, Rennes, Saint-Etienne et Toulouse, 4; Angers, Brest, Dijon, Grenoble, le Havre, le Mans, Montpellier, Nancy, Nîmes, Reims, Saumur, Tours, Troyes, Valenciennes, Versailles en ont 3; les autres, 2.
On voit que la répartition ne correspond pas exactement à l'importance respective de ces différentes villes. Sauf, d'ailleurs, pour les très grandes cités, et seulement pour leurs cantons centraux, les cantons entre lesquels elles se subdivisent, comprennent presque toujours avec un quartier urbain un certain nombre de communes suburbaines. C'est que la division cantonale n'est faite que pour les besoins de la justice: quoi qu'il s'y mêle nécessairement des considérations électorales, chaque canton ayant droit à élire un conseiller général. A ce point de vue, la multiplicité des cantons est loin d'être indifférente aux populations urbaines qui voient s'augmenter, en proportion, leur représentation au conseil électif du département.
(2) Paris, en 20; Lyon, en 6.
(3) Nous venons de dire que Lyon était divisé en 8 cantons. D'où résulte une double subdivision intérieure : l'une est au point de vue de la justice (et des élections départementales), l'autre, au point de vue municipal. Les deux subdivisions sont loin de cadrer entre elles.

d'arrondissement proprement dit entre Paris et le département de la Seine ; et l'administration du département et celle de la ville se pénètrent par tous les points. Mais Paris est un organisme à part.

267. Une commune est toujours comprise tout entière dans un seul et même arrondissement ; une administration municipale ne relève jamais que d'un seul sous-préfet, d'un seul préfet. Territorialement, l'ordre établi subit encore certaines atteintes.

Au début, c'était comme un chaos. Les communautés, sous l'ancien régime, chevauchaient souvent, même sur deux provinces. La loi du 14 décembre 1789 en les érigeant toutes en municipalités distinctes, s'était heurtée à cette première difficulté. La loi du 28 janvier 1790, sans toucher à leur territoire, pourvut au plus pressé en décidant que ces communes miparties auraient à l'avenir leur centre au lieu où se trouverait le clocher. Un peu plus tard, la loi organique de la division du territoire rencontrait une difficulté nouvelle dans la préexistence des territoires communaux. Elle y faisait face en pliant la limite des départements et des districts aux exigences des circonscriptions municipales, et en décidant (1) que, « dans les démarcations fixées entre les départements et les districts..., les villes emporteraient le territoire soumis à l'administration directe de leurs municipalités, et que les communautés de campagnes comprendraient en même temps tout le territoire, tous les hameaux, toutes les maisons isolées, dont les habitants étaient cotisés sur le rôle d'imposition du chef-lieu. » Enfin la loi du 1er décembre 1790 et celle du 2 messidor an vii, en prescrivant que tous les terrains situés sur le territoire d'une commune y fussent imposés, avaient complété par cette mesure l'unité des territoires communaux et leur indivisibilité, tant en eux-mêmes que vis-à-vis des circonscriptions administratives supérieures, auxquelles ils étaient rattachés. Mais ce n'étaient là que des principes. Nous verrons, plus loin, comment il fut procédé à leur application. Quoi qu'il en soit, l'œuvre fut longue et, au point de vue spécial où nous sommes ici, elle n'est point encore parfaite. Il existe même encore aujourd'hui des communes débordant même d'un département sur l'autre. Dans ce cas, le département et l'arrondissement sur lesquels s'étend un morceau de territoire d'une commune administrativement comprise dans le département et l'arrondissement voisins, exercent nécessairement sur cet écart un droit de police indispensable au point de vue de l'ordre matériel. Mais c'est là tout.

268. Ces irrégularités sont, d'ailleurs, devenues très exceptionnelles. Ce qui est, au contraire, fréquent, c'est la co-propriété communale immobilière, nombre de communes ayant des biens indivis, pleine propriété ou simple jouissance, avec des communes voisines. Ce qui est aussi fréquent, c'est de voir des communes posséder des biens sur une commune voisine, à titre individuel et exclusif. Mais ni ces propriétés, ni ces indivisions ne modifient en rien l'individualité administrative et ne portent aucune atteinte à l'unité, qui n'en demeure pas moins intacte dans chaque commune respectivement. Les communes s'entendent, par commissions syndicales, pour les biens indivis. La commune, propriétaire exclusive sur un territoire communal différent, n'y joue, vis-à-vis de l'autre, que le rôle d'un particulier.

Cela posé, il existe actuellement en France, d'après le dernier dénombrement (2), 36,121 communes comprises dans les 87 départements ; en nombre tout à fait inégal dans chaque département et aussi inégales entre elles en population, en superficie et en ressources ; variant d'une population de 28 habitants à plus de 400,000 âmes (3). Sur ce nombre, 768 communes n'atteignent pas 100 têtes ; près de 4,400 n'en

atteignent pas 200 ; plus de 17,000, c'est-à-dire, à très peu de choses près, la moitié du nombre total, n'en atteignent pas 500 ; plus de 27,600 restent au-dessous de 1,000 ; 560 dépassent 5,000 âmes ; 135 seulement s'élèvent au-dessus de 40,000 ; 99 seulement (Paris compris) au-dessus de 20,000 (1). Certaines petites communes peuvent opposer des propriétés relativement considérables, constituant, pour leurs membres, une vraie richesse, au dénuement complet de communes populeuses, à l'absence de toute propriété immobilière chez les plus importantes des communes urbaines, qui ne vivent que de taxes. La carte et la statistique municipale sont comme un modèle de disproportions.

269. On le regrette ; on l'a regretté de tout temps. De tout temps, les communes de moins de 100 têtes ont paru aux esprits sages comme une difformité administrative. Et de tout temps, la théorie a poussé à un remaniement de la carte municipale ; à l'absorption des molécules communales dans les centres d'attraction voisins. Nous ne prendrons pas ici parti dans la querelle de la *grande* et de la *petite* commune, car la question ne se pose pas entre ces deux termes extrêmes. Mais qui se refuserait à reconnaître qu'au-dessous d'un certain chiffre, la division devient un fléau. Qu'est-ce qu'une commune de vingt-huit habitants? même de cent? Qu'est-ce qu'une commune où le nombre des électeurs est à peine égal, même inférieur, au nombre légal des conseillers municipaux

---

(1) Extrait du rapport du ministre de l'intérieur au président de la République sur les résultats généraux du dénombrement de 1886. (*Journ. offic.* du 6 janv. 1887.)

A. — *Tableau des communes, par population.*

Au-dessous de 100 habitants	768
De 101 à 200 habitants	3,600
De 201 à 300 habitants	4,895
De 301 à 400 habitants	4,299
De 401 à 500 habitants	3,649
De 501 à 1,000 habitants	10,362
De 1,001 à 1,500 habitants	3,945
De 1,501 à 2,000 habitants	1,892
De 2,001 à 2,500 habitants	828
De 2,501 à 3,000 habitants	553
De 3,001 à 3,500 habitants	335
De 3,501 à 4,000 habitants	248
De 4,001 à 5,000 habitants	245
De 5,001 à 10,000 habitants	338
De 10,001 à 20,000 habitants	133
Au-dessus de 20,000 habitants (Paris compris)	99
	36,121

RÉSUMÉ.

4,368 communes	au-dessous de		200	habitants.
9,263	—	—	de	300	—
12,813	—	—	de	500	—
27,543	—	—	de	1,000	—
31,488	—	—	de	1,500	—
33,380	—	—	de	2,000	—
35,559	—	—	de	5,000	—

B. — *Population des villes de plus de 30,000 habitants.*

De 30,000 à 40,000 hab....	Douai, Boulogne-sur-Seine, Pau, Laval, Rochefort, Perpignan, Angoulême Levallois-Perret, Poitiers, Cherbourg, Cette, Dunkerque.
De 40,000 à 50,000 hab....	Lorient, Avignon, Béziers, Bourges, Caen, Boulogne-sur-Mer, Clermont-Ferrand, Troyes, Saint-Quentin, Saint-Denis, Versailles.
De 50,000 à 60,000 hab....	Grenoble, Besançon, Montpellier, Le Mans, Tourcoing, Calais-Saint-Pierre, Tours.
De 60,000 à 70,000 hab....	Dijon, Limoges, Rennes, Nîmes.
De 70,000 à 80,000 hab....	Toulon, Brest, Angers, Nice, Nancy.
Au-dessus de 80,000 hab...	Amiens.
Au-dessus de 90,000 hab...	Reims.
Au-dessus de 100,000 hab.	Roubaix (100,299 hab.), Rouen (107,163 hab.), Le Havre (112,076 hab.), Saint-Étienne (117,875 hab.), Nantes (127,482 hab.), Toulouse (147,617 hab.), Lille (188,272 hab.), Bordeaux (240,582 hab.), Marseille (376,143 hab.), Lyon (401,930 hab.), Paris (2,344,550 hab.).

---

(1) D. 4 mars 1790, art. 2.
(2) 1886. Les trois départements de l'Algérie comprennent (d'après le même dénombrement) 232 communes de plein exercice ; 86 communes mixtes et 15 communes indigènes.
(3) Lyon (*chiffre exact*) : 401,930.

à élire? Entre le système de l'an III, fixant à 5,000 âmes le chiffre minimum de population conférant à une commune le droit d'avoir une municipalité distincte et l'état actuel où la moitié des communes de France n'atteint pas 500 habitants, un peu plus de 100 électeurs, n'est-il aucun intermédiaire?

À de certains moments, le vœu général a trouvé dans l'administration supérieure un auxiliaire actif. La Constituante elle-même a, dès les premiers jours, poussé à sa réalisation et c'est ainsi que, dans le début, le nombre des municipalités de l'origine avait rapidement décru. Le gouvernement de la Restauration a aussi sa part dans la réduction d'environ un cinquième constatée depuis un siècle. Il semble malheureusement que le mouvement soit enrayé. D'un dénombrement à l'autre (1) le nombre des communes s'est même accru.

CHAPITRE II.

DÉTERMINATION DES TERRITOIRES.

SECTION PREMIÈRE.

DE LA DÉLIMITATION.

270. Le premier besoin d'une commune est de se connaître. Le premier besoin de l'Administration publique, vis-à-vis d'elle, est d'en savoir exactement la configuration et les limites. D'autre part, la commune n'est pas immuable. La loi qui l'a consacrée ou qui l'a faite peut la changer.

De là deux ordres de prescriptions légales :

Celles qui président à la détermination des limites actuelles des communes; à la constatation de leur territoire réel.

Celles qui président à la détermination des limites nouvelles ; à la modification des territoires existants.

Les deux ordres d'idées ont été, primitivement, confondus et ce n'est que successivement que se sont dégagées les règles très différentes qui s'appliquent aujourd'hui à chacun d'eux. La loi de 1837 est la première qui ait fait nettement ce partage, non sans y laisser encore, dans une certaine mesure, prise à l'hésitation. Nous sommes ainsi conduits à traiter, d'abord, de leur constitution.

271. Ce n'est que très lentement et par un travail successif que la délimitation même, c'est-à-dire la constitution d'un état territorial précis a eu lieu pour toutes les communes de France, pour presque toutes, à parler exactement; car, actuellement (2), il en existe encore 322, 9 en Corse, 172 dans la Savoie et 141 dans la Haute-Savoie dont la délimitation officielle n'est point faite (3). À l'origine, en 1789, n'existait aucun document public authentique portant trace de cette délimitation. Les titres individuels des communes, leurs chartes, leurs contrats (4) étaient les seuls éléments dont on put déduire leurs limites réelles, et au moyen desquels il fut possible en cas de contestation, de régler le différend. Les mesures prises au début par l'Assemblée nationale étaient, nous l'avons vu de simples déclarations de principe. Faire d'emblée et d'ensemble la carte des quarante mille communes, c'était matériellement impossible et l'Assemblée tout en posant les différentes règles que nous avons énumérées au chapitre précédent, s'était déchargée sur les administrations départementales, du soin de leur exécution.

L'article 8 du décret du 19 avril 1790, qui est, encore aujourd'hui, le principe de la compétence en cette matière, portait ce qui suit : *Les limites contestées entre les communautés seront réglées par les administrations de district...*

272. Cette disposition pourvoyait au plus pressé! Mais d'une part elle était notoirement insuffisante, les administrations de district, n'ayant compétence que dans leurs propres limites et ne pouvant avoir compétence pour trancher les contestations naissant entre communes de districts différents, *a fortiori* de départements différents. D'autre part, il eut peut-être pu suffire d'établir des compétences pour les contestations à venir entre communes, si les communes étaient restées étrangères, comme elles l'étaient à peu de choses près sous l'ancien régime, à l'administration générale. Mais du moment qu'elles étaient constituées à l'état d'organes élémentaires de l'administration publique, il fallait songer à passer des principes généraux, et du domaine d'un contentieux communal hypothétique, à la détermination officielle et générale des circonscriptions.

273. La confection du cadastre en fut l'occasion. Nous disons l'occasion, car le but de cette immense opération n'était pas de déterminer les limites respectives des quarante-quatre mille circonscriptions élémentaires que la Constituante nous avait données ; et sans l'intérêt fiscal, nous l'attendrions peut-être encore (1). L'objet du cadastre était de donner une base certaine à l'assiette de la contribution foncière que l'Assemblée nationale avait établie en 1791 et de déterminer à cet effet dans chaque commune, la contenance, la nature et la valeur de chaque parcelle de propriété. On conçoit, néanmoins, sans peine, que l'une des deux opérations impliquait l'autre, et que, dans l'ordre normal, la définition respective des communes devait précéder leur parcellement individuel.

C'est ce qui eut lieu : d'abord, en vertu de dispositions administratives qui n'ont plus qu'un intérêt historique ; plus tard, en vertu d'une ordonnance royale du 3 octobre 1821 et d'un règlement général pris le 10 octobre pour l'administration du cadastre pour l'exécution de cette ordonnance.

L'arpentage, dit l'ordonnance (2) est précédé, de la délimitation des communes, ce que répète, presque dans les mêmes termes, le règlement (3), résumant et précisant non seulement les dispositions de l'ordonnance, mais l'ensemble des prescriptions antérieures, sous les modifications que l'ordonnance avait introduites, et qui sont, depuis et dans ces termes, toujours suivies.

274. Au cours des opérations cadastrales (4), la délimitation de la commune est l'objet de ces opérations est confiée au géomètre en chef. Un procès-verbal est dressé que signent avec le géomètre, le maire, et —l'opération intéressant toutes les communes limitrophes,—les maires de ces communes, préalablement appelés par voie d'affiches.

Lorsqu'un terrain est contesté entre deux communes, le géomètre porte sur un croquis figuratif les limites prétendues de part et d'autre et le consigne dans son procès-verbal avec son avis motivé.

Si les communes appartiennent au même département, le préfet sur avis du sous-préfet et du directeur des contributions directes fixe la limite. Si la contestation intéresse deux départements, le préfet du département où l'opération s'exé-

---

(1) V. le dernier dénombrement (1886). Rapport du ministre de l'intérieur au président de la République. (*Journal officiel*, 6 janvier 1887.)
(2) Au 1er janvier 1887.
(3) Ces communes n'étant pas encore cadastrées. (V. *plus bas*.)
(4) Et peut-être aussi les travaux *partiels* de cadastre, essayés sous la monarchie.

(1) L'idée du cadastre est très ancienne, toujours inspirée par la fiscalité seule. L'introduction au recueil méthodique (*Recueil des lois et instructions sur les contributions directes; contribution foncière et cadastre.* Paul Dupont, 1836; *Extrait du Bulletin officiel des contributions directes et du cadastre*, très rare) nous apprend que le Dauphiné en avait un sous les anciens dauphins, que Charles V a fait reviser en 1359 ; — que Charles VII, en 1491, avait entrepris la cadastration du royaume ; mais que l'opération ne fut effectuée qu'en Languedoc ; — qu'en 1604, on cadastra l'Agenois ; — qu'en 1664, on revisa le cadastre que la Guyenne avait déjà à cette époque ; — que Colbert, Chamillard, d'autres encore s'efforcèrent en vain de faire généraliser cette opération. En 1791, la Constituante décréta ce cadastre général. L'opération ne commença réellement et méthodiquement qu'en 1807.
(2) Art. 3.
(3) Art. 6.
(4) Régl. 10 oct. 1821, art. 8.

cute provoque l'avis de son collègue et la délibération des deux conseils municipaux. Sur cette délibération transmise avec l'avis des préfets et des sous-préfets, dont les deux communes relèvent, au ministre de l'intérieur *chef de l'administration départementale et communale* (et non au ministre des finances, chef de l'administration du cadastre, parce que ce n'est pas l'intérêt fiscal, mais la bonne administration, des communes (1) qui est en jeu), il est statué par décret.

275. Ces compétences ne sont que rappelées par le règlement sur le cadastre, qui n'aurait pas eu autorité pour les fixer. Elles sont expressément déterminées par l'ordonnance du 3 octobre 1821, dont le règlement du 10 octobre, ne fait qu'assurer l'exécution. Ce n'est pas même cette ordonnance qui les a établies. Elle n'a fait qu'approprier à l'organisation administrative nouvelle, l'article 8 du décret du 19 avril 1790, qui n'a jamais été abrogé et commande la matière. Il donnait compétence aux districts et par conséquent le préfet (et non le sous-préfet qui dans notre organisation administrative n'a pas de pouvoir propre) a hérité des attributions du district, pour son département. L'ordonnance de 1821 n'a fait que l'enregistrer. Quant aux affaires communes à deux départements, la compétence pouvait s'arrêter au ministre de l'intérieur. L'ordonnance n'a fait que la faire monter jusqu'au chef de l'Etat.

276. La procédure précédente suppose la contestation des communes. Mais les communes peuvent s'accorder.

Si le cas se présente; si les communes sont d'accord pour reconnaître l'exactitude des limites proposées par le délimitateur du cadastre, tout est dit : le procès-verbal, signé en commun fait foi pour l'avenir, comme font foi l'arrêté préfectoral ou le décret dans l'un ou l'autre des deux cas précédents.

On l'admet du moins, et nous ne trouvons nulle part, ni texte qui dise le contraire, ni contestation de doctrine ou de jurisprudence. Nous avons cependant un scrupule dont nous nous expliquerons un peu plus loin (2).

Dans les trois cas, au surplus, limites reconnues d'abord, limites contestées et reconnues, contradictoirement, par arrêté préfectoral ou par décret, c'est toujours une *reconnaissance des limites existantes* : c'est, au sens propre et strict, l'opération que l'on nomme *délimitation*.

277. Mais il peut y avoir plus à faire. Il peut y avoir à substituer à des limites reconnues mais topographiquement incertaines et difficiles à fixer sur un plan des limites précises et géographiquement déterminées, par une rivière, un chemin, ou tout autre moyen naturel ou artificiel, mais invariable. Ce n'est plus là une *délimitation proprement dite*, c'est une *rectification*, et cette rectification peut être *acceptée* ou *contestée*.

278. L'article 8 du règlement cadastral (3) fixe ainsi la règle à suivre, en cas d'accord. Le géomètre trace le projet des limites sur un croquis visuel figuratif et la proposition est consignée dans le procès-verbal... A l'origine, c'était tout. Mais l'ordonnance du 3 octobre 1821 a exigé, pour ce cas, où il ne s'agit plus seulement de constater d'accord des limites existantes, mais de rectifier ces mêmes limites, l'intervention du gouvernement, comme s'il y avait contestation (4). L'ordonnance ne se contente pas même d'une déci-

sion de préfet, elle dit *gouvernement*. Et le règlement cadastral, interprétant, traduit *gouvernement* par *ordonnance royale* rendue sur l'avis des conseils municipaux respectifs, des sous-préfets et des préfets. C'est à bon droit : car ce ne pouvait être que par oubli des principes qu'il fut admis que l'accord des deux communes suffise pour légaliser leur modification territoriale. Cette pratique partait de l'idée communale pure. L'ordonnance envisage, avec raison, dans la commune la circonscription administrative qui ne peut s'appartenir à elle-même ; mais qui appartient à l'Etat.

279. Dès lors, et c'est le point que nous réservions tout à l'heure, l'accord des communes peut-il légalement suffire *pour une simple délimitation* ? Nous ne le pensons pas. Toute délimitation, toute reconnaissance de limites peut couvrir une rectification, comme toute interprétation d'un acte peut en couvrir la modification. Il en est des faits comme des actes. Dès lors, et conformément aux principes justement admis en matière d'interprétation, dans un cas comme dans l'autre, la compétence doit être la même. Si l'intervention gouvernementale est nécessaire dans un cas, elle l'est dans l'autre. Nous savons bien que les opérations cadastrales aboutissent à une décision du chef de ce service, du ministre des finances. Mais le ministre intéressé est le ministre de l'intérieur, on l'a dit et c'est certain. La compétence appartient donc, ici, à défaut du préfet, ou au ministre de l'intérieur, ou à leur chef commun, le chef de l'Etat. Aussi ne doutons-nous pas que, quelque jour, en présence d'une reconnaissance de limites où le département de l'intérieur verrait intérêt à intervenir, son intervention ne suffise pour rendre nécessaire, dans ce cas comme dans l'autre, dans le cas de la rectification véritable, le recours au décret.

280. Revenons aux *rectifications*. Ni l'ordonnance, ni le règlement ne prévoient le cas où ces rectifications de limites proposées par l'administration, au lieu de rencontrer l'adhésion des communes, rencontreraient leurs résistances. Ce silence s'explique historiquement. Pour les modifications les plus importantes, la procédure était la même jusqu'à ce qu'elle ait été fixée par la loi de 1837. Qui pouvait le plus, pouvait le moins. Mais aujourd'hui, que, comme nous le verrons, une procédure spéciale est instituée pour les modifications de territoire, la question se pose de savoir si ces rectifications de limites, non acceptées par les communes peuvent être réglées comme par le passé ! Ce qui va suivre éclaircira cette question.

281. L'ordonnance de 1821 (1) et le règlement cadastral d'application (2) traitant, comme de simples rectifications de limite, les *échanges et réunions de territoire* les englobaient dans la même procédure. Qu'étaient d'abord ces *échanges* et *réunions* ? Ces réunions ne sont pas celles qui fondent deux communes en une seule. Car le règlement cadastral, dans ce même article 8, les prévoit et les considère, avec raison, comme étrangères à ses opérations (3). On n'a jamais fusionné deux communes entre elles par voie de cadastre, même à une époque où la législation, à cet égard, n'était pas fixée. Ces *réunions* et ces *échanges* sont ainsi définis, et en même temps réglementés par ce même document (4).

Les portions de terrains enclavés dans une commune, quoique administrées par une autre sont *de droit* réunies à la commune sur le territoire de laquelle elles sont situées.

« Lorsque l'enclave dépend d'une commune située dans un autre département, la réunion ne peut avoir lieu qu'en vertu d'une ordonnance royale. Les avis des conseils municipaux respectifs, des sous-préfets et des préfets sont envoyés au ministre de l'intérieur. »

---

(1) Le rôle de l'administration départementale et communale est double. Elle agit certainement comme chargée de la tutelle des communes, dont la personnalité est en cause partiellement. Mais elle agit, avant tout, comme chargée de l'administration générale, dont les intérêts sont en jeu, puisqu'il s'agit, dans ces sortes d'affaires, de la détermination des circonscriptions administratives de l'Etat.
(2) 6e alinéa.
(3) Ord. roy. précitée (art. 3). L'intervention du gouvernement est pareillement nécessaire pour les changements de limites consentis par les communes, ainsi que pour les échanges et réunions de territoire.
(4) Art. 8.

(1) Art. 3.
(2) Art. 8.
(3) Art. 8, alinéa 11. Il est possible que deux communes soient tôt ou tard susceptibles d'être réunies, ou d'après la demande qu'elles en auraient faite elles-mêmes, ou d'après des considérations particulières qui en nécessitent la réunion. Les préfets prennent, dans ce cas, les mesures convenables pour que cette réunion puisse s'effectuer avant d'y commencer les opérations cadastrales dont l'entier bouleversement serait inévitable, si cette réunion n'avait lieu qu'après leur achèvement.
(4) Art. 8, alinéas 8 à 10.

« Si un terrain prolongé sur un territoire étranger ne tient la commune qui l'administre que par un point de peu d'étendue, il est de droit réuni au territoire dans lequel il se prolonge. »

282. Les réunions d'*enclaves* n'étaient d'ailleurs que la simple exécution des lois du 1er décembre 1790 et 2 messidor an VII, aux termes desquelles *tous les terrains* situés sur le territoire d'une commune devaient être imposés sur le rôle du chef-lieu. Aussi avait-on d'abord pensé qu'un simple arrêté préfectoral suffisait pour la légalité d'une mesure qui n'était que l'exécution d'une loi (1). Quant aux *échanges*, ils n'étaient qu'un mode d'effectuer la réunion des enclaves à leur territoire normal, sans nuire aux intérêts de la commune diminuée ! Toutes les fois que la commune qui reçoit une enclave peut, sans nuire à la régularité de sa circonscription, donner en compensation l'administration d'une autre portion de territoire à la commune dont cette enclave est distraite », il était recommandé de procéder ainsi (2). Et la procédure était la même. Mais, dès 1806 (3), le conseil d'État en indiquait une autre et voulait que toute espèce de modification, à apporter au territoire des communes, même par voie de distraction d'enclaves, fût l'objet d'un décret. L'administration, d'abord résistante (4), finit par se rendre. Et c'est ainsi qu'en 1821 l'ordonnance royale fut exigée dans tous les cas. Le terme de *plein droit* dont se sert le règlement cadastral n'a plus de sens, puisqu'il y a toujours instruction et décision royale. Il signifie simplement qu'il est, s'il y a lieu, passé outre aux oppositions.

Par suite, et pour résumer ce qui précède, toute rectification de limite, sous quelque nom qu'elle se présente, consentie ou contestée par les communes intéressées, est soumise, dès 1821, à la même instruction et à la même compétence : décision souveraine du chef de l'État.

283. Rien ne fixait législativement la procédure et la compétence, lorsqu'il ne s'agissait plus de simples rectifications ; mais bien de véritables modifications de territoires, de réunions d'une commune à une autre, de distraction d'un territoire communal avec érection en commune séparée. Et jusqu'en 1837 on suivait pour ces mesures extrêmes les mêmes règles que pour les précédentes. Toutes ensemble elles étaient envisagées comme *des rectifications*. Les simples rectifications en avaient bénéficié en ce sens que, pour les unes comme pour les autres, il était statué en Conseil d'État (5).

284. C'est dans cet état de législation qu'intervint la loi municipale de 1837. Cette loi inaugura, pour les annexions, les distractions et en général, pour toutes les modifications de quelque importance à apporter aux circonscriptions communales, une procédure spéciale que nous retrouvons presque tout entière dans la loi municipale actuelle. Mais il a été expressément entendu, dans la discussion de 1837, que la loi ne s'appliquerait qu'aux *modifications véritables* et que la procédure plus simple et plus expéditive du règlement cadastral, *telle qu'elle se pratiquait à ce moment* resterait applicable aux simples rectifications.

Il n'y a pas de doute à cet égard. M. Vivien, rapporteur de la loi de 1835 à la Chambre des députés, s'en expliquait ainsi dans son rapport : « chaque jour de simples rectifications de limite ont lieu à la suite des opérations du cadastre ; des limites naturelles sont adoptées ; ces opérations sont purement administratives ; elles ne blessent pas l'individualité communale ; elles continueront à avoir lieu dans la même forme. »

Et M. Monnier, à la Chambre des pairs, se référant à ce passage du rapport de M. Vivien, précisait encore plus nettement l'esprit de la loi sur ce point. « On pourrait, « disait-il », inférer de l'expression que le législateur aurait choisie qu'aucun changement ne puisse être fait à la périphérie, aux limites des communes sans que toutes les formalités prescrites (par la loi municipale) aient été remplies, et telle n'est pas son intention. Il est facile de comprendre qu'on ne peut entourer de trop de précautions les actes qui entraînent la cessation de la vie d'une communauté, le morcellement d'une autre ou l'introduction dans notre société politique d'une nouvelle famille. Mais n'est-il pas évident que les mêmes règles, les mêmes formes ne peuvent s'appliquer à une simple rectification de limites, à la question de savoir si quelques parcelles de terrain seront comprises dans la circonscription d'une commune plutôt que d'une autre. Sur ce point, nous croyons qu'il n'y a pas de divergence (1) ».

285. Il n'y en avait pas eu effet ; et la loi de 1837 est restée muette sur cette double déclaration des rapporteurs.

Postérieurement, quelques doutes naquirent. Le Conseil d'État fixa la théorie par ces motifs que la loi du 10 juillet 1837 a statué en termes généraux pour tous les cas de fractionnement de communes ; que rien n'établit qu'elle ait entendu limiter l'observation des formes qu'elle prescrit aux seuls cas où il s'agit de communes ayant des droits, des usages, des propriétés spéciales ou une origine distincte ; que l'observation de ces formes est également motivée et également possible dans tous les cas où les mesures projetées tendent à altérer l'existence ou l'individualité de la commune ; qu'il n'en est pas de même lorsqu'il s'agit d'une simple suppression d'enclave ou d'une rectification de limites ; il émet donc l'avis que les formes prescrites par la loi pour les distractions de commune doivent être observées *toutes les fois qu'il s'agit d'un assez grand nombre d'habitants ou d'une portion de territoire assez considérable pour intéresser l'existence ou la constitution de la commune et pour rendre possible l'exécution des diverses prescriptions de la loi ; — mais que ces formes ne sont pas applicables aux opérations qui n'ont pour objet qu'une simple rectification de territoire ; — qu'à défaut de limite précise que la loi n'a pas établie et que la nature des choses ne comporte pas, l'administration doit prendre pour règle de déterminer les formes applicables à chaque espèce, d'après les distinctions posées et de tenir la main à leur accomplissement toutes les fois que l'existence ou la constitution de la commune se trouve intéressée. »*

286. Et c'est la règle que, dès ce moment, l'administration a prise, en interdisant toute rectification sommaire de limites, hors les formes ci-dessus, toutes les fois qu'elle pourrait atteindre des territoires renfermant un certain nombre d'habitants.

Un avis du Conseil d'État, postérieur et relativement récent (2), a appliqué la distinction, dans le même esprit, à une rectification de limites portant sur un terrain de 11 hectares, faite à l'occasion du cadastre entre les communes de Maintenant et de Mivoisines. Dans cette mesure, le conseil a jugé la rectification irréprochable.

287. La loi municipale actuelle garde, sur la question, le même silence que la loi de 1837. Rien dans les travaux préparatoires n'y fait allusion. Par suite, les distinctions de 1837, commentées par l'avis du Conseil d'État de 1838, observées depuis, restent en pleine vigueur. Toute *délimitation*, c'est-à-dire toute *reconnaissance des limites d'une commune*, est soumise à la procédure et fixée d'après les compétences que nous venons de déterminer. Toute *modification de territoire communal* est soustraite à cette procédure et fixée d'après des compétences réglées par la loi municipale et qu'il nous reste à préciser.

288. Un point reste douteux : où se rangent les *rectifications de limites* ? dans les délimitations ? ou dans les modifications ? C'est un point de fait, à résoudre selon le cas et

---

(1) Circ. du min. de l'Int. 13 mars 1806.
(2) *Ibid.*
(3) Avis du Cons. d'Ét. 11 février 1806.
(4) On le constate par la comparaison des dates de la circulaire et de l'avis cités ci-dessus.
(5) Et l'usage avait ajouté aux documents, exigés par le règlement cadastral, une enquête, l'avis des conseils d'arrondissement et des conseils généraux, et des tableaux indiquant l'étendue, la population, les revenus et les dépenses ordinaires des communes intéressées ; l'étendue des terrains à distraire et à échanger, le nombre des habitants qu'ils renfermaient et le revenu communal que produisaient les centimes additionnels. (*Avis du comité de l'intérieur*, 1833 et 1835, etc., cités par Vuillefroy et Monnier ; *Principes d'administration*, p. 274.)

(1) Avis du Cons. d'Ét. du 28 janvier 1838.
(2) 4 novembre 1875.

d'après les indications nécessairement un peu vagues de l'avis du Conseil d'Etat de 1838 : il y a *modification*, si elles atteignent l'existence ou la constitution des communes; *simple délimitation*, si elles n'y touchent pas.

Un contentieux peut en naître. Mais nous réservons cet ordre de question. Un contentieux peut naître aussi des remaniements territoriaux. Nous réunirons ces deux objets d'étude dans un chapitre spécial auquel nous ne pouvons que renvoyer en ce moment (1).

SECTION II.

BORNAGE.

289. L'établissement des plans cadastraux fournissant, en principe, un élément de preuve complet pour déterminer, ultérieurement en cas de contestation, les limites respectives des communes, le bornage matériel sur le terrain proposé à l'origine a échoué comme mesure générale. En 1806, le ministre de l'intérieur avait proposé un projet de décret qui, en l'absence de lois imposant cette mesure aux communes, ordonnait le bornage à leurs frais sur tous les points où il n'existait pas de limites naturelles ou artificielles apparentes sur le terrain, rivière, chemin ou autre. Mais le Conseil d'Etat repoussa le projet, tout en reconnaissant les avantages qui pourraient resulter d'un bornage général, mais en considérant le chiffre élevé de la dépense (15 millions environ pour toute la France), et en estimant que la mesure n'était pas indispensable puisque les plans suffisaient pour reconnaître les limites (2). Ce n'est pas tout à fait exact, vu l'impossibilité de tenir compte de toutes les courbes sur un plan réduit. Mais l'avis a prévalu : un arrêté du 18 brumaire an XI l'a consacré en décidant qu'il ne serait posé de bornes aux frais des communes que sur les limites de celles qui auraient des contestations entre elles. En toute circonstance, les frais du bornage, si on le jugeait nécessaire, ne pourraient être imputés que sur le budget du cadastre (3).

Lorsqu'il y a lieu à bornage, l'opération est faite par le géomètre en chef du cadastre ou ses agents, en présence des maires des communes intéressées. Si les frais incombent à une commune, elle est libre de fournir elle-même les bornes, dont les formes et la façon doivent être subordonnées aux usages de la localité et à ses moyens pécuniaires (4).

SECTION III.

REMANIEMENTS TERRITORIAUX.

§ 1. — Compétence.

290. A partir de 1837, la démarcation est faite entre les *simples opérations administratives*, dont le cadastre est l'occasion, délimitations concertées ou débattues, rectifications de limites, d'une part ; et, de l'autre, les opérations d'un ordre et d'un intérêt supérieur, apportant aux circonscriptions communales de véritables modifications.

La loi de 1837, dispose (5) en ces termes : Les réunions et distractions de communes, qui modifieront la composition d'un département, d'un arrondissement ou d'un canton, ne pourront être prononcées que par une loi. — Toutes autres réunions ou distractions de communes pourront être prononcées par ordonnance du roi, en cas de consentement des conseils municipaux délibérant avec les plus imposés, conformément à l'article 2, ci-dessus et, à défaut de ce consentement, pour les communes qui n'ont pas 300 habitants, sur l'avis des autres cas, il ne pourra être statué que par une loi. »

La Constitution de 1848 toucha, temporairement, à cet état de choses en déclarant (1) que les circonscriptions *actuelles* du territoire ne pourraient être modifiées que par la loi. La Constitution tombée, la loi de 1837 reprit son empire.

291. Le gouvernement suivant, développant ses idées de décentralisation préfectorale, et après avoir vécu quinze ans sous le régime de 1837 le modifia en 1867. La loi du 24 juillet (2) attribua compétence aux préfets pour statuer sur les changements territoriale des communes faisant partie d'un même canton après accomplissement des formalités prévues au titre 1er de la loi du 18 juillet 1837, en cas de consentement des conseils municipaux et sur l'avis conforme du conseil général, « ajoutant que », si l'avis du conseil général était contraire ou si les changements proposés dans les circonscriptions communales modifiaient la composition d'un département ou d'un canton, il serait statué par une loi; — tous autres changements dans la circonscription territoriale des communes devant être autorisés par des décrets rendus dans la forme des règlements d'administration publique.

292. L'Assemblée nationale de 1871 apporta bientôt à la loi de 1837 une modification nouvelle. Jalouse de doter les conseils généraux d'attributions effectives, elle les investit des pouvoirs que la loi de 1867 donnait aux préfets. Aux termes de l'article 46 (3) de la loi du 18 août 1871, elle attribua compétence au conseil général pour statuer définitivement sur les changements à la circonscription territoriale des communes d'un même canton et *à la désignation de leurs chefs-lieux* (4), lorsqu'il y avait accord entre les conseils municipaux.

Ce texte semblait comprendre, parmi les matières de circonscriptions attribuées aux conseils généraux, les créations de communes nouvelles, comme toutes autres. Après l'avoir d'abord décidé (5), le ministère de l'intérieur adopta une interprétation contraire (6). Enfin d'autres hésitations s'étant manifestées le ministère publia un tableau de compétence embrassant tous les cas et que voici (7) :

293. « A. Les changements de chefs-lieux de communes sont définitivement approuvés —

« *Par le conseil général*, sur l'avis conforme du conseil municipal ;

« *Par décret*, lorsque l'avis du conseil municipal est contraire (L. du 10 août 1871) ;

« Les changements de chefs-lieux de canton, d'arrondissement et de département sont autorisés par *décret* (L. du 8 pluviôse an IX et arrêté consulaire du 17 ventôse an VIII).

« Un *décret* est également nécessaire pour les changements de *noms* des communes, alors même que la commune n'est ni le chef-lieu du canton, ni celui de l'arrondissement (8).

« B. Les changements à la circonscription des communes déjà existantes d'un même canton sont approuvés :

« *Par le conseil général*, s'il y a accord entre les conseils municipaux tant sur la nouvelle délimitation que sur les conditions auxquelles le changement est subordonné (L. du 10 août 1871) ;

« *Par décret* rendu en Conseil d'Etat, lorsque l'avis du conseil municipal de plusieurs conseils municipaux ou d'une commission syndicale, est contraire ou accompagnée de réserves [L. du 24 juillet 1867 (9)] ;

---

(1) V. *infra*, chap. III, *Contentieux territorial*.
(2) Avis du Cons. d'Et., approuvé le 16 février 1806.
(3) V. Vuillefroy et Monnier; *op. cit.*, p. 262.
(4) Circ. du min. de l'int., 13 mars 1866.
(5) Art. 4.

(1) Art. 76.
(2) L. 24-29 juillet 1867, art. 13.
(3) § 26.
(4) Addition au texte de 1867.
(5) Circ. min. du 8 octobre 1871.
(6) Circ. min. du 20 mars 187.
(7) Circ. min. du 23 mars 1873.
(8) V. *infra*, chap. IV.
(9) La loi du 24 juillet 1867 dit, par décret rendu *en la forme de règlement d'administration publique*. La circulaire ministérielle qui l'interprète

« *Par une loi*, lorsque l'avis du conseil général est contraire (L. du 24 juillet 1867).

« C. Les réunions de communes sont traitées comme de simples changements à la circonscription de communes déjà existantes.

« D. La création de commune est approuvée :

« *Par décret*, lorsque le conseil municipal ou les conseils municipaux intéressés consentent à la mesure projetée et que l'avis du conseil général est favorable, ou, s'il s'agit d'une commune de moins de 300 habitants, lorsque l'avis du conseil général est favorable (L. du 18 juillet 1837);

« *Par une loi*, lorsqu'il y a opposition soit du conseil général, soit d'un conseil municipal, soit d'une commission syndicale (L. du 18 juillet 1837).

« E. Enfin tout projet qui modifie les limites d'un canton, d'un arrondissement ou d'un département, doit être soumis à la sanction législative (L. 24 juillet 1867 et 10 août 1871, art. 50). »

294. C'était clair, comme tableau, mais, il faut en convenir, encore assez confus comme législation. Le législateur de 1884 a voulu mieux faire et les dispositions auxquelles il s'est arrêté sont plus simples en effet. Les voici (1) :

295. Aux termes des articles 5 et 6 combinés de la loi du 5 avril, les compétences sont ainsi fixées :

1° Il est statué *par une loi*, le conseil d'Etat entendu :

A. Sur toute érection de commune nouvelle.

B. Sur toute autre modification territoriale, touchant à la circonscription d'un canton, d'un arrondissement ou d'un département.

2° Il est statué *par le conseil général (définitivement)*.

C. Sur tous les changements qui n'affectent qu'une ou plusieurs communes d'un même canton, lorsqu'il y a accord entre tous les intéressés (conseils municipaux et commissions syndicales) et que le conseil général *approuve le projet*.

3° Il est statué *par décret*, le conseil d'Etat entendu :

D. Dans tous les autres cas.

Ces règles sont assurément simples. La loi nouvelle conserve au conseil général sa compétence exceptionnelle, mais, en la restreignant. Il faut pour qu'il statue, dans le cas qui lui est réservé, que tout le monde soit d'accord : l'administration, auteur du projet, si c'est elle; (mais il peut se faire qu'elle y reste étrangère); les conseils municipaux, les commissions syndicales, et le conseil général lui-même avec eux. La loi passe sous silence le conseil d'arrondissement, lequel comme nous le verrons un peu plus loin est partie obligatoire de l'instruction.

S'il y a désaccord, ou si malgré l'accord de tous, le conseil général improuve, il statue assurément, mais sa décision n'a rien de définitif. Elle ne vaut que comme simple avis et l'affaire, suivant son cas, s'élève au degré supérieur. La compétence passe du conseil général au chef de l'Etat. On pouvait bien, en effet, donner délégation à l'assemblée départementale pour agir, sous la garantie de l'accord unanime; on ne pouvait lui donner délégation pour arrêter, par un *veto* sans limite, les projets en cours.

296. La loi nouvelle restreint, d'autre part, l'action gouvernementale vis-à-vis du législateur. Dans les cas relevés plus haut par le tableau ministériel de 1873, le gouvernement pouvait statuer sur l'érection des communes nouvelles. il ne le peut plus (2). Toute érection de commune exige l'intervention du législateur, quelles que soient les circonstances. On a voulu rendre les divisions de communes plus difficiles. Intention excellente, dans un pays où sur un peuple de trente-six mille communes on en compte dix-sept mille ayant moins de cinq cents habitants. Mais le législateur est-il vraiment mieux placé que le gouvernement pour modérer cette déplorable tendance au morcellement communal qui n'est que trop réelle. Il est permis d'en douter.

Le gouvernement, qui comme nous le verrons n'est pas maître de s'opposer à une enquête voulue par un certain *quorum* d'électeurs, cesse ainsi d'être juge des circonstances, sur un point d'administration pure. On comprend que le législateur se réserve le dernier mot; mais à la condition que le gouvernement puisse ne pas le saisir. Dans l'espèce, la loi ne dit pas qu'il ne le puisse point : mais c'est l'évidence. Tenu, par la loi de provoquer une enquête, il est tenu de la conduire jusqu'au bout. Quel est son rôle alors? Un rôle purement passif et peu propre à rehausser son autorité.

§ 2. — Procédure (1).

297. Les compétences fixées, tout n'est pas dit. Il reste à se défendre contre la précipitation et les surprises et c'est à quoi pourvoient les articles 2 et 6 de la loi municipale en organisant une procédure obligatoire dont elle détermine avec soin les éléments.

Il faut, en premier lieu, avant toute décision, une instruction préalable.

La loi exige en second lieu, *pour tous les cas*, sauf naturellement dans le cas où le conseil général termine l'affaire, la garantie d'une délibération du Conseil d'Etat.

298. Toutes les fois (2) qu'il s'agit de transférer le chef-lieu d'une commune, de réunir plusieurs communes en une seule, ou de distraire une section d'une commune soit pour la réunir à une autre, soit pour l'ériger en commune séparée, le préfet prescrit, dans les communes intéressées, une enquête *sur le projet en lui-même* et *sur ses conditions*.

Tel est le principe que la loi nouvelle emprunte à l'ancienne en y ajoutant peu de choses; à savoir l'application de la règle au cas de transfert du chef-lieu de la commune, conformément à des habitudes administratives déjà prises et dictées, d'ailleurs, par la simple raison.

Ainsi, en premier lieu une enquête. En second lieu, et après cette consultation directe des individus intéressés, la consultation collective de leurs représentants légaux : les conseils généraux (3).

Par surcroît, s'il s'élève dans une même commune un conflit d'intérêts; toutes les fois, par conséquent, qu'une section de commune (4) est destinée, par le projet, à suivre un sort différent de l'ensemble, la loi lui assure sa garantie à l'avis spécial d'une commission syndicale qui, dans l'espèce, est comme son curateur *ad hoc*.

299. Ces règles sont communes à toutes les hypothèses, dès qu'il y a remaniement en jeu. La loi, nous venons de le dire, à cet égard, n'innove pas. Elle innove au contraire, et gravement, sur un point très délicat. Toutes les fois, dit-elle, *qu'il s'agit etc...* Mais quand *s'agit-il?* Antérieurement l'administration en était seule juge. Le projet ne pouvait émaner d'autre qu'elle. Le préfet ne prescrivait d'enquête que s'il le jugeait opportun. Nulle autorité ne pouvait le contraindre à engager ces questions, grosses de querelles. Il n'en est plus ainsi, et, quelle que puisse être sa répugnance à provoquer un débat public propre, à de certains moments, à tout brouiller dans quelque coin tranquille, le préfet n'y peut rien et doit ouvrir l'enquête *si le conseil municipal de l'une des communes intéressées l'exige*, si même, à défaut d'un conseil résolu, le tiers des électeurs inscrits de la commune ou *de la section* (5) *de la commune intéressée*,

---

et la vise dit, pour le même cas, par décret rendu *en Conseil d'Etat*. Il est évident que, pour le rédacteur de la circulaire, les deux termes sont synonymes. En jurisprudence, non. Nous ne le sont pas.

(1) En ce qui touche les *remaniements territoriaux* seulement. Pour ce qui est des noms dont s'occupait également la circulaire ministérielle de 1873, nous en avons fait l'objet d'une étude à part. (V. *infrà*, chap. IV.)

(2) L. 5 avril 1884, art. 5.

(1) La loi mêle à la procédure des remaniements territoriaux celle des changements de nom. Nous consacrons à cet objet un chapitre spécial. (V. *infrà*, ch. IV, *Dénomination des communes*.)

(2) L. 5 avril 1884, art. 3 et 4.

(3) *Ibid.*, art. 3.

(4) *Ibid.*, art. 4.

(5) De la *fraction*.

le met en demeure de le faire. Il a encore, bien attendu, faute d'une telle mise en demeure, et s'il le juge opportun, le droit d'ouvrir l'enquête d'office. Le texte a cru devoir, malgré l'évidence, lui réserver ce droit en termes exprès (1).

C'est, reconnaissons-le, dans l'intention la meilleure que le législateur de 1884 a établi ce partage d'initiative entre la commune et le gouvernement, entre la commune et ses habitants mêmes. Il a craint qu'un préfet ne fit le silence sur un projet de réunion désiré par la population. Préoccupation singulière et à laquelle on pourrait difficilement croire, si elle ne ressortait des débats. Ce que désirent les communes, en règle générale, c'est l'autonomie. Ce que désirent les hameaux, c'est de devenir commune, et si l'on voit des communes jalouses d'absorber tous leurs petits satellites, combien n'en voit-on pas davantage solliciter leur morcellement. L'augmentation croissante du nombre des communes est la tendance contre laquelle il faut lutter chaque jour. Maîtresse de l'instance, l'administration y avait, malgré tout, quelque peine. La voilà désarmée, ou du moins privée de sa meilleure arme; patience et longueur de temps. On a voulu favoriser le groupement; c'est le morcellement que l'innovation favorise.

Le texte, avons-nous dit, réserve au préfet le droit d'ordonner en cas de besoin l'enquête d'office. Peut-il, dans ce cas, s'il l'a fait et qu'il le regrette, arrêter l'affaire à son gré? On se l'est demandé. Nous n'en doutons pas. Les impatients seront toujours en situation d'user de sa liberté nouvelle et de formuler la demande qui met en échec sa propre liberté. S'il s'agit cependant d'une affaire sur laquelle le Conseil général ait le dernier mot, et que l'enquête fût à sa dernière phase, prête pour la délibération de ce conseil, il est clair que le préfet ne pourrait plus, même ayant agi d'office, la soustraire à cette délibération. L'enquête, à ce point, est close et prête pour l'examen de l'autorité qui décide. Le dossier, dès lors, lui appartient (2).

300. En accordant même aux électeurs, le devoir de mettre en mouvement l'action administrative en ces matières, la loi fixe au tiers de ces électeurs le nombre d'adhérents nécessaire pour la mise en œuvre de ce droit. Le texte dit : *au tiers des électeurs inscrits de la commune ou de la section de commune en question.* C'est l'*action* qu'il voulait et qu'il devait dire. Mais on est d'accord pour interpréter ce passage et les dispositions des articles qui le suivent en ce sens qu'ils ne s'appliquent pas *aux sections des communes*, c'est-à-dire à cette sous-unité particulière qui a dans la commune des droits de propriété propres et distincts de ceux de la communauté générale; mais *à tout groupe d'habitants*, hameau, écart, sollicitant leur séparation ou tout autre remaniement. « S'il s'agit de la commune, dans l'auteur même de l'amendement qui a passé, ici, dans la loi (3), c'est le tiers de la commune; s'il s'agit d'un hameau, c'est le tiers du hameau; s'il s'agit d'une section, c'est le tiers de cette section. L'observation que nous faisons ici est générale et s'applique non seulement à l'article 3 mais aux suivants. Dans tous ces articles, le mot *section* doit se comprendre de toute *fraction* d'habitants ayant, dans la question, des intérêts propres. » Nous n'y reviendrons plus et, dans cette matière, nous dirons *fraction* où la loi dit *section*.

301. La loi prescrit l'enquête; mais n'en indique pas les formes. Elle s'en remet à l'administration à cet égard. La circulaire d'application (4) renvoie elle-même les préfets, tout en les résumant, à l'article 5 aux règles établies en matière d'enquête *de commodo et incommodo* par une circulaire déjà très ancienne (5) et aux modifications que la jurisprudence adminis-

trative leur a successivement apportées. Nous les redonnons à notre tour.

302. L'enquête doit être *publique*, annoncée à l'avance, à son de trompe ou de tambour, ou par voie d'affiche.

Elle a lieu, à la maison commune (1), au jour désigné, sans durée limitée, et pouvant, ce dont le préfet reste juge, ne durer qu'un jour ou en durer plusieurs, selon l'importance de la population consultée.

303. Elle est dirigée par un commissaire enquêteur que le préfet désigne *lui-même*, sans pouvoir, conformément à un avis de la section de l'intérieur du Conseil d'Etat (2) déléguer cette désignation au sous-préfet. *A fortiori* l'enquête ne peut-elle, en elle-même, être ordonnée que par le préfet même (3). La nomination du commissaire et l'ouverture de l'enquête sont en général simultanées, mais la règle n'est pas absolue; et la nomination peut être ultérieure. Elle l'est nécessairement en cas de refus du commissaire désigné par l'acte originaire.

304. Le choix du préfet, en principe, est libre. Mais il lui est, d'une part, recommandé, et avec beaucoup de raison, par l'administration, d'exclure les habitants intéressés, les maires surtout; et la chancellerie, de son côté, s'oppose avec non moins de tact, au point de vue de la bonne administration de la justice, à ce que le choix porte sur les juges de paix.

Tous les habitants et les contribuables non domiciliés, comme les résidents mêmes, sont appelés à l'enquête et admis à émettre leurs vœux, sans distinction de sexe, mais par déclarations individuelles signées d'eux ou certifiées par le commissaire enquêteur pour les illettrés. Ils sont autorisés à compléter leurs dépositions orales par des dires écrits (4).

305. Le procès-verbal d'enquête clos et signé du commissaire enquêteur qui y joint son propre avis est transmis dans la huitaine à la préfecture, par la sous-préfecture ou même directement.

306. En ordonnant l'enquête, l'administration a le devoir de mettre à la disposition des déposants tous les renseignements propres à les éclairer, documents statistiques, topographiques, financiers, scolaires, etc..., dont elle dispose seule et sans la connaissance desquels, le plus souvent, les habitants déposent en aveugles. Cette règle de conduite eût été bonne de tout temps. Mais, comme elle entraîne des lenteurs et implique des soins et des peines, elle est rarement suivie. Il nous semble que la loi de 1884 en fait aujourd'hui à l'administré un devoir étroit, puisque, exigeant que les conditions du remaniement territorial soient fixées par l'acte même qui le règle, tandis que la loi de 1837 permettait de ne fixer ces conditions qu'ultérieurement par acte séparé, elle exige, par voie de conséquence, ce que l'article 3 dit d'ailleurs expressément, que l'enquête porte à la fois sur le remaniement et sur ces conditions. Les documents en question ne

---

(1) C'est supposer qu'il pourrait ne point l'avoir, ce qui serait de faire une singulière idée des pouvoirs et des attributions du gouvernement.
(2) Avis du Cons. d'Et., 2 avril 1877.
(3) M. Beauquier,
(4) Circ. int, 15 mai 1884.
(5) Circ. 20 mai 1835.

---

(1) Nous avons entendu soutenir l'avis que l'enquête ne devait pas avoir lieu seulement au chef-lieu de la commune, mais aussi dans toutes les localités secondaires où un intérêt distinct pourrait exister. Nous ne partageons pas cet avis, qui ne repose pas sur une prescription positive et qui nous paraît confondre les droits des fractions d'habitants en matière d'avis collectif, lesquels sont garantis par la nomination de commissions syndicales et leur droit d'être admis à l'enquête à titre individuel. A ce titre, les fractions de communes n'existent pas.
(2) 17 mars 1840.
(3) Le préfet peut-il, au moins, ratifier une enquête que le sous-préfet aurait ordonnée *proprio motu*. Ce serait, en quelque sorte, une autre forme de la délégation. La question s'est présentée au Conseil d'Etat à l'occasion d'une demande d'érection en commune distincte de la section de Saint-Palavy de la commune de Cavagnac (Lot). L'enquête avait été ouverte par le sous-préfet seul, et l'irrégularité de la procédure fut déférée au Conseil d'Etat. La section de l'intérieur concluait au rejet de la demande de ce chef, mais l'assemblée générale a rejeté pour des motifs tirés du fond, *sans qu'il soit besoin d'examiner si l'instruction de l'affaire a pu être régulièrement ordonnée par un arrêté du sous-préfet agissant sans délégation et sans ratification du préfet.* (Av. du Cons d'Et. 2 avril 1884.) La question reste ainsi pendante.
(4) Il nous paraît certain que les habitants absents peuvent figurer à l'enquête, par mandataires, auquel cas les procurations sont annexées au procès-verbal.

sont-ils pas rigoureusément indispensables pour que les intéressés puissent se former à cet égard une opinion?

307. La formalité de l'enquête est substantielle. Mais toutes les opérations qu'elle comprend le sont-elles au même degré? C'est un point que nous élucideons en son lieu, en traitant des différentes questions contentieuses que l'organisation territoriale des communes peut soulever (1).

308. La seconde partie de l'instruction administrative consiste dans la consultation des corps électifs.

A la base est le conseil municipal de la commune ou des communes intéressées. Il doit donc être appelé à délibérer de la session extraordinaire s'il le faut, *tant sur le projet que sur ses conditions*. La loi de 1837 composait spécialement les conseils municipaux pour l'occurrence. Elle adjoignait au conseil normal le plus imposés de la commune en nombre égal à celui des conseillers municipaux. Naturellement, cette disposition a disparu de la loi nouvelle, la loi spéciale, récente, du 5 avril 1882 ayant supprimé l'adjonction des plus imposés en toute matière (2).

309. Le premier droit du conseil municipal dans l'avis qu'on lui demande est de passer l'enquête au crible, de la critiquer s'il y a lieu et d'en signaler les vices. Ce que nous avons dit de l'enquête s'applique à l'instruction collective, particulière et aux délibérations des corps municipaux.

Après un premier rejet d'une proposition soumise à ces conseils, est-il nécessaire de recourir, vis-à-vis d'eux, pour reprendre l'affaire, à une consultation nouvelle? Oui et non. Oui, assurément, si le conseil municipal a été renouvelé dans l'intervalle : oui, *a fortiori*, et même devant le même conseil, si les conditions de l'affaire ne sont plus les mêmes. Non, si rien n'est changé, ni l'objet, ni le corps consultant. C'est là une question d'appréciation, appartenant au juge de l'excès de pouvoir, le cas échéant.

310. Immédiatement après les conseils municipaux, ou plutôt à côté d'eux, se placent les commissions syndicales. « La commission syndicale, dit la circulaire ministérielle déjà citée (3), est destinée à représenter *le groupe ou les groupes d'habitants* (4) ayant des intérêts opposés à ceux que représente la majorité du conseil municipal. Est-ce à dire qu'il n'y a de commission à nommer que lorsque ces intérêts réellement *opposés* existent? Non. C'est *distincts* que la circulaire eût dû dire, car ces intérêts distincts peuvent très bien aboutir à un avis conforme sur la question. Est-ce à dire d'autre part qu'il doit y avoir autant de commissions à nommer, quoique la loi ne le dise pas expressément, qu'il existe d'intérêts distincts en cause. Nous n'hésitons pas à répondre affirmativement. C'est le vœu évident de la loi, donc dans le silence du texte, il faut consulter l'esprit.

311. Mais qui en décide? C'est le préfet. Seulement, il est clair qu'il n'en décide pas souverainement. Comme l'enquête, comme la consultation des conseils municipaux, comme celle des autres corps électifs, comme l'intervention du Conseil d'Etat, toutes les garanties expressément exigées par la loi sont substantielles. L'absence de commission syndicale est donc un motif d'annulation, *toutes les fois qu'il y aurait eu lieu à commission*. Si le préfet se trompe, si, étant donné un intérêt distinct de l'ensemble, dans une partie quelconque de la commune, il ne provoque pas la constitution d'une commission, et *autant de fois que cet intérêt distinct se montre*, chaque omission est un motif à part d'annulation. Nous examinerons plus loin (5) à qui appartient le recours.

312. La loi ne s'explique pas sur le cas du transfert du chef-lieu. La circulaire ministérielle d'application, pas davan-

tage. Mais il est clair qu'il y a, dans ce cas, antinomie complète entre les intérêts du chef-lieu et ceux de l'agglomération destinés à prendre sa place. Les habitudes administratives avaient déjà suppléé sur ce point au silence de la loi (1). Elles suppléeront au silence de la loi nouvelle. Il ne peut y avoir doute.

313. La loi s'explique au contraire sur un point laissé dans l'ombre antérieurement. Dans une lutte d'intérêts entre une commune et un hameau, il peut se faire que le hameau présente les plus gros intérêts ou qu'il soit en possession de la majorité au conseil municipal. C'est alors au chef-lieu qu'il convient de donner une commission syndicale.

Elle ne dit rien, par contre, du cas d'égalité. Et il peut se faire que les intérêts opposés se partagent le conseil municipal par moitié. Il paraît évident qu'il y a lieu à la constitution de deux commissions syndicales, dans ce cas.

314. La détermination du nombre des syndics appartient au préfet (2), trois ou cinq habituellement ; plus, le cas échéant. Mais la désignation des membres de la commission appartient aux électeurs *domiciliés* dans le groupe intéressé et la désignation du président à la commission ainsi constituée.

315. L'élection a lieu selon les règles applicables à celle des conseillers municipaux. Nous y renvoyons, non sans relever ici la disposition qui limite les électeurs des commissions syndicales aux habitants *domiciliés* dans le groupe et qui exclut par conséquent une partie des intéressés mêmes, ceux qui, portés au rôle des contributions, ont déclaré vouloir exercer leurs droits électoraux dans la commune quoique n'y résidant pas.

316. La loi de 1837 prévoyait le cas où le nombre des électeurs du groupe intéressé n'était pas double du nombre des syndics à choisir. Elle remettait alors la commission syndicale aux mains des plus imposés. Cette disposition n'a plus d'application. Rien, dans la loi, ne la remplace. Que décider, dans ces cas ; tout au moins dans celui où le nombre des intéressés est minime, assez faible, par exemple, pour qu'il soit presque certain de trouver leurs dépositions à l'enquête? M. Morgand, dans son remarquable commentaire (4), pense qu'il est inutile, dans ce cas particulier, de convoquer une commission. Nous pensons le contraire, par cette raison qu'autre chose est une déposition individuelle sur un registre d'enquête, autre chose, une délibération collective entre cointéressés. La loi, d'ailleurs, ne pose pas de limites ; il faudrait en créer d'arbitraires.

317. Les commissions une fois constituées donnent leur avis sur le projet. L'avis donné, elles sont dissoutes de plein droit, ce qui exclut l'idée d'un recours quelconque de leur part contre la légalité de l'instruction.

L'instruction purement locale est ainsi terminée. Il y a lieu de la poursuivre alors auprès des conseils d'arrondissement et du conseil général, en la leur transmettant avec les pièces à l'appui, visées par les agents voyers au point de vue des voies de communication et par le directeur des contributions directes au point de vue du cadastre et avec tous les renseignements statistiques nécessaires (5).

318. Le préfet doit-il son avis au conseil général? En règle générale, oui, assurément : la bonne entente, d'où sort la bonne administration, l'exige. Mais là loi n'en fait pas une obligation au préfet. Il peut entrer dans les motifs déterminants d'une création de commune des considérations d'ordre politique que le préfet ne doit compte qu'au gouvernement, et qui ne sauraient être discutées au conseil général qu'en faisant sortir ce conseil de ses attributions normales, où la politique n'a place que dans les strictement déterminés par la loi. Le véritable avis du préfet se place après la délibération du conseil général et forme le dossier à trans-

---

(1) V. *infrà*, chap. III. CONTENTIEUX TERRITORIAL.
(2) Ce qui est très conforme aux principes d'égalité, trop peut-être, car la commune n'est pas seulement une circonscription administrative ni le corps municipal un organe d'administration. Le corps municipal est surtout un gérant d'intérêts. A ce titre, la mesure abrogée n'était peut-être pas sans logique et pouvait trouver grâce même devant les experts les plus jaloux d'égalité politique.
(3) V. circ. min. 15 mai 1884.
(4) V. *suprà*, n° 300, sur le sens du mot *section*, dont la loi se sert à tort.
(5) V. *infrà*, chap. III, CONTENTIEUX TERRITORIAL.

---

(1) V. circ. min. 5 septembre 1881.
(2) L. du 5 avril 1884, art. 4.
(3) *Ibid.*
(4) Morgand, t. I, p. 84.
(5) Circ. min. 15 mai 1884.

mettre au ministre, quand il doit (et c'est le cas général) aller jusque-là.

319. Quand l'affaire est de celles que le conseil général règle, tout est dit. Lorsqu'elle va plus loin, le préfet transmet au ministre tous les éléments de l'enquête que la circulaire du 15 mai 1884 énumère et que nous résumons ainsi :

1° Pétition ou délibération du conseil municipal demandant la modification (évidemment, s'il y a lieu, et lorsque l'instruction n'appartient pas à l'administration).

2° à 8° Enquête locale. Nomination du commissaire enquêteur. Procès-verbal d'enquête avec avis du commissaire. Arrêté de création des commissions syndicales. Procès-verbal des opérations électorales. Délibération des commissions et des conseils. Plans. Statistique.

9° Budget communal (dernier exercice).

10° à 12° Avis du sous-préfet, du conseil d'arrondissement, du conseil général.

13° Rapport du directeur des contributions directes, tant au point de vue du cadastre qu'au point de vue de toutes les conséquences financières du projet.

14° Avis de l'inspecteur primaire.

15° Avis du préfet.

Enfin, tous les documents relatifs aux conditions de justification de la réunion sur lesquelles doivent toujours porter, aux termes de la loi, nous l'avons dit, les délibérations des corps électifs, aussi bien que l'enquête locale, sous peine de vice radical de l'instruction.

320. L'ordre même de cette énumération indique celui dans lequel les opérations ont dû être échelonnées. Chaque degré de l'instruction implique la connaissance des mesures d'instruction antérieure, et si, de l'interversion des opérations, il ne résulte pas nécessairement, et pour tous les cas, un vice radical, important nullité, ce vice peut cependant trouver sa source dans cette interversion seule. Il suffit pour qu'il en soit ainsi, que telle ou telle délibération apparaisse comme insuffisamment éclairée, appréciation assurément très délicate, mais qui appartient, sans aucun doute, au juge de l'excès de pouvoirs signalé.

321. L'affaire est dès lors entre les mains de l'administration centrale et prête pour le dernier degré de l'étude administrative, lequel est la délibération du Conseil d'Etat; celle-ci est obligatoire dans tous les cas. La délibération du Conseil d'Etat que la loi exige pour tout ce qui touche à l'état territorial des communes, aussi bien pour les simples changements de noms, nous le verrons ci-après, que pour les créations, les suppressions, les remaniements de circonscription, est comme le couronnement de cet ensemble de garanties données à l'autonomie communale.

§ 3. — Règles de fond.

322. Nous avons déterminé les règles de compétence et celles de procédure. Précisons maintenant les règles de fond.

Tout remaniement territorial est compris dans l'un des termes de l'énumération suivante :

1° Rectifications de limites :
Par l'annexion d'enclaves au territoire communal qui les renferme ;
Par l'annexion de terrains limitrophes distraits d'une commune pour arrondir l'autre ;

2° Déplacement du chef-lieu ;

3° Réunion de communes ;

4° Erection de communes nouvelles.
Passons en revue ces différents cas.

ARTICLE PREMIER. — *Rectifications de limites.*

323. Les rectifications de limites peuvent être nécessitées par l'intérêt des habitants ; par les besoins du service administratif ; par les principes d'une bonne délimitation.

324. Le cas d'*enclave* est le premier qui se présente avec un caractère particulier; c'est que l'existence même d'une enclave est une atteinte à la loi, non pas à la loi municipale qui, on le sait, passe à côté de ces questions et se borne à déterminer les compétences, la procédure et les effets légaux des remaniements, mais aux lois constitutives de l'assiette de l'impôt. Dans l'espèce, ce sont les lois des 1er décembre 1790 et 2 messidor an VII, lesquelles ont posé cette loi fondamentale que tous les terrains situés dans le territoire d'une commune *doivent y être imposés*. Il semblerait même qu'une disposition légale aussi impérative eût dû entraîner annexion d'office, et par mesure générale, de toute enclave à la commune qui la renferme. Mais il n'en a rien été, et l'on n'a considéré cette prescription que comme une déclaration de principes, à tel point qu'après un siècle, la suppression des enclaves n'est pas encore complètement achevée. Mais si ces sortes de rectifications demeurent, malgré le principe posé par les lois fiscales, soumises aux règles de procédure ordinaires, et sont envisagées à cet égard comme de simples remaniements impliquant débat et instruction préalable comme tous autres, il est clair cependant que la décision s'impose presque toujours et qu'il ne reste d'entier que la détermination des conditions. Parmi ces conditions, l'une de celles qui méritent le plus d'attention est la substitution d'un échange à une annexion pure et simple: « Toutes les fois que la commune qui reçoit une enclave peut, sans nuire à la régularité de sa circonscription, donner en compensation l'administration d'une autre portion de territoire à la commune dont cette enclave est distraite ; il y a lieu de pousser à cet échange. » C'est une recommandation très ancienne (1) qui, jusqu'à la disparition de la dernière enclave, conservera son actualité.

325. En dehors du cas d'enclave, on n'a plus pour règle un principe législatif, mais seulement la satisfaction des intérêts.

L'intérêt administratif, d'abord. Cet intérêt s'impose, pour ainsi dire, lorsqu'un terrain, au lieu de faire corps avec le territoire d'une commune, n'y tient que par un point de peu d'étendue et se prolonge sur un territoire communal étranger (2). Si ce terrain est sans habitants, on est presque dans le cas précédent et la rectification va comme de soi. Un intérêt contraire ne semble pouvoir naître que de la présence d'une agglomération sur cette presqu'île isolée. Les convenances des habitants seront dans ce cas à prendre en considération sérieuse, mais elles devront le plus souvent fléchir devant celles supérieures de l'administration. Elles le devront nécessairement, quand une rivière sépare un lambeau de commune de son chef-lieu (3). On a vu des communes traversées par le Rhône et chevauchant ainsi sur deux départements. A ce degré, la rectification devient aussi obligatoire que dans le cas d'enclave. Dans un cas pareil, l'intérêt administratif prime tout.

326. Il faut savoir cependant se défendre contre les excès du zèle administratif. La régularité des limites est un but à poursuivre ; mais, dans nombre de cas, c'est un idéal très secondaire. Il est bon, comme le voulait le cadastre en 1821 (4), que les communes soient autant que possible séparées par des chemins, des rivières ou toute autre limite invariable. « Mais l'administration, en 1806, voulait aller beaucoup plus loin. Elle avait proposé à cette époque une mesure générale, substituant, partout où elles existaient, ces limites invariables » aux limites anciennes, et les remplaçant, là où elles n'existaient pas, par des lignes droites géométriques. Le Conseil d'Etat, à très bon droit, a qualifié de chimérique cette recherche de perfection mathématique et repoussé un projet de décret qui lui était présenté dans ce sens (5) inadmissible, à titre de règle générale ; le *desideratum* poursuivi n'en est pas moins à retenir comme direction.

(1) Circ. min. int., 13 mars 1806.
(2) Même Circ.
(3) Avis du Cons. d'Et. (comité de l'intérieur), 9 août 1832.
(4) *Règlement cadastral*, art. 8.
(5) Avis du Cons. d'Et., approuvé le 10 février 1806.

327. Le mieux est que les intérêts des habitants concordent avec les intérêts de pure administration. Les changements les mieux motivés, à ce dernier point de vue, s'imposeront tout à fait, s'ils rapprochent les habitants de leur centre de vie communale, s'ils leur assurent, avec ce centre, des communications plus faciles, etc., etc.

Ils devront, au contraire, presque toujours être écartés:

Lorsqu'ils auraient pour effet de faire dépendre les habitants d'un territoire, à la fois d'une commune pour l'administration et d'une autre pour le culte (1) ;

Lorsqu'ils éloigneraient sensiblement les habitants du territoire en question de leur chef-lieu d'administration communale ;

Lorsque le territoire en question contiendrait des propriétés communales que la rectification ferait passer sur le territoire d'une commune étrangère (2) ;

Lorsque les habitants à distraire auraient des droits d'usage à exercer (et par conséquent à conserver) sur le territoire de la commune dont la distraction les séparerait pour l'avenir (3).

328. Toute rectification, ayant pour effet d'annexer à une commune urbaine, pourvue d'octroi, des lambeaux de communes rurales touchant à ses murs, et affranchies jusque-là de la servitude d'octroi, ne saurait être imposée aux habitants de ces fractions de communes rurales qu'avec la plus grande circonspection. Cette tendance des agglomérations urbaines à s'annexer leurs faubourgs est assez générale pour appeler toute l'attention. Elle s'étaye le plus souvent de raisons spécieuses, elle s'appuie sur une autre tendance très légitime, qui est de grouper ensemble sous une même administration communale les différentes agglomérations qui se touchent matériellement et pour qui naissent de cette juxtaposition même des intérêts communs. Tantôt une ville se contente de viser à l'annexion de quelques morceaux des communes voisines, à la portée immédiate de son octroi; tantôt elle vise à l'annexion totale. Elle invoque toujours l'intérêt public ; et, le plus souvent, il n'y a au fond de sa demande qu'un simple intérêt fiscal tout local et très étroit. Nous indiquons ici le piège; nous nous en expliquerons plus complètement en traitant des réunions de communes, cas avec lequel celui qui nous occupe ici se confond presque.

329. Toutes les règles, en un mot, que nous aurons encore l'occasion de mieux préciser à l'occasion des réunions de communes, se résument, ici comme là, dans un arbitrage d'intérêts publics. L'administration n'a pas à faire entrer en ligne de compte des intérêts purement privés. Mais dans cet arbitrage d'intérêts publics, les uns locaux, les autres généraux, elle est souveraine et pourvu qu'elle ait observé les formes légales, le dernier mot lui appartient.

Article 2. — *Déplacement de chef-lieu.*

330. Le transfert du chef-lieu d'un lieu à un autre sera toujours une question délicate, où l'administration ne saura jamais apporter trop de ménagements. Le déplacement de la vie commerciale pourra motiver la déchéance de fait d'une agglomération au profit d'une autre. La création d'une agglomération autour d'une gare nouvelle et l'amoindrissement constant de l'ancien centre de la commune est, aujourd'hui, une des causes les plus légitimes d'un transfert de chef-lieu, mais le plus souvent, même en présence de ces déplacements d'activité, le respect des habitudes s'offrira comme sa solution la meilleure. Il y a rarement à gagner à froisser ces habitudes, et grandement à se défendre contre les ambitions de clocher. En outre, la plupart du temps l'ancien chef-lieu comprend tous les bâtiments publics qui servent au fonctionnement de l'administration communale.

(1) Cons. d'Et. (com. int.), 23 janvier 1835.
(2) Cons. d'Et. (com. int.), 7 juillet 1835.
(3) Circ. min. int. 7 août 1828.

Article 3. — *Réunion de communes.*

331. Nous sommes ici en présence d'un besoin public qui paraît, au premier abord, primer tout. La multiplicité des individualités communales est un mal reconnu. La commune de moins de cent habitants et nous avons vu qu'elle ne compte que trop dans l'ensemble, est un véritable fléau. Au-dessous de 500 habitants, et nous avons aussi vu que la moitié des communes atteint ce chiffre avec peine, la loi est obligée à des compromis très fâcheux; et c'est ainsi que, pour arriver à rendre possible la constitution de l'administration municipale dans ces embryons de communes, le législateur est forcé d'y négliger les meilleures garanties d'administration libre ; d'y supprimer, par exemple, les incompatibilités qui ferment l'accès d'un même conseil, par suite d'une même administration municipale, aux parents et alliés en ligne directe, aux frères et beaux-frères. La concentration communale est donc un but constant à atteindre, sauf à trouver les limites au delà desquelles l'intérêt cesse.

332. De limites fixes, il n'y en a pas : on en a proposé dans la discussion de la dernière loi municipale. Mais le législateur s'est, à très bon droit, refusé d'en déterminer. Telle commune de 2,000 âmes n'aurait qu'à perdre à s'étendre davantage ; tel département, où les agglomérations sont rares, est condamné d'avance à garder ses petites communes. La commune des Landes et celle de la Seine ne sauraient se mesurer aux mêmes niveaux.

Cet arbitrage d'intérêts publics, où nous ramenions les règles à suivre en matière de rectifications de limites, est donc, ici encore, le seul mode de décision; et l'administration qui l'exerce, dans les formes ci-dessus décrites, a, dans cette matière comme dans l'autre, à s'inspirer des mêmes principes: à concilier l'intérêt public *général* avec l'ensemble des intérêts publics locaux.

333. La faiblesse de la population d'une commune sera toujours la première cause justificative de sa suppression. L'exemple cité plus haut parle de lui-même. Un conseil municipal composé du père, du fils, des frères, n'a plus d'une assemblée administrative que le nom. A de rares exceptions près, où de petits îlots sont perdus dans les montagnes et où la force des choses les isole de tout autre centre propre à les absorber, nous voudrions voir l'administration poursuivre résolument la suppression de toutes les communes d'une population dérisoire. Une commune de 28 habitants aux portes d'une ville de plus de 30,000 âmes offense les principes de bonne administration.

La faiblesse des ressources financières est une autre raison majeure de suppression. Dès qu'une commune ne trouve pas dans ses ressources ordinaires le nerf de son existence, et qu'elle en est réduite aux impositions extraordinaires superposées, elle n'a plus en réalité d'existence propre. En tout cas, elle n'y a plus droit.

334. On ne voit pas, d'autre part, ceci dit d'une manière générale, en quoi l'intérêt de ces communes sans force vitale pourrait souffrir d'une fusion avec telle ou telle commune voisine, puisque la loi leur assure, dans ces fusions, la sauvegarde de leurs intérêts matériels particuliers, ce que résume très exactement un avis du comité de l'intérieur du Conseil d'Etat (1) rappelant à des communes récalcitrantes que « les lois assurent aux sections de commune toute la protection nécessaire pour que leurs intérêts particuliers ne puissent être lésés; que l'administration supérieure des départements a en main tous les pouvoirs nécessaires pour les faire jouir de cette protection; — qu'ainsi l'article 45 de la loi du 21 mars 1831 (2) a autorisé les conseils généraux et les préfets à fractionner les électeurs toutes les fois qu'il paraîtra utile que chaque section ait des représentants dans le con-

(1) 7 août 1833.
(2) La loi actuelle contient des dispositions analogues.

4

seil municipal ; — qu'ainsi l'article 2 de la même loi (1) autorise les préfets à nommer un adjoint supplémentaire dans les sections dont la situation l'exigerait ; — qu'ainsi encore, l'arrêté du 24 germinal an XI (2) a donné à chaque section de commune les moyens de se défendre en justice contre les usurpations dont elle aurait à se plaindre de la part des habitants du chef-lieu, etc., etc... »

335. Nous avons réservé cependant les cas exceptionnels ; et il y en a certainement. L'isolement complet d'un petit groupe d'habitants peut, avons-nous déjà dit, rendre toute suppression plus mauvaise que le maintien de ce groupe déshérité. L'émiettement de la population sur de grandes surfaces peut conduire au même point. Ainsi des départements des Alpes, de celui des Landes. Mais hors ces cas exceptionnels, et, à tout prendre, rares, une marche résolue dans le sens de la suppression des petites communes nous paraît la seule politique administrative à suivre en cette matière. Ce fut celle de la Constituante ; celle du gouvernement de la Restauration.

336. Ce contre quoi cependant, et tout en suivant cette tendance, nous convenons volontiers qu'il faille réagir, c'est contre l'exubérance des grands centres, toujours prêts à déborder de leurs limites et à s'étendre sur leurs voisins. Nous le disions à propos des rectifications de limites ; nous le répétons à l'occasion des annexions. La tentation des grandes villes à repousser vers les campagnes les limites de leurs octrois est très forte, et ne fût-ce qu'à ce point de vue, il y a lieu de ne s'y prêter qu'à bon escient. Autre chose est réunir entre eux deux ou plusieurs centres ruraux, communs d'intérêts, d'habitudes, de besoins ; autre chose est d'imposer, pour des avantages très contestables, les charges d'une ville populeuse à des communes jusque-là peu frappées d'impôts.

337. Le Conseil d'État a eu souvent à faire obstacle aux progrès de cette tendance, si accusée :

« Considérant, dit-il dans un avis (3), que les changements à apporter aux circonscriptions communales *doivent être déterminés par des motifs d'intérêt public et faits en vue d'une meilleure organisation administrative ;*

« Considérant que, dans l'espèce, la ville de G..., pour justifier l'annexion à son territoire d'une partie des communes d'A... et de G..., se borne à signaler l'avantage qu'il y aurait pour elle à constituer un périmètre d'octroi plus facile à protéger contre la fraude ;

« *Qu'on ne peut élever cet intérêt fiscal à la hauteur d'un intérêt public*, et que le pouvoir de modifier les circonscriptions communales serait détourné de son but si le gouvernement l'exerçait pour faciliter à une ville la perception de ses taxes d'octroi ;

« Considérant que si l'article 152 de la loi du 20 avril 1816 permet, pour la création d'octroi de banlieue, l'extension du rayon d'un octroi en dehors du territoire de la commune, cet article s'applique exclusivement aux grandes villes, et que, de plus, les recettes faites dans une banlieue appartiennent aux communes dont elle est composée ; qu'en dehors des dispositions exceptionnelles de cet article, les villes dotées d'octroi n'ont, pour se défendre contre la fraude, que les moyens de répression établis par la loi ;

« Considérant que la ville de G... peut, si elle s'y croit fondée, réclamer le bénéfice de l'article 152 de la loi précitée ; mais qu'elle ne saurait, par l'annexion de partie des communes d'A... et de G..., obtenir une situation meilleure que celle qui résulterait pour elle de l'établissement d'un octroi de banlieue. » — Rejet (4).

ARTICLE 4. — *Érection de commune.*

338. Si la concentration communale est un bien, la consti-

tution d'un centre municipal nouveau ne doit être admise qu'à l'état d'infime exception, et lorsqu'il est surabondamment démontré que l'incompatibilité d'humeur entre les différentes parties d'une agglomération municipale (l'unique motif, toujours invoqué, de ces séparations malheureuses) est devenue absolument irrémédiable.

C'est accepté unanimement. Et nous n'aurions presque rien à en dire, si la pratique était, ici, conforme à la théorie. Le législateur, frappé de cette contradiction entre l'opinion commune et les faits, s'est réservé le dernier mot en cette matière. Une jurisprudence parlementaire suivie sera, dans cette délicate matière, d'autant plus difficile à fonder que, là non plus, il n'y a pas de règles précises ; que, ni la population, ni les ressources, ni l'incompatibilité d'humeur ne sont des critériums absolus, et qu'on ne peut poser d'autre règle que celle que nous lisons dans un avis du Conseil d'État (1), après bien d'autres, à savoir : « que les créations de communes nouvelles ne doivent être autorisées que dans les *cas de nécessité impérieuse* » ; qu'il est impossible de dire plus, et que, sur chaque espèce, tout est à recommencer.

§ 4. — Effets légaux.

339. Nous avons établi les règles qui président aux remaniements territoriaux ; il ne nous reste plus qu'à en préciser les effets. Ces effets sont de deux ordres, affectant la commune sous son double aspect : organe d'administration ; personne civile.

ARTICLE PREMIER. — *Administration.*

340. Dans tous les cas de réunion ou de *fractionnement* de communes, dit l'article 9 de la loi municipale, les conseils municipaux *sont dissous de plein droit*. Il est procédé immédiatement à des élections nouvelles.

Cet article est très bref, aussi bref qu'impératif. Non moins brefs les commentaires qu'en donnent, soit M. Morgand (2), soit M. de Ramel (3), soit l'excellent Code administratif annoté de Dalloz (4). Il ne nous paraît pas pourtant exempt de difficultés sérieuses.

341. Il est, il est vrai, presque littéralement tiré de la loi de 1837. Mais la très petite modification qu'il a subie constitue une révolution de la matière. La loi de 1837 (5) exigeait, comme la nouvelle, la dissolution des conseils et la convocation des électeurs. Rien, en effet, de plus légitime, lorsqu'une commune a disparu et s'est absorbée dans une autre, ou lorsqu'elle a perdu un chiffre appréciable d'habitants. Les conseils municipaux ne répondent plus, dans ce cas, ni dans la commune agrandie, ni dans la commune amoindrie, à l'élément électoral, et, dans la commune supprimée, le cadre même faisant défaut. La loi de 1837, pas plus que la nouvelle, ne précisait la portée du mot *fractionnement*, ni dans quelles limites il y avait lieu de l'entendre. C'était une grave lacune ; car il paraît inadmissible (pour aller aux extrêmes) de considérer la simple rectification de limites, la distraction d'un territoire *sans* habitants et son annexion à une commune voisine comme entraînant nécessité de remanier les deux représentations municipales. Mais, au moins, la loi de 1837, en se bornant à ordonner la dissolution et la reconstitution des conseils, *en principe*, et en exigeant, par suite, un décret de dissolution, laissait-elle au gouvernement la responsabilité de la mesure. Il ne paraît pas que cette confiance fût mal placée, puisque nous ne trouvons, sur la question, aucun monument de jurisprudence trahissant une difficulté d'application.

(1) Reproduit dans la loi du 5 avril 1884.
(2) Même observation.
(3) Avis du Cons. d'Ét. 12-14 février 1880.
(4) En ce sens également Cons. d'Ét., 23 décembre 1880 (Saint-Quentin).

(1) Cons. d'Ét., 8 avril 1875 (Lombardello-Choller).
(2) *Commentaire de la loi municipale*, t. I, p. 97.
(3) *Commentaire de la loi municipale*, art. 9.
(4) *Code annoté des lois administratives*, collection Dalloz, vᵉ COMMUNE, nᵒ 337.
(5) Art. 8.

342. La loi nouvelle, et c'est sur ce point seul qu'elle diffère de sa devancière, veut que, dans le cas qui nous occupe, les conseils municipaux *soient* dissous de *plein droit*. Par suite, plus de décret de dissolution. Le jour de la distraction ou de la suppression opérées, il n'y a plus de conseil municipal ni dans une commune, ni dans l'autre. Plus d'interprétation, plus de décision à prendre pour l'administration. La loi fonctionne automatiquement.

343. Dès lors, comment accepter les tempéraments que M. Morgand, très frappé de la question, propose dans son commentaire (1), et qu'il appuie d'un avis ministériel (2) donné, à titre d'instruction, à un préfet? Le judicieux auteur veut que la loi s'applique *raisonnablement*, dans ses termes, mais aussi dans son esprit. Rien de plus souhaitable, en effet, et la loi de 1837 le permettait, en laissant au gouvernement le soin de juger de la nécessité du décret de dissolution. Rien de moins *raisonnable*, d'autre part, que de vouloir que les conseils municipaux de deux villes de vingt mille âmes soient anéantis, *ipso facto*, par cela seul qu'on aura fait passer de l'une dans l'autre quelques hectares et quelques habitants, voire même quelques hectares sans habitants. Aussi nous refusons-nous à croire, avec M. Morgand, que ce soit là la volonté, l'esprit de la loi.

Mais ce n'est pas la première fois que le texte et l'esprit de la loi sont contradictoires, et que la contradiction est irrémédiable. Nous pensons que c'est ici le cas. Car, de deux choses l'une : ou tout *fractionnement*, si faible qu'il soit, entraîne dissolution des deux conseils *de plein droit*, comme le texte de la loi semble le dire, et, sans qu'il y ait lieu à plus ample informé ni à déclaration quelconque, le gouvernement est tenu de convoquer les électeurs, et toute délibération des deux conseils postérieure au fractionnement est illégale *et également nulle de plein droit ;* ou il faut que le gouvernement apprécie non seulement s'il a ou non à convoquer les électeurs, mais s'il a ou non à interdire toute réunion ultérieure des conseils, et qu'il en juge d'après l'importance du fractionnement : c'est précisément le droit que lui donnait la loi de 1837, et que lui retire la nouvelle rédaction.

Il ne peut manquer de se former, à cet égard, une jurisprudence, soit par voie de recours contre les décisions des conseils municipaux qui auraient fonctionné après un fractionnement jugé trop minime pour entraîner la dissolution de plein droit, soit par voie de recours contre les élections ordonnées après un fractionnement jugé suffisant pour entraîner cette dissolution. Nous n'apercevons pas de moyen, pour le juge administratif, de se soustraire aux conséquences fâcheuses de la rigidité de la loi.

344. Ces mauvais effets d'une disposition toute mécanique ne sont, d'ailleurs, pas les seuls, et M. de Gavardie faisait justement observer au Sénat, en essayant de la rendre plus flexible, qu'il pouvait y avoir, dans tous les cas, même lorsque la dissolution s'impose par suite de l'importance des remaniements opérés, inconvénient grave à établir, sans aucune latitude de la loi, un interrègne forcé dans la vie municipale. Le rapporteur a répondu que le gouvernement a à convoquer immédiatement les électeurs. Nous l'entendons bien ainsi : c'est la loi. Mais est-ce réellement répondre à l'objection ? Il n'y en aura pas moins interrègne, à partir d'un jour donné, sans sursis possible, quelles que soient les circonstances. Et c'est ce que M. de Gavardie critiquait avec grande raison.

345. Notons, au surplus, que cette réponse est tout à fait exclusive de l'idée d'un *droit* quelconque d'appréciation pour le gouvernement dans le cas qui nous occupait il y a quelques instants. Le gouvernement n'a qu'un *devoir*, celui de convoquer les électeurs, sans s'inquiéter des circonstances. Comment pourrait-il dès lors avoir celui d'interpréter, d'après son importance, les effets légaux du fractionnement?

346. Ces difficultés ne sont pas les seules ; et nous en retrouverons d'autres, spéciales au cas actuel, en traitant de la durée des pouvoirs de l'autorité municipale qui se lie intimement à celle des pouvoirs des conseils et sur laquelle la loi, ici, ne statue pas.

347. D'autres encore naissent d'elles-mêmes du remaniement du corps électoral. Le nombre des conseillers municipaux est déterminé par la population (1) ; et la population dont il y a lieu de tenir compte est la population normale telle qu'elle est fixée par les dénombrements quinquennaux. Mais les chiffres des dénombrements s'appliquent à la totalité de la population d'une commune. Ils n'ont plus de sens légal en cas de distraction et d'annexions partielles. Il faut nécessairement un dénombrement nouveau. On ne peut faire, si la dissolution, si la convocation des électeurs est laissée au gouvernement, comme le voulait la loi de 1837. Avec le système de la dissolution automatique, le gouvernement n'a que deux mois devant lui (2) pour opérer à la fois le dénombrement, et le sectionnement s'il y a lieu. C'est court, pour le dénombrement. Quant au sectionnement, dans la plupart des cas, c'est l'impossible, puisque , d'après l'article 12 de la loi municipale, le sectionnement est fait par le conseil général et, au surplus, dans des conditions d'instruction tout à fait inapplicables.

ARTICLE 2. — *Biens.*

348. Les effets légaux des réunions et des distractions de communes au point de vue des droits de la personne civile sont déterminés par l'article 7 de la loi municipale dans les termes ci-après :

La commune réunie à une autre commune conserve la propriété des biens qui lui appartenaient. — Les habitants de cette commune conservent la jouissance de ceux de ces mêmes biens dont les fruits sont perçus en nature. — Il en est de même de la section réunie à une autre commune pour les biens qui lui appartenaient exclusivement. — Les édifices et autres immeubles servant à un usage public et situés sur le territoire de la commune ou de la section de commune réunie à une autre commune, ou de la section érigée en commune séparée deviennent la propriété de la commune à laquelle est faite la réunion, ou de la nouvelle commune. — Les actes qui prononcent des réunions ou des distractions de communes en détermineront expressément toutes les autres conditions. En cas de division, la commune ou la section de commune réunie à une autre commune ou érigée en commune séparée reprend la pleine propriété de tous les biens qu'elle a apportés.

C'est, condensé dans un seul article, le système des articles 5, 6 et 7 de la loi du 18 avril 1837 avec ses avantages, ses inconvénients et ses lacunes antérieures. Le législateur de 1884 avait essayé de s'y soustraire : après débat, il s'y est tenu.

349. Ce système a pour point de départ le respect des droits acquis. Le principe séduit n'étant que l'application à la commune d'une règle protectrice du droit privé. Des deux caractères distincts de la commune, entité administrative, personne civile, il fait prédominer le second sur le premier.

Chez la personne civile communale, il distingue trois espèces de biens :

1° Les biens dont les fruits sont perçus en nature ;
2° Les biens dont les fruits sont perçus en argent;
3° Les biens affectés à un usage public.

Statuant sur ces derniers et leur reconnaissant le caractère de biens communaux proprement dits, elle leur fait suivre le sort *du territoire* où ils sont situés. Ce territoire, qu'il soit une simple fraction de commune ou une section de commune au sens légal, emporte avec lui dans son nouveau cadre tous les biens affectés à usage public, églises, écoles, mairies, lavoirs, fontaines, etc... Est-il annexé à une autre commune ? Ces biens, distraits de la commune amoindrie tombent dans le domaine de la commune agrandie. Est-il érigé en com-

(1) *Op. cit.*, t. v, p. 98.
(2) 5 juillet 1884 (Seine-Inférieure).

(1) L. 5 avril 1884, art. 10.
(2) L. 5 avril 1884, art. 44.

mune séparée, ils deviennent le patrimoine de la commune nouvelle.

La règle est simple : elle est juste ; et jusqu'ici la prédominance du caractère administratif de la commune sur sa personnalité civile est respectée. L'usage public des biens dont il s'agit prime les droits de propriété privative. La commune qui les possédait à *usage de tous* les perd par cela seul qu'elle perd le territoire où ils étaient situés. La commune qui reçoit ce territoire le reçoit *sous réserve* pour l'usage public de la population agrandie (1).

350. Toutes différentes sont les règles qui président à la destinée des autres biens.

Le principe est qu'il reste dans les mains qui les détenaient antérieurement; et que les remaniements territoriaux laissent les droits de propriété pure absolument intacts.

351. 1° Par suite, lorsqu'une commune perd sa personnalité administrative, par son annexion à une autre commune, elle conserve intacte sa personnalité civile ; les biens qu'elle possédait (ceux-là seuls exceptés qui servaient à usage public) demeurent, dans la communauté nouvelle, *sa propriété exclusive*. Il se forme, par le fait, dans la nouvelle commune deux *sections* restant en possession privative des biens qu'elle apporte : la fusion administrative n'y change rien.

La logique de ce système eût conduit à maintenir séparées, les caisses, les comptabilités, les budgets des deux sections. Le législateur de 1837 a reculé devant cette dualité qui eût pesé sur la personne administrative autant que sur la personne civile. Il a, par prétérition, borné sa règle à la *propriété*, voulant que les revenus en argent tombassent dans la caisse communale. Le législateur de 1884 a formulé la règle plus nettement. Par suite, l'annexion d'une commune à une autre laisse les *propriétés* intactes, mais en confond les *revenus*.

352. Quant à la troisième catégorie de biens, ceux dont les fruits se perçoivent en nature, *propriété* et *fruits* restent inséparables; le fond et la jouissance exclusive restent aux mains de leurs possesseurs antérieurs. Les habitants de la commune réunie à une autre continuent non seulement à posséder mais à jouir à l'exclusion de ceux de l'autre commune. De telle sorte qu'à cet égard, à côté de la fusion administrative, se dresse et se perpétue au point de vue de la personnalité civile l'isolement respectif le plus complet.

353. Ces règles sont absolues. Elles s'appliquent non seulement au cas de fusion de deux communes en une seule : mais elles s'appliquent tout aussi bien au cas de distraction d'une fraction de commune et de réunion de cette fraction soit à une commune existante, soit à une autre fraction distraite d'autre part pour former avec la première une nouvelle unité communale. Il suffit que l'une ou l'autre de ces fractions distraites possède des biens en propre dans la commune qu'elle quitte pour qu'elle continue à les posséder au même titre dans la commune qu'elle contribue à former : en propriété nue, s'ils sont productifs *de revenus;* en propriété pleine, s'ils sont productifs *de fruits*.

354. Par suite, si l'état de choses antérieur est rétabli ; si la fusion administrative est rompue, la commune ou fraction de commune qui retourne à son premier état, y rentre avec tous les biens qu'elle avait apportés. Avec *tous*, dit la loi : voulant, par là, qu'elle reprenne nonseulement les biens privés dont elle n'avait pas cessé d'être propriétaire, mais les biens à usage public dont la propriété avait passé à la communauté qu'elle quitte, et qui la suivent de nouveau comme étant inséparables du territoire où ils sont établis.

355. Ces règles sont absolues, disons-nous, en ce qu'elles s'appliquent à tous les cas. Elles le sont encore à un autre point de vue ; c'est l'impossibilité où sont les intéressés de s'y soustraire, même par l'accord des volontés. L'administration eût-elle voulu poursuivre, eût-elle été en mesure d'obtenir de deux communes qu'elles fusionnent administrativement, la fusion simultanée des patrimoines,elle devra renoncer à ce résultat si désirable et sans lequel les réunions de communes ne donnent les plus souvent à l'intérêt public qu'une satisfaction très imparfaite. Ainsi le veut la loi qui ne permet de déterminer, par voie d'accord, que *les autres conditions* (1) des réunions ou distractions, et qui ne permet pas même aux communes réunies de se fusionner *a posteriori*, dans leurs patrimoines en leur enlevant le seul moyen d'y parvenir par la disposition qui oblige à régler, *par l'acte même*, toutes les conditions de la réunion.

Assurément des transactions sont encore réalisables, une fois la nouvelle organisation territoriale en fonction. Mais tout alors est à faire ; l'administration a perdu toute action possible. C'est dire qu'il n'y a plus rien à espérer.

356. C'est donc encore ici un fonctionnement automatique. Dans les derniers débats, la Chambre des députés avait vivement senti le défaut de ces règles inflexibles. Mais, du même coup, elle s'était jetée à l'extrême opposé. Faisant masse de toutes les conditions possibles, non seulement des conditions accessoires, partage de l'actif et du passif, contribution au remboursement des emprunts contractés, impositions extraordinaires en cours de recouvrement, partage des biens affectés aux pauvres et mieux encore des conditions principales, celles qui ont trait au partage des biens immobiliers, la Chambre admettait les intéressés, conseils municipaux et commissions syndicales, à les régler librement toutes, et ne laissait à l'autorité compétente, pour statuer sur la séparation ou la réunion, que leur homologation pure et simple. Le Sénat, et très justement, a repoussé l'innovation qui supprimait, purement et simplement aussi, l'action administrative supérieure, et lui enlevait à la fois ses droits de tutelle et tous ses moyens d'agir.

A ce système qui désarmait le pouvoir, il en opposa un autre, qui l'armait trop, en laissant à l'autorité compétente, pour statuer sur l'opération, le droit absolu de décision sur toutes les conditions, quelles qu'elles soient. C'est de désaccord qu'est sorti le maintien de la loi de 1837, au système de laquelle le législateur est revenu comme de guerre lasse.

357. Nous avons opposé, nous l'avons vu plus précédé, ce que nous avons appelé les conditions accessoires à ce que nous nommions, d'autre part, les conditions principales. En réalité, ce sont des conditions d'ordre différent; et parmi les accessoires, il en est qui, suivant les espèces, se placent au premier rang. Les biens immobiliers peuvent être d'intérêt médiocre; ils peuvent être absolument nuls. Le partage de l'actif et du passif, des emprunts, la répartition des biens des pauvres, les compensations, sont autant de points qui, même en présence d'un partage immobilier à faire, peuvent, tout au contraire, soulever les plus graves questions. La loi de 1837 laissait déjà la détermination de ces questions à l'autorité administrative. Elle la lui laissait encore, en lui permettant de statuer, par acte ultérieur, lorsque l'autorité compétente pour décider de la séparation ou de la réunion, était le législateur même. La loi de 1884 a modifié sa devancière sur ce dernier point. Les conditions autres que celles qu'elle fixe *ne varietur* sont toujours, et dans tous les cas, déterminées par l'acte même qui prononce soit la distraction, soit la réunion. Si donc l'acte est une loi, c'est le législateur qui les arrête; c'est le conseil général, si la décision lui appartient. Le gouvernement ne les règle que lorsque l'acte est un décret.

Ces conditions sont essentiellement variables. Elles le sont beaucoup trop pour que nous puissions nous y étendre ici. Nous nous bornerons à des indications et aux principales seulement.

---

(1) Les auteurs de la loi de 1837 (V. les rapports de MM. Vivien et Monnier) en donnent une autre raison, à savoir que les immeubles suivent la *propriété du sol*. C'est reconnaître à la *Commune* un droit de propriété sur son sol, ce qui n'est pas admissible, ne d'ailleurs soutenu par personne. Il y a évidemment dans cette philosophie de la loi une pure inadvertance. Les immeubles suivent une toute autre loi : c'est l'affectation à usage public qui les entraîne dans le domaine d'affectation de la nouvelle commune. On est à l'opposé d'une question de propriété privée.

---

(1) Art. 7, § 5.

358. Les principales questions à résoudre, dit la circulaire ministérielle d'application de la loi du 5 avril 1884 (1), sont celles relatives aux biens indivis, au partage des dettes et à leur acquittement, ainsi qu'aux compensations à accorder, dans quelques circonstances extraordinaires, en raison de l'abandon forcé des immeubles à usage public (2).

359. *Biens indivis.* — La loi de 1884, comme celle de 1837, se borne à réserver à chaque commune ou fraction de commune intéressée la propriété de ses biens. Elle est muette sur leur administration ultérieure. Les intéressés peuvent provoquer le partage; ils peuvent préférer le maintien de l'indivision. Ce sont là des questions réservées et l'une des premières sur lesquelles portera nécessairement l'acte de séparation ou d'annexion.

360. *Partage des biens.* — Quand le partage a lieu, la règle est le partage d'après le nombre de feux, et c'est légal; la règle habituelle du partage des fruits tant que l'indivision dure.

361. *Dettes.* — Le règlement des dettes donne souvent lieu à de sérieux embarras. Leur cause est toujours à prendre en considération très sérieuse. Une fraction de commune séparée et rattachée à une autre commune pouvant souvent n'avoir nullement profité, pendant sa réunion à la commune dont elle se sépare, des dettes contractées par la communauté. C'est même là l'un des motifs les plus sérieux de la séparation, que rien ne justifie mieux qu'une administration égoïste et partiale, sacrifiant un groupe communal au profit de tel autre, même au profit d'une majorité. Par suite, une agglomération distraite d'une commune peut, selon les circonstances, en sortir libre et franche de toute dette commune; ou, au contraire, rester associée à la commune qu'elle quitte pour l'acquittement des dettes contractées en commun (3).

362. Une agglomération annexée peut également, selon les circonstances entrer dans une commune nouvelle, libre et franche des dettes antérieurement contractées par cette commune (4) et se voir, par suite, exonérer des centimes additionnels destinés à faire face à ces obligations.

363. *Impôts.* — Les mêmes distinctions possibles relativement aux impôts. En principe, toute la commune est devant l'impôt sur le même pied. L'administration est cependant quelquefois autorisée à exonérer telle ou telle fraction de commune dans une mesure variable et déterminée par les circonstances. C'est ainsi que la loi qui a réuni les communes de Calais et de Saint-Pierre a décidé, pour faire droit à une condition exigée par la dernière de ces deux communes, que les contributions dont le taux est déterminé d'après les chiffres de la population, continueraient pendant dix ans, à être établies, dans chacune des deux communes, d'après le chiffre de la population partielle (1).

364. A ce point de vue, ou plutôt au point de vue général de l'assiette de l'impôt, il y a toujours lieu, au cas de réunion ou de distraction de commune, à la revision des opérations cadastrales. Une loi récente (2) dispose que dans ces cas les évaluations cadastrales des propriétés bâties et non bâties, comprises dans les territoires réunis, doivent être modifiées de manière à maintenir, pour chaque parcelle, le chiffre de la cotisation foncière en principal qu'elle supportait antérieurement, sans préjudice des changements que pourrait éprouver cette cotisation, soit par suite d'une nouvelle répartition du contingent entre les communes, soit par suite du renouvellement total ou partiel des opérations cadastrales. — Les communes intéressées supportent les frais de l'opération, à moins que le conseil général n'en charge le département.

365. *Indemnités.* — Ni la loi de 1837, ni celle de 1884, n'ont statué sur la question de savoir si une indemnité pouvait être stipulée au profit de la fraction dépossédée de ses immeubles à usage public, et mise de ce chef à la charge de la commune qui en prend jouissance. La légalité de cette clause avait été discutée. Même à la Chambre, dans la dernière discussion, un membre, provoquant une explication à cet égard s'était entendu répondre, sans protestation de personne, que ce mode de règlement n'était pas admis par la loi. Il résulte, au contraire, d'une observation du rapporteur au Sénat, que ces compensations sont parfaitement légales. Elles sont d'ailleurs parfaitement justifiées et, en fait, d'un usage fréquent. C'est ainsi qu'en 1885, la commune du Vésinet, formée de démembrements des trois communes du Pecq, de Chatou et de Croissy, a reçu dans le règlement intervenu (3) des indemnités relativement élevées de chacune de ces trois communes pour lui tenir compte de la privation de jouissance des écoles, des mairies, des cimetières à l'établissement desquels ses habitants avaient contribué, chaque groupe de son côté.

366. Mais ces indemnités doivent représenter une privation réelle de jouissance. Elles ne sauraient être stipulées entre deux communes, soit avant la séparation, comme prix du consentement de l'une d'elles et pour le seul fait de la distraction du territoire ; soit, *a fortiori*, après l'acte accompli ; les communes ne pouvant faire de marchés entre elles à raison d'un acte de gouvernement (4). Les communes, c'est le cas de le redire à l'encontre de ce qui s'est dit en 1837, ne sont pas propriétaires de leur sol ; et les tractations permises relativement à leurs propriétés réelles, à leurs biens immobiliers propres, n'ont aucune base légale lorsqu'elles ne s'appliquent qu'à la nouvelle distribution du sol *national* entre elles. Tout traité passé dans ces conditions avant la séparation, devrait être rejeté par l'autorité qui règle les conventions de la modification territoriale. Tout traité postérieur serait entaché de nullité d'ordre public.

367. La règle s'impose, non pas cependant d'interdire à une commune démembrée le droit de recevoir de l'autre, comme une compensation, une fondation de bienfaisance : l'intérêt des indigents a fait, à cet égard, fléchir la rigueur des principes.

---

(1) Circ. min. int., 15 mai 1884, sur l'art. 7.
(2) La circulaire du 15 mai 1884 renvoie, pour la marche à suivre dans l'examen des conditions, à celle du 29 janvier 1848 (*Bull. min. int.*, 1848) qui détermine les bases sur lesquelles doivent être réglées les diverses opérations de partage.

Nous en détachons l'extrait suivant :

« Lorsqu'il devra être statué par un décret ou par une loi, vous aurez à me transmettre vos propositions en y joignant : 1° les délibérations des conseils municipaux et commissions syndicales; 2° des documents établissant la contenance et l'évaluation des biens indivis immobiliers, si le partage en est demandé ; 3° un certificat du receveur municipal faisant connaître la nature, la provenance et la quotité des biens actifs mobiliers à partager. Vous indiquerez d'une manière précise la part à attribuer à chacune des communes et sections intéressées dans ces différents biens indivis, en suivant les règles énoncées dans la circulaire du 29 janvier 1848.

Quant aux dettes, il y a lieu d'en faire connaître les causes en même temps que le montant, la part afférente à chacune des communes et sections, ainsi que le mode de payement à employer. Enfin, vous aurez à indiquer le chiffre des indemnités à accorder, s'il y a lieu, par l'une des parties à l'autre pour la privation des édifices servant à un usage public.

Le paragraphe 6 de l'article 7 de la nouvelle loi municipale porte qu'en cas de division la commune ou section de commune réunie à une autre commune ou érigée en commune distincte reprend la pleine propriété de tous les biens qu'elle avait apportés.

Ce paragraphe est le complément des quatre premiers.

Quoique les biens des indigents, administrés soit par un bureau de bienfaisance, soit, à défaut d'établissement spécial, par la municipalité, ne constituent pas, à proprement parler, des biens communaux et que, par suite, l'article 7 de la loi du 5 avril ne leur soit pas directement applicable, il y a lieu de maintenir, d'après la jurisprudence antérieure d'après laquelle on étendait, par analogie et à défaut de dispositions spéciales, aux biens des pauvres les règles posées par la loi du 18 juillet 1837, pour les partages résultant des modifications apportées dans la circonscription des communes.

Il conviendra donc de faire instruire, en même temps que les projets de modifications territoriales, les conditions concernant le patrimoine charitable. Les commissions administratives des bureaux de bienfaisance, quand il y en existera, seront appelées à délibérer et, dans ce cas, les conseils municipaux n'auront qu'un avis à émettre. Dans l'hypothèse contraire, il appartiendra aux conseils municipaux et aux commissions syndicales de délibérer sur une question comme sur les autres. »

(3) Commune du Vésinet. Règlement adopté le 11 juin 1885. Contributions aux charges de la commune de Chatou dont elle faisait, antérieurement à la séparation, partie pour une fraction. L'emprunt contracté par Chatou en 1874 a été jugé réalisé dans un intérêt commun.

(4) Cons. d'Et. 29 novembre 1872.

(1) L. 29 janvier 1885.
(2) L. 12 août 1876, concernant le transfert de la contribution foncière en cas de remaniements territoriaux des communes.
(3) Cons. d'Et. 4 juin 1885. (Délibération approuvant le projet de règlement.)
(4) Avis du Cons. d'Et., 9 janvier 1885.

368. Nous n'insisterons pas sur les autres conditions possibles : on comprend qu'elles varient à l'infini (1). Si les difficultés abondent, on le comprend encore, puisqu'il s'agit de résoudre au mieux ce problème insoluble, de fusionner ce qui reste divisé. Le respect des droits privés acquis, par les habitants des unités administratives que l'on transforme, est tout à fait contradictoire avec la transformation même. Les difficultés ne cesseront que lorsque l'harmonie entrera dans la loi et qu'il sera permis à l'administration de poursuivre ce que la loi lui interdit encore, c'est-à-dire la fusion complète, aussi bien des personnes civiles que des organes d'administration.

CHAPITRE III.

CONTENTIEUX TERRITORIAL.

369. Nous avons successivement, en traitant de la délimitation des communes et des remaniements territoriaux auxquels elles sont soumises, envisagé l'hypothèse de débats contentieux. Nous avons maintenant à préciser les limites de ce contentieux spécial, limites étroites, très nettes, d'ailleurs, dans la plupart des cas.

370. Un principe domine la matière : c'est que tous les actes qui délimitent, rectifient ou modifient d'une manière quelconque les territoires communaux sont des actes d'administration pure.

La jurisprudence du Conseil d'Etat est constante à cet égard ; elle repose sur les arrêts les plus anciens (2) soit antérieurs, soit postérieurs à la loi de 1837.

Ces vieux arrêts sont sommaires ; ils se bornent à de simples affirmations. Mais ils sont passés en force de jurisprudence avec raison : puisque depuis la loi du 19 avril 1790 qui donne à l'administration la décision souveraine des contestations de limites entre communes, aucun acte législatif n'est venu faire échec à cette souveraineté.

371. Ainsi voilà une limite précise, nettement posée : en cette matière, il n'y a pas de contentieux ni administratif, ni judiciaire *sur le fond* (3). Il n'y a place que pour un contentieux administratif d'*excès de pouvoirs* ou d'*interprétation*.

372. Cette règle est absolue. Elle s'applique aussi bien aux effets légaux des actes qui ont délimité, rectifié ou remanié les territoires communaux qu'aux dispositions intrinsèques de ces actes mêmes.

Ainsi, d'une part, le conseil de préfecture est incompétent pour connaître d'une demande en indemnité formée par une commune à raison des établissements publics dont le partage ne peut être opéré, l'administration active pouvant seule y

donner suite (1). Et, d'autre part, l'autorité judiciaire est incompétente soit pour régler l'indemnité qui peut être due à une section distraite d'une commune comme privée de la jouissance des édifices communaux servant à usage public, soit même pour constater au profit de la section le principe d'un droit à indemnité (2).

373. Ainsi encore l'illégalité constatée d'une répartition d'actif et de passif entre deux communes comme conséquence de leur séparation ne donne pas au Conseil d'Etat, juge de l'excès de pouvoir, le droit d'opérer une répartition nouvelle, et c'est à l'administration seule qu'il appartient d'y statuer sur renvoi du juge, et souverainement (3).

374. Que, s'il s'agissait toutefois d'un partage de biens communaux effectué par l'administration *à la suite* d'une distraction de commune, il faudrait en décider autrement. L'acte de distraction n'étant pas en jeu, la règle de compétence, résultant de la loi du 10 juin 1793 et d'après laquelle il appartient aux conseils de préfecture de déclarer l'existence et les effets des partages de biens communaux, conserverait tout son empire (4). Nous disons : effectué *à la suite d'une distraction*.

Mais aujourd'hui, nous l'avons vu, les actes portant remaniements territoriaux en déterminent eux-mêmes toutes les conditions. Et nous tenons pour certain que les partages de biens effectués à l'occasion de la distraction d'une commune, comme condition de la distraction, et par l'acte même qui l'opère, suivent la loi de l'acte principal, et échappent comme lui à tout recours *sur le fond* (5).

375. Si le fond échappe à tout débat contentieux, il est à peine besoin de dire que le recours pour excès de pouvoir reste toujours ouvert contre tout acte de délimitation de rectification ou de modification territoriale entaché d'incompétence ou d'illégalité.

Ainsi du cas où, en matière de constatation de limites ou de délimitation nouvelle, un préfet aurait statué sur une contestation née entre deux communes, appartenant l'une au département qu'il dirige, l'autre à un département voisin.

Ainsi du cas où un conseil général aurait statué en dehors des conditions étroites qui assoient et limitent sa compétence en matière de remaniement territorial. Ainsi du cas où il aurait été statué par décret sur une érection de commune nouvelle réservée à la loi. Ainsi du cas où il aurait été procédé sous les apparences d'une simple délimitation à un véritable remaniement territorial, c'est-à-dire où les règles protectrices de la loi de 1884 auraient été laissées de côté (6).

376. Dans ces exemples, c'est l'incompétence qui ouvre le droit au recours. Toute illégalité grave aura le même effet.

Au premier rang se place l'omission de l'enquête préalable à toute décision entraînant distraction de commune, érection de commune nouvelle, transfert de chef-lieu. La formalité de l'enquête est substantielle et son omission de nature à en-

(1) A titre d'exemple, nous donnons ici les conditions admises par le Conseil d'Etat pour la séparation des communes de Sainte-Foy-lès-Lyon et de la Mulatière.

La séparation a lieu sans préjudice des droits d'usage ou autres qui peuvent être respectivement acquis (cette formule n'est qu'un hommage surabondant à la volonté non équivoque de la loi).

Les autres conditions sont réglées comme suit :

L'actif mobilier de l'ancienne commune (Sainte-Foy) se partagera entre les deux communes nouvelles (Sainte-Foy et la Mulatière) *d'après le nombre de leurs feux respectifs*. Ce nombre sera déterminé par un recensement spécial, dans les trois mois.

Les immeubles pourront rester dans l'indivision. Les produits en nature, tant que l'indivision subsistera, les aliénations partielles, seront partagées sur les mêmes bases.

Les biens affectés aux indigents seront partagés *au prorata* de la population *municipale*, sous réserve des droits privatifs résultant de fondations spéciales.

La répartition des dettes se fera au prorata des quatre contributions directes.

La commune de Sainte-Foy conservera les archives de l'ancienne commune. Elle réserve son cimetière à la commune de la Mulatière pendant deux ans.

(2) Cons. d'Et., cont., 3 décembre 1847. Dal., *Commune*, n° 186 ; — 26 février 1823. Dal., *Commune*, n° 186 ; — 19 décembre 1831 et 27 février 1836. Dal., *Impôts indirects*, n° 93 ; — 21 avril 1836. Dal., *Conseil d'Etat*, n° 84 ; — 18 novembre 1838. D. P. 77, 3, 44.

(3) Nous ne parlons ici que des délimitations ou des changements qui affectent les limites *des communes.*

(1) Cons. d'Et., 25 août 1841. Dal., *Commune*, n° 1829.
(2) Cass., 27 janvier 1851. D. P. 54. 1834.
(3) Cons. d'Et. Cont., 25 août 1841. Dal., *Commune*, n° 1829. — Cons. d'Et. Cont., 10 mai 1854 et 27 février 1880. D. P. 82.3, 33.
(4) Cons. d'Et. 16 novembre 1881. D. P. 83.3.115.
(5) L'arrêt cité (note précédente), statuant sur une situation antérieure à la loi du 5 avril 1884, a reconnu aux conseils de préfecture non seulement le droit de reconnaître et déclarer l'existence et les effets des partages de biens indivis effectués entre les communes par l'administration; mais, par voie de conséquence, le droit d'apprécier la légalité des actes constitutifs de tels partages; et par suite le droit dans l'espèce d'annuler l'arrêté préfectoral qui avait procédé au partage incomplètement. Depuis la loi du 5 avril 1884, les conseils de préfecture n'auraient plus le droit d'apprécier la légalité de ces partages que celui d'en déclarer et reconnaître les effets. Le partage des biens communaux inséré à l'acte de distraction perd soit le caractère individuel pour participer à l'intégrité de la nature et par conséquent des immeubles de l'acte dont il n'est qu'une des conditions. Il n'est plus qu'un simple partage *d'actif* qui, nous l'avons dit, est un acte d'administration pure, lorsqu'il se présente comme attaché à un remaniement territorial. La légalité n'en peut être soumise plus que le fond à un autre juge que l'acte même. Le Conseil d'Etat, juge de l'excès des pouvoirs dont l'acte de distraction peut être entaché, est donc désormais le seul appréciateur possible de la légalité d'un partage ainsi lié à l'acte de distraction d'une manière indissoluble.
(6) Cons. d'Et., 26 août 1858. D. P. 59. 3. 38; —*Ibid.*, 18 mars 1868. D. P. 70. 3. 93; — *Ibid.*, 23 mars 1880. P. D. 80. 3. 108; — *Ibid.*, 8 février 1878. D. P. 78. 3. 66.

traîner l'annulation des décisions intervenues ; sauf, bien entendu, le cas où la décision serait une loi. Ce ne serait, à la vérité, qu'une loi administrative ; mais il n'y a pas de contentieux administratif contre les lois. Le Conseil d'Etat a annulé, le 24 juillet 1848, une ordonnance qui avait prononcé la réunion de deux communes sans enquête ni avis. Tout, il est vrai, manquait, l'instruction collective comme l'instruction individuelle. Mais il est certain que la décision eût été la même, si l'enquête eût manqué seule. C'est le point de départ de l'instruction ; c'est la garantie maîtresse, pour les particuliers, puisqu'elle les appelle, l'un après l'autre, à exprimer librement et personnellement ses vœux propres, en dehors de toute influence voisine. Aussi le recours contre les décisions entachées de ce vice de ce genre appartient-il à tout habitant. Le Conseil d'Etat l'a jugé implicitement en statuant au fond, quoique par voie de rejet sur un recours semblable, le 23 mars 1880 (1) ; et, quand nous disons à tout habitant, c'est à tout contribuable, même non résidant, en un mot à *toute personne individuellement appelée de droit à l'enquête.*

377. Mais les formes de détail de l'enquête sont-elles également toutes substantielles ? Assurément non. C'est une affaire de mesure. Il faut une enquête *publique, libre, sérieuse.* Chaque intéressé y a droit. Aucun n'a droit à plus. Si ces conditions se rencontrent, le vœu de la loi est rempli ; et il appartient au juge administratif, sur chaque espèce, de le décider en fait.

Il a jugé, en 1880 (2), qu'une nouvelle enquête n'était pas nécessaire pour la reprise d'un projet écarté une première fois après avis défavorable du Conseil d'Etat. Mais il a simplement jugé par là que, *dans les circonstances de la cause,* la première enquête restait encore debout. D'autres circonstances, le temps écoulé, par exemple, pourraient ôter à la première enquête tout caractère actuel et faire équivaloir le défaut d'enquête nouvelle au défaut d'enquête absolu.

378. L'omission ou la violation des règles posées pour la constitution des commissions syndicales destinées à assurer la représentation des intérêts opposés des diverses fractions des communes intéressées est également substantielle au premier chef.

Il en est de même de toutes les phases de l'instruction administrative, consultation des conseils municipaux, conseils d'arrondissement, conseils généraux. Et, comme pour l'enquête, le recours appartient à tout intéressé. La raison étant la même ; même est la réponse à la question.

379. Mais ces corps électifs ont-ils, collectivement, le droit qui appartient individuellement à chacun de leurs membres et peuvent-ils, en leur qualité collective, provoquer l'annulation d'une enquête irrégulière dans l'un des éléments ? Il faut distinguer.

380. En ce qui touche les commissions syndicales, c'est à peine si la question se pose. Ces commissions ne vivent qu'un jour : à peine leur délibération prise, elles n'ont plus d'existence légale ; il ne saurait donc être question pour elles d'un acte collectif quelconque en dehors de cette délibération même.

381. D'autre part, les conseils généraux et les conseils d'arrondissement ne sont, dans l'affaire, que des organes d'administration publique et nullement des personnes moralement intéressées. Ils ont sur l'enquête leur droit de critique mais ils n'en ont pas d'autres. Aucun recours contentieux ne peut, par suite, leur être ouvert.

Autre est la situation des conseils municipaux, qui sont à la fois organes d'administration et mandataires des communes intéressées. Or, c'est de la commune précisément, et de ses intérêts vitaux, qu'il s'agit. Le recours *ut singuli* que nous avons dû reconnaître aux habitants contre les nullités de l'enquête où ils sont individuellement appelés compète *ut universi* à la généralité des habitants représentés par leurs mandataires légaux, et nous ne voyons pas comment on pourrait contester à une commune le droit d'invoquer au contentieux tous les vices de la procédure depuis l'enquête jusqu'au bout ; tandis que le recours *ut singuli* des habitants est nécessairement limité aux phases de la procédure où un droit *individuel* est ouvert à chacun d'eux.

382. Si l'administration, maîtresse du fond, dans cette importante matière, est cependant toujours tenue en respect par le recours pour excès de pouvoir, sa compétence est d'autre part exclusivement limitée à l'ordre administratif. Elle ne saurait, à aucun titre, statuer, soit au principal, soit incidemment à l'occasion des décisions qui lui appartiennent, sur les questions de propriété, de jouissance, de domicile des habitants. Le Conseil d'Etat l'a décidé pour des droits de vaine pâture respectivement prétendus et qu'un préfet avait réglés à tort (1). La Cour de cassation a décidé son côté (2) que l'acte administratif de délimitation n'est pas attributif de la propriété des terrains compris dans la circonscription attribuée à une commune, et que la propriété des terrains n'est pas touchée par la délimitation. Elle a décidé également (3) que les tribunaux civils sont compétents pour statuer sur les questions de propriété, d'usage, de résidence, soulevées par les habitants des communes, sans avoir à surseoir jusqu'à ce que l'autorité administrative ait précisé la délimitation ; cette délimitation, dans l'espèce, étant inutile à la décision.

383. Tout autre est le devoir de l'autorité judiciaire, quand, à l'occasion de questions de propriété, l'acte administratif devient un élément de décision. Elle est tenue alors de surseoir jusqu'à interprétation par l'autorité administrative. Comme dans les cas précédents, ce n'est là que l'application pure et simple du principe de la séparation des pouvoirs. Le Conseil d'Etat a eu à le juger en 1843 (4), dans un cas où pour connaître si des habitants avaient droit à des affouages, il fallait déterminer, au préalable, la situation administrative des habitations. La Cour de cassation a également jugé (5) que le tribunal civil dont la compétence est contestée par le motif qu'un immeuble litigieux est situé hors de son ressort, est tenu, si la ligne séparative de deux communes relativement à cet immeuble est incertaine, de surseoir jusqu'à délimitation par l'administration.

384. C'est, disions-nous, à l'autorité administrative qu'appartient, sans contrôle, l'interprétation des actes de délimitation.

Mais à quelle autorité ? Le principe de la matière est que l'autorité à saisir est celle-là même dont l'acte émane. L'application du principe voudrait que l'interprétation, lorsqu'il y a lieu, fut demandée au préfet, au ministre, au chef de l'Etat, selon les distinctions ci-dessus posées.

Un arrêt récent, déjà cité plus haut, sur un autre point, et dont nous donnons ici le texte (6), semble s'être écarté de

---

(1) Voy. l'arrêt cité note suivante.
(2) Cons. d'Et. cont. 23 mars 1880. — Considérant qu'il résulte de l'instruction et qu'il n'est d'ailleurs pas contesté qu'il a été procédé sur ce projet de distraction et d'érection en commune distincte d'une portion de la commune de Chalières à l'instruction prescrite par l'article 2 de la loi du 18 juillet 1837 ; — Que si, à la date du 8 avril 1875, le Conseil d'Etat avait émis un avis sur ledit projet, cette circonstance ne faisait pas obstacle à ce que le Président de la République prononçât sur l'avis affirmatif du conseil général, et à ce qu'après avoir, au surplus consulté à nouveau le Conseil d'Etat, la distraction dont s'agit, dans les conditions du projet qui avait fait l'objet de l'enquête et des délibérations exigées par les articles 2 et 4 de la loi précitée ; — Rejet.

(1) 17 mars 1835. Voy. Jur. gén., *Commune,* n° 1829.
(2) Cass. Req., 13 février 1865. D. P. 65. 1. 190.
(3) Cass. Req., 19 avril 1880. L. P. 80. 1. 379.
(4) 9 décembre 1843. V. Jur. gén., *Commune,* n° 914.
(5) Cass. Civ., 15 juillet 1879. D. P. 72. 1. 412.
(6) Cons. d'Et. 7 août 1883. Commune de Meudon et de Clamart. — Considérant que si, aux termes des décrets des 19 janvier 1790 et 12 janvier 1791, la commune de Clamart fait partie du département de la Seine, et celle de Meudon, à laquelle se rattache le territoire de Fleury, du département de Seine-et-Oise, ces décrets ne contiennent aucune disposition qui ait pour objet de déterminer sur le terrain les limites de ces deux communes, et que le plan y annexé ne permet pas, à raison de son échelle restreinte, d'en reconnaître avec précision le tracé ; que d'une part, pour rechercher ces limites, on se réfère aux procès-verbaux de délimitation dressés en présence des maires des deux communes à l'occasion de la confection du cadastre. — Considérant que, si le procès-verbal de délimitation de la commune de Clamart, dressé en 1808 et celui de la commune de Meudon, dressé en 1810, ne sont pas rédigés en termes identiques, il est déclaré dans ce dernier que la limite est établie conformément à ce qui a été fait an-

cette règle fondamentale. La question de délimitation des communes de Meudon et de Clamart était la clef d'un litige entre ces deux communes qui se disputaient des droits d'octroi. Et le tribunal de paix avait sursis à statuer jusqu'à ce qu'il eût été, à la diligence des parties, prononcé par la juridiction administrative sur le litige relatif à leur commune délimitation. La délimitation intercommunale se compliquait, dans l'espèce, de la délimitation interdépartementale : Meudon appartenant au département de Seine-et-Oise et Clamart à celui de la Seine. La commune de Meudon, défenderesse, avait saisi directement le Conseil d'État de l'interprétation qui portait tout à la fois sur les actes de délimitation des deux départements (décrets de l'Assemblée Constituante des 19 janvier 1790 et 12 janvier 1791); et sur les opérations cadastrales ultérieures des deux communes.

La commune de Clamart concluait à la non-recevabilité du recours, par ce motif que la demande d'interprétation n'était qu'un moyen détourné d'attaquer les actes de délimitation cadastrale ; au rejet au fond, par le motif que la délimitation cadastrale était nette, précise, et lui donnait raison.

Double difficulté : l'interprétation des décrets de l'Assemblée constituante, d'après les principes rigoureux, aurait appartenu au législateur. L'interprétation des actes de délimitation cadastrale aurait appartenu au chef de l'État aux termes de l'ordonnance de 1821 (art. 3) (s'agissant dans l'espèce de deux départements différents).

Le Conseil d'État a retenu la compétence et statué au fond en *déclarant* le terrain litigieux à la commune de Clamart ;— écartant d'une part les décrets de la Constituante comme n'offrant aucune indication déterminante, interprétant ainsi ces décrets *négativement* et donnant l'interprétation *positive* des opérations cadastrales ultérieures.

A-t-il eu raison ?

Malgré toute notre déférence, nous ne le pensons pas. Et si nous insistons sur ce point, c'est que le respect des compétences nous paraît la première condition d'une bonne justice. Nous convenons que les difficultés étaient graves. Mais il appartenait au Conseil d'État, si graves qu'elles fussent, de les surmonter.

Avant 1872, on pouvait soutenir que les interprétations directes du Conseil d'État, au contentieux, équivalaient à des interprétations données par le chef de l'État. Le Conseil d'État n'avait pas de pouvoir propre. Après 1872, on ne le peut plus. Le chef de l'État n'est plus rien dans les arrêts du conseil. L'arrêt de 1883, si la compétence d'interprétation appartenait au chef de l'État, la lui a prise.

Or, nous pensons qu'elle lui appartenait.

En ce qui touche les décrets de la Constituante, c'est certain : à moins de penser qu'elle appartenait au législateur.

En ce qui touche les opérations cadastrales, ce sont de simples procès-verbaux de géomètre, l'accord des communes (elles étaient d'accord à ce moment) ayant arrêté là l'opération. A moins de soutenir que l'interprétation en appartienne, par suite, à la direction du cadastre, il faut la faire remonter à l'autorité qui eût statué à cette époque, s'il y avait eu contestation. Il n'y avait donc d'alternative qu'entre le chef supérieur du cadastre et le chef de l'État puisque, s'agissant de deux départements différents, c'est le chef de l'État qui eût départagé les communes, si au lieu d'être d'accord elles avaient contesté l'opération.

Le chef supérieur du cadastre ? Le ministre des finances ? Non assurément. Si le procès-verbal de délimitation n'a pas

été plus haut, c'est que les communes étaient consentantes ; c'est que leur chef administratif supérieur, le ministre de l'intérieur était désintéressé. S'il l'était, dans l'espèce, c'est un cas particulier. Il n'est pas moins en scène, ni moins virtuellement, dans toute opération cadastrale intéressant les limites mêmes des communes. Et c'est précisément pour cela que, lorsque tout ne peut être terminé par le préfet, qui a la représentation complète du pouvoir central, c'est le chef de l'État qui décide. Ainsi le veut l'ordonnance de 1821. Ainsi le veulent, avant et au-dessus d'elle, les principes de la hiérarchie administrative ; et c'est assez.

Le Conseil d'État n'a pas cru devoir s'en expliquer. Et les arrêtistes répéteront désormais, jusqu'à décision contraire, que l'interprétation des décrets portant délimitation interdépartementale et des opérations cadastrales interdépartementales appartient au Conseil d'État, directement. Là est l'importance de la décision à laquelle nous nous sommes arrêtés si longtemps. Car, nonobstant, les principes veulent : que l'interprétation des décisions préfectorales de délimitation appartienne aux préfets, en premier ressort; au ministre de l'intérieur, au second degré; au Conseil d'État, comme juge suprême, puisque la matière de l'interprétation est contentieuse; que l'interprétation des décrets de la délimitation appartienne au chef de l'État, dans les mêmes conditions.

CHAPITRE IV.

DE LA DÉNOMINATION DES COMMUNES.

SECTION PREMIÈRE.

DÉNOMINATION GÉNÉRIQUE.

385. Le nom générique de *commune* embrasse aujourd'hui tous les centres d'administration municipale, quel que soit leur degré d'importance ou de cohésion. L'Assemblée nationale avait trouvé là des divergences analogues à celles qui différenciaient les administrations municipales mêmes. Et comme il existait officiellement des *Mairies*, des *Echevinats*, des *Consulats*, des *Hôtels de ville*, les réunions d'habitants administrées sous ces différents titres formaient, officiellement aussi, soit des *villes*, soit des *bourgs*, soit des *paroisses*, soit des *communautés de campagne*. En ces temps de privilèges, ces variétés mêmes se subdivisaient. Au-dessus des villes, il y avait les *bonnes villes*; au premier rang, pour les rois, *leur bonne ville de Paris*. Ces puérilités sont tenaces. Après la Révolution qui avait passé le niveau sur toutes, on retrouve encore les *bonnes villes*, restaurées dans leur titre par Napoléon. Dès l'an X (1), 24 villes sont désignées pour représenter les communes de France à la prestation de serment du *citoyen* qui sera *nommé pour succéder au premier consul*. L'an XII (2), 36 villes sont désignées pour se faire représenter au sacre de ce citoyen, qui est l'empereur. Ce n'étaient encore que des villes principales (3). Mais le titre même de *bonne ville* devait bientôt reparaître, avec les titres nobiliaires (4), et les maires de 37 *bonnes villes* se voir imposer à vie le titre même, de baron, sous justification d'un revenu de 15,000 francs, dont le tiers, affecté à la dotation du titre, suivrait le titre même, de maire en maire à l'infini (5). La

---

térieurement, pour la commune de Clamart; qu'en outre lesdits procès-verbaux sont accompagnés des croquis visuels exactement conformes en ce qui concerne la limite aujourd'hui contestée et qu'il résulte de ces croquis que le terrain désigné au plan parcellaire de la commune de Clamart et sur lequel porte le litige a été compris par les opérations faites avec le concours des représentants de ces deux communes, dans les limites de la commune de Clamart; que si, postérieurement, ledit terrain a été porté sur le plan parcellaire de la commune de Meudon, cette insertion ne saurait prévaloir contre le résultat des opérations de délimitation qui ont seules un caractère contradictoire. — Il est déclaré que le terrain sur lequel porte le litige fait partie de la commune de Clamart.

(1) 8 fructidor an X. C'étaient : Paris, Lyon, Bordeaux, Marseille, Rouen, Nantes, Bruxelles, Mayence, Anvers, Liège, Lille, Toulouse, Strasbourg, Orléans, Versailles, Montpellier, Rennes, Caen, Reims, Nancy, Genève, Dijon, Nice.
(2) 2 messidor an IX. Turin, Gand, Aix-la-Chapelle, Amiens, Angers, Metz, Alexandrie, Clermont, Besançon, Tours, Bourges, Grenoble, la Rochelle ont été ajoutées à la liste précédente. Et l'ordre est changé.
(3) Ainsi nommées par le sénatus-consulte du 28 floréal an XII, qui rétablissait l'Empire (art. 52) et donnait à ce cérémonial un caractère constitutionnel.
(4) D. 1er mars 1808, art. 8.
(5) *Ibid.*, art. 9.

Restauration, naturellement, devait renchérir encore sur ces restitutions monarchiques. Une ordonnance royale de 1821 (1) vint porter le nombre des bonnes villes à 40, malgré les vides faits dans la liste impériale par les mutilations de territoire et déterminer solennellement l'ordre de leur préséance (2). Depuis il n'en est plus parlé au bulletin.

386. Ces bonnes villes avaient, jadis, des armoiries. D'autres en recherchaient. La Révolution avait naturellement aboli cet usage comme tout vestige, même collectif, de noblesse. En 1809 (3), un décret le rétablit. En 1814 (4), des ordonnances royales rendirent aux anciennes bonnes villes royales leurs vieux écussons, à charge de faire vérifier leurs titres moyennant finance, y compris le prix de la boîte de fer-blanc du diplôme, et à la condition de faire renvoi des titres qu'elles auraient pu solliciter et obtenir de l'Empire. Foucart écrit en 1856 que ces marques distinctives sont accordées par décret impérial. Rien, à ce moment, ne s'y opposait en effet. La loi de 1884 n'a pas touché non plus à cette législation surannée, et comme l'usage des bannières tend à renaître sous nos yeux mêmes, il se pourrait qu'une ville se réclamât de ces ordonnances presque oubliées. Nous ne voyons pas sur quel texte on pourrait appuyer un refus. Mais ce sont là pures faveurs discrétionnaires s'il en fût.

Quelques villes aussi avaient leur drapeau. Celui de Paris s'est marié avec l'ancien drapeau des rois pour former le drapeau tricolore. On le voit, de nouveau, flotter seul sur quelques édifices municipaux. Nous ne voyons pas non plus sur quel texte on pourrait se fonder pour proscrire ces emblèmes, tant qu'ils ne prendraient pas le caractère d'emblèmes séditieux.

387. Revenons aux dénominations dont ces marques extérieures ne sont que l'accessoire. Celle de *commune*, si ancien que fût le mot et quoique les députés du tiers s'en emparassent et l'opposassent, dès les premiers jours, à la noblesse, ne s'est imposée que peu à peu. Elle apparaît comme définitive, dans la Constitution de 1791. Mais ce n'est que la Convention qui lui donna la consécration officielle, en la substituant par décret (5) à celle de ville, bourg et village ; non sans l'oublier le lendemain même (6) en ordonnant que toute *ville* rebelle, coupable d'avoir secouru les brigands, même de ne pas s'être suffisamment défendue, serait, biens confisqués, rasée. L'usage a conservé à côté de celle de commune ces dénominations proscrites qui répondent à des distinctions réelles et matérielles. Et, en ces matières, l'usage est souverain.

Mais ce n'est pas l'usage seul. La loi du 28 pluviôse an VIII a repris l'ancien langage. L'article 4 donne compétence aux conseils de préfecture pour statuer sur les autorisations de plaider demandées par les communautés des *villes, bourgs et villages*. L'article 663 du Code civil crée, ou plutôt consacre une servitude spéciale de mitoyenneté *dans les villes et les faubourgs*. D'autres lois distinguent encore la *ville* de la *commune ordinaire*, notamment la loi de 1807 dans son article 52.

388. Quand y a-t-il *ville* ou *simple commune* ? Il faut le savoir pour l'application de ces lois. Un projet de loi proposé en 1832 au Conseil d'Etat (7) fixait la ville, pour ces hypothèses,

(1) Ord. roy., 23 avril 1821.
(2) Les nouvelles bonnes villes sont : Montauban, Troyes, Nîmes, Antibes, Cette, Carcassonne, Avignon, Aix, Pau, Vesoul, Toulon, Colmar, Cambrai, Abbeville.
(3) D. 17 mai 1809, non inséré au *Bulletin des lois*.
(4) Ord. roy. 26 septembre et 26 décembre 1814. A qui serait curieux de connaître, par le menu, ces fantaisies administratives, nous indiquerons encore les *Circulaires ministérielles* des 4 juillet 1809, 10 janvier 1815 et 14 avril 1816.
(5) 10 brumaire an II (31 octobre 1793).
La *Convention nationale*, sur la proposition d'un membre, décrète que toutes dénominations de ville, bourg ou village, sont supprimées et que celle de commune lui est substituée. Elle décrète en outre que l'inscription à mettre dans la salle du Jeu de paume de Versailles, conformément à un précédent décret du 7 (où Versailles est qualifiée ville) est ainsi rectifiée : *La commune de Versailles a bien mérité de la patrie*.
(6) 11 brumaire an II.
(7) *Rev. gén. d'admin.*. 1880. C. V., p. 390. de changements de nom de communes, par M. P. Gérard.

d'après la population agglomérée, au chiffre de 2,000 âmes et au-dessus. Le Conseil d'Etat (comité de l'intérieur) repoussa le projet par les motifs suivants : « Considérant que, lorsque le mot de *ville* est employé par la législation, c'est, Paris excepté, sans impliquer aucune différence dans les caractères et les attributions de l'autorité, entre les lieux auxquels s'applique cette locution, et les *autres* communes ; — que les villes de quelque importance portant ce titre sans aucune contestation, le projet n'intéresserait réellement que les communes dont la population agglomérée est voisine de 2,000 habitants ; que, pour ces communes, la qualification de ville, bourg et village, n'est point uniquement réglée sur la population, abstraction faite de toutes autres circonstances locales ; qu'ainsi le projet enlèverait le titre de ville à plusieurs communes qui n'en seraient peut-être pas privées sans inconvénient et sans regrets, tandis qu'en le conférant à certaines agglomérations de cultivateurs, il y porterait peut-être le trouble en y rendant exigible l'application de l'article 663 du code civil relatif à la hauteur des murs mitoyens ; qu'en conséquence le projet de loi n'est pas commandé par l'état de la législation et que les avantages en paraissent douteux (1). »

389. L'administration n'a pas insisté. Elle refuse le titre de ville à qui le demande, comme n'étant pas matière à décision. Et la question de savoir si telle commune est ville ou non appartient à la jurisprudence ; aux tribunaux civils ou administratifs, selon le cas, c'est-à-dire selon que le litige, où intervient cette question comme élément de décision, est judiciaire ou administratif en soi. Dans le cas de l'article 663 du Code civil, ce sera l'autorité judiciaire. Dans le cas de la loi de 1807, ce sera le juge administratif.

390. Cette solution nous paraît indubitable, quoiqu'elle ait été discutée. Un certain nombre d'auteurs estiment en commentant l'article 663 du Code civil (2) que c'est à l'administration qu'il appartient de déterminer si une agglomération constitue ou non une ville et que, saisis d'une question de mitoyenneté, en cas de doute, ils doivent surseoir et renvoyer la question préjudicielle à l'administration. C'est inadmissible. Administrativement, il n'y a pas de ville, il n'y a que des communes. Les lois qui se servent de cette expression courante ont condamné le juge à l'obscurité, c'est à lui d'en sortir par ses propres lumières ; il peut s'éclairer des plans du cadastre, de toute autre décision administrative comportant présomption. Mais il est matériellement impossible à l'administration de lui répondre, par cette excellente raison que, si la question se pose directement à l'administration elle-même, elle aura les mêmes obscurités devant elle et le même critérium, le seul, son propre jugement.

SECTION II.

DÉNOMINATIONS INDIVIDUELLES.

391. On pouvait, à la rigueur, imaginer une commune sans territoire : ainsi la *commune des Arts*, supprimée le 8 brumaire an II, par la Convention. On ne peut imaginer une commune sans nom. Aussi, de même que la Constituante créant, les départements de toutes pièces, créa pour eux, en même temps, une nomenclature tirée en majeure partie heureuse et presque exclusivement tirée de l'orographie et de l'hydrographie nationales ; de même, recevant les communes du passé et respectant leur individualité historique, elle respecta leurs anciens noms, le plus souvent tirés du lieu obscur où la commune s'était formée ; quelques-uns conservant encore, sous les transformations successives du langage, la trace de leur origine gauloise ou gallo-romaine.

392. La Constituante alla plus loin, dans cet ordre d'idées, et trouvant un certain nombre de communes dépouillées de

(1) Avis du comité de l'intérieur, 25 septembre 1832.
(2) Pardessus, n° 147; Paillet sur l'article 663; Favard, *Servitudes*, sect. 2, § 4, 4°; Delvincourt, t. I, 392. Dalloz, sans même la discuter, admet cette opinion, malgré son évidente étrangeté (*Servitude*, n° 550).

leurs noms par les seigneurs et revêtue par eux de leurs propres noms patronymiques (1), elle les autorisa, par un décret, presque des premiers jours (2), à reprendre leurs anciens noms. Beaucoup en usèrent, quelques-unes restèrent indifférentes, ayant perdu le souvenir du passé (3).

393. La Convention, prise de cette maladie, à laquelle nous n'échappons pas nous-mêmes, de répudier les noms de l'histoire pour la glorification d'idées ou de faits contemporains, bouleversa la nomenclature. Tout « saint » fut proscrit. Saint-Maur devint *Vivant-sur-Marne* ; Saint-Germain-en-Laye, *la Montagne-du Bon-Air* ; Saint-Pierre-le-Moutiers, *Moutiers-le-Magnanime*. Les *rois* aussi, les Mérovingiens comme les autres ; Château-Thierry devint *Égalité-sur-Marne*. Les jeux de mots égayent çà et là cette série de décrets qu'on trouve presque à chaque jour autour du 10 brumaire an II : Montmartre devint *Mont-Marat* ; Lyon, qui ne rappelait ni roi ni martyr, reçut pour châtiment de sa résistance le nom de *Commune affranchie*.

394. L'an IX (4), un arrêté consulaire ramena la nomenclature à peu près à ce point où la Convention l'avait prise, et la fixa pour l'avenir en conformité des tableaux qui devaient contenir la division du territoire en justices de paix (5). Mais, à peine les Bourbons revenus, une ordonnance (6) rendait à toutes les communes les noms sous lesquels la Révolution les avait trouvées, abrogeant le décret du 20 juin 1790, en à défaut de privilèges, rendant aux *ci-devant seigneurs* cette vaine satisfaction ; y ajoutant, d'ailleurs, la garantie de la nécessité d'une ordonnance royale pour toute modification à venir. Napoléon n'était pas plutôt de retour de l'île d'Elbe qu'il abrogeait cette ordonnance à son tour (7). Il rendait aux communes les noms qu'elles portaient le 1er juillet 1814. La Restauration, réinstallée, tint le décret des Cent-Jours pour non avenu. Le gouvernement de Juillet le remit en vigueur et l'appliqua en particulier à la commune de Montmorency, qui portait depuis 1815 le nom d'Enghien (8).

395. Cette législation de circonstance laissait d'ailleurs debout le décret du 5 fructidor an IX, puisqu'elle n'avait trait qu'à des changements de noms, conservant intacts les noms officiels, c'est-à-dire ceux des tableaux de fructidor, tant qu'une commune n'en aurait pas sollicité la modification. Le décret de fructidor est encore aujourd'hui la base de la nomenclature communale. Mais c'est ailleurs, cependant, qu'il faut chercher les noms officiels des communes. Les décrets successifs, portant déclaration d'authenticité des résultats des dénombrements quinquennaux, contiennent en annexe la liste intégrale des communes, et c'est à cette liste qu'il faut désormais se référer.

« Vous devez, dit le ministre de l'intérieur aux préfets (9), considérer comme seule officielle l'orthographe que donnent les tableaux de population publiés par le ministère de l'intérieur à la suite de chaque dénombrement quinquennal. » On pourrait induire de cette recommandation que ces tableaux sont arrêtés par décision ministérielle, auquel cas il serait difficile de leur reconnaître l'autorité légale nécessaire pour modifier (s'il y a lieu), pour consacrer même, l'ortho-

graphe de noms antérieurement fixés par arrêtés consulaires, c'est-à-dire gouvernementaux (1) ; mais il n'y a là qu'une erreur de rédaction. En réalité, ces tableaux ne sont que préparés par le ministère. Ils sont annexés aux décrets quinquennaux et en font partie intégrante, à ce point que le décret se réduit à leur promulgation (2).

Par suite, ces décrets font foi, aujourd'hui, du véritable nom des communes. Et c'est là que les communes doivent chercher leur *état civil* (3).

396. Quant aux sections de commune, elles ont aussi leur nom, mais il n'y a pas pour elles de désignation officielle, pas plus qu'il n'y a de document général pour en déterminer les limites. Ce sont des désignations géographiques plutôt que des *noms* proprement dits. Nous nous en expliquerons plus complètement un peu plus loin.

397. Pour les communes, le nom constitue *comme une propriété*. Nous disons « *comme* », mais il est presque de style de leur reconnaître, sans restrictif, *la propriété* de leur nom.

Il faut s'entendre. Cela veut dire que, d'après une jurisprudence établie, les communes ont sur leurs noms les mêmes droits que les particuliers. Mais les particuliers ont-ils, eux-mêmes, sur leurs noms la pleine propriété ? Ils n'en ont pas l'*abusus* tout au moins. Ils ne peuvent ni le changer sans intervention du pouvoir public, ni le céder, ni le vendre. Ils n'en ont pas l'*usus* personnel et le partagent avec toute leur famille directe ; avec une partie de leurs collatéraux, avec quiconque doit au hasard l'*usus* d'un nom identique. Ils peuvent s'opposer à ce qu'un autre le prenne indûment, voilà tout. Ils peuvent s'y opposer devant les tribunaux civils, en cas d'usurpation directe ; devant le gouvernement, au cas où le gouvernement, par application de la loi de germinal an XI, le conférerait à un tiers, à leur détriment.

398. Tel est le droit que la jurisprudence reconnaît aux communes. C'est déjà beaucoup. On comprendrait une jurisprudence toute contraire, considérant comme simples expressions géographiques les désignations communales, et repoussant l'action d'une commune au même titre qu'on repousserait certainement l'action d'un département, dans le même cas. Mais il n'en est rien. Le Conseil d'État, statuant en 1829 (4), sur l'opposition de la commune de *Juvigny* à l'ordonnance royale qui avait autorisé *Saint-Godard*, payeur du Trésor, à Châlons, à ajouter à son nom le nom de *Juvigny* a, malgré les déclarations *d'un grand nombre* (5) d'habitants de la commune, favorables à l'impétrant, fait droit à l'opposition de la commune par cet unique motif « *qu'il s'agit du nom d'une commune et que le maire s'y oppose en vertu d'une délibération du conseil municipal, dûment autorisé.* »

399. À s'en rapporter aux termes de cette ordonnance, il semblerait que la commune invoquât un droit absolu. Toutes les circonstances de fait paraissaient militer en faveur de son adversaire. Et le Conseil d'État motive la révocation de l'ordonnance antérieure sur le seul fait de l'opposition du maire et de sa régularité. Nous pensons que c'était trop peu. Les commu-

---

(1) A partir du XVIe siècle, ces substitutions furent fréquentes ; les érections de baronnies, comtés, marquisats en étaient l'occasion. M. P. Gérard (*Rev. gén. d'admin.* 1880, V, p. 387), dans son intéressant article sur les changements de nom de commune, en cite un exemple piquant. « Le village de Châtre avait été érigé en seigneurie au profit du sieur Arpajon. Celui-ci, vexé de ce que la transformation ne s'opérait pas assez rapidement, allait se poster sur la grande route à l'entrée du village, et demandait aux passants le nom de l'endroit qu'ils allaient traverser. Si ceux-ci répondaient Châtre, le seigneur les faisait rouer de coups. »

Quand les communes insistaient également, des arrêts du conseil du roi les rappelaient à la résignation.

On s'explique, ainsi, les rancunes qui devaient, en 1789, provoquer le décret cité de l'assemblée.

(2) 20-23 juillet 1788.

(3) Détail plus piquant encore, *Arpajon* fut des dernières. Les arguments du seigneur avaient été irrésistibles.

(4) Arr. 5 fructidor an IX.

(5) Ces tableaux se succèdent sans interruption au *Bulletin des Lois* à la même époque.

(6) Ord. roy. 8 juillet 1814.

(7) D. 4 avril 1815.

(8) Ord. roy. 29 novembre 1832. V. P. P. Gérard, *loc. cit.*

(9) Circ. int. 12 décembre 1877.

(1) Ce qui est le cas de la nomenclature de fructidor.

(2) V. le dernier décret quinquennal (31 décembre 1886) ainsi conçu (comme tous les autres) : Art. 1er. Les tableaux de la population ci-annexés : 1° des départements de la France ; 2° des arrondissements et des cantons ; 3° des communes, sont considérés comme seuls authentiques à partir du 1er janvier 1887.

(3) Les arrondissements municipaux intérieurs de Lyon, comme ceux de Paris, n'ont pas de nom. On ne les distingue que par leurs numéros d'ordre.

(4) Cons. d'Et. 27 décembre 1810. *Juvigny c. Godard.*

Louis, etc... Vu la délibération du conseil municipal de Juvigny du 14 novembre 1819, portant opposition à notre ordonnance du 14 avril 1819 ; — Vu les déclarations faites les 4 et 13 décembre 1819, par un grand nombre d'habitants et de propriétaires de la commune de Juvigny, qui disent ne point s'opposer à cette ordonnance ; — Vu divers autres actes, tant administratifs que notariés ou sous signatures privées, dans lesquels actes le surnom de Juvigny est donné au sieur Godard ; — Considérant que l'insertion du nom de Juvigny dans des actes de fruct d'été antérieurement à notre ordonnance du 14 avril 1819, ne peut lui constituer un titre ; — Considérant qu'il s'agit du nom d'une commune que le maire s'y oppose en vertu d'une délibération du conseil municipal dûment autorisée. — Notre ordonnance du 14 avril 1819 est révoquée.

(5) La majorité, paraît-il, en fait.

nes peuvent avoir sur leurs noms les droits des particuliers. Elles ne peuvent en avoir de plus énergiques. Les particuliers ne sont admis à s'opposer aux attributions de leurs noms à des tiers que s'ils justifient d'un intérêt (1). Les communes ne peuvent être dispensées de cette justification. C'est le principe de toute action. Combien plus encore en matière quasi-gracieuse ; car ce n'est pas ici un contentieux de jurisprudence, au sens propre : c'est comme un appel à la sagesse du gouvernement, avec les formes contentieuses par surcroît. Il n'y a lieu d'ailleurs à révocation, aux termes mêmes de l'article 7 de la loi du 11 germinal an XI, qui règle la matière, que *si le gouvernement juge l'opposition fondée*. Dans l'espèce citée, le Conseil d'État a bien jugé que l'opposition était *recevable ;* il a omis d'établir qu'elle fût *fondée*.

400. A notre sens, elle le sera rarement. On comprend aisément l'intérêt d'un particulier à s'opposer au partage de son nom avec un tiers. Mais en quoi, sauf des cas bien rares, une commune peut-elle souffrir d'un tel partage ? C'est pousser loin le respect de la personne civile que de l'assimiler, en une matière aussi personnelle, à une véritable personne privée. Un arrêt plus récent (2) répond mieux aux principes en reconnaissant que les communes *ont qualité et peuvent avoir intérêt* à s'opposer à ce que l'autorisation de porter leur nom soit accordée à des particuliers ; et en partant de ces deux points, très bien mis en proportion respective, pour rapporter l'ordonnance d'attribution de nom, à raison de ce que la commune *justifiait de motifs suffisants*.

401. L'action qui appartient à la commune, appartient-elle à tout habitant, à son défaut ? Avant 1837, un arrêt du Conseil d'État (3) a écarté même le maire, agissant en son nom personnel. En la forme, seulement il est vrai ; car, étant en matière semi-gracieuse, il a cru pouvoir, au fond, l'opposition une fois mise hors de cause, révoquer quand même l'attribution de nom. M. Dalloz (4), en rapportant cette décision, hésite à croire qu'il en aurait été de même après 1837. La loi du 18 juillet donnant à tout contribuable le droit d'exercer les actions de la commune qu'elle aurait refusé ou négligé d'exercer elle-même. C'était prévoir juste. Et le Conseil d'État, en 1860 (5), a précisément admis l'action d'un contribuable dans ces conditions.

SECTION III.

CHANGEMENT DE NOM.

402. Ce qui prouve bien que le nom des communes n'est point pour elle une propriété vraie, c'est qu'elles ne peuvent en changer que dans des formes très étroites, qui, jusqu'en 1884, étaient restées quelque peu incertaines, que la loi nouvelle précise avec beaucoup de soin. Et d'autre part, jusqu'en 1884, rien ne les garantissait contre un acte du gouvernement, leur imposant d'office une modification dans leur nom. La Convention, on l'a vu, avait largement usé de ce droit gouvernemental. Les tableaux officiels de fructidor an IX ayant été dressés par les règlements d'administration publique, il eût semblé que, postérieurement à cette date, la même forme fût de rigueur pour tout changement, sollicité ou imposé. Il n'en fut rien. La Restauration confia aux préfets l'exécution de l'ordonnance de 1814. Déjà, sous l'Empire, on avait procédé ainsi (6). Plus tard, on procéda par ordonnance, mais sans avoir le soin de scinder la compétence quand les changements de nom se liaient à des modifications de territoire du domaine de la loi (7). La loi de 1837 avait d'ailleurs

négligé la question. On emprunta toutefois en partie à cette loi la procédure qu'elle prescrivait en matière de changement de circonscription, et l'administration se fit un devoir de consulter les conseils électifs, ceux de l'arrondissement et du département, après le conseil municipal intéressé (1), et aussi le service des postes, assurément l'un des plus compétents, et même à la seule requête duquel un grand nombre des communes ont vu modifier leurs noms dans l'intérêt de la distribution des correspondances, où la multiplicité des homonymes jette un trouble profond.

403. C'est dire que, jusqu'en 1884, le gouvernement n'hésitait pas sur son droit non seulement de provoquer, en cas de besoin réel, les changements de noms de communes ; et, après enquête, avis, délibérations, toutes les garanties désirables, en un mot, de les imposer même s'il le fallait. En 1875, un avis du Conseil d'État, tout en se refusant à un changement (2) de nom combattu par le conseil municipal, affirmait, de son côté, implicitement cette doctrine, en basant son refus sur ce que les motifs invoqués à l'appui de la modification n'étaient pas suffisants pour qu'il fût passé outre à l'opposition du conseil municipal.

404. Actuellement, et depuis la loi du 5 avril 1884, il n'en est plus ainsi. Contrairement à la loi de 1837, celle qui nous régit en ce moment s'est saisie de la question des changements de noms jointe à celle des modifications de territoire. Deux articles s'y réfèrent : l'article 2 et l'article 8, auxquels il faut joindre deux dispositions générales (applicables à l'espèce) : l'une de l'article 3, l'autre de l'article 7.

L'article 2 veut que le changement de nom d'une commune soit décidé par décret du Président de la République, sur la demande du conseil municipal, le conseil général consulté et le Conseil d'État entendu ;

L'article 8, que les dénominations nouvelles qui résultent soit d'un changement de chef-lieu, soit de la création d'une commune nouvelle, soient fixées par les autorités compétentes pour prendre ces décisions.

Le paragraphe 1er de l'article 3 est celui qui exige l'enquête qui doit précéder toute modification territoriale.

Le paragraphe 5 de l'article 7 est celui qui prescrit de faire déterminer toutes les conditions facultatives des réunions et distractions de communes par l'acte même qui prononce ces modifications territoriales.

Toute la législation actuelle des changements de nom des communes est dans ces quatre dispositions. Reprenons-les.

405. L'article 2 contient une grave innovation. Jusqu'à présent, nous l'avons dit, l'initiative des changements de nom des communes appartenait à la fois à la commune et à l'administration. Les changements étaient rarement imposés à une commune récalcitrante, mais ils pouvaient l'être. La loi de 1884 ne le permet plus. Vainement, le gouvernement avait invoqué, au Sénat, pour repousser un amendement issu des délibérations de la commission, l'inconvénient très sérieux des homonymes dans le service des postes et celui des chemins de fer. Le rapporteur, M. Demôle, soutient que la commune était propriétaire de son nom comme un simple particulier ; qu'elle avait le droit d'y tenir, qu'elle était d'ailleurs la première intéressée à éviter la confusion de nom et qu'on pouvait s'en rapporter à elle du soin de ses intérêts.

406. Une fois qu'il a sollicité un changement de nom, le conseil municipal pourra-t-il se dédire à tout moment de l'instance, et en reste-t-il maître jusqu'au décret rendu ? Sans doute ; c'est là une conséquence logique de la théorie.

407. Aux termes de l'article 3, la compétence appartient au chef de l'État. L'article 8 apporte à cette règle une ex-

---

(1) Cons. d'Et. Cont. 24 mai 1851, *Gaebert*, et 1er mai 1832, Cont. *Durand plaine*.
(2) Cons. d'Et. Cont., 16 août 1862. *De Lorgues*.
(3) Cons. d'Et. Cont., *Leroy de Rieulle*, 8 janvier 1817.
(4) Dalloz, *Jur. gén.* Nom, n° 60, 8°.
(5) Cons. d'Et. Cont., 1er septembre 1860, *Lallemand de Cornay*.
(6) V. M. P. Gérard, *loc. cit.*
(7) Avis du comité de l'intérieur, 2 avril 1845. « Le nom à donner aux communes comme les changements, additions de noms de cette nature

étant du domaine de l'administration et d'une ordonnance royale, il n'était pas nécessaire de recourir à une loi. » Et, conformément à cet avis, les lois et modifications de limites laissèrent pendant un certain temps à une ordonnance ultérieure la question d'attribution du nom.
Plus tard, lorsque les deux questions furent traitées ensemble, la loi fixait à la fois le territoire et le nom.
Ex. : Loi du 29 décembre 1879. *Connau* (Aveyron).
(1) Déc. min. int., 4 juillet 1868 (Lot-et-Garonne).
(2) Avis de la section de l'intérieur. *Comprignac* (Aveyron).

ception notable. Les deux articles sont d'ailleurs assez difficiles à concilier.

L'exception est que les dénominations nouvelles résultant d'un *remaniement territorial* sont fixées par l'autorité compétente pour statuer sur le remaniement. Nous disons d'*un remaniement*. C'est évidemment la portée de l'article, quoiqu'il n'envisage pas tous les cas. Il n'y a aucune raison de distinguer entre les créations de communes et les suppressions ou les simples modifications de circonscription. Par suite, l'autorité compétente sera le conseil général, le chef d'État, le législateur même, selon le cas.

408. La difficulté (outre la nécessité de donner aux termes de l'article, sur le point précédent, une portée extensive, sous peine d'introduire dans les compétences la confusion la plus inacceptable), la difficulté est d'appliquer l'article sans porter atteinte au droit de prétendue propriété, que l'article 3 reconnaît aux communes sur leurs noms. Faut-il encore, dans les divers cas de l'article 8, que la demande émane des conseils municipaux intéressés? Le cas de création de commune excepté, la question se pose nécessairement. Elle peut, souvent même, se poser dans ce dernier cas. Voici une commune composée de deux centres et portant, réunis, leurs deux noms; on en fait deux communes; chaque commune emportera-t-elle *de plein droit* le nom de l'agglomération qui la forme? Voici une commune dans le même cas. On annexe un des deux centres à une commune voisine. Le nom de ce centre ira-t-il s'annexer aussi *de plein droit* au nom de la commune qui le reçoit? Suffira-t-il, sur ces questions très capables d'éveiller des susceptibilités et des querelles locales, de consulter les conseils municipaux, comme pour les remaniements mêmes de territoire? ou faudra-t-il leur avis *conforme*, c'est-à-dire l'impossible, dans certains cas; l'excessif, dans tous? Nous estimons que non et que ces remaniements de nom suivront le sort des autres conditions du remaniement territorial.

409. Il est une autre différence. La procédure de l'article 3 est simple. Demande du conseil municipal; avis du conseil général; délibération du Conseil d'État; décret. Le département de l'intérieur y ajoutera, sans doute, les éléments d'instructions administratives extérieures, l'avis du service des postes notamment; mais il n'y est pas tenu par la loi. La procédure de l'article 8 est, au contraire, celle-là même que la loi prescrit pour les remaniements territoriaux. Il faut une enquête *de commodo et incommodo*, et l'avis du conseil d'arrondissement. C'est la conséquence du paragraphe 1er de l'article 3. L'enquête, que cet article exige pour tout remaniement territorial, doit porter, d'après ce paragraphe, sur le projet et *sur ses conditions*. Et, nous l'avons dit, cette règle est substantielle. Elle l'est, dans l'espèce, comme dans les autres.

410. La dernière des quatre règles que nous avons posées est celle qui ne permet plus, comme autrefois, de remettre le règlement des conditions des remaniements territoriaux à un acte postérieur au remaniement même. Antérieurement, une loi intervenue sur le principal, la question du nom pouvait être ultérieurement réglée par décret: actuellement non. La loi statuera nécessairement. Cette disposition est d'ailleurs en concordance parfaite avec celle de l'article 8.

411. La loi de 1884 néglige la question d'orthographe; nous avons vu que les tableaux des populations en faisaient foi. Mais si l'on veut la modifier? Est-ce encore, comme pour un changement de nom véritable, la procédure de la loi? On a hésité, et se référant au droit civil qui, pour les particuliers, autorise les rectifications d'orthographe, par jugement sur simple requête, le ministre de l'intérieur a d'abord cru pouvoir s'attribuer la décision. Mais on n'est pas en droit civil. Un décret peut seul rectifier l'orthographe résultant d'un décret, ce qui est le cas. Le département de l'intérieur a lui-même, plus tard, décliné sa compétence en faveur de celle du chef de l'État, c'était avant 1884. Mais, aujourd'hui, faut-il de plus que la commune demande la rectification? Voilà encore une difficulté que l'article soulève et qu'il n'a pas résolue. Si excessive qu'elle paraisse, c'est cependant la conséquence logique.

SECTION IV.

DÉNOMINATION DES AGGLOMÉRATIONS ISOLÉES.

412. Quels sont maintenant, en cette matière, les droits des sections de commune, des villages et hameaux écartés sur les dénominations qui les distinguent.

La propriété implique la personnalité. En règle générale, cette personnalité n'existe que pour la commune même, et les agglomérations inférieures ne l'ont pas. Exceptionnellement les sections de commune la possèdent. Nous en déduirons que les sections de commune peuvent être admises à exercer, pour la protection de leur nom, les mêmes droits que les communes elles-mêmes.

413. *Peuvent être admises*, disons-nous. Encore faut-il s'entendre.

Il faut d'abord qu'elles aient un *nom*. Presque toujours, elles n'auront qu'une simple désignation géographique, aucune nomenclature officielle n'étant faite pour elles. Ce *nom*, toutefois, *au sens légal*, peut résulter d'actes administratifs. Telle section, née par l'adjonction d'une commune déjà en possession d'un nom, à une commune voisine, entrera dans cette commune avec un nom réel. Elle aura pour ce nom à elle, vis-à-vis des tiers, la même protection que la commune pour le sien; par suite, droit d'opposition à ce qu'il soit pris par un particulier à son préjudice, puisque ce droit exorbitant est reconnu aux communes par la jurisprudence.

Mais vis-à-vis de l'administration? La procédure de l'article 3 de la loi de 1884 lui est-elle applicable? Peut-on, au contraire, changer son nom malgré elle, et dans quelle forme alors?

Nous n'hésitons pas à écarter l'article 3. Il est excessif. Il ne vise que les communes. Il faut se garder de l'étendre au delà.

On pourra donc passer outre à ses résistances, et la loi se taisant, l'administration reste maîtresse de la procédure et de la compétence. Un arrêté ministériel, sans enquête, sera légal. Un décret rendu après enquête, le Conseil d'État même entendu, vaudra mieux. Car il n'y a aucune raison de supprimer, pour les groupes secondaires, les garanties que la loi, qui les oublie, établit pour les groupes plus importants.

414. En sera-t-il de même, soit pour les sections de commune dont le nom n'a été consacré par aucun acte, soit pour les hameaux isolés, pour lesquels cette consécration manque toujours, et qui n'ont d'ailleurs aucune personnalité? L'excellent travail auquel nous nous sommes plus d'une fois reporté, en cette matière peu traitée, nous apprend que le département de l'intérieur se refusait jusqu'à ces derniers temps à changer, par voie administrative, les désignations géographiques dépourvues de tout caractère administratif. On le refusait aux sections de commune, *a fortiori* à des agglomérations qui ne l'étaient pas. M. F. Gérard nous apprend également qu'en 1865, un revirement s'est produit, et que la section de Merdogne (Puy-de-Dôme) a obtenu par décret, le Conseil d'État entendu, le nom de Gergovie. C'est affaire à l'administration qui, nous le répétons, n'a à compter avec des prescriptions légales, que lorsqu'il s'agit de la commune même et du chef-lieu.

TITRE II.

ORGANISATION ACTIVE.

CHAPITRE PREMIER.

DE LA CITÉ.

415. Dans le cadre territorial que nous venons de préciser, sous le nom propre qui lui appartient, se meut l'être,

moral qui constitue la commune vivante, et que, par la force du vieux langage, on nomme encore quelquefois la cité. La cité moderne n'offre plus à l'esprit une idée nette, chez nous tout au moins. N'a-t-on pas vu la Constitution de l'an VIII ramener toute l'organisation politique à une cité de pure fantaisie, embrassant dans ses limites arbitraires et démesurées jusqu'à des centaines de communes en tout disparates, én population, en étendue, en intérêts. La cité fermée, ne s'ouvrant à de nouveaux membres qu'à bon escient, par une sorte d'affiliation ou d'adoption expresse ou tacite, n'est plus qu'un souvenir historique. Ou plutôt l'étroite cité des anciens âges s'est élargie jusqu'à s'absorber dans l'Etat. On entre dans la commune moderne, pour ainsi dire sans règle et comme au hasard. Et la définition de ce qui, sur un territoire et sous un nom donné, constitue véritablement la commune est devenue comme une chimère légale.

416. Qu'est-ce donc? Nous n'essayerons pas de le dire, dans une formule générale qui se dérobe. La cité communale, aussi bien à l'égard des droits civils qu'à l'égard des droits civiques, est une expression variable, selon les cas, selon la volonté des lois.

S'agit-il des droits civils? de la jouissance des biens communaux? des droits d'usage? L'article 105 du Code forestier, par exemple, déclare que *s'il n'y a titre ou usage contraire*, le partage des bois d'affouage se fera par feu ; c'est-à-dire par chef de famille ou de maison ayant domicile réel et fixe dans la commune. La cité, à ce point de vue, est l'ensemble des chefs de famille et de maison ayant feu sur la commune.

S'agit-il du partage exceptionnel, mais, à tout prendre, encore possible du domaine privé immobilier? C'est encore par feu que le partage a lieu en règle générale, d'après les règles adoptées en 1807 et en 1808. Mais la loi de 1783, qui a inauguré les partages, les voulait *par têtes d'habitants domiciliés, de tout âge et de tout sexe, absents ou présents*. Elle appelait aux partages les fermiers, métayers, domestiques, enfin tous ceux qui étaient domiciliés dans la commune à l'exclusion des propriétaires forains. La cité, à ce point de vue, était l'ensemble des domiciliés.

S'agit-il des charges communales? Quiconque, même étranger, est propriétaire dans la commune, locataire, marchand, y contribue par son inscription sur les rôles. S'agit-il des actions à intenter au lieu et place de la commune, tout contribuable peut se faire autoriser à les exercer en son nom. A ce point de vue, la cité est l'ensemble des contribuables sans distinction de sexe, d'âge, de domicile, de résidence, de nationalité.

S'agit-il, enfin, des droits civiques? Une courte résidence fait l'électeur. Une propriété suffit, même sans résidence, dans certains cas. A proprement dire, la cité, à ce point de vue, n'existe pas. Tout Français qui passe y peu s'en faut, en fait momentanément partie.

417. Si l'on ajoute qu'il y a des cités dans la cité, les sections de commune, armées de droits propres, obtenant, pour leur défense, des représentations spéciales et séparées; des sections électorales, ayant au conseil municipal, des représentants à elle, permanents, on voit à quels dissolvants est soumise l'unité communale, de par la loi. La vérité est que toute commune est, plus ou moins, une juxtaposition ou une fusion de groupes variables de droits ou d'intérêts collectifs qui se tiennent, plus ou moins paisiblement, plus ou moins fermement ensemble, à auxquels une personnalité civile, politique et administrative a été attribuée.

Ces groupes coexistants n'ont qu'un seul point vraiment toujours commun. L'interdiction du gouvernement direct, que la Constituante, tout en en sentant le danger leur avait accordé dans une large mesure et qu'il n'est pas toujours facile, même aujourd'hui, de maintenir rigoureusement hors des lois. La cité électorale, qui les représente, nomme, à son tour des représentants. Ces représentants nomment, c'est le droit actuel, le chef de la commune. Chefs et représentants constituent le corps municipal, chargé de la gestion des intérêts communs, sous l'œil de l'Etat.

C'est ce corps municipal qui est, légalement, la commune active ; et c'est son organisation que nous avons maintenant à exposer.

CHAPITRE II.

DU CORPS ÉLECTORAL. (1).

418. Le droit au suffrage est universel. C'est l'application, normale, et d'autre part, absolue, à la commune du principe qui est la base même de notre constitution démocratique.

Le suffrage universel politique implique le suffrage universel communal. On l'a contesté, mais à tort ; et, ne voulant voir dans la commune qu'un groupe et une association d'intérêts matériels, on a érigé, pour elle, en principe, l'adoption d'une base de suffrage différente de la base populaire, et assurant la direction de la commune aux représentants de ces intérêts. La logique de ce système eût conduit à admettre au suffrage les femmes propriétaires, les mineurs en tutelle. Elle eût même conduit à quel qu'il fût besoin de la presser beaucoup. Elle eût même difficilement permis d'exclure les étrangers propriétaires. Mais la commune n'est pas une société anonyme, ce à quoi ce serait la réduire. Elle est un organe, l'organe élémentaire, de l'administration publique. Le droit au suffrage y est, comme dans l'Etat, et avant tout, un droit civique. Il ne peut appartenir, là comme ailleurs, qu'aux citoyens. On a pu sans porter atteinte à ce principe qui domine tout, assurer aux délibérations de la commune qui touchent plus particulièrement aux intérêts matériels, des garanties de prudence par l'adjonction des plus imposés. Mais ce système a fait son temps. Une loi récente l'a fait disparaître. Il a contre lui des apparences antidémocratiques assez fortes pour qu'il soit difficile d'y revenir. On a pu chercher ces garanties dans l'élimination des éléments flottants, ce que faisait encore la loi de 1874, après d'autres plus rigoureuses. Mais ces faibles restrictions mêmes n'ont pas survécu au triomphe définitif de la république démocratique. Avec le temps et la consolidation de nos institutions actuelles, on pourra peut-être sans offenser les idées d'égalité, qui sont justement encore très chatouilleuses, revenir résolument à l'idée, non moins respectable, d'une commune plus homogène, plus cohérente, moins ouverte à tout venant. La naissance, la résidence, le domicile qui ont déjà servi à distinguer le suffrage communal du suffrage politique, peuvent retrouver un jour l'autorité qu'ils ont perdue. Quoi qu'il en soit, à l'heure actuelle, la distinction n'existe plus.

419. Aux termes de la loi organique du 30 novembre 1875, qui règle l'électorat politique, la liste électorale générale doit comprendre : la liste municipale, que réglait alors la loi du 7 juillet 1874; et, en outre, une liste complémentaire, comprenant ceux qui résident dans la commune depuis six mois. La loi du 5 avril 1884 sans toucher au texte de la loi du 7 juillet, qui visée par la loi organique des élections législatives avait acquis, par ce visa, un caractère constitutionnel, sans, par suite, l'abroger comme elle a fait des lois antérieures purement municipales, établit, de fait, par son article 14, l'unité de liste absolue.

Aux termes de cet article, en effet, la base même de la liste municipale est celle que la loi organique de 1878 a prise pour l'élection des députés. Y est porté : Tout Français âgé de 21 ans accomplis, n'étant dans aucun cas d'incapacité prévue par la loi et habitant (2) la commune depuis six mois.

La liste électorale municipale comprend en outre, soit d'office, soit sur la réclamation des intéressés :

Les électeurs qui n'habitent pas la commune mais qui remplissent l'une des conditions suivantes :

_____

(1) Nous ne poserons dans cette étude que les principes de la législation communale électorale.
(2) La loi de 1875 dit *résidence*.

Avoir dans la commune leur domicile réel, c'est-à-dire légal, dans le sens du Code civil (1) ;

Être inscrit au rôle des quatre contributions directes ou au rôle des prestations en nature et avoir déclaré vouloir exercer ses droits électoraux dans la commune ; ce qui s'applique non seulement aux chefs de famille inscrits pour leur compte, mais aux membres de la famille compris dans la cote des prestations ou aux habitants dispensés des prestations pour cause d'âge ou de santé ;

Être fonctionnaire public ou ministre d'un culte reconnu, avec résidence obligatoire.

Ces trois catégories comprennent tout ce qui restait à ajouter aux règles générales de six mois de résidence, par application de la loi de 1874 (2).

L'unité de liste est donc complète.

420. L'article 14 de la loi du 5 avril 1884 ajoute, d'autre part, qu'il suffit, pour avoir droit à l'inscription, de remplir les conditions d'âge et de résidence avant la clôture définitive des listes.

D'autre part, encore, — que l'absence de la commune pour le service militaire ne porte aucune atteinte au droit d'inscription des électeurs.

421. De ce qui précède, il résulte que le même électeur peut être inscrit dans plusieurs communes : dans celle où il réside ; dans celle où il a son domicile légal ; dans celle où, étant contribuable, il déclare vouloir exercer ses droits. Sous l'empire des deux listes, générale et municipale, il était admis en jurisprudence que le domicile politique et le domicile électoral municipal étaient indépendants l'un de l'autre et pouvaient être, selon les circonstances, soit séparés soit confondus. Sous le régime de l'unité de liste, cette solution ne nous paraît pas pouvoir être admise et l'unité de liste implique l'unité de domicile électoral. Mais il est clair que les individus qui réunissent sur leurs têtes diverses capacités électorales, leur ouvrant le droit au suffrage dans plusieurs communes, ont le droit d'opter entre ces différentes communes. Nouvel échec à l'unité communale ; tel individu pouvant prendre part aux jouissances immobilières dans une commune, comme domicilié, aux élections communales dans une autre comme résidant, aux actions judiciaires dans plusieurs, comme contribuable. Il ne semble pas que nous soyons encore arrivés au dernier état de la législation sur la matière.

422. La loi du 5 avril 1884 n'emprunte à la loi du 17 juillet 1874, pour la modifier comme nous venons de le dire, que ce qui est relatif à ce droit au suffrage, qui fait, dans la loi de 1874, l'objet de l'article 5. Le reste de la loi de 1874 subsiste. Les articles 1 à 4 précisent le mode d'établissement des listes. L'article 6 établit des pénalités pour la répression des déclarations frauduleuses. L'article 7 maintient les dispositions antérieures qui ne sont pas contraires aux six premiers articles de la loi. L'article 7 et dernier règle la transition.

423. Le corps électoral, constitué, élit, non pas, nous l'avons dit, le corps municipal entier, mais seulement le conseil municipal, qui, à son tour, formant deuxième degré, élit le maire et les adjoints.

Le premier principe du scrutin est le suffrage universel.

Le second est le scrutin de liste pour toute la commune (1).

L'application du premier principe est pour ainsi dire absolue.

Il n'en est pas de même du second qui, de beaucoup antérieur d'abord, a toujours reçu, dans la pratique, de notables atténuations. Le sectionnement électoral des communes, disait, en 1877, M. Jules Ferry, dans son rapport sur le projet de loi municipale (2), est dans beaucoup de cas commandé par la justice et la nécessité ! Peut-on, en effet, justement contraindre une agglomération tout à fait distincte du centre de la commune à abdiquer toute personnalité dans la constitution du corps municipal commun ? Mais tout aussitôt il ajoutait : « qu'il n'était pas de réglementation qui prétât plus à l'arbitraire » jusqu'à pouvoir mettre en péril la loyauté de l'élection.

424. La loi du 31 mars 1831 avait cru résoudre le problème du sectionnement dans tous les cas où la population de la commune dépassait 2,500 âmes et en confiant au conseil général l'initiative, et au préfet l'exécution de la mesure dans les communes d'une population inférieure. La législation impériale substitua à ce compromis l'arbitraire du préfet dans toutes les hypothèses (3). Nous ne réveillerons pas les plaintes que cet arbitraire a soulevées. Les lois des 14 avril (4) et 10 août 1871 (5) ont transféré aux conseils généraux les pouvoirs du préfet en cette matière, en fixant à deux conseillers municipaux la base *minima* du sectionnement. La loi du 7 juillet 1874 a, comme on vient de le voir, ajouté à cette précaution l'interdiction du fractionnement des cantons. Mais les conseils généraux ont rencontré les mêmes résistances qu'avaient éprouvées les préfets. La loi de 1884 s'est efforcée de poser des règles précises et de limiter l'arbitraire, faute de pouvoir le supprimer.

425. La loi laisse les conseils généraux en possession de la décision, sur l'initiative soit de l'un de leurs membres, soit du préfet, soit du conseil municipal, soit même des électeurs (6).

Elle organise une instruction préalable (7) : nulle décision ne peut être prise dans la session d'août, que si elle a été demandée avant la session d'avril, ou, au plus tard, dans cette session, l'intervalle d'une session à l'autre étant réservé pour l'instruction.

L'instruction consiste dans une enquête *de commodo*, dans les formes ordinaires et dans la consultation du conseil municipal ; elle est faite par les soins du préfet. L'affaire, seulement alors est en état.

426. La liberté du conseil général est entière. Il peut admettre, repousser le projet ; il peut aussi le modifier. Mais elle est étroitement délimitée par l'article 11 de la loi municipale. Il ne peut y avoir sectionnement que dans deux cas :

Si la commune se compose de plusieurs agglomérations *distinctes et séparées*, auquel cas, aucune section ne peut avoir moins de deux conseillers municipaux à élire ;

Si la population agglomérée est supérieure à 10,000 habitants, auquel cas aucune section ne peut avoir moins de quatre conseillers.

Dans le second cas, la section ne peut être formée de fractions de territoires appartenant à des cantons ou à des arrondissements municipaux différents. Et les fractions de territoire ayant des biens propres ne peuvent être divisées en plusieurs sections (8).

Dans les deux cas, chaque section ne peut être composée que de territoires contigus (9).

---

(1) V. pour l'étude et le commentaire de ces articles de la loi de 1874, V° DROIT ÉLECTORAL.

(2) La loi de 1874 portait également sur la liste municipale les Alsaciens-Lorrains qui, en vertu de l'article 2 du traité de paix du 10 mai 1871, avaient opté pour la nationalité française et déclaré fixer leur résidence dans la commune, conformément à la loi du 19 juin 1871.

Cette loi était ainsi conçue : « Sont électeurs et éligibles, sans condition de temps de résidence dans le nouveau domicile qu'ils ont choisi ou choisiront en France, les citoyens français qui, conformément à l'article 2 du traité du 10 mai 1871 ont opté ou opteront pour la nationalité française, à la charge pour eux, de faire à la mairie de leur nouvelle résidence leur déclaration constatant leur volonté d'y fixer leur domicile et d'y réclamer leur inscription sur les listes électorales ».

La loi de 1884 conserve cette disposition, qui n'a plus qu'un intérêt historique. Les électeurs de cette catégorie rentrent d'ailleurs, évidemment dans celle des *domiciliés*.

---

(1) L. 5 avril 1884, art. 11.

(2) *Journ. off.* 27 mars 1877, p. 2,472.

(3) L. 5 mai 1855, art. 7. — Les seules garanties étaient l'avis obligatoire du conseil de préfecture et la proportionnalité entre le nombre des conseillers attribués à chaque section et celui des électeurs inscrits. Postérieurement la loi du 24 juillet 1867, art. 19, avait ajouté à ces garanties l'obligation de publier l'arrêté de sectionnement au moins 10 jours à l'avance.

(4) Art. 3.

(5) Art. 43.

(6) L. 5 avril 1884, art. 12, § 1.

(7) *Ibid.*, art. 12, § 2.

(8) *Ibid.*, art. 11, §§ 4 et 5.

(9) *Ibid.*, art. 11, § 6.

Dans tous les cas, enfin, chaque section élit un nombre de conseillers proportionnel à celui des *inscrits* (1).

427. Reprenons ces différentes hypothèses.

Premier cas. — Il semblerait que la loi eût voulu proscrire le morcellement des agglomérations distinctes et séparées dont la personnalité relative est la raison décisive du sectionnement. Ainsi l'avait compris le rapporteur de 1877, M. Jules Ferry, disant à la Chambre (2) : « Quand nous disons que le sectionnement n'est possible que lorsqu'une commune se compose d'agglomérations d'habitants distinctes et séparées, je crois que nous excluons, dans des termes suffisamment clairs, la combinaison *quelque peu dolosive* qui consisterait à fractionner ces agglomérations distinctes pour former des sections artificielles. » On ne pouvait mieux dire. Le projet de 1884 reproduisant les termes mêmes de celui de 1877, on doit le croire animé du même esprit. Mais, sur des explications demandées et un amendement exprès de l'un de ses membres (3), protestant contre les possibilités du fractionnement des sections distinctes, le Sénat a rejeté la proposition. Si la question se pose, comment la trancher? D'une part l'esprit de la loi, de l'autre un vote négatif du Sénat. Ce vote, il est vrai, n'engage que le Sénat seul, et l'esprit de la loi est comme évident.

Quoi qu'il en soit, la question se ramène à l'alternative suivante : Ou n'admettre aucun sectionnement entamant une agglomération séparée et obligeant pour compléter le nombre des conseillers à élire, à adjoindre aux électeurs de l'agglomération des électeurs de certains quartiers du chef-lieu; ou, faute de cette règle protectrice, rentrer dans l'arbitraire que la loi veut précisément proscrire et autoriser, dans la limite de deux conseillers par section, *autant de sections* qu'il plaira au conseil général d'en découper, pourvu que la commune contienne *une seule* agglomération séparée. Car le texte autorise ce résultat extrême par son silence (4) et l'on n'a pour s'y refuser, comme le Conseil d'État s'est cru d'ailleurs en droit de le faire, que l'esprit seul de la loi.

428. *Second cas.* — Les précautions prises contre l'arbitraire des sectionnements des grandes agglomérations sont plus nettes. D'une part, dans les villes qui comprennent plusieurs cantons, comme Marseille, ou plusieurs arrondissements municipaux, comme Lyon (5), les sections ne peuvent être formées de fractions de territoire appartenant à des cantons ou à des arrondissements municipaux différents; ce qui exclut les découpures fantaisistes sans interdire les groupements. D'autre part, dans tous les cas, dit l'article, mais surtout dans ce second cas (6), on ne peut former de sections qu'avec des territoires contigus. C'est la consécration légale d'une jurisprudence constante du Conseil d'État qui avait sagement devancé la loi à cet égard en développant simplement l'esprit de la législation antérieure.

429. *Premier et second cas combinés.* — Cette combinaison est possible, et telle commune contenant à la fois une agglomération de plus de 10,000 habitants et des agglomérations isolées peut subir un double sectionnement, par *quatre* conseillers pour l'agglomération principale, par *deux* conseillers, dans les agglomérations isolées.

On a remarqué que le second cas n'est autorisé qu'à la condition que les fractions de territoire ayant des bases propres, c'est-à-dire les sections de communes au sens légal du mot restent intactes et non divisées en plusieurs sections. Le cas peut se rencontrer dans les agglomérations urbaines,

entre villes et faubourgs. Mais le cas le plus fréquent est celui d'agglomérations séparées, c'est-à-dire le premier des deux cas légaux. Il nous paraît donc évident que, malgré les apparences, l'interdiction porte sur les deux cas.

430. *Proportionnalité des nombres des conseillers à élire avec le nombre des inscrits.* — Antérieurement la loi prenait pour base de sectionnement la population. La loi nouvelle a pris pour base de la proportionnalité le nombre des inscrits sur les listes électorales. La modification est heureuse, l'ancienne proportionnalité pouvant faire pencher la balance en faveur de sections électorales à population flottante ou même étrangère, au détriment des sections à population sédentaire, *vraiment municipale*.

431. Établi sur ces bases, les sectionnements opérés subsistent jusqu'à décision nouvelle (1).

Ces décisions ne servent point, d'ailleurs on le conçoit, pour élections à faire d'un renouvellement intégral à un autre; les conseillers spéciaux aux sections devant, en cas de renouvellement partiel, retrouver leur cadre électoral intact (2).

432. Le tableau des sectionnements nouveaux est dressé chaque année dans la session où le conseil général les opère (celle d'août). Il sert aux élections intégrales à faire *dans l'année* (3), c'est-à-dire à celles qui auraient lieu immédiatement après. Car il sert jusqu'à ce qu'il soit changé.

Il est publié dans les communes intéressées avant la convocation des électeurs inscrits par les soins du préfet, détermine, d'après le chiffre des électeurs inscrits dans chaque section, le nombre des conseillers que la loi lui attribue (4).

Il en est dressé un plan pour être déposé à la préfecture et à la mairie intéressée où tout électeur peut le consulter et en prendre copie, sur l'avis ou dépôt affiché à la porte de la mairie (5).

433. La loi municipale est muette sur les voies de recours. Cette question n'est pas en effet de son ressort. Il s'agit des décisions du conseil général et c'est à la loi départementale qu'il faut se reporter. Notons seulement que le recours pour excès de pouvoir n'est pas ouvert aux particuliers contre les décisions des conseils généraux; et que, par suite, les particuliers ne peuvent attaquer et signaler les décisions de cette nature que par voie incidente, en attaquant les élections faites à la suite des sectionnements. Mais ils le peuvent assurément et le Conseil d'État n'hésite pas à les accueillir (6):

CHAPITRE III.

DU CORPS MUNICIPAL.

SECTION PREMIÈRE.

COMPOSITION DU CORPS MUNICIPAL.

434. Le corps municipal de chaque commune se compose : Du conseil municipal;
Du maire et d'un ou plusieurs adjoints.

Cette disposition de la loi du législateur de 1884 a placée en tête de la loi (7) pourrait se passer de commentaire, n'étant, en elle-même, que la consécration de l'ordre établi, si le nouveau texte ne différait des textes antérieurs (8) sur deux points.

---

(1) 5 avril 1884, art. 11, § 2.
(2) Séance du 7 mai 1877.
(3) M. Baragnon, *Sénat*, séance du 28 février 1884.
(4) Le texte, en effet (art. 11, 2e et 3e alinéa), dit simplement : La commune peut être divisée *en sections* électorales, quand elle se compose de plusieurs agglomérations d'habitants distinctes et séparées.
(5) M. Morgand (t. I, p. 404) restreint inexactement les effets de la disposition à Lyon, puisqu'elle s'applique *aux cantons*, comme aux arrondissements municipaux. C'est un *lapsus*.
(6) Pour le premier cas, c'est l'évidence même et cela résulte de l'isolement même des agglomérations. Il ne peut être question de joindre ensemble deux agglomérations isolées l'une de l'autre : puisque c'est l'isolement qui motive le sectionnement.

(1) L. 5 avril 1884, art. 12, § 3.
(2) *Ibid.*, art. 12, § 3.
(3) *Ibid.*, art. 12, § 3.
(4) *Ibid.*, art. 12, § 4.
(5) *Ibid.*, art. 12, §§ 5 et 6.
(6) Jurisprudence constante.
(7) L. 5 avril 1884, art. 1er.
(8) La loi des 5 et 9 mai 1855, art. 1er.

435. La première différence est une modification de l'ordre d'énumération des éléments distincts du corps municipal. L'ordre antérieur assignait le premier rang au maire. L'ordre actuel l'assigne au conseil municipal. C'est la traduction d'une des pensées favorites de la loi, que son rapporteur, ·M. de Marcère, exprime ainsi (1) : « *La commune est maîtresse chez elle*. Elle doit être libre. Elle doit pouvoir exercer ses droits de personne morale sans aucune gêne, sauf le cas où elle tomberait dans une sorte d'anarchie et deviendrait une occasion de trouble dans l'ordre général. Telle est l'idée qui a dominé la commission de la Chambre dans l'organisation de la commune. « Voilà pourquoi « le maire et les adjoints sont *partout* tels élus de *leurs collègues* du conseil ». Et voilà pourquoi la loi les met à la suite.

L'interversion n'a aucune importance en fait. Le maire, président du conseil municipal marche à sa tête, comme il marchait, à son seul titre de maire. Autre est la valeur des idées qu'elle traduit. La commune n'est pas seulement une personne morale dont le législateur doit assurer la liberté. Elle est une unité administrative dans un État centralisé. L'idée émise par le rapport pèche par la base. Elle semble partir d'un droit absolu à l'indépendance communale et promettre la suppression de toute tutelle, lorsque la loi nouvelle ne va point jusque-là (2). Elle marque ainsi une tendance pleine de déceptions : elle pèche surtout par l'oubli du caractère et du rôle administratifs de la commune. L'interversion signalée est le reflet de cet oubli. Que le maire passe après le conseil, comme gérant de la personne morale, rien de mieux : le mandant prime le mandataire. Mais que le conseil prime le maire représentant de l'État, rien n'est plus propre à fausser les notions du droit municipal. C'est une grande concession du droit politique que l'attribution faite aux conseils municipaux de la nomination de ces agents mixtes préposés à la fois à la gestion des intérêts locaux et à celle des intérêts généraux. Nous ne la critiquons pas. Quelque solution qu'on choisisse, il faut se résigner à sacrifier un des termes à l'autre, dans une certaine mesure tout au moins. Mais l'article 1er de la loi de 1884 a le tort d'en promettre encore, en revêtant par cette interversion *voulue* les rangs respectifs du maire et du conseil, tout un système de prépondérance qui n'a rien de réel.

436. La seconde différence entre le texte actuel et le texte antérieur est la suppression du 2e alinéa de la loi de 1855, qui déclarait gratuites toutes les fonctions municipales (3) et que la loi de 1871 avait encore accentuée par l'adjonction du mot *essentiellement* (4). On retrouve, à la vérité, dans l'article 74 de la loi nouvelle, quelque chose du texte abrogé. Mais on n'en retrouve plus la rigueur impérieuse. Le mot *essentiellement* a disparu : Et ce même article 74, indépendamment du remboursement des frais éventuels de mandats spéciaux prévu à l'article autorise (5), accorde aux fonctionnaires municipaux des frais de représentation, également éventuels, que la législation antérieure leur refusait en termes exprès (6).

437. La loi règle donc les rangs respectifs des deux éléments du corps municipal. Mais elle ne règle pas le rang du corps municipal au regard d'autres autorités. Le texte du décret de messidor (7) et dans un autre décret beaucoup plus récent (8) qu'il faut chercher la réponse à la question. Le conseil municipal marche dans les cérémonies publiques après le tribunal de 1re instance et l'état-major de brigade.

438. Quant aux honneurs, aux termes du second de ces décrets (9), le corps municipal a droit, dans ces cérémonies,

à une escorte d'un demi-peloton de troupes à cheval ou d'une demie-section d'infanterie, sous le commandement d'un sous-officier. Le décret de 1883 traite uniformément, à cet égard, les villes et les bourgades. Le décret de messidor n'accordait qu'une escorte de 5 hommes aux municipalités au-dessous de cinq mille âmes, donnant le triple aux autres. C'était comme un écho de la constitution de l'an III.

Aux termes du même décret, le dernier en date (1), les postes prennent les armes au passage du cortège, se forment devant le poste, l'arme au pied, et les sentinelles portent les armes.

439. Le maire, personnellement, a aussi des prérogatives, que le décret de messidor lui donne et que la loi de 1884 n'abroge pas. Il a rang dans les cérémonies publiques après le président du tribunal de commerce et avant le commandant d'armes (2). Mais il n'a pas droit, individuellement, aux honneurs que le décret de messidor et celui de 1883 attribuent au corps municipal réuni.

Les maires peuvent porter un uniforme. Ce costume est réglé par l'article 1er du décret du 1er mars 1852 (3). A défaut de costume, ils ont l'écharpe tricolore. Les conseillers municipaux ont droit à l'écharpe quand ils remplacent le maire; mais dans ce cas seulement.

SECTION II.

DU CONSEIL MUNICIPAL.

440. Le nombre des membres du conseil municipal dans chaque commune est déterminé par l'importance de la population.

Il varie de 10 au minimum à 54 au maximum (4).

Il est de 10 dans les communes de 500 habitants et au-dessous. Grâce à la divisibilité extrême de la population communale, cette prescription n'est pas toujours suivie. Avec 28 habitants, une commune ne peut fournir le contingent légal.

Au-dessus de 500 habitants, le nombre des conseillers municipaux est fixé comme il suit :

12 dans les communes de	501 à	1,500 habitants.	
16	—	—	1,501 à 2,500 —
21	—	—	2,501 à 3,500 —
23	—	—	3,501 à 10,000 —
27	—	—	10,001 à 30,000 —
30	—	—	30,001 à 40,000 —
32	—	—	40,001 à 50,000 —
34	—	—	50,001 à 60,000 —
36	—	—	60,001 habitants et au-dessus.

54 exceptionnellement à Lyon, en vertu d'une disposition spéciale de la loi du 5 avril (5), auquel le tableau est emprunté : disposition qui accorde, aux villes qui ont plusieurs mairies, 3 conseillers supplémentaires par mairie et qui, en fait, n'est applicable qu'à Lyon seul (6).

---

(1) Premier rapport de M. de Marcère.
(2) V. la loi de 1884 et notamment les articles 68 et 69.
(3) L. 5 et 9 mai 1855, art. 1er, *Les fonctions de maire d'adjoint et des autres membres du corps municipal sont gratuites.*
(4) L. 14 avril 1871, art. 19. *Les fonctions de maire, d'adjoint et de conseiller municipal sont essentiellement gratuites.*
(5) L. 5 avril 1884, art. 74.
(6) L. 21 mars 1831, art. 1er, *in fine.* Nous disons aux fonctionnaires municipaux, c'est-à-dire *aux maires*, et *non aux conseillers municipaux.*
(7) D. 24 messidor an XII, titre 1er, art. 8.
(8) D. 23 octobre 1883, art. 250.
(9) Art. 302.

(1) D. de 1883, art. 288 et 296.
(2) D. de messidor, art. 1er.
(3) Habillement: broderie en argent; branche d'olivier au collet; parement de taille; baguette au bord de l'habit; gilet blanc; chapeau français à plumes noires; gants brodés en argent; épée argentée à poignée de nacre; écharpe tricolore avec glands à frange d'or.
 Même costume pour les adjoints, le collet brodé seulement aux coins et l'écharpe à frange d'argent ou blanche.
 L'écharpe se porte à la ceinture ou de l'épaule droite à l'épaule gauche au choix (Circ. min. 20 mars 1852).
(4) L. 5 avril 1884, art. 10.
(5) Art. 10.
(6) Paris et Lyon sont les seules villes qui soient divisées en plusieurs mairies. (Paris en a 20; Lyon, 6); et Paris a sa législation municipale spéciale (80 conseillers municipaux; 4 par arrondissement; 1 par quartier), Lyon, au contraire, est entièrement soumis à la loi générale. La division en mairies d'arrondissement n'y exclut pas l'existence d'une mairie centrale et ne correspond qu'à une décentralisation très réduite des attributions municipales. (V. art. 11, 73, 104, 105, 136, de la loi du 5 avril 1884.)

441. Sauf ce dernier chiffre, ceux du tableau qui précède sont identiques aux anciens (1). Le projet voté par la Chambre des députés augmentait sensiblement la représentation des communes de plus de 1,500 habitants et poussait l'échelle de progression jusqu'aux villes de plus de 100,000 âmes, auxquelles il accordait 44 conseillers municipaux. Le Sénat a ramené ce tableau à la progression antérieure. Ces hésitations trahissent deux courants de préoccupations opposées(2) : préoccupation de préparer le plus grand nombre possible de citoyens à la vie publique et d'assurer dans la plus large mesure la représentation des minorités ; préoccupation des difficultés de recrutement que viennent encore augmenter, dans les petites communes, les exigences de la loi en matière d'incompatibilité. Cette dernière considération l'a emporté, à juste titre, et elle a fait écarter l'augmentation du nombre des conseillers municipaux des petites communes. L'accord s'est fait facilement en dernière délibération.

442. Le tableau ci-dessus est basé sur la population. Qu'est-ce à dire ? Il y a, sur ce point, un malentendu à éclaircir. Le chiffre de la population municipale est déterminé, comme celui de la population générale, par les décrets quinquennaux de dénombrement. Ces décrets sont doubles : un premier décret prescrit l'opération, un second la publie. Les premiers contiennent une disposition qui exclut de la population servant de base à l'application des lois d'organisation municipale un certain nombre de catégories considérées comme anormales et qui, aux termes du décret du 9 novembre 1881, lequel réglait la matière le 5 avril 1884 (3), sont les suivantes :

A, les corps de troupes ; B, les prisons ; C, les dépôts de mendicité, asiles d'aliénés et hospices ; D, les pensionnats ; E, les communautés ; F, les ouvriers de passage sur les chantiers (4).

Rien, on le voit, de plus précis. La population municipale, celle qui sert de base à la détermination du nombre des conseillers municipaux (5), c'est la population totale, défalcation faite de ces catégories. C'est ce qu'a jugé d'ailleurs le Conseil d'État (6), sous le régime du décret du 31 décembre 1872, en distinguant de la population totale ce qu'il appelle la population normale, c'est-à-dire la population totale, diminuée des catégories comptées à part et c'est également ce que rappelle M. Morgand (7), en se référant à cet arrêt.

Tout serait clair et nous n'aurions rien à ajouter si le même auteur ne donnait à cette population normale, que le Conseil d'Etat oppose à la population totale, le nom de population municipale totale, par opposition à la population totale générale. Ce conflit d'expression ne lui est point particulier. On le retrouve ailleurs ; et la discussion de la loi révèle à cet égard plus d'une erreur dont il ne faut pas chercher la source autre part. La circulaire ministérielle du 10 avril 1884 rectifie par deux fois ces inexactitudes. Nous avons cru devoir le faire à notre tour.

443. Il résulte de ce qui précède que, dans une certaine mesure, la détermination du nombre des conseillers municipaux (8) échappe à la loi ; le gouvernement pouvant par simple décret modifier la population qui sert de base à cette détermination. En fait, ils les a modifiés plus d'une fois, et si, depuis 1846, tous les dénombrements contiennent ce compte à part de la population flottante, les catégories en ont été

remaniées plus d'une fois. De l'avant-dernier dénombrement au dernier, un remaniement de ce genre a eu lieu ; et comme une commune peut gagner jusqu'à quatre conseillers pour un habitant de plus, en passant de certaines classes dans la classe supérieure (1), ce pouvoir du gouvernement a vraiment quelque chose d'excessif. Il n'y a pas à craindre, dira-t-on, qu'il en abuse : sans doute. Ce n'est pas moins un pouvoir anormal, et puisque les dénombrements quinquennaux ont de telles conséquences, il semblerait plus conforme aux principes que les bases en fussent, une fois pour toutes, déterminées législativement.

Quoi qu'il en soit, le dénombrement en vigueur au moment de la convocation des électeurs municipaux est évidemment celui qui sert de base aux élections d'ensemble. De la convocation, disons-nous, et non de l'élection même ; car tout doit être irrévocablement fixé au moment de la convocation.

444. En est-il de même pour les élections partielles, d'un renouvellement à l'autre ? Non, évidemment ; l'effectif ne peut changer, ni la majorité, par suite, être exposée à un déplacement, pendant toute cette période. Malgré l'évidence, le Conseil d'État a dû le juger (2).

445. Quid, cependant (la loi ne s'en explique pas, et la jurisprudence, croyons-nous, n'a pas encore eu à le décider), dans le cas d'annulation d'une élection intégrale ? Nous croyons qu'il y aurait lieu de tenir compte pour l'élection recommencée du dénombrement qui aurait été publié dans l'intervalle. Il y a lieu, en effet, à convocation nouvelle, et, d'autre part, le conseil n'a pas encore fonctionné.

446. Toute contestation sur l'application des décrets de dénombrement appartient au contentieux électoral. Le Conseil d'Etat en décide ainsi dans l'arrêt précité (3). Il statuait sous l'empire de la loi de 1855, mais la loi de 1884 n'a rien innové sur ce point. Qu'arriverait-il d'une contestation portant sur l'exactitude même des chiffres du décret ? M. Morgand (4), citant un avis du ministre de l'intérieur, estime qu'il n'y a lieu dans cette hypothèse qu'à rectification administrative. C'est notre avis. Ni le conseil de préfecture ni le Conseil d'État ne pourraient se baser sur d'autres chiffres que sur ceux du dénombrement officiel. Mais, en présence d'une erreur probable, ils pourraient, d'après l'avis ministériel, surseoir à statuer, en renvoyant les parties devant l'administration pour faire rectifier, s'il y avait lieu.

SECTION III.

DES MAIRES ET ADJOINTS.

447. Après le conseil municipal, l'autorité municipale : c'est l'ordre de la loi.

L'autorité municipale est confiée à un maire, assisté (et remplacé, le cas échéant) par un adjoint, au minimum (5).

---

(1) L. 5 mai 1881.
(2) V. la discussion, Journ. off. du 2 juillet 1883. Chambre, p. 1538, Sénat, rapport de M. Demole, Journ. off. du 21 mars 1884. Chambre, p. 884.
(3) Ne faisant, d'ailleurs, que rappeler, sauf certaines différences légères, les prescriptions en vigueur depuis 1846.
(4) Le décret de 1896 (3 avril) contient la même nomenclature, avec deux additions : les colonies agricoles de jeunes détenus et les réfugiés à la solde de l'État.
(5) Et des adjoints.
(6) Cons. d'Et. Cont. 4 juin 1873. (La Capelle-Marival.) — Considérant qu'il résulte du décret du 31 mars 1872 que si la population totale de la commune de La Capelle-Marival est de 1527 habitants, la population normale, qui seule doit servir de base à la fixation des conseillers municipaux, n'est que de 1436, etc.
(7) T. I, p. 101, 2e alinéa, et note.
(8) Et des adjoints.

(1) V. le tableau n° 440.
(2) Cons. d'Et. Cont. 9 janvier 1874. (Gonesse.) — Considérant que le conseil municipal de Gonesse, élu pour trois ans, conformément à l'article 8 de la loi du 14 avril 1871, était composé de 21 membres, conformément à l'article 6 de la loi du 5 mai 1855 et au recensement officiel du 15 janvier 1867 ; que le nombre des membres du conseil municipal demeurait légalement fixé à 21 jusqu'à l'expiration du mandat de ce conseil. (Élections faites le 13 avril 1873 ; dénombrement publié le 21 février 1873.)
(3) Cons. d'Et. Cont. 9 janvier 1874. (Gonesse.) — Considérant que les opérations électorales qui ont lieu dans la commune de Gonesse, pour la nomination de quatre membres du conseil municipal, ont été déférées au conseil de préfecture, conformément à l'article 46 de la loi du 5 mai 1855, et que la question de savoir si le nombre des conseillers à élire avait été fixé conformément à celles dont il appartient au conseil de préfecture de connaître, comme juge de la validité des opérations électorales.
(4) Morgand, t. I, p. 101. Note, 2e alinéa.
(5) L. 3 avril 1884, art. 73.

5

Le nombre des adjoints est fixé comme il suit :
Un, jusqu'à 2,500 habitants ;
Deux, de 2,501 à 10,000.
Avec addition obligatoire d'un adjoint par excédent de 25,000 habitants, sans que le nombre puisse dépasser *douze*. Exceptionnellement, pour Lyon, *dix-sept*.

448. Ainsi le nombre des adjoints augmente avec la population. Laquelle ? Nous reproduisons ici notre observation précédente. M. Morgand (1) dit encore : « C'est la population *municipale totale*. » Nous dirons, nous : c'est la population *normale*. L'auteur nous montre lui-même les inconvénients de ces inexactitudes de langage. On a, marque-t-il en note, hésité au Sénat, et l'on pourrait induire le contraire d'une déclaration faite devant cette haute assemblée (2). Mais comment admettre que la population qui sert de base à la fixation du nombre des adjoints ne soit pas la même que celle qui règle le nombre des conseillers municipaux. D'ailleurs, les décrets de dénombrement ne distinguent pas. La population, *comptée à part, ne compte pas* pour l'application des *lois d'organisation municipale*.

449. D'autre part, l'augmentation progressive du nombre des adjoints n'était pour le gouvernement que facultative, d'après la loi antérieure. Elle est maintenant obligatoire.

Toute ville de 2,501 habitants *a droit* à 2 adjoints ; toute ville de 10,001 habitants a droit à 3 adjoints, toute ville de 35,001 habitants a droit à 4 adjoints, et ainsi de suite par excédent de 25,000 habitants jusqu'à 12. A 310,000 habitants, le maximum est atteint. Marseille l'atteint ; quel que soit l'accroissement extérieur de sa population, cette municipalité s'y tiendra, à moins d'une loi spéciale.

450. Lyon n'a qu'un maire avec dix-sept adjoints. Placé hors du droit commun en 1831, Lyon y est rentré en 1881, après avoir traversé plusieurs phases successives et subi dans son organisation municipale plusieurs transformations (3). Lyon reste divisé en six arrondissements municipaux ; mais il n'y a plus de maire pour chacun d'eux. Le maire unique y délègue spécialement des adjoints chargés d'attributions spéciales, ce qui sera expliqué en son lieu (4).

451. Revenons aux règles d'ensemble. Nous n'en avons plus qu'une à relever ici. Lorsqu'un obstacle quelconque ou l'éloignement rend les communications entre le chef-lieu et une fraction de la commune difficiles, dangereuses ou momentanément impossibles, il peut être institué, pour cette fraction, un poste d'adjoint spécial, sur la demande du conseil municipal, par décret rendu en Conseil d'Etat (4).

Cet adjoint est élu par le conseil municipal et choisi parmi les conseillers, et, à défaut de conseiller résidant dans cette fraction de la commune, ou s'il en existe un, mais qu'il soit empêché, parmi les habitants (5).

Il n'a qu'une délégation très restreinte, que nous préciserons en son lieu.

452. M. Morgand pense (6) que les adjoints spéciaux

institués par l'article 75 doivent être pris parmi les habitants jouissant de leurs droits civils et politiques, éligibles au conseil municipal et aux fonctions de maire. Il fait observer en même temps que la loi ne le dit pas, et, d'autre part, que dans certaines sections ou plutôt dans certaines îles, à défaut de tout autre candidat, il a fallu choisir le desservant. Cette double observation détruit la règle qu'il propose. On est ici en présence de nécessités auxquelles tout doit se plier.

453. Ces adjoints spéciaux n'ont entrée au conseil que s'ils sont conseillers. Ils ne comptent pas dans le nombre des adjoints (1).

454. Les fonctions de maire et d'adjoints sont gratuites (2), comme celles de conseiller municipal. Nous l'avons déjà spécifié en traitant du corps municipal, dans son ensemble. Mais, d'une part, il peut être alloué le remboursement des frais nécessités par l'exécution de *mandats spéciaux*, soit aux maires, soit aux adjoints, soit aux conseillers municipaux eux-mêmes. Ce remboursement est même présenté par l'article 74 de la loi municipale comme un droit. Il a lieu sur pièces justificatives, à l'exclusion de tout *abonnement*.

455. Les conseils municipaux peuvent également, aux termes de l'article 74, voter sur les ressources ordinaires de la commune des indemnités *aux maires* pour frais de représentation. On sent que la pente est glissante et que l'on pourrait arriver vite à transformer ces indemnités en véritable traitement. C'est à l'administration de veiller. Certes, la disposition de la loi de 1831, qui allait jusqu'à interdire ces allocations spéciales, était excessive. Mais la loi de 1855 ne l'avait pas reproduite. Nous estimons qu'il eût mieux valu s'en tenir là. Le silence de la loi permettait des allocations justifiées par des dépenses nécessaires et réelles, sans compromettre le principe de la gratuité.

CHAPITRE IV.

CONSTITUTION DU CORPS MUNICIPAL.

SECTION PREMIÈRE.

CONSTITUTION DES CONSEILS MUNICIPAUX.

456. Tout électeur n'est pas éligible au conseil municipal. Et, d'autre part, l'électorat n'est pas indispensable pour l'éligibilité.

L'éligibilité implique, d'une manière générale, trois conditions :

1° La jouissance pleine et entière des droits civiques ;
2° L'âge de 25 ans accomplis ;
3° Ou l'électorat dans la commune, ou, à défaut, l'inscription au rôle des contributions directes. Il a fallu cependant que le candidat, qu'il devait être inscrit sur ce rôle le 1er janvier de l'année de l'élection, équivaut, aux termes de l'article 31 de la loi du 5 avril 1884, à l'inscription (3).

Nous avons précisé plus haut les conditions d'électorat.

457. Ajoutons seulement que pour être éligible il n'est pas nécessaire d'avoir l'*électorat de fait*. Il n'est pas suffisant,

---

(1) T. I, p. 384.
(2) A la séance du 4 mars 1884.
(3) Nous les avons successivement indiquées dans l'historique. Nous les résumons en les groupant ici :
1831. Le préfet du Rhône est chargé des fonctions de la police, Lyon restant encore, quant à l'administration, dans la loi commune. Commission municipale de 30 membres.
1852 (Décret du 24 mars). Le Préfet du Rhône maire de Lyon. Un maire et deux adjoints locaux dans chaque arrondissement municipal (5 à cette époque). Commission municipale de 36 membres. (Annexion, à Lyon, de la Guillotière, Vaise et la Croix-Rousse.)
1870 (4 septembre). Rétablissement de la mairie centrale. Coexistence des mairies locales.
1871. Conseil municipal élu en vertu de la loi du 14 avril. Police maintenue au préfet.
1873 (4 avril). Suppression de la mairie centrale. Maires et adjoints locaux. Conseil municipal maintenu. Sectionnement en 36 sections, nommant chacune un conseiller.
1881 (21 avril). Rétablissement du droit commun, sauf pour la police. Mairie unique ; 12 adjoints.
1884. Même régime ; 17 adjoints. Conseil municipal de 54 membres, au scrutin de liste, sauf sectionnement par le conseil général, dans les conditions communes.
(4-5) L. 5 avril 1884, art. 75. — Vieille disposition empruntée à la loi du 18 floréal an x, qui s'est perpétuée depuis lors dans toutes les lois. Elle correspond à une nécessité indispensable.
(6) T. I, p. 380.

(1) Nous avons peine à comprendre comment il a pu être soutenu que les actes tendant à la création d'adjoints spéciaux, ou au refus de création, pouvaient être l'objet d'un recours contentieux. Il a fallu cependant que le Conseil d'Etat, au contentieux, décidât le contraire (7 août 1825. Galgou et Quaynac). Ce sont là des actes de pure administration s'il en fut.
(2) L. 5 avril 1884, art. 74.
(3) Contrib. foncière, personnelle, mobilière. Portes et fenêtres. Patentes. Nous verrons plus loin que le nombre des conseillers municipaux, pris parmi les non-électeurs simples contribuables, ne peut dépasser le quart et comment on ramène les élus à ce quart s'ils le dépassent.

non plus, de le posséder. Il faut avoir la *capacité electorale*. Quiconque, même non inscrit sur les listes, remplit les conditions nécessaires pour y être porté, est éligible. Quiconque, même inscrit, a cessé de remplir ces conditions, a perdu, par suite, l'éligibilité.

La condition d'âge s'explique d'elle-même.

Précisons la première condition.

458. Il faut être *citoyen :* ce qui exclut les étrangers, admis ou non à domicile. Il faut être avant tout Français, d'origine ou naturalisé.

Il faut, de plus, n'être atteint par aucune incapacité spécialement édictée par la loi. L'article 31 de la loi municipale précise une de ces incapacités, l'article 32 précise les autres.

459. La première résulte de l'incapacité électorale. La privation du droit électoral entraine, comme conséquence naturelle, l'inéligibilité, la privation du droit électoral ne laissant pas intacte la qualité de citoyen.

La seconde frappe tout individu pourvu d'un conseil judiciaire.

La troisième atteint les individus dispensés d'impôts par décision spéciale du conseil municipal (1), ou secourus par le bureau de bienfaisance, même temporairement (2), même du chef de leurs enfants mineurs (3).

La quatrième atteint les domestiques *exclusivement* attachés à la personne.

460. A ces incapacités que précise l'article 32, l'article 31 en ajoute une autre, toute temporaire, et qui ne résulte que de l'incompatibilité de fait du devoir civil et du devoir militaire. Sont inéligibles les militaires et employés des armées de terre et de mer en activité de service.

461. Sont inéligibles dans le ressort où ils exercent leurs fonctions (4) :

1° Les préfets, sous-préfets, secrétaires généraux, conseillers de préfecture ;

2° Les commissaires et agents de police ;

3° Les magistrats des cours d'appel et des tribunaux de première instance, à l'exception des juges suppléants auxquels l'instruction n'est pas confiée ;

4° Les juges de paix titulaires ;

5° Les comptables des deniers communaux et les entrepreneurs de services communaux ;

6° Les instituteurs publics ;

7° Les employés de préfecture et de sous-préfecture ;

8° Les ingénieurs et les conducteurs des ponts et chaussées chargés du service de la voirie urbaine ou vicinale et les agents voyers ;

9° Les ministres en exercice d'un culte légalement reconnu ;

10° Les agents salariés de la commune, parmi lesquels ne sont pas comptés ceux qui, étant fonctionnaires publics ou exerçant une profession indépendante, ne reçoivent une indemnité de la commune qu'à raison des services qu'ils lui rendent dans l'exercice de cette profession (5).

Il faut bien observer ici que ce sont là des *inéligibilités* et non des *incompatibilités.* L'*incompatibilité* réserverait à l'élu le droit d'option. L'*inéligibilité* ne lui laisse pas le choix. N'étant pas *éligible*, il ne peut être *élu* : et le vote qui se perd sur son nom ne le relève pas de son incapacité. L'incompatibilité a un tout autre caractère, la fonction exercée au moment de l'élection ne faisant pas obstacle à l'élection même : elle ne fait obstacle qu'à l'entrée au conseil. C'est pourquoi l'élu a l'option et s'ouvre l'entrée au conseil en renonçant à la fonction qui le lui fermait.

La loi de 1884 a été beaucoup plus sévère que ses devancières en transformant plusieurs incompatibilités en causes d'inéligibilité. Nous ne croyons pas qu'il faille l'en blâmer. Vis-à-vis d'aucune des catégories ci-dessus examinées, le suffrage ne nous paraît libre.

462. Nous arrivons aux incompatibilités.

Les fonctions de conseiller municipal sont incompatibles (1) avec celles :

De préfet, de sous-préfet et de secrétaire général de préfecture ;

De commissaire et d'agent de police.

Il y a incompatibilité s'ils sont élus membres d'un conseil municipal ailleurs que dans leur ressort, car ils sont frappés d'inéligibilité dans ce ressort, ils ont dix jours, à partir de la proclamation du scrutin, pour opter entre leur mandat et leur emploi. Faute d'option, dans ce délai, entre les mains de leurs supérieurs hiérarchiques, ils sont réputés avoir choisi la conservation de leur emploi.

463. Ces incompatibilités sont absolues. D'autres sont relatives : ce sont les suivantes :

1° Nul ne peut être membre de deux conseils municipaux (2).

Une double élection entraine, pour l'élu, la nécessité de l'option. Le délai de l'option est de dix jours, à partir de la proclamation du scrutin, comme dans le cas précédent. La déclaration est adressée aux préfets des départements intéressés.

Faute d'option dans ce délai, l'élu est réputé avoir opté pour le conseil municipal de la commune où le nombre des électeurs est le moins élevé (3).

2° Dans les communes de 501 habitants et au-dessus, les ascendants et les descendants, les frères et les alliés au même degré ne peuvent être simultanément membres du même conseil municipal.

464. Arrêtons-nous sur cette seconde incapacité. Car c'est plutôt une question de bon fonctionnement de l'administration communale, qu'une question électorale proprement dite. Il s'agit ici de garantir la liberté des délibérations, et d'éviter les coalitions naturelles issues des liens de famille et de communautés d'intérêts étrangers à l'intérêt public de la commune.

Notons d'abord que la garantie manque à près de la moitié des communes de la France. Si elle est bonne en soi, et c'est l'évidence, l'exception est très regrettable : elle est cependant imposée par la nécessité ; par le morcellement communal ; par l'impossibilité où l'on serait de pourvoir à l'administration des petites communes si la règle protectrice leur était appliquée. La critique, par suite, ne porte pas sur l'exception, mais sur le morcellement même.

465. Précisons ensuite comment l'exception se règle. Le chiffre qui sert à limiter est celui de la population *normale*, de la population municipale, déterminée par les dénombrements périodiques. C'est certain ; puisque cette population, aux termes des droits de dénombrement est la seule qui serve dans l'application des lois *d'organisation municipale*. Nous en avons déjà fait l'observation sur un autre point (4).

466. L'incapacité *respective* frappe d'abord tous les parents en ligne directe : père et fils ; grand-père et petit-fils ; arrière-grand-père et arrière-petit-fils.

---

(1) En vertu de la loi du 21 avril 1832, art. 18. — Elle n'atteint pas les électeurs omis au rôle, les individus dispensés par leur âge des prestations (ou par leur service, comme les sapeurs-pompiers); les contribuables dispensés de la cote mobilière dans les villes à octroi. Il faut, en un mot, que la dispense ait le caractère d'un secours pour qu'elle entraine l'inéligibilité.

(2) Pourvu que ce soit au moment de l'élection. Un secours une fois donné ne porte pas atteinte à l'inéligibilité indéfinie.

(3) Cons. d'Ét. 11 nov. 1881; *Lacuune.*

(4) L. 5 avril 1884, art. 33.

(5) Mais non les gardes particuliers, ni les gardes forestiers, aux termes de l'article. Il leur est interdit, seulement, par le règlement de leur service, d'accepter le mandat de conseiller municipal.

(1) L. 5 avril 1884, art. 34.

(2) L. 5 avril 1884, art. 35.

(3) La loi ne statue pas sur le cas d'une double élection dans deux sections différentes d'une même commune. Il est évident que l'élu doit opter. Mais dans quel délai ? dans quelle forme.

(4) Lorsqu'une commune passe d'une catégorie dans l'autre, la règle ne la touche qu'à l'expiration du mandat en cours, c'est-à-dire au renouvellement intégral le plus prochain. Nous le décidons, avec le conseil d'Etat, pour la fixation de l'effectif des conseils. Il y a même raison ici .

Elle frappe le père adoptif et le fils adoptif et ses descendants. L'adoption équivaut à la filiation naturelle d'une manière absolue.

467. Un doute peut s'élever en matière d'alliance. Mais il suffit pour cela de s'en tenir à la règle de la loi qui dit : les ascendants et descendants et les alliés *au même degré.* Il y a donc incompatibilité respective, non seulement pour le beau-père et le gendre mais pour le grand-beau-père et le petit gendre ; le mari de la femme et le fils de cette dernière ; le père adoptif et le mari de la fille adoptive, etc...

468. Pour les frères il n'y a pas à distinguer entre la consanguinité et l'utérinité. Être frère de père et de mère ou de père ou de mère seulement, cela suffit. La règle est la même pour l'alliance à ce degré de parenté collatérale.

469. Mais une distinction doit être faite. Le Conseil d'État n'admet pas qu'il y ait alliance au sens de la loi entre les maris de deux sœurs, chacun d'eux étant bien l'allié de la sœur de sa femme ; mais l'alliance ne s'étendant pas au delà(1). L'usage cependant est contraire. Les maris de deux sœurs se donnent communément le titre de beaux-frères. Ils sont, d'autre part, chacun de son côté, les alliés incontestables de l'auteur commun des deux épouses. Enfin leurs enfants respectifs seront non seulement alliés, mais parents. Il faut reconnaître que *l'alliance* n'est pas très nettement définie par la loi. Il n'y a d'ailleurs aucun inconvénient, dans l'espèce, à accepter comme certaine la règle formée par le Conseil d'État.

Enfin, la ligne collatérale, l'incapacité s'arrête là. Elle n'atteint ni l'oncle et le neveu, ni les cousins les plus rapprochés.

470. *Quid* de la parenté naturelle ? M. Morgand (2) pose la question et n'y répond pas. C'est une question, dit-il, qu'il appartient à l'autorité judiciaire de résoudre. Assurément parce que c'est une question d'État. Mais comment la doit-elle résoudre ? Nous ne doutons pas que ce soit par l'affirmative, si la parenté est reconnue ; par la négative, si elle ne l'est pas. La loi dit parenté et non parent légitime ; et la loi tient compte de la parenté naturelle reconnue, comme de l'autre. Quand elle restreint les droits de la parenté naturelle, elle le dit. Il faut qu'elle le dise aussi, pour en restreindre les obligations.

471. Aux termes de l'article 35 de la loi municipale, dernier alinéa, lorsqu'il y a lieu à appliquer l'incapacité respective, c'est l'ordre du tableau qui détermine l'élimination. C'est-à-dire que l'incapacité frappe le conseiller le plus récemment élu ; s'ils sont élus ensemble, celui qui a le moins de voix ; s'ils ont égalité de suffrage, le moins âgé.

472. L'application de ces règles a lieu ordinairement par voie de réclamation contre les opérations électorales, c'est-à-dire par le conseil de préfecture, sauf recours au Conseil d'État ; et par voie d'annulation de l'élection du conseiller atteint par l'incapacité de siéger. Il n'y a pas de questions à cet égard et la jurisprudence est constante. Mais le conseil de préfecture n'est compétent que si le fait de la parenté ou de l'alliance est constant. S'il est contesté, c'est une question d'état du ressort des tribunaux civils.

473. La règle précédente est celle du cas le plus fréquent ; lorsqu'il y a élection simultanée. Lorsque l'incapacité se produit au cours du mandat ; lorsqu'il se forme entre deux conseillers une alliance postérieure à leur élection, c'est un cas de démission d'office dont nous traiterons au chapitre que nous consacrons à ce sujet.

474. L'assemblée des électeurs est convoquée par le préfet.

L'arrêté de convocation est publié par la commune, 15 jours au moins avant l'élection qui doit toujours avoir lieu le dimanche. Il fixe le local où le scrutin sera ouvert ainsi que les heures auxquelles il doit être ouvert et fermé (1).

Toutes les dispositions concernant l'affichage, la libre distribution des bulletins, circulaires et professions de foi, les réunions publiques électorales, la communication des listes d'émargements, les pénalités et les poursuites, en matière d'élections législatives, sont applicables aux élections municipales (2).

Sont également applicables aux élections municipales les paragraphes 3 et 4 de l'article 3 de la loi organique du 30 novembre 1875 sur les élections des députés, lesquels interdisent à tout agent de l'autorité publique ou municipale de distribuer des bulletins de vote, professions de foi et circulaires des candidats ; et frappe d'emprisonnement et d'amende toute tentative de corruption ou d'intimidation (3).

475. Le préfet peut, par arrêté spécial, publié dix jours au moins à l'avance, diviser la commune en plusieurs bureaux de vote qui concourront à l'élection des mêmes conseillers (4).

Il est délivré à chaque électeur une carte électorale indiquant le siège du bureau où il doit voter (5).

476. Les bureaux de vote sont présidés par le maire, les adjoints, les conseillers dans l'ordre du tableau et, en cas d'empêchement, par des électeurs désignés par le maire (6).

Le président a seul la police de l'assemblée, cette assemblée ne peut s'occuper d'autres objets que de l'élection qui lui est attribuée, toute discussion, toute délibération lui sont interdites (7).

477. Les deux plus âgés et les deux plus jeunes des électeurs présents à l'ouverture de la séance, sachant lire et écrire, remplissent les fonctions d'assesseurs. Le secrétaire est désigné par le président et les assesseurs. Dans les délibérations, il n'a pas voix consultative. Trois membres du bureau au moins doivent être présents pendant tout le cours des opérations (8).

478. Le scrutin ne dure qu'un jour (9).

479. Le bureau juge provisoirement les difficultés qui s'élèvent sur les opérations de l'assemblée. Les décisions sont motivées.

480. Toutes les réclamations et décisions sont insérées au procès-verbal, les pièces et les bulletins qui s'y rapportent y sont annexés, paraphés par le bureau (10).

481. Pendant toute la durée des opérations, une copie de la liste des électeurs, certifiée par le maire, contenant les noms, domicile, qualifications de chacun des inscrits, reste déposée sur la table autour de laquelle siège le bureau (11).

482. Nul n'est admis à voter s'il n'est porté sur la liste électorale, à l'exception de ceux qui se présentent porteurs d'une décision du juge de paix ordonnant leur inscription, ou d'un arrêt de la Cour de cassation annulant un jugement qui aurait prononcé leur radiation (12).

483. Nul électeur ne peut entrer dans l'assemblée porteur d'armes quelconques (13).

484. Les électeurs apportent leurs bulletins préparés en dehors de l'assemblée.

485. Le papier du bulletin doit être blanc et sans signe extérieur.

486. L'électeur remet au président son bulletin fermé.

487. Le président le dépose dans la boîte du scrutin, laquelle doit, avant le commencement du vote, avoir été fer-

---

(1) Cons. d'Ét. 17 mars 1892, *Quaix* ; 7 novembre 1884, *Croix-de-vie* ; 27 février 1885, *La Capelle-Biron*.
(2) *Op. cit.* t. I, p. 252.

(1) L. 5 mai 1884, art. 15.
(2) *Ibid.*, art. 14, au dernier alinéa.
(3) *Ibid.* 1884, art. 14, dernier alinéa.
(4) *Ibid.*, art. 13.
(5) *Ibid.*, art. 13.
(6) *Ibid.*, 1884, art. 17.
(7) *Ibid.*, art. 18.
(8) *Ibid.*, art. 19.
(9) *Ibid.*, art. 20.
(10) *Ibid.*, art. 21.
(11) *Ibid.*, art. 22.
(12) *Ibid.*, art. 23.
(13) *Ibid.*, art. 24.

mée à deux serrures, dont les clefs restent, l'une entre les mains du président, l'autre entre les mains de l'assesseur le plus âgé.

488. Le vote de chaque électeur est constaté sur la liste, en marge de son nom, par la signature, ou le paraphe avec initiales, de l'un des membres du bureau (1).

489. Le président doit constater, au commencement de l'opération, l'heure à laquelle le scrutin est ouvert.

490. Le scrutin ne peut être fermé qu'après avoir été ouvert pendant six heures au moins.

491. Le président constate l'heure à laquelle il déclare le scrutin clos ; après cette déclaration, aucun vote ne peut être reçu (2).

492. Après la clôture du scrutin, il est procédé au dépouillement de la manière suivante :

La boîte du scrutin est ouverte, et le nombre de bulletins vérifié.

Si le nombre est plus grand ou moindre que celui des votants, il en est fait mention au procès-verbal.

Le bureau désigne parmi les électeurs présents un certain nombre de scrutateurs.

Le président et les membres du bureau surveillent l'opération du dépouillement.

Ils peuvent y procéder eux-mêmes, s'il y a moins de 300 votants (3).

Les bulletins sont valables bien qu'ils portent plus ou moins de noms qu'il n'y a de conseillers à élire.

Les derniers noms inscrits au delà de ce nombre ne sont pas comptés.

Les bulletins blancs ou illisibles, ceux qui ne contiennent pas une désignation suffisante, ou dans lesquels les votants se font connaître, n'entrent pas en compte dans le résultat du dépouillement, mais ils sont annexés au procès-verbal (4).

493. Immédiatement après le dépouillement, le président proclame le résultat du scrutin.

Le procès-verbal des opérations est dressé par le secrétaire ; il est signé par lui et les autres membres du bureau. Une copie, également signée du secrétaire et des membres du bureau, en est aussitôt envoyée, par l'intermédiaire du sous-préfet, au préfet, qui en constate la réception sur un registre et en donne récépissé. Extrait en est immédiatement affiché par les soins du maire (5).

Les bulletins autres que ceux qui doivent être annexés au procès-verbal sont brûlés en présence des électeurs.

494. Nul n'est élu au premier tour de scrutin s'il n'a réuni : 1° la majorité absolue des suffrages exprimés ; 2° un nombre de suffrages égal au quart de celui des électeurs inscrits. Au deuxième tour de scrutin, l'élection a lieu à la majorité relative, quel que soit le nombre des votants. Si plusieurs candidats obtiennent le même nombre de suffrages, l'élection est acquise au plus âgé.

495. En cas de deuxième tour de scrutin, l'assemblée est de droit convoquée pour le dimanche suivant. Le maire fait les publications nécessaires (6).

496. Le recours contre les opérations de la commune appartient à tout électeur, et à tout éligible en même temps (7).

Les réclamations doivent être consignées au procès-verbal, sinon, à peine de nullité, être déposées, dans les cinq jours qui suivent l'élection, au secrétariat de la mairie, ou à la sous-préfecture, ou à la préfecture. Elles sont immédiatement adressées au préfet et enregistrées par ses soins au greffe du conseil de préfecture, auquel il appartient de les signer.

497. Le même recours appartient au préfet, dans le délai de quinze jours à dater de la réception du procès-verbal, s'il estime que les formes légales n'ont pas été remplies.

498. Connaissance immédiate de la réclamation ou du recours préfectoral est donnée, par la voie administrative, aux conseillers dont l'élection est contestée. Un délai de cinq jours leur est donné pour déposer leur défense au secrétariat de la mairie, de la sous-préfecture ou de la préfecture et pour faire connaître s'ils entendent user du droit de présenter des observations orales.

Il est donné récépissé soit des réclamations, soit des défenses (1).

499. Le conseil de préfecture statue dans le délai d'un mois à compter de l'enregistrement des pièces au greffe de la préfecture, et le préfet en fixe la date. En cas de renouvellement général, le délai est porté à deux mois.

S'il intervient une décision ordonnant une preuve, le conseil de préfecture doit statuer définitivement dans le mois à partir de cette décision.

500. Les délais ci-dessus fixés ne commencent à courir, dans le cas prévu par l'article 39, que du jour où le jugement sur la question préjudicielle est devenu définitif.

501. Faute par le conseil d'avoir statué dans les délais ci-dessus fixés, la réclamation est considérée comme rejetée. Le conseil de préfecture est dessaisi ; le préfet en informe la partie intéressée, qui peut porter sa réclamation devant le Conseil d'État. Le recours est notifié dans les cinq jours au secrétariat de la préfecture par le requérant (2).

502. Dans tous les cas où une réclamation, formée en vertu de la loi, implique la solution préjudicielle d'une question d'état, le conseil de préfecture renvoie les parties à se pourvoir devant les juges compétents, et la partie doit justifier de ses diligences dans le délai de quinzaine ; à défaut de cette justification, il est passé outre, et la décision du conseil de préfecture doit intervenir dans le mois à partir de l'expiration de ce délai de quinzaine (3).

503. Le recours au Conseil d'État contre la décision du conseil de préfecture est ouvert soit au préfet, soit aux parties intéressées.

Il doit, à peine de nullité, être déposé au secrétariat de la sous-préfecture ou de la préfecture, dans le délai d'un mois qui court, à l'encontre des parties à partir de la notification qui leur est faite.

504. Le préfet donne immédiatement, par la voie administrative, connaissance du recours aux parties intéressées, en les prévenant qu'elles ont quinze jours, pour tout délai, à l'effet de déposer leurs défenses au secrétariat de la sous-préfecture ou de la préfecture.

Aussitôt ce nouveau délai expiré, le préfet transmet au ministre de l'intérieur, qui les adresse au Conseil d'État, le recours, les défenses, s'il y a lieu, le procès-verbal des opérations électorales, la liste qui a servi aux émargements, une expédition de l'arrêté attaqué et toutes les autres pièces visées dans l'arrêté : il y joint son avis motivé.

Les délais pour la constitution d'un avocat et pour la communication au ministre de l'intérieur sont d'un mois pour chacune des opérations, et de trois mois en ce qui concerne les colonies.

Le pourvoi est jugé comme affaire urgente et sans frais, et dispensé du timbre et du ministère d'avocat (4).

505. Le recours au Conseil d'État n'est pas suspensif des droits, pour les conseillers proclamés, de siéger au conseil municipal (5). Mais *il est par conséquent suspensif* des effets de la décision du conseil de préfecture. C'est une grave innovation, contraire aux principes généraux en matière de recours contentieux administratifs et qui est une source de sérieux embarras.

506. L'annulation des élections municipales entraîne obligation pour l'administration de procéder à des élections nou-

(1) L. 5 avril 1884, art. 25.
(2) *Ibid.*, art. 26.
(3) *Ibid.*, art. 27.
(4) *Ibid.*, art. 28.
(5) *Ibid.*, art. 29.
(6) *Ibid.*, art. 30.
(7) *Ibid.*, art. 37.

(1) L. 5 avril 1884, art. 37.
(2) *Ibid.*, art. 38.
(3) *Ibid.*, art. 39.
(4) *Ibid.*, art. 40.
(5) *Ibid.*, art. 40.

velles, dans le délai de deux mois(1); c'est-à-dire de convoquer les électeurs dans ce délai. Il faut une convocation effective, c'est-à-dire que le premier tour de scrutin ait lieu dans les deux mois (2).

Il faut, bien entendu, que l'annulation soit définitive. Ce qui s'entend, soit du jour de la décision du Conseil d'Etat, soit, après décision du conseil de préfecture, de l'expiration du délai d'appel.

Une seule annulation emporte nécessité d'élection nouvelle. Mais l'inexécution de cette disposition n'implique pas nullité des délibérations ultérieures du conseil municipal (3).

SECTION II.

CONSTITUTION DE L'AUTORITÉ MUNICIPALE.

507. L'autorité municipale est, nous l'avons dit, élue par le conseil municipal, dans son sein.

Il faut d'abord que le conseil municipal soit constitué.

La constitution ordinaire, c'est-à-dire la réunion du conseil municipal élu, ne suffit pas. La loi veut qu'avant toute élection du maire et des adjoints, il soit procédé aux élections complémentaires nécessaires pour compléter le conseil (4). Elle ne l'exige pas à peine de nullité. Mais la jurisprudence l'entend ainsi (5). Elle ne paraît pas l'exiger pour les adjoints spéciaux. Mais l'interprétation administrative ne fait pas cette exception (6).

Les élections complémentaires faites, si de nouvelles vacances se produisent, le conseil municipal peut néanmoins valablement procéder à l'élection; à moins que le conseil soit réduit aux trois quarts de ses membres (aux trois quarts, et non à moins des trois quarts).

Mais si le conseil, après de nouvelles élections, est de nouveau réduit aux trois quarts, par la démission systématique de la minorité par exemple, pourra-t-il valablement nommer le maire? S'il ne le peut pas, il n'y a de ressource que dans la dissolution. La loi est muette. M. Morgand (7) pense qu'on peut soutenir que l'administration, après avoir fait pourvoir aux vacances nouvelles, a fait tout ce que la loi exige et qu'il peut être ensuite procédé à l'élection du maire sans tenir compte des démissions ultérieures. Ce serait désirable, mais encore faudrait-il un *quorum*. Sera-ce la moitié plus un? Rien ne le dit. On est alors dans l'arbitraire. Aussi ne voyons-nous guère moyen d'en sortir autrement que par la dissolution. On nommera une délégation spéciale, et le président de cette délégation fera fonction de maire.

508. Que décider si des vacances se produisent entre la convocation pour les élections complémentaires et ces élections mêmes? Nous pensons qu'il y faut pourvoir aussi, le conseil ne pouvant procéder à l'élection bien qu'incomplet que si des vacances nouvelles se produisent *après les élections complémentaires*.

509. Que décider si les élections complémentaires échouent,

par abstention? La jurisprudence exige une nouvelle tentative (1), mais se contente d'une seule (2).

510. Ces règles s'appliquent au cas où le conseil municipal fonctionne depuis un certain temps. Il semblerait qu'elles dussent s'appliquer sans distinction. La jurisprudence distingue cependant. Le Conseil d'Etat estime que, lorsque le renouvellement de la municipalité a lieu immédiatement après le renouvellement intégral du conseil, il n'y a pas lieu de tenir compte des vacances qui se seraient produites entre ce renouvellement et la constitution de la municipalité, à moins toutefois qu'elles ne fassent descendre le *quorum* aux trois quarts (3); pas même lorsqu'il s'agit de remplacer un maire élu non acceptant, ou un adjoint invalidé, si ce maire et cet adjoint avaient été élus au moment de la constitution du conseil (4). Cette jurisprudence est commode. Nous ne savons pas si elle répond véritablement au vœu de la loi. Quoi qu'il en soit, elle semble acquise.

511. Il faut, bien entendu, que l'élection du conseil municipal ait été complète. Elle est complète même lorsque la liste élue comprend une double élection, par suite de sectionnements (5), ce qui est inattaquable; mais même encore lorsqu'un élu est mort entre le vote et la proclamation (6), ce qui nous semble plus douteux; car on ne proclame pas les morts.

512. Nous avons à peine besoin de faire remarquer que le conseil municipal ne saurait être considéré comme incomplet, par le fait que quelque membre serait en état d'invalidation par le conseil de préfecture. C'est la conséquence de la suspensivité des recours. Il faut de plus que l'invalidation soit définitive. Le Conseil d'Etat a cependant eu à le juger (7).

513. Le conseil est encore considéré comme complet, s'il l'était le jour de la convocation pour l'élection du maire (8). L'article 77 de la loi municipale n'exigeant d'élections complémentaires que s'il s'est produit des vacances *avant cette convocation*.

514. Les formes et les délais de cette convocation ne sont pas laissés à l'arbitraire. La loi les précise et la jurisprudence y attache la nullité (9). Aux formes ordinaires (10), la loi ajoute la nécessité de préciser l'objet spécial de la réunion, qui est l'élection. Elle peut d'ailleurs avoir lieu soit en session spéciale, soit en session ordinaire, l'élection des maires et adjoints étant évidemment une attribution normale des conseils.

515. Le conseil municipal procède dès son installation à l'élection de la nouvelle municipalité (11).

La séance d'élection du maire est présidée par le doyen d'âge (12), à l'exclusion de tous autres, même d'un adjoint en fonctions (13).

Le maire préside la séance d'élection des adjoints. Il prend séance, par suite, aussitôt élu, et l'élection des adjoints peut suivre immédiatement (14).

516. L'élection des maires et des adjoints a lieu au scrutin secret, individuel et successif, et à la majorité absolue, aux deux premiers tours, à la majorité relative au troisième. En cas d'égalité de suffrages, le plus âgé est élu. En cas de refus

<hr/>

(1) L. 5 avril 1884, art. 40 *in fine*.
(2) Cons. d'Et. 7 août 1885, *La Bâtie-Montgascon*.
(3) Cons. d'Et. 6 avril 1876. — Considérant que si aux termes de l'article 48 de la loi du 5 mai 1855, dans les cas où l'annulation de tout ou partie des élections est devenue définitive, l'assemblée des électeurs est convoquée dans un délai qui ne peut excéder trois mois, l'inobservation de cette disposition ne peut avoir pour effet d'entraver la nullité des actes accomplis par le conseil municipal avant qu'il ait été procédé à des élections complémentaires. — Itçjet.
(4) L. 5 avril 1884, art. 77 (V. antérieurement les lois des 22 juillet 1870, art. 3 et 14 avril 1871, art. 9, § 4).
(5) Cons. d'Et. 6 novembre 1872,*Croisic*; 14 février 1873, *Loiré*; 8 août 1873, *Fransèches*. Cons. d'Et. 10 novembre 1882. — Considérant qu'il résulte de l'instruction que, contrairement aux prescriptions de la loi, il n'a pas été pourvu aux vacances existant dans le conseil municipal de la commune de Laavvoix-les-Mines,avant de procéder à l'élection de l'adjoint, que, dès lors, c'est à tort que le conseil de préfecture a rejeté la protestation formée contre ladite élection; — annulation.
(6) Circ. min. de l'Int. 16 novembre 1883.
(7) T. I, p. 397, note 2.

(1) Cons. d'Et. 5 décembre 1884, *Saint-Urcisse*; 7 août 1885, *Mépieu*.
(2) Cons. d'Et. 9 janvier 1885, *Minœure*.
(3) Cons. d'Et. *Saussan*, 17 janvier 1879; *Surdoux*, 2 décembre 1881; *Villefloure*, 15 mai 1885; *Caubous*, 19 juin 1885.
(4) Cons. d'Et. 3 février 1882, *Hébécrevon*; 12 juillet 1882, *Surdoux*; 6 février 1885, *Loches*.
(5) Cons. d'Et. 28 novembre 1884, *Rimont*; 6 février 1885, *Loches*; 6 février 1885, *Nempont Saint-Firmin*; 27 mars 1885, *Cany*.
(6) Cons. d'Et. *Montluçon*, 27 février 1885.
(7) Cons. d'Et. *Jalognes*, 23 janv. 1885.
(8) Cons. d'Et. *Belpech*, 24 nov. 1884. Cons. d'Et. Cont. 6 août 1887.
(9) L. 5 avril 1884, art. 77, 2e alinéa. Cons. d'Et. 20 fév. 1885, *Carhaix*, 26 fév. 1886, *Volvic*.
(10) Voir, à cet égard, le chapitre relatif au fonctionnement des conseils municipaux.
(11) Circ. min. int. 10 avril 1884. — Mais la loi ne le dit pas. C'est une interprétation administrative, et il nous paraîtrait difficile d'attacher une nullité ou un excès de pouvoirs à un ajournement ordonné par le préfet. C'est l'ancienne jurisprudence, et la loi n'est pas changée.
(12) L. 5 avril 1884, art. 77, 1er alinéa.
(13) Cons. d'Et. 5 mars 1886, *Saint-Sauveur*.
(14) Circ. min. int. 10 avril 1884. — Sénat, séance du 9 févrieri (Le rapporteur s'en est expliqué formellement dans ce sens.)

d'acceptation, il est immédiatement pourvu. Et le candidat qui a refusé les fonctions de maire peut être valablement élu adjoint.

517. Les nominations sont rendues publiques dans les 24 heures par voie d'affiche à la porte de la mairie, et notifiées,dans le même délai, au sous-préfet (1).

Il n'y a plus aujourd'hui de cérémonie d'installation. L'élection suffit. L'installation en résulte (2).

518. La loi de 1884 est sobre sur l'inéligibilité des maires et des adjoints. La raison en est simple. Les maires et les adjoints ne peuvent être choisis par les conseils municipaux que dans leur sein. Toutes les conditions d'éligibilité exigées par la loi pour le mandat de conseiller s'appliquent ainsi à la fonction de maire et à celle d'adjoint.

Mais il faut bien remarquer qu'elles ne s'y appliquent pas directement. Elles ne touchent les candidats aux fonctions de maire et d'adjoints, que par voie de conséquence. D'où il suit :

1° Que les conseillers municipaux élus quoique inéligibles, et le restant théoriquement, peuvent être choisis comme maires ou comme adjoints, à partir du moment où le vice de leur élection est couvert;

2° Que les conseillers municipaux frappés d'incapacité postérieurement à leur installation définitive, perdent, *ipso facto*, leur éligibilité aux fonctions de maire, alors même qu'un fait postérieur les relèverait de l'incapacité. L'élection à la fonction de maire survenue dans l'intervalle serait nulle.

519. En dehors de cette inéligibilité *virtuelle*, la loi de 1884 n'en prévoit, nominativement, qu'une seule, la suivante (3) :

La révocation des fonctions de maire ou d'adjoint emporte de plein droit l'inéligibilité aux fonctions de maire et à celles d'adjoint pendant une année à dater du décret de révocation, à moins qu'il ne soit procédé auparavant au *renouvellement général des conseils municipaux*.

Le délai court *de la date* du décret et non de sa notification. C'est le texte.

Le renouvellement général des conseils municipaux survenu dans le délai, l'abrège et relève de l'incapacité. Le texte primitif portait : *à moins qu'il ne soit procédé auparavant au renouvellement intégral du conseil*. Le Sénat l'a changé, et à bon droit. La démission collective du conseil municipal, donnée comme protestation contre la révocation du maire eût pu ramener le maire au conseil et permettre au conseil de le replacer dans ses fonctions. Ce danger subsiste pour la dernière année, mais pour cette dernière année seulement.

Le retrait de la révocation relève également celui qu'elle frappait de cette incapacité disciplinaire (4).

520. Les fonctions de maire ou d'adjoint sont incompatibles, *même temporairement*, avec celles :

D'agent et d'employé des administrations financières, de trésorier-payeur général, receveurs particuliers et percepteurs; d'agent des forêts; d'agent des postes et des télégraphes; de garde des établissements publics, et de garde particulier (5); de sapeur-pompier (6).

Les fonctions de maire sont, en outre, incompatibles avec la qualité d'agent salarié *du maire* (7).

521. Ce sont bien là des *incompatibilités*. Nous sommes étonnés de trouver ces causes d'exclusion rangées dans le commentaire si précis de M. Morgand, sous la rubrique d'*inéligibilité*. La différence est grande (8). L'inéligibilité annule

l'élection; l'incompatibilité laisse l'option. Or, ici le doute n'est pas permis. En ce qui touche les sapeurs-pompiers, l'exclusion sort d'une disposition de loi étrangère, qui ne saurait avoir le pouvoir de créer une inéligibilité, et qui n'en peut avoir d'autre que d'interdire *disciplinairement* aux assujettis l'acceptation des fonctions municipales. En ce qui touche les emplois civils énumérés par la loi de 1884, la loi dit : ne *peuvent être* maires, ne *peuvent être* adjoints; elle ne dit pas ne peuvent *être élus* maires ou adjoints. Par suite, dans ces divers cas, il n'y a pas lieu à annulation de l'élection faite; mais il y a, pour l'élu, nécessité d'option.

522. La loi, dans le détail, a des luxes de précision qui font contraste avec un laconisme par trop compréhensif. C'est ainsi qu'elle ajoute, nominativement, aux agents et employés des administrations financières, les trésoriers-payeurs généraux, receveurs particuliers et percepteurs, qui sont, évidemment, au premier rang de ces agents; — et qu'en même temps, elle bloque sous ce seul vocable d'administrations financières, tout un personnel disparate qu'il n'est pas sans difficulté d'en dégager et que la jurisprudence administrative ou judiciaire doit distinguer comme elle peut.

523. Qu'est-ce qu'un agent salarié *du maire?* Le fermier ne l'est pas. Le colon partiaire non plus. Mais l'individu qui reçoit un salaire fixe d'une part et qui est fermier ou colon partiaire en même temps est atteint (1). Le gérant à titre définitif est un agent salarié. Le mandataire, à temps, même salarié, ne l'est pas (2) si le salaire n'est pas arrêté à l'avance. Tout cela est bien confus.

Ce qui est certain c'est qu'il s'agit ici *du maire de la commune seul*. Le salarié d'un maire voisin pourrait être adjoint dans sa propre commune. La situation serait délicate : mais elle est légale.

Quant aux salariés, non pas du maire, mais de la commune même, nous avons vu qu'ils étaient inéligibles au conseil municipal. Ils ne sauraient donc être ni maires ni adjoints.

524. Ces incompatibilités sont-elles les seules? Nous ne voudrions pas répondre qu'on n'en découvre quelqu'une en fouillant dans les lois. On s'est demandé par exemple, si la fonction de maire était compatible avec celle de médecin de l'hospice. La loi du 24 vendémiaire an III interdit l'exercice (même partiel) (3) d'une autorité chargée de la surveillance médiate ou immédiate des fonctions dont on est revêtu. Et le maire surveille l'hospice, comme président de droit de la commission administrative. Mais la règle posée par la loi de vendémiaire n'est évidemment qu'un principe inapplicable à l'espèce faute d'une disposition précise d'application.

La jurisprudence hésite pourtant, M. Morgand n'hésite pas et nous non plus.

525. Quant à ce qu'on appelle l'*incompatibilité morale*, c'est uniquement affaire au service public qui la conçoit. Le service des postes voit une incompatibilité morale entre les fonctions de maire et celles de mari de la receveuse. L'administration communale en voit une dangereuse entre les mêmes fonctions et celles d'inspecteur des enfants assistés. Il leur appartient d'assurer, chez eux, la discipline. Mais le maire choisi parmi ces prétendus incapables n'a pas de déclaration d'option à faire. Les règlements d'un service particulier peuvent l'atteindre. La loi municipale ne l'atteint pas.

526. Reste une dernière incompatibilité, dont la loi municipale ne s'occupe pas spécialement en traitant des maires, et des adjoints mais qui les atteint nécessairement par voie de conséquence : celle qui résulte de la parenté ou de l'alliance à des degrés prohibés.

Il va d'abord de soi qu'il y a incompatibilité réciproque de ce chef *dans les conditions générales* : c'est-à-dire que :

1° Dans les communes au-dessous de 501 habitants, l'incompatibilité n'existe pas. Le père peut être maire; le fils adjoint

---

(1) L. 5 avril 1884, art. 78.
(2) Cass. crim. 19 nov. 1874.
(3) L. 5 avril 1884, art. 86, 3e alinéa. — Les autres causes d'exclusions sont, comme nous l'expliquons plus bas, *des incompatibilités.*
(4) Le gouvernement a eu recours à ce moyen, en 1877, pour permettre la réintégration des municipalités révoquées après le 16 mai ; et le Conseil d'État en a reconnu la légalité. (C. d'Ét., 6 août 1878, *Ornoy*; 6 déc. 1878, *Villedoux*.)
(5) L. 5 avril 1884, art. 80, 1er et 2e alinéa.
(6) Décret réglementaire du 29 déc. 1875.
(7) L. 5 avril 1884, art. 80, 1er et 3e alinéa.
(8) V. Morgand, t. 1er, p. 374, 2e et 3e alinéa ; et p. 407, en note, où l'auteur cite deux arrêts du Conseil d'État qui donnent entièrement raison

à nos premières observations. (C. d'Ét. 21 nov. 1884, *Picq Saint-Eusèbe* et 1er mai 1885, *Bellême*.)
(1) V. la discussion de la loi de 1831, *Duvergier*. L. 31, p. 134.
(2) Cons. d'Et. (*Sauveterre*), 27 déc. 1878.
(3) La loi dit *exercer ou concourir à l'exercice*.

et *vice versâ*. C'est exorbitant en principe. C'est légal, dans le silence de la loi.

2º Que dans les autres communes, s'il intervient, postérieurement à l'élection d'un maire ou d'un adjoint, au lieu d'alliance entre eux ou avec tout autre conseiller municipal, la règle antérieure posée s'applique rigoureusement. Et si c'est le maire, son mandat de maire tombe *ipso facto*. De même, de l'adjoint.

527. *Quid*, si deux conseillers que l'incompatibilité réciproque aurait atteints siègent dans le même conseil, faute de constatation dans les délais légaux, pourraient-ils être élus, l'un maire et l'autre adjoint. Le conseil de préfecture du Finistère a décidé ainsi : *dans le silence de la loi* (1). La raison semble décisive. Mais la conséquence est si fâcheuse qu'on se demande si l'on ne peut s'y soustraire en considérant que l'élection du maire et de l'adjoint, se superposant sur la première, fait revivre l'incompatibilité réciproque; la loi n'ayant gardé ce silence dont on fait état, que parce que toutes les incompatibilités qui atteignent les conseillers municipaux atteignent nécessairement les maires comme ne pouvant être choisis que parmi les conseillers. Dans l'espèce, l'incompatibilité *dure*. Elle est seulement *couverte* chez les conseillers. L'est-elle au point d'être éteinte d'une manière absolue? Nous ne le croyons pas. Le bénéfice des délais s'applique au droit de siéger dans le conseil. C'est aller trop loin selon nous de l'appliquer au droit de former une municipalité de famille absolument contraire au vœu de la loi.

528. Y a-t-il incompatibilité réciproque du chef de la parenté ou de l'alliance entre *l'adjoint spécial* des fractions isolées, et soit le maire, soit tout autre conseiller? Nous ne le pensons pas. Ici nécessité fait loi : et nous avons vu que sauf sur la qualité de citoyen, toujours nécessaire, force était de passer sur tout autre obstacle.

529. Enfin y a-t-il incompatibilité du même chef, entre les fonctions de maire et d'adjoint et celles de parents et alliés des comptables communaux? Un avis du Conseil d'Etat du 23 mars 1836 répond à cet égard négativement à une prétention de l'administration des finances appuyée sur ses règlements. Nous partageons l'opinion émise dans cet avis (2).

530. Les élections des maires et des adjoints sont soumises aux mêmes recours que celles des conseillers municipaux. La jurisprudence du Conseil d'Etat, même en l'absence d'un texte, l'entendait ainsi. L'article 79 de la loi municipale lui a donné pleine raison.

Si l'élection contestée est annulée, il y a lieu à réélection immédiate, c'est-à-dire dans la quinzaine (3). Le délai court du jour où l'annulation est devenue définitive, c'est-à-dire soit de l'expiration du délai de recours au Conseil d'Etat, s'il n'y a pas recours; soit, s'il y a eu recours, de l'arrêt (4).

Le maire reste investi, jusqu'à la fin de l'instance, selon la règle nouvelle introduite pour l'élection des conseillers.

Il est procédé de même en cas de vacance pour toute autre cause, ajoute l'article.

(1) 20 oct. 1876. V. Morgand, t. I, p. 410.
(2) Cons. d'Et. Lég. int. et fin. 23 mars 1836. — Considérant qu'aux termes de la loi du 17 frimaire an III, les parents ou alliés jusqu'au degré de cousin germain inclusivement ne pouvaient être en même temps l'un receveur du district, l'autre administrateur du district, ou agent national du même district; — Que cette loi ne concernant que les administrateurs et les receveurs de districts. Il n'existe aucune loi qui ait prescrit l'application de ces dispositions aux autorités municipales, aux receveurs communaux, et que la loi du 21 mars 1831 sur l'administration municipale, en déterminant toutes les incompatibilités et empêchements des fonctions municipales, n'a pas compris le cas soumis à l'examen des comités réunis et qu'elle abroge formellement, par son article 21, toutes les dispositions des lois précédentes sur cette matière; — Que s'il est à désirer, en raison de la surveillance que le nouveau maire ou l'adjoint doivent exercer sur le receveur communal, que ces emplois ne soient pas occupés simultanément par de proches parents ou alliés. c'est une règle qu'une administration sage et prudente peut se procurer et doit observer, autant que cela est possible, mais que la prohibition ne résulte pas formellement et rigoureusement de la législation en vigueur.
(3) C'est-à-dire la *convocation*, puisqu'il faut, aux termes de la loi, un espace de quinze jours entre la convocation et le scrutin. L'*élection* même dans la quinzaine serait contraire à la loi.
(4) L. 5 avril 1884, art. 79.

S'il y a lieu à compléter le conseil d'après la règle de l'article 77, les élections complémentaires ont lieu dans la quinzaine et la nouvelle élection quinze jours après.

CHAPITRE V.

FONCTIONNEMENT DU CORPS MUNICIPAL.

SECTION PREMIÈRE.

FONCTIONNEMENT DU CONSEIL MUNICIPAL.

§ 1. — Sessions.

531. Les sessions des conseils municipaux sont, comme celles des Chambres législatives, ou *ordinaires* ou *extraordinaires*. Mais les sessions des Chambres ne diffèrent entre elles qu'au point de vue de la convocation. Les Chambres, une fois réunies, sont toujours maîtresses de leur ordre du jour. Il en est tout autrement pour les conseils municipaux. La différence entre les deux ordres de session y est fondamentale. Elle porte sur l'objet, sur la durée et sur les conditions de la convocation.

532. Les sessions *ordinaires* sont *générales*, et le conseil peut s'y occuper de toutes les matières qui rentrent dans ses attributions (1). Les sessions extraordinaires sont rigoureusement *spécialisées* et le conseil ne peut s'y occuper que des objets prévus et déterminés à l'avance (2).

Cette distinction est ancienne. On l'a combattue en demandant pour les conseils municipaux la même liberté d'ordre du jour que pour les Chambres. Mais l'ancienne règle, très sagement, a prévalu comme sauvegarde des minorités contre les surprises.

La sanction est dans l'article 63 de la loi municipale, aux termes duquel toute délibération prise hors de la réunion légale du conseil, par conséquent toute délibération sur un objet non prévu, est assimilée à une délibération prise sur un objet étranger aux attributions des conseils et déclarée, comme telle, nulle de plein droit.

533. La loi fixe la périodicité des sessions ordinaires. Elles ont lieu quatre fois par an : en février, mai, août et novembre (3). C'est l'ancienne règle, un peu modifiée. La loi de 1855 disait : *au commencement...* La loi nouvelle donne tout le mois.

534. Les sessions extraordinaires ont lieu quand les besoins l'exigent, sur l'initiative de l'autorité départementale d'abord : préfet ou sous-préfet. C'est encore l'ancienne règle. Mais la loi contient ici de graves innovations.

535. Jusqu'à présent, l'autorité départementale avait toujours le dernier mot. Elle pouvait autoriser des convocations extraordinaires provoquées en dehors de sa propre initiative, soit par le maire, soit même par le tiers du conseil (mais dans ce cas c'était le préfet seul). Mais le préfet pouvait refuser, sauf nécessité, quand la demande émanait du conseil, et non du maire, de motiver son refus dans un arrêté spécial, notifié aux réclamants et susceptible de recours administratif devant le ministre de l'intérieur. L'administration a perdu ce droit. Le maire (4) peut réunir le conseil municipal chaque fois qu'il le juge convenable. Il est tenu de le convoquer quand une demande motivée lui en est faite par la majorité, en exercice, du conseil municipal; c'est la loi; il doit aviser le préfet ou le sous-préfet, en même temps qu'il convoque le conseil, de

(1) L. 5 avril 1884, art. 46, § 4.
(2) *Ibid.*, art. 47, § 2.
(3) *Ibid.*, art. 46, § 1.
(4) *Ibid.*, art. 46, § 1.

cette convocation exceptionnelle et des motifs qu'il a d'y recourir.

La loi actuelle met, en somme, les sessions extraordinaires entre les mains de la majorité du conseil municipal, soit par son élu, le maire, soit même contre lui directement.

536. Le maire, soit qu'il juge opportun d'ouvrir une session extraordinaire, soit qu'il ne fasse qu'obéir à l'injonction de la majorité, n'est tenu qu'à l'acte de déférence qui consiste à en aviser le préfet ou le sous-préfet, non pas même avant la convocation du conseil, mais en même temps ; de telle sorte que le délai de trois jours (que la loi institue entre la convocation et la réunion) court contre l'administration préfectorale en même temps qu'il court au profit des conseillers. C'est encore le maire qui fixe l'ordre du jour (1).

537. La durée des sessions ordinaires est de quinze jours (2). Elle était de dix (3). Elle peut être prolongée avec l'autorisation du sous-préfet (4). La session du budget peut durer six semaines (5).

538. La durée des sessions extraordinaires n'est pas limitée. La seule limite est l'ordre du jour. Mais l'ordre du jour n'en a pas. Il appartient au maire de le dresser, à la majorité de l'imposer et l'on peut le concevoir tel qu'il conduise sans secousse à la session ordinaire suivante.

539. Quant au règlement du travail, qui en est maître ? Le maire a la convocation. Mais qui fixe le jour et l'heure des séances ultérieures ? La loi ne tranche pas cette question. M. Morgand (6) la tranche en attribuant ce droit au conseil, en conformité des usages des assemblées délibérantes. Nous ne saurions partager cet avis, en présence du texte de la loi qui charge le maire des convocations.

§ 2. — Convocation.

540. Les convocations sont faites par le maire. Elles sont mentionnées au registre des délibérations, affichées à la porte de la mairie et adressées, par écrit, à domicile, trois jours francs au moins avant celui de la réunion (7). C'était la règle pour les sessions ordinaires ; le délai pour les autres étant porté de trois jours à cinq. Le nouveau délai uniforme est de trois jours francs. Il peut être, comme par le passé, abrégé, sans limite fixée, en cas d'urgence, mais seulement par l'administration supérieure, le préfet ou le sous-préfet. Cette abréviation peut porter sur toutes les séances, quel qu'en soit l'objet ; fût-ce la nomination du maire (8).

Les formalités ci-dessus sont substantielles. Leur inobservation vicie les délibérations prises, c'est de jurisprudence constante (9). Mais il n'y a pas ici nullité radicale que ne puisse couvrir la preuve faite de l'innocuité et de l'irrégularité. C'est ainsi que la non-transcription de la convocation au registre des délibérations a été écartée comme cause de nullité, preuve étant faite de la convocation effective de tous (10). De même pour une convocation faite sur la table du conseil (au lieu du domicile), preuve étant faite de la présence de tous les conseillers (11). De même encore pour une convocation faite non par le maire, mais par le secrétaire de la mairie en son nom (12). Le Conseil d'État a cependant annulé pour convocation tardive une élection de maire à laquelle tous les conseillers municipaux avaient participé (13).

541. Le domicile de convocation est le domicile réel pour les résidents, et pour les autres le domicile électoral.

§ 3 — Tableau.

542. La loi assigne des rangs aux conseillers municipaux, et il en est dressé tableau (1), dont un double reste déposé à la mairie, à la sous-préfecture et à la préfecture, où chacun peut en prendre communication ou copie (2).

L'ordre du tableau est déterminé, même quand il y a des sections électorales (3) :

1° Par la date de nomination la plus ancienne ;
2° Entre les conseillers élus le même jour, par le plus grand nombre de suffrages obtenus ;
3° En cas d'égalité de suffrages, par la priorité d'âge.

543. Le tableau ne règle pas seulement les préséances ; il sert à l'application d'autres dispositions de la loi qui appellent les conseillers à certaines fonctions dans l'ordre où ils y sont inscrits. Les conséquences du sectionnement dans les communes où le conseil municipal n'est pas élu par une liste unique rendent l'ordre du tableau, quelque règle qu'on adopte, un peu arbitraire.

§ 4. — Bureau.

544. La présidence du conseil municipal appartient au maire, ou, à défaut, à celui qui le remplace, c'est-à-dire soit à un adjoint, dans l'ordre des nominations, soit, faute d'adjoint, à un conseiller municipal dans l'ordre du tableau.

545. Le maire, toutefois, est à l'état de récusation légale pour les séances où il rend ses comptes. Pour ce cas spécial, le conseil élit son président. Mais le maire assiste à la séance jusqu'au vote pour lequel, seul, il se retire. Le maire conserve ce droit, même lorsqu'il rend ses comptes après avoir quitté ses fonctions. Le président élu adresse *directement* la délibération, une fois prise, au sous-préfet (4). Ces règles sages, sauvegardent à la fois la dignité et la liberté de ces délibérations délicates, les droits de la défense, et la prompte transmission de la délibération à qui de droit.

546. Le maire ne peut non plus présider la séance d'élection du maire. Il est remplacé à ce moment par le doyen d'âge même lorsqu'il existe un adjoint en fonctions (5), mais il reprend la présidence pour l'élection des adjoints.

547. Le conseil municipal nomme *parmi ses membres* son secrétaire pour chaque séance et au début de chacune. Il peut en instituer plusieurs. Il peut leur adjoindre des auxiliaires, assistant aux séances, mais sans participation aux délibérations (6).

§ 5. — Police des séances.

548. Le président (7) a seul la police de l'assemblée. Il peut faire expulser de l'auditoire ou arrêter *tout individu* qui trouble l'ordre. En cas de crime ou de délit, il en dresse procès-verbal et le procureur de la République est immédiatement saisi (8).

Cette rédaction suppose la publicité des séances.

549. La loi dit : *tout individu*, ce qui semble comprendre

---

(1) L. 5 avril 1884, art. 47, § 2.
(2) *Ibid.*, art. 46, § 2.
(3) L. 5 mai 1855, art. 15.
(4) L. 5 avril 1884, art. 46, § 2.
(5) *Ibid.*, art. 46, § 3.
(6) M. Morgand, t. Ier, p. 271.
(7) L. 5 avril 1884, art. 48..
(8) Cons. d'Et. 8 août 1887.
(9) Cons. d'Et. 20 novembre 1885. *Jabreille.*
(10) Cons. d'Et. 23 février 1877. *Le Raincy.*
(11) Cons. d'Et. 24 mars 1884. *Saint-Hilaire, Bessonnes.*
(12) Cons. d'Et. 20 février 1880. *Phouron.*
(13) Cons. d'Et. 20 avril 1883. *Audillé.*

(1) L. 5 avril 1884, art. 49, § 1.
(2) *Ibid.*, art. 49, § 3.
(3) *Ibid.*, art. 49, § 2.
(4) *Ibid.*, art. 52.
(5) Cons. d'Et. 5 mars 1886. *Saint-Sauveur.*
(6) L. 5 avril 1844, art. 53, § 2.
(7) *Ibid.*, art. 55. Le texte dit le *maire*. Mais c'est une faute de rédaction évidente. Le maire n'est que président et l'adjoint ou le conseiller municipal qui le remplacent sont nécessairement investis des mêmes droits.
(8) V. *conforme*, art. 29. L. 10 août 1871, *sur les conseils généraux.*

à la fois les assistants et les propres membres du conseil municipal. Avant la publicité, on reconnaissait au maire, vis-à-vis de ses collègues du conseil, le droit d'expulsion; en cas de trouble, il le conserve évidemment, mais peut-il, en cas de trouble grave, les faire arrêter. Le doute naît du texte qui permet au maire de faire *expulser de l'auditoire où arrêter* etc... Ce terme, *l'auditoire*, comprend-il à la fois le conseil et les assistants, ou les assistants seuls. Nous hésitons et nous penchons à admettre que le maire reste autorisé à l'expulsion des conseillers municipaux qui troubleraient l'ordre, par application des usages antérieurs; mais qu'il ne tient de la loi actuelle le droit d'arrestation pour simple trouble, que vis-à-vis des assaillants. Vis-à-vis d'un crime ou d'un délit, le droit commun s'applique et atteint même les conseillers, mais parce que le Code d'instruction criminelle (art. 50), lui donne ce droit. Hors ce cas, le président n'aurait à invoquer que la ressource de la levée de la séance, si le conseiller expulsé se refusait à sortir (1).

550. Le conseil municipal étant devenu une assemblée publique, l'article 97 de la loi municipale permet au maire de prendre des arrêtés de police pour assurer l'ordre de cette assemblée sous les peines de l'article 471, n° 15, du Code pénal. M. Morgand, dans l'article 97, nous en donne un exemple dans un arrêté du préfet de la Côte-d'Or, fournissant, pour cet objet, un modèle aux maires de son département. Nous croyons utile de le reproduire (2).

551. Le président du conseil municipal est d'ailleurs protégé dans l'exercice de ses fonctions, par les articles 222 et 224 du Code pénal, et l'article 33 de la loi du 29 juillet 1881 (loi de la presse), qui répriment les injures et les outrages adressés aux magistrats de l'ordre administratif dans l'exercice de leurs fonctions.

§ 6. — Délibération.

552. Le conseil municipal ne peut délibérer que lorsque la majorité de ses membres en exercice assiste à la séance. Lorsqu'après deux convocations successives, à trois jours au moins d'intervalle et dûment constatées, le conseil municipal ne s'est pas réuni en nombre suffisant, la délibération prise après la troisième convocation est valable, quel que soit le nombre des membres présents (3).

553. Mais d'abord, qu'est-ce qu'un membre *en exercice?* C'est un membre : 1° *nommé;* 2° *non démissionnaire;* 3° *non invalidé.*

1° *Nommé :* et non pas *installé.* Il n'y a pas d'installation

(1) En ce sens, Montpellier, 3 juillet 1886. D. P. 87.2.22.
(2) Nous, Maire de la commune de...
Vu l'article 54 de la loi municipale du 5 avril 1884, portant que les séances des conseils municipaux sont publiques;
Vu l'article 53 de la même loi, relatif à la police desdites séances;
Vu les articles 94 à 99 de la même loi et notamment les paragraphes 2 et 3 de l'article 97 nous confiant le soin de prendre le droit d'assurer, par des arrêtés réglementaires, la police des lieux d'assemblée publique;
Vu l'article 471 du Code pénal;
Considérant que pour faire respecter la dignité des délibérations du conseil municipal, il y a lieu de réglementer la police de la partie de la salle des séances réservée au public,

Arrêtons :

Art. 1er. Les personnes qui assisteront aux séances du conseil municipal, dans la partie réservée au public, se tiendront découvertes. Il leur est interdit de troubler par des gestes, paroles ou de façon quelconque, les délibérations de l'assemblée communale.

Art. 2. Si une ou plusieurs personnes interrompent le silence, donnent des signes d'approbation ou d'improbation, font des interpellations, causent ou excitent un tumulte de quelque manière que ce soit et si, après avertissement du président, elles ne rentrent pas dans l'ordre sur-le-champ, il sera donné contre elles des procès-verbaux à fin de poursuite, sans préjudice des mesures édictées par l'article 53 de la loi municipale.

Art. 3. Le présent arrêté sera affiché dans l'endroit le plus apparent de la partie de la salle des séances réservée au public.

Le Maire,

(3) L. 5 avril 1884, art. 50.

légale. Un conseiller municipal est en exercice depuis son élection, c'est-à-dire depuis la proclamation du scrutin (1);

2° *Non démissionnaire.* Nous nous en expliquerons plus loin en traitant *de la démission;*

3° *Non invalidé.* Rappelons ici que l'invalidation par le conseil de préfecture n'atteint *effectivement* l'invalidé qu'à l'expiration du délai de recours, et que le recours est suspensif au profit de l'intéressé.

554. Les parents et alliés au degré prohibé comptent simultanément parmi les membres en exercice, tant qu'il n'a pas été statué sur leur incompatibilité respective (2).

555. Le maire ne compte pas comme conseiller en exercice dans la séance où, rendant ses comptes, il n'assiste pas à titre de conseiller (3).

556. Il en est nécessairement de même des conseillers municipaux tenus par l'article 64 de la loi municipale, de se récuser dans les affaires où ils sont personnellement intéressés.

557. Qu'est-ce, en second lieu, qu'*assister à la séance?* C'est y être présent *au moment du vote.* Il est inadmissible que la présence à la séance pendant la discussion d'une affaire puisse influer sur le *quorum* nécessaire pour le vote d'une autre. Mais la présence pendant la discussion d'une affaire suffit-elle, même lorsque le nombre réglementaire ne se retrouve plus, pour le vote même. Notre formule (ci-dessus) répond négativement. Mais la jurisprudence du Conseil d'État nous donne tort. Elle décide, pour les élections des maires, que les membres présents au moment où le doyen d'âge prend la présidence pour l'élection du maire comptent pour le *quorum* pendant tout le scrutin, même se retirant avant la fin (4); mais on est ici en matière électorale : c'est une nature de délibération toute particulière. Malgré cela, et dans cette limite restreinte, nous souscrivons avec peine à ces décisions.

558. Pour ce qui est des affaires ordinaires, nous nous en tenons à la règle posée plus haut, et que confirme d'ailleurs une décision antérieure du Conseil d'État (5), laquelle déclare que la présence de la majorité des membres en exercice est nécessaire non seulement à l'ouverture de la séance, *mais encore et surtout au moment du vote, le vote constituant en lui-même la délibération.*

559. Ainsi d'une part, pour qu'une délibération soit valable, il suffit de la présence de la moitié, plus un, des membres en exercice. Et les membres en exercice peuvent descendre aux trois quarts, en règle générale même, exceptionnellement à la moitié. Un conseil municipal de douze membres peut délibérer valablement, dans certains cas, à cinq (moitié plus un, de neuf), et même à quatre (moitié plus un, de six). C'est, certes, une large part faite aux nécessités. D'autre part, l'élection du maire peut être faite, si la reconstitution du conseil n'a pas donné de résultat, par les trois quarts, plus un, soit dix pour un conseil de douze membres, dont la moitié plus un est six. Un maire peut donc être élu par la moitié du conseil seulement et par la majorité de cette moitié, soit quatre, c'est-à-dire le tiers du conseil. Nouvelle concession faite aux nécessités.

560. Il semblerait que ces concessions fussent suffisantes. La loi va beaucoup plus loin. Nous avons dit l'exception en même temps que la règle (6). Il en résulte que, de convocation en convocation, les délibérations sont valables, même émises *par une seule unité.* Et ce n'est pas une hypothèse. On a été jusque-là, *en fait* (7).

561. Le Conseil d'État tient, au moins, la main à ce que les

(1) Jurisprudence constante.
(2) Cons. d'Et. 27 mars 1885, *Mesquer;* — 19 juin 1885, *Capesterre.*
(3) Cons. d'Et. 11 juillet 1875, *Doyet.*
(4) Cons. d'Et., *Olminia,* 3 août 1877; 31 décembre 1878, Serignac; 6 mars 1885, *Sauveterre;* ibid. *Biguglia.* — Aux termes d'un arrêt du 7 novembre 1884 (*Champelore*), la présence au premier tour de scrutin est déclarée suffisante pour que l'on puisse légalement procéder aux autres tours, quel que soit le nombre des assistants.
(5) Cons. d'Et. 2 mars 1870, *Mergey.*
(6) V. *supra* n° 55.
(7) V. *Bulletin officiel du ministère de l'intérieur,* 1888, p. 227.

convocations successives qui sont nécessaires pour que le conseil municipal puisse délibérer, sans *quorum* quelconque, soient toutes faites avec observation du délai normal de trois jours. Il n'admet pas que ce délai puisse être abrégé par le préfet, comme cela est permis par l'article 48 de la loi municipale pour les cas ordinaires (1). Il ne pouvait mieux faire : mais c'était le moins.

562. La loi municipale n'attache pas expressément la nullité aux délibérations prises en violation des règles qui précèdent. Mais il ne peut y avoir doute à cet égard. Puisque le conseil *ne peut délibérer* que si la majorité de ses membres en exercice assiste à la délibération, s'il délibère dans des conditions différentes, ses délibérations sont nulles de plein droit.

563. Les délibérations sont prises à la majorité absolue *des votants* (2). Les abstentions n'entrent pas dans ce calcul. Et cela, quel qu'en soit le nombre. Tous, moins trois, s'abstenant, la décision prise par deux conseillers sera valable. En cas de partage, la voix du président est prépondérante (3). Tout le conseil s'abstenant sauf deux, la décision pourra être prise par le président seul.

564. La voix du président n'est prépondérante qu'en cas de partage. Cela veut dire qu'il n'y a lieu de recourir à ce moyen de départager le conseil que lorsque le partage est acquis. Il n'est acquis qu'au dépouillement du scrutin. Mais, une fois le scrutin proclamé, le vote est acquis.

565. La loi dit *le président* et non *le maire*. L'adjoint ou le conseiller municipal remplaçant le maire ont le même droit.

566. La voix du président n'est pas prépondérante en cas de scrutin secret (4). Il y a, en effet, plusieurs modes de scrutin.

567. Un dernier mot sur le calcul de la majorité. Nous avons vu à quel nombre infime la majorité peut se réduire ; à deux ; à un seul, vu la prépondérance du président. Mais que tous s'abstiennent, moins un seul, sa décision comptera-t-elle ? On a admis que le maire *seul présent* à une réunion, après deux convocations infructueuses, pouvait prendre une délibération valable. La logique de cette interprétation conduit à admettre *a fortiori* que le maire, *seul votant* à une réunion en nombre, ait le même pouvoir ; la même logique conduit à admettre qu'un seul membre, simple conseiller, fasse la loi à lui seul, le scrutin s'abstenant avec les autres. Mais l'article veut *la majorité des votants*. Le texte de l'article suppose *une majorité*, c'est-à-dire *une pluralité des* votants et non pas *un seul*. Que choisir ? L'obéissance au texte, ou la logique de l'interprétation précédente ? Nous choisissons l'obéissance au texte et nous refusons à un seul membre la qualification de majorité.

568. Il y a trois modes de scrutin : Le scrutin ordinaire, *par assis et levé* ; — le *scrutin public* ; — le scrutin secret (5).

569. Il y a lieu à scrutin public toutes les fois que le quart des membres présents le demande. Il implique l'inscription des votes de chacun au procès-verbal.

570. Il y a lieu à scrutin secret toutes les fois que le tiers des membres présents le réclame, ou s'il s'agit de *nomination* ou de *présentation* (6).

571. S'il y a deux demandes en sens contraire, la préférence est au scrutin secret.

572. En cas d'égalité de voix, au scrutin secret, il y a rejet ; faute de voix prépondérante du président et de dispositions contraires de la loi, c'est la règle ordinaire.

573. L'article 51 pose une autre règle pour les nominations et les présentations. Après deux scrutins à égalité, ou si aucun des candidats n'a obtenu la majorité absolue, il est procédé à un troisième tour. L'élection a lieu à la majorité relative : à égalité, le plus âgé est élu.

574. Toutes ces prescriptions ont pour sanction la nullité. Le texte ne le dit pas, mais le rapporteur de la loi l'a déclaré dans la discussion. A défaut du texte, il y a l'esprit.

§ 7. — Études.

575. Aux termes de la loi nouvelle (1), le conseil municipal peut former dans son sein, au cours de chaque session, des commissions d'étude pour l'examen des questions soumises au conseil par l'administration ou par l'initiative d'un de ses membres.

Ces commissions peuvent tenir leurs séances dans l'intervalle des sessions.

Elles sont convoquées par le maire, président de droit, dans les huit jours de leur nomination, ou, à plus bref délai, sur la demande de la majorité des membres qui les composent.

Dans cette première réunion, elles désignent un vice-président qui peut les convoquer et les réunir, si le maire est absent ou empêché.

576. Ces commissions d'études ne doivent pas oublier qu'elles sont de simples commissions d'études, qu'elles n'ont aucun pouvoir propre ; que la loi n'autorise pas le conseil municipal à leur déléguer une part quelconque de ses attributions, et qu'elles commettraient un excès de pouvoirs en empiétant, soit sur le droit de l'administration qui appartient au maire seul, soit sur le droit de délibération et de décision qui appartient au conseil municipal.

§ 8. — Publicité.

577. La publicité des délibérations des conseils municipaux était assurée, avant la loi actuelle, par deux dispositions se complétant l'une par l'autre :

Aux termes de la loi du 5 mai 1855 (2), les délibérations devaient être inscrites par ordre de date, sur un registre coté et paraphé par le sous-préfet ;

Aux termes de la même loi (3), tout habitant ou contribuable de la commune avait le droit de demander communication sans déplacement, et de prendre copie des délibérations.

Mais la publicité s'arrêtait là, et la loi de 1837 (4), en interdisant l'accès des séances au public, n'autorisait la publication officielle des débats municipaux qu'avec l'approbation de l'administration supérieure.

La loi de 1884 a conservé les deux premières dispositions en les élargissant (5). Elle a de plus ouvert l'accès des séances au public (6) et ordonné (7) l'affichage des délibérations.

578. Ainsi, aux termes des articles 57 et 58, les délibérations continuent à servir d'élément à un registre, *par ordre de date*, paraphé par le préfet ou le sous-préfet. Elles sont signées par tous les membres présents à la séance, ou mention est faite de la cause qui les a empêchés de signer. Tout habitant ou contribuable peut en prendre communication et copie totale *ou partielle* ; il peut également se faire communiquer *les budgets, les comptes, les arrêtés municipaux* ; il peut même, par lui-même ou par un tiers, les publier sous sa responsabilité.

579. En premier lieu, quelle est la valeur de ce registre ?

(1) V. Cons. d'Ét. 6 décembre 1878, *Albaret* ; 1er décembre 1879, *Cuq* ; 1er juillet 1881 ; *Chaudou* ; 17 février 1882, *Igou*.
(2) L. 5 avril 1884, art. 51.
(3) *Ibid.*, art. 51.
(4) *Ibid.*, art. 51.
(5) *Ibid.*, art. 51.
(6) Élections des maires et adjoints ; désignation des membres des commissions syndicales, délégués, etc.

(1) L. 5 avril 1884, art. 59.
(2) *Ibid.*, art. 22.
(3) *Ibid.*, même article.
(4) *Ibid.*, art. 29.
(5) *Ibid.*, art. 57 et 58.
(6) *Ibid.*, art. 64.
(7) *Ibid.*, art. 56.

Les prescriptions de la loi sont-elles faites, ici, à peine de nullité des délibérations correspondantes? Le registre fait-il foi absolue des faits qui y sont consignés?

La loi n'édicte aucune nullité formelle, et la jurisprudence du Conseil d'Etat n'y supplée pas, d'une manière générale, tout au moins. L'omission de l'absence de certaines signatures (1); la signature donnée postérieurement à la séance par des conseillers dont la présence n'est pas contestée (2); même la non-transcription de la délibération sur le registre (3), n'entraînent pas la nullité de la délibération.

Le registre n'a donc que la valeur d'un renseignement. La présence à la séance peut résulter de toute autre indication, de toute autre preuve. Le registre peut être contredit par des faits jugés certains.

580. En second lieu, quelle doit être l'étendue des procès-verbaux? La loi est muette, et l'on comprend que grande est la marge entre un compte rendu sommaire et une analyse complète. Les opinions y doivent être toutes relatées. Est-ce un droit pour les membres des conseils, que la minorité en particulier, de l'exiger? Le silence de la loi répond. Le conseil est maître de son procès-verbal. Entre la majorité et la minorité, c'est affaire de loyauté. C'est, en un mot, affaire de mœurs municipales.

La mesure, toutefois, est délicate, et des mœurs uniformes seront lentes à se former. Une circulaire préfectorale de 1876 trace, à cet égard, des règles bonnes à vulgariser (4).

581. En ce qui touche la communication, nous ferons remarquer qu'elle ne doit pas pouvoir s'étendre, malgré la généralité des termes de la loi, aux arrêtés municipaux *individuels*. Il ne s'agit que des arrêtés *réglementaires*. Le contrôle de l'habitant ou du contribuable est excellent. Mais il a ses limites. Dans l'interprétation contraire, il n'en aurait plus.

582. Les habitants et contribuables de la commune ont droit non seulement à la communication des documents ci-dessus : ils ont droit de prendre copie. Ont-ils le droit à faire certifier ces copies par le maire? Le Conseil d'Etat le leur refuse avec raison, en se référant à la législation générale qui suffit, en obligeant tout dépositaire de pièces publiques à en délivrer des expéditions authentiques, sur timbre, et avec remboursement des droits de timbre et des frais de copie (5).

583. Quant à la publication, elle appartient, aux termes de la loi, à *chacun*. Appartient-elle au conseil municipal, *collectivement*? La loi ne le dit pas. Mais la raison le dit, et le rejet d'un amendement contraire, au Sénat, le confirme.

584. A ces garanties de publicité, la loi nouvelle en ajoute deux autres : 1° l'affichage des comptes rendus par extraits, dans la huitaine, à la porte de la mairie; 2° l'accès du public aux séances.

585. L'article 66 fait courir de l'affichage le délai pour provoquer l'annulation des délibérations contestées. D'où la nécessité de garder trace, aux archives, de l'opération et de sa date.

(1) Cons. d'Et. 22 décembre 1883, *Pequenoul*; 30 mai 1884, *Larcher*.
(2) Ibid., *Coison*, 27 décembre 1865; 30 mai 1884, *Larcher*.
(3) Ibid., *Cretin*, 31 mars 1864.
(4) Circulaire du préfet de la Charente-Inférieure aux maires du département. « La faculté pour tout conseiller municipal de réclamer l'insertion au procès-verbal du sens dans lequel il a voté sur une affaire déterminée est conforme à l'esprit de la loi. Il y aura lieu, en conséquence, de relater dans toutes les délibérations, sans toutefois sortir du cadre habituel des procès-verbaux des conseils, les observations qui, le cas échéant, pourraient être faites, soit par les membres de la majorité, soit par ceux de la minorité. Il n'échappera à aucune des MM. les maires que ce compte rendu est surtout nécessaire, alors que le conseil est appelé à créer des ressources. Il est, du reste, utile que tout habitant ou contribuable de la commune qui a droit de demander communication des délibérations et de prendre copie des délibérations puisse apprécier les divers motifs invoqués de part et d'autre... Le compte rendu auquel je viens de faire allusion n'occasionnera de surcroît de travail que dans des circonstances exceptionnelles; mais pour la généralité des cas, quelques lignes pourront facilement résumer la discussion. »
(5) L. 7 messidor an II, art. 37. — Avis du Conseil d'Etat 18 août 1807, interprétatif. — Arr. Cons. d'Et. Cont., 9 avril 1808, *Morez*.

SECTION II.

FONCTIONNEMENT DE L'AUTORITÉ MUNICIPALE.

586. Cette partie de notre matière est, sur certains points, commune aux deux divisions fondamentales de ce traité. Elle fait partie intégrante de l'organisation municipale. Elle se lie intimement à l'exercice du pouvoir municipal, c'est-à-dire à la vie municipale même. Nous ne pouvons la passer ici sous silence par un simple renvoi, ni l'y développer entièrement sans nous condamner à des doubles emplois (1).

587. L'autorité municipale est une. Elle réside dans le maire. La loi exprime cette pensée par cette phrase : le *maire est seul chargé de l'administration* (2). Cette formule est empruntée à la loi de 1837, qui l'a elle-même prise à la législation de l'an VIII. Elle pourrait être plus nette. Telle qu'elle est, elle laisse peu de prise au doute. Il n'est pas rare cependant de voir les adjoints prétendre à un pouvoir direct, en matière d'état civil par exemple. Nous y reviendrons en son lieu.

Toute trace d'administration collective, grande erreur de la Constituante, a donc disparu. L'adjoint n'est que l'auxiliaire du maire, son collaborateur.

Il est aussi son remplaçant désigné.

La législation consulaire déterminait mieux ces situations respectives. Après avoir posé la règle de l'unité d'administration elle ajoutait que le maire pourrait seulement réunir ses adjoints, les consulter. Les lois de 1837 et de 1884 n'ont plus mentionné ce concours officieux parce qu'il est dans la nature des choses. Mais il n'y a rien à augurer de leur silence à cet égard.

588. Le maire, seul responsable, a seul la signature.

589. Dans les petites communes, la mesure suffit à tout et rien ne vient troubler ces règles. A mesure que la commune s'élève dans l'échelle de population, le rôle du maire s'élargit : à un certain degré, il dépasse les forces d'une seule tête ; force est alors à la loi d'y pourvoir par une exception. C'est ainsi que le même article, qui concentre toute l'administration sur la tête du maire, l'autorise à en déléguer quelques branches à *tel et tel* des adjoints.

Mais la loi a soin d'ajouter, ce que ne faisait pas sa devancière (3), que le maire doit y pourvoir *par arrêté*, et qu'il conserve la *surveillance* et la *responsabilité*. Ces additions répondent aux prétentions passées, en présence desquelles la loi, quoique très claire dans le surcroît de précision, a cru prudent de s'accentuer.

590. Le maire, à défaut d'adjoints disponibles, peut recourir aux membres du conseil municipal. La loi de 1837 le lui permettait déjà. Mais elle exigeait que, *pour les conseillers*, le maire suivît l'ordre du tableau. La loi de 1884 supprime cette condition. Le maire peut, à défaut d'adjoints, confier sa délégation spéciale à *tel ou tel* conseiller municipal, à son choix.

591. La loi porte quelquefois elle-même délégation d'office. Spécialement à Lyon, la tenue de l'état civil et un certain nombre d'attributions précisées par un règlement d'administration publique sont déléguées d'office par la loi (4) aux adjoints que le maire désigne à cet effet : deux adjoints par arrondissement, c'est-à-dire douze adjoints sur les dix-sept dont le maire de Lyon est entouré sont affectés à ces services spéciaux et déterminés.

592. Les attributions dont le règlement d'administration publique dans la loi municipale s'approprie les dispositions (5) sont les suivantes :

(1) V. *infra*, livre III, tit. I, chap. I.
(2) L. 5 avril 1884, art. 82.
(3) L. 18 juillet 1837.
(4) L. 5 avril 1884, art. 73.
(5) Règl. d'admin. publ. 11 juin 1881. On remarquera que ce règlement d'administration publique a été rendu en exécution de la loi du 21 avril

Ils remplissent les fonctions attribuées aux maires des communes par les lois, règlements et instructions relatifs :

1° Au recrutement de l'armée et aux enrôlements volontaires ;

2° A la formation des listes électorales ;

3° A la confection des rôles des contributions directes et à l'instruction des demandes en dégrèvement ;

4° Aux déclarations de fixation et de changement de domicile;

5° Aux demandes en établissement de domicile et de naturalisation formées par des étrangers ;

6° A l'assistance judiciaire ;

7° A l'expropriation, pour cause d'utilité publique ;

8° Aux successions en déshérence et aux tutelles officieuses.

Ils font partie des conseils de fabrique des paroisses situées dans leurs arrondissements respectifs ;

Ils apposent leur visa sur les actes judiciaires qui doivent être visés par les maires.

Ils délivrent les certificats exigés :

1° Pour le mariage des officiers ;

2° Pour l'individualité des membres de la Légion d'honneur ;

3° Pour l'admission des élèves boursiers dans les lycées, collèges et les maisons de la Légion d'honneur ;

4° Pour la transmission des charges de notaire, d'avoué, d'huissier et autres officiers ministériels ;

5° Pour constater la non-séparation des veuves de militaires et d'employés;

6° Pour certifier l'existence ou le décès de rentiers et pensionnaires à divers titres ou des titulaires de majorats et dotations;

7° Pour attester l'existence des infirmités et la notoriété des accidents allégués à l'appui des demandes de pension, conformément à l'article 35 du décret du 29 novembre 1853 ;

8° Pour certifier l'apposition des affiches prescrites, notamment en l'article 24 de la loi du 21 avril 1870.

Ils légalisent les signatures des fonctionnaires et des particuliers.

593. Un autre cas de délégation légale est celui de la délégation donnée aux adjoints spéciaux des fractions de communes isolées du chef-lieu. Nous l'avons précisé en traitant de cette disposition exceptionnelle de la loi.

594. Ces délégations se distinguent de celles qu'il appartient au maire de conférer, en ce qu'ici la liberté du maire, ailleurs entière, est limitée par la loi même.

Ainsi, en ce qui concerne les adjoints spéciaux des fractions des communes isolées, le maire est sans pouvoir pour retirer la délégation. Car, d'un côté, c'est une délégation légale et de l'autre le délégué est élu par le conseil. Le maire n'a d'autre action sur son adjoint que le référé à l'autorité supérieure, en cas de besoin. En réalité, il y a là décentralisation partielle de l'autorité municipale. C'est toujours la nécessité qui fait loi.

595. A Lyon, la situation est tout autre. Le maire est sans pouvoir pour modifier l'objet de la délégation. Mais il peut modifier le titulaire. Il a dix-sept adjoints. Il est tenu d'en détacher douze. Mais il peut choisir entre les dix-sept et modifier le personnel en retirant les délégations données pourvu qu'il les confie à d'autres titulaires.

Il peut d'ailleurs, soit étendre sa délégation à des objets non portés au règlement d'administration publique, par voie d'addition à ce règlement, et en vertu du pouvoir général de délégation que la loi lui confère, soit requérir le concours de ses adjoints délégués pour les opérations de la mairie centrale ; tandis que l'adjoint spécial des fractions isolées reste toujours confiné dans les attributions propres et précises que la loi lui confie directement.

596. Mais ce qui reste commun aux deux cas, c'est que le pouvoir du maire survit toujours à ces délégations légales comme à toutes autres. Présent dans l'arrondissement municipal, à Lyon, ou, dans les fractions isolées, sur le territoire de l'adjoint spécial, le maire conserve toujours le droit de se substituer à son adjoint pour un acte déterminé.

SECTION III.

REMPLACEMENT DU MAIRE.

597. En cas d'absence, de suspension, de révocation ou de tout autre empêchement, le maire est provisoirement remplacé, dans la plénitude de ses fonctions, par un adjoint, dans l'ordre des nominations, et à défaut d'adjoints par un conseiller municipal, désigné par le conseil, sinon pris dans l'ordre du tableau. Ainsi s'exprime l'article 14 de la loi municipale.

Reprenons chacune des dispositions que renferme cette proposition très complexe.

598. Le maire absent ou empêché est toujours provisoirement remplacé. Il ne peut y avoir, un seul instant, interrègne du pouvoir municipal.

La loi, sur ce point, paraît avoir pourvu à tout. A défaut du maire, c'est l'adjoint et quand il y en a plusieurs, le premier d'abord, les autres ensuite, à leur rang. A défaut d'adjoint, c'est un conseiller municipal, désigné, autrefois (1) par le préfet, maintenant par le conseil. A défaut de désignation, l'ordre du tableau fait loi.

599. Malgré ce luxe de remplaçants éventuels, le remplacement peut défaillir. Si le conseil se dérobait tout entier par une démission collective, la difficulté serait facilement résolue. L'article 44 de la loi municipale prévoit l'hypothèse. Comme en cas de dissolution, il serait pourvu à l'administration de la commune par voie de délégation spéciale ; et le président de la délégation serait investi des pouvoirs de maire jusqu'à reconstitution du conseil.

C'est ainsi que la loi pourvoit à la vacance du maire lorsque toute l'administration municipale fait défaut.

600. Mais c'est le cas extrême. Nous supposons le conseil municipal en fonctions ; et chacun des conseillers municipaux se dérobant successivement à la fonction à laquelle l'article 84 les appelle dans l'ordre du tableau à défaut de désignation par le conseil, ou sur le refus du conseiller désigné.

Deux questions : Y a-t-il un moyen de les contraindre ?

A défaut de contrainte effective, comment sera-t-il pourvu à la fonction ?

601. L'obligation de l'article 84 a une sanction légale. Nous la trouverons plus loin en nous occupant de l'abstention systématique. C'est la loi du 10 juin 1873 qui la fournit. Elle frappe de pénalités les conseillers municipaux qui refusent de remplir les obligations légales accessoires à leur mandat. Nul doute que cette loi ne les atteigne puisqu'il s'agit ici d'une désignation éventuelle de la loi. Nous l'avons décidé pour le simple refus de délégation offerte. Mais là l'hésitation était permise. Elle ne l'est plus ici puisque c'est un cas de fonction attribuée.

602. Mais la loi de 1873 ne contient et ne peut contenir que des sanctions pénales. Si, après tout, et malgré sa menace, le remplacement effectif ne peut se faire, quel moyen de pourvoir à la défaillance de l'autorité municipale? Faut-il dissoudre le conseil pour recourir à la délégation spéciale de l'article 44 ; ou, au contraire, l'administration supérieure peut-elle nommer un maire provisoire ? La loi est muette. Le cas n'est pourtant pas plus impossible que celui de la démission collective. C'est une abdication partielle, au lieu d'une

---

1881, organique de l'administration municipale de Lyon; et que cette loi est abrogée par le dernier article de la loi de 1884. Le règlement d'administration publique rendu en exécution de ladite loi n'a pas subi le même sort, et tout au contraire la loi de 1884 s'en est approprié les dispositions en ce qui concerne les attributions spéciales que les adjoints exercent sans délégation.

(1) Loi de 1855.

abdication totale. Sous l'empire de la loi de 1855, qui gardait le même silence, on reconnaissait au préfet le droit de pourvoir à la nomination d'un maire provisoire. Et M. Morgand pense (1) qu'on peut lui reconnaître le même droit aujourd'hui.

Nous en doutons. Sous la loi de 1855, c'était le pouvoir qui nommait les maires. C'est le conseil municipal qui les nomme aujourd'hui. Quant à arguer de l'article 85 de la loi de 1884 qui donne au préfet le droit de procéder d'office, par lui-même ou par délégué, aux actes que le maire refuserait ou négligerait de faire, il n'y faut pas songer. L'article 87 ni l'article 44, auxquels le savant commentateur cherche appui, ne donnent la clef de la difficulté. Ils visent le cas où il n'y a plus de conseil. Reconnaissons franchement que la loi n'y a pas pourvu. Nous ne voyons pas d'autre moyen de sortir d'affaire, dans ce cas difficile, que par la dissolution. Alors s'appliquent sans peine, mais alors seulement, les articles 44 et 87 ; ce dernier article pourvoyant au cas de dissolution ou de démission collective, que prévoit l'article 46, par la remise de l'autorité municipale aux mains du président de la délégation spéciale ou, à son défaut, au vice-président de cette délégation.

603. Le maire absent ou empêché est remplacé *dans la plénitude de ses pouvoirs*. C'est un maire effectif qui prend la place du maire empêché. Le maire provisoire a donc le pouvoir réglementaire. Il a le droit de délégation. Il a, par suite, le droit de révoquer les délégations antérieurement données. Il en usera peu, s'il est prudent et réservé. Mais il peut en user sans limite, c'est la loi.

604. Nous parlons ici du maire provisoire remplaçant le maire réel, le conseil municipal restant en fonctions. Que, s'il s'agit du président de la délégation spéciale nommée en cas de vacance du conseil municipal dissous ou démissionnaire, l'article 44 limite, au contraire, expressément ses pouvoirs, comme il limite ceux de la délégation même.

605. L'absence et l'empêchement comprennent, d'ailleurs, dans la formule de l'article 84, le cas de révocation et celui de suspension. L'absence, la suspension, la révocation sont choses précises. Autre est le cas d'empêchement. Il restera toujours là matière à doute. Le maire *absent* ne peut procéder par délégation au profit d'un adjoint à son choix, comme il le peut, *présent*, aux termes de l'article 82. Il est de droit remplacé par le premier adjoint, et par les autres à leur rang. La loi applique la même règle au cas d'*empêchement*. Et cependant le maire *présent* n'a d'autre motif de donner la délégation de l'article 82 qu'un *empêchement* de pourvoir lui-même à tout. La théorie de la loi est donc, qu'en cas d'*empêchement partiel*, il peut recourir à la délégation et s'adresser à tel ou tel adjoint à son choix ; mais qu'en cas d'*empêchement total*, il ne peut remettre ses pouvoirs qu'à l'adjoint que la loi même lui désigne.

606. Jusqu'ici, nous avons traité du remplacement intégral du maire. La loi prévoit un cas de remplacement partiel. C'est celui de l'article 83. Quand les intérêts du maire se trouvent en opposition avec ceux de la commune, le conseil municipal désigne un autre de ses membres pour représenter la commune, soit en justice, soit dans les contrats (2).

Dans la pratique antérieure, le maire se récusait. Maintenant, c'est le conseil municipal qui le récuse. Il se faisait remplacer par son adjoint. C'est le conseil municipal qui le remplace par un des siens. C'est une imitation de la loi départementale qui substitue au préfet un membre du conseil général, quand il y a litige entre le département et l'Etat. La loi municipale va plus loin. Elle prévoit aussi le cas de contrats à passer.

(1) T. I, p. 433.
(2) L. 5 avril 1884, art. 83.

CHAPITRE VI.

DURÉE DU MANDAT DU CORPS MUNICIPAL.

SECTION PREMIÈRE.

DURÉE DU MANDAT DU CONSEIL.

§ 1. — Mandat collectif.

ARTICLE PREMIER. — *Renouvellement normal.*

607. La durée des pouvoirs et le mode de renouvellement des conseils municipaux sont un des points les plus importants de l'organisation municipale. L'intérêt de la bonne gestion des choses communales paraît recommander les longs mandats. La liberté des mandants et le respect des volontés changeantes du corps électoral dirige le législateur en sens contraire. La loi du 21 mars 1831, sans remonter plus haut, avait cru trouver la conciliation de ces deux extrêmes dans la combinaison d'un long terme avec le renouvellement partiel à échéance plus rapprochée. Elle fixait à six ans la durée des pouvoirs des conseillers municipaux, qu'elle renouvelait par moitié tous les trois ans. Ce système a duré jusqu'en 1848. En 1848, en 1852, les conseils municipaux ont été renouvelés intégralement. Mais l'Empire n'avait pas laissé à la seconde République le temps de formuler son organisation municipale. Il a lui-même vécu de provisoire jusqu'en 1855.

La loi de 1855 rompit définitivement avec le renouvellement partiel et abaissa en même temps, et par compensation, la durée des pouvoirs à cinq ans, pour la reporter à sept, en 1867, et revenir, en 1870, aux cinq ans (1).

Après 1870, un des premiers soins de l'Assemblée nationale fut d'abréger cette durée. La loi *provisoire* du 14 avril 1871, pourvoyant au renouvellement intégral des conseils municipaux, limita à trois années la durée du mandat des conseillers municipaux ainsi élus. Elle ne statuait pas pour l'avenir, comptant sur la prompte émission d'une loi organique générale. Faute d'aboutir à cette organisation d'ensemble, il fallut vivre avec le provisoire, et les conseils municipaux subirent, de 1871 à 1884, trois renouvellements intégraux, en 1874, 1878, 1881, non sans voir dépasser de quelques mois, en 1874 et en 1878, sous la pression des circonstances, la période triennale.

608. La loi de 1884 a consacré, une fois de plus, la règle du renouvellement intégral, en reportant à quatre ans la durée du mandat municipal. Le rapporteur de la loi à la Chambre, M. de Marcère, en donne ainsi les raisons : « Quatre années ont paru un minimum nécessaire pour la préparation et l'exécution des projets d'une municipalité. Peut-être même faudrait-il prolonger cette durée dans l'intérêt d'une bonne gestion, s'il n'était à craindre que les municipalités ne vinssent à perdre l'autorité morale dont elles ont besoin, et qu'elles ne trouvent que dans l'émission périodique de l'opinion publique. C'est aussi cette pensée de maintenir les pouvoirs municipaux en accord avec l'opinion qui a fait préférer le renouvellement intégral au renouvellement partiel, que des esprits distingués préconisent. Ils invoquent la grande importance qu'il y a à maintenir une certaine unité de direction dans les affaires de la commune ; ils redoutent les inconvénients de l'incohérence dans la gestion de ses intérêts ; ils croient utile de former de bons gérants par la continuité de leurs fonctions. Ces réflexions ne manquent pas de vérité ; mais le remède que l'on propose serait illusoire. Pourquoi ? C'est que, dans le plus grand nombre des cas, les membres sortants des conseils sont réélus et les

(1) La loi de 1867 n'a pas été appliquée, sur ce point.

avantages de la tradition sont ainsi obtenus ; ou s'ils ne doivent pas être réélus, leur maintien forcé dans le conseil ne serait ni digne d'eux, ni utile pour la commune. On s'exposerait à voir la moitié du conseil nouvellement élue animée d'un esprit tout différent de celui de la moitié qui reste, et alors, au lieu de l'incohérence, ce serait l'anarchie qui entraverait la gestion des affaires. »

L'article 5 de la loi du 5 avril 1884, qui règle ce point, est ainsi conçu : « Les conseils municipaux sont nommés pour quatre ans. Ils sont renouvelés intégralement le premier dimanche de mai, dans toute la France, lors même qu'ils ont été élus dans l'intervalle. » Ils l'ont été, en vertu de la loi du 5 avril, le premier dimanche de mai 1884.

609. La règle est précise et absolue : tous les quatre ans, à partir de 1884, les conseils municipaux de toute la France sont renouvelés intégralement, même ceux, remarquons-le bien, qui auraient, d'un renouvellement *intégral général* à l'autre, subi, par suite de démission collective ou de dissolution, un renouvellement *intégral particulier*. La loi, à cet égard, fonctionne automatiquement.

610. Il en résulte que la disposition de la loi de 1855 (1), qui prolongeait, à chaque renouvellement, le mandat de l'ancien conseil jusqu'à l'installation de son successeur, n'a plus de place dans la législation nouvelle. L'article 81 de la loi de 1884 maintient la règle ancienne pour les maires et les adjoints. C'est qu'on ne peut concevoir une commune sans maire, tandis qu'on peut très bien admettre une courte interruption dans le fonctionnement du conseil municipal. Si, pour une raison quelconque, le renouvellement se trouvait ajourné dans une commune, le seul moyen légal de pourvoir aux nécessités de l'administration courante serait, dans ce cas, le recours à des délégués spéciaux, comme au cas de dissolution.

611. Il faut cependant pourvoir, au moins dans une certaine mesure, aux vacances survenues d'un renouvellement à l'autre. Vacances partielles, par décès ou démissions ; vacances totales, par démission collective ou dissolution.

612. *Vacances partielles.* — Le conseil peut descendre jusqu'aux trois quarts de ses membres sans cesser de fonctionner régulièrement. A ce chiffre *des trois quarts*, la loi estime la réduction excessive et exige des élections complémentaires dans le délai de deux mois (2). Il est, dit l'article 42, *dans le délai de deux mois, à dater de la dernière vacance,* procédé à des élections complémentaires. La disposition est impérative. Et l'administration transgresserait la loi en n'y obtempérant pas. Mais le conseil mutilé n'en fonctionnerait pas moins. Le Conseil d'Etat (3) tient pour légales les délibérations prises par un conseil municipal incomplet (4). L'article 50 de la loi municipale admet, d'ailleurs, les délibérations prises par un nombre quelconque de membres, après deux appels infructueux.

613. L'administration est encore tenue de faire procéder à des élections complémentaires, toutes les fois qu'une élection est annulée dans le même délai de deux mois.

614. Elle l'est également toutes les fois que le conseil est incomplet au moment de l'élection du maire. Et, dans ce cas, il n'y a pas de délai imparti. La sanction serait dans la prolongation de la vacance du maire, qu'évidemment l'administration ne peut être induite de tolérer.

615. La règle précédente fléchit pendant le semestre qui précède le renouvellement intégral. Le nombre de vacances nécessaires pour rendre les *élections complémentaires* obligatoires descend alors *du quart à la moitié plus un*. A moitié même, le conseil fonctionnerait encore dans des conditions régulières. L'approche d'élections nouvelles explique l'exception.

616. La loi fait, d'ailleurs, une exception à l'exception.

Dans les communes divisées en sections électorales, il y a *toujours* lieu à élection complémentaire quand la section a perdu la moitié de ses membres dans les deux mois.

617. Dans ces deux mois, disons-nous. Mais ce délai court-il pour la convocation des électeurs, ou pour le scrutin ? Il court *pour le scrutin*. C'est de jurisprudence (1). Le texte même ne peut guère être compris autrement : *il est*, dit la loi, dans le délai de... *procédé* à de nouvelles élections.

618. Les règles qui précèdent s'imposent à l'administration. Mais en dehors des cas prévus et n'y eût-il aucune vacance, elle reste toujours libre de convoquer les électeurs : rien dans la loi n'enchaîne son droit.

619. *Vacances totales.*—La vacance totale peut résulter d'une démission collective. On applique les mêmes règles : la convocation est obligatoire dans le délai de deux mois.

Elle peut résulter d'une dissolution. Les mêmes règles doivent encore être observées. Mais nous devons nous arrêter sur ce point.

ARTICLE 2. — *Dissolution.*

620. La loi municipale conserve, nous l'avons dit, au gouvernement, comme ressource suprême contre le désordre municipal, le droit de dissoudre les conseils municipaux.

Un conseil municipal, dit l'article 43, *ne peut être dissous* que par décret du Président de la République, rendu en conseil des ministres et publié au *Journal officiel* (2). Rendons hommage à cette formule ; sa forme implique l'évidence, à titre de principe supérieur, du droit dont elle se borne à délimiter les conditions.

621. Le droit de dissolution emporte, comme préalable, celui de suspension. Aux termes de la loi de 1855, la suspension pouvait durer deux mois, prononcée par le préfet ; une année, si elle émanait du ministre. La loi nouvelle (3) laisse le droit de suspension au préfet, mais elle en limite la durée à un mois. Le préfet prononce *par arrêté motivé*, et la loi l'oblige à rendre compte immédiatement au ministre. La Chambre a sagement écarté une proposition de sa commission tendant à limiter le droit de suspension au cas d'excès de pouvoir du conseil municipal, mais elle a exigé *qu'il y eût urgence*. C'est que, en effet, dans l'esprit de la loi, très justement d'ailleurs, la suspension ne doit être qu'un préalable à la dissolution.

622. Qui juge l'urgence ? Le préfet, sauf décision contraire du ministre avisé. La décision est souveraine : l'appréciation de l'urgence ne peut être l'objet d'un contentieux. L'imminence d'un conflit local peut être, dans certains cas, un motif suffisant. L'administration est seule en mesure de faire, sous sa responsabilité, ces appréciations délicates. Tout recours, sur de tels objets, déplacerait les pouvoirs (4).

623. Le fond échappe au recours ; mais non pas la forme. Toute inobservation des formalités essentielles exposerait la décision à être annulée pour excès de pouvoirs. C'est la règle absolue.

624. La dissolution peut suivre la suspension. Elle peut aussi frapper un conseil municipal directement. Dans les deux cas, elle est entourée d'une triple garantie. Le décret de dissolution doit être : 1° *délibéré en conseil des ministres ;* 2° *motivé ;* 3° *publié au Journal officiel.*

625. La vacance du conseil municipal ne peut durer plus de deux mois.

626. Aucun contentieux ne peut être admis sur le fond par les mêmes raisons que nous venons d'exposer ; mais, par les mêmes raisons aussi, on doit accepter un contentieux d'excès de pouvoirs en cas d'oubli des formes essentielles (5).

---

(1) L. 5 avril 1855, art. 49.
(2) *Ibid.*, art. 42.
(3) Cons. d'Et. 31 décembre 1878, *Courcelles, Chivre.*
(4) Pour des délibérations proprement dites, s'entend. Pour l'élection des maires et adjoints, il n'en est pas ainsi, et l'élection serait viciée, s'il n'était pas satisfait au nom de la loi.

(1) Cons. d'Et. 7 août 1885, *la Bâtie-Montgascon.*
(2) L. 5 avril 1884, art. 43.
(3) *Ibid.*, art. 43, § 5.
(4) Cons. d'Et. 23 juin 1877, *Collard ;* 26 février 1872, *Montpuyet Beracq ;* 22 janvier 1875, *Dumont ;* 4 juin 1875, *Allard ;* 31 mai 1878, *Doubet.*
(5) Cons. d'Et. 10 mars 1864, *Durand.*

627. Un conseil dissous, ou suspendu, il y a lieu d'assurer l'administration de la commune. C'est l'objet des articles 44 et 45 de la loi municipale. C'est à quoi du moins pourvoyait la législation antérieure, *dans les deux cas*. La loi nouvelle est muette sur le cas de suspension, et ne fait cesser la vacance que dans celui de dissolution. Il y a, pendant que la suspension dure, suspension des affaires comme du conseil. L'arrêt des affaires ne peut, d'ailleurs, se prolonger au delà d'un mois, et l'administration, en cas d'urgence extrême, a l'alternative, ou de faire cesser les effets de la suspension, ou de se résoudre à sa dissolution.

628. En cas de dissolution, il est pourvu à la vacance au moyen d'une *délégation spéciale* (1) chargée de faire fonctions du conseil dissous.

629. Cette *délégation* est de trois membres dans les communes où la population ne dépasse pas 35,000 habitants. Elle peut être portée à sept membres dans les villes d'une population supérieure (2).

630. Elle est nommée par décret, dans les huit jours de la dissolution (3).

631. Le décret qui l'institue nomme le président et, au besoin, le vice-président (4).

632. Ses pouvoirs (5) sont limités aux actes de pure administration urgente ou conservatoire. En aucun cas, il ne lui est permis d'engager les finances municipales au delà des ressources disponibles de l'exercice courant. Elle ne peut ni préparer le budget communal, ni recevoir les comptes du maire ou du receveur, ni modifier le personnel ou le régime de l'enseignement public.

633. Il y a loin de ces pouvoirs à ceux des anciennes commissions municipales (6). La loi nouvelle se refuse à faire de la dissolution un moyen d'administration. C'est un de ses meilleurs scrupules, et c'est une de ses prescriptions les plus libérales. Pour elle, la dissolution ne doit et ne peut être que le préalable d'un appel aux électeurs, comme la suspension n'est déjà que le préalable d'une dissolution. Tout l'article 44. de la loi municipale procède de cet esprit.

634. La prudence mise à réduire au *minimum* le rôle actif des délégations provisoires se retrouve dans la durée de leurs fonctions. Dans les deux mois *de la dissolution*, il est pourvu au renouvellement du conseil municipal, et les pouvoirs de la délégation expirent de *plein droit* dès que le conseil est *reconstitué* (7). C'est dire que si les élections aboutissaient à un résultat négatif, ce qui s'est vu, les pouvoirs de la délégation se prolongeraient jusqu'à ce qu'on ait pu sortir de l'impasse par un scrutin utile et effectif.

635. Il est clair que le délai de deux mois court contre l'administration et non pas contre les électeurs, et que la première conserve le droit de convoquer les électeurs avant son expiration (8).

636. Il n'est pas moins clair que le gouvernement a deux mois, non pour *convoquer* les électeurs, mais *pour les faire effectivement voter*.

637. Il est tout autant que le gouvernement conserve vis-à-vis de la délégation qu'il a nommée le droit de révocation qui lui appartient, en principe, et sans qu'aucun texte spécial soit nécessaire, vis-à-vis de tous les agents ou représentants dont il a la nomination (9).

ARTICLE 3. — *Démission collective*.

638. Toutes ces règles s'appliquent au cas où un conseil

(1) L. 5 avril 1884, art. 44, § 1.
(2) *Ibid.*, art. 44, § 3.
(3) *Ibid.*, art. 44, § 2.
(4) *Ibid.*, art. 44, § 4. Le président ou, a défaut, le vice-président remplissant les fonctions de maire.
(5) *Ibid.*, art. 44, § 5.
(6) Ces pouvoirs n'étaient pas limités. Ils embrassaient toute la gestion municipale et pouvaient se prolonger jusqu'au renouvellement quinquennal, d'après la loi de 1855, et, tout au moins, d'après la loi de 1867, pendant trois ans.
(7) L. 5 avril 1884, art. 45.
(8) Cons. d'Et. Cont. 10 juillet 1874, *Ajaccio*.
(9) Sauf les cas exceptionnels d'inamovibilité.

municipal se dissoudrait lui-même, en recourant à la démission collective de tous ses membres. L'article 44 prévoit nominativement ce cas et l'assimile à celui de la dissolution.

Mais à quel moment y a-t-il *légalement* démission collective? De quel moment, par suite, court le délai de reconstitution du conseil? L'article 44 (§ 2) répond à partir de l'*acceptation* de la démission. C'est un *lapsus*. Les démissions, nous le verrons, ne *s'acceptent* plus. Le préfet, qui les reçoit, en accuse seulement réception. La loi devait dire (et c'est ainsi qu'il faut l'interpréter): à partir du moment où la démission *est devenue définitive*, et nous verrons aussi plus loin comment ce moment se fixe légalement.

639. La démission collective d'un conseil municipal peut, dans certains cas, tenir le droit de suspension ou de dissolution en échec. Elle peut d'abord être la réponse à un arrêté de suspension. Elle peut être la parade d'un arrêté de suspension ou d'un décret de dissolution imminent. Il est essentiel à la dignité de l'autorité administrative que la suspension ou la dissolution ne tombe pas dans le vide sur un conseil légalement démissionnaire. Or, il a toujours été reconnu (1) que la démission collective ne faisait obstacle ni à l'exercice du droit de suspension, ni à l'exercice du droit de dissolution, tant que cette démission n'était pas *définitive*. Jusque-là, le droit du gouvernement reste intact. Ce moment révolu, il tombe faute d'objet.

640. Il faut assimiler au cas de démission collective, le cas d'élections défaillantes, ne donnant pas de résultats. L'article 44 le prévoit, d'ailleurs, en termes exprès. Les pouvoirs de la délégation se prolongent jusqu'à ce qu'on ait abouti à la constitution d'un conseil municipal régulier. Le délai pour les élections nouvelles est évidemment de deux mois. L'article 45 ne dit rien à cet égard. Mais il y a évidence dans l'assimilation.

641. Il faut toutefois s'entendre sur ce que c'est qu'une élection *sans résultat*. L'absence de résultat, au premier tour, ne dispense pas évidemment du second tour, même si aucun électeur ne s'était présenté. Mais si les deux tours ont échoué, l'hypothèse se réalise, et il y a lieu à la nomination d'une délégation spéciale avant toute nouvelle élection.

§ 2. — Mandat individuel

642. Procédant du suffrage, le mandat des conseillers municipaux est évidemment, en principe, irrévocable, et n'expire qu'avec le mandat collectif du conseil auquel ils appartiennent.

Mais, d'une part, ils peuvent s'en démettre avant l'heure.

D'autre part, ils peuvent perdre, au cours de leur mandat, les conditions d'éligibilité nécessaires pour en être, et, par conséquent, pour en demeurer investis.

En troisième lieu, ils peuvent en négliger l'exécution et motiver contre eux le recours à des mesures disciplinaires aboutissant à la perte de ce mandat défaillant.

Dans le premier cas, le mandat cesse par la *démission volontaire*.

Il cesse, dans les deux autres, par la *démission d'office*.

ARTICLE PREMIER. — *Démission volontaire*.

643. La matière est réglée par l'article 60 de la loi municipale (2). Les démissions volontaires, dit cet article, sont adressées *au sous-préfet;* elles sont définitives à partir de l'accusé de réception *par le préfet*, et, à défaut de cet accusé de réception, un mois après un nouvel envoi de la démission constatée par lettre recommandée.

(1) Cons. d'Et. Cont. 10 mars 1864, *Darnaux;* Cons. d'Et. Cont. 13 février 1869, *Tirard*.
(2) L. 5 avril 1884, art. 60, § 2.

Il en résulte:

Que la démission volontaire est libre et ne peut être refusée ;

Qu'elle n'est plus soumise comme antérieurement (1) à *l'acceptation* du préfet, et qu'elle est *parfaite* par l'accusé de réception du préfet, ou, à défaut, par l'expiration du délai d'un mois après réitération.

Et c'est seulement lorsqu'elle est *parfaite* que le conseiller démissionnaire cesse de compter parmi les membres *en exercice*.

644. La précision en cette matière est d'importance capitale. Nous avons vu, en effet:

Que les conseils municipaux ne peuvent délibérer que lorsque la majorité des membres *en exercice* assiste à la séance ;

Qu'il y a lieu à élection complémentaire :

1° Quel que soit le nombre des vacances, avant l'élection du maire ;

2° D'une manière générale, quand un conseil municipal est réduit aux trois quarts de ses membres, ou, dans les six derniers mois, à plus de moitié ;

3° Dans les sections, quand la section a perdu la moitié de sa représentation spéciale (2).

Pour ces divers cas, l'hésitation sur la valeur du mandat de chaque membre, individuellement, n'est pas permise, une erreur pouvant entraîner toute une série de nullités.

645. Rien de plus simple, avec la loi, que de fixer le moment où le conseiller municipal *se sait libre*. Il semble même que la loi n'ait envisagé que ce seul cas. A-t-il entre les mains l'accusé de réception du préfet, ou, à défaut, s'est-il passé un mois après la démission donnée, et le conseiller démissionnaire a-t-il en main le reçu de la lettre recommandée par laquelle il la réitère? Il est en règle et définitivement exonéré.

Mais il ne s'agit pas seulement ici d'assurer la liberté du conseiller municipal démissionnaire. Il s'agit surtout de déterminer à quel moment il ne compte plus pour le conseil.

La difficulté vient de ce que les démissions s'échangent *à distance*, et que la loi, au moment même où elle l'édicte, paraît l'oublier. Elle ne semble pas s'être posé les questions suivantes:

1° Entre *l'envoi* de l'accusé de réception par le préfet et sa *réception* par le démissionnaire, la démission *est-elle ou non définitive* ?

2° Est-elle ou non définitive entre *l'envoi* de la démission réitérée et la *réception* de la lettre par le préfet ?

Il faut cependant, pour les motifs ci-dessus rappelés, être nettement fixé sur ces deux points.

646. Or, avant la loi actuelle, le Conseil d'Etat décidait (3) que la démission *envoyée* au préfet pouvait être valablement retirée par une déclaration *verbale* en séance du conseil, le maire étant tenu d'en donner avis au préfet. Sous le régime de *l'acceptation*, cette solution n'était pas critiquable, car on pouvait considérer l'acceptation du préfet comme viciée par son ignorance du changement de résolution du conseiller. Qui dit *acceptation* dit *contrat*, et pour qu'une démission, dans le système de l'acceptation, soit parfaite, il faut que le contrat le soit. Le système de la loi actuelle est tout autre. Elle rend au conseiller sa liberté, et tout se réduit à une question de date. Il n'y a plus place pour des retours de volonté.

Par suite, les dates fixées par la loi sont *absolument rigoureuses*. Quand le préfet *a lancé son accusé de réception*, la démission reçue est *définitive*. Le conseiller démissionnaire est dessaisi. Un retrait de démission se croisant avec la dépêche préfectorale serait sans effet légal.

Voilà pour le premier cas.

647. Il faut résoudre le second cas de même. Quand le conseiller démissionnaire *a lancé sa lettre recommandée*, la démission est *définitive*. Une dépêche télégraphique devançant la lettre à la préfecture en annulerait pas l'effet.

Hors de ces décisions, d'une précision mathématique, il n'y a place que pour des embarras.

648. Ces solutions, dans leur rigueur, écartent même l'idée d'une convention contraire entre l'intéressé et l'administration. L'acceptation, par le préfet, d'un retrait de démission serait sans valeur. Même sous la législation antérieure, le Conseil d'Etat le décidait ainsi (1). Cette jurisprudence est aussi conforme au texte nouveau qu'aux usages anciens, disons mieux, qu'aux principes de droit public qui répugnent à l'idée de transactions individuelles.

649. Faut-il pousser la rigueur aux extrêmes et se refuser à des équivalences de forme? M. Morgand (2) admet que la notification d'un arrêté de convocation des électeurs visant la démission doit être tenu pour équivalent de l'accusé de réception préfectoral, la loi n'imposant pas ici de forme sacramentelle. Peut-être ? car si l'arrêté de convocation ne touche pas directement le conseiller, il donne date précise à sa démission : ce qui paraît remplir le seul vœu de la loi ; et, d'autre part, le droit du préfet, l'arrêté émanant de lui, n'est pas touché.

650. Mais il ne saurait être question d'équivalents verbaux. La loi exige des actes écrits, de part et d'autre. *Accusé de réception* d'une part, *lettre recommandée* de l'autre. Il n'y saurait être suppléé.

651. L'article 60 nomme le préfet seul. On paraît disposé à regarder, par suite, comme sans valeur l'accusé de réception donné par le sous-préfet, même au nom et sur les instructions du préfet. Le Conseil d'Etat pourtant sans difficulté, antérieurement à la loi de 1884, les acceptations préfectorales faites sous les conditions (3), et nous ne voyons aucune raison de décider autrement pour les accusés de réception. La prétention contraire fait au sous-préfet un rôle inacceptable. Il est institué par l'article 60 pour recevoir les démissions et les transmettre au préfet ; il ne pourrait remplacer par délégation le préfet dans la transmission de retour. L'acte en question n'est nullement de ceux qui ne peuvent se déléguer d'après les principes généraux ; rien ne s'oppose à cette délégation dans l'espèce, sous le nouveau régime, pas plus que sous l'ancien.

652. Tant que les démissions volontaires (ou forcées) ne sont pas définitives, c'est un point acquis que les membres intéressés restent légalement en exercice. *Quid* des membres non installés? *Quid* de ceux qui déclarent ne point accepter le mandat?

653. Pour les premiers, aucun doute. Il n'y a pas d'installation légale. Nulle différence pour eux. Ils comptent dans l'effectif *jusqu'à démission définitive, dans les formes légales.*

Pour ceux qui ont déclaré ne pas accepter le mandat des électeurs, le Conseil d'Etat décidait, avant la loi de 1884, en s'appuyant sur l'article 9 (§ 5) de la loi du 14 avril 1871 (4), qu'ils devaient être tenus comme n'ayant jamais appartenu au conseil municipal, et qu'ils ne comptaient pas dans l'effectif. Cela était logique, puisqu'ils n'avaient pas été installés. Depuis la loi de 1884, le Conseil d'Etat a décidé par plusieurs arrêts qu'un conseiller municipal qui déclare ne pas accepter le mandat des électeurs doit être considéré comme démissionnaire, et compter dans l'effectif tant que cette démission n'a pas été déclarée définitive. Deux arrêts du 23 décembre 1884 et 23 janvier 1885 sont motivés ainsi qu'il suit : « Considérant... que si l'un des nouveaux conseillers a déclaré ne pas accepter son mandat antérieurement à l'élection du maire et des adjoints, qui a eu lieu en..., le requérant n'est pas fondé à soutenir que le conseil municipal n'avait pas été complété,

---

(1) Loi de 1855.
(2) Nous avons vu également combien il importe d'être fixé sur le moment légal où les démissions deviennent définitives, pour le double jeu de l'exercice du droit de démission collective qui appartient aux conseillers, et du droit de suspension et de dissolution qui appartient au gouvernement.
(3) Cons. d'Et. cont. 17 mars 1882, *Ayson-Arbouix.*

(1) Cons. d'Et. cont. 3 janvier 1879, *Montpouillan;* Cons. d'Et. cont. 7 août 1883, *Urzy.*
(2) T. I, p. 322.
(3) Cons. d'Et. cont. 3 janvier 1879, D. P. 79.3.100.
(4) Cons. d'Et. cont. 2 février 1883, D. P. 84.3.92.

6

conformément à l'article 77 de la loi du 5 avril 1884. » Un arrêt analogue du 24 juillet 1885 se fonde sur ce que les conseillers non acceptants ayant refusé d'accepter les fonctions qui leur étaient conférées par les électeurs, il résulterait de l'instruction que leur démission n'était pas devenue définitive au moment de l'élection du maire. Cette nouvelle décision est également logique et n'implique pas un changement de jurisprudence. Du moment que le conseiller élu compte parmi les membres du conseil à partir de la proclamation du scrutin, on doit considérer que son refus d'acceptation est une démission qui doit être, sinon acceptée, du moins reçue par l'autorité compétente.

654. Le dernier point que nous ayons à préciser ici est l'évidence du recours pour excès de pouvoirs, qui serait ouvert au conseiller municipal contre l'accusé de réception d'une démission qu'il n'aurait pas *réellement* donnée. Nous ne nous y arrêterions pas, tant l'évidence est grande, si le Conseil d'Etat n'avait pas eu à statuer la question (1) à propos d'un maire, il est vrai, et non d'un conseiller municipal. Mais, à ce point de vue, c'est tout un.

ARTICLE 2. — *Démission d'office.*

655. Nous avons traité dans le paragraphe précédent des démissions volontaires. Nous arrivons à la démission d'office.

La démission d'office a deux sources légales :

1° L'abstention systématique ;

2° L'incapacité postérieure à l'investiture du mandat.

Nous les étudierons successivement :

1° Aux termes de la loi du 5 avril 1884 (2), tout membre du conseil municipal qui, sans motifs reconnus légitimes *par le conseil*, a manqué à trois convocations successives peut être, *après avoir été admis à fournir ses explications*, déclaré démissionnaire par le préfet, sauf recours, dans les dix jours de la notification, devant le conseil de préfecture. C'est, avec deux innovations près que nous signalons tout de suite par des caractères italiques, la reproduction de la loi antérieure (3).

2° Aux termes de la loi, non abrogée, du 7 juin 1873, tout membre d'un conseil municipal, qui, sans excuse valable, aura refusé de remplir une des fonctions qui lui sont dévolues par les lois, sera déclaré démissionnaire (art. 1er). Le refus peut résulter soit d'une déclaration expresse adressée à qui de droit ou rendue publique par son auteur, soit de l'abstention persistante après avertissement de l'autorité chargée de la convocation (art. 2). Le membre ainsi démissionnaire ne peut être réélu avant le délai d'un an (art. 3). Ces dispositions sont appliquées par le Conseil d'Etat, saisi par le ministre de l'intérieur dans le délai de trois mois, à peine de déchéance (art. 4). La contestation est jugée sans frais (même article) dans un délai de trois mois.

Telles sont les seules dispositions légales dont il y ait désormais à tenir compte, et qui, rapprochées, forment le code de la matière. Elles donnent lieu, surtout la première, à de nombreuses remarques et à d'assez *sérieuses* difficultés. Ecartons d'abord la seconde, qui ne s'applique qu'à un cas particulier.

656. La loi du 7 juin 1873 ne vise pas les conseillers municipaux dans l'exercice de leur mandat général. Ils sont soumis, à cet égard, à la première des deux dispositions citées Elle a pour objet d'atteindre l'abstention *systématique dans les fonctions individuelles* dont ils peuvent être chargés.

Au premier rang sont celles qui leur appartiennent aux termes des articles 81 et 84 de la loi du 5 avril 1884, en vertu desquelles les conseillers municipaux sont appelés dans l'ordre du tableau à remplacer les maires et les adjoints, soit en cas de renouvellement intégral, de l'installation du conseil à l'élection du maire, soit en cas d'absence, suspension, révocation, ou tout autre empêchement du maire et des adjoints, et à défaut de conseiller municipal désigné, pour ce cas spécial, par le conseil.

657. L'obligation légale, entraînant pour conséquence, en cas de refus, l'application de la loi du 7 juin 1873, est évidente dans ces deux cas. Ce que règle l'ordre du tableau est réglé impérativement, et il ne reste au conseiller réfractaire que la ressource de l'excuse reconnue valable, et la garantie de la procédure spéciale de la loi. Qui jugera de la valeur de l'excuse ? Le Conseil d'Etat, aux termes de l'article 4, qui le constitue arbitre de ce différend d'une nature toute spéciale ? Mais l'administration supérieure ne peut-elle en être juge avant lui ? Tout fait de refus, soit exprès, soit résultant d'une abstention persistante, doit-il être nécessairement déféré au Conseil d'Etat ? Le préfet, le ministre, au contraire, sont-ils juges de l'opportunité ? Nous croyons qu'ils n'en sont pas juges, les termes de la loi étant impératifs : « Les dispositions qui précèdent (c'est-à-dire toute la loi) *seront appliquées* par le Conseil d'Etat, » dit l'article 4, ajoutant immédiatement, pour le cas où le refus ne résulte pas d'une déclaration expresse, « sur avis transmis au préfet par l'autorité, qui aura donné l'avertissement suivi du refus, le ministre de l'intérieur *saisira le Conseil d'Etat* dans le délai de trois mois, à peine de déchéance ». C'est là une marche pour ainsi dire automatique.

658. L'administration pourra toujours, il est vrai, soustraire le conseiller réfractaire, si elle vient à le désirer, aux conséquences de la loi, en laissant passer le délai de trois mois. Mais elle ne le pourra qu'illégalement et sous sa responsabilité, comme elle pourrait ne point convoquer les électeurs dans les délais légaux fixés pour une élection complémentaire, et avec les mêmes conséquences de droit.

659. Quant au Conseil d'Etat, il ne pourrait statuer, ce délai franchi (1). Il ne pourrait lui-même franchir le second délai de trois mois qui lui est imparti pour statuer, une fois saisi. Et la sanction de son retard consiste dans l'annulation de la procédure et le maintien en fonction du conseiller incriminé.

660. Quand les fonctions individuelles auxquelles sont appelés les conseillers municipaux ne résultent pas de l'ordre du tableau, mais d'une désignation spéciale du conseil, et nous savons qu'ils ne sont appelés dans cet ordre à suppléer le maire et les adjoints qu'à défaut d'une désignation de leurs collègues, la loi du 7 juin 1873 frappe-t-elle aussi leur refus ? Oui et non. Non pour le refus d'acceptation. Il est certain que cette acceptation est libre, puisque, à défaut, il reste pour assurer le service public la ressource de l'ordre du tableau. Mais, une fois la désignation du conseil acceptée, la liberté du conseiller investi d'une mission spéciale n'est plus entière, et s'il se refuse à la remplir, il tombe, à n'en pas douter, sous le coup de la loi. Quant au refus successif des conseillers appelés dans l'ordre du tableau, la loi les frappe. Nous nous en sommes expliqué plus haut.

661. La loi du 7 juin 1873 s'applique-t-elle aux conseillers municipaux appelés, par le vote du conseil, aux fonctions *définitives* de maire ou d'adjoint ? Singulière contradiction : il semblerait que non. Maire provisoire, dans le cas précédent, le conseiller municipal coupable d'un refus de fonctions perdra son mandat de conseiller, et ne pourra en obtenir un nouveau dans l'année de sa déchéance. Maire définitif, il sera passif de la révocation, comme maire, et viendra paisiblement reprendre sa place au conseil. C'est ce qui résulterait de l'interprétation donnée au texte de l'article premier de la loi de 1873, par le rapporteur lui-même. Le texte définitif était : « Tout membre d'un corps électif ou d'une *administration municipale* ». Et ces derniers mots ont disparu. Le rapporteur justifiait cette suppression en disant que le gouvernement, pouvant révoquer les maires et les adjoints, *qu'ils soient nommés par le conseil municipal ou par le gouvernement*, était suffisamment armé contre eux. Quelle que soit

---

(1) Cons. d'Et. cont. 2 février 1870. D. P. 1870. 3.82.
(2) Art. 50, § 4.
(3) Dans l'espèce, la loi du 5 mai 1851, art. 30.

(1) Cons. d'Ét. 17 décembre 1880. D. P. 82.3.2.

la valeur d'une semblable interprétation, émanant du rapporteur même, nous ne l'acceptons pas. Le gouvernement est suffisamment armé contre les maires, comme maires, cela est vrai; comme conseillers, il resterait désarmé. Qu'un maire révoqué, pour toute autre cause qu'un refus de service, puisse reprendre sa place au conseil, c'est déjà beaucoup. La loi de 1884 a respecté jusque-là le mandat électif. Elle n'oblige pas d'aller plus loin. Quant à la loi de 1873, que celle de 1884 respecte aussi *intégralement*, elle parle d'elle-même, et il faut s'en rapporter à son texte avant de se rendre au commentaire moins autorisé. Le texte atteint *tout conseiller municipal*, coupable de refus de service. Le maire est conseiller municipal avant d'être maire, et n'est maire *que s'il est conseiller municipal*.

La loi du 7 juin 1873 ne nous arrêtera pas davantage, et nous passons à l'étude de la loi de 1884.

662. Ce n'est plus ici le cas de refus de fonction. C'est le cas le plus simple de l'abstention systématique, l'absence volontaire.

La loi ne réprime pas l'abstention dans le vote. La liberté des délibérations l'exige. L'obstruction peut en naître : la suspension ou même la dissolution du conseil serait, dans ce cas, le seul remède. Le refus de signer le procès-verbal est du même ordre. Ce qu'il faut, pour justifier l'application de mesure disciplinaire, c'est l'*absence même*.

663. Encore n'est-ce pas l'absence aux séances : c'est l'absence aux sessions, ordinaires ou extraordinaires (1), mais aux sessions régulières, cela s'entend (2). C'est l'interprétation de tout temps admise au mot *convocations* (3), et la loi nouvelle, à cet égard, n'innove. en rien. Par suite, le conseiller municipal qui paraît à une seule séance de la session, sans même prendre part à la délibération par son vote, se met en règle pour toute la session. Il a répondu à la convocation, cela suffit. Manque-t-il *absolument* à trois sessions *successives*, c'est-à-dire *consécutives* ? Alors, mais seulement alors, la loi l'atteint. La présence d'un conseiller à une session couvre ses absences antérieures, dit M. Morgand (4), qu'il ait manqué à trois, à quatre sessions antérieures. A-t-il assisté à la cinquième sans protestation ni réserve, « il ne peut plus être inquiété. » Qu'il faille entendre *successives* dans le sens de *consécutives*, cela va de soi. L'idée de succession est exclusive d'interruption. Mais que la présence à la quatrième session couvre les trois autres, avec ou sans « *protestation ou réserve* », c'est ce que nous nous réservons d'examiner.

664. A quelle autorité appartient-il de prononcer la démission d'office? Antérieurement à la loi actuelle, cette autorité était le préfet. Sous la loi nouvelle, il y a partage. Le préfet prononce, mais il ne juge pas. L'appréciation des excuses appartient au conseil municipal. C'est un retour à la loi de 1831 (5).

665. Voyons la procédure. Un conseiller municipal dépasse la limite de l'abstention permise. Le préfet veut y mettre ordre : à lui l'initiative. Le procès-verbal du conseil porte-t-il trace d'excuses présentées et rejetées? Le préfet est libre d'agir. Mais dans ce seul cas. Le procès-verbal mentionne-t-il des excuses présentées et admises? Le préfet est désarmé. Conséquence : la majorité du conseil est maîtresse de la vacance. — Le procès-verbal muet sur les excuses? La jurisprudence répond, sur la loi de 1831, que le préfet est obligé de saisir le conseil municipal de la question d'excuses (6). On semble, il est vrai, s'écarter de cette jurispru-

dence, au ministère de l'intérieur tout au moins (1), et considérer que, lorsque les procès-verbaux antérieurs ne font pas foi d'excuses admises, la liberté de l'administration est sauve. Et nous n'hésitons pas à préférer cette solution, qui sauvegarde en même temps sa dignité.

Quant à l'appréciation des excuses, elle est évidemment souveraine.

666. La procédure ne s'arrête pas là. Après les excuses possibles, il y a encore les explications. C'est la seconde innovation de la loi. Devant qui ? Devant le conseil? Un amendement proposé le voulait ainsi. Mais la Chambre l'a rejeté. C'est donc devant le préfet seul, qui, ceci fait (mais ceci fait *à peine de nullité*, car c'est un droit de défense individuelle), *peut déclarer* le conseiller municipal démissionnaire, mais *n'y est pas tenu* (2).

667. La vraie protection, la seule qui concilie les droits sainement compris de l'individu, mandataire électif ou autre, est dans les recours. La loi de 1884, il est vrai, l'ajoute à l'autre, en l'empruntant au passé. Le recours du conseiller atteint a lieu devant le conseil de préfecture, et du conseil de préfecture au Conseil d'État; recours soumis, d'ailleurs, aux règles ordinaires. Quant à la décision préfectorale exonérant, même à la demande d'un conseil municipal, un conseiller de la pénalité dont il dispose, elle échappe incontestablement à tout recours,malgré une décision contraire du Conseil d'État (3). Le droit du préfet de ne pas prononcer l'exclusion repose aujourd'hui, d'une manière incontestable, sur la substitution des mots : *peut être déclarée*, aux mots : *le préfet déclarera*, que portait le texte de 1831, sous l'empire duquel est intervenue la décision que nous venons de signaler.

668. La faute peut-elle être couverte ? Après un manque à trois sessions, la présence à la quatrième, « sans protestation ni réserve, » exonère-t-elle le défaillant? M. Morgand pense que oui, et s'appuie sur un arrêt du Conseil d'État très ancien (4). Nous avons de la peine à accorder à cet arrêt la même autorité. La loi est muette sur ce cas particulier, et la doctrine de cet arrêt ferait vraiment le mandat trop commode aux négligents et aux obstructionnistes. Dans l'intervalle de la troisième à la quatrième session, la procédure est ouverte. Une convocation urgente survient, que le conseiller mis en cause d'aller s'asseoir à la table du conseil, sans même s'associer à la délibération, pour annihiler la procédure et désarmer l'administration. Après quoi, il recommencerait à loisir son obstruction. Que si son siège est le dernier du quart réservé aux vacances, cette simple manœuvre empêcherait légalement toute élection complémentaire. Nous tenons cet échec à la loi pour inadmissible. La garantie des recours suffit pour assurer aux conseillers qui, après trois absences, reprendraient effectivement leur place et leur participation active, la réformation d'une décision préfectorale intempestive, et qui ne tiendra pas compte de ce retour à l'exécution du mandat : puisque ce n'est pas ici seulement un contentieux d'excès de pouvoir, mais un contentieux de pleine juridiction. C'est aussi quelquefois, en outre, un contentieux électoral (5), la validité de l'élection ouverte à la suite d'une démission d'office pouvant dépendre de celle de la décision préfectorale qui a déclaré la démission.

669. Faisons une dernière remarque sur ces démissions d'office : elles n'entraînent aucune inéligibilité. La loi de 1884 n'a pas suivi en cela celle de 1873. Celle de 1873 frappe une véritable révolte, le refus d'un service public obligatoire. Celle de 1884 frappe une simple abdication. Il est juste que, dans ce cas, le dernier mot soit donné aux électeurs.

670. Toute démission d'office n'entraîne cependant pas une élection immédiate. On reste, à cet égard, dans le droit commun.

---

(1) Les sessions, quelles qu'elles soient. Ainsi la session d'élection sénatoriale comme toute autre.
(2) V. Circul. minist. 10 septembre 1884 et 5 avril 1837; V. Cons. d'Ét. cont. 19 mars 1823. (*Camus*.)
(3) L'art. 50 de la loi municipale, applique cependant le mot *convocation* aux invitations à se rendre à la séance, ou à celles d'une même session. Il prévoit le cas où le conseil n'étant pas en nombre ne peut délibérer et il décide qu'après trois convocations successives, la délibération sera valable quel que soit le nombre des présents. Il est néanmoins admis, semble-t-il, que la pénalité de l'article 60 ne s'applique pas à ce cas. (Avis min. int., avril 1886).
(4) Sur l'article 60 de la loi municipale, t. I, p. 316.
(5) Art. 25.
(6) Cons. d'Ét. cont. 29 juillet 1847, V *Morgand*, t. I, p. 307.

(1) V. Morgand, t. I, p. 318 (note).
(2) Cons. d'Ét. cont. 19 mars 1863 et 17 février 1870.
(3) Cons. d'Ét. cont. 16 janvier 1846.
(4) Cons. d'Ét. cont. 12 juillet 1839. (*Chénerailles*.)
(5) Cons. d'Ét. cont. 4 juillet 1879. D. P. 81.3.195.106; Cons. d'Ét. cont. 14 août 1880. D. P. 81.3.105, note.

671. Quant au cas de refus de délibérer du conseil entier, après les trois convocations successives de l'article 50, bien qu'on ait cherché à le faire rentrer dans les termes de l'article 60, il ne peut y avoir de contestation sérieuse à cet égard. C'est un cas de *suspension ou de dissolution*, et c'est le conseil entier qu'il y a lieu d'atteindre par une mesure générale que rien ne saurait mieux justifier.

672. Le dernier cas de démission d'office est celui qui est prévu par l'article 36 de la loi de 1884, ainsi conçu : « Tout conseiller municipal qui, pour une cause survenue postérieurement à sa nomination, se trouve dans un cas d'exclusion ou d'incompatibilité est immédiatement déclaré démissionnaire par le préfet, sauf réclamation au conseil de préfecture dans les dix jours de la notification, et sauf recours au Conseil d'État. »

Le préfet n'a, en semblable matière, aucun droit facultatif; il doit déclarer la démission, la cause de celle-ci reposant dans une disposition expresse de la loi qui prononce ou l'indignité, ou l'impossibilité de remplir les fonctions municipales.

SECTION II.

DURÉE DES POUVOIRS DE L'AUTORITÉ MUNICIPALE.

§ 1. — Mandat collectif.

673. Les maires et adjoints sont nommés pour la même durée que le conseil municipal. Telle est la règle de la matière, dans les termes où la pose l'article 81 de la loi du 5 avril 1884.

Ce texte pourrait être plus clair. Pris à la lettre, il assurerait aux maires et aux adjoints une durée de pouvoirs de quatre ans. Mais ce n'est pas ainsi qu'il faut l'entendre.

D'une part, le mandat de toute municipalité expire avec le conseil municipal qui l'a nommée, même lorsque l'élection à eu lieu au cours, voire à la fin de la période quaternale. Ce point était déjà ainsi réglé sous l'empire de la loi du 5 mai 1855, bien que les termes de cette dernière loi se prêtassent, plus encore que ceux de la loi nouvelle, à la controverse. A cette époque, le mandat des conseils durait cinq ans : autant celui des maires. Et cette concordance de durée avait suffi au Conseil d'État pour décider par un arrêt de principe qu' « en fixant une durée de cinq ans aux pouvoirs des maires et adjoints et à ceux des conseillers municipaux », la loi du 5 mars 1855 avait eu pour but de prescrire à chaque période quinquennale le renouvellement intégral des *corps municipaux ;* d'où la conséquence que « les maires et adjoints nommés dans l'intervalle des élections quinquennales, de même que les conseillers élus dans le même intervalle, ne doivent rester en fonction que le temps durant lequel auraient été en exercice ceux qu'ils remplacent (1) ».

Cette décision ne visait qu'un membre isolé d'une municipalité, mais la généralité du principe posé en étendait nécessairement les effets au mandat collectif de toute municipalité. Elle a toujours été suivie, et doit nécessairement aussi l'être *a fortiori* sous l'empire de la loi actuelle, c'est-à-dire vis-à-vis de municipalités électives et qui ne tiennent leur mandat que du conseil municipal même.

674. A quelque époque et pour quelque cause que cesse le mandat du conseil municipal, les pouvoirs de la municipalité qu'il a élue cessent avec les siens, que cette disparition anticipée du conseil soit due à l'annulation des opérations électorales, à la démission collective ou à la dissolution.

Ce point n'est pas réglé comme le précédent par la jurisprudence, mais il est hors de tout débat. M. Morgand (2) en donne pour raison que le dernier alinéa de l'article 81 de la loi municipale investit, en cas de renouvellement intégral et sans distinguer les cas, le premier inscrit au tableau des fonctions municipales. Et l'on peut s'étonner qu'en fournissant cet argument décisif il semble hésiter sur les conclusions. Il y a d'autant moins à hésiter que l'esprit de la loi de 1884 s'oppose absolument à ce qu'une municipalité fonctionne à côté d'un conseil municipal qui ne l'a pas élue. Le texte invoqué manquerait que l'on ne pourrait prolonger, sous un nouveau conseil municipal, après annulation, démission ou dissolution, les pouvoirs d'une municipalité élue par l'ancien sans porter atteinte à l'article 73, à l'article 76, en un mot sans détruire toute l'économie de la loi.

675. La concordance de la durée des pouvoirs des municipalités et des conseils ne saurait cependant être absolue, par cela seul que le mode d'élection diffère, que la constitution du conseil nouveau précède nécessairement celle de la municipalité nouvelle, et que, d'autre part, il ne peut y avoir solution de continuité dans le fonctionnement des municipalités.

676. L'article 81 de la loi municipale pose en principe (nous venons de le voir incidemment) que les maires et adjoints continuent l'exercice de leurs fonctions jusqu'à l'installation de leurs successeurs (1). Mais tout aussitôt le même article réduit l'application du principe par une double exception :

D'une part la règle cède, dans le cas des articles 80, 86 et 87 de la loi (2) ;

D'autre part, en cas de renouvellement intégral, les fonctions de maires et d'adjoints sont, à partir de l'installation du nouveau conseil jusqu'à l'élection du maire, exercées par les conseillers municipaux dans l'ordre du tableau (3).

677. Le cas des articles 80 et 86 a trait au mandat individuel des maires et des adjoints. Nous nous en occupons plus loin.

678. Le cas de l'article 87 est celui où, par suite de la démission collective, de la dissolution ou de l'impossibilité de constituer un conseil, il est constitué une délégation municipale.

Les pouvoirs de la municipalité passent *ipso facto*, dans ce cas, au vice-président de la délégation.

Ils durent autant que la délégation même, c'est-à-dire jusqu'à la constitution du nouveau conseil.

A ce moment, la règle générale, ou plutôt la seconde des deux exceptions que nous indiquons tout à l'heure, reprend son empire, et le pouvoir municipal passe, jusqu'à l'élection du maire, aux conseillers élus dans l'ordre du tableau. Il y a donc, dans ce cas, deux municipalités provisoires successives.

§ 2. — Mandat individuel.

679. Individuellement, le mandat des maires et des adjoints peut prendre fin avant l'expiration de la durée légale de la municipalité qu'ils composent :

1º Par l'annulation de leur élection;

2º Par la survenance d'une cause d'inéligibilité, d'incapacité légale ou d'incapacité;

3º Par la démission volontaire ;

4º (Temporairement) par la suspension;

5º Par la révocation.

680. L'annulation de l'élection du maire ou de tel ou tel adjoint ne peut donner lieu à difficulté. Il est évident qu'elle implique cessation des pouvoirs qui n'ont de base que l'élection même.

681. Il est évident, d'autre part, qu'il ne peut s'agir ici que de l'annulation définitive, c'est-à-dire confirmée par le Conseil d'État, s'il y a eu recours, ou par l'expiration du délai de recours, si l'intéressé n'en a point fait.

682. Mais la règle de l'article 81, qui proroge l'exercice des pouvoirs des maires et adjoints jusqu'à l'installation de leurs

---

(1) Cons. d'Ét. cont. 15 juillet 1866, *Sartre.*
(2) T. I, p. 417.

(1) L. 5 avril 1884, art. 6, 2ᵉ alinéa.
(2) *Ibid*, art. 6, même alinéa.
(3) *Ibid.*, art. 6, même alinéa.

successeurs, s'applique-t-elle dans ce cas? On pourrait le croire, ce même article 81 n'ayant pas visé le cas d'annulation parmi les causes d'exception. Le Conseil d'Etat, statuant administrativement, en a jugé autrement dans un important avis dont nous donnons·ici le texte intégral(1), et qui tranche un certain nombre de questions relatives à la durée des pouvoirs des maires et des adjoints. Il a pensé qu'il était conforme à l'esprit de la loi, aux règles d'une bonne administration et au respect de la chose jugée, d'exiger du maire la cessation immédiate de ses fonctions dans le cas où son élection est annulée, soit comme maire, soit comme conseiller municipal. C'est la règle suivie.

683. La perte des conditions d'éligibilité est expressément visée par l'article 81, comme faisant exception à la règle de la prorogation provisoire des pouvoirs. Le même avis du Conseil

d'Etat n'a eu, pour statuer dans ce sens, ainsi qu'il l'a fait également (1), qu'à se référer au texte de la loi.

684. Par suite, tout maire ou tout adjoint qui cesse de faire partie du conseil municipal, cessant d'être éligible aux fonctions de maire ou d'adjoint, doit remettre immédiatement ses pouvoirs.

685. Par suite encore, tout maire ou tout adjoint qui, sans cesser de faire partie du conseil municipal, accepte des fonctions incompatibles avec son mandat de maire ou d'adjoint est soumis à la même règle (2).

686. La cessation de la cause à raison de laquelle le pouvoir du maire ou de l'adjoint a pris fin dans les cas ci-dessus fait-elle revivre ce pouvoir? La question doit être résolue en général négativement, mais elle reçoit une solution affirmative dans le cas où l'élection d'un maire ou d'un adjoint *comme conseiller municipal*, ayant été annulée par le conseil de préfecture, et où cette annulation ayant entraîné le remplacement de l'invalidé dans les fonctions municipales, la décision du conseil de préfecture est postérieurement réformée par le Conseil d'Etat. Le Conseil d'Etat décide que, dans ce cas, la restitution du mandat de conseiller municipal rétablit *ipso facto* le maire ou l'adjoint intérimé dans l'exercice de ses premières fonctions (3).

687. Hors ce cas, la cessation des pouvoirs du maire ou de l'adjoint dessaisi est définitive. La réélection comme conseiller municipal après une élection définitive, l'abandon de fonctions incompatibles même avant qu'il ait été procédé au remplacement du maire déposédé, ne le rétablissent pas dans ses fonctions de maire. Dans le premier cas, le maire élu en remplacement de l'ancien reste en fonction; dans le second cas, il y a lieu à réélection. Le premier cas est réglé dans ce sens par l'avis du Conseil d'Etat déjà cité (4). Le second cas n'est pas réglé par la jurisprudence. Mais il s'impose. Une fois dessaisi du pouvoir municipal par un fait dépendant de sa volonté, il ne peut appartenir au maire de le reprendre de sa propre autorité.

688. Les conseillers municipaux sont, nous l'avons vu, maîtres de leurs démissions. L'acceptation n'est plus nécessaire. Il en est tout autrement pour les maires et les adjoints. L'avis du Conseil d'Etat décido avec raison que les maires et les adjoints restent, à cet égard, dans la dépendance du pouvoir central, ce que légitime leur situation spéciale d'agents de ce pouvoir, pouvant être, par la loi, soit suspendus, soit révoqués. Le Conseil d'Etat au contentieux a, par deux arrêts récents, confirmé cette doctrine (5).

---

(1) Cons. d'Et. int. 20 janvier 1885. — La section de l'intérieur, des cultes, de l'instruction publique et des beaux-arts, qui, sur le renvoi ordonné par M. le ministre de l'intérieur, a examiné les questions suivantes :

1° Les règles tracées par l'article 60 de la loi du 5 avril 1884, pour l'acceptation des démissions des conseillers municipaux, sont-elles applicables aux démissions des maires et adjoints?

2° Le maire ou l'adjoint démissionnaire conserve-t-il, en principe, ses fonctions jusqu'à l'installation de son successeur, ou doit-il remettre le service à son suppléant, dès que sa démission est définitive?

3° En admettant que le maire ou l'adjoint conserve, en principe, ses fonctions jusqu'à l'installation de son successeur, peut-il être autorisé ou contraint à remettre le service à son suppléant dès que sa démission est définitive?

4° Le maire ou l'adjoint qui vient à perdre les conditions requises pour l'éligibilité aux fonctions de maire et, notamment, la qualité de conseiller municipal doit-il remettre immédiatement le service à son suppléant, ou peut-il rester en fonctions jusqu'à l'installation de son successeur?

5° Dans quelle forme le maire ou l'adjoint qui vient à perdre les conditions requises pour l'éligibilité aux fonctions de maire doit-il être déclaré déchu desdites fonctions?

6° Le maire ou l'adjoint dont l'élection comme maire ou adjoint ou comme conseiller municipal a été définitivement annulée doit-il remettre le service à son suppléant, conformément à l'article 84 de la loi, dès la notification officielle de la décision d'annulation, ou peut-il conserver l'exercice de ses fonctions jusqu'à l'installation de son successeur?

7° Le maire ou l'adjoint dont l'élection comme conseiller municipal a été annulée, et qui vient à être réélu conseiller, reprend-il sans nouvelle investiture l'exercice du pouvoir municipal?

8° Une démission donnée par un maire, et dont le préfet·a accusé réception, peut-elle être retirée?

9° La démission adressée par lettre recommandée au préfet devient-elle définitive, sans nouvel envoi, un mois après la réception de la lettre?

Vu la loi du 5 avril 1884, notamment les articles 36, 60, 80, 81, 84, 85 et 92;

Sur les questions 1 et 8 : Considérant que le maire conserve, sous l'empire de la loi du 5 avril 1884, le double caractère de représentant de la commune et d'agent du pouvoir central; en cette dernière qualité, qu'il est chargé, sous l'autorité de l'administration supérieure, de la publication des lois et règlements et de l'exécution des mesures de sûreté générale (art. 92); qu'en vertu de l'article 86 il peut être suspendu par le préfet et révoqué par le chef de l'Etat; Considérant que l'article 60 relatif aux démissions des conseillers municipaux est contenu dans le titre II, absolument étranger aux attributions des maires; qu'en l'absence d'un texte de loi formel on ne saurait appliquer par analogie les dispositions concernant les conseillers municipaux chargés exclusivement de délibérer sur les intérêts de la commune, et que le pouvoir central ne peut ni révoquer, ni suspendre un fonctionnaire public investi des fonctions d'agent du gouvernement; — Qu'il suit de là qu'il convient d'appliquer après comme avant la loi du 5 avril 1884 les règles tracées par une jurisprudence constante en vertu de laquelle la démission des maires et adjoints n'est définitive que quand elle a été acceptée par l'autorité supérieure.

Sur les questions 2 et 3 : Considérant qu'aux termes de l'article 81, paragraphe 2, dispose que les maires et adjoints continuent l'exercice de leurs fonctions jusqu'à l'installation de leurs successeurs, sauf les exceptions résultant de l'application des articles 80, 86 et 87; qu'il résulte de ce texte que le maire dont la démission a été acceptée *doit* rester en fonctions jusqu'à l'installation de son successeur; — Mais considérant que cette disposition n'a eu pour but que d'imposer aux maires et adjoints une obligation dans l'intérêt des services publics qui leur sont confiés (Arr. du Cons. d'Et. 20 avril 1883, *Paquis*), et qu'elle ne leur a pas conféré un droit dont ils puissent se prévaloir vis-à-vis de l'autorité supérieure; qu'il appartient dès lors au préfet d'autoriser ou de contraindre le maire ou l'adjoint démissionnaire, lorsque l'intérêt public l'exige, à remettre le service à son suppléant, conformément aux dispositions de l'article 84.

Sur les questions 4, 5 et 6 : Considérant qu'aux termes de l'article 80, ne peuvent être maires ou adjoints, *ni en exercer temporairement les fonctions*, les agents et employés des administrations financières, les trésoriers-payeurs généraux, les receveurs particuliers et les percepteurs, les agents des forêts, des postes et télégraphes, les gardes des établissements publics et particuliers; que, lorsque le maire se trouve dans un des cas d'incapacité prévus par ledit article, il doit, sur l'injonction du préfet, remettre immédiatement le service à son suppléant, par application des dispositions combinées des articles 80 et 81, paragraphe 2; — Considérant qu'il est conforme à l'esprit de la loi, aux règles d'une bonne

administration et au respect de la chose jugée, d'adopter la même solution dans le cas où l'élection d'un maire, soit comme maire, soit comme conseiller municipal, est annulée, et qu'il doit, dans cette hypothèse, remettre le service à son suppléant, dès la notification de l'arrêt qui a définitivement annulé son élection.

Sur la 7e question : Considérant que le maire dont l'élection comme conseiller municipal a été annulée a perdu la qualité de maire dès l'arrêt définitif qui a prononcé cette annulation; que, dès lors, s'il vient à être réélu conseiller municipal, une nouvelle élection est nécessaire pour lui conférer les pouvoirs de maire.

Sur la 9e question : Considérant que l'article 60 de la loi du 5 avril 1884 ayant été reconnu inapplicable aux démissions des maires et adjoints, cette question devient sans objet.

Est d'avis : 1° Que les démissions des fonctions de maire et d'adjoint doivent être adressées au préfet et qu'elles ne sont définitives que quand il les a acceptées;

2° Que le maire ou l'adjoint démissionnaire conserve en principe l'exercice de ses fonctions jusqu'à l'installation de son successeur, à moins qu'il ne soit autorisé ou contraint par le préfet à remettre le service à son suppléant, conformément à l'article 84;

3° Qu'en cas d'acceptation de fonctions incompatibles avec les fonctions de maire, le préfet doit enjoindre au maire de remettre immédiatement le service à son suppléant;

4° Que le maire ou l'adjoint dont l'élection, soit comme maire ou adjoint, soit comme conseiller municipal, a été annulée doit cesser l'exercice de ses fonctions dès la notification de l'arrêt qui a définitivement prononcé cette annulation sur une nouvelle élection;

5° Que le maire dont l'élection comme conseiller municipal a été annulée, et qui vient à être réélu conseiller municipal, ne reprend l'exercice des pouvoirs de maire qu'en vertu d'une nouvelle élection.

(1) V. l'avis ci-dessus.
(2) V. l'avis ci-dessus.
(3) Cons. d'Et. cont. 28 mars 1879.
(4) V. ci-dessus.
(5) Cons. d'Et. cont. 27 mars 1885; Cons. d'Et. cont. 22 mai 1885.

689. Du moment que l'ancienne règle de l'acceptation, autrefois commune aux conseillers municipaux et aux maires (et adjoints), conserve pour ces derniers tout son empire, elle le conserve avec ses conséquences de droit, c'est-à-dire que jusqu'à acceptation la démission donnée peut toujours être retirée. Il va de soi que l'acceptation d'une démission non réellement donnée serait sans valeur. Le Conseil d'État a cependant eu à le juger dans une espèce où le préfet avait accepté, comme démission, une déclaration verbale d'un maire faite non pas à lui, mais au sous-préfet (1). Mais, une fois acceptée, la démission est définitive et ne saurait être retirée par le maire; ni ce retrait valablement accepté par le préfet (2).

690. Il est à peine besoin de faire remarquer que la démission d'un maire révoqué est tardive. Il en serait de même de la démission d'un maire suspendu, pendant la durée de la suspension, si l'on s'en rapportait à un échange d'observations fait à la Chambre à l'occasion d'une interpellation (3). Nous résistons à cette solution, que rien, dans la loi, n'impose, et qui nous semble contraire aux principes. Un maire suspendu n'en est pas moins maire. Il suffit que le pouvoir central conserve vis-à-vis de lui le droit de refuser la démission pour que l'autorité ait pleine sauvegarde. Ce droit existe, évidemment, pendant la durée de la suspension; mais le délai passé, le maire reprend, à son tour, la plénitude de son propre droit. Que si, devançant l'échéance, il donne sa démission, et si l'administration l'accepte, rien ne saurait permettre de considérer cette acceptation comme non avenue.

691. Terminons, sur ce point, en faisant observer que si, dans les deux cas de cessation de fonctions par suite d'annulation et de cessation par suite d'inéligibilité ou d'incompatibilité ultérieure, la remise des pouvoirs doit être immédiate, elle ne l'est pas, en principe, au cas de démission. C'est même la seule application de la règle générale posée, et immédiatement réduite au minimum par l'article 81. Les maires et adjoints démissionnaires conservent l'exercice de leurs fonctions jusqu'à l'installation de leurs successeurs. Ce n'est pas seulement un droit pour eux, c'est un devoir, à l'inobservation duquel pourrait, même après démission acceptée, répondre la révocation. Nous le pensons, du moins, parce que la démission n'est acceptée que sous cette condition, nécessaire aux fonctions du service public.

L'avis cité du Conseil d'État limite cependant, sur un point important, le droit consacré pour les maires par l'article 81, comme corrélatif de leur devoir. Il considère que la disposition qui les maintient en exercice jusqu'à l'installation de leurs successeurs n'est édictée que dans l'intérêt du service public, et que l'administration peut, le cas échéant, contraindre le maire révoqué à remettre le service à son suppléant. Nous craignons que ce point spécial de l'avis, très sage en lui-même, n'ait pas, dans la loi, une base bien solide. La loi dit : *ils continuent l'exercice*, et non : *ils sont tenus de le continuer*. La loi vise, d'autre part, comme exception, les articles 86 et 87, *et nul autre* (4). Cette réserve faite, nous adhérons volontiers au motif de l'avis. Le rôle de la jurisprudence est souvent d'améliorer la loi.

692. Le mandat des maires et des adjoints prend fin par l'effet de mesures disciplinaires que la loi actuelle, comme ses devancières, met à la disposition de l'administration.

Ces mesures sont :

1° La suspension ;
2° La révocation.

693. La suspension est prononcée par le préfet.

Antérieurement, elle était indéfinie. Elle ne peut plus, aujourd'hui, durer plus de trois mois.

Le préfet ne dispose même que d'une durée d'un mois. Mais le ministre peut, en confirmant l'arrêté préfectoral, en étendre les effets dans la limite ci-dessus.

Il semblerait résulter des termes de la loi que le droit de suspension n'appartient pas directement au ministre, et qu'il ne peut atteindre un maire ou un adjoint que par voie de confirmation d'une décision préfectorale préalable. Nous ne pensons pas qu'il faille ainsi prendre la loi à la lettre. Il ne s'agit pas ici de juridiction mais d'administration. Le préfet n'est, quand il frappe, que le représentant du ministre. Un arrêté ministériel frappant directement un maire dans les limites légales nous paraîtrait donc inattaquable de ce chef ; mais la règle du respect des attributions, à laquelle les autorités supérieures doivent se montrer particulièrement soumises, ne laissera pas cette hypothèse se produire jamais.

694. La révocation est prononcée par décret (1).

695. Aucune disposition de loi n'oblige l'administration à motiver ni ses arrêtés de suspension, ni ses décrets de révocation.

Fussent-ils motivés (ils le sont souvent), les motifs n'en sauraient être discutés au contentieux. Ce sont des actes d'administration souveraine (2). Mais les uns et les autres demeurent naturellement soumis au recours pour excès de pouvoirs (3).

Et serait nul pour excès de pouvoirs, un *arrêté* révoquant un maire, un décret révoquant un maire *non encore investi* des fonctions municipales (4) ou démissionnaire *définitif*, sous la réserve que nous faisions plus haut, à savoir que la révocation peut très régulièrement atteindre un maire démissionnaire qui refuserait de rester en exercice jusqu'à l'installation de son successeur, l'acceptation de la démission n'étant aussi donnée que sous cette condition d'ordre public.

696. Ni la suspension, ni la révocation, ne touchent à la situation du maire ou de l'adjoint comme conseiller municipal. Même ainsi disciplinairement frappés, ils reprennent leur place, au conseil, ou plutôt ils la conservent. Ce point ne peut faire nul doute. Il est la conséquence normale de la séparation des mandats.

Mais la révocation entraîne, autant pour les maires que pour les adjoints, aux termes de la loi, une inéligibilité, soit *comme maire*, soit *comme adjoint*, que l'article 81 de la loi municipale fixe à un an, et dont ils ne sont relevés, avant la fin de cette période, que par le renouvellement général des *conseils municipaux*.

Ainsi, d'une part, un maire révoqué ne peut être réélu, avant un an révolu, ni comme maire ni comme adjoint ; un adjoint, ni comme adjoint ni comme maire.

D'autre part, le renouvellement, même intégral, du conseil municipal ne suffirait pas pour le relever de l'incapacité. C'est le renouvellement simultané de tous les conseils qui a seul cet effet. Autrement, un conseil municipal hostile aurait le pouvoir de faire échec à la discipline administrative par une démission collective. La loi ne l'a point voulu.

Enfin, la révocation fait obstacle à ce qu'ils puissent, durant la période d'inéligibilité, remplacer, même temporairement, le maire ou l'adjoint, à raison de leur ordre d'inscription. La loi ne le dit pas. Mais on l'a toujours entendu ainsi.

697. La cessation des pouvoirs des maires suspendus ou révoqués est immédiate. Ceux qui refuseraient d'en faire la remise au moment même seraient justiciables des peines de l'article 197 du Code pénal.

---

(1) Cons. d'Ét. cont. 26 février 1876.
(2) Cons. d'Ét. cont. 7 août 1883.
(3) Interpell. Robert Mitchell, 3 juin 1880.
(4) V. le texte de l'article 81.

(1) L. 5 avril 1884, article 86.
(2) Cons. d'Ét. cont. 16 janvier 1880, *Grézillé* ; Cons. d'Ét. cont. 13 février 1885, *Laffite*.
(3) Cons. d'Ét. cont. 26 juin 1874, *Prépagne*.
(4) Cons. d'Ét. cont. 26 juin 1874.

LIVRE III

DE LA VIE COMMUNALE

DU PERSONNEL COMMUNAL.

698. Le mot *personne* vient du mot *persona*, qui désignait, chez les Latins, le masque de théâtre sous lequel l'acteur jouait son rôle et qui portait au loin sa voix... *personare*. Du langage du cirque, ce mot est passé dans celui du forum, et il a servi à désigner le rôle et le personnage du citoyen dans la société. La *personne*, c'est donc l'homme, l'individu lui-même, considéré, par la loi : dans ses rapports avec les autres hommes, avec la place qu'il occupe dans la société; dans la famille, avec ses droits et ses obligations.

Mais l'homme n'existe pas seulement à l'état individuel; pour subsister et se défendre, il a dû s'agréger avec d'autres hommes, envers lesquels il s'est engagé à certaines obligations nouvelles, et desquels il a reçu la promesse de droits nouveaux.

Cette agrégation d'hommes, agissant dans un but commun, a été de tout temps et chez tous les peuples considérée comme constituant un être particulier, ayant des droits et des obligations spéciales, une *personne*, en un mot, qui a été et est encore connue sous les noms de tribu ou de nation. Il y a donc toujours eu, depuis qu'un premier contrat social est intervenu entre les hommes, deux sortes de personnes juridiques, l'une réelle et effective : l'individu ; l'autre morale et imaginée : l'État.

699. Avec les progrès de la civilisation, la fiction juridique, qui s'est développée, a successivement, et chaque fois que des hommes formaient une association dans un but déterminé, reconnu la nécessité de lui donner une personnalité distincte de celle des individus qui la formaient. C'est ce que les juristes romains exprimaient en disant : *universitas distat a singulis*. De là sont nées les personnes civiles de la *société commerciale*, de la *commune*, de la *province* ou du *département*, etc.

Mais, ainsi que nous venons de le dire, s'il y a nécessité de donner aux associations formées par des individus une per- sonnalité juridique séparée de celle de ces individus, cette personnalité n'est qu'une fiction légale ; et la loi, qui peut la faire reconnaître juridiquement, peut, évidemment aussi, établir les conditions essentielles de son *existence*, en édictant les formalités qui doivent présider à sa création ; régler son *état* en fixant son rôle social et l'ensemble de droits et d'obligations qui s'attachent à elle ; enfin, mesurer sa *capacité* en délimitant son habileté et son idonéité à avoir la jouissance ou l'exercice de tels ou tels droits.

De ce que la personnalité civile ou morale d'une institution est une fiction légale, il résulte également qu'il n'y a de personnes civiles que celles auxquelles la loi a formellement reconnu ce caractère. Le *personnage* peut être imaginaire, mais encore faut-il que tous les caractères d'un être vivant lui aient été nettement attribués par le législateur qui en est l'auteur (1).

700. Les personnes civiles, à la différence des personnes naturelles, n'ont donc de droits que ceux que la loi leur a expressément concédés. C'est ce que le Code civil a clairement exprimé dans l'article 537, en disant « *que les particuliers* ont la libre disposition des biens qui leur appartiennent, sous les modifications établies par les lois; tandis que les biens *qui n'appartiennent pas à des particuliers* sont administrés et ne peuvent être aliénés que *dans les formes et suivant les règles qui leur sont particulières* ».

701. Nous n'avons point à rechercher ici les causes de cette situation exceptionnelle, elles sont nombreuses. Mais il en est deux que nous devons rappeler, parce que nous pourrons avoir souvent occasion d'y trouver le motif de certaines décisions.

La première, qui résulte de la force même des choses, c'est que les personnes civiles, étant purement intellectuelles, sont incapables de se défendre elles-mêmes et d'administrer leurs biens; elles sont donc forcément représentées par des mandataires.

La seconde, c'est que ces personnes, en général, ne meurent pas; elles se perpétuent et se rajeunissent, en quelque

_____

(1) Collegium, si nullo speciali privilegio subnixum sit, hereditatem capere non posse, dubium non est (Cod. J., L. 8, *De her. inst.*).

sorte, indéfiniment par la succession toujours renouvelée des différentes personnes dont elles se constituent elles-mêmes.

La loi a donc dû prendre des précautions tout à la fois dans l'intérêt des personnes civiles contre les agissements des mandataires qui les représentent, et dans l'intérêt des personnes naturelles contre les agissements mêmes des personnes civiles.

De là ces dispositions exceptionnelles du Code civil, articles 619, 910, 937, 940, etc. De là la promulgation de lois spéciales.

Les principes que nous venons d'établir sont unanimement reconnus. Examinons maintenant quelle application en doit être faite à la personne civile de la commune.

702. Si la tribu, forme primitive de la commune, peut avoir chez les peuples sauvages et a pu avoir dans l'antiquité l'administration directe de tous ses intérêts, dans toutes les nations civilisées, même anciennes, elle a depuis longtemps perdu cette gestion personnelle, pour la confier à des administrateurs et à des mandataires choisis par elle ou désignés par l'autorité nationale à laquelle elle est subordonnée. C'est le corps de ces administrations municipales qui constitue le personnel communal. Dans notre organisation française, ce personnel se compose de deux éléments : l'un délibérant, le conseil municipal; l'autre agissant, la municipalité ou le maire, l'un et l'autre aidés par des fonctionnaires ou agents subordonnés et secondaires. Etudions successivement ces divers éléments.

CHAPITRE PREMIER.

FONCTIONNAIRES ET AGENTS MUNICIPAUX.

SECTION PREMIÈRE.

LE MAIRE.

703. Le premier des agents municipaux est le maire. Il est, avons-nous vu, le chef de l'administration. Il est, dans la commune, le représentant du pouvoir central; il est, dans la hiérarchie administrative, le représentant du pouvoir municipal; il est, dans l'organisme social, le représentant de la personne civile communale.

704. Le maire est un fonctionnaire public. Cette qualité ne lui a jamais été contestée (1). A ce titre, il est soumis à toutes les règles et à toutes les obligations générales, et il a tous les droits des fonctionnaires publics. Et c'est ainsi que, sous l'empire de l'article 75 de la Constitution de l'an VIII, il a toujours été admis qu'aucune poursuite ne pouvait être intentée contre un maire, à raison de ses fonctions, sans l'autorisation préalable du Conseil d'Etat (2).

705. Cette qualité de fonctionnaire public est attachée au maire tout à la fois comme représentant du pouvoir central et comme représentant de l'administration municipale. Il n'y a donc pas lieu de distinguer entre les actes administratifs accomplis par lui, ceux qui sont dans l'intérêt de la commune seule, ou ceux qui ont pour objet d'assurer l'exécution d'une mesure d'ordre général (3).

706. Le maire étant fonctionnaire, les actes qu'il accomplit

peuvent donner lieu à des répressions pénales de diverses natures; c'est ainsi, d'une part, que les particuliers sont protégés contre les abus de pouvoirs que les maires pourraient commettre à leur égard par les articles 114, 117, 119 du Code pénal; contre les abus d'autorité (art. 184 à 187); contre les concussions (art. 174); que, d'une autre part, le gouvernement trouve des garanties contre les abus que les maires pourraient faire de leurs pouvoirs, dans les dispositions relatives aux crimes et délits contre la sûreté de l'Etat (art. 80 et 81); aux crimes tendant à troubler l'Etat par l'emploi illégal de la force armée (art. 94); aux coalitions de fonctionnaires (art. 123 à 126); aux empiètements d'autorité (art. 130, 131); aux faux en écritures publiques et privées (art. 145 à 160); aux soustractions dans les dépôts publics (art. 169 à 173); à la corruption (art. 177); aux abus d'autorité (art. 188 à 197), etc., etc.

Mais il est protégé par les dispositions des articles 258 et suivants, qui répriment l'usurpation de fonctions, et par l'article 31 de la loi sur la presse, du 29 juillet 1881.

707. Le maire est un officier public chargé, en certains cas, de dresser des actes, en leur donnant l'authenticité. Ainsi, le maire, quand il agit comme officier de l'état civil, est officier public; il en est de même quand il dresse un acte d'adjudication ou un traité de gré à gré dans la forme administrative. Il est tenu à observer les diverses formalités prévues par la loi, et notamment par le Code civil (Voy. infrà, nos 1137 et suiv.), et soumis aux dispositions pénales des articles 51 et 52 du Code civil, et 145, 173, 192, 193, 194, 195 du Code pénal. Il peut être responsable des conséquences des irrégularités des actes qu'il a dressés. (Voy. infrà, nos 744 et suiv., 757 et suiv.)

708. Le maire est également un magistrat de l'ordre administratif. Il agit, en cette fonction, toutes les fois que l'acte qu'il accomplit a pour objet le maintien ou l'exécution d'une loi de police administrative, et en cette qualité il a droit à la protection spéciale qui résulte de l'article 222 du Code pénal (1).

709. Le maire est, en outre, un officier de police judiciaire. Cette qualité résulte, en premier lieu, des dispositions des articles 9, 11, 29 et 50 du Code d'instruction criminelle; elle résulte également des termes d'un très grand nombre de nos lois spéciales de police qui comprennent les maires parmi les agents chargés de rechercher les crimes et délits qu'elles ont pour objet de réprimer; telles sont les lois sur la chasse, du 3 mai 1844 (art. 22), la loi sur la police du roulage, du 30 mai 1851 (art. 15), etc.

En cette qualité, le maire est soumis aux pénalités établies par les articles 119, 121, 122, 127, 128, 173, 177, 183, 184 du Code pénal; il est protégé par celles des articles 209 et suivants, 258 et suivants.

710. Le maire, officier de police judiciaire, jouit de la garantie spéciale édictée en faveur des officiers de police judiciaire par l'article 483 du Code d'instruction criminelle. Il ne peut donc être poursuivi pour délit commis dans l'exercice de ses fonctions, que sur la réquisition du procureur général et devant la première chambre de la Cour d'appel du ressort (2), et, selon une jurisprudence aujourd'hui établie, il peut être pris à partie dans les cas où cette voie extraordinaire est ouverte (3).

711. Enfin, le maire est un magistrat de l'ordre judiciaire, lorsque, aux termes de l'article 144 du Code d'instruction criminelle, il remplit auprès du tribunal de simple police les fonctions de ministère public. Dans ce cas, il jouit de toutes les prérogatives des juges, mais il peut, comme eux, être soumis à la prise à partie (4).

---

(1) Cass. crim. Rej. de jug. 16 mars 1832 (Grosset) Bul. crim. à sa date; Cass. crim. 1er mars 1833 (Gueguen), Bul. crim. à sa date; Cass. crim. 22 août 1879 (Cordier), D. P. 80.1.241. Paris, 15 octobre 1881.
(2) Cons. d'Et. 8 août 1867 (Dunaigu), D. P. 68.3.14; Nancy, 7 mars 1868, D. P. 68.2.213; Metz, 23 décembre 1868, D. P. 69.2.104; Besançon, 27 août 1868, D. P. 69.2.46; Cass. civ. 6 avril 1870, D. P. 71.1.93; Cass. crim. 19 mars 1872, D. P. 73.5.270; Alger, 7 juillet 1874, D. P. 76.2.218.
(3) Cass. crim. 6 septembre 1848 (Billard); Cass. crim. 7 avril 1852 (Roulant).
En ce sens, Nancy, 7 mars 1868 (Bastien), D. P. 68.2.213; Favard de Langlade, Rép. V. Mise en Jugement; Merlin, Quest. de droit. V. Agents du gouvernement. En sens contraire, Faustin-Hélie, t. III, p. 375.

(1) Cass. crim. 28 novembre 1871, D. P. 71.1.335; Nancy, 21 juin 1875, D. P. 76.5.356; Nancy, 22 novembre 1875, D. P. 78.2.29; Nancy, 21 mars 1876, D. P. 78.2.32; Cass. crim. 23 avril 1883, D. P. 84.1.201; Cass. crim. 16 novembre 1883 (Coubaux).
(2) Cass. crim. 1er août 1850, D. P. 50.5.236; Cass. crim. 3 avril 1862, D. P. 63.1.387; Cass. crim. 9 février 1872 (Guignon).
(3) Cass. civ. 14 juin 1876 (Perrin); Nancy, 25 janvier 1884, D. P. 85.2.63.
(4) Tr. conf. 12 juin 1849.

712. Mais il importe de bien remarquer que ce n'est qu'à raison des faits qu'ils peuvent accomplir, quand ils remplissent leurs fonctions de ministère public près du tribunal de simple police, qu'ils doivent être considérés comme membres d'un tribunal; l'article 483 du Code-d'instruction criminelle leur est applicable, mais non l'article 479 (1).

713. Le maire n'est pas sous l'autorité du préfet, mais sous celle du procureur général, pour tous les actes qui concernent l'exercice de ses fonctions judiciaires comme officier de police judiciaire, ou comme ministère public près des tribunaux de simple police; cette subordination a été établie par l'article 45 de la loi du 20 avril 1810, et il a été jugé, en conséquence, que, dans le cas où le maire ne croit pas devoir former un recours contre un jugement de simple police, il n'appartient pas au préfet de procéder soit par lui-même, soit par un délégué, à la déclaration de pourvoi (2).

714. De même un maire qui engage une action comme ministère public n'a aucune autorisation à demander à l'autorité administrative; il puise son droit dans les attributions que la loi lui a confiées directement (3).

715. Le maire appelé à remplir les fonctions de ministère public près du tribunal de simple police ne cesse pas, dans le cas où il s'y fait remplacer par un adjoint, de représenter le ministère public, et l'opposition qui est signifiée à un jugement par défaut est valablement notifiée au maire au lieu de l'avoir été à l'adjoint (4); et de même le pourvoi en cassation est valablement formé par le maire au lieu et place dudit adjoint.

(1) Poitiers, 24 juin 1853, D. P. 55.2.312.
(2) Cass. crim. 8 janvier 1859. — La Cour, attendu, en fait, que J.-M. George a été condamné, le 22 avril dernier, par le tribunal de simple police de Treffort, statuant sur l'action publique intentée par le maire du même lieu, à 1 franc d'amende et aux dépens, pour avoir contrevenu au règlement préfectoral sur les chemins vicinaux, et reconstruit sans alignement ni autorisation préalable le mur de clôture de sa cour; — Que le préfet, instruit que le jugement n'avait pas ordonné, en outre, la démolition du nouvel œuvre, invita le maire susnommé, en vertu de l'article 15 de la loi du 18 juillet 1887, à se pourvoir sur ce point, et chargea l'agent voyer cantonal, dans le cas où cette invitation n'aurait pas été effectuée, de déclarer ce recours au greffe, ordre auquel cet agent a satisfait; — Attendu, en droit, que le pouvoir que l'article 15 de la loi sus-visée accorde au préfet, de procéder d'office, par lui-même ou par un délégué, à cet acte que le maire a refusé de faire sur sa réquisition, malgré qu'il lui fût prescrit par la loi, ne s'applique restrictivement, selon l'article 9 de la loi de 1837, qu'aux fonctions dont les maires sont tenus de s'acquitter, sous l'autorité de l'administration supérieure : 1° pour la publication et l'exécution des lois et d'exercer leurs fonctions spéciales qui leur sont attribuées; 3° pour l'exécution des mesures de sûreté générale; — Attendu que cette attribution, ainsi limitée et circonscrite, ne comprend pas les actes du pouvoir réglementaire dont les maires sont investis par l'article 3, titre II, de la loi des 16-24 août 1790, ainsi que par l'article 471, n° 15, du Code de procédure, puisque l'autorité préfectorale n'a que le droit, aux termes des articles 10 et 11 de la loi précitée, de les annuler ou de suspendre leur exécution, lorsqu'ils constituent des règlements permanents; — Attendu que ladite attribution ne comprend pas non plus les actes des maires agissant comme officiers de police judiciaire près les tribunaux de simple police, parce que les maires, pour tout ce qu'ils peuvent faire dans l'exercice de ce ministère, ne sont placés, par l'article 45 de la loi du 30 avril 1810, que sous la direction du procureur général près la Cour d'appel; — Attendu que l'article 177 du Code d'instruction criminelle n'accorde d'ailleurs qu'au ministère public, au prévenu et à la partie civile la faculté de déférer à la Cour de cassation les jugements en dernier ressort des tribunaux; — Attendu qu'il suit de ce qui précède que l'agent voyer par lequel le présent pourvoi a été formé était sans qualité à cet effet. — Non recevable.
(3) Cass. crim. 29 novembre 1872. — Vu les articles 1 et 144 du Code d'instruction criminelle; — Attendu que l'exercice de l'action publique devant les tribunaux de répression n'appartient qu'aux fonctionnaires auxquels elle a été confiée par la loi; — Qu'aux termes de l'article 144 du Code d'instruction criminelle, devant les tribunaux de simple police, les fonctions du ministère public pour les faits de police sont remplies par le maire à défaut du commissaire de police; — Attendu que le maire, investi par sa qualité du droit d'exercer l'action publique, n'a aucune autorisation à demander à l'autorité administrative; — Que c'est par suite d'une confusion entre les principes qui règlent l'action publique et sauraient son indépendance, et les règles relatives à l'action civile à intenter devant la juridiction civile par les communes, que le juge de paix a appliqué ces dernières règles aux matières de simple police et a violé ainsi formellement les articles sus-visés; — Casse.
(4) Cass. crim. 24 novembre 1865. — La Cour, sur le moyen tiré de ce que l'opposition à un jugement de défaut rendu contre Natali, le 14 juin, a été notifiée au maire de Ghisoni, au lieu de l'être à l'adjoint chargé des fonctions du ministère public près du tribunal; — Attendu qu'aux termes de l'article 144 du Code d'instruction criminelle (V. la loi du 27 janvier 1873), quand il n'y a pas de commissaire de police dans le lieu où siège le tribunal de police, les fonctions du mi-

716. Le décret du 14 décembre 1789, qui fut le premier des actes de l'Assemblée nationale ayant pour objet la constitution communale de la France, décidait, dans son article 49, que « les corps municipaux auraient deux espèces de fonctions : les unes propres au pouvoir municipal ; les autres, à l'administration générale de l'État, et déléguées par elle aux municipalités ».

Dans l'instruction qui suivait cette loi, l'Assemblée ajoutait : « Les membres des corps municipaux auront soin de se bien pénétrer de la distinction des espèces de fonctions appartenant à des pouvoirs de nature très différente qu'ils auront à remplir. — C'est par leur exactitude à se renfermer dans les bornes de ces fonctions, et à reconnaître la subordination qui leur est prescrite pour celles de chaque espèce, qu'ils prouveront leur attachement à la Constitution et leur zèle pour le bien du service. L'objet essentiel de la Constitution étant de définir et de séparer les différents pouvoirs, l'atteinte la plus funeste qui puisse être portée à l'ordre constitutionnel serait celle de la confusion des fonctions qui détruirait l'harmonie des pouvoirs. — Les officiers municipaux se convaincront aisément que toutes les fonctions détaillées en l'article 51, intéressant la nation en corps et l'uniformité du régime général, excèdent les droits et les intérêts particuliers de la commune; qu'ils ne peuvent pas exercer ces fonctions en qualité de simples représentants de la commune, mais seulement en celle de préposés et d'agents de l'administration générale; qu'ainsi pour toutes ces fonctions qui leur seront déléguées par ce pouvoir différent et supérieur, il est juste qu'ils soient entièrement subordonnés à l'autorité des administrations de département et de district. — Il n'en est pas de même des autres fonctions énoncées en l'article 50. Ces fonctions sont propres au pouvoir municipal, parce qu'elles intéressent directement et particulièrement chaque commune que la municipalité représente. Les membres des municipalités ont le droit propre et personnel d'agir et de délibérer en tout ce qui concerne ces fonctions vraiment municipales. La Constitution les soumet seulement en cette partie à la surveillance et à l'inspection des corps administratifs, parce qu'il importe à la grande communauté nationale que toutes les communes particulières, qui en sont les éléments, soient bien administrées, qu'aucun dépositaire de pouvoirs n'abuse de ce dépôt, et que tous les particuliers qui se prétendraient lésés par l'administration municipale puissent obtenir le redressement des griefs dont ils se plaindront. »

Ces principes sont depuis cent ans ceux qui ont présidé aux organisations du pouvoir municipal faites par toutes nos lois successives. Ce sont ceux sur lesquels la commission de la Chambre des députés plaçait le projet de loi qu'elle présentait à la discussion en 1883, et qui est devenu la loi du 5 avril 1884.

717. En principe, le maire est seul chargé de l'administration (1). Ce n'est que lorsqu'il est empêché que ses attributions peuvent être déléguées à d'autres (2).

La délégation peut être de diverses sortes : volontaire, nécessaire, naturelle, obligatoire ou imposée. Elle est volontaire lorsque le maire, soit pour associer à son administration des adjoints, soit parce qu'il se trouve accablé par ses occupations, se décharge de certaines de ses attributions au profit de l'un ou de plusieurs d'entre eux; elle est nécessaire, lorsque le maire a à remplir au même moment deux fonctions différentes dont l'accomplissement ne peut concorder; elle est naturelle, lorsque, malade ou absent, il ne peut satisfaire à ses obligations; elle est obligatoire, lorsque les intérêts du maire se trouvent en opposition avec ceux de la commune; elle est enfin imposée, lorsque le maire est suspendu de ses fonctions.

Examinons chacun de ces cas.

nistère public y sont remplies par le maire, qui peut se faire remplacer par son adjoint; mais que, dans ce cas, il n'en représente pas moins le ministère public; — Qu'ainsi c'est à bon droit que l'opposition au maire qui siégeait à l'audience n'a pas produit cette exception, et a laissé sur l'opposition le débat vierge au fond. — Rejette.
(1) L. 5 avril 1884, art. 82.
(2) Voy. supra, n°s 589 et suiv.

718. Le maire, dit l'article 82, est seul chargé de l'administration, mais il peut, sous sa surveillance et sa responsabilité, déléguer, par arrêté, une partie de ses fonctions à un ou plusieurs adjoints, et en l'absence ou en cas d'empêchement des adjoints, à des membres du conseil municipal. — Ces délégations subsistent tant qu'elles ne sont pas rapportées.

719. La loi du 14 juillet 1837, article 14, qui chargeait le maire de l'administration et lui permettait de déléguer ses pouvoirs à ses adjoints, était muette sur la responsabilité et la surveillance du maire, et n'exigeait pas que la délégation fût faite par arrêté; elle ne prévoyait pas que la délégation pût être opérée en cas de simple empêchement. Les additions apportées par la loi de 1884 ne constituent pas seulement des modifications de texte; elles ont une importance plus grande, et indiquent que le législateur a voulu apporter un changement profond au système même des relations administratives existant entre le maire et ses adjoints.

La loi de 1884, en effet, a augmenté dans une proportion considérable les attributions et les droits des municipalités, mais en même temps elle a voulu accroître leur responsabilité et surtout celles de l'agent communal en la personne de qui se concentrent tous les pouvoirs d'administration.

Le maire est le SEUL ADMINISTRATEUR des affaires de la commune que la loi reconnaisse; les adjoints, les conseillers municipaux qui l'entourent ne sont pas des collaborateurs indispensables ou imposés; ils ne peuvent remplacer le maire que si le maire y consent, et même au cas où celui-ci s'est déchargé sur eux d'une partie de ses fonctions; il ne peut abdiquer son droit de surveillant et décliner sa responsabilité personnelle.

720. Les adjoints, d'après la loi nouvelle, ne sont donc pas *maires adjoints*, comme beaucoup se l'imaginent à tort; ils sont purement et simplement les premiers des conseillers municipaux pour remplacer le maire ou l'aider dans ses fonctions *si celui-ci y consent*. Dans la pratique administrative, il est d'usage que le maire consulte les adjoints sur les mesures qu'il prend et les nominations qu'il fait; mais ce concert officieux n'est qu'une mesure de déférence, qui n'a rien d'obligatoire et qu'il serait tout à fait irrégulier de mentionner sur les actes officiels. La loi, répétons-le, ne reconnaît pas d'autre pouvoir que celui du maire.

721. Mais le maire peut déléguer une partie de ses fonctions. La loi de 1837, avons-nous dit, tolérait la délégation tacite: cette faculté a donné lieu, dans la pratique, à d'assez graves difficultés, et à plusieurs reprises les intérêts des communes et ceux des administrés ont été compromis ou menacés par l'incertitude où l'on se trouvait de la valeur légale de ces sortes de délégations. Une de ces affaires, connue sous le nom de procès des *mariés de Montrouge*, a même causé dans le public une émotion justifiée. Le maire de Montrouge (Seine) avait délégué tacitement la fonction d'officier de l'état civil à un conseiller municipal: celui-ci avait procédé à la célébration de plusieurs mariages dont la nullité avait été poursuivie à la requête du ministère public et prononcée par le tribunal de la Seine, à la date du 23 février 1883. Le jugement avait été infirmé, sur la demande de quelques conjoints intéressés, par arrêt de la Cour de Paris. Mais quelques autres avaient accepté la décision du tribunal. Un arrêt de cassation intervenu le 7 août 1883, dans l'intérêt de la loi, avait consacré la doctrine de la validité des mariages, mais sans produire d'effet pratique, puisque les arrêts civils rendus dans l'intérêt de la loi n'ont qu'une autorité juridique. Des procès multiples allaient naître; des actes de l'état civil étaient menacés, et un grand nombre de contrats de droit commun ou administratif étaient contestés. Le législateur, en 1884, a voulu tracer des règles précises, et il a décidé que tout acte des fonctions du maire ne pourrait désormais être accompli qu'avec une délégation formelle, dont la preuve fût facile à faire et dont la valeur ne pût être discutée. Il a donc exigé qu'un arrêté intervint à cet égard, lequel doit naturellement être rendu avec l'accomplissement des formalités prescrites par les articles 94, 95 et 96 de la loi. Sans arrêté, il n'y a plus de délégation valable. Le législateur s'est conformé, à cet égard, à la règle générale

admise par le Conseil d'État, et qui veut que les autorités qui peuvent déléguer une partie de leurs pouvoirs ne le fassent qu'en prenant une décision expresse et régulièrement signée (1).

722. Les actes signés ou passés par l'adjoint délégué doivent-ils faire mention de l'arrêté de délégation? La loi est muette. Nous estimons, quant à nous, que ce rappel n'est pas nécessaire à peine de nullité: la loi veut qu'un arrêté existe, mais, celui-ci signé et valablement pris, il n'est pas indispensable, chaque fois qu'un adjoint agit, qu'on s'y réfère expressément; cependant, non seulement une indication spéciale serait utile, mais elle donnerait à l'acte un caractère plus régulier. Il est d'usage que les fonctionnaires subordonnés, quand ils prennent une décision par autorisation ou par ordre, donnent connaissance de la qualité dont ils sont temporairement revêtus.

723. Si la délégation du maire porte sur les fonctions d'officier de l'état civil, il est de pratique que l'arrêté de délégation soit adressé au parquet du procureur de la République, auquel appartient la surveillance en cette matière. La délégation, du reste, est soumise aux formes ordinaires établies par la loi municipale.

724. La délégation ne peut pas embrasser la totalité des attributions du maire. En effet, ainsi que nous le verrons plus loin, quand le maire est empêché par une cause quelconque, il est provisoirement remplacé. Une délégation générale serait un remplacement, et celui-ci n'est possible que dans les cas prévus par la loi et selon les règles qu'elle a établies.

725. Le maire qui délègue ses pouvoirs ne les abandonne pas: il prend un collaborateur et non un successeur ou un remplaçant. Cette règle est la conséquence de cette disposition introduite dans la loi de 1884, que la délégation n'empêche ni la surveillance ni la responsabilité du déléguant. Le maire conserve donc le droit d'agir personnellement, s'il le juge nécessaire au bien du service.

726. Le droit de déléguer appartient au maire seul: l'adjoint ou le conseiller délégué ne peut donc à son tour subdéléguer un autre adjoint ou un autre conseiller; il devra, dans ce cas, recourir au maire de qui lui-même tient son pouvoir. Mais il s'agit, bien entendu, du cas où l'adjoint ou le conseiller est délégué; s'il remplit, en vertu de l'article 84, provisoirement les fonctions de maire, cette attribution générale lui confère, en même temps, tous les pouvoirs du maire, et il peut déléguer: il ne subdélègue pas.

727. La délégation que fait le maire peut être spéciale ou générale; elle est spéciale, lorsqu'elle se rapporte à un seul acte déterminé, comme l'assistance à une cérémonie particulière, comme la signature d'un acte isolé; elle est générale, quand elle comprend tout un ordre de fonctions, comme la célébration des actes de mariage, ou la constatation des actes de l'état civil, comme la surveillance des écoles municipales, etc.

Il est bien entendu que l'arrêté qui délègue un adjoint peut comprendre ainsi plusieurs cas spéciaux ou plusieurs fonctions générales: la seule chose importante est que la réunion de pouvoirs soit formelle et régulière.

728. La loi est muette sur la question de savoir si plusieurs adjoints peuvent être délégués pour le même objet: rien n'empêche que la délégation principale faite en faveur de l'un d'eux devienne subsidiaire à l'égard d'un autre, c'est-à-dire que le maire peut, par exemple, déléguer à l'accomplissement des fonctions d'officier de l'état civil son premier adjoint, et à défaut de celui-ci le second; mais l'arrêté ne saurait donner à tous des droits égaux et concomitants; des conflits naîtraient, ce qu'une bonne administration doit toujours éviter.

729. Sur qui peut porter la délégation municipale? La loi de 1884 a entrepris de résoudre définitivement les difficultés

---

(1) Cons. d'Ét. 28 avril 1882 (ville de Cannes), délégation des pouvoirs préfectoraux.

auxquelles celle de 1837 avait donné lieu. Cette dernière précisait l'ordre des délégations; en premier lieu, les adjoints devaient être appelés, et en cas d'absence, mais seulement d'absence, les conseillers municipaux suivant l'ordre du tableau, c'est-à-dire suivant le nombre des voix obtenues par eux à l'élection. Cette réglementation rigoureuse était une source d'embarras de toutes sortes : l'adjoint malade ou surchargé ne pouvait être suppléé, s'il était présent; et, d'un autre côté, le conseiller municipal incapable devait être nécessairement désigné, s'il figurait le premier sur l'ordre du tableau. La loi de 1884 admet la délégation de tout conseiller municipal, au choix du maire, et elle la permet non seulement en cas d'absence, mais en cas d'empêchement des adjoints. Ceux-ci n'ont qu'un privilège, celui de primer nécessairement la masse des conseillers municipaux.

730. Entre les adjoints, comme entre les conseillers, le maire peut choisir; et les expressions usitées de premier ou de second adjoint n'ont qu'une valeur honorifique, et qui peuvent créer des traditions, mais non des droits. Ce pouvoir d'option ne cesse, comme nous le verrons en examinant les dispositions de l'article 84, qu'au cas où le maire est empêché et doit être remplacé.

731. L'adjoint ou le conseiller délégué peut-il refuser la délégation? La négative n'est pas douteuse; en acceptant la nomination municipale, l'adjoint ou le conseiller ont accepté les charges de la fonction, et parmi elles, au premier rang, se trouve celle de la délégation facultative ou obligatoire. Un adjoint ou un conseiller qui refuserait de remplir les devoirs de sa situation pourrait donc être considéré comme démissionnaire.

732. Les délégations subsistent tant qu'elles ne sont pas rapportées; mais, quelque générales que soient les expressions de la loi, il importe de remarquer que les pouvoirs délégués ne sauraient durer au delà des pouvoirs du maire délégant; il ne peut y avoir, en effet, délégation que s'il y a droit d'exercer; si donc le maire meurt, ou cesse ses fonctions, il est indispensable que la délégation soit renouvelée.

733. Une délégation faite sans réserve transporte à l'adjoint ou au conseiller tous les pouvoirs que le maire possède à cet égard, aussi bien ceux de pure administration que ceux plus généraux de réglementation (1).

734. La loi de 1884 n'interdit au maire de déléguer aucun des pouvoirs qui lui sont confiés, soit par les lois générales, soit par les lois spéciales; mais cette faculté ne doit pas s'étendre cependant jusqu'au droit de déléguer les pouvoirs que des lois particulières confient à lui seul : *generalia specialibus non derogant*, ou ceux à raison desquels une suppléance a été déterminée expressément.

735. Le maire est seul chargé de l'administration communale; seul responsable, il doit donc avoir le droit exclusif de choisir non seulement ceux qui doivent être ses collaborateurs immédiats, mais surtout ceux qui doivent préparer les actes de son administration et être les agents de celle-ci. L'article 12 de la loi du 18 juillet 1837 lui avait attribué le pouvoir de nomination des titulaires de tous les emplois communaux; la loi du 5 avril 1884 (art. 88) a consacré ses pouvoirs en décidant que le maire « nomme à tous les emplois communaux pour lesquels les décrets et ordonnances actuellement en vigueur ne fixent pas un mode spécial de nomination. Il suspend et révoque les titulaires de ces emplois. Il peut faire assermenter et commissionner les agents nommés par lui, mais à la condition qu'ils soient agréés par le préfet ou le sous-préfet ».

736. Malgré les termes absolus dont s'est servi la loi de 1884, il faut entendre ces expressions avec un certain tempérament. Le principe est bien que le maire a le droit *personnel* et *exclusif* de nommer, de révoquer et de suspendre les employés communaux; mais son pouvoir peut être ou limité ou réglementé. Il peut être, en premier lieu, réglementé ou suspendu, comme le dit l'article 88 lui-même, par les lois, décrets et ordonnances; mais il peut être réglementé, en outre, soit par les conventions qui peuvent intervenir avec certains agents, soit par les arrêtés organiques pris par le maire lui-même pour déterminer les conditions de recrutement, d'avancement ou de révocation à certains emplois, soit enfin par les dispositions budgétaires arrêtées par le conseil municipal.

Reprenons chacune de ces hypothèses.

737. Les pouvoirs du maire sont limités par les lois, décrets et ordonnances. Cette disposition, d'apparence fort simple, ne l'est cependant pas autant qu'elle le paraît. Si la loi de 1884 l'avait édictée dans les termes que nous venons d'indiquer, elle semblerait inutile, tant elle paraît renfermer une idée banale; malheureusement trois mots ajoutés au cours de la discussion en ont modifié la partie logique; le législateur a ajouté *actuellement en vigueur*, d'où il semble résulter que la loi de 1884 a voulu interdire dans l'avenir, soit au législateur, soit au pouvoir exécutif, le droit d'enlever la nomination d'agents communaux à l'autorité municipale. Mais tel n'est pas le sens des mots que nous venons de reproduire. Le projet primitif de la loi de 1884 donnait au maire le pouvoir de choisir *tous* les agents communaux; sur l'observation du ministre des finances, qu'il n'était pas possible de donner aux autorités municipales le choix des employés et des receveurs de l'octroi, qui sont des agents communaux, le texte a été modifié comme il vient d'être dit; et il fut même entendu qu'il ne s'agissait que des employés de

(1) Le Havre, 18 avril 1883; Cass. crim. 31 juillet 1859. — La Cour, vu l'article 75 de la Constitution de l'an viii, l'article 5 du décret du 4 juin 1806 et l'article 5 de la loi du 21 mars 1831, attendu que l'article 5 du décret du 4 juin 1806 accorde aux maires la faculté de déléguer à leurs adjoints une partie de leurs fonctions; — Que, par suite de la nécessité qui avait fait admettre, en cas d'absence ou d'empêchement des maire et adjoints, leur remplacement par un membre du conseil municipal, le maire, en cas d'absence ou d'empêchement de ses adjoints, avait, sous l'empire de la législation antérieure à 1831, la faculté de déléguer à un membre du conseil municipal une partie de ses fonctions; — Attendu qu'en régularisant par une disposition expresse, l'usage que la nécessité avait introduit au remplacement des maire et adjoints, absents ou empêchés, par le conseiller municipal, l'article 5 de la loi du 21 mars 1831 n'a pas abrogé la faculté de délégation consacrée par le décret du 4 juin 1806; que cette faculté a donc été maintenue telle qu'elle existait et avec l'extension naturelle et nécessaire qu'elle avait reçue; — Attendu que le délégué du maire, dans l'exercice des fonctions qui lui sont déléguées, doit jouir des mêmes prérogatives que le maire lui-même, et par conséquent du bénéfice de l'article 75 de la constitution du 22 frimaire an viii, lequel est applicable aux poursuites civiles comme aux poursuites criminelles; — Attendu que la délégation du maire a été représentée; — Qu'elle constituait, en faveur de Pavigne, un titre légal; — Que Vadré n'en a pas contesté la légalité au moment de l'exécution, et ne s'est opposé que par la violence à cette exécution; — Attendu qu'en jugeant, en droit, que le maire n'avait pu déléguer une partie de ses fonctions, en décidant, par suite, que Pavigne avait agi sans droit et sans qualité, et qu'il n'y avait pas lieu de recourir à l'autorisation préalable du Conseil d'État, l'arrêt attaqué a faussement appliqué l'article 5 de la loi du 21 mars 1831, et violé.

Cour de Poitiers (chambre correctionnelle), 25 janvier 1882. — La Cour, attendu que le décret du 4 juin 1806 et l'article 14 de la loi du 18 juillet 1837 donnent aux maires chargés de l'administration des communes le droit de déléguer leur pouvoir, soit à un adjoint, soit à un membre du conseil municipal, pour les suppléer dans une partie quelconque de cette administration; — Attendu, dès lors, que la délégation du sieur Louis Alizant, conseiller municipal de Jonzac, pour la direction de la gestion de l'octroi de cette ville opérée par le maire, en vertu de son arrêté du 19 juin 1881, soumis à l'approbation préalable du préfet de la Charente-Inférieure, est régulière et valable; — Attendu,

d'ailleurs, que les premiers juges n'en contestent pas la validité, mais qu'ils en restreignent l'étendue et la portée; — Attendu que cette restriction est inconciliable avec la généralité des termes dont le maire s'est servi; qu'il a voulu conférer et qu'il a réellement conféré à Alizant, par une délégation faite sans réserve, tous les pouvoirs dont il était lui-même revêtu pour la gestion de l'octroi; — Attendu que le droit de faire dresser la requête, par un agent compétent, un procès-verbal, à raison de contraventions qui auraient été commises en matière d'octroi, rentre incontestablement dans la limite de ces pouvoirs; qu'il n'est même pas cas de rechercher si Alizant avait le droit d'exercer des poursuites, puisqu'elles ont été exercées d'après l'espèce par le maire, et que la rédaction d'un procès-verbal, lequel n'est qu'un mode de preuve que d'autres pourraient suppléer, ne saurait être assimilée à un acte de cette nature; — Attendu, d'autre part, que l'octroi de Jonzac, étant en régie simple, le procès-verbal dont s'agit a été rédigé par qui de droit, à la requête d'Alizant, régulièrement délégué par le maire, dans les termes et dans la forme consacrés par l'usage, et qu'il remplit toutes les conditions exigées pour les actes de cette nature; — Par ces motifs, déclare valable.

l'octroi seuls. Mais ce que le ministère des finances disait des employés de l'octroi aurait pu s'appliquer aux commissaires de police, aux gardes champêtres, aux receveurs municipaux, aux gardes forestiers, qui paraissent avoir été oubliés lors de la discussion de la loi, et dont le titre de nomination était, aux termes des lois et décrets sur la matière, au moment de la promulgation de la loi, réservé soit aux préfets, soit aux ministres. Et la législation intervenue depuis 1884 l'a appliqué aux instituteurs communaux. Le texte de l'article 88 n'est donc acceptable qu'à correction, et ces mots : *actuellement en vigueur* doivent être complétés par ceux-ci : *ou à intervenir*. En résumé, le maire nomme à tous les emplois communaux dont la nomination n'est pas réservée à une autre autorité.

738. Les pouvoirs du maire sont réglementés soit par les délibérations des conseils municipaux, soit par les arrêtés pris par le maire lui-même. Expliquons-nous. Les conseils municipaux n'ont pas le droit de fixer les règles que devra suivre le maire pour procéder à la nomination des agents communaux ou les conditions de leur recrutement ; mais, comme les conseils fixent les traitements des agents, ils peuvent, soit en n'accordant aucun traitement, soit en déterminant les conditions sous lesquelles ce traitement sera payé, imposer au maire, dans une certaine mesure, l'obligation de ne choisir les agents communaux qu'en suivant les volontés exprimées dans les délibérations prises à cet égard.

739. Le maire peut arrêter réglementairement les conditions sous lesquelles il recrutera le personnel communal ; si la décision qu'il a prise à cet égard a été portée à la connaissance des candidats intéressés par une publicité officielle, des droits éventuels peuvent avoir été créés et des limites tracées à la toute-puissance municipale.

740. Le droit de nommer implique généralement le droit de suspendre et de révoquer ; la loi de 1884 consacre à cet égard le principe général ; mais, comme pour le droit de nomination, il ne faudrait pas trop prendre à la lettre les expressions absolues de l'article 88 ; nous verrons, en effet, plus loin, en commentant l'article 102, que certains employés communaux, qui sont à la nomination de l'autorité municipale, ne peuvent cependant être destitués que par l'autorité préfectorale.

741. Quels sont les emplois communaux ? On serait tenté de dire que ce sont tous ceux qui sont soit à la charge du budget communal, soit à la nomination municipale ; mais on ne saurait résoudre ainsi la difficulté, d'abord parce que certains emplois sont tout à la fois à la charge du budget communal, départemental et même national, ensuite parce que des lois spéciales peuvent intervenir et sont intervenues pour faire payer par l'État des services communaux, et réciproquement. Il faut rechercher seulement si l'emploi répond à un des services que le législateur compte comme placés sous la direction du maire. Il y a bien dans cette définition une sorte de pétition de principes, puisque l'article 88 donne au maire la direction des services communaux, et que nous semblons considérer comme communaux ceux dont le maire a la direction. Mais cet illogisme n'est qu'apparent : sont, en effet, communaux non pas les services dont le maire nomme les titulaires, mais ceux dont, aux termes des articles 90 et 91, il est chargé, soit sous le contrôle du conseil municipal et sous la surveillance de l'autorité supérieure, soit sous la surveillance seule de cette dernière autorité.

742. L'article 88 de la loi de 1884 donne au maire le droit de faire assermenter et commissionner les agents nommés par lui, mais à la condition qu'ils soient agréés par le préfet. Dans les termes généraux où elle est conçue, cette disposition semble avoir un sens compréhensif que l'on ne saurait cependant lui donner. Il importe d'abord de définir exactement ce qu'on entend par agent assermenté ou commissionné. Ces mots n'ont pas, en droit, une valeur très précise, puisque les *serments* peuvent varier dans leur formule et que les *commissions* sont délivrées pour des emplois ou des fonctions fort diverses. Les auteurs de la loi de 1884 ont donné à ces mots la signification restreinte qu'on leur applique dans le langage usuel du droit criminel, où ils ne désignent que les agents qui reçoivent com-

mission de constater des délits et contraventions, et qui prêtent au préalable *serment* devant le tribunal civil. Ces agents ont qualité pour procéder à des actes d'instruction et dresser des procès-verbaux qui, selon la matière, peuvent être crus jusqu'à preuve contraire ou même inscription de faux. Le maire, en nommant les agents des services dont il a la direction, soumet le choix de ceux d'entre eux qui doivent être commissionnés et assermentés à l'agrément du préfet ou du sous-préfet.

743. Mais le maire ne pourrait créer des agents assermentés et commissionnés (1). La qualité d'officier de police judiciaire, celle d'agent de la force publique ne résulte que de la loi ; c'est elle qui autorise le *commissionné* à dresser procès-verbal et à faire certaines constatations judiciaires. Le maire ne pourrait donc, en soumettant leur choix à l'agrément préfectoral, demander que *tous* les agents municipaux ou certains d'entre eux appartenant à des services auxquels le droit de procéder à des informations n'a pas été attribué par la loi soient commissionnés et assermentés. Mais lorsque le Code d'instruction criminelle ou des lois spéciales chargent de la constatation des infractions certains agents municipaux, il appartient au maire de les nommer. La commission et l'assermentement dépendent ensuite de l'agrément du préfet ou du sous-préfet. Bien loin donc que l'on doive donner au paragraphe 3 de l'article 88 une portée extensive, il faut entendre, au contraire, qu'il signifie seulement que les agents municipaux, qui tiennent des lois le droit de dresser procès-verbal, n'ont cependant qualité pour le faire que lorsqu'ils ont été admis par l'autorité préfectorale.

Il va sans dire que cet agrément du préfet et du sous-préfet doit être formel. L'agent dont la nomination n'a pas été expressément approuvée n'a aucun droit, et le procès-verbal qu'il dresserait avant cette approbation serait radicalement nul.

744. La diversité de situations que la multiplicité des fonctions crée dans la personne du maire peut donner lieu à de nombreuses difficultés. Il faut, en effet, songer que les fonctionnaires et les magistrats sont responsables de leurs actes, selon des règles qui se modifient avec la fonction elle-même ; l'officier de l'état civil peut être responsable de son erreur ou de sa faute légère, le fonctionnaire ne l'est que de sa faute lourde, et le magistrat que de son dol ou de sa fraude : on doit donc distinguer avec soin la qualité en laquelle a agi le maire pour appliquer des textes distincts ; or, cette distinction n'est pas toujours facile. Il y a notamment les fonctions de représentant du pouvoir central et de représentant de l'administration communale de tels points de contact que la confusion s'établit presque inévitablement ; il en est de même entre le maire officier du ministère public et magistrat ; la jurisprudence n'a point cherché à tracer des règles, elle a statué sur des litiges déterminés, et le recueil de ses décisions forme plutôt une collection d'espèces qu'un corps de droit. Nous nous contenterons donc de citer sans apprécier, afin de ne pas multiplier des critiques qui ne sauraient guère avoir de portée qu'en discutant les faits qui ont provoqué chaque jugement. Disons cependant, d'une façon générale, que la jurisprudence civile ne paraît pas se faire une idée bien nette des devoirs et des droits que chacune de ses qualités différentes impose au fonctionnaire municipal.

745. Un maire est un agent du gouvernement dans ses fonctions de président du bureau de bienfaisance (2) ; dans

(1) Cass. crim. 13 mars 1862. (V. *infrà*., sect. IV ; Cass. crim. 20 avril 1872, *Bull. crim.* 72.153.)
(2) Cass. crim. 22 août 1861. Attendu qu'il a été reconnu par l'arrêt attaqué que le maire a été assigné comme président du bureau de bienfaisance de la ville de Versailles ; — Que cette qualité ne lui a été attribuée qu'en raison de ses fonctions de maire ; — Que si, comme maire et dans ses fonctions administratives, il est agent du gouvernement et dépositaire de son autorité, ce caractère ne s'efface pas quand il préside aux opérations d'un bureau de bienfaisance, lors surtout que la bonne gestion de cet établissement public importe à la fois aux intérêts de la commune et à ceux du département ; — Attendu que les deux qualités de président et de maire se trouvent ainsi indivisibles. — Rejette.

celles de président d'un collège électoral (1); dans celles de président d'une commission administrative constituée sur l'invitation du gouvernement (2).

746. Il a la même qualité lorsqu'il légalise les signatures de ses administrés, sous l'autorité et d'après les instructions de ses supérieurs hiérarchiques; par suite, la décision par laquelle il ajourne ou refuse sa légalisation constitue un acte administratif, et les tribunaux ne peuvent connaître des demandes en dommages-intérêts formées à raison de décisions de cette nature (3).

747. Enfin le maire qui refuse de délivrer un permis d'inhumation et de remettre la clef du cimetière de la commune agit comme fonctionnaire administratif dans l'exercice des pouvoirs de police qui lui sont conférés par les articles 16 et 17 du décret du 23 prairial an XII; par suite, l'autorité judiciaire est incompétente pour statuer sur l'action en dommages-intérêts formée contre le maire à raison de ce refus (4).

748. Le maire, lorsqu'il préside le conseil chargé par chaque commune de dresser les tableaux de répartition de la contribution foncière, doit être considéré comme délégué du pouvoir central concourant à la perception générale de l'impôt public, et est dès lors un agent du gouvernement (1).

749. Le maire, dans les réunions du conseil de fabrique où il est appelé de droit comme représentant de la commune et pour veiller à ses intérêts, est, non un agent du gouvernement, mais un magistrat de l'ordre administratif (2).

750. Lorsqu'il assiste des gardes forestiers procédant à une visite domiciliaire, il ne remplit là qu'une mesure de police administrative, dont l'objet est d'assurer la sécurité des citoyens et d'éviter un conflit entre eux et les agents de l'administration forestière. En conséquence, les poursuites auxquelles peut donner lieu sa conduite à cette occasion sont régulièrement exercées en la forme ordinaire, sous la garantie, toutefois, des lois administratives, mais sans qu'il y ait lieu de procéder par la voie de la prise à partie (3).

751. Il a été jugé que l'injonction donnée par le maire

---

(1) Poitiers, 13 mars 1862, D. P. 62.2.153; Cass. crim. 9 août 1862, D. P. 63.1.49; Paris, 4 décembre 1863, D. P. 64.1.148; Cass. crim. 11 avril 1863. — Sur le moyen tiré de la violation de l'article 75 de la Constitution de l'an VIII; — Attendu que le demandeur a fait citer le sieur Fougue en sa qualité de maire, en se fondant sur ce que, fort de sa qualité de maire et de l'influence qu'elle lui procure, le sieur Fougue n'avait pas craint d'employer tantôt la menace et l'intimidation, tantôt les promesses pour obtenir des votes aux élections de mai 1862; — Attendu que les divers faits allégués sont de nature à rentrer dans l'exercice ou dans l'abus des fonctions de maire; — Qu'en déclarant qu'en cet état le maire du Muy était fondé à se prévaloir de la garantie constitutionnelle accordée aux fonctionnaires publics, l'arrêt attaqué n'a fait qu'une juste application de l'article 75. — Rejette.

(2) Cass. crim. 22 juin 1854. — La Cour, attendu qu'il est constaté par le jugement attaqué que le sieur Pascard, maire, était chargé, en cette qualité, de présider une commission administrative créée sur la provocation du gouvernement pour assurer, dans l'intérêt de la classe pauvre et pour le maintien de la tranquillité publique, l'approvisionnement du marché aux grains; — Que c'est dans l'exercice des fonctions administratives dont il se trouvait ainsi investi qu'il se serait livré aux actes de violence qui donnent lieu aux poursuites; — Que ces violences, si elles étaient établies, constitueraient de la part du sieur Pascard un abus de sa fonction et de l'autorité que lui donnait le caractère de fonctionnaire public dont il était revêtu; — Qu'ainsi, en décidant... — Rejette.

(3) Tr. conf. 29 novembre 1879, D. P. 80.3.96; Rennes, 8 décembre 1879, D. P. 80.3.200; Montpellier, 25 juin 1880, D. P. 80.2.244; Tr. conf. 10 avril 1880. — Le Tribunal, vu la loi des 16-24 août 1790, le décret du 16 fructidor an III et la loi du 10 juillet 1837; — Vu les ordonnances du 1er juin 1828 et du 12 mars 1831, le règlement d'administration publique du 26 octobre 1849 et la loi du 24 mai 1872; — Considérant que le sieur Gouy a donné assignation devant le juge de paix du canton d'Auvillar au sieur Gaubaing, maire de la commune de Saint-Michel, pour s'entendre condamner à 150 francs de dommages-intérêts, à raison du préjudice qu'il lui aurait causé en refusant de lui délivrer un certificat de bonne vie et mœurs, et en l'obligeant à faire les frais d'une sommation par huissier, sur laquelle seulement ce certificat avait été délivré; — Que, sur la décision du juge de paix d'Auvillar qui l'a débouté de sa demande, le sieur Gouy reproduit par voie d'appel, devant le tribunal civil de Moissac, les mêmes conclusions fondées sur les mêmes motifs; — Considérant que les tribunaux civils ne sont compétents pour statuer sur les demandes en dommages-intérêts formées contre les fonctionnaires publics que lorsqu'elles sont fondées sur des faits personnels à ceux-ci, et non sur des actes administratifs; — Considérant que c'est en leur qualité d'agents du pouvoir central, sous l'autorité de leurs supérieurs hiérarchiques, que les maires délivrent à leurs administrés des certificats de bonne vie et mœurs; — Que leur décision, soit qu'ils les délivrent, soit qu'ils en refusent ou ajournent la délivrance, constitue un acte d'administration dont les tribunaux civils ne peuvent examiner les motifs, ni apprécier la légalité, interdiction qui s'étend aux conséquences de ces actes comme aux actes eux-mêmes; — Considérant que le tribunal de Moissac a donc méconnu les prohibitions des lois ci-dessus visées des 16-24 août 1790 et 16 fructidor an III, en se déclarant compétent pour connaître de l'action intentée au maire de Saint-Michel par le sieur Gouy. — L'arrêt de conflit est confirmé.

(4) Paris, 18 juillet 1879. — Attendu qu'il résulte des documents produits en la cause que Larue, alors maire de Vernon, prétendant que l'autorisation délivrée par le préfet de police de la Seine, le 14 décembre 1878, ne lui avait pas été remise, a, le 19 du même mois, refusé de remettre les clefs du cimetière pour l'inhumation du corps de..., qui avait été transporté à Vernon pour être déposé dans un caveau de famille, et qui, par suite, est resté trois jours sans sépulture; — Attendu que dans cette circonstance Larue a agi comme maire, comme fonctionnaire administratif et en vertu des pouvoirs qu'il tient de la loi; — Qu'il est, en effet, formellement énoncé dans les articles 16 et 17 de la loi du 23 prairial an XII que les lieux de sépulture sont soumis à l'autorité, à la police et à la surveillance des autorités municipales; — Que ce sont les autorités locales, le maire qui est spécialement chargé de maintenir l'exécution des lois et règlements qui prohibent les exhumations non autorisées, et d'empêcher qu'il ne se commette dans les lieux de sépulture aucun acte contraire à la mémoire des morts; — Que c'est en conformité de cet article que M. le ministre de l'intérieur a décidé, en 1856, que la mission confiée à l'autorité municipale ne pourrait pas être exactement remplie, et qu'elle serait fondée à décliner la responsabilité qui en résulte, si elle était tenue de remettre au curé une clef du cimetière...

(1) Metz, 23 décembre 1868. — La Cour, attendu que l'appel de Hawroy soulève la question de savoir si Gabriel, maire de la commune de Corny, traduit par lui en police correctionnelle à raison de propos tenus dans une séance du conseil des répartiteurs, est, ainsi que l'a décidé le jugement, couvert par la garantie édictée en l'article 75 de la Constitution du 22 frimaire an VIII, et si, dans cette hypothèse, les premiers juges ont pu déclarer la demande de Hawroy non recevable, sans avoir égard au droit qu'a le demandeur de recourir au Conseil d'État, qui peut autoriser la poursuite; — Attendu qu'il résulte des dispositions de la loi du 3 frimaire an VII, relative à la répartition, à l'assiette et au recouvrement de la contribution foncière, que les états ou tableaux de répartition, après avoir été arrêtés dans les communes et transmis à l'administration départementale, sont adressés par celle-ci au ministre des finances; — Que les répartiteurs, institués par l'article 9 de la loi précitée sont, aux termes de l'article 23 de ladite loi, convoqués et présidés par le maire, qui, en concourant ainsi à la perception générale de l'impôt public, est moins le mandataire de la commune que le délégué du pouvoir central dont il exécute les prescriptions; — Que le maire est donc, à ce titre, compris dans les agents du gouvernement, dont les actes sont protégés par la garantie constitutionnelle de la loi de l'an VIII, et qu'il ne peut être poursuivi qu'en vertu d'une décision du Conseil d'État, quand il s'agit de faits relatifs aux fonctions qu'il remplit dans cette partie de ses attributions. — Sursoit à statuer.

(2) Cass. crim. 8 mai 1879. — Sur le troisième moyen, tiré de ce que le sieur Gourdin aurait, dans le sein du conseil de fabrique, rempli les fonctions, non de maire, mais de membre du conseil; — Attendu qu'aux termes de l'article 4 du décret précité du 30 novembre 1809, le maire est de droit membre du conseil de fabrique; — Que ces fonctions lui sont conférées en qualité de maire; — Qu'il représente la commune et veille à ses intérêts; — Que, sans doute, il n'est pas là un agent du gouvernement, mais qu'il est magistrat de l'ordre administratif, et qu'il est, essentiellement, au sein du conseil, dans l'exercice de ses fonctions administratives. — Rejette.

En ce sens, Cons. d'Ét. 21 mars 1857, D. P. 58.3.42; Cons. d'Ét. 14 avril 1860, D. P. 52.3.12.

(3) Bourges, 2 février 1881. — La Cour, considérant que, le 10 janvier 1880, le garde général et cinq gardes ordinaires, commissionnés par la compagnie des intéressés aux flots de la haute Yonne, se sont transportés dans la commune de Planchez, à la recherche de bois flottés ou déposés sur les quais, appartenant à ladite compagnie, qui avaient été volés; — Qu'ils ont requis le sieur Enault, maire de la commune de Planchez, de les accompagner dans les visites domiciliaires qu'ils se proposaient de pratiquer; — Qu'il est allégué que, par suite de la conduite du maire en présence de cette sommation, conduite équivalant à un refus, ces gardes ont dû renoncer à exercer leurs perquisitions — Que la compagnie, se prétendant lésée par ce refus, a traduit en justice le sieur Enault, pour obtenir réparation du préjudice qui lui avait été ainsi causé, par application de l'article 1382 du Code civil; — Que le sieur Enault a décliné la compétence des tribunaux ordinaires, en prétendant: 1° qu'il était officier de police judiciaire, et que, le fait qui est imputé ayant été commis dans le cours d'une instruction, la procédure de la prise à partie était seule ouverte contre lui; 2° que fût-il, dans le cas particulier, magistrat de l'ordre administratif, les tribunaux ne pouvaient connaître de l'acte qui lui était reproché sans violer le principe de la séparation des pouvoirs.

Sur la première question : Considérant que, lorsque la présence d'un maire est requise pour accompagner des gardes forestiers opérant des visites domiciliaires, ce maire n'accomplit aucun des actes de police judiciaire pour lesquels le Code d'instruction criminelle lui attribue une compétence directe ou subdéléguée; — Qu'il n'est appelé ni à rechercher une contravention, ni à procéder à une constatation d'un crime, ni à recevoir une dénonciation; — Que les gardes forestiers ont, en cette circonstance et comme officiers de police judiciaire, la plénitude de la compétence; — Que l'assistance dont il est question est une mesure de police administrative attribuée au maire pour la protection de la sûreté individuelle et domiciliaire de ses administrés, afin de prévenir et d'éviter les conflits qui pourraient naître entre les gardes forestiers et les citoyens — Qu'à la vérité, l'article 182 de l'ordonnance du 1er août

à un conseiller municipal de sortir de la salle des séances, pour le motif qu'il a manqué à trois convocations successives, alors que le préfet n'a pas déclaré le conseiller municipal démissionnaire, ne rentre pas dans l'exercice des attributions du maire comme président du conseil et ne constitue pas un acte administratif ; par suite, l'autorité judiciaire est compétente pour connaître de l'acte en dommages-intérêts intenté contre le maire par le conseiller expulsé (1).

752. Le maire qui organise une battue en temps de neige, pour la destruction des loups et sangliers, agit comme administrateur de la commune, et son acte ne peut tomber sous le contrôle de l'autorité judiciaire ; et d'un autre côté il couvre, par sa présence, les chasseurs qui ont obtempéré à la convocation administrative (2).

753. Le maire qui intervient dans une rixe, ceint de son écharpe, agit en qualité d'officier de police judiciaire (1).

754. Celui qui, pour faire respecter un règlement local sur le mode d'affichage, enlève et lacère des affiches, agit comme officier de police judiciaire et non comme administrateur de la commune (2).

755. Mais le maire qui, sur la provocation d'un habitant de sa commune et dans l'intérêt exclusif de celui-ci, s'introduit dans la propriété d'un tiers, alors qu'aucun délit n'a été dénoncé ni même allégué, n'agit pas en qualité d'officier de police judiciaire et peut être déclaré civilement responsable du préjudice causé au propriétaire de l'immeuble dans lequel il a pénétré (3).

756. Celui qui commet un délit de chasse sur le territoire de la commune n'est pas réputé avoir agi dans l'exercice de ses fonctions d'officier de police judiciaire et n'est pas, par conséquent, justiciable, pour ce délit, de la première chambre de la Cour (4).

757. L'acte administratif d'un fonctionnaire public, quelque excessif qu'il puisse être, ne peut être ni censuré, ni réformé par les tribunaux ordinaires, et ne peut, par conséquent, servir de but à une action en dommages-intérêts qui impliquerait des droits d'examen : les actes administratifs doivent être réformés par l'autorité ou les juridictions administratives seules, selon les

---

1827, rendue pour l'exécution du Code forestier, désigne sous la dénomination générique d'officiers de police judiciaire tous les magistrats auxquels les gardes forestiers peuvent s'adresser pour se faire accompagner ; mais que, l'objet de cet article n'ayant pas été de qualifier le caractère de ce magistrat, l'expression dont s'est servi l'article 182 n'a aucune importance et ne peut faire échec à des principes certains et reconnus ; — Que, d'ailleurs, le Code forestier lui-même, dont l'autorité, pour la propriété des termes, est supérieure à celle de l'ordonnance, s'est servi, pour désigner les mêmes personnes, non du mot « officiers de police judiciaire », mais du mot « fonctionnaire » ; — Qu'il suit de là que, dans les circonstances relevées, le maire n'était pas officier de police judiciaire, et qu'il n'y avait pas lieu de procéder contre lui par la voie de la prise à partie.

Sur la seconde question : Considérant que le maire de Planchez ayant agi comme magistrat de l'ordre administratif et dans l'exercice de ses fonctions, la Cour a à examiner si l'on rencontre dans la cause à la charge de ce fonctionnaire un fait personnel distinct du fait administratif, dont le caractère et les conséquences tomberaient sous l'application de l'article 1382 du Code civil ; — Considérant que les articles 161 et 162 du Code forestier ont été empruntés à l'arrêté du Directoire exécutif du 4 nivôse an v, articles 1 et 2 ; — Que le Code forestier n'a pas reproduit les dispositions rigoureuses édictées par les articles 3 et 4 de ce même arrêté contre les fonctionnaires qui refusent d'obéir aux réquisitions des gardes forestiers ; — Que l'ordonnance d'exécution dudit Code s'est bornée, article 182, à prescrire aux gardes forestiers de dresser procès-verbal de ce refus et d'en référer au procureur de la République ; — Que, lorsqu'appart pour mission de protéger le domicile de leurs administrés, il est difficile de les réduire à un rôle purement passif; — Qu'en admettant comme établis les faits articulés par les gardes forestiers, il en résulterait que le maire de Planchez n'aurait pas positivement refusé d'accompagner lesdits gardes, mais que, chemin faisant, il aurait manifesté l'intention de prendre la direction des perquisitions, de n'y procéder que pendant un temps déterminé, et de désigner les maisons où elles devraient être exercées ; — Que si, en agissant ainsi, le maire a excédé ses pouvoirs et encouru une certaine responsabilité, ce ne peut être qu'une responsabilité de compétence administrative ; — Qu'en effet, on n'a articulé, ou moins dans les conclusions déposées, aucune circonstance de laquelle on puisse induire que la conduite du maire ait été inspirée par un autre mobile que celui de prêter à ses administrés, sous la surveillance de l'autorité supérieure, la protection qu'il croyait leur devoir ; — Qu'aucun fait personnel ne semble pouvoir être détaché de l'acte administratif. — Confirme.

(1) Tr. conf. 13 décembre 1883. — Sur la compétence, considérant qu'en supposant que le sieur Dézatrel, conseiller municipal de Mesley-le-Grenel, eût, sans motif légitime, manqué à trois convocations consécutives, il n'appartenait qu'au préfet de le déclarer démissionnaire, sauf recours, dans les dix jours de la notification, devant le conseil de préfecture ; — Qu'en l'absence de toute déclaration de ce genre, le sieur Izambert, maire de cette commune, était sans qualité pour interdire au sieur Dézatrel de prendre part aux séances de l'assemblée municipale ; — Que, dès lors, l'injonction par lui adressée, sous autre motif, à ce conseiller municipal, de sortir de la salle des séances, ne saurait rentrer dans l'exercice de ses attributions de président du conseil municipal, ayant à ce titre la police des séances, et ne constitue pas un acte administratif qu'il appartiendrait qu'à l'autorité administrative seule d'apprécier, que c'est donc avec raison que le tribunal civil de Chartres a retenu la connaissance d'une demande exclusivement fondée sur un fait personnel à ce maire (1).

(2) Tr. conf. Langres, 25 mars 1885, D. P. 86.3.45 ; — Cass. crim. 17 mai 1806. — La Cour, attendu que le préfet du Cher a pris, le 28 janvier 1864, un arrêté portant qu'il serait fait deux chasses aux battues aux sangliers et autres animaux nuisibles sur le territoire des communes de Soye-en-Septaine, Bourges et autres environnantes, et chargeant le lieutenant de louveterie, et, à son défaut, l'agent forestier qui serait désigné par le conservateur, de les diriger et de prendre les mesures nécessaires à leur exécution ; — Qu'il est constaté par l'arrêt dénoncé que le lieutenant de louveterie et les agents forestiers ayant déclaré ne pouvoir remplir cette mission, le préfet avait adressé son arrêté au maire de Soye et l'avait chargé de son exécution. — Que ce fonctionnaire convoqua, dans diverses communes, les chasseurs les plus expérimentés, pourvus de meutes propres à cette chasse ; — Que l'expédition

(1) Il nous paraît difficile d'accepter cette décision, qui est, d'ailleurs, absolument en contradiction avec toute la jurisprudence du tribunal des conflits et de la cour de cassation.

---

commença, sous la direction du maire de Soye, avec l'assistance du garde forestier Bézélut, délégué à cet effet par ses chefs ; — Que, quand elle parvint à la forêt du duc de Narbonne, située sur le territoire de Soye, le garde Bézélut, qui était en même temps garde forestier de ce propriétaire, déclara procès-verbal, au nom de celui-ci, aux chasseurs étrangers à cette commune ; — Attendu qu'en admettant que le maire de Soye ne se soit pas conformé de tout point aux règles tracées par l'arrêté du Directoire du 19 pluviôse an v, la désignation des auxiliaires de la chasse, et qu'il se soit borné à faire donner avis au garde forestier local, des lieu, jour et heure de la réunion, au lieu de se concerter à l'avance avec lui sur ces points, il n'est pas moins constant que le maire a agi en vertu de la délégation qu'il avait reçue du préfet pour la mise en exécution d'un arrêté légalement pris par ce dernier dans le cercle de ses attributions et dans un but d'utilité publique ; — Qu'en procédant ainsi le maire faisait un acte de ses fonctions administratives, qui ne pouvait tomber sous le contrôle de l'autorité judiciaire, que le but était de provoquer les chasseurs appelés à concourir à l'exécution de cet acte administratif d'intérêt public, que des affiches avaient fait connaître à tous, ne faisaient, en s'y rendant, qu'obtempérer à une convocation administrative qu'ils devaient considérer comme légale et obligatoire ; — Que leur participation à cette chasse ne pouvait incriminée qu'autant que le juge de répression entrerait dans l'examen d'un acte administratif dont il ne lui appartient pas d'en contester la valeur ; — Qu'en déclarant, dans ces circonstances, que les prévenus n'avaient pas commis de délit et en les renvoyant des poursuites... — Rejette.

(1) Cass. crim. 1er août 1850. — Attendu qu'il résulte des faits constatés par le tribunal, que le sieur Rivien, adjoint au maire de Floriac, est intervenu dans une rixe entre plusieurs individus sur le territoire de sa commune ; — Qu'il a ceint son écharpe ; — Qu'une intervention ainsi caractérisée constituait, à l'égard du sieur Rivien, la qualité d'officier de police judiciaire et non celle d'agent du gouvernement dans l'exercice d'actes administratifs ; — Attendu que, d'après les dispositions des articles 479 et 483, C. Ins. crim., lorsqu'un officier de police judiciaire est inculpé d'un délit commis dans l'exercice de ses fonctions, la loi a substitué à la garantie de l'autorisation préalable de l'article 75 de la Constitution de l'an viii celle d'une compétence spéciale faite à la chambre civile de la cour d'appel ; — Et, attendu... — Casse.

(2) Cons. d'Et. 8 juin 1867. — Considérant que le fait reproché au sieur Burny aurait été commis par lui dans l'exercice de ses fonctions d'officier de police judiciaire ; — Que, dès lors, il n'y a lieu à l'application de l'article 75 de l'acte constitutionnel du 22 frimaire an viii : — Article premier. — Il n'y a lieu à statuer, etc.

(3) Ch. req. 27 juin 1881. — La Cour, sur le premier moyen de cassation, tiré de la violation des articles 505 à 510, C. pr. civ., et de la fausse application de l'article 1382, Code civil ; — Attendu qu'il résulte de l'ensemble des faits constatés par le jugement attaqué et de la teneur même des conclusions prises au nom du sieur Andouy, que la qualité d'officier de police judiciaire afférente à ce dernier et à ses consorts n'a point été réellement engagée dans les actes qui leur sont reprochés ; — Que ces actes ont été provoqués par l'initiative du sieur Laborie seul, dans son intérêt exclusif, et incidemment à un procès qu'il soutenait entre le sieur Escouboire, devant le tribunal de première instance de Muret, jugeant commercialement, sans qu'aucun délit eût été dénoncé, ni même allégué ; — D'où il suit qu'en appliquant aux demandeurs les principes et les règles de la responsabilité civile, le jugement attaqué n'a violé, ni faussement appliqué aucun principe de droit. — Rejette.

(4) Cass. crim. 8 mai 1862, D. P. 08.5.235 ; Grenoble, 16 novembre 1869, D. P. 70.2.182 ; Paris, 27 avril 1872, D. P. 72.2.118 ; Dijon, 3 janvier 1872, D. P. 72.2.118 ; Nancy, 27 janvier 1875, D. P. 76.2.218. (V. suprà, Cass. crim. 17 mai 1806, n° 752).

distinctions établies à cet égard par les lois spéciales (1). Mais lorsqu'un acte administratif a été l'occasion d'un acte personnel à l'administrateur ou au fonctionnaire qui l'a accompli, lorsqu'un fait personnel se distingue de l'acte administratif qui reste debout, on ne saurait évidemment, sous peine d'assurer l'impunité aux actes des fonctionnaires, qui ne sont pas des actes de la fonction, écarter toute hypothèse d'un droit à des dommages-intérêts et à une action judiciaire. Avant le décret du 19 septembre 1870, les fonctionnaires étaient protégés contre les actions inconsidérées des particuliers par l'obligation qu'avait établie l'article 75 de la Constitution de l'an VIII, de soumettre au préalable le différend à un examen du Conseil d'État ; mais cette *garantie constitutionnelle* elle-même était la reconnaissance implicite du droit des particuliers de réclamer une indemnité à raison des actes irréguliers dommageables accomplis par les fonctionnaires publics. La distinction est souvent difficile à faire entre les divers actes administratifs irréguliers qui peuvent ou non engager la responsabilité des fonctionnaires, cette distinction est l'œuvre de la jurisprudence ; à cet égard, il a été jugé que :

Le caractère d'acte administratif n'appartient pas à tous les actes faits par les fonctionnaires publics, mais seulement à ceux que la loi les autorise à faire ; et que spécialement un maire commet une faute personnelle engageant sa responsabilité dans les termes du droit commun, lorsqu'il fait élaguer et couper des arbres plantés sur une propriété privée le long d'un chemin vicinal, sans que, contrairement aux dispositions de l'arrêté préfectoral réglementant la matière, aucun procès-verbal ait été dressé ni aucune décision rendue par l'autorité compétente (2).

758. Que lorsqu'un maire n'a été autorisé par arrêté préfectoral à faire une battue contre des sangliers, qu'à la condition de se faire accompagner de chasseurs munis de permis de chasse, de convoquer les maires des communes voisines, d'avertir le brigadier de gendarmerie et l'inspecteur des forêts, l'inobservation de ces formalités substantielles de l'autorisation accordée ne permet pas au maire d'affirmer qu'il agit pour exécution d'un ordre administratif. Si donc il ne justifie pas de la permission des ayants droit, il commet le délit de chasse sur le terrain d'autrui (1).

759. Que celui qui pénètre de vive force dans un presbytère dont le desservant avait la possession paisible et publique, qui fait démolir des constructions élevées par ce desservant, commet une voie de fait dont il ne peut se disculper en invoquant soit sa qualité de fonctionnaire public, soit l'intérêt de la commune (2).

760. Que celui qui, sans motif d'ordre ou de sécurité publics, ferme la porte du cimetière à un enterrement et en interdit l'entrée à la famille et aux amis, obligeant ainsi le cercueil de pénétrer par une brèche pratiquée, à cet effet, au mur d'enceinte, ne saurait justifier ces actes administrativement et encourt une responsabilité civile (3).

---

(1) Tr. des conf. 17 janvier 1880. — Le tribunal considérant que, par exploit, la demoiselle Pineau, en religion sœur Dorothée, a fait citer le sieur Bineteau, maire de Chigné, devant le juge de paix de Noyant, pour s'entendre condamner à 125 francs de dommages-intérêts ; — Que le juge de paix s'est déclaré incompétent ; — Mais que, sur l'appel de la demoiselle Pineau, le tribunal civil de Beaugé a retenu l'affaire. — Considérant que la demande en dommages-intérêts est exclusivement fondée sur ce que le maire de Chigné n'a pas immédiatement affiché la déclaration que lui avait faite la demoiselle Pineau de son intention d'ouvrir une école libre dans la commune ; — Considérant que l'autorité judiciaire est compétente pour connaître des demandes en dommages-intérêts dirigées contre les fonctionnaires publics, lorsque les demandes sont fondées sur des fautes personnelles à ceux-ci ; mais qu'on ne saurait comprendre sous cette dénomination les fautes que les fonctionnaires peuvent commettre dans l'accomplissement d'actes d'administration, par contravention aux règles qui fixent leurs devoirs vis-à-vis de l'autorité supérieure, alors que ces actes ne sont pas prescrits dans l'intérêt de ceux qui se prétendent lésés ; que l'appréciation et la répression de ces fautes appartiennent exclusivement aux supérieurs sur le sol des fonctionnaires desquels sont placés les fonctionnaires qui les ont commises ; — Considérant qu'il résulte des articles 27-28 de la loi du 15 mars 1850 et des articles 1 et 2 du décret du 7 octobre 1850, que l'affichage de la déclaration faite par l'instituteur qui veut ouvrir une école libre est le premier acte d'une instruction administrative destinée à éclairer l'autorité supérieure sur l'opportunité de l'exercice du droit d'opposition ; que le retard apporté à cet affichage ne saurait ni changer le point de départ, ni prolonger la durée du délai à l'expiration duquel l'instituteur peut, en l'absence d'opposition, ouvrir son école ; — Considérant dès lors, qu'en admettant que le maire de Chigné ait eu tort de ne pas procéder immédiatement à l'affichage de la déclaration de la demoiselle Pineau, cette faute ne peut engager sa responsabilité qu'envers l'administration ; — Que le tribunal ne pouvait donc se déclarer compétent pour connaître de la demande fondée exclusivement sur cette faute, sans usurper le pouvoir qui appartient au préfet et au ministre, sous l'autorité desquels le maire est placé, et sans s'immiscer dans ces matières dont la connaissance est interdite aux tribunaux judiciaires par les lois des 16-24 août 1790 et 16 fructidor an III.

(2) Dijon, 15 décembre 1876. — La Cour, attendu que l'abrogation de l'article 75 de la Constitution de l'an VIII n'a rien modifié au principe constitutionnel de la séparation des pouvoirs, en vertu duquel les tribunaux civils ne peuvent connaître des actes administratifs, ces tribunaux ont le devoir d'examiner les actes faits par les fonctionnaires, afin de déterminer s'ils constituent réellement des actes administratifs échappant à leur juridiction ; — Attendu que l'acte administratif proprement dit est non celui que le fonctionnaire fait, mais celui que la loi autorise à faire ; — Qu'en dehors de cette faculté conférée par la loi, ces prescriptions édictées pour la sûreté des personnes et des choses, il n'y a plus un acte administratif, mais un abus de la fonction, un fait personnel à l'agent qui le rend responsable dans les conditions ordinaires du droit commun ; — Qu'il importe d'autant plus de maintenir à l'acte administratif ce caractère, que les fonctions publiques y trouvent leur dignité, et les intérêts des citoyens leur sauvegarde ; — Attendu que le droit de police rurale attribué au maire par l'article 10 de la loi du

---

18-22 juillet 1837 ne saurait constituer un droit donnant pouvoir de disposer arbitrairement d'une part quelconque des propriétés privées, mais qu'il consiste essentiellement à faire exécuter les lois et règlements qui le délimitent et le précisent ; — Attendu que, spécialement en matière d'élagage des arbres dont les branches avanceraient sur le sol des chemins vicinaux, les attributions des maires sont fixées par l'arrêté réglementaire pris par le préfet de Saône-et-Loire, à la date du 30 décembre 1871, approuvé par le ministre le 14 février 1872 et régulièrement publié ; — Attendu que cet arrêté réglementaire porte « que les arbres, les branches, les haies et les racines qui avanceraient sur le sol des chemins vicinaux seront coupés à l'aplomb de ces chemins, à la diligence des propriétaires ou fermiers (art. 102). Le propriétaire ou le fermier négligeait ou refusait de se conformer aux dispositions qui précèdent, il en serait dressé procès-verbal, pour être statué par l'autorité compétente (art. 103) ; — Attendu que ce sont là des dispositions claires, précises, qui n'ont pas besoin d'interprétation, mais qui veulent seulement être appliquées ; — Que le sieur Moine, maire de la commune de Collonges, sans que procès-verbal eût été dressé et sans décision de l'autorité compétente, a donné à ses ouvriers l'injonction de pénétrer dans la propriété du sieur Chamuy, et que là, il a fait élaguer, couper, étêter de nombreux arbres fruitiers ou à haute tige ; — Qu'en agissant ainsi il sortait de ses attributions et commettait un acte dont la responsabilité pouvait et devait être appréciée par les tribunaux civils ; — Que c'est donc à tort que les premiers juges ont sursis à statuer sur l'action en dommages-intérêts portée devant eux. — Par ces motifs, met à néant.

(1) Cass. crim. 25 mars 1887. *Bull. crim.* à sa date.

(2) Cass. civ. 17 décembre 1884. — Sur le moyen unique du pourvoi pris de la violation des articles 23-25 du Code de procédure civile, ainsi que de la fausse application de l'article 4 de la loi du 28 pluviôse an VIII : — Vu ledit article 4, ses deuxième et troisième paragraphes ; — Attendu qu'il résulte du jugement attaqué qu'à la date du 10 septembre 1880, Parillaud, maire de la commune du Vallon, a pénétré de vive force dans le presbytère, et qu'il a fait démolir des constructions que le desservant y avait établies ; — Attendu que, sur l'action en réintégrande, intentée par le desservant contre Parillaud, ès qualités, le tribunal de première instance de Montluçon s'est déclaré incompétent, par le double motif que Parillaud avait agi en sa qualité de fonctionnaire, et que la contestation était relative à l'exécution des travaux publics ; — Attendu d'abord qu'il est reconnu, en fait, que l'abbé Dupont était, en sa qualité de desservant, en possession paisible et publique du presbytère ; que Parillaud ne pouvait se disculper de la voie de fait qui lui était reprochée, en invoquant, soit sa qualité de fonctionnaire public, soit l'intérêt de la commune ; — Que ces faits ne sauraient dès lors être considérés comme des actes administratifs, mais qu'ils constituent une entreprise à l'occasion de laquelle l'abbé Dupont a pu recourir à l'autorité judiciaire ; — Attendu, d'autre part, que ni les changements opérés au presbytère par l'abbé Dupont dans leur intérêt particulier, ni la destruction de ces ouvrages, effectuée sur l'ordre du maire, même en exécution d'une délibération du conseil municipal, non approuvée par l'autorité administrative, n'avait pas le caractère de travaux publics dans le sens de la loi du 28 pluviôse an VIII ; — Qu'il suit de là qu'en déclarant le contraire, et en déclarant l'autorité judiciaire incompétente pour statuer sur l'action en réintégrande intentée par l'abbé Dupont, le tribunal a méconnu le principe de la séparation des pouvoirs et faussement appliqué les dispositions. — Casse.

(3) Cass. req. 4 août 1880 (Delcossé). — Sur le premier moyen tiré de la fausse application des articles 1382 et 1383 du Code civil, et de la violation de la loi des 16-24 août 1790, du décret du 16 fructidor an III et du principe de la séparation des pouvoirs ; — Attendu que l'autorité judiciaire est compétente pour statuer sur les réclamations portées contre les fonctionnaires de l'ordre administratif, lorsque, aux actes que ceux-ci ont mission d'accomplir, se mêlent des faits personnels, ayant le caractère de faute et pouvant donner lieu à des réparations civiles ; — Attendu

761. Le maire est personnellement responsable des abus d'autorité qu'il commet dans l'exercice de ses fonctions : ainsi on a pu condamner à des dommages-intérêts un maire qui avait fait exécuter des travaux d'élargissement d'un chemin vicinal sur une propriété, avant l'autorisation du préfet et la dépossession du propriétaire (1) ; ou qui avait fait démolir lui-même un mur joignant la voie publique, lorsque l'arrêté de démolition a été annulé (2).

762. Dans le même sens, on a jugé que le maire qui, dans une intention déloyale, couvre les affiches relatives à la candidature d'un candidat par les affiches d'un autre candidat, que ce maire était uniquement chargé de faire placarder dans la commune, est responsable du dommage qu'il a causé et il importe peu que cet affichage ait eu lieu sur un édifice communal (3).

763. On ne saurait considérer comme un fait personnel, pouvant donner lieu à une demande en dommages-intérêts devant l'autorité judiciaire, la faute qu'il peut commettre dans l'accomplissement d'actes d'administration, par contravention aux règles qui fixent ses devoirs vis-à-vis de l'autorité supérieure, alors que ces actes ne sont pas prescrits dans l'intérêt de ceux qui se prétendent lésés ; notamment le retard apporté par un maire à l'affichage de la déclaration d'un instituteur, qui veut ouvrir une école libre, ne peut engager la responsabilité de ce maire qu'envers l'administration et ne peut donner lieu, de la part de l'instituteur, à une demande en dommages-intérêts (4).

764. De même, il n'y a lieu d'admettre une action en dommages-intérêts intentée contre un maire à l'occasion d'un rapport qu'il a adressé au préfet par la voie hiérarchique pour signaler les mauvais services d'un préposé de l'octroi et provoquer sa révocation, ce rapport restant dans le cercle de ses attributions (5).

765. L'autorité judiciaire est incompétente pour connaître de l'action en dommages-intérêts intentée par un cabaretier contre un maire, et fondée sur ce que ce dernier lui aurait refusé de tenir son cabaret ouvert, après l'heure habituelle de fermeture, cette mesure ayant été prise dans le cercle des pouvoirs municipaux et constituant non un fait personnel, mais un véritable acte administratif (1).

766. Le refus du maire de délivrer à un requérant un certificat de bonne vie et mœurs ne peut motiver une action en dommages-intérêts devant les tribunaux civils, mais seulement un recours au préfet (2).

les a soumis aux règles de responsabilité qui pèsent sur tous les citoyens, mais que les lois qui ont établi la séparation des pouvoirs et interdit aux corps judiciaires de connaître des actes administratifs, de quelque espèce qu'ils soient, sont toujours en vigueur ; — Que, pour concilier ces deux principes, celui-ci de droit politique, celui-là de droit naturel, il y a lieu de distinguer entre les faits dont la responsabilité remonte jusqu'à l'administration elle-même et les faits qui engagent la responsabilité personnelle du fonctionnaire public ; — Que les premiers ne peuvent être soumis à la connaissance des tribunaux judiciaires, tandis que les autres peuvent donner ouverture, au profit des tiers qui ont été lésés, à une action en réparation devant les tribunaux de droit commun ; — Considérant, en fait, que le rapport par lequel Tissier, en sa qualité de maire de Decize, a provoqué la révocation de Colas, préposé de l'octroi, en dénonçant par la voie hiérarchique cet employé au préfet de la Nièvre, en lui reprochant de négliger absolument son service, de manquer gravement à son devoir et de s'être montré grossier envers lui-même, est un fait qui rentrait dans le cercle régulier de ses fonctions de maire ; — Qu'en effet, il appartenait au maire, comme représentant la commune, d'apprécier la manière dont ce préposé remplissait son emploi et la convenance de ses réponses aux observations qui lui étaient faites ; — Qu'une appréciation de ce genre, fût-elle d'une sévérité excessive, ou même erronée, à la condition qu'elle soit de bonne foi, ne relève que de l'administration ; — Qu'elle ne pourrait servir de base à une action en dommages-intérêts sans que l'administration fût mise indirectement en cause dans la personne de son agent, et sans qu'il en résultât une véritable confusion d'attributions ; — Que le pouvoir judiciaire n'a sans qualité pour rechercher quels peuvent être le mérite, la capacité, le zèle d'un employé révocable discrétionnairement, et pour dire si un supérieur a eu tort ou raison de provoquer sa révocation ; — Considérant, il est vrai, que Colas offre de prouver que les imputations contenues dans le rapport rédigé contre lui sont fausses, calomnieuses et de mauvaise foi ; — Que, la question étant ainsi posée, les tribunaux judiciaires seraient compétents pour statuer sur la demande de dommages-intérêts de Colas contre Tissier, parce que cette demande serait fondée sur des faits exclusivement personnels à Tissier, dont l'administration, qu'il aurait induite en erreur, pouvait et devait décliner la solidarité ; — Que le fonctionnaire public, convaincu d'avoir sciemment et méchamment abusé de sa fonction pour commettre un fait préjudiciable à autrui, loin d'être protégé par son caractère, doit être, au contraire, plus sévèrement jugé ; — Mais considérant que le rapport dont se plaint Colas est conçu dans des termes relativement mesurés et qui semblent dès à présent exclure le reproche de fausseté intentionnelle et de calomnie ; — Qu'il n'apparaît pas que Colas, s'il protestait devant l'autorité administrative supérieure contre l'inexactitude des faits qui lui étaient reprochés, et qu'il ait eu des moyens de preuve qu'il estimait inexacts ; — Qu'enfin l'articulation que fait Colas est formulée d'une manière vague et générale, sans indiquer quels motifs d'animosité personnelle Tissier pouvait avoir contre lui : — D'où il suit que l'enquête sollicitée est à présent présumée ne pouvoir aboutir à aucun résultat. — Confirme.

(1) Amiens, 8 juillet 1878. — La Cour, considérant que, parmi les objets de police que l'article 3, titre XI, de la loi des 16-24 août 1790, a confiés à la vigilance et à l'autorité des corps municipaux, se trouve mentionné « le maintien du bon ordre dans les endroits où il se fait de grands rassemblements d'hommes, tels que les cafés ou autres lieux publics », et qu'une attribution de cette sorte implique naturellement, pour les fonctionnaires qui en sont chargés, le pouvoir de fixer, en vue de la tranquillité et de la sûreté publiques, les heures d'ouverture et de fermeture pour les lieux dont il s'agit ; — Considérant, dès lors, que le refus fait, le 2 septembre 1877, par le maire de Chigny, d'autoriser Morlain à tenir son cabaret ouvert après l'heure habituelle de fermeture, est une mesure qui rentrait dans les attributions de ce maire et qui paraît avoir été prise pour le maintien du bon ordre dans la commune ; — Considérant qu'à la vérité Morlain se plaint de ce qu'en prenant cette mesure le maire se serait écarté des règles générales tracées, en vue des circonstances qui se présentaient le jour susdit, par un arrêté du préfet de l'Aisne, en date du 29 septembre 1874 ; — Que ce fait, en le supposant exact, peut bien engager la responsabilité du maire vis-à-vis du chef hiérarchique « sous la surveillance » duquel, aux termes de l'article 10 de la loi du 18 juillet 1837, il exerce ses pouvoirs de police, mais qu'il ne s'ensuit pas que la mesure dont s'agit n'ait pas été prise dans le cercle de ses pouvoirs ; — Qu'ainsi elle constitue non un fait personnel, mais un véritable acte administratif ; — Considérant qu'en admettant même que cet acte soit de nature à préjudice à Morlain, l'autorité judiciaire est aussi impuissante pour en apprécier le résultat que pour en apprécier les motifs ; — Que la règle de la séparation des pouvoirs s'y oppose ; — Par ces motifs : — Infirme.

(2) Cons. d'Et., 8 août 1867. — Considérant qu'en refusant au sieur Dunaigue un certificat de bonne vie et mœurs, le sieur de Pommepuy a agi dans la limite du droit qui lui appartient comme maire, sauf le recours ouvert du sieur Dunaigue devant le préfet recours dont le sieur Dunaigue a profité... — N'est pas accordée, etc.

qu'il est établi, en fait, par l'arrêt attaqué qu'au mois de décembre 1875 le sieur Marie Negre père était décédé à Albefeuille-Lagarde. Negre fils vint déclarer à Delcossé, alors maire de la commune, qu'un enterrement civil serait fait au défunt ; — Qu'à cette occasion et sans qu'il apparaisse d'aucune autre circonstance se rattachant à l'ordre public ou à la sécurité des habitants, Delcossé prit des mesures, ensuite desquelles Negre fils fut obligé de faire passer le cercueil contenant le corps de son père par une brèche pratiquée, à cet effet, au mur d'enceinte du cimetière, et que, de plus, l'entrée du cimetière fut interdite à la famille du défunt et au cortège qui suivait ; — Attendu qu'en déclarant que ces actes, expressément blâmés par l'autorité supérieure, constituaient de la part de Delcossé des abus de pouvoir et auraient causé au défendeur éventuel un préjudice moral et matériel dont il lui était dû réparation, et en condamnant par voie de conséquence ledit Delcossé à des dommages-intérêts, les juges du fond ont fait une juste application, etc. — Rejette.

(1) Trib., Périgueux, 28 août 1873, D. P. 75.5.271.
(2) Trib., Melun, 13 février 1873, D. P. 74.3.16.
(3) Cass. civ. 10 décembre 1879. — La Cour, vu l'article 13, titre II, de la loi du 10 fructidor an III ; — Attendu que la demande en dommages-intérêts formée par Coulin contre Cadou, maire de la commune de Frossay, se fonde non sur le fait d'avoir, en exécution des ordres de l'autorité administrative supérieure, placardé ou fait placarder des affiches relatives à une candidature officielle opposée à la sienne, mais uniquement d'avoir, dans une intention déloyale, placardé ou fait placarder des affiches sur celles qui étaient relatives à sa candidature, de manière à les couvrir et à les faire disparaître ; — Attendu que le fait ainsi précisé constituait non un acte administratif dont l'appréciation eût échappé à la compétence de l'autorité judiciaire, mais un fait personnel à Cadou, fait distinct de l'affichage à l'occasion duquel il avait été accompli, et dont il appartenait par conséquent à cette autorité d'apprécier la nature et les conséquences ; — Qu'en effet, d'une part, l'ordre donné au maire de Frossay de faire apposer les affiches de candidat officiel n'impliquait pas par lui-même l'ordre de les apposer sur les affiches d'un autre candidat, et qu'il n'a jamais été prétendu que cet ordre eût été donné à Cadou ; et d'autre part, qu'il ne s'agit pas dans la cause de savoir si le maire de Frossay avait pu, comme chargé de la police de la voirie ou comme administrateur des biens communaux, ordonner la suppression des affiches apposées sur des édifices municipaux, mais s'il a pu, en dehors de tout arrêté municipal et procédant par une sorte de voie de fait, couvrir dans une intention déloyale les affiches d'un candidat par les affiches d'un autre candidat, et par suite s'il a encouru la responsabilité de droit commun établie par l'article 1382 du Code civil ; — Qu'en se déclarant incompétente dans ces circonstances, la cour de Rennes a méconnu ses pouvoirs. — Casse.
En ce sens, Amiens, 16 août 1878, D. P. 80.2.47 ; Angers, 12 janvier 1881, D. P. 82.2.128 ; voir cependant contrà Rennes, 31 décembre 1878 ; D. P. 80.2.101.
(4) Tr. conf. 17 janvier 1880. (V. suprà, n° 757.)
(5) Bourges, 10 février 1879. — La Cour, considérant que le gouvernement de la Défense nationale du 19 septembre 1870 a enlevé aux fonctionnaires publics, pour les faits relatifs à leurs fonctions, la garantie créée en leur faveur par l'article 75 de la Constitution de l'an VIII, et

767. Les intérêts étant la mesure des actions, un maire ne peut évidemment être actionné que s'il a causé par ses actes personnels un préjudice individuel, et il a été jugé à cet égard qu'un contribuable ne peut, en tout cas, demander des dommages-intérêts à raison de malversations qui auraient été commises, s'il n'a pas éprouvé de ces faits un préjudice personnel (1).

768. Les actes faits par le maire, en dehors du mandat qui lui a été donné par le conseil municipal, n'engagent la commune que si elle y a acquiescé dans les formes légales; par suite, une commune n'est pas responsable d'un quasi-délit commis par le maire et ses assesseurs, présidant à une adjudication de droits communaux régulièrement autorisés; ce maire et ces assesseurs sont seuls, personnellement, responsables du préjudice qu'ils ont causé aux adjudicataires en modifiant illégalement les clauses et conditions de l'adjudication dont l'annulation a été prononcée pour cette raison (2).

769. De même, un maire est responsable vis-à-vis de la commune qu'il a administrée, à raison des dépenses qu'il a faites sans y être autorisé (3).

770. L'autorité judiciaire est compétente pour connaître de la demande intentée par une commune contre son ancien maire et ayant pour effet la réparation d'un dommage souffert par elle dans des propriétés mobilières par le fait ou la négligence de cet ancien maire, alors qu'il exerçait ses fonctions (4).

771. Le maire qui ne fait que se conformer aux prescriptions et aux ordres de ses supérieurs hiérarchiques ne saurait encourir aucune responsabilité; ainsi on n'a pas autorisé, sous l'empire de la Constitution de l'an VIII, les poursuites exercées contre un maire qui, au mépris d'une opposition de particuliers, mais en exécution d'ordres de l'autorité supérieure, avait effectué une vente de terrains communaux (5).

772. De tous les principes qui régissent l'administration des deniers publics et par conséquent des deniers communaux, un des plus essentiels est celui de la séparation absolue des fonctions d'ordonnateur des fonctions de receveur ou de payeur. Les maires ont qualité pour ordonnancer, mais ils ne l'ont pas pour recevoir ou pour payer par d'autres que par les receveurs municipaux. Néanmoins, malgré les efforts de l'autorité, des maires font par eux-mêmes des recettes et des dépenses qui ne figurent ni au budget ni au compte de la commune, et qui, dès lors, restent secrètes. Cette comptabilité occulte a évidemment pour but de soustraire certaines opérations au contrôle de l'administration et de s'affranchir ainsi des règles qui sont cependant la sauvegarde des intérêts communaux.

Si les maires étaient bien pénétrés des dangers auxquels ils s'exposent en dissimulant certaines recettes et dépenses, ils ne se hasarderaient pas dans une voie si périlleuse. En effet, d'après les lois et règlements sur la matière, tout maire qui s'immisce volontairement dans le maniement des fonds de sa commune se constitue, par cela même, comptable des deniers publics et encourt toutes mesures auxquelles les comptables en titre sont assujettis (1).

L'hypothèque légale frappe immédiatement tous ses immeubles en vue de la conservation des droits de la commune (2).

Il lui est imparti, pour la production des comptes de sa gestion, un délai passé lequel ses biens sont placés sous le séquestre (3).

Il est, en outre, passible des peines correctionnelles prononcées contre ceux qui usurpent des fonctions qui ne leur appartiennent pas (4).

Et si, comme il arrive quelquefois, il a délivré des mandats fictifs à des fournisseurs ou autres qui ont consenti à les quittancer et à lui remettre le montant intégral ou partiel, il peut être poursuivi pour crime de faux ou de détournement de deniers publics (5).

Une comptabilité occulte remonte souvent à plusieurs années, et n'est révélée que par un changement dans le personnel de l'administration locale. Si l'ancien maire est décédé, ses héritiers, ou ayants cause, peuvent être recherchés et être obligés de rendre compte de la gestion de leur auteur, soit devant le conseil de préfecture, soit devant la Cour des comptes (6).

Le receveur municipal est tenu, sous sa responsabilité personnelle, de signaler à son supérieur toute comptabilité occulte qui vient à sa connaissance; autrement il s'expose à être suspendu provisoirement de ses fonctions et même à être révoqué. Il est d'ailleurs procédé d'office à la révision de ses comptes, et il peut être forcé en recette de toutes les sommes que, au préjudice de la commune, il a laissé recouvrer par d'autres mains que les siennes (7).

773. L'installation des maires et adjoints consistait autrefois dans la prestation de serment; le maire et l'adjoint élus peuvent immédiatement prendre possession de leurs fonctions, et leur prise de possession constitue leur installation (8).

---

(1) Cons. d'Et. 14 décembre 1867 (Barrau). — Considérant que rien ne constate que le sieur Barrau ait souffert un préjudice personnel des faits par lui reprochés au maire de Saint-Aventin, et que, dès lors, il n'a pas qualité pour exercer des poursuites contre ce fonctionnaire à raison de ces mêmes faits... — N'est pas accordée, etc.

(2) Trib. Gray. 13 mars 1863, D. P. 85.3.103.

(3) Dijon, 26 février 1873. — La Cour, considérant que l'irrégularité des dépenses à raison desquelles Dormont, ancien maire de Chaignaz, est aujourd'hui poursuivi par cette commune, n'est pas contestée; — Qu'il est constant, en fait, que ces dépenses n'ont été ni votées par le conseil municipal, ni inscrites d'office au budget de la commune; — Qu'elles ont été directement ordonnées par Dormont et payées par la caisse municipale sur des mandats par lui délivrés, en sa qualité de maire, sur crédits régulièrement ouverts; — Que, ces crédits n'ayant pas été complètement épuisés par les dépenses qu'ils devaient couvrir, Dormont a cru devoir en appliquer l'excédent à celles non prévues ni autorisées qui font l'objet du litige; — Qu'en se faisant seul juge de l'opportunité de ces dépenses nouvelles et en les effectuant sans avoir rempli aucune des formalités nécessaires à leur validité, il a, par ses actes, accomplis en dehors du cercle de ses attributions, engagé sa responsabilité personnelle, ainsi qu'il le reconnaît lui-même. . . . .

(4) Trib. conf. 26 mars 1881. — La Cour, Vu l'article 27 de la loi du 24 mai 1872 et l'article 17 du règlement d'administration publique du 28 octobre 1849; — Vu les lois des 16-24 août 1790 (art. 13, titre II) et du 16 fructidor an III, les ordonnances des 1er juin 1828 et 12 mars 1831; — Vu l'article 10, § 2 de la loi du 18 juillet 1837; — Considérant que le maire, chargé par la loi de conserver et d'administrer les propriétés de la commune, est considéré quant à ce, comme son mandataire et comme le représentant de sa personnalité civile; — Que les actes qu'il accomplit en cette qualité, alors qu'il ne s'agit pas d'administration des deniers communaux dont il est responsable, ne sont pas des actes administratifs proprement dits, mais de simples actes de gestion qu'aucun texte de loi ne soustrait à la juridiction des tribunaux judiciaires quant à la responsabilité qui peut en découler; — Considérant qu'il suit de là que le tribunal civil de Perpignan était compétent pour connaître de la demande intentée contre le sieur Lambert, ancien maire de Sezilla-la-Rivière, cette demande ayant simplement pour objet la réparation d'un dommage que la commune aurait souffert dans ses propriétés mobilières par le fait ou par la négligence du sieur Lambert, alors qu'il exerçait ses fonctions; — Qu'ainsi ledit tribunal a méconnu les règles de la compétence.

Art. 1er. Est considéré comme non avenu le jugement...

(5) Cons. d'Et. 20 janvier 1866. — Considérant que le sieur Jourdan s'est exactement conformé aux prescriptions de l'autorité supérieure..... — N'est pas accordée, etc.

(1) Ord. 23 août 1823; L. 5 avril 1884, article 155. — Les arrêtés de la Cour des comptes qui ont fait application de ces articles à des maires sont trop nombreux pour que nous les citions ici.

(2) C. civ. article 2121.

(3) C. 28 pluviôse, article 3.

(4) C. P. article 258.

(5) C. P. articles 145, 169.

(6) C. des comptes, 23 août 1834.

(7) C. des comptes, 20 juin 1835.

(8) Cass. crim. 19 novembre 1874. — La Cour, sur le moyen unique, pris de la fausse application de l'article 6 de la loi du 25 mars 1822, et de la violation des articles 8 de l'arrêté du 19 floréal an VIII, et de la loi du 5 mai 1855, en ce que l'arrêt attaqué a déclaré qu'un maire, non encore installé dans ses fonctions, était protégé contre toute offense par les dispositions de la loi du 25 mars 1822; — Attendu que la loi du 21 nivôse an VIII, relative au serment politique des fonctionnaires publics de tout ordre, n'imposait à ceux-ci comme conditions de leur entrée en fonction que le serment préalable de fidélité à la constitution; — Que cette condition une fois accomplie, le fonctionnaire était investi des pouvoirs nécessaires à l'accomplissement de son mandat et avait caractère pour exercer sa charge; — Attendu que l'arrêté du 19 floréal suivant a eu pour objet de modifier la loi précitée, mais d'en régler l'exécution en ce qui concerne les maires et les adjoints des communes; — Qu'il résulte des dispositions combinées des articles 1 et 5 de cet arrêté que, si le préfet fixe le jour de l'installation des maires par lui nommés dans son département, c'est exclusivement en vue de la

774. Le maire qui cesse ses fonctions doit faire la remise de tous les papiers et registres relatifs à l'administration entre les mains de son successeur, au moment où ce dernier est installé, ou entre les mains du fonctionnaire qui exerce provisoirement (1). Cette opération est constatée par un procès-verbal en double minute : l'une des minutes est remise au fonctionnaire sortant pour lui servir de décharge, l'autre reste déposée à la mairie pour établir la responsabilité du nouveau titulaire.

775. Le mobilier de la commune doit être remis de la même manière, suivant procès-verbal dressé en double.

776. Dans le cas où un maire sortant se refuserait à procéder à l'inventaire, le sous-préfet doit nommer un commissaire pour dresser cet acte, contradictoirement avec le maire en exercice.

777. En cas de décès du maire, ce sont ses héritiers qui ont à rendre compte des objets appartenant à la mairie et dont leur auteur se trouvait dépositaire. L'adjoint doit exiger d'eux qu'ils lui en fassent la remise immédiate. Un inventaire est dressé en double minute ; l'une des minutes est remise aux héritiers.

778. Dans tous les cas, le procès-verbal désigne les registres et papiers, ainsi que le mobilier, qui ne se trouveraient pas à la mairie, afin que, s'il y a lieu, l'ancien maire soit déclaré responsable de ces objets.

779. Les maires qui entrent en fonctions doivent avoir soin d'observer rigoureusement ces dispositions et de ne prendre en charge aucun objet dont ils n'aient constaté l'existence. Ils doivent se rappeler que des conséquences graves sont attachées à leur responsabilité, puisque non seulement ils peuvent être tenus à rétablir à leurs frais tous les objets susceptibles d'être remplacés, mais encore devenir passibles, dans certains cas, des peines portées par les articles 173 et 254 du Code pénal (2).

780. Le décret du 24 messidor an XII, ainsi que nous l'avons vu n° 439, classe le maire parmi les autorités ayant rang personnel dans les cérémonies publiques et le place après le président du tribunal de commerce et avant le commandant d'armes.

781. Le maire ne jouit des prérogatives attachées à ses fonctions que dans la commune qu'il administre.

782. Il n'est pas dû d'honneurs civils et militaires au maire personnellement ; mais il en est dû au conseil municipal à la tête duquel il est placé.

<hr>

prestation de serment à laquelle sont assujettis les fonctionnaires avant d'entrer en exercice, et pour imprimer à cet acte plus de solennité ; — Que si l'article 8 ajoute que les agents municipaux remettront au maire, le jour de son installation, les papiers et registres afférents à leur gestion, la portée de cette expression se trouve déterminée par sa relation avec les dispositions précédentes, et doit s'entendre dans le sens que cette remise aura lieu le jour de la prestation du serment, puisque l'installation du maire n'est que l'accomplissement de cette formalité suffisant à elle seule pour le constituer délégataire de la puissance publique ; — Que, par voie de conséquence, lorsque l'article 2 de la loi du 5 mai 1855 impose aux maires sortant de fonctions l'obligation de les continuer jusqu'à l'installation de leurs successeurs, il n'a pu avoir en vue que la prestation du serment de ces derniers, l'installation et le serment n'étant, ainsi qu'il vient d'être dit pour le législateur, que deux formules adéquates, deux expressions du même fait ; — Mais attendu que, le serment politique ayant été aboli par le décret du 5 septembre 1870, la formalité de l'installation est, par là même, devenue sans objet, et n'a point été reproduite dans la loi du 20 janvier 1874, relative à la nomination des maires et adjoints par le pouvoir exécutif ; — Que ces derniers, comme tous autres fonctionnaires de l'ordre administratif, tiennent l'investiture de leurs fonctions du seul fait de leur nomination par l'autorité compétente, et de leur acceptation constatée par une prise de possession ; — Et, attendu qu'il résulte des constatations de l'arrêt attaqué par le sieur G..., nommé maire de la commune de Vinay, par décret du Président de la République inséré au extrait du Journal officiel du 18 février dernier, et régulièrement avisé de sa nomination, avait le 21 du même mois, pris possession effective de ses fonctions, lorsque dans la salle même de la mairie, et à l'occasion d'une observation, par lui adressée au sieur S... en sa qualité de maire, il a été l'objet de paroles outrageantes proférées par ce dernier ; — Attendu, dans ces circonstances, qu'on décidant que l'outrage, ainsi fait publiquement par ledit sieur S... au sieur G..., tombait sous le coup de l'article 6 de la loi du 25 mars 1822, l'arrêté dénoncé n'a ni violé cet article, etc. — Rejette.

(1) Arr. 19 floréal an VIII.
(2) Cir. int. 16 juin 1842.

783. Les maires peuvent porter un costume, qui a été déterminé en dernier lieu par un décret du 1er mars 1852 ; mais il est d'usage qu'ils n'en aient pas et qu'ils portent l'écharpe tricolore avec franges d'or qui est le signe distinctif de l'autorité municipale.

SECTION II.

LE SECRÉTAIRE DE LA MAIRIE ET LES EMPLOYÉS DE LA COMMUNE.

784. Dans la plupart des communes, il n'y a qu'un seul bureau de la mairie, et le secrétaire suffit à tous les travaux de l'administration. Dans d'autres communes, plus populeuses, le secrétaire est aidé d'un ou plusieurs employés, entre lesquels il répartit à son gré le travail. Mais, dans les villes d'une certaine importance, où les services municipaux sont naturellement plus nombreux et plus développés, la distribution du travail par bureaux est indispensable. Le personnel des bureaux se compose alors d'un secrétaire général ou secrétaire en chef, de chefs de bureau et d'expéditionnaires. On forme ordinairement, dans ce cas, quatre divisions, savoir : 1° secrétariat ; 2° bureau de l'état civil ; 3° bureau militaire ; 4° bureau de police.

785. Le bureau du secrétariat, placé sous la direction immédiate du secrétaire en chef, comprend l'exécution de toutes les mesures administratives ordonnées par le maire ou par l'autorité supérieure, la correspondance générale, la préparation et la publication des arrêtés du maire, l'expédition des délibérations du conseil municipal, le service des contributions, les légalisations, les certificats, les états de population, l'instruction publique, les élections, les octrois, etc. Le bureau de l'état civil est spécialement chargé de la tenue des registres des actes de l'état civil, de l'expédition de ces actes et de tous les détails y relatifs. Le bureau militaire est chargé des opérations du recrutement, des engagements volontaires, des logements militaires, etc. Enfin, le bureau de police a dans ses attributions la délivrance et le visa des passeports, la salubrité, le poids public, la voirie, l'éclairage et généralement tous les détails concernant la police municipale. Ce dernier bureau est quelquefois placé sous la direction d'un commissaire de police.

786. Les frais de bureau, qui consistent dans les achats de papier, registres, imprimés, dans les dépenses d'éclairage, de chauffage, d'entretien des bureaux, etc., sont payés sur mandats du maire appuyés de factures ou mémoires dûment réglés et quittancés, à moins que, la dépense n'excédant pas dix francs, le maire n'ait dispensé les créanciers de fournir un mémoire timbré, en énonçant dans le corps du mandat le détail des fournitures. Quant aux menues dépenses faites par le maire à titre d'avances, il en justifie par un état auquel il joint, autant que possible, les mémoires des ouvriers ou marchands. Cet état, bien que quittancé par le maire, est exempt du timbre comme pièce de comptabilité intérieure ; mais les mémoires, s'ils en est produit, doivent être sur papier timbré.

Lorsque la somme inscrite au budget pour frais de bureau est allouée par abonnement au maire, la dépense est acquittée par douzième à la fin de chaque mois, ou par quart à la fin de chaque trimestre, et les mandats sont signés par l'adjoint. Dans ce cas, les quittances délivrées par le maire sont exemptes de timbre.

787. Chaque bureau de mairie, indépendamment du mobilier indispensable à l'action du maire et des employés, aux réunions du conseil municipal, aux assemblées électorales, etc., doit être muni d'armoires, placards, rayons ou étagères pour qu'on puisse y classer tous les dossiers, cartons et papiers de l'administration.

788. Une circulaire ministérielle du 16 juin 1842, relative aux archives communales, indique les mesures de conservation que doivent prendre à cet égard les autorités municipales, et donne des instructions pour la mise en ordre et le classement des archives, ainsi que pour la rédaction des inventaires.

789. Le nombre des registres de l'administration municipale varie nécessairement suivant l'organisation des bureaux et l'importance des services ; nous mentionnerons seulement ci-après ceux qui doivent se trouver dans toutes les mairies. Ce sont : 1° les registres de l'état civil ; 2° le registre des arrêtés du maire ; 3° le registre des délibérations du conseil municipal ; 4° le registre de correspondance ou copie de lettres ; 5° le registre d'ordre, pour l'enregistrement sommaire des actes de l'administration et de tous les faits dont il importe de conserver le souvenir dans la commune ; 6° le journal des mandats et les autres livres de comptabilité ; 7° le répertoire des actes soumis à l'enregistrement, etc.

790. Nous venons de voir que le principal et souvent le seul employé de mairie était le secrétaire. Mais un secrétaire de mairie n'est pas fonctionnaire public (1), c'est simplement un collaborateur du maire pour le travail des bureaux et la conservation des archives. Il ne peut rendre authentique aucun acte, aucune expédition ni extrait des actes des autorités, et, en général, sa signature ne peut remplacer ni ne doit accompagner celle du maire dans les actes où cet administrateur est seul responsable (2). Il résulte de là que le secrétaire de mairie n'a pas et ne peut avoir d'attributions qui lui soient propres, et que tous les travaux sont faits au nom et sous la responsabilité du maire.

791. Les maires ont été autorisés, toutefois, à confier au secrétaire de la mairie la tenue de leur répertoire des actes

soumis au timbre et à l'enregistrement. Le maire prend à ce sujet un arrêté spécial, à la suite duquel le secrétaire écrit et signe son acceptation. Deux expéditions du tout, certifiées conformes par le maire, doivent être ensuite adressées par lui au sous-préfet, qui en transmet une au directeur de l'enregistrement et l'autre au procureur près le tribunal de première instance de l'arrondissement (1).

792. Les maires peuvent aussi déléguer à leur secrétaire le soin de remettre aux parties intéressées les copies ou expéditions des actes de la mairie, et de faire signifier ceux de ses actes qui exigent cette formalité.

793. Dans quelques départements, leur traitement se prend, comme celui des autres employés de mairie, sur les fonds alloués pour frais de bureaux ; dans ce cas, il est fixé par le maire, qui doit le proportionner au crédit ouvert au budget de la commune. Mais, dans le plus grand nombre des départements, le traitement du secrétaire forme un article distinct au budget ; c'est alors une dépense communale sur laquelle le vote du conseil municipal est requis comme pour toute autre dépense.

794. Dans les communes rurales, où les travaux de bureau sont en général peu étendus, on peut réunir les fonctions de secrétaire à celles d'instituteur ; mais, dans ce cas, l'autorisation du conseil départemental de l'instruction publique est nécessaire. Cette autorisation est demandée par l'intermédiaire du sous-préfet.

795. Bien que les secrétaires de mairie ne soient pas des fonctionnaires publics, il a été jugé cependant qu'ils étaient des agents ou préposés d'une administration publique et, par suite, si, dans l'exercice de leurs fonctions, ils ont reçu des dons ou rétributions pécuniaires, ils sont passibles de l'article 174 du Code pénal qui punit la corruption et de l'article 177 qui punit la concussion des fonctionnaires publics (2). Cette décision peut paraître contestable, car si le secrétaire de la mairie n'a, comme l'a déclaré l'avis du Conseil d'État de 1807, aucun caractère public, il semble difficile de lui appliquer les dispositions de nos lois pénales qui ne frappent que les agents d'administration ayant précisément ce caractère.

796. Les fonctions de secrétaire de mairie sont incompatibles avec celles d'adjoint et de conseiller municipal. Diverses décisions ministérielles les déclarent également incompatibles avec celle de notaire (3), de membre d'une commission d'administration d'hospice (4), de receveur d'hospice (5), de receveur ou préposé des postes (6).

797. Mais le conseil municipal peut autoriser le secrétaire de la mairie à assister, pendant les séances, le secrétaire du

(1) Cons. d'Ét. cont. 12 août 1845, D. P. 46.3.55 ; Cons. d'Ét. cont. 10 juin 1850, P. D. 55.3.54 ; Cons. d'Ét. cont. 9 janvier 1856, D. P. 58.5.197. — Trib. d'Alais, 14 août 1878, D. P. 79.2.162 ; Tr. conf. 14 juin 1879 (Voy. infrà, n° 946). — Cass. crim. 22 juin 1883 — Attendu que par l'effet de la loi du 28 pluviôse an VIII, les secrétaires de mairie ont cessé d'avoir le caractère de fonctionnaires publics qui leur avait été attribué par la législation antérieure ; — Qu'ils sont devenus de simples commis ou employés de bureau dépourvus d'initiative et de responsabilité à raison des actes qu'ils préparent, faisant office d'auxiliaires du maire, qui a le pouvoir de les nommer et de les révoquer, sans aucune situation légale, comme aussi sans délégation personnelle de fonctions ; — Attendu que, dépourvus ainsi de toutes attributions propres, temporaires ou permanentes, conséquemment de tout caractère public, les secrétaires de mairie ne sont ni des fonctionnaires, ni des dépositaires ou agents de l'autorité publique, ni même des citoyens chargés d'un service public ; — Qu'ils ne peuvent être, dès lors, regardés que comme de simples particuliers en regard des dispositions de la loi du 29 juillet 1881 ; — Attendu qu'on décidant... — Rejet.

(2) Cons. d'Ét. 2 juillet 1807. — Considérant, 1° que la loi du 28 pluviôse an VIII a'a point recréé les secrétaires des administrations municipales supprimées, qu'il donne de signature publique à aucun des employés des mairies actuelles, et que, conséquemment, ces employés ne peuvent rendre authentique aucun acte, aucune expédition, ni aucun extrait des autorités, puisqu'il est de principe que personne n'a de caractère public, qu'autant que la loi le lui a conféré ; — 2° Que néanmoins, et depuis la loi du 28 pluviôse, il a été délivré un grand nombre d'extraits des registres de l'état civil, sous le certificat et la signature d'employés qui se qualifiaient de secrétaires ou de secrétaires généraux de mairie ; — Que plusieurs de ces actes ont été reçus en justice et ont servi de base ou de pièces justificatives à des jugements, ou à des procédures non terminées, qui seraient dans le cas d'être recommencées, si ces extraits n'étaient pas admis comme authentiques ; — 3° Que ces extraits ont été délivrés par des employés, et reçus par les parties avec bonne foi de part et d'autre ; — De la part des employés qui ont pu conclure de quelques actes du gouvernement qu'on leur reconnaissait un caractère public ; de la part des parties, qui pouvaient d'autant moins reconnaître l'erreur commise, que la très grande partie de ces extraits ont été légalisés soit par les présidents des tribunaux de première instance, depuis la loi du 20 ventôse an XI, soit antérieurement par les préfets du département ou les autres d'onctionnaires, qui les remplaçaient en cas d'absence ou d'empêchement ; — 4° Est d'avis : 1° Que tous les extraits des registres des actes de l'état civil délivrés depuis la loi du 28 pluviôse an VIII, sous le certificat et la signature des employés, dits secrétaires ou secrétaires généraux de mairie, jusqu'au jour de la publication du présent avis, doivent être considérés comme authentiques, si cette signature a été, avant cette dernière époque, légalisée soit par les maires et les préfets des départements, soit par les présidents des tribunaux de première instance, ou par les fonctionnaires publics qui remplissaient momentanément les fonctions des uns et des autres ; — 2° Que le ministre de l'intérieur doit rappeler de nouveau par une instruction, que les employés de mairies qui se qualifient de secrétaires ou de secrétaires généraux, n'ont point de caractère public ; — Qu'ils ne peuvent rendre authentique aucun acte, aucune expédition, aucun extrait des actes des autorités ; — Que notamment les extraits des actes de l'état civil ne peuvent être délivrés que par le fonctionnaire public, dépositaire des registres ; — 3° Et qu'en général et pour prévenir toute équivoque, à l'avenir, le ministre doit rappeler aux maires que, dans les actes, l'administrateur est seul responsable, sa signature seule est nécessaire et qu'il n'y en doit point y en être apposée d'autre.

(1) Circ. int. 16 avril 1807.
(2) Cass. crim. 17 juillet 1828. — La Cour, vu l'article 127, C. P. — Attendu qu'il résulte de la déclaration du jury que R. Dumas est coupable d'avoir, en qualité de secrétaire de la mairie de Trevoux, reçu des dons ou rétributions pour délivrance de passeport ; l'arrêt attaqué a prononcé son absolution, sous prétexte que les secrétaires de mairie ne sont ni fonctionnaires publics, ni agents ou préposés d'une administration publique, et qu'ils n'ont aucun caractère pour signer des passeports ; — Attendu qu'à la vérité les secrétaires de mairie ne sont pas des fonctionnaires publics, mais qu'ils sont des agents ou préposés d'administration publique ; — Que les mairies sont de nature de leur institution, par les objets dont elles s'occupent, par leurs rapports avec l'administration générale du royaume, nécessairement des administrations publiques ; — Que leurs secrétaires sont leurs agents ou préposés ; — Qu'en effet le traitement de ces employés est à la charge des communes et fait, chaque année, partie de leurs budgets. — Que le costume de ces préposés est réglé par le décret du 8 messidor an VIII, postérieur conséquemment à la nouvelle organisation municipale établie par la loi du 29 pluviôse de la même année ; — Que des attributions spéciales leur sont données, soit par suite des lois des 1er et 13 brumaire an VII, soit par des décisions du ministre de l'intérieur, en sorte qu'ils ne sont point les secrétaires particuliers des maires, mais les agents de l'administration municipale qui les salarie, et que leur existence est reconnue par la loi ; — Que l'article 177, C. P. ayant étendu ses dispositions non seulement aux fonctionnaires publics, mais encore aux agents et préposés de toutes les administrations publiques, il en résulte que les secrétaires de mairies y sont compris... — Casse. En ce sens, Cass. crim. 10 octobre 1828, Bull. crim. à sa date ; Cass. crim. 28 mai 1842, Bull. crim.
(3) Déc. jus. 6 janvier 1848.
(4) Déc. int. 16 février 1847.
(5) Déc. int. 9 septembre 1823.
(6) Déc. fin. 18 octobre 1836.

conseil, pourvu que cette autorisation ne lui confie aucune des attributions que la loi réserve aux conseillers municipaux et particulièrement au secrétaire du conseil (1).

798. Dans les communes d'une certaine importance, les secrétaires de mairie sont aidés, dans leurs travaux divers, par des commis; ceux-ci sont au même titre, et dans les mêmes conditions que les secrétaires, des agents municipaux, et quel que soit leur titre, ils sont soumis aux mêmes règles, contractent les mêmes obligations et jouissent des mêmes droits.

799. Parmi ces employés ou commis, les principaux sont, en général, les archivistes ou bibliothécaires. L'importance de leurs attributions est très grande si l'on veut bien songer que c'est à eux que sont confiées notamment la garde des titres de la commune et la conservation des actes de l'état civil des habitants (2).

800. Les concierges des bâtiments communaux sont nommés et révoqués par les maires. Ceux des bâtiments militaires appartenant aux communes devraient être nommés par le maire avec l'approbation du préfet et choisis parmi les militaires en retraite sachant lire et écrire (3), mais une ordonnance du 5 août 1818 qui a fait rentrer ces sortes d'établissements, pour la conservation et la police, dans les attributions du ministre de la guerre a eu pour résultat, en fait, de laisser tomber en désuétude les prescriptions du décret de 1811.

801. Dès qu'un officier de l'état civil reçoit la déclaration d'un décès, il doit se transporter auprès de la personne décédée pour s'assurer du décès, aux termes de l'article 77, Code civil. Or il n'est pas toujours facile de s'assurer de la mort d'un individu. Une mesure de précaution avait été proposée, lors de la discussion au Conseil d'Etat, pour éviter toute erreur à cet égard, ou du moins pour les rendre extrêmement rares : c'était d'ordonner que l'officier de l'état civil se ferait assister d'un chirurgien. La proposition fut rejetée à cause de la difficulté d'avoir toujours un homme de l'art sur les lieux, disposé à céder à la réquisition qui lui serait faite pour cet objet.

Cependant cette précaution a été adoptée dans plusieurs villes. Lorsqu'un maire est averti d'un décès, il ordonne à un officier de santé de se transporter au domicile de la personne décédée, et de lui en faire immédiatement son rapport verbal. Les gens de l'art chargés de vérifier les décès dressent un procès-verbal indiquant les nom et prénoms du décédé, son sexe, son âge, s'il est marié, sa profession; la date du décès, jour, mois et heure; la rue et le numéro du domicile, et tous les renseignements possibles sur la nature de la maladie, ses causes, sa durée et les noms des personnes qui ont donné des soins au décédé.

Le médecin chargé de vérifier les décès est un employé municipal, quand il accomplit, au lieu et place du maire, la prescription de la loi.

802. Les médecins vérificateurs des décès peuvent être rémunérés au moyen soit d'honoraires déterminés pour chaque vérification, soit d'un traitement fixe et annuel.

803. Dans presque toutes les villes de quelque importance, un architecte spécial est chargé de la surveillance de tous les travaux entrepris par l'administration municipale. Dans ce cas, outre une remise sur les travaux extraordinaires, il peut recevoir un traitement annuel fixé par le conseil municipal sur la proposition du maire.

Dans les autres communes, les architectes sont rétribués au moyen d'une remise proportionnelle.

804. L'architecte, employé à titre permanent et payé au moyen d'un traitement, est un agent ordinaire de la commune; l'architecte rétribué en raison des travaux qu'il fait exécuter est agent de la commune dans l'accomplissement de sa mission.

805. Il en est de même des agents employés à des travaux quand ils sont rémunérés sur les fonds municipaux et non par l'entrepreneur.

806. Quant aux entrepreneurs des travaux communaux, ils ne sont à aucun titre employés de la commune, non plus que les contremaîtres ou ouvriers dont eux-mêmes se servent.

807. Les communes emploient souvent des ouvriers stationnaires tenus d'exécuter jour par jour les travaux nécessaires à l'entretien des chemins communaux. On les connaît sous le nom de cantonniers (1).

808. Il est établi des cantonniers communaux sur les chemins vicinaux ordinaires, toutes les fois que les ressources inscrites au budget le permettent. Deux ou plusieurs communes peuvent être autorisées à se réunir pour l'entretien d'un cantonnier.

809. Lorsque les cantonniers appartiennent à une seule commune, ils sont nommés par le maire, sur la proposition de l'agent voyer cantonal.

810. Le traitement des cantonniers communaux est fixé par les conseils municipaux ; les délibérations prises à cet effet sont soumises à l'approbation des préfets.

811. Le cantonnier communal qui ne doit à la commune qu'une partie de son temps, mais qui est occupé pendant une grande partie de l'année, c'est-à-dire quand les travaux sont nécessaires et utiles, et qui est rémunéré au moyen d'un traitement fixe, a le caractère d'un employé communal.

812. Dans toutes les villes où le besoin du commerce l'exige, il est établi des bureaux de pesage, mesurage et jaugeage publics, où tous les citoyens peuvent faire peser, mesurer et jauger leurs marchandises, moyennant une rétribution juste et modérée.

Les tarifs et règlements des droits à percevoir dans ces bureaux sont proposés par les conseils municipaux, et approuvés par le sous-préfet, d'après les conditions fixées par arrêté préfectoral. (V. infrà nos 1844 et suiv., 3163 et suiv.)

813. Les préposés au pesage, mesurage et jaugeage publics sont des agents communaux, ils sont nommés par le préfet. Avant d'entrer en fonctions, ils doivent prêter, devant le président du tribunal de commerce, ou devant le juge de police du lieu, le serment de bien et fidèlement remplir leur devoir.

814. Aucune autre personne que le préposé ne peut exercer dans l'enceinte des marchés, halles et ports, la profession de peseur, mesureur et jaugeur, à peine de confiscation des instruments. Mais nul n'est contraint à se servir du ministère du préposé, que ce n'est dans le cas de contestation. (V. infrà nos 1844 et suiv).

815. Les préposés sont obligés de tenir les marchés, halles et ports garnis d'instruments nécessaires à l'exercice de leur état, et d'employés en nombre suffisant; faute de quoi, il y est pourvu à leurs frais par la police, et ils sont destitués (2).

816. Les communes font payer généralement les places qu'elles laissent occuper dans les halles, les marchés et elles exploitent souvent directement leurs abattoirs. Lorsque les perceptions sont établies en régie simple, les préposés sont nommés et peuvent être révoqués par le maire ; leurs traitements sont fixés par le conseil municipal, sauf l'approbation du préfet. Toutefois, dans beaucoup de communes, les droits de location des places sont perçus par des agents chargés

(1) Cons d'Et. cont. 17 février 1862. — Napoléon, etc., vu la loi du 5 mai 1855 ; — Considérant que la délibération ci-dessus visée du conseil municipal de la ville de Châlons-sur-Marne avait pour but d'autoriser le secrétaire de la mairie à assister, pendant les séances, le secrétaire du conseil, et ne lui conférait aucune des attributions que la loi réserve aux conseillers municipaux et particulièrement au secrétaire du conseil ; — Que, dès lors, l'arrêté du préfet de la Marne et la décision de notre ministre de l'intérieur en approuvant ladite délibération n'ont commis aucun excès de pouvoir. — Rejette.

(2) Mais on ne saurait assimiler à des employés communaux les membres des commissions des bibliothèques publiques, municipales ou autres, qui sont désignés par le ministre de l'instruction publique pour inspecter et acheter les livres destinés à être mis dans les mains des lecteurs. — Cons. d'Et. cont. 17 avril 1874. L. P. 333.

(3) Déc. 16 sept. 1811, articles 14 et suivants.

(1) Nous n'avons point à nous occuper ici des cantonniers chargés de l'entretien des routes nationales ou départementales, ou des chemins vicinaux de grande communication, qui sont des agents de l'Etat ou du département.

(2) Arrêté du 7 brumaire an IX, articles 1 à 6.

d'autres attributions et quelquefois les taxes d'abatage se perçoivent au bureau d'octroi.

817. Les adjudicataires de droits communaux et le receveur des halles et marchés sans être des fonctionnaires publics sont, comme les secrétaires de mairie, des agents préposés publics, auxquels sont applicables les dispositions pénales des articles 174 et 177 (1).

818. Les communes qui possèdent des eaux plus que suffisantes pour le service public peuvent les exploiter, construire des appareils hydrauliques et faire des fournitures en régie simple. Le conseil municipal règle par ses délibérations l'organisation du personnel, le nombre et le traitement des employés. Le maire nomme les agents.

819. Un assez grand nombre d'eaux thermales appartiennent à des communes. Elles sont gérées pour le compte des communes propriétaires, soit en régie, soit en ferme. Toutefois les produits ne sont pas confondus avec les autres revenus des communes et doivent être spécialement employés aux dépenses des établissements, sauf les excédents disponibles après qu'il a été satisfait aux dépenses. En cas de mise en régie, le régisseur est nommé par le préfet, sur la présentation du maire. Les employés et servants attachés au service des eaux sont nommés de la même manière, mais après avis du médecin inspecteur. Si l'établissement thermal appartient à plusieurs communes, la présentation est faite par le maire de la commune où est situé l'établissement. Le traitement des employés est fixé dans les mêmes formes, et celles-ci sont également observées quand il y a lieu à révocation (2). Les agents chargés non du service des eaux mais de la gestion des casinos et établissements municipaux adjoints aux eaux sont de simples agents communaux nommés selon les règles ordinaires (3).

820. Les administrations municipales peuvent être autorisées à exploiter des bureaux de conditionnement des soies et des laines. Les statuts qui sont approuvés par décret, déterminent leur organisation et leur fonctionnement. En général, les bureaux sont gérés par un directeur que le préfet nomme sur une liste de présentation dressée par le conseil municipal et qui comprend trois candidats. Les employés et les gens

de service sont nommés ou par le directeur ou par le maire Le directeur doit fournir un cautionnement.

821. La loi du 8 floréal an XI a créé deux espèces d'entrepôts dans les ports maritimes : l'entrepôt réel, c'est-à-dire le dépôt de la marchandise dans un magasin unique, placé sous la surveillance immédiate de la douane, fermant à deux clefs dont l'une est remise au commerce, et l'entrepôt fictif, c'est-à-dire le dépôt, dans les magasins mêmes du commerçant et sous sa seule clef, des objets par lui importés, à charge de garantir le payement des droits dont ils sont passibles, s'ils entrent en consommation.

Quelques villes ont ensuite obtenu l'entrepôt réel pour des marchandises appartenant à leur commerce local. Ces établissements sont appelés entrepôts spéciaux.

Enfin, d'après la loi du 27 février 1832, toute ville de l'intérieur peut, moyennant certaines conditions, obtenir un entrepôt réel.

Pour obtenir l'établissement d'un entrepôt, les villes doivent préalablement y affecter un bâtiment isolé et distribué intérieurement de manière à ce qu'on puisse classer séparément les marchandises d'origines diverses.

Les bâtiments affectés à l'entrepôt doivent être agréés par le gouvernement.

Les villes pourvoient à la dépense occasionnée par la création et le service de l'entrepôt; mais elles jouissent des droits de magasinage et de manutention dans ces entrepôts, conformément aux tarifs concertés avec les chambres de commerce et approuvés par le gouvernement. Elles peuvent faire concession temporaire de ces droits, avec concurrence et publicité, à des adjudicataires qui, se mettant à leur lieu et place, se chargent de la construction, de l'entretien des bâtiments et de toutes les autres dépenses.

822. Lorsque les villes gèrent elles-mêmes les entrepôts, le conseil municipal règle l'organisation du personnel, le nombre et les traitements des préposés et hommes de service par une délibération qui est soumise à l'approbation du préfet, des employés sont nommés par le maire qui peut également les révoquer (1).

823. Les frais de garde des cimetières sont à la charge des communes. Les gardiens et les fossoyeurs sont nommés et peuvent être révoqués par le maire, leurs traitements sont fixés par le conseil municipal.

SECTION III.

LE COMMISSAIRE DE POLICE ET LES AGENTS DE LA POLICE.

824. Après le secrétaire de la mairie, le principal employé communal dans les villes réunissant une certaine population est le commissaire de police, fonctionnaire chargé de veiller au maintien du bon ordre et de la paix publique, de constater les délits et de rechercher et poursuivre, dans une certaine limite, ceux qui ont enfreint les lois répressives.

825. Aux termes de la loi du 28 pluviôse an VIII (art. 12), dans les villes de 5,000 à 10,000 habitants, il y a un commissaire de police. Dans celles dont la population excède 10,000 habitants, outre celui dont il vient d'être parlé, il y a un commissaire de police par 10,000 habitants qui l'excèdent. Dans les communes de moins de 5,000 habitants, les fonctions de com-

---

(1) Crim. cass. 7 avril 1837, Bull. crim. ; Crim. cass. 11 août 1840, Bull. crim. ; Crim. cass. 9 octobre 1845, D. P. 46.1.45 ; Cass. crim. 18 novembre 1858. — La Cour, attendu qu'il résulte d'un procès-verbal régulier, en date du 5 décembre dernier, que la femme Manboussin, mère, agissant comme leur préposée, pour le compte des droits à percevoir sur les bestiaux exposés en vente sur le champ de foire de la ville et commune de Beaugé, aurait. contrairement au tarif adopté par le conseil municipal et approuvé par M. le Préfet, exigé et perçu 20 centimes par tête de cochon de lait, au lieu de 10 centimes que porte ledit tarif ; — Attendu que la femme Manboussin et les nommés Manboussin et Pichonneau ont été cités devant le tribunal de simple police, la première, comme prévenue de perception illicite et les deux autres comme civilement responsables ; — Attendu que le tribunal saisi de la plainte, s'appuyant sur le motif que l'arrêté municipal, n'ayant pas le caractère d'un règlement de police, il n'y avait pas lieu d'appliquer aux faits énoncés au procès-verbal la disposition de l'article 471, Code pénal a mis à néant ledit procès-verbal et renvoyé les prévenus de la plainte dirigée contre eux ; — Attendu que la femme Manboussin préposée des sieurs Manboussin et Pichonneau, fermiers, à l'effet de percevoir les droits fixés par le tarif ci-dessus mentionné, aurait exigé et perçu des droits plus forts que ceux qui étaient alloués aux fermiers ; — Attendu que ce fait, s'il était établi, constituerait aux termes de l'article 6 du tarif et de l'article 174 du Code pénal, le délit de concession usité ; — Attendu cependant que, sans y avoir égard, le tribunal, au lieu de se déclarer incompétent pour en connaître, et de renvoyer les parties devant le procureur impérial, conformément aux dispositions de l'article 160, Code d'instruction criminelle a relaxé les parties de la plainte et annulé le procès-verbal, qu'en agissant ainsi, le tribunal a excédé. — Casse.

(2) Ord. 18 juin 1823, article 24.

(3) Cons. d'Et. cont. 26 décembre 1868. — Considérant que par son jugement du 20 janvier 1865, confirmé par arrêt de la Cour de Douai du 17 mai suivant, et ayant acquis l'autorité de la chose jugée, le tribunal civil de Boulogne saisi d'une demande de dommages-intérêts formé par le sieur Germond de Lavigne contre la ville de Boulogne, à raison de sa révocation comme directeur du casino de cette ville, a décidé, d'une part, qu'aucun contrat de droit civil ne liait la ville de Boulogne vis-à-vis du sieur Germond de Lavigne, et que, par suite, la demande de ce dernier n'était pas fondée, en tant qu'elle serait basée sur l'inexécution des clauses du contrat allégué par lui, et, d'autre part, reconnaissant qu'à l'autorité administrative seule il pouvait appartenir d'apprécier si,

en sa qualité d'employé de la commune, le sieur Germond de Lavigne pourrait avoir droit à des dommages-intérêts, à raison de sa révocation de l'emploi dont il avait été investi, s'est déclaré incompétent pour statuer sur cette question ; — Que par plusieurs décisions des 5 mars, 3 avril, 31 mai 1866 et 9 octobre 1867, notre ministre de l'intérieur, après avoir reconnu que le sieur Germond de Lavigne, en sa qualité de directeur du casino de Boulogne, rentrait dans la catégorie des employés communaux dont la situation est réglée par l'article 12 de la loi du 18 juillet 1837, a décidé que la révocation dont il avait été l'objet ne pouvait donner lieu à l'allocation de dommages-intérêts en sa faveur ; — Que, dès lors, il ne résultait, etc. — Rejet.

(1) L. 18 juillet 1837, art. 19 et 20.

missaire de police sont remplies par le maire, ou, à son défaut, par son adjoint (C. inst. crim., art. 11). Ce n'est point que, dans ces communes, il ne doive point être établi de commissaire de police : le gouvernement a toujours le droit d'y en nommer un ; à cet égard même, l'article 1er du décret du 21 septembre 1791 portait d'une manière générale qu'il serait établi des commissaires de police *dans les villes où ils seraient jugés nécessaires;* seulement, quand le gouvernement croit devoir user de son droit, le traitement et les frais de bureau, mis à la charge des communes, lorsque la loi elle-même ordonne l'institution de ces fonctionnaires, ne sont plus obligatoires pour elles.

En principe, les commissaires de police tiennent leur nomination du chef de l'État, sur la proposition du ministre de l'intérieur ; mais, depuis le décret de décentralisation du 25 mars 1852, ce sont les préfets qui nomment et révoquent les commissaires de police des villes de 6,000 âmes et au-dessous. Le ministre de l'intérieur approuve, s'il y a lieu, la révocation, qui ne devient définitive qu'après avoir reçu cette sorte de sanction. Le droit de suspension des préfets est plus étendu ; il s'applique même aux commissaires de police nommés par le chef du pouvoir exécutif.

826. Les commissaires de police doivent réunir les mêmes qualités que celles exigées pour être nommé maire, c'est-à-dire être citoyens et âgés de vingt-cinq ans accomplis (1).

827. Les fonctions de commissaires de police sont incompatibles avec celles de maire ou d'adjoint, de notaire ou d'avoué (2) ; avec celles d'huissier, par la raison que, les commissaires de police remplissant les fonctions du ministère public près le tribunal de simple police, ils ne peuvent être chargés d'exécuter eux-mêmes les conclusions de leurs réquisitoires. Cette incompatibilité, déclarée par des décisions ministérielles, n'est pas prononcée par la loi ; toutefois, elle nous paraît résulter de la nature des choses (3).

828. Les commissaires de police sont répartis en cinq classes, dont les traitements sont fixés par un règlement d'administration publique. Ils peuvent recevoir des frais de bureau, qui varient du dixième au cinquième de leur traitement.

Un décret impérial du 27 février 1855, modifié par un décret du 3 juillet 1883, a réglé, ainsi qu'il suit, le traitement et les frais de bureau attribués à chacune de ces classes :

	Traitement.	Frais de bureau.	Total.
1re classe	4,000 fr.	800 fr.	4,800 fr.
2e —	3,000	600	3,600
3e —	2,000	400	2,400
4e —	1,500	300	1,800
5e —	1,500	300	1,800

829. Le traitement des commissaires spéciaux de police et des commissaires centraux de classe exceptionnelle est fixé à 6,000 francs, et celui des commissaires spéciaux hors classe à 7,500 francs.

La répartition entre ces cinq classes est réglée par des décrets, dans les limites déterminées par le décret précité du 27 février 1855.

830. Les traitements et frais de bureau des commissaires de police constituent une dépense obligatoire (voy. nos 3248 et suiv.).

Quand le ressort d'un commissaire de police comprend la totalité ou une partie des communes d'un canton, le préfet, en conseil de préfecture, répartit la dépense entre les communes auxquelles leurs ressources permettent d'y participer. Seulement, le chef-lieu de canton qui n'est pas pourvu de commissariat de police, et la commune dans laquelle est établie la résidence d'un commissaire cantonal, sont tenus de contribuer au traitement et aux frais de bureau de ce fonctionnaire, au moyen d'un contingent qui ne peut être moindre

de 300 francs, pour les communes dont la population est au-dessous de 1,500 habitants ; de 500 francs, pour les communes de 1,500 à 3,000 habitants, et de 600 francs, pour les communes de 3,000 à 5,000 habitants (1).

831. Le décret du 28 mars 1852 avait créé des commissaires de police cantonaux ; ce décret a été abrogé par un arrêté — arrêté dont la légalité est fort contestable — du ministre de l'intérieur, du 10 septembre 1870. Mais l'arrêté ministériel du 10 septembre 1870 n'a pu avoir pour effet que d'exonérer les communes autres que le chef-lieu de l'obligation de contribuer au traitement pour une fraction proportionnelle arbitrée par le préfet. Un certain nombre de communes n'ayant pas usé de cette faculté et ayant jugé de leur intérêt de s'assurer, par un sacrifice modéré, la continuation des avantages que leur assurait l'ancien état de choses, leurs contingents, bien que facultatifs, doivent toujours être versés dans la caisse du trésorier-payeur général ou du receveur particulier, comme s'ils étaient les contingents obligatoires (2).

832. Ces contingents, réunis à ceux des autres communes rangées dans le ressort du commissaire de police, sont centralisés à la trésorerie générale à titre de cotisations municipales (3). Les traitements sont payés, en conséquence, sur mandats du préfet. Toutefois, les villes qui pourvoient seules aux traitements et frais de bureau des commissaires de police, sans recevoir, pour ce service, aucune subvention de l'État, peuvent acquitter directement la dépense entre les mains des ayants droit.

833. Les commissaires de police exercent à la fois des fonctions dans l'ordre administratif et dans l'ordre judiciaire. Ils les exercent dans toute l'étendue de la commune pour laquelle ils sont institués. Si la commune est divisée en plusieurs quartiers, il est assigné, il est vrai, à chacun d'eux un quartier particulier ; mais cette désignation n'a pas pour objet de limiter et de circonscrire leurs pouvoirs respectifs ; elle indique seulement les lieux dans lesquels chacun d'eux est plus spécialement astreint à un exercice constant et régulier de ses fonctions. Lorsque l'un des commissaires de police d'une même commune se trouve empêché, celui du quartier voisin est tenu de le suppléer, sans qu'il puisse retarder le service pour lequel il est requis, sous prétexte qu'il n'est pas le plus voisin du commissaire empêché, ou que l'empêchement n'est pas légitime, ou qu'il n'est pas prouvé. L'autorité supérieure ne peut pas tenir trop rigoureusement la main à l'exécution de ces prescriptions si sages de la loi : elle ne doit pas tolérer les résistances qui tendraient à les annuler.

834. Considérés comme agents de l'administration, les commissaires de police exercent leurs fonctions sous l'autorité immédiate des maires ; mais ils sont plus particulièrement soumis aux administrateurs d'un ordre supérieur. A la préfecture ou à la sous-préfecture que se centralise tout ce qui se rattache à la surveillance administrative et politique du département et des arrondissements.

835. Comme officiers de police judiciaire, ils sont placés sous la surveillance du procureur général. S'ils sont prévenus de crimes ou délits, commis dans l'exercice de leurs fonctions de police judiciaire, il est procédé contre eux, avec les garanties déterminées par les articles 479, 483 et suivants du Code d'instruction criminelle, et ils peuvent être pris à partie.

836. Les commissaires de police sont compris, quant à la répression des outrages et des violences dont ils peuvent être l'objet dans l'exercice de leurs fonctions ou à l'occasion de cet exercice, dans la qualification générale de magistrats de l'ordre administratif ou judiciaire.

837. Dans l'ordre administratif, ils concourent, sous l'autorité des maires, à tous les objets de police confiés à la vigilance de ces magistrats, c'est-à-dire aux mesures d'administration qui peuvent concerner les constructions, alignements et démolitions sur la voie publique ; les édifices menaçant ruine; les dépôts de matériaux ; la salubrité et la propreté de la voie

(1) L. const., 5 fructidor an v; Mangin, *Traité des procès-verbaux,* n° 70; Dalloz, *Rép.,* v° *Commissaires de police,* n° 22.
(2) L. 1er juin 1792, art. 2.
(3) Déc. jus.

(1) D. 28 mars 1852, art. 8.
(2) Circ. int., 8 mai 1855.
(3) Circ. int., 19 mars 1853.

publique; la sûreté, la commodité et la tranquillité publiques; les incendies, les épidémies, les épizooties, la tenue des lieux ouverts au public, des auberges, cabarets et cafés; la boucherie; la boulangerie; la tenue des foires et marchés; la fidélité du débit et l'inspection des comestibles.

838. Outre cette attribution-générale donnée aux commissaires de police pour constater les contraventions de police, ils ont reçu des lois spéciales la mission de rechercher et constater les délits commis contre la police générale de la pêche; les contraventions en matière de grande voirie, telles qu'anticipations, dépôts de fumier ou d'autres objets, et toute espèce de détériorations commises sur les grandes routes, sur les arbres qui les bordent, sur les fossés, ouvrages d'art et matériaux destinés à leur entretien, sur les canaux, fleuves et rivières navigables, leurs chemins de halage, francs-bords, fossés et ouvrages d'art; — les contraventions à l'arrêté du 27 floréal an x, sur les bourses de commerce; — les contraventions aux ordonnances sur la police des diligences et autres voitures publiques; — les contraventions à la police de l'imprimerie et de la librairie; — la vente illicite, le colportage, la circulation illégale du tabac et des cartes à jouer; ils doivent procéder à la saisie de ces objets, à celle des ustensiles et mécaniques prohibés, des chevaux et voitures, bateaux et autres objets servant au transport, et constituer prisonniers les fraudeurs et colporteurs. Ils sont, de plus, chargés d'arrêter les individus qui voyagent sans passeport; enfin, ils doivent veiller à ce que les nouveaux poids et mesures soient seuls employés dans le commerce, et sont tenus d'assister les inspecteurs dans l'exercice de leurs fonctions, et d'obtempérer à leurs réquisitions pour les visites et la rédaction des procès-verbaux de contravention.

839. Les commissaires de police ne sont, au point de vue de leurs fonctions administratives, que les délégués du pouvoir municipal. Il ne leur appartient, en aucune manière, de prendre des arrêtés ou de faire des proclamations pour l'exécution des lois

840. Les commissaires de police peuvent, au besoin, requérir les gardes champêtres et les gardes forestiers de leur circonscription. Ces gardes doivent les informer de tout ce qui intéresse la tranquillité publique (1). Toutefois, dans les cas ordinaires, les gardes forestiers ne doivent pas être employés à un service de police étranger à leurs fonctions, et les commissaires de police doivent recourir à l'intermédiaire des gardes généraux pour les communications qu'ils ont à leur faire parvenir (2).

841. Les commissaires de police sont tenus de faire une visite, chaque trimestre, dans toutes les communes soumises à leur juridiction, et de consigner leurs observations sur des feuilles de tournée établies d'après un modèle uniforme. Les préfets peuvent prescrire que ces tournées auront lieu tous les deux mois dans les cantons où le chef-lieu est trop peu considérable pour que les déplacements des commissaires y offrent des inconvénients (3).

842. Sous le rapport de leurs fonctions purement administratives, les commissaires de police sont les agents nécessaires des administrations municipales. Ils doivent à ces administrations un compte habituel et journalier de leurs opérations. Ils doivent les instruire régulièrement de tous les faits qui intéressent le bon ordre, la tranquillité, la sûreté des habitants. Mais, dans l'exercice des fonctions judiciaires qui leur sont déléguées par les lois, ils sont tout à fait indépendants de l'autorité administrative.

Ainsi, les actes d'instruction qu'ils font en qualité d'auxiliaires du procureur de la République, les procès-verbaux qu'ils dressent, les déclarations qu'ils reçoivent doivent être par eux transmis directement aux parquets (4).

843. Les commissaires de police assistent, concurremment avec les juges de paix et avec les maires, les officiers ministé-

riels, agents de la force publique, employés des contributions indirectes et des douanes, etc., lorsqu'ils veulent s'introduire dans les maisons, ateliers, etc. (1).

844. Les commissaires de police sont chargés de parapher, à défaut d'officier municipal, le registre que doivent tenir les aubergistes et logeurs pour l'inscription de tous ceux qui couchent chez eux; de tenir la main à la sévère exécution de la loi sur ce point, de se faire représenter le registre tous les quinze jours, et plus souvent s'il est nécessaire (2).

845. Ils doivent veiller à ce que les poids et mesures légaux soient seuls employés dans le commerce, assister les inspecteurs et obtempérer à leurs réquisitions pour leurs visites et la rédaction des procès-verbaux de contravention (3).

846. A Paris, Marseille, Lyon et Bordeaux, les commissaires exercent la police de la Bourse. Ils doivent prendre les mesures nécessaires pour empêcher qu'on se réunisse ailleurs qu'à la Bourse et à d'autres heures qu'à celles fixées, pour proposer et faire des négociations commerciales et d'effets publics (4).

847. Les fonctions que les commissaires de police remplissent dans l'ordre judiciaire sont de deux sortes: ils concourent à la police judiciaire et sont officiers du ministère public près les tribunaux de simple police.

848. On divise en deux classes leurs fonctions de police judiciaire; les unes leur sont attribuées directement par la loi: ce sont celles qui concernent la constatation des contraventions de police et de certains faits spéciaux; les autres leur sont dévolues en leur qualité d'auxiliaires du procureur de la République: ce sont celles qui concernent la constatation des crimes et délits.

849. Comme *officiers de police judiciaire*, les commissaires de police sont chargés de rechercher les contraventions de police, même celles qui sont sous la surveillance spéciale des gardes forestiers et champêtres, à l'égard desquels ils ont concurrence et même prévention; ils ont, en outre, le devoir de recevoir les rapports, dénonciations et plaintes relatifs aux contraventions de police.

850. Comme *auxiliaires du procureur* de la République, les commissaires de police sont appelés à recevoir les dénonciations des crimes et délits commis dans les lieux où ils exercent leurs fonctions. En outre, dans le cas de flagrant délit ou dans le cas de réquisition de la part d'un chef de maison, ils ont le droit de dresser les procès-verbaux, recevoir les déclarations des témoins, faire les visites et tous les actes qui sont, dans les mêmes circonstances, de la compétence des procureurs de la République. Les commissaires de police, comme les autres auxiliaires du procureur de la République, doivent avoir le soin d'adresser, sans aucun retard, à ce magistrat, les dénonciations, procès-verbaux et autres actes faits par eux dans les cas de leur compétence.

851. Les commissaires de police exercent, en outre, comme nous l'avons déjà dit, une autre fonction dans l'ordre judiciaire. Le commissaire de police du lieu où siège le tribunal du juge de paix, comme juge de simple police, remplit près ce tribunal les fonctions du ministère public. S'il y a dans le lieu où siège le tribunal plusieurs commissaires de police, le procureur général près la cour d'appel nomme celui ou ceux d'entre eux qui font le service. En cas d'empêchement du commissaire de police ou s'il n'y en a pas, ces fonctions sont remplies, soit par un commissaire résidant ailleurs qu'au chef-lieu, soit par un suppléant du juge de paix, soit par le maire ou l'adjoint du chef-lieu, soit par un des maires ou adjoints d'une autre commune du canton, lequel est désigné à cet effet par le procureur général pour une année entière, et il est, en cas d'empêchement, remplacé par le maire, par l'adjoint ou par un conseiller municipal du chef-lieu du canton (5).

852. Les procès-verbaux des commissaires de police ne sont

(1) D. 28 mars 1852, art. 3.
(2) Circ. forêts, 12 novembre 1853.
(3) Circ. int., 20 août 1856.
(4) Favard de Langlade, *Rép.* v° *Commissaire de police*, n° 6.

(1) Cass. crim. 16 novembre 1860. *Bull. crim.*, p. 415.
(2) L. 19-22 juillet 1791, art. 5; L. 2 germinal an IV, art. 9.
(3) Arr. 29 prairial, an x, art. 16.
(4) Arr. 29 germinal an x, art 14; arr. 27 prairial an x, art. 3. (Voy. Bousnes.)
(5) C. Inst. crim., art. 114; L. 27 janvier 1873.

soumis à aucune forme spéciale. Le Code d'instruction criminelle (art. 11) se borne à dire que ces fonctionnaires consigneront dans les procès-verbaux qu'ils rédigeront, la nature et les circonstances des contraventions, le temps et le lieu où elles auront été commises, les preuves ou indices à la charge de ceux qui en seront présumés coupables. Les énonciations indiquées par cet article ne sont pas prescrites à peine de nullité (1), et si leur omission peut laisser des doutes sur l'exactitude des faits signalés par le procès-verbal et affaiblir ainsi la foi qui lui est due, elle n'entraîne pas cependant son annulation. Ainsi, le procès-verbal ne peut être annulé sous le prétexte qu'il ne désigne pas l'heure à laquelle la contravention a été commise, ou que le prévenu n'a pas été appelé à sa rédaction et que ses dires n'y ont pas été insérés. La loi du 22 juillet 1791, titre 1er, article 12, avait exigé des commissaires de police de ne constater les contraventions qu'en présence des deux plus proches voisins des prévenus et de leur faire signer leurs procès-verbaux. Cette obligation ne leur ayant été imposée, ni par le Code du 3 brumaire an IV, ni par le Code d'instruction criminelle, n'existe plus aujourd'hui.

853. Les procès-verbaux dressés par les commissaires de police ne sont pas soumis à la formalité de l'affirmation.

854. Ces procès-verbaux ne sont pas crus jusqu'à inscription de faux, comme ceux des agents forestiers, des agents des contributions indirectes ; mais ils font foi, jusqu'à preuve contraire, des faits matériels que le rédacteur a reconnus par l'usage de ses sens ou par des moyens propres à en vérifier l'exactitude. La preuve contraire, que la loi met, dans ces cas, à la charge du prévenu, ne consiste pas dans de simples présomptions de l'homme que la loi n'a pas reconnues ; le juge ne doit admettre que des preuves écrites ou testimoniales, ou des vérifications faites directement par le juge ou par des experts qu'il désigne. Les preuves écrites sont celles qui résultent d'actes authentiques ou publics ; mais la loi refuse ce caractère aux simples certificats délivrés au prévenu pour contredire les mentions du procès-verbal : ces certificats ne sont, en effet, que des témoignages, moins le serment et les débats, qui pourraient seuls en garantir la sincérité. Les preuves testimoniales sont celles qui résultent d'une déposition faite sous la foi du serment, c'est-à-dire sous la garantie des peines qui menacent les faux témoins. La loi et la jurisprudence refusent le caractère de preuves testimoniales aux déclarations des personnes entendues à titre de renseignement et sans prestation de serment.

855. Le costume des commissaires de police a fait l'objet d'un décret rendu à la date du 31 août 1832. Il convient que les commissaires de police en soient revêtus lorsqu'ils sont dans l'exercice de leurs fonctions ; mais l'absence du costume n'empêcherait pas qu'ils puissent constater valablement une contravention (2).

Le port de l'écharpe ou ceinture tricolore, qui leur sert d'insigne, est au contraire indispensable ; enfin la loi du 7 juin 1844 sur les attroupements exige expressément qu'ils en soient revêtus lorsqu'ils font une sommation légale (3).

856. Les agents de police, qu'on désigne aussi sous le titre de sergents de ville, sont placés sous les ordres des commissaires de police, et, dans les villes où il n'y a pas de commissaire de police, sous les ordres immédiats du maire.

Ces agents sont choisis et nommés par le maire, et leur traitement est prélevé, comme celui de tous les autres employés, sur le budget de la commune. Ils doivent être agréés par le préfet ou le sous-préfet. Ils ne peuvent être révoqués que par le préfet (1). Mais ils peuvent être suspendus par le maire et leur démission doit être adressée à celui-ci et acceptée par lui (2).

857. Ils n'ont pas le caractère d'officiers de police judiciaire et ne peuvent, par conséquent, dresser des procès-verbaux faisant foi en justice. Leurs rapports n'ont d'autorité devant les tribunaux que lorsqu'ils sont appuyés par des preuves légales, telles que témoignages, aveu, etc. Dans tout autre cas, ils ne valent que comme dénonciation des faits dont les agents ont été témoins (3).

858. Nous avons vu plus haut que les commissaires de police dressaient des procès-verbaux faisant foi jusqu'à preuve contraire ; il ne faudrait pas en conclure cependant qu'ils ont le droit de s'approprier les rapports des agents, et, d'après les énonciations de ces rapports, de dresser des procès-verbaux dispensant d'une autre preuve. A cet égard, la jurisprudence s'est prononcée de la façon la plus formelle (4). Les commissaires de police ne peuvent dresser des procès-verbaux que des faits qu'ils ont personnellement constatés.

859. Cependant les agents de police sont reconnus par la loi. Ils sont assimilés aux agents de l'autorité et de la force publique, soit lorsqu'ils sont requis de prêter main-forte à l'exécution des jugements, soit lorsque, porteurs eux-mêmes de mandats de justice, ils sont chargés d'arrêter les prévenus, accusés ou condamnés, et de les conduire devant le magistrat compétent. En cette qualité, ils jouissent de la protection accordée par l'article 224 du Code pénal aux agents dépositaires de la force publique, et les outrages qu'ils ont reçus doivent être punis des peines prononcées par cet article (5).

860. Les agents de police, hors les cas où ils sont porteurs de mandats légaux, n'ont aucun droit coercitif sur les personnes, et ne peuvent les arrêter que s'il y a flagrant délit. Ils ne peuvent non plus faire de leur chef aucun acte de poursuite, ni visites, ni perquisitions domiciliaires.

861. Lorsque, sous les ordres de l'autorité municipale qui les a institués, ils exercent la surveillance qui leur a été confiée, ils sont également compris dans la classe des agents de l'autorité publique, et les injures qui leur sont adressées pour

---

(1) Cass. crim. 25 novembre 1860. — La Cour, vu les articles 15 du Code d'instruction criminelle, 471, n° 15 du Code pénal, 13 de l'arrêté de police du maire de Mirande, du 16 septembre 1850, et 5 du règlement général du préfet du Gers du 30 août 1855 ; — Attendu que l'article 11 du Code d'instruction criminelle ne fixe pas le délai dans lequel les commissaires de police doivent dresser procès-verbal des contraventions qu'ils constatent, et que l'article 13 du même Code, non seulement ne leur est point applicable, mais ne prononce même pas les peines de nullité pour défaut de transmission au ministère public, par certains fonctionnaires, des pièces et documents relatifs à l'infraction dans les trois jours au plus tard, y compris celui où ils ont reconnu le fait ; — Qu'ainsi, en matière, dans l'espèce, le procès-verbal qui servait de base à la poursuite, pour n'avoir point été parachevé dans le délai fixé par l'article 13 précité, le jugement attaqué a faussement interprété..... — Casse.

(2) Cass. crim. 6 juin 1867.

(3) Arr. 17 floréal an VIII, art. 4 et 5 ; L. 7 juin 1848, art. 3.

(1) L. 5 avril 1854, art. 103.

(2) Devant la Chambre des députés, dans la séance du 21 mars 1884, il a été dit que la durée de la suspension ne pourrait excéder un mois ; mais il ne nous paraît pas que cette affirmation ait une autre base juridique.

(3) Cass. crim. 17 mai 1845, D. P. 45.4.426 ; Cass. crim. 26 mai 1854, D. P. 54.5.605 ; Cass. crim. 24 février 1855, D. P. 55.4.191 ; Cass. crim. 13 décembre 1862, D. P. 65.5.313 ; Cass. crim. 17 juillet 1863, D. P. 64.1.45. Cass. crim. 3 mars 1865. — Sur le premier moyen tiré de la violation des articles 153, 154 et 161 du Code d'instruction criminelle, en ce que, la contravention étant constatée par un procès-verbal, le juge s'est fondé sur des éléments non débattus... ; — Attendu, d'une part, que la prétendue contravention, objet de la poursuite, a été constatée, non par un procès-verbal régulier faisant foi jusqu'à preuve contraire, mais seulement par le rapport d'un sergent de ville ; — Attendu que les sergents de ville ne sont pas des officiers publics ; qu'ils sont investis du droit de rechercher et de dénoncer, non de constater les contraventions, et que leurs rapports sont de simples renseignements n'ayant par eux-mêmes aucune force probante ; — D'où il suit que le juge de police a pu, dans la cause, former sa conviction dans la pleine liberté de sa conscience, sans être lié par une constatation légale faisant foi jusqu'à preuve contraire... — Rejette.

(4) Cass. crim. 27 juin 1867, D. P. 69.5.349 ; Cass. crim. 4 novembre 1869, D. P. 70.1.189 ; Cass. crim. 25 avril 1873, D. P. 73.1.314 ; Cass. crim. 12 mai 1870, D. P. 78.1.394 ; Cass. crim. 15 juillet 1878, D. P. 80.1.394 ; Cass. crim. 30 novembre 1860. — Sur le moyen unique du pourvoi ; — Attendu que les défendeurs avaient été cités devant le tribunal de police d'Aubagne pour avoir contrevenu à l'article 60 précité..., ou qu'il aurait été constaté par des procès-verbaux dressés à leur charge ; — Attendu qu'ils ont été relaxés par ce motif que la matérialité des faits n'était pas établie, et qu'il résultait, au contraire, soit des explications des prévenus, soit de documents par eux produits, qu'ils n'avaient commis aucun déversement de ces matières des égouts ; — Attendu que cette décision ne violait pas l'article 154 du Code d'instruction criminelle, puisque les procès-verbaux dressés contre les défendeurs par un commissaire de police avaient été rédigés sur de simples rapports d'agents, qu'ils ne constataient rien du réel, et ne pouvaient faire foi jusqu'à preuve contraire... — Rejette.

(5) Paris, 2 janvier 1868, D. P. 70.5. 2801 Crim. cass. 8 janvier 1870, D. P. 79.1.315 ; Paris, 20 janvier 1881, D. P. 83.2.211.

des faits relatifs à leurs fonctions doivent être réprimées conformément aux dispositions des lois sur la presse (1).

862. Les agents de police sont des employés de la municipalité de la ville dans laquelle ils sont établis ; s'ensuit-il que les actes délictueux ou quasi délictueux qu'ils peuvent commettre dans l'exercice de leurs fonctions engagent la responsabilité de la commune elle-même ? La question est controversée ; un arrêt de la cour d'Aix du 24 février 1880 s'est prononcé pour l'affirmative (2). D'après la doctrine de cette cour, les maîtres et les commettants répondent du dommage causé par leurs préposés dans les fonctions dans lesquelles ils les ont employés ; or les agents de police seraient les préposés de la ville dans laquelle ils exercent leurs fonctions, tout au moins pour celles de leurs fonctions qui ont un caractère municipal, telles, par exemple, que la surveillance de la police des rues, et, par suite, la responsabilité des actes dommages qu'ils accomplissent incomberait à la ville qui les commissionne.

Cette jurisprudence nous paraît peu acceptable. Le préposé dont les actes peuvent engager la responsabilité de son commettant, dit M. Sourdieu dans son *Traité de la responsabilité*, est celui qui tient la place du commettant dans une gestion déterminée, et qui agit sous les ordres directs, la direction et la surveillance de celui-ci. Or, les rapports d'un agent de police commis à la garde d'une ville présentent-ils dans ses relations avec cette ville ce caractère de subordination, de soumission et d'obéissance nécessaires pour engager la responsabilité d'un commettant ? Il ne nous paraît pas. Les agents de police ne sont nommés par les maires qu'avec l'agrément du préfet et du sous-préfet ; à partir de leur nomination, ils reçoivent une délégation, tant du pouvoir municipal que du pouvoir central pour veiller à la sûreté générale et assurer le bon ordre et la paix publique, et, dans ces fonctions, ils dépendent tout à la fois, selon les circonstances, du maire, du préfet, ou même du procureur général. Ils ne peuvent être révoqués que par le préfet. Dans ces conditions, la commune n'a point sur leurs actes cette autorité pleine et entière de laquelle la loi fait découler la responsabilité. Il nous semble donc que, bien loin d'engager la responsabilité de la ville où ils exercent, celle-ci ne saurait subir la conséquence de leurs actes dommageables (3).

SECTION IV.

LE GARDE CHAMPÊTRE ET LES GARDES DES PROPRIÉTÉS COMMUNALES.

863. Dans la plupart des communes de France, le personnel des agents municipaux ne se compose guère que du secrétaire de la mairie et du garde champêtre.

Le garde champêtre est un agent dont la principale fonction est de veiller à la conservation des récoltes, des fruits de la terre, des propriétés rurales de toute espèce, et de dresser les procès-verbaux des délits et des contraventions qui y portent atteinte ; il est chargé, en même temps, de concourir au maintien de la tranquillité publique.

864. L'article 9 du Code d'instruction criminelle range les gardes champêtres parmi les officiers de police judiciaire, et l'article 16 du même Code règle le mode d'après lequel ils doivent procéder à l'accomplissement de leurs fonctions.

865. La loi du 20 messidor an III, article 1er, imposait à toute commune l'obligation d'avoir un garde champêtre. Cette obligation étant excessive pour les communes pauvres, l'administration supérieure ne la leur appliquait pas rigoureusement. L'article 102 de la loi du 5 avril 1884 la supprime et rend l'institution des gardes champêtres facultative pour toutes les communes comme elle l'était sous l'empire de la loi des 28 septembre-6 octobre 1791, titre VII. Actuellement, chaque commune est absolument libre soit de n'avoir aucun garde champêtre, soit d'en avoir un ou plusieurs. Mais, d'après l'esprit, sinon le texte de la nouvelle loi municipale, plusieurs communes ne peuvent s'associer pour entretenir un seul garde champêtre. La Chambre des députés avait admis cette faculté. Le Sénat n'a pas cru devoir la maintenir, par le motif que le service d'un garde unique pour deux communes ou un plus grand nombre serait fait le plus souvent d'une manière incomplète dans chacune d'elles, et que les maires pourraient ne pas se mettre d'accord sur les questions de nomination ou de suspension.

Les villes qui ont des commissaires et agents de police peuvent souvent se passer de gardes champêtres. Il en est de même des communes dont le territoire est peu étendu. Dans les autres localités, la présence d'un ou de plusieurs gardes champêtres est presque toujours d'utilité incontestable.

866. Aux termes de l'article 16 du Code d'instruction criminelle, les gardes champêtres sont chargés de rechercher, chacun dans le territoire pour lequel il est assermenté, les délits et contraventions de police qui portent atteinte aux propriétés rurales. Ils dressent des procès-verbaux à l'effet de constater la nature, les circonstances, le temps, le lieu des délits et des contraventions, ainsi que les preuves et les indices qu'ils ont pu en recueillir. Ils suivent les choses enlevées dans les lieux où elles ont été transportées et les mettent en séquestre ; ils ne peuvent néanmoins s'introduire dans les maisons, ateliers, bâtiments, cours adjacentes et enclos, si ce n'est en présence, soit du juge de paix, soit de son suppléant, soit du commissaire de police, soit du maire du lieu, soit de son adjoint ; et le procès-verbal qui doit en être dressé est signé par celui en présence duquel il a été fait. Ils arrêtent et conduisent devant le juge de paix ou devant le maire tout individu qu'ils surprennent en flagrant délit ou qui est dénoncé par la clameur publique, lorsque ce délit emporte la peine d'emprisonnement ou une peine plus grave. Ils se font donner, pour cet effet, main-forte par le maire ou par l'adjoint du maire du lieu, qui ne peut s'y refuser.

Il a été jugé à cet égard que le mot délit employé par l'article 16 du Code d'instruction criminelle est une expression générique qui comprend toutes les infractions à la loi pénale et, par conséquent, les simples contraventions (1).

(1) Paris, 31 juillet 1857, D. P. 58.2.209; Cass. crim. 5 avril 1883, D. P. 60.1.217.

Aix, 24 février 1880. — La Cour, attendu qu'aux termes de l'article 1384 du Code civil, les maîtres et les commettants répondent du dommage causé par leurs préposés dans les fonctions auxquelles ils les ont employés ; — Attendu que les agents de police en gardiens de la paix sont des préposés de la ville dans laquelle ils exercent leurs fonctions, bien que l'autorité centrale s'ajoute quelquefois au service municipal dont ils sont spécialement chargés ; — Qu'il n'importe pas davantage que, dans les villes d'une certaine importance, les agents de police soient nommés par le préfet qu'ils ne puissent être révoqués que par lui ; — que le maire n'ait que le droit de les suspendre et qu'ils soient rétribués partie sur les fonds de la ville et partie sur les fonds de l'État ; — Que ces diverses circonstances ne leur font pas perdre leur qualité principale de préposés de la ville ; — Que c'est à cette qualité même que la loi attache la responsabilité du commettant ; — Que, seulement, lorsque les attributions de l'agent de police sont multipliées et qu'il est à la fois préposé de divers commettants, la responsabilité se déplace et n'incombe qu'à celui de ses commettants dont il faisait l'affaire et dont il exerçait la délégation au moment où s'est accompli le fait dommageable ; — Et attendu, dans l'espèce, ... déclare la ville de Marseille responsable du dommage causé à Cassani par l'agent de police Pertini, et en conséquence la condamne. » — En ce sens, Cass. crim. 16 mars 1881. — V. infrà, th. 2, chap. VI.

(3) En ce sens, Dalloz, *Rec. périodique* 1880.2.243, en note.

(1) Metz, 16 août 1848... — Attendu que l'article 6 du Code pénal donne aux gardes champêtres les droits d'inhumation, d'amodier et de conduire devant les juges de paix ou le maire, les individus qu'ils surprennent en flagrant délit ; — Attendu qu'il y a lieu d'argumenter avec analogie ... — Attendu qu'il est évident que le paragraphe 3 de l'article 16 du Code d'instruction criminelle n'entend que parler que des mots flagrant délit d'une simple contravention ; — Que le paragraphe qui donne aux gardes champêtres le droit d'arrestation ... qu'une simple contravention ; — Attendu que le mot délit, dans le paragraphe 3, comprend toutes les infractions à la loi pénale, y compris les contraventions qui ne sont que de simples contraventions ; — Attendu que cette interprétation ... les gardes, les droits particuliers de ces simples contraventions n'emportant qu'emprisonnement ; — Qu'il est évident par les circonstances que ce délit constitue une contravention ... et, y a-t-il pas de doute qu'un simple une peine grave que celle de l'emprisonnement, celle-ci doit avoir lieu ...

867. Les gardes doivent d'ailleurs se borner à arrêter le délinquant et à le conduire devant le juge de paix ou devant le maire ; ils n'ont pas le droit de détenir ou de l'écrouer dans une maison de dépôt ou d'arrêt, ils ne pourraient franchir ces limites sans se rendre coupables d'attentat à la liberté individuelle, crime prévu par l'article 114 du Code pénal.

868. Avant 1867, s'appuyant sur les termes de la loi des 16-24 août 1790, la jurisprudence décidait que les gardes champêtres n'avaient qualité de rechercher que les contraventions commises dans les propriétés rurales. Une loi spéciale du 24 juillet 1867 les a aussi chargés de rechercher, chacun sur le territoire pour lequel il est assermenté, les contraventions aux règlements de police municipale. Mais ils ne peuvent verbaliser que pour la constatation des contraventions aux arrêtés des maires et des préfets, que réprime l'article 471, n° 15, du Code pénal, et ils sont sans qualité en ce qui concerne toutes les autres contraventions urbaines, prévues soit par le Code pénal, soit par les lois spéciales.

869. Les gardes champêtres sont, en outre, investis d'attributions particulières.

Ils sont chargés de rechercher et constater certaines fraudes, telles que le colportage des tabacs dans les départements frontières (2), la fabrication clandestine du sel et des liqueurs salines dans les départements maritimes (3).

Ils doivent examiner les passeports des voyageurs et conduire devant le maire ceux qui ne seraient pas en règle ; prévenir les maires lorsqu'il s'établit dans leurs communes des individus étrangers à la localité, et les informer de tout ce qu'ils découvrent de contraire au maintien de l'ordre et de la tranquillité (4).

Ils ont qualité pour constater tous les délits commis en matière de chasse, et ils ont droit aux gratifications accordées à tous les agents, sur les procès-verbaux desquels les amendes sont prononcées (1).

Ils ont également le droit de constater les délits commis contre les lois relatives à la police de la pêche fluviale (2).

Ils peuvent verbaliser en ce qui concerne les faits d'ivresse publique (3), la circulation illicite des boissons (4), la police de la grande voirie (5), la circulation des voitures publiques (6), la police des chemins de fer (7).

870. Comme agents de la force publique, les gardes champêtres sont tenus de déférer aux réquisitions qui leur sont faites par les agents et les gardes de l'administration forestière, pour la répression des délits forestiers, ainsi que pour la recherche et pour la saisie des bois coupés en délit, vendus ou achetés en fraude (8) et par réciprocité, les gardes forestiers doivent prêter, au besoin, leur appui aux gardes champêtres (9).

871. Mais ils n'ont pas qualité pour rechercher et constater spontanément les délits commis dans les bois de l'État (10).

872. Les gardes peuvent être requis, par l'entremise du

---

ou infamante qui ne s'applique qu'au cas de crime ; — Attendu ensuite que le Code de brumaire an IV qualifiait indistinctement de délit toutes les contraventions, les crimes comme les délits proprement dits, les simples infractions comme les crimes, articles 180 et suivants, que le mot délit ne peut avoir que le même sens, la même étendue dans le paragraphe 4 de l'article 16 du Code d'instruction criminelle, parce que le législateur, en 1808, lors de la confection de ce Code devait attacher aux mots le sens qu'ils avaient alors, plutôt que celui que leur a donné alternativement en 1810, le Code pénal, qui par son article premier, distingue les infractions, en fait trois classes et les qualifie ou de crimes, ou de délits ou de simples contraventions ; — Attendu, enfin, qu'il est énoncé dans d'autres articles du Code d'instruction criminelle, qu'il peut y avoir flagrant délit, même en cas de simple contravention ; — Que les articles 139 et 166 sont positifs ; — Qu'on dit dans l'article 166 que les maires concurrence avec les juges de paix pour connaître les contraventions commises par des personnes prises en flagrant délit ; — Que ces articles étendent la faculté jusqu'aux simples contraventions de police, confirment l'opinion que le flagrant délit dans le paragraphe 4 de l'article 16 embrasse toutes les infractions à la loi criminelle ; — Attendu qu'il suit de ce que dessus, que le garde champêtre de Blusbrutken, en requérant pour faire cesser le tapage nocturne qui se faisait, qui lui était dénoncé, agissait dans l'exercice de ses fonctions d'officier de police judiciaire... — Infirme.
(1) Cass. crim. 1er mai 1868 ; D. P. 68.1.464 ; Cass. crim. 6 novembre 1868. — Attendu que la contravention relevée dans le procès-verbal du garde champêtre de la commune de Lezey, à la charge du nommé Masson, consistait dans le fait d'avoir, lorsqu'il était déjà nuit, troublé, par des coups de fouet répétés en tant que nécessité, le repos des habitants ; — Qu'il n'existe dans ladite commune aucun règlement municipal interdisant aux conducteurs de chevaux ou autres bêtes de sommes, de faire usage de leurs fouets après le coucher du soleil ; — Attendu que le fait incriminé aurait constitué une simple infraction à la police urbaine ; — Qu'aux termes de l'article 16 du Code d'instruction criminelle, les gardes champêtres n'étant autorisés qu'à rechercher les délits et contraventions de police portant atteinte aux propriétés rurales ou forestières, le garde champêtre de la commune de Lezey était incompétent pour constater ce fait, ne rentrant pas dans les contraventions à la police rurale ; — Qu'il ne pouvait non plus puiser cette compétence dans les dispositions de l'article 20 de la loi du 24 juillet 1867 ; — Que si cet article a étendu les attributions des gardes champêtres en ce chargeant de constater, dans leurs territoires respectifs, les contraventions aux règlements de police municipale, cette extension d'attributions doit être restreinte aux seules contraventions aux arrêtés des maires et des préfets qui ont leurs sanctions dans l'article 471, n° 15, du Code pénal, et laisse les gardes champêtres sans qualité pour la recherche de toutes autres contraventions prévues soit par le Code, soit par les lois spéciales. — Rejet.
En ce sens, Cass. crim. 3 juillet 1874, D. P. 75.5.360.
(2) L. 24 décembre 1814, art. 48.
(3) Ord. 19 mars 1817, art. 7.
(4) Déc. 11 juin 1816, art. 3, 4 et 5.

(1) L. 3 mai 1844, art. 10 et 12 ; Ord. 5 mai 1845.
(2) L. 15 avril 1829, art. 36.
(3) L. 23 janvier 1873, art. 13.
(4) L. 21 juin 1873, art. 2.
(5) L. 1er mars 1842.
(6) Ord. 16 juillet 1828, art. 39.
(7) L. 15 juillet 1845, art. 23.
(8) Code for. art. 164.
(9) L. 29 avril 1803, art. 18.
(10) Cass. crim. 13 janvier 1849. — Attendu que toute délégation d'un pouvoir public ne peut valablement résulter que d'une disposition expresse de la loi ; — Attendu que, dans la législation antérieure au Code d'instruction criminelle, aucun texte n'a conféré le droit et imposé l'obligation aux gardes champêtres de rechercher et de constater les délits forestiers commis dans les bois de l'État ; — Qu'en ce qui concerne cette nature de propriété, la loi du 29 septembre de la même année, un règlement général qui détermine les fonctions des agents chargés de leur surveillance, les conditions auxquelles l'exercice de ces fonctions est soumis, la responsabilité distincte qu'elles entraînent ; — Qu'en indiquant, dans son titre 8, la part de concours que doivent porter à cette surveillance les corps administratifs et les municipalités, cette loi n'associe à ce concours les fonctionnaires placés sous leurs ordres, qu'à l'effet de fournir main-forte, en cas de réquisition, aux préposés de la conservation ; — Attendu que la loi du 6 octobre 1791, édictée presque en même temps que celle du 29 septembre de la même année, n'a point eu à s'occuper de ce qui, à une époque voisine de sa promulgation, avait été spécialement réglementé ; — Que si elle a institué des gardes champêtres qui ont une mission de dresser procès-verbal de tous les délits mentionnés au titre de la police rurale et si les articles 36 et suivants de ce titre comprennent parmi ces délits des infractions forestières, ces infractions ne se rapportent, d'après les termes desdits articles, qu'aux bois des particuliers, d'une part, et d'autre part aux bois des communautés encore soumises alors au régime forestier ; — Qu'ainsi les articles 6 et 7 de la septième section du titre premier, qui définissent, l'un les pouvoirs, l'autre la responsabilité des gardes champêtres, ont réduit véritablement ces pouvoirs et cette responsabilité à la recherche et à la constatation de délits autres que ceux dont la répression intéresse le domaine forestier de l'État ; — Attendu que le Code de brumaire an IV a maintenu, par ses articles 38 et 39, les distinctions qui ressortaient du rapprochement et de la combinaison des deux lois précitées ; — Que l'article 41 de ce Code, bien qu'il ait réuni dans une même désignation l'accomplissement des fonctions des gardes forestiers e, quant à l'accomplissement des fonctions des gardes champêtres, a importées en cette forme nouvelle, par l'emploi du mot respectivement, les différences que laissait subsister entre eux la diversité du but assigné à leur institution, et auxquelles les deux articles précédents avaient, en les reproduisant, donné une nouvelle existence et une sanction nouvelle ; — Attendu que l'article 16 du Code d'instruction criminelle n'a rien innové à cet égard ; qu'il ne contient aucune abrogation ni formelle ni implicite de la législation alors en vigueur ; — Qu'il n'a pas eu pour objet de déterminer la nature des propriétés confiées d'une manière spéciale à la garde de ces deux ordres de fonctionnaires, mais bien de régler les moyens d'action propres à constituer, au point de vue de la police judiciaire, l'organisation du service de surveillance mise à leur charge ; — Que dans cet article se retrouve avec l'assimilation établie par le Code de brumaire an IV, relativement à l'attribution d'une autorité qui leur a été déléguée au même titre, la limitation de cette autorité aux territoires pour lesquels ils ont été distinctivement assermentés, ce qui, pour les gardes champêtres et hors le cas exceptionnel prévu par le paragraphe 3, dudit article 16, doit s'entendre non de la circonscription communale dans toute son étendue, y compris le sol forestier domanial, mais des points de cette circonscription que la spécialité de leur mandat affecte à leur compétence ; — Que dès lors la formule d'assimilation sus-rappelée, modifiée par cette réserve, ne peut avoir pour objet ni pour effet de maintenir des pouvoirs légalement préexistants, disparité confirmée d'ailleurs dans les paragraphes suivants du même article par la différence du mode applicable à l'exercice des pouvoirs et des conséquences juridiques de cette application ; — Attendu enfin que l'article 2, du chapitre précédent qui a préposé des agents nouveaux à la recherche des contraventions tant rurales que forestières, n'a étendu, sous aucun de ces deux

maire, de prêter main-forte aux préposés des douanes et aux employés des contributions indirectes (1).

873. Les gardes champêtres doivent prêter assistance aux vérificateurs des poids et mesures dans l'exercice de leurs fonctions. Il leur est, en outre, prescrit de constater les contraventions commises par les marchands et les fabricants qui emploieraient à l'usage de leur commerce ou conserveraient dans leurs dépôts, boutiques et magasins, des mesures et poids différents de ceux qui sont établis par les lois en vigueur (2).

874. Il y a également obligation pour eux de prêter aide et main-forte aux huissiers toutes les fois qu'ils en sont requis, et de les aider de leurs renseignements, sans pouvoir exiger aucune rétribution, sous peine d'être poursuivis et punis suivant l'exigence des cas (3).

875. En leur qualité d'agents administratifs assermentés, ils peuvent être appelés à notifier les actes des autorités administratives dans les limites du territoire de la commune pour lequel ils sont assermentés (4).

876. Enfin, en leur qualité d'agents de la force publique, les gardes champêtres peuvent être chargés de faire exécuter tous les arrêtés légalement pris par l'autorité municipale. Il a été jugé notamment qu'ils agissent dans l'exercice de leurs fonctions en faisant exécuter l'arrêté du maire, qui prescrit la fermeture des cabarets et lieux publics à une certaine heure (5).

877. Il a été jugé aussi qu'un garde champêtre est dans l'exercice de ses fonctions en surveillant l'évacuation ordonnée par le maire des lots d'affouage attribués aux habitants de la commune (6).

878. Indépendamment des attributions que nous venons d'énumérer, les gardes champêtres sont tenus d'informer les maires, et ceux-ci, les officiers et sous-officiers de gendarmerie de tout ce qu'ils découvrent de contraire au maintien de l'ordre et de la tranquillité publique, comme de leur donner avis de tous les délits qui auraient été commis dans leurs territoires respectifs. Ils doivent, d'ailleurs, prévenir les maires lorsqu'il s'établit dans leurs communes des individus étrangers à la localité (7).

879. Les gardes champêtres ne peuvent instrumenter sur aucun crime; ils sont également sans capacité pour constater les délits et contraventions étrangers à la police municipale et à la police rurale, au colportage des tabacs et à la fabrication clandestine du sel.

Ainsi, toutes les fois que le fait qui a porté préjudice à des propriétés constitue un crime, soit en lui-même, soit à raison des circonstances aggravantes qui l'ont accompagné, ils doivent se borner à en donner immédiatement avis au fonctionnaire compétent pour le constater, mais en portant à sa connaissance toutes les circonstances qu'eux-mêmes ont pu apprendre.

880. Par une conséquence du même principe, les gardes seraient sans pouvoir pour constater des dommages et ne donneraient lieu qu'à de simples réparations civiles. Du moment qu'il s'agit de faits autres que ceux auxquels la loi attache le caractère de *délit* ou de *contravention*, leur procès-verbal ne fait pas foi en justice (1).

881. Tout garde champêtre doit visiter, au moins une fois par jour, souvent même pendant la nuit, le territoire confié à sa garde.

882. Les gardes champêtres qui arrêtent, soit des conscrits réfractaires, des déserteurs, des hommes évadés des galères, ou autres individus, ont droit à la gratification accordée par les lois à la gendarmerie (2).

883. Les gardes champêtres sont nommés par le maire; l'article 102 de la loi de 1884 ne subordonne pas cette nomination à l'approbation du préfet comme le faisait la loi de 1837, il exige seulement qu'elle soit agréée et l'agent commissionné par le sous-préfet ou par le préfet dans l'arrondissement chef-lieu. Lorsque le préfet ou le sous-préfet n'a pas fait connaître son agrément dans le mois qui suit le jour où il a été demandé, il est censé le donner (3).

884. Ils doivent être âgés au moins de vingt-cinq ans, et reconnus pour gens de bonnes mœurs (4).

885. Avant d'entrer en fonctions, tout garde champêtre doit prêter le serment de veiller à la conservation de toutes les propriétés qui sont sous la foi publique, et de toutes celles dont la garde lui a été confiée par l'acte de sa nomination. Ce serment professionnel est reçu par le juge de paix du canton dans lequel le garde exercera ses fonctions (5). L'acte de prestation de serment doit être immédiatement présenté au maire.

886. Dans les huit jours de son installation, le garde champêtre doit, en outre, se présenter au sous-officier de gendarmerie du canton, lequel inscrit ses noms, âge et domicile, sur un registre à ce destiné (6).

887. Les gardes champêtres peuvent être suspendus par le maire, mais le préfet seul peut les révoquer. La suspension ne peut dépasser un mois : l'arrêté que prend à cet égard le maire n'est pas de ceux que le préfet puisse annuler en vertu de l'article 95 (7). Nous n'avons pas besoin de dire que, la suspension étant une mesure disciplinaire, un garde champêtre ne pourrait être frappé de deux suspensions d'un mois à raison du même fait : Non bis in idem.

888. Sous l'empire de la législation antérieure à 1884, les communes ne pouvaient arriver à une révocation effective du garde en supprimant l'emploi ou en n'en inscrivant pas au budget la dépense régulière. Le préfet pouvait rétablir d'office la dépense et l'emploi (8). L'article 102 de la loi du 5 avril 1884 a modifié la situation en rendant facultative l'existence d'un garde dans une commune ; les communes peuvent donc supprimer l'emploi ; mais il est nécessaire que cette suppression soit effective et n'ait pas pour effet de déguiser simplement une mesure équivalente à une révocation (9).

---

rapports, la compétence des gardes champêtres, et que cette extension ne résulte ni d'aucune autre disposition du même Code, ni d'aucune autre loi postérieure; — D'où il suit... — Rejet.
(1) L. 22 août 1791, art. 14 ; L. 28 avril 1816, art. 245.
(2) Ord. 18 décembre 1825, art. 2 ; Ord. 16 juin 1839 et 1840.
(3) Déc. 18 juin 1811, article 77.
(4) Cass. civ. 3 février 1880, D. P. 81.1.208 ; Cass. civ. 9 juillet 1884. — Attendu que s'il résulte, de l'article 57 de la loi du 3 mai 1841, que les notifications du jugement d'expropriation, et des offres et de la convocation du jury, peuvent être faites par un garde champêtre, elles ne peuvent, néanmoins être considérées comme régulières que si le garde champêtre a agi dans les limites du territoire de la commune pour lequel il est assermenté ; — Attendu en fait... — Attendu par suite que lesdites offres sont radicalement nulles... — Casse.
(5) Cass. 2 mai 1839. — Attendu dans l'espèce que, par un arrêté municipal approuvé par le préfet, le garde champêtre de Villeparisis avait été, conjointement avec l'adjoint de la commune, chargé de l'exécution de cet arrêté, et que l'article 5 de cet arrêté, prescrit de fermer les cabarets et lieux publics à dix heures ; — Attendu qu'il est constaté par un procès-verbal du 3 décembre 1838, et nullement méconnu par le jugement attaqué, que le prévenu Habos s'est livré à des voies de fait envers le garde champêtre de Villeparisis, au moment où celui-ci agissait pour l'exécution de l'arrêté municipal dont il s'agit ; — Attendu, en droit, que si les gardes champêtres sont officiers de police judiciaire seulement dans l'exercice de la police rurale, ils peuvent être requis comme auxiliaires des officiers locaux de police, pour l'exécution des arrêtés légalement pris par l'autorité municipale ; qu'alors ils exercent un ministère de service public et sont assimilés, par l'article 230 du Code pénal, aux agents ordinaires de la force publique et aux officiers ministériels ; — Qu'ils sont donc placés sous la protection de cet article 230, en cette qualité publique et ne peuvent être assimilés à de simples particuliers ; — D'où il suit... — Casse.
(6) Crim. cass. 4 août 1826, Bull. crim.
(7) Déc. 11 juin 1806, art. 5 ; Déc. 1er mars 1854, art. 100, 268, 624, 626, 638.

(1) Mangin, tr. 92.
(2) Déc. 11 juin 1806, art. 6.
(3) L. 5 avril 1884, art. 102 ; Cir. int. 15 mai 1884.
(4) L. 28 septembre et 6 octobre 1791, tit. 1er, sect. VII, art. 5.
(5) L. 6 octobre 1791, tit. 1er, sect. VII, art. 5.
(6) Déc. 11 juin 1806, art. 1er.
(7) L. 5 avril 1884, art. 102 ; Déc. min. int. 20 août 1884 ; Cons. d'État, 13 juillet 1885. L. à sa date.
(8) Cons. d'Et. cont. 12 juin 1874, D. P. 75.3.63.
(9) Cons. d'Et. int. 30 juillet 1884. — La section de l'intérieur et des cultes, de l'instruction publique et des beaux-arts du Conseil d'État, qui, sur le renvoi ordonné par M. le ministre de l'intérieur, a examiné les questions suivantes :
1° Le conseil municipal peut-il à toute époque et lorsqu'il le juge à propos supprimer l'emploi de garde champêtre ou bien ne peut-il exercer

889. Le garde qui veut donner sa démission doit l'adresser au maire, en vertu du principe que c'est l'autorité qui nomme qui accepte les démissions. Le droit du préfet se borne à l'agrément de la nomination ; dans un intérêt d'ordre public, on lui a aussi accordé celui de révocation ; mais l'ensemble des mesures d'ordre disciplinaire et réglementaire a été abandonné au maire.

890. Le préfet ou le sous-préfet détermine les armes que doivent porter les gardes champêtres. Une ordonnance royale du 24 juillet 1816, article 2, permet qu'ils aient un fusil de guerre avec l'autorisation du sous-préfet. Dans la plupart des communes, ils n'ont qu'un sabre.

891. Les gardes champêtres portent sur le bras, dans l'exercice de leurs fonctions, une plaque de métal ou d'étoffe, sur laquelle sont inscrits le mot LA LOI, le nom de la commune et leur nom personnel (1). Mais le port de cet insigne n'est destiné qu'à faire connaître leur qualité ; et les procès-verbaux et les actes qu'ils peuvent dresser ou accomplir sont

valables alors même qu'ils ont omis de révéler leur situation officielle (1).

892. Le traitement est fixé par le conseil municipal et porté annuellement au budget.

Aux termes de l'article 136 de la loi du 5 avril 1884, ce traitement constitue une dépense obligatoire pour la commune, mais seulement tant que l'emploi existe, et le conseil municipal peut, en supprimant l'emploi, soustraire la commune à cette obligation. Cependant la section de l'intérieur du Conseil d'État a décidé que, lorsque le budget comprenant cette dépense a été approuvé par le préfet, la suppression d'emploi ne peut avoir d'effet qu'après l'expiration de l'exercice pour lequel le traitement a été voté (2).

A défaut par le conseil municipal de voter cette dépense, soit sur les ressources ordinaires, soit au moyen de centimes additionnels, le préfet peut l'inscrire d'office au budget.

893. Les impositions relatives aux gardes champêtres peuvent être comprises dans les rôles généraux, à titre de centimes additionnels sur les quatre contributions, lorsqu'elles ne peuvent être couvertes par les ressources ordinaires de la commune, mais les contribuables sont admis à discuter les éléments présumés de cette insuffisance (3).

894. Les gardes champêtres constatent par des *procès-verbaux* les délits et contraventions de leur compétence dont ils sont informés.

895. Les procès-verbaux doivent être datés, contenir les noms et qualité du rédacteur, mentionner la date de sa réception et de son serment, constater l'existence du délit et ses circonstances ; indiquer, autant que possible d'une manière précise, les noms, profession et domicile du délinquant ; être signés par celui qui les a dressés.

896. Le procès-verbal doit être écrit par le garde champêtre : cependant, s'il ne sait pas ou ne peut pas écrire, il peut faire dresser son procès-verbal par le juge de paix ou ses suppléants, le maire ou son adjoint, le commissaire de police et le greffier de la justice de paix du canton, mais il ne peut le faire écrire, sous peine de nullité, par un autre garde, ou par toute autre personne, notamment par l'instituteur communal (4). La loi ne peut, en effet, faire coopérer à la constatation des contraventions des individus étrangers aux formes judiciaires et n'offrant pas de garanties suffisantes d'indépendance. De ce principe il suit que, lorsque le procès-verbal a été écrit par un autre que le garde champêtre, il doit faire connaître, sous peine de nullité, le fonctionnaire qui a pris part à sa rédaction (5).

---

cette faculté qu'en cas de vacance par suite de démission, décès ou révocation du garde en fonctions?

2° Le droit du conseil municipal est-il absolu en ce sens que la suppression d'emploi pourrait être motivée, non seulement sur l'intérêt de la commune, mais encore sur des considérations qui viseraient la personne du garde et qui donneraient, en fait, à la mesure le caractère d'une véritable révocation?

3° N'appartiendrait-il pas au préfet, dans le cas de suppression d'emploi prononcée en dehors d'une vacance ou dirigée contre le garde, d'annuler la délibération en vertu des dispositions des articles 63, 65 et 102 de la loi du 5 avril 1884 ?

Vu la loi du 5 avril 1884, notamment les articles 63, 66, 102, 136 et 170 ;

Sur la première question : Considérant qu'en vertu de l'article 102 de la loi sus-visée qui a rendu l'institution des gardes champêtres facultative pour les communes, il appartient au conseil municipal de supprimer à toute époque le poste de garde champêtre sans attendre qu'il se produise une vacance ; — Que, toutefois, lorsque le conseil municipal a porté au budget le traitement de cet agent, et que le budget a été approuvé par le préfet, le conseil municipal ne peut plus modifier les allocations qui y sont portées ; — Que, dès lors, la délibération du conseil municipal portant suppression de l'emploi de garde champêtre ne pourra avoir d'effet qu'après l'expiration de l'exercice pendant tout le cours duquel ce traitement est obligatoire, en vertu de l'article 136, paragraphe 6, de la loi sus-visée ;

Sur la deuxième question : Considérant qu'aux termes de l'article 102 de la loi du 5 avril 1884, le préfet seul peut révoquer le garde champêtre ; que dès lors, en procédant à une révocation déguisée, le conseil municipal excéderait la limite de ses pouvoirs ;

Sur la troisième question : Considérant que l'autorité préfectorale est armée par les articles 63 et 65 de la loi de 1884 du droit de déclarer la nullité des délibérations des conseils municipaux entachées d'incompétence ou d'excès de pouvoir ;

Est d'avis : 1° Que le conseil municipal peut supprimer à toute époque le poste de garde champêtre, mais que, lorsque le traitement de cet agent a été porté au budget et que le budget a été approuvé par le préfet, la délibération du conseil municipal supprimant l'emploi ne peut avoir d'effet qu'après l'expiration de l'exercice pour lequel le traitement a été voté ;

2° Que la révocation déguisée du garde champêtre prononcée par le conseil municipal constituerait un excès de pouvoir ;

3° Que, dans le cas prévu ci-dessus, il appartiendrait au préfet de déclarer la nullité de la délibération par application des articles 63 et 65 de la loi du 5 avril 1884.

Cons. d'Et. cont. 22 janvier 1886 (commune de Saint-Martial). — Considérant qu'aux termes de l'article 102 de la loi du 5 avril 1884, le préfet seul peut révoquer les gardes champêtres ; — Considérant que la délibération en date du 20 juin 1884, par laquelle le conseil municipal de Saint-Martial a supprimé l'emploi de garde champêtre, a constitué, dans les termes où elle était formulée, une véritable révocation ; — Qu'il c'est avec raison que le préfet de la Charente-Inférieure a déclaré ladite délibération nulle de plein droit, en tant qu'elle porte révocation ; — Rejet.

Cons. d'Et. cont. 16 juillet 1886. — Considérant qu'aux termes de l'article 102 de la loi du 5 avril 1884, le préfet seul peut révoquer les gardes champêtres, et qu'aux termes de l'article 136, paragraphe 6 de la même loi, sont obligatoires pour les communes les traitements et autres frais du personnel de la police municipale et rurale et des gardes des bois de la commune ; — Considérant qu'il résulte de l'instruction que si le conseil municipal de la commune de Soustons a, par sa délibération du 25 mai 1884, supprimé l'emploi de garde champêtre de la commune, cette suppression n'a été pour lui qu'un moyen détourné de retirer cet emploi à son titulaire, puisque par la même délibération il a réellement rétabli la fonction dont il s'agit, tout en le désignant sous un autre nom ; — Que, dans ces circonstances, ladite délibération constituait une véritable révocation du garde champêtre, révocation qu'il n'appartenait pas au conseil municipal de prononcer ; — Qu'ainsi c'est avec raison que, par application des dispositions précitées, le préfet des Landes a inscrit d'office au budget de la commune de Soustons, pour l'année 1885, une somme destinée à assurer le traitement de cet agent. — Rejet.

(1) L. 28 septembre-6 octobre 1791, art. 4.

(1) Cass. crim. 18 février 1820 (Intérêt de la loi).
(2) Cons. d'Et. int. 30 juillet 1884. V. *supra*, n° 888.
(3) L. 24 avril 1832, art. 19 ; L. 31 juillet 1867 art. 16 ; — Cons. d'Et. cont. 30 mai 1884. — Sur le moyen tiré de ce que les ressources de la commune de Saint-Joire étaient suffisantes pour assurer le traitement du garde champêtre ; — Considérant qu'aux termes de l'article 1er de l'arrêté du 23 frimaire an XIII, des centimes spéciaux peuvent être établis pour le traitement du garde champêtre, seulement dans le cas où les revenus communaux ne pourraient pas suffire à cette dépense ; — Qu'il résulte de l'instruction, notamment du compte général des recettes et des dépenses de la commune de Saint-Joire, que, pour les années 1880 et 1881, les recettes ordinaires parmi lesquelles figure l'imposition pour le traitement du garde champêtre s'élèvent exactement au même chiffre que les dépenses de même nature ; — mais considérant qu'en 1879 les recettes ordinaires présentent sur les dépenses ayant le même caractère un excédent de 980 francs ; — Que si parmi ces recettes figure le produit d'une coupe de bois, coupe à laquelle il ne serait procédé que tous les deux ans, aucune disposition de loi ne prohibe de distraire totalité ou partie de cette ressource pour l'affecter au budget d'une autre année ; — Que, dès lors, les requérants sont fondés… — Annule.
(4) Cass. crim. 1er juillet 1813, *Bull. crim* ; Cass. crim. 18 avril 1823, *Bull. crim.* ; Cass. crim. 5 février 1825, *Bull. crim.* ; Cass. crim. 10 février 1843. D. P. 43 1.228 ; Cass. crim. 24 janvier 1851. — Sur le premier moyen tiré de ce que les procès-verbaux servant de fondement à la poursuite ont été déclarés nuls par le motif qu'ils ont été écrits par l'instituteur communal ; — Attendu qu'aux termes des lois des 27 décembre 1790, 5 janvier 1791 et de l'article 6, titre 1er, section VII du Code d'instruction criminelle des 28 septembre et 8 octobre 1791, les gardes champêtres qui sont incapables d'écrire eux-mêmes leurs procès-verbaux doivent, à peine de nullité, les faire écrire par les juges de paix ou leurs suppléants, les greffiers des justices de paix, ou selon la loi du 28 floréal an X, les maires ou à défaut de ceux-ci leurs adjoints ; — Que l'instituteur de la commune de Buhl était, dans l'espèce, sans caractère pour écrire et rédiger les procès-verbaux dont il s'agit ; — Qu'en prononçant, etc. — Rejette ce moyen.
(5) Lyon, 8 décembre 1823.

897. Mais, dans le cas où le procès-verbal a été écrit par un individu n'ayant pas qualité à cet effet, il n'est pas susceptible d'annulation, s'il a été lu au garde par l'officier public qui reçoit l'affirmation et si celui-ci fait mention de cette lecture (1).

898. Le procès-verbal doit mentionner que le garde champêtre était revêtu de ses insignes. Toutefois, l'oubli de cette mention n'entraîne pas la nullité du procès-verbal (1).

899. Le procès-verbal doit être dressé le jour même du délit, ou, au plus tard, dans les vingt-quatre heures, mais ce délai n'est pas de rigueur (2), et ne peut avoir d'effet que d'engager la responsabilité du garde quant à la réparation du dommage.

900. Le procès-verbal doit être ensuite affirmé, c'est-à-dire être déclaré, sous serment, par le garde rédacteur, sincère et véritable. Cette affirmation doit avoir lieu dans les vingt-quatre heures de la clôture du procès-verbal (3). Elle est reçue par les juges de paix ou leurs suppléants, les maires et adjoints (4). Il doit en être dressé acte à la suite du procès-verbal. Cet acte est signé par le garde qui fait l'affirmation et par le fonctionnaire qui la reçoit. Les juges de paix ou leurs suppléants peuvent recevoir les affirmations des procès-verbaux dans toute l'étendue du canton. Les maires et adjoints ne peuvent les recevoir que pour les procès-verbaux de délits commis dans leurs communes respectives. Lorsqu'ils habitent la même commune que les juges de paix ou leurs suppléants, ils n'ont qualité pour recevoir l'affirmation qu'en cas d'absence ou d'empêchement de ces fonctionnaires, et il entraînerait la nullité des procès-verbaux (5). Mais il résulte d'un arrêt de la Cour de cassation du 9 mars 1866 (Voy. *supra*, n° 897) que « l'absence ou l'empêchement du juge de paix ou de ses suppléants est réputé, de droit, exister, sans qu'il soit indispensable de le constater dans l'acte d'affirmation, quand le maire reçoit une affirmation dans une commune habitée par ces magistrats; et que d'ailleurs l'article 165 du Code forestier, qui forme le dernier état de la législation sur la matière, admet la concurrence des juges de paix, de leurs suppléants, des maires et de leurs adjoints pour la réception des affirmations, sans les subordonner à des conditions d'absence ou d'empêchement des premiers fonctionnaires ainsi dénommés.

901. Le maire ne peut se refuser à recevoir l'affirmation demandée par le garde champêtre, à moins que le juge de paix ne soit présent et non empêché. Et en cas de refus, il a été jugé, avec raison, que le procès-verbal pouvait être considéré comme n'ayant pas été affirmé, dans les délais voulus par la loi, par un cas de force majeure; et, par suite, le délai se trouve prorogé. Le garde ne pourrait dans cette situation

que s'adresser au juge de paix du canton. En présence du refus du maire, l'adjoint qui doit le suppléer aux termes des lois spéciales n'a plus qualité puisque le défaut d'affirmation devant le maire provient non d'un empêchement de celui-ci, mais d'un acte volontaire de sa part (1).

902. Si le procès-verbal d'un garde champêtre fait foi des faits qu'il constate jusqu'à preuve contraire, cette autorité n'y est attachée qu'à raison des faits que le garde a vus et qu'il constate personnellement et non par ouï-dire, et d'après des rapports qui lui ont été adressés à lui-même (2).

903. La formalité de l'affirmation est essentielle à la validité d'un procès-verbal : elle doit émaner de l'agent rédacteur seul et ne saurait être remplacée par aucune autre attestation, quand bien même elle émanerait du fonctionnaire qui doit recevoir l'affirmation (3).

904. Les commissaires de police n'ont pas qualité pour recevoir l'affirmation (4).

905. Les procès-verbaux des gardes champêtres doivent

être enregistrés dans les quatre jours de leur date. Ils sont enregistrés en *débet*, lorsqu'ils constatent un délit ou une contravention intéressant l'ordre public. Au reste, le défaut d'enregistrement n'entraîne pas la nullité du procès-verbal (1).

906. Lorsque les différentes formalités prescrites par la loi ont été remplies, les procès-verbaux des gardes champêtres font foi jusqu'à preuve contraire ; de telle sorte que, sur le vu d'un procès-verbal régulier et constatant le délit, le tribunal peut et doit condamner l'inculpé, à moins que ce dernier n'en détruise les assertions par les preuves ordinaires. Mais si le procès-verbal est irrégulier, le renvoi du prévenu peut être prononcé, sans que le juge ait à discuter les affirmations du garde ; il suffit qu'il ne trouve pas qu'il y ait preuve (2).

907. Les procès-verbaux constatant des faits qui peuvent comporter une peine correctionnelle, c'est-à-dire une amende supérieure à 15 francs ou un emprisonnement excédant cinq jours, doivent être remis au procureur de la République de l'arrondissement ; ceux qui ne constatent que des contraventions de simple police, c'est-à-dire des contraventions punies d'une amende inférieure à 16 francs, ou d'un emprisonnement qui n'excède pas cinq jours, doivent être remis au commissaire de police ou au maire remplissant les fonctions du ministère public près le tribunal de police du canton. Autant que possible, cette remise doit avoir lieu dans les trois jours (3).

908. Lorsqu'un procès-verbal est nul pour irrégularité, le garde champêtre peut et doit être appelé comme témoin devant le tribunal compétent, à l'effet d'établir, par son témoignage, le fait qui ne se trouve plus suffisamment établi.

Mais en déposant ainsi comme témoin, le garde remplit un devoir imposé à tout citoyen ; il n'accomplit pas un acte de ses fonctions d'officier de police judiciaire (4).

909. Comme agents communaux, les gardes champêtres sont placés sous la surveillance des maires, des sous-préfets et des préfets. En qualité d'officiers de police judiciaire, ils sont soumis à la surveillance des procureurs de la République ; comme agents de la force publique, ils doivent obéir aux commandants des brigades de gendarmerie. Mais les juges de paix, ni le tribunal de première instance n'ont aucune autorité à leur égard, et ne doivent leur adresser aucunes injonctions ni mercuriales (5).

910. Les officiers et sous-officiers de gendarmerie s'assurent dans leurs tournées si les gardes champêtres remplissent bien les fonctions dont ils sont chargés ; ils donnent connaissance aux sous-préfets de ce qu'ils ont appris sur la conduite et le zèle de chacun d'eux (6).

911. Dans des cas urgents, les sous-officiers de gendarmerie peuvent mettre en réquisition les gardes champêtres d'un canton, et les officiers ceux d'un arrondissement, soit pour les seconder dans l'exécution des ordres qu'ils ont reçus, soit pour le maintien de la police et de la tranquillité publique ; mais ils sont tenus de donner avis de cette réquisition aux maires et aux sous-préfets, et de leur en faire connaître les motifs généraux (7).

912. Les officiers et sous-officiers de gendarmerie adressent aux maires, pour qu'ils soient transmis aux gardes champêtres, le signalement des malfaiteurs, déserteurs, conscrits réfractaires ou autres individus qu'ils ont reçu ordre de faire arrêter. Les gardes champêtres qui arrêtent des conscrits

---

(1) Cass. crim. 29 février 1884. — Sur le moyen tiré de la violation des articles 154 du Code d'instruction criminelle et 35 du titre Ier de la loi des 19-22 juillet 1791 ; — Vu lesdits articles de loi ; — Sur la première branche du moyen ; — Attendu que le jugement attaqué a relaxé de la poursuite dirigée contre lui le nommé Chénonard, prévenu d'avoir, en contravention à l'article 471, n° 13 du Code pénal, passé sans droit sur un terrain chargé de récoltes, par le motif que le procès-verbal constatant cette contravention était nul, pour n'avoir point été affirmé dans le délai légal, bien qu'il ne fût justifié d'aucun empêchement de force majeure ; — Attendu que, si le juge saisi de la prévention a pu pouvoir souverain pour constater l'existence des éléments de fait d'où pourrait résulter un cas de force majeure, il appartient à la Cour de cassation de vérifier si ces éléments de fait sont de nature à entraîner les conséquences légales qui dérivent de la force majeure ; — Attendu qu'il résulte des constatations du jugement attaqué que le procès-verbal ayant été dressé le 14 septembre 1883, à midi, le garde particulier qui l'a rédigé s'est présenté le 15, à onze heures du matin, par conséquent avant l'expiration du délai de vingt-quatre heures, devant le maire de Foissy, qu'il a requis de recevoir son affirmation, et que ce fonctionnaire s'y est refusé ; — Attendu qu'à la suite de ce refus du maire présent, le garde rédacteur ne pouvait légalement s'adresser, ainsi que le suppose le jugement attaqué, à l'adjoint, évidemment sans pouvoir pour réviser cette décision ; — Attendu que, par la démarche qu'il avait ainsi faite auprès du fonctionnaire chargé de recevoir son affirmation, le garde s'était mis en règle vis-à-vis des prescriptions de la loi et que le refus qui lui a été opposé constituait un cas de force majeure ; — Attendu que cette tentative infructueuse a évidemment ouvert un nouveau délai pour l'accomplissement de la formalité et que le garde en se transportant dès le jour même du refus du maire au chef-lieu du canton et en offrant au juge de paix d'affirmer son procès-verbal, a complètement rempli son devoir ; — D'où il suit qu'en déclarant dans ces circonstances le procès-verbal entaché de nullité faute d'affirmation régulière, le jugement attaqué a méconnu les conditions légales de la force majeure, et violé la foi due au procès-verbal suivant les dispositions du texte rappelé. — Casse ; annule.
(2) Cass. crim. 13 avril 1861, D. P. 61.1.235 ; Cass. crim. 5 mars 1870, D. P. 71.5.312 ; Cass. crim. 6 mars 1877, D. P. 79.5.337 ; Cass. crim. 15 mars 1878. — La Cour, sur la première branche du moyen, tirée de la violation de l'article 20 de la loi du 24 juillet 1867, en ce que le juge de police n'aurait pas eu égard au procès-verbal par le garde champêtre ; — Attendu que le garde champêtre avait qualité pour constater toute contravention aux règlements de police municipale, mais que, dans l'espèce il n'avait rien vu personnellement, et que son procès-verbal mentionnait une déclaration, qui lui avait été faite par un cabaretier, de faits qui se seraient passés dans son établissement, que, dans ces circonstances, le procès-verbal par lui dressé ne pouvait faire foi jusqu'à preuve contraire, et constituait un simple document soumis dans les conditions ordinaires à l'appréciation du juge. — Rejette.
(3) Cass. crim. 24 février 1863, D. P. 63.1.401 ; Cass. crim. 9 mars 1866, V. supra n° 897 ; Cass. crim. 20 mars 1874. — La Cour, sur le moyen pris de la violation prétendue de l'article 154 du Code d'instruction criminelle, en ce que le jugement attaqué aurait déclaré nul le défaut d'affirmation un procès-verbal dressé par le garde champêtre à l'occasion d'une contravention de police rentrant dans ses attributions ; — Attendu qu'aux termes des lois sur la matière, les procès-verbaux des gardes champêtres doivent être affirmés devant le fonctionnaire compétent ; en l'absence de laquelle cette affirmation est une formalité substantielle, en l'absence de laquelle le procès-verbal dressé le 16 août 1873 par le garde champêtre de la commune de Saint-Andréa-di-Bozio, contre le nommé Orsini Joseph-Mathieu, n'a point été affirmé et porte seulement cette mention : « Pour extrait conforme au registre, le maire » que ladite mention ne saurait, à aucun titre, équivaloir à l'affirmation qui doit émaner de l'agent rédacteur, d'où il suit que c'est à bon droit que le juge de police a refusé force probante à un acte dépourvu d'une des conditions essentielles à sa validité. — Rejette.
(4) Cass. crim. 20 février 1862. — Attendu en droit que l'affirmation, soit le serment prêté par un garde sur la sécurité de son procès-verbal, constitue une formalité substantielle de sa régularité. Que si elle n'a pas lieu entre les mains d'un officier public compétent, le procès-verbal ne peut faire foi en justice et doit être tenu pour nul ; — Attendu qu'aux

---

termes des lois des 28 septembre et 6 octobre 1791, article 6 sur la police rurale et 28 floréal an x sur les justices de paix l'affirmation doit se faire exclusivement, soit devant les juges de paix ou leurs suppléants, soit devant les maires ou leurs adjoints, suivant le cas ; — D'où suit... — Rejet.
(1) L. 22 frimaire an VII, art. 20 ; Cass. crim. 18 février 1820 (intérêt de la loi).
(2) Cass. crim. 1er avril 1854, D. P. 54.1.209 ; Cass. crim. 12 octobre 1854, D. P. 54.5.605 ; Cass. crim. 21 juin 1853, D. P. 55.5.384.
(3) C. Instr. crim. art. 20.
(4) Paris, 16 décembre 1872, D. P. 73.2.455.
(5) Cass. crim. int. de la loi, 26 juin 1812, Bull. crim. ; Cass. crim. 29 février 1828, Bull. crim. (V. infrà, n° 917).
(6) Déc. 1er mars 1854, art. 635.
(7) Déc. 1er mars 1854, art. 656.

réfractaires, des déserteurs, des hommes évadés des galères, ou autres individus, reçoivent la gratification accordée par les lois à la gendarmerie nationale (1).

913. Les sous-préfets, après avoir pris l'avis des maires et des officiers de gendarmerie, désignent aux préfets et ceux-ci à l'administration forestière ceux d'entre les gardes champêtres de leurs arrondissements respectifs, qui, par leur bonne conduite et par leurs services, méritent d'être appelés aux fonctions de gardes forestiers (2).

914. Il ne peut être délivré de permis de chasse aux gardes champêtres.

Cette prohibition est absolue, et le permis qui aurait été délivré, même par l'autorité compétente, ne pourrait empêcher les tribunaux de leur appliquer les peines édictées par la loi, si un délit de chasse était constaté à leur charge (3).

915. Le décret du 28 mars 1852, relatif aux commissaires de police, a étendu les devoirs des gardes champêtres en les astreignant à informer le commissaire de police cantonal de tout ce qui intéresse la tranquillité publique. Le même décret donne au commissaire le droit de requérir les gardes champêtres de son canton.

916. Les gardes champêtres ne peuvent s'absenter de la commune sans une permission du maire, hors le cas où ils suivraient un délit ou celui où ils auraient été requis par une autorité compétente. Lorsque l'absence doit se prolonger au delà de vingt-quatre heures, il en est rendu compte au sous-préfet.

917. Les gardes champêtres sont responsables des dommages résultant des délits qu'ils ont négligé de constater dans les vingt-quatre heures.

Cette responsabilité ne doit être confondue avec celle que l'article 6, Code forestier, établit contre les gardes forestiers; cette dernière existe par cela seul que les gardes n'ont pas constaté les délits, en sorte que le fait de l'omission suffit seul pour le leur faire encourir. La responsabilité des gardes champêtres, au contraire, ne peut exister que par le concours de trois circonstances : 1° le fait de l'omission ; 2° un cas de négligence dont elle aurait été la suite ; 3° un délit. Cette responsabilité est donc réglée par les principes du droit civil et les tribunaux ne sauraient, sans excès de pouvoir, condamner un garde à des dommages-intérêts, à raison d'actes légalement faits par lui dans l'exercice de son ministère, sous le prétexte de l'inopportunité de ces actes, car ce serait empiéter sur le pouvoir de surveillance qui, ainsi que nous l'avons dit, n'appartient pas aux tribunaux en cette matière.

Ainsi, par exemple, un tribunal ne pourrait condamner un garde champêtre aux dépens ou à une portion des dépens d'une poursuite, sous le prétexte que le fait constaté ne présentait pas les caractères d'une contravention ou d'un délit punissable (4), ou sous le prétexte que le garde champêtre n'aurait pas fait les diligences nécessaires pour consta-

ter le délit (1), ou sous le prétexte qu'il n'a verbalisé que pour obéir à son maire (2), ou par complaisance pour un tiers (3).

918. Ils ne peuvent se dispenser de constater un délit ou une contravention, sous prétexte que la partie lésée renonce à se plaindre, attendu que l'action publique résultant de ce délit ou de cette contravention est indépendante de l'action civile.

919. Dans aucun cas, il ne peut être fait de transaction sur les délits constatés par les gardes champêtres. Le garde qui néglige, dans un intérêt particulier, de verbaliser ou de remettre ses procès-verbaux, ou qui prend des arrangements avec les délinquants, se rend coupable du crime de prévarication. Les peines encourues pour ce fait sont la dégradation civique et une amende double de la valeur reçue ou promise, sans que cette amende puisse être inférieure à 200 francs (4).

920. Les gardes champêtres ne sont pas des fonctionnaires publics et en cette qualité ils n'étaient pas garantis par l'article 75 de la Constitution de l'an VIII (5). Mais ils sont tout à la fois et des agents de l'autorité publique et des officiers de police judiciaire : cette double qualité résulte pour eux de l'ensemble des lois qui déterminent leurs attributions et de l'article 16 du Code d'instruction criminelle.

Comme officiers de police judiciaire, ils jouissent du privilège de juridiction appartenant aux membres de l'ordre judiciaire : ils ne peuvent donc être poursuivis à raison de délits commis dans l'exercice de leurs fonctions que dans les formes prescrites par les articles 478 et 483 (6), mais ils peuvent être pris à partie (7).

921. Ils sont protégés contre les outrages et les violences dont ils peuvent être l'objet dans l'exercice ou à l'occasion de l'exercice de leurs fonctions par les dispositions des articles 209 à 234 du Code pénal (8), et contre les diffamations et les injures commises par la voie de presse, par celles des articles 31 et 33 de la loi du 29 juillet 1881 (9) ; ils sont tout à la fois, en effet, agents de la force publique et agents de l'autorité publique.

922. Contre les violences graves dont ils peuvent être l'objet, ils ont la protection spéciale établie par les articles 231, 232 et 233 du Code d'instruction criminelle, c'est-à-dire que les coupables sont punis de la réclusion en cas de blessure ayant amené une effusion de sang ou une maladie ; ou s'il y a eu guet-apens ou préméditation, des travaux forcés à perpétuité si les blessures ont amené la mort ; et de la peine de mort en cas de meurtre simple ou de tentative de meurtre.

923. Les gardes champêtres en leur double qualité d'agents de l'autorité publique et d'officiers de police judiciaire sont passibles de l'aggravation des peines portées contre le fonctionnaire de l'ordre administratif ou judiciaire à raison de certains délits (10).

En outre, tout délit contre les propriétés, s'il est commis par un garde champêtre, est puni d'un emprisonnement d'un mois au moins et d'un tiers en sus de la peine qui serait appliquée à un autre coupable (11).

Pour tout autre délit de police correctionnelle, les gardes champêtres sont punis du maximum de la peine attachée à l'espèce de délit (12).

(1) Déc. 1er mars 1854, art. 627 ; Déc. 6 juin 1806, art. 6.
(2) Déc. 6 juin 1806, art. 7.
(3) L. 3 mai 1844, art. 7.
(4) Cass. crim. 26 juin 1812. — Vu les articles 408 et 413 Instr. crim. — Attendu que les gardes champêtres sont officiers de police judiciaire et comme tels soumis à la surveillance des procureurs impériaux ; — Que c'est conséquemment à ces magistrats qu'appartient exclusivement le droit de les poursuivre à raison des crimes, des délits ou des contraventions qu'ils peuvent commettre dans l'exercice de leurs fonctions; — Que de là il suit que si, dans l'espèce, la conduite du garde champêtre était susceptible d'une censure légale, il fallait, au lieu de la traduire devant le tribunal de police, le dénoncer au procureur impérial du ressort ; — Et qu'en le condamnant à une portion des frais, sous prétexte de la non-existence de la contravention mentionnée dans son procès-verbal le tribunal a manifestement excédé les bornes de sa compétence. — Casse.
Cass. crim. 29 février 1828. — En ce qui concerne la condamnation aux frais prononcés contre un garde champêtre et l'injonction qui lui est faite d'être plus exact à l'avenir dans la rédaction de ses procès-verbaux; — Attendu que le garde champêtre n'était pas dans la cause ; d'où il suit que le tribunal était sans qualité comme sans juridiction pour lui faire des injonctions et pour prononcer une condamnation contre lui; — Attendu d'ailleurs que les tribunaux de simple police n'ont ni pouvoir ni autorité sur les officiers de police judiciaire; — Que les gardes champêtres qui font partie de ces officiers, sont à raison de cette

qualité, sous la surveillance immédiate du procureur du roi, auquel seul il appartient de provoquer des poursuites contre ceux d'entre eux qui lui paraîtraient avoir encouru la rigueur des lois. — Casse.
(1) Cass. crim. 20 août 1812 (intérêt de la loi), arrêt identique à ceux des 26 juin 1812 et 29 février 1828.
(2) Cass. crim. 4 octobre 1811 (intérêt de la loi), arrêt identique.
(3) Cass. crim. 24 septembre 1819, arrêt identique.
(4) C. P. art. 177.
(5) Cons. d'Ét. cont. 4 août 1819 ; Cons. d'Ét. cont. 6 décembre 1832, D. P. 34.2.80.
(6) Cass. crim. 16 février 1821 ; Cass. crim. 9 mars 1838 ; Cass. crim. 5 mars 1841 ; Cass. crim. 6 mars 1843 ; Metz, 16 août 1849, D. P. 56.2.217.
(7) Cass. crim. 14 juin 1876, V. supra, n° 710.
(8) C. P. art. 209, 224, 230.
(9) Poitiers, 11 mars 1843, D. P. 43.2.166 ; Nancy, 7 novembre 1854, D. P. 56.2.288; Cass. crim. 9 janvier 1858, D. P. 58.5.289.
(10) Cass. crim. 23 mai 1827; Bull. crim. à sa date, C. P. art. 127, 174, 177, 184 et suiv.
(11) C. P. art. 462.
(12) C. P. art. 198.

924. Dans un grand nombre de communes, les municipalités ont coutume de confier la surveillance de certains établissements municipaux à des gardiens particuliers, que l'on désigne généralement sous le nom d'*appariteurs*. Ces agents, s'ils remplissent, du reste, les conditions imposées pour la nomination des agents de police ou des gardes champêtres, jouissent de tous les droits et sont soumis à toutes les obligations des uns ou des autres, selon la nature de leurs services. Ils ne font donc pas foi jusqu'à preuve contraire, s'ils sont chargés d'une fonction d'agents de police (1) ; ils dressent des procès-verbaux qu'ils sont tenus d'affirmer si leurs attributions sont au nombre de celles que l'on peut confier aux gardes.

925. En outre, dans quelques communes on est dans l'usage d'instituer, aux approches de la moisson ou des vendanges, pour venir en aide au garde champêtre, des gardes temporaires, que l'on nomme *gardes-moissons* ou *gardes-vignes*, qui sont en fonctions pendant le temps où les récoltes mûres sont pendantes ou déposées dans les champs. Ces gardes temporaires sont souvent salariés sur les fonds communaux ; ils jouissent des droits et sont soumis aux mêmes obligations que les gardes champêtres. Ils sont de véritables agents communaux (2) ; mais leurs attributions sont essentiellement limitées à l'objet à raison duquel ils ont été assermentés (3).

926. L'article 94 du Code forestier fait aux communes une obligation d'entretenir, pour la conservation de leurs bois, le nombre de gardes particuliers qui est déterminé par le maire, sauf l'approbation du préfet sur l'avis de l'administration forestière.

927. Les gardes forestiers communaux étaient autrefois choisis par le maire, mais le décret de décentralisation du 25 mars 1852 a transporté le droit de nomination au préfet. C'est donc ce fonctionnaire qui les nomme sans l'intervention du gouvernement et sur la présentation du conservateur des forêts, lequel dresse, à cet effet, une liste de trois candidats (4).

928. Les gardes forestiers des communes doivent être âgés de 25 ans au moins et de 35 au plus, savoir lire et écrire et être capables de rédiger un procès-verbal. Ils sont choisis parmi les anciens militaires qui ont contracté un rengagement jusqu'à concurrence des trois quarts des vacances au moins, sauf le cas d'insuffisance dans le nombre des candidats de cette catégorie (5).

929. Le conservateur ne peut présenter, pour le grade de

brigadier forestier communal, que des gardes ayant au moins deux ans d'exercice dans un triage (1).

930. Les nominations de gardes forestiers communaux sont portées immédiatement à la connaissance du ministre de l'agriculture (2) par le préfet.

931. Ces préposés sont commissionnés par le conservateur des forêts (3).

932. Un même garde peut être préposé soit à la garde de bois appartenant à plusieurs communes, soit à la garde d'un canton de bois communal et d'un canton de bois domanial, en vertu de l'accord des communes intéressées et de l'administration forestière. Il prend alors le nom de garde mixte. Des emplois de brigadiers mixtes peuvent aussi être institués (4).

933. L'organisation des garderies et brigades mixtes est réglée par arrêté préfectoral, avec l'assentiment des conseils municipaux intéressés et sur l'avis des conservateurs des forêts ; mais la nomination des préposés mixtes, quand les bois appartiennent à des communes et à l'État, est toujours du ressort de l'administration forestière et non du préfet (5).

934. Les préposés communaux encourent les mêmes punitions disciplinaires que les préposés domaniaux ; ils peuvent être suspendus par l'administration forestière, et spécialement par le conservateur ou l'inspecteur général, mais ils ne peuvent être destitués que par le préfet, après avis du conseil municipal et de l'administration forestière (6). Quant aux préposés mixtes, ils sont soumis aux mêmes règles que les préposés nationaux.

935. Les gardes des bois des communes et des établissements publics sont, en tout, assimilés aux gardes des bois de l'État et soumis à l'autorité des mêmes agents ; ils prêtent serment dans les mêmes formes, et leurs procès-verbaux font également foi en justice pour constater les délits et contraventions commis même dans les bois soumis au régime forestier autres que ceux dont la garde leur est confiée.

936. Le traitement des gardes communaux est réglé par le préfet sur la proposition du conseil municipal et sur l'avis du conservateur ; il est à la charge de la commune ; il constitue une dépense obligatoire, au payement de laquelle sont affectés en premier lieu les produits des coupes ordinaires ou extraordinaires pratiquées sur les bois communaux (7).

937. Les fonds nécessaires au traitement des préposés forestiers communaux sont centralisés entre les mains du trésorier général et mandatés par le préfet, au profit des préposés, au dos d'un état de liquidation établi, à l'expiration de chaque trimestre, par les agents forestiers, chefs de service ; les préposés mixtes figurent sur cet état pour la portion de leur traitement payé par les communes (8).

938. Les préposés forestiers communaux sont soumis, en ce qui concerne l'obligation d'être en uniforme et du port des armes, aux mêmes règles que les préposés domaniaux (9).

939. Depuis 1859, les préposés communaux sont appelés à jouir d'une pension de retraite servie par la Caisse de retraite pour la vieillesse ; ils subissent, à cet effet, une retenue sur leur traitement, à laquelle ne sont pas soumis les agents des communes qui assurent une pension de retraite à leurs employés (10).

940. Le Code forestier contient, en ce qui concerne les droits d'usage dans les bois soumis au régime forestier, diverses dispositions qui ont pour objet de réglementer l'usage que les communes peuvent faire de leurs droits de pacage. Le troupeau de chaque commune ou section de commune doit être conduit par un ou plusieurs pâtres communs, choisis par l'autorité municipale ; en conséquence, les habitants des

---

(1) Cass. crim. 20 avril 1872, *Bull. crim.*, p. 153 ; Cass. crim 5 juin 1874. — La Cour, sur le moyen unique tiré d'une prétendue violation de l'article 154 du Code d'instruction criminelle, en ce que le juge de police aurait méconnu la foi due au procès-verbal constatant la contravention ; — Attendu que le procès-verbal rédigé le 5 novembre 1873 contre la femme Bonnet, par l'inspecteur de police chargé de la surveillance du marché de Nice, a été dressé par un simple agent de police, n'ayant pas reçu de la loi le pouvoir de rédiger des procès-verbaux faisant foi jusqu'à la preuve contraire ; — Attendu, dès lors, que le juge de police a pu, sans commettre aucune violation de l'article 154 précité, considérer ce procès-verbal comme un simple renseignement, et puiser dans les éléments du débat, et notamment dans le témoignage recueilli régulièrement à l'audience du rédacteur du procès-verbal et les explications de la prévenue, le motif du relaxe de cette dernière. — Rejet.

(2) Cons. d'Ét. cont. 5 décembre 1885. — Considérant que la réclamation présentée par les sieurs Gillet et autres au conseil de préfecture tendait, en raison de l'illégalité du rôle dressé dans la commune de Levroux pour le recouvrement de la taxe de gardes-vignes, à obtenir décharge des taxes qui leur avaient été assignées sur ledit rôle ; — Considérant qu'aux termes de l'article 44 de la loi du 18 juillet 1837, les taxes particulières dues par les habitants ou propriétaires sont perçues suivant les formes établies pour le recouvrement des contributions directes ; — Que, dès lors, les réclamations contre lesdites taxes doivent être présentées dans le délai fixé par les articles 28 de la loi du 21 avril 1832 et 8 de la loi du 4 août 1844 ; — Considérant qu'il résulte de l'instruction que le rôle dressé pour le recouvrement de la taxe de gardes-vignes, pendant l'année 1882, a été publié dans la commune de Levroux le 18 novembre 1882, et que la réclamation des sieurs Gillet et autres n'a été formée qu'à la date du 5 avril 1883, après l'expiration du délai prévu par la loi ; — Que, dans ces circonstances, ladite requête n'était pas recevable. — Annulation.

(3) Cass. crim. 26 mars 1857, *Bull. crim.*, p. 197.
(4) Déc. 25 mars 1852, art. 15, § 20 ; Arr. fin. 3 mai 1852, art. 3 ; Circ. for. 14 mai 1852 ; Circ. for. 4 juillet 1866.
(5) Arr. fin. 3 mai 1852, art. 4.

(1) Circ. for. 4 juillet 1866.
(2) Arr. fin. 3 mai 1852, art. 7.
(3) Déc. fin. 27 mai 1853 ; Circ. for. 4 juillet 1866.
(4) C. for. art. 97.
(5) C. for. art. 97 ; Arr. fin. 3 mai 1852.
(6) C. for. art. 98.
(7) C. for. art. 109.
(8) C. for. art. 99 et 108 ; Déc. min. fin. 28 janvier 1863.
(9) Arr. fin. 28 octobre 1875 ; Déc. 2 avril 1875, art. 10.
(10) Circ. for. 19 mars 1859 ; Rég. for. 26 novembre 1859.

— 113 —

commnnes usagères ne peuvent ni conduire eux-mêmes ni faire conduire leurs bestiaux à garde séparée, sous peine de deux francs d'amende par tête de bétail. Les porcs ou bestiaux de chaque commune ou section de commune usagère forment un troupeau particulier et sans mélange de bestiaux d'une autre commune ou section, sous peine d'une amende de cinq à dix francs contre le pâtre, et d'un emprisonnement de cinq à dix jours en cas de récidive.

941. L'obligation imposée aux habitants d'une commune usagère d'une forêt d'avoir un ou plusieurs pâtres communs doit recevoir exécution, quel que soit l'éloignement des habitations respectives des usagers.

942. Le pâtre commun est un agent payé par la commune et nommé par le maire.

L'ordonnance du 1er août 1827 exigeait, pour la validité de la nomination du pâtre commun, l'agrément du conseil municipal. Il nous paraît que cette obligation doit être considérée comme subsistante en présence des termes du paragraphe premier de l'article 88 de la loi de 1884.

943. Dans quelques localités, l'agent forestier local vise la commission du gardien du troupeau commun; mais l'omission de cette formalité qui n'est d'ailleurs prescrite par aucune disposition ne peut donner lieu à aucune difficulté.

944. Aux termes du paragraphe 3 de l'article 72 du Code forestier, les communes et sections de communes sont civilement responsables des condamnations pécuniaires prononcées contre les pâtres ou gardiens communs, soit à raison des délits ou contraventions prévus par le titre III du Code forestier, soit à raison de tous autres délits forestiers commis par ces pâtres pendant le temps de leur service et dans les limites du parcours.

SECTION V.

DISCIPLINE DES AGENTS COMMUNAUX.

945. Le maire nomme, suspend et révoque les employés municipaux, dit l'article 88 de la loi de 1884. Ces dispositions, en même temps qu'elles lui donnent le droit de disposer du sort de ses subordonnés, imposent au maire le devoir étroit de veiller à ce que les fonctions soient rigoureusement accomplies, les affaires expédiées, les ordres exécutés. De ce devoir, le maire ne doit et ne peut se décharger sur aucun de ses collaborateurs par une délégation : la délégation peut porter sur un ou plusieurs services, elle ne peut porter sur l'ensemble des services. D'ailleurs, la loi le dit en termes exprès. Si le maire délègue une partie de ses fonctions, il ne le fait que sous sa surveillance et sous sa responsabilité. De son devoir de surveillance, de son obligation de responsabilité résultent en même temps pour lui le droit et le pouvoir d'user, sur le personnel tout entier qui lui est subordonné, de son autorité, au moyen d'instructions, d'ordres, d'observations, de réprimandes et de mesures coercitives, avant d'en arriver aux dernières : suspensions et révocations.

946. Il est d'usage, dans les administrations publiques, de frapper, sans les révoquer, de peines disciplinaires les agents qui ont pu commettre des fautes dans l'exercice de leurs fonctions. Parmi ces peines, figure notamment celle de la retenue de tout ou partie de leur traitement pendant une durée déterminée. Un débat peut-il être porté devant une juridiction par l'employé de la mairie qui a été l'objet d'une mesure de cette sorte? L'affirmative a été adoptée par un arrêt du Tribunal des conflits du 14 juin 1879 (1), qui s'est prononcé, en même

temps, pour la compétence des tribunaux civils. Malgré l'autorité de cette haute juridiction, nous ne pensons pas que cette doctrine puisse et doive être suivie.

Aucune disposition de loi, dit-on, n'autorise les maires à statuer sur les retenues dont les employés sous leurs ordres peuvent être passibles ; le maire, en prononçant cette retenue, ne fait pas acte d'autorité; représentant de la commune, il se refuse à l'acquittement d'un salaire auquel l'employé lui paraît avoir perdu tout droit en n'exécutant pas les travaux en vue desquels ce salaire lui a été promis ; c'est là une simple prétention qui laisse entiers les droits des parties. C'est ainsi qu'il a été jugé par un arrêt du Conseil d'État du 4 septembre 1856, que la décision par laquelle un ministre refuse à un architecte, employé à un travail public, le payement de ses honoraires, n'empêchait pas cet architecte de porter ses réclamations devant le conseil de préfecture (1).

Deux questions nous paraissent ainsi confondues. En premier lieu, le maire, qui prononce une retenue de traitement contre un agent municipal, agit comme chef de la municipalité prenant une mesure d'ordre intérieur à l'égard d'un agent de ladite municipalité; l'acte est essentiellement un acte administratif, et les tribunaux civils n'en peuvent connaître. Quant aux tribunaux administratifs, les dispositions de l'article 88 de la loi du 5 avril 1884 ne leur permettent aucun contrôle. Cette loi, en décidant que le maire nommait, suspendait et révoquait les agents municipaux, a entendu lui laisser un droit de discipline complet sur tous lesdits agents.

En second lieu, quant au fond même du droit du maire, il n'est pas contestable. Les fonctionnaires et agents de services publics par le fait seul qu'ils ont accepté la fonction ou l'emploi dont ils ont été mis en possession, acceptent d'obéir aux règles générales de la hiérarchie et de la discipline administratives ; ils acceptent, par conséquent, d'être soumis, en cas de faute dans leurs fonctions, à la destitution et à la privation de l'emploi et du traitement qui en est la conséquence; or, qu'est-ce que la retenue, sinon une privation partielle du traitement; ils auraient pu être révoqués sans indemnité, ils n'auraient pu élever aucune réclamation ; ils peuvent être frappés d'une simple peine disciplinaire. Admettre qu'ils ont droit de réclamer contre cette peine disciplinaire, c'est accepter de faire juge une autorité judiciaire quelconque de la façon dont un chef administratif entend diriger le service qui lui a été confié et se faire obéir des agents placés sous ses ordres. Dans presque toutes les administrations de l'État, la peine de la suspension du traitement est prévue par les règlements d'organisation. A-t-on vu jamais cependant un fonctionnaire saisir la justice de la régularité de la mesure prise à cet égard contre lui? Or, jusqu'ici, aucune loi n'autorise les directeurs des diverses administrations de l'État, pas plus que les maires, à inscrire dans des règlements qu'ils statueront sur les retenues dont les employés sous leurs ordres sont passibles.

947. Les employés municipaux révoqués ou destitués par le maire ont-ils un recours soit devant l'autorité administrative, soit devant les tribunaux administratifs ou judiciaires, pour obtenir ou leur réintégration, ou des dommages-intérêts? La question mérite un examen approfondi.

On est unanime à reconnaître que l'article 82 de la loi du 5 avril 1884 ne permet pas à l'agent communal révoqué ou congédié de demander la restitution de son emploi. Le maire, dit cet article, nomme à tous les emplois communaux pour lesquels la loi ne fixe pas un droit spécial de nomina-

(1) Tr. conf. 14 juin 1879. — Considérant qu'aucun texte de loi ne confère à l'autorité municipale le pouvoir de retenir, à titre de mesure administrative et à titre disciplinaire, tout ou partie des appointements qui peuvent être dus par la commune à ses employés ; — Que dès lors l'arrêté pris par le maire de Nonancourt, le 13 avril 1878, approuvé par la délibération du conseil municipal du 11 mai suivant, et déclarant qu'il y a lieu de retenir au sieur Labrebis, ancien secrétaire de la mairie, vingt francs sur son traitement du mois de janvier, pour avoir laissé inexécutés divers travaux rentrant dans son service, ne constituait pas un acte administratif faisant obstacle à ce que le sieur Labrebis

pût saisir de sa demande en payement de la somme qu'il prétendait lui rester due le juge compétent pour statuer sur le litige existant entre lui et la commune ; — Considérant que les secrétaires de mairie ne sont pas des fonctionnaires ou des agents devant être assimilés aux services administratifs de l'État, qu'on ni la loi du 28 pluviôse an VIII, relative aux travaux publics, ni aucune autre loi n'a attribué à la juridiction administrative contentieuse la connaissance des difficultés auxquelles peut donner lieu le règlement des salaires dus par les communes aux secrétaires des mairies ; — Qu'en l'absence des dispositions contraires c'est aux tribunaux judiciaires qu'il appartient de connaître, etc. — Conflit annulé.

(1) Dalloz, Rec. pér., note sous l'arrêt du 14 juin 1879, D. P. 79.3.67.

8

tion; il suspend et révoque les titulaires. Le droit du maire est absolu. Mais s'il en use, sans motifs sérieux, l'agent révoqué ne peut-il demander la réparation du préjudice que lui a causé une mesure brusque?

Les effets de la révocation, dit-on dans le sens de l'affirmative, varient suivant qu'il s'agit d'un fonctionnaire public ou d'un employé. Le fonctionnaire reçoit une délégation de la puissance publique dans des limites et à des conditions déterminées par la loi ou par les règlements. Le caractère public dont il est investi ne permet pas de l'assimiler à un serviteur à gages. Il ne peut discuter les motifs à raison desquels ses chefs hiérarchiques se trouvent amenés à se priver de son concours; il n'a droit, dans ce cas, à aucune indemnité, quels que soient les motifs de sa révocation.

L'employé d'une commune, au contraire, n'est investi d'aucune portion de la puissance publique; il ne remplit pas une fonction; il met seulement son temps et son intelligence à la disposition de la municipalité dans des conditions analogues à celles qui sont en usage dans les établissements privés. L'acceptation de l'emploi qui lui est offert constitue un véritable contrat synallagmatique, dont on ne peut nier l'existence pour ne voir, dans les faits de la nomination, qu'un acte administratif accompli par le maire dans la limite de ses attributions. L'acte administratif, l'arrêté municipal n'est que la manifestation du contrat déjà formé et qui proclame seulement l'accord des deux parties. Le contrat est un simple louage d'ouvrage et d'industrie, et, comme tous les contrats passés par les communes, sauf l'exception résultant des lois spéciales, il est soumis aux règles de droit commun. Or, en droit commun, s'il est vrai que le louage de services, sans détermination de durée, peut toujours cesser par la libre volonté de chaque partie, il n'est pas moins certain que ce droit ne peut être exercé par l'une d'elles, sans motifs sérieux, au préjudice des intérêts de l'autre. Aussi, l'employé congédié brusquement a-t-il droit à une indemnité pour réparation du dommage que lui cause un renvoi arbitraire, contrairement aux usages ou aux conditions tacites de son engagement. Cette indemnité doit être calculée suivant les circonstances et la nature des services engagés; elle doit être d'autant plus élevée que la profession de l'employé nécessite un temps plus long pour retrouver un autre emploi.

En outre, il serait contraire à l'équité que l'administration pût, par une révocation arbitraire, priver un employé de son droit à pension, et lui faire perdre, sans compensation, le montant des versements opérés par lui à une caisse de retraites.

L'argumentation que nous venons d'exposer nous paraît plus spécieuse qu'exacte.

Bien que les rapports d'un employé vis-à-vis d'une administration municipale présentent une certaine analogie avec la situation, soit d'un serviteur à gages ou d'un ouvrier vis-à-vis de son maître, soit d'un employé attaché à un établissement privé, ils ne sauraient être régis par les dispositions des articles 1710 et 1794 du Code civil. S'il y a similitude, au point de vue de l'objet, entre le contrat de louage de service ou d'industrie et la convention résultant de l'accord de volonté qui se forme entre l'employé et l'administration municipale, cette dernière convention diffère essentiellement de l'autre, non seulement par la forme de l'acte qui la constate, mais encore par le caractère des parties contractantes, et par la nature des intérêts en jeu. Les marchés ou traités administratifs dans lesquels le maire figure comme gérant de la fortune communale et qui sont soumis aux principes du droit commun, sont passés dans la forme ordinaire des actes contractuels renfermant des conventions synallagmatiques; ici le contrat résulte d'un arrêté de nomination et de l'acceptation de l'emploi par le titulaire désigné. Cet arrêté, en principe, n'est pas pris par le maire en exécution d'une délibération du conseil municipal, mais par le maire, agissant sous le contrôle de l'administration supérieure. D'un autre côté, si l'employé n'est pas un fonctionnaire, puisqu'il ne détient aucune portion de la puissance publique, on ne saurait non plus le considérer comme un mercenaire ou un simple ouvrier, louant moyennant laire ses services ou son travail. C'est un agent auxiliaire.

Comme tel, il participe à l'action administrative. Sa nomination, sa suspension et sa révocation touchent par suite dans une certaine mesure à l'intérêt public. Il est indispensable pour cette raison que l'administration conserve dans le choix, la suspension et la révocation de ses agents une liberté complète, une autorité discrétionnaire à laquelle il serait grave atteinte si l'on reconnaissait à l'employé le droit de discuter les motifs des décisions de ses chefs à son égard et de former une demande en dommages-intérêts à raison, soit de la suspension momentanée de son traitement par mesure disciplinaire, soit de la privation de son emploi. L'accord qui existe entre l'employé et l'administration est une convention sui generis dont il faut chercher l'essence et la portée dans les termes et l'esprit de la loi de 1884. Elle comporte d'une part l'obligation de fournir un service, d'autre part l'obligation de payer un salaire proportionnellement à la valeur du service, avec faculté réciproque et absolue de dédit, à tout instant, sans être tenu à aucune indemnité. Cette convention laisse intact, en la personne du maire, le droit de suspension et de révocation, droit dont l'exercice constitue un acte d'administration ne pouvant être l'objet d'un recours que pour excès de pouvoir devant le Conseil d'État.

La seule action contentieuse à laquelle elle pourrait donner lieu de la part de l'employé devant la juridiction administrative serait une action en payement, en cas de refus d'acquittement de salaires échus.

La jurisprudence des tribunaux civils et du Conseil d'État, qui a eu plusieurs fois à examiner la question qui nous occupe, s'est montrée fort hésitante, à l'origine, sur la solution qu'elle devait recevoir.

La cour de Lyon, par un arrêt du 3 février 1872, a décidé qu'un secrétaire de mairie, étant, non pas un fonctionnaire public, mais un simple serviteur de mairie, ne pouvait être renvoyé sans avoir été prévenu un certain temps d'avance ou sans indemnité, et que cette indemnité devait consister dans la continuation du traitement pendant un temps suffisant pour lui permettre de trouver un emploi semblable (1).

Cette doctrine a été appuyée sur un jugement du tribunal de Villefranche du 1er avril 1875 (2); par un arrêt de la cour de Lyon du 10 juillet 1874 (3); par un jugement du tri-

---

(1) Lyon, 3 février 1872. — Considérant que l'allocation à l'intimé d'une somme de six cents francs, à raison de sa révocation de secrétaire de la mairie de Roanne, ne fait aucunement grief à ce principe d'ordre public que l'autorité a le droit de révoquer, quand il lui plaît, tous les fonctionnaires de l'ordre administratif, sans être tenue jamais de justifier d'une cause de révocation, ni de leur accorder une indemnité; — Qu'en effet les secrétaires de mairie ne sont pas des fonctionnaires publics; — Que la loi organique du 18 juillet 1837 ne les nomme même pas et que l'avis du Conseil d'État du 2 juillet 1807 décide, de la manière la plus formelle, qu'ils n'ont aucun caractère public; — Que le maire ne peut leur déléguer aucune partie de ses attributions; — Qu'ainsi les secrétaires de mairie sont de simples serviteurs de la mairie; — Considérant que la décision du tribunal de Roanne ne viole pas davantage cet autre principe, beaucoup moins généralement admis, que le maître peut renvoyer sans indemnité son serviteur, le chef son employé, pour un manquement sans service, sans que les intérêts qui le poussent à se débarrasser de lui aient à en souffrir; sans que, en un mot, le maître puisse exiger de sa part ou que sa liberté d'action soit en aucune façon liée par la crainte d'un dédommagement à payer; — Considérant que le pouvoir de contrôler le maître ou le chef; — Qu'en effet, il a été plaidé, au nom du maire de Roanne, que l'intimé avait été renvoyé non à cause d'un fait personnel, mais parce que l'emploi de secrétaire de la mairie avait été supprimé; — Considérant dès lors que la cause se trouve ramenée aux termes les plus simples, c'est-à-dire à l'application d'une règle d'équité admise par la jurisprudence de presque tous les tribunaux, en vertu de laquelle, quand un serviteur ou un employé a engagé ses services pour un temps déterminé, le maître ou le chef qui ne lui reproche rien, ne peut le renvoyer sans l'avoir prévenu un certain temps d'avance ou sans lui donner une indemnité, indemnité qui a ni aucunement le caractère d'une peine infligée au maître ou au chef, mais qui est le moyen fourni au serviteur ou à l'employé de vivre pendant le temps nécessaire pour qu'il trouve une nouvelle place ou un nouvel emploi; — Considérant qu'à pareille circonstance, la quotité de l'indemnité est la seule question qui puisse faire difficulté; — Que les serviteurs de l'ordre le plus humble, les domestiques, il est généralement admis que l'indemnité doit représenter le salaire de huit jours; — Que pour les serviteurs d'un ordre plus élevé, les employés, les tribunaux allouent le traitement d'un mois, de deux mois, de trois mois, même d'un an, suivant l'importance de l'emploi, suivant la difficulté d'en trouver un semblable; — Considérant que pour un secrétaire de mairie, une somme représentant son traitement pendant trois mois est une indemnité qui n'a rien d'excessif, mais qui est très suffisante. — Par ces motifs, confirme.

(2) D. P., 73.3.33.
(3) D. P., 75.5.279.

bunal de Marseille du 2 août 1878 et du tribunal d'Alais du 14 août 1878 (1) ; et, enfin, par un arrêt du Tribunal des conflits du 17 mai 1873 (2).

Mais les tribunaux n'ont pas persisté dans leur jurisprudence première. Les cours d'Aix, par deux arrêts des 8 août 1878 et 10 décembre 1878, et de Nîmes par un arrêt du 24 février 1879 (3), ont décidé que l'employé entré au service d'une commune en vertu d'un arrêté de nomination et sans qu'il fût intervenu aucune convention particulière entre lui et l'administration municipale, n'était pas fondé à soutenir qu'il existait entre lui et la commune un contrat de louage d'ouvrage dont la rupture intempestive pouvait donner lieu à une action en indemnité de la compétence de l'autorité judiciaire. La Cour de cassation s'est rangée à cette opinion par un arrêt du 7 juillet 1880 (4).

Le Tribunal des conflits, de son côté, est revenu sur le principe de la décision qu'il avait adopté dans son arrêt ci-dessus visé du 17 mai 1873, et par deux arrêts du 27 août 1879 et du 7 août 1880, il a décliné la compétence de la juridiction civile pour statuer sur la demande en indemnité formée par un employé communal à raison de sa révocation (5).

Ces décisions des tribunaux civils et du Tribunal des conflits, déclinant la compétence de la juridiction ordinaire à l'effet de connaître des demandes en dommages-intérêts formées par les employés communaux révoqués, laissaient de côté la question de savoir si cette compétence appartenait aux tribunaux administratifs. Mais par deux arrêts, l'un du 28 février 1878 et l'autre du 12 janvier 1886, le Conseil d'État a proclamé l'incompétence des conseils de préfecture et sa propre incompétence (1).

948. De cet ensemble de décisions que nous venons de rapporter, il résulte qu'il n'existe pas de juridiction ayant pouvoir de statuer sur des contestations de la nature de celles qui nous occupe ; et l'on peut dire avec quelque raison que les manquements à la loi du contrat, quelle qu'en soit la nature, qui lie les employés communaux à l'administration communale, n'ont pas de juge, et qu'en cas d'infraction, soit d'un côté, soit de l'autre, aucune des parties n'encourt de responsabilité. Mais il faut bien reconnaître que cette situation est celle de presque tous les fonctionnaires et agents dans leurs rapports avec les administrations publiques. Depuis longtemps une jurisprudence établie déclare que les tribunaux ne peuvent connaître des actes de révocation ou de destitution qui peuvent intervenir, quand une loi n'a pas consacré un état de fonctionnaire. La pratique des choses, les nécessités d'une bonne administration, les mœurs publiques sont, à cet égard, la meilleure garantie que les fonctionnaires puissent trouver contre les caprices des décisions gouvernementales et que les administrations publiques puissent avoir contre les retraites inconsidérées de leurs agents.

949. De même que nous avons dit qu'un maire qui exécutait les ordres de l'autorité municipale n'était soumis à aucun recours personnel, de même l'agent municipal qui se borne à exécuter les ordres de ses supérieurs hiérarchiques n'encourt aucune responsabilité (2).

950. Le maire est chargé de protéger les fonctionnaires sous ses ordres et l'administration qui lui a été confiée, il a donc incontestablement le droit d'adresser, en cas de diffamation contre son administration ou l'un des services qu'il dirige, la plainte exigée par l'article 47 de la loi du 29 juillet 1883 ; de même il a celui d'envoyer, dans le même intérêt, aux journaux des communiqués (3).

---

(1) D. P., 79.2.462.

(2) Tr. conf. 17 mai 1873. — Considérant qu'il n'est pas permis de confondre avec des entrepreneurs de travaux publics, exécutant à leur nom et à leur profit et risques personnels, les travaux qu'ils ont soumissionnés, ou dont ils ont traité, les personnes appelées, à titre d'employés auxiliaires, à établir au nom et sous la responsabilité du maire, le recensement de la population de la ville qu'il administre ; — Qu'un pareil travail ne peut sans faire violence à l'esprit comme à la lettre de l'article 4 de la loi du 28 pluviôse an VIII, être rangé soit dans les travaux matériels de fouilles, de constructions, de terrassements, soit dans les travaux intellectuels qui les préparent, le précédent ou les suivent, que cet article a eu seul en vue dans les diverses hypothèses qu'il prévoit ; — Que la convention qui règle les bases et les conditions de son accomplissement ne constitue qu'un contrat de louage de services dont aucune loi n'a enlevé la connaissance à l'autorité judiciaire ; — Considérant que les sieurs Micholland et Morillier ont été chargés le 16 avril 1872, par le maire de cette ville, de faire le dénombrement de la population ; — Que n'ayant pu obtenir le payement du salaire auquel ils prétendent avoir droit, ils ont saisi le tribunal civil de Roanne de leur réclamation ; — Que c'est avec raison que le tribunal s'est déclaré compétent... — Arrêté de conflit annulé.

(3) D. P., 79.2.161.

(4) Cass. civ. 7 juillet 1879. — La Cour, sur le moyen unique du pourvoi ; — Attendu qu'aux termes de l'article 12 de la loi du 18 juillet 1837, sur l'administration municipale, le maire nomme à tous les emplois communaux pour lesquels la loi ne prescrit pas de mode spécial de commission ; — Qu'il suspend et révoque les titulaires de ces emplois ; — Attendu qu'il résulte de l'arrêt attaqué que de Bevis et consorts, employés communaux de la mairie de Marseille, ont été relevés de leurs emplois par arrêté de ce fonctionnaire, en date du 24 décembre 1877, et qu'ils ont formé contre le maire de cette ville une demande basée sur le préjudice qu'ils auraient éprouvé par suite de la mesure non justifiée, selon eux, prise subitement à leur égard par le maire ; — Attendu que la solution de cette demande implique l'examen d'un acte accompli par le maire dans la limite de ses pouvoirs administratifs, et dont, par suite, l'appréciation ne saurait appartenir aux tribunaux civils ; — D'où il suit qu'en décidant... — Rejet.

(5) Tr. conf. 27 décembre 1879. — Considérant que la loi du 18 juillet 1837, relative à l'administration municipale, règlemente dans son titre II les attributions du maire et dispose que ce fonctionnaire nomme à tous les emplois communaux pour lesquels la loi ne prescrit pas de mode de nomination, et qu'il suspend et révoque les titulaires de ces emplois ; — Considérant que le maire de la ville d'Autun, en nommant le sieur Guidet aux fonctions d'architecte voyer de la commune a fait un acte de son administration ; — Que si cette nomination n'a eu lieu qu'après des pourparlers entre le maire et le sieur Guidet, relativement aux conditions proposées de part et d'autre, et sur lesquelles l'accord s'est établi, il n'en résulte nullement que l'acte dont il s'agit ait perdu son caractère administratif et doit être considéré comme un contrat de louage de services appartenant au droit commun ; — Considérant d'autre part qu'en révoquant le sieur Guidet de la fonction à laquelle il l'avait appelé, le maire n'a fait encore qu'un acte rentrant dans ses attributions administratives et dont l'appréciation ne saurait appartenir aux tribunaux civils ; — Qu'il suit de là... — Arrêté confirmé.

Tr. conf. 7 août 1880. — Considérant que la loi du 18 juillet 1837, relative à l'administration communale, règlemente dans son titre II les attributions du maire et dispose que ce fonctionnaire nomme à tous les emplois communaux pour lesquels la loi ne prescrit pas un mode de nomination, et qu'il suspend et révoque les titulaires de ces emplois ; — Considérant que le maire de la ville de Dôle, en nommant le sieur

Le Goff aux fonctions d'architecte voyer de la commune, a fait un acte de son administration, que si cette nomination a eu lieu à la suite d'un concours à l'occasion duquel les conditions d'un traitement fixe et proportionnel proposés par la ville avaient été annoncées, il ne résulte pas de ces circonstances que l'acte de nomination ait perdu son caractère administratif et doit être considéré comme un louage d'ouvrage appartenant au droit commun ; — Considérant d'autre part qu'en révoquant le sieur Le Goff de la fonction à laquelle il l'avait appelé, le maire n'a fait encore qu'un acte rentrant dans ses attributions administratives, et dont l'appréciation ne saurait appartenir aux tribunaux judiciaires ; — Qu'il suit de là que c'est à bon droit que le conflit a été élevé. — Conflit confirmé.

(1) Cons. d'Ét. 28 février 1878, D. P. 79.3.68 ; Cons. d'Ét. 12 janvier 1883. — Considérant que l'action portée par le sieur Cadot devant le conseil de préfecture du département des Bouches-du-Rhône, tendant à faire condamner la ville de Marseille à lui payer une indemnité : 1° à raison de l'atteinte qui aurait été portée à sa considération professionnelle par des allégations insérées dans la délibération du conseil municipal, en date des 6, 7 et 9 février 1877, portant suppression des fonctions d'ingénieur en chef d'entretien de la voirie et des eaux ; 2° à raison du préjudice résultant de ce que, par suite de cette suppression, il avait été privé de son emploi et du bénéfice des retenues versées à la Caisse des retraites ; — Considérant que cette demande ne soulevait aucune difficulté relative aux travaux publics exécutés sous les ordres du requérant ; — Que dès lors, elle n'était pas de celle dont il appartient au conseil de préfecture de connaître aux termes de l'article 4 de la loi du 28 pluviôse an VIII, et qu'ainsi c'est avec raison que le conseil de préfecture s'est déclaré incompétent. — Rejet.

(2) Cons. d'État 19 mai 1866. — Considérant que cet agent s'est borné à exécuter les ordres qui lui avaient été transmis par ses chefs hiérarchiques... — N'est pas accordée, etc.

(3) Cass. crim. 20 novembre 1879 (Macé). — Sur le moyen unique du pourvoi ; — Attendu que Macé avait été traduit en police correctionnelle pour refus d'insertion d'un communiqué qui lui avait été adressé en qualité de gérant du journal le Petit Breton, par le maire de la ville de Vannes, en réponse à divers articles publiés par ce journal ; — Que l'arrêt attaqué a renvoyé le prévenu de la poursuite intentée par le ministère public par le motif que le communiqué ne contenait pas, dans toutes ses parties, selon les prescriptions de la loi, des réponses, renseignements ou rectifications, ce qui, au cas spécial, à raison de l'impossibilité de diviser la publication ou de modifier la rédaction de cet acte, excluait l'existence des éléments constitutifs de l'infraction prévue et punie par l'article 19 du décret du 17 février 1852 ; — Attendu que les dépositaires de l'autorité publique ont le droit d'adresser des communiqués officiels, conformément aux dispositions de l'article 19 précité ; — Que les tribunaux appelés à appliquer ces actes administratifs

CHAPITRE II.

951. La distinction des pouvoirs municipaux est souvent difficile ; outre que l'interprétation d'un texte de loi, quand il y a lieu de la faire dans plus de trente-six mille localités différentes, peut varier de l'une à l'autre, les obscurités involontaires du législateur prêtent à des commentaires opposés entre lesquels les meilleurs esprits même ont le droit d'hésiter. Il est donc assez difficile de dire nettement où s'arrêtent les pouvoirs des conseils municipaux ; où commencent ceux des maires ; où prennent fin les attributions conférées à ces derniers ; où naissent celles des représentants du pouvoir central. Cependant, on peut dire, d'une façon générale et assez exacte, que les pouvoirs propres des maires s'étendent à tout ce qui concerne la police de la cité, en donnant à ce mot le sens étendu qu'il avait au dix-huitième siècle, et qu'ils partagent avec les conseils municipaux tous ceux qui se rapportent à son administration ; de même, on peut dire que l'autorité centrale s'est réservée de statuer sur les intérêts qui importent au bon ordre du public, laissant à l'autorité locale le soin de protéger ceux qui ne concernent que la collectivité des individus qui forment la commune. Cette règle que nous établissons n'est pas absolue, et nous verrons souvent qu'il y a été dérogé ; mais elle peut servir à nous guider, dans la plupart des cas, sur le sens qu'il convient d'attribuer aux prescriptions légales.

952. L'article 61 de la loi du 5 avril 1884 s'exprime ainsi : « Le conseil municipal règle, par ses délibérations, les affaires de la commune.

« Il donne son avis toutes les fois que cet avis est requis par les lois et règlements, ou qu'il est demandé par l'administration supérieure.

« Il réclame, s'il y a lieu, contre le contingent assigné à la commune dans l'établissement des impôts de répartition.

« Il émet des vœux sur tous les objets d'intérêt local.

« Il dresse chaque année une liste contenant un nombre double de celui des répartiteurs ou des répartiteurs suppléants à nommer, et, sur cette liste, le sous-préfet nomme les cinq répartiteurs visés dans l'article 9 de la loi du 3 frimaire an VIII et les cinq répartiteurs suppléants. »

953. On voit de la sorte que le législateur a distingué les attributions des conseils municipaux en six catégories : 1° décisions ; 2° délibérations exécutoires après approbation ; 3° avis ; 4° vœux ; 5° réclamations : 6° présentations. Cette distribution était celle qui avait été fixée par la loi de 1837 et maintenue par celle du 24 juillet 1867. Mais ces deux dernières lois, au lieu de poser en principe général et en règle que les conseils municipaux étaient les administrateurs de droit commun des affaires municipales, avaient précisé, en les numérotant, les objets sur lesquels ils avaient soit un droit de décision, soit un droit de délibération préalable, soit un droit d'avis, de sorte qu'ils devaient être considérés non comme les fonctionnaires responsables de la gestion municipale, mais comme les mandataires délégués par l'administration centrale à la gestion de certaines affaires municipales. Le principe est aujourd'hui renversé ; le conseil règle les affaires de la com-

mune, et ce n'est que dans les cas exceptionnels que ce pouvoir est subordonné à l'approbation préalable de l'autorité supérieure.

SECTION PREMIÈRE.

DÉCISIONS.

954. Nous venons de voir que le principe posé par la loi de 1884 était désormais que le conseil municipal avait la libre administration des affaires de la commune. Nous n'avons donc pas à nous occuper ici des objets sur lesquels peut porter son pouvoir, puisque celui-ci s'étend à tous ceux d'intérêt communal ; en examinant les exceptions apportées par les lois au principe général, nous verrons, en même temps, quelles ont été les limites spéciales fixées dans les diverses branches de l'administration à cette apparence d'omnipotence communale.

Mais il importe cependant de peser les termes dont s'est servi le législateur et qui par eux-mêmes tracent des bornes que les conseils municipaux ne sauraient franchir sans violer la loi même de leur compétence : *Le conseil règle par ses délibérations les affaires de la commune*. Chacun de ces mots a une portée juridique.

955. Ce n'est pas aux *conseillers*, mais au *conseil* qu'est attribué le soin d'administrer ; il en résulte que les conseillers, même réunis tous ensemble, n'ont aucun pouvoir de gestion si le conseil n'a pas été convoqué régulièrement et si la séance n'est pas officiellement ouverte. Ce n'est donc que lorsqu'il a été fait application des articles 46 et 48 qu'il peut y avoir séance valable.

956. De même, il faut, pour que la décision ait le caractère de règlement municipal, qu'il y ait eu *délibération* : cela ne veut pas dire *débat*, car on peut délibérer, bien qu'il n'y ait pas contestation, mais simple accord ; mais il est nécessaire qu'il ait été procédé, après convocation et réunion, à un exposé de l'objet de la délibération par un membre du conseil, et à un vote inscrit au procès-verbal dans les termes des articles 49, 50, 51, 52, 54 et 57 de la loi du 5 avril 1884.

957. En outre, l'objet de la délibération doit être une *affaire*. Ce mot s'entend assez par lui-même ; il suppose la préexistence d'un intérêt matériel ou administratif à sauvegarder, intérêt ayant sa base dans un droit acquis ou à acquérir ; et on ne saurait confondre ensemble les affaires et les questions.

958. Il faut, enfin, que l'affaire se rapporte à *la commune* à laquelle appartient le conseil municipal, et, à cet égard, il importe de bien remarquer que chaque conseil ne reçoit de mandat administratif qu'à l'égard des droits et des obligations de la seule commune qu'il représente ; et qu'il n'a qualité pour se mêler à aucun titre du règlement des affaires qui lui sont étrangères. On ne saurait donc admettre que, sous un prétexte quelconque, un conseil municipal participe par ses votes ou fasse participer par ses décisions la commune qu'il administre aux agissements d'une autre commune ou aux opérations d'une autre commune. On voit en effet quelquefois des municipalités voter en faveur, soit d'habitants, soit d'établissements publics appartenant à d'autres communes, des secours ou des subventions de diverses natures. Tolérées souvent par l'administration supérieure à raison de leur but charitable, ces délibérations n'en constituent pas moins des actes illégaux et blâmables, qui, peuvent devenir coupables s'ils sont inspirés par des sentiments autres que ceux de la confraternité naturelle qui lie ensemble toutes les fractions d'une même patrie.

A plus forte raison, ne saurait-on tolérer qu'un conseil municipal associe son action à celle d'une autre commune, hors des cas où il s'agit d'intérêts intercommunaux. Cette action collective est d'ailleurs réprimée par le Code pénal.

959. Limité ainsi dans son pouvoir général de décision par le texte même qui l'a établi, le conseil municipal ne saurait l'exercer, en outre, qu'en se pliant à l'observation régulière des formes établies par la loi, formes que nous avons fait

et non pas à les interpréter, critiquer ou modifier, sont tenus de leur reconnaître force obligatoire et de réprimer les refus d'insertion légalement constatés ; — Attendu qu'il appartient à la Cour de cassation de contrôler et de reviser l'appréciation juridique faite par l'arrêt de l'écrit dont l'exécution avait été requise par le maire de la ville de Vannes, et de déterminer le véritable caractère de cet acte, en le rapprochant des dispositions de la loi ; — Attendu qu'il résulte des termes du communiqué qu'il renferme dans son contexte des réponses, renseignements ou rectifications, d'où il ressort que la cour d'appel n'a pas fait une exacte appréciation de cet acte que le maire de Vannes, dépositaire de l'autorité publique, avait rédigé en la forme qu'il lui avait paru convenable, dans les limites de ses attributions légales ; — Que conséquemment, etc... — Casse.
En ce sens, Angers, 23 décembre 1879, D. P. 81.2.182.

connaître plus haut (V. *suprà* n° 751 et suiv.) et, en outre, en donnant connaissance à l'administration supérieure, des mesures qu'il a adoptées : c'est là ce que décide, en termes exprès, l'article 62 de la loi de 1884 : Expédition de toute délibération, dit-il, est adressée, dans la huitaine, par le maire au sous-préfet qui en constate la réception sur un registre et en délivre immédiatement récépissé.

960. Les dispositions de la loi contiennent, comme on le voit, deux obligations distinctes : l'une à l'égard de l'administration communale, l'autre à celui du préfet ou du sous-préfet.

La première trouve une double sanction dans les prescriptions de l'article 66 et celles de l'article 68, paragraphe dernier. Vis-à-vis de l'administration supérieure, le délai d'annulabilité ne court pas au profit de la commune tant que l'expédition n'a pas été envoyée ; vis-à-vis des tiers ou des administrés, la délibération n'est pas exécutoire et ce défaut de force exécutoire ne saurait être racheté par l'affichage de la délibération opérée en vertu de l'article 56, ou par la délivrance ou la prise d'une copie faite en conséquence de l'article 58.

961. La seconde trouve également sa sanction dans le paragraphe 2 de l'article 66. Le délai de trente jours pendant lequel le préfet peut poursuivre l'annulation d'une délibération prend son origine dans le dépôt à la sous-préfecture et il est indépendant de l'exécution de la formalité de ce récépissé imposée au sous-préfet.

962. Les maires doivent adresser au sous-préfet ou au préfet, non pas un extrait de la délibération, mais une expédition complète. Le texte de la loi est formel : or la délibération comprend, ainsi que nous l'avons dit déjà, l'exposé de l'affaire, les rapports dont elle a été l'objet, la discussion à laquelle elle a donné lieu et le texte de la résolution ; c'est cet ensemble qu'il est nécessaire de mettre sous les yeux de l'administration supérieure ; et il nous paraît que l'on devrait considérer comme nulle toute expédition incomplète ; et dans ce cas, ni le délai spécial d'annulabilité ne saurait courir, ni la force exécutoire ne saurait être concédée à l'acte dont ni l'administration ni les tiers ne pourraient apprécier sainement le caractère. On ne veut pas dire cependant que l'omission de quelques mots sans intérêt sérieux dans le texte de l'expédition pourrait suffire à faire considérer la copie comme inexistante ; il y a une certaine mesure à observer ; mais on ne saurait se montrer trop sévère à l'égard d'envois irréguliers ou inexacts, soit que l'irrégularité ou l'inexactitude provienne du dessein de dissimuler ou de la négligence.

963. L'expédition doit être adressée dans la huitaine. La loi de 1837 exigeait un envoi immédiat ; la loi de 1855 substitua le délai de huitaine maintenu par la loi de 1884 ; mais il n'y a là rien de rigoureux, en ce sens que le défaut d'envoi dans le terme prescrit n'emporte pas la nullité de la délibération ; la sanction se trouve, ainsi que nous l'avons établi plus haut, dans la double suspension de l'exécution à l'égard des intéressés et de la période de l'annulabilité à l'égard de l'administration supérieure.

964. Par le dépôt de la délibération, par la publicité qui lui est donnée, la décision d'un conseil municipal peut devenir exécutoire ; les tiers et l'administration supérieure sont ainsi mis en demeure d'examiner au fond sa validité ; à cet égard, le législateur a divisé les délibérations entachées d'illégalité ou d'excès de pouvoirs en deux catégories distinctes : elles sont nulles ou simplement annulables.

965. Sont nulles de plein droit, aux termes de l'article 63 de la loi de 1884 : 1° les délibérations d'un conseil municipal portant sur un objet étranger à ses attributions ou prises hors de sa région légale ; 2° les délibérations prises en violation d'une loi ou d'un règlement d'administration publique.

Sont annulables, d'après l'article 64, les délibérations auxquelles auraient pris part des membres du conseil intéressés, soit en leur nom personnel, soit comme mandataires, à l'affaire qui en fait l'objet.

Il importe de bien saisir quelle est la portée de ces prescriptions légales. La pensée du législateur est, en effet, rendue d'une façon assez obscure et les expressions employées n'ont peut-être pas la rigueur et l'exactitude nécessaires.

966. Avant la loi de 1884, les délibérations des conseils municipaux étaient divisées en nulles de plein droit, à raison de l'incompétence (1), nulles de plein droit, à raison de l'illégalité (2), annulables à raison d'une violation de la loi, ou d'un règlement d'administration publique, ou de la réclamation d'une partie intéressée (3), et annulables en raison de l'intérêt que pouvaient avoir les membres qui y avaient pris part (4). La procédure par laquelle soit la nullité, soit l'annulation pouvait être prononcée, variait selon les cas. Le législateur a voulu maintenir le principe de la nullité de droit et de l'annulabilité ; il a entendu restreindre les motifs de nullité, et mieux spécifier ceux d'annulabilité, en uniformisant en même temps les procédures ; mais, en cherchant à produire tous ces résultats, il a été, à la fois, et trop prolixe et trop concis, et l'obscurité du texte n'a pas répondu à la simplicité de ses volontés.

967. Il y a prolixité dans cette double mention de cas de nullité de plein droit qui pouvait être renfermée en une seule : la seconde. Il est évident, en effet, que toute délibération portant sur un objet étranger aux attributions d'un conseil ou prises en dehors des réunions légales est, en même temps, prise en violation d'une loi ou d'un règlement, puisque la loi a déterminé les conditions de la légalité des réunions et les attributions des conseils. On cherche donc à imaginer des cas où l'incompétence d'une délibération ou l'illégalité d'une réunion ne constitueraient pas l'infraction à la loi, et on voudrait, à l'imitation des rédacteurs de l'article 63, établir des distinctions qui ne peuvent pas exister.

Il y a à concision exagérée, en revanche, dans cette application de la nullité de plein droit à toute violation d'une loi ou d'un règlement, quelque secondaire que soit l'infraction commise et de quelque minime intérêt que soit la prescription méconnue. On peut être certain, en effet, que le juge des nullités se trouvera trop souvent placé entre ce dilemme : ou d'annuler des délibérations prises de bonne foi, et dans lesquelles les conseils municipaux n'auraient pas su éviter une irrégularité de forme ou de fonds sans importance, ou de les maintenir contre le texte de la loi, à raison même du défaut d'intérêt sérieux de l'omission. Cet inconvénient pourra paraître d'autant plus grand que le législateur, ainsi que nous le verrons, n'a pas admis qu'aucune prescription de temps puisse couvrir les nullités de plein droit.

Quoi qu'il en soit, la loi existe telle qu'elle a été rédigée et adoptée, et tant qu'elle ne sera pas modifiée, nous devons chercher à l'interpréter et à l'appliquer d'une façon saine et fidèle. Reprenons les trois cas de nullité de droit établis par l'article 63.

968. Les délibérations prises hors des réunions légales sont nulles. Cette nullité ne semblerait, dans ces termes, s'appliquer qu'aux délibérations prises dans des réunions qui n'auraient pas eu lieu aux sessions ordinaires ou aux sessions extraordinaires convoquées en vertu de l'article 47 de la loi. Mais cette interprétation n'est pas exacte. On doit considérer comme réunion illégale toute réunion qui n'est pas régulière, et n'est pas régulière toute réunion qui est tenue hors des conditions ou des formalités établies par les articles 46 et 47 de la loi. Si donc la convocation n'émane ni du préfet, ni du sous-préfet, ni du maire, on doit tenir la réunion pour nulle, le préfet, le sous-préfet ou le maire, après coup, eussent-ils donné expressément ou implicitement leur adhésion. Ce n'est pas tout : si la loi (art. 47) fait au maire une obligation de convoquer le conseil toutes les fois qu'il en est requis par la majorité en exercice, cette prescription ne donne pas cependant à celle-ci le droit de passer outre au refus illégal qu'aurait opposé le maire : la convocation préalable est indispensable.

969. Cette nécessité nous semble, en même temps, trancher la question de savoir si le conseil une fois réuni peut fixer lui-même le jour et les heures des séances postérieures.

---

(1) L. 5 mai 1855, art. 23.
(2) L. 5 mai 1855, art. 24.
(3) L. 18 juillet 1837, art. 18.
(4) L. 5 mai 1855, art. 25.

L'article 47 donne au maire et au maire seul le droit de réunir et celui de convoquer ; sans doute, le maire, dans un but de bonne administration et de concorde, doit prendre, une fois qu'il a convoqué le conseil, les convenances de celui-ci, mais le conseil n'a aucun pouvoir personnel d'exécution, et s'il substitue son autorité à celle du maire et se réunit spontanément, sa réunion n'a aucune valeur légale (1). Si un maire refusait de convoquer le conseil, les membres qui le composent devraient seulement s'adresser à l'autorité centrale, afin que celle-ci prît à l'égard du maire telles mesures que de droit, en vertu des dispositions de l'article 85.

970. Les délibérations pour des objets étrangers aux attributions d'un conseil sont nulles. Que doit-on entendre par objet étranger aux attributions ? La question est fort complexe et fort délicate en théorie; car on peut dire qu'un conseil, du moment qu'il délibère sur un objet quelconque, en se plaçant au point de vue des intérêts de la commune, règle les affaires de celle-ci. Mais cette façon d'envisager le débat ne saurait être admise. Nous avons vu plus haut que le paragraphe 1er de l'article 61 devait être interprété dans un sens restrictif. A notre avis, on ne saurait considérer comme objets placés dans les attributions des conseils que ceux qui concernent un intérêt direct de la commune, ou ceux qui ont été expressément placés par une loi sous son contrôle et sa direction. A cet égard, il est nécessaire de se référer, non seulement aux dispositions des articles 61, 68, 70, 71 et aux prohibitions de l'article 72, mais encore à toutes celles qui peuvent être contenues dans des lois spéciales en vigueur. On peut dire que chaque espèce doit exiger une étude particulière des faits, et ce n'est pas là une des moindres difficultés que peut présenter l'application du paragraphe 1er de l'article 63.

971. Sont nulles les délibérations prises en violation d'une loi. La formule employée est, nous l'avons déjà dit, extrêmement vague. Il y a, en effet, bien des lois et encore plus de sortes de violations des lois. La jurisprudence civile a toujours distingué, entre les dispositions ou les formalités établies par le législateur, celles qui sont essentielles et celles qui sont secondaires, entre celles qui sont édictées dans un intérêt d'ordre public ou d'ordre général ou dans un intérêt privé; de même, elle a distingué entre les transgressions volontaires et involontaires de la loi, entre les violations de formalités substantielles et celles qui ne sont pas établies à peine de nullité, etc., etc. A s'en tenir au texte strict du paragraphe 2 de l'article 63, il semblerait que la loi de 1884 n'a pas entendu admettre toutes ces distinctions : les termes paraissent absolus. Mais nous ne craignons pas de dire qu'il n'y a dans cette rigueur qu'une apparence. Si l'on appliquait le paragraphe 2 de l'article 63 lato sensu, on rendrait inexécutable la loi elle-même, par la multiplicité des procédures en annulation que l'on occasionnerait et, chose plus grave, par l'incertitude que l'on donnerait à toutes les délibérations des conseils municipaux, mêmes prises sur les affaires les plus réglementaires et les plus ordinaires.

972. Lors de la discussion de l'article 63 devant le Sénat, M. Léon Clément a mis en relief les inconvénients très graves qu'il pouvait y avoir à admettre les nullités de plein droit pour violation de la loi, en faisant remarquer que certains articles étaient souvent interprétés, par les jurisconsultes les plus experts et les tribunaux les plus élevés, d'une manière fort contradictoire, et a demandé si l'on pouvait exiger de la plupart des conseils municipaux des connaissances juridiques particulières. Mais, si l'on devait entrer à l'application de l'article 63 une extension aussi extraordinaire, le péril serait bien plus grand, car on pourrait dire qu'il y a violation d'une loi, non seulement lorsqu'il y a eu interprétation erronée sur un point de droit, mais encore lorsqu'il y a eu omission d'une formalité quelconque : or, nul n'ignore qu'on ne saurait attacher à l'accomplissement de toutes les formalités d'une procédure la même importance. Et il faudrait aller jusqu'à proclamer même que les délibérations seraient nulles, lorsqu'elles

auraient été précédées d'instructions administratives dans lesquelles une formalité prescrite par une loi aurait été négligée.

Mais on ne saurait aller aussi loin. Lorsque l'on étudie la discussion à laquelle a donné lieu l'article 63 devant les Chambres, on est frappé par ce fait que, par violation de loi, on n'a entendu parler que des violations des dispositions essentielles des lois ; et les membres des Chambres ont paru d'accord sur ce point qu'il devait y avoir, à cet égard, une certaine liberté d'appréciation abandonnée à l'autorité chargée de prononcer la nullité, c'est-à-dire au préfet en conseil de préfecture et au Conseil d'État. On a bien imposé à tous deux l'obligation de prononcer la nullité radicale lorsqu'elle serait reconnue, sans pouvoir se dérober à cette nécessité, mais, on a laissé à l'appréciation des juges administratifs le soin d'examiner la nullité, et, ainsi que le disait M. Ribière parlant au nom de la commission du Sénat, il y a en cette matière une question de fait soumise à l'appréciation du juge, et dont le juge est souverain comme en toute matière analogue, et il serait regrettable qu'à propos de l'omission d'une de ces formalités qui ne paraissent pas avoir un caractère extrêmement grave, on pût annuler, à cause de ce défaut de formes, au bout d'un temps peut-être très long, une délibération excellente au fond.

En réalité, l'interprétation de l'article 63 doit être l'œuvre de la jurisprudence et il appartient aux tribunaux administratifs, et surtout au Conseil d'État, par l'application qu'ils feront du droit considérable qui leur a été remis, de donner à la loi un sens pratique en assurant tout à la fois les délibérations des conseils contre les recours inconsidérés et les droits de l'État ou des particuliers contre les empiètements des corps municipaux.

973. Sont nulles les délibérations prises en violation d'un règlement d'administration publique. Le législateur a assimilé la violation des règlements à celle des lois, et on doit reconnaître qu'il l'a fait avec raison, d'abord parce que les règlements font, en quelque sorte, corps avec les lois en vertu desquelles ils ont été pris et, ensuite, parce que c'est surtout dans ces actes que se trouvent déterminées les prescriptions destinées à assurer le fonctionnement des services de l'ordre administratif.

974. Mais, on doit observer que le législateur, par les expressions dont il s'est servi, n'a attaché la peine de la nullité de droit qu'à la violation des seuls règlements d'administration publique, c'est-à-dire des seuls décrets ou ordonnances, rendus après délibération du Conseil d'État, et non à celle des décrets ordinaires ou des simples arrêtés ministériels ou préfectoraux.

975. Il faut, de plus, remarquer qu'il n'y a que les règlements dont l'obéissance est ainsi assurée, c'est-à-dire les dispositions d'ordre général destinées à assurer l'exécution des lois, et non les décrets, même rendus en Conseil d'État, qui statuent sur des questions ou des intérêts d'ordre privé.

976. La nullité de droit prononcée par l'article 63 de la loi municipale n'est pas limitée aux actes et aux cas que nous venons d'énumérer ; le législateur n'a eu en vue, dans cet article, que les délibérations portant sur les affaires de la commune ; mais la même peine est prononcée aux termes de l'article 72 contre tout acte ou délibération qui aurait pour objet soit de publier des proclamations ou adresses, soit d'émettre des vœux politiques, soit, hors les cas prévus par la loi, de se mettre en communication avec un ou plusieurs conseils municipaux. L'article 72 ne fait que reproduire à cet égard les prohibitions contenues dans les lois de 1833, 1837 et 1855. Mais ces lois avaient établi une sanction spéciale qui ne subsiste plus : les éditeurs, imprimeurs, journalistes ou autres qui avaient rendu publics les actes ainsi interdits aux conseils municipaux étaient passibles des peines portées en l'article 123 du Code pénal, c'est-à-dire de deux à six mois d'emprisonnement. La seule sanction qui demeure est l'annulation de la délibération illégale et les dispositions répressives ordinaires du Code pénal.

977. On a vu certains conseils municipaux chercher à tourner la loi qui leur interdit les manifestations politiques de toutes sortes, en prenant des résolutions, ou signant des

(1) Voy. supra, n° 539.

vœux ou des adresses, dans des réunions convoquées hors sessions. Ces subterfuges ont été constamment condamnés par les tribunaux, soit de l'ordre judiciaire (1), soit de l'ordre administratif (2), et on doit blâmer ces entreprises qui ne peuvent avoir d'autre effet que de déconsidérer les membres qui y prennent part, en démontrant qu'ils n'ont pas souci d'observer la loi même qui les investit de la qualité d'administrateurs publics.

978. On voit que l'article 72 défend aux conseils municipaux, hors les cas prévus par la loi, de se mettre en communication avec d'autres conseils. Le législateur a prohibé ainsi toute tentative de fédération ; en spécifiant, comme exception à la règle établie par lui, les *cas prévus par la loi*, il a entendu réserver les conférences intercommunales relatives aux objets d'utilité communale intéressant plusieurs centres de population, prévues par les articles 116 et suivants. (Voy. nos 2083 et suiv.)

979. Les cas d'annulabilité ont été délimités, avec plus de soin que ceux de nullité, par l'article 64. Sont seules annulables les délibérations auxquelles prennent part des membres du conseil intéressés, soit en leur nom personnel, soit comme mandataires, à l'affaire qui en fait l'objet. La loi du 5 mai 1855 contenait la même prohibition, mais celle-ci n'avait pas reçu de contrainte expresse et ce n'avait été que par un effort de jurisprudence (3) que l'on avait reconnu le droit de prononcer la nullité des actes commis en contravention.

980 Quelles sont les différences existant entre les actes nuls de plein droit et ceux annulables ? Nous avons exprimé l'opinion que, malgré l'apparence énergique des mots, on ne pouvait cependant dire, que les actes proclamés nuls de plein droit, dussent cependant, d'une façon absolue, être considérés comme inexistant ; en cette matière, il y a lieu à une appré-

ciation. Mais alors que pour la nullité de plein droit, l'appréciation porte seulement sur l'importance de la formalité ou celle de la disposition de loi à laquelle le conseil municipal a porté atteinte, sans qu'il y ait lieu de connaître du fond de la délibération elle-même, pour l'annulabilité on doit faire porter l'examen sur l'objet même de la délibération. L'annulation peut n'intervenir que s'il ressort des circonstances que le vote du membre intéressé a eu, sur la résolution adoptée, une influence décisive et contraire à l'intérêt de la commune.

Mais ce n'est pas la seule distinction qu'il y ait à faire entre la nullité de droit et l'annulation. Les articles 65 et 66 ont organisé pour les deux cas des procédures différentes.

Examinons d'abord la procédure en nullité.

981. Aux termes de l'article 65, la nullité de droit, quand celle-ci est encourue, est *déclarée* par le préfet en conseil de préfecture. Elle est *prononcée* par le préfet, et *proposée* ou *opposée par les parties intéressées à toute époque*.

982. Le législateur n'a pas laissé au préfet le droit *d'annuler* les délibérations qu'il *reconnaît nulles*; il a voulu qu'il n'y ait qu'une simple *déclaration* de nullité.

983. Mais cette déclaration peut être prononcée *à toute époque*. Aucune prescription n'a été fixée, malgré les observations et les objections très justes qui ont été formulées. On a paru admettre cependant une fin de non-recevoir tirée de l'exécution donnée à la délibération, lorsqu'un temps suffisamment long, mais dont la durée n'a pas été déterminée, s'était écoulé depuis la délibération. « Il y a un gros inconvénient signalé, disait au nom de la commission du Sénat, M. Ribière : c'est qu'une délibération, après un temps prolongé et malgré l'exécution, peut cependant être annulée ; seulement il y a une atténuation à cet inconvénient : c'est qu'au bout d'un temps prolongé, alors que l'exécution a eu lieu, le tribunal administratif saisi de la question pourra très bien, en examinant les faits, reconnaître qu'il y a eu ratification et opposer une fin de non-recevoir. Le juge sera souverain. » Cette fin de non-recevoir constituerait effectivement une sorte de prescription à durée variable, dont le caractère serait assez indéfini. La jurisprudence en cette matière, devra parfaire la loi.

984. La nullité est prononcée par le préfet ; peut-elle l'être par lui d'office, ou doit-il attendre que son action ait été provoquée par la proposition ou l'opposition d'une partie intéressée ? Le doute provient de ce que l'article 66 stipule expressément que l'action du préfet, en cas d'annulabilité, peut être spontanée ; et on tire de cette mention un argument *a contrario*. Mais l'ensemble même de la loi s'oppose à cette interprétation. On comprend, à la rigueur, que l'annulation d'une délibération simplement annulable ne soit provoquée que par la demande d'une partie intéressée, mais on ne saurait accepter que le préfet qui peut annuler d'office une délibération annulable n'ait pas la faculté d'agir de même à l'égard d'une délibération qui est radicalement nulle. C'est, du reste, afin de mettre en action son initiative que l'article 62 exige le dépôt de toute délibération à la sous-préfecture, et que l'article 68 suspend pendant un mois l'exécution de celles qui ont été ainsi portées à la connaissance de l'administration supérieure. Ajoutons, enfin, que, dans les discussions auxquelles la loi a donné lieu, le droit du préfet ne semble avoir été contesté par personne.

985. En dehors de l'action préfectorale, le législateur a attribué à toute partie intéressée le droit de proposer ou d'opposer la nullité : *proposer* s'entend du droit qu'ont les parties intéressées, dès qu'elles ont eu connaissance d'une délibération qui les concerne, d'en provoquer la nullité sans attendre qu'on la leur signifie ou qu'on leur en fasse l'application ; *opposer*, s'entend de celui qu'elles ont de provoquer la même nullité, dès que l'autorité municipale veut donner exécution à l'égard à la délibération prise.

986. La loi n'a pas déterminé le délai dans lequel le préfet saisi d'une demande en nullité devait statuer. Mais sur les observations formulées devant le Sénat par MM. Clément et Batbie, il a été dit que le délai d'un mois fixé par l'ar-

---

(1) Cass. crim. 17 mai 1873. — La Cour, Sur le moyen pris de la fausse application des articles 34, 35, 36 de la loi du 5 mai 1855, en ce que la cour de Nîmes aurait considéré comme émanées de conseils municipaux des adresses signées par les membres de ces conseils agissant individuellement en dehors de toute réunion officielle et n'ayant pas les caractères légaux d'une délibération ; — Attendu qu'il est constaté, en fait, par le jugement attaqué, que les adresses publiées par les demandeurs portaient la signature des maires, des adjoints, des conseillers municipaux, accompagnée de leur qualité officielle, et qu'on n'y voyait figurer le nom d'aucun autre habitant de la commune ; que plusieurs de ces adresses indiquaient que les membres du conseil municipal avaient signé à l'unanimité, que d'autres, signées par la grande majorité des conseillers municipaux, mentionnaient le nom de ceux qui n'avaient pas pu donner leur signature, pour cause d'absence ou d'empêchement, ou qui avaient refusé de signer ; qu'à la vérité le rédacteur de ces adresses avait eu le soin d'énoncer que les signataires agissaient en leur nom personnel ou comme simples citoyens, qu'ils s'étaient réunis hors session ou hors séance ; mais qu'il résultait de l'ensemble de ces documents et des autres circonstances de la cause que ces énonciations n'avaient d'autre but que d'éluder la prohibition de la loi ; — Attendu qu'en se fondant sur ces faits souverainement constatés, la Cour d'appel a pu, sans violer aucune des dispositions de la loi du 5 mai 1855, déclarer que les adresses publiées par les demandeurs émanaient en réalité des conseils municipaux, dont les membres y avaient apposé leur signature, et que cette publication constituait une infraction à l'article 26 de ladite loi ; — Attendu, en effet, que les dispositions de cet article seraient complètement illusoires s'il suffisait, pour en éluder l'application, d'insérer dans les adresses illégalement publiées, les énonciations ci-dessus indiquées ; qu'il appartient aux tribunaux de déterminer le véritable caractère de ces adresses, et de rechercher, sans s'arrêter à la forme de leur rédaction, si elles émanent réellement de l'individualité collective du conseil municipal et si elles tombent ainsi sous l'interdiction légale ; — Attendu, d'ailleurs, qu'il est inutile de rechercher si les adresses publiées par les demandeurs ont les caractères légaux d'une délibération proprement dite ; qu'en effet, la loi du 5 mai 1855 contient deux prohibitions bien distinctes : par son article 24, elle défend aux conseillers municipaux de prendre aucune délibération hors de leur réunion légale, et par son article 25, elle leur interdit de publier aucune proclamation, ni adresse, qu'en prononçant une peine contre toute personne qui rendrait publics les actes interdits aux conseils municipaux par cette double disposition, l'article 26 a employé une expression générale qui s'applique non seulement aux délibérations illégales dont parle l'article 24, mais encore à tous actes, autres que les délibérations proprement dites, par lesquels un conseil municipal aurait fait une manifestation collective, sous forme de proclamation ou d'adresse, contrairement à la prohibition écrite dans l'article 23. — Rejette.
(2) Cons. d'Et. 23 mai 1873 ; Cons. d'Et. 13 octobre 1873.
(3) Cons. d'Et. cont. 4 mars 1863 (Fabregat) ; Cons. d'Et. cont. 25 avril 1868 (Pomier) (Voy. *infrà*, n° 1006) ; Cons. d'Et. cont. 25 juin 1875 (Abribot) (Voy. *infrà*, n° 1005).

ticle 66 (1), lorsqu'une demande en annulation est introduite devant le préfet, s'appliquait également à la demande en déclaration de nullité. Cette interprétation a été admise par M. le Ministre de l'Intérieur dans la circulaire du 20 mai 1884, et nous ne faisons, quant à nous, aucune difficulté de l'accueillir.

987. On s'est demandé ce qu'il fallait entendre par *parties intéressées* ? Il importe de faire remarquer tout d'abord que cette expression ne saurait être prise dans un sens trop général : le législateur a admis, que l'annulation prévue par l'article 64 pouvait être demandée par toute partie intéressée et tout contribuable de la commune; en n'admettant, au cas de l'article 63, que la partie intéressée, il a donc fait une distinction entre les habitants d'une commune qui ont un intérêt direct et personnel, et ceux qui n'ont que ce que l'on pourrait appeler un intérêt communal ou de contribuable, on ne saurait donc accueillir que les demandes formées par les parties auxquelles une délibération peut porter un préjudice direct et personnel. C'est du reste ainsi que s'est prononcée la jurisprudence du Conseil d'Etat (2).

988. Peut-on admettre cependant, comme parties intéressées, les membres du conseil municipal. Il semble que leur intervention doit être accueillie et que l'on peut leur appliquer les règles qui ont été admises à l'égard des membres d'un conseil général réclamant l'annulation d'une délibération annulable ou nulle ; la responsabilité administrative des uns et des autres est identique et l'intérêt qu'ils ont à la régularité des actes des assemblées dont ils sont membres est le même. Sous l'empire de la loi de 1855, de nombreux recours ainsi formulés par des conseillers municipaux ont été admis, et cependant ni les articles 23 et 24 de la loi de 1855, ni l'article 18 de la loi du 18 juillet 1837 ne prévoyaient l'action à engager (3).

989. La nullité des délibérations est déclarée par le préfet en conseil de préfecture. Il est douteux, lorsqu'on lit les débats auxquels ont donné lieu cette disposition, que les Chambres, en l'édictant, se soient rendues un compte suffisant de sa véritable portée; sous l'empire de la législation antérieure, les annulations des délibérations municipales étaient prononcées par l'autorité administrative. L'article 23 de la loi du 5 mai 1855 attribuait compétence au préfet en conseil de préfecture; en cas de recours, il était statué par décret, le Conseil d'Etat entendu ; c'est-à-dire en réalité par décret rendu sur l'avis de la section de l'Intérieur du Conseil d'Etat. A aucun degré, le recours ne présentait le caractère contentieux et n'avait pour effet de saisir la juridiction administrative. Le législateur, en 1884, paraît avoir voulu changer ce mode de procédure. Il est douteux, d'autre part, que les parties intéressées qui peuvent déférer au Conseil d'Etat, par application de l'article 67, l'arrêté du préfet statuant sur une demande en annulation ou en déclaration de nullité d'une délibération, sont seulement celles qui avaient qualité pour saisir le préfet de ladite demande ; qu'il suit de là que les conclusions... — Rejet.

En ce sens Cons. d'Et. cont. 9 avril 1886, L. p. 314.

(3) Cons. d'Et. 7 mai 1867 (Saint-Jean-d'Angely) ; 21 juillet 1869, etc.

pour excès de pouvoir : c'est-à-dire la voie du recours contentieux. Mais, en arrêtant les termes de l'article 65, il a donné le droit de prononcer la nullité *au préfet du conseil de préfecture*. Or, dans le langage du droit administratif, ces mots signifient simplement que la décision appartient au préfet, après avis du conseil de préfecture, avis que le préfet suit, en général, mais auquel il peut ne pas déférer. Il est donc statué sur la demande en nullité en premier ressort, non par un jugement de la juridiction administrative, mais par une décision d'ordre administratif. Par une anomalie, qui n'est cependant pas exceptionnelle, l'appel de cette décision n'est pas déféré au chef hiérarchique du préfet, le Ministre de l'Intérieur; il ne l'est pas, comme sous l'empire de la loi de 1859, au Conseil d'Etat statuant comme conseil du chef de l'Etat; l'instruction de l'affaire, dès que le préfet a prononcé, cesse d'appartenir à l'administration active; portée au Conseil d'Etat, elle y revêt immédiatement un caractère exclusivement judiciaire. C'est à la section du contentieux qu'il appartient de préparer la décision et au Conseil d'Etat statuant au contentieux de la rendre.

990. Examinons maintenant la procédure en annulation de délibération. Les règles établies diffèrent en quelques points de celles que nous venons d'examiner.

Tout d'abord, il n'y a pas déclaration de nullité ; ainsi qu'on l'a dit, il y a lieu d'examiner au fond les délibérations annulables à raison de l'intérêt qu'y pouvaient avoir les membres qui y ont pris part; le préfet ne prononce donc l'annulation en conseil de préfecture qu'après étude de toutes les circonstances de fait et de droit qui ont motivé la délibération.

L'annulabilité est demandée, mais elle n'est pas opposée par les parties intéressées.

991. Cette demande peut émaner non seulement d'une *partie* intéressée, mais de toute *personne* intéressée, et, en outre, de tout *contribuable* de la commune. Le législateur a étendu, en cette matière, le cercle des réclamations, et, quoiqu'il n'ait pas indiqué les motifs qui ont inspiré sa décision, on les conçoit aisément. Elles sont de deux sortes : en premier lieu, le préfet pouvant, même au cas où la cause de l'annulation est vérifiée, rejeter cependant la demande et maintenir la délibération, on n'a pas craint d'ouvrir au simple intérêt *communal* la voie de la réclamation administrative : en second lieu, la raison de l'annulabilité reposant, non dans une appréciation d'une disposition légale, ou dans l'étude d'une instruction administrative, mais dans l'existence d'un fait matériel qui peut être ignoré de l'administration supérieure et n'avoir été porté même à la connaissance que d'un très petit nombre de personne, il importait de permettre de le révéler à tous ceux qui, sans être cependant parties intéressées à la délibération, y ont néanmoins un intérêt quelconque, que celui-ci soit *direct* ou *indirect*, *spécial* ou *communal*.

992. Nous avons vu plus haut que la nullité d'une délibération pouvait être opposée ou proposée, *à toute époque*. Une semblable faculté ne devait pas être maintenue lorsqu'il s'agit de la simple annulabilité d'une délibération valable par elle-même, et qui n'est viciée qu'à raison d'une circonstance spéciale. Aussi des déchéances sont-elles édictées contre toute réclamation qui ne s'est pas produite dans un temps déterminé.

993. Le droit d'initiative du préfet ne peut s'exercer que dans un délai de trente jours à partir du dépôt du procès-verbal de la délibération à la sous-préfecture ou à la préfecture ; pour les particuliers, le délai a été limité à quinze jours, mais il part, non du jour du dépôt du procès-verbal, qui n'est pas connu des réclamants, mais de celui de l'affichage de la délibération à la porte de la mairie, prescrit par l'article 56.

994. Lorsqu'une demande en annulation est formée, le préfet n'est saisi qu'à la condition qu'elle ait été déposée soit à la sous-préfecture, soit à la préfecture. La demande est immédiatement enregistrée et récépissé est délivré au demandeur.

995. Le préfet doit statuer dans le mois ; et bien que

(1) Déclaration de M. Ribière, séance du 9 février 1884.
(2) Cons. d'Et. cont. 22 janvier 1886. — Sur les conclusions du sieur Castex tendant à l'annulation de l'arrêté par lequel le préfet de Lot-et-Garonne a refusé de déclarer nulles les délibérations du conseil municipal de Saint-Urcisse, en date du 8 juin 1884; — Considérant que si, aux termes de l'article 65 de la loi du 5 avril 1884, la nullité de droit des délibérations d'un conseil municipal peut être proposée à toute époque par les parties intéressées, le sieur Castex ne justifie d'aucun intérêt direct et personnel qui peut lui donner qualité pour demander au préfet de Lot-et-Garonne de prononcer la nullité dont s'agit; qu'à la vérité il se prévaut de la qualité de contribuable; mais qu'aux termes de l'article 66 de la loi précitée, les contribuables ne sont recevables, en la dite qualité, à se pourvoir devant le préfet que dans le cas d'annulation prévu par l'article 64;

loi ne l'ait pas dit, si le mois s'écoule sans qu'une décision intervienne, le réclamant est recevable à former un recours au Conseil d'Etat : le silence du préfet est considéré comme un refus d'annuler. Ce n'est que parce que la question a paru ne pouvoir présenter aucun doute, qu'un amendement proposé par M. Batbie n'a pas été inséré dans le texte.

996. Le délai accordé au préfet pour prononcer l'annulation est d'un mois ; celui accordé aux parties pour réclamer est de quinze jours. En principe, pendant le mois du délai, aucune exécution d'une délibération municipale ne peut avoir lieu ; cette règle a été imposée en termes exprès par le paragraphe dernier de l'article 68. Mais une exception importante a été faite à ce principe par le dernier paragraphe des articles 66 et 68 qu'il faut combiner entre eux. Le préfet, lorsqu'il estime que la délibération est régulière, peut abréger le délai, si dans un délai de quinzaine aucune demande en annulation n'a été produite. En un mot, le préfet peut, dès que le terme accordé aux intéressés pour réclamer est écoulé, autoriser l'exécution immédiate.

997. Seulement, une difficulté naît de ce fait que les délais impartis au préfet et aux intéressés n'ont pas le même point de départ. Celui du premier est le dépôt à la sous-préfecture ou à la préfecture du procès-verbal de la délibération. Celui du second est l'affichage à la porte de la mairie du compte rendu de la séance. La loi a bien prescrit que ces deux formalités devraient être exécutées dans la huitaine de la délibération, mais si le défaut de dépôt du procès-verbal a sa sanction dans l'impossibilité d'exécution, l'omission de l'affichage n'en a pas d'autre que de ne pas faire courir la prescription du pourvoi des intéressés. Il s'ensuit qu'il arrivera souvent que la formalité de l'affichage étant négligée, des délibérations deviendront normalement exécutoires ou pourront être déclarées susceptibles d'exécution par le préfet, alors que le délai de pourvoi des intéressés n'aura peut-être pas pris naissance.

998. Le dépôt d'une demande en annulation suspend-il l'exécution ? Evidemment non. Le principe général est que les décisions des autorités administratives sont exécutoires nonobstant opposition ou appel, et il n'y a aucun motif de ne pas observer cette règle commune.

999. Lorsque le préfet a rendu sa décision, soit qu'elle déclare la nullité ou prononce ou refuse l'annulation, le recours devant l'autorité supérieure est ouvert. Nous avons déjà vu que l'autorité supérieure n'était pas le Ministre de l'Intérieur ou le Président de la République, mais le Conseil d'Etat statuant au contentieux (1).

1000. Le pourvoi est introduit et jugé dans les formes du recours pour excès de pouvoir. M. Morgand, dans son commentaire, examine la question de savoir si par ces mots le législateur a entendu dire que les arrêtés préfectoraux ne pourront être attaqués que pour excès de pouvoir ou seulement que le recours jouira des immunités accordées aux recours pour excès de pouvoir. La question ne nous paraît présenter aucune difficulté ; le législateur n'a pas dit que l'arrêté ne pouvait être attaqué devant le Conseil d'Etat pour excès de pouvoir, disposition inutile et qui était de droit ; il a prescrit que l'arrêté serait introduit et jugé dans les *formes du recours* pour excès de pouvoir, c'est-à-dire qu'il serait sans frais et que le ministère d'un avocat au Conseil n'était pas indispensable.

1001. La voie du recours est ouverte aux parties intéressées. En étudiant les articles 64 et 65 de la loi du 5 avril 1884, nous avons dit que ceux-ci faisaient une distinction entre les *parties intéressées* qui pouvaient demander la nullité, en vertu de l'article 64, et les *personnes intéressées* et les *contribuables* qui peuvent provoquer l'annulation. Cette distinction, quoiqu'elle ne soit pas reproduite dans l'article 67, doit être également suivie : cet article, en effet, ne crée pas le droit de demander soit la nullité, soit l'annulation ; il consacre seulement, quand le préfet a statué, la faculté pour

l'individu qui a provoqué sa décision, alors qu'elle lui fait grief, d'en poursuivre la réformation devant le Conseil d'Etat ; mais on ne saurait soutenir que le droit originaire a subi une transformation et, dans le cas où il y a lieu à l'application de l'article 64, a pu s'étendre à tous ceux qui peuvent provoquer l'annulation. C'est, du reste, en ce sens que s'est prononcé le Conseil d'Etat dans un arrêt remarquable (1).

1002. En permettant à tout individu, qui avait qualité pour réclamer soit la nullité, soit l'annulation, de déférer l'arrêté du préfet au Conseil d'Etat, il n'était pas possible de refuser au conseil municipal un droit semblable ; mais ce droit est accordé non aux conseillers municipaux, mais au conseil lui-même agissant en corps et après une délibération formelle.

1003. Nous devons ajouter même que le droit de défendre à toute demande en nullité ou en annulation, devant le préfet et le conseil de préfecture, doit être reconnu au conseil municipal, à partir du moment où le dépôt de la demande a été enregistré à la sous-préfecture ; ce droit n'est pas écrit dans la loi, mais il est dans la nature des choses et un arrêté préfectoral qui le méconnaîtrait serait entaché d'un incontestable excès de pouvoir.

1004. Les délibérations annulables peuvent être maintenues si le préfet reconnaît qu'elles sont fondées en fait et en droit ; ce point a été nettement mis en lumière dans la discussion à laquelle a donné lieu la loi devant le Sénat : « Le préfet, disait le rapporteur de la loi dans la séance du 8 février 1884, saisi d'une demande, appréciera si l'intervention du conseiller municipal intéressé a pu avoir pour effet de fausser la délibération de l'assemblée communale et s'il y a lieu de l'annuler ou de la maintenir..... On ne peut pas être obligé d'annuler une délibération par cela seul qu'un membre intéressé a été à l'affaire qui en fait l'objet y avait part. D'ailleurs peut-être son intervention n'aura-t-elle pas changé le résultat ; peut-être aussi l'excellence de la mesure prise par le conseil municipal éclate-t-elle tellement aux yeux qu'il ne peut y avoir de doute sur la nécessité du maintien de la délibération. »

1005. En outre, l'irrégularité des délibérations annulables peut être couverte par l'acquiescement que leur donne soit le préfet, soit les parties intéressées ou les contribuables. L'acquiescement est formel ou indirect ; formel, si le préfet déclare ne pas s'opposer à la délibération ou si les intéressés exécutent sans réclamation ; indirect, si le préfet laisse passer le mois et les intéressés les quinze jours de délai sans acte d'opposition. Cependant on ne saurait guère admettre la validité des délibérations à laquelle seraient intéressés un trop grand nombre de membres du conseil (2).

1006. La loi prohibe la participation du conseiller aux délibérations auxquelles il est intéressé ; cependant elle ne prohibe pas son assistance aux débats, assistance qui ne saurait

---

(1) L. 5 avril 1884, art. 67.

---

(1) Cons. d'Et. cont. 22 janvier 1886 (Castex). — Sur les conclusions du sieur Castex tendant à l'annulation de l'arrêté par lequel le préfet du département de Lot-et-Garonne a refusé de déclarer nulles les délibérations du conseil municipal de Sainte-Urcisse en date du 8 juin 1884 ; — Considérant que si aux termes de l'article 65 de la loi du 5 avril 1884, la nullité de droit des délibérations d'un conseil municipal peut être proposée, à toute époque, par les parties intéressées, le sieur Castex ne justifie d'aucun intérêt direct et personnel qui peut lui donner qualité pour demander au préfet de Lot-et-Garonne de prononcer la nullité dont s'agit ; qu'à la vérité il se prévaut de la qualité de contribuable de la commune de Sainte-Urcisse, mais qu'aux termes de l'article 66 de la loi précitée les contribuables ne sont recevables, en ladite qualité, à se pourvoir devant le préfet, que dans le cas d'annulation prévu par l'article 64 ; — Considérant d'autre part que les parties intéressées qui peuvent déférer au Conseil d'Etat, par application de l'article 67, l'arrêté du préfet statuant sur une demande en annulation ou en déclaration de nullité d'une délibération, sont seulement celles qui avaient qualité pour saisir le préfet de ladite demande ; — Qu'il suit de là que les conclusions du sieur Castex tendant à l'annulation de l'arrêté ci-dessus visé du préfet de Lot-et-Garonne doivent être rejetées comme non recevables. — Rejet.

(2) Cons. d'Et. cont. 25 juin 1875 (Abribot). — Vu l'article 5 de la loi du 5 mai 1855 ; — Considérant au fond qu'il résulte de l'instruction et qu'il n'est d'ailleurs pas contesté que sur les dix membres qui ont siégé à la commission municipale, le 23 novembre 1870, cinq membres ayant un intérêt personnel à l'aliénation ont pris part à la délibération ; — Qu'ainsi cette délibération avait été prise en violation de l'article 5 de la loi du 5 mai 1855. — Rejet.

être interdite puisque les débats sont publics ; sans doute, il vaut mieux que son abstention soit complète et les instructions ministérielles recommandent, en général, au conseiller (1) de ne pas paraître à la séance, de peur que sa présence ne gêne ses collègues ; mais s'il s'est tenu à l'écart de la délibération même et s'il s'est contenté de répondre aux demandes d'explication qui ont pu lui être adressées, sans voter, la délibération ne saurait être entachée de nullité (2).

1007. Dans quels cas doit-on considérer les membres du conseil municipal comme intéressés à l'affaire même en délibération ? La loi du 5 mai 1855, article 21, contenait une prohibition identique et la jurisprudence du Conseil d'État et du ministre de l'intérieur ont posé des règles que nous devons faire connaître.

L'article 64 dit que les membres du conseil doivent être intéressés, soit en leur nom personnel, soit comme mandataires, à l'affaire. L'intérêt dont il est parlé est un intérêt privé, direct et matériel ; on ne saurait considérer comme de nature à vicier une délibération, ni un intérêt moral, ni un intérêt politique (3). Cet intérêt doit, en outre, être particulier à l'affaire en débat ; un intérêt général dans des affaires de semblable nature ne serait pas suffisant (4).

Il faut qu'il soit personnel au conseiller municipal ; s'il l'était à ses parents ou ses amis, on ne devrait pas solliciter son abstention (5), sauf à lui, dans sa conscience, à

apprécier s'il doit se retirer. Mais, à cet égard, une règle absolue ne doit pas être fixée, car les intérêts des familles sont souvent dans un état d'indivision, qui ne permet pas de distinguer sans une liquidation préalable la véritable situation des parties.

1008. Si c'est comme mandataire que le conseiller est intéressé, le mandat doit être exprès, formel et de nature à engager le mandataire vis-à-vis du son mandant, dans les termes des articles 1984 et suivants du Code civil. Et l'on ne pourrait, ainsi que l'a décidé le Conseil d'État dans l'avis qu'il a émis le 25 novembre 1882, considérer comme pouvant lier, dans les termes de la loi. le simple mandat politique, qui n'a aucun des caractères obligatoires du mandat civil.

1009. En fait, la jurisprudence a considéré comme intéressés dans le sens de la loi : le conseiller municipal qui figure au nombre des propriétaires dont les terrains doivent être atteints par des travaux de voirie projetés (1) ; les détenteurs de biens communaux, s'il s'agit d'une vente à faire à leur profit (2) ; les conseillers déclarés comptables occultes, lorsque le conseil est appelé à donner son avis sur l'admission ou le rejet de dépenses indûment faites par eux (3) ; les propriétaires dont les maisons sont atteintes par un plan d'alignement sur lequel le conseil délibère (4) ; le conseiller qui a coopéré comme expert d'un propriétaire lorsque le conseil délibère sur la fixation de l'indemnité due à ce propriétaire, etc. (5).

1010. Et en fait également, on n'a pas considéré comme intéressés le conseiller qui, dans l'intérêt de la commune, a acheté un immeuble sur l'emplacement duquel la commune désirait bâtir un édifice communal (6) ; les actionnaires d'une compagnie industrielle avec laquelle la commune contracte (7) ; les propriétaires ou les fermiers d'une parcelle atteinte par le classement d'un chemin vicinal (8).

1011. Il pourrait arriver que tous les membres d'un conseil municipal fussent intéressés à l'affaire qui fait l'objet de la délibération. On s'est demandé ce qu'il y aurait lieu de faire dans ce cas qui sera, sans doute, fort rare, mais qui s'est présenté déjà et pourra se renouveler. Une décision du ministre de l'intérieur, en 1867, avait invité les préfets à prononcer la suspension du conseil municipal et à nommer une commission spéciale (9), mais ce procédé ne pourrait être employé aujourd'hui avec fruit, en présence des dispositions de l'article 44 qui limite, en cas de suspension ou de dissolution d'un conseil, les pouvoirs de la délégation aux actes de pure

<hr>

(1) Déc. min. 7 avril 1883.

(2) Cons. d'Et. cont. 25 avril 1868 (Pamier). — Sur le grief tiré de ce que le sieur Bailleul aurait pris part aux délibérations du conseil municipal des 16 et 23 septembre 1886, et assisté à la séance du 23 septembre suivant : — Considérant qu'il résulte de l'instruction que le sieur Bailleul, chargé de la direction des travaux de construction de la salle d'école des garçons, s'est abstenu de prendre part à la délibération du 23 décembre 1886, dans laquelle le conseil municipal a approuvé le projet dont il était l'auteur, et qu'il s'est borné à assister à la séance pour donner des explications qui pouvaient être nécessaires ; que s'il avait pris part aux délibérations des 16 et 23 septembre de la même année, dans lesquelles l'exécution du travail avait été décidée, il n'est pas justifié qu'il fût alors investi du titre et des fonctions d'architecte de la commune ; que de ce qui précède il résulte que les requérants ne sont pas fondés à demander l'annulation des délibérations précitées pour violation de l'article 21 de la loi du 5 mai 1853. — Rejet.

(3) Cons. d'Et. fin. 25 novembre 1882. — L'intérêt dont cet article a eu en vue et dont il fait une cause de révocation n'est évidemment que l'intérêt privé, personnel, particulier, opposé à l'intérêt communal, que peuvent avoir accidentellement, dans certaines affaires, des conseillers municipaux ; il ne saurait s'entendre de l'intérêt plus ou moins grand, plus ou moins spécial, qui peut s'attacher pour eux, en tant que contribuables, à ce qu'une question relative aux taxes et contributions communales reçoive telle ou telle solution. — Dans une question de fixation de périmètre, par exemple, et précisément si les conseillers municipaux dont l'habitation serait englobée dans l'intérêt du rayon ont, avec leurs mandants de la zone à annexer, un intérêt au maintien du statu quo, ceux des membres du conseil dont la demeure est déjà comprise dans le périmètre, ont aussi, avec leurs mandants du centre déjà soumis à l'octroi, un intérêt d'où résulterait pour tout le conseil municipal une incapacité absolue de délibérer sur une question qui est pourtant essentiellement municipale. — En matière de taxes et contributions, le principe fondamental étant que l'impôt doit être consenti par ceux qui le payent, la qualité de contribuable, loin d'être une cause d'exclusion, est au contraire la source et la raison du droit à participer au vote soit personnellement, soit par mandataires ; d'un autre côté, dans les conseils électifs, la justice distributive ne pourrait pas résulter de l'équitable pondération des intérêts, ce n'eût pas été pour le législateur un moyen d'assurer cet exact équilibre que d'écarter les plus intéressés sous prétexte d'excès d'intérêt ; — Emet l'avis.

(4) Cons. d'Et. cont. (Commune de Saint-Joire). — Le moyen pris de ce qu'un certain nombre de conseillers municipaux des plus imposés auraient pris part aux délibérations dont s'agit, bien qu'y ayant un intérêt personnel comme attributaires d'indemnité ; — En décidant que le conseil municipal de la commune de Saint-Joire, en décidant que des indemnités seraient payées aux victimes des faits de guerre, a statué sur une question intéressant l'ensemble des habitants de la commune ; — Que du reste les requérants ne justifient pas qu'un ou plusieurs des membres ayant pris part à la délibération aient eu un intérêt spécial, distinct de celui de la généralité des habitants. — Rejet.

(5) Cons. d'Et. cont. 27 juin 1884. — Vu la requête présentée par le sieur Serret tendant à ce qu'il plaise annuler pour excès de pouvoir, attendu que ses parents et alliés ont pris part, contrairement à la loi, aux différentes délibérations du conseil municipal, relatives à ce projet de translation de cimetière ; — ... Considérant qu'il n'est pas établi que les membres du conseil des Fontenouilles, cités par le requérant, avaient un intérêt dans l'affaire soit en leur nom personnel, soit comme mandataires ; — ... Qu'ainsi ils ont pu prendre part aux diverses délibérations relatives à ce projet de translation de cimetière, sans contrevenir aux dispositions de l'article 21 de la loi du 5 mai 1855. — Rejet.

(1) Déc. min. 2 février 1870.

(2) Déc. min. 18 juillet 1868.

(3) Déc. min. 3 octobre 1883.

(4) Déc. min. 22 janvier 1879.

(5) Déc. min. 29 mai 1866.

(6) Cons. d'Et. 7 mai 1867.

(7) Déc. min. 28 septembre 1868.

(8) Cons. d'Et. cont. 1er juin 1877 ; Cons. d'Et. cont. 18 juillet 1884.

(9) Déc. min. int. 1867. — Le conseil municipal de... a refusé de délibérer sur un projet de gazonnement de terrains appartenant à une des sections de la commune. Ce refus est attribué à plusieurs membres intéressés au maintien de l'état actuel des choses, par la raison qu'ils profitent exclusivement des terrains dont il s'agit pour le dépaissance de leurs troupeaux.

Le préfet a demandé s'il ne serait pas possible, pour mettre un terme à la difficulté, de recourir aux dispositions de l'article 56 de la loi du 18 juillet 1837, c'est-à-dire de remplacer les conseillers municipaux intéressés par un nombre égal d'électeurs choisis parmi les habitants ou propriétaires étrangers à la section.

Le ministre de l'intérieur s'est prononcé négativement et a motivé ainsi sa décision : Les dispositions de l'article 56 de la loi du 18 juillet 1837 concernent exclusivement les actions judiciaires qu'une section peut avoir à intenter ou à soutenir contre la commune dont elle dépend, et on ne saurait les appliquer contre la commune dans une autre cas. C'est ce qui a été décidé par un décret rendu au contentieux le 11 janvier 1866 (Bariox). L'autorité préfectorale excéderait donc les limites de ses pouvoirs en recourant à ces dispositions en ce qui touche le vote d'un projet de gazonnement dans l'une des sections de la commune de... Mais rien ne s'oppose à ce qu'en vue d'obtenir une délibération régulière sur ce projet, le conseil municipal soit suspendu et remplacé par une commission en vertu de l'article 13 de la loi du 5 mai 1855, s'il est constant que les conseillers intéressés forment la majorité et que, sans leur concours, il n'y a pas en nombre suffisant pour délibérer. Dans le cas contraire, il y aurait lieu de tenter une deuxième ou une troisième convocation dont seraient exclus les membres intéressés conformément aux prescriptions de l'article 21 de la loi de 1855.

administration conservatoire et urgente ; la délégation spéciale ne pourrait donc statuer sur l'affaire si celle-ci ne présentait pas le caractère d'acte de pure administration.

Il nous semble qu'il n'y aurait pas d'autre ressource qu'une application par analogie des prescriptions de l'article 130. Cet article décide que lorsque le conseil se trouve réduit à moins du tiers de ses membres, par suite de l'abstention, prescrite par l'article 64, des conseillers municipaux intéressés à la jouissance de droits et biens revendiqués par une section de commune, le préfet convoque les électeurs de la commune, déduction faite de ceux qui habitent ou sont propriétaires sur le territoire de la section, à l'effet d'élire ceux d'entre eux qui doivent prendre part aux délibérations au lieu et place des conseillers obligés de s'abstenir.

Sans doute, cet article prévoit le cas où il s'agit d'un procès ou d'une affaire à débattre entre une section de commune et le reste de la commune ; mais, le cas qui nous occupe a été imprévu pour le législateur, et comme, dans le silence de la loi, il faut une règle de conduite, nous devons chercher, non celle qu'on voudrait, mais celle qu'on peut prendre en présence de la situation nouvelle qui a été établie.

Sans doute, encore, cette application analogique de l'article 130 ou de l'article 56 de la loi du 18 juillet 1837 qui en tenait lieu, a été, en 1866 (1), condamnée par un arrêt du Conseil d'État qui, en présence de la législation existante, s'est prononcé pour l'application de l'article 13 de la loi du 5 mai 1855 ; mais nous avons vu que la solution alors préconisée n'était plus acceptable et on doit en revenir au système qui fut repoussé et qui est le seul possible actuellement.

M. Léon Morgand, dans son commentaire, ne voit pour remédier à cette situation qu'une dissolution suivie d'élections immédiates. Mais, outre que dans un très grand nombre de communes, on rencontrerait, en cas de dissolution d'un conseil municipal, de très grandes difficultés à élire d'autres membres que ceux qui sont en exercice, le remplacement de conseillers municipaux qui n'ont commis aucune faute, et dont le seul motif d'exclusion consisterait dans leur incapacité momentanée et à raison d'une seule affaire, pourrait occasionner dans l'administration générale de la commune une grave perturbation. Et nous ne saurions accepter, quant à nous, ce procédé qui aurait pour effet direct, à propos d'un incident d'ordre secondaire, de modifier complètement la gestion à l'avenir de tous les intérêts communaux.

Rappelons d'ailleurs que l'administration supérieure, au cas où le conseil intéressé croirait ne pas devoir s'abstenir, aurait la faculté de maintenir sa délibération, si celle-ci n'était pas contraire aux intérêts de la commune ; c'est, du reste, la solution qu'a admise le ministre de l'intérieur dans une espèce déterminée (2), rapportée par M. Léon Morgand.

---

1) Cons. d'Et. cont. 11 janvier 1866 (Barioz). — Considérant que si, aux termes de l'article 21 de la loi du 5 mai 1855, les membres du conseil municipal ne peuvent prendre part aux délibérations relatives aux affaires dans lesquelles ils auraient un intérêt, soit en leur nom personnel, soit comme mandataires, il ne résulte pas de cette disposition que les préfets aient le droit, par application de l'article 56 de la loi du 18 juillet 1837, de désigner des électeurs de la commune pour remplacer les membres du conseil municipal qui seraient intéressés dans les affaires soumises à leur délibération ; — Qu'en effet l'article 56 de la loi du 18 juillet 1837 statue sur un cas spécial et qu'il ne saurait être permis de cette matière de raisonner par analogie d'un cas à un autre ; — Qu'il suit de là que le préfet du département de l'Isère n'a pas pu, sans excéder ses pouvoirs, désigner six habitants de la commune de Corbas pour remplacer les membres du conseil municipal qui lui paraissaient intéressés dans l'action intentée par le maire relativement à la possession de l'église et du cimetière. — Annulation.

(2) Extrait de la dépêche ministérielle : « Si le projet mis en délibération n'a pas soulevé dans l'enquête aucune opposition, si on ne prévoit aucune réclamation contre la décision à intervenir, il vaut mieux laisser le conseil se libérer tel qu'il a été composé. La loi a eu pour objet de protéger les intérêts collectifs de la commune qui seraient en opposition avec l'intérêt de certains conseillers ; l'assentiment unanime des habitants établit que ces intérêts ne sont pas lésés ; quant à l'intérêt des générations futures, qu'on veut séparer des intérêts des habitants actuels de la commune, il aura pour gardien l'autorité supérieure à qui la décision définitive appartiendra. »

SECTION II.

DÉLIBÉRATIONS SOUMISES A APPROBATION.

1012. Les délibérations des conseils réglant les affaires communales ne sont exécutoires, en principe, qu'un mois après la réception de la copie à la sous-préfecture et pendant ce mois, le préfet peut déclarer nulle ou annuler la décision arrêtée ; mais si un acte d'annulation n'intervient pas, celle-ci devenue définitive est exécutoire par elle-même. L'abstention du préfet équivaut à une non-opposition. Lorsque l'affaire sur laquelle le conseil a statué, n'est point de celles sur lesquelles il a pouvoir de décision, la délibération qu'il prend n'a aucune force par elle-même ; pour être valable, il faut que l'autorité supérieure approuve ; et l'abstention de cette autorité équivaut non pas à une non opposition, mais à un rejet : c'est ce que le législateur a exprimé par ces termes : « Les délibérations portant sur les objets suivants *ne sont exécutoires qu'après avoir été approuvées* par l'autorité supérieure (art. 68) » ; et par ceux-ci : « Lorsque le préfet *n'a pas fait connaître sa décision dans le délai d'un mois* à partir de la date du récépissé, le conseil municipal peut se pourvoir devant le ministre de l'intérieur (art. 69). » Dans un cas, la décision est exécutoire si le préfet n'annule pas ; dans l'autre, elle est nulle si le préfet n'approuve pas.

Lors de la discussion de cet article devant la Chambre des députés, un amendement présenté voulait appliquer aux conseils municipaux le système adopté par la loi départementale de 1871 sur les attributions des conseils généraux, c'est-à-dire que les délibérations fussent exécutoires si le préfet, dans un délai de trois mois, ne les suspendait pas ; mais cet amendement a été rejeté, afin de bien marquer l'état de dépendance des conseils municipaux vis-à-vis de l'autorité supérieure pour toutes les matières qui rentrent dans leurs attributions exclusives, telles qu'elles sont réglées par l'article 62.

1013. L'article 68 donne une énumération des objets sur lesquels les conseils municipaux ne délibèrent que sous réserve d'une approbation. Cette énumération qui comprend treize numéros et dont la rédaction arrêtée une forme limitative, mais il y a là une apparence bien plus qu'une réalité, et la loi même de 1884 a, en dehors de l'article 68, exigé l'approbation de l'autorité supérieure pour un certain nombre de délibérations qui n'y sont pas énoncées. Et c'est ainsi, par exemple, que nous verrons les articles 111, 117, 119, 127, 137, 138, 140, 142, etc., stipuler que les cas auxquels ils s'appliquent, la nécessité d'un acquiescement préalable des pouvoirs publics ; mais ce n'est pas tout encore, et il est bien certain que les lois spéciales auxquelles il n'a pas été dérogé par la loi de 1884, et qui établissent que, sur certains objets, les délibérations des conseils municipaux ne sont pas souveraines, doivent être suivies, si bien que l'on peut dire que la formule de l'article 68, tout en contenant le principe de la liberté de décision des conseils, posé par l'article 61, n'est en réalité qu'énonciative, quant aux objets à l'égard desquels cette plénitude de compétence n'existe pas.

1014. En résumé, et sans vouloir faire une nomenclature complète des matières sur lesquelles il est nécessaire que les conseils municipaux soumettent leurs délibérations à l'examen d'une autorité supérieure, nous devons mentionner pour celles-ci d'abord les treize numéros de l'article 68 de la loi de 1884 :

1° Les conditions des baux dont la durée dépasse dix-huit ans ;

2° Les aliénations et échanges des propriétés communales ;

3° Les acquisitions d'immeubles, les constructions nouvelles, les reconstructions entières ou partielles, les projets, plans et devis des grosses réparations et d'entretien, quand la dépense totalisée avec les dépenses de même nature pendant l'exercice courant dépasse les limites des ressources ordinaires et extraordinaires que les communes peuvent se créer sans autorisation spéciale ;

4° Les transactions ;

5° Le changement d'affectation d'une propriété communale déjà affectée à un service public ;

6° La vaine pâture ;

7° Le classement, le déclassement, le redressement ou le prolongement, l'élargissement, la suppression, la dénomination des rues et places publiques, la création et la suppression des promenades, squares ou jardins publics, champs de foire, de tir ou de courses, l'établissement des plans d'alignement et de nivellement des voies publiques municipales, les modifications à des plans d'alignements adoptés, le tarif des droits de voirie, le tarif des droits de stationnement et de location sur les dépendances de la grande voirie, et généralement les tarifs des droits divers à percevoir au profit des communes, en vertu de l'article 133 ;

8° L'acceptation des dons et legs faits à la commune, lorsqu'il y a des charges ou conditions, ou lorsqu'ils donnent lieu à des réclamations des familles ;

9° Le budget communal ;

10° Les crédits supplémentaires ;

11° Les contributions extraordinaires et les emprunts, sauf dans le cas prévu par l'article 141 ;

12° Les octrois, dans les cas prévus aux articles 137 et 138 ;

13° L'établissement, la suppression ou les changements des foires et marchés autres que les simples marchés d'approvisionnement.

Puis les autres cas spécifiés par d'autres articles de la loi :

Les traités de gré à gré dans les cas prévus par les articles 115 et 145 ;

Les actions à intenter ou à soutenir (art. 121 à 131) ;

Les taxes particulières (art. 140) ;

Les comptes du maire (art. 151).

Et enfin, les objets suivants qui ont été réglementés par des lois particulières :

Bourses scolaires des communes (Déc. 29 janvier 1881, art. 10) ;

Bureaux de conditionnement exploités par les communes ;

Caisse d'épargne municipale (L. 5 juin 1835, art. 1er) ;

Caisse de retraites communales ;

Abattoir communal (Déc. 1er août, art. 1er) ;

Collège communal (L. 15 mars 1850, art. 72, 74, 75) ;

Mont-de-piété (L. 24 juin 1851, art. 1er) ;

Prison municipale (Déc. 11 novembre 1885).

1015. La loi n'a pas déterminé le mode d'après lequel l'approbation doit être donnée ; qu'elle n'ait pas fixé de formule sacramentelle, on le conçoit, car le droit français en connaît fort peu ; mais on aurait pu exiger que l'approbation fût expresse et inscrite, par exemple, au bas de la délibération ; le législateur s'est contenté d'indiquer qu'au cas des numéros 1, 2, 4 et 6 de l'article 68, le préfet devait statuer en conseil de préfecture, et d'ouvrir le droit au recours, en cas de refus d'approbation ou de silence du préfet pendant un mois ; mais il n'a rien dit de la question de savoir si l'approbation, qu'elle émane du préfet ou d'une autre autorité, peut être tacite.

Dans ces conditions, il nous paraît que cette question déjà controversée sous l'empire de la loi de 1837, doit recevoir de la jurisprudence la solution donnée à cette époque ; on n'admettait pas que l'approbation d'une délibération fût tacite et résultât du simple laisser faire de l'administration supérieure : « Nos lois n'admettent en aucun cas qu'une formalité substantielle puisse s'accomplir tacitement », disait M. Vivien dans son rapport, en 1837 (1).

1016. Et il a été jugé, et, selon nous avec raison, qu'une commune pouvait se prévaloir du défaut d'autorisation spéciale donnée à une délibération qui devait en être revêtue (1), et que cette irrégularité n'était pas couverte par le temps écoulé (2).

1017. Mais si l'approbation est nécessaire, comme celle-ci n'est soumise à aucune formalité déterminée, elle peut résulter de tout acte émané de l'autorité supérieure, comme une lettre missive (3) ; elle peut même être implicite, pourvu que l'acte, quel qu'il soit, établisse expressément une autorisation (4) donnée en toute connaissance de cause, c'est-à-dire

sans excès de pouvoir, prendre une décision qui serait l'équivalent d'un arrêté administratif. — Rejette ce chef de conclusions.

(1) Cons. d'Et. cont. 5 février 1875 (Renucci contre commune de Gatti di Vivario). — Considérant qu'au jour où les travaux dont il s'agit dans l'espèce, qui avaient pour objet la reconstruction partielle et l'agrandissement de l'église de la commune de Gatti di Vivario, ont été mis en adjudication, la délibération du conseil municipal en date du 24 novembre 1867, qui avait autorisé ces travaux, n'avait pas été approuvée par le préfet, et que, d'autre part, une seconde délibération dudit conseil municipal en date du 22 juin 1869 avait rapporté la précédente et décidé que les travaux ne seraient pas exécutés ; — Dans ces circonstances, la commune était fondée à soutenir que si une adjudication desdits travaux avait été passée par le maire au profit du sieur Renucci, à la date du 7 février 1870, cette adjudication était irrégulière, et que, par suite elle ne pouvait être tenue d'aucune indemnité envers l'adjudicataire à raison de la résiliation de l'entrepreneur, qui avait été prononcée ultérieurement. — Rejet.

Cons. d'Et. cont. 14 janvier 1881 (Rouxel contre commune de Saugnac-et-Muret). — Vu la loi du 18 juillet 1837 et le décret du 25 mars 1852, — Considérant que le sieur Rouxel s'était engagé à construire un pont sur la Leyre, moyennant un prix calculé à forfait à 42,000 francs ; — Qu'il ne justifie pas qu'il ait été autorisé par aucune délibération du conseil municipal à apporter aux plans et devis primitifs des modifications, qui, d'après le décompte revisé par les agents voyers, ont entraîné une augmentation de 6,007 fr. 70, sur le chiffre de forfait ; — Que si après l'exécution des travaux, le conseil municipal, dans une délibération du 8 octobre 1878, a émis d'avis de payer au sieur Rouxel le juste prix des travaux supplémentaires, cet engagement n'a pas, conformément à la loi de 1837 et du décret de 1852, reçu la sanction de l'autorité administrative ; — Que par suite le sieur Rouxel n'est pas fondé à soutenir que la commune de Saugnac-et-Muret était valablement engagée vis-à-vis de lui par ladite délibération ; — Que dès lors c'est avec raison que le conseil de préfecture a fixé la dette de la commune à 42,000 francs et refusé de mettre à sa charge le payement des travaux exécutés en dehors des prévisions du devis. — Rejet.

(2) Cass. civ. 15 février 1882 (Commune de Limanton contre Fenaud). — La Cour, sur le moyen unique du pourvoi ; — Vu l'article 46 de la loi du 18 juillet 1837, et les décrets des 25 mars 1852 et 13 avril 1861 ; — Attendu qu'aux termes de ces dispositions, les délibérations des conseils municipaux ayant pour objet des échanges d'immeubles ne sont exécutoires que sur arrêté du préfet ; — Attendu qu'en exécution d'une délibération prise par le conseil municipal de la commune de Limanton, le 20 février 1873, le maire de ladite commune, par acte sous seing privé du 26 mars suivant, a cédé à Fenaud la vieille église située dans le parc de ce dernier en échange d'une certaine quantité de terrain que Fenaud a abandonné à la commune pour y construire sa nouvelle église ; — Attendu que tout en reconnaissant que cette délibération et cet acte d'échange n'ont pas été soumis expressément à l'autorité préfectorale, l'arrêt attaqué a néanmoins ordonné l'exécution par le motif que la commune a exécuté et ratifié cet acte d'échange en construisant sa nouvelle église sur le terrain à elle donné en échange par Fenaud ; et que l'adjudication des travaux a été faite suivant les formes administratives ; — Mais attendu que l'exécution faite par la commune du contrat d'échange n'a pas pu à elle seule couvrir le vice résultant du défaut d'autorisation préfectorale dont le contrat est entaché ; — Attendu d'autre part, que l'autorisation donnée par le préfet à l'adjudication des travaux de construction de la nouvelle église ne pouvait avoir pour effet de valider ce contrat d'échange qu'autant qu'il serait établi, ce que ne constate pas l'arrêt attaqué, que la commune, pour obtenir cette autorisation du préfet, lui aurait soumis la délibération du 20 février 1873, et lui aurait fait connaître les conditions dans lesquelles l'acte d'échange du 26 mars serait intervenu ; — Attendu qu'en décidant le contraire la Cour de Bourges a violé, etc. — Casse.

En ce sens, Cass. civ. 27 juin 1853 (Commune d'Angers contre Poumard), D. P. 53.1.293.

(3) Lyon, 3 mars 1877 (Commune de Montbrison contre du Plessis), D. P. 78 2.251.

(4) Cons. d'Et. 5 décembre 1879 (Commune de Tonnay-Charente). — Considérant que postérieurement à l'exécution de ces divers travaux, dans les conditions ci-dessus rappelées, le conseil municipal de Tonnay-Charente a maintenu, le 7 octobre 1868, son engagement de verser à la compagnie des chemins de fer des Charentes la subvention prévue dans sa délibération du 8 février 1863 ; — Que la commune de Tonnay-Charente a porté à son budget de 1864 à 1866 et de 1866 à 1873 les annuités nécessaires pour le payement de la subvention prévue par les délibérations précitées, et que les budgets municipaux ont ouvert les crédits nécessaires ont été approuvés par le préfet ; — Que dans ces circonstances la commune de Tonnay-Charente n'est pas fondée à se prévaloir de ce que les délibérations du 8 février et 7 octobre 1868 n'auraient

(1) Dijon, 18 janvier 1883 (Commune de Limanton contre Fenaud). — Sur les conclusions principales de Fenaud tendant à ce que l'échange soit régularisé par la commune, faute de quoi l'arrêt en tiendra lieu ; — Attendu que les tribunaux ordinaires ne peuvent suppléer à l'absence d'une formalité qui est dans les attributions exclusives de l'administration ; — Que le préfet, en conseil de préfecture, a seul qualité pour rendre exécutoires les délibérations des conseils municipaux ayant pour objet des échanges d'immeubles ; — Que, dans l'espèce, l'approbation préfectorale n'ayant pas été requise par la commune, la Cour a le droit d'apprécier les conséquences de cette omission, mais qu'elle ne saurait,

après une production régulière et complète de la délibération et des avis et rapports divers qui l'ont accompagné (1).

1018. La loi de 1884 n'a pas spécifié quelles étaient les autorités dont l'approbation était nécessaire, selon les différentes affaires sur lesquelles porte la délibération ; à part quelques règles tracées dans différents articles et pour des objets spéciaux, elle s'en est référée à cet égard à la législation ancienne et notamment aux décrets sur la déconcentration administrative de 1852 et de 1860 et aux lois sur l'organisation des conseils généraux. Aussi l'article 69 se borne-t-il à dire que les délibérations des conseils municipaux sont exécutoires, sur l'approbation du préfet, sauf les cas où l'approbation par le ministre compétent, par le conseil général, par la commission départementale, par un décret ou une loi, est prescrite par les lois et règlements. Cette disposition trop générale donnera lieu dans la pratique à de graves difficultés, en raison de l'abrogation formelle et sans réserve d'un grand nombre de lois édictées par l'article 168. On comprend qu'il est impossible de prévoir ces difficultés qui naîtront de faits variés.

1019. L'approbation, qui est donnée à une délibération municipale, lorsqu'elle doit émaner d'une autorité collective,

telle qu'un conseil général, une commission départementale, un conseil de préfecture ou le Conseil d'État, doit être prise dans une réunion régulière et faire l'objet d'un arrêté ou d'une décision rendue dans les formes réglementaires ; elle pourra, sans doute, être encore implicite, mais, dans la plupart des cas, elle sera formelle et expresse ; cette dernière règle doit être même considérée comme la seule à suivre.

1020. Un acte présente souvent un double caractère ou porte sur deux objets différents ; quelle est en ce cas l'autorité compétente pour l'approbation. Est-ce celle qui, hiérarchiquement, est la plus élevée ? N'y a-t-il pas lieu à une double approbation. Nous inclinons volontiers vers ce dernier système qui nous paraît de nature, non seulement à ménager toutes les compétences, mais encore à sauvegarder tous les intérêts. Mais la jurisprudence du Conseil d'État s'est prononcée pour le premier système (1).

1021. L'autorité qui peut donner ou refuser son approbation a-t-elle le droit de modifier la délibération ? Qu'elle ait celui d'établir les conditions de son consentement, et de faire connaître sous quelle modification elle entend l'accorder, cela ne saurait être douteux, mais si ces conditions ne sont pas acceptées par la commune, peut-elle les imposer ? M. Morgand, dans son commentaire de l'article 69, et la plupart des autres auteurs, se fondant sur des arrêts du Conseil d'État que nous examinerons, se prononce pour la négative. Cette solution nous paraît trop absolue, et nous appuyant sur cette même jurisprudence, nous disons qu'elle doit varier selon l'espèce d'affaires soumises à la délibération du conseil municipal. L'autorité qui donne son approbation n'a pas le droit de modifier de son chef les termes de la délibération municipale, lorsque cette dernière est intervenue sur des matières, qui ne concernent qu'un intérêt exclusivement communal, et à l'égard desquelles la législation spéciale n'a réservé à l'autorité supérieure qu'un simple droit de contrôle sur les actes du conseil, mais il en est autrement quand l'objet de la délibération ne concerne pas exclusivement un intérêt communal et se rapporte pour la totalité ou pour partie, à un intérêt soit général, soit départemental, soit spécial à un établissement dépendant du pouvoir municipal, mais constituant une personnalité civile distincte, soit à une nature d'affaires dont la décision a été réservée à l'autorité supérieure par les lois ou règlements. Que l'on veuille bien examiner avec soin tous les arrêts du Conseil d'État, qui ont annulé, pour excès de pouvoir, des arrêtés préfectoraux ou ministériels (2) ayant

---

pas été approuvées pour demander à être déchargée du payement de la subvention qu'elle s'est engagée à donner à la Compagnie des chemins de fer des Charentes, et que dès lors, c'est à tort que le conseil de préfecture de la Charente-Inférieure a rejeté la demande de celle-ci. — Annulation.
Cons. d'Ét. cont. 24 juin 1881 (Commune de Mussy contre le Chemin de fer de l'Est). — Considérant que pour réclamer de la commune de Mussy-sur-Seine le payement d'une somme de trente mille francs, la Compagnie du chemin de fer de l'Est se fonde sur ce que le conseil municipal de ladite commune s'est engagé par deux délibérations des 25 septembre 1864 et 23 juillet 1866 à contribuer jusqu'à concurrence de la somme indiquée à la dépense de la construction de la ligne établie de Bar-sur-Seine à Châtillon-sur-Seine dans le cas où cette ligne passerait sur la rive de la Seine et sur le territoire de la commune ; — Considérant sans dénier l'existence des engagements, la commune se croit fondée à en contester la validité, attendu que la première de ces délibérations n'aurait pas été revêtue de l'approbation préfectorale ; — Considérant que si la délibération du 25 septembre n'a pas été immédiatement revêtue de l'approbation préfectorale, il résulte des pièces versées au dossier que ladite délibération a été implicitement approuvée par le préfet de l'Aube à la date du 14 août 1866, en même temps qu'il revêtait de son approbation la délibération du conseil municipal de Mussy, en date du 23 juillet précédent dont l'objet était de déterminer le mode et l'époque de l'exécution des engagements contractés par la commune ; — Que cette approbation résulte également de la dépêche du 6 juillet 1870, par laquelle le même préfet, à la suite de deux délibérations du conseil municipal qui lui avait demandé de faire connaître s'il considérait comme de Mussy comme tenue au payement d'une subvention envers la Compagnie de l'Est, a invité ladite commune à se mettre en mesure de payer ses engagements ; — Que dans ces circonstances c'est avec raison que l'arrêté attaqué a condamné la commune requérante à payer à la Compagnie des chemins de fer de l'Est la somme qu'elle lui a promise à titre de subvention avec intérêts du jour de la demande. — Rejet.
Cass. civ. 21 juin 1882 (Chemin de fer de Lyon contre la commune de Montereau). — La Cour, sur le moyen unique du pourvoi. — Vu les articles 1134 et 1338 du Code civil et 19 et 20 de la loi du 18 juillet 1837 ; — Attendu qu'il est reconnu par le jugement attaqué que le conseil municipal de la ville de Montereau a, par ses délibérations des 20 juillet 1850, 2 février et 8 mai 1851, 29 juin et 2 juillet 1853, pris l'engagement d'exclure à toujours du rayon d'octroi municipal les gares des chemins de fer de Paris à Lyon et de Montereau à Troyes, dans les cas où, par la suite, les limites en seraient étendues ; — Attendu qu'en exécution de cet engagement les gares et embarcadères ont été laissés en dehors des limites de l'octroi que le règlement de l'année 1861, approuvé par décret du 16 décembre 1860 et par le règlement de l'année 1876, approuvé par décret du 20 novembre 1875 ; — Attendu qu'en cet état des faits, le jugement attaqué, en repoussant la demande de la Compagnie, par le motif que l'engagement n'avait pas été approuvé, ni ratifié, a violé les articles de loi, etc. — Casse.
(1) Cons. d'Ét. 14 août 1867. — Considérant qu'il appartient au préfet de la Somme, en vertu de l'article 47, paragraphe 2 de la loi du 18 juillet 1837, de rendre exécutoire l'acte en vertu duquel le maire de Noyelles-sur-Mer avait loué pour neuf années le droit de chasse et de pêche dans le marais communal ; — Que si le produit de ces mêmes droits résultant d'un bail ancien, qui expirait le 1er août 1865, a été porté le 18 novembre 1864, cette inscription sur l'état qu'une simple prévision de recette semblable à celle des années précédentes n'impliquait pas l'approbation du bail nouveau dont la validité était contestée ; — Considérant que le préfet de la Somme, en refusant, par un arrêté du 29 juillet 1865, d'approuver ce nouveau bail, n'a fait qu'user du droit qui lui est conféré par l'article 47, paragraphe 2 de la loi du 18 juillet 1837 ; — Qu'il suit de là que le sieur Labitte est non recevable... — Rejet.

(1) Cons. d'Et. cont. 14 février 1849, L. p. 102 ; Cons d'Et. cont. 30 mai 1861. — Le conseil, vu la loi du 18 juillet 1837, le décret du 25 mars 1852, la loi du 10 juin 1853, article 4 ; — Vu le décret du 23 prairial an XII ; — Considérant que par une délibération, en date du 19 juin 1858, la commission faisant fonctions de conseil municipal de la commune de Quœdbec-les-Elbœuf avait voté un emprunt de vingt-cinq mille francs, remboursable au moyen d'une imposition extraordinaire, pour faire face aux dépenses d'acquisition et d'appropriation du terrain sur lequel devait être établi le nouveau cimetière de la commune ; — Considérant qu'aux termes de l'article 41 de la loi du 18 juillet 1837, et de l'article 4 de la loi du 10 juin 1853, il n'appartient pas au préfet d'autoriser l'emprunt sans lequel cette acquisition ne pouvait avoir lieu ; — Que par suite l'autorité supérieure a été saisie de l'affaire dans son ensemble ; — Considérant que dans le cours d'une instruction supplémentaire ordonnée par notre ministre de l'intérieur sur l'avis de la section de l'intérieur du notre conseil d'État, le préfet du département de la Seine-Inférieure a, par l'arrêté attaqué, autorisé la commune à acquérir, pour y établir son cimetière, les terrains désignés dans la nouvelle délibération de la commission municipale, en date du 18 avril 1859, et à s'imposer extraordinairement une somme de vingt-neuf mille trois cent quatre-vingt-six francs pour le payement des frais d'acquisition et d'appropriation de ces terrains ; — Mais considérant qu'il résulte de l'instruction de la commission municipale n'avait pas renoncé à l'emprunt qu'elle avait précédemment voté, et que le 26 juin 1860, postérieurement à l'arrêté attaqué, le conseil municipal a voté, pour couvrir les dépenses du cimetière, un emprunt de vingt-six mille francs remboursable au moyen de l'imposition extraordinaire autorisée par l'arrêté précité du préfet du département de la Seine-Inférieure ; — Que dans ces circonstances, il ne pouvait être statué sur les autorisations demandées dans la commune que par nous, en notre Conseil d'État entendu, et qu'en prenant l'arrêté attaqué, le préfet... — Annule.
(2) Cons. d'Et. cont. 18 avril 1861 (Commune de Kœur-la-Grande). — Considérant qu'il résulte des articles 18 et 20 de la loi du 18 juillet 1837, que si les préfets ont le droit de donner ou de refuser leur approbation aux délibérations prises par les conseils municipaux sur le parcours et la vaine pâture, ils ne peuvent modifier ces délibérations ; — Considé-

modifié des délibérations municipales, on verra qu'ils sont tous intervenus dans des espèces dans lesquelles la loi n'avait réservé à l'autorité centrale qu'un simple droit de contrôle, et que leur doctrine n'a rien de contraire à la jurisprudence des autres arrêts ou des avis du Conseil qui ont maintenu des modifications apportées, ou qui eux-mêmes ont changé les termes des délibérations prises par des Conseils municipaux. C'est ainsi, par exemple, que le droit du conseil municipal de délibérer sur les dons et legs ne porte aucune atteinte aux droits qu'a le gouvernement, en vertu des articles 910 et 937 du Code civil. d'accepter ou de refuser, même à l'encontre de délibérations formelles, des libéralités faites en faveur d'un établissement communal; c'est ainsi que le droit de délibérer sur l'établissement, la suppression ou le changement des foires et marchés ne supprime pas celui que le conseil général tient du paragraphe 24 de l'article 46 de la loi du 10 août 1871 de *statuer* sur ces mêmes délibérations (1).

1022. L'approbation donnée par l'autorité supérieure n'oblige pas l'administration municipale à exécuter la décision arrêtée; et il a été jugé, à cet égard, qu'une injonction donnée par la première à la seconde, — dans les matières où celle-ci agit spontanément — constitue un véritable excès de pouvoir dont l'annulation peut être poursuivie devant l'autorité compétente (2).

1023. On s'est demandé si l'autorité supérieure qui a approuvé une délibération municipale peut revenir sur sa décision ? L'autorisation ne constitue qu'un acte de tutelle, qui n'a rien de définitif, et sur lequel on peut revenir, mais sous la condition expresse qu'aucune exécution ne lui ait été donnée et qu'aucun droit n'ait été créé ou consacré : si les choses ne sont plus entières, si la commune, qui a pu se croire autorisée à contracter ou à agir, a donné suite à la délibération qu'elle savait approuvée, si des tiers, confiant dans l'assentiment donné par l'autorité supérieure ont pris ou reçu des engagements, la délibération a acquis un caractère définitif, et tout le monde doit l'exécuter et la faire respecter (1).

rant que, lorsque la délibération prise par la commune de Kœur-la-Grande, le 11 février 1859, relativement à la vaine pâture, a été soumise au préfet de la Meuse, le préfet n'a pas réservé son approbation en indiquant les conditions auxquelles il pouvait la donner; — Qu'il a pris un arrêté par lequel il a approuvé la délibération, mais sous la condition que le nombre de têtes de gros bétail que les ayants droit pourraient envoyer à la vaine pâture serait porté à trois par hectare au lieu d'un par 60 ares; — Que par cet arrêté il modifie la délibération du conseil municipal et qu'il a excédé ses pouvoirs; — Que dès lors, son arrêté et la décision par laquelle le ministre de l'intérieur a refusé d'annuler l'arrêté du préfet doivent être annulés. — Cons. d'Et. cont. 7 janvier 1869 (Bourg-le-Roi). — Considérant qu'aux termes des lois ci-dessus visées, il appartient aux conseils municipaux de délibérer sur les plans d'alignement de voirie municipale; — Que si les préfets peuvent approuver ou refuser d'approuver lesdits plans, ils ne peuvent rendre exécutoires des alignements qui n'aient pas été proposés par les conseils municipaux; — Que, dès lors, le préfet de la Sarthe n'a pu, sans excéder ses pouvoirs, approuver un plan d'alignement de la petite rue de la commune de Bourg-le-Roi, dressé par les agents voyers, mais repoussé à plusieurs reprises par le conseil municipal, et que c'est à tort que le conseil municipal a refusé l'arrêté du préfet. — Annulation.

Cons. d'Et. cont. 11 juin 1880 (Commune de Blosville). — Vu la loi du 18 juillet 1837 et celle du 7-14 octobre 1790 et la loi du 24 mai 1872, article 9; — Considérant qu'en vertu des dispositions combinées de l'article 17 de la loi du 18 juillet 1837 et du décret du 25 mars 1852, les préfets sont appelés à rendre exécutoires des délibérations prises par les conseils municipaux sur le mode de jouissance des biens communaux; — Que si les préfets ont le droit de donner ou de refuser leur approbation à ces délibérations, ils ne peuvent les modifier; — Considérant que, lorsque la délibération du conseil municipal de Blosville, le 7 février 1878, relativement au mode de jouissance des marais communaux, a été soumise au préfet de la Manche, le préfet n'a pas réservé son approbation en indiquant les conditions auxquelles il pouvait la donner; — Qu'il a pris un arrêté, en date du 12 mars 1878, par lequel il a déclaré que ladite délibération pourrait recevoir son exécution, sauf toutefois en ce qui concerne les articles 3 et 13 dont les dispositions avaient pour but d'empêcher les ayants droit d'envoyer à la pâture les animaux qui ne seraient pas arrivés dans la commune avant le 1er mars et de limiter le nombre de chevaux que les acquéreurs de droits pourraient faire pâturer dans les marais; — Que par cet arrêté il a modifié la délibération du conseil municipal et qu'il a excédé ses pouvoirs; — Que dès lors, son arrêté et la décision par laquelle le ministre de l'intérieur a maintenu cet arrêté doivent être annulés. — Annulation.

Cons. d'Et. cont. 3 janvier 1881 (Soubry contre Moitier). — Au fond, considérant qu'en admettant que la délibération du conseil municipal de Campagne-les-Hesdin du 27 février 1875 ait eu pour effet de remettre en vigueur la délibération du 14 août 1874, annulée le 2 octobre suivant, par laquelle le conseil municipal avait approuvé la vente et la suppression de la ruelle Barnobé, le préfet du Pas-de-Calais n'a pu, sans excéder ses pouvoirs, autoriser, par son arrêté du 11 mai 1875, l'aliénation du sol de ladite ruelle au profit du sieur Hilaire Moitier. — Annulation.

(1) Voy. *infrà*, nos 1642 et suiv.
(2) Cons. d'Et. cont. 3 décembre 1864 (habitants d'Ornon). — Vu la délibération du 21 mai 1861, par laquelle le conseil municipal de la commune d'Ornon décide que l'église sera reconstruite sur place, et, que le projet de reconstruction d'une église nouvelle dans le village de la Poyat est abandonné; — Vu les lois des 7-14 octobre 1790; — Vu la loi du 18 germinal an x articles 75 et 77 de la loi du 18 juillet 1837; — Considérant que par sa délibération, en date du 21 mai 1861, le conseil municipal de la commune d'Ornon a déclaré renoncer à l'exécution du projet de déplacement de l'église communale qu'il avait adopté dans plusieurs délibérations précédentes et a voté la reconstruction de l'ancienne église sur l'emplacement qu'elle occupe actuellement; — Que malgré cette délibération, le préfet a prescrit au maire de prendre les mesures nécessaires pour mettre à exécution le projet de déplacement de l'église, qu'il considérait comme définitivement arrêté par suite de l'approbation qu'il avait donnée, le 12 novembre 1859, aux précédentes délibérations du conseil municipal; — Que de plus il a prescrit la mise en recouvrement des souscriptions consenties en vue du déplacement de l'église par divers habitants de la commune; — Que notre ministre de l'intérieur, sur le recours formé devant lui contre la décision du préfet a maintenu cette décision en ce qui touchait le déplacement de l'église ; — Considérant qu'aux termes de l'article 19 de la loi du 18 juillet 1837, il appartient au conseil municipal de délibérer sur le déplacement de l'église communale et sur la construction d'une église nouvelle, et qu'aux termes de l'article 20 de la même loi, le préfet ne peut que donner ou refuser son approbation aux délibérations de ce conseil; — Considérant que la première décision du préfet, en date du 12 novembre 1859, ne constituait qu'une autorisation dont la commune était libre de ne pas user; — Qu'ainsi en prenant les décisions attaquées, le préfet du département de l'Isère et notre ministre de l'intérieur ont excédé la limite de leurs pouvoirs. — Annulation.

Cons. d'Et. cont. 12 novembre 1880 (Conseil de fabrique de Sainte-Hizaigue contre Commune de Sainte-Hizaigue). Considérant qu'aux termes de l'article 19 de la loi du 18 juillet 1837, il appartient au conseil municipal de délibérer sur la construction d'une nouvelle église communale, et qu'aux termes de l'article 20 de la même loi, donne son approbation à la délibération dudit conseil, ne constitue qu'une autorisation qui ne fait pas obstacle à ce que la commune revienne sur sa délibération; — Qu'il suit de là que si, par délibération du 26 décembre 1875, le conseil municipal de Sainte-Hizaigue a voté la reconstruction de l'église paroissiale et si ladite délibération a été approuvée par le préfet, la délibération en date du 9 mai 1878 par laquelle le conseil municipal a renoncé à ce projet et donné une autre affectation aux fonds sus-indiqués, et l'arrêté du préfet qui approuve cette nouvelle délibération constituent des actes d'administration non susceptibles d'être déférés au Conseil d'Etat, pour excès de pouvoir par application des lois des 7-14 octobre 1790 et 24 mai 1872. — Rejet.

(1) Cons. d'Et. cont 25 juin 1875 (Abribot). — En ce qui touche les conclusions subsidiaires des sieurs Abribot et consorts tendant à faire déclarer que l'annulation de l'arrêté préfectoral du 28 janvier 1871 doit avoir pour effet de faire revivre un arrêté préfectoral du 25 décembre 1867, lequel avait autorisé la commune à aliéner les biens de la Garrigue au prix de 40,000 francs ; considérant que ledit arrêté du 25 décembre 1867 par lequel le préfet avait approuvé une délibération du conseil municipal de Saint-Lizaigne, décidant la vente des biens de la Garrigue, n'avait reçu aucune exécution et ne constituait qu'un acte de tutelle administratif, on ne s'opposait pas à ce que le préfet appelât le conseil municipal à délibérer de nouveau soit sur une nouvelle amodiation, soit sur un nouveau projet d'aliénation des biens de la Garrigue. — Rejet.

Cons. d'Et. cont. 18 novembre 1870 (Commune de Dieppe). — Vu la loi du 11 frimaire an vii, la loi du 18 juillet 1837, et la loi du 24 juillet 1861 ; — Considérant que l'établissement du tarif des droits de place à percevoir dans les halles, foires et marchés est compris au nombre des objets que les conseils municipaux règlent par leurs délibérations, aux termes de l'article 1 de la loi du 24 juillet 1863, sauf l'application qui peut être faite auxdites délibérations de l'article 18 de la loi du 18 juillet 1837 ; — Que, aux termes dudit article, les délibérations des conseils municipaux sur les objets qu'ils sont appelés à régler, sont exécutoires si, dans les trente jours qui suivent la date des délibérations de la sous-préfecture, le préfet ne les a pas annulées, soit d'office, pour violation d'une disposition de loi ou d'un règlement d'administration publique, soit sur la réclamation d'une partie intéressée, ou s'il n'en a pas suspendu l'exécution pendant un autre délai de trente jours ; — Qu'il résulte de l'instruction que les délibérations des 28 juin 1872 et 8 avril 1873, par lesquelles le conseil municipal de Dieppe a réglé les tarifs des droits à percevoir au marché au poisson, n'ont pas été annulées par le préfet, et que l'exécution n'en a pas été suspendue par lui dans les délais fixés par l'article 18 de la loi du 18 juillet 1837 ; — Qu'il suit de là que le tarif des droits de place à percevoir au marché au poisson de la ville de Dieppe, est devenu exécutoire, était définitivement arrêté, et que le préfet ne pouvait plus, dès lors, sans excéder ses pouvoirs, prononcer l'annulation des délibérations par lesquelles le conseil municipal avait réglé ce tarif. — Arrêté annulé.

Cons. d'Et. cont. 2 mai 1882 (Commune d'Arc-sous-Montenot). — Considérant qu'en refusant, par la délibération du 11 avril 1880, de modifier le mode de répartition des bois d'affouage suivi dans la commune, le conseil municipal d'Arc-sous-Montenot n'a fait que confirmer la délibé-

1024. Ce retrait de l'autorisation peut-il être prononcé non seulement par le préfet, mais par le ministre sur le recours hiérarchique formé par les intéressés et en vertu des pouvoirs supérieurs qu'il possède? Le Conseil d'État s'est prononcé pour l'affirmative sous l'empire de la loi de 1837 (1). La question nous paraît présenter plus de doutes aujourd'hui. Le principe de la loi de 1837 était qu'une approbation expresse devait intervenir sans qu'un délai fût laissé à cet effet; elle ne s'occupait pas du recours hiérarchique qui était celui du droit commun. La loi de 1884 donne un délai d'un mois, et à l'expiration du mois ouvre au conseil municipal un recours devant le ministre, comme s'il y avait eu refus formel. En n'accordant cette faculté qu'aux conseils, la loi refuse-t-elle pas tout droit aux autres intéressés : *qui dicit de uno, negat de altero.* Il semble donc résulter qu'il n'y a de recours hiérarchique que s'il y a eu refus et non approbation. Les intéressés ont d'ailleurs le recours pour excès de pouvoir. En outre, la règle est aujourd'hui que les délibérations des conseils municipaux doivent être valables, la règle de la loi de 1837 était, au contraire, qu'elles n'avaient pas de valeur sans approbation préalable, sauf exception.

1025. Généralement c'est au préfet lui-même qu'il appartient de rendre exécutoires par son approbation les délibérations des conseils municipaux sur les objets énoncés dans l'article 68. La sanction peut émaner aussi, selon les distinctions édictées législativement ou réglementairement, soit du Parlement ou du Président de la République, soit d'un ministre, du conseil général ou de la commission départementale.

1026. Le préfet est tenu de statuer en conseil de préfecture lorsqu'il s'agit de délibérations concernant les baux dont la durée dépasse dix-huit ans, les aliénations, ou échanges de propriétés communales, les transactions ou la vaine pâture.

1027. Quand une délibération est incomplète ou irrégulière, le conseil municipal doit être appelé, dès que le préfet l'a examinée, à la compléter ou à la régulariser. Dans ce cas le préfet a, d'après l'esprit, sinon d'après le texte de l'article 69, un nouveau délai de trente jours, substitué au premier pour statuer à partir de la délivrance du récépissé de la seconde délibération (2).

1028. Lorsque le préfet refuse son approbation, ou qu'il n'a pas fait connaître sa décision dans le délai d'un mois à partir de la date du récépissé, le conseil municipal peut se pourvoir devant le ministre de l'intérieur. Ce recours, qu'il

ne faut pas confondre avec le recours contentieux des articles 67 et 68 dont il a été parlé plus haut, est purement administratif; le Conseil d'État, au contentieux, ne saurait donc en connaître (1).

La législation à cet égard, n'a subi aucune modification de la loi du 5 avril 1884.

1029. Si le préfet approuve la délibération, un recours est ouvert à tous intéressés, pour excès de pouvoir, devant la juridiction contentieuse, lorsqu'il y a eu inobservation des formalités et conditions auxquelles les lois et règlements subordonnent l'exercice du droit d'homologation.

1030. Lorsqu'un contrat de droit commun est intervenu à la suite de la délibération municipale approuvée, il appartient à l'autorité judiciaire civile d'en connaître, mais celle-ci doit naturellement suivre les règles de compétence fixées par les lois générales en ce qui concerne soit l'interprétation, soit le maintien ou l'annulation des actes administratifs, si cette interprétation, ce maintien ou cette annulation sont nécessaires au préalable.

1031. Il n'est point ouvert d'autre recours que celui pour excès de pouvoir contre l'approbation donnée si l'autorité qui a approuvé est ou un ministre, ou le Président de la République. Aucun recours n'est ouvert si celle-ci a été refusée.

1032. Si l'approbation appartient soit au conseil général, soit à la commission départementale par une délégation légale, ou par une délégation expresse du conseil général, les recours ouverts sont ceux que la loi du 10 août 1871 et les lois spéciales ont organisé.

1033. Il n'existe aucun recours contre l'approbation donnée ou refusée par une loi, que l'appel fait au législateur lui-même par la voie de la pétition.

1034. Les délais de pourvoi contre les refus d'approbation émanés soit d'un conseil général ou d'une commission départementale, soit d'un ministre, soit du Président de la République, lorsque le recours est possible à raison d'un excès de pouvoir ou pour toute autre cause, n'ont pas été modifiés dans la loi du 5 avril 1884; ils sont restés ceux que les lois spéciales ont déterminés.

1035. L'approbation de l'autorité supérieure produit son effet du jour où elle intervient, mais de ce jour seulement. Il en résulte que la validité ou la légalité de certains actes peut varier selon que ceux-ci précèdent ou suivent l'approbation donnée (2).

1036. La nullité des actes intervenus à la suite d'une délibération non approuvée ou approuvée irrégulièrement se prescrit par dix années par application des dispositions de l'article 1304 du Code civil (3).

---

ration précédente du 22 mai 1860, qui a réglé les affouages et qui est devenue exécutoire après l'expiration des délais fixés par l'article 18 de la loi du 18 juillet 1837 pour l'exercice du droit d'annulation et de suspension conféré au préfet ; — Que, par suite, ce n'est qu'en violation des dispositions combinées des articles 17 et 19 de la loi précitée, que le préfet a pu décider qu'il n'approuvait pas la délibération du 11 août 1860 purement confirmative de la délibération antérieure devenue définitive. — Annulation.

Cons. d'Ét. cont. 10 juillet 1885 (Commune de Romilly contre Vernier). — Considérant que les conseils municipaux délibèrent sur l'exercice de la vaine pâture, sur l'époque, la durée et les conditions de cette servitude; et que ce droit, qui appartient aux préfets d'approuver les délibérations des conseils municipaux prises sur cette matière, ne peut avoir pour effet de retirer cette approbation, et d'enjoindre aux conseils municipaux de se réunir pour délibérer sur un nouveau règlement ; — Que dès lors le préfet de l'Aube a excédé ses pouvoirs. — Annulation.

(1) Cons. d'Ét. 9 août 1855. — Le Conseil, considérant qu'en vertu des principes de la hiérarchie administrative, il appartient au ministre de l'intérieur de réformer les arrêtés pris par les préfets sur des matières qui ressortissent à son ministère lorsqu'aucune disposition législative ne lui a interdit d'en connaître, et tant que ces arrêtés n'ont pas été exécutés ; — Considérant que si l'article 46 de la loi du 18 juillet 1837 a donné aux préfets le droit de rendre exécutoires les délibérations des conseils municipaux ayant pour objet des acquisitions d'immeubles d'une valeur n'excédant pas 3,000 francs, il ne résulte, ni de cet article, ni d'aucune autre disposition législative que les arrêtés pris par le préfet, au cas dont il s'agit, ne puissent être déférés au ministre de l'intérieur par les parties intéressées ; — Considérant que les offres faites, le 20 mai 1850 par la commune de Neuvilley, en suite de l'arrêté pris le 7 du même mois par le préfet du département du Jura, n'avait pas amené la réalisation de la vente lorsque cet arrêté a été déféré au ministre de l'intérieur par le sieur Aubert ; — Que, dès lors, notre dit ministre a pu sans excéder ses pouvoirs connaître dudit arrêté et en prononcer l'annulation ; — Considérant d'ailleurs que sa décision est un acte se rattachant à la tutelle administrative des communes, qui n'est pas de nature à nous être déféré par la voie contentieuse. — Rejette.

2).L. 5 avril 1884, art. 69; Circ. min. int. 15 mai 1884.

(1) Cons. d'Et. cont. 14 novembre 1873 (Commune de Sarrian). — Vu les lois du 18 juillet 1837, article 19, du 5 mai 1855, article 19 et du 24 juillet 1867 ; Vu la loi du 10 avril 1877, article 8 ; Vu les lois des 7-14 octobre 1790 et 24 mai 1872. — Considérant que l'arrêté par lequel le préfet de Vaucluse a refusé d'approuver la délibération par laquelle le conseil municipal de la commune de Sarrian avait voté une imposition extraordinaire pour 1871, est un acte de forme administrative qui n'est pas susceptible d'être déféré au Conseil d'État par la voie contentieuse. — Rejet.

(2) Orléans, 14 avril 1840 ; Cass. crim. 13 juin 1844, *Bull. crim.* sa date ; Angers, 20 mai 1848, D. P. 48.2.94 ; Cass. crim. 8 octobre 1857, D. P. 58.1.41.

(3) Bordeaux, 29 mars 1883 ; Angers, 21 février 1867, D. P. 66.2 66 ; Cass. Req. 12 janvier, 1864. — La Cour, sur les deux premières branches du moyen unique, tirées de la violation des articles 10 et 16 de la loi du 18 juillet 1837, d'un excès de pouvoir, de la fausse application et de la violation de l'article 1304, Code civil : Attendu qu'aux termes de l'article 1304, dans tous les cas où l'action en nullité ou en révision d'une convention n'est pas limitée à un moindre temps par une loi particulière, cette action dure 10 ans ; — Que cette disposition est générale et qu'elle ne peut recevoir d'autre exception que celle déterminée par la loi ; — Qu'elle s'applique aux conventions passées par les maires agissant en leur qualité et comme représentant les communes ; — Que l'article 227, Code civil, soumet expressément les communes aux mêmes prescriptions que les particuliers ; — Que les dispositions insérées dans les deuxième et troisième alinéas de l'article 1304, qui déterminent pour des cas particuliers les époques à partir desquelles le délai de dix ans commence à courir, ne peuvent être appliquées aux communes qui n'y sont pas nommées ; — Qu'à leur égard ces dix années doivent être comptées à partir de l'acte qu'elles ont intérêt à faire annuler. — Attendu que, dans l'espèce, l'arrêt attaqué constate que le 30 juillet 1859,

SECTION III.

1037. Les avis que les conseils municipaux donnent sont obligatoires ou facultatifs, ce qui ne veut pas dire qu'ils doivent ou peuvent *délibérer*, mais qu'ils doivent ou peuvent *être consultés*. Au premier cas, la décision qui interviendrait serait nulle, faute d'une instruction régulière; au second, elle serait valable et non entachée d'excès de pouvoir.

1038. La loi du 5 avril 1884, dans son article 70, a indiqué un certain nombre de matières dans lesquelles l'avis des conseils devrait être demandé; mais cette énumération n'a rien de limitatif. En effet, après avoir établi, sous cinq numéros, divers objets qui se rapportent, en général, aux affaires intéressant les établissements publics d'ordre municipal, sur lesquels il est nécessaire que leur examen intervienne, cet article ajoute un sixième numéro ainsi conçu : *enfin tous les objets sur lesquels les conseils municipaux sont appelés par les lois et règlements à donner leur avis.* Ces lois et règlements sont, ainsi que nous le verrons, assez nombreux.

1039. Quant aux matières sur lesquelles l'administration supérieure peut demander l'avis des conseils, le législateur ne les a pas spécifiées; il s'est contenté d'ouvrir le droit à cette consultation. Elles sont parfois fixées par des lois ou règlements; le plus souvent les préfets interrogent les conseils, soit spontanément, soit en vertu d'instructions ministérielles. Il est d'une bonne administration, toutes les fois qu'un intérêt communal est agité, d'écouter les observations que peuvent avoir à formuler ses représentants légaux, et la loi n'a pas à préciser davantage.

1040. Si le conseil municipal, requis et convoqué, refuse ou néglige de donner son avis, l'article 70 susvisé décide qu'il peut être passé outre. La loi n'a fait qu'appliquer expressément la jurisprudence qui avait été admise en cette matière. Le silence d'un conseil municipal ne peut pas produire plus d'effet qu'un avis négatif formellement émis; or, lorsqu'un conseil consulté répond par une délibération de cette nature, il peut être statué comme le juge convenable aux intérêts dont elle a charge l'administration supérieure.

1041. Les objets sur lesquels les conseils doivent être consultés, aux termes de l'article 70 de la loi de 1884, sont les suivants:

1° les circonscriptions relatives aux cultes ;

2° les circonscriptions relatives à la distribution des secours publics;

3° les projets d'alignement et de nivellement de grande voirie dans l'intérieur des villes, bourgs et villages ;

4° la création des bureaux de bienfaisance;

5° les budgets et les comptes des hospices, hôpitaux et autres établissements de charité et de bienfaisance, des fabriques et autres administrations préposées aux cultes dont les ministres sont salariés par l'État ; les autorisations d'acquérir, d'aliéner, d'emprunter, d'échanger, de plaider ou de transiger, demandées par les mêmes établissements; l'acceptation des dons et legs qui leur sont faits.

1042. Les conseils peuvent exprimer des vœux sur tous les objets d'intérêt local ; mais nous avons vu que l'article 72 de la loi de 1884 prohibait, de leur part, toute publication de proclamations et adresses, et toute émission de vœux politiques; de même encore qu'il interdisait, hors les cas prévus par la loi, toute correspondance avec d'autres municipalités. L'ensemble de ces dispositions établit que le législateur qui a organisé le pouvoir municipal a voulu que celui-ci conservât exclusivement le caractère d'autorité locale, et ne pût, à aucun titre, se mêler soit de l'administration des intérêts généraux, soit de la direction politique. Sans doute, le gouvernement républicain est un gouvernement d'opinion, et l'administration des intérêts généraux nécessite l'expression de tous les intérêts privés, car les premiers ne se composent, en définitive, que de la réunion des seconds ; mais précisément sous l'empire des gouvernements d'opinion, il est indispensable que tous les organes de la puissance publique se renferment avec précision et décision dans le rôle que la constitution politique et administrative leur a donné. Un régime de liberté, où tout le monde peut parler, exige que chacun ne dise que ce qu'il a mission d'étudier et de faire connaître ; et, de même, un régime où l'usurpation de pouvoirs peut se faire sans péril demande que chaque autorité respecte la compétence attribuée aux autres. « Tout le monde fait des lois, disait Camille Desmoulins, en 1792, il en résulte que personne n'obéit. » Plus que tout autre service public, les conseils municipaux sont tenus à cette observation de la limite de leurs attributions; leurs droits sont assez considérables et importants, d'ailleurs, pour qu'ils ne cherchent point à les outrepasser.

La borne qui sépare les vœux politiques interdits aux conseils des vœux d'intérêts locaux qui leur sont permis est souvent assez difficile à fixer ; mais, à cet égard, il est une règle que l'on peut suivre avec une certaine sécurité : sont autorisés les vœux portant sur les objets qui concernent directement l'intérêt privé d'une commune *in specie*, où ils sont émis ; sont défendus, comme généraux et politiques, ceux qui ne touchent à l'intérêt de la commune que parce que l'objet sur lequel ils portent touche en même temps à l'intérêt de toutes les autres communes du territoire.

1043. Il est plus facile de faire respecter par les conseils municipaux la prohibition que contient l'article 72 de toute communication entre eux. Les cas prévus par la loi où celle-ci est tolérée ne sont guère que ceux où il s'agit de conférences et de commissions internationales prévues par les articles 116 et suivants de la loi de 1884. Toutes autres conférences et commissions sont illégales.

1044. Il importe d'ailleurs de rappeler ici qu'un principe d'administration veut que toute communication de service public à service public passe par la voie hiérarchique ; un conseil municipal n'a donc pas le droit de communiquer directement avec un autre conseil, toute conférence doit passer par le sous-préfet et le préfet; à ceux-ci appartient essentiellement le devoir d'arrêter toute tentative de correspondance irrégulière. Cette règle est quelquefois inobservée dans la pratique, mais elle ne saurait être oubliée. On a vu, par exemple, lors des incidents de la grève qui a éclaté, en 1886, à Decazeville, des conseils municipaux voter, en faveur des pauvres de cette commune, une somme d'argent, et des maires, exécutant la décision du conseil, transmettre directement cette souscription au maire de la commune de Decazeville. Cet acte a été toléré, mais le procédé était irrégulier à plusieurs points de vue : sans faire remarquer qu'il n'est pas légal qu'un conseil municipal vote des fonds d'assistance en faveur d'une autre commune — mesure que l'on supporte souvent à cause du but de charité — on doit observer que chaque maire en devait, d'une part, référer au préfet de son département, et que celui-ci devait, d'autre part, agir en saisissant le préfet du département de Tarn-et-Garonne, dans les attributions duquel était placée la surveillance des affaires municipales de la commune de Decazeville.

1045. On sait que les contributions directes, en France, sont distinguées en impôts de *répartition*, dont la somme totale, fixée au budget des recettes de chaque année, se répartit, de degrés en degrés, entre les départements, les arrondissements,

---

par adjudication publique et aux enchères, le sieur Mirailla, agissant en sa qualité de maire de la commune de Bellegarde et comme représentant de cette commune, a cédé à Rousset, défendeur éventuel, un terrain communal ; — Que cette adjudication a été approuvée par arrêté du préfet en date du 17 août 1859 ; — Que si cette adjudication est irrégulière et pouvait être attaquée à défaut d'une délibération du conseil municipal approuvée par le préfet en conseil de préfecture, et de l'accomplissement d'autres formalités exigées par les lois et règlements en matière d'aliénation de biens communaux, cette action en nullité aurait dû être intentée dans les dix ans à partir du jour où l'acte susceptible d'être annulé est devenu définitif ; — Que l'adjudication attaquée porte la date du 30 juillet 1859 et a été approuvée par arrêté préfectoral du 17 août de la même année ; — Que l'action en nullité n'a été intentée que le 17 juin 1871 ; — Qu'on déclarant cette action tardive et non recevable, l'arrêt attaqué n'a commis aucun excès de pouvoir, n'a pas violé les articles 10, 46 de la loi. — Rejette.

En ce sens, Lyon, 3 mars 1877, D. C. 78.2.251 ; Cons. d'Ét. 15 juin 1877.

les communes et les contribuables, et en impôts de quotité où chaque contribuable étant cotisé d'après une proportion déterminée, la réunion des cotes forme le montant total de la contribution : les impôts de répartition comprennent : la contribution foncière, la contribution personnelle et la contribution des portes et fenêtres ; les autres impôts directs ainsi que les taxes assimilées sont des impôts de quotité.

La répartition des contributions directes embrasse quatre degrés, elle est faite :

Entre les départements, par le pouvoir législatif ;

Entre les arrondissements, par les conseils généraux ;

Entre les communes, par les conseils d'arrondissement ;

Entre les particuliers, dans chaque commune, par un conseil de répartiteurs, au prorata des bases de cotisation de chacun des contribuables.

Nous n'avons à nous occuper ni du vote des impôts, ni de la répartition individuelle de ceux-ci, mais seulement de l'intervention du conseil municipal dans la répartition qui est faite entre la commune qu'il représente et les autres communes de l'arrondissement.

1046. Les conseils généraux, dans une session annuelle, dont l'ouverture a lieu le premier lundi qui suit le 15 août et dont la durée ne peut excéder un mois, fixent la répartition du contingent départemental entre les arrondissements, en tenant compte des modifications résultant du passage de communes dans une catégorie supérieure ou inférieure de population, en vertu de l'article 3 de la loi du 4 août 1844. Avant d'effectuer cette répartition, qui prend le nom de *répartement*, les conseils statuent sur les demandes délibérées par les conseils d'arrondissement, en réduction du contingent assigné à l'arrondissement. Ils peuvent, toutefois, modifier les contingents de l'année précédente comme ils le jugent convenable et sans y être provoqués par les délibérations des conseils d'arrondissement. Les mêmes conseils généraux prononcent définitivement sur les demandes en réduction de contingent formées par les communes et préalablement soumises aux conseils d'arrondissement (1). Ils peuvent alors répartir sur tous les arrondissements le montant du dégrèvement qu'ils ont accordé aux communes réclamantes ; mais ils n'ont pas la faculté de le répartir directement sur une ou plusieurs autres communes déterminées, attendu que ce serait empiéter sur les attributions des conseils d'arrondissement, auxquels il appartient de distribuer le contingent de l'arrondissement entre les communes.

1047. Si le conseil général ne se réunissait pas, ou s'il se séparait sans avoir arrêté la répartition des contributions directes, les contingents à assigner à chaque arrondissement seraient déterminés par le préfet, d'après les bases de la répartition précédente, sauf les augmentations ou diminutions résultant des démolitions et constructions nouvelles, de réunions ou de distractions de territoire, en un mot, de toute cause légale de réduction ou d'accroissement d'impôt (2). De même, toutes les fois que, par suite d'erreur ou sous prétexte de surcharge, un conseil n'a pas réparti exactement le contingent assigné, il y a lieu de rectifier d'office la répartition de manière à assurer la pleine et entière exécution de la loi de finances.

1048. Aussitôt que le conseil général a fixé le contingent du principal de chaque arrondissement dans les trois contributions directes, et déterminé le nombre des centimes départementaux à imposer, le directeur des contributions directes rédige l'*état général de répartement*, qui est ensuite arrêté et signé par le conseil général. Le préfet adresse immédiatement au ministre des finances une copie de ce même état, avec ampliation des délibérations du conseil général concernant les contributions directes et le cadastre.

1049. Le préfet notifie au sous-préfet de chaque arrondissement par un *mandement général* les contingents assignés à l'arrondissement par le conseil général. Le conseil d'arrondissement, dans la première partie de sa session

annuelle, qui précède celle du conseil général, délibère sur les réclamations auxquelles peut donner lieu la fixation du contingent de l'arrondissement et sur les demandes en réduction des contingents des communes formées par les conseils municipaux.

1050. Dans la seconde partie de sa session, le conseil d'arrondissement répartit le contingent qui lui est assigné entre les communes. Cette répartition prend le nom de *sous-répartement*. Le conseil est libre de répartir les contingents d'après les bases qui lui paraissent le plus justes, pourvu qu'il se conforme, dans cette répartition, aux décisions rendues par le conseil général sur les réclamations des communes. Faute par lui de s'y être conformé, le préfet, en conseil de préfecture, établit d'office la répartition d'après lesdites décisions, et dans ce cas, la somme dont la contribution de la commune déchargée se trouve réduite est toujours répartie au centime le franc sur toutes les autres communes de l'arrondissement, ainsi que le prescrit l'article 46 de la loi du 10 mai 1838.

Voici comment cet article doit être interprété :

Il est des réclamations qui peuvent avoir pour effet de faire réduire le contingent même de l'arrondissement auquel appartiennent les communes réclamantes. Il arrive aussi qu'une commune se trouve surchargée sans pouvoir obtenir du conseil d'arrondissement la diminution à laquelle elle a droit.

Le conseil général intervient alors pour prononcer la réduction qu'il lui paraît juste d'accorder, et pour déclarer si le montant de cette réduction sera rejeté sur tous les arrondissements ou seulement sur celui dont la commune réclamante fait partie. Dans ce cas, le conseil d'arrondissement ne peut se dispenser de se conformer à la décision rendue. Mais, lorsqu'il n'y a pas eu de réduction prononcée, le conseil d'arrondissement, chargé par la loi de fixer le contingent des communes de son ressort, ne fait que d'agir dans les limites de ses attributions en diminuant les communes qui lui paraissent surtaxées et en reversant la diminution sur celles qu'il croit ménagées, sauf à ces dernières à se pourvoir devant le conseil général, si elles se jugent lésées par les opérations du conseil d'arrondissement. Un conseil général saisi d'une réclamation d'une commune empiéterait sur les attributions du conseil d'arrondissement si, au lieu de se borner à réduire, s'il y a lieu, le contingent de la commune réclamante, il répartissait lui-même le montant du dégrèvement entre plusieurs autres communes.

Lorsqu'il s'agit de modifications résultant du passage d'une commune dans une catégorie supérieure ou inférieure de population, le conseil d'arrondissement peut aussi appliquer les modifications aux communes, qui reçoivent de ce fait une augmentation ou une diminution, ou bien répartir l'augmentation sur toutes les communes du ressort de l'arrondissement. Mais si le préfet est appelé à opérer la répartition d'office, la somme formant augmentation ou diminution doit être répartie au centime le franc sur toutes les communes de l'arrondissement. Le motif en est que, d'après l'article 3 de la loi du 4 août 1844, les augmentations et diminutions de principal, motivées par les nouveaux dénombrements de population, n'affectent obligatoirement que le contingent départemental. La loi est muette sur toute attribution d'office desdites modifications aux contingents des arrondissements et des communes intéressés, et le préfet, opérant d'office, n'a plus à s'occuper que de l'application de la loi du 10 mai 1838 dans la répartition du deuxième degré, c'est-à-dire dans la répartition des contingents communaux ; cette dernière loi ne fait pas d'exception.

Si le conseil d'arrondissement ne se réunissait pas, ou s'il se séparait sans avoir fait la répartition des contributions directes, il y serait pourvu par le préfet, d'après les bases de répartition précédente, conformément à l'article 47 de la loi du 10 mai 1838.

1051. En même temps qu'il adresse au ministre des finances une copie de l'état général de répartement, le préfet expédie les mandements destinés à faire connaître aux sous-préfets le contingent assigné à leurs arrondissements. Ces mandements doivent être accompagnés des décisions rendues par le conseil général sur les réclamations des arrondissements et des communes.

1052. Le résultat du travail des conseils d'arrondissement est porté sur un tableau rédigé en triple expédition, arrêté et signé par les membres du conseil. Le sous-préfet adresse au préfet le double des tableaux de sous-répartement destinés à la direction générale des contributions directes, dès que ces tableaux ont été formés, soit par les conseils d'arrondissement, soit par le préfet, dans les cas prévus aux articles 46 et 47 de la loi du 10 mai 1838 (tit. II).

1053. Le sous-préfet notifie aux maires, par un mandement, la fixation du contingent de leurs communes, et la répartition entre les contribuables, d'après les bases établies, est faite par un conseil de répartiteurs. Ce conseil est composé ainsi qu'il suit : le maire et l'adjoint dans les communes de moins de 5,000 habitants, ou deux conseillers municipaux dans les communes d'une population supérieure, et cinq propriétaires dont deux non domiciliés dans la commune, s'il s'en trouve de tels (1). Indépendamment des sept répartiteurs titulaires, le sous-préfet nomme chaque année cinq répartiteurs supplémentaires pour remplacer au besoin les répartiteurs titulaires (2). Les sept répartiteurs délibèrent en commun à la majorité des suffrages. Ils ne peuvent prendre aucune délibération s'ils ne sont au nombre de cinq, au moins, présents. Ils sont assistés par le contrôleur des contributions directes.

1054. Les réclamations contre les contingents départementaux sont formées par les conseils généraux, et portées devant l'Assemblée législative. Il n'est, d'ordinaire, donné suite aux pourvois de cette nature que par le fait d'une révision générale.

1055. Les réclamations contre la répartition du deuxième degré sont l'objet de délibérations spéciales de la part des conseils d'arrondissement, lors de leur première session ; il y est statué par le conseil général du département. La législation qui s'y rapporte est principalement applicable aux demandes en dégrèvement de contingent formées par les communes.

1056. Il est dans les attributions des conseils municipaux de réclamer, s'il y a lieu, contre la répartition des contingents assignés aux communes. Le revenu imposable de la contribution foncière ayant été déterminé au moyen des baux, une commune qui se prétend surtaxée doit naturellement s'appuyer d'abord sur les erreurs matérielles qui auraient pu être commises à son préjudice, sur le rejet de certains actes qui auraient pu lui être favorables, ou sur l'emploi qui aurait été fait de baux exagérés ou d'autres éléments fautifs ; mais rien n'empêche qu'elle n'invoque en même temps soit des points de comparaison, soit les résultats du cadastre, enfin tout ce qui paraît propre à établir la justice des réclamations (3).

1057. Les délibérations prises à ce sujet sont transmises par l'intermédiaire des maires au sous-préfet, qui, après qu'elles ont subi l'instruction nécessaire, met les pièces sous les yeux du conseil d'arrondissement à l'époque de sa première session.

Les réclamations de l'espèce, avant d'être soumises aux conseils d'arrondissement, sont communiquées par le préfet au directeur des contributions directes, qui, à l'aide des matériaux dont il est dépositaire et des renseignements particuliers qu'il fait recueillir sur les lieux mêmes par l'inspecteur ou par les contrôleurs, se trouve à portée de présenter aux conseils, dans un rapport circonstancié, tous les renseignements propres à leur faire apprécier le mérite des demandes (4).

1058. L'affaire arrive en cet état au conseil général, qui examine si la commune réclamante est ou non imposée dans une proportion plus forte que les autres communes de l'arrondissement, et qui prononce, s'il y a lieu, la réduction qu'il lui paraît juste d'accorder, soit d'après le travail de sous-répartition, soit d'après les nouveaux renseignements contenus tant dans le rapport du directeur que dans l'avis du conseil d'arrondissement. Le conseil général pourrait statuer ainsi, lors même que le conseil d'arrondissement aurait refusé de s'expliquer sur le mérite de la réclamation ; dans l'un et l'autre cas, il opère la répartition de la manière rappelée au paragraphe 2.

1059. L'arrêté du conseil général est notifié par le préfet au directeur, afin qu'il puisse vérifier si la réduction se trouve effectuée sur l'état de sous-répartement et en proposer la rectification en cas d'oubli ou d'omission, conformément à la décision du conseil général (1).

1060. Les décisions du conseil général ne peuvent avoir d'effet rétroactif et ne doivent s'appliquer qu'aux années suivantes et non aux années antérieures, ni à l'année courante. Elles ne sont pas susceptibles d'être déférées au Conseil d'État par la voie contentieuse ; il en est de même de l'application de ces décisions par les conseils d'arrondissement. Les conseils généraux ayant été investis par la loi du droit de statuer sur les demandes en réduction formées par les arrondissements et les communes, et ces conseils ayant seuls qualité pour régler définitivement tout ce qui a rapport à la fixation des contingents des arrondissements et des communes, ses décisions sont sans appel. Il n'y a de recours qu'au conseil général, mieux informé (2).

La raison de décider est que les conseils généraux agissent en cette matière comme délégués du pouvoir législatif et que leurs décisions ne pourraient, par suite, être soumises à l'examen et à la critique d'aucune autorité, soit administrative, soit judiciaire.

1061. Nous venons de voir que la loi du 3 frimaire an VII faisait fixer la répartition du contingent des contributions directes assigné à la commune, entre les contribuables, par une commission composée du maire et d'un adjoint et de cinq citoyens contribuables fonciers, dont deux au moins non domiciliés dans la commune, s'il s'en trouve de tels, désignés sous le nom de répartiteurs. Les répartiteurs établissent, en outre, les rôles des taxes assimilées. Ils sont nommés pour un an et retenus en fonctions jusqu'à la nomination de leurs successeurs (3).

1062. Le choix des répartiteurs, qui appartenait, en l'an VII, aux administrations municipales du canton, est passé aux sous-préfets en vertu d'un arrêté consulaire du 19 floréal an VIII ; les maires faisaient les présentations, mais la jurisprudence reconnaissait que le choix des sous-préfets n'était pas lié par les présentations. L'article 61 de la loi du 5 avril 1884 a substitué à la présentation du maire celle du conseil municipal, et rendu, pour les sous-préfets, obligatoire le choix sur la liste de présentation. La liste doit contenir un nombre double de répartiteurs titulaires et de répartiteurs suppléants. Les catégories fixées par la loi de frimaire nous paraissent devoir être maintenues, c'est-à-dire qu'il doit y avoir six répartiteurs domiciliés et quatre non domiciliés.

---

(1) L. 3 frimaire an VII, art. 9.
(2) Circ. 28 mars 1844.
(3) Lettre du ministre de l'intérieur au préfet de la Manche du 23 mai 1833.
(4) Circ. min. int. 20 mai 1827.

(1) Circ. min. int. 20 mai 1827 ; Circ. int. 22 juillet 1840.
(2) Cons. d'Et. cont. 26 octobre 1834 (Commune de Gaux); Cons. d'Et. cont. 14 juin 1837 (Witz-Witz). — Le Conseil, sans qu'il soit besoin d'examiner si les requérants ont qualité pour former le présent pourvoi, ou s'ils sont recevables à le former collectivement par une seule et même requête ; — Considérant que la répartition qui a été faite de la contribution foncière, entre les arrondissements et les communes du département du Haut-Rhin, par le conseil général et le conseil d'arrondissement de Belfort, constitue une opération administrative qui n'est pas de nature à nous être déférée par la voie contentieuse. — Rejet.
Cons. d'Et. cont. 17 février 1848 (Quinon et consorts). — Sans qu'il soit besoin d'examiner si les sieurs Quinon et consorts ont qualité pour former le présent pourvoi; — Considérant que les délibérations prises les 20 et 21 septembre 1846, par le conseil général de l'Isère, n'ont eu pour objet que de répartir, en exécution des articles 1 et 2 de la loi du 10 mai 1838, les contributions directes entre les arrondissements, et que ces délibérations ne pouvaient donner lieu à un recours par-devant nous en notre Conseil d'Etat. — Rejet.
(3) Circ. min. fin. 27 août 1835.

Comme sous la législation antérieure, les seuls contribuables qui peuvent être nommés sont ceux qui figurent au rôle de la contribution foncière (1).

1063. Si le conseil municipal proposait une liste d'incapables, le sous-préfet devrait provoquer la formation d'une seconde liste : il ne saurait être contraint évidemment à nommer des répartiteurs dont les actes seraient annulés.

1064. Les répartiteurs ne sont pas libres de refuser leurs fonctions, à moins d'excuses légitimes, dans les cas prévus par la loi du 3 frimaire an VII, articles 13, 14, 15, 21.

1065. Les maires ou les répartiteurs qui, sous quelque prétexte que ce soit, négligent ou refusent de remplir les obligations qui leur sont imposées peuvent être personnellement contraints au payement des termes de la contribution assignée à leur commune dont le recouvrement se trouve en retard, par suite de la non-exécution des opérations prescrites.

1066. La loi du 5 avril 1884, en ne mentionnant, au nombre des attributions des conseils municipaux, que le droit de dresser la liste des répartiteurs, comme le seul droit de nomination ou de désignation qui leur ait été déféré, a commis une inexactitude, ou plutôt d'importantes omissions. Les conseils ont à nommer, en effet, les maires et les adjoints de la commune (2) ; les délégués appelés à participer aux élections sénatoriales (3) ; les conseillers qui remplissent les fonctions de secrétaires de leurs délibérations et les auxiliaires qui peuvent leur être adjoints (4) ; les membres des commissions spéciales chargés d'étudier les questions qui leur sont soumises (5) ; les membres des commissions intercommunales (6) ; les délégués des commissions syndicales communales (7) ; les conseillers qui font partie des commissions administratives des hospices et des bureaux de bienfaisance (8) ; il désigne les candidats aux fonctions de receveurs municipaux ; il indique les titulaires de certains bénéfices, tels que ceux de dispenses du service militaire à titre de soutien de famille (9) ou d'exemption des contributions personnelles et mobilières (10).

1067. Aux termes de l'article 60 du décret du 14 décembre 1789 : « Si un citoyen croit être personnellement lésé par quelque acte du corps municipal, il peut exposer ses sujets de plainte à l'administration ou aux directoires des départements, qui y doivent faire droit, sur l'avis de l'administration du district, qui est chargée de vérifier les faits. » Cette disposition est encore en vigueur, sauf que le directoire du département a été remplacé par le préfet, et l'administration du district par le sous-préfet : elle ouvre à toute partie lésée un recours administratif hiérarchique (11), mais non un recours contentieux administratif, soit devant le conseil de préfecture, soit même devant le Conseil d'État.

1068. Le droit attribué ainsi au préfet est fort étendu, il constitue, en sa faveur, un véritable droit de censure sur les délibérations des conseils municipaux chaque fois que celles-ci peuvent avoir pour effet de léser un droit particulier. Le préfet est le seul juge de la manière dont il doit faire droit à la plainte de la partie. Ainsi il a été jugé qu'il pouvait agir sur une simple plainte verbale (12), et la censure qu'il adresse au conseil peut être communiquée à celui-ci dans une réunion convoquée spécialement. En outre, il peut exiger que le procès-verbal contienne la mention de la censure officielle qu'il adresse, et même qu'il la relate entièrement et qu'elle soit inscrite en marge de la délibération censurée. Au refus du maire de se conformer aux injonctions du préfet, ce dernier peut y faire procéder par un délégué spécial nommé en vertu de l'article 85 de la loi de 1884 (1).

1069. Ce n'est qu'aux particuliers que l'article 60 de la loi de 1789 ouvre un recours disciplinaire, mais non à l'administration et aux fonctionnaires agissant en leur qualité officielle (2). Il faut, en effet, être *partie lésée ;* or, l'administration ni les fonctionnaires ne sont jamais *parties* dans le sens de l'article 60. Si des mentions, injurieuses pour un service public ou une administration, sont insérées dans une délibération, en date du 15 février 1880 ; — Que, dès lors, le préfet peut user soit de son droit d'annulation pour illégalité, soit refuser son approbation, et faire tomber ainsi la délibération du conseil.

1070. La question de savoir si l'article 60 de la loi de 1789 ouvrait aux parties lésées une voix unique de recours ou s'il leur accordait une simple faculté, ne les empêchant

cembre 1789 dispose que tout citoyen qui se croit personnellement lésé par un acte quelconque d'un corps municipal peut exposer ses sujets de plainte à l'autorité administrative supérieure, à laquelle il appartient d'y faire droit ; que cet article, ni aucune autre disposition applicable au cas qu'il prévoit n'a déterminé les formes dans lesquelles la plainte de la partie lésée peut être formée ; — Considérant qu'il résulte de l'instruction que le sieur Personne, agent voyer cantonal, a réclamé verbalement, devant le préfet du département de la Dordogne, contre les énonciations offensantes pour lui de la délibération du conseil municipal de la commune de Montron, en date du 15 février 1880 ; — Que, dès lors, ledit conseil municipal n'est pas fondé à soutenir qu'en blâmant les passages de cette délibération qui lui ont paru contenir des expressions peu mesurées, le préfet ne s'est pas conformé à l'article 60. — Rejette.

(1) Cons. d'Et. cont. 29 juin 1880. — Sur le moyen tiré de ce que le préfet aurait excédé ses pouvoirs en censurant deux délibérations du conseil municipal ; Considérant qu'aux termes de l'article 60 de la loi du 14 décembre 1789, tout citoyen qui croit être personnellement lésé par un acte quelconque d'un conseil municipal peut exposer ses sujets de plainte à l'autorité administrative supérieure, à laquelle il appartient d'y faire droit ; que dès lors le préfet du Lot-et-Garonne a pu, sans excéder ses pouvoirs, statuer sur les plaintes des sieurs Vivier et Ferrand, qui se prétendaient diffamés par les énonciations de deux délibérations du conseil municipal de Tombebœuf, en date des 8 et 13 novembre 1846, et blâmer les passages de ces délibérations qui lui ont paru contenir des expressions offensantes. Sur le moyen tiré de ce que le préfet aurait excédé ses pouvoirs en ordonnant l'inscription de son arrêté sur le registre des délibérations ; — Considérant que la transcription sur le registre des délibérations de l'arrêté prononçant le blâme annoncé par les deux délibérations dont il s'agit constitue l'exécution d'un exercice du droit résultant de la loi du 1789, et que l'article 28 de la loi du 18 juillet 1837, en disposant que les délibérations des conseils municipaux seront inscrites par ordre de date sur un registre coté et paraphé, ne fait pas obstacle à ce qu'un arrêté pris par le préfet, soit pour censurer, soit pour annuler des délibérations, soit transcrit sur un registre ; — Sur le moyen tiré de ce que le préfet aurait fait procéder à cette transcription par un délégué spécial ; — Considérant qu'aux termes de l'article 15 de la loi du 18 juillet 1837, lorsque le maire refuse ou néglige de faire un des actes qui lui sont prescrits par la loi, le préfet, après l'avoir requis, peut y procéder d'office par lui-même ou par un délégué spécial ; — Considérant que les actes qui sont prescrits aux maires, en exécution de la loi, rentrent dans la catégorie de ceux prévus par l'article précité ; — Considérant qu'il résulte de l'instruction que c'est après le refus fait par le conseil municipal, dans sa délibération du 18 juillet 1847, de se conformer aux injonctions du préfet, et par suite de la démission donnée par le maire pour ne pas exécuter la mesure dont il avait été chargé, que le préfet a, par son arrêté du 6 août 1847, délégué le maire d'une commune voisine pour accomplir l'acte qu'il avait prescrit en vertu de la loi du 14 décembre 1789 ; que, dès lors, en procédant ainsi, il n'a commis aucun excès de pouvoir. — Rejet.

(2) Cons. d'Et. cont. 19 juin 1885. — Considérant que le préfet de Seine-et-Oise, en ordonnant, par un arrêté du 30 août 1883, qu'une partie d'une délibération prise par le conseil municipal serait rayée par application de la loi des 14-22 décembre 1789, n'a pas entendu user des pouvoirs qui lui appartenaient en vertu de l'article 23 de la loi du 5 mai 1855 ; — Considérant, d'autre part, que les dispositions de l'article 60 de la loi du 14 décembre 1789, ouvrant un recours, devant l'autorité administrative supérieure, aux citoyens qui se croient personnellement lésés par un acte d'un corps municipal, ne sont applicables au cas où les actes du conseil municipal tendent à porter atteinte aux droits de l'autorité administrative supérieure ou contiennent des mentions injurieuses à son égard ; qu'ainsi, en ordonnant, par application dudit article 60, la radiation d'une délibération dans laquelle le conseil municipal de Mantes critiquait une disposition prise par lui, le préfet de Seine-et-Oise a excédé ses pouvoirs. — Annulation.

(1) Déc. min. fin. avril 1884.
(2) L. 5 avril 1884, art. 73 et suiv.
(3) L. 9-10 décembre 1884, art. 6.
(4) L. 5 avril 1884, art. 53.
(5) L. 5 avril 1884, art. 50.
(6) L. 5 avril 1884, art. 117.
(7) L. 5 avril 1884, art. 161.
(8) L. 5 août 1879, art. 1er.
(9) L. 27 juillet 1872, art. 22.
(10) L. 21 avril 1832, art. 18.
(11) Cons. d'Et. cont. 6 mai 1863. — En ce qui concerne la radiation du registre des délibérations municipales des 21 octobre 1849 et 7 janvier 1850 ; — Considérant qu'il résulte de l'article 60 de la loi des 14-22 décembre 1789 que les citoyens qui se croient lésés par un acte quelconque d'un corps municipal ne peuvent qu'exposer leurs sujets de plainte à l'autorité administrative supérieure, laquelle y fait droit après vérification des faits. — Il n'y a lieu de statuer.
(12) Cons. d'Et. cont. 25 mars 1881. — Le Conseil, Vu la loi du 14 décembre 1789 et celle du 18 juillet 1837 ; — Vu les lois des 7-14 octobre 1790 et 21 mai 1872 ; — Considérant que l'article 60 de la loi du 14 dé-

pas d'user des actions diverses qu'elles pouvaient posséder pour poursuivre au criminel les auteurs de l'acte dolosif dont elles se plaignaient a été longtemps controversée en jurisprudence. Jusqu'en 1870, il a été constamment jugé qu'une partie qui se prétendait diffamée dans une délibération ne pouvait s'adresser aux tribunaux judiciaires. Mais depuis 1870 cette doctrine a été universellement abandonnée, et tous les tribunaux sont aujourd'hui d'accord pour reconnaître à toute partie lésée, indépendamment des secours hiérarchique administratif, le droit d'agir judiciairement (1).

1071. Les délibérations des conseils municipaux étant publiques, aux termes de l'article 54 de la loi 1884, tout propos injurieux et toute diffamation revêt immédiatement le caractère de publicité, qui constitue une aggravation de délit, d'après l'article 32 de la loi du 29 juillet 1881, quand bien même, *r.fait, aucun étranger n'aurait assisté à la séance.

CHAPITRE III.

ATTRIBUTIONS GÉNÉRALES DU MAIRE.

1072. La dualité de caractère de la commune, considérée comme personne civile ou comme personne politique, a pour effet de créer au maire, pouvoir agissant et représentant légal de ces deux personnes, une position spéciale, et qu'il ne partage, dans notre organisation administrative, qu'avec le préfet, pouvoir agissant et représentant légal du département considéré comme personne civile et comme personne politique. Le maire a des attributions propres, qu'il exerce comme autorité chargée du pouvoir exécutif communal ; il en a d'autres, comme mandataire du conseil municipal, qu'il ne remplit que sous le contrôle de ce dernier ; il en a d'autres, comme délégué de l'administration centrale, qu'il n'exerce que sous la surveillance de celle-ci ; d'autres, enfin, comme simple agent d'exécution de la puissance publique, pour lesquelles il n'a d'action que sous l'autorité du gouvernement : la réglementation de cette situation multiple a été faite par l'article 88, que nous avons déjà étudié (voy. *supra*, nᵒˢ 636 et suiv.), et par les articles 89, 90, 91 et 92 de la loi du 5 avril 1884, ainsi conçus :

« Art. 89. Lorsque le maire procède à une adjudication publique pour le compte de la commune, il est assisté de deux membres du conseil municipal désignés d'avance par le conseil ou, à défaut de cette désignation, appelés dans l'ordre du tableau. — Le receveur municipal est appelé à toutes les adjudications.—Toutes les difficultés qui peuvent s'élever sur les opérations préparatoires de l'adjudication sont résolues, séance tenante, par le maire et les deux assistants, à la majorité des voix, sauf le recours de droit. — Il n'est pas dérogé aux prescriptions du décret du 17 mars 1809, relatives à la mise en ferme des octrois.

Art. 90. Le maire est chargé, sous le contrôle du conseil municipal et la surveillance de l'administration supérieure :

1º De conserver et d'administrer les propriétés de la commune, et de faire, en conséquence, tous actes conservatoires de ses droits ;

2º De gérer les revenus, de surveiller les établissements communaux et la comptabilité communale ;

3º De préparer et proposer le budget et ordonnancer les dépenses ;

4º De diriger les travaux communaux ;

5º De pourvoir aux mesures relatives à la voirie municipale ;

6º De souscrire les marchés, de passer les baux des biens et les adjudications des travaux communaux dans les formes établies par les lois et règlements et par les articles 68 et 69 de la présente loi ;

7º De passer dans les mêmes formes les actes de vente, échange, partage, acceptation de dons ou legs, acquisition, transaction, lorsque ces actes ont été autorisés conformément à la présente loi ;

8º De représenter la commune en justice, soit en demandant, soit en défendant ;

9º De prendre, de concert avec les propriétaires ou les détenteurs du droit de chasse dans les buissons, bois et forêts, toutes les mesures nécessaires à la destruction des animaux nuisibles désignés dans l'arrêté du préfet pris en vertu de l'article 9 de la loi du 3 mai 1844 ;

De faire, pendant le temps de neige, à défaut des détenteurs du droit de chasse, à ce dûment invités, détourner les loups et sangliers remis sur le territoire ; de requérir, à l'effet de les détruire, les habitants avec armes et chiens propres à la chasse de ces animaux ;

De surveiller et d'assurer l'exécution des mesures ci-dessus et d'en dresser procès-verbal ;

10º Et, d'une manière générale, d'exécuter les décisions du conseil municipal.

Art. 91. Le maire est chargé, sous la surveillance de l'administration supérieure, de la police municipale, de la police rurale et de l'exécution des actes de l'autorité supérieure qui y sont relatifs.

Art. 92. Le maire est chargé, sous l'autorité de l'administration supérieure :

1º De la publication et de l'exécution des lois et règlements ;

2º De l'exécution des mesures de sûreté générale ;

3º Des fonctions spéciales qui lui sont attribuées par les lois. »

1073. Lorsque le maire procède à une adjudication publique pour le compte de la commune, dit l'article 89 de la loi de 1884, il est assisté de deux membres du conseil municipal désignés d'avance par le conseil ou, à défaut de cette désignation, appelés dans l'ordre du tableau. — Le receveur municipal est appelé à toutes les adjudications. Toutes les difficultés qui peuvent s'élever sur les opérations préparatoires de l'adjudication sont résolues, séance tenante, par le maire et les deux assistants, à la majorité des voix, sauf le recours de droit. — Il n'est pas dérogé aux prescriptions du décret du 17 mai 1809, relatives à la mise en ferme des octrois.

1074. Il semble, si l'on isole cet article 89 de l'article 90 et des articles 68 et 69 de la même loi, que le maire, en matière d'adjudication publique, ait des pouvoirs assez étendus ; en réalité, le maire n'a aucune indépendance, et il est soumis, au contraire, il faut bien le dire, à une surveillance particulière. Voici, en effet, quand il y a lieu de procéder à une adjudication quelconque, en matière municipale, quelles sont les règles du droit.

Il doit être procédé à une adjudication publique quand une commune passe pour un de ses immeubles un bail excédant dix-huit ans, quand elle vend une propriété, quand elle fait un marché de fournitures ou de travaux communaux, quand elle donne en ferme son octroi, etc. Or, aux termes du paragraphe 1er de l'article 68 de la loi de 1884, les baux dont la durée dépasse dix-huit ans ne peuvent être consentis qu'après que les conditions en ont été délibérées par le conseil municipal et approuvées par l'autorité supérieure ; il en est de même, aux termes du paragraphe 2, des aliénations des propriétés communales ; à ceux du paragraphe 3, des travaux de construction, de reconstruction ou de grosse réparation ; à ceux du paragraphe 7, des tarifs de droits de voirie et autres ; à ceux enfin du paragraphe 12, des octrois.

Le projet de location, d'aliénation, de fournitures ou de devis, etc., délibéré par le conseil municipal et approuvé par l'autorité supérieure, ne donne encore au maire aucun droit d'action. Il ne peut agir, dit le paragraphe 6 de l'article 90, que sous le contrôle du conseil et la surveillance de l'autorité supérieure.

Le contrôle du conseil s'exerce par la délégation de deux conseillers qui sont adjoints au maire, et la surveillance de

---

(1) Cons. d'Et. cont. 7 mai 1871; D. P. 72.3.17; Cons. d'Et. cont. 18 mai 1872. 1. p. 328; Cass. Req. 7 juillet 1880, D. P. 82.1.71; Dijon, 3 juillet 1872, D. P. 77.5.353; Poitiers, 31 juillet 1873, D. P. 75.2.78; Nancy, 22 novembre 1875, D. P. 78.2.28; Alger, 7 mars 1877, D. P. 77.2.28; Tr. conf. 28 décembre 1878, D. P. 79.3.56; Tr. conf. 13 décembre 1879, D. P. 80.3.105; Tr. conf. 22 mars 1885, D. P. 85.3.118.

l'autorité supérieure par l'examen préalable du préfet et la présence du percepteur.

Les conseillers qui assistent le maire doivent être désignés par le conseil; à défaut de cette désignation, on doit suivre l'ordre du tableau.

La présence des conseillers délégués est indispensable à la validité de l'adjudication. Il n'en est pas de même de celle du receveur municipal. Cette double solution résulte du texte de l'article 89, qui exige l'*assistance* de deux conseillers, mais qui demande seulement que le receveur soit appelé (voy. *infra*, n° 2592 et s.).

1075. Les adjudications se distinguent suivant leur objet, on compte :

1° Les adjudications forestières pour coupes de bois, chablis, etc.;

2° Les adjudications des droits de pêche fluviale et celles des droits de bacs et passages d'eau;

3° Les adjudications qui ont pour objet l'aliénation ou la location des propriétés communales, l'amodiation des droits de chasse, ainsi que celle des droits de places dans les halles, foires et marchés et, en général, celle de tous les objets dont le produit est destiné à être versé dans la caisse municipale;

4° Les adjudications de travaux de simple entretien aux édifices communaux, les fournitures ordinaires, l'exploitation des coupes affouagères et, en général, celles relatives aux services communaux qui ne présentent pas une grande importance;

5° Les adjudications des travaux de construction, reconstruction, grosses réparations des bâtiments communaux, aussi celles relatives aux travaux de la vicinalité.

1076. Quant à leur nature, elles se divisent en adjudications aux enchères et en adjudications aux rabais.

La voie des enchères tend à obtenir, de ce qui fait l'objet de l'adjudication, le prix le plus élevé.

Dans l'adjudication au rabais, au contraire, l'administration cherche à payer, pour un travail donné, des prix aussi peu élevés que possible; elle fixe un maximum qu'elle ne doit pas dépasser, et celui-là est déclaré adjudicataire qui a fait sur ce maximum le plus fort rabais. Aussi, dans l'adjudication aux enchères, les offres des concurrents doivent aller en montant; dans l'adjudication au rabais, elles doivent aller en descendant. Le rabais peut porter non seulement sur les sommes à payer, mais aussi, quand il s'agit de concessions de chemins de fer, de canaux, sur la durée de la jouissance des péages concédés à la compagnie entrepreneur du travail.

1077. Au point de vue de leur forme, les adjudications se distinguent encore en adjudications à l'extinction des feux et en adjudications sur soumissions cachetées. Le système de l'extinction des feux peut s'appliquer également aux adjudications aux enchères et à celles au rabais. Les adjudications sur soumissions cachetées, au contraire, ont toujours lieu au rabais.

1078. Les adjudications forestières, réglées par les articles 17 et suivants du code forestier, ont lieu suivant un mode tout à fait spécial, sur série décroissante de prix.

Les adjudications des droits de pêche fluviale sont régies par le titre III de la loi du 15 avril 1829, modifié par la loi du 8 juin 1840, et celles des droits de bacs et passage d'eau, par la loi du 6 frimaire an VII. Elles ont lieu les unes et les autres au chef-lieu d'arrondissement, à l'enchère publique, à l'extinction des feux, sous la présidence du sous-préfet ou du préfet, assisté du receveur de l'enregistrement et de l'ingénieur en chef ou de son délégué.

1079. L'aliénation ou la location des propriétés communales doit, en règle générale, suivant la jurisprudence du Conseil d'État, constatée par de nombreux avis, avoir toujours lieu par voie d'adjudication aux enchères publiques, à l'extinction des feux, suivant les formes prescrites de l'ordonnance du 7 octobre 1818, sauf en ce qui concerne l'intervention d'un notaire, qui est facultative pour les communes.

1080. L'amodiation des droits de chasse et la location des droits de place dans les foires, halles et marchés doivent également être faites par voie d'adjudication aux enchères pu-

bliques et à l'extinction des feux. L'adjudication a lieu au chef-lieu de la commune, sous la présidence du maire, assisté de deux conseillers et du receveur municipal.

1081. Les adjudications concernant des services communaux peu importants, tels que travaux de simple entretien, fournitures ordinaires, exploitation de coupes affouagères, ont également lieu à l'extinction des feux, mais au *rabais*, sous la présidence du maire, assisté de deux conseillers et du receveur municipal.

1082. Les règles relatives aux adjudications des travaux à effectuer sur les chemins vicinaux sont tracées par le règlement général des chemins vicinaux et l'instruction générale sur l'exécution dudit règlement. Ces adjudications ont toujours lieu au rabais par voie de soumission cachetée. En ce qui concerne les travaux des chemins de grande communication d'intérêt communal, les adjudications se passent à la préfecture, sous la présidence du préfet, assisté de deux membres du conseil général ou d'arrondissement ainsi que de l'agent-voyer en chef. Lorsque les travaux s'exécutent sur le territoire d'un seul arrondissement, l'adjudication a lieu à la sous-préfecture, sous la présidence du sous-préfet, assisté d'un bureau composé de deux membres du conseil général ou du conseil d'arrondissement et de l'agent voyer en chef ou de son délégué, l'agent voyer d'arrondissement. Les membres des conseils généraux et d'arrondissement sont désignés par le préfet et le sous-préfet. Il est de principe absolu qu'aucun des membres du bureau ne peut se porter adjudicataire, soit pour son compte personnel, soit comme représentant d'un tiers.

1083. Pour les chemins vicinaux ordinaires, les adjudications sont passées soit dans la commune de la situation des travaux, soit au chef-lieu de canton ou à la sous-préfecture. Quand elles ont lieu dans la commune ou au chef-lieu de canton, le bureau est formé du maire, président, et de deux conseillers municipaux, assistés du receveur municipal et de l'agent voyer. La présidence passe au sous-préfet, mais la composition du bureau reste la même lorsque les adjudications ont lieu à la sous-préfecture. Les adjudications des travaux d'entretien à exécuter pendant le cours de l'année aux chemins vicinaux se font, en général, en bloc, pour toutes les communes au chef-lieu de la sous-préfecture.

1084. Les travaux et fournitures de construction, reconstruction et grosses réparations des édifices communaux ou des établissements de bienfaisance, doivent, lorsqu'ils dépassent trois mille francs, être donnés par voie d'adjudication au rabais sur soumission cachetée. L'ordonnance du 14 novembre 1837 trace toutes les règles à suivre en cette matière et n'autorise les traités de gré à gré que lorsque la valeur des travaux et fournitures ne dépasse pas trois mille francs (1) et, dans certains cas, limitativement déterminés par elle. En dehors de ces exceptions, l'adjudication sur soumission cachetée est la règle. L'article 3 de cette ordonnance pose le principe que les adjudications peuvent être soumises à des restrictions de manière à ce qu'on puisse n'admettre à concourir que des personnes reconnues capables et produisant les titres justificatifs exigés par le cahier des charges. Ces cahiers des charges doivent déterminer la nature et l'importance des garanties que les fournisseurs ou entrepreneurs auraient à produire, et déterminer l'action que l'Administration pourra exercer sur ces garanties, en cas d'inexécution des engagements. Ils doivent, de plus, stipuler que tous les ouvrages exécutés par les entrepreneurs en dehors des autorisations régulières demeurent à la charge personnelle de ces derniers, sans répétition possible contre les communes ou établissements. Ces adjudications ont lieu au chef-lieu de la commune, sous la présidence du maire, assisté de deux conseillers municipaux et du receveur municipal, auquel on adjoint l'architecte. Il arrive fréquemment que, pour développer la concurrence, on fait

---

(1) Depuis les décrets du 25 mai 1862 sur la décentralisation, le préfet est compétent pour statuer sur les marchés de gré à gré, alors même que ces traités dépasseraient 3,000 francs, mais il faut que ces marchés s'appliquent à des objets rentrant dans la catégorie des exceptions consacrées par ordonnance de 1837.

faire ces adjudications au chef-lieu d'arrondissement. Dans ce cas, la présidence passe au sous-préfet, s'il assiste, mais la composition du bureau reste la même.

1085. L'ordonnance du 14 novembre 1837, article 6, pose, en règle générale, que toute adjudication doit être annoncée au moins un mois à l'avance, et ce n'est que lorsqu'il y a urgence absolue que ce délai peut être réduit; et en aucun cas il ne peut être abrégé de plus de quinze jours, excepté en matière de chemins vicinaux, où ce délai peut être réduit à dix jours.

1086. Cette annonce a lieu par voie d'affiches et par voie de publications.

Les affiches indiquent :

1° L'objet de l'adjudication et sa nature ;

2° Le lieu où l'on peut prendre connaissance du cahier des charges ;

3° L'autorité chargée de procéder à l'adjudication;

4° Le lieu, le jour et l'heure fixés pour l'opération.

Lorsqu'il s'agit d'adjudication par voie de soumission cachetée, les affiches portent en outre un modèle de soumission.

Ces affiches doivent être apposées par les soins des maires, non seulement dans la localité, mais dans les principales communes limitrophes.

Les publications sont faites à son de trompe ou de caisse, à deux reprises, à quinzaine ou huitaine d'intervalle.

1087. Ces formalités ayant pour but de provoquer la concurrence par une publicité aussi étendue que possible, dans l'intérêt des communes, les maires doivent tenir la main à ce qu'elles soient strictement observées, notamment en ce qui concerne le délai d'affichage, qui, nous le répétons, ne peut être réduit à moins de 10 jours.

Ces données générales une fois posées, examinons les modes d'adjudication les plus fréquemment en usage dans les communes. Ils sont au nombre de deux : les adjudications à l'extinction des feux aux enchères ou au rabais et les adjudications sur soumissions cachetées.

1088. *Adjudication à l'extinction des feux.* — Que l'adjudication soit aux enchères ou qu'elle soit au rabais, du moment qu'elle a lieu à l'extinction des feux, le mode de procéder est le même. L'avantage particulier de ce système consiste dans l'excitation qu'il donne aux concurrents, excitation justement dénommée *chaleur des enchères*, qui les pousse souvent à faire des conditions très avantageuses. Cet avantage est souvent plus apparent que réel, car il arrive fréquemment que l'adjudicataire, poussé par la rivalité, a pris des engagements qu'il ne peut pas remplir, et l'adjudication ne profite à personne. Pour remédier à cet inconvénient très réel, le bureau peut exiger des concurrents le versement en numéraire d'un cautionnement pour être admis aux enchères.

1089. Dans ce système d'adjudication, on procède conformément aux règles tracées par les articles 705 et 706 du Code de procédure civile.

Le maire ouvre la séance en donnant lecture des charges, clauses et conditions de l'adjudication; il indique la mise à prix sur laquelle ont lieu les enchères ou le rabais, et fixe, d'accord avec la commission qui l'assiste, le chiffre de l'enchère ou du rabais. Ce chiffre ne doit jamais être trop élevé.

On allume ensuite la première bougie, qui doit, ainsi que les autres feux, être préparée de manière à durer au moins une minute. Ce feu une fois allumé, toute personne peut enchérir ou faire un rabais.

1090. L'adjudication n'est faite qu'après l'extinction de trois bougies successivement allumées. — Si pendant la durée d'une des trois premières bougies il survient des enchères, l'adjudication ne peut être prononcée qu'après l'extinction de deux bougies, sans nouvelle enchère survenue pendant leur durée.

1091. L'enchérisseur cesse d'être obligé, si son enchère est couverte par une autre, lors même que cette dernière serait déclarée nulle.

1092. Le dernier enchérisseur est déclaré adjudicataire par le maire, à charge par lui de se conformer aux conditions imposées par le cahier des charges.

1093. En matière de vente de biens communaux, la jurisprudence n'admet la surenchère prévue par l'article 709 du Code de procédure civile que lorsqu'elle est expressément stipulée dans une clause du cahier des charges (voy. n°s 2645 et suiv.).

1094. La principale des conditions imposées par le cahier des charges est de fournir une caution bonne et solvable, qui doit être reçue séance tenante, à moins que le cahier des charges n'accorde 24 heures pour sa présentation.

1095. Il est important de ne pas confondre le cautionnement avec la caution. Le cautionnement consiste dans le versement d'une somme d'argent qui garantit la solvabilité de l'adjudicataire et ne lui est remboursée, avec les intérêts à 3 0/0, qu'après la complète exécution du marché. La caution est, au contraire, une personne solvable qui, sans débourser immédiatement d'argent, se porte fort que l'adjudicataire remplira ses engagements, et, en cas d'inexécution de la part de ce dernier, s'engage solidairement avec lui.

1096. *Adjudication sur soumissions cachetées.* — Ces adjudications, si elles paraissent moins avantageuses au premier abord que les adjudications à la chaleur des enchères, présentent en réalité des garanties plus solides. Dans ce système, en effet, le candidat adjudicataire juge plus froidement la situation, et, s'il se contente d'un bénéfice aussi faible que possible, il évite en même temps d'aller au-devant d'une perte certaine.

Les règles de cette série d'adjudications sont fixées, tant dans l'ordonnance du 14 novembre 1837, que dans le règlement général des chemins vicinaux, articles 43 à 52, et l'instruction générale sur le service desdits chemins, 6 décembre 1870, articles 155 à 165.

1097. Lorsque les adjudications se font au rabais et sur soumissions cachetées, le rabais s'applique non au montant total du devis, mais aux prix de la série servant de base aux évaluations. Dans le cas où il est nécessaire de fixer préalablement un minimum de rabais, ce minimum est déterminé par le président, sur l'avis de l'agent voyer ou de l'architecte assistant à l'adjudication, et déposé, sous enveloppe cachetée, sur le bureau, avant l'ouverture de la séance.

1098. Les soumissions doivent toujours être placées seules dans une enveloppe cachetée portant la désignation des travaux et le nom de l'entrepreneur. Cette première enveloppe forme, avec les certificats de capacité, s'ils sont exigés, et les pièces constatant le versement du cautionnement ou un engagement valable de le fournir, un paquet également cacheté portant aussi la désignation des travaux.

Tous ces paquets une fois déposés par les concurrents sont rangés sur le bureau par le fonctionnaire qui préside l'adjudication, et ils reçoivent en même temps un numéro d'ordre.

1099. A l'heure fixée par l'affiche, le premier cachet de chaque paquet est rompu publiquement, et il est dressé un état des pièces qui s'y trouvent renfermées. On fait alors évacuer la salle par le public, et le bureau, resté seul, délibère sur la solvabilité et la capacité des concurrents, qu'il admet ou non à l'adjudication, après avoir pris l'avis de l'agent voyer ou de l'architecte et du comptable. En cas de partage dans le vote du bureau, la voix du président est prépondérante. Il en est de même pour toutes les questions qui peuvent être soulevées au cours de l'adjudication.

1100. La liste des concurrents une fois arrêtée, la séance redevient publique et le président fait connaître les concurrents agréés. Les soumissions présentées par ces derniers (1) sont alors ouvertes publiquement. Elles doivent, à peine de nullité, être conformes au modèle indiqué par les affiches. Les concurrents qui ne savent pas écrire peuvent faire signer leur soumission par un fondé de procuration, à condition de déclarer le fait au président avant l'ouverture de la séance.

1101. Le concurrent qui fait l'offre d'exécuter les travaux aux conditions les plus avantageuses est déclaré adjudicataire si son rabais remplit les conditions de minimum fixé, et si, à

_____

(1) Les soumissions des concurrents éliminés ne doivent pas être ouvertes.

défaut de la fixation de ce minimum, sa soumission ne comporte pas d'augmentation sur les prix prévus.

1102. Dans le cas où le rabais le plus avantageux serait offert par plusieurs concurrents, il est procédé, séance tenante, entre ceux-ci, à une nouvelle adjudication sur soumission cachetée. Les rabais de la nouvelle adjudication ne peuvent être inférieurs à ceux de la première.

1103. Si les concurrents maintiennent les rabais primitifs, le bureau désigne, après avoir pris l'avis de l'agent voyer ou de l'architecte, celui des concurrents qui est déclaré adjudicataire.

1104. Il est dressé pour chaque adjudicataire un procès-verbal qui relate toutes les circonstances de l'opération.

1105. Les adjudications ne deviennent définitives qu'après approbation du préfet.

1106. Les cautionnements à verser par les adjudicataires doivent être versés à la caisse du trésorier-payeur général ou à celle des receveurs particuliers pour les chemins de grande communication et d'intérêt commun, et à la caisse du receveur municipal pour les chemins vicinaux ordinaires et les travaux d'intérêt purement communal. Il est recommandé aux comptables d'assurer, aussitôt que possible, la conversion des dépôts provisoires des soumissionnaires en récépissés de cautionnement définitif. Les cautionnements fournis en immeubles, soit par l'adjudicataire, soit par des tiers répondants pour lui, doivent être consentis dans la forme authentique d'une hypothèque conventionnelle, conformément aux prescriptions de l'article 2127 du Code civil, et être inscrits au bureau des hypothèques de la situation des biens grevés, suivant les dispositions de l'article 2146 du même code.

1107. Après une tentative infructueuse d'adjudication, les travaux peuvent, avec l'autorisation du préfet (1), donner lieu à un marché de gré à gré, lorsqu'on trouve un soumissionnaire s'engageant à les exécuter sans augmentation de prix et aux conditions du cahier des charges. Si, à défaut de cette soumission, on reconnaît la nécessité d'augmenter certains prix et de modifier les conditions du cahier des charges, on procède à une nouvelle tentative d'adjudication, après avoir opéré sur les pièces du projet les changements adoptés. Dans le cas où cette seconde tentative d'adjudication reste infructueuse, on peut recourir à un marché de gré à gré pour l'ensemble du projet, ou bien à plusieurs marchés distincts, en scindant les travaux, soit en lots moins importants, soit selon leur nature. Le préfet peut aussi autoriser l'exécution par voie de régie après la seconde tentative infructueuse d'adjudication.

1108. Dans les vingt jours de la date de l'approbation préfectorale, la minute du procès-verbal doit être soumise à l'enregistrement. Il ne peut en être délivré ni expédition, ni extrait, qu'après l'accomplissement de cette formalité.

1109. Les adjudicataires payent les frais de timbre et d'enregistrement des procès-verbaux d'adjudication, ceux d'expédition sur papier timbré des devis et cahiers des charges dont il leur est fait remise, ainsi que ceux d'affiches et autres publications, s'il y a lieu.

Les droits d'enregistrement relatifs aux adjudications publiques avaient été établis de la manière suivante, par la loi du 22 frimaire an VII :

Un droit proportionnel de 1 franc par 100 francs pour toutes les adjudications non translatives de propriété. (Art. 69, § 3, 1°.)

Un droit proportionnel de 2 francs par 100 francs pour les adjudications translatives de propriété. (Art. 69, § 5, 1°.)

Un droit de 50 centimes par 100 francs pour les cautionnements. (Art. 69, § 2, 8°.)

Un droit fixe de 1 franc pour les certificats de caution et de cautionnement. (Art. 68, § 16.) Ce droit fixe a été augmenté de moitié par l'article 4 de la loi du 23 février 1872, ainsi que tous les autres droits fixes non dénommés dans l'article 1er de ladite loi.

1110. L'article 51, paragraphe 3, de la loi du 28 avril 1816, sans faire de distinction entre les marchés qui pouvaient être translatifs de propriété mobilière, et ceux qui ne l'étaient pas, a soumis indistinctement au droit proportionnel de 1 franc par 100 francs toutes les adjudications au rabais pour constructions, réparations, entretien, approvisionnement et fournitures dont le prix devait être payé par le Trésor, les administrations locales ou les établissements publics. Cette disposition a été modifiée en ce qui concerne les adjudications, dont le prix doit être payé directement par le Trésor, par les lois des 15 juillet 1828 et 22 février 1872.

1111. En ce qui concerne le service vicinal, l'article 20 de la loi du 21 mai 1836 portait que les plans, procès-verbaux, certificats, significations, jugements, contrats, marchés, adjudication de travaux, quittances et autres actes ayant pour objet exclusif la construction, l'entretien et la réparation des chemins vicinaux, devaient être enregistrés moyennant le droit fixe de 1 franc. Cette disposition avait pour but d'encourager la construction des chemins vicinaux et d'en favoriser le développement. Une loi du 18 mai 1850, qui élevait à 2 francs le montant du droit fixe d'enregistrement, bien que conçue dans un sens très général, avait cependant pris soin de déclarer par son article 30 qu'il n'était pas dérogé à l'article 20 de la loi du 21 mai 1836. La loi du 28 février 1872 a complètement changé la jurisprudence administrative à cet égard, et il résulte des termes généraux de l'article 4 de la loi, que l'augmentation de moitié établie par la loi est applicable au droit fixe de 1 franc à percevoir sur les adjudications et autres actes de la vicinalité. Ce droit se trouve donc actuellement fixé à 1 fr. 50.

1112. Il faut noter, en outre, qu'aux termes de l'article 41 de la loi du 22 frimaire an VII, toutes les pièces, plans, devis et cahiers des charges doivent être visés pour timbre et enregistrés.

1113. La loi, ainsi que nous venons de le voir, a réglementé dans le plus grand détail toutes les formalités relatives aux adjudications publiques. Par la composition du bureau et l'autorité dont elle arme le président, elle assure le caractère de dignité nécessaire à la bonne tenue de semblables réunions. Imbue de ce principe, l'Administration a été plus loin, et, voulant entourer d'un certain prestige les adjudications publiques faites par les notaires, dans l'intérêt des particuliers, elle a invité les maires à mettre les édifices communaux à la disposition des notaires pour les adjudications qu'ils peuvent avoir à passer, dans les communes rurales, afin d'éviter qu'ils ne soient obligés de procéder à ces sortes d'adjudications dans des lieux publics, tels que les cabarets, qui sont peu en rapport avec la qualité d'officiers ministériels dont ils sont revêtus (1).

1114. Les personnes qui apportent des entraves à la liberté des enchères, ou qui, par dons ou promesses, écartent les enchérisseurs, peuvent être punis d'un emprisonnement de quinze jours à trois mois et d'une amende de 100 à 5,000 francs (2).

1115. Aux termes du dernier paragraphe de l'article 89, il n'est pas dérogé aux prescriptions du décret du 17 mai 1809, relatives à la mise en ferme des octrois. En vertu de l'article 135 du décret, les adjudications de cette nature sont faites en présence d'un agent des contributions directes, par le maire dans les communes de 5,000 âmes et au-dessous, et dans celles d'une population supérieure par le sous-préfet. Elle ne devient définitive qu'après approbation du ministre des finances (voy. IMPOTS INDIRECTS).

1116. En principe, le maire accomplit sous le contrôle du conseil municipal tous les actes dont la délibération appartient à ce dernier, que celui-ci décide seul sur la matière, ou que l'exécution en soit subordonnée à l'approbation préalable de l'autorité supérieure. Ces différentes sortes d'affaires sont, en effet, celles que l'on considère comme étant principalement d'intérêt communal, et elles forment l'objet des attributions

---

(1) Décret de décentralisation du 25 décembre 1852.

(1) C. civ., art. 1596.
(2) C. P., art. 442.

confiées au pouvoir municipal par les articles 61 et 68 de la loi du 5 avril 1884, que nous avons déjà examinée.

1117. A ce titre, le maire est chargé, aux termes de l'article 90 :

1° De conserver les propriétés communales....................	Art. 61.
D'administrer les propriétés communales.....................	Art. 61.
De faire tous actes conservatoires des droits de la commune.......	Art. 61.
2° De gérer les revenus.............	Art. 61; art. 68, n°s 1 et 3.
De surveiller les établissements communaux	Art. 61; art. 68, n° 5.
De surveiller la comptabilité communale.....................	Art. 61; art. 68, n°s 9, 10, 11 et 12.
3° De préparer et proposer le budget.	Art. 68, n°s 9, 10 et 11.
D'ordonnancer les dépenses.......	Art. 68, n°s 9, 10 et 11.
4° De diriger les travaux communaux.	Art. 68, n° 3.
5° De pourvoir aux mesures relatives à la voirie municipale.........	Art. 68, n° 7.
6° De souscrire les marchés........	Art. 68, n° 3.
De passer les baux des biens......	Art. 61; art. 68, n° 1.
De passer les adjudications des travaux communaux	Art. 68, n° 3.
7° De passer les actes de vente......	Art. 68, n° 2.
De passer les actes d'échange.....	Art. 68, n° 2.
De passer les actes de partage.....	Art. 68, n°s 2, 3 et 4.
D'assurer les acceptations de dons et legs.....................	Art. 68, n° 8.
De passer les actes d'acquisitions..	Art. 68, n° 3.
De signer les transactions........	Art. 68, n° 4.
8° De représenter la commune en justice........................	Art. 61.

1118. En dehors des fonctions normales que l'article 90 confie au maire sous le contrôle du conseil municipal, le même article le charge, sous le même contrôle :

1° De prendre, de concert avec les propriétaires, ou les détenteurs du droit de chasse dans les buissons, bois et forêts, toutes les mesures nécessaires à la destruction des animaux nuisibles désignés dans l'arrêté du préfet pris en vertu de l'article 9 de la loi du 3 mai 1844 ;

De faire, pendant le temps de neige, à défaut des détenteurs du droit de chasse à ce dument invités, détourner les loups et sangliers réunis sur le territoire ; de requérir, à l'effet de détruire ces animaux, les habitants avec armes et chiens propres à la chasse de ces animaux ;

De surveiller et d'assurer l'exécution des mesures ci-dessus et d'en dresser procès-verbal ;

2° D'une manière générale, d'exécuter les décisions du conseil municipal.

On a peine à comprendre l'inscription de ces deux dispositions dans le texte de la loi de 1884, à la place où elles sont insérées, et dans les termes où elles sont conçues.

1119. En premier lieu, en effet, il est inexact que le maire soit chargé, sous le contrôle du conseil municipal, d'assurer ou de prendre les diverses mesures propres à assurer la destruction des animaux nuisibles et malfaisants. Le conseil municipal n'a rien à faire en semblable matière. L'initiative des mesures appartient au préfet, en vertu de l'article 9 de la loi du 3 mai 1844, et le conseil n'a pas d'avis à émettre et de décision à prendre. En réalité, le maire agit sous le *contrôle* de l'administration forestière et des autorités judiciaires, et sous la surveillance et l'*autorité* de l'administration supérieure. La disposition qui nous occupe introduite, au cours des débats, sur un amendement présenté par l'initiative parlementaire se ressent de la hâte de son adoption, tant au point de vue du fond qu'à celui de la forme de la rédaction.

1120. En second lieu, il est également inexact de dire que le maire soit chargé, d'une manière générale, d'exécuter les décisions du conseil municipal, sous le contrôle du conseil et de la surveillance de l'autorité supérieure. Le maire est bien chargé d'exécuter les décisions du conseil, mais il ne peut agir pour l'exécution de ces décisions que dans la limite des pouvoirs et des droits conférés soit à lui-même, par les articles 82, 88 et suivants, soit au conseil par les articles 61 et suivants. Pour l'exécution des décisions du conseil, le maire

agit donc tantôt sous le contrôle du conseil, tantôt sous celui de l'administration supérieure, tantôt sous l'autorité et la surveillance de cette dernière ; il peut même, si la décision du conseil est contraire aux droits que la loi lui assure personnellement, se refuser à l'exécution. On devrait donc dire que le maire est chargé de l'exécution des décisions du conseil *légalement* et *définitivement* prises ; dans ces termes, la disposition de l'article 90 est inutile.

1121. Un maire peut se refuser à accomplir les actes que la loi ou le conseil municipal lui imposent de faire. Ce refus d'action n'est pas prévu par nos lois pénales : mais il crée à l'égard du maire un double conflit, avec l'administration supérieure d'un côté, avec le conseil municipal de l'autre.

1122. Le législateur a dû prévoir les conflits qui s'engagent avec l'administration supérieure, et l'article 85 de la loi de 1884, comme autrefois l'article 15 de la loi de 1837, autorise le préfet, dans le cas où l'acte que refuse ou néglige de faire le maire est un acte prescrit par la loi, à y procéder d'office par lui-même ou à y faire procéder par un délégué spécial. La seule condition de forme que doive observer le préfet est de requérir préalablement le maire d'accomplir son devoir.

1123. Quant aux conflits que le refus d'un maire d'obéir à une décision du conseil municipal peut établir avec ce dernier, il ne sort pas de l'ordre administratif, et le préfet ne doit pas intervenir personnellement. Il peut et il doit user de son influence pour y mettre fin à l'amiable, mais il ne peut le trancher directement que par la suspension ou la révocation, soit du maire, soit du conseil municipal, selon les cas.

1124. La délégation des pouvoirs municipaux que fait le préfet en vertu de l'article 85 a toujours lieu *intuitu personæ* : elle ne peut donc être transférée à un tiers, soit par le délégué, soit par le préfet lui-même. Si le délégué ne peut exécuter sa mission, le préfet doit rapporter son arrêté et procéder à une délégation nouvelle.

1125. Il va sans dire que le maire qui refuse ou néglige un acte que la loi lui impose la loi ou qui n'exécute pas une délibération régulièrement prise par le conseil municipal peut engager sa responsabilité personnelle ; il commet alors incontestablement une faute lourde dont les conséquences dommageables lui peuvent être imputées.

TITRE II.

DU MAINTIEN DE L'ORDRE PUBLIC DANS LA COMMUNE.

CHAPITRE PREMIER.

POLICE GÉNÉRALE.

1126. La commune est une personne politique et une personne civile ; nous venons de voir les attributions confiées au maire comme représentant cette personne civile, nous allons passer en revue celles qu'il exerce comme représentant de la personne politique. En semblable matière, on comprend qu'il n'agit jamais que sous la surveillance de l'autorité supérieure. Une commune n'est pas un enclos muré dans l'intérieur du pays, et il importe que certains actes dont l'exécution est confiée à l'autorité municipale et qui intéressent l'ordre public ne soient pas seulement contrôlés, mais surveillés. Ces actes sont ceux qui se rapportent à la police.

« La police, disait le vieux Loyseau, est le règlement de la cité. » Cette définition, dans sa généralité, est toujours vraie ; mais nos lois de la révolution ont fait en cette matière des distinctions, qui ont peut-être leur raison d'être, mais qui ont été la cause de bien des embarras et controverses.

« La répression des délits, disait le Code de brumaire an IV, exige l'action de deux autorités distinctes et incompatibles, celle de la police et celle de la justice.

« La police est instituée pour maintenir l'ordre public, la liberté, la propriété, la sûreté individuelle.

« Son caractère principal est la vigilance. La société considérée en masse est l'objet de sa sollicitude.

« Elle se divise en police administrative et en police judiciaire.

« La police administrative a pour objet le maintien habituel de l'ordre public dans chaque lieu et dans chaque partie de l'administration générale. Elle tend principalement à prévenir les délits. Les lois qui la concernent font partie du Code des administrations civiles.

« La police judiciaire recherche les délits que la police administrative n'a pas pu empêcher de commettre, en rassemble les preuves et en livre les auteurs aux tribunaux, chargés par la loi de les punir. »

1127. La police administrative veille, par ses nombreux agents, au maintien de l'ordre public; elle est exercée, dans toute l'étendue du territoire, par les ministres; dans les départements et les communes, par les préfets, sous-préfets, maires, commissaires de police et autres agents municipaux; à Paris, par le préfet de police et ses nombreux auxiliaires. L'une des principales prérogatives de la police administrative est de faire des règlements propres à assurer l'ordre public, dont la conservation est un de ses premiers devoirs. « Le droit de police, dit Loyseau, consiste proprement à pouvoir faire des règlements particuliers pour tous les citoyens de son détroit et territoire. » Parmi ces règlements, les uns embrassent les intérêts généraux de l'Etat, comme, par exemple, ceux qui concernent la grande voirie, la santé publique, l'industrie, l'exploitation des mines, les cours d'eau, la pêche fluviale, le travail des enfants dans les manufactures, la sûreté de l'Etat; ce sont les règlements de police générale. Les autres n'ont en vue que l'utilité de la cité proprement dite et de ses habitants; ils pourvoient à la sûreté et à la commodité du passage dans les rues, quais, places et voies publiques; au maintien du bon ordre dans les endroits où il se fait de grands rassemblements; à l'inspection du débit des denrées qui se vendent au poids ou à la mesure, et des comestibles exposés en vente, et aux moyens de prévenir les fléaux calamiteux. Ils constituent la partie de la police que l'on appelle *municipale*, et celle que l'on dit *rurale*, si on conserve à ces qualifications la signification qui leur est propre.

1128. La police générale se subdivise elle-même en police de sûreté générale et police générale proprement dite.

1129. Le paragraphe 2 de l'article 92 de la loi de 1884 charge le maire, sous l'autorité de l'administration supérieure, de l'exécution des mesures de sûreté générale. Cette disposition est la reproduction du paragraphe 3 de l'article 9 de la loi de 1837. Qu'est-ce que la sûreté générale ? Si on en croyait les débats survenus en 1837, ces mots ont donné lieu, leur sens serait fort restreint, et ils ne s'appliqueraient guère qu'à ces mesures passagères et heureusement fort rares qui sont dictées par des événements imprévus qui troublent l'ordre social tout entier, tels que les émeutes et les crises révolutionnaires.

« Lorsqu'une cité est en proie à la révolte, disait M. Vivien, lorsque l'existence même du gouvernement est attaquée à face ouverte, il ne s'agit plus de police municipale, d'intérêt purement local, c'est la sûreté générale qui est ébranlée; le droit du gouvernement, non moins que son devoir, lui prescrivent d'agir. Il intervient avec les moyens qui lui sont propres; il recourt aux maires comme à ses délégués; il leur donne ses ordres; il pèse sur eux de toute son autorité. La responsabilité du pouvoir exécutif disparaîtrait si son action pouvait être entravée par un pouvoir rival ou par la résistance des autorités inférieures. Ces principes n'ont jamais été contestés. Ils ne reçoivent aucune atteinte des attributions que nous conférons aux maires. Toutefois, pour ne laisser aucune place au doute, aucun prétexte aux mauvaises volontés, nous avons inséré une disposition nouvelle comprenant l'exécution des mesures de sûreté générale parmi les attributions dont le maire est chargé comme délégué du gouvernement et sous son autorité. Le roi, chargé de la police du royaume, pourvoit par des ordonnances aux mesures générales qui ont pour objet la sécurité et le repos de tous les citoyens. Les préfets

exercent le même pouvoir dans leurs départements; leurs arrêtés régissent les diverses communes de leur territoire considérées collectivement. Lorsqu'il s'agit de l'exécution de ces mesures, le maire remplit les fonctions de délégué de l'administration supérieure. »

Mais on ne doit pas donner à cette expression *sûreté générale* la portée restreinte que nous indiquons. M. Vivien expliquait fort mal ce qu'il voulait dire. La portée de la loi est tout autre, et, dès l'origine, on l'a entendu autrement. Par mesures de sûreté générale, il faut comprendre non seulement celles qui peuvent intéresser la paix publique, mais encore celles qui touchent à l'ordre public et à l'organisation sociale elle-même, c'est-à-dire la police générale. C'est sans doute ce que voulait exprimer M. Vivien quand il disait : « Le roi, chargé de la police générale du royaume, pourvoit par des ordonnances générales qui ont pour objet la sécurité et le repos de tous les citoyens. »

Le paragraphe 2 de l'article 92 s'applique donc à toutes les mesures qui touchent à la sûreté générale proprement dite et à la police générale.

1130. Nous n'avons pas à entrer ici dans le détail des matières qui forment la sûreté générale. Le maire n'est que l'un des simples agents subordonnés de cette police ; il ne prend un rôle d'initiative que lorsque la sûreté générale intéresse la sûreté publique de la commune qu'il administre ; et, dans ce cas, ses droits, ses devoirs, ses pouvoirs sont déterminés par les dispositions de la loi municipale (art. 97), que nous examinerons plus loin. Aussi bien, la plupart de ces matières formeront dans le répertoire l'objet d'études spéciales et développées. Contentons-nous de dire que l'on doit considérer comme rentrant dans les attributions de sûreté générale tout ce qui a pour objet la sûreté de l'Etat, l'ordre public, la propriété et la liberté individuelles, c'est-à-dire la surveillance et la protection de ces intérêts généraux et l'organisation de la force publique chargée d'assurer l'indépendance de l'Etat et le libre exercice des droits individuels.

1131. Pour les mêmes raisons, nous n'avons pas à nous occuper ici de la police générale administrative, où le maire n'est encore là qu'un agent d'exécution. Il doit veiller à l'exécution des lois et des règlements pris par l'autorité supérieure; il n'a pas, en général, de droit propre, à moins que la loi spéciale qui doit être appliquée ne lui en ait conféré par un texte formel. Contentons-nous donc également de dire que la police administrative a pour objet toutes les mesures qui doivent servir à accroître le développement moral des individus et le développement matériel de leurs intérêts, c'est-à-dire l'exécution des lois qui organisent et réglementent l'enseignement, les cultes, la santé et l'assistance publiques, le commerce, l'industrie, l'agriculture, les impôts, les travaux publics et la facilité des moyens de communication.

1132. Les articles 92, 93, 94, 95 et 96 de la loi du 5 avril 1884 s'expriment ainsi :

« Art. 92. Le maire est chargé, sous l'autorité de l'administration supérieure :

1° De la publication et de l'exécution des lois et règlements ;

2° De l'exécution des mesures de sûreté générale ;

3° Des fonctions spéciales qui lui sont attribuées par les lois.

Art. 93. Le maire ou, à son défaut, le sous-préfet pourvoit d'urgence à ce que toute personne décédée soit ensevelie et inhumée décemment, sans distinction de culte ni de croyance.

Art. 94. Le maire prend des arrêtés à l'effet :

1° D'ordonner les mesures locales sur les objets confiés par les lois à sa vigilance et à son autorité ;

2° De publier de nouveau les lois et les règlements de police et de rappeler les citoyens à leur observation.

Art. 95. Les arrêtés pris par le maire sont immédiatement adressés au sous-préfet ou, dans l'arrondissement du chef-lieu du département, au préfet.

Le préfet peut les annuler ou en suspendre l'exécution.

Ceux de ces arrêtés qui portent règlement permanent ne sont exécutoires qu'un mois après la remise de l'ampliation constatée par les récépissés délivrés par le sous-préfet ou le préfet. Néanmoins, en cas d'urgence, le préfet peut en autoriser l'exécution immédiate.

Art. 96. Les arrêtés du maire ne sont obligatoires qu'après avoir été portés à la connaissance des intéressés, par voie de publications et d'affiches, toutes les fois qu'ils contiennent des dispositions générales, et, dans les autres cas, par voie de notification individuelle.

La publication est constatée par une déclaration certifiée par le maire.

La notification est établie par le récépissé de la partie intéressée ou, à son défaut, par l'original de la notification conservé dans les archives de la mairie.

Les arrêtés, actes de publication et de notification sont inscrits à leur date sur le registre de la mairie. »

Ces articles sont ceux qui déterminent et qui limitent les droits de l'autorité municipale dans les matières de police générale.

1133. Le maire est chargé, sous l'autorité de l'administration supérieure, de la publication et de l'exécution des lois et règlements, et, quand les lois et règlements ont déjà été publiés, de les publier à nouveau et de rappeler les citoyens à leur observation.

La loi émane du pouvoir législatif; mais, pour qu'elle soit obligatoire et souveraine, il ne suffit pas qu'elle soit décrétée, il faut encore qu'elle soit connue. L'administration ne peut sans doute faire connaître directement chaque loi à chaque citoyen; mais il suffit que cette connaissance puisse avoir lieu. La promulgation résulte actuellement de l'insertion au Journal officiel. L'article 2 du décret du 5 novembre 1870, relatif à la promulgation des lois et décrets, a fixé pour point de départ de la mise à exécution des lois dans chaque arrondissement l'arrivée du Journal officiel dans le chef-lieu de l'arrondissement. Pour assurer l'exécution de cette prescription, chaque sous-préfet reçoit régulièrement le Journal officiel, et il en constate la réception d'une manière authentique sur un registre spécial, où la date d'arrivée est exactement notée. Cette mention doit être faite avec le plus grand soin au moment même où chaque numéro est remis à la sous-préfecture; elle ne saurait, sous aucun prétexte, être ajournée au lendemain (1).

Moyennant l'accomplissement de ces conditions, nul n'est censé ignorer la loi, c'est-à-dire que nul ne peut être admis à s'excuser sur son ignorance d'avoir violé la loi ou de n'y avoir point obéi.

Les maires n'ont point à intervenir dans cette publication légale de la loi; mais, en fait, de ce qu'une loi est réputée connue, il ne s'ensuit pas qu'elle le soit effectivement. Aussi les charge-t-on de la publicité réelle, c'est-à-dire de porter à la connaissance de tous les habitants de la commune les dispositions nouvelles édictées. Cette publicité s'effectue de plusieurs manières: 1° par la voix du crieur public; 2° par celle de l'affichage de la loi; 3° par celle de l'affichage d'une publication spéciale établie à cet effet. Un décret du 12 février 1852 a créé une feuille particulière, le Moniteur des communes, rédigée par les soins et sous la surveillance du ministre de l'intérieur, et contenant les lois, les décrets et les instructions du gouvernement, et adressée à tous les maires des communes non chefs-lieux de canton; une partie de cette feuille devait être placardée dans les communes, au lieu le plus apparent, par les soins des maires. Un décret du 27 décembre 1871 a substitué au Moniteur des communes une autre publication officielle: le Bulletin des communes. Cette dernière, à son tour, a été remplacée par le Journal officiel, édition des communes.

1134. D'une façon constante et régulière, les maires sont chargés d'assurer l'affichage du Journal officiel, qui leur est adressé à cet effet. Une circulaire du 13 décembre 1856, plusieurs fois renouvelée, invite les préfets à veiller à l'exécution de cette mesure.

1135. Mais les maires peuvent, en outre, prendre sponta-

nément, ou sur l'invitation de l'administration supérieure, des arrêtés pour publier à nouveau les lois et règlements de police et rappeler les citoyens à leur observation. Les publications que les maires font à nouveau des lois, décrets et règlements n'ajoutent rien à la force exécutoire de ces actes, qui sont devenus obligatoires en vertu de la promulgation originaire.

1136. Le maire est chargé, aux termes des numéros 1 et 2 de l'article 92 de la loi de 1884, de l'exécution des lois et règlements, et de celle des mesures de sûreté générale. Ces expressions sont un peu trop absolues. Dans la réalité des faits, les maires, soit comme fonctionnaires administratifs, soit comme magistrats administratifs ou judiciaires, ne sont chargés que d'assurer l'exécution des lois et règlements dont les prescriptions intéressent l'ordre public et des mesures de sûreté générale. Ils n'ont point à s'occuper des lois qui ont pour objet de régler les débats d'intérêts privés.

CHAPITRE II.

POLICE CIVILE.

SECTION PREMIÈRE.

DES ACTES DE L'ÉTAT CIVIL.

§ 1. — Tenue des actes de l'état civil.

1137. En tête des lois qui intéressent l'ordre public, se trouve le Code civil, pour celles de ses dispositions qui touchent à l'organisation sociale elle-même. Or, le Code civil, par les articles 40 et suivants, charge les maires de la tenue des actes de l'état civil, c'est-à-dire des actes qui constatent l'état des personnes, et nous avons déjà vu, n° 707, qu'ils agissaient dans l'établissement de ces actes en la qualité spéciale d'officiers publics.

1138. On appelle état civil la situation de chaque individu: 1° sous le rapport de la naissance et de l'adoption, comme enfant légitime, adoptif ou naturel; 2° sous le rapport du mariage, comme célibataire, marié ou veuf; 3° sous le rapport de l'existence, comme vivant ou mort.

La naissance et la filiation font l'individu membre d'une famille et établissent tous ses rapports de parenté. Le mariage le fait entrer dans une autre famille, lui en crée une nouvelle à lui-même, et constitue les droits et les devoirs réciproques des époux. La mort ouvre pour les héritiers les droits de succession, pour les époux la faculté d'un nouveau mariage.

Chacun de ces événements doit donc être également constaté, et les actes de l'état civil sont les documents qui servent à cette constatation.

1139. La révolution de 1789 trouva les registres de l'état civil dans les mains du clergé. Afin de rendre la validité des actes civils indépendante des dogmes religieux, l'Assemblée constituante décida qu'il serait établi, pour tous les Français, sans distinction, un mode uniforme de constater les naissances, les mariages et les décès. L'Assemblée législative organisa ce principe par la loi du 20 septembre 1792. Elle institua les fonctions d'officiers de l'état civil, et chargea les conseils généraux des communes de nommer, parmi leurs membres, suivant l'étendue et la population des lieux, une ou plusieurs personnes qui seraient chargées de ces fonctions. Cet ordre de choses, après avoir été modifié par les lois des 19 décembre 1792, 28 nivôse, 14 et 21 fructidor an II, 3 ventôse an III et 19 vendémiaire an IV, a été changé par la loi du 28 pluviôse an VIII. Aux termes des articles 13 et 16 de cette loi, les maires et adjoints remplissent les fonctions d'officiers de l'état civil.

1140. Les actes de l'état civil sont reçus dans chaque

commune par le maire et, en son absence ou sur sa délégation, par ses adjoints.

A défaut ou en cas d'empêchement du maire, les fonctions d'officier de l'état civil sont remplies de droit par le fonctionnaire que la loi investit par intérim du pouvoir municipal, c'est-à-dire l'adjoint ou l'un des adjoints, selon l'ordre d'inscription sur la liste, et à défaut un conseiller municipal, délégué par le conseil, sinon pris dans l'ordre du tableau (1).

Lorsque le maire n'est ni absent ni empêché, lui seul a le droit de recevoir les actes de l'état civil, et l'adjoint ou l'un des adjoints ne peut le faire qu'autant que le maire lui a délégué cette partie de ses attributions (2). Et un adjoint qui présiderait à la réception d'un acte au refus du maire se rendrait coupable d'usurpation de fonctions (3).

1141. L'adjoint qui reçoit les actes de l'état civil doit constater, dans l'acte même, qu'il n'agit que pour cause d'empêchement ou par délégation. C'est par une exception tout à fait spéciale que le Conseil d'État a décidé, dans un avis du 8 mars 1808, qu'à Paris, en considération du grand nombre des actes et de la célérité que leur expédition exige, les adjoints doivent continuer de recevoir les actes de l'état civil, sans qu'il soit besoin de la délégation du maire.

Le maire qui a délégué à l'un de ses adjoints les fonctions d'officier de l'état civil conserve néanmoins le droit de recevoir les actes auxquels il lui conviendrait de concourir.

1142. Lorsqu'un obstacle quelconque ou l'éloignement rend difficiles, dangereuses ou momentanément impossibles les communications entre un chef-lieu et une fraction de la commune, un adjoint spécial, pris parmi les conseillers et, à défaut d'un conseiller résidant dans cette fraction de la commune, ou s'il est empêché, parmi les habitants de cette fraction, est nommé en sus du nombre ordinaire; il remplit les fonctions d'officier de l'état civil dans cette partie de la commune (4).

1143. Les officiers de l'état civil n'ont compétence que dans les limites de leurs communes respectives; les actes qu'ils recevraient ailleurs seraient radicalement nuls.

1144. Ils ne peuvent dresser les actes où ils sont parties. Ils doivent s'abstenir de recevoir aucun acte où ils paraîtraient comme témoins ou déclarants, et de constater la naissance, le mariage, le décès de leurs enfants (5).

1145. Il y aurait eu deux inconvénients à permettre de rédiger les actes de l'état civil sur des feuilles volantes. L'un aurait été la possibilité qu'ils fussent égarés, l'autre, la facilité de fabriquer des actes longtemps après leur date. L'établissement de registres publics a prévenu l'un et l'autre danger. Mais un seul registre aurait pu, par suite d'événements, se perdre ou être anéanti : il était donc prudent de faire tenir des registres doubles, afin que les preuves de l'état des citoyens ne pussent jamais disparaître.

Convenait-il d'établir en double autant de registres qu'il y a d'espèces d'actes? La déclaration de 1789 faisait inscrire sur le même registre double les actes de naissance, les actes de mariage et les actes de décès. L'Assemblée législative pensa, au contraire, que chaque espèce devait être inscrite sur un registre particulier. En conséquence, la loi du 20 septembre 1792 établit un registre double pour les naissances, un pour les mariages et un pour les décès. Les auteurs du Code civil avaient à choisir entre le système de la déclaration de 1789 et celui de la loi du 20 septembre 1792 : ils les concilièrent. L'article 40 du Code civil porte que les actes de l'état civil seront inscrits dans chaque commune, sur un ou plusieurs registres tenus doubles. C'est à l'autorité, aux préfets ou aux maires qu'il appartient de reconnaître quel mode sera suivi dans chaque commune. Ils rechercheront les besoins du service et décideront s'ils n'exigent qu'un seul registre double, ou si, au contraire, ils en exigent trois,

c'est-à-dire un par chaque espèce d'actes. Dans la plupart des communes de France, il n'y a qu'un registre; les trois registres ne se rencontrent que dans les localités populeuses.

1146. Les registres doivent être sur papier timbré, sous peine de 100 francs d'amende contre l'officier public, par chaque acte transcrit en contravention (1). Mais des actes ne seraient pas nuls par cela seul qu'ils auraient été inscrits sur des registres non timbrés (2). Ils ne sont l'objet d'aucun enregistrement (3).

1147. La dépense nécessitée par les registres et par les tables annuelles et décennales est acquittée par les communes. Elle figure au nombre des dépenses obligatoires (4). Elle comprend, outre le prix du timbre et de la confection des registres, le coût du transport et de la reliure (5), les réparations éventuelles et la conservation des doubles, qui restent déposés dans les mairies. Elle fait partie des cotisations municipales; les contingents des communes sont versés par les receveurs municipaux aux caisses des receveurs des finances. Dans quelques départements, ce sont les maires qui achètent les registres; dans d'autres, ce sont les préfets qui les font confectionner et les envoient aux maires, par l'intermédiaire des sous-préfets.

Lorsque les registres de l'année sont insuffisants, le maire doit se procurer des registres supplémentaires; il les achète lui-même, s'il a acheté les registres primitifs; sinon, il s'adresse au sous-préfet pour les obtenir. Les registres supplémentaires sont soumis aux mêmes formalités que les registres primitifs.

1148. La loi du 29 septembre 1792 prescrit à l'administration d'envoyer ses registres aux municipalités dans les quinze premiers jours de décembre de chaque année.

1149. Les registres sont cotés par première et dernière et paraphés sur chaque feuille par le président du tribunal de première instance ou par le juge qui le remplace. Le tribunal, dont le président doit parapher les registres, est celui de l'arrondissement dans lequel ils doivent être employés. Cette formalité a lieu sans frais (6).

1150. Les actes doivent être inscrits sur les registres de suite et sans aucun blanc. Les ratures et les renvois doivent être approuvés et signés comme le corps de l'acte. Il ne doit y être rien écrit par abréviation, et aucune date ne peut être mise en chiffres. Quoique le Code civil ne parle ni des surcharges, ni des interlignes, il n'est pas moins certain qu'il a entendu les défendre; s'il y a nécessité de faire un changement ou une addition à un acte, ce changement ou cette addition ne doit s'effectuer qu'à l'aide d'un renvoi régulier (7).

1151. Les ratures et renvois peuvent être placés en marge, mais il est plus convenable de les placer au bas de l'acte, s'il n'est pas encore signé, parce qu'alors on n'a pas besoin de doubles signatures; et dans le cas même où l'acte serait signé, il vaudrait mieux mettre les renvois ou ratures à la suite de l'acte, en faisant signer de nouveau, parce qu'ainsi on évite la marge libre pour les annotations.

1152. Si un acte préparé sur les registres n'a pu être consommé parce que les parties se sont retirées ou par tout autre motif, l'officier de l'état civil doit le bâtonner, et, dans une mention mise au pied ou en marge de l'acte et signée de lui, prendre soin d'expliquer pourquoi l'acte est resté imparfait.

1153. Il y a lieu, quelquefois, de mentionner un acte relatif à l'état civil en marge d'un autre acte déjà inscrit. La mention est faite, à la requête des parties intéressées, par

(1) L. 20-25 septembre 1792; L. 28 pluviôse an VIII; L. 5 avril 1884, art. 84.
(2) L. 5 avril 1884, art. 82.
(3) Trib. Châteauroux, 19 juillet 1850, D. P. 52.2.133.
(4) L. 5 avril 1884, art. 75 (voy. n° 431).
(5) Déc. min. just. 21 juillet 1818.

(1) L. 20-25 septembre 1792, t. II, art. 2; L. 13 brumaire an VII, art. 12 et 26.
(2) Cass. req. 13 fructidor an X.
(3) L. 22 frimaire an VII, art. 70, § 3, n° 8.
(4) L. 5 avril 1884, art. 136, § 4.
(5) Une circulaire ministérielle du 7 août 1872, après avoir constaté que, dans certaines communes, les actes de l'état civil sont inscrits sur de simples cahiers qui ne sont protégés ni par une reliure, ni même par un cartonnage, ordonne que toutes les municipalités fassent au moins cartonner leurs registres. En effet, l'obligation imposée aux communes par la loi comprend non seulement la fourniture des feuilles, mais encore la reliure.
(6) C. civ., art. 41.
(7) C. civ., art. 42.

l'officier de l'état civil, sur les registres courants ou sur ceux qui ont été déposés aux archives de la commune, et par le greffier du tribunal de première instance, sur les registres déposés au greffe. Cette mention marginale, constituant un acte, doit être datée et signée par l'officier public qui la reçoit. Les actes qu'il peut y avoir lieu de mentionner en marge d'un autre acte écrit sont : la reconnaissance d'un enfant; l'opposition à un mariage; la rectification d'un acte par jugement; le divorce.

D'autres fois, il y a lieu non pas de mentionner un acte en marge d'un autre acte, mais de transcrire sur le registre, dans l'ordre des inscriptions, des actes passés en d'autres lieux; tels sont : naissance et décès en mer; naissance, mariage, décès aux armées; mariage à l'étranger; mariage ou naissance constatés par procédure criminelle; adoption.

1154. Lorsque le maire ne peut porter une mention que sur l'un des doubles, parce que l'autre a été déposé au greffe du tribunal de première instance, il doit, dans les trois jours, en donner avis au procureur de la République près le tribunal, lequel veille à ce que la mention soit faite d'une manière uniforme sur les deux registres. A cet effet, le maire adresse au procureur de la République une copie exacte de la mention qu'il a faite (1).

1155. Toutes les inscriptions sur les registres de l'état civil ont lieu gratuitement. Les droits relatifs à ces actes ne concernent que les expéditions (2).

1156. Les expéditions des actes de l'état civil, comme celles des autres actes, ne doivent jamais être signées par les secrétaires de mairie, qui n'ont aucun caractère public, mais bien par les maires, ou les adjoints en cas d'absence (3).

1157. S'il y a lieu de délivrer expédition d'un acte qui a été rectifié par jugement, cet acte ne peut plus être délivré qu'avec les rectifications ordonnées, c'est-à-dire en faisant mention du jugement de réformation, de sa date et de la nature de la rectification qu'il a ordonnée : autrement le maire pourrait être passible de dommages-intérêts (4).

1158. Les rectifications sont exemptes de la formalité de l'enregistrement, sauf en ce qui concerne les reconnaissances d'enfants naturels (5). Les expéditions ou extraits doivent être légalisés par le président du tribunal de première instance de l'arrondissement ou par le juge qui le remplace. Mais la foi qui leur est due n'est pas subordonnée à la formalité de la légalisation (6).

1159. Il est d'autres actes qui sont délivrés par les maires, non en copie, mais en originaux, tels que les certificats de publication de mariage et celui de célébration civile du mariage; ces actes donnent lieu, non pas à un droit d'expédition, mais simplement au remboursement du droit de timbre, ou de 80 centimes (7).

1160. Il est défendu d'exiger d'autres taxes et droits, à peine de concussion, que ceux qui sont prévus par le décret du 12 juillet 1807.

Cette interdiction s'étend aussi au droit de recherche, dont l'usage s'était introduit dans plusieurs localités. Enfin, pour prévenir plus efficacement toute erreur ou tout abus, le décret du 12 juillet 1807, qui contient ces dispositions, doit être affiché en placard et en gros caractères dans chacun des bureaux du lieu où les déclarations relatives à l'état civil sont reçues et dans tous les dépôts des registres (8).

1161. Les registres de l'état civil peuvent être perdus. La perte peut porter sur l'un des doubles ou sur tous deux. Si un seul est perdu, la preuve de l'état civil se tire du double subsistant. Néanmoins, l'administration doit s'empresser de faire prendre une copie exacte de ce registre, afin de prévenir

les dangers d'une perte totale, et de ne pas laisser de lacune dans le dépôt où le double manque. Cette copie est portée sur un registre préalablement coté et paraphé, puis collationnée sur l'original par le président du tribunal. Il faut avoir le soin de mentionner, en tête de ce registre, qu'il n'est qu'une copie du registre primordial, et indiquer les causes de sa confection.

1162. Si les deux originaux sont perdus, il est plus difficile d'y suppléer. Néanmoins, l'administration doit mettre tous ses soins à combler une perte aussi fâcheuse. Le législateur n'a jamais manqué, en cas pareil, d'intervenir et de prescrire les mesures nécessaires (1).

1163. Les actes doivent énoncer l'année, le mois, le jour et l'heure où ils sont reçus. La mention de l'heure, qu'on pourrait croire moins nécessaire, est d'une grande importance en certains cas, puisqu'un seul instant de différence entre la date du décès de deux personnes héritières l'une de l'autre décide du droit de succession.

1164. Lorsqu'un acte sur un registre ne porte pas de date, il peut y être suppléé, si cet acte sans date se trouve entre deux autres régulièrement datés du même jour.

1165. L'officier de l'état civil doit aussi énoncer exactement sa qualité de fonctionnaire public, en vertu de laquelle il reçoit l'acte.

Si l'acte est reçu par un adjoint, il doit mentionner que celui-ci agit ou pour cause d'empêchement du maire ou par délégation (2).

1166. Enfin il faut énoncer les nom, prénoms, âge, profession et domicile de tous ceux qui sont dénommés à l'acte, c'est-à-dire de tous ceux qui y concourent, soit comme parties, soit comme déclarants, soit comme témoins, soit même comme fondés de pouvoir d'une partie qui se serait fait représenter. Si l'une de ces personnes était sans profession, on devrait l'indiquer. On ne doit pas non plus omettre les qualités de chacun : une circulaire du 3 juin 1809 a spécialement recommandé de mentionner celle de membre de la Légion d'honneur (3).

1167. Les officiers de l'état civil ne peuvent rien ajouter aux déclarations qui leur sont faites par les comparants; ils ne peuvent même énoncer dans les actes les déclarations des comparants que lorsqu'elles sont du nombre de celles que la loi autorise. En effet, les officiers de l'état civil n'ont aucune juridiction; ils n'ont qu'un ministère passif à remplir; ils ne sont pas juges, ils sont greffiers. Dès lors, aucune déclaration de leur chef, aucune énonciation, aucune note ne leur est permise. Ils ne doivent faire aucune interpellation, ni recherches, ni inquisitions sur les faits qui ne doivent pas être consignés, ou sur la vérité des déclarations faites par les parties; leur ministère se borne à recevoir ces déclarations, lorsqu'elles sont conformes à la loi; ils n'ont le droit ni de les commenter, ni de les contredire, ni de les juger. Déjà la loi du 20 septembre 1792 avait établi ces principes; mais ils avaient été fréquemment oubliés. Souvent, par un zèle inconsidéré, d'autres fois par un sentiment plus répréhensible, les officiers de l'état civil s'étaient permis de contrarier ou d'affaiblir les déclarations qui leur étaient faites. On avait vu suspecter la légitimité qui leur était certifiée, nier ou révo-

---

(1) C. civ., art. 49.
(2) Déc. 12 juillet 1807, art. 4.
(3) Circ. int. 2-30 juillet 1807 ; Circ. just. 27 août 1807 ; Cons. d'Ét. 2 juillet 1807 (voy. suprà, n° 790).
(4) C. civ., art. 51.
(5) L. 43 brumaire an VII, art. 70.
(6) Cass. crim. 22 octobre 1812.
(7) Déc. 9 décembre 1810 ; L. 28 avril 1816, art. 52 ; L. 23 août 1871.
(8) Déc. 1er juillet 1807, art. 4 et 5 ; Circ. min. int. 10 mars 1813.

---

(1) Rappelons l'ordonnance royale du 9 janvier 1815, relative à la recomposition des registres de l'état civil de l'arrondissement et de la ville de Soissons ; la loi des 11-24 janvier 1872, relative à la réorganisation des actes de l'état civil dans les départements ; la loi des 10-12-20 juillet 1871, relative au mode de suppléer aux actes de l'état civil du département de la Seine détruits dans l'insurrection; les lois des 19-23 juillet et 23-26 août-5 septembre 1871, relatives à la nullité des actes de l'état civil à Paris et dans le département de la Seine depuis le 18 mars ; les lois des 12-25 février, 5-16 juin 1872, 20 juillet 1875, 3-12 août-6 septembre 1875, relatives à la reconstitution des actes de l'état civil de Paris. Dans le même ordre d'idées, nous signalerons aussi : 1° la loi des 18-22 février-29 mars 1873, portant que les frais auxquels donne lieu la reconstitution du double des registres de l'état civil de l'arrondissement de Remiremont seront supportés moitié par l'État, moitié par les communes intéressées ; 2° la loi identique concernant les registres de l'état civil de l'arrondissement de Montmédy (Meuse).
(2) Circ. int. 30 juillet 1807 ; Circ. just. 13 décembre 1821 (voy. suprà, n° 723).
(3) C. civ., art. 34.

quer en doute le mariage dont on leur disait qu'un enfant était né, en demander les preuves, et changer en inquisition des fonctions qui devaient se borner à recueillir des déclarations. L'un des objets de l'article 35 du Code civil a été de mettre un terme à ces abus ; l'autre-a été de protéger l'état civil des citoyens contre les déclarations même des comparants. Il importait, en effet, de le garantir des atteintes que pouvaient y porter des assertions vagues ou infidèles, dictées par la passion ou par l'intérêt personnel. Pour y parvenir, il a suffi de réduire les déclarations aux faits que la loi veut faire consigner dans les actes, et de défendre aux officiers de l'état civil d'en recevoir de plus étendues. Ainsi, si l'enfant qui est présenté aux officiers de l'état civil est né de parents qu'on leur dit mariés, ils l'énonceront ; s'il est né hors mariage d'un père qui l'avoue, ils l'énonceront; mais s'il est né hors mariage d'un père qui ne l'avoue point, ils ne l'énonceront pas : car ce qui doit être déclaré par les parties et ce qui peut être consigné dans les actes de l'état civil, c'est une paternité certaine, ce n'est pas une paternité qui se cache et dont la loi ne permet pas la recherche. Afin de résumer les principes que nous venons de rappeler, nous donnerons le texte même de l'article 35 du Code civil : « Les officiers de l'état civil, porte cet article, ne pourront rien insérer dans les actes qu'ils recevront, soit par note, soit par énonciation quelconque, que ce qui doit être déclaré par les comparants. »

1168. Les officiers de l'état civil ne peuvent pas dresser les actes d'office, c'est-à-dire de leur propre mouvement. Ils doivent attendre que les déclarations nécessaires leur soient faites par les parties intéressées, ou par les personnes que la loi y oblige.

1169. Les actes doivent être inscrits sur les registres à la suite immédiate les uns des autres, et sans aucun blanc, soit entre des actes différents, soit entre les lignes ou les mots d'un même acte. Ainsi le premier acte porté sur un registre doit être inscrit sur la première page, immédiatement après le procès-verbal dressé par le président ; et, de même, ne restât-il au bas d'une page qu'un blanc d'une seule ligne, il faut commencer la rédaction de l'acte suivant.

On sent l'importance de ces précautions ; s'il était laissé du blanc entre deux actes, un troisième, reçu beaucoup plus tard, pourrait y être inséré avec une fausse date ; ou bien, au moyen de blancs ménagés entre les lignes ou les mots d'un acte, on y pourrait intercaler des énonciations qui en modifieraient gravement la teneur (1).

1170. Ces dispositions sont prescrites par la loi ; il en est une autre que l'utilité a introduite et qui consiste à placer un numéro d'ordre en tête de chaque acte, ce qui facilite singulièrement les recherches, les renvois d'un acte à un autre et la confection des tables. Il doit y avoir une seule série de numéros pour chaque registre, et cette série doit être continuée sans interruption sur les feuilles supplémentaires qu'il peut être nécessaire d'y ajouter.

1171. Dès qu'un acte a été porté sur les registres, il ne peut y être fait aucun changement sans jugement de rectification (2). Mais ce jugement n'est pas nécessaire si, au moment où l'acte est inscrit ou vient de l'être, l'officier de l'état civil ou les parties s'aperçoivent d'une erreur ou d'une omission; on peut la réparer immédiatement, pourvu que toutes les personnes qui figurent dans l'acte et les témoins soient présents et concourent à la rectification. Elle se fait alors au moyen d'une rature, d'une addition ou d'un renvoi, approuvé et signé par les parties, les témoins et l'officier de l'état civil, ainsi que l'acte même (1).

1172. A la fin de chaque année, c'est-à-dire le 31 décembre au soir, l'officier de l'état civil arrête et clôt les registres (2). Il est dressé, à cet effet, par le maire, un procès-verbal qui est porté immédiatement à la suite du dernier acte inscrit, et qui énonce le nombre des actes compris au registre. Une fois ce procès-verbal fait et inscrit, aucun acte ne peut plus être dressé sur le registre. Quand bien même l'année entière se serait écoulée sans qu'il eût été porté un seul acte sur le registre, il n'en faudrait pas moins dresser le procès-verbal de clôture.

Lorsque, avant la fin de l'année, un registre se trouve complètement rempli, on le termine et l'arrête par la même formule, datée du jour où s'est inscrit le dernier acte (3).

1173. Chaque année, dans le commencement du mois de janvier, l'officier de l'état civil doit dresser des tables alphabétiques des actes contenus dans les registres. Ces tables doivent être faites sur papier timbré et certifiées par les maires. Elles sont dressées sur le registre même et immédiatement à la suite du procès-verbal de clôture, ou bien, s'il ne reste plus de blanc, sur du papier détaché qu'on annexe ensuite au registre (4).

1174. Il doit être fait, non pas une seule table pour tous les actes de l'année, mais trois tables distinctes : une pour les naissances, reconnaissances et adoptions; l'autre pour les mariages; la troisième pour les décès; et cela, quand bien même tous les actes auraient été inscrits sur un seul registre (1).

1175. Les procureurs de la République sont appelés à veiller au dépôt de ces tables dans le délai prescrit (5).

1176. L'ordre alphabétique qui doit être suivi pour les tables est celui des noms patronymiques ou de famille des enfants nés, reconnus ou adoptés, des personnes mariées, des individus décédés.

1177. Les tables annuelles doivent être fondues tous les dix ans dans une table décennale ; mais ce travail concerne exclusivement les greffiers des tribunaux. Une expédition de ces tables est envoyée à la commune et payée sur ses fonds. Une seconde demeure au greffe du tribunal ; une troisième doit être adressée au préfet du département (6).

1178. Dans le mois qui suit la clôture des registres, l'un des doubles du registre, ou de chacun des registres, s'il en a été tenu plusieurs, doit être déposé au greffe du tribunal de première instance, et l'autre reste conservé aux archives de la commune (7).

1179. En adressant les registres au procureur de la République, l'officier de l'état civil doit également transmettre à ce magistrat les procurations et autres pièces qui, durant l'année, ont été annexées aux actes de l'état civil. Nous dirons plus bas dans quelle forme ces annexes ont lieu (voy. n° 1209).

Cette obligation s'étend à toutes les pièces qu'il a fallu produire à l'officier de l'état civil (8).

1180. Lorsque les pièces annexes sont déposées au greffe, un procès-verbal doit être dressé du dépôt ; il énonce les espèces de registres et le nombre des pièces annexées. Le greffier donne décharge par cet acte à l'officier de l'état civil.

---

(1) C. civ., art. 42.
(2) Cons. d'Et. 13 nivôse an x; Circ. just. — Le Conseil d'État, qui, d'après le renvoi des consuls, et sur le rapport de la section de législation, a discuté les rapports des ministres de la justice et de l'intérieur, tendant à ce qu'il soit pris un arrêté pour rectifier les registres de l'état civil du département de l'Ardèche, dans lesquels il a été commis des erreurs, des omissions et des faux; — Est d'avis : que les principes sur lesquels repose l'état des hommes s'opposent à toute rectification des registres qui n'est que le résultat d'un jugement provoqué par les parties intéressées à demander ou à contredire la rectification; que ces principes ont toujours été respectés comme la plus ferme garantie de l'ordre social; qu'ils ont été solennellement proclamés par l'ordonnance de 1667, qui a abrogé les enquêtes d'examen à futur; qu'ils viennent d'être encore consacrés dans le projet de la troisième loi du Code civil; qu'on ne pourrait y déroger sans porter le trouble dans les familles, et préjudicier à des droits acquis; que si la loi du 2 floréal an III ordonna des rectifi-

cations d'office dans les départements de l'Ouest, cette mesure extraordinaire parut commandée par les suites de la guerre civile, mais qu'elle a éprouvé des obstacles insurmontables dans son exécution; que le mauvais état des registres dans plusieurs départements donne lieu à des difficultés et de nombreuses contestations, il est encore plus conforme à l'intérêt public et aux intérêts des individus de laisser opérer, suivant les cas, la rectification des actes de l'état civil par les tribunaux. En ce sens, Cons. d'Et. 12 brumaire an xi (voy. infra, n° 1228).
(1) Déc. min. just. 29 prairial an xiii; Déc. min. just. 6 janvier 1829.
(2) C. civ., art. 43.
(3) Déc. 20 juillet 1807, art. 1, 2 et 4.
(4) Déc. 20 juillet 1807, art. 10.
(5) Ord. 26 novembre 1823, art. 4.
(6) Déc. 20 juillet 1807, art. 5.
(7) C. civ., art. 43.
(8) C. civ., art. 43

Aucun droit n'est dû au greffier pour le dépôt et le procès-verbal (1).

1181. Lorsque, en exécution de l'article 75 de la loi de 1884, un adjoint a été nommé pour être spécialement chargé de l'état civil dans une portion de commune dont la mer ou quelque autre obstacle rend les communications avec le chef-lieu difficiles, dangereuses ou impossibles, cet adjoint doit remettre les registres de cette portion de commune dûment clos et arrêtés par lui, au maire, qui les réunit à ceux du chef-lieu, pour en faire lui-même le dépôt.

1182. Si le dépôt des registres n'est pas fait dans le mois de janvier et si le procureur de la République n'a pas accordé de délai, des poursuites peuvent être exercées contre le maire en vertu de l'article 50 du Code civil (2).

1183. Le Code civil charge le procureur de la République près le tribunal de première instance de vérifier l'état des registres lors du dépôt qui en est fait au greffe, et de dresser un procès-verbal sommaire de la vérification. Une ordonnance royale du 26 novembre 1823 a soumis à des règles fixes la vérification prescrite par cette disposition du Code civil. Cette vérification est faite par les procureurs de la République, dans les quatre premiers mois de chaque année; les procès-verbaux destinés à la constater sont rédigés conformément au modèle annexé à l'ordonnance dont nous parlons; ils sont adressés, dans la première quinzaine du mois de mai, aux procureurs généraux, qui les transmettent, avec leurs observations, à la garde des sceaux, dans la première quinzaine du mois suivant (3).

1184. La vérification prescrite par l'article 53 doit être faite aussi bien sur le double destiné aux archives de la commune que sur le double déposé au greffe du tribunal (4).

1185. Lorsque les registres déposés ne contiennent aucun acte, soit de naissance, soit de mariage, soit de décès, le procureur de la République doit s'assurer si, en effet, il n'y a pas eu dans la commune aucune naissance, aucun mariage ou aucun décès.

1186. La vérification terminée, le procureur de la République adresse à chacun des maires dont les registres ou les actes ont été trouvés irréguliers des instructions spéciales sur les irrégularités commises par eux et les moyens de les éviter à l'avenir. Il envoie copie de ces instructions au procureur général (5). Ces instructions sont connues sous le nom de mercuriales annuelles. Les officiers de l'état civil doivent tenir grand compte des instructions qui leur sont transmises par les procureurs de la République; il faut qu'ils les lisent, qu'ils les étudient avec soin. C'est en prenant cette peine qu'ils parviendront à éviter toute espèce d'irrégularité, et ils éviteront ainsi et les poursuites correctionnelles que le parquet peut engager et les actions en responsabilité qui peuvent être intentées par les parties.

1187. Les registres de l'état civil peuvent être, en outre, soumis à des vérifications accidentelles. Les procureurs de la République peuvent, lorsqu'ils le jugent convenable, se transporter dans les communes de leur arrondissement et s'y faire

(1) Déc. min. just. 24 septembre 1808.
(2) Circ. just. 31 décembre 1823.
(3) C. civ., art. 53.
(4) Cass. civ. 23 février 1847. — Attendu que l'article 40 du Code civil exige que les actes de l'état civil soient inscrits dans chaque commune sur un ou plusieurs registres tenus doubles, et que l'article 53 charge le procureur du roi de vérifier l'état des registres et de dresser procès-verbal de la vérification; — Que cette vérification, commandée par l'intérêt public, doit porter sur l'un et l'autre double, aussi bien sur celui qui est destiné aux archives de la commune que sur celui qui doit rester au greffe du tribunal civil; — Que l'ordonnance royale du 26 novembre 1823, rendue en la forme des règlements d'administration publique, détermine les règles suivant lesquelles la vérification sera faite; — Que, de l'article 1er de cette ordonnance, combiné avec le modèle du procès-verbal annexé à l'ordonnance, et auquel cet article se réfère expressément, il résulte que les registres doivent être transportés au parquet pour y être vérifiés; — Que l'article 5 de ladite ordonnance autorise le transport du procureur du roi sur les lieux, lorsqu'il le jugera nécessaire, pour vérifier les registres de l'année courante, ce qui démontre que ce transport sur les lieux est exceptionnel et n'est pas le mode ordinaire prévu pour la vérification, toujours obligatoire, de l'année expirée; — D'où il suit...' — Casse.
(5) Ord. 26 novembre 1823, art. 3.

représenter les registres. Le but le plus utile et le plus direct de cette espèce de vérification, c'est de forcer les officiers de l'état civil à tenir ces registres au jour le jour. Les procureurs de la République peuvent également déléguer le juge de paix du canton dans lequel se trouvent les communes qui doivent être vérifiées. Dans ce cas, les maires sont tenus de communiquer sans déplacement leurs registres courants et les annexes, soit au procureur de la République, soit au juge de paix délégué. Procès-verbal est également dressé de cette vérification accidentelle, dans les mêmes formes que pour la vérification annuelle (1).

1188. La responsabilité des officiers de l'état civil a pour objet : 1° les contraventions qui ne sont que le résultat de l'erreur ou de la négligence ; 2° les délits qui supposent des intentions criminelles, tels que les faux et altérations ; 3° le préjudice qui a pu être causé à la personne contre laquelle la contravention ou le crime a été dirigé. Cette responsabilité entraîne trois sortes de sanctions, correspondant à chacun de ces objets : une amende, lorsqu'il n'y a qu'une simple contravention : les peines établies par le Code pénal, lorsqu'il y a crime ; enfin, des dommages-intérêts, lorsqu'il y a préjudice. Toute contravention dans la tenue des registres est punie d'une amende qui ne peut excéder 100 francs. Elle est poursuivie devant le tribunal civil (2).

1189. Ils sont civilement responsables, envers les parties intéressées, des altérations qui surviennent dans les registres courants et ceux destinés aux archives, sauf leur recours contre les auteurs de ces dommages, s'ils sont connus (3).

1190. Toute altération, tout faux dans les actes de l'état civil, toute inscription de ces actes faite sur une feuille volante et autrement que sur les registres à ce destinés, donnent lieu aux dommages-intérêts des parties, sans préjudice des peines portées au Code pénal (4).

1191. S'ils avaient commis eux-mêmes ou aidé à commettre les faux ou altérations, les officiers de l'état civil seraient passibles des travaux forcés à perpétuité. Ils seraient passibles des travaux forcés à temps, s'ils avaient détruit, supprimé, soustrait ou détourné un registre ou un acte, ou coopéré à sa destruction, suppression, soustraction ou son détournement (5).

1192. Lorsqu'un officier de l'état civil s'aperçoit d'un faux, d'une altération, d'une lacération de feuillet ou de la disparition d'un ou plusieurs registres, il doit immédiatement en informer le procureur de la République, afin que ce magistrat prenne les mesures qu'il juge convenables pour la poursuite des coupables, et, s'il y a lieu, pour le rétablissement ou le remplacement des actes et des registres altérés, détruits ou enlevés.

1193. De ce que les contraventions prévues par l'article 50 (C. civ.) doivent être poursuivies devant le tribunal civil, il s'ensuit que les formes de la procédure sont celles du Code de procédure civile (6). Mais dans les cas où il y a poursuite pour un délit et non une simple contravention, ce ne sont plus les tribunaux civils, mais les tribunaux correctionnels qui sont compétents.

1194. Il peut arriver que, dans le courant de l'année, l'officier de l'état civil soit obligé de se dessaisir d'un ou de plusieurs registres. Cela arrive notamment lorsque les tribunaux en ordonnent l'apport à leur greffe, pour l'instruction d'une procédure civile ou criminelle. Le maire doit alors, sur la signification qui lui est faite de l'arrêt ou du jugement qui ordonne l'apport, se procurer de nouveaux registres, dans la quinzaine au plus tard. Aussitôt qu'il en est muni, il clôt et arrête le registre qu'il doit remettre au tribunal, et mentionne dans le procès-verbal de clôture la cause pour laquelle il est clos avant la fin de l'année. Il doit également dresser la table de ce registre dans la forme que nous avons indiquée. Les nouveaux registres, ouverts en remplacement de ceux dont on s'est des-

(1) Ord. 25 novembre 1823, art. 5.
(2) C. civ., art. 50.
(3) C. civ., art. 51.
(4) C. civ., art. 52.
(5) C. P., art. 145 et 173.
(6) Cons. d'Ét. 4 pluviôse an XII ; Circ. min. just. 24 brumaire an XIV.

saisi, doivent porter, à la suite de leur titre, l'énonciation de la cause pour laquelle ils ont été commencés dans le courant de l'année.

Les frais des nouveaux registres sont remboursés à la commune, soit par la partie qui est poursuivie, soit par le domaine (1).

1195. Toute personne peut se faire délivrer, par les dépositaires des registres de l'état civil, des extraits de ces registres, alors même que les actes ne concernent ni elle, ni aucun de ses parents. Les extraits délivrés conformes aux registres et légalisés par le président du tribunal de première instance ou par le juge qui le remplace font foi jusqu'à inscription de faux (2). Mais la communication des registres peut être refusée.

1196. Le décret du 12 juillet 1807 a déterminé les droits à percevoir à l'occasion de ces extraits ; il est perçu, dans les communes au-dessous de 50,000 âmes, pour chaque expédition d'acte de naissance, de décès ou de publication ou de mariage, 20 centimes ; pour celles des actes de mariage et d'adoption, 60 centimes ; — dans les villes de 50,000 âmes et au-dessus, pour chaque expédition d'acte de naissance, de décès et de publication de mariage, 50 centimes ; pour celles des actes de mariage et d'adoption, 1 franc ; — à Paris, pour chaque expédition d'acte de naissance, de décès de publication de mariage, 75 centimes ; pour celle de mariage ou d'adoption, 1 fr. 50 c.

1197. Ces expéditions doivent se livrer sur papier timbré à 1 fr. 80 c. (3). Toutefois, la loi du 15 mai 1818, article 80, autorise les maires à délivrer des expéditions sur *papier libre*, pour cause d'indigence, à charge de faire mention de cette circonstance en marge de l'expédition. On peut encore citer comme exempts du timbre, sous condition de mentionner la destination : les expéditions délivrées à une administration publique ; — celles destinées à faire admettre à l'hospice les enfants abandonnés ; — celles produites pour engagement volontaire, ou pour établir le registre matricule des corps ; — les expéditions des actes de naissance délivrées à des militaires qui demandent à entrer dans la gendarmerie ; — les expéditions ou extraits de naissance nécessaires pour constater l'âge des électeurs ; — les extraits nécessaires aux ouvriers et cultivateurs qui émigrent dans les colonies françaises.

1198. Ces extraits des registres doivent être des copies exactes et complètes des actes eux-mêmes : l'officier de l'état civil ne peut ni les abréger ni les modifier. Y eut-il dans l'acte quelque irrégularité ou omission, l'expédition n'en doit pas moins les reproduire avec la plus scrupuleuse exactitude, sans le rectifier ni le compléter, et l'extrait doit même reproduire les énonciations prohibées (4). L'acte ne doit contenir ni blanc, ni surcharges, ni abréviations, ni dates en chiffres. Les renvois doivent être approuvés.

1199. Il est expressément interdit de se borner à prendre de simples notes et de renvoyer à un autre jour ou à un autre moment la rédaction et l'inscription des actes.

1200. Lorsque l'acte est complètement dressé, l'officier de l'état civil en donne lecture aux parties comparantes ou à leur fondé de pouvoir et aux témoins. Il est fait, dans l'acte, mention de l'accomplissement de cette formalité (5). Dans les provinces où la langue française n'est pas familière au peuple, les officiers de l'état civil ne doivent pas se borner à faire lecture de l'acte, ils doivent encore en donner la traduction dans l'idiome du pays, afin de s'assurer que l'acte est compris par ceux qui le signent : ils en font mention dans l'acte.

1201. Les actes des registres sont signés par l'officier de l'état civil, par les comparants et les témoins, ou mention est faite de la cause qui empêche les comparants et les témoins de signer. Les signatures doivent être apposées en présence de l'officier de l'état civil (6). Celui-ci doit également signer l'acte aussitôt qu'il

est parfait. On ne saurait trop blâmer l'habitude où sont certains maires ou adjoints de signer les actes longtemps après leur rédaction ; il en résulte les conséquences les plus fâcheuses, dont le maire peut être responsable.

1202. Lorsqu'un acte de l'état civil n'a pas reçu la signature du maire, et que celui-ci ne peut plus, pour une raison quelconque, réparer cette omission, cet acte, auquel manque une condition *essentielle* à sa validité, doit être considéré comme inexistant. Le nouveau maire n'a nullement qualité pour dresser et signer, même avec l'autorisation d'un tribunal, un acte ou une série d'actes qu'il n'a pas reçus, dont les constatations lui sont étrangères, et dont il ne peut, par conséquent, en aucune façon, certifier l'authenticité. Des actes dressés dans ces conditions pourraient compromettre sérieusement les intérêts des particuliers ; on serait en droit d'en contester ultérieurement la validité. Il convient donc, en cette matière, de procéder conformément au principe posé par l'article 46 du Code civil, et de suivre la marche indiquée par les articles 99 et 100 du même Code (1).

1203. On ne doit pas considérer comme signature la croix ou la marque d'un individu qui ne peut pas signer son nom.

1204. Il arrive assez fréquemment, dans les mariages, qu'indépendamment des personnes dont la signature est nécessaire à la régularité de l'acte, des parents et des amis demandent à signer ; quelques officiers de l'état civil y consentent. Leur faiblesse doit être sévèrement blâmée : la multiplicité des signatures peut jeter la confusion dans les registres ; et s'il y a des noms semblables, on court le risque de ne pouvoir distinguer les signatures des contractants et des témoins, des signatures qui appartiennent à ceux dont la présence était au moins indifférente.

1205. Plusieurs classes de personnes prennent part à la rédaction des actes de l'état civil. Ce sont les parties intéressées, les déclarants et les témoins. Les parties intéressées sont les personnes qui, dans l'acte, exercent un droit ou prennent un engagement. Ainsi, dans les actes de mariage, les ascendants qui donnent leur consentement, les conjoints qui s'unissent, sont des parties intéressées. Les déclarants sont ceux qui donnent connaissance d'un fait, d'une naissance, par exemple. Les témoins sont ceux qui confirment, par leur présence et leur signature, la vérité de l'acte dont l'authenticité ne devient complète que par leur concours. Dans les actes de décès, les qualités de déclarant ou de témoin sont confondues dans les mêmes personnes.

Les parties intéressées peuvent, dans certains cas, se faire représenter par des fondés de pouvoirs ; mais la loi ne leur donne pas indéfiniment ce droit ; on conçoit, en effet, qu'il est au moins une conjoncture dans laquelle elles doivent comparaître en personne : c'est celle du mariage. Les parties intéressées qui peuvent et qui veulent se faire représenter par un fondé de pouvoir doivent remettre à celui-ci une procuration spéciale et authentique, dûment légalisée (2).

1206. La capacité des déclarants proprement dits, c'est-à-dire de ceux qui ne sont pas à la fois déclarants et témoins, n'est soumise à aucune condition d'âge, de sexe ou de nationalité. Il en est autrement lorsque les déclarants sont en même temps témoins ; il doivent alors réunir toutes les qualités exigées de ces derniers.

1207. A la différence des parties et des déclarants, qui peuvent être mineurs et du sexe féminin, les témoins doivent être du sexe masculin et âgés de vingt et un ans au moins. Il n'est pas nécessaire qu'ils soient, comme les témoins des actes notariés, Français, lettrés et domiciliés dans la commune. Il n'y a d'exclusion que contre les individus frappés de dégradation civique ou de l'interdiction du droit d'être témoin. Les témoins peuvent être parents des parties. Ils doivent même être pris de préférence dans la famille ; ils sont choisis par les parties. Si celles-ci n'en peuvent trouver ou n'en peuvent choisir elles-mêmes, les déclarants,

---

(1) Ord. 18 août 1819.
(2) C. civ., art. 45.
(3) L. 18 avril 1816, art. 63 ; L. 23 août 1871.
(4) Circ. just. 21 avril 1806 ; Circ. just. 20 février 1814 ; Colmar, 20 août 1814.
(5) C. civ., art. 38.
(6) C. civ., art. 39.

(1) Lettres du ministre de la justice à plusieurs procureurs généraux. (*Bull. off.*, min. just. 1877.)
(2) C. civ., art. 36.

ou même l'officier de l'état civil, doivent y suppléer. Le nombre des témoins varie selon la nature des actes. Il en faut deux pour les actes de naissance et de reconnaissance; quatre pour les actes de mariage, deux pour les actes de décès (1).

1208. Des pièces sont fréquemment produites aux rédacteurs des actes de l'état civil. Ce sont, suivant les circonstances, ou des procurations, ou des consentements à mariage, ou des extraits des registres de l'état civil, etc., etc. Toutes les fois que des productions semblables ont lieu, il ne suffit pas de les mentionner dans l'acte à l'occasion duquel elles sont faites, il faut en exiger la remise et les faire parapher par la personne qui les produit. Ces pièces sont également paraphées par l'officier de l'état civil lui-même. Nous avons dit précédemment qu'à la fin de l'année elles sont déposées au greffe du tribunal civil avec le double des registres qui doit y rester (2).

1209. Comme les pièces à l'appui ne peuvent être matériellement attachées au folio du registre où se trouve l'acte qu'elles concernent, il importe de les classer en bon ordre; et le meilleur moyen est de placer celles de chaque acte différent dans une chemise séparée, sur laquelle on inscrit : 1° le numéro d'ordre de l'acte au registre; 2° le nom de l'enfant, des époux ou du décédé, selon qu'il s'agit d'un acte de naissance, de mariage ou de décès; 3° la date de l'acte; 4° le nombre de pièces. On range ensuite ces dossiers par ordre de date et on en fait autant de liasses ou divisions distinctes qu'il y a de registres de l'état civil.

1210. Une circulaire du 18 mars 1877 recommandait aux municipalités l'adoption de la mesure prise par le préfet de la Seine, sur le vœu exprimé par la commission de reconstitution des actes de l'état civil de Paris, et qui consiste à remettre gratuitement aux époux, lors de la célébration du mariage, un livret de famille destiné à recevoir par extraits les énonciations principales des actes de l'état civil intéressant chaque famille. Ce livret est destiné à être représenté chaque fois qu'il y a lieu de faire dresser un acte de naissance ou de décès. A chaque nouvelle déclaration, l'officier de l'état civil appose, à la suite de la mention sommaire consignée sur le livret, la signature et le cachet de la mairie. Une nouvelle circulaire du 15 février 1879 a recommandé de nouveau la généralisation de cette institution des livrets de famille. Enfin, l'article 136 de la loi du 5 avril 1884 a rendu cette dépense obligatoire pour les communes au même titre que les frais des registres de l'état civil.

1211. Aussitôt qu'un acte est dressé et clos, qu'il soit régulier ou irrégulier, complet ou incomplet, il n'appartient plus ni à l'officier qui l'a dressé, ni aux parties qui l'ont provoqué, et aucune rectification n'y peut être faite qu'en vertu d'un jugement du tribunal de première instance, rendu sur la demande des parties intéressées ou sur les conclusions du procureur de la République, lorsqu'il y a intérêt public, et dont il peut être appelé devant la cour d'appel (3).

1212. Lorsqu'une décision judiciaire de rectification, ainsi rendue, est remise au maire, soit par exploit d'huissier, soit simplement par la partie intéressée, il doit l'inscrire sur les registres et en faire mention en marge de l'acte réformé. Si cette décision est un jugement de première instance rendu sans contradicteur (ce dont on peut juger à la simple lecture), le maire l'inscrit sur-le-champ, à moins qu'il ne lui ait été signifié par huissier un exploit d'appel. Si la décision, au contraire, a été rendue dans une cause où il y a un contradicteur, le maire ne doit en opérer l'inscription que sur le certificat de l'avoué de la partie qui le requiert, contenant la date de la signification du jugement faite au domicile de la partie condamnée, et sur l'attestation du greffier, constatant qu'il n'existe contre le jugement ni opposition ni appel. Enfin, si c'est un arrêt de cour d'appel, l'inscription doit avoir lieu sans délai, même nonobstant pourvoi en cassa-

tion, attendu que ce pourvoi ne suspend pas l'exécution.

Voici comment s'opère la rectification : on ne peut dans aucun cas, toucher aux actes mêmes, les biffer, raturer ou modifier.

Le maire doit énoncer qu'il lui a été signifié par exploit d'huissier, ou remis par telle personne, expédition d'un jugement portant réformation d'un acte de l'état civil; qu'en conséquence, il procède à l'inscription dudit jugement. Il copie ensuite textuellement le jugement, et, à la suite, le certifie conforme à l'expédition qui a été remise ou qui est contenue dans l'exploit; en conservant l'expédition ou l'exploit comme annexe du registre.

Le maire, aussitôt après cette transcription, la mentionne en marge de l'acte que le jugement réforme. Il est utile aussi de mentionner en marge du jugement de réforme la date de l'acte auquel ce jugement se rattache (1).

1213. La transcription a lieu sur les deux doubles registres de l'année courante, à la date où le maire reçoit le jugement, quelle que soit celle de l'acte réformé, et immédiatement après le dernier acte inscrit.

La mention est faite sur les deux doubles registres; ce que le maire peut facilement faire, s'il s'agit des registres de l'année courante; mais s'il s'agit de ceux des années précédentes, dont un seul double est à sa disposition, il doit envoyer copie de la mention au procureur de la République, qui veille à ce qu'elle soit portée sur le double déposé au greffe.

1214. Si un jugement de rectification était lui-même réformé par un nouveau jugement, celui-ci donnerait lieu aux mêmes transcription et mention.

1215. Lorsqu'un acte devait être dressé dans un certain délai de rigueur, si les parties ou les déclarants ne se sont présentés qu'après ce délai, de sorte que l'acte n'a pu être dressé, il faut un jugement pour qu'il le soit après sa date; et, dans ce cas, le jugement en vertu duquel l'omission est réparée doit être transcrit comme un jugement de rectification, et la mention faite, non pas en marge de l'acte, puisqu'il n'en existe pas, mais en marge du registre, à la date où cet acte eût dû être inscrit (2).

1216. Enfin, il est encore un cas où il y a lieu de transcrire et de mentionner les jugements sur les registres de l'état civil : c'est lorsque le Gouvernement autorise une personne à changer son nom ou à en ajouter un autre au sien. Dans ce cas, la personne doit obtenir un jugement qui donne lieu aux mêmes formalités que ceux de la rectification (3).

1217. Lorsqu'il est demandé expédition d'un acte de l'état civil dont la rectification a été ordonnée, cette expédition ne peut être délivrée qu'avec la mention de la rectification prescrite. En conséquence, l'expédition doit contenir : 1° la copie littérale et exacte de l'acte, tel qu'il a été primitivement rédigé; 2° la copie également littérale de la mention de rectification, telle qu'elle est portée à la marge de l'acte.

1218. En règle générale, les registres de l'état civil ne doivent contenir que les actes faits dans la commune. Les actes faits à l'étranger ou dans d'autres communes, ou par des fonctionnaires autres que les officiers de l'état civil, ne doivent y être transcrits qu'autant que la loi l'a ordonné ou permis, expressément ou implicitement. Ainsi, doivent être transcrits :

1° Les procès-verbaux d'exposition d'enfant, dressés par les employés des hospices;

2° Les reconnaissances d'enfant naturel, faites par déclaration devant notaire ou par testament, lorsque les parties intéressées le demandent;

3° Les actes d'adoption, également lorsque les parties intéressées le demandent;

4° Les actes de décès transmis, ainsi qu'il a été dit plus haut, par les officiers de l'état civil du lieu du décès à ceux du domicile, pour les individus décédés dans les hôpitaux et

---

(1) C. c., art., 37, 56, 75, 78 ; C. P., art. 34, 42, 52.
(2) C. civ., art. 44.
(3) Cons d'Et. 1 nivôse an x. (Voy. n° 1170.)

(1) C. civ., art. 101 ; C. P., art. 857.
(2) Cons d'Et. 12 brumaire an xi (voy. n° 1228)
(3) L. 11 germinal an xi.

autres maisons publiques, dans les prisons, maisons de reclu-
sion et de détention, ou par suite de mort violente ;

5° Les actes de naissance et de décès faits sur mer, lorsque l'expédition en est transmise, soit par le ministre de la
marine, soit par les préposés à l'inscription maritime ;

6° Les actes de naissance, de reconnaissance, de mariage
et de décès, reçus aux armées par les employés militaires et
transmis par eux ;

7° Les actes de mariage contractés par des Français en
pays étranger, lorsque les parties intéressées le demandent ;

8° Les actes de naissance et de décès reçus par les
membres des intendances et des commissions sanitaires, dans
les lazarets ou autres lieux avec lesquels les communications
sont interdites pas les lois sur la police sanitaire ;

9° Les jugements et arrêts qui ordonnent la rectification,
le remplacement ou le rétablissement d'un acte de l'état-civil,
comme il est dit ci-dessus.

Aucun autre acte ne peut être transcrit sur les registres,
même lorsque les parties intéressées le demandent.

1219. Indépendamment de l'obligation où sont les dépositaires des registres de l'état civil de les communiquer aux
procureurs de la République, à leurs substituts et aux juges
de paix, pour la vérification dont il est parlé plus haut et
pour les recherches relatives à des crimes ou délits, ils sont
tenus de les communiquer encore sans déplacement : 1° aux
préfets, sous-préfets et à leurs délégués, pour les recherches
relatives au recrutement, aux recensements de la population
et autres opérations administratives analogues ; 2° aux préposés de l'administration de l'enregistrement, lorsque ceux-ci
le requièrent. Les uns et les autres ont le droit de prendre,
sans frais, les renseignements, extraits et copies qui leur
sont nécessaires pour les intérêts de l'État.

En cas de refus ou d'opposition, les officiers de l'état civil,
greffiers et secrétaires des mairies sont passibles d'une amende
de 20 francs. Les préposés de l'enregistrement ne peuvent
néanmoins se livrer à leurs recherches les dimanches et
jours de fêtes légales ; en outre, chacune de leurs séances
dans les bureaux où sont déposés les actes ne peut durer
plus de quatre heures (1).

1220. Des conventions, qui sont intervenues entre la
France, l'Italie, la Belgique et le Grand-Duché de Luxem-
bourg, ont arrêté que l'expédition des actes de l'état civil
sont dispensées de timbre et d'enregistrement, lorsqu'elles
sont transmises entre ces gouvernements respectifs pour leur
usage exclusif d'ordre public, mais non quand elles le sont
dans l'intérêt privé des individus qu'elles concernent, sauf
dispense exceptionnelle.

§ 2. — Actes de naissance.

1221. Lorsqu'un enfant est né, la déclaration doit en être
faite, dans les trois jours de l'accouchement, à l'officier de
l'état civil de la commune dans laquelle la naissance a eu
lieu : l'enfant doit lui être présenté (2).

1222. Si néanmoins il y avait danger à ce que l'enfant fût
transporté à la mairie, l'officier civil pourrait se rendre dans
la maison où est cet enfant et se l'y faire représenter (3).

(1) L. 22 frimaire an VII, art. 54 ; L. 16 juin 1824, art. 10.
(2) C. civ., art. 55.
(3) L. 27 septembre 1792, tit. III, art. 6 ; L. 24 décembre 1792, sect. II,
art. 2 ; Circ. int. 9 avril 1870. — Les dispositions de l'article 55 du Code
civil ont été longtemps interprétées comme imposant aux familles l'obligation de transporter les nouveau-nés à la mairie. Cependant, les ensei-
gnements de la science tendraient à prouver que, pendant les premiers
jours qui suivent la naissance, il peut être dangereux exposer les enfants à l'impression de l'air extérieur. L'inobservation de cette règle
d'hygiène serait même, dans l'opinion de beaucoup de médecins, une des
causes de la mortalité qui frappe les nouveau-nés. — Le législateur n'a
jamais méconnu les précautions que réclame l'intérêt de la santé des
enfants. Ainsi, les lois des 20 septembre et 19 décembre 1792 font un devoir au maire de se transporter au domicile de l'accouchée, lorsque l'enfant ne peut, sans danger, être porté à la mairie. De même les lois
municipales, depuis l'an X, autorisent la création d'officiers supplémentaires de l'état civil dans les sections qui communiquent difficilement

Il pourrait même faire porter les registres dans cette maison pour y rédiger l'acte, aucune disposition de la loi ne
s'y oppose.

1223. La naissance de l'enfant doit être déclarée par le
père, ou, à défaut du père, par les docteurs en médecine ou
en chirurgie, sages-femmes, officiers de santé ou autres personnes qui ont assisté à l'accouchement ; et, lorsque la mère
est accouchée hors de son domicile, par la personne chez
laquelle a eu lieu l'accouchement.

Il importe de bien remarquer que le Code civil impose aux
assistants d'un accouchement *l'obligation* de déclarer la
naissance : cette obligation est à la charge du père d'abord,
des médecins, officiers de santé, et des personnes qui ont
assisté à l'accouchement si la mère est accouchée chez elle,
ou, si la mère n'est pas accouchée chez elle, du père d'abord
et de la personne chez laquelle l'accouchement a eu lieu
ensuite (1). La responsabilité du défaut de déclaration
incombe donc à toutes personnes dénommés dans l'article 56
du Code civil, dans l'ordre que nous indiquons (2).

avec le chef-lieu de la commune. Mais ces facilités sont forcément restreintes à des cas exceptionnels, et, il faut bien le reconnaître, elles ne
satisfont pas complètement aux légitimes préoccupations des familles. —
C'est pour répondre aux vœux pressants exprimés à ce sujet par les
corps médicaux et par l'opinion publique que les maires de plusieurs villes
ont cru devoir, dans ces dernières années, organiser un service de *constatation des naissances à domicile* — Cette innovation, qui avait d'abord
soulevé quelques objections au point de vue de la légalité, est acceptée
aujourd'hui comme un fait accompli. On a reconnu, en effet, qu'à la différence de la loi de 1792, le Code civil n'exige pas que l'enfant soit
transporté à la maison commune, il suffit qu'il soit présenté à l'officier de
l'état civil. Or, aucune disposition légale ne s'oppose à ce que la présentation ait lieu au domicile de l'accouchée. — Depuis le 1er janvier 1859,
ce mode a été mis en pratique à Paris ; il n'est pas, d'ailleurs, obligatoire.
La constatation est faite, sans frais, par un médecin délégué de l'autorité
municipale ; les familles, si elles le préfèrent, présentent l'enfant à la
mairie. Dans aucun cas elles ne sont dispensées de la déclaration, qui
doit toujours être faite suivant les prescriptions des articles 55 et 56 du
Code civil. — Le désir du gouvernement est que cet exemple soit suivi
dans toutes les localités où un service semblable pourra être convenablement organisé. C'est une question d'humanité, et les maires n'hésite-
ront pas, j'en ai la confiance, à l'étudier avec le sentiment d'une vive
sollicitude. — Il sera nécessaire que des allocations soient votées pour
la rémunération des médecins vérificateurs ; des propositions pourront être
soumises, à cet effet, aux conseils municipaux dans la session de mai.
(1) Cass. crim. 12 décembre 1862. — Vu les articles 55 et 56 du Code
civil et 346 du Code pénal. — Attendu, en droit, qu'aux termes de l'article 56 du Code civil la déclaration de la naissance d'un enfant à l'officier de
l'état civil doit être faite dans le délai de trois jours, fixé par l'article 55
du même code, soit, dans le cas où la mère est accouchée chez elle, par le
père, ou à défaut du père, par les docteurs en médecine, sages-femmes,
officiers de santé ou autres personnes qui auraient assisté à l'accouchement, soit lorsque la mère sera accouchée hors de son domicile par la
personne chez laquelle elle sera accouchée, sous les peines portées par
l'article 346 du Code pénal ; — Attendu que dans cette hypothèse qui est
celle de l'espèce, c'est la personne chez laquelle l'accouchement a eu lieu
qui est, à l'exclusion de toute autre, tenue de faire la déclaration de naissance ; — qu'elle ne peut s'affranchir de cette obligation qu'en justifiant
ou qu'elle était absente de son domicile au moment de l'accouchement, ou
que le père de l'enfant y a lui-même assisté, celui-ci demeurant alors
personnellement tenu, aux termes de l'article 2, titre III, de la loi du
20 septembre 1792, à moins d'empêchement légitime, d'accomplir les
prescriptions de l'article 56 précité ; — que la loi n'établit aucune distinction entre le cas où le père, absent au moment de l'accouchement,
n'aurait pas été informé, et celui où il serait
revenu assez tôt pour faire utilement la déclaration, et qu'il n'y a infraction de sa part qu'autant qu'il aurait assisté à l'accouchement ; —
Attendu, en fait... — Casse.
(2) Metz, 22 mars 1824 ; Lyon, 19 juillet 1827 ; Bruxelles, 20 octobre 1831 ;
Angers, 29 août 1842 ; Cass. crim. 2 septembre 1843 ; Cass. crim. 12 novembre 1859. — Vu l'article 56 du Code civil. Vu l'article 346 du Code
pénal ; — Attendu, en fait, qu'il appert de l'arrêt attaqué que toutes les
défenderesses ont assisté avec la femme Laurencie, sage-femme, à l'accouchement de la veuve Angeron ; que le père de l'enfant était inconnu, et
enfin que la déclaration de naissance de l'enfant n'a pas été faite ; — Attendu, en droit, qu'en l'absence du père, l'obligation de faire cette déclaration est imposée à toutes les personnes ayant assisté à l'accouchement ;
que la présence d'une sage-femme n'exonère pas les autres personnes
présentes de cette obligation ; — Attendu, en effet, qu'il faudrait pour
qu'il en fût ainsi, que dans le cas où des tiers assistent, avec un docteur, une
sage-femme ou un officier de santé, à un accouchement, la loi eût déterminé entre eux un ordre distinct et successif ; que le texte de l'article 36 précité repousse de la manière la plus expresse une semblable
interprétation ; qu'il admet sans doute un tel ordre lorsque le père est
présent, puisque ce n'est qu'à son défaut que naît, d'après le texte,
l'obligation d'autrui ; mais qu'il n'étend pas à d'autres cas et à d'autres
personnes une distinction motivée, en ce qui concerne le père, sur cette
raison que l'obligation à lui imposée est, aux yeux de la loi naturelle et
positive, assez impérieuse et assez large pour absorber toutes les

Par père de l'enfant, il faut entendre le père légitime. Le père naturel, s'il ne reconnaît pas l'enfant dans l'acte de naissance, n'est qu'un simple assistant. Mais le père légitime n'est tenu à déclarer la naissance que s'il est présent dans la ville où a lieu l'accouchement et si cet accouchement a été connu de lui; s'il était absent momentanément, l'obligation de la déclaration incombe aux autres personnes qui ont pu assister à l'accouchement (1).

1224. Aucune obligation de déclaration n'est imposée à la mère.

1225. Si le père ne peut se présenter en personne pour la déclaration, il peut se faire représenter par un fondé de procuration spéciale et authentique; mais les autres personnes que la loi appelle à son défaut doivent se présenter elles-mêmes, parce que, la naissance ne leur étant connue que parce qu'elles l'ont vue, il est nécessaire qu'elles viennent l'attester personnellement.

1226. Si la déclaration était faite par toute autre personne que celles qui viennent d'être indiquées, elle ne devrait pas être reçue.

1227. Dans le délai de trois jours, accordé pour la déclaration, n'est pas compris le jour où la naissance a eu lieu. Ainsi, la naissance d'un enfant né le lundi, par exemple, doit être déclarée au plus tard le jeudi. Si elle ne l'était qu'après ce délai, l'officier de l'état civil ne pourrait plus la recevoir; de ce retard résulte sur les registres une lacune ou omission qui ne peut être réparée que par un jugement (2).

1228. Les personnes qui sont obligées de faire la déclaration, et qui ne l'ont pas faite dans le délai fixé, sont passibles d'un emprisonnement de six jours à six mois, et d'une amende de 16 francs à 300 francs (3).

1229. Lorsque l'officier de l'état civil est instruit d'une pareille omission, il doit en informer le procureur de la République de l'arrondissement, afin que ce magistrat poursuive, s'il y a lieu, les personnes punissables, et provoque dans le cas où la loi l'y autorise, le rétablissement de l'acte omis.

1230. Certains auteurs estiment que l'officier de l'état civil doit vérifier le sexe de l'enfant qui lui est présenté. La loi de 1792 lui en faisait une obligation; mais le Code civil n'ayant pas reproduit la même injonction, la vérification du sexe ne peut plus être considérée comme une formalité nécessaire. Il

est évident, néanmoins, qu'elle ne peut être que fort utile.

1231. La déclaration et la présentation doivent être faites en présence des deux témoins. L'acte est rédigé sur-le-champ devant eux. Ils attestent la confection de l'acte en leur présence, la présentation de l'enfant, la déclaration de la naissance, et, en outre, l'identité de la personne du déclarant. Mais leur témoignage ne va pas et ne peut pas aller au delà.

1232. L'acte énonce le jour, l'heure et le lieu de la naissance, le sexe de l'enfant, les prénoms qui lui sont donnés, les prénoms, noms, âge, professions et domiciles des père et mère et ceux des témoins (1).

1233. L'officier de l'état civil ne peut accepter pour prénoms à donner à l'enfant que des noms choisis dans les différents calendriers, ou parmi ceux des personnages connus dans l'histoire ancienne (2).

1234. Le nom donné à l'enfant naturel est celui de son père ou celui de sa mère, selon que l'un ou l'autre l'a reconnu. Mais si le père ou la mère ne l'avouent pas, on lui donne un nom indépendamment des prénoms, en ayant soin toutefois de ne pas prendre le nom particulier d'une famille connue. Il importe d'écrire les noms des père et mère lisiblement, correctement, et avec l'orthographe même qu'emploie la famille, l'erreur la plus légère pouvant donner lieu à des difficultés.

1235. Les prénoms du nouveau-né sont donnés par la personne qui fait la déclaration. Si elle ne les indique pas, l'officier de l'état civil doit les donner lui-même.

1236. Le lieu de la naissance doit être précisé, non seulement par l'indication de la commune, mais encore par la désignation de la rue et de la maison dans laquelle l'enfant est né.

1237. Lorsque l'enfant est né d'une femme non mariée, le père est légalement censé inconnu. Il ne doit pas être indiqué dans l'acte, à moins qu'il ne se déclare lui-même, soit en personne, soit par l'intermédiaire d'un procureur fondé. S'il ne se déclare pas, on doit se borner à énoncer dans l'acte que le père est inconnu.

1238. Le père de l'enfant né d'une femme non mariée ne doit pas non plus être indiqué dans l'acte, même quand il se déclarerait volontairement, s'il est parent de la mère à un degré où le mariage est prohibé, ou si, au moment de la conception de cet enfant, il était marié avec une autre femme. On devrait, dans ce cas, écrire que le père est inconnu.

1239. Quant à la mère, toutes les fois que son nom est indiqué, même à son insu et sans consentement, il doit être porté dans l'acte. Mais si les déclarants ne veulent ou ne peuvent le faire connaître, l'officier de l'état civil ne doit pas pousser plus loin ses investigations : il doit inscrire l'enfant comme

autres; — Attendu que cette prévoyance de la loi qui consiste à repousser, dans toutes les autres hypothèses, toute distinction et tout ordre successif, repose sur les considérations les plus graves, puisque la déclaration des naissances, à laquelle sont si intimement attachés le sort des enfants et l'état des familles, intéresse au plus haut degré l'ordre civil et l'ordre public, d'où il suit... — Cass.
(1) Amiens, 2 janvier 1837; Cass. crim. 12 décembre 1862. (Voy. ci-dessus.)
(2) Cons. d'Et. 12 brumaire an XI. — Le Conseil d'État, qui, d'après le renvoi des consuls, a entendu le rapport de la section de législation sur ceux des ministres de la justice et de l'intérieur, relatifs aux questions de savoir : 1° si l'officier de l'état civil peut rédiger et inscrire, d'après les déclarations des parties, les actes de l'état civil non inscrits sur les registres dans les délais prescrits par la loi, ou s'il est nécessaire que cette inscription soit autorisée par un jugement; 2° si, dans ce cas, il ne conviendrait pas que les commissaires du gouvernement près les tribunaux intervinssent d'office pour requérir les jugements, afin d'en éviter les frais aux parties, est d'avis :
Sur la première question, que les principes qui ont motivé l'avis du 13 nivôse an X, sur la rectification des actes de l'état civil, sont, à plus forte raison, applicables au cas de l'omission de ces actes sur les registres, puisque la rectification o'u pour objet que de substituer la vérité à une erreur dans un acte déjà existant, et que, lorsqu'on demande à réparer une omission d'acte, il s'agit évidemment de donner un état; que s'il était permis à l'officier de l'état civil de recevoir, sans aucune formalité, des déclarations tardives, et de leur donner de l'authenticité, on pourrait introduire des étrangers dans les familles, et que cette faculté serait la source des plus grands désordres; que les actes omis ne peuvent être inscrits sur les registres qu'en vertu de jugements rendus en grande connaissance de cause de l'omission, contradictoirement avec les parties intéressées, ou elles appelées, et sur les conclusions du ministère public; et que ces jugements peuvent même être attaqués, en tout état, par les parties qui n'y auraient pas été appelées;
Sur la seconde question, qu'il est plus convenable de laisser aux parties intéressées à faire réparer l'omission des actes de l'état civil, le soin de provoquer les jugements, sauf le droit qu'ont incontestablement les commissaires du gouvernement d'agir d'office en cette matière, dans les circonstances qui intéressent l'ordre public.
(3) C. P., art. 346.

(1) C. civ., art. 57.

MODÈLE D'ACTE DE NAISSANCE.

L'an mil huit cent   , le   jour du mois d'   , à   heure (du matin ou après midi),
Acte de naissance d'un enfant qui nous a été présenté et qui a été reconnu être du sexe   , né (on indique le lieu précis de la naissance, conformément à l'article 57 du Code civil), le   à   heure (du matin ou après midi), fils   de   (mettre les noms, prénoms, âges, qualités, professions et domicile du père et de la mère; indiquer si celle-ci est ou non mariée, et, s'il est possible, la date du mariage et le lieu où il a été contracté); lequel a reçu les prénoms d'   . Sur la réquisition et présentation à nous faites par (mettre ici les nom, prénoms, âge, qualité et domicile de la personne qui a requis l'inscription de l'acte de naissance; dans le cas où ce n'est pas le père, il est mentionné que le déclarant a assisté à l'accouchement, ou que ce fait a eu lieu dans son domicile, conformément à l'article 56 du Code civil);
En présence de (indiquer les noms, prénoms, âges, professions et demeures des deux témoins, conformément à l'article 34 du Code civil).
Le déclarant et les témoins ont signé, après lecture faite, le présent acte qui a été fait double en leur présence et constaté suivant la loi, par nous (maire ou adjoint) de la commune de   , remplissant les fonctions d'officier public de l'état civil.
(Suivent les signatures.)

(2) L. 11 germinal an XI, art. 1er.

né de père et mère inconnus; et il en est ainsi surtout lorsque le déclarant, médecin ou sage-femme, n'a eu connaissance du nom de la mère que parce qu'il lui a été confié à titre de secret professionnel (1).

1240. Deux enfants jumeaux peuvent être présentés à l'officier de l'état civil par la même personne, et les mêmes témoins peuvent servir pour la rédaction des actes de naissance; mais il est indispensable de rédiger pour chacun un acte séparé.

1241. L'acte de naissance de chacun doit énoncer qu'il est né avec un ou plusieurs jumeaux, et mentionner avec précision l'ordre dans lequel chacun est sorti du sein de la mère, avec l'indication de l'heure et de la minute à laquelle il a vu le jour. Cette heure sert à faire connaître quel est l'aîné, c'est-à-dire celui qui est né le premier (2).

1242. Lorsque le cadavre d'un enfant, dont la naissance n'a pas été enregistrée, est présenté à l'officier de l'état civil, cet officier ne doit pas exprimer qu'un tel enfant est décédé, mais seulement qu'il lui a été présenté sans vie; il reçoit de plus la déclaration des témoins, touchant les noms, prénoms, qualités et demeure des père et mère de l'enfant, et la désignation des an, jour et heure auxquels l'enfant est sorti du sein de sa mère (3). Cet acte est inscrit à sa date sur les registres des décès (4).

1243. Toute personne qui a trouvé un enfant nouveau-né est tenue de le remettre à l'officier de l'état civil, ainsi que les vêtements et autres effets trouvés avec l'enfant, et de déclarer toutes les circonstances de temps et de lieu où il a été trouvé. L'officier de l'état civil dresse procès-verbal détaillé de cette remise, énonçant l'âge apparent de l'enfant, son sexe, les noms qui lui sont donnés et l'autorité à laquelle il sera remis (1).

1244. Les noms sont donnés à l'enfant, non par la personne qui l'a trouvé, mais par le maire ou par les administrateurs de l'hospice, s'il y a eu été d'abord déposé et s'il est présenté par eux à l'officier de l'état civil. Parmi ces noms, le premier est destiné à devenir le nom patronymique de l'enfant, et les autres ses prénoms. Ces derniers sont choisis comme ceux des enfants légitimes; pour l'autre, il faut, pour prévenir toute confusion et des réclamations très fondées, éviter de le prendre parmi ceux qui sont connus pour appartenir à des familles existantes; il convient de le choisir de préférence soit dans l'histoire ancienne, soit dans les circonstances particulières à l'enfant, sa conformation, ses traits, son teint, le lieu, l'heure où il a été trouvé, en rejetant toutefois toute dénomination ridicule, ou de nature à rappeler que celui à qui on le donne est un enfant trouvé.

1245. La loi ne paraît pas exiger, pour la rédaction du procès-verbal, l'assistance de deux témoins; néanmoins, il est à propos d'y recourir, et l'officier de l'état civil doit lui-même choisir des témoins. Le procès-verbal est inscrit à sa date sur les registres. Il constitue un acte de notoriété qui tient lieu d'acte de naissance, mais dont l'effet doit cesser si le véritable acte de naissance, inscrit à sa date, vient à être retrouvé.

1246. Lorsqu'un enfant naît pendant un voyage de mer, l'acte de naissance est dressé, selon le cas, par l'officier d'administration ou le capitaine, et inscrit à la suite du rôle d'équipage. Au premier port où le bâtiment aborde pour toute autre cause que celle du désarmement, deux expéditions de l'acte sont envoyées au ministre de la marine, qui en adresse copie à l'officier de l'état civil du domicile du père, ou de la mère, si le père est inconnu. Cette copie doit être transcrite sur les registres aussitôt qu'elle a été reçue. Le rôle de l'officier de l'état civil se borne à une simple transcription. Lorsqu'il reçoit deux expéditions à des époques différentes, selon ce qui est prescrit par les dispositions qui précèdent, il ne peut se dispenser de faire la seconde transcription comme la première, la loi l'ayant voulu ainsi, mais il doit, en marge de chacune d'elles, annoter un renvoi à l'autre (2).

1247. Aux armées, certains officiers sont chargés de la tenue des registres de l'état civil. Dans les dix jours de la réception d'un acte de naissance, extrait en est envoyé à l'officier de l'état civil du domicile du père, ou de la mère, si si le père est inconnu. L'officier de l'état civil le transcrit immédiatement sur les registres (3).

1248. La filiation des enfants légitimes est constante par cela seul qu'ils sont nés en mariage; quant aux enfants naturels, au contraire, leur filiation ne devient certaine que lorsqu'elle est légalement constatée: c'est cette constatation que la loi appelle reconnaissance. Les enfants naturels peuvent être reconnus spontanément; ils peuvent l'être aussi par le résultat d'une poursuite judiciaire. De là, deux espèces de reconnaissance, l'une volontaire, et l'autre forcée ou juridique. Les reconnaissances d'enfant doivent toujours revêtir la forme authentique. Les reconnaissances volontaires sont reçues, dans cette forme, par les officiers de l'état civil ou par les notaires. Suivant les cas, l'officier de l'état civil dresse un acte spécial de la reconnaissance, ou il se borne à l'insérer dans un autre acte. Lorsque la déclaration de reconnaissance de l'enfant a lieu en même temps que la déclaration de naissance, elle est constatée par l'officier de l'état civil dans l'acte même de naissance. Lorsqu'elle a lieu au moment où se contracte le mariage des père et mère de l'enfant, elle est mentionnée dans l'acte de mariage. Lorsqu'elle a lieu en dehors de ces circonstances, elle devient l'objet

---

(1) Cass. crim. 16 septembre 1813; Cass. crim. 1er juin 1844; Cass. crim. 1er août 1845. — La Cour, attendu que l'article 346, Code pénal, se réfère exclusivement aux articles 55-56, Code civil, et non à l'article 57 du même code, qui détermine les énonciations que doit renfermer l'acte de naissance; qu'en effet les personnes qui ont assisté à l'accouchement étant dans l'impuissance de donner à l'officier de l'état civil tous les renseignements relatifs à ces énonciations, et que, dès lors, ces personnes ne peuvent être rendues passibles de peines, à raison de ces omissions; qu'elles sont donc affranchies de la pénalité établie par l'article 346, lorsqu'elles ont déclaré le fait de la naissance, et les circonstances accessoires qui sont à leur connaissance; — Attendu, de plus, qu'aux termes de l'article 378, Code pénal, les médecins, chirurgiens et autres officiers de santé, ainsi que les sages-femmes, peuvent être, à raison de leurs professions, rendus dépositaires de secrets de famille, qu'ils ne peuvent révéler sans s'exposer à des peines; — Attendu, en fait, qu'il est constaté dans l'espèce que la femme Prévost avait été rendue dépositaire de la mère de l'enfant, dont celle-ci est accouchée dans le domicile de ladite femme Prévost, et en qualité de sage-femme, du secret relatif à la filiation de cet enfant; — Qu'ainsi en affranchissant ladite sage-femme du secret dont il s'agit, de la article 346 Code pénal, pour n'avoir pas révélé le nom de la mère, dans la déclaration de la naissance faite à l'état civil, en conformité de l'article 56, Code civil, le jugement attaqué, loin de violer les dispositions de cet article 346, en a fait une saine interprétation; — Attendu que, si la femme Prévost, au lieu de garder le silence sur le nom de la mère de l'enfant, a faussement déclaré un nom imaginaire, et si, par cette fausse déclaration, ladite sage-femme se rendait passible du crime de faux prévu par le dernier alinéa de l'article 147, Code pénal, dans le cas où elle aurait agi avec intention criminelle, l'article 327, Code civil, interdit toute poursuite criminelle avant le jugement définitif de la question d'état, et qu'ainsi le tribunal de Blois a dû, comme il l'a fait, sans violer l'article 244 du Code d'instruction criminelle, renvoyer ladite femme Prévost de la poursuite du ministère public, à raison de la déclaration faite par elle à l'officier de l'état civil. — Rejette.
En ce sens, Angers, 18 novembre 1850, D. P. 51.2.20.
(2) Caen, 17 août 1843.
(3) Déc. 4 juillet 1806, articles 1 et 2.

(4) MODÈLE D'ACTE DE DÉCÈS D'UN ENFANT MORT-NÉ.

L'an mil huit cent   , le   jour du mois de   , à   heure (du matin ou après midi).

Acte concernant un enfant qui nous a été présenté sans vie, sorti du sein de sa mère (on indique le lieu précis de l'accouchement) le   à   heure (du matin ou après midi), fil d   (mettre les noms, prénoms, âges, qualités, professions et domicile du père et de la mère, indiquer si celle-ci est mariée, et, s'il est possible, la date du mariage et le lieu où il a été contracté); sur la déclaration à nous faite par (indiquer ici les noms, prénoms, âges, professions et domiciles des deux témoins, conformément à l'article 34 du Code civil);

Lesquels ont signé (la fin comme à l'acte de naissance, Voy. ci-dessus).

(1) C. civ., art. 58.
(2) C. civ. art. 54 et 60.
(3) C. civ., art. 89 et 93.

d'un acte spécial, qui est rédigé dans les formes ordinaires des actes de l'état civil (1).

1249. Les actes de reconnaissance reçus par les notaires comportent les formes ordinaires aux actes notariés. Quant aux reconnaissances forcées ou juridiques, elles ne peuvent également résulter que d'actes authentiques, émanés de l'autorité judiciaire.

1250. Lorsque la reconnaissance de l'enfant est constatée par un acte distinct, cet acte est inscrit à sa date parmi les actes de naissance, et il en est fait mention en marge de l'acte de naissance, s'il en existe un. Cette règle s'applique, suivant nous, non seulement aux actes de reconnaissance reçus par les officiers de l'état civil, mais encore à ceux qui sont dressés par les notaires, voire même aux actes judiciaires qui constatent des reconnaissances forcées. L'officier de l'état civil est obligé de transcrire, parmi les actes de naissance, ces actes notariés et ces actes judiciaires aussitôt qu'ils lui sont représentés. En cas de légitimation d'un enfant naturel par mariage subséquent de ses parents, il doit également en être fait mention en marge de l'acte de naissance (2).

1251. Une expédition authentique de l'acte de reconnaissance reçu par un autre officier de l'état civil que celui qui est dépositaire de l'acte de naissance doit être présentée à celui-ci, qui la transcrit sur ses registres, à la date où elle lui est remise, et en fait mention en marge de l'acte de naissance (3).

1252. Les reconnaissances d'enfants naturels, autres que celles qui sont faites dans l'acte de naissance même, sont soumises à un droit d'enregistrement de 5 fr. 30., excepté quand il s'agit d'indigents ; elles sont soumises à un droit de 2 fr. 20 quand elles sont faites par acte de mariage. Cette formalité se remplit sur l'expédition de l'acte. Lorsque l'expédition est demandée au secrétaire de la mairie, il doit exiger qu'on lui remette le montant du droit, et présenter cette expédition au bureau d'enregistrement. Il énonce, ensuite, en marge de l'acte, qu'il en a délivré expédition, et y copie la mention de l'enregistrement, telle qu'elle est portée sur l'expédition. Les expéditions qui seraient délivrées ultérieurement doivent faire mention de la première et de son enregistrement. Lorsque l'expédition est délivrée à des personnes indigentes, l'officier de l'état civil doit attester leur indigence par une énonciation insérée à la suite de l'expédition (4).

1253. Outre les actes de naissance et de reconnaissance, les officiers de l'état civil doivent insérer sur leurs registres des reconnaissances les actes d'adoption.

L'adoption est un contrat par lequel un individu de l'un ou de l'autre sexe, âgé de plus de 50 ans, n'ayant ni enfants, ni descendants légitimes, confère le titre et tous les droits d'un enfant légitime à un autre individu, âgé de plus de 21 ans et ayant 15 ans de moins que l'adoptant. L'individu adopté prend le nom de la personne qui adopte et l'ajoute à son propre nom de famille. L'adoption établit, entre l'adoptant et l'adopté, des rapports de parenté civile. Mais l'adopté ne cesse pas d'appartenir à sa famille naturelle, et il y conserve tous ses droits. Les actes d'adoption sont reçus par les juges de paix et soumis à la confirmation des tribunaux et des cours. Dans les trois mois qui suivent l'arrêt rendu par la cour en confirmation d'un acte d'adoption, l'une ou l'autre des

parties requiert l'officier de l'état civil du lieu où l'adoptant est domicilié d'inscrire l'adoption sur ses registres. Cette inscription n'a lieu que sur le vu d'une expédition en forme de l'arrêt de la cour d'appel, et l'adoption reste sans effet si elle n'a été inscrite dans ce délai par l'adoptant ou l'adopté (1). Aussitôt qu'il en est requis, et que les expéditions de l'acte d'adoption passé devant le juge de paix et de l'arrêt de la cour, qui admet l'adoption, lui ont été remises, l'officier de l'état civil dresse le procès-verbal d'inscription. Ce procès-verbal doit énoncer : 1° l'année, le jour et l'heure où la demande de transcription est faite ; 2° les prénoms, le nom et la qualité de l'officier de l'état civil ; 3° les nom, prénoms, âge, profession et domicile de la personne ou des personnes qui la demandent ; 4° l'objet de la réquisition : 5° la copie de l'acte d'adoption et de l'arrêt de la cour qui l'autorise ; 6° la mention de la lecture du procès-verbal d'inscription faite aux requérants ; 7° la mention de la signature de l'officier de l'état civil et des requérants, ou de la cause qui empêche ces derniers ou l'un d'eux de signer (1).

1254. L'expédition de l'acte d'adoption et celle de l'arrêt de la cour qui l'autorise, sont soumises à la formalité de l'enregistrement, avant d'être présentées à la mairie. Ces pièces restent annexées au registre des naissances, après avoir été paraphées par la personne qui les a remises et par l'officier de l'état civil.

§ 3. — Des actes de mariage.

1255. Les mariages doivent toujours être précédés de publications, c'est-à-dire d'annonces ayant pour objet de les faire connaître avant qu'ils soient célébrés, afin que tous ceux qui ont intérêt et droit de s'y opposer aient la possibilité de le faire (3).

---

(1) C. civ., art. 347 et suiv.

(2) C. civ., art. 359.

(3) Nous extrayons de l'excellent *Dictionnaire municipal* (Paul Dupont, éditeur) le passage suivant relatif aux conditions requises pour la validité des mariages.

Age. — L'homme, avant dix-huit ans révolus, la femme, avant quinze ans révolus, ne peuvent contracter mariage. (C. civ., art. 144.)

L'officier de l'état civil doit donc s'assurer de l'âge des personnes qui se présentent devant lui pour contracter mariage, en se basant représenter leur acte de naissance ou les pièces qui en tiennent lieu.

Néanmoins, il est loisible au Président de la République d'accorder des dispenses d'âge pour des motifs graves. (C. civ., art. 145.)

Les motifs qui peuvent faire obtenir la dispense sont : 1° la grossesse ou l'accouchement de la future ; 2° les circonstances qui peuvent être prises en considération pour faire accorder des dispenses de parenté et qui sont énumérées plus loin.

La demande en dispense d'âge doit être présentée au procureur de la République de l'arrondissement dans lequel est domicilié le pétitionnaire. On y joint les actes de naissance des futurs, ou les jugements ou actes de notoriété qui en tiennent lieu ; les actes de décès du premier mari ou de la première femme, lorsque l'un des futurs a déjà été marié ; lorsque la future n'est ni enceinte, ni mère, le certificat d'un médecin, d'un chirurgien ou d'une sage-femme assermentée, attestant qu'elle est nubile et qu'elle peut se marier sans danger pour sa santé ; enfin, des certificats ou autres pièces établissant la preuve des motifs sur lesquels la demande est fondée.

Si la demande est accueillie, le décret qui contient la dispense est enregistré au greffe du tribunal civil, et une expédition du décret contenant mention de cet enregistrement est remise à l'officier de l'état civil, qui doit l'annexer à l'acte de mariage. (Arrêté 20 prairial an XI, art. 3.)

Le décret portant dispense d'âge est soumis à un droit d'enregistrement de 20 francs, et à un droit de sceau de 100 francs. Les personnes indigentes peuvent être dispensées du payement, sur la production de certificats en forme légale, constatant qu'elles ne peuvent payer les droits en tout ou en partie.

Libre consentement des parties. — Il n'y a pas de mariage lorsqu'il n'y a point de consentement. (C. civ., t. 146.)

Il faut que ce consentement soit libre, c'est-à-dire qu'il n'y ait eu ni contrainte, ni violence ; qu'il soit éclairé, c'est-à-dire que celui qui le donne ne soit pas privé de sa raison. Le consentement des parties est donné de vive voix par la réponse affirmative aux questions de l'officier de l'état civil ; celui-ci doit donc faire prononcer nettement cette réponse, et la faire répéter, s'il y remarquait de l'hésitation.

Les sourds-muets peuvent se marier, s'ils sont en état de manifester leur consentement d'une manière non équivoque.

Consentement des parents. — Personne, à quelque âge que ce soit, ne peut être admis à se marier sans avoir demandé le consentement de ses parents.

Le fils qui n'a pas vingt-cinq ans et la fille qui n'a pas vingt et un ans

---

(1) MODÈLE D'ACTE DE RECONNAISSANCE.

L'an mil huit cent   , le   jour
du mois de   , à   heure (matin ou après midi),
Acte de reconnaissance d'un enfant du sexe   qui nous
a été présenté le   , et que nous avons inscrit sur les
registres de l'état civil sous les noms de   .

Sur la réquisition et la déclaration à nous faites par (mettre ici les noms, prénoms, âges, qualités et domiciles de la personne ou des deux personnes qui déclarent reconnaître l'enfant).

En présence de (indiquer les noms, prénoms, professions et demeures des deux témoins, conformément à l'article 34 du Code civil).

Le déclarant (ou les déclarants) et les témoins ont signé (la fin comme à l'acte de naissance, Voy. ci-dessus).

(2) C. civ., art. 62.

(3) C. civ., art. 62.

(4) L. 28 avril 1816, art. 45 ; L. 15 mai 1818, art. 77.

1256. Avant la célébration du mariage, l'officier de l'état civil doit faire deux publications, deux jours de dimanche consécutifs, à la porte de la maison commune. Ces publications et l'acte qui en est dressé doivent énoncer les prénoms, noms, professions et domiciles des futurs époux, leur qualité de majeur ou de mineur, et les prénoms, professions et domicile de

---

accomplis ne peuvent contracter mariage sans le consentement de leurs père et mère. En cas de dissentiment, le consentement du père suffit. (C. civ., art. 148.)

Si l'un des deux est mort ou dans l'impossibilité de manifester sa volonté, le consentement de l'autre suffit. (*Ibid.*, art. 149.)

Si le père et la mère sont tous deux morts ou dans l'impossibilité de manifester leur volonté, les aïeuls et aïeules les remplacent : s'il y a dissentiment entre l'aïeul et l'aïeule d'une même ligne, le consentement de l'aïeul suffit ; s'il y a dissentiment entre les deux lignes, ce partage emporte consentement. (*Ibid.*, art. 150.)

Enfin, s'il n'y a ni père, ni mère, ni aïeuls, ni aïeules, ou s'ils sont tous dans l'impossibilité de manifester leur volonté, et si les futurs époux ont moins de vingt et un ans, ils ne peuvent se marier sans le consentement du conseil de famille. (C. civ., art. 160.)

Le consentement des pères et mères, aïeuls ou aïeules, peut être donné soit par eux-mêmes, s'ils sont présents à l'acte de mariage, soit par l'intermédiaire d'un fondé de pouvoirs, muni d'une procuration spéciale et authentique pour consentir au mariage, soit enfin par un acte séparé, dressé en forme authentique, c'est-à-dire devant notaires, et contenant les prénoms, noms, professions et domiciles du futur époux et de la personne qui donne son consentement, ainsi que leur degré de parenté. (*Ibid.*, art. 73.)

Quant au conseil de famille, il ne peut donner son consentement que par un acte, et cet acte doit contenir les mêmes énonciations qui viennent d'être indiquées.

Lorsqu'il y a lieu d'établir le décès du père ou de la mère, ou d'un ascendant, on produit l'acte qui le constate toutes les fois qu'il est possible de se le procurer. Si les registres sont perdus, ou s'il n'en a jamais existé, la preuve de la mort peut être faite soit par les registres et papiers émanés des père et mère de la personne morte, soit par témoins. (C. civ., art. 46.)

L'acte de décès des père et mère peut aussi se suppléer par l'attestation des ascendants qui les remplacent, attestation qui est mentionnée dans l'acte de mariage, et si l'on ne peut produire l'acte de décès des pères et mères, aïeuls et aïeules, faute de connaître leur dernier domicile, il peut être procédé au mariage des époux, âgés de plus de vingt-un ans, sur leur déclaration à serment que le lieu du décès et celui du dernier domicile de leurs ascendants leur sont inconnus. Cette déclaration doit être certifiée aussi par serment par les quatre témoins de l'acte de mariage, qui attestent que, quoiqu'ils connaissent les deux époux, ils ignorent le lieu du décès et du dernier domicile de leurs ascendants. L'officier de l'état civil doit faire mention de ces déclarations dans l'acte de mariage. (Av. Cons. d'Etat, 4 thermidor an XIII.)

L'impossibilité de manifester sa volonté peut résulter de quatre causes : 1° l'absence, qui se constate soit par l'expédition du jugement qui l'a déclarée (C. civ., art. 115 et suiv.), soit par un acte de notoriété délivré par le juge de paix du lieu du dernier domicile de l'ascendant, sur la déclaration de quatre témoins (*Ibid.*, art. 155) ; 2° la démence, qui se justifie par le jugement d'interdiction ; 3° la maladie grave, dont l'officier de l'état civil devrait s'assurer en commettant un médecin pour la constater ; 4° enfin, la privation des droits civils, qui se justifie par un extrait de l'arrêt de condamnation et du procès-verbal d'exécution.

L'officier de l'état civil qui procéderait à la célébration d'un mariage, sans que les consentements qui seraient requis selon les dispositions qui viennent d'être analysées fussent énoncés dans l'acte, serait, à la diligence des parties intéressées et du procureur de la République, condamné à une amende de 16 à 200 francs, et à un emprisonnement de six mois au moins. (C. civ., art. 151.)

Actes respectueux. — On vient de dire que l'homme jusqu'à vingt-cinq ans, et la fille jusqu'à vingt-un ne peuvent contracter mariage sans le consentement de leurs père et mère, etc. ; après cet âge, les futurs époux peuvent se passer du consentement de leurs parents, mais doivent toujours réclamer leurs conseils.

Ainsi, lorsque les pères, mères, aïeuls ou aïeules, dont le consentement est requis pour le mariage, ainsi qu'on l'a dit, n'ont pas donné ce consentement, il doit leur être demandé par un acte respectueux, qui leur est notifié par un notaire et deux témoins, ou par deux notaires ; procès-verbal est dressé de cette notification, et mention est faite de la réponse. (C. civ., art. 151 et 154.)

Depuis l'âge de vingt-cinq ans jusqu'à trente pour les hommes, et de vingt et un à vingt-cinq pour les femmes, l'acte respectueux doit, si le consentement n'intervient pas, être renouvelé deux autres fois de mois en mois ; il est passé outre au mariage un mois après le troisième acte. Après trente ans pour les hommes et vingt-cinq pour les femmes, il peut être procédé au mariage un mois après le premier acte respectueux. (*Ibid.*, art. 152 et 153.)

Mais si, pour toute réponse à l'acte respectueux, un ascendant formait opposition au mariage, il devrait être sursis à la célébration jusqu'à ce que l'opposition fût levée.

L'officier de l'état civil qui aurait célébré un mariage sans qu'il lui eût été justifié d'actes respectueux, dans le cas où ils sont requis, serait condamné à une amende qui peut s'élever jusqu'à 300 francs et à un emprisonnement d'un mois au moins. (*Ibid.*, art. 157 et 192.)

Consentement requis pour les enfants naturels et les enfants adoptifs. — Tout ce qui a été dit des consentements et des actes respectueux s'applique à l'enfant naturel reconnu légalement, tant qu'il n'a pas atteint vingt et un ans, mais seulement en ce qui concerne les père et mère. (C. civ., art. 158.)

La famille de l'enfant naturel ne remonte pas plus haut que le père et la mère qui l'ont reconnu.

L'enfant qui n'est pas reconnu et celui qui ne peut l'être, c'est-à-dire l'incestueux et l'adultérin, ou celui qui, l'ayant été, a perdu ses père et mère, ne peut contracter mariage avant vingt et un ans, sans avoir obtenu le consentement d'un tuteur *ad hoc*, c'est-à-dire qui lui est donné spécialement pour cet objet. (C. civ., art. 159.)

Pour les enfants naturels placés dans les hospices, le consentement doit être donné par la commission administrative de l'établissement.

Le tuteur *ad hoc* ou la commission donnent leur consentement de la même manière et selon les mêmes formes qu'on a indiquées pour les père et mère.

Les enfants adoptifs restant, malgré l'adoption, dans leur famille naturelle, ont à demander le consentement, non pas de leur père adoptif, mais de leurs parents légitimes ou naturels, selon ce qui a été dit jusqu'ici.

Mariage des étrangers. — Les étrangers peuvent contracter mariage en France, soit entre eux, soit avec des Français, pourvu qu'ils accomplissent les formalités que la loi française prescrit.

Ils doivent, en outre, avant d'être admis au mariage, justifier par des certificats des autorités du lieu de leur naissance ou de leur dernier domicile dans leur patrie que, d'après les lois de leur pays, ils sont aptes à contracter mariage avec la personne qu'ils se proposent d'épouser. (Cir. min. de la just. 5 mars 1831.)

Ce certificat peut être valablement délivré par l'ambassadeur de la puissance à laquelle ils appartiennent.

Permission requise pour les militaires. — Les officiers de tout grade, en activité ou réforme, les intendants ou sous-intendants militaires, les officiers de santé de toutes les classes, doivent présenter la permission du ministre de la guerre. (D. 16 juin et 28 août 1808 ; O. 25 octobre 1820 ; Avis Cons. d'Etat, 21 décembre 1808.)

Les officiers et aspirants de la marine nationale, les officiers des troupes d'artillerie de la marine, les officiers du génie maritime, les administrateurs de la marine, et tout officier militaire ou civil du département de la marine, nommé par le Président de la République, doivent se munir de l'autorisation du ministre de la marine. (D. 3 août 1808.)

Les sous-officiers et soldats des armées de terre ou de mer ont à produire la permission du conseil d'administration de leurs corps. (D. 16 juin et 28 août 1808) ; — les sous-officiers et soldats de la gendarmerie, celle du commandant de la compagnie, approuvée par le colonel (O. 29 octobre 1820) ; — les sous-officiers, caporaux, brigadiers et soldats en congé illimité ou en congé d'un an, la permission du général ou de l'officier supérieur commandant le département de leur résidence.

Les autorisations dont nous venons de parler doivent être énoncées dans l'acte de mariage et y rester annexées. (D. 16 juin 1808.)

Les militaires en retraite ne sont soumis à aucune des dispositions qui précèdent ; seulement le maire, pour éviter toute erreur, a droit d'exiger d'eux un certificat du commandant de la division militaire portant qu'ils ne sont plus dans le cas d'être rappelés au service. (Circ. int. 29 mai 1816.)

INTERDICTIONS ABSOLUES ET TEMPORAIRES. — *Engagement dans les ordres.* — La Cour de cassation a jugé que les prêtres ne pouvaient contracter mariage (arr. 21 février 1833) ; mais la question est controversée et n'a pas reçu de solution définitive.

Précédent mariage. — On ne peut contracter un second mariage avant la dissolution du premier. (C. civ., art. 147.)

L'officier de l'état civil qui prêterait son ministère à la célébration d'un second mariage serait condamné aux travaux forcés à temps, s'il était prouvé qu'il avait connaissance du précédent mariage. (C. civ., art. 340.)

Il doit donc, si l'un des futurs époux ou tous les deux ont été mariés, exiger la preuve de la dissolution du premier mariage, laquelle peut avoir eu lieu par trois causes : la mort de l'un des deux époux, le divorce prononcé en vertu de la loi du 28 juillet 1884, et la nullité du mariage judiciairement prononcée.

Démence. — Les individus qui ont été interdits pour cause d'imbécillité, de démence ou de fureur, ne peuvent, non plus, contracter mariage. (*Ibid.*, art. 146, 174 et 489.)

L'interdit est l'individu majeur à qui l'on a enlevé l'exercice de ses droits civils, et donné un tuteur, parce qu'il ne jouit pas de la plénitude de ses facultés intellectuelles.

Parenté. — En ligne directe, le mariage est interdit entre tous les descendants et ascendants légitimes ou naturels, et les alliés dans la même ligne. (C. civ., art. 161.)

Il faut bien remarquer que cette prohibition porte sur le mariage de l'enfant naturel non seulement avec ses père et mère, mais aussi avec les pères et mères de ceux-ci ; car si les enfants naturels sont réputés n'avoir ni aïeuls ni aïeules en ce qui concerne les droits et effets civils, il en est autrement relativement à des liens qui touchent d'aussi près la morale que ceux du mariage.

En ligne collatérale, le mariage est prohibé entre le frère et la sœur légitimes ou naturels, ou les alliés au même degré. (*Ibid.*, art. 162.)

En ce qui concerne la parenté civile résultant de l'adoption, le mariage est prohibé seulement entre l'adoptant, l'adopté et ses descendants ; entre les enfants adoptifs du même individu ; entre l'adopté et les enfants qui pourraient survenir à l'adoptant ; entre l'adopté et le conjoint de l'adoptant, et réciproquement. (C. civ., art. 348.)

Le mariage est encore prohibé entre l'oncle et la nièce, la tante et le neveu, le grand-oncle et la petite-nièce, la grand'tante et le petit-neveu. (C. civ., art. 163 ; Avis Cons. d'Et. 7 mai 1808.)

Mais cette prohibition ne s'étend pas à la parenté naturelle ni à l'alliance. Ainsi, un neveu peut épouser la veuve de son oncle, et réciproquement. (Déc. min. just. 21 février 1815.)

Le Président de la République peut, pour des causes graves, accorder

leurs pères et mères. Les publications sont faites sur la réquisition des parties, et sur les notes remises par elles à l'officier de l'état civil ; il est à propos que celui-ci s'assure du consentement de chacune des deux parties (1).

1257. Si les futurs époux sont mineurs, il est bien de ne faire les publications qu'après s'être assuré que leur mariage a l'assentiment des personnes dont ils dépendent.

1258. Il est dressé acte de ces publications, contenant les mêmes indications que les publications mêmes, et, en outre, les jours, lieux et heures où les publications auront été faites. Cet acte est inscrit sur un registre spécial non tenu en double, coté et parafé comme les autres registres de l'état civil. Il faut bien remarquer que, dans le cas même où il n'est tenu qu'un seul registre pour tous les actes de l'état civil, il en doit être tenu un particulier pour les publications.

1259. Extrait de cet acte, c'est-à-dire du registre où il est inscrit, doit être et rester affiché à la porte de la maison commune pendant les huit jours d'intervalle de l'une à l'autre publication (2). D'ordinaire, l'affiche a lieu au moyen d'un

des dispenses pour le mariage entre les beaux-frères et belles-sœurs, les oncles et les nièces, neveux et tantes, grand-oncle et petite-nièce, grand'tante et petit neveu. (C. civ., art. 164 ; L. 17 avril 1832.)

Ces dispenses s'obtiennent de la même manière que les dispenses d'âge.

Les circonstances qui peuvent être prises en considération pour faire accorder des dispenses sont principalement celles qui doivent rendre le mariage profitable aux familles et surtout aux enfants nés d'un premier mariage : par exemple, les affections nées des rapports de famille, et qui peuvent faire retrouver à ces enfants dans un oncle la protection d'un père, dans une tante les soins d'une mère ; la nécessité d'assurer un état ou des moyens d'existence à l'un des futurs ou aux enfants issus d'un premier mariage ; le désir de prévenir des discussions d'intérêt, de mettre fin à un procès, d'éviter des partages désavantageux, de conserver des exploitations ou des établissements auxquels se rattacheraient des intérêts importants.

Les demandes en dispense de parenté doivent contenir l'exposé détaillé des motifs sur lesquels elles sont fondées, et être signées par les futurs époux et par les parents dont le consentement est requis pour leur mariage. On doit y joindre les actes de naissance des futurs époux, dûment légalisés, ou les actes de notoriété ou jugements qui en tiennent lieu ; les actes de naissance ou de mariage d'où résulte la preuve de la parenté ; les actes de naissance des enfants issus d'un premier mariage, s'il en a existé ; l'acte de décès du premier mari ou de la première femme, si l'un des futurs a déjà été marié. (Inst. min. just. 10 mai 1821 et 28 avril 1832.)

La pétition et les pièces à l'appui sont remises au procureur de la République de l'arrondissement dans lequel le mariage doit se célébrer. (Arr. 20 prairial an xi, art. 2.)

Les décrets ou lettres patentes portant dispense de parenté sont soumises à un droit d'enregistrement de 40 francs. Les parties qui les obtiennent doivent verser, en outre, un droit de sceau. (L. 28 avril 1816, art. 55.) Toutefois, les personnes indigentes peuvent être dispensées du payement de ce droit en tout ou en partie, en joignant à leurs demandes des certificats en forme légale, qui constatent qu'elles ne peuvent payer les droits. (Circ. m. just. 16 août 1817.)

Le mariage est encore prohibé entre l'adoptant, l'adopté et ses descendants, entre les enfants adoptifs d'un même individu, entre l'adopté et les enfants qui pourraient survenir à l'adoptant, entre l'adoptant et le conjoint de l'adopté. (C. n., art. 343.)

Il est inutile de rappeler que l'enfant adoptif reste, à l'égard de sa famille naturelle, sujet aux règles générales pour les prohibitions de mariage.

Veuve. — La femme veuve ne peut contracter un second mariage que dix mois révolus après la dissolution du premier. (C. civ., art. 228.)

L'officier de l'état civil qui prêterait son ministère à un nouveau mariage avant l'expiration de ce délai serait condamné à une amende de 16 à 300 francs. (C. p., art. 194.) et même à une peine plus forte s'il y avait collusion. (Ibid., art. 195.)

(1) C. civ., art. 63.
(2) C. civ., art. 64.

MODÈLE DE PUBLICATION POUR LES MAJEURS.

L'an mil huit cent   , le   (énoncer le quantième) du mois d   (indiquer le mois) jour de dimanche, nous (qualité du fonctionnaire) officier de l'état civil de la commune d   , canton   , arrondissement d   , après nous être transporté devant la principale porte d'entrée de la maison commune, à l'heure d   avons annoncé et publié pour la première publication (ou pour la seconde) qu'il y a promesse de mariage entre (prénoms, nom, âge, profession, domicile du futur), fils majeur de (prénoms, nom, profession du père) et de (mêmes renseignements pour la mère). — S'il est veuf on divorcé, il est fait mention de son précédent mariage; et demoiselle (prénoms, nom, âge, profession et demeure),fille majeure de (prénoms, noms, professions et domicile des père et mère); laquelle publication, lue à haute et intelligible voix, a été de suite affichée à la porte de la maison commune. De quoi avons dressé acte.

(Signature du fonctionnaire.)

cadre fermé d'un grillage ou d'une vitre, dans lequel copie de l'acte est déposée. Cet usage assure la conservation de l'affiche.

1260. Les affiches doivent être sur un papier timbré.

1261. Les publications doivent être faites à la municipalité du lieu ou chacune des parties contractantes a son domicile. Néanmoins, si le domicile actuel de l'une d'elles ou de toutes les deux n'est établi que par six mois de résidence, les publications sont faites, en outre à la municipalité du dernier domicile. De là aussi la conséquence que, si les futurs époux ou l'un d'eux avaient habité plusieurs communes dans les derniers six mois, il y aurait lieu de faire les publications dans chacune de ces diverses localités, et aussi dans celles qu'ils auraient habitées avant les six mois (1).

1262. Enfin si les deux ou l'un d'eux sont, d'après leur âge, tenus de se munir du consentement de leurs parents, les publications doivent avoir lieu au domicile de ceux-ci.

1263. Les étrangers majeurs qui n'ont pas acquis de domicile en France par une résidence de plus de six mois, sont tenus de faire faire, à leur dernier domicile à l'étranger, les publications préalables à la célébration de leur mariage ; les Français mêmes qui se trouvent, relativement au mariage, sous la puissance de personnes domiciliées en pays étranger, doivent faire faire à ce domicile les publications prescrites par le Code civil ; enfin, ces publications doivent avoir lieu dans les formes usitées dans chaque pays et leur accomplissement doit être constaté par un acte des autorités locales (2).

1264. Le mariage ne peut avoir lieu avant le troisième jour depuis la seconde publication, non compris celui où elle a eu lieu. Ainsi, la dernière publication ayant été faite le dimanche, le mariage peut avoir lieu le mercredi au plus tôt. S'il y a eu publication dans différentes communes et à différentes dates, c'est de la plus tardive que court le délai (3).

Si le mariage n'est pas célébré dans l'année, à compter de l'expiration du délai des publications, c'est-à-dire des trois jours après lesquels il peut avoir lieu, il ne pourrait plus être célébré qu'autant que de nouvelles publications auraient été faites dans la forme prescrite (4). Ainsi, en supposant que la deuxième publication ait eu lieu le 1er janvier 1888, le mariage ne peut avoir lieu qu'à partir du 4 ; ce jour sera le point de départ pour compter l'année, et ce sera le 4 janvier 1889 que les publications seront périmées.

1265. Si les publications ont été faites dans plusieurs communes et à des dates différentes, et qu'il y en ait quelques-unes de frappées par le délai de l'année, il est nécessaire de les renouveler, quoique les autres soient encore valables.

1266. Pour les militaires et employés à la suite des armées qui servent hors de France, les publications sont faites au lieu de leur dernier domicile. Elles sont, en outre, mises vingt-cinq jours avant la célébration du mariage à l'ordre du jour du corps pour les individus qui tiennent à un corps et à celui de l'armée ou du corps d'armée pour les officiers sans troupes et pour les employés qui en font partie (5). Quant

MODÈLE DE PUBLICATION POUR LES MINEURS.

L'an mil huit cent   , le   du mois de   , jour de dimanche, nous, officier de l'état civil de la commune d   , canton d   , arrondissement d   , après nous être transporté devant la principale porte d'entrée de la maison commune, à l'heure d   avons annoncé et publié, pour la première fois (ou pour la seconde), qu'il y a promesse de mariage entre (prénoms, nom, âge, profession, domicile du futur), mineur, assisté de (prénoms, âge, domicile, profession) son père, et de (mêmes renseignements), sa mère. (S'il n'y a que le père présent, il n'est fait mention que de lui; si le père et la mère sont décédés, et que l'aïeul ou l'aïeule soient encore vivants, il est fait mention du consentement de ceux-ci ; il en est de même si les époux ne sont assistés que par des tuteurs) ; et demoiselle (prénoms, nom, etc.), fille mineure de (mêmes renseignements que pour le futur) ; laquelle publication, lue à haute et intelligible voix, a été de suite affichée à la porte de la maison commune. De quoi avons dressé acte.

(Signature du fonctionnaire.)

(1) C. civ., art. 166, 167.
(2) Cons. d'Et. 20 décembre 1823 Circ. just. 14 mars 1831.
(3) C. civ., art. 64.
(4) C. civ., art. 65.
(5) C. civ., art. 94.

aux militaires au service en France, il n'est point dérogé à leur égard aux règles générales.

1267. Il est loisible au Président de la République, ou aux officiers qu'il prépose à cet effet, de dispenser, pour des causes graves, de la seconde publication. C'est le procureur de la République du tribunal dans l'arrondissement duquel le mariage doit être célébré qui accorde la dispense, au nom du Président de la République. Elle est déposée au secrétariat de la commune où le mariage doit avoir lieu, le maire en délivre une expédition, dans laquelle mention est faite du dépôt, et qui reste annexée à l'acte de mariage (1).

L'officier de l'état civil qui célébrerait un mariage sans les publications requises, ou sans qu'on ait laissé écouler entre elles l'intervalle prescrit, serait condamné à une amende de 300 francs au plus (2).

1268. Des oppositions peuvent être faites. Elles ont pour effet d'empêcher la célébration du mariage, et l'officier de l'état civil ne peut y procéder qu'autant qu'on lui en a remis la mainlevée. Le droit de former opposition appartient à la personne déjà engagée par le mariage avec l'une des deux parties. Il appartient au père, et, à défaut de père, à la mère, et, à défaut de père et de mère, aux aïeuls et aïeules de futurs époux, quel que soit l'âge de ceux-ci. A défaut d'aucun ascendant, le frère et la sœur, l'oncle ou la tante, le cousin ou la cousine germains majeurs peuvent former opposition, mais seulement dans deux cas : 1° lorsque le consentement du conseil de famille n'a pas été obtenu ; 2° lorsque l'opposition est fondée sur l'état de démence du futur époux. Dans ces deux cas, le tuteur ou curateur pourrait également former opposition, mais seulement s'il y était autorisé par le conseil de famille (3).

1269. Tout acte d'opposition énonce la qualité qui donne à l'opposant le droit de la former : il contient élection de domicile dans le lieu où le mariage doit être célébré ; il doit également, à moins qu'il ne soit fait à la requête d'un ascendant, contenir les motifs de l'opposition, le tout à peine de nullité. Les actes d'opposition sont signés sur l'original et sur la copie par les opposants ou leur fondé de procuration spéciale ou authentique ; ils doivent être signifiés, avec la copie de la procuration, s'ils sont faits par fondés de pouvoirs, à la personne ou au domicile des parties, et à l'officier de l'état civil (4).

1270. L'officier de l'état civil n'est pas juge du mérite des oppositions. C'est aux tribunaux à en apprécier la validité et à en donner mainlevée s'il y a lieu. Lors donc que l'officier de l'état civil reçoit signification d'une opposition, il doit se borner à y mettre son visa et à en faire immédiatement mention sommaire sur le registre des publications. Cette mention doit être faite dans le corps même du registre, et non en marge. Il attend ensuite, pour célébrer le mariage, que la mainlevée lui ait été remise ; il n'y peut procéder sans cette mainlevée, sous peine de 300 francs d'amende et de tous dommages-intérêts (5).

1271. Il doit, si les publications ont eu lieu dans plusieurs communes, se faire remettre un certificat délivré par l'officier de l'état civil de chacune de ces communes, constatant qu'il n'y a eu aucune opposition (6).

1272. Quand la mainlevée est donnée, il en est fait mention par l'officier de l'état civil en marge de l'inscription des oppositions qu'il avait précédemment faite au registre des publications (7).

1273. Les pièces dont la réunion est nécessaire pour qu'il soit procédé au mariage sont :

1° L'acte de naissance de chacun des époux, et, en cas d'impossibilité de se le procurer, un acte de notoriété délivré par le juge de paix du lieu de la naissance ou du domicile,

contenant la déclaration faite par sept témoins de l'un ou de l'autre sexe, parents ou non parents, des prénoms, nom, profession et domicile du futur époux et de ceux de ses père et mère s'ils sont connus ; le lieu, et, autant que possible, l'époque de la naissance, ainsi que les causes qui empêchent d'en rapporter l'acte ; cet acte doit être homologué par le tribunal.

2° S'il y a dispense d'âge ou de parenté, expédition du décret qui l'accorde, dûment enregistrée au greffe du tribunal ;

3° Le consentement par acte authentique des parents, s'ils ne le donnent pas en personne, ou leurs actes de décès ou autres pièces en tenant lieu ;

4° Pour les militaires et employés des armées, les autorisations ou permissions requises par les règlements ;

5° Le procès-verbal des actes respectueux, dans le cas où ils sont prescrits ;

6° Lorsque des publications ont dû être faites dans des communes autres que celles où le mariage doit avoir lieu, des certificats des officiers de l'état civil de ces communes indiquant le jour et l'heure auxquels ces publications ont eu lieu, faisant mention des oppositions qui ont pu être formées, ou attestant qu'il n'en existe pas ;

7° La mainlevée des oppositions, s'il en a été fait ;

8° Si l'un des époux a été déjà marié, la preuve de la dissolution du précédent mariage ;

9° S'il y a eu un contrat, le certificat du notaire qui l'a reçu.

Telles sont les pièces qui, dans les cas les plus ordinaires, doivent être exigées par l'officier de l'état civil. Si quelqu'une manquait ou présentait quelque irrégularité remarquable, il devrait s'abstenir de procéder au mariage et en référer au procureur de la République ou même se laisser assigner pour que le tribunal vidât la question (1).

1274. Le mariage est célébré dans la commune où l'un des deux époux a son domicile. Avant de procéder à sa célébration, l'officier de l'état civil doit exiger le dépôt de toutes les pièces qui constatent que les formalités préliminaires ont été remplies et que les futurs peuvent contracter mariage.

1275. Quelquefois, les futurs époux, quoique ayant leur acte de naissance, peuvent être arrêtés par l'orthographe vicieuse de leur nom ou par l'omission de quelque prénom. Cette difficulté a été levée par un avis du Conseil d'État du 30 mars 1808. Dans ce cas, aux termes de cet avis, le témoignage des pères et mères ou aïeux, assistant au mariage et attestant l'identité, suffit pour procéder à la célébration du mariage ; il en est de même, dans les cas d'absence des pères et mères ou aïeux, s'ils attestent l'identité dans leur consentement ; en cas de décès des pères, mères ou aïeux, l'identité est valablement attestée, pour les mineurs, par le conseil de famille ou par le tuteur ad hoc, et, pour les majeurs, par les quatre témoins de l'acte de mariage (2).

<hr/>

(1) C. civ., art. 69, 70, 71, 72 ; L. 10 juillet 1850.
(2) Cons. d'Ét. 30 mars 1808. — Le Conseil d'État, qui, d'après le renvoi ordonné par Sa Majesté, a entendu le rapport de la section de législation sur celui du grand-juge ministre de la justice, tendant à prévenir les inconvénients qui résultent, pour les personnes qui veulent se marier, de l'obligation de faire rectifier par les tribunaux les actes qu'elles sont obligées de produire dans plusieurs occasions où cependant la rectification sur les registres n'est pas nécessaire ; — Considérant que, s'il est important de ne procéder à la rectification des registres de l'état civil que par l'autorité de la justice, et en vertu de jugements rendus à cet effet, il n'est pas moins convenable de ne pas jeter les citoyens dans les frais d'une rectification sur les registres lorsqu'elle n'est pas absolument nécessaire ; — Est d'avis que dans le cas où le nom d'un des futurs ne serait pas orthographié dans son acte de naissance comme celui de son père, et dans celui où l'on aurait omis quelqu'un des prénoms de ses parents, le témoignage des pères et mères ou aïeux assistant au mariage et attestant l'identité, doit suffire pour procéder à la célébration du mariage ; — Qu'il doit en être de même dans le cas d'absence des pères et mères ou aïeux, s'ils attestent l'identité dans leur consentement donné en la forme légale ; — Qu'en cas de décès des pères, mères ou aïeux, l'identité est valablement attestée, pour les mineurs, par le conseil de famille ou par le tuteur ad hoc ; et pour les majeurs, par les quatre témoins de l'acte de mariage ; — Qu'enfin, dans le cas où les omissions d'une lettre ou d'un prénom se trouvent dans l'acte de décès des pères, mères ou aïeux, la déclaration à serment des personnes dont le consentement est nécessaire pour les mineurs, et celle des parties et des témoins pour les majeurs, doivent aussi être suffisantes, sans qu'il

<hr/>

(1) C. civ., art. 169.
(2) C. civ., art. 192.
(3) C. civ., art. 172, 173, 174, 175.
(4) C. civ., art. 66 et 176.
(5) C. civ., art. 68, 177, 178.
(6) C. civ., art. 69.
(7) C. civ., art. 67.

1276. Si les parties contractantes ne doivent pas être assistées, au jour de la célébration du mariage, par les personnes sous la puissance desquelles elles peuvent se trouver relativement au mariage, elles sont tenues de remettre à l'officier de l'état civil ou le consentement authentique qu'elles en ont obtenu, ou les actes respectueux qui, dans certains cas, les remplacent, ou, enfin, les actes de décès de leurs pères, mères ou aïeux, qui prouvent qu'elles n'ont plus de consentement à produire.

1277. Il arrive quelquefois que les parties contractantes sont dans l'impossibilité de produire les actes de décès de leurs ascendants, parce qu'elles ignorent le lieu de leur décès. Il a été décidé : 1° qu'il n'est pas nécessaire de produire les actes de décès des pères et mères des futurs mariés, lorsque les aïeuls ou aïeules attestent ce décès; et, dans ce cas, il doit être fait mention de leur attestation dans l'acte de mariage; 2° que si ces pères, mères, aïeuls ou aïeules, dont le consentement ou le conseil est requis, sont décédés, et si l'on est dans l'impossibilité de produire l'acte de leur décès, ou la preuve de leur absence, faute de connaître leur dernier domicile, il peut être procédé à la célébration du mariage des majeurs, sur leur déclaration et serment que le lieu du décès et celui du dernier domicile de leurs ascendants leur sont inconnus. Cette déclaration doit être certifiée aussi par serment des quatre témoins de l'acte de mariage, lesquels affirment que, quoiqu'ils connaissent les futurs époux, ils ignorent le lieu du décès de leurs ascendants et leur dernier domicile. Les officiers de l'état civil doivent faire mention, dans l'acte de mariage, des déclarations (1).

1278. Il peut arriver aussi que les actes de décès qui sont produits par les futurs mariés, renferment des omissions d'une lettre ou d'un prénom. L'avis du Conseil d'État du 19 mars 1808, que nous avons déjà cité (Voy. n° 1275), déclare que : « Dans le cas où de semblables omissions se trouvent dans l'acte de décès des pères, mères ou aïeux, la déclaration à serment des personnes dont le consentement est nécessaire pour les majeurs, est suffisante, sans qu'il soit nécessaire de faire procéder à la rectification desdits actes. »

1279. Le domicile, quant au mariage, s'établit par six mois d'habitation continue dans la même commune, quelle que soit la qualité ou la profession de l'un ou l'autre des époux.

1280. Le mariage doit être célébré dans la maison commune ou dans le local qui en tient lieu et publiquement, c'est-à-dire les portes du local tenues ouvertes pour que le public puisse

assister au mariage. Une amende, qui peut s'élever jusqu'à 300 francs, est prononcée contre l'officier qui a négligé cette dernière condition (1).

1281. Si cependant l'un des époux était, par suite de maladies ou infirmités, dans l'impossibilité complète de se rendre à la maison commune, la loi ne s'oppose point, d'une manière absolue, à ce que l'officier de l'état civil se transporte dans le lieu où il est retenu, et y célèbre le mariage. Mais, dans ce cas, il faut d'abord que l'impossibilité soit constatée par procès-verbal d'un médecin désigné pour cela, et que mention en soit faite dans l'acte auquel le procès-verbal reste annexé; en second lieu, que, pour satisfaire autant que possible à la condition de publicité, les portes de la maison où le mariage a lieu demeurent tenues ouvertes pendant la célébration (2).

1282. Quant aux militaires qui se trouvent aux armées, leur mariage est célébré par l'officier ou employé militaire qui est chargé de l'état civil; il doit, immédiatement après l'inscription de l'acte sur les registres, en envoyer expédition à l'officier de l'état civil du dernier domicile des époux; et celui-ci la transcrit sur ses registres (3).

1283. Le jour de la célébration est désigné par les parties, en observant ce qui a été dit plus haut sur le délai qu'il faut laisser écouler après les publications. Pour l'heure, c'est à l'officier de l'état civil à la fixer.

1284. L'officier de l'état civil donne lecture des diverses pièces énumérées ci-dessus, relatives à l'état des parties et aux formalités du mariage, et du chapitre VI du titre du mariage, au Code civil, sur les droits et les devoirs respectifs des époux. Il interpelle les futurs époux, ainsi que les personnes qui autorisent le mariage, si elles sont présentes, d'avoir à déclarer s'il a été fait un contrat de mariage, et, dans le cas de l'affirmative, la date du contrat, ainsi que les nom et lieu de résidence du notaire qui l'a reçu. Il reçoit le consentement de chacune des parties, qu'il leur demande d'ordinaire à ces termes : *Consentez-vous à prendre pour époux ou pour épouse M....... ici présent ou présente?* La réponse, ainsi qu'on l'a dit plus haut, doit être formelle et précise. Il prononce, au nom de la loi, que les parties sont unies par le mariage. Ces paroles, qui sont celles mêmes de la loi, doivent être employées de préférence à toutes autres. Enfin il rédige immédiatement l'acte de mariage (4).

1285. On énonce dans l'acte de mariage : 1° les prénoms, noms, professions, âges, lieux de naissance et domicile des époux; 2° s'ils sont majeurs ou mineurs; 3° les prénoms,

---

soit nécessaire, dans tous ces cas, de toucher aux registres de l'état civil, qui ne peuvent jamais être rectifiés qu'en vertu d'un jugement. — Les formalités susdites ne sont exigibles que lors de l'acte de célébration, et non pour les publications qui doivent toujours être faites conformément aux notes remises par les parties aux officiers de l'état civil. — En aucun cas, conformément à l'article 100 du Code civil, les déclarations faites par les parents ou témoins ne peuvent nuire aux parties qui ne les ont point requises, et qui n'y ont point concouru.

(1) Cons.d'Ét. 4 thermidor an XIII. — Le Conseil d'État, auquel Sa Majesté a renvoyé un rapport du grand-juge, ministre de la justice, sur les difficultés que rencontrent beaucoup de mariages dans l'application de divers articles du Code civil ; — Après avoir oui le rapport de la section de législation ; — Considérant que les difficultés naissent de ce que les officiers de l'état civil ne discernent pas assez soigneusement les divers cas que la loi a voulu régler, de ceux qu'elle a laissés à la disposition des principes généraux et du droit commun ; — Que, quoique l'acte de naissance des futurs mariés soit nécessaire, il est pourtant permis de le remplacer par les formalités mentionnées dans l'article 71; mais que ces formalités, prescrites lorsqu'il s'agit de suppléer au titre constitutif de l'état des personnes, ne peuvent être exigées en remplacement d'actes moins essentiels; qu'il ne faut donc pas, pour remplacer l'acte de décès des pères et mères ou ascendants, un acte de notoriété contenant la déclaration de sept témoins et homologué par le tribunal; — Que le supplément naturel de l'acte de décès des pères et mères est dans la présence des aïeuls et aïeules, et dans l'attestation qu'on peut leur demander de ce décès; — Que si, par l'ignorance du lieu où sont décédés les pères et mères et ascendants, on ne peut produire leur acte de décès; que si, comme cela arrive souvent dans les classes pauvres, par l'ignorance du dernier domicile, on ne peut recourir à l'acte de notoriété prescrit par l'article 155, et destiné à constater l'absence d'un domicile connu, dans ce cas la raison suggère de se contenter de la déclaration des témoins ; que déjà, dans beaucoup d'occasions semblables, les officiers de l'état civil de Paris ont procédé aux mariages sur les actes de notoriété passés ou devant notaires ou devant les juges de paix, par des témoins que les

parties ont produits; — Qu'il n'en est résulté aucun inconvénient ni plainte; qu'il en est au contraire résulté beaucoup, lorsque, dans des cas pareils, on a voulu être plus rigoureux et exiger davantage; — Que même plusieurs fois on a suivi une voie simple et encore moins coûteuse que celles des actes de notoriété, et qui mérite d'être préférée et de devenir générale : on s'est contenté de la déclaration de quatre témoins nécessaires à l'acte de mariage, faite à l'officier public et mentionnée dans cet acte; — Que cette déclaration, aussi solennelle qu'un acte de notoriété, est sans danger relativement au mariage des majeurs, pour lequel le consentement ou le conseil des ascendants n'est pas d'une nécessité absolue et divinante; que rien n'est à craindre relativement aux mariages des mineurs, puisqu'en force de l'article 160 du Code civil, toutes les fois qu'il n'y a ni pères ni mères, ni aïeuls ou aïeules, ou qu'ils se trouvent dans l'impossibilité de manifester leur volonté, les fils ou filles mineurs de vingt-un ans ne peuvent contracter mariage sans le consentement du conseil de famille. — Est d'avis : 1° qu'il n'est pas nécessaire de produire les actes de décès des pères et mères des futurs mariés, lorsque les aïeuls ou aïeules attestent ce décès ; et, dans ce cas, il doit être fait mention de leur attestation dans l'acte de mariage; 2° que si les pères, mères, aïeuls ou aïeules, dont le consentement ou conseil est requis, sont décédés, et si l'on est dans l'impossibilité de produire l'acte de leur décès ou la preuve de leur absence, faute de connaître leur dernier domicile, il peut être procédé à la célébration du mariage des majeurs, sur leur déclaration et serment que le lieu du décès et celui du dernier domicile de leurs ascendants leur sont inconnus. Cette déclaration doit être certifiée aussi par serment des quatre témoins de l'acte de mariage, lesquels affirment que, quoiqu'ils connaissent les futurs époux, ils ignorent le lieu du décès de leurs ascendants et leur dernier domicile. Les officiers de l'état civil doivent faire mention, dans l'acte de mariage, desdites déclarations.

(1) C. civ., art. 75, 175, 195.
(2) Circ. just. 3 juillet 1811.
(3) C. civ., art. 89, 95.
(4) C. civ., art. 75.

noms, professions et domiciles des pères et mères; 4° le consentement des pères et mères, aïeuls et aïeules, et celui du conseil de famille, dans le cas où ils sont requis; 5° l'acte ou les actes respectueux, s'il en a été fait; 6° les publications dans les divers domiciles, ou les causes qui ont empêché de rapporter le consentement des parents, et de leur signifier des actes respectueux; 7° les oppositions, s'il y en a eu, leur mainlevée, ou la mention qu'il n'y a pas eu d'opposition; 8° la déclaration des contractants de se prendre pour époux, et le prononcé de leur union par l'officier de l'état civil; 9° les prénoms, noms, âges, professions et domiciles des témoins et leur déclaration, s'ils sont parents ou alliés des parties, de quel côté et à quel degré; 10° la déclaration faite sur l'interpellation prescrite par la loi des 10-18 juillet 1850, qu'il a été ou qu'il n'a pas été fait de contrat de mariage, et, autant que possible, de la date du contrat, s'il existe, ainsi que les nom et lieu de résidence du notaire qui l'a reçu; 11° il faut enfin faire mention de la lecture des pièces et du chapitre VI du Code civil sur les droits et les devoirs respectifs des époux. Il en est d'autres qui peuvent être nécessaires, selon la position spéciale de l'un ou de l'autre des époux, Ainsi, il faut énoncer s'il y a eu dispense d'âge, de délai ou de publication, si l'un des époux est veuf. Enfin, outre les règles qui viennent d'être tracées pour l'acte de mariage en particulier, il faut encore recourir à celles qui s'appliquent à tous les actes de l'état civil en général. Il faut annexer à l'acte les pièces à l'appui, pour justification des diverses énonciations contenues dans l'acte de mariage (1).

---

(1) MODÈLE D'ACTE DE MARIAGE.

L'an mil huit cent   , le   jour du mois de   , à   heure,

Acte de mariage de   , né à   , département de   du mois d   , an   le   , demeurant à profession de   , département d   , fils (1) d   ; demeurant à département d   , et de   , née à département d   , le   du mois d   , au   , profession d   , demeurant à   , département d   , fille (3)   , demeurant à   , dépar-tement d   , et de   .

Les publications de mariage ont été faites, la première le   , la deuxième le (*on indique le jour, heures et lieux des publications*) et affichées aux termes des articles 63 et 64 du Code civil (4).

Les futurs conjoints ont produit et déposé :
1° Leurs actes de naissance ;
2° (3)   ;
Le tout en bonne forme.

Ils nous ont déclaré sur interpellation avoir fait un acte de mariage, lequel a été passé devant Me   , le   .

Après lecture faite par nous, aux termes de la loi, de toutes les pièces mentionnées ci-dessus, ainsi que du chapitre VI du titre V du Code civil, intitulé : *Du mariage*, articles 212 et suivants,

Lesdits comparants ont déclaré prendre en mariage,
L'un   ;
Et l'autre   ;

En présence d   (6)   (*nom, prénoms et qualité du 1er témoin*), demeurant à   , département d   , profession d   , âgé   ;

D   (*nom, prénoms et qualité du 2e témoin*), demeurant à département d   , profession d   , âgé de   ;

D   (3e *témoin*), demeurant à   , département d   , profession d   , âgé de   ;

Et d   (4e *témoin*), demeurant à   , département d   , profession d   , âgé de   .

Ensuite de quoi, nous,   d   , faisant les fonctions d'officier public de l'état civil, avons prononcé qu'au nom de la loi, lesdits époux sont unis en mariage ; et, après lecture faite, en présence de tous, ils ont signé avec nous, ainsi que les témoins, le présent acte fait double, dans le local ordinaire de la mairie où le public a été admis.

(1-2-3) Énoncer si les époux sont *majeurs* ou *mineurs*, et si les pères, mères ou autres ascendants sont présents et consentants (dans ce cas, ils doivent signer avec les témoins), ou s'ils sont absents, *décédés* ou dans l'impossibilité de manifester leur volonté.

(4) Indiquer s'il y a eu ou non opposition depuis les deux publications qui doivent être faites à huit jours d'intervalle, un jour de dimanche.

(5) Mentionner le consentement authentique des père et mère, etc. (en cas

1286. Si, après la prononciation du mariage, et lors de la rédaction de l'acte, l'une des parties, l'un des parents ou des témoins vient à refuser sa signature, l'officier de l'état civil dresse, du refus ainsi que des motifs s'il en était donné, procès-verbal qui est inscrit sur les registres et à la suite de l'acte.

1287. Le maire délivre aux parties, si elles le demandent, un certificat de mariage, sans la présentation et la remise duquel aucun ministre du culte ne pourrait procéder à la bénédiction nuptiale (1).

1288. Ce certificat énonce le jour, l'heure et le lieu du mariage, le fonctionnaire qui l'a célébré, les noms, prénoms, âges, professions et domiciles des époux; les noms, prénoms, professions et domiciles de leurs pères et mères. Il est fait sur papier non timbré.

1289. Deux époux qui ont eu des enfants avant d'être mariés peuvent, en les reconnaissant dans l'acte même de leur mariage, leur assurer la qualité et les droits d'enfants légitimes. Cette faculté résulte de l'article 331 du Code civil. Dans ce cas, la reconnaissance est insérée dans l'acte du mariage, si elle n'a pas été précédemment faite; ou bien, l'on se borne à rappeler celle qui a déjà eu lieu, en indiquant sa date, l'officier de l'état civil devant lequel elle a été faite et toutes les autres circonstances.

1290. Une loi du 10 décembre 1850 a exonéré des droits de timbre et d'enregistrement les pièces nécessaires au mariage des indigents, à la légitimation de leurs enfants naturels et au retrait de ces enfants déposés dans les hospices. Elle a réduit la taxe des expéditions des actes de l'état civil requises pour la célébration, supprimé les droits de greffe, le droit de recherche alloué aux greffiers par la loi du 21 ventôse an VII, article 14, les droits dus au ministère des affaires étrangères. Les pièces délivrées à l'occasion des mariages dont il s'agit doivent mentionner expressément leur destination spéciale, et elles ne peuvent servir à d'autres fins, sous peine d'amende et de payement des droits. Sont admises au bénéfice de la loi les personnes qui justifient d'un certificat d'indigence, à elles délivré par le commissaire de police, ou par le maire, sur le vu soit d'un extrait du rôle des contributions constatant qu'elles payent moins de 10 francs, soit d'un certificat du percepteur de leur commune portant qu'elles ne sont pas imposées. Le certificat d'indigence est visé et approuvé par le juge de paix du canton. Les dispositions de la loi de 1850 s'appliquent au mariage entre Français et étrangers.

1291. La loi du 27 juillet 1884 qui a rétabli le divorce et celle du 20 avril 1886 qui a réglé la procédure en cette matière ont établi, comme cela était naturel, l'obligation d'inscrire le divorce sur les registres de l'état civil.

1292. Le dispositif du jugement ou de l'arrêt qui prononce le divorce est transcrit sur les registres de l'état civil du lieu où le mariage a été célébré. Mention de ce jugement ou arrêt est faite en marge de l'acte de mariage. Si le mariage a été célébré à l'étranger, la transcription est faite sur les registres du lieu où les époux avaient leur dernier domicile; et mention est faite en marge de l'acte de mariage s'il a été transcrit en France.

1293. La transcription est faite à la diligence de la partie qui a obtenu le divorce; à cet effet, la décision est signifiée dans le délai de deux mois à partir du jour où elle est devenue définitive, à l'officier de l'état civil compétent pour être transcrit sur les registres. A cette signification doivent être joints les certificats d'exécution et, s'il y a eu arrêt, un certificat de non-pourvoi.

---

(1) L. 18 germinal an XI, art. 54).

d'absence), et les autres actes dont la production est ordonnée par la loi ou pourrait être nécessaire, ainsi que les oppositions et leur mainlevée, s'il en survenu, de même qu'il n'y en a point eu.

(6) Les quatre témoins doivent être du sexe masculin et être âgés au moins de vingt-un ans. Leur qualité de parents ou amis des époux doit être énoncée.

Nota. Les ascendants des époux qui assistent au mariage pour y donner le consentement ne peuvent être employés comme témoins dans le même acte.

1294. Cette transcription est faite par les soins de l'officier de l'état civil, le cinquième jour de la réquisition, non compris les jours fériés.

1295. Si la partie qui a obtenu le divorce ne fait pas la réquisition dans le premier mois, l'autre partie a le droit de la faire dans le mois suivant.

1296. Les militaires ne peuvent se marier sans une autorisation régulière de leurs chefs hiérarchiques.

Il est du devoir des maires d'assurer l'exécution de cette mesure. Ils ne doivent donc procéder au mariage des militaires que lorsque ceux-ci leur représentent les autorisations spéciales qu'ils ont dû obtenir. Tout officier de l'état civil qui sciemment aurait célébré le mariage d'un officier, sous-officier ou soldat en activité de service, sans s'être fait remettre les permissions, ou qui aura négligé de les joindre à l'acte de célébration de mariage, peut être destitué de ses fonctions (1).

1297. Des extraits sur papier libre des actes constatant des mariages contractés par des militaires renvoyés dans leurs foyers, en attendant leur passage dans la réserve, doivent être adressés par les maires aux conseils d'administration des corps de troupes dont ces militaires font partie (2).

§ 4. — Des actes de décès.

1298. Tout décès doit être déclaré à l'officier de l'état civil par deux témoins qui sont, s'il est possible, les deux plus proches parents ou voisins de la personne décédée, ou, lorsqu'elle est décédée hors de son domicile, la personne chez laquelle le décès a eu lieu, et un parent ou autre (3).

1299. L'acte de décès contient les prénoms, nom, âge, profession et domicile de la personne décédée, et, si elle était mariée, les prénoms et le nom de l'autre époux ; les prénoms, noms, âges, professions et domiciles des déclarants, et, s'ils sont parents, leur degré de parenté ; de plus, autant qu'on peut le savoir, les prénoms, noms, professions et domiciles des père et mère du décédé, et le lieu de sa naissance (4).

1300. Il faut, de plus, mentionner le jour et l'heure du décès, bien que la loi n'en dise rien. Ces indications sont fort importantes pour l'ouverture des successions. L'indication du lieu du décès doit aussi être précisée par la désignation de la commune et de la maison où il est arrivé. Le genre de mort ne doit jamais être mentionné. La déclaration doit être faite dans les vingt-quatre heures qui suivent le décès (5).

1301. Quand l'officier de l'état civil a reçu la déclaration d'un décès, il doit se transporter immédiatement auprès de la personne décédée pour s'assurer du décès. Toutefois, le maire peut déléguer cette partie de son ministère à un mé-

decin ou chirurgien, dont il accepte les déclarations sous sa propre responsabilité. L'acte doit contenir la mention que l'officier de l'état civil s'est assuré du décès (1).

1302. Si la personne décédée est inconnue, l'acte doit énoncer son sexe, son âge apparent, les vêtements qu'elle portait, les marques particulières qu'elle pouvait avoir, les papiers et autres objets trouvés sur elle ou auprès d'elle, en un mot, toutes les circonstances propres à la faire reconnaître dans la suite.

1303. Les deux personnes qui ont déclaré le décès et qui servent en même temps de témoins dans l'acte, doivent le signer avec l'officier de l'état civil, ou mention est faite de la cause qui les empêche de signer (2).

1304. Lorsqu'il y a signes ou indices de mort violente, ou d'autres circonstances qui donnent lieu de la soupçonner, on ne peut faire l'inhumation qu'après qu'un officier de police, assisté d'un docteur en médecine ou en chirurgie, a dressé procès-verbal de l'état du cadavre et des circonstances y relatives, ainsi que des renseignements qu'il a pu recueillir sur les prénoms, nom, âge, profession, lieu de naissance et domicile de la personne décédée. L'officier de police dont il s'agit, c'est le maire, c'est-à-dire l'officier de l'état civil lui-même, dans toutes les communes qui n'ont pas de commissaire de police. Dans les localités où il en existe un, c'est lui qui dresse le procès-verbal, et il transmet de suite à l'officier de l'état civil tous les renseignements consignés dans son procès-verbal. L'officier de l'état civil établit, d'après ces renseignements, l'acte de décès, dont il envoie copie à l'officier de l'état civil du domicile de la personne décédée, s'il est connu, et celui-ci l'inscrit sur ses registres (3).

1305. Le procès-verbal doit être transmis au procureur de la République. En cas de mort violente, il n'est pas fait mention dans l'acte du genre de décès, dont le souvenir, ainsi perpétué, serait souvent pénible pour les familles. Par le même motif, on ne doit pas annexer à l'acte, le procès-verbal d'après lequel il a été rédigé. En cas d'exécution capitale, on ne doit pas non plus mentionner le genre de mort dans l'acte.

1306. En cas de décès dans les hôpitaux militaires ou civils, ou autres maisons publiques, les supérieurs, directeurs, administrateurs et maîtres de ces maisons, sont tenus d'en donner avis dans les vingt-quatre heures à l'officier de l'état civil, qui s'y transporte pour s'assurer du décès, et en dresse l'acte sur les déclarations qui lui auront été faites et les renseignements qu'il aura pris. L'officier de l'état civil envoie l'acte de décès (par l'intermédiaire du sous-préfet et du préfet) à celui du dernier domicile de la personne décédée, lequel l'inscrit sur ses registres (4).

1307. S'il s'agit de militaires morts dans les hôpitaux, l'officier de l'état civil envoie une double expédition de l'acte de décès au ministre de la guerre par l'intermédiaire de l'intendant militaire, s'il s'agit d'un hôpital civil, et, s'il s'agit d'un hôpital militaire, par le directeur de cet hôpital (5).

1308. En cas de décès dans les prisons ou maisons de réclusion et de détention, il en donne avis sur-le-champ, par les concierges ou gardiens à l'officier de l'état civil, qui doit s'y transporter pour s'assurer du décès et en dresser l'acte (6).

1309. En cas de décès pendant un voyage de mer, il en est dressé acte dans les vingt-quatre heures, en présence de deux témoins pris parmi les officiers du bâtiment, ou, à leur défaut, parmi les hommes de l'équipage. Cet acte est rédigé, savoir, sur les bâtiments de la nation, par l'officier d'administration de la marine ; et, sur les bâtiments appartenant à un négociant ou armateur, par le capitaine, maître ou patron du navire. L'acte de décès est inscrit à la suite du rôle de

(1) Déc. 16 juin 1808.
(2) Circ. int. 8 janvier 1874.
(3) C. civ., art. 78.
(4) C. civ., art. 79.
(5) L. 20 septembre 1792, tit. V, art. 1er.

MODÈLE D'ACTE DE DÉCÈS.

L'an mil huit cent   , le   jour du mois de   ,
à   heure (du matin ou après-midi),
Acte de décès d   (prénoms, nom et qualité du défunt), décédé à (indiquer le lieu précis du décès), le   , à   heure   ,
profession d   , né   ,
département d   , âgé de   , fils d
et de   . (Si la personne décédée est mariée ou veuve, ou indique, autant que possible, les nom, prénoms, qualité et domicile de l'autre époux, la date du mariage et le lieu où il a été contracté ; dans le cas contraire, on mentionne qu'elle était célibataire, si elle avait l'âge d'être mariée.)
Sur la déclaration à nous faite par (prénoms, nom et qualité du 1er témoin), demeurant   , profession d   , âgé d
qui a dit être (parent, ami ou voisin) d   défunt ;
Et par (prénoms, nom et qualité du 2e témoin), demeurant   ,
profession d   , âgé de   , qui a dit être
d   défunt ;
Lesquels ont signé, après lecture faite, le présent acte qui a été fait double en leur présence et constaté, suivant la loi, par nous (maire ou adjoint) de la commune d   , remplissant les fonctions d'officier public de l'état civil.

(1) C. civ., art. 77 ; Déc. min. just., 28 avril 1836.
(2) C. civ., art. 39.
(3) C. civ., art. 82.
(4) C. civ., art. 80.
(5) Arr. 23 thermidor an VIII, art 485 ; Inst. min. guerre 24 brumaire an XII.
(6) C. civ., art. 85.

l'équipage. Expédition de l'acte est envoyée à l'officier de l'état civil du domicile de la personne décédée, qui l'inscrit sur ses registres (1).

1310. Les actes de décès des militaires et employés à la suite des armées, hors du territoire de la France, sont dressés, dans chaque corps, par le major, et, pour les officiers sans troupes et les employés, par l'intendant et le sous-intendant militaire, sous l'attestation de trois témoins; et l'extrait de ces registres est envoyé dans les dix jours, à l'officier de l'état civil du dernier domicile du décédé. En cas de décès dans les hôpitaux militaires ambulants ou sédentaires, l'acte de décès est rédigé par le directeur desdits hôpitaux, et il est envoyé immédiatement au major du corps ou à l'intendant militaire de l'armée ou du corps d'armée dont le décédé faisait partie: ces officiers en font parvenir une expédition à l'officier de l'état civil du dernier domicile du décédé. L'officier de l'état civil du domicile des parties, auquel il a été envoyé, de l'armée, expédition d'un acte de l'état civil, est tenu de l'inscrire de suite sur ses registres (2).

1311. À la suite des décès, il est certaines formalités dont l'accomplissement est imposé aux maires. Ainsi ils doivent envoyer dans les mois de janvier, avril, juillet et octobre, aux receveurs de l'enregistrement, les relevés par eux certifiés et sur papier libre, des décès qui ont eu lieu dans leurs communes pendant le trimestre précédent (3).

1312. Ils doivent, à peine de suspension de leurs fonctions, donner avis au juge de paix du canton, s'il ne réside pas dans la commune, du décès de toute personne qui, à leur connaissance, laisse pour héritiers des pupilles, des mineurs ou des absents (4).

Ils doivent également adresser au juge de paix une expédition des actes de décès de tout rentier viager ou pensionnaire de l'État, avec indication du montant de la rente ou pension, et de sa nature (3); à l'intendant ou sous-intendant militaire, une expédition de l'acte de décès de tout militaire en non-activité, en retraite ou en réforme, jouissant d'une solde ou pension de non-activité, de retraite ou de réforme; au sous-préfet une expédition des actes de décès des membres de la Légion d'honneur et des décorés de la médaille militaire; au sous-préfet, pour être transmise, par l'intermédiaire du préfet, du ministre de l'intérieur et du ministre des affaires étrangères, aux différentes légations, une expédition des actes de décès de tous les étrangers qui meurent dans leurs communes.

Toutes les expéditions faites dans les cas ci-dessus sont exemptes de la formalité du timbre, pourvu que leur destination y soit énoncée (5).

SECTION II.

DEVOIRS DE POLICE CIVILE IMPOSÉS AU MAIRE PAR LES LOIS SPÉCIALES.

1313. Ce n'est pas aux fonctions d'officier de l'état civil que les lois ont borné l'intervention des officiers municipaux dans les actes de la vie civile. Le maire est, on peut le dire, le premier gardien des intérêts des faibles et des malheureux de sa commune; d'une façon générale, il doit veiller à la conservation des droits de tous ceux que leur âge ou des circonstances particulières mettent hors d'état de les défendre. Et nous voyons le Code civil, le Code de procédure civile, le Code de commerce, le Code pénal et le Code d'instruction criminelle, exiger l'intervention de son autorité dans des cas divers. Sans vouloir établir une nomenclature, qui appartiendrait plutôt aux études de droit civil, rappelons seulement les prescriptions suivantes:

1314. L'application des lois en matière d'absence appartient aux magistrats de l'ordre judiciaire, mais l'autorité municipale doit leur donner son concours, en leur fournissant tous les renseignements et les indications de nature à les éclairer sur la réalité de l'absence.

En même temps, elle doit protéger ceux qu'elle sait absents, quand aucun gardien de leurs droits n'a été constitué. La loi du 6 octobre 1791 confie au maire des communes rurales le soin de faire serrer leurs récoltes au mieux de leurs intérêts; et l'arrêté du 22 prairial an v le charge d'informer le juge de paix des décès des personnes qui laissent pour héritiers des absents.

1315. Les maires délivrent les certificats de bonne vie et mœurs nécessaires aux personnes qui veulent retirer d'un hospice un enfant assisté.

Les certificats de bonne conduite aux individus qui cessent d'habiter la commune;

Le certificat d'indigence aux malheureux, soit que ceux-ci veuillent obtenir le secours de l'assistance publique ou celui de l'assistance judiciaire.

Le certificat de carence délivré à l'insolvable qui ne peut acquitter ses impôts;

Le certificat de résidence à l'individu qui veut se marier;

Le certificat de vie au pensionnaire du Trésor ou au titulaire d'un bureau de tabac;

Et tous les certificats destinés à attester la réalité d'un fait qui intéresse un citoyen dans sa vie civile ou publique.

1316. Les municipalités, dans la pensée des rédacteurs du Code, devaient être chargées de constater les changements qui pouvaient s'opérer dans le domicile des citoyens. Et ils ont décidé qu'il y aurait dans chaque mairie un registre spécial sur lequel seraient inscrites la déclaration de changement de domicile (1).

1317. Le maire doit viser et certifier chacune des trois affiches que l'article 459 du Code civil ordonne d'apposer, par trois dimanches consécutifs, aux lieux accoutumés dans le canton, lorsqu'il y a lieu de procéder à la vente de biens immobiliers appartenant à des mineurs.

1318. Lorsque des ajournements sont adressés à des absents, le Code de procédure civile veut que le maire reçoive les copies (2); lorsqu'un huissier exécute un jugement et procède à une saisie, il doit requérir la présence de l'officier municipal (3) s'il trouve les portes closes; le juge de paix peut être requis d'apposer les scellés sur la demande du maire.

1319. Le procureur général est tenu de faire connaître au maire les renvois en cour d'assises prononcés contre les habitants de la commune qu'il administre (4).

1320. Le maire peut parafer les livres réglementaires dont la loi impose la tenue aux commerçants (5).

CHAPITRE III.

POLICE JUDICIAIRE.

1321. La police judiciaire, qui a pour objet de rechercher les délits, d'en rassembler les preuves et d'en livrer les auteurs aux tribunaux chargés de la répression, a besoin de manifester son action avec promptitude et énergie. Le moindre retard pourrait faire disparaître le coupable et les traces de son crime. Il faut donc que les agents de la police judiciaire soient répandus partout, et que leur activité ne se ralentisse jamais. Tel est le but que s'est proposé le législateur, lorsque, par l'article 9 du Code d'instruction criminelle, il a fait l'énumération des fonctionnaires auxquels il confère ce titre et les attributions qui en sont les conséquences.

(1) C. civ., art. 86 et 87.
(2) C. civ., art. 96, 97 et 98.
(3) L. 21 frimaire, an v, art. 55.
(4) Arr. 22 prairial an v.
(5) L. 13 brumaire an vii, art. 16; Circ. int. 22 novembre 1814; Circ. int. 22 janvier 1818; Circ. int. 26 août 1820; Circ. int. 26 janvier 1836; Circ. int. 24 octobre 1853; Circ. int. 10 mars 1855.

(1) Art. 105.
(2) C. pr. civ., art. 4, 68, etc.
(3) C. pr. civ., art. 587.
(4) C. inst. crim.; art. 459.
(5) C. com. art. 11.

L'article 9 s'exprime ainsi : « La police judiciaire sera exercée, sous l'autorité des cours d'appel et suivant les distinctions qui ont été établies, par les gardes champêtres et les gardes forestiers, par les commissaires de police, par les maires et par les adjoints des maires, par les procureurs de la République et leurs substituts, par les juges de paix, par les officiers de gendarmerie, par les commissaires généraux de police et par les juges d'instruction. »

Quoique l'article 9 paraisse mettre sur la même ligne les divers officiers de police judiciaire, leurs pouvoirs respectifs varient cependant, et quant aux actes qu'ils peuvent accomplir, et quant à la circonscription dans laquelle ils peuvent exercer.

1322. En effet, si on reprend en détail les dispositions du Code d'instruction criminelle, on voit que les juges d'instruction ont seuls la plénitude de juridiction quand ils sont saisis de la connaissance d'un crime ou d'un délit; d'un autre côté, les procureurs de la République et leurs substituts ont seuls qualité pour la recherche de tous les crimes, délits et contraventions.

Les maires et les adjoints et les commissaires de police sont de simples officiers auxiliaires du procureur de la République.

1323. Dans le cas de flagrant délit et de réquisition d'un chef de maison, ils font tous les actes de la compétence du procureur de la République, en se conformant aux règles établies à l'égard des procureurs de la République. Alors, ainsi que le disait Treilhard dans l'exposé des motifs, ils ne se bornent pas à donner avis au parquet : il faut agir sur-le-champ; l'apparition de l'officier de police judiciaire peut empêcher quelquefois la consommation entière du crime; elle prévient au moins la fuite du coupable et l'enlèvement des pièces de conviction. Tous les actes que pourrait faire le juge de paix dans ce moment, les officiers auxiliaires sont autorisés à les faire.

1324. Mais, hors le cas de flagrant délit, leurs fonctions se bornent à recevoir les avis, dénonciations des crimes et délits, et à envoyer immédiatement au procureur de la République ces avis et dénonciations ainsi que tous les renseignements qui y sont relatifs (1).

1325. Le droit de requérir la force publique, dans l'exercice de la police judiciaire appartient au maire à qui elle est confiée. La réquisition doit être rédigée par écrit, à moins qu'il n'y ait urgence ou péril en la demeure, et elle doit contenir la citation de l'article 25 du Code d'instruction criminelle qui donne le droit de requérir. La force publique se compose de la gendarmerie, des gardes champêtres ou forestiers, des employés de régies et de la troupe de ligne.

1326. Le maire et le commissaire de police doivent circonscrire leur action dans les limites fixées par la loi, à peine de nullité des actes qui excéderaient leur compétence. Mais il est clair que l'intérêt général peut les provoquer à faire un peu plus. Ainsi, lorsqu'il est nécessaire d'entendre des personnes sur des faits compris dans une dénonciation, ils font bien de recevoir leurs déclarations.

1327. Les renseignements ainsi recueillis n'ont, il est vrai, qu'un caractère officieux, mais ils peuvent mettre les magistrats chargés de l'instruction sur la trace de la vérité, et la répression du crime ou du délit peut dépendre des documents fournis au moment même de la dénonciation. En outre, dans les circonstances ordinaires, même lorsqu'il n'y a pas flagrant délit, le procureur de la République peut toujours déléguer au maire ou à l'adjoint une partie des actes de sa compétence. Le maire ou l'adjoint est tenu de faire tous les actes d'information qu'il est ainsi requis d'exécuter par le procureur de la République. La loi a pris soin de bien stipuler qu'il y a là pour le maire une obligation étroite, afin qu'il n'hésite pas à satisfaire aux instances du chef de la police judiciaire de l'arrondissement.

1328. Les principaux actes que les maires, agissant comme officiers de police judiciaire, aient à accomplir pour constater les crimes et délits, sont : les perquisitions des pièces de conviction, les saisies de ces objets, les procès-verbaux dans lesquels ils consignent les faits, les résultats des investigations auxquelles ils se sont livrés. Ces actes sont régis par les règles établies à l'effet de ce qui constitue le corps du délit commun, et par des lois particulières pour les délits spéciaux.

1329. Il est important de remarquer que, dans ce cas, à la différence de ce qui a lieu en matière de police municipale, les maires et adjoints doivent procéder par eux-mêmes; ils ne peuvent faire agir leurs gardes champêtres, car, en dehors des délégations spéciales qu'ils ont reçues de lois particulières, les gardes champêtres sont sans qualité pour constater les délits et contraventions autres que les délits ruraux et les contraventions de police municipale. Les procès-verbaux qu'ils dresseraient en dehors de ces cas déterminés seraient sans valeur.

Par suite, les maires ou adjoints doivent, lorsqu'un fait criminel encore flagrant leur est dénoncé, se transporter sur le lieu sans aucun retard, y dresser les procès-verbaux nécessaires à l'effet de constater ce qui constitue le corps du délit, y décrire l'état des lieux, si cette description leur paraît utile à la manifestation de la vérité, et recevoir les déclarations des personnes qui auraient été présentes ou qui auraient des renseignements à donner (1). On ne saurait apporter trop de soin dans la description des localités. On ne doit négliger aucun détail : telle circonstance, insignifiante en apparence, peut avoir une importance décisive au moment des débats. Le maire doit tout voir et exposer tout ce qu'il a vu : configuration des lieux, description des objets, mesures des distances, dessin des empreintes. Le procès-verbal doit être la reproduction fidèle du lieu du crime, que les juges doivent connaître comme s'ils l'avaient vu eux-mêmes.

1330. Toutes les opérations doivent être constatées par des procès-verbaux : procès-verbal pour la constatation du corps du délit et description des lieux; procès-verbal pour chaque déclaration des personnes entendues; pour interrogatoire du prévenu; pour les perquisitions et les saisies; pour la représentation des objets saisis au prévenu; pour prestation de serment des experts. Ces diverses opérations pourraient, à la rigueur, être constatées à la suite l'une de l'autre dans un même acte, mais il est préférable de faire autant de procès-verbaux que d'opérations. Cette division du travail facilite l'étude de l'affaire et le classement des pièces.

1331. Les procès-verbaux sont signés sur chaque feuillet par le maire et par les personnes qui ont assisté à l'opération constatée, c'est-à-dire suivant la nature de l'opération par les déclarants, les prévenus ou les experts. Si ces personnes refusent ou sont dans l'impossibilité de signer, il en est fait mention.

1332. Les déclarations reçues par les maires sont signées par les personnes qui les font. La loi ne donne pas aux maires le droit d'exiger que ces personnes prêtent serment.

1333. Les maires ne doivent pas perdre de vue que ces déclarations ne sont pas des interrogatoires; dans ceux-ci, ils doivent procéder par demandes et réponses; dans les déclarations, au contraire, les faits doivent être spontanément racontés. Ce n'est qu'après que le déclarant a dit tout ce dont il se souvient, que les maires peuvent, par des questions, et en constatant que c'est sur interpellation, venir en aide à sa mémoire et lui faire compléter sa déclaration.

1334. Les commissaires de police, dit l'article 11 du Code d'instruction criminelle, et, dans les communes où il n'y en a point, les maires, au défaut de ceux-ci les adjoints de maire, recherchent les contraventions de police, même celles qui sont sous la surveillance spéciale des gardes forestiers et champêtres, à l'égard desquels ils ont concurrence et même prévention. Ils reçoivent les rapports, dénonciations et plaintes qui seront relatifs aux contraventions de police. Ils consignent, dans les procès-verbaux qu'ils rédigent à cet effet, la nature

_____

(1) C. Inst. crim., art. 29, 48, 49, 50, 53 et 54.

(1) C. inst. crim.; art. 3.

et les circonstances des contraventions, le temps et le lieu où elles ont été commises, les preuves ou indices à la charge de ceux qui en sont présumés coupables.

Dans les communes où il n'y a qu'un commissaire de police, disent les articles 14 et 15, s'il se trouve légitimement empêché, le maire, ou, au défaut de celui-ci, l'adjoint de maire, le remplace, tant que dure l'empêchement. Les maires ou adjoints de maire remettent à l'officier par qui sera rempli le ministère public près le tribunal de police, toutes les pièces et renseignements, dans les trois jours au plus tard, y compris celui où ils ont reconnu le fait sur lequel ils ont procédé.

De la combinaison de ces deux articles, il semble résulter que, dans les communes où il y a un commissaire de police, c'est seulement quand il se trouve légitimement empêché, que le maire ou l'adjoint a le droit de le remplacer; mais l'article 14 est généralement entendu en ce sens qu'il donne au commissaire de police, à l'égard des maires, ce que cet article appelle *prévention*, c'est-à-dire droit premier d'informer; mais qu'il ne prive pas le maire de ses attributions particulières. En général, les maires et les adjoints exercent en matière de police judiciaire les mêmes fonctions que les commissaires de police (1).

1335. Et un maire ne saurait refuser d'agir, sous prétexte que le commissaire de police ne serait ni présent, ni empêché. L'empêchement est suffisamment prouvé par ce seul fait que le commissaire de police ne se présente pas. Les pouvoirs donnés aux uns et aux autres ne l'ont pas été dans le but de leur créer des privilèges, mais dans le but d'assurer la répression des actes coupables, et l'intérêt public exige que les délits soient constatés.

1336. Il importe de bien remarquer que le Code d'instruction criminelle attribue aux adjoints, comme aux maires, le droit de constater les contraventions de police : ce droit leur étant directement conféré par la loi, ils n'ont pas besoin pour agir d'une délégation du maire (2).

1337. Outre les pouvoirs dont la loi leur a expressément conféré l'exercice, les maires, officiers auxiliaires, ont aptitude à recevoir et sont dans l'obligation d'exécuter les délégations que leur adresse le juge d'instruction ou le ministère public (3).

1338. Comme officiers de police auxiliaires, les maires sont soumis à la discipline générale établie par le Code d'instruction criminelle à l'égard des magistrats du ministère public.

Tous les officiers de police judiciaire, disent les articles 279 et 280 du Code d'instruction criminelle, même les juges d'instruction, sont soumis à la surveillance du procureur général. Tous ceux qui, d'après l'article 9 du Code, sont à raison de fonctions, même administratives, appelés par la loi à faire quelques actes de police judiciaire, sont, *sous ce rapport seulement*, soumis à la même surveillance.

En cas de négligence des officiers de police judiciaire et des juges d'instruction, le procureur général doit les avertir; cet avertissement doit être consigné par lui sur un registre à cet effet.

L'article 280 n'a disposé que pour le cas de négligence : un avertissement alors a paru suffisant au législateur. Ce n'est point une peine.

1339. La récidive, après l'avertissement officiel, expose le délinquant à des poursuites plus sévères, dont l'article 281 contient l'indication : « Il y a récidive, porte l'article 282 du Code d'instruction criminelle, lorsque le fonctionnaire sera repris, pour quelque affaire que ce soit, avant l'expiration d'une année, à compter du jour de l'avertissement consigné sur le registre. » Ces conditions sont de rigueur.

Des auteurs font remarquer que la loi s'est servie d'expressions trop générales, en disposant qu'il y aurait récidive lorsque le fonctionnaire serait repris *pour quelque cause que ce fût*. Il faut nécessairement que le nouveau fait ait la gravité d'une négligence, s'il n'en a pas précisément la nature. L'expérience enseigne, au surplus, qu'il pourrait y avoir lieu à des poursuites plus sérieuses, si le fait avait plus de gravité.

1340. En cas de récidive, le procureur général dénonce les officiers de police judiciaire à la Cour, sur l'autorisation de laquelle il les fait citer à la chambre du conseil. La Cour leur enjoint d'être plus exacts à l'avenir, et les condamne aux frais, tant de la citation que de l'expédition et de la signification de l'arrêt (1).

1341. Le procureur général n'a donc pas le droit de citer directement les officiers de police négligents devant la Cour, il faut que celle-ci lui en donne l'autorisation. Or, la Cour, nonobstant le premier avertissement, dont il ne lui appartient pas de rechercher l'opportunité, peut toujours, appréciant sévèrement la gravité de la faute reprochée, estimer que la négligence du fonctionnaire n'est pas de nature à justifier les poursuites disciplinaires sollicitées.

1342. Mais l'autorisation accordée, est-ce devant les chambres assemblées ou devant la chambre d'accusation seulement que l'officier de police judiciaire doit être cité? La question est controversée, mais, malgré un arrêt de la Cour de cassation du 12 février 1813, il nous paraît que la loi ayant parlé de citation devant la Cour, il semble naturel d'entendre par cette expression : *la Cour*, les chambres assemblées.

Quoi qu'il en soit, que l'injonction ait lieu par les chambres assemblées, ou qu'elle émane de la chambre d'accusation, comme il ne s'agit que d'une affaire de simple discipline, l'article 281 veut, avec raison, que la poursuite soit toujours portée à la chambre du conseil.

CHAPITRE IV.

POLICE RURALE.

1343. Le maire, dit l'article 94 de la loi de 1884, est chargé, sous la surveillance de l'administration supérieure, de la police rurale.

La police rurale a pour objet la tranquillité, la salubrité et la sûreté des campagnes (2).

1344. Les principales règles sont arrêtées dans la loi du 6 octobre 1791, dont les dispositions sont maintenues pour tous les cas à l'égard desquels le Code pénal n'en a pas établi de particulières.

Cette loi a d'ailleurs abrogé les règlements anciens sur les points dont elle s'est spécialement occupée.

Le titre premier pose les principes généraux applicables à la propriété rurale.

La propriété territoriale est libre en France et ne peut être assujettie envers les particuliers qu'aux redevances et aux charges dont la convention n'est pas défendue par la loi; et envers la nation qu'aux contributions publiques régulièrement

---

(1) Cass. crim., 6 septembre 1838. — Attendu qu'en ce qui concerne la police municipale, les commissaires de police ne sont, dans chaque commune, que les délégués du pouvoir municipal ; — Que l'obligation qui leur est spécialement imposée par le Code d'instruction criminelle de rechercher et de constater les contraventions commises aux règlements en vigueur, ne modifie pas à cet égard le droit qui appartient personnellement aux maires et aux adjoints des maires ; — Qu'en effet, l'article 10 de la loi de 1837 les investit sans réserve de la police municipale, et n'a fait en cela que leur conserver une attribution qu'ils tenaient des lois des 14 décembre 1789, 16-24 août 1790 et 28 pluviôse an VIII ; — Que les maires et leurs adjoints sont donc compétents, même dans les communes où il y a des commissaires de police pour procéder de leur chef à la constatation des infractions aux règlements de police ; — Qu'on ne saurait en l'absence d'une disposition formelle sur ce point, conclure des pouvoirs conférés à ces commissaires qu'ils sont exclusifs et que les maires ainsi que les adjoints n'ont pas caractère pour constater personnellement les contraventions de police, surtout quand les commissaires de police ne sont pas avec eux présents à la perpétration des infractions et qu'il importe à l'ordre public qu'elles soient constatées au moment où elles sont commises. D'où il suit... — Casse.
En ce sens, Orléans, 9 février 1846, D. P., 46.2.42.
(2) Cass. crim., 21 janvier 1808.
(3) Cass. crim., 8 juin 1872, D. P. 72.1.381.

(1) C. inst. crim.; art. 281.
(2) L. 6 octobre 1791, t. II, art. 9.

votées et aux sacrifices que peut exiger le bien général, sous la condition d'une juste et préalable indemnité. La culture des terres et la disposition des récoltes sont abandonnées au libre arbitre des propriétaires. Chacun peut faire sa récolte, de quelque nature qu'elle soit, avec tout instrument et au moment qui lui conviendra, sauf le droit d'autrui et le ban de vendanges, pour les vignes non closes, dans les lieux où ce ban est en usage. Nulle autorité ne peut suspendre ou intervertir les travaux de la campagne dans les temps de la semence et des récoltes.

Tout propriétaire est libre d'avoir chez lui telle quantité et telle espèce de troupeaux qu'il croit utiles à la culture et à l'exploitation de ses terres, et de les y faire pâturer exclusivement, sauf la servitude de parcours et de vaine pâture, maintenue sous les conditions déterminées par la loi. Cette servitude ne met point obstacle au droit qu'à tout propriétaire de clore son héritage. La clôture d'un héritage le soustrait à l'exercice du parcours et de la vaine pâture.

Nul agent de l'agriculture, employé avec des bestiaux au labourage ou à quelque travail que ce soit, ou occupé à la garde des troupeaux, ne peut être arrêté, sinon pour crime, avant qu'il ait été pourvu à la sûreté desdits animaux; et, en cas de poursuites criminelles, il y est également pourvu immédiatement après l'arrestation, exercée. Les engrais, les utensiles aratoires, les bestiaux servant au labourage, les ruches, les vers à soie pendant leur travail, ainsi que la feuille du mûrier nécessaire à leur nourriture, sont déclarés insaisissables (1).

Le titre II définit les délits ruraux et les classe dans les six divisions suivantes : 1° les dégâts en général; 2° les dispositions relatives aux bestiaux ou troupeaux; 3° les dégâts par inondation; 4° les maraudages et vols; 5° les destructions ou dégradations de clôture, et le passage sur le terrain d'autrui; 6° le glanage, le ratelage et le grapillage.

1345. La police rurale est dans les attributions de la police générale pour les cas où la nature des circonstances exige l'intervention de l'autorité centrale ou de ses agents, par exemple dans les cas d'épizootie ou autres semblables. Dans tous les autres cas, elle appartient au pouvoir municipal, qui peut même agir, dans l'intérêt spécial de la commune, concurremment avec le pouvoir central, lorsque l'action de celui-ci est commandée par les circonstances, mais à la charge de ne point entraver son action.

1346. Elle était spécialement placée sous la juridiction des juges de paix et des officiers municipaux, et sous la surveillance des gardes champêtres et de la gendarmerie nationale, par l'article 1er, titre II de la loi du 6 octobre 1791. La juridiction des juges de paix et des officiers municipaux a été remplacée aujourd'hui par les tribunaux correctionnels pour les infractions dont la peine excède 15 francs d'amende et cinq jours d'emprisonnement (C. inst. crim., art. 179), et par les tribunaux de simple police, pour les infractions qui donnent lieu à une peine moindre.

1347. Quant à la gendarmerie, la surveillance des délits ruraux n'a pas cessé d'être dans ses attributions; et le décret du 1er mars 1854 rappelle explicitement ses obligations à cet égard dans le titre IV section i.

1348. Les gardes champêtres continuent également à avoir le même devoir. Quoique l'article 16 du Code d'instruction criminelle ne leur donne compétence que pour constater les contraventions de police qui ont porté atteinte aux *propriétés* rurales et forestières, ces expressions ne doivent pas être entendues dans un sens restreint ; elles se concilient d'ailleurs avec les attributions faites à ces officiers par la loi du 6 octobre 1791, et elles embrassent dans leur prévoyance même les contraventions commises sur les chemins publics dans les campagnes, attendu que ces chemins sont eux-mêmes des

propriétés rurales; et que tout ce qui regarde leur sûreté et leur viabilité intéresse soit les communes propriétaires, soit les propriétés rurales qui y aboutissent.

CHAPITRE V.

POLICE MUNICIPALE.

SECTION PREMIÈRE.

ARRÊTÉS DE POLICE.

1349. « Au-dessous des pouvoirs législatif, exécutif et judiciaire, dit Henrion de Pansey dans son *Traité du pouvoir municipal*, il en est un quatrième, qui, tout à la fois public et privé, réunit l'autorité du magistrat à celle du père de famille : c'est le pouvoir municipal. Quoique au-dessous des trois autres, ce pouvoir est cependant le plus ancien de tous. C'est, en effet, le premier dont le besoin se soit fait sentir; il n'y a pas de bourgade qui, à l'instant de sa formation, n'ait reconnu la nécessité d'une administration intérieure et d'une police locale. Cette administration, cette police locale, exigeaient de l'action et de la surveillance, et les hommes réputés les plus sages en furent investis. C'est sur cette première assise que les législateurs des nations ont élevé l'édifice social. »

L'organisation de ce pouvoir de police de la cité a fait l'objet des préoccupations de tous les législateurs; on sait quelle place il occupait dans le droit ancien; on sait que c'est pour lui et par lui que s'organisa le grand mouvement d'émancipation du XIIIe siècle; on sait ce qu'il est en Belgique, en Hollande, en Angleterre, en Espagne, dans tous les pays civilisés du monde entier; et si, sous l'ancienne monarchie française, il a paru affaibli, l'un des premiers actes de notre grande Assemblée nationale a été de lui rendre la force qui lui est indispensable pour le bon fonctionnement d'une société démocratique, par la loi du 14 décembre 1789.

1350. L'organisation du pouvoir de police municipal, tel qu'il est constitué par la loi du 5 avril 1884, remonte à celle du 18 juillet 1837. Elle résulte des prescriptions des articles 91, 94, 95, et 97, qui ont remplacé les articles 10, 11 et 50 de la loi de 1837, et des articles 96, 98, 99, qui établissent des prescriptions nouvelles. Voici le texte de ces articles :

« Art. 91. Le maire est chargé, sous la surveillance de l'administration supérieure, de la police municipale, de la police rurale et de l'exécution des actes de l'autorité supérieure qui y sont relatifs.

« Art. 94. Le maire prend des arrêtés à l'effet :

« 1° D'ordonner les mesures locales sur les objets confiés par les lois à sa vigilance et à son autorité;

« 2° De publier de nouveau les lois et règlements de police et de rappeler les citoyens à leur observation.

« Art. 95. Les arrêtés pris par le maire sont immédiatement adressés au sous-préfet, ou, dans l'arrondissement du chef-lieu du département, au préfet.

« Le préfet peut les annuler ou en suspendre l'exécution.

« Ceux de ces arrêtés qui portent règlement permanent ne sont exécutoires qu'un mois après la remise de l'ampliation constatée par les récépissés délivrés par le sous-préfet ou le préfet.

« Néanmoins, en cas d'urgence, le préfet peut en autoriser l'exécution immédiate.

« Art. 96. Les arrêtés du maire ne sont obligatoires qu'après avoir été portés à la connaissance des intéressés, par voie de publication et d'affiches, toutes les fois qu'ils contiennent des dispositions générales, et, dans les autres cas, par voie de notification individuelle.

« La publication est constatée par une déclaration certifiée par le maire.

« La notification est établie par le récépissé de la partie

---

(1) Cependant ce principe a été modifié par l'article 594 du Code de procédure civil qui porte qu'en cas de saisie d'animaux et d'ustensiles servant à l'exploitation des terres, le juge de paix pourra, sur la demande du *saisissant* (le propriétaire et le saisi entendus ou appelés), établir un gérant à l'exploitation.

intéressée, ou, à son défaut, par l'original de la notification conservé dans les archives de la mairie.

« Les arrêtés, actes de publication et de notification sont inscrits, à leur date, sur le registre de la mairie.

« Art. 97. La police municipale a pour-objet d'assurer le bon ordre, la sûreté et la salubrité publiques.

« Elle comprend notamment :

« 1° Tout ce qui intéresse la sûreté et la commodité du passage dans les rues, quais, places et voies publiques ; ce qui comprend le nettoiement, l'éclairage, l'enlèvement des encombrements, la démolition ou la réparation des édifices menaçant ruine ; l'interdiction de rien exposer aux fenêtres ou aux autres parties des édifices qui puisse nuire par sa chute, ou celle de rien jeter qui puisse endommager les passants ou causer des exhalaisons nuisibles ;

« 2° Le soin de réprimer les atteintes à la tranquillité publique, telles que les rixes et disputes accompagnées d'ameutement dans les rues, le tumulte excité dans les lieux d'assemblée publique, les attroupements, les bruits et rassemblements nocturnes qui troublent le repos des habitants, et tous actes de nature à compromettre la tranquillité publique ;

« 3° Le maintien du bon ordre dans les endroits où il se fait de grands rassemblements d'hommes, tels que les foires, marchés, réjouissances et cérémonies publiques, spectacles, jeux, cafés, églises et autres lieux publics ;

« 4° Le mode de transport de personnes décédées, les inhumations et exhumations, le maintien du bon ordre et la décence dans les cimetières, sans qu'il soit permis d'établir des distinctions ou des prescriptions particulières à raison des croyances ou du culte du défunt ou des circonstances qui ont accompagné sa mort ;

« 5° L'inspection sur la fidélité du débit des denrées qui se vendent au poids ou à la mesure, et sur la salubrité des comestibles exposés en vente ;

« 6° Le soin de prévenir, par des précautions convenables, et celui de faire cesser, par la distribution des secours nécessaires, les accidents et les fléaux calamiteux, tels que les incendies, les inondations, les maladies épidémiques ou contagieuses, les épizooties, en provoquant, s'il y a lieu, l'intervention de l'administration supérieure ;

« 7° Le soin de prendre provisoirement les mesures nécessaires contre les aliénés dont l'état pourrait compromettre la morale publique, la sécurité des personnes ou la conservation des propriétés ;

« 8° Le soin d'obvier ou de remédier aux événements fâcheux qui pourraient être occasionnés par la divagation des animaux malfaisants ou féroces.

« Art. 98. Le maire a la police des routes nationales et départementales et des voies de communication, dans l'intérieur des agglomérations, mais seulement en ce qui touche à la circulation sur lesdites voies.

« Il peut, moyennant le payement de droits fixés par un tarif dûment établi, sous les réserves imposées par l'article 7 de la loi du 11 frimaire an VII, donner des permis de stationnement ou de dépôt temporaire sur la voie publique, sur les rivières, ports et quais fluviaux et autres lieux publics.

« Les alignements individuels, les autorisations de bâtir, les autres permissions de voirie sont délivrés par l'autorité compétente, après que le maire aura donné son avis, dans le cas où il ne lui appartient pas de les délivrer lui-même.

« Les permissions de voirie à titre précaire ou essentiellement révocables sur les voies publiques qui sont placées dans les attributions du maire et ayant pour objet, notamment, l'établissement, dans le sol de la voie publique, des canalisations destinées au passage ou à la conduite soit de l'eau, soit du gaz, peuvent, si, en cas de refus du maire non justifié par l'intérêt général, être accordées par le préfet.

« Art. 99. Les pouvoirs qui appartiennent au maire, en vertu de l'article 91, ne font pas obstacle au droit du préfet de prendre, pour toutes les communes du département ou plusieurs d'entre elles, et dans tous les cas où il n'y aurait pas été pourvu par les autorités municipales, toutes mesures relatives au maintien de la salubrité, de la sûreté et de la tranquillité publiques.

« Ce droit ne pourra être exercé par le préfet à l'égard d'une seule commune qu'après une mise en demeure au maire restée sans résultats. »

1351. On voit que le maire exerce des pouvoirs de police au moyen d'*arrêtés*. Il est temps d'expliquer ici ce qu'on doit entendre par *arrêté* et *règlement de police*, et d'indiquer quelles sont les conditions de leur validité, soit en la forme, soit au fond.

En principe, un arrêté est une décision prise par une autorité administrative et d'un intérêt public ; mais tant de fonctionnaires, dans l'usage, ont détourné ce mot de sa signification primitive, qu'on l'emploie souvent dans le sens d'acte. Des préfets, des maires émettent de simples avis sous la forme d'arrêtés ; en revanche, de véritables arrêtés sont parfois pris sous forme d'avis : il y a là une confusion regrettable ; en droit, un arrêté administratif est une décision d'intérêt public que prend un ministre, un préfet, un sous-préfet ou un maire pour l'exécution des lois.

1352. Les fonctionnaires administratifs auxquels appartient le droit de prendre des arrêtés ne peuvent en user que dans les limites de leurs pouvoirs légaux, et en vertu des lois et règlements. La loi ne détermine pas la forme des règlements administratifs ; leur rédaction est abandonnée à l'appréciation de celui qui les prend (1) ; quant au fond, l'arrêté doit avoir pour but l'ordre et l'intérêt publics ; il ne doit emprunter ses motifs qu'aux considérations qui s'y rattachent. Les arrêtés administratifs sont généralement pris dans le but de régler les choses de détail qui ne peuvent être prévues par les lois, à cause de la diversité des circonstances de lieux et de temps auxquelles elles s'appliquent. Cette variété de circonstances, auxquelles il faut pourvoir, a fait établir que les arrêtés administratifs peuvent être, à tout instant, modifiés et révoqués.

Ces règles générales s'appliquent toutes aux arrêtés que les maires peuvent prendre dans un intérêt de police municipale ou rurale ; reprenons-les donc en détail, en les étudiant au point de vue spécial du pouvoir municipal du maire.

1353. Nous avons dit qu'un arrêté de police n'était soumis à aucune forme obligatoire. De ce premier principe résultent deux conséquences : la première, c'est qu'un acte administratif, quoique n'ayant pas revêtu la forme de l'arrêté, c'est-à-dire un document faisant la référence aux lois ou à la loi qui autorise le maire à statuer sur la matière, et n'édictant pas les décisions qu'il renferme sous la formule d'articles numérotés, n'en sera pas moins un véritable arrêté, si d'ailleurs il a, au fond, pour objet, des décisions régulièrement prises pouvant faire l'objet d'un arrêté municipal, et si, en la forme, il a été revêtu de la signature du maire et a porté à la connaissance des administrés intéressés (2) ; la seconde, c'est qu'un acte administratif, quoique établi sous l'apparence d'un arrêté, n'en aura pas le caractère, si, d'ailleurs il ne statue pas sur des matières rentrant dans le pouvoir de police de l'autorité municipale (3).

---

(1) Néanmoins il convient, dans la pratique, de les diviser par articles et de les faire précéder de la citation de la loi qui leur sert de fondement, et, en outre, d'un exposé de motifs, rédigé en considérants.

(2) Cass. crim. 10 juin 1869. — ... Mais attendu que la loi n'impose pas de forme sacramentelle à la rédaction des arrêtés (des préfets) ; — Que l'acte par lequel le préfet des Vosges a approuvé la proposition de l'ingénieur en chef constitue un arrêté légal et obligatoire sur une matière dont la réglementation rentre dans les attributions de ce fonctionnaire ; — Que le fait reproché au prévenu constituait une contravention à cet arrêté ; — D'où il suit... — Casse.

(3) Cass. crim. 9 mai 1840, D. P. 46.4.91 ; Cass. crim. 23 juillet 1840, D. P. 46.4.440 ; Cass. crim. 20 septembre 1851, D. P. 52.5.470 ; Cass. crim. 27 décembre 1851, D. P. 52.1.180 ; Cass. crim. 9 mars 1854, D. P. 54.1.213 ; Cass. crim. 7 mars 1857. — Attendu que, si, d'après la loi des 16-21 août 1790, les maires ont le droit de prendre des arrêtés sur les objets qui intéressent la salubrité publique, il résulte des motifs de l'arrêté municipal du 30 octobre 1856, qui sert de base à la poursuite, que cet arrêté a eu pour but d'assurer la perception du droit communal de 25 centimes par tonneau sur la vidange des latrines du camp de Sathonay ; — Attendu, dès lors, que l'arrêté dont il s'agit a été pris non dans un intérêt ou un

1354. Mais, si l'arrêté municipal n'est pas soumis à une forme déterminée, il y a cependant deux conditions extérieures qu'il doit remplir à peine de ne pouvoir être considéré comme obligatoire : il faut qu'il soit *signé* par l'autorité municipale compétente, c'est-à-dire le maire ou l'adjoint délégué ; il faut en outre qu'il soit porté à la connaissance des administrés intéressés par la publication et l'affichage (1).

1355. Au premier cas, l'arrêté n'existe pas (2). Nous estimons même, avec M. Dalloz (3), que la signature ne suffit pas et que la date est indispensable, parce que cette date seule peut faire connaître s'il a été pris par un fonctionnaire municipal en activité de service.

1356. Au second cas, on doit dire qu'un arrêté secret est comme un arrêté inexistant (4). Aucune loi n'a donné de règle, il est vrai, pour la publication et l'affichage des arrêtés municipaux, et il suffit que ces formalités aient été faites d'une manière quelconque, soit par voie d'affiches manuscrites ou imprimées, soit par voie de proclamation à la porte de la mairie ou de l'église, ou à son de trompe ou de tambour sur les places et dans les rues (5); mais il faut que cette double publicité ait lieu, et la a même été décidé par la jurisprudence que des équivalents ne sauraient être admis et qu'il importait peu que les administrés en aient eu connaissance personnelle, avant de commettre la contravention (6), s'ils

n'en ont pas eu connaissance par les moyens établis par la loi.

1357. L'insertion même d'un arrêté administratif dans un recueil spécial n'équivaut pas à la publication (1); c'est par une disposition expresse de législation que le *Journal officiel* et le *Bulletin des lois* sont considérés comme moyen de publicité légale, et ce moyen de publicité ne s'applique qu'aux lois seules et aux actes du gouvernement et de l'administration centrale, et ne saurait équivaloir ni à l'affichage ni à la publication exigés par l'article 96.

1358. Depuis la loi du 5 avril 1884, la publication est constatée par une déclaration certifiée du maire. Cette disposition expresse a eu pour objet de faire cesser les controverses qui s'étaient engagées sur les modes de preuve admis pour justifier de la réalité de la publicité. Le législateur a voulu écarter les témoignages oraux et les certificats délivrés par les agents publicateurs ; il a pensé que la signature du maire certifiant, sous sa responsabilité morale et pénale, constituait une garantie supérieure.

1359. Il n'est fait d'exception à cette nécessité d'une publication générale que lorsqu'un arrêté communal, bien que statuant dans un intérêt collectif communal, ne s'applique en réalité qu'à un seul individu ou quelques individus, comme l'arrêté qui réglemente l'exercice d'une industrie bruyante ou incommode (voy. *infrà*, n° 1584 et suiv.). Dans ce cas spécial, la a décidé que la publication pouvait être remplacée à l'égard de l'individu ou des individus, par une notification particulière ; on peut, en effet, en ce cas, considérer comme applicable l'avis du Conseil d'État du 23 prairial an XIII, réglant le mode de publication exigé pour les décrets non insérés au *Bulletin des lois* (2).

---

but de police, mais dans l'intérêt des finances municipales, d'où il suit que cet arrêté n'a point le caractère d'un règlement de police... — Rejet.
Cass. crim. 10 avril 1863, D. P. 65.1.44; Cass. 4 août 1864, D. P. 65.1.44; Cass. crim. 20 mars 1858, D. P. 69.5 333; Cass. 27 juin 1867, D. P. 69.5.334.
— Attendu que l'article 471 (n° 15) du Code pénal n'attribue aux tribunaux de simple police que la connaissance des contraventions aux règlements faits légalement en vertu de la législation sur la matière spécialement en vertu de l'article 3 de la loi des 16-24 août 1790, sur les objets de police et remis à la vigilance et à l'autorité du pouvoir municipal dans l'intérêt de l'ordre et de la sécurité publiques; — Attendu que tel n'est pas le caractère d'un règlement ayant pour objet l'application d'un tarif des droits sur les halles et marchés; — Attendu que ce droit d'une nature purement fiscale ne saurait donner lieu qu'à une simple action civile, aucune loi spéciale ne chargeant la juridiction répressive d'assurer sa perception contre les redevables qui refusent de la payer, soit à la commune, soit à l'adjudicataire; — D'où il suit... Rejette.
Cass. crim. 22 mars 1883. — ... Attendu que l'article 31, paragraphe 6 de la loi du 18 juillet 1837, et l'article 1er, paragraphe 4, de la loi du 24 juillet 1867, qui rangent parmi les recettes ordinaires des communes le produit des droits de place dans les halles, foires et marchés, autorisent, sans doute, les maires à prendre les mesures nécessaires dans le but d'assurer le recouvrement de ces droits, suivant les tarifs qu'ils ont régulièrement fixés; mais qu'il ne s'ensuit pas que la forme donnée à ces tarifs modifiée, au lieu de régler le caractère de la perception ainsi ordonnée, et fasse qu'un droit d'une nature purement civile puisse, en cas de refus de payement, se transformer en contravention légalement définie et servir à l'action publique... — Qu'en statuant ainsi... — Casse.
(1) L. 5 avril 1884, art. 96.
(2) Cass. crim. 1er mai 1898 D. P. 68.5.348.
(3) Dalloz, *Rép.*, v° RÈGLEMENT ADMINISTRATIF, n° 127.
(4) Cass. crim. 12 avril 1861; Cass. crim. 5 mars 1870. — La Cour, sur le moyen unique tiré de ce que le tribunal n'a pas considéré comme suffisante la preuve rapportée par le ministère public de la publication de l'arrêté du maire d'Ajaccio du 25 août 1843; — Attendu que la décision attaquée, en se fondant sur diverses circonstances, dont l'appréciation appartient souverainement au juge du fait, pour écarter les éléments de preuve invoqués par le ministère public, a déclaré que l'arrêté du maire d'Ajaccio du 25 août 1843, qui défend de faire des dépôts de paille et de briques à l'intérieur de la ville, excepté dans des bâtiments construits en briques et voûtés, n'a pas été légalement publié, et que, par suite, cet arrêté n'a jamais eu un caractère obligatoire; — Qu'en statuant ainsi... — Rejette.
(5) En ce sens, Blanche, *Étude sur le Droit pénal*, t. VII, n° 251; F. Hélie, t. VI, n° 2804; Cass. crim. 11 janvier 1878, D. P. 79.1.140.
(6) Cass. crim. 18 février 1847. — La Cour, vu le numéro 15 de l'article 471, Code pénal ; — Attendu qu'aux termes de cette disposition les règlements généraux de police, qui sont légalement faits par les préfets ou par les maires, ne deviennent obligatoires pour les citoyens que dès l'instant où leur publicité les a mis en demeure de s'y conformer ; — Que l'article 57 de la loi du 7 mars an 11 et l'avis du Conseil d'État du 18 août 1807, qui accordent aux parties la faculté de prendre communication et de se faire délivrer une première expédition gratuite, à la préfecture ou à la mairie, des actes ou décisions de l'autorité préfectorale ou municipale, ne concernent nullement ces règlements ; — Qu'ils n'ont point, par conséquent, dérogé au principe de notre droit public, qui a toujours fait dépendre leur exécution de leur publication préalable ; — Qu'on ne peut donc pas être puni pour y avoir contrevenu, qu'ils n'ont point été publiés ou affichés dans les formes accoutumées, le préposé spécial est chargé d'assurer leur observation en ont-il donné connaissance aux prévenus, dans l'instant où ceux-ci allaient faire ce qu'ils défendent ; — Qu'il suit de là... — Rejette.
Cass. crim. 16 novembre 1849. — La Cour, vu le numéro de l'article 471, Code pénal, et l'avis du Conseil d'État en date du 25 prairial an XIII ; — Attendu qu'aux termes de cet article et de cet avis, les mesures géné-

rales ou spéciales de police, qui sont légalement prescrites, ne deviennent obligatoires pour les citoyens qu'elles concernent que dès l'instant où ils ont été mis en demeure d'y satisfaire par publication, affiche, notification ou signification administrative ; — Qu'il n'est point établi, dans l'espèce, que Llondres ait été, par l'un de ces moyens, sommé d'exécuter l'arrêté du préfet du département des Pyrénées-Orientales, du 22 juillet 1846, lequel a prescrit la démolition du canal que lui et plusieurs autres habitants de la commune d'Osséja ont construit sans autorisation, afin de recevoir à leur profit une partie des eaux de la rivière non navigable ni flottable nommée la Venera ; — Que la pétition que lesdits Llondres et consorts présentèrent au ce magistrat, le 6 août suivant, dans le but de faire rapporter l'arrêté précité, ne saurait suppléer au défaut de la connaissance légale qui devait leur être donnée de cet acte administratif ; — Qu'il suit de là... — Casse.
(1) Cass. crim. 3 juillet 1845 ; Cass. crim. 28 novembre 1843 ; Cass. crim. 12 avril 1861. — Que, si les mêmes règlements de police ne deviennent obligatoires avec clause pénale qu'après qu'ils ont été portés légalement à la connaissance de ceux auxquels ils s'adressent ; — Qu'en l'absence de dispositions spéciales sur le mode de leur publication, il y a lieu de suivre, par analogie, les règles tracées par l'avis du Conseil d'État du 23 prairial an XIII ; — Attendu que l'insertion des règlements préfectoraux dans le recueil des actes de la préfecture n'est qu'une mesure administrative destinée à éclairer les fonctionnaires publics auxquels ce recueil est adressé ; — Qu'elle ne suffit pas pour avertir les simples particuliers ; — Attendu que, si l'article qui prescrivait la publication de l'arrêté dans toutes les communes du département faisait présumer l'accomplissement de la formalité, le tribunal correctionnel a pu déclarer, comme il l'a fait après enquête sur ce point, et par une appréciation qui échappe au contrôle de la cour, que la publication du préfet n'avait pas été publiée dans la commune de la Côte Saint-André, où s'est produit l'acte incriminé, et prononcer, par suite, l'acquittement du prévenu ; — Mais, sur le deuxième moyen... — Casse.
(2) Cons. d'Et. 25 prairial an XIII. Le Conseil d'État, d'après le renvoi fait par Sa Majesté impériale, a entendu le rapport de la section de législation sur celui du grand-juge ministre de la justice, tendant à faire décider de quel jour les décrets impériaux sont obligatoires ; — Considérant que la proposition et la discussion publiques des lois ont permis de les promulguer, étant présumée connue dans chaque département, elles y deviennent successivement obligatoires ; — Que les décrets impériaux étant préparés et rendus avec moins de publicité, ils ne peuvent pas être frappés de la même présomption de connaissance, et qu'en effet ils n'ont pas été compris dans la disposition de l'article 1er du Code ; — Qu'il faut donc, pour qu'ils deviennent obligatoires, que la connaissance réelle qui résulte de leur publication ou de tout autre acte ayant le même effet ; — Est d'avis que les décrets impériaux insérés au *Bulletin des lois* sont obligatoires, dans chaque département, du jour auquel le bulletin a été distribué au chef-lieu, conformément à l'article 12 de la loi du 12 vendémiaire an IV ; — Que, quant à ceux qui ne sont point insérés au *Bulletin*, ou qui n'y sont indiqués que pour leur titre, ils sont obligatoires du jour qu'il en est donné connaissance aux personnes qu'ils concernent par publication, affiche, notification ou signification, ou envois faits ou ordonnés par les fonctionnaires publics chargés de l'exécution.

1360. Mais il doit être admis, en même temps, que si cette notification personnelle peut suppléer à la publication, comme la publication est la règle, si celle-ci a eu lieu, la notification n'est pas nécessaire (1).

1361. Si la notification a été faite, elle doit être établie par le récépissé de la partie intéressée, ou, à son défaut, par l'original de la notification conservé dans les archives de la mairie (2). Cette pièce porte la signature de l'agent qui a notifié. Il n'y a pas plus d'original que de copie d'un acte sans signature : il en est, à cet égard, des notifications administratives de même celles par ministère d'huissier (3).

1362. Le paragraphe 4 de l'article 96 de la loi de 1884 ordonne d'inscrire les arrêtés et actes de publication et de notification sur le registre de la mairie. Cette inscription est-elle prescrite à peine de nullité de l'arrêté? M. Morgand le soutient, mais nous ne saurions partager son opinion. L'article 96 n'attache la nullité de l'arrêté qu'au seul inaccomplissement de la formalité de publication ou de notification, et les nullités ne se suppléent pas. Quant à l'inscription, elle est prescrite non dans l'intérêt des administrés, mais dans l'intérêt de l'administration municipale, pour mieux assurer la conservation de ses documents administratifs, et afin d'établir une preuve facile à faire de la mesure qui a été prise par arrêté et de la publicité qui lui a été donnée (4).

1363. L'arrêté et les actes de publication et de notification doivent-ils être *inscrits in extenso*. On a soutenu le contraire, en prétendant que le projet primitif de la loi avait édicté l'obligation de *transcrire*, terme auquel on a substitué celui d'*inscrire*; il y a inscription, dit-on, dès qu'il y a mention écrite dans les registres communaux. C'est là une véritable querelle de mots. *Inscrit*, dans son sens exact, signifie *écrit sur*. La loi de 1884 a donc exigé que les arrêtés et actes soient *écrits sur* un registre spécial. On ne saurait d'ailleurs oublier que l'article 58 de la loi donne à tous les habitants le droit de prendre copie *totale* des arrêtés municipaux. Cette copie totale doit être prise sur le registre municipal, coté et paraphé par le préfet ou le sous-préfet, tenu, aux termes de l'article 57, dans chaque mairie. Une simple mention ne permettrait pas de donner satisfaction au droit des administrés (5).

1364. L'arrêté signé par le maire, publié comme il vient d'être dit, est régulier en la forme, et devient obligatoire s'il est légal quant au fond. La question de la légalité d'un arrêté est quelquefois fort difficile à apprécier; nous étudierons plus loin, en passant en revue les différents objets qui doivent être considérés comme faisant partie de la police rurale ou municipale, quelles sont les conditions de la légalité spéciale des arrêtés municipaux à l'égard de chacun de ces objets; mais il est des règles générales que nous devons examiner

ici, parce qu'elles se rapportent à tous les arrêtés, quelle que soit la matière qu'ils aient pour but d'ordonner.

1365. Le droit de faire des règlements pour l'exécution des lois forme une partie intégrante du pouvoir exécutif. Ce droit inhérent lui a été reconnu par toutes les constitutions qui ont régi la France depuis 1789, et il est consacré par le paragraphe 1er de la loi constitutionnelle du 25 février 1875, qui porte que le Président de la République assure l'exécution des lois. Le Président de la République en est donc investi en sa qualité d'administrateur suprême du pays, parce que l'administration est une des branches du pouvoir exécutif.

C'est en cette qualité d'administrateur suprême que le Président fait des règlements pour tout l'État, qui prennent les noms de règlements d'administration publique, règlements en forme d'administration publique, simples décrets réglementaires, selon les autorités qui les ont préparés et délibérés et selon les cas déterminés par la loi.

Le droit de faire des règlements est délégué par le Président de la République, soit tacitement, soit expressément, selon que la loi l'y autorise, aux diverses autorités administratives qui dépendent de lui, et dont les attributions émanent des siens. Mais dans la pratique, et par l'application des règles doctrinales que nous n'avons pas à examiner ici, le pouvoir de faire des règlements, en fait — et le fait est même devenu le droit établi, — n'a été abandonné que par les seules autorités administratives qui représentent l'autorité centrale dans les circonscriptions territoriales entre lesquelles le territoire national a été divisé, et auxquelles la personnalité civile a été accordée, c'est-à-dire aux préfets, qui administrent les départements, et aux maires, qui administrent les communes.

1366. Quant au pouvoir réglementaire des maires, chacun comprend qu'il est circonscrit dans les limites de leur commune. Et on ne peut faire résulter une exception à ce principe de l'une de ces circonstances qu'il ne s'agit pas d'un empiétement de pouvoir sur une commune entière, ou qu'il y a communion d'intérêts entre deux territoires voisins. En effet, une extension partielle de l'autorité municipale au delà des limites de sa commune n'est pas moins illégale qu'une extension générale et indéterminée de cette même autorité sur le territoire limitrophe, et la similitude d'intérêts et la proximité n'autorisent ni le maire ni le juge de police de la commune voisine à suppléer les formalités nécessaires pour réunir à la commune une portion de ce territoire étranger (1).

1367. Mais le pouvoir du règlement municipal s'étend partout où le maire exerce lui-même son autorité administrative; et si la limite de la commune vient à se modifier, soit qu'elle s'étende, soit qu'elle diminue, le ressort de la juridiction réglementaire se modifiera avec, s'étendant et se diminuant (2). Il n'y aura d'exception à cette règle que si l'arrêté

---

(1) Cass. crim. 6 décembre 1862. — La Cour, sur le premier moyen tiré de la violation de l'article 1er, titre 2, de la loi du 24 août 1790, et de l'avis du Conseil d'État du 27 prairial an XIII, en ce que l'arrêté du préfet de Seine-et-Marne du 5 mars 1853, auquel le demandeur en cassation est inculpé d'avoir contrevenu, n'aurait pas été réglementairement publié, ou au moins n'aurait pas été suffisamment porté à la connaissance de ceux qu'il intéressait; — Attendu qu'aux termes de l'avis du Conseil d'État du 27 prairial an XIII, il suffit que les arrêtés spéciaux aient reçu une publicité en rapport avec leur objet, et soient parvenus à la connaissance de ceux qu'ils concernent; — Attendu que l'arrêté attaqué constate que l'arrêté du 5 mars 1853, qui avait pour objet de régler l'entrée, la circulation et le stationnement des voitures dans les gares des stations de chemin de fer situées dans le département de Seine-et-Marne a été affiché dans les cours, gares et salles d'attente de la gare de Fontainebleau, où tous les intéressés ont pu en prendre connaissance; — Attendu que Lesbat peut d'autant moins argumenter de son ignorance à cet égard, que ses voitures n'ont pas cessé de circuler, d'après ses propres dires, dans la gare de Fontainebleau, jusqu'au jour où ont été dressés les procès-verbaux, base de la poursuite... — Rejet.

(2) L. 5 avril 1884, art. 96, § 2.

(3) Ducrocq : *Études sur la loi municipale*, p. 16.

(4) En ce sens Ducrocq, p. 15; Cass. crim. 12 juillet 1886. — Attendu, enfin, quant à l'arrêté municipal dont le ministère public réclamait l'application, que l'existence de cet arrêté est certaine; qu'elle n'était pas méconnue, non plus que ses termes mêmes, par le prévenu; — Que le juge pouvait ajourner la cause jusqu'à représentation du texte officiel, mais qu'il ne pouvait, sous prétexte de la non-production, se refuser à l'appliquer... — Casse.

(5) Ducrocq, p. 14.

---

(1) Cass. crim. 20 août 1841; Cass. crim. 1er juin 1855. — Cass. crim. 26 février 1858. La Cour, attendu qu'en matière de contravention municipale on ne saurait admettre qu'un fait licitement accompli dans une commune puisse devenir punissable dans une autre commune, sans l'intervention d'un fait nouveau imputable à son auteur et commis dans cette dernière commune; — Que cette théorie confond l'action civile résultant du dommage, et qui s'ouvre partout où le dommage se manifeste, avec l'action publique pour la répression des contraventions aux lois et aux règlements, qui ne peut s'exercer que là où ces lois et règlements ont autorité et où ils ont été violés. — Attendu que l'arrêté de .... ne régissant que les déversements de résidus industriels opérés directement dans les eaux de cette commune; qu'il n'était applicable qu'aux mines qui y sont situées, et à l'égard desquelles seulement il avait reçu la publicité légale qui pouvait le rendre obligatoire; qu'il ne pouvait, dès lors, être étendu à des faits accomplis dans une autre commune sans la sanction de l'autorisation du maire de cette commune; — D'où il suit que... — Casse.

En ce sens, Cass. crim. 29 mars 1884 (voy. *infrà*, n° 1535).

(2) Cass. 5 juillet 1854, D. P 54.5.640; Cass. crim. 4 janvier 1862. — La Cour, vu l'article 471 (n° 15) du Code pénal; — Attendu que cette disposition n'a fait que confirmer le principe de droit public d'après lequel les règlements de police, légalement publiés, obligent de plein droit tous ceux qui habitent le territoire soumis à leur empire; — que les articles 5 et 6 de la loi du 18 juillet 1837, et la loi du 10 juillet 1856, qui a réuni la commune de Saint-Sulpice à celle de Saint-Vignor-le-Grand, ne contenant aucune disposition spéciale, le principe établi ne doit pas être considéré comme ayant été innové; — Attendu que l'arrêté

11

lui-même a déterminé le rayon dans lequel il doit être mis à exécution (1).

1368. Nous avons donc en France une autorité qui a pouvoir réglementaire national, le Président de la République, et deux autorités qui, sous son contrôle, ont pouvoir réglementaire départemental et communal (2). Le pouvoir exécutif prend, ainsi que nous l'avons dit, le droit de faire des règlements dans la délégation générale que lui a donné la Constitution, et souvent aussi dans une délégation spéciale que lui confient les lois particulières qui statuent sur des matières diverses. Le pouvoir législatif se contente le plus souvent, en matière administrative surtout, de poser les principes, et laisse au pouvoir exécutif le soin de statuer sur les détails. C'est ce qui explique que les règlements, bien que faits par l'administration, présentent quelques-uns des caractères de la loi. Ils forment ce que l'on a appelé une *législation secondaire*. Le but des règlements est donc de réaliser dans l'application des principes posés dans les lois, de les développer, d'en compléter les déductions, d'en assurer l'exécution.

Mais il y a entre les règlements du Président de la République, des préfets et des maires, cette différence, qui résulte de leur compétence territoriale et de leur hiérarchie politique : que le droit du Président de la République embrasse l'autorité administrative tout entière, et n'a d'autre limite que la loi elle-même; que le droit des préfets est borné par la loi, les règlements du Président de la République et le contrôle des ministres ; et que celui des maires est limité à la fois par la loi, les règlements du Président de la République, ceux des préfets et le contrôle de l'autorité supérieure (3).

Ceci dit sur le caractère général de tous les règlements administratifs, examinons les conditions de la légalité des arrêtés municipaux.

1369. Le pouvoir municipal ne doit être exercé qu'au profit et dans l'intérêt de tous les habitants de la commune ; s'il était employé pour procurer certains avantages à un particulier, abstraction faite de tout intérêt général, il serait détourné de sa véritable destination ; ceux qui en sont dépositaires manqueraient à la mission qui leur est confiée, et les tribunaux ne seraient pas tenus d'appliquer et de respecter des actes dont l'illégalité serait flagrante. L'acte réglementaire, en effet, comme la loi elle-même, doit être général ; il ne dispose ni pour des individus déterminés, ni pour un cas spécial (4).

1370. De même le maire ne peut légalement user de ses pouvoirs de police pour réprimer, par des arrêtés tombant sous le sanction de l'article 471 du Code pénal, l'infraction à un contrat passé par des particuliers avec la commune dont il administre les intérêts (1), ou poursuivre, au moyen d'une sanction pénale, une revendication d'un droit civil, qu'il prétendrait appartenir à la commune (2).

1371. Mais de ce que les arrêtés municipaux ne peuvent statuer dans un pur intérêt privé, il ne s'ensuit pas qu'ils ne puissent, dans un intérêt général et public, contenir des prohibitions s'adressant à un seul individu, ou des dispositions spéciales à un établissement déterminé. Il est très fréquent, en effet, que l'autorité municipale rende des arrêtés individuels, notamment en matière de voirie ; la légalité de ces arrêtés doit être considérée comme incontestable, toutes les fois qu'ils ne sont que l'exercice d'un pouvoir de police qui, bien

_____

par lui faite sur aucun arrêté général antérieur ayant réglementé la police des égouts ; — Que, d'une autre part, cette injonction, purement individuelle, était motivée non sur l'intérêt de la salubrité ou sur tout autre intérêt placé dans le cercle du pouvoir réglementaire par les lois de 1790 et de 1791, mais uniquement sur la nécessité de sauvegarder une propriété communale ; — Attendu qu'un tel intérêt, si respectable qu'il soit, n'est pas un de ceux sur lesquels les maires peuvent prendre des arrêtés ayant pour sanction des peines de simple police, et que, dès lors, c'est à bon droit... — Rejette.

(1) Cass. crim. 9 mars 1851, D. P. 51.1.213; Cass. crim. 7 mars 1857, D. P. 57.1.184; Cass. crim. 16 avril 1863, D. P. 63.1.44 ; Cass. crim. 4 août 1864, D. P. 65.1.44; Cass. crim. 21 décembre 1877. — La Cour, sur le moyen unique du pourvoi tiré de la violation de l'arrêté du maire de Dijon du 7 mai 1877, et, par suite, de l'article 471 (n° 15) du Code pénal, en ce que le jugement attaqué aurait méconnu la légalité et la force obligatoire de cet arrêté. — Attendu que Deschaumes, concessionnaire à titre onéreux, et pour vingt années, du droit exclusif d'établir des kiosques à Dijon, sur la voie publique, et d'y vendre des journaux et écrits périodiques, a été poursuivi en police correctionnelle comme prévenu d'avoir, dans le kiosque établi sur la place d'Armes, vendu ou distribué des imprimés sans déclaration préalable; — Qu'il a été acquitté par un arrêt de la Cour d'appel de Dijon, du 4 juillet dernier, devenu définitif; — Attendu que le maire de Dijon, par arrêté du 7 mai 1857, a enjoint à Deschaumes de fermer sur-le-champ ledit kiosque et de le faire disparaître dans la huitaine ; — Que celui-ci, ayant refusé d'obéir à cette injonction, a été poursuivi devant le tribunal de simple police en vertu de l'article 471 (n° 15) du Code pénal, et renvoyé des poursuites par le jugement attaqué; — Attendu que, dans le préambule de cet arrêté, le maire déclare qu'il agit en vertu des pouvoirs qui lui sont conférés pour la police de la voie publique par la loi des 16 et 24 août 1790, et que la mesure qu'il prend a pour cause les deux délits ci-dessus énoncés, notamment le second, considéré comme constituant la violation de l'une des clauses du traité intervenu entre Deschaumes et la ville de Dijon ; — Attendu que les arrêtés des maires n'ont pour sanction l'article 471 du Code pénal qu'autant qu'ils sont pris légalement et dans un intérêt de police ; — Attendu que le traité passé entre Deschaumes et la ville de Dijon est un contrat civil dont l'inexécution ne peut donner lieu à l'application d'aucune peine; qu'il n'est pas dans les attributions de police du maire d'annuler ou de modifier un contrat passé par la commune, sous prétexte que le concessionnaire ne se conformerait pas aux conditions du cahier des charges ; que l'arrêté du 7 mai dernier, pris dans ce but, et par ce motif, n'est pas un arrêté de police légalement pris, et n'a pas pour sanction la peine édictée par l'article 471 du Code pénal; qu'en refusant d'appliquer cette peine à Deschaumes le jugement attaqué, loin de violer ledit article, l'a sainement interprété, et en a fait à la cause une juste application. — Rejette.

(2) Cass. crim. 22 mars 1884. — Attendu qu'une délibération du conseil municipal de Saint-Nicolas-d'Aliermont, en date du 18 août 1881, régulièrement approuvée, il résulte que Villon avait été autorisé à transformer, à ses frais, en fontaine publique une mare communale, actuellement enclavée dans sa propriété, et que de la mare non employée à la fontaine lui serait abandonné à titre d'indemnité; — Attendu qu'en exécution de ladite délibération Villon a pris possession de la mare et l'a comblée; — Que, plus tard le maire de Saint-Nicolas-d'Aliermont a pris un arrêté pour enjoindre à Villon de déblayer la mare et de la remettre en son état primitif; — Que, faute d'avoir obéi à cet arrêté, Villon a été poursuivi devant le tribunal de simple police et condamné à deux francs d'amende et à remettre la mare en son état primitif ; — Que, sur son appel, le tribunal correctionnel de Dieppe, acceptant une exception de propriété présentée par Villon, lui a imparti un délai pour saisir la juridiction civile, se réservant de statuer au fond sur la poursuite du ministère public ; — Mais, attendu, en droit, que l'arrêté précité, sur lequel se fondait la poursuite, ne valait pas comme acte ou règlement engendrant, en cas d'infraction, une contravention à un règlement de l'autorité légale; — Qu'en effet la revendication du sol communal, seul objet d'elit arrêté, n'est point un de ces objets de police placé, par la loi des 16-24 août 1790 ou par celle du 18 juillet 1837, dans le domaine des arrêtés municipaux qui ont pour sanction une peine de police, dont l'inobservation peut donner lieu, par suite, à l'action publique; qu'une telle revendication ayant pour base unique un droit purement civil, ne peut être poursuivie que devant la juridiction civile, et ne peut, dès lors, être la matière d'un arrêté légalement obligatoire; — Attendu que dans ce circonstances... — Casse.

_____

municipal du 26 juillet 1853 avait été publié à Saint-Vignor-le-Grand avant la réunion opérée par la loi du 10 juillet 1856, et qu'il est devenu obligatoire pour les habitants du territoire annexé comme pour ceux de l'ancien territoire ; — D'où il suit que ... — Casse.

(1) Cass. crim. 1er août 1862. La Cour, attendu, en droit, que les règlements de police municipale n'obligent également et indistinctement tous les habitants de la commune pour laquelle ils ont été édictés que dans le cas où leurs dispositions sont générales et n'établissent aucune exception entre eux ; — D'où il suit que ces règlements ne concernent, en termes restrictifs et formels, que les habitants de la ville et des faubourgs, que les habitants des hameaux situés hors de l'enceinte de cette circonscription ne sont pas tenus de s'y conformer ; — Et attendu que, dans l'espèce, il est déclaré par le jugement dénoncé, que, que le prévenu, exerçant la profession de vigneron, demeure au hameau de Chesneau, et qu'il n'était poursuivi que pour avoir, sans autre circonstance, déposé du fumier dans une cour commune de ce hameau ; — Qu'en décidant que ... — Rejette.

(2) Les ministres et les chefs d'administrations spéciales n'ont aucun pouvoir réglementaire. Les arrêtés ministériels, ainsi que les actes qualifiés arrêtés par ces chefs d'administration, ne constituent pas un règlement; ce sont des actes qui n'obligent que les fonctionnaires et agents placés sous leur direction immédiate, mais non les administrés, et auxquels on peut désobéir sans qu'une action pénale puisse intervenir.

(3) Cass. crim. 28 mars 1857, Bull. crim., p. 206; Cass. crim. 6 novembre 1857, Bull. crim., p. 580; Cass , crim. 4 janvier 1862; Bull. crim., p. 12; Cass. crim. 25 juin 1863, Bull. crim., p. 204; Cass. crim. 1er février 1873, p. 68.

(4) Cass. crim., 30 juillet 1821 ; Cass. crim. 21 juillet 1838; Cass. crim. 1er juillet 1870. — La Cour, attendu, en fait, que, le 6 octobre 1849, le maire de Millau ayant pris un arrêté portant injonction à Solanet et Badaroux d'avoir à détruire les ouvrages par eux faits pour conduire leurs eaux dans les égouts de la ville, ceux-ci, sur leur refus d'obtempérer, furent traduits l'un et l'autre devant le tribunal de simple police; — Mais, attendu, en droit, que l'arrêté du 6 octobre n'était ni légal ni obligatoire ; — Que, d'une part, le maire de Millau ne fondait l'injonction

que ne statuant que sur un cas individuel, intéresse cependant nécessairement le bien général (1).

1372. Nous avons dit que le pouvoir réglementaire des maires avait pour limite la loi et le pouvoir réglementaire du Président de la République et des préfets.

Quand la loi a statué sur un des objets confiés à la vigilance de l'autorité municipale, les maires ne peuvent qu'ordonner son exécution, sans rien ajouter à ses dispositions et sans en rien retrancher. L'autorité municipale dépasserait ses pouvoirs si elle défendait une chose que la loi autorise, ou en permettait une qu'elle défend, ou en ordonnant une qu'elle veut laisser à la volonté individuelle (2).

1373. Cependant, s'il est interdit à l'autorité municipale de prendre toute disposition réglementaire qui tendrait à modifier l'exécution d'une loi, on ne pourrait contester aux maires le droit de prescrire par leurs arrêtés des mesures de détail qui, étant en harmonie avec le texte et avec l'esprit de la loi, tendraient à en assurer l'observation, loin de la contrarier. Mais les maires ne peuvent assurer par leurs arrêtés l'exécution des lois qui ont statué sur des matières étrangères au pouvoir municipal.

Au premier rang de ces mesures que l'autorité municipale ne saurait prendre, sont toutes celles qui ont pour objet de porter atteinte soit à la liberté de conscience, soit à la liberté individuelle, soit à la propriété. A cet égard, on peut dire que ce qui n'a pas été écrit par la loi ne peut être écrit par aucune autorité administrative (3).

1374. Comme les arrêtés des maires ont force et autorité par eux-mêmes, et qu'ils n'ont besoin, pour être exécutés, d'aucune approbation de l'autorité supérieure (1), les règlements des maires sont exécutoires par provision nonobstant le recours à l'administration supérieure (2), et les tribunaux de simple police ne peuvent se refuser à punir la contravention, ni même surseoir à statuer sous le prétexte que les délinquants ont formé opposition à l'arrêté auquel ils sont inculpés d'avoir contrevenu (3).

1375. Mais l'annulation, pour excès de pouvoir, par le Conseil d'État, d'un arrêté dont la violation a donné lieu à des poursuites, a pour effet d'enlever toute base légale à celles qui sont intervenues, même avant la décision du Conseil d'État (4).

1376. Les maires peuvent suspendre l'exécution de leurs arrêtés : mais cette suspension doit être ordonnée par un arrêté nouveau. Ce dernier arrêté, n'ayant pas le caractère de règlement permanent, est immédiatement exécutoire.

1377. A partir du jour où ils sont devenus exécutoires, les règlements municipaux obligent tous les individus qui se trouvent sur le territoire de la commune, tant qu'ils n'ont pas été réformés par l'administration supérieure, que ces individus soient domiciliés ou de passage, électeurs ou étrangers (5).

---

(1) Cass. crim. 8 avril 1852, D. P. 52.5.43 ; Cass. crim. 13 mars 1862; Cass. crim. 3 août 1866. — Attendu, en second lieu, que si les arrêtés pris en matière de police par l'autorité municipale doivent nécessairement avoir un intérêt général au lieu d'un objet et ne peuvent statuer exclusivement et uniquement dans l'intérêt privé, il ne s'ensuit pas que ces arrêtés ne puissent, dans un intérêt général et public, contenir des dispositions spéciales, soit à un établissement particulier, soit à une entreprise ou à une personne déterminée, puisqu'il est des cas où l'intérêt de la salubrité et celui de la sûreté et de la tranquillité dans les rues peuvent ne requérir qu'une mesure individuelle, et que toute disposition prise en pareille matière par l'autorité compétente est évidemment obligatoire pour celui qu'elle concerne ; — D'où il suit que... — Casse.

(2) Cass. crim. 10 décembre 1824. — La Cour, attendu que le Code pénal, article 471 (n° 4) punit d'amende depuis un franc jusqu'à cinq francs inclusivement ceux qui embarrassent la voie publique ou y déposent ou y laissent sans nécessité des matériaux ou des choses quelconques qui empêchent ou diminuent la liberté ou la sûreté du passage, et ceux qui, en contravention aux lois et aux règlements, négligent d'éclairer les matériaux par eux interposés ; — Attendu que les maires, dépositaires de l'autorité municipale en vertu de la loi du 28 pluviôse an VIII, ne peuvent prescrire des mesures obligatoires pour les citoyens devant les tribunaux, que dans le silence des lois ; — Que quand les lois ont statué sur des objets qui, aux termes des articles 3 et 4, titre XI, de la loi du 24 août 1790, sont confiés à la vigilance ou à l'autorité des corps municipaux, que l'article 46, titre Ier, de la loi du 22 juillet 1791, investit du pouvoir de prendre les arrêtés pour prescrire sur ces objets les mesures locales qu'ils jugent nécessaires, ces corps, remplacés aujourd'hui par les maires, ne peuvent qu'ordonner l'exécution desdites lois, sans rien ajouter à leurs dispositions et sans en rien retrancher ; — Attendu que, dans l'espèce, l'arrêté du maire de Colmar du 17 novembre 1817 défend de déposer des matériaux dans les rues sans en avoir obtenu l'autorisation de la mairie ; — Que cette obligation d'obtenir, pour pouvoir déposer des matériaux dans les rues, l'autorisation de la mairie est évidemment une addition aux dispositions de l'article 471 (n° 4) du Code pénal ; que, d'après ces dispositions, le dépôt dont elles parlent n'a le caractère de contravention que quand il a lieu sans nécessité ; que la nécessité du dépôt est déclarée, en fait, par le jugement dénoncé, qui déclare en même temps que les matériaux dont il s'agit ont été éclairés pour éviter les accidents ; — Qu'en ne jugeant pas... — Rejette.

En ce sens, Cass. crim. 28 avril 1832, Bull. crim. ; Cass. crim. 14 novembre 1839, Bull. crim. ; Cass. crim. 23 avril 1841, Bull. crim. ; Cass. crim. 10 août 1841, Bull. crim. au date ; Cass. crim. 7 mars 1856, D. P. 56.1.227 ; Cass. crim. 28 mars 1857, Bull. crim., p. 206 ; Cass. crim. 19 juin 1857, Bull. crim., p. 372 ; Cass. crim. 30 juillet 1875 (voy. infrà, n° 1521).

Cass. crim. 12 mars 1858, Bull. crim., p. 147 ; Cass. crim. 28 mars 1862. — La Cour, vu les articles 19, 8 et 10 (n° 4) de la loi du 18 juillet 1837, 647, 648, 682 du Code Napoléon, 4 et 5 de la loi du 28 septembre-6 octobre 1791, 159 du Code d'instruction criminelle et 471 (n° 15) du Code pénal ; — Attendu que l'autorité municipale n'a le droit de faire des règlements dont l'infraction puisse être réprimée par les tribunaux de police qu'autant que ces règlements sont relatifs à l'exécution d'une loi qui donne au fait prohibé le caractère d'une contravention, ou lorsqu'ils portent sur des objets confiés à la vigilance des corps municipaux par l'article 3, titre XI, de la loi des 16-24 août 1790 ; — Attendu que, si les conseils municipaux tiennent spécialement de l'article 19 de la loi du 18 juillet 1837 le droit de régler par leurs délibérations, sauf l'approbation des préfets, l'exercice de la vaine pâture, et si les maires ont la compétence pour assurer, par des arrêtés, l'exécution de leurs délibérations, il appartient aux tribunaux d'apprécier si l'exécution qu'ordonne le maire rentre dans le cercle de ses attributions ; —

Et attendu que l'arrêté pris, le 27 juillet 1861, par le maire de Jandun se fonde sur ce qu'une barrière établie par Gontaut au périmètre de son pré empêche les propriétaires voisins de jouir librement de leurs propriétés et de la vaine pâture ; — Qu'en conséquence il lui enjoint d'enlever cette barrière et qu'il lui réserve une action en dommages-intérêts, s'il y a lieu ; — Attendu qu'en disposant ainsi, le maire de Jandun a statué sur des questions de propriété, de servitude et de préjudice exclusivement placées dans le domaine des tribunaux civils par les articles 647, 648, 682 du Code pénal, et 4 et 5 de la loi des 24 septembre-6 octobre 1791, et que son arrêté, n'étant pas obligatoire, ne pouvait servir de base aux poursuites, comme le soutenait le demandeur, soit devant le juge de police, soit devant les juges d'appel ; — D'où il suit que... — Casse.

En ce sens, Cass. crim. 5 août 1880. — La Cour, attendu que le maire de la commune de Mouriès, département des Bouches-du-Rhône, avait pris, à la date du 9 février 1879, un arrêté prescrivant aux propriétaires ou fermiers d'avoir, à partir du 1er mai de chaque année, enlevé ou fait enlever et transporter dans des maisons ou granges-fermes, ou d'avoir détruit par le feu tous les rameaux d'olivier provenant d'émondages par eux laissés dans les champs ou amassés sous des aires ; — Et, en outre, pour les émondages qui seraient faits à partir de ladite époque, de les enlever et de les transporter dans les maisons ou de les détruire par le feu, ou enfin de les transporter à au moins 500 mètres de tout verger complanté en oliviers ; — Attendu que cet arrêté s'appuie sur une considération d'intérêt général, les rameaux d'olivier ainsi laissés dans les champs pouvant engendrer un ver qui se jette sur les oliviers voisins, en attaque les rameaux et détruit la récolte ; — Attendu que le nommé Boyer, traduit devant le tribunal de simple police de Saint-Remy pour contravention à cet arrêté, a été relaxé des poursuites par le motif que les mesures prescrites seraient d'une exécution impossible, et qu'en outre cet arrêté porterait atteinte à la libre disposition d'une récolte et au droit de propriété ; — Attendu que si, aux termes de la loi des 19 et 22 juillet 1791, l'autorité municipale a le droit et le devoir de prescrire toutes mesures intéressant la salubrité et la sécurité publique, aucune disposition législative ne l'autorise à prendre des arrêtés qui porteraient atteinte à la libre disposition des récoltes ou créeraient un droit de servitude au préjudice des propriétaires sur les terrains dont ils doivent conserver la libre disposition... — Casse.

(1) Circ. min. 1er juillet 1840 ; Cass. crim. 6 juin 1807; Cass. crim. 12 avril 1812; Cass. crim. 17 mars 1825.

(2) Cass. crim. 9 août 1827, 9 mai 1828, 21 avril et 27 décembre 1834; Cass. crim. 8 janvier 1858, Bull. crim., p. 10 ; Cass. crim. 10 mars 1881. — Sur les conclusions prises par Dupuy et tendant à ce qu'il soit sursis par la Cour jusqu'à ce que le Conseil d'État ait statué sur la légalité du règlement pris par le maire de Marseille, le 17 février 1859, lequel forme la base des poursuites exercées par le ministère public ; — Attendu qu'il est de principe que le recours administratif n'est pas suspensif, et que les arrêtés légalement pris par l'autorité municipale sont exécutoires tant qu'ils n'ont pas été régulièrement réformés ; — Dit qu'il n'y a lieu d'accorder le sursis demandé.

(4) Cass. crim. 25 mars 1882. — Attendu que les condamnations prononcées contre Dany étaient fondées exclusivement sur la violation d'un arrêté du 17 février 1879, qui avait rapporté un autre arrêté du 18 décembre 1877, approuvant de nouveaux tarifs de pompes funèbres adoptés par la commission municipale d'Asnières ; — Attendu que cet arrêté du 17 février 1879 a été annulé pour excès de pouvoirs, par décision du Conseil d'État en date du 18 novembre 1884 ; — Attendu que cette décision a pour conséquence nécessaire d'enlever toute base légale à la poursuite et aux condamnations prises sur cet intervenues ; — Que le fait qui a motivé la poursuite est, par suite, dépourvu de tout caractère de contravention... — Casse.

(5) Cass. crim. 24 février 1880, Bull. crim. ; Cass. crim. 3 février 1827, Bull. crim. ; Cass. crim. 15 février 1828, Bull. crim. ; Cass. crim. 19 mars 1831; Cass. crim. 27 février 1847. — La Cour, vu les articles 65 et 471 (n° 15) du

1378. L'autorité municipale peut se rendre coupable d'excès de pouvoir de deux manières différentes, soit que le maire prenne un arrêté contraire à une disposition de loi (1) ou qu'il statue sur des objets qui n'ont pas été confiés à son autorité par des lois sur la matière, empiétant ainsi sur les attributions d'un autre pouvoir (2), soit que le maire, agissant dans l'intérêt communal, prenne un arrêté sur une matière rentrant dans le cercle de ses attributions, mais en ayant recours à des mesures qui blessent d'une manière notable des intérêts qui ont droit à la protection de la loi.

1379. Dans le premier cas, l'excès de pouvoir du maire est évident, mais il n'en est pas de même dans le second. Les lois s'étant contentées de confier à la vigilance de l'autorité municipale la protection de certains intérêts, tels que la tranquillité de la commune, la salubrité, etc., sans expliquer quelles mesures elle pourrait prendre pour atteindre ce but, on comprend qu'il est impossible d'établir d'une manière générale quand les arrêtés municipaux ne sont que l'usage *régulier* mais excessif du pouvoir municipal, et quand ils en présentent l'usage *irrégulier* et par conséquent illégal. Ce n'est que par l'examen des faits qu'on peut prononcer, en examinant, dans chaque espèce particulière, si l'avantage général, au nom duquel agit le maire, existe d'une manière sérieuse, et s'il doit l'emporter ou non sur les droits qui luttent avec lui.

1380. Lorsqu'un règlement a été légalement fait par l'autorité municipale, son exécution, comme celle de la loi, est garantie par une sanction pénale, laquelle est souvent celle qu'établissent les lois spéciales de la matière sur laquelle est intervenu le règlement; mais dans tous les cas, à défaut d'une sanction particulière plus élevée, l'exécution est assurée par l'article 471 (n° 15) du Code pénal, qui punit d'une amende de 1 à 5 francs ceux qui ont contrevenu aux règlements légalement faits par l'autorité municipale.

1381. Un règlement municipal peut être légalement fait, mais il peut blesser des intérêts qu'il y a lieu de sauvegarder, il peut être inopportun, il peut troubler la cité dont il a pour objet cependant d'ordonner la police. Ce règlement sera-t-il exécuté? La loi de 1884 a organisé, dans ces cas, la voie gracieuse du recours aux supérieurs hiérarchiques du maire, et l'article 95 autorise le préfet à les annuler ou à en suspendre l'exécution. Ce recours gracieux peut toujours être admis, que l'exécution ait été commencée (1) ou non, mais sous réserve, bien entendu, des faits accomplis.

1382. Pour faciliter l'exercice du droit préfectoral, l'article 95 exige l'envoi immédiat à la sous-préfecture ou à la préfecture de l'arrêté municipal. Cet envoi saisit le préfet; mais on ne doit pas oublier qu'il est prescrit dans un intérêt d'administration et d'ordre général, et non dans celui des administrés individuellement. Il ne constitue donc pas la formalité nécessaire à la validité de l'arrêté, et laisse seulement ouverte, tant qu'il n'a pas été rempli, la faculté de saisir l'administration supérieure (2).

1383. Si le préfet ne donne pas satisfaction, les particuliers qui se prétendent lésés pourraient s'adresser au ministre dans le département duquel se trouve la matière qui fait l'objet du règlement attaqué; les préfets n'agissent, en effet, qu'en vertu du pouvoir qu'ils exercent comme agents de l'administra-

Code pénal; — Vu aussi l'arrêté pris par le maire de la ville de Douai le 19 janvier dernier; — Attendu, en droit, que les règlements légalement faits et publiés par l'autorité municipale sont obligatoires pour tous les individus, même étrangers à la commune, qui se trouvent sur son territoire sans que la prétendue ignorance de ces règlements puisse servir de prétexte ou d'excuse à leur violation; — Attendu, d'ailleurs, que ces règlements doivent recevoir leur exécution par le seul effet de la publicité qui en est faite; — Attendu, en fait, que, par arrêté du 19 janvier dernier, le maire de la ville de Douai, en vertu des articles 3 et 4 des lois des 16-24 août 1790 et de l'article 46, titre 1er, de la loi des 19-22 juillet 1790, voulant prévenir les accidents que pourrait occasionner la divagation des chiens, a arrêté qu'ils ne pourraient paraître sur la voie publique sans être muselés, et que cet arrêté, ainsi qu'il est constaté par le jugement attaqué, avait été publié, dans la même ville, le même jour 19 janvier; — Attendu que Théophile Verdez a été poursuivi comme ayant été trouvé, le lendemain 20 dudit mois de janvier, dans l'une des rues de Douai, accompagné de son chien, qui ne portait pas de muselière; — Attendu que ce fait, qui n'était pas méconnu par l'inculpé et que le jugement reconnaît être constant, constituait la contravention réprimée par le n° 15 de l'article 471 du Code pénal; — Que néanmoins ledit jugement a renvoyé l'inculpé de la poursuite sous prétexte que, domicilié dans une commune autre que Douai, où le règlement municipal dont il s'agit n'avait pas encore été publié, il n'avait pu enfreindre les dispositions prohibitives contenues dans ce règlement, dont il n'avait pu avoir connaissance; — En quoi le jugement attaqué... — Casse.

En ce sens, Cass. crim. 21 août 1862, D. P. 62.5.39; Cass. crim. 17 novembre 1866, Bull. crim., p. 410.

Cass. crim. 9 novembre 1878. — Attendu que le relaxe des frères Coignard est fondé sur ce motif, qu'ils n'auraient manqué dans le département du Loiret ni leur domicile, ni leur résidence habituelle; — Mais attendu que les arrêtés administratifs, une fois publiés, sont des lois qui obligent toute personne, même étrangère à la commune (au département), et que nul de ceux qui y commettent une contravention ne peut prétexter l'ignorance du règlement... — Casse.

(1) Cass. crim. 19 juin 1837, Bull. crim., p. 372; Cass. crim. 22 décembre 1864, Bull. crim., p. 525.

(2) Cass. crim. 2 août 1866. — La cour, Sur le second moyen fondé sur l'illégalité de l'arrêté sus-énoncé du 26 mars 1865; — Vu les lois des 16-24 août 1790, 18 juillet 1837, 5 mai 1855; — Vu les articles 1 et 2 dudit arrêté, ainsi conçu : — Art. 1er. Il est enjoint au sieur Fayard, propriétaire de l'établissement thermal de Balaruc-les-Bains, d'exécuter, dans le délai de quinze jours, les travaux nécessaires pour assurer le libre et facile écoulement des eaux de la source dans l'étang du Than; — Art. 2. A cet effet, le fossé actuel sera remplacé, jusqu'aux rives des eaux de l'étang, par une rigole muraillée et pavée, dont les parois devront être revêtues d'un solide enduit de ciment hydraulique; la largeur de cette rigole sera de 80 centimètres au moins, et sa pente longitudinale de 30 centimètres, l'extrémité du radier se trouvant établie à 80 centimètres au-dessous des basses eaux de l'étang; — Attendu que Fayard, cité devant le tribunal de simple police de Frontignan, pour avoir négligé d'exécuter les travaux ordonnés par lesdits articles, s'est défendu en disant que le maire n'avait pu, sous le prétexte de la salubrité publique, lui imposer une servitude et lui dénier celle dont il était en possession en vertu de la loi, ni l'assujettir à des travaux dont l'exécution, d'ailleurs, était impossible, puisque le canal qui aurait conduit les eaux de son établissement à l'étang du Than aurait traversé, en partie, des terrains appartenant à autrui; — Attendu que, si l'autorité municipale est investie, par les lois ci-dessus visées, du droit de prescrire les mesures de police que peuvent exiger les intérêts confiés à sa vigilance, ces mesures ne sauraient porter atteinte au droit de propriété, soit en méconnaissant directement ou indirectement l'existence de ce droit, soit en limitant l'étendue, soit en réglant le mode selon lequel il doit être exercé; — Attendu que l'arrêté du 26 mars 1865 enjoint à Fayard d'exécuter des travaux pour assurer le libre écoulement des eaux de sa source jusqu'à l'étang du Than, détermine la nature de ces travaux et les conditions de leur exécution dans l'étendue d'un parcours indiqué à travers des terrains qui ne lui appartiennent pas, et décide implicitement, mais nécessairement, que la servitude prétendue par Fayard, à raison d'un cours d'eau naturel se dirigeant selon sa pente vers l'étang voisin, servitude qu'il fait ainsi dériver de la situation des lieux (C. Nap., art. 640), ne pourrait le dispenser d'exécuter lesdits travaux; que ces travaux, cependant, constitueraient en outre une servitude à son préjudice par la substitution d'un fossé actuel d'une rigole muraillée et pavée dans des proportions spécifiées, et par l'obligation du curage et du nettoyage complets de cette rigole imposée à Fayard; — Qu'en prenant ainsi des dispositions en dehors... — Casse.

(1) Circ. int. 1er juillet 1840; Cass. crim. 25 novembre 1859. — La Cour, vu les articles 9, 10, 11 et 15 de la loi des 18-22 juillet 1837; — Vu l'article 471 (n° 15) du Code pénal; — Vu l'arrêté du préfet de la Charente-Inférieure, en date du 6 novembre 1858, portant annulation de deux arrêtés pris par le maire de Sanjon à la date des 25 novembre et 1er décembre 1856, approuvés par le préfet, sur la translation des petits marchés du quartier de la Halle dans celui de la Croix; — Attendu qu'aux termes du quatrième paragraphe de l'article 11 de la loi précitée, le préfet a le droit d'annuler les arrêtés des maires ou d'en suspendre leur exécution; que cette disposition est faite en termes absolus; qu'elle s'applique, par sa généralité, aux arrêtés portant règlement permanent comme aux autres; — Attendu que, s'il est vrai de dire que le préfet n'est pas même entravé dans son droit d'annulation ou de suspension par l'approbation qu'il aurait d'abord donnée à l'arrêté, parce qu'il ne peut pas se dépouiller, par cette approbation, du pouvoir dont la loi l'a investi, il faut admettre cependant que ce pouvoir a ses limites particulières, et ne peut, par lui-même, régler des intérêts rentrant exclusivement dans le domaine de l'autorité municipale; — Attendu que, parmi les attributions propres à l'autorité municipale, ont toujours été rangées les mesures de police, ainsi que but de faire régner l'ordre dans les marchés, celles qui fixent leur lieu d'emplacement sur le territoire de la commune, la distribution des marchandises, la fidélité de leur débit, etc.; que les arrêtés du maire de Sanjon des 25 novembre et 1er décembre 1856 prescrivant la translation des petits marchés du quartier de la Halle à celui de la Croix étaient dès lors parfaitement légaux; — Attendu que ces arrêtés, malgré leur caractère incontestable de légalité, ont pu être, en 1858, régulièrement frappés d'annulation par le préfet, nonobstant l'approbation que leur avait antérieurement donnée la même autorité administrative supérieure... — Casse.

(2) Cons. d'Et. cont. 20 novembre 1885. — Sur le moyen tiré de ce que l'arrêté attaqué n'a pas été immédiatement adressé à la préfecture; — Considérant que le règlement attaqué n'a pas été immédiatement du 18 juillet 1837, l'arrêté attaqué n'a pas été immédiatement adressé à la préfecture, les requérants ne sauraient, pour en demander l'annulation, se prévaloir de l'omission de cette formalité, qui, d'ailleurs, ne faisait pas obstacle au recours que les intéressés pouvaient former devant le préfet... — Rejet.

tion supérieure, et sous le contrôle et l'autorité de cette administration (1).

1384. Les différents pourvois ne peuvent avoir lieu que par la voie gracieuse: les parties, d'un côté, ne sauraient être recevables à poursuivre par la voie contentieuse l'annulation des règlements de police proprement dits, légalement faits par l'autorité compétente, et les maires ou les communes, d'autre part, ne pourraient demander la révocation des arrêtés d'annulation pris soit par le préfet, soit par le ministre, statuant en vertu du droit que lui donne l'article 95 de la loi de 1884 (2).

1385. La circonstance même que le préfet aurait donné son approbation à l'arrêté municipal ne saurait faire obstacle, d'ailleurs, à ce que plus tard il usât de son droit soit de suspension, soit d'annulation (3).

1386. L'annulation ou la révocation d'un arrêté de police n'ouvre aux parties qui les ont réclamées aucun droit à une réparation civile. Le maire, en cette matière, agit dans un intérêt d'ordre public supérieur, et son erreur même ne le constitue pas en faute. Ni l'autorité judiciaire ni l'autorité administrative ne sauraient connaître d'une telle demande (4).

1387. Mais le pouvoir de suspendre et d'annuler reconnu au préfet ne lui donne pas celui de changer et de modifier les dispositions d'un arrêté; le droit du maire tient à sa situation de chef de l'administration municipale et à la responsabilité civile et pénale qui lui incombe. En n'accordant pas à l'autorité supérieure la faculté de modifier un arrêté municipal, le législateur a craint, sans doute, que les modifications apportées aux arrêtés municipaux n'allassent jusqu'à en changer l'esprit et le rendre autre que ce qu'il devait être dans l'intention du magistrat municipal. Le droit d'annulation suffit à l'intérêt public; il le concert qui doit exister entre le préfet et le maire donne toujours la certitude de voir disparaître des arrêtés municipaux les dispositions qui devaient apporter à leur exécution un empêchement absolu (5).

1388. L'article 95 de la nouvelle loi municipale veut que les arrêtés pris par le maire soient immédiatement adressés au sous-préfet ou, dans l'arrondissement chef-lieu, au préfet.

Ceux de ces arrêtés qui portent règlement permanent ne sont exécutoires qu'un mois après la remise de l'ampliation constatée par les récépissés délivrés par le sous-préfet ou le préfet. Néanmoins, en cas d'urgence, le préfet peut en autoriser l'exécution immédiate. L'article 95 a été, comme l'article 94, emprunté à l'article 11 de la loi du 18 juillet 1837, dont il reproduit, sauf de légères différences de rédaction, les deux

---

(1) Cir. min. int. 26 octobre 1841.

(2) Cons. d'Et. cont. 18 novembre 1881. — Vu les lois des 16-24 août 1790, 18 juillet 1837, articles 10 et 11, 7-14 octobre 1790, 24 mai 1872; — Considérant que le maire d'Issoudun, en ordonnant, afin de supprimer tout obstacle apporté à la liberté de la circulation sur la voie publique, la démolition du mur élevé en travers du sentier de Ladres par le sieur Chevalier, n'a pu prendre cette mesure, en vertu de la loi du 18 juillet 1837, que sous la surveillance de l'autorité supérieure; que, dès lors, le préfet de l'Indre, en rapportant ledit arrêté, n'a pas excédé les pouvoirs qu'il tient des articles 10 et 11 de ladite loi; que, dès lors, le recours de la ville d'Issoudun doit être rejeté comme non recevable... — Rejet.

(3) Cass. 25 novembre 1859 (voy. infrà, n° 1387).

(4) Cons. d'Et. cont. 4 décembre 1885. — Considérant que la demande portée devant le ministre de l'intérieur par le sieur Leferez tendait à faire condamner le sieur Lebleu, maire de Dunkerque, à leur payer une indemnité à raison du préjudice qu'aurait causé aux requérants l'exécution d'un arrêté municipal en date du 27 avril 1880, dont l'illégalité aurait été reconnue par décision de l'autorité judiciaire; — Considérant qu'aucune disposition de loi ne donne compétence au ministre de l'intérieur pour statuer sur une réclamation de cette nature, et que c'est tout que, par sa décision du 23 janvier 1883, ledit ministre ne s'est pas déclaré incompétent... — Annulation.

(5) Cons. d'Et. cont. 11 août 1859. — Vu la loi du 24 décembre 1789, notamment les articles 50, 51, 54, 55, 56 de la loi des 16-24 août 1790 (t. XI, art. 3), la loi des 16-22 juillet 1791 (t. 1er) et la loi du 18 juillet 1837 (art. 9, 10 et 11); — Considérant que le droit de prendre les mesures locales relativement à l'emplacement et à la tenue des marchés fait partie des pouvoirs de police, qu'il appartient aux maires d'exercer sur les marchés, aux termes des lois ci-dessus visées; — Considérant que, par l'arrêté attaqué, le préfet du département de la Charente-Inférieure s'est borné à annuler les arrêtés, en date des 25 novembre et 1er décembre 1856, par lesquels le maire de Sanjon avait ordonné que les petits marchés seraient transférés du quartier de la Halle dans le quartier de la Croix; qu'il a, en même temps, désigné l'emplacement dans lequel ils devaient se tenir à l'avenir; que, de ce qui précède, il suit que l'arrêté est entaché d'excès de pouvoir... — Annulation.

Cass. rim. 25 novembre 1859. — La Cour, vu les articles 9, 10, 11 et 15 de la loi des 18-22 juillet 1837; — Vu l'article 471 (n° 15) du Code pénal; — Vu l'arrêté du préfet de la Charente-Inférieure, en date du 6 novembre 1858, portant annulation de deux arrêtés pris par le maire de Sanjon, à la date des 25 novembre et 1er décembre 1856, approuvés par le préfet, sur la translation des petits marchés du quartier de la Halle dans le quartier de la Croix; — Attendu qu'aux termes du quatrième paragraphe de l'article 11 de la loi précitée, le préfet a le droit d'annuler les arrêtés des maires ou d'en suspendre l'exécution; que cette disposition est faite en termes absolus; qu'elle s'applique, dans sa généralité, aux arrêtés portant règlement comme aux autres; — Attendu que, s'il est vrai de dire que le préfet n'est pas même entravé dans son droit

d'annulation ou de suspension par l'approbation qu'il aurait d'abord donnée à l'arrêté, parce qu'il ne peut pas se dépouiller, par cette approbation, du pouvoir dont la loi l'a investi, il faut admettre cependant que ce pouvoir a ses limites particulières, et ne peut, par lui-même, régler des intérêts rentrant exclusivement dans le domaine de l'autorité municipale; pourvoir à la sûreté publique; — Attendu que, parmi les attributions propres à l'autorité municipale, ont toujours été rangées les mesures qui ont pour but de faire régner l'ordre dans les marchés, celles qui fixent leur lieu d'emplacement sur le territoire de la commune, la distribution des marchandises, la fidélité de leur débit, etc.; que les arrêtés du maire de Sanjon des 25 novembre et 1er décembre 1856, prescrivant la translation des petits marchés du quartier de la Halle à celui de la Croix, étaient, dès lors, parfaitement légaux; — Attendu que ces arrêtés, malgré leur caractère incontestable de légalité, ont pu être, un mois après leur donné, réguliérement frappés d'annulation par le préfet, nonobstant l'approbation que leur avait antérieurement donnée la même autorité administrative supérieure; — Mais attendu que le droit du préfet rencontrait sa limite dans l'impossibilité même par lui prononcée; qu'il ne pouvait, en se substituant à l'autorité municipale, pourvoir à un intérêt purement communal; que, cependant, par son arrêté du 6 novembre 1858, le préfet de la Charente-Inférieure, après avoir annulé les arrêtés du maire de Sanjon des 25 novembre et 1er décembre 1856, a ordonné qu'à l'avenir les petits marchés, à Sanjon, se tiendraient au quartier de la Halle; — Attendu que, par cette dernière disposition, le préfet de la Charente-Inférieure est sorti du cercle de ses attributions; qu'on ne peut considérer comme légalement fait le règlement ainsi arrêté par lui; que la sentence attaquée en punissant... — Casse.

En ce sens, Cass. crim. 23 décembre 1850.

Circ. int. 1er juillet 1840. — Monsieur le préfet, l'article 11 de la loi du 18 juillet 1837 a confirmé, au fond, en le maintenant dans la forme, le droit de contrôle et de révision que la législation antérieure avait attribué aux préfets sur les arrêtés des maires. L'application de ce droit et les limites dans lesquelles il doit être exercé ont donné lieu à quelques questions de principe sur lesquelles j'ai cru devoir, avant de les résoudre, prendre l'avis du Conseil d'Etat. Cet avis vient de m'être donné; j'en ai adopté les conclusions, et il m'a paru qu'il pouvait être utile de réunir dans une instruction générale les solutions que m'avaient demandées quelques préfets.

Pour faire une exacte application de l'article de loi qui nous occupe, il faut d'abord remarquer qu'il a virtuellement divisé les arrêtés des maires en deux catégories distinctes: les uns, qui portent règlement permanent, c'est-à-dire qui statuent d'une manière générale sur quelqu'une des matières comprises dans les attributions de l'autorité municipale, comme serait, par exemple, un arrêté sur la tenue des foires et marchés, sur la police des lieux publics, etc.; les autres, qui n'ont pas ce caractère d'intérêt général, mais qui statuent seulement sur des demandes individuelles des citoyens, comme serait l'autorisation de construire ou de réparer un bâtiment situé le long de la voie publique, l'autorisation d'ouvrir un bal public, ou de faire telle autre chose pour laquelle la permission du maire est nécessaire, etc. Après avoir rappelé cette distinction essentielle à faire entre les arrêtés des maires, je vais énumérer successivement les différentes questions qui m'ont été soumises:

1° Il a été demandé d'abord si les préfets devaient apposer un visa approbatif sur les arrêtés municipaux qui leur étaient soumis?

Pour résoudre cette question, il suffit de se reporter au texte de l'article de loi dont nous nous occupons, et nous reconnaîtrons que les arrêtés des maires sont en force et autorité par eux-mêmes et qu'ils n'ont besoin, pour être exécutés, d'aucune approbation des préfets. La loi nouvelle, comme la législation antérieure, n'attribue aux préfets qu'un droit de contrôle et de révision sur les arrêtés des maires; tous les arrêtés que prennent les maires, sur quelque objet qu'ils portent et quelque peu d'importance qu'ils aient, sont soumis nécessairement à ce contrôle; tous doivent être adressés au préfet, et le maire qui négligerait de remplir cette obligation contreviendrait à une injonction formelle de la loi. Mais si le préfet n'use pas du droit d'annuler, ou s'il ne suspend pas l'exécution, les arrêtés des maires sont exécutoires de plein droit, savoir: ceux qui statuent sur un intérêt individuel, du moment où le récépissé en a été délivré par le sous-préfet, et ceux qui portent règlement permanent, un mois après la remise de l'ampliation constatée par le récépissé du sous-préfet.

En règle générale, les préfets ne doivent donc apposer sur les arrêtés des maires un visa approbatif que la loi n'exige pas d'eux, et qui pourrait les gêner plus tard dans l'exercice du droit d'annulation dont ils sont investis, en ce qu'ils sembleraient alors se mettre en contradiction avec l'approbation d'abord exprimée. Toutefois, il est des circonstances dans lesquelles une approbation du préfet peut donner plus de force morale aux arrêtés du maire, en témoignant de l'adhésion et du concours de l'autorité supérieure, et comme aucune disposition de la loi ne s'oppose à ce que les préfets donnent une telle approbation, si elle leur est demandée, je ne vois pas d'empêchement à ce qu'ils l'accordent lorsque l'intérêt public leur paraît l'exiger.

2° Il a été demandé si, pour les arrêtés d'intérêt individuel, il y

derniers alinéas. Il comprend, de plus, la disposition conférant au préfet le pouvoir d'autoriser, en cas d'urgence, l'exécution immédiate des arrêtés du maire qui présentent le caractère de règlement permanent.

Cette innovation a fait disparaître les inconvénients qu'entraînait la jurisprudence de la Cour de cassation, qui refusait, sous l'empire de la loi du 18 juillet 1837, de reconnaître au préfet le droit d'abréger, même dans les cas les plus urgents, le délai pendant lequel il lui appartenait d'annuler ou de suspendre les arrêtés avant leur mise à exécution.

---

avait un délai passé lequel les préfets ne pouvaient plus les suspendre ou les annuler.

Le texte même de l'article de loi que nous examinons répond pleinement à cette question. Les arrêtés des maires doivent tous, et sans aucune exception, être envoyés au sous-préfet aussitôt qu'ils sont rendus, et il en est donné récépissé. Ceux de ces arrêtés qui ne portent pas règlement permanent, c'est-à-dire qui sont d'intérêt général, ne sont pas,comme les autres, exécutoires de plein droit. Du moment que le récépissé de l'ampliation a été délivré, un mois est accordé à l'autorité supérieure pour examiner si l'arrêté soumis à sa revision est ou n'est pas conforme à la législation sur la matière, si les dispositions en sont bonnes et utiles, ou si leur exécution n'aurait pas des inconvénients qui auraient pu échapper à l'auteur de cet acte; et pendant ce délai d'un mois le maire ne pourrait, sans contrevenir à la loi, mettre son arrêté à exécution. Mais de ce que les arrêtés portant règlement permanent sont soumis ainsi à un examen plus prolongé que les autres, ils n'en restent pas moins sous l'empire de la disposition générale contenue dans le troisième paragraphe de l'article de loi qui dit : *Le préfet peut les annuler ou en suspendre l'exécution*. Cette disposition est faite en termes absolus; elle s'applique par sa généralité aux arrêtés portant règlement permanent comme aux autres.

Ainsi donc, si le délai d'un mois ne suffit pas au préfet pour bien apprécier la légalité ou l'utilité de l'acte soumis à son contrôle, il pourrait, avant l'expiration de ce délai, suspendre l'exécution de cet acte, car la loi n'y apporte aucune restriction de délai au droit de suspension donné à l'autorité supérieure. Si le préfet laisse écouler le délai d'un mois sans avoir notifié au maire l'annulation ou la suspension de l'arrêté, cet acte devient alors exécutoire de plein droit; mais le préfet n'en demeure pas moins investi du droit absolu que lui donne le troisième paragraphe de l'article de loi, d'annuler l'arrêté ou d'en suspendre l'exécution, à quelque époque que ce soit et pendant quelque temps qu'il ait déjà été exécuté; le préfet ne serait même pas empêché dans son droit d'annulation ou de suspension par l'approbation qu'il aurait d'abord donnée à l'arrêté, car il n'a pu se dépouiller, par cette approbation, du droit absolu et permanent que lui donne la loi; seulement, et comme je l'ai déjà dit, les faits accomplis sous l'empire de l'arrêté, pendant qu'il avait une existence légale, ne sont pas atteints par l'annulation ou la suspension de cet acte.

On comprend, du reste, que telle a bien dû être la pensée du législateur, lorsqu'il rédigeait l'article 11 de la loi du 18 juillet 1837. En effet, s'il se peut que, dans des cas rares, sans doute, mais qui peuvent se présenter, le délai d'un mois ne suffise pas au préfet pour apprécier toutes les parties d'un règlement municipal fort étendu, et qui, par exemple, aurait pour objet de rappeler des dispositions d'une législation ancienne, qui pourrait n'être plus en harmonie avec cette législation actuelle; il fallait, dès lors, que le préfet eût la possibilité d'empêcher l'exécution de ce règlement jusqu'à ce qu'il eût reconnu la légalité de tous ses articles, et il fallait pour cela qu'il pût prolonger le délai d'examen en prononçant la suspension de l'exécution du règlement. De même, il se peut qu'un règlement municipal qui, à l'examen, avait paru bon et utile, suscite, lorsqu'il est mis à exécution, des difficultés qui n'avaient pu d'abord être prévues. Il était donc indispensable que le préfet pût, à quelque époque que ce fût, annuler cet acte ou en suspendre l'exécution, soit sur les réclamations qu'il recevrait, soit même d'office et sur la connaissance qu'il acquerrait des inconvénients auxquels donne lieu l'exécution de l'acte municipal.

Après cette explication sur l'étendue de votre droit de contrôle à l'égard des arrêtés des maires, je n'ai pas besoin de vous inviter, monsieur le préfet, à apporter toujours le plus grand soin à l'examen préalable de tous les règlements permanents qui vous sont soumis, afin

3° Une question analogue a été faite relativement aux arrêtés de maire portant règlement permanent : il a été demandé si les préfets avaient perdu le droit d'annuler ces actes ou d'en suspendre l'exécution lorsqu'ils avaient laissé écouler, sans user de ce droit, un mois après la remise de l'ampliation.

Le doute manifesté sur ce point, monsieur le préfet, ne peut provenir que de ce qu'on n'a pas bien saisi la corrélation qui existe entre le troisième et le quatrième paragraphe de l'article de loi que nous examinons.

Comme je viens de le dire, tous les arrêtés des maires, quels qu'ils soient, doivent être adressés en ampliation au préfet par l'intermédiaire du sous-préfet, qui en délivre récépissé. Ceux de ces arrêtés qui portent règlement permanent, c'est-à-dire qui sont d'intérêt général, ne sont pas,comme les autres, exécutoires de plein droit. Du moment que le récépissé de l'ampliation a été délivré, un mois est accordé à l'autorité supérieure pour examiner si l'arrêté soumis à sa revision est ou n'est pas conforme à la législation sur la matière, si les dispositions en sont bonnes et utiles, ou si leur exécution n'aurait pas des inconvénients qui auraient pu échapper à l'auteur de cet acte; et pendant ce délai d'un mois le maire ne pourrait, sans contrevenir à la loi, mettre son arrêté à exécution.

1389. Les arrêtés portant règlement temporaire sont exécutoires le lendemain de l'affichage et de la publication, et aussitôt la remise du récépissé constatant l'envoi de l'arrêté au sous-préfet (1). Cette règle doit être entendue en ce sens que pour les arrêtés portant règlement temporaire le récépissé du sous-préfet n'intervient que comme preuve de la remise de l'arrêté, seule exigée dans ce cas pour qu'il devienne exécutoire; de sorte qu'il ne peut dépendre d'un sous-préfet, en retardant la remise du récépissé, qui doit être immédiate, de retarder le moment de l'exécution de l'arrêté portant règlement temporaire (2).

1390. Les arrêtés dits individuels, qui doivent être notifiés à la partie intéressée, ne sont obligatoires, dit l'article 96 de la loi municipale, qu'après avoir été notifiés; mais sont-ils obligatoires, à partir de ce moment? ou bien n'y a-t-il pas lieu d'accorder le délai d'un mois à compter de la remise de la copie de l'arrêté au sous-préfet, si l'arrêté est permanent? M. Ducrocq se prononce pour la première solution. Les arrêtés municipaux individuels deviennent obligatoires par la notification, dit-il; leur exécution n'est subordonnée à aucun délai, pourvu qu'ils aient été adressés au sous-préfet. Ils seraient donc assimilés aux arrêtés temporaires. Cette opinion ne nous paraît pas justifiée : elle tend à établir une confusion entre les arrêtés permanents et ceux qui sont d'intérêt général, d'une part, et entre les arrêtés non permanents et ceux qui sont d'intérêt particulier, de l'autre. Nous croyons qu'il y

---

d'en reconnaître d'abord les défectuosités et de n'être pas réduit ensuite à les frapper d'annulation, lorsque déjà ils sont en cours d'exécution. Cette détermination tardive pourrait, en effet, exposer l'autorité supérieure au reproche de n'avoir pas apporté assez de soins à l'examen d'un acte dont on avait tout un mois pour apprécier la portée; elle pourrait même être quelquefois pénible pour le maire, dont l'acte se trouve ainsi atteint après qu'il a reçu publicité et exécution. Toutefois, ni l'une ni l'autre de ces considérations ne devrait vous arrêter si l'annulation devenait nécessaire, et vous devez bien vous pénétrer de cette idée, que l'article 11 de la loi du 18 juillet 1837 n'a pas eu pour objet de créer en faveur de l'autorité supérieure une simple prérogative, mais qu'elle a mis entre ses mains un droit destiné à protéger l'ordre public et les citoyens contre les erreurs possibles de l'autorité inférieure, et que cette mission crée, pour les préfets, un devoir permanent avec lequel il ne saurait leur être permis de transiger par de simples considérations personnelles.

4° Le droit d'annuler les arrêtés des maires donne-t-il aux préfets le droit de les modifier, c'est-à-dire d'en annuler seulement une partie, en laissant à quelques articles leur force exécutoire, ou bien l'annulation doit-elle frapper l'acte dans son ensemble ?

C'est ce qui a été demandé également et, à l'appui de la première opinion, il a été dit qu'un arrêté de maire pouvait renfermer des dispositions bonnes et utiles et d'autres qui ne pouvaient être maintenues. Il paraissait donc fâcheux d'empêcher l'exécution de la partie de l'arrêté qui présente de l'utilité, par cela qu'il contient quelques défectuosités, et on en conclut que le préfet pouvait, pour une annulation partielle, amender ce que l'arrêté aurait de défectueux.

Quelque avantage que pût présenter cette manière de procéder, il faut reconnaître, monsieur le préfet, que le silence de la loi la rend inadmissible. L'article 11 donne au préfet le droit *d'annuler* ou de *suspendre*; il ne lui donne pas celui de *modifier*.

En n'accordant pas à l'autorité supérieure cette dernière faculté, le législateur a craint, sans doute, que des modifications apportées aux arrêtés municipaux n'allassent jusqu'à en changer l'esprit, à les rendre autres que ce qu'ils devaient être dans l'intention du magistrat qui les a rédigés. Le droit d'annulation suffisait à l'intérêt public, et le concert qui doit exister entre le préfet et les maires donne toujours la certitude de voir disparaître des arrêtés municipaux les dispositions qui devraient apporter à leur exécution un empêchement absolu. En effet, pendant le délai d'examen d'un arrêté portant règlement permanent, le préfet doit signaler au maire les dispositions de cet acte qui, se trouvant en opposition avec la législation ou l'intérêt public, feraient obstacle à ce que force exécutoire y fût laissée; il peut indiquer au maire quelles modifications, quelles suppressions devraient y être faites. Il n'est pas douteux que ces avertissements auront presque toujours pour résultat d'amener le maire à modifier son premier travail; et en était autrement, le droit d'annulation reste entier, et il devrait être exercé. L'annulation pourrait même être motivée, afin d'établir, d'une manière claire et patente, l'obligation dans laquelle s'est trouvée l'autorité supérieure de remplir le devoir que la loi lui impose.

(1) Cass. crim. 18 novembre 1852, D. P. 51.5.470; Cass. crim. 10 mars 1860, D. P. 60.5.322; Cass. crim. 30 avril 1881, D. P. 82.1.278; Cass. crim. 26 mai 1882, D. P. 82.1.382; Cass. crim. 10 mars 1883. — Sur le premier moyen : — Attendu qu'il résulte du rapprochement des motifs et du dispositif dudit arrêté, qu'il a été pris en vertu de circonstances exceptionnelles et qu'il a eu pour but de pourvoir d'urgence, ainsi qu'il le déclare, à un intérêt temporaire, en interdisant les cérémonies extérieures du culte aussi que celles relatives aux inhumations; — Que, conséquemment, il était immédiatement obligatoire... — Rejet.

(2) Ducrocq, p. 18.

a là quelque chose de trop absolu. En effet, comme le mot lui-même l'indique : ce qui constitue la permanence, c'est la durée; et un règlement d'intérêt général peut n'être que transitoire et temporaire dans ses effets, de même qu'un arrêté particulier peut être permanent. Cette confusion a son origine dans la circulaire du ministre de l'intérieur du 1er juillet 1840, publiée pour l'exécution de l'article 11 de la loi du 18 juillet 1837, dont les termes ont été reproduits par la loi de 1884, que nous avons publiée sous le numéro 1389.

« Pour faire une exacte application de la loi de 1837, disait cette circulaire, il faut d'abord remarquer qu'elle a virtuellement divisé les arrêtés des maires en deux catégories distinctes : les uns, qui portent règlement permanent, c'est-à-dire qui statuent d'une manière générale sur quelqu'une des matières comprises dans les attributions de l'autorité municipale, comme serait par exemple un arrêté sur la tenue des foires et marchés, sur la police des lieux publics, etc. Les autres, qui n'ont pas ce caractère d'intérêt général, mais qui statuent seulement sur les demandes individuelles des citoyens, comme serait l'autorisation de construire ou de réparer un bâtiment situé le long de la voie publique, l'autorisation d'ouvrir un bal public ou de faire telle autre chose pour laquelle la permission du maire est nécessaire, etc. »

Mais, outre qu'une circulaire ne fait pas la loi, il nous paraît qu'on l'a mal comprise, et qu'elle visait seulement un exemple d'arrêté individuel, comme exemple d'arrêté non permanent, et n'avait pas pour objet d'opposer les arrêtés individuels aux arrêtés permanents. Nous ajouterons qu'il y a les mêmes raisons d'accorder le délai de réclamation d'un mois aux intérêts individuels, frappés par les dispositions d'un arrêté permanent, qu'aux intérêts généraux. L'article 96, en mettant en regard les arrêtés généraux et les arrêtés individuels, l'a fait pour fixer le moyen spécial par lequel chacun de ces arrêtés doit être porté à la connaissance des intéressés; il a laissé de côté la question du délai de réclamation qui est prévu par les dispositions de l'article 95 (1). Il y a lieu, d'ailleurs, de faire remarquer que, pour bien démontrer qu'il entendait régler des cas différents, le législateur a employé le mot *exécutoire* dans l'article 95, et le mot *obligatoire* dans l'article 96.

1391. Le préfet a-t-il perdu le droit d'annuler un arrêté municipal ou d'en suspendre l'exécution, lorsqu'il a laissé écouler, sans user de ce droit, un mois après la remise de l'ampliation? La négative n'est pas douteuse. De ce que les arrêtés portant règlement permanent sont soumis à un examen d'un mois, il n'en restent pas moins sous l'empire de la disposition générale contenue dans le paragraphe 2 de l'article 95, qui dit : « Le préfet peut les annuler ou en suspendre l'exécution. » Cette disposition est faite en termes absolus. Si le préfet laisse écouler le délai d'un mois sans notifier au maire l'annulation ou la suspension de l'arrêté, cet acte devient exécutoire de plein droit, mais le préfet ne demeure pas moins investi du droit que lui donne le paragraphe précité; le préfet ne serait même pas empêché dans son droit d'annulation ou de suspension par l'approbation qu'il aurait d'abord donnée à l'arrêté, car il n'a pu se dépouiller, par cette appro-

bation, du droit absolu et permanent que lui donne la loi; seulement les faits accomplis sous l'empire de l'arrêté, pendant qu'il avait une existence légale, ne sont pas atteints par la suspension ou l'annulation de cet acte.

1392. Pour les arrêtés temporaires, y a-t-il un délai passé lequel les préfets ne peuvent plus les suspendre ou les annuler? Non. Les arrêtés des maires doivent tous, et sans aucune exception, être envoyés au sous-préfet, aussitôt qu'ils sont rendus, et il en est donné récépissé. Ceux des arrêtés qui ne portent pas règlement permanent sont exécutoires de plein droit dès que le récépissé a été donné. Mais le préfet peut les annuler à quelque époque que ce soit, car cette attribution lui est conférée d'une manière générale, absolue et sans restriction de temps. Il est entendu toutefois que les faits accomplis pendant que ces arrêtés étaient exécutoires sont légalement accomplis, et que l'annulation de l'arrêté n'entraîne pas la nullité de ce qui a été fait précédemment en vertu de cet acte.

1393. Lorsque le préfet veut réformer un règlement municipal, il doit prendre un arrêté formel. Un simple refus d'approbation ou de désapprobation n'enlèverait pas au règlement sa force obligatoire (1).

1394. La loi n'imposant pas aux maires l'obligation de rendre publiques la remise de l'ampliation à la sous-préfecture et la date de cette remise, il y a présomption que le maire qui fait exécuter un de ses arrêtés portant règlement permanent s'est conformé à la disposition de cet article (2); et cette présomption ne peut cesser que lorsque, sur la demande des parties intéressées ou du juge requis d'assurer l'exécution et de punir la violation d'un tel arrêté, la justification de la remise ou de la date de cette remise serait refusée.

1395. La force obligatoire des règlements municipaux doit être respectée, même par le maire qui les a rendus. Sans doute l'officier du sous-préfet, a le droit de rapporter ou de modifier les arrêtés qu'il a pris, mais ce ne peut être que suivant les règles imposées à l'exercice du pouvoir municipal, c'est-à-dire en procédant par voie de disposition réglementaire, et par conséquent générale.

Aussi est-il de jurisprudence que les maires ne peuvent, par des actes particuliers, dispenser certains individus de l'exécution de leurs règlements de police (3).

1396. Il faut remarquer néanmoins que si les maires ne peuvent dispenser privativement certains individus de se con-

---

(1) Cass. crim. 27 février 1873. — La Cour, Attendu que, par l'arrêté précité, qui a été dûment notifié, le maire de Sainte-Bazeille a ordonné que, dans le délai de deux mois, le sieur Petit, défendeur éventuel, serait tenu de fermer et détruire une excavation, autre descente de cave, pratiquée par Capdeville, son auteur, sur la voie publique, au-devant de sa maison, et que, par un procès-verbal ne s'était conformé à cette prescription dans le délai fixé; — Attendu que cet arrêté, fondé sur les plaintes portées par un sieur Maurin, qui réclamait la fermeture de l'excavation, en alléguant, ainsi que l'exprime le procès-verbal, le danger qu'il y aurait à la laisser plus longtemps exister, avait nécessairement pour objet d'assurer la sûreté du passage sur la voie publique, et constituait, dès lors, une mesure de police légalement prise en vertu des pouvoirs conférés à l'autorité municipale par les lois des 16-24 août 1790 et 22 juillet 1791; — Attendu, d'une autre part, que cette mesure ayant un caractère d'urgence, s'adressant à un seul individu, quoique prise dans un intérêt général et public, ne contenant point un règlement permanent, n'était pas soumise pour son exécution aux prescriptions du dernier paragraphe de l'article 11 de la loi du 18 juillet 1837; — Attendu, dès lors, que le jugement attaqué,... — Casse.

(1) Cass. 26 août 1807, *Bull. crim.*, à sa date.
(2) Cass. 19 octobre 1812; Cass. crim. 11 juin 1857. — La Cour, Vu l'article 11 de la loi du 18 juillet 1837; — Attendu qu'aux termes de cet article, les arrêtés municipaux portant règlement permanent ne sont exécutoires qu'un mois après la remise de l'ampliation constatée par les récépissés donnés par le sous-préfet; — Attendu que, dans l'espèce, l'arrêté pris par le maire de la ville de Prades, le 24 avril 1857, faisant défense aux boulangers de la ville de vendre aucun pain qui n'aurait pas le degré de cuisson convenable, avait le caractère d'un règlement permanent qui n'était exécutoire que dans les conditions déterminées par l'article 11 de la loi susvisée; — Qu'en l'absence d'un récépissé émané du sous-préfet, et constatant la remise de l'arrêté dont il s'agit, on doit considérer que le dépôt dudit arrêté à la sous-préfecture de Prades n'a eu lieu le 27 avril 1857, date de l'avis exprimé par le sous-préfet, portant qu'il y a lieu d'approuver l'arrêt susénoncé; — Que la poursuite dirigée contre Rouffiandis, boulanger, prévenu de contravention à l'arrêté municipal du 24 avril 1857, a commencé le 12 mai 1857, date du procès-verbal dressé contre lui par le commissaire de police de la ville de Prades; — Que, dès lors, et au moment où cette poursuite a été intentée, l'arrêté dont il s'agit n'était pas encore exécutoire, un mois ne s'étant pas écoulé depuis le dépôt dudit arrêté à la sous-préfecture; — Qu'en cet état, la poursuite des fins de laquelle le prévenu a été relaxé manquait d'une base légale, et qu'en renvoyant le prévenu des poursuites, le jugement... — Rejette.
(3) Cass. crim. 12 décembre 1840, D. P. 47.4.30; Cass. crim. 8 novembre 1851, D. P. 51 4.12; Cass. crim. 6 janvier 1854, D. P. 54.1.168; Cass. crim. 3 août 1855, D. P. 55.1.446; Cass. crim. 25 mars 1865 (voy. *infra*, n° 1398); Cass. crim. 27 avril 1866, *Bull. crim.*, à sa date.
Cass. crim. 1er septembre 1882. — La Cour, Sur le second motif; — Attendu que les règlements de police, légalement pris, doivent recevoir leur exécution et s'imposent à ceux qu'ils concernent; — Qu'il ne peut appartenir à l'autorité municipale qui les a édictés de dispenser, par des autorisations personnelles, un ou plusieurs individus de s'y conformer, tandis que leur exécution continue à peser sur les autres assujettis; — Attendu, en conséquence, que le jugement attaqué, en relaxant le prévenu de poursuites, a formellement violé l'article 154 du Code d'instruction criminelle et les dispositions de l'article 471 (n° 15) du Code pénal, en n'en faisant pas l'application. — Casse.
En ce sens, Cass. crim. 21 novembre 1884 (voy. *infra*, n° 1521).

former aux prescriptions des arrêtés municipaux, ils peuvent cependant, par l'arrêté lui-même, faire une exception relative à un ou plusieurs particuliers. Cette partie de l'arrêté doit recevoir son exécution comme les autres, et l'on ne saurait voir là un cas de dispense abusive, si d'ailleurs elle a été motivée par des considérations d'ordre général.

1397. Il n'est pas nécessaire de dire que le conseil municipal ne peut dispenser de l'exécution des arrêtés pris par le maire : à aucun titre, le conseil n'a le droit ni de prescrire une mesure de police, ni d'en suspendre l'effet.

1398. Si l'inobservation aux prescriptions d'un arrêté municipal ne peut être autorisée en faveur d'un habitant de la commune, à plus forte raison devons-nous dire que l'inobservation de la loi ne saurait être tolérée ; et cette inobservation, autorisée d'une manière générale en faveur de tous les habitants, par un arrêté, ne rendrait l'acte du maire que plus blâmable et moins légal (1).

1399. La décision du maire qui autorise l'inobservation d'une disposition réglementaire constitue un fait irrégulier, qui ne saurait produire effet ; mais l'autorisation qui émanerait de l'un des agents chargés d'assurer l'exécution des arrêtés municipaux serait un fait non seulement radicalement nul, mais coupable (2), et qui pourrait, aux termes des articles 177 et 183 du Code pénal, entraîner une condamnation pour concussion ou forfaiture.

1400. Les arrêtés légalement pris par l'autorité administrative ne cessent d'être exécutoires qu'autant qu'ils ont été régulièrement rapportés ; de même que les lois, ils ne peuvent être considérés comme inexistants par cela seul que l'autorité en a toléré pendant un temps plus ou moins long la non-observation ; ainsi un usage contraire à un règlement rendu dans un intérêt d'ordre public ne saurait prévaloir contre ce règlement (1) : ainsi une circulaire invitant les maires à modifier leurs arrêtés pris sur certains objets ne peut avoir d'effet légal, à défaut d'un arrêté régulier modifiant le règlement (2).

---

(1) Cass. crim. 25 mars 1865. — La Cour, Vu les articles 1790 et 1791, sur les attributions municipales, l'article 11 du 18 juillet 1837 et 471 (n° 15) du Code pénal ; — Attendu qu'un procès-verbal de deux sergents de ville ne faisant pas foi jusqu'à preuve du contraire, mais dont la vérité n'a pas été contestée par le jugement, avait constaté que, le 24 décembre à 10 heures du matin, le sieur Reboul, épicier, demeurant place du Marché, à Nîmes, continuait, malgré des avertissements réitérés, d'embarrasser la voie publique, sans nécessité, en y laissant en dépôt à journée faite, au-devant de son magasin, une charrette à bras qui entravait la circulation ; — Attendu que, poursuivi en simple police, à raison de cette contravention, l'inculpé a opposé une autorisation à lui délivrée par le maire de Nîmes, et que le juge de paix, se fondant sur cette autorisation en même temps que sur l'arrêté municipal du 11 décembre 1853, a acquitté le sieur Reboul par le motif que, aux termes de l'article 2 de cet arrêté, il appartient au maire d'autoriser le dépôt de quelque objet que ce soit sur une partie quelconque de la voie publique, à la charge de payer la taxe réglée par le tarif ; — Attendu, en ce qui concerne l'autorisation du maire de Nîmes considérée en elle-même, que l'autorité municipale n'a pas le droit de dispenser, par des raisons spéciales et individuelles, de l'observation de ses propres règlements, à plus forte raison de l'observation d'une loi ; — Attendu, en ce qui touche l'arrêté du 11 décembre, que cet arrêté a uniquement pour objet de réglementer la police des marchés, et que, si quelques expressions générales, relatives au stationnement, semblent lui donner un sens plus étendu, ces expressions doivent être interprétées suivant le but limité que l'autorité a eu en vue, et s'appliquer exclusivement au stationnement et au dépôt sur les parties de la voie publique consacrées à l'exposition et à la vente des denrées et marchandises, les jours de foire et de marché ; — Attendu qu'ainsi interprété, l'arrêté du 11 décembre 1853 était sans application au fait reproché à Reboul, puisqu'il n'était poursuivi que pour avoir déposé et laissé, non sur la place du marché, mais sur le pavé devant son magasin, une charrette à bras embarrassant la voie publique sans qu'il soit même énoncé que cette charrette servait ou avait servi à l'exposition ou au transport des marchandises sur le marché ; — Attendu, au surplus, que si l'arrêté du 11 décembre comportait l'interprétation extensive que lui a donnée le jugement, et comprenait pour le maire le droit d'autoriser les dépôts sur toutes les parties de la voie publique, cet arrêté serait en ce point entaché d'excès de pouvoir et d'illégalité ; — Attendu, en effet, que l'article 471 du Code pénal ayant érigé en contravention le fait de tout dépôt, sans nécessité, sur la voie publique, de choses quelconques de nature à entraver la circulation, il ne saurait appartenir à l'autorité municipale de dispenser, même en vertu d'un arrêté, de l'observation de cette loi, en faisant dépendre d'une autorisation administrative la question de nécessité du dépôt que l'article 471 place exclusivement dans le domaine de l'autorité judiciaire ; — Attendu, dès lors... — Casse.

(2) Cass. crim. 19 juin 1857. — Vu les articles 11 (n° 1) de la loi du 18 juillet 1837, 43 (n° 2) du règlement de police de la ville de Marvejols, en date du 30 janvier 1857, 65 et 471 (n° 15) du Code pénal ; — Attendu que la disposition de la loi précitée, de la loi du 18 juillet 1837, n'attribue aux maires que le droit d'édicter les mesures qu'ils jugent nécessaires, dans l'intérêt général sur les objets confiés à leur surveillance et à leur autorité par la loi des 16-24 août 1790 ; — Que les règlements qui prescrivent légalement ces mesures sont des lois municipales de police qui, comme les lois générales elles-mêmes, obligent également tous les citoyens qu'ils concernent à s'y conformer incontinent ; qu'il n'appartient pas aux administrateurs qui les ont publiés, et encore moins aux officiers de police judiciaire, dont le devoir est de veiller à leur exécution, de dispenser certains individus d'y obtempérer, d'où il suit que de telles dispenses de faveurs sont arbitraires et ne sauraient constituer une excuse légale des contraventions dont la répression est poursuivie ; — Et attendu, dans l'espèce, qu'il est reconnu par le jugement dénoncé qu'Auguste Liger, banquier, avait son poêle allumé, le 29 mars dernier, bien que le tuyau du poêle n'ait pas encore été élevé à la hauteur du toit de la maison, ainsi que le prescrit le règlement susdaté ; — Que, néanmoins, le tribunal, saisi de la prévention résultant de ce fait, en a relaxé ledit Liger, sur le motif que le commissaire de police l'avait autorisé à n'obéir à ce règlement qu'à partir du 1er avril suivant, et qu'il est facultatif aux fonctionnaires chargés de l'exécution des règlements de police d'en suspendre l'effet pour certains chefs, alors surtout que la loi est toute nouvelle, inusitée, peu connue, et que les droits qu'elle abolit sont préexistants ; — Attendu qu'en statuant ainsi... — Casse.

(1) Cass. crim. 28 août 1858, D. P. 58.1.475 ; Cass. crim. 8 janvier 1864, D. P. 68.5.402 ; Cass. crim. 17 janvier 1868, D. P. 68.1.363 ; Cass. crim. 5 juillet 1873, D. P. 74.1.42 ; Cass. crim. 27 décembre 1878. — La Cour, sur le moyen de cassation, pris tant de la violation de l'article 6 de l'arrêté municipal pris par le maire de Fontenay-le-Comte, à la date du 30 novembre 1824, que de l'article 471 (n° 15) du Code pénal ; — Attendu que l'article 6 de l'arrêté précité impose aux bouchers de la ville de Fontenay-le-Comte l'obligation de balayer et de laver à leurs frais l'abattoir de cette ville, à des heures que cet article détermine pour les mois d'hiver et les mois d'été ; — Attendu qu'un rapport de police à la date du 3 septembre 1878 constate que ledit jour, contrairement aux prescriptions de cet arrêté, le balayage et le nettoiement de l'abattoir n'avaient pas eu lieu ; — Attendu que, cités à raison de ce fait devant le tribunal de simple police de Fontenay-le-Comte, les sieurs Freland et consorts, tous bouchers audit lieu, défendeurs au pourvoi, n'ont pas méconnu le fait matériel constaté au rapport prérappelé, mais ont soutenu qu'en ne faisant pas le nettoyage de l'abattoir, ils n'avaient pas commis de contravention ; — Attendu que le jugement attaqué, après avoir rappelé les termes de l'article 6 de l'arrêté municipal précité, a prononcé le relaxe des prévenus par le motif que, depuis un grand nombre d'années, ces dispositions avaient cessé de leur être applicables, l'administration de Fontenay-le-Comte ayant exonéré les bouchers de l'obligation primitivement mise à leur charge, en confiant le soin du balayage de l'abattoir à un préposé salarié par elle à raison de ce service ; — Attendu que le juge de police a tiré de ces circonstances de fait souverainement constatées par lui des conséquences légales erronées en droit et qui relèvent de la censure de la Cour de cassation ; — Attendu, en effet, qu'il est constant que l'arrêté municipal de 1824, légalement pris par le maire de Fontenay-le-Comte, n'a jamais été abrogé ni régulièrement modifié dans les dispositions qu'il renferme ; qu'il a donc conservé toute sa force obligatoire, et que les bouchers n'ont pas cessé d'être tenus de balayer l'abattoir ou de le faire balayer à leurs frais ; — Attendu qu'il importe peu que l'autorité municipale ait salarié pendant un temps plus ou moins long un préposé au balayage de l'abattoir ; qu'en effet, ce préposé exécutait ce balayage à l'acquit des obligations imposées aux bouchers, et que si la commune a négligé de se récupérer sur eux des frais de ce balayage, ces actes de tolérance n'ont pu avoir pour résultat d'abroger l'arrêté de 1824 et de décharger les bouchers des obligations qu'il leur impose ; — Attendu qu'il suit de là... — Casse.

Cass. crim. 3 décembre 1880, D. P. 82.1.280 ; — Ch. crim. 11 novembre 1881. — La Cour, Sur le second moyen du pourvoi, pris de la violation du même article 4, et de l'article 154 du Code d'instruction criminelle ; — Attendu que Pichard était traduit, en outre, devant le tribunal de simple police pour avoir embarrassé la voie publique en y déposant sans nécessité un grilloir à café d'une grande dimension ; — Que le jugement attaqué l'a relaxé des poursuites par le motif que l'autorité municipale tolérait habituellement le grillage du café dans les rues de Condé-sur-Noireau, et que, d'autre part, le procès-verbal ne disait pas expressément que le dépôt, opéré par le prévenu, avait diminué ou empêché la liberté du passage, ce qui n'avait même pas eu lieu dans l'espèce, vu l'endroit où le grilloir avait été placé ; — Attendu qu'il n'appartient pas aux maires de dispenser les citoyens de l'exécution des lois ; qu'en admettant même que l'autorité municipale ait permis jusqu'à ce jour le grillage du café dans les rues de la ville de Condé, cette tolérance n'impliquait pas l'abrogation d'un arrêté de police légalement publié et approuvé par le préfet... — Casse.

(2) Cass. crim. 18 juillet 1868. — La Cour, Vu les articles 470 (n° 8) et 471 (n° 15) du Code pénal ; — Vu l'arrêté du maire d'Arras du 6 mars 1835, approuvé par le préfet du Pas-de-Calais, dûment publié, portant : Article 1er. Les heures de travail des différentes professions bruyantes et à marteau sont fixées, savoir : du 1er avril au 1er octobre, de 5 heures du matin à 9 heures du soir, et du 1er octobre au 1er avril, de 6 heures du matin à 8 heures du soir ; — Attendu que Gustave Leplant, entrepreneur de serrurerie, était inculpé d'avoir contrevenu à cet arrêté en travaillant dans son atelier, situé rue Marlens, à Arras, à l'heure de minuit, du 12 au 14 mars dernier ; — Que le jugement attaqué a prononcé son acquittement, en se fondant sur ce que l'arrêté du 6 mars 1835 aurait été rapporté par une décision du ministre de l'intérieur du 18 mars 1835 ; — Qu'ainsi, en l'état, la contravention, objet de la poursuite, ne pouvait

1401. La révocation d'un règlement entraîne celle des dispositions des règlements antérieurs sur les mêmes objets (1).

1402. Un règlement de police est abrogé soit lorsqu'il a été expressément révoqué par un autre plus récent, soit lorsqu'un nouveau règlement contient des dispositions qui sont inconciliables avec les siennes. Mais tant que l'autorité municipale ne prend aucune mesure contraire à la teneur d'un règlement, il conserve toute sa force. Peu importerait même qu'il ne fût plus appliqué habituellement ou qu'un usage contraire eût prévalu, car les règlements de police ne tombent pas en désuétude (2).

1403. Mais l'abolition par désuétude pourrait cependant avoir lieu s'il s'agissait de règlements temporaires, qui avaient en vue un ordre de choses qui a été détruit, ou d'arrêtés anciens antérieurs à la Révolution, qui n'auraient pas été formellement abrogés. Il serait en effet déraisonnable de vouloir faire revivre des arrêtés de police qui sont en contradiction avec la constitution actuelle des municipalités et qui ne se réfèrent qu'à des mœurs et à des circonstances qui n'existent plus. A cet égard, d'ailleurs, une législation et une jurisprudence particulières ont déterminé des règles que nous devons faire connaître.

Avant 1789, la police des villes et des campagnes était régie soit par des ordonnances royales, soit par des règlements du parlement, soit par des ordonnances ou arrêtés rendus par les autorités locales ou générales du royaume.

L'Assemblée nationale s'était proposé de reviser le texte de leurs dispositions; mais pressée par les travaux plus considérables dont elle était accablée, elle s'est contentée par la loi du 19 juillet 1791, encore en vigueur, de charger les autorités municipales de faire publier ceux qu'elles estimeraient devoir être appliqués. L'article 484 du Code pénal a maintenu l'applicabilité des règlements aux dispositions desquels il n'a pas dérogé. Enfin l'article 471 (§ 15), qui réprime les infractions aux règlements de police légalement faits, ne fait aucune distinction entre ceux qui sont antérieurs ou postérieurs à 1789.

En fait, l'article 94 de la loi du 5 avril 1884 a repris les termes de la loi du 19 juillet 1791, tout en n'abrogeant pas celle-ci. On peut donc poser en principe que les anciens règlements ont force obligatoire 1° lorsqu'ils ont été publiés depuis la loi du 19 juillet 1791 ; 2° lorsqu'ils ne s'appliquent pas à des matières qui ont été régies, depuis, soit par le Code pénal, soit par des lois particulières, soit par des dispositions de police postérieures; 3° lorsque leurs dispositions ne sont pas en contradiction avec les principes qui ont été garantis par la législation actuelle (1).

1404. Nous n'avons pas à rechercher ici quels sont ceux de ces règlements que la jurisprudence a déclarés remplir les conditions que nous venons de rappeler et qui sont encore exécutoires. Ces règlements sont extrêmement nombreux. Mais nous devons rechercher quelle est la sanction pénale qui est attachée à leur inobservation. Après avoir longtemps hésité, la jurisprudence s'est enfin fixée en ce sens qu'il n'y a point à tenir compte des pénalités spéciales qu'ils pourraient établir, *lorsqu'ils statuent sur des matières confiées par la loi municipale à la vigilance et à l'autorité des corps municipaux;* dans tous ces cas, la seule peine applicable est celle de l'article 471 (n° 15) du Code pénal, c'est-à-dire la peine applicable aux contraventions de police municipale (2).

être punie, ni en vertu dudit arrêté annulé, ni en vertu de la décision ministérielle du 4 mars, laquelle ne saurait tenir lieu de l'arrêté municipal qui aurait dû être pris et publié en conséquence de cette décision; qu'enfin, ce dernier arrêté n'était pas représenté; que le fait incriminé ne pouvait d'ailleurs tomber sous le coup de l'article 479 (n° 8) du Code pénal, puisqu'on ne saurait assimiler aux bruits et tapages nocturnes punis par cet article l'exercice d'une profession ou d'une industrie légitime ; — Attendu que l'arrêté du 6 mars 1835, pris dans les limites du pouvoir municipal, dûment approuvé par le préfet et publié, était légal et obligatoire; qu'il est de principe que les actes de cette nature sont exécutoires tant qu'ils n'ont pas été régulièrement réformés, et que les tribunaux ne peuvent affranchir les citoyens de l'obligation de s'y conformer; — Attendu qu'il résulte des documents produits au procès que l'arrêté du 5 mars 1835 n'a jamais été annulé ; — Que, si le ministre de l'intérieur, par décision du 18 mai 1835, a été d'avis que l'heure de la cessation du travail dans les professions bruyantes fût fixée pour toutes les saisons à 8 heures et demie du soir, cette modification proposée n'enlevait en aucune sorte la force exécutoire à l'arrêté pour le surplus de ses dispositions, et n'empêchait pas que le travail prolongé jusqu'à minuit ne constituât une contravention à l'arrêté du 6 mars 1835, et n'entraînât l'application de l'article 471 (n° 15) du Code pénal; — Qu'en jugeant le contraire... — Casse.

(1) Cass. crim. 15 novembre 1861. — La Cour, Vu l'arrêté du préfet de l'Oise en date du 28 octobre 1858, rapportant un arrêté du 29 novembre 1856 approbatif de la délibération du conseil municipal de la commune de Rotangy, du 5 octobre de la même année, sur l'exercice de la vaine pâture; — Vu l'article 471 (n° 13) du Code pénal. Sur le moyen unique pris de ce que le jugement attaqué aurait fait application aux demandeurs d'un règlement de l'autorité administrative qui n'avait plus d'existence légale; — Attendu que Pierre Drugeon, berger, et Drobecq-Denisart, propriétaire, étaient cités devant le tribunal de simple police de Crévecœur (Oise), le premier comme auteur principal, le second comme civilement responsable à un règlement du 10 août 1827 approuvé par le préfet et portant que chaque habitant pourrait mettre à la pâture deux bêtes à laine par trois arpents de son exploitation. Drugeon avait fait pâturer sur le territoire de Rotangy un troupeau de moutons excédant le nombre de bêtes à laine que Drobecq-Denisart avait le droit de faire conduire sur ce terroir; que, pour ce fait, Drugeon a été condamné par jugement du 5 août dernier à 5 francs d'amende, et Drobecq-Denisart aux dépens solidairement avec Drugeon par l'application de l'article 471 (n° 15) du Code pénal; — Mais attendu que le conseil municipal de la commune de Rotangy, ayant jugé à propos de compléter le règlement du 10 août 1827, a, le 5 octobre 1856, un nouveau règlement qui, en reproduisant intégralement celui de 1827, y avait ajouté des dispositions dont l'expérience avait démontré la nécessité; que ce second règlement fut approuvé par le préfet le 29 novembre 1856; — Que, des difficultés étant survenues, le préfet, sur une délibération du conseil municipal, rapporta l'arrêté du 29 novembre 1856; — Attendu que la révocation de cet arrêté a eu virtuellement et nécessairement pour effet d'annuler les dispositions identiques du règlement de 1827... — Casse.

(2) Cass. crim. 27 février 1875. — Attendu que le juge de police devant lequel Doussineux a été traduit a prononcé le relaxe sur le motif de l'arrêté du 10 mai 1863 serait tombé en désuétude; — Attendu qu'on ne peut se prévaloir, pour refuser d'obéir à des règlements de police, de ce qu'ils seraient tombés en désuétude ou dans l'oubli ; — que la désuétude ne peut jamais résulter soit de la négligence, soit de l'impuissance d'agir de l'autorité, soit de la désobéissance des assujettis; — Qu'en conséquence, en se refusant à juger, sous prétexte de désuétude, un règlement légalement fait, le jugement attaqué a formellement violé l'article 471 (n° 15) du Code pénal... — Casse.

(1) Cons. d'Ét. 8 février 1812. — Le Conseil d'État, qui, d'après le renvoi ordonné par Sa Majesté, a entendu le rapport de la section de législation sur celui du grand-juge ministre de la justice, ayant pour objet de faire décider si l'article 484 du Code pénal de 1810 abroge la disposition de l'article 2 de la loi du 22 floréal an II, par laquelle les peines portées par le Code pénal de 1791 contre ceux qui opposeraient des violences ou des voies de fait aux fonctionnaires ou officiers publics mettant à exécution les actes de l'autorité publique sont déclarées communes à quiconque emploiera, même après l'exécution des actes émanés de l'autorité publique, soit des violences, soit des voies de fait, pour interrompre cette exécution ou en faire cesser l'effet; — Vu l'arrêté du 23 novembre 1814, par lequel, avant de statuer sur la demande en cassation formée par le procureur général près la cour impériale de Douai, contre l'arrêt de cette cour du 26 juillet de la même année, conforme à un arrêt précédemment cassé de la cour impériale d'Amiens, et, usant de la faculté à elle accordée par l'article 3 de la loi du 16 septembre 1807, la Cour de cassation, sections réunies, a ordonné un référé à Sa Majesté sur la question ci-dessus; — Considérant que l'article 484 du Code pénal de 1810, en chargeant les cours et tribunaux de continuer d'observer tous les lois et règlements particuliers non renouvelés par ce code que dans les matières qui n'ont pas été réglées par ce code même, fait clairement entendre que l'on doit tenir pour abrogés toutes les anciennes lois, tous les anciens règlements, qui portent sur des matières que ce code a réglées, quand même ces lois ou règlements prévoiraient des cas qui se rattachent à ces matières, mais sur lesquels ce code est resté muet; — Qu'à la vérité on ne peut pas regarder comme réglées par le Code pénal de 1810, dans le sens attaché à ce mot *réglées* par l'article 484, les matières relativement auxquelles ce code ne renferme que quelques dispositions éparses, détachées, et ne formant pas un système complet de législation; — Et que c'est par cette raison que subsistent encore, quoique non renouvelées par le Code pénal de 1810, toutes celles des dispositions des lois et règlements antérieurs à ce code, qui sont relatives à la police rurale et forestière, à l'état civil, aux maisons de jeu, aux loteries non autorisées par la loi, et autres objets semblables que ce code ne traite que dans quelques-unes de leurs branches; — Mais que la loi du 22 floréal an II appartient à une autre catégorie; — Est d'avis que la loi du 22 floréal an II doit être considérée comme abrogée par l'article 484 du Code pénal de 1810.

(2) Voy. Merlin: *Questions de droit*, v° TRIB. DE POL., § 4, n° 5; ÉCOLE DES COMMUNES, 1849, p. 1 et 26; — En ce sens, Cass. crim. 11 juin 1818, *Bull. crim.;* Cass. crim. 7 octobre 1820, *Bull. crim.;* Cass. crim. 23 avril 1831, *Bull. crim.;* Cass. crim. 7 décembre 1841, *Bull. crim.;* Cass. crim. 11 octobre 1851, D. P. 51.4.312; Cass. crim. 13 décembre 1852, D. P. 53.1.53; Cass. crim. 1er décembre 1866. — La Cour, vu l'article 5 de l'ordonnance de police du 9 novembre 1778 ; — Vu les articles 1, 2, 3, 5 de la loi des 16-24 août 1790, l'article 46 de la loi des 19-22 juillet 1791, l'article 600 du Code du 3 brumaire an IV et les articles 471 (n° 15) et 474-484 du Code pénal; — Attendu qu'aux termes de ces diverses dispositions, les lois et règlements de police, statuant

1405. Nous venons d'exposer qu'un arrêté de police est exécutoire tant qu'il n'a pas été régulièrement rapporté ; mais dans quelle forme doit avoir lieu la révocation. Doit-elle résulter des dispositions implicites ou formelles d'un autre arrêté, ou peut-elle être prononcée par un acte municipal d'un autre caractère, tel, par exemple, qu'une convention municipale ? L'arrêté de police nous semble indispensable. Sans doute, la régularité des arrêtés municipaux n'est pas soumise à des formes sacramentelles ; mais le maire qui fait un règlement de police agit en qualité de représentant du pouvoir exécutif, et non comme administrateur de la personne civile communale : il est donc indispensable que l'acte de révocation soit un de ceux qu'il décide comme délégué du gouvernement central, dans un but d'intérêt général, et non un de ceux qu'il est appelé à signer comme gérant de la fortune privée de la commune (1).

1406. Les contraventions aux règlements de police étaient punies, par l'article 5 (tit. XI) de la loi du 16 août 1790, d'une amende pécuniaire ou de l'emprisonnement, pour un temps qui ne pouvait excéder trois jours, dans les campagnes, et huit jours, dans les villes, dans les cas les plus graves. La loi des 16-22 juillet 1791 contenait (tit. Ier, art. 14 et suiv.) une série d'incriminations se rattachant à la police municipale. Les peines qu'elle prononçait en cas d'infraction étaient l'amende et la détention de police municipale. Mais cette loi ne contenait pas de disposition générale réprimant les contraventions aux règlements de police. Quant aux règlements pris en matière de police rurale, l'article 9 du Code rural des 28 septembre-6 octobre 1791 se contentait d'en consacrer la

validité sans leur donner aucune sanction pénale. Aussi la jurisprudence considérait-elle ces règlements comme compris dans la disposition générale de l'article 5 (tit. XI) de la loi des 16-24 août 1790. Le Code du 3 brumaire an IV indiqua de quelles peines devaient être punies les contraventions en général. Ces peines étaient l'amende de la valeur de trois journées de travail, au plus, et l'emprisonnement de trois jours, au plus (art. 600 et 606). Il fixait au *minimum* l'amende à une journée de travail et l'emprisonnement à un jour. Cependant l'article 605 punissait les infractions aux règlements municipaux dans certains cas. Ces dispositions, ayant un caractère de généralité, modifièrent nécessairement les pénalités de la loi du 16 août 1790.

Le Code pénal de 1810 établit une classification plus exacte et plus complète des infractions de police que ne l'avaient fait les lois antérieures, mais il garda le silence sur le point de savoir de quelles peines devaient être punies les infractions aux règlements municipaux. Il se contenta de maintenir par son article 484 l'observation des lois et règlements antérieurs pour toutes les matières qu'il ne réglait pas. Il résulta de cette législation que, jusqu'en 1832, les contraventions aux règlements de police n'étaient réprimées directement que par la loi du 16 août 1790, dont la pénalité avait été modifiée par les articles 600 et 606 du Code du 3 brumaire an IV.

Toutes les difficultés, auxquelles avait donné lieu l'absence d'un texte précis, ont cessé depuis que la loi du 28 avril 1832 a modifié l'article 471 du Code pénal, en y ajoutant une disposition qui est devenue le paragraphe 15. Cette disposition déclare coupables de contravention de première classe et punit d'une amende de 1 à 5 francs ceux qui auront contrevenu aux règlements légalement faits par l'autorité administrative, et ceux qui ne se seront pas conformés aux règlements ou arrêtés publiés par l'autorité municipale en vertu des articles 3 et 4 (tit. XI) de la loi des 16-24 août 1790 et de l'article 46 (tit. Ier) de la loi des 19-22 juillet 1791. C'est la peine édictée par ce texte qui doit être appliquée par les tribunaux de simple police aux contraventions aux règlements de police, à moins que le fait défendu par le règlement n'ait été directement prévu et puni par une loi spéciale. Dans ce cas, ainsi que nous l'avons dit, c'est la loi spéciale qui doit être visée.

1407. La jurisprudence applique la disposition de l'article 471 (§ 15) du Code pénal aux règlements faits par les maires en matière de police rurale comme à ceux qu'ils prennent en matière de police municipale. A la vérité, les règlements municipaux que ce paragraphe 15 indique sont ceux qui ont été pris en vertu des lois des 16-24 août 1790 et 19-22 juillet 1791, et ces lois ne s'expliquent pas sur la police rurale, laquelle est régie presque exclusivement par le Code rural du 6 octobre 1791 ; mais on range les règlements de police parmi les règlements administratifs dont parle la première partie de ce paragraphe 15.

1408. En cas de récidive, la peine réservée à ceux qui enfreignent les prescriptions des règlements de police est aggravée. On sait qu'il y a récidive lorsqu'une contravention

<hr>

sur des matières confiées par la loi de 1790 à la vigilance et à l'autorité des corps municipaux, et antérieures à cette loi, n'ont plus aujourd'hui pour sanction que des peines de simple police ; — Que, d'une part en effet, la loi de 1790, en chargeant l'autorité municipale de tenir la main, dans l'étendue de chaque commune, à l'exécution des lois et règlements de police, n'a pu avoir en vue que les lois et règlements antérieurs à sa promulgation, puisque ce n'est que par l'article 46 de la loi des 19-22 juillet 1791 que les corps municipaux ont été investis du droit de faire eux-mêmes des règlements de cette nature, et que, d'autre part. en déclarant que les contraventions de police ne pourront plus être punies que des peines par elles prononcées (peines successivement modifiées par l'article 600 du Code de brumaire, par les articles 471 (no 15) et 474 du Code pénal), elle a formellement abrogé toutes les pénalités diverses des lois et règlements anciens, pour les remplacer uniformément par des peines de simple police ; — Attendu qu'aucune disposition de la loi n'a rendu depuis à ces lois et règlements la sanction dont ils ont été ainsi dépouillés ; — Attendu que, notamment, l'article 484 du Code pénal n'a modifié en rien cet état légal et que, en prescrivant aux cours et tribunaux de continuer d'observer les lois et règlements qui régissent des matières non régies par ledit Code, il a entendu maintenir les lois et règlements, en ce qui concerne les matières de police, quant à leurs prescriptions et prohibitions, sans vouloir nullement faire revivre leurs pénalités abrogées par l'article 5 précité de la loi de 1790 ; — Attendu que le demandeur en cassation était traduit devant le tribunal correctionnel de la Seine, sous inculpation d'avoir reçu dans son établissement de loger en garni des femmes de débauche ; — Attendu que la disposition de l'ordonnance de 1778 dont l'application était invoquée contre lui est comprise dans les matières confiées par la loi de 1790 à la vigilance et à l'autorité des corps municipaux ; — Que l'amende de 200 livres qu'elle prononce devait dès lors être réduite à l'amende de l'article 471 du Code pénal, et qu'ainsi l'inculpé était fondé à revendiquer la juridiction du tribunal de simple police ; — Attendu, dès lors, qu'en rejetant... — Casse.

(1) Cass. crim. 29 mars 1855. — La Cour, Vu les articles 12 de l'arrêté du 1er mars 1844, 1-2 de l'arrêté du 23 juin 1855 ; — Vu enfin l'article 475 du Code pénal, 408, 405 inst. crim. ; — Attendu qu'il résulte des deux rapports faits par les agents du commissaire de police de la ville de Cette que Marie Castel, femme Doumergue, demeurant rue des Casernes, a installé, les 6-10 novembre dernier, à 7 heures du matin, des comestibles sur le marché des forains ; — Attendu que ces faits avoués par la femme Doumergue sont également constatés par le jugement attaqué ; qu'il en résulte que l'étalage avait lieu en dehors de la boutique ou du magasin de cette revendeuse et occupait une portion de la voie publique ; — Attendu qu'aux termes de l'article 12 de l'arrêté du 1er mars 1844, pris par le maire de Cette, aucun étalage de marchandises ne peut être formé sur la voie publique ; que cette défense conçue dans des termes généraux et absolus s'appliquait aux marchands domiciliés, auxquels il est interdit d'étaler sur les trottoirs longeant leur magasin les objets provenant de leur commerce ; que, sous ce rapport, la femme Doumergue se trouvait en contravention aux dispositions de l'article 12 de l'arrêté précité ; — Attendu qu'aux termes des articles 1-2 de l'arrêté du 23 juin 1855 les revendeurs de fruits ne pourront avoir aucune communication avec les marchands forains avant 9 heures du matin, et qu'il leur est même défendu de s'introduire dans l'emplacement qui leur est assigné ; que cet emplacement, situé rue des Casernes, est précisément celui où la femme Doumergue a été vue stationnant avant 9 heures

du matin ; — Attendu néanmoins que le jugement attaqué s'est fondé, pour la relaxer de la plainte, sur l'article 4 du même arrêté du 21 mai 1841, pris pour la perception des places dans les halles ou autres lieux publics de la ville de Cette, article ainsi conçu : « Les marchands vendeurs ou revendeurs domiciliés qui voudront faire dans leurs magasins ou boutiques la vente des denrées, marchandises ou autres objets destinés au débit ne seront point passibles du droit de hallage de ceux desdits comestibles, marchandises ou autres objets dont l'étalage ne dépasserait pas au delà de 50 centimètres d'aplomb du mur de face où sont établies les ouvertures desdits magasins ou boutiques ; mais les espaces occupés avec l'autorisation de l'autorité et excédant les 50 centimètres ci-dessus mentionnés seront assujettis aux droits du hallage, proportionnellement à leur étendue ; — Attendu qu'il tire de cette conséquence que l'article 4 reconnaissant, en faveur des revendeurs domiciliés, l'existence d'un droit qui les autorisait à étaler leurs marchandises devant la façade de leurs maisons dans une largeur de 50 centimètres, et que la femme Doumergue pouvait, au-devant de sa boutique, user de ce droit d'étalage ; — Attendu qu'on bâtit à ferme ne peut avoir contrecarré que l'exercice de l'autorité municipale ne peut être confondu avec la gestion de ses intérêts ; que d'ailleurs ce règlement antérieur aux arrêtés ci-dessus visés n'a pu en aucune manière en changer les dispositions. — Par ces motifs ... — Casse.

est commise dans les douze mois qui suivent un jugement portant condamnation pour une première contravention.

1409. Le législateur seul a le droit de créer des peines, et il est certain qu'un semblable pouvoir ne peut jamais appartenir à l'autorité municipale, qui ne peut ni substituer les peines de ses règlements de police à celles de la loi, ni appliquer à ses règlements les peines d'une loi spéciale. La disposition par laquelle un règlement de police établit une peine, qu'il détermine en cas d'infraction à ses prescriptions, doit donc être considérée comme non écrite, et le tribunal de police n'est pas tenu de l'exécuter. Mais le fait que ce règlement viserait un texte de loi établissant une peine spéciale ne l'entache ni d'illégalité, ni d'excès de pouvoir; la peine applicable n'est pas celle qui est visée, mais celle qu'établit l'article 471, et le règlement n'en vaut ni plus ni moins (1).

1410. Une des plus graves questions qu'ait soulevées la matière, avant la modification du Code pénal de 1832, a été celle de savoir si l'autorité judiciaire avait le droit d'apprécier le mérite et la valeur des règlements faits par l'autorité municipale : et la doctrine et la jurisprudence s'étaient prononcées dans les sens les plus divers et les plus absolus. La loi de 1832 a voulu résoudre la difficulté, en décidant que la peine de l'article 471 (n° 15) ne s'appliquerait qu'à la contravention aux règlements *légalement faits*. Ce texte précis a mis fin à la controverse, et, aujourd'hui, c'est un point constant que les tribunaux ont toujours le droit de vérifier si l'acte qualifié règlement de police, dont l'exécution leur est demandée, émane d'une autorité municipale, ayant qualité pour le prendre, et si, par son objet, cet arrêté rentre dans le cercle des attributions de cette autorité (1). Et ils ont le droit de rechercher si le règlement de police est légal, même lorsque les parties intéressées ont réclamé, devant le préfet, pour le faire annuler comme contraire à la loi, et que le préfet a rejeté le pourvoi. Le droit d'appréciation de l'autorité judiciaire est tout à fait indépendant de celui qui appartient à l'autorité administrative.

1411. L'autorité judiciaire a également le droit de constater si le règlement de police, bien que s'appliquant à une matière qu'il appartient à l'autorité municipale de régler, n'est pas en opposition avec une prescription de la loi.

1412. Mais le droit de l'autorité judiciaire ne va pas jusqu'à vérifier si le règlement qui lui est soumis a été rendu dans les formes voulues; s'il a été, par exemple, précédé des enquêtes de *commodo* et *incommodo*, ou des avis des autorités compétentes exigés par les lois ; les irrégularités de forme ne peuvent être appréciées que par l'autorité supérieure ou la juridiction administrative, selon le cas (2).

1413. Si la légalité de l'acte n'est pas admise par l'autorité judiciaire, elle n'annule pas l'acte réglementaire émané de l'administration municipale. Elle se borne à ne pas en faire l'application et à lui refuser son concours, laissant à l'autorité dont l'acte émane le soin de pourvoir par elle-même, si elle le peut légalement et si bon lui semble, à l'exécution de son acte. Le principe de la séparation des pouvoirs est donc ainsi sauvegardé. Et il n'est pas rare de voir le Conseil d'Etat se prononcer sur la validité d'un arrêté dont la Cour de cassation a apprécié la légalité.

1414. Certains règlements peuvent être en partie légaux et obligatoires et en partie illégaux et dénués de sanction. En effet, si un règlement renferme tout à la fois certaines pres-

(1) Cass. crim. 1er décembre 1800; Cass. crim. 19 février 1825 ; Cass. crim. 7 mars 1828; Cass. crim. 17 janvier 1829 ; Cass. crim. 13 mars 1834; Cass. crim. 18 avril 1856. — La Cour, Vu l'article 34 de la loi des 16-24 août 1790, les articles 1 et 9 de la loi du 29 mars 1851 et l'article 41 du règlement de police de la ville de Saint-Brieuc du 3 mai 1846; — Attendu que la femme Gicquel était prévenue de la contravention prévue par l'article 41 du règlement de police, pour avoir exposé en vente cinq œufs pourris sur la place du marché; — Que le ministère public n'a point allégué qu'elle eût connaissance de cet état de corruption, et qu'il s'est borné à le requérir la peine de contravention; — Que le tribunal de police s'est déclaré incompétent, en se fondant sur ce que l'article 1 de la loi du 27 mars 1851 punit, des peines édictées à l'article 423 du Code pénal, l'exposition en vente des denrées alimentaires que le vendeur sait être corrompues, et sur ce que l'article 9 de la même loi abroge l'article 475 (n° 14) du même Code, qui punissait ceux qui exposent en vente, même sans qu'ils en aient connaissance, des comestibles gâtés, corrompus ou nuisibles; — Qu'il ne résulte cependant d'aucun motif du jugement qu'il existât dans la cause des indices que la prévenue avait connaissance de l'état de la denrée qu'elle avait exposée en vente; — Que, dès lors, à défaut de constatation de ces indices, le fait rentrait dans les termes du règlement de police; — Que par ce règlement, en effet, le maire avait défendu l'exposition en vente et la vente des comestibles gâtés, corrompus ou nuisibles ; — Que cette disposition réglementaire a été prise en vertu de l'article 3, titre XI, de la loi des 16-24 août 1790 et de l'article 15 de la loi du 18 juillet 1837; — Qu'elle rentrait dans les attributions de l'autorité municipale et était obligatoire; — Que si le règlement se réfère, à cet égard, à l'article 475 (n° 14) du Code pénal, qui a été ultérieurement abrogé, tout ce qu'il faut induire de cette abrogation, c'est que la contravention, qui rentrait dans les termes de cet article et qui était passible des peines qui y sont spécifiées, est devenue maintenant passible des seules peines que l'article 471 (n° 15) du Code pénal a attachées à l'infraction des arrêtés municipaux; — Que la loi du 27 mars 1851 n'a point limité le pouvoir réglementaire en ce qui concerne la surveillance et la répression des comestibles dans les marchés; — Que si cette loi a érigé au rang des délits la vente ou l'exposition en vente d'une denrée alimentaire, que le vendeur savait être corrompue, il ne s'ensuit nullement qu'elle ait interdit à l'autorité municipale le droit, qu'elle tient des lois constitutives de son pouvoir réglementaire, de prohiber et de punir la mise en vente de denrées corrompues, même lorsque le vendeur n'a pas connaissance de leur état de corruption; — Que par conséquent le jugement attaqué du tribunal de police de Saint-Brieuc, du 24 janvier 1856, dès qu'il ne se déclarait pas qu'il y avait présomption que la femme Gicquel avait agi avec connaissance, aurait dû statuer sur la contravention à l'article 41 du règlement de police qui lui était déféré. — D'où il suit que...

Cass. crim. 29 août 1857. — La Cour, Mais attendu qu'il ne peut dépendre d'un maire de substituer des règlements de police aux dispositions de la loi et de supprimer l'application de l'article 479 (n° 8) du Code pénal dans sa commune, en prenant un arrêté qui défend les bruits et tapages nocturnes, dont l'infraction ne serait atteinte que par l'article 474 (n° 15) du Code pénal; — Qu'ainsi, en se fondant sur l'arrêté... — Casse.

Cass. crim. 5 avril 1867. — La Cour, Vu la loi du 24 août 1790, celle du 18 juillet 1837 et celle des 13-22 avril 1850; Vu également l'article 471 (n° 15) du Code pénal et le règlement municipal du 6 août 1866, dont les articles 2 et 3 sont ainsi conçus : Art. 2. Il est interdit d'établir des lieux d'aisances sur ledit ruisseau (celui des Tanneurs). Art. 3. Les latrines actuellement existantes seront supprimées dans le délai de trois mois de ce jour; — Attendu qu'un procès-verbal du commissaire de police ayant constaté que les inculpés avaient refusé de supprimer leurs latrines malgré les injonctions qui leur en avaient été faites, le juge de police saisi de la poursuite s'est déclaré incompétent, par le motif que le règlement précité avait été fait, en exécution de la loi des 13-22 avril 1850, sur les logements insalubres, et que les amendes prononcées par cette loi, étant supérieures à celles de simple police, dépassaient par là même les limites de sa juridiction; — Mais attendu que si le règlement du 6 août 1866 a visé, en même temps que les lois de 1790 et 1837, celle du 13 avril 1850 sur les logements insalubres, il n'en résulte pas

que les infractions prévues par ce règlement deviennent par là même passibles d'amendes prononcées par la loi de 1850; — Que, d'une part, cette loi n'a pour objet que les logements insalubres, c'est-à-dire les circonstances et les dispositions de l'aménagement intérieur, non les propriétaires usufruitiers ou usagers des maisons, mais seulement ceux qui les occupent à titre de location ; — Attendu qu'à aucun de ces titres les mesures prescrites par l'arrêté municipal ne rentraient dans l'objet de la loi du 13 avril 1850, qu'on ordonnant, par l'article 3 de cet arrêté, la suppression des latrines établies extérieurement au-dessus du ruisseau des Tanneurs, et en imposant cette suppression aux propriétaires eux-mêmes, le maire de Vernon n'avait fait qu'user du pouvoir réglementaire qu'il tient de la loi de 1790 pour tout ce qui se rapporte à la salubrité, et que la sanction générale des mesures par lui prescrites se trouvait dans l'article 471 (n° 15) du Code pénal; — Attendu, dès lors... — Casse.

(1) Il serait inutile de citer les arrêts de la Cour de cassation, qui sont en nombre considérable.

(2) Cass. crim. 7 mars 1857. — La Cour. Attendu qu'un arrêté du maire de Niort en date du 29 octobre 1856, approuvé par le préfet le 8 novembre suivant, prescrivait aux inculpés de faire enlever la toiture d'un passage public, par le motif qu'elle était dans un état de vétusté tel que son existence donnait les craintes les plus sérieuses pour la sûreté publique; — Attendu que cet arrêté avait été pris par l'autorité municipale dans les limites des pouvoirs qui lui sont conférés par la loi de 1790, ci-dessus visée ; — Que cet arrêté a été notifié régulièrement aux inculpés le 11 novembre 1856 ; — Attendu que les inculpés, n'ayant pas satisfait aux prescriptions de cet arrêté dans les délais qu'il fixait, ont été traduits devant le tribunal de simple police, sur le vu d'un procès-verbal dressé par le commissaire de police, et constatant cette inexécution ; — Attendu néanmoins que le juge a renvoyé les inculpés des poursuites, par le motif que cet arrêté ne pouvait être considéré comme pris d'urgence, et aurait dû être précédé d'expertise contradictoire et de sommation qui n'aurait pas eu lieu dans l'espèce ; — Attendu qu'en statuant ainsi le juge a confondu les attributions du pouvoir judiciaire et celles de l'autorité administrative; — Que le juge de police ne peut se refuser à reconnaître la force obligatoire des arrêtés pris par l'autorité municipale, dans les limites des pouvoirs qui lui sont conférés par la loi, et que c'est à l'autorité supérieure administrative qu'appartient le droit de rechercher si l'arrêté pris compétemment par un maire l'a été dans les formes voulues pour les règlements administratifs; — Attendu que, dans l'espèce, les inculpés avaient si bien reconnu cette nécessité, qu'ils avaient attaqué l'arrêté du maire de Niort devant l'autorité supérieure ; — Attendu, dès lors, que le juge... — Casse.

criptions, que le pouvoir réglementaire a le droit de faire, et certaines autres, à l'égard desquelles il est incompétent, les premières sont obligatoires, tandis que les secondes sont considérées comme non avenues, et l'illégalité de ces dernières ne peut pas réagir et ne réagit pas sur les autres (1).

1415. Lorsqu'un règlement municipal individuel est obscur dans sa rédaction, de telle manière que le juge de police ne sache pas ce qu'a voulu prescrire ou interdire l'autorité municipale dont il émane, le juge doit surseoir à statuer, jusqu'à ce que le sens de l'acte ait été fixé par cette autorité ou par le pouvoir administratif supérieur.

C'est en ce sens qu'il a été jugé plusieurs fois que le pouvoir judiciaire n'a pas le droit d'interpréter les règlements de l'autorité municipale, l'interprétation appartenant, dans ce cas, à cette autorité ou au pouvoir administratif supérieur.

Mais lorsqu'un règlement est général, le principe de l'indépendance des deux autorités ne fait plus obstacle à ce que l'autorité judiciaire l'interprète. Le règlement général est une loi, avons-nous dit déjà, une loi municipale si l'on veut, mais une loi ; or, le principe de la séparation des pouvoirs ne s'oppose pas à ce que l'autorité judiciaire interprète la loi qu'elle applique. Mais il ne faut pas oublier que la seule interprétation permise de la loi est l'interprétation doctrinale fondée sur le raisonnement, et non l'interprétation qui substitue une prescription à celle qui résulte de l'article interprété (2).

1416. Cependant, de ce que les tribunaux de police ne peuvent ni interpréter les arrêtés individuels ni modifier les arrêtés généraux, il ne faudrait pas conclure que ces tribunaux ne peuvent en faire l'objet d'un examen approfondi et en comparer les diverses parties les unes avec les autres, pour en rechercher le véritable sens. Seulement, lorsqu'ils reconnaissent, après examen, que le sens de l'arrêté est obscur, ils doivent surseoir à statuer, jusqu'à ce qu'il ait été interprété par l'autorité compétente.

1417. Mais lorsque l'arrêté municipal émane d'une autorité compétente, qu'il est clair dans ses termes, et que son objet rentre dans les attributions municipales, le juge de police ne peut se refuser à l'exécution. Il n'a à vérifier ni l'opportunité de l'arrêté, ni la possibilité même de son exécution (1). Si la

---

(1) Cass. crim. 31 mai 1856. — La Cour, Attendu, en droit, qu'il ressort des dispositions combinées des lois de 1790 et 1791 précitées, que l'autorité municipale a le droit de faire des règlements sur les objets de police confiés à sa surveillance, et notamment d'ordonner toutes les précautions locales, sur tout ce qui intéresse la liberté, la commodité et la sûreté de la voie publique, que le pouvoir dont elle est investie à cet égard se trouve maintenu et confirmé par l'article 7 de la loi du 17 mars 1791, puisque cet article n'accorde la liberté de l'industrie qu'à la charge de se conformer aux règlements de police qui sont ou pourront être faits ; — Qu'ainsi les arrêtés ci-dessus rentrent expressément, par leur objet, dans l'exercice légal des pouvoirs remis par la législation à l'autorité municipale ; — Attendu que l'on excipe vainement, pour échapper à l'exécution de la disposition réglementaire ci-dessus, de ce qu'il y aurait d'excessif, selon les prévenus, dans d'autres prescriptions desdits règlements, et spécialement dans celles de ces prescriptions qui attribuent à la compagnie Crémieux le droit exclusif de desservir avec ses omnibus diverses lignes déterminées, en s'arrêtant dans le parcours de ces lignes pour prendre et déposer des voyageurs ; — Qu'il est de règle, en effet, que chacun des arrêtés, pris par l'autorité municipale dans les limites de sa compétence, doit être apprécié selon la valeur qui lui est propre, avec indépendance les uns des autres, et sans que l'illégalité prétendue de certains puisse réfléchir sur ceux dont le caractère légal et la force obligatoire ne peuvent pas être contestés en eux-mêmes ; — Qu'il est également de règle, en matière d'arrêtés ainsi compétemment pris, que l'article 46, titre Ier, de la loi précitée des 16-24 juillet 1791 ouvre aux prévenus leurs recours devant l'autorité supérieure, s'ils prétendent, comme dans l'espèce, que les dispositions réglementaires de ces arrêtés gênent, dans leur ensemble ou dans certains de leurs détails, l'exercice de leur industrie, sans nécessité suffisante ou sans utilité plausible pour l'intérêt public, mais que de tels arrêtés doivent recevoir leur pleine et entière exécution tant qu'ils n'ont pas été régulièrement modifiés ou réformés par la seule autorité qui ait compétence pour apprécier le mérite des réclamations qui ont pu se produire; d'où il suit qu'en déclarant que les arrêtés ci-dessus visés des 16 avril et 4 août 1855 n'étaient ni légaux ni obligatoires... — Casse.

Cass. crim., ch. réunies, 24 février 1858. (Voy. infrà, no 1417.)

Cass. crim. 14 novembre 1868, D. P. 69.1.382 ; Cass. crim. 20 janvier 1872. — La Cour, Attendu, enfin, qu'il importerait peu que ledit arrêté comprît tout à la fois des prescriptions légales et des prescriptions illégales ; qu'en un effet chaque disposition dont la sanction pénale est demandée au tribunal de répression doit être examinée dans sa valeur intrinsèque et dans ses rapports de conformité avec la loi qui a conféré à l'autorité administrative le droit de faire des arrêtés sur la matière ; — Qu'il s'agissait seulement dans l'espèce de l'application de l'article 4 : — Qu'en le déclarant illégal... — Casse.

En ce sens, Cass., Cons. d'Ét. cont. 25 mars 1887. (Voy. infrà, no 1781.)

(2) En ce sens, Ducrocq, p. 32 ; Cass. crim. 28 septembre 1855, D. P. 56.1.347 ; Cass. crim. 10 juin 1864. — La Cour, Vu l'article 471 (no 15) du Code pénal et l'article 4 du Code Napoléon ; — Attendu qu'un règlement de police du maire de Sarrebourg, du 20 novembre 1857, approuvé par le préfet de la Meurthe, déclare les propriétaires ou locataires de la ville de Sarrebourg tenus de faire balayer chaque jour la voie publique devant leurs maisons ; — Que Guerre, menuisier à Sarrebourg, a été cité devant le tribunal de simple police de Sarrebourg comme inculpé de n'avoir pas, le 15 mars 1864, fait balayer la voie publique devant une maison dont il est propriétaire à Sarrebourg; — Que le jugement de simple police de Sarrebourg du 29 mars 1864 ordonne que, préalablement, le commissaire de police ou l'inculpé se pourvoiront devant l'autorité municipale de la ville de Sarrebourg, en interprétation de l'arrêté de police du 20 novembre 1857, pour faire décider si le pro-

---

priétaire peut, en cas de non-balayage, être l'objet de poursuites, quand, n'occupant pas sa maison, il l'a laissée à des locataires, ou si les locataires, substitués aux obligations du propriétaire, doivent subir les exigences des règlements sur le balayage ; — Attendu que les juges ne peuvent, aux termes de l'article 4 du Code Napoléon, refuser de juger sous prétexte de silence, de l'obscurité ou de l'insuffisance de la loi ; que, du principe posé par cet article, il résulte implicitement que les tribunaux de répression ont le droit et le devoir d'interpréter les lois et les règlements de police dont l'application leur est confiée; qu'ainsi, en refusant de statuer sous prétexte de l'obscurité d'un règlement de police... — Casse.

Cass. crim. 22 novembre 1872. — La Cour, Attendu que les arrêtés de police pris, soit par les préfets, soit par les maires, en vertu d'une délégation du pouvoir législatif, participent de la nature de la loi et s'y incorporent ; que le droit d'interpréter la loi appartient au pouvoir judiciaire; que, dès lors, de même il lui appartient d'interpréter ces arrêtés ; que c'est pour lui, aux termes de l'article 4 du Code civil, non seulement un droit, mais un devoir ; — Attendu que, par la disposition de son article 12, l'arrêté du préfet a modifié celui du maire du 11 novembre 1861, en ce que ce dernier ne prescrivait d'éclairer qu'à certains jours de l'année ; — Attendu qu'en statuant... — Casse.

(1) Cass. crim., ch. réunies, 24 février 1858. — La Cour, Vu l'article 50 du décret du 14 décembre 1789, l'article 3 (no 1), titre XI, de la loi des 16-24 août 1790, l'article 7 du décret des 2-17 mars 1791, l'article 46, titre I, de la loi des 19-22 juillet 1791, l'article 11 (no 1), titre II, chapitre I, de la loi du 18 juillet 1837 ; — Vu également les articles 7, 8, 9, 10, de l'arrêté municipal pris, le 16 avril 1855, par le maire de Marseille, relativement aux voitures chargées du transport en commun des voyageurs, les articles 10 et 13 d'un autre arrêté pris pour le même objet, le 4 août suivant, lesdits arrêtés régulièrement approuvés par le préfet du département des Bouches-du-Rhône, ensemble l'article 471 du Code pénal; — Attendu qu'il résulte des dispositions expresses des deux arrêtés du maire de Marseille ci-dessus visés, et spécialement des articles 7, 8, 9 : « Qu'il est défendu à tous entrepreneurs de voitures, autres que les entrepreneurs autorisés à cet effet, de s'arrêter avec leurs voitures sur quelque partie que ce soit de la voie publique pour prendre ou décharger des voyageurs; qu'en outre, aucune voiture, quelle qu'elle soit, ne pourra stationner ou circuler à vide en allant de rue en rue, pour proposer des places et s'offrir ainsi aux voyageurs; » — Attendu que des procès-verbaux réguliers dressés contre les défendeurs constatent que ces derniers ont contrevenu aux dispositions des susdits arrêtés, en se livrant avec leurs voitures au transport en commun des voyageurs dans le territoire de la ville de Marseille ; mais qu'ils prétendent que ces arrêtés ne sont ni légaux, ni obligatoires, et qu'ils n'étaient pas tenus de s'y soumettre; — Attendu, en droit, que les décrets des 14 décembre 1789, 16-24 août 1790 et 22 juillet 1791, en confiant à la vigilance et à l'autorité des corps municipaux tout ce qui intéresse la sûreté et la commodité du passage dans les rues, quais et voies publiques, leur ont expressément donné le droit de prendre des arrêtés pour prescrire ou défendre tout ce qu'ils jugent nécessaire pour arriver à ce but; — Attendu que la liberté de l'industrie des entrepreneurs et loueurs de voitures publiques, qui est régie par des lois particulières; qu'ils se bornent à réorganiser et à réglementer le service spécial et exceptionnel des voitures destinées au transport en commun des voyageurs dans la ville et territoire de Marseille, service qui ne pourrait, sans de graves inconvénients pour la circulation des voitures et la sûreté des personnes à pied, être laissé à la libre concurrence des entrepreneurs; — Attendu, dès lors, que les mesures ci-dessus prises dans un intérêt de police et de bon ordre, et fondées sur les dispositions formelles des lois de la matière, rentrent expressément dans leur objet dans le cercle légal des pouvoirs conférés à l'autorité municipale ; — Attendu que la liberté de l'industrie, proclamée par l'article 7 de la loi des 2-17 mars 1791, n'existe qu'à la charge de se conformer aux règlements de police qui sont ou pourront être faits, et que les restrictions que ces règlements apportent comme conséquences des mesures qu'ils prescrivent compétemment ne peuvent constituer une violation de l'article invoqué ; — Attendu que si les susdits arrêtés contiennent d'autres dispositions excessives, comme le prétendent les défendeurs, notamment en ce qu'ils attribuent à une seule compagnie le droit exclusif du transport en commun des habitants de la ville de Marseille, et ce par suite du traité fait pour réorganiser le service, la légalité de ces mesures d'ordre et de police n'en saurait être atteinte; qu'il est de règle, en effet, que chaque disposition d'un arrêté municipal, dont on demande la sanction pénale aux tribunaux, doit être examinée isolément, dans sa valeur intrinsèque et dans ses rapports avec la loi qui a conféré à l'autorité municipale le droit de faire

mesure prescrite par le maire est déraisonnable, si elle est contraire à la bonne règle, le préfet peut la rapporter ou la suspendre; mais le juge doit la respecter et la faire respecter tant que cette autorité supérieure ne l'a pas condamnée (1).

1418. L'obligation d'assurer l'exécution des arrêtés municipaux s'impose aux tribunaux, alors même que l'arrêté pris par le maire est frappé d'un recours par la voie gracieuse devant l'autorité supérieure, ou par la voie contentieuse devant le Conseil d'État, pour excès de pouvoir. En effet, d'une manière générale, les recours en matière administrative n'ont pas d'effet suspensif, et un refus d'exécution ou même un sursis à l'exécution se comprendrait moins encore dans une matière où il aurait pour effet de suspendre, sur la simple réclamation d'un particulier, l'exécution d'une mesure générale prise dans un intérêt public (2).

1419. Terminons les considérations que nous venons de présenter par un mot. Le juge des contraventions aux arrêtés municipaux est le juge de police, et la compétence de ce ma-

gistrat est déterminée par les règles du Code d'instruction criminelle. De même les conditions constitutives de la contravention sont celles qui sont fixées par la loi pénale générale.

1420. Aux termes de l'article 99 de la loi du 5 avril 1884, les pouvoirs de police municipale qui appartiennent au maire en vertu de l'article 91 ne font pas obstacle au droit du préfet de prendre, pour toutes les communes du département ou plusieurs d'entre elles, et dans tous les cas où il n'y a pas été pourvu par les autorités municipales, toutes mesures relatives au maintien de la salubrité, de la sûreté et de la tranquillité publiques.

Ces dispositions qui découlent du principe fondamental posé par les lois des 22 décembre 1789, 8 janvier 1790 et de diverses lois spéciales, ont pour objet de préciser les attributions des préfets, en tant qu'il s'agit de mesures dont l'initiative continue d'appartenir au maire, mais qui, intéressant la tranquillité, la sûreté ou la salubrité publiques, doivent être prises par le préfet si l'initiative du maire n'y a pas pourvu. Ainsi la négligence, l'inertie ou le mauvais vouloir des autorités municipales ne sauraient paralyser ou arrêter l'exercice des pouvoirs de police générale du préfet dans la sphère légitime d'action qui lui est assignée.

1421. La police générale, la police municipale et la police rurale ont des buts immédiats de même nature : le bon ordre ou la tranquillité, la sûreté et la salubrité publiques. Elles s'appliquent en outre, le plus souvent, aux mêmes matières ou objets. Elles ne diffèrent essentiellement que sous le rapport du nombre plus ou moins considérable des personnes dont elles tendent, en assurant l'ordre, la tranquillité, la sécurité, la salubrité, à défendre ou protéger la vie, les droits ou les intérêts. En effet, l'existence, les droits ou les intérêts que la police générale a pour mission de défendre ou de protéger par les mesures qu'elle comprend sont ceux de la société tout entière, de l'État, d'un département ou d'une partie d'un département comprenant plusieurs communes. La police municipale et la police rurale au contraire ont seulement pour mission de défendre ou de protéger les existences, les droits ou les intérêts renfermés dans la circonscription territoriale de la commune. Il rentre, par conséquent, dans les attributions de la police générale de prendre, sur les objets que le législateur n'a pas formellement ou implicitement soustraits à son action, les mesures qui ont un ou plusieurs des buts immédiats qu'elle doit poursuivre, lorsqu'elles intéressent les habitants soit de toute la France, soit de l'ensemble d'un département ou d'une de ses parties dépassant les limites d'une commune.

1422. Cette connexité de la police générale et de la police municipale et rurale, depuis que les lois de 1790 et de 1791 ont confié la première aux agents de l'administration centrale et la seconde à ceux de l'administration communale, a donné lieu à d'interminables controverses sur le principe des droits réciproques des deux administrations, et à de non moins interminables conflits de jurisprudence sur l'exercice de ces mêmes droits. Et l'on a pu, toutes les fois qu'une loi municipale a été discutée devant les assemblées délibérantes, en 1837, en 1850, en 1884, proposer les systèmes les plus opposés en se les étayant des avis des jurisconsultes et des arrêts des tribunaux. Nous n'avons pas l'intention de reprendre le débat, qui est, en grande partie, tranché par le texte nouveau de l'article 99. Mais pour bien pénétrer le sens de cet article, il est nécessaire de faire un rapide exposé de l'état des choses.

Aux termes de la loi de 1837, articles 10 et 11, le maire était seul chargé d'ordonner les mesures relatives à la police municipale et rurale, sous la surveillance du préfet; il était chargé d'exécuter les mesures de police générale sous l'autorité du même fonctionnaire. Aucun droit de police municipale n'était reconnu au préfet. Mais en vertu de l'article 3 de la loi du 28 pluviôse an VIII et de l'article 3, paragraphe 1er, de la loi du 10 août 1871, le préfet était le représentant du pouvoir exécutif dans le département, et chargé seul de l'administration. Or, de la combinaison de ces dispositions diverses, on avait tiré les règles d'administration suivantes :

Le préfet puisait, dans ses droits de prendre des arrêtés réglementaires pour les besoins particuliers du département,

---

des règlements sur des matières déterminées; — Attendu que lorsque ces arrêtés ont été complétement pris, l'article 46, titre I, de la loi des 19-22 juillet 1791, ouvre seulement aux plaignants leurs recours devant l'administration supérieure, s'ils prétendent, comme dans la cause, que des dispositions excessives gênent dans leur ensemble ou dans quelques parties l'exercice de leur industrie, sans nécessité suffisante ou sans utilité plausible pour l'intérêt public; mais que ces arrêtés doivent recevoir leur pleine et entière exécution, tant qu'ils n'ont pas été réformés ou modifiés par la seule autorité compétente pour apprécier le mérite des réclamations qui ont pu se produire; — Attendu qu'en déclarant... — Casse.

Cass. crim. 8 décembre 1865. — La Cour, Attendu que l'arrêté du 3 mai 1865 a été pris dans les limites du pouvoir réglementaire conféré à l'autorité municipale par les lois susvisées; qu'il a eu pour but, en maintenant l'usage qui avait affecté à l'abreuvage des bestiaux une partie de la rivière d'Auron, en amont des ponts, d'empêcher que les eaux, à cet endroit, ne fussent détériorées par le lavage des linges, hardes et lainages; que pris ainsi au point de vue de la propreté, de la salubrité, et à l'effet de prévenir des accidents calamiteux, tels que les épizooties, cet arrêté statuait sur des intérêts confiés à la vigilance de l'autorité municipale; qu'il était donc légal et obligatoire, aussi longtemps qu'il n'aurait pas été réformé par l'autorité administrative supérieure; — Et attendu qu'il y a incompétence et excès de pouvoirs dans la censure dirigée par le tribunal contre ledit arrêté; — Qu'il ne saurait, en effet, appartenir au pouvoir judiciaire d'apprécier l'opportunité, la justice ou l'efficacité des mesures ordonnées par le pouvoir administratif dans la sphère de ses attributions; que c'est donc par une violation expresse... — Casse.

Cass. crim. 10 juillet 1868. — La Cour, Vu l'article 471 (n° 15) du Code pénal; — Attendu que le jugement attaqué a renvoyé l'inculpé des fins de la prévention résultant de l'inexécution d'un arrêté de police relatif à la construction des fosses d'aisances, en déclarant que cette inexécution était justifiée par des circonstances de force majeure, et qu'il fait résulter cette force majeure des difficultés que l'établissement d'une fosse d'aisances ou des tinettes présente dans la maison de l'inculpé; que les difficultés que soulève l'exécution d'un arrêté de police ne peuvent être assimilées à un cas de force majeure; qu'il n'appartient pas au juge, lorsqu'il reconnaît d'ailleurs la légalité de l'arrêté, de les apprécier; que ces appréciations rentrent dans les attributions de l'autorité administrative, qui peut ou modifier son arrêté, ou prendre les mesures nécessaires pour en faciliter l'application; — Que, par conséquent, le jugement attaqué... — Casse.

En ce sens, Cass. crim. 14 janvier 1878, D. P. 79.1.440.

(1) Cass. crim. 9 avril 1863. — La Cour, Mais attendu que le juge de police, en prononçant l'acquittement sur ces motifs, a méconnu les principes de la matière; qu'en effet, les tribunaux de police ne peuvent se refuser à appliquer des arrêtés complétement pris par l'autorité municipale; que l'article 46 du titre 1er de la loi des 19-22 juillet 1791 ouvre seulement aux particuliers un recours devant l'administration supérieure, s'ils prétendent que des dispositions excessives apportent quelque entrave à leur droit de propriété ou gênent l'exercice de leur industrie, sans nécessité suffisante pour l'intérêt public, mais que ces arrêtés doivent recevoir, vis-à-vis de tous, leur pleine et entière exécution, tant qu'ils n'ont pas été réformés ou modifiés par la seule autorité compétente pour apprécier le mérite des réclamations qui ont pu se produire; — Attendu qu'il suit de là... — Casse.

(2) Cass. crim. 18 juillet 1846, D. P. 46.4.434; Cass. crim. 8 janvier 1858. — La Cour, Sur la première branche du premier moyen... (sans intérêt); Sur la seconde branche du même moyen tirée de ce que le recours, exercé devant le ministre par Griffon d'Offoy contre l'arrêté préfectoral susdaté, serait suspensif de sa nature, et qu'on ne saurait considérer comme une décision sur ce recours la lettre ministérielle du 10 février 1857; — Attendu que les arrêtés des préfets sont exécutoires à partir du moment où ils ont été légalement publiés; qu'il n'est pas possible d'admettre que le silence de la loi que le simple recours d'une partie privée ait le grave effet de suspendre nécessairement l'exécution d'une mesure prise dans un intérêt général; que l'intérêt particulier est suffisamment garanti par le droit qui appartient aux préfets de prononcer eux-mêmes, suivant les circonstances un sursis à l'exécution de leurs arrêtés. — Rejette.

En ce sens, Cass. crim. 7 décembre 1861, Bull. crim. à sa date.

celui de faire des règlements de police, sous la double condition que ceux-ci : 1° fussent applicables dans toutes les communes du département ; 2° qu'ils eussent pour objet des mesures de sûreté générale et de sécurité publique.

Le préfet tirait des prescriptions de quelques lois spéciales le pouvoir de faire des règlements pour leur exécution : telles étaient les lois sur la chasse, la pêche, les chemins vicinaux, les chemins de fer, etc.

Le préfet n'avait aucun droit de réglementer les matières d'ordre exclusivement municipal, telles que celles relatives à la salubrité de la commune ou à la police rurale.

Le maire avait un droit exclusif de réglementer en matière de police municipale et rurale.

Le maire avait, avec le préfet, un droit de règlement en matière de sécurité publique, mais ce droit était limité par celui du préfet.

Le maire n'était que l'exécuteur des règlements pris par le préfet ayant pour objet des mesures de sûreté générale ou d'application des lois spéciales.

Mais dans quels cas une mesure était-elle de police municipale ou de police rurale pure? dans quel cas de police de sécurité publique? A cet égard, les arrêts de la Cour de cassation et ceux du Conseil d'État remplaçaient les textes de loi : malheureusement les distinctions étaient subtiles, et les décisions sinon contradictoires, du moins sujettes à la critique (1). Cette situation doctrinale, qui engendrait de nombreuses difficultés dans la pratique administrative, était difficile à maintenir. Le législateur l'a fait cesser par les dispositions de l'article 99, qui a été voté après de nombreuses tergiversations parlementaires et malgré une opposition très vive dans l'examen desquelles nous n'avons pas à entrer.

En réalité, le législateur a voulu mettre fin au conflit qui existait entre les pouvoirs du préfet et ceux du maire en matière de police municipale, et subordonner le maire au préfet (2). Ce but de la loi, aperçu des adversaires de l'article 99, a été contesté par ses partisans, mais il résultait de la nature même des choses, et le texte voté, dans les termes où il est conçu, ne laisse aucun doute.

Le préfet peut prendre des arrêtés réglementaires de police municipale non seulement pour toutes les communes du département, mais encore pour quelques communes seulement, à la seule condition que son arrêté ne s'applique pas à une seule commune isolément.

Nous disons des arrêtés de *police municipale*, quoique le texte de l'article 99 parle seulement de mesures de *salubrité, de santé et de tranquillité publiques ;* mais si l'on se reporte au paragraphe 1er de l'article 97, on remarquera que la loi a déclaré police municipale celle qui a pour objet d'*assurer le bon ordre*, c'est-à-dire la tranquillité publique, *la sûreté* et la *salubrité publiques* (3).

1423. La seule restriction qui ait été apportée au droit du préfet consiste dans cette disposition insérée dans la loi, que ce fonctionnaire ne peut prendre d'arrêté réglementaire dans les cas où il y a été pourvu par les autorités municipales.

1424. Quelle est la valeur de cette restriction ? On s'est

demandé notamment quel serait le droit du préfet au cas où le maire aurait fait dans la commune un règlement sur une matière, et s'il pourrait prendre un arrêté général départemental applicable même à la commune réglementée. Cette question, posée devant le Sénat au moment où a été discuté l'article 99 (1), a été résolue par le rapporteur. « Lorsqu'un maire a cru devoir prendre son arrêté, a-t-il répondu, cela ne peut pas faire obstacle à ce que le préfet prenne un arrêté permanent, et à ce que cet arrêté permanent soit obligatoire pour toutes les communes du département. » Cette explication peut être acceptée, et sera, sans doute, admise par la jurisprudence, mais à l'encontre elle l'expression dont s'est servie la loi.

1425. Il peut se faire qu'une mesure intéressant la salubrité, la sûreté ou la tranquillité publiques ne doive recevoir son exécution que dans une seule commune. Le droit préfectoral peut être également exercé, mais la loi a édicté une garantie, dans ce cas, en faveur de l'autorité municipale. Elle a voulu que le préfet ne pût user de son pouvoir qu'après une mise en demeure adressée au maire et demeurée sans résultat.

1426. Le maire qui n'a point satisfait à la réquisition préfectorale ne peut élever aucune réclamation contre l'arrêté, pris ensuite par le préfet ; il ne le peut au nom de la commune, parce que le préfet a usé d'un droit que la loi lui accordait expressément ; il ne le peut comme chargé de la police municipale, parce qu'il est en cette matière le subordonné du préfet, et comme le subordonné ne peut réclamer contre les mesures administratives générales qu'arrête l'autorité supérieure (2).

1427. Les dispositions de l'article 99 ne peuvent trouver leur application que lorsqu'il s'agit de police générale ou de police municipale, non lorsqu'il s'agit simplement de police rurale. A cet égard, le préfet n'a pas plus de droits sous l'empire de la loi nouvelle qu'il n'en avait sous celui de la loi de 1837. L'autorité municipale seule reste chargée du soin de réglementer les matières à ce relatives.

SECTION II.

DE LA POLICE DES RUES ET PLACES PUBLIQUES.

1428. L'article 97 détermine le domaine de la police municipale proprement dite, c'est-à-dire séparée de la police rurale, définie par le titre II de la loi du 28 septembre et 6 octobre 1790.

Il énumère en même temps les mesures les plus importantes qu'elle comprend. L'énumération presque tout entière est empruntée, sauf quelques différences de rédaction, à la loi des 16-24 août 1790 (titre XI, art. 3). Les mesures qu'elle mentionne, en dehors de celles prévues dans cette dernière loi, ont pour objet le mode de transport des personnes décédées, les inhumations et les exhumations, le maintien du bon ordre et de la décence dans les cimetières, sans qu'il soit permis d'établir des distinctions ou des prescriptions particulières à raison des croyances et du culte du défunt ou des circonstances qui ont accompagné sa mort.

Le paragraphe 1, emprunté au décret de l'Assemblée nationale du 14 décembre 1789, définit en termes généraux l'objet

---

(1) C'est ainsi que la Cour de cassation a refusé de reconnaître comme rentrant dans les attributions de police générale du préfet, les arrêtés par lesquels il réglementait dans toutes les communes du département le balayage et le nettoiement des voies publiques pour en assurer la propreté, ou par lesquels il imposait aux chevriers l'obligation de munir de clochettes et de museliéres les chèvres conduites aux pâturages (C. de cas., ch. crim., arrêts des 28 juin 1861, 6 juillet 1860). Mais elle a déclaré obligatoires, comme ayant le caractère d'utilité générale, les arrêtés préfectoraux réglementant, dans toutes les communes du département, les ouvertures en chaume, les bals publics, les heures d'ouverture et de fermeture des débits de boissons, la divagation des chiens, les dépôts de fumiers ou d'immondices à proximité des habitations (C. de cass., ch. crim., arrêts des 12 septembre 1845, 19 et 26 janvier 1855, 15 novembre 1856, 17 mai 1861, 4 janvier 1862, 6 juillet 1867, 17 janvier 1868).

(2) En ce sens, Ducrocq, n° 81.

(3) La pensée de la loi a été rendue plus manifeste par ce fait qu'un amendement présenté à la Chambre des députés et proposant de substituer aux mots : *salubrité, sûreté et tranquillité publiques* ceux de *sûreté et salubrité générales*, a été rejeté. (Chambre des députés. Séance du 21 mars 1884.)

(1) Séance du 6 mars 1884.

(2) Cons. d'Et. cont. 13 janvier 1853. — Vu la requête présentée par le sieur Amédée Danar, faisant fonctions de maire de la commune de Lectoure, agissant en cette qualité, et tendant à l'annulation, pour incompétence et excès de pouvoir, d'un arrêté du préfet du Gers, en date du 22 janvier 1850, par lequel ledit préfet, sur le refus du maire de Lectoure, et en vertu de l'article 15 de la loi du 18 juillet 1837, a déterminé d'office les heures d'ouverture et de fermeture des cafés, cabarets et autres lieux publics... ; — Considérant que l'arrêté du préfet du Gers, en date du 22 janvier 1850, était relatif à des mesures de police dont le maire de Lectoure était chargé d'assurer l'exécution ; — Considérant que le sieur Amédée Danar faisant fonctions de maire était, à ce titre, sans qualité pour se pourvoir contre ledit arrêté... — Rejette.

de la police municipale, qui est d'assurer le bon ordre, la santé et la salubrité publiques.

1429. Le premier devoir de la police municipale est de protéger la sûreté et la commodité du passage dans les rues, quais, places et voies publiques existant dans les agglomérations d'habitants, que ces voies appartiennent à la grande ou à la petite voirie (1), ce qui comprend : le nettoiement, l'éclairage, l'enlèvement des encombrements, la démolition ou la réparation des édifices menaçant ruine, l'interdiction de rien exposer aux fenêtres ou aux autres parties des édifices qui puisse nuire par sa chute, l'interdiction de rien jeter qui puisse endommager les passants, ou causer des exhalaisons nuisibles.

Reprenons chacune de ces obligations municipales.

§ 1. — Nettoiement et balayage.

1430. Le nettoiement comprend plusieurs opérations diverses qui ont pour but la propreté relative des voies de circulation dans une commune ; ce sont : le balayage, l'enlèvement des boues et immondices, celui des glaces et des neiges, et des encombrements accidentels ; l'enlèvement des matériaux et fardeaux déposés, et l'arrosement.

1431. Le balayage et l'enlèvement des boues et ordures dans les rues et places des villes, bourgs et villages, est le plus sûr moyen d'assurer la salubrité publique. Les maires doivent faire des règlements à cet effet, et tenir la main à ce qu'ils soient exécutés. Il peuvent fixer les heures auxquelles il doit y être procédé.

1432. En principe, le balayage doit être exécuté par les propriétaires et locataires devant leurs maisons, et aux frais de la commune sur les places et vis-à-vis des propriétés publiques.

1433. Dans les communes où le balayage est prescrit aux habitants par un arrêté municipal, l'infraction à l'arrêté existe non seulement lorsque le balayage n'a pas lieu, mais encore lorsqu'il y a été procédé après l'heure prescrite par l'arrêté.

1434. Le balayage est une charge de la propriété des maisons devant lesquelles il doit s'opérer. Le propriétaire est tenu de le faire exécuter alors même qu'il n'habite pas la maison, qu'il en soit absent (2), ou que la maison est inhabitée. Le propriétaire n'échappe pas à la responsabilité en convenant avec un locataire que le balayage sera à la charge de ce dernier (3).

1435. Lorsqu'un propriétaire traite avec un entrepreneur pour le balayage devant sa maison, il n'en reste pas moins passible directement des peines auxquelles peuvent donner lieu les contraventions. L'entrepreneur n'est que civilement responsable vis-à-vis de lui (4).

1436. Le balayage n'est mis à la charge des locataires des boutiques que lorsque le règlement prescrit *aux propriétaires ou locataires* de balayer la voie publique devant les maisons, boutiques, etc. (5).

1437. Le droit de l'administration s'étend sur tout ce qui sert à la circulation publique des habitants, quand même cette circulation aurait lieu sur une propriété privée.

Une impasse à l'égard de laquelle il est établi qu'elle est livrée, pendant le jour, à la circulation publique, et que, bien que fermée pendant la nuit, elle sert pendant sa durée aux habitants des maisons qui y aboutissent, est soumise aux mesures prescrites par l'autorité municipale pour le balayage et le nettoyage des rues et passages. Peu importe d'ailleurs que cette impasse forme une propriété particulière (1).

Il en est de même des cours *communes* existant dans une ville, s'il n'est pas constaté qu'elles sont closes et séparées de la voie publique, de telle sorte qu'on ne puisse s'y introduire pendant le jour qu'en franchissant une clôture quelconque (2).

1438. Lorsqu'un arrêté municipal prescrit le balayage au-devant des maisons et de leurs dépendances, ce dernier mot ne doit s'entendre que des parties de terrains qui, situées dans l'intérieur de l'agglomération, y sont attenantes à l'habitation ; il ne saurait évidemment s'entendre des jardins éloignés et séparés, ou des parties de jardin, qui, bien qu'attenantes à une habitation, sont situées en dehors de l'agglomération (3).

1439. Les seuls locataires à la charge desquels puisse être

---

(1) Cass. crim. 2 juin 1837. — La Cour, Vu l'article 471 (n° 3) du Code pénal ; — Attendu qu'il résulte du procès-verbal qui a été dressé, et qu'il est reconnu par le jugement attaqué, que, contrairement à l'article 2 de l'arrêté de maire de Versailles, du 17 avril 1832, lequel prescrit le balayage au-devant des maisons, les sieur et dame Guernelle, nonobstant les avertissements réitérés qui leur ont été donnés, n'avaient point fait balayer une impasse qui leur appartient et qui sert de passage à plusieurs propriétaires dont les maisons aboutissent sur cette impasse ; — Attendu que pour renvoyer les sieur et dame de Guernelle de la plainte, le tribunal de police de Versailles s'est fondé vainement sur ce que cette impasse ou cul-de-sac est fermée au public pendant la nuit, par une porte qui reste ouverte pendant le jour ; — Qu'il importe peu que ce passage soit ou ne soit pas une propriété particulière, mais qu'il faut seulement considérer son usage et sa destination pour savoir s'il doit être compris dans les mesures prescrites par l'autorité municipale concernant le balayage et le nettoyage des rues et des passages ; — Attendu qu'il est établi par le jugement attaqué que ce cul-de-sac est livré à la circulation publique pendant le jour ; — Qu'il sert de communication à un certain nombre d'habitants pendant le jour et la nuit ; — Qu'ainsi il importe à la salubrité publique, comme à la commodité du passage et à la libre circulation des habitants, qu'il ne soit pas affranchi de l'obligation imposée aux propriétaires de faire balayer le devant de leurs maisons ; D'où il suit que... — Casse.

(2) Cass. crim. 22 avril 1842. — La Cour, Vu les articles 10 et 11 de la loi du 28 juillet 1837, les numéros 4 et 5 de l'article 3, titre II, de celle des 16-24 août 1790, l'arrêté du maire d'Elbœuf en date du 12 janvier 1842, dûment approuvé, lequel prescrit le balayage journalier des cours communes qui existent dans cette ville, soit qu'elles appartiennent à plusieurs propriétaires, soit qu'étant la propriété d'un seul, plusieurs locataires ou sous-locataires les occupent ensemble, le numéro 15 de l'article 471 du Code pénal et l'article 161 du Code d'instruction criminelle ; — Attendu qu'il est reconnu que les prévenus ne se sont point conformés à l'arrêté précité, le 23 mars dernier, que le jugement dénoncé ne déclare point que les cours communes dans lesquelles ils habitent sont closes et séparées de la voie publique, de telle sorte qu'on ne puisse s'y introduire pendant le jour en franchissant une fermeture quelconque ; — Qu'en se fondant donc uniquement, pour s'abstenir de réprimer la contravention dont il était saisi, sur les motifs que ces cours ne sauraient être considérées comme un passage public et que les agents de police n'avaient pas le droit d'y pénétrer à l'effet de reconnaître et constater ladite contravention, le tribunal... — Casse.
En ce sens, Cass. crim. 21 juillet 1883, *Bull. crim.*, p. 314.

(3) Cass. crim. 13 mars 1862, *Bull. crim.*, p. 108 ; Cass. crim. 5 janvier 1884. — La Cour, En ce qui concerne la première branche du moyen : — Attendu que l'obligation du balayage qui pèse sur les habitants d'une commune se règle par les termes de l'arrêté municipal qui détermine dans quelle mesure le balayage doit être exécuté ; — Attendu que l'arrêté de police du 14 juin 1851, en vigueur à Bordeaux, dispose : « Art. 1er. Dans toutes les rues et autres voies publiques chaussées ou non, les propriétaires et locataires des maisons, les portiers et concierges des établissements publics, sont tenus de faire balayer tous les jours, aux heures ci-après fixées, toute l'étendue du pavé au-devant de leurs maisons à partir du mur jusqu'au milieu de la voie chaussée ; » — Attendu que cette disposition du règlement n'impose l'obligation du balayage qu'aux propriétaires ou locataires des maisons au-devant de leurs maisons, qu'elle ne doit pas être étendue au delà de ses termes, aux propriétaires des terrains vagues longeant la voie publique qui ne sont pas des dépendances d'habitations ; — Attendu qu'il résulte des qualités du jugement attaqué que la dame Perronat, inculpée d'avoir contrevenu à l'arrêté précité, avait soutenu dans ses conclusions qu'elle n'était ni propriétaire, ni locataire d'une maison bordant la voie publique ; — Que l'emplacement qui fait l'objet du procès-verbal ne forme point une dépendance de son habitation et qu'il n'existe sur ce terrain aucune construction ; — Attendu que, sans contester ces allégations, le juge de simple police a décidé que tout emplacement bordant la voie publique assujettissait le propriétaire riverain à l'obligation du balayage ; — Qu'en statuant ainsi et en faisant application à la dame Perronat de la peine portée en l'article 471-3 du Code pénal, il a fait de l'arrêté municipal... — Casse.

---

(1) Cass. crim. 8 janvier 1885. — Attendu que le pouvoir réglementaire des maires, pour assurer la sécurité et la commodité du passage, ou la salubrité, s'étend à toutes les voies publiques, même à celles qui font partie de la grande voirie ; — Que ce principe, certain sous l'ancienne législation, a été confirmé par la loi du 4 avril 1884 ; — Que, dès lors, l'arrêté du 24 novembre 1884 du maire de Bordeaux est obligatoire... — Casse.

(2) Nous citons ici quelques arrêts seulement : Cass. crim. 9 juin 1832; Cass. crim. 6 avril 1823 ; Cass. crim. 25 juillet 1845 ; Cass. crim. 11 septembre 1847 ; Cass. crim. 4 mai 1848 ; Cass. crim. 1er mars 1851 ; Cass. crim. 6 novembre 1857 ; Cass. crim. 10 février 1858 ; Cass. crim. 13 juillet 1859 ; Cass. crim. 28 novembre 1861 ; Cass. crim. 15 janvier 1875 ; Cass. crim. 3 décembre 1880 ; Cass. crim. 3 juin 1881 ; Cass. crim. 21 juillet 1883, *Bull. crim.*, p. 314.

(3) Cass. crim. 13 février 1884 ; Cass. crim. 25 juillet 1845, D. P. 45.4.43 ; Cass. crim. 10 février 1858, *Bull. crim.*, p. 103 ; Cass. crim. 29 mai 1880, *Bull. crim.*, p. 387.

(4) Cass. crim. 31 août 1854, D. P. 54.1.375.

(5) Cass. crim. 19 février 1858, D. P. 58.5.29 ; Cass. crim. 3 juin 1881, D. P. 82.1.44.

mise l'obligation de balayage sont ceux des rez-de-chaussées ; mais si un locataire habitait un rez-de-chaussée et un propriétaire un étage ou le reste de la maison, l'obligation incombe à ce propriétaire (1), par la raison qu'elle est une charge de la propriété.

1440. A l'égard des établissements publics, l'obligation du balayage pèse sur ceux qui en ont été constitués concierges ou gardiens, et l'arrêté local les substitue virtuellement à l'administration propriétaire. On les doit donc considérer comme les gardiens du monument, encore bien que ce soin ne leur ait pas été expressément confié (2).

1441. Les communes doivent, en qualité de propriétaires, procéder au balayage des établissements et immeubles municipaux ; mais elles peuvent imposer ce soin aux locataires qui habitent les immeubles, ou aux habitants et industriels pour le service et la commodité desquels les établissements et les immeubles ont été édifiés. Ainsi le balayage des halles et marchés peut être imposé aux marchands de comestibles qui s'y tiennent, celui des abattoirs aux bouchers qui y tuent, etc. (3).

1442. Les communes ont à leur charge le nettoiement des places, boulevards et avenues dont la largeur dépasse l'étendue à laquelle est limitée par l'usage et les règlements l'obligation des riverains.

1443. Beaucoup de villes font procéder elles-mêmes au balayage, au lieu et place des propriétaires et locataires, moyennant un abonnement dont le chiffre est fixé par délibération du conseil municipal approuvé par le préfet ; cet abonnement est facultatif. Il se recouvre conformément à l'article 154 de la loi du 15 avril 1884, sur états dressés par le maire et rendus exécutoires par le sous-préfet. Les contestations relatives à cet abonnement sont de la compétence des tribunaux civils.

En général, les traités d'abonnements qui interviennent entre les villes et les entrepreneurs de balayage stipulent concurremment des dommages-intérêts et l'application des peines de police en cas d'inexécution du marché passé. On s'est demandé si de tels traités, en cette dernière partie, étaient valables et si les actes intervenus pouvaient être considérés à la fois comme des contrats administratifs et comme des arrêtés de police individuels; contrats administratifs auxquels s'applique la sanction civile des articles 1134 et 1142 du Code civil, arrêtés de police punissables des peines de l'article 471 (n° 15).

En effet, quand le pouvoir municipal prescrit certaines mesures de police dans l'intérêt de la généralité des habitants, il ne fait que constater la mesure du sacrifice que chacun doit à l'intérêt commun. Celui qui s'y refuse commet une faute envers ses concitoyens, et il ne doit pas seulement la réparation du dommage, il doit encore subir une peine satisfactoire quant à lui, et exemplaire quant aux autres. Dans cet ordre d'idées, il n'intervient aucun contrat entre le pouvoir qui ordonne et le citoyen qui obéit. Au contraire, quand, pour affranchir les habitants d'un service auquel ils sont personnellement tenus à raison même de leur agglomération, le pouvoir municipal traite avec un entrepreneur, il ne contracte pas vis-à-vis de celui-ci une obligation naturelle ; il ne fait pas acte de police, il fait acte d'administration ; il n'ordonne pas dans la mesure de ses pouvoirs et indépendamment de la volonté d'autrui, il stipule et débat un contrat qui ne deviendra obligatoire que par le consentement de l'autre partie.

Toute la question se réduit donc à savoir si un contrat synallagmatique peut, malgré les termes de l'article 1107 du Code civil, être soumis à d'autres règles que celles du droit civil. Malgré les articles 6, 1128, 1131 et 1133 du Code civil, l'application des lois pénales peut-elle faire l'objet d'une convention? Celui qui a passé un marché avec une commune peut-il se soumettre indirectement à l'application d'une contrainte criminelle, en consentant que l'inexécution de son obligation se résolve non pas en dommages-intérêts, mais en une peine d'amende de police (1)?

Cependant une jurisprudence presque constante de la cour de cassation, et aujourd'hui bien établie, n'hésite pas à reconnaître la validité de telles stipulations. Le raisonnement de la cour supérieure suprême peut se résumer en quelques mots:

---

(1) Cass. crim. 13 novembre 1834, *Bull. crim.* ; Cass. crim. 11 septembre 1847; Cass. crim. 24 mai 1855 ; Cass. crim. 7 avril 1864 ; Cass. crim. 3 décembre 1880. — La Cour, Vu l'article 471 (n° 3) du Code pénal; Vu l'article 10 du règlement de police de la ville de Lorient en date du 19 mars 1857, lequel est ainsi conçu : « Les propriétaires ou locataires occupant le rez-de-chaussée des maisons situées sur la voie publique, les concierges, portiers et gardiens seront tenus de balayer régulièrement tous les jours la voie publique et les ruisseaux au-devant des maisons. »
En droit, attendu que l'obligation de balayer la voie publique dans la commune où ce soin est laissé aux habitants constitue une charge de la propriété; — Qu'elle pèse sur le propriétaire aussi bien lorsqu'il habite la maison que lorsqu'il ne l'habite pas, aussi bien lorsque la maison est habitée que lorsqu'elle est inhabitée; — Attendu que cette charge peut aussi incomber aux locataires, mais seulement lorsqu'ils habitent seuls la maison, circonstance qui permet de les considérer comme ayant assumé, au lieu et place du propriétaire et solidairement avec lui, l'obligation de balayer la rue; — Qu'il en est autrement, lorsque le propriétaire habite une partie de la maison louée; que dans ce dernier cas et alors même que le nettoiement de la rue serait mis par l'arrêté municipal à la charge des habitants du rez-de-chaussée, le défaut de balayage engage exclusivement la responsabilité du propriétaire et ne peut motiver qui contre lui une poursuite en simple police... — Par ces motifs, casse.
(2) Cass. 16 mars 1821; Cass. crim. 30 mai 1846. — La Cour, Vu l'article 471 (n° 3) du Code pénal; — Vu l'article 463 du règlement général de police de la ville de Poitiers du 30 juin 1845, lequel est ainsi conçu : « Les propriétaires ou locataires des maisons situées sur la voie publique sont tenus de balayer ou de faire balayer complètement et régulièrement, tous les jours, la voie publique au-devant de leurs maisons, boutiques, murs de clôture et autres emplacements quelconques ; » — Attendu que l'obligation, imposée par ledit article du règlement de police précité de la ville de Poitiers aux propriétaires ou locataires, s'applique nécessairement à tout concierge d'un établissement consacré à un service public, parce que, dans ce cas, le concierge d'un tel établissement se trouve virtuellement, en ladite qualité, substitué au propriétaire, quant aux obligations de police de la nature de celles dont il s'agit dans le numéro 3 de l'article 471 du Code pénal, et qu'il est, par conséquent, tenu de s'y conformer, sous les peines portées audit article ; — Attendu que le jugement attaqué reconnaît, en fait, que le sieur Leroux est concierge de la caserne dite Sainte-Catherine, à Poitiers, et qu'il habite aussi cet établissement comme locataire ; — Que ledit jugement déclare qu'en qualité de concierge le règlement de police précité ne lui impose aucune obligation, et que, comme locataire, il ne peut être tenu de balayer qu'au-devant de la porte principale de l'établissement, ce qui s'est fondé sur ce que ledit Leroux s'est conformé à cette dernière obligation, pour le relaxer des fins de la poursuite dirigée contre lui; — Et attendu qu'il résulte d'un procès-verbal régulier... — Par ces motifs, casse.
(3) Cass. crim. 27 décembre 1878. — La Cour, Sur le moyen de cassation pris de la violation tant de l'article 6 de l'arrêté municipal pris par le maire de Fontenay-le-Comte à la date du 30 novembre 1884, que de l'article 471 (n° 15) du Code pénal : — Attendu que l'article 6 de l'arrêté précité impose aux bouchers de la ville de Fontenay-le-Comte l'obligation de balayer et de laver à leurs frais l'abattoir de cette ville, à des heures que cet article détermine, pour les mois d'hiver et les mois d'été ; — Attendu qu'un rapport de police, dressé à la date du 3 septembre 1878, constate que ledit jour, contrairement aux prescriptions de cet arrêté, le balayage et le nettoiement de l'abattoir n'avaient pas eu lieu; — Attendu que, cités à raison de ce fait devant le tribunal de simple police de Fontenay-le-Comte, les sieurs Freland et consorts, tous bouchers ayant tué, défendeurs au pourvoi, n'ont pas méconnu le fait matériel constaté au rapport prérappelé, mais ont soutenu qu'en ne faisant pas le balayage de l'abattoir, ils n'avaient pas commis de contravention; — Attendu que le jugement attaqué, après avoir rappelé les termes de l'article 6 de l'arrêté municipal précité, a prononcé la relaxe des prévenus, par le motif que, depuis un grand nombre d'années, ces dispositions avaient cessé de leur être applicables, l'administration municipale de Fontenay-le-Comte ayant exonéré les bouchers de l'obligation primitivement mise à leur charge, en confiant le soin du balayage de l'abattoir à un

préposé salarié par elle en raison de ce service; — Attendu que le juge de police a tiré des circonstances de fait souverainement constatées par lui, des conséquences légales erronées en droit et qui relèvent de la censure de la Cour de cassation : — Attendu, en effet, qu'il est constant que l'arrêté municipal de 1824, légalement pris par le maire de Fontenay-le-Comte, n'a jamais été abrogé ni régulièrement modifié dans les dispositions qu'il renferme; qu'il a donc conservé toute sa force obligatoire et que les bouchers n'ont pas cessé d'être tenus de balayer l'abattoir ou de le faire balayer à leur frais; — Attendu qu'il importe peu que l'autorité municipale ait salarié, pendant un temps plus ou moins long, un préposé au balayage de l'abattoir; qu'en effet ce préposé exécutait le balayage à l'acquit des obligations imposées aux bouchers, et que si la commune a négligé de se récupérer sur eux des frais de ce balayage, ces actes de tolérance n'ont pu avoir pour résultat d'abroger l'arrêté de 1824 et de décharger les bouchers des obligations qu'il leur impose; — Attendu qu'il suit de là que le juge de police devait sanctionner une contravention toujours en vigueur, et qu'en refusant d'appliquer à des contraventions à cet arrêté régulièrement constatées les dispositions édictées par la loi pénale, il a violé tout à la fois et l'article 6 de l'arrêté de 1824 et l'article 471 (n° 15) Code pénal... — Casse, etc.

(1) Faustin Hélie, t. VII p. 354 et suiv.

le balayage peut être une obligation qui incombe en principe à la propriété, mais dont le propriétaire peut se décharger si l'administration y consent, en se substituant soit un locataire, soit un entrepreneur; celui-ci devient dès lors, en cas de non-balayage, le contrevenant direct; et le _contrat_ municipal, en la partie qui fixe l'obligation de l'entrepreneur, est un simple arrêté de police, qui, n'étant soumis à aucune forme légale obligatoire, peut être pris comme annexe d'une convention de marché public (1).

1444. L'entrepreneur de balayage qui s'est substitué un cessionnaire avec le concours de l'administration municipale est affranchi de la responsabilité pénale (2); mais si la cession a eu lieu sans l'adhésion, il demeure responsable des contraventions (1).

1445. Le système de l'abonnement facultatif présente, au point de vue de la bonne exécution du balayage, de sérieux avantages sur celui qui consiste à contraindre tous les propriétaires ou locataires à faire le travail auquel ils sont obligés. Il assure plus d'unité, de célérité et de régularité au balayage opéré pour le compte des abonnés; mais il laisse subsister les inconvénients du système contraire en ce qui touche le balayage des non abonnés. D'un autre côté, l'emploi des machines à balayer, en usage dans certaines villes, se concilie difficilement avec l'abonnement facultatif, car il est à peu près impossible d'arrêter, à chaque instant, l'action des machines rencontrant, sur leur parcours, les sections de rues ou de place qui doivent être balayées par les non abonnés. Aussi arrive-t-il fréquemment que les balayeuses dispensent ceux-ci de leur travail, sans qu'ils aient à payer aucune rémunération. De là une inégalité fâcheuse entre les abonnés et les non abonnés.

La municipalité de Paris, frappée des inconvénients de ce système mixte, demanda que, dans la capitale, l'obligation de balayage cessât d'être une simple prestation en nature, rachetable à volonté en argent, et fût convertie, d'une manière absolue, en une taxe en numéraire représentant les frais de balayage que la ville serait chargée d'exécuter d'office pour le compte des particuliers. La demande de l'administration municipale fut accueillie par une loi du 26 mars 1873.

Aux termes de cette loi, la charge incombant aux propriétaires riverains des voies de Paris livrées à la circulation publique de balayer, chacun au droit de sa façade sur une largeur égale à la moitié des voies, sans pouvoir dépasser six mètres, a été convertie en une taxe municipale obligatoire, payable en numéraire, suivant un tarif délibéré par le conseil municipal, après enquête, et approuvé par un décret rendu dans la forme des règlements d'administration publique, tarif qui doit être renouvelé tous les cinq ans. Il n'est pas tenu compte, dans l'établissement de cette taxe, de la valeur des propriétés riveraines, mais seulement des nécessités de la circulation, de la salubrité et de la propreté de la voie publique (2). La taxe ne peut excéder la dépense occasionnée à

---

(1) Cass. crim. 12 novembre 1823 (Intérêt de la loi); Cass. crim. 19 juillet 1838; Cass. crim. 10 mai 1842; Cass. crim. 23 mars 1848, D. P. 48.5.317; Cass. crim. 20 décembre 1860, D. P. 61.5.35; Cass. crim. 9 novembre 1861, D. P. 63.5.40; Cass. crim. 11 juillet 1868. — La Cour, Vu les articles 471 (n° 3 et 15, du Code pénal et 161 du Code d'instruction criminelle; — Attendu que le nommé Anglade, adjudicataire de l'enlèvement des boues de la ville de Thiers, a été poursuivi devant le tribunal de simple police de cette localité pour avoir négligé de balayer et enlever les immondices dans les rues de la ville comme le prescrit son cahier des charges; — Attendu que cette contravention n'a pas été contestée par le prévenu, mais que le tribunal a relaxé ce dernier par le motif que ne s'étant pas expressément soumis aux peines de police par ledit cahier des charges, et n'étant tenu, par ses dispositions, qu'à indemniser la ville des avances qu'elle pourrait faire pour opérer, en cas d'inexécution de ses engagements, l'enlèvement des boues, il ne pouvait être frappé des peines édictées par ledit article 471; — Attendu, en principe, que toute infraction aux règlements de police doit emporter les conséquences légales que la loi y a affectées; que la faculté que les communes peuvent se réserver dans leurs traités avec des adjudicataires, au point de vue de leurs intérêts privés ou civils, de faire opérer, aux frais de ces derniers, les enlèvements d'immondices, en cas de négligence de leur part, ne saurait porter atteinte au droit et au devoir du ministère public de provoquer la répression des infractions de voirie, toujours préjudiciables à la salubrité des villes; — Attendu que le tribunal de police n'avait pas d'ailleurs à considérer si le prévenu s'était ou non, au cas d'inexécution de ses obligations, soumis, à l'application des pénalités édictées par l'article 471 susénoncé; que, par le seul fait de son traité et du cahier des charges, qui a force de règlement de police, il a été substitué aux habitants pour l'accomplissement de leurs obligations de balayage, et qu'il est devenu passible des pénalités en cas d'inobservation des règles de police en cette matière; — Attendu, dès lors... — Casse.

Cass. crim. 10 juin 1869. — La Cour, Vu l'article 471 (n° 3) du Code pénal et l'article 16 du cahier des charges de l'adjudication du nettoiement et balayage des rues et places de la ville de Constantine; — Attendu qu'aux termes de l'article 471 (n° 3) précité, l'obligation de balayage est imposée, sous peine d'une amende de 1 à 5 francs, aux habitants des communes où ce soin a été laissé à leur charge; d'où il résulte qu'il appartient aux maires de substituer à ces habitants, même par voie d'adjudication, un entrepreneur qui, par son acceptation, leur est subrogé dans l'obligation du balayage et devient passible, en leur lieu et place, des peines qu'ils auraient encourues en cas d'infraction; — Attendu que, par un traité passé entre le maire de Constantine et le sieur Rancoule, ce dernier s'est engagé à pourvoir au balayage et au nettoiement des rues et places de cette ville, moyennant certaines conditions auxquelles il est constaté qu'il ne s'est pas exactement conformé; — Attendu qu'en vain on voudrait ne voir dans ces infractions que l'inexécution d'un contrat; que le traité ainsi passé et les conditions qui y ont été apposées rentrent dans l'exercice du pouvoir réglementaire et de police municipale qui appartient aux maires, d'où il suit que les peines applicables aux infractions qui y sont commises sont celles de l'article 471 (n° 3) du Code pénal; — Attendu qu'il ne peut être valablement dérogé par le procès-verbal d'adjudication aux règles d'ordre public qui résultent de ces principes, au moyen de clauses particulières stipulant qu'en cas d'infraction les amendes seront poursuivies et prononcées administrativement; — Attendu, en conséquence... — Casse.

(2) Cass. crim. 24 avril 1845. — La Cour, Attendu que Mazel, adjudicataire de l'enlèvement des boues de la ville de Ganges, a cédé son bail à Cabanes, avec l'assentiment de l'autorité, et que ledit Cabanes a été poursuivi et condamné par le jugement attaqué, à raison des contraventions au règlement local sur l'enlèvement des boues; — Attendu que ce jugement, n'ayant été attaqué par personne en cette partie, a pleinement satisfait à la vindicte publique à raison des faits dont il s'agit; — Attendu que les nommés Gay, Charrier père et fils, Carrière, Bataille, Nourgues, Bourgès, Jean-Jacques Isaac fils, Guéry dit Lebel, Guéry aîné, Carrière père, Jean-Jacques Laveuve, Pierre Guéry et Trouyat, n'étant ni adjudicataires, ni légalement subrogés aux droits de l'adjudicataire, n'étaient point passibles de dispositions pénales, à raison des contraventions dont s'agit, lesquelles n'étaient pas leur fait, mais uniquement le fait de Cabanes, frappé d'une condamnation en conséquence; — Attendu que les conventions verbales et les engagements transitoires, qui ont pu intervenir passagèrement entre Cabanes et lesdits défendeurs pour permettre à ceux-ci d'enlever le balayage, ne sauraient donner lieu, en cas d'inexécution de la part desdits défendeurs, qu'à une indemnité au profit de Cabanes, lequel est resté seul adjudicataire, et par conséquent seul passible des peines portées par la loi en cas de contravention; — Attendu, dès lors, que le jugement attaqué... — Rejette.

(1) Cass. crim. 21 juin 1866. — La Cour, Sur le premier moyen de cassation tiré de la violation de l'article 3 du cahier des charges de l'adjudication de la ferme des boues et balayures de la ville d'Anduze, et des articles 65 et 471 du Code pénal; — Attendu que, par un procès-verbal régulier en date du 24 avril 1866, le commissaire de police de la ville d'Anduze a constaté que le sieur Lacroix, adjudicataire de la ferme des boues et balayures de ladite ville, avait contrevenu, les 21, 22, 23 et 24 dudit mois, à l'article 3 du cahier des charges de son adjudication, qui lui imposait l'obligation de balayer tous les jours les rues, ruisseaux, places et promenades, et d'enlever immédiatement les immondices provenant de ce balayage; — Que, traduit devant le tribunal de simple police, conjointement avec le sieur Cabanis sa caution, le sieur Lacroix a été relaxé des poursuites par le motif que, antérieurement aux faits constatés à sa charge, il avait cédé au sieur Cabanis les bénéfices et les charges de son adjudication, et que si cette cession, opérée sans l'intervention de l'administration municipale, le laissait responsable vis-à-vis de cette administration de toutes les conséquences civiles de son contrat, il avait pu du moins se croire dégagé de tenir Cabanis pour lui être subrogé quant aux répressions de police que pourrait entraîner l'inexécution de son contrat; — Attendu qu'en statuant ainsi le juge de police a admis une excuse non reconnue par la loi, et a formellement violé tant l'article 3 du cahier des charges de l'adjudication que l'article 471 (n° 3) du Code pénal; — Attendu, en effet, que le procès-verbal de l'adjudication constituait entre la ville d'Anduze et l'adjudicataire un contrat synallagmatique, qui ne pouvait être rompu que par le consentement des deux parties, et que, dès lors, le sieur Lacroix ne pouvait être fondé à invoquer, pour se décharger de sa responsabilité et de ses obligations, une prétendue cession non acceptée par l'administration municipale et nulle à tous les points de vue aux termes de l'article 1134 du Code civil... — Casse.

(2) Cons. d'Et. Int. 28 juillet 1885. — La section de l'intérieur, des cultes et de l'instruction publique et des beaux-arts, qui, sur le renvoi ordonné par M. le ministre de l'intérieur, a pris connaissance d'un projet de décret tendant à rendre exécutoire pendant cinq années le tarif voté par le conseil municipal de Charenton pour la perception d'une taxe de balayage; — Vu la loi du 26 mars 1873; — Vu la loi du 3 août 1884, qui autorise la perception d'une taxe de balayage dans les communes où elle sera établie en vertu d'un décret et conformément aux dispositions de la loi du 26 mars 1873; Considérant que la loi du 26 mars 1873 a autorisé la conversion en taxe pécuniaire de l'obligation, qui incombe aux propriétaires riverains des voies de pavés livrées à la circulation publique, de balayage, chacun au droit de sa façade; — Considérant que cette obligation étant indépendante

12

la ville par le balayage de la superficie à la charge des habitants. Le recouvrement de la taxe a lieu comme en matière de contributions directes.

1446. Le ministre de l'intérieur proposa d'introduire dans la loi du 26 mars 1873 un article autorisant le gouvernement à déclarer, par des décrets rendus dans la forme des règlements d'administration publique, la nouvelle loi applicable aux villes qui en feraient la demande. L'Assemblée nationale n'admit pas cet article, par le motif que les circonstances locales pouvaient exiger des règles différentes de celles édictées pour Paris. Les difficultés soulevées à l'origine, par l'application de cette taxe, empêchèrent d'accorder le même bénéfice à la ville de Lyon, qui le sollicitait. Mais bientôt les difficultés cessèrent, les réclamations ne furent plus guère motivées que par des erreurs commises dans l'application du tarif, et l'avantage de ce système fut généralement reconnu. La loi du 31 juillet 1880 autorisa les villes d'Alger et d'Oran à percevoir une taxe de balayage analogue à celle établie pour Paris. Beaucoup de villes de la métropole sollicitèrent depuis la même faveur. Aussi le gouvernement a pensé qu'il y avait intérêt, au lieu de provoquer une loi spéciale d'autorisation dans chaque cas, d'établir un régime qui permit à chaque ville de s'assurer les bénéfices du système parisien. Par suite, lors de la discussion de la loi municipale, il introduisit un amendement, qui est devenu le paragraphe 13 de l'article 133 de la loi du 5 avril 1884, qui confère au gouvernement le pouvoir d'autoriser par des décrets, rendus dans la forme des règlements d'administration publique, les communes de France et d'Algérie à établir une taxe de balayage, conformément aux dispositions de la loi du 26 mars 1873.

1447. Il importe de remarquer ici que le législateur n'a pas entendu autoriser les municipalités à *créer* des taxes de balayage dans les villes où le balayage n'est pas mis à la charge des habitants, mais est une charge exclusivement municipale, mais à *convertir* l'obligation de balayage en une taxe renouvelable (1). Il en résulte que la taxe n'a pu être établie dans les communes où les habitants ne sont pas tenus de balayer, et que les municipalités ne peuvent cumuler l'obligation de nettoyer avec celle de payer une redevance (2).

1448. Les taxes de balayage peuvent être ainsi établies non seulement dans les villes, mais aussi dans les communes moins importantes ; cependant il faut remarquer qu'elles ne présentent de sérieux avantages que dans des agglomérations considérables d'habitations (1).

1449. Lorsqu'une municipalité sollicite cette autorisation, les formalités à remplir sont les suivantes : il est d'abord procédé à une enquête dans les formes tracées par l'ordonnance du 23 août 1835. Les pièces du projet sur lequel s'ouvre cette enquête comprennent : le tableau des rues auxquelles il s'agit d'appliquer la taxe de balayage ; un plan d'ensemble de la ville ou de la commune, sur lequel ces voies sont indiquées par des teintes spéciales, l'état des dépenses que doit occasionner à la ville ou à la commune le balayage qui incombe aux habitants ; le tarif d'après lequel la taxe doit être perçue ; l'évaluation du produit annuel de la taxe ; le procès-verbal de la délibération par laquelle le conseil municipal en vote l'établissement. Après l'enquête, le conseil municipal délibère de nouveau, et le dossier est adressé au préfet, qui le transmet au ministre, avec son avis motivé.

1450. Dans les villes et les communes d'une certaine importance, l'intérêt de la salubrité et de la viabilité exige l'enlèvement des boues et immondices déposées sur la voie publique.

1451. L'enlèvement des boues peut être une charge communale, au lieu de procurer un revenu, comme cela arrive quelquefois. Dans l'un et l'autre cas, ce service doit faire l'objet d'une adjudication publique. Il ne pourrait donner lieu à un marché de gré à gré qu'après une adjudication publique, restée sans effet.

1452. Les cahiers des charges sont dressés par le maire, et soumis au conseil municipal, puis à l'approbation du préfet. Ils doivent déterminer la nature et l'importance des garanties que les entrepreneurs ont à fournir, pour répondre à l'exécution de leurs engagements, et l'action que l'administration municipale exercera sur ces garanties, en cas d'inexécution du marché.

1453. Dans les petites communes, où l'enlèvement des boues n'a lieu qu'une fois par semaine, et lorsque la dépense est minime, le maire peut passer un marché d'une année avec un entrepreneur. Ce marché est soumis au conseil municipal, et doit être approuvé par le préfet. Le maire peut aussi faire exécuter l'enlèvement des boues par voie de régie.

---

de la nature des propriétés qui bornent la voie publique, la taxe pécuniaire destinée à la remplacer ne saurait davantage varier suivant la nature des immeubles auxquels elle s'applique ; — Considérant que, d'après la loi du 26 mars 1873, il ne doit pas être tenu compte dans l'établissement de la taxe de la valeur des propriétés, mais seulement des nécessités de la circulation, de la salubrité et de la propreté de la voie publique ; — Considérant, dans l'espèce, que le projet de décret divise les propriétés riveraines en trois catégories, suivant leur nature, et autorise une taxe différente pour chaque catégorie ; — Est d'avis : qu'il n'y a pas lieu d'adopter le projet de décret en train.

En ce sens, Cons. d'Ét. 20 janvier 1886. (Voy. *infra*, n° 1447.)

(1) Cons. d'Ét., Int. 28 juillet 1885. — La section de l'intérieur, des cultes, de l'instruction publique et des beaux-arts, qui sur le renvoi ordonné par M. le ministre de l'intérieur a pris connaissance d'un projet de décret tendant à déclarer exécutoire pendant cinq années, à partir de 1885, le tarif voté par le conseil municipal de L.... pour la perception de la taxe de balayage ; — Vu la loi du 26 mars 1873, la loi du 5 avril 1884 ;

Considérant que, si, conformément à la loi du 5 avril 1884, un décret rendu dans la forme des règlements d'administration publique peut autoriser les communes de France et d'Algérie, qui en feront la demande, à percevoir une taxe de balayage, c'est à la condition que cette taxe soit établie conformément aux dispositions de la loi du 26 mars 1873 ; — Considérant que la loi du 26 mars 1873 autorise la ville de Paris, non point à établir une taxe de balayage, mais à convertir en taxe pécuniaire l'obligation imposée aux propriétaires riverains de ses voies livrées à la circulation publique de balayer chacun au droit de sa façade ; — Qu'il résulte de cette disposition qu'en l'absence d'un ancien usage ou d'un arrêté municipal mettant à la charge des riverains l'obligation du balayage, la conversion de cette obligation en taxe pécuniaire manque de base légale ; — Considérant qu'il ne résulte pas de l'instruction que l'obligation du balayage dans la ville de L.... ait été mise jusqu'à ce jour à la charge des propriétaires riverains ; — Est d'avis : qu'il n'y a pas lieu d'adopter le projet de décret proposé.

(2) Cons. d'Ét., Int. 20 janvier 1886 (ville de Lille). — La section qui a pris connaissance du projet de décret tendant à rendre exécutoire pendant cinq années le tarif voté par le conseil municipal de Lille pour la perception d'une taxe de balayage, croit devoir exprimer l'avis que la section estime qu'il y a lieu d'inviter le conseil municipal à modifier la base du tarif en tenant compte des observations suivantes :

En premier lieu, le conseil municipal a frappé les propriétaires rive-

rains des voies publiques d'une taxe plus ou moins élevée suivant que leurs immeubles sont bâtis ou non bâtis ; le Conseil d'État a repoussé ce tarif différentiel comme contraire au principe posé dans la loi du 26 mars 1873, et d'après lequel il ne doit pas être tenu compte pour l'établissement de la taxe, de la valeur des immeubles.

En second lieu, le conseil municipal a cru devoir n'établir la taxe pécuniaire qu'à ce qui concerne le balayage des chaussées, en laissant aux propriétaires riverains le soin de balayer les trottoirs. Une telle façon de procéder paraît contraire à la loi de 1873, qui ne laisse aux conseils municipaux l'option entre la taxe et l'obligation en nature, mais ne prévoit nullement l'emploi simultané des deux systèmes. La section estime donc que la ville de Lille doit faire la conversion qu'elle sollicite aussi bien pour le balayage des trottoirs que pour celui des chaussées, et que les six mètres de largeur constituant la moyenne fixée par le conseil municipal, et au-delà desquels la taxe ne saurait être perçue, doivent être calculés à partir des maisons ou terrains en bordure des trottoirs.

Enfin, la section a remarqué qu'un certain nombre de chemins vicinaux ou ruraux situés en dehors de l'agglomération sont soumis à la taxe. Le conseil d'État a pour jurisprudence de ne pas appliquer la taxe de balayage aux chemins vicinaux ou ruraux, sauf toutefois dans les rues qui en sont le prolongement, dans les termes de l'article 1er de la loi du 8 juin 1864.

(1) Cons. d'Ét. Int. 19 janvier 1887. — La section de l'intérieur, des cultes, de l'instruction publique et des beaux-arts, qui, sur le renvoi ordonné par M. le ministre de l'intérieur a pris de nouveau connaissance d'un projet de décret tendant à autoriser dans la commune de Vitry (Seine) l'établissement d'une taxe de balayage ; — Vu la loi du 26 mars 1873, la loi du 5 avril 1884, article 133, § 13, la circulaire ministérielle du 15 mai 1884, la délibération du conseil municipal en date du 17 février 1886, le procès-verbal d'enquête, l'avis du préfet de la Seine et les autres pièces du dossier.

Considérant que la commune de Vitry présente tous les caractères d'une commune rurale, que sa population est disséminée sur un territoire étendu (1,200 hectares) ; — Considérant qu'à moins de circonstances exceptionnelles qui n'existent pas dans l'espèce, les nécessités de la circulation et de la salubrité ne sauraient justifier l'établissement d'une taxe de balayage que dans les communes comportant des agglomérations importantes, — Est d'avis : qu'il n'y a pas lieu d'adopter le projet de décret présenté.

En ce sens, Cons. d'Ét. 20 janvier 1886. (Voy. *supra*, n° 1447.)

1454. Mais le maire peut prendre des arrêtés afin de réglementer les dépôts d'immondices résultant du nettoyage des maisons et usines de la commune, et il peut défendre de déposer, sur aucune partie de la voie publique, des menus gravois, des décombres, du mâchefer, des pailles, des coquilles d'huîtres, des cendres, des résidus de fabrications, de jardins, de commerce, de fruiterie et autres résidus analogues, et ordonner que les objets de cette nature soient portés directement aux voitures de nettoiement et remis aux conducteurs de ces voitures lors de leur passage.

Il en est de même des bouteilles cassées, des morceaux de verre, de poterie, de faïence et de tous autres objets pouvant occasionner des accidents.

1455. Il lui appartient également de prescrire que les ordures et résidus de ménage soient déposés de telle heure à telle heure sur les points de la voie publique désignés pour la mise en tas des produits du balayage, en rappelant que cette tolérance n'est, dans aucun cas, applicable à des résidus passés à l'état de putréfaction; qu'un triage soit opéré des ordures dont la manipulation pourrait être dangereuse pour les agents chargés de l'enlèvement; enfin que les ordures, au lieu d'être répandues sur la voie publique, soient placées dans des récipients qu'il possède (1).

1456. L'entrepreneur du nettoiement qui dépose les boues qu'il a enlevées sur une place de la ville, malgré la défense de l'autorité municipale, qui lui avait assigné un autre emplacement, commet une contravention de police, quels que soient d'ailleurs les termes de son traité ; ce n'est pas seulement son marché qu'il a enfreint, c'est la loi qui défend à tous les citoyens d'encombrer la voie publique. Aussi le tribunal de police, saisi de la connaissance d'un pareil fait, violerait les règles de sa compétence s'il se déclarait incompétent, sous le prétexte que le cahier des charges de l'entreprise attribue au conseil de préfecture les contestations qui viendraient à s'élever relativement à l'exécution des conditions qu'il contient (2).

1457. Quand un marché a été passé avec un entrepreneur pour l'enlèvement des boues et immondices d'une ville, l'autorité municipale, dans le but d'assurer la régularité du service, peut interdire à toute autre personne que l'entrepreneur ou ses agents de s'immiscer dans l'enlèvement des boues et immondices (3).

1458. Le droit attribué au maire, de prescrire le nettoyage des voies publiques, comporte également celui de prescrire l'enlèvement des neiges et glaces. Le maire, au moment de l'hiver, doit rappeler cette obligation aux riverains, en publiant un arrêté à cet effet. Dans la rédaction de celui-ci, il ne doit pas perdre de vue que son pouvoir d'ordonner le nettoyage ne va pas, dans l'espèce, jusqu'à la *réquisition*, et qu'il ne saurait enjoindre aux riverains de fournir les voitures et chevaux pour enlever les neiges et

glaces déblayées par eux. C'est à lui à pourvoir à cet enlèvement avec les moyens dont la municipalité peut disposer (1).

1459. Au reste, une pratique constante a admis la légalité des mesures que nous allons indiquer.

Dans les temps de glaces, les propriétaires ou locataires sont tenus de faire casser les glaces au-devant de leurs maisons, boutiques, cours, jardins et autres emplacements jusqu'au milieu de la rue ; ils doivent mettre les glaces en tas ; ces tas doivent être placés, savoir : dans les rues sans trottoirs, auprès des bornes ; dans les rues à trottoirs, le long des ruisseaux, du côté de la chaussée, si la rue est à chaussée bombée ; le long des trottoirs, si la rue est à chaussée fendue.

1460. Les habitants doivent faire balayer et relever les neiges quand ils y sont invités par les agents de l'administration ; ils doivent, dans tous les cas, faire gratter et nettoyer, chacun au droit de soi, les parties dallées des rues, places et quais, les trottoirs ou les portions de la voie publique au-devant des maisons, dans l'alignement des trottoirs, de manière à prévenir les accidents et à assurer la circulation.

Les gargouilles établies sous les trottoirs des rues doivent être, chaque jour, dégagées des glaces ou de tous autres objets qui pourraient gêner l'écoulement des eaux.

En cas de verglas, les habitants doivent jeter au-devant de leurs maisons des cendres, du sable ou du mâchefer, et la même obligation est imposée aux concessionnaires des ponts soumis à un droit de péage.

1461. Dans les rues à chaussée bombée, chaque propriétaire ou locataire doit tenir libre le cours du ruisseau au-devant de sa maison et faciliter l'écoulement des eaux ; dans les rues à chaussée fendue, il y pourvoit conjointement avec le propriétaire ou locataire qui lui fait face.

1462. Pour prévenir les inondations par suite de pluie ou de dégel, les habitants, devant la maison desquels se trouvent des bouches ou des grilles d'égout, doivent les faire dégager des ordures qui pourraient les obstruer.

1463. Il est défendu de déposer des neiges et glaces auprès des grilles et des bouches d'égouts. Il est également défendu de pousser dans les égouts les glaces et les neiges congelées, qui, au lieu de fondre, interceptent l'écoulement des eaux.

Défense est encore faite de déposer dans les rues aucunes neiges et glaces provenant des cours ou de l'intérieur des habitations.

1464. Les propriétaires et chefs d'établissements, soit publics, soit particuliers, qui emploient beaucoup d'eau ne doivent pas laisser couler sur la voie publique les eaux de ces établissements pendant les gelées. La même interdiction est faite aux concessionnaires des eaux de la ville, et les contrevenants sont tenus de faire briser et enlever les glaces provenant de leurs eaux ; faute par eux d'opérer ce bris et

---

(1) Cons. d'Ét. 28 mars 1885. — Le Conseil, En ce qui touche l'article 2 de l'arrêté attaqué, qui met à la charge des propriétaires la fourniture des récipients destinés à l'enlèvement des résidus de ménage ; — Considérant que l'obligation de se conformer aux prescriptions de police imposées, dans l'intérêt de la salubrité de la voie publique, aux immeubles riverains est une charge de la propriété, et qu'à ce titre elle incombe au propriétaire, sans qu'il y ait lieu de distinguer entre le cas où celle-ci est occupée par un ou plusieurs locataires ; qu'ainsi le préfet de la Seine a pu, sans excéder ses pouvoirs, mettre à la charge des propriétaires l'acquisition et l'entretien des récipients destinés à contenir les résidus de ménage des locataires et habitants.

En ce qui touche l'article 3, qui détermine les conditions auxquelles doivent satisfaire les récipients, et les articles 5 et 6, qui exigent les détritus provenant de l'exécution de travaux ou d'opérations industrielles et proscrivent le triage des débris de vaisselle ; — Considérant, d'une part, que les prescriptions de l'article 3 ont pour but d'assurer la salubrité des récipients et leur prompt déversement dans les tombereaux chargés de l'enlèvement ; — Considérant, d'autre part, que le préfet de la Seine a pu, par les dispositions des articles 5 et 6, empruntées d'ailleurs aux règlements antérieurs et notamment à l'ordonnance du 1er septembre 1833, exclure les détritus qui, par leur nature, ne sauraient être considérés comme des ordures ménagères, ni prescrire le triage des débris dont la manipulation pourrait être dangereuse pour les agents chargés de l'enlèvement. — Rejette.

(2) Cass. crim. 4 février 1831.
(3) Cass. crim. 27 avril 1820.

(1) Cass. crim. 15 décembre 1855. — La Cour, Attendu que si, par l'article 1er de l'arrêté du 3 mars 1853, le maire de Gray a pu légalement prescrire aux habitants de la ville de faire balayer la neige au-devant de leurs maisons, de la faire mettre en tas pour en faciliter ainsi l'enlèvement, il n'en est pas de même des autres dispositions dudit arrêté, lesquelles imposent aux habitants l'obligation de fournir des chevaux et des voitures destinés à cette opération, et autorisent le commissaire de police à adresser à ce sujet des réquisitions aux propriétaires d'attelage ; — Attendu que l'autorité municipale, chargée spécialement, par la loi des 16-24 août 1790, de veiller à la sûreté et à la commodité de la voie publique, ne peut, même dans une pensée d'intérêt général, excéder ses limites, et que ses arrêtés ne sont obligatoires qu'autant qu'ils s'y renferment ; — Attendu que le mode d'enlèvement des neiges, tel qu'il est indiqué dans l'arrêté, aurait pour résultat de soumettre les citoyens à des charges inégales, et des taxes, en cas d'inexécution, mesures qui excèdent les pouvoirs de l'autorité administrative ; — Attendu que si une grande quantité de neige, tombant inopinément et venant à interrompre les communications, peut être assimilée à un cas de calamité publique, et donner lieu à l'application du paragraphe 12 de l'article 175 du Code pénal, il est nécessaire que le fait qui a justifié cette mesure extraordinaire soit avant tout établi ; — Attendu que, dans l'espèce, il ne résulte d'aucun document que les réquisitions adressées aux sieurs Lehmann et autres fussent motivées par un cas de force majeure qui rendît ce secours indispensable ; — Qu'il n'a été procédé contre eux qu'en vertu de l'arrêté précité. — Qu'en décidant ... — Rejette.

cet enlèvement, il peut y être procédé d'office et à leurs frais par les agents municipaux.

1465. Il peut être expressément défendu de former des glissades sur les places et sur la voie publique. Les glissades doivent être détruites d'office, aux frais des contrevenants, et des cendres, terres, sables, etc., y être répandus pour prévenir les accidents.

1466. Enfin, les concierges, portiers ou gardiens des établissements publics et maisons domaniales peuvent être déclarés personnellement responsables de l'exécution des dispositions ci-dessus, en ce qui concerne les établissements et maisons auxquels ils sont attachés.

1467. Cette sévérité de mesures s'explique par les dangers que fait courir, dans les hivers rigoureux, l'amoncellement des neiges, qui devient facilement un de ces événements calamiteux dont parle l'article 475 (n° 12) du Code pénal.

1468. Si le maire peut mettre à la charge des riverains d'une voie publique le nettoiement de cette voie, ses droits ne vont pas cependant jusqu'à prendre des mesures qui, sous prétexte de balayage, constitueraient de véritables réfections de la voie publique; ainsi il ne saurait ordonner le renouvellement des pavés prétendus salis; tout au plus peut-il prescrire l'arrachage des herbes qui croissent naturellement dans les chaussées. Ce sont là des charges de l'administration municipale elle-même (1).

1469. Les maires, chargés de veiller à tout ce qui peut assurer la salubrité publique, ne doivent pas négliger, pendant les grosses chaleurs de l'été, de prescrire l'arrosement de la voie publique. Ils peuvent, par exemple, ordonner que, à partir du mois de juin jusqu'à la fin du mois d'août, chaque habitant fera arroser le devant de sa maison, de sa boutique ou de son magasin, deux fois par jour, savoir : le matin et l'après-midi.

L'arrosement au-devant des bâtiments communaux et celui des places, quais, ponts et promenades publiques est fait aux frais de la commune.

On doit défendre que l'arrosement soit fait autrement qu'avec de l'eau propre de source, de puits, de fontaine ou de rivière.

§ 2. — Éclairage.

1470. Bien que la loi du 5 avril 1884 ne comprenne pas l'éclairage de la voie publique au nombre des dépenses obligatoires des communes, toutes les localités qui ont des ressources suffisantes sont dans l'usage d'y pourvoir, soit au moyen d'un service spécial, soit au moyen d'un traité passé avec un entrepreneur ou une compagnie.

L'éclairage public peut s'opérer soit par l'huile, soit par le gaz, soit par l'électricité.

1471. Les entreprises de cette nature sont données avec publicité et concurrence, ou par voie de traité amiable, si les entrepreneurs sont brevetés. Elles constituent des marchés de travaux publics (1), auxquels toutes les règles générales de ces sortes de contrats sont applicables.

1472. Le mode d'éclairage est déterminé par le conseil municipal, qui se prononce, en même temps, sur les clauses et conditions à insérer dans le cahier des charges, lorsque l'entreprise doit être mise en adjudication publique, ou dans les traités amiables à passer entre le maire et les entrepreneurs, lorsqu'il y a lieu à un marché de gré à gré. La concession de l'entreprise est, dans tous les cas, subordonnée à l'approbation du préfet.

1473. La durée de l'exploitation de l'éclairage à l'huile peut être fixée, comme les baux des propriétés communales, à trois, six ou neuf années, en réservant à la commune le droit d'y substituer l'éclairage au gaz, s'il était reconnu plus avantageux, sans que l'entrepreneur de l'éclairage à l'huile puisse prétendre à aucune indemnité.

Il doit également être stipulé que la commune profitera, pendant la durée du bail ou de la concession, des avantages pouvant résulter des perfectionnements ultérieurs qui pourraient être apportés dans le mode d'éclairage au gaz, ou des nouvelles découvertes.

1474. Le mode d'éclairage au gaz permet de pourvoir simultanément à l'éclairage public et à l'éclairage des particuliers. Cette entreprise ne peut avoir lieu qu'au moyen d'une concession qui donne aux entrepreneurs le droit de poser des tuyaux sous le sol des voies communales. Les avantages que peut présenter, dans certaines localités, l'exploitation de l'éclairage particulier offrent aux communes le moyen d'exiger des entrepreneurs, en compensation du privilège qu'elles leur accordent, la fourniture gratuite d'un certain nombre de candélabres ou de consoles, et l'alimentation gratuite d'un certain nombre de becs d'éclairage pour le service public. Elles peuvent aussi obliger les entrepreneurs à leur payer un droit de location pour les emplacements occupés par les tuyaux de leur entreprise.

1475. Du droit de l'autorité municipale d'arrêter le mode d'éclairage public et de prescrire l'éclairage particulier, il ne résulte pas cependant qu'elle ait un droit quelconque sur l'éclairage des maisons particulières; et si elle peut, dans un intérêt général, concéder l'éclairage privé, il ne s'ensuit pas qu'elle puisse créer un monopole en faveur de l'entrepreneur accepté par elle. S'il est fait mention dans les traités conclus par elle de l'éclairage public, ce n'est que parce qu'en échange des avantages qu'entraîne avec elle la concession de l'éclairage public, les municipalités peuvent stipuler un maximum du prix du mètre cube de gaz en faveur des habitants. Mais tout particulier peut s'éclairer comme il l'entend,

---

(1) Cass. crim. 13 novembre 1884. — La Cour, Vu l'article 471 (n° 15) du Code pénal ; — Vu aussi l'article 145 du règlement de police pris par le maire de Saint-Brieuc, le 20 mai 1873, ainsi conçu : « Les propriétaires ou locataires sont tenus de faire arracher et d'enlever avec soin les herbes qui croissent au-devant de leurs maisons, jardins, murs de clôture et autres emplacements; — Attendu qu'il résulte d'un procès-verbal régulier que du Breil de Pontbriand s'est refusé à faire arracher et enlever les herbes accrues devant son habitation, rue de Brest, à Saint-Brieuc ; — Que le jugement attaqué l'a relaxé par le motif que l'arrêté municipal du 20 mai 1873 est illégal; — Attendu, en droit, qu'aux termes de l'article 46 du titre 1er de la loi du 22 juillet 1791, les corps municipaux ont le pouvoir de faire des arrêtés pour ordonner des précautions locales sur les objets confiés à leur vigilance et à l'autorité par l'article 3, titre 11, de la loi des 24-24 août 1790, et qu'au rang de ces objets est placé « tout ce qui intéresse la sûreté et la commodité du passage dans les rues, quais, places et voies publiques, ce qui comprend le nettoiement, l'illumination, etc.», disposition reproduite dans l'article 97, § 1er, de la loi du 5 avril 1884 ; — Attendu que l'arrêté du maire de Saint-Brieuc du 20 mai 1873, par lequel il est enjoint aux propriétaires ou locataires de faire arracher et enlever avec soin les herbes qui croissent au-devant de leurs maisons, jardins, murs de clôture et autres emplacements, rentre évidemment dans la disposition prérappelée de la loi de 1790 ; — Que cet arrêté qui se borne à prescrire l'arrachement de ces herbes, simple mesure de nettoiement, sans imposer aux riverains aucune obligation pour l'entretien du pavage ou autre travail relatif à la viabilité de la voie publique, a été pris dans l'exercice légal de fonctions municipales, est obligatoire pour les propriétaires et locataires des maisons dans les lieux indiqués... — Casse.

(1) Cass. Req. 24 juillet 1867 (voy. infrà, n° 1478) ; Tr. conf. 16 décembre 1876. — Le tribunal, Vu la loi des 16-24 août 1790, titre II, art. 13, et la loi du 10 fructidor an III; Vu la loi du 28 pluviôse an VIII, art. 4; vu les ordonnances des 1er juin 1828 et 12 mars 1831, et la loi du 24 mai 1872 ; — Considérant qu'aux termes de l'article 4 de la loi du 28 pluviôse an VIII, les conseils de préfecture prononcent sur les difficultés qui peuvent s'élever entre les entrepreneurs de travaux publics et l'administration, concernant le sens et l'exécution des clauses de leurs marchés ; — Considérant que cette disposition de la loi de l'an VIII est générale, qu'elle attribue compétence à la juridiction administrative à l'égard de toutes les contestations qui peuvent naître à l'occasion des marchés des travaux publics ; — Considérant qu'il n'est pas contesté que le caractère de marché de travaux publics appartienne au traité passé le 1er février 1855 entre la ville de Lyon et la Société anonyme d'éclairage par le gaz de la Guillotière, traité par lequel la ville accorde à la Compagnie une prorogation pendant 45 ans de la concession du service d'éclairage moyennant un prix ferme de 220,000 francs et, en outre, à des conditions stipulées au profit de la ville ; — Considérant que l'article 18 de ce traité sur lequel est basée la demande formée par la ville de Lyon, suivant exploit introductif d'instance du 4 août 1871, est une clause du marché, contenant stipulation, au profit de la ville de Lyon, d'une participation éventuelle aux bénéfices de l'exploitation; — Que cette clause constitue une condition essentielle de la prorogation de concession faite par la ville à la Société anonyme d'éclairage par le gaz de la Guillotière; — Qu'il suit de là que l'autorité administrative était seule compétente... — Confirme.

En ce sens, voy. les arrêts cités sous le n° 1475.

et s'adresser à tel concessionnaire qu'il lui plaît (1). Les deux services de l'éclairage particulier et de l'éclairage public doivent toujours rester distincts, et c'est ainsi qu'il a été jugé que l'autorisation donnée à un concessionnaire de poser des tuyaux pour l'éclairage des habitations particulières ne prend pas fin avec l'éclairage public (2).

1476. L'éclairage par le gaz nécessite des travaux souterrains pour la pose des tuyaux, et le conseil municipal a le droit de concéder à cet effet, sous le sol des voies publiques *communales* le privilège exclusif à un concessionnaire unique. Sous les voies départementales et nationales, ce privilège n'appartient qu'au département ou à l'Etat. Les maires ont, à la vérité, sur les voies dépendant de la grande voirie, ainsi que nous l'avons vu et le verrons, dans la traverse des villes, certaines attributions de police, mais leurs droits ne vont pas jusqu'à assurer sur le sol ou le sous-sol une jouissance privative, et toute concession émanée d'eux est nulle (1).

1477. Si la concession demandée doit toucher à une voie départementale ou nationale, le préfet peut refuser à un concessionnaire le droit d'établir toute canalisation, si un intérêt public de conservation de la voie ou la facilité des communications s'oppose à la concession (2).

1478. Une conséquence du caractère de la concession accordée par une ville à une compagnie d'éclairage au gaz, est que les tribunaux administratifs sont compétents, pour connaître des contestations qui peuvent s'élever entre la ville et la compagnie, au sujet de l'exécution du marché (3), tout au moins, de celles de ces dispositions qui se rapportent au mar-

---

(1) Nancy, 6 décembre 1876; Cass. Req. 8 août 1883. — La Cour, sur le moyen unique du pourvoi tiré de la violation de l'article 1134 du Code civil et du principe de la séparation des pouvoirs; — Attendu que les traités passés entre les communes et les compagnie pour l'éclairage des villes par le gaz constituent bien des marchés de travaux publics dont le contentieux est du domaine des tribunaux administratifs, mais que les difficultés qui s'élèvent entre les concessionnaires et les tiers étrangers à ces traités, pour le règlement de leurs intérêts privés, et en dehors des cas où la loi en a simplement réservé la connaissance aux tribunaux administratifs, sont de la compétence des tribunaux civils; — Que la demande de la Société d'éclairage par le gaz de la ville de Tours, en suppression des travaux effectués par une compagnie rivale pour distribuer le gaz aux particuliers, avait été légalement portée par cette société devant l'autorité judiciaire, et que, si elle est recevable malgré cela, à cause de la nature de l'exception d'incompétence qu'elle soulève, à se plaindre de ce que cette autorité soit restée saisie, elle n'est pas fondée dans cette plainte; — Attendu que les tribunaux de l'ordre judiciaire devant lesquels est produit un acte administratif, sur la signification duquel il s'élève un désaccord, ne doivent surseoir à statuer jusqu'à ce que cet acte ait été interprété par l'autorité compétente, que si cette interprétation est de nature à influer sur la décision du fond; que la solution consacrée par l'arrêt attaqué d'après les constatations qu'il contient, devant être la même, quelles que fussent les dispositions de l'acte produit, et quel que fût le sens donné à ses clauses par les interprétations contraires proposées par les parties, un renvoi eût été inutile et purement frustatoire, et que, dès lors, c'est avec raison qu'il n'a point été prononcé; — Attendu que si les conventions légalement formées tiennent lieu de loi à ceux qui les ont faites, elles ne sauraient lier les tiers qui n'y ont point pris part et les priver du droit dont les parties contractantes n'avaient pas la libre disposition; — Que si les communes, pour assurer l'éclairage par le gaz d'une ville, peuvent s'interdire, dans les traités qu'elles souscrivent à cet effet, de conclure des traités de même nature avec d'autres producteurs et assurer à leurs concessionnaires certains avantages, elles ne peuvent leur conférer un monopole qu'elles n'ont pas le droit de concéder, puisqu'elles ne pourraient le créer à leur profit personnel; — Qu'en conséquence, ces traités n'empêchent pas ceux qui peuvent régulièrement produire du gaz d'éclairage d'en disposer, en faveur des habitants de ces communes, à charge de se conformer pour la distribution aux lois et arrêtés et notamment aux règlements de voirie; — Que la demanderesse pouvait d'autant moins se plaindre de ce que l'autorité préfectorale avait donné à d'autres le droit d'établir des tuyaux pour la conduite du gaz sous les voies dépendant de la grande voirie, qu'il résulte des constatations de l'arrêt attaqué, que le traité de concession, en autorisant les travaux nécessaires par la distribution dans les lieux dépendant de la voirie municipale, avait indiqué au concessionnaire qu'il avait à faire les démarches nécessaires pour s'assurer ce droit sur les localités dépendant de la grande voirie... — Rejet.

(2) Cons. d'Et. 27 mars 1856. — Le conseil, en ce qui touche le pourvoi dirigé contre l'arrêté du 30 décembre 1851 sur la compétence; — Considérant que le traité passé entre la ville de Grenoble et la compagnie Lyonnaise pour l'éclairage au gaz de ladite ville obligeait la compagnie, comme condition nécessaire de l'exécution de son marché, à faire sur la voie publique des travaux sans lesquels l'éclairage de la ville n'aurait pu être obtenu et à réparer les dégradations qui pourraient résulter de ces travaux; que, dès lors, aux termes de l'article 4 de la loi du 28 pluviôse an VIII, le conseil de préfecture était compétent pour connaître des difficultés qui se sont élevées sur le sens et l'exécution des clauses de ce marché.

Au fond: Sur la disposition de l'arrêté attaqué qui a décidé que la compagnie Lyonnaise n'avait pas perdu le droit de conserver ses conduites de gaz sous les rues et places de la ville pour l'éclairage des particuliers; — Considérant que, par l'article 3 de la délibération précitée du 23 novembre 1867, la ville de Grenoble a concédé à la compagnie Lyonnaise le droit de placer sous la voie publique les conduites de gaz nécessaires tant pour le service public que pour l'usage des particuliers; — Que l'article 18 du traité du 19 avril 1837 porte qu'à l'expiration du terme pour lequel le présent traité est consenti, s'il n'est pas renouvelé, la ville aura la faculté d'obliger les entrepreneurs d'enlever tout le matériel qui aura servi à l'exploitation de leur entreprise, quant à l'éclairage public seulement; — Considérant qu'aucune disposition de ce marché ne détermine l'époque à laquelle devra cesser l'effet des autorisations accordées par l'autorité municipale pour la pose des tuyaux destinés à l'éclairage des particuliers; — Qu'il suit de là que la compagnie Lyonnaise n'a pas perdu, par le seul fait de l'expiration de son marché pour l'éclairage public, le droit de maintenir et d'exploiter les tuyaux et conduits destinés à l'éclairage des particuliers, sauf le droit de l'autorité municipale d'user du pouvoir qui lui appartient, dans l'intérêt de la viabilité et de la salubrité publique, de retirer les autorisations de police par elles données pour la pose desdits tuyaux et conduites sous le sol de la commune.

En ce qui touche le pourvoi dirigé contre les arrêtés des 14 novembre et 23 février 1852; — Sur le grief tiré de ce que le conseil de préfecture aurait excédé les limites de sa compétence en appréciant un arrêté en date du 24 janvier 1852, par lequel le maire de Grenoble a refusé à la compagnie Lyonnaise l'autorisation d'établir de nouvelles conduites sur le sol de la voie publique; — Considérant que le conseil de préfecture s'est borné à statuer sur une demande en indemnité portée devant lui par la compagnie Lyonnaise, à raison du préjudice qui serait résulté pour elle de ce que, contrairement aux clauses de son marché, la ville lui aurait interdit le droit d'établir de nouvelles conduites pour l'éclairage des particuliers; qu'ainsi, il s'agissait d'une contestation relative à l'exécution d'un marché de travaux publics et rentrant, dès lors, dans la compétence du conseil de préfecture.

Au fond: Considérant que la durée du service de l'éclairage particulier n'ayant pas été déterminée par les conventions passées entre la ville de Grenoble et la compagnie Lyonnaise, l'autorité municipale a toujours pu, après l'expiration du bail pour l'éclairage public, refuser, sauf recours devant l'autorité supérieure, l'autorisation de poser de nouveaux tuyaux à gaz sous le sol de la commune.

(1) Cass. Req. 8 août 1883. (Voy. *suprà*, n° 1475.)

(2) Cons. d'Et. cont. 25 janvier 1884. — Le Conseil, Vu les lois des 22 décembre 1789, section III, article 2, et 12-20 janvier 1790; — Vu le décret du 25 mars 1852; — Vu les lois des 7-14 octobre 1790 et 24 mai 1872; — Considérant que le préfet de l'Aude, en refusant aux sieurs Leblanc et Georgi l'autorisation de placer des conduites, pour la canalisation du gaz, sous les voies publiques départementales et nationales de la ville de Narbonne, n'a fait qu'user des pouvoirs de police qui ont été conférés à l'administration dans l'intérêt de la conservation du domaine public, par les lois des 22 décembre 1789 et 12-20 janvier 1790, qu'ainsi le recours des sieurs Leblanc et Georgi contre l'arrêté du préfet de l'Aude n'est pas fondé... — Rejette.

(3) Cons. d'Et. cont. 21 juin 1855, D. P. 56 3.15; Cons. d'Et. cont. 27 mars 1856, D. P. 57.3.52; Cons. d'Et. cont. 7 août 1863. — Considérant que les contestations qui peuvent s'élever sur le sens et l'exécution des traités conclus entre la ville de Paris et la compagnie requérante pour le service de l'éclairage et du chauffage par le gaz doivent, aux termes de l'article 4 de la loi du 28 pluviôse an VIII, être soumises au conseil de préfecture du département de la Seine; — Considérant que les arrêtés attaqués ont été pris, en vertu de ces traités, par le préfet du département, à l'effet d'organiser l'exercice des droits de surveillance et de contrôle qu'ils confèrent à la ville de Paris, et que si la compagnie requérante se croit fondée à soutenir que les mesures qu'ils prescrivent excèdent les droits attribués à la ville, et les obligations imposées à la compagnie, aux termes des marchés ci-dessus visés, ils ne font pas obstacle à ce qu'elle porte sa réclamation devant le conseil de préfecture. — Rejette.

Cons. d'Et. cont. 17 avril 1874, D. P. 75.3.67; Cons. d'Et. cont. 8 janvier 1875, D. P. 76.5.454; Tr. conf. 16 décembre 1876 (voy. *suprà*, n° 1471); Cass. civ. 2 mars 1880. — La Cour, Vu l'article 4 de la loi du 21 pluviôse an VIII; — Attendu, en droit, que cette disposition de loi est générale; qu'elle attribue à la juridiction administrative toutes les contestations qui peuvent naître entre l'administration et les entrepreneurs de travaux publics, sur le sens et l'exécution de leurs marchés, qu'elle régit les traités ayant pour objet l'éclairage d'une ville par le gaz, lesquels impliquant la nécessité d'établir des travaux, tant dans le sous-sol que sur la superficie des voies publiques, constituent de véritables marchés de travaux publics; qu'elle ne comporte aucune distinction, quant à la compétence qu'elle institue, entre les clauses du traité concernant la nature et le mode d'exécution des travaux entrepris, et les clauses concernant le prix et les conditions financières de l'entreprise; — Que le prix et les combinaisons qui s'y rattachent ont les conditions essentielles du marché; qu'on ne saurait séparer, pour en composer autant de contrats de nature différente, les éléments constitutifs d'une convention synallagmatique des engagements réciproques qu'elle renferme; — Attendu, en fait, que le litige, sur lequel cet arrêt a statué, s'était élevé entre l'administration de la ville de Nîmes et la compagnie adjudicataire de l'éclairage au gaz qu'il portait sur la question de savoir si la ville avait ou non modifié les conditions conventionnelles de l'entreprise, en surélevant au cours de la concession les tarifs d'octroi en vigueur sur les houilles au moment de l'adjudication, et si, par suite, la surélévation dont il s'agit constituait une violation des engagements contractés par la ville envers la

ché d'éclairage même, sinon aux contestations qui peuvent s'élever entre les tiers et les entreprises d'éclairage public (1).

1479. D'après la jurisprudence du ministère de l'intérieur, la concession du droit exclusif de poser des tuyaux sous le sol des voies communales est assimilée, malgré son caractère de précarité, à un bail; elle ne peut conséquemment être accordée, lorsque sa durée doit être de plus de neuf ans, qu'après une enquête publique faite en conformité de la circulaire du 20 août 1825, et après production d'un procès-verbal estimatif de la valeur locative et de l'étendue des emplacements occupés par les tuyaux de conduite du gaz. La valeur locative doit être établie en se basant sur le prix du mètre.

1480. Pour faciliter l'exécution des traités d'éclairage par le gaz, et amener en même temps une réduction sur le prix du mètre cube de gaz, un grand nombre de villes accordent, soit dans les conventions particulières, soit dans les règlements d'octroi, la faculté d'entrepôt à domicile, en faveur de la compagnie d'éclairage, et une immunité spéciale consistant dans une remise ou une exemption des droits d'octroi frappant le charbon non converti en coke. A cet effet, les entrepreneurs d'éclairage prennent en charge le charbon qu'ils emploient, à raison d'un certain nombre de kilogrammes de coke par quintal métrique. Ces stipulations sont parfaitement licites, mais elles donnent lieu souvent dans la pratique à des contestations très délicates (2); il est donc nécessaire que les termes en soient pesés avec soin et que l'administration supérieure en contrôle la portée.

1481. Il arrive quelquefois aussi qu'au moment où une usine à gaz s'établit dans une ville, il n'y existe pas de droit d'octroi sur le charbon. Les entrepreneurs d'éclairage sont dans l'usage de stipuler, pour le cas où l'octroi serait établi, qu'il seront tenu compte du montant de la taxe pour la houille employée à obtenir le gaz. Lorsque l'hypothèse se réalise, les villes élèvent la prétention de percevoir la taxe d'octroi sur le coke. Le Conseil d'État a constamment jugé que cette réclamation était inadmissible (1) dans le silence des conventions. Les villes sans octroi, qui ne veulent, au cas où l'octroi serait établi, exempter de la taxe que la partie de charbon convertie en gaz et non le coke, le doivent donc dire expressément.

1482. Les entreprises d'éclairage au gaz profitent d'ailleurs, lorsqu'elles se trouvent dans les conditions générales nécessaires, des décharges de droit d'octroi accordées par l'article 8 du décret du 12 février 1870, en ce qui concerne tous les combustibles et matières premières employés dans les établissements industriels admis à l'entrepôt à domicile, pour la préparation et la fabrication de produits qui ne sont frappés d'aucune taxe par le tarif d'octroi de la commune (2).

1483. Quelques communes ont demandé, à plusieurs reprises, l'autorisation de se charger elles-mêmes de l'entreprise de leur éclairage. Le Conseil d'État s'est toujours opposé à ces agissements. L'entreprise de l'éclairage public constitue, en effet, une exploitation commerciale, et il serait dangereux pour les administrations municipales d'exposer les communes aux chances et aux risques d'opérations industrielles qui pourraient peut-être aboutir à la faillite (3).

---

compagnie concessionnaire, et résultant de la susdite adjudication; — Qu'un tel litige soulevait bien une contestation entre la ville et le concessionnaire sur le sens et l'exécution du marché passé pour l'éclairage au gaz de la ville; — Que, dès lors, il rentrait exclusivement dans la compétence de l'autorité administrative; — D'où il suit qu'en statuant sur le fond du litige au lieu de déclarer, même d'office, son incompétence absolue pour en connaître, la cour de Nîmes a méconnu... — Casse.

En ce sens, Cass. Req. 8 août 1883 (voy. *supra*, n° 1475.)

(1) Cass. Req. 24 juillet 1867. — La Cour, Attendu que si l'adjudication du 12 avril 1871 constitue une entreprise de travaux publics, et a vraiment le caractère d'un acte administratif en ce qui concerne les travaux à exécuter pour fournir le gaz et assurer l'éclairage de la ville; et si, à ce double titre, les contestations, relatives à ces travaux ou au sens des clauses qui les régissent, appartiennent à la compétence administrative, il en est autrement, des clauses du cahier des charges, qui, étrangères aux travaux à exécuter ou à l'éclairage à fournir, ont uniquement pour objet de régler les divers intérêts privés, engagés dans la société grenobloise, et notamment l'attribution de l'intérêt des actions amorties au fond d'amortissement, le mode d'amortissement; que les contestations relatives, soit à l'application, soit à l'interprétation de ces clauses, laissant complètement en dehors l'intérêt public, au nom duquel seul on pourrait en revendiquer la connaissance par l'autorité administrative, elles demeurent dans la compétence des tribunaux, qui doivent les retenir; — Et attendu que, dans l'espèce, les clauses que le pourvoi reproche à l'arrêt d'avoir incompétemment interprétées ne concernant que l'intérêt privé de la ville et celui des actionnaires, et ne dépassant pas le règlement du jeu de l'amortissement entre eux, que c'est donc à bon droit que... — Rejette.

Cass. civ. 19 décembre 1878. — La Cour, Attendu que le débat judiciaire qui s'est élevé entre les parties a eu pour cause la police judiciaire que la compagnie d'éclairage de Bordeaux prétendait faire souscrire aux défendeurs qui, refusant d'accepter certaines conditions, avaient été privés par ce motif du gaz qui leur était précédemment fourni; — Que le contrat, objet de ce dissentiment, étant destiné à établir un lien d'obligations réciproques entre une compagnie industrielle et des particuliers, avait par là même un caractère essentiellement civil; — Que, par conséquent, la juridiction civile pouvait connaître du litige auquel il donnait lieu; — Attendu que la compétence de cette juridiction déterminait celle du juge du référé. — Rejette.

En ce sens, Cass. Req. 8 août 1883. (Voy. *supra*, n° 1473.)

Cons. d'Ét. cont. 19 mars 1878. L., p. 285; Cons. d'Ét. 14 novembre 1879. — Le Conseil, Vu la loi du 28 pluviôse an viii; — Considérant que s'il appartient au conseil de préfecture, par application de la loi du 28 pluviôse an viii, de statuer sur les difficultés qui s'élèvent entre les villes et les concessionnaires de l'éclairage par le gaz, relativement à l'interprétation et à l'exécution de leurs marchés, aucune disposition de loi ne l'autorise à connaître des contestations existant entre les concessionnaires et les particuliers, sur le prix du gaz livré à ceux-ci; — Que, dans l'espèce, il n'existe aucune contestation entre la ville d'Arles et la compagnie requérante; que la demande des sieurs Puch, Roman, Dumas et Boeuf, tendant à obtenir, en vertu de l'article 16 du cahier des charges, l'application d'un prix inférieur à celui qui leur est réclamé par la Compagnie, est le remboursement des sommes qu'ils auraient payées en trop, relatives à l'exécution du marché passé avec la ville, ne soulève pas de contestation entre la ville et la compagnie; et que, par suite l'arrêté qui est intervenu doit être annulé pour incompétence. — Annule.

(2) Cons. d'Ét. cont. 20 juillet 1867; L. p. 681; Cons. d'Ét. cont. 10 mars 1869, L. p. 225; Cons. d'Ét. cont. 9 février 1872, L. p. 54; Cons. d'Ét. cont. 3 juillet 1874, L. p. 335; Cons. d'Ét. cont. 20 novembre 1874, L. p. 624; Cons. d'Ét. cont. 11 décembre 1874, L. p. 967; Cons. d'Ét. cont. 7 août 1883, D. P. 85.3.62; Cons. d'Ét. cont. 30 novembre 1883, D. P. 85.3.62.

(1) Cons. d'Ét. 20 juillet 1867, L. p. 681; Cons. d'Ét. cont. 9 février 1872. L. p. 54.

(2) Cass. civ. 29 juillet 1884. — La Cour, Vu l'article 8 du décret du 12 février 1870; — Attendu qu'après avoir, dans son paragraphe 1er, posé en principe que les établissements industriels sont admis à l'entrepôt à domicile, ajoute, dans son paragraphe 3, que décharge est accordée aux entrepositaires pour toutes les quantités de combustibles et de matières premières employées dans ces établissements à la préparation et à la fabrication des produits qui ne sont frappés d'aucun droit par le tarif d'octroi du lieu sujet; — Attendu que cette disposition est absolue et ne comporte aucune distinction entre les combustibles servant à la préparation de produits destinés soit à la consommation locale, soit au commerce général; — Attendu, au contraire, que le paragraphe 4 du même article, voulant que les produits industriels imposé au tarif de l'octroi, distingue entre ceux de ces produits qui seront consommés à l'intérieur et ceux que l'entrepositaire justifiera avoir fait sortir du lieu sujet, que pour ces derniers seulement, il sera affranchi de tous droits; — Attendu que c'est exclusivement au paragraphe 4 que se réfèrent les articles 12 et 13 du même décret qui assimilent les combustibles et matières premières employées sous de certaines conditions par les administrations de la guerre et de la marine, et par les chemins de fer, à ceux qui sont employés dans les établissements industriels pour la préparation ou la fabrication d'objets destinés au commerce général; que l'exemption de droits qui leur est accordée pour ces articles est la même que celle qui est concédée, par le paragraphe 4 précité, aux produits que l'entrepositaire justifiera avoir fait sortir du lieu sujet et conséquemment livrés au commerce général; — Attendu, en fait, qu'il résulte des constatations du jugement attaqué, d'une part, que l'usine à gaz de Boulogne, exploitée par la Compagnie parisienne, est un établissement industriel et, comme tel, admis à l'entrepôt à domicile; d'autre part, que le gaz n'est pas imposé au tarif d'octroi de cette commune; — Que dans ces circonstances, les rapports de la ville de Boulogne et de la Compagnie sont réglés exclusivement par le paragraphe 3 de l'article 8 du décret du 12 février 1870, dont l'article 25 du règlement de l'octroi de ladite ville reproduit, quant à ce, les termes; qu'il suit de là que la Compagnie avait droit à la décharge accordée par cet article; — Qu'en décidant autrement... — Casse.

(3) Cons. d'Ét. int. 7 juin 1877. (Ville de Roubaix.) — Le Conseil d'État, qui, sur le renvoi ordonné par M. le ministre de l'intérieur, a pris connaissance d'un projet de loi tendant à autoriser la ville de Tourcoing (Nord) à emprunter une somme de 2,250,000 francs destinée au payement des frais d'établissement d'une usine à gaz, et remboursable en vingt-cinq années, à partir de 1885, sur les produits de l'exploitation; — Vu les délibérations du conseil municipal de Tourcoing, en date des 14 février, 9 et 29 mars 1877; — Vu l'avis du préfet du Nord, du 20 avril 1877; — l'exposé des motifs, ensemble les pièces du dossier; — Considérant que la construction projetée par la ville de Tourcoing et l'emprunt que la ville demande d'affecter à cette dépense ont pour objet d'arriver à l'exploitation du gaz de l'usine et à y produire non seulement le gaz nécessaire à l'éclairage public mais celui de l'éclairage privé; que c'est, dès lors, à ce point de vue que doit être examiné le projet d'emprunt; qu'en écartant pour s'arrêter à cette solution les propo-

1484. Nous n'avons pas besoin de rappeler ici que le sol des voies publiques appartenant, selon la nature de celles-ci, soit au domaine public national, soit au domaine public municipal, les autorisations délivrées aux entrepreneurs d'éclairage d'y construire des canalisations ne le sont jamais qu'à titre précaire. Les entrepreneurs doivent donc, sans indemnité, soit enlever à première réquisition de l'administration compétente, soit souffrir l'enlèvement des tuyaux de canaux posés, si la destination du terrain de la voie est changée, ou si des nécessités de service public l'exigent (1). Mais, d'un autre côté, les administrations municipales ne doivent pas oublier que les autorisations d'occuper le domaine public n'étant jamais justifiées que parce qu'elles peuvent présenter une utilité générale, ou parce qu'elles ne causent aucun préjudice au domaine public envahi, le retrait des autorisations une fois accordées ne peut plus avoir lieu que s'il est justifié par des considérations d'intérêt général, telles que celles de la viabilité, de la salubrité ou de la sécurité publiques, ou si une clause du cahier des charges le prévoit expressément. Elles doivent se garder de retirer les permissions parce qu'elles auraient modifié leur mode d'éclairage ou parce qu'ayant conclu un traité nouveau, elles voudraient accorder des facilités à la nouvelle entreprise (2). Elles pourraient occasionner des procès douteux, et exposer les communes qu'elles administreraient à des demandes en dommages-intérêts.

sitions du concessionnaire actuel et le recours à une adjudication, le conseil municipal a eu en vue de réaliser, au profit du budget communal, les bénéfices que pourraient faire les entrepreneurs dans l'une ou l'autre de ces combinaisons ; — Mais considérant que l'industrie du gaz, soumise aux variations du marché, tant pour l'achat de ses matières premières que pour la vente de ses sous-produits, est, en outre, exposée par son début dans les centres industriels, comme des circonstances économiques, et qu'on exigeant, par suite, des conditions indispensables de vigilance et d'habileté commerciales, elle comporte des chances incertaines de succès ; — Que les risques des actes de la commission qui serait chargée de gérer l'usine de Tourcoing seraient couverts par aucune des responsabilités que la loi fait peser sur les administrations des sociétés de commerce, et qu'en cas d'insuccès, les pertes en provenant retomberaient à la charge de la ville ; — Que, d'autre part, et à supposer même qu'une exploitation toujours fructueuse, les garanties, dont les règles administratives ont entouré les marchés et traités passés par les communes, feraient défaut à une entreprise de cette nature, dont les opérations quotidiennement renouvelées échapperaient forcément au contrôle de l'autorité supérieure ; — Considérant qu'on ne peut invoquer, à l'encontre des observations qui précèdent, les concessions d'eau que plusieurs villes ont été autorisées à faire aux particuliers, puisque l'objet de ces concessions est un produit naturel de qualité toujours égale et qui ne peut éprouver de variations brusques et importantes ni dans son prix de revient, ni dans sa consommation ; — Que si certaines administrations municipales ont trouvé des revenus dans leur participation aux bénéfices des concessionnaires de l'éclairage par le gaz, ce prélèvement exclut néanmoins toute ingérence commerciale comme toute chance de perte, en ne fait obstacle ni à la surveillance de l'autorité publique ni aux droits que les villes exercent, à l'égard des compagnies, pour assurer, conformément aux cahiers des charges, la qualité des produits, la régularité des services publics et privés et l'observation des tarifs ; — Qu'il serait à craindre, au contraire, que, pour éviter des pertes ou pour grossir ses gains, une ville transformée en entrepreneur d'éclairage ne fût amenée à négliger les services auxquels elle devrait pourvoir ou à exagérer les prix des abonnements, éventualité d'autant plus fâcheuse que les conditions techniques de la canalisation du gaz paraissent admettre difficilement la possibilité de la concurrence ; — Que, d'ailleurs, il n'est pas établi que le tarif actuellement projeté par la ville de Tourcoing donne, comme l'indique l'exposé des motifs, satisfaction aux intérêts généraux de la population, l'abaissement de sa moyenne n'étant dû qu'à des combinaisons de primes dont profiteraient seuls les gros consommateurs. — Est d'avis qu'il n'y a pas lieu de donner suite au projet proposé.
(1) Cons. d'Et. cont. 14 janvier 1865. — Le Conseil, Vu l'arrêté du maire de Marseille, en date du 1er mars 1857, portant autorisation à la Compagnie impériale et continentale d'établir, sous le sol des rues et places de la ville, des conduites pour la distribution du gaz ; — Vu le traité passé le 22 novembre 1855 entre le sieur Mirès et la ville de Marseille pour le service de l'éclairage public et particulier de gaz dans la dite ville ; — Vu les arrêtés, en date du 25 avril 1857, par lesquels le maire de Marseille a ordonné la suppression des tuyaux et autres appareils placés par la Compagnie impériale et continentale tant sous le sol que sur le sol de la voie publique ; — Vu les lois du 14 décembre 1789, des 16-24 août 1790 et du 18 juillet 1837 ; — Considérant que notre ministre de l'Intérieur, on déclarant que l'autorisation accordée par le maire de Marseille à la Compagnie impériale et continentale d'établir, tant sous le sol que sur le sol de la voie publique, des tuyaux et appareils destinés à l'éclairage des particuliers n'était qu'une permission de police, dont le retrait a pu être prononcé, sans donner droit à la Compagnie d'obtenir aucune indemnité, a fait une juste appréciation... — Rejette.
(2) Cons. d'Et. cont. 18 mars 1868, L. p. 293.

1485. La concession de l'entreprise, soit qu'elle ait lieu par voie d'adjudication, soit qu'elle fasse l'objet d'un traité de gré à gré, est subordonnée à l'approbation du préfet.

Les pièces à produire, pour l'éclairage à l'huile, sont : 1° la délibération du conseil municipal ; 2° le plan des rues à éclairer; 3° le projet de cahier des charges ou le traité de gré à gré : 4° le budget de la commune ; 5° un bordereau de situation de la caisse municipale.

Pour l'éclairage au gaz, on doit produire les mêmes pièces que ci-dessus, et de plus, le procès-verbal d'enquête et le procès-verbal estimatif de la valeur du terrain.

1486. Les mesures de police à prendre dans les communes, pour ce qui concerne les conduites et appareils à gaz dans l'intérieur des habitations, font partie des attributions des maires, et doivent faire l'objet d'un arrêté.

1487. Les usines destinées à la fabrication du gaz d'éclairage ont d'ailleurs été soumises à un régime particulier par un décret du 9 février 1867, dont nous analysons ici les principales dispositions.

1488. Les usines sont fermées par un mur d'enceinte ou une clôture solide en bois, de trois mètres de hauteur au moins ; les ateliers de fabrication et les gazomètres sont à la distance de trente mètres au moins des maisons d'habitation voisines.

Les ateliers de distillation et tous les bâtiments y attenants doivent être construits et couverts en matériaux incombustibles.

La ventilation des ateliers est assurée par des ouvertures suffisamment larges et nombreuses, ménagées dans les parois latérales et à la partie supérieure du toit.

Les appareils de condensation sont établis en plein air ou dans des bâtiments dont la ventilation est assurée comme celle des ateliers de distillation.

Les appareils d'épuration sont placés vers le centre de l'usine, en plein air, ou dans des bâtiments dont la ventilation est assurée comme celle des ateliers de distillation et de condensation.

Les eaux ammoniacales et les goudrons produits par la distillation, qu'on n'enlèverait pas immédiatement, sont recueillis dans des citernes exactement closes et qui doivent être parfaitement étanches.

L'épuration est pratiquée et conduite avec les soins et précautions nécessaires pour qu'aucune odeur incommode ne se répande en dehors de l'enceinte de l'usine. La chaux ou les laits de chaux, s'il en est fait usage, sont enlevés chaque jour dans des vases ou tombereaux fermant hermétiquement et transportés dans une voirie ou un local désigné par l'autorité municipale.

Les eaux de condensation peuvent être traitées dans l'usine elle-même, pour en extraire les sels ammoniacaux qu'elles contiennent, à la condition que les ateliers soient établis vers la partie centrale de l'usine et qu'il n'en sorte aucune exhalaison nuisible ou incommode pour les habitants du voisinage, et que l'écoulement des eaux perdues soit assuré sans inconvénient pour le voisinage.

Les goudrons ne peuvent être brûlés dans les cendriers et dans les fourneaux qu'autant qu'il n'en résulte à l'extérieur ni fumée ni odeur.

Les bassins dans lesquels plongent les gazomètres doivent être complètement étanches ; ils sont construits en pierres ou briques à bain de mortier hydraulique, en tôle ou en fonte.

Les gazomètres sont établis à l'air libre; la cloche de chacun d'eux est maintenue entre des guides fixes, solidement établis, de manière que, dans son mouvement, son axe ne s'écarte pas de la verticale. La course ascendante en est limitée de telle sorte que, lorsque la cloche atteint cette limite, son bord inférieur soit encore à un niveau inférieur de 30 centimètres au moins du bord du bassin ou cuve. La force élastique du gaz dans l'intérieur du gazomètre est toujours maintenue au-dessus de la pression atmosphérique. Elle est indiquée par un manomètre très apparent.

Les usines et appareils peuvent, en outre, être assujettis aux mesures de précaution et dispositions qui seraient reconnues utiles dans l'intérêt de la sûreté et de la salubrité publiques.

Les usines et ateliers sont soumis à l'inspection de l'autorité municipale, chargée de veiller à ce que les conditions prescrites soient observées.

1489. Quoique l'éclairage de la voie publique ne soit pas imposé, en général, aux habitants d'une commune, l'article 471 du Code pénal (n° 3) reconnaît la légalité des arrêtés qui imposeraient cette charge à des aubergistes ou *autres* et frappe ceux qui, obligés à l'éclairage, l'auraient négligé. Par *autres*, nous pensons qu'il faut entendre seulement les industriels et commerçants qui, comme les aubergistes, peuvent être tenus ou se tiennent d'ordinaire à la disposition du public la nuit ou jusqu'à une heure avancée de la nuit. Nous avons peine à admettre qu'une municipalité ait droit d'imposer à des habitants, qui n'exercent aucune profession s'adressant au public, la charge si lourde d'un éclairage public. Cependant la plupart des auteurs estiment que l'autorité municipale a ce pouvoir.

1490. Il a été jugé, en ce qui concerne les aubergistes, que celui qui n'a pas tenu à la porte de sa maison une lanterne allumée, ainsi qu'il y était obligé par un règlement de police, ne peut pas être excusé sous le prétexte que la lune brillait au moment où la contravention a été constatée, et que, d'après un avis du préfet, les aubergistes sont dispensés d'éclairer leurs maisons quand elles sont éclairées par la lune (1).

De même l'infraction à l'arrêté de police qui prescrit aux aubergistes, cabaretiers, etc., de tenir une lanterne allumée à leur porte, *depuis le coucher du soleil jusqu'à une certaine heure*, ne peut être excusée sous le prétexte qu'à l'instant où cette infraction a été constatée il faisait encore jour (2).

1491. La contravention pour défaut d'éclairage peut être relevée contre tous les habitants qui y sont soumis, et notamment contre l'entrepreneur de l'éclairage public lui-même, bien que des clauses pénales spéciales aient été stipulées dans le marché qu'il a passé avec la municipalité, pour retard ou omission (3).

1492. Un entrepreneur d'éclairage qui commet une infraction aux clauses de son cahier des charges, infraction rentrant d'ailleurs dans celles prévues par un arrêté municipal, peut-il être poursuivi pour contravention à l'article 471 ? — L'affirmative ne nous semble pas douteuse, en présence des arrêts que nous avons rapportés ci-dessus (n° 1443). Mais comme le défaut d'éclairage ne constitue une contravention que sous la condition qu'un arrêté ait prescrit l'éclairage public lui-même, à défaut de cet arrêté et lorsque le cahier des charges ne soumet l'entrepreneur qu'à des réparations civiles, l'infraction qu'il commet ne saurait donner lieu à aucune responsabilité pénale (1).

---

(1) Cass. crim. 13 juin 1811 ; Cass. crim. 16 septembre 1853. — La Cour, vu les articles 1 et 2 du règlement de police pour la ville de l'Argentière, arrêté par le maire de ladite ville le 5 novembre 1841, lesquels sont ainsi conçus : « Les hôteliers, aubergistes et logeurs seront tenus, à dater de la publication du présent arrêté, d'éclairer le devant de leurs maisons au moyen d'une lanterne ou fanal, depuis la nuit tombante jusqu'à minuit. » — Art. 2. « Les cafetiers et cabaretiers seront également tenus d'éclairer constamment le devant de leurs maisons au moyen d'une lanterne ou fanal, depuis la nuit tombante jusqu'à l'heure de la fermeture de ces établissements, fixée à dix heures du soir par les règlements de police de cette ville ; » — Vu aussi les numéros 3 et 15 de l'article 471 du Code pénal, les articles 154 et 161 du Code d'instruction criminelle, ainsi que les articles 408 et 413 du même Code ; — Attendu que trois procès-verbaux régulièrement dressés par le commissaire de police de la ville de l'Argentière, les 13 et 18 juin dernier, il résultait que, malgré les injonctions à eux adressées, André, Dumas et autres ci-dessus dénommés, aubergistes ou cafetiers, n'avaient point éclairé le devant de leurs maisons à neuf heures du soir ; — Attendu que lesdits Dumas et consorts s'étant bornés à nier le fait ainsi constaté, sans fournir aucune preuve contraire soit par écrit, soit par témoin, le fait devait être tenu pour constant, aux termes de l'article 154 du Code d'instruction criminelle ci-dessus visé, et que, dès lors, à la charge des inculpés, une contravention formelle aux dispositions des articles 1 et 2 du règlement municipal du 3 novembre 1841, ainsi qu'au numéro 3 de l'article 471 du Code pénal, leurs établissements ne se trouvant pas éclairés après la nuit tombante ; — Attendu que le jugement attaqué a néanmoins renvoyé les nommés Dumas et autres de la poursuite contre eux dirigée, sous prétexte qu'il résultait, des explications et des renseignements recueillis par le juge des parties, qu'il n'était pas encore nuit, qu'il faisait clair de lune et que le ciel étant sans nuage, les inculpés n'avaient pas eu l'intention de contrevenir aux règlements ; — Attendu que ce jugement, en admettant d'autres causes d'excuses que celles établies par la loi ou par le règlement lui-même, en s'appuyant sur le défaut d'intention des parties, sur des renseignements recueillis par le juge particulièrement, et sur les explications des parties, pour refuser aux procès-verbaux constatant les contraventions l'autorité qui leur était due, et laisser sans répression une contravention à un règlement légalement fait par l'autorité administrative a tout à la fois violé... — Casse.

(2) Cass. crim. 12 juillet 1838. *Bul. crim.* à sa date.

(3) Cass. crim. 3 août 1866. — La Cour, vu l'article 1 (numéro 7) de l'arrêté du maire de Castres, en date du 28 décembre 1865, ainsi conçu : « Les dispositions des articles 471 (n° 15) et suivants du Code pénal sont applicables aux personnes ci-après désignées ; ... 7° l'entrepreneur d'éclairage ou le directeur du service d'éclairage de la ville, lorsque l'éclairage ne sera pas exécuté aux heures et suivant les conditions

déterminées par le cahier des charges ; » — Attendu qu'un maire peut agir en la double qualité d'agent du pouvoir exécutif et de représentant de la loi commune ; qu'il peut, en la première, prendre des arrêtés sur des objets confiés à sa vigilance et à son autorité ; en la seconde, souscrire des marchés pour assurer un service public, et stipuler des clauses pénales en cas d'inexécution des conditions ; — Que les actes du représentant de la commune ne peuvent jamais paralyser le droit de l'agent du pouvoir de prendre des arrêtés, et que les clauses pénales qu'il a stipulées dans l'intérêt de la commune ne peuvent pas davantage soustraire à l'application de la loi pénale, dans le cas de contravention, l'entrepreneur avec lequel le marché a été contracté ; — Attendu que l'éclairage des rues, places et voies publiques procure aux habitants l'avantage d'en parcourir sûrement tous les quartiers pendant l'obscurité de la nuit ; qu'il est un des moyens les plus utiles que la police emploie pour prévenir les désordres et les crimes, et pour veiller à la sûreté publique ; que, par conséquent, il rentre essentiellement parmi les objets confiés par les lois des 14 décembre 1789, 16-24 août 1790 et 19-22 juillet 1791, à la vigilance et à l'autorité des maires ; qu'il est d'ailleurs expressément rangé au nombre de ces objets et mis sur la même ligne que le nettoiement de la voie publique, par l'article 3 du titre 11 de la loi des 16-24 août 1790, qui porte que « les objets confiés à la vigilance et à l'autorité des corps municipaux sont : 1° tout ce qui intéresse la sûreté et la commodité du passage dans les rues, quais, places et voies publiques, ce qui comprend le nettoiement, l'illumination, l'enlèvement des encombrements, etc. » ; que cette expression illumination désigne non seulement l'éclairage des lieux publics tels que les auberges, hôtelleries, etc., et celui des encombrements, mais encore l'éclairage général des rues, places et voies publiques ; que c'est dans ce sens que cette expression a toujours été entendue, notamment lorsqu'il s'est agi de l'éclairage de villes donné à l'entreprise ; qu'on lit, en effet, dans l'article 1 de l'ordonnance de police concernant l'illumination de la ville et des faubourgs de Paris, du 5 novembre 1778 : « Enjoignons aux entrepreneurs de l'illumination, leurs commis et préposés, de veiller avec le plus grand soin à ce que les lanternes soient bien nettoyées et le service fait avec toute l'exactitude possible ; » qu'il suit de là qu'on doit tenir pour légal et obligatoire l'arrêté du 28 décembre 1865 ci-dessus visé ; — Attendu que la sentence attaquée excipe vainement de ce que l'entrepreneur ne se serait pas soumis, par son traité, aux peines de police, et de ce que l'arrêté invoqué contre lui, ne s'étendant pas à l'universalité ni à une certaine classe de citoyens, manquerait du caractère essentiel d'un règlement de police ; — Attendu, en premier lieu, que lorsque la matière sur laquelle contracte la commune est, par sa nature, matière de police susceptible d'être régie par des règlements, cette clause spéciale du traité de l'entrepreneur ne doit pas le soumettre à un règlement de police qui pourra intervenir est inutile, puisque la loi elle-même ayant imprimé à cette matière le caractère qui lui appartient, ce caractère ne peut être modifié par les conventions particulières des parties ; — Attendu, en second lieu, que si les arrêtés pris, en matière de police, par l'autorité municipale, doivent nécessairement avoir un intérêt général et public pour objet, et ne peuvent statuer exclusivement et uniquement dans l'intérêt privé, il ne s'ensuit pas que ces arrêtés ne puissent, dans un intérêt général et public, contenir des dispositions spéciales, soit à un établissement particulier, soit à une entreprise ou une personne déterminée, puisqu'il est des cas où l'intérêt de la salubrité et celui de la sûreté et de la tranquillité dans les rues peuvent se requérir qu'une mesure individuelle, et que toute disposition prise en pareille matière, par l'autorité compétente, est évidemment obligatoire pour celui qu'elle concerne ; d'où il suit que... — Casse.

(1) Cass. crim. 24 mars 1876. — Vu l'article 471, paragraphes 15 et 3 ; — Attendu que l'article 471, paragraphe 15, n'était pas applicable ; — Qu'en effet le cahier des charges du 19 janvier 1857, intervenu entre l'entrepreneur de l'éclairage et le maire de Granville, est une convention exclusivement civile, ne comprenant que des stipulations qui ont ce caractère ; — Qu'on n'y trouve aucune des prescriptions qui pourraient constituer un règlement municipal, pris par le maire, en vertu des pouvoirs qui lui sont conférés par les lois des 14 décembre 1789, 16 et 24 août 1790, 19-22 juillet 1791 ; — Que le maire n'a stipulé que comme représentant les intérêts collectifs de la commune ; — Attendu que si le traité indique que les infractions à un éclairage régulier seront constatées par des agents de police et donneront lieu à des procès-verbaux, ce caractère des agents et cette forme de constatation ne sauraient modifier la nature purement pécuniaire des réparations prévues par ce contrat ; — Attendu que le numéro 3 de l'article 471 ne peut pas mieux être appliqué dans la cause ; — Qu'en effet, par ces termes : « Les

1493. Outre l'éclairage des rues, dont le soin est laissé à la vigilance de l'autorité municipale, la sûreté publique exige une autre nature d'éclairage exclusivement à la charge des particuliers. Les matériaux déposés ou les excavations faites dans les rues et places doivent être éclairés, et ceux qui négligent cette précaution sont passibles d'une amende de 1 à 5 francs, aux termes du paragraphe 4, article 471, du Code pénal.

L'éclairage des excavations faites à la voie publique ou des matériaux qui y sont déposés étant ordonné par l'article 471 du Code pénal, il n'est pas *nécessaire qu'il soit spécialement prescrit par un arrêté*. Le doute pouvait venir de ce que l'article 471 (n° 4) ne punit que ceux qui « *en contravention aux lois et règlements* auront négligé cet éclairage ». Et de là, quelques tribunaux avaient conclu que l'absence d'un règlement prescrivant le mode de l'éclairage dispensait de l'obligation imposée par la loi ; mais la Cour de cassation a donné une autre interprétation, et celle-ci paraît préférable. Il faut distinguer, en effet, entre l'obligation générale d'éclairer, pendant la nuit, les dépôts de matériaux et excavations et les dispositions particulières qui peuvent régler le mode de cet éclairage. Ces dernières dispositions sont du domaine du règlement, mais leur absence ne peut détruire une obligation qui est fondée sur les motifs les plus impérieux de sûreté publique et d'humanité (1).

L'obligation de cet éclairage est imposée par cet article *à ceux qui ont* déposé les matériaux ou fait l'excavation, quand même les matériaux appartiendraient à une tierce personne (2).

1494. La contravention se compose de trois éléments, il faut :

1° Qu'un défaut d'éclairage soit imputable au prévenu ;

2° Que les objets non éclairés soient des matériaux ou une excavation ;

3° Que le fait incriminé ait eu lieu dans une rue ou sur une place publique.

1495. Les excavations faites ou les matériaux déposés sur la voie publique doivent toujours être éclairés spécialement et à part, quand bien même ils seraient placés presque perpendiculairement au-dessous d'un réverbère de la ville ou en face d'un réverbère placé dans une boutique ou sous la clarté

d'une lumière placée sur une croisée ; à plus forte raison s'ils étaient seulement éclairés par la lune (1).

1496. L'obligation d'éclairer les matériaux déposés sur la voie publique ne se borne pas à l'établissement de l'éclai-

---

(1) Cass. crim. 11 mai 1810, *Bull. crim.*; Cass. crim. 1er mai 1823. — La Cour, Vu l'article 471 du Code pénal et les articles 161, 408 et 413 du Code d'instruction criminelle ; — Attendu que l'article 471 (n° 4) du Code pénal punit d'une amende d'un franc jusqu'à cinq francs inclusivement ceux qui, en contravention aux lois et aux règlements, négligent d'éclairer les matériaux par eux entreposés dans les rues et places ; — Attendu que, dans l'espèce, il était établi par le procès-verbal d'un garde champêtre, et que le prévenu Laurent a reconnu, à l'audience, de la manière la plus formelle, que le 23 mars, à sept heures et demie du soir, et pendant la nuit, des pièces de bois déposées par lui dans la rue de Seurre n'étaient pas éclairées ; — Qu'il a prétendu que la destination de ces bois, qui devaient servir à la construction du pont de la ville, et la clarté produite par la lune, à l'époque indiquée dans le procès-verbal, l'avaient dispensé de l'exécution de l'article 471 (n° 4) du Code pénal, mais que ces moyens de défense n'étaient pas admissibles ; — Que le fait du défaut d'éclairage des bois déposés par Laurent dans les rues du Seurre, étant constant et reconnu, la réalité de la contravention ne pouvait être douteuse ; que la disposition de l'article 471 (n° 4) du Code pénal est générale et absolue, et que les autorités judiciaires sont sans pouvoir pour ajouter aux dispositions générales des lois, des dispositions exceptionnelles qui ne peuvent jamais être une base légale de leurs décisions ; — Qu'en accueillant la défense du prévenu... — Casse.

Cass. crim. 3 septembre 1825. — La Cour, Vu l'article 471 (n° 4) du Code pénal : — Attendu que l'article 471 (n° 4) du Code pénal punit d'une amende d'un franc jusqu'à cinq francs ceux qui, en contravention aux lois et aux règlements, négligent d'éclairer les matériaux par eux entreposés dans les rues et places ; — Qu'il en résulte qu'il y a obligation, pour tous et en tous lieux, d'éclairer les matériaux entreposés dans les rues et places, que si cet article se réfère aux dispositions des règlements locaux qui peuvent déterminer le mode de l'éclairage, selon la nature des lieux et des circonstances, dans chaque commune en particulier, il ne s'ensuit nullement que l'absence d'un règlement de police sur cette matière dispense de l'obligation imposée par la loi pénale dans le but d'assurer la liberté de la voie publique et la sûreté des personnes ; — Attendu que, dans l'espèce, il est établi, par le jugement attaqué, que le prévenu, Pierre Cholet, n'avait pas éclairé le bois de chauffage déposé dans la rue, devant sa maison ; que c'est en vain que le jugement cherche à établir que ce bois était suffisamment éclairé par un réverbère placé dans une boutique en face de laquelle était ce bois, puisqu'il n'avait été placé auprès de ce bois, par le fait du propriétaire, aucun moyen spécial d'éclairage, et qu'il ne pouvait être dégagé de son obligation par une circonstance accidentelle et indépendante de sa volonté ; que la disposition de l'article 471 (n° 4) du Code pénal est générale et absolue, et que les autorités judiciaires étant sans pouvoir pour ajouter aux dispositions générales des lois des dispositions exceptionnelles, le tribunal de police, en acceptant l'exception... — Casse.

Cass. crim. 10 mars 1835, *Bull. crim.*; cass. crim. 19 juin 1846, D. P. 46.4.535 ; Cass. crim. 19 août 1847. — La Cour, Attendu qu'aux termes de l'article 471 (n° 4) du Code pénal, tous ceux qui auront embarrassé la voie publique en y déposant ou en y laissant des matériaux, des choses quelconques qui empêchent ou diminuent la liberté ou la sûreté du passage, seront tenus de les éclairer pendant la nuit ; — Attendu que cette obligation est d'ordre public ; — Que les citoyens sont tenus de la remplir, quand même l'autorité municipale ne l'aurait pas prescrite, et que son omission ne saurait être excusée sous aucun prétexte ; — Attendu, en fait, que le même procès-verbal du commissaire de police de Sedan, du 10 février, constatant que les cabriolets qui stationnaient sur la place de la Halle, devant l'hôtel du sieur Auclair, n'étaient pas éclairés, le vendredi 5 dudit mois de février, à dix heures du soir ; — Attendu que, cité pour cette contravention devant le tribunal de simple police de Sedan, Auclair a été renvoyé sans amende ni frais, par le motif que la lanterne placée par ce prévenu au-devant de la porte de son auberge donnait une lumière assez abondante non seulement pour éclairer le devant de sa maison, aux termes des règlements de police de Sedan, mais encore les cabriolets au-devant de sa maison, de manière à empêcher les passants de s'y heurter ; — Attendu qu'en jugeant ainsi... — Casse.

Cass. crim. 15 octobre 1852. — La Cour, Vu l'article 471 (n° 4) du Code pénal ; — Attendu qu'un arrêté du 22 décembre 1841 légalement pris par l'autorité municipale dispose, article 23, que dans la ville de Bressuire toute charrette stationnant la nuit sur la voie publique devra être éclairée d'une lanterne ; — Attendu qu'un procès-verbal régulier dressé par le commissaire de police constate que, le 19 septembre dernier, à 10 heures du soir, la charrette du sieur Voy, boulanger, placée au-devant de sa maison, rue Rouges, n'était point éclairée conformément au règlement de police ; — Attendu que, sans nier l'existence de la contravention, le jugement attaqué a relaxé l'inculpé sur ce fondant sur ce que, dans la soirée du 19 septembre, le temps était mauvais et le vent très fort ; — Que, dès lors, le sieur Voy avait pu craindre qu'une lumière placée sur la charrette ne fût bientôt éteinte ; — Que, d'ailleurs, la précaution par lui prise et constatée par le procès-verbal de mettre une lumière dans l'intérieur de sa maison, en laissant les contrevents ouverts, était la preuve qu'il avait voulu se conformer au règlement de l'autorité municipale ; — Attendu qu'en admettant qu'un mode d'éclairage reconnu, d'ailleurs, insuffisant par le procès-verbal, avait pu être substitué par le sieur Voy à celui déterminé par l'autorité municipale, et en suppléant une excuse qui n'est pas dans la loi, le jugement attaqué... — Casse.

En ce sens, cass. crim. 28 janvier 1859, *Bull. crim.*, p. 52.

---

aubergistes et autres obligés à l'éclairage, » il faut entendre ceux des habitants qui sont obligés à un éclairage par un arrêté régulier ; — Qu'on ne saurait faire rentrer dans cette catégorie un entrepreneur qui n'a contracté que des obligations civiles par une convention amiable et librement consentie ; — Que, d'ailleurs, on ne peut ajouter à un traité une sanction empruntée à la loi pénale, alors qu'elle n'y a pas été nettement insérée ; — Attendu qu'il n'existe dans la ville de Granville aucun arrêté réglant l'éclairage ; que, conséquemment, les habitants n'étant pas obligés, par un arrêté, l'entrepreneur qui s'est substitué à eux, n'était pas obligé, puisqu'ils ne le sont pas, et n'est astreint qu'à l'exécution des diverses conditions de son traité, et aux clauses des réparations civiles qui y sont prévues s'il manque ; — D'où il suit que... — Rejette.

(1) Faustin Hélie, Théorie du Code pénal, art. 474 (n° 4) ; Cass. crim. 1er mai 1823 ; Cass. crim. 3 septembre 1825. (Voy. *infrà*, n° 1495.)

(2) Cass. crim. 23 mai 1833 ; Cass. crim. 19 février 1848. — La Cour, Statuant sur le moyen tiré de la violation du quatrième alinéa du même numéro ; — Vu cette disposition, ainsi que les articles 153, 154, 159 et 161 du Code d'instruction criminelle ; — Attendu que l'obligation imposée par le quatrième alinéa de l'article 471 du Code pénal aux propriétaires des matériaux ou des choses quelconques, dont parle la première partie du même numéro, de les éclairer, pendant la nuit, est d'ordre public, que l'autorité municipale n'a point à la rappeler aux citoyens pour qu'ils soient astreints à la remplir ; — Attendu que les tribunaux de simple police sont tenus de statuer sur tous les faits de leur compétence qui se trouvent constatés par les procès-verbaux réguliers et non débattus par la preuve contraire, dont ils sont saisis, et, par conséquent, de renvoyer le prévenu de l'action exercée contre lui, ou de le condamner, conformément à la disposition combinée des articles 153, 154, 159 et 161 du Code d'instruction criminelle, lors même que le ministère public n'aurait pas pris de réquisitions formelles pour chacun d'eux ; — Et attendu, dans l'espèce, que le procès-verbal régulièrement dressé par le commissaire de police du canton de Sauve, contre Frédéric Dufour, constate que celui-ci, le 15 décembre dernier, vers dix heures du soir, n'avait pas éclairé le tas de fagots ci-dessus spécifié, et que la preuve du contraire n'a pas été produite ; — Qu'il suit de là... — Casse.

En ce sens, Cass. crim. 22 juillet 1859, D. P. 59.1.335.

rage dès la fin du jour, elle s'étend encore à sa conservation pendant toute la nuit, et contraint à le rétablir dès qu'un événement quelconque l'a fait cesser ; car s'il n'en était pas ainsi, le but du législateur serait manqué (1). Ainsi, il a été jugé que le défaut d'éclairage, à une certaine heure de la nuit, des matériaux déposés sur la voie publique ne peut pas être excusé sous le prétexte qu'ils ont été *éclairés au commencement de la nuit* (2), et que la lumière établie ne s'est éteinte avant le jour que par un cas fortuit (3).

1497. La contravention à un arrêté municipal qui prescrit d'éclairer, pendant la nuit, les matériaux déposés sur la voie publique ne saurait être excusée, sur le motif que *le mauvais temps aurait éteint la lanterne* que le prévenu avait allumée (4). Il en est, au reste, de cette contravention comme de toutes autres, la bonne foi ne l'efface pas. Il importe peu notamment que le contrevenant n'ait pas entendu déposer, sur la voie publique, pour y rester, les matériaux qu'il a omis d'éclairer (5).

1498. De même, le contrevenant ne peut être acquitté sous prétexte que l'administration municipale et celle des ponts et chaussées, ayant négligé le même soin en divers endroits de la ville, l'ont induit et confirmé dans l'idée qu'il pouvait également s'en dispenser. L'exemple est mauvais sans doute, mais une contravention ne saurait en excuser une autre (1).

1499. Que doit-on entendre par matériaux ? Certains auteurs ont prétendu que l'on ne devait comprendre sous ce mot que les matériaux proprement dits, c'est-à-dire ceux consacrés à l'édification des bâtiments. Mais cette interprétation n'a point été admise par la jurisprudence ; celle-ci a toujours décidé que l'obligation d'éclairer, pendant la nuit, est imposée à tous ceux qui embarrassent la voie publique en y déposant ou en y laissant des choses quelconques, de nature à empêcher ou diminuer la sûreté, la liberté ou même la commodité du passage (2), et notamment aux propriétaires de voitures et de marchandises laissées ou déposées sur la voie publique.

1500. Le défaut d'éclairage de matériaux ou d'excavations n'est punissable, tant en exécution d'un arrêté municipal qu'en vertu de l'article 471, paragraphe 4, du Code pénal, que si les matériaux ou l'excavation se trouvent placés sur une rue, un quai, une place ou une voie publique, ou dans un lieu privé, mais servant régulièrement à un usage public ; il n'est pas punissable s'ils sont situés dans un lieu ne servant pas au passage du public, fût-il, en fait, livré au public, tel que le serait un terrain non clos (3).

1501. La contravention prévue par l'article 471 est une contravention d'ordre exclusivement municipal ; il en résulte que, fût-elle commise sur une grande route, soit à son passage dans une agglomération d'habitations, soit en dehors, elle constitue une contravention de simple police, mais non de grande voirie (4).

---

(1) Cass. crim. 3 mars 1842, *Bull. crim.*, à sa date ; Cass. crim. 24 avril 1898. — La Cour, Vu l'article 471 (n° 4) du Code pénal, et l'arrêté du maire de Poitiers en date du 28 juin 1827, dont l'article 103 est ainsi conçu : « Les entrepreneurs qui auront fait déposer des matériaux ou décombres sur la voie publique seront tenus d'éclairer, à leurs frais, lesdits emplacements pendant la nuit ; » — Attendu que l'obligation d'éclairer pendant la nuit les matériaux entreposés dans les rues et places est d'ordre public ; — Qu'elle s'étend à la nuit tout entière ; — Qu'elle entraîne pour le propriétaire, qui y est tenu, la nécessité de prendre toutes les mesures nécessaires pour qu'aucun événement ne puisse interrompre l'éclairage pendant le temps légal, et qu'elle lui impose le devoir de le rétablir, lorsqu'il vient à cesser par quelque cause que ce soit ; — Attendu qu'il résulte de deux procès-verbaux dressés par l'un des commissaires de police de Poitiers, les 4 et 5 mars 1868, que le 3 mars, à neuf heures du soir, et le 4, à neuf heures et demie, des pierres de taille, déposées par le sieur Bouleau, dans la rue Saint-Antoine, n'étaient pas éclairées ; — Que cependant, le jugement attaqué (rendu par le tribunal de simple police de Poitiers) a relaxé ledit Bouleau des poursuites dirigées contre lui, par le motif que le défaut d'éclairage, constaté à sa charge, résultait d'un fait indépendant de sa volonté, les lanternes ayant été brisées et éteintes par malveillance avant l'heure où les procès-verbaux déclaraient que l'éclairage n'existait pas ; — Attendu que ces circonstances ne constituaient ni un événement de force majeure, puisque rien n'avait pu empêcher le sieur Bouleau soit de surveiller, soit de rétablir l'éclairage, ni une excuse justificative admise par la loi ; — Que dès lors le juge de police, en les prenant pour base de l'acquittement de l'inculpé, a commis... — Casse.

(2) Cass. crim. 15 février 1828 ; Cass. crim. 2 juin 1818. — La Cour, Statuant sur le pourvoi et sur le moyen de cassation pris dans la fausse application de l'article 1037 du Code pr., et la violation du numéro 15 de l'article 471 du Code pénal, et de la violation de police publiés pour la ville de Paris, notamment : 1° le règlement du 9 mai 1831, qui ordonne que toutes les voitures suspendues, mises en circulation pendant la nuit, soient éclairées par des lanternes ; 2° le règlement du 20 avril 1843, dont l'article 24 exige que les lanternes apposées à ces voitures soient allumées dès la chute du jour ; — Vu aussi le procès-verbal, en date du 15 janvier, portant que la voiture suspendue, appartenant à Haraux, conduite par son domestique Champandry, a été trouvée circulant, ledit jour, à cinq heures trois quarts du soir, sans être éclairée, dans la rue Saint-Honoré ; — Vu enfin l'article 413 du Code d'instruction criminelle ; — Attendu que les règlements de police ci-dessus cités ont été faits dans l'exercice légal des fonctions municipales, puisqu'ils se rattachent évidemment aux dispositions des articles 3 et 4 de la loi du 24 août 1790 ; — Que ces règlements étaient, dès lors, obligatoires pour tous les habitants, et qu'il était du devoir du tribunal de police de réprimer les contraventions qui y étaient commises ; — Attendu que le règlement du 9 mai 1831, en prescrivant l'éclairage des voitures suspendues, en circulation pendant la nuit, a nécessairement entendu, d'après la signification propre du mot comme d'après les principes constants de la jurisprudence criminelle, soumettre à cette obligation de l'éclairage la circulation des voitures depuis le coucher du soleil jusqu'à son lever ; — Qu'il pourrait y avoir d'autant moins de doute à cet égard, que le règlement postérieur du 20 avril 1843 portait, en termes exprès, que les lanternes apposées à ces voitures devaient être allumées dès la chute du jour ; — Attendu que le fait constitutif de l'infraction imputée à Haraux et à son domestique Champandry n'a pas été méconnu par eux ; — Qu'il est même déclaré par ledit jugement attaqué que la voiture dudit Haraux n'était pas éclairée depuis cinq heures et avant six heures accomplies ; — Que cependant, au lieu de faire application de la pénalité prononcée dans le numéro 15 de l'article 471 du Code pénal par lequel ce fait était qualifié, ledit jugement a renvoyé les inculpés de la poursuite, par le motif qu'aux termes de l'article 1037 du Code pénal, la nuit devait s'entendre, du 1er octobre au 31 mars seulement, et de l'intervalle de six heures du soir à six heures du matin... — Casse.

(3) Cass. crim. 3 mars 1842, *Bull. crim.*

(4) Cass. crim. 12 juillet 1838, *Bull. crim.* ; Cass. crim. 23 décembre 1841, *Bull. crim.*

(5) Cass. crim. 26 juillet 1827, *Bull. crim.*

(1) Cass. crim. 2 mai 1835, *Bull. crim.*

(2) Cass. crim. 19 août 1847 (voy. *suprà*, n° 149) ; Cass. crim. 19 juin 1846, D.-P. 46.4.535.

(3) Cass. crim. 7 juillet 1854. — La Cour, Attendu que l'autorité municipale a le droit, en vertu du numéro 4 de l'article 3, titre XI, de la loi des 16-24 août 1790, et de l'article 10 de la loi du 18 juillet 1837, d'ordonner aux propriétaires de la cour dont il s'agit, cour commune à un certain nombre de propriétaires et de locataires, de la fermer, pendant la nuit, ou, s'ils la laissent sans clôture et entièrement ouverte sur la voie publique, dont elle est immédiatement riveraine, d'éclairer les objets qui s'y trouvent placés, dans l'intérêt de la sûreté des personnes qu'ils n'auraient pas empêchées de s'y introduire ; — Mais que le règlement en question dans l'espèce ne prescrit nullement la première de ces mesures, et n'ordonne la seconde que pour les choses qu'il énumère et qui sont placées ou stationnent sur toute la partie de la voie publique en général ; que cette disposition n'est ni expresse ni explicite en ce qui concerne nommément les cours communes et adjacentes à la pareille voirie ; qu'elle ne saurait, du reste, leur être applicable, puisque la circonstance qu'aucune clôture ne les sépare de la rue et n'empêche les passants de s'y introduire ne les dépouille point de leur caractère essentiellement privé ; qu'en relaxant donc les prévenus... — Rejette.

Cass. crim. 26 juin 1863. — La Cour, En ce qui touche le moyen de cassation fondé sur la violation de l'article 471 (n° 4) du Code pénal, et des articles 1, 2 et 3 de l'arrêté du préfet de la Haute-Loire du 6 juillet 1858, ledit moyen résultant de ce que le juge de police aurait refusé d'appliquer les peines de la loi au fait d'un dépôt de bois effectué sur un terrain privé, il est vrai, mais sans clôtures et livré au public, et devant être assimilé à la voie publique ; — Attendu que le procès-verbal constatait, en effet, que le dépôt dont il s'agit était effectué, non sur la voie publique, mais sur un petit terrain attenant à la maison du sieur Experton, non clos et livré au public ; qu'Experton excipait, il est vrai, à la première audience, du droit de propriété, mais que, ce droit ne lui étant pas contesté par le ministère public et n'étant pas dénié par le procès-verbal, la question à juger était celle de savoir si l'article 471 (n° 4) du Code pénal, qui prévoit l'embarras de la voie publique et prescrit l'éclairage des matériaux entreposés sur la voie publique, est applicable au propriétaire d'un terrain joignant la voie publique : — Attendu que le juge de police était compétent pour statuer sur cette exception ; qu'il a pu décider, suivant les termes exprès de l'article 471 (n° 4) du Code pénal, que cet article n'est applicable qu'à ceux qui embarrassent la voie publique et à ceux qui entreposent des matériaux sur la voie publique, mais que, si des dépôts de bois ou de pierres, faits sur des terrains privés, joignant la voie publique et livrés au public, peuvent offrir des inconvénients ou des dangers pour la sûreté de la circulation, il appartient aux maires d'y pourvoir par des arrêtés spéciaux prescrivant aux propriétaires des précautions convenables ; mais que la règle générale posée par l'article 471 (n° 4) du Code pénal ne protège que la voie publique, et que la circonstance qu'aucune clôture ne sépare des terrains privés de la rue ne dépouille pas ces terrains de leur caractère de propriété privée ; — Que le tribunal de police a pu... — Rejette.

(4) Cass. crim. 28 juin 1865. — Vu les arrêts des 7-11 septembre 1790 et 28 septembre-6 octobre 1791 ; — Vu la loi du 29 floréal an X, l'ordonnance royale du 4 août 1831, les articles 20 et 30 de

1502. Les poursuites pour défaut d'éclairage doivent être exercées contre l'auteur du dépôt de matériaux ou de l'excavation ; si celui-ci est inconnu, contre le propriétaire des matériaux ou du local. Cela résulte des termes généraux de l'article 471, paragraphe 4, qui punissent tous ceux qui, sans nécessité, ont *fait* ou *fait faire*. L'action peut donc être intentée soit contre les propriétaires, soit contre les entrepreneurs ou architectes (1). Et la circonstance que les travaux seraient publics ne saurait dégager l'entrepreneur qui s'en est chargé (2).

1503. Si le défaut d'éclairage des excavations ou dépôts faits sur la voie publique a occasionné la mort ou la blessure des animaux ou bestiaux appartenant à autrui, le contrevenant est puni d'une amende de 11 francs à 15 francs inclusivement, en vertu de l'article 479 (n° 4) du Code pénal.

1504. Il est évident aussi que, si, du défaut de précautions prises relativement à l'éclairage des matériaux déposés sur la voie publique, il résulte soit un homicide, soit des blessures, soit un dommage quelconque, le contrevenant en est responsable.

1505. Les voitures publiques et diligences qui circulent pendant la nuit doivent être constamment éclairées soit par une forte lanterne placée au milieu de la caisse de devant, soit par deux lanternes placées aux côtés. Quant aux voitures particulières, le mode de leur éclairage est réglé par des arrêtés municipaux, en vertu de la loi sur la police de roulage.

§ 3. — Enlèvement des encombrements.

1506. Les maires doivent veiller à ce qu'aucun encombrement ne se produise sur la voie publique ; et aux termes de l'article 471 (n° 4), sont punis d'une amende de 1 à 5 francs ceux qui auront embarrassé la voie publique en y déposant ou en y laissant sans nécessité des matériaux ou des choses quelconques, qui empêchent ou diminuent la sûreté du passage.

1507. Une première observation à faire, c'est que la contravention prévue par l'article 471 (n° 4) n'a besoin de l'appui d'aucun règlement pour exister et être punie. Ce qui n'empêche pas que des règlements doivent être pris par l'autorité municipale pour déterminer certaines mesures propres à prévenir l'encombrement de la voie publique, et que ces règlements ne soient obligatoires sous la même pénalité, conformément à l'article 471 (n° 15) du Code pénal.

1508. Et c'est ainsi qu'il a été jugé que, lorsqu'un arrêté du maire détermine le mode de stationnement des voitures, dans les rues et places, certains jours de la semaine, le tribunal de police ne peut se dispenser de faire au contrevenant l'application du paragraphe 4, article 471, du Code pénal, sur le motif que la matière est régie par le paragraphe 4, même article.

1509. La contravention prévue par l'article 471, paragraphe 4, existe par la réunion des trois conditions suivantes : 1° que des *matériaux* ou des *choses quelconques* de nature à empêcher ou diminuer la liberté ou la sûreté du passage aient été déposés ; 2° que ce dépôt ait eu lieu sur la voie publique ; 3° qu'il ait été fait *sans nécessité*.

1510. Les mots *matériaux* ou *choses quelconques* s'appliquent nécessairement à tous les objets qui peuvent diminuer la liberté ou la sûreté du passage, quels que soient ces objets. Aussi, dans les diverses applications qu'elle a eu à en faire, la jurisprudence leur a donné une large extension.

Ainsi on a considéré comme matériaux embarrassants — et à cet égard nous ne pouvons citer que des exemples — des décombres provenant de l'écroulement d'un édifice (1), des bois destinés au chauffage (2), des dépôts de tonneaux (3), des voitures attelées ou non attelées (4), des chevaux et des bestiaux (5), une échelle dressée contre un mur (6), des fumiers (7). On a été plus loin, et condamné comme contrevenants des marchands qui vendaient leurs marchandises ou préparaient les objets de leur commerce sur la voie publique : un boulanger qui étalait ses pains (8) ; un charcutier qui découpait un porc (9) ; un épicier qui brûlait du café (10).

1511. Mais il est nécessaire que la chose embarrassante soit un objet purement mobilier, et l'on doit repousser toute interprétation qui aurait pour effet de faire appliquer la contravention de l'article 471 à des immeubles, ou à des actes de l'homme qui, tout en embarrassant la voie publique, ne le fait pas cependant par le *dépôt* d'une chose *mobile*. Ainsi, on ne saurait considérer comme embarrassant la voie une porte scellée dans un mur ou un volet ouvrant sur la voie publique (11) : il peut y avoir là une contravention de voirie d'une autre nature, mais non le fait spécial qui nous occupe. Ainsi également des individus qui stationnent sur la voie publique, quel que soit le motif pour lequel ils sont arrêtés (12) ne peuvent *encombrer;* ils peuvent contrevenir seulement, s'ils sont nombreux, aux arrêtés pris par le maire, en vertu de son droit d'assurer la tranquillité publique, ainsi que nous le verrons plus loin.

1512. Il ne suffit pas que les choses qui gênent le passage se trouvent momentanément sur la voie publique, et il est nécessaire, pour qu'il y ait contravention, qu'elles y aient été *déposées*. La voie publique doit servir à tous : c'est le *dépôt* qui constitue l'empiétement, l'usurpation au profit d'un seul au détriment des autres : en général, on doit considérer qu'il y a dépôt dans le sens de la loi lorsque la chose est destinée, par la volonté du propriétaire, à demeurer et à séjourner un certain temps sur la voie publique (13).

Ainsi le fait que l'on a momentanément occupé la voie publique en tenant sur soi des objets embarrassants ne constitue pas la contravention, quand bien même on laisserait reposer quelques instants sur le sol l'objet transporté. On ne saurait donc poursuivre des porteurs qui transportent des marchandises ; et l'on a même jugé que des joueurs aux boules ou de paume — jeux qui peuvent être interdits sur les voies pu-

---

(1) Cass. crim. 6 février 1845.
(2) Cass. crim. 25 avril 1841.
(3) Cass. crim. 2 juin 1825.
(4) Cass. crim. 2 juillet 1824 ; Cass. crim. 23 mars 1832 ; Cass. crim. 28 décembre 1843 ; Cass. crim. 1er mars 1851.
(5) Cass. crim. 30 frimaire an XIII ; Cass. crim. 9 février 1832.
(6) Cass. crim. 28 mars 1844 ; Cass. crim. 27 janvier 1877, *Bull. crim.*, p. 60.
(7) Cass. crim. 26 février 1834 ; Cass. crim. 20 décembre 1850 ; Cass. crim. 18 mai 1870.
(8) Cass. crim. 4 octobre 1823.
(9) Cass. crim. 6 septembre 1844.
(10) Cass. crim. 18 thermidor an IX.
(11) Cass. crim. 29 août 1861, *Bull. crim.*, p. 203 ; Cass. crim. 24 novembre 1871, *Bull. crim.*, p. 276.
(12) Cass. crim. 18 août 1860, *Bull. crim.*, p. 330.
(13) Cass. crim. 28 juillet 1881. — La Cour, Sur le moyen tiré de la violation de l'article 471 (n° 4) du Code pénal en ce que cet article aurait dû être appliqué au prévenu pour avoir déposé et laissé sans nécessité, sur un chemin public, des terres qui gênaient la circulation : — Attendu qu'il résulte du procès-verbal et du jugement attaqué que le nommé Duchesne possède, à Sainte-Marguerite-de-Viette, un clos situé en contre-haut de plusieurs mètres sur le bord du chemin rural des carrières ; que, par l'effet de la fonte des neiges et des pluies continuelles, des terres se sont détachées de ce clos et ont été entraînées sur le chemin, sans qu'il ait été même allégué que Duchesne ait directement ou indirectement contribué à cet éboulement ; — Attendu que cet état de choses constituait un cas de force majeure dont Duchesne ne pouvait être responsable, et qu'il n'était pas tenu de réparer : — Attendu, dès lors, qu'en décidant que Duchesne n'avait pas, dans le sens de l'article 471 (n° 4) du Code pénal, déposé et laissé, sans nécessité, sur un chemin public, des terres qui gênaient la circulation, le juge de police, loin d'avoir violé... — Rejette.

l'arrêté du préfet de la Meurthe du 2 octobre 1858 ; — Considérant qu'il résulte du procès-verbal du 9 avril 1861, que le sieur Marchal a négligé d'éclairer, pendant la nuit, les dépôts de matériaux qu'il avait été autorisé à établir au-devant de la maison qu'il a réparée, sur le côté gauche du 507e hectomètre de la route départementale n° 3, dans la traverse de Crespey ; — Considérant que ce fait ne constitue pas une contravention de grande voirie, mais une contravention à un règlement pris par le préfet, infraction qui, du reste, trouve sa répression dans l'article 471 du Code pénal ; que, dès lors, c'est avec raison que le conseil de préfecture s'est déclaré incompétent pour statuer sur le procès-verbal dont il est saisi. — Rejette.
(1) Cass. crim. 1er mars 1862, D. P. 74.1.102 ; Cass. crim. 7 novembre 1864, D. P. 64.1.102 ; Cass. crim. 8 mai 1874, D. P. 75.1.239.
(2) Cass. crim. 14 février 1834, *Bull. crim.*

bliques par un arrêté spécial — ne pouvaient être condamnés en vertu du paragraphe 4 de l'article 471 (1).

1513. Ainsi qu'on l'a vu, le deuxième élément de la contravention est que le dépôt ait eu lieu sur la *voie publique*. Cette expression comprend évidemment toutes les rues et passages situés dans l'intérieur et dans les faubourgs des villes et des bourgs, et les chemins ruraux et vicinaux (2). Et il a été jugé que celui qui a déposé sans nécessité des objets sur le trottoir d'une rue ne peut pas être acquitté, sous le prétexte que ces objets n'embarrassaient pas la voie publique : les trottoirs des rues sont une partie de la voie publique.

1514. L'encombrement des chemins publics dans la campagne peut constituer un délit rural punissable par les articles 2, 3 et 40 du Code rural de 1791, mais non par le Code pénal.

1515. Cette expression de voies publiques doit-être comprise *lato sensù*. Elle s'entend non seulement du sol, mais de l'espace qui est au-dessus, et de tout obstacle qui, bien que ne reposant pas sur le terrain même, gêne cependant la circulation, constitue un objet embarrassant. Ainsi un cordon tendu d'un arbre à l'autre sur la voie publique constitue le dépôt ou l'abandon prohibé (3). Mais elle ne comprend pas les terrains simplement communaux qui ne sont pas rattachés à la voie publique (4).

1516. Quant à l'appréciation de la question de savoir si le lieu où ont été déposés des matériaux encombrants est un chemin public, en l'absence de documents administratifs lui attribuant officiellement ce caractère, elle doit être faite par le juge de police. Il est l'appréciateur souverain des circonstances qui établissent cette publicité de la viabilité (5).

1517. Un terrain devenu vide par la démolition d'une maison sujette à reculement, par servitude d'alignement, devient la voie publique par le fait même de sa démolition, sans qu'il y ait lieu d'attendre le règlement et le payement du prix du terrain annexé à la voie publique (6).

1518. Les halles, quoiqu'elles soient des lieux publics, ne peuvent être considérées comme des places publiques ou comme faisant partie de la voie publique. Elles ne sont pas protégées, par suite, par l'article 471 (n° 4) du Code pénal contre les dépôts illicites d'objets embarrassants (1).

1519. Les dépôts de matériaux faits sur les grandes routes constituent, aux termes des articles 1, 2, 3 et 4 de la loi du 29 floréal an x, une contravention de grande voirie de la compétence des conseils de préfecture.

Mais lorsqu'une voie publique, située dans l'intérieur d'une ville, d'un bourg ou d'un village, sert à la fois de rue et de grande route, les contraventions aux règlements de police qui s'y réfèrent peuvent être poursuivies concurremment par l'autorité administrative et par l'autorité judiciaire, et le tribunal de simple police devant lequel le contrevenant est poursuivi ne peut se déclarer incompétent et renvoyer la cause à l'autorité administrative, sous le prétexte que la rue embarrassée fait partie de la grande route (2).

1520. — Il est, au surplus, constant, comme résultant des dispositions de l'article 98 de la loi pénale (voy. n°s 2065 et s.), que les dispositions de la loi, qui attribuent à l'autorité administrative la poursuite et la répression des contraventions commises sur les grandes routes, ne s'appliquent pas à la partie des grandes routes qui traversent les villes et qui peuvent, en ce qui touche le bon ordre, la salubrité et la sécurité, devenir l'objet de règlements municipaux.

Mais si le dépôt a eu lieu sur une partie de route, avant son

---

cessa d'exister ; — Que ledit Requiem, qui fut aussitôt pleinement dépouillé de la propriété de cet emplacement, sauf son droit de réclamer et d'obtenir de la ville le payement de sa valeur, n'a pu légalement y déposer les matériaux dont il s'agit, qu'en décidant le contraire et en le renvoyant de l'action sur ce point, d'après le motif qu'il reste exclusivement en jouissance dudit emplacement, tant que cette somme ne lui aura pas été comptée, le jugement dénoncé... — Casse.
(1) Cass. crim. 20 mars 1858, *Bull. crim.*, p. 168; Cass. crim. 1er août 1884. — La Cour, Sur le moyen tiré de la violation de l'article 471 (n° 4) du Code pénal, en ce que l'inculpé a été relaxé, alors que le jugement lui-même avait reconnu qu'il avait embarrassé la voie publique sans nécessité ; — Attendu que l'article 471 (n° 4) s'applique, par la généralité de ses termes, à toutes personnes qui embarrassent la voie publique sans nécessité ; — Que l'huissier qui procède à une vente judiciaire est soumis à ses prescriptions ; — Mais attendu que, si les halles sont des lieux publics par leur destination, il ne s'ensuit nullement qu'elles doivent être considérées comme une place publique ou réputées faire partie de la voie publique; — Attendu qu'il est constaté, en fait, que l'étalage d'objets mobiliers, poursuivi comme contravention à l'article 471 (n° 4) du Code pénal, a eu lieu dans une halle couverte qui, suivant la déclaration du jugement, n'est ni place ni rue ; — Que le jugement attaqué, en décidant, dans ces circonstances, que ce fait ne constituait pas l'embarras de la voie publique prévu et puni par la disposition de la loi précitée, loin de la violer... — Rejette.
(2) Cass. 13 juin 1811, *Bull. crim.* ; Cass. crim. 7 décembre 1826, *Bull. crim.*; Cass. crim. 8 avril 1839, *Bull. crim.*; Cass. crim. 24 février 1842, *Bull. crim.*; Cass. crim. 3 octobre 1851. — La Cour, Attendu que de la combinaison des articles 1 et 3, titre X, de la loi du 24 août 1790, et l'article 471 du Code pénal, il résulte que tout ce qui intéresse la sûreté et la commodité du passage dans les rues, quais, places et voies publiques, a été confié à l'autorité des corps municipaux ; — Que le maire a le droit de prendre des arrêtés et d'ordonner des mesures locales sur tous les objets confiés par les lois à sa vigilance et à son autorité; — Qu'enfin c'est aux tribunaux de police municipale qu'il appartient de faire l'application des peines prononcées par le Code pénal pour infraction à ces règlements ; — Attendu qu'on ne saurait voir dans la loi du 29 floréal an x aucune dérogation aux lois sur la police intérieure des villes, et que, loin que ses dispositions soient inconciliables, elles ont pour objet de faire cesser des encombrements nuisibles au bon état des routes et à la libre circulation dans les rues, les quais et les places des villes; — Attendu que les dépôts faits sur un quai existant dans une commune, et prolongeant un chemin de halage, peuvent combiner une double contravention et donner lieu soit à une poursuite devant le tribunal de simple police, s'ils sont qualifiés de contravention aux lois sur la police urbaine, soit à une poursuite devant le conseil de préfecture, s'ils sont qualifiés de contravention aux lois et règlements sur la grande voirie; — Attendu, en fait, que, par un procès-verbal dressé par le commissaire de police de la ville de Gray, le 11 juillet dernier, il a été constaté que Jean-Baptiste Lepage, déjà condamné pour le même fait, avait déposé sur le quai neuf de la ville de Gray des sables pur lui retirés du lit de la Saône; — Que ce fait reconnu par le jugement attaqué, et non dénié par l'inculpé, constituait l'infraction prévue par le numéro 4 de l'article 471 du Code pénal, et nécessitait l'application de cet article, si ce dépôt était de nature à gêner la voie publique en empêchant ou diminuant la liberté du passage sur cette voie publique; que néanmoins le tribunal de simple police de Gray s'est déclaré incompétent en décidant que l'article 1 de la loi du 26 floréal an x attribuait d'une manière absolue à l'autorité administrative la connaissance des contraventions de cette nature; — En quoi le jugement attaqué a faussement appliqué... — Casse.

---

(1) Cass. crim. 23 novembre 1876. — La Cour, Attendu que le jugement attaqué, après avoir rappelé les prescriptions de l'article 471 (n° 4), déclare que ni du procès-verbal dressé par le commissaire de police, ni des débats, ne résulte la preuve que la voie publique de Solliès-Pont (Var) ait été embarrassée par le dépôt de matériaux ou à choses quelconques, de nature à empêcher ou à diminuer la liberté du passage ; — Attendu que cette déclaration, souveraine en fait, n'est pas contredite par les énonciations du procès-verbal du commissaire de police, qui se borne à constater la réunion de jeunes gens qui se livraient à un jeu de paume sur la voie publique; — Attendu que l'établissement d'un jeu de paume n'implique pas le dépôt de choses inanimées, prévu par l'article 471 (n° 4) du Code pénal ; — Qu'ainsi, au lieu de violer ledit article... — Rejette.
(2) En ce sens, Blanche, sur l'article 471 ; Cass. crim. 30 juillet 1875, *Bull. crim.*, p. 474.
(3) Cass. crim. 31 juillet 1880. — La Cour, Sur le premier moyen, tiré de la violation de la première disposition de l'article 471 (n° 4) du Code pénal, en ce que le jugement attaqué aurait relaxé Marguerite Dunis, domestique, et Arthur Puchamp comme civilement responsable, par le motif que, si Marguerite Danis avait tendu entre deux arbres d'une promenade publique une corde pour y étendre et faire sécher le linge de sa lessive, ce fait était depuis longtemps toléré à Moissac et ne pouvait constituer la contravention d'embarras de la voie publique ; — Attendu qu'une tolérance, quelque prolongée qu'elle ait pu être, ne saurait constituer une excuse légale pour un fait que la loi qualifie de contravention, et que la tension d'une corde entre deux arbres, dans l'allée d'une promenade, rentre essentiellement dans les prévisions de l'article 471 (n° 4) du Code pénal.
Sur le deuxième moyen, résultant de ce que le jugement, sans nier l'obstacle à la liberté du passage, aurait admis à tort que la tension ne pouvait exister que par le dépôt ou l'abandon d'objets reposant sur le sol, et que la corde était tendue à une certaine hauteur du sol sans le toucher ; — Attendu que, par les mots : voie publique, la loi n'entend pas seulement le sol, mais l'espace qui est au-dessus, et que tout ce qui fait obstacle au libre passage, comme chaînes ou cordes tendues, planches ou poutres débordant sur la voie, sans s'appuyer directement sur le sol, n'en constitue pas moins la contravention précitée.
(4) Cass. crim. 28 avril 1865, *Bull. crim.*, p. 183.
(5) Cass. crim. 22 juillet 1858, *Bull. crim.*, p. 346; Cass. crim. 5 août 1859, *Bull. crim.*, p. 332; Cass. crim. 3 mai 1861, *Bull. crim.*, p. 116 ; Cass. crim. 3 janvier 1863, *Bull. crim.*, p. 9; Cass. crim. 19 juin 1868, *Bull. crim.*, p. 250.
(6) Cass. crim. 10 juin 1843; Cass. crim. 19 juin 1857. — La Cour, Mais en ce qui touche la contravention au numéro 4 du même article ; — Vu les articles 50, 52 de la loi du 16 septembre 1807, l'ordonnance royale susdatée et l'article 471 (n° 4) du Code pénal ; — Attendu que l'effet de l'ordonnance royale du 19 novembre 1843 a été de réunir à la promenade susnommée le sol que le bâtiment de Jean Requiem couvrait au milieu de la partie sud de cette promenade, dès l'instant où ce bâtiment

entrée dans une ville ou après sa sortie, le tribunal de police cesse d'être compétent; le *dépôt* illégal devient une contravention de grande voirie (1).

1521. Le troisième élément de la contravention réprimée par l'article 471 est que les matériaux aient été déposés sans nécessité. En général, il y a nécessité lorsque le propriétaire des matériaux n'a pas été à même de prendre les dispositions pour leur enlèvement, ou qu'il est survenu une cause accidentelle, un événement imprévu ou de force majeure (2). L'excuse de nécessité n'a d'ailleurs son effet que dans la mesure et pendant la durée de l'événement même qui crée la nécessité (3). Mais le simple exercice de la profession ne crée pas la nécessité (4) : la police ne peut être obligée de souffrir que le sol de la rue devienne un atelier. Et l'autorité municipale n'a pas le droit de tolérer l'empêchement de la circulation (1).

1522. La contravention à la disposition de l'article 471 (n° 4) peut être commise, non seulement par l'individu qui a opéré le dépôt ou à qui appartiennent les matériaux, mais par tout individu qui s'oppose à leur enlèvement (2).

---

(1) Cass. crim. 1er décembre 1827 ; Cass. crim. 7 novembre 1867. (Voy. VOIRIE.)

(2) Cass. crim. 24 juin 1842; Cass. crim. 19 août 1847 ; Cass. crim. 24 décembre 1847 ; Cass. crim. 6 mars 1885, *Bull. crim.*, p. 120.

(3) Cass. crim. 24 août 1883. — La Cour, Vu l'article 471 (n° 4) du Code pénal ; — Attendu qu'il résulte d'un procès-verbal du commissaire de police de Carentan, qu'à la date du 14 mai 1883 le sieur Hébert a fait déposer cinquante fagots de bois sur la voie publique au-devant de sa maison, vers deux heures de l'après-midi, et ne les a fait enlever, malgré les injonctions de l'autorité, que vers sept heures du soir; — Attendu que, cité devant le tribunal de simple police, Hébert, après avoir reconnu l'existence et la durée du dépôt, s'est excusé en alléguant qu'il l'avait fait enlever « aussitôt qu'il lui avait été possible de s'en occuper » ; — Que le tribunal l'a relaxé de la poursuite, par le motif « qu'il n'avait opéré ni installation durable ni étalage reprochable, mais seulement un dépôt momentané destiné à être enlevé aussitôt que possible », et qu'il était, dès lors, couvert par l'excuse de nécessité ; — Attendu que, lorsqu'il s'agit de la contravention d'embarras de la voie publique, prévue par l'article 471 (n° 4) du Code pénal, l'excuse : nécessité, bien qu'abandonnée à l'appréciation du juge, n'est admissible qu'autant qu'elle s'induit d'un fait accidentel, momentané, ou de la force majeure ; — Qu'elle n'a d'effet que dans la mesure et pendant la durée de cette nécessité même; — Qu'elle ne saurait, par suite, être étendue au delà par des motifs tirés des occupations ou des convenances personnelles de l'inculpé ; — Attendu, dans l'espèce, qu'étant données les circonstances relatées au procès-verbal, reconnues par l'inculpé et constatées par le jugement lui-même, le tribunal de police ne pouvait, en l'absence de toute enquête, déclarer qu'il y avait eu seulement un embarras momentané, excusable, à raison de la nécessité; — D'ou il suit qu'en fondant le relaxe d'Hébert sur l'existence de l'excuse de nécessité... — Casse;

Cass. crim. 6 mars 1884. — La Cour, Attendu que le sieur Dubos a fait citer devant le tribunal de simple police du canton d'Aire, la femme Descazaux, pour avoir embarrassé la voie publique au-devant de son magasin, en y faisant un dépôt de marchandises ; — Attendu que, bien que ce fait incriminé ne fût pas dénié par l'inculpée, le juge de police l'a néanmoins relaxée des poursuites par le triple motif : 1° que le dépôt de marchandises fait sur la voie publique par la femme Descazaux occupait si peu de place qu'il ne diminuait pas la sûreté ou la liberté du passage ; 2° que les dépôts de ce genre étaient tolérés, depuis un temps immémorial, par les agents de l'autorité locale; 3° qu'enfin le dépôt effectué par la prévenue était justifié par la nécessité; — Attendu que l'article 471 (n° 4) du Code pénal, qui punit d'une peine de police ceux qui auront embarrassé la voie publique, est général et absolu ; — Que l'interdiction qu'il prononce ne compte d'autre excuse que la nécessité, et qu'il ne saurait appartenir à l'autorité municipale de dispenser, par une autorisation expresse ou tacite, de l'observation d'une prescription formelle de la loi ; — Qu'il suit de là qu'en renvoyant l'inculpée des fins de la poursuite par le motif que les objets déposés par elle sur la voie publique n'empêchaient pas la liberté du passage, et que depuis longtemps les dépôts de ce genre étaient tolérés par l'administration municipale, le jugement attaqué a admis des excuses non autorisées par la loi ; — Attendu, il est vrai, que le juge de police déclare que le dépôt de marchandises, effectué par la femme Descazaux sur la voie publique, était justifié par la nécessité, et qu'il fait résulter cette prétendue nécessité uniquement de cette circonstance que le dépôt avait eu lieu un jour de marché, « ce qui amène dans la ville d'Aire un concours considérable d'acheteurs et de vendeurs ; » — Attendu que si le juge de police tient de la loi le don d'apprécier les circonstances qui peuvent constituer l'excuse de nécessité, c'est à la condition de se conformer, dans cette appréciation, au texte comme à l'esprit de l'article 471 (n° 4) du Code pénal ; — Qu'il résulte des dispositions de cet article que la nécessité dont il parle ne doit s'entendre que d'un dépôt ou d'un embarras momentané de la voie publique occasionné par un événement accidentel imprévu ou de force majeure; — Attendu qu'aucun de ces caractères ne se retrouve dans les faits tels qu'ils sont constatés par le jugement attaqué... — Casse

(4) Cass. crim. 2 juillet 1824; Cass. crim. 17 mars 1855 ; Cass. crim. 10 janvier 1885. — La Cour, Sur le premier moyen, pris de la violation de l'article 154 du Code d'instruction criminelle; — Attendu que, lorsqu'il s'agit de la contravention d'embarras de la voie publique, la nécessité est une excuse légale ; — Que cette nécessité n'est pas l'un des faits matériels dont les procès-verbaux font foi jusqu'à preuve contraire, et que son appréciation est réservée au juge de police; — Que, dès lors, le jugement attaqué pouvait sans violer l'article 154 du Code d'instruction criminelle, et quoique le procès-verbal n'eût pas été débattu par la preuve contraire, admettre une nécessité niée par le rédacteur de ce procès-verbal...— Rejette ce moyen. — Mais sur le second moyen tiré de la violation de l'article 471 (n° 4) du Code pénal ; — Vu ledit article 471 ; — Attendu, en droit, que l'obligation imposée à l'huissier Boyer pour l'exécution du mandat du justice dont il était chargé ne l'affranchissait pas de la prescription générale de l'article 471 (n° 4) du Code pénal, qui défend d'embarrasser la voie publique par des dépôts faits sans nécessité ; — Attendu que le procès-verbal du commissaire de police constatait que le dépôt de mobilier du locataire expulsé avait eu lieu de manière à embarrasser la voie publique sans nécessité ; — Et que le tribunal de simple police, auquel il appartenait d'apprécier si, en fait, l'embarras résultant du dépôt était nécessaire, s'est borné à déclarer que le fait reproché à l'huissier Boyer constitue un acte de son ministère; que cet acte n'a été que l'exécution forcée d'une ordonnance de justice et, par suite, se trouve couvert par une nécessité légale; — Attendu que l'article 471 (n° 4) du Code pénal, qui punit d'une peine de police ceux qui auront embarrassé la voie publique, est général et absolu ; — Qu'il ne compte d'autre excuse que la nécessité, et que le juge de police ne peut légalement faire résulter cette excuse que d'un fait accidentel, imprévu ou de force majeure, et non de l'exercice d'un métier ou d'une profession ;— Qu'en l'absence de propriétaire la responsabilité pénale du dépôt du mobilier sur la voie publique incombait à l'huissier Boyer ; — Qu'en conséquence en relaxant le prévenu des poursuites dirigées contre lui, le jugement attaqué a formellement violé ledit article 471 (n° 4) du Code pénal... — Casse.

(1) Cass. crim. 28 janvier 1859, *Bull. crim.*, p. 58 ; Cass. crim. 20 février 1862, *Bull. crim.*, p. 82 ; Cass. crim. 15 avril 1864, *Bull. crim.*, p. 163 ; Cass. crim. 23 août 1866, *Bull. crim.*, p. 366 ; Cass. crim. 7 février 1873, *Bull. crim.*, p. 81 ; Cass. crim. 30 mai 1873, *Bull. crim.*, p. 286 ; Cass. crim. 30 juillet 1875. — La Cour, Vu l'article 471 (n° 4) du Code pénal, qui punit d'une peine de police ceux qui auront embarrassé la voie publique, en y déposant, sans nécessité, des matériaux ou des choses quelconques qui empêchent ou diminuent la sûreté du passage ; — Attendu que cet article est absolu dans ses termes, et qu'il ne saurait appartenir à l'autorité municipale de dispenser, même en vertu d'une autorisation administrative, de l'exécution d'une loi dont elle a le devoir d'assurer ladite exécution ; — Que dès lors les tribunaux de répression ne peuvent point considérer de telles permissions comme une excuse légale des contraventions qui leur sont dénoncées ; — Attendu que le prévenu a été traduit devant le tribunal de simple police de Saint-Nazaire, pour avoir déposé, sans nécessité, une voiture d'enfant sur le trottoir devant sa boutique, et qui diminuait la liberté de la circulation sur la voie publique ; — Que le prévenu a reconnu l'exactitude du fait relevé à sa charge dans le procès-verbal du commissaire de police ; — Attendu que le juge de police, au lieu de faire au prévenu l'application de l'article susvisé, a relaxé Dubreil des poursuites, en se fondant sur ce que celui-ci avait, conformément à l'article 32 de l'arrêté municipal du 10 mai 1858, obtenu la permission d'étaler des marchandises sur le trottoir au-devant de son magasin, du maire de Saint-Nazaire, le 13 juillet 1872 ; — Attendu que ledit article 32 n'est relatif qu'aux saillies sur la voie publique, que le maire peut autoriser pour y étaler des marchandises devant les magasins et boutiques ; — Que le jugement a faussement interprété cette disposition en la déclarant applicable aux dépôts qui sont opérés sur la voie publique elle-même; — D'où il suit qu'en relaxant le prévenu ; — Le jugement dénoncé... — Casse.

En ce sens, Cass. crim. 6 mars 1884. (Voy. *suprà*, n° 1521.)

Cass. crim. 21 novembre 1884. — La Cour, Sur le moyen tiré de la violation de l'article 471 (n° 4) du Code pénal, en ce que le jugement attaqué se serait fondé pour prononcer le relaxe de l'inculpé, sur des causes d'excuses non admises par la loi ; — Attendu qu'il est constaté par procès-verbaux réguliers qu'à la porte de la maison Santelli et sur la voie publique il existe une pierre de deux mètres de longueur et de trente-trois centimètres d'épaisseur, laquelle sert de banc, et que Santelli, invité à plusieurs reprises par le commissaire de police à retirer cette pierre qui embarrassait sans nécessité la voie publique, s'y est toujours refusé ; — Attendu que, traduit à raison de ce fait devant le tribunal de simple police, il a été relaxé par ces trois motifs : 1° que le dépôt de la pierre sur la voie publique avait été longtemps toléré; 2° que ce dépôt n'obstruait en rien la circulation ; 3° que ladite pierre avait été placée depuis le mois de juin à la porte de Santelli par ordre même du maire; — Attendu que ces trois motifs sont illégaux et ne pouvaient justifier la relaxe prononcée; —Qu'en effet la tolérance de l'administration, au sujet d'une contravention commise, ne peut autoriser à en commettre une nouvelle ; — Que les termes de l'article 471 (n° 4) sont généraux et absolus ; — Qu'ils ne comportent d'autre excuse que celle de la nécessité, laquelle n'a pas été reconnue par le jugement attaqué, et que le dépôt sur la voie publique d'un objet embarrassant suffit pour constituer la contravention prévue et réprimée par ledit article 471 (n° 4), sans qu'il y ait à rechercher si, en fait, la liberté du passage a été empêchée ou diminuée par ce dépôt ; — Attendu que si la pierre en question avait été enlevée par erreur et employée à une construction municipale, et si, plus tard, elle a été restituée et reportée par ordre du maire devant la maison de Santelli, celui-ci, en la maintenant à cette place et malgré les injonctions de l'autorité, est devenu responsable de la contravention ; — Attendu, dès lors, qu'en se fondant uniquement sur des excuses illégales... — Casse.

(2) Cass. crim. 4 août 1837. — La Cour, attendu, en fait : 1° que veuve Thuillier et la femme Thuillier, sa belle-fille, sont prévenues, suivant le procès-verbal dressé à leur charge le 19 juin dernier, d'avoir prolongé, ce jour-là, le stationnement dans la rue Bourdin, pendant plus d'une heure, d'une voiture chargé de bois à leur destination, laquelle l'embarrassait, en refusant obstinément, d'une part, de se livrer de ce bois, et en s'opposant,

1523. Le règlement de police qui défend à tout marchand d'étaler ses marchandises dans les rues est légal et obligatoire (1); mais si le maire qui l'a pris ne commet pas un excès de pouvoirs, il n'est pas douteux qu'il peut commettre un excès de zèle et d'intolérance. A cet égard, il importe de ne jamais oublier que rien n'est plus loin de l'extrême liberté de la rue que l'extrême prohibition de tout embarras.

1524. Les frais d'enlèvement des matériaux qui embarrassaient une voie publique sont compris parmi les dommages-intérêts, conséquence de la contravention que les tribunaux de police peuvent accorder sans être tenus de se dessaisir (2).

1525. Si les embarras de matériaux sont, en général, prohibés, il est cependant des cas où ils doivent être non seulement tolérés, mais autorisés; il peut arriver, en effet, que pour les nécessités des constructions de bâtiments et d'édifices, pour les facilités du commerce ou de l'industrie, pour les besoins de la vie des habitants, etc., des dépôts soient utiles; ceux-ci sont alors considérés comme nécessaires, et ne sauraient être l'objet de poursuites devant le tribunal de police. Mais il est incontestable que les maires ont le pouvoir de réglementer les conditions dans lesquelles ils peuvent être opérés. Les contraventions sont, en ce cas, poursuivies non en vertu du numéro 4 de l'article 471 du Code pénal, mais du numéro 15.

1526. Les dépôts sont également légaux s'ils ont été autorisés en vertu d'une permission régulière délivrée par le maire en vertu du paragraphe 2 de l'article 98, moyennant le payement d'une redevance fixée par un tarif. C'est ainsi que l'on peut tolérer sur les trottoirs et sur les accotements des rues, des places, des quais et des ports l'établissement d'étalages mobiles, l'installation temporaire de marchands, la pose de tables ou de chaises, etc. (3).

§ 4. — Défense de laisser stationner ou faire courir.

1527. Le maire puise dans les pouvoirs de police que lui confère le paragraphe 1er de l'article 97 et les paragraphes 1 et 2 de l'article 98 de la loi du 5 avril 1884 pour assurer la commodité du passage, le droit d'interdire de laisser stationner, sans nécessité, sur les voies publiques et leurs dépendances, aucune voiture, aucun troupeau, aucune bête de somme ou de trait.

Le droit de réglementation du maire à cet égard est très étendu. Il peut interdire, par arrêté, à toutes entreprises ou compagnies ayant pour objet le transport des personnes en commun, autres que celles munies de la permission de l'autorité municipale, de faire stationner leurs voitures sur quelque point que ce soit des rues ou places dans le but de prendre ou décharger des voyageurs (1).

Mais un tel arrêté ne serait pas également applicable sur une route ou un chemin de grande communication en dehors de l'agglomération qu'elle traverse, la police de ces routes appartenant au préfet.

1528. Le droit du maire ne va pas jusqu'à celui d'établir un monopole. On devrait donc considérer comme entaché d'excès de pouvoir l'arrêté par lequel un maire interdirait à toutes les voitures publiques, autres que celles d'un entrepreneur, de stationner sur le territoire de sa commune et d'y prendre des voyageurs à destination des localités desservies par cet entrepreneur, s'il avait pour but unique d'assurer l'exécution de traités portant concession de l'entrepreneur du droit exclusif de faire stationner des voitures dans toute l'étendue du territoire de la commune, pour y prendre ou déposer des voyageurs à destination ou provenant des localités desservies par lui. Il appartiendrait, au contraire, au maire de refuser, dans le seul intérêt de la circulation ordinaire, à un entrepreneur de transport des personnes en commun ou isolément, l'autorisation soit de faire stationner les voitures dans les rues ou sur les places, soit d'augmenter le nombre de ses voitures dont le stationnement est permis (2).

---

d'autre part, à l'enlèvement de cette voiture, lorsque le commissaire de police leur laissait l'alternative d'un de ces moyens, pour rétablir plus promptement la liberté du passage; 2° que ce fait n'a pas été dénié et que le jugement dénoncé le tient pour constant; — Attendu, en droit, que la prévention ainsi caractérisée constitue, de la part des susnommées, une contravention directe et personnelle à la disposition de l'article 471 (n° 4) du Code pénal; — D'où il résulte qu'en décidant le contraire sur ce motif, notamment que rien ne pouvait les obliger se livrer du bois dont il s'agit, en l'absence du conducteur de la voiture qui le leur portait, le jugement dénoncé a faussement interprété.., — Rejette.

(1) Cass. crim. 17 septembre 1736; Cass. crim. 5 février 1844.
(2) Cass. crim. 21 mars 1832; Cass. crim. 6 octobre 1837.
(3) Cass. crim. 30 juillet 1875; Cass, crim. 18 juillet 1878. — La Cour, Sur les moyens présentés par les demandeurs à l'appui de leur pourvoi; — Attendu que les défendeurs éventuels étaient traduits devant le tribunal de simple police de Marseille pour avoir embarrassé la voie publique en plaçant sur le trottoir de la Cannebière ou devant leurs cafés des tables et des chaises; — Attendu que ledit tribunal de simple police a condamné les susnommés en vertu de l'article 471 (n° 4) du Code pénal, comme ayant encombré la voie publique sans nécessité; — Mais que le tribunal correctionnel de Marseille, saisi de l'appel interjeté dudit jugement par lesdits défenseurs, a relaxé ces derniers par le motif principal qu'ils avaient obtenu de l'autorité municipale le droit de placer sur la voie publique les choses ci-dessus énoncées; — Qu'il résulte, en effet, des termes du jugement attaqué, que les défendeurs avaient traité avec l'autorité municipale de Marseille, laquelle, moyennant une redevance à payer à la commune, leur avait octroyé le droit de stationnement dont il s'agit au procès; — Que la faculté de concéder ce droit rentrait dans les attributions de l'autorité municipale; — Que si l'article 471 (n° 4) du Code pénal décide, en général, que doit être punie comme coupable d'une contravention, toute personne ayant sans nécessité embarrassé la voie publique, il résulte des termes du jugement attaqué que les prévenus dans la cause invoquaient les dispositions de l'article 34 de la loi du 18 juillet 1837, qui autorise les maires à délivrer, moyennant une rétribution payable à la commune, des permissions de stationnement et de location de partie de la voie publique; — Que l'obtention de permissions de cette nature a eu pour effet de dégager les défendeurs du lien résultant des dispositions dudit article 471 (n° 4), pour les placer sous le régime des autorisations délivrées en vertu de ladite loi de 1837; — Qu'en conséquence la contravention relevée contre les défendeurs n'existait pas; — Qu'on ne peut dire que les autorisations, concédées dans l'espèce, étaient en opposition avec les règlements généraux, rendus à Marseille, par l'autorité compétente, les 17 février 1859 et 5 février 1868; — Qu'en effet ces règlements ne contiennent aucune disposition relative au stationnement sur la voie publique, et que leurs termes n'impliquent pas qu'à l'égard de ces concessions l'autorité municipale ait, pour l'avenir, renoncé à la faculté qui lui appartient légalement; — Qu'en décidant que dans la cause l'article 471 (n° 4) n'était pas applicable à raison des dispositions législatives qui, postérieurement, ont dérogé aux prescriptions de cet article, le jugement attaqué a fait une saine interprétation.., — Rejette.

(1) Cass. crim. 3 novembre 1831; Cass. crim, 10 octobre 1835; Cass. crim. 4 mars 1836; Cass. crim. 7 juin 1849; Cass. crim. 31 mai 1850; Cass. crim. 24 février 1858; Cass, crim. 26 août 1859, p. P. 59.1.516; Cass. crim. 28 août 1862. — Vu...; — Attendu que le procès-verbal, lors des poursuites, et les constatations du jugement attaqué établissent que la voiture, objet de ce procès-verbal, avait été trouvée sur la place affectée au stationnement des voitures de places, et située sur les quais extra muros, près la porte Saint-Vincent; — Qu'au tel emplacement, distinct d'ailleurs de la route impériale qui l'avoisine, fait évidemment partie de la voirie urbaine; — Qu'il est, comme tel, soumis à la police municipale; — Que la loi des 16-24 août 1790 confie à celle-ci le soin de tout ce qui intéresse la sûreté et la commodité du passage dans les rues, quais et places publiques; — Qu'il suit de là que les arrêtés sus-rappelés du maire de Saint-Malo avaient été pris dans les limites de ses attributions; — Attendu que l'arrêté du préfet d'Ille-et-Vilaine, en date du 18 juillet 1857, relatif à la police du port et des quais de Saint-Malo, n'a pas eu pour effet d'attribuer à la grande voirie toutes les dépendances des quais y désignés; — Que cet arrêté a surtout pour objet le règlement intérieur de ce port, par la défense qu'il fait de jeter aucuns liquides ou matières insalubres dans le port et le bassin, et aussi par l'interdiction de tout dépôt sur les parties des quais réservées à la circulation pour l'embarquement et le débarquement des marchandises; — Que s'il y a, en dehors de telles dispositions, la portion des quais de Saint-Malo réservée au stationnement des voitures de place n'en a pas moins continué à faire partie de la petite voirie; qu'il ne naissait dès lors de l'arrêté préfectoral précité aucune cause d'incompétence; — Que les règlements de l'autorité municipale, en cette partie, avaient donc pleinement force légale et obligatoire. — Casse.

(2) Cons. d'Ét. Cont. 19 mai 1865; Cons. d'Ét, cont. 2 août 1870. — Considérant que, aux termes de l'article 3, titre II, de la loi des 16-24 août 1790, et de l'article 11 de la loi du 18 juillet 1837, les maires règlent par des arrêtés tout ce qui intéresse la sûreté et la commodité du passage sur la voie publique; — Que, en vertu de cette attribution, ils peuvent limiter, dans l'intérêt général, le nombre des entreprises de voitures publiques; — Mais qu'il est reconnu par notre ministère de l'intérieur et par les maires des communes de Neuville-sur-Saône et des Fontaines-sur-Saône que les arrêtés attaqués ont eu pour but unique d'assurer l'exécution de deux traités, en date des 15 novembre et 24 décembre 1860, portant concession à la Compagnie Lyonnaise du droit exclusif de faire stationner sur la voie publique dans toute l'étendue du territoire de ces communes, pour prendre ou déposer des voyageurs, des voitures en destination ou en provenance des localités desservies par cette compagnie; — Que dès lors il y a lieu d'annuler..., — Annule

1529. Il résulte de cette doctrine que, si le maire a le droit absolu de réglementer tout ce qui touche au stationnement des voitures sur la voie publique, il ne doit user de ce droit que dans l'intérêt de la circulation, et qu'il commettrait un abus de pouvoir en s'en servant pour favoriser une compagnie particulière au détriment des autres, car ce pouvoir, en réalité, ne puise sa raison d'être que dans l'intérêt général, qui serait lésé si on en usait en faveur d'un intérêt privé, au détriment des facilités des communications en général. Il peut arriver cependant que, dans les villes d'une population considérable, il y ait nécessité, pour assurer des commodités de communications régulières, fréquentes et rapides, de concéder à un entrepreneur, pendant une durée fixe, le monopole exclusif du transport des personnes en commun ; mais, même dans ce cas, bien que la mesure soit prise dans l'intérêt général, au moment de la concession du monopole, on doit faire des réserves concernant les omnibus de chemins de fer, les tramways et les voitures transportant les voyageurs entre la ville et les localités voisines. Et il ne nous paraît pas, en tout cas, que le droit de concéder le monopole puisse être revendiqué par l'autorité municipale.

1530. Quant aux voitures de place ou de remise, on doit induire de ce que nous venons d'exposer que tout individu a la faculté d'en mettre en circulation, sous la condition de faire une déclaration préalable à l'autorité municipale, et d'exécuter les dispositions prescrites par les règlements de police lorsque celles-ci ne portent pas atteinte à la liberté du commerce et de l'industrie. Les voitures de remise qui payent le droit de stationnement peuvent, comme les voitures de place, prendre des voyageurs sur la voie publique et y stationner (1).

---

(1) Cass. crim. 27 février 1875. — La Cour, Sur le moyen tiré d'un excès de pouvoir, en ce que l'arrêté du 28 septembre 1873, pris par le préfet du département d'Oran, l'aurait été en dehors des attributions de cet administrateur, et en violation du principe de la liberté de l'industrie et de celle qui doit présider aux conventions ; — Attendu qu'un arrêté du maire d'Oran du 2 septembre 1873, pris dans le cercle des attributions du pouvoir municipal, réglait le service des voitures de place dans l'intérieur de la commune, avec indication des lieux de stationnement, du prix de la course, et injonction aux cochers de placarder ledit tarif à l'intérieur de leurs voitures ; qu'en outre et pour les courses en dehors du périmètre communal, se référait à un règlement préfectoral avec les dispositions duquel il devait se combiner et dont la publication aurait lieu à la date ultérieure du 28 septembre, au même temps que celle dudit arrêté, destiné à devenir simultanément exécutoire ; — Attendu que, dans le règlement du 28 septembre, le préfet du département d'Oran, se fondant sur la fréquence des communications entre cette ville et diverses autres localités du dehors, et en vue de prévenir les contestations entre les cochers et les voyageurs, a décidé que toute voiture de place admise au stationnement dans ladite ville serait tenue de marcher, soit à la course, soit à la journée, aux conditions et suivant un prix administrativement réglé d'après les distances et le nombre de chevaux, et d'effectuer le parcours entre Oran et treize autres communes, dont quelques-unes distantes du chef-lieu de quarante-cinq kilomètres, ce qui comportait un trajet de quatre-vingt-dix kilomètres, aller et retour ; qu'en outre, un extrait de ce règlement serait, ainsi que le tarif, affiché dans chaque voiture à l'endroit le plus apparent ; — Attendu que les propriétaires ou loueurs de voiture de place ont refusé de se soumettre à ces prescriptions réglementaires ; que, traduits, pour ce refus, devant le tribunal de simple police d'Oran, ils ont élevé une exception préjudicielle tirée de l'illégalité de l'arrêté préfectoral, en tant que pris en dehors des pouvoirs du préfet, et portant atteinte à la liberté de leur industrie ; — Mais que le juge de police a rejeté cette exception et déclaré obligatoire dans toutes ses parties le règlement contesté, par le motif que les préfets ayant qualité, pour régir collectivement toutes les communes de leur département, celui d'Oran avait pu, dans un intérêt d'ordre public, réglementer la circulation des voitures de place, non pour telle commune en particulier, mais pour un ensemble de communes situées dans le territoire départemental, et que le règlement en question, loin de porter atteinte à l'arrêté du maire d'Oran, nécessairement limité au rayon communal, en était que le complément ; — Mais attendu que s'il appartient à l'autorité administrative de pourvoir à ce qu'exigent la sûreté générale et la sûreté publique par des règlements directement émanés de cette autorité, ce n'est qu'autant que lesdits règlements ont réellement pour but la protection des intérêts en vue desquels ils sont pris ; — Que, dans l'espèce, l'arrêté préfectoral du 28 septembre ne se borne pas à édicter telle ou telle mesure, à l'effet de prévenir les accidents ou les collisions pouvant résulter de la circulation des voitures de place dans le département, mais qu'il impose aux détenteurs de ces voitures, comme conséquence d'un droit de stationnement ou de circulation qui leur a été concédé, non par l'administration supérieure mais par l'administration municipale, l'obligation de se tenir, pour un prix arbitrairement fixé, pendant même le parcours de distances à petite journée et dont les limites pourront être ultérieurement reculées à la disposition de tout voyageur qui leur en fera la réquisition ; — Attendu qu'une pareille mesure, astreignant les cochers et détenteurs de voitures à des courses en vue desquelles leurs moyens de transport

---

1531. Dans tous les cas, cependant, le maire a le droit de désigner les parties de la voie publique dépendantes de la grande ou de la petite voirie où doit se faire un stationnement permanent des voitures (1). Il lui appartient même, toujours dans l'intérêt de la circulation ordinaire, d'interdire le passage des voitures publiques ou autres dans une rue à certains jours, notamment ceux de marché, de fête ou de réjouissance communales.

1532. Comme conséquence du droit de police appartenant au maire, en ce qui touche la circulation, le paragraphe 2 de l'article 98 lui reconnaît expressément le droit de délivrer, moyennant payement d'une redevance fixée par un tarif, des permis de stationnement temporaire sur *toutes* les voies publiques situées dans l'agglomération. Mais ce droit de stationnement ou de dépôt ne peut être accordé à titre purement gratuit ; la loi ne prévoit, en effet, la délivrance de pareilles autorisations que moyennant une redevance (2).

1533. A l'égard de l'établissement du tarif des droits de stationnement, il importe de remarquer que le conseil municipal n'a plus le pouvoir de décision propre que lui accordait l'article 1er de la loi du 24 juillet 1837, lorsqu'il y avait accord entre le maire et le conseil.

La loi du 5 avril 1884, article 133, consacre bien à nouveau la perception des droits de stationnement, en faveur des communes, tant sur les dépendances de la petite voirie que sur celles de la grande, mais elle a pensé que la création de semblables redevances exigeait l'intervention de l'administration supérieure, pour sauvegarder les divers intérêts qui pourraient être lésés par l'établissement de taxes excessives et, tout en laissant l'initiative du vote du tarif au conseil municipal, il exige que ce tarif soit approuvé par le préfet quand il s'agit de droits à percevoir sur les voies dépendantes de la petite voirie, et elle donne au ministre de l'intérieur le droit de statuer directement, après avoir consulté celui des travaux publics, lorsque la perception doit s'opérer sur d'autres dépendances de la grande voirie.

1534. Les communes ne doivent être autorisées à percevoir des droits de stationnement qu'autant qu'elles ont besoin de se créer des ressources pour subvenir à leurs dépenses ordinaires. L'administration doit veiller à ce que ces droits soient toujours modérés, afin de ne pas entraver le développement du commerce ou de l'industrie.

1535. Le droit du maire s'arrête, d'ailleurs, aux limites des voies publiques soumises à son droit de police. Il peut, dans l'enceinte de l'agglomération et sur les voies communales, fixer le tarif des courses et le prix des places. Au delà, son arrêté cesse d'être obligatoire ; il est illégal, s'il réglemente les transports de commune à commune (3).

---

peuvent ne pas être organisés, ne se rattache par aucun lien nécessaire à la sécurité générale ; — Que l'administration se substitue ainsi aux conventions des parties, et qu'elle porte atteinte à l'exercice d'une industrie dont la liberté ne pourrait être légitimement restreinte que par des règlements régulièrement émanés de l'autorité compétente ; — Que c'est donc à tort que le jugement attaqué a déclaré exécutoire dans son ensemble l'arrêté préfectoral du 28 septembre 1873, et ordonné qu'il serait statué sur les poursuites dirigées contre les demandeurs ; — Casse.

(1) Cass. crim. int. 1884, Charente; Cass. crim. 9 avril 1808, Bull. crim., p. 162.

(2) Cass. crim. 20 juillet 1865, Bull. crim., p. 275.

(3) Cass. crim. 29 mars 1884. — La Cour, Sur le moyen tiré de la violation de l'article 45 du règlement municipal du maire d'Alger, et de l'article 471 (§ 15) du Code pénal ; — Attendu, en fait, qu'il résulte d'un procès-verbal dressé, le 10 juillet 1883, par l'un des commissaires de police de la ville d'Alger, que Bonifay, directeur de la Compagnie des omnibus et messageries d'Algérie, a fait percevoir une somme de 0 fr. 30 par place du voyageur se rendant en tramway d'Alger au jardin d'essai, commune de Mustapha inférieur, au lieu de 0 fr. 25, prix fixé par l'arrêté du maire d'Alger, ci-dessus visé; — Attendu, en droit, que l'autorité municipale, par cela même qu'elle est chargée d'assurer la sûreté et la tranquillité de la voie publique, a le droit de prescrire les mesures qu'elle juge utiles dans ce but, ainsi que pour le maintien du bon ordre ; — qu'elle peut donc prendre des arrêtés, soit pour régler le stationnement et la circulation des voitures destinées au transport en commun, soit pour fixer le tarif des courses, ou le prix des places que les conducteurs de ces voitures sont autorisés à percevoir ; — Attendu, toutefois, que le pouvoir du maire ne peut s'exercer que sur les voies purement communales, et dans les limites même du territoire de la commune dont l'administration lui est confiée ; qu'il ne s'étend, dès lors, ni sur les routes ou chemins faisant partie de la grande voirie, ni sur les voies publiques dépendant d'une

1536. Les maires peuvent aussi prendre des arrêtés rappelant l'obligation, pour les rouliers, charretiers, conducteurs de voitures quelconques ou de bêtes de charges, attelées ou non attelées, de se tenir constamment à portée de leurs chevaux, bêtes de trait ou de charge, et en état de les conduire et guider, d'occuper un seul côté des rues, chemins ou voies publiques, de se détourner ou ranger devant les autres voitures et, à leur approche, de leur laisser libre au moins la moitié des rues, chaussées, routes et chemins. On doit entendre ces prescriptions dans le sens strict, et considérer comme une contravention les charretiers qui, au lieu d'être à la tête de leurs chevaux, sont montés sur l'un d'eux ou assis sur l'un des côtés ou sur le devant de la charrette (1).

1537. Il appartient aux maires d'interdire par arrêté de faire ou de laisser courir les bêtes de charge ou de monture dans l'intérieur des lieux habités. La course qui constitue la contravention est le galop, le grand trot et même le trot, lorsque cette action cesse d'être régulière et modérée (2). L'autorité municipale peut même interdire, à la rigueur, toute espèce de trot (3).

§ K. — Démolition et réparation des édifices menaçant ruine.

1538. La mission d'assurer la sécurité publique du passage dans les rues a fait attribuer aux maires un droit considérable, celui de faire réparer ou démolir les édifices menaçant ruine. Ce droit, reconnu aux autorités urbaines dès notre plus vieille organisation, a été consacré par des ordonnances, identiques dans leurs termes, des 18 juillet 1729 et du 18 août 1730, rendues pour la ville de Paris.

La déclaration de 1729 établissait la forme des procédures qui devait être suivie par les officiers du Châtelet, auxquels était confiée la police des édifices des rues et faubourgs de Paris; mais, à la suite de conflits survenus entre le Châtelet et le Bureau des finances, le roi trancha le débat en publiant l'édit de 1730, qui devait être obéi, tant par le Châtelet que par le Bureau des finances. A l'origine, les déclarations de 1729 et de 1730 n'étaient applicables qu'à la ville de Paris; mais l'Assemblée nationale, dans ses décrets des 24 août 1790 et 19-22 juillet 1791, ayant reconnu aux autorités municipales le droit d'ordonner la démolition des édifices menaçant ruine, les ordonnances de 1729 et de 1730 ont été considérées comme publiées dans la France entière, et maintenues, en cette qualité, parmi les ordonnances encore en vigueur. Aussi l'unanimité des auteurs et une jurisprudence constante, tant de la Cour de cassation que du Conseil d'Etat, en prescrivent l'application (4).

1539. L'article 18, titre Ier, de la loi des 19-22 juillet 1791 punissait, outre les frais de la démolition ou de la réparation des édifices, d'une amende de la moitié des contributions foncières le refus ou la négligence d'obéir à la sommation de réparer ou démolir les édifices menaçant ruine sur la voie publique; mais l'article 471 (n° 5) du Code pénal ne frappe plus que d'une amende de 1 à 5 francs ceux qui auront négligé ou refusé d'obéir à la sommation émanée de l'autorité administrative, de réparer, ou démolir les édifices menaçant ruine.

1540. Le règlement de 1730 et le Code pénal attribuent simplement à l'autorité administrative le droit d'ordonner la démolition ou la réparation des édifices menaçant ruine, quelle que soit la cause du danger : vétusté, défaut de réparation ou de construction; mais ils ne déterminent pas à quels signes on doit reconnaître qu'une maison menace ruine : les auteurs spéciaux sont d'accord, à cet égard, qu'il y a péril : 1° lorsque, par vétusté ou autrement, une ou plusieurs jambes étrières, trumeaux ou pieds-droits, sont en mauvais état; 2° lorsque le mur de face sur la rue est en surplomb de la moitié de son épaisseur, dans quelque état que soient les jambes étrières, trumeaux et pieds-droits; 3° si le mur de face est à faux, c'est-à-dire légèrement incliné en arrière et qu'il ait occasionné sur la face opposée un surplomb égal au faux de la façade sur la rue; 4° si les fondations sont mauvaises, alors même qu'il ne se serait manifesté dans la hauteur des bâtiments aucun faux, ni surplomb; 5° s'il y a un bombement égal au surplomb dans les parties inférieures du mur de face (1).

1541. Il résulte des règles générales des compétences préfectorale et municipale, en matière de voirie, que le droit de prescrire la réparation ou la démolition appartient au préfet, dans chaque département, en ce qui concerne les bâtiments longeant les routes nationales et départementales, et au maire, en ce qui concerne les édifices situés le long des rues faisant partie de la petite voirie. Mais, en cas de péril imminent, le maire puise, dans son droit d'assurer la sûreté du passage, le droit de faire opérer la démolition, quelle que soit la voie publique sur laquelle est édifié le bâtiment à démolir (2).

1542. L'arrêté préfectoral peut être déféré au ministre; l'arrêté municipal peut être déféré au préfet et au ministre, et, en cas d'excès de pouvoir, les arrêtés de ces deux autorités, au Conseil d'Etat, directement, en vertu des règles applicables à l'excès de pouvoir.

1543. La loi de 1884 n'autorise le maire à prescrire la réparation ou la démolition que des édifices situés sur les rues et places publiques; s'ensuit-il qu'il ne peut prescrire la démolition ou la réparation de ceux qui ne joignent pas la voie

---

autre commune; — Attendu que l'arrêté pris par le maire d'Alger, le 24 mars 1883, détermine le prix des transports effectués par les corricolos, omnibus et tramways, et toutes voitures faisant un service régulier à volonté, soit dans l'intérieur de la ville d'Alger, soit dans la commune de Mustapha inférieur, et dans d'autres communes voisines; — Que le maire d'Alger a ainsi réglementé le service des voitures publiques au delà du périmètre de la ville, pour des communes où il n'a légalement aucune autorité, et qu'il a, par là, excédé ses pouvoirs; — D'où il suit qu'en décidant que le fait à la charge du prévenu ne constituait pas une infraction à un règlement régulièrement publié, le jugement attaqué, loin de violer les lois de la matière, s'y est, au contraire, exactement conformé... — Rejette.
(1) Cass. crim. 5 octobre 1834; Cass. crim. 6 mars 1835; Cass. crim. 11 novembre 1882; Cass. crim. 25 février 1865; Cass. crim. 15 octobre 1846.
(2) Cass. crim. 18 mars 1854, D. P. 54.5.24; Cass. crim. 2 juin 1854, D. P. 5.25; Cass. crim. 16 décembre 1854, D. P. 55.1.301; Cass. crim. 1er juin 1855, D. P. 55.1.301; Cass. crim. 24 août 1882, Bull. crim., p. 371.
(3) Cass. crim. 15 mars 1862, D. P. 62.5.18; Cass. crim. 18 juillet 1808, Bull. crim., p. 383.
(4) Cass. crim. 30 août 1863. — La Cour, Vu l'article 4 des déclarations du roi des 18 juillet 1729 et 18 août 1730, concernant les périls imminents des maisons et bâtiments de la ville de Paris, enregistrées au parlement le 5 septembre de ces mêmes années; — Attendu que ces déclarations sont spéciales pour l'objet d'intérêt public et général qu'elles concernent, et doivent, par cela même, recevoir leur exécution dans toutes les villes du royaume, quand le cas l'exige, bien qu'elles n'aient été faites d'abord que pour la ville de Paris; — Que, dès lors, l'autorité municipale, lorsqu'elle croit, au lieu d'user du pouvoir qu'elle tient à cet égard des articles 8 (n° 1), titre XI, de la loi des 16-24 août 1790, 46, titre Ier de celle

des 19-22 juillet 1791, et 471 (n° 5) du Code pénal, devoir faire ordonner judiciairement la démolition ou la réparation qu'elle a jugé nécessaire de prescrire des bâtiments ou des édifices qui menacent d'une ruine imminente dûment constatée, et compromettant incessamment la sûreté publique, n'est tenue de se conformer dans l'assignation par elle donnée à cet effet qu'aux dispositions dudit article; — Que cette assignation est donc valable quand elle a été notifiée (le propriétaire de la maison ou de l'édifice n'étant pas domicilié dans le lieu même où il est situé) au principal locataire, ou, s'il n'y en a point, à quelqu'un des locataires; — Qu'elle l'est également, et par suite dans l'espèce, puisqu'elle a été remise à Boulanger, mandataire de Guerlin Houël, d'autant mieux que ce mandataire avait, au nom de Guerlin Houël et dans l'intérêt de celui-ci, nommé l'expert qui a reconnu l'imminence du péril, contradictoirement avec la personne commise pour le même objet par la mairie; — Que Boulanger n'a pu consentir et coopérer ainsi à cette réparation que comme représentant du propriétaire de la maison dont il s'agit, et que le pouvoir de le représenter alors implique nécessairement celui de recevoir pour lui la citation qui en est résultée et la signification des autres actes de la procédure, d'où il suit que... — Casse.
Cons. d'Et. 24 février 1860. — Sur les conclusions tendant à l'annulation, pour excès de pouvoirs, de l'arrêté du maire de la ville de Caen, en date du 31 mai 1858; — Considérant que le maire de la ville de Caen, en prescrivant la démolition des maisons du sieur Loudières pour péril urgent, et en raison de l'imminence d'accidents fâcheux qui ne permettaient pas d'attendre qu'il eût été procédé à une expertise contradictoire, conformément aux dispositions des déclarations du roi des 19 juillet 1729 et 18 août 1730, n'a fait qu'user des pouvoirs accordés à l'administration par l'article 40 desdites déclarations, et par les lois susvisées des 16-24 août 1790, 19 juillet 1791 et 28 juillet 1837 (art. 11)... — Rejette.
(1) Mayer, Dict. de Police, v° BATIMENTS EN PÉRIL.
(2) Cass. crim. 24 février 1882. (Voy. infrà, n° 1556.)

publique? Si le bâtiment, sans longer une rue, est situé en arrière, mais de façon que sa chute puisse occasionner des accidents aux passants, le droit de l'autorité municipale est incontestable ; c'est parce qu'il a mission d'assurer la sûreté et la commodité du passage, que le maire peut intervenir, et du moment que l'une ou l'autre sont menacées, il peut prendre les mesures nécessaires (1).

1544. Mais si la chute du bâtiment ne peut causer aucun préjudice, le maire ne nous semble pas avoir d'action. M. Dalloz (v° VOIRIE, n° 1815) estime qu'il y a lieu de se préoccuper, non des termes de nos lois municipales, mais de ceux de l'ordonnance de 1730, qui laissaient aux officiers du Châtelet le droit d'intervenir dès qu'un bâtiment menaçait ruine, quelle que fût sa situation; mais cette opinion n'est pas admissible; les ordonnances de 1729 et de 1730 sont encore en vigueur par les règles de procédure qu'elles établissent; elles ne le sont plus pour les pouvoirs qu'elles conféraient à des autorités et à des juridictions qui n'existent plus. Les attributions des officiers du Châtelet ont été réparties entre les procureurs de la République, les préfets, les maires et la gendarmerie; celles du Bureau des finances, à nous ne savons quelles autorités, et celles du Parlement à tous nos tribunaux criminels et administratifs. Sans doute, il est regrettable que l'autorité publique se trouve actuellement désarmée, — et peut-être pourrait-elle agir en vertu du n° 6 de l'article 97 de la loi du 5 avril 1884, — mais il n'est pas possible de lui attribuer, sans texte de loi, un droit aussi considérable que celui d'ordonner des réparations ou des démolitions d'édifices.

1545. Ce n'est que la partie de l'édifice qui menace ruine qui doit être démolie, et le pouvoir de l'administration ne saurait aller jusqu'à prescrire la démolition du bâtiment entier, si celui-ci était dans des conditions suffisantes de solidité.

1546. Lorsqu'un édifice, joignant la voie publique et sujet à reculement, menace ruine dans la partie retranchable, l'administration peut poursuivre la démolition de toute la partie retranchable, elle n'a pas à laisser au propriétaire l'option entre la démolition ou la réparation (2).

1547. Lorsqu'une maison est à l'alignement, si la réparation est possible, l'administration peut prescrire ou la réparation ou la démolition, et le propriétaire a le choix entre deux mesures, mais lui seul a droit d'option. S'il n'a pas démoli ou réparé dans le délai prescrit, l'administration ne peut que faire démolir, elle ne peut faire réparer.

1548. La raison d'être de l'action du maire est qu'il y ait péril de ruine : si ce péril n'existe pas, l'administration est sans qualité pour prescrire aucune mesure. Elle n'a point, en effet, à juger le mode de construction ou à apprécier la valeur relative des matériaux employés dans un édifice, et elle ne peut exiger plus de solidité si l'état de l'édifice ne présente pas de dangers pour la circulation des passants. Elle ne peut donc rien prescrire si le péril n'existe pas, ou si le péril existe, elle ne peut demander que des réparations rendant la maison solide, sans indiquer ni la façon dont elle sera réparée, ni fixer l'espèce des matières à employer (3).

1549. Comment doit-il être procédé à la démolition? L'administration a-t-elle une autorité et une action directe, ou doit-elle requérir le concours judiciaire? La question a été longtemps controversée en jurisprudence, et les tribunaux administratifs et civils ont décidé, à l'origine, que l'autorité municipale n'avait à cet égard qu'un simple droit de réquisition qui pouvait s'adresser soit à la juridiction civile (1), soit à la juridiction administrative (2). Mais, consulté, le Conseil d'État ayant émis, à la date du 27 avril 1818, un avis par lequel il déclarait qu'il devait être procédé à l'égard des bâtiments menaçant ruine suivant les formes administratives (3), la jurisprudence et la doctrine ont modifié leur

poitrails en fer reposaient sur des murs en briques, lui a enjoint de construire des dosserets en pierre de taille sous les abouts de ces poitrails;— Attendu que cette substitution d'un mode de construction à un autre, appliquée à un édifice qui ne menaçait pas ruine, a été prescrite en dehors des cas de sûreté publique prévus par l'article 471 (nos 5 et 15) du Code pénal, et de l'article 3, titre XI, de la loi des 16-24 août 1790; — Attendu, dès lors, qu'en ne satisfaisant pas audit arrêté Cadet n'a pas encouru la peine portée par ledit article 471 (n° 15) du Code pénal ; — Par ces motifs... le renvoie des fins de la poursuite.
Cons. d'Ét. cont. 1er février 1866; Cons. d'Ét. cont. 24 février 1870. — Considérant qu'il résulte de l'instruction que, sur l'ordre donné par le maire de Chambéry d'ordonner la démolition de leur maison, les sieurs Blou et consorts ont soutenu que deux côtés de leur maison dont la démolition avait été ordonnée ne menaçaient pas ruine, et que le ministre n'ont déclaré qu'il y eût péril urgent; que dans ces circonstances les sieurs Blou et consorts sont fondés à demander l'annulation de la décision, par laquelle notre ministre de l'intérieur a rejeté leurs réclamations contre la démolition prescrite d'office par le maire de Chambéry...— Annulation.
Cons. d'Ét. cont. 4 mai 1870; Cons. d'Ét. cont. 16 mai 1872, D. P. 73.3.33.
Cass. crim. 15 novembre 1884. — La Cour, Sur le moyen unique du pourvoi, pris de la violation prétendue de l'article 471 (n° 15) du Code pénal, et 61 du Code d'instruction criminelle, en ce que le jugement attaqué a refusé à condamner le sieur Guibert et à ordonner la démolition des maisons, objet du litige; — Attendu que le sieur Guibert possède à Millau, rue Eugène-Lebas, une propriété précédemment close du côté de cette rue par un petit bâtiment dit le Charbonnière et par un treillage en bois, les-dits bâtiments et terrains soumis au reculement, en vertu d'un arrêté d'alignement pris par le préfet à la date du 13 août 1881; — Attendu qu'un arrêté du maire de Millau du 29 septembre 1883 ayant ordonné la suppression de ce treillage qui était en ruine et la clôture du terrain par des murs ou des palissades en bois sur l'alignement, le sieur Guibert s'est conformé à cet arrêté, et qu'il a fermé par une palissade en bois la partie du bâtiment qui se trouvait en retrait du treillage supprimé ; que, par jugement du 19 septembre 1883, le tribunal de simple police de Millau, par le motif que l'établissement de cette palissade n'avait pas été autorisé, a ordonné qu'elle serait démolie, après avoir condamné le sieur Guibert à 1 franc d'amende, et que le maire de Millau a pris, à la suite, le 9 janvier 1884, un arrêté qui ordonne la démolition des murailles du petit bâtiment; — Mais attendu que cet arrêté n'allègue ni la ruine de ces murs, ni aucun autre motif de nature à légitimer l'injonction de démolir; qu'il ne suffit pas que le bâtiment soit soumis à l'alignement pour qu'on soit obligé de le démolir dès qu'il reste en l'état ancien, et qu'il importe peu que Guibert ait construit en retrait de ce mur un mur qui se trouverait à l'alignement projeté, la construction de ce mur dans l'intérieur de la propriété de Guibert ne pouvant avoir pour effet de faire entrer d'ores et déjà dans le domaine public la portion de la propriété qui se trouve en deçà; — Que dès lors l'arrêté municipal du 9 janvier 1884 n'avait pas un caractère obligatoire, et qu'à bon droit le juge de police a refusé de condamner... — Rejette.

(1) Cass. crim. 14 août 1832.
(2) Cons. d'Ét. cont. 22 novembre 1810.
(3) Cons. d'Ét. int. 27 avril 1818.—Les membres du Conseil du roi, composant le comité de l'intérieur, consultés par Son Excellence le ministre de l'intérieur sur les deux questions suivantes : 1° Comment procédera-t-on à l'égard des bâtiments en péril dont il y lieu de provoquer la démolition? 2° Comment payera-t-on les frais de démolition lorsque ces frais ne pourront être prélevés ni sur les matériaux ni sur le fonds? — Vu la déclaration du roi du 18 juillet 1729 et du 18 août 1730, qui charge le lieutenant général de police et le bureau des finances de provoquer les démolitions des bâtiments en péril, réglant la procédure qui doit être suivie à ce sujet, et portant que les frais relatifs à ces démolitions seront remboursés, par privilège et préférence à tous autres, sur le prix des matériaux provenant de la démolition, et subsidiairement sur le fonds et la superficie des bâtiments; — Vu l'article 50 du décret relatif à l'établissement des municipalités sur la charge de faire jouir les habitants de tout ce qui a rapport à une bonne police et notamment de ce qui tient à la sûreté; — Vu l'article 29 du décret du 19 juillet 1791, qui maintient tous les règlements concernant la voirie, sans qu'il puisse en résulter la conservation des attributions ci-devant faites sur cet objet à des tribunaux particuliers; — Vu l'article 3, titre IX, du décret du 16 août 1790, qui range parmi les objets confiés à la vigilance et à l'autorité des corps municipaux la démolition et la réparation des bâtiments menaçant ruine; — Vu l'article 1er du même titre du même décret, qui porte que les corps municipaux tiendront la main à l'exécution des règlements de police et continuront du contentieux auquel cette question donne lieu; — Vu l'article 13 du même décret, qui porte que les fonctions administratives sont distinctes et demeurent toujours séparées des fonctions judiciaires; — Vu l'article 21 de l'arrêté du 12 messidor an VIII, qui charge le préfet de police de tout ce qui a rapport à la petite voirie, et d'ordonner la

(1) Cass. crim. 3 janvier 1863. — La Cour, Attendu que l'article 471 (n° 5) du Code pénal qualifie contravention le refus d'obéir à la sommation émanée de l'autorité administrative de réparer ou démolir les édifices menaçant ruine; que cette autorité est exclusivement chargée d'apprécier, dans l'intérêt de la sûreté publique, si les édifices menacent ruine; que si ce pouvoir n'est attribué à l'autorité administrative qu'en vue d'assurer la sûreté du passage des habitants sur la voie publique, il n'est pas nécessaire néanmoins que les bâtiments, pour motiver cette mesure, soient situés immédiatement sur cette voie; qu'il suffit que la chute des bâtiments puisse menacer la sûreté du passage; qu'il résulte, au surplus, de l'arrêté du maire de Clamecy, et du jugement du tribunal de police, dont les motifs ont été adoptés par le jugement attaqué (rendu par le tribunal correctionnel de Clamecy, 5 février 1862), que la maison menaçant ruine longe la voie publique à la bifurcation de la rue des Moulins et de la ruelle du Chameau; — Que dans cet état... — Rejette.
Cons. d'Ét. cont. 28 mai 1815; Cons. d'Ét. cont. 14 juin 1837; Cons. d'Ét. cont. 4 mai 1843; Cons. d'Ét. cont. 7 février 1845.
(3) Trib. corr. Seine 22 août 1862. — Le tribunal, Attendu que Cadet est prévenu de ne s'être pas conformé à un arrêté, en date du 30 novembre 1861, par lequel le préfet de la Seine, en constatant que dans le vestibule de la maison nouvellement construite par Cadet, Chaussée du Maine, des

première interprétation et reconnu que si, d'après les déclarations de 1729 et de 1730, le droit de prescrire la démolition était réservé aux autorités judiciaires, il n'en était plus de même sous l'empire des lois nouvelles, et que l'initiative appartenait à cet égard désormais à l'autorité administrative seule et non à une juridiction quelconque, administrative ou judiciaire (1).

---

démolition ou réparation des bâtiments menaçant ruine; — Vu l'article 471 du Code pénal; — Vu l'article 4 de la loi du 11 frimaire an VII.
Considérant que les dispositions ci-dessus rapportées ont pour objet de charger l'administration de tout ce qui a rapport à la voirie, et particulièrement d'ordonner la démolition ou réparation des bâtiments menaçant ruine; — Considérant que les communes sont chargées de toutes les dépenses relatives à la voirie et de celles qui ont pour objet la sûreté et la propreté; — Considérant que le privilège déterminé par la déclaration de 1729 et de 1730 pour les frais de démolition des édifices menaçant ruine n'a point été abrogé; — Que le Code, quoique ne l'ayant pas spécialement exprimé, accorde privilège à des dépenses qui pourraient être assimilées à celles dont il s'agit; — Que ces dépenses sont d'ailleurs relatives à l'objet lui-même, mais que les tribunaux peuvent seuls prononcer sur l'application d'un privilège; — Sont d'avis qu'il doit être procédé, à l'égard des bâtiments menaçant ruine dont il y a lieu de provoquer la démolition, suivant les formes administratives; — Que les frais de démolition doivent être avancés et supportés par les communes, lorsque ces frais ne pourront être prélevés ni sur les matériaux ni sur le fond; — Qu'il y a lieu de demander devant les tribunaux le remboursement de ces frais, par privilège et préférence sur toutes autres créances.
(1) En ce sens, Serigny, t. II, n° 664; Proudhon, du Dom. Pub., n° 449; Féraud Giraud, n° 237; Dufour, t. VII, n° 388; Dalloz, Rép., v° VOIRIE PAR TERRE, n° 1827. Cons. d'Ét. cont. 1er septembre 1832.—En ce qui touche l'injonction faite au sieur Laffitte, par l'arrêté du 13 octobre 1831, de démolir le mur de refend dont il s'agit;—Considérant qu'aux termes de l'article 21 de l'arrêté du 12 messidor an VIII, il appartient qu'au préfet de police de prescrire, pour cause de sûreté publique, la destruction des bâtiments menaçant ruine, ce qui a lieu dans l'espèce, et que le conseil de préfecture du département de la Seine n'a pu, sans excéder les bornes de sa compétence, ordonner pour ladite cause la démolition du mur dont il s'agit... — Rejette.
En ce sens, Cons. d'Ét. cont. 23 juillet 1841; Cons. d'Ét. cont. 30 décembre 1841.
Cass. crim. 30 janvier 1836; Cass. crim. 3 mai 1841; Cass. crim. 14 août 1845. — La Cour, En ce qui touche la partie de la prévention dirigée contre la dame Houldine, au sujet de l'ancien mur qui présente ruine; — Attendu que la loi des 16 et 24 août 1790, titre 1er, article 3, confie à la vigilance et à l'autorité des corps municipaux la démolition ou la réparation des bâtiments menaçant ruine, et que l'article 46 de la loi des 19 et 22 juillet 1791 donne à l'autorité municipale le droit de statuer, par voie administrative, sur les objets indiqués par les dispositions précitées de la loi des 16 et 24 août 1790; — Attendu que le jugement attaqué constate que le mur de clôture du jardin de la veuve Houldine menace ruine, que dès lors ledit jugement, au lieu de statuer sur la démolition, aurait dû renvoyer à l'autorité administrative, seule compétente pour prendre des dispositions à cet égard, et qu'en ne le faisant, le tribunal de police a commis un excès de pouvoir... — Casse.
Cass. crim. 28 février 1846; Cass. crim. 10 août 1866.—Attendu que la demoiselle Veysseyre était citée devant le tribunal de simple police pour avoir refusé d'obéir à la sommation à elle faite par l'autorité administrative, d'avoir à démolir un mur bordant la voie publique et menaçant ruine;—Attendu que le jugement attaqué a renvoyé l'inculpée des fins des poursuites, en se fondant sur ce 1° que le mur n'avait pas été constaté par une expertise contradictoire; 2° l'arrêté du maire n'avait pas été approuvé par le préfet; 3° le maire avait fait d'office démolir le mur, tandis que, pour procéder à cette démolition, il aurait dû provoquer une ordonnance du procureur impérial ou du juge de paix; — Attendu que l'arrêté du maire de Saint-Paulin, qui ordonnait la démolition du mur, a été pris dans les limites des attributions de l'autorité municipale, et à la suite d'un rapport dressé par l'architecte du département, qui constatait le mauvais état du mur et l'urgence de la démolition; — Que, dans cette situation, la demoiselle Veysseyre pouvait sans doute se pourvoir devant l'autorité supérieure contre cet arrêté, qui lui avait été régulièrement notifié, mais qu'elle n'a fait aucune diligence à cet égard et n'a même pas contrôlé le mauvais état du mur dont il s'agit; — Attendu que si les arrêtés municipaux, alors qu'ils constituent un règlement général et permanent, doivent, avant d'être mis à exécution, être soumis à l'approbation du préfet, il est de principe que cette approbation préalable n'est pas nécessaire, quand ces arrêtés ont pour objet de pourvoir, comme dans l'espèce, à une nécessité spéciale et urgente; — Attendu d'ailleurs et en fait, l'arrêté pris par le maire de Saint-Paulin a reçu l'approbation avant d'être exécuté; — Attendu qu'aux termes de l'article 40, titre I, de la loi des 15-22 juillet 1791, les arrêtés pris par les maires, en ce qui touche notamment la démolition des bâtiments menaçant ruine, sont, de plein droit, obligatoires, tant que l'administration départementale ne les a pas réformés sur les réclamations des citoyens qu'ils concernent; — Qu'en attribuant exclusivement à l'autorité municipale, en matière de petite voirie, le pouvoir d'ordonner la démolition des bâtiments menaçant ruine, l'article 9 (n° 1) du titre XI de la loi des 16-24 août 1790 a virtuellement abrogé la déclaration du roi des 18 juillet 1729 et 18 août 1730, d'après lesquels la démolition ne pouvait être prononcée que par une sentence du juge local de police; — Que les maires sont donc aujourd'hui, sauf le recours ouvert contre leurs arrêtés devant l'administration supérieure, seuls appréciateurs des causes qui peuvent rendre cette mesure nécessaire; — D'où il suit... — Casse.
Cass. crim. 28 novembre 1868. — Attendu que Bielly était poursuivi

---

1550. La démolition d'un édifice menaçant ruine est une mesure de police, qui, si elle a pour effet de priver le propriétaire d'un bien productif, n'est pas prescrite pour le dépouiller sa propriété; elle ne saurait donc donner lieu à une action en indemnité, ou à une demande en expropriation préalable (1).

1551. Mais le pouvoir attribué aux maires par l'article 97, paragraphe 1, est considérable, et son exercice peut causer, en réalité, de graves préjudices. Aussi les ordonnances de 1729 et de 1730 ont prescrit, pour garantir les particuliers contre l'abus du droit, l'observation rigoureuse de formalités de mesures d'instruction et d'expertise dont on ne saurait s'écarter sans entacher d'une nullité radicale l'arrêté de démolition. Résumons les prescriptions des ordonnances royales.

Aussitôt que le maire est informé qu'une maison ou un édifice, donnant sur la voie publique, menace ruine et présente quelque péril, il se transporte sur les lieux, ou charge le commissaire de police de s'y transporter à l'effet de dresser procès-verbal de l'état du bâtiment. Ce procès-verbal est signifié au propriétaire avec sommation d'avoir à faire cesser le péril dans un délai déterminé.

La signification est faite au domicile du propriétaire, s'il réside dans l'étendue de la commune, et que sa demeure soit connue, sinon elle peut être donnée à la maison même où est le péril, en parlant au principal locataire ou à quelqu'un des locataires, en cas qu'il n'y en ait pas de principal.

Au jour fixé, si le propriétaire n'a pas fait cesser le péril et n'a pas répondu à la sommation du maire, celui-ci, après avoir fait visiter de nouveau le bâtiment par un expert, ordonne la démolition ou accorde un nouveau délai. Si le propriétaire soutient que le danger n'existe pas, il a la faculté de nommer un expert pour faire la visite des lieux conjointement avec l'expert nommé par le maire. Faute par la partie de faire sur-le-champ cette nomination, il est passé outre à la visite par l'expert municipal seul.

---

devant le tribunal de simple police de Saint-Pol pour avoir refusé ou négligé de démolir une descente de cave dépendant de sa maison sise rue d'Assas et menaçant ruine; — Qu'il a été relaxé par ce motif qu'on ne présentait aucune sommation écrite notifiée au prévenu antérieurement au procès-verbal dressé contre lui; — Attendu qu'aux termes de l'article 471, paragraphe 5, du Code pénal, la contravention prévue par la deuxième disposition de cet article et la seule imputée à Bielly n'existe qu'en cas de refus ou de négligence d'obéir à la sommation, émanée de l'autorité administrative, de réparer ou de démolir des édifices menaçant ruine; — Que le procès-verbal sus-énoncé, non débattu par la preuve contraire, constatait, il est vrai, la sommation faite par le commissaire de police au prévenu de démolir la descente de cave qui menaçait ruine; mais que rien ne justifiait que cette sommation fût émanée de l'autorité administrative elle-même, ou qu'ainsi l'une des circonstances élémentaires de la contravention existât jamais; — Que, par suite,... — Rejette.
(1) Cass. crim. 1er mars 1856. — La Cour, Vu l'article 471, § 5, du Code pénal; — Attendu qu'il est constaté régulièrement et non méconnu par le jugement, que Terrein a refusé d'obéir aux sommations réitérées à lui faites par l'autorité compétente pour qu'il eût à démolir le mur de façade de sa maison, qu'un procès-verbal en due forme déclarait cette tellement affaibli, qu'il pouvait d'un moment à l'autre s'écrouler, et occasionner par sa chute de graves accidents; — Attendu qu'en cet état des faits (à la suite desquels la démolition a dû être opérée d'office), le refus de Terrein rentrait expressément dans les prescriptions de l'article précité, et constituait manifestement à sa charge la contravention prévue par ledit article. — Attendu que les contestations civiles engagées par Terrein contre le maire de Constantine, sous prétexte que la démolition devait être poursuivie par voie d'expropriation pour une cause d'utilité publique, et que, par suite, une indemnité lui était due, ne pouvaient ni empêcher, ni suspendre l'exécution d'une mesure ordonnée par le maire dans les limites de ses attributions en vue de l'imminence du danger dont la faiblesse du mur menaçait la viabilité publique. — D'où il suit que ... — Casse.
Cons. d'Ét. cont. 7 avril 1869. — Le Conseil, Vu la loi du 10-24 août 1790, titre 11, art. 3; — Vu la loi du 18 juillet 1837, art. 11; — Considérant que la demande d'indemnité formée par le sieur Sassaga contre la ville de Rodez était fondée sur le préjudice qui devait résulter pour lui de ce que le maire de cette ville lui avait refusé l'autorisation de rétablir au-dessus du rez-de-chaussée de sa maison les étages supérieurs de cette maison, qui avaient dû être démolis pour cause de péril, au mois d'août 1866; — Considérant que l'arrêté, en date du 28 mai 1844, par lequel le maire de Rodez a refusé cette autorisation au sieur Sassaga, a été pris uniquement en vue de la sécurité du passage sur les voies publiques, dans l'exercice des pouvoirs de police qui appartiennent à l'autorité municipale en vertu des lois ci-dessus visées des 16-24 août 1790 et 18 juillet 1837; qu'en raison de cet état des faits, aucune action en indemnité n'est accordée au sieur Sassaga contre la ville de Rodez en vertu de la loi du 22 pluviôse an VIII; — Que, dès lors, c'est avec raison que le Conseil de préfecture s'est déclaré incompétent... — Rejette.

Si, lorsqu'il y a eu visite contradictoire, les deux experts ne s'accordent pas, un tiers expert peut être nommé par le préfet.

Sur le vu du rapport de l'expert ou des experts, le maire prend un arrêté pour ordonner la démolition dans un délai fixé. Si le propriétaire n'obtempère pas à cette injonction dans le délai qui lui est imparti, le maire fait exécuter d'office son arrêté, et il doit, de plus, poursuivre le propriétaire devant le tribunal de simple police pour le faire condamner à l'amende en vertu de l'article 471 (n° 5) du Code pénal.

Le maire, après avoir procédé à la démolition, se pourvoit devant le tribunal, à l'effet d'obtenir le remboursement des frais par privilège et préférence à toutes autres créances. Les frais de démolition doivent être avancés et supportés par la commune, quand ils ne peuvent être prélevés ni sur les matériaux, ni sur le fonds.

1552. En cas d'urgence absolue, c'est-à-dire de péril imminent, l'expertise n'est pas nécessaire, le maire, après avoir fait dresser un procès-verbal par des gens de l'art, et l'avoir dénoncé au propriétaire, a le droit d'ordonner sans délai, sous sa responsabilité légale, ce qu'il juge absolument nécessaire à la sûreté publique.

1553. Ainsi qu'on le voit, et sauf le cas de fait urgent, la démolition d'une maison pour cause de sécurité publique ne peut être ordonnée qu'après une expertise contradictoire (1), qui doit porter tout à la fois et sur l'état de la maison et sur la valeur et sur l'importance des travaux de réparation qui pourraient être nécessaires pour la mettre en bon état de solidité.

Ce n'est qu'en cas de refus ou d'abstention de la part

du propriétaire de choisir son expert, que l'expertise peut n'être pas contradictoire (1).

1554. Mais, même en cas de péril imminent, le maire ne saurait se passer d'expertise ou tout au moins de procès-verbal de visite pour ordonner la démolition, et la visite doit être faite, à peine de nullité, par un agent de la voirie, et après que le propriétaire a été appelé à y contredire (2).

1555. Nous avons vu qu'aux termes des ordonnances de 1729 et 1730 une sommation d'avoir à faire cesser le péril devait être adressée, au seuil même de l'action, au propriétaire. Cet acte est une simple sommation administrative et qui, par conséquent, n'est pas assujettie aux formalités des actes d'huissier (3), et qui peut être régulièrement notifiée par tous les agents, qui ont charge de signifier les actes administratifs, conformément aux règles établies par l'article 94 de la loi du 5 avril 1884 (4).

1556. La poursuite administrative en démolition de la maison est indépendante de la poursuite en contravention devant le tribunal de simple police en vertu de l'article 471 (n° 5). Pour qu'un maire puisse faire démolir, il faut une expertise contradictoire, pour que le tribunal doive condamner; il suffit qu'il y ait ou négligence ou refus d'obéir à la sommation. Le juge de police n'a pas à apprécier s'il y a péril

---

(1) Cons. d'Ét. cont. 24 février 1860, D. P. 60.3.22; Cons. d'Ét. cont. 30 janvier 1862, D. P., 62.3.29; Cons. d'Ét. cont. 24 février 1870. — Considérant que, par le jugement ci-dessus visé, en date du 24 mars 1866, le tribunal de simple police de Chambéry s'est borné à condamner les requérants à l'amende et à la suppression des étais par eux posés, mais n'a point ordonné qu'il serait procédé à la démolition de la maison, cette mesure rentrant dans les attributions de l'autorité administrative, en vertu de la loi ci-dessus visée des 16-24 août 1790; — Mais que d'après les déclarations du roi ci-dessus visées, en date des 18 juillet 1729 et 18 août 1730, en cas de réclamation des parties, la démolition ne pouvait être ordonnée qu'après une expertise contradictoire pour constater l'état des bâtiments; qu'il ne pouvait être procédé à la démolition sans l'observation de ces formalités, d'après l'article 10 de la déclaration précitée du 18 août 1730, en cas de péril imminent, reconnu par l'administration; — Considérant qu'il résulte de l'instruction que l'ordre donné par le maire de Chambéry d'opérer la démolition de leur maison, les sieurs Blanc et consorts ont soutenu que deux côtés de la partie de leur maison, dont la démolition avait été par lui ordonnée, ne menaçaient pas ruine, et que ni le maire ni le ministre n'ont déclaré qu'il y eut péril urgent; — Que, dans ces circonstances, les sieurs Blanc et consorts sont fondés à demander l'annulation de la décision, en date du 27 août 1868, par laquelle notre ministre de l'intérieur a rejeté leur réclamation contre la démolition prescrite d'office par le maire de Chambéry, d'une partie de leur maison... — Annule.

Cons. d'Ét. cont. 16 mai 1872, D. P. 73.3.35; Cons. d'Ét. cont. 16 décembre 1881. — Le Conseil, Vu les déclarations du roi des 18 juillet 1729, 18 août 1730; — Vu les lois des 16-24 août 1790, 19 juillet 1791 et 18 juillet 1837; — En ce qui touche les arrêtés des 10-11 août 1879, par lesquels le maire de Saint-Geniès-le-Bas a prescrit aux consorts Caumel de démolir leur immeuble dans un délai de trois jours; — Considérant que pour soutenir que les arrêtés contestent la régularité de l'expertise et de la tierce expertise, mais qu'il résulte de l'instruction qu'il a été procédé contradictoirement à la tierce expertise prescrite par les règlements susvisés, et que, l'un, la tierce expertise a eu lieu en présence desdits requérants avec leur assistance; — Considérant que, dans ces circonstances, en prescrivant aux consorts Caumel de démolir leur immeuble dans les trois jours, le maire de Saint-Geniès-le-Bas n'a fait qu'user des pouvoirs accordés à l'administration par les déclarations précitées et par les lois des 16-24 août 1790, 19 juillet 1791 et 18 juillet 1837.

En ce qui touche l'arrêté du 5 septembre 1879, par lequel le maire de Saint-Geniès-le-Bas a ordonné la démolition d'office de l'immeuble appartenant aux consorts Caumel; — Considérant que c'est à la suite de l'effondrement survenu, le 3 septembre au matin, de la toiture reposant sur le mur de face de l'immeuble que, déjà, menaçait ruine, et sur le rapport d'un maçon expert qui a régulièrement constaté l'imminence du péril, que le maire de Saint-Geniès-le-Bas a ordonné, le 5 septembre, la démolition dudit immeuble; qu'ainsi, c'est à tort que les consorts Caumel, qui, en fait, ont été à même de contredire le rapport de l'homme de l'art commis par le maire, soutiennent que celui-ci a excédé ses pouvoirs et qu'il lient des déclarations du roi des 18 juillet 1729, 18 août 1730; — Considérant que de tout ce qu'il précède... — Rejette.

(1) Cons. d'Ét. cont. 16 mai 1872. — En ce qui touche l'arrêté en date du 13 janvier 1872, par lequel le maire de Melun, en se fondant sur l'urgence, a prescrit la démolition, dans les quarante-huit heures, du mur du sieur Bassinot; — Considérant que le maire Bassinot n'ayant pas nommé son expert, il devait être passé outre à la visite du mur, aux termes de l'article précité de la déclaration du 1730, par l'expert nommé par le maire, et que, en admettant un péril assez urgent pour qu'il ne fût pas possible de procéder à la formalité de cette expertise sans risquer quelques accidents fâcheux, les mesures qui seraient jugées absolument nécessaires pour la sûreté publique ne pouvaient, aux termes de l'article 10 de ladite déclaration, être prises que sur le rapport d'un agent de la voirie; qu'il suit de là que, s'il appartenait au maire de Melun, aux termes des lois ci-dessus visées des 16-24 août 1790, 19 juillet 1791 et 18 juillet 1837, de prendre les mesures destinées à prévenir les accidents que faisait craindre l'état du mur du sieur Bassinot, il ne pouvait ordonner la démolition de ce mur qu'après une visite par l'expert de la ville, ou sur le rapport spécial d'un agent de la voirie, en cas d'urgence, et que, dès lors, il y a lieu d'annuler pour inobservation... — Annule.

(2) Cons. d'Ét. cont. 25 avril 1873. — Le Conseil d'État, En ce qui touche l'arrêté du maire d'Elbeuf du 20 mai 1870; — Considérant que, en admettant que la maison de la dame Prevost présentât un péril assez imminent pour qu'il ne fût pas possible, sans compromettre la sûreté publique, de procéder à l'expertise prescrite par les déclarations du roi ci-dessus visées, en date des 18 juillet 1729 et 18 août 1730, les mesures jugées nécessaires pour la sûreté publique ne pouvaient, aux termes de l'article 10 de la dernière de ces déclarations, être prises que sur le rapport d'un agent de la voirie et après avoir appelé le propriétaire à y contredire; que, dans ces circonstances, la dame veuve Prevost est fondée à demander l'annulation... — Annule.

En ce sens, Cons. d'Ét. cont. 20 janvier 1882, D. P. 83.3.38 et *supra* Cons. d'Ét. cont. 16 mai 1872.

(3) Cass. crim. 8 novembre 1850, D. P. 50.5.403; Cass. crim. 28 novembre 1808, D. P. 69.1.437; Cass. crim. 10 novembre 1883, D. P. 84.5.504.

(4) Cass. crim. 13 octobre 1820. — La Cour, Attendu: 1° en fait, que dès le 27 mai dernier, l'adjoint de la commune de Villiers-Bocage avait, par une lettre inscrite sur les registres de la mairie et remise par le garde-champêtre au domicile et à l'épouse même de Jean Léger le jeune, averti ce propriétaire que son mur existant sur une voie publique était dans le plus mauvais état de réparation, prêt de corruer en plusieurs endroits, qu'il en résultait un danger évident pour le public, l'invitant à faire réparer ou démolir sous le délai de huit jours toutes les parties périlleuses dudit mur, et lui déclarant que, faute par lui de le faire, il y sera contraint par les voies judiciaires; que Léger ayant nié avoir reçu de la part de la mairie cette sommation administrative, transmise dans les formes paternelles qui conviennent à une administration municipale, il aurait pu fonder sa dénégation à cet égard sur le défaut de preuves légales du fait de cette remise, mais qu'il ne l'a pas méconnue; que dès lors, si, lors de la visite des lieux faite, le 20 juillet suivant, par le juge de paix, en conséquence de l'interlocutoire prononcée le 10 juin, l'état du ce mur a été reconnu ne présenter dans ce moment-là aucun danger pour le public, il a été reconnu également qu'il avait été abattu depuis quelques jours des pierres et terres dudit mur, le long du chemin; que, dès lors, le procès-verbal, loin de démentir celui rédigé par l'adjoint, le confirme, puisque la cessation du danger pour le public résultant de démolitions faites depuis de jours postérieurement au procès-verbal de l'adjoint, et qu'ainsi la contravention, déclarée par procès-verbal existait au moment de l'acte introductif d'instance

ou s'il y a lieu ou non à la démolition (1). Ainsi, il n'a pas le droit de décider que telle ou telle partie d'un mur ne menace pas ruine, lorsque l'autorité municipale a ordonné la démolition (2).

1557. Le principe qui rend les deux actions indépendantes veut également que le juge de police n'accorde aucun délai pour la démolition, car ce serait mesurer le danger de la ruine et se mettre à la place de l'administration, seule compétente pour apprécier l'intérêt de la sûreté publique (3).

qu'avait précédé une sommation administrative restée sans effet, ce qui suffisait pour que l'action fût fondée ; — Que le tribunal de police ... Annule.

(1) Cass. crim. 28 avril 1827; Cass. crim. 30 août 1843; Cass. crim. 3 janvier 1863, *Bull. crim.*, p. 8; Cass. crim. 20 juin 1868, *Bull. crim.*, p. 286; Cass. crim. 10 août 1866, *Bull. crim.*, p. 359; Cass. crim. 25 janvier 1873. — La Cour, Vu les articles 3, titre XI, de la loi du 16-24 août 1790, 471 (n° 5) du Code pénal, 182 du Code forestier ; — Attendu que l'article 3 du titre XI de la loi du 16-24 août 1790 autorise les corps municipaux, aujourd'hui représentés par les maires, à ordonner la démolition ou la réparation des bâtiments menaçant ruine, et que l'article 471 (n° 5) du Code pénal punit d'une amende de 1 à 5 francs inclusivement ceux qui auront refusé d'obéir à la sommation faite à cet effet par l'autorité administrative ; — Attendu que les pouvoirs que ces dispositions confèrent aux maires ne sont subordonnés à l'accomplissement d'aucune formalité préalable ; — Qu'en substituant, en effet, l'intervention des maires à celle des juges locaux de police, telle qu'elle était établie en cette matière par les déclarations du roi des 18 juillet 1729 et 18 août 1730, le législateur n'a point reproduit les prescriptions restrictives de ces déclarations, qu'il a, au contraire, virtuellement abrogées, et qu'il suffit, dès lors, aujourd'hui, pour la validité d'un arrêté municipal ordonnant la démolition d'un édifice menaçant ruine, que le maire, sous sa responsabilité, déclare que la mesure est devenue nécessaire ; — Attendu qu'un arrêté de cette nature peut être l'objet, de la part des intéressés, d'un recours devant l'autorité supérieure, il y a lieu de constater que, aux termes des principes généraux et à raison de l'intérêt de sécurité publique qui motive la décision du maire, ce recours ne peut avoir d'effet suspensif ; — Attendu que dans l'espèce il est constant que de Vallin ne s'est pas conformé à l'arrêté du 17 septembre 1872, à lui régulièrement notifié, par lequel le maire de Niort, après avoir fait visiter sa maison par l'architecte voyer, lui a enjoint de en faire, dans les trois jours, démolir la façade, laquelle menace ruine; — Attendu que, poursuivi par le ministère public à raison de cette contravention, il a soutenu que l'arrêté du maire n'était pas susceptible d'une exécution immédiate, parce que, selon lui, il ne déclarait pas explicitement l'urgence de la démolition, et n'avait point été précédé d'une expertise; — Attendu que le juge de police, au lieu de statuer immédiatement au fond sur la poursuite, a accueilli ces conclusions, et que, par l'application de l'article 182 du Code forestier; — a sursis à prononcer sur la contravention jusqu'après la décision de l'administration compétente; — Attendu que par cette déclaration... — Casse.

(2) Cass. crim. 24 février 1882. — La Cour, Sur le moyen pris de la violation des articles 3, paragraphe 1er, titre XI de la loi du 16-24 août 1790 et 471 (n° 5) du Code pénal; — Vu lesdits articles; — Attendu que, par arrêté en date du 7 novembre 1881, le maire de la ville de Nogent-sur-Seine avait enjoint au sieur Lebin d'opérer dans un délai de dix jours, à partir de la notification qui lui serait faite, la démolition de sa maison située dans ladite ville, et menaçant ruine; que, le 19 du même mois, il a été dressé contre le sieur Lebin procès-verbal constatant qu'il n'avait pas satisfait à ladite injonction; — Attendu que le jugement attaqué a renvoyé le sommateur des fins de la plainte intentée contre lui, en se fondant : 1° sur ce que l'arrêté susvisé ne serait pas en harmonie avec les conclusions des expertises qui l'avait précédé; 2° sur ce que ledit arrêté serait incomplet, irrégulier et même illégal; 3° et enfin, sur ce qu'il n'aurait pas été revêtu de la sanction de l'autorité supérieure, seule compétente, du reste, ajoute le jugement, puisqu'il s'agissait d'un édifice situé sur une voie publique dépendante de la grande voirie, la route nationale n° 19, dans sa traverse de Nogent-sur-Seine; — Mais attendu qu'aux termes des dispositions précitées de la loi des 16-24 août 1790 qui attribuent, exclusivement et d'une manière absolue, à l'autorité municipale le pouvoir d'ordonner la démolition des bâtiments qui menacent ruine et compromettent la sûreté publique, les maires sont aujourd'hui, sauf le recours ouvert contre leurs arrêtés devant l'administration supérieure, seuls appréciateurs des causes qui peuvent rendre cette mesure nécessaire; que dès lors, l'arrêté dont il s'agit, pris par le maire de Nogent-sur-Seine dans la limite des pouvoirs qui lui sont conférés par la loi, était légal et obligatoire, et qu'en outre, à raison de son caractère de mesure urgente et temporaire, il était exécutoire de plein droit, et tant qu'il n'aurait pas été réformé par l'autorité supérieure; et qu'enfin, s'il est incontestable que les traverses des routes nationales restent soumises dans les villes ou les bourgs, au régime des voies dont elles sont la prolongation, et s'il appartient au préfet seul d'y régler ce qui concerne les intérêts de la grande voirie, il est de principe également que ces traverses, en tant que les rues, relèvent en même temps de l'autorité municipale pour toutes les mesures locales à prendre dans l'intérêt de la sécurité publique et de la sûreté du passage; — D'où il suit qu'en déniant à l'arrêté légalement pris par le maire de Nogent-sur-Seine, dans la limite de ses attributions, la force obligatoire qui lui appartient, en déclarant que le refus d'obéir à cet arrêté ne constituait en délit une contravention, et par suite, en relaxant l'inculpé. ... — Casse.

(3) Cass. crim. 2 octobre 1847, D. P. 47.4.499; Cass. crim. 1er mars 1856, D. P. 56.1.219; Cass. crim. 25 janvier 1873 (voy. *supra*, n° 1556); Cass. crim. 28 juillet 1878. — La Cour, Attendu que d'un procès-verbal régulier, il résulte que Louis Loison avait sans autorisation construit à Charolles, sur

§ 6. — Défense d'exposer ou jeter des substances de nature à nuire.

1558. Les numéros 5 et 6 du paragraphe 1er de l'article 97 donnent aux maires le droit d'interdire : 1° de rien exposer aux fenêtres ou aux autres parties des édifices qui puisse nuire par sa chute; 2° de rien jeter qui puisse endommager les passants ou causer des exhalaisons nuisibles.

De son côté, le Code pénal, article 471, punit d'une amende de 1 à 5 francs :

6° Ceux qui auront jeté ou exposé au-devant de leurs édifices des choses de nature à nuire par leur chute ou par des exhalaisons insalubres;

12° Ceux qui imprudemment auront jeté des immondices sur quelque personne.

Et enfin, article 475 : 8° d'une amende de 6 à 10 francs : ceux qui auraient jeté des pierres ou d'autres corps durs, ou des immondices contre les maisons, édifices ou enclos, et ceux aussi qui auraient volontairement jeté des corps durs ou immondices sur quelqu'un.

1559. Il ne faut pas confondre entre elles ces dispositions diverses; le numéro 6 de l'article 471 a pour objet de donner une sanction pénale aux arrêtés municipaux pris dans l'intérêt de la sécurité et de la commodité du passage dans les rues (art. 97, § 1). Les numéros 12, article 471, et 8, article 475, ont pour objet de garantir les individus, passant ou non dans les rues, et les maisons, édifices ou enclos longeant ou non la voie publique. En un mot, le numéro 6 de l'article 471 est une disposition au soutien du pouvoir municipal; les numéros 12 de l'article 471 et 8 de l'article 475 sont des prescriptions protectrices en faveur des personnes ou des choses.

D'un autre côté, si on compare entre eux les termes des numéros 5 et 6 du paragraphe 1er de l'article 97 de la loi de 1884 et ceux du numéro 6 de l'article 471 du Code pénal, on constate de légères différences entre les faits que l'autorité municipale peut interdire et ceux que la loi punit. L'article 97 semble ne pas autoriser, en effet, la prohibition de l'exposition de choses dégageant des exhalaisons insalubres, et l'article 471 frappe cependant d'une peine de police. De même l'article 471 défend tout jet ou exposition d'un édifice joignant ou non la voie publique, ou la loi de 1884, seulement le jet ou exposition d'un édifice situé sur une rue. Mais ces différences de texte ne sont qu'apparentes; l'article 471 a réuni, en un seul paragraphe, la défense de commettre des actes que la loi de 1884 permet en deux de prohiber.

Nous disons que la loi permet au maire de prohiber le jet ou l'exposition des objets de nature à nuire par leur chute ou à causer des exhalaisons nuisibles, le maire peut donc ne pas prohiber; en résultera-t-il que l'exposition ou le jet seront tolérés ? Non, tout jet et toute exposition sont, dans ce cas, interdits par le Code pénal.

Mais le maire, tout en prohibant, en principe, peut autoriser cependant l'exposition et prescrivant certaines précautions, telles qu'elles soient, de nature à préserver les passants de tout danger ou inconvénient. Il est, en effet, chargé par l'article 94 d'ordonner les mesures *locales* sur les objets confiés par la loi à sa vigilance et à son autorité. Dans ce cas, la contravention n'existe plus que s'il y a eu méconnaissance par l'inculpé des précautions indiquées (1).

la route de derrière du château, un aqueduc pour accéder à ses remises et écuries ; — Attendu que, traduit à raison de ce fait devant le tribunal de police de Charolles, il a été condamné à l'amende et à la démolition de la besogne mal plantée ; mais que sur le motif que les travaux exécutés ne nuisaient pas d'une manière sensible à la bonne et facile viabilité, et qu'il n'y avait aucun inconvénient à les laisser subsister jusqu'à l'expiration du délai réclamé, le juge de police a ordonné que la démolition serait retardée jusqu'au 15 août suivant ; — Attendu qu'aux termes de l'édit de 1729, la démolition doit être immédiate; que le juge ne peut fixer d'autre délai que celui nécessaire pour l'exécution de la démolition ordinaire; qu'il n'appartient qu'au pouvoir administratif d'accorder un délai plus long; — Attendu que le jugement attaqué... — Casse.

(1) Cass. crim. 17 juin 1853. — La Cour, Attendu que l'article 471 du Code pénal ne prohibe, dans la disposition de son article 6, le jet ou l'exposi-

Ceci dit, examinons quelles sont les conditions de la validité d'un arrêté municipal et les circonstances nécessaires à la constatation des contraventions.

1560. Pour qu'il y ait contravention à une ordonnance municipale prise en vertu de l'article 97 de la loi de 1884, ou aux dispositions de l'article 471, paragraphe 6, il faut :

1° Qu'il y ait eu jet ou exposition ;

2° Que le jet ou l'exposition ait eu lieu devant un édifice et sur une voie ou place publique ;

3° Que la chose jetée ou exposée soit de nature à nuire par sa chute ou par des exhalaisons nuisibles.

1561. L'exposition résulte aussi bien du fait de suspendre une chose en l'air que de la poser sur un appui extérieur quelconque (1).

1562. Le jet comprend tout mode de projection ; il a lieu nonseulement lorsqu'on lance volontairement une chose, mais encore lorsque le mouvement est involontaire et occasionné par une maladresse ou une imprévoyance, ou même lorsque la chute est le résultat d'un fait inattendu (2).

1563. Le jet ainsi compris embrasse un grand nombre de faits qui ne proviennent point d'un acte quelconque de projection, mais qui ont simplement pour résultat la chute ou l'exposition d'une chose nuisible dans une rue. Ainsi, généralement, les règlements de police interdisent de jeter de l'eau dans les rues ; or, cette défense comprend celle de laisser couler des eaux insalubres et des corps liquides de toute nature, quel que soit d'ailleurs la façon dont cet écoulement se produise, qu'il y ait eu volonté, imprudence, maladresse ou mauvaise disposition et confection des vaisseaux destinés à contenir ces eaux ou ces liquides (1). Et le fait est punissable, qu'il y ait eu jet ou simple écoulement (2).

1564. Le deuxième élément constitutif de la contravention est que le jet ou l'exposition se soient produits au-devant d'un édifice, et avons-nous ajouté, d'accord avec la Cour de cassation, sur une voie publique (3). Il résulte que les jets et expositions de choses de nature à nuire sont punissables lorsqu'ils sont faits devant les façades des maisons du côté des rues, mais ne le sont pas s'ils ont eu lieu devant les façades opposées aux rues, par exemple dans une cour intérieure ou dans un terrain vague ou une campagne.

1565. C'est dans l'intérêt de la sûreté et de la commodité de la viabilité que l'autorité municipale peut interdire le jet de toutes matières de nature à nuire par leur chute ; le droit attribué ainsi à l'autorité municipale est indépendant et en quelque sorte personnel ; il s'ensuit qu'une autre autorité ne peut autoriser ce qu'elle a prohibé. Ainsi, il arrive souvent que les autorisations d'ouvrir et exploiter des établissements incommodes ou insalubres sont données, sous la condition que les résidus provenant de la fabrication ou les eaux ayant servi seront conduits par le fabricant ou l'exploitant hors de l'établissement. Cette prescription de l'autorité spéciale n'a pas pour effet de donner le droit de déposer ou rejeter sur les voies publiques les résidus et les eaux, si l'autorité municipale a interdit ce dépôt ou ce jet (4).

---

tion sur la voie publique des choses de nature à nuire par leur chute, que dans le but de prévenir les accidents qui en résulteraient pour les passants ; — Attendu que si, lorsque des objets sont jetés sur cette voie, on placés de manière à nuire par leur chute, leurs propriétaires ne peuvent pas se considérer juges du mode d'exécution des dispositions de l'article précité, et s'il n'appartient pas même aux tribunaux de police de déterminer ou d'apprécier les mesures et les précautions par suite desquelles, à leur avis, le jet ne présenterait aucun inconvénient, et la chute n'offrirait aucun danger, cette règle ne peut être applicable au cas où ces mesures de précaution sont prescrites par l'administration locale ; — Que l'autorité municipale ne modifie point, en effet, la défense faite par la loi, et n'en restreint pas la portée lorsque, en la renouvelant, elle ne fait que prescrire les conditions qu'elle juge suffisantes pour détourner toute éventualité de péril ; — Qu'elle tient de l'article 3 (n° 1), titre XI, de la loi des 16-24 août 1790, qui confie à sa vigilance le soin de subvenir à tout ce qui intéresse la sûreté et la commodité du passage dans les rues, quais, places et voies publiques, le pouvoir de réglementer en cette matière ; — Qu'il suit de là que les arrêtés, à cet effet, sont parfaitement légaux et que l'infraction de la défense édictée par ledit article 9 ne doit entraîner l'application de la peine qu'il prononce que lorsque les faits qu'il prévoit ont eu lieu contrairement aux dispositions locales de police qui les ont réglées ; — Et attendu dans l'espèce que le maire de Bordeaux, par l'article 9 de son arrêté du 27 mai 1850, a défendu de placer sur les appuis des croisées des pots de fleurs, cages ou autres objets dont la chute pourrait blesser les passants, à moins qu'ils ne soient solidement assujettis par des barres de fer à scellement ; — Que cette défense n'est point contraire à l'article 471 (n° 6) du Code pénal, puisqu'elle tend à rendre impossible les accidents que l'article qu'il contient a voulu garantir la sûreté publique ; — Que le jugement dénoncé déclare, en fait, que les pots de fleurs dont il s'agit étaient solidement munis des barres de fer scellées ; — Qu'en relaxant pour ce motif la veuve Ducros... — Rejette.

Voir toutefois, en sens contraire, Cass. crim. 30 mars 1861, D. P. 61.5.201.

(1) Cass. crim. 27 avril 1827 ; Cass. crim. 2 juin 1842. — La Cour, Vu l'article 471 (n° 6) du Code pénal ; — Attendu qu'il résulte d'un procès-verbal régulier, dressé le 4 avril 1842, par le commissaire de police de Nevers, que, ledit jour, deux demi-peaux de bestiaux tannées ont été trouvées appendues aux fenêtres du rez-de-chaussée, une autre à une fenêtre du premier, et une quatrième à une autre fenêtre au-dedans de la maison du sieur Balandreau-Buy, tanneur et corroyeur, dans le but de les faire sécher ; — Attendu que sur la poursuite dirigée contre ledit Balandreau-Buy à raison de ce fait, comme constituant une contravention prévue par le numéro 6 de l'article 471 du Code pénal, le tribunal de police de Nevers a relaxé le prévenu de cette poursuite par le motif que le fait dont il s'agit n'était prohibé par aucun règlement municipal de la ville de Nevers, et qu'il ne tombait pas non plus sous l'application du numéro précité de l'article 471 du Code pénal ; — Attendu qu'il importait peu qu'il existât ou non un règlement municipal relativement au fait dont il s'agit, puisque là où la loi a disposé, les règlements de police sont superflus ; — Attendu que les dispositions du numéro 6 de l'article 471 du Code pénal sont générales et s'appliquent à toutes les choses qui, exposées au-devant des édifices, sont de nature à nuire par leur chute ou par des exhalaisons insalubres, et que les peaux de bestiaux tannées dont il s'agit pouvaient occasionner des inconvénients que la loi a voulu prévenir. — Que par conséquent, en relaxant... — Casse.

(2) Cass. crim. 10 février 1848, D. P. 48.5.306 ; Cass. crim. 18 août 1881. — La Cour, Vu l'article 471 (n° 6) du Code pénal ; — Attendu que le jugement attaqué constate le fait, par la femme Delay, d'avoir, à Constantine, le jour indiqué, laissé couler par une fenêtre de sa maison d'habitation de l'eau qui s'est répandue sur le trottoir de la voie publique ; — Que néanmoins il prononce le relaxe par le motif que la malpropreté de cette eau n'aurait pas été établie, et qu'en fait, elle n'aurait causé aucun dommage ; — Attendu que l'article 471 susvisé met au nombre des contraventions qu'il prévoit le jet de choses de nature à nuire par leur chute ou par des exhalaisons insalubres ; que l'eau jetée par une fenêtre, même sans être malpropre, peut cependant nuire par sa chute ; — Qu'il n'est point exigé, pour que la contravention existe, qu'un dommage ait été causé ; — Qu'il suit de là que le juge, en accueillant une excuse... — Casse.

(1) Cass. crim. 16 juin 1832, *Bull. crim.* à sa date ; Cass. crim. 21 mars 1834, *Bull. crim.* à sa date ; Cass. crim. 10 février 1848, D. P. 48.5.306 ; Cass. crim. 18 août 1881. (Voy. *supra*, n° 1562.)

(2) Cass. crim. 31 juillet 1863, D. P. 67.5.475 ; Cass. crim. 8 février 1866, D. P. 67.1.183 ; Cass. crim. 29 août 1867, D. P. 67.5.475 ; Cass. crim. 1er mai 1869. — La Cour, Sur l'unique moyen du pourvoi, tiré de la violation de l'article 471 (n° 6) du Code pénal, en ce que le demandeur aurait été condamné pour avoir évacué des eaux insalubres sur la voie publique, bien que l'écoulement desdites eaux n'ait pas eu lieu au-devant de son édifice ; — Attendu que le nommé Bichon était traduit devant le tribunal de simple police de Montpellier pour avoir déversé sur le chemin public de Saint-Martin-de-Prunet, des eaux sales provenant de l'usine qu'il exploite au long dudit chemin ; — Attendu que si le numéro 6 de l'article 471 du Code pénal n'est applicable que lorsque le jet de choses de nature à nuire a été accompli sur la voie publique, au-devant de l'édifice du contrevenant, cette double contravention se trouve réunie dans les faits constatés par le jugement attaqué à la charge du demandeur ; — Qu'il résulte, en effet, de ce jugement et du rapport des experts auxquels il se réfère, que les eaux sales sortant de l'usine de Bichon sont répandues sur un chemin public, en face du mur de clôture de ladite usine ; — Que si, au-devant de sa propriété, Bichon les a recueillies dans un caniveau couvert, il n'en est pas moins vrai qu'à partir de l'angle de son édifice ces eaux coulent librement et à ciel ouvert dans un fossé qui borde le chemin de Saint-Martin-de-Prunet ; — Attendu que, dans ces circonstances, en déclarant que ce fait constituait, à la charge du demandeur, la contravention punie par l'article 471 (n° 6) du Code pénal, le jugement attaqué... — Rejette.

En ce sens, Cass. crim. 23 mars 1881, D. P. 85.5.282.

(3) Cass. crim. 19 janvier 1856, D. P. 56.1.140 ; Cass. crim. 9 janvier 1857, D. P. 57.1.80 ; Cass. crim. 2 juin 1865. — La Cour, Attendu que la veuve Capel était prévenue d'avoir, le 25 décembre 1864, jeté de l'eau par la fenêtre de sa maison sur un terrain faisant suite à la voie publique, et servant de passage aux propriétaires de plusieurs maisons qui y accèdent ; — Attendu que le numéro 6 de l'article 471 du Code pénal n'est applicable au jet de choses de nature à nuire, que lorsqu'il a été accompli sur la voie publique, et qu'il est inapplicable lorsque le jet a eu lieu sur une propriété privée, ladite propriété fût-elle même une clôture dans la partie où elle aboutit sur la voie publique, et grevée de servitudes de passage au profit de quelques propriétaires voisins ; — Attendu qu'il n'était prétendu par personne que le terrain dont il s'agit fît partie de la voie publique ; — Attendu que c'est donc à tort que... — Casse.

(4) Cass. crim. 30 janvier 1879. — La Cour, vu l'article 471 (n° 6) du Code pénal ; Attendu qu'il résulte d'un procès-verbal adressé le 6 décembre dernier par le commissaire de police de Conesse, que Tilard, fabricant de sucre dans cette commune, a déversé sur la voie publique une certaine quantité d'eau de nature à nuire à la circulation du public ; — Que, nonobstant la vérification de ce fait opérée par le juge de paix, qui après un jugement préparatoire s'est transporté sur les lieux, l'inculpé a été relaxé des poursuites pour le triple motif : 1° que le fait qui lui était reproché se produisait depuis plusieurs années sans qu'il ait été l'objet d'aucune observation ; 2° que l'écoulement d'eau en question devait être considéré comme un cas de force majeure et ne pouvait être imputé à un

1566. Mais si les paragraphes 1er de l'article 97 de la loi de 1884 et 6 de l'article 471 du Code pénal ne défendent et punissent que le jet et l'exposition sur la voie publique, il ne faut pas oublier que l'administration municipale peut, en se fondant sur les termes du paragraphe 6 de l'article 97, qui lui confie le soin de prévenir par des précautions convenables les accidents, les épidémies, les épizooties, étendre le cercle des prohibitions, et, par exemple, interdire à chacun de conserver chez soi, dans sa cour, son magasin ou même son appartement, des choses de nature à nuire par leurs exhalaisons nuisibles.

1567. La prohibition de rien jeter au-devant d'un édifice ne signifie pas que la projection est interdite seulement lorsqu'elle a lieu d'un édifice habité sur la voie publique. Le mot édifice a un sens compréhensif très étendu, et comprend toute édification faite de la main de l'homme, par exemple un mur de clôture, une porte de jardin, etc. En outre, le paragraphe 1er de l'article 97, dernière partie, autorise le maire à prohiber la projection non seulement d'un édifice, mais d'un endroit quelconque. Il en résulte que l'individu qui sort de chez lui pour répandre dans la rue un liquide nuisible ou un objet pouvant nuire commet une contravention à l'arrêté municipal s'il a été publié (1).

1568. De même, la prohibition de l'article 97 ne protège pas seulement les passants des rues, quais, places et voies publiques, mais tout passant dans un lieu ouvert au public. C'est ainsi par exemple qu'elle a été étendue au perron d'une salle de spectacle qui est franchi par tous ceux que leurs plaisirs ou leurs affaires appellent au théâtre. (2).

1569. Le troisième élément de l'infraction à la contravention aux arrêtés municipaux et à l'article 471 (numéro 6) est que la chose exposée ou jetée soit de nature à nuire par sa chute ou par des exhalaisons insalubres. Cette disposition est fort générale, et toute explication comme toute classification est inutile. Le mot nuire s'applique non seulement à un mal grave, comme serait une blessure ou une maladie, mais à tout

dommage, qu'il soit causé aux personnes, aux animaux ou aux choses, comme des vêtements, des marchandises. Une simple incommodité suffit même pour qu'il y ait lieu à l'application de la loi. Nous ne pouvons donc citer des exemples, car tout exemple tendrait à limiter l'applicabilité de l'article 471. Disons seulement que la jurisprudence a toujours considéré le fait de jeter ou de laisser couler de l'eau claire et propre comme constituant la contravention d'objet nuisible (1), et celui de suspendre en dehors des maisons un objet exhalant des odeurs désagréables comme suffisante à justifier une condamnation pour exposition d'objet ou chose de nature à nuire, soit par sa chute, soit par ses exhalaisons (2).

1570. Certains auteurs, M. Blanche et M. Dalloz entre autres, soutiennent que la contravention de jet de choses nuisibles n'existe que si, outre les trois éléments que nous venons de faire connaître, un quatrième élément existe : celui que le jet ou l'exposition sont le fait du propriétaire ou du locataire de l'édifice d'où le jet a été opéré. Ils s'appuient sur les termes de l'article 471, qui punit ceux qui jettent au-devant de leurs édifices. Il est indispensable, d'après ces auteurs, que les édifices soient leurs. Cette interprétation ne nous paraît pas exacte. Nous avons déjà vu que l'article 471 n'était que la sanction pénale de l'article 97 ou de ses précédents législatifs; que notamment, bien que l'article 471 n'exigeât pas que le jet ait eu lieu sur la voie publique, la jurisprudence admettait que cette circonstance était indispensable parce qu'elle était prescrite par l'article 97. Or, l'article 97, en la partie qui nous occupe, donne au maire le droit d'assurer la sécurité et la tranquillité du passage, et le paragraphe 6 de l'article 471 assure par ses pénalités cette sécurité et cette tranquillité : l'une et l'autre sont-elles moins compromises parce que le jet de choses nuisibles est fait par un individu qui n'est ni locataire, ni propriétaire? Non. D'un autre côté, l'article 97 permet au maire de défendre de rien jeter, sans spécifier que le jet doit être le fait des habitants ordinaires de l'immeuble longeant la rue.

Que la rédaction de l'article 471 ait été motivée par cette considération, que la contravention est ordinairement imputable à des propriétaires ou locataires, cela n'est pas douteux, mais de ce que la loi a statué de eo quod plerumque fit, il ne résulte pas qu'elle ait voulu réprimer le fait dommageable lorsqu'il est commis par certains individus, et non par certains autres. Dans de telles conditions, on doit évidemment

---

fait direct et personnel de l'inculpé ; 3° que ce dernier avait observé toutes les conditions qui lui étaient imposées pour l'exploitation de la fabrique ; — Attendu, en premier lieu, que peu importe que le fait qui a donné lieu aux poursuites ait été toléré depuis un certain temps ; — Qu'il suffit que ce fait ait été dûment constaté pour que l'article 471 (n° 6) du Code pénal lui fût applicable, la prescription ne pouvant être admise pour des actes qui constituent une contravention nouvelle chaque fois qu'ils se produisent ; — Attendu que Tétard n'est pas mieux fondé à exciper d'un fait de force majeure ; — Qu'il résulte des constatations du jugement attaqué que l'eau déversée sur la voie publique provenait de la condensation de la vapeur s'échappant par la toiture de la fabrique de l'inculpé, et était produite par les machines que ce dernier employe pour son industrie, ce qui constituait de la part du contrevenant un fait direct et personnel que, d'ailleurs, en considérant l'intervention personnelle de Tétard comme condition essentielle, le jugement attaqué s'est mépris sur le caractère des contraventions qui peuvent résulter d'un fait matériel ou de la négligence de l'inculpé, sans que sa volonté entre comme un élément nécessaire de leur existence ; — Attendu, enfin, que c'est à tort que pour motiver la relaxe de l'inculpé, le tribunal de police déclare que ce dernier a observé les conditions particulières qui lui étaient prescrites pour l'exploitation de sa fabrique ; — Que cette circonstance était sans objet dans la cause, l'observation de règlements spéciaux imposés à Tétard, par suite de sa profession, ne pouvant le dispenser d'obéir aux lois générales qui règlent la salubrité et la sécurité de la voie publique ; — Attendu, dès lors, qu'en s'appliquant pas à une contravention dûment constatée la peine édictée par l'article 471 (n° 6) du Code pénal, le juge de police a violé les dispositions de cet article. — Casse.

(1) Cass. crim. 9 février 1838, Bull. crim. à sa date; Cass. crim. 29 janvier 1870. — Attendu qu'il est constaté par procès-verbal régulier et non dénié par les prévenus que le 21 novembre dernier, ceux-ci ont été vus urinant le long de l'église Saint-Pierre ; — Attendu que ce fait rentrait positivement, bien qu'implicitement, dans les dispositions de l'article 7 de l'arrêté sus-visé ; Qu'en décidant le contraire... — Casse.

En ce sens, Cass. crim. 24 mars 1870, Bull. crim., p. 117.

(2) Cass. crim. 25 février 1841. — La Cour, vu les articles 3, numéro 1, titre XI, de la loi du 24 août 1790,48 du titre II de celle du 22 juillet 1791 et 471 (n° 13) du Code pénal; — Attendu qu'il est reconnu, en fait, par le jugement attaqué que le prévenu a laissé tomber de l'eau du balcon de la salle de spectacle sur le perron qui se trouve au-dessous et qui est d'entrée à cette salle ; — Qu'il résulte du même jugement que ce perron, élevé seulement de deux marches, est attenant à la place des Étapes ; — Qu'il n'est pas clos et que le public y passe accidentellement ; — Que dans ces circonstances et à moins que ce perron, ne fût une propriété privée, ce qui n'est point déclaré audit jugement, il ne pouvait être considéré que comme une partie de la voie publique soumise aux règlements de police qui concernent la sûreté et la commodité du passage ; — Qu'en refusant de prononcer contre le prévenu... — Casse.

(1) Cass. crim. 3 janvier 1835, Bull. crim. à sa date; Cass. crim. 21 novembre 1835, D. P. 36.5.35; Cass. crim. 2 janvier 1869, D. P. 69.3.331; Cass. crim. 7 décembre 1872, D. P. 73.5.279 ; — Cass. crim. 18 août 1881, D. P. 81.5.229 ; Cass. crim. 5 janvier 1883. — La Cour, Vu l'article 471 (n° 6) du Code pénal ; — Attendu que le jugement attaqué a relaxé l'inculpé de la poursuite, par ce double motif que l'eau recueillie jetée sur la voie publique ne pouvait incommoder les passants, et que, d'ailleurs, l'écoulement sur le trottoir, n'ayant eu lieu que par suite de la rupture momentanée du tuyau conducteur, il s'agissait d'un accident fortuit à l'abri de toute atteinte de la loi pénale; — Attendu, d'une part, que l'article 471 (n° 6) défend expressément le jet au-devant des édifices de choses de nature à nuire par leur chute ; — Que le jet de l'eau sur la voie publique, alors même qu'elle n'est ni malpropre ni insalubre, est évidemment de nature à nuire par sa chute, et que la contravention existe, sans qu'il soit besoin que le résultat de cet effectivement nuisible ; — Que, d'autre part, fut-il établi que l'eau s'est trouvée projetée sur le trottoir par suite de la rupture du tuyau de descente, cette circonstance ne pouvait être considérée comme un cas de force majeure, étant imputable au défaut de précaution de l'inculpé, qui aurait dû s'assurer de l'état du conduit avant d'y verser les eaux ; — D'où il suit que... — Casse.

(2) C. cass., ch. réunies, 18 décembre 1843. — La Cour, Vu l'article 471 (n° 6) du Code pénal; — Attendu que d'un procès-verbal régulier, dressé le 4 avril 1842 par le commissaire de police de la ville de Nevers, il résulte que ledit jour des peaux de bestiaux tannées étaient appendues aux fenêtres de Balandreau-Buy, tanneur et corroyeur, dans le but de les faire sécher ; — Attendu que l'article 471 (n° 6) du Code pénal punit d'une amende ceux qui auront exposé au-devant de leurs édifices des choses de nature à nuire par leur chute ou des exhalaisons insalubres ; — Attendu que, quelles qu'aient pu être les précautions prises par Balandreau-Buy, et constatées par le jugement attaqué, pour empêcher la chute des peaux attachées au-devant de ses croisées, il n'en est pas moins constant que ces objets, qui n'étaient pas attachés à demeure, ne pouvaient point tant par leur nature que par la destination purement temporaire de l'exposition qui en était faite, présenter les garanties permanentes de solidité nécessaires à la sécurité publique ; — Attendu qu'il résulte du procès-verbal que les peaux étaient exposées pour être séchées ; — Qu'on ne peut tolérer que la voie publique soit employée à un tel usage qui, par sa nature et par l'effet même du séchage, occasionne des exhalaisons nuisibles à la santé publique ; — D'où il suit que le jugement attaqué, en renvoyant... — Casse.

interpréter et expliquer l'article 471 par l'article 97, et déclarer qu'il punit tous ceux qui jettent des choses nuisibles sur la voie publique.

SECTION III.

DE LA TRANQUILLITÉ ET DE LA SÛRETÉ PUBLIQUES.

1571. « Le maire, dit le paragraphe 2 de l'article 97, est chargé du soin de réprimer les *atteintes à la tranquillité publique*, telles que les rixes et disputes accompagnées d'ameutement dans les rues, le tumulte excité dans les lieux d'assemblée publique, les attroupements, les bruits et rassemblements nocturnes qui troublent le repos des habitants *et tous actes de nature à compromettre la tranquillité publique.* » Cette détermination de pouvoirs est, de toutes celles qui se trouvent dans la loi municipale, tout à la fois la plus compréhensive et la moins définie. Qu'est-ce que la tranquillité publique ? Où commence-t-elle ? Où sont ses bornes ? Tenter une définition, établir des règles précises, sont choses impossibles. La loi du 14 décembre 1789, relative à la constitution des municipalités, s'était contentée de dire que les fonctions propres au pouvoir municipal sont de faire jouir les habitants de la commune des avantages d'une bonne police, notamment de la propreté, de la salubrité, de la sûreté et de la tranquillité dans les rues, lieux et édifices publics. On doit presque regretter que ces expressions, si générales, n'aient pas été reprises par le législateur de 1790 et par celui de 1884, car en voulant préciser et citer les cas où la tranquillité publique devait être considérée comme troublée, l'un et l'autre ont donné des exemples insuffisants et inexacts manifestement. Dans l'incertitude où elle s'est trouvée dès l'origine, la jurisprudence, tant celle des tribunaux civils que de ceux administratifs, s'est livrée à un effort d'interprétation tel, que l'on peut dire qu'elle a dû refaire l'article de la loi; et peu à peu, par l'effet successif des décisions d'espèce, elle a repris comme véritable texte de ses commentaires l'article 50 de la loi de 1789 précité. Nous pouvons donc traduire le paragraphe 2 de l'article 97 de la manière suivante : Le maire est chargé *de faire jouir les habitants de sa commune d'une bonne police*, en *leur assurant la tranquillité et la sûreté*.

Cette tranquillité et cette sûreté consistent : dans le calme de la rue, d'où doivent être bannis les rixes, les disputes, les tumultes, les attroupements, les bruits, et dans la facilité et la sécurité de l'usage de tous les lieux ouverts au public.

Pour arriver à ce résultat, la jurisprudence a dû reconnaître au maire des droits étendus qui lui permettent d'empêcher toute cause de conflits ou de désordres et toute menace de péril individuel ou collectif.

Elle a donc déclaré qu'il avait fonction de veiller à la paix, au repos et à la tranquillité de tout habitant, et fait accepter son pouvoir d'ordonner les mesures propres à faciliter la liberté de la circulation des rues, à assurer le séjour des lieux et édifices ouverts au public et à réglementer les professions qui s'exercent dans les rues, lieux ou édifices publics.

§ 1. — Des rixes et attroupements.

1572. Un des devoirs les plus impérieux de l'autorité municipale, disons-nous, est donc de maintenir en tout temps la paix publique dans la commune. En conséquence, les maires doivent veiller à ce que, dans les rues, sur les places, les promenades, dans les lieux de rassemblements publics, tels que les foires, les marchés, les spectacles, dans les cafés, cabarets et autres débits de boissons, il ne s'élève aucun trouble. Ils sont donc chargés de réprimer les atteintes portées à la tranquillité des habitants, c'est-à-dire d'empêcher :

1° Les rixes et disputes accompagnées d'ameutement dans les rues;

2° Le tumulte excité dans les lieux d'assemblée publique;

3° Les attroupements;

4° Les bruits et rassemblements nocturnes qui troublent le repos des habitants;

5° Tous actes de nature à troubler la tranquillité publique.

1573. Avant de reprendre dans le détail chacun des numéros du paragraphe 2 de l'article 97, nous devons faire une observation générale, c'est que les actes de nature à troubler la tranquillité publique que ce paragraphe compte au nombre des faits qu'ait charge d'empêcher ou réprimer une bonne police municipale n'y appartiennent pas, en réalité. Tous sont des faits qui relèvent, soit de la police judiciaire, soit surtout de la police générale telle qu'elle a été définie par le Code de brumaire an IV. Sans doute la tranquillité des habitants d'une commune est attachée à ce qu'il n'y éclate ni rixes, ni attroupements, ni tumultes; mais on peut dire que l'ordre public de toute la République y est également intéressé. Le maire, en apaisant les troubles qui se produisent dans la cité, agit donc bien comme représentant des intérêts communs, mais il agit aussi comme officier de police judiciaire, et surtout comme représentant du pouvoir actuel.

Ceci dit, examinons les prescriptions diverses du paragraphe 2 de l'article 97.

1574. Que doit-on entendre par rixes et disputes suivies d'ameutement dans les rues? Ces expressions ont été employées pour la première fois par le décret des 16-24 août 1790, titre II, article 3, à une époque où les caractères constitutifs et les noms des délits à punir n'étaient pas encore arrêtés, et elles ont été inscrites dans la loi par un souvenir des appellations usitées dans l'ancienne législation. Elles ne répondent, en réalité, à aucun fait déterminé. Il n'existe pas, en effet, de crimes, de délits, ou de contraventions portant les noms de *rixes* ou *disputes*, et encore moins celui d'*ameutement*. Ces mots, qui sont de langage courant, n'ont pas de sens précis déterminé. Le législateur de 1884, qui les a trouvés dans la loi de 1790, les a repris dans celle de 1884, par un respect peut-être exagéré pour l'ancien texte. Mais s'ils ne sont pas, par eux-mêmes, l'objet d'une définition légale et d'une pénalité fixée, ils ont reçu de la pratique des choses, des commentaires de la doctrine et des arrêts de la jurisprudence, une valeur juridique suffisante.

Et d'abord biffons ces mots : *suivis d'ameutement dans les rues.* Il semble, quand la tranquillité publique est troublée par des rixes et des disputes, que l'autorité municipale ne puisse intervenir s'il n'y a pas ameutement dans la rue; or, rien n'est plus inexact. Il suffit que les troubles aient éclaté dans la rue pour que le maire ou les agents chargés d'assurer la paix publique soient en droit de les apaiser et d'y mettre fin (1).

Mais qu'est-ce qu'une rixe? et qu'est-ce qu'une dispute?

Une rixe, dans l'acception de la loi de 1884, doit s'entendre des diverses espèces de crimes et délits, résultant des coups et blessures, des violences et voies de faits portées volontairement *mais sans intention de donner la mort*. Ce sont les crimes et délits prévus et punis par les articles 309, 311, 313 du Code pénal.

Une dispute est un échange de propos injurieux et outrageants proférés sur la voie publique entre divers individus.

1575. Il n'y a aucun intérêt à interdire par un arrêté municipal toute rixe dans un lieu public, car la répression de la contravention à l'arrêté sera toujours moins rigoureuse que celle qui résulte des dispositions du Code pénal, articles 309, 311 et 313 susvisés. Il peut y avoir, au contraire, avantage à interdire toute dispute, car la répression du délit d'injure publique — une injure proférée dans un lieu public présente nécessairement ce caractère — est subordonnée à des règles spéciales, tandis que la poursuite de la contravention à l'arrêté municipal est soumise aux règles ordinaires. Cette poursuite peut donc assurer, dans tous les cas, non la répression de l'injure, mais celle du trouble apporté à la tranquillité publique.

1576. Le tumulte, pas plus que la rixe ou la dispute, n'a,

---

(1) Et si les rixes et disputes ne se sont pas produites dans la rue, le maire ou les agents de la police pourront presque toujours intervenir comme officiers de police judiciaire en vertu du flagrant délit.

dans le Code pénal, de définition légale ni de répression pénale. Dans le vieux droit, on appelait ainsi un grand mouvement produit par plusieurs individus, avec bruit et désordre.
C'est encore l'explication qu'il convient de donner. Il est difficile de préciser davantage en quoi peut consister un tumulte.
La loi des 6-10 juin 1868, article 6, avait accordé au préposé
de l'autorité le droit de dissoudre les réunions publiques lorsqu'elles devenaient tumultueuses. Mais ni les auteurs, ni l'administration, n'ont pu fixer jamais des règles de conduite à
l'action de ce préposé. C'est donc ce mouvement bruyant et
désordonné qu'il appartient à l'autorité municipale d'arrêter,
quand il s'est produit, et qu'il lui appartient également de
prévenir par des arrêtés régulièrement pris.

Le tumulte, puisque tumulte il y a, peut donc être prohibé
dans tous les lieux où se tiennent des assemblées publiques :
réunions publiques, foires et marchés, théâtres, cabarets, etc.

1577. Le numéro 3 du paragraphe 2 détermine une attribution précise du pouvoir municipal. Celui-ci est chargé d'empêcher les atteintes portées à la paix publique par les attroupements. L'attroupement est un délit déterminé par nos lois
pénales, celle des 26-27 juillet, 3 août 1791, et celle des
7-9 juin 1848. — On appelle de ce nom un rassemblement de
15 personnes sur la voie publique. Il est séditieux du moment
que les personnes qui le composent s'opposent à l'exécution
d'une loi — et par là nous devons entendre les règlements —
d'une contrainte ou d'un jugement. Il est armé ou non
armé (1) : armé, quand plusieurs des individus qui le composent sont porteurs d'armes apparentes ou cachées, ou lorsqu'un
seul de ces individus porteur d'armes apparentes n'est pas
immédiatement expulsé de l'attroupement par ceux-là mêmes
qui en font partie (2).

Nous n'avons pas à entrer dans le détail des caractères
constitutifs du fait, de sa pénalité et de son mode de répression.

1578. Lorsqu'un attroupement se forme sur la voie publique, séditieux ou non, armé ou non armé, le maire est le
magistrat que son devoir appelle en première ligne à l'obligation de le dissiper. S'il ne peut y parvenir par la conciliation, il doit faire appel à la force publique et la requérir.
Ceint de son écharpe tricolore, il s'avance devant le front
des troupes ; un roulement de tambour annonce son arrivée.
Si l'attroupement est armé, le maire doit faire deux sommations séparées chacune par un roulement de tambour ; si
l'attroupement n'est pas armé, le magistrat municipal, après
le premier roulement de tambour, doit exhorter les citoyens à
se séparer ; s'ils ne le font, trois sommations doivent être
faites, précédées chacune d'un roulement. La force peut-être
employée ensuite, et la tranquillité de la rue *doit* être maintenue.

§ 2. — Des manifestations sur la voie publique.

1579. Les maires ont mission d'empêcher tous les attroupements de nature à troubler la tranquillité publique ; c'est à
ce titre qu'ils peuvent interdire les rassemblements de toute
nature qui peuvent se produire sur la voie publique, quel
qu'en soit l'objet, et notamment les promenades professionnelles que les ouvriers de certaines industries ont coutume
de faire à des époques déterminées, promenades professionnelles qui ont souvent pour résultat d'attirer les contre-ma-
nifestations des industries rivales (3), et les processions ou
manifestations religieuses ou politiques.

1580. L'article 45 de la loi organique du 18 germinal
an x porte « qu'aucune cérémonie religieuse n'aura lieu
hors des édifices consacrés au culte catholique dans les villes
où il y a des temples destinés à différents cultes ».

(1) L. 23 et 27 juillet 1790, art. 9.
(2) L. 7-9 juin 1848, art. 2.
(3) Cass. crim. 5 août 1836.

Des instructions ministérielles rédigées par Portalis, le
21 nivôse et le 30 germinal an XI, ont décidé que ce texte
devait être combiné avec l'article 16 de la loi organique des
cultes protestants, d'après lequel il y aura une église con-
sistoriale par 6,000 âmes de la même communion ; que, par
suite, les cérémonies extérieures ne doivent être interdites
que dans les villes qui sont le siège d'une église consisto-
riale.

Cette interprétation a été critiquée : on a soutenu que le
mot « temple » devait désigner tout édifice légalement consacré à l'exercice d'un culte reconnu, et qu'il avait cette
signification dans l'article 45 de la loi organique, aussi bien
que dans l'article 46, où il est dit que « le même temple ne
pourra être consacré qu'à un seul culte ».

Une circulaire ministérielle du 20 mai 1879, tout en tenant
compte de ce qu'il pourrait y avoir de spécieux dans cette
objection, déclare que, *quant à présent*, il n'y a pas lieu de
déroger à la pratique administrative qui s'est établie dès
l'an XI, ni de mettre obstacle à des coutumes locales qui ont
consacré l'usage des processions dans certaines villes où
existent des églises consistoriales.

1581. L'intérêt religieux n'est d'ailleurs pas le seul qui doive
être pris en considération lorsqu'il s'agit de cérémonies religieuses sur la voie publique. Il appartient, en outre, aux
maires, de veiller à l'ordre extérieur, à la tranquillité publique, à tout ce qui intéresse la sûreté de la circulation, et
de prévenir par des mesures spéciales toute cause de désor-
sordre sur le territoire de la commune. Le droit d'initiative
et de décision leur appartient en cette matière. Ce droit
leur a été reconnu, en ce qui touche les processions, par
plusieurs décisions du Conseil d'État, notamment par
une ordonnance du 1er mars 1842, statuant en matière d'abus,
qui porte : « Considérant qu'il appartenait au maire de Dijon
de prendre, sous l'autorité de l'administration supérieure,
l'arrêté dont il s'agit ; que ledit arrêté est une mesure de
sûreté et de police qui ne porte atteinte ni à l'exercice du
culte, ni à la liberté que les lois et règlements garantissent
à ses ministres. » Un arrêt du Conseil d'État du 22 décembre 1876 a également décidé que l'arrêté par lequel un
maire, agissant en vertu de la loi des 16-24 août 1790, interdit une procession est un acte de pure administration, qui
n'est pas susceptible de recours au contentieux (1).

L'appréciation des circonstances locales appartient donc,
en principe, aux maires, ainsi que l'initiative des mesures à
prendre sous forme d'arrêtés municipaux.

1582. Lorsque la procession a été autorisée par un arrêté
municipal et qu'elle a lieu, les dispositions de cet arrêté
ayant pour objet d'assurer la sécurité et la liberté de son
parcours doivent être observées, et par la même raison que
nous venons d'exposer que le maire est le meilleur appréciateur des intérêts locaux et des mesures à prendre pour
assurer la tranquillité publique, tranquillité qui peut être
troublée par un refus intempestif d'autorisation comme par
une autorisation intempestive. Le fait de rompre et de couper
la procession devient donc une contravention punissable (2).

(1) Cons. d'Et. 22 décembre 1876. — Le Conseil, Au fond : Sans qu'il
soit besoin d'examiner la qualité du requérant : Considérant que l'arrêté
attaqué a été pris par le maire de la commune de Saint-Hippolyte, dans
l'exercice des pouvoirs de police qu'il tient des lois ci-dessus visées des
14-22 décembre 1789 et 16-24 août 1790, et qu'il constitue, dès lors, un acte
d'administration contre lequel le requérant pourrait former le recours
pour abus prévu par l'article 5 de la loi du 18 germinal an x, s'il croyait
qu'il était porté atteinte par cet acte à l'exercice public du culte, mais
qui n'était pas susceptible d'être déféré au Conseil d'État, par application
des lois des 7-14 octobre 1790 et 24 mai 1872... — Rejette.
(2) C. de Paris 28 août 1845. — Considérant que l'instruction et les
débats, il résulte que le dimanche 1er juin, jour de la Fête-Dieu, au moment où la procession du Saint-Sacrement était arrêtée sur la voie publique de la Chapelle-Gauthier, au lieu dit le Calvaire, alors que le curé
de la commune donnait la bénédiction aux fidèles, la femme David s'est
avancée sur ladite voie publique dans une voiture attelée d'un cheval
qu'elle conduisait, et a tenté de forcer le passage au travers de la procession ; que l'un des témoins de la cause a saisi alors le cheval par la bride
pour empêcher le trouble que la femme David pouvait apporter à la cérémonie religieuse et éviter même les accidents qu'elle pouvait occasionner ; qu'immédiatement après la bénédiction, la procession ayant repris

1583. Si la célébration du culte, au lieu de se produire sous forme de procession dans la rue, avait lieu dans une propriété privée ou sur le fronton de l'église, de telle façon que l'acte de célébration lui-même se passât dans un lieu privé ou dans un édifice légalement consacré au culte, mais que la foule des assistants se trouvât répandue dans les lieux et places publics, le droit d'interdiction du maire n'en demeurerait pas moins entier. Si le droit de l'officier municipal ne consiste pas à réprimer une manifestation permise du culte, il peut prohiber tout attroupement, tout tumulte de nature à empêcher la circulation et troubler l'ordre public, et, en outre, tout acte public d'un culte de nature à froisser la liberté de conscience des individus qui n'appartiennent pas au culte célébré (1).

§ 3. — Bruits et tapages.

1584. Le numéro 4 du paragraphe 2 de l'article 97 remet à l'autorité municipale le soin de réprimer les bruits et tapages nocturnes de nature à troubler le repos des habitants. L'article 479 (n° 8) du Code pénal a complété la loi municipale en frappant d'une peine de 11 à 15 francs les auteurs ou complices de bruits ou tapages injurieux ou nocturnes.

La loi comprend dans ses termes tous les bruits ou tapages en général, de quelque nature qu'ils soient et de quelque manière qu'ils soient produits : ainsi les bruits ou tapages qui sont causés par des instruments sonores et discordants, par des coups frappés sur des portes, des croisées, des meubles, par des huées, des cris, des sifflements, des hurlements sortant de voix humaines.

1585. Le trouble apporté à la tranquillité des habitants est un élément constitutif et essentiel de la contravention et doit être spécialement établi pour qu'il y ait condamnation en vertu de l'article 479 (n° 8) (1) ; le juge de police est souverain pour en apprécier l'existence, et il peut acquitter les prévenus lorsque la preuve contraire est faite à son audience (2).

Les auteurs des bruits et tapages sont ceux qui les font personnellement ; les complices sont ceux qui y participent activement et ceux qui les facilitent par leur présence ou par les faits (3). Mais on ne pourrait considérer comme complices ceux qui n'auraient été que l'occasion de tapage (4).

1586. Le bruit ou tapage nocturne est celui qui est fait après le coucher et avant le lever du soleil (5).

1587. Tout bruit ou tapage nocturne ne constitue pas une contravention. Il faut, d'abord, qu'il provienne d'un fait personnel et volontaire (6). Il faut, en outre, qu'il ne soit pas occasionné en vertu de l'usage régulier d'un droit, tel que celui qui serait engendré par l'exercice normal d'une profession ou d'un métier (7).

1588. Cependant si l'artisan ou l'industriel, dans l'exercice de son travail nocturne, poussait des cris et faisait un bruit inutile, il deviendrait justiciable des dispositions de l'article 479, que ces bruits aient été ou non interdits par l'autorité municipale (8).

1589. Il faut également classer parmi les bruits et tapages nocturnes qui ne peuvent être poursuivis ceux qui sont autorisés par la liberté du domicile ; mais avec cette distinction importante que la liberté du domicile ne saurait protéger que les bruits et tapages modérés qui ne sauraient être de nature à troubler la tranquillité publique. C'est en ce sens, pensons-nous, que l'on doit interpréter les arrêts en apparence contradictoires rendus par la Cour de cassation à cet égard (9).

1590. Les chants et morceaux de musique exécutés pendant la nuit sont-ils des bruits et tapages nocturnes ? C'est là encore une question de fait qui doit être résolue selon les espèces, et qui ne saurait être l'objet d'une décision juridique unique. Il faut, en effet, pour qu'ils soient punissables, que les bruits ou tapages soient de nature à troubler la tranquillité publique ; or, on comprend que l'appréciation de la question de savoir si la tranquillité publique a été troublée dépend de circonstances essentiellement variables.

1591. L'autorité municipale peut, par des arrêtés, prohiber

---

sa marche avec la même solennité religieuse, la femme David essaya encore de faire avancer sa voiture ; que malgré les avertissements réitérés du curé, la possibilité de causer des accidents, et sans respect pour la cérémonie, elle frappa violemment son cheval, coupa la procession en deux, et fit cesser momentanément les chants religieux ; que la femme David a ainsi empêché et interrompu l'exercice du culte catholique par un trouble et un désordre causés dans un lieu servant actuellement à cet exercice.
— Confirme.

(1) Cass. crim. 26 mai 1882. — La Cour, Sur le premier moyen, pris de la violation de l'article 471 de la loi du 18 juillet 1837, à raison du caractère permanent de l'arrêté municipal ; — Attendu qu'il résulte des motifs et du dispositif de l'arrêté de maire de Confolens, en date du 12 mai 1881, qu'il a été pris sous l'influence de circonstances accidentelles et exceptionnelles, et que la défense contenue dans l'article 1er de cet arrêté doit être considérée comme temporaire ; — Que l'arrêté déclare qu'il y a urgence et que l'urgence est d'ailleurs indiquée par les circonstances mêmes, qui avaient rendu nécessaire, jusqu'à nouvel ordre, l'interdiction des processions et de toutes autres manifestations extérieures du culte, à l'exception des cérémonies relatives aux inhumations ; — Que, conséquemment, l'arrêté municipal notifié au curé de Confolens et publié était immédiatement obligatoire.

Sur le troisième moyen pris d'une fausse application de l'arrêté municipal et de l'article 471 (n° 15) du Code pénal, en ce que le jugement attaqué a étendu aux manifestations extérieures du culte, dans un lieu privé, l'interdiction que cet arrêté n'établit et ne pouvait établir que pour les manifestations extérieures et publiques ; — Attendu qu'il résulte des constatations du jugement que la cérémonie religieuse qui a eu lieu sur une tour, dépendance d'une habitation bordant la voie publique, sur le point le plus élevé des édifices de la ville de Confolens, en vue du public, en présence d'une foule convoquée à l'avance, provoquée à se réunir pour cet objet, et qui encombrait les rues environnantes, était une manifestation extérieure du culte constituant publique, et non un acte du culte se produisant dans l'intérieur du domicile, sans publicité ; — Attendu que le juge de police a reconnu et déclaré avec raison, en cet état des faits, qu'une pareille manifestation devait être, au point de vue du but et du résultat, assimilée à une manifestation sur la voie publique, et qu'en statuant ainsi il a exactement appliqué les dispositions légales de l'arrêté municipal et, par suite, de l'article 471 (n° 1) du Code pénal... — Rejette.

Cass. crim. 10 mars 1883. — La Cour, Sur le second moyen tiré : 1° de ce que la cérémonie incriminée n'était pas une cérémonie extérieure du culte, et ne rentrait pas, par conséquent, dans les termes de l'arrêté municipal ; 2° de ce que la cérémonie, eût-elle ce caractère, les prévenus, autre que l'abbé Bonnefoy, ne pouvaient être condamnés, le jugement ne relevant contre eux aucun fait précis de participation.

Sur la première branche : — Attendu qu'il résulte des constatations souveraines du jugement attaqué que la cérémonie religieuse incriminée a été célébrée sous le porche ouvert de la porte principale de l'église, en présence du public convoqué à l'avance à cet effet, et composé de plus de 200 personnes qui stationnaient sur la place, et que la musique du cercle catholique, réunie sur cette même place, a participé par son concours à cette cérémonie ; que le jugement a déclaré, avec raison, dans ces circonstances de fait, que la manifestation avait le caractère d'une cérémonie extérieure du culte et rentrait, à ce titre, dans les termes de l'arrêté municipal, et, par suite, sous l'application de l'article 471 (n° 15) du Code pénal.

Sur la deuxième branche : — Attendu, en ce qui concerne les prévenus Bourrelier et Sauvageot, que le jugement constate que le premier a, en qualité de chef de musique du cercle catholique, provoqué des musiciens à jouer pendant la cérémonie, malgré l'injonction à lui faite par le commissaire de police de les faire cesser, et que le second a excité Bourrelier

à rester et à résister aux ordres du commissaire de police ; qu'il a, dès lors, reconnu avec raison que ces prévenus avaient l'un et l'autre participé à la cérémonie ; — Attendu, en ce qui concerne les autres prévenus, qu'il est constaté, par le jugement, qu'ils ont, ainsi qu'ils l'ont reconnu, fait partie du public convoqué à l'avance pour assister à la cérémonie, et qu'ils ont, ensemble et de concert, participé à sa célébration ; qu'il résulte même de leurs conclusions que, loin de contester leur assistance intentionnelle et personnelle à cette manifestation, ils ont déclaré qu'ils s'étaient groupés autour du porche pour y prendre part... — Rejette.

En ce sens, Cass. crim. 18 février 1887.
(1) Cass. crim. Rej. 13 juin 1863, *Bull. crim.*, n° 164.
(2) Cass. crim. 17 novembre 1860, *Bull. crim.*, n° 242 ; Cass. crim. 28 mars 1807 ; *Bull. crim.*, n° 74.
(3) Cass. crim. 5 juillet 1822, *Bull. crim.*, n° 93 ; Cass. crim. 6 mai 1826, *Bull. crim.*, n° 106 ; Cass. crim. 24 janvier 1835, n° 35 ; Cass. crim. 5 septembre 1835, *Bull. crim.*, n° 147 ; Cass. crim. 8 novembre 1855, *Bull. crim.*, n° 349 ; Cass. crim. 15 juin 1858, n° 183 ; Cass. crim. 24 décembre 1858, *Bull. crim.*, n° 322.
(4) Cass. crim. 3 février 1865, *Bull. crim.*, n° 27.
(5) Cass. crim. 26 juillet 1849, *Bull. crim.*, n° 174 ; Cass. crim. 16 novembre 1854, *Bull. crim.*, n° 317 ; Cass. crim. 17 août 1865, *Bull. crim.*, n° 178.
(6) Cass. crim. 28 juin 1839, *Bull. crim.*, n° 212 ; Cass. crim. 15 avril 1839, *Bull. crim.*, n° 98 ; Cass. crim. 5 avril 1867, *Bull. crim.*, n° 81.
(7) Cass. crim. 16 avril 1825, *Bull. crim.*, n° 77 ; Cass. crim. 12 septembre 1882, *Bull. crim.*, n° 125.
(8) Cass. crim. 21 novembre 1828, *Bull. crim.*, n° 307 ; Cass. crim. 22 novembre 1845, *Bull. crim.*, n° 211 ; Cass. cr°m. 21 août 1857, *Bull. crim.*, n° 312.
(9) Cass. crim. 24 février 1859, *Bull. crim.*, n° 64 ; Cass. crim. 28 avril 1859, *Bull. crim.*, n° 406.

l'exercice, la nuit, de certaines industries bruyantes, telles que celles de serruriers, forgerons, chaudronniers, etc. ; elle peut également défendre l'emploi d'instruments de musique qui sont de nature à troubler le sommeil et le repos des habitants. Mais ce droit municipal ne va pas jusqu'à interdire l'exercice même des professions et industries bruyantes; à cet égard, le principe de la liberté du commerce et de l'industrie et les dispositions de la loi du 1810 sur les établissements et manufactures incommodes ne permettent pas de dépasser les limites déterminées par les lois elles-mêmes et les arrêtés d'autorisation délivrés par l'autorité préfectorale ou gouvernementale (1).

1592. Les bruits et tapages peuvent être gênants, non seulement lorsqu'ils sont nocturnes et injurieux, mais ils peuvent troubler la tranquillité même lorsqu'ils sont diurnes. Dans ce cas, la loi pénale ne les réprime pas; mais l'autorité municipale peut les prohiber. Cependant on comprend qu'une certaine mesure, en ce cas, s'impose au zèle trop ardent de quelques maires. Le bruit, dans le jour, quand il est la conséquence d'un travail utile, ne doit pas être interdit s'il n'est pas insupportable; il peut l'être quand il n'est l'effet que d'une fantaisie ou d'une distraction. Aussi un grand nombre de maires prohibent-ils les sonneries intempestives de clairons ou d'instruments de cuivre et les batteries de tambours.

1593. De même le fait de décharger ou tirer des armes à feu ou de faire partir des pièces d'artifice n'est pas lui-même punissable; mais il peut être valablement interdit par l'autorité municipale dans certains lieux, et, dès lors, il est pro-hibé non seulement par l'article 471, n° 15, du Code pénal, mais par le même article, n° 2.

1594. Le soin d'indiquer les lieux est abandonné à l'autorité municipale, qui peut aussi bien faire porter son interdiction sur les lieux privés que sur les lieux publics. Ainsi il a été jugé que la prohibition de tirer des pièces d'artifice, fusées ou pétards, dans l'intérieur des villes, doit être observée non seulement dans les rues et places, mais encore dans les enclos et les jardins situés dans l'intérieur de la ville (1).

1595. Lorsque l'interdiction de tirer des armes a été formulée par un arrêté municipal, la prohibition est absolue, et l'on ne saurait, à moins d'un cas de force majeure ou de défense légale, y contrevenir pour aucune raison ni avec aucune autorisation. Ainsi il a été décidé qu'un inculpé ne pouvait être renvoyé d'une plainte, ni sous le prétexte d'une permission obtenue par l'autorité militaire (2) dans une place de guerre, ni sous celui d'une permission municipale (3) ; ni par le motif que le coup de feu aurait été tiré sur des volailles qui causaient un dommage (4).

1596. Mais la défense de tirer des coups de fusil ne pourrait aller jusqu'à interdire, en fait, le droit de chasse tel qu'il a été établi par la loi du 3 mai 1844.

1597. Le maire peut interdire le tir des armes à feu à

---

(1) Cass. crim. 18 février 1876. — La Cour, Vu les articles 3, titre XI, de la loi des 16-24 août 1790, 3 de la loi des 7-14 octobre 1790, et le titre Ier de la loi du 19-22 juillet 1791 ; — Vu le décret du 15 octobre 1810 et l'ordonnance du 14 janvier 1815; — Vu également l'article 471 (n° 15) du Code pénal; — Attendu que, si un atelier de chaudronnerie ne rentre pas dans la catégorie des établissements auxquels s'appliquent les dispositions du décret du 15 octobre 1810 et de l'ordonnance du 14 janvier 1815, et que, dès lors, il ne pourrait être classé parmi les établissements dangereux, insalubres ou incommodes, qu'en vertu d'un arrêté du préfet, l'autorité municipale puise dans les pouvoirs qui lui sont confiés par le titre XI de la loi des 16-24 août 1790, et le titre Ier de la loi des 19-22 juillet 1791, le droit de prendre des arrêtés pour défendre les actes qui peuvent troubler la tranquillité des habitants; — Attendu que, si ce droit ne saurait autoriser la réglementation du mode d'édification et de clôture des ateliers où s'exercent des professions non soumises aux prescriptions du décret du 15 octobre 1810 et de l'ordonnance du 14 janvier 1815, l'autorité municipale peut néanmoins prescrire des mesures propres à empêcher que l'exercice de ces professions ne trouble le repos et la tranquillité des habitants; — Attendu, dès lors, que l'arrêté, pris par le maire de la ville de Cognac, était légal et obligatoire, en tant qu'il prescrit que les portes des ateliers de chaudronnerie donnant sur la voie publique devront être fermées pendant les travaux bruyants; — Attendu que, bien que, suivant le procès-verbal dressé contre lui, les prévenus fussent uniquement poursuivis pour une infraction à cette disposition spéciale de l'arrêté municipal du 5 octobre 1872, le jugement attaqué les a néanmoins relaxés des poursuites, en se fondant sur l'illégalité de cet arrêté, et qu'en statuant ainsi... — Casse.

Cass. crim. 19 février 1876. — La Cour, Sur l'unique moyen pris de la fausse application de l'article 8 de la loi du 2 mars 1791, et de la violation tant des articles 3 (n° 5), titre XI, de la loi des 16-24 août 1790, 674 du Code civil, 10 et 11 de la loi du 18 juillet 1837, que des articles 471 (n° 15) du Code pénal, 3 et 4 de l'arrêté du maire de Morlaas du 8 juin 1875; — Attendu que le seul fait constaté par le procès-verbal du commissaire de police du 17 août dernier consistait uniquement en ce que Gustave Saint-Jean aurait construit une forge sans autorisation de l'administration, et qu'il aurait ainsi, porte ledit procès-verbal, contrevenu aux articles 2, 3 et 4 de l'arrêté municipal précité; — Attendu que, si, aux termes des articles 3 (n° 5), titre XI, de la loi des 16-24 août 1790, et 674 du Code civil, l'autorité municipale a pu, par l'article 4 dudit arrêté, prescrire des mesures pour prévenir les incendies et fixer la distance des habitations voisines où des matières inflammables, à laquelle les forges devraient à l'avenir être construites, et rester étranger au fait constaté et relevé en lui était pas applicable; que ce fait n'est prévu par l'article 3, lequel dispose que « désormais aucun four, forge, usine ou atelier quelconque qui exigerait des fourneaux ne pourront être établis dans la ville sans une autorisation préalable de l'administration»; — Que cet article ne se relie nullement par ses termes à l'article 4, qu'il en est indépendant et qu'il est absolu, qu'il en résulte que le maire peut arbitrairement refuser comme accorder l'autorisation, qu'une telle disposition est, dès lors, dans sa généralité, contraire au principe de la liberté du commerce et de l'industrie proclamée par l'article 7 de la loi du 2 mars 1791, d'où il suit que ledit article 3 ne saurait trouver sa sanction dans l'article 471 (n° 15) du Code pénal; — Que si le juge de police a déclaré que l'article 4, comme l'article 3, n'était pas obligatoire, cette appréciation, erronée en droit, ne peut vicier le dispositif du jugement attaqué, lequel est justifié par un motif spécial; — Qu'il en résulte que, en renvoyant l'inculpé des fins de la poursuite, le juge de police n'a ni faussement appliqué... — Rejette.

(1) Cass. crim., 12 déc. 1846. — La Cour, Vu les articles 3, n° 5, titre XI, loi des 16-24 août 1790, 46, titre Ier de celle des 19-22 juillet 1791, 3 de l'arrêté du 9 mars 1828, par lequel le maire de Toul a renouvelé, au besoin, toutes les ordonnances portant défense de..., comme aussi de tirer des coups de fusil, pétards ou fusées... dans les rues de cette ville ou des faubourgs, 471 (n° 2) du Code pénal; — Attendu que l'article précité de l'arrêté du 9 mars 1828 rentre dans l'exercice légal du pouvoir attribué à l'autorité municipale par l'article 3, n° 5, loi des 16-24 août 1790, et que cette autorité ne peut pas régulièrement, après avoir porté la défense qu'il contient, dispenser certains habitants de Toul de s'y conformer, tandis qu'elle reste pleinement obligatoire pour tous les autres; — Qu'il est constant, dans l'espèce, que Charles Husson y a contrevenu en faisant partir dans son jardin, situé dans l'intérieur de cette ville, plusieurs fusées volantes; — Qu'en relaxant ledit Husson de l'action intentée contre lui par le ministère public, sur les motifs qu'il ne lui a été défendu aucun règlement qui ait défendu ce fait, et que d'ailleurs, le premier adjoint au maire, en l'absence de celui-ci, l'avait permis, le jugement dénoncé... — Casse.

Cass. crim. 4 août 1833. — La Cour, Vu l'article 3 du titre XI de la loi du 15 août 1790 les numéros 2 et 15 de l'article 471 du Code pénal et l'arrêté du directeur de l'intérieur de l'Algérie du 10 octobre 1843; — Attendu qu'aux termes de l'article 3, titre XI de la loi du 24 août 1790, l'autorité municipale a le droit de prendre des arrêtés ayant pour objet les mesures propres à prévenir les incendies, accidents et fléaux calamiteux; — Attendu qu'en vertu des pouvoirs conférés par cette loi, le directeur de l'intérieur de l'Algérie a pris, le 10 octobre 1843, un arrêté dont l'article 1er défend, dans toutes les villes de l'Algérie et dans leurs faubourgs, de tirer des coups de fusil, pistolet ou autres armes à feu, des pétards, des fusées, bombes, pièces d'artifice quelconques, à moins d'en avoir obtenu la permission de la police; — Attendu que cet arrêté a été pris par le directeur de l'intérieur dans les limites de sa compétence; — Attendu, en outre, que le n° 2 de l'article 471 punit des peines de simple police ceux qui ont violé la défense de tirer en certains lieux des pièces d'artifice, et que le droit de porter des défenses appartient à l'autorité administrative, par les motifs exprimés en la disposition précitée de la loi de 1790; — Attendu que les mots pièces d'artifice sont des expressions génériques qui doivent s'entendre de tout travail fait avec de la poudre, pouvant, par son explosion ou son action, produire les effets que cet article a voulu prévenir; — Qu'il n'y a donc pas lieu de distinguer selon que la pièce est destinée à une réjouissance publique ou à un travail comme celui de l'extraction des pierres; — Attendu que, dans l'espèce, il résultait d'un procès-verbal régulier que Dumand et Rabattu avaient fait usage de pétards, pour l'extraction de pierres dans la commune d'Alger, sans en avoir obtenu la permission de la police; — Attendu que le jugement attaqué n'a pas relaxer les inculpés par les motifs qu'aux termes du n° 2 de l'article 471 les pièces d'artifice destinées aux réjouissances publiques, et qu'il n'appartient pas à l'autorité municipale d'étendre l'application de cet article à d'autres cas; — Attendu qu'en statuant ainsi... — Casse.

(2) Cass. crim. 28 août 1829.

(3) Cass. crim. 12 décembre 1846 (voy. supra n° 1594).

(4) Cass. crim. 8 août 1834; Bull. crim.; Cass. crim. 28 juillet 1855. — La Cour, En ce qui touche le second chef de contravention : vu l'article 471 (n° 15) du Code pénal; — Attendu que, par un arrêté du maire de Louviers, légalement approuvé, il est défendu de tirer des coups de fusil dans l'intérieur de la ville; — Que le jugement attaqué reconnaît et constate que Germaine a contrevenu à cette disposition, mais le renvoie des poursuites parce qu'il appartient à chacun de se défendre et de défendre sa propriété, — Attendu que le cas de force majeure, qui n'est pas allégué dans l'espèce, pouvait seul excuser une contravention à un règlement fait par l'autorité municipale dans la limite des attributions qui lui sont confiées par les lois du 24 août 1790 et 22 juillet 1791; — Qu'ainsi, en refusant de donner à l'arrêté municipal sus-énoncé la sanction pénale de l'article 471, (n° 15) du Code pénal, le tribunal... — Casse.

cause du bruit ; mais il peut, en outre, réglementer ce même tir dans l'intérêt de la sûreté publique , quand il n'a pas lieu seulement à blanc, mais à titre d'exercice d'adresse. La projection des plombs et des balles présente un grand danger pour la sécurité, et le maire peut non seulement régler les conditions générales de l'établissement de tir à la cible, mais le prohiber absolument dans certains endroits et, en tous cas, suspendre toute autorisation jusqu'à ce que les travaux prescrits dans l'intérêt de la sûreté des tireurs ou des passants aient été exécutés (1).

1598. Dans un très grand nombre de communes, particulièrement dans le Midi, le temps du carnaval, qui s'étend du 1er dimanche de l'avent au jeudi de la mi-carême, les habitants sont dans l'usage de se déguiser ou d'organiser des mascarades ou des cavalcades.

Pendant ce temps, la vigilance des maires doit se porter particulièrement sur les mascarades, à cause des désordres dont elles peuvent être l'occasion ou le prétexte. Dans toutes les localités où elles ont lieu ordinairement, il convient que l'autorité municipale publie un arrêté concernant les mesures d'ordre et de police.

Les mesures généralement adoptées sont les suivantes : il est défendu à toute personne de se présenter masquée sur la voie publique avec des armes ou des bâtons ; de paraître sous le masque avant dix heures du matin et après sept heures du soir ; de prendre des déguisements qui pourraient troubler l'ordre public ou blesser la décence et les mœurs ; à toutes personnes masquées, déguisées ou travesties d'insulter qui que ce soit par des invectives, des mots grossiers ou des provocations injurieuses ; de jeter dans les maisons, dans les voitures ou sur les personnes aucun objet pouvant causer des blessures, endommager ou salir les vêtements.

Tout individu portant un masque ou un déguisement, invité par un officier de police à le suivre, doit sur-le-champ déférer à cette injonction.

La jurisprudence a toujours reconnu la validité des mesures ainsi prescrites (2).

§ 4. — Tranquillité de la circulation.

1599. L'habitant qui circule sur les voies et places publiques doit le pouvoir faire avec confiance. L'entretien des routes et des chemins de grande communication est assuré par les agents de l'État ou du département, et celui des chemins ruraux par ceux de la commune et au moyen de subsides votés par le conseil municipal ; le maire n'est, à cet égard, que l'exécuteur des décisions soit de l'administration supérieure, soit du conseil ; mais il lui appartient exclusivement de prendre les mesures de sauvegarde destinées à empêcher les étrangers ou les habitants de porter atteinte à la tranquillité de la circulation sur ces voies, quel qu'en soit le caractère au point de vue de la domanialité.

La police des promenades publiques lui appartient aussi exclusivement. Il doit faire des règlements pour en assurer aux habitants la jouissance paisible et commode ; défendre le passage des voitures et des chevaux dans les parties réservées aux piétons ; enfin, dans l'intérêt de l'ordre et de la liberté de la circulation, prescrire les mesures qui devront être observées en ce qui concerne le placement et la location des chaises (1).

1600. Dans les communes où il y a de nombreux bateaux de pêche ou d'agrément, les maires doivent, par un règlement de police, assujettir les possesseurs ou détenteurs à certaines mesures de précaution, dans l'intérêt de la sûreté publique, notamment pour régler l'ordre qu'ils doivent observer dans la marche, les manœuvres qu'ils ont à faire lorsqu'ils suivent la même direction, ou quand ils se croisent ; les circonstances dans lesquelles il est permis à un bateau d'en dépasser un autre, etc. On peut aussi exiger que chaque bateau porte distinctement à l'arrière le nom et le domicile du propriétaire.

1601. L'existence et l'exploitation de carrières dans le voisinage d'une agglomération présente parfois des dangers pour la sécurité et la tranquillité publique, parce que des chutes ou des éboulements peuvent s'y produire, parce qu'elles peuvent servir de retraite à des malfaiteurs. L'exploitation des carrières est soumise à une réglementation particulière, qui échappe à l'autorité municipale, mais celle-ci peut prescrire par des arrêtés toutes les mesures de police qu'elle juge nécessaires dans l'intérêt de la sécurité publique ; elle peut notamment ordonner que l'orifice des carrières soit toujours entouré de barrières et clos pendant la nuit. Elle peut également veiller à ce que les excavations ne deviennent ni un cloaque, ni un dépôt d'immondices (2).

---

(1) Cons. d'Ét. cont. 9 juin 1882. — Le Conseil, Vu les lois des 16-24 août 1790, titre XI, art. 3, et du 18 juillet 1837, art. 11 ; — Vu les lois des 7-14 octobre 1790 et 24 mai 1872 ; — Considérant que l'arrêté municipal du 6 février 1868, qui autorise l'établissement d'un tir sur la commune de Saint-Ouen-l'Aumône, n'a conféré cette autorisation qu'à la condition pour la société permissionnaire de se soumettre aux prescriptions que l'autorité jugera nécessaire dans l'intérêt ultérieurement, dans l'intérêt de la sécurité publique ; — Que, par suite, après avoir décidé, sur la réclamation de plusieurs habitants de la commune que l'autorisation du tir n'offrait pas de garanties suffisantes contre les dangers à craindre, le maire de Saint-Ouen-l'Aumône a pu, par son arrêté du 13 mai 1870, prescrire des travaux qui avaient pour but de faire cesser un état de choses considéré comme nuisible à la sécurité publique, et qu'en suspendant le tir jusqu'après l'exécution complète desdits travaux, il a agi dans l'exercice des pouvoirs qui lui sont conférés par les lois ci-dessus visées des 16-24 août 1790 et 18 juillet 1837 ; — Que, dès lors, le ministre de l'intérieur, en refusant d'annuler ledit arrêté, a pris une décision qui n'est pas susceptible d'être déférée au Conseil d'État pour excès de pouvoirs, par application des lois des 7-14 octobre 1790 et 24 mai 1872... — Rejette.

(2) Cass. crim. 9 mars 1838. — La Cour, Vu l'article 65 du Code pénal ; — Et attendu, en fait, qu'il est reconnu, par le jugement dénoncé, que les prévenus ont contrevenu à l'arrêté du maire de Villeneuve-l'Archevêque du 27 janvier 1833, en parcourant la rue du Foin, le 28 janvier, travestis, masqués et battant la caisse, sans y avoir été autorisés par ce magistrat ; — Que cet arrêté a reçu la publication d'usage dans ladite commune ; — D'où il suit qu'en refusant de le poursuivre exerce contre eux, par des considérations tirées tant de l'ancienneté de tels amusements en temps de carnaval, que la prétendue ignorance de la défense portée à cet égard, de leur bonne foi, de leur conduite habituellement paisible et régulière, ce jugement a commis un excès... — Casse.

(1) Cass. crim. 11 décembre 1829, Bull. crim.
(2) Cass. crim. 29 août 1845 ; Cass. crim. 23 janvier 1857 ; Cons. d'Ét. cont. 11 janvier 1866. — Vu l'article 375 de l'arrêté pris par le préfet du département de la Loire, à la date du 4 octobre 1854, en exécution de l'article 21 de la loi du 21 mai 1836 ; — Vu les lois des 14 décembre 1789, et 16-24 août 1790, la loi du 21 pluviôse an viii, la loi du 18 juillet 1837 et celles des 7-14 octobre 1790 ;

En ce qui concerne l'arrêté du maire de Saint-Jean-Bonnefonds, en date du 20 septembre 1860, et l'arrêté du préfet du département de la Loire en date du 19 février 1861 : Considérant que, par le jugement du tribunal de simple police ci-dessus visé, en date du 13 septembre 1860, confirmé par jugement du tribunal correctionnel de Saint-Étienne, en date du 30 novembre de la même année, il a été décidé que le sieur Ogier, en ouvrant une carrière joignant immédiatement le chemin d'intérêt commun de Thillière à Jarroux, sur le territoire de la commune de Saint-Jean-Bonnefonds, avait commis une contravention à l'article 375 du règlement fait par le préfet du département de la Loire, en exécution de l'article 21 de la loi du 21 mai 1856 ; — Que l'existence de cette carrière rendait dangereuse la circulation sur le chemin ; qu'il suit de là, que le maire, en mettant le sieur Ogier en demeure de remblayer ladite carrière dans le délai de dix jours et sur le refus du sieur Ogier d'obtempérer à cette injonction, en faisant procéder à ce travail, d'office et à ses frais, n'a pas excédé la limite des pouvoirs qui lui sont conférés par les lois des 16-24 août 1790, dans l'intérêt de la sûreté publique ;

En ce qui concerne l'arrêté du conseil de préfecture, en date du 29 novembre 1862 : Sur la compétence : — Considérant que le recouvrement, par la commune de Saint-Jean-Bonnefonds, des frais faits pour l'exécution de l'arrêté ci-dessus visé du 20 septembre 1860, a été effectué, conformément aux dispositions de l'article 63 de la loi du 18 juillet 1837, sur un état dressé par le maire et rendu exécutoire par le préfet ; — Que ces frais ont eu pour objet une mesure d'administration publique ; qu'il suit de là qu'il appartient à la juridiction administrative et, aux termes de l'article 4 de la loi du 28 pluviôse an viii, au conseil de préfecture, de statuer sur l'opposition formée par le sieur Ogier au recouvrement de la somme portée au mandat exécutoire décerné contre lui.

Au fond : — Considérant, d'une part, que le sieur Ogier, mis en demeure par l'arrêté municipal du 20 septembre 1860, de remblayer sa carrière, n'a pas obtempéré audit arrêté ; — Considérant d'autre part qu'il ne justifie pas que l'état des frais mis à sa charge soit exagéré, que dès lors c'est avec raison que le conseil de préfecture a rejeté sa réclamation... — Rejette.

Cass. crim. 1er février 1873. — La Cour, Attendu qu'aux termes de l'article 4 de l'arrêté susvisé « Il est enjoint à tous exploitants de carrières de terre à brique, de sable etc. de faire exécuter les travaux

1602. Les fossés, les mares, les pièces d'eau, les excavations qui se trouvent placés dans des terroirs attenant à la voie publique peuvent présenter de sérieux dangers. L'autorité municipale peut donc prescrire que des mesures soient prises pour en préserver les habitants. Mais là se borne son droit; elle ne peut indiquer les mesures mêmes qui doivent être employées. Ainsi elle ne saurait prescrire le comblement d'une mare ou d'un fossé, — du moins dans l'intérêt de la circulation, — si le propriétaire préfère les entourer d'un mur ou d'une clôture; elle peut inviter le propriétaire d'un puits à prendre les précautions de nature à ce qu'on ne soit pas exposé à s'y précipiter, mais elle ne peut ordonner qu'on l'entoure de grilles, de margelles, etc., lorsqu'il peut exister d'autres procédés aussi efficaces et moins onéreux pour le propriétaire. On combine et on concilie de la sorte, par un heureux tempérament, les exigences d'une police prévoyante et sage avec les intérêts légitimes de la propriété (1).

1603. Les maires ne doivent point laisser pratiquer de caves sous la voie publique. Ils doivent veiller à la solidité et à l'exacte fermeture des portes et des trappes des escaliers de cave dont l'ouverture donne sur la rue, et même de celles qui sont pratiquées dans les boutiques et allées, et prescrire que les soupiraux des caves soient fermés par des barres de fer, de manière à éviter que les enfants puissent y tomber ou qu'on puisse y descendre.

1604. L'administration municipale a le droit de contraindre les propriétaires d'un terrain ou d'un bâtiment sans clôture, situé dans une ville, à le clore, s'il peut servir de retraite aux malveillants; et, en cas de refus, de le clore à ses frais (1). Mais cette clôture n'est obligatoire que dans les villes (2); et le maire qui peut ordonner de clore, ne peut pas prescrire le genre de clôture (3).

---

nécessaires pour donner un écoulement immédiat aux eaux qui arrivent dans les excavations qu'ils pratiquent ou qu'ils ont pratiquées »; — Que, d'après l'article 24, lorsque les excavations auront une profondeur telle qu'il sera impossible de procurer aux eaux un écoulement naturel, lesdites excavations devront être immédiatement remblayées »; qu'il résulte du procès-verbal régulièrement dressé, le 22 mai 1872, par le garde champêtre de la commune de Bone, qu'il a été constaté ledit jour « que Jean-Pierre Sens et Barthélemy Rossi faisaient pratiquer des excavations pour en retirer de la terre pour la fabrication de leurs briques, et laissaient béants de grands trous, qui, en se remplissant d'eaux devenant stagnantes, peuvent nuire à la salubrité publique par leur corruption; » — Attendu que ce procès-verbal n'a pas été débattu par la preuve contraire, que les faits qui y étaient énoncés demeuraient légalement établis et constituaient une contravention à l'arrêté précité et à l'article 471, (n° 15) du Code pénal; — Que néanmoins le tribunal de police a renvoyé les inculpés des poursuites, en déclarant : 1° que Sens et Rossi n'avaient fait qu'user de leur droit de propriété en pratiquant des excavations nécessitées par l'exploitation de leur briqueterie; 2° que le procès-verbal n'établit pas que les excavations fussent remplies d'eaux stagnantes portant atteinte à la salubrité publique.

Sur le premier motif: — Attendu qu'un règlement général des 29 janvier-30 avril 1854 a déterminé les conditions auxquelles est soumise l'exploitation des mines et carrières en Algérie; mais que l'article 81 de la loi du 21 avril 1810, l'article 3 de la loi des 16-24 août 1790 et la loi des 12-22 juillet 1871 autorisent les maires à prendre des arrêtés ayant pour objet de prescrire, à ceux qui exploitent des carrières, les précautions nécessaires pour assurer la salubrité publique et prévenir les épidémies; — Que ces principes sont applicables, en Algérie, d'après les dispositions de l'article 30 de l'ordonnance des 28 septembre-23 octobre 1847; — Que le maire de Bone, sans porter atteinte au règlement fait par l'autorité supérieure, s'est borné à ordonner une des mesures locales confiées par la loi à sa vigilance et à son autorité; — D'où il suit que l'arrêté sus-visé est légal et obligatoire.

Relativement au deuxième motif : — Attendu que l'arrêté municipal avait pour objet de prévenir les épidémies en imposant à ceux qui exploitent des carrières les précautions convenables; — Qu'en déclarant qu'à défaut d'eaux stagnantes dans la carrière exploitée par les prévenus, le fait constaté n'était pas punissable, le juge de simple police a méconnu le caractère préventif des mesures ordonnées par l'autorité municipale et a faussement appliqué l'arrêté sus-visé; — Qu'en effet l'article 1er prescrit de faire exécuter les travaux nécessaires pour procurer un écoulement immédiat aux eaux pouvant arriver dans les excavations que les propriétaires ou industriels pratiquent ou qu'ils ont pratiquées; — D'où la conséquence que des moyens d'écoulement doivent être adaptés aux excavations dès que le travail d'extraction a été accompli, soit que la carrière ait été abandonnée, soit que l'exploitation ait été continuée sur les terrains adjacents; que le tribunal de police... Casse.

(1) Cass. crim. 23 juillet 1864, D. P. 65.1.386; Cass. crim. 16 mars 1867, D. P. 67.1.414; Cass. crim. 1er mai 1868, D. P. 68.1.384; Cass. req. 11 décembre 1876. — La Cour, Sur le moyen unique, tiré de la violation des lois des 16-24 août 1790, titre II, article 13, et 16 fructidor an III, et du principe de la séparation des pouvoirs administratif et judiciaire, en ce que le jugement attaqué a ordonné la destruction des travaux exécutés, en vertu d'un arrêté, pris par un maire, agissant en qualité d'officier de police municipale; — Attendu, en fait, que, par arrêté du 25 mai 1874, le maire de Corbon (Orne) prescrivit le comblement d'une mare, creusée près du chemin rural du gué Esnault à la Chapelle-Montligeon, par le double motif que cette mare occupait une partie du chemin et était une cause de danger permanente pour les passants; — Que la mare fut comblée en effet, mais que les consorts Vallet actionnèrent le maire en complainte, comme représentant la commune, afin d'obtenir le rétablissement des lieux dans leur état primitif, en offrant de construire à la limite du chemin et sur le sol de la mare, un mur d'une longueur et d'une hauteur suffisantes pour obvier au danger; — Que le maire, après avoir reconnu, à la suite d'une enquête, que la mare n'occupait aucune partie du chemin, persista néanmoins à soutenir la légalité de son arrêté, et déclina, en même temps, la compétence de l'autorité judiciaire pour ordonner le rétablissement de la mare; — Attendu, en droit, que, dépositaires de l'autorité municipale pour les règlements et arrêtés de police, aux termes des articles 10 et 11 de la loi du 18 juillet 1837, les maires ne peuvent prescrire des mesures obligatoires qu'autant qu'ils se renferment dans les bornes des pouvoirs qui leur sont conférés par la loi; — Que si au nombre des objets confiés à la vigilance et à l'autorité du pouvoir municipal, la loi des 16-24 août 1790 range tout ce qui intéresse la sûreté et la commodité du passage dans les rues, quais, places et voies publiques, ce qui comprend le soin de prévenir, par des mesures, les accidents qui peuvent résulter de mares et d'excavations situées dans le voisinage des chemins ouverts, il n'appartient pas cependant à l'autorité municipale, lorsqu'il y a plusieurs moyens également efficaces d'obvier au danger, de choisir, comme exclusivement obligatoire, celui qui est le plus onéreux ou le plus préjudiciable au propriétaire, et d'en imposer de préférence, à tout autre, l'exécution; — Que c'est là, néanmoins ce qu'a fait le maire de Corbon, par son arrêté du 25 mars 1874, en prescrivant aux consorts Vallet de combler leur mare, alors qu'il n'a pas même prétendu qu'une clôture telle que celle qui a été offerte n'aurait pas suffi pour atteindre le but proposé; — Que l'arrêté n'était dont pas légal et obligatoire; — Que, cela étant, l'autorité judiciaire, qui aurait été compétente pour en déclarer et en reconnaître l'illégalité, si les défendeurs éventuels y avaient contrevenu et qu'on fût venu lui en demander la sanction pénale, ne l'était pas moins sur l'action possessoire, après qu'ils y avaient obéi, pour ren dr la même décision; — Qu'il est manifeste enfin que le tribunal civil de Mortagne, en condamnant la commune à rétablir les lieux dans leur état primitif, n'a point ordonné la destruction d'un ouvrage public, mais bien seulement d'un ouvrage exécuté, par suite d'une mesure de police, sur une propriété particulière, et qui, tout en se rattachant, par sa cause, à la sûreté et la commodité du passage sur la voie publique, ne constituait toutefois qu'un travail purement privé et complètement en dehors du service de la voirie; — D'où il résulte que les juges... — Rejette.

Cons. d'Et. cons. 5 mai 1865. — Considérant que par son arrêté, en date du 5 novembre 1863, approuvé par le préfet de police, le 23 du même mois, le maire de la commune d'Enghien a enjoint à la dame de Montailleur de prendre, dans le délai d'un mois, les mesures convenables pour l'entier assainissement d'un fossé existant à l'intérieur de sa propriété, et décidé que, faute par elle de se conformer à cette injonction, il y serait pourvu d'office et à ses frais; — Considérant que l'arrêté précité a été pris par le maire afin d'obvier aux dangers résultant, pour la salubrité publique, de la stagnation des eaux dans le fossé dont il s'agit; — Qu'il a laissé d'ailleurs la requérante libre d'employer tel moyen qu'elle voudrait pour arriver à ce but; — Qu'ainsi cet arrêté rentre dans les mesures de police qu'il appartient à l'autorité municipale de prescrire aux termes de l'article 3, titre II, de la loi des 16-24 août 1790, et n'est point... — Rejette.

(1) L. 18 nivôse an XIII; Cass. crim. 3 mai 1850. — La Cour, Vu l'arrêté du maire de Blidah, en date du 17 septembre 1849, le pourvoi du commissaire de police, et l'article 471 (n° 15) du Code pénal; — Attendu que l'arrêté ci-dessus visé est pris dans les limites du pourvoir attribué à l'autorité administrative par les lois des 16-24 août 1790 et 22 juillet 1791, puisqu'il avait pour objet de pourvoir à la sûreté et à la salubrité publiques, et qu'il s'appliquait à des terrains joignant sans clôture la voie publique; — Attendu que, sous l'empire de notre législation, le droit de propriété n'est pas absolu, mais qu'il est modifié, dans un grand nombre de cas, par les intérêts généraux, et, généralement, en matière de police et de voirie urbaine; — Attendu qu'en décidant, contrairement à ces principes, que l'arrêté précité était illégal... — Casse.

(2) Cons. d'Et. cont. 5 mai 1865. — Considérant que par son arrêté, en date du 5 novembre 1863, approuvé par le préfet de police, le 23 du même mois, le maire de la commune d'Enghien a enjoint à la dame de Montailleur de clore, dans le délai d'un mois, sa propriété sur le chemin de ceinture, et décidé que faute par elle de se conformer à cette injonction, il y serait pourvu d'office à ses frais; — Considérant qu'aucune disposition des lois ci-dessus visées ne donnait au maire d'Enghien le droit d'imposer à la requérante l'obligation de clore sa propriété; — Que, dès lors, ledit maire, en prenant l'arrêté attaqué... — Annule l'arrêté.

(3) Cons. d'Et. cont. 26 novembre 1886. — Vu la loi des 16-24 août 1790, titre XI, article 3; — Vu l'arrêté consulaire du 12 messidor an VIII, articles 21 et 22; — Vu la loi du 10 juin 1853, article 1er; — Vu le décret du 10 octobre 1859, article 2; — Vu la loi du 18 juillet 1837, articles 10 et 11 — Vu les lois des 7 et 14 octobre 1790 et 24 mai 1872. — Considérant que s'il appartenait au maire de Saint-Ouen d'imposer aux propriétaires riverains de la voie publique l'obligation de munir leurs terrains, situés dans l'agglomération urbaine de cette commune, de clôtures d'une solidité suffisante pour défendre l'accès desdits terrains, dans l'intérêt de la sécurité de la voie publique, aucune disposition de loi ne l'autorisait à leur prescrire un mode de clôture déterminé; — Qu'en leur enjoignant de clore leurs terrains soit par des murs en maçonnerie, soit par de simples barrières en charpente et planches jointives ou à claire-voie, il leur a interdit l'emploi de toute clôture d'une solidité suffisante, autre que l'une de celles ci-dessus spécifiées; — Que ce faisant, il a excédé ses pouvoirs. — Annulation.

1605. Elle peut également, et dans le même but, ordonner à tous les propriétaires et locataires de fermer à clé les portes extérieures de leurs maisons, cours, allées et jardins donnant sur la voie publique, à une heure déterminée du soir (1). Cette prescription qui, en principe, est à la charge des propriétaires (2) peut être mise à la charge des locataires, si le premier n'habite pas la maison (3).

(1) Cass. crim. 9 mars 1838 ; Cass. crim. 31 mars 1851 ; Cass. crim. 16 mars 1860. — Sur le moyen unique du pourvoi : Vu les articles 50 de la loi du 5 mai 1855, 161 du Code d'instruction criminelle, 65 et 471, (n° 15), du Code pénal ; — Vu aussi les articles 1er et 2 de l'arrêté préfectoral du département de la Somme, du 29 mai 1856, portant: « 1° toutes les portes d'entrée des maisons, cours, allées, jardins ou terrains clos dans la ville ou dans les faubourgs d'Amiens, devront être fermées en tout temps depuis onze heures du soir jusqu'au jour; 2° tous propriétaires et locataires desdites maisons, bâtiments ou terrains, leurs représentants ou personnes spécialement commises par eux à cet effet, seront responsables des contraventions aux dispositions de l'article précédent, sauf leur recours, s'il y a lieu, contre qui de droit. » — Attendu que l'obligation qui résulte de cet arrêté est, par sa nature, une des charges inhérentes aux propriétés qui bordent la voie publique; — Attendu que ledit arrêté s'applique expressément à tous propriétaires, qu'il a été pris par le préfet du département de la Somme dans les limites de ses attributions, qu'il est donc légal et obligatoire; — Attendu qu'il est reconnu, en fait, par le jugement attaqué, que Maille est propriétaire du terrain bordant la voie publique, rue Ledron entre les n°s 36-38 à Amiens; que même c'est ledit Maille qui, pour se conformer aux arrêtés municipaux, a clos son terrain dans toute son étendue sur la voie publique, en y laissant, toutefois, deux portes ou barrières ; — Attendu qu'il est, en outre, reconnu que l'une des deux portes avait été laissée ouverte pendant la nuit du 21 au 22 juin dernier, après 11 heures du soir; — Attendu que ce fait constituait Maille en état de contravention formelle à l'arrêté sus-visé; — Attendu que le jugement attaqué s'est fondé, pour infirmer le jugement du tribunal de simple police d'Amiens qui avait reconnu et réprimé la contravention, sur ce que la propriété de Maille est grevée d'une servitude de passage pour l'usage d'une autre propriété conjuguée, appartenant à un sieur Pavillon, et sur laquelle sont édifiées trois maisons qui n'ont d'autre accès à la voie publique que le passage sur le terrain de Maille, et sur ce que la barrière laissée ouverte était pratiquée uniquement pour l'exercice de la servitude au profit de Pavillon et de ses locataires ; — Attendu, en effet, que cet état de choses laisse subsister le droit de propriété de Maille sur le fonds assujetti (art. 699 du Code Napoléon) et que l'arrêté du préfet ne l'admet d'ailleurs ni comme une exception ni comme une excuse que le propriétaire puisse invoquer; — Attendu qu'à tort, également, le jugement attaqué s'est fondé sur ce que Maille ne pouvait se soustraire à l'obligation résultant de la servitude de passage et qu'il n'y avait aucun moyen d'assurer et de maintenir la fermeture de la barrière pendant la nuit; — Attendu, en effet, que la contravention est imputée à Maille à raison de sa qualité de propriétaire, et non à raison de son fait personnel ; — Attendu que, si le propriétaire est tenu de souffrir l'exercice de la servitude d'intérêt privé, il n'y est tenu que pour autant qu'elle s'exerce légalement et non abusivement, mais qu'il doit, avant tout, assurer les effets de la servitude prédominante d'intérêt public, que c'est donc à lui à faire en sorte que les arrêtés pris par cet objet soient exécutés; — Attendu qu'à la vérité les obligations dont il s'agit, sont une des charges de l'occupation, comme du la propriété, que la responsabilité peut donc être étendue aux locataires et même à d'autres personnes, à raison de leur qualité par rapport à la propriété bordant la voie publique, et, dans tous les cas, à toutes personnes, à raison de leur fait personnel lorsqu'il est par lui-même constitutif de la contravention; — Attendu, toutefois, que l'action publique est libre ; que le propriétaire ne peut faire écarter la responsabilité qui l'atteint, sous le prétexte de responsabilité résultant de qualités différentes, sauf son recours contre qui de droit, s'il y a lieu ; que, seulement, il peut, s'il fait connaître le véritable auteur de la contravention, faire cesser, devant la réalité légalement prouvée, l'effet de l'obligation d'où naît sa responsabilité et obtenir, par suite, sa mise hors de cause, que ce sont là les conséquences nécessaires à la propriété, en même temps que les articles 1er et 2 de l'arrêté du 29 mai 1856; qu'il n'importe donc pas que Pavillon ait pu être considéré comme le représentant de Maille relativement au terrain affecté au passage ; — Attendu, dès lors, qu'en se fondant sur une prétendue interprétation dudit arrêté et sur un prétexte d'équité pour renvoyer le prévenu des poursuites, le jugement attaqué a... — Casse.
En ce sens, Cass. crim. 13 décembre 1857. (Voy. infrà, note 3.)
(2) Cass. crim. 8 juin 1850; Cass. crim. 23 août 1850; Cass. crim. 3 octobre 1851. — La Cour, Vu l'article 471, (n° 15) du Code pénal et l'article 36 de l'arrêté du maire de Bayeux en date du 25 mai 1838; — Attendu que l'obligation de satisfaire aux injonctions d'un règlement de police, qui prescrit la fermeture des habitations urbaines à une heure déterminée, est une charge légale, soit de la location, soit de la propriété; — Attendu que le fait relevé au jugement dénoncé, qu'Etienne Croquevielle, contre lequel était dirigée la poursuite, n'habite point la maison dont l'ouverture à une heure réputée indue par ledit arrêté est l'objet de la prévention, n'était pas de nature à l'affranchir d'une obligation inhérente à sa qualité de propriétaire de cette maison. — Qu'en le renvoyant par ces motifs des fins de la poursuite... — Casse.
(3) Cass. crim. 13 décembre 1857. — La Cour, Sur le premier moyen, fondé sur ce qu'à tort, le jugement attaqué a méconnu la force obligatoire de l'arrêté du préfet du Doubs, en date du 20 mai 1856 qui ordonne la fermeture des portes cochères et d'allées des maisons de la ville de Besançon pendant certaines heures de la nuit; — Vu l'article 50 de la loi du 5 mai 1855, dont le paragraphe 1er est ainsi conçu : « Dans les communes chefs-lieux de département dont la population excède 40,000 âmes, le préfet rem-

1606. Il n'existe aucune loi qui défende d'entretenir des ruches d'abeilles dans les villes, dans les villages, ou sur le bord des places publiques et des chemins ; mais, en raison des dangers que présente la piqûre de ces insectes, l'autorité municipale a le droit d'interdire qu'il en soit placé dans les endroits où elles pourraient nuire, et de fixer la distance à laquelle elles doivent être éloignées des chemins publics et des habitations (1).

1607. Les maires doivent soumettre à une autorisation préalable la pose des enseignes, des écriteaux, des inscriptions et des décors que les habitants ont l'intention de placer contre la façade de leurs maisons, de leurs établissements ou de leurs magasins (2). Ils peuvent également prescrire la forme, la taille et les mesures que ces enseignes et ces écriteaux devront avoir, afin qu'elles ne présentent aucun danger et aucune gêne pour les passants (3).

§ 5. — Réglementation des professions qui s'exercent dans les lieux publics.

1608. Les professions et les métiers qui s'exercent sur la voie publique peuvent présenter certains inconvénients : ils peuvent gêner la circulation, amener des accidents, provoquer des disputes et des rassemblements, exciter les réclamations des gens qui exercent en boutique des métiers ou des professions similaires, et, qui, payant des patentes et des droits s'imaginent à tort avoir une sorte de monopole. Sous l'ancien régime, elles ont été soumises à des règlements et à des juridictions particuliers.

1609. Les lois des 17 mars et 19 juin 1791 ont proclamé la liberté du travail, du commerce et de l'industrie et formellement interdit sous quelque prétexte que ce soit le rétablissement des corporations. Et la loi sur les syndicats professionnels a respecté ce principe. Le devoir imposé à l'autorité municipale de surveiller les professions qui s'exercent sur la voie publique n'y implique aucune dérogation. L'autorité municipale a le droit de prendre les mesures nécessaires pour que l'exercice de ces professions ne porte aucune

plit les fonctions de préfet de police, telles qu'elles sont réglées par les dispositions actuellement en vigueur de l'arrêté des consuls du 12 messidor an VIII; — Attendu qu'un arrêté qui prescrit la fermeture des portes extérieures des maisons pendant certaines heures de la nuit intéresse essentiellement la sûreté publique et la tranquillité générale des habitants; — Attendu que, si une mesure de cette nature peut, en certaines circonstances, avoir également pour objet d'assurer la liberté et la sûreté du passage sur la voie publique et peut, par suite, avoir pris par les maires auxquels l'article 50 (n° 2), § 2 de la loi du 5 mai 1855 maintient le droit de règlement, le droit des maires ne saurait nuire à celui que les préfets tiennent également de la loi au point de vue de la sûreté publique. — Attendu, dès lors, que le jugement en déclarant l'arrêté du préfet du Doubs, non obligatoire pour les tribunaux, comme ayant été incompétemment rendu, en a méconnu la force légale et a formellement violé l'article 50 de la loi du 5 mai 1855.
Sur le moyen tiré de ce qu'à tort le jugement a relaxé les prévenus, par le motif qu'ils n'étaient poursuivis que comme propriétaires des maisons où la contravention a été constatée et non comme auteurs personnels de de cette contravention ; — Attendu que l'arrêté du préfet du Doubs est conçu en termes généraux et absolus et s'applique aussi bien aux propriétaires qu'aux locataires; que ces prescriptions sont une des charges de la propriété à l'exécution desquelles les propriétaires devront veiller, soit par eux-mêmes, soit par leurs agents, aussi bien que les locataires et que, par suite, on peut en poursuivre l'infraction tant contre eux que contre les locataires ; — Attendu, en effet, qu'exiger que la poursuite eût lieu contre la personne qui aurait elle-même laissé les portes ouvertes ou omis de la fermer aurait le plus souvent rendu la répression impossible ; — Attendu qu'en relaxant dès lors les inculpés par ce motif, le jugement attaqué a fait une fausse interprétation ... — Casse.
(1) Cons. d'Et. 30 mars 1867.
(2) Cass. crim. 26 février 1842; Cass. crim. 13 novembre 1847. — La Cour Sur le moyen tiré de ce que le même jugement n'a point prescrit l'enlèvement de l'enseigne qui fait l'objet de la contravention par lui réprimée ; — Attendu que cette enseigne ne pouvait être placée sur la voie publique, qu'avec l'autorisation du maire; — Que le tribunal devait tout à la fois, dès lors, condamner le contrevenant à l'amende dont il s'était rendu passible, en le plaçant sans y avoir été autorisé, et ordonner la destruction de ladite enseigne; — Qu'en se bornant à infliger l'amende portée par l'article 471, § 15, du Code pénal, le jugement précité a donc commis une violation expresse de l'article 5 de l'édit du mois de décembre 1607, de l'article 161 du Code d'instruction criminelle. — Casse.
(3) Cass. crim. 20 septembre 1839.

atteinte à l'ordre et à la liberté de la circulation et afin d'assurer la répression des délits. Mais les mesures dont il s'agit doivent toujours se concilier avec le principe de liberté qui domine notre législation.

1610. Le maire peut par mesure de police et pour réprimer plus aisément les délits, astreindre quiconque voudra exercer la profession de portefaix ou de commissionnaire à se pourvoir près de lui d'une médaille (1) ; mais il ne saurait subordonner la délivrance de cette médaille à des conditions déterminées, ou se réserver le droit d'en prescrire le retrait temporaire. La médaille est un simple moyen de surveillance ; le droit qu'a tout individu d'exercer sa profession en est indépendant, et ce droit, l'autorité municipale ne peut l'enlever.

Cela ne veut pas dire que lorsqu'une profession, devant s'exercer sur la voie publique, a été réglementée, il soit loisible à tous individus d'exercer la profession sans se soumettre au règlement, mais seulement que tout individu peut, en acceptant le règlement et les conditions qu'il impose, exercer la profession.

1611. De là il résulte que, lorsqu'un arrêté a ordonné que dans les rues, ou dans les marchés et sur les ports et quais, le métier de commissionnaire et de portefaix ne serait exercé que par les individus inscrits, nul ne peut s'établir en cette qualité s'il n'a été, au préalable, inscrit (2).

Les particuliers qui ont une commission ou un transport à faire exécuter peuvent les faire directement ou les faire faire par des gens et des ouvriers à leur service, mais non par d'autres agents que les portefaix ou commissionnaires titulaires (1).

1612. Le maire, tout en réglementant la profession de portefaix ou de commissionnaire, ne saurait donc reconnaître, par son arrêté, l'existence d'une corporation privilégiée. Il ne lui est pas loisible non plus d'établir un tarif obligatoire soit pour le public, soit pour les commissionnaires et portefaix. Nul ne peut être contraint, quelle que soit sa profession, à l'exercer pour un prix déterminé par l'administration. La profession de portefaix s'exerçant sur la voie publique, et la discussion des prix de transport y devenant une cause de désordre, rien ne s'oppose à ce que les maires, remplissant en quelque sorte les fonctions d'arbitres entre les ouvriers et les personnes qui les emploient, établissent une sorte de prix courant auquel chacun se réfère au besoin. Mais cette disposition ne doit pas être considérée comme liant juridiquement les parties, qui ont la faculté de recourir ensuite à qui de droit pour faire statuer judiciairement sur la contestation (2).

1613. A plus forte raison l'autorité administrative ne pourrait-elle infliger une peine quelconque.

1614. Comme celle de portefaix, la profession de porteur d'eau s'exerçant sur la voie publique peut être l'objet d'un arrêté pris par l'autorité municipale, qui, à cet effet, détermine les fontaines et les heures où l'eau sera puisée.

1615. La profession de brocanteur n'est exercée que sous certaines conditions. On appelle de ce nom les individus qui achètent ou échangent des objets d'occasion pour les revendre ou les échanger. Les facilités que ce genre de commerce offre à ceux qui l'exercent pour soustraire aux recherches les produits du vol ont fait établir une organisation générale à toute la France qui a été édictée par une déclaration du 29 mars 1778.

1616. Les maires ne doivent pas, en dehors des conditions établies par cette ordonnance, soumettre la profession à des obligations particulières (3) : mais ils peuvent, en publiant

---

(1) Cass. crim. 22 août 1874, Bull. crim. à sa date.
(2) Cass. crim. 10 septembre 1847. D. P. 47.4.316 ; Cass. crim. 22 août 1848, D. P. 48.1.163 ; Cass. crim. Ch. réunies. 3 juillet 1852. — La Cour, Vu les articles 3 (n° 3), titre XI, de la loi des 16-24 août 1790, 46 de celle des 19-22 juillet 1791 et 471 (n° 15) du Code pénal ; — Vu l'arrêté du maire de Nantes du 5 août 1817, approuvé par le ministre de l'intérieur, le 28 avril 1838, portant : « Art. 2. Tous les portefaix travaillant sur les quais de la Loire seront divisés en quatre sections qui seront au nom le droit d'y faire les déchargements de marchandises; néanmoins les bateliers, marchands et habitants, pourront faire la décharge de leurs marchandises par eux-mêmes ou par leurs ouvriers et domestiques gagés chez eux à l'année et tous autres non portefaix » ; — Attendu que cet arrêté était légalement pris en vertu des articles 3, n° 3, du titre XI de la loi des 16-24 août 1790 et 46 de celle des 19-22 juillet 1791, puisqu'il tendait au maintien du bon ordre sur les quais de la Loire; — Attendu que le jugement attaqué a décidé que l'article 2 précité dudit arrêté autorisait les bateliers, marchands et habitants à faire décharger leurs marchandises par des individus quelconques, pourvu qu'ils ne soient pas portefaix; — Attendu qu'on ne pourrait expliquer pourquoi l'arrêté aurait d'abord parlé d'ouvriers et domestiques gagés à l'année s'il avait entendu autoriser l'emploi de tout individu non portefaix, qu'il fût ou non au service de celui qui l'aurait employé et gagé chez lui à l'année; — Qu'en effet, il aurait suffi de dire que les bateliers, marchands et habitants, pourraient faire décharger leurs marchandises par tous ceux qui ne seraient pas portefaix; — Attendu que ces mots « et tous autres non portefaix » doivent s'entendre de ceux qui sont au service des bateliers, marchands et habitants, et gagés chez eux à l'année n'ont tout autre titre que celui d'ouvrier ou de domestique, non pas portefaix; — Attendu que, si dans le préambule de l'arrêté, il est dit qu'il ne peut être accordé de privilège exclusif aux portefaix, parce qu'il doit être libre à toutes personnes de faire par elles-mêmes ou par leurs gens la décharge et le transport de leurs marchandises et effets, sans pouvoir en être empêchées par les portefaix, ce préambule n'est point en contradiction avec l'interprétation ci-dessus faite de l'article 2 de l'arrêté ; — Qu'il en résulte seulement que cet article ne considère comme gens desdits bateliers, marchands et habitants que ceux qui, étant à leur service à un titre quelconque, sont gagés chez eux à l'année; — Attendu qu'il est constaté par un procès-verbal du commissaire de police du sixième arrondissement de la ville de Nantes, en date du 12 février 1851, que Russeil et Guichet faisaient décharger, sur un des quais de la Loire, des feuilles de zinc par des hommes qui n'étaient point portefaix inscrits pour le port de Nantes, et qui n'étaient point gens de service gagés à l'année par Russeil et Guichet ; que fait constituait une contravention prévue par l'article 471 (n° 15) du Code pénal; D'où il suit qu'en infirmant le jugement du tribunal de police de Nantes du 13 mars 1871 et en déchargeant Russeil et Guichet des condamnations prononcées contre eux par ce tribunal, le jugement attaqué... — Casse.

Cass. crim. 26 janvier 1857. — La Cour, Vu les articles 3 (n° 3), titre XI, de la loi des 16-14 août 1790, 76 de la loi des 19-22 juillet 1791, l'arrêté du maire de Pauillac, du 9 décembre 1836 et l'article 471 (n° 15) du Code pénal; — Attendu qu'aux termes de l'article 1er de l'arrêté du maire de Pauillac du 9 décembre 1836, tout individu qui voudra exercer la profession de portefaix sera tenu d'en faire la déclaration à la mairie et sera inscrit sur un registre spécial tenu à cet effet; — Attendu qu'aux termes de l'article 5 du même arrêté, les voyageurs et passagers auront toujours le droit de faire transporter des bagages et colis par des personnes de leur service; — Attendu que cet arrêté est légal et obligatoire, puisque, d'une part, il a été pris par le maire dans le maintien du bon ordre sur les quais de Pauillac, et puisque, d'autre part, il n'établit pas de monopole ni réserve pour les voyageurs le droit d'employer des personnes à leur service; — Attendu qu'il a été approuvé par le préfet de la Gironde et régulièrement publié; — Attendu que, divers procès-verbaux ayant constaté que les inculpés, tous employés à des titres divers sur des bateaux à vapeur faisant

---

le service de la rivière à Pauillac, y avaient exercé la profession de portefaix, en transportant les bagages des voyageurs, c'est à tort que les jugements attaqués les ont relaxés, par le motif qu'ayant été employés des voyageurs au transport de leurs bagages, ils se trouvaient, par là, au service desdits voyageurs; — Attendu que ce fait ne rentrait pas dans l'exception prévue par l'article 6 du maire de Pauillac, du 9 décembre 1836, qui n'a pu entendre, par personnes au service des voyageurs, que celles qui leur étaient attachées d'une manière permanente, et non celles qui, ne se liant à eux que d'une manière accidentelle pour le fait même du transport de leurs bagages, se livraient par là même, essentiellement et nécessairement à l'exercice de la profession de portefaix... — Casse.

(1) Cass. crim. 22 août 1848 ; Cass. crim. 3 juillet 1852 ; Cass. crim. 3 décembre 1852 ; Cass. crim. 13 février 1864. — La Cour, Attendu qu'aux termes du règlement du maire de Nantes, du 5 août 1817, les portefaix travaillant sur les quais de la Loire ont le droit exclusif d'y faire les déchargements de marchandises, lorsque les bateliers, marchands et habitants ne les feront pas par eux-mêmes ou par leurs ouvriers et domestiques gagés chez eux à l'année; — que cet arrêté n'a pas pour objet de créer un monopole au profit desdits portefaix; qu'il réserve à toutes les personnes le droit de faire par elles-mêmes et par leurs gens la décharge et le transport de leurs marchandises; — Que le jugement attaqué reconnaît et déclare que les quatre ouvriers que les sieurs Robert et Guillemet avaient chargés de faire le débarquement de la barque la Marie-Camille étaient exclusivement employés à l'année par cette maison de commerce; que notamment trois d'entre eux y travaillaient en cette qualité depuis quelques années; — Que cette affirmation ne peut rien de son autorité de ce qu'il est reconnu au jugement attaqué qu'aucun traité, ayant date certaine, n'imposait aux ouvriers susdits l'obligation, sous peine de dommages-intérêts, de rester à la maison de commerce tant que l'année ne serait pas révolue, et de ce que ces ouvriers recevaient leurs salaires, non à l'expiration de l'année, mais par quinzaine ou au mois; — Que ces circonstances ne sont pas, par elles-mêmes, nécessairement exclusives d'un engagement contracté à l'année; qu'il appartenait au juge de les apprécier, et qu'en déclarant, en l'état, que les ouvriers qui ont, pour le compte de Robert-Guillemet, procédé au déchargement de leurs marchandises étaient par eux gagés à l'année, il a constaté souverainement un fait dont la vérification lui appartenait, et que sa décision, sous ce rapport, échappe à tout contrôle de la Cour de cassation... — Rejette.

En ce sens, Cass. crim. 26 janvier 1857, (Voy. supra.)
(2) Déc. min. agr. 25 octobre 1851.
(3) Cass. crim. 26 septembre 1851, D. P. 51.5.40 ; Cass. crim. 5 juillet 1860. — La Cour, vu les articles 3, titre XI de la loi des 16-24 août 1790, 46 de la loi du 22 juillet 1791 et 471 (n° 15) du Code pénal; — Attendu que si le droit d'imposer aux marchands brocanteurs l'obligation d'avoir un

celle ordonnance dans leur commune, la soumettre à toutes les charges imposées par l'ordonnance elle-même, c'est-à-dire à une inscription préalable sur les livres de la police, au port d'une médaille numérotée, à un cautionnement, etc. (1).

1617. En outre, en ce qui concerne les brocanteurs ambulants, comme la profession s'exerce sur la voie publique, les maires peuvent leur soumettre à l'observation des règles spéciales qu'ils jugent convenable d'édicter et qui ont pour objet d'assurer la surveillance de leurs opérations, tout au moins pour celles qui ont lieu dans les lieux publics. Leur pouvoir ne saurait aller cependant jusqu'au droit de leur interdire de se rendre au domicile des habitants d'une ville pour y acheter ou vendre leur marchandise; ce serait, à la fois, porter atteinte à la liberté du domicile et à celle du commerce et de l'industrie (2).

1618. Dans les pays de montagne et dans les villes où des musées, des monuments historiques ou des accidents géologiques curieux attirent les visites des voyageurs, les mêmes raisons de sécurité publique que nous venons d'exposer permettent d'organiser régulièrement et de soumettre à une discipline les professions de guides et de cicerone; d'exiger de ceux qui s'y consacrent des garanties de probité et de leur imposer un tarif applicable à eux et ceux qui recourent à leurs services (3).

registre destiné à l'inscription de leurs achats, ne rentre pas dans les attributions de l'autorité municipale, les maires trouvent dans l'article 46 de la loi du 22 juillet 1791, qui les autorise à rappeler les citoyens à l'observation des lois de police, le pouvoir de publier de nouveau les dispositions de cette nature qui ont autorité dans les lieux soumis à leur juridiction; — Attendu que l'arrêté du maire de Bordeaux, en date du 7 décembre 1846, qui prescrit aux marchands brocanteurs de cette ville la tenue du registre dont il s'agit, ne fait que remettre en vigueur le règlement de police de Bordeaux du 12 juin 1759, y ayant conservé force de loi, qui fait défense aux fripiers, etc. « de rien acheter sans inscrire sur leurs registres leurs achats », qu'il suit de là que ledit arrêté du 5 décembre 1846, a été pris par le maire dans les limites de ses attributions, et qu'ainsi en lui refusant la sanction... - Casse.

(1) Ord. 29 mars 1778. — Art. 1er. Tous ceux ou celles qui voudront, à l'avenir, exercer la profession de fripier brocanteur, seront, conformément à l'article 2 de notre édit du mois d'août 1776, et de notre déclaration du 19 décembre suivant, tenus de se faire préalablement inscrire, tant sur les livres de la police que sur ceux tenus par le syndic de ladite profession, à peine de confiscation de leurs marchandises, de tels dommages et intérêts qu'il appartiendra et de dix livres d'amende envers nous. — Art. 2. Il sera délivré par le lieutenant général de police, à chacun d'eux, une plaque ou médaille en cuivre numérotée, duquel numéro mention sera faite dans les certificats d'enregistrement, laquelle médaille ils seront tenus de porter sur eux et en évidence, tant qu'ils exerceront ladite profession, sans pouvoir la céder, ni même prêter à aucune autre, sous peine de dix livres d'amende et d'être déchus de leurs droits et privés de ladite médaille. - Art. 3. Chaque brocantier sera tenu de déposer, pour sûreté de la valeur de ladite médaille, entre les mains de celui qui sera préposé par le lieutenant général de police, la somme de six livres, laquelle lui sera restituée, sans aucuns frais, en rapportant ladite médaille. — Art. 5. Les fripiers brocanteurs pourront acheter et vendre librement dans les rues, halles et marchés toutes sortes de marchandises de friperie, meubles et ustensiles de hasard, qu'ils porteront sur leurs bras, sans qu'ils puissent les déposer ni les étaler en place fixe, le tout sous les peines portées en l'article 2. - Art. 6. Exceptons des marchandises que lesdits brocanteurs auront la faculté de vendre, celles qui seront neuves, quoique achetées de hasard, les armes offensives et défensives, et l'argent, sauf les vieux galons ou vieilles hardes brodées ou tissus d'or et d'argent, qu'ils pourront acheter et revendre. — Art. 7. Défendons pareillement aux dits fripiers brocanteurs, sous les peines portées en l'article 2, de tenir boutique, échoppe ou magasin dans aucune partie qu'ils ont la faculté d'acheter et revendre, ni même d'en faire commerce dans le lieu de leur domicile ou ailleurs que dans les rues, halles et marchés; leur permettons néanmoins de reporter chez eux les marchandises qu'ils n'auront pas pu vendre dans la journée, même de les raccommoder, sans néanmoins pouvoir employer aucuns ouvriers ni compagnons, autres que leurs femmes et enfants.

(2) Cass. crim. 28 juin 1887, Bull. crim.

(3) Cass. crim. 10 janvier 1874. — La Cour, Attendu que, par arrêté en date du 10 avril 1872, applicable à toutes les communes du département où il existe des compagnies de guides, le préfet de la Haute-Savoie a réglementé la profession des guides chargés de diriger les voyageurs et les touristes sur les monts Blanc, dans la vallée de Chamounix et dans les régions circonvoisines, et interdit à toutes personnes de désigner des guides aux choix des voyageurs; — Attendu qu'un procès-verbal, dressé le 20 et 21 juillet 1873, par le commissaire de police de Chamounix, a constaté une contravention à l'arrêté susdate, commise par les nommés Jacquet, Cachat et Simond, et que, par suite, ces inculpés ont été cités devant le tribunal de simple police du canton de Chamounix; — Attendu que, par jugement en date du 28 août 1873, le tribunal, sans contester l'existence des faits incriminés, a renvoyé les inculpés des fins de la plainte, par le motif que l'arrêté préfectoral violait le principe de la liberté du travail et de l'industrie, de la liberté des conventions, rétablissait les corporations,

1619. Parmi les professions qui s'exercent sur la voie publique, on compte celle de crieur, qui comprend deux sortes de crieurs : ceux qui vendent en les criant, les journaux et écrits périodiques divers, et ceux qui crient les affiches et annonces qu'il y a lieu de porter à la connaissance du public, les objets perdus et les diverses nouvelles que l'on peut croire d'intérêt général.

Cette double profession peut-elle être réglementée par l'autorité municipale? Avant la loi du 29 juillet 1881, la question n'était pas douteuse. Les crieurs publics formaient, sous l'ancien régime, une corporation distincte : leur profession, devenue libre en 1789, fut réglementée successivement par l'arrêté du 5 nivôse an V, l'article 290 du Code pénal, la loi du 10 décembre 1830 et celle du 16 février 1834. Sous l'empire de cette loi, la Cour de cassation avait déclaré, par un arrêté du 12 novembre 1847, dont la doctrine avait été universellement acceptée, que la profession de crieur public était réglementée par la loi sur la presse, quelque fut l'objet crié.

1620. Mais la loi du 1881 a rendu libre la profession d'afficheur; elle n'a pas parlé spécialement des crieurs publics de journaux. Mais l'esprit général de la loi a été de proclamer la liberté complète de la presse et des divers moyens de publication; et la jurisprudence de la Cour de cassation a consacré ce principe de liberté absolue (1). En est-il de même de la profession des autres crieurs publics? Elle ne semble pas devoir être soumise aux mêmes règles et il nous paraît qu'elle n'intéresse pas le droit d'exprimer librement la pensée humaine. Dans ces conditions, la nécessité de maintenir entre les mains de l'autorité municipale le moyen d'assurer la sécurité et la tranquillité de la rue, exige que le pouvoir de réglementation de l'administration s'étende à l'exercice d'une profession qui est, plus que toutes les autres, de nature à troubler et cette sécurité et cette tranquillité. Cette doctrine est celle qu'a adopté le conseil d'État dans un arrêt du 18 juillet 1884 (2).

1621. La loi de 1834 relative aux crieurs publics soumettait les chanteurs publics aux mêmes obligations que les crieurs publics de journaux; à l'égard des premiers comme des seconds, les dispositions particulières imposées ont été abrogées par la loi du 29 juillet 1881. Mais les chanteurs publics exerçant leur métier sur la voie publique sont soumis aux arrêtés locaux établis par les municipalités. Il en est de même des joueurs d'orgues et des musiciens ambulants.

et que, dès lors, il n'était ni légal ni obligatoire; — Attendu que les préfets ont le droit d'édicter, chacun dans les limites de sa circonscription administrative, des mesures de sûreté générale; — Attendu que le préfet de la Haute-Savoie n'a fait qu'user de ce droit en prenant l'arrêté du 10 avril 1872 qui a pour but de prémunir les voyageurs ou les touristes qui font des excursions sur les montagnes de ce département contre les dangers que présentent ces excursions et que, dès lors, l'arrêté dont il s'agit est légal et obligatoire; — D'où il suit que le tribunal de simple police, en relaxant les inculpés des poursuites, a formellement violé les dispositions dudit arrêté et celles de l'article 471, paragraphe 15, du Code pénal. — Casse.

(1) Cass. 10 janvier 1885.

(2) Cons. d'Et. cont. 18 juillet 1884. — Le Conseil, Vu les lois des 7-14 octobre 1790 et du 24 mai 1872, des 16-24 août 1790, 19-22 juillet 1791, 18 juillet 1837, 29 juillet 1881; — Considérant que, pour demander l'annulation de l'arrêté du maire de la commune de Juvardeil, le sieur Belleau se fonde sur ce qu'il aurait été pris en violation des dispositions de la loi du 29 juillet 1881, et notamment de l'article 68, qui déclare abrogés les édits, lois, décrets, ordonnances, arrêtés, règlements, déclarations généralement quelconques relatifs à l'imprimerie, à la librairie, à la presse périodique, au colportage, à l'affichage, à la vente sur la voie publique, et aux crimes et délits prévus par les lois sur la presse et les autres moyens de publication; — Mais considérant que le maire de la commune de Juvardeil s'est borné à réglementer l'exercice de la profession de crieur public, consistant à faire à haute voix dans les rues, la publication des ventes, objets perdus, et annonces diverses; — Que, si la loi du 29 juillet 1881 a abrogé les dispositions des lois des 10 décembre 1830, du 16 février 1834 relatives aux crieurs et crieurs sur la voie publique d'écrits ou imprimés de toute nature, elle n'a eu ni pour but ni pour effet de modifier les pouvoirs de l'autorité municipale en ce qui touche des professions qui n'étaient pas l'objet de ces lois précités; — Considérant, d'autre part, qu'il appartient aux maires, en vertu des pouvoirs conférés à l'autorité municipale par les lois des 16-24 août 1790, 19-22 juillet 1791 et 18 juillet 1837, en vue d'assurer le bon ordre et la tranquillité publique de subordonner à leur autorisation préalable, l'exercice de la profession de crieur public telle qu'elle est ci-dessus énoncée; — Que par suite le requérant n'est pas fondé. — Rejette.

1622. Les bureaux de placement peuvent être réglementés, dans l'intérêt de la tranquillité publique. Ce sont des agences particulières dont l'entrepreneur se charge, moyennant redevance, de procurer des places aux gens sans emploi.

Nous n'entrerons pas dans le détail des dispositions applicables au fonctionnement de cette industrie. Rappelons seulement qu'un décret du 25 mars 1852 a soumis ces bureaux aux conditions suivantes : Nul ne peut tenir un bureau de placement, sous quelque titre et pour quelques professions, places ou emplois que ce soit, sans une permission spéciale délivrée par l'autorité municipale, et qui ne peut être accordée qu'à des personnes d'une moralité reconnue (1).

1623. La demande à fin de permission doit contenir les conditions auxquelles le requérant se propose d'exercer son industrie.

1624. L'autorité municipale surveille les agences pour y assurer le maintien de l'ordre et la loyauté de la gestion. Elle prend les arrêtés nécessaires à cet effet, et fixe le tarif des droits qui peuvent être perçus par le gérant.

1625. Les contraventions sont, punies d'une amende de 1 franc à 15 francs, et d'un emprisonnement de quinze jours au plus, ou de l'une de ces deux peines seulement. Le maximum des deux peines est toujours appliqué au contrevenant lorsqu'il a été prononcé contre lui, dans les douze mois précédents, une première condamnation pour contravention. Ces peines sont indépendantes des restitutions et dommages-intérêts auxquels pourraient donner lieu les faits imputables au gérant. — L'article 463 du Code pénal est applicable.

1626. L'autorité municipale peut retirer la permission : 1° aux individus qui auraient encouru ou viendraient à encourir certaines condamnations prévues par les articles 15 et 16 du décret du 2 février 1852 ; 2° aux individus qui auraient été ou qui seraient condamnés pour coalition ; 3° à ceux qui seraient condamnés à l'emprisonnement pour contravention au décret du 25 mars 1852 ou aux mesures qu'il autorise.

1627. Les retraits de permission et les règlements émanés de l'autorité municipale ne sont exécutoires qu'après l'approbation du préfet.

1628. Si l'autorité municipale peut réglementer les bureaux de placement, elle ne peut les imposer comme intermédiaires dans les contrats de louage d'ouvrage. Le décret de 1852, en effet, a pour but d'organiser la surveillance à exercer sur l'industrie des placeurs, mais non de leur constituer des privilèges ou des droits contraires au principe de la liberté du travail (2).

1629. Certaines professions, par leur nature même, présentent des inconvénients pour la sécurité publique : telles sont celles qui sont exercées par ces gens sans aveu, déclassés ou sans patrie, que l'on connaît sous le nom de bateleurs, baladins, escamoteurs, faiseurs de tours et bohémiens.

Par une circulaire du 13 décembre 1853, le ministre de l'intérieur a engagé les préfets à mettre en vigueur, dans leurs départements respectifs, un arrêté consacrant, entre autres mesures, les dispositions suivantes : 1° tout individu qui veut se livrer à l'exercice de la profession de saltimbanque, bateleur, escamoteur, joueur d'orgues, musicien ambulant ou chanteur, doit en faire la demande au préfet, en joignant à sa pétition un certificat de bonne vie et mœurs, délivré par le commissaire de police ou le maire de la commune où il est domicilié ; 2° tout individu permissionné, qui change de domicile, doit faire connaître immédiatement sa nouvelle résidence à l'administration, en produisant un certificat délivré par le commissaire de police ou le maire de la commune où il s'établit ; 3° les saltimbanques, chanteurs, etc., ne peuvent exercer leur profession avant huit heures du matin en tout temps, et ils doivent se retirer avant six heures du soir, depuis le 1er octobre jusqu'au 1er avril, et avant neuf heures du soir, du 1er avril au 1er octobre ; 4° il leur est expressément défendu de se faire accompagner par des enfants âgés de moins de seize ans ; 5° il leur est fait défense également de pronostiquer ou d'expliquer les songes, sous les peines portées par les articles 479, 480 et 481 du Code pénal ; 6° les chanteurs ne peuvent chanter ou mettre en vente d'autres chansons que celles qui sont revêtues de l'estampille de l'administration, sous les peines portées par l'article 5 de la loi du 16 février 1834 et l'article 6 de la loi du 26 juillet 1849 ; 7° enfin, lorsque le permissionnaire veut voyager hors du département, il est tenu, avant de prendre ou de faire viser son passeport de déposer sa permission, qu'il pourra réclamer à son retour.

1630. Indépendamment des mesures prescrites conformément à la circulaire précitée, les maires peuvent, par un arrêté, défendre aux saltimbanques, bateleurs, etc., de s'établir sur la voie publique et d'y exercer leur métier sans en avoir obtenu l'autorisation à la mairie. Avant d'accorder cette autorisation, les maires peuvent se faire représenter la permission de l'autorité supérieure, ainsi que les descriptions détaillées des spectacles et représentations, et s'assurer que les objets proposés à la curiosité publique ne peuvent offrir aucun danger.

1631. Il convient aussi de n'accorder aux saltimbanques l'autorisation d'exercer leur profession qu'à la condition expresse de ne pas paraître sur les tréteaux avec des décorations officielles telles que la Légion d'honneur, la médaille militaire ou des médailles de sauvetage.

1632. La loi du 7 décembre 1874, relative à la protection des enfants employés dans les professions ambulantes, interdit à tout individu autre que le père ou la mère d'employer des enfants de moins de seize ans dans les professions d'acrobate, saltimbanque, charlatan, montreur d'animaux ou cirques. Elle interdit même au père et à la mère d'employer dans ces professions leurs enfants âgés de moins de douze ans. L'autorité municipale doit tenir la main à l'exécution de cette prescription en exigeant, de tous les individus se livrant à la profession de saltimbanque, la justification de l'origine et de l'identité de tous les enfants placés sous leur conduite. A défaut de cette justification, il en est immédiatement donné avis au parquet.

1633. La dénomination de bohémiens s'applique à ces individus étrangers, nomades et vagabonds qui, réunis en bande, parcourent le territoire en s'arrêtant de préférence dans les faubourgs des villes ou à l'entrée des villages. Ils présentent un grand danger pour la sécurité publique.

---

(1) Cass. crim. 26 décembre 1808, Bull. crim., p. 472.
(2) Cass. crim. 19 février 1864. — La Cour, Vu le décret des 22 juin, 11 juillet 1863 ; — Vu l'article 3 (n° 4), titre XI de la loi des 16-24 août 1790 ; — Vu l'article 471 (n° 15) du Code pénal. — Attendu qu'un arrêté pris par le maire de Nantes, en date du 2 décembre 1818, et approuvé par l'administration supérieure, dispose, article 3...— Attendu qu'un rapport ou procès-verbal dressé en novembre dernier, constatait qu'à cette époque Féré, maître boulanger, employait dans son établissement un garçon boulanger qui n'avait reçu, sans que celui-ci ait présenté et sans qu'il en eût exigé le bulletin de placement délivré par le buraliste préposé par la mairie au bureau de placement ; — Que, cité pour ce fait devant le tribunal de simple police de Nantes, Féré a été condamné par le jugement attaqué à trois francs d'amende pour contravention à l'arrêté précité ; — Qu'il soutient comme moyen de cassation que le décret des 22 juin-11 avril 1863 contient une dérogation virtuelle du règlement du 2 décembre 1818 ; — Qu'en tous les cas, ce règlement ne rentrait pas dans les attributions du maire de Nantes et demeure contraire à la liberté de l'industrie et du travail ; — Attendu que le décret précité ne maintient des anciens règlements de la boulangerie que ceux relatifs à la salubrité et à la fidélité du débit du pain mis en vente, que l'article 3, titre XI de la loi des 16-24 août 1790, range au nombre

côté, parmi les objets de police confiés à la vigilance et à l'autorité des corps municipaux, l'inspection sur la fidélité du débit des denrées qui se vendent au poids et sur la salubrité des comestibles exposés en vente publique ; — Attendu qu'une disposition réglementaire qui impose à un ouvrier boulanger voulant cesser sa profession, l'obligation d'obtenir un bulletin de placement d'un buraliste préposé par la mairie, et la défense faite aux maîtres boulangers d'employer un ouvrier sans l'accomplissement de cette condition, ne se rattache pas à la salubrité et est plus étrangère à la fidélité du débit du pain mis en vente ; que sous ce rapport une telle disposition ne rentre pas dans les limites des pouvoirs que la loi des 16-24 août 1790 confie et que le décret de 1863 conserve à l'autorité municipale ; — Attendu d'ailleurs qu'une disposition de cette nature est contraire à la liberté du travail et de l'industrie, qu'elle ne se concilie pas davantage avec le décret des 25 mars-6 avril 1852, organique des bureaux de placements, et avec la loi des 22-26 juin 1854, relative au livret exigé des ouvriers dans les professions et industries ; — Attendu dès lors, qu'en maintenant comme obligatoire le règlement du maire de Nantes du 2 décembre 1818 et en condamnant le sieur Féré aux peines prononcées par l'article 471 (n° 15) du Code pénal pour contravention à ce règlement la sentence attaquée a... — Casse.

Une circulaire ministérielle du 19 novembre 1864 a reconnu que les pouvoirs de l'administration, ne pouvant s'exercer que dans la limite des lois pénales, se trouvent le plus souvent paralysés par la situation spéciale de cette catégorie particulière d'individus qui n'ont ni demeure fixe, ni état civil, ni même de patrie. L'administration est donc empêchée d'exercer, à l'égard d'hommes désavoués et repoussés par tous les gouvernements, le droit d'expulsion résultant de l'article 7 de la loi du 3 décembre 1849.

Mais les maires peuvent interdire le stationnement sur la voie publique et sur les terrains communaux des voitures qui leur servent de logement; ils peuvent leur interdire le séjour de la commune et, en les éloignant, diminuer le danger que leur présence fait toujours courir.

§. 6. — Prostitution.

1634. La tranquillité et la salubrité publiques sont également intéressées à ce qu'une surveillance sévère soit exercée sur la prostitution et les maisons où des filles s'y livrent. Le législateur a toujours reculé devant une réglementation de cette matière particulière, et toutes nos lois, sauf celle du 19-22 juillet 1791, art. 9, et celle du 27 mai 1885, art. 4, sont muettes. Mais une longue tradition l'a abandonnée au pouvoir discrétionnaire de la police municipale. Ce pouvoir, en droit strict, serait peut-être contestable, mais la pratique et un accord tacite de toutes les juridictions l'ont en quelque sorte consacré.

1635. L'entrée des maisons de prostitution ne peut jamais en être refusée aux maires et aux officiers de police, sous aucun prétexte, en quelque temps et à quelque heure que ce soit (1).

Les maires doivent porter sur ces maisons une active surveillance et prescrire par un règlement toutes les mesures nécessaires dans l'intérêt de l'ordre, de la morale et de la santé publique.

1636. Les filles publiques sont obligées, dans les villes, de faire inscrire leur nom sur un registre au bureau de police (2),

et le maire peut lui-même ordonner l'inscription d'office (1).

1637. Il est expressément défendu d'ouvrir une maison de tolérance sans une permission de l'autorité municipale (2), qui ne doit l'accorder qu'avec la plus grande circonspection. Aucune maison de cette nature n'est autorisée dans le voisinage d'un pensionnat ou d'une église.

1638. Enfin, le devoir de l'autorité municipale est de poursuivre la prostitution clandestine, quels que soient les lieux où elle s'exerce et les formes qu'elle prenne pour se dissimuler. Dans ce but, l'autorité peut défendre à tous propriétaires, et particulièrement aux aubergistes, cafetiers, hôteliers, logeurs, maîtres de maison garnie, de louer aucune chambre aux filles publiques et aux gens de mauvaise vie et de les loger ou recueillir chez eux (3). La Cour de cassation

---

(1) L. 17-22 juillet 1791, tit. Ier, art. 9.
(2) Cass. crim. 3 décembre 1847, Bull. crim. Cass. crim. 24 novembre 1865. — La Cour, sur le premier moyen, tiré d'une prétendue violation du principe de la séparation des pouvoirs administratif et judiciaire, principe consacré notamment par la loi du 11 fructidor an III (17 septembre 1795). En fait : Attendu que la fille Amélie Gauron avait été citée devant le tribunal de simple police de Suippes, pour ne s'être pas présentée aux visites sanitaires prescrites par l'arrêté du maire de la commune de Mourmelon, du 12 juillet 1859, concernant les filles publiques; — Que la prévenue, dont l'inscription sur le registre de la police avait eu lieu en exécution d'un arrêté individuel du maire de cette commune, du 12 juin 1865, avait demandé son renvoi, par le motif que son nom avait été à tort inscrit sur ledit registre; — Que le tribunal décida que, en admettant sa compétence pour statuer sur une demande de cette nature, il ne pouvait y faire droit que sur la preuve d'un retour de la personne à une conduite honnête, mais que le contraire résultait des nombreux procès-verbaux dressés contre elle et des renseignements soumis à la justice, et la condamna aux peines édictées par l'article 471 (n° 15) du Code pénal; — Que, sur l'appel d'Amélie Gauron, le tribunal correctionnel de Châlons-sur-Marne a déclaré qu'il ne se rencontrait dans les faits rapportés par les témoins aucune des conditions caractérisant la prostitution, et qu'ainsi la prévenue n'aurait pas dû être appelée aux visites sanitaires auxquelles les femmes publiques sont seules assujetties; — Que, par suite, le tribunal d'appel a déchargé Amélie Gauron des condamnations contre elle prononcées.
En droit : — Attendu que la surveillance des femmes qui se livrent à la prostitution intéresse essentiellement le maintien de l'ordre et de la tranquillité publique; — Qu'elle exige des mesures spéciales, non seulement dans l'intérêt de la sécurité et de la morale, mais encore au point de vue de l'hygiène publique; — Qu'elle est donc, sous tous ces rapports, au nombre des objets confiés à la vigilance de l'autorité municipale, par l'article 3, titre XI, de la loi des 16-24 août 1790; — que l'on sait de là que l'arrêté du 12 juillet 1859 a été légalement pris, et qu'il suit du devoir des tribunaux d'en assurer l'exécution; — Mais, attendu que si les arrêtés qui réglementent la police des femmes prostituées sont pris dans les limites du pouvoir conféré à l'autorité municipale par la loi sus-énoncée, la mesure individuelle par laquelle le maire, par voie de police, inscrit ou fait inscrire le nom d'une personne sur la liste des filles publiques n'a pas le même caractère et la même force obligatoire; — Que si une femme inscrite sur cette liste cherche à se soustraire aux conséquences de l'arrêté général de police sur la prostitution, en prétendant que, de fait, elle

ne se livre pas à ce honteux métier, le pouvoir judiciaire reste compétent pour apprécier cette exception et pour rechercher si oui ou non l'inculpée est une femme prostituée, et qu'il n'est pas lié, sur ce point, par l'inscription ni au registre de la prostitution; — Qu'en décidant en fait, après enquête régulière, que les actes attestés par les témoins n'offraient aucun des caractères de la prostitution; que la prévenue n'aurait donc pas dû être soumise aux visites sanitaires prescrites, et en prononçant, par suite, l'acquittement d'Amélie Gauron, le tribunal n'a pas violé les règles de compétence et a rendu, au point de vue du fait, une décision qui échappe au contrôle de la Cour.
(1) Cass. crim. 14 novembre 1861. — La Cour, attendu que le tribunal de simple police d'Angoulême, saisi de l'examen de cette contravention, a relaxé le prévenu des faits de la poursuite, en se fondant sur l'illégalité de l'arrêté, lequel porterait atteinte aux droits sacrés de propriété; — Attendu que l'arrêté dont il s'agit a été pris par le maire dans le cercle de ses attributions; — Qu'en effet, les lois des 16-24 août 1790, 12 juillet 1791 confient à la vigilance de l'autorité municipale toutes les mesures de police qui intéressent l'ordre public; — Que, spécialement, la surveillance des prostituées exige des mesures particulières et préventives dont l'observation devient obligatoire pour tous les citoyens indistinctement; — Attendu que ce n'est pas toucher aux droits de la propriété que de soumettre un propriétaire à des obligations que commande l'honnêteté publique, et qui ont pour but d'empêcher les désordres inséparables de la prostitution, que c'est donc à tort... — Casse.
En ce sens, Cass. crim. 17 janvier 1862, Bull. crim., p. 33.
(2) Cass. crim. 25 février 1858. — La Cour, vu l'arrêté légalement pris par le maire de Pont-Audemer, en date du 23 mai 1837, approuvé par le préfet le lendemain, et publié le 27 du même mois, conformément aux prescriptions de l'article 11 de la loi du 18 juillet 1837, lequel, dans son article 1er, est ainsi conçu : « Aucune maison de tolérance ne pourra être ouverte dans la ville, ni dans les faubourgs de Pont-Audemer, sans l'autorisation préalable de l'administration municipale »; — Vu le procès-verbal du commissaire de police, en date du 7 septembre 1837, duquel il résulte que la femme Gallon a tenu une maison de tolérance sans autorisation préalable; — Attendu que, pour relaxer le prévenu, le tribunal de simple police s'est fondé, en fait, sur une autorisation tacite, antérieure à la publication de l'arrêté, et, en droit, sur ce principe que les lois et les arrêtés, ne disposant que pour l'avenir, ne peuvent avoir d'effet rétroactif; — Attendu que l'arrêté pris par le maire est un règlement de police ayant pour objet de maintenir l'ordre et les bonnes mœurs dans la ville et les faubourgs de Pont-Audemer; — Que cet arrêté, pris dans les limites des attributions de ce fonctionnaire, devenait obligatoire pour tous les citoyens, du jour où les délais prescrits par la loi du 3 juillet 1838 ont été observés; — Attendu que le 7 septembre, c'est-à-dire plus d'un mois après l'expiration du délai prescrit, la femme Gallon a tenu sans autorisation une maison de tolérance; — Qu'il ne s'agissait point, aux termes du procès-verbal, de poursuivre les faits antérieurs à l'arrêté du maire, mais ceux qui, depuis sa publication légale, constituaient, chaque jour, une infraction aux prohibitions qu'elle renfermait; — Que c'est donc à tort et en violation de l'article 471 (n° 15) du Code pénal, que le tribunal a relaxé... — Casse.
(3) Cass. crim. 19 juin 1846. — La Cour, Vu les articles 10 et 11 de la loi du 10 juillet 1837; 3 (n°s 1, 2, 3), titre XI, de celle des 16-24 août 1790; 46, titre Ier de la loi du 19-22 juillet 1791, 3 (n° 13), du règlement fait par le maire de Sedan, le 23 octobre 1834, dûment approuvé par le préfet, lequel défend à tous propriétaires ou locataires de louer aucune chambre à fille ou femme débauchée et gens de mauvaise vie, et de les loger ou recueillir chez eux; 471 (n° 15) du Code pénal; — Attendu que la disposition précitée du règlement du maire de Sedan, du 23 octobre 1834, a pour objet de maintenir dans cette ville la sûreté et la tranquillité publique; — Que, dès lors, aux termes des numéros 1, 2, 3 de l'article 3, titre XI de la loi des 16-24 août 1790, aussi obligatoire pour les citoyens que pour le tribunal de simple police, dont le devoir est d'assurer sa pleine exécution; — Que les dispositions de l'article 475 du Code pénal, qui concernent exclusivement les aubergistes et les hôteliers, ne sauraient empêcher l'autorité municipale de prescrire, pour des cas analogues, tout ce que l'intérêt des mœurs publiques peut exiger de sa surveillance et de sa protection, sauf le droit de réformation qui appartient, s'il y a lieu, à l'administration supérieure; — Qu'en relaxant donc le prévenu qui a contrevenu à la défense dont il s'agit, dans l'espèce, sous prétexte que le règlement susdit ne l'obligeait point à s'y conformer, par la raison qu'il n'est ni aubergiste, ni cafetier, ni logeur en garni, ni dans aucune autre condition qui le soumet à l'action réglementaire de l'autorité municipale, le jugement dénoncé a... — Casse.
Cass. crim. 18 février 1860. — La Cour, Vu les articles 10 et 11 de la loi du 18 juillet 1837; 3, n°s 1, 2, 3, titre XI, de celle des 16-24 août 1790;

14

reconnaît même comme en vigueur, l'ordonnance de police du 6 novembre 1778, qui interdit, sous peine d'amende, à tous propriétaires et principaux locataires de maisons, de louer ou sous-louer à d'autres qu'à des personnes de bonne vie et mœurs et de souffrir en icelles aucun lieu de débauche (1). L'interdiction qui ne s'appliquerait qu'aux propriétaires de certains quartiers serait à plus forte raison légale (2).

1639. Les pouvoirs de l'autorité municipale s'exercent d'ailleurs aussi bien sur les filles logées en ville que sur les filles des maisons de tolérance. Les unes ou les autres peuvent être soumises à des visites périodiques. Le maire peut leur interdire de stationner ou circuler dans les rues ou promenades à certaines heures (1).

1640. Les filles qui se mettent en contravention avec les dispositions de l'arrêté municipal peuvent être arrêtées pour être mises à la disposition de l'autorité judiciaire ; elles peuvent même, dans certains cas, être détenues ou consignées dans un hôpital par mesure administrative, lorsque la santé publique peut être compromise de leur chef. Mais on ne doit user de ce moyen extrême et un peu arbitraire qu'avec une grande circonspection et seulement en cas d'urgente nécessité (2).

46, titre Ier de la loi des 19-22 février 1791 et 10 du règlement du maire de la ville de Parthenay, en date du 29 décembre 1850, lesquels « défendent à aucune fille ou femme publique de s'établir... dans l'intérieur de ladite ville, et veulent que toute personne qui logera sciemment des filles publiques en garni en demande l'autorisation. »
En ce qui touche la légalité dudit arrêté : — Attendu que la surveillance sur les maisons de débauche, ainsi que sur les femmes qui s'adonnent à la prostitution, intéressant à un haut degré la sûreté et la tranquillité publique, rentre, à ce titre, dans les objets confiés à la vigilance et à l'autorité du pouvoir municipal, et qu'il lui appartient, dès lors, de prendre, en ce qui les concerne sous ce rapport, les précautions locales qu'il juge nécessaires pour leur police ; — Attendu que l'article 10 sus-indiqué de l'arrêté du maire de Parthenay présente essentiellement le caractère d'une mesure de cette nature ; — Qu'en effet, en imposant aux individus, qui logent sciemment des femmes publiques en garni, la nécessité d'une autorisation préalable, cet arrêté ne fait qu'user du droit qui appartient à l'autorité municipale de déterminer, dans les villes, les quartiers dans lesquels, par quelque cause particulière, la prostitution peut être tolérée avec moins de péril pour la sûreté, la tranquillité et le bon ordre ; — Attendu qu'une telle prescription ne peut être considérée comme portant atteinte aux droits des propriétaires, puisque, d'une part, et aux termes de l'article 544 du Code Napoléon, le droit de propriété n'existe dans sa plénitude qu'autant qu'il n'en est pas fait un usage prohibé par les lois et règlements, et que, de l'autre, une location sciemment consentie à une femme de débauche, impliquant, de la part du bailleur son acquiescement à l'exercice dans les lieux loués d'une profession astreinte à la surveillance de la police, soumet nécessairement ce dernier aux conséquences légales de la situation qu'il a librement et volontairement acceptée lui-même ; — Attendu qu'il suit de ce que dessus l'arrêté du maire de Parthenay... — Casse.

(1) Cass. crim. 11 juillet 1884. — La Cour, Vu l'article 2 de l'ordonnance de police du 6 novembre 1778, par lequel il est défendu à tous propriétaires et principaux locataires des environs de la ville de Paris et faubourgs d'y louer ni sous-louer les maisons dont ils sont propriétaires ou locataires, qu'à des personnes de bonne vie et mœurs bien famées, et de ne souffrir en icelles aucun lieu de débauche ; — Attendu qu'il résulte d'un procès-verbal régulier, dressé par l'un des commissaires de la ville de Paris, en date du 28 novembre 1883, que le sieur Bourret, gérant du passage Vivienne, a, par infraction à l'ordonnance précitée, loué, dans ledit passage, un magasin de parfumerie à des filles notoirement connues pour se livrer à la prostitution, et commis ainsi une contravention prévue par l'article 471 (n° 15) du Code pénal ; — Attendu que le tribunal de simple police de Paris a relaxé le sieur Bourret, en se fondant sur ce que l'ordonnance du 6 novembre 1778 serait abrogée, tant par désuétude que par l'usage contraire, notamment en ce que les dispositions de cette ancienne ordonnance seraient inconciliables avec le régime de tolérance appliqué depuis à la prostitution, l'exercice du droit de propriété et la nature des peines édictées en matière de contravention de police ; — Attendu, d'une part, que l'ordonnance du 6 novembre 1778 n'a été expressément abrogée par aucun texte légal ; — Qu'elle se trouve au contraire maintenue par la disposition générale de l'article 484 du Code pénal ; — Attendu, d'autre part, que l'abrogation d'un règlement intervenu dans un intérêt public ne peut résulter ni de son défaut d'exécution pendant un temps plus ou moins long, ni de la tolérance plus ou moins prolongée d'un usage dérogatoire à sa prescription ou sa prohibition ; — Que l'ordonnance de 1778 n'a donc pu être abrogée par une prétendue désuétude, et que du reste, en fait, elle a été fréquemment rappelée par des ordonnances du préfet de police et n'a cessé d'être appliquée ; — Attendu que les dispositions qu'elle contient ne sont en aucune façon inconciliables avec celles de la législation qui a suivi ; — Qu'en effet, les lois des 16-24 août 1790 et 22 juillet 1791 confient à la vigilance de l'autorité municipale toutes les mesures de police qui intéressent l'ordre public ; — Que, spécialement, la surveillance des prostituées exige des mesures particulières et préventives que la réglementation devient obligatoire pour tous les citoyens indistinctement ; — Attendu que ce n'est pas là toucher aux droits de la propriété que de soumettre un propriétaire à des obligations que commande l'honnêteté publique, et qui ont pour but d'empêcher les désordres inséparables de la plainte dirigée contre lui... — Casse.

(2) Cass. crim. 17 août 1882. — La Cour, Sur le premier moyen tiré de la violation, par fausse application de l'article 471 (n° 15), Code pénal, et la violation des articles 1717 et 1341 du Code civil ; — Attendu qu'un règlement de police de la ville de Marseille, en date du 30 octobre 1878 dispose, article 11 : « Il est fait défense aux propriétaires, principaux loca-

taires, locataires ou logeurs, de louer directement ou indirectement à des filles publiques ou de les loger dans une maison d'un quartier autre que celui où la prostitution est tolérée ; — Attendu qu'à la suite de divers procès-verbaux dressés contre lui, Couturier a été cité devant le tribunal de simple police de Marseille, comme inculpé d'avoir, du mois à juin 1881, étant propriétaire d'une maison à Marseille, dans un quartier autre que celui où la prostitution est tolérée, loué directement ou indirectement cette maison à des filles publiques ou de les y avoir logées ; — Attendu qu'à l'encontre desdits procès-verbaux, Couturier se prévalait des énonciations d'un bail d'après lequel la maison serait louée à un sieur Lacroix, locataire principal, en sorte qu'on ne saurait imputer au demandeur lui-même les contraventions poursuivies ; — Attendu que le tribunal saisi de l'action avait le droit de juger l'exception ; — Que, par une appréciation qui rentrait incontestablement dans ses pouvoirs, il a décidé que la preuve libératoire, invoquée par le défenseur comme résultant du bail représenté par lui, n'était ni réelle ni sérieuse ; que cet acte n'avait d'autre but que de le soustraire à la responsabilité des infractions que le jugement a relevé à sa charge ; — Que le jugement a ainsi constaté, et conformément aux procès-verbaux, que la maison était louée par Couturier à un individu trafiquant de la prostitution, et qu'elle était ainsi exploitée depuis longtemps ; — Qu'à la suite de ces constatations souveraines, le juge a décidé que Couturier devait être considéré à juste titre comme ayant contribué, au moins indirectement, au logement des femmes ou filles dont les procès-verbaux ont constaté la présence dans la maison ; — Attendu qu'en statuant ainsi, le jugement a sainement appliqué l'article 11 du règlement de police du 30 octobre 1878, et par suite l'article 471 (n° 15) du Code pénal ; — Qu'il n'a aucunement violé les articles 1717 et 1341 du Code civil. — Rejet.

(1) Cass. crim. 30 novembre 1861. — La Cour, Vu les articles 10 et 11 de la loi du 18 juillet 1837 ; 3, titre XI de la loi des 16-24 août 1790 ; 46, titre Ier de la loi des 19-22 juillet 1791, 471 (n° 15) du Code pénal ; — Vu l'arrêté du maire d'Angoulême, du 16 janvier 1861 ; — Attendu que le pouvoir municipal tient des lois de son institution le droit de veiller au maintien de la sûreté, de la tranquillité, du bon ordre dans les lieux publics, et d'ordonner les précautions locales sur les objets confiés à sa vigilance ; — Que de là résulte, pour les maires, le droit de surveiller et de réglementer la prostitution, au regard de ces conditions essentielles d'une police vigilante et d'une bonne administration ; — Que les propriétaires logeant des femmes publiques sont sans droit pour contester la légalité des visites et autres mesures de surveillance rendues nécessaires par les habitudes d'immoralité qu'ils favorisent sciemment ; — Que l'arrêté précité fondé sur la loi et le respect de l'honnêteté publique était donc légal et obligatoire ; — Attendu, dès lors, que le jugement attaqué du tribunal de police du canton de Larochefoucauld en date du 20 septembre 1861, en relaxant la femme Laubat et refusant de donner audit règlement la sanction pénale de l'article 471... — Casse.

(2) Cass. crim. 8 mars 1866. — La Cour, Vu les articles 471 (n° 15) du Code pénal et l'article 454 du Code d'instruction criminelle ; — Vu également l'article 9 de l'arrêté du maire de Bastia, en date du 14 octobre 1865 ; — Attendu que cet article 9, qui prescrit à toutes les femmes, reconnues pour se livrer à la prostitution, de se soumettre aux visites qui ont lieu, trois fois par mois, au dispensaire de l'hospice de Bastia, a été édicté dans l'exercice légitime du pouvoir réglementaire et qu'il est, dès lors, légal et obligatoire ; — Attendu, d'autre part, qu'une seule individuel du maire de Bastia ordonnait l'inscription d'Antonetti (Angèle) sur le registre des filles publiques et que, de l'autre, un procès-verbal du commissaire de police constatait que cette fille aurait refusé de se soumettre à la visite ; — Attendu que, poursuivie pour ce fait devant le tribunal de simple police de Bastia, ladite Angèle Antonetti a été acquittée par le motif que « des éléments du procès ne résulte pas la preuve que l'inculpée appartienne à la catégorie des filles publiques » ; — Mais attendu, en droit, que si le pouvoir réglementaire du maire a, en matière de prostitution, le droit de conférer aux filles la qualification de prostituée à la femme dont il ordonne l'inscription sur les registres de la police, l'arrêté pris par lui dans ce but a, du moins, pour effet de créer contre celle qui en est l'objet une présomption de nature à ne pouvoir être détruite que par la preuve contraire ; — Attendu, sans doute, que la fille Angèle Antonetti aurait pu demander à prouver par témoins ou par tout autre mode de preuve légale, qu'elle ne se livrait pas à la prostitution, mais que le jugement ne constate pas qu'elle ait fait cette demande ; — Que, c'est par conséquent, que la présomption résultant de l'arrêté individuel du maire de Bastia ait été détruite par une enquête, que le juge de paix a relaxé l'inculpée, en se fondant sur les éléments du procès ; — Attendu qu'en jugeant ainsi... — Casse.

SECTION IV.

DU BON ORDRE DANS LES LIEUX PUBLICS.

1641. Le soin d'assurer la tranquillité publique dans la commune donnait au maire le pouvoir de maintenir le bon ordre dans tous les lieux où se font des rassemblements, mais la loi de 1790 et celle de 1884 ont cru devoir faire une disposition expresse et le charger spécialement du maintien du bon ordre dans les endroits où se font ces rassemblements, tels que les foires, les marchés, les réjouissances et cérémonies publiques, les spectacles, les jeux, les églises et autres lieux publics.

§ 1. — Foires et marchés.

1642. On appelle foires et marchés des réunions publiques autorisées pour l'exposition et la vente des marchandises ou denrées de toute sorte, et qui se tiennent dans des lieux déterminés et à des jours fixés.

Les foires (dont le nom vient de *forum*, place publique) doivent être néanmoins distinguées des marchés en ce que ceux-ci ne sont établis que pour une étendue de pays circonscrite, le plus généralement bornés à la vente des denrées, et se tiennent périodiquement à certains jours de la semaine ou du mois, tandis que les foires sont destinées à rassembler les commerçants des pays les plus éloignés, admettent généralement les marchandises de toute espèce et ne se tiennent qu'à certaines époques de l'année.

De même on doit distinguer les marchés des halles. Le mot halle s'entend plus particulièrement de bâtiments couverts et permanents destinés à abriter et les marchandises exposées en vente et les marchands. Le marché désigne l'emplacement découvert, place publique ou terrain, où les marchandises sont exposées et vendues.

1643. Les lois des 28 mars et 20 août 1790 donnent aux communes le droit d'exiger, pour l'utilité communale, que les propriétaires cèdent ou leur afferment les halles et bâtiments de même nature servant aux marchés publics. La faculté de la cession ou de la location des halles appartient aux propriétaires et non aux communes, et le pouvoir de celles-ci se borne à empêcher les propriétaires d'employer les halles à leur usage personnel, ou de les louer ou de les vendre à d'autres qu'à elles.

1644. Toutefois, d'après un avis du Conseil d'État du 20 juin 1836 (1), lorsque les communes réclament d'anciennes

halles, soit pour les consacrer à un usage nouveau, soit même pour en maintenir la destination primitive, mais avec l'intention d'y opérer des travaux qui en changent l'état matériel, elles agissent alors, non plus en vertu des lois spéciales de 1790, mais en vertu du droit d'expropriation pour cause d'utilité publique. Les propriétaires ne sauraient, dans ce cas, leur opposer la faculté d'opter entre la vente ou la location des immeubles.

1645. En outre, si les halles ou marchés appartenant à des particuliers ne répondent pas suffisamment aux besoins communaux, la loi de 1790 ne fait aucun obstacle à ce que la commune établisse une halle nouvelle en acquérant des immeubles par la voie de l'expropriation (1).

Quant à l'établissement d'une nouvelle halle, les communes sont obligées, pour l'acquisition du terrain nécessaire et pour les travaux de construction ou d'expropriation, de se conformer aux règles générales relatives aux acquisitions et travaux communaux.

1646. Aux termes de l'article 46, paragraphe 24 de la loi du 10 août 1874, et de l'article 68, paragraphe 13 de la loi du 5 avril 1884, relatives aux attributions des conseils généraux, ces assemblées statuent définitivement sur les délibérations des conseils municipaux ayant pour but l'établissement, la suppression et les changements des foires et marchés.

Cette mesure législative ne s'applique pas, bien entendu, aux simples marchés d'approvisionnement local, qui, en vertu de la loi du 5 avril 1884, article 68, paragraphe 13, peuvent être établis dans une commune, sur la seule délibération de son conseil municipal, qui est exécutoire, par elle-même, sauf la réserve mentionnée au dernier paragraphe de cet article.

1647. Pour l'autorisation des foires, l'intérêt du commerce et la commodité des habitants sont seuls pris en considération. Les foires trop multipliées se nuisent réciproquement et nuisent à l'agriculture, en ce que les habitants des campagnes abandonnent leurs travaux, et perdent, sans une nécessité réelle, un temps précieux dans ces réunions. C'est à l'autorité supérieure à peser avec le plus grand soin tous les intérêts que l'établissement ou la suppression d'une foire peuvent affecter.

1648. Lorsqu'une commune demande l'établissement, la suppression ou le changement d'une foire ou d'un marché, le préfet doit provoquer les délibérations des conseils municipaux de toutes les communes qui peuvent y avoir intérêt, et notamment de celles qui, ayant elles-mêmes des foires ou marchés dont l'époque serait rapprochée de ceux qu'il s'agit d'établir, sont notoirement touchées par la nouvelle création. On doit aussi présumer intéressées non seulement les communes du canton, mais encore celles qui sont situées hors de ses limites et dans un rayon de deux myriamètres environ du lieu d'où vient la demande. Chaque demande doit être accompagnée de renseignements sur l'état de la population et sur l'importance des produits agricoles et industriels de la commune, et d'un tableau des foires, marchés existant dans le canton et dans les localités voisines, contenant les indications suivantes : 1° nom des communes ; 2° distance ; 3° nombre des foires ; 4° époque et durée de chaque foire ;

---

(1) Cons. d'Ét. 20 juin 1836. — Le Conseil consulté sur la question de savoir si un propriétaire de halles, qui ne veut consentir qu'à la location, peut être contraint à les vendre, si la commune entend les acquérir, a émis l'avis qu'il y avait lieu d'établir une distinction.

En effet, les communes sont investies à l'égard des anciennes halles dont elles veulent acquérir la propriété, de deux droits différents qui dépendent de l'usage ultérieur auquel elles destinent lesdites halles.

1° Elles peuvent, en premier lieu, en réclamer l'abandon pour les consacrer à un usage nouveau, pour employer le terrain à une construction, à l'ouverture d'un chemin, etc. ; ou même, tout en conservant l'ancienne destination, elles usent du droit général qui leur appartient à l'égard de tout immeuble, sans exception ; elles procèdent en vertu de la loi du 7 juillet 1833 (aujourd'hui loi du 3 mai 1841) ; elles doivent en accomplir toutes les formalités, et notamment faire constater par enquête, et déclarer par ordonnance, l'utilité communale. La loi du 7 juillet 1833 n'a pas laissé au propriétaire exproprié le droit d'opter pour la simple location, et dès lors, dans ce cas, les propriétaires des anciennes halles ne peuvent jouir de ce droit.

2° Les communes peuvent, en second lieu, réclamer l'abandon des anciennes halles ou leurs bâtiments, sans vouloir en rien modifier leur état, et dans la seule vue d'y percevoir les droits de hallage qu'elles sont autorisées à percevoir sur ces établissements : dans ce cas, elles usent d'un droit spécial qui ne peut être exercé qu'à l'égard de ces sortes de propriétés. Elles n'agissent pas en vertu de la loi du 7 juillet 1833, elles procèdent en vertu des lois susdatées des 15-28 mars et 12-20 août 1790. Par suite, elles sont dispensées de la déclaration préalable d'utilité publique et peuvent se mettre immédiatement en possession ; mais elles ne

sauraient jouir de ces avantages sans se soumettre aux conditions qui y sont attachées, et par conséquent au droit d'option que les mêmes lois ont réservé aux propriétaires des anciennes halles.

Si le propriétaire opte pour la vente et que des difficultés s'élèvent sur le prix même de la chose, cette aliénation exercée en vertu de la loi, a tous les caractères d'une expropriation pour cause d'utilité publique. Le prix doit donc être arrêté d'après les dispositions de la loi du 7 juillet 1833 (loi du 3 mai 1841), qui forme le droit commun en matière d'expropriation.

Quand le propriétaire opte, au contraire, pour la location, la discussion ne porte plus que sur une simple location, et il s'agit de déterminer la durée, les conditions et le prix. D'après les lois des 15-28 mars et 12-26 août 1790, ces contestations doivent être renvoyées aux assemblées administratives, lesquelles sont remplacées pour les matières contentieuses par les conseils de préfecture.

(1) Cons d'Ét. cont. 14 juin 1880. — Sur le moyen tiré de la violation de l'article 19 de la loi des 15-18 mars 1790 ; — Considérant que la loi des 15-28 mars 1790 ne peut faire obstacle au droit qui appartient à l'administration de poursuivre, par voie d'expropriation pour cause d'utilité publique, l'acquisition des terrains reconnus nécessaires à l'établissement d'un champ de foire. — Rejet.

5° marchandises et denrées qu'il est d'usage d'y mettre en vente ; 6° obstacles ou facilités des communications avec la commune qui demande ; 7° importance relative de chaque ire ; 8° observations (1).

Les délibérations des conseils municipaux sont communiquées, avec les avis du sous-préfet et du préfet, au conseil d'arrondissement, et le conseil général statue définitivement.

1649. Lorsqu'il s'agit de foires et de marchés à établir dans des communes situées à moins de deux myriamètres d'un département voisin, le conseil général de ce département doit être préalablement consulté conformément aux dispositions du décret du 13 août 1864. La loi du 10 août 1871, en transportant du préfet au conseil général le droit de statuer sur les créations de foires, n'a, en effet, rien innové à ce point de vue ; mais, en cas de dissentiment entre les deux assemblées départementales, la question s'était élevée de savoir à qui resterait le dernier mot. Le Conseil d'État, consulté par le ministre de l'agriculture et du commerce, avait décidé (avis du 5 octobre 1872) qu'un conseil général excéderait ses pouvoirs en prenant une décision malgré l'opposition des conseils généraux cointéressés. Aucune autorité n'étant chargée de départager les assemblées départementales, il en résultait des conflits sans issue, très préjudiciables aux intérêts des communes. La loi du 3 août 1879 a comblé cette lacune en décidant que les conseils généraux des départements voisins n'ont qu'un simple avis à émettre : la décision appartient aux autorités du département où est située la commune en instance.

1650. De ce qui précède, il résulte que tout établissement des halles, foires et marchés, ne peut avoir lieu qu'avec le double concours de l'autorité municipale, représentée par le conseil de la commune, et de l'autorité départementale, représentée par le conseil général, à moins qu'il ne s'agisse que d'un simple marché d'approvisionnement. Le maire et le préfet n'ont, en cette matière, qu'un droit de conseil et non un droit d'approbation ou de veto ; et l'un et l'autre commettraient un excès de pouvoir, si, chargés d'exécuter les délibérations du conseil municipal ou du conseil général, ils modifiaient la tenue de la halle ou du marché (2). Mais les mesures de police, en revanche, échappent complètement à l'action des conseils délibérants et sont remises aux deux autorités exécutives de la commune et du département.

1651. Des mesures de police qui peuvent assurer le bon ordre dans les marchés, les unes sont générales et assurées par des lois ou règlements obligatoires pour tout le territoire de la République, les autres sont municipales et prescrites par des arrêtés pris par le préfet ou le maire, selon les cas.

Nous n'avons point ici à nous occuper des premières ; et nous nous contentons de rappeler que le décret des 2-3 juin 1790 interdit, à tous autres que les gardiens publics, de porter aucune espèce d'armes, dans les lieux de foires ou de marchés, et que les règlements sur la gendarmerie prescrivent à cette troupe d'assurer son concours pour le maintien de l'ordre et de la tranquillité, en se tenant à portée et en exécutant des patrouilles sur les routes qui avoisinent et conduisent.

Nous n'avons à parler ici que des secondes ; elles doivent avoir pour objet seulement le maintien du bon ordre et de l'approvisionnement du marché public en denrées saines et abondantes.

1652. Le maire ne doit pas faire dévier le pouvoir qui lui a été confié, dans le but que nous venons d'indiquer, et le faire servir, soit à un simple intérêt communal, soit à un intérêt privé. Ainsi, l'arrêté pris pour fixer le tarif des droits de places ne doit pas être assimilé à un arrêté de police et le refus de payer les droits ainsi fixés, qui peut donner lieu à une action civile dans l'intérêt de la commune, ne constitue pas une contravention (1), et la disposition qui a pour objet de favoriser quelques industries au préjudice de certaines autres constitue un véritable excès de pouvoirs (2).

1653. La fixation de l'emplacement que les vendeurs doivent occuper dans les marchés est une conséquence du droit de police municipale, et le marchand qui occupe une autre place commet une contravention (Voy. infra, n° 4668 et s.), parce qu'il peut porter atteinte à l'ordre établi et susciter des réclamations. Cet emplacement, d'autre part, ainsi que nous le verrons n° 3152, donne lieu dans l'intérêt commun à la perception d'un droit, mais le maire ne saurait étendre la sanction pénale de l'arrêté de police qu'il prend pour garantir la tranquillité publique, jusqu'à assurer le payement de la créance de la commune. Les deux choses sont parfaitement distinctes et les moyens de coercition différents (3).

1654. Examinons les mesures de police qui rentrent dans les pouvoirs de l'autorité municipale :

Il lui appartient essentiellement de désigner les lieux où doivent se tenir les foires et marchés et de fixer les places que les marchands doivent occuper. L'administration municipale a, en même temps, le droit d'interdire l'exposition et la mise en vente des denrées et des marchandises, dans tout lieu public autre que celui que fixent les arrêtés.

1655. La défense de vendre une denrée sur la voie publique, ailleurs que sur le carreau de la halle, comprend virtuellement celle de la colporter dans les rues et de l'offrir de

_____

(1) Circ. int. 22 septembre 1838.
(2) Cons. d'Ét. cont. 19 avril 1859, D. P. 59.3.33; Cass. crim. 25 novembre 1859 ; Cons. d'Ét. cont. 14 août 1865, L. p. 797; Cons. d'Ét. cont. 16 mai 1872, L. p. 221; Cons. d'Ét. cont. 4 avril 1884. — Le Conseil, Vu les lois des 16 août 1871 et 10 septembre 1879; — Vu le décret de novembre 1864; — Considérant qu'aux termes de l'article 46, paragraphe 24 de la loi du 18 août 1871, c'est aux conseils généraux qu'il appartient de statuer sur les délibérations des conseils municipaux, ayant pour but l'établissement, la suppression ou les changements des foires ou marchés; — Considérant que, par une délibération du 27 août 1881, le conseil général de la Haute-Garonne, statuant en vertu des dispositions précitées, a autorisé la commune de Mans à tenir un marché aux veaux, le vendredi de chaque semaine; — Que si, le 2 septembre 1882, il a invité le préfet à user de tous ses pouvoirs pour que ce marché ne se tint qu'une fois par deux semaines, le vendredi, cette invitation n'a pas eu pour but et ne pouvait, en aucun cas, avoir pour effet d'autoriser le préfet à modifier la délibération prise par le conseil général et à décider que, le marché dont il s'agit, ne pourrait être tenu que le premier et troisième vendredi de chaque mois; qu'il suit de là, qu'en prenant les arrêtés attaqués, le préfet de la Haute-Garonne a excédé la limite de ses pouvoirs... — Annule.

(1) Cass. crim. 27 juin 1867, D. P. 69.5.334; Cass. crim. 22 mars 1883. — La Cour, Vu l'article 471 (n° 15) du Code pénal; — Vu pareillement les articles 408 et 413 du Code d'instruction criminelle; — Attendu que l'article 471 (n° 15) n'attribue aux tribunaux de simple police que la connaissance des contraventions commises aux règlements légalement faits en exécution de l'article 3, titre XI, de la loi des 16-24 août 1790, et spécialement à ceux qui ont pour objet de fixer, en vertu du numéro 4 de cette dernière disposition, les lieux où les marchandises devront être exposées en vente les jours de foires et marchés; — Attendu que les articles 31 (n° 6) de la loi du 18 juillet 1837, et (n° 4) de la loi du 24 juillet 1867, qui rangent, parmi les recettes ordinaires des communes, le produit des droits de place dans les foires, halles et marchés, autorisent sans doute les maires à prendre les mesures nécessaires pour assurer le recouvrement de ces droits, soit en fixant un tarif, soit en réglementant leur perception ainsi ordonnée, et fasse qu'un droit d'une nature purement civile puisse, en cas de refus de payement, se transformer en contravention légalement définie et servir de base à l'action publique; — Attendu que les nommés Baneton et consorts, ayant refusé de payer le prix des places qu'ils ont occupées sur le marché de Level, prix qui leur était réclamé et le tableau dûment approuvé des tarifs à percevoir, le tribunal de simple police les a relevés de la poursuite dirigée contre eux, à raison de ce refus, par le motif que les arrêtés invoqués étaient irréguliers et dépourvus de sanction pénale, et qu'en tout cas, le tarif vendu d'avance par les susnommés n'était passible d'aucun droit; — Attendu que, du refus opposé par les susnommés au payement des droits, naissait une action toute civile; d'où il suit que le juge de police indûment saisi par le ministère public devait d'office se déclarer incompétent; qu'en ne le faisant pas, en retenant la cause et en prononçant le relaxe, il a commis un excès de pouvoir... — Casse.

Vu l'article 429 du Code d'instruction criminelle; — Attendu que le fait dont il s'agit n'est ni une contravention, ni un délit, ni un crime qualifié par la loi, et qu'il n'y a point de partie civile, déclare qu'il n'y a lieu de renvoyer l'affaire devant un autre tribunal.

(2) Cons. d'Ét. cont. 3 décembre 1875. — Le Conseil, Vu la loi des 7-14 octobre 1790 et l'article 9 de la loi du 24 mai 1872; — Vu la loi des 16-24 août 1790; — Considérant que, les termes mêmes de l'arrêté attaqué, il résulte qu'il a pour but, non de pourvoir à un des objets de police, confiés à l'autorité municipale par l'article 3 du titre XI de la loi des 16-24 août 1790, mais de régler les ventes à la criée faite par le commissaire-priseur; qu'en se plaçant de la manière à ne pas détruire les petites industries à qui même loi l'autorisait le maire à restreindre la liberté que les arrêtés avaient but de protéger certaines catégories de vendeurs au détriment du concurrent; qu'ainsi celui-ci est fondé à demander... — Annule.

(3) Cass. crim. 22 mars 1883. (Voy. supra, n° 1652).

porte en porte (1). Elle peut comprendre non seulement les denrées alimentaires, mais toutes celles dont la vente est autorisée sur le marché et dont la place de vente est déterminée (2).

1056. Les arrêtés de prohibition doivent être interprétés *stricto sensu* : lorsqu'un arrêté municipal prohibe l'étalage de marchandises ou denrées, les jours de foire, sur différentes parties de la voie publique spécialement désignés, le fait d'exposition de marchandises sur une partie non désignée ne saurait constituer une contravention (3).

1057. Mais il importe de bien délimiter, en semblable matière, le droit municipal. Le principe, principe dont nous avons déjà vu des applications, est que le commerce ou plutôt les commerces soient libres. Si le commerce s'exerce dans des magasins ou dans des établissements privés, il n'est soumis qu'aux règles des lois générales ou spéciales qui régissent soit le commerce en général, soit l'industrie ou le commerce particulier exercé. Le maire ne peut ni interdire aucune opération, ni régler ou limiter le temps, le genre ou le mode d'opération. Ainsi il a été jugé que les individus qui laissent vendre des denrées dans leurs magasins ne contreviennent point personnellement au règlement de police par lequel il est défendu d'exposer ces mêmes denrées en vente ailleurs que sur le lieu destiné à les recevoir (4). Il a été jugé aussi que l'arrêté municipal qui défend l'exposition et la vente de grains et autres comestibles ailleurs que sur l'emplacement à ce destiné, a pu être déclaré ne pas s'appliquer aux personnes qui achètent des denrées dans l'intérieur de leurs maisons (1).

---

(1) Cass. crim. 18 juillet 1867. — La Cour, En ce qui touche l'illégalité prétendue de l'arrêté; — Attendu que, bien que l'obligation de vendre sur le marché ait pour conséquence indirecte d'assujettir les marchands à une taxe, autorisée d'ailleurs par les lois de finances, pour la place qu'ils y occupent, les mesures prises, à cet égard, par les maires, dans le but d'assurer la fidélité du débit et la police des marchés, n'en rentrent pas moins dans leurs attributions qui leur sont conférées par les lois de 1790, de 1791 et de 1837; — Attendu, d'une autre part, que si, aux termes de l'article 7 de la loi du 17 mars 1791, chacun peut se livrer librement à l'exercice de son industrie et de sa profession, ce n'est pourtant que sous la réserve de règlements à intervenir dans l'intérêt de l'ordre public.... — Rejette.

(2) Cass. crim. 29 août 1861. — La Cour, Vu les articles 471 (nº 15) du Code pénal et 154 du Code d'instruction criminelle; — Vu également l'arrêté du maire de Cordes en date du 16 juin 1859; — Attendu que Conte jeune, négociant, était poursuivi pour avoir, selon le procès-verbal dressé à sa charge par le commissaire de police, été surpris le 24 juin dernier, sur la route de Mazière, achetant des laines qu'on portait au marché de ladite ville de Cordes; — Que ce fait constitue une contravention à l'arrêté susdaté qui défend à toute personne de marchander, acheter ou vendre, sur les avenues ni sur les rues, les laines venant du dehors, pour l'approvisionnement du marché de ladite ville; — Qu'il n'a point été débattu par la preuve contraire, et restait dès lors juridiquement établi, aux termes de l'article 154 du Code d'instruction criminelle; — Que néanmoins le jugement dénoncé a refusé de le réprimer, et décide qu'il ne caractérisait pas une infraction à l'arrêté sus-énoncé, sur le motif que les laines dont il s'agit n'étaient pas apportées à Cordes, pour l'approvisionnement des habitants; — Attendu qu'en statuant ainsi sur la prévention, le tribunal de simple police a d'une part, méconnu la foi due au procès-verbal, et d'autre part violé expressément le règlement de police dont il devait assurer l'exécution, puisque ce règlement est aussi obligatoire pour les négociants qui exportent cette marchandise que pour les citoyens qui l'achètent uniquement pour leur usage personnel ou pour la revendre en détail; — Attendu d'ailleurs que ledit Comte ne peut s'autoriser, pour ne pas s'y conformer, de ce que sa maison et son magasin sont situés hors ville, puisqu'ils sont sur le territoire soumis au règlement. — Casse.

(3) Cass. crim. 22 novembre 1838; *Bull. crim.* à sa date.

(4) Cass. crim. 19 avril 1834; Cass. crim. 29 mars 1856, D. P. 56.1.232, Cass. crim. 28 novembre 1856, D. P. 57.1.27; Cass. crim. 1er juillet 1859; D. P. 59.1.429; Cass. crim. 18 août 1864. — La Cour, Vu les articles 2 et 3 de l'arrêté du maire de la ville d'Aurillac, en date du 10 mai 1809, approuvé par le ministre de l'intérieur du 3 décembre 1811; — Attendu que l'article 2 de l'arrêté sus-visé dispose que tous les grains entrant dans la commune pour y être vendus seront, quelle que soit leur nature, déposés à la halle pour y subir la concurrence du marché; — Que l'article 3 dudit arrêté fait défense à tous boulangers, marchands de grains et même à tous particuliers de se rendre sur les avenues, dans les auberges ou ailleurs pour y acheter les grains, ou empêcher leur exposition dans le marché public; — Que ces dispositions édictées en vue, soit des vendeurs étrangers à la commune, auxquels il est fait défense de transporter leurs grains ailleurs qu'à la halle, soit des acheteurs auxquels sont interdites les opérations conclues sur la voie publique, se rattachent à la police des marchés dont la réglementation est dans les attributions de l'autorité municipale; — Que l'arrêté sus-visé est donc obligatoire; — Mais attendu que les grains, dont la vente est constatée par le procès-verbal du 9 mars dernier, dresse par le garde champêtre de la commune d'Aurillac, étaient entrés régulièrement dans les magasins du sieur Mazarguil, marchand de grains et meunier, domicilié à Aurillac, et qu'il est constaté qu'il vendait, dans son domicile, deux hectolitres de ces grains a des habitants de Saint-Cernin; — Que les dispositions sus-visées du règlement municipal de 1809 n'interdisent pas aux marchands domiciliés dans la commune d'Aurillac de vendre à domicile les grains existant dans leurs magasins, et qu'un arrêté qui ferait cette défense serait illégal, comme portant une atteinte abusive à la liberté du commerce; — Attendu dès lors, que c'est à tort... — Casse.

Cass. crim. 5 mars 1887 : — Au fond : — Attendu que l'article 7 de la loi des 2-17 mars 1791 a déclaré toute personne « libre de faire tel commerce ou d'exercer telle profession, art ou métier qu'elle trouvera bon, à la charge notamment de se pourvoir auparavant d'une patente et d'en acquitter le prix »; — Attendu que cet article, nonobstant sa disposition finale, qui astreint les professions commerciales et industrielles à l'observation des règlements de police, restreint virtuellement et nécessairement le pouvoir réglementaire dont l'autorité municipale a été investie par le paragraphe 3, titre XI de la loi des 16-24 août 1790, et dans lequel elle a été maintenue par l'article 97 de la loi du 5 avril 1884; — Qu'elle n'est donc autorisée à prendre, en vertu de ces dernières dispositions, que les mesures qui sont conciliables avec la liberté accordée au commerce et à l'industrie et sans lesquelles l'administration se trouverait dans l'impossibilité absolue de remplir les obligations d'ordre public que ses attributions lui imposent; — Qu'il suit de là que si les maires tiennent spécialement du paragraphe 5 de l'article 97 de la loi du 5 avril 1884 le droit d'établir et d'organiser « l'inspection sur la fidélité du débit des denrées qui se vendent au poids ou à la mesure et sur la salubrité des comestibles exposés en vente », ils ne peuvent le faire que sous la condition de respecter la liberté de commerce et de n'imposer à l'industrie de chacun que les règles de police nécessitées par les intérêts dont ils ont la garde; — Et attendu que Merlat, marchand de comestibles, domicilié à Saint-Etienne, où il a un magasin rue des Ursules, nº 17, était poursuivi pour avoir procédé, dans son magasin, à la vente à la criée de marée contrairement aux dispositions d'un arrêté du maire de Saint-Etienne du 4 décembre 1884; — Attendu qu'en déclarant cet arrêté illégal et non obligatoire, le jugement attaqué a fait une juste et saine appréciation des principes de la liberté commerciale; — Qu'il n'appartient pas à l'autorité municipale d'empêcher un négociant établi et domicilié de faire chez lui et dans ses magasins les opérations que son commerce comporte; — Que la connaissance qu'elle a de sa demeure et de son établissement commercial suffit pleinement pour lui donner le moyen d'exercer officiellement, chaque fois qu'elle le juge convenable, l'inspection et la surveillance dont elle est chargée; — Qu'elle n'a point, sous le prétexte de mieux réussir de cette manière, à l'une et à l'autre, le droit de l'obliger ou continuellement ou temporairement à exposer des marchandises en vente hors de son domicile et dans des lieux par elle disposés à cet effet, puisqu'elle ne pourrait pas lui imposer cette obligation sans restreindre la liberté qu'il tient de la loi de 1791 et apporter à son industrie des entraves dont cette loi a voulu l'affranchir; — Qu'il importe peu que les prohibitions de l'arrêté ne visent que les ventes aux enchères publiques, les ventes de cette nature, quand elles s'appliquent à des comestibles, étant formellement autorisées par l'article 2 de la loi du 25 juin 1841, et pouvant, par conséquent, s'accomplir dans les mêmes conditions de liberté que les ventes de gré à gré; — Rejette.

Cons. d'Et. cont. 18 mars 1887. — Considérant que le sieur Martin s'est pourvu devant le Conseil d'Etat pour demander à la fois l'annulation des articles 2 et 4 de l'arrêté municipal du 21 février 1885 et de l'arrêté du 10 avril 1885 interdisant la vente aux enchères de denrées alimentaires partout ailleurs que sur les lieux et dans les conditions déterminées par l'arrêté municipal du 21 février 1885; — En ce qui concerne l'article 2 de l'arrêté du 21 février 1885; — Considérant que la loi des 16-24 août 1790 et celle du 5 avril 1884 chargent les maires de l'inspection sur la fidélité du débit des denrées et sur la salubrité des comestibles exposés en vente et par suite, les autorisent à prendre les mesures de police que leur paraissent exiger les intérêts confiés à leur vigilance; — Que, par les arrêtés attaqués, le maire de la ville de Bordeaux a prescrit que le poisson et le gibier de terre et de mer entrant en ville pour y être vendus devront être apportés sur le marché de la place des Capucins; — Que cette mesure qui a pour but de permettre aux inspecteurs municipaux de constater la salubrité des denrées, sans porter atteinte au droit du sieur Martin de vendre ses denrées selon le mode qui lui convient, rentre dans les attributions conférées au maire par les lois précitées; — Qu'ainsi le sieur Martin n'est pas fondé a demander l'annulation pour excès de pouvoir de l'article 2 de l'arrêté de 1885.

En ce qui concerne l'article 4 de l'arrêté du 21 février 1885 et l'arrêté du 10 avril 1885; — Considérant que par les dispositions attaquées le maire de Bordeaux a interdit les ventes aux enchères publiques des denrées alimentaires dans des locaux autres que ceux qui seraient désignés à cet effet par l'administration municipale; — Considérant que s'il appartenait au maire de Bordeaux de prescrire toutes les mesures destinées à assurer le fidélité du débit et la salubrité des denrées alimentaires, il ne pouvait interdire par une mesure générale les ventes à la criée dans des locaux privés, sans violer le principe de la liberté de l'industrie, inscrit dans la loi des 2-17 mars 1791, et les dispositions de la loi du 25 juin 1841 qui, après avoir interdit les ventes en détail des marchandises neuves à cri public, excepte formellement de cette prohibition les ventes de comestibles; — Qu'ainsi le sieur Martin est fondé à demander l'annulation des articles précités des arrêtés du maire de Bordeaux. — Rejet du pourvoi en ce qui concerne l'article 2; — Annulation en ce qui concerne l'article 4.

(1) Cass. crim. 23 janvier 1841; Cass. crim. 14 février 1873. — La Cour, Vu l'article 47 du règlement de police de la ville de Vannes (Morbihan) du 20 mai 1839; — Sur l'unique moyen pris de la fausse application de l'article 47 précité du règlement de police de Vannes, et de l'article 471 (nº 15) du Code pénal; — Attendu qu'aux termes de l'article 47 du règlement susdaté, il est fait défense « à tout habitant ou étranger d'aller attendre les particuliers qui viennent vendre à Vannes des denrées de

1658. Le droit municipal ne saurait interdire de vendre ailleurs que sur le carreau des halles les denrées apportées dans la commune, mais qui ne sont pas destinées à la consommation de la commune; ainsi, par exemple, elle ne peut soumettre à la nécessité d'une vente au marché les vivres et les denrées qui ne traversent la commune qu'à l'état de transit ou pour subir une transformation et qui sont destinés à être achetés par des marchands qui les destinent à l'exportation, soit en nature, soit à l'état de produits fabriqués (1).

toute nature, à l'entrée de la ville ou dans les rues, ou d'aller les trouver dans les maisons, pour acheter ou accaparer leurs denrées, ou même pour les marchander »; — Attendu que le jugement attaqué (du tribunal correctionnel de Vannes, en date du 30 octobre 1872) a prononcé contre Juteau trois amendes de 3 francs chacune, pour trois prétendues infractions à cet arrêté, commises le 21 mai 1872, et consistant dans l'acquisition de trois paniers de cancres; — Attendu qu'il est constaté, en fait, tant par le rapport des agents, que par le jugement attaqué lui-même, que, ledit jour 21 mai, Juteau, marchand expéditeur de poissons, et connu à ce titre par les pêcheurs qui environnent Vannes, a acheté à son domicile, trois paniers de cancres que trois personnes différentes étaient venu spontanément lui apporter; — Attendu que ces faits ne rentraient dans aucune des prohibitions portées dans l'article 47 précité... — Casse.
Cons. d'Et. cont. 3 décembre 1875, L. p. 951; Cons d'Et. cont. 9 avril 1886. — Considérant que, s'il appartenait au maire de Saint-Etienne, agissant en vertu de l'article 97 de la loi du 5 avril 1884, de proscrire toutes les mesures destinées à assurer la fidélité du débit et la salubrité des denrées alimentaires, il ne pouvait interdire, par une mesure générale, les ventes à la criée dans des locaux privés, sans violer le principe de la liberté de l'industrie, inscrit dans la loi des 2-17 mars 1791, et les dispositions de la loi du 25 juin 1841 qui, après avoir interdit les ventes en détail des marchandises neuves à cri public, excepte formellement de cette prohibition les ventes de comestibles; — Qu'ainsi les sieurs Argellier et Merlot sont fondés à demander l'annulation de l'arrêté du maire de Saint-Etienne du 1er décembre 1884. — Annulation.
(1) Cass. crim. 22 mars 1872. — La Cour, statuant sur le pourvoi du ministère public près le tribunal de simple police d'Auxonne contre un jugement de ce tribunal, du 8 septembre 1871, qui a relaxé le sieur Lassagne, négociant, et le sieur Pâris, jardinier, les sieurs Vaussot, Lerat et Courtois, cultivateurs, de la prévention de contravention aux règlements sur la police des marchés de la ville d'Auxonne; — Attendu que les prénommés avaient été cités dans le procès-verbal dressé le 11 juillet 1871, duquel il résultait que, les 5 et 7 juillet, Pâris et autres avaient vendu et livré au sieur Lassagne, en son domicile à Auxonne, des fruits ou denrées alimentaires n'ayant pas été préalablement exposés en vente sur la place indiquée par l'autorité municipale pour le marché; — Attendu qu'il a été reconnu que le commissaire de police dans son procès-verbal, par l'organe du ministère public à l'audience, et par le juge de police qui le constate en fait dans son jugement, que le sieur Lassagne se livre uniquement aux opérations d'exportation; qu'ainsi les fruits ou denrées qui lui ont été directement apportés avaient une destination particulière; — Attendu que les règlements sur la police des marchés à Auxonne, examinés dans leur ensemble, ont eu principalement en vue tout ce qui se rapportait à l'approvisionnement des marchés de la ville; — Que les dispositions invoquées de ces règlements reconnus légaux, sont inapplicables à des achats et ventes de marchandises destinées à l'exportation, qui se trouvent sous la protection du principe de la liberté du commerce; — Attendu qu'en décidant ainsi et en relaxant les prévenus, le juge de police n'a violé... — Rejette.
Cass. crim. 17 juin 1881. — La Cour, sur le moyen unique du pourvoi, tiré de la violation de l'article 471 (n° 15) du Code pénal et des articles 2 et 6 de l'arrêté du maire de Bône sur la police de la halle aux poissons, en date du 14 mars 1877; — Attendu que Cosma et autres étaient poursuivis comme prévenus, les uns comme civilement responsables pour une infraction aux articles 2 et 6 de l'arrêté du maire de Bône, ainsi conçus: — Art. 2. Tout poisson destiné, soit aux particuliers, soit aux revendeurs, soit aux industries, devra être préalablement transporté sur le carreau de la halle. — Art. 6. Tout poisson présenté à la halle sera préalablement vérifié par le préposé qui ne refusera l'entrée s'il n'est pas suffisamment frais et propre à la consommation; — Attendu, en fait, que s'il résulte d'un procès-verbal rédigé sur simple rapport d'agents, que Venture et Cosma avaient débarqué et porté à la Grenouillière, sans passer par le marché, une corbeille de poissons, pouvant peser dix-huit kilogrammes, il est, en même temps, constaté par le jugement que ce poisson vendu à l'avance, débarqué et livré à domicile de l'acheteur, pour être expédié à Marseille, à la Société de la Pêcherie de la Méditerranée, n'était pas destiné à la consommation des habitants de Bône; — Attendu, en droit que l'article 3, titre II de la loi des 16-24 août 1790, qui range, parmi les objets de police confiés à la vigilance des corps municipaux, l'inspection sur la fidélité du débit des denrées dont la vente s'opère à l'aune, au poids ou à la mesure, et sur la salubrité des marchandises exposées en vente publique, doute, sans doute, aux maires le droit de réglementer l'apport et la vente des productions destinées à l'approvisionnement de la commune, mais que ce droit ne s'étend pas aux denrées qui n'étant pas destinées à la consommation de la commune et la traversant seulement qu'à l'état de transit, ne relèvent que des lois générales du pays, et ne sauraient, sans une violation de la liberté du commerce, être soumises à une réglementation qui n'est pas faite pour elles; — Attendu dès lors, qu'en se refusant d'appliquer aux défendeurs l'arrêté du maire de Bône, par le motif que cet arrêté devait être interprété en ce sens qu'il ne regarde que les denrées destinées à la consommation locale, le juge de police... — Rejette.
V. cependant un arrêt assez inexplicable de la Cour de cassation du 24 décembre 1880,

1659. Ainsi également, elle ne peut enjoindre aux cultivateurs et aux marchands d'apporter à la halle les grains qu'ils entrent en ville, si la mesure n'a pour but d'assurer l'approvisionnement de la localité, mais seulement celui de garantir au profit de la commune le payement des droits de place (1).
1660. On doit donc juger illégal, comme portant atteinte à la liberté du commerce et de l'industrie, l'arrêté par lequel l'autorité municipale, faisant revivre d'anciens règlements, défend aux colporteurs et marchands forains d'étaler et vendre leurs marchandises dans la ville hors des temps de foire. Elle peut seulement les astreindre à n'étaler et vendre leurs marchandises, les jours de foires ou de marchés, que dans le lieu par elle désigné, et, pour les autres jours, leur défendre de vendre, s'ils ne l'ont préalablement prévenu des endroits où ils ont l'intention de vendre (2).
1661. On n'est pas tenu non plus d'obéir à l'arrêté de police qui défend aux habitants d'une commune de s'approvisionner ailleurs que dans cette commune de la viande dont ils ont besoin pour leur subsistance personnelle (3).
1662. Cependant, il a été jugé, par un arrêté du 12 novembre 1830, que le règlement de police qui défend aux grainetiers et aux marchands en détail de fourrages d'une ville, d'acheter de ces denrées ailleurs que sur les marchés de cette ville et même hors de son enceinte, est pris dans le cercle des attributions municipales. Mais nous ne saurions admettre la doctrine de cet arrêt qui a, d'ailleurs, contre elle toute la jurisprudence de la Cour suprême intervenue depuis.
1663. L'autorité municipale a le droit d'exiger par des règlements que toutes les denrées entrant dans la commune pour sa consommation et destinées à y être vendues soient apportées sur le marché : cette mesure (4), qui a pour objet de vérifier la salubrité de ces denrées, est obligatoire pour

(1) Cass. crim. 27 février 1858. — La Cour, vu les articles 3, titre XI de la loi des 16-24 août 1790, et 471 (n° 15) du Code pénal; — Attendu qu'un arrêté pris par le maire de la commune de Remiremont, à la date du 19 mars 1857 et approuvé le 4 avril suivant, par le préfet des Vosges, porte que tous les grains, graines et farines qui entreront sur le territoire de la commune de Remiremont depuis la veille des jours de foires et marchés, à partir de midi, jusqu'à l'heure fixée pour la fermeture de la halle, les jours de foires et marchés, seront déposés aux halles; — Attendu que des constatations de cet arrêté, il résulte qu'on le prenant, l'autorité municipale a eu un double but : 1e assurer au profit de la commune la perception d'un droit de placage; 2e assurer l'approvisionnement de la localité, l'inspection de la marchandise exposée en vente et l'établissement de bases sérieuses pour les mercuriales; — Attendu que si, dans sa première partie, cet arrêté repose sur un intérêt purement fiscal, et si, à cet égard, il n'a pas les caractères d'un règlement de police trouvant sa sanction dans l'article 471 (n° 15) du Code pénal, il n'en est pas de même de la deuxième partie — Attendu que cet arrêté qui n'est pas contraire, ni à la liberté du commerce et de l'industrie, ni à la liberté de la circulation des grains, se renferme dans les limites des attributions conférées aux maires par la loi sus-visée; — Attendu que, du procès-verbal dressé le 13 mai 1857, et non contredit par la preuve contraire, il résulte que dans la soirée du 11 mai et dans la journée du 12 mai, jours du marché à Remiremont, Marilbon a fait entrer dans ses magasins, sis dans ladite ville, soixante-cinq sacs d'avoine qui n'ont pas été déposés à la halle ; — D'où il suit qu'en faisant à Marilbon l'application de cet arrêté, et par suite... Rejette.
(2) Cass. crim. 22 décembre 1838.
(3) Cass. crim. 11 août 1812.
(4) Cass. crim. 6 mars 1857, D. P, 57,1.180; Cass. crim. 22 juillet 1859, D. P. 59.1.428; Cass. Req. 5 mars 1860. — La Cour, sur la seconde branche du même moyen, tirée de ce qu'en tous cas et en admettant que l'arrêté du maire de Masseraux, sainement entendu, fût applicable au fait relevé contre le demandeur, le juge de paix aurait excédé ses pouvoirs en faisant la condamnation qu'il a prononcée sur un arrêté pris pour un fait en dehors de ses attributions, et, par conséquent illégal et non obligatoire; — Attendu sur la fin de non-recevoir, que, si l'autorité judiciaire ne peut mettre obstacle à l'exécution des actes émanés de l'autorité administrative, elle ne doit les sanctionner qu'en les acceptant comme base de ses décisions qu'après en avoir vérifié et en avoir reconnu la légalité; — Que la loi seule est obligatoire et que l'arrêté pris par un maire en dehors de ses attributions ne saurait avoir ce caractère; que s'il était vrai, comme le prétend le pourvoi, que l'arrêté dont l'exécution était poursuivie contre le demandeur, eût été pris par le maire de Masseraux, sans pouvoir et sans droit, le juge de paix, en en faisant l'application, se serait associé à l'illégalité dont il était entaché, et aurait, comme le maire dont il émanait, commis un excès de pouvoir et porté atteinte à un principe d'ordre public que le juge est tenu de respecter; — Que sous ce rapport donc le pourvoi serait recevable; — Mais attendu au fond que l'article 3, titre II de la loi des 16-24 août 1790 qui range parmi les objets de police confiés à la vigilance des corps municipaux l'inspection sur la fidélité du débit des denrées dont la vente s'opère au poids, à l'aune ou à la mesure, et sur la salubrité des marchandises exposées en vente publique, donne

tous les marchands domiciliés ou forains ; et elle atteint le vendeur comme le marchand (1).

---

par cela même aux maires le droit de réglementer l'apport et la vente des denrées et productions destinées à l'approvisionnement de la commune, et de prendre toutes les mesures qu'ils jugent nécessaires pour faciliter et rendre efficace la surveillance dont il est chargé ; — Attendu que, si le pouvoir de police, que les termes de la loi de 1790 ne confèrent aux maires que sur les denrées et comestibles publiquement vendus, ne va pas jusqu'à l'autoriser à défendre les achats faits de gré à gré au domicile et dans les magasins de l'acheteur, rien du moins dans la loi ne lui interdit d'obliger les vendeurs à conduire et déposer sur le marché public, pour y être vérifiées, les denrées et comestibles ainsi achetés, avant de les introduire dans les magasins de l'acheteur, lorsque, d'ailleurs achetés par un commerçant, ils sont destinés à la consommation des habitants et doivent être mis en circulation dans l'intérieur de la commune ; — Attendu que, renfermé dans ses limites et appliqué à un boulanger qui n'avait acheté les blés et les farines, qu'on lui reprochait de n'avoir pas fait passer par la halle, que pour les livrer à la circulation après les avoir transformés en pain, l'arrêté du maire de Masseraux n'avait rien d'illégal ... — Rejette.

Cass. crim. 18 juillet 1867; Cass. crim. 6 décembre 1873. — La Cour, Vu les règlements du marché de Mortagne; — Attendu que les articles précités dudit règlement portent : « 1° Toutes les denrées et marchandises entrées en ville, les jours de foire et marchés, et destinées à être vendues, seront, de suite, déposées sur les marchés désignés pour chaque nature d'objets... ; 2° les grains seront déposés sous la halle... ; 3° il est... expressément défendu de vendre et acheter du grain, de quelque espèce qu'il soit, les jours de marché, dans les rues, places, auberges, cabarets et autres lieux qu'à la halle de la ville ; — Attendu qu'il est constaté par un procès-verbal régulier que le nommé Gogué, marchand de grains, demeurant au Merle-sur-Sarthe, a, le 23 avril dernier, jour de marché à Mortagne, fait entrer dans cette ville un chargement de vingt sacs de blés destinés à être vendus, et qu'il a fait déposer dans un magasin dont il était locataire; — Que, déféré pour cette contravention au tribunal de simple police de Mortagne, il a été condamné à la peine de 5 francs d'amende, par application de l'article 471 (n° 15) du Code pénal; — Attendu que le demandeur oppose, d'une part, que les dispositions du règlement sus-visé ne pouvaient l'atteindre, parce qu'elles n'ont en vue que les marchands forains ; et que, locataire depuis longues années d'un magasin dans Mortagne, pour lequel il payait même patente, il doit être considéré comme y étant domicilié ; — Que, d'autre part, entendu dans le sens que lui attribue le jugement dénoncé, l'arrêté de police porterait atteinte à la liberté du commerce et de l'industrie consacrée par la loi du 2-17 mars 1791, sans faire infraction à ce principe, recevoir son application; — Mais attendu, sur le premier point, que les dispositions de l'arrêté sont générales et absolues, qu'elles comprennent indistinctement tous ceux qui, les jours de marché, font entrer dans la ville des grains destinés à être vendus, et que, sous ce rapport, le demandeur, dût-il être considéré comme domicilié à Mortagne, n'en tomberait pas moins sous le coup des dispositions précitées; — Attendu, sur le deuxième point, que le juge de police a dénaturé l'arrêté lorsqu'il l'a appliqué à une opération qu'il ne prohibe pas ; que l'inculpé était traduit sous la prévention exclusive d'avoir contrevenu à l'article 3 du règlement de police, qui prescrit le dépôt à la halle des grains destinés à la vente, et introduits en ville, un jour de marché, qu'il a constaté que leur infraction audit article, sans se prononcer sur la légalité des ventes qu'il aurait pu effectuer de tout ou partie des blés indûment déposés dans son magasin ; — Attendu que, dans cet ordre de dispositions, la légalité du règlement en question ne saurait être contestée ; qu'il appartient à l'autorité municipale, chargée notamment de veiller à la fidélité du débit des denrées, à leur qualité, et de prévenir tout ce qui pourrait porter atteinte à l'alimentation et à la santé publiques, d'exiger que celles de ces denrées introduites les jours de marché, pour être livrées à la consommation, soient préalablement exposées sur le marché qui leur est affecté, à l'effet de les soumettre à sa vérification et à son contrôle ; — Attendu qu'une telle mesure, prise dans un but d'utilité générale, et limitée dans les termes mêmes de l'arrêté, ne peut porter aucune atteinte à la liberté du négoce, subordonnée d'ailleurs par la loi l'a décrétée, aux règlements de police qui pourraient être faits » ; — Attendu, dès lors, que le jugement attaqué en visant les dispositions ci-dessus comme obligatoires et en sanctionnant leur application par l'application de l'article, 471 (n° 15), du Code pénal, n'a ni faussement appliqué ledit article, ni commis un excès de pouvoirs ; — Rejette, etc.

(1) **Cass. crim. 26 mars 1868.** — La Cour, Vu les articles 3, titre 11, de la loi des 16-24 août 1790 ; 46, titre 1, de la loi du 22 juillet 1791 ; 41 de la loi du 18 juillet 1837 et 471 (n° 15), du Code pénal ; — Attendu que l'arrêté du maire de Brécey, du 1er août 1863, approuvé par le préfet le 24 du même mois, ne se borne pas à défendre d'exposer en vente les marchandises, les jours de foire et marché, hors des emplacements qui lui sont attribués, qu'il désigne les emplacements affectés à la vente de chaque espèce de denrées et marchandises et l'heure à laquelle les ventes commenceront, et qu'il ordonne de constater et de poursuivre, conformément aux lois, les contraventions qu'il contient, qu'il défend par cela même de vendre ailleurs et avant l'heure indiquée ; — Que cet arrêté a pour objet, qu'elle qu'en soit la pensée relativement au recouvrement des droits de place, tout ce qui concerne, ainsi que l'annonce son préambule, la tenue et la police des foires et marchés, ce qui comprend leur approvisionnement, la fidélité du débit, la salubrité des denrées à vendre et la protection non contestée des acheteurs ; — Qu'en désignant les lieux affectés à la vente et l'heure à laquelle les ventes commenceront, il a pour but, tant dans l'intérêt de l'acheteur que du vendeur, le maintien de l'ordre, l'approvisionnement de la foire et du marché, la facilité et la loyauté des transactions, en favorisant, par le concours de l'offre et de la demande, l'établissement du cours des prix des denrées et marchandises ; — Qu'il suit de là que l'arrêté est commun à l'acheteur et au vendeur, que la défense de vendre

au dehors de la foire et du marché, et avant l'heure déterminée, s'applique non seulement à celui qui vend, mais encore au marchand qui achète pour revendre, qu'on doit considérer cet acheteur comme contrevenant à la défense de vendre, par corrélation avec le vendeur qui n'a enfreint les prescriptions du règlement que par suite du concours que ledit acheteur lui a prêté ; — Attendu, en fait, qu'il est constaté par un procès-verbal régulier, que Reinier, marchand de moutons, avait acheté, le 27 décembre 1867, jour de foire à Brécey, d'un vendeur étranger resté inconnu, un ou plusieurs moutons, hors de l'emplacement et avant l'heure déterminée pour la vente des bêtes ovines, que ce fait a été avoué par la prévenu et non dénié par le jugement attaqué ; — Que le demandeur avait donc contrevenu à l'arrêté précité ; — Que le juge de police a cependant renvoyé le prévenu des fins de la plainte, sous le prétexte que l'arrêté ne s'occuperait que des vendeurs ou de l'exposition en vente et ne parlerait pas des acheteurs ; que la défense d'exposer en vente n'impliquerait pas celle d'acheter, l'arrêté n'ayant pour but que d'assurer le recouvrement du droit de place, mis à la charge du vendeur. — Attendu qu'en statuant ainsi... — Cass.

En ce sens, Cass. d'El. cont. 18 mars 1887. (Voy. suprà, n° 1657.)
(1) Cons. d'Ét. Inst. 6 juillet 1854.
(2) Cass. crim. 27 février 1858 (voy. suprà, n° 1659) ; Cass. crim. 22 juillet 1859 D.P.59.1.428 ; Cass. crim. 5 mars 1860 (voy. suprà, n° 1653).
(3) Cass. crim. 27 février 1858 (voy. suprà, n° 1659).
(4) Cass. crim. 25 septembre 1834. Bull. crim. à sa date.
(5) Cass. crim. 9 janvier 1827. Bull. crim. à sa date.
(6) Cass. crim. 3 janvier 1835. Bull. crim. à sa date.
(7) Cass. crim. 22 juin 1832. Bull. crim. à sa date.
(8) Cass. crim. 11 mars 1830. Bull. crim. à sa date.

Mais l'autorité municipale ne doit jamais perdre de vue, dans ses arrêtés relatifs à la tenue des foires et marchés, que ses attributions se bornent à maintenir le bon ordre, à assurer l'approvisionnement et à surveiller la fidélité du débit des marchandises. Elle ne doit pas sortir de ce cercle et porter atteinte à la liberté du commerce et de l'industrie (1).

1664. Mais si le commerce s'exerce dans une rue, sur une place, sur un terrain public, que l'on y vienne momentanément s'y établir, et qu'on désigne sous le nom de marchands forains, le maire puise dans son droit de garder le bon ordre de la rue, d'assurer la circulation publique, de prévenir le tumulte, celui non de réglementer le prix de choses et des opérations mêmes du commerce, mais d'ordonner les mesures de police extérieure auxquelles ces marchands forains seront tenus d'obéir ; il puise également dans son droit d'inspection sur la fidélité du débit des denrées (2) et celui de prévenir par des précautions convenables, les famines et disettes, qui sont des événements calamiteux (3), le pouvoir de surveiller le marché, d'empêcher les accaparements et de donner aux petits acheteurs les moyens de se procurer les marchandises dont ils ont besoin.

1665. Et les arrêtés pris à cet égard ne peuvent être éludés, parce qu'ils n'établiraient pas une distinction entre les emplacements appartenant à des particuliers et ceux qui dépendent de la voie publique (4).

Vainement les contrevenants prétendraient-ils être en possession de la faculté d'acheter ou de vendre leurs marchandises dans des lieux autres que ceux désignés (5).

Et il a été jugé encore que l'arrêté par lequel le maire fixe les jours de la semaine et les lieux où il est seulement permis aux boulangers forains de vendre du pain est légal et obligatoire, et ne contrarie pas l'article 7 de la loi du 2-17 mars 1791, qui accorde la liberté des professions et du commerce (6).

1666. L'arrêté municipal peut réglementer tous les commerces forains, ainsi le boulanger forain ne saurait contrevenir à un arrêté de cette nature, sous le prétexte que les pains qu'il a portés avaient été commandés par ses pratiques, et n'étaient pas destinés à être vendus publiquement (7), ou sous celui qu'il se bornait à livrer à ses pratiques le pain qu'il leur avait vendu par des arrangements antérieurs (8).

1667. L'arrêté municipal qui fixe le lieu d'une ville où se tiendra le marché des volailles et des œufs défend, par cela même, de vendre ailleurs ces comestibles. Dès lors, est en contravention celui qui vend des volailles apportées en ville, non sur la place du marché, mais dans une rue qui y conduit (1).

1668. Le marchand qui occupe dans un marché public une place autre que celle qui lui est assignée par le règlement de police contrevient à ce règlement. Le fait que sur l'injonction des gardes de police ce marchand a repris la place qu'il devait occuper en vertu du règlement peut bien constituer une circonstance atténuante du délit, mais non une excuse légale (2).

1669. Le droit municipal va même plus loin que d'indiquer une place aux marchands; il peut décider que certains produits ne seront vendus que dans un lieu déterminé, et avec une indication ou un écriteau faisant connaître la nature exacte du produit vendu (3). (Voy. *infrà*, nos 1673 et 1674).

1670. Du principe que l'autorité municipale peut interdire d'exposer en vente des marchandises, dans d'autres lieux que ceux désignés pour la tenue des foires et marchés, il suit qu'elle peut également interdire aux aubergistes, cabaretiers et autres habitants de souffrir, dans leurs maisons, cours et écuries, les ventes de grains, bestiaux et autres marchandises ou denrées qui doivent être exposées sur le champ de foire désigné pour chaque espèce (4).

1671. Lorsqu'un règlement de police interdit aux marchands forains d'exposer leurs denrées ailleurs que sur le marché, le contrevenant, qui n'est pas domicilié dans la ville, ne peut pas être excusé sous le prétexte qu'il y a loué une chambre (1). Il a été jugé même, mais nous acceptons difficilement cette doctrine, que l'arrêté, par lequel un maire défend, aux marchands qui fréquentent les marchés et foires de la ville, de vendre ailleurs que sur certaines places déterminées, est applicable au marchand forain, qui débite, habituellement, dans une boutique dont il est locataire, située dans un endroit de la ville autre que celui fixé (2).

1672. Il a été jugé encore que le règlement de police qui défend de vendre des grains en dehors des marchés, sur les places et sur les voies publiques, interdit par cela même de se livrer, sur ces places et voies, aux actes préliminaires ayant pour but d'amener la conclusion de la vente (3).

Mais des blés achetés hors de la ville longtemps avant leur introduction, et destinés non à l'approvisionnement de la ville, mais à être transformés en farine dans une usine appartenant à l'acquéreur, ne doivent pas être réputés achetés en contravention au règlement municipal (4).

1673. L'autorité municipale n'a pas le droit de subordonner l'exposition en vente des marchandises, apportées par les marchands forains et colporteurs, à la formalité préalable de produire devant elle soit les passeports et patentes dont ces marchands doivent être munis, soit les factures légalisées de leurs marchandises, et de soumettre celles-ci à l'examen d'experts chargés de constater leur qualité, leur origine, leurs défectuosités et leurs tares. Elle ne peut non plus prescrire de placer sur chacun des objets mis en vente l'indication en caractères lisibles de ces défectuosités et tares, et du bon ou du faux teint des marchandises (5).

(1) Cass. crim. 8 septembre 1807. *Bull. crim.* à sa date.
(2) Cass. crim. 24 août 1818. *Bull. crim.* à sa date.
(3) Cass. crim. Belgique, 26 décembre 1883. — La Cour, Attendu que la commune est une agrégation de personnes unies par des intérêts communs et locaux, qu'elle a son individualité et sa vie particulière, que les mandataires élus pour l'administrer ont pour mission de faire jouir ses habitants des avantages d'une bonne police (décret du 14 décembre 1789, art. 50) ; — Attendu que parmi ces attributions de police, confiées à sa vigilance, le décret des 16-24 août 1790 a notamment mentionné le devoir de faire régner le bon ordre dans les lieux publics et de veiller à la fidélité du débit des denrées; — Attendu que le règlement de la ville du Verviers du 20 mars 1876 est conçu dans ce double ordre d'idées ; — Qu'il tend à la fois à prévenir la fraude par l'obligation d'annoncer par écriteau, et en caractères lisibles la nature de la marchandise offerte et, de plus, à prévenir tout désordre pouvant naître à la suite des fraudes commises ; — Attendu que tout citoyen qui, pour le débit de son commerce, emprunte le marché public, doit se soumettre aux conditions réglementaires, légalement établies par le pouvoir local; — Que l'article 2 de la loi du 21 mai 1879 sur les patentes proclame d'une manière générale ce principe, en déclarant « que chacun doit se conformer dans l'exercice de son commerce ou de son débit, aux règlements de police locale » ; — Qu'en assignant aux marchands de beurre artificiel une place spéciale sur le marché, et en leur enjoignant d'indiquer la nature de la marchandise, le pouvoir communal est resté dans les limites de ses attributions que lui reconnaît l'article 46 (n° 1) du décret du 19-22 juillet 1791 ; — Attendu que vainement on argumente des termes de l'article 3 (n° 4) du décret des 16-24 août 1790, pour prétendre que le pouvoir de réglementation de la commune, relatif à la fidélité du débit des denrées, ne concerne que leur quantité; — Attendu qu'une telle disposition, tendant à prévenir la fraude et le désordre public, est de sa nature générale; qu'on ne peut comprendre le motif qui légitimerait sa limitation à la question de quantité, excluant ainsi toute mesure de police pour le fait plus grave de la tromperie sur la nature de la marchandise ; — Que le législateur, en parlant spécialement des denrées qui se pèsent ou se mesurent, a simplement mentionné celles dont la vente est la plus fréquente et donne le plus de prise à la fraude; — Attendu que c'est sans fondement que le jugement argumente de la violation par le règlement du principe de la liberté commerciale ; — Que les prescriptions dont il s'agit n'y portent aucune atteinte ; — Que tout commerce qui s'exerce dans les marchés publics doit être, dans l'intérêt de l'ordre, soumis à des prescriptions de police, mais que les marchands n'y sont contraints d'y obéir qu'autant que, de leur libre volonté, ils usent de ces marchés ; — Qu'il résulte de ce qui précède... — Casse.
(4) Cass. crim. 18 juillet 1837; Cass. crim. 21 novembre 1860 ; Cass. crim. 24 avril 1860. — La Cour, vu l'article 471 (n° 15) du Code pénal; — Attendu qu'un arrêté pris par le maire de Sens pour la police des marchés, le 3 juin 1859, dûment approuvé, défend, article 1er, à tout particulier de la ville et des faubourgs, d'acheter devant leurs portes, aux jours et heures des marchés, et ordonne aux aubergistes et aux autres personnes de veiller à ne soit rien vendu ou acheté dans leurs maisons ces mêmes jours ; — Attendu que cet arrêté ne distingue pas entre les ventes consommées en dehors des marchés et les actes préliminaires ayant pour but d'amener la conclusion des ventes; — Qu'il enjoint à toute personne, amenant des denrées à la ville, les jours de marché, de les conduire directement sur les places destinées à les recevoir; — Et attendu qu'il résulte du procès-verbal non débattu par la preuve contraire, que le 31 octobre dernier, à une heure quinze minutes du soir, Louis Moreau, pâtissier, avait été trouvé dans sa maison marchandant d'un individu qui venait y entrer avec un panier, en lui disant ces mots; « Combien voulez-vous de tout votre gibier ? » ; — Que cependant le jugement attaqué l'a relaxé des poursuites en se fondant
sur ce que Moreau, pâtissier, résidait sur la place du marché, qu'il était plus que midi, lorsqu'il a marchandé chez lui le gibier ; que, d'après le règlement précité, il avait le droit d'acheter à midi, et qu'en marchandant après cette heure, il ne commettait aucune contravention; — Attendu qu'en le jugeant ainsi... — Casse.

Cass. crim. 12 mars 1882. — La Cour, sur le moyen unique du pourvoi, tiré de la fausse interprétation de l'article 4 de l'arrêté pris par le maire de ladite ville, à la date du 14 septembre 1872, par suite, de la non-application de l'article 471 (n° 15) du Code pénal aux faits déclarés constants par le jugement attaqué ; — Attendu que l'article 4 du règlement municipale sus-rappelé est ainsi conçu : « Les aubergistes, cabaretiers et autres personnes ne pourront recevoir chez eux des bestiaux, volailles, fruits, denrées et autres marchandises devant faciliter des ventes et achats en dehors des lieux affectés pour ces objets ; — Attendu qu'il est constaté, en fait, sur le jugement attaqué qu'à la date du 2 novembre 1881, jour et heure du marché à La Flèche, le sieur Guineau, exerçant la profession de marchand, expéditeur, à Paris, de denrées alimentaires, a fait entrer, dans son domicile, la femme Mabille et lui a acheté une certaine quantité de volailles et de beurre qu'elle portait au marché; — Attendu qu'en agissant ainsi, il a manifestement contrevenu aux dispositions sus-visées de l'arrêté municipal du 14 septembre 1872 ; — Qu'en effet les prohibitions dudit article sont générales et absolues, qu'elles ne s'appliquent pas seulement, ainsi que l'a déclaré dans son jugement le tribunal correctionnel de La Flèche, aux aubergistes, cabaretiers et autres individus exerçant des professions similaires mais à toutes personnes, sans distinction, ni restriction ; — Que si l'on attribuait à cette disposition réglementaire le sens qui lui a été donné par le jugement attaqué, ce serait évidemment méconnaître le but et l'esprit général de l'arrêté municipal dont il s'agit et le rendre, dans la plupart des cas, absolument inefficace, si, pour s'y soustraire, il suffisait aux revendeurs auxquels il est interdit (art. 2 et 3) de pénétrer dans l'enceinte des marchés avant leur ouverture ou d'aller sur les routes ou rues, au devant des vendeurs, pour marchander ou acheter des denrées destinées à l'approvisionnement de la ville, de faire entrer ces vendeurs dans leur propre domicile et dans le domicile de toute autre personne n'exerçant ni la profession d'aubergiste, ni aucune autre profession similaire; — Attendu enfin qu'en recevant chez lui et en y achetant la marchandise que la femme Mabille apportait au marché, Guineau a facilité la vente des objets de consommation destinés à l'approvisionnement de la ville; — Que les faits relevés contre lui rentrent donc, à tous ces points de vue, dans la prévision de l'article 4 de l'arrêté municipal sus-transcrit et dont l'application était à juste titre réclamée contre lui... — Casse.

(1) Cass. crim. 30 juillet 1829
(2) Cass. crim. 25 mars 1830.
(3) Cass. crim. 28 septembre 1855.
(4) Cass. crim. 20 octobre 1847.
(5) Cass. crim. 7 mai 1841. — La Cour, Attendu que l'autorité judiciaire ne doit assurer, par l'application des peines de l'article 471 du Code pénal que l'exécution des règlements légalement faits par l'autorité administrative ; — Qu'elle est donc fondée à examiner si les règlements auxquels il aura été contrevenu ont été pris dans le cercle des attributions

1674. Une exception cependant a été faite à cet égard pour les beurres fabriqués avec des procédés chimiques, et connus sous le nom de margarines, par la loi de 1887; mais cette loi, précisément parce qu'elle a établi une disposition générale, applicable à tous les commerçants, quelque soit le lieu de la vente, et parce qu'elle n'a laissé aucune place à l'initiative municipale, confirme la règle que nous venons de poser.

1675. Néanmoins, il a été plusieurs fois jugé que l'arrêté d'un maire portant défense à tous capitaines, maîtres de barques et autres d'exposer en vente des poissons ou des coquillages, avant qu'ils aient été soumis à l'inspection de la police, et que ces vendeurs aient reçu une permission de les débiter, est pris dans le cercle des attributions municipales. Mais cette exception s'explique facilement parce que l'autorité municipale est chargée d'assurer la conservation de la santé publique.

1676. Les marchands forains et colporteurs peuvent être contraints de peser et mesurer leurs marchandises quand ils les vendent au poids et à la mesure (1).

1677. Dans la plupart des marchés, l'acheteur bourgeois a le droit d'acheter avant le commerçant revendeur, et des heures sont déterminées pour l'exercice de cette préférence. L'objet de cette mesure est de ne pas laisser les habitants exposés à ne pas pouvoir se procurer leurs approvisionnements au marché ou à subir les prix auxquels les revendeurs élèveraient les denrées dont ils font trafic.

1678. Il est, en conséquence, de jurisprudence que l'autorité municipale a le droit de faire, aux revendeurs ou détaillants de comestibles ou autres denrées de consommation, la défense de s'introduire dans les marchés avant une heure déterminée (2).

1679. L'autorité municipale peut défendre à tous revendeurs, soit en gros, soit en détail, d'aller au-devant des vendeurs pour acheter leurs denrées avant qu'elles soient exposées au marché (3).

1680. Cependant, un avis du Conseil d'État du 16 mars 1831, a décidé que l'arrêté d'un maire qui défendrait d'aller au-devant des marchands forains arrher, pour acheter en paroles, des volailles et autres comestibles, et qui défendrait de les vendre avant d'être sur le marché, serait contraire au principe de la liberté du commerce. La loi du 18 mars 1791 dispose qu'il sera loisible à toute personne de faire tel négoce qu'elle trouvera bon, sauf la patente et la soumission aux règlements de police ; dans une semblable matière, il est d'une bonne économie politique de s'en rapporter à l'intérêt des commerçants, toujours déterminé par l'intérêt des consommateurs. Agir autrement, ce serait porter une véritable atteinte aux droits qu'a tout citoyen de se transporter avec ses propriétés où bon lui semble, sauf acquit des impôts.

1681. L'arrêté municipal qui défend aux revendeurs d'acheter avant une certaine heure ne peut être étendu à des individus d'une autre profession (1).

1682. Le règlement municipal qui défend de se transporter sur les routes pour y attendre le passage des cultivateurs et des marchands forains n'est pas applicable au marchand, qui, ayant un magasin sur la voie publique conduisant au marché, achète, sans sortir de chez lui, des denrées de cultivateurs qui les lui viennent offrir ou qu'il appelle à cet effet (2).

---

(1) Cass. crim. 8 mai 1841. — La Cour, Vu le n° 4 de l'article 3 du titre XI de la loi des 16-24 août 1790;—Vu l'article 4 de l'arrêté du maire de Bourges, en date du 3 août 1839, lequel veut que les marchandises ne puissent être publiquement vendues dans cette ville que par les marchands forains ou colporteurs, qu'autant qu'elles auront été préalablement pesées ou mesurées devant l'acheteur, et le numéro 15 de l'article 471 du Code pénal ; — Attendu que le procès-verbal dont il s'agit dans l'espèce constate que Marc L. Canchon a contrevenu audit article 4 en vendant au public qu'il avait rassemblé, à cet effet, dans la salle Chantrelle, des marchandises qu'il n'avait pas préalablement mesurées quoiqu'elles dussent l'être ; — Que la publicité de cette vente résulte évidemment des circonstances qui l'ont précédée et accompagnée ; — Qu'en décidant donc qu'elle n'a pas eu lieu publiquement, et que d'ailleurs la disposition de cet article à ce cas n'était pas obligatoire, le jugement dénoncé a commis ... — Casse.

(2) Cass. crim 3 mai 1877. — La Cour, Sur le premier moyen tiré de la violation de l'article 471, n° 15 du Code pénal et de l'article 1er, section III, du règlement municipal de Murat, portant défense aux revendeurs de se présenter aux marchés de cette ville avant 11 heures du matin, en ce que le tribunal de police aurait refusé d'appliquer cette disposition comme illégale et contraire à la liberté de vendre des citoyens ; — Attendu qu'il résulte d'un procès-verbal régulier non attaqué par la preuve contraire que, le 16 août 1876, les époux Roussel, revendeurs de fruits, se sont présentés, vers 10 heures du matin, au marché aux fruits de Murat, et y ont parlé à plusieurs marchands ; — Attendu qu'en excluant les revendeurs du marché, jusqu'à une certaine heure, en vue de l'intérêt des habitants de la ville, dans le but de faciliter leurs achats, l'autorité municipale n'a fait qu'un emploi légitime des pouvoirs qui lui sont confiés par l'article 3, titre XI, de la loi des 16-24 août 1790 et n'a pas porté atteinte à la liberté du commerce et de l'industrie, consacrée par la loi des 2-17 mars 1791 ; — Que, dès lors, le jugement attaqué a violé les articles précités du Code pénal et le règlement de Murat. — Casse.

(3) Cass. crim. 4 février 1826 ; Cass. crim. 19 avril 1834 ; Cass. crim. 18 juillet 1840 ; Cass. crim. 13 novembre 1847. D. P. 48.3.24 ; Cass. crim. 25 mai 1855. — La Cour, Vu les articles 10 et 11 de la loi du 18 juillet 1837, n° 3, titre XI, de celle du 24 août 1790, et 471, n° 15 du Code pénal ; — Vu parcillement l'arrêté du maire de la ville d'Ussel en date du 1er octobre 1853, lequel est ainsi conçu : « Article 1er. — A partir de l'approbation et de la publication du présent arrêté, les meuniers, commerçants et commissionnaires ne pourront entrer à la halle aux grains que trois heures seulement après l'ouverture du marché ; il leur est défendu de stationner aux environs de la halle et de faire acheter par des personnes interposées ; — Attendu que ces dispositions, qui ont pour but de faciliter, dans la ville d'Ussel, l'approvisionnement des petits consommateurs et de prévenir une hausse factice dans le prix des grains, ont été légalement édictées en vertu du pouvoir attribué à l'autorité municipale par le numéro 3 précité de l'article 3, titre XI, de la loi du 24 août 1790 ; — Attendu qu'un procès-verbal dressé, le 3 mars dernier, par le commissaire de police d'Ussel, constate que François Faugerot et autres y dénommés, meuniers de profession, sont entrés dans la halle aux grains avant l'heure où le règlement ci-dessus leur permet de s'y introduire ; — Que néanmoins, le jugement attaqué du tribunal de simple police d'Ussel a renvoyé de la prévention, par le motif qu'ils n'avaient point fait d'achat de grains; qu'en subordonnant à cette condition l'existence de la contravention, le tribunal a méconnu la disposition dudit règlement, qui interdit aux meuniers comme aux commerçants et commissionnaires d'entrer, avant l'heure déterminée, dans la halle et de stationner dans les environs ; — Que, par suite ... — Casse.
Cass. crim. 21 août 1857. Bull. crim., p. 493; Cass. crim. 22 avril 1858. Bull. crim., p. 217; Cass. crim. 23 décembre 1859. Bull. crim., p. 463; Cass. crim. 21 août 1863. — La Cour, Attendu que l'article 34 est général et absolu en ce que l'on serait restreindre arbitrairement le sens du mot revendeur que de ne l'appliquer qu'aux revendeurs en détail, alors surtout que l'article 34 ayant pour objet d'assurer l'approvisionnement de la ville, a dû embrasser, dans ses prévisions, particulièrement les revendeurs en gros, puisque l'accaparement par eux des objets de consommation, en dehors du marché et hors heures réglementaires aurait évidemment des effets encore plus dommageables pour les habitants de la ville. — Casse.
En ce sens, Cass. crim. 20 novembre 1863. Bull. crim., p. 458.

(1) Cass. crim. 1er juillet 1846. D. P. 45.4.38 ; Cass. crim. 29 juillet 1864. — La Cour, Attendu que l'arrêté municipal du 18 juin 1842, sur la police du marché de la ville de Thonon, dispose, dans son article 4, que toute personne faisant le commerce des denrées qui se vendent à ce marché, tels que coquetiers, revendeurs, etc., ne pourra y entrer avant une certaine heure pour y exercer son commerce ; — Qu'un maître-d'hôtel et un traiteur ne peuvent être considérés comme des revendeurs dans le sens habituel de ce mot ; — Que, s'ils revendent les denrées qu'ils ont achetées, ce n'est qu'après une préparation qui constitue une industrie spéciale et cette revente sous une forme nouvelle ne peut faire aucune concurrence aux achats du marché et en opérer le renchérissement. — Que par conséquent ... — Rejette.

(2) Cass. crim. 10 novembre 1870. — La Cour, Sur le moyen unique tiré d'une prétendue violation de l'article 3 du règlement municipal de Souk-Ahras (Algérie) du 28 octobre 1862, et de l'article 471 (n° 15) du Code pénal, en ce que le tribunal de simple police de ce siège aurait renvoyé Joseph Greck des poursuites, quoiqu'il eût acheté des grains à deux Arabes ailleurs qu'au marché ; — Attendu que l'article 8 du règlement précité ne défend pas d'une manière générale aux marchands et aux particuliers d'acheter des denrées hors du marché de Souk-Ahras, mais seulement de se transporter sur les routes et chemins de la commune pour attendre le passage des Arabes et leur acheter des denrées ou marchandises avant leur arrivée sur les marchés et l'acquittement des droits ; — Que Joseph Greck ne s'est pas transporté hors de son domicile; qu'un de ses achats a été conclu avec un Arabe, qui s'était de lui-même présenté dans son magasin, et l'autre avec une femme qu'il avait appelée à cet effet ; — Attendu que, en outre, rien n'indique que les deux vendeurs ne s'étaient pas préalablement rendus au marché, et n'y avaient pas acquitté les droits ; — Attendu que... — Rejette.

1683. Lorsqu'il est défendu aux revendeuses et regrattières, par un règlement de police, d'acheter sur le marché avant dix heures, et d'aller attendre les personnes venant au marché, le revendeur qui achète avant l'heure fixée ne peut être excusé sous le prétexte qu'il a fait cet achat dans son domicile, où le vendeur s'était rendu de son chef (1).

1684. Dans l'intérieur de la halle ou sur la place du marché, l'autorité municipale peut interdire le bruit, les appels de clients, les ventes à cris publics, etc. Et cette règle oblige tous ceux qui y viennent vendre, sans qu'il soit possible de faire une exception à raison de la profession de celui même qui crie, fût-il crieur ou commissaire-priseur. La mesure prise est, en effet, en ce cas, une mesure d'ordre général et non une mesure réglementaire d'une profession (2).

1685. La Cour de cassation a jugé que les maires ne sont pas seulement investis du droit de déterminer par des règlements le lieu où doivent être déposées les denrées destinées à l'approvisionnement d'un marché. Ils peuvent également fixer le lieu où ces denrées doivent être déposées lorsqu'elles n'ont pas été vendues, et ils peuvent prescrire aux approvisionneurs des halles et marchés le dépôt dans une resserre publique des denrées non vendues au marché du jour, pour être remises en vente au marché du lendemain, et interdire à toutes personnes de les recevoir en dépôt ou en magasin (3).

1686. Mais cette doctrine nous paraît contraire à la liberté du commerce et de l'industrie, et au droit de propriété. En effet, d'une part le commerçant qui vend sa marchandise et au préjudice duquel elle se perd, doit pouvoir l'avoir constamment sous sa main et dans les locaux qu'il choisit à l'effet de lui donner les soins qu'elle comporte et, d'autre part, le propriétaire ne saurait souffrir une interdiction qui limiterait le droit qu'il a de louer sa propriété à qui il juge convenable et pour l'usage qu'il accepte. Le Conseil d'État n'a jamais, d'ailleurs, admis ces restrictions peu justifiées (1).

§ 2. — Fêtes et Réjouissances publiques.

1687. Les maires sont chargés du maintien du bon ordre dans les réjouissances et cérémonies publiques, telles que fêtes nationales, patronales ou locales.

La seule fête nationale est aujourd'hui celle du 14 Juillet instituée par la loi du 6 juillet 1880. Le programme arrêté par le maire doit être soumis à l'approbation du préfet.

Le programme des fêtes patronales et locales est, au contraire, arrêté et approuvé par le maire seul. Il peut, si les usages l'y autorisent, faire sonner les cloches des églises, et, dans les villes où il y a des troupes en garnison, demander et obtenir de l'autorité militaire des salves d'artillerie.

1688. Le premier devoir du maire est de ménager à la foule des voies d'écoulement faciles, d'interdire ou de régler la circulation des voitures et, en un mot, de prévenir, par de sages précautions, tous les accidents que peut entraîner une trop grande affluence de population. A cet effet, il doit prendre un arrêté pour fixer les emplacements où se tiendront les bals publics ainsi que les marchands, débitants ambulants, saltimbanques, faiseurs de tours, chanteurs publics, et autres baladins, qui doivent être munis d'une autorisation préalable avant de s'installer. Il peut, en outre, leur faire défense de tenir des loteries ou jeux de hasard. Par le même arrêté, il fixe les rues, places et autres voies publiques qui doivent être interdites aux voitures pendant la durée de la cérémonie ou fête, ainsi que les heures de l'interdiction. Il peut également, à raison de l'affluence de population, défendre aux voitures et aux personnes à cheval de traverser les diverses rues de la ville autrement qu'au pas. Il doit défendre de monter sur les parapets des ponts et quais, sur les toits, auvents des maisons, arbres des promenades publiques, ainsi que de tirer, pendant la fête, en quelque endroit que ce soit, aucuns pétards, fusées, coups de fusils ou pistolets, boîtes ou pièces d'artifice quelconques, sans sa permission.

1689. Lorsqu'il doit y avoir, feu d'artifice, tir du canon, ascension d'aérostat ou autre spectacle susceptible d'occasionner des accidents par la projection ou la chute des corps, le maire ne saurait apporter trop de soin à interdire l'accès du public par des barrières, soit en cordes, soit en planches, dans toute la zone où la projection ou la chute sont possibles. Cette précaution indispensable s'impose à sa vigilance. Son omission serait de nature à engager gravement sa responsabilité. Il ne suffit même pas de prendre ces mesures, il faut qu'elles soient prises avec tout le soin possible, de manière à éviter tout danger.

1690. Les tribunaux qui ont à apprécier la faute du maire,

(1) Cass. crim. 17 juillet 1838. — La Cour, Attendu que le jugement reconnaît que Rédit se trouvait au devant de sa baraque, traitant d'un achat de blé avec un Arabe, au moment où le grand champêtre a interpellé ledit Rédit sur la route de Ténez à Orléansville; — Attendu que le sort fait, de la part de Rédit, de marchander des grains sur des routes ou voies publiques, avant leur arrivée sur le marché, constitue une contravention audit article 2 de l'arrêté du préfet d'Alger; — Attendu, dès lors, que le jugement attaqué, en relaxant Rédit des poursuites dirigées contre lui, sous le prétexte que l'achat ayant été consommé en cabane, ne saurait être réputé fait sur la voie publique, a formellement méconnu... — Casse.

(2) Cass. crim. 7 novembre 1879. — La Cour, Attendu que Thuveny était traduit devant le tribunal de simple police de Verdun pour avoir contrevenu aux dispositions de l'article 471 (n° 15) du Code pénal, en vendant à la criée des sacs de pois dans l'intérieur du marché couvert de cette ville, contrairement aux proscriptions de l'article 15 du règlement de police pris par le maire de Verdun, le 18 octobre 1853, et approuvé par le préfet de la Meuse le 4 novembre suivant; — Attendu que, tout en tenant pour certain le fait reproché au sieur Thuveny, le jugement attaqué a déclaré qu'il ne tombait pas sous l'application de l'article 15 dudit règlement, par le double motif que le prévenu n'aurait fait que prêter son concours comme commissaire-priseur à la Compagnie des chemins de fer de l'Est qui faisait vendre les pois en question, et que le règlement de police susvisé n'était applicable qu'aux émulageistes et marchands permanents; — Attendu que le juge de police a méconnu le sens et la portée de l'article 15 dudit arrêté, que cet article « défend à tous de provoquer les acheteurs par des appels, comme de crier leurs marchandises par l'indication du prix ou autrement »; que cette disposition est générale et ne comporte ni exception ni réserve; — Attendu que le jugement attaqué a commis une autre erreur, en déclarant que le fait imputé au prévenu constituait une contravention à l'article 24 du même règlement, lequel défend d'encombrer les rues de service et les trottoirs; — Que la vente de sacs de pois opérée par l'intermédiaire de Thuveny était effectuée dans l'intérieur du marché couvert et non dans une rue de service ou sur le trottoir d'une voie publique; — Que dès lors, le jugement attaqué... — Casse.

(3) Cass. crim. 11 juin 1813; Cass. crim. 31 mars 1838. — La Cour, Vu les numéros 1 et 4 de l'article 3, titre XI, de la loi des 16-24 août 1790; ainsi que les articles 46, titre 1er, de celle des 19-22 juillet 1791, 32 et 33 de l'arrêté consulaire du 12 messidor an XII, qui déterminent les fonctions du préfet de police à Paris; les articles 14 et 24 de l'ordonnance rendue par ce magistrat le 31 octobre 1825, lesquels sont conçus en ces termes : « Art. 14. — Il est défendu aux marchands forains d'emmagasiner dans Paris les denrées qu'ils auront amenées, et à toute personne de les recevoir en dépôt ou en magasin. — Art. 24. — Les marchandises non vendues seront mises en réserve pour être rapportées et mises en vente au marché suivant, sous les peines portées par l'article 11 de la présente ordonnance. » Ensemble les articles 161 du Code d'instruction criminelle et 471 (n° 15) du Code pénal; — Attendu, en droit, que la disposition desdits articles 14 et 24 a pour objet de faciliter au préfet de police l'accomplissement des devoirs qui lui sont imposés par la loi des 16-24 août 1790, dans l'intérêt général des habitants de la ville de Paris, qu'elle est donc légale et obligatoire; — Et, attendu qu'il est reconnu par le jugement dénoncé : 1° Que l'administration a mis à la disposition des approvisionneurs de cette ville une réserve publique; 2° Que les prévenus qui connaissaient l'existence de cet établissement ont néanmoins déposé les pommes de terre et les oignons dont il s'agit dans une maison particulière; 3° Et qu'ils sont poursuivis non pour refus du droit qui serait dû au gardien de cette réserve, mais seulement pour avoir placé leurs marchandises ailleurs que chez lui; — Que ces faits constituent évidemment, tant à la charge des propriétaires de ces marchandises qu'à celle de Riond qui s'en est rendu dépositaire, une contravention à la susdite ordonnance; qu'ils devaient, dès lors, entraîner contre chacun

d'eux l'application des peines qui en sont la sanction. D'où il suit qu'en les renvoyant de l'action du ministère public sur les motifs que cette ordonnance ne désigne pas la réserve dont elle parle, et que le fait à eux reproché n'est pas punissable, puisqu'il ne présente que l'exercice légitime de la libre disposition de sa chose, le jugement dénoncé a expressément violé les articles ci-dessus visés. — Casse.

(1) Cons. d'Ét. int. 11 avril 1834 (commune de Visons). — Le maire peut bien, dans l'intérêt de l'ordre et de l'approvisionnement, arrêter que les porcs ne seront pas exposés en vente ailleurs que sur le marché public; mais il n'a pas le droit d'exiger qu'ils ne soient hébergés que dans le même emplacement. Il peut seulement veiller à ce qu'ils ne soient conduits et déposés que dans les porcheries autorisées dans les termes tracés par le décret du 15 octobre 1810 et l'ordonnance du 14 janvier 1815 sur les établissements insalubres.

En ce sens, Cons. d'Ét. cont. 25 janvier 1866, L. p. 39.

en semblable circonstance, sont les tribunaux administratifs. Le maire, en édictant les mesures de sûreté, agit comme chargé de la police municipale; il ne saurait être déclaré responsable que s'il avait commis une faute personnelle. La doctrine que nous soutenons est celle de la Cour de-cassation (1). Elle a été, il est vrai, contestée par quelques cours d'appel et des tribunaux inférieurs (2), mais elle est fondée sur les règles générales du droit en cette matière.

1691. Dans les règlements de police qu'ils prennent, les maires doivent se borner à édicter des mesures dans l'intérêt de l'ordre public et de la sûreté des citoyens; mais ils ne peuvent prescrire aux habitants de pavoiser ou d'illuminer (3).

1692. Les cérémonies publiques et les réjouissances nationales à l'égard de certains événements, pouvant attirer dans les rues d'une commune un concours nombreux de population, l'autorité municipale a les mêmes droits que lorsqu'il s'agit de fêtes nationales ou locales.

§ 3. — Théâtres et spectacles.

1693. Les maires ont la police des spectacles et théâtres. Nous n'avons pas à étudier les diverses questions que les théâtres soulèvent au point de vue de l'intérêt qu'ils présentent relativement à la progression de l'art dramatique et aux encouragements qu'ils doivent recevoir: nous n'avons à nous occuper ici que des mesures que leur établissement et leur exploitation nécessitent au point de vue de la tranquillité et du bon ordre-de la cité.

1694. Sans entrer dans l'examen de la législation spéciale, nous devons rappeler seulement qu'antérieurement à 1864, l'exploitation d'un théâtre était subordonnée à un ensemble de conditions dont l'effet était d'établir un privilège en faveur de tout concessionnaire d'une entreprise dramatique. Ce mot et cette idée de « privilège » ayant suscité de vives et persistantes protestations au nom de la liberté et au nom de l'esprit humain, qui semblait comprimé par d'injustes entraves, le gouvernement finit par s'émouvoir et par donner satisfaction à l'opinion, en supprimant les privilèges et en édictant le décret du 9 janvier 1864 sur la liberté des théâtres. Voici quelle est l'économie de cet acte, qui constitue sinon l'unique, du moins le principal élément de la législation actuellement en vigueur.

Aux termes de l'article 1er du décret, tout individu peut faire construire et exploiter un théâtre à la charge de faire une déclaration au ministère des beaux-arts et à la préfecture de police pour Paris, à la préfecture dans les départements. L'industrie dramatique, ainsi mise en possession du régime de la liberté, a dû, cependant, rester soumise, dans son exploitation, aux diverses règles qui intéressent l'ordre, la sécurité ou la morale publics. Ainsi, les entrepreneurs de théâtre doivent se conformer aux ordonnances, décrets et règlements de police, mais le besoin d'un examen et d'une autorisation préalables, a été maintenue pour la représentation de toute œuvre dramatique. Les théâtres d'acteurs enfants sont interdits.

1695. Les spectacles de curiosité, de marionnettes, les cafés dits cafés chantants, cafés-concerts et autres établissements du même genre restent soumis aux règlements existants. Ces entreprises d'ordre inférieur n'ont pas été, cependant, sans tirer quelque profit du nouvel ordre de choses: aux termes de l'article 11 de l'ordonnance du 8 décembre 1824, ils payaient une redevance aux directeurs privilégiés des départements; les privilèges ayant disparu, ces entreprises ont été affranchies de la redevance. Mais elles ont continué, de même que les théâtres, à acquitter la redevance établie au profit des pauvres et des hospices.

1696. Les ouvrages dramatiques de tous les genres, y compris-les pièces entrées dans le domaine public, peuvent être représentés sur tous les théâtres. Mais, si l'œuvre est encore une propriété particulière, elle ne peut être représentée malgré l'opposition du propriétaire.

1697. L'autorité municipale a la surveillance des théâtres publics, non à raison du spectacle qui y est donné, mais à raison de la nécessité d'assurer l'ordre et la tranquillité dans les lieux où le public est admis. Elle n'a donc aucun droit de contrôle, ni de police sur les théâtres privés et les spectacles où le public n'est pas admis (1).

---

(1) Cass. civ. 25 mars 1884. — La Cour, Sur le premier moyen du pourvoi ; — Vu le décret du 16 fructidor an III; — Attendu que si les tribunaux de l'ordre judiciaire sont compétents pour connaître des actions auxquelles peuvent donner lieu des faits accomplis par un fonctionnaire public dans l'exercice ou à l'occasion de l'exercice de sa fonction, alors qu'ils constituent à sa charge une faute personnelle et qu'ils sont distincts de l'acte administratif proprement dit, il n'en est point ainsi quand c'est cet acte lui-même, qui sert de base à l'action dirigée contre le fonctionnaire ; — Que dans ce cas, c'est à l'autorité administrative seule, qu'il appartient d'en apprécier la nature et les conséquences ; — Attendu que pour condamner Marc à payer à Faugères une somme de 149 fr. 50 pour réparation du préjudice, qu'avait causé ce a dernier la destruction des gerbes d'avoine, incendiées par des fusées lancées pendant une fête publique, le jugement attaqué s'est fondé sur ce double motif: 1° que Marc, maire de-Nissan avait, en cette qualité, autorisé les membres d'une société musicale à circuler en corps, pendant la soirée, dans les rues du village ; 2° qu'il était présent à la fête; qu'il avait été averti par un habitant que diverses pièces d'artifice étaient allumées et tirées dans les rues, et que cependant il n'avait pris, ainsi qu'il aurait dû le faire, comme chargé de la police municipale, aucune mesure pour prévenir le danger d'incendie; — Attendu que le premier de ces faits constituait un acte administratif, et que le second participait au même caractère, puisqu'il consistait en ce que Marc s'était abstenu de procéder à un acte de sa fonction; — Que le jugement attaqué n'a imputé aucune faute à Marc personnellement ; — Qu'il a, au contraire, considéré dans leur ensemble, les circonstances qu'il a relevées, comme engageant la responsabilité du maire, en sa dite qualité et que c'est ce titre que statuant, au fond, sur l'action intentée par Faugères, il a prononcé contre Marc une condamnation en dommages-intérêts au lieu de se déclarer incompétent, en quoi il a excédé... — Casse.
(2) Riom, 11 juin 1884. — Considérant que ledit feu d'artifice a été commandé par la municipalité de la ville du Puy, tiré sur place, et qu'elle en avait confié la manœuvre à ses agents ou préposés, tous étrangers à l'art de la pyrotechnie ; — Considérant que, s'il ne peut être fait grief au maire du Puy d'avoir, conformément aux usages admis en matière de réjouissances publiques, organisé ce spectacle et d'y avoir convié la population, il était de son devoir strict de prendre les mesures de police et de précautions nécessaires pour conjurer les accidents ; — Considérant que la sécurité publique n'avait pas été suffisamment garantie; — Qu'en effet, à l'inexpérience des personnes préposées au tir, s'ajoute la faute, à la charge du maire, de ne pas avoir fait établir autour des pièces d'artifice, une zone de protection d'un suffisant espace ; — Que malgré une barrière qu'une simple corde placée circulairement et surveillée par quelques pompiers ou agents de police ne marquait l'enceinte, d'ailleurs d'un rayon très étroit, réservée à la projection desdites pièces et notamment des fusées; — Considérant que le jeune C... se trouvant au-delà de la distance de cette corde, mais en arrière d'elle ainsi que cela n'est pas contesté, etc.; — Considérant que l'attitude du jeune C..., étant restée absolument correcte à la place qu'il occupait, aucun acte d'imprudence ne peut lui être reproché, etc.; — Qu'il est, dès lors, manifeste que l'accident, dont il est devenu victime, ne doit être attribué qu'à une direction donnée au tir des fusées d'artifice, soit que ce tir n'ait pas été assez vertical, soit que le périmètre de protection ait été mal calculé, eu égard à la course ascensionnelle des fusées et à la chute périlleuse de leurs baguettes ; — Mais qu'en toute hypothèse, il y a eu faute lourde, imprudence grave, imputable à la ville, dans la manière dont a été organisé le feu d'artifice tiré par les soins de la municipalité; — Qu'elle devait cependant se montrer d'autant plus prudente et soucieuse de la sécurité publique, que déjà, au Puy, ce genre de divertissement avait occasionné plusieurs sinistres; — Considérant qu'il n'y a pas à rechercher, comme l'ont fait les premiers juges, si, par un mouvement de recul ou d'inflexion du corps ou de toute autre manœuvre, plus ou moins pratique au sein d'une foule, dont l'attention et la curiosité sont à chaque instant attirées par la course aérienne des fusées qui se succèdent souvent avec rapidité et partent dans toutes les directions, il eût été facile au jeune C... de se préserver de la chute de la baguette qui l'a si cruellement blessé; — Que l'argumentation à laquelle les premiers juges se sont livrés à cet égard, soit trop conjecturale pour être prise en sérieuse considération; qu'en tout cas elle est impuissante à dégager la ville du Puy de la responsabilité initiale qu'elle a directement encourue par sa propre incurie ; — Considérant que les communes sont soumises au droit commun pour la formation des obligations qui ont leur source dans les quasi-délits ; — Que les articles 1382 et suivants du Code civil leur sont donc applicables, etc. — Infirme.
(3) Cass. crim. 26 novembre 1849; Cass. crim. 17 janvier 1820.

---

(1) Cass. crim. 1er juillet 1881, Bull. crim., p. 289; Cass. crim. 10 juin 1882. — La Cour, Sur le premier moyen, pris de la violation du décret du 6 janvier 1864 et de l'article 471 (n° 15) du Code pénal, vu le décret et cet article; — Attendu qu'il résulte des instructions et des constatations du jugement attaqué, que l'abbé Le Gal avait reçu dans la soirée du 1er septembre 1881, dans la maison dont il est propriétaire à Hennebont, dont il avait l'entière disposition, la présidente et les membres d'un cercle catholique d'ouvriers dont il est le directeur, ainsi qu'un certain nombre de personnes étrangères au cercle, et qu'en présence de ces spectateurs, il avait fait jouer une pièce par lui choisie, sans déclara-

1698. Un très grand nombre de communes subventionnent leurs théâtres, soit en fournissant gratuitement la salle de spectacle au directeur, soit en fournissant une indemnité annuelle, soit en accordant l'une et l'autre. Les traités qui règlent entre les entrepreneurs et les maires les conditions de cette subvention, déterminent, en général, la part que l'administration peut prendre dans la direction de l'opération et les conditions de la gestion. Mais ces contrats, quelque forme qu'ils revêtent, sont des actes d'ordre privé, dont les stipulations demeurent étrangères aux devoirs et aux droits de police que le maire tient tant de la loi de 1884 que du décret de 1864.

Définissons d'abord un théâtre : c'est un lieu consacré à la représentation des ouvrages dramatiques ou lyriques.

1699. Un théâtre ne peut être ouvert qu'autant qu'il a été constaté préalablement, que la salle est solidement construite. La direction doit entretenir en tout temps des réservoirs pleins d'eau, des pompes et agrès en état. Si les précautions prescrites, pour prévenir les incendies, avaient été omises même un seul jour, l'autorité municipale pourrait faire fermer la salle (1).

1700. Les entrepreneurs doivent prendre toutes les mesures nécessaires pour faciliter l'entrée et la sortie du théâtre et faire disparaître tout ce qui peut gêner la circulation.

1701. Aux termes d'une loi du 19 janvier 1791 (art. 7), il ne peut y avoir dans les théâtres qu'une garde extérieure dont les troupes de ligne ne sont pas chargées, si ce n'est dans le cas où les officiers de police en font la réquisition formelle. La garde ne doit y pénétrer que dans le cas où la sécurité publique est compromise et sur la réquisition expresse de l'officier civil.

1702. La force armée ne doit être introduite dans une salle de spectacle que quand tous les autres moyens ont été employés sans succès par le maire ou le commissaire de police, et seulement dans le cas où des rixes, des luttes ou des voies de fait ont été exercées contre des spectateurs.

1703. Il doit être instamment recommandé à la garde de conserver le sang-froid, la fermeté et la prudence nécessaires, tout en conciliant la rigueur de la consigne avec la modération que réclame son exécution. Il ne faut pas, en effet, oublier que si les représentations dramatiques ont pour effet d'exciter violemment les passions du public qui y assiste, ce public, en général, n'est venu que dans un but de distraction et d'amusement, et n'a aucune intention de troubler l'ordre et de provoquer une émeute. Si la foule est nombreuse, elle est toujours composée en partie de femmes et d'enfants à l'égard desquels la violence ne doit être employée qu'à la dernière rigueur.

1704. Si un seul individu a commis quelque délit dans une salle, s'il a donné lieu à une interruption de la représentation, il faut employer à l'égard de cet individu seul la force publique.

1705. Lorsqu'un théâtre est ouvert dans une ville, l'autorité municipale doit prendre un arrêté pour réglementer la police de la salle et de ses abords.

Parmi les objets qui doivent éveiller sa sollicitude, on doit placer en première ligne la solidité de la salle et les précautions contre l'incendie.

1706. Le maire doit aussi porter sa surveillance sur les

représentations elles-mêmes. La loi et les règlements à cet égard l'autorisent : 1° à intervenir dans la fixation des heures d'ouverture et de fermeture des représentations ; 2° à empêcher la représentation de toute pièce dont le contenu pourrait servir de prétexte à la malveillance et occasionner du désordre, et à arrêter la représentation de toutes celles par lesquelles l'ordre aurait été troublé d'une manière quelconque ; 3° à empêcher la présence d'un acteur ou d'une actrice, lorsqu'elle pourrait occasionner du désordre ; de même, user de son influence pour obliger un acteur ou une actrice à jouer, lorsqu'ils n'ont pas de raisons valables de se retraire et que leur absence ou leur refus ferait manquer une représentation ou nécessiterait un changement de pièce. et ainsi pourrait troubler l'ordre ; 4° à interdire la communication des spectateurs avec les coulisses et les loges particulières des acteurs ou actrices ; 5° à forcer le directeur ou l'entrepreneur à jouer les pièces du répertoire ou celles qu'il a annoncées, en demandant l'autorisation, comme aussi à s'y renfermer ; 6° à défendre d'annoncer une représentation quelconque, sans qu'on lui ait soumis la liste des pièces qui doivent la composer, et si on n'a pas obtenu préalablement son visa sur l'affiche à ce destinée ; 7° à faire cesser la représentation comme à clore au moins provisoirement le spectacle ou théâtre, lorsqu'il est jugé nécessaire pour apaiser des troubles occasionnés par les représentations ; 8° à défendre la vente des billets sur la voie publique.

1707. Il est de règle que les arrêtés pris pour l'exploitation d'une salle de théâtre, ont un caractère permanent, et ne sont pas limités à l'année ou à l'exploitation théâtrale à raison de laquelle ils ont été pris (1).

1708. L'arrêté du maire peut défendre à tout acteur de rien ajouter ou changer à son rôle sans y avoir été autorisé par l'autorité municipale (2).

1709. Mais aucune loi ne permet à l'autorité municipale de faire incarcérer les acteurs par mesure de police. C'est donc abusivement et par souvenir d'un état de droit disparu depuis cent ans, que de pareilles incarcérations ont lieu dans quelques localités.

1710. Il doit y avoir, dans chaque théâtre, un officier de police chargé de la surveillance générale et revêtu de son costume (3). Tout particulier est tenu de lui obéir provisoirement. En conséquence, tout individu, invité ou sommé par lui de sortir de l'intérieur de la salle, doit se rendre ou être conduit de suite au bureau de police, devant le commissaire,

___

(1) Arr. 1er germinal an VII.

tion et sans communication préalable de cette pièce au préfet du département ; — Attendu que, d'après les mêmes constatations rapprochées des réquisitions du ministère public et des conclusions du prévenu, qui en déterminent le sens exact, toutes les personnes, qui assistaient à cette représentation, n'avaient été admises que sur la production à l'entrée, de lettres ou cartes d'invitation nominatives, qui leur avaient été adressées à l'avance par l'abbé Le Gal ; — Attendu que le fait ainsi constaté caractérisait légalement une réunion privée, puisque l'accès du domicile de l'abbé Le Gal avait été absolument interdit au public, que ce fait ne pouvait être assimilé ni à un spectacle public, ni à l'exploitation d'un théâtre ouvert au public, qui sont seuls soumis aux formalités prescrites par le décret de 1864 ; — Attendu qu'en jugeant le contraire, et en déclarant que le docteur Evanno, en qualité de président du cercle catholique d'ouvriers d'Hennebont était, spécialement responsable d'une contravention aux dispositions de ce décret, le juge de paix a méconnu et a violé... — Casse.

(1) Cass. crim. 30 novembre 1853.
(2) Cass. crim. 4 avril 1835. — La Cour, Vu l'article 3 (n° 3), titre II de la loi du 16-24 août 1790 et l'article 46, titre Ier et ceux du 19-22 juillet 1791, article 6 de la loi des 18-19 janvier 1791, qui placent les entrepreneurs ou les membres des différents théâtres, à raison de leur état, sous l'inspection des municipalités; l'article 3, de celle du 1er septembre 1793, portant que la police des spectacles continuera d'appartenir exclusivement aux municipalités, l'article 1er de l'arrêté du gouvernement du 25 pluviôse an VII, qui charge les officiers municipaux de veiller à ce qu'il ne soit représenté sur les théâtres, établis dans leurs communes, aucune pièce dont le contenu puisse occasionner du désordre ou d'arrêter la représentation de toutes celles par lesquelles l'ordre public aurait été troublé d'une manière quelconque ;—Ensemble l'arrêté du 15 décembre 1828, par lequel le maire de Nancy a défendu à tout acteur de rien ajouter ou de retrancher à son rôle, sans y avoir été autorisé par l'autorité municipale et l'article 471 (n° 15) du Code pénal. — Attendu en droit, que la défense faite par l'arrêté du 15 décembre 1828 est générale et absolue, que sa stricte et sévère exécution intéresse au plus haut degré la tranquillité publique, puisqu'elle a pour objet de prévenir tous les écarts qui pourraient troubler celle-ci sans la compromettre, qu'il n'appartient au tribunal chargé d'en réprimer l'infraction ni d'interpréter ce règlement ni de le modifier, et qu'il suffit, pour qu'un acteur soit punissable des peines qui en sont la sanction, qu'il ait prononcé sur la scène, même sans intention malveillante, des paroles qui ne se trouvent pas dans la pièce représentée et que l'autorité municipale n'avait pas expressément autorisées ; — Et attendu, en fait, que l'acteur Vernet sans avoir obtenu l'autorisation prescrite a prononcé sur le théâtre de Nancy, le 28 février dernier, des paroles qui ne font point partie du rôle dont il était chargé, dans la représentation de la Dame Blanche ; — D'où il résulte qu'en le renvoyant de l'action exercée contre lui à ce sujet, sur le motif qu'il n'a pas eu l'intention de troubler cette représentation, que le maire ne peut avoir voulu réprimer de légers écarts d'esprit et un esprit de licence, en quelque sorte inhérent au genre comique, le jugement dénoncé a commis un excès de pouvoirs et violé... — Casse.
(3) Déc. 18-19 janvier 1791, art. 6.

qui, seul, peut prononcer son renvoi devant l'autorité compétente ou le mettre en liberté.

1711. Un maire doit interdire de fumer dans la salle de spectacle et dans tous les lieux qui dépendent du théâtre. Cette mesure est prise, tant pour éviter le danger de l'incendie, que pour assurer la tranquillité et le bon ordre du spectacle; et elle est obligatoire, non seulement pour les spectateurs, mais pour tous les individus employés à la représentation (1).

1712. Les spectateurs d'un théâtre ont-ils le droit de siffler? C'est un droit qu'à la porte on achète en entrant, dit le poète. La jurisprudence devant laquelle la question a été portée s'est toujours prononcée, en principe, pour l'affirmative (2). Mais ce droit peut être réglementé par l'autorité municipale, qui a la faculté d'interdire la continuation des sifflets, après qu'un avertissement a été donné, à cet effet, par l'officier de police présent à la représentation (3). Le sifflet ne saurait être admis que comme une manifestation d'opinion sur la valeur d'un acteur ou d'une pièce dramatique, formant la contre-épreuve de l'applaudissement, mais non comme un bruit ou tapage toléré.

1713. Le droit de police des maires s'étend en dehors des théâtres, aux spectacles de curiosité.

Il faut entendre par spectacles de curiosité toutes les entreprises qui sont vouées au chant, à la déclamation ou à la danse, ou qui sont ouvertes à la curiosité du public, sans faire aucun emprunt au genre dramatique, telles que les marionnettes, panoramas, cosmoramas, expositions de tableaux, concerts et cirques. Ces établissements, qui n'étaient, sous l'empire de la loi de 1791, soumis qu'à la déclaration préalable, doivent être autorisés par les préfets lorsque leur existence est fixe. Lorsqu'ils ne sont établis que temporairement, il suffit de l'autorisation des maires.

1714. Un arrêté du 1er germinal an VII trace les règles de conduite à suivre pour prévenir ou faire cesser promptement les incendies dans les salles de spectacle. Le directeur du spectacle doit s'entendre avec l'autorité municipale pour arrêter les mesures de surveillance à prendre et le service à faire dans le local où ont lieu les représentations. Un pompier doit être constamment en sentinelle dans ce lieu. Il est payé par le directeur du spectacle. A la fin de chaque représentation, la salle doit être visitée dans toutes ses parties, et l'on doit s'assurer qu'il ne subsiste aucun indice qui puisse faire craindre un incendie. Le défaut d'exécution des mesures prescrites par l'autorité municipale entraîne la fermeture du spectacle.

§ 4. — Jeux et bals publics.

1715. Les maires sont chargés de la police des jeux. Il faut entendre ce que dit cette expression.

On distingue d'abord entre les jeux de hasard, qui sont ceux auxquels le hasard seul préside et ceux dans lesquels le hasard n'a qu'une part, et enfin les jeux d'adresse.

La législation actuelle distingue, en outre, entre les jeux de hasard qui sont tenus exclusivement dans les maisons, et les jeux qui sont établis dans les rues, chemins, places et lieux publics.

Ceux qui sont convaincus d'avoir tenu une maison de jeux de hasard et d'y avoir admis le public, soit librement, soit sur la présentation des intéressés ou affiliés; les banquiers, administrateurs et préposés de ces maisons, sont punis d'un emprisonnement de deux mois au moins et de six mois au plus, et d'une amende de 100 francs à 6,000 francs. Les coupables peuvent être de plus, à compter du jour où ils ont

subi leur peine, interdits, pendant cinq ans au moins et dix ans au plus, des droits mentionnés en l'article 42 du Code pénal. Dans tous les cas, sont confisqués tous les fonds ou effets qui sont trouvés exposés au jeu, les meubles, les instruments, ustensiles, appareils employés ou destinés au service des jeux, les meubles et les effets mobiliers dont les lieux sont garnis ou décorés.

Ceux qui établissent ou tiennent dans les rues, chemins, places ou lieux publics, des jeux de hasard, sont punis d'amende depuis 6 francs jusqu'à 10 francs inclusivement.

Les tables, instruments, appareils des jeux ainsi que les enjeux, fonds, denrées, objets proposés aux joueurs, sont saisis et confisqués.

En cas de récidive, ceux qui ont établi ou tenu les jeux sont traduits devant le tribunal correctionnel et punis d'un emprisonnement de six jours à un mois et d'une amende de 16 francs à 200 francs (1).

Ainsi, dans le cas où des individus se présenteraient à la mairie, notamment les jours de fête, de foire ou de marchés, pour solliciter l'autorisation d'établir des jeux de hasard sur la voie publique ou ailleurs, les maires n'ont pas à leur accorder ou refuser cette autorisation; le Code pénal interdit d'une manière absolue ces sortes d'établissements.

1716. Les maires peuvent rappeler par un arrêté cette interdiction. Leur vigilance et celle des commissaires de police ne doit pas se borner à surveiller les jeux proscrits par l'article 475 du Code pénal et dont les banquiers en plein vent ne sont passibles que des peines de simple police; elle doit les porter à rechercher et à faire fermer les maisons de jeu clandestines et à constater tous délits de cette nature par un procès-verbal qu'ils transmettent, avec les objets saisis, au procureur de la République.

1717. Les jeux que nous pourrions appeler mixtes, parce que le hasard n'y a qu'une part relative, et que l'on désigne souvent sous le nom de jeux de commerce, ne sont pas interdits par la loi (2). Mais ils peuvent être prohibés par l'autorité municipale dans tous les lieux publics (3); toutefois cette

---

(1) C. P., art. 410, 475, 477, 478.
(2) Cass. crim. 8 janvier 1875. — En ce qui touche le moyen fondé sur une violation prétendue de l'article 5 de l'arrêté, article portant défense de jouer, dans lesdits établissements, soit aux cartes, soit à aucun jeu de hasard, et par suite sur une violation prétendue, soit de l'article 475 (n° 5), soit de l'article 471 (n° 15) du même code; — Attendu qu'il est constaté en fait, que le jeu que jouait Trille était le jeu de piquet, que le jeu de piquet n'est pas un jeu de hasard, et qu'il ne tombe point, dès lors, sous l'interdiction édictée par l'article 5, ci-dessus visé, interdiction qui n'a pu vouloir s'étendre qu'à ces jeux de hasard ou de loterie pour lesquels seuls a disposé la loi pénale dans le n° 5 de l'article 475 d'où il suit qu'en relaxant Trille,... — Rejette.
Cass. crim. du 9 novembre 1861. — La Cour, Attendu que l'article 475 (n° 5) du Code pénal interdit et réprime l'établissement sur la voie publique des jeux de loterie ou autres jeux de hasard; — Que ces expressions indiquent par leur rapprochement que les jeux prohibés par cet article sont ceux auxquels le hasard seul préside; — Attendu que le fait constaté par le procès-verbal servant de base à la poursuite, consistait en ce que Léonard, aurait établi et tenu, le 16 juillet dernier, sur la place publique de Houtout, un jeu de billard, dit jeu de poule; — Attendu qu'en reconnaissant que ce jeu ne pouvait être atteint par la prohibition de la loi, parce que l'adresse s'y combine avec le hasard, le jugement attaqué a exactement apprécié... — Rejette.
(3) Cass. crim. 3 juin 1848. D. P. 48.1.455; Cass. crim. 29 décembre 1865. — La Cour, Vu les articles 46. titre I. de la loi des 19-22 juillet, 1791 et 3 (n° 3) de celles des 16-24 août 1790, 1. de l'arrêté du maire de Lunis, en date du 30 mai 1858, et 471 (n° 15) du Code pénal.
Sur le premier moyen du pourvoi, tiré de la violation de ces dispositions, en ce que le jugement attaqué déclare qu'il n'y a que les jeux de hasard qui soient réellement prohibés et qu'on ne saurait considérer comme tels les jeux qui servent de base à la poursuite, consistait en une indique que le perdant ne peut en recevoir aucune incommodité; — Attendu qu'indépendamment des jeux de hasard que comprennent les articles 475 (n° 5) et 410 du Code pénal dans leurs prohibitions, il appartient aux maires pour assurer le bon ordre, de régler tous les jeux publics, ceux des cartes comme les autres, et de les interdire expressément dans les cafés et cabarets, qu'une pareille défense est obligatoire et entraîne contre les contrevenants l'application de la peine édictée par l'article 471 (n° 15) du Code pénal.
Sur le second moyen tiré de la violation des mêmes dispositions, en ce que le juge de police a renvoyé les prévenus des poursuites au mison de ce qu'ils ne jouaient pas aux cartes dans le cabaret, mais dans une maison privée, uniquement pour délassement et distraction; — Attendu qu'il résultait du procès-verbal dressé à la charge des prévenus qu'ils

---

(1) Cass. crim. 7 janvier 1867, D. P. 67.5.37; Cass. crim. 27 avril 1866, D. P. 67.5. 361.
(2) Cass. crim. 14 novembre, 1840; Cass. crim. 18 octobre 1846.
(3) Cass. crim. 18 octobre 1839; Cass. crim. 11 avril 1844.

prohibition ne frappe pas, bien entendu, les lieux privés (1).

1718. Une tolérance administrative classe certains jeux, tels que le baccarat et le jeu dit des petits chevaux, dans lesquels la part du hasard est cependant prépondérante, parmi les jeux dits de commerce et en admet l'usage dans les lieux publics tels que les casinos et dans les cercles.

1719. Les jeux d'adresse et d'habileté, bien loin d'être prohibés, doivent, au contraire, être encouragés : les jeux de l'arc, les courses à pied, les jeux de boule, etc., constituent des récréations souvent fort populaires et qui ne doivent, en principe, être réglementés par l'autorité municipale qu'à l'effet d'y assurer le bon ordre et d'en faciliter l'exercice.

1720. Un terrain confinant à la voie publique, n'en étant séparé par aucune barrière, et ouvert à toute heure à la circulation, sans autorisation et sans condition, est public dans le sens de l'article 475 n° 5 du Code pénal qui interdit les jeux de hasard sur la voie publique (2).

1721. La police confiant au maire est chargé d'exercer sur les jeux l'oblige à étendre sa surveillance sur les endroits où l'on joue. Ces lieux sont ordinairement de deux sortes : les cercles et les casinos.

Les cercles sont des réunions de personnes, se connaissant entre elles, qui se groupent pour jouir des agréments de la vie commune, moyennant le payement d'une part contributive dans les dépenses. Ils constituent de véritables associations privées qui, comme toutes les associations de plus de vingt personnes, doivent être autorisées par le préfet, en vertu de l'article 291 du Code pénal, sur le vu de la liste des sociétaires et des statuts. L'autorisation est toujours révocable et doit être révoquée lorsque les statuts sont violés. Mais tant qu'elle existe, l'association, étant licite, échappe par son caractère privé au pouvoir réglementaire de la police, qui ne peut s'exercer que sur les lieux publics. La seule action possible du maire à l'égard du cercle serait de signaler à l'administration la violation des statuts susceptibles d'entraîner le retrait de l'autorisation (3).

1722. Il en est tout autrement des casinos, qui sont des établissements ouverts au public, soumis, comme tous les autres lieux de réjouissance ou de spectacles, à la police municipale. Le maire peut leur imposer toute réglementation qu'il juge utiledans l'intérêt de l'ordre et de la morale publique. Si un cercle est annexé à un casino, le maire exerce son droit de police dans sa plénitude à l'égard du casino. Quant au cercle, sauf la restriction indiquée ci-dessus, il échappe à son intervention directe.

1723. Les maires sont chargés d'assurer le bon ordre dans les bals publics : on appelle ainsi des assemblées de personnes qui dansent dans des lieux ouverts, à cet effet, au public. Le caractère constitutif de la publicité consiste principalement dans l'annonce qui en est faite ou dans le mode d'admission : si la réunion est portée à la connaissance du public par des avis distribués ou insérés dans les journaux; ou bien encore si toute personne peut y être admise indistinctement, soit à prix d'argent, par souscription, soit par cachets, billets ou abonnements, soit en rémunérant chaque danse, soit en payant son entrée en consommations, etc. (1).

Au surplus, c'est aux tribunaux à apprécier les circonstances constitutives de la publicité. A la vérité, lorsqu'un bal est établi dans un lieu public, c'est-à-dire dans un lieu où toute personne a le droit de se présenter, il y a présomption que ce bal est public; mais cette présomption doit céder à la preuve contraire et la jurisprudence a pu décider qu'un bal donné dans un restaurant et par plusieurs personnes qui se sont cotisées entre elles ne doit point être considéré comme public, ainsi que le serait celui qui aurait lieu par suite d'une souscription à laquelle toute personne aurait eu le droit de concourir (2).

1724. Le droit de surveillance et de police entraîne, au profit de l'autorité municipale, le pouvoir de faire les règlements nécessaires pour assurer le maintien de l'ordre et de la tranquillité dans les bals publics. Il est même aujourd'hui constant et il résulte de la jurisprudence que ceux-ci ne peuvent être ouverts qu'après l'obtention d'une autorisation préalable, laquelle, dans les départements, est donnée par

---

jouaient aux cartes dans une chambre de la maison du cabaretier; que le fait ainsi constaté n'a point été dénié; — Attendu que la maison d'un cabaretier est réputée lieu public dans toutes ses parties et dépendances, sans quoi les prescriptions qui ont pour but de réglementer ces sortes d'établissements demeureraient le plus souvent illusoires, d'où il suit que... — Casse.

(1) Cass. crim. 29 décembre 1865. — La Cour, Attendu que l'arrêté pris par le maire de Lumis, le 30 mai 1858, pour défendre les jeux de cartes dans les cabarets, cafés et lieux publics de la commune, est légal et obligatoire, aux termes des articles 46, titre 1 de la loi des 19-22 juillet 1791, et 3, (n° 3) de celles des 16-24 août 1790, qui attribuent à l'autorité municipale le droit général et absolu de régler, dans l'intérêt du bon ordre, tous les jeux publics; — Mais attendu que l'infraction aux dispositions ainsi prises ne peut tomber sous l'application de l'article 471 (n° 15) du Code pénal, qu'autant que les habitants se livrent au jeu de cartes dans les cafés, cabarets ou autres établissements du même genre, soit encore dans les lieux publics de la commune; — Et attendu que, dans l'espèce, les prévenus ont été trouvés jouant aux cartes dans l'atelier du menuisier Bertin, qu'un tel lieu ne peut être considéré comme public, à moins de circonstances exceptionnelles propres à lui en imprimer le caractère; — D'où il suit que la poursuite dirigée contre lui... — Rejette.

(2) Cass. crim. 30 juin 1882. — La Cour, Sur l'unique moyen tiré de la violation de l'article 475 (n° 5) du Code pénal en ce que le juge de police a fondé le relaxe du nommé Kiéner sur ce que le terrain où l'inculpé avait établi un jeu de hasard, étant compris dans la zone militaire et appartenant à l'État, n'était pas un lieu public; — Attendu que le jugement attaqué déclare que le jeu tenu par l'inculpé était un jeu de hasard; — Attendu que la publicité du lieu est une circonstance de fait, de laquelle seule la loi fait dépendre la prohibition édictée par l'article 475 du Code pénal;—Que si elle résulte de la tolérance du propriétaire, elle ne cesse que lorsque, par la volonté du propriétaire, le terrain sur lequel le public avait un libre accès est rendu à son caractère privé; — Attendu qu'il est constaté par le procès-verbal et reconnu par le jugement attaqué lui-même que le terrain sur lequel Kiéner exploitait un jeu de hasard, confinant à la voie publique, dont ne le séparait aucune barrière, était, sans autorisation et sans conditions, ouvert à toute heure à la circulation publique; — Que, dès lors, en fait, ledit terrain réunissait tous les éléments de publicité exigés par la loi, au point de vue de la contravention imputée à l'inculpé; — D'où il suit qu'en relaxant Kiéner du chef de poursuite contre lui... — Casse.

(3) Cass. crim. 21 juin 1851. — La Cour, Vu les articles 14 de la loi du 28 juillet 1848, 471 (n° 15) du Code pénal et 408 du Code d'instruction criminelle; — Attendu que le cercle, dans lequel le demandeur a établi un café pour l'usage de ceux qui en sont membres, a été fondé, à Metz, comme réunion non politique et non publique, par l'accom-plissement des formalités de l'article 14 de la loi du 28 juillet 1848; qu'il n'est pas constaté que les conditions d'existence de ce cercle aient été changées ou modifiées ; — Qu'il ne résulte pas d'un autre côté, soit du procès-verbal, soit du jugement attaqué, que l'établissement de ce café, tenu par le demandeur, ait été ouvert au public, qu'il ne peut donc être assimilé aux cafés, cabarets ou autres lieux publics dont la fermeture est ordonnée après dix heures du soir, par l'arrêté du maire de Metz, en date du 23 avril 1851; — Attendu que le jugement attaqué en déclarant le demandeur, relativement au café en question, coupable de contravention audit arrêt du maire de Metz, en lui faisant l'application de l'article 471 (n° 15) du Code pénal... — Casse.

Cass. crim. 12 septembre 1852. — La Cour, Vu l'article 471 (n° 15) du Code pénal et l'article 14 de la loi du 28 juillet 1848; — Attendu que l'article 14 de la loi du 28 juillet 1848, autorise les citoyens à fonder, dans un but non politique, des cercles ou réunions non publiques, à la seule condition de déclarer préalablement à l'autorité municipale, le local et l'objet de la réunion; — Attendu qu'il est reconnu, en fait, par le jugement attaqué (du tribunal de police de Colmar) que les administrateurs du cercle, dit le Casino, se sont conformés aux dispositions de cet article; — Attendu que si le sieur Kuhler vend des rafraîchissements aux sociétaires de ce cercle, dans le local loué et garni de meubles par cette société, cette circonstance ne saurait en changer la nature et lui donner le caractère d'un établissement public, dès l'instant où il n'est pas constaté que le public entre dans ce local; — Attendu, dès lors, que l'autorité municipale n'a pu, sans excès de pouvoir, imposer aux administrateurs de ce cercle l'obligation de fermer l'entrée aux heures prescrites par les règlements de police pour les cabarets ou autres maisons publiques... — Rejette.

(1) Cass. crim. 6 juillet 1867. — La Cour, Sur le premier moyen tiré de la violation de l'article 470 (n° 15) du Code pénal et de la violation des articles 3 et 4 titre 11 de la loi des 19-22 juillet 1791, en ce que le jugement a considéré une réunion dansante organisée par souscriptions avec invitations limitées, et dont le caractère public n'aurait pas suffisamment établi ni par le procès-verbal dressé, ni par le jugement attaqué, comme constituant légalement une contravention à un arrêté de police réglementant les conditions d'autorisation de bals publics; — Attendu que le jugement attaqué constate, en fait, que le Vauxhall, ou eu lieu le bal organisé par les prévenus, est une salle publique, qu'il suffisait de se présenter pour être admis, moyennant participation aux frais, et que le nombre des souscripteurs a été de soixante; — Attendu que cette constatation est souveraine, et qu'il résulte des faits ainsi constatés et sainement appréciés, que le bal, comme le déclare le jugement, avait perdu tout caractère privé et constituait un bal public... — Rejette.

(2) Cass. crim. 18 novembre 1856.

les maires (1), et qu'ils peuvent être fermés par leur ordre dans un intérêt d'ordre général (2).

1725. Du droit de surveillance accordé à l'autorité municipale par les lois de 1790 et 1791, résulte pour les maires le pouvoir de déterminer, par des arrêtés, les heures de clôture des bals publics (3). Et il a été jugé par application de de ce principe que le limonadier qui a laissé danser, dans son établissement, après l'heure fixée par l'autorité municipale pour la fermeture, ne peut être renvoyé des poursuites sur le motif qu'il avait loué à un tiers, deux jours auparavant, la salle où les danseurs étaient réunis (4).

1726. Du même droit de surveillance, résulte pour le maire le droit d'assigner un emplacement spécial pour les danses publiques, et celui de défendre ces mêmes danses dans d'autres lieux publics quels qu'ils soient (5).

1727. Le maire peut même réglementer les conditions qui seront imposées aux danseurs pour être admis aux danses publiques: exiger un minimum d'âge, — 16 ans, par exemple, — l'obligation de n'avoir ni cannes, ni armes; celle de danser certaines danses seulement; celle d'avoir une tenue convenable, etc. (6).

1728. Bien que le droit de l'autorité municipale pour accorder ou refuser l'autorisation d'ouvrir des bals publics soit absolu, et par cela même qu'il a ce caractère, on comprend

qu'il doit s'exercer avec beaucoup de réserve et de tolérance. Et l'on doit plutôt engager les maires à faire ouvrir des bals dans leurs communes. La défense des jeux et bals nuit à la conservation des mœurs, puisqu'il est reconnu que les amusements clandestins occasionnent plus de désordres que les amusements publics, et que, si l'on interdit les divertissements publics, la jeunesse en cherche d'autres qui sont plus dangereux pour les mœurs et le bon ordre.

1729. Un maire peut-il interdire les bals publics, les dimanches et fêtes et pendant les heures des offices ou la tenue des cérémonies religieuses? La question a été fort discutée à une certaine époque; mais l'affirmative n'est pas douteuse en droit (1). Il appartiendrait, d'ailleurs, à l'autorité préfectorale de rapporter la prohibition municipale si elle n'était pas nécessitée par les besoins de l'ordre public, mais seulement par un esprit d'intolérance regrettable.

1730. Mais si l'administration municipale a le droit de réglementer les bals publics, elle n'a aucun pouvoir à l'égard des bals privés (2).

§ 5. — Cafés et cabarets.

1731. Nous n'avons pas à exposer ici la législation spéciale relative aux cabarets, aux cafés et aux débits de boissons, telle qu'elle résulte de la loi du 17 juillet 1880.

Rappelons seulement, en quelques mots, ses dispositions particulières:

Toute personne qui veut ouvrir un café, cabaret ou débit de boissons à consommer sur place, est tenue de faire quinze jours à l'avance et par écrit, à la mairie de la commune où le débit doit être établi, une déclaration indiquant: ses nom, prénoms, lieu de naissance, profession et domicile; la situation du débit; à quel titre elle doit gérer le débit, et les nom, prénoms, profession et domicile du propriétaire s'il y a lieu.

1732. Il doit être donné immédiatement récépissé de cette déclaration, et le maire de la commune où elle a été faite, en transmet copie intégrale au procureur de la République de l'arrondissement (3).

---

(1) Cass. crim. 11 mai 1832; Cass. crim. 7 novembre 1833; Cass. crim. 2 mai 1835; Cass. crim. 17 janvier 1837; Cass. crim. 30 avril 1846. — La Cour, Vu l'article 3 (n° 3), titre XI, de la loi des 16-24 août 1790, et l'article 46, titre I, de celle des 19-22 juillet 1791; — Vu le règlement municipal de la ville de Bar-le-Duc, en date du 10 novembre 1843; — Attendu que le procès-verbal du commissaire de police constate qu'au jour indiqué et à 11 heures du soir, le sieur Louis Poirson, qualifié cafetier-limonadier et entrepreneur de bals, donnait un bal chez lui, en contravention à l'arrêté municipal précité et sans autorisation spéciale de la police; — Attendu que sur la poursuite dirigée contre ledit Poirson, pour avoir tenu ledit bal après dix heures, et avoir ainsi contrevenu à l'arrêté municipal du 10 octobre 1838, le jugement attaqué l'a renvoyé de la prévention, par le motif unique que ce n'était pas lui, mais bien une société de jeunes gens, qui avait donné le bal dont il s'agit, et qu'il s'était borné à louer à cet effet son local à ladite société; — Attendu qu'il est reconnu par le jugement attaqué que le local, dans lequel le bal a été donné, faisait partie des lieux occupés par Poirson, rue Rousseau, et formant son établissement de cafetier-limonadier et entrepreneur de bals; — Attendu que, dès lors, ce local est présumé lieu public dans toutes ses parties, qu'une location particulière et momentanée à un ou plusieurs particuliers, dans la destination d'employer ce local à donner un bal, n'a pu effacer le caractère de publicité imprimé au local par la profession de Poirson, et que quoique l'entrée du bal ne dut appartenir qu'aux individus faisant partie de la société dont il s'agissait, cette affectation spéciale et transitoire n'effaçait pas le caractère général et permanent de la publicité de ce local, et qu'elle ne pouvait soustraire le lieu public à la surveillance de la police et à l'exécution des règlements légalement promulgués par l'autorité municipale; — Attendu que le règlement municipal s'applique à tout entrepreneur de bals; — Que cette qualité dans la personne de Poirson n'est pas méconnue par le jugement attaqué, et que, quoique Poirson n'eût fait autre chose que louer la salle pour vingt francs, il doit être considéré comme donnant le bal lui-même; puisque le bal se donnait chez lui avec son consentement. D'où il suit que... Casse.

(2) Cons. d'Et. cont. 29 juin 1870. — Considérant qu'en vertu des lois des 14-22 décembre 1789 et 16-24 août 1790, les maires sont chargés de la police des lieux publics; — Que la décision par laquelle le maire de Biarritz a ordonné, dans un intérêt public, la fermeture de la salle de bal tenue par le sieur Chopelet, au lieu dit de Plaisance, n'est pas susceptible de nous être déférée en notre Conseil d'État au contentieux, en vertu de la loi des 7-14 octobre 1790... — Rejet.

(3) Cass. crim. 30 avril 1846. (Voy. supra, n° 1724.)
(4) Cass. 2 mai 1835.
(5) Cass. crim. 23 septembre 1841; Cass. crim. 23 décembre 1842; Cons. d'Et. 14 août 1865. — Le Conseil, En ce qui touche l'arrêté du maire de Richelieu du 28 mars 1861; — Considérant que le maire de Richelieu, en assignant un emplacement spécial pour les danses publiques et en défendant que ces danses aient lieu dans des établissements publics sans son autorisation, a agi dans la limite des pouvoirs de police municipale qui lui sont conférés par les lois ci-dessus visées. — Rejette.

(6) Cass. crim. 16 mars 1860. — La Cour, Vu l'article 6 de l'arrêté pris le 15 avril 1853, par le préfet du département de Seine-et-Marne, ensemble l'article 471 (n° 15) du Code pénal; — Attendu, en fait, qu'il était constaté par un procès-verbal régulier de la gendarmerie, en date du 5 février dernier, et que d'ailleurs il n'est pas méconnu que ledit jour, 5 février 1860, Droguet fils, âgé de 12 ans, a été admis dans un bal public de la Ferté-sous-Jouarre, et qu'il y a été vu participant aux danses qui avaient lieu dans cet établissement tenu par le nommé Mariette; — Attendu que l'article 6 du règlement préfectoral susvisé défend aux cafetiers, cabaretiers, entrepreneurs de bals ou autres chefs de maisons publiques, de recevoir chez eux des enfants de l'un ou de l'autre sexe au-dessous de 16 ans; — Que cette prohibition est générale

et absolue, qu'elle ne comporte aucune exception; — Attendu que, pour relaxer le prévenu des fins de la poursuite, le jugement attaqué s'est fondé sur cette circonstance que l'enfant, admis dans le bal public, était accompagné de sa mère; — Qu'en statuant ainsi le jugement a créé une exception non admise par l'arrêté sus-énoncé et contraire au caractère absolu de la défense qu'il établit; — Que dès lors... Casse.
(1) Cass. crim. 18 juillet 1823.
(2) Cass. crim. 16 août 1834; Cass. crim. 6 novembre 1840; Cass. 3 août 1867. — La Cour, Attendu que l'arrêté du maire de Cadillac, en date du 18 décembre 1822, ordonne à tous ceux qui voudront ouvrir une salle de danse de se munir d'une autorisation préalable, d'en demander l'autorisation à la mairie, et qu'un autre arrêté du préfet, en date du 23 septembre 1853, prescrit la fermeture de ces établissements à 9 heures du soir, du 1er octobre au 31 mars; — Attendu qu'il appert d'un procès-verbal du commissaire de police de Cadillac que, le 19 février dernier, le sieur Gigon aurait, sans autorisation, consenti à mettre à la disposition du sieur Smith une salle lui appartenant, et dans laquelle ledit Smith aurait fait danser jusqu'à 11 heures du soir, à l'occasion de son mariage, non seulement les personnes du cortège de la noce, mais encore un grand nombre d'autres personnes étrangères; — Attendu qu'en décidant, en présence de ce procès-verbal, et bien qu'il n'ait pas été débattu par la preuve contraire, que le bal dont il s'agit étant une réunion purement privée, ne se trouvait assujetti à aucune autorisation et en renvoyant par suite l'inculpé des fins de la poursuite, le jugement attaqué n'a pli violé...; — Attendu, en effet, d'une part, que les arrêtés, n'étant relatifs qu'aux bals publics, ne sauraient être appliqués aux réunions et aux bals privés qui sont donnés par les familles à l'occasion d'un mariage, alors qu'il n'est pas établi d'ailleurs que le bal fût ouvert à toute personne, même sans invitation; — Attendu d'autre part, que le jugement déclare, en fait, que les personnes étrangères à la noce étaient des amis et des invités, et qu'il a pu le déclarer ainsi sans violer la foi du procès-verbal, puisque ce procès-verbal se borne à constater la présence de personnes étrangères, sans dire si elles étaient invitées ou non; — Attendu que dans cet état des faits, c'est à bon droit que... — Rejette.
(3) Cons. d'Et. 8 juillet 1884. — Le Conseil d'État, Sur les conclusions des requérants, tendant à l'annulation de la décision du maire de Montlouis, qui a refusé de délivrer au sieur Belcasso récépissé d'une déclaration d'ouverture d'un café dans l'immeuble du sieur Blanc; — Considérant qu'aux termes de l'article 2 de la loi du 17 juillet 1880, le maire doit immédiatement donner récépissé de la déclaration qu'est tenue de

1733. De même, toute mutation dans la personne du propriétaire ou du gérant doit être déclaré dans les quinze jours qui la suivent, et la translation du débit d'un lieu à un autre huit jours au moins à l'avance. La transmission de ces déclarations doit également être faite dans trois jours au procureur de la République.

L'infraction aux dispositions de ces deux articles est punie d'une amende de 16 à 100 francs.

Ces diverses déclarations sont affranchies du timbre, le récépissé seul y est assujetti.

1734. Le maire n'a pas à apprécier la valeur de la déclaration qui lui est faite; il ne peut exiger aucune pièce à l'appui, pas même le casier judiciaire; son rôle se borne à délivrer, sans examen préalable et sans refus possible, récépissé de la déclaration, et à en transmettre copie au procureur de la République, à qui il appartient de s'assurer de la capacité du déclarant.

1735. La loi, en effet, tout en affranchissant les débitants de boissons de l'action administrative, n'a pas voulu laisser cette profession s'exercer librement sans l'entourer de certaines garanties, et elle a frappé d'une incapacité perpétuelle ou temporaire de tenir un débit de boissons, café ou cabaret, diverses catégories de personnes énumérées dans les articles 5, 6, 7 et 8.

1736. En vertu de ces dispositions, sont frappés d'une incapacité perpétuelle : tous les individus condamnés pour crimes de droit commun.

Sont frappés d'une incapacité temporaire pendant cinq ans : tous les individus qui auraient été condamnés à un emprisonnement d'un mois au moins, pour vol, recel, escroquerie, filouterie, abus de confiance, recel de malfaiteurs, outrage public à la pudeur, excitation de mineurs à la débauche, tenue d'une maison de jeu, vente de marchandises falsifiées et nuisibles à la santé, conformément aux articles 379, 401, 405, 406, 407, 408, 248, 330, 334, 410 du Code pénal, et à l'article 2 de la loi du 27 mars 1851. Les mêmes condamnations, lorsqu'elles sont prononcées contre un débitant de boissons à consommer sur place, entraînent de plein droit contre lui, et pendant le même délai, l'interdiction d'exploiter un débit à partir du jour où elles sont devenues définitives.

L'interdiction temporaire de cinq ans atteint aussi tout débitant qui vient d'être condamné à un mois au moins d'emprisonnement, en vertu des articles 1 et 2 de la loi du 23 janvier 1873, sur la répression de l'ivresse publique.

Ces interdictions temporaires cessent cinq ans après l'expiration de la peine, à l'égard des condamnés pour délits, si, pendant ces cinq ans, ils n'ont encouru aucune condamnation correctionnelle à l'emprisonnement.

1737. Le débitant interdit ne peut être employé, à quelque titre que ce soit, dans l'établissement qu'il exploitait, comme attaché au service de celui auquel il aurait vendu ou loué, ou par qui il ferait gérer ledit établissement, ni dans l'établissement qui serait exploité par son conjoint, même séparé.

1738. De plus, les mineurs non émancipés et les interdits ne peuvent exercer par eux-mêmes la profession de débitant de boissons.

1739. Les infractions aux dispositions des articles 5, 6 et 7 sont punies d'une amende de 16 à 200 francs.

En cas de récidive, l'amende peut être portée jusqu'au double, et le coupable peut, en outre, être condamné à un emprisonnement de six jours à un mois.

1740. Ces articles ne donnent lieu à aucun commentaire, l'administration n'étant plus investie du droit de statuer elle-même, et n'ayant présentement d'autre devoir que de transmettre aux parquets les procès-verbaux dressés par les agents de surveillance placés sous ses ordres. Les tribunaux seuls prononcent, et c'est uniquement de leurs jugements que résulte désormais la clôture des débits (1).

---

(1) Circ., min. 20 août 1880. — Monsieur le Préfet, en présence des demandes d'explications réitérées qui m'ont été adressées par plusieurs de vos collègues, depuis la promulgation de la loi du 17 juillet dernier relative aux débits de boissons, je ne crois pas devoir différer plus longtemps l'envoi des instructions destinées à assurer l'application générale de cette loi, sauf à revenir ultérieurement, s'il en est besoin, sur certains points de détail, pour le règlement desquels il est nécessaire que je me concerte avec mes collègues de la justice et des finances. Mais, avant tout, je considère comme indispensable, afin de prévenir tout équivoque, de vous signaler ou, pour mieux dire de vous prier de signaler à l'attention des autorités municipales le caractère distinctif de la loi nouvelle dont l'exécution est confiée en grande partie à leurs soins, et qui est exactement l'opposé de celui de la législation précédente.

Le décret du 29 décembre 1851, qui constituait un véritable régime d'exception pesant sur toute une catégorie d'industriels, a disparu complètement aujourd'hui. La législation qui lui succède, et qui consiste essentiellement dans la substitution d'une simple déclaration à l'autorisation administrative, ne garde plus trace des dispositions préventives antérieures. Cette législation n'est, on peut le dire, qu'un retour au droit commun, limité seulement à raison des conditions particulières dans lesquelles s'exerce l'industrie dont il s'agit, par la détermination précise de certaines incapacités résultant de la situation pénale des intéressés et du défaut de garanties qui en est la conséquence.

De là toute une jurisprudence nouvelle.

Désormais, toute personne qui voudra ouvrir un débit de boissons à consommer sur place n'aura qu'à faire, quinze jours au moins à l'avance et par écrit, à la mairie de la commune où le débit doit être établi, une déclaration rédigée conformément aux indications de l'article 2, et à laquelle il ne sera besoin de joindre aucune autre pièce.

Il a été établi, en effet, au cours de la discussion devant le Sénat, que si la production du casier judiciaire devait être faite jadis à l'administration, alors qu'elle décidait souverainement sur les demandes d'ouverture de débits de boissons, cette obligation n'a plus sa raison d'être aujourd'hui que le rôle du maire se borne à délivrer, sans examen préalable et sans refus possible, récépissé de la déclaration, et à transmettre copie de cette pièce au procureur de la République de l'arrondissement, à qui il appartient de s'assurer de la capacité du déclarant au moyen de son casier judiciaire qu'il aura sous la main ou qu'il lui sera toujours facile de se procurer.

D'après l'article 3, les mêmes déclarations devront être faites, soit en cas de mutation dans la personne du propriétaire ou du gérant, soit en cas de translation du débit d'un lieu à un autre. Dans le premier cas, la déclaration devra être faite dans les quinze jours qui suivront la mutation; dans le second, elle devra être déposée huit jours au moins avant la date de la translation, et la transmission des unes et des autres devra être faite également par le maire au procureur de la République, ainsi qu'il est dit à l'article 2.

Ces diverses déclarations sont toutes d'ailleurs affranchies du timbre, mais non le récépissé. Cette dernière pièce étant représentée à toute réquisition des agents de l'autorité, elle constitue un document destiné à être produit pour justification ou défense et doit, à ce titre, être soumise, en vertu de l'article 12 de la loi du 13 brumaire an VII, au droit de timbre établi en raison de la dimension du papier.

Les articles 4, 5, 6, 7 et 8 ne sont qu'une énumération des diverses catégories de personnes déclarées incapables perpétuellement ou temporairement d'exploiter des débits de boissons, avec l'indication des pénalités qui leur seraient applicables en cas d'infractions de leur part; ces articles ne doivent donner lieu à aucun commentaire, l'administration n'étant plus investie du droit de statuer elle-même en cette matière, et n'ayant présentement d'autre devoir que de transmettre aux parquets, ainsi qu'elle le fait pour les déclarations d'ouverture, les procès-verbaux dressés par les agents de surveillance placés sous ses ordres.

L'article 9 remet aux mains des maires un droit fort important, mais aussi à leur application très délicate, en leur conférant la faculté de déterminer, — les conseils municipaux entendus, — et sans préjudicier aux droits acquis, les distances auxquelles les débits de boissons ne pourront être installés autour des édifices consacrés au culte ou à l'instruction.

Deux excès contraires sont à redouter dans les questions de ce genre, auxquelles viennent toujours se mêler des intérêts personnels et des influences locales : trop de rigueur parfois, et parfois trop de complaisance. Mais les maires trouveront un utile appui, en cette occurrence, dans le concours du conseil municipal, qui leur permettra de résister plus efficacement aux sollicitations dont on pourrait tenter de les circonvenir. Ils ne devront jamais perdre de vue d'ailleurs que les termes de l'article 9 sont absolument limitatifs et ne s'appliquent qu'aux lieux qui y sont expressément désignés.

Certaines propositions avaient été formulées, en effet, lors de la discussion de la loi, afin d'étendre la même disposition à d'autres établissements, mais elles ont été écartées par le motif « qu'il fallait se borner au strict nécessaire, et ne point trop multiplier les points à protéger pour ne pas s'exposer à grever de nombreux immeubles d'une pareille servitude, qui ne peut se justifier que par des exigences morales ou sociales incontestables, et non se fonder sur de simples inconvénients. »

Vous aurez soin, au surplus, Monsieur le Préfet, de rappeler aux magistrats municipaux que les arrêtés qu'ils peuvent prendre dans ces circonstances doivent toujours être soumis à votre approbation et ne deviennent exécutoires qu'un mois après la date de leur réception à la préfecture. Et vous ne négligerez pas non plus de leur faire remarquer

lui faire, sous peine d'amende, quinze jours à l'avance, toute personne qui veut ouvrir, dans la commune, un café, cabaret ou autre débit de boissons; — Que son intervention se borner à constater l'accomplissement de cette formalité, sans examen préalable de la capacité du déclarant ou de la situation du débit, et à transmettre, dans les trois jours, copie intégrale au procureur de la République, auquel il appartient de rechercher et de poursuivre les infractions qui pourraient être commises, qu'il suit de là que le maire de la commune de Montlouis ne pouvait... — Annule.

1741. La loi de 1880 a remis aux maires un droit d'une application d'autant plus délicate, que l'usage qu'ils en peuvent faire ne peut être soumis à l'appréciation d'une juridiction contentieuse (1), en leur conférant la faculté de déterminer, les conseils municipaux entendus, et, sans préjudicier aux droits acquis, les distances auxquelles les débits de boissons ne pourront être installés autour des édifices consacrés au culte ou à l'instruction, des cimetières et des hospices. Deux excès contraires sont à redouter dans les questions de ce genre, auxquelles viennent toujours se mêler des intérêts personnels et des influences locales, trop de rigueur parfois, et parfois aussi trop de complaisance.

1742. Les arrêtés pris à cet égard par les magistrats municipaux sont-ils toujours soumis à l'approbation préfectorale, et ne deviennent-ils exécutoires qu'un mois après la date de leur réception à la préfecture?

La question est controversée. Une circulaire du ministre de l'intérieur du 20 août 1880 s'est prononcée pour l'affirmative, mais sans donner de motifs à l'appui de sa décision (2).

Mais la question soumise à la Cour de cassation a été tranchée dans le sens de la négative. Par un arrêt du 30 avril 1881, la Cour suprême a décidé que ces arrêtés devaient être exécutés immédiatement. La raison donnée par la Cour suprême, et qui nous paraît péremptoire, est que les arrêtés municipaux qui portent, sur une demande d'ouverture d'un débit, prohibition de s'établir dans un rayon déterminé, présentent le caractère d'urgence. Si on les considère comme arrêtés permanents seulement, ils ne sont exécutoires qu'un mois après leur dépôt à la préfecture. Or l'industriel qui demande à établir un cabaret, peut l'ouvrir si, dans le délai de quinze jours, à partir de sa demande, interdiction pour un motif légal ne lui a été notifiée: il a un droit acquis. L'arrêté de prohibition ne sera donc exécutoire que quinze jours après que le débit aura été ouvert. Mais, si le débit a été ouvert, il ne peut plus être fermé, aux termes de la loi de 1880, que par décision judiciaire, pour incapacité personnelle. L'arrêté municipal ne pourrait donc presque jamais empêcher l'établissement d'un cabaret dans la zone interdite. Un tel résultat est inadmissible (3).

1743. Les prescriptions ci-dessus énumérées, ne s'appliquent qu'aux débits de boissons permanents; ceux qu'on veut ouvrir temporairement, à l'occasion d'une foire ou d'une fête publique, demeurent soumis à l'obtention préalable d'une permission de l'autorité municipale.

1744. En faisant rentrer les débits de boissons sous l'empire du droit commun, la loi a enlevé à l'administration le pouvoir discrétionnaire qu'elle avait autrefois de permettre leur ouverture et d'ordonner leur fermeture; mais elle n'a pas entendu la dessaisir de son droit de police, qui a, au contraire, été maintenu en termes exprès par l'article 11 de la loi du 17 juillet 1880, et par l'article 97, paragraphe 4, de la loi du 5 avril 1884. Les débits de boissons, même permanents, restent donc soumis à la surveillance et aux règlements de l'autorité locale.

1745. Dans presque tous les départements, le régime général des débits a été déterminé par un arrêté préfectoral. Mais la réglementation générale préfectorale n'empêche pas une réglementation spéciale locale, lorsque celle-ci porte sur des points qui ont échappé à l'attention de l'autorité préfectorale ou lorsque les prescriptions édictées par cette dernière ne constituent qu'un minimum de réglementation (1).

1746. Nous avons déjà dit, et nous savons qu'un maire ne saurait dispenser de l'exécution de ses propres arrêtés; il en est de même évidemment du préfet; mais, lorsqu'un préfet,

---

d'autre part que toutes les dispositions et considérations qui précèdent ne s'appliquent qu'aux débits de boissons permanents, ceux qu'on voudrait ouvrir temporairement, à l'occasion d'une foire, d'une vente ou d'une fête publique, devant demeurer soumis, aux termes de l'article 10, à l'obtention préalable d'une permission de l'autorité municipale, conformément à la pratique ancienne, à laquelle il n'est apporté, sur ce point, aucune modification.

J'ajouterai enfin, comme dernière observation, qu'en déclarant que les infractions ou contraventions aux règlements ou arrêtés municipaux pourront être punies des peines de simple police, l'article 11 n'a fait que confirmer implicitement la législation antérieure, en laissant intact le pouvoir réglementaire qui appartient à l'administration en matière de police générale ou municipale, et notamment en ce qui touche la police des lieux publics.

(1) Cons. d'Ét. cont. 7 août 1883, D. P. 85.3.64; — Cons. d'Ét. cont. 4 juillet 1884; — Sieurs Blanc et Delcasso. — Vu les lois des 7-14 octobre 1790 et 24 mai 1792; — Considérant que l'arrêté par lequel le maire de Montlouis, le conseil municipal entendu, a fixé à 60 mètres la distance à laquelle les cafés, cabarets et débits de boissons ne pouvaient être installés autour des églises et des écoles primaires a été prise dans la limite des pouvoirs que lui sont conférés par l'article 9 de la loi du 17 juillet 1880; — Que dès lors, les sieurs Blanc et Delcasso ne sont pas fondés à en demander l'annulation par application des lois des 7-14 octobre 1790 et 24 mai 1872. — Rejet.

(2) Voy. supra, n° 1740.

(3) Cass. crim. 30 avril 1881. — La Cour, Attendu que Buquet, ayant l'intention d'ouvrir un cabaret dans la commune de Vendin-le-Vieil, a fait au maire, à la date du 26 août, la déclaration prescrite par l'article 2 de la loi du 17 juillet 1880, en lui indiquant ses nom, prénoms et domicile, et notamment la situation où il entendait ouvrir ce débit; — Attendu qu'il devait être placé dans une maison attenante à l'école des filles et à la mairie; qu'il résulterait de ce fait une grave atteinte à la décence et à la moralité publiques que le législateur a entendu sauvegarder par les dispositions de l'article 9 de ladite loi; — Attendu, en conséquence, que le maire de la commune, en vertu de cet article, convoqua le conseil municipal pour le dimanche 29, et, à la suite de la délibération qui eut lieu, prit, à la date du 30, un arrêté portant qu'aucun cabaret ou débit de boisson ne pourrait être établi à moins de trente mètres de distance des édifices consacrés aux différents cultes, cimetières, collèges, hospices, des écoles primaires ou autres, établissements d'instruction publique; que cet arrêté fut publié et affiché; que néanmoins, le 20 septembre, le débit fut ouvert, et que le même jour, un procès-verbal fut dressé contre le nommé Buquet; que cet arrêté,

portant règlement permanent au point de vue des prescriptions qu'il contenait, avait également, en ce qui touchait le nommé Buquet, un caractère d'urgence à raison des circonstances particulières de l'espèce; — Attendu qu'à la date du 3 décembre, un second procès-verbal fut dressé à raison de la contravention constatée par le procès-verbal antérieur; — Attendu que, traduit devant le juge de police, Buquet fut renvoyé de la poursuite, sur le motif qu'aux termes de la loi du 17 juillet 1880, toute personne peut ouvrir un débit de boissons, quinze jours après la déclaration par elle faite; qu'à la vérité, aux termes de l'article 9 de ladite loi, l'autorité peut prendre un arrêté interdisant l'ouverture d'un débit à une distance déterminée des édifices consacrés à un culte quelconque, des cimetières, des hospices, des écoles primaires, mais sans préjudice des droits acquis; que, dans l'espèce, l'arrêté, pris par le maire avant l'expiration du délai de quinzaine, n'était exécutoire, aux termes de la loi du 18 juillet 1836, qu'un mois après l'approbation préfectorale et, qu'à ce moment, Buquet avait un droit acquis auquel il ne pouvait être porté atteinte; — Attendu que tel est le sens et la portée de la loi du 17 juillet 1880; qu'elle doit être appliquée dans toutes ses dispositions, ce droit se trouve réduit et réglementé par les dispositions de l'article 9; — Attendu que c'est encore en vue de l'application de cet article que le débitant doit indiquer le lieu où il doit ouvrir un débit, et que le délai qu'il doit observer a nécessairement pour but de donner à l'autorité municipale le temps nécessaire pour apprécier les inconvénients qui peuvent résulter de la proximité de certains établissements; — Attendu que, s'il en était autrement, et si le débitant pouvait prétendre qu'après le délai de quinzaine, il a un droit acquis, l'article 9 ne pourrait jamais recevoir son application: qu'il faut donc reconnaître que les termes, pris et avoir droit acquis, dans les termes sainement interprétés de la loi du 17 juillet 1880, que si, dans le délai de quinzaine, l'autorité municipale n'a pas usé de la faculté que lui appartient, conformément à l'article 9; — Attendu, au surplus, que cet arrêté avait été également pris, et que son caractère d'urgence en expliquait et en commandait l'exécution; — Casse, etc.

(1) Cass. crim., 7 mars 1857. — La Cour, en ce qui touche l'arrêté du 20 février, par lequel le préfet de Seine-et-Oise a réglé la police des établissements publics de ce département; — Attendu que cet arrêté, selon les termes formels de son article 9, ne doit régir que les communes dont les maires n'avaient pas déjà, lors de sa publication, édicté des règlements dans le même objet; — Qu'il constate du jugement dénoncé, en fait, qu'un arrêté du maire d'Ormoy, en date du 9 juin 1850, a fixé l'ouverture et la fermeture des établissements publics de cette commune; — Que ce jugement, en déclarant ledit arrêté préfectoral inapplicable à la cause. — Casse.

Cass. crim., 10 mai 1867. — La Cour, Vu l'article 47 (n° 15) du Code pénal; — Attendu que pour relaxer la veuve l'imau et les autres inculpés des fins de la poursuite dirigée contre eux, le jugement attaqué s'est fondé sur ce que l'arrêté municipal du 30 août 1866 qui fixe la fermeture des lieux publics à 8 heures du soir, en hiver, pour la commune de Domblaise, serait dépourvu de force obligatoire et n'aurait aucune existence légale, un arrêté pris antérieurement par le préfet de la Meurthe, le 23 décembre 1851, ayant fixé à 9 heures du soir en hiver la fermeture des lieux publics, pour toutes les communes du département; — Attendu qu'à la vérité le préfet a le droit incontestable de prendre des arrêtés qui règlent la police des cabarets, cafés et débits de boisson, dans toutes communes du département, en vertu des pouvoirs qui lui sont conférés par le décret du 29 décembre 1851, mais qu'aucune disposition n'interdit au maire d'une commune de prendre pour le même objet et pour sa commune, par des motifs propres à cette localité, un

15

dans un arrêté général, a autorisé un maire à accorder des dispenses particulières d'exécution — par exemple, en ce qui concerne l'heure de l'ouverture et de la fermeture des débits, à certains jours — le maire peut accorder des autorisations spéciales, mais ces licences ne sont valables que si elles restent expressément dans les termes de l'arrêté général pris par le préfet (1).

1747. Quels sont les commerçants que l'on doit, au regard de la loi de 1880, considérer comme débitants de boissons? Ce sont, à notre avis, tous ceux qui vendent à tout venant, des boissons dont la consommation se fait dans la boutique. Ainsi, l'on doit donner ce nom :

Aux magasins de confiseurs qui vendent des pâtisseries et des liqueurs (2); au débit temporaire et accidentel ouvert par un cabaretier établi dans un autre village, qui vend aux moissonneurs ou aux vendangeurs, des boissons sorties de son établissement principal (3); aux maisons de tolérance, donnant à boire (4).

1748. On ne doit pas, au contraire, considérer comme débitant l'aubergiste qui loge et nourrit les voyageurs qu'il reçoit (5).

1749. Doit-on considérer comme débitant le restaurateur ou le marchand de comestibles, qui ne loge pas les voyageurs et leur donne seulement le repas? La Cour de cassation a estimé que non.

Le motif qu'elle a donné est que le restaurateur ne donne à boire que comme accessoire de la nourriture qu'il fournit (6).

Il ne nous paraît pas que cette raison de décider soit juridique; car si les restaurateurs ou les marchands de comestibles, tels que les pâtissiers, donnent souvent à boire en même temps qu'à manger, ils donnent souvent à boire sans donner, en même temps, à manger. Il n'y a donc point en cette matière de fourniture accessoire de boisson, et il nous paraît que les tribunaux doivent juger d'après les faits de chaque espèce (1).

1750. Les maires peuvent fixer les heures d'ouverture et de fermeture des cabarets; et prescrire, non seulement au cabaretier de tenir ses portes closes en dehors du temps autorisé, mais interdire aux particuliers d'y aller boire, manger ou jouer après l'heure de la clôture (2).

1751. La défense faite aux particuliers d'entrer ou de rester dans un débit de boissons, après l'heure déterminée par l'arrêté, s'applique à tous les individus qui ne *demeurent* pas avec le cabaretier ; à ses amis, à ses parents, aux amis de ses pensionnaires, aux ouvriers qui sont venus travailler dans le local (3).

arrêté municipal contenant des dispositions différentes, à la condition que cet arrêté soit sanctionné par le préfet ; — Et attendu qu'il est reconnu par le jugement attaqué que l'arrêté du maire de Dombasle avait reçu, en ces termes, l'approbation préfectorale à la date du 7 septembre 1866: « Le préfet de la Meurthe ne s'oppose pas à l'exécution du présent arrêté » ; — Qu'il suit de là qu'en déniant à cet arrêté municipal... — Casse.

En ce sens, Cass. crim., 21 juillet 1870, Bull. crim., p. 242.

(1) Cass. crim. 25 février 1859, D. P. 59.1.190 ; Cass. crim. 4 janvier 1862, D. P. 62.1.145; Cass. crim. 23 juin 1863. — La Cour, Attendu que l'arrêté précité du préfet de Lot-et-Garonne (art 1er et 5) ordonne expressément de fermer à dix heures du soir les lieux publics, dans les communes du département de Lot-et-Garonne, non chefs-lieux de département ou arrondissement, et qu'il autorise à accorder des exceptions pour l'heure de fermeture d'un établissement seulement le préfet ou les sous-préfets; — Attendu que le procès-verbal, dressé le 2 décembre 1862, par le commissaire de police de Milhau constate : que le 30 novembre 1862, vers onze heures du soir, ce commissaire a trouvé deux tables garnies de buveurs dans l'établissement du Jouquet encore ouvert et où l'on dansait, que ce fait a été reconnu par le sieur Jouquet; qu'à tort le jugement a prétendu excuser le fait accompli en contravention au règlement préfectoral, en admettant : 1e une autorisation du sous-préfet de Marmande, en date du 18 février 1862, permettant à Jouquet de débiter des boissons pour le service de son bal pendant le carnaval et les jours de foire, autorisation temporaire et limitée, n'ayant pu valoir le 30 novembre 1862 et n'impliquant pas la faculté de tenir ouvert le débit de boisson et le bal du Jouquet passé dix heures du soir; 2e une déclaration du maire de Milhau qui avait autorisé Jouquet à tenir, le 30 novembre dernier, son bal ouvert jusqu'à minuit, l'autorisation du maire de Milhau ne pouvant être valide à cet égard, en conséquence des dispositions de l'arrêté du préfet, précité, qui autorise le préfet et les sous-préfets seuls à prolonger les heures ordinaires d'ouverture des lieux publics dans le département de Lot-et-Garonne à conserver ces lieux ouverts passé dix heures du soir; — Attendu qu'il n'appartient pas au maire de Milhau de modifier les dispositions d'un arrêté légalement pris par l'autorité administrative supérieure, en statuant ainsi qu'il l'a fait sur le second chef de contravention imputé à Jouquet, le tribunal de police de Milhau a créé une excuse non admise... — Casse.

(2) Cass. crim. 4 mars 1853, Bull. crim., à sa date.
(3) Cass. crim. 4 novembre 1852, Bull. crim., à sa date; Cass. crim. 17 novembre 1853, Bull. crim., à sa date.
(4) Cass. crim. 22 décembre 1853, Bull. crim., à sa date.
(5) Cass. crim. 21 juillet 1853; Cass. crim. 19 mai 1854. — La Cour, Vu l'article 1er du décret du 29 décembre 1851; — Attendu que les dispositions de cet article ne s'appliquent qu'aux établissements qui ont pour objet le débit de boissons à consommer sur place, et qu'on ne peut considérer comme une industrie de cette nature un hôtel tenu pour loger et nourrir les voyageurs qui s'y présentent, à moins qu'il ne soit constaté, en outre, qu'il n'y ait été débité des boissons à des buveurs qui ne s'y présentaient, ni pour y loger, ni pour s'y nourrir; — Et attendu que le jugement attaqué, loin de constater un fait de vente de boissons pour y être consommées sur place, sans que des aliments aient été en même temps fournis à ces consommateurs, déclare, au contraire, que Listaud s'est renfermé dans l'exercice de sa profession d'aubergiste, laquelle n'est pas atteinte par le décret du 29 décembre 1851; — D'où il suit que le jugement attaqué... — Rejette.

(6) Cass. crim. 21 juillet 1853; Cass. crim. 28 mars 1856. — La Cour, Attendu que le décret du 29 décembre 1851 n'entend soumettre à l'autorisation des préfets que l'ouverture des cafés, cabarets ou autres débits de boissons à consommer sur place; — Que l'arrêt attaqué constate que le

prévenu est charcutier de profession, que si, dans les circonstances rappelées au procès-verbal, il a servi du vin aux personnes attablées chez lui, il est constant que cette vente de vin n'a été qu'un accessoire de la vente de charcuterie, qui fait la partie essentielle de son commerce; Attendu qu'en refusant d'appliquer à ces faits, ainsi constatés et appréciés la disposition des articles 1er et 3 du décret du 29 décembre 1851, la Cour n'a ni violé... — Rejette.

(1) Cass. crim. 16 mai 1863. — La Cour, Attendu qu'il est constaté par un rapport de police, à la date du 10 février 1863, que ledit jour, à deux heures et demie du matin, le nommé Lefort, restaurateur, tenant l'hôtel des Etrangers, à Lorient, avait conservé, en leur donnant à boire et à manger dans son établissement, les nommés Lemeur, Amicelle, Thomas, Vinégra et Lamarre, les quatre premiers étaient dans un état complet d'ivresse et tous domiciliés à Lorient; — Que les énonciations du rapport, loin d'être contestées par les prévenus sont, au contraire, confirmées par leurs aveux et reconnues par le jugement lui-même; — Que néanmoins, Lefort a été relaxé du chef de prévention consistant à avoir donné à boire à des gens ivres, ainsi que sur le chef de leur présence à une heure indue dans l'établissement de Lefort, par le motif que les arrêtés préfectoraux ci-dessus visés, restrictivement applicables aux cafés et cabarets proprement dits, ne peuvent concerner les hôteliers, traiteurs et restaurateurs, que l'arrêté du 1er septembre 1811 (art. 46) ne défend pas aux cafetiers, cabaretiers et débitants de boissons de donner à boire à des gens ivres, non plus qu'il ne prescrit aux buveurs de se retirer aux heures fixées pour la fermeture des lieux publics; — Attendu que, par la combinaison des articles précités des arrêtés des 17 avril 1852 et 15 décembre 1859, qui ont eu pour but de compléter et d'étendre les dispositions de l'arrêté de 1811, il résulte que ces règlements sur la police des cafés et cabarets ont eu en vue, non seulement les cafetiers et cabaretiers, mais encore tous individus tenant débit de boissons sous quelque dénomination que ce soit, même accessoirement à une autre industrie; — Que c'est donc à tort... — Casse

(2) Cass. crim. 3 décembre 1825; Cass. crim. 15 juillet 1852; Cass. crim. 20 février 1880. — La Cour, Attendu qu'en ce qui touche les cinq individus susnommés, le relaxe est fondé d'abord sur ce qu'ils ne consommaient pas, et en second lieu sur ce que l'arrêté préfectoral, invitant seulement les personnes attardées dans le cabaret à se retirer après l'heure réglementaire, n'entendait pas qu'elles fussent poursuivies s'il n'avait pu légalement l'ordonner; — Attendu que ces motifs sont aussi contraires à la loi qu'à l'arrêté du préfet de l'Yonne; qu'il importait peu que les personnes trouvées dans le café de la veuve Gouallard fussent ou non occupées à boire, puisque l'article 5 de l'arrêté enjoint à tous individus de se retirer aux heures fixées pour la fermeture, sans distinguer entre ceux qui consomment et ceux qui ne consomment pas; — Attendu que cette injonction était formelle, que l'article 11 de l'arrêté prescrit de poursuivre les contrevenants, et que cet arrêté, pris en vertu des pouvoirs conférés aux préfets par les lois des 16-24 août 1790 et 18 juillet 1837, est légal et obligatoire, d'où il suit qu'en relaxant Pétard, Allard, Pourthier, Bourguet, Bouillé, par les motifs sus-énoncés... ; — Attendu qu'en ce qui touche la veuve Gouallard, et encore les cinq individus susnommés, le relaxe a été prononcé par ce motif que l'établissement de la veuve Gouallard ayant été loué à un sieur Dussouge, pour le bal de noces de la fille de ce dernier, était devenu, par le fait de cette location, un lieu privé, et avait, par conséquent, cessé d'être soumis aux règlements qui régissent les lieux publics ; — Attendu qu'il est reconnu, par le jugement attaqué, que le local dans lequel le bal a été donné faisait partie des lieux occupés par la veuve Gouallard et formant son établissement de cafetier-limonadier et d'entrepreneur de bals; — Attendu que, dès lors, ce local est présumé lieu public dans toutes ses parties, qu'une location partielle et momentanée à un ou plusieurs particuliers, avec la destination d'employer ce local à donner un bal, n'a pu effacer le caractère de publicité qui lui était imprimé par l'établissement de la veuve Gouallard, et que, en admettant que l'entrée du bal ne dut appartenir qu'aux individus faisant partie de la société dont il s'agissait, cette affectation spéciale et transitoire n'effaçait pas le caractère général et permanent de la publicité du local, ni qu'elle ne pouvait soustraire ce lieu public à la surveillance de la police et à l'exécution des règlements légalement promulgués par l'autorité préfectorale ; — D'où il suit que sur ce point encore... — Casse.

(3) Jurisprudence établie par de trop nombreux arrêts pour que nous les relevions ici.

1752. Mais les prescriptions concernant l'heure de la fermeture des débits ne sont pas applicables au personnel du cabaretier, à ses pensionnaires, à ses locataires et à ceux de la maison (1).

1753. Une exception plus grave a été faite parfois en faveur des individus qui louent une salle entière ou plusieurs salles du cabaret pour y donner une fête à des personnes invitées. On a considéré que le fait de la location de tout ou partie du cabaret lui enlevait, dans cette circonstance, le caractère de lieu public (2) Mais cette interprétation, toute de bienveillance, pourrait être contestée, et elle ne semble pas admise par la jurisprudence actuelle de la Cour de cassation (3).

1754. L'arrêté qui détermine l'heure d'ouverture et de fermeture des cafés, cabarets et débits de boissons a un effet général et absolu, qui ne comporte aucune distinction entre la vente des boissons à consommer sur place et celle des boissons à consommer dehors (4).

Il s'applique toutes les fois que le débit est resté ouvert, en fait, quel qu'ait été le motif de la contravention et quel qu'ait été le jour où elle a été commise (5), si ce motif ou si ce jour n'ont pas été exceptés dans l'arrêté ou dans un arrêté régulier (6).

1755. Lorsqu'un arrêté municipal a interdit tout à la fois aux débitants de tenir leurs portes ouvertes après une heure déterminée, et aux particuliers de consommer dans un débit après cette heure, les uns et les autres peuvent être poursuivis à raison d'une contravention commune (7).

1756. L'autorité municipale peut, pour venir en aide aux dispositions par lesquelles l'autorité militaire interdit aux sous-officiers et soldats de rester dans les établissements publics après certaines heures, interdire aux cafetiers et cabaretiers de recevoir, de garder chez eux des militaires, soit après l'heure de la retraite, soit après une heure déterminée (8).

1757. Les cabaretiers sont personnellement responsables des contraventions commises par leurs agents (1).

1758. L'autorité municipale peut prescrire des mesures ayant pour objet de réglementer la tenue même des cabarets, de telle sorte que l'ordre public ne puisse être troublé ni dans l'intérieur, ni aux abords, que la tranquillité publique, la sûreté et la salubrité tant des habitants qui fréquentent l'établissement que de ceux qui habitent aux environs ne soient pas troublées. Ainsi l'autorité municipale peut prescrire aux débitants l'obligation d'éclairer leur établissement (2), ou de placer une enseigne, une lanterne ou un bouchon indicateur au-dessus de leur porte (3).

1759. Elle peut défendre de tenir des musiciens, des chanteurs ou autres à poste fixe, et y interdire toute espèce de musique vocale ou instrumentale (4).

---

(1) Cass. crim. 17 novembre 1855; Cass. crim. 8 janvier 1857; — La Cour, En ce qui touche le moyen fondé sur une violation prétendue de l'article 3 de l'arrêté municipal pris pour la commune de Coarraze, le 24 février 1853, relativement à l'heure de l'ouverture et de la fermeture des auberges, cafés, cabarets, etc., et, par suite, sur une violation prétendue de l'article 471 (n° 15) du Code pénal; — Attendu que si cet arrêté défend, par son article 3, aux maîtres des établissements publics, ci-dessus énumérés, de retenir du monde chez eux après l'heure que fixe son article 2, cette défense ne saurait être étendue aux pensionnaires qu'ils logent; que ces pensionnaires peuvent indifféremment demeurer après l'heure déterminée par le règlement municipal, soit dans leur chambre, soit dans telle autre partie de l'établissement; — Attendu, en fait, qu'il résulte des constatations du jugement, que le prévenu Trille habite et prend sa dépense dans la maison où sa présence lui est reprochée, d'où il suit qu'en le relaxant des poursuites dirigées, sous ce premier rapport, contre lui, le jugement attaqué a sainement appliqué... — Rejet.

En ce sens, Cass. crim. 4 mai 1861; Cass. crim. 4 juillet 1861; Cass. crim. 29 août 1872; Cass. crim. 28 février 1873; Cass. crim. 8 janvier 1877.

(2) Cass. crim. 2 février 1861; Cass. crim. 24 avril 1863.

(3) Cass. crim. 30 avril 1881; Cass. crim. 30 juillet 1880 (Voy. suprà, n° 1750).

(4) Cass. crim. 16 juin 1855; Cass. crim. 3 août 1855; Cass. crim. 17 septembre 1857; Cass. crim. 22 avril 1858.

(5) Cass. crim. 7 février 1857; Cass. crim. 19 novembre 1858; Cass. crim. 3 mars 1859; Cass. crim. 2 janvier 1864.

(6) Cass. crim. 6 janvier 1853.

(7) Cass. crim. 19 mai 1855, P. 50.5.40; Cass. crim. 13 avril 1866, D. P. 66.5.120; Cass. crim. 1er février 1873; Cass. crim. 20 février 1880 (Voy. suprà, n° 1750).

(8) Cass. crim. 23 novembre 1860. — La Cour, Vu les lois des 14 décembre 1789 (art. 50), 16-24 août 1790 (tit. II, art. 3), 18 juillet 1837 (art. 40, 11), les décrets des 29 décembre 1851 et 5 janvier 1852, l'article 471 (n° 15) du Code pénal et l'article 4 de l'arrêté du maire de Bougie du 3 août 1859; — Attendu que le jugement attaqué a relaxé le prévenu Pierre Giraud, en refusant de tenir pour obligatoire l'arrêté municipal du 3 août 1859, comme restrictif de la liberté individuelle que la loi ne mesure, ni sur l'âge, ni sur la condition des personnes; — Mais attendu que les maires ont le droit de réglementer la police des cafés et cabarets; que cette réglementation tient à l'essence même des droits que la loi leur confère par la force des choses, et qu'il leur appartient notamment, pour assurer le bon ordre et prévenir toute espèce de trouble à la tranquillité générale, de venir en aide aux dispositions par lesquelles l'autorité militaire interdit aux sous-officiers et soldats de rester dans les établissements publics après certaines heures; — Attendu, dès lors, que l'arrêté du maire de Bougie qui défend aux cafetiers et cabaretiers de recevoir ou garder chez eux les militaires susdésignés,

après l'heure de la retraite, suivant les prescriptions préexistantes du commandant de la place, est resté dans le cercle de ses attributions et qu'il est du devoir des tribunaux d'en assurer l'exécution... — Casse.

(1) Cass. crim. 7 novembre 1873. — Attendu que le procès-verbal dressé par la gendarmerie constate que le nommé Guillaume a été trouvé en état d'ivresse dans le cabaret de la femme Le Provost; — Que, poursuivie à raison de ce fait, ladite femme a été acquittée, le 28 juin 1873, par le motif que l'on n'est pénalement responsable que de ses actes personnels, et qu'il n'était pas justifié que l'inculpée eût elle-même servi à boire à Guillaume; — Attendu que ce motif erroné, lorsqu'il s'agit d'une profession réglementée comme celle de cabaretier, qui est personnellement tenu, non seulement des contraventions par lui commises, mais encore de celles que commettent ses agents, ne saurait justifier la disposition du jugement; — Mais attendu... — Rejet.

(2) Cass. crim. 12 juillet 1838; Cass. crim. 28 mars 1844.

(3) Cass. crim. 22 novembre 1872. — La Cour, Vu l'article 2, section III, de la loi du 22 décembre 1789,–janvier 1790; l'article 3, titre XI, de la loi des 16-24 août 1790; l'article 9 de la loi du 19 juillet 1837; le décret du 29 décembre 1851 et l'article 471 (nos 3 et 15) du Code pénal. — Vu également l'arrêté pris, le 26 décembre 1871, par le préfet de la Haute-Loire, lequel est intitulé : Règlement sur la police des cafés, cabarets et débits de boissons et dont l'article 19 porte : Les débitants de boissons doivent avoir, au-dessus de la porte de leur établissement, leur enseigne, branche de pin, ou bouchon, ou lanterne; — Attendu qu'il est constaté par des procès-verbaux réguliers, non déniés par les inculpés, et reconnu par le jugement attaqué que, le 14 mars dernier, douze cafetiers, cabaretiers et débitants de boissons de la ville de Tence n'avaient pas, après le coucher du soleil, de lanterne au-dessus de la porte de leur établissement; — Attendu que le juge de police a renvoyé les inculpés des fins de la poursuite, par le motif que l'arrêté du préfet étant général, pour tout le département, un arrêté municipal est nécessaire pour réglementer l'éclairage; — Que, l'arrêté préfectoral ne désignant pas les jours où les lanternes doivent être allumées, il n'appartient pas au juge de police de l'interpréter; enfin, que le seul arrêté applicable serait un arrêté municipal du 13 novembre 1861, qui n'oblige les cabaretiers et autres débitants de boissons d'éclairer l'entrée principale de leur établissement que les jours de fête, foire ou marché, et que le 14 mars, jour de la contravention, n'était pas un des jours désignés par le règlement; — Attendu que l'arrêté du préfet du 20 décembre 1871 a été pris en exécution du décret du 29 décembre 1851, qu'il a pour objet la police des cabarets, cafés et débits de boissons dans toutes les communes du département de la Haute-Loire; — Qu'il rentre, comme mesure d'ordre public et de sûreté générale, dans les attributions réservées au préfet par l'article 9 de la loi du 18 juillet 1837; — Que ledit arrêté est donc obligatoire; — Attendu que cet arrêté, en prescrivant, sous son article 19, d'une manière générale pour le département, que les débitants de boissons auront une lanterne au-dessus de la porte de leur établissement se suffit à lui-même, sans qu'il soit besoin, dans chaque commune, d'un arrêté municipal pour réglementer l'éclairage; que l'article 19 ne désigne pas spécialement les jours où les lanternes devront être allumées, il s'ensuit qu'elles doivent l'être toujours, dès la nuit venue, de même que, tous les jours, l'enseigne doit être au-dessus de la porte, pour appeler, de nuit comme de jour, la surveillance de la police sur les établissements publics indiqués par le règlement... — Casse.

(4) Cass. crim. 3 décembre 1840; Cass. crim. 12 août 1882. — La Cour, sur le moyen unique d'une fausse application de l'article 479 (n° 8) du Code pénal, et de la violation de l'article 471 (n° 15) du même Code; — Vu lesdits articles, ensemble l'article 3 du titre II de la loi du 16-24 août 1790; — Vu l'article 5 de l'arrêté du maire de Constantine, en date du 19 septembre 1790, ainsi conçu : « Il est interdit aux hôteliers, aubergistes, cafetiers et débitants, soit européens, soit indigènes, de permettre dans leurs établissements aucun chants ou musique non autorisés par le maire. Les clients seront tenus en ce qui les concerne, de s'y abstenir des mêmes chants et musique. » — Attendu que Mohamed-ben-Hassan était traduit devant le tribunal de simple police pour avoir contrevenu à l'article 5 de l'arrêté susvisé, en faisant faire de la musique dans le café Maure, qu'il exploite rue de la Côte, n° 22 à Constantine; — Que le juge de police a relaxé l'inculpé, par le seul motif : 1° que les airs de musique exécutés dans le café n'auraient pas troublé la tranquillité des habitants du quartier; que la disposition de l'article 5 de l'arrêté du 19 septembre 1879 était illégal, l'autorité municipale n'ayant pas le droit d'interdire à un cafetier l'exécution de morceaux de musique dans son établissement; — Attendu, en ce qui concerne le premier motif du jugement, que Mohamed-ben-Hassan n'était pas poursuivi pour tapage in-

1760. Elle peut prohiber non seulement les jeux de hasard, mais tous les jeux où l'on joue de l'argent (1).

1761. Elle peut ordonner aux maîtres de ces établissements d'avertir immédiatement l'autorité de toutes les scènes de désordre qui peuvent y avoir lieu (2).

1762. Elle a le droit d'imposer l'obligation d'établir des urinoirs ou des lieux d'aisance pour le service de l'établissement (3).

1763. Elle peut défendre d'y recevoir, loger ou conserver des filles publiques (4), et même d'y faire servir les consommateurs par des filles de service non parentes du cabaretier.

1764. Un arrêté municipal est légal quand il défend l'entrée des cabarets et des cafés aux mineurs d'un certain âge (1).

1765. L'entrée des débits de boissons est interdite aux individus en état d'ivresse, et l'arrêté municipal peut prescrire aux cabaretiers de refuser de servir des ivrognes et leur prescrire de ne pas donner à boire jusqu'à l'ivresse. Ces dispositions peuvent être prises tout à la fois en vertu des prescriptions de la loi des 23 janvier-4 février 1875 et de l'article 97 de la loi de 1884 (2).

1766. Les dépendances d'un cabaret, qu'elles soient intérieures comme une salle de billard ou extérieures comme un jeu de quilles, ou un jardin, sont, comme l'établissement lui-même, soumises aux mesures de police prescrites par les règlements municipaux (3). Mais il n'en est pas de même d'un local détaché, loué en vertu d'un bail particulier, pour être affecté aux réunions d'une société légalement autorisée,

---

urieux ou nocturne, contravention prévue et punie par l'article 479 (n° 8) du Code pénal; que, par suite, il n'y avait pas lieu d'examiner si la musique faite dans le café de l'inculpé avait troublé ou non la tranquillité des habitants; — Attendu, en ce qui concerne le deuxième motif, que l'article 3, titre XI, de la loi des 16-24 août 1790, place expressément, parmi les objets confiés à la vigilance de l'autorité municipale, le maintien du bon ordre dans les endroits où il se fait de grands rassemblements d'hommes, et spécialement dans les cafés; qu'on ne saurait dès lors contester la légalité et la force obligatoire de l'article 5 de l'arrêté susvisé; — Attendu, en conséquence, qu'en relaxant l'inculpé...—Casse.

(1) Cass. crim. 5 juin 1848; Cass. crim. 25 mars 1882. — La Cour, Sur le moyen unique du pourvoi pris de la violation, par refus de les appliquer, des articles 475 (n° 5), 477 du Code pénal :— Vu lesdits articles; — Attendu que du procès-verbal, dressé le 25 décembre 1881, par le commissaire de police de Tullins, il résulte que, dans la nuit précédente, vers minuit, ce magistrat s'étant présenté dans l'établissement du sieur Bagriot, tenant un café en ladite ville, y a trouvé, dans une salle dépendant dudit établissement, huit ou dix individus assis autour d'une table de jeu, qu'il a constaté, tant sur le milieu de cette table que devant chaque joueur, une quantité considérable de pièces d'or ou d'argent, dont il n'a pu saisir qu'une partie, plusieurs des joueurs s'étant esquivés précipitamment; qu'il a saisi les cartes du jeu; — Attendu qu'en vertu de ce procès-verbal, le sieur Bagriot a été cité devant le tribunal de simple police du canton de Tullins, comme inculpé de contravention à l'article 475 (n° 5) précité, pour avoir établi ou tenu, dans une dépendance de son café, c'est-à-dire dans un lieu public, un jeu de hasard; — Attendu qu'il résulte du jugement que le prévenu a reconnu l'exactitude du fait incriminé; — Que le caractère du jeu n'a pas été contesté, qu'il a nom cruche-cadet, et que c'est un jeu essentiellement de hasard; que néanmoins le tribunal a renvoyé le sieur Bagriot de la plainte sans dépens; — Attendu que cette décision se fonde : 1° sur ce que l'article 475 sus-relaté concerne spécialement celui qui, dans un lieu public, tel qu'un café, aurait établi ou tenu un jeu de hasard, entendant par là celui qui, pour l'établissement ou la tenue de ce jeu, aurait des préposés ou, s'il n'a pas de préposés, tolérerait que le public participât à ce jeu tenu par des personnes sans relation avec ce public; 2° sur ce que tel n'était pas le cas du sieur Bagriot, et sur ce qu'il serait résulté de l'instruction que les personnes qui se trouvaient autour de la table de jeu avaient soupé ensemble, et, le souper terminé, s'étaient mises à jouer entre elles la dépense faite, sans qu'aucun étranger se fût mêlé à leur compagnie, ou que le prévenu eût perçu aucun émolument soit sur les cartes, soit sur les enjeux; — Mais attendu que ces motifs constituent des distinctions purement arbitraires, condamnées par la lettre aussi bien que par l'esprit de la loi, et des causes d'excuse qui n'ont rien de légal ou de juridique; — Que les seules conditions exigées par l'article précité, pour qu'il y ait contravention punissable, est que le jeu de hasard ait été établi ou tenu dans un lieu public; — Que ces deux conditions se rencontrent dans l'espèce et ne sont pas même contestées; — Que dès lors... — Casse.

(2) Cass. crim. 15 mars 1855.—La Cour, Vu l'article 3, titre XI de la loi des 16-24 août 1790 et l'article 471 (n° 15) du Code pénal : — Vu également l'article 3 de l'arrêté du préfet de la Meurthe, en date du 23 décembre 1851, lequel est ainsi conçu : « Art. 3. Les cafetiers, cabaretiers et autres débitants de boissons, seront tenus d'avertir immédiatement l'autorité des scènes de désordre qui auraient lieu dans leurs établissements, ainsi que des refus qui pourraient être faits d'en sortir aux heures prescrites; » — Attendu que l'article 3 du titre XI de la loi des 16-24 août 1790, place dans les attributions de l'autorité municipale le droit de faire des règlements pour le maintien du bon ordre dans les lieux et établissements publics; — Attendu qu'il est de principe que les préfets ont également le droit de prendre des règlements ayant pour but des mesures de même nature, et spécialement la police des lieux et établissements publics dans l'étendue de leur département; — Attendu, dès lors, que l'arrêté du préfet de la Meurthe, ayant pour objet le maintien du bon ordre dans les cabarets de ce département, a été pris dans les limites de son autorité; — Attendu, en fait, que le jugement attaqué ne méconnait pas qu'une scène de désordre n'eût eu lieu dans le cabaret de l'inculpé, et que celui-ci n'en avait pas immédiatement averti l'autorité locale; — Attendu qu'en présence de cet état des faits, le jugement n'a pu relaxer l'inculpé, par le motif que l'arrêté ne devait recevoir son exécution qu'en cas de tumulte, de tourmentes sociales, de crimes ou délits graves; — Attendu, en effet, que l'arrêté a un caractère permanent et ne comporte pas les distinctions et les restrictions établies par le jugement; — Attendu que le jugement..., — Casse.

(3) Cass. 15 mars 1855.

(4) Cass. crim. 19 novembre 1857; Cass. crim. 9 mars 1860, D. P. 60.1.195; Cass. crim. 16 avril 1863, D. P. 60.1.263; Cass. crim. 17 juillet 1875. — La Cour, Attendu que l'article 10 de l'arrêté municipal de Valence du 15 février 1831, défend aux cabaretiers et cafetiers de recevoir des filles publiques dans leurs établissements; — Qu'il est reconnu en fait que trois filles inscrites ont été admises, le 20 avril 1874, dans le café tenu par Rochette à Valence; — Attendu que, pour prononcer la relaxe, le juge s'est fondé sur l'ignorance de Rochette, relativement à la situation des femmes qu'il avait reçues; — Attendu que l'arrêté est général et n'admet aucune exception; — Qu'en invoquant la bonne foi comme moyen de relaxe dans une matière où elle n'est pas admise, le jugement a méconnu... — Casse.

Cass. crim. 21 juillet 1883. — La Cour, Sur le moyen unique du pourvoi tiré de la violation des articles 471 (n° 15) du Code pénal, et 7 de la loi du 2 mars 1791, en ce que l'arrêté pris par le maire de Grenoble, le 20 avril 1881, et auquel il aurait été contrevenu par le demandeur, serait illégal et entaché d'excès de pouvoir; — Attendu qu'aux termes de l'article 3 du titre XI de la loi des 16-24 août 1790, l'autorité municipale est chargée du maintien du bon ordre dans les endroits où il se fait de grands rassemblements d'hommes, tels que foires, marchés, spectacles, jeux, cafés et autres lieux publics; — Attendu que la disposition de l'arrêté du maire de Grenoble interdisant aux cafetiers et autres débitants de boissons de la ville d'employer des femmes ou des filles étrangères à leur famille pour servir les consommateurs, en vue de prévenir le retour de faits immoraux et scandaleux qui s'étaient produits dans quelques-uns de ces établissements, rentrait précisément dans les mesures ayant pour objet d'assurer le maintien du bon ordre; — Attendu, dès lors que le jugement attaqué, en reconnaissant la légalité et la force obligatoire de cet arrêté, pris par l'autorité municipale dans la limite de ses pouvoirs et en appliquant au demandeur, pour l'infraction par lui commise audit arrêté, la pénalité de l'article 471 (n° 15) du Code pénal... — Rejette.

(1) Cass. crim. 19 mars 1858, D. P. 58.5.32; Cass. crim. 29 août 1863, D. P. 63.5.44; Cass. crim. 24 février 1876. — La Cour, Sur le premier moyen, pris de la violation de l'article 7 de l'arrêté du préfet de l'Aisne du 29 septembre 1874, sur la police des lieux publics, et de l'article 471 (n° 15) du Code pénal; — Vu cet article 7 ainsi conçu : « Défenses sont faites aux cafetiers, cabaretiers, aubergistes ou autres débitants de boissons, ainsi qu'aux propriétaires et exploitants des salles de danse ou bals publics, de recevoir dans leurs établissements des mineurs âgés de moins de seize ans qui ne seraient pas accompagnés de leur père, de leur mère ou de personnes chargées de les remplacer »; — Vu l'article 471 (n° 15) du Code pénal; — Attendu, en fait, qu'il résultait du procès-verbal dressé par la gendarmerie de Vavins et dont les énonciations n'ont pas été contestées, que le 6 juin 1875, Bernard, débitant de boissons, avait reçu dans son établissement Parisot fils, âgé de quatorze ans, qui avait joué aux cartes avec trois autres enfants du même âge, et sans prendre un repas, avait bu une quantité de cidre relativement considérable, qu'après avoir séjourné plusieurs heures au cabaret, il était remonté sur la voiture confiée à ses soins par son père, mais, que sous l'influence d'une complète ivresse, qui s'était presque aussitôt produite, il n'avait pu diriger sa voiture, et qu'une des roues avait broyé sa main gauche, dont l'amputation avait été nécessaire; — Attendu que l'arrêté précité du préfet de l'Aisne a été pris en exécution des lois des 16-24 août 1790, 19-22 juillet 1791 et du décret du 29 décembre 1851; que ses dispositions sont légalement obligatoires; — Que l'article 7 de cet arrêté a pour but d'empêcher les enfants au-dessous de seize ans de pénétrer dans les cafés ou cabarets et autres lieux publics indiqués, sans être placés sous la surveillance de personnes ayant autorité sur eux; — Que l'article 4 de la loi de 1873 a un tout autre objet et que les prescriptions qui protègent les mineurs de seize ans contre les dangers de l'alcoolisme, dès qu'ils sont entrés dans un débit de boissons, ne renferment rien qui soit contraire aux mesures préventives qui ont paru nécessaires dans le département de l'Aisne; — D'où il suit que... — Casse.

(2) Cass. crim. 2 juin 1855. (Voy. n° 1766); Cass. crim. 30 novembre 1860, D. P. 60.5.321; Cass. crim. 8 janvier 1864, D. P. 65.1.315; Cass. crim. 23 mars 1865, D. P. 65.1.316.

(3) Cass. crim. 2 juin 1855. — La Cour, Attendu qu'il résulte d'un procès-verbal de l'agent de police Gaillard, que le dimanche, 15 avril dernier, un individu, en état apparent d'ivresse, était dans l'établissement du cabaretier Bontemps, lorsque l'agent de police s'y est présenté, et qu'il n'en est sorti que par l'intervention de l'agent; — Attendu que ce fait constitue une contravention prévue par les articles 11, 12 de l'arrêté préfectoral du 16 janvier 1852; — Attendu que le tribunal de simple police a refusé d'appliquer au prévenu Bontemps les peines de police, soit parce qu'il n'était pas établi que l'individu fût ivre quand il était entré dans l'établissement, soit parce qu'il ne se trouvait pas dans l'intérieur du cabaret, mais sur un jeu de quilles dudit établissement; —

dans lesquelles les membres seuls de la société sont admis, et qui n'a aucune communication directe avec le cabaret (1).

1767. Le café établi dans les dépendances d'un théâtre dont l'ouverture est autorisée pour toute la durée des représentations théâtrales, jusqu'à l'heure où se termine la représentation, par dérogation à l'arrêté qui fixe la fermeture des débits de boissons à une heure déterminée, ne peut demeurer ouvert si, au lieu d'une représentation, le théâtre donne une autre fête, un bal par exemple ou une vente de charité (2).

1768. L'article 9 de la loi du 19 juillet 1791 autorise les officiers de police à toujours entrer dans les cafés, cabarets et autres lieux publics pour prendre connaissance des désordres et contraventions aux règlements. Il importe de bien pénétrer le sens de cette disposition. Le mot *toujours* ne signifie pas que les officiers de police peuvent pénétrer à toute heure de jour et de nuit, chez un cabaretier ou boutiquier; mais qu'ils peuvent y entrer à toute heure de jour et de nuit si le cabaret ou la boutique sont ouverts au public. Le domicile d'un cabaretier est inviolable comme celui de tous les autres citoyens (3).

1769. En conséquence, on ne saurait considérer comme légal l'arrêté qui autorise un adjoint ou un commissaire de police à pénétrer, à toute heure de nuit, dans un lieu public, après qu'il a cessé d'être public (4).

1770. Mais si cette inviolabilité du domicile du débitant de boissons ou de l'aubergiste doit être respectée, c'est à la condition qu'il observe les devoirs de sa profession et ferme réellement au public son établissement. Si, après l'heure indiquée pour la clôture des portes, celles-ci demeurent, en réalité, ouvertes au public, les officiers de police en pénétrant dans le cabaret, la nuit, ne violent pas un domicile privé, ils entrent, conformément à la loi, dans un lieu public, et le refus du cabaretier de les laisser pénétrer constitue à sa charge une contravention de plus (5).

§ 6. — Des auberges.

1771. Les aubergistes et les logeurs, comme les cabaretiers, sont soumis à la surveillance de l'autorité municipale.

L'aubergiste ou l'hôtelier est celui qui reçoit les voyageurs, passants et étrangers, les loge et leur donne à boire et à manger. L'aubergiste diffère du maître d'hôtel garni, du loueur de chambres garnies et du logeur au jour et à la semaine, en ce qu'il donne à boire et à manger, tandis que ces derniers ne font que fournir le logement. Mais les uns et les autres, sous ce dernier rapport, sont assujettis aux mêmes règles.

Lorsque les aubergistes reçoivent, non seulement des voyageurs, mais aussi des personnes du lieu ou des environs et leur donnent à boire ou à jouer, ils sont assimilés aux cabaretiers, cafetiers et autres débitants de boissons à consommer sur place, et soumis aux mesures spéciales de surveillance et de police prescrites pour ces dernières professions.

1772. Le logeur est celui qui tient une maison où on loge moyennant une rétribution, que la location soit à la nuit, au mois ou à tout autre terme ou délai.

1773. Une circulaire ministérielle du 28 juin 1832 appelle l'attention des préfets sur les logements donnés aux soldats par plusieurs habitants, qui, moyennant une certaine rétribution, les renvoient chez les aubergistes.

Les maires sont chargés spécialement de la surveillance des auberges où on loge les soldats de passage; ils doivent prescrire les mesures commandées par la salubrité, afin

---

Attendu que l'arrêté préfectoral défend non seulement de recevoir des gens ivres, mais prescrit de faire sortir ceux chez lesquels se manifestent, après leur entrée dans l'établissement, des symptômes d'ivresse; que, d'autre part, un jeu de quilles dépendant d'un cabaret, doit être considéré comme faisant partie de l'établissement, qu'ainsi le tribunal de police... — Casse.

En ce sens, Cass. crim. 17 mai 1862, D. P. 63.5.42; Cass. crim. 13 avril 1895, D. P. 66.5.120.

(1) Cass. crim. 5 mai 1882. — La Cour, Attendu qu'il est constant, en fait, que le 2 janvier 1882, quarante-six individus faisant partie de la société régulièrement autorisée, dite La Fanfare de Vouziers, se trouvaient réunis dans un local attenant à l'auberge du sieur Etienne, et s'y trouvaient encore après l'heure réglementaire fixée par M. le préfet des Ardennes; — Attendu qu'une auberge est évidemment un lieu public, mais que, dans l'espèce, si le local dont s'agit avait fait partie de l'auberge du sieur Etienne, il en avait été détaché en vertu d'actes réguliers; — Attendu, en effet, que la décision attaquée constate, en fait: 1° que le local dont s'agit avait été donné en location par le sieur Etienne, aubergiste, à la société La Fanfare aux termes d'un bail enregistré et ayant date certaine, et paraissant sérieux; 2° que cette société s'y réunissait et que l'on n'y admettait que les membres titulaires et honoraires; 3° que le mobilier meublant, sauf la table appartenant à l'aubergiste, était la propriété de la société; 4° que l'on accédait à ce local par une cour commune qui donnait également accès aux autres corps de bâtiments dans lesquels s'exerçait l'industrie de l'aubergiste, mais que, toute communication avait été supprimée entre le local et celui réservé par le propriétaire, et qu'on ne pouvait communiquer de l'un à l'autre qu'en passant par la cour commune aux divers corps de bâtiments; — Attendu que ces faits souverainement constatés, il résulte que le local occupé, le 2 janvier, par la société La Fanfare avait cessé de faire partie de l'auberge, et qu'il constitue comme un lieu privé dans lequel les agents de l'autorité ne pouvaient avoir le droit de pénétrer... Rejette.

(2) Cass. crim. 21 juin 1867, D. P. 69.5.110

(3) Cass. crim. 19 novembre 1829.

(4) Cass. crim. 19 novembre 1829; Cass. crim. 12 novembre 1840.

(5) Cass. crim. 17 novembre 1860; Cass. crim. 22 novembre 1872. — La Cour, Attendu que le règlement émis par le préfet de la Haute-Loire, le 26 décembre 1871, contient, entre autres dispositions, celles-ci: « Art. 10. Dans les communes de moins de 4,000 âmes, les débits de boissons ne pourront rester ouverts que du lever du soleil à 10 heures du soir. Cette disposition n'est pas applicable aux auberges, qui peuvent recevoir à toute heure les personnes qui viennent y coucher. — Art. 21. Les contraventions au présent règlement seront constatées et déférées aux tribunaux compétents, par les maires, adjoints, officiers, sous-officiers de gendarmerie et gendarmes, commissaires de police et tous agents de l'autorité qui, à cet effet, ont le droit d'entrer, à toute heure de jour et de nuit, dans les cafés, auberges, cabarets, estaminets, débits de boissons; — Attendu qu'il a été constaté par un procès-verbal de

deux gendarmes du 9 juin 1872, que la veille, à 10 heures et demie du soir, passant devant l'établissement de Meissonnier, qui est à la fois une auberge et un débit de boissons, ils ont aperçu de la lumière et entendu parler plusieurs personnes dans la salle des consommations; — Que présumant qu'il y avait des buveurs, ils ont, par deux fois, demandé l'ouverture de la porte d'entrée pour constater la contravention et ont essuyé un refus qui les a déterminés à se retirer en verbalisant; — Attendu que Meissonnier a comparu devant le tribunal de police, sous la prévention d'une double contravention, d'après les articles 10 et 21 du règlement; — Qu'il n'a présenté pour sa défense que de simples excuses, tirées, par exemple, de ce qu'il était absent et que sa femme ne connaissait pas bien les dispositions réglementaires, excuses qui ont été justement repoussées par le juge de police, mais que le ministre, remplissant les fonctions du ministère public, a conclu au renvoi des fins de la double prévention, en arguant d'illégalité la disposition du règlement qui érigerait en contravention le refus d'ouvrir aux gendarmes, par cela seul qu'ils présumeraient une infraction relativement aux heures réglementaires; — Que le jugement attaqué a écarté le premier chef de prévention, en reconnaissant que la contravention, quant aux heures réglementaires, ne se trouvait pas suffisamment établie par les seules présomptions qui résultent du procès-verbal, mais qu'il a condamné Meissonnier pour refus d'ouvrir la porte d'entrée aux gendarmes, voulant faire une constatation positive; — En ce qui concerne l'application de l'article 21 précité; — Attendu en droit, que s'il est vrai de dire que la demeure des aubergistes, cafetiers, cabaretiers et autres débitants de boissons est, pendant la nuit, comme celle de tout autre citoyen, placée sous le principe de l'inviolabilité du domicile, qui est de droit public, ce principe ne peut les protéger qu'autant qu'ils se conforment aux devoirs de leur profession et aux règlements de police; — Attendu que la loi municipale des 19-22 juillet 1791, article 9, dispose, « à l'égard des limites où tout le monde entre indistinctement tels que cafés et cabarets »; que les officiers de police pourront toujours y entrer pour prendre connaissance des désordres ou contraventions aux règlements, c'est-à-dire s'y introduire eux-mêmes, à tout moment où il y a une portion du public, fût-ce après l'heure à laquelle l'établissement devrait être fermé pour tous, auquel cas, il y aurait une contravention, au moins, à constater et faire cesser; — Attendu qu'aux termes des lois générales sur la police municipale des 24 août 1790, 19 juillet 1791 et du décret-loi spécial pour la police des débits de boissons du 29 décembre 1851, ces établissements sont légalement soumis, par un arrêté préfectoral, à l'obligation d'être fermés depuis telle heure du soir jusqu'à telle heure du matin et qu'il est de règle que cette prescription réglementaire est enfreinte, alors même que la porte extérieure serait fermée, lorsque des buveurs sont reçus ou retenus dans le temps de nuit ainsi fixé; — Que si les gendarmes ne peuvent pénétrer dans l'établissement fermé, même dans le seul but de visiter pour voir s'il n'y a pas une contravention quelconque, il en est autrement lorsqu'ils constatent de l'extérieur des circonstances d'où résulte une grave présomption d'infraction à la défense de recevoir ou retenir des buveurs après l'heure fixée; qu'autrement la précaution de fermer la porte d'entrée et le refus d'ouvrir à aucun agent de l'autorité suffiraient pour commettre impunément des contraventions dans l'établissement, en empêchant abusivement leur constatation; — Et attendu qu'ainsi compris et interprété, l'article 21... — Rejette.

que les soldats ne soient pas exposés à contracter des maladies par le défaut d'assainissement de l'auberge, de lavage des draps, des couvertures, paillasses, et de l'exposition à l'air des matelas. Ils doivent veiller aussi à ce que ces établissements ne se transforment pas en lieux de débauche clandestine, où les militaires soient exposés à compromettre à la fois leur bourse et leur santé.

1774. Les aubergistes, hôteliers, logeurs ou loueurs de maisons garnies, qui négligent d'inscrire de suite et sans aucun blanc, sur un registre tenu régulièrement, les noms, qualités, domicile habituel, dates d'entrée et de sortie de toute personne qui a couché ou passé une nuit dans leurs maisons, et ceux d'entre eux qui ont manqué à représenter ce registre aux époques déterminées par les règlements, ou lorsqu'ils en sont requis, sont passibles d'une amende de 6 francs, et, en cas de récidive, d'un emprisonnement qui ne peut excéder cinq jours (1).

1775. Les maires peuvent ajouter, par un arrêté, à ces prescriptions de la loi, les mesures qu'ils jugent nécessaires dans l'intérêt du bon ordre et de la sûreté publique. Voici les dispositions principales généralement admises : toutes personnes qui veulent exercer la profession d'aubergiste, maître d'hôtel garni ou logeur, sont tenues d'en faire préalablement la déclaration à la mairie, et de la renouveler toutes les fois qu'elles changent de domicile. Il leur est enjoint de placer extérieurement sur la maison une enseigne indiquant qu'on y exerce la profession de logeur ou d'aubergiste ; de numéroter leurs appartements ou chambres garnies ; de tenir leurs maisons fermées de *telle* heure du soir à *telle* heure du matin, sans toutefois que cette obligation puisse les empêcher de recevoir, à toute heure de nuit, les voyageurs qui se présentent chez eux pour y loger. Lorsqu'un logeur ou un aubergiste cesse sa profession, il doit en faire immédiatement la déclaration à la mairie, et y déposer son registre.

1776. Un logeur qui tient, dans son établissement, un cabaret ou autre débit de boissons à consommer sur place est assujetti, en outre, à toutes les autres dispositions des règlements qui concernent les cabaretiers.

1777. Le droit de police des maires sur les aubergistes ne va pas à leur prescrire soit de recevoir telle ou telle classe de voyageurs seulement, soit de refuser tels ou tels voyageurs déterminés (2).

1778. Le maire peut prescrire aux aubergistes d'apporter leurs registres à la mairie à des époques déterminées (3), ou de lui fournir chaque jour un extrait (4).

1779. On ne saurait considérer comme logeurs, soit des habitants qui reçoivent leurs amis (1), soit des médecins ou des sages-femmes qui reçoivent des clients (2).

.

§ 7. — Des autres lieux publics,

1780. Nous avons vu que les maires sont chargés du maintien du bon ordre dans les lieux publics, en général. Cette expression, qui se trouve souvent employée dans notre législation et dans des matières fort diverses, n'a jamais été légalement définie. La publicité d'un lieu varie selon la disposition légale qui la vise. D'une façon générale, on peut dire qu'un lieu est public par sa nature ou par sa destination. Les lieux publics, par leur nature, sont ceux qui sont ouverts d'une façon permanente au public, ce sont les rues, les places, les promenades, les quais, les plages de la mer, etc. Les lieux publics, par leur destination, sont ceux qui ne sont ouverts au public que pendant certaines heures par jour, ou en raison de certaines circonstances : ce sont les théâtres, les salles des tribunaux, les églises, etc., ; et les cafés, les auberges, les maisons garnies, etc. On voit que presque tous ces lieux publics ont été visés par l'article 97 de la loi de 1884. Il en est quelques-uns qui n'ont pas été mentionnés, comme les maisons de tolérance, les casinos, dont nous nous sommes occupés n°s 1634 et s., 1721 et s., et les établissements de bains dont nous allons dire quelques mots. Mais quels que soient les lieux publics, ils sont placés, d'une façon expresse, par l'article 97, dans les attributions de la police municipale, au point de vue du bon ordre.

1781. L'administration municipale s'occupe des bains en tant qu'ils intéressent l'ordre public, la sécurité, la salubrité. Les mesures à prendre, à cet égard, sont, en général, de son ressort (3). Elle a mission d'y veiller au maintien de l'ordre, à tout ce qui intéresse la sûreté et même la commodité de ceux qui les fréquentent. De là découle, comme conséquence, que

---

(1) C. P. art. 475 et 478.
(2) Cass. crim. 2 juillet 1857. — La Cour, Attendu que Marie Blondet, femme Desriège, était traduite devant le tribunal de simple police, pour avoir refusé de recevoir et de loger, dans son hôtellerie, un mendiant malade qui lui était amené par le commissaire de police, lequel lui offrait de faire payer la dépense de ce mendiant par la commune, refus qui constituerait une contravention à l'ordonnance du 20 janvier 1563, article 19, laquelle serait maintenue par l'article 484 du Code pénal ; — Attendu que l'ordonnance du 20 janvier 1563 avait pour objet principal de pourvoir à l'excessive élévation des prix réclamés par les hôteliers, d'autoriser les officiers des lieux à fixer un tarif qui permit aux voyageurs de ne pas se soumettre à leurs exigences, et par la défense faite par l'article 19, de refuser, sans cause légitime, de recevoir les voyageurs, se rattachait à l'objet de l'ordonnance et y était insérée comme moyen d'en assurer l'exécution ; — Attendu que les prescriptions de cette nature sont inconciliables avec les dispositions des lois de 1791, sur la liberté du commerce et de l'industrie, et se trouvent abrogées par les principes mêmes de ces lois ; — Attendu que si les maires tiennent de la loi le pouvoir de réglementer la police des lieux publics, et spécialement les auberges et les hôtelleries, néanmoins ce droit ne pourrait aller jusqu'à indiquer, soit les voyageurs que les aubergistes ou les hôteliers pourraient seuls recevoir, soit ceux qu'ils sont tenus de loger, ou encore les personnes qu'il leur est interdit d'admettre, pourvu, toutefois, que lesdits hôteliers se conforment aux mesures de police prises pour constater le séjour des voyageurs reçus dans leurs établissements ; — Attendu, dès lors, qu'un hôtelier ne peut être tenu de recevoir un mendiant, alors même que l'autorité locale voudrait l'y contraindre ; — Et attendu que le jugement attaqué, en relaxant la femme Desriège des poursuites dirigées contre elle, sur le motif qu'on refusait de recevoir un mendiant malade, couvert de vermine, loin d'avoir violé... — Rejette.
(3) Cass. crim. 14 octobre 1847.
(4) Cass. crim. 13 janvier 1857.

(1) Cass. crim., 12 septembre 1846.
(2) Cass. crim., 4 mars 1882, Cass. crim., 12 juin 1886. — La Cour, Sur l'unique moyen de pourvoi pris de la violation des lois des 16-24 août 1790, 19-22 juillet 1791 et de l'article 471, n° 15, du Code pénal, en ce que le jugement attaqué a déclaré illégal et non obligatoire l'arrêté du maire de Privas, du 8 novembre 1875, qui prescrit aux sages-femmes, recevant chez elles des pensionnaires, de tenir un registre semblable à celui imposé aux aubergistes et logeurs ; — Attendu que le jugement attaqué (Trib. de simple police de Privas, 13 mars 1886) constate, en fait, que la femme Chaussedent exerce la profession de sage-femme et reçoit uniquement chez elle des femmes enceintes qui viennent réclamer ses soins ; — Attendu que les sages-femmes ne peuvent être assimilées aux aubergistes-logeurs-hôteliers ou loueurs de maisons garnies, ni être tenues des obligations imposées à ceux-ci par l'article 475 (§ 2) du Code pénal ; qu'une pareille assimilation serait d'ailleurs contraire aux prescriptions de l'article 378 du Code pénal, qui oblige les sages-femmes aussi bien que les médecins à garder les secrets dont l'autorité les a dépositaires à raison de leur profession ; — Attendu qu'aucune loi spéciale n'a placé les maisons d'accouchement sous la surveillance de l'autorité municipale ; que, d'une autre part, les maisons de ce genre ne peuvent être considérées comme des lieux ouverts au public, sur lesquels les maires ont un droit de police et de réglementation en vertu de la loi du 5 avril 1884 ; — Attendu, dès lors, qu'en refusant de reconnaître la légalité des articles 6, 7 et 8 de l'arrêté de police pris par le maire de Privas, le 8 novembre 1875, le tribunal de simple police de cette ville, loin d'avoir violé la loi, en a fait une juste application ; — Par ces motifs, rejette.
(3) Cons. d'Et., cont., 25 mars 1887. — Sur le moyen tiré de ce que les mesures de police relatives aux établissements de bains ne seraient pas de la compétence du préfet de police qui, aux termes de l'article 32 de l'arrêté des Consuls du 12 messidor an VIII, ne serait chargé que de la surveillance des établissements de bains situés en rivière ; — Considérant que le préfet de police étant investi par la loi des 16-24 août 1790 et par l'arrêté des Consuls du 12 messidor an VIII du droit de prescrire les mesures de police que peuvent exiger les intérêts confiés à sa vigilance, notamment en ce qui concerne la sécurité et la salubrité publiques ; — qu'en admettant que l'article 32 de l'arrêté du 12 messidor an VIII n'ait en vue que la surveillance des bains situés en rivière, cette disposition ne saurait apporter aucune restriction aux droits que le préfet de police tient de la loi et arrêté précités, de prendre à l'égard des établissements non classés parmi les ateliers dangereux ou insalubres les mesures de police commandées par l'intérêt des habitants.....
En ce qui concerne les dispositions n°s 3, 4, 5, 7 et 8 relatives aux bains chauds et médicinaux qui règlent le mode d'ouverture de ces bains, la pose des robinets à eau chaude, l'écoulement des eaux sulfureuses, et les dispositions générales relatives à l'installation d'une boîte

les établissements de bains, les écoles de natation et tous les lieux où le public peut aller prendre des bains sont soumis à sa surveillance; que les maires ont le droit et le devoir de faire, en cette matière et dans l'esprit de la loi, tous les règlements de police qu'ils jugent nécessaires. Ces règlements ont surtout pour but le respect des mœurs et la sûreté des personnes. Les détails en étant absolument laissés à leur appréciation, ils peuvent varier suivant les circonstances, les besoins et les ressources des localités. On peut, toutefois, citer comme exemple certaines prescriptions d'une application générale, et que leur importance recommande à leur vigilance.

1782. Ainsi, en ce qui concerne les bains chauds, ils peuvent exiger : 1° que les sexes soient constamment séparés; 2° que les garçons et femmes de service s'assurent, pendant la durée des bains, que les baigneurs n'éprouvent aucune défaillance et ne se laissent point aller au sommeil, causes les plus fréquentes des accidents qui surviennent dans les bains publics; 3° que les bains de Barèges ou autres qui répandent une forte odeur ne soient rejetés dans les ruisseaux qu'étendus d'une quantité d'eau suffisante pour en rendre l'odeur insensible; 4° que, dans l'hiver, les glaces provenant des eaux qui s'écoulent des bains soient fréquemment brisées au compte du chef de l'établissement.

1783. Quant aux bains en pleine rivière, l'attention des maires doit se porter principalement sur les points suivants : écarter les baigneurs des endroits trop fréquentés; déterminer ceux où il est permis de se baigner, ceux où doivent se tenir les personnes qui ne savent pas nager; indiquer les points périlleux; assigner des parties séparées aux bains d'hommes et aux bains de femmes; limiter par des poteaux, et faire connaître, par des affiches ou écriteaux, les localités ainsi désignées; enfin, si les ressources de la commune le permettent, établir un surveillant des bains qui puisse en même temps veiller à l'exécution des arrêtés municipaux et porter secours aux personnes en danger de périr (1).

de secours ; — Considérant que ces diverses prescriptions ont pour but d'assurer les uns, la sécurité des baigneurs, et les autres la salubrité des voies publiques ; que par suite, elles rentrent dans les attributions conférées au préfet de police.,. Arrêté maintenu en partie et annulé par partie.

(1) Pour les bains froids sur les bateaux et les écoles de natation, nous ne saurions mieux faire que d'indiquer, comme base des règlements municipaux à appliquer, les principales dispositions des ordonnances du préfet de police de Paris, des 20 mai 1839 et 25 octobre 1840, concernant l'établissement des bains en rivière dans Paris, et les obligations imposées aux entrepreneurs de bains dans l'étendue du ressort de la préfecture de police de Paris.

Ces ordonnances fixent la durée de la saison des bains et, par conséquent, les époques d'ouverture et de clôture des établissements; l'espace de temps pendant lequel les bains doivent rester fermés, chaque nuit, de dix heures du soir au point du jour. Les prix d'entrée sont déterminés selon la nature des établissements.

Comme mesures d'ordre et de sûreté, ces ordonnances disposent qu'il ne peut être établi de bains ou écoles de natation en rivière sans autorisation ; qu'aucune communication ne peut être établie entre les bains d'hommes et ceux de femmes; que les bains doivent être entourés de planches et fermés, depuis le fond de la rivière jusqu'à son niveau, par des perches en forme de grilles, pour empêcher les baigneurs de passer dehors ou sous les bateaux; que les bains ne seront ouverts au public qu'après qu'ils auront été visités par l'inspecteur général de la navigation et des ports, assisté d'un charpentier de bateaux.

Elles imposent aux entrepreneurs de bains l'obligation de placer au pourtour des cordes solidement attachées, afin de donner aux baigneurs la facilité de circuler avec sûreté et commodité, et un filet assez fort pour empêcher de passer sous les bateaux : ce filet doit toujours être tendu.

Les entrepreneurs doivent aussi entourer le bain de manière à ce qu'on n'en puisse sortir pour se baigner dehors, et établir des chemins solides, bordés de garde-fous à hauteur d'appui pour arriver dans l'établissement.

Ils doivent encore tenir leurs établissements en bon état et garnis de tous les ustensiles nécessaires, tels que cordes, crocs, perches, filets, etc., se pourvoir d'une boîte de secours pour chaque établissement, et l'entretenir constamment en bon état ; avoir continuellement un bachot muni de ses agrès pour porter secours en cas de besoin; établir chaque soir des moyens d'éclairage suffisants pour qu'une surveillance active puisse y être exercée et pour prévenir tout accidents ; ne pas exiger des prix d'entrée plus élevés que ceux fixés par la permission; afficher à la porte d'entrée et dans un lieu apparent de chaque établissement des bains, un extrait, certifié par l'inspecteur général de la navigation, de la permission qui leur aura été délivrée, lequel extrait énonce le tarif des prix de l'établissement et les conditions principales imposées par la permission.

1784. Les églises sont des lieux publics, disons-nous : mais l'ordre public y doit être assuré par le double concours de l'autorité religieuse et de l'autorité municipale. La police intérieure de l'église appartient au curé ou desservant ; toutes les mesures propres à y maintenir le bon ordre sont de sa compétence. Il règle, d'accord avec les fabriciens, la distribution intérieure de l'église. Le placement des bancs et des chaises ne peut être fait par le bureau des marguilliers sans son consentement. En cas de désaccord, c'est à l'évêque qu'il appartient de prononcer sur les distributions et d'ordonner la suppression des bancs et autres objets, qui pourraient gêner le service divin (1).

1785. Dans les communes rurales, c'est encore le curé qui a le droit de nommer et de révoquer les serviteurs de l'église, bedeaux, suisses, enfants de chœur. Dans les villes, la fabrique ne peut les nommer et les révoquer que sur la proposition du curé ou desservant. Le maire n'a aucun ordre à donner à ces serviteurs (2).

1786. Les clefs de l'église doivent être remises au curé, et, en cas d'absence, à celui des marguilliers désigné par l'évêque (3). Une autre clef de l'église est remise au maire, si le clocher n'a pas une entrée spéciale et distincte (4).

1787. Le curé dispose de l'intérieur de son église, y commande, y ordonne, et se trouve toujours dans son droit, pourvu qu'il ne prescrive rien qui nuise à la conservation du bâtiment, et qu'il ne viole pas les dispositions relatives à la police des cultes. C'est à ces limites que commence l'action de l'autorité municipale. En cas de trouble ou de désordre dans l'église, le maire peut être appelé à intervenir. Si l'affaire donne lieu à des poursuites, elle se juge par la voie des témoignages que rendent les assistants, car le curé et les employés de l'église n'ont pas caractère pour dresser un procès-verbal qui fasse foi en justice.

1788. Hors de l'édifice et de ses dépendances, par exemple au cimetière, sur une place ou sur un terrain contigu à l'église, ce n'est plus au curé à exercer la police; ce droit appartient à l'autorité municipale. Le curé peut, pour l'exécution, inviter les perturbateurs à se taire, à s'éloigner, mais il doit faire intervenir le maire.

SECTION V.

DE LA POLICE DES CIMETIÈRES ET INHUMATIONS.

1789. Le paragraphe 4 de l'article 97 place la surveillance des cimetières et des inhumations dans les attributions de la police municipale. Nous examinerons plus loin, n° 3167 et s., quels sont les droits de l'administration communale à l'égard des entreprises diverses qui ont pour objet l'inhumation des personnes décédées dans la commune.

Nous ne voulons ici nous occuper que de la police proprement dite des inhumations et des lieux de sépulture.

Les pouvoirs du maire à cet égard sont déterminés par le paragraphe 4 de l'article 97 et par l'article 93, ainsi conçu :

Art. 97. La police municipale comprend notamment....

§ 4. Le mode de transport des personnes décédées, les inhumations et les exhumations, le maintien du bon ordre et de la décence dans les cimetières, sans qu'il soit permis d'établir des distinctions ou des prescriptions particulières à raison des croyances ou du culte du défunt ou des circonstances qui ont accompagné sa mort.

Art. 93. Le maire, ou à son défaut le sous-préfet pourvoit d'urgence à ce que toute personne décédée soit ensevelie et inhumée décemment, sans distinction de culte ni de croyance.

Ces dispositions n'existaient ni dans les lois des 16-24 août

(1) Déc., 30 déc. 1809, article 30.
(2) Ord., 12 janv. 1825.
(3) Déc., min., 28 avril 1806.
(4) L., 5 avril 1884, article 101.

— 232 —

1790 ni dans celles du 18 juillet 1837, mais elles ne sont pas nouvelles et elles étaient déjà inscrites dans les articles 16, 17 et 21 du décret du 23 prairial an XII, ainsi conçus :

Art. 16. Les lieux de sépulture, soit qu'ils appartiennent aux communes, soit qu'ils appartiennent aux particuliers, seront soumis à l'autorité, police et surveillance des administrations municipales.

Art. 17. Les autorités locales sont spécialement chargées de maintenir l'exécution des lois et règlements qui prohibent les exhumations non autorisées, et d'empêcher qu'il ne se commette dans les lieux de sépulture aucun désordre, ou qu'on s'y permette aucun acte contraire au respect dû à la mémoire des morts.

Art. 21. Le mode le plus convenable pour le transport des corps sera réglé suivant les localités, par les maires, sauf l'approbation des préfets.

1790. L'autorité municipale, investie de la police des cimetières, doit d'ailleurs rester étrangère aux observances particulières des différents cultes (1).

1791. Elle ne doit pas s'immiscer non plus dans les mesures d'entretien et de conservation des tombes particulières (2).

1792. Plusieurs communes peuvent n'avoir qu'un seul cimetière. Le fait que deux communes usent du même cimetière pour l'inhumation de leurs habitants ne saurait avoir pour conséquence d'attribuer aux maires de ces deux communes la police du cimetière. Cette police appartient exclusivement au maire de la commune qui possède le cimetière sur son territoire.

Lorsque le cimetière d'une commune n'est pas situé sur son propre territoire, le droit de police attribué au maire de la commune propriétaire du sol du cimetière, est restreint à ce qui concerne les inhumations (3).

1793. L'autorité municipale peut interdire que le corps d'un habitant décédé dans la commune soit inhumé dans le cimetière d'une commune limitrophe, quel que soit le lieu où a eu lieu le décès, et bien que ce lieu soit situé tout près du cimetière de la commune limitrophe (4).

1794. La section de l'intérieur du Conseil d'État, dans un avis du 4 juillet 1832, avait admis que les congrégations religieuses pouvaient établir des lieux d'inhumation sur des terrains leur appartenant, avec l'autorisation du gouvernement. Mais le Conseil est revenu sur cette jurisprudence et il a adopté, comme une règle plus conforme à l'esprit de la législation sur les sépultures, que l'on devait interdire tout cimetière particulier. Les cimetières sont, en général, des propriétés communales ; les concessions qui y sont faites sont une source de revenus pour les communes. Non seulement on les en priverait, mais encore on rendrait la police des cimetières illusoire si chacun avait la faculté de se faire enterrer dans l'endroit qui lui convient. Les inhumations, dans un lieu autre que le cimetière communal, sont donc des exceptions à la règle générale qui ne peuvent être autorisées que dans des circonstances particulières. A la demande d'une congrégation, l'administration peut seulement, par application de l'article 14 du décret du 23 prairial an XII, permettre, sur une demande formée à chaque décès, les inhumations individuelles dans une propriété réunissant d'ailleurs les conditions légales de distance et de salubrité (1).

_____

(1) Cons. d'Et. 19 avril 1831.
(2) Déc. min. int. 1857. — L'autorité municipale a bien pour mission de surveiller les lieux d'inhumation au point de vue général de la police, de la décence et de la salubrité ; mais l'entretien et la conservation des sépultures particulières échappe à ses attributions, et on ne verrait, par conséquent, aucun motif de la faire intervenir pour cet objet.
(3) Circ. int. 1857. — Toutes les fois que le cimetière d'une commune est situé sur son propre territoire, le droit d'y exercer la police appartient entièrement et exclusivement au maire. Si la commune n'a point de dépendances rurales, ou si son territoire n'offre aucun emplacement convenable pour l'établissement de son cimetière, il n'y a point d'obstacle légal à ce que ce cimetière soit établi sur le territoire d'une commune voisine. Mais dans ce cas, le droit de police attribué au maire de la commune propriétaire du sol du cimetière est restreint à ce qui concerne les inhumations. A celui de la commune du lieu reste dévolue la juridiction de police municipale comme sur les autres parties du territoire communal dont cet emplacement ne cesse pas de faire partie, c'est-à-dire qu'en cas de désordre, de tumulte, de vol ou de tout autre délit ou crime qui pourrait s'y commettre, c'est à ce dernier magistrat d'intervenir, de verbaliser et de provoquer les poursuites nécessaires.
Décis. int. 1857. — On a demandé si une commune qui dépend pour le culte d'une commune voisine, et qui a l'usage du cimetière appartenant à cette dernière, est tenue de concourir à la dépense d'agrandissement ou de translation de ce lieu de sépultures et, dans le cas de l'affirmative, quelles bases doivent être adoptées pour la répartition de cette dépense. Cette question a été résolue en ces termes :
En principe, les communes doivent avoir les terrains consacrés aux inhumations sur leur propre territoire. Des raisons d'ordre et de surveillance justifient cette règle. D'un autre côté, les cimetières ont un caractère beaucoup plus civil que religieux, et la commune annexe, par le seul fait de sa réunion pour le culte à une commune voisine, n'a pu acquérir le droit d'inhumer ses morts dans le cimetière du chef-lieu de la succursale. Toutefois, lorsqu'une commune n'a pas assez d'importance pour se procurer elle-même un lieu de sépulture, ou se trouve dans l'impossibilité d'avoir sur son territoire un terrain qui remplisse les conditions exigées par le décret du 23 prairial an XII, il n'y a pas d'obstacle légal à ce qu'elle obtienne l'autorisation de faire usage du cimetière d'une autre commune, sauf à lui payer un prix de location établi d'après le chiffre de la population de chacune d'elles.
(4) Cass. crim. 28 mars 1862. — La Cour, vu l'article 16 du décret du 23 prairial an XII, et l'article 471 (n° 5) du Code pénal ; — Attendu, en fait, qu'il est constaté par le procès-verbal qui servait de base à la poursuite, et reconnu par le jugement attaqué, que le nommé Hourquet, habitant de la commune de Lonçon, étant décédé dans cette commune,

le maire avait défendu que le corps fût enlevé et dirigé hors du territoire de ladite commune; — Que néanmoins et au mépris de cette défense, les inculpés ont fait transporter le corps du défunt dans la commune limitrophe de Sély où il a été inhumé; — Attendu, en droit, que l'article 16 du décret du 23 prairial an XII confère à l'administration municipale la police et la surveillance des lieux de sépulture; — Que cette attribution implique le droit d'interdire toute inhumation particulière dans un autre lieu que le cimetière communal; — Que la défense prononcée à cet égard par le maire est, de plein droit, obligatoire, et les peines de simple police qui en sont la sanction légale, tant qu'elle n'a pas été réformée, s'il y a lieu, par l'administration supérieure; — Qu'en se fondant, pour prononcer la relaxe des inculpés, sur la difficulté des communications entre le domicile du défunt et le cimetière de la commune de Lonçon, sur l'usage anciennement pratiqué d'enterrer à Sély les individus décédés dans cette partie de la commune de Lonçon, enfin sur les diverses démarches faites par la famille du défunt pour obtenir l'autorisation de faire l'inhumation dans la commune de Sély, le jugement attaqué, rendu par le tribunal de simple police du canton d'Arzacq, a admis une excuse non autorisée par la loi, et a ainsi violé... — Casse.
Cass. crim. 19 juin 1874. — La Cour, sur le moyen tiré de la violation tant de l'article 6 du règlement municipal de la ville de Remiremont sur la police des cimetières, que de l'article 471 (n° 15) du Code pénal; — Vu lesdits articles; — Attendu que par un arrêté, en date du 12 juillet 1853, pris dans le cercle de ses attributions, le maire de Remiremont a ordonné qu'aucune inhumation « n'aura lieu dans le cimetière de cette ville qu'en suite d'une autorisation de l'officier de l'état civil, qui ne pourra l'accorder que sous la réserve de vingt-quatre heures, et dont présentation devra être faite au commissaire de police »; — Attendu qu'il est établi par un procès-verbal régulier que le nommé Folvay, de la commune de Saint-Étienne, a fait procéder, le 11 avril dernier, dans le cimetière de Remiremont, à l'inhumation d'un membre de sa famille, sans déclaration préalable de décès à la mairie de cette ville, et sans avoir obtenu l'autorisation nécessaire à cet effet; — Attendu que, traduit pour cette infraction devant le tribunal de simple police de Remiremont, il a été relaxé de la poursuite par le double motif qu'un permis d'inhumer lui avait été, sur sa déclaration, délivré par le maire de Saint-Étienne, et que, rattaché pour les besoins du culte, à la paroisse de Remiremont, il se trouvait, par voie de conséquence, autorisé à faire usage de ce permis dans le cimetière de cette dernière ville; — Mais attendu, en droit, que la police des cimetières appartient exclusivement aux maires des communes dans le territoire desquelles ils sont situés; que les maires des communes voisines n'ont ni titre, ni qualité pour y exercer un acte de disposition quelconque; — En fait, que rien dans les termes du permis d'inhumer délivré par le maire de Saint-Étienne n'implique autorisation pour Folvay de faire procéder à l'inhumation dans le cimetière de Remiremont; — Attendu, d'un autre côté, que l'autorité diocésaine, en rattachant, pour les besoins du service paroissial, partie de la commune de Saint-Étienne à celle de Remiremont, n'a pu ni tendu porter atteinte au règlement légalement pris par le maire de cette dernière commune pour la police des inhumations; — Attendu, dès lors, que le jugement attaqué en relaxant le prévenu des poursuites dirigées contre lui a, d'une part, violé par fausse interprétation l'article 6 de l'arrêté municipal susvisé et, d'autre part, violé par refus d'application l'article 471 (n° 15) du Code pénal. — Casse.
(1) Cons. d'Et. Int. 12 mai 1846. — Les membres du Conseil d'État composant le comité de l'intérieur, etc. ont pris connaissance d'un projet d'ordonnance ayant pour objet d'autoriser l'établissement d'un cimetière par les religieuses de Saint-Dominique à Langres (Haute-Marne);
Considérant que la législation sur les sépultures ne permet pas d'établir sur le territoire d'une commune des cimetières particuliers, en dehors du cimetière général; — Qu'en effet, le décret du 23 prairial an XII, en reconnaissant le droit individuel de se faire inhumer sur sa propriété, n'a pas entendu conférer à des individus, ni parents, ni alliés, l'autorisation générale et indéfinie de se faire enterrer successivement sur un terrain indivisible possédé par eux, et d'établir ainsi de véritables cimetières; — Que le principe général en matière de sépultures, c'est que tout homme, après son décès, appartient au cime-

1795. L'ouverture ou la fermeture d'un chemin dans un cimetière, celle de voies de communications ordonnée par le maire, pour assurer la conservation des sépultures au moyen d'une circulation plus libre ou la surveillance du cimetière, constituent, non un acte de gestion de la fortune communale, mais un acte de police (1).

1796. La désignation de l'emplacement des concessions temporaires ou perpétuelles dans les cimetières, dépend essentiellement de l'autorité municipale (1) et les arrêtés qu'elle prend à cet égard ne peuvent être interprétés que par elle (2).

1797. Mais l'autorité judiciaire, et non l'autorité administrative, a compétence pour statuer sur les contestations qui s'élèvent entre deux concessionnaires de terrain au sujet des anticipations que l'un d'eux impute à l'autre, soit sur l'action en garantie intentée contre la commune pour faire respecter la concession accordée. L'administration municipale doit donc refuser d'user de ses pouvoirs de police pour réprimer l'anticipation alléguée (3).

1798. L'autorité municipale dispose de la clef du cimetière (4). Elle trouve dans les articles 16 et 17 du décret de l'an XII les pouvoirs nécessaires pour régler les conditions dans lesquelles le public sera autorisé à pénétrer dans le cimetière ; elle peut fixer les heures pendant lesquelles la porte sera ouverte, ou faire connaître que la porte sera fermée en principe, mais qu'une clef est déposée à la mairie (s'il n'y a pas de gardien du cimetière) pour l'usage de tous les habitants. Les concessionnaires ne peuvent exiger la remise d'une clef particulière ; c'est au maire d'apprécier si les habitudes locales et les inté-

---

tière communal, et que s'il peut exceptionnellement être déposé dans un terrain privé, ce n'est qu'en vertu d'une autorisation spéciale et particulière, que l'administration est libre, selon les circonstances, d'accorder ou de refuser ; — Qu'en rendant obligatoire pour chaque décès l'accomplissement de cette formalité préalable, le décret indique virtuellement qu'une communauté quelconque, soit civile, soit religieuse, ne saurait être autorisée *une fois pour toutes* à ouvrir un cimetière particulier destiné exclusivement à l'inhumation des membres qui la composent ; — Que d'ailleurs, il ne convient pas de multiplier les servitudes que le voisinage des cimetières impose aux propriétés, et d'affaiblir, en la divisant, la surveillance de l'administration ; — Que ces inconvénients seraient encore plus graves dans une ville comme Langres, où il existe beaucoup de communautés religieuses, qui ne manqueraient pas, si l'autorisation des sœurs de Saint-Dominique était accordée, de former, plus ou moins prochainement, une demande dans le même genre ; — Qu'il n'y a pas lieu d'adopter le projet d'ordonnance.

En ce sens, Déc. min. int. 1860, *Bull. off.* 1860, p. 431 ; Déc. min. int. 1864, *Bull. off.* 1864, p. 319.

(1) Cass. crim. 20 juin 1863. — La Cour, Vu les articles 3, 16 et 17 du décret du 23 prairial an XII, sur les sépultures, 11 de la loi du 18 juillet 1837, sur l'administration municipale, et l'arrêté du maire de Viry-Châtillon du 9 septembre 1862, portant : « Dans les huit jours à compter de la notification du présent arrêté, Mme veuve Hue sera tenue de faire murer la porte communiquant de sa propriété dans le cimetière communal de Viry-Châtillon » ; — Sur le moyen pris de la violation desdits décret, loi et arrêté, en ce que le tribunal a prononcé le relaxe de la dame Hue, par le motif que le maire n'avait pu, dans le but de pourvoir à la police du cimetière, imposer à un habitant l'obligation de faire sur sa propriété, à ses frais, des travaux tendant à changer la disposition des lieux, que la porte dont il s'agit existait d'ailleurs depuis un temps immémorial ;

En fait, attendu que l'arrêté susvisé approuvé par le préfet de Seine-et-Oise, a été régulièrement notifié à la dame Hue, en sa demeure à Longjumeau, le 16 septembre 1862, et en son domicile, à Paris, le 6 janvier dernier ; — Qu'il est constaté par un procès-verbal du maire de Viry-Châtillon, en date du 17 janvier, que ce jour, la dame Hue n'avait pas encore fait murer la porte qui donne accès de sa propriété dans le cimetière communal ;

En droit, attendu que l'arrêté dont il s'agit avait pour objet d'assurer l'exécution des dispositions précitées du décret du 23 prairial an XII, qu'en vertu de ces dispositions, les lieux de sépultures doivent être « clos de murs d'une élévation déterminée, et sont soumis à l'autorité, police et surveillance des administrations municipales ; — Que les autorités locales sont spécialement chargées d'empêcher qu'il ne se commette, dans ces lieux, aucun désordre, ou qu'on n'y permette aucun acte contraire au respect dû à la mémoire des morts » ; que ces lieux cesseraient d'être clos, selon le vœu de la loi, si des voisins pouvaient y accéder ou permettre à des tiers d'y accéder librement à toute heure, au moyen de portes pratiquées dans les murs de leurs propriétés contiguës ; — Que les maires, chargés de faire exercer dans les cimetières une police sévère et continue, sont nécessairement autorisés à prescrire les mesures indispensables pour que lesdits lieux ne soient visités que sous la surveillance constante et véritablement efficace de l'autorité, d'où il suit que ledit arrêté, fondé sur un intérêt d'ordre public, loin de constituer une mesure arbitraire et illégale, comme l'a déclaré la décision attaquée, a été pris dans l'exercice légal du pouvoir municipal, et qu'il devait être exécuté tant qu'il n'aurait pas été réformé ou modifié par l'administration supérieure ; — Attendu que le juge, en décidant que cet arrêté constituait une atteinte directe et manifeste au droit de propriété a commis, en outre, un excès de pouvoir, puisqu'il était radicalement incompétent pour statuer sur la question de possession immémoriale élevée devant lui, qu'il n'aurait pu qu'ordonner le sursis demandé par la dame Hue, si cette demande avait dû lui offrir tous les caractères de l'exception préjudicielle prévue par l'article 182 du Code forestier ; — Attendu que le juge, en refusant de reconnaître le caractère légal et obligatoire de l'arrêté municipal du 9 septembre 1862, et en statuant sur l'exception de propriété invoquée par la dame Hue, a. . — Casse.

Cass. civ. 24 août 1864. — La Cour, Sur le moyen unique du pourvoi ; — Attendu que le trouble dont se plaint le demandeur, et à raison duquel il s'est pourvu contre la commune de Crèvecœur, a été le résultat de l'exécution des travaux ordonnés par le maire de la commune pour l'ouverture d'un nouveau chemin dans le cimetière ; — Attendu qu'il est établi par les motifs du jugement attaqué que la mesure a eu pour but d'assurer la conservation des sépultures, en facilitant la circulation dans le cimetière, et qu'elle a été prise par le maire dans l'exercice de son droit de police et de surveillance ; — Attendu que cette appréciation est vainement contestée par le demandeur, qui prétend à tort que la mesure dont il s'agit, aurait été prise par le maire au nom de la commune et comme gérant du domaine communal ; — Que le fait, par un maire, de pourvoir aux besoins de la circulation et à l'intérêt du bon ordre, par l'ouverture de chemins, dans un cimetière, ne saurait être considéré comme un fait de gestion intéressant la fortune communale ; — Que c'est là manifestement un acte de police accompli par le maire, comme magistrat spécialement chargé par la loi de la surveillance des cimetières ; — Attendu, dès lors, que la mesure ne pouvait pas être déférée à la juridiction civile, à laquelle il n'appartient pas de contrôler les actes de l'administration, que, par suite, elle ne pouvait servir de base à une action possessoire ; — Attendu que ce motif seul suffit à la justification du jugement attaqué ; — Qu'en l'accueillant et en infirmant par suite, pour cause d'incompétence, la sentence rendue au possessoire par le juge de paix, le tribunal... — Rejette.

En ce sens, Déc. min. int. 1861, *Bull. off.* 1861, p. 100.

(1) Cons d'Et. cont. 13 juillet 1877, D. P. 77.3.108 ; Cons. d'Et. cont. 25 juin 1880, D. P. 81.3.62 ; Cons. d'Et. cont. 13 mai 1881, D. P. 82.3.97 ; Cons. d'Et. cont. 20 avril 1883. — Le Conseil, Vu les lois des 7-14 octobre 1790 et 24 mai 1872 ; — Vu le décret du 23 prairial, an XII, et la loi du 14 novembre 1881 ; — Vu la loi du 18 juillet 1837 ; — Considérant que le maire de la commune de Sauveterre-d'Astaffort ne s'est pas refusé à accorder au sieur Sourcil, en exécution de la loi du 14 novembre 1881, une concession dans le cimetière de Gudech ; — Qu'il s'est borné à déclarer qu'un certain emplacement, spécialement demandé par ledit sieur Sourcil, ne pouvait être affecté à cette concession sans nuire au bon aménagement des tombes, qu'à défaut de cet emplacement, d'autres terrains faisant partie du même cimetière ont été expressément offerts au demandeur ; — Considérant, qu'en prenant cette décision dans les circonstances ci-dessus rapportées, le maire de la commune de Sauveterre-d'Astaffort a agi dans l'exercice des pouvoirs qui lui sont conférés par l'article 16 du décret du 23 prairial, an XII, d'après lequel les lieux de sépulture sont soumis à l'autorité, police et surveillance des administrations municipales ; — Qu'il suit de là, que la mesure dont il s'agit n'était pas de celles auxquelles il peut être procédé d'office par le préfet, par application de l'article 15 de la loi du 18 juillet 1837, et qu'en prenant l'arrêté attaqué, le préfet de Lot-et-Garonne a excédé ses pouvoirs ; — Sur les conclusions du requérant, tendant à faire ordonner la destruction des travaux auxquels il aurait été procédé à la suite de l'arrêté du 28 février 1882 ; — Considérant qu'il n'appartient pas au Conseil d'Etat, statuant au contentieux par application de la loi des 7-14 octobre 1790 et de l'article 9 de la loi du 24 mai 1872, de prescrire les mesures qui peuvent être la conséquence de l'annulation par lui prononcée. — Annule.

(2) Poitiers, 17 février 1864. — La Cour, Adoptant, etc... ; — Considérant, en outre, que le procès a pour seul but la détermination du terrain sur lequel les concessions Bonneau et Dabault devront être réalisées, et que la désignation de l'emplacement des concessions temporaires ou perpétuelles dans les cimetières dépend essentiellement de l'autorité administrative chargée de la police et de la surveillance des lieux consacrés aux sépultures ; — Confirme le jugement dont est appel.

(3) Cons. d'Et. cont. 19 mars 1883. — Considérant que, par la décision attaquée, notre ministre de l'intérieur s'est borné à approuver le refus qu'avait fait le maire de la ville de Bordeaux d'user de son pouvoir de police pour réprimer l'anticipation que le sieur Costangt et la dame Dosque, concessionnaires à perpétuité dans le cimetière, prétendaient avoir été commise à leur préjudice par les sieurs Magnon et autres, concessionnaires d'un terrain limitrophe ; — Qu'il n'a pas statué sur la garantie que la ville de Bordeaux pouvait devoir au sieur Costangt et à la veuve Dosque ; — Que d'ailleurs il n'aurait pas été compétent pour statuer sur une question de cette nature ; — Qu'enfin la décision ne fait pas obstacle à ce que le sieur Costangt et la veuve Dosque portent devant l'autorité compétente, s'ils s'y croient fondés, soit leur action contre les sieurs Magnon et autres, soit leur demande en garantie contre la ville de Bordeaux. — Rejet.

(4) Dec. int. 1857. — Le curé a-t-il droit d'avoir à sa disposition exclusive une clef du cimetière ? Le décret du 23 prairial an XII sur les sépultures porte, article 16, que les cimetières, soit qu'ils appartiennent aux communes, soit qu'ils appartiennent aux particuliers, sont soumis à la police et à la surveillance de l'autorité municipale. Or, il est évident, que cette mission ne pourrait pas être exactement remplie et que l'administration municipale serait fondée à décliner la responsabilité qui en résulte, si elle était tenue de remettre au curé une clef du cimetière. — Il existe bien quelquefois dans les cimetières des chapelles où l'on célèbre des services religieux, mais ces chapelles ne se trouvent guère que dans les grandes villes, et, en pareil cas, il est permis de croire que les maires s'empressent de faciliter l'accès des lieux de sépultures pour l'accomplissement des services religieux.

rêts d'une bonne police permettent de faire droit aux demandes de cette nature.

1799. Chaque particulier a le droit, sans besoin d'autorisation, de faire placer, sur la fosse de son parent ou de son ami, une pierre sépulcrale ou autre signe indicatif de sépulture. Toutefois, l'article 6 de l'ordonnance du 6 décembre 1843 décide qu'aucune inscription ne peut être placée sur les pierres tumulaires ou monuments funèbres sans avoir été préalablement soumise à l'approbation du maire : c'est l'application généralisée d'une règle de jurisprudence établie par le Conseil d'État jugeant au contentieux (1).

L'administration municipale ayant le droit de contrôle à l'égard des inscriptions, son refus d'autorisation, en pareil cas, ne saurait donc être attaqué pour excès ou abus de pouvoir.

1800. Aucune disposition de loi n'autorise les communes à percevoir une taxe pour placement ou changement de pierres tumulaires; ces pierres peuvent subsister, tant que le service des inhumations ne nécessite pas la réouverture des fosses (2).

1801. L'article 15 du décret de l'an XII portait : « Dans les communes où l'on professe plusieurs cultes, chaque culte doit avoir un lieu d'inhumation particulier; et, dans le cas où il n'y aurait qu'un seul cimetière, on le partagera par des murs, haies ou fossés, en autant de parties qu'il y a de cultes différents, avec une entrée particulière pour chacune, et en proportionnant cet espace au nombre d'habitants de chaque culte. » Le but que se proposait le législateur par cette disposition était clair : il avait voulu conserver à l'inhumation un certain caractère religieux, et que chacun des cultes pût accomplir, en toute liberté, dans le cimetière, ses rites et ses cérémonies propres, et, en particulier, que l'Église catholique pût suivre les règles et les traditions en vertu desquelles les restes des fidèles doivent reposer dans une terre sainte et consacrée. C'est pourquoi le Conseil d'État avait reconnu, dans un avis du 29 avril 1881 (?), que « si, dans l'exercice de la police des cimetières, l'autorité civile doit demeurer étrangère aux observances particulières aux différents cultes, elle ne doit pas s'opposer à ce que, dans l'enceinte réservée à chacun d'eux, on observe les règles qui peuvent exiger quelque distinction à faire entre les sépultures. » Mais une loi du 14 novembre 1881 a abrogé formellement l'article 15 du décret du 23 prairial an XII, en se fondant sur les principes suivants : 1° la liberté de conscience, qui ne permet pas à l'administration de s'enquérir des convictions du défunt en matière religieuse, lesquelles peuvent être ignorées ou mal interprétées; 2° l'égale protection due à tous les cultes reconnus; 3° le caractère du cimetière communal, qui, étant une propriété communale, doit être ouvert à tous, sans distinction de cultes.

1802. Lorsque le maire a assigné un emplacement pour l'inhumation d'un corps dans une partie spéciale du cimetière, la famille du défunt est recevable à demander l'annulation de cet acte pour violation des conditions prescrites pour assurer à tous les citoyens, sans distinction de culte, une sépulture également honorable (3); et si l'inhumation a été opérée,

l'exhumation et la réinhumation peuvent être accordées par l'autorité supérieure (1).

1803. En une semblable matière, en effet, le maire n'agit pas comme simple officier de la police municipale, mais comme délégué de l'autorité civile publique, pour assurer le respect des droits que la loi a établis au profit des citoyens. Son action n'est pas libre, elle est obligatoire et subordonnée. Elle est obligatoire, car s'il s'abstient, l'autorité préfectorale intervient directement; elle est subordonnée, car si, dans la façon dont il accomplit sa mission, il n'observe pas les prescriptions légales, s'il viole les droits consacrés par ces prescriptions, la partie lésée est recevable à revendiquer par la voie contentieuse la reconnaissance de son droit.

1804. Le maire ne saurait donc créer aujourd'hui dans le cimetière communal des cimetières particuliers, ni obliger à inhumer dans un lieu déterminé ceux qui sont morts d'une manière spéciale, comme les noyés, les suicidés ou les cadavres inconnus trouvés sur le territoire (2).

___

sépulture et, si elles le demandent, une concession dans des conditions équivalentes à celles qui sont à la disposition des catholiques dans les parties du cimetière qui leur sont destinées; — Que, dans ces circonstances, le sieur Tamelier est fondé à soutenir que le maire a fait une fausse application du décret précité, en désignant cet emplacement pour la sépulture des protestants, et en décidant, par voie de conséquence, que la demoiselle Tamelier devait y être inhumée. — Annulation.

(1) Cons. d'Ét. 11 juin 1875. — Le Conseil, Vu la requête présentée pour les sieurs Hallé et autres, tendant à ce qu'il plaise au Conseil annuler, pour excès de pouvoirs, une décision en date du 13 février 1874, par laquelle le préfet du Loir-et-Cher a refusé d'annuler une décision, en date du 23 octobre 1873, par laquelle le maire de la commune de Saint-Hilaire-la-Gravelle avait ordonné l'inhumation, dans la partie non destinée du cimetière, du corps du sieur Pierre Hallé, père, beau-père et aïeul des requérants, par le motif qu'aux termes de l'article 15 du décret du 23 prairial an XII, dans les communes où un seul culte est professé, l'autorité locale n'a pas le droit d'établir des divisions dans le cimetière communal; que, d'après ce même décret, et en vertu du principe de la liberté de conscience et de l'égalité des cultes, le corps d'aucun citoyen ne peut être exclu de la partie du cimetière consacrée à la sépulture de tous les habitants, pour être inhumé dans une partie séparée et considérée comme déshonorée; que, dès lors, le maire ne pouvait ordonner l'inhumation, dans la partie du cimetière réservée aux enfants morts sans baptême et aux suicidés, du corps du sieur Hallé, sous prétexte qu'il était mort sans recevoir les derniers sacrements, et que, le clergé lui ayant refusé les obsèques religieuses, il ne pouvait être inhumé en terre bénite; que, d'ailleurs, en fait, le sieur Hallé n'avait pas refusé les derniers sacrements, et que sa famille avait demandé pour lui la sépulture religieuse; subsidiairement, et pour le cas où les faits allégués par les requérants ne sembleraient pas suffisamment établis, ordonner avant de statuer, qu'il soit procédé à une enquête contradictoire; — Vu les observations du ministre de l'intérieur, tendant à ce que le pourvoi soit rejeté comme non recevable, par le motif que le préfet, en refusant d'autoriser l'exhumation du corps du sieur Hallé, que le maire avait fait inhumer en dehors de la partie du cimetière consacrée aux sépultures des catholiques, à raison de la répudiation de ce culte par le défunt à ses derniers moments, et des considérations d'ordre public qui s'opposaient à ce qu'il fût procédé autrement, n'a fait qu'un acte d'administration non susceptible d'être déféré au Conseil d'État par la voie contentieuse; — Vu les lois des 16-24 août 1790, 7-14 octobre 1790 et 24 mai 1872; — Vu le décret du 23 prairial an XII;
Considérant qu'en refusant d'autoriser l'inhumation du sieur Hallé dans la partie du cimetière communal affectée aux sépultures des catholiques, le maire de la commune de Saint-Hilaire-la-Gravelle n'a fait, à raison des circonstances dans lesquelles ce refus est intervenu, qu'user du droit qui appartient à l'autorité publique, en vertu des articles 15, 16 et 17 du décret du 23 prairial an XII, et n'a pas été fondé sur un acte susceptible... — Rejette.

(2) Déc. int. 1869. — Cimetières. La législation ne permet pas la création de lieux d'inhumation spéciaux pour les noyés, suicidés, etc., etc. — La commune de *** a demandé l'autorisation de créer un cimetière spécial pour les noyés, les suicidés et les enfants morts sans baptême. Cette demande est motivée principalement sur l'étendue restreinte du cimetière actuel, situé auprès de l'église, à proximité des habitations, et, par conséquent, non susceptible d'agrandissement.
Consulté par le préfet au sujet de cette demande, le ministre de l'intérieur a fait la réponse suivante: La législation concernant les lieux de sépulture n'admet la création de cimetières spéciaux qu'autant qu'ils sont destinés à l'inhumation de toutes les personnes appartenant à des cultes distincts professés dans la commune. Elle s'oppose, dès lors, à l'établissement d'un cimetière où l'on se bornerait à inhumer les noyés, les suicidés et les enfants morts sans baptême. La jurisprudence adoptée en pareille matière n'admettrait même pas, dans un cimetière unique, d'autres subdivisions que celle que peut exiger la différence des cultes professés dans la commune; elle ne fait pas obstacle, toutefois, à ce que les administrations locales, en prenant compte des habitudes du pays et de la disposition des esprits, consacrent un endroit spécial, dans le cimetière commun, à l'inhumation des personnes étrangères à toute communion religieuse et des enfants non baptisés, attendu que cette séparation n'a, au fond, rien de blessant pour les personnes auxquelles elle s'applique, mais elle ne permet pas d'étendre une mesure semblable

___

(1) Cons. d'Ét. 7 janvier 1842.
(2) Circ. int. 1838. — L'article 12 du décret du 23 prairial an XII accorde à chaque particulier le droit de placer sur la fosse de son parent ou de son ami une pierre sépulcrale ou tout autre indice de sépulture. Il a été décidé que ces pierres peuvent subsister tant que le service des inhumations ne nécessite pas la réouverture des fosses ; il n'est dû d'ailleurs aucune taxe pour le maintien des signes indicatifs de sépulture.
(3) Cons. d'Ét. 13 mars 1872. — En ce qui concerne l'arrêté du maire de la commune de Ville-d'Avray, en date du 7 janvier 1870 : — Considérant qu'aux termes de l'article 15 du décret du 23 prairial an XII, dans les communes où l'on professe plusieurs cultes, l'emplacement est réservé dans le cimetière commun pour chaque culte doit être délimité par des murs, haies ou fossés, avoir une entrée particulière et être proportionné au nombre des habitants qui professent ce culte; — Que si l'emplacement, que le maire de Ville-d'Avray entendait affecter à l'inhumation des protestants, avait rempli les conditions prescrites par cet arrêté, le maire n'aurait pas outrepassé les limites des pouvoirs de police sur les lieux de sépulture qui lui appartenaient, en vertu de l'article 16 du décret précité, en décidant que la demoiselle Tamelier devait y être inhumée; — Mais, considérant que cet emplacement n'est séparé par aucune clôture des tombes catholiques au milieu desquelles il est enclavé; qu'on ne peut y accéder qu'en traversant les tombes, et qu'eu égard au nombre des protestants qui habitent la commune, il n'est pas suffisant pour que toutes les familles protestantes soient assurées d'y avoir une

1805. Aucune inhumation ne peut être faite sans une autorisation de l'officier de l'état civil, qui ne doit la délivrer qu'après s'être transporté auprès de la personne décédée pour s'assurer du décès (C. civ., art. 77). Cette première disposition trouve sa sanction pénale dans l'article 358 du Code pénal qui punit d'un emprisonnement de six jours à deux mois, et d'une amende de 16 francs à 50 francs ceux qui, sans l'autorisation préalable de l'officier public, font inhumer un individu décédé. Cependant, nous devons faire remarquer que cet article n'est pas applicable : 1° au fossoyeur qui n'a prêté qu'un concours matériel à l'inhumation ; 2° aux curés, desservants ou pasteurs qui ont concouru à l'inhumation. En effet, l'article 358 du Code pénal punit ceux qui ont fait inhumer et non pas ceux qui n'ont fait qu'assister à l'inhumation ; il a en vue ceux qui ont quelque intérêt à l'inhumation et ne s'applique pas aux curés, desservants et pasteurs, qui ne font que lever les corps et les accompagner hors des églises et des temples (1).

1806. Cependant, l'acte des curés, desservants et pasteurs ne resterait pas complétement impuni. Un décret du 4 thermidor an XIII, qui n'est pas abrogé, porte qu'il est défendu à tous maires, adjoints et membres des administrations municipales de souffrir le transport, présentation, dépôt, inhumation des corps, ni l'ouverture des lieux de sépulture ; à toutes les fabriques d'églises et consistoires ou autres ayants droit de faire les fournitures requises pour les funérailles, de livrer lesdites fournitures ; à tous curés, desservants et pasteurs, d'aller lever aucuns corps, ou de les accompagner hors des églises ou temples, qu'il ne leur apparaisse de l'autorisation donnée par l'officier de l'état civil pour l'inhumation, à peine d'être poursuivis comme contrevenants aux lois. Il est vrai que ce décret ne porte en lui-même aucune peine ; mais comme il a été pris par le pouvoir exécutif, dans les limites de ses attributions, il a certainement pour sanction la disposition pénale de l'article 471 du Code pénal : de telle sorte que les desservants, curés et pasteurs, qui procéderaient à une inhumation qui n'aurait pas été préalablement autorisée par l'officier de l'état civil, seraient passibles de l'amende édictée par cet article (2). La même décision serait applicable aux autres personnes dénommées dans le décret de l'an XII.

1807. En général, les inhumations ne peuvent avoir lieu que vingt-quatre heures après le décès. Cependant, le délai de vingt-quatre heures peut être abrégé : 1° lorsqu'il s'agit du corps d'un supplicié ; 2° lorsque, par mesure de salubrité, l'officier public donne l'ordre d'une prompte inhumation. Le délai de vingt-quatre heures doit, au contraire, se prolonger jusqu'à ce que les vérifications prescrites par la loi aient été accomplies : 1° toutes les fois qu'il y a des signes ou des indices de mort violente ; 2° lorsque des ouvriers ont péri par accident dans l'exploitation d'une mine (1).

1808. L'inhumation des enfants mort-nés, dès que le fœtus est formé dans ses organes essentiels, ne peut également avoir lieu qu'après une autorisation préalable (2). Mais on ne saurait considérer comme un enfant mort-né un simple fœtus présentant l'aspect d'un être encore inorganisé (3).

1809. L'autorisation doit contenir la désignation exacte de la personne décédée, et l'indication de l'heure à laquelle il sera permis de l'inhumer.

1810. Les inhumations précipitées sont punies des mêmes peines que les inhumations faites sans autorisation (4).

---

et qui, ne parlant que de ceux qui ont fait inhumer un individu décédé, n'a en en vue que ceux qui ont quelque intérêt à l'inhumation, et ne s'applique pas aux curés, desservants et pasteurs, qui ne font que lever les corps et les accompagner hors des églises et temples ; que l'arrêté attaqué a donc justement interprété l'article 358 du Code pénal ; — Mais attendu que le décret du 4 thermidor an XIII, relatif à la police des sépultures, entre dans les pouvoirs donnés par la loi à l'autorité administrative, et, à défaut de sanction spéciale, la trouve dans les dispositions générales des articles 600 et 606 du Code du 3 brumaire an IV lesquels s'appliquent à toutes les contraventions de police qui ne sont pas textuellement punies par les lois pénales... — Casse.

(1) C. civ. art. 81, 83 ; Déc. 3 janvier 1813, art. 18.
(2) Metz, 24 août 1854 (Voy. ci-dessus) ; Paris, 15 février 1863, D. P. 65.2.138 ; Agen, 6 août 1874, D. P. 75.5.175.
(3) Metz, 24 août 1854, D. P. 54.5.431.
(4) C. P., art. 358 ; En ce sens, Circ. int. 24 décembre 1866. — Monsieur le préfet, à la suite d'un vote du Sénat, et par une circulaire en date du 2 septembre 1853, mon prédécesseur a appelé votre attention sur la nécessité de veiller avec le plus grand soin à la stricte observation des formalités prescrites par le Code Napoléon, en vue de prévenir le danger des inhumations précipitées.

Les préoccupations du public, à cet égard, ont continué à se manifester par de nouvelles pétitions, dont le Sénat a également ordonné le renvoi au ministre de l'intérieur.

Plusieurs pétitionnaires avaient cru devoir indiquer les divers systèmes à l'aide desquels on pouvait, selon eux, distinguer la mort apparente de la mort réelle et rendre impossible l'inhumation d'une personne dont le décès n'aurait pas été reconnu certain.

Le conseil d'hygiène publique et de salubrité, à l'examen duquel je me suis empressé de soumettre les différentes combinaisons proposées au Gouvernement, s'est livré à un examen approfondi de l'adoption ; mais il a émis, dans cette importante question, des avis basés sur une longue expérience et sur l'observation scientifique des faits.

J'ai pris en grande considération l'opinion exprimée par des hommes que leurs lumières, leur autorité et la solidité de leurs appréciations désignaient à la confiance de l'administration ; aussi, Monsieur le Préfet, j'ai été amené à penser, avec eux, que les systèmes proposés par la plupart des pétitionnaires n'étaient pas susceptibles d'être acceptés et que, au surplus, la législation existante donnait des moyens de sécurité très sérieux contre le danger des inhumations précitées.

La science est en possession de signes certains de mort ; à la condition, toutefois, que ces signes seront constatés par des médecins et seulement par eux. On comprend, en effet, que la déclaration faite par les témoins appelés à la rédaction de l'acte de décès ne suffit pas à donner la certitude de la mort, puisque ces mêmes témoins ne peuvent par eux-mêmes la constater avec une confiance absolue.

Les hommes éminents que j'ai appelés à étudier la question ont établi qu'il existe des signes de mort que l'on peut considérer comme infaillibles : ce sont la putréfaction et la rigidité cadavérique.

En ce qui concerne les indices fournis par la putréfaction, vous n'ignorez pas que le public attache une grande valeur à ce signe ; il semble que ce caractère peut être évident pour tous et qu'il ne soit pas possible de s'y tromper. Aussi, bon nombre de pétitionnaires demandaient-ils que le corps fût conservé jusqu'au développement de ce phénomène.

Or, cette opinion si répandue n'est point acceptée par le conseil de salubrité et d'hygiène. Une fois qu'un individu soit atteint de gangrène ou de pourriture d'hôpital, de fièvre jaune, et, qu'alors, un état syncopal, comateux ou léthargique se montre, l'erreur sur la mort sera possible pour le vulgaire ; il prendra pour la putréfaction ce qui ne sera que l'effet de la gangrène ou de la pourriture d'hôpital. Le médecin seul peut reconnaître la putréfaction cadavérique, parce que cette putréfaction a ses lois de développement, son point de départ différent sur le corps, suivant le genre du mort, sa physionomie et son évolution, toutes spéciales, ses caractères distinctifs.

Ainsi, ce que tout le monde indique, comme caractère de la mort, pourrait entraîner à de regrettables erreurs si le médecin n'intervenait pas.

Quant à la rigidité cadavérique, d'après la déclaration formelle du

---

à une catégorie de personnes, telle que les noyés, les suicidés, etc., etc. Dans le cas, dès lors, où le cimetière de *** n'aurait pas réellement une étendue suffisante pour recevoir les restes de toutes les personnes qui doivent y être inhumées, il conviendrait de mettre la commune en demeure d'établir un nouveau lieu de sépulture. Sur son refus, elle devrait y être contrainte, conformément aux dispositions de l'ordonnance royale du 6 décembre 1843 et de la loi du 18 juillet 1837 (art. 30, nos 17 et 39).

(1) Cass. crim. 7 mai 1842. — La Cour, Statuant sur le pourvoi du procureur du roi près le tribunal de première instance de Vannes, contre le jugement rendu par ledit tribunal jugeant en appel de police correctionnelle, le 28 février 1842, lequel, en confirmant un jugement du tribunal de police correctionnelle de Ploërmel du 19 janvier précédent, et en adoptant les motifs de ce jugement, a renvoyé Joseph Renaud, sacristain et fossoyeur, des fins de la prévention, consistant à avoir, le 25 décembre 1841, inhumé le cadavre d'un enfant du sexe féminin, dont la femme Baschamp était accouchée la veille, et qui était décédé peu de temps après sa naissance, sans que le père de l'enfant eût fait au maire de la commune la déclaration du décès de cet enfant, et eût obtenu l'autorisation de l'inhumer ; — Attendu que les motifs du jugement du tribunal de police correctionnelle de Ploërmel, adoptés par le jugement attaqué, constatent que Joseph Renaud n'a prêté à l'inhumation dont il s'agit qu'un concours matériel consistant dans le fait d'avoir creusé la tombe dans laquelle le cadavre de l'enfant a été déposé, et en le recouvrant de terre, ce qui n'a pu le constituer en contravention à l'article 358 du Code pénal, qui, d'après son texte précis, ne peut atteindre que l'individu qui a fait inhumer et non le manœuvre qui aurait été employé à cette inhumation, surtout lorsque, comme dans l'espèce, elle a eu lieu en plein jour et avec les solennités religieuses accoutumées ; — Attendu que ces motifs ci-dessus relevés s'appliquent virtuellement soit à la contravention, soit à la complicité par aide et assistance avec connaissance dans les faits constitutifs de ladite contravention ; — Que, par conséquent, en confirmant le jugement dont était appel, et en adoptant les motifs de ce jugement, le jugement... — Rejette.

(2) Cass. crim. 27 janvier 1832. — La Cour, Vu l'article 1er du décret du 4 thermidor an XIII, et l'article 358 du Code pénal ; — Attendu que le décret précité qui prohibe à tous curés, desservants et pasteurs, d'aller lever aucuns corps ou de les accompagner hors des églises et temples, sans qu'il leur apparaisse de l'autorisation de l'officier de l'état civil, ne contient pas de sanction spéciale, mais que cette sanction ne peut se trouver dans l'article 358 du Code pénal, qui prévoit des faits différents

1811. En général, tout décédé doit être inhumé dans le cimetière de la commune où il est mort. L'inhumation a lieu ou dans le terrain qui reçoit les fosses de tous ou dans un terrain concédé.

1812. La règle générale que nous venons de poser n'est pas sans exception. Quelquefois, il peut arriver que l'on autorise, par honneur, les inhumations dans les églises, les temples, les monuments publics.

1813. La condition, mise à une donation d'église, d'être inhumé dans cet édifice ne saurait être admise. A la vérité, les évêques sont ordinairement inhumés dans les caveaux de leurs cathédrales, et quelquefois aussi les curés sont inhumés dans leurs églises. Mais cette dérogation, justifiée par la dignité de ceux qui en sont l'objet, ne saurait être étendue à des particuliers, quelle que soit leur position sociale.

1814. L'autorisation de placer dans une église un monument destiné à recevoir des inhumations ne peut être accordée que dans des circonstances spéciales dont le gouvernement est seul juge. Par conséquent, une fabrique ne pourrait être autorisée à céder à une famille une chapelle ou un caveau pour en faire un lieu de sépulture (1).

Il est même de règle qu'il ne peut être établi de caveau dans les chapelles des cimetières, quand elles sont consacrées au culte (2).

1815. Les communes ne sont pas tenues de mettre un caveau provisoire à la disposition des familles pour leur laisser le temps d'établir des sépultures définitives. Et lorsqu'elles en font construire un, pour éviter les formalités tou-

conseil d'hygiène, ce signe est tout aussi certain que la putréfaction, mais beaucoup plus prompt à se développer. La rigidité cadavérique commence au moment même du décès, ou le suit à une distance de plusieurs heures, selon le genre de mort, la température extérieure, la saison, etc. ; en un mot, sa manifestation, quoique ayant toujours lieu, est variable quant à l'instant où on peut s'en rendre compte.

Ce phénomène, très simple à constater, serait même accessible à toute personne intelligente qui l'aurait observé une seule fois. C'est assez dire que la médecine le reconnaît aisément.

Quelle que soit la position que le corps et les membres affectent au moment du décès, les articulations, qui étaient souples à ce moment de manière à ce qu'on pût facilement étendre ou infléchir, par exemple, les avant-bras sur les bras, deviennent rigides ; il faut quelquefois un effort très grand pour vaincre la raideur des articulations. Mais, aussitôt vaincue, l'articulation reprend la souplesse qu'elle avait pendant la vie, lorsqu'on abandonne les membres au moindre effort de flexion ou d'extension.

S'il s'agit d'un individu vivant dans un état convulsif ou tétanique, et qu'on parvienne à vaincre la raideur de la convulsion, alors, si l'on abandonne le membre à lui-même, il revient brusquement et spontanément à la position contractée qu'il occupait auparavant.

Il n'est donc pas possible de confondre la rigidité cadavérique avec l'état convulsif de la vie.

S'il arrivait que la rigidité cadavérique eût cessé d'exister avant la visite du médecin vérificateur du décès, la putréfaction deviendrait alors le signe certain de la mort.

Ces deux moyens ou caractères sont donc propres à constater le décès, et, employés dans les conditions où ils doivent l'être, ils ne laissent aucune incertitude sur le fait.

La question étant, en quelque sorte, suffisamment résolue au point de vue scientifique, il reste à examiner quels doivent être les devoirs qui incombent à l'autorité administrative pour assurer, d'une manière efficace, l'exécution de la loi.

L'article 77 du Code Napoléon fait peser sur l'officier de l'état civil la responsabilité de la constatation des décès ; or, Monsieur le Préfet, cette responsabilité implique l'obligation de s'entourer de tous les moyens propres à obtenir ce résultat strictement exigé.

L'ordre public, l'intérêt de l'humanité et celui des familles commandent donc que les déclarations de décès soient entourées de la certitude la plus complète.

Pour atteindre plus sûrement ce but, il m'a paru utile de prescrire les mesures suivantes :

Le maire de chaque commune fera choix d'un ou de plusieurs docteurs en médecine ou en chirurgie, et, à leur défaut, d'officiers de santé qui seront chargés de constater les décès dont la déclaration aura été faite à la mairie, conformément aux prescriptions de la loi.

Ces médecins seront assermentés.

Dès que la déclaration d'un décès aura été faite, le maire fera parvenir au médecin vérificateur du décès une feuille en double expédition, conforme au modèle ci-joint, et sur laquelle il inscrira les nom, prénoms, sexe, âge, profession de la personne décédée ; la nature de la maladie à laquelle elle a succombé et, autant que possible, sa durée et ses complications ; le nom du médecin qui a soigné le malade, celui du pharmacien qui a délivré les médicaments, et, autant que possible, les conditions hygiéniques du domicile.

Dans le cas où le décès paraîtrait douteux, l'officier de l'état civil retardera la délivrance du permis d'inhumer, jusqu'à certitude complètement acquise de la mort, par une visite nouvelle et un rapport spécial du médecin vérificateur.

Il devra être recommandé aux personnes qui entourent le malade, au moment de son décès, de ne faire aucun changement dans l'état du corps avant l'arrivée du médecin vérificateur. Ainsi, le corps doit être laissé dans le lit et ne point être déposé sur un sommier de paille ou de crin.

La figure du défunt devra rester à découvert jusqu'au moment de la mise au cercueil.

Devront être formellement interdits tous usages ou coutumes adoptés dans quelques pays et qui seraient contraires aux présentes prescriptions.

Il ne pourra être procédé à l'inhumation qu'après vingt-quatre heures expirées depuis la déclaration faite à la mairie.

Pourront être exceptés les cas de putréfaction cadavérique avancée ou de toutes autres conditions préjudiciables à la santé de la famille, et dans ces cas exceptionnels le médecin vérificateur fera un rapport spécial au maire.

Il est défendu de procéder au moulage, à l'autopsie ou à l'embaumement du corps de l'individu décédé, avant la vérification du décès par le médecin vérificateur, et sans une déclaration préalable à l'autorité

municipale, qui devra se faire représenter à l'opération. Aucun de ces actes ne pourra être pratiqué que vingt-quatre heures après la déclaration du décès faite à la mairie, sauf les cas exceptionnels dont il est fait mention dans le paragraphe précédent.

Lorsqu'il y aura des signes ou indices de mort violente ou d'autres circonstances qui pourraient la faire soupçonner, le médecin vérificateur du décès en donnera immédiatement avis à l'officier de l'état civil, qui surseoira à la délivrance du permis d'inhumer et informera immédiatement l'autorité judiciaire.

Ces prescriptions me semblent devoir entourer de garanties suffisantes la pratique de la constatation des décès, et je vous invite à prendre les dispositions nécessaires pour en assurer l'observation dans votre département.

INSTRUCTION. — Pour acquérir la certitude d'un décès, il faut constater sur le corps la présence de l'un des deux signes suivants : La rigidité cadavérique ou la putréfaction commençante.

Le premier de ces signes de mort est facile à reconnaître, puisque, si l'on vient à vaincre la raideur d'une articulation, en fléchissant ou étendant l'avant-bras, par exemple, l'articulation, du coude reprend sa souplesse, comme cela a lieu dans l'état de relâchement des muscles, tandis que si la raideur des membres était le résultat d'un état convulsif, le membre, après la raideur vaincue, reprendrait sa contraction primitive. Cette épreuve doit être répétée sur plusieurs articulations. Quant à la putréfaction, le médecin ne saurait la confondre avec la gangrène, la pourriture d'hôpital, etc.

Le doute sur le décès est très rare lorsqu'il s'agit d'une personne qui a parcouru les phases d'une maladie.

C'est dans le cas de mort subite, ou dans les états nerveux suivis de mort, tels que l'hystérie, la syncope, les états léthargiques, l'éclampsie des femmes en couches, que l'incertitude pourrait exister ; il faut alors attendre le développement de la rigidité cadavérique, afin d'éviter toute erreur. Dans ces circonstances, la rigidité cadavérique paraîtra toujours tardivement.

Un examen tout particulier doit être fait lors des décès d'enfants nouveau-nés, à l'effet de rechercher si ce ne serait pas le résultat d'un crime.

(1) Déc. min. int. 1861. — M. B... avait demandé l'autorisation d'inhumer dans un caveau qu'il se proposait de faire construire sous une chapelle de l'église de N... les restes mortels de son père, de sa mère et des membres de sa famille qui viendraient à décéder. Cette autorisation a été refusée parce que, en principe, aucune inhumation ne doit être tolérée dans les lieux consacrés à la célébration du culte, et que cette règle ne souffre d'exception que l'égard des évêques et des archevêques qui peuvent être inhumés dans leur église cathédrale, en vertu d'une décision spéciale du chef de l'État.

Le préfet du département a cru devoir reproduire la demande, en exposant que les corps de M. et Mme B... sont inhumés dans le cimetière de N... depuis 1855, qu'il n'y aurait véritablement aucun inconvénient sous le rapport de la salubrité à ce que leurs ossements fussent déposés dans le caveau en question. Le refus d'autorisation a été maintenu en ces termes : « Les dispositions prohibitives des inhumations dans les édifices du culte sont absolues, et l'on ne saurait les transgresser sans rétablir en faveur de certaines familles un privilège que le législateur a entendu faire cesser. »

(2) Déc. min. int. 1870. — Un habitant de la commune de V... avait demandé l'autorisation d'établir un caveau de famille dans une chapelle située dans l'enceinte du cimetière, sous la condition de faire exécuter à cette chapelle des réparations, dans le but d'y célébrer le culte. Le conseil municipal a pris une délibération tendant à accepter cette offre, et à accorder la même autorisation à tous ceux qui la solliciteraient, moyennant le payement d'une somme déterminée, dont l'emploi serait réservé à la commune. — Le préfet ayant consulté le ministre de l'intérieur sur le point de savoir si ce vote était susceptible d'être approuvé, Son Excellence s'est prononcée pour la négative, en rappelant d'abord l'article 1er du décret du 23 prairial an XII interdit toute inhumation dans les églises, temples, synagogues, hôpitaux, chapelles publiques, et généralement tous les édifices clos et fermés, où les citoyens se réunissent pour la célébration de leurs cultes. Son Excellence a ajouté que le conseil municipal avait également méconnu les prescriptions des articles 11 du même décret, et 3 (n° 2) de l'ordonnance du 6 décembre 1843, d'après lesquels un tiers au moins du prix des terrains concédés pour l'établissement de sépultures privées doit être consacré aux pauvres et aux établissements de bienfaisance. Le préfet a été invité, en conséquence, à annuler la délibération dont il s'agit, par application de l'article 6 de la loi du 24 juillet 1867 dans le cas où, malgré les observations, le conseil municipal de V... persisterait à la maintenir.

jours pénibles de l'inhumation, elles ont le droit d'attacher un prix à ce service rendu (1).

1816. Aux termes du décret du 23 prairial an XII, article 14, « toute personne peut être enterrée sur sa propriété, pourvu que ladite propriété soit hors et à la distance prescrite de l'enceinte des villes et bourgs, c'est-à-dire à 35 mètres au moins. » Mais il résulte de la jurisprudence que cette disposition ne doit être entendue que dans le sens le plus restrictif. L'article 14 du décret du 23 prairial an XII doit être, en effet, rapproché de l'article 16 qui dispose que les lieux de sépulture, soit qu'ils appartiennent aux communes, soit qu'ils appartiennent aux particuliers, sont soumis à l'autorité, police et surveillance des administrations municipales. Ces deux articles se complètent, et il en résulte que l'article 14 ne confère qu'un droit absolu d'inhumation en propriété privée, mais un droit subordonné non seulement à la surveillance, mais à l'autorité de l'administration municipale. L'inhumation au cimetière communal est la règle; celle en propriété privée est l'exception dont l'autorité municipale apprécie les inconvénients, soit au point de vue de la salubrité, soit au point de vue de l'ordre public (2).

1817. La jurisprudence de la Cour de cassation limite, autant qu'il est possible, l'article 14 du décret du 23 prairial an XII. Elle a jugé notamment que l'emplacement qu'un individu a acquis pour sa sépulture, dans le cimetière privé d'une famille, ne constitue pas la *propriété privée* où cet article 14 veut qu'on puisse se faire enterrer. En conséquence, elle a reconnu que le fait de l'inhumation de cet individu dans cet emplacement est une contravention à l'arrêté municipal qui défend d'ensevelir les morts ailleurs que dans le cimetière communal ou dans les autres lieux reconnus et autorisés par les lois (1).

1818. L'arrêté municipal qui interdit de procéder à toute inhumation ailleurs que dans le cimetière communal, est légal et obligatoire; mais l'exhumation de l'individu inhumé dans un lieu autre, et par exemple dans une propriété privée, ne peut être ordonnée que par l'autorité administrative et les tribunaux civils ne sauraient la prescrire, soit à titre de mesure de police, soit à titre de réparation civile ou de dommages-intérêts (2).

1819. Lorsqu'un propriétaire demande à inhumer un de

---

(1) Déc. min. int. 1863. — Le conseil municipal de R... a reconnu qu'il y avait des inconvénients à laisser les familles qui se proposent d'établir des sépultures particulières dans le cimetière communal déposer provisoirement des corps, soit dans des caveaux appartenant à d'autres familles, soit dans la partie du cimetière réservée pour les fosses communes. Il a décidé, en conséquence, qu'à l'avenir ces corps ne pourraient plus être placés que dans un caveau spécial construit aux frais de la ville, et il a voté le tarif des droits que les familles auraient à payer pour la location de ce caveau.

Avant d'approuver la délibération du conseil municipal de R..., le préfet a consulté l'administration centrale sur le point de savoir si le nouveau règlement qu'elle a pour objet ne présente rien d'illicite.

Réponse. — Il n'est pas douteux que l'autorité municipale a le droit d'exiger, dans l'intérêt de la police, de la décence et de la salubrité, que les corps dont l'inhumation définitive doit être ajournée plus ou moins longtemps soient déposés dans un local spécialement approprié à cette destination. D'un autre côté, la ville ne saurait être tenue de mettre gratuitement ce local à la disposition des familles et il est naturel que celles qui voudront en faire usage payent un prix de location fixé par un tarif régulièrement approuvé.

Rien ne paraît donc s'opposer à ce que le préfet du département donne suite aux propositions du conseil municipal de R...

(2) Cass. crim. 14 avril 1838, *Bull. crim.*; Cass. crim. 11 juillet 1856. — La Cour, Sur le moyen pris d'une violation de l'arrêté de police du 1er mai 1835, des articles 14 et 16 du décret du 23 prairial an XII et de l'article 471 (n° 15) du Code pénal, en ce que le jugement attaqué a dénié au maire le pouvoir de s'opposer à une inhumation sur des propriétés privées, et en ce qu'il aurait, en outre, à tort décidé que l'arrêté du 1er mai 1835 ne renfermait pas cette défense; — Vu les articles 14 et 16 du ce décret et l'article 471 (n° 15) du Code pénal; — Attendu que s'il est vrai que l'arrêté du 1er mai, en prohibant les inhumations dans l'enceinte du village et dans l'intérieur des maisons, et en ordonnant qu'elles auraient lieu, pour chaque culte, dans le cimetière qui lui est affecté particulièrement, a fait que reproduire les dispositions des articles 1 et 15 du décret du 23 prairial an XII, lesquelles se conciliaient avec la faculté d'inhumer sur des terrains privés, accordée par l'article 14, et que conséquemment cet arrêté n'édicte point, par là, d'une manière suffisante la défense de faire, à l'avenir, aucune inhumation sur des propriétés particulières, et si, par suite du jugement attaqué, en le défendant ainsi, n'a pas violé cet arrêté, ce jugement a méconnu le véritable esprit du décret du 23 prairial, quand il admet que la faculté de se faire inhumer sur sa propriété s'accorde l'article 14, constitue un droit absolu, à l'exercice duquel l'autorité administrative ne peut apporter d'empêchement; — Attendu que le législateur n'a pas entendu, par cette disposition, laisser au caprice de chacun la liberté pleine et entière de faire enterrer où il voudrait, dans les champs, le long des chemins, les membres de sa famille, pourvu que ce soit sur son terrain, à 35 ou 40 mètres des villes ou villages, que des motifs de salubrité publique, des considérations de haute convenance, puisées surtout dans le respect dû à la cendre des morts s'opposaient à ce qu'il en fût ainsi; — Qu'ainsi l'article 16 vient-il immédiatement expliquer et limiter la portée de l'article 14; — Que cet article, en soumettant les lieux de sépulture privée, non pas seulement à la police et surveillance, mais textuellement à l'autorité des administrations municipales, confère implicitement aux maires, sauf recours aux préfets, le droit, d'abord de réglementer les conditions, sous lesquelles pourront avoir lieu ces inhumations et même de les interdire s'il y échet; — Qu'il résulte de cette prescription l'obligation, pour celui qui veut user de la faculté de l'article 14, d'en référer préalablement à l'autorité administrative, et de n'agir que sous sa direction; — Et attendu qu'il a été reconnu, en fait, par le jugement du tribunal de police, et qu'il n'a pas été contredit par les juges d'appel, que sur la demande que lui en avaient faite les prévenus, le maire d'Aubois avait refusé l'autorisation d'inhumer la femme Rose sur un terrain privé, et avait enjoint d'enterrer le corps dans celui des cimetières communs qui serait consacré au culte professé par la défunte, et que néanmoins, les inculpés ont passé outre; — Qu'ils ont, par là, contrevenu aux règles de polices posées par l'article 16 du décret du 29 prairial an XII et à la défense émanée du maire, qu'ils avaient encouru la peine de l'article 471 (n° 15) du Code pénal, que cependant, le jugement attaqué les a relaxés des poursuites, et qu'il a violé... — Casse.

Cass. crim. 10 octobre 1856. — La Cour, Vu l'article 16 du décret du 23 prairial, an XII; — Vu les articles 161, 401 et 413 du Code d'instruction criminelle; — Attendu qu'en soumettant à l'autorité, à la police et à la surveillance des administrations municipales, l'article 16 du décret impérial du 23 prairial an XII a conféré le droit d'interdire toute inhumation, ailleurs que dans le cimetière commun; — Que l'infraction des défenses qu'elles faites à cet égard, entraîne, contre ceux qui s'en sont rendus coupables, l'application de l'article 471(n° 15) du Code pénal; — Mais que le tribunal qui inflige cette peine ne saurait, en vertu de l'article 161 du Code d'instruction criminelle, ordonner en même temps, à titre de réparation civile et aux frais des contrevenants, l'exhumation de la personne dans un terrain privé, et la translation de son cercueil dans le cimetière de la commune où il aurait dû être déposé; — Qu'en ce qui concerne les entreprises légalement prohibées par les règlements de police, cette dernière disposition ne régit, en effet, que les contraventions préjudiciables à l'intérêt général, et spécialement celles qui retardent l'élargissement de la voie publique (art. 4 de l'édit du mois de décembre 1607) celles qui l'embarrassent (art. 471, (n° 4,) du Code pénal), ou qui la détériorent, n'importe de quelle manière (art. 479, (n° 11) du Code pénal), que l'autorité judiciaire, en étendait à l'inexécution des décisions que le décret précité autorise, violerait le principe constitutionnel de la séparation des pouvoirs établi par la loi des 16-24 août 1790; — Qu'il suit de là, dans l'espèce, que le jugement dénoncé, qui s'est déclaré incompétent pour prescrire l'exhumation du corps de la femme Rose, inhumé dans un terrain privé nonobstant la défense du maire et sa translation dans le cimetière commun a sainement interprété... — Rejette.

(1) Cass. crim. 24 janvier 1840. — La Cour, Attendu que l'emplacement qu'un acquiert pour s'y faire inhumer, dans un lieu consacré à la sépulture d'un individu ou d'une famille, n'est point, dans le sens de l'article 14 du décret du 12 juin 1804 (23 prairial an XII), la propriété privée où cet article veut que toute personne puisse se faire enterrer; — Que, dans l'espèce, les deux mètres carrés acquis par Marie-Françoise Le Rolland dans le cimetière particulier appartenant à la famille Le Trec de Trozélan, ne sauraient donc faire enterrer l'inhumation de cette femme dans l'exception de cet article; — Qu'en décidant, dès lors, que cette inhumation présentait une contravention à l'arrêté de police qui défend d'ensevelir les personnes décédées à l'égard, ailleurs que dans le cimetière communal de ce lieu, et dans les lieux non reconnus ni autorisés par les lois, le jugement dénoncé... — Rejette.

Cons. d'Ét. cont. 27 décembre 1860. — Vu le décret du 23 prairial an XII, notamment l'article 14; — Considérant qu'aux termes de l'article 14 du décret du 23 prairial an XII, toute personne peut être enterrée sur sa propriété, pourvu que ladite propriété soit hors et à la distance prescrite de l'enceinte des villes et bourgs; — Considérant que cet article fait exception à la règle générale d'après laquelle toute inhumation doit être faite dans le cimetière de la commune où a eu lieu le décès; — Considérant qu'il résulte de l'instruction que le 24 novembre 1859, le sieur Masson a acquis du sieur Pillon, curé de la commune de Saint-Crespin-d'Houvillehers, dans le but d'établir une sépulture de famille, et moyennant 24 francs, un terrain d'une contenance de 24 mètres carrés, à proximité d'autres terrains déjà cédés par ledit sieur Pillon à plusieurs habitants de la commune pour la même destination; — Que dans ces circonstances ledit sieur Masson n'est pas fondé à soutenir qu'il se trouve dans le cas prévu par l'article 14 du décret précité, et que, dès lors, le préfet n'a fait qu'user des pouvoirs qui lui appartiennent pour la police des sépultures en approuvant l'arrêté du maire de la commune de Saint-Crespin, qui a refusé au requérant l'autorisation d'établir, par dérogation à la règle commune, une sépulture de famille sur le terrain acheté par lui du sieur Pillon. — Rejette.

(2) Cass. crim. 10 octobre 1856 (Voy. ci-dessus, n° 1816).

ses parents en terrain privé lui appartenant, il est nécessaire qu'une double autorisation intervienne : permis d'inhumer, dont l'absence constituerait une violation de l'article 358 du Code pénal, et permis d'effectuer l'inhumation en propriété privée, dont l'omission ne constitue qu'une contravention à l'article 471 (n° 15) du Code pénal.

1820. Il arrive souvent qu'une personne, morte en cours de voyage, manifeste le désir d'être inhumée dans le cimetière de la commune qu'elle habite. La réalisation de ce désir ne souffre pas de difficultés si le décédé a un terrain concédé dans le cimetière de sa commune ; mais la chose n'est pas aussi simple si le décédé doit être déposé dans le terrain destiné à tous. En principe, un maire doit se refuser à ce qu'un corps soit apporté d'une autre commune pour être inhumé dans la sienne. Dans le cas qui nous occupe, il faut donc l'autorisation du maire de la commune où l'inhumation doit avoir lieu ; nous croyons même que le maire devrait obtenir l'assentiment du conseil municipal. C'est, en effet, disposer en partie d'une propriété communale que d'y autoriser une inhumation qui n'y doit pas être faite.

1821. On doit inhumer dans le cimetière de la commune où ils sont apportés les corps des personnes mortes à proximité, par suite de quelque accident imprévu et qui ne peuvent être reconnues comme appartenant à une localité voisine, par exemple les cadavres retirés de la mer ou des cours d'eau. En effet, la sépulture donnée aux morts n'est pas seulement un devoir de convenance et de religion, c'est aussi une affaire de salubrité. Ces inhumations ont lieu à la diligence du maire (1).

1822. Le transport des cadavres de commune à commune en vue de l'inhumation doit être permis par le maire de la commune où le décès a eu lieu. Cette autorisation est accompagnée de certaines mesures dans l'intérêt de la salubrité publique et de la surveillance que l'autorité doit continuer d'exercer sur le corps jusqu'à l'accomplissement de l'inhumation. Voici les formalités à remplir en cas pareil : 1° lors de la déclaration du décès à l'officier de l'état civil, on doit faire connaître l'intention soit du décédé, soit de ses parents ou amis, relativement au lieu où l'inhumation doit être faite ; 2° le maire doit dresser procès-verbal de l'état du corps au moment où on l'enlève, ou à l'instant où on l'enferme dans la bière : 3° il délivre ensuite un passeport motivé à la personne chargée de conduire le corps ; 4° enfin, il adresse directement au maire de la commune où l'inhumation doit avoir lieu, et ce, aux frais des parents ou amis du décédé, une expédition de l'acte de décès et du procès-verbal de l'état du corps, afin que le maire de cette dernière commune puisse veiller à l'exécution des dispositions relatives à l'inhumation.

1823. Le transport d'un cadavre d'un lieu à un autre, dans l'étendue de la même commune, doit être autorisé par le maire ; d'une commune à une autre, dans la même arrondissement, par le sous-préfet ; d'un arrondissement dans un autre (même département), par le préfet ; d'un département à un autre, par le ministre de l'intérieur ; sauf les cas d'urgence, où le sous-préfet et le préfet peuvent délivrer une autorisation exceptionnelle à la condition d'en prévenir immédiatement le ministre.

1824. Au point de vue de la salubrité publique, des mesures spéciales sont exigées pour la translation du corps d'individus récemment décédés, lorsque le transport doit être effectué hors du département où le décès a eu lieu. Le cercueil doit être en bois de chêne, avec compartiments de 4 centimètres d'épaisseur fixés avec des clous à vis et maintenus par trois frettes en fer serrées à écrou. Si le trajet excède 200 kilomètres, le cercueil doit être en plomb, renfermé dans une bière en chêne. Il est confectionné avec des feuilles de plomb laminé de 2 millimètres au moins d'épaisseur et solidement soudées entre elles. Le cercueil de plomb

peut d'ailleurs être exigé, même pour des distances moindres, toutes les fois que des circonstances exceptionnelles rendent cette mesure nécessaire. Dans tous les cas, le corps est placé entre deux couches d'un mélange pulvérulent composé d'une partie de poudre de tan et de deux parties de charbon de bois pulvérisé, la couche inférieure devant avoir six centimètres d'épaisseur (1).

1825. La présentation du corps à l'église ou au temple peut-elle être faite par l'autorité municipale, lorsque l'autorité religieuse refuse ses prières au décédé ?

On incline généralement aujourd'hui à penser, avec Portalis, que « sans doute le clergé ne doit pas refuser injustement ou arbitrairement les obsèques religieuses, mais que l'Église a des règles d'après lesquelles les obsèques religieuses ne peuvent pas être accordées aux personnes mortes sans baptême ou à celles notoirement connues pour appartenir à un culte différent. Il serait impossible de violenter sur ces objets la conscience des prêtres. » Or, on ne voit pas bien quelle satisfaction on pourrait se procurer en faisant ouvrir violemment les portes d'une église pour s'y voir refuser la présence du clergé.

1826. Le maire a le droit de réglementer la police des convois mortuaires ; mais ce droit n'est pas absolu, il est limité par la disposition de l'article 93 de la loi du 5 avril 1884, qui veut que l'inhumation ait toujours lieu d'une manière exacte, sans distinction de culte ni de croyance et qui subordonne expressément le droit municipal au droit préfectoral.

1827. Dans la plupart des cas, le maire ne doit prendre que des mesures d'ordre public destinées à assurer aux convois une circulation paisible et pieuse dans les rues de la commune ; il doit assurer la liberté des croyances ; dans ces termes et dans ce but, son droit de police est absolu ; il ne doit pas oublier le droit de police qui lui est remis, lui a été confié pour assurer au défunt et à sa famille la tranquille et respectueuse protection de l'autorité. Si donc le maire entendait subordonner, soit le permis d'inhumer, soit le droit de conduire le cadavre à sa sépulture avec le cortège et les égards qu'il est dans l'usage local de donner, à des considérations étrangères à l'ordre public et au respect dû aux morts, l'excès de pouvoir qu'il commettrait pourrait être réprimé immédiatement par l'autorité préfectorale, et le maire pourrait engager gravement sa responsabilité personnelle.

1828. Un maire ne saurait donc ni refuser l'entrée ordinaire du cimetière à un convoi qui s'y présente, ni prendre aucune mesure qui serait de nature à être considérée comme jetant un blâme soit sur la vie ou la mort du défunt, soit sur ses opinions ou ses croyances philosophiques et religieuses, soit sur celles de sa famille et des personnes qui suivent le convoi (2).

_____

(1) Ord. de 1681 ; liv. 4 ; tit. 0, art. 34 ; req. 7 nov. 1866, art. 12.

_____

(1) Circ. int. 3 août 1850.

(2) Cass. req. 4 août 1850. — La Cour, Sur le premier moyen de cassation, tiré de la fausse application des articles 1382 et 1383 du Code civil, et de la violation de la loi des 16-24 août 1790, du décret du 16 fructidor an III, et du principe de la séparation des pouvoirs ; — Attendu que l'autorité judiciaire est compétente pour statuer sur les réclamations portées contre des fonctionnaires de l'ordre administratif, lorsque, aux actes que ceux-ci ont mission d'accomplir, se mêlent des faits personnels ayant le caractère de faute et pouvant ainsi donner lieu à des réparations civiles ; — Attendu qu'il est établi, en fait, par l'arrêté attaqué, qu'au mois de décembre 1875, le sieur Marie Nègre père, étant décédé à Albefeuille-la-Garde, Nègre fils vint déclarer à Delcassé, alors maire de la commune, qu'un enterrement civil serait fait au défunt ; — Qu'à cette occasion, et sans qu'il apparaisse d'aucune autre circonstance se rattachant à l'ordre public ou à la sécurité des habitants, Delcassé prit des mesures ensuite desquelles Nègre fils fut obligé de faire passer le cercueil contenant le corps de son père par une brèche pratiquée à cet effet, au mur d'enceinte du cimetière, et que, de plus, l'entrée du cimetière fut interdite à la famille du défunt et au cortège qui le suivait ; — Attendu qu'en déclarant que ces actes expressément blâmés par l'autorité supérieure, constituaient de la part de Delcassé des abus de pouvoir et auraient causé au défenseur éventuel un préjudice matériel dont il lui était dû réparation, et en condamnant par voie de conséquences, ledit Delcassé à des dommages-intérêts, les juges du fond ont fait une juste application des règles du droit civil et n'ont nullement violé... — Rejette.

1829. Dans la plupart des cas, c'est à la famille seule qu'incombe le devoir de veiller aux funérailles de ses membres, et s'il survient pour difficultés entre les membres de la famille, c'est au tribunal et non au maire qu'il appartient de les trancher. Les familles doivent rester libres de leur donner un caractère confessionnel.

1830. Le maire ne saurait prendre d'initiative que lorsque le défunt ou n'a pas de famille, ou lorsque sa famille absente ne peut s'occuper de pourvoir au convoi. Mais, lorsque le maire n'agit pas, le sous-préfet et le préfet doit procéder.

1831. Chaque inhumation est faite dans une fosse séparée. Chaque fosse à de $1^m,50$ à 2 mètres de profondeur, sur 8 décimètres de largeur, et est ensuite remplie de terre bien foulée (1).

Les fosses sont distantes les unes des autres de 3 à 4 décimètres sur les côtés, et de 3 à 5 décimètres à la tête et aux pieds (2).

1832. Pour éviter le danger qu'entraîne le renouvellement trop rapproché des fosses, l'ouverture des fosses pour de nouvelles sépultures n'a lieu que de cinq années en cinq années ; en conséquence, les terrains destinés à former les lieux de sépulture doivent être cinq fois plus étendus, au moins, que l'espace nécessaire pour y déposer le nombre présumé des morts qui peuvent être enterrés chaque année (3).

1833. Le maire a autorité et droit de police dans les cimetières ; il peut donc prescrire de quelle façon des travaux à y exécuter seront faits, quels que soient d'ailleurs les travaux, qu'ils aient pour objet l'édification et la réparation des sépultures ou l'établissement ou la réfection du cimetière lui-même et de ses murs de clôture. De même, il peut interdire qu'il y soit fait des fouilles, ou réglemente le mode de les opérer par ceux qui ont obtenu une concession de terrain (4). Des fouilles peuvent amener un danger pour la santé publique et elles peuvent, dans certains cas, porter atteinte au respect dû aux tombes.

1834. Après cinq années, l'autorité municipale peut, sans encourir le reproche de violation de tombeau, faire procéder à la réouverture des fosses établies dans un terrain non concédé. Mais son droit n'emporte pas celui de toucher aux sépultures et de faire retirer les cercueils et autres objets qui seraient restés intacts dans ces fosses : de tels faits ne peuvent être accomplis qu'en vertu d'arrêtés spéciaux notifiés administrativement aux intéressés (1).

1835. Les maires ont également la police des exhumations.

1836. Les exhumations qui ont lieu par mesure de justice, pour constater un crime, sont dirigées par le procureur de la République ou le magistrat instructeur, et constatées par des procès-verbaux.

1837. Quant à celles que peuvent nécessiter, soit les changements de cimetière, soit les travaux exécutés dans les lieux de sépulture ou les demandes des familles, elles ne peuvent être faites qu'en vertu d'une permission de l'autorité locale, qui peut soit accorder la demande des familles, soit la refuser (2),

---

(1) Déc. 23 prairial an XII, art. 4.
(2) Déc. 23 prairial an XII, art. 5.
(3) Déc. 23 prairial an XII, art. 6.
(4) Bordeaux, 25 août 1879, D. P. 81.2.24 ; Tr. conf. 26 mars 1881. — Le tribunal, Vu l'article 27 de la loi du 24 mai 1872 et l'article 17 du règlement d'administration publique du 26 octobre 1849 ; — Vu les lois des 16-24 août 1790 (art. 3. titre XI), du 24 frucidor an III, les ordonnances des 1er juin 1828 et 12 mars 1831 ; — Vu l'article 16 du décret du 23 prairial an XII ; — Considérant qu'il ne s'agit dans la cause ni d'interpréter l'acte de concession du 21 juillet 1877, dont le sens n'a pas été contesté, ni de juger une question de propriété entre le requérant et la commune de Castillon, que la demande intentée par Aymen contre Guignard et Barreyre, maire et adjoint de cette commune, tend exclusivement à ce que ces derniers soient condamnés personnellement envers lui à des dommages-intérêts, à raison de certains actes qu'ils ont commis ensemble dans l'exercice de leurs fonctions municipales, et que ledit Aymen qualifie d'actes arbitraires et violents ; — Considérant qu'il est établi, en fait, que, le sieur Aymen ayant chargé des ouvriers de faire pour lui certains travaux sur une parcelle du terrain du cimetière communal qu'il entendait s'approprier, l'adjoint Barreyre, agissant de l'autorité du maire, qui soutenait que cet emplacement n'avait point été délivré à Aymen, s'est opposé à ces travaux, a enjoint aux ouvriers de sortir du cimetière et a fait signifier au requérant l'ordre de rétablir les lieux dans leur état primitif ; — Considérant qu'en prenant ces mesures les sieurs Guignard et Barreyre ont agi dans le cercle de leurs attributions, en vertu du pouvoir de police et de surveillance, que l'article 16 du décret du 23 prairial an XII confère à l'administration municipale sur les lieux de sépulture, et comme délégués de la puissance publique, qu'ainsi les mesures ordonnées constituent essentiellement des actes administratifs dont il est interdit à l'autorité judiciaire de connaître ; — Considérant, dès lors, que le tribunal civil de Libourne et la cour d'appel de Bordeaux se sont à bon droit déclarés incompétents pour statuer sur le litige ; — Considérant, d'autre part, que le conseil de préfecture du département de la Gironde était également incompétent, aucun texte de la loi ne l'autorisant à s'immiscer dans l'exécution des actes de l'administration municipale ni à prononcer, à raison de ces actes, des dommages-intérêts que les fonctionnaires dont ils sont émanés ; — Considérant que dans ces circonstances, le sieur Aymen n'est pas fondé à soutenir que la double déclaration d'incompétence faite avec raison par ces deux juridictions constitue un conflit négatif qu'il appartient au tribunal des conflits de régler. — Rejette.

(1) Cass. crim. 3 octobre 1862. — La Cour, Vu le décret impérial du 10 mai, qui autorise la continuation des poursuites contre le sieur Chapuy, conformément à l'article 75 de la Constitution de l'an VIII.
En ce qui touche le délit de violation de tombeaux, résultant de l'ouverture de nouvelles fosses ; — Attendu que plus de cinq ans s'étaient écoulés depuis l'inhumation de la demoiselle de Castro, qu'il a même été constaté par l'arrêt attaqué que le sieur de Castro avait été à plusieurs reprises et à de longs intervalles, averti de l'éventualité de l'ouverture des fosses, s'il n'obtenait la concession des terrains où sa femme et sa fille étaient inhumées ; — Qu'en procédant à cette ouverture, qui n'était subordonnée à aucune autre condition légale ou réglementaire, l'autorité municipale n'a fait qu'user du droit qu'elle tient de l'article 6 du décret du 23 prairial an XII ; — Rejette le pourvoi quant à ce chef.
Mais en ce qui concerne le délit de violation de sépultures ; — Vu les articles 360 du Code pénal, 16 et 17 du décret du 23 prairial an XII, 11 (n° 1) de la loi du 18 juillet 1837 ; — Attendu que la violation de tombeaux et la violation de sépultures forment des délits distincts eu égard aux objets différents auxquels le fait s'applique ; — Que cette distinction résulte du sens propre des mots comme de la nature des choses ; — Attendu que les exhumations sont expressément prohibées ; — Qu'elles ne deviennent licites que lorsqu'elles sont autorisées conformément aux lois et règlements ; — Qu'autrement elles constituent le délit de violation de sépultures ; — Que s'il en est ainsi du déplacement des cercueils, il en est de même et à plus forte raison de leur ouverture et de l'extraction des cadavres pour les rejeter dépouillés dans la terre ; — Attendu que l'article 6 du décret du 23 prairial an XII n'autorise et explicitement ni implicitement l'exhumation de plein droit comme conséquence de la faculté d'ouvrir d'anciennes fosses pour de nouvelles sépultures ; — Que si, par des causes légales, l'autorité municipale croit opportun de déroger à l'inviolabilité des sépultures, elle ne le peut que par un arrêté spécial, pris en vertu des articles 16 et 17 du décret du 23 prairial an XII, et 11 (n° 1) de la loi du 18 juillet 1837, arrêté qui doit, conformément au droit commun, être notifié administrativement à la personne connue pour y avoir intérêt ; — Qu'on ne saurait reconnaître à l'autorité municipale le pouvoir exercé arbitrairement et sans concours, après cinq ans, de remuer toutes les sépultures, d'enlever les cercueils et les objets conservés, que ce serait là une grave atteinte à la morale publique, aux sentiments les plus respectables des familles ; — Attendu qu'il est reconnu en fait, par l'arrêt attaqué, que le 12 septembre 1861, Chapuy, en sa qualité d'adjoint au maire de la commune de Ménars, a non seulement fait ouvrir la fosse dans l'emplacement de celles où étaient déposés, depuis 1858, les restes mortels de la dame et de la demoiselle de Castro, mais qu'il a, en outre, fait extraire de terre et ouvrir à l'aide d'un ciseau, le cercueil de plomb de la dame de Castro, qu'ayant aperçu une masse de sciure ou de son noirci qui en recouvrait le contenu, il fit aussitôt retourner le cercueil au fond de la fosse sur une masse compacte dont il avait été difficile de distinguer les formes...; que, s'étant retiré pour vaquer à d'autres soins, il avait fait la garde champêtre, qui l'avait assisté jusque-là, la recommandation de pourvoir le cercueil de la demoiselle de Castro, comme il avait procédé lui-même pour le premier, ce qui a eu lieu, et qu'en outre, le garde champêtre, à défaut d'autorité suffisante n'a pu, après le départ de l'adjoint, prévenir les investigations irrespectueuses auxquelles plusieurs personnes ont pu se livrer sur les dépouilles mises à découvert de la demoiselle de Castro, faits dont Chapuy ne pourrait être considéré comme responsable ; — Attendu qu'il n'existait aucun arrêté dûment notifié autorisant ou prescrivant les exhumations et en ordonnant les conditions ; — Qu'en procédant ainsi qu'il l'a fait, l'adjoint Chapuy n'a donc commis que des voies de fait que ses fonctions lui faisaient un devoir de prévenir et d'empêcher, et qui constituent le délit de violation de sépultures prévu et puni par l'article 360 du Code pénal, sauf la complicité de ce délit dans les termes de l'article 60 du même Code ; — Attendu, au surplus, que la violation de sépultures ne peut être excusée, ni par le but ni par l'intention qui auraient fait agir le coupable ; — Attendu néanmoins que l'arrêt attaqué s'est fondé pour renvoyer Chapuy des poursuites sur ce qu'il aurait agi dans l'exercice de ses fonctions et sur ce que l'extraction des deux cercueils aurait été une suite nécessaire de l'ouverture des fosses et le complément en quelque sorte obligé d'une mesure dont le but était de rendre libres pour de nouvelles sépultures, les terrains occupés par les fosses des dames de Castro. — Attendu qu'en décidant ainsi.. ; — Casse.
(2) Cons. d'Ét. 24 février 1870, D. P., 70.3.81. (Mais voy. *infra*, n° 1842.; Cons. d'Ét. 1875, L. p. 558 ; Cons. d'Ét. 20 janvier 1882. — Le Conseil, Vu la loi des 16-24 août 1790 et le décret du 23 prairial an XII ; — Vu les lois des 7-14 octobre 1790 et 24 mai 1872 ; — Considérant que

pour des raisons de salubrité ou de bon ordre publics, qui doit prendre toutes les mesures convenables, et se concerter au besoin avec l'autorité ecclésiastique pour que la translation des morts soit environnée des formes de respect et de deuil qu'exige une pareille cérémonie. Le décret du 23 prairial an XII trace les devoirs qui sont imposés aux maires en pareil cas.

1838. Toute exhumation non autorisée est un délit, non seulement quand elle a pour but le vol et l'outrage, mais encore quand elle ne doit que favoriser des études anatomiques. La violation de tombeaux ou de sépultures est punie d'un emprisonnement de trois mois à un an et de 16 francs à 200 francs d'amende.

1839. L'autorité municipale peut refuser l'autorisation d'exhumer le corps d'un habitant enterré dans le cimetière communal pour le transporter dans le cimetière d'une autre commune et cela alors même que ce dernier cimetière serait celui de la résidence du défunt (1).

1840. L'exhumation et la réinhumation, pratiquées contrairement aux conditions de l'autorisation, constituent une contravention que ne font excuser ni la présence du clergé, ni la présence de la famille (2).

1841. Mais, parmi ces conditions que peut fixer l'autorité municipale, ne figure pas celles qui pourraient créer soit un droit fiscal de l'État ou de la commune, soit une indemnité en faveur de ses agents (1).

1842. Nous venons de voir quelles étaient les attributions des maires, en la matière spéciale des inhumations et à l'égard de la police des cimetières ; mais ces pouvoirs, ne l'oublions pas, reçoivent le correctif que l'article 93 de la loi municipale lui a apporté (Voy. le texte de cet article, suprà n° 1132). Dans le cas où l'ordre public, la décence publique, la salubrité sont intéressés à l'exécution des mesures d'inhumation, la loi a placé près du maire un chef hiérarchique spécial, le sous-préfet, qui doit agir. Le préfet a, sans doute, trouvé dans les dispositions des articles 85 et 99 le droit d'agir, mais le chef-lieu de la préfecture est souvent loin de la commune et le préfet eût dû, chaque fois, requérir le maire, en vertu de l'article 85, ou le mettre en demeure en vertu de l'article 99. La loi n'a pas voulu, dans une matière qui réclame toujours une prompte solution, soumettre les parties intéressées à l'exécution de formalités relativement longues, elle a choisi l'autorité supérieure la plus proche et l'a chargée d'agir directement, lorsque son intervention serait nécessaire.

SECTION VI.

POLICE DES DENRÉES.

1843. Le paragraphe 5 de l'article 97 charge le maire d'inspecter la fidélité du débit des denrées qui se vendent au poids et à la mesure et la salubrité des comestibles exposés en vente.

Nous avons déjà vu, (n°⁵ 1642 et suiv.,) quelles sont les attributions que, d'une autre part, le paragraphe 3 du même article 97 confère au maire pour assurer le bon ordre dans les foires et marchés. Il importe de bien définir ici quels sont les pouvoirs spéciaux que le paragraphe 5 confère au maire.

En premier lieu, ce sont des pouvoirs d'inspection. De cet article il résulte que le maire n'a aucun droit de réglementer le commerce lui-même, il doit seulement surveiller.

En second lieu, le maire n'a le droit d'inspecter que la fidélité du débit, c'est-à-dire la fidélité de la vente au détail. La vente et l'achat en gros échappent à son action.

---

le refus d'ordonner une exhumation rentre dans l'exercice des pouvoirs de police qui appartiennent à l'administration en vertu des lois et décret ci-dessus visés, que dès lors, la décision par laquelle le ministre de l'intérieur a refusé d'enjoindre au maire de Hus de faire procéder à l'exhumation du corps du sieur Nogaro, n'est pas susceptible d'être déférée au Conseil d'État par la voie contentieuse... — Rejette.

(1) Cons. d'Ét. cont. 23 février 1861. — Napoléon, etc., Vu le décret du 23 prairial an XII et la loi du 18 juillet 1837 ; — Considérant qu'aux termes des articles 16 et 17 du 23 prairial an XII, les lieux de sépulture sont soumis à l'autorité, à la police et à la surveillance des administrations municipales et que les autorités locales sont spécialement chargées de maintenir l'exécution des lois et règlements qui prohibent les exhumations non autorisées ; — Considérant qu'en refusant d'autoriser l'exhumation du corps de la demoiselle Chausseavoine son transport dans le cimetière de la commune de Serron, le maire de la commune de Noyal n'a fait qu'user des pouvoirs de police qui lui sont conférés par les lois précitées ; — Que dès lors les requérants ne sont pas fondés à nous déférer pour excès de pouvoirs, la décision par laquelle le ministre de l'intérieur a maintenu le refus fait par le maire et confirmé par le préfet d'Ille-et-Vilaine. — Rejette.

(2) Cass. crim., 4 décembre 1847. — La Cour, Vu les articles 16 et 17 du décret du 23 prairial an XII sur les sépultures et l'article 471 (n° 15) du Code pénal ; — Attendu que l'article 16 du décret précité soumet les lieux de sépulture à l'autorité, police et surveillance des administrations municipales ; — Que l'article 17 du même décret charge spécialement les autorités locales, de maintenir l'exécution des lois et règlements qui prohibent les exhumations non autorisées ; — Que ce décret est un règlement légalement fait par l'autorité administrative supérieure et dont l'autorité administrative locale doit assurer l'exécution par des arrêtés spéciaux pour chaque cas particulier d'exhumation et d'inhumation ; — Que l'infraction à ces arrêtés spéciaux constitue une contravention au décret du 23 prairial an XII et doit être réprimée par l'application des dispositions pénales de l'article 471 (n° 15) du Code pénal ; — Et attendu, en fait, qu'il est constaté par un procès-verbal régulier et reconnu par le jugement attaqué qu'on a procédé à l'exhumation et à l'inhumation du nommé A. Pécautin hors la présence du commissaire de police, quoique l'arrêté du maire d'Orléans du 12 juillet 1847 n'eut autorisé ces exhumations et inhumations que sous la condition expresse qu'elles seraient faites en présence du commissaire de police qui en dresserait procès-verbal ; — Que la présence du commissaire de police avait pour objet de garantir que toutes les précautions sanitaires seraient prises, qu'en procédant, hors la présence du commissaire de police, Grison a désobéi à l'arrêté précité du maire d'Orléans, et par là contrevenu aux dispositions ci-dessus visées, du décret du 23 prairial an XII, que cette contravention était prévue par l'article 471 (n° 15) du Code pénal ; — Que, cependant, le tribunal de simple police du canton d'Orléans a renvoyé Grison de la plainte portée contre lui par le motif qu'il n'avait pas commencé l'opération dont il était chargé hors la présence du clergé et de la famille de l'enfant à exhumer, et aussi, parce que c'était la première fois qu'une semblable faute lui était imputée, en quoi il a formellement violé... — Casse.

Cass. crim. 16 janvier 1868. — La Cour, Sur le moyen unique, pris de la prétendue violation des articles 471 (n° 15) du Code pénal et 161 du Code d'instruction criminelle, en ce que le jugement attaqué a décidé que la contravention à la disposition de l'article 11 de l'arrêté du maire de Sancerre du 19 octobre 1860, qui prescrit que toute demande en exhumation et inhumation sera sur papier timbré et que la famille de l'exhumé payera au commissaire de police une taxe de 5 francs pour chacune de ces opérations à laquelle il assistera, ne tombe pas sous le coup du susdit article 471, et qu'il n'y a pas lieu de condamner le prévenu à payer les vacations à titre de dommages-intérêts ; — Attendu que, s'il appartient aux maires de prendre des arrêtés sur les sépultures, ces arrêtés ne peuvent avoir pour effet que d'assurer la salubrité pu-

---

blique, le maintien des lois et règlements qui prohibent les inhumations et exhumations non autorisées et d'empêcher qu'il ne se commette, dans les lieux de sépulture, aucun désordre ou qu'on ne s'y permette aucun acte contraire au respect dû à la mémoire des morts ; — Qu'un arrêté pris en conséquence pour défendre de procéder aux exhumations et réinhumations, sans l'autorisation du maire et hors la présence du commissaire de police, est légal et trouve sa sanction dans l'article 471 (n° 15) du Code pénal ; — Mais attendu qu'il n'entre pas dans les attributions des maires de réglementer les matières fiscales régies par des lois particulières, qu'il ne leur appartient pas de décider que le défaut de timbre des demandes en autorisation d'exhumation et réinhumation sera puni de l'amende édictée par le susdit article 471, et que cette amende sera recouvrée par la voie de la simple police ; — Qu'il n'entre pas davantage dans les attributions des maires d'imposer aux citoyens, sous la sanction du même article 471, des indemnités à titre de vacation, au profit des agents de l'administration qui concourent à l'exécution des arrêtés municipaux ; — Attendu dès lors, que l'injonction, portée en l'article 11 de l'arrêté, prescrivant que la demande en autorisation d'inhumation et réinhumation soit faite sur papier timbré et qu'une vacation de 5 francs soit payée par la famille au commissaire de police pour chacune de ces opérations à laquelle il assistera, ne peut, en cas d'inexécution, trouver une sanction pénale dans l'article 471 (n° 15) du Code pénal ; — Attendu, d'un autre côté, qu'en considérant l'allocation de vacations au profit du commissaire de police comme constituant des dommages-intérêts pour son déplacement, le tribunal de simple police n'était compétent pour en connaître que si le prévenu eût été condamné pour une contravention à laquelle la demande de ces dommages-intérêts se serait rattachée, ce qui n'est pas le cas du procès ; — D'où il suit qu'en renvoyant le prévenu... — Rejette.

(1) Cass. crim. 16 janvier 1868. (Voy. suprà n° 1840).

En troisième lieu, il ne peut inspecter que le débit des denrées qui se vendent au poids et à la mesure, et non, quoiqu'en dise M. Morgand, les débits de toutes espèces de marchandises. Or, par denrées on entend seulement les marchandises qui servent à la subsistance et à l'habillement ; il faut également que ces marchandises soient vendues communément, au poids ou à la mesure, et non à l'estimation individuelle ou d'après le nombre.

Le maire est chargé, en outre de l'inspection de la salubrité des comestibles exposés en vente. Il n'a point à examiner la *qualité* des comestibles, si ceux-ci sont salubres ; il n'a point à intervenir non plus si les comestibles insalubres ne sont pas mis en vente.

Tels qu'ils sont établis, les pouvoirs municipaux sont déjà considérables, et il semble que les décisions de la jurisprudence de la Cour de cassation tendent encore à les étendre au delà des bornes que le législateur a déterminées.

Reprenons chacune des deux dispositions du paragraphe 5 de l'article 97.

§ 1. — Fidélité du débit.

1844. Pour bien pénétrer l'étendue des attributions de l'autorité municipale et la matière qui nous occupe, il faut remarquer que les pouvoirs des maires ont été déterminés et par la loi du 5 avril 1884, qui les charge de l'inspection de la *fidélité* du débit des *denrées* qui se vendent au poids et à la mesure, et par l'article 28 de l'ordonnance du 17 avril 1839, rendue en exécution de la loi du 4 juillet 1837, sur la détention de poids ou mesures irréguliers, qui charge les préfets, les sous-préfets, les maires, les *adjoints* et les *commissaires de police* de l'inspection du *débit des marchandises* qui se vendent au poids et à la mesure.

1845. La première attribution est spéciale aux maires ; elle a pour objet d'assurer la loyauté et la régularité des mêmes transactions qui se font dans l'intérieur d'une commune pour les besoins de la consommation des habitants ; la seconde est de police générale, et a pour objet de vérifier la concordance des poids et mesures existant sur le territoire de la commune, à l'effet d'assurer la régularité des opérations de commerce quelles qu'elles soient.

1846. La première attribution est spéciale aux maires ; ils peuvent la déléguer, mais ils l'exercent seuls s'il n'y a pas un arrêté régulier de délégation ; ils partagent la seconde avec leurs adjoints et les commissaires de police qui tiennent directement leurs pouvoirs des dispositions de l'ordonnance de 1839. Nous n'avons point à nous occuper ici des attributions de vérification des poids et mesures confiés aux autorités municipales (1).

---

(1) Rappelons seulement les dispositions des articles 28 à 33 de l'ordonnance du 17 avril 1839.

Art. 28. L'inspection du débit des marchandises qui se vendent au poids et à la mesure est confiée spécialement à la vigilance et à l'autorité des préfets, sous-préfets, maires, adjoints et commissaires de police.

Art. 29. Les maires, adjoints, commissaires et inspecteurs de police doivent faire, dans leurs arrondissements respectifs, et plusieurs fois dans l'année, des visites dans les boutiques et magasins, dans les places publiques, foires et marchés, à l'effet de s'assurer de l'exactitude et du fidèle usage des poids et mesures. Ils sont chargés de surveiller les bureaux publics de pesage et de mesurage dépendants de l'administration municipale. Ils s'assurent que les poids et mesures portent les marques et poinçons de vérification, et que, depuis la vérification constatée par des marques, ces instruments n'ont pas souffert de variations, soit accidentelles, soit frauduleuses.

Art. 30. Ils doivent visiter fréquemment les romaines, les balances et tous les autres instruments de pesage. Ils s'assurent de leur justesse et de la liberté de leurs mouvements, et constatent les infractions.

Art. 31. Les maires et officiers de police doivent également veiller à la fidélité dans le débit des marchandises qui, étant fabriquées au moule ou à la forme, se vendent à la pièce ou au paquet, comme correspondant à un poids déterminé. Cependant les moules propres aux fabricants de ce genre ne peuvent pas être réputés instruments de pesage et comme tels assujettis à la vérification.

Art. 32. Il en est de même des vases ou futailles servant de récipients aux boissons, liquides ou autres matières ; ils ne sont pas réputés mesure de capacité ou de pesanteur. Il doit être pourvu à ce que, dans le débit en détail, les boissons et autres liquides ne soient pas vendus

1847. Les maires inspectent la fidélité du débit des denrées. Par denrées, avons-nous dit, il faut entendre les marchandises qui servent à la subsistance, c'est-à-dire les comestibles qui sont mangés directement et les combustibles qui servent à les faire cuire, notamment le charbon de bois et celui de terre (1), et celles qui servent à l'habillement.

1848. Les garanties concernant la fidélité du débit que les maires peuvent prescrire consistent dans toutes celles qui ont pour objet de faire connaître à l'acheteur d'une manière précise soit le poids exact, soit la mesure rigoureuse, soit la nature précise de la denrée, lorsque l'aspect peut occasionner une confusion entre deux denrées de valeurs inégales.

Ainsi la jurisprudence a reconnu comme légaux des arrêtés municipaux ordonnant les dispositions suivantes :

Poids exact. — Les maires peuvent prescrire : que le poids net des chandelles et bougies soit indiqué sur les paquets(2) ; que le beurre soit vendu en mottes d'un poids déterminé (3).

Mesures rigoureuses. — Les maires peuvent prescrire : que les futailles destinées à contenir les liquides mis en vente soient jaugées et marquées (4) ; que les bouteilles soient vérifiées et marquées (5) ; que les sacs présentés ne contiennent que l'hectolitre ou ses divisions légales (6) ; que les étoffes vendues à la pièce soient pliées de telle façon que les plis aient une certaine longueur (7) ; que les coupons portent l'indication de l'aunage (8).

Nature de la denrée. — Les maires peuvent enjoindre aux marchands de beurre margarine d'indiquer par un écriteau la nature de cette marchandise (9).

Les maires peuvent exiger que les marchands pèsent et mesurent devant leurs clients les objets qu'ils ont vendus(10).

1849. Les maires tiennent tout à la fois de l'article 97 de la loi de 1884 et de l'article 29 de l'ordonnance de 1839 le droit de pénétrer dans les boutiques et magasins pour exercer leur droit de surveillance (11).

1850. Mais l'action principale que l'autorité municipale peut exercer pour assurer la fidélité du débit consiste dans la faculté de créer des bureaux de poids publics.

Avant la Révolution, le droit de peser les marchandises, au delà d'un certain poids, appartenait au roi, ou, parfois, aux seigneurs. L'article 17 du décret du 15 mars 1790, en abolissant cet état de choses, a permis à tous particuliers et marchands de peser les marchandises, dans leurs maisons, à la condition de se servir des poids légaux. Ce décret exigea seulement que dans les marchés il y eut un bureau de poids public.

Mais ce ne fut que par le décret du 27 brumaire an VII et par l'arrêté des consuls du 7 brumaire an IX qu'il fut établi que dans les villes où le besoin du commerce l'exigeait, sur la demande du maire, approuvée par le sous-préfet et le préfet, un arrêté du ministre de l'intérieur pourrait créer (12) des bureaux de pesage, mesurage et jaugeage, où tous les citoyens peuvent faire peser, mesurer et jauger leurs marchandises moyennant une rétribution juste et modérée.

La législation de ces bureaux publics est aujourd'hui celle qui a été édictée par cet arrêté du 7 brumaire an IX modifié en quelques parties par une loi du 29 floréal an X.

à raison d'une certaine mesure présumée, sans avoir été mesurés effectivement.

Art. 33. Les arrêtés pris par les préfets, en matière de poids et mesures, à l'exception de ceux qui sont pris en exécution de l'article 18, ne sont exécutoires qu'après l'approbation du ministre du commerce.

Conformément à la loi du 1er août 1793, il doit y avoir dans chaque commune une collection des principaux étalons des poids et mesures décimaux. Cette collection fournit au maire et aux officiers de police des moyens de comparaison qui rendent la surveillance plus facile.

(1) Cass. crim. 10 janvier 1823, *Bull. crim.*, à sa date.
(2) Circ. int. 14 mai 1865.
(3) Cass. crim. 15 septembre 1864.
(4) Cass. crim. 31 octobre 1816.
(5) Cass. crim. 31 octobre 1822.
(6) Cass. crim. 1er avril 1826 ; Cass. crim. 10 avril 1856
(7) Cass. crim. 21 juin 1821 ; Cass. crim. 15 mai 1829.
(8) Cass. crim. 7 mai 1841.
(9) Belgique, 26 décembre 1883 ; Cass. (Voy. *supra*, n° 1669.)
(10) Cass. crim. 8 mai 1811. (Voy. *supra*, n° 1676.)
(11) Cass. 20 avril 1809.
(12) Cass. crim. 17 novembre 1860, D. P., 61.5.362.

16

1851. Les peseurs, mesureurs et jaugeurs publics sont nommés par le préfet et prêtent préalablement serment (1).

1852. Aucune personne autre que les peseurs, mesureurs jaugeurs publics ne peut exercer leurs fonctions, dans l'enceinte des marchés, halles et ports, à peine de confiscation des instruments destinés au pesage et mesurage. Cette enceinte est déterminée et désignée d'une manière apparente par l'administration municipale sous l'approbation du sous-préfet.

1853. Les peseurs, mesureurs et jaugeurs publics ne peuvent employer que des poids et mesures dûment étalonnés, certifiés et portant l'inscription de leur valeur.

1854. Ils délivrent, aux citoyens qui le demandent, un bulletin constatant le résultat de leurs opérations.

1855. L'infidélité dans les poids et mesures employés au pesage public est assimilée à la vente à faux poids ou fausse mesure par les marchands, poursuivie comme ce délit devant les tribunaux correctionnels, et punie des mêmes peines.

1856. Nul n'est contraint à recourir au pesage et mesurage public, si ce n'est dans le cas de contestation.

1857. Quant aux droits de pesage et mesurage, ils sont établis sur la proposition du conseil municipal par arrêté préfectoral (2).

1858. Dans les lieux où il n'est pas nécessaire d'établir des bureaux publics, les fonctions de peseur, mesureur et jaugeur sont confiés, par le préfet, à des citoyens d'une probité et d'une capacité reconnue, lesquels prêtent préalablement serment.

1859. De l'ensemble des dispositions que nous venons de voir et après les controverses à l'examen desquelles il n'est plus nécessaire de s'arrêter, la jurisprudence administrative et civile a tiré ces deux conséquences que l'on peut considérer comme constantes.

Dans les villes où des bureaux de poids publics ont été établis, ces bureaux ont un monopole d'exercice : 1° dans les halles et marchés ; 2° lorsqu'une contestation contentieuse s'élève entre acheteurs et vendeurs (3).

Hors ces cas, la profession de peseur et mesureur est libre (4).

1860. Les bureaux de poids publics sont établis dans l'intérêt du commerce, pour lequel ils présentent des garanties spéciales de fidélité et d'exactitude de poids et mesurage. Leurs déclarations, dont la sincérité est assurée, comme on vient de le voir, par des peines rigoureuses, font donc foi, que les vendeurs ou acheteurs soient ou non présents (5). Mais leur ministère n'est point un monopole, puisque tout le monde peut peser sa propre marchandise et la faire peser par tout possesseur de poids, et aussi bien lorsqu'il y a vente que lorsqu'il y a achat (6). Mais, dès qu'il y a contestation ou

si l'opération du pesage se fait dans l'enceinte des marchés publics, il n'y a de pesage valable et permis, en dehors de celui fait directement par les vendeurs et acheteurs, que celui du bureau public, et il a été maintes fois jugé, que celui qui, sans être peseur public, et au mépris de la prohibition portée par un arrêté municipal, s'interpose entre vendeurs et acheteurs et s'immisce dans l'exercice du mesurage public, devient passible de la contravention prévue par l'article 471 (n° 15) du Code pénal (1).

1, 2, 4 et 5 de l'arrêté des consuls du 7 brumaire an ix et 1er de la loi du 29 floréal an x, que tout citoyen, en se servant des poids et mesures étalonnés et légaux, a le droit de faire peser et mesurer, dans les maisons particulières, les denrées exposées et mises en vente sur les foires et marchés, et que nul n'est tenu de recourir aux bureaux de pesage et de mesurage publics établis dans les communes, si ce n'est dans le cas de contestation entre le vendeur et l'acquéreur ou lorsque le pesage ou le mesurage des marchandises se fait dans l'enceinte des halles, marchés et ports ; — Attendu que si l'article 10 du cahier des charges sus-visé interdit à qui que ce soit d'exercer dans la commune de Fresnay les fonctions de peseur au préjudice du préposé au poids public, cette défense ne peut s'appliquer que dans le cas où l'opération du pesage ou du mesurage a lieu, soit dans l'enceinte du marché, soit par suite d'une contestation entre le vendeur et l'acheteur ; — Attendu, en fait, que le jugement attaqué constate que Dumans, après avoir fait au marché l'acquisition d'un certain nombre d'oies pour le compte de Lamarre son patron, s'est transporté dans la cour d'une maison particulière, en dehors de l'enceinte du marché, et y a procédé contradictoirement avec les vendeurs au pesage desdites oies, que cette opération qui n'avait d'autre but que de fixer la somme due par Lamarre pour le prix des marchés conclus au poids, n'a été déterminée par aucune contestation entre le vendeur et l'acheteur ; — Attendu, dans cet état de faits, qu'en prononçant une contravention contre Dumans et Lamarre, le jugement attaqué a faussement appliqué... — Et attendu que les faits tels qu'ils sont constatés par le jugement attaqué et tels qu'ils résultent du procès-verbal qui fixait la limite de la poursuite, ne constituent le délit, ni contravention. — Casse; — Annule sans renvoi.

(1) Cass. crim. 8 avril 1847, D. P., 47.4.373 ; Cass. crim. 4 novembre 1850. — La Cour, vu l'article 21 du titre II du décret du 15 mars 1790 ; les articles 1 et 4 de l'arrêté du 7 brumaire an ix ; l'article 1er de l'arrêté du 29 floréal an x ; l'article 3 du titre XI du décret du 16-24 août 1790 ; les articles 2, 3, 4, de l'arrêté du maire de Nantes du 4 avril 1844, et 1, 2, 3, 5 et 7, de celui du 23 septembre 1845. — Attendu qu'en déclarant libres, dans les maisons particulières, le mesurage et le pesage des denrées et marchandises, à la charge de ne pouvoir se servir que de poids et mesures étalonnés et légaux, l'article 24 de la loi du 15 mars 1790 a disposé que, quant au service des places et marchés publics, il y serait pourvu par les municipalités qui, sous l'autorisation des assemblées administratives, fixeraient la rétribution fixée en échange des personnes employées au pesage et mesurage ; — Que l'arrêté du 7 brumaire an ix, en autorisant, par l'article 1, les préfets à établir, sur la demande des maires et adjoints, des bureaux de pesage, mesurage et jaugeage publics dans les villes où le besoin du commerce l'exigerait, a déclaré par l'article 4, qu'aucune autre personne que les préposés du poids public ne pourrait exercer dans l'enceinte des marchés, halles ou ports, la profession de peseur, mesureur et jaugeur ; — Que la disposition de ce dernier article est générale ; — Qu'elle ne distingue pas entre le mesurage qui a lieu à la suite de la vente, et celui qui a lieu pour toute autre cause ; — Qu'en ordonnant l'établissement des bureaux publics dans les communes qui en seraient jugées susceptibles par le gouvernement, l'article 1er de la loi du 29 floréal an x ajoute, il est vrai, que nul ne sera contraint à s'en servir, si ce n'est dans le cas de contestation, mais que cette dernière disposition n'a dérogé ni à celle de l'article 4 précité de l'arrêté de l'an ix, ni à celle de l'article 21 du la loi du 15 mars 1790, pour le mesurage dans l'enceinte des marchés, halles et ports ; — Qu'elle a eu pour objet de rendre le recours aux préposés du poids public obligatoire en cas de contestation pour le mesurage en tout lieu, même hors de l'enceinte des marchés, halles et ports, et d'apporter ainsi une restriction à la liberté qui résulterait de la loi de 1790 pour le mesurage dans les maisons particulières ; — Attendu que les arrêtés du maire de Nantes du 4 avril 1844 et du 23 septembre 1845 ont été pris en exécution des lois susvisées ; — Que notamment les articles 1 et 2 de l'arrêté du 23 septembre défendent à toutes personnes, autres qu'aux préposés du poids public, de s'immiscer d'une manière quelconque dans l'exercice du mesurage public, soit dans l'enceinte des marchés, halles et ports de la commune, soit sur les quais, cales et rivières qui en dépendent ; — Qu'à la vérité, d'après l'article 3 du même arrêté, on ne peut être contraint de recourir au mesurage public, si ce n'est en cas de contestation ; — Mais que cette disposition a trait, comme l'article 1er de la loi du floréal an x, au mesurage qui a lieu hors de l'enceinte des marchés ; — Qu'on doit entendre dans le même sens la réserve, mise par le ministre de l'intérieur, à l'approbation qu'il a donnée, le 26 décembre 1843, à la délibération du conseil municipal de Nantes relative au mesurage des engrais ; — Que l'article 5 de cet arrêté n'apporte à la défense faite par l'article qu'une seule exception, pour le cas où il s'agit de constater, en présence de la douane, le poids des marchandises importées à titre de consignation, afin d'assurer le recouvrement des droits d'entrée auxquels ces marchandises seraient assujetties ; — Attendu que si l'article 3 du titre XI de la loi du 16-24 août 1790, qui confie à l'autorité municipale le soin de maintenir le bon ordre dans les lieux publics et de veiller à la fidélité du débit des marchandises qu'on y vend au poids ou à la mesure ; — Que sous ce nouveau rapport, ils sont légaux et obligatoires ; — Attendu que si ces arrêtés n'ont pu mettre obstacle à

---

(1) Arr. 7 brumaire an ix, art. 2 et 3 ; Cass. req. 26 avril 1869, D. P. 69.1.477 ; Cass. crim. 4 novembre 1875 ; D. P. 77.5.334.

(2) Déc. 25 mars 1851, art. 1er, tabl. A.

(3) Cass. crim. 17 mars 1848 ; Cass. crim. 11 mai 1850 ; Cass. crim. 4 novembre 1850 ; Cass. crim. 7 novembre 1851 Cass. crim. 14 août 1852 ; Cass. crim. 4 février 1853.

(4) Un décret législatif du 26 décembre 1813 a exceptionnellement établi à Toulouse un droit exclusif en faveur des peseurs mesureurs de la ville (Cass. crim. 24 février 1855 ; Cass. crim. 13 juin 1857).

(5) Cass. req. 22 janvier 1868. — La Cour, Attendu que le demandeur en cassation n'a jamais contesté, ni en première instance, ni en appel, que les bœufs offerts par le défendeur éventuel fussent bien ceux qui avaient été vendus à Durand, le 25 janvier 1866, et que l'allégation contraire, présentée pour la première fois en cassation, est non recevable comme nouvelle, en même temps qu'elle n'est pas justifiée ; — Attendu qu'il est constaté par l'arrêt attaqué qu'il n'avait rien été convenu entre les parties sur la présence de Durand au pesage des bœufs vendus, et que même l'arrêté s'est fondé sur l'usage constant du pays pour décider que Durand était lié par le pesage mentionné dans le bulletin du préposé de la bascule du Foirail ; que cette décision, loin d'être contraire à la loi, est en conformité parfaite avec les articles 1135, 1138 et 1160 du Code Napoléon. — Rejette.

(6) Cass. crim. 17 avril 1806 ; Cass. crim. 29 juillet 1808 ; Cass. crim. 15 octobre 1840 ; Cass. crim. 13 novembre 1877, D. P. 80.1.358 ; Cass. crim. 24 mars 1882. — La Cour, Sur l'unique moyen du pourvoi tiré de la fausse application de l'article 471 (n° 15) du Code pénal et de l'article 10 du cahier des charges dressé par le maire de Fresnay-sur-Sarthe, le 9 novembre 1878, pour l'établissement d'un bureau de pesage public dans cette commune, ledit cahier des charges publié et affiché, après avoir été approuvé par le préfet de la Sarthe, — Attendu, en droit, qu'il résulte de la combinaison des articles 21, titre III, de la loi des 15-28 mars 1790,

1861. On considère, en effet, l'arrêté qui établit un bureau de poids publics comme un véritable règlement de police.

1862. Il y a pesage et mesurage public, non seulement lorsque l'opération est accomplie dans l'intérêt du public qui le réclame, mais lorsqu'elle se fait dans un lieu public. Ainsi, le particulier qui a opéré un pesage sur la voie publique, même à l'aide d'instruments adossés à son magasin, commet une contravention à la loi du 25 floréal an x, bien que le pesage qu'il a fait en faveur d'un tiers n'ait été qu'un acte isolé (1).

1863. En n'astreignant les particuliers à ne recourir au pesage et au mesurage publics que dans le cas de contestation ou dans le cas de pesage dans les halles, la loi du 29 floréal an x a nécessairement limité les attributions de l'autorité administrative relativement aux règlements qu'elle peut prendre à cet égard. Aussi l'autorité municipale ne saurait contraindre les particuliers à recourir aux mesureurs publics pour peser ou mesurer leur propre marchandise. La jurisprudence a donc décidé que le mesurage effectué par un propriétaire de marchandises mesurées ne constitue aucune contravention, alors qu'aucune contestation ne s'était élevée sur ce mesurage, et qu'il n'avait été employé que des mesures légales (2).

---

ce que le propriétaire des marchandises les mesurât lui-même, dans son intérêt privé, ou les fit mesurer par ses domestiques ou commis, même sur les halles, ports ou marchés, il est établi dans la cause que Patissier, portefaix, qui a opéré le mesurage n'était ni le commis ni le domestique de Mais; — Attendu qu'en reconnaissant, en fait, que ledit Patissier avait, le 22 février 1849, mesuré du guano sur le quai de la Fosse, à Nantes, le jugement attaqué l'a relaxé des poursuites, ainsi que Mais et Curac, par le motif que ce mesurage n'avait pas eu lieu par suite de vente ni par suite d'une contestation entre Mais, simple consignataire de la marchandise, Curac, capitaine du navire qui l'avait transportée, et les gabariers, dans l'intérêt desquels il reconnaît que cette opération s'est effectuée; — Qu'en se fondant, pour le décider ainsi sur l'article 3 de l'arrêté du 23 septembre 1845... — Casse.

Cass. crim. 13 février 1875. — Sur le premier moyen, pris d'une violation et d'une fausse application de l'article 4 de l'arrêté des consuls du 7 brumaire an IX, relatif à l'établissement des bureaux de pesage, mesurage et jaugeage publics, de l'article 4 de l'arrêté des consuls du deuxième jour complémentaire an XI, confirmatif d'un arrêté du préfet des Bouches-du-Rhône, du 20 fructidor précédent, et ordonnant l'établissement, à Marseille, de bureaux publics de pesage, mesurage et jaugeage et de l'article 484 du Code pénal, en ce que le juge de simple police s'est déclaré compétent; — Attendu que, si l'article 4 de l'arrêté des consuls du deuxième jour complémentaire an XI, intervenu sur la proposition du conseil municipal de la ville de Marseille et l'avis du préfet des Bouches-du-Rhône, défend à tout individu d'exercer les fonctions de peseur, mesureur ou jaugeur, à peine de poursuites par voie correctionnelle, ce même article, sans déterminer la peine à appliquer, ajoute, conformément à l'arrêté du gouvernement du 7 brumaire an IX : qu'il ne faut pas séparer ces deux parties d'une même disposition; qu'elle doivent s'interpréter l'une par l'autre, et que ladite disposition doit être entendue en ce sens que les contraventions qu'elle prévoit seraient soumises à la même juridiction à laquelle étaient déjà déférées les mêmes contraventions par l'arrêté de l'an IX, puisque l'arrêté de l'an XI ne modifie pas la peine alors existante; — Attendu que l'arrêté du 7 brumaire an IX, en prononçant, par son article 4, la confiscation des instruments destinés au mesurage, contre tout individu, qui, sans être préposé du poids public, exercerait la profession de peseur, mesureur et jaugeur, ne désigne pas la juridiction à laquelle devra être attribuée la connaissance des contraventions de cette nature; — Que ces contraventions restent, par conséquent sous l'empire des règles du droit commun en matière de compétence, que, par suite, elles sont justiciables des tribunaux de simple police; — Attendu en effet, que, aux termes de l'article 21 titre II, de la loi du 15 mars 1790, de l'article 3, numéros 3 et 4, titre XI de la loi des 16-24 août suivant, de l'arrêté du Directoire du 27 brumaire an VII, de celui des consuls du 7 brumaire an IX et de la loi du 29 floréal an X, c'est aux conseils municipaux qu'il appartient de proposer l'établissement de bureaux de poids publics et de les règlementer sous l'approbation du gouvernement donnée en la forme des règlements d'administration publique et sous l'approbation provisoire du ministre de l'intérieur en vertu de l'arrêté consulaire du 2 nivôse an XII; — Que ces règlements n'étant que des règlements de police, les contraventions qui y sont commises sont punies d'une peine de simple police, conformément à l'article 5, titre XI, de la loi des 16-24 août 1790, à moins d'une disposition législative contraire; — Que par conséquent en l'an IX, lorsqu'a été pris l'arrêté du 7 brumaire de la même année, les contraventions que prévoit cet arrêté étaient justiciables des tribunaux de simple police, d'après l'article 150 du Code du 3 brumaire an IV alors en pleine vigueur, puisque ce Code, de même que le Code d'instruction criminelle, réglait la compétence des tribunaux correctionnels et celle des tribunaux de simple police d'après la quantité de l'amende ou la durée de l'emprisonnement, sans prendre en considération ni la confiscation, ni la valeur des restitutions, ni le montant des dommages-intérêts; qu'il résulte de là, que lorsque l'article 4 de l'arrêté du deuxième jour complémentaire an XI défend à tout autre qu'aux préposés du poids public d'exercer la profession de peseur, mesureur ou jaugeur, dans l'étendue de la ville de Marseille, à peine d'être poursuivi par voie correctionnelle, conformément à l'arrêté du 7 brumaire an IX, il faut nécessairement entendre cette disposition prise dans son ensemble, dans le sens de la législation générale sur la compétence en matière de contraventions aux règlements municipaux de police, puisque c'étaient les règles de cette compétence qui étaient applicables aux contraventions prévues par l'article 4 de l'arrêté du 7 brumaire an IX; — D'où il suit que c'est avec juste raison... — Rejette.

Cass. crim. 23 février 1877. — La Cour, Sur le troisième moyen tiré de l'illégalité du règlement municipal de Lamastre, en ce que ce règlement porterait atteinte à la liberté du pesage consacrée par la loi du 15 mars 1790, titre 2, article 21, et par la loi du 9 floréal an X; — Attendu que, dans les villes où un bureau de pesage public est légalement établi, les halles et marchés ne sont pas régies, quant au pesage, mesurage et jaugeage, par le paragraphe 1er de l'article 21 de la loi de 1790 et par la loi du 9 floréal an X, mais par le paragraphe 2 de l'article 21 de ladite loi de 1790 et par l'arrêté du 7 brumaire an IX, pris en exécution de cette loi; — Que cet arrêté rend obligatoire, dans l'enceinte et pendant la durée des marchés, le ministère du préposé au poids publics, qu'il y ait ou non contestation entre les parties, et interdit aux vendeurs et aux acheteurs de peser eux-mêmes ce qu'ils vendent et achètent, comme il est interdit aux tiers de le peser pour eux; — Que le règlement municipal de Lamastre ne fait qu'appliquer ces dispositions légales, lorsqu'il prescrit aux vendeurs et acheteurs de recourir au peseur public pour tout pesage auquel il serait procédé dans l'enceinte du marché de cette commune; — Sur le quatrième moyen tiré de la violation de l'article 471 (n° 15) du Code pénal, en ce que les règlements sur le pesage public n'auraient pas de sanction pénale; — Attendu que l'arrêté du maire de Lamastre sur le pesage public, légalement pris et dûment approuvé a pour objet d'assurer dans les halles et dans les marchés, le maintien du bon ordre et de la fidélité du débit des marchandises vendues au poids ou à la mesure; — Que l'article 471 du Code pénal donne pour sanction aux arrêtés municipaux pris dans ce but la peine de 1 à 5 francs d'amende... — Rejette.

(1) Cass. crim. 23 mai 1856. — La Cour, Mais sur le moyen tiré de la fausse application de l'arrêté du 7 brumaire an IX, de la loi du 29 floréal an X, et de la violation de l'article 14 du décret du 26 décembre 1813; — Attendu que le décret législatif du 26 décembre 1813, spécial à la ville de Toulouse, a dérogé aux arrêtés et lois sus-visés; — Attendu que l'article 14 de ce décret porte expressément que les employés au poids public interviennent nécessairement pour toutes les ventes qui se font au poids avec de grandes balances, etc., dans les halles, places, marchés, chantiers de bois à brûler, ports, bateaux et autres lieux soumis à la surveillance permanente de la police municipale; — Attendu qu'il résulte du procès-verbal que le nommé Pierre Ancre, employé au magasin des fourrages, a pesé au moyen d'une romaine adossée audit magasin, sur la voie publique, une charrette de sainfoin; — Attendu que la circonstance que le poids aurait été exprimé à l'intérieur du bâtiment ne détruit nullement le fait matériel de la contravention; — Attendu que les prévenus Flèche, Passama, en faisant procéder, dans leur intérêt comme dans celui de l'administration des fourrages militaires, par un employé de cette administration, ont formellement contrevenu aux dispositions de l'article 14 du décret du 26 décembre 1813; — Attendu dès lors... — Casse.

(2) Cass. crim. 21 août 1829; Cass. crim. 13 avril 1833; Cass. crim. 16 mars 1834; Cass. crim. 19 juillet 1838; Cass. crim. 27 mars 1863. — La Cour, Vu les articles 21 du titre II de la loi du 15 mars 1790, 1 et 4 de l'arrêté des consuls du 7 brumaire an IX, 1 de la loi du 29 floréal an X; — Vu aussi les articles 1 et 2 de l'arrêté du maire de Dunkerque, du 25 avril 1854, lesquels sont ainsi conçus : — Art. 1er. Le bureau du pesage, mesurage et jaugeage public établi à Dunkerque par arrêtés de M. le préfet du Nord des 13 germinal et 3 prairial an XII, et en conformité de la loi du 29 floréal an X est réorganisé; — Nul ne sera contraint de s'en servir si ce n'est en contestation; — Art. 2. Tout acheteur ou vendeur qui voudra se soumettre au pesage, mesurage ou jaugeage, selon la nature de l'objet, sur les halles, foires, marchés, places, rues, chantiers, ports, navires, bateaux et tous autres lieux publics, sera tenu de se servir du ministère des préposés de ce bureau; — En conséquence, il est défendu à tout individu d'établir des bureaux de pesage, mesurage et jaugeage ou d'exercer les fonctions de jaugeur, mesureur ou peseur dans l'étendue de la ville, et à tout vendeur ou acheteur d'en faire emploi, sous les peines prononcées par la loi; — Vu enfin les dispositions de l'article 471 (n° 15) du Code pénal; — Sur les deuxième et troisième moyens, tiré de la violation des articles 1 et 2 du règlement municipal susdaté, et des articles 1583 et 1585 du Code Napoléon; — Attendu, en fait, que le jugement attaqué constate que, le 18 décembre 1862, Trystram a fait peser, sur le port de Dunkerque, une certaine quantité de fontes de fer, acquises pour son compte en Angleterre, et destinées à être ultérieurement expédiées par lui dans l'intérieur de la France, sans recourir au ministère des préposés de l'administration, mais qu'il reconnaît, en même temps, qu'il a été procédé à cette opération par un des commis dudit Trystam, exclusivement employé au service de sa maison de commerce, en l'absence de tout contradicteur, et dans le but de se rendre un compte exact du poids des marchandises par lui reçues et des expéditions à faire; — Attendu, en droit qu'il résulte de la combinaison des articles précités de la loi du 15 mars 1790 et de la loi de floréal an X, ainsi que des articles 1 et 2 de l'arrêté municipal de la ville de Dunkerque, du 25 avril 1854, que tout propriétaire de marchandises conserve la faculté de les faire peser par des personnes de son choix, même sur les ports, halles et marchés, lorsque le pesage des marchandises n'a point pour objet de servir au règlement d'une contestation ou à une vérification contradictoire comme dans les achats et ventes qui se font sur les ports, halles ou marchés; — Attendu, il est vrai, que le juge de police, sans méconnaître que Trystram était réellement propriétaire des fontes dont

1864. La prohibition de peser et mesurer pour le public, restreinte, hors le cas de contestation, à l'enceinte des marchés et halles, ne peut être étendue par un arrêté municipal jusqu'aux limites de l'octroi (1).

1865. Un arrêté ne peut non plus imposer l'obligation de la patente aux particuliers appelés pour peser dans les maisons des habitants.

1866. Mais le privilège du peseur public préposé s'étend sur les marchés publics et toutes leurs dépendances, que ces dépendances appartiennent au domaine public de la ville ou soient propriété privée de la commune ou d'un particulier (2).

Et l'on peut assimiler les quais, les ports et les bateaux aux halles, marchés, et autres lieux soumis à la surveillance permanente de la police municipale, et disposer que les préposés des poids publics auront le droit de s'y introduire pour peser et mesurer les marchandises dont la vente aurait lieu (1).

1867. La partie d'une rivière située dans l'intérieur d'une ville est censée faire partie du port de cette ville, encore bien qu'il n'y ait à cet égard aucune désignation spéciale (2).

1868. Un abattoir n'est pas par lui-même un marché, quand on se borne à y abattre des bestiaux et à y préparer

---

il s'agit, déclare que le pesage qui en a été fait ne pouvait avoir pour but unique l'intérêt privé et la satisfaction personnelle de ce commerçant, mais bien une véritable vente au profit de plusieurs correspondants, auxquels les marchandises étaient immédiatement expédiées par le chemin de fer, mais attendu d'une part, que ce n'est là qu'une induction qui ne peut changer la nature des faits ; — Que d'ailleurs fût-il constant que le pesage eût eu lieu en vue d'une vente éventuelle qui, aux termes de l'article 1585 du Code Napoléon, ne pouvait être parfaite qu'après le pesage fait par l'acheteur au moment de la livraison, il n'en resterait pas moins établi que le pesage incriminé n'a point été contradictoire ; — Que le vendeur et l'acheteur n'étaient pas en présence, et qu'aucune contestation ne s'était élevée entre eux sur la quantité et le poids de la marchandise vendue ; — Qu'ainsi à tous les points de vue, cette opération échappait aux prescriptions de l'arrêté du 25 avril 1854 ; — Que c'est donc à tort et par une fausse interprétation des dispositions dudit arrêté, que le tribunal de simple police a déclaré Trystram coupable de la contravention qui lui était imputée... — Casse.

En ce sens, Cass. crim. 24 mars 1882, *Bull. crim.*, p. 178; Cass. crim. 5 mai 1883, *Bull. crim.*, p. 187.

(1) Cass. crim. 29 juin 1844 ; — Cass. crim. 21 août 1881. — La Cour, Attendu qu'aux termes de la loi du 15 mars 1790, article 21, l'industrie du pesage et du mesurage a été déclarée libre à la condition de ne se servir, pour ses opérations, que de poids et mesures étalonnés et légaux ; — Que le procès-verbal d'adjudication du 14 décembre 1879 n'a pu créer au profit des consorts Alabert et Esterle, un monopole absolu ; — Que l'instruction ministérielle, en date du 14 thermidor an XII, a clairement expliqué que la prohibition faite aux particuliers de peser et mesurer dans l'intérêt du public n'aurait trait qu'au mesurage, pesage et jaugeage s'effectuant dans l'enceinte des halles, marchés, places et ports ; — Qu'il est certain que cette prohibition ne pourrait être valablement étendue par un arrêté municipal jusqu'aux limites de l'octroi ; — Attendu qu'il est d'ores et déjà prouvé que la bascule appartenant aux défendeurs ne fonctionne ni sur un marché, ni sur une place, ni sur un port ; — Que l'instrument de pesage dont il s'agit est établi à l'angle du chemin de grande communication et du numéro 19 de la rue Bouchon, mais dans la propriété desdits défendeurs, non sur la voie publique ; — D'où il suit que les parties de M. Sarreau n'ont commis aucune contravention préjudiciable aux demandeurs.

(2) Cass. crim. 9 mai 1867, D. P., 68.1.140 ; — Cass. ch. réunies, 24 décembre 1867. — La Cour, Vu les articles 21, titre II, du décret du 15 mars 1790 ; 1 et 4 de l'arrêté des consuls du 7 brumaire an IX ; 1 de la loi du 29 floréal an X ; 2 et 3 de l'arrêté municipal de Manosque du 10 novembre 1866 et 471 (no 15) du Code pénal ; — Attendu que, au nombre des objets de police confiés à la vigilance et à l'autorité du pouvoir municipal, en vertu du principe posé par l'article 50 du décret du 14 décembre 1789, la loi du 24 août 1790 (titre II, art. 3, nos 3 et 4) comprend le maintien du bon ordre dans les foires et marchés et autres lieux publics, ainsi que l'inspection sur la fidélité du débit des marchandises et denrées exposées en vente publique pour être vendues au poids ou à la mesure ; — Que, en vue de ce dernier objet, le pouvoir municipal est investi du droit d'instituer des agents spéciaux en leur conférant, à l'exclusion de toutes autres personnes, l'office de peseurs, mesureurs et jaugeurs dans les halles, places, ports et marchés publics ; — Que ce droit procède ainsi d'un pouvoir réglementaire de police qui s'étend, non seulement sur les parties du domaine municipal affectées par une désignation administrative au marché public, mais aussi sur tout emplacement même dépendant d'une propriété privée, qui, par l'adhésion ou la tolérance du propriétaire et par les habitudes du public, sert à l'usage du marché public ; — Que dans de semblables conditions, cet emplacement est soumis à toutes les mesures de police applicables à la voie publique et au marché avec lesquels il se confond et dont il est l'annexe ; — Que la disposition de l'article 5 de l'arrêté du 7 brumaire an IX, qui prescrit à l'administration municipale de désigner l'enceinte des marchés, n'implique point la volonté de restreindre le principe que le même arrêté empruntait, en le sanctionnant, au décret du 15 mars 1790, et subordonner l'action de la police municipale sur les marchés à la condition d'une désignation administrative des lieux où les marchandises seraient exposées en vente publique ; — Attendu que c'est en vertu et dans les limites de cette attribution de police qu'a été pris et approuvé l'arrêté municipal du 10 mars 1815, imposant à tout vendeur ou acheteur qui, achetant ou vendant dans l'un des marchés de la commune de Manosque, voudrait se soumettre au pesage, l'obligation d'employer pour cette opération le ministère des peseurs publics, en faisant défense à tout autre individu d'exercer cet office dans l'enceinte des marchés et dans toute l'étendue de la voie publique ; — Que, par la généralité de ses termes, comme par son objet même, l'arrêté dont il s'agit s'applique à tout lieu qui, en fait, peut être réputé faire partie de la voie publique ou du marché public, et spécialement à la place de la Villette, où l'inculpé avait établi un bureau de pesage et qui, suivant les constatations du procès-verbal du commissaire de police, servait comme annexe de la voie publique dont elle n'était séparée par aucune clôture, à la circulation générale et à l'exposition des marchandises en vente publique pendant la tenue du marché ; — D'où il suit qu'en décidant le contraire, sous le prétexte que le fait imputé à l'inculpé aurait été commis en dehors de l'enceinte légale du marché... — Casse.

(1) Cass. crim. 13 novembre 1827; Cass. crim. 11 novembre 1884. — La Cour, Sur le premier moyen tiré du défaut de légalité de l'arrêté municipal du 28 novembre 1878, qui n'avait pas reçu l'approbation du préfet ; — Attendu que ce moyen manque en fait ; — Qu'il est expressément constaté par le jugement attaqué « que ledit arrêté municipal prescrivant le pesage obligatoire par des peseurs jurés dans les marchés, halles, ports et sur les quais de Paimbœuf, à été légalement approuvé, qu'amplification en a été soumise à M. le préfet de la Loire-Inférieure par l'intermédiaire de M. le sous-préfet de Paimbœuf, qui en a donné un récépissé, qu'il a été publié et affiché et qu'il est devenu exécutoire un mois après ; — Sur le deuxième moyen, tiré de la violation de l'article 2 de la loi du 29 floréal an X, et de l'arrêté consulaire du 2 nivôse an XII, en ce que le jugement prononçant la condamnation du demandeur manquait de base légale, la création de peseurs, mesureurs jurés à Paimbœuf, ayant été approuvée par le préfet et non par le ministre de l'intérieur, seul compétent à cet effet ; — Attendu que les décrets des 25 mars 1852 et 13 avril 1861, sur la décentralisation administrative, dérogeant à la législation antérieure, ont confié aux préfets le pouvoir d'approuver sans autorisation du ministre de l'intérieur, les règlements d'intérêt local, concernant le poids publics que l'attribution de ce pouvoir aux préfets résulte formellement des articles 1 et 2 du premier décret, des articles 1 et 6 du second décret et des tableaux annexés à ces articles ; — Qu'il suit de là que les peseurs, mesureurs jurés institués à Paimbœuf, en vertu de l'arrêté municipal du 28 novembre 1878, avaient une existence légale ; — Sur le troisième moyen tiré de la violation de l'arrêté consulaire du 7 brumaire an IX et de la loi du 29 floréal an X, en ce que ledit arrêté et ladite loi ne prescrivant le recours obligatoire aux peseurs, mesureurs jurés, que dans les halles, marchés et ports, l'arrêté municipal du 28 novembre 1878 n'a pu étendre cette obligation aux pesages effectués sur un quai de Paimbœuf qu'il n'a pu déterminer ; — Attendu que l'arrêté consulaire et la loi précités, en exécution desquels a été pris l'arrêté municipal sus-visé, comprennent nécessairement dans la désignation générale de *ports*, les quais qui en font partie intégrante ; — Que d'ailleurs le juge de police a déclaré, par une appréciation souveraine, que le pesage a été fait contradictoirement entre le vendeur, l'acheteur et le capitaine par les employés de Gautier sur le bord du quai neuf, et que les marchandises ont été ensuite mises à bord du navire anglais « le *Bananier* » amarré au milieu même du port de Paimbœuf ; — Qu'un fait de cette nature, d'après les lois sur la matière de l'arrêté spécial du 28 novembre 1878 pour la ville de Paimbœuf, rendait obligatoire et forcé l'intervention du poids public, qu'en décidant, dès lors, qu'il y avait infraction aux lois et à l'arrêté précité, le jugement attaqué loin de les avoir violés... — Rejette.

(2) Cass. crim. 12 novembre 1842. — La Cour, Vu le règlement municipal de la ville d'Aire, portant défense à tout individu d'exercer les fonctions de peseur, mesureur et jaugeur pour autrui dans les rues, halles, marchés, ports, etc., sous peine d'être poursuivi conformément aux lois ; — Attendu qu'il est constaté par un procès-verbal régulier non débattu par la preuve contraire, et corroboré par les aveux consignés par le jugement attaqué, que les inculpés ne se sont pas bornés à faire mesurer par leurs ouvriers, sur les bateaux, les marchandises à eux expédiées pour en vérifier la contenance, mais qu'ils en faisaient livraison en public ; — Que lesdits bateaux étaient placés sur la rivière, dans l'intérieur de la ville, qu'ils se confondaient avec le port de ladite ville ; — Attendu que dans l'enceinte des halles, ports et marchés, où le public est appelé et où la multiplicité des transactions ne permet pas la supposition d'un accord préalable entre les vendeurs et les acheteurs, sur la vérification du poids de la denrée, le ministère de ces préposés est obligatoire dans l'intérêt de l'ordre public pour prévenir les altercations ; — Que l'autorité municipale chargée de maintenir le bon ordre dans les lieux où il se fait des rassemblements d'hommes, a droit de repousser l'intervention des mesureurs privés, et celui d'imposer à ceux qui fréquentent les ports et marchés le ministère des préposés publics ; — Que, néanmoins, le jugement attaqué a renvoyé les inculpés de la poursuite, sous prétexte que les marchands qui avaient vendu sur le port, devaient être considérés comme ayant mesuré eux-mêmes leur denrée, dans un lieu non encore interdit d'une manière apparente, conformément à l'article 5 de l'arrêté de 1800 ; — Mais que les lois postérieures à cet arrêté n'ont point fait de cette circonstance une condition de l'établissement du bureau de pesage, et s'en sont référées aux arrêtés municipaux dont l'infraction est punissable de peines de police ; — D'où il suit que ledit jugement a faussement appliqué l'arrête de 1800, mal interprété les lois précitées de 1802, 1839, 1840 et 1841, expressément violé... — Casse.

des viandes destinées à la boucherie, mais lorsqu'en dehors de sa destination spéciale, l'achat et la vente de la viande y ont été autorisés il devient un marché soumis aux règlements des marchés proprement dits. Le public, il est vrai, n'y est pas admis et tout se passe entre marchands, mais le marché n'en existe pas moins, tout restreint qu'il est (1).

1869. Des docks et des entrepôts sont des annexes indispensables à l'outillage des ports tant maritimes que fluviaux; ils sont donc, en principe, soumis à la même réglementation que les ports, en ce qui concerne le pesage et le mesurage publics. Mais le gouvernement, qui établit les bureaux de poids publics, peut délimiter leur action. En autorisant des docks et des entrepôts, il peut donc soit soumettre ceux-ci à l'exercice du bureau des poids publics établi pour le port, soit autoriser un pesage public particulier, et il a été jugé que cette organisation spéciale peut être établie par l'arrêté préfectoral, qui a institué les poids publics du port, cela va sans dire, ou bien par l'acte constitutif du dock ou de l'entrepôt, décret ou arrêté (2).

1870. Les règlements locaux peuvent restreindre la portée de leurs dispositions dans telles limites que l'administration juge suffisantes pour garantir la fidélité du débit; et ainsi, un arrêté de police peut ordonner de n'employer les préposés du bureau des poids publics que pour les pesages ou mesurages qui se font avec de grandes balances, ou avec des mesures d'hectolitre, stère ou mètre. Dès lors les marchands peuvent, sans contravention, peser ou mesurer eux-mêmes avec tout instrument d'une grandeur ou capacité inférieure

à celle déterminée et particulièrement avec le demi-hecto-litre (1). De même ces règlements peuvent borner l'emploi obligatoire des poids publics au seul cas de vente et d'achat, et aux débats entre vendeurs et acheteurs (2).

1871. Lorsque l'arrêté qui a organisé un bureau de poids publics a été publié, ses dispositions obligent nécessairement, en cas de contestation, tous les négociants de la commune; mais si l'arrêté n'a pas été l'objet de publication, la profession de peseur et mesureur public reste libre; mais, en cas de contestation, elle n'est pas libre, *dans l'enceinte des marchés :* et cela à raison des dispositions spéciales de l'article 4 de l'arrêté du 7 brumaire an IV, qui ne permet qu'aux peseurs et mesureurs publics *préposés* d'exercer cette fonction dans l'enceinte de ces établissements (3).

§ 2. — Salubrité des subsistances.

1872. Le devoir d'inspecter la salubrité des comestibles mis en vente résulte, pour les maires, tout à la fois de l'article 97 de la loi de 1884 dont nous avons reproduit les termes plus haut, et de l'article 9, titre Iᵉʳ, de la loi des 19-22 juillet 1791,

---

(1) Cass. crim. 29 juillet 1882. — La Cour, Sur le premier moyen commun à Borel et Durbec, et tiré de la violation des articles 21 de la loi des 15-28 mars 1790, 1 et 4 de l'arrêté consulaire des 7 brumaire an IX, 1ᵉʳ de la loi du 29 floréal an x, et de la fausse application des articles 3 de l'arrêté consulaire du deuxième jour complémentaire de l'an XI, et 471 (n° 15) du Code pénal, en ce que le jugement attaqué a fait tomber sous l'application de l'article 3 de l'arrêté de l'an XI, les faits de pesage imputés aux demandeurs, qu'à la suite de cette enquête régulière, et qu'il n'était pas d'ailleurs contesté, que les bouchers Durbec et Borel ont, le 25 octobre 1881, dans l'abattoir de Marseille pesé eux-mêmes, ou fait peser, par leurs employés, des peaux de bœufs et de la viande de boucherie, viande et peaux vendues à divers; — Attendu qu'aux termes de l'article 3 de l'arrêté consulaire du deuxième jour complémentaire de l'an XI, qui a ordonné l'exécution à Marseille des règles relatives au pesage, au mesurage et au jaugeage publics « tout acheteur ou vendeur qui achètant ou vendant dans les halles, marchés et ports de cette ville, voudra selon la nature de l'objet acheté ou vendu, se soumettre au pesage, au mesurage ou au jaugeage publics, sera tenu d'employer, pour cette opération, le ministère des préposés publics des bureaux installés dans lesdits halles, marchés et ports »; — Attendu que les abattoirs sont des établissements d'utilité publique, soumis à la surveillance de l'autorité municipale. — Que, lorsqu'on se borne à y abattre et à y préparer les bestiaux, ils ne constituent pas sans doute des marchés; mais que si, par dérogation à leur destination spéciale, les viandes et déchets des animaux abattus y sont mis en vente, ils deviennent ainsi de véritables marchés; — Qu'on doit considérer comme tels, non seulement les parties du domaine municipal affectées par une désignation administrative au marché spécial, mais encore tout emplacement qui, même privé qui, de fait, sert habituellement à l'usage du marché; qu'à ce titre, l'action de la police municipale peut, dès lors, s'y exercer; — Attendu qu'il résulte des constatations du jugement attaqué (tribunal de simple police de Marseille, 23 janvier 1882), que, depuis longues années, les ventes dites à la cheville se pratiquaient journellement dans l'abattoir de Marseille, sur une grande échelle, puisqu'elles roulent sur des millions de kilogrammes débités en quartiers ou en morceaux de 3 kilogrammes; — Que l'administration pouvait interdire ou permettre ces opérations; mais, que, par délibération du 4 avril 1879, approuvée par le préfet des Bouches-du-Rhône, le 8 mai suivant, le conseil municipal de Marseille a décidé qu'elles seraient autorisées et que les vendeurs seraient soumis à un droit d'emplacement, qu'à la suite de cette délibération, un arrêté du maire de Marseille du 23 juillet 1879, approuvé le même jour par le préfet, a fixé le droit d'emplacement pour les viandes exposées en vente dans l'intérieur de l'abattoir public, qu'ainsi cet abattoir est devenu un marché pour les ventes à la cheville; — Attendu que, si les consommateurs ne sont pas admis à prendre part à ces ventes, et si elles sont réservées aux bouchers de la ville et du dehors, cette limitation n'enlève pas à ces opérations leur véritable caractère d'achats et de ventes, et qu'on ne saurait voir dans un pareil négoce une simple pratique d'ordre purement intérieur; — Attendu que, même dans ces conditions restreintes, l'abattoir de Marseille n'en est pas moins un marché dans le sens de l'arrêté consulaire de l'an XI, et qu'en condamnant les demandeurs à des amendes pour y avoir pesé eux-mêmes les marchandises par eux vendues, le jugement attaqué, loin de violer les dispositions des lois ci-dessus visées, en a fait une juste application... — Rejet.
(2) Cass. crim. 30 mars 1876, D. P. 76.1.407; Cass. crim. 23 février 1877 (voy. *supra*, n° 1864).

(1) Cass. crim. 29 mars 1821.
(2) Cass. crim. 22 février 1856. — La Cour, Sur le moyen unique tiré de la violation prétendue des articles 1, 2, 12 du règlement portant établissement du pesage, mesurage et jaugeage publics dans la ville d'Elbeuf, 10 et 11 de la loi du 18 juillet 1837; 3, numéros 3 et 4 du titre II de la loi du 24 août 1790; 21 de la loi du 28 mars 1790; 1 de l'arrêté du 7 brumaire an IX et de la loi du 29 floréal an x; — Attendu que, si les règlements locaux, établis en vertu des articles 1ᵉʳ de l'arrêté du 7 brumaire an IX, et de la loi du 29 floréal an x, ne peuvent s'étendre le droit exclusif des peseurs, mesureurs et jaugeurs publics à des objets et à des cas non autorisés par les lois et les règlements généraux, ils peuvent restreindre la portée de leurs dispositions dans des limites que l'administration juge suffisantes pour garantir l'intérêt public en le conciliant avec la liberté du commerce; — Attendu qu'il résulte des termes et de la combinaison des articles 1, 4, 8, 11, 12, 13 du règlement du 25 novembre 1840, approuvé par le ministre de l'intérieur le 16 février 1841, que le pesage, mesurage et jaugeage publics pour la ville d'Elbeuf sont restreints au cas de vente ou d'achat, et pour régler les droits entre vendeurs et acheteurs; — Attendu que le jugement attaqué (du tribunal de police d'Elbeuf) constate, en fait que la livraison des charbons, à destination des sieurs Gruyer et Boucher, arrivés à Elbeuf par bateaux, avait été faite au lieu de l'expédition et que Coquerel, qui les a mesurés au débarquement et qui était chargé d'en opérer le transport chez les destinataires, n'agissait pas pour le compte de ceux-ci, sans s'interposer entre vendeurs et acheteurs, mais, au contraire pour d'autres causes étrangères à cet objet, et notamment pour s'assurer de la fidélité des agents de transport; — Attendu qu'en décidant, par suite de cette appréciation de faits, que le prévenu Coquerel n'avait pas contrevenu aux dispositions du règlement susdate... — Rejette.
(3) Cass. crim. 21 juin 1873. — La Cour, Sur le premier moyen tiré de la violation de ces derniers articles, en ce que le tribunal de police ne serait fondé sur le défaut de publication du cahier des charges et du procès-verbal d'adjudication pour relaxer le prévenu; — Attendu qu'il résulte de la combinaison des articles de loi ci-dessus visés que nul, qu'il y ait contestation ou non, ne peut exercer la profession de peseur, mesureur ou jaugeur public, dans l'enceinte et pendant la durée des marchés; — Que le propriétaire de la marchandise, pour son intérêt exclusif, en agissant par lui-même ou par son préposé, peut seul la peser ou la mesurer; — Qu'en effet, l'article 1ᵉʳ de la loi du 29 floréal an x, n'a dérogé ni à la disposition générale contenue dans l'article 4 de l'arrêté du gouvernement du 7 brumaire an IX, ni à celle de l'article 21 de la loi du 24 août 1790; — Qu'il a eu uniquement pour objet de rendre le recours aux préposés du pesage public obligatoire, en cas de contestation, pour le mesurage en tout lieu, même hors de l'enceinte des marchés, et d'apporter ainsi une restriction à la liberté qui résulterait de la loi de 1790, lorsqu'il s'agissait de mesurage dans les maisons particulières; — Qu'il est dès lors interdit d'une manière absolue, sans que ledit article 1ᵉʳ de la loi de l'an x y fasse obstacle, et sous la peine spéciale édictée par l'article 4 de l'arrêté du gouvernement du 7 brumaire an IX, d'exercer la profession de peseur et de mesureur dans l'enceinte et pendant la durée du marché, lorsqu'un bureau de pesage et de mesurage public a été établi légalement dans une ville; — Attendu, en fait, que cet établissement régulier a eu lieu à Aniane, par les arrêtés du préfet de l'Hérault des 5 fructidor an x et 17 prairial an XIII; — Qu'en exécution de ces dispositions et des lois et décrets sur la matière, un cahier des charges, pour la nouvelle mise en ferme des droits de pesage et de mesurage dans la ville d'Aniane, a été dressé, le 27 novembre 1871, et qu'une adjudication publique de ces droits a eu lieu le 17 décembre 1871; — Que ces deux actes ont été légalement approuvés par le préfet de l'Hérault, le premier, le 2 décembre 1871, et le second, le 27 du même mois; — Attendu que, du procès-verbal régulier rédigé par le commissaire de police de cette ville, il résulte que le 19 septembre 1872, vers onze heures du matin et dans l'enceinte du marché, Aiffre, devant la porte du sieur Michel Laurent, mesurait à l'aide du décalitre, pour le compte d'un sieur de Gaillac,

qui accorde aux officiers publics le droit d'entrer dans les lieux publics pour y vérifier la salubrité des comestibles.

De ces textes, il résulte que l'autorité municipale peut prendre tous arrêtés tendant à assurer cette salubrité et proscrire toutes mesures de nature à permettre aux particuliers de s'assurer de la salubrité des denrées comestibles qu'ils achètent.

1873. Ainsi donc, d'une part, on ne saurait contester au maire le droit de soumettre *tous* les comestibles mis en vente à un examen préalable d'experts ou de dégustateurs ; de faire examiner, par exemple, les viandes de boucherie, les volailles, le gibier, les poissons, les fruits, les champignons, etc. (1).

1874. On doit lui reconnaître le pouvoir de réglementer l'emploi de certaines substances qui peuvent présenter des dangers et, par exemple défendre aux confiseurs et liquoristes d'employer aucune substance minérale pour colorier les liqueurs, bonbons, dragées, etc., et toute espèce de sucreries et pâtisseries ; ne permettre d'employer pour cette coloration que des substances végétales, à l'exception de la gomme-gutte et de l'orseille ; et faire procéder à des visites chez les fabricants et détaillants à l'effet de constater si les dispositions prescrites sont observées.

1875. Enfin on doit admettre qu'elle a droit de proscrire ou de limiter l'emploi d'ustensiles et de vases dont l'usage peut n'être pas sans péril ; ainsi de défendre aux marchands de vins, traiteurs, aubergistes, fruitiers, bouchers, etc., de laisser séjourner dans des vases de cuivre mal étamés ou non étamés aucun aliment et aucune préparation, quand même ils seraient enveloppés de linge ; aux marchands de vins d'avoir des comptoirs revêtus de lames de plomb ; aux débitants de sel et de tabac d'avoir des balances de cuivre, et aux nourrisseurs de vaches, crémiers et laitiers de déposer le lait dans des vases de cuivre ; aux raffineurs de sel de se servir de chaudières de cuivre pour le raffinage ; aux vinaigriers, épiciers, fabricants et marchands de liqueurs de déposer et transporter dans des vases de cuivre ou de plomb leurs liqueurs, vinaigres et autres acides ; d'ordonner que les robinets fixés aux barils de liquoristes devront être étamés à l'étain fin dans lequel sera foré le conduit d'écoulement ; et que ces robinets devront être en bois lorsqu'ils seront fixés aux barils dans lesquels les vinaigriers, épiciers ou autres marchands renferment leur vinaigre, etc., etc. (2). Et même qu'elle peut prohiber la vente des substances qu'elle répute soit absolument, soit temporairement insalubres ou nuisibles (3).

1876. D'autre part, l'administration municipale peut créer des emplois d'experts ou de dégustateurs, chargés d'examiner les comestibles que les particuliers ont achetés, ou des bureaux d'essais chimiques à l'effet de faire les analyses des substances présentées.

Ces diverses mesures, qui sont d'ordre municipal, sont absolument indépendantes de celles que le soin de la police générale peut permettre, soit au maire, en qualité de délégué du pouvoir central, soit aux préfets, soit au ministre du commerce, de prendre, pour l'exécution de la loi du 27 mars 1851 et de celle du 5 mai 1851, sur la fraude et la tromperie dans la vente des marchandises (1).

1877. Lorsque des comestibles malsains et nuisibles ont été présentés sur un marché, les maires peuvent ordonner la destruction ou l'enfouissement, lorsqu'il y a urgence, sans être obligés d'attendre qu'il ait été statué sur la contravention ni que le tribunal de police les y ait autorisés (2).

§ 3. — Taxe des denrées.

1878. L'autorité municipale, qui peut inspecter tout à la fois et la fidélité et la salubrité des débits de denrées, peut-elle intervenir dans les transactions entre acheteurs et vendeurs et régulariser soit les conditions de l'achat, soit celles de la vente, quand il s'agit de comestibles ? La question peut paraître très complexe, puisque, d'un côté, un principe général de nos lois veut que tout commerce soit libre, et qu'un autre principe de nos lois charge l'autorité municipale d'assurer dans chaque commune et le bon ordre et la tranquillité. Or, rien n'est plus de nature à troubler l'ordre et la tranquillité que la menace d'une disette ou la crainte même de la pénurie alimentaire.

Aussi, quoique le principe de la liberté de toutes les professions ait été admis depuis 1789, celui de la liberté de la boucherie et de la boulangerie n'a jamais été complètement consacré. Nous verrons plus loin que ces deux commerces peuvent être l'objet d'une réglementation assez sévère ; mais un édit de février 1776, toujours en vigueur (3), a été plus loin et ne permet à personne ni d'entreprendre ni de quitter ce commerce sans une déclaration préalable.

---

qui l'avait acheté à Michel, du vin contenu dans des futailles ; — Que malgré les observations qui lui ont été adressées, Aifre a déclaré qu'il continuerait son opération, ce qu'il a, en réalité, exécuté ; — Qu'appelé par simple avertissement devant le tribunal de police pour avoir contrevenu aux prescriptions des articles 5 et 10 du cahier des charges et se voir appliquer les dispositions de l'article 471 (n° 15) du Code pénal, le prévenu, sans débattre par la preuve contraire les énonciations du procès-verbal, a reconnu que depuis longtemps il mesurait ainsi du vin pour le compte d'autrui et a conclu à sa relaxe ; — Attendu qu'en se fondant sur ce que le cahier des charges et le procès-verbal d'adjudication n'auraient point été publiés en la forme ordinaire des règlements de police, et en visant l'article 1er de la loi du 29 floréal an x, le juge de police a fait droit aux conclusions du prévenu ; — Qu'en refusant dans ces circonstances d'appliquer à Aifre les dispositions de l'article 471 (n° 15) du Code pénal, le jugement dénoncé a mal à propos violé ledit article...

(1) Cass. crim. 20 juin 1828 ; Cass. 21 décembre 1832 ; Cass. crim. 7 avril 1837.

(2) Cass. crim. 31 mars 1838.

(3) Cass. crim. 17 novembre 1866. — La Cour, Vu l'article 9 de la loi du 27 mars 1851 ; — Attendu qu'à la suite d'un procès-verbal, en date du 20 août 1866, et constatant qu'il avait mis en vente des melons qui n'avaient pas encore atteint leur maturité, le nommé Demech a été cité devant le tribunal de simple police de Constantine, pour avoir exposé en vente des fruits nuisibles à la santé, contravention prévue par l'article 475 (n° 14) du Code pénal ; — Attendu que, par jugement en date du 8 septembre 1866, le tribunal a reconnu que le paragraphe 14 de l'article 475 du Code pénal avait été abrogé par la loi du 27 mars 1851, et a renvoyé Demech des fins de la plainte ; — Attendu que le ministère public s'est pourvu contre ce jugement, par le motif que la loi de 1851 en abrogeant le paragraphe 14 de l'article 475 du Code pénal, n'avait entendu abroger que les dispositions de ce paragraphe, punissant la mise en vente des comestibles nuisibles, et que s'il en était autrement il y aurait une lacune dans la loi ; — Attendu d'une part que l'article 9 de la loi du 27 mars 1851

porte : « sont abrogés les articles 475 (n° 14) et 479 (n° 5) du Code pénal, et que dès lors l'abrogation s'applique à toutes les parties des paragraphes abrogés ; — Attendu, de l'autre, que l'autorité municipale, en vertu du droit que lui confèrent l'article 3, titre XI de la loi des 16-24 août 1790, et l'article 46 de la loi des 19-22 juillet 1791, peut, si elle le juge nécessaire, interdire l'exposition ou la mise en vente sur les marchés publics des fruits que leur défaut de maturité rendrait nuisibles à la santé des citoyens... — Rejette.

En ce sens, Cass. crim. 29 février 1808 ; Cass. crim. 30 décembre 1871, *Bull. crim.*, p. 324.

(1) Cass. civ. 18 avril 1856 (voy. *supra*, n°1409);Cass. civ. 29 février 1868.

(2) Cass. crim. 18 octobre 1827 ; Cass. crim. 14 décembre 1832 ; Cass. crim. 12 novembre 1842.

(3) Cass. crim. 28 mars 1857. — La Cour, Sur le premier moyen tiré de la prétendue fausse application de l'article 6 de l'édit du mois de février 1776, ainsi que de la prétendue violation de l'article 2 du décret impérial du 25 mars 1852, et de l'article 484 du Code pénal ; — Attendu que Rolland exerçait à Lannyau, depuis plusieurs années, la profession de boulanger, lors de la publication de l'arrêté du 16 août 1856, par lequel la mairie de cette commune, avec l'approbation du préfet, a réglementé la boulangerie ; — Que l'article précité de l'édit du mois de février 1776, a été maintenu en vigueur par l'article 7 de la loi des 2-17 mars 1791, qui accorde à toute personne la liberté de faire tel négoce ou d'exercer telle profession, art ou métier qu'elle trouvera bon, à la charge de se conformer aux règlements de police qui sont ou pourront être faits ; — Que ledit Rolland était, dès lors, strictement tenu sous la peine d'amende de 500 livres édictée par cet article 6 de quitter son état qu'un an après avoir déclaré à la mairie l'intention de l'abandonner ; — Que l'arrêté susdaté ne saurait l'affranchir de cette obligation, ni de cette pénalité ; — Qu'il est de principe, en effet, aux termes du deuxième paragraphe de l'article 11 de la loi du 18 juillet 1837, que les maires, quand le pouvoir souverain a réglé l'un des objets que l'article 3, titre XI de la loi des 16-24 août 1790, confie à leur vigilance et à leur autorité, ne peuvent prendre des arrêtés sur le même objet, qu'à l'effet de publier de nouveau les dispositions déjà prescrites et de rappeler les citoyens à leur observation; qu'il suit de là qu'en cessant entièrement son commerce

. Notamment le rôle de l'industrie de la boulangerie dans l'alimentation publique est d'une telle importance et d'une telle nature que la pensée de l'entourer de certaines garanties réglementaires était aussi légitime que naturelle. On a donc fait fléchir, en cette matière, le premier principe exposé plus haut, et admis le droit d'intervention de l'administration. Les garanties devaient varier nécessairement suivant les circonstances et l'importance numérique des populations. Le pouvoir réglementaire en cette matière revenait surtout à l'administration municipale mieux placée que personne pour bien apprécier les mesures convenables et admissibles dans chaque localité, sans préjudice, toutefois, des mesures transitoires ou permanentes que l'administration supérieure jugerait à propos de prescrire.

Ce fut dans les lois des 16-24 août 1790, et 19-22 juillet 1791, que l'on trouva le principe des attributions de l'administration municipale en cette matière. Ces lois comprenaient, parmi les objets confiés à la vigilance et à l'autorité des corps municipaux, celles que leur confie également l'article 97 de la loi de 1884 : *l'inspection sur la fidélité du débit des denrées qui se vendent au poids, et sur la salubrité des comestibles exposés en vente publique* ; et, en outre, elles peuvent attribuer à l'autorité municipale le droit de prendre des arrêtés et d'ordonner les précautions locales nécessaires relativement aux objets confiés à leur vigilance, et, spécialement, celui de fixer qui une taxe le prix du pain et de la viande.

1879. L'administration centrale est intervenue plusieurs fois, soit sur la demande des administrations municipales, soit de son propre mouvement, pour régler les conditions d'exercice de la boulangerie dans les villes importantes. Bien que ces dispositions soient aujourd'hui abrogées par le décret du 11 juillet 1863, qui a eu pour but de créer la liberté de la boulangerie, nous citerons, cependant, les principales d'entre elles plus encore en vue d'un exemple utile que par un simple intérêt historique (1).

Signalons d'abord l'obligation, pour exercer la profession de boulanger, d'obtenir une permission spéciale du maire. Cette permission n'était accordée qu'à ceux qui justifiaient être de bonne vie et mœurs et avoir les facultés suffisantes. Dans le cas de refus d'une permission, le boulanger avait le recours de la décision du maire à l'autorité administrative conformément aux lois. En aucun cas, et pour quelque motif que ce soit, le nombre des boulangers ne pouvait être limité. La permission n'était accordée que sous les conditions suivantes : chaque boulanger devait se soumettre à avoir constamment en réserve dans son magasin un approvisionnement en farine de froment de première qualité. Cet approvisionnement variait suivant les villes, le nombre de boulangers qui y exerçaient et la classe à laquelle appartenaient ces boulangers.

Dans le cas où le nombre des boulangers venait à diminuer, les approvisionnements des boulangers restant en exercice étaient, sous l'autorisation de l'administration supérieure, augmentés proportionnellement, en raison de leur classe, de manière à ce que la masse totale donnât toujours une quantité de farine suffisante pour nourrir la population pendant un mois.

de boulanger, quarante-deux jours après avoir fait au maire la déclaration exigée par l'édit dont il s'agit, le demandeur en cassation avait encouru l'amende qu'il prononce ; — Que l'arrêt attaqué lui a donc justement infligé cette peine et n'a violé ni le décret impérial du 25 mars 1852, ni l'article 484 du Code pénal.

. Sur le deuxième moyen, pris de la prétendue violation du deuxième paragraphe de l'article 483 du Code pénal et de l'article 484 du même Code, en ce que cet arrêt a refusé au demandeur en cassation le bénéfice des circonstances atténuantes, bien que la disposition dont il lui a été fait application soit rattachée audit Code par le second des articles précités; — Attendu que les tribunaux de répression ne peuvent user légalement du pouvoir que l'article 463 du Code pénal leur attribuent, qu'à l'égard des délits et contraventions qui sont textuellement prévus, définis et réprimés par ce Code ou que par des lois spéciales qui leur donnent expressément ce droit; — Attendu qu'en refusant au prévenu, dans l'espèce, l'application de cet article n'a fait qu'en interpréter... — Rejette.

(1) Nous rappelons ces dispositions surtout parce que des circonstances, telle qu'une guerre, par exemple, pourraient avoir pour effet de faire reprendre les règlements anciens.

D'autres dispositions étaient relatives à l'établissement d'un syndicat des boulangers. Le nombre des syndics et adjoints variait suivant les villes.

Les syndics procédaient, en présence du maire et de concert avec lui, au classement des boulangers. Ils réglaient pareillement, sous son autorité, le *minimum* des fournées que chaque boulanger était tenu de faire journellement, suivant les différentes saisons de l'année. Les syndics étaient chargés de surveiller l'approvisionnement de réserve des boulangers et de constater la nature et la qualité des farines de l'approvisionnement, sans préjudice des autres mesures de surveillance qui devaient être prises par le maire, auquel ils rendaient toujours compte.

Les boulangers admis et ayant commencé à exploiter ne pouvaient quitter leur établissement qu'une année après la déclaration qu'ils en avaient faite au maire, lequel ne pouvait se refuser à la recevoir.

Tout boulanger qui contrevenait aux dispositions précédentes était interdit temporairement ou définitivement, suivant l'exigence des cas, de l'exercice de sa profession. Cette interdiction était prononcée par le maire, sauf au boulanger à se pourvoir auprès de l'autorité administrative supérieure.

Les boulangers qui avaient quitté leur établissement sans avoir fait préalablement la déclaration prescrite, ceux qui avaient fait disparaître tout ou partie de l'approvisionnement qu'ils étaient tenus d'avoir en réserve, et qui, pour ces deux cas, avaient encouru l'interdiction définitive, étaient considérés, comme ayant manqué à leurs engagements. Leur approvisionnement de réserve ou la partie de cet approvisionnement qui était trouvée dans leur magasin était saisie. Ils étaient poursuivis à la diligence du maire.

Si un boulanger en activité avait quitté son établissement pour le transporter dans un autre quartier, il était tenu d'en faire la déclaration au maire dans les vingt-quatre heures.

Le fonds d'approvisionnement de réserve devenait libre pour tout boulanger qui avait déclaré, six mois d'avance, vouloir quitter sa profession. La veuve et les héritiers du boulanger étaient pareillement autorisés à disposer de son approvisionnement de réserve, s'ils renonçaient à exercer le même état.

Nul boulanger ne pouvait vendre son pain au-dessus de la taxe légalement faite et publiée.

Tout boulanger était tenu de peser le pain, s'il en était requis par l'acheteur. A cet effet, il devait avoir, dans le lieu le plus apparent de sa boutique, des balances et un assortiment de poids métriques dûment poinçonnés.

Il était défendu d'établir des regrats de pain en quelque lieu public que ce fût ; en conséquence, les traiteurs, aubergistes, cabaretiers et tous autres, ne pouvaient tenir chez eux d'autre pain que celui qui était nécessaire à leur propre consommation et à celle de leurs hôtes.

Les boulangers et débitants forains étaient admis concurremment avec les boulangers de la ville, à vendre ou faire vendre du pain sur les marchés ou lieux publics et aux jours désignés par le maire, en se conformant aux règlements.

Ces dispositions, spéciales aux villes pour lesquelles elles étaient faites, ne restreignaient en rien le pouvoir conféré par la loi aux autorités municipales, de faire et ordonner, sauf les droits de l'autorité supérieure, tous les règlements locaux nécessaires sur la nature, la qualité, la marque et le poids du pain en usage dans la ville ; sur la police des boulangers et débitants forains, et des boulangers de la ville qui ont coutume d'approvisionner les marchés; la fixation des places ; l'obligation de peser le pain, même sans réquisition de l'acheteur ; de munir de poids et balances les *porteurs* chargés de distribuer aux pratiques le pain à domicile ; l'interdiction aux boulangers forains de vendre leur pain ailleurs que sur les places désignées, et même de le porter à domicile, etc. De nombreux arrêts de la Cour de Cassation ont reconnu obligatoires des arrêtés de cette nature, comme pris dans le cercle des attributions municipales.

1880. Mais un décret du 22 juin 1863 a introduit dans l'industrie de la boulangerie et dans l'exercice de cette industrie, qui intéresse à un si haut degré l'alimentation publique, une réforme radicale. Ce décret a posé en principe et établi, autant qu'on le pouvait faire sans recourir à la loi, la liberté de la boulangerie. Elle ne reste plus soumise, indépendamment, bien entendu, des mesures générales de police sur la fidélité et la sûreté du débit des denrées, qu'au droit de fixation d'une taxe que l'autorité municipale tient de la loi et qu'on a jugé ne pouvoir lui être enlevée sans l'intervention du législateur.

1881. Cette grave question de la liberté de la boulangerie a alors donné lieu à de grandes controverses. Les partisans de la liberté, comme ceux qui y étaient contraires, ne manquaient pas d'excellentes et fortes raisons à opposer à leurs adversaires. Tous, sans doute, étaient d'accord sur ce qui faisait le nœud principal de la difficulté, le point culminant du débat : la nécessité de ne compromettre en quoi que ce soit, au contraire, d'assurer et de développer l'approvisionnement public. Le système de la réglementation de la boulangerie s'il entravait, s'il gênait, s'il restreignait l'industrie, la plaçait au moins dans la main de l'administration et armait celle-ci des moyens nécessaires pour assurer l'alimentation et pour la maintenir, soit par le moyen normal de la taxe, soit par la ressource exceptionnelle des compensations à un taux suffisamment modéré. Donner la liberté à la boulangerie, n'était-ce pas s'exposer à ce que, à un jour donné, à tel moment critique, l'approvisionnement manquât et à ce que la denrée pût, dans telles ou telles circonstances aussi, recevoir de la volonté libre du marchand un prix qui la rendît en réalité inaccessible ? Ce que les adversaires de la législation existante qualifiaient d'entraves à l'industrie n'était-il pas, en définitive, que de sages et indispensables précautions prises par le législateur et les gouvernements qui s'étaient succédé, dans l'intérêt de l'alimentation publique, par conséquent, et au premier chef, de l'ordre public, de la conservation sociale.

Ces objections, quelque sérieuses qu'elles fussent, ne restaient pas sans réponse. Les règlements qu'il s'agissait ou de maintenir ou d'abroger remontaient à une époque où les idées et les connaissances économiques étaient erronées ; on pensait alors que réglementer l'industrie, même quelquefois à l'excès, c'était la protéger elle-même contre ses erreurs et protéger le consommateur contre ses abus. On a, depuis, heureusement, reconnu que la production et la consommation se trouvaient bien l'une et l'autre de la liberté. Le pain peut bien être une denrée essentielle, mais, enfin, c'est une denrée, c'est un objet de négoce, de vente et d'achat; pourquoi ne pas lui permettre d'établir lui-même son marché? Faut-il craindre de voir, à quelque moment capricieux et forcé, l'approvisionnement manquer ? Mais est-ce que la France d'aujourd'hui est à comparer à la France d'il y a un demi-siècle ? Est-ce que les voies de circulation, les moyens de transport ne font pas que les ressources peuvent arriver immédiatement en hâte soit par nos frontières de terre, soit de nos ports de mer, et, quant au grand marché lui-même des céréales, est-ce que, par l'abolition de l'échelle mobile, il ne se trouvait pas déjà bien lui-même du régime de la liberté? Fallait-il craindre davantage pour l'élévation du prix dans les transactions individuelles et reculer toujours devant ce fantôme, peut-être imaginaire, de la cherté du pain? Mais n'en serait-il pas de cette denrée comme des autres, le prix ne s'établirait-il pas sur le marché, et la concurrence libre n'obtiendrait-elle pas des résultats au moins aussi favorables que ceux que prétend assurer le maintien d'une réglementation exagérée ? Le boulanger lui-même, dégagé de cette réglementation, ne trouverait-il pas dans l'indépendance de ses allures, dans la libre disposition de ses capitaux, la possibilité d'offrir, même en réalisant plus constamment un bénéfice légitime, la marchandise à meilleur marché? Enfin, on invoquait l'exemple de pays étrangers, notamment de l'Angleterre, où la boulangerie est libre. L'opinion favorable à la liberté l'emporta, et le décret du 22 juin 1863, déclara abrogées, à dater du 1er septembre 1863 les dispositions des décrets, ordonnances ou règlements généraux ayant pour objet de limiter le nombre des boulangers, de les placer sous l'autorité des syndicats, de les soumettre aux formalités des autorisations préalables pour la fondation ou la fermeture de leurs établissements, de leur imposer des réserves de farines ou de grains, des dépôts de garantie ou des cautionnemements en argent, de réglementer la fabrication, le transport ou la vente du pain, autres que les dispositions relatives à la salubrité et à la fidélité du débit du pain mis en vente.

1882. Comme on le voit dans cette énumération, cependant détaillée, des divers éléments de la réglementation à laquelle était soumise la boulangerie, il n'est pas question de la taxe et, pourtant, elle avait dû faire et elle avait fait, en effet, tous les frais de la discussion, mais il fut reconnu que le droit de l'établir résultait, pour l'autorité municipale, de la loi, que la loi seule pouvait toucher ce point. Il fut seulement entendu que, par voie de conseil (1), le gouvernement inviterait les autorités municipales à faire l'essai au succès duquel il avait foi et que, à Paris notamment, où son action

(1) Circ. agr. et com. 3 août 1863. — Monsieur le Préfet, au nombre des questions qui se rattachent à l'exécution du décret du 22 juin dernier sur la boulangerie, une des plus importantes est celle de l'apport et de la vente du pain dans les villes par les boulangers forains. — Avec le système de liberté qui va être appliqué à partir du 1er septembre prochain, le commerce de la boulangerie foraine devient un des éléments essentiels du régime nouveau. Il est appelé, en effet, à contribuer d'une manière efficace au développement, dans la vente du pain, d'une concurrence qui, seule, peut produire, au point de vue de la qualité et du prix de la denrée, des résultats favorables aux intérêts des consommateurs. — Les règlements concernant la boulangerie foraine devront donc être combinés désormais de manière à lui accorder toutes les facilités nécessaires pour l'approvisionnement des villes. Dans ce but, il importe non seulement que la vente sur les marchés publics puisse se faire en toute liberté et puisse prendre toute l'extension désirable, mais aussi que l'apport et la vente du pain à domicile, la formation des dépôts et l'établissement de boutiques en ville par les boulangers du dehors n'éprouvent aucune entrave. — Je vous prie donc, Monsieur le Préfet, de vouloir bien adresser à MM. les maires les instructions nécessaires pour qu'ils entrent dans cette voie, soit en rapportant les règlements et dispositions de police municipale qui apporteraient dans leurs communes des restrictions au commerce des boulangers forains, soit en donnant à ces industriels un accès plus large sur les marchés publics. — Je vous serai obligé de me rendre compte très exactement de toutes les mesures qui seront prises à cet égard.

Circ. agr. et com. 10 novembre 1863. — Monsieur le Préfet, j'ai reçu, en exécution des instructions que j'avais données, des renseignements nombreux au sujet des mesures prises pour l'exécution du décret du 22 juin 1863 sur la boulangerie et notamment pour la substitution de la taxe officieuse à la taxe officielle. Plusieurs de ces mesures ayant donné lieu à des objections et à des principes qui ont fait l'objet d'une correspondance particulière avec diverses préfectures, il me paraît utile aujourd'hui de réunir les observations relatives aux questions qui se reproduisent le plus habituellement, et d'en faire la matière d'une circulaire générale destinée à diriger les administrations locales dans la voie nouvelle ouverte par l'adoption du régime de la liberté, ou à les y faire entrer si elles s'en écartaient. Tel est le but des instructions contenues dans la présente dépêche.

Si, en général, lors de l'exécution de la réforme dont la boulangerie a été l'objet, les autorités locales se sont montrées disposées à s'associer aux vues libérales du gouvernement, j'ai remarqué cependant chez elles, dans quelques circonstances, une tendance à se préoccuper plutôt des inconvénients du régime nouveau et à les exagérer qu'à en admettre et à en constater les avantages. Cette disposition d'esprit, qui résulte d'opinions personnelles préconçues et surtout d'habitudes de réglementation contractées de longue date et difficiles, par cela même, à faire disparaître, doit être combattue par les moyens de persuasion que donne aux préfets leur légitime influence sur les administrations municipales. Mais, en ce qui concerne spécialement les mesures relatives à la taxe, il est très essentiel que cette influence ne s'exerce que par voie de conseils, et l'on doit éviter avec soin toute injonction qui pourrait avoir un caractère impératif. Il importe de ne pas enlever, ni qu'il s'agit seulement, quant à présent, de faire une expérience consistant à suspendre l'exercice de ce droit, afin de pouvoir apprécier les effets de la liberté complète accordée à la boulangerie, même en ce qui concerne la fixation du prix du pain.

Mais, sinon en reconnaissant que les maires ne sont pas dessaisis de leur droit, il faut leur faire bien comprendre aussi que, pour être réellement concluante, l'expérience dont il s'agit doit être faite sur une grande échelle ; qu'il doit y être procédé, autant que possible, partout simultanément et sans restrictions qui en dénatureraient le caractère et les effets. Il est essentiel, en outre, que les administrateurs se rendent bien compte que l'essai auquel ils s'associent ne peut pas donner immédiatement des résultats sur lesquels on puisse baser son opinion définitive, et que cet essai devra s'être prolongé pendant un temps assez long avant qu'il soit possible d'en tirer des arguments de quelque valeur pour ou contre le système nouveau.

A ce sujet, j'ai remarqué qu'un certain nombre d'administrations locales se sont montrées vivement préoccupées de ce que l'application du régime actuel n'avait pas eu pour effet immédiat d'amener une diminution dans le prix du pain et de ce que le résultat contraire s'était même produit dans un grand nombre de cas. Mais ce fait n'était-il pas à peu près inévitable ? Dans quelques localités, la taxe officielle, basée souvent sur des tarifs établis depuis fort longtemps déjà, ne faisait peut-être qu'une

était alors plus directe, l'expérience serait faite immédiatement. Ce serait sur les constatations des résultats que l'on s'appuierait ensuite pour demander au législateur la sanction et le complément de la réforme. Aucune disposition nouvelle n'est venue jusqu'ici modifier l'œuvre du décret de 1863.

Lors de la discussion de la loi du 5 avril 1884, un député, M. Gatineau, avait demandé l'abrogation des droits de taxe, mais son amendement a été repoussé.

---

part insuffisante aux frais de fabrication et aux bénéfices légitimes des boulangers, et ceux-ci étaient obligés de chercher une compensation dans les avantages et souvent même dans les abus du monopole. Il n'est pas surprenant que, ce monopole leur étant enlevé, ils cherchent à retrouver autrement la rémunération que semblait leur refuser la fixation officielle du prix du pain par l'administration municipale. Plus souvent encore, il devait arriver aussi que certains d'entre ces industriels, passant d'un régime de réglementation très rigoureux à un état de liberté complète, tenteraient d'exploiter à leur profit exclusif la situation nouvelle qui leur était faite. Mais il n'est pas moins évident, et ce fait a déjà été signalé sur un grand nombre de points, qu'avec le temps la concurrence fera justice des prétentions exagérées qui auraient pu se manifester, et que les prix arriveront peu à peu, et d'autant plus promptement que la confiance sera plus grande dans le maintien du régime de la liberté, à se fixer d'eux-mêmes à un niveau normal et régulier.

D'ailleurs, il est un point sur lequel il convient d'appeler l'attention toute particulière des administrations locales, c'est que la réforme radicale opérée par le gouvernement dans le régime auquel était soumis le commerce de la boulangerie n'a pas été seulement motivée par l'espérance fondée de produire, à l'aide de la concurrence, une diminution du prix du pain. Le gouvernement s'est, en outre, proposé pour but de replacer le commerce de la boulangerie sous l'empire des règles du droit commun et de mettre fin à une organisation exceptionnelle dont les faits démontraient toute l'inefficacité, bien qu'elle fît peser cependant sur l'autorité qui l'avait établie une responsabilité regrettable...

D'après les instructions que je vous ai transmises, notamment par une circulaire en date du 22 août dernier, l'expérience à faire de la suppression provisoire de la taxe officielle du pain comportait, comme élément principal, une taxe officieuse qui permettrait à l'autorité de se rendre compte des différences pouvant exister entre les prix de vente des boulangers et le prix qui aurait dû être fixé par l'administration sous l'empire de la taxe officielle. Mais beaucoup d'administrations municipales se sont méprises sur l'usage qu'elles devaient faire de cette taxe. En vue de maintenir les prétentions des boulangers dans de justes limites, elles ont cru devoir publier, d'une manière périodique et régulière et quelquefois d'une manière permanente, les prix résultant de la taxe officieuse. J'ai dû rappeler, à ce sujet, dans plusieurs circonstances, que, dans la pensée du gouvernement, cette taxe ne devait être qu'un moyen *intérieur* de contrôle pour l'administration; qu'en la portant régulièrement à la connaissance du public, on arriverait à lui faire produire à peu près les mêmes résultats que la taxe officielle, puisque, tout en n'étant pas obligatoire en droit elle le deviendrait presque toujours en fait; que c'était à la fois décourager la concurrence, exercer une véritable contrainte morale sur les boulangers et les empêcher d'apporter dans leur commerce des améliorations utiles, sous le rapport de la qualité et de la variété des produits et de la diminution des prix de revient; que c'était enfin faire obstacle à ce que l'expérience de la liberté fût aussi complète et aussi concluante que possible. Dans le cas où ces observations n'auraient pas encore été transmises à celles des autorités locales qui auraient cru devoir faire publier la taxe officieuse ou la porter, par tout autre moyen, à la connaissance du public, vous devrez leur signaler les inconvénients de ce mode de procéder et les engager à se servir seulement de la taxe officieuse comme d'un document administratif destiné à servir de terme de comparaison, et dont la publication devrait être tenue en réserve pour des circonstances exceptionnelles et pour des nécessités évidentes.

L'établissement d'une taxe officieuse pour que l'autorité municipale pût contrôler l'usage que les boulangers feraient de la liberté de fixer leurs prix de vente, appelait comme corollaire indispensable l'obligation pour les boulangers d'afficher ces prix de vente dans leurs boutiques, et cette disposition a été formulée et acceptée à peu près partout. Quelques doutes se sont élevés cependant au sujet de cette mesure, que certaines administrations municipales étaient disposées à considérer, soit comme portant atteinte au régime de liberté sous lequel le commerce de la boulangerie est actuellement placé, soit comme offrant l'inconvénient de permettre aux boulangers d'établir un prix uniforme, par suite de la connaissance qu'ils auraient des prétentions de leurs confrères. Sans doute, on resterait plus complètement dans l'esprit du régime libéral inauguré par le décret du 22 juin, si aucune obligation de ce genre n'était imposée aux boulangers. Mais il ne faut pas perdre de vue que la suppression de la taxe officielle est seulement, quant à présent, l'objet d'une expérience; qu'il faut laisser aux autorités locales le moyen de constater les résultats de cette expérience; que, d'ailleurs, ces autorités conservent toujours le droit de revenir à la taxe officielle, et qu'en prescrivant l'affichage des prix de vente du boulanger, elles peuvent être considérées comme faisant un usage partiel de ce droit. Du reste, il importe que cette obligation de l'affichage ne soit entourée d'aucune autre formalité gênante pour le boulanger. Ainsi l'on ne doit pas admettre que l'administration municipale exige, comme quelques maires l'avaient fait, la déclaration par les boulangers à l'autorité de leurs prix de vente et des variations qu'ils leur font subir. C'est aux administrations locales à s'enquérir par leurs agents des prix de ventes affichés par les boulangers.

En dehors des observations qui précèdent et qui s'appliquaient particulièrement aux mesures prises en ce qui concerne la taxe du pain, j'ai dû, dans quelques occasions, critiquer diverses dispositions adoptées par les autorités municipales et qui présentaient un caractère réglementaire en désaccord avec le régime établi pour la boulangerie par le décret du 22 juin 1863. En pareille matière, on ne doit pas se borner, comme pour se qui se rapporte à la taxe du pain, à procéder par voie de conseils et de persuasion; mais il importe de rappeler, au besoin, les administrations municipales à une application complète et bien entendue des principes que l'adoption du régime nouveau a définitivement fait prévaloir. Il ne s'agit pas en effet, sur ce point, d'une expérience à faire, et la liberté accordée au commerce de la boulangerie est une réforme dont il convient d'assurer l'entière exécution et de développer toutes les conséquences.

Quelques maires avaient cru pouvoir rendre obligatoire la vente du pain au poids. J'ai dû faire remarquer à ce sujet qu'en se plaçant au point de vue de la liberté des transactions, qui est la base du décret du 22 juin, on ne voyait pas à quel titre l'administration interviendrait pour imposer plutôt tel mode de vente que tel autre, et pourquoi en rendant la vente au poids obligatoire, on défendrait par cela même d'acheter un pain d'après son volume ou sa forme, comme cela se fait pour d'autres marchandises Il convient de faire disparaître toute prescription qui aurait pour résultat d'entraver directement ou indirectement, sous ce rapport, la liberté des vendeurs et celle des acheteurs, et la seule disposition qu'il serait possible d'admettre, en ce qui concerne le pesage du pain, devrait se borner à établir que toutes les fois que le pain serait vendu au poids, il serait procédé à un pesage effectif si l'acheteur le demandait. De cette façon, les boulangers et le public conservent toujours la faculté de recourir au mode de vente qui leur convient le mieux, et il n'est pas à craindre que les consommateurs puissent avoir à souffrir de cette situation, car les boulangers seront toujours intéressés à satisfaire le public, afin de conserver ou d'acquérir une clientèle en se pliant à ses volontés.

Toute mesure ayant pour objet d'exiger des boulangers une déclaration du local où il veulent exercer leur commerce doit être également écartée comme inutile et comme pouvant offrir des inconvénients sérieux au point de vue de l'application complète du principe de la liberté professionnelle. La visite du local, sous le rapport de la salubrité, a pu paraître indispensable pour certaines professions; mais elle ne l'est pas pour le commerce de la boulangerie. En ce qui concerne la surveillance à exercer sur la fidélité du débit et sur la salubrité du pain mis en vente, la mesure n'aurait pas plus d'utilité; les autorités locales savent parfaitement où sont situés les établissements de boulangerie, et il n'y aurait aucune raison pour assujettir ceux qui exercent ce commerce à une formalité qui n'est pas exigée des autres individus exerçant le commerce des denrées alimentaires et soumis cependant à une surveillance semblable. Quant aux précautions intéressant la sécurité publique, au point de vue des dangers d'incendie, les boulangers sont soumis aux obligations générales imposées à toutes personnes dont la profession nécessite l'emploi de fours. Mais, ces formalités remplies, on ne peut exiger aucune déclaration qui aurait l'inconvénient de présenter quelque analogie avec les autorisations ou permissions que les boulangers devaient obtenir de l'autorité sous le régime réglementaire.

J'ai dû m'élever également contre les dispositions qui ont pour objet de prescrire que les pains soient de bonne qualité et qu'ils aient le degré de cuisson convenable. Sous un régime de liberté, l'intervention de l'administration municipale n'a pas à s'exercer à ce point de vue; c'est aux consommateurs à ne pas acheter la denrée qui leur paraîtrait défectueuse et qui ne serait pas fabriquée suivant leur goût, et, quant au boulanger, la perte de sa clientèle serait sa punition naturelle et légitime, s'il fournissait du mauvais pain.

Des considérations analogues doivent faire repousser toute mesure par laquelle l'autorité voudrait s'immiscer dans les détails de la fabrication du pain, sous le rapport du mélange des farines et des substances diverses qui pourraient être employées à la panification. C'est encore un des caractères essentiels du régime nouveau que les boulangers puissent agir en toute liberté et en s'inspirant des goûts et des préférences de leurs clients, ce qui est pour eux, je le répète, le véritable et le seul moyen d'exercer avec succès une industrie désormais accessible à tous Les fraudes que certains d'entre eux, mal éclairés sur leur véritables intérêts, pourraient commettre en pareille matière seraient, d'ailleurs, soumises pour leur répression aux règles du droit commun applicables aux tromperies sur la nature des marchandises vendues. La loi du 27 mars 1871 punit ces tromperies; elle punit aussi ceux qui mettent en vente des denrées falsifiées ou corrompues, et le devoir de l'autorité municipale serait de faire saisir les pains qui contiendraient des substances nuisibles à la santé et de faire poursuivre les délinquants; mais il ne lui appartient nullement de chercher à obtenir, par voie de règlement, que le pain soit de bonne qualité, qu'il ait un degré de cuisson déterminé ou que sa fabrication ait lieu dans telles ou telles conditions.

Une autre mesure que certaines administrations avaient cru pouvoir imposer ou plutôt maintenir et dont le caractère réglementaire est incompatible avec le régime de la liberté, c'est l'obligation pour les boulangers d'apposer une marque sur leur pain et de déposer entre les mains de l'autorité une empreinte de cette marque.. Quelle raison pourrait-il y avoir de contraindre le boulanger, plus que tout autre débitant de denrées alimentaires, à marquer le produit qu'il vend? La surveillance sur la fidélité du débit et sur la salubrité du pain peut s'exercer, comme pour les autres denrées, sans qu'il soit nécessaire de recourir à une prescription qui est une gêne pour les boulangers et qui présenterait nécessairement des difficultés d'exécution dans un commerce absolument libre.

Toutes les fois, Monsieur le Préfet, que des dispositions semblables à celles dont je viens de vous entretenir ou qui présenteraient avec elles quelque analogie, soit par l'intention qui les aurait dictées, soit par les résultats qu'elles pourraient produire, viendront à être prises par des magistrats municipaux de votre département, vous ne devrez rien négliger pour rectifier les idées de ces administrateurs quant à l'étendue de leurs droits.

1883. Les mêmes raisons, qui ont fait excepter de la liberté absolue du commerce celui de la boulangerie, ont fait établir également des règles spéciales à l'égard de la boucherie.

Les arrêtés que les maires sont appelés à prendre pour réglementer le commerce de la boucherie dans leur commune varient, nécessairement, suivant les circonstances, les localités, le chiffre et les besoins des populations. C'est à la sagesse du magistrat municipal à apprécier ce qu'il est utile d'ordonner, ce qu'il faut défendre, la part des progrès qu'il peut introduire en se tenant toujours dans l'esprit de la loi, et en évitant de rendre son administration tracassière et irritable.

1884. Une circulaire du 22 décembre 1845 considérait que les questions relatives à l'organisation des bouchers en syndicat, à l'imposition d'un cautionnement pécuniaire et à l'obligation de se munir d'une permission préalable pour exercer l'état de boucher, excédaient la compétence municipale et ne pouvaient être tranchées que par une ordonnance royale ou une loi. Le décret du 25 mars 1852 a conféré au préfet le droit de statuer sur tout ce qui est relatif à la réglementation de la boucherie. C'est donc actuellement ce magistrat qu'il appartient d'examiner les règlements municipaux qui doivent toujours lui être soumis, et de voir si ces règlements sont conformes au principe de la liberté du commerce. Du reste, depuis que le commerce de la boucherie a été déclaré libre à Paris, la tendance à recourir aux mesures restrictives n'a plus de raison d'être en province. L'usage de taxer la viande s'est lui-même beaucoup atténué. Autant que possible, il ne faut pas recourir à cette mesure extrême ; mais si on est obligé de l'employer, on ne doit le faire que suivant les prescriptions d'une circulaire du 27 décembre 1864, qui énumère les difficultés de l'entreprise et les conditions nécessaires pour l'établissement d'un bon tarif (1).

1885. Les règlements peuvent aussi imposer aux bouchers l'obligation d'abattre dans les abattoirs, et interdire par le fait les tueries particulières dans l'intérieur des villes.

1886. Une règle commune à tous les bouchers, c'est qu'il leur est défendu de vendre ou d'exposer en vente des viandes gâtées, corrompues ou nuisibles.

1887. Les bouchers forains doivent être admis, concurremment avec les bouchers établis dans la commune, à vendre en détail sur les marchés publics, en se conformant aux règlements de police.

1888. Le commerce de la boucherie tombe, au surplus, sous l'application de la loi du 27 mars 1851, tendant à la répression de certaines fraudes dans la vente des marchandises.

1889. Si la taxe de la viande et du pain sont des mesures que l'on doit éviter, on voit cependant qu'elles pourraient être prises par l'autorité municipale (1). L'exécution des arrê-

---

(1) Circ. agr. et com. 27 décembre 1864. — Monsieur le Préfet, les idées économiques, fondées sur le principe fécond de la liberté des transactions, font tous les jours des progrès dans l'opinion publique. Cependant, malgré la tendance que les esprits éclairés manifestent de plus en plus à abandonner le système de la réglementation en matière commerciale, il existe encore, dans plusieurs départements de l'empire, un certain nombre de localités où les administrations municipales croient devoir taxer le prix de la viande de boucherie, en faisant usage du pouvoir qui leur avait été provisoirement conféré à cet égard par la loi des 19-22 juillet 1791 et qu'aucun autre acte législatif n'est venu leur enlever jusqu'à ce jour. Dans le cas où l'usage de taxer la viande serait encore en vigueur sur certains points de votre département, je désire, monsieur le préfet, que vous fassiez rendre compte des motifs qui déterminent les autorités locales à persister dans cette voie et que vous les invitiez à examiner s'il ne serait pas préférable de revenir purement et simplement pour le commerce de la boucherie aux règles du droit commun applicables aux autres commerces. — Indépendamment de ce que l'intervention de l'autorité pour fixer le prix des denrées alimentaires n'est plus en harmonie avec les principes de liberté commerciale, dont l'application se généralise de jour en jour, l'établissement pour la viande de boucherie d'une taxe présentant des garanties suffisantes d'exactitude est d'une extrême difficulté. La multiplicité des éléments qui doivent concourir à la formation d'une taxe de cette nature, l'embarras que les administrations municipales éprouvent nécessairement à se les procurer ou à les réunir et à les coordonner entre eux, sont autant de sources d'erreurs pour les calculs auxquels ces éléments servent de base.

En effet, il s'agit d'abord de constater le prix du bétail sur pied, et c'est là une première difficulté très sérieuse, surtout pour les localités qui ne sont pas pourvues de marché aux bestiaux et dont les bouchers vont faire leurs achats sur des marchés éloignés ou au domicile même des éleveurs de bestiaux. Pour les villes où il existe un marché régulier, destiné à la vente du bétail, la constatation du prix exact des animaux est souvent encore rendue fort difficile par le peu d'empressement ou de bonne foi que mettent les vendeurs et les acheteurs à faire connaître les conditions auxquelles ils ont traité ensemble. Il faut ensuite établir quel est le rendement net en viande des animaux de chaque espèce, et l'on se trouve là également aux prises avec de graves embarras. Où est-obligé, si l'on veut arriver à un résultat qui se rapproche autant que possible de la vérité, de vérifier, au moyen d'expériences faites avec beaucoup de soin, quelle est la quantité d'os, d'issues et d'abats de toute nature que tournit en moyenne un animal de chaque espèce, quel est le poids du cuir ou de la peau, quel est le déchet à l'abatage, quelle est enfin la valeur vénale de tous les produits accessoires qui sont susceptibles d'être utilisés. Ce n'est qu'après s'être livré à toutes ces appréciations délicates et difficiles que l'on peut arriver à déterminer, d'après le prix du bétail sur pied, le prix de revient de la quantité de viande nette qui peut être en définitive livrée à la consommation par le commerce de la boucherie. — Une difficulté plus grave encore se présente alors, c'est l'établissement du prix de vente à l'étal du boucher. En effet, la viande provenant d'un même animal se compose de morceaux essentiellement différents

par leur qualité et leur valeur alimentaire. Fixer un seul prix moyen sans tenir compte de ces différences, c'est surélever d'une manière fâcheuse le prix des morceaux de qualité inférieure ; c'est rendre la consommation de la viande plus difficilement accessible, c'est favoriser enfin le consommateur riche au détriment des petits consommateurs, puisque ces derniers, en admettant même qu'ils puissent exceptionnellement acheter de la viande au prix moyen fixé par la taxe, ne pourraient pas obtenir des bouchers les morceaux de qualité supérieure que ceux-ci réservent toujours pour la clientèle riche qui leur achète habituellement d'importantes quantités de viande. Entreprendre, au contraire, d'établir des distinctions entre les divers morceaux et de fixer des prix différents suivant leur qualité, c'est se créer des embarras, à peu près insurmontables, tout en laissant une large place à l'erreur et à la fraude.

La fixation du prix de vente entraîne encore l'obligation de déterminer l'allocation qui doit être accordée au boucher pour les frais de toute nature qu'il y a à supporter et pour le bénéfice qu'il est juste de lui attribuer. Il faut, pour obtenir ce résultat, apprécier et calculer toutes les dépenses occasionnées par les déplacements pour l'achat et la conduite des animaux sur pied, par le transport et la conduite des bestiaux, par leur abatage, par le loyer des étaux et de tous les locaux nécessaires aux ouvriers, tenir compte enfin des intérêts des capitaux engagés et de tous les frais accessoires à l'exploitation d'une boucherie.

Enfin, les administrations municipales qui veulent appliquer la taxe de la viande se trouvent aussi dans la nécessité de déterminer la quantité d'os que les bouchers devront comprendre dans leurs pesées, de rendre la vente au poids absolument obligatoire, d'imposer à la boucherie des dispositions réglementaires incompatibles avec le libre exercice de ce commerce.

La suppression complète d'une mesure qui ne peut recevoir son exécution dans des conditions aussi défavorables me paraîtrait donc, monsieur le préfet, éminemment désirable à tous les points de vue. Les administrations municipales qui l'ont conservée jusqu'ici s'épargneraient ainsi de sérieux embarras et mettraient à couvert leur responsabilité qui est engagée d'une manière fâcheuse. Je vous prie, en conséquence, monsieur le préfet, d'appeler sur cette question l'attention spéciale de MM. les maires des villes et des communes de votre département où la taxe de la viande serait encore en usage. Vous voudrez bien vous assurer s'ils seraient disposés à y renoncer, et, dans le cas contraire, vous les inviterez à faire connaître les considérations sur lesquelles ils se fondent pour conserver cette mesure, et à indiquer, en même temps, avec tous les détails nécessaires, le mode de procéder qu'ils suivent pour l'établissement des tarifs de la taxe et pour constater tous les éléments qui concourent à la fixation du prix de la viande. Je vous serais très obligé, monsieur le préfet, de répondre à la présente circulaire le plus promptement possible.

(1) Cons. d'Et. cont. 4 février 1869. — Vu la loi des 16-24 août 1790, article 3 (n° 4), titre XI, et celle des 19-22 juillet 1791 articles 30 et 46 ; — Vu notre décret du 22 juin 1863 qui abroge certaines dispositions de décrets, ordonnances ou règlements généraux concernant la boulangerie ; — Vu la loi des 7-14 octobre 1790 et celle du 18 juillet 1837, article 11 ; — Considérant qu'en prenant l'arrêté attaqué portant règlement de la boulangerie, le maire de la ville de Montluçon a agi dans l'exercice des pouvoirs qui lui ont été conférés par les lois des 16-24 août 1790 et 19-22 juillet 1791 ; — Que, lors de l'application dudit arrêté, ce serait à l'autorité judiciaire de connaître à l'occasion des contraventions commises aux prescriptions dudit arrêté en tant que les requérants soutiendraient que les dispositions sont entachées d'illégalité, et à l'autorité administrative dans l'ordre hiérarchique, en tant qu'ils attaqueraient ces dispositions comme contraires aux règles d'une bonne administration ; — Qu'il suit de là que l'arrêté susvisé du maire de Montluçon n'est pas susceptible de nous être déféré par la voie contentieuse en notre Conseil d'État par application des dispositions de la loi des 7-14 octobre 1790. — Rejette.

Cass. crim. 21 novembre 1867. D.P. 68.1.89 ; Cass. crim. 29 novembre 1867, D.P. 68.1.90 ; Cass. crim. 20 août 1875. — La Cour, Attendu que la loi du 17 mars 1791, en proclamant la liberté des métiers et professions, l'a fait sous la réserve des règlements de police qui seraient légalement établis ; — Attendu que parmi les objets de police sur lesquels est confiée à la vigilance de l'autorité municipale par la loi du 20 août 1790 figure nommément « l'inspection sur la fidélité du débit des denrées qui se vendent au poids, à l'aune ou à la mesure » ; — Attendu que l'article 30

tés publiés à cet égard, est assurée par une disposition particulière de l'article 479 du Code pénal et dont le paragraphe 6 punit d'une amende de 11 à 15 francs, exclusivement les boulangers et les bouchers qui vendent le pain ou la viande au delà du prix fixé par la taxe légalement faite et publiée.

Pour que la contravention réprimée par le paragraphe 6 dont il s'agit puisse être poursuivie trois éléments sont nécessaires; il faut : 1° qu'une taxe ait été légalement faite ; 2° qu'elle ait été publiée; 3° qu'il y ait eu vente au delà du prix.

1890. La taxe, étant destinée à suivre les variations de prix des céréales, est un acte essentiellement transitoire, et qui ne peut présenter un caractère permanent et fixe; si une municipalité ne modifiait pas, les conditions changeant, les tarifs fixés par elle, il ne nous paraît pas douteux que soit les boulangers, soit les habitants intéressés pourraient en toutes circonstances provoquer l'action préfectorale.

1891. Il n'y a point de taxe, s'il n'y a pas arrêté municipal ou préfectoral ; ni l'usage des lieux, ni les circulaires et les instructions ministérielles, ni les mercuriales des marchés ne sauraient à cet égard limiter la liberté des bouchers et des boulangers (1).

1892. En général, les maires ne doivent taxer que les pains et les viandes d'usage habituel, c'est-à-dire les viandes et les pains de première et de seconde qualité, mais non ceux de luxe ou de fantaisie. Mais ce n'est là qu'une règle de bonne administration et la taxe peut frapper tous les pains et toutes les viandes, quelles que soient les farines qui composent le pain (blé, orge, avoine, seigle, riz, maïs etc.), et quel que soit l'animal dont la viande est débitée (bœuf, vache, cheval, mouton, porc etc.) (2).

1893. Et l'arrêté municipal pourrait même à notre avis, interdire le débit de toutes espèces de pain et de viande, dont la nomenclature ne serait pas comprise dans la taxe ; c'est d'ailleurs ce qu'a jugé un arrêt de la Cour de Cassation du 29 mai 1868 (1).

1894. Le pain et la viande qui peuvent être taxés, sont évidemment les pains et les viandes vendues par les boulangers et les bouchers de la commune où la taxe existe; un boulanger ou un boucher qui expédieraient leur pain ou leur viande d'une commune voisine non taxée ou de l'étranger, ne s'exposeraient pas à une poursuite en vertu de l'article 470 s'ils ne mettaient pas leur pain ou leur viande en vente dans la commune soumise à la taxe. La vente s'opère au lieu où est faite la convention, et dans ce cas, le lieu de vente est soit la commune non taxée, soit le lieu situé à l'étranger.

1895. De même, on doit entendre par pain et par viande les comestibles de cette nature qui sont débités à l'état de vivres frais, et non ceux qui le sont à l'état de conserves alimentaires, tels que biscuits de mer et les viandes fumées ou salées, les lards et les graisses (2).

1896. La taxe ne concerne d'ailleurs que l'exercice des professions de boulanger et de boucher; ceux qui donnent à manger du pain ou des viandes comme les aubergistes, les hôteliers, les restaurateurs, les pâtissiers, ne sont point tenus de s'y conformer ; l'augmentation, soit du pain, soit des viandes, est considéré en ce cas comme le salaire de celui qui les fournit à ses clients (3).

---

du titre 1er de la loi du 22 juillet 1791, autorise les municipalités à taxer la viande de boucherie; — Attendu que la fidélité dans le débit des viandes taxées ne peut être assurée qu'à l'aide de mesures propres à en signaler la nature, et à permettre à l'acheteur de reconnaître si le prix qu'il aura à en payer est conforme à la taxe ; — Attendu que l'arrêté du maire de Béziers en date du 15 décembre 1874, et approuvé par le préfet du département, le 19 du même mois, dispose, dans son article 20, que le prix des viandes qui se débitent dans cette localité sera réglé par des taxes, suivant leur nature et leur qualité; — Que les articles 10 et 11 du même arrêté, en soumettant les bouchers à l'obligation de séparer dans leurs boutiques les viandes des animaux mâles de celles des animaux femelles, et de leur affecter des compartiments distincts, n'ont pas eu d'autre but que d'assurer la fidélité dans le débit de ces marchandises; — Qu'il en est de même des mesures prescrites par l'article 14, en consistant dans l'obligation de placer au-dessus de chaque compartiment une enseigne indicative de la nature des viandes, qu'il contient, et, en outre, de planter dans chaque pièce ou quartier exposé dans l'étal un fichet portant la même indication; — Attendu que le jugement attaqué, en déclarant ces dispositions légales et obligatoires, loin d'avoir violé, soit les lois précitées, soit l'article 471 du Code pénal, en a fait, au contraire, une juste application. — Rejette.

Cass. crim. 3 janvier 1878. — Attendu qu'à la date du 8 juin 1877, M. le maire de la ville de Charenton-le-Pont a pris un arrêté portant que la taxe du pain serait rétablie dans la commune de Charenton à partir dudit jour, en prenant pour base la taxe officieuse du prix du pain déterminée par la préfecture de la Seine, et ordonne que cet arrêté serait affiché dans les boutiques des boulangers; — Attendu que cette mesure rentrait dans le droit et les attributions de l'autorité municipale aux termes de la loi des 19 et 22 juillet 1791, qui est toujours en vigueur et n'a été modifiée ni par la loi du 4 nivôse an III, ni par le décret du 22 juin 1863; — Attendu, en effet, que la loi du 4 nivôse an III, ne peut ni dans son esprit, ni dans son texte, recevoir dans l'espèce aucune application, qu'elle a eu pour objet de rendre au commerce sa liberté, et de le débarrasser des entraves qui, à raison de la position exceptionnelle et transitoire, dans laquelle on s'était trouvé, avait pu gêner son développement; — Attendu que le décret du 22 juin 1863 ne s'applique qu'à la réglementation du commerce de la boulangerie, qu'il ne peut avoir pour effet d'abroger ou de modifier la loi de 1791, qui ne pourrait l'être que par une disposition législative; — Attendu qu'il est établi par des procès-verbaux réguliers, et qu'au surplus il n'est pas contesté que le sieur Sergent a vendu du pain à un prix au-dessus de la taxe fixée par un arrêté pris par M. le maire de la commune de Charenton, dans la limite de ses pouvoirs, et a refusé d'afficher dans sa boutique ledit arrêté, et qu'en le renvoyant des poursuites dirigées contre lui, le jugement... — Casse.

(1) Cass. crim. 14 novembre 1840.

(2) Cass. crim. 23 février 1877. — La Cour, Sur le moyen unique du pourvoi, tiré de ce que le jugement attaqué aurait refusé de faire application aux époux Martrès, charcutiers, de l'arrêté du maire de la ville de l'Isle-en-Jourdain, en date du 25 novembre 1876, concernant la taxe de la viande de boucherie, et, par suite, des dispositions de l'article 471 (n° 15) du Code pénal; — Vu ledit article et l'arrêté susvisé, ensemble l'article 20 de la loi des 19-22 juillet 1791 et l'article 479 (n° 6) du Code pénal; — Attendu que l'arrêté dont il s'agit soumet à la taxe, non seu-

lement la viande de bœuf, de veau, de mouton, mais aussi la viande de porc, laquelle est taxée à 1 fr. 60 le kilogramme, que cet arrêté régulièrement publié, a été pris en vertu de l'article 30 de la loi du 19 juillet 1791, qui porte ce qui suit : « La taxe des subsistances ne pourra provisoirement avoir lieu dans aucune ville ou commune du royaume que sur le pain et la viande de boucherie sans qu'il soit permis, en aucun cas, de l'étendre sur le vin, sur le blé, les autres grains, ni autres espèces de denrées »; — Attendu que cet article, malgré ses termes restrictifs, en permettant à l'autorité municipale de soumettre à la taxe la viande de boucherie, comprend virtuellement, sous cette expression, la viande de porc frais non manipulée, dont l'usage pour l'alimentation publique est aussi général que celui de la viande de boucherie proprement dite, et qui, pour la réglementation de la matière dont il s'agit, doit lui être complètement assimilée, d'où il suit que l'arrêté dont il s'agit a pu être soumise à la taxe, et que l'arrêté du maire de l'Isle-en-Jourdain a été légalement pris en vertu des pouvoirs qui lui étaient conférés par la loi, qu'il est obligatoire pour toute personne vendant de la viande de porc frais non manipulée, et qu'il trouve sa sanction, dans les dispositions, non de l'article 471 (n° 15), mais de l'article 479 (n° 6) du Code pénal ; — Attendu, en fait, qu'il résulte du procès-verbal dressé le 2 décembre 1876, par le commissaire de police de l'Isle-en-Jourdain, et qu'il était avoué et reconnu par la femme Martrès avait vendu un morceau de porc frais à raison de 1 fr. 80 le kilogramme, prix supérieur à la taxe établie; — Que, dans ces circonstances, le jugement attaqué (tribunal de police de l'Isle-en-Jourdain, 20 janvier 1877), en refusant d'appliquer aux époux Martrès, comme illégalement pris, l'arrêté du maire... — Casse.

(1) Cass. crim. 29 mai 1868. — La Cour, Attendu qu'en attribuant à l'autorité municipale le droit de fixer le prix du pain, l'article 30 de la loi de 1791 lui donne en même temps le droit de déterminer les diverses qualités de pain susceptibles d'être mises en vente, puisque c'est d'après la valeur de ces différentes qualités que la taxe est établie; — Qu'il résulte de ce que l'arrêté, non qu'il prévoit la fabrication et ne fixe le prix que de certaines qualités de pain, interdit par cela même, virtuellement et nécessairement, aux boulangers de fabriquer ou de vendre toute autre sorte de pain; — Attendu, dans l'espèce, que le maire de Vallabrègues n'a fixé que le prix du pain de seconde qualité, dit pain rousset, le seul en usage jusque-là dans le pays, et qu'il est constant au procès que les quatre prévenus, Jouve, Privas, Barbier et Arlhac, boulangers, ont non seulement fabriqué du pain d'une qualité différente de celle que déterminent les arrêtés susvisés, mais encore vendu cette qualité à une autre taxe, qu'ils ont ainsi contrevenu... — Casse.

(2) Cass. crim. 12 février 1875. — La Cour, Attendu que, par arrêté en date du 24 octobre 1874, le maire de la ville de Sartène a fixé le prix auquel devrait dorénavant être vendue la viande de porc, et a, notamment, taxé à 1 fr. 60 le kilogramme de la viande fraîche salée; — Attendu qu'en vertu de cette dernière disposition, le sieur Nicolaï a été traduit devant le tribunal de simple police de Sartène pour avoir, le 29 décembre 1874, vendu un prix de 1 franc, c'est-à-dire au-dessus de la taxe municipale; — Attendu que le juge de police a prononcé le relaxe de l'inculpé par ce motif que le lard et la viande fraîche salée du porc étaient deux choses distinctes; — Que l'arrêté du 24 octobre 1874 ne taxait que la viande fraîche salée du porc, et que Nicolaï n'avait vendu à Manetti que du lard frais salé; — Attendu qu'en décidant ainsi, le jugement attaqué n'a fait aux faits reconnus constants qu'une juste application des termes ci-dessus transcrits de l'arrêté du 24 octobre 1874. — Rejette.

(3) Cass. crim. 27 septembre 1844. — La Cour, Vu le jugement rendu le 15 juillet dernier par le tribunal de simple police du canton d'Avallon,

1897. La publication de la taxe est une condition essentielle de sa validité ; mais dès que cette formalité a été accomplie, l'arrêté peut devenir obligatoire, sans attendre que le délai d'un mois se soit accompli, en raison du caractère toujours essentiellement urgent de la mesure (1).

1898. L'arrêté municipal qui prescrit la taxe, peut ordonner que celle-ci sera affichée dans les boutiques des bouchers et des boulangers, mais la contravention à cette disposition n'en est point une à l'arrêté de taxe, mais seulement à un arrêté municipal légal. Elle n'est donc pas passible des peines de l'article 479, paragraphe 6, du Code pénal, mais de celles de l'article 471 paragraphe 15 (2).

1899. La contravention à l'article 479 paragraphe 6 du Code pénal a lieu :

1° Toutes les fois qu'il y a vente de pain ou de viande à un prix supérieur à la taxe ; et il y a surtaxe si le boulanger ou le boucher touche un prix supérieur à celui fixé par l'arrêté municipal, cet excédent ne fût-il que d'un ou quelques centimes (3) ; s'il vend au prix d'une qualité supérieure un pain ou une viande de qualité inférieure (4).

Ordinairement les arrêtés municipaux fixant la quantité de bas morceaux, réjouissance ou pain rassis, que l'on peut donner pour faire ou parfaire un poids, tout surpoids constitue une infraction (5).

1900. 2° Toutes les fois qu'il y a vente sans pesage, alors que l'autorité municipale a prescrit le pesage (6). S'il y a vente d'un pain ou de viande dont le poids est inférieur à celui qui est indiqué soit par la forme, soit par une étiquette, il y a tromperie sur la quantité de la marchandise vendue (7).

3° S'il y a vente de pains ayant des dimensions et un poids autre que ceux déterminés par l'autorité municipale.

4° S'il y a refus de vente au prix de la taxe (8).

1901. La simple mise en vente de pains, dont le poids est inférieur à celui indiqué par leur forme quand la forme est indicative du poids constitue une contravention non à l'article 479, mais à l'article 471. La mise en vente, en effet, n'est qu'une tentative de contravention à l'article 479, et la tentative n'est pas punissable en matière de contravention, mais elle constitue une contravention à l'arrêté municipal qui interdit la mise en vente de pains d'une certaine forme ne pesant pas un poids déterminé (9).

1902. Le fait de vendre au-dessous de la taxe ne constitue aucune contravention ; on ne saurait, en effet, considérer que le maximum du taux de la taxe soit d'ordre public à l'é-

gard des bouchers et boulangers ; ce maximum ne revêt ce caractère qu'à l'égard des acheteurs dans l'intérêt desquels seulement il est déterminé (1).

SECTION VII.

SECOURS CONTRE LES ÉVÉNEMENTS ET ACCIDENTS CALAMITEUX.

1903. Le paragraphe 6 de l'article 97 confie au maire « le soin de prévenir par des précautions convenables et celui de faire cesser, par la distribution des secours nécessaires, les accidents et les fléaux calamiteux, tels que les incendies, les inondations, les maladies épidémiques ou contagieuses, les épizooties, en provoquant, s'il y a lieu, l'intervention de l'autorité supérieure ».

Avant de reprendre en détail l'énumération des pouvoirs que ce paragraphe donne à l'autorité municipale, nous devons faire quelques réflexions générales.

Les droits et les devoirs du maire sont, en cette matière, de prévenir, avant qu'ils ne naissent, de réparer, après qu'ils se sont produits, les malheurs et les accidents calamiteux qui peuvent fondre sur la commune ou quelques-uns de ses habitants. Ces droits et ces pouvoirs n'ont pas été délimités ; ils ne pouvaient guère l'être, parce que les moyens de prévenir et de réparer des événements de cette sorte peuvent et doivent varier avec leur nature même et les circonstances qui les environnent.

1904. Lorsque le maire voit que ses moyens d'action personnelle vont être ou sont insuffisants, son premier devoir est de faire appel à l'autorité supérieure. Le sentiment de solidarité qui unit toutes les parties du territoire de la France fera que jamais sa demande de secours ne sera inentendue.

La nomenclature des faits calamiteux n'est pas déterminée limitativement par l'article 97, qui présente simplement une simple énonciation des cas les plus fréquents et les plus redoutables.

Mais le caractère commun de tous les faits auxquels il s'applique est qu'il faut qu'il s'agisse d'événements accidentels, de maux urgents nés ou possibles, contre lesquels, dès qu'ils se produisent, le temps manque pour recourir aux moyens ordinaires et aux secours organisés. Lorsqu'il s'agit d'une mesure permanente, d'un remède organisé d'avance contre un mal général que l'on prévoit, l'article 97 n'est plus applicable : on doit revenir à l'action régulière de l'autorité supérieure ou de la loi. A bien plus forte raison en est-il ainsi, si le fait, au lieu de présenter un caractère de nécessité publique, n'a qu'un intérêt particulier et ne constitue qu'un malheur absolument individuel. A cet égard, cependant, on ne saurait interpréter trop largement l'obligation morale et le rôle que la loi a imposés à l'autorité municipale.

1905. On nomme accident le cas fortuit, et particulièrement l'événement fâcheux et imprévu auquel la volonté de l'homme n'a eu aucune part. Quand un accident est une suite d'une imprévoyance ou d'une autre faute, il engendre contre son auteur une responsabilité soit pénale, soit pécuniaire. Mais il est certains accidents que la vigilance la plus active ne saurait empêcher ; ils participent alors du cas fortuit et de la force majeure, et placés par leur nature en dehors des cas ordinairement prévus, ils font fléchir les règles générales tracées par la loi.

L'autorité administrative ou municipale a le devoir de prendre les mesures nécessaires pour prévenir ou réparer les maux causés par ces sortes d'événements, et les particuliers sont tenus de prêter leur concours, et ceux qui le refusent sont passibles des peines portées par l'article 475 du Code pénal.

Les règlements que l'autorité municipale peut faire à cet égard s'étendent à une infinité d'objets, et nous ne pourrions guère citer d'exemples, tant ils seraient nombreux.

---

et qui est ainsi conçu : — Considérant que le sieur Branot-Picardot exerce en même temps les professions de boulanger et d'aubergiste ; — Que les individus étrangers auxquels il est prévenu d'avoir vendu le kilogramme de pain blanc au-dessus de la taxe légalement faite par l'autorité administrative sont venus s'asseoir à la table de l'aubergiste et ont demandé du pain et du vin qu'ils ont consommé sur le lieu ; — Que, dès lors, le sieur Branot-Picardot a pu comprendre dans le prix de ses denrées celui qui lui était dû pour son local occupé et les services donnés aux consommateurs, sans contrevenir à la taxe, et que si ces consommateurs ont trouvé exagéré le prix qui leur a été demandé, ils devaient se pourvoir auprès de l'autorité compétente, par voie civile, pour faire régler ce prix, disons n'y avoir pas de contravention dans le fait reproché au sieur Branot-Picardot ; — En conséquence, annulons la citation à lui donnée et ce qui s'en est suivi et le renvoyons sans dépens des poursuites dirigées contre lui ; — Vu le pourvoi régulièrement formé par le commissaire de police d'Avallon contre ce jugement ; — Attendu qu'en l'état des faits, tels qu'ils ont été établis et constatés par le jugement attaqué, le tribunal de simple police d'Avallon, en renvoyant, sur la plainte portée contre lui, le sieur Branot-Picardot, prévenu d'avoir vendu un kilogramme de pain blanc 40 centimes au lieu de 35 centimes, prix de la taxe, n'a violé ni l'article 479 (n° 6) du Code pénal, ni aucun texte de la loi. — Rejette.

(1) Cass. crim. 23 novembre 1854, D. P. 55.1.267.
(2) Cass. crim. 29 novembre 1838 ; Cass. crim. 21 mars 1846, D. P. 46.4.43.
(3) Cass. crim. 16 août 1855, D. P. 55.1.441.
(4) Cass. crim. 17 mars 1840.
(5) Cass. crim. 10 juin 1836.
(6) Cass. crim. 23 mars 1842.
(7) L. 27 mars 1851, art. 1er et 3.
(8) Cass. crim. 20 juin 1846, D. P. 46.4.44 ; Cass. crim. 13 août 1847, D. P. 47.4.48 ; Cass. crim. 12 mai 1854, D. P. 54.1.208 ; Cass. crim. 2 août 1856, D. P. 56.1.379 ; Cass. crim. 26 avril 1861, D. P. 61.1.503.
(9) Cass. crim. 1er février 1833 ; Cass. crim. 13 mars 1834 ; Cass. crim. 4 août 1838 ; Cass. crim. 4 octobre 1839 ; Cass. crim. 19 juin 1846, D. P. 46.4.43.

(1) Cass. crim. 28 juin 1851, D. P. 51.5.53 ; Cass. crim. 11 mars 1852, D. P. 52.5.57.

§ 1. — Des incendies.

1906. Les incendies sont au premier rang des accidents et fléaux calamiteux que l'autorité municipale doit prévenir ou faire cesser par des précautions ou des secours convenables. Les arrêtés qu'elle prend à cet effet n'ont pas besoin, pour être obligatoires, d'être approuvés par le préfet.

1907. Les principales mesures et précautions à prendre pour prévenir et arrêter les incendies sont relatives : 1° à la construction des cheminées, poêles, fourneaux et calorifères ; 2° à l'entretien et au ramonage des cheminées ; 3° aux couvertures ; 4° aux fours, forges, usines, ateliers ; 5° aux entrepôts, magasins et dépôts de matières combustibles inflammables, détonantes et fulminantes, théâtres et salles de spectacle ; 6° aux halles, marchés, abattoirs, voies publiques ; 7° aux extinctions des incendies.

A côté de ces mesures sont, bien entendu, celles qui touchent à l'organisation générale du service d'incendie, au moyen de distributions d'eau, de l'acquisition de pompes et d'appareils d'extinction et de sauvetage, à la constitution de corps spéciaux de sapeurs-pompiers. Mais ces sages et efficaces modes de secours ressortissent aux attributions de l'administration communale et non aux pouvoirs de police du maire.

1908. L'autorité municipale peut réglementer le mode de construction des cheminées, des fours et des calorifères (1),

et régler la hauteur des tuyaux (1). Ses arrêtés obligent tout aussi bien le propriétaire que l'homme de l'art qui construit (2).

1909. Il appartient aux maires de déterminer la nature des précautions et des mesures à prendre. Ils peuvent défendre, notamment, d'adosser les manteaux et tuyaux de cheminées contre les cloisons dans lesquelles il entrerait du bois ; de poser les âtres des cheminées sur les solives des planchers ; de construire des fours à une distance déterminée de tout mur ou cloison ; de faire sécher du bois dans les fours.

1910. Quelques fabricants, dont les cheminées étaient mues par la vapeur, avaient surmonté les cheminées de tuyaux en cuivre destinés à leur donner la hauteur prescrite par les règlements administratifs. L'emploi du cuivre pour ces tuyaux offre quelque danger ; on a reconnu qu'il s'en échappait des parcelles de suie imprégnées de sulfate de cuivre (vert de gris), qui, se répandant aux environs, s'attachaient aux végétaux et se mélangeaient aux eaux destinées à l'alimentation. Le comité de l'intérieur du Conseil d'Etat fut, en conséquence, consulté sur la question de savoir s'il ne conviendrait point de défendre, par un règlement d'administration publique, l'emploi du cuivre dans les cheminées ; mais le comité, bien que pénétré de la nécessité de la mesure, a pensé qu'un semblable règlement n'était point nécessaire, l'autorité municipale ayant tous les pouvoirs suffisants pour agir et prendre les arrêtés sur cet objet, en vertu des décrets du 14 décembre 1789 (art. 50), du 16-24 août 1790 (tit. 11, art. 3) et du Code pénal (art. 574, n° 15).

1911. L'article 9 de la loi du 6 octobre 1791 charge les officiers municipaux de faire, au moins une fois par an, la visite des fours et cheminées de toutes maisons et tous bâtiments éloignés de moins de 100 toises d'autres habitations ; il les autorise à ordonner, après la visite, la réparation ou la démolition des fours et cheminées qui se trouveraient dans un état de délabrement qui pourrait occasionner un incendie ou d'autres accidents ; enfin il prononce contre les contrevenants une amende de 6 à 24 livres, remplacée aujourd'hui par une amende de 1 à 5 francs inclusivement, en vertu de l'article 471, n° 1, du Code pénal, ainsi conçu : « Ceux qui auront né-

---

(1) Cass. crim. 17 janvier 1845 (Voy. infra) ; Cass. crim. 13 avril 1849. — La Cour, Vu le pourvoi régulièrement formé par le commissaire de police d'Abbeville contre le jugement du tribunal de police de cette ville du 1er décembre dernier, qui a renvoyé des fins de la poursuite le sieur Gouthy, prévenu d'avoir fait construire dans sa maison, sise dans cette commune, une cheminée qui n'aurait pas les dimensions voulues par les articles 5 et 6 du règlement de police du mayeur et des échevins d'Abbeville du 30 avril 1742, maintenu par l'article 484 du Code pénal, ledit pourvoi fondé sur la violation des articles 471 (n° 15) et 484 du Code pénal et sur la fausse application de l'article 5 du règlement précité ; — Vu les articles 2 et 4, titre XI, de la loi du 24 août 1790, et 46, titre 1er, de la loi du 22 juillet 1791, 471 (n° 15) et 484 du Code pénal, et 5 et 6 du règlement de police du mayeur et des échevins d'Abbeville du 30 avril 1742 ; — Attendu qu'un arrêté du mayeur et des échevins d'Abbeville, en date du 30 avril 1742, dans le but de prévenir les incendies, imposait, par son article 5, aux habitants de cette ville qui auraient dans leurs maisons des cheminées dont le passage trop étroit ne laissait pas aux ramoneurs la liberté d'y pouvoir monter pour les nettoyer, l'obligation de les faire abattre dans le délai de deux mois et de les faire reconstruire d'une façon convenable qui permit aux ramoneurs d'y pouvoir entrer, sous peine de 30 livres d'amende ; — Que l'article 6 du même règlement faisait défense à tous maçons d'Abbeville, sous peine de 20 livres d'amende, de faire à l'avenir dans cette ville aucunes cheminées, pour le usage que ce fût, qu'elles n'aient une largeur et profondeur suffisantes pour la liberté du passage du ramoneur, etc., comme aussi de faire dans la suite aucunes réparations aux cheminées qui se trouveraient trop étroites et trop resserrées à moins que ce ne fût pour les élargir ou les agrandir ; — Attendu qu'il résulte des dispositions combinées de ces deux articles qu'il y a défense aux habitants d'Abbeville de construire ou de conserver des cheminées qui ne présentent pas les garanties prescrites par ce règlement, que ce règlement de 1742, qui rentre dans les objets de police confiés à la vigilance et à l'autorité des corps municipaux par l'article 5, paragraphe 3, du titre XI, de la loi des 16-24 août 1790, et par l'article 46, titre 1er de la loi du 22 juillet 1791, doit continuer à recevoir son exécution, aux termes de l'article 484 du Code pénal actuel, en substituant seulement aux peines qu'il prononce celles portées en l'article 471 (n° 15) du même Code pénal ; — Et attendu, en fait, qu'il résulte d'un procès-verbal régulier du commissaire de police et de l'architecte de la ville d'Abbeville, en date du 31 octobre 1848, qu'une cheminée construite par le sieur Gouthy, propriétaire d'Abbeville, dans sa maison, rue Saint-Gilles, l'aurait été conformément aux dispositions de ce même règlement, que les dimensions qui lui avaient été données rendaient impossible qu'un ramoneur pût s'y introduire, que, dès lors, cette cheminée ne présentant pas toute la sécurité convenable pour préserver de l'incendie et que le sieur Gouthy s'était refusé à une démolition qu'ils auraient cru indispensable ; — Que traduit en suite de ce procès-verbal, devant le tribunal de police d'Abbeville, Gouthy fut renvoyé des fins de la poursuite par jugement du 1er décembre dernier par le motif que le règlement du 30 avril 1742, qui, conservait toute sa force obligatoire, n'atteignait, par son article 5, que les propriétaires des maisons déjà existantes à cette époque, et que l'article 6 ne prononçait de peines quant aux maisons qui seraient construites à l'avenir que contre les maçons qui contreviendraient à ses dispositions, qu'il était donc, dans l'une et l'autre hypothèses, inapplicable au prévenu dont la maison est, de notoriété publique, d'une construction bien postérieure à 1742, mais qu'il résulte des dispositions combinées des articles 5 et 6 de ce règlement, que les propriétaires sont tenus de s'y conformer et

sont passibles de peines en cas de contravention, que l'article 6 se rattache à la disposition générale de l'article 5, et que, par suite, la défense qu'il prononce ne peut être restreinte aux maçons et constructeurs ; — Attendu qu'en refusant de prononcer... — Casse.

En ce sens, Cass. crim. 13 mars 1852, D. P. 52.5.310.
(1) Cass. crim. 17 janvier 1845. — En ce qui touche l'insuffisance de l'élévation du tuyau de poêle de la dame Boutigny ; — Attendu que la légalité des dispositions du règlement relatives à cet objet n'est pas contestée ; — Attendu que la portée de ces dispositions n'est pas restreinte aux poêles établis sur les rues, mais s'applique aussi à ceux donnant dans les cours, puisque les inconvénients des étincelles et de la fumée sont aussi grands sur les derrières des maisons voisines que sur les façades donnant sur la rue ; — Que d'ailleurs les termes de l'arrêté sont à cet égard généraux et absolus.
(2) Cass. crim. 30 mai 1844. — Attendu que l'article 5 de l'arrêté du préfet du Doubs, du 6 juin 1840, pris dans le cercle des attributions administratives, porte que les cheminées ne pourront être construites qu'en pierres, briques, tuf ou autres matières incombustibles, qu'elles ne pourront être appuyées contre des cloisons en bois et seront établies dans des conditions de solidité telles qu'elles ne présentent aucun danger d'incendie ; — Attendu qu'un procès-verbal dressé le 17 novembre 1843, par des agents de police de la ville de Beaune assistés de trois gardes-feux et affirmé par eux devant le juge de paix du canton de Beaune, lequel procès-verbal n'a été débattu par aucune preuve contraire, constate que ledit jour les agents de police et gardes-feux s'étant transportés au second étage d'une maison nouvellement construite par le nommé Adrien Simon, vérifièrent et reconnurent qu'une poutre en sapin traversait deux chambres dans chacune desquelles existait une cheminée, et qu'un simple lit de carreau servant de foyer était placé sur le plancher cloué sur ladite poutre déjà endommagée par le feu en deux endroits et que ce commencement d'incendie ne pouvait être attribué qu'à un vice de construction ; — Attendu que, traduit devant le tribunal de simple police, Simon n'a point contesté ces faits et que néanmoins, ledit tribunal l'a renvoyé de la plainte sur le fondement que la loi ne punit que les personnes qui ont quelque chose à se reprocher, et qu'au cas particulier, Simon n'ayant à s'imputer ni négligence, ni imprudence, doit être déchargé des poursuites dirigées contre lui ; — Mais attendu que les règlements sur les précautions à prendre dans la construction des maisons pour les préserver de l'incendie, obligent aussi bien les propriétaires qui font construire que les hommes de l'art qui construisent ou dirigent les constructions, et qu'en jugeant le contraire, en admettant une distinction qui n'est pas admise par la loi... — Casse.

gligé d'entretenir, nettoyer, réparer les fours, cheminées ou usines où l'on fait usage du feu, etc. »

L'officier municipal (maire, adjoint ou commissaire de police) qui procède à cette visite doit être accompagné d'un maître maçon ou autre homme de l'art capable de donner des renseignements exacts sur l'état des fours et cheminées. Il est dressé procès-verbal, et mention y est faite des fours et cheminées qui n'ont pas été trouvés en bon état et nettoyés. Les frais sont réputés dépense obligatoire.

Les maires et les officiers municipaux ne peuvent, bien entendu, s'introduire dans les domiciles privés que le jour. Leurs délégués doivent être accompagnés d'un officier municipal (1).

1912. L'usage d'un four ou d'une cheminée dont la construction vicieuse peut compromettre la sûreté publique constitue par lui-même une contravention, quand bien même cet usage serait le fait d'un locataire, et que les réparations à faire seraient à la charge du propriétaire (2).

1913. Les règlements de police peuvent ordonner que toutes les cheminées à construire auront une dimension donnée, et que toutes celles qui ne sont pas conformes aux règlements seront démolies, *si elles présentent des dangers d'incendie*. Mais il faut que cette dernière circonstance soit constatée pour que l'arrêté soit applicable à une cheminée déjà construite, quoiqu'elle ne soit pas conforme à ses prescriptions (3).

1914. Un arrêt de la Cour de cassation du 24 août 1815 a jugé que le droit de surveillance qui appartient aux maires sur la construction, la réparation et l'entretien des fours et cheminées, pour prévenir le danger des incendies, les autorise à former dans leurs communes un établissement public de ramonage, et à défendre à toute personne non commissionnée de s'immiscer dans ce service. Mais la doctrine de cet arrêt n'a jamais été admise par le ministère de l'intérieur, qui n'a cessé de prescrire l'annulation des arrêtés municipaux pris en conformité.

1915. Le défaut d'entretien, de réparation ou de nettoyage des fours, cheminées ou usines où l'on fait du feu, est puni non seulement quand il y a contravention à un arrêté municipal, par application des dispositions de l'article 471, n° 15, du Code pénal, mais encore spécialement par celles de l'article 471, n° 4. Les prescriptions des arrêtés municipaux doivent donc être complétées par celles de la loi, et l'insuffisance des mesures ordonnées par l'administration ne rend pas indemne celui qui, y ayant obéi, n'a point pris cependant de précautions suffisantes pour empêcher un incendie (4).

1916. Pour sauvegarder la commune contre le danger d'incendie, l'autorité municipale peut prohiber, dans la construction des maisons, tout emploi de matériaux combustibles qu'elle n'aurait pas préalablement autorisés, ou même interdire d'une façon absolue de se servir, soit dans la façade, soit dans la toiture, des matériaux de cette façon, de telle sorte que les murs soient établis en bonne maçonnerie (1).

1917. Ces prescriptions peuvent s'appliquer à toutes les

---

(1) Cass. crim. 24 mars 1866, D. P. 67.1.85.
(2) Cass. crim. 6 septembre 1838; Cass. crim. 24 avril 1840.
(3) Cass. crim. 16 novembre 1837.
(4) Cass. crim. 13 octobre 1849, D. P. 49.5.247; Cass. crim. 5 avril 1867.
— La Cour, Vu l'article 471 (n° 4) du Code pénal, l'article 154 du Code d'instruction criminelle et l'article 7 de la loi du 20 avril 1810; — Attendu qu'il résultait, en fait, d'un procès-verbal régulier du commissaire de police que les nommés Vernet, Julien et autres avaient négligé de nettoyer leurs cheminées et se trouvaient, par suite, en contravention à l'article 471 (n° 4) du Code pénal; — Attendu que poursuivis pour cette contravention devant le tribunal de simple police, ils ont été relaxés par le motif, que le maire avait, par un arrêté, prescrit le ramonage au moins une fois par année, et qu'il résultait tant des déclarations des inculpés que de l'absence de procès-verbaux rédigés contre eux, qu'ils avaient satisfait à cette obligation depuis moins d'un an; — Mais attendu que l'arrêté du maire de Villeneuve-de-Berg n'a pu avoir pour résultat de restreindre les dispositions de l'article 471 (n° 1) du Code pénal, lesquelles dispositions sont générales et s'appliquent à tous les faits de négligence propres à faire craindre le danger de l'incendie sans distinguer s'il y a ou ou non ramonage dans le courant de l'année; — Et attendu que le procès-verbal qui servait de base à la poursuite, ayant constaté le fait de négligence et visé l'article 471 (n° 1) du Code pénal, le juge ne pouvait, sans violer l'article 154 du Code d'instruction criminelle, refuser à ce procès-verbal la foi qui lui est due, alors qu'il n'avait été combattu par aucune preuve contraire; — Attendu, dans la forme, que le jugement attaqué a omis de mentionner la publicité de l'audience et violé... — Casse.

(1) Cass. crim. 1er juillet 1853, D. P. 53.5.253; Cass. crim. 6 décembre 1860. — Vu l'article 471 (n° 15) du Code pénal; — Attendu qu'un arrêté du maire de la ville de Nantes, du 11 juillet 1843, interdit d'employer dans la construction des maisons, les linteaux ou poitrails en charpente, sans une autorisation préalable qui doit prescrire les mesures à prendre dans l'intérêt de la sûreté publique; — Qu'il résulte du procès-verbal du commissaire de police et du jugement attaqué qu'une pièce de bois servant de poitrail a été employée dans les réparations faites à la façade d'une maison, sise à Nantes, rue Saint-Léonard, 37, et que cet emploi a été fait sans autorisation de l'autorité municipale; — Que si le propriétaire de cette maison a obtenu, avant de commencer ses réparations, l'autorisation du préfet de la Loire-Inférieure, cette autorisation nécessaire dans l'espèce, parce que la rue Saint-Léonard est la continuation d'une route impériale et parce que les réparations étaient faites à la façade de la maison, ne s'appliquait qu'à l'alignement de cette maison, et était tout à fait étrangère au mode de sa construction; — Que, d'une autre part, le jugement déclare qu'aucune pièce de bois nouveau n'a été mise en œuvre par les prévenus, et qu'ils n'ont fait qu'employer la même pièce de bois servant de poitrail en la remontant de quelques centimètres, après qu'elle avait été déplacée pour recevoir, par incrustation, les soliveaux supportant le plancher du premier étage, cette circonstance ne suffisant pas pour faire disparaître la contravention, puisque le règlement ne distingue pas entre les pièces de bois nouvelles et les pièces de bois qui ont déjà servi, et que, dès que la pièce servant de poitrail avait été déplac e, son nouvel emploi se trouvait soumis à la condition de surveillance édictée par le règlement; — Que, par conséquent, le jugement attaqué, en renvoyant les prévenus des fins de la plainte sur le double motif qu'ils avaient obtenu l'autorisation du préfet de réparer la maison et que les bois mis en œuvre avaient déjà été employés dans la même construction, a commis... — Casse.

Cass. crim. 30 novembre 1861. — La Cour, Vu les articles 2, 3 et 5 de l'arrêté du maire de la commune de Morteau, en date du 11 février 1859, approuvé par le préfet, lequel défend à tout individu, propriétaire, entrepreneur et couvreur, d'établir aucune construction ou reconstruction, d'élever aucun édifice, bâtiment, généralement en tout ou partie, dont l'extérieur soit en bois, dispose que toutes les constructions quelconques, sans aucune exception, devront être établies en pierre ou maçonnerie, sauf l'intérieur et la charpente, veut que celles-ci ne puissent être couvertes qu'en tuiles, laves ou en cartons bitumés, et jamais en bois ou en paille, et s'exempte de ces dispositions que les bâtiments ou constructions qui seraient établies à plus de 200 mètres de la ville ou d'un quartier quelconque; — Vu, en outre, les articles 471 (n° 15) du Code pénal et 161 du Code d'instruction criminelle; — Attendu que Joséphine Verrier, femme Wager, était prévenue, suivant le procès-verbal dressé régulièrement à sa charge, le 15 octobre dernier, d'avoir construit entièrement à neuf, un cabinet d'aisances en bois dans le jardin de sa maison; — Que ce fait, reconnu constant par le jugement énoncé, constitue une contravention évidente aux dispositions générales et absolues des articles 1, 2, 3 et 5 de l'arrêté municipal précité; — Que le tribunal de police devait dès lors condamner la prévenue à l'amende édictée par l'article 471 (n° 15) du Code pénal, et lui ordonner en même temps, conformément à l'article 161 du Code d'instruction criminelle, de réparer le préjudice qu'elle a causé à l'intérêt public en détruisant ce cabinet d'aisances; — Qu'il a néanmoins renvoyé de la prévention ladite femme Wager, sur les motifs que son nouvel œuvre ne se trouve point compris dans la prohibition du règlement susdate, parce qu'il est isolé dans son jardin, qu'il n'est point adossé à son bâtiment, qu'il ne se compose que de quelques planches jointes ensemble ayant la forme et la dimension d'une guérite de factionnaire et peut même se transporter facilement, qu'il ne peut donc pas plus être assimilé à une construction proprement dite, que ne le serait ladite guérite, une loge pour le chien de garde, une tonnelle de jardin qui serait construite en bois, ou un treillage de bois; — Attendu qu'en prononçant de cette manière sur l'action du ministère public, la décision dénoncée a commis l'excès de pouvoir de restreindre, en les interprétant, les dispositions dont il était tenu d'assurer l'exécution et violé... — Casse.

Cass. crim. 24 janvier 1863. — La Cour, Vu l'article 3 (n° 5) titre II, de la loi des 16-24 août 1790; l'arrêté du maire de la ville de Bône (Algérie), en date du 15 novembre 1861, portant: « Nul ne pourra construire à l'avenir dans l'intérieur de la nouvelle ville, ce n'est en bonne maçonnerie hourdée en mortier de chaux et sable », et l'article 471 (n° 15) du Code pénal; — Attendu que cette disposition du règlement de police, modificative de l'arrêté du 10 juillet précédent, édictée dans le but de prévenir les incendies dans la ville de Bône a été prise dans les limites des attributions du pouvoir de police municipale conféré aux maires par le numéro 5 de l'article 3 de la loi des 16-24 août 1790, qu'elle n'est point restreinte aux constructions établies le long de la voie publique, comme le serait un règlement relatif à l'alignement; — Qu'à raison de son objet, elle s'étend naturellement à toutes constructions édifiées dans l'intérieur de la ville; — Attendu qu'il était reconnu, en fait, par le jugement attaqué (du tribunal de police de Bône) que la femme Forien avait construit une baraque en bois et en briques dans l'intérieur de sa propriété, sise dans la nouvelle ville, qu'elle s'était ainsi mise en contravention à l'arrêté de police qui avait été légalement et régulièrement pris par le maire de Bône; — Que cependant la prévenue a été acquittée par le double motif que l'arrêté ne concernait que les constructions sur la rue, et en supposant qu'il comprît celles qui seraient établies autre part, l'arrêté excéderait le cercle des attributions du pouvoir municipal auquel il n'appartient pas de prescrire aux constructeurs le choix de leurs matériaux, qu'en le jugeant ainsi et en prononçant, par suite, le relaxe de la femme Forien, le jugement attaqué a violé... — Casse.

constructions, qu'elles soient nouvelles ou qu'elles aient pour objet la réparation d'anciens bâtiments ; mais elles ne sauraient avoir pour effet d'entraîner la démolition de constructions ou de modifier l'économie de propriétés déjà existantes (1).

1918. Une des mesures les plus importantes qui puissent être prises consiste dans la prohibition d'établir ou de réparer les toitures de tout bâtiment d'exploitation ou d'habitation en chaume, en paille, roseaux et autres matières inflammables. Cette prohibition, malgré les entraves qu'elle porte au droit de propriété, a toujours été admise par la jurisprudence (2).

1919. Mais si le droit du maire, pour les toitures comme pour les constructions, ne s'étend pas jusqu'à faire démolir celles qui ont été établies avant son arrêté, il comprend celui d'empêcher toute réparation, urgente ou non, importante ou secondaire, aux couvertures existantes, autrement qu'en employant des matériaux incombustibles (3).

1920. La contravention à l'arrêté municipal emporte, comme

pour les constructions, outre l'amende, l'obligation de démolir la couverture établie ou réparée (1).

1921. Au lieu d'interdire absolument, soit la construction, soit la réparation de toitures en chaume ou matières inflammables, un maire peut naturellement ne prohiber que la construction de toitures en chaume dans le voisinage des habitations, ou admettre la réparation des couvertures existantes. Mais la tolérance de l'administration en matière de réparation ne saurait faire admettre que l'on considère une réfection totale comme une simple réparation (2).

1922. Les mesures de précaution que les maires peuvent prescrire dans l'intérêt de la sécurité publique aux propriétaires et exploitants d'usines et de manufactures qui présentent des dangers au point de vue de l'incendie, varient nécessairement avec le caractère, le mode de construction, la nature et le genre de l'exploitation de chaque usine ou manufacture. En général, les règlements sont particuliers à chaque établissement et déterminés par l'arrêté d'autorisation, quelle que soit l'autorité qui accorde celle-ci, après une entente préalable entre les pouvoirs et les intérêts engagés.

1923. L'autorité municipale peut interdire ou limiter, dans le voisinage des lieux habités, à une distance qu'elle détermine, des dépôts de bois, de paille, de matières combustibles de toute nature ; et sa prohibition peut s'appliquer aux lieux clos comme à ceux qui sont ouverts, aux établissements industriels comme aux particuliers, aux dépôts commerciaux comme à ceux de ménage ou d'exploitation rurale (3).

---

(1) Cass. crim. 28 novembre 1836, D. P., 57.1.27 ; Cass. crim. 5 août 1882. — La Cour, Sur le premier moyen, tiré de la violation et de la fausse application des articles 3, titre XI, de la loi des 16-24 août 1790, 11 de la loi du 18 juillet 1837, et 471 (n° 15) du Code pénal, en ce que le jugement attaqué aurait à tort condamné l'inculpé, comme coupable de contravention à un arrêté municipal, alors que cet arrêté était illégal et entaché d'excès de pouvoir ; — Attendu que l'arrêté pris par le maire de Bordeaux, à la date du 16 mai 1877, est ainsi conçu : Les chais déjà existants, et qui sont affectés à l'emmagasinage des vins ou spiritueux ou qui serviront de dépôt à des matières combustibles devront être séparés des constructions contiguës par des murs d'épaisseur ; — Attendu que l'article 3, titre XI de la loi des 16-24 août 1790 en chargeant l'autorité municipale du soin de prévenir les incendies par des précautions convenables, lui confère bien le pouvoir d'édicter pour l'avenir les mesures que lui suggère sa sollicitude dans l'intérêt de la sécurité publique, et de soumettre les constructions nouvelles à une certaine réglementation ; — Mais que ledit article ne saurait lui donner le droit de rétrogir sur le passé et de porter atteinte aux droits antérieurement acquis ; — Attendu, dès lors, que l'arrêté du maire de Bordeaux, légal et obligatoire dans ses dispositions relatives aux chais qui seront construits à l'avenir, est, au contraire, entaché d'excès de pouvoir, en tant qu'il prescrit aux propriétaires de chais déjà existants l'exécution de travaux devant modifier l'économie de leur propriété, et porter atteinte à des droits acquis avant la publication dudit arrêt ; — Qu'il suit de là, qu'en cette partie cet arrêté n'était point obligatoire, que le refus par Bachet de s'y soumettre ne constituait pas une contravention légalement punissable, et qu'en statuant ainsi qu'il l'a fait le jugement attaqué a... — Casse.

(2) Cass. crim. 22 avril 1819 (intérêt de la loi) ; Cass. crim. 19 mars 1836 ; Cass. crim. 6 mai 1852, D. P. 52.5.44 ; Cass. crim. 21 septembre 1855, D. P. 55.5.39 ; Cass. crim. 12 mars 1858. — La Cour, Attendu que l'arrêté du maire de Nantes, du 9 août 1854 dûment approuvé par le préfet le 14 du même mois, interdit par son article 3 de couvrir en paille, chaume, roseaux et autres matières inflammables sous d'exploitation situés au territoire de la commune ; — Que cet arrêté a été pris dans les limites des pouvoirs que la loi des 16-24 août 1790 confie à l'autorité municipale ; — Que l'article 3, titre XI de cette loi, charge en effet cette autorité du soin de prévenir par des précautions convenables les accidents et fléaux calamiteux, tels que les incendies, etc. ; — Attendu qu'il peut résulter de semblables dispositions une entrave au droit de propriété sans motifs suffisants d'utilité publique, la loi ouvre aux habitants, que de telles mesures concernent, un recours devant l'administration supérieure ; — Que jusqu'à ce que ce recours ait été exercé, et que les dispositions des arrêtés aient été modifiées ou rapportées, elles-ci sont légales et obligatoires ; — Attendu que le jugement attaqué constate, en fait, que les demandeurs ont, dans le courant de 1857, couvert en carton bitumé, matière que le juge déclare essentiellement inflammable, des bâtiments d'exploitation leur appartenant ; — Qu'il y avait, dès lors, infraction manifeste aux dispositions de l'arrêté municipal du 9 août 1854, et qu'en prononçant la peine d'amende édictée par l'article 471 (n° 15) du Code pénal, en ordonnant l'enlèvement des couvertures des bâtiments dont il s'agit, le juge a sainement interprété... — Rejette.

(3) Cass. crim. 21 septembre 1855, D. P., 55.5.39 ; Cass. crim. 19 février 1858. — La Cour, Vu l'article 84 du règlement municipal du 23 novembre 1842 et l'arrêté du 19 mars dernier qui l'a modifié ; — Que également l'article 471 (n° 15) du Code pénal ; — Attendu que l'article précité porte qu'à l'avenir tout propriétaire faisant des réparations ou constructions de bâtiments ne pourra employer que des laves, tuiles ou ardoises pour couvrir des toitures ; — Attendu qu'il est constaté par un procès-verbal régulier, en date du 26 septembre dernier, et qu'il n'est pas méconnu par le jugement attaqué, que la veuve Dubois a fait réparer la toiture en bois de sa maison, rue des Quatre-Nations ; — Que néanmoins elle a été relaxée des poursuites, sur le motif qu'elle avait seulement fait mettre quelques bardeaux pour boucher les gouttières de ce qui ne suffisait pas pour constituer la contravention ; — Attendu qu'après avoir ainsi reconnu le fait, qui constituait une infraction au règlement, le juge de police ne pouvait dispenser la prévenue de l'application des peines. — Casse.

(1) Cass. crim. 21 nov. 1851. — La Cour, Vu les articles 161 du code d'instruction criminelle et 471 (n° 15) du Code pénal ; — Vu l'arrêté du préfet de la Somme, en date du 25 juillet 1824, qui, à raison des dangers de l'incendie, et par mesure de sûreté publique, défend l'emploi de la paille pour les toitures dans les villes, bourgs et villages de son département ; — Attendu qu'aux termes dudit article 161 du code d'instruction criminelle, si le prévenu est convaincu de contravention de police, le tribunal doit, en prononçant la peine, statuer par le même jugement sur les demandes en restitution et en dommages intérêts ; — Attendu qu'en matière de voirie, le dommage est inhérent à l'existence de constructions ou de travaux exécutés au mépris des règlements ; — Que la réparation de ce dommage est la conséquence nécessaire de la reconnaissance et de la répression de la contravention ; — Que cette réparation ne peut être que la démolition des constructions ou travaux dont il s'agit ; — Attendu que le jugement attaqué reconnaît en fait, que le défendeur a fait tout récemment couvrir en chaume une maison qui lui appartient, et qu'en le condamnant à 1 franc d'amende pour cette contravention, il a cependant refusé d'ordonner la démolition de ladite couverture en chaume ; — Attendu qu'en ne faisant pas droit sur ce chef aux conclusions du ministère public, le tribunal... — Casse.

En ce sens, Cass. crim. 30 nov. 1851. (Voy. suprà, n° 1916.)

(2) Cass. crim. 17 novembre 1860, D. P., 60.5.200.

(3) Cass. crim. 3 septembre 1807 ; Cass. crim. 19 novembre 1829 ; Cass. crim. 7 septembre 1848, D. P., 48.1.210 ; Cass. crim. 14 août 1852, D. P., 52.5.45 ; Cass. crim. 7 juillet 1864, D. P., 65.5.223 ; Cass. crim. 12 juillet 1866. — La Cour, Attendu qu'un arrêté régulièrement pris, à la date du 1er juillet 1865, par le maire de Colombiers-sur-Seulles (Calvados), enregistré à la sous-préfecture de Bayeux, le 4 du même mois, et dont le préfet n'a ni prononcé l'annulation, ni suspendu l'exécution porte article 1er : « Il est défendu d'établir des meules de grains, paille ou fourrage dans l'intérieur des cours, à moins de 100 mètres de la voie publique et des habitations ; — Il devra être laissé entre chaque meule un espace d'au moins 25 mètres ; — Attendu qu'un procès-verbal en due forme constate une infraction commise à cet arrêté municipal par le sieur Chatel ; — Que le juge de police déclare, dans son jugement, que cette infraction a été néanmoins reconnue par l'inculpé ; — Que cependant, il le relaxe de la prévention par trois ordres de motifs : 1° qu'un maire n'avait pas le droit de réglementer l'intérieur d'une cour fermée qui est jointe à la ferme, et formée avec elle une habitation ; — 2° Que l'arrêté d'un maire ne peut amoindrir la liberté donnée par un arrêté préfectoral ; — 3° Qu'il lui est impossible au juge de condamner pour infraction à un arrêté dont il ne connaît pas les termes ; — Attendu, en premier lieu, que le maire de Colombier-sur-Seulles, en réglant la distance qui devait exister dans l'intérieur des cours, entre les meules de grains, paille ou fourrage, d'une part, et la voie publique et les habitations, d'autre part, n'a pas excédé les limites de ses pouvoirs ; — Attendu, en effet que son arrêté tendait à prévenir les incendies, et portait par conséquent sur un des objets que l'article 3, du titre XI, de la loi du 24 août 1790 a confié à la vigilance de l'autorité municipale ; — Que les précautions jugées nécessaires peuvent être ordonnées également dans les lieux ouverts et dans les lieux clos, alors que, si l'intérieur des cours et habitations pouvait être soustrait à la vigilance de l'autorité, il lui deviendrait impossible de garantir la sécurité commune ; — Attendu, en second lieu, que si l'inculpé a prétendu qu'un arrêté préfectoral avait réglé la même matière, en fixant une moindre distance à observer, ce fait est resté à l'état de pure allégation, sans qu'il ait été justifié de l'existence de cet arrêté préfectoral, et ne pouvait conséquemment servir de base à la

1924. Elle peut défendre d'allumer du feu dans le voisinage des habitations, des meules, des granges et des dépôts de matières inflammables, que le feu soit allumé dans un intérêt industriel ou utile, ou dans un but de simple réjouissance (1).

1925. Elle peut interdire de pénétrer avec de la lumière, non enfermée en une lanterne bien close, dans les écuries, les greniers, les dépôts et magasins de fourrages, de paille, de spiritueux, d'essences, d'huiles et de matières inflammables de toute nature, ou d'y fumer ; de se chauffer sous une partie des bâtiments ou des halles avec des brasiers ; d'y circuler avec des morceaux de bois allumés, etc., etc. (2). A cet égard, tout arrêté peut être valable, s'il est réellement justifié par la nécessité des choses ou par la disposition des lieux : mais la réformation de ceux qui outrepassent l'intérêt général doit être poursuivie auprès de l'administration préfectorale.

1926. Lorsqu'un théâtre ou une salle de spectacle existe dans une commune, l'autorité municipale a le devoir strict de prescrire les dispositions particulières en vue de l'incendie, avant, pendant et après la représentation. Et ces dispositions, elle peut tenir la main à ce qu'elles soient rigoureusement et constamment observées ; on n'ignore pas, en effet, quels effroyables malheurs ont toujours occasionnés les incendies presque inévitables auxquels sont condamnés presque tous les théâtres. Proscrire l'emploi du feu, proscrire celui du bois et des matières combustibles, faire établir toutes les murailles, les vestibules, les clôtures séparatives, les escaliers en maçonnerie ne suffiraient pas. Il faut que l'arrêté municipal qui intervient pour autoriser l'ouverture du théâtre réglemente avec précision les détails de construction de manière à isoler l'édifice et à couper la communication des flammes si elles viennent à se produire, soit au moyen de portes battantes en fer, soit de rideaux métalliques, prévoie l'alimentation et le service des pompes à incendie ; éloigne tous les foyers, où des feux peuvent être allumés, de la salle ou de la scène ; écarte les ateliers, les magasins de décors ; et assure des dégagements suffisants pour que la salle, la salle et les corridors puissent être évacués rapidement. Il faut qu'à chaque représentation un service d'ordre et de sûreté surveille le théâtre tout entier, de façon à prévenir l'incendie avant qu'il n'éclate ou à l'éteindre rapidement s'il surprend ; et que ce service ne quitte pas lorsque le théâtre lui-même a été entièrement évacué par les spectateurs et les acteurs.

1927. Il ne suffit pas que les maires prescrivent des mesures ou fassent des règlements pour prévenir les incendies, ils doivent veiller personnellement à ce que ces mesures et règlements soient fidèlement exécutés.

1928. Quand les incendies se renouvellent, ou même quand on a lieu de craindre qu'ils se manifestent, les maires peuvent ordonner à leurs administrés de faire des rondes extraordinaires de nuit.

1929. Enfin, ils doivent s'assurer par eux-mêmes que les pompes à incendie sont toujours en bon état.

1930. Lorsqu'un incendie éclate, les maires ont un pouvoir presque discrétionnaire. Leur premier soin doit être de diriger sur le lieu du désastre les pompes à incendie. Tous les habitants sont à leur disposition pour arrêter les progrès du feu ; ils peuvent même exiger le concours de tous ceux qui se montrent à leur vue ; étrangers comme gens du pays, chacun doit obéir. Ils requièrent les ouvriers maçons, charpentiers, couvreurs ; ils requièrent aussi la force publique existant dans la commune, et en déterminent l'emploi. Ils peuvent obliger les particuliers à fournir les voitures, chevaux, seaux et ustensiles nécessaires pour puiser et charrier l'eau, à ouvrir leurs demeures et enclos dans le cas où ils renfermeraient des puits ou fontaines.

1931. S'il existe un corps de sapeurs-pompiers, l'organisation et la direction des secours appartiennent exclusivement à l'officier commandant ou au pompier le plus élevé en grade, qui donne seul des ordres aux travailleurs, mais le maire a le devoir de maintenir l'ordre pendant le sinistre (1).

1932. S'il est nécessaire, pour arrêter le cours d'un incendie, d'abattre des maisons voisines, le maire l'ordonne sur l'avis des ouvriers.

1933. Les dommages causés à un tiers, sur l'ordre de l'administration communale, à une propriété non exposée, pour l'extinction d'un incendie, donnent droit à une indemnité (2).

décision du juge ; — Attendu, enfin, quant à l'arrêté municipal dont le ministère public réclamait l'application, que l'existence de cet arrêté est certaine, qu'elle n'était pas méconnue, non plus que ces termes mêmes par l'inculpé ; — Que le juge pouvait ajourner la cause jusqu'à représentation du texte officiel, mais qu'il ne pouvait, sous prétexte de la non-production, se refuser à l'appliquer ; — Attendu, que tout ce qui précède, il résulte que le jugement attaqué a fait une fausse application... — Casse.
— (1) Cass. crim. 25 juin 1859, D. P., 59.5.221 ; Cass. crim. 21 novembre 1861. — La Cour, Vu les articles 10, titre II, de la loi des 28 septembre-6 octobre 1791 et 65 du Code pénal ; — Attendu que Denis, cité devant le tribunal de simple police de Loudéac (Côtes-du-Nord), pour avoir allumé du feu sur la propriété qu'il exploite à une distance de moins de 100 mètres de son habitation, a fait, à l'audience l'aveu que, s'il avait allumé du feu dans sa prairie, distante de son habitation d'environ 40 mètres, c'était pour se débarrasser des surclures qui avaient détérioré ses fumiers ; — Que sa maison étant isolée, il n'y avait à craindre aucun danger pour ses voisins ni même pour lui ; — Que cet aveu justifiant pleinement la prévention, et que, pourtant le juge s'est abstenu de prononcer une condamnation, par le motif que le fait, ne présentait aucun danger pour la sécurité publique, et qu'on pouvait même le considérer comme avantageux dans l'intérêt de l'agriculture ; — Attendu qu'il n'appartenait pas au tribunal de déclarer inoffensif un fait que la loi reconnaît punissable ; — Que l'article précité de la loi des 28 septembre-6 octobre 1791 dispose, en effet, que toute personne qui aura allumé du feu dans les champs plus près que cinquante toises des maisons, sera condamnée à une amende égale à la valeur de douze journées de travail, que le délinquant pourra, de plus, être condamné à la détention de police municipale ; — Que cette disposition, non abrogée ni modifiée par la législation postérieure est encore en vigueur aux termes de l'article 484 du Code pénal ; — Que si l'article 458 du même code a prévu et puni d'une peine correctionnelle, l'incendie causé par des feux allumés dans les champs à moins de cent mètres des maisons, cet article a laissé subsister la contravention résultant du seul fait d'avoir allumé du feu dans le champ à la distance sus-indiquée, alors que ce feu n'a pas occasionné d'incendie ; — Qu'ainsi le jugement attaqué a méconnu les principes de la matière, et a faussement appliqué, en admettant une excuse que la loi n'autorisait pas il a méconnu... — Casse.
Cass. crim. 11 novembre 1881. La Cour, Vu les articles 471 (n° 4) du Code pénal, 154 du Code d'instruction criminelle ; — Sur le premier moyen du pourvoi, pris de la violation de l'article 471 (n° 15) du Code pénal, en ce que le juge de police aurait refusé de faire application à un prévenu d'un règlement de police légalement fait ; — Attendu que le 4 juillet 1871, un procès-verbal a été dressé par le commissaire de police de Condé-sur-Noireau, contre le sieur Pichard, épicier, pour avoir, ledit jour, sur une place de cette ville allumé du feu dans le but de griller du café ; — Attendu que l'article 51 du règlement de police pris par le maire de Condé-sur-Noireau le 1er avril 1852, défend d'allumer du feu dans les rues, cours et jardins de ladite ville à moins de cent mètres de distance des maisons ; — Que le fait imputé à Pichard constituait donc une contravention à un arrêté légalement pris par l'autorité municipale, et qu'en refusant de faire au contrevenant l'application de la peine édictée par l'article 471, paragraphe 15 du Code pénal, le jugement... — Casse.
(2) Cass. crim. 6 juin 1807 ; Cass. crim. 15 décembre 1827 ; Cass. crim. 5 décembre 1833 ; Cass. crim. 21 août 1838.

(1) Déc. 28 décembre 1875, art. 20.
(2) Cass. ch. civ. 13 janvier 1866. — La Cour, Attendu qu'il a été constaté, en fait par l'arrêt attaqué, que lors de l'incendie dont il s'agit, le maire de la ville du Havre présent sur les lieux, a autorisé les sapeurs-pompiers à pénétrer dans une propriété voisine où il y puiser l'eau des parcs aux huîtres qu'y exploite la compagnie Pimor ; — Attendu qu'il est allégué par cette compagnie, qu'elle a éprouvé, de l'emploi de cette eau et des circonstances qui l'ont accompagné et suivi, un dommage dont elle demande la réparation à la ville du Havre, et dont celle-ci décline la responsabilité ; — Attendu qu'aux termes de l'article 545 du Code Napoléon, nul ne peut être contraint de céder sa propriété, même pour cause d'utilité publique, sans une juste indemnité, et que, lorsque la cession ou le sacrifice en profite à une commune, c'est cette commune qui doit l'indemnité ; — Que vainement la ville du Havre excipe de la force majeure et du cas fortuit, aucune de ces deux circonstances n'ayant existé à l'égard de la propriété de la compagnie Pimor, puisque l'arrêt qui déclare que par sa nature, elle était à l'abri des atteintes du feu, et que l'invasion n'en a eu lieu de la part des sapeurs-pompiers, que par l'ordre de l'autorité municipale ; — Que la ville du Havre n'est pas même fondée à prétendre que son maire, lorsqu'il prenait la mesure extrême dont se plaint la compagnie Pimor, n'agissait pas comme le représentant de la commune, mais comme le délégué du pouvoir central ; — qu'en effet, les textes combinés des lois du 14 décembre 1789, des 16-24 août 1790 et 18 juillet 1837 chargent les maires, non sans l'autorité, mais sous la simple surveillance du pouvoir central, de l'administration municipale, dans laquelle entre le soin de prévenir et de réprimer les incendies par la distribution des secours nécessaires, secours dont l'article 4, paragraphe 9 de la loi du 11 frimaire an vii, met les frais à la charge des communes ; — que le maire du Havre en procédant comme il l'a fait, dans un intérêt de salut général, a donc agi comme représentant légal de la commune, et l'a obligée vis-à-vis de...

La commune peut avoir recours contre celui qui a causé le dommage, mais elle ne peut se faire rembourser ses frais, ni le prix de l'eau, par les incendiés.

1934. L'attention des maires ne doit pas s'arrêter aux moyens de faire cesser l'incendie ; elle doit s'étendre à ceux qui sont de nature à prévenir tout désordre. Les dispositions doivent être combinées de manière à ce que les malfaiteurs soient bien surveillés, et à ce qu'aucun objet sauvé du feu ne soit dérobé.

1935. C'est seulement après que l'incendie est éteint et qu'il n'existe plus aucune espèce de danger, que le maire peut se retirer. S'il y a lieu, le maire procède à une enquête sur les causes, les circonstances et les effets plus ou moins désastreux de l'incendie.

1936. En cas de refus de service et de secours requis par le maire, il doit dresser procès-verbal, et faire traduire les contrevenants devant le tribunal de police.

1937. Enfin, le maire doit, dans un délai de huitaine au plus, adresser un rapport au sous-préfet sur les pertes éprouvées par les victimes de l'incendie et il peut solliciter en leur faveur une remise de contributions et des secours du gouvernement.

§ 2. — Inondations.

1938. La loi des 16-24 août 1790 ne mentionnait pas explicitement les inondations parmi les fléaux calamiteux qu'il appartient au maire de prévenir par des précautions convenables ; mais elles y sont implicitement comprises, et l'article 97 n'a fait que conformer le texte aux interprétations des commentateurs.

On appelle inondation l'irruption que font les eaux d'une rivière, d'un cours d'eau quelconque, d'un lac ou d'un étang sur les propriétés voisines. Leur rapidité ordinaire et les dangers qu'elles présentent en font des cas de force majeure devant lesquels, sur plusieurs points, les règles ordinaires doivent fléchir.

Le pouvoir chargé de veiller à la sécurité générale, c'est-à-dire l'autorité administrative, a naturellement au nombre de ses attributions la mission de rechercher et d'indiquer les moyens de procurer le libre cours des eaux ; d'empêcher que les prairies ne soient submergées par la trop grande élévation des écluses, des moulins, et par les autres ouvrages d'art établis sur les rivières.

Mais indépendamment des mesures actives qui sont journellement prises par l'administration, et des travaux défensifs

qu'elle a faits sur certains points du territoire, dans la vue de prévenir les inondations, les maires ont un devoir absolu de venir au secours des habitants de la commune et de ceux des communes voisines qui sont menacés ou frappés par le fléau.

1939. Lorsque la crue des rivières ou des cours d'eau torrentueux commence, ou que des fontes de neige et autres signes précurseurs des inondations se manifestent, les maires doivent visiter les rivières et faire enlever tout ce qui pourrait gêner l'écoulement des eaux ; ils s'assurent par eux-mêmes si les bateaux sont garés ou suffisamment amarrés ; ils font retirer des ports, quais, grèves, abords des rivières et torrents, les objets que les eaux pourraient entraîner ; ils font lever les vannes des moulins, et, au besoin, détruire les eaux pourraient rencontrer ; ils font casser les glaces qui se sont attachées aux arches des ponts et aux usines.

1940. S'il y a danger imminent, ils doivent réunir autour d'eux le plus possible de moyens de secours, et, à cet effet, ils font un appel à l'activité des habitants, et les dirigent. Ils indiquent les lieux de dépôt pour les objets à recueillir pendant l'inondation. Ils doivent faire évacuer les maisons avant que le débordement les ait atteintes ; faire recueillir tous les objets entraînés ou qui pourraient être emportés par les eaux ; faire déposer avec fidélité les objets recueillis dans les lieux qu'ils ont indiqués à l'avance ; exiger que les déclarations soient faites de tout ce qui a pu être ainsi sauvé, afin que rien de ce qui appartient aux victimes de l'inondation ne puisse être détourné. Enfin, lorsque les eaux se sont retirées, les maires ne doivent laisser entrer personne, dans les maisons qui ont été inondées, qu'après que les hommes de l'art ont reconnu que les fondations et les murs ne sont pas dégradés de manière à présenter des dangers.

1941. Comme en cas d'incendie, les maires peuvent requérir la force publique et le concours de tous les habitants dont ils ont besoin, et les obliger à fournir les ustensiles, instruments, machines ou bestiaux nécessaires.

1942. Quelquefois les inondations laissent sur les terrains qu'elles ont couverts des dépôts considérables de vase ou de limon, qui peuvent engendrer des maladies contagieuses. Les maires, dans ce cas, doivent ordonner des mesures d'assainissement, de désinfection et de salubrité (1).

§ 3. — Épidémies.

1943. C'est à l'administration qu'il appartient de chercher à combattre les épidémies lorsqu'il en est éclaté. Chaque localité qui souffre et chaque épidémie qui se propage peut réclamer des mesures spéciales qu'il est impossible de prévoir et de déterminer à l'avance. Il est, cependant, certaines précautions générales que la science conseille et que le gouvernement a recommandées aux autorités locales. Les moyens préservatifs existent principalement dans la police municipale, car le premier devoir du maire est d'assainir sa commune en éloignant des habitations ou faisant disparaître les foyers de contagion, tels que les mares, les voiries, les boues, les eaux stagnantes et les trous à fumier, espèce de latrines infectes que plusieurs habitants ont la mauvaise habitude d'enfermer dans l'intérieur de leurs maisons ; en interdisant l'usage de

---

compagnie Pimor dans la mesure du préjudice qui, d'après l'enquête serait résulté de l'exécution de ses ordres, sauf s'il y a lieu, le recours de la ville contre qui de droit à raison de l'incendie, en cas de faute prouvée ; — D'où il suit qu'en accueillant le principe de l'action de la compagnie Pimor ; l'arrêt attaqué, loin d'avoir violé... — Rejette.

Ch. Req. 3 janvier 1883. — La Cour, Sur le moyen unique tiré de la violation ou fausse application des articles 10, 11 et 30 de la loi du 18 juillet 1837, 5 et 21 du décret du 29 décembre 1875, article 3, paragraphe 5, titre XI de la loi des 16-24 août 1790, 1 et 2 du titre IV de la loi du 10 vendémiaire an IV, 1382 et 1384 du Code civil ; — Attendu que le jugement attaqué déclare, en fait, que, dans la nuit du 24 janvier 1880, un incendie s'est déclaré à Charenton, dans l'usine du sieur Verstraete, et que les pompiers régulièrement appelés ont, dans le but de chercher de l'eau nécessaire pour alimenter les pompes, brisé la porte charretière d'une propriété voisine, appartenant au sieur Gillet ; — Attendu qu'il résulte des dispositions combinées du décret du 29 décembre 1875, que les compagnies de sapeurs-pompiers sont des institutions essentiellement communales ; — qu'elles relèvent du ministère de l'intérieur et fonctionnent sous la surveillance de l'autorité municipale ; — qu'elles ont pour mission en se prêtant un mutuel concours, de défendre les personnes et les propriétés contre les ravages de l'incendie ; — que, par suite, lorsque les compagnies se réunissent sur un point menacé, afin d'y organiser les secours réclamés par les habitants, les individus qui les composent soit qu'ils résident dans la localité, soit qu'ils y aient été momentanément appelés, agissent dans l'ordre de leur service, comme représentants ou agents de la commune qui les emploie ; — Attendu que dans l'état des faits constatés par le jugement attaqué, les juges du fond ont, à bon droit, considéré la commune de Charenton comme obligée envers Gillet à concurrence du dommage résultant pour lui d'une mesure exécutée en vue de la conservation de tous, et, qu'en prononçant contre ladite commune la condamnation visée au pourvoi, le tribunal... — Rejette.

(1) Le gouvernement vient au secours des particuliers qui ont souffert des inondations en les dégrevant des impôts, et en leur accordant des secours.

La loi a pris soin de défendre et de punir les inondations qui sont le résultat d'ouvrages particuliers. L'article 15 du titre II de la loi des 28 septembre-6 octobre 1791 sur la police rurale, porte que personne ne pourra inonder l'héritage de son voisin, ni lui transmettre volontairement les eaux d'une manière nuisible, sous peine de payer le dommage, et une amende qui ne pourra excéder les sommes du dédommagement. Le Code pénal a renouvelé et modifié ces dispositions ainsi qu'il suit : Sont punis d'une amende qui ne peut excéder le quart des restitutions et dommages-intérêts, ni être au-dessous de 50 francs, les propriétaires ou fermiers, ou toute autre personne jouissant de moulins, usines ou étangs, qui, par l'élévation du déversoir de leurs eaux au-dessus de la hauteur déterminée par l'autorité compétente, ont inondé les chemins ou les propriétés d'autrui. (C. P., art. 457.)

17

puits ou de citernes ; en prohibant l'entrée des os, des chiffons, des peaux, des fruits et autres marchandises venant des pays infectés. Il doit tenir sévèrement la main à la stricte exécution du décret du 24 prairial an XII, relatif aux cimetières, surtout en ce qui concerne leur emplacement et le renouvellement des fosses. De toutes les émanations qui vicient l'air, il n'en est pas de plus dangereuses que les gaz cadavéreux.

1944. Le ministre du commerce et des travaux publics a prescrit dans deux circulaires, la première du 2 et la seconde du 5 avril 1833, la marche à suivre pour organiser le service sanitaire. Des conseils de salubrité, à chacun desquels est attaché un médecin des épidémies, sont immédiatement institués dans les chefs-lieux de préfecture et de sous-préfecture ; tous les médecins ou officiers de santé résidant, soit dans les chefs-lieux de canton, soit dans les communes rurales, sont appelés à se mettre en relation avec ces conseils et à leur signaler tous les cas suspects.

Le même ministre a pris occasion d'un rapport fait par l'académie de médecine sur les épidémies depuis 1771, pour adresser aux autorités administratives placées sous ses ordres, par une circulaire du 13 avril 1835, de nouvelles recommandations sur le moyen de prévenir le retour des maladies contagieuses.

L'académie de médecine en attribue l'origine à six causes principales : 1° les altérations de l'air ; 2° la construction vicieuse des habitations qu'il importe de rendre plus propres, plus aérées ; 3° la nature des aliments ; 4° l'impropreté et la corruption des eaux par les microbes et les ferments ; 5° les travaux insalubres, contre l'influence desquels certaines précautions peuvent être prises ; 6° l'ignorance et les préjugés qui maintiennent des habitudes funestes et une déplorable confiance dans de prétendus remèdes.

1945. Dès que l'accroissement de la mortalité ou celui du nombre des malades dans une commune peut faire soupçonner l'existence d'une maladie épidémique, le maire doit en avertir le sous-préfet, afin que celui-ci puisse sur-le-champ envoyer le médecin des épidémies sur les lieux.

Le rapport ou l'avis doit être fait et expédié, de manière à ce que le public ne prenne pas l'alarme. La communication, dans ce cas, est confidentielle. La prudence prescrit à l'administration comme au médecin d'atténuer, autant que possible, les premières impressions de terreur.

1946. Il importe que l'autorité municipale seconde de toute son influence les conseils que les médecins délégués croient utile de donner pour arrêter les progrès de la maladie.

1947. Les malades indigents doivent surtout fixer l'attention : car, indépendamment des considérations d'humanité, il y a ici le besoin impérieux de faire cesser l'épidémie ; et ce résultat ne serait pas obtenu, si les malades indigents étaient abandonnés. Il faut donc qu'ils soient soignés, et qu'on leur porte tous les secours qui peuvent être nécessaires ; c'est dans de pareilles circonstances qu'il est à propos que le maire fasse un appel à la bienfaisance de ses concitoyens, et que, si s'entende à cet égard avec les sociétés charitables, et que, si les dons gratuits ne paraissent pas devoir suffire, il fasse ses diligences près du conseil municipal et près de l'autorité supérieure, afin que les nécessités du moment soient satisfaites.

Au reste, dans les cas d'épidémies générales, les maires reçoivent les instructions qui les guident pour toutes les mesures qu'ils peuvent avoir à prendre.

1948. Indépendamment des pouvoirs généraux que le maire peut puiser dans les dispositions de la loi du 15 avril 1884, il peut trouver des attributions exceptionnelles dans les mesures extraordinaires que le gouvernement est autorisé à prendre, en cas d'épidémie, en vertu de la loi du 3 mars 1822. Cette loi, que nous aurons à étudier en détail, v° SALUBRITÉ PUBLIQUE, donne au chef du pouvoir exécutif, au cas où une contagion menace soit le territoire entier, soit une partie du territoire français, le droit de déterminer les mesures extraordinaires qu'il estime utiles et, en outre, de régler les attributions, la composition et le ressort des autorités et administrations qu'il charge de l'exécution de ces mesures, et de leur déléguer provisoirement ses propres pouvoirs, dans les cas d'urgence. Mais ces attributions extraordinaires ne

sont remises à l'autorité municipale que lorsqu'il est fait usage de la loi de 1822, et cette loi prévoit qu'elle n'entrera en exercice que lorsqu'un décret et une publication spéciale sont intervenus à cet effet.

C'est probablement parce qu'elle a estimé qu'il n'était pas intervenu de décret particulier que la Cour de cassation a jugé, par un arrêt du 16 juin 1887, qu'un maire n'avait pas, en cas d'épidémie, le pouvoir de porter atteinte à la propriété en prescrivant, à l'intérieur des maisons, des mesures déterminées d'assainissement, ou l'emploi de certains procédés ou de certains matériaux (1). Ce droit du maire qui est, en effet, douteux dans des circonstances sanitaires normales, ne saurait être contesté lorsque l'épidémie et la contagion revêtent un caractère que le gouvernement reconnaît menaçant et envahissant, en faisant une publication spéciale de la loi de 1822.

ARTICLE PREMIER. — *Salubrité des eaux.*

1949. Une des principales attributions du maire est celle qui consiste à assurer la salubrité publique de la commune qu'il administre ; mais c'est celle qui est la plus mal définie, et ses pouvoirs, à cet égard, sont aussi peu délimités que possible. En effet, si le paragraphe 1er du *proœmium* de l'article 97 nous apprend que la police municipale a pour objet d'assurer le bon ordre, la santé et la *salubrité* publiques, nous ne saurions rien trouver dans les paragraphes explicatifs de cet article qui nous apprenne ni ce qu'est la salubrité publique, ni comment le maire peut l'assurer. Le paragraphe 5, que nous avons examiné, dit bien qu'il est chargé de l'inspection sur la salubrité des comestibles mis en vente ; mais cette surveillance du marché n'est qu'un accessoire secondaire des devoirs et des droits d'une bonne police sanitaire. Le paragraphe 6 dit aussi que le maire a le soin de *prévenir, par des précautions convenables*, et celui de *faire cesser, par la distribution des secours nécessaires, les maladies épidémiques ou contagieuses.* Mais comment *prévenir* ? Qu'entend-on par *précautions convenables* ? Comment *faire cesser* ? Quels sont les *secours* que l'on peut considérer comme *nécessaires* ? En quoi consistent-ils ? Lesquels doit-on distribuer ? Comment les distribuer ? Quelles sont les *maladies épidémiques* ? Quelles sont les *contagieuses* ? Sur tous ces points, la loi municipale est muette. Le législateur semble s'en être rapporté à la pratique et à la jurisprudence. L'une et l'autre ont fait de leur mieux ; mais nous devrons, dans l'étude que nous allons faire, relever souvent ces contradictions, ces incertitudes et ces hésitations qui accompagnent les décisions des tribunaux et

---

(1) Cass. crim. 18 juin 1887. — Sur le moyen tiré de l'illégalité de l'arrêté municipal. — Vu les articles 471, n° 15 du Code pénal et 97 de la loi du 5 avril 1884 ; — Vu le mémoire produit par le demandeur à l'appui de son pourvoi ; — Attendu que l'arrêté du maire de Toulon, en date du 15 septembre 1886, pris à raison d'une épidémie de petite vérole régnante, a enjoint au sieur Beillon et à plusieurs autres propriétaires de la ville de faire immédiatement nettoyer, désinfecter et blanchir au lait de chaux l'intérieur de leurs maisons ; que le sieur Beillon, n'ayant pas fait blanchir au lait de chaux les appartements de sa maison, a été cité devant le tribunal de simple police, pour n'avoir pas exécuté les travaux d'assainissement prescrits par ledit arrêté et qu'il a été condamné à un franc d'amende par application de l'article 471, n° 15 du Code pénal ; — Attendu que si la loi du 1884 ci-dessus visée a chargé les maires de prévenir, par des précautions convenables, les accidents et les fléaux, les maladies épidémiques ou contagieuses, elle s'est bornée à reproduire les dispositions de l'article 3 du titre XI de la loi des 16-24 août 1790 et n'a aucunement entendu déroger aux dispositions de la loi du 13 avril 1850 en permettant aux maires, en dehors des formes et délais qui y sont prescrits, d'ordonner toutes les mesures qu'ils croient utiles pour l'assainissement des logements insalubres ; — Attendu qu'il appartient sans doute au maire de prescrire, tant à l'intérieur qu'en dehors des habitations, les mesures de police que peuvent exiger les intérêts de la salubrité publique, mais que ces mesures ne sauraient aller jusqu'à porter atteinte au droit de propriété, à lui permettre de déterminer lui-même la nature et l'importance des travaux qui doivent être effectués et de prescrire un moyen exclusivement obligatoire pour faire disparaître ces causes d'insalubrité lorsqu'il peut en exister d'autres aussi efficaces et moins contraires à l'intérêt et aux convenances des propriétaires ; — D'où il suit... — Casse.

les instructions de l'administration, lorsque la loi ne les guide pas par un texte précis. Aussi bien semble-t-il que la science de la salubrité ou de l'hygiène publique n'existe pas, ou, du moins, que ses règles sont mal connues et mal appliquées.

Nous n'avons pas à faire une étude générale de la législation relative à l'hygiène publique : mais nous devons donner quelques notions générales. Le service de la santé publique des hommes est placé dans les attributions du ministre du commerce, qui est assisté par un conseil spécial dit « Comité consultatif d'hygiène publique de France ».

Les préfets, exécuteurs directs des ordres du ministre, sont également aidés dans leurs fonctions par des conseils d'hygiène départementaux. Mais les principaux agents du service sont les maires, sur lesquels, à défaut d'une administration spéciale départementale, retombe, en définitive, la charge de l'exécution de toutes les mesures générales et la responsabilité de la décision de presque toutes les mesures spéciales. Les fonctions municipales de ce chef sont donc extrêmement importantes.

Si l'on voulait résumer les devoirs du maire, on pourrait dire qu'il a mission de défendre la santé de ses administrés contre les atteintes provenant de circonstances locales, de protéger sa commune contre les invasions provenant de causes extérieures, et d'assurer les communes voisines contre la propagation de maladies engendrées ou s'étant développées sur le territoire qu'il administre. Cela est beaucoup ; c'est peut-être trop.

Examinons successivement les droits et les obligations que de si grands soucis imposent à l'autorité municipale.

1950. Les causes d'origine de propagation des maladies sont : la mauvaise nourriture, les boissons insalubres, les logements malsains, les impuretés de l'atmosphère, les dangers du contact de malades atteints de certaines affections.

1951. Nous savons déjà que le maire, dans chaque commune, est chargé de l'inspection de la salubrité des denrées et des boissons alimentaires. Il peut surveiller ces denrées et boissons et sur les marchés publics et dans les magasins particuliers. A cet égard, l'article 97, paragraphes 3 et 5 de la loi de 1884, et les lois du 27 mars 1851 et 5 mai 1855, lui donnent des pouvoirs étendus.

1952. Le maire doit assurer la salubrité non seulement des boissons que se fabriquent et se vendent, mais de la boisson première, naturelle, indispensable à la vie humaine : l'eau. On doit dire qu'il est chargé de l'inspection permanente de la bonne qualité de toutes les eaux qui servent à l'alimentation dans sa commune.

1953. L'autorité municipale doit s'assurer que les eaux d'alimentation sont de bonne qualité; qu'elles peuvent servir aux besoins des ménages; qu'elles sont propres; et elle a les pouvoirs nécessaires pour assurer leur bonne conservation; elle les prend tant dans les dispositions de l'article 97 de la loi de 1884 que dans celles de l'article 643 du Code civil et des lois et règlements qui régissent la police des cours d'eau. Cette surveillance doit s'exercer notamment sur les fontaines publiques, les abreuvoirs, les lavoirs et les mares publiques communales.

1954. Les fontaines publiques servent non seulement aux usages domestiques, mais elles servent aussi à l'embellissement et à l'assainissement des villes, bourgs et villages.

1955. Les fontaines publiques sont considérées comme monuments d'utilité publique. Quiconque les détruit ou les dégrade est passible d'un emprisonnement d'un mois à deux ans, et d'une amende de 100 à 500 francs (1).

1956. Les maires doivent veiller à la propreté des fontaines publiques, et en régler au besoin l'usage. Ils ont le droit de défendre par un règlement de déposer des immondices et de gêner la circulation aux abords, d'y laver du linge, des légumes et autres objets, d'y abreuver des chevaux ou d'autres

animaux, de détourner l'eau des fontaines ou d'en arrêter le cours par quelque moyen que ce soit. Ils peuvent prescrire, en outre, à chacun de puiser l'eau selon son tour d'arrivée, et de se retirer dès que son vase est plein.

1957. Les travaux de construction des fontaines publiques sont entrepris et réalisés conformément aux règles qui doivent être suivies pour tous les travaux communaux.

1958. Les fontaines sont, en général, construites sur le sol des voies communales; on doit avoir soin de les placer à une distance des maisons riveraines suffisante pour qu'elles n'y occasionnent ni humidité, ni incommodité. Dans le cas où les propriétaires riverains prétendraient que le voisinage des fontaines leur porte préjudice, ils pourraient intenter contre la commune une action en dommage devant les juges compétents; mais cette action ne saurait ni entraver, ni retarder les travaux.

1959. Les conseils municipaux allouent ordinairement un crédit au budget pour le salaire des personnes qui sont chargées du nettoiement et de la réparation des fontaines publiques, du curage des aqueducs, de l'entretien des tuyaux de conduite, etc. Ce service peut faire l'objet d'une adjudication publique, ou être concédé par traité de gré à gré.

1960. Les eaux des fontaines publiques, les canaux souterrains ou à ciel ouvert par lesquels elles sont amenées, font partie du domaine public municipal ; elles sont donc imprescriptibles et inaliénables. Nous examinerons, (nos 2201 et suiv.) dans quelles conditions et de quelle manière elles peuvent être l'objet de concession d'usage précaire, mais quels que soient les travaux exécutés, elles ne sauraient être, même pour partie, l'objet d'une appropriation privée ; et, à cet égard, il n'y a lieu de distinguer entre les eaux nécessaires aux habitants et celles qui sont superflues à leur usage, les besoins publics des habitants étant essentiellement variables, et les eaux assujetties, par leur destination, aux développements et aux transformations que l'intérêt public réclame (1).

1961. Les eaux des fontaines ne doivent, en général, à moins de surabondance, servir qu'à des usages domestiques, et l'administration peut interdire tout autre emploi, mais ces usages domestiques doivent s'entendre de tous ceux qui ont pour objet les besoins des ménages et des animaux dont on fait emploi, la propreté et la salubrité des édifices et de leurs dépendances (2).

_____

(1) C. P., art. 257.

_____

(1) Cass. civ. 20 août 1861, D. P., 61.1.385; Cass. Req. 4 juin 1866, D. P., 67.1.35; Grenoble, 30 novembre 1867, D. P., 68.2.130; Cass. Req. 15 novembre 1869. — La Cour, Sur le moyen unique, tiré de la violation des articles 538 et 642 du Code Napoléon; — Attendu qu'il est constaté par l'arrêt attaqué que les eaux dont le sieur Viard réclame la jouissance provisoirement sortent de la fontaine et là l'avoir publics de la commune de Clinchamp, et sont celles qui ne sont pas absorbées par les besoins des habitants; — Attendu, en droit, que les eaux qui alimentent les fontaines publiques d'une commune font partie du domaine public municipal, et sont par suite imprescriptibles; — Attendu qu'il n'y a pas lieu de distinguer entre celles qui sont nécessaires aux besoins des habitants et celles qui excèdent ces mêmes besoins; —Que cette circonstance essentiellement variable, ne peut avoir pour effet de changer leur destination publique et de modifier les conséquences légales qui en découlent; — Attendu que la possession invoquée par le demandeur, étant subordonnée aux besoins des habitants, est, par cela même, entachée de précarité et inefficace pour fonder la prescription; — qu'il en résulte également que l'inaction de la commune de Clinchamp, lors des travaux exécutés par le sieur Viard ; — n'a d'autre caractère que celui d'un acte de tolérance et ne peut être considéré comme la reconnaissance d'un droit de propriété, Attendu que la cour impériale de Dijon, en décidant, en cet état des faits, que les eaux, objets du litige, n'étaient pas dans le commerce et n'étaient pas susceptibles de prescription, n'a pas violé.— Rejette.

(2) Cass. crim. 8 février 1856, D. P., 56.1.182; Cass. crim. 4 novembre 1869; Cass. crim. 6 février 1873. — La Cour, Sur le moyen unique tiré d'une prétendue violation de l'arrêté municipal du maire de Pau, du 7 février 1865, article 22, et de l'article 471 (no 15) du Code pénal, en ce qu'Aug. Bassy aurait été renvoyé des poursuites dirigées contre lui pour avoir, contrairement aux dispositions de cet arrêté, employé l'eau qui lui aurait été concédée par la mairie de Pau, à titre d'abonnement, à d'autres usages que ceux prévus par la concession; — Attendu qu'il est reconnu, en fait, que Bassy a employé une partie de l'eau à lui concédée à l'arrosage de la rue, d'un trottoir et d'une terrasse; — Mais que ces arrosages de salubrité, dont le premier est d'ailleurs ordonné par un règlement municipal, rentrent dans les usages domestiques auxquels la concession a eu pour but de pourvoir; — que ce que défend l'article 22

1962. Cependant il pourrait arriver que la disette d'eaux potables saines, résultant de circonstances particulières, par exemple une sécheresse estivale ou un tarissement accidentel, nécessitât des mesures particulières momentanées : une limitation déterminée des usages domestiques des eaux serait alors possible et légale, et l'infraction punissable aux termes de l'article 471 (n° 15) du Code pénal (1).

1963. Aux termes de l'article 643 du Code civil, le propriétaire d'une source ne peut en changer le cours lorsqu'il fournit aux habitants ceux qui leur est nécessaire; si les habitants n'en ont pas prescrit ou acquis l'usage, le propriétaire peut réclamer seulement une indemnité. La condition d'être de cette servitude spéciale est la nécessité; l'intérêt public fait fléchir le droit de propriété, et le grève d'une servitude lourde; d'où la conséquence que le droit des communautés d'habitants ne saurait être étendu au delà des termes de la loi et ne saurait être invoqué s'il existe sur d'autres points des cours d'eau accessibles à tous, bien que l'usage en soit moins commode et moins facile. Mais l'article 643 s'applique par cela seul qu'il n'existe point sur les lieux d'autres eaux qui soient à la disposition des habitants, quand bien même on pourrait creuser des puits et construire des citernes (2).

1964. S'applique-t-il également, si les eaux, sans être nécessaires à l'alimentation ou aux besoins domestiques, sont cependant nécessaires à l'industrie ou à la culture. Un certain nombre d'auteurs pensent notamment que si les eaux de la source sont indispensables pour faire tourner les moulins, mettre en mouvement les usines d'une industrie spéciale à la contrée, elles doivent être considérées comme nécessaires dans le sens de l'article 643 (1). Nous ne saurions partager cet avis. Les eaux nécessaires aux habitants, ce sont les eaux destinées à la boisson, à l'abreuvage du bétail, à la salubrité des rues. Il fut observé au conseil d'État que les dispositions de l'article 643 devaient être restreintes dans leurs plus étroites limites, et que cette disposition ne pourrait être invoquée dans l'intérêt de l'agriculture ou de l'industrie. A plus forte raison, ne pourrions-nous admettre la doctrine d'un arrêt de la cour de Montpellier, du 3 février 1847, arrêt, du reste, cassé par la Cour de cassation, qui a étendu la servitude de l'article 643 aux eaux thermales (2).

1965. L'obligation de conserver aux eaux nécessaires à la commune leur cours naturel, n'oblige pas le propriétaire à faire aucuns travaux, et ne lui impose pas la servitude de laisser passer sur son fonds pour puiser de l'eau ou laver(3). C'est à la sortie du fonds et sur le territoire communal que les habitants peuvent faire usage de l'eau, à moins de titre ou de servitude acquise. Si ce titre ou cette servitude existe, le propriétaire doit laisser les habitants exercer leurs droits, mais on ne saurait considérer les atteintes qu'il y porterait, même au cas où le maire aurait pris un arrêté pour réglementer l'usage des eaux, comme pouvant constituer une contravention pénale; c'est la voie de l'action possessoire ou pétitoire, et par celle des dommages-intérêts que le maire devrait agir. Il y a, en effet, en cette matière contestation sur le droit même de la propriété de la source, ou de l'un de ses démembrements et non infraction d'un règlement administratif (4).

---

de l'arrêté précité, c'est de laisser couler l'eau inutilement sur la voie publique, et non d'en faire usage sans excès pour la salubrité des habitations; — Attendu, en outre, que le règlement précité n'est pas de ceux qui, pris en vertu des lois des 16-24 août 1790 et 19-22 juillet 1791, trouvent leur sanction dans l'article 471 (n° 15) du Code pénal, et que l'article 30 de l'arrêté du 7 février 1865 ne porte d'autre peine pour les contraventions aux conditions des abonnements conclus avec la ville pour les concessions d'eau et, en particulier, pour les contraventions à l'article 22 dudit arrêté, que la résiliation de la concession et une indemnité de deux semestres du prix de l'abonnement; — que dès lors... — Rejette.

(1) Cass. crim. 8 février 1856. — La Cour, Vu la loi du 24 août 1790, l'arrêté du maire de Constantine du 15 juillet 1855 et l'article 471, (n° 15) du Code pénal; — Attendu que l'article 3 (n° 3) du titre XI de la loi du 24 août 1790, dont les dispositions sont applicables en Algérie, confie à l'administration municipale le soin de prévenir par de précautions convenables, les accidents et fléaux calamiteux, tels que les épidémies et autres maladies de nature à compromettre la santé publique en menaçant la généralité des habitants; — Attendu que, par arrêté du 15 juillet 1855, le maire de Constantine a réglementé le service des fontaines de la ville; — que l'article 1er dispose que l'on ne pourra y prendre de l'eau qu'avec des vases d'une capacité de moins de quinze litres, et seulement pour la boisson et la préparation des aliments; — que, par l'article 2, il est formellement interdit de se servir de l'eau desdites fontaines pour abreuver les animaux, laver l'intérieur des maisons, lessiver le linge et pour autres usages qu'il énumère; — que ces prohibitions sont fondées sur ce que, par suite des chaleurs excessives, il est à craindre que l'approvisionnement des citernes ne devienne insuffisant pour les besoins de la population; — Attendu que cet arrêté a été pris dans la limite des attributions conférées au pouvoir municipal par ladite loi du 24 août 1790; — qu'en réglant l'usage de l'eau des fontaines, même à l'intérieur des habitations, il ne saurait être considéré comme portant atteinte à l'inviolabilité du domicile, puisqu'il n'autorise point les officiers ou agents de police à s'y introduire pour constater les contraventions; — qu'ainsi c'est à tort que le jugement attaqué (du tribunal de simple police de Constantine) a déclaré que les dispositions ci-dessus rappelées n'étaient ni légales, ni obligatoires; — Attendu que la femme Lahiteau a été traduite devant le tribunal de simple police pour avoir, contrairement à l'article 2 dudit arrêté, employé à laver du linge, l'eau qu'elle avait puisée à l'une des fontaines de la ville; — que, si la déclaration de l'agent de police qui avait constaté indûment dans son domicile ne pouvait établir légalement la contravention, il est constaté par ces qualités du jugement que la prévenue avait avoué le fait qui lui était imputé; — que néanmoins, sans apprécier le mérite et la valeur de cet aveu, le jugement a relaxé la femme Lahiteau... — Casse.

(2) Orléans, 24 août 1856, D. P., 58.2.108; Cass. civ. 4 mars 1862. — La Cour. Attendu en droit, que si celui dans le fonds duquel jaillit une source peut en disposer à son gré, il en est autrement quand elle fournit aux habitants d'une commune, l'eau qui est nécessaire à leurs besoins et à ceux de leurs bestiaux; — que, dans ce cas, la loi impose au propriétaire, dans l'intérêt général, moyennant une indemnité qui doit être réglée par experts et qu'il se prescrit quand elle n'est pas réclamée pendant trente ans; — que, sans doute, ce sacrifice ne peut pas être exigé du propriétaire, quand l'eau de source, au lieu d'être nécessaire aux habitants, leur est seulement d'un usage agréable ou plus commode, mais que la nécessité donne place l'article 643 du Code Napoléon, résulte de la seule absence sur les lieux d'autres eaux qui soient à leur disposition; — Attendu, en fait, que l'arrêt attaqué ne déclare pas seulement que les eaux de la fontaine du Petit-Taillon sont de meilleure qualité que celles des eaux qui existent dans certaines maisons de la commune de Lagroise, déclaration qui serait insuffisante pour justifier son dispositif, mais qu'il constate, en outre, qu'il n'y a pas de puits dans les nombreuses habitations qui entourent cette fontaine, que ces eaux sont les seules à l'usage de ces habitations, alimentent aussi le seul abreuvoir qui existe dans les environs, et que les habitants

sont, depuis un temps immémorial, en possession desdites eaux, que des faits ainsi constatés, l'arrêt attaqué a pu conclure que les eaux de la source dont il s'agit étaient nécessaires aux habitants de Lagroise, et qu'une possession immémoriale leur en assurait la jouissance sans indemnité. — Casse.

(1) Toullier, t. II, n° 234; Garnier, t, III, n° 745; Pardessus, n° 139; Massé et Vergé, t. II, p. 463.

(2) Locré, t. VIII, p. 334; Demolombe, t. I, p. 419; Daviel, n° 789.

(3) Cass. civ. 5 juillet 1864. — Vu l'article 643 du Code Napoléon; — Attendu, en fait, que s'il est constaté par l'arrêt attaqué, d'une part, que les habitants du hameau de la Cronsquignarde usent depuis plus de trente ans, pour laver leur linge, et sur le fonds du demandeur, des eaux de la source qui prend naissance sur ce même fonds, et d'autre part, que ces eaux leur sont nécessaires, il ne résulte pas toutefois de cet arrêt que leur droit à cet égard, soit fondé sur un titre, ou qu'il procède d'une prescription par eux acquise dans les termes de l'article 642 du Code Napoléon; — Attendu, en droit, que d'après l'article 641 du même code, celui qui a une source sur son fonds peut en user à sa volonté, sauf le droit que le propriétaire du fonds inférieur pourrait avoir acquis par titre ou par prescription; — Attendu que, par dérogation à cet article, l'article 643 dispose exceptionnellement que le propriétaire de la source ne peut en changer le cours, lorsqu'il fournit aux habitants d'une commune, village ou hameau, l'eau qui leur est nécessaire; — Mais attendu que, s'il est de règle que toute dérogation doit être restreinte aux termes précis dans lesquels elle est conçue, il y a lieu de reconnaître qu'il doit en être plus particulièrement ainsi lorsque, comme dans l'espèce, l'exception affecte, dans son principe et dans ses effets, le droit de propriété; — que c'est donc par une interprétation abusive de l'article 643, qui a pour unique objet de régler et de maintenir le mouvement naturel des eaux courantes à la sortie des fonds où la source prend naissance, que l'on en voudrait induire chez les habitants, le droit de pénétrer sur ces fonds pour y exercer un droit quelconque d'usage sur les eaux de cette source, soit à leur point d'émergence, soit avant tout puisage; — que ce serait, en effet, substituer à une servitude, dont l'objet spécial est clairement défini une servitude distincte et nouvelle qui en différe essentiellement, ne serait-ce qu'en ce qu'elle aurait pour résultat nécessaire, du moins, en ce qui touche le droit de passage des habitants et la faculté de se clore du propriétaire, d'imposer à celui-ci des charges et des obligations que ne comporte pas l'exacte application de l'article 643, ce qui ne saurait être admis; — D'où il suit qu'en jugeant le contraire et en autorisant les habitants de la Cronsquignarde à revendiquer le droit d'user des eaux de la source dont le demandeur est propriétaire, sur le fonds où cette source prend naissance, la Cour... — casse.

En ce sens, Agen, 31 janvier 1865, D. P., 65.2.101.

(4) Cass. crim. 8 juin 1848. — La Cour, Vu les articles 408, 413, 159 et 429 du Code d'instruction criminelle; — Attendu que l'arrêté du 12 septembre 1847, par lequel le maire de Préporché a prescrit à François

1966. C'est aux tribunaux civils, et non à la juridiction administrative, qu'il « appartient de décider si les eaux d'une source sont ou non nécessaires à ses habitants » (1).

1967. Si la commune n'a pas un droit d'usage acquis sur la source qui lui est nécessaire, elle doit, pour acquérir ce droit, payer une indemnité. Ce n'est point une expropriation qui est faite, et il n'y a lieu à une instruction ni à une instance suivies conformément à la loi du 3 mai 1841; c'est une véritable action en dommages-intérêts. Il en résulte que si l'usage des eaux d'une source privée ne donne lieu à aucun préjudice à l'égard du propriétaire, il n'est pas dû d'indemnité; et il n'en est pas dû, notamment, si les habitants de la commune n'en font usage qu'après que le propriétaire de la source en a tiré toute l'utilité qu'elle pouvait lui donner pour les besoins de sa maison et l'irrigation de ses propriétés (2).

1968. L'article 643 ne fait aucun obstacle au droit du propriétaire de faire des fouilles sur son fonds; et si, en faisant ces recherches, il diminue le volume des eaux, la commune ne saurait lui interdire de continuer les travaux, ni lui demander aucune indemnité (3).

1969. Les abreuvoirs sont des lieux où l'on mène boire et baigner les chevaux et les bestiaux.

Ils sont établis sur les bords des fleuves, rivières, ruisseaux et fontaines, ou dans des mares ou excavations préparées pour retenir les eaux pluviales.

Ils sont publics ou communaux, quelquefois privés. L'usage des abreuvoirs publics appartient à tous. Celui des abreuvoirs communaux appartient à la commune, et lorsqu'ils sont l'objet d'une propriété particulière, les abreuvoirs appartiennent exclusivement au propriétaire, qui peut, selon sa volonté, en défendre ou en accorder l'usage et même les détruire et combler.

1970. L'autorité doit veiller à ce que les abords des abreuvoirs publics soient faciles et à ce que les pentes ne soient pas rapides; il importe qu'elle indique, dans les fleuves ou rivières et par des moyens de clôture qu'on ne peut dépasser, l'étendue affectée aux abreuvoirs.

L'ordonnance du 21 décembre 1787 défendait aux femmes

Michot de rendre à son cours habituel la source qui existe sur la propriété de Bardot, qu'il a détournée dans une ouche à lui appartenant, et qui prive de ses eaux les habitants du hameau des Places, et spécialement la maison d'école, ne rentre pas dans l'exercice légal du pouvoir de police attribué à l'autorité municipale, puisque aucune loi ne lui a conféré le droit d'ordonner une telle mesure; — que l'inexécution de cet arrêté ne saurait, par conséquent, rendre ledit Michot passible de l'application de l'article 471 (n° 15) du Code pénal; — que le tribunal de simple police de Moulins-Englibert, devant lequel il a été traduit, devait, dès lors, se déclarer incompétent pour connaître de la poursuite; — qu'il suit de là qu'en admettant l'exception de propriété proposée par le défendeur, et en suspendant à statuer jusqu'à ce qu'elle ait été vidée par la juridiction civile, le jugement dénoncé a faussement appliqué... — Casse.

Ch. Req. 19 décembre 1854. — La Cour, Sur le premier moyen; — Attendu qu'il est souverainement déclaré par le jugement attaqué que les habitants de la commune de Deville avaient, depuis plus d'un an et un jour, l'usage des eaux d'une fontaine située au bord du chemin vicinal; — que les eaux de cette fontaine étaient nécessaires aux habitants, et qu'ils avaient été tout à coup privés de l'usage de ces eaux par la demanderesse; — Attendu qu'en admettant, dans cet état des faits, l'action possessoire de la commune, et en la maintenant dans son droit d'usage en assimilant l'interdiction de ce droit d'usage, par le fait de la demanderesse, au détournement du cours de la source prévu par l'article 643 du Code Napoléon; — Le tribunal... — Rejette.

(1) Aix, 13 juin 1845. — La Cour, Considérant qu'il résulte de ce qui précède que Mallet, qu'a dans son fonds la source du Pret, a incontestablement le droit d'en user pour l'irrigation de sa propriété, que c'est donc à tort que la commune l'a privé dans sa jouissance et qu'il y a lieu de confirmer la disposition du jugement qui le maintient dans sa possession, et condamner la commune aux dommages-intérêts résultant du trouble qu'elle a occasionné; — Que la commune qui n'a fait sur le fonds où naît la source du Pret aucun ouvrage destiné à faciliter la chute ou le cours d'eau à son profit, n'est point fondée à prétendre avoir acquis, par la prescription, la propriété des eaux de cette source, conformément à l'article 642 du Code civil; — Qu'elle ne peut non plus se prévaloir de l'article 643 du même Code, puisque les eaux de la source du Pret sont nécessaires aux habitants de Bournettes, et que, dès lors, ces derniers n'ont pas le droit de les réclamer à titre de nécessité; — Considérant que du moment où il s'agit d'exproprier la source du Pret pour cause d'utilité publique, l'autorité judiciaire est compétente pour statuer sur la nécessité des eaux.

(2) Aix, 13 juin 1845. (Voy. supra n° 1966.)
(3) Cass. crim. 29 novembre 1830; Cass. crim. 23 juillet 1836; Cass. crim. 3 décembre 1849, D. P. 47.1.303.

de conduire les chevaux et bestiaux à l'abreuvoir, elle exigeait que les hommes chargés de ce soin eussent au moins dix-huit ans, et défendait de conduire à l'abreuvoir pendant la nuit. Elle prohibait de mener aux abreuvoirs plus de deux chevaux à la fois, l'un de monture et l'autre à la main, et d'y puiser de l'eau.

1971. L'entretien des abreuvoirs publics, destinés à l'usage commun de tous les habitants, sont des charges qui doivent être portées sur le budget des communes. Cet entretien comprend l'obligation de veiller à ce que les eaux ne se corrompent pas, et l'autorité municipale doit les faire nettoyer, et en faire enlever chaque année le frai des crapauds et grenouilles. Mais, lorsque les abreuvoirs n'ont pas le caractère de propriété publique ou communale, leur curage et entretien est à la charge des particuliers qui en sont propriétaires en raison de leurs droits respectifs.

1972. Le pouvoir réglementaire de police des cours d'eau, confié aux préfets par les lois des 12 décembre 1789 et 24 floréal an x ne fait pas obstacle à ce qu'un maire, dans l'intérêt de la salubrité de la commune, prenne les mesures spéciales qui lui paraissent nécessaires pour assurer la bonne qualité des eaux qui alimentent un abreuvoir public. Il peut, par exemple, interdire tout lavage au savon, tout jet d'eaux corrompues en amont du bassin de l'abreuvoir (1).

1973. L'autorité municipale a le devoir de veiller à ce que l'eau des abreuvoirs ne serve pas à d'autres usages que ceux auxquels elle est destinée; à ce que l'on y puise pas pour des besoins industriels ou ménagers; à ce qu'on n'y jette aucune matière corrompue; et à ce qu'on ne laisse pas des chevaux ou des animaux y aller seuls et sans conducteur (2).

1974. Les maires ne doivent pas souffrir surtout que des latrines aient leurs issues dans un cours d'eau traversant la portion agglomérée de la commune, et en amont, si l'eau de cette rivière sert soit à l'alimentation, soit au lavage.

1975. La disposition de l'article 643 dont nous avons apprécié plus haut, n°s 1963 et s. la portée, permet-elle aux habitants d'une commune de revendiquer l'usage des eaux d'une source pour l'entretien d'un abreuvoir? Nous avons déjà vu que cette disposition doit être restreinte dans son application à des termes rigoureux; mais nous estimons que l'on pourrait considérer l'abreuvage des bestiaux comme un usage domestique et non comme un usage agricole ou industriel; cependant la jurisprudence paraît aujourd'hui formée en un sens contraire (3).

(1) Cass. crim. 8 décembre 1865; Cass. crim. 28 mars 1879. — La Cour, Vu les articles 154 du Code d'instruction criminelle, 471 (n° 15) du Code pénal, 11 de la loi du 18 juillet 1837, 3 et 4 de la loi du titre XI de la loi des 16-24 août 1790, 46 de la loi des 19-22 juillet 1791; — Vu l'arrêté du maire de la commune de Doncey, en date du 3 octobre 1878, par lequel il est fait défense de laver le long du ruisseau du Moulinet et d'envoyer des eaux sales dans la partie de ce ruisseau située en amont de l'abreuvoir communal; — Attendu qu'il est avéré par un procès-verbal, non contesté, que les femmes Mayollet et Roussel avaient les 22 et 23 novembre dernier, lavé dans le ruisseau du Moulinet, en amont de l'abreuvoir communal, et envoyé des eaux chargées de savon dans ledit abreuvoir; — Que néanmoins le juge de police a relaxé les prévenues et le sieur Mayollet cité comme civilement responsable, en se fondant sur ce que la police des cours d'eau appartenant à l'autorité préfectorale, l'arrêté pris par le maire de Doncey était entaché d'illégalité; — Attendu que si le pouvoir réglementaire en matière de cours d'eau est exclusivement confié aux préfets, notamment par les lois des 22 décembre 1789 et 14 floréal an xi, ce pouvoir ne met point obstacle à ce qu'un maire prenne, à l'égard de la jouissance desdits cours d'eau, les mesures de police commandées par l'intérêt des habitants de sa commune, sauf le droit de réformation réservée à l'autorité supérieure; — Attendu que l'arrêté du 3 octobre 1878, pris pour assurer la salubrité des eaux de l'abreuvoir communal de Doncey et prévenir les épizooties, a relaté sur les objets expressément confiés à la vigilance de l'autorité municipale, qu'il était donc légal et obligatoire, et qu'en refusant de l'appliquer aux prévenus, le juge de police a... — Casse.

(2) Cass. crim. 18 mai 1844. — La Cour, Attendu que le fait reproché à Bonnay et à Grammont, d'avoir laissé aller leurs chevaux seuls à l'abreuvoir, sans être conduits en laisse, ne constitue qu'une contravention au règlement de police de la ville de Stenay du 18 mars 1842; — Qu'en leur infligeant donc la peine prononcée par l'article 471 du Code pénal, qui est, dans l'espèce, la sanction dudit règlement, le jugement attaqué, lequel est d'ailleurs régulier, en la forme, a justement appliqué cet article. — Rejette.

(3) Cass. Req. 14 février 1872. — La Cour, Sur le deuxième moyen, pris dans la première branche, de la violation des articles 643 et 691 du Code

1976. Les règles de police et de droit que nous venons d'étudier, s'appliquent aux lavoirs publics, avec cette différence cependant que l'établissement des lavoirs publics n'est pas affranchi des règles relatives à la création des ateliers qui peuvent être une cause d'insalubrité ou d'incommodité pour le voisinage. Les lavoirs sont rangés dans la seconde classe des établissements insalubres ou incommodes, quand ils n'ont pas un écoulement constant de leurs eaux, et dans la troisième classe, quand l'écoulement des eaux est constant.

1977. Les communes peuvent être autorisées à percevoir un droit pour l'usage des lavoirs publics, lorsque ces lavoirs ont été construits à leurs frais; mais on doit toujours y réserver des places gratuites pour les indigents. Les communes qui perçoivent un droit pour l'usage d'un lavoir peuvent être soumises, à la contribution foncière d'après sa valeur locative. Elles ont d'ailleurs le droit de concéder, pour un temps plus ou moins long, à une compagnie particulière formée, soit dans un but industriel, soit dans un but de bienfaisance et au moyen de dons volontaires, la création d'établissements de bains et lavoirs publics, comme elles pourraient le faire pour l'établissement d'une halle ou d'un abattoir; et, dans ce cas, elles peuvent seconder de plusieurs manières l'action de l'industrie privée ou des associations charitables, tantôt par des concessions d'eau gratuites, tantôt en fournissant les terrains sur lesquels les établissements seraient construits, ou en ajoutant une subvention à celle qui serait accordée par l'État.

1978. Un lavoir public n'est pas une fontaine; et les règlements municipaux qui s'appliquent aux fontaines ne s'appliquent pas aux lavoirs; l'autorité municipale qui veut les rendre communs aux uns et aux autres doit donc le dire expressément; elle peut aussi, par suite de cette différence qui existe entre ces deux sortes d'établissements, prendre des mesures distinctes (1).

1979. En outre des fontaines et des abreuvoirs et lavoirs publics, les maires doivent surveiller les puits, tant ceux qui servent aux usages communs des habitants, que ceux qui sont la propriété privée d'usagers ou ayants droit.

Les puits publics ne sont, en effet, autre chose que des sortes de fontaines publiques soumises aux mêmes règles que celles-ci.

1980. Les puits privés peuvent être l'objet de mesures ayant pour effet d'assurer la bonne qualité des eaux qu'ils doivent colliger, et cela dans un double but, afin que celles-ci ne soient pas malsaines pour ceux qui doivent les boire et afin, que par les infiltrations qui peuvent se produire dans d'autres puits, elles ne corrompent pas les eaux de ces derniers.

Ainsi, lorsqu'un puits est creusé à proximité d'une fosse d'aisance, il doit être défendu par un contremur dont l'usage local règle l'épaisseur.

1981. La réparation ou le curage d'un puits doivent être précédés de l'autorisation municipale qui doit prescrire les précautions de nature à protéger la vie des puisatiers qui descendent pour procéder à l'opération (1).

1982. Un décret du 7 mars 1808 défend de creuser des puits à moins de 100 mètres des cimetières et permet de combler ceux qui existent lorsqu'un cimetière nouveau est établi.

1983. Le puits qui est à moins de 2 mètres de distance d'un héritage voisin ne peut être converti en cloaque ni être destiné à recevoir les eaux des toits, des cours, des fumiers.

1984. La police de la salubrité des eaux ne comprend pas seulement celle des eaux publiques ou potables, mais aussi celle des eaux privées, qui n'intéressent pas moins la santé publique. Au premier rang de ces eaux privées se trouvent des petits amas d'eaux pluviales que l'on connaît sous le nom de mares. On les utilise quelquefois comme abreuvoirs et elles sont soumises à la réglementation spéciale. On s'en sert parfois aussi comme de routoirs, et, en ce cas, on leur applique les règles de police auxquels ces sortes d'établissements si dangereux pour la santé et si incommodes sont soumis (2). Enfin, on peut les considérer souvent comme de simples excavations périlleuses pour la sécurité publique si elles sont situées dans des lieux ouverts au public, et en toutes circonstances dangereuses par leurs émanations et leurs miasmes, lorsqu'elles n'ont pas d'écoulement, et alors l'autorité municipale peut contraindre les propriétaires, soit à les assainir, soit à les supprimer (3).

1985. Les fossés d'eaux stagnantes sont de véritables mares et l'administration municipale peut ordonner leur

---

(1) Une ordonnance de police du 23 octobre 1819 a prescrit certaines mesures de précaution : avant de descendre dans un puits, pour quelque cause que ce soit, il faut s'assurer de l'air qu'il y existe. À cet effet, on y descend, jusqu'à la surface de l'eau, une lanterne allumée; on la retire, et on la replonge; si elle n'est pas éteinte, après avoir toutefois agité l'eau au moyen d'un poids attaché à une corde que l'on coule jusqu'au fond. Si, à cette seconde épreuve, la lumière ne s'éteint pas, les ouvriers peuvent commencer leurs travaux en se munissant d'un appareil désinfectant et d'un bridage. Si la lumière s'éteint dans le puits, il n'y faut pas descendre sans avoir préalablement renouvelé l'air au moyen d'un ventilateur. Pour ce faire, on bouche hermétiquement l'ouverture du puits avec des planches, du plâtre et de la glaise. Au milieu de ce couvercle, on fait un trou d'un décimètre, on y place un réchaud de terre ou tôle qui ne puisse recevoir d'air que celui du puits; on ajuste près de la margelle un tuyau de plomb ou tôle descendant dans le puits jusqu'à un décimètre de la surface de l'eau. On remplit ensuite ce réchaud de charbon allumé, on le recouvre d'une calotte de terre cuite ou de tôle surmontée d'un bout de tuyau de poêle. Une heure ou deux après, suivant la profondeur du puits, on découvre et on introduit de nouveau la lanterne. Si elle s'éteint à peu de distance de l'eau, il faut mettre le puits à sec, attendre quelques jours, l'épuiser de nouveau et recommencer l'opération. Si on ne peut pas établir de bonne ventilateur, on y substitue un ou deux soufflets de forge que l'on adapte au tuyau prolongé jusqu'à la surface de l'eau. Ces soufflets, mis en action pendant un quart d'heure ou deux, déplaceront l'air vicié du puits. Enfin, on redescendra la lanterne; et si, cette fois, elle s'éteint, il n'y a plus de remède, il faut combler le puits.

Lorsqu'on est parvenu à connaître la nature du gaz délétère, on peut le détruire par les moyens suivants : 1° pour neutraliser l'acide carbonique on verse dans le puits, avec des arrosoirs, plusieurs seaux de lait de chaux, et l'on agite ensuite l'eau fortement; 2° pour détruire le gaz hydrogène sulfurique ou carboné, on fait descendre au fond du puits, par le moyen d'une corde, un vase, ouvert, contenant un mélange de manganèse et de muriate de soude arrosé d'acide sulfurique; 3° lorsque le gaz est de l'azote, il faut avoir recours au fourneau ventilateur ou au soufflet, et en vérifier l'effet par l'épreuve de la lanterne allumée.

(2) Cass. crim. 5 février 1847, D. P. 47.1.58.

(3) Cass. crim. 25 juillet 1864, D. P. 65.1 326; Cass. crim. 16 mars 1867. — La Cour, Vu l'article 3 (n° 5) de la loi des 16-24 août 1790; — Vu l'arrêt du maire de Bône du 23 juillet 1886, qui enjoint à Pons, Gauni, Fabre, de combler de vastes fossés qu'ils avaient creusés sur leurs terrains, et qui devenaient par suite de la stagnation des eaux pluviales qui s'y réunissaient, des foyers permanents d'infection compromettant la salubrité publique; — Attendu que cette disposition de l'arrêté, qui prescrit le comblement des fossés comme moyen exclusivement obligatoire d'en faire disparaître les eaux qui y séjournent, lorsqu'il pouvait en exister d'autres, tout aussi efficaces et moins onéreux pour les propriétaires, constitue une atteinte au droit de propriété et un excès de pouvoir, la loi des 16-24 août 1790, ci-dessus visée, ayant chargé les maires de prévenir, par des précautions convenables, les accidents et les fléaux calamiteux, tels que les épidémies et les épizooties, mais ne les ayant pas autorisés à déterminer eux-mêmes la nature et l'importance des travaux qui doivent être effectués; — Qu'il suit de là qu'en relaxant les inculpés, par le motif que l'arrêté est illégal, la poursuite dirigée contre eux pour contravention audit arrêté, le jugement attaqué... — Casse.

---

civil et 23 du Code de procédure civile; — Attendu que c'est à bon droit que le jugement attaqué a refusé de voir dans le fait que l'usage de l'abreuvoir établi sur le fonds du défendeur éventuel serait indispensable aux habitants de Saint-Amand pour y abreuver leurs bestiaux, un titre légal de servitude dans le sens de l'article 691 du Code civil; — Que la disposition de l'article 643, d'une nature tout exceptionnelle, doit être strictement renfermée dans son objet, et ne saurait être étendue à des situations différentes... — Rejette.

(1) Cass. crim. 7 août 1862. — La Cour, Attendu que le fait rapporté ne constitue une contravention ni à l'article 1er de l'arrêté susdate, qui défend d'intercepter ni détourner les eaux des sources, cours d'eau et fontaines publiques, et d'interdire ou gêner l'accès de ces mêmes sources et fontaines pour qu'on ne les détériore, sous aucun prétexte, les regards, ni interdit de dégrader ou détériorer, sous aucun moyen que ce soit, ni à l'article 2, qui interdit de dégrader ou détériorer, sous aucun prétexte, les regards, ni interdit en général, tous les ouvrages nécessaires pour recueillir et contenir ces mêmes eaux; — Qu'un lavoir public n'est pas, en effet, une fontaine, puisqu'il doit, au contraire, être prohibé de laver dans celle-ci les lessives, et que l'autorité municipale n'a pas défendu expressément l'enlèvement de la bonde d'un lavoir public. — Rejette.

curage (1), et si ce curage n'est pas opéré par le propriétaire, y faire procéder à ses frais (2).

1986. Il en est de même des fossés qui servent à l'écoulement des eaux stagnantes ; ceux-ci ne sont point des cours d'eau auxquels la législation relative à cette matière soit applicable, et ce n'est donc pas l'autorité préfectorale qui est chargée de leur police en vertu de la loi du 14 floréal an II et de celle du 17 septembre 1887, mais l'autorité municipale ordinaire (3).

1987. Lorsque l'amas d'eau insalubre placé dans le voisinage d'une agglomération d'habitants, par son étendue, par la quantité d'eau réunie cesse d'avoir les proportions d'une simple mare et devient un étang, exploité par son propriétaire, la suppression n'en peut plus être prononcée par l'autorité municipale. La loi des 11-19 septembre 1792 donne au préfet seul ce droit, sur l'avis favorable du conseil municipal et du maire de la commune intéressée et celui de gens de l'art (4). La destruction de l'étang constitue, dans ce cas, non une simple mesure de salubrité, mais une expropriation de propriété privée qui ne doit pas avoir lieu sans de sérieuses raisons.

1988. L'intérêt de la salubrité publique peut exiger parfois et légaliser des mesures qu'un autre intérêt public ne pourrait pas autoriser. Ainsi, par exemple, il est admis en jurisprudence que l'administration ne saurait interrompre le travail d'une usine mue par un cours d'eau non navigable, en dehors du temps normal de chômage pour curage, dans l'intérêt de l'exécution d'un travail public ordinaire, mais cette même interruption devient possible si l'administration prescrit l'abaissement du niveau d'eau de retenue de l'usine dans un intérêt de salubrité, soit pour creuser le lit vaseux du cours d'eau, soit pour procéder à la réfection ou à la réparation d'un lavoir public alimenté par ce cours d'eau (1).

1989. Les maires doivent aussi surveiller l'écoulement des eaux privées qui sortent des héritages particuliers et prendre garde qu'elles ne puissent occasionner aucun dommage à la salubrité publique. L'article 681 du Code civil détermine le droit de chacun de se débarrasser de ses eaux pluviales ; il interdit à chaque propriétaire de faire écouler l'égout de ses toits sur l'héritage du voisin, et lui prescrit de le conduire sur la voie publique.

1990. Mais le droit du propriétaire de faire écouler les eaux pluviales sur la voie publique ne constitue pas, à vrai dire, malgré l'expression employée par l'article 681 du Code civil, une servitude sur la voie publique, mais un usage de la voie publique. Les droits confiés par l'article 681 ne font pas obstacle, dès lors, à ce que l'autorité administrative détermine les mesures à prendre, dans l'intérêt de la salubrité publique, pour le déversement des eaux telles que l'établissement d'un tuyau de descente, le long de la façade des maisons, et d'un caniveau servant de prolongement à ce tuyau.

1991. Le droit d'écouler les eaux pluviales accordé aux propriétaires dans leur intérêt privé est, du reste, borné à la projection sur la voie publique, c'est-à-dire aux routes, rues et chemins de grande et de petite communication, il n'emporte pas le droit d'user, dans cet intérêt, du domaine public ou privé de la commune ou de l'État. Ainsi, un propriétaire qui borne un canal destiné à conduire les eaux d'une source à des fontaines publiques ou à des lavoirs ou abreuvoirs, ne saurait prétendre qu'il peut y laisser tomber des eaux pluviales bien qu'un chemin de service longe les bords du canal (2). C'est, en effet, la destination de voie publique qui ouvre le droit établi par l'article 681 et non le service public de la propriété.

1992. Les considérations qui justifient les droits de projection des eaux pluviales sur le sol sont inapplicables aux eaux ménagères ou industrielles ; celles-ci ne sont rejetées qu'à titre de tolérance sur la voie publique. Aussi, l'autorité administrative a-t-elle le pouvoir d'interdire absolument, ou de ne permettre que sous certaines conditions, de faire écouler sur la voie publique, les liquides susceptibles de compromettre la salubrité. Ces eaux doivent être conduites soit dans des cloaques ou puisards privés, soit dans des égouts publics.

1993. Les cloaques, ou fosses à eau, sont des trous naturels ou artificiels existant en terre, le plus souvent entourés de murs et voûtés, et destinés à recevoir les eaux ménagères,

---

(1) Cass. crim. 9 novembre 1861. — La Cour, Attendu que le jugement attaqué se fonde, pour relaxer l'inculpé Sédillot, sur ce qu'il aurait rempli les obligations que lui imposait l'arrêté sur 111 mètres de longueur de son fossé, et sur ce qu'en ce qui concerne le surplus, l'exécution littérale des prescriptions de l'arrêté était utile pour l'écoulement des eaux, à raison du nivellement des terrains, et que, si l'intérêt de l'assainissement exigeait quelque chose de plus que ce qui avait existé, cet excédant eut constitué un travail, non pas de simple entretien ou de simple curage, mais bien nouveau, faisant partie des charges de la propriété ; — Attendu qu'en statuant ainsi, le jugement a méconnu les règles de sa compétence, a substitué son appréciation personnelle aux prescriptions d'une autorité administrative obligatoire pour les tribunaux ; — Attendu, en outre, que la contravention subsistait et devait être réprimée, puisque l'arrêté n'avait pas reçu son exécution dans toutes les parties du fossé dont le curage était à la charge de Sédillot. — Casse.

(2) Cass. d'Et. 5 mai 1865 (Voy. supra, n° 1602 ; cons. d'Etat, 5 janvier 1888. Voy. infra n° 1985).

(3) Cass. d'Et. cont. 13 août 1867, D. P. 68.3.41 ; Cons d'Et. 5 janvier 1883. — Le Conseil, Considérant que, par un arrêté, en date au 20 février 1887, approuvé par le préfet, le 7 mars suivant, et publié en 1878, le maire de la commune de Rieux a enjoint aux propriétaires des douves y désignées, d'en opérer le curage, et a décidé que, faute par eux d'exécuter ces travaux, il y serait pourvu d'office à leurs frais ; — Considérant, d'une part, que les douves dont il s'agit ne sont que des fossés d'écoulement des eaux stagnantes auxquels les dispositions de la loi du 14 floréal an XI, pour le curage des cours d'eau non navigables ni flottables ne sont pas applicables ; — Que, d'autre part, il ne s'agissait ni de la conservation des travaux de dessèchement de marais, en exécution de l'article 27 de la loi du 16 septembre 1807, ni de la confection des travaux de salubrité dans la forme prévue par les articles 35 et 36 de ladite loi ; — Qu'en effet, le maire, en prenant l'arrêté susvisé, n'a entendu agir qu'en vertu des pouvoirs de police qu'il tient des 16-24 août 1798, pour empêcher les émanations insalubres provenant de la stagnation des eaux ; — Que, dans ces circonstances, la somme réclamée au sieur Thelolan par la commune pour prix du curage de ses douves effectué d'office, ne saurait être considérée comme une taxe dont la perception est assimilée par la loi à celle des contributions directes ; — Que, dès lors, le conseil de préfecture n'était pas compétent. — Annule.

(4) Cons. d'Et. 10 décembre 1858 ; Cons. d'Et. cont. 8 août 1882. — Considérant qu'aux termes du décret des 11-19 septembre 1792, lorsque les étangs, d'après les avis et procès-verbaux des gens de l'art, pourront occasionner, par la stagnation de leurs eaux, des maladies épidémiques et épizootiques, les conseils généraux des départements sont autorisés à en ordonner la destruction sur l'avis favorable des conseils généraux des communes et d'après les avis des administrateurs de district ; — Que, s'il appartenait au préfet, sous la législation actuelle, d'ordonner la destruction des étangs marécageux et de prendre, pour l'application du décret du 11-19 septembre 1792, les mesures d'exécution conformes aux délibérations des conseils généraux qui appartenaient aux directoires de département sous la législation en vigueur au moment de la promulgation du décret précité, la suppression d'un étang ne saurait, en aucun cas, être ordonnée par le préfet sans qu'elle eut été demandée ou consentie par le conseil municipal de la commune intéressée ; — Considérant qu'il résulte de l'instruction que le conseil municipal de La Chapelle-Saint-Sauveur sur le territoire de laquelle sont situés les étangs Rivel et des Grandes-Levées s'est opposé à leur dessèchement, notamment par une délibération en date du 13 février 1881 ; — Que, dans ces conditions, le préfet de Saône-et-Loire n'a pu sans excéder ses pouvoirs... — Annule l'arrêté.

(1) Cons. d'El. cont., 8 août 1882. — Considérant que par son arrêté, le préfet du département de la Nièvre a prescrit au sieur d'Hunolstein d'abaisser le niveau d'eau de la retenue de la Foge, pendant le temps nécessaire à l'exécution des travaux de réparation du bassin communal ; que dans les circonstances où il est intervenu, cet arrêté a été pris dans un but d'intérêt général et en vertu des pouvoirs conférés aux préfets par les lois ci-dessus visés des 12-20 août 1790 et 28 septembre-6 octobre 1791 ; — que, dès lors... Rejet.

(2) Cass. d'Et. cont. 8 mai 1867. — La Cour, Attendu qu'il résulte des constatations, en fait, du jugement attaqué et des documents de la cause, que la fontaine, le canal, le lavoir, construits et possédés par la commune de Villeneuve-la-Guyard constituent non une rivière ou un cours d'eau dans le sens de l'article 644 du Code Napoléon, mais une propriété privée dont la commune n'a jamais perdu la jouissance et qu'elle a mise seulement à la disposition de ses habitants pour leur usage ; — Que, dans ces circonstances, la commune a été en droit de repousser toute entreprise et toute jouissance qui ne rentrait pas dans la destination de l'établissement par elle fondé, et d'invoquer, en faveur de cet établissement, les règles relatives aux servitudes de voisinage, lesquelles sont applicables à la fontaine dont il s'agit comme à toute autre propriété privée ; — D'où il suit qu'en confirmant la sentence du juge de paix qui avait accueilli l'action possessoire formée par la commune, et en décidant que le demandeur serait tenu de boucher, comme n'étant pas établies dans les termes des articles 676 et 678 du Code Napoléon les quatre baies par lui pratiquées, et de retirer l'égout de sa toiture de manière à ce que les eaux pluviales s'écoulent sur son terrain, et non sur la propriété de la commune, le jugement attaqué loin d'avoir violé... — Rejette.

les eaux à fumier, ou toutes autres qui s'écoulent des toits, cours ou maisons, ou qui proviennent d'établissements industriels, lorsqu'elles ne peuvent point avoir d'écoulement sur la superficie du terrain.

1994. On appelle *puisard* un réservoir construit en maçonnerie, ayant un radier, recouvert d'une voûte et destiné à recueillir les eaux pluviales et ménagères. Il y a deux sortes de puisards : Le *puisard étanche* qui ne laisse rien perdre des liquides qu'il contient, lesquels doivent être enlevés à la pompe et emportés comme ceux des fosses d'aisances. Le *puisard absorbant* qui laisse filtrer dans les terres environnantes les liquides qu'il reçoit à l'aide de barbacanes ou de tuyaux inclinés qui ne doivent pas se trouver à moins d'un mètre du radier pour éviter qu'ils soient obstrués par les dépôts qui se forment sur le radier, ni à moins d'un mètre du sol pour le préserver des affouillements.

Le puisard étanche qui ne reçoit que les eaux pluviales, et qui doit les conserver pures, prend le nom de citerne.

1995. On appelle puits d'absorption un puits ordinaire tubé ou maçonné n'ayant pas de radier ou n'ayant pour radier qu'une maçonnerie de pierres sans mortier descendant jusqu'à une couche de terrain perméable et destiné à perdre dans ce terrain toutes les eaux qu'il reçoit de la surface du sol.

1996. Les puisards et les puits d'absorption ont pour objet de recevoir les eaux ménagères, pluviales ou industrielles, lorsque la disposition des lieux ou la nature des eaux ne permettent pas de les envoyer à l'égout. Ils ne sont donc admis qu'à titre de tolérance. Lorsqu'il s'agit de se débarrasser d'eaux malsaines on ne peut employer qu'un puisard étanche : les puisards absorbants et les puits d'absorption doivent être absolument interdits. Lorsqu'il s'agit d'eaux inoffensives comme les eaux pluviales et en petite quantité, on emploie le puisard absorbant. Lorsque ces eaux sont en grande quantité ou lorsque le sol n'est pas perméable, le puisard absorbant n'est plus possible et on doit recourir au puits d'absorption.

Dans ce dernier cas, si les eaux inoffensives sont boueuses et si on craint le colmatage du puits d'absorption, on lui accole un puisard étanche. Ce puisard fait l'office de décanteur, il reçoit et garde au fond les boues qu'on cure en temps utile et il ne laisse entrer dans le puits que l'eau claire par déversement.

Quelle que soit l'espèce de puisard établi pour recevoir les eaux ménagères, l'administration municipale doit veiller à ce qu'il soit construit de façon à éviter l'insalubrité ; et elle peut le faire fermer ou reconstruire de telle sorte qu'il ne présente pas d'inconvénients (1).

ARTICLE 2. — *Fosses d'aisances.*

1997. Une des principales causes d'insalubrité dans les villes provient de la construction défectueuse ou de l'insuffisance des fosses d'aisance : et l'un des principaux devoirs de l'autorité municipale est de la combattre. A cet égard, ses pouvoirs s'exercent de deux manières en réglementant : 1° l'établissement et la construction des fosses d'aisance ; 2° la vidange et le transport des matières en provenant (2).

En premier lieu le maire peut ordonner d'établir dans toutes les maisons de la commune des fosses d'aisance ; que ces maisons soient édifiées déjà, en construction où à construire (2),

(1) Cons. d'Et. cont. 20 novembre 1885. — Sur le moyen tiré de ce que le maire de la ville de Vincennes ne pouvait ordonner le curage d'un puisard situé sur une propriété privée ; — Considérant que l'arrêté attaqué a été pris par le maire pour obvier aux dangers résultant pour la santé des miasmes qui s'exhalaient dudit puisard ; — Que, dans ces conditions, les requérants ne sauraient se prévaloir de ce que le puisard est situé sur une propriété privée pour soutenir que cet arrêté ne rentre pas dans les mesures qu'il appartient à l'autorité municipale de prendre en vertu de l'article 3 du titre XI de la loi des 16-24 août 1790... — Rejette.

(2) Cass. crim. 12 mars 1853, D. P., 53.5.477 ; Cass. crim. 20 mars 1856, D. P., 57.1.25 ; Cass. crim. 13 février 1857. — La Cour, Vu l'article 471

qu'elles soient ou non voisines d'un cours d'eau où il serait licite de projeter les ordures (1).

1998. Et en cas de désobéissance à cette injonction, l'administration peut faire faire avec diligence et aux frais du contrevenant l'établissement de la fosse, à défaut par celui-ci d'y faire procéder dans le délai imparti (2). Et le juge saisi de la poursuite *doit*, indépendamment de l'amende, ordonner l'exécution des travaux par le prévenu et à défaut par l'administration (3).

1999. Non seulement l'autorité municipale peut ordonner d'établir les lieux d'aisance, mais elle peut fixer les conditions sanitaires de construction et de disposition auxquelles ils doivent satisfaire, pourvu toutefois qu'elle ne prescrive que des mesures générales établies dans un règlement préalable (4).

(n° 15) du Code pénal ; — Attendu que l'arrêté du maire de Granville du 5 mars 1856, ordonne que, dans le délai de six mois, à dater de sa publication, toutes les maisons de la ville devront être pourvues de fosses d'aisances fixes ou mobiles, soit dans les cours et jardins, soit dans l'intérieur des maisons d'habitation ; — Que cette disposition ne fait aucune distinction entre les maisons déjà existantes et les maisons qui seront construites ; — Qu'elle s'applique par conséquent à toutes les maisons qui ne sont pas pourvues de fosses d'aisances ; — Que dès lors, le jugement attaqué, en restreignant l'application de l'arrêté aux seules maisons à construire, a méconnu. — Casse.

Cass. crim. 15 juillet 1864, D. P., 65.1.43 ; Cass. crim. 19 novembre 1869, D. P., 70.1.317 ; Cass. crim. 6 janvier 1872. — La Cour, Vu l'arrêté pris par le maire de Beauvais, le 8 août 1866, et l'article 161 du Code d'instruction criminelle ; — Attendu que l'arrêté susvisé enjoint à tous les propriétaires de la ville et des faubourgs de Beauvais de faire, avant le 1er juillet 1867, établir des fosses d'aisance dans les maisons qui n'en sont pas encore pourvues ; — Attendu qu'un procès-verbal régulièrement dressé le 28 septembre 1871 par le commissaire de police de Beauvais, constate qu'à cette date Duquesne Hove, propriétaire de diverses maisons à Beauvais, n'avait pas satisfait aux prescriptions de l'arrêté susvisé ; — Attendu que le tribunal de simple police saisi de la connaissance du fait incriminé, tout en condamnant le contrevenant à l'amende, conformément à l'article 471 (n° 15) du Code pénal a refusé de statuer sur la partie des conclusions du ministère public tendant à ce que Duquesne Hove fut, en outre, condamné à établir des fosses d'aisances dans le délai de deux mois, passé lequel les fosses seraient construites par les soins de l'autorité administrative et aux frais du propriétaire ; — Attendu qu'aux termes de l'article 161 du code d'instruction criminelle, le tribunal de simple police qui prononce une peine doit, par le même jugement, statuer sur les demandes en restitution et en dommages-intérêts ; — Attendu qu'en cas de contravention à un arrêté prescrivant certains travaux, la seule réparation, qui puisse être demandée au nom de l'intérêt public, consiste dans la confection des travaux prescrits soit par le contrevenant, soit à ses frais ; — D'où il suit qu'en refusant ou en omettant de statuer sur les réquisitions du ministère public relatives à la réparation du dommage causé, le jugement attaqué a... — Casse.

(1) Cass. crim. 12 mai 1887.
(2) Cass. crim. 15 juillet 1864 ; Cass. crim. 6 janvier 1872. (Voy. *supra* 1997).
(3) Cass. crim. 12 mars 1853 ; Cass. crim. 18 août 1860. — La Cour, Vu l'arrêté du maire de Pézénas (Hérault), du 26 juin 1858, et les articles 161, 408, 413 du Code d'instruction criminelle, 7 de la loi du 20 avril 1810 ; — Attendu que ledit arrêté enjoint aux, propriétaires des maisons non encore pourvues de fosses d'aisances, d'en faire construire dans le délai de six mois ; — Que François Vidal et dix-huit autres habitants de Pézénas, propriétaires de maisons audit lieu, ayant été cités devant le tribunal de simple police pour contravention à cet arrêté, le ministère public a conclu à ce qu'il plut au tribunal de condamner les prévenus, chacun à 1 franc d'amende, par application de l'article 471 (n° 15) du Code pénal, et d'ordonner que les fosses fussent, en outre, tenus de construire des fosses d'aisances dans les maisons qu'ils possèdent audit Pézénas, dans le délai d'un mois à partir du jugement à intervenir, à peine d'y faire procéder d'office par qui il appartiendrait ; — Que le juge de police après avoir constaté l'existence de la contravention, s'est borné à condamner chacun des prévenus à 1 franc d'amende, omettant ainsi de statuer sur la partie des conclusions du ministère public tendait à obtenir, à titre de réparation, l'établissement de fosses d'aisances dans le délai d'un mois ; — Attendu que le tribunal devait, conformément à l'article 161 précité, statuer, en même temps sur le fait incriminé, et sur la demande en dommages-intérêts ; — Qu'après avoir condamné les prévenus à l'amende, il aurait dû s'abstenir d'autoriser l'administration à faire exécuter, à leurs frais, les travaux ordonnés par l'arrêté, sauf pour lui de ne les avoir pas fait exécuter dans un délai déterminé ; — Que c'était, en effet, le seul moyen de réparer le préjudice que l'infraction des contrevenants avait fait éprouver à la commune ; — Attendu que l'omission de statuer sur l'une des chefs de conclusions du ministère public, ayant pour objet l'exercice d'un droit accordé par la loi, constitue une violation... — Casse.
(4) Cons. d'Et. cont. 24 janvier 1867. — Le Conseil, Vu l'ordonnance royale du 24 septembre 1819 ; — Considérant qu'il résulte de l'instruction que le sieur Carmoy, avant de commencer les travaux de construction de sa maison, sise à Paris, rue d'Angoulême, n° 59, a adressé au préfet de la Seine, un plan et des coupes cotés où la fosse d'aisance de ladite maison était figurée en contrebas des caves ; — Qu'en réponse à cette demande, une permission a été délivrée le 15 mars 1861 ; — Considérant qu'il n'est point allégué que, lors de la construction de ladite fosse, le requérant

2000. Les prescriptions de l'administration ne sauraient être remplacées par des mesures que les propriétaires jugeraient équivalentes. Ainsi il a été jugé qu'un propriétaire ne saurait établir un puisard au lieu d'une fosse d'aisance (1).

2001. Dans ces dispositions réglementaires peuvent figurer celles qui, sans être relatives aux procédés d'édification ou aux systèmes d'appareils nécessités par la destination de la fosse, ont pour but d'ordonner l'établissement dans des endroits où ni l'odeur ni l'usage ne pourront nuire à la salubrité publique. Ainsi, l'autorité municipale peut interdire de creuser des fosses au long d'un cours d'eau ou de les mettre en communication avec ce cours d'eau (2).

2002. L'administration municipale a le droit, tant dans un intérêt de morale que de propreté et de salubrité, de faire établir des lieux d'aisance publics. Il lui appartient de déterminer où ils doivent être placés, pourvu qu'ils le soient sur un domaine public ou privé communal : elle use à cet égard, d'un droit de police administrative dont elle a seule la responsabilité dans la limite de ses pouvoirs (1).

2003. L'autorité municipale peut également, et doit même, dans l'intérêt du bon ordre et de la salubrité, prescrire la construction d'une fosse d'aisance dans tous les locaux, marchés, halles, théâtres, etc., où le public se réunit et qui sont remis à l'exploitation particulière, et dans les hôtels, auberges, débits de boisson, restaurants, etc., ou sont admis des voyageurs ou des consommateurs publics (2).

---

ait omis, soit de se conformer auxdits plans et coupes, soit de remplir aucune des conditions prescrites par l'ordonnance royale du 24 septembre 1819 ; — Que dans ces circonstances, le préfet de la Seine a commis un excès de pouvoirs, en lui ordonnant, par son arrêté du 13 septembre 1861, de relever le radier de ladite fosse à l'altitude minima de 40.10 mètres au-dessus du niveau de la mer, ou de la convertir en y établissant des appareils mobiles conformément aux règlements, et que dès lors, cet arrêté doit être annulé. — Annule.

En ce sens, Cass. crim. 10 juillet 1868. (Voy. *supra*, nº 1417); Cass. crim. 25 mars 1887.

(1) Cass. crim. ch. réunies, 16 mai 1887. — Vu le règlement de voirie, pour la ville de Marseille, en date du 17 février 1859, lequel porte : — Art. 55. Toutes les fois qu'un propriétaire voudra se débarrasser d'eaux sales, pluviales ou ménagères, dont le niveau sera inférieur à celui de la rue au-devant de son immeuble, il pourra être autorisé à établir sous la voie publique une conduite longitudinale déversant dans le ruisseau, mais seulement lorsqu'il n'existera pas d'égout public à peu de distance ; — Art. 59. Dans les rues où il existe des égouts publics, les conduites seront établies comme il est dit à l'article 55 ; — Art. 60. Il est interdit de déverser sur la voie publique ou dans les égouts des matières fécales ou tout liquide qui pourrait nuire à la salubrité ou à l'égout ; — Vu également l'article 1er de l'arrêté municipal du 21 août 1865, ainsi conçu : Dans le délai d'un mois à partir de la publication du présent, tout propriétaire de maisons dépourvues de fosses d'aisances ou de fosses mobiles sera tenu de faire procéder à leur construction ou installation ; — Attendu qu'il est constaté souverainement, et d'ailleurs non contesté, qu'en mars et avril 1885, la dame veuve Auphan et consorts n'avaient, à l'intérieur de leurs maisons, ni fosses d'aisances ni fosses mobiles, et qu'ils faisaient servir à cet usage les cuvettes ou puisards établis, à l'extérieur, sous les trottoirs ou revers de la rue ; — Attendu que ces puisards ne constituaient ni des fosses d'aisances, ni des fosses mobiles ; qu'ils se trouvaient en dehors de la propriété des prévenus, et que la construction n'en avait été autorisée, conformément au règlement de voirie du 17 février 1859, qu'en vue de l'écoulement des eaux sales, pluviales ou ménagères, et non pour recevoir des matières fécales ; — Attendu, cependant, que le jugement attaqué a interprété les arrêtés municipaux en ce sens que les puisards installés dans ces conditions, avaient pu régulièrement tenir lieu de fosses d'aisances, et que les prévenus avaient eu le droit d'y déverser les matières fécales ; — qu'en statuant ainsi, il a formellement violé les dispositions ci-dessus transcrites, en même temps que l'article 471 (nº 15) du Code pénal ; — Par ces motifs. — Casse.

(2) Cass. crim. 28 février 1861. La Cour, Vu la loi des 16-24 août 1790, titre II, article 3 et l'article 471 (nº 15) du Code pénal ; — Vu l'arrêté du maire de Chateaubriant du 11 novembre 1859, approuvé le 17 du même mois, par arrêté du préfet de la Loire-Inférieure, prescrivant des mesures, à l'effet de tenir, dans un grand état de propreté et d'assainissement le ruisseau de Rolard, qui traverse cette ville et sert de lavoir aux habitants riverains ; — Attendu que cet arrêté dispose : — Art. 1er Les conduits des latrines établies sur le ruisseau de Rolard et ses affluents sont supprimés ; — Art. 2. Il est enjoint aux propriétaires de construire dans un délai de deux mois des fosses mortes, closes et bien fermées, pour recevoir les égouts de leurs latrines, de manière que les matières fécales et les urines ne s'écoulent plus dans le ruisseau de Rolard et ses affluents, et qu'il ne s'évapore aucun miasme, aucune exhalaison infecte ou malsaine ; — Art. 3. Il est également défendu de jeter des immondices dans ce ruisseau et ses affluents ; — Attendu qu'il est constaté par le jugement attaqué que le sieur Gesnic, propriétaire riverain du ruisseau de Rolard, après avoir supprimé, en exécution dudit arrêté, ses anciennes latrines établies sur ce ruisseau, s'est refusé à construire une fosse morte, et que son habitation s'est trouvée ainsi dépourvue de lieux d'aisances ; — que néanmoins le juge a renvoyé le sieur Gesnic de la prévention, par le motif qu'il avait pu, sans encourir aucune peine, s'abstenir d'établir une fosse morte, qui n'avait plus raison d'être puisqu'elle ne pouvait être que l'accessoire des latrines, ouvrage principal qui n'existait plus, que d'ailleurs la disposition de l'arrêté, relative à l'établissement d'une fosse morte est bien plutôt démonstrative qu'impérative ; — que par suite la construction d'une fosse morte n'était pas prescrite ; — Attendu que l'arrêté du 11 novembre 1855 a été pris dans les limites du pouvoir réglementaire dont l'autorité municipale est investie par la loi précitée ; — Attendu que le maire de Chateaubriant n'avait pas atteint le but qu'il avait dû se proposer, l'assainissement au ruisseau de Rolard, en ordonnant seulement la suppression des latrines établis sur ce cours d'eau, et qu'en fait il ne s'est pas borné à cette insuffisante prescription ; — que chacune des dispositions de l'arrêté peut être, en effet, considérée comme principale et convergeant vers un même but ; — que toutes ces dispositions sont ainsi obligatoires ; — que d'ailleurs la disposition relative à la construction d'une fosse morte, présente comme les autres dispositions de l'arrêté tous les caractères d'une intimation ; — Attendu qu'en refusant de faire application au prévenu de l'arrêté sus-référé, le tribunal a faussement interprété... — Casse.

Cons. d'Ét. cont. 5 décembre 1873. — Le Conseil, En ce qui concerne les dispositions de l'arrêté du 8 août 1866, portant qu'à partir du 1er janvier suivant, toutes les latrines existant au-dessus des cours d'eau ou communiquant avec eux devront être supprimées ; — Considérant que, pour demander l'annulation de ces dispositions, les requérants se fondent, d'une part, sur ce qu'il n'aurait appartenu qu'au préfet de prescrire des mesures qui intéressaient le régime des cours d'eau et, d'autre part, sur ce que lesdites mesures auraient été prises, non dans un but de police municipale, mais dans l'intérêt de la voirie, et pour diminuer les charges qu'impose à la ville l'entretien des canaux qui la traversent ; — Mais, considérant qu'il résulte de l'instruction que les dispositions précitées avaient pour but de faire cesser, par l'interdiction du système de latrines usité dans les maisons des requérants, un état de choses considéré comme nuisible à la salubrité de la ville ; — que dès lors, en en prescrivant l'exécution le maire a agi... — Rejette.

(1) Cass. crim. 5 août 1858. — La Cour, Vu les articles 160 du Code d'instruction criminelle et 257 du Code pénal ; — Attendu que le fait reproché aux inculpés était celui d'avoir supprimé des urinoirs apposés par l'administration municipale sur un mur pignon joignant la voie publique ; — Attendu que ces objets sont essentiellement destinés à l'utilité publique ; — Attendu que le jugement ne méconnait pas que ces urinoirs aient été placés par les soins de l'autorité publique, ni qu'ils aient été enlevés par le sieur Rousselot sans autorisation de l'administration municipale ; — Attendu que le fait d'avoir enlevé ou détruit volontairement un objet placé dans un intérêt d'utilité publique par l'administration municipale sans l'assentiment de cette administration, constitue le délit prévu par l'article 257 du Code pénal ; — Attendu qu'aux termes de l'article 160 du Code d'instruction criminelle, si le fait résultant des débats constitue un délit, le juge de police doit se déclarer incompétent et renvoyer les parties devant le procureur impérial ; — Attendu dès lors, que le jugement attaqué ne pouvait relaxer les inculpés par le seul motif que le fait qui leur était reproché ne constituait pas la contravention prévue par l'article 479 (nº 1) du Code pénal, et qu'en le faisant et en délaissant les parties intéressées à se pourvoir à fins civiles, ce jugement a méconnu les règles de compétence tracés par l'article 160 du Code d'instruction criminelle. — Casse.

Cons. d'Ét. cont. 6 avril 1863. — Sur la compétence ; — Considérant que l'urinoir dont le sieur Desloges a demandé la suppression devant les tribunaux, a été construit sur la voie publique en exécution d'un arrêté pris par le maire de la ville de Caen, dans un intérêt de salubrité en vertu des pouvoirs que la loi des 16-24 août lui confère ; — qu'en admettant que le mur dans lequel une ouverture avait été pratiquée pour l'écoulement des urines dans l'Odon, soit la propriété du sieur Desloges, il résulte de l'instruction que cette ouverture a été fermée par les soins de la ville de Caen ; — que dans ces circonstances aux termes des lois ci-dessus visées sur la séparation des pouvoirs, il ne pouvait appartenir aux tribunaux d'ordonner la destruction de l'ouvrage dont il s'agit. — Confirme l'arrêté.

(2) Cass. crim. 12 octobre 1850. — La Cour, Sur le moyen de cassation pris dans la violation de l'article 10 de l'arrêté du 26 juillet 1843 et du numéro 15 de l'article 471 du Code pénal ; — Attendu que le numéro 5 de l'article 3, titre XI de la loi du 24 août 1790, en conférant à la vigilance de l'autorité municipale le soin de prévenir, par les précautions convenables les fléaux calamiteux tels que les épidémies, les autorise par là à employer tous les moyens qui peuvent produire cet effet et maintenir la propreté et la salubrité des rues, lieux et édifices publics ; — Attendu que le gouverneur général de l'Algérie, investi du pouvoir municipal quant à la ville d'Alger, par des ordonnances et des règlements d'administration publique avait ainsi le droit d'astreindre les limonadiers traiteurs et les débitants de boissons à établir dans leur domicile et même sur la voie publique, au cas où il y aurait eu impossibilité d'établissement dans l'intérieur du domicile, des urinoirs à l'usage des individus qui fréquentent ces établissements ; — Mais attendu que le numéro 5 de l'article 471 du Code pénal ne punit et ne réprime les contraventions aux règlements de l'autorité administrative qu'en tant que ces règlements auraient été légalement faits par elle ; — que l'arrêté du gouverneur général du 26 juillet 1843, dont l'inexécution a motivé les poursuites dirigées contre les nommés Zannik et autres ne s'est pas borné par son article 10 à les obliger, à raison de l'industrie à laquelle ils se livrent, à établir des urinoirs pour le service de leurs établissements ; — Mais qu'ils sont astreints par la disposition précitée, à la construction d'urinoirs qui seraient publics ; — Attendu que cet arrêté, en mettant ainsi à

2004. La suppression des fosses d'aisance établies sur une propriété soulève, outre une question de droit civil que nous n'avons pas à traiter ici, une question d'hygiène publique sur laquelle nous devons dire quelques mots. Cette suppression ne doit avoir lieu, et l'autorité municipale n'a le pouvoir et le droit d'intervenir à cet égard, qu'en prenant toutes les précautions pour l'assainissement du sol et la suppression des exhalaisons méphitiques. La vidange complète doit être opérée, les pierres et les sables enlevés et désinfectés avant que la fosse ne puisse être comblée. Il ne faut pas oublier, en effet, que c'est surtout lorsqu'on remue des terres polluées par les matières fécales que l'on voit naître et se développer certaines maladies épidémiques telle que la fièvre typhoïde et le choléra.

ARTICLE 3. — Égouts.

2005. La police des égouts rentre dans les attributions de l'autorité municipale, comme chargée de l'administration du domaine public de la commune et comme chargée de la salubrité publique. On appelle égouts, en général, la chute ou l'écoulement des eaux par la pente d'un édifice ou d'un sol incliné. Les égouts sont publics ou privés : publics s'ils sont consacrés à l'utilité générale, privés s'ils sont destinés à assurer l'écoulement des eaux dans un intérêt particulier. Parmi les égouts privés on distingue les égouts d'eaux ménagères ou industrielles, dont l'objet est indiqué par le nom même, et les égouts des toits destinés à recevoir les eaux pluviales. Nous n'avons pas à nous occuper de la législation relative à ces derniers qui appartient tout entière au droit civil.

La police des égouts publics et privés est, au contraire, du ressort de l'autorité administrative et de la matière du droit public.

2006. Les égouts publics sont, au même titre que les voies publiques la propriété de l'État, du département ou des communes, non pas selon qu'ils sont établis sous une voie nationale, départementale ou communale, mais selon qu'ils ont été construits dans un intérêt national, départemental ou communal. En général, ils sont propriété communale.

L'ancienne jurisprudence attribuait au domaine municipal trois toises de terrain de chaque côté de la ligne médiane de l'égout, et imposait le curage et l'entretien des égouts découverts aux communes — s'ils étaient la propriété de celles-ci — et celle des égouts couverts aux habitants sur le toit desquels ils passaient, en vertu d'un arrêt du Conseil du 21 juin 1725. Mais on est d'accord aujourd'hui pour reconnaître que la construction, la conservation et le nettoyage des égouts sont devoirs et charges de l'autorité publique à qui ils appartiennent (1). Toutefois, il est certain que, lorsque des égouts passent sous des propriétés privées, les propriétaires et locataires doivent souffrir les visites des autorités compétentes.

2007. Un arrêt du conseil du 22 janvier 1785 fait défense à tout propriétaire de maisons dans Paris de pratiquer aucune ouverture ou communication avec les égouts publics, à moins d'une autorisation formelle qui déroge à cette prohibition. Cette disposition, quoique spéciale à la ville de Paris, peut être étendue par l'autorité communale à toute commune, et être considérée comme loi de la matière (1).

L'autorisation peut imposer des charges à celui qui la sollicite. Ainsi elle peut n'être accordée que sous la condition que l'entretien du pavage, et les autres réparations seront supportés par l'impétrant, et moyennant une taxe ou une indemnité déterminée.

Il a même été jugé à cet égard que la commune qui a concédé à certains habitants, pour une somme déterminée, le droit de pratiquer des canaux communiquant de leurs maisons aux égouts publics, a pu postérieurement, si ses besoins l'exigeaient, porter cette somme à un chiffre plus élevé, sans qu'il y ait eu de sa part violation d'un contrat. Elle n'a, en agissant ainsi, que modifié un tarif dont le caractère est essentiellement variable et qui doit s'élever en raison de l'augmentation des dépenses auxquelles il a pour but de pourvoir.

Mais les habitants ont le droit de se soustraire à cette élévation de la taxe en renonçant à la concession qui leur avait été consentie (2).

2008. On ne peut acquérir par prescription le droit de verser les eaux dans un égout public, de manière qu'il ne soit plus possible à l'autorité de supprimer l'égout sans pourvoir à l'écoulement des eaux qu'on avait coutume d'y verser. En effet, s'il s'agit d'un aqueduc couvert, et s'il existe un règlement de police faisant défense à tout propriétaire de pratiquer aucune ouverture ou communication avec le canal à moins de concession formelle, la prescription ne peut s'établir parce qu'on ne prescrit pas contre une loi de police. Et, si pour arriver à l'égout, le conduit des eaux a dû être établi au travers du sol d'une rue ou d'une place publique, comme la voie publique est essentiellement imprescriptible, la servitude ne peut s'établir sur l'égout, puisque l'espace intermédiaire ne peut être valablement prescrit.

Ainsi il a été jugé que celui qui, depuis longtemps, est en possession de faire écouler les eaux de son usine par un égout qui traverse une rue et les conduit à un fossé qui faisait autrefois partie des fortifications d'une ville, ne peut se plaindre du comblement de ce fossé, ordonné pour cause de salubrité publique, sousprétexte que, par sa longue possession, il aurait acquis une servitude et sur la rue et sur le fossé (3).

---

la charge d'une classe de citoyens ce qui ne pourrait constituer qu'une charge communale, est évidemment sorti des limites dans lesquelles devait se renfermer ce règlement de police, telles qu'elles sont fixées par la loi des 16-28 août 1790 ; dans les dispositions de laquelle l'arrêté dont il s'agit pouvait seul puiser sa force et son autorité ; — D'où il suit qu'en se refusant à procurer l'exécution dudit arrêté, ainsi qu'à reconnaître et à réprimer la contravention reprochée aux inculpés, le jugement attaqué n'a violé... — Rejette.

En ce sens. Cass. crim. 15 mars 1855. Voy. n° 1702. Trib. Seine, 1er juillet 1863, D. P., 63.3.63.

(1) Cons. d'Ét. 11 février 1881. — Le Conseil d'État. Vu l'ordonnance royale du 22 juin 1822 ; — Vu la loi du 16 septembre 1807 et notamment les articles 33, 36 et 37 ; — Considérant qu'aucune disposition de loi n'autorise les communes à mettre à la charge des propriétaires riverains, en vertu d'anciens usages locaux, les frais de construction des égouts établis sous les voies publiques, et que si d'après l'article 36 de la loi du 16 septembre 1807, les propriétaires intéressés peuvent être tenus de contribuer aux travaux exécutés dans un intérêt de salubrité, les communes ne peuvent se prévaloir de cette disposition qu'autant que les travaux ont été ordonnés par le gouvernement, conformément à l'article 35 de la loi précitée ; — Qu'en admettant que l'ordonnance du 22 juin 1822 ait autorisé la ville de Saint-Étienne à réclamer aux propriétaires riverains, tout ou partie de la dépense des travaux de construction d'égout que la ville avait résolu ou se proposait d'établir à cette époque, il résulte de l'instruction que la construction d'un égout

dans la rue de la Moutat, décidée par délibération du conseil municipal en date du 6 août 1874, n'a été ni ordonnée ni même autorisée par aucun acte du gouvernement ; — que dès lors, la ville de Saint-Étienne n'était pas en droit d'invoquer l'article 36 de la loi du 16 septembre 1807, pour mettre à la charge de la compagnie requérante une partie des frais de construction de l'égout de la rue de la Moutat. — 1° Annule l'arrêt ; — 2° Annule la contrainte décernée par la ville de Saint-Étienne.

(1) Une ordonnance royale du 30 septembre 1814 exige pour Paris la détermination le détail des travaux à exécuter par ceux qui ont obtenu l'autorisation de laisser écouler leurs eaux dans les égouts publics. Les dispositions peuvent être appliquées dans toutes les communes par des arrêtés généraux préfectoraux ou spéciaux municipaux.

On y décide notamment que lorsque les eaux n'ont pas, par défaut de pente, un écoulement sur la voie publique, on peut permettre aux propriétaires d'établir une communication souterraine entre leurs maisons et l'égout le plus voisin pour y conduire lesdites eaux ; — Que les travaux nécessités par ces communications seront surveillés par les agents préposés au service des égouts ; — Que cependant les propriétaires sont libres de faire exécuter ces travaux par qui bon leur semble ; — Qu'en cas de reconstruction des maisons, l'écoulement des eaux aura lieu sur la voie publique ; sinon toute communication avec les égouts leur sera interdite, même pour les cuisines, basses-cours, buanderies, teintureries et autres établissements qu'ils jugeraient à propos de construire dans les souterrains de ces nouvelles bâtisses.

(2) Nancy, 14 janvier 1845.

(3) Cass. Req. 13 février 1828. — La Cour, Attendu qu'il est constaté en fait : 1° Que des manufactures du demandeur découlent des eaux malsaines et qui incommodent le voisinage ; 2° Que ces eaux, avant d'arriver au fossé dit des Orphelins, traversent au moyen d'un aqueduc souterrain l'une des rues de la ville ; — Attendu que, si on peut dire que le fossé appartient à la ville, comme toutes les propriétés communales, être grevé de servitude, il n'en est pas de même de la rue traversée par les eaux du demandeur ; — Qu'une rue est une propriété publique hors du commerce, qui n'appartient à personne, sur laquelle, par conséquent, personne ne peut acquérir aucun droit de propriété ; —

2009. En général, les règlements locaux, bien loin d'interdire de conduire les eaux et immondices à l'égout, obligent chaque habitant à y jeter les immondices de sa maison, et, quels que soient les désagréments que les voisins en puissent éprouver, ils ne peuvent s'en plaindre qu'alors que les règlements de la police ont été transgressés. Mais les règlements de police peuvent interdire d'y jeter ou de pousser des boues, neiges, glaces ou immondices solides et généralement des corps ou matières qui pourraient les obstruer ou les infecter.

Et l'article 6 du décret du 26 mars 1852, qui, bien que relatif à Paris, peut, aux termes de l'article 9, être étendu à toutes les villes qui en font la demande, oblige même tout propriétaire de maison nouvelle dans une rue pourvue d'égouts à disposer sa construction de manière à y conduire ses eaux pluviales et ménagères. Cette disposition peut être prise pour toute maison ancienne en cas de réparation.

2010. Mais l'autorisation de conduire les eaux ménagères et de pluie à l'égout n'emporte pas avec elle celle d'y jeter les eaux vannes. Et dans les villes auxquelles le décret de 1852 a été déclaré applicable, cette faculté ne résulte pas des termes de l'article 6 puisque celui-ci ne parle que des eaux pluviales et ménagères. Un arrêté spécial doit donc intervenir à cet effet, lequel peut déterminer les conditions où l'introduction des eaux vannes dans l'égout pourra être permise.

2011. Une commune pourrait-elle conduire les eaux de ses égouts dans une rivière d'un assez faible volume pour que les eaux s'en trouvent corrompues? La négative nous paraît certaine ; il n'est pas admissible, en effet, que pour désinfecter son propre territoire, une commune infecte celui des communes voisines. Mais cette question est grave parce qu'elle ne trouve le plus souvent sa solution que dans l'intervention de l'État ou du département qui prennent le fardeau des travaux d'assainissement dont le coût dépasserait les possibilités financières de la plupart des communes rurales (1).

2012. On doit considérer comme obligatoire pour les tribunaux l'arrêté du maire qui défend d'obstruer le conduit du canal destiné à recevoir les eaux insalubres d'une ville, et qui enjoint aux propriétaires, sur l'héritage desquels ces eaux se sont amassées dans des mares, de les combler. Mais il en est autrement de la disposition du même arrêté qui enjoindrait aux riverains du canal de l'entretenir et de le recouvrir dans toute sa longueur (2).

2013. Les égouts privés peuvent, en général, être établis sans autorisation administrative préalable, mais en observant toutes les conditions prescrites afin qu'ils ne répandent ni mauvaises odeurs, ni émanations insalubres, ou ne corrompent pas les eaux du sol inférieur et les puits et citernes voisines. Ces égouts doivent conduire soit aux fossés et ruisseaux des voies publiques, soit aux égouts publics, soit dans des puisards ou cloaques privés, établis conformément aux usages et règlements locaux (1).

2014. La construction, l'entretien et le curage des branchements sont à la charge des propriétaires qui peuvent faire exécuter eux-mêmes les travaux, mais à la triple condition de les commencer, poursuivre et terminer dans le délai fixé par l'administration, afin de faciliter la surveillance et de ne pas tenir la voie publique trop longtemps encombrée ;

De se conformer aux indications fournies pour la nature des matériaux et les dimensions des ouvrages ;

De souffrir et payer la réfection d'office dans le cas ou les branchements seraient jugés défectueux.

2015. Les villes qui n'ont pas d'égouts publics peuvent interdire aux propriétaires riverains de laisser écouler sur la voie publique leurs eaux ménagères et à plus forte raison, leurs eaux vannes. Elles peuvent permettre cette issue après désinfection préalable, ou prescrire les emmagasinements jusqu'au passage de tonneaux de vidange, etc., etc. (2).

ARTICLE 4. — Vidanges.

2016. Si l'intérêt de la santé publique a fait admettre le droit d'intervention de l'autorité municipale pour l'établissement et la construction des fosses d'aisances, ce même intérêt

---

Attendu que la police en appartient au corps municipal, et que, chargé par la loi de faire jouir les habitants de la propriété, de la sûreté et de la tranquillité dans les rues et places publiques, le maire de la commune peut faire tous les règlements et prendre toutes les mesures nécessaires pour atteindre ce but, qu'ainsi en supprimant, comme l'a fait la municipalité de Strasbourg, un égout qui répandait des exhalaisons malsaines, il n'a pas privé le demandeur d'un droit de servitude, puisque personne ne peut en acquérir sur les rues et places publiques... — Rejette.

(1) Voyez à cet endroit le décret rendu à l'égard des eaux corrompues des villes de Tourcoing et de Roubaix.

(2) Cass. crim. 2 juin 1838. — La Cour, Attendu que le pouvoir conféré aux maires par la loi du 18 juillet 1837 sur les attributions municipales est limité dans son exercice par les articles 3 et 4, titre XI, de la loi des 16-24 août 1790 ; — Que les arrêtés pris par ce pouvoir ne sont sanctionnés des termes déterminés au numéro 15 de l'article 471 du Code pénal qu'autant qu'ils n'ont pas dépassé les limites tracées par ces lois ; — Attendu que les principes du droit public sur la séparation des pouvoirs administratif et judiciaire s'opposent également à ce que les tribunaux infligent des peines à ceux qui contraviennent à des arrêtés pris en dehors des attributions de la police municipale, et à ce que ces tribunaux citent devant eux les administrateurs pour raison de leurs fonctions, que si ces tribunaux refusent la sanction de la loi pénale à la défense d'obstruer le conduit ou canal destiné à recevoir les eaux ménagères de ladite ville et celles qui proviennent des abattoirs, de rétablir des mares ou des trous dans les terrains traversés par ce conduit, de y retenir les eaux stagnantes ou fétides, et à l'injonction faite à deux propriétaires de combler les mares et trous existant dans leurs jardins, de manière à ce que ces eaux cessent de nuire à la salubrité publique ; — Les autres consistant à prescrire aux propriétaires des ter-

rains traversés, par ce conduit, de boucher et tenir constamment bouché le conduit dont il s'agit, dans toute sa longueur, et de le fermer en pierres, de le recouvrir en terre, d'une épaisseur d'au moins 33 centimètres, et enfin, de lui donner une largeur suffisante pour assurer l'écoulement naturel des eaux ; — Attendu que si les premières dispositions ci-dessus relatées rentrent dans les attributions conférées à l'autorité municipale pour le maintien de la salubrité, il n'en est pas de même des secondes ; que celles-ci impliquent la solution préexistante de questions de propriété ou de servitude étrangères aux attributions de la police, de nature à être débattues entre la ville de Chaumont et les propriétaires desdits terrains, selon que le conduit aura été construit avec ou sans l'obligation de l'entretenir, dans une certaine largeur, à couvert ou à découvert, ou que ce sera une simple servitude dérivant de la nature des lieux qui doit être entretenue aux frais du propriétaire supérieur ; — Attendu qu'évidemment il ne pouvait appartenir au tribunal de police de déclarer en cette partie l'arrêté municipal obligatoire pour le sieur Colliot, résistant comme propriétaire à son exécution ; — Que c'est donc à bon droit que ledit tribunal s'est déclaré incompétent pour prescrire audit Colliot aucuns travaux d'élargissement ou de reconstruction du conduit ; — Que la contravention dudit Colliot a consisté uniquement à n'avoir pas supprimé les mares et trous qui retenaient les eaux fétides, et qu'en lui appliquant, sous ce rapport, les peines de l'article 471 (n° 15) du Code pénal, le jugement attaqué a fait une juste application dudit article ; — Sans approuver le motif par lequel ledit jugement déclare que le canal établi dans un intérêt général peut être considéré comme une servitude, et, à ce titre, serait nécessairement à la charge des propriétaires des terrains clos qu'il traverse, ce qui dépassait la compétence du juge de police.

(1) C. civ., art. 674.

(2) Cons. d'Et. cont. 18 janvier 1844 ;Cons. d'Et. cont. 5 juin 1848. — Considérant qu'en faisant défense au requérant de laisser écouler sur la voie publique les eaux minérales ou composées provenant de son établissement de bains, le maire de la ville de Sens, par son arrêté du 18 juin 1844 confirmé par la décision du ministre de l'intérieur, a pris une mesure de police, dans l'intérêt de la salubrité de la commune, qui n'est pas de nature à être contentieuse. — Rejette.

Cass. crim. 7 décembre 1838. — La Cour, Attendu qu'il résulte d'un procès-verbal régulier, dressé par le commissaire de police de la ville de Trévoux, que le nommé Antoine Brun aurait établi dans sa boutique un cornet en fer blanc déversant les eaux sales sur la voie publique, lesquelles eaux, séjournant dans la rue, gênaient la libre circulation et diminuaient la liberté du passage ; — Attendu que le jugement du tribunal de police, appréciant les faits de l'enquête ordonnée, a déclaré que l'écoulement des eaux n'occasionnait aucun embarras sur la voie publique ; — Que, sous ce rapport, son appréciation est souveraine ; — Mais attendu qu'il ne s'est point prononcé sur l'existence et sur les proportions du cornet destiné à l'écoulement de ces eaux ; — Attendu cependant que, d'après l'article 18 du règlement municipal en date du 3 mai 1832, approuvé par le préfet, les eaux provenant des maisons devra déverser les eaux par un canal creusé dans une pierre légèrement inclinée et couverte avec obligation pour le propriétaire d'ouvrir jusqu'au ruisseau une rigole parée afin que lesdites eaux ne séjour-

justifie la même intervention quand il s'agit de l'extraction des matières corrompues et infectes emmagasinées. La mauvaise odeur, les émanations dangereuses, les impuretés de toutes sortes qui pourraient se répandre sur le sol des rues, occasionnent de tels inconvénients publics qu'une surveillance sévère et une réglementation rigoureuse sont absolument nécessaires. Et à cet égard, on est d'accord que le conseil municipal non seulement peut, mais doit réglementer le détail des conditions qui doivent être observées dans les opérations d'extraction, de transport et de traitement de la vidange.

2017. En premier lieu, la profession d'entrepreneur de vidange peut et doit être réglementée, non pas en ce sens que l'autorité municipale puisse créer un monopole ; à cet égard, la jurisprudence, après des hésitations, s'est prononcée énergiquement pour la négative (1), mais en ce sens qu'il est

indispensable que le règlement spécifie nettement la nature et l'étendue des obligations qu'il entend imposer aux personnes qui veulent exercer ce genre d'industrie, et qu'il détermine les justifications qui devront être faites à l'administration pour qu'elle accorde ou refuse son autorisation (1).

2018. Dans la plus grande partie des communes rurales cependant, la profession de vidangeur n'existe pas, parceque le nombre de vidanges à faire chaque année ne lui permet pas d'être. Les propriétaires sont donc contraints de faire procéder à la vidange de leurs fosses, comme ils peuvent et par qui ils peuvent ; le règlement municipal ne doit donc pas autoriser les vidangeurs, mais il doit autoriser la vidange et n'en doit pas moins déterminer les conditions à observer dans l'intérêt de la salubrité publique.

2019. Que la profession de vidangeur soit exercée librement, mais sous la surveillance de l'autorité, ou en vertu d'une autorisation régulière, les obligations qui lui sont imposées dans l'intérêt de la salubrité publique n'en pèsent pas moins exclusivement et personnellement sur ceux qui l'exercent en titre, et non pas sur les ouvriers ou préposés qu'ils emploient ; ces derniers n'agissant jamais que pour le compte de leurs maîtres, et d'après leurs ordres présumés ; ils n'exercent pas la profession, ils ne sont que les agents de ceux qui l'exercent. N'appliquer que la responsabilité civile aux entrepreneurs, ce serait faire peser la répression sur des employés subalternes, souvent inconnus, presque toujours insaisissables, et enlever à la vindicte publique toute garantie (2).

---

nent point ou puissent s'écouler plus facilement ; — Attendu que le jugement attaqué, statuant seulement sur la question de savoir si l'écoulement des eaux exhalait une odeur insalubre ou gênait la liberté du passage, ne s'est point prononcé sur la question de savoir si, conformément à l'arrêté ci-dessus visé, le sieur Brun avait observé, pour l'établissement du cornet et d'une rigole destinée à conduire les eaux dans le ruisseau, les proportions et les travaux déterminés par ledit arrêté ; — Que cette inobservation de l'article 18, constituait cependant une infraction au règlement ci-dessus rappelé. — Casse.

Cass. crim. 23 janvier 1862. — La Cour, Vu les articles 1 et 2 des arrêtés du maire de Nîmes en date des 21 avril 1832 et 30 octobre 1839, et l'article 471 (n° 15) du Code pénal ; — Attendu que les arrêtés municipaux sus-indiqués interdisent de déposer ou de jeter sur la voie publique rien qui puisse porter dommage aux passants, ou des liquides d'aucune espèce pouvant embarrasser ou salir la voie publique ; — Attendu que la rigole dont la rue fait partie de cette rue et de la voie publique ; — Attendu que le jugement attaqué (rendu par le tribunal de simple police de Nîmes) reconnaît que les liquides que Reynaud laissait écouler dans la rigole de la rue, étaient de nature corrosive et rougeâtre de couleur ; — Attendu que sous ce double rapport, ces liquides pouvaient porter dommage aux passants et étaient de nature à salir la voie publique ; — Attendu, néanmoins, que le jugement a relaxé Reynaud de cette contravention, par le motif que les eaux ne s'écoulent que dans une rigole destinée à recevoir même les eaux ménagères ; — Que le dommage ne pourrait résulter que du défaut d'attention des passants, et que c'était là un fait éventuel ou accidentel qui ne tombait pas sous l'application de la loi pénale ; — Attendu qu'en statuant ainsi, le jugement attaqué a fait une fausse interprétation. — Casse.

(1) Cass. crim. 18 décembre 1838 ; Cass. crim. 5 janvier 1839 ; Cass. crim. 12 février 1881. — La Cour, Attendu qu'aux termes d'un procès-verbal régulier, le sieur Duchesne, entrepreneur de vidanges, a été traduit devant le tribunal de simple police, pour avoir, à Dunkerque, opéré la vidange d'une fosse d'aisances, sans autorisation préalable, et en contravention aux dispositions d'un arrêté municipal ; — Attendu que les articles 1 et 2 de l'arrêté pris par le maire de Dunkerque, à la date du 27 avril 1880, sont ainsi conçus : — « Art. 1er. A partir de la publication du présent arrêté, nulle vidange ne pourra être faite en ville par un système autre que le système inodore Keyser imposé à l'entrepreneur actuel du service de l'enlèvement des boues et immondices de la vidange ; — Art. 2. Nul ne pourra exercer la profession de vidangeur sans avoir reçu l'autorisation écrite du maire, cette autorisation sera délivrée, après constatation, par une commission nommée ad hoc, que le système présenté par le demandeur est bien celui prescrit par l'article ci-dessus » ; — Attendu que Duchesne a été condamné par le tribunal de simple police de Dunkerque (le 9 août 1880) pour avoir contrevenu auxdits articles ; — Attendu qu'il appartient à l'autorité municipale de prendre toutes les mesures nécessaires dans l'intérêt de la salubrité publique, pour assurer le bon fonctionnement du travail dont il s'agit, et même d'obliger les entrepreneurs à se pourvoir d'un matériel suffisant et de certains engins pour qu'il puisse être exécuté aussi promptement que possible, et que les inconvénients qui peuvent en être la conséquence en soient amoindris, il faut néanmoins reconnaître que ce pouvoir ne peut être absolu, et ne peut avoir pour effet et pour conséquence de porter atteinte à la liberté de l'industrie, et de créer un monopole au profit d'un entrepreneur au préjudice de tous les autres ; — Attendu qu'il résulte des articles susvisés qu'aucune vidange ne pourra être opérée sans une autorisation écrite du maire, et après constatation que le système présenté par le demandeur est bien le système Keyser ; — Attendu qu'il n'est pas méconnu ce système est l'objet d'un brevet, qu'il n'est pas, conséquemment, dans le domaine public ; — Que cet arrêté a donc pour conséquence nécessaire de soumettre l'exercice de la profession de vidangeur à une autorisation arbitraire et qui ne peut être accordée que sur la justification qui crée un privilège au profit d'une industrie brevetée ; — Attendu, en outre, qu'à la date du 16 décembre 1878, le service des boues et immondices et de la vidange a été affermée par la ville à un entrepreneur spécial ; et qu'il est articulé que cet entrepreneur est cessionnaire du droit du sieur Keyser ; — Qu'il peut ainsi, en refusant la livraison d'engins qui ne sont pas dans le domaine public, et dont seul, il peut disposer, créer, en vertu de l'arrêté dont s'agit, un monopole à son profit et au préjudice de tous entrepreneurs ; — Attendu, qu'en cet état, l'arrêté dont s'agit porte atteinte à la liberté du commerce et de l'industrie, et a été pris en dehors des limites des attributions conférées à l'autorité administrative par les lois de la matière ; — Que, conséquemment, il ne peut être considéré comme obligatoire... — Casse.

(1) Cass. crim. 23 juillet 1869. — La Cour, Attendu que, si l'article 7 de la loi du 2 mars 1791, en proclamant la liberté de l'industrie, en subordonne l'exercice à l'observation des règlements de police que pourraient être faits et si, en vertu de la loi des 16-24 août 1791, 19-22 juillet 1791, 18 juillet 1837, les maires ont le droit de prendre des arrêtés pour réglementer, dans leurs communes, au point de vue de la salubrité publique, de la sécurité du passage dans les rues et du maintien du bon ordre, l'exercice de certaines professions ; ils ne peuvent toutefois interdire cet exercice d'une manière absolue et doivent dans les mesures qu'ils prescrivent, s'abstenir de porter atteinte au principe de la liberté du commerce ; — Attendu, cependant, que l'arrêté du maire d'Angers, en date du 16 janvier 1808, relatif à l'exercice de la profession d'entrepreneur de vidanges soumet l'exercice de cette profession à l'obligation d'une permission préalable et déclare que cette permission ne sera accordée qu'aux personnes justifiant qu'elles ont les voitures, chevaux, tinettes, seaux et ustensiles nécessaires, sans déterminer les conditions selon lesquelles elle serait accordée, que, d'après un pareil arrêté, qui laisse les personnes désireuses d'exercer ce genre d'industrie dans l'impossibilité de connaître la nature et l'étendue des obligations que l'administration entend leur imposer, ne peut être considéré comme une réglementation légale de la police de cette profession ; — Attendu que le second arrêté du même magistrat, en date du août 1868, qui a refusé à Baron et à Bouvier la permission par eux sollicitée, en se fondant principalement sur ce que leur matériel était loin de présenter les conditions satisfaisantes que l'administration était en droit d'exiger, a omis de préciser en quoi ce matériel était insuffisant et d'indiquer les procédés par l'emploi desquels les impétrants auraient pu se conformer aux prescriptions administratives ; — Attendu qu'en se conformant ainsi dans des exigences vagues, indéterminées et par cela même arbitraires, et en s'abstenant de faire connaître aux intéressés l'étendue et la nature de leurs obligations, le maire d'Angers, par les deux arrêtés précités a mis Baron et Bouvier dans l'impossibilité d'exercer leur industrie, a porté atteinte au principe consacré par la loi du 2 mars 1791 ; — Attendu, dès lors, que le jugement attaqué (rendu par le tribunal de simple police d'Angers, le 8 juillet 1869) en déclarant que lesdits arrêtés n'avaient point de sanction légale et en relaxant les inculpés de l'action dirigée contre eux pour y avoir contrevenu, a... — Rejette.

(2) Cass. crim. 15 janvier 1841 ; Cass. crim. 4 juin 1842 ; Cass. crim. 7 décembre 1872. — La Cour, Sur le premier moyen : Attendu que l'article 27 de l'arrêté du maire de Bordeaux défend aux entrepreneurs de vidanges de laisser couler les matières liquides des fosses d'aisances sur la voie publique et ordonne leur enlèvement, quelle que soit la quantité des matières répandues volontairement ou autrement, il y aura lieu à des poursuites contre l'entrepreneur comme contrevenant aux règlements sur la salubrité ; — Attendu qu'un procès-verbal du commissaire de police de la ville de Bordeaux, du 29 mars 1878 constate que Sallenaves, chef vidangeur au service de Tarrieu et Cie, entrepreneurs de vidanges, a fait déverser sur la voie publique par les ouvriers sous ses ordres plusieurs tinettes de matières liquides, provenant de la vidange d'une fosse d'aisances ; — Attendu que Tarrieu, cité, à raison de ce fait devant le tribunal de simple police de Bordeaux, à l'effet de s'entendre condamner aux peines et amendes encourues, a été condamné, par le jugement attaqué, à 1 franc d'amende pour contravention à l'article 27 précité ; — Attendu, en droit, que les règlements de police relatifs à l'exercice d'une profession spéciale obligent tous ceux qui exercent cette profession ; qu'ils s'y soumettent, par cela seul qu'ils ont embrassé leur profession ; — Que, dès lors, ils sont passibles des peines portées par la loi pour toute infraction à ces règlements, soit que l'infraction résulte de leur fait personnel, soit qu'elle ait été commise par leurs ouvriers ou

2020. Parmi les obligations principales que l'arrêté municipal peut imposer aux entrepreneurs de vidanges, se trouve notamment celles qui ont pour objet de déterminer la forme des tonnes, vases, récipients ou appareils destinés à la réception des vidanges, celles des voitures employées pour le transport, le nombre et la forme des outils et des machines dont on pourra et devra faire usage, etc. (1). Ainsi, l'administration municipale peut ordonner que l'entrepreneur se servira de pompes aspirantes et foulantes (2), ou d'appareils atmosphériques, ou de telles autres machines qui doivent rendre la besogne à la fois plus prompte et moins malsaine.

2021. A défaut de remplir les conditions imposées, l'administration peut refuser l'autorisation d'exercer demandée par l'entrepreneur de vidange; à cet égard, elle est seule juge de la question de savoir si le matériel employé est celui qu'exigent les règlements (3), et il ne saurait être passé outre à sa décision sans commettre une contravention aux dispositions de l'article 471 (n° 15) du Code pénal, contravention qui pourrait être poursuivie pour chaque fait de vidange opéré sans autorisation (1).

2022. Et il y a contravention aussi, cela va sans dire, quand l'autorisation accordée, sous certaines charges, l'industriel ne s'y soumet pas, ou ne s'y soumet qu'en partie (2).

2023. Quant aux conditions pour la vidange elle-même, elles peuvent porter sur l'époque à laquelle il y sera procédé, sur l'heure de jour et de nuit, (3) etc.; elles peuvent

---

préposés, qu'ils ne peuvent, dans ce dernier cas, se prévaloir des principes concernant la responsabilité civile des maîtres et des commettants, parce que c'est à eux personnellement de veiller à l'exécution des charges que le règlement de police leur imposait; — Attendu que tout ce qui se rapporte à la propreté, la tranquillité et la salubrité des villes, notamment les précautions à prendre et les mesures de propreté et de salubrité à observer lors de la vidange des fosses d'aisances, est confiée à la surveillance de l'autorité municipale, que les règlements qu'elle fait à cet égard sont obligatoires, et que leur inobservation constitue la contravention prévue et punie par l'article 471 (n° 15) du Code pénal; — Attendu que si l'article 38 de l'arrêté municipal du 18 janvier 1844 dispose que les entrepreneurs seront civilement responsables des faits de leurs préposés, agents, charretiers et ouvriers, conformément à l'article 1384 du Code civil, cet article n'est applicable qu'aux cas où lesdits agents de l'entrepreneur ont contrevenu aux obligations qui leur sont personnellement imposées, et nullement à ceux où, comme dans l'espèce, l'obligation incombe tout spécialement à l'entrepreneur; — D'où il suit que, loin d'avoir fait une fausse application de l'article 27, paragraphe dernier, de l'arrêté du maire de Bordeaux, du 18 janvier 1844, violé les articles 1, 3 et 139 du Code d'instruction criminelle, 38 dudit arrêté, 9 du Code pénal, les règles de la compétence, et commis un excès de pouvoir, le jugement attaqué a fait une juste et saine application de ces articles et de l'article 471 (n° 15) du Code pénal... — Rejette.

(1) Cass. crim. 13 mars 1868. (Voy. *infrà*, n° 2026.)

(2) Cass. crim. 30 avril 1852. — La Cour, Vu le numéro 1 de l'article 3, titre II, de la loi des 16-24 août 1790, l'arrêté du 15 octobre 1851, par lequel le maire de Dunkerque enjoint de ne plus employer désormais dans la ville pour la vidange des fosses d'aisances, que des pompes aspirantes et foulantes dites soufflets hydrauliques, conduisant par tuyaux, sans fuite ou épanchement, les matières fécales depuis les fosses jusqu'aux futailles de réception, et l'article 471 (n° 15) du Code pénal; — Vu pareillement l'article 13, titre II, de la loi précitée et la loi du 16 fructidor an III; — Attendu, en fait, que Warriwaede père et fils sont poursuivis pour avoir entrepris la vidange d'une fosse d'aisance dans la ville de Dunkerque, le 3 mars dernier, sans employer, à cet effet, la pompe prescrite par l'arrêté susdaté; — Que leur défenseur, Me Lemaire, s'est contenté de demander qu'il plût au tribunal de charger des experts par lui nommés d'examiner sérieusement la pompe dont ils se servaient, afin que le ministère public fût ensuite déclaré mal fondé dans son action, au cas où il résulterait de leur rapport que cette pompe remplit toutes les conditions de propreté, de salubrité et de célérité exigées par l'autorité municipale; — Et que le jugement intervenu sur ces conclusions a ordonné, avant de faire droit, l'expertise qu'elles provoquaient: « à l'effet de constater si la pompe dont il s'agit remplit les conditions voulues par le susdit arrêté »; — Attendu, en droit, que cet arrêté a été pris dans l'exercice légal du pouvoir que le numéro 1 de l'article 3, titre XI, de la loi des 16-24 août 1790 confère aux maires, en les chargeant d'assurer la salubrité, la commodité et la propreté de la voie publique; — Que la contravention imputée auxdits Warriwaede est constante, puisque le procès-verbal qui l'a régulièrement constatée n'a point été combattu par la preuve contraire; — Que le tribunal devait, dès lors, la réprimer immédiatement aux termes de l'article 471 (n° 15) du Code pénal; — Qu'il n'a pu faire dépendre virtuellement sa décision de l'expertise par lui ordonnée, qu'en préjugeant, d'une part, que ces vidangeurs n'auraient point enfreint l'arrêté précité, s'ils avaient employé l'équivalent de l'appareil dont il exige l'usage dans l'intérêt public, et, d'autre part, qu'il lui appartiendrait d'apprécier s'ils ont suffisamment satisfait à ce règlement de police; — Que le jugement dénoncé a donc, en prescrivant cette expertise, méconnu le caractère de l'acte administratif dont le pouvoir judiciaire ne peut qu'assurer l'exécution, empiété sur les attributions exclusives de l'autorité municipale et commis par suite... — Casse.

(3) Cons. d'Et. cont. 5 décembre 1866. — Vu l'article 7 de la loi des 2-17 mars 1791; — Vu la loi du 14 décembre 1789 et celle des 16-24 août 1790, titre XI, article 5, paragraphes 1 et 3; — Vu l'arrêté du 12 messidor an VIII, article 28; — Vu notre décret en date du 10 octobre 1859, qui transfère au préfet de la Seine les attributions données par l'article 23, ci-dessus visé de l'arrêté du 12 messidor an VIII, au préfet de police; — Vu l'ordonnance de police du 5 juin 1834, concernant la vidange des fosses d'aisances dans Paris; — Considérant qu'aux termes de l'article 23 de l'arrêté du 12 messidor an VIII, le préfet de police est chargé d'assurer la salubrité de la ville de Paris, en faisant surveiller la construction, l'entretien et la vidange des fosses d'aisances, et que le décret du 10 octobre 1859 a transféré au préfet de la Seine les attributions données en cette matière au préfet de police par l'arrêté du 12 messidor an VIII; — Considérant que, pour refuser au sieur Jullien la permission d'exercer l'industrie de la vidange dans Paris, le préfet de la Seine s'est fondé exclusivement sur ce que le sieur Jullien n'avait pas satisfait d'une manière complète aux conditions exigées pour l'exercice de cette industrie dans l'intérêt de la salubrité publique; — Que l'appréciation de ces conditions n'est pas susceptible d'être discutée devant nous par la voie contentieuse. — Rejette.

(1) Cass. crim. 12 mai 1865. — Sur le deuxième moyen, tiré de ce que le juge de police, devant lequel le prévenu soulevait une exception préjudicielle, aurait refusé de surseoir au jugement du fond; — Attendu que Jullien était prévenu de contravention à l'ordonnance de police du 5 juin 1834, sur l'exercice de la profession de vidangeur et, spécialement, à la disposition de cette ordonnance (art. 2) qui porte que « nul ne pourra exercer la profession d'entrepreneurs de vidanges dans Paris sans être pourvu d'une permission du préfet »; — Que pour obtenir le sursis par lui réclamé, il excipait du recours qu'il avait formé devant le Conseil d'Etat contre deux arrêtés du préfet de la Seine, des 21 avril 1863 et 9 mai 1864, arrêtés par lesquels la permission exigée lui avait été itérativement refusée; — Mais attendu que lesdits arrêtés ayant été pris dans les limites des attributions conférées aux préfets par l'ordonnance ci-dessus visée, il n'était point permis de se soustraire à leur exécution, sous prétexte qu'ils étaient l'objet d'un recours devant l'autorité supérieure compétente; — Qu'il est de principe que les arrêtés légalement pris sont exécutoires tant qu'il n'ont pas été régulièrement réformés; — Qu'en décidant en conséquence « que le sursis n'aurait, dans l'espèce, aucun intérêt par ce motif que, les arrêtés préfectoraux attaqués par Jullien fussent-ils annulés, cette annulation ne pourrait faire que Jullien n'ait pas contrevenu aux dispositions de l'ordonnance précitée, en se livrant aux opérations de vidange sans avoir été muni de l'autorisation nécessaire; — Le jugement attaqué loin de violer... — Rejette.

(2) Cass. crim. 13 août 1847. — La Cour, Vu l'article 471 (n° 15) du Code pénal; l'arrêté du maire du Bordeaux du 18 janvier 1844, relatif à la police de la profession de vidangeur, ledit arrêté dûment approuvé par le préfet, et l'article 3, titre XI de la loi du 24 août 1790; — Attendu que ledit arrêté, par ses articles 2 et 3, prescrit certaines précautions pour l'exercice de la profession de vidangeur et spécialement impose la nécessité de posséder certains outils y désignés, et une voiture construite dans les conditions déterminées par l'article 8; — Attendu que, quoique l'article 3 ne parle que d'une grande voiture fournie de maillets et de seaux, l'article 8 parle au pluriel, et par une disposition générale, des voitures destinées au transport des tinettes; — D'où il faut conclure que, quoiqu'il n'y ait qu'une seule grande voiture dont la nécessité soit impérieusement prescrite, si le vidangeur possède plusieurs grandes voiture destinées à ce service, elles devront toutes être construites dans les conditions réglées par l'article 8; — Attendu que ces conditions étant réglées d'après les besoins de la salubrité publique, il est impossible d'admettre que le vidangeur ne soit tenu de s'y conformer que pour une seule voiture, et qu'il soit libre de s'en affranchir pour les autres voitures, quel qu'en soit le nombre qu'il lui plairait d'employer à la même destination; — Attendu que l'obligation du vidangeur de ne se servir que de voitures d'une construction déterminée, a pour conséquence le droit de l'autorité municipale de s'assurer si toutes les voitures employées par chaque vidangeur pour l'exercice de sa profession, sont ou non conformes aux conditions du règlement; — Attendu qu'il résulte du procès-verbal du commissaire de police et du jugement attaqué, que les sieurs Constantin, Vignes, Penchen et Millac, entrepreneurs de vidanges, lors de l'inspection des voitures consacrées à la vidange, n'auraient pas présenté toutes les voitures dont ils sont propriétaires; — Que Constantin n'aurait présenté que le numéro 8 et non le 9; — Que le sieur Vignes n'a présenté que le numéro 11 et non le 12 et 14, et que les sieurs Penchen et Millet n'ont présenté que le numéro 13; — Attendu que le jugement se fonde sur ce que l'arrêté municipal n'a pas enlevé aux vidangeurs le droit de vendre, céder ou réformer leurs voitures, mais que l'exercice de ce droit n'est pas contesté dans l'espèce, que les prévenus n'ont pas même allégué qu'ils eussent vendu, cédé ou réformé les voitures qu'ils ne produisaient pas à l'inspection; — Que le jugement déclarant au contraire qu'ils n'avaient pas amené toutes les voitures dont ils étaient propriétaires, déclare par là virtuellement l'existence de la contravention; — Attendu que, dès lors, le jugement attaqué a violé, en ne l'appliquant pas... — Casse.

(3) Cass. crim. 31 décembre 1846. — La Cour, Vu l'article 3, titre XI, loi des 16-24 août 1790, et l'article 471 (n° 15) du Code pénal; — Attendu que les dispositions de l'arrêté du maire de Versailles du 25 octobre 1813, par lesquelles il détermine les heures où s'opéreront l'extraction et les transports des matières fécales, sont prises dans les limites des attributions de l'autorité municipale; — Attendu qu'il en est de même des dispositions de l'autre arrêté municipal du 21 novembre 1814, qui interdisent aux entrepreneurs de vidange de conduire les matières ailleurs

prescrire aux propriétaires d'y procéder sans aucun déversement sur la voie publique (1).

2024. Certaines obligations peuvent même être imposées aux propriétaires, notamment celle de faire vidanger avant que les fosses soient pleines; de faire une déclaration et de demander une autorisation préalable (2). Cette dernière peut également être mise à la charge des entrepreneurs de vidanges (1).

2025. Nous croyons même qu'en certains cas, tels qu'une menace d'épidémie, l'autorité municipale pourrait ou prescrire la vidange de *toutes les fosses d'aisances* de la commune, ou prohiber absolument cette vidange, ou imposer des conditions spéciales momentanées. Les pouvoirs municipaux sont mal définis par la loi, mais ils sont très étendus, et en chargeant le maire de prévenir et de faire cesser par des précautions convenables les épidémies, le législateur a voulu lui assurer les moyens de préserver sa commune du fléau et de l'en défendre.

2026. L'obligation d'une déclaration préalable de vidange est utile pour que l'administration municipale détermine les lieux de dépôt des immondices et l'itinéraire que les voitures doivent suivre en la transportant, tout à la fois dans un intérêt de viabilité et de propreté publiques, et dans celui d'une surveillance plus facile. C'est ainsi qu'il a été jugé que l'autorité municipale, dans une ville traversée par un fleuve ou un canal, peut prescrire que le déchargement des vidanges pour être chargées sur des bateaux ne sera opéré qu'aux extrémités de la banlieue, et non à l'intérieur, et cela malgré la résistance de l'autorité chargée dans l'intérêt de la navigation de la police du canal ou du fleuve (2).

---

qu'à la voirie ; — Attendu que le jugement attaqué, tout en reconnaissant que le sieur Mulot avait contrevenu sous ce double rapport aux règlements municipaux de la ville de Versailles, l'a néanmoins renvoyé de la poursuite, par le motif que l'administration avertie d'avance de l'extraction projetée, ne s'y était point opposée ; — Que l'extraction s'était opérée par des procédés de désinfection dont le succès complet avait été constaté par une expertise administrative précédente, et que les matières extraites avaient été désinfectées avant leur transport sur un terrain en culture ; — Attendu que l'avis donné d'avance à l'autorité municipale de l'extraction projetée et le défaut d'opposition de sa part à ladite extraction ne sauraient ôter son caractère de criminalité à la violation d'un règlement municipal ; — Attendu que l'emploi de tels ou tels moyens de désinfection au moment de l'extraction et avant le transport de matières fécales, peut être pour l'autorité administrative un motif pour rapporter ou modifier des dispositions prohibitives qui ne seraient plus en rapport avec l'état actuel des sciences chimiques, mais que tant que ces dispositions ne sont pas rapportées ou modifiées, l'autorité judiciaire ne peut se dispenser d'appliquer à leur violation les peines voulues par la loi, puisque ce n'est pas à elle qu'appartient le droit d'apprécier la convenance et la nécessité des dispositions générales prises dans la vue d'assurer la salubrité publique. — Casse.

Cass. crim. 13 avril 1849. — La Cour, Vu les articles 10 et 11 de la loi du 18 juillet 1837, numéro 5, titre XI, celle des 16-24 août 1790, 8 du règlement fait par le maire des Sables-d'Olonne, le 5 décembre 1842, lequel porte « avant de commencer la vidange des fosses d'aisances, l'entrepreneur ou le propriétaire préviendra, vingt-quatre heures à l'avance, le commissaire de police qui indiquera les rues où devront passer les matières et le lieu du dépôt. Les travaux relatifs à la vidange des fosses ne pourront commencer du 30 septembre au 31 mars avant dix heures du soir ; — Vu l'article 471 (n° 15) du Code pénal ; — Attendu que l'obligation résultant de l'article 8 du règlement municipal des Sables-d'Olonne, en date du 5 décembre 1842, a pour objet non seulement de fixer l'heure avant laquelle les vidangeurs ne peuvent commencer leurs opérations, mais de mettre la police en mesure de tracer l'itinéraire qu'ils auront à suivre pour le transport du produit de leur travail et de déterminer le lieu où ce produit sera déposé ; — Qu'il est constant, dans l'espèce, qu'Etienne Poiraudeau commença la vidange de la fosse d'aisance de la caserne militaire de ladite ville, le 10 mars dernier, à neuf heures du soir, et n'avait pas prévenu le commissaire de police, ainsi qu'il y était tenu, du jour où il l'entreprendrait ; — Qu'il y avait lieu, dès lors, de lui infliger la peine dont il s'est rendu passible par cette double contravention ; — Que cependant le jugement dénoncé l'a relaxé de l'action du ministère public, sur l'unique motif que les matières provenant de son opération ont été par lui déposées dans l'enclos même du lieu de leur extraction, et qu'il n'aurait dû se conformer à l'article invoqué contre lui, que dans le cas où elles en auraient été enlevées ; — Que, d'ailleurs, si elle était interprétée autrement la disposition dont il s'agit ne serait point légale ; — Attendu qu'en statuant de la sorte sur la prévention, le tribunal de simple police du canton des Sables-d'Olonne a méconnu la légalité de l'article 8... — Casse.

En ce sens, Cass. crim. 12 août 1871, D. P., 71.1.366.

(1) Cass. crim. 7 décembre 1872. (Voy. *suprà*, n°. 2019).

(2) Cass. crim. 24 juillet 1852. — La Cour, Vu l'article 3, numéros 1 et 5, titre XI, de la loi des 16-24 août 1790, et l'article 6 de l'arrêté du maire de Morlaix, du 5 septembre 1852, lequel est ainsi qu'il suit : « Lorsqu'une fosse d'aisances sera pleine, elle sera vidée par les soins et à la diligence du propriétaire ou principal locataire, qui s'y trouvera obligé, conformément au Code civil (art. 1756). En cas de négligence ou de refus de la part desdits propriétaires ou locataires de faire cette vidange, le commissaire de police, soit d'office, soit sur la réclamation des locataires ou voisins, se transportera sur les lieux pour en constater la nécessité par un procès-verbal qui sera soumis au maire, lequel ordonnera et fera opérer la vidange aux frais et risques de qui il appartiendra, sans préjudice de l'amende encourue pour cause de la contravention » ; — Vu pareillement les articles 161 du Code d'instruction criminelle et 471 (n° 15) du Code pénal ; — Attendu que la salubrité publique des ville exige que la vidange des fosses d'aisances soit opérée aussitôt qu'elle est devenue manifestement nécessaire ; — Que l'autorité municipale tient des dispositions ci-dessus rappelées de la loi des 16-24 août 1790, le droit de la prescrire et de la régler suivant l'exigence des localités, et que l'article 1756 du Code Napoléon qui met le curement de ces fosses à la charge du bailleur s'il n'y a eu clause contraire, n'a point modifié cette attribution d'intérêt général ; — Que l'article précité de l'arrêté du maire de Morlaix est donc légal et obligatoire ; — Attendu que la première partie de cet article prescrit la vidange des fosses d'aisances, lorsqu'elles sont pleines et ne la subordonne point à l'exercice de la faculté que le maire s'est réservé par la seconde partie, de l'ordonner ou de la faire opérer aux frais du retardataire ; — Qu'il suffit, dès lors, que l'opération n'ait pas encore eu lieu quand un signe extérieur prouve son urgence, pour que le propriétaire négligent soit passible de l'article 471 (n° 15) du Code pénal ; — Et attendu, dans l'espèce qu'il résulte d'un procès-verbal, dressé le 5 mai dernier, que l'enduit des tuyaux de la fosse d'aisances de la maison appartenant à Jean-Marie Bourdoulous, était en mauvais état, ce qui occasionnait une filtration à travers le mur, du côté de la maison voisine ; — Que Bourdoulous n'ayant point dénié ce fait devant le tribunal de simple police, devait, par conséquent, être condamné à l'amende édictée par la loi ; — Qu'en se fondant, pour le renvoyer de la poursuite, sur le motif qu'il n'a pas reçu du maire l'injonction dont il est parlé dans le susdit article 6, et que la contravention à lui imputée ne saurait résulter de l'inaccomplissement d'une obligation purement civile, le jugement, qui a méconnu le caractère général et absolu de la première partie de cet article et fait dépendre arbitrairement son effet de l'exécution facultative de la seconde, a faussement appliqué à la cause l'article 1756 du Code Napoléon et commis une violation expresse des articles 161 du Code d'instruction criminelle et 471 (n° 15) du Code pénal. — Casse.

(1) Cass. crim. 13 avril 1849. (Voy. *suprà*, n° 2023) ; Cass. crim. 28 septembre 1849. — La Cour, Vu le numéro 5 de l'article 3, titre XI, de la loi des 16-24 août 1790, l'article 27 de l'arrêté du maire de Brest, en date du 8 août 1846, approuvé par le ministre de l'agriculture et du commerce le 17 septembre suivant, lequel porte « la vidange d'une fosse d'aisances ne pourra avoir lieu, sans que préalablement, il ait été fait, par écrit, une déclaration au bureau central de police » et 471 (n° 15 du Code pénal ; — Attendu que l'arrêté précité rentre dans l'exercice légal du pouvoir attribué à l'autorité municipale, par le numéro 5 de l'article 3, ci-dessus visé de la loi des 17-24 août 1790 ; — Qu'il est constant, dans l'espèce, que Prosper Francart, entrepreneur de vidanges, y a contrevenu le 21 août dernier, en procédant ce jour-là, dès six heures du matin, à l'ouverture de la fosse d'aisances de la maison numéro 5, rue Fraisier, sans avoir déposé préalablement au bureau central de police la déclaration prescrite, puisqu'il n'y remit celle-ci qu'à sept heures et demie ; — Qu'il suit de là qu'en refusant de réprimer cette contravention, sous le prétexte que ledit arrêté n'enjoint point de faire connaître dès la veille à la police le jour et l'heure de l'opération qui doit avoir lieu et qu'il suffit qu'elle soit instruite du moment où elle s'effectue, le jugement dénoncé a commis une violation... — Casse.

(2) Cass. crim. 13 mars 1868. — La Cour, Sur le moyen unique tiré de la prétendue violation de l'article 471 (n° 15) du Code pénal, en ce que l'arrêté du maire de Mulhouse, sanctionné par le jugement attaqué, contiendrait un excès de pouvoir et entraverait en prescrivant une mesure impossible à remplir, la liberté de l'industrie ; — Attendu que la disposition de l'arrêté du maire de Mulhouse, du 19 décembre 1866, par lequel ce magistrat défend d'embarquer dans l'intérieur de la ville, les matières extraites des fosses d'aisances, n'excède pas les pouvoir de surveillance qui appartiennent à l'autorité municipale sur les professions qui intéressent la salubrité publique ; que, de même qu'il pouvait déterminer la forme des vaisseaux et celle des voitures destinées au transport de ces matières, et régler le stationnement de ces voitures, de même, il a pu déterminer le lieu où ces mêmes matières seraient déchargées des voitures pour être chargées sur les bateaux ; — Que cette disposition de l'arrêté n'est pas une entrave à la circulation des vidanges et à leur transport par la voie du canal ; — Qu'elle ne porte non plus aucune atteinte aux règlements sur la navigation dudit canal ; — Qu'elle se borne à prescrire que « l'embarquement des matières fécales et de toutes espèces de fumier ne pourra plus désormais se faire qu'aux extrémités de la banlieue de la ville de Mulhouse, soit vers Brunstatt, soit vers Riedischem », et réserve les droits de l'administration du canal d'empêcher les chargements dans les localités où ils pourraient nuire à la navigation » ; — Qu'elle ne rend pas impossible le chargement, puisque, en défendant de l'effectuer dans l'intérieur du port de Mulhouse, elle laisse la faculté de le faire aux extrémités de la banlieue ; — Que, d'une autre part, elle ne prescrit pas de l'opérer sur le territoire d'une autre commune où l'entrepreneur de vidanges pourrait venir se heurter contre un autre règlement de l'autorité municipale de la localité ; — Qu'en désignant les extrémités de la banlieue de la ville de Mulhouse pour le chargement, l'arrêté du maire de Mulhouse ne réglemente que le territoire de sa commune et n'empiète nullement sur les attributions des maires des communes limitrophes ; — Attendu que, si les prescriptions de cet arrêté rencontrent des difficultés dans leur exécution, parce que l'autorité administrative plus spécialement chargée de la surveillance et

Article 5. — *Dépôts d'ordure.*

2027. Les dépôts de fumiers, quoique présentant pour la santé publique des inconvénients infiniment moindres que ceux des vidanges et que les gadoues, n'en sont pas moins gênants à cause des odeurs qu'ils répandent, des mouches qu'ils attirent, et des pourritures qui peuvent s'y développer. L'autorité municipale dans l'intérêt de la propreté et de la santé de la commune peut donc les réglementer et interdire qu'ils soient déposés sur la voie publique.

Le dépôt du fumier sur la voie publique peut donc motiver l'application de l'article 471 du Code pénal dont les numéros 4 et 5 prévoient le cas, soit d'embarras de la voie publique, soit d'exposition de choses de nature à nuire par des exhalaisons insalubres (1). Et il a été même jugé que la contravention existe, même en l'absence de tout règlement, et que celui qui tient un amas de fumier devant la porte de sa maison située sur une rue, encourt les peines prononcées contre ceux qui embarrassent la voie publique, quand même il n'existerait pas de règlement particulier prohibant un pareil dépôt, et quand même le soin de nettoyer les rues ne serait pas à la charge des habitants (2).

2028. Si le fumier était déposé sur un héritage privé, l'autorité municipale pourrait-elle en prescrire l'enlèvement à raison du préjudice que les exhalaisons produites par ce fumier peuvent causer aux propriétaires voisins ? Deux arrêts de la Cour de cassation ont jugé la négative (3).

Mais la Cour de cassation, revenant sur sa première jurisprudence, a décidé que l'arrêté par lequel un maire défend de conserver dans les propriétés particulières situées le long des rues et autres lieux publics, des amas de fumiers ou de matières produisant des exhalaisons infectes, est pris dans le cercle des attributions municipales, et que le refus d'obtempérer, ne pouvant pas être excusé sous prétexte que le contrevenant est propriétaire du terrain où le fumier est déposé, cette allégation de sa part ne présenterait pas les caractères d'une exception préjudicielle qui dût nécessiter un sursis. Le tribunal ne pourrait même se dispenser de statuer, sous le prétexte que le prévenu s'est pourvu devant le préfet pour obtenir l'annulation de l'arrêté auquel il a contrevenu (4).

2029. On appelle *fumier-litière* la couche de paille répandue sur la voie publique au devant de maisons où se trouvent des malades, à l'effet d'atténuer le bruit des voitures. Le fumier-litière ne peut être étendu que moyennant une autorisation préalable, à la charge de renouveler la paille tous les trois jours au moins, de la faire enlever aussitôt qu'elle cesse d'être utile, et de faire ensuite soigneusement balayer et laver la place afin que la voie publique ne reste pas malpropre. On

peut, en outre, prescrire les autres conditions qui seraient jugées nécessaires suivant les localités et les circonstances.

2030. La prohibition d'avoir des dépôts de fumiers le long ou auprès des voies publiques, peut même être étendue—du moins un arrêt de la Cour de cassation l'a décidé ainsi — jusqu'aux écuries et aux étables (1). Mais nous ne saurions admettre cette doctrine. En effet, l'intérêt de la salubrité ne doit pas faire oublier que l'agriculture, le commerce, l'industrie, les besoins des relations sociales, doivent être protégés. Or, les exploitations agricoles, les établissements industriels, les magasins de commerce, les nécessités des communications exigent l'entretien d'étables et d'écuries placées dans les lieux mêmes ; et les inconvénients des odeurs, les dangers qu'elles présentent pour la santé publique ne sont pas si grands et si manifestes qu'on doive prescrire leur déplacement et leur éloignement des centres habités.

2031. En tout cas, l'administration peut incontestablement enjoindre au propriétaire d'une étable ou d'une écurie de faire disparaître toutes les causes d'insalubrité en provenant (2).

2032. Les gadoues présentent pour la santé publique certains dangers ; on appelle gadoues les dépôts d'immondices résultant du balayage des rues ; leur fermentation répand des odeurs très malsaines et attirent un grand nombre de mouches dont la piqûre est dangereuse. L'autorité municipale peut prescrire les époques auxquelles ces immondices doivent être enlevés des maisons, cours et rues, choisir les lieux où ils seront déposés, et les éloigner des habitations (3). Quand de semblables mesures ont été prises, on doit ajouter qu'elles s'appliquent à tous les détritus solides et liquides des ménages, aux ordures comme aux eaux ménagères.

---

de la police du canal, résisterait à laisser opérer le chargement des matières en dehors du port et dans les autres parties dudit canal, il n'en résulte pas que l'autorité judiciaire doive refuser à l'arrêté précité, légalement fait par le maire, la sanction que lui accorde la loi ; — Que, dans cet état de contrariété entre deux règlements émanés de deux autorités administratives, prescrivant des mesures d'exécution en opposition l'une avec l'autre, c'est à l'autorité administrative supérieure, et non à l'autorité judiciaire, qu'il faut s'adresser pour les concilier s'il est possible, ou obtenir le redressement de l'une ou de l'autre de ces mesures, en ce qu'elles pourraient, par leur concours simultané, gêner ou même rendre impossible le transport des matières par le canal ; — Attendu qu'il résulte de ce qui précède, qu'en condamnant le demandeur pour contravention à l'arrêté du maire de Mulhouse, le juge de police, loin de violer l'article 471 (n° 15) du Code pénal... — Rejette.
Cons. d'Et. cont. 25 mai 1870. — Considérant que l'arrêté attaqué a été pris par le maire de Mulhouse en vertu des pouvoirs qu'il tient de la loi des 16-24 août 1790, et qu'il est fondé sur une raison de salubrité publique ; — Que le sieur Lesage-Goetz n'établit pas que cet arrêté aurait eu pour effet de frapper une industrie d'une interdiction en fermant le territoire de la commune à son exercice ; — Qu'il résulte des termes même dudit arrêté qu'il s'est borné à soumettre cette industrie à une prescription de police dans l'intérêt de la salubrité publique ; — Qu'il suit de là que le sieur Lesage-Goetz n'est pas fondé...
(1) Cass. crim. 12 février 1858, D. P. 71.5.338.
(2) Cass. crim. 18 mai 1810.
(3) Cass. crim. 18 germinal an x ; Cass. crim. 3 ventôse, an XIII.
(4) Cass. crim. 6 février 1823 ; Cass. crim. 9 mai 1828 ; Cass. crim. 27 juillet 1854, D. P., 54.5.65 ; Cass. crim. 15 mai 1856, D. P. 56.5.502.

---

(1) Cass. crim., 1er mars 1851. — La Cour, Vu les articles 3, titre II de la loi des 16-24 août 1795, 46, titre I de la loi des 19-24 juillet 1791, article 471 (n° 15) du Code pénal. Vu également l'arrêté pris par le maire de la ville de Sedan, le 7 mars 1850 et approuvé par le préfet ; — Attendu que cet arrêté, motivé sur ce que les écuries donnant sur la voie publique répandent une mauvaise odeur et que les animaux qui y sont renfermés, troublent, par des cris, beuglements et chants, le repos et la tranquillité des habitants, ordonne l'abandon de ces écuries et prescrit de renfermer les animaux dans des écuries situées derrière les habitations ou donnant dans les cours ; — Attendu que le défendeur Nicolas Chaise était poursuivi pour avoir, en contravention avec cet arrêté, renfermé dans son écurie donnant sur une des places de la ville, des vaches, des chèvres qui répandaient une mauvaise odeur et troublaient par leurs beuglements ou cris le repos du voisinage et dont quelques-uns s'étaient même échappées dans la rue par la porte laissée ouverte ; — Attendu que des faits de cette nature, qui touchent à la salubrité et à la tranquillité publique, rentrent dans le cercle des pouvoirs de police municipale et peuvent être atteints par les arrêtés prohibitifs que les maires sont autorisés à prendre, en vertu des lois de 1790 et 1791 précitées ; que, cependant, sur l'appel interjeté par Chaise du jugement du tribunal de simple police de Sedan, qui l'avait condamné aux termes de l'article 471 (n° 15) du Code pénal, et ordonné que dans la huitaine, les animaux placés dans ladite écurie seraient transférés autre part, le tribunal correctionnel de la même ville, sans méconnaître l'existence des faits ainsi précisés, que l'on trouvaient d'ailleurs désignés dans un procès-verbal avoués par l'inculpé, a prononcé le renvoi des poursuites par ce motif qu'aucune loi n'interdisant à un propriétaire de placer ses écuries où bon lui semble, l'autorité municipale n'avait pu légalement enjoindre au possesseur d'une maison d'en user pour cet objet comme il l'entendait ; — En quoi, le jugement attaqué a restreint arbitrairement l'étendue du pouvoir municipal, qui n'est pas seulement appelé à sanctionner par des arrêtés dont l'inexécution entraîne des peines de police, les prohibitions contenues dans la loi générale, mais qui a aussi le droit d'apporter, en certains cas, dans un intérêt de bonne police, des restrictions à l'usage de la propriété même et a ainsi mal interprété les lois précitées et a, par suite, violé l'article 471 en ne l'appliquant pas... — Casse.
(2) Cons. d'Et. cont. 12 mai 1882 D. P. 83.3.122.
(3) Cass. crim. 2 mars 1867. — La Cour, Vu l'article 91 de l'arrêté du maire de Douai du 23 décembre 1865 ; — Vu l'article 1er de l'arrêté du même fonctionnaire en date du 30 septembre 1866, lequel porte : « Il est enjoint aux propriétaires ou locataires de faire disparaître, tous les cinq jours, de leurs maisons, cours, ruelles, jardins et dépendances, tous les fumiers, immondices et autres matières de nature à répandre des exhalaisons infectes et malsaines, à l'expiration de ce délai, c'est-à-dire le cinquième jour, M. le commissaire de police fera enlever les dépôts d'office, aux frais du contrevenant et sans préjudice des poursuites à exercer suivant les cas ; — Vu les articles 30-44 de la loi des 16-24 août 1790, 46 de la loi des 15-24 juillet 1791 et 471 (n° 15) du Code pénal ; — Attendu que l'arrêté de 1866, dans la disposition précitée, a été pris en vue de prévenir une épidémie dont le pays était menacé, qu'il était dès lors, légal et obligatoire ; — Attendu qu'il est constaté par un procès-verbal régulier, et non dénié par le jugement attaqué, que plusieurs éviers, au premier et au second étage de la maison de Montfort déversaient dans la cour de Miniac-Leroy des eaux ménagères qui se coagulaient le long du mur de ladite maison et s'y

2033. Nous estimons, en outre, que la défense de conserver dans l'intérieur des maisons ou des villes des dépôts d'immondices, peut s'étendre à tous les dépôts de matières qui présentent des dangers pour la salubrité publique, tels que les dépôts d'os, de suifs, de graisses fraîches, de cuirs verts, etc. (1).

corrompaient à l'air; — Attendu que, s'il est vrai comme le décide le jugement attaqué, que le fait ainsi constaté ne tombait pas sous l'application de l'article 91 susvisé de l'arrêté du 23 décembre 1865, qui n'enjoint aux propriétaires de pourvoir de tuyaux de descente leurs éviers et égouts que dans les cas où l'écoulement des eaux se fait sur la voie publique, ce même fait entrait incontestablement dans les prévisions de l'article 1er précité de l'arrêt de 1886, Montfort n'ayant pris aucune mesure pour faire disparaître d'une dépendance de sa maison des matières susceptibles de répandre des exhalaisons infectes et malsaines; — Que le droit de servitude sur la cour de Leroy invoqué par l'inculpé, ne pouvait le soustraire à l'application dudit arrêté de 1865, puisqu'aux termes de l'article 544 du Code Napoléon quelque absolu que soit le droit de propriété, il n'est pas permis d'en faire un usage prohibé par les lois ou par les règlements; — Qu'il importait peu, pour l'application de l'arrêté, la contravention existant dans une dépendance de sa maison, que le contrevenant fût ou ne fût pas propriétaire ou locataire de la cour où se déversaient ces eaux ménagères; — Qu'il suit de là qu'en acquittant l'inculpé sous le double prétexte que le droit de servitude dont il prétend avoir la jouissance sur la cour de Miniac-Leroy, était une barrière infranchissable pour l'action publique et que cet inculpé n'était ni propriétaire, ni locataire de ladite cour, le jugement attaqué a violé... — Casse.

(1) Cass. crim. 21 décembre 1848. — La Cour, sur le moyen de cassation pris de ce que le jugement attaqué a méconnu le droit de l'autorité municipale en refusant la force exécutoire à un arrêté du maire de Lons-le-Saulnier qui avait prescrit au défendeur de transporter hors de ville son dépôt d'os répandant une odeur insupportable et insalubre. — Vu les articles 50 de la loi du 14 décembre 1789, 3 n° 5, titre XIII de la loi des 16-24 août 1790, et 46, titre 1er de la loi des 19-24 juillet 1791, aux termes desquels les maires sont chargés de faire jouir les habitants d'une bonne police et spécialement d'assurer la salubrité publique, de prévenir les épidémies, etc., et de prendre les arrêtés prescrivant les précautions locales sur ces objets. — Vu aussi l'article 471 (n° 15) du Code pénal; — Attendu, en fait, que Joseph Rendu, marchand de chiffons à Lons-le-Saulnier ajoute à son commerce la vente des os, industrie non classée; — Que le maire de la ville, sur la réclamation du voisinage, lui enjoignit, par arrêté du 11 août 1847, de transporter hors de la ville son dépôt d'os qui répandait une odeur putride et présentait des dangers pour la salubrité publique; — Et qu'après une première condamnation, passée en force de chose jugée, pour contravention à cet arrêté, Joseph Rendu a été traduit en simple police pour une nouvelle infraction et acquitté en appel par le tribunal correctionnel de Lons-le-Saulnier, sous le prétexte que l'arrêté municipal excédait les pouvoirs du maire; — Attendu, en droit, que les règles tracées par le décret du 15 octobre 1810 pour le classement et l'autorisation des manufactures et ateliers qui répandent une odeur insalubre ou incommode, et la force conféré aux préfets par l'article 5 de l'ordonnance du 15 janvier 1815 de faire suspendre la formation ou l'exercice des établissements nouveaux qui, n'ayant pas pu être compris dans la nomenclature jointe à cette ordonnance, seraient cependant de nature à y être placés, ne sont pas exclusifs du droit général de police conféré à l'autorité municipale par les lois précitées et ne s'opposent point à ce qu'un maire ordonne, par mesure de police, dans le cas dudit article 5, le déplacement d'un dépôt de matières ou d'objets, tels que des os, puisqu'ils répandent une odeur putride qui présente des dangers pour la salubrité publique; — Attendu que le jugement attaqué, en refusant la force obligatoire à un arrêté de police du maire de Lons-le-Saulnier, pris dans des circonstances, viole les arrêtés précités... — Casse.

Cass. crim. 11 mai 1850. — La Cour, Vu l'arrêté du maire de Tourcoing en date du 27 août 1849, pris sur l'avis du comité cantonal de salubrité publique en date du 17 du même mois; — Vu l'article 3, paragraphe 5, de la loi des 16-24 août 1790 et l'article 471 (n° 15) du Code pénal. — Attendu qu'un procès verbal régulier constate que, contrairement audit arrêté, une quantité de 50 kilos de suifs ou graisses fraîches ont été trouvés dans la cave du sieur Halhim-Taville; — Attendu que l'arrêté du maire précité était motivé sur les précautions à prendre pour conserver la salubrité publique, et, par conséquent, les limites de la compétence administrative; — Attendu que cet arrêté était donc légalement fait et exécutoire dans la sanction des peines de police; — Attendu qu'il importe peu que les dépôts de suif soient ou non classés parmi les établissements insalubres, l'arrêté du maire trouvant une base légale dans la loi des 16-24 août 1790. — Attendu qu'il n'appartient pas à l'autorité judiciaire de décider, contrairement à un acte administratif, que des objets déclarés insalubres par ledit acte ne sont pas de nature à nuire à la salubrité; — Attendu dès lors qu'en relaxant le prévenu... — Casse.

Cass. crim. 5 juillet 1873. — La Cour, vu l'article 10 de l'arrêté du maire de Sens, en date du 4 avril 1832, portant que les cuirs verts ne pourront, sous aucun prétexte, être transportés à travers la ville et devront suivre son pourtour extérieur. Sur le premier moyen du pourvoi, consistant à prétendre que cet arrêté aurait cessé d'être obligatoire, soit parce qu'il aurait été déterminé par une cause temporaire qui aurait cessé d'exister, soit parce qu'il se trouvait abrogé par la désuétude; — Attendu que, dans les termes du préambule indiquant les motifs dudit arrêté, il ne ressort nullement qu'il ait été pris pour un temps limité et en vue d'une situation passagère; — Qu'il y est parlé de l'épidémie qui, à cette époque,

ARTICLE 6. — Logements insalubres.

2034. En ce qui concerne les logements insalubres, l'administration peut prescrire l'assainissement sans appliquer la loi sur les logements insalubres, et sans recourir ni aux pouvoirs spéciaux que cette loi confère à l'administration, ni à la procédure particulière qui y est établie, ni à la juridiction et aux peines qu'elle prévoit; mais, dans ce cas, agissant en vertu de son droit général de police municipale, elle n'est pas autorisée à déterminer elle-même ni l'importance des travaux qui doivent être effectués, ni à prescrire un moyen exclusivement obligatoire de faire disparaître les causes d'insalubrité, lorsqu'il peut en exister d'autres aussi efficaces et moins onéreux pour le propriétaire (1).

ARTICLE 7. — Établissements industriels.

2035. Mais le droit municipal, quand il s'agit de réglementer un établissement industriel et commercial, est limité, à raison de la nature de ses pouvoirs municipaux, à la réglemen-

sévissait, il n'en est question que comme d'une circonstance imposant à l'autorité municipale l'obligation de veiller plus attentivement que jamais à la salubrité publique, mais non comme d'une cause unique à la durée de laquelle serait subordonnée celle de l'arrêté; — Attendu, d'autre part, que l'abrogation d'un règlement intervenu dans un intérêt public ne peut résulter ni de son défaut d'exécution pendant un temps plus ou moins long, ni de la tolérance plus ou moins prolongée aussi d'un usage dérogatoire à sa prescription ou prohibition. — Sur le deuxième moyen pris d'une prétendue violation de l'article 1 du Code pénal en ce que les cuirs transportés venaient de la gare du chemin de fer et que le jugement attaqué leur aurait à tort appliqué une interdiction qui ne concernait que les cuirs venant du port; — Attendu que si l'arrêté ne désigne, en effet, que par ces mots les cuirs dont il défendait le transport à travers la ville, c'est uniquement parce que l'époque à laquelle il remonte, le port était le seul point d'arrivage de la marchandise dont il s'agit; — Attendu que le lieu de provenance n'est pas un élément de contravention défini par l'arrêté, que ce qu'il a eu en vue, ce sont les cuirs verts, à raison de leurs exhalaisons insalubres, et sans exception, ni préoccupation du point où ils seraient déposés, pour être dirigés de là vers l'enceinte de la ville; — Attendu donc qu'en interprétant ledit arrêté ainsi qu'il l'a fait... — Rejette.

(1) Cass. crim. 27 juin 1879. — La Cour, Attendu que le pourvoi dirigé contre le jugement attaqué contient le double reproche: 1° d'avoir méconnu les pouvoirs que les lois ont conférés aux maires dans l'intérêt de la salubrité publique; 2° d'avoir faussement appliqué ou du moins faussement interprété la loi du 13 avril 1850; — Sur le premier moyen: Attendu que l'arrêté municipal pris par le maire de Bordeaux, à la date du 6 septembre 1878, enjoint aux propriétaires riverains de la cité d'Auduher de faire exécuter dans la huitaine de la notification les travaux d'assainissement de la cité, conformément au projet dressé par l'ingénieur en chef du service municipal, c'est-à-dire qu'il leur prescrit l'exécution des travaux déterminés par le plan et fixés à la somme de 6,000 francs, à supporter par lesdits propriétaires, suivant l'état de répartition de la dépense entre les intéressés, état fait du plan dressé comme lui par l'ingénieur; — Que l'arrêté ajoute que faute par les intéressés de se conformer à ses prescriptions dans le délai qui leur est imposé, ils seront traduits devant le tribunal de simple police; — Attendu, en droit, que, si l'autorité municipale est investie par les lois des 16-24 août 1790 et 18 juin 1837, du droit de prescrire les mesures de police que peuvent exiger les intérêts confiés à sa vigilance, notamment les intérêts de la salubrité publique, ces mesures ne sauraient porter atteinte aux droits de propriété; — Qu'ainsi, en vertu de ce principe, les maires ne sont pas autorisés à déterminer eux-mêmes la nature et l'importance des travaux qui doivent être effectués, ni à prescrire un moyen exclusivement obligatoire de faire disparaître les causes d'insalubrité, lorsqu'il peut en exister d'autres aussi efficaces et moins onéreux pour le propriétaire; — Attendu qu'il résulte de ce qui précède qu'en déclarant que le maire avait excédé ses pouvoirs, dans la partie de son arrêté du 6 septembre 1878, qui impose aux propriétaires riverains de la Cité Audubert, l'inexécution des travaux déterminés pour une somme de 6,000 francs à répartir entre eux, et que l'inexécution de cette partie de l'arrêté ne constitue pas de contravention punissable, le jugement attaqué n'a violé aucune loi, mais a fait, au contraire, à l'espèce une juste application des lois de la matière; — Sur le second moyen: Attendu que les prescriptions de la loi du 13 avril 1850, sur les logements insalubres n'avaient rien à faire dans l'espèce; — Que ce n'est pas en vertu d'une décision de la commission spéciale instituée par l'article 1er de cette loi, mais bien en vertu de ses pouvoirs propres que le maire a pris l'arrêté dont il s'agit dans la cause et qu'il en a demandé la sanction au tribunal de simple police et non à la police correctionnelle, seule juridiction compétente au cas où il s'agit d'infraction à la loi du 1er avril 1850; — Que le jugement attaqué n'a donc pu faussement appliquer... — Rejette.

tation des choses insalubres, et, à raison de la disposition de la loi à celle des choses insalubres dont la surveillance n'est pas confiée à une autre autorité. Ainsi, l'autorité municipale ne saurait ni prohiber, ni réglementer les dépôts de matières qui peuvent répandre des odeurs incommodes, mais qui n'ont rien d'insalubre (1) ; ni s'immiscer, au delà des attributions spéciales qui lui sont confiées dans la réglementation des établissements dangereux, incommodes ou insalubres, soumis à la législation spéciale du décret du 15 octobre 1810.

2036. A l'égard de ces matières spéciales les pouvoirs de l'autorité municipale ont été déterminés par la jurisprudence de la Cour de cassation de la manière suivante :

En ce qui concerne les établissements dangereux, incommodes ou insalubres, l'autorité municipale a tous les pouvoirs généraux de police que l'article 97 de la loi de 1884 lui attribue : 1° au cas où l'établissement n'est pas au nombre de ceux qui sont classés ; 2° lorsque étant au nombre de ces derniers, il n'a pas été autorisé (2). Elle n'a aucun pouvoir de modifier les prescriptions ordonnées par l'autorité compétente qui a déterminé les conditions d'exploitation de l'établissement, si celui-ci est classé et autorisé (3).

§ 4. — Épizooties.

2037. La loi de 1884, reproduisant les termes de celle de 1790, confie au maire le soin de prévenir et de faire cesser les maladies épizootiques. Mais cette disposition ne présente, en réalité, qu'un intérêt très secondaire. Une loi spéciale, celle du 21 juillet 1881 qui a abrogé les lois antérieures, et qui a été complétée elle-même par un règlement d'administration publique, du 22 juin 1882, a déterminé dans leurs détails, les devoirs et les droits de l'autorité municipale et ceux de l'autorité supérieure en cette matière. Les maires n'ont d'autres attributions que d'exécuter les prescriptions mises à leur charge.

Rappelons seulement les obligations désormais légales qu'ils ont ainsi à remplir.

2038. Les maladies réputées contagieuses sont : la peste bovine, dans toutes les espèces ruminantes ; la péripneumonie contagieuse dans l'espèce bovine ; la clavelée et la gale dans les espèces ovine, caprine, porcine ; la morve, le farcin, la dourine dans les espèces chevaline et asine ; la rage et le charbon dans toutes les espèces, plus les maladies qui seraient

---

(1) Cass. crim. 17 juillet 1863. — La Cour, En ce qui touche la contravention à l'arrêté du 22 décembre 1830, résultant de ce que les cuirs exposés en étalage par Fleury seraient de nature à occasionner des exhalaisons désagréables et insalubres ; — Attendu que les arrêtés municipaux ne peuvent avoir d'autre objet que l'exécution de la loi ; — Que la loi des 16-24 août 1790 en chargeant l'autorité municipale du soin de veiller à la sûreté et à la commodité du passage dans les rues et voies publiques, énumère les objets qu'elle confie à sa réglementation, qu'elle y comprend la défense d'y jeter ou exposer ce qui pourrait y répandre des exhalaisons nuisibles ; — Que ce serait ajouter à ses dispositions que de proscrire tout ce qui serait de nature à occasionner des exhalaisons désagréables ; — Que le juge de police a donc légalement motivé la relaxe du prévenu en déclarant que, en l'état où ils étaient, ces cuirs ne pouvaient répandre des exhalaisons nuisibles ; — Que cette déclaration, de fait, est souveraine et échappe au contrôle de la Cour de cassation. — Rejette.

(2) Cass. crim. 16 août 1884, D. P., 85.1.221 ; Cass. crim. 18 février 1887. — La Cour, Sur le moyen pris de la violation par refus d'application des articles 161 du Code d'instruction criminelle et 471 (n° 15) du Code pénal ; Vu l'arrêté du maire de La Flèche, en date du 11 août 1884, qui, se fondant sur l'intérêt de salubrité publique, ordonne la fermeture immédiate de l'établissement tenu par le sieur Effray ; — Attendu que la loi municipale du 5 avril 1884 confie aux maires, comme le faisait la loi des 16-24 août 1790, le soin de veiller à la salubrité publique ; — Qu'elle les charge notamment « de prévenir par des précautions convenables les fléaux calamiteux tels que maladies épidémiques ou contagieuses, les épizooties » (Art. 97) ; — Que le maire de La Flèche était donc autorisé, s'il y avait lieu, à prescrire les mesures de précaution nécessaires pour empêcher l'établissement du brocanteur Effray de devenir un foyer d'insalubrité et de compromettre la santé publique, mais qu'il ne pouvait, sans excès de pouvoir, en ordonner la fermeture, c'est-à-dire la suppression pure et simple ; — Qu'il apparaissait point, d'ailleurs, et qu'il n'était pas prétendu que l'établissement en question appartînt à l'une des classes de ceux que l'on déclare insalubres, dangereux ou incommodes ; — Que, par suite, le sieur Effray avait pu légalement l'installer et l'exploiter sans la permission de l'autorité administrative, sauf le droit particulier réservé au préfet par l'ordonnance du 14 janvier 1815 pour tous les cas et suivant les formes qu'elle détermine ; — Qu'il y a donc lieu de reconnaître qu'en prescrivant la fermeture dudit établissement, l'arrêté susvisé du maire de La Flèche a porté atteinte à la liberté du commerce et de l'industrie, garantie par l'article 7 de la loi du 17 mars 1790 et du droit de propriété ; — D'où suit qu'en refusant de considérer cet arrêté comme obligatoire et d'en faire l'application, le jugement a violé l'article 161 du Code d'instruction criminelle, ni l'article 471 (n° 15) du Code pénal. — Rejet.

(3) Cass. crim. 25 novembre 1853, D. P., 54.5.60 ; Cass. crim. 1er juin 1855. — La Cour, Vu l'article 1er du décret législatif du 15 octobre 1810, et les ordonnances réglementaires du 14 janvier 1815 et 26 janvier 1857 ; — Vu les arrêtés du préfet du Nord des 25 février 1848 et 24 décembre 1854 relatifs aux précautions ordonnées par l'autorité administrative, pour l'épuration et l'écoulement des eaux provenant de la fabrique de sucre et de distillerie au jus de betterave autorisées au profit du sieur Coquelle et établies dans la commune d'Illies ; — Attendu que la poursuite dirigée contre Coquelle avait pour motif le versement d'eaux sales et impures, provenant de son usine, dans un cours d'eau traversant les communes d'Illies, Laventie, de Lorgies et du Neuve-Chapelle ; — Que l'inculpé a été déclaré convaincu de ce versement et condamné, pour ce fait, à l'emprisonnement et à l'amende, comme prohibé par un arrêté municipal du 10 février 1848 ; — Mais attendu, d'une part, que cet arrêté n'était applicable qu'aux habitants de la commune de Laventie, sur lesquels le maire de Coquelle qui est, ainsi que son usine, établi dans la commune d'Illies ; — Attendu, d'une autre part, que par les arrêtés précités des 18 décembre 1854, le préfet du Nord avait expressément autorisé le sieur

Coquelle à verser les eaux de son usine, dont les résidus n'étaient pas consommés, dans les terrains à ce prescrits, dans un canal communiquant de la propriété de cette usine au ruisseau d'Illies et se continuant dans le haut courant de Laventie et autres communes limitrophes, à la charge de se conformer à diverses précautions de polices tendant à l'épuration de ces eaux, et s'était réservé d'en proscrire de nouvelles, s'il y avait lieu, dans l'intérêt de la sûreté et de la sécurité publique ; — Attendu que l'autorité municipale commet un excès de pouvoir et entreprend sur les attributions de l'autorité supérieure en prenant des arrêtés sur des objets réglés par le préfet, relativement à la police des établissements classés par les lois précitées parmi les ateliers insalubres ; — Que, par ces arrêtés, elle porterait atteinte à l'existence et au régime de ces ateliers ; — Que l'autorité municipale doit veiller à l'exécution des mesures de police prises par l'autorité supérieure pour assurer la salubrité publique, en dressant procès-verbaux des contraventions à ces mesures, ou s'adresser à cette administration pour solliciter de nouvelles mesures, dans le cas où celles déjà prescrites seraient insuffisantes ; — Attendu, enfin, que Coquelle n'a pas été poursuivi pour infraction aux conditions de police établies par le préfet pour la transmission des eaux de son usine ; — D'où il suit que le jugement attaqué, en confirmant la sentence du tribunal de police, en a déclarant Coquelle convaincu de contravention à l'arrêté municipal du 10 février 1848, a commis un excès de pouvoir, faussement appliqué les dispositions... — Casse.

Cass. crim. 13 février 1874. — La Cour, Sur le premier moyen pris de la violation des articles 1, 2, 11, du décret du 15 octobre 1810, de la fausse application des articles 3 (n° 4), du titre XI de la loi des 16-24 août 1790, 10 de la loi du 18 juillet 1837, et encore de la violation des articles 471 (n° 15) du Code pénal et 7 de la loi du 20 avril 1810 ; — Attendu qu'un règlement de police pris par le maire de la commune de Chauvigny, le 1er février 1856, et dûment approuvé par le préfet de la Vienne, défend par ces articles 58 et 68, tant aux habitants en général qu'aux riverains du Talbe en particulier, de jeter dans le cours des eaux infectes, des résidus de tannerie mégisserie ou autres matières nuisibles ; — Attendu qu'un procès-verbal régulier, en date du 6 janv. 1873, constate qu'audit jour le sieur Aupoin, dont l'établissement de mégisserie est riverain du Talbe, tannait dans le ruisseau des peaux qui répandaient une odeur infecte et nuisible à la salubrité publique ; — Que cité pour ce fait devant le tribunal de simple police de Chauvigny, le prévenu a excipé un arrêté préfectoral du 17 octobre 1852, rendu en conformité du décret du 15 octobre 1810 et portant maintien de l'établissement qu'il exploitait antérieurement à cette époque, et qui l'autorisait, selon lui, à laver comme par le passé ses peaux dans ledit cours d'eau ; — Mais attendu que le juge de police, se fondant sur les articles précités de l'arrêté municipal de 1856, a considéré le fait reproché à l'inculpé comme constituant une infraction aux prohibitions dudit arrêté, et l'a condamné, par application de l'article 471 (n° 15) du Code pénal, à la peine de 1 franc d'amende ; — Attendu que vainement le demandeur soutient que le règlement du maire de Chauvigny, d'après l'interprétation qu'a faite le jugement attaqué, contiendrait un excès de pouvoir et n'irait à rien moins qu'à annuler l'arrêté préfectoral de 1851 et à supprimer, par voie de conséquence, une industrie autorisée par l'administration supérieure ; — Attendu, en effet, que le pouvoir confié au préfets par le décret du 15 octobre 1810, d'autoriser la formation ou le maintien des établissements insalubres, ne fait pas obstacle au droit que l'autorité municipale tient de la nature même de ses attributions, de prendre à l'égard de ces établissements, comme de toutes autres établissements, mais dans les limites de la commune, les mesures de police commandées pour l'intérêt des habitants, sauf le droit de réformation de l'autorité supérieure pour le cas où ces mesures seraient inconciliables avec le fonctionnement régulier et le régime intérieur desdits établissements, tels qu'ils ont été maintenus ou autorisés ; — Mais attendu que telle ne saurait être la portée de l'arrêté municipal de 1856, dans la mesure où le juge de police en a fait l'application ; — Que statuant sur

18

déclarées contagieuses par décret rendu après avis du comité consultatif des épizooties.

2039. Tout propriétaire ou toute personne ayant, à quelque titre que ce soit, la charge des soins ou de la garde d'un animal atteint ou soupçonné d'une des maladies contagieuses visées par l'article premier de la loi, est obligé d'en faire sur-le-champ la déclaration au maire de la commune. La même obligation incombe aux vétérinaires qui constatent, dans l'exercice de leur profession, des cas de maladies contagieuses.

2040. Le maire qui reçoit la déclaration la transcrit sur un registre spécial et remet immédiatement récépissé au déclarant. Ce récépissé indique les nom, prénoms et domicile de la personne qui a fait la déclaration, le titre auquel elle a agi, le nombre et l'espèce des animaux, le nom de la maladie et, si le déclarant n'est pas le propriétaire, le nom de celui-ci. Cette pièce est datée et signée.

2041. Simultanément le maire informe, par voie de réquisition, le vétérinaire sanitaire.

Le vétérinaire doit se rendre à l'appel du maire dans le plus court délai possible. La loi lui confère le pouvoir d'assurer la complète exécution de l'isolement et de la séquestration. Il peut aussi prescrire les mesures de désinfection immédiate qu'il juge nécessaires. Ses prescriptions s'exécutent sous la surveillance de l'autorité municipale. Après sa visite, le vétérinaire, sans perdre de temps, rédige son rapport pour rendre compte des constatations qu'il a faites.

2042. Le maire informe dans les vingt-quatre heures le préfet des cas de maladies contagieuses signalées dans la com-

mune et lui transmet le rapport du vétérinaire. Le préfet accuse réception dans le même délai. Si le rapport du vétérinaire conclut à l'existence de la contagion, le préfet prend un arrêté portant *déclaration d'infection*.

2043. Après avoir reçu et transmis les déclarations du propriétaire et ordonné la séquestration, le maire doit se borner à veiller à la stricte application des règlements. Dans le cas de peste bovine, le maire ordonne, sur l'avis du vétérinaire et après estimation, l'abatage immédiat des animaux atteints ou contaminés. Il en est de même dans les cas de morve, charbon ou farcin.

2044. Le maire a une plus grande responsabilité dans les cas de rage. Aux termes de l'article 20 de la loi du 21 juillet 1881, tous les animaux atteints de la rage, de quelque espèce qu'ils soient, doivent être abattus. L'abatage est, en outre, ordonné dans le cas de simple suspicion, lorsqu'il s'agit de chiens et de chats. La suspicion résulte du seul fait que les chiens et chats ont été mordus ou même simplement roulés par des animaux enragés. C'est toujours à l'autorité municipale qu'il appartient de faire exécuter ces prescriptions ; elle ne saurait y mettre trop de rigueur, et ne doit jamais retarder l'abatage, par cette considération que les animaux suspects sont renfermés dans l'intérieur des habitations. Elle doit aussi prendre toutes les mesures propres à prévenir la propagation de la rage. Ces mesures sont énumérées par les articles 51, 52, 53, 54 du règlement d'administration publique.

2045. Lorsqu'un cas de rage a été constaté dans une commune, le maire prend un arrêté pour interdire, pendant six semaines au moins, la circulation des chiens, à moins qu'ils ne soient tenus en laisse.

2046. La même mesure est prise pour les communes qui ont été parcourues par un chien enragé. Pendant le même temps, il est interdit aux propriétaires de se dessaisir de leurs chiens ou de les conduire en dehors de leur résidence, si ce n'est pour les faire abattre. Toutefois, les chiens de berger, de bouvier et les chiens de chasse peuvent être admis à circuler librement, mais seulement pour l'usage auquel ils sont employés.

2047. Lorsque des animaux herbivores ont été mordus par un animal enragé, le maire prend un arrêté pour mettre ces animaux sous la surveillance d'un vétérinaire délégué à cet effet. Cette surveillance dure six semaines au moins.

2048. La loi accorde, en certains cas, des indemnités aux propriétaires d'animaux abattus par ordre de l'autorité, à raison de peste bovine ou de péripneumonie contagieuse. Avant l'exécution de l'ordre d'abatage, un procès-verbal, contre-signé par le maire et le juge de paix, doit être dressé ; il est suivi de leur avis.

2049. La demande d'indemnité doit être adressée au ministère de l'agriculture dans le délai de trois mois, à dater du jour de l'abatage, sous peine de déchéance. Elle doit contenir en dehors du procès-verbal d'expertise indiqué plus haut :

1° La demande d'indemnité formée par le propriétaire ;

2° Une copie, certifiée conforme par le maire, de l'ordre d'abatage ou d'inoculation ;

3° Un certificat du maire constatant que l'ordre d'abatage a reçu son exécution, dans le cas de mort par suite de l'inoculation de la péripneumonie, un certificat du vétérinaire attestant que l'inoculation est réellement la cause de la mort ; ce dernier certificat doit être visé par le maire ;

4° Une copie certifiée de la déclaration, faite à la mairie par le propriétaire, de l'apparition de la maladie dans ses étables ou bergeries ;

5° Un certificat du maire constatant que le propriétaire s'est conformé à toutes les autres prescriptions de la loi ;

6° Une déclaration du propriétaire faisant connaître, lorsqu'il y a lieu, pour chaque tête de bétail, le produit de la vente des animaux ou de leurs chairs et débris.

A ces pièces doivent être joints, dans le cas d'abatage pour cause de péripneumonie ou de mort des suites de l'inoculation de cette maladie, le procès-verbal d'autopsie des animaux pour la perte desquels l'indemnité est réclamée, et un certificat d'origine constatant qu'ils n'ont pas été introduits en France dans les trois mois qui précèdent l'abatage.

Je fait particulier qui lui était soumis dans ses rapports avec le règlement de police susdit, le jugement attaqué s'est borné à déclarer que le prévenu n'était point autorisé à laver dans le ruisseau riverain de sa propriété, des peaux dont l'odeur infecte était de nature à nuire à la santé des habitants ; — Que le jugement ajoute que cette intervention n'a point pour objet de porter atteinte à l'établissement du sieur Arpoin, puisque d'une part, cet établissement n'a été maintenu que par le motif que son exploitation, telle qu'elle avait lieu alors ne pouvait nuire à la salubrité publique, et que d'un autre côté, le règlement de police de 1856 se bornant à reproduire dans ses articles 58 et 68 les prohibitions d'un arrêté préfectoral du 25 juillet 1855 spécial au ruisseau du Talbe, ne pouvait être considéré, comme étant en opposition avec l'arrêté de maintien du 17 octobre 1851 ; — Qu'en le décidant ainsi, le juge de police loin de violer lesdits articles de loi susvisés en...

Sur le deuxième moyen tiré de la violation de l'arrêté municipal du 1er février 1856, de l'arrêté préfectoral du 25 juillet 1855, et d'une nouvelle violation de l'article 7 de la loi du 20 avril 1810 ; — Sur la première branche prise de ce que le règlement de police de 1856 ne s'appliquerait point au ruisseau du Talbe, mais aux ruisseaux des rues destinés à l'écoulement des eaux pluviales et ménagères, et de ce que ni le règlement ni l'arrêté préfectoral de 1875 ne prohiberaient d'ailleurs, le lavage des peaux, mais seulement l'écoulement des eaux et résidus infectes dans le lit du ruisseau ; — Attendu, d'une part, qu'il résulte de la combinaison des articles 58, 59, 60 du règlement sus-rappelé de 1856, que ces prohibitions édictées dans un but d'utilité communale s'appliquent aussi bien au cours d'eau du Talbe, qu'au ruisseau destiné à l'égout de la voie publique ; — Attendu d'autre part, que laver dans ce cours d'eau des peaux reconnues infectes et rendre à son lit le résidu de ce lavage, c'est à proprement parler en altérer les eaux par le mélange d'eaux insalubres et de matières infectes ou contrevenir ainsi aux dispositions formelles tant dudit règlement de 1856 que de l'arrêté préfectoral de 1855 ; — Sur la deuxième branche prise de ce que l'arrêté du maire de Chauvigny aurait empiété sur les pouvoirs de l'administration départementale, à laquelle, seule, appartient le droit de régler tout ce qui touche au régime et à la direction des cours d'eau non navigables ni flottables ; — Attendu que l'arrêté précité ne modifie en rien le régime et le cours des eaux du Talbe, tels qu'ils ont été réglés par l'arrêté préfectoral de 1855, spécial à cette rivière, qu'il se borne à reproduire la disposition de ce dernier règlement pour défense de faire couler dans les eaux dudit ruisseau aucune matière susceptible de les corrompre, et ce rapport, il rentre dans les attributions de l'autorité municipale chargée de prévenir tout ce qui peut porter atteinte à la salubrité publique ; — Sur la troisième branche prise d'un prétendu défaut de motifs, en ce que le jugement attaqué n'aurait pas répondu à des conclusions du prévenu, tendant à démontrer que le lavage des peaux par lui pratiqué ne présentait rien d'insalubre ; — Attendu que le juge de police qui n'avait point à discuter la valeur des procédés techniques dont le demandeur alléguait l'emploi, a déclaré, en s'appuyant sur les faits de la cause et les constatations formelles du procès-verbal auxquelles le prévenu n'offrait aucune preuve contraire, que les peaux par lui lavées au jour indiqué dans le ruisseau du Talbe, répandaient une odeur infecte et nuisible à la salubrité publique ; — Que cette déclaration répond péremptoirement aux allégations de l'inculpé et que, sur ce chef comme sur le précédent, la sentence de condamnation est suffisamment motivée. — Rejette.

2050. Le ministre peut toujours ordonner la revision des évaluations par une commission dont il désigne les membres. Cette commission est présidée par le préfet ou son délégué avec voix prépondérante. L'indemnité est fixée par le ministre, sauf recours au Conseil d'Etat.

2051. Toute infraction à la loi ou aux règlements peut entraîner la perte de l'indemnité. La décision appartient au ministre, sauf recours au Conseil d'Etat.

2052. Les maires des communes frontières prennent les mesures sanitaires prescrites par la loi ou le gouvernement pour l'introduction des animaux étrangers. Les communes ports de mer doivent fournir un quai d'embarquement et un bâtiment de quarantaine.

2053. Les ports de mer ouverts à la sortie des animaux sont déterminés par un décret du Président de la République.

2054. Les foires et marchés doivent être l'objet d'une très grande surveillance, parce que les rassemblements d'animaux dont ils sont l'occasion peuvent être une cause très active de propagation des maladies contagieuses. Il est urgent, quand une maladie contagieuse y est constatée, qu'à l'instant même les dispositions soient prises par l'autorité municipale pour réduire le plus possible les chances de sa transmission.

Le maire de la commune d'où proviennent les animaux doit en être immédiatement informé, afin qu'à son tour il puisse prendre toutes les mesures prescrites par la loi et le règlement à l'égard des localités infectées. C'est à l'autorité du lieu où a été faite la constatation qu'il incombe de transmettre cet avis.

Après chaque tenue de marché, le sol des halles, des étables, des parcs de comptage, de tous autres emplacements où les animaux ont stationné et les parties qu'ils ont pu souiller, sont nettoyés et désinfectés.

2055. Lorsque l'ouverture d'un animal abattu dans un abattoir fait reconnaître des lésions propres à une maladie contagieuse, le maire de la commune d'où provient cet animal en est immédiatement avisé, afin qu'il prenne les dispositions nécessaires.

2056. Un service des épizooties est établi dans chacun des départements, par la loi de 1881.

Mais, indépendamment de cette organisation départementale, les communes où il existe des foires et marchés aux chevaux ou aux bestiaux, sont tenues par l'article 39 de la loi de préposer, à leurs frais et sauf à se rembourser par l'établissement d'une taxe sur les animaux amenés, un vétérinaire pour l'inspection sanitaire des animaux qui y sont conduits. Cette dépense est obligatoire pour la commune.

2057. L'élevage d'animaux domestiques est licite, mais à la condition que celui qui s'y livre prenne toutes les mesures de nature à assurer la salubrité publique. Si, par le grand nombre d'animaux réunis, si, par le défaut d'aération du local, par le manque de soins, de propreté, l'établissement présente des dangers, l'intervention administrative est admise, et l'autorité municipale peut mettre l'exploitant en demeure de faire cesser cet état de choses dangereux pour la santé générale, soit par la voie d'un arrêté général, soit par celle d'arrêtés individuels, alors même que le local infecté se trouve dans une propriété privée, sous cette seule réserve que l'arrêté quel qu'il soit ne porte pas atteinte au droit de propriété, et tout en invitant le propriétaire à faire disparaître la cause d'insalubrité, lui laisse le soin de choisir tel ou tel mode d'assainissement (1).

2058. Relativement aux animaux incommodes ou nuisibles, et dont l'existence dans l'intérieur des villes et des habitations pourrait présenter des dangers pour la salubrité publique, tels que les porcs, les chèvres, les lapins, les pigeons, les volailles, etc., les maires peuvent également, par des règlements de police, défendre aux habitants d'avoir chez eux de ces sortes d'animaux pour les y nourrir et élever, en exceptant toutefois, les individus qui en font commerce, mais à la condition qu'ils ne négligeront aucune des mesures de salubrité qui leur seront prescrites.

SECTION VIII.

DIVAGATION DES ALIÉNÉS ET DES ANIMAUX MALFAISANTS.

2059. Le soin d'obvier aux accidents fâcheux qui pourraient résulter de la divagation des animaux malfaisants, c'est-à-dire dangereux pour les propriétés, et féroces, c'est-à-dire dangereux pour les personnes, sur la voie publique, a été confié spécialement à l'autorité municipale par la loi du 5 avril 1884, article 97, paragraphe 8, et cette disposition est sanctionnée par l'article 475, n° 7 du Code pénal. Sont considérés comme animaux malfaisants : les différents fauves qui pourraient avoir été plus ou moins apprivoisés, et, parmi les animaux domestiques, les chevaux ombrageux ou mal dirigés, ceux qui mordent ou donnent des coups de pied, les taureaux, les bœufs, les vaches et même les béliers, qui peuvent blesser les passants à coups de cornes, et enfin les porcs, qu'on a vu souvent mordre et dévorer les enfants. En

demoiselle de La Barrière n'ayant tenu aucun compte de cet arrêté qui lui a été régulièrement notifié, le commissaire de police de Neuilly a, par un procès-verbal dressé le 19 mars, constaté dans la cour de la maison habitée par la demanderesse, la présence de 18 chiens et de 50 chats : — Attendu qu'à la suite de ce procès-verbal, la demoiselle de Lavergne de La Barrière, a été condamnée à 1 franc d'amende par un jugement du tribunal de simple police de Neuilly, confirmé sur appel par le tribunal correctionnel de la Seine, pour avoir contrevenu aux prescriptions de l'article 6 du règlement de police susvisé ; — Attendu que l'autorité municipale est investie par la loi des 16-24 avril 1790, du droit de prescrire les mesures de police que peuvent exiger les intérêts confiés à sa vigilance, notamment en ce qui concerne la salubrité et la sécurité des habitants ; — Attendu que l'arrêté pris par le maire de Neuilly, le 5 novembre 1880, rentrait dans les limites de ses attributions ; — Qu'il avait, en effet, le droit et le devoir d'interdire dans une habitation privée, l'agglomération d'un nombre de chiens et de chats, tel que la sécurité et la salubrité des maisons voisines en fussent compromises ; — Attendu que la demanderesse conteste vainement la légalité de cet arrêté, sous le double prétexte qu'il ne précise pas le nombre de chiens ou de chats qu'il interdit aux habitants de Neuilly d'élever dans leurs habitations et qu'il laisse ainsi à l'arbitraire du juge, le soin de déterminer le fait constitutif de la contravention ; — Attendu, d'une part, que le maire de Neuilly ne pouvait fixer d'une manière générale et absolue le chiffre des animaux domestiques dont l'élevage dans une propriété privée, devenait une cause d'insalubrité, que ce chiffre est nécessairement variable d'après l'étendue de l'habitation et sa situation à l'égard des maisons voisines ; — Que, même en l'absence de cette indication, le règlement susvisé avait un sens net et précis, les habitants de Neuilly étant avertis qu'il leur était interdit de nuire à la salubrité publique en élevant dans leurs habitations un nombre excessif de chiens et de chats ; — Attendu d'ailleurs, que par l'arrêté individuel pris à la date du 8 mars 1881, arrêté qui n'était que le complément du règlement général du 5 novembre précédent, dont il rappelait les prescriptions, le maire de Neuilly a prévenu la demoiselle de La Barrière que la ménagerie de chats et de chiens, entretenue par elle dans sa maison était une cause d'insalubrité, et l'a mise en demeure de la faire disparaître dans un délai déterminé ; — Que la demanderesse a été ainsi dûment avertie qu'elle se trouverait en contravention à l'article 6 du règlement de police susvisé ; — Attendu, d'une autre part, que le juge de police pour faire application à la prévenue dudit arrêté, n'a pas été obligé, comme le prétend la demoiselle de La Barrière, d'en compléter le texte et de suppléer arbitrairement à une disposition vague et indéterminée ; — Que le jugement attaqué s'est fondé sur le procès-verbal du commissaire de police de Neuilly, lequel constatait que non-seulement la demoiselle de La Barrière entretenait chez elle un nombre considérable de chiens et de chats, mais encore que ce fait avait donné lieu à des plaintes fréquentes de la part des voisins ; — Attendu qu'en présence de ces constatations, qui rentraient dans les limites des pouvoirs des rédacteurs du procès-verbal, le juge de police a pu et dû déclarer que la contravention relevée à la charge de la prévenue était établie et prononcer contre elle la peine édictée par l'article 471 (n° 15) du Code pénal ; — Attendu, en fait, que le jugement est régulier dans la forme. — Rejette.

(1) Cass. crim. 7 janvier 1882. — La Cour, Sur le moyen unique du pourvoi pris de sa violation pour fausse application de l'article 3, titre XI de la loi des 16-24 août 1790 et de l'article 471 (n° 15) du Code pénal ; — Attendu, en fait, que le maire de Neuilly-sur-Seine a pris à la date du 5 novembre 1880, un arrêté réglementant le 20 du même mois, par le préfet de la Seine, et dont l'article 6 est ainsi conçu : Il est interdit d'élever et d'entretenir à Neuilly, dans l'intérieur des habitations, un nombre de chats et chiens tel que la sûreté et la salubrité des habitations voisines se trouvent compromises ; — Attendu que le 8 mars 1881, le maire, par un arrêté individuel dans lequel il visait l'article 6 du règlement précité a enjoint à la demoiselle Lavergne de La Barrière de faire disparaître dans un délai de huit jours une ménagerie de chiens et de chats qu'elle avait établie dans sa propriété, rue Montrosier, 1 ; — Attendu que la

conséquence, l'autorité municipale doit faire défense aux habitants de laisser vaguer ces animaux sur la voie publique, et de les confier à des enfants hors d'état de les conduire ou de protéger les passants contre leurs attaques.

2060. Les animaux qualifiés féroces ou malfaisants par un arrêté municipal, autres que les chiens, trouvés en état de divagation sur la voie publique, doivent être conduits en fourrière et traités selon les règlements spéciaux à la matière.

2060. Quant aux chiens, les pouvoirs municipaux, qui, avant la loi du 21 juillet 1881 et le règlement du 22 juin 1882, étaient à peu près illimités, sont aujourd'hui déterminés par les articles 50, 51 et 52 du règlement (1). (Voy. *supra*, nos 2024 et suiv.) :

Ils ne rentrent donc nécessairement pas dans la classe des animaux malfaisants ou féroces qu'il est défendu de laisser divaguer (2) ; mais ils peuvent être considérés comme tels, lorsqu'ils peuvent faire courir des dangers aux personnes ou aux animaux de l'autrui, soit à raison de leur naturel particulier (3), soit à raison de leur éducation (4). Ainsi, d'une part, on doit prohiber la circulation des chiens qui mordent les passants sans provocation (5), les animaux domestiques, chevaux, moutons, chiens, chats, lapins, poules, etc., et celle des chiens de contrebandiers ou de fraudeurs qui sont élevés à briser et franchir les barrières et à passer à travers les récoltes et les terrains cultivés (6).

2061. Le maire, aux termes du paragraphe 7 de l'article 97, est chargé de prendre provisoirement les mesures nécessaires à l'égard des aliénés dont l'état pourrait compromettre la morale publique, la sécurité des personnes ou la conservation des propriétés. La loi de 1790 le chargeait seulement d'obvier ou de remédier aux événements fâcheux qui pourraient être occasionnés par les insensés et les furieux laissés en liberté, et par la divagation des animaux féroces. La nouvelle loi a voulu mettre la législation municipale en harmonie avec celle qui a été établie par la loi du 30 juin 1838.

2062. Les maires sont appelés à visiter les établissements d'aliénés. Ils reçoivent, concurremment avec les commissaires de police, la demande d'admission formée par une personne ne sachant pas écrire ; — le registre de l'article 12 doit être coté et paraphé par eux ; — ils peuvent, au cas de l'article 14 de la loi, c'est-à-dire au cas où la sortie d'un aliéné est de-

mandée par sa famille, ordonner qu'il y sera sursis si le médecin de l'établissement estime que l'état mental du malade pourrait compromettre l'ordre public ou la sécurité des personnes ; mais ils doivent en référer, dans les vingt-quatre heures, au préfet ; — il leur est donné avis, dans les communes autres que les chefs-lieux de département ou d'arrondissement, des entrées et des sorties des aliénés placés volontairement ; — ils doivent transmettre l'avis au sous-préfet ; — au cas de danger imminent, ils ordonnent, à l'égard des aliénés dangereux, toutes les mesures provisoires nécessaires ; mais ils doivent en référer, dans les vingt-quatre heures, au préfet.

2063. Les arrêtés du préfet, ordonnant les placements ou les maintenues d'offices sont notifiés au maire du domicile de l'aliéné ; — le maire doit en donner immédiatement avis aux familles.

2064. Dans les communes où il n'existe ni hospices, ni hôpitaux, les maires doivent pourvoir au logement des aliénés, soit dans une hôtellerie, soit dans un local loué à cet effet, mais jamais dans une prison.

Les maires de la commune ou de chacune des communes où celui qui désire ouvrir un établissement privé d'aliénés réside depuis trois ans, peuvent être requis par celui-ci de lui délivrer un certificat de bonne vie et mœurs.

SECTION IX.

POLICE DE LA VOIRIE.

2065. En principe, la police de la voirie appartient à l'administration de laquelle dépend la voie publique sur laquelle elle s'exerce. Une double raison d'intérêt et de compétence motive cette règle. Si la voie est nationale ou départementale, les préfets et l'administration des ponts et chaussées, qui ont charge de son entretien, ont mission de la défendre ; si la voie est communale, le maire, qui représente la commune qui paye, est désigné naturellement. En outre, nos lois font des atteintes à la grande voirie des contraventions justiciables des conseils de préfecture, et de celles à la voirie communale ou petite voirie des contraventions de simple police. Mais le principe, tout logique qu'il paraît, présente de graves inconvénients en certains cas.

Dans les villes et les parties agglomérées des communes rurales, si l'on abandonne à la surveillance exclusive des agents de l'administration préfectorale la police des voies nationales ou départementales, on risque étrangement de voir cette surveillance devenir ou onéreuse, ou tout à fait insuffisante. D'un autre côté, si les contraventions de voirie présentent des caractères nettement déterminés, il n'en est pas de même de la voirie elle-même. La salubrité, la tranquillité, la sûreté de la voie publique sont confondues souvent avec la libre circulation. Or, si deux autorités sont chargées chacune d'une partie seulement du maintien du bon ordre, on peut craindre ou les conflits des attributions, ou la négligence des fonctionnaires.

Avant la loi du 5 avril 1884, le législateur n'avait pas cru devoir user à cet égard de dispositions particulières, et un antagonisme est né souvent, dans la pratique, des prétentions rivales des agents communaux et départementaux ou nationaux. La loi du 5 avril 1884 a voulu mettre fin à cette situation, et elle a accordé au maire un droit de police, dans l'intérieur des agglomérations, sur les routes nationales et départementales et sur toutes les voies de communication qui y sont situées.

L'article 98, à ce relatif, est ainsi conçu :

« Le maire a la police des routes nationales et départementales, et des voies de communication, dans l'intérieur des agglomérations, mais seulement en ce qui touche à la circulation sur lesdites voies.

« Il peut, moyennant le payement des droits fixés par un tarif dûment établi, sous les réserves imposées par l'article 7

(1) Art. 51. Tout chien circulant sur la voie publique, en liberté ou même tenu en laisse, doit être muni d'un collier portant, gravés sur une plaque de métal, les noms et demeure de son propriétaire. — Sont exceptés de cette prescription les chiens courants suivant la marque de leur maître.

Art. 52. Les chiens trouvés sans collier sur la voie publique et les chiens errants même munis de collier sont saisis et mis en fourrière. — Ceux qui n'ont pas de collier et dont le propriétaire est inconnu dans la localité sont abattus sans délai. — Ceux qui portent le collier prescrit par l'article précédent, et les chiens sans collier dont le propriétaire est connu, sont abattus s'ils n'ont pas été réclamés avant l'expiration d'un délai de rois jours francs. Ce délai est porté à cinq jours francs pour les chiens courants avec collier ou portant la marque de leur maître. — Les chiens destinés à être abattus peuvent être livrés à des établissements publics d'enseignement ou de recherches scientifiques. — En cas de remise au propriétaire, ce dernier sera tenu d'acquitter les frais de conduite, de nourriture et de garde, d'après un tarif fixé par l'autorité municipale.

Art. 53. L'autorité administrative pourra, lorsqu'elle croira cette mesure utile, particulièrement dans les villes, ordonner par arrêté que tous les chiens circulant sur la voie publique soient muselés ou tenus en laisse.

Art. 54. Lorsqu'un cas de rage a été constaté dans une commune, le maire prend un arrêté, pour interdire, pendant six semaines au moins, la circulation des chiens, à moins qu'ils ne soient tenus en laisse. — La même mesure est prise pour les communes qui ont été parcourues par un chien enragé. — Pendant le même temps, il est interdit aux propriétaires de se dessaisir de leurs chiens ou de les conduire en dehors de leur résidence, si ce n'est pour les faire abattre. Toutefois, peuvent être admis à circuler librement, mais seulement pour l'usage auquel ils sont employés, les chiens de berger et de bouvier, ainsi que les chiens de chasse.

(2) Cass. crim. 30 juin 1842 ; Cass. crim. 5 mars 1852, D. P. 52.5.23 ; Cass. crim. 18 juillet 1867, D. P. 67 5.20.

(3) Cass. crim. 12 janvier 1866, D. P. 67.5.20.

(4) Cass. crim. 10 août 1832.

(5) Cass. crim. 13 avril 1849, D. P. 49.5.13 ; Cass. crim. 3 octobre 1851, D. P. 54.5.21 ; Cass. crim. 10 mars 1854, D. P. 54.5.26.

(6) Cass. crim. 10 août 1832.

de la loi du 11 frimaire an VII, donner des permis de stationnement ou de dépôt temporaire sur la voie publique, sur les rivières, ports et quais fluviaux et autres lieux publics (1).

« Les alignements individuels, les autorisations de bâtir, les autres permissions de voirie sont délivrés par l'autorité compétente, après que le maire aura donné son avis, dans le cas où il ne lui appartient pas de les délivrer lui-même.

« Les permissions de voirie, à titre précaire ou essentiellement révocable, sur les voies publiques qui sont placées dans les attributions du maire, et ayant pour objet notamment l'établissement dans le sol de la voie publique des canalisations destinées au passage ou à la conduite soit de l'eau, soit du gaz, peuvent, en cas de refus du maire non justifié par l'intérêt général, être accordées par le préfet. »

2066. Le maire, en vertu du paragraphe 1er, est donc désormais chargé d'assurer la libre et paisible circulation de toutes les voies publiques, quelles qu'elles soient et quelle qu'en soit la nature, qui traversent l'agglomération ou les agglomérations communales ; il en est chargé à l'exclusion du préfet, qui conserve bien les droits de tutelle municipale générale que lui confèrent les articles 95 et 99, mais qui n'a plus le pouvoir particulier que lui conférait autrefois sa qualité de représentant des intérêts départementaux et nationaux de voirie.

2067. Mais en attribuant au maire les droits de police, en ce qui concerne la circulation, à l'égard des routes et des chemins vicinaux de grande et de moyenne communication, la loi de 1884 a laissé en dehors de ses fonctions la direction de la police de grande et moyenne vicinalité qui a trait à la construction, à l'entretien et à la conservation de ces voies. C'est le préfet, ou le sous-préfet, selon les localités et les circonstances, qui doivent délivrer les permissions de voirie ; ce sont eux qui font constater les contraventions et prennent les arrêtés nécessaires.

Mais la loi de 1884 ne lui donne pas le droit de donner ou de refuser les permissions sans avoir, au préalable, consulté le maire lui-même (2).

2068. Cette disposition permet au maire de revendiquer, en temps opportun, le droit de statuer lui-même sur les demandes que les pétitionnaires considèrent comme appartenant à la grande voirie, à la grande ou à la moyenne vicinalité, des voies publiques ou sections de voies publiques appartenant exclusivement à la voirie urbaine ou à la petite vicinalité. Elle donne, en outre, au maire, le moyen de fournir, au moment utile, des renseignements qui peuvent éclairer l'administration supérieure sur les inconvénients que pourraient entraîner certaines permissions soit au point de vue des services municipaux (éclairage, distribution d'eau, etc.), soit de la commodité, de la liberté ou de la sécurité de la circulation. L'avis défavorable ou favorable du maire n'est pas, d'ailleurs, un obstacle à ce qu'une décision contraire intervienne.

2069. La délivrance des autorisations de bâtir, des alignements individuels et des simples permissions de voirie, à titre précaire ou essentiellement révocable, rentre dans les attributions du maire en matière de petite voirie, sauf les exceptions relatives aux chemins vicinaux de grande ou de moyenne communication et aux rues et aux traverses. Il a toujours été admis que, dans le cas où le maire, saisi régulièrement d'une demande d'alignement individuel ou d'autorisation de bâtir, refusait de l'accueillir, le préfet pouvait délivrer l'alignement ou l'autorisation. En effet, tout propriétaire a le droit d'élever sur son fonds des constructions en bordure de la voie publique. Il est tenu de solliciter préalablement l'alignement individuel et l'autorisation de bâtir, mais l'administration est obligée de les lui accorder, lorsque sa demande

réunit les conditions prévues par les lois ou règlements. Dans ce cas, le refus du maire, avant la promulgation de la nouvelle loi municipale, tombait sous l'application de l'article 15 de la loi du 18 juillet 1837. Il est prévu aujourd'hui par l'article 85 de la loi du 5 avril 1884, aux termes duquel, quand le maire néglige ou refuse de faire un des actes qui lui sont prescrits par la loi, le préfet peut, après l'en avoir requis, y procéder d'office par lui-même ou par un délégué spécial.

2070. Le préfet ne pouvait régulièrement se substituer ainsi au maire sous la législation précédente en ce qui touche les simples permissions de voirie, ces permissions, contrairement aux alignements individuels et aux autorisations de bâtir, étant purement facultatives de la part de l'autorité compétente. Le Conseil d'État, statuant au contentieux, s'était prononcé dans ce sens par un arrêt du 10 décembre 1880. Cependant il est arrivé, dans certains cas, que le refus du maire concernant les simples permissions de voirie ne se justifiait ni par les nécessités de la viabilité, ni par aucune autre considération d'intérêt général. Le dernier paragraphe de l'article 98 a prévu cette situation, et il donne le moyen d'y pourvoir. Lorsque l'intérêt général de l'État, du département ou de la commune ne justifie pas le refus du maire de délivrer une permission de voirie, à titre précaire ou essentiellement révocable, ayant pour objet, notamment, l'établissement dans le sol de la petite voirie d'une canalisation destinée au passage ou à la conduite soit de l'eau, soit du gaz, il appartient au préfet d'accorder cette permission.

2071. Lorsqu'une permission de voirie à titre précaire a été accordée par le préfet, au refus du maire, à quelle autorité peut-il appartenir de prononcer la révocation ? La loi est muette à cet égard, et la question est controversée. M. Ducrocq (1) estime que la situation juridique, lorsqu'un préfet a accordé la permission, est la même que si le maire avait accordé lui-même ; que l'arrêté du préfet constitue exceptionnellement un acte municipal pris par le préfet, aux lieu et place du maire, et que comme cet acte est, par sa nature même, en raison de l'indisponibilité du domaine public, essentiellement précaire et révocable, c'est au maire, gardien du domaine public communal, qu'il appartient, dans le silence de l'article 98, de prononcer la révocation.

Si le maire usait, sans raisons sérieuses, de son droit de révocation, le préfet se trouverait suffisamment armé par les dispositions de l'article 95, qui lui permet d'annuler tous les arrêtés municipaux pour maintenir contre tout arrêté municipal de révocation les permissions de voirie par lui données.

Nous ne saurions admettre ces considérations. Il résulte des règles générales de la subordination des divers pouvoirs administratifs, qu'il appartient à l'autorité seule qui a pris une mesure ou à l'autorité supérieure de la révoquer, lorsque cette révocation est légalement possible. Ainsi les préfets ne peuvent revenir sur les décisions prises par les ministres, et ceux-ci sur des décrets signés par le chef de l'État. Un maire ne peut donc révoquer une autorisation préfectorale ; tout ce que son droit de gardien des intérêts publics et privés communaux lui permet de faire, c'est d'appeler l'attention de son chef hiérarchique sur les motifs qui pourraient amener la modification de la mesure prise, mais il n'est pas admissible qu'il l'infirme. La question, du reste, est plus générale et plus haute que ne semble le voir M. Ducrocq. Quoique la loi ne l'ait pas dit expressément, le paragraphe 4 de l'article 98, accorde au maire le pouvoir de délivrer des permissions précaires de voirie, sous l'autorité du préfet et non sous sa simple surveillance : de là il résulte, en effet, de ce fait que le préfet peut modifier l'arrêté municipal et non pas seulement le suspendre ou l'annuler. Or, toutes les fois que le préfet a autorité sur le maire, ce dernier ne peut porter aucune atteinte à l'acte de son supérieur hiérarchique. Il doit le faire exécuter, mais ne peut rien y changer. C'est en vertu de cette règle que la jurisprudence (voy. nos 1368 et suiv. 1395 et suiv.)

---

(1) Nous avons examiné plus haut (no 1525 et suiv. no 1527 et suiv.) quels étaient les droits de police du maire en matière de stationnement et de dépôt. Nous étudierons plus loin (no 3154 et suiv.) quels sont les droits que les communes peuvent percevoir à titre de tarifs.
(2) Cons. d'Ét. cont. 26 novembre 1886.

(1) Ducrocq, p. 59.

1746 et suiv.) a décidé que lorsqu'un arrêté de police avait été pris par le préfet pour toutes les communes ou pour une commune de son département, il n'appartenait pas à l'autorité municipale d'accorder aucune dispense d'obéissance, ni de prendre aucun arrêté contraire en totalité ou en partie. Les permissions précaires de voirie constituent de véritables arrêtés de police *temporaires*, mais toutes les règles des arrêtés permanents leur sont applicables et notamment celles qui résultent des dispositions de l'article 99, (voy. nº 1420 et s.). Comprendrait-on d'ailleurs que la loi ait pu autoriser entre l'autorité préfectorale et l'administration municipale une sorte de jeu consistant de la part de la première à accorder, malgré la seconde, une permission précaire de voirie, et de la part de la seconde à revoquer, malgré la première, la permission accordée.

SECTION X.

DES CLOCHES ET DES APPELS DE SECOURS,

2072. Les cloches, sous l'ancien régime, étaient à la disposition exclusive des curés, qui les faisaient sonner pour l'usage religieux. Cependant, et quelque absolu que fût le principe, elles étaient souvent consacrées à d'autres usages que celui d'annoncer les offices de l'église ; on s'en servait pour des cas extraordinaires, ainsi pour convoquer la réunion des habitants dans une occasion de péril commun, tels qu'un incendie ou une inondation, ou bien encore pour les assemblées qui intéressaient la communauté, pour annoncer qu'on allait tenir l'audience, pour notifier les ordres du roi ; en un mot, pour annoncer un événement de nature à répandre l'affliction ou la joie. Mais, en tous cas, cet usage avait toujours lieu sur l'ordre et le consentement du curé.

Elles furent supprimées pendant la Révolution. Mais, avec le rétablissement du culte catholique, revint l'usage des cloches ; la loi organique du 18 germinal an x, article 48, disposa que l'évêque se concerterait avec le préfet pour régler la manière d'appeler les fidèles au service divin par les sonneries. Et le même article ajouta qu'on ne pourrait sonner pour toute autre cause sans la permission de la police locale. Le nombre des cloches dut être fixé par le règlement (1).

Il résulte donc du texte de la loi organique que, comme autrefois, les cloches ont un double usage : 1º elles servent au service divin, et en raison de ce service, elles sont généralement placées dans l'église et en font partie. 2º Elles peuvent aussi être employées par l'autorité locale dans un but d'utilité publique.

2073. Du contact des deux autorités sont nées, avant la loi du 5 avril 1884, de fréquentes difficultés, que cette loi a cherché à supprimer à l'avenir.

« Les cloches des églises dit, l'article 100, sont spécialement affectées aux cérémonies du culte. — Néanmoins, elles peuvent être employées : dans les cas de péril commun qui exigent un prompt secours ; dans les circonstances où cet emploi est prescrit par des dispositions de lois ou règlements, ou autorisé par les usages locaux. — Les sonneries religieuses comme les sonneries civiles feront l'objet d'un règlement concerté entre l'évêque et le préfet et les consistoires, et arrêté, en cas de désaccord, par le ministre des cultes. »

Et l'article 101 dit : « Une clef du clocher sera déposée entre les mains des titulaires ecclésiastiques, une autre entre les mains du maire, qui ne pourra en faire usage que dans les circonstances prévues par les lois ou règlements. — Si l'entrée du clocher n'est pas indépendante de celle de l'église une clef de l'église sera déposée entre les mains du maire. »

Il résulte des explications qui ont été échangées au moment de la discussion des articles 100 et 101, que les dispositions de ces articles ne contiennent pas à proprement parler

d'innovation, et que l'on a voulu seulement consacrer par un texte de loi précis des prescriptions qui résultaient de la pratique administrative et de la doctrine que le Conseil d'État avait établie dans un avis du 17 juin 1840 (1).

(1) Cons. d'Et. 17 juin 1840. — Les membres du Conseil d'État, composant le comité de législation, consultés par M. le garde des sceaux, ministre de la justice et des cultes, sur un dissentiment survenu entre monseigneur l'évêque de C... et M. le maire de la même ville, relativement à l'usage des cloches et sur les attributions respectives de l'autorité municipale d'après les lois et règlements concernant cet usage ; — Vu l'article 48 de la loi du 18 germinal an x, les articles 33 et 37 du décret du 30 décembre 1869 et l'article 7 de l'ordonnance du 12 janvier 1825 ; — Considérant que, pour résoudre les difficultés qui s'élèvent entre l'autorité municipale, au sujet de la sonnerie des cloches, il importe de constater d'abord quelle était l'ancienne jurisprudence en cette matière ; — Considérant que la destination des cloches a toujours été regardée comme essentiellement religieuse ; — Qu'elles ont été, de tout temps, consacrées par une bénédiction solennelle et par des cérémonies et des prières qui marquent leur affectation spéciale au service des cultes ; que l'ordonnance de Blois, article 52, et celle de Melun, article 3 comprennent les cloches parmi les choses nécessaires à la célébration du service divin et chargent les évêques de pourvoir dans leurs visites, à ce que les églises en soient fournies ; — Que plusieurs conciles ayant défendu de les employer à des usages profanes, cette règle a été suivie partout, sauf les exceptions dont la nécessité et la convenance étaient reconnues soit par l'autorité ecclésiastique elle-même, soit par les parlements, qu'il suffit de citer l'arrêt du parlement de Paris du 29 juillet 1784, dont les termes sont : « Ordonne que les cloches ne pourront être sonnées que pour les différents offices de l'église, messes et prières suivant les usages et rites des diocèses, ordonne, en outre, qu'il sera seulement sonné une cloche pour la tenue des assemblées, tant de la fabrique que de la communauté des habitants, et que, dans les cas extraordinaires qui peuvent exiger une sonnerie, elle ne sera faite qu'après en avoir prévenu le curé et lui en avoir déclaré le motif, sous peine de 20 livres d'amende contre chacun des contrevenants et de plus grande peine s'il y échet » ; — Qu'ainsi, d'après l'ancienne législation, les cloches des églises appartenaient au culte catholique, et le curé seul en était le gardien et le régulateur ; — Que, cependant, si, en règle générale, elles ne pouvaient être sonnées que pour les cérémonies religieuses, leur sonnerie pouvait être exigée et s'était exceptionnellement pour d'autres causes que les besoins du culte ; — Considérant, en ce qui concerne la législation nouvelle, que la loi du 18 germinal an x n'a pas dérogé à ces principes ; — Qu'il résulte de l'article 6 de cette loi, que les règles consacrées par les canons consacrés en France sont maintenues ; — Que la première partie de l'article 48 de la même loi portant que : « l'évêque se concertera avec le préfet pour régler la manière d'appeler les fidèles au service divin par le son des cloches », n'est qu'une mesure d'ordre public, ayant pour but de faire connaître d'avance l'objet des sonneries concernant le culte et d'en modérer l'usage dans l'intérêt du repos et des habitudes des citoyens ; — Que la deuxième partie du même article portant : « Qu'on ne pourra sonner les cloches pour toute autre cause sans la permission du culte, sans la permission de la police locale », n'est aussi qu'une mesure de police, afin de maintenir l'autorité civile dans le droit qui lui appartient d'apprécier la circonstance où le son des cloches employé pour des causes étrangères au culte pourrait être une occasion de trouble et d'alarme ; — Mais que de la défense faite au curé de sonner les cloches dans ces circonstances sans la permission de la police locale, on ne peut pas conclure que l'article 48 ait attribué au maire le droit de les faire sonner pour tous les besoins quelconques de la commune, qu'au surplus, les restrictions de police, auxquelles l'article 48 soumet le droit du curé, ne sont qu'une conséquence de l'article 1er de la convention conclue le 20 messidor an ix avec le pape Pie VII, stipulant que la religion catholique sera librement exercée en France et que « son culte sera public, en se conformant aux règlements de police que le gouvernement jugera nécessaires pour la tranquillité publique ; — Que le décret du 30 décembre 1809 et l'ordonnance du 12 janvier 1825 sont une confirmation des mêmes principes ; — Qu'aux termes de l'article 33 du décret de 1809, la nomination et la révocation d'un sonneur appartiennent aux marguilliers sur la proposition du curé ou desservant, et que, d'après l'article 87, le payement du sonneur est à la charge de la fabrique ; — Que l'article 7 de l'ordonnance du 12 janvier 1825 ne modifie, en ce point, le décret de 1809, que pour attribuer au curé ou desservant la nomination et la révocation du sonneur, dans les communes rurales ; — Considérant, toutefois, qu'il est des cas où, même en vertu de l'ancienne jurisprudence, le son des cloches des églises peut être exceptionnellement exigé pour des causes étrangères aux cérémonies religieuses, et que, pour ce cas, il convient d'indiquer les règles qui paraissent devoir être suivies.

Sont d'avis : 1º Que les cloches des églises sont spécialement affectées aux cérémonies de la religion catholique, d'où il suit qu'on ne peut en exiger l'emploi pour les célébrations concernant des personnes étrangères au culte catholique, ni pour l'enterrement de celles à qui les prières de l'Église auraient été refusées en vertu des règles canoniques ; 2º Que le curé ou desservant doit avoir seul la clef du clocher, comme il a celle de l'église, et que le maire n'a pas le droit d'avoir une seconde clef ; 3º Que les usages existant dans diverses localités relativement au son des cloches des églises, s'ils ne présentent pas de graves inconvénients et s'ils sont fondés sur de vrais besoins, doivent être respectés et maintenus ; 4º Qu'à cet égard, le maire doit se concerter avec le curé ou desservant ; que les difficultés qui pourraient s'élever entre eux sur l'application de cette règle doivent être soumises à l'évêque et au préfet, lesquels s'entendront pour les résoudre et empêcher que rien ne trouble

(1) Déc. min. Cultes, 27 mai 1807.

2074. La sonnerie par ordre de l'autorité ecclésiastique a lieu pour le service divin, les baptêmes, mariages, enterrements, en un mot pour les cérémonies religieuses. C'est à cette sonnerie qu'est relative la première partie de l'article 45 de la loi organique, qui porte qu'elle aura lieu suivant le règlement arrêté entre l'évêque et le préfet. Cet article, disait M. Portalis, fait avec raison régler par l'évêque et la police locale l'usage des cloches, qui doit être sagement rendu utile au service de l'église, sans devenir incommode au repos des citoyens.

Ainsi, de ce que la sonnerie religieuse ne doit pas devenir un trouble à la tranquillité publique, il résulte que l'autorité municipale peut la régler en certaines circonstances, et en dehors des dispositions arrêtées d'accord entre le préfet et l'évêque. La sonnerie peut être interdite toutes les fois qu'elle peut être nuisible, par exemple en cas d'épidémie, où l'on peut craindre son effet sur les esprits des populations, et particulièrement des malades (1).

En outre, les règlements de 1784 et 1786, qui prohibaient la sonnerie pendant l'orage, sont du nombre de ceux que maintient le Code pénal.(2).

Le son des cloches est également interdit pour annoncer les fêtes supprimées par le concordat (3).

2075. Mais, en dehors du cas où il s'agit en vertu de son droit de police, le maire ne saurait modifier l'arrêté intervenu après accord entre le préfet et l'évêque (4), et quant aux curés

et aux conseils de fabrique, ils ne peuvent, en aucune circonstance contrevenir ni autoriser une contravention à l'arrêté (1).

2076. Les communautés religieuses, autorisées à avoir des chapelles particulières, peuvent y placer des cloches pour les faire sonner aux heures de leurs exercices ; cette sonnerie, du reste, est assujettie aux règles ordinaires imposées à la sonnerie des églises publiques, c'est-à-dire que le règlement doit être soumis à l'approbation du préfet (2).Le maire exerce à leur égard ses droits complets de police.

---

(1) Déc. min. Cultes, 4 mars 1806.
(2) Favard de Langlade, *Rep.*, vᵒ CLOCHE; Fournel, *Traité de voisinage*, vᵒ CLOCHE; *Encyclopédie de Droit*, vᵒ CLOCHE; Sirey, *Rep.*, vᵒ CLOCHE.
(3) Déc. min. Cultes, 14 mars 1806.
(4) Cons. d'Ét. cont. 8 août 1882. — Le Conseil, — Vu la loi du 18 germinal an x, article 48 ; — Vu la loi des 19-22 juillet 1791, titre 1ᵉʳ, article 46 ; — Vu les lois des 17-24 octobre 1790 et 24 mai 1872 ; — Considérant que, d'après l'article 48 de la loi du 18 germinal an x, les sonneries des cloches pour les services religieux doivent être réglées de concert entre l'évêque et le préfet, mais qu'il appartient aux maires exerçant la police locale de disposer des cloches pour les services civils ; — Considérant qu'il résulte de l'instruction que les termes d'un accord ratifié par l'autorité ecclésiastique du diocèse d'Annecy et le préfet de la Haute-Savoie, il a été entendu que la grosse cloche de Samoëns ne serait plus affectée au service du culte ; — Considérant que, par l'article 1ᵉʳ de l'arrêt attaqué, en interdisant de sonner ladite cloche, sans la permission de l'autorité municipale, le maire de Samoëns n'a fait qu'assurer, en ce qui le concernait, l'exécution de l'accord intervenu entre les autorités civiles et ecclésiastiques ; — Considérant que, par les articles suivants du même arrêté ledit maire s'est borné, en ce qui concerne la petite cloche affectée au service religieux, à porter à la connaissance des intéressés les mesures concertées par les autorités compétentes et la sanction attachée à leur inobservation, et qu'il n'est-pas d'ailleurs allégué par les requérants que ces dispositions de l'arrêt attaqué aient dérogé à la réglementation en vigueur ; — Considérant que, dans ces circonstances, les requérants ne sont pas fondés à soutenir que, par les dispositions des articles ci-dessus visés de son arrêté du 18 juillet 1881, le maire de Samoëns ait excédé ses pouvoirs. — Rejette.
Cass. crim. 17 novembre 1882. — La Cour, Sur le moyen tiré de la violation de l'article 48 de la loi du 18 germinal an x, et de la violation par fausse application de l'article 471 (nᵒ 15) du Code pénal, en ce que le tribunal de simple police a condamné le demandeur à 4 francs d'amende et aux dépens pour avoir contrevenu à un arrêté du maire de Samoëns relatif à la sonnerie des cloches, alors que cet arrêté a été pris en dehors des pouvoirs attribués aux maires en cette matière, et, par suite, illégal ; — Vu l'article 48 de la loi du 18 germinal an x et l'article 471 (nᵒ 15) du Code pénal : — Attendu que l'article 48 de la loi du 18 germinal an x dispose : « L'évêque se concertera avec le préfet pour régler la manière d'appeler les fidèles au service divin par le son des cloches, on ne pourra les sonner pour toute autre cause, sans la permission de la police locale » ; — Attendu que, suivant une délibération du conseil municipal de la commune de Samoëns, en date du 4 février 1877, dont

les conditions ont été approuvées par le conseil de fabrique, par l'évêque du diocèse et par le préfet du département et qui a la force légale d'un règlement, il a été arrêté : « Que la grande cloche de l'église de Samoëns ne devait plus servir dans les baptêmes, ni dans les sépultures, et qu'elle sera réservée pour les grandes circonstances, telles que les fêtes, les réceptions des autorités supérieures et dans les cas d'incendie ou tous autres sinistres ; — Attendu que le 14 juillet 1881, à la suite du refus par le curé de faire sonner la grande cloche à l'occasion de la fête nationale, le maire de Samoëns a pris un arrêté par lequel il est interdit : « De faire sonner à l'avenir cette même grande cloche en cas d'incendie ou autres sinistres, ainsi que l'Angélus ; — Attendu que Dunoyer, marguillier, ayant été cité devant le tribunal de police comme inculpé d'avoir, le 7 septembre 1881, fait procéder à une sonnerie de toutes les cloches de l'église; pour annoncer la fête du lendemain, un jugement du 21 septembre l'a condamné à 4 francs d'amende pour contravention à l'arrêté du maire de Samoëns du 18 juillet 1881 ; — Attendu que cet arrêté municipal, ayant pour effet d'interdire absolument l'usage de la grande cloche pour annoncer les offices religieux, a dérogé au règlement de sonnerie du 9 février 1877, arrêté entre les autorités civile et religieuse compétentes ; — Qu'il a été ainsi pris en violation de l'article 48 de la loi du 18 germinal an x; — Qu'il ne saurait se justifier par le motif qu'il aurait été pris par réaction et comme protestation contre la mesure abusive du curé ; — Qu'à raison de son caractère d'illégalité, il n'a pu servir de base à une condamnation pénale ; — D'où il suit que, en condamnant le demandeur... — Casse.

Les arrêts de la Cour de cassation et du Conseil d'État que nous rapportons, bien qu'interprétant d'une façon absolument contradictoire le sens de l'arrêté du règlement des sonneries intervenu, dans l'espèce, entre le préfet de la Haute-Savoie et l'évêque d'Annecy, soutiennent l'un et l'autre la même doctrine juridique, à savoir qu'il n'appartient ni au maire, ni au curé, de modifier les dispositions de l'arrêté conventionnel, et qu'ils doivent l'un et l'autre y obéir.

(1) Cass. crim. 17 novembre 1882 (Voy. *supra*); Cons. d'Ét. cont. 9 mars 1883. — Le Conseil, — Vu les lois des 7-14 octobre-1790 et 24 mai 1872 ; — Vu l'article 48 de la loi du 18 germinal an x, et l'article 36 du décret du 30 décembre 1809 ; — Considérant que la cloche dont la fabrique de l'église paroissiale de Lalandusse a fait l'acquisition en 1874 a été payée avec les fonds d'une souscription publique, et qu'une des clauses de ladite souscription portait que cette cloche ne sonnerait que pour les pauvres, les souscripteurs et leurs familles ; — Que la fabrique a décidé dans le cours de l'année 1875, que la cloche sonnerait également pour les autres habitants de la commune, moyennant le versement d'une somme de 9 francs par personne et par cérémonie ; — Considérant que cette distinction des fidèles en plusieurs catégories était contraire aux règles contenues dans les tarifs en vigueur dans le diocèse ; — Que la prétention émise par les souscripteurs et par le conseil de fabrique de régler les sonneries et d'en faire le tarif en dehors de toute intervention de l'administration supérieure constituait un empiétement sur les droits qui ont été conférés au gouvernement par les dispositions des loi et décret ci-dessus visés, que ces dispositions sont d'ordre public et qu'il ne saurait y être dérogé par des conventions particulières ; — Considérant, d'autre part, qu'en admettant ainsi que le soutiennent les requérants, que le règlement de sonnerie de la cloche dont il s'agit ait reçu l'approbation de l'autorité diocésaine, ledit règlement n'aurait pu devenir exécutoire qu'après avoir également reçu l'approbation du préfet, conformément au paragraphe 1ᵉʳ de l'article 48 de la loi du 18 germinal an x ; — Considérant que de ce qui précède, il résulte que le préfet de Lot-et-Garonne, en s'opposant l'arrêté attaqué à ce qu'il fût fait usage de la cloche dans les conditions dont il s'agit, n'a fait que pourvoir à l'exécution des loi et décret... — Rejette.

(2) Affre, p. 330; Vuillefroy, p. 145 ; Cons. d'Ét. int. 28 août 1822. — Les membres du Conseil du roi composant le Comité qui, d'après le renvoi ordonné par son Excellence le ministre secrétaire d'État de l'Intérieur, ont pris connaissance d'un rapport concernant un projet d'arrêté transmis à Son Excellence par le préfet des Ardennes, qui statue non seulement sur la demande qui lui est adressée par le sieur Remanqut, tant en son nom qu'au nom de sept autres personnes, et tendant à ce qu'il soit enjoint aux Dames dites de la Providence, établies à Charleville, de ne plus faire sonner la cloche de leur chapelle ; — Ledit rapport concluant aussi à demander l'avis du Comité, sur la question générale, qu'on peut élever relativement à la sonnerie des cloches, dans les chapelles de maisons religieuses ; — Vu la loi du 8 avril 1802.
Considérant que l'article 48 de cette loi, est la seule disposition législative qui existe relativement à la sonnerie des cloches ; — Que cet article porte : L'évêque se concertera avec le préfet, pour régler la manière d'appeler les fidèles au service divin, par le son des cloches ; on ne pourra les sonner pour toutes autres causes sans la permission de la police locale ; — Qu'aucune loi ni règlement d'administration publique, n'ayant mis de restriction à cette disposition générale, il y a lieu de penser que, partout où le service divin est rétabli, soit dans des oratoires des hospices, des collèges, des maisons religieuses, les fidèles peuvent

2077. La sonnerie par ordre de l'autorité civile peut avoir lieu : En cas de péril commun qui exige un prompt secours ; c'est la sonnerie spéciale appelée le tocsin ;

2° Dans les cas où cet emploi est prescrit par des lois ou des règlements ;

3° Dans les circonstances où il est autorisé par les usages locaux.

Les cas de péril commun sont les cas d'incendie, d'inondation, d'invasion, d'émeute ; ceux où l'emploi est prescrit par des lois et règlements, sont: l'arrivée du Président de la République dans la commune (1) et la fête du 14 Juillet (2) ; les circonstances autorisées par les usages locaux, sont : l'annonce de l'ouverture, la suspension et la cessation des travaux des champs; l'ouverture des classes; l'ouverture et la clôture des opérations électorales; la réunion du conseil municipal ; l'ouverture des foires et fêtes patronales ; l'arrivée du percepteur ou du porteur de contraintes, etc. (3).

être avertis des heures où il se célèbre, par le son des cloches, qu'il suffit que l'évêque se soit concerté avec le préfet, pour autoriser la sonnerie ; — Que l'usage a consacré, à cet égard, l'application de l'article 48, de la loi du 8 avril 1802 ; — Considérant, quant à la réclamation particulière élevée par le sieur Hennequin et consorts, que leur prétention est repoussée par le principe général qui vient d'être établi ; qu'elle paraît au surplus mal fondée et plutôt l'effet de quelque mécontentement individuel que de l'incommodité qui peut résulter du son d'une cloche de 90 kilos ; — Que les motifs présentés par M. le maire de Charleville et par M. le préfet des Ardennes, soit pour réfuter les allégations des pétitionnaires, soit pour établir l'utilité et la convenance de l'usage de la cloche que les Dames de la Providence ont été autorisées à placer au-dessus de leur oratoire, sur la demande de l'évêque et par arrêté du préfet, sont plus que suffisants pour approuver les dispositions du dernier arrêté du préfet des Ardennes, transmis et soumis à Son Excellence.

Sont d'avis : 1° Qu'aucune loi ni règlement n'interdisant l'usage des cloches pour les chapelles des maisons religieuses, cet usage peut leur être accordé en se conformant à l'article 48 de la loi du 8 avril 1802 ; 2° Que, sans entrer dans l'examen et la discussion de tous les motifs énoncés dans l'arrêté de M. le préfet des Ardennes du 12 mars 1882, et soumis par le magistrat au ministre de l'intérieur, le dispositif peut être approuvé par Son Excellence.

(1) Déc. 24 messidor an XII, art. 23.

(2) Cons d'El. 30 février 1883. — Sur le rapport de la section de l'Intérieur, des cultes, de l'instruction publique et des beaux-arts ; — Vu le recours formé par le préfet du Gard, enregistré au secrétariat général du Conseil d'Etat, le 28 novembre 1882 ; — Vu le rapport du ministre de l'intérieur et des cultes ; — Vu les articles 6 et 8 de la loi du 18 germinal an x ; — Vu l'article 48 de la loi ; — Ensemble les pièces du dossier.

Considérant que, les 13 et 14 juillet 1882, à l'occasion de la Fête nationale, le curé Michel a, malgré une réquisition écrite du maire du Vigan, refusé à celui-ci la clé du clocher pour faire sonner les cloches ; — Qu'il a même barricadé ou fait barricader l'intérieur du clocher et empêché qu'on y pût pénétrer du dehors ; — Considérant que, d'après l'article 48 de la loi du 18 germinal an x, il appartient au maire, exerçant la police locale sous l'autorité de l'administration supérieure, de disposer des cloches pour les services civils ; — Considérant qu'en mettant obstacle à l'exercice de l'autorité municipale, le curé Michel a excédé ses pouvoirs et contrevenu aux lois de la République ; — Le Conseil d'Etat entendu,

Décrète : — Art. 1er. Il y a abus dans le refus opposé par le curé Michel à la réquisition écrite du maire du Vigan.

(3) Circ. cultes 17 août 1884, portant envoi d'un modèle de règlement pour l'application de l'article 100 de la nouvelle loi municipale (sonnerie des cloches). — Monsieur le préfet, j'ai l'honneur de vous adresser ci-joint le modèle de règlement de sonnerie que je vous annonçais par ma circulaire du 3 juillet et qui devra vous guider dans la rédaction que vous avez à arrêter, conformément à l'article 100 de la nouvelle loi municipale.

L'autorité diocésaine, avec laquelle vous aurez à vous concerter, pourra introduire dans le titre Ier de ce règlement tous les cas de sonneries religieuses qu'elle jugerait utile de mentionner. Sur ce point, je vous engage à vous montrer conciliant, du moment que les modifications proposées ne vous paraîtront pas compromettre l'ordre public, ni les droits des autres cultes pratiqués dans votre département.

J'insiste davantage pour que le titre II, relatif aux sonneries civiles, ne reçoive pas une étendue trop considérable. Vous grouperez dans l'article 5 les cas où les sonneries civiles ont lieu dans votre région, d'après des usages spéciaux ou des coutumes locales.

Enfin, il ne vous échappera pas que ledit règlement doit être revêtu, avant toute publication, non seulement de votre signature, mais encore de celle du chef du diocèse. Au cas où vous ne parviendriez pas à vous mettre d'accord, il y aurait lieu de soumettre à mon appréciation les points qui vous diviseraient.

Règlement sur les sonneries des cloches. — L'évêque ou l'archevêque de ..... et le préfet du département de ..... — Vu l'article 48 de la loi du 18 germinal an x ; — Vu l'article 100 de la loi du 5 avril 1884, ainsi conçu :

« Les cloches des églises sont spécialement affectées aux sonneries du culte. — Néanmoins, elles peuvent être employées dans le cas de

2078. Le règlement des sonneries civiles doit être arrêté en la même forme que celui des sonneries religieuses. Une fois cet acte intervenu, le maire a le droit de faire usage des cloches dans les termes du règlement, en donnant directement l'ordre au sonneur qui est tenu de lui obéir ; et, en cas de

péril commun, qui exige un prompt secours et dans les circonstances où cet emploi est prescrit par des dispositions de lois ou règlements, ou autorisé par les usages locaux. Les sonneries religieuses comme les sonneries civiles, feront l'objet d'un règlement concerté entre l'évêque et le préfet ou entre le préfet et le consistoire, et arrêté, en cas de désaccord, par le ministre des cultes. »

Vu l'article 101 de la loi précitée du 5 avril 1884, ainsi conçu :

« Une clef du clocher sera déposée entre les mains des titulaires ecclésiastiques, une autre entre les mains du maire, qui ne pourra en faire usage que dans les circonstances prévues par les lois ou règlements ; — Si l'entrée du clocher n'est pas indépendante de celle de l'église, une clef de la porte de l'église sera déposée entre les mains du maire. »

Vu les circulaires ministérielles des 15 mai et 17 août 1884 ; — Ont arrêté de concert ce qui suit :

TITRE PREMIER.

SONNERIES RELIGIEUSES.

Art. 1er. Le curé ou desservant, ou, en son absence, le vicaire de la paroisse aura le droit de faire sonner les cloches de l'église pour les offices, prières publiques et autres exercices religieux approuvés par l'évêque diocésain, tels que : 1° L'Angelus, qui sera sonné tous les jours, le matin, à midi et le soir ; 2° La messe paroissiale des dimanches et fêtes, les vêpres, les saluts, les sermons ; la messe et les vêpres pourront être annoncées une heure avant et à deux ou trois reprises, suivant l'usage des lieux ; 3° Les messes hautes et basses qui seront célébrées dans le cours de la semaine ; 4° Les processions d'usage, les catéchismes et instructions religieuses ; 5° Les premières communions, les mariages, les baptêmes, l'administration des malades, les enterrements et services funèbres, en se conformant aux tarifs et aux usages du diocèse. — En temps d'épidémie, le maire pourra, avec l'autorisation du préfet, faire suspendre la sonnerie pour les cérémonies funèbres.

Art. 2. Le curé, desservant ou vicaire fera, en outre, sonner les cloches pour annoncer l'arrivée, le départ et le passage de l'archevêque ou évêque ou de son délégué, en cours de visite pastorale.

Art. 3. Le curé, desservant ou vicaire ne pourra, pour quelque raison que ce soit, faire sonner les cloches avant quatre ou cinq heures du matin et après neuf heures du soir, depuis Pâques jusqu'au 1er ou 31 octobre ; ni avant cinq ou six heures du matin et après huit heures du soir, depuis le 1er octobre ou 1er novembre jusqu'à Pâques, excepté toutefois la nuit de Noël.

TITRE II.

SONNERIES CIVILES.

Art. 4. Dans chaque commune, le maire ou son délégué aura droit de faire sonner les cloches de l'église : 1° Pour annoncer le passage officiel du président de la République ; 2° La veille et le jour des fêtes nationales ; 3° Lorsqu'il sera nécessaire de réunir les habitants pour prévenir ou arrêter quelque accident de nature à exiger leur concours, comme en cas d'incendie, d'inondation, d'invasion de l'ennemi, d'émeute et dans tout autre cas de nécessité publique.

Art. 5. Le maire ou son délégué pourra, en outre, faire sonner les cloches dans les circonstances suivantes, dans les communes où les coutumes et traditions locales auront conservé cet usage : 1° Pour appeler les enfants à l'école ; 2° Pour annoncer l'heure normale de la clôture des cabarets ; 3° Pour annoncer les heures de repas et celles de la reprise des travaux aux ouvriers des champs ; 4° Pour annoncer l'ouverture des séances du conseil municipal ; 5° Pour annoncer l'heure de l'ouverture et celle de la fermeture du scrutin, les jours d'élection ; 6° Pour annoncer l'arrivée du percepteur des contributions directes en tournée de recette ou de mutation ; 7° Pour le ban des vendanges.

Art. 6. Les sonneries ordonnées par le maire ou son délégué devront être exécutées par le sonneur attitré de l'église qui recevra de ce chef une indemnité fixée par le conseil municipal. — En cas de refus de ce sonneur, le maire pourra nommer un sonneur spécial pour exécuter les sonneries civiles. Le sonneur civil pourra être révoqué par le maire et sera exclusivement soumis à ses ordres. — A cet effet, le maire remettra au sonneur la clef du clocher ou celle même de l'église si l'entrée du clocher n'est pas indépendante de celle de l'église. — Il ne pourra être fait usage de cette clef que dans ce but ou pour remonter l'horloge publique lorsque la commune en est chargée dans l'édifice religieux, ou encore pour faire constater par un architecte expert l'état des réparations à opérer dans cet édifice, enfin, dans le cas prévu par l'article 97, paragraphe 3, de la loi du 5 avril 1884.

TITRE III.

DISPOSITIONS GÉNÉRALES.

Art. 7. La durée de chaque sonnerie, soit religieuse, soit civile, ne pourra

refus de ce dernier, en faisant sonner par qui il requiert à cet effet (1).

2079. Sous l'empire de la législation antérieure, le curé seul, comme gardien de l'église, pouvait avoir une clef du clocher. Un trop grand nombre de conflits étaient nés de ce fait ; la loi de 1884 les fait cesser en permettant au maire d'user du droit qui lui est attribué, sans en arriver à des actes de violence ou à des poursuites judiciaires toujours regrettables. L'article 101 a donc décidé que le maire aurait toujours une clef du clocher semblable à celle qui est remise aux titulaires ecclésiastiques ; si le clocher fait corps avec l'église, le maire doit avoir une clef de la porte de l'église. Mais la clef remise au maire ne lui est confiée que pour faire usage des cloches, et non afin de s'attribuer un droit d'entrée à toute heure et dans toutes circonstances dans l'église. La loi lui donne seulement la clef du lieu où sont les cloches.

2080. Les frais de confection de la clef qui doit rester entre les mains du maire sont à la charge de la commune. Tout ce que les municipalités peuvent exiger des curés et desservants ou des conseils de fabrique, c'est le prêt de la clef pour en faire exécuter une seconde ; en cas de refus, elles peuvent faire prendre des empreintes (2).

2081. Les dispositions de l'article 100 qui mettent les cloches des églises à la disposition de l'autorité municipale pour les usages civils, doivent-elles s'appliquer dans les communes qui possèdent des cloches municipales, soit à l'hôtel de ville, soit dans un beffroi, soit dans un marché ? L'affirmative n'est pas douteuse. M. Morgand estime que, dans ces cas, le règlement à intervenir entre l'évêque et le préfet devrait limiter l'emploi des cloches d'église, pour les sonneries civiles, aux seuls cas de péril commun et de sonneries prescrites par les lois. Nous ne savons sur quels textes on peut appuyer cette opinion. L'article 100 a établi un droit absolu et qui doit trouver son application toutes les fois qu'il y a un clocher dans une église.

2082. Lorsqu'une horloge a été placée dans un clocher d'église, le soin de pourvoir à l'entretien de l'horloge et de nommer la personne chargée de la remonter incombe à la municipalité. Une décision du Ministre de l'intérieur prise en 1858 invite les maires à faire agréer par le curé (3), l'ouvrier ou l'horloger délégué. Si cette circulaire a voulu recommander aux fonctionnaires municipaux la coxciliation et la bonne entente avec les titulaires ecclésiastiques de l'église, elle nous

parait avoir été sagement conçue ; si elle a voulu reconnaître un droit en faveur de ces titulaires, sa doctrine ne nous parait avoir aucune base légale. On décide avec raison que le sonneur de l'église est un employé de la fabrique ; mais il n'en est pas de même de l'horloger municipal qui n'est qu'un fournisseur d'un service communal.

2083. Les sonneries municipales ne doivent servir qu'à des usages d'intérêt général ou municipal. Elles ne doivent pas être employées dans un intérêt particulier ou pour annoncer des fêtes ou des événements privés (1).

2084. De même, les sonneries religieuses, ne peuvent avoir lieu que pour un usage religieux, et le curé qui fait sonner les cloches soit pour annoncer un événement politique ou administratif, soit pour convoquer les habitants à raison d'un péril commun exigeant un prompt secours, commet une immixtion dans les fonctions municipales (2).

SECTION XI.

ORGANISATION DE LA POLICE MUNICIPALE.

2085. Avant 1855, toutes les communes de France étaient soumises à la même organisation de la police. Les agents divers, à l'exception des commissaires de police, étaient nommés par le maire. En 1855, on pensa qu'il était nécessaire de placer les villes où la population agglomérée dépassait un

---

clocher nécessaires pour le service qui lui est confié ; — Sur le second point, il semble que le desservant n'excède pas son pouvoir de police en exigeant que l'agent chargé du service de l'horloge passe, pour se rendre au clocher, par telle porte de l'église à l'exclusion de telle autre qu'il faudrait ouvrir pour lui livrer passage ; — Au surplus, M. le ministre des cultes partage l'opinion du ministre de l'intérieur sur les deux questions dont il s'agit.

(1) Circ. int.1860. — *Usage de la cloche du beffroi de l'Hôtel de Ville.* — Le conseil municipal de la ville de M.., a soumis à l'approbation du préfet une délibération d'après laquelle les habitants seraient admis, en acquittant une taxe de 25 ou de 40 francs, suivant le cas, à faire sonner la cloche du beffroi de l'Hôtel de Ville, pour annoncer les événements qui intéressent les familles, tels que baptêmes, mariages, décès, etc ; — Le préfet était disposé à penser qu'il y aurait des inconvénients réels à affecter ainsi une cloche communale à des usages purement privés et que ce serait, en outre, créer une sorte de concurrence aux fabriques, qui sont autorisées à faire sonner les cloches des églises pour célébrer les cérémonies religieuses auxquelles donnent lieu les mêmes événements; — Toutefois le préfet a cru devoir soumettre la question au ministre, avant de statuer sur la délibération du conseil municipal de M...; — La manière de voir de ce fonctionnaire, au sujet de la mesure proposée par le conseil municipal, a été partagée par son Excellence, et il a été invité à refuser son approbation.

(2) Cass. franc. Belgique, 14 mai 1883. — La Cour, Attendu que l'arrêt constate que le demandeur a fait sonner les cloches de l'église de Handzaeme, le 25 octobre 1881, à l'occasion des élections communales et pour célébrer le triomphe des nouveaux élus ; — Qu'il a donné l'ordre formel de les sonner sans la permission de la police locale et même malgré la défense de l'article 48 de la loi du 18 germinal an v, porte que l'évêque se concertera avec le préfet pour régler la manière d'appeler les fidèles au service, parce que leur usage doit, comme le dit le rapport de Portalis, « être rapproché rendu utile au service de l'église sans devenir incommode au repos des citoyens; —Que la deuxième partie de cet article, relative à l'usage des cloches pour toute autre cause, est en harmonie avec l'article 3, titre XI de la loi des 16-24 août 1790, qui confie à la vigilance et à l'autorité des corps municipaux, le maintien du bon ordre dans les lieux publics ; — Que cette disposition consacre le droit exclusif de l'autorité civile d'apprécier, selon les circonstances, si le son des cloches peut être une cause de trouble ou d'alarme, en faisant défense de les sonner pour une cause étrangère aux besoins du culte sans la permission de la police locale ; — Que l'octroi de cette permission est un acte du bourgmestre partie de l'article 48 de la loi 18 germinal an v, porte que l'évêque les cloches implique l'autorisation de les sonner ; — Qu'il n'y a pas lieu de rechercher dans l'espèce quelles sont les limites du pouvoir de l'autorité communale de disposer des cloches des églises pour un usage civil, et si le bourgmestre de Handzaeme aurait pu, à l'occasion des élections, donner l'ordre de les sonner ; — Que le magistrat étant seul investi, par la loi du 10 germinal an x, du droit de permettre de les sonner pour une cause profane, le demandeur s'est arrogé une autorité que la loi refuse, en les faisant sonner malgré la défense de la police locale ; — Qu'il a usurpé un pouvoir qui n'appartenait qu'au bourgmestre de la commune et s'est ainsi immiscé dans ses fonctions, en faisant un acte de ses fonctions ; — Que ce fait constitue le manquement envers l'autorité publique réprimé par l'article 227 du Code pénal ; — Que l'arrêt dénoncé n'a donc... — Rejette.

---

excéder dix minutes pour les cérémonies ordinaires et trente minutes pour les cérémonies solennelles.

Art. 8. La sonnerie des cloches en volée est interdite pendant les orages.

Art. 9. Dans le cas où, en raison de l'état de solidité du clocher, le mouvement des cloches présenterait un danger réel, le maire pourra, sur l'avis conforme d'un architecte, et après en avoir référé au préfet, interdire provisoirement les sonneries.

Art. 10. Les cloches ne pourront être sonnées pour aucune autre cause que celles ci-dessus prévues, qu'il n'en ait été référé par le maire au préfet, par l'intermédiaire du sous-préfet, et par le curé à l'archevêque ou évêque, et sans qu'il soit intervenu une décision des autorités supérieures, qui se concerteront à cet effet. — En cas de désaccord entre l'archevêque ou évêque et le préfet, la question sera soumise à la décision de M. le ministre des cultes.

Art. 11. Toute disposition contraire au présent règlement est et demeure abrogée.

(1) Vuillefroy. *Traité de l'administration du Culte catholique.* V. CLOCHE.

(2) Circ. Cultes, 8 juillet 1884.

(3) Circ. int. 1858. — Un préfet a soumis, au sujet des difficultés qui se sont élevées entre l'administration municipale et le desservant de B..., les questions suivantes :

1° Lorsqu'une horloge communale est placée dans le clocher d'une église et que le sonneur nommé par le curé refuse de la surveiller, le maire peut-il exiger que le curé détenteur des clefs du clocher les mette à la disposition de l'agent de la commune chargé du service de l'horloge, sauf à en obtenir la restitution aussitôt le travail terminé ?

2° Lorsque l'entrée du clocher se trouve dans un vestibule qui a deux issues, l'une ouvrant sur la voie publique, l'autre dans l'église, le curé est-il fondé à demander que, pour arriver à l'horloge, l'agent de la commune passe par la seconde porte, ou peut-il être forcé de livrer passage par la première qui sert de portail à l'église ?

Solution : L'horloge qu'une commune a placée dans le clocher de son église ayant surtout une destination civile, sa direction et sa surveillance appartiennent plus particulièrement à l'autorité municipale. Toutefois, le pouvoir du maire à cet égard ne peut se combiner avec le droit de police que le desservant exerce à l'intérieur de l'église. Il convient, par conséquent, que le curé ou desservant soit appelé à donner son avis sur le choix de l'agent chargé de la conduite de l'horloge. Mais, lorsqu'il a été consulté sur ce choix, il ne peut refuser à l'agent de la commune les clefs du

certain chiffre (40,000 habitants), et qui se trouvaient en même temps chefs-lieux de département, sous la direction immédiate des préfets, et l'article 50 de la loi du 5 mai 1855 décida que le préfet remplirait les fonctions de préfet de police, les conseils municipaux n'étant plus appelés, chaque année qu'à voter, sur la proposition des préfets, les allocations nécessaires aux services dont le maire cessait d'être chargé. Un décret du 26 septembre 1851 fixa le cadre du personnel dans les dix-sept villes où l'article 50 devait recevoir son application.

Ce régime dura douze années. En 1867, la loi du 24 juillet, article 28, rétablit à peu près l'ancien état de choses, en laissant seulement au gouvernement le soin de fixer dans les villes chefs-lieux de département les cadres du personnel de la police, et au préfet le droit de nomination des agents, mais sur la présentation du maire.

2086. La loi du 20 janvier 1874 apporta une certaine restriction au droit des maires, en décidant que dans les villes où le personnel était à leur nomination, celle-ci ne deviendrait cependant définitive que si le préfet agréait le choix : la révocation ne pouvait être prononcée que par ce fonctionnaire.

La loi de 1884 a maintenu ce système ; elle a seulement étendu à toutes les villes de plus de 40,000 habitants, chefs-lieux ou non de département, le droit gouvernemental de fixer les cadres.

En conséquence, sous l'esprit de la loi actuelle, dans les villes ayant plus de 40,000 âmes de population, l'organisation du personnel chargé des services de la police est réglée, sur l'avis du conseil municipal, par décret du Président de la République (1).

Les inspecteurs de police, les brigadiers, sous-brigadiers et agents de police nommés par le maire doivent être agréés par le sous-préfet ou par le préfet. Ils peuvent être suspendus par le maire, mais le préfet seul peut les révoquer.

Si un conseil municipal n'alloue pas les fonds exigés pour la dépense ou n'allouait qu'une somme insuffisante, l'allocation nécessaire est inscrite au budget par décret du Président de la République, le Conseil d'État entendu.

2087. Les ressources destinées aux dépenses de police, dans ces villes, comme dans les autres communes, sont centralisées à la trésorerie générale, au compte des cotisations municipales, sous le titre de fonds destinés aux traitements et frais concernant le service de la police.

2088. La population qui sert à établir le compte de 40,000 habitants est la population totale et non la population municipale (1).

2089. La loi de 1884 a peu changé la situation exceptionnelle de la ville de Lyon et de quelques communes environnantes telle qu'elle était établie au point de vue de la police par la loi du 19 juin 1851. Cette loi avait soumis l'agglomération lyonnaise à un régime particulier qui plaçait entre les mains du préfet la plus grande partie des pouvoirs municipaux. Des lois plus récentes, et notamment la loi du 21 avril 1881, ont modifié, dans une large mesure, pour Lyon surtout, l'ancienne organisation ; mais les municipalités restaient dépouillées d'un certain nombre d'attributions de police municipale sans que ce sacrifice parût suffisamment justifié par les nécessités de l'ordre public. Le législateur de 1884 s'est attaché à faire rentrer, autant que possible, les communes de l'agglomération lyonnaise sous le régime administratif commun, et les seules exceptions qui subsistent sont celles qui découlent de la constitution particulière de la municipalité de Lyon.

Mais au point de vue de la police, un ordre spécial subsiste toujours.

L'article 104 a modifié la composition de l'agglomération telle qu'elle avait été établie par décret de 1851 ; il a retranché des communes qui en faisaient partie celles de Rillieux et de Miribel et y a ajouté celles de Sathonay (Ain), et de Pierre-Bénite, section distraite en 1869 de la commune d'Oullins (Rhône). De telle sorte que l'agglomération comprend aujourd'hui les communes de Lyon, Calluire-et-Cuire, Oullins, Sainte-Foy, Saint-Rambert, Villeurbanne, Vaulx-en-Velin, Bron, Vénissieux et Pierre-Bénite, du département du Rhône, et celle de Sathonay, du département de l'Ain.

Dans toutes ces communes, le préfet du Rhône exerce, en principe, les mêmes attributions qui appartiennent au préfet de police dans les communes suburbaines du département de la Seine, conformément aux arrêtés des consuls des 12 messidor an VIII, 3 brumaire an IX, à la loi du 10 juin 1853 et au décret du 16 octobre 1859.

2090. Toutefois l'article 105 de la loi du 5 avril 1884 a apporté à ce principe une large dérogation en remettant aux maires les pouvoirs de police municipale tels qu'ils sont définis par l'artice 97 sous les réserves suivantes :

1° Le préfet du Rhône reste chargé du soin de réprimer les atteintes à la tranquillité publique (§ 2 de l'article 97) ;

2° Il garde également la mission d'assurer le maintien du bon ordre dans les endroits où il se fait de grands rassemblements (combinaison des paragraphes 3 de l'article 97 et 2 de l'article 105).

CHAPITRE VI.

DE LA RESPONSABILITÉ CIVILE DES COMMUNES

2091. Entre les membres des communautés, il existe un lien de solidarité qui consiste non seulement à ne pas troubler l'ordre public, mais encore à réprimer les attaques coupables qui pourraient se produire contre lui. Le droit des administrateurs aussi bien que celui des administrés, leur intérêt sont de veiller à la sécurité publique. Quand les habitants en masse et les chefs qu'ils se sont donnés oublient leur devoir et qu'il en résulte un dommage, un droit de réparation veille au profit des victimes. C'est là une application pure et simple, quoi qu'on ait dit, du principe fixé par l'article 1382 du Code civil à l'égard des individus. Aux actes collectifs correspondent les garanties collectives. De tout temps et dans tous les pays ces règles ont été admises ; et, sans remonter aux temps anciens où elles étaient incontestées, on en a vu souvent faire l'application sous la monarchie française. Dès les premiers jours de la Révolution, elles ont été consacrées dans notre législation. La loi des 23-26 février 1790 les applique dans ses articles 4 et 5. Lorsque plus tard, à la suite des événements de 1792 et 1793, des troubles éclatèrent sur un grand nombre de points du territoire de la République, lorsque les acquéreurs des biens nationaux furent menacés, lorsque le recouvrement des impôts fut refusé, lorsque des bandes de brigands et d'émeutiers furent organisées, des mesures plus sévères furent prises, et peu après la responsabilité civile créée par la loi des 23-26 février 1790, l'Assemblée législative et la Convention nationale arrivèrent à établir la responsabilité pénale elle-même, par la loi des 27 juillet-6 août 1791, par le décret du 17 juillet 1792, par le décret du 5 mars 1793, par la loi du 3 prairial an III, par la loi du 4 thermidor an III. Enfin, pour mettre fin aux désordres, une loi plus rigoureuse, celle du 10 vendémiaire an IV, dut intervenir, qui constitua les communes et les chef des municipalités personnellement à l'état de garants perpétuels et nécessaires de la tranquillité et de la sécurité publiques.

2092. La loi du 10 vendémiaire an IV a donné lieu, depuis sa promulgation jusqu'à la loi du 5 avril 1884, aux plus graves débats et aux plus importants procès. Étudions, en quelques mots, ses principales dispositions. Elle portait que tous citoyens habitant la même commune étaient garants civilement des attentats commis sur le territoire de la commune, soit envers les personnes, soit contre les propriétés (tit. Ier). Plus loin, la même loi déclarait chaque commune responsable des délits commis sur son territoire par des attroupements ou rassemblements, ainsi que des dommages-intérêts auxquels ils donneraient lieu (tit. IV, art. 1er). Si les habitants de la commune avaient pris part au délit, elle était tenue de payer une

---

(1) Les villes ayant plus de quarante mille habitants sont au nombre de trente-huit.

amende égale au montant de la réparation principale (tit. IV, art. 2). Si les attroupements étaient formés d'habitants de plusieurs communes, toutes étaient responsables (tit. IV, art. 3). Dans tous les cas, ceux des habitants qui n'avaient pris aucune part au délit pouvaient exercer leur recours contre les auteurs et complices de ce délit (tit. IV, art. 3). D'un autre côté, si les attroupements étaient formés d'individus étrangers à la commune, et si elle avait pris toutes les mesures en son pouvoir pour prévenir le délit et en faire connaître les auteurs, elle était déchargée de toute responsabilité.

Quoiqu'elle eût été rendue dans un temps où des troubles fréquents exigeaient une répression énergique, elle avait survécu aux circonstances extraordinaires qui la firent adopter, parce qu'elle reposait sur un principe juste. De nombreux arrêts judiciaires l'ont maintenue (1).

L'administration municipale devait faire constater sommairement le délit et en adresser le procès-verbal au procureur de la République (tit. V, art. 2). Cependant, ce mode de constatation n'était pas exclusivement le seul qui pût être suivi; car il pouvait arriver que les administrations municipales négligeassent d'intervenir. Il pouvait donc être suppléé à leur défaut de concours par les actes d'autres agents (2). Il a même été décidé que, en l'absence de procès-verbaux dressés par l'autorité, la preuve du délit pouvait être établie par témoins, sur la demande de la partie lésée (3). Enfin, si le montant des dommages causés ne se trouvait pas exprimé dans les procès-verbaux, le tribunal devait ordonner une expertise (4).

Aux termes des articles 2 et 3, titre V, de la loi, le ministère public devait poursuivre d'office la réparation du délit. Mais la partie lésée avait le droit d'exercer directement l'action ou d'y intervenir si elle était intentée (5).

Une procédure spéciale assurait le payement des condamnations. La loi du 10 vendémiaire an IV disposait que le jugement serait envoyé dans les vingt-quatre heures par le ministère public à l'administration départementale, qui était tenue de l'adresser sous trois jours à la municipalité (tit. V, art. 7). Celle-ci devait verser le montant des dommages à la caisse du département dans le délai de dix jours, et, à cet effet, elle faisait contribuer les vingt plus fort imposés habitant la commune (titre V, art. 8). La répartition et la perception pour le remboursement des sommes avancées étaient faites sur tous les habitants de la commune, par la municipalité, d'après le tableau des domiciliés, et à raison des facultés de chaque habitant (tit. V, art. 9). A défaut de payement dans les dix jours, l'administration départementale devait requérir la force armée et l'établir dans la commune, avec un commissaire pour opérer le recouvrement (tit. V, art. 11).

Les frais de commissaire et le séjour de la force armée étaient ajoutés au montant des contributions dues (tit. V, art. 12). Enfin, dans les dix jours du versement fait à la caisse du département, l'administration en faisait remettre le montant aux parties intéressées (tit. V, art. 13). Une dernière disposition de la loi rendait *personnellement* responsables de son exécution les tribunaux civils, les municipalités et les officiers de police, chacun suivant la part dans laquelle il était appelé à y concourir (tit. V, art. 15).

2093. On comprend quelles protestations, quelles difficultés ont pu naître de telles règles de droit et de si durs moyens de poursuite, dans ce pays qu'ont agité tant de mouvements populaires, tant de guerres étrangères et tant de luttes civiles. En l'an IV, en 1814 et 1815, en 1830, en 1832, en 1848, en 1852, en 1871 et 1871, nos prétoires ont été agités par les plus sérieux et les plus irritants procès, que l'esprit de parti rendait encore plus passionnants.

Le législateur de 1884, en retenant de la loi de l'an IV son

principe qui est raisonnable, s'est efforcé de le rendre modéré et équitable.

2094. Nous disons que l'idée fondamentale de la loi de l'an IV est légitime.

En effet le principe de la loi de l'an IV, devenu celui des articles 106 à 109 de la loi de 1884, est que les habitants d'une commune sont responsables des actes de violence ou de force commis sur leur territoire. La raison d'être de cette disposition est que l'intérêt et le devoir des administrateurs qui gouvernent, aussi bien que celui des membres qui composent la personne communale, doivent être de veiller et d'assurer la sécurité publique.

Il doit y avoir entre les habitants d'une commune une solidarité qui n'est pas celle dérivant d'un crime ou d'un délit, mais celle résultant d'une obligation sociale et politique consistant, de la part de chacun d'eux, non seulement à ne pas troubler la paix publique, mais encore à réprimer les entreprises coupables accomplies par des attroupements, que ces attroupements se soient formés sur le territoire de la commune, ou bien s'y soient transportés. Si les habitants oublient cette obligation et s'il résulte de l'entreprise coupable un dommage, la solidarité même qui les lie crée un droit de réparation au profit des victimes. Dans la loi municipale, on a expressément indiqué que le maire a le soin de prévenir et de réprimer les attroupements, et on lui a donné le moyen d'assurer la paix publique par les ordres directs aux agents sous ses ordres, par son pouvoir de réquisition aux habitants de la commune, par son droit d'appeler le secours de l'autorité supérieure. Par conséquent, ayant fait cette délégation au profit du maire, lui ayant créé un domaine dans lequel son autorité s'exerce, il en doit découler la responsabilité. Si le maire ne prend pas les précautions qu'il doit prendre, il est d'équité que le manquement au devoir ne demeure pas sans sanction, et que la commune dont le maire est la personnification soit responsable quand ont éclaté des désordres qu'il avait le devoir de prévenir.

Et la commune ne saurait se décharger des conséquences de sa responsabilité sur le maire personnellement, parce que, étant appelée de par la loi à choisir et élire ses administrateurs, qui eux-mêmes nomment le maire, elle se trouve vis-à-vis de ceux-ci dans la situation d'un mandant à l'égard de son mandataire agissant en cette qualité, c'est-à-dire qu'elle est appelée à répondre des conséquences des fautes commises par ses administrateurs dans l'exercice de leurs fonctions administratives.

En outre, il ne faut pas oublier que la responsabilité civile ne saurait atteindre le fonctionnaire qui, agissant dans les limites de ses attributions, accomplit un acte de ses fonctions.

Mais la loi de l'an IV avait évidemment outrepassé les limites de l'équité, en plaçant les communes, sur le territoire desquelles des attentats étaient commis, dans une position juridique plus défavorable que ne l'aurait été celle des auteurs même de ces attentats.

La loi de 1884 a donc tenté de faire œuvre de bonne justice en édictant les articles 106, 107, 108 et 109, lesquels sont ainsi conçus :

« Art. 106. Les communes sont civilement responsables des dégâts et dommages résultant des crimes ou délits commis à force ouverte ou par violence sur leur territoire par des attroupements ou rassemblements armés, ou non armés, soit envers les personnes, soit contre les propriétés publiques ou privées.

« Les dommages-intérêts dont la commune est responsable sont répartis entre tous les habitants domiciliés dans ladite commune, en vertu d'un rôle spécial comprenant les quatre contributions directes.

« Art. 107. Si les attroupements ou rassemblements ont été formés d'habitants de plusieurs communes, chacune d'elles est responsable des dégâts et dommages causés, dans la proportion qui sera fixée par les tribunaux.

« Art. 108. Les dispositions des articles 106 et 107 ne sont pas applicables :

« 1° Lorsque la commune peut prouver que toutes les me-

---

(1) Cass. 24 avril 1821 ; Cass. 4 décembre 1827 ; Cass. 5 mars 1839 ; Cass. 10 août 1869 ; Cass. 1er décembre 1875, etc.
(2) Avis Cons. d'Ét. 5 floréal an XIII ; Cass. 9 décembre 1806.
(3) Paris, 29 août 1834.
(4) Cass. civ. 20 février 1837.
(5) Cass. 24 juillet 1837.

sûres qui étaient en son pouvoir ont été prises à l'effet de prévenir les attroupements ou rassemblements, et d'en faire connaître les auteurs ;

« 2° Dans les communes où la municipalité n'a pas la disposition de la police locale ni de la force armée ;

« 3° Lorsque les dommages causés sont le résultat d'un fait de guerre.

« Art. 109. La commune déclarée responsable peut exercer son recours contre les auteurs et complices de désordre. »

2095. La responsabilité de la *commune* est substituée, en tous les cas, à celle de la *commune et des citoyens* qu'établissaient les titres Ier et II de la loi de l'an IV.

Plusieurs conditions nécessaires doivent exister pour que la responsabilité de la commune soit engagée.

2096. Il faut qu'il y ait eu dégâts ou dommages, c'est-à-dire préjudice causé soit aux personnes, soit aux propriétés publiques ou privées.

La généralité des expressions dégâts et dommages ne permet pas de distinguer entre les diverses espèces de dommages dont les personnes ou les propriétés peuvent avoir à souffrir. Aussi ne doit-on pas hésiter à rendre les communes responsables du vol, du pillage, de l'incendie, de la destruction et même de l'extorsion ; ces divers cas sont évidemment des dégâts et dommages. Ainsi on doit admettre l'action d'un particulier forcé, par des rassemblements séditieux, de livrer ses grains et ses farines au-dessous de leur valeur (1), celle d'un service d'octroi qui a été privé de la perception de ses droits d'octroi par la destruction de ses registres (2), ou par l'entrée violente d'objets soumis à l'impôt (3), celle d'un fermier qui serait contraint de payer son bail à un autre que le propriétaire (4).

---

(1) Metz, 5 juin 1883. — La Cour, Attendu que, s'il n'est pas justifié par l'audition des témoins ouïs dans les enquêtes, que le 5 juin dernier, par suite de rassemblements et attroupements qui se sont portés au moulin dit de Goglo, situé sur le territoire de la commune de Sainte-Ruffine, il y avait eu vols de grains et de sacs vides, il est néanmoins prouvé que la dame Boulet-Ducolombié a été contrainte à livrer, dans l'après-midi de ce jour-là, des blés et farines à un prix inférieur à celui du cours ; — Attendu que ce fait rentre évidemment dans les dispositions de l'article 1er, titre V, de la loi du 10 vendémiaire an IV ; — Attendu que, pour demeurer déchargée de toute responsabilité et pouvoir profiter conséquemment de l'exception dont parle l'article 5 du titre IV de la loi citée, il fallait que la commune de Sainte-Ruffine prouvât : 1° Que les rassemblements auraient été formés d'étrangers à cette commune ; 2° Qu'elle avait pris toutes les précautions qui étaient en son pouvoir à l'effet de les prévenir ; 3° Enfin qu'elle avait fait ce qui dépendait d'elle pour en connaître les auteurs ; — Que, n'ayant pas fait toutes ces justifications, elle doit payer la réparation due à Boulet, qui, par sa demande, l'a restreinte à la valeur simple du préjudice qu'il aura causé, sauf, de la part de cette commune, à exercer son recours contre les auteurs et complices de ces délits, en conformité de l'article 4 du titre IV de la loi citée ; — Attendu que la commune de Sainte-Ruffine ne peut prétendre avec succès que cet attentat ayant été commis par suite de force majeure, elle a été dans l'impossibilité de l'empêcher ; car, pour invoquer utilement ce moyen, il aurait fallu, ce qui n'a pas même été allégué, qu'il y eût alors désorganisation des autorités constituées ou impossibilité d'user des moyens que la loi a mis en leur pouvoir pour rétablir l'ordre et la tranquillité ; — Attendu, qu'à défaut de production, de la part de Boulet-Ducolombié, de registres ou mains courantes relatifs à l'usine de Goglo, les magistrats sont dans la nécessité d'arbitrer, selon les probabilités, le dommage causé ; — Attendu que les bases admises par les premiers juges pour fixer le montant de la réparation civile due à Boulet-Ducolombié, paraissent exagérées d'après les documents de la cause, il échet, dès lors, de faire cette réparation à une somme moindre et proportionnée à la perte éprouvée....

(2) Cass. crim. 24 mai 1837. — La Cour, Sur le moyen tiré de la violation des articles 1er du titre IV, 1 et 6 du titre V, de la loi du 10 vendémiaire an IV ; — Attendu que la loi du 10 vendémiaire an IV déclare que tous les habitants d'une commune sont responsables des attentats commis sur le territoire de la commune ; et, quant à la fixation de l'indemnité, ordonne (au titre V, art. 1 et 6) que les objets pillés seront restitués en même nature ou payés au double de leur valeur, et alloue, en outre, des dommages-intérêts ; — Attendu que l'arrêt attaqué constate que le demandeur n'a éprouvé aucun dommage dans ses propriétés, mais qu'il a été seulement privé, pendant un temps, par suite d'une émeute, des registres publics dont il était détenteur, et qui servaient à la constatation légale des droits d'octroi à recouvrer ; — Attendu que, dans ces circonstances, les articles 1 et 6 (tit. V) de la loi du 10 vendémiaire an IV étant inapplicables, la Cour royale a dû recourir aux règles du droit commun pour fixer le montant de l'indemnité à payer au fermier de l'octroi de la ville d'Issoudun. — Rejette.

(3) Arr. 8 nivôse an VI ; Arr. 4e jour complémentaire an XI.
(4) L. 10 vendémiaire an IV, art. 12.

2097. Le dommage peut être matériel ou moral, la loi ne distingue pas. Ainsi, par exemple, l'atteinte portée à l'homme et à la considération, les injures, les outrages publiquement proférés par une troupe ameutée, engagent légalement la responsabilité de la commune, si le préjudice causé peut devenir l'objet d'une évaluation pécuniaire (1). Elle doit être engagée à réprimer les scènes scandaleuses qui, sans avoir pour résultat des coups et blessures, peuvent compromettre le repos et la santé des citoyens.

Si aucun préjudice n'a été causé, le trouble apporté à l'ordre public par des rassemblements séditieux ne soumet la commune à aucune responsabilité, quelle qu'ait été la négligence et l'inaction des autorités municipales (2).

2098. 2° Il faut que le préjudice soit le résultat de crimes ou délits commis soit envers les personnes, soit contre les propriétés publiques ou privées.

Pour qu'il y ait responsabilité communale, il faut donc que les actes de force commis par un rassemblement présentent le caractère d'un crime ou d'un délit, et non celui d'un quasi délit, ou qu'ils aient été commis illégalement. Ainsi une commune ne saurait être rendue responsable du tort qu'aurait produit l'attroupement spontané provoqué par un incendie ou une inondation, et qui aurait causé un dommage, par exemple, en brisant des portes, ou en pénétrant dans une propriété privée, ou en enlevant des arbres et des bois nécessaires à la consolidation d'une digue (3). Il n'y a eu dans le tort de la foule, accompli alors, ni une intention coupable, ni un acte séditieux. Il pourra y avoir lieu, il est vrai, dans ces cas, à une action en indemnité soit contre la commune, si c'est par l'ordre de ses autorités que les dégâts ont été commis, soit contre les individus qui les auront faits, mais cette action ne sera qu'une action en responsabilité résultant des dispositions des articles 1382 et 1383 du Code civil (4).

Mais les crimes et délits sont tous ceux que le Code pénal comprend sous la dénomination de crimes et délits contre les personnes, et sous celle de crimes et délits contre les propriétés, dans les chapitres Ier et II du titre II du livre III, c'est-à-dire, sans distinction, tous les crimes et délits prévus et punis par les articles 295 à 462, et par les lois additionnelles à ces articles du Code pénal.

2099. Il faut que les crimes ou délits aient été commis à force ouverte ou par violence. Le fait doit donc avoir le caractère de sédition ou d'émeute. Aussi la loi ne vise-t-elle pas le cas où un nombre quelconque de personnes auraient causé du dommage à une propriété, si l'occupation a été paisible et s'il n'y a eu ni agression, ni résistance. Ce n'est alors qu'un délit privé donnant lieu seulement aux réparations de droit commun. Par suite, il a été jugé que la loi de vendémiaire n'est pas applicable au fait du dommage qu'une commune aurait causé à un syndicat de dessèchement de marais en prenant possession paisible de ce marais avant le terme fixé par la concession (5). De même, on a jugé qu'il n'y avait pas lieu de condamner une commune à raison de l'atteinte portée à la jouissance d'un fermier de pont à péage

---

(1) Rendu, p. 17.
(2) Rendu, p. 18.
(3) Angers, 1er juin 1842. — La Cour, Attendu que les individus qui se sont portés sur les travaux de la digue de Rez, l'ont fait sur la provocation du fermier de l'appelant pour la préservation de sa propriété ; — Que ces travaux ont eu lieu dans un but évident d'utilité, et que l'appelant en a retiré un avantage bien supérieur à la perte qu'il a éprouvée ; — Par ces motifs et par ceux du jugement dont est appel, met l'appellation au néant, ordonne que ce jugement sortira son plein et entier effet.
(4) Cass. civ. 15 janvier 1861 (Voy. *suprà* n° 1933) ; Cass. Req. 3 janvier 1883 (Voy. *suprà* n° 1933).
(5) Cons. d'Ét. cont. 31 août 1828. — Sur le rapport du comité du contentieux ; — Vu les articles 39, 40 et 41 de la loi du 15 mai 1818 ; — Vu la loi du 2 octobre 1795 (10 vendémiaire an IV) ; — Considérant que la loi du 2 octobre 1795 (10 vendémiaire an IV) n'est applicable qu'au cas de délits commis à force ouverte ou par violence sur le territoire d'une ou plusieurs communes, par des attroupements, que cette loi ne peut s'appliquer à la reprise de possession, par l'administration communale de Carvin, des marais dont la jouissance lui avait été adjugée, avant que le terme de cette jouissance fût arrivé ; — Considérant que, par les jugements et arrêtés rendus dans l'espèce, c'est la commune de Carvin qui est condamnée aux dommages-intérêts résultant de cette privation de

par les travaux des habitants d'une commune, exécutés illégalement, mais sans violence et sans aucune dégradation d'objets appartenant au fermier (1).

2100. Quant à la force et à la violence, il y a lieu de distinguer non seulement le cas où elle a été légalement employée, cas où il n'y a ni crime ni délit, et, par conséquent, où l'article 106 n'est pas applicable, mais encore celui où, ayant été illégalement employée, elle l'a été spontanément par les habitants de la commune, ou sur l'ordre du maire agissant soit comme fonctionnaire municipal, soit comme représentant du pouvoir central. La responsabilité peut résulter de l'acte spontané des habitants, elle ne résulte pas de l'acte ordonné, du moins la responsabilité spéciale de l'article 106 n'en sort pas nécessairement, car il peut n'en être pas de même, ainsi que nous le verrons plus loin, de la responsabilité de droit commun déterminée par l'article 1382 du Code civil.

2101. Le dommage doit être réparé, quelle que soit la personne qui l'ait souffert, à moins que cette personne ne fût un des auteurs de l'acte de violence. Ainsi, il n'est pas douteux que la commune doit réparer les pertes que la répression même de la sédition peut avoir occasionnées à ceux-là mêmes qui étaient, de par la loi, chargés de la réprimer, tels qu'un maire, un commissaire de police, un garde champêtre, un gendarme, ou à ceux qui ont prêté volontairement leur concours à l'autorité. Il a été jugé, par application de cette règle, que les gendarmes qui, dans une émeute, ont perdu leurs chevaux et leurs effets, peuvent actionner la commune en responsabilité. En effet, si les agents de la force publique doivent veiller au maintien de l'ordre et dissiper les attroupements, leurs personnes et leurs biens sont garantis comme ceux des autres citoyens (2). La même décision est intervenue

en faveur d'un citoyen armé faisant partie d'une garde volontaire constituée pour défendre l'ordre, et se mettant au service des agents légaux (1).

2102. Pour qu'une commune soit responsable aux termes de l'article 106, il faut que les faits incriminés se soient accomplis sur son territoire (2), sinon la responsabilité se déplace, et au lieu de celle de l'article 106 c'est celle de l'article 107 dont il y a lieu de faire application. Cette distinction n'a pas seulement pour résultat de faire viser par les juges un article de loi en remplacement d'un autre article, mais de modifier complètement les bases de la décision à intervenir sur le litige. En effet, la responsabilité d'une commune dont les habitants ont pris part à une sédition, mais qui ne l'a pas vu s'accomplir sur son territoire, n'est point présumée *jure facti*. Mais, en revanche, la commune ne peut exci-

---

jouissance, sans distinction entre les contribuables qui habitent ou non la commune ; — Que l'ordonnance royale du 1er décembre 1821 s'est bornée à ordonner la répartition d'une portion de la dette ainsi établie sur la commune de Carvin, par addition aux contributions directes au marc le franc desdites contributions, et qu'elle n'a pas dû faire, entre les contribuables, une distinction qui ne résultait pas des jugements. — Rejette.

(1) Cass. Req. 13 novembre 1871. — Sur le troisième moyen : Attendu que la responsabilité édictée contre les communes par la loi du 10 vendémiaire an IV s'applique aux attentats commis à force ouverte ou par violence et qui affecte directement la propriété publique ou privée ; — Attendu qu'il résulte des constatations de l'arrêt attaqué que le pont en fil de fer et ses accessoires loués à Molinary n'ont été l'objet d'aucune dégradation ; que l'attente portée à la jouissance de Molinary provient de travaux voisins exécutés, sans violence, par les habitants de Cuxac-d'Aude ; — Attendu que, dans ces circonstances, le fait des habitants, quelque illégal qu'il pût être, ne constituait qu'un trouble civil qui ne saurait motiver l'application de la responsabilité communale créée par la loi du 10 vendémiaire an IV, et qu'en le jugeant ainsi, l'arrêt attaqué, loin de violer les articles de loi invoqués au pourvoi, en a fait une juste application. — Rejette.

(2) Cass. crim. 8 brumaire an XII. — La Cour, Vu l'article 1er, titre IV de la loi du 10 vendémiaire an 4, l'article 202 de l'acte constitutionnel, et l'article 3 de la loi du 10 vendémiaire an IV, sur les attributions des ministres, qui porte : Le ministre de la justice soumet les questions qui lui sont proposées relativement à l'ordre judiciaire, et qui exigent une interprétation de la loi, au directoire exécutif, qui les transmet au conseil des Cinq-Cents » ; — Considérant que l'article 1er de la loi du 10 vendémiaire an IV, relative à la responsabilité des communes, pour les délits commis à force ouverte ou par violence sur leur territoire, est conçu en termes généraux qui n'admettent point d'exception ; — Que le sens de cet article étant clair et précis et indiquant le cas de son application, n'exige aucune interprétation ; — Que dès lors le référé ordonné par le tribunal civil du département de l'Indre, le 3 prairial an VI, suspend sans motif le cours de la justice, et tend à faire immiscer le corps législatif dans les fonctions judiciaires dont l'exercice lui est interdit ; — D'où il suit que le jugement dénoncé constitue un excès de pouvoir... Casse.

Rennes, 8 ventôse an X. — Le tribunal, Considérant que la loi du 10 vendémiaire an IV, en rendant les communes civilement responsables des délits commis à force ouverte ou par violence sur leur territoire, par des attroupements ou rassemblements, soit envers les personnes, soit envers les propriétés n'excepte point les délits que des attroupements commettraient envers les gendarmes dans l'exercice de leurs fonctions ; — Que, si la gendarmerie est spécialement établie pour le maintien de la sûreté des personnes et des propriétés, c'est de l'intérêt des communes de prévenir des rassemblements qui se forment sur leur territoire, afin que le corps armé puisse se mettre en mesure de les dissiper, en évitant les pièges qu'on peut lui tendre ; — Considérant qu'il est appris par le procès-verbal du 24 pluviôse an IX, que la gendarmerie du Faouet fut attaquée dans l'abbaye de Langonnet, par plus de cinquante hommes armés ; — Qu'un pareil rassemblement n'a pu s'y former sans parvenir à

la connaissance de quelques-uns des habitants de la commune ; — Que le procès-verbal est destructif du maintien posé par le conseil général de la commune de Langonnet que la gendarmerie, après avoir chassé les rebelles des communes de Plouray et de Réziac, les avait joints dans l'abbaye de Langonnet ; — Qu'il apprend, au contraire, qu'elle fut attirée par un coup de feu parti de cette abbaye, et qu'en entrant dans la cour, elle fut assaillie par une décharge qui se fit par les croisées et par les portes de cette abbaye ; — Considérant que pour se soustraire à la responsabilité prononcée par la loi, il faudrait que la commune de Langonnet prouvât que véritablement la gendarmerie du Faouet avait connaissance de ce rassemblement armé, qu'elle en faisait la poursuite ; — Que ce fut elle qui, après l'avoir chassé des communes voisines, l'avait joint dans celle de Langonnet ; mais que cette dernière commune n'a pas même fait offre de prouver ces faits ; — Considérant que la loi du 10 vendémiaire ne rend responsable chaque commune que des délits commis sur son territoire ; — Que s'il était justifié que l'abbaye de Langonnet ne fait pas partie de la commune de même nom, cette commune devrait être déchargée de toute responsabilité ; — Que le conseil de la commune de Langonnet allègue bien que l'enclos de la ci-devant abbaye de même nom est dans la commune de Planay, mais qu'il n'en fournit aucune preuve ; qu'il lui était cependant bien facile de justifier ce maintien par un extrait, soit de la matrice du rôle, soit du rôle même de contribution ; — Qu'enfin toute les pièces du procès et toutes les présomptions s'élèvent contre une pareille allégation ; — Faute à la commune appelante de prouver et de faire offrir la preuve que la gendarmerie, à la résidence de Faouet, avait chassé les rebelles des communes de Plouray et de Réziac, et les joignit, le 25 pluviôse an IX, dans la ci-devant abbaye de Langonnet ; faute d'avoir justifié que la ci-devant abbaye de Langonnet n'est pas située sur le territoire de la commune du même nom, le tribunal l'a déclarée, dans l'état, sans griefs, l'a condamnée....

(1) Bruxelles, 9 décembre 1843. — La Cour, Vu les articles 1 et 6, titre 4 de la loi du 10 vendémiaire an IV ; — Attendu que ces dispositions sont conçues en termes généraux ; — Qu'elles parlent de tout délit, de tout pillage, de tout homicide et de tout mauvais traitements commis par des attroupement ou rassemblement, sans faire de distinctions entre les personnes qui ont été victimes de ces méfaits, que, dès lors, il n'est pas permis aux juges divisant les citoyens en catégories, de refuser aux uns ce qu'ils accorderaient à d'autres, en d'autres termes de refuser aux hommes armés ce que la loi accorde à tous ; — Attendu que la loi précitée en déterminant sous son article 5 du même titre IV, un seul cas particulier et exceptionnel dans lequel la commune est à l'abri de toute responsabilité, démontre encore que, dans tous les autres cas la commune demeure tenue des suites de tous les délits commis par des attroupements ou par suite d'attroupements et rassemblements ; — Attendu que le sens réel et vrai de cette loi est d'engager tous les habitants d'une commune troublée ou menacée par des attroupements, à prévenir ou à arrêter le désordre par une garantie mutuelle qui fait tomber sur la masse les dommages causés à chaque individu par des rassemblements composés, en tout ou en partie d'habitants de la même commune ; — Attendu qu'indépendamment de ces considérations il y aurait injustice flagrante à refuser une indemnité à l'homme blessé et maltraité, alors que, remplissant ses devoirs, il aurait volé au secours de ses concitoyens, tandis qu'en pareil cas on accorderait bien facile de justifier une réparation aux hommes indifférents qui n'auraient rien fait pour le maintien de l'ordre et de la tranquillité ; — Attendu que le système adopté par le législateur d'accorder une indemnité aux hommes armés pour le bien de la commune est plus propre à exciter le zèle des bons citoyens, que ne serait le système que les exclurait, puisque dans ce dernier cas, peu de personnes seraient disposées personnellement pour l'intérêt d'un tiers qui ne les toucherait pas directement ; — Attendu (en supposant pour un instant que la commune ne serait pas responsable des délits commis envers les agents de la force publique) que ce serait toujours à tort que le premier juge aurait comparé l'homme qui se trouve dans les rangs d'une bourgeoisie réunie pour prévenir des malheurs dont la communauté ou une partie de la communauté est menacée par des rassemblements tumultueux à un soldat obligé par position à exposer sa personne pour le service de l'État, puisque l'un remplit volontairement un devoir auquel il pourrait se soustraire en abandonnant la commune à son sort, tandis que l'autre, obligé par son engagement ou par la loi, à un service pour lequel il est soldé, doit au pays tout son temps et tous ses efforts pour que force reste à la loi, quand il est requis et commandé.

(2) Rennes, 8 ventôse an X (voy. n° 2109).

per d'aucune des exceptions résultant des termes précis de l'article 106 ou admises par les dispositions de l'article 108.

2403. Les crimes ou délits doivent être l'œuvre d'attroupements ou rassemblements armés ou non armés. L'article 106 n'entend pas transporter à la commune le soin de la police ordinaire, ni charger les citoyens de se protéger réciproquement contre les délits privés, il a en vue le rassemblement séditieux ou la révolte contre l'autorité, et il veut réprimer, par une responsabilité collective, non le crime ou le délit menaçant l'individu, mais l'attentat qui doit troubler la sécurité publique et l'exercice régulier des pouvoirs publics. Quel que soit le fait commis, quelque préjudice qu'il ait engendré, quelque nombreux que soient les auteurs, la commune n'est pas responsable s'il n'y a pas eu pour le consommer attroupement ou rassemblement (1).

2404. Mais que doit-on entendre, en ce cas spécial, par rassemblement ou attroupement? La question a donné lieu, en doctrine et en jurisprudence, à de très graves controverses.

La loi de l'an IV, dit-on (2), ne détermine pas quel est le nombre d'individus nécessaire pour que leur réunion ait ce caractère. Mais une loi spéciale sur la répression des attroupements, et en pleine vigueur sur la responsabilité des communes, la loi des 16-26 juillet et 3 août 1791, répute attrou-

pement séditieux tout rassemblement de quinze personnes s'opposant à l'exécution d'une loi, d'une contrainte ou d'un jugement (art. 9, v. aussi l'art. 27). Cette loi, rappelée par celle du 10 avril 1831 sur les attroupements (art. 1er, al. 3), qui se réfère formellement à ses dispositions, doit être appliquée encore aujourd'hui, en ce sens que les tribunaux ne pourraient se refuser à qualifier attroupement une réunion de quinze individus.

Mais ce nombre même est-il nécessaire pour qu'il y ait attroupement, et une réunion moins considérable pourrait-elle encore donner lieu à l'application de la loi de vendémiaire? Une loi du 13 floréal an XI a décidé, dans son article 3, qu'il y a contrebande avec attroupement et port d'armes, lorsqu'elle est faite par trois personnes ou plus, et que dans le nombre une ou plusieurs sont porteurs d'armes, etc. Mais cette loi spéciale à la contrebande, dont la répression exige une rigueur extraordinaire, ne peut servir à interpréter les dispositions de la loi de vendémiaire an IV, qui est d'ailleurs de beaucoup antérieure : cette dernière loi n'a pu être rédigée que d'après les notions existant alors sur le caractère de l'attroupement. La cour suprême a donc écarté avec raison dans l'arrêt précité du 17 avril 1813 toute induction tirée de la loi de floréal an XI, et elle s'est principalement fondée sur la loi 4-2 au *Digeste* (de vi bonorum raptorum), qui cherche à définir l'attroupement, déclare qu'il ne saurait résulter de la réunion de trois ou quatre personnes ; c'est à ce texte que ce même arrêt renvoie formellement pour l'explication légale des termes de la loi de vendémiaire, par le motif qu'à l'époque où cette loi fut émise, la loi 4 précitée était la seule qui définît le simple attroupement, « que par conséquent elle est censée s'être référée à cette définition ». Au reste, le législateur romain laisse une certaine latitude à l'appréciation du juge, du moment où le nombre des individus rassemblés dépasse celui de quatre. C'est donc d'après l'examen des circonstances que les tribunaux pourront résoudre et décideront souverainement la question de savoir s'il y a ou non attroupement, pourvu qu'ils tiennent compte des deux termes fixés, l'un par la loi romaine, l'autre par la loi de 1791, termes au-dessous et au-dessus desquels la loi dénie ou attribue elle-même à la réunion la qualification d'attroupement (1).

Nous partageons, quant à nous, l'avis que nous venons de retracer ; mais nous ne saurions adopter les raisons que M. Rendu et la Cour de cassation ont fait valoir. Ce n'est pas parce que la loi 4 § 2 au *Digeste* a appelé *turba* une réunion de plus de cinq personnes, qu'il y aura à ce chiffre attroupement ; mais parce que la loi de 1791, qui fixait l'attroupement au nombre minimum de plus de quinze personnes a été abrogée, et parce que la loi de 1831 et celle des 7-9 juin 1848 ont intentionnellement voulu laisser à l'appréciation du juge le soin de résoudre la question de savoir si une réunion de plusieurs personnes, quel qu'en soit le nombre, constitue un rassemblement ou un attroupement. En 1831, un amendement avait été présenté par M. Podenas, qui fixait à vingt personnes le chiffre minimum nécessaire pour constituer un attroupement ; cet amendement fut repoussé à la suite d'observations présentées par M. Thil. « Il est certain, fut-il dit alors, que dans beaucoup de localités, les rassemblements de dix, douze, quinze personnes pourraient troubler essentiellement la tranquillité publique, et que les officiers de l'ordre administratif ou judiciaire seraient dans la nécessité d'agir. »

2405. Une série de délits, commis avec violence par une

---

(1) Cass. civ. 27 avril 1813. — La Cour, Vu l'article 88 de la loi du 27 ventôse an VIII, l'article 1er du titre II, la rubrique du titre IV et les articles du même titre de la loi du 10 ventôse an IV ; — Attendu que si l'article 1er titre I de la loi du 10 ventôse an IV déclare les citoyens, habitants de la même commune garants civilement des attentats commis sur son territoire, il n'établit qu'un principe, dont l'application est spécialement déterminée par le titre 4 de la même loi ; — Qu'en effet le titre 4 a pour rubrique ces mots : Des espèces de délits dont les communes sont civilement responsables ; — Qu'il résulte formellement de ces expressions, que la responsabilité établie par l'article 1er n'embrasse pas indistinctement tous les délits qui peuvent se commettre dans le territoire de chaque commune, mais seulement ceux spécifiés sous le titre 4 ; — Attendu que l'article 1er du même titre IV déclare chaque commune responsable des délits commis à force ouverte ou par violence, sur son territoire, par des attroupements ou rassemblements armés ou non armés, soit envers les personnes, soit contre les propriétés nationales ou privées ainsi que les dommages intérêts auxquels il donne lieu ; — Que l'article 9 dispose que « lorsque, dans une commune, des cultivateurs tiendront leurs voitures démontées ou n'exécuteront pas les réquisitions qui en seront faites légalement pour les transports et charrois, les habitants de la commune seront responsables des dommages-intérêts en résultant ; — Que l'article 10 porte que « si dans une communes, des cultivateurs, à part des fruits, refusent de livrer, aux termes du bail la portion due aux propriétaires, tous les habitants de cette commune sont tenus des dommages-intérêts ; — Mais que les autres articles de ce titre ne contiennent que des dispositions explicatives de l'article 1, et qu'il n'y est question que d'attroupements et rassemblements, que de là il suit que, hors les cas prévus par les articles 9 et 10, titre IV, l'article 1 du titre Ier ne déclare les habitants d'une commune responsables des délits qui se commettent dans son territoire, qu'autant qu'ils sont commis par des attroupements ou rassemblements ; — Et attendu, dans le fait, que les délits qui font l'objet des trois jugements dont il s'agit, ne sont point de la nature de ceux prévus par les articles 9 et 10 précités, puisqu'ils ne consistent ni dans le refus d'exécuter des réquisitions, ni dans celui de payer des fermages ; — Que rien ne prouve non plus qu'ils aient été commis par des attroupements ou rassemblements, que même il n'est fait aucune mention de cette circonstance dans les jugements des 26 août et 21 novembre 1812, relatifs aux communes de Brindenheim, Bourglichtemberg et Ruthweiler ; — Qu'à l'égard de la commune de Bollenbach, le jugement du 2 novembre 1811 porte véritablement que, la dévastation commise dans la prairie du sieur Schmittbourg, doit nécessairement avoir eu lieu par une réunion de plusieurs personnes ; — Mais que dire d'une dévastation qu'elle doit nécessairement avoir eu lieu par une réunion de plusieurs personnes, ce n'est pas dire, qu'il est prouvé par l'instruction, qu'elle a été commise de cette manière ; — Qu'il n'est pas permis aux juges de s'en rapporter à de simples présomptions, lorsque la loi exige une preuve positive ; — Que ce n'est pas non plus dire que le délit a été commis par un attroupement que le transport du sable par des voitures, l'encombrement de la prairie et le placement des piquets posés pour empêcher de la faucher peuvent avoir été faits par deux, trois ou même quatre personnes, sans pour cela l'avoir été par un attroupement ; — Qu'en effet, aux termes de la loi 4, paragraphe 2 *de vi bon rapt.* », un pareil nombre de personnes ne suffit point pour caractériser l'attroupement ; — Qu'à l'époque où la loi du 10 vendémiaire fut émise, la loi 4 précitée était la seule qui définît le simple attroupement ; — Que par conséquent, elle est censée s'être référée à cette définition ; — Que les délits dont il s'agit ne se trouvant dans aucun des cas prévus par la loi du 10 vendémiaire an IV ; et en jugeant le contraire, ces jugements ont mis en question violent expressément cette loi.... — Casse.

(2) Rendu, n° 11 ; Dalloz, Rep. V° COMMUNE, n° 2662 ; Cass. civ. 27 avril 1813, voir *suprà* n° 2193.

---

(1) Cass. req. 14 février 1871. — La Cour, Sur le moyen unique, tiré de la violation de l'article 7 de la loi du 20 avril 1840 et de la loi du 10 vendémiaire an IV ; — Attendu qu'il résulte de l'arrêt attaqué que la réunion des jeunes gens qui, à la suite d'une rixe, ont, dans la soirée du 15 avril 1869, causé des dommages dans l'auberge du sieur Combes, à Toulouse, n'avait pas le caractère d'attroupement, ne saurait constituer l'attentat contre la propriété, dont il est prévu par la loi du 10 vendémiaire an IV ; — Qu'en outre, les griefs articulés par le demandeur sont en contradiction avec tous les documents de la cause ; — Attendu que ces constatations de fait sont souveraines et ne tombent pas sous le contrôle de la cour de cassation ; — Que d'ailleurs, cette décision est suffisamment motivée et ne blesse aucun principe de droit. — Rejette.

succession de personnes différentes, ne rentre donc pas dans les termes de l'article 106, et ne cesse pas de constituer des délits individuels, si les auteurs ne se sont pas trouvés réunis en même temps (1).

2106. La loi, qui exige violence et force-ouverte de la part des personnes réunies en attroupement, ne déclare pas l'individu lésé non recevable en son action s'il n'a pas opposé de résistance à l'agression. L'article 106 ne fait pas une obligation à la victime de résister par l'emploi de la force légale à la force illégale (2).

2107. On a très vivement discuté, avant la loi de 1884, et c'était une importante question que de savoir si une commune était tenue de réparer le dommage qu'elle causait aux propriétés en dispersant les attroupements et les rassemblements. La jurisprudence des Cours d'appel et celle de la Cour de cassation étaient partagées à cet égard. On soutenait, dans un sens, qu'en contraignant une commune à réparer, non seulement les dommages causés par les rassemblements d'émeutiers, mais encore ceux faits par les agents de la force publique chargés de dissiper les émeutiers, on allait directement contre le but poursuivi par le législateur, qui est d'intéresser les communes au maintien de l'ordre. Comment ce but serait-il atteint si la commune était responsable des dommages qu'elle a causés par les mesures qu'elle a prises pour réprimer le désordre et empêcher le rassemblement lui-même? Comment concilier cette doctrine avec la loi elle-même, qui exempte les communes de toute responsabilité, dans le cas où elle aurait pris toutes les mesures qui étaient en son pouvoir pour prévenir les rassemblements (3).

En sens contraire, on faisait observer que la distinction proposée entre les dommages faits par les insurgés et les dommages faits par les troupes ou par l'autorité, souvent impossible en fait, ne repose en droit sur aucun fondement, et que les uns et les autres ont également pour cause, médiate ou immédiate, mais unique, les rassemblements et attroupements séditieux que la commune avait, dans la mesure de ses pouvoirs et de sa force, le devoir de chercher à prévenir, et qu'elle n'a rien fait pour empêcher (1).

Il eût été désirable que le législateur, en 1884, eût résolu par son texte ce débat fort délicat, on le voit. La question semble lui avoir échappé, et la difficulté demeure entière, sans que l'on puisse s'appuyer, pour la trancher, sur la jurisprudence des arrêts de 1842 et de 1875. En effet, si le silence gardé à la Chambre des députés et au Sénat a été complet, et si rien ne fait présumer que la loi ait voulu modifier la situation antérieure, le texte de la loi de l'an IV n'a pas été conservé; une rédaction nouvelle lui a été substituée, et une nouvelle incertitude doit naître précisément de la modification apportée.

La loi de l'an IV déclarait la commune responsable des délits commis à force ouverte... ainsi que des *dommages-intérêts auxquels ils donnent lieu*. On pouvait donc dire, en citant le texte, qu'elle ne distinguait pas entre l'origine des dommages; que ces dommages fussent le fait de la force armée ou de l'émeute, dans les deux cas c'étaient les délits... qui y avaient donné lieu.

Mais la loi de 1884 déclare les communes responsables des dégâts et dommages *résultant* des crimes ou délits. Or, on peut prétendre que *résultant* signifie seulement qui ont pour *cause* les crimes et délits. Les dégâts occasionnés par l'emploi de la force publique ne sont qu'une conséquence indirecte des faits délictueux; ils ne sont pas *causés* par ce fait lui-même. En outre, la loi de 1884 met à la charge des communes les dégâts et dommages seulement résultant des crimes et délits, tandis que celle de l'an IV les rendait responsables des délits (c'est-à-dire, comme celle de 1884, des dégâts et dommages résultant des crimes et délits) et des dommages-intérêts *auxquels ils donneront lieu* (c'est-à-dire de tous préjudices généralement quelconques éprouvés *à raison de* la perpétration du crime lui-même). Enfin, il était entendu, sous l'empire de la loi de l'an IV, que la volonté du législateur avait été de créer, à l'égard des communes, une législation ultra-rigoureuse, puisqu'elle les frappait, non seulement de l'obligation de réparer le tort éprouvé, mais, de plus, d'amendes égales à la quotité de l'indemnité arbitrée, ou même doubles. La loi de 1884, au contraire, tout en admettant la responsabilité civile des communes, a entendu mettre fin à cet état de

(1) Rouen, 27 mai 1873. — La Cour, Mais attendu que, à cause même de sa rigueur et de son caractère exceptionnel, la loi de vendémiaire ne saurait être étendue au-delà de ses termes; — Que dès lors, de Maupassant ne peut avoir d'action contre la commune qu'autant que les dévastations dont il se plaint auraient pu être le résultat de délits individuels, mais auront été commises, à force ouverte ou par des rassemblements; — Que la réunion de quelques personnes ne suffit pas pour constituer un attroupement; — Que d'après l'ensemble de la législation, la réunion, pour qu'il y ait attroupement, doit comprendre un plus ou moins grand nombre de personnes, sans que ce nombre puisse jamais être inférieur à quinze; — Attendu que de Maupassant prétend qu'il résulterait, dès à présent, des circonstances de la cause que les dévastations qui donnent lieu au procès, auraient été commises dans les conditions de la loi de vendémiaire an IV, par des rassemblements formés d'habitants de la même commune et composés de quinze à quarante personnes, mais que les documents qu'il invoque sont loin d'avoir la valeur et la précision qu'il leur attribue; — Qu'ainsi offre-t-il subsidiairement de prouver par témoins un ensemble de faits de nature à justifier son action; — Que ces faits sont pertinents, que la preuve en est admissible, et, que dès lors, il y a lieu d'ordonner; — Appointe de Maupassant à prouver par toutes les voies de droit et notamment par témoins : 1o que la dévastation des ses bois depuis le commencement de décembre 1870, jusqu'à la fin de janvier 1871, a été le fait des habitants de Romilly-sur-Andelle; — Que ces dégâts ont été commis avec violence et par des attroupements composés de plus de quinze à quarante personnes, munies de haches, de sapes et de scies, qui leur servaient à couper les baliveaux et les taillis qu'ils enlevaient ensuite sur des brouettes et des voitures.

(2) Cass. civ. 2 mai 1842. — La Cour, Vu l'article 1er, du titre IV de la loi du 10 vendémiaire an IV; — Attendu qu'aux termes de cet article, chaque commune est responsable des délits commis à force ouverte ou par violence sur son territoire par des attroupements ou rassemblements armés ou non armés; — Attendu qu'il est constant, en fait, que dans la nuit du 19 au 20 septembre 1838, des fossés formant la clôture de prairies situées dans la commune de Pinquian et appartenant aux frères Vallée, ont été comblés dans une partie de leur étendue; — Que les frères Vallée ont offert de prouver, tant par experts que par témoins : que ce fait avait été opéré par un attroupement et à force ouverte; — Attendu qu'en reconnaissant que le concours des deux circonstances d'attroupement et de force ouverte donnait lieu à la responsabilité des communes, l'arrêt attaqué a néanmoins refusé d'admettre la preuve par le motif que la destruction des fossés a eu lieu la nuit, sans opposition et hors la présence des gardes ou de toute autre personne; — Qu'en statuant ainsi, l'arrêt attaqué a introduit, dans l'application de la loi du 10 vendémiaire an IV, des distinctions qui ne sont ni dans son texte, ni dans son esprit; — Que la circonstance de la nuit ne fait pas cesser le caractère de l'attentat que cette loi a eu pour objet de réprimer, et qu'en exigeant comme condition nécessaire de la responsabilité communale, le fait d'une résistance qui aurait été opposée à la violence, l'arrêt attaqué a restreint la généralité de la garantie que le législateur a formellement établie dans les cas qu'il a spécifiés, restriction dont la conséquence serait de laisser sans défense des propriétés qui, soit par l'absence des propriétaires ou de leurs préposés, soit par la faiblesse ou l'impuissance des uns ou des autres, appellent plus particulièrement la protection publique; — Que l'attroupement et la force publique constituant des faits susceptibles d'être établis par la preuve qui lui était offerte, l'arrêt attaqué, en refusant d'admettre cette preuve. — Casse.

(3) Rendu, no 14; Toulouse, 31 juillet 1844.

(1) Dalloz, Rép. V. COMMUNE, no 2675; Cass. crim. 13 avril 1842; Cass. civ. 23 février 1875. — La Cour, Sur la première branche du moyen unique de cassation pris de la fausse application de l'article 1er de la loi du 10 vendémiaire an IV, en ce que le jugement attaqué a déclaré la ville de Lyon responsable de dommages causés par une émeute ayant pour objet, non de commettre des délits contre les personnes ou les propriétés, mais d'empêcher le vote et d'entreprendre une lutte contre le gouvernement; — Attendu qu'en déclarant les communes responsables des délits commis par des attroupements et des dommages qui peuvent en résulter, la loi du 10 vendémiaire an IV, n'a fait aucune distinction entre les diverses causes qui ont pu occasionner ces rassemblements; — Que la date de cette loi et les circonstances dans lesquelles elle a été promulguée ne permettent pas de douter que ses auteurs n'aient eu en vue de prévenir les insurrections politiques alors si fréquentes; — Sur la deuxième branche, tiré de ce que la ville de Lyon ayant été dessaisie par la mise en état de siège des pouvoirs nécessaires pour réprimer l'émeute, ne pouvait être déclarée responsable des dommages qui en avaient été la conséquence; — Attendu que cette partie du moyen manque en fait puisqu'il résulte des déclarations du jugement attaqué que la commune de Lyon n'a pas même usé, pour prévenir le désordre, des pouvoirs que l'état de siège lui avait laissés, et que l'autorité municipale continuait à exercer, en vertu de l'article 7 de la loi du 9 août 1849; — Sur la troisième branche, tirée de ce que la ville de Lyon a été condamnée à réparer les dommages causés, non par les insurgés, mais par les troupes employées à la répression de l'émeute; — Attendu que les dommages occasionnés par les moyens employés pour la défense ne sont que la conséquence de l'attaque et ont pu a rendus nécessaires; — Que la loi n'a fait, à cet égard, aucune distinction, et qu'il est juste de soumettre à la même règle tous les préjudices qui dérivent de la même cause; — Attendu, en conséquence, que le jugement attaqué, en condamnant la ville de Lyon... — Rejette.

choses draconien, et diminuer au lieu d'aggraver la responsabilité du droit commun à laquelle la commune aurait pu être assujettie, en vertu de l'article 1382 du Code civil.

On peut répondre, il est vrai, qu'en gardant le silence sur le prétendu changement apporté à la règle admise par la jurisprudence, sous l'empire de la loi de l'an IV, les législateurs de 1884 ont suffisamment montré qu'ils n'entendaient pas porter atteinte à la doctrine de la Cour de cassation. Ils ont discuté un grand nombre de points secondaires; une matière aussi importante ne leur aurait pas échappé : ils ont donc maintenu l'interprétation antérieure. Si les termes de la loi de l'an IV n'ont pas été conservés, c'est parce qu'ils avaient à fusionner en un seul article les dispositions qui formaient les articles 1 et 2 de cette loi. Ils n'ont pas pris garde suffisamment peut-être aux termes choisis par eux ; mais les mots employés n'excluent pas absolument l'application qui avait été faite de l'ancienne rédaction par les arrêts de 1842 et de 1875. Ils ont voulu, dit-on, revenir au droit commun ; mais précisément, en matière de droit pénal ordinaire, il est admis que l'on peut mettre à la charge d'un criminel condamné non seulement les dommages résultant de son fait personnel, mais encore ceux qui sont nés de celui de la force armée ayant servi à s'emparer de sa personne. Or, la commune, étant responsable civilement du délit, doit, par suite, être garante du dommage causé pour la répression, bien qu'elle-même ait dû occasionner le préjudice en réprimant. C'est là une déduction, rigoureuse sans doute, mais nécessaire, du principe de droit contenu dans le paragraphe 1er de l'article 1384 du Code civil.

Ce raisonnement ne nous semble pas suffisamment juridique. Les raisons que l'on donne à l'appui de l'opinion qui tend à ne pas mettre à la charge des communes les dommages résultant de la répression de la force armée légale, sont très solides et ne sont pas détruites par celles qui sont produites dans l'opinion contraire. La responsabilité des communes, quoique se justifiant très bien en doctrine, n'en est pas moins l'application d'un droit rigoureux ; elle doit donc être restreinte aux termes stricts de la loi. On reconnaît, d'ailleurs, que le législateur a voulu modifier la législation de l'an IV par sa rédaction des articles 106 à 109 ; dans quelles limites l'a-t-il fait? On l'ignore, puisque le débat n'a porté que sur le principe même du droit, et non sur les détails de son application. À l'égard de ceux-ci, la Chambre des députés et le Sénat se sont contentés d'approuver les projets qui leur étaient soumis. Les rédacteurs des articles 106 à 109 ont su, sans doute, qu'ils changeaient la législation antérieure sur le point qui nous occupe ; en tout cas, on doit supposer qu'ils ont su ce qu'ils faisaient. On ne peut admettre que, modifiant les termes, ils n'aient pas vu qu'ils modifiaient, en même temps, la portée des dispositions pratiques qui en résultaient.

2108. L'article 106, comme l'ancienne loi de l'an IV, n'est pas applicable au cas où une disposition législative particulière a statué, à raison de circonstances particulières, sur la réparation de dommages causés par des attroupements. Le législateur, mettant à la charge de la nation elle-même les indemnités à accorder, en décharge par le fait même la commune débitrice.

2109. Le caractère séditieux de l'attroupement établi, y a-t-il lieu à rechercher la cause qui l'a provoqué et le but qu'il poursuit?

La jurisprudence s'est, de tout temps et avec raison, prononcée pour la négative sur la première question. Quelle que soit la cause d'une émeute, elle n'en présente pas moins un caractère grave, et les faits commis n'en sont pas moins dommageables. Les torts de la victime ou des victimes, et ceux des administrateurs de la commune, ne font pas disparaître ceux des coupables [1]. Au point de vue de la répression

pénale, il pourra y avoir lieu à atténuation de la peine; mais la condamnation civile n'en doit pas moins prononcer la réparation totale du préjudice éprouvé [1].

2110. La seconde question a toujours été considérée comme plus délicate et a été fort controversée. On s'est demandé si la loi, qui rend les communes responsables des attentats contre les personnes et les propriétés, n'était pas applicable seulement lorsque l'émeute a pour objet principal l'attaque des personnes et des propriétés, et non lorsque, purement politique, elle a pour but le renversement du gouvernement?

En faveur de la première opinion, on argumente du caractère exceptionnel et pénal de la loi de l'an IV et de l'article 106, qui oblige de le restreindre dans d'étroites limites. Or, le législateur n'a-t-il pas tracé ces limites en parlant des attentats commis, soit envers les personnes, soit contre les propriétés? N'a-t-il pas voulu borner l'application de l'article 106 au cas où les auteurs du crime ou délit ont eu pour but un attentat commis envers les personnes ou contre les propriétés? Lorsqu'une insurrection est dirigée contre le gouvernement, ce ne sont pas les personnes et les propriétés de la commune qui sont directement attaquées, c'est le pouvoir souverain. La lutte se déplace et se transporte sur un terrain plus élevé : le gouvernement intervient lui-même et combat ses ennemis. Le maire n'agit plus comme fonctionnaire chargé de la police municipale et tenu, aux termes de l'article 97, paragraphe 2, de réprimer les atteintes contre la tranquillité publique, mais comme simple délégué du pouvoir central, chargé seulement, sous l'autorité du préfet, de l'exécution des mesures de sûreté générale. L'intérêt communal disparaît, absorbé dans un intérêt plus grand ; ce n'est pas le maire, c'est le gouvernement seul qui répond du maintien de nos institutions [2].

Malgré le raisonnement qui vient d'être exposé, ce système ne nous paraît pas devoir être accepté. Le texte, l'histoire, le

---

[1] Bordeaux, 22 août 1839. — La Cour, Attendu que s'il est difficile de ne pas reconnaître, ainsi que le soutient M. le maire de Bordeaux, que les désordres commis dans les bureaux de la *Guienne* ont été les conséquences de l'irritation excitée par ce journal, cette circonstance ne pouvait, sous aucun rapport, justifier des violences et des voies de fait, et que ceux qui

avaient à se plaindre devaient, s'il y avait lieu, se pourvoir par les voies de droit et le traduire devant les tribunaux ; d'où il suit que les provocations de ce journal ne pourraient servir d'excuse et faire cesser la responsabilité de la ville serait tenue.

[1] Cass. civ. 10 août 1869. — La Cour, Sur la première branche du moyen de cassation : Attendu que l'article 1er du titre 4 de la loi du 10 vendémiaire an IV, aux termes duquel chaque commune est responsable des délits commis à force ouverte ou par violence, sur son territoire, par des attroupements ou rassemblements armés ou non armés, soit envers les personnes, soit contre les propriétés nationales ou privées, ainsi que des dommages-intérêts auxquels ces délits donneront lieu, est général en ses termes, et ne distingue pas entre les rassemblements ou attroupements, qui, formés dans un but inoffensif ou même licite, deviennent ensuite hostiles et dangereux, et ceux qui sont tumultueux et menaçants au moment de leur formation; qu'il s'applique, d'ailleurs, aux délits commis à force ouverte ou par violence par tous rassemblements ou attroupements quels que soient d'ailleurs le mode ou la cause de leur formation; que cette distinction serait non moins contraire à l'esprit et au but de la loi qu'à la généralité de son texte, puisque, dès qu'il y a rassemblement, la surveillance de l'autorité municipale est provoquée et que cette autorité doit se tenir prête à s'opposer aux désordres toujours possibles dans les réunions nombreuses qu'il est plus facile de prévenir que ceux qui sont commis par des rassemblements ou attroupements inattendus et dont la formation n'était pas annoncée d'avance; — Attendu que le rassemblement dont il s'agit au procès s'est formé dans une enceinte destinée à un spectacle public, par conséquent dans un lieu essentiellement public, et dans lequel la surveillance de l'autorité devait s'exercer d'une manière spéciale ; qu'il suit de là qu'en jugeant que les délits commis à force ouverte par ce rassemblement ainsi que les dommages-intérêts auxquels ils peuvent donner lieu, étaient de nature à provoquer l'application de l'article 1er titre 4, de la loi de vendémiaire an IV, l'arrêt attaqué n'a violé aucune loi. — Rejette.

[2] Cass. civ. 6 avril 1836. — La Cour, Vu la loi du 10 vendémiaire an IV, et spécialement l'article unique du titre I, les articles 1, 5, 6, 8, du titre IV et l'article 1er du titre V ; — Attendu que la loi du 10 vendémiaire an IV, uniquement relative à la police intérieure de chaque commune, n'est pas destinée à réprimer des actes de rébellion à main armée qui ont pour but le renversement du gouvernement, de la charte constitutionnelle et de l'autorité royale ; — Attendu que la ville de Paris est le siège du gouvernement, des grands corps de l'État, des ministres, et notamment du ministre de l'intérieur chargé spécialement de la police du royaume, de la surveillance et de la direction de la force publique ; — Attendu que les enlèvements d'armes qui ont pu être faits chez les défendeurs les 5 et 6 juin 1832, ont eu lieu à l'occasion d'une tentative criminelle pour renverser à main armée le trône constitutionnel et les lois du royaume; que, dans de telles circonstances, la municipalité de Paris se trouvait en dehors des conditions ordinaires qui constituent la responsabilité établie par la loi de l'an IV. — Casse.

Paris, 20 mars et 27 mars 1838.

but et la logique de la loi doivent le faire repousser. En premier lieu, l'article 106, comme la loi de l'an IV, ne distingue pas entre les objets que les attroupements et les rassemblements poursuivent ; il exige seulement qu'il y ait un attentat envers les personnes ou contre les propriétés, mais ne recherche nullement les motifs impulsifs des crimes commis. En second lieu, la loi de l'an IV est la suite d'une législation antérieure, comme l'article 6 est lui-même la suite de la loi de l'an IV. Celle-ci avait été précédée des décrets des 23-26 février 1790, des 6-12 octobre 1790, de la loi du 16 prairial an III. Tous ces actes législatifs cherchaient à assurer l'*ordre public* (décret du 3 février 1790) contre les attroupements (décret du 23 février 1790), les soulèvements du peuple (décret du 2 juin 1790), et punissaient les municipalités négligentes qu'elles chargeaient du soin de maintenir la paix publique. La loi de l'an IV a, en quelque sorte, modifié ces textes ; mais, au moment où elle paraissait, c'est-à-dire en 1796, l'ordre public avait à se défendre non pas, comme aujourd'hui, contre les charivaris locaux ou des émotions de familles ou marchés, mais contre des attaques de bandes organisées de brigands et contre de véritables troupes d'émeutiers enrégimentés.

Le but de la loi de l'an IV, comme celui de l'article 106, a été de rendre chaque commune solidaire de la sécurité générale, en arrêtant les désordres qui se manifesteraient dans son sein avant qu'ils puissent avoir une gravité menaçante pour l'État lui-même. L'article 106 ne s'est pas occupé expressément des troubles civils, mais il a voulu obliger les communes à en étouffer les germes.

La logique de la loi enfin demande que la commune réprime l'émeute politique comme celle qui n'a qu'un caractère local. Sans doute, chaque commune n'a à s'occuper que de sa police intérieure, et on n'entend pas lui imposer la défense de l'État. Mais la guerre civile n'éclate pas tout à coup sur la surface entière du territoire avec son terrible caractère ; elle n'est que le développement et la conséquence de rassemblements séditieux qui n'intéressent d'abord que la police intérieure de la cité où ils prennent naissance. Si, à son origine, sur le petit point où le désordre naît, il est étouffé immédiatement par les soins de l'autorité locale, on peut n'avoir pas à craindre l'ébranlement de l'ordre social entier (1).

2111. Mais si l'émeute, triomphante dans plusieurs communes, est devenue la guerre civile, ou si l'état de siège proclamé a dessaisi l'autorité municipale de la totalité de ses pouvoirs, la municipalité, qui n'a pas de forces suffisantes ou qui n'a plus de pouvoirs de police, est sans action comme sans responsabilité. Nous pensons donc, avec la plupart des auteurs, que, dans ce cas, l'article 106 ne saurait recevoir son application (2).

2112. Le bénéfice de l'action en responsabilité appartient à toute personne lésée, quelle qu'elle soit et quelque soit sa nationalité et le lieu de sa résidence. Sous l'empire de la loi de l'an IV, on avait discuté la question de savoir si l'étranger, non autorisé, en toutes circonstances, et si, en cas d'homicide, d'autres que la veuve et les enfants de l'individu tué avaient droit à la réparation civile. Mais ces débats, qui tenaient, soit à la législation en vigueur à l'égard des étrangers au moment de la promulgation de la loi, soit à la rédaction d'un article 6 du titre IV, n'ont plus d'intérêt aujourd'hui, la loi de 1884 ne créant aucune distinction dans le droit à l'indemnité entre les individus lésés.

2113. La loi de l'an IV avait organisé, ainsi qu'on l'a vu, une échelle de réparations civiles et d'amendes pénales et un système de procédure tout particulier et fort rigoureux contre les communes coupables. L'article 106 de la loi de 1884 a fait complètement disparaître tout cet édifice légal, et avec lui toutes les controverses sans nombre auxquelles chacune de ses dispositions avait donné lieu. Le dommage doit être désormais arbitré sur les bases de tout dommage résultant d'un crime ou d'un délit ordinaire ; il doit être fixé par les tribunaux civils (1) ; la réparation n'en peut être demandée que par les individus lésés agissant personnellement ou par leurs représentants légaux.

2114. Le payement des dommages-intérêts accordés doit donc être poursuivi par les voies ordinaires d'exécution des jugements obtenus contre les communes ; la répartition et la liquidation des dommages et des frais seuls s'opère par un procédé spécial, aux termes du paragraphe 2 de l'article 106.

---

(1) Rendu, n° 19; Orléans, 3 février 1838; Orléans, 8 février 1839; Cass. Req. 17 juillet 1838. — Cass. civ. 10 août 1869, (voy. *supra* n° 2189); Cass. 23 février 1875 (voy. *supra* n° 2115); Cass. Req. 23 avril 1875, D. P. 76.5.113; C. civ. du 1er décembre 1875. — La Cour, Sur le premier moyen, pris de la fausse application de la loi du 10 vendémiaire an IV; — Attendu d'une part, qu'en déclarant chaque commune responsable du dommage commis sur son territoire par les attroupements armés ou non armés, la loi n'a pas distingué entre les diverses causes politiques ou autres, générales ou particulières et locales qui ont occasionné ces attroupements ; — Attendu d'autre part, qu'en supposant même que l'une ou les deux circonstances prévues par l'article 5 du titre IV puisse suffire pour exonérer la commune de toute responsabilité, ni l'une ni l'autre ne se trouveraient justifiées dans la cause actuelle, puisque les arrêts attaqués déclarent que les attroupements étaient composés en grande partie d'habitants de la commune, et que celle-ci n'a pas fait tout ce qu'il était en son pouvoir pour prévenir les attentats commis sur son territoire. — Rejette.

(2) Dalloz, *Rép.*, v° COMMUNE, n° 2604; Rendu, n° 20; Besançon, 24 août 1874. — La Cour, Considérant que la ville de Besançon fonde son irresponsabilité, non pas sur une prétendue abrogation de la loi du 10 vendémiaire an IV, loi spéciale et de sécurité sociale, qu'il n'a pas cessé d'être en vigueur, au moins dans ses dispositions essentielles, mais sur ce que, dans la soirée du 19 juin 1873, elle avait été dépouillée par l'autorité militaire, en vertu des lois de l'état de siège, de tous pouvoirs relatifs à la police de la ville; — Qu'elle prétend avoir été dans l'impossibilité de prendre les mesures nécessaires pour le maintien de l'ordre et la sûreté des citoyens; — Que les faits qu'elle articule, à cet égard, sont suffisamment relevants; — Qu'il est vrai que la déclaration de l'état de siège, ne suffit pas pour faire disparaître la responsabilité des communes, que cette

responsabilité subsiste tout entière lorsque, en vertu d'une délégation expresse ou même tacite, comme le suppose l'article 7 de la loi du 9 août 1849, l'autorité civile n'a pas été dessaisie de ses pouvoirs par l'autorité militaire et a continué à les exercer, mais qu'il en serait autrement dans le cas où l'autorité militaire aurait repris, conformément à l'article 7 précité, l'intégralité des pouvoirs dont l'autorité civile était revêtue pour le maintien de l'ordre et de la police; qu'en cas pareil, l'autorité civile, entièrement dépouillée de ses moyens, ne se trouvait plus dans les conditions déterminées par les articles 5 et 7 combinés de la loi du 10 vendémiaire an IV, qui supposent une faute comme base de la responsabilité des communes; — Que pour apprécier le mérite de la réclamation de la demoiselle Monnin, il importe avant tout de rechercher si, dans la soirée du 19 juin 1873, l'autorité militaire s'est saisie, à l'exclusion du maire de Besançon, de l'exercice complet des pouvoirs dont l'autorité civile était jusque-là investie pour le maintien de l'ordre, si elle a seule organisé et dirigé les mesures qui ont été prises et donné les ordres aux agents; ou si, au contraire, elle s'est bornée à prêter son concours à l'autorité civile qui aurait continué à être investie de ses pouvoirs pour assurer, comme elle le devait, la sécurité des personnes et des propriétés; que, dans ces conditions, l'enquête est l'élément nécessaire et préalable du débat, qu'elle suffit, du reste, pour le moment, sauf à ordonner ultérieurement, s'il y a lieu, la preuve des faits subsidiairement articulés par la demoiselle Monnin.

(1) Trib. conf. du 19 février 1881. — Le tribunal, Vu les lois des 16 et 24 août 1790 et 16 frimaire an III; — Vu la loi du 10 vendémiaire an IV ; — Vu l'ordonnance du 1er juin 1828, le règlement du 26 octobre 1849 et la loi du 24 mai 1871. — Considérant que la demande formée par le sieur Mas contre la ville de Marseille tendrait à obtenir l'évaluation par des experts de dommages qui avaient été causés à son immeuble par des rassemblements tumultueux, dommages dont il entend rendre ladite ville responsable par application de la loi du 10 vendémiaire an IV; — Considérant que le préfet des Bouches-du-Rhône soutient que les faits allégués devraient être considérés comme se rattachant à l'exécution de son arrêté du 28 avril 1880, portant dissolution de l'agrégation formée à Marseille par la congrégation non autorisée des Dominicains; — Mais considérant qu'il est articulé par le demandeur et qu'il n'est d'ailleurs dénié dans aucune pièce de la procédure que les faits relevés par l'assignation se seraient produits antérieurement à l'exécution de l'arrêté précité avec lequel ils ne sauraient être confondus, qu'en outre lesdits faits seraient l'œuvre de personnes étrangères à l'administration, n'ayant agi, ni par elles-mêmes, ni par l'effet d'aucune réquisition de l'autorité compétente, pour pénétrer dans l'immeuble dont il s'agit et pour soumettre ceux qui l'occupaient à aucune contrainte légale; — Considérant que l'examen des faits ainsi articulés et simplifiés n'implique l'appréciation d'aucun acte administratif; qu'ainsi c'est à tort que le préfet des Bouches-du-Rhône a revendiqué pour l'autorité administrative la connaissance de l'action fondée par le sieur Mas contre la ville de Marseille; — Considérant, d'autre part, qu'il résulte des termes mêmes de l'ordonnance rendue sur le déclinatoire que si le juge des référés s'est déclaré compétent sur l'action du sieur Mas contre la ville de Marseille, il s'est au contraire déclaré incompétent conformément aux conclusions dudit déclinatoire sur l'action récursoire de la ville de Marseille contre l'État, que, d'autre part, il n'a pas été interjeté appel de cette disposition de son ordonnance; qu'ainsi, c'est à tort que le préfet des Bouches-du-Rhône a élevé le conflit sur l'action formée par la ville de Marseille contre l'État. — Annule.

Le montant de la condamnation est réparti entre tous les habitants domiciliés dans la commune en vertu d'un rôle spécial comprenant les quatre contributions directes. L'opération est une œuvre administrative, et les rôles sont dressés et les réclamations jugées comme en matière de contributions directes (1).

2115. Mais une distinction importante doit être faite entre les rôles d'impôts et le rôle spécial dont il est parlé ici. Les impôts des quatre contributions peuvent être recouvrés par douzièmes; la part des habitants qui obtiennent décharge n'incombe pas à ceux qui ne réclament pas ou sont maintenus. Quoique l'article 106 parle d'un rôle, ce rôle n'a point de rapport avec celui de l'impôt, c'est un véritable état de distribution du montant de la condamnation qui est faite par l'acte de répartition que la loi appelle rôle. Il en résulte : 1° que le montant n'en est pas recouvrable par fraction ; 2° que la part des dégrevés doit être payée par les non dégrevés. Il en résulte également que la partie qui a obtenu les dommages-intérêts doit demeurer étrangère aux débats auxquels la confection du rôle et la répartition peuvent donner lieu ; ces points sont affaire entre la commune et les habitants inscrits sur l'état. La partie doit recevoir de la commune le montant intégral de la condamnation et les intérêts prononcés : les difficultés d'exécution ne la concernent pas.

2116. Les seuls individus entre lesquels doit se faire la répartition de la condamnation sont les habitants domiciliés. Mais quels sont les habitants domiciliés entre lesquels doit être divisé le montant des condamnations? Des avis du Conseil d'État du 30 avril 1823 et du 29 mai 1839 ont décidé que sous ce nom on devait entendre tout habitant porté au rôle de la contribution personnelle au moment du délit, sans distinguer entre les résidents français et étrangers.

2117 On ne doit pas distinguer non plus entre les hommes et les femmes, les majeurs et les mineurs. La loi de 1884 ne fait pas établir la répartition entre les *citoyens* habitant la commune, comme le faisait la loi de l'an IV, mais entre les habitants domiciliés.

2118. L'obligation ne s'attache pas à la propriété. Elle est personnelle et individuelle, à cause de son caractère pénal. Par conséquent, le fermier n'oblige pas le propriétaire forain ; le vendeur présent au moment du délit, n'oblige pas l'acquéreur. Mais on a considéré comme obligés les héritiers du domicilié qui vient à décéder avant la confection du rôle. D'un autre côté, si l'habitant change de domicile avant de s'être libéré, on doit le poursuivre en payement dans son nouveau domicile, comme en matière de contribution personnelle. Le même principe a conduit à penser que le domicilié qui n'était pas inscrit au rôle de la commune au moment du délit, et qui a acquis des propriétés entre cette époque et celle de la confection du rôle, ne doit pas y être porté.

2119. La partie à laquelle des dommages-intérêts ont été accordés, et qui est domiciliée sur le territoire de la commune condamnée, doit-elle être comprise au rôle parmi les contribuables imposés extraordinairement? On verra qu'aux termes de l'article 131 de la loi de 1884, toute partie qui a plaidé contre une commune ou section de commune n'est pas passible des charges ou contributions imposées pour l'acquittement des frais et dommages-intérêts qui résultent du procès. La raison de douter vient de ce que lorsqu'une commune a été condamnée, à raison de dégâts et dommages occasionnés par un rassemblement, la responsabilité mise à sa charge a sa source dans une faute présumée de tous les habitants électeurs dans la commune qui sont réputés avoir choisi des mandataires incapables, n'ayant pas su prendre les mesures nécessaires pour empêcher l'attroupement ou le rassemblement. Or, la partie qui a obtenu la condamnation est un de ces électeurs imprudents, il semble donc qu'elle devrait supporter une part des conséquences de la faute commune. Mais le texte de l'article 131 est trop absolu et ne permet pas une exception.

2120. L'imposition extraordinaire doit porter sur toutes les contributions directes de chaque obligé. Mais quelle sera la limite du nombre des centimes additionnels? La loi de 1884 n'en fixe aucune, et sous l'empire de la loi de l'an IV, dans une espèce relative à la commune de Gazost (Hautes-Pyrénées), le comité de l'intérieur fut d'avis qu'on pouvait frapper une imposition égale au montant du principal des contributions (1). On considérait alors qu'il ne s'agissait pas de dépenses communales proprement dites, pour lesquelles une limite a été posée en matière d'impositions extraordinaires, mais d'une obligation personnelle, pénale, régie par une législation spéciale. Toutefois, des lois postérieures de finances, notamment celle de 1839, ont fixé une limite de 20 centimes pour les impositions extraordinaires établies d'office et destinées à acquitter les dettes judiciaires des communes. Ces lois ont-elles changé la situation? Nous n'hésitons pas à le croire. D'un côté, les articles 106 et suivants de la loi de 1884 ont modifié le caractère de la dette résultant de la responsabilité communale ; d'un autre côté, l'article 149 a établi une règle générale qui ne paraît pas souffrir d'exception (voy. n° 2940 et s.).

C'est, d'ailleurs, le principal des contributions de chaque obligé, et non pas le montant du principal payé dans toute la commune qui doit servir de règle, puisque les domiciliés seuls sont compris au rôle (2).

2121. Quand il s'agit de satisfaire aux condamnations par la voie de l'imposition, on ne peut se dispenser de faire délibérer le conseil municipal, conformément aux articles 142 et 143 de la loi du 5 avril 1884. Si la délibération était négative, il y aurait lieu d'assurer d'office la dépense, la dépense étant obligatoire, puisqu'il s'agirait d'une dette judiciaire exigible et liquide.

2122. D'après un avis du Conseil d'État, il faut un décret pour rendre exécutoire le rôle de l'imposition extraordinaire, et même une loi spéciale, si l'imposition extraordinaire doit excéder la limite fixée par les lois de finances (3).

2123. Du reste, ce n'est point la commune, considérée comme être collectif, qui est réellement responsable. Nous ne saurions, à cet égard, partager l'avis émis par le rapporteur de la loi devant le Sénat, M. Demole, qui a soutenu que les fonds libres de la commune pouvaient être saisis et ses biens vendus, en vertu d'une autorisation donnée par décret. Les fonds libres en caisse, les biens communaux, ne doivent point servir à payer la réparation du dommage. Il faut recourir à l'imposition extraordinaire. Et l'on ne doit pas autoriser la commune à vendre ses biens pour exécuter les jugements rendus contre elle par application de la loi. Le texte de l'article 106 est trop précis pour qu'un doute puisse s'élever à cet égard. Ce texte a d'ailleurs été rédigé en conformité de divers avis émis par le Conseil d'État en 1823 et 1839 (4).

2124. L'action en responsabilité contre la commune se poursuit par trois ans ou dix ans, conformément aux articles 637 et 638 du Code d'instruction criminelle, selon que les faits relevés contre les auteurs de l'attroupement constituent des délits ou des crimes. L'application de cette prescription, qui était déjà admise sous l'empire de la loi de l'an IV (5), n'est plus douteuse en présence des termes du paragraphe 1er de l'article 106 ; les communes sont *civilement responsables*.

2125. Lorsque des attroupements, dit l'article 107, sont composés d'individus appartenant à plusieurs communes, leur présence engage la responsabilité de ces communes, et chacune d'elles est responsable des dégâts et des dommages. Il n'est donc pas douteux que cet article oblige les communes

---

(1) Morgand, t. II, p. 160.
(2) Cons. d'Ét. int. 30 avril 1823.
(3) Inst. min. int. au préfet de Maine-et-Loire, 1840.
(4) Cons. d'Ét. int. 6 août 1823.

(1) Cons. d'Ét. int. 20 juin 1823.
(2) Inst. et déc. relatif aux communes de Bolesta (Ariège), 1840; Bouguenais (Loire-Inférieure), 1845 ; Clermont-Ferrand et Aubières (Puy-de-Dôme), 1845.
(3) Cons. d'Ét. int. 12 août 1845 (commune de Montjean).
(4) Cons. d'Ét. int. 30 avril 1823: Cons d'Ét. int. 29 mai 1839.
(5) Angers, 13 juillet 1850, D. P. 50.2.109; Lyon, 4 avril 1851, D. P. 52.2.34 ; Cass. 28 février 1855, D. P. 55.1.343 Cass. 6 mars 1855, D. P. 55.1.84.

à répartir entre elles le montant des condamnations prononcées en vertu de leur responsabilité ; mais on s'est demandé quelle influence il pouvait exercer sur les droits de la personne lésée. Il confère évidemment la faculté d'agir contre toutes les communes pour leur part et portion ; mais en résulte-t-il que l'action doive être nécessairement divisée, ou, au contraire, qu'elle puisse être formée, contre la commune sur le territoire de laquelle a eu lieu le rassemblement, sauf recours de cette commune contre les autres.

Il nous paraît qu'on doit écarter la première solution, qui aurait pour effet de contredire le but du législateur en donnant à la partie lésée une position d'autant plus fâcheuse, qu'un plus grand nombre de communes aurait pris part à l'émeute ; que, par conséquent, le danger aurait été plus grand et la sécurité plus compromise.

La seconde opinion nous paraît seule acceptable en présence des dispositions des articles 106, 107 et 108. L'article 106 donne un droit absolu à la partie lésée de poursuivre pour le tout la commune sur le territoire de laquelle s'est commis le dommage ; mais cette commune est aussi la seule qui ait à répondre à son action ; c'est elle qui devait le protéger, et l'article 108 fixe les cas où elle peut se soustraire à ses réclamations. La commune, dont le territoire a été le théâtre du désordre, est donc responsable en toute hypothèse, et responsable pour le tout. L'article 107 n'a pas modifié le droit ainsi établi ; il règle simplement la position respective des diverses communes entre elles, mais non la position de la seule commune que doive connaître la partie lésée vis-à-vis de cette partie. D'une part, la partie lésée ne peut se plaindre puisqu'elle n'est pas ainsi obligée à diviser son action ; d'autre part, elle ne saurait trouver mauvais d'être contrainte à assigner, en premier lieu, la commune principalement coupable, puisque ce mode d'action est conforme à celui qui est généralement adopté en matière pénale et d'après lequel toute action criminelle doit être engagée d'abord contre l'auteur principal du fait.

Telle était la doctrine de la Cour de cassation sous l'empire de la loi de 1834 ; il ne nous semble pas qu'elle doive être modifiée (1).

2126. Sous l'empire de la loi de l'an IV, c'était une question fort controversée de savoir sur quelles bases devait se faire la contribution ou la répartition de la responsabilité entre les communes intéressées. Les devait-on faire d'après le nombre des habitants de chaque commune (2), d'après celui des délinquants (3), d'après le prorata des contributions directes de chacun (4), — par parties égales (5), d'après la faute de chacun (6) ? Toutes ces opinions avaient réuni des partisans et avaient reçu la consécration de jugements. La loi de 1884 a mis fin à ces controverses en chargeant le juge de l'action de fixer lui-même et, d'après sa conscience, cette part contributive. Aucune règle légale n'est établie. Le juge se prononcera d'après les faits de chaque affaire, les fautes de chaque commune, et les conséquences qu'elles ont pu avoir.

2127. Lorsqu'une condamnation en dommages-intérêts est intervenue qui frappe plusieurs communes, doit-on la considérer comme engageant solidairement toutes les communes, si le jugement a été rendu par un tribunal criminel ? Et le juge doit-il et peut-il la prononcer si l'instance est civile ? Cette question a donné lieu, sous l'empire de la loi de l'an IV, à d'assez grosses difficultés. La loi s'exprimait ainsi au titre 4 :

« Art. 1er. Chaque commune est responsable des délits... ainsi que des dommages-intérêts ;

Art. 3. Si les attroupements ou rassemblements ont été formés par plusieurs communes, toutes seront responsables des délits qu'ils auront commis, et contribuables tant à la réparation et dommages-intérêts qu'au payement de l'amende. »

La solidarité n'était pas expressément prévue, et l'on pensait que la loi de l'an IV constituait une législation à part, devant se suffire à elle-même et que l'on a appelé, à plusieurs reprises, le code de la responsabilité communale.

Dans ces conditions, et après des hésitations, la jurisprudence avait fini par admettre qu'il devait y avoir condamnation solidaire contre toutes les communes intéressées (1).

Mais les articles 106 et 107 ne sont pas la reproduction des articles 1er et 3 cités plus haut. À la responsabilité pénale et civile de la loi de l'an IV, ils ont substitué une simple responsabilité civile et l'article 107 est ainsi rédigé :

« Si les attroupements ont été formés d'habitants de plusieurs communes, chacune d'elles est responsable des dégâts et dommages dans la proportion qui sera fixée par les tribunaux. »

On peut dire, d'un côté, que du moment que la loi de 1884 a établi à l'encontre des communes la responsabilité civile ordinaire, on doit en appliquer les règles et les principes. Or, il est constant, en droit ordinaire, que la solidarité qui pèse sur tous les auteurs et complices d'un même crime ou délit, frappe également tous les civilement responsables, en ce qui concerne les dommages-intérêts et les frais (2).

Mais on peut répondre, d'un autre côté, que tout en édictant la responsabilité civile des communes, l'article 107 a eu soin de dire que chacune n'est responsable que dans la proportion fixée par les tribunaux.

La controverse renaît donc sous l'empire de la loi nouvelle, par suite des termes mêmes qui ont été employés. Lors de la discussion devant la Chambre des députés et le Sénat, la question semble ne pas avoir été aperçue ; en tout cas, elle n'a pas été résolue ; on voit cependant qu'elle est délicate, et que les deux opinions ont leur raison d'être.

Quant à nous, nous estimons que les communes doivent être considérées comme solidaires, s'il y a eu condamnation par un tribunal criminel, et peuvent être solidairement condamnées, s'il y a jugement civil. Il importe de bien pénétrer, en effet, la pensée du législateur lorsqu'il a rédigé les articles 106 et 107 : il voulait maintenir le principe de la responsabilité des communes établi par les décrets de la Révolution, mais en le dégageant des dispositions draconiennes et exorbitantes du droit commun qu'ils avaient édictées. Sa volonté a été, dans la mesure du possible, d'assimiler la responsabilité communale à celle du maître ou du père de famille. Il a donc formulé le principe dans l'article 106 en proclamant la commune civilement responsable. Toutes les conséquences de la responsabilité civile s'appliquent donc, et notamment celle qui veut que lorsqu'il y a plusieurs responsables civils du même fait, ils supportent solidairement la condamnation aux réparations civiles.

Quant à la disposition de l'article 107, elle ne constitue qu'une suite et qu'une application de celle du paragraphe 2 de l'article 106. Ce paragraphe répartit entre tous les domiciliés, les dommages-intérêts qu'une commune doit payer à la victime du crime ou du délit, indivisément à l'égard du demandeur ; l'article 107 répartit ces mêmes dommages-intérêts arbitrés entre les communes responsables. Seulement au lieu d'attribuer compétence pour cette répartition à l'autorité administrative, elle fait faire la distribution par la juridiction civile qui prononce la condamnation ; et veut que celle-ci fixe la part de chacune des communes. En cas de silence de la loi, chacune, en effet, eût été tenue pour une part égale, quelle que fût sa richesse et quel que fût le nombre de ses habitants.

---

(1) En ce sens, Rendu, n° 62 ; Cass. Req. 17 juillet 1838. — La Cour, sur le premier moyen tiré de la fausse application de la loi du 10 vendémiaire an IV ; — Attendu qu'il résulte des faits constatés par l'arrêt attaqué, que l'attroupement qui a causé les dégâts dont la réparation a été prononcée, s'était formé sur la commune de Belesta ; — Que cet attroupement, bien loin d'être dirigé contre le gouvernement ou les autorités établies par lui, n'avait eu pour objet qu'une vengeance personnelle, et que rien ne constatant que la commune de Belesta eût fait ce qu'il était en son pouvoir pour en prévenir les effets, la loi du 10 vendémiaire an IV a été justement appliquée. — Rejet.
(2) Toulouse, 1er août 1835.
(3) Lyon, 5 juillet 1850 ; Cass. civ. 14 janvier 1852.
(4) Orléans, 9 août 1850 ; Orléans, 14 août 1851.
(5) Cons. d'Ét. int. 28 septembre 1821 ; Cass. civ. 5 mars 1839.
(6) Riom, 14 juin 1843.

(1) Cass. civ. 5 mars 1839 ; Riom, 14 juin 1843 ; Orléans, 9 août 1850 ; — En sens contraire, Toulouse, 1er août 1835 ; Cass. Req, 17 juillet 1838.
(2) Dalloz, Rep., v° RESPONSABILITÉ, n° 637.

Ce qui prouve que le législateur dans l'article 107 n'a voulu que fixer une règle de répartition des dommages, règle applicable seulement aux rapports des communes entre elles, c'est que le projet primitif déterminait la part de chacune proportionnellement au nombre des habitants ; ce fut sur la proposition de M. Bernard (du Doubs), qui fit remarquer que ce procédé pouvait consacrer des injustices, que l'on remplaça par l'appréciation judiciaire la proportionnalité numérique. Des droits de la victime, des obligations créées envers elle par la décision des juges, de la nécessité de l'indemniser intégralement, il ne fut pas question ; tous ces points ont paru tranchés par l'adoption du principe de responsabilité civile admis dans l'article 106.

2128. Si des habitants, d'une ou de plusieurs communes, sans se livrer à aucun désordre sur leur propre territoire, commettent des dégâts sur le territoire d'une commune voisine, celle-ci pourra-t-elle échapper à toute condamnation en prouvant qu'aucun de ses habitants n'a pris part à l'attroupement ? Nous ne le pensons pas. L'article 108 fixe les seuls cas où l'on doive considérer les communes comme irresponsables et celui-ci n'y est pas mentionné. La commune devra donc être condamnée, mais les tribunaux devront aussi tenir compte, dans l'appréciation de la part d'indemnité à arbitrer à la charge de chacune, que la commune ainsi envahie par un concert extérieur n'a pu prévenir la formation sur son territoire de rassemblements séditieux (1).

2129. Si la commune sur le territoire de laquelle des attroupements se sont formés et ont commis des dégâts, a seule souffert un préjudice, peut-elle recourir contre les communes voisines dont les habitants auraient participé aux actes séditieux ? Un arrêt de la Cour de Riom du 19 décembre 1843 (2) s'est prononcé pour la négative par ce motif que l'auteur d'un fait dommageable n'est pas recevable à agir contre ses complices. Mais cette décision nous paraît trop absolue, et nous ne saurions l'admettre qu'au cas où la commune victime, par son inaction personnelle, se serait elle-même mise en faute. Mais si la municipalité de la commune envahie a résisté et fait tout ce qui dépendait d'elle pour prévenir et arrêter l'émeute, elle se trouverait dans le cas de tiers victime des faits d'un rassemblement tumultueux.

2130. Que doit-on entendre, dans le sens de l'article 107, par habitants de la commune ? Ce sont tous ceux qui résident sur le territoire, qui y vivent et y exercent leur profession ; il n'est pas nécessaire que l'on soit *domicilié ;* les articles 106 à 109 sont une loi de police et de sûreté qui oblige tous ceux qui habitent même momentanément le territoire communal, et qui impose à l'autorité municipale le devoir de les surveiller. La simple résidence dans un hôtel garni, suffirait donc pour engager la responsabilité municipale (3).

2131. Mais la règle qui fait dépendre la qualité d'habitant du seul fait de la résidence sur le territoire, doit cependant

recevoir une exception que la jurisprudence a admise. Les militaires en garnison dans une commune sont considérés comme lui étant étrangers, et par conséquent, les désordres dont ils auraient été les auteurs n'engageraient pas la commune si les faits se sont accomplis sur le territoire d'un autre commune ; soumis à l'autorité de leurs chefs, ne participant ni aux charges, ni aux bénéfices de la commune, celle-ci est sans action à leur égard (1).

2132. La loi de l'an IV ne prévoyait qu'un cas où la responsabilité des communes n'était pas encourue ; il fallait que les rassemblements fussent composés d'individus étrangers à la commune sur le territoire de laquelle les délits avaient été commis et que la commune eût pris toutes les mesures qui étaient en son pouvoir à l'effet de les prévenir et d'en faire connaître les auteurs.

La nécessité de la coexistence de ces deux conditions rendait la loi évidemment injuste. En effet, la responsabilité de la commune n'en existait pas moins, dans le cas où ses administrateurs avaient fait tout ce qui était en leur pouvoir, si un seul individu de la commune avait pris part aux troubles occasionnés, du reste, par des gens étrangers à la localité. Or cette preuve était difficile à faire, presque impossible.

La loi de 1884, article 108, a fait disparaître la nécessité de cette preuve ; désormais une commune pourra être déclarée irresponsable si elle peut prouver que toutes les mesures qui étaient en son pouvoir ont été prises à l'effet de prévenir les rassemblements ou attroupements, et d'en faire connaître les auteurs. La présence ou l'absence d'habitants de la commune est devenue chose légalement, sinon moralement, indifférente.

2133. Le paragraphe 1er de l'article 108 s'applique à toutes les communes, aussi bien celles sur le territoire desquelles les dégâts et dommages ont été commis, que celles qui ont vu se former les rassemblements ou attroupements, que celles dont des habitants ont pris part à la sédition.

2134. La question de savoir si la municipalité a fait tout ce qui était en son pouvoir pour prévenir les rassemblements est une question de fait, abandonnée d'elle aux tribunaux. Mais nous croyons que ceux-ci doivent exiger des municipalités la preuve que les maires et les fonctionnaires municipaux ont réellement *agi* pour prévenir le rassemblement; qu'ils ont employé non seulement les moyens moraux, mais qu'ils ont fait appel à la force armée et donné de leur personne. La tolérance et la condescendance des autorités municipales peuvent être souvent des causes directes de responsabilité. Et on ne saurait admettre que l'impossibilité même de réussir dans leurs efforts puissent les détourner de remplir leurs devoirs rigoureux (2).

2135. Sous l'empire de la loi de l'an IV plusieurs arrêts ont décidé qu'une commune n'était responsable des désordres commis dans son sein, au préjudice d'un de ses habitants, qu'autant que, pouvant agir pour prévenir les désordres, elle est restée dans l'inaction; mais que sa responsabilité est à couvert toutes les fois qu'elle s'est trouvée placée dans des circonstances telles que le pouvoir municipal a été paralysé dans son action, et notamment lorsqu'il est constant que la désorganisation la plus complète avait détruit tous les liens sociaux, que les lois y étaient sans force et les magistrats sans autorité, que, au moment où la maison d'un habitant a été pillée par un attroupement séditieux, la municipalité qui devait remplacer l'ancienne n'était pas encore reconstituée et s'il n'existait réellement aucune autorité investie de la

---

(1) Voyez, en ce sens, les arrêts divers rendus sous l'empire de la loi de l'an IV et notamment : Cass. civ. 24 juillet 1837 ; Cass. civ, 5 mai 1839 ; Orléans, 9 août 1851.

(2) Riom, 19 décembre 1843.

(3) Orléans, 30 juin 1849. — La Cour, En ce qui touche l'excuse dont se prévaut la commune de Sucy-aux-Bois, — Considérant, d'une part, qu'en admettant que le maire et le conseil municipal aient fait tous leurs efforts pour prévenir le pillage du 17 mars, il n'apparaît pas que les habitants, appelés sur les lieux par le tocsin de l'émeute, aient rien fait pour empêcher ce pillage, auquel un grand nombre d'entre eux ont pris part, qu'aucune démonstration, même désapprobative, de ce qui se passait, n'est émanée d'aucun d'eux ; — Que, par ce mot habitants, il faut entendre tous ceux qui, de fait, prennent leur vie et exercent leur profession dans l'enceinte de la commune, qu'il soit besoin de recherche s'ils ont rempli les formalités nécessaires pour y acquérir un domicile légal, les lois de police et de sûreté obligeant tous ceux qui habitent le territoire ; — Considérant, d'autre part, que si des personnes étrangères à la commune ont pris une part quelconque au pillage, il est constant que le plus grand nombre des pillards appartenait à la commune de Sucy-aux-Bois, que cela résulte de l'instruction criminelle dirigée contre quelques-uns de ceux-ci, que l'article 4 du titre V de la loi du 10 vendémiaire an IV autorise le recours à ladite procédure et dispense d'une enquête qui ferait double emploi, bien que le verdict d'acquittement doive rester sans influence sur la partie civile, n'ayant décidé qu'une chose, à savoir qu'aucune criminalité n'était imputable aux accusés.

(1) Aix, 2 juin 1832; Nîmes, 3 août 1837. Voy. *infra*, no 2137.
(2) Aix, 15 novembre 1853. — La Cour, Considérant enfin qu'il ne s'agit pas de savoir au procès, comme semblent l'avoir exclusivement recherché les premiers juges, si les habitants de Saint-Étienne pouvaient résister à l'insurrection générale qui avait éclaté dans le département, mais bien examiner s'ils ne pouvaient rien faire pour prévenir ou empêcher la dévastation de la maison Tardieu ; — Que cette question unique est suffisamment résolue par les motifs précédents ; — Qu'il y a donc lieu d'admettre en principe la demande de Tardieu; met l'appellation et ce dont est appel au néant; émendant, déclare la commune de Saint-Étienne-les-Orgues responsable.

force nécessaire pour faire respecter les lois, les personnes et les autorités (1).

Cette jurisprudence nous paraît absolument contraire au texte et à l'esprit de la loi ; elle s'explique, en partie, par la date à laquelle sont intervenus une partie des arrêts, l'organisation du pouvoir municipal dépendant alors du gouvernement ; mais elle ne saurait être admise sous l'empire de la loi de 1884. L'autorité n'est et ne doit être jamais désorganisée, et quelles que soient les circonstances, il ne peut jamais y avoir vacance de pouvoir. Cette vacance se produirait-elle, en fait, par suite d'événements exceptionnels, la responsabilité communale n'en devrait pas moins subsister ; elle a été établie, en effet, non pour contraindre les autorités municipales à agir, mais, en menaçant les habitants personnellement, afin de les détourner d'une participation active à des attentats commis avec violence, d'assurer leur obéissance et leur concours aux mesures ordonnées par l'autorité, et de les rappeler, dans l'absence ou l'inaction de cette autorité elle-même, à réunir leurs efforts pour prévenir le mal et en arrêter le cours (2).

2136. L'article 108 ne se borne pas à enjoindre à la commune, en termes généraux, de résister à l'émeute, il lui impose l'obligation de prendre toutes les mesures en son pouvoir à l'effet de prévenir les attroupements et d'en faire connaître les auteurs. Ce sont deux prescriptions d'intérêt différant par leur principe et leur but. La première tend à empêcher que le désordre ne se produise et pourvoit à la sécurité des habitants ; la seconde a pour but d'assurer la punition des coupables ; l'une est prise dans l'intérêt spécial de la commune, l'autre, dans celui de l'ordre public. La jurisprudence s'est d'ailleurs accordée pour reconnaître la nécessité de ces deux conditions comme préalables de l'irresponsabilité de la commune (3).

2137. Les termes dans lesquels l'article 108 formule la première de ces deux dispositions pourrait faire naître la question de savoir, si, en n'imposant que des mesures pour *prévenir* les rassemblements, la commune doit se contenter de justifier qu'elle a pris des mesures préventives, et n'ayant pu prévenir les rassemblements, elle n'est pas tenue de les combattre. Ce serait donner aux termes employés une valeur qu'ils n'ont pas. La loi s'est inspirée de ce principe qu'une commune doit être responsable de tous les dommages qu'elle aurait pu empêcher : elle a voulu établir le devoir des autorités municipales était de ne pas laisser naître les émeutes ; mais, si celles-ci ont éclaté, son devoir est d'empêcher des manifestations coupables. C'est d'ailleurs, en ce sens que la jurisprudence avait interprété les dispositions absolument identiques de la loi de l'an IV (1).

On ne saurait donc admettre qu'une municipalité se trouve déchargée de toute obligation, parce que, surprise par une émeute, elle n'aurait pu se mettre en mesure de la prévenir et d'en arrêter le cours avant l'accomplissement d'actes délictueux (2).

2138. Outre que la commune doit faire tout ce qui est en son pouvoir pour prévenir ou dissiper les rassemblements, elle doit prendre toutes mesures à l'effet d'en faire connaître

---

(1) En ce sens, Rendu, n° 35 ; Cass. civ. 5 décembre 1822 ; Cass. civ. 27 juin 1822 ; Cass. civ. 11 mai 1836.

(2) Cass. civ., Belgique, 13 juillet 1832. — La Cour, Sur les moyens de cassation consistant dans un excès de pouvoir, dans la violation de la maxime : « cessante legis ratione cessat lex », et dans la violation et la fausse application de l'article unique du titre Ier, des articles 1, 3, 4, 5, 6 et 8, titre IV et Ier titre V, loi du 10 vendémiaire an IV ; Considérant que l'arrêt attaqué a reconnu, en fait, que le pillage de la maison du défendeur, à Bruges, avait été commis par des individus habitant cette commune, et, en droit, a déclaré non admissible la preuve des faits posés par la demanderesse pour établir que la ville de Bruges se trouvait à l'époque dans un état d'anarchie... complète ; — Considérant qu'aucune des dispositions de la loi du 10 vendémiaire an IV, invoquées par la demanderesse, ne fait cesser, dans le cas dont elle prétendait vérifier l'existence, la responsabilité imposée aux communes ; qu'il est, en conséquence, évident que l'arrêt dénoncé n'a pu violer le texte de ces dispositions par la non-admission de la preuve offerte ; — Considérant que le but de cette loi se révèle par la nature des circonstances qui l'ont provoquée et par l'ensemble des dispositions qu'elle renferme en menaçant d'une grave responsabilité tous les habitants de la commune, a été tout à la fois de les détourner d'une participation active et de toute excitation secrète aux attentats qu'il punit, d'assurer leur prompte obéissance et leur concours efficace aux mesures ordonnées pour la répression des excès, et de les rappeler dans l'absence ou l'inaction de l'autorité ordinaire à user de toute leur influence et à réunir leurs emploi des moyens qu'autorise la nécessité d'une légitime défense tous leurs efforts pour prévenir le mal ou en arrêter le cours ; — Considérant qu'il résulte de là que l'arrêt attaqué n'a pas méconnu l'esprit de la loi du 10 vendémiaire an IV n'a pas commis un excès de pouvoir en reconnaissant qu'elle était applicable à l'espèce, sans égard à la circonstance particulière alléguée par la ville de Bruges, qu'il suit donc de tout ce qui précède que les premiers moyens de cassation ne sont pas fondés.

(3) Metz, 5 juin 1833 ; Nimes, 3 août 1837 (voy. *infra* n° 2137) ; Cass. Ch. réun. 15 mai 1841. — En ce qui touche le moyen de cassation tiré de la fausse application spéciale de l'article 5, titre IV, de ladite loi du 10 vendémiaire an IV ; — Attendu que c'est en conformité de ce principe général du droit, que l'article 5, titre Ier, de la loi du 10 vendémiaire an IV a été rédigé ; — que le même principe se trouve reproduit dans l'article Ier ; — (qu'il n'est nullement contredit par les dispositions de l'article Ier, qui ne fait qu'établir en principe la responsabilité civile des communes, sauf les modifications que cette règle peut subir dans son application en certains cas, et qui sont déterminées par les articles suivants ; — Attendu qu'il résulte desdits articles 5, 8, de la loi précitée, que la commune qui prouve qu'elle a pris toutes les mesures qui étaient en son pouvoir à l'effet de prévenir et de dissiper les rassemblements séditieux formés sur son territoire et d'en faire connaître les auteurs, demeure déchargée de toute responsabilité à raison des dommages causés par ces rassemblements, soit que ceux qui en avaient fait partie fussent tous étrangers à ladite commune, soit qu'il s'y fût trouvé un certain nombre d'habitants de cette commune ; — Attendu que cette interprétation, conforme aux principes du droit commun et aux dispositions

des lois ultérieures est parfaitement justifiée par le sens grammatical des articles 5 et 8 du titre 4 de la loi du 18 vendémiaire an IV ; — Attendu qu'elle n'est pas moins conforme à l'esprit de cette loi ; qu'en effet, ce serait en méconnaître le but que de rendre une commune responsable de cela de la présence de quelques-uns de ses habitants dans un rassemblement séditieux formé sur son territoire, lorsque d'ailleurs ses officiers municipaux, secondés par la majorité desdits habitants, auraient pris toutes les mesures qui étaient en leur pouvoir pour prévenir ou dissiper ce rassemblement et pour en faire connaître les auteurs, puisqu'avec ce système, la majorité des habitants serait sans intérêt à dissiper ou réprimer les attroupements ; d'où il suit qu'en décidant le contraire, et en soumettant à la responsabilité civile établie par la loi du 10 vendémiaire an IV, une commune qui aurait appliqué, selon sa puissance, les devoirs que cette loi lui impose... — Casse.

(1) Cass. civ., 27 juillet 1837 ; Cass. civ., 15 mai 1841 (voy. *supra*).

(2) Nimes, 3 août 1837. — La Cour, Attendu que la loi du 10 vendémiaire an IV, n'a point été abrogée, et que ses dispositions sont journellement appliquées par les cours et les tribunaux ; — Attendu qu'il est constant, dans l'espèce, que les dégâts et dégradations ont eu lieu à Uzès, dans le café de Bosne, dans la soirée du 31 juillet 1831, et qu'ils ont été commis par un attroupement ou rassemblement à force ouverte ; — Qu'aux termes de l'article Ier, titre 4, de la loi précitée, la commune d'Uzès doit en être déclarée responsable, à moins qu'elle ne justifie qu'elle est dans des cas d'exception prévus par la loi ; — Que valablement allègue-t-elle que le rassemblement s'est formé spontanément et que les dégâts ont immédiatement suivis, de sorte que l'autorité n'a pu ni les prévenir, ni les empêcher ; — Que ce fait, fut-il considéré comme établi, n'est pas dans la classe de ceux qui pourraient mettre obstacle à l'action en dommages ; qu'il en est de même de cette circonstance, relevée par M. le maire d'Uzès, que le délit dont se plaint Bosne aurait été provoqué par les imprudences de ceux qui fréquentent son café ; — Que ces faits, étrangers à Bosne, ne sauraient lui être imputés à l'effet de faire repousser son action ; — Que le maire d'Uzès élève une exception plus sérieuse, en prétendant et au besoin en demandant à prouver : 1° que l'attroupement qui a commis ce délit était exclusivement composé de militaires, lesquels doivent être considérés comme étrangers à la commune, 2° que la commune d'Uzès avait pris toutes les mesures qui étaient en son pouvoir pour prévenir le délit et pour en faire connaître les auteurs ; — Attendu, en droit, relativement à cette exception, que les militaires d'une garnison ne peuvent être considérés comme habitants de la ville ; — Qu'en effet, ils ne contribuent ni aux charges ni aux bénéfices de la communauté ; — Qu'étant soumis à l'autorité de leurs chefs, l'administration reste dépourvue à leur égard des moyens d'action et d'influence qu'elle possède envers les membres de la cité ; — Que la lettre et l'esprit de la loi repoussent donc toute assimilation qu'on voudrait établir entre eux, d'où il suit que les militaires doivent être considérés comme étrangers à la commune, et que l'exception de M. le maire d'Uzès serait fondée sur ce chef, si, d'ailleurs, il parvenait à établir que l'attroupement était exclusivement composé de militaires ; — Attendu en fait, que l'instruction criminelle et les autres pièces du procès offrent à cet égard quelques éléments de conviction, ils sont insuffisants pour la déterminer complètement, et qu'il y a lieu d'ordonner une preuve à cet effet ; — Attendu que cette preuve une fois faite, l'exception, pour repousser la demande, ne saurait être complétée qu'en établissant que la commune n'a pas pris toutes les précautions convenables pour empêcher le délit et en faire connaître les auteurs ; — Que cette double preuve, formant l'exception de la commune, aux termes de l'article 5 du titre IV de la loi du 10 vendémiaire an IV, doit être nécessairement mise à sa charge ; — Admet M. le maire d'Uzès à prouver tant par actes que par témoins, 1° que l'attroupement auteur des dégâts commis chez Bosne dans la soirée du 31 juillet 1831, était exclusivement composé de militaires ; 2° que la commune d'Uzès avait pris toutes les mesures qui étaient en son pouvoir pour empêcher le délit et en faire connaître les auteurs.

les auteurs. Cela ne veut pas dire qu'elle est tenue de les dénoncer, et que faute de donner leurs noms, elle est responsable, eût-elle tenté tout ce qu'elle pouvait pour le maintien ou le rétablissement de l'ordre, mais seulement qu'elle doit faire son possible pour les faire connaître. Cette recherche est souvent difficile, et l'on ne peut exiger du maire que de la faire, avec conscience, l'enquête à laquelle l'oblige son double devoir de représentant des intérêts communaux et d'auxiliaire du ministère public.

2139. La provocation de la personne qui a subi le dommage décharge-t-elle la commune de toute responsabilité ? Non. La loi a déterminé limitativement les cas dans lesquels la provocation était une cause d'excuse: en dehors de ces cas, la provocation peut être un motif d'atténuation de la peine, mais elle n'en est pas un de la responsabilité civile (1).

2140. La loi de l'an iv n'avait excepté de sa prescription aucune commune : cependant, la Cour de cassation, après des débats mémorables avait admis que la Ville de Paris échappait à la responsabilité générale par ce motif péremptoire que le soin de la police et de la sûreté générale n'était pas placée entre les mains de la municipalité (2), mais était confié au gouvernement. L'article 108 a donné à cette doctrine une consécration formelle, mais en l'étendant à toutes les communes où la municipalité n'a pas la disposition de la police locale, ni de la force armée. En fait, cette exception ne pourrait s'appliquer, en temps normal, qu'aux villes de Paris et de Lyon; mais elle permettrait aux tribunaux de l'étendre, selon les circonstances, à toutes les villes où, l'état de siège étant proclamé, le soin de la police publique passerait aux mains des autorités militaires.

2141. Les articles 106 à 109 ne s'appliquent pas, par une interprétation pratique de la loi, avons-nous dit, aux communes en cas de guerre civile; ils ne s'appliquent pas non plus, par une disposition formelle de l'article 198, en cas de guerre régulière étrangère.

2142. La loi du 10 vendémiaire an iv accordait aux habitants de la commune qui avaient payé leur part dans la contribution générale une action récursoire contre les auteurs et complices des délits, sous la condition de n'y avoir pris eux-mêmes aucune part; c'était une action purement personnelle qui ne pouvait pas être exercée par la commune (3).

L'article 109 de la loi de 1884 a modifié le caractère général de cette action ; il a accordé un droit récursoire à la commune elle-même déclarée responsable. La commune, bien entendu, n'a pas d'autres preuves à faire que celle de la participation aux crimes et délits des individus contre lesquels elle recourt.

2143. La loi de 1884, en donnant ce droit à la commune responsable, a-t elle entendu supprimer le droit personnel des contribuables d'agir contre les coupables ? La question nous paraît devoir être résolue selon les distinctions. Si la commune engage l'action, les contribuables sont sans qualité, cela est évident. Si la commune n'exerce pas son recours, ils peuvent, en conformité de l'article 123 de la loi de 1884 (voy. nᵒˢ 2963 et s.), appeler à délibérer sur l'opportunité d'une instance le conseil municipal, et, au cas de refus ou de négligence, faire eux-mêmes le procès.

2144. Peuvent-ils, sans mettre en cause la commune, agir directement contre les auteurs et complices connus des crimes et délits, afin d'obtenir personnellement la réparation du préjudice qu'ils ont éprouvé par suite de leur imposition spéciale ? M. Morgand croit qu'ils ont cette faculté, sinon en vertu de l'article 109, du moins en vertu des principes généraux du droit civil. Nous ne partageons pas cette opinion. La loi commune ouvre une action à tous ceux qui ont subi un dommage direct par suite d'un crime ou d'un délit contre les coupables et contre ceux qui sont civilement responsables de ces derniers. A ce titre, les victimes des dommages résultant des actes séditieux ont formulé leur demande en indemnité contre la commune responsable, et le tribunal l'a condamnée. L'action civile résultant de faits criminels est donc épuisée. Quelle est l'action qui subsiste ? Celle seulement de la commune civilement responsable contre les individus qui ont engagé sa responsabilité, c'est-à-dire contre les auteurs et complices de désordre. Cette action, la loi de 1884 en réserve expressément et seulement l'exercice à la commune agissant directement ou aux habitants de la commune agissant, en vertu des dispositions de l'article 123, comme représentants de la commune.

A quel titre les habitants, en leur nom personnel, poursuivraient-ils les auteurs ou complices du désordre ? Comme victimes des actes commis par ces derniers. Ils n'en ont pas souffert directement. Comme créanciers de la commune, en vertu de l'article 1166 ? Ils ont été débiteurs de la commune, mais non ses créanciers. Comme créanciers des auteurs ou complices, parce qu'ils ont payé la dette personnelle à ceux-ci et par subrogation en vertu du paragraphe 3 de l'article 1251 Code civil ? Mais s'ils ont soldé l'indemnité mise à la charge de la commune, ce n'est pas comme étant tenus aux lesdits auteurs ou complices de la dette de ceux-ci, mais comme responsables de leur propre faute à raison du choix imprudent qu'ils ont fait eux-mêmes en élisant des administrateurs municipaux incapables ? Est-ce enfin en vertu de l'article 1382 comme ayant subi un préjudice indirect par les faits ou la faute des auteurs des délits ? Mais le préjudice qu'ils ont éprouvé vient non des faits de ces derniers, mais du fait ou de la faute des administrateurs de la commune, car le fait des auteurs des délits n'aurait entraîné aucune condamnation contre la commune ,si les administrateurs, remplissant leur devoir public, avaient pris toutes les mesures en leur pouvoir ?

La loi de l'an iv avait, sans doute, accordé une action aux contribuables innocents, mais un texte précis et formel l'avait établie, et, en même temps, avaient refusé toute faculté à la commune. La loi de 1884 n'a pas maintenu la règle antérieure.

2145. Une commune pourrait-elle transiger avec la partie lésée ? Un avis des comités réunis de l'intérieur et de la justice, du 20 septembre 1821, penchait pour l'affirmative. Tel est aussi le sens d'une correspondance du garde des sceaux de la même époque et des instructions du ministre du commerce, adressées, le 5 juin 1831, au préfet de la Gironde, au sujet de la ville de *Bordeaux*. Des transactions de cette nature ont été autorisées dans les affaires des communes de *Château-Thierry* (Aisne) et de *Beaulieu* (Loire). Dans la première, on a transigé pour arrêter les poursuites ; dans la seconde, les jugements étaient prononcés depuis longtemps. Dans toutes deux, les ordonnances ont autorisé en même temps les communes à vendre des biens communaux pour acquitter les sommes arbitrées. Une pareille dérogation aux règles proclamées dans les avis antérieurs du comité de l'intérieur et du Conseil d'Etat, cités plus haut, en ce qui concerne l'obligation des domiciliés et la vente des biens communaux, nous semble contraire à l'esprit de la loi qui veut surtout punir les habitants, et non pas le corps de la communauté. La faculté de transiger peut, sans doute, être accordée à l'administration municipale, puisqu'elle représente la commune et qu'elle intervient en cette qualité dans l'instance engagée. Mais nous pensons que le mode de libération devrait rester le même, sauf, peut-être, que l'avance des sommes pourrait être faite au moyen des fonds libres dans la caisse municipale, mais à la condition de les y rétablir avec le produit du recouvrement de l'imposition spéciale sur les domiciliés.

2146. Une commune pourrait-elle introduire un recours contre le maire qui, par sa négligence, a laissé se produire une sédition qu'il eût pu empêcher ? La question a été examinée devant le Sénat et n'a point reçu de solution ; elle n'en pouvait recevoir. La responsabilité du maire, fonctionnaire municipal, peut être engagée par ses actes, si ceux-ci pré-

---

(1) Bordeaux, 22 août 1839. (Voy. *supra* nᵒ 2109.)
(2) Cass. civ., 6 avril 1836; Ch. réun., 15 mai 1841; Cass. civ., 10 août 1869, D. P. 70.1.193; Cass. civ., 1 mai 1881, D. P. 81.1.471.
(3) Orléans, 9 août 1850, D. P. 52.1.138; Cass. req. 17 février 1852, D. P. 52.1.158.

sentent un caractère de faute lourde, ainsi que nous l'avons déjà vu n° 758 et s., mais ce n'est point particulièrement quand il y a lieu d'appliquer les articles 106 à 109, c'est en toute matière de gestion administrative communale : à cet égard, chaque espèce porte avec elle les conditions de faits qu'il y a lieu d'examiner.

2147. Les communes constituant des établissements publics, et jouissant à ce titre de la personnalité civile, sont susceptibles des mêmes poursuites que les particuliers à raison des faits préjudiciables aux droits et intérêts des particuliers. Les dispositions du droit commun leur sont applicables, notamment celles des articles 1382 et suivants.

Mais il faut avoir bien soin de ne pas confondre en semblable matière les faits entraînant la responsabilité avec les décisions légales par lesquelles le maire, administrateur des biens de la commune, représentant de la puissance publique, officier public ou officier du ministère public peut froisser des intérêts privés. Ainsi de même qu'un particulier n'est pas responsable du dommage qu'il peut causer par l'exercice régulier de son droit, de même les municipalités ne répondent pas du tort que peuvent causer leurs décisions légalement prises.

2148. Les communes répondent aussi des actes de leurs préposés. Mais la difficulté est de savoir quand l'auteur du dommage peut être considéré comme préposé, dans le sens de l'article 1384, avec cette circonstance qu'il agit sous les ordres, sous la surveillance et sous la direction de la commune. Il n'y a point, en cette matière, une question juridique, il y a dans chaque affaire des questions de fait qui doivent être examinées selon les circonstances spéciales, les contrats intervenus et les actes accomplis. Nous ne saurions donner d'indications précises plus que nous ne saurions relever les espèces qui peuvent varier à l'infini. Nous avons présenté plus haut une nomenclature des agents communaux, cette nomenclature elle-même peut être étendue selon les usages et les besoins communaux. Les règles de la responsabilité sont d'ailleurs celles du droit civil ordinaire, dans l'étude desquelles nous n'avons pas à entrer, en ce traité, d'une façon particulière. Les commentaires spéciaux des articles 1382 et 1383 en apprendront plus à cet égard que ne pourrait le faire le relevé le plus complet des procès en responsabilité engagés, devant les tribunaux civils, contre des communes ou des agents municipaux.

2149. Les communes sont soumises aux règles ordinaires en matière de responsabilité. Mais comme elles ne peuvent accomplir les actes ordinaires de la vie civile que par l'intermédiaire de leurs représentants légaux, il en résulte que les règles qui leur sont applicables en cette matière ne sont point celles de la responsabilité directe édictée par l'article 1382 du Code civil, mais celles de la responsabilité du commettant à raison du dommage causé par son préposé, c'est-à-dire celles de l'article 1384, paragraphe 3 du Code civil, qui est ainsi conçu : « on est responsable non seulement du dommage que l'on cause par son propre fait, mais encore de celui qui serait causé par le fait des personnes dont on doit répondre, des choses que l'on a sous sa garde... » § 3. Le commettant est responsable du dommage causé par ses préposés dans les fonctions auxquelles il les a employés. »

2150. On sait qu'une des conditions de cette responsabilité est que le préposé ait été *librement* choisi par le commettant et qu'une autre est que le préposé ait commis le dommage dans la fonction à laquelle il est *employé par le commettant*. Ces deux conditions, quand il s'agit de la responsabilité communale doivent être relevées avec soin, car pour un certain nombre de cas, le choix du préposé peut avoir été imposé à la commune, c'est-à-dire au maire et au conseil municipal, par l'administration supérieure — il en est ainsi notamment des gardes forestiers communaux et de certains préposés d'octroi, et parce que les préposés communaux, outre les dommages qu'ils peuvent commettre hors de l'exercice de leurs fonctions, en peuvent occasionner dans les fonctions qu'ils remplissent, non pour le compte de la commune, mais pour celui de l'État ou du département. La remarque que nous venons de faire est d'autant plus importante que l'on doit con-

stater que la jurisprudence civile a une certaine propension à rendre les communes responsables de faits qu'elle ne mettrait pas à la charge de simples particuliers par application de l'article 1384 susvisé (1).

2151. Une première question assez importante s'est posée souvent dans la matière qui nous occupe. On s'est demandé si le maire, chef de la municipalité, était le préposé de la commune. Merlin a soutenu la négative. D'après lui la commune n'aurait sur lui ni la direction, ni la surveillance, que tout commettant doit pouvoir exercer sur son préposé ; elle ne peut lui donner d'instructions et assurer l'exécution prudente du mandat qu'elle lui a confié ; c'est à l'administration supérieure que ce rôle appartient.

Dans une autre opinion on soutient que la surveillance tutélaire de l'administration supérieure n'exclut pas la direction de contrôle que la commune exerce sur ses magistrats, soit par leur élection à des fonctions dont les attributions sont nettement déterminées, soit par l'intermédiaire du conseil municipal, sans l'autorisation duquel ils ne peuvent faire les actes d'administration.

La jurisprudence suit un système différent. Les décisions varient suivant la qualité en vertu de laquelle le maire a commis l'acte dommageable. S'il agit en qualité de représentant du pouvoir central ou d'officier de police judiciaire et d'officier public, la commune n'est pas responsable, car, dans cet ordre de fonctions, il ne la représente pas : mais si le maire est le mandataire de la collectivité municipale, ses actes engagent celle-ci.

2152. Les arrêtés et les mesures pris par le maire, comme fonctionnaire chargé de la police municipale engagent-ils la responsabilité de la commune ? On a soutenu, en ce sens, et soutenu avec raison, à notre avis, que dans ce cas le maire est un fonctionnaire public, placé sous la surveillance de l'autorité préfectorale et chargé des fonctions qui intéressent bien, il est vrai, la population communale qu'il représente, mais qui intéressent principalement l'ordre et la sécurité publics(2).

Mais la Cour de cassation a consacré la doctrine contraire. D'après les textes combinés des lois municipales du 14 décembre 1789, article 54, 24 août, 6 septembre 1790 et 5 avril 1884, article 97 (loi de 1837, art. 10), le maire en qualité de chef de l'association communale est chargé de la police et de l'administration municipales, non sous l'autorité, mais sous la simple surveillance de l'administration supérieure. Il est, à cet égard, moins le délégué du pouvoir central que le représentant de la commune (3). Il en résulte que celle-ci

---

(1) Voyez notamment un arrêt de la Cour d'Aix, du 24 février 1880 et un arrêt de la Chambre des requêtes de la Cour de cassation du 16 mars 1881 qui nous paraissent contenir une manifeste violation de l'article 1384.

Cass. Req. 16 mars 1881. — La Cour, Sur le moyen unique de cassation tiré tant de la fausse application de l'article 1384 du Code civil que de l'article 3 de la loi du 20 janvier 1874 et de la violation de l'article 23 de la loi du 24 juillet 1867 ; — Attendu qu'il est constaté par l'arrêt attaqué qu'au moment où il a commis le délit qui a motivé la condamnation prononcée contre lui par le tribunal correctionnel de Marseille, le sieur Tristany, gardien de la paix, était revêtu de son uniforme et dans l'exercice de ses fonctions ; — Attendu que la disposition de l'article 1384 du Code civil est générale et qu'il n'y est pas dérogé par les dispositions des lois relatives à l'organisation de la police ; — Attendu que les agents de police, qualifiés gardiens de la paix, sont principalement attachés au service de la police municipale, placée par la loi du 24 juillet 1867 dans les attributions des maires ; — Qu'ils sont nommés par le préfet du département sur une liste de candidats choisis par le maire, et qu'ils sont soumis à la surveillance et à l'autorité directe de ce fonctionnaire ; — Qu'ils sont ainsi, dans le sens de la loi, des préposés de la commune ; — D'où il suit qu'en déclarant la ville de Marseille civilement responsable du fait de l'agent de police Tristany, l'arrêt attaqué, loin de violer... — Rejette.

(2) Bordeaux, 18 mai 1841. — La Cour, Attendu que les communes ne sont responsables que des actes qui ont été faits par les maires lorsqu'ils agissent légalement et dans les limites de leurs attributions ; — Attendu que, dans l'ordre donné par le maire de Bordeaux de faire vendre les terreaux par appelants et d'en opérer le payement dans les mains d'un commissaire de police, il n'a pas agi au nom de la commune, mais comme magistrat de police chargé de veiller à la salubrité publique ; — Que, sous ce rapport, il est seulement moralement responsable et que l'action intentée contre la ville de Bordeaux est mal fondée.

(3) Cass. Req. 3 novembre 1885. — Sur le troisième moyen, violation de l'article 1384 du Code civil, en ce que la Cour d'Aix, faisant abstrac-

peut être rendue responsable des mesures prescrites par son maire. C'est en vertu de ces principes qu'il a été décidé que les mesures de police prises, au moment d'un incendie, en vue d'organiser les secours, engagent la responsabilité de la commune, lorsqu'il en résulte un dommage pour les propriétés autres que celles menacées par le feu (1).

2153. Mais il est certain qu'une commune doit, répondre de la négligence de son pouvoir municipal dans l'exécution des mesures qui se rapportent à la bonne administration de ses intérêts publics (2). Ainsi lorsqu'un individu s'est blessé en faisant une chute, pendant la nuit, dans une tranchée ouverte pour l'exécution d'un travail communal, la commune est responsable dans la mesure de la faute qui a été commise soit en négligeant d'éclairer la tranchée, soit en omettant de l'entourer d'une barrière (3).

De même il a été décidé qu'une commune était tenue du préjudice causé à des propriétés voisines par l'accumulation de vases et d'immondices dans des chemins communaux (4).

2154. Lorsqu'au lieu des intérêts publics, il s'agit des intérêts privés de la commune, la question ne saurait plus présenter aucunes difficultés. Dans ce cas, on peut dire qu'il n'y a point en présence une administration publique et un particulier lésé, mais deux intérêts privés : la personne civile communale et le particulier qui réclame. Lorsque le maire agit comme administrateur des biens de la commune et accomplit des actes de gestion dans son intérêt, ceux-ci engagent la responsabilité de la collectivité communale. Cette solution a été consacrée par de nombreux arrêts, soit dans le cas où le maire a exécuté une délibération du conseil municipal, soit dans celui où il n'a été ni autorisé, ni approuvé par le conseil (1).

2155. La même responsabilité incombe à la commune alors que le fait municipal a été précédé d'une délibération régulière du conseil soumise à l'approbation préalable du gouvernement, cette approbation donnant à la délibération la régularité administrative, mais ne légitimant l'exécution de fait, et n'étant jamais donnée que sous réserve implicite des droits des tiers. Par exemple, l'exécution de travaux communaux peut être pour la commune une cause de condamnation. Ainsi une commune est tenue de la réparation du préjudice occasionné à des propriétaires par des constructions élevées conformément à un plan d'alignement (2); — ainsi l'ouvrier qui, dans l'exécution d'un travail communal, a été blessé, sans imprudence de sa part, est fondé à réclamer des dommages-intérêts, si sa blessure est la conséquence d'une faute reprochable à l'autorité municipale (3).

2156. Dans quelques dispositions, la loi fait elle-même aux communes l'application expresse des règles générales : ainsi l'article 72, du Code forestier déclare les communes usagères responsables des condamnations pécuniaires qui pourraient être prononcées contre les pâtres du troupeau communal, tant pour les contraventions et délits relatifs aux droits d'usage et de pâturage que pour les délits forestiers commis par eux pendant le temps de leur service et dans les limites du parcours.

___

tion de la qualité de chef de la police municipale, en laquelle aurait, en tout cas, agi le maire de Marseille, en ordonnant la visite des arènes, mesure purement facultative, a déclaré qu'il suffisait que les hommes de l'art désignés par lui fussent des agents communaux pour que la responsabilité de la ville de Marseille dût être prononcée; — Attendu qu'il est constaté par l'arrêt attaqué que le délit, qui a motivé la condamnation de Paugoy et Larrengette par le tribunal correctionnel de Marseille, a été commis, en leur qualité de préposés communaux de la ville de Marseille, à cause de leurs fonctions, et à l'occasion d'une mission que leur avait conférée, à raison de leur qualité, le maire de cette ville ; — Que la disposition de l'article 1384 du Code civil est générale, qu'il n'y est pas dérogé par les dispositions des lois relatives à l'organisation de la police municipale, qu'il n'y a, dès lors, point à distinguer pour son application suivant la nature des actes et des fautes des préposés municipaux, dès qu'ils agissent en leur qualité, en vertu d'ordres qui leur sont régulièrement donnés par l'autorité municipale; — D'où il suit qu'en déclarant la ville de Marseille civilement responsable du fait de Paugoy et Larrengette, l'arrêt attaqué... — Rejette.

(1) Rouen, 23 mars 1864 ; Cass. civ. 15 janvier 1866, Cass. Req. 3 janvier 1883, Voy. supra, n° 1933.

(2) Aix, 4 mai 1874, D. P. 77.2.52

(3) Cass. Req. 17 février 1868. — La Cour, Sur le deuxième moyen, tiré de la violation et de la fausse application des articles 1382 et 1383 du Code Napoléon et des principes de la séparation des pouvoirs administratif et judiciaire; — Attendu qu'aux termes de l'arrêt attaqué, si l'accident dont Lebrun a été victime a été causé en partie par l'imprudence de Lebrun lui-même, il l'a été plus encore par la faute de la ville, qui avait négligé, soit d'éclairer pendant la nuit la tranchée, qu'elle faisait creuser pour l'établissement d'un chemin de ronde, soit d'y placer une barrière ; — D'où il suit qu'il a été fait à la ville, au profit dudit Lebrun, une juste application de l'article 1382 du Code Napoléon ; — Attendu, relativement à l'action récursoire exercée par la ville contre les entrepreneurs Oger et Maillot; — Que, pour repousser cette action, l'arrêt attaqué se fonde sur ce que la ville est déclarée responsable, non à raison d'un fait qui se rattache à l'exécution des travaux, mais à raison d'une faute qui lui est personnelle; — Que les entrepreneurs n'ont commis aucune infraction aux clauses du cahier des charges ; — Que de telles appréciations sont souveraines et justifient suffisamment la disposition de l'arrêt; — Attendu que vainement la ville objecte qu'elle avait traité à forfait avec les entrepreneurs pour en conclure qu'elle était déchargée de toute responsabilité; — Qu'en effet, le traité n'est pas produit, qu'il n'est ainsi nullement justifié que le traité ait eu lieu à forfait, le contraire semblant même résulter des termes des qualités et des motifs de l'arrêt, ce qui dispense d'examiner si, dans les circonstances particulières de la cause, le marché ayant même qu'il aurait été stipulé à forfait, eût pu exonérer la ville de toute responsabilité ; — Attendu que vainement aussi, la ville prétend rejeter la responsabilité du dommage sur la dame Delisle, acquéreur du sol du chemin déclassé, puisque la faute qui a été commise par celle-ci et qui a motivé sa condamnation à la portion de dommages-intérêts mise à sa charge, ne saurait empêcher qu'une faute plus grave n'ait pu être reprochée à la ville; — Attendu, enfin, que l'arrêt attaqué, en prononçant sur les questions qui lui étaient soumises, a statué sur des intérêts privés par application des principes du droit commun, et n'a, dès lors, nullement empiété sur les attributions de l'autorité municipale... — Rejette.

(4) Cass. civ. 20 novembre 1868. — La Cour, Vu les articles 1382 et 1383 du Code Napoléon; — Attendu, en fait, qu'il est reconnu par l'arrêt attaqué que le ruisseau, dans lequel les dépôts de vase ont élevé le niveau des eaux de manière à les faire déborder sur les propriétés des demandeurs, qu'elles ont dégradées, coule en cet endroit au milieu d'un chemin communal de la commune de Plauzat et que ladite commune est propriétaire des deux rives du ruisseau; — Attendu que si les communes ne sont obligées à entretenir en bon état de viabilité, au moyen de ressources spécialement affectées à ce service, que les chemins classés comme vicinaux, il ne s'ensuit pas qu'elles soient affranchies de toute responsabilité des dégradations causées aux propriétés voisines par l'accumulation de vases et des immondices dans les chemins reconnus communaux; — Attendu que tout propriétaire d'un terrain, au milieu duquel passe un ruisseau, est tenu de prendre dans l'étendue de son terrain les précautions nécessaires pour prévenir la dégradation des propriétés voisines par 'encombrement du ruisseau et que, faute d'avoir pris ces précautions, il

___

est responsable du dommage causé par sa négligence ; — Attendu que, pour repousser l'action en dommages-intérêts, intentée sur ce fondement par les demandeurs, la Cour impériale de Riom s'est prévalue du défaut de mise en demeure préalable de la commune défenderesse ; — Mais que si l'article 1146 du Code Napoléon exige une mise en demeure pour rendre passibles de dommages-intérêts les débiteurs en retard d'accomplir leurs obligations conventionnelles, cette disposition n'est point applicable dans le cas où il s'agit, comme dans l'espèce de la responsabilité plus rigoureuse de faits, négligences ou imprudences constituant des quasi-délits que l'on est toujours en demeure de prévenir; — Attendu que la Cour impériale de Riom s'est également prévalue à tort de l'absence d'un règlement administratif qui n'était point nécessaire dans l'espèce puisqu'il s'agissait, non de régler les intérêts d'une généralité d'habitants qui n'était point en cause, mais de statuer sur une contestation d'intérêt privé entre deux parties relativement à la réparation d'un dommage consommé ; que la contestation ainsi circonscrite était régie par les articles 1382 et 1383 du Code Napoléon, et que la ville se refusant à appliquer lesdits articles, la Cour impériale de Riom les a formellement violés... — Casse.

(1) Cass. civ. 21 mai 1827; Cass. civ. 19 avril 1836; Toulouse, 8 mai 1863.

(2) Bourges, 3 janvier 1854. — Le 4 mai 1883, jugement du tribunal civil de Clamecy qui le décidait ainsi en ces termes : — Le tribunal ; — Attendu qu'il est constant et justifié que le sieur Perreau, en élevant sa construction nouvelle, s'est conformé au plan de l'alignement de la commune de Tannay ; — Que celui qui est tenu à se conformer à un plan d'alignement exerce en réalité les droits de la commune; — Qu'en droit, le sieur Lelong n'a aucune action contre le sieur Perreau à raison des gênes ou préjudices que la construction de ce dernier peut lui faire éprouver, et que s'il avait droit à quelque indemnité, il aurait dû la réclamer à la commune de Tannay; — Par ces motifs, déclare Lelong mal fondé ; — La Cour adoptant... — Confirme.

(3) Cons. d'Et. contentieux 11 mai 1851. — Au fond : Considérant qu'il résulte de l'instruction : 1° que les frais de médecins, médicaments et autres, occasionnés par la blessure du sieur Charles Rougier, se sont élevés à la somme de 100 francs ; 2° que ledit sieur Charles Rougier a droit à une indemnité, à raison des souffrances par lui endurées, de l'incapacité de travail causée par ses blessures, et des conséquences qui pourront en résulter pour l'avenir; — Sur la fixation de l'indemnité : — Considérant qu'il est établi par l'instruction, qu'en fixant à la somme de 3,000 francs le montant de cette indemnité, le conseil de préfecture a fait une juste appréciation du préjudice occasionné au sieur Charles Rougier par ladite blessure : — Art. 1er. Il est alloué au sieur Charles Rougier, ès noms, en sus des 3,000 francs qui lui ont été accordés par le conseil de préfecture, une somme de 800 francs pour frais de médecins, médicaments et d'autres; — Art. 2. L'arrêté du conseil de préfecture des Bouches-du-Rhône, en date du 2 septembre 1851, est réformé en ce qu'il a de contraire au présent décret.

L'article 82 du même code rend les communes usagères garants solidaires des condamnations prononcées contre les entrepreneurs de l'exploitation des coupes qui leur sont délivrées dans les bois de l'État.

La loi du 28 septembre 1791 sur la police rurale, article 7, met à la charge de la communauté les dommages et les frais de clôture qui, peuvent résulter du fait de l'individu qui, pour se frayer un passage dans un chemin communal devenu impraticable, a dû déclore un champ voisin.

2157. Il y a plus, le législateur, dans le Code forestier (1), et la jurisprudence, par plusieurs arrêts (2), ont appliqué les règles de la responsabilité pénale, aux communes, en permettant de leur appliquer la peine de l'amende pour les contraventions que commettent leurs agents ou préposés. Nous ne pouvons que nous incliner devant la volonté de la loi, mais il nous est permis de protester contre les décisions des tribunaux qui nous paraissent avoir méconnu dans de telles circonstances le grand principe pénal de la personnalité des fautes, puisqu'une personne morale ne peut agir que par représentants.

2158. Il nous reste à dire quelques mots, en traitant la responsabilité des communes, d'une dernière question qui appartient plutôt au droit des gens qu'au droit administratif ordinaire, mais que nous devons examiner ici parce qu'elle intéresse directement les droits des communes, nous voulons parler de la responsabilité qui incombe, en cas de réquisition de guerre faite par l'ennemi, aux communes sur le territoire desquelles cette réquisition a été opérée. Malheureusement, depuis 1870, elle a donné lieu à de trop nombreux débats judiciaires.

Le droit, pour les armée envahissantes, de s'approvisionner sur le pays occupé, de tous les objets nécessaires aux troupes a été reconnu conforme aux usages de la guerre; en tout cas, il a été pratiqué toujours, de fait, par les armées ennemies qui ont manœuvré sur le territoire français. Tous les préjudices soufferts par les habitants dans leurs personnes et leurs biens, par suite des actes de violence, résultant des hostilités, de l'état de guerre et des maux qu'il entraîne, qui ne sont imputables qu'aux hasards et aux éventualités de la lutte, ne donnent lieu à aucun recours autre que contre les auteurs des crimes et délits, s'il en a été commis (3).

2159. Mais, d'un autre côté, il est des charges qui, bien qu'imposées par la force dont dispose l'ennemi, sont établies entre belligérants, d'après certaines règles et avec des formes qui leur attribuent une apparence de légalité. Il est admis que la communauté des habitants du territoire occupé, et non les habitants doivent les supporter, et, lorsque des citoyens en ont personnellement fait l'avance, ils ont payé une dette commune et un recours leur est accordé contre leurs communites, en vertu de l'action de gestion d'affaires, aux termes des articles 1375, 1999 et 2000 du Code civil (4).

2160. Toutefois ce recours ouvert à l'habitant ne peut avoir lieu que lorsque la réquisition a été régulièrement faite et que l'habitant, au lieu d'être victime d'une perte personnelle, a acquitté, par suite de mesures en quelque sorte régulières, la contribution qui pesait sur la commune occupée et qui devait être à la charge de la population. Mais, quant à la preuve de l'existence de cette réquisition, on comprend qu'elle soit livrée à l'appréciation des faits de chaque affaire. La réquisition doit être faite, sans doute, par l'intermédiaire de l'autorité municipale, mais, si elle a été faite directement par l'ennemi à l'habitant, elle n'en incombe par moins à la commune (1).

TITRE III.

DE LA PROPRIÉTÉ COMMUNALE.

2161. Les biens communaux, dit l'article 542 du Code civil, sont ceux à la propriété ou au produit desquels les habitants d'une ou plusieurs communes ont un droit acquis.» Cette définition n'est pas suffisamment précise, et elle n'est pas exacte. Les habitants d'une commune n'ont aucun droit de propriété sur les biens de la commune, c'est celle-ci seule, personne civile,

(1) C. for., articles 32, 34, 37, 53 et suiv.; 72 et suiv.; 82, 83, 199.
(2) Cons. d'Ét. 14 juin 1851. — Le Conseil, Vu l'arrêt du Conseil du 27 février 1765, les lois des 28 pluviôse an VIII et 29 floréal an x, le décret du 16 décembre 1811 et la loi du 25 mars 1842; — En ce qui touche l'amende : Considérant qu'aux termes de l'arrêt du Conseil du 27 février 1765, il est interdit à tous propriétaires de construire, reconstruire ou réparer sans autorisation aucun bâtiment ou édifices joignant les voies publiques; — Considérant qu'il résulte de l'instruction que le maire de la commune de Tournon, agissant en toute qualité et en vertu d'une délibération du conseil municipal, a fait exécuter, sans autorisation, des travaux de réparations ou de reconstruction à un puits communal, situé le long de la route départementale nº 10, dans la traverse de Tournon; — Qu'ainsi, c'est avec raison que l'arrêt attaqué a condamné ladite commune à l'amende par elle encourue : — Art. 1er. L'arrêté ci-dessus visé du conseil de préfecture de l'Indre en date du 19 décembre 1849, est annulé dans celles de ses dispositions par lesquelles il a ordonné la suppression du puits.
(3) Cons. d'Ét. cont. 9 mai 1873; Cons. d'Ét. cont. 5 août 1873; Cons. d'Ét. cont. 14 novembre 1873; Cons. d'Ét. cont. 1er mai 1874; Cons. d'Ét. cont. 11 novembre 1874; Cons. d'Ét. cont. 11 décembre 1874; Cons. d'Ét. cont. 30 juin 1876; Cass. civ. 12 novembre 1879, D. P. 80.1.435.
(4) Cass. Req. 13 et 14 mai 1873, D. P. 74.1.209; Cass. Req. 20 avril 1874, D. P. 74.1.240; Cass. Req. 20 janvier 1875, D. P. 75.1.209; Cass. civ. 1er mai 1876, D. P. 76.1.441; Cass. civ. 12 avril 1880, D. P. 80.1.421; Cass. Req. 7 février 1882. — La Cour, Attendu que les usages de la guerre ont attribué aux armées envahissantes le droit de s'approvisionner sur le pays occupé, au moyen de réquisitions, des objets nécessaires à

l'entretien et au service des troupes; — Que si les communes ne peuvent être déclarées responsables des actes de violence ou de pillage dont leurs habitants sont victimes, elles doivent supporter la responsabilité des fournitures faites à l'ennemi par les habitants qui ont été contraints de les effectuer par des réquisitions de l'autorité militaire; — Que d'après la nature même du droit, en vertu duquel elles sont exercés, ces réquisitions doivent être considérées, non comme frappant individuellement les particuliers possesseurs des objets réquisitionnés, mais comme imposées à la généralité des habitants des communes occupées; — Attendu que les réquisitions peuvent être adressées directement aux habitants par les chefs de l'armée ennemie, sans qu'il soit nécessaire, pour engager la responsabilité de la commune, qu'elles soient transmises par l'intermédiaire des représentants de l'autorité territoriale et des maires en particulier; — Que s'il est désirable que l'ennemi soit délivré des récépissés des objets réquisitionnés comme justification de la qualité et de la quantité des objets livrés et de la réquisition elle-même, l'omission de cette formalité ne saurait priver la réquisition du recours qu'il peut avoir contre ceux dont il a acquitté la dette; — Attendu qu'il résulte de l'ensemble des constatations de l'arrêt attaqué et des déclarations formelles et réitérées qu'il contient, notamment de l'enquête et des justifications produites par Dalbin, que celui-ci, à la suite de réquisitions régulières, avait fourni à l'ennemi, pour le compte et dans l'intérêt de la généralité des habitants de Nomény, les objets dont la commune a été condamnée à lui tenir compte, et que cet arrêt a laissé à la charge de Dalbin, les objets qui n'avaient pas été réquisitionnés régulièrement ou dont il avait été dépouillé par suite d'actes de violence et de pillage; — Que dans ces circonstances, les articles de la loi... — Rejette.
Cass. civ. 15 mars 1882. — La Cour, Vu les articles 1375 et 1382 du Code civil; — Attendu que les pailles, objets du litige, étaient déposées dans les casernes appartenant à l'État, le jugement reconnaît qu'elles ne lui avaient pas encore été livrées par l'adjudicataire et qu'elles étaient la propriété personnelle de celui-ci; — Attendu que la prise de possession de ces denrées par l'ennemi ne saurait constituer un fait de guerre ou de pillage, puisqu'elle a eu lieu en vertu d'une réquisition adressée à leur propriétaire par l'autorité allemande; — Attendu que les réquisitions faites par l'ennemi doivent être réputées faites à la généralité des habitants de la commune occupée et non aux particuliers sur lesquels elles frappent, alors même qu'au lieu d'être transmises à l'autorité municipale, elles sont adressées directement aux détenteurs des objets réquisitionnés; — Attendu, d'autre part, qu'il est constaté par la décision attaquée que les fumiers provenant des pailles et litières que le demandeur avait fournies au gaz étaient sa propriété en vertu de son contrat d'adjudication ont été enlevés et transportés par ordre de la municipalité dans les promenades de la ville, ainsi que le jugement le reconnaît, sans qu'il ait été tenu compte de la valeur à Arnould Drappier; — Attendu qu'alors même qu'une mise en demeure eût été préalablement adressée à ce dernier, ce que rien ne constate, la ville ne pouvait pour une cause quelconque, utiliser à son profit sans lui payer une juste indemnité, la propriété dont elle le privait; — Nou il soit qu'en réquisitionnant à Arnould Drappier toute indemnité pour les pailles et fumiers dont il s'agit, sous prétexte que la prise de possession desdites pailles consistait un fait de guerre, et que le dépôt des fumiers dans les promenades de la ville avait eu lieu dans l'intérêt de la salubrité publique, le jugement attaqué a... — Casse.

(1) Cass. Req 23 février 1875, D. P. 82.1.58; Cass. Req. 7 février 1882 (Voy. supra); Cass. civ, 15 mars 1882 (Voy, supra).
(2) Cass. civ. 17 mai 1881. — Sur le premier moyen; — Attendu que par l'effet de la loi du 28 août 1792, la propriété des terres vaines et vagues a été attribuée aux communes dans la circonscription de laquelle elles se trouvaient, c'est-à-dire à la généralité même et non aux habitants

habilitée, qui possède; c'est celle-ci seule qui administre par ses mandataires légaux, selon certaines règles fixées par la loi.

Quant aux habitants, leurs droits varient selon la nature et la distinction des biens communaux ; en effet, ces derniers se divisent en deux classes: 1° ceux qui font partie du domaine public communal et, en cette qualité, sont hors du commerce, tels sont les rues et voies publiques, les eaux, les églises, etc.; 2° ceux qui font partie du domaine privé communal et qui sont dans le commerce avec les restrictions établies par les lois et règlements.

Les habitants de la commune n'ont aucun droit privatif sur les biens du domaine public communal; ceux-ci sont *res omnium,* c'est-à-dire choses dont tous peuvent jouir, étrangers à la commune ou citoyens de la commune.

Les habitants de la commune jouissent des biens du domaine privé communal soit en commun, soit *ut singuli,* selon la nature, l'usage et la destination de ces biens et les règles du droit civil ou celles du droit administratif.

2162. Dans l'ancien droit, on appelait *communaux* les marais, prés, pâtis, bois et autres biens qui appartenaient aux communautés d'habitants ou communes. Indépendamment des biens communaux proprement dits, on distinguait *les usages,* qui consistaient dans les droits que les communes possédaient sur certains biens dont elles n'avaient pas la propriété.

2163. Le droit intermédiaire, c'est-à-dire celui qui fut établi par les lois de la Révolution, différait peu des dispositions actuelles; l'article 1er, section 1re de la loi du 10 juin 1793, définissait les *biens communaux :* « Ceux sur la *propriété* ou le *produit* desquels tous les habitants d'une ou plusieurs communes, ou d'une section de commune, ont un droit commun. » On voit que toute la différence consiste dans les mots *section de commune,* dont le Code civil ne fait pas mention.

Mais il est évident, ainsi que le reconnaît M. Merlin, que, par son silence, la loi ne dépouille pas les sections de commune des propriétés ni des droits d'usage qu'elles possédaient légitimement avant la publication du Code civil. Et, en effet, si l'on recourt à l'article 2 de la loi du 10 juin 1793, on voit qu'il s'explique sans ambiguïté : « Une commune est une société de citoyens unis par des relations locales, soit qu'elle forme une municipalité particulière, soit qu'elle fasse partie d'une autre municipalité; de manière que si une municipalité est composée de plusieurs sections différentes, et que chacune d'elles ait des biens communaux séparés, les habitants seuls de la section qui jouissait du bien communal auront droit au partage.

2164. Quelle était l'origine des biens communaux ou, pour parler plus exactement, d'où provenaient les propriétés des communes? C'est ce qu'il n'est pas toujours facile de déterminer.

Si l'on examine les lois qui ont été rendues à diverses époques, notamment sur la matière du *triage,* il paraît certain que le principe de la féodalité, qui dérivait de la conquête, ayant attribué aux seigneurs la totalité du territoire, ceux-ci l'ont concédé quelquefois à titre onéreux, mais plus ordinairement à titre gratuit, à leurs vassaux, à la charge de le cultiver ou de le faire valoir : et telle fut, pour un grand nombre de communes, la proportion des besoins de sa famille ou de sa maison, et on lui attribuait une part très considérable, qui était ordinairement fixée au tiers de la totalité des biens concédés :

c'est ce qu'on appelait le *droit de triage.* Alors, il devenait propriétaire exclusif de ce tiers, et la commune conservait les deux autres tiers.

Lorsque le seigneur n'avait concédé qu'un droit d'usage dans les biens de la seigneurie, il pouvait à son choix, s'en affranchir ou le faire régler.

Pour s'en affranchir, il cédait aux habitants une portion déterminée de la terre, et cette autre espèce de triage était connue sous le nom de *cantonnement.* Pour modifier simplement le droit, ou le rendre moins onéreux à la seigneurie, moins nuisible à l'agriculture, le seigneur pouvait recourir à la voie de l'*aménagement,* c'est-à-dire qu'il faisait régler l'usage du droit qui, en conséquence, s'exerçait tantôt sur une partie, tantôt sur une autre, de telle sorte que ce droit en lui-même n'était point altéré, et que, de son côté, le seigneur ne cessait d'être propriétaire du fonds.

2165. Il résulte de ce qui vient d'être dit que le droit de *cantonnement* ou d'*aménagement* ne pouvait être réclamé que par le maître seul du sol, puisque lui seul était propriétaire et que lui seul avait un intérêt véritable à l'affranchissement de la propriété. Cependant, la loi du 19 septembre 1790 a interverti sur ce point les anciennes règles, en accordant aux *usagers* le droit de réclamer eux-mêmes le cantonnement.

2166. Du reste, quelle était l'étendue de ce droit, c'est-à-dire qu'elle était la portion attribuée aux communes? A cet égard, il n'existait rien de bien précis : généralement, il en était comme en matière de triage, et le tiers était la base ordinaire ; mais cette mesure n'était pas invariable, elle pouvait être augmentée ou diminuée suivant les titres, les circonstances et les besoins bien constatés des communes.

Au surplus, tous les droits dont nous venons de parler ont été supprimés par les lois de la Révolution, et si nous avons cherché à en donner une idée, c'est moins à cause de leur ancienne importance que pour constater des faits.

2167. La loi du 15-28 mars 1790 (titre II, article 30) abolit pour l'avenir le droit de triage établi par l'article 4, titre XXV, ord. 1669. L'article 31 ajouta : « Tous édits, déclarations, arrêts du conseil et lettres patentes rendus depuis trente ans, tant à l'égard de la Flandre et de l'Artois qu'à l'égard de toutes autres provinces du royaume qui ont autorisé le triage hors des cas permis par l'ordonnance de 1669, demeureront à cet égard comme non avenus, et tous les jugements rendus à cet égard seront comme non avenus, pour rentrer en possession des portions de leurs communaux dont elles ont été privées par l'effet desdits édits, déclarations, arrêts et lettres patentes, les communautés seront tenues de se pourvoir dans l'espace de cinq ans par-devant les tribunaux, sans pouvoir prétendre aucunes restitutions des fruits perçus, sauf à les faire entrer en compensation dans les cas où il y aurait lieu à des indemnités pour causes d'impenses. »

2168. La loi du 28 août-14 septembre 1792 (article 1er), adopta des mesures plus énergiques. « L'article 4, titre XXV, ord. 1669, ainsi que tous les édits, déclarations, lettres patentes et arrêts du conseil qui depuis cette époque ont autorisé les triages, partages, distributions partielles ou concessions de bois et forêts domaniales et seigneuriales au préjudice des communautés usagères, soit dans les cas, soit hors des cas permis par ladite ordonnance, et tous les jugements rendus à cet égard en conséquence, sont révoqués et demeurent à cet égard comme non avenus. »

L'article 2 révoqua également tous édits, déclarations, etc., tous jugements rendus ou actes faits en conséquence qui, depuis 1669, auraient distrait, sous prétexte de droits de tiers deniers, au profit du seigneur, des portions de bois et autres biens communaux, à la même condition pour les communes de se pourvoir dans les cinq ans, réservant aux seigneurs le droit de tiers denier sur le prix des bois et autres biens dont les communes n'étaient qu'usagères, dans le cas où ce droit aurait été réservé dans le titre primitif de concession de l'usage, lequel devait être représenté.

2169. La loi de 1792 maintint le cantonnement. Le cantonnement, qui remonte pour plus haut que le commencement du dix-huitième siècle, et sur lequel l'ordonnance de 1669 était muette, consistait à convertir un droit d'usage sur un canton,

---

dont l'étendue excédait les besoins de l'usage, en un droit de propriété sur une partie de ce canton proportionnée à ces mêmes biens. Avant 1792, le cantonnement ne pouvait être demandé que par le propriétaire; mais la loi du 28 août 1792 donna le même droit aux usages, et elle autorisa la révision de *tous* les cantonnements opérés antérieurement de quelque manière que ce fût, dans le même délai de cinq années.

2170. En même temps l'article 9 de la même loi et l'article 1er (section 4) de la loi du 10 juin 1793 disposaient que tous les biens communaux en général connus sous les divers noms de terres vaines et vagues, gastes, garrigues, landes, pacages, pâtis, ajoncs, bruyères, bois communs, hermes vacants, palus, marais, marécages, montagnes et sous toutes autres dénominations quelconques, seraient et appartiendraient de leur nature à la généralité des habitants ou membres des communes ou sections de communes dans le territoire desquelles ces communaux étaient situés, qu'ils justifiassent ou non en avoir été anciennement en possession; et comme tels, lesdites communes ou sections de communes seraient fondées et autorisées à les revendiquer, sauf quelques restrictions.

2171. Ces articles relatifs aux terres vaines et vagues constituaient plutôt des *attributions* au profit des communes, que des *restitutions*.

Déjà la loi du 25 août 1792, article 3, ordonnait la restitution de tous corps d'héritages cédés, pour prix d'affranchissement de la mainmorte, soit par les communautés, soit par les particuliers, et qui se trouvaient encore entre les mains des anciens seigneurs. L'article 8 de la loi du 28 août 1792, généralisant le principe, disposait que toutes les communes qui justifieraient avoir anciennement possédé des biens ou des droits d'usage quelconques dont elles auraient été dépouillées en tout ou partie par des ci-devant seigneurs, pourraient se faire réintégrer dans les propriétés et possessions desdits biens ou droits d'usage, nonobstant tous édits, déclarations, arrêts du conseil, lettres patentes, jugements, transactions et possessions contraires, à moins que les ci-devant seigneurs ne représentassent un acte authentique constatant qu'ils ont *acheté légitimement* lesdits biens.

2172. On comprendra ce que les lois que nous venons d'analyser, purent soulever, au milieu des temps agités où elles avaient paru, de demandes et de procès qu'attisaient encore la soif des revendications, d'un côté, et l'ardeur des résistances de l'autre. Aussi peut-on dire que, pendant une période de quarante années, les prétoires de tous nos tribunaux ont retenti des contestations domaniales. Mais les lois de 1792 et de 1793 avaient des prescriptions de cinq et de trente ans, et les années écoulées ont peu à peu fait la paix en cette matière; et aujourd'hui tous ces litiges qui ont présenté à juger tant de questions de droit importantes, ne présentent qu'un intérêt historique. Les droits des communes, ceux des successeurs des anciens seigneurs ont été fixés soit par des décisions judiciaires, soit par la longue possession, et chaque commune sait la liste des biens qui lui appartiennent et détient, dans ses archives, les titres qui les lui ont attribués ou confirmés. Nous passerons donc outre, sans nous arrêter à relever ici aucune des questions juridiques que nous pose cette matière à cet égard.

2173. Mais cette matière des *biens communaux* était difficile à régler : il ne suffisait pas d'attribuer aux communes la propriété de certains corps d'héritages, il fallait déterminer un mode de jouissance, et là s'élevèrent de sérieuses contestations; là, les prétentions individuelles se montrèrent à découvert, quoiqu'il fût de principe, en 1789, que les biens communaux ne pouvaient être l'objet d'un partage, la jouissance en commun ne satisfaisait guère l'intérêt personnel; car, aux yeux des individus, quelle est la valeur d'une possession qui appartient à tous, et dont aucun ne peut disposer? Aussi la Convention nationale se hâta-t-elle de décréter (14 août 1792) que tous les terrains et usages communaux, autres que les bois, seraient *partagés* entre les citoyens de chaque commune; que ces citoyens jouiraient en toute propriété de leurs portions respectives; que les biens connus sous le nom de *sursis* et vacants seraient également divisés entre les habitants, et que, pour fixer le mode de partage, le comité d'agriculture présenterait, *dans trois jours*, un projet de décret.

2174. Ce terme de *trois jours* annonçait assez l'impatience des prétendants au partage; mais il était évident qu'une loi de cette importance exigeait un peu plus de maturité. Aussi, le 11 octobre, fallut-il déclarer que le travail n'était pas achevé: la Convention nationale prorogea le délai. Mais, le 10 juin 1793, la loi fut présentée, et le partage des biens fut décrété. Tout habitant domicilié y fut appelé, quel que fût son âge et son sexe, qu'il fût présent ou absent, qu'il eût le titre de maître ou qu'il fût un simple domestique : chacun dut y recueillir part égale. Et, pour être réputé domicilié, il suffisait d'avoir habité la commune pendant un an avant la promulgation de la loi. Toutefois, il fut dit que le partage serait facultatif et que les habitans auraient le droit de s'assembler pour décider si les biens communaux devaient être partagés en tout ou en partie. Mais cette disposition, qui pouvait avoir un résultat avantageux, fut paralysée par celle qui déclara que le tiers des voix serait suffisant pour déterminer le partage. Et pourtant il arriva que, dans la plupart des circonstances, l'intérêt bien entendu de la commune prévalut sur l'avidité des individus; et les biens, d'un accord presque général, demeurèrent indivis.

2175. La loi ne reçut donc qu'une exécution très partielle et elle souleva tant de réclamations qu'à la date du 21 prairial an IV, survint une nouvelle disposition qui ordonna le sursis provisoire à toutes actions et poursuites en partage. Enfin la loi du 2 prairial an V interdit définitivement les aliénations et les échanges de biens communs sans une loi particulière.

2176. La Convention, qui, par la loi du 17 août 1792, avait prescrit les mesures dont le but était de restituer aux communes les biens-fonds qui leur avaient appartenu et dont elles avaient été dépouillées par abus de la puissance féodale, et qui, par la loi du 10 juin 1793, les avaient déclarées propriétaires des terres vaines et vagues situées sur leur territoire, répudia promptement cette ligne de conduite. Le 24 août 1793, intervint la loi concernant la dette publique, qui déclara les dettes des communes *dettes nationales ;* mais en même temps l'article 91 mit la nation en possession de l'actif des communes, et ordonna que, dès ce moment, tous leurs biens meubles et immeubles seraient régis, administrés et vendus comme les autres biens nationaux, à l'exception toutefois des communaux, dont le partage était décrété, et des objets destinés pour les établissements publics.

Les habitants de beaucoup de communes, pour échapper à la main-mise nationale, se hâtèrent soit de partager leurs biens communaux, soit de les vendre. Mais de nombreuses irrégularités entachant ces opérations suscitèrent des contestations auxquelles le législateur dut apporter remède.

2177. La loi du 2 prairial an v, intervint alors portant qu'il ne serait plus fait de ventes de biens de commune, ni en exécution de l'article 11 section III, L. 10 juin 1793, et de l'article 92, L. 24 août suivant, ni en vertu d'aucune autre loi, et qu'à l'avenir les communes ne pourraient aliéner ni échanger leurs biens sans une loi particulière. C'était reconnaître l'existence des lois abrogées; elle fut donc considérée comme ayant elle-même abrogé l'attribution faite à l'État des biens des communes par la loi du 24 août 1793; et le législateur confirma cette manière de l'interpréter et la consacra : 1° par la loi du 20 mars 1813; 2° par le décret du 5 novembre 1813 et les ordonnances royales des 6 juin, 26 décembre 1814 et 16 juillet 1815, rendus pour l'exécution de la loi; 3° enfin, par la loi du 28 avril 1816 abrogeant en partie la loi du 20 mars 1813.

2178. La loi du 20 mars 1813 ordonnait par son article 1er, que les biens possédés par les communes seraient cédés à la caisse d'amortissement, qui en percevrait les revenus à partir du 1er janvier 1813. L'article 2 exceptait de cette mesure les bois, les biens communaux proprement dits, tels que pâtis, pâturages, tourbières et autres, dont les habitants jouissent en commun, ainsi que les halles, marchés, promenades, et les emplacements utiles pour la salubrité et l'agrément. Étaient également exceptés les églises, casernes, hôtels de ville, salles de spectacle et autres édifices que possédaient les communes et qui étaient affectés à un service public.

En compensation de cet abandon, il était transféré aux communes, sur le grand-livre de la dette publique, des inscriptions 5 0⁄0 formant l'équivalent du revenu net, pour 1813, des biens ainsi cédés à la caisse d'amortissement.

Le prétexte mis en avant pour arriver à vendre à un prix élevé des biens qu'on achetait moyennant une faible rente, était le désir de conserver dans son intégrité, en le mettant à l'abri de toute chance de diminution, le revenu des communes. La véritable cause était la nécessité où se trouvait le gouvernement impérial de se créer des ressources extraordinaires.

Aussi la loi du 20 mars 1813, suivie d'abord dans son exécution par la Restauration, fut abrogée par la loi du 28 avril 1816, article 15, qui, en maintenant les ventes opérées, remit à la disposition des communes les biens non encore vendus.

2179. La plupart des biens que possèdent actuellement les communes proviennent donc des attributions ou des déclarations de propriété qu'ont faites les lois de 1792 et de 1793. Mais, depuis cette époque, des modifications ont été apportées à l'état de choses constaté alors par les augmentations de même que par les diminutions de patrimoines qui ont pu se produire.

Les augmentations ont pour sources principales, soit les acquisitions faites à prix d'argent, soit quelques concessions par l'État ou les départements, soit des donations ou des legs, soit des échanges.

Les diminutions proviennent, soit des cessions faites par les communes, soit des partages directs ou indirects exécutés. Nous examinerons plus tard nᵒˢ 2592 et s. comment ont pu et peuvent s'opérer ces augmentations et ces diminutions de patrimoines, résultant des actes divers que nous venons d'énumérer ; nous nous contenterons en ce moment d'étudier suivant quelles règles ou et de quelles manières les biens communaux peuvent servir aux usages des habitants.

2180. Les communes, comme les particuliers, sont propriétaires de biens meubles et de biens immeubles.

2181. Les biens immeubles, selon leur destination, se divisent en trois catégories :

La première comprend ceux qui sont destinés, soit aux services publics, soit à la circulation publique, tels sont les maisons communes, les hospices, les maisons d'école, les fontaines publiques, les places, rues et chemins communaux ; la seconde comprend ceux qui servent à la jouissance commune et directe de tous les habitants, et qui sont spécialement désignés par la dénomination de *communaux*, par exemple, les terres vaines et vagues, les pâturages, les marais, les bois, ainsi que la plupart des droits réels des communes, tels que leurs droits d'usage dans les forêts de l'État ou des particuliers, etc.; la troisième comprend les propriétés particulières des communes, terres, maisons, usines, champs, fermes, qu'elle peut donner à bail pour en retirer des revenus.

2182. Parmi les biens meubles des communes, il en est qui servent à l'usage commun des habitants : notamment les bibliothèques, les galeries de tableaux, les collections d'objets d'art, les pompes à incendie, etc.

Il en est, au contraire, qui ne peuvent servir à l'usage commun des habitants et tournent cependant, par l'application qu'ils reçoivent, au profit de chaque membre de la communauté : ce sont les rentes et créances dues à la commune.

2183. Il y a des biens immeubles du domaine public ; il en est d'autres du domaine privé.

2184. Les objets qui forment ordinairement des biens communaux sont notamment : les hôtels de ville ou maisons communes construits ou achetés aux frais de la commune; les casernes construites aux frais des communes ; les hospices, les salles de spectacle et les autres édifices affectés à des services publics ou de communauté ; les églises et les cimetières en usage; les terrains ayant servi de cimetière dans les villes et bourgs qui, en exécution du décret du 21 prairial an XII, ont transféré le lieu des sépultures en dehors de leur enceinte; les presbytères construits par les communes, pour loger les curés et desservants des paroisses; les places et chemins communaux ou ruraux sur des terrains appartenant à la commune; les arbres plantés aux frais de la commune sur les places publiques ou le long des rues et chemins dont le sol lui appartient; les places de marché et les halles; les abattoirs;

les abreuvoirs ; les lavoirs ; les fontaines publiques; les promenades et emplacements utiles pour la salubrité ou l'agrément; les terrains communaux destinés au pâturage des bestiaux de la commune ; les carrières communales où les habitants puisent les matériaux nécessaires à la construction de leurs édifices ou clôtures; les tourbières dont les habitants du lieu jouissent en commun comme moyen de chauffage; dans certains pays, les mines et les minières ; les forêts communales ; les servitudes ou services fonciers ; les droits d'usage à exercer, soit sur les fonds d'une autre commune ou de certains particuliers, soit sur quelques forêts de l'État; les marais, les terres vaines et vagues situées dans l'enceinte du territoire d'une commune à l'égard desquels il n'y a aucun propriétaire particulier reconnu; les bâtiments et usines possédés par les communes qui les auraient fait construire postérieurement à la loi du 20 mars 1813, ou qui, dans le fait, n'auraient pas été cédés à la caisse d'amortissement, en exécution de cette loi; les banalités conventionnelles ; les recettes des revenus ordinaires et extraordinaires ; les créances, les sommes d'argent dues soit par des particuliers, soit par l'État, comme sont les rentes de l'État; les meubles meublants des hôtels de ville; les livres et manuscrits composant les bibliothèques; les tableaux et statues formant les musées; les drapeaux et les tambours et trompettes destinés au service des sapeurs-pompiers, à la publication des arrêtés et avis du pouvoir municipal, etc.

2185. Les biens des communes qui servent à l'ensemble des habitants peuvent, comme les biens de l'État, être divisés en deux grandes classes : ceux du domaine public, auxquels s'appliquent toutes les règles générales résultant de l'article 538 du Code civil et qui sont ceux qui ne sont pas susceptibles d'une propriété privée, et ceux du domaine privé de la commune.

CHAPITRE PREMIER.

BIENS DU DOMAINE PUBLIC COMMUNAL.

2186. Au premier rang des immeubles municipaux figure celui qui est le siège essentiel de tous les incidents de la vie municipale elle-même, celui dans lequel se résume généralement son histoire entière, la mairie ou maison commune. Le doit-on considérer comme faisant partie du domaine public communal ? La question a été et est fort controversée. Un très grand nombre d'auteurs se prononcent pour l'affirmative [1], un nombre non moins grand pour la négative [2], mais la plupart affirment leur opinion sans la discuter. Seul, M. Ducrocq, dans son traité des édifices publics [3], se prononçant pour la négative, se livre à un examen juridique. Pour cet auteur, le législateur du Code civil, en soumettant au droit commun de la propriété domaniale tous les bâtiments de l'État, des départements et des communes, n'a pas donné à l'affectation à un service public la puissance de modifier leur nature légale; il serait seulement réservé de soustraire exceptionnellement au droit commun, par une disposition spéciale, ceux qu'il jugerait à propos de gratifier de l'inaliénabilité publique et de l'inaliénabilité. En principe, il classe dans le domaine privé de l'État tous les immeubles qu'un texte particulier n'a pas investi de la domanialité publique. Ce texte n'existant pas pour les maisons communes, celles-ci, bien

(1) Mourlon, article 538 : Toullier, Éd. Duverger, t. III, nᵒ 39 ; Aubry et Rau, t. II, p. 33, nᵒ 169 ; Bressolles, *Journ. de dr. adm.*, t. XI, p. 117 ; Troplong, *De la prescription*, t. I, nᵒ 169 ; Bourbeau, *De la justice de paix*, nᵒ 621 ; Dareste, *Just. adm.*; Foucart, *Él. de dr. publ.*, 4ᵉ éd., t. II, p. 273; Gendry, *Du dom. publ.*, t. I, nᵒ 269, t. 2, nᵒ 68, t. III, nᵒ 693; Demolombe, sur l'article 538.
(2) Delvincourt, t. I, p. 145 ; Boulatignier, *Traité de la fort. publ.*, t. I, nᵒ 67; Proudhon, *Du dom. publ.*, t. II, nᵒ 344 ; Chauveau, *Journ. de dr. adm.*, t. X, p. 479 ; Aucoc.
(3) Nᵒˢ 47 et suiv.

qu'affectées à un service public, appartiendraient donc au domaine privé. Et a l'appui de sa thèse, M. Ducrocq cite un arrêt de la Cour de Paris du 18 février 1854, qui a jugé que ces sortes d'immeubles (l'arrêt s'applique à un hôtel de préfecture, mais la question est la même) n'étaient ni imprescriptibles, ni inaliénables (1).

Nous ne saurions quant à nous accepter cette doctrine.

Et d'abord entendons-nous bien sur les caractères constitutifs de la domanialité publique. Sans doute, sont légalement du domaine public les choses qu'un texte précis a déclarées lui appartenir, comme les places de guerre, les rues, les routes, les rivières navigables, etc. Mais la question est plus haute et plus vaste, et pour la résoudre, il faut l'examiner au point de vue des règles générales du droit.

Les choses sont ou ne sont pas susceptibles d'appropriation privative.

Parmi les choses susceptibles d'appropriation, il faut distinguer celles qui sont à l'usage de tous, celles qui sont à l'usage collectif de plusieurs individus, celles qui sont à l'usage d'un individu isolé : c'est-à-dire celles qui sont *in usu publico*, *in usu universitatis*, *in usu privato*. La domanialité publique ne peut être attribuée ni aux choses *in usu privato*, ni à celles *in usu universitatis*; le particulier ou la communauté douée de la personnalité civile jouissent de leurs biens ou s'en servent dans leur intérêt propre, et non dans un intérêt général. Il n'en est pas de même des choses qui sont *in usu publico*. Celles-ci sont destinées à servir ou à l'agrément, ou à l'utilité, ou à la protection de tous, sans distinction entre les individus. Elles appartiennent *toutes* au domaine public, parce qu'elles ne sont pas susceptibles de propriété privée.

On comprend assez facilement qu'une chose déterminée, qui est appropriée à l'usage d'un individu seul n'appartienne jamais au domaine public; on comprend moins aisément qu'elle ne puisse lui appartenir si elle sert à l'usage collectif, c'est-à-dire si elle est *in usu universitatis*. On a une propension à confondre un total avec une totalité. Mais ces deux idées sont distinctes. Tous les habitants vivant sur le territoire d'une commune forment la population d'une commune, ils ne forment pas la commune; ils sont le total et non la totalité. Que l'un d'entre eux, que dix, que cent quittent le territoire, le total changera, la commune ou la totalité ne changera pas. Si la chose est à l'usage des habitants, fût-ce même à celui du total des habitants, elle est chose *in usu universitatis*, elle est, par suite, chose du domaine privée de la commune;

si elle est à l'usage de la commune, c'est-à-dire de la totalité, elle est *in usu publico civitatis*, et appartient à son domaine public. Prenons un exemple: voici, au milieu du territoire communal, une enceinte boisée. Celle-ci est susceptible de deux usages qui peuvent devenir l'un ou l'autre principaux. Des arbres peuvent servir au chauffage, ou à des constructions, ou à protéger de leur ombre. Si l'usage principal est le chauffage ou l'emploi industriel, l'enceinte boisée sera *in usu universitatis*, c'est-à-dire à l'usage individuel des habitants de la commune; selon que le nombre de ceux-ci croîtra ou diminuera, on sent que la part de bois de chacun d'eux diminuera ou croîtra. Si l'usage principal est de donner de l'ombre, si l'enceinte boisée est une promenade publique, elle sera *in usu publico*, c'est-à-dire à l'usage de la totalité; que cette totalité soit formée d'un total d'habitants plus ou moins considérable, la part de chacun n'en augmentera ni n'en diminuera. Ce n'est pas parce qu'un texte déclare ce bois domaine privé que l'enceinte boisée mise en coupe réglée sera propriété particulière de la commune, mais parce que, quoique possédée collectivement, elle est susceptible de servir matériellement à l'usage privé de chacun des habitants; de même ce n'est pas parce qu'un texte aura dit ▓▓▓▓ promenades publiques sont du domaine public, que l'enceinte boisée ombreuse aura ce caractère, mais parce que l'usage d'un bois à l'état de promenade le rend impropre à une jouissance privative de la part d'un ou de plusieurs habitants.

C'est ce que le législateur a exprimé en disant que les portions du territoire français qui ne sont pas susceptibles d'une propriété privée sont considérées comme dépendances du domaine public.

L'édifice communal est soumis aux mêmes règles. Si cet édifice est, par sa destination, par l'usage auquel il est affecté, une chose *in usu universitatis*, c'est-à-dire à l'usage privatif de plusieurs ou même du total des habitants de la commune, il sera bien du domaine privé; si sa destination, l'usage auquel il est affecté, le laissent *in usu publico*, il sera bien du domaine public. Dans une ville, un ancien cloître appartient à la commune; elle en divise les travées par des cloisons et loue chacune d'elles à un commerçant différent, qui y établit boutique, le cloître est du domaine privé; il sera le marché des Innocents ou le marché Saint-Germain. La commune, au lieu de convertir son vieux cloître en marché, place sous ses arceaux, les statues, les objets d'art extraits des fouilles qu'elle a fait faire sur l'emplacement des monuments antiques, et elle ouvre les portes de ce musée aux habitants et aux curieux, le cloître est du domaine public; il sera le musée de Cluny ou le Conservatoire des Arts et Métiers.

Comment dire, après les deux exemples que nous venons de citer, que l'affectation d'un terrain ou d'un bâtiment à un usage public ne modifie pas le caractère et la nature d'un immeuble domanial. Aucun texte n'a classé les promenades publiques ou les musées parmi les biens du domaine public, et cependant personne ne leur conteste ce caractère. L'affectation est tout, au contraire; selon donc que l'immeuble sera affecté à un service d'ordre général, ou à un simple service d'ordre privé ou même *communal*, c'est-à-dire *ad usum publicum* ou bien *ad usum privatum seu universitatis* (1), il sera ou ne sera pas du domaine public.

Sans doute, l'affectation ou la désaffectation pourront amener des modifications dans les droits que les particuliers et spécialement les riverains pourront exercer sur l'immeuble lui-même, elles feront naître ou tomber des droits d'usage ou de servitude; mais ce fait est commun à toutes les créations légales de domanialité publique, et c'est aux particuliers dont les droits naissent par suite de la désaffectation à en user, comme c'est à eux, si l'affectation fait cesser des droits acquis, à réclamer la représentation ou une indemnité du droit perdu. Ce fait se passe journellement en matière de création ou de

(1) Paris, 18 février 1854. — La Cour, Sur l'appel principal; considérant que la disposition de l'article 661 du Code Napoléon est générale, et que son application ne peut être écartée que dans le cas où les murs dont un voisin veut acquérir la mitoyenneté font partie d'édifices placés par leur nature même hors du commerce; — Considérant que le mur en litige, servant de clôture à l'hôtel de la préfecture du département d'Eure-et-Loir, ne peut, pas plus que les constructions dont il est l'accessoire, être compris dans cette définition; — Qu'un hôtel de préfecture, en effet, ne constitue en soi qu'une propriété communale ou départementale, selon que l'édifice appartient au département où à la ville dans laquelle il est situé; — Que, loin de soustraire au droit commun les propriétés de ce genre, la loi les soumet expressément aux mêmes prescriptions que les propriétés particulières, ce qui implique qu'elles sont dans le commerce, que l'affectation à un service public de constructions susceptibles par leur nature, d'une destination différente, n'en change pas le caractère. — Considérant d'ailleurs, que l'intention manifestée par le préfet d'Eure-et-Loir de détruire le mur de la ville et d'en consacrer l'emplacement à l'édification d'archives départementales, n'a pu suffire pour priver Savigny du droit attaché par la loi, à la contiguïté de sa maison, avec ledit mur; — Que l'affectation au service public de la préfecture; — Que le décret du 17 novembre 1852 n'a pas pu non plus altérer ce droit, une déclaration d'utilité publique n'ayant d'autre effet légal que d'autoriser l'expropriation des maisons et terrains nécessaires à l'exécution de travaux d'intérêt général; — Qu'au moment où Savigny a exprimé régulièrement l'intention d'acquérir la mitoyenneté du mur de cette ville, ce mur était entier, et qu'ainsi le droit a été exercé en temps utile; — Sur l'appel incident; — Considérant que l'article 661 du Code Napoléon a pour objet de permettre au voisin d'une autre clôture, ou bien clôturer qui lui soit propre, sans élever des constructions que la contiguïté d'un mur rend superflues; — Que cette disposition ne peut, dès lors, être étendue hors des limites que lui assigne la volonté présumée du législateur; — Que le mur en question a été construit dans des conditions exceptionnelles, et qu'une épaisseur de 50 centimètres, telle que l'a fixée le jugement, pourvoit à l'intérêt légitime de Savigny... — Confirme.

(1) Nous répétons encore que *ad usum universitatis*, à l'usage de la *communauté*, ne signifie pas *ad usum universum*, c'est-à-dire à l'usage *universel*.

suppression de voies et de places publiques et toute une jurisprudence est née des débats contentieux auquel il a pu
donner naissance.

Il faut avoir bien soin également de distinguer l'affectation
d'un immeuble à un service public général de l'affectation
au service d'un fonctionnaire public, celui-ci fût-il chargé
d'un service public général. L'église est affectée au service
du culte, le presbytère au service du curé, etc.

L'arrêt de la Cour de Paris que cite M. Ducrocq ne nous
paraît mériter aucune autorité ; il repose tout entier sur
une suite d'erreurs juridiques. qui valent à peine une réfuta-
tion. Il admet, en effet, comme règle que l'affectation à un
service public de constructions susceptibles, par leur nature,
d'une destination différente n'en change pas la nature, comme
si l'établissement d'un arsenal militaire, dans un bâtiment, par
exemple, d'un cimetière ou d'une place publique sur un terrain libre, ne convertissaient pas le monument ou le terrain en
choses évidemment du domaine public, bien que le monument ou le terrain fussent par eux-mêmes susceptibles d'une
autre destination. Il soutient, enfin, qu'un décret d'expropriation publique n'anéantit pas les servitudes qui grèvent la
propriété expropriée lorsqu'elle est destinée à entrer dans le
domaine public, doctrine contraire à tous les auteurs et à la
jurisprudence de tous les arrêts.

Les principes que nous venons de poser étant admis,
appliquons-les à nous prononcer sur le caractère domanial de
la maison commune. Qu'est ce bâtiment? C'est un édifice ou se
traitent les affaires privées de la commune, où se passent
les contrats de gestion de ses biens, où se perçoivent ses
revenus propres ; à ce titre une maison commune n'a qu'une
affectation *ad usum universitatis*, elle ne saurait appartenir
au domaine public communal. Mais une maison commune est
le lieu, où siège l'administration représentant les intérêts
collectifs de l'État dans la circonscription communale, elle
contient la salle où s'opèrent les votes politiques du conseil
municipal, le tirage au sort des conscrits, où se comptent les
suffrages des habitants ayant voté régulièrement, où se
répartissent les impôts; elle renferme les bureaux où se traitent les affaires intéressant la sûreté générale, la santé, la
sécurité publique; elle est le local ou sont conservées les
archives publiques, etc. Dans un autre ordre d'idées, elle est
le lieu public, *ouvert à tous ceux qui y sont invités par une
disposition légale sans qu'on puisse jamais le leur fermer*,
qu'ils soient ou ne soient pas habitants de la commune,
Français ou étrangers, qui ont à faire une déclaration touchant l'état civil, à procéder à un mariage. La maison commune est donc l'édifice où s'accomplissent tous les actes de
l'existence officielle des habitants de la commune, qui se
rapportent non pas seulement à leurs intérêts personnels
dans l'agglomération et l'association communale, mais à
leurs intérêts respectifs dans l'organisation générale et sociale, mais à leur rôle dans la vie nationale, tous à la liberté
et à la prospérité de la patrie elle-même, à l'ordre et à la
sécurité du pays tout entier. Et la maison commune ne
serait pas, comme l'église, *res sacra*, comme une route, *res
communis* ! Et l'on contesterait la domanialité publique !

2187. La domanialité publique s'étend aux objets mobiliers qui se rapportent à l'usage public communal, tels que les
pièces des archives, les registres de l'état civil, les actes et
documents de l'ordre administratif général.

2188. Les rues, les places publiques, les quais font incontestablement partie du domaine public municipal et l'on ne peut
prétendre un droit sur eux (1). Il en est de même de leurs
dépendances, comme les trottoirs (2), les murs de soutènement (3), les talus (4), les impasses établis comme dégagements
du sol des rues (5) : ce sont de simples accessoires qui participent de la nature de la voie publique.

2189. Les chemins vicinaux participent aussi du caractère
de domanialité publique : ce sont, en effet, de véritables
routes communales, auxquelles on doit, sans difficulté, appliquer l'article 538 du Code civil.

2190. En est-il de même des chemins ruraux? Il y a entre
les chemins vicinaux et les chemins ruraux cette grande différence, que les premiers servent à l'usage de tout habitant et
même de tout voyageur et que les seconds desservent seulement
des propriétés rurales ou sont appliqués aux besoins de
simples communications intérieures. Jusqu'à la loi du 20 août
1881, la question a été fort controversée en doctrine et
en jurisprudence, et celle-ci semblait pencher vers la
négative; mais la loi que nous indiquons a fait une distinction entre les chemins ruraux qui ont fait l'objet d'un arrêté
de reconnaissance, c'est-à-dire d'une prise de possession par
le service de la voirie communale, et ceux qui n'ont pas été
l'objet d'un arrêté de cette nature. Les premiers seuls sont,
aux termes de l'article 6, chemins du domaine public communal.

2191. Les promenades, les jardins publics sont des sortes
de places et appartiennent par conséquent au domaine public
communal; les arbres et les bois qui y sont situés ne sont
donc pas soumis aux servitudes et aux usages propres aux bois
communaux (1). Quant aux objets qui y sont placés à demeure,
tels que les bancs, les statues, les pierres commémoratives
ils sont biens publics et imprescriptibles et inaliénables à
moins de désaffectation valable préalable.

2192. Les musées et les bibliothèques municipales ont le
même caractère et l'imprescriptibilité et l'inaliénabilité frappent
cela va sans dire, non seulement les monuments et les parties
immeubles sans distinction, mais les tableaux et les livres
qui y sont placés; et cette inviolabilité persiste tant qu'il n'y
a pas eu désaffectation légale, alors même que, par une
circonstance quelconque, détournement, vol, perte ou même
prêt, l'objet a cessé, en fait, d'être compris au nombre des
collections cataloguées ou à l'usage public.

2193. Nous avons dit plus haut que les églises faisaient
partie du domaine public communal. M. Ducrocq, recher-
chant le texte en vertu duquel cette domanialité est établie,
relève l'article 12 du Concordat portant « que toutes les
églises nécessaires au culte seront remises à la disposition des
évêques. » Ce texte, dit-il, a rendu aux églises le privilège
de l'inaliénabilité et de l'imprescriptibilité dont elles jouissaient sous l'ancienne jurisprudence. C'est voir bien des
choses dans un texte qui ne dit pas cela. La vérité est que
l'église communale fait partie du domaine public parce que
comme les chemins, les routes, les promenades et la *mairie*,
elle est consacrée à l'usage de tous et n'est pas susceptible de propriété privée. C'est, du reste, ce qu'a constamment décidé la jurisprudence civile (2).

2194. La domanialité publique propre aux églises ne doit
pas être étendue aux presbytères, par la raison que nous
avons exposée plus haut, que ce bâtiment n'est pas affecté à
un service public, mais au service d'un fonctionnaire (3).

2195. Il résulte de ce que nous avons dit plus haut, que
la domanialité publique communale ne couvre pas les anciennes églises qui ont cessé d'être consacrées au culte, non plus
que les oratoires ou les chapelles particulières ou celles des
couvents situés sur le territoire de la commune (4).

Il n'existe de difficulté que sur l'étendue qu'il convient de
donner aux règles que nous venons d'établir lorsqu'on les
applique non seulement à l'édifice, mais à ses dépendances et
accessoires. A cet égard, il a été jugé, avec raison selon
nous, que l'inaliénabilité ne s'étend qu'aux parties intégrantes

---

(1) Cass. civ. 6 novembre 1866, D. P., 66.1.434.
(2) Cons. d'Et. 25 avril 1828.
(3) Aix, 24 juillet 1855, D. P., 56.2.210; Cass. Req. 16 juin 1856, D. P., 56.1.423.
(4) Cons. d'Et. 30 juin 1839.
(5) Cass. crim. 4 août 1837; Cass. crim. 19 novembre 1840.

(1) Cass. crim. 9 mai 1812, *Bull. crim.* à sa date; Cass. crim. 14 mai 1813, *Bull. crim.* à sa date.
(2) Cass. civ. 1er décembre 1823 ; Cass. civ. 19 avril 1825 ; Cass. civ. 5 décembre 1838; Cass. civ. 18 juillet 1838; Orléans, 25 juillet 1846, D. P., 46.2.150 ; Paris, 18 février 1851, D. P. 51.2.73; Riom, 19 mai 1854, D. P., 57.2.38 ; Agen, 2 juillet 1862, D. P., 62.2.150.
(3) Ducrocq, no 89; Bressolles, p. 119.
(4) Cass. civ. 4 juin 1835.

de l'édifice et non aux terrains situés autour, et qui n'en sont pas une dépendance nécessaire et indispensable (1).

2196. Les cimetières sont, au contraire, choses du domaine public communal. M. Ducroq, n° 90, les classe dans le domaine privé, toujours en vertu de ce raisonnement qu'aucun texte ne les a fait *res publicæ*, mais par les raisons que nous avons données, nous ne saurions accepter son opinion, Et la jurisprudence est conforme à notre manière de voir (2). L'imprescriptibilité et l'inaliénabilité défendent non seulement le terrain mortuaire, mais les murs même de clôture qui, on le sait, doivent toujours entourer le lieu de sépulture et qui, à ce titre, en font partie nécessaire.

2197. Comme les biens du domaine public national, ceux du domaine public communal peuvent, en même temps qu'ils servent à l'usage public de tous les habitants de la commune, produire quelques produits, quelques perceptions *fructuaires*, qui peuvent être non aliénés, mais amodiés au plus grand avantage de la commune. C'est ainsi que sont perçus les produits des herbages des promenades publiques ou des arbres qui ont été plantés dans les cimetières dans les parties non concédées (3).

2198. Les concessions faites pour les inhumations dans les cimetières constituent-elles des aliénations autorisées du domaine public ? Nous ne le pensons pas et nous sommes. à cet égard, d'accord avec la jurisprudence administrative qui a posé ce principe que ces sortes de concessions, même celles faites à titre perpétuel, ne constituent pas des actes de vente et n'emportent pas aliénation des droits de propriété, mais simplement un droit *sui generis*, d'usage et de jouissance avec affectation spéciale et nominative (1).

2199. On doit classer dans le domaine public communal, tous les monuments, constructions diverses et objets qui font corps avec une dépendance du domaine public, ainsi les arcs de triomphe, les colonnes, les statues s'incorporent aux promenades, aux places publiques sur lesquelles ils ont été édifiés.

2200. Les fontaines, les bornes-fontaines, les abreuvoirs et les lavoirs, par la même raison, sont imprescriptibles et inaliénables (2). En est-il de même de l'eau qui y coule, des aque-

---

(1) Cass. civ. 7 novembre 1860, D. P., 00.1.484 (voy. CULTES, DOMAINES); Cass. Req. 17 mars 1869, D. P., 69.1.205; Montpellier, 11 février 1875, D. P., 76.2.179. — Voy. cependant au sens contraire, Nancy, 5 janvier 1853, D. P., 55.2.136.

(2) Déc. min. int. 1861. — Il existe dans le cimetière de C. L... une porte dont l'origine ne peut être déterminée et qui sert de passage aux habitants d'une ferme voisine pour aller à l'église. Le propriétaire actuel de la ferme ne possède aucun titre qui lui donne le droit de passer par cette porte ; mais, comme le passage existe de temps immémorial, il se croit fondé à réclamer le bénéfice de la prescription.

Dans cet état de choses, le préfet du département a consulté sur le point de savoir si une prétention semblable était admissible, ou si, au contraire, l'administration municipale avait le droit de supprimer, par mesure de police, un passage dont l'existence est contraire aux prescriptions du décret du 23 prairial an XII (art. 3, 16 et 17). Réponse :

Aux termes de l'article 2226 du Code Napoléon, la prescription ne peut pas être invoquée à l'égard des choses qui ne sont pas dans le commerce, et c'est là une disposition évidemment applicable aux lieux d'inhumation. Dès lors, quelle que soit l'époque à laquelle les habitants de la ferme voisine du cimetière de C. L... aient commencé à la traverser pour se rendre à l'église, le cimetière n'a pu, en l'absence de titre, être considéré comme grevé, à leur profit, d'une servitude de passage, et rien ne paraît s'opposer à ce que l'administration municipale, dans un intérêt de convenance et de police facile à comprendre, supprime la porte affectée à leur usage.

(3) Déc. 18 janvier 1839.

Cons. d'Et. 22 janvier 1841; Cass. Req. 31 mai 1866. — La Cour, Sur le moyen unique de cassation, tiré de la violation des principes admis en matière de revendication, et de l'arrêté du 7 thermidor an XI, ainsi que du décret du 23 prairial an XII et de l'avis du conseil d'Etat du 25 janvier 1807: — Attendu que le décret du 18 brumaire an II, en incorporant au domaine national tout l'actif affecté aux fabriques des églises, a produit, à l'encontre des fabriques, les effets d'une expropriation ; — Attendu que l'arrêté du 7 thermidor an XI a prescrit, en principe, que les biens non aliénés des fabriques seraient rendus à leur destination, mais que, pour réaliser le bénéfice de cette disposition, les fabriques devaient préalablement demander leur envoi en possession qu'il était facultatif au gouvernement d'accorder ou de refuser ; — Que, cette condition ne s'étant pas accomplie dans l'espèce, la fabrique d'Etaules s'était trouvée définitivement et légalement dessaisie des droits qu'elle pouvait avoir à prétendre sur le cimetière litigieux ; — Attendu qu'il est constaté, en fait, par l'arrêt attaqué, que le terrain revendiqué par la commune d'Etaules a servi, jusqu'en 1876, à la sépulture des habitants ; — Que l'absence de titres contraires, cette affectation permanente à un service public communal a suffi, par elle-même, pour caractériser la possession de ladite commune ; — Qu'il résulte des principes généraux du droit, et spécialement des dispositions des articles 7, 8, 9 et 10 du décret du 23 prairial an XII, que les communes ont, sur les terrains leur servant de cimetières, un droit réel de propriété ; que, notamment, c'est à titre de propriétaires qu'elles ont perçu les produits, qu'elles sont autorisées à y faire des concessions perpétuelles ou temporaires dont le prix vient, en partie, accroître leurs revenus, et qu'elles affirment les anciens cimetières abandonnés depuis cinq ans ; — D'où il suit, qu'en déclarant la commune d'Etaules propriétaire du cimetière litigieux, la cour d'appel de Poitiers n'a violé aucune loi ; — Par ces motifs... — Rejette.

(1) Circ. int. 20 juillet 1841; Cir. int. 30 décembre 1843, *Bull. of.*, 1843, p. 257; Cass. Req. 7 avril 1857, D. P., 57.1.311; Lyon, 4 février 1875. — La Cour, Attendu que, par acte du 18 février 1870, reçu par M. Renoux, notaire à Lyon, J.-C. Triomphe, aujourd'hui décédé, a fait donation entre vifs à dame Agathe Bounin, veuve Marduel, d'un terrain ou emplacement au cimetière de Loyasse, qui lui avait été concédé à perpétuité par la ville de Lyon, le 2 mai 1836 ; — Attendu, que les héritiers de J.-C. Triomphe demandent l'annulation de cette donation, comme constituant une aliénation interdite au concessionnaire par la nature même du droit concédé et, par les conditions de l'acte qui l'en a investi ; — Attendu que, dans notre législation, les cimetières sont une propriété publique consacrée exclusivement aux sépultures ; que des concessions privées ne peuvent être faites qu'avec cette affectation spéciale et dans les conditions déterminées par l'autorité compétente ; — Attendu que le droit de sépulture, objet des concessions faites aux particuliers, est un droit attaché à la personne du concessionnaire, emportant par lui-même la faculté de se faire inhumer dans le terrain concédé et de désigner les autres personnes dont l'inhumation peut y être faite ; qu'un pareil droit est de sa nature inaliénable, le choix du lieu où l'on aura sa dernière demeure et le choix de ceux à côté desquels on veut reposer ayant un caractère de personnalité absolue ; — Attendu que tel était le caractère du droit de sépulture dans la législation romaine ; que les tombeaux y étaient *res religiosæ, divini juris*, comme tels non susceptibles d'une propriété privée ; qu'au jour où une inhumation y avait été faite, ils étaient affectés à perpétuité à la destination que leur avait donnée le père de famille, ne pouvaient être vendus ni donnés, ni aliénés en aucune façon; qu'après la mort du fondateur, ces droits passaient aux conservataires de sa personne, ou à ses héritiers, sans que la destination première put par eux être changée ; — Attendu que le caractère sacré de sépulture leur a été conservé par notre législation ancienne ; que l'inaliénabilité du lieu où un mort est enterré et du droit d'y permettre des inhumations nouvelles a toujours été reconnu en France ; que cela est attesté par les anciens auteurs, notamment par Henry et par Despérases ; — Attendu qu'il en est de même dans nos lois modernes; que le décret du 22 prairial an XII, et l'ordonnance du 6 décembre 1843 qui ont autorisé les concessions privées dans les cimetières, ainsi que les circulaires ministérielles qui ont donné le commentaire de leurs dispositions, qualifient le droit du concessionnaire de droit de jouissance et d'usage, avec affectation spéciale et de personnalité ; qu'ils affirment par là le caractère d'inaliénabilité et de personnalité reconnu à ce droit par les législations antérieures ; — Attendu que les clauses des actes de concession de cette nature usités dans les communes de France, notamment celles de l'acte du 2 mai 1836, par lequel Triomphe a acquis de la ville de Lyon, le terrain dont il s'agit, sont en harmonie avec les principes du droit public; — Que non seulement elles donnent au concessionnaire la faculté de faire de la concession l'objet d'une vente ou d'une transaction privée, mais qu'encore elles ne reconnaissent le droit d'y permettre une inhumation qu'à lui seul, de son vivant et, après lui, à ses héritiers ou à celui auquel il aura transmis le testament par disposition de dernière volonté ; — Attendu qu'on ne peut assimiler, sur ce point, une donation entre vifs à une disposition de dernière volonté ; que la donation aurait eu effet de permettre au donataire de faire faire, du vivant même du donateur, des inhumations dans le terrain de la concession, que le donataire pourrait, même du vivant du donateur, transmettre ce droit à un tiers, et celui-ci à un quatrième, qu'ainsi serait effacé ce caractère de personnalité que les lois ont voulu attaché à ce droit dont il s'agit, et que le lieu de la sépulture du concessionnaire pourrait être envahi du son vivant par des personnes qu'il lui déplairait d'y voir portées ; — Attendu que l'acte dont la nullité est demandée est bien un acte de donation entre vifs; — Que le donateur y réserve seulement pour lui et pour sa femme, le droit d'être inhumé dans le terrain concédé ; que cette réserve comporte aliénation du surplus du droit de désignation, lequel est actuellement et irrévocablement transmis à la donataire ; que les premiers juges ont à tort assimilé une semblable aliénation à une dernière volonté, dont le propre est de laisser au disposant l'intégralité de ses droits jusqu'à sa mort. — Infirme; Annule la donation.

(2) Ch. Req. 4 juin 1866. — La Cour, Sur les trois premiers moyens du pourvoi : — Attendu que l'arrêt attaqué constate que le demandeur ne conteste pas que la ville de Toulon, ne soit pas propriétaire du canal de Las, des eaux qui y coulent et des sources d'où elles proviennent ; qu'il n'est pas davantage contesté que ces eaux ne soient affectées à divers services publics dans la ville de Toulon, et spécialement à l'alimentation des fontaines ; — Attendu, en droit, que les eaux qui alimentent les fontaines publiques d'une ville, et les canaux ou aqueducs qui les amènent font partie du domaine public municipal, et, sont par suite inaliénables, et imprescriptibles ; — Que vainement le pourvoi objecte que ce principe n'est applicable qu'aux eaux qui sont indispensables à la satisfaction des besoins communaux et non aux eaux superflues ou surabondantes ; — Attendu que les besoins d'une cité n'ont pas, sous ce rapport, un ca-

ducs qui la conduisent et des sources qui la fournissent ? La question a été longtemps débattue, mais elle est aujourd'hui résolue affirmativement par une jurisprudence établie et qui n'est plus contestée (1). Et il n'y a pas lieu à distinguer entre celles qui sont nécessaires aux besoins des habitants et celles qui les excèdent. Cette circonstance, essentiellement variable, ne peut avoir pour effet de changer la destination publique et de modifier les conséquences légales qui en découlent, pas plus que de modifier le caractère d'imprescriptibilité et d'inaliénabilité (2).

2201. Mais les eaux du domaine public municipal peuvent compter au nombre des choses dont la commune peut tirer un bénéfice ; elle peut donc accorder des concessions pour l'usage de ces eaux, soit pour des besoins ménagers, soit même pour des besoins industriels. Mais ces concessions sont toujours essentiellement précaires et révocables, et soumises, quant aux chiffres des redevances imposées, à toutes les modifications que la commune croit devoir y apporter (1).

2202. Le caractère de domanialité des eaux publiques ne permet aux communes de disposer de leur excédent qu'en observant, pour les concessions accordées, des conditions invariables qui doivent être déterminées par les règlements administratifs, de telle sorte qu'elles puissent être obtenues par tout habitant intéressé qui se soumet, d'ailleurs, aux dis-

---

ractère absolu et invariable ; que la quantité d'eau nécessaire aux habitants varie suivant les temps, et dépend des circonstances, qui ne peuvent être à l'avance prévues et appréciées ; — Attendu que l'eau surabondante au moment d'une concession peut devenir ultérieurement nécessaire, et que l'intérêt public lui imprime le même caractère d'inaliénabilité et d'imprescriptibilité ; que la précarité de semblables concessions est la conséquence de la nature même des eaux qui en sont l'objet et de l'indisponibilité dont elles sont frappées par la loi ; — Attendu, d'ailleurs et en fait, que l'arrêt attaqué induit de l'ensemble des titres et des documents produits au procès que les diverses concessions d'eau consenties par la ville de Toulon et particulièrement celle obtenue par le sieur Tournier en 1749, auteur du sieur Flamenq, étaient précaires, révocables et qu'elles ne constituaient que de simples autorisations d'user temporairement de l'eau, moyennant une redevance annuelle dont la ville entendait se réserver la faculté de modifier le chiffre ; que la défenderesse éventuelle a plusieurs fois, en effet, dans le cours des siècles, élevé le tarif des redevances, sans que son droit à cet égard, ait jamais été contesté ; que Tourner lui-même et Flamenq, qui le représente, ont subi, sans réclamation, l'élévation des tarifs ; — Qu'ils étaient libres de ne pas accepter en renonçant au bénéfice de leur concession ; que les protestations tardives du sieur Flamenq contre la dernière modification du tarif des redevances sont, dès lors, dénuées de tout fondement.

Sur le quatrième moyen produit à l'audience : — Attendu qu'il s'agissait dans la cause d'une question relative à la propriété d'une partie des eaux du canal de Las ; — Attendu que le pourvoi soutient que les tribunaux ordinaires étaient incompétents pour statuer sur cette question, qui ne pouvait être résolue que par l'interprétation de l'acte de concession, lequel présentait un caractère essentiellement administratif ; — Mais attendu que la ville de Toulon, en consentant la concession dont il s'agit, n'avait point agi comme pouvoir administratif proprement dit, exerçant une part de la puissance publique, mais bien comme disposant d'une partie de son domaine, sous des conditions librement acceptées par le concessionnaire ; qu'une telle convention était purement civile et que l'interprétation du contrat qui la constate appartenait exclusivement à la juridiction ordinaire. — Rejette.

En ce sens, Cass. Req. 15 novembre 1869. (V. *supra*, n° 1960).

(1) Cons. d'Ét. 5 janvier 1850 ; Cons. d'Ét. 1er décembre 1859. — Le Conseil, Considérant que les eaux de la ville de Paris appartiennent au domaine public et que les concessions qui ont pu en être faites sont essentiellement révocables ; qu'à plusieurs reprises, notamment par l'arrêt de 1392, par les lettres patentes de 1608 et 1635, par l'arrêt de 1624 et par l'arrêt du conseil de 1666, l'autorité souveraine a prononcé la révocation de toutes les concessions antérieures, et a interdit d'en faire de nouvelles ; — Que les concessions qui ont pu être faites des eaux de Paris, nonobstant ces édits, lettres patentes et arrêts, n'ont jamais constitué entre les mains du concessionnaire, au profit duquel elles avaient été nommément consenties, qu'un titre renouvelable et dont la confirmation devait être demandée et obtenue toutes les fois que l'immeuble au service duquel les eaux étaient affectées changeait de propriétaire ; qu'ainsi elles ont toujours eu un caractère précaire.

Aix, 13 juin 1865, D. P., 66.2.167 ; Cass. civ. 28 mai 1866, D. P., 66.1.302 ; Cass. Req. 4 juin 1866, voy. *supra* ; Cass. Req. 15 novembre 1869, voy. *supra*, n° 1960 ; Lyon, 3 mai 1877, D. P., 78.1.251 ; Cass. civ. 24 janvier 1883, Mais sur le deuxième moyen : Vu les articles 537 et 542 du Code civil ; — Attendu que les eaux affectées à l'alimentation des fontaines publiques d'une commune font partie du domaine public municipal ; que par suite elles sont inaliénables et ne peuvent être concédées qu'à titre précaire et révocable ; Qu'il en est ainsi quels que soient les termes de la concession, et alors même qu'elle serait antérieure à l'acquisition des eaux par la commune, du moment qu'elle a été faite en vue de cette acquisition ; — Attendu que l'exercice du droit de révocation ne saurait être subordonné par la commune à l'obligation de prouver que les eaux concédées sont devenues nécessaires à ses besoins ; — Attendu qu'en jugeant... Casse.

(2) Cass. civ., 20 août 1861. — La Cour, vu les articles 538, 2226 et 2229 et 2232 du Code Napoléon ; — Attendu qu'il est constaté par l'arrêté attaqué que les eaux employées par la défenderesse à l'irrigation des propriétés dites de l'Enclos et du Grand Jardin, sont prises à la sortie des fontaines publiques de la ville de Tomrès ; — Attendu que ces eaux fussent-elles, à un moment donné et au point de vue de la satisfaction des besoins des habitants, déclarées surabondantes et superflues, cette circonstance purement accidentelle et essentiellement variable, ne saurait avoir pour effet de changer leur nature d'eaux publiques et de modifier les effets légaux qui en découlent, eu égard notamment à leur imprescriptibilité ; — Attendu d'ailleurs, et sous ce dernier rapport, qu'en ne s'opposant pas aux faits de possession relevés par l'arrêt attaqué, la ville de Tomrès n'a réellement accompli qu'un acte de tolérance ; que son inaction ne saurait avoir, en effet, un autre caractère, puisqu'en définitive, elle a toujours pu et peut encore neutraliser les effets de la possession invoquée en affectant les eaux litigieuses à une destination d'intérêt public communal ; — Attendu qu'une possession poursuivie et continuée dans ces circonstances et à de telles conditions, est nécessairement précaire. — Attendu, en outre, qu'en présence du droit absolu de la ville de Tomrès de mettre à son gré un terme à l'état de choses signalé, il ne saurait être admis que la possession de la défenderesse puisse être juridiquement considérée comme non équivoque et à titre de propriétaire ; — Attendu néanmoins qu'une possession offrant ces caractères peut seule, aux termes de l'article 2229 du Code Napoléon, servir de base à la prescription. — D'où il suit qu'en décidant le contraire et en maintenant ainsi au profit de la défenderesse, à titre de servitude, et comme légalement acquis par prescription aux termes des articles 641 et 642 du Code Napoléon, le droit de dériver les eaux dites superflues, des fontaines publiques de la ville de Tomrès pour l'irrigation de sa propriété, la Cour impériale d'Aix a fait une fausse application. — Casse.

En ce sens, Cass. Req., 4 juin 1866 (voy. *supra*) ; Cass Req., 15 novembre 1869, (voy. *supra*, n° 1960) ; Cass. civ., 24 janvier 1844, (voy. *supra*).

(1) Cass. Req., 4 juin 1866 (voy. *supra*, n° 2200) ; Cass. Req., 24 janvier 1883 (voy. *supra*, n° 2200) ; Paris, 5 février 1886. — La Cour, Considérant que la Compagnie parisienne pour la distribution des eaux dans les appartements a passé, le 16 novembre 1876, avec Guillot, propriétaire de la maison sise à Paris, rue de Laval, 22, un contrat aux termes duquel elle était autorisée à établir ses appareils dans cette maison, à ses frais, et à traiter, pour la fourniture de l'eau, avec chacun des locataires ; que le contrat était consenti pour une période de 20 années à l'expiration de laquelle ses installations devaient appartenir de plein droit au propriétaire ; qu'enfin la compagnie devait payer la police d'eau à la Compagnie générale pour le compte de ce même propriétaire ; — Considérant que si, par ce contrat, la Compagnie parisienne n'était pas investie d'un droit absolu sur l'eau concédée par la Compagnie générale, si elle s'obligeait à laisser le robinet de la cour en fournir, sans indemnité, au concierge et aux locataires du rez-de-chaussée, et même aux autres locataires qui refuseraient de lui prendre des abonnements, il n'en est pas moins vrai qu'elle acquérait le droit de traiter directement, en son nom et pour son compte, avec les locataires qui pouvaient désirer avoir l'eau dans leurs appartements ; de leur imposer des redevances à son gré suivant un tarif dressé par elle, et d'encaisser à son profit le montant de ces redevances ; — Considérant que, si la concession devait être demandée à la Compagnie générale au nom du propriétaire, cette clause n'avait d'autre objet que de dissimuler à cette Compagnie l'existence du traité passé par celui-ci avec la Compagnie parisienne ; — Considérant que, dans ces conditions, la Compagnie parisienne n'était pas le mandataire de Guillot, pas plus que de ses locataires ; — Qu'elle était, à proprement parler, la cessionnaire, pour un temps déterminé, de l'eau que la Compagnie générale avait concédée au propriétaire ;

Considérant que les règlements municipaux et la police passée entre la Compagnie générale et Guillot ne permettaient à ce dernier de rétrocéder l'eau qu'à ses seuls locataires ; qu'ils interdisaient formellement la rétrocession à un tiers, de manière à en empêcher tout trafic ; — Considérant que le contrat intervenu entre Guillot et la Compagnie parisienne était en contradiction manifeste avec ces dispositions ; — Que la Compagnie générale, en ayant eu connaissance, a dénoncé à Guillot le traité qu'elle avait passé avec lui, et lui a signifié la cessation de sa fourniture d'eau ; — Que, sur cette dénonciation, Guillot a demandé la résiliation de son contrat avec la Compagnie parisienne ; — Considérant que les premiers juges ont accueilli cette demande de résiliation en se fondant sur ce que le refus de l'eau par la Compagnie générale constituait un cas de force majeure faisant obstacle à l'exécution du contrat ; — Qu'il n'y a lieu de s'arrêter à cette appréciation, la mesure prise par la Compagnie générale dans les circonstances ci-dessus relatées ne présentant pas le caractère de la force majeure ; — Que la Compagnie générale a elle-même déterminé le caractère de cette mesure en déclarant qu'elle se refusait à continuer le service de l'eau, parce que Guillot avait violé les clauses de sa police et des règlements sous l'empire desquels elle avait été passée, violation qui est, d'ailleurs, un fait constant ; — Mais considérant que de la contravention commise découle la précarité du contrat intervenu entre Guillot et la Compagnie parisienne ; — Qu'il est certain que tous deux avaient également connaissance des prohibitions qu'ils enfreignaient ; — Que, dès lors, la durée du contrat qu'ils passaient était subordonnée à la possibilité de son exécution, c'est-à-dire à la fourniture de l'eau par la Compagnie générale ; — Que cette fourniture a cessé, et que sa suppression était justifiée par un fait imputable à la fois à Guillot et à la Compagnie parisienne ; — Que, dans ces circonstances, il y a lieu de confirmer dans son dispositif le jugement dont il est appel ;

Par ces motifs, etc.

positions sur la matière, sans qu'il soit possible à l'administration municipale de favoriser un habitant au préjudice d'un autre, ou un immeuble de chef d'industrie au préjudice d'un autre immeuble ou d'une autre industrie. La propriété des eaux publiques est, en effet, une propriété *sui generis*, dont la gestion n'a été confiée soit à l'autorité municipale, soit à l'autorité qui peut se substituer, qu'avec obligation et mandat de veiller à la distribution équitable aux habitants. L'eau amenée dans chaque quartier doit être publiquement et réellement offerte au premier venu et celui-ci doit être accueilli dès qu'il accepte l'offre et se déclare prêt à subir les clauses réglementaires (1).

2203. Pour parvenir à alimenter d'une eau salubre des fontaines publiques, une commune est souvent obligée d'acquérir des sources et d'exécuter des travaux au travers des propriétés privées ; si la commune acquiert la totalité des sources et exproprie les terrains que traverse l'aqueduc, la domanialité publique frappe sans restriction et les eaux et leurs conduites : mais la totalité d'une source peut n'être pas nécessaire à la commune, et celle-ci peut reculer devant les frais d'une expropriation. On s'est demandé si, dans ce cas, la domanialité publique était acquise à la partie des sources acquises ou aux aqueducs établis : cela ne nous semble pas douteux. La domanialité résulte du caractère du service public des eaux et des canaux. Mais il faut bien remarquer que l'imprescriptibilité et l'inaliénabilité ne couvrent que la partie des eaux à usage public et que, quant aux canaux, leur construction est soumise à l'observation des règles particulières qui peuvent varier selon les conditions des contrats amiables que les municipalités auront consentis avec les propriétaires des terrains occupés. Ainsi un propriétaire pourra ne vendre qu'une portion des eaux de sa source et si les besoins de la commune augmentent, celle-ci ne pourra s'appuyer sur le caractère de domanialité des eaux publiques.

En général, pour revendiquer l'usage exclusif au profit des habitants et au préjudice des propriétaires de la totalité des eaux de la source : une acquisition amiable ou une expropriation est nécessaire. De même, si les eaux étant abondantes, la commune a obtenu la concession d'une servitude d'aqueducs sur des terrains particuliers, sous la condition que les propriétaires de ces terrains jouiraient du superflu des eaux à leur passage, ce droit d'usage ne saurait être arbitrairement supprimé sous prétexte de précarité. Dans un cas comme dans l'autre, les eaux du domaine public sont, non pas les eaux de la source, mais cette partie seulement que la convention a déterminée comme devant servir aux usages communs des habitants (1).

2204. Cette condition d'un usage commun et d'une mise à la disposition du premier venu est tellement nécessaire pour assurer la domanialité publique des eaux communales que l'on ne saurait considérer comme jouissant ni de l'imprescriptibilité, ni de l'aliénabilité, les sources et les eaux qui, bien que communales, parce qu'elles viennent d'un bien communal, ne servent qu'à l'usage d'habitants déterminés ou de locaux spéciaux, même appartenant à la commune (2), ou bien

---

(1) Paris, 21 août 1880. — La Cour, Considérant que pour apprécier en droit, le refus opposé par la Compagnie générale des eaux à une demande d'abonnement présentée au nom de la veuve Jouanne par un sieur Jean, se disant son mandataire, il importe tout d'abord de déterminer exactement les rapports qui existant entre la Ville de Paris et la Compagnie générale des eaux ; — Que ces rapports ont été fixés par un traité du 11 juillet 1860, approuvé par décret impérial ; qu'aux termes de ce traité, la Compagnie générale des eaux est, à des conditions et pour un temps déterminé, un régisseur intéressé des eaux que la Ville de Paris met à sa disposition ; que cette Compagnie est chargée de pourvoir au placement de ses eaux et qu'elle a mission de chercher et de conclure des abonnements en se conformant à des tarifs arrêtés ; — Qu'il faut donc reconnaître que les abonnements sont concédés aux particuliers par la Compagnie générale sans le concours de la Ville, d'où il suit que la Ville n'a aucun droit d'approbation ou de blâme sur les polices d'abonnement, comme le soutient à tort la Compagnie générale des eaux ; — Considérant, ceci posé, que la Compagnie générale des eaux fait mieux fondée à invoquer le droit absolu de propriété de la Ville de Paris sur les eaux dont il s'agit, pour en déduire, à son profit, le droit de refuser, soit directement, soit par son régisseur, sans même donner un motif, de passer un contrat d'abonnement ; — Qu'en effet, la Ville de Paris, pour amener les eaux dans son enceinte, a dû d'abord acquérir l'eau elle-même, la conduire ensuite à travers des propriétés privées, organiser encore tout un système de réservoirs, de machines, de conduits souterrains, de sorte que, pour arriver au résultat cherché et obtenu, l'intervention de l'autorité publique s'est produite sous les formes diverses et notamment sous celle d'une loi d'expropriation ; — Considérant qu'à elle seule, cette dernière circonstance suffit pour démontrer que les eaux amenées à Paris ont une destination spéciale d'utilité publique ; — Que par suite, la Ville de Paris ne peut, en principe, refuser un abonnement à un habitant qui, se soumettant d'ailleurs aux règlements sur la matière, réclame cet abonnement en sa qualité d'habitant intéressé ; — Que s'il en était autrement, il faudrait reconnaître à la ville, investie d'un monopole, le droit de favoriser des immeubles au préjudice de l'immeuble voisin, tel chef d'industrie au préjudice de son concurrent, que de telles circonstances sont inadmissibles. — Pourvoi.

Cass. Req., 25 juin 1884. — La Cour, statuant sur le pourvoi. — Sur le premier moyen du pourvoi ; — Attendu qu'en réclamant l'abonnement aux eaux de la Ville de Paris, la veuve Jouanne ne demandait dans les conditions déterminées par les règlements administratifs ; — Que, dès lors, la Compagnie générale des eaux ne pouvait lui refuser cet abonnement aux eaux mises par la ville de Paris à sa disposition pour le service des particuliers. — D'où il suit qu'en statuant ainsi qu'il l'a fait, l'arrêt attaqué n'a violé ni les textes de loi, ni les arrêtés et décrets, ni les principes de droit invoqués dans le premier moyen. — Rejette.

(1) Cass. civ. 20 février 1887. — La Cour, Sur les trois moyens de cassation ; — Attendu que la convention passée, le 11 mars 1770, entre les représentants de la commune de Givry, et Perrault, auteur de Poupiers, a eu pour objet de régler le passage par l'héritage de ce dernier, des eaux des sources existant sur un terrain appartenant à ladite commune ; — Qu'à cet effet Perrault a consenti à établir sur son fonds, deux canaux, l'un souterrain, pour conduire une partie de ces eaux à une fontaine publique, l'autre à ciel ouvert pour conduire le surplus à un lavoir communal, avec facilité pour Perrault d'user de cette dernière partie des eaux à leur passage sur sa propriété ; — Que l'établissement du canal ouvert pour conduire à la fontaine publique une partie des eaux de la source, est une servitude dont l'auteur de Poupier a grevé son fonds ; — Que cela est si vrai, que quand la commune a voulu, en 1856, agrandir le canal souterrain, elle a dû payer à Poupier une indemnité pour l'aggravation de cette servitude ; — Que l'usage par Poupier de l'autre partie des eaux, pendant qu'elles traversent sa propriété avant de se rendre au lavoir public par le canal à ciel ouvert, lui a été réservé en retour de la charge résultant pour lui de l'ouverture du canal souterrain ; — Qu'il ne s'agit donc pas de la concession faite par la commune de Givry à Poupier d'une partie des eaux d'une fontaine ou d'un lavoir public, mais de mesures prises par eux de concert pour faire arriver à leur destination publique les eaux d'une source existant sur un terrain communal ; — Que le contrat intervenu à cet effet a un caractère purement privé, et que les contestations qu'il a fait naître sont de la compétence des tribunaux ordinaires ; — Qu'on ne peut voir dans les concessions mutuelles qu'il renferme une aliénation prohibée, soit par l'ancienne, soit par la nouvelle législation ; — Que, proposée par l'auteur de Poupier, acceptée par les représentants de la commune et revêtue de l'homologation de l'intendant de la province, la convention et de 1770 est obligatoire pour tous ceux qui l'ont souscrite ; — Que la commune de Givry, qui en profite dans l'une de ses parties, ne peut se refuser à l'exécuter dans l'autre ; — Que, dès lors, elle n'est pas fondée à soutenir que .maîtresse absolue de toutes les eaux de la source, elle ne peut en empêcher l'écoulement pour partie par le ruisseau, qui les conduit à ciel ouvert au lavoir communal, en passant sur l'héritage de Poupier ; — Qu'en repoussant cette prétention et en ordonnant l'exécution de la convention du 11 mars 1770, l'arrêt attaqué... — Rejette.

Cons. d'Et. 9 août 1870. — Napoléon, etc. — Vu l'édit de Moulins de février 1566 ; — Vu l'édit de Versailles d'avril 1683 ; — Vu la loi du 28 pluviôse an viii, et celle du 16 septembre 1807 ; — Considérant que pour reconnaître à la ville de Saint-Amand un droit sur les eaux dont il s'agit, il ne suffisait pas d'établir que cette ville existait antérieurement à 1566, mais qu'elle avait, dès lors, à exécuter des travaux et ouvrages qui pussent rentrer dans la catégorie des établissements dans la propriété, possession et jouissance desquels l'édit de 1683, confirme les propriétaires en bonne forme, antérieurement à 1566 ; — Considérant que rien de semblable n'est établi dans l'instruction ; — Que dès lors, le sieur Bayard de la Vingtrie est fondé à soutenir que c'est à tort que le conseil de préfecture, après avoir préalablement reconnu le droit de la ville de Saint-Amand aux eaux de la rivière de la Scarpe, et par suite, à une indemnité dans le cas où il serait établi que les travaux exécutés à ladite rivière ont diminué l'alimentation des dépendances de la Scarpe qui traverse la ville, a ordonné une expertise à l'effet de déterminer les causes du dommage dont le sieur de la Vingtrie se plaint, s'il y a lieu dès lors d'annuler. — Annule.

(2) Douai, 8 janvier 1868. — La Cour, Considérant qu'avant de rechercher si la fontaine militaire en litige fait partie du domaine public municipal, il convient d'abord d'établir quelle est son origine, et comment elle serait devenue la propriété de la Ville de Bapaume ; — Qu'il résulte des documents les plus certains et les plus précis que cette fontaine dite militaire, a été construite, et que les eaux ont été amenées dans l'intérieur de la place de guerre de Bapaume, pour satisfaire aux besoins de la garnison, que ces conduits traversent les défenses de la place ; — Qu'il n'est d'ailleurs pas contesté, ce qui serait impossible, en présence des documents produits par l'Etat, que, jusqu'en 1811, la propriété de la fontaine elle-même, celle de ses eaux et le droit à leur usage rentraient exclusivement dans le domaine du ministre de la guerre ; — Considérant que si, en 1811, la ville est devenue propriétaire de ladite fontaine en exécution du décret impérial du 23 avril 1810, cette propriété

20

d'industriels qui payent une redevance fixée à l'amiable (1).

2205. En revanche, les eaux d'une source, une fois devenues choses du domaine public, ne sauraient perdre le caractère de domanialité. Ainsi, par exemple, lorsque des eaux publiques surabondantes, après avoir alimenté les fontaines, les abreuvoirs et les lavoirs publics, s'écoulent dans un lit qu'elles se sont creusé, elles ne deviennent, cependant, ni aliénables, ni prescriptibles, encore que des ouvrages apparents aient été exécutés et il n'est permis d'en disposer que sous la condition que des concessions régulières aient été faites par le pouvoir compétent (1).

2206. Certaines portions du domaine public communal peuvent produire des fruits et nous savons que les communes ont le droit de se les approprier et d'en tirer profit. Ces fruits sont-ils susceptibles d'usucapion par des particuliers? La question est fort controversée; disons seulement ici que la Cour de cassation s'est prononcée pour l'affirmative par deux arrêts en date des 18 mai 1858 et 23 décembre 1861 (2), dont la doctrine peut paraître contestable.

CHAPITRE II.

BIENS PATRIMONIAUX.

2207. Les biens du domaine privé communal se divisent en deux classes : la première qui comprend les biens patrimoniaux

---

ne lui a été remise que sous la restriction « qu'elle ne pourrait en disposer pour une destination civile, sans l'autorisation spéciale de l'empereur, et même apporter quelques changements dans sa destination militaire, ou y faire quelques distributions et constructions neuves qu'avec l'approbation du ministre de la guerre qui devait faire faire des inspections de ces établissements et bâtiments tous les six mois au moins, et même plus fréquemment ; — Qu'il résulte, de ces réserves en faveur de l'Etat, que, si la propriété de la fontaine et des autres bâtiments militaires appartenait dès lors à la ville, tout le domaine utile des choses ainsi concédées continuait à être réservé en faveur de l'administration de la guerre, et que, notamment, en ce qui concerne les eaux de la fontaine en litige, les habitants de Bapaume n'ont jamais joui que du superflu et de ce qui excédait les besoins de la garnison. — Considérant qu'en vertu d'une ordonnance royale du 5 août 1828, et de la législation de cette époque sur les bâtiments militaires et les places de guerre, le droit de la ville de Bapaume s'est réduit à la nue-propriété, l'Etat conservant la pleine possession et jouissance desdits bâtiments et établissements, que ce point une fois établi, il faut examiner s'il est possible, comme l'ont pensé les premiers juges, que la nue-propriété d'une fontaine puisse faire partie du domaine municipal, alors que la possession et la jouissance des eaux de cette fontaine n'ont jamais été concédées aux habitants de la commune. — Considérant que si, aux termes de l'article 538 du Code Napoléon, une fontaine publique peut entrer dans la classe des biens qui, n'étant pas susceptibles d'une propriété privée, font partie du domaine public et par conséquent jouissent du privilège d'imprescriptibilité, ce caractère ne saurait s'attacher qu'aux choses et aux biens qui servent à l'usage de tous, dont le public a la jouissance, et dont il tire une utilité actuelle, et de chaque instant, mais qu'il n'en saurait être ainsi d'une abstraction, ni surtout du droit de nue-propriété, dont les conséquences nécessaires et juridiques consistent précisément à donner à un tiers les deux principaux attributs des biens du domaine public, c'est-à-dire l'usage et la possession ; — Considérant que le droit de nue-propriété, ainsi constitué au profit de la ville de Bapaume, entrait dans le domaine municipal ordinaire et devenait, dès lors, prescriptible, aux termes de l'article 2227 du Code Napoléon; — Considérant qu'en exécution des lois et ordonnances sur la matière, le maire de Bapaume, agissant en sadite qualité, a, par procès-verbal du 29 mars 1828, remis effectivement au représentant de l'Etat, la fontaine militaire dont il s'agit ; — Que cette remise n'a pas seulement porté sur la jouissance et la possession, mais sur la pleine et entière propriété; que les termes du procès-verbal de remise ne sauraient laisser place au doute ; — Qu'ils sont précis et formels, et que, d'ailleurs, les réserves et protestations qu'il contient au sujet d'autres établissements suffisent pour faire ressortir clairement encore qu'en 1828, la ville de Bapaume a entendu se dessaisir, et l'Etat reprendre la pleine propriété de la fontaine aujourd'hui en litige; — Considérant que si, au moment où il faisait cette remise, le maire de Bapaume n'avait point reçu du conseil municipal les pouvoirs nécessaires pour renoncer à la nue-propriété appartenant à la ville, il l'a néanmoins fait, et que l'Etat est aujourd'hui en droit d'invoquer la prescription qu'il peut avoir acquise à partir de 1828. — Considérant qu'au point de vue de la prescription, il est aujourd'hui démontré que, depuis 1828 et pendant plus de trente années consécutives, l'Etat a joui de ladite fontaine en vertu d'une possession conforme à l'article 2229 du Code Napoléon, que cette possession se trouve d'ailleurs caractérisée au plus haut degré par les agissements de la ville de Bapaume, représentée soit par son maire, soit par son conseil municipal, qui ont constamment reconnu le droit absolu de l'Etat, l'ont corroboré par leurs reconnaissances et leurs déclarations et ont d'ailleurs fini par prendre ladite fontaine en location, et par posséder ainsi pour l'Etat ; — Considérant que, si la prescription de trente ans n'avait point été acquise au jour où l'action a été intentée, l'Etat pourrait, au besoin, invoquer la prescription de dix ans avec titre et bonne foi ; — Que les communes sont soumises aux mêmes prescriptions que les particuliers, et que, si le procès-verbal de remise et l'abandon de la nue-propriété de la fontaine consentis par le maire de Bapaume, en 1828, au profit de l'Etat, étaient entachés de nullité, cette nullité n'aurait point été invoquée dans les dix ans, conformément à l'article 1304 du Code Napoléon; — Que le conseil municipal a connu cet acte de remise et d'abandon au moins avant le 12 février 1834, puisqu'il le vise dans une délibération du même jour, et que, loin de contester ce qui avait été fait par le maire, il l'a au contraire approuvé, ratifié et corroboré par une série d'actes qui ne sauraient aujourd'hui être constestés; — Par ces motifs, la cour, infirmant, dit que le domaine de l'Etat est propriétaire de la fontaine militaire et de ses dépendances ; dit que, dans les trois jours de la signification de l'arrêt, le maire de Bapaume sera tenu de remettre à qui de droit les clefs de ladite fontaine, et de faire enlever le poteau existant sur l'ancien abreuvoir.

(1) Cass. Req. 24 février 1874. — La Cour, Sur le moyen unique pris de la violation des articles 2229, 2231, 2236, 2238 et 2240 du Code civil ; — Attendu que la concession d'eau faite à J.-J. Violès, auteur des défendeurs éventuels, par la ville de Bollène, sur le canal alimentaire du moulin des Mailles, qui dépendait, comme le moulin même, de son domaine privé, et approuvée par arrêté préfectoral du 29 août 1809, ayant eu lieu moyennant une rente annuelle de vingt francs et sans limitation de temps, n'était pas révocable au gré de la ville ; — Que l'article 7 dudit arrêté, par lequel Violès renonçait à toute indemnité à raison des dispositions que l'autorité jugerait convenable de faire pour l'avantage du commerce et de l'industrie, n'a eu pour objet que de réserver le libre exercice du pouvoir réglementaire de l'administration et n'a pu imprimer un caractère de précarité à la possession de la prise d'eau établie en vertu dudit arrêté ; — Qu'en tout cas, le vice de précarité dont cette possession se trouvait entachée, n'aurait pas affecté la jouissance de la nouvelle prise d'eau établie par Violès en 1813, dans des conditions d'où résultait à la charge du moulin une servitude à laquelle il n'était pas soumis antérieurement; — Attendu d'un autre côté, que l'on est toujours présumé posséder pour soi et à titre de propriétaire, et que la circonstance que Violès était co-propriétaire par indivis, avec son fils et son gendre du moulin des Mailles, n'a pu avoir pour effet nécessaire de rendre précaire ou équivoque la possession de la nouvelle prise d'eau, dont la destination et le mode de fonctionnement annonçaient d'une manière formelle et manifeste pour tous l'intention de Violès de créer au profit de sa filature de soie et aux dépens du moulin, une force motrice suffisante et non sujette à intermittence ; — Et attendu que l'arrêt attaqué déclare que la servitude continue, résultant de cette prise d'eau à la charge du canal alimentaire du moulin, était apparente; — Que le défendeur éventuel, L.-A. Violès, en a joui par lui-même ou ses auteurs, paisiblement, publiquement et sans interruption depuis 1825, et que cette possession n'avait aucun caractère de précarité; — Qu'en accueillant, dans ces circonstances, l'exception de prescription invoquée par ledit défendeur Violès, l'arrêt attaqué, loin de violer... — Rejette.

(1) Cass. Req. 15 novembre 1869 (voy. *suprà*, nº 1960); Dijon, 23 janvier 1867. — La Cour, Considérant que les habitants de la commune de Decize font usage depuis un temps immémorial, pour leurs besoins particuliers d'une source jaillissant au bas d'un coteau et située sur le bord d'une de leurs rues, qu'en sortant de cette source les eaux qui en découlent sont reçues dans un aqueduc couvert et alimentent une pièce d'eau destinée à abreuver les bestiaux et à laver le linge des habitants; — Qu'avant 1842, elles s'écoulaient ensuite dans un lit qui s'était formé sur la rue et qu'à cette époque Mme Séguin les en a détournées ; — Qu'il résulte de ces faits que ces eaux formant le ruisseau de Decize ont été affectées à des services d'intérêt général ; — Qu'elles font, dès lors, partie du domaine public de la commune ; — Que si cette commune n'était pas propriétaire de cette source ou n'en avait pas prescrit l'usage, elle aurait le droit de l'obtenir en vertu de l'article 643 du Code Napoléon ; — Que ces eaux nécessaires à Decize doivent donc être mises au rang des choses imprescriptibles et inaliénables énoncées dans les dispositions indicatives de l'article 538 du Code Napoléon ; — Considérant que, par une conséquence forcée, elles ne peuvent faire l'objet que de concessions temporaires et révocables, et pouvant recevoir une destination nouvelle dans l'intérêt des habitants, elles conservent le même caractère tant qu'elles coulent sur le sol appartenant à la commune ; — Que Mme Séguin ne peut donc invoquer en sa faveur ni la prescription ni se prévaloir de concession à perpétuité ; — Qu'au surplus l'arrêté pris par le maire de Decize, le 20 mai 1842, dont elle excipe, prouve que celui qui l'a obtenu en son nom était pénétré de ces principes, puisqu'en se faisant faire une concession, il s'est contenté d'une décision prise en vertu d'attribution concernant la police des rues ; — Que le maire actuel a usé légalement du droit qui lui appartient en en prononçant la révocation; — Que Mme Séguin n'est pas mieux fondée à soutenir qu'étant propriétaire riveraine du ruisseau, elle a le droit d'en dériver la totalité des eaux, en vertu des dispositions des articles 644 et 645 du Code Napoléon; — Que pour avoir des droits de riveraineté, il faut que l'eau courante borde immédiatement la propriété de celui qui veut en user, et qu'il puisse même prétendre, lorsqu'il s'agit d'un ruisseau être propriétaire de la moitié du sol sur lequel il coule; — Que le ruisseau de Decize a le sol entièrement placé sur la rue, dont le bord est à une certaine distance de la propriété de Mme Séguin, et que, jusqu'à preuve contraire, le sol de la rue appartient en entier à la commune; — Que dès lors, Mme Séguin n'est pas propriétaire riveraine du ruisseau ; — Que, fût-elle propriétaire riveraine, les dispositions des articles 644 et 645 relatives seulement à l'irrigation des propriétés contiguës à une eau courante qui ne serait pas hors du commerce, ne pourraient lui donner sous aucun rapport le droit de conserver les pièces d'eau dans son jardin; — Infirme.

(2) D. P. 58.1.218 et D. P. 62.1.130.

possédés à titre particulier et loués ou exploités comme le serait une propriété individuelle; la seconde qui comprend les biens communaux, ou, selon l'expression usuelle, les *communaux* servant à la jouissance commune des habitants.

2208. Nous n'avons pas grand'chose à dire des biens patrimoniaux des communes. Les communautés d'habitants peuvent posséder, à titre patrimonial, toutes les natures de choses auxquelles s'appliquent dans le Code le mot *bien* et qui sont susceptibles de propriétés privées: des immeubles par leur nature ou par leur destination, des meubles par leur nature ou par la détermination de la loi. Ordinairement les biens ainsi possédés sont des maisons ou des terres en prés, bois ou culture, des rentes sur l'Etat, des actions ou des obligations industrielles, des créances sur les particuliers; mais on voit des communes disposer des choses les plus diverses; il en est qui possèdent des sources minérales, des mines et des carrières, des chemins de fer et des services d'omnibus, des établissements industriels et des casinos, etc.

2209. Les biens patrimoniaux s'afferment, se louent ou s'exploitent au profit de la commune, selon certaines règles administratives que nous aurons à expliquer, mais en respectant les droits ordinaires sous lesquels s'afferment, se louent ou s'exploitent les propriétés privées. Les produits qui en sont tirés sont comptés au nombre des ressources ordinaires de la commune. En cas d'excédent de recettes sur les dépenses communales, cas fort improbable, le partage des revenus ne pourrait être opéré entre les habitants, les principes qui régissent l'administration des biens communaux ne permettant partage entre les habitants qu'à l'égard des produits en nature qui sont considérés comme indispensables aux besoins personnels de ces derniers (1). — Voyez cependant *infra*, n° 2450 et suiv. L'exception introduite par la loi du 4 août 1880, en matière d'indemnité pour mise en défens de terrains en montagne.

2210. Nous devons donner sur la nature des biens communaux ou des *communaux* ainsi que sur les modes de jouissance dont ils sont susceptibles des explications plus détaillées. Les communaux comprennent, en général, des bois, des pâturages, des terres labourables et des marais; ce sont des immeubles qui peuvent être exploités en commun ou dans l'intérêt commun. Exceptionnellement certaines communes possèdent, à ce titre, des carrières, des tourbières, des mines et des sources minérales; mais ce ne sont là que des faits isolés qui se produisent dans certaines contrées et résultent soit d'usages anciens se perdant dans la nuit des temps, soit de concessions seigneuriales ou royales faites à la suite d'événements locaux.

2211. Les biens communaux se composent, cela va sans dire, de tous les biens sur lesquels les communes ont des droits privatifs établis par titres; elles sont donc propriétaires de terres et bois qu'elles ont achetés ou qui leur ont été donnés ou légués, faits assez rares avant 1793, fort communs depuis lors. En outre et en vertu de l'attribution qui leur a été faite par les lois des 13-20 avril 1791, 28 août-14 septembre 1792 et 10-11 juin 1793, elles sont propriétaires de tous ces biens vacants, de tous ces biens usagers, de tous ces marais sans maître qui existaient en 1789; le plus grand nombre cultivés et exploités aujourd'hui, présentent l'aspect des terres ordinaires de culture et ne rappellent plus que leur nom, leur improductivité originaire : ce sont ces *gastes*, ces *garrigues*, ces *landes*, ces *pacages*, ces *pâtis*, ces *ajoncs*, ces *bruyères*, ces *bois communs*, ces *hermes*, ces *palus*, ces *marais* ces *marécages*, ces *montagnes*, etc., dont la dénomination variait selon les régions, qui désignent souvent aujourd'hui des bois au lieu de landes, de gastes, de hermes ou d'ajoncs,

des vignes au lieu de palus, des prés au lieu de marais ou de montagnes etc., mais qui indiquent immédiatement soit à l'habitant, soit à l'administrateur, soit au jurisconsulte, que le terrain est communal et soumis aux règlements particuliers de ces sortes d'exploitation.

Les communaux se composent donc en général, de biens immeubles à l'usage collectif dont la commune est propriétaire à titre privatif.

2212. Mais on doit aussi considérer comme communaux des droits utiles, des droits d'usage, des servitudes qui peuvent exister au profit de chacun des habitants sur des immeubles dont la commune n'est pas propriétaire, mais qui appartiennent à l'Etat ou à des particuliers. Et à cet égard, il a été fort bien jugé par un arrêt de la cour de Nancy du 11 juin 1843, que l'on devait considérer comme bien communal tout droit utile dont la participation s'acquiert par le seul fait de l'habitation dans une commune (1).

SECTION PREMIÈRE.

DES BOIS.

2213. Les communaux, quant au mode de jouissance dont ils sont susceptibles doivent être divisés en deux grandes classes de biens : les bois et les autres biens.

Aux termes de l'article 1 du code forestier sont soumis au régime forestier et doivent être administrés conformément à ses prescriptions les bois et forêts des communes et des sections de communes et les bois et les forêts dans lesquels les communes ont des droits de propriété indivis avec des particuliers, et les règles prévues pour cette administration sont établies par les articles 90 à 110. Nous n'avons donc pas à entrer ici dans l'étude approfondie de la législation spéciale à cette matière, mais nous devons énumérer, à titre de memento, les dispositions générales qui en résultent.

2214. Les bois appartenant aux communes qui ont été reconnus susceptibles d'aménagement ou d'une exploitation régulière, sont soumis au régime forestier. Cette reconnaissance a lieu par un arrêté du préfet, pris sur la proposition de l'administration forestière, et d'après l'avis des conseils municipaux (2).

Les bois des communes soumis au régime forestier, sont assujettis aux mêmes règlements que les bois de l'Etat, sauf quelques modifications qui seront indiquées ci-après.

---

(1) Déc. min. int. 1863. — Les principes qui régissent l'administration des biens communaux ne permettent le partage entre les habitants qu'à l'égard des produits en nature qui sont considérés comme indispensables aux besoins personnels de ces derniers. Quant aux produits en argent, ils doivent être intégralement versés dans la caisse municipale et réservés pour les besoins généraux de la communauté. Cette règle s'applique aussi bien aux droits d'usage que les communes possèdent dans les bois de l'Etat qu'aux biens dont elles sont elles-mêmes propriétaires

(1) Nancy, 11 juin 1844. — La Cour, Attendu que tout droit utile, dont la participation s'acquiert par le seul fait de l'habitation dans une commune, constitue par cela même un véritable bien communal, et que les charges ou redevances auxquelles il est subordonné prennent nécessairement le même caractère lorsqu'il suffit du même fait pour produire l'obligation de les payer ; — Que la nature d'un tel droit et d'une telle charge, une fois fixée par cette condition fondamentale, ne peut changer ni s'altérer par l'effet des inégalités introduites dans la jouissance commune, ni par le mode convenu ou adopté pour la répartition entre les habitants, des redevances à payer ; — Que, sous ce rapport, le plus ou moins de conformité entre ce qui a été convenu ou pratiqué dans des temps anciens et ce qui est réglé aujourd'hui par la législation sur les biens communaux, ne peut rien contre le fait essentiel d'où dérive la nature d'un bien communal ; — Qu'il n'importe aussi que la concession primitive d'un pareil droit ait été faite à une simple agrégation d'individus avant son érection en commune et sans qu'il apparaisse de l'accomplissement des formalités alors en usage ou introduites plus tard pour la régularité des transactions de cette espèce, puisque, d'une part, l'objet du procès actuel n'est pas de contester la validité de la concession faite en 1270, aux habitants de Ruppel, par Ferry Duchâtelet et que, d'autre part, l'acte qui, ultérieurement, aurait constitué en commune l'agrégation concessionnaire, n'aurait pu produire cette transformation, quant aux individus, sans l'effectuer aussi quant à leurs biens communs, quel que soit lors, auraient pu devenir communaux ainsi que les charges dont ils étaient grevés ; — Attendu que, d'après les stipulations de l'acte primitif de concession de 1270, de l'acte recognitif du 3 août 1538 et aussi d'après les aveux et déclarations de l'appelant à l'audience d'hier, les droits accordés par ces actes aux hommes, manants et habitants de la ville de Ruppel l'ont été non seulement à ceux qui existaient alors, mais encore à tous ceux qui sont venus ou viendront s'établir ultérieurement.

(2) C. For. 1er et 90.

2215. Aux termes de l'article 59 paragraphes 2 et 3 de la loi du 10 août 1871, les conseils généraux doivent être consultés sur la soumission des bois et forêts des communes au régime forestier, sur la conversion des bois en terrains de pâturages ainsi que sur l'aménagement, l'exploitation ou le défrichement.

2216. Lorsqu'il s'agit d'effectuer la délimitation des bois, les maires sont consultés pour la nomination des experts; ils ont le droit d'assister aux opérations, de faire consigner leurs dires au procès-verbal. Les conseils municipaux délibèrent sur cet acte avant qu'il soit soumis à l'homologation. En cas de contestation ou d'opposition, les actions sont suivies, s'il y a lieu, par les maires dans les formes ordinaires.

2217. Le receveur de la commune ou de l'établissement est chargé de poursuivre le payement des frais mis à la charge des riverains (1).

2218. Les communes ne peuvent aliéner ou échanger leur bois, ni faire aucun défrichement sans une autorisation expresse et spéciale du gouvernement. Celles qui auraient ordonné ou effectué des défrichements sans cette autorisation sont passibles d'une amende de 500 francs au moins et de 1,500 francs au plus par hectare défriché, et tenues, en outre, de rétablir les lieux en nature de bois (2).

2219. La propriété des bois communaux ne peut jamais donner lieu à partage entre les habitants. Mais lorsque deux ou plusieurs communes possèdent un bois par indivis, chacune conserve le droit d'en provoquer le partage (3).

2220. La gestion des bois, soumis au régime forestier, est confiée à l'administration des forêts de l'État. Toutefois, les communes ont des gardes particuliers dont le salaire est à leur charge. Ces gardes sont nommés par les préfets, sur la proposition des conservateurs (4).

2221. Les conseils municipaux doivent être consultés sur les propositions d'aménagement ou de modifications d'aménagement qui concernent leurs bois, ainsi que sur les travaux d'amélioration, tels que les recepages, repeuplements, clôtures, routes, constructions de loges pour les gardes, etc. Si les communes n'élèvent point d'objections, les travaux sont autorisés par le préfet sur la proposition du conservateur. Dans le cas contraire, il est statué par le Président de la République sur le rapport du ministre de l'agriculture (5).

2222. Lorsqu'il s'agit de la conversion en bois et de l'aménagement de terrains en pâturage, la proposition de l'administration forestière est communiquée aux maires; en cas de contestation , il est statué par le conseil de préfecture, sauf le pourvoi au ministre de l'État (6).

2223. Un quart des bois doit toujours être mis en réserve, lorsque les communes possèdent au moins dix hectares réunis ou divisés. Cette disposition n'est pas applicable aux bois totalement peuplés en arbres résineux (7).

Hors le cas de dépérissement des quarts en réserve, l'autorisation de les couper n'est accordée que pour cause de nécessité bien constatée, et à défaut d'autre moyen d'y pourvoir (8).

2224. Les demandes de coupes extraordinaires nécessitent les formalités qui suivent :

Les maires des communes, propriétaires de bois, doivent, avant le 15 juin de chaque année, adresser au préfet les propositions de coupes extraordinaires, soit par contenance, soit par pieds d'arbres, à exploiter pour l'année suivante. Ces propositions sont ensuite transmises par les préfets aux conservateurs, avant le 30 du même mois (7). Les conservateurs, après avoir fait vérifier les demandes et constaté l'état des bois, en forment un tableau, par département. Ils y expriment leur avis et adressent ce tableau au préfet, avec toutes les

pièces à l'appui, au plus tard le 1er octobre suivant. Les préfets, après avoir consigné leur avis sur ce même tableau, le transmettent à l'administration des forêts avec toutes les pièces, avant le 15 novembre.

Les demandes qui ne sont pas adressées aux conservateurs, avant le 30 juin, sont renvoyées à l'année suivante. Néanmoins les demandes de coupes extraordinaires, ayant pour but de satisfaire à des besoins urgents, tels que ceux résultant d'incendies, inondations et autres cas de force majeure, sont instruites au fur et à mesure de leur présentation (1).

2225. Dans toutes les forêts qui sont aménagées, l'âge de la coupe des taillis est fixé à vingt-cinq ans au moins, et il n'y a d'exception à cette règle que pour les forêts dont les essences dominantes sont le châtaignier et les bois blancs, ou qui sont situées sur des terrains de la dernière qualité. Lors de l'exploitation des taillis, il est réservé cinquante baliveaux de l'âge de la coupe par hectare. Quant aux forêts d'arbres résineux où les coupes se font en jardinant, l'aménagement détermine l'âge ou la grosseur que les arbres devront atteindre avant que la coupe puisse être ordonnée (2).

2226. Les ventes de coupes, tant ordinaires qu'extraordinaires des bois des communes, sont faites à la diligence des agents forestiers, dans les mêmes formes que pour les bois de l'État, et en présence du maire ou de l'adjoint pour les bois des communes, sans toutefois que l'absence du maire dûment appelé entraîne la nullité des opérations (3).

2227. Aucune vente ordinaire ou extraordinaire ne peut avoir lieu que par voie d'adjudication publique, laquelle doit être annoncée au moins quinze jours d'avance, par des affiches apposées dans le chef-lieu du département, dans le lieu de la vente, dans les communes de la situation des bois et dans les communes environnantes. (4).

2228. Toute vente faite autrement que par adjudication publique est considérée comme vente clandestine et déclarée nulle. Les fonctionnaires et agents qui auraient ordonné ou effectué la vente sont condamnés solidairement à une amende de 3,000 francs au moins, et de 6,000 francs au plus, et l'acquéreur est puni d'une amende égale à la valeur du bois vendu (5).

2229. Est de même annulée, quoique faite par adjudication publique, toute vente qui n'a pas été précédée des publications et affiches prescrites, ou qui a été effectuée dans d'autres lieux ou à un autre jour que ceux indiqués par les affiches ou procès-verbaux de mise en vente. Les fonctionnaires ou agents qui auraient contrevenu à ces dispositions seraient condamnés solidairement à une amende de 1,000 à 3,000 francs, et une amende pareille serait prononcée contre les adjudicataires, en cas de complicité (6).

2230. Quinze jours avant l'époque fixée pour l'adjudication, l'agent forestier, chef de service, fait déposer au secrétariat de l'autorité administrative qui doit procéder à la vente : 1° les procès-verbaux d'arpentage, de balivage et de martelage des coupes; 2° une expédition du cahier des charges générales et des clauses particulières locales.

2231. Le fonctionnaire qui doit présider à la vente appose son visa au bas de ces pièces pour constater le dépôt.

2232. Les affiches indiquent le lieu, le jour et l'heure où il sera procédé aux ventes, les fonctionnaires qui doivent les présider, la situation, la nature et la contenance des coupes, le nombre, la classe et l'essence des arbres marqués en réserve. Il est fait, dans les affiches et dans les actes de vente des coupes extraordinaires, mention des décrets spéciaux qui les ont autorisées. Le cahier des charges est basé, quant aux conditions générales, sur le modèle approuvé par le ministre des finances pour les coupes de bois de l'État; la formule en est donnée par les instructions de la direction générale

---

(1) Ord. 1er août 1827, art. 130, 131, 132 et 133.
(2) C. for., art. 91.
(3) C. for., art. 92.
(4) C. for., art. 108.
(5) Ord. 1er août 1827, art. 15 et 136.
(6) C. for., art. 90.
(7) C. for., art. 93.
(8) Ord. 1er août 1827, art. 140.

(1) Arr. min. 4 février 1837.
(2) Ord. 1er août 1827, art. 69, 70 et 72.
(3) C. for., art. 100.
(4) C. for., art. 17.
(5) C. for., art. 18.
(6) C. for., art. 19.
(7) ord. 1er août 1827, art. 83,

des forêts. Il détermine le mode et les époques du payement à faire aux communes par les adjudicataires. Il peut, en outre, imposer aux adjudicataires l'obligation de payer les frais accessoires des ventes ; le montant de ces frais est alors versé, par les adjudicataires, au receveur de la commune, qui demeure chargé .de payer les frais aux ayants droit sur les mandats des maires.

2233. Les adjudications de coupes ordinaires et extraordinaires peuvent être faites, soit aux enchères et à l'extinction des feux, soit au rabais, soit enfin sur soumission cachetée, suivant que les circonstances l'exigent (1).

2234. Elles ont lieu par-devant les préfets et sous-préfets dans les chefs-lieux d'arrondissement. Toutefois, les préfets, sur la proposition des conservateurs, peuvent permettre que les coupes dont l'évaluation n'excède pas 300 francs soient adjugées au chef-lieu d'une des communes voisines des bois, et sous la présidence du maire. Les adjudications se font, dans tous les cas, en présence des agents forestiers et des receveurs chargés du recouvrement des produits (2).

2235. Les agents et gardes forestiers, les fonctionnaires chargés de présider ou concourir aux ventes, et les receveurs du produit des coupes ne peuvent prendre part aux ventes, par eux-mêmes ni par personnes interposées directement ou indirectement, soit comme parties principales, soit comme associées ou cautions (3).

Ces défenses sont applicables aux maires, adjoints et receveurs des communes.

En cas de contravention, les coupables sont punis d'une amende qui ne peut excéder le quart ni être moindre du douzième du montant de l'adjudication, et ils sont passibles de l'emprisonnement et de l'interdiction prononcée par l'article 173 du Code pénal, sans préjudice des dommages-intérêts, s'il y a lieu. Les ventes sont, en outre, déclarées nulles (4).

2236. Toutes les contestations qui peuvent s'élever pendant les opérations d'adjudication, sur la validité des enchères ou sur la solvabilité des enchérisseurs et des cautions, sont décidées immédiatement par le fonctionnaire qui préside à la séance d'adjudication (5).

2237. Toute association secrète, toutes manœuvres entre les marchands de bois ou autres, tendant à nuire aux enchères, à les troubler ou à obtenir les bois à plus bas prix, donne lieu à l'application des peines portées par l'article 412 du Code pénal, indépendamment de tous dommages-intérêts ; et si l'adjudication a été faite au profit de l'association secrète ou des auteurs des manœuvres, elle est déclarée nulle. Dans tous les cas où les ventes et adjudications sont déclarées nulles pour cause de fraude ou de collusion, l'acquéreur ou adjudicataire, indépendamment des amendes et dommages-intérêts prononcés contre lui, est condamné à restituer les bois déjà exploités, ou à en payer la valeur sur le pied du prix d'adjudication ou de vente (6).

2238. Aucune déclaration de command n'est admise, si elle n'est faite immédiatement après l'adjudication et séance tenante (7).

2239. Tout procès-verbal d'adjudication emporte exécution parée contre les adjudicataires, leurs associés et cautions, tant pour le payement du prix principal de l'adjudication que pour les accessoires et frais. Les cautions sont, en outre, poursuivies solidairement et par les mêmes voies, pour le payement des dommages, restitutions et amendes qu'aurait encourus l'adjudicataire (8).

2340. Lorsque faute d'offres suffisantes, les adjudications n'ont pu avoir lieu, elles sont remises, séance tenante, au jour indiqué par le président, sur la proposition de l'agent

forestier. Le directeur général des forêts peut autoriser le renvoi de l'adjudication à l'année suivante, et même faire exploiter les coupes par économie, après avoir pris les ordres du ministre des finances (1).

2241. Les procès-verbaux des adjudications sont signés sur-le-champ par tous les fonctionnaires présents et par l'adjudicataire ou son fondé de pouvoirs ; et dans le cas d'absence de ces derniers, ou s'ils ne veulent ou ne peuvent signer, il en est fait mention au procès-verbal (2).

2242. Chaque adjudicataire fournit ses obligations au trésorier général des finances du département, pour les adjudications de coupes extraordinaires, et au receveur de la commune, pour les coupes ordinaires. Les circulaires des 16 août 1832 et 12 avril 1837 prescrivent aux receveurs des finances, ainsi qu'il est réglé par l'article 869 de l'instruction générale, dans l'intérêt de leur service et de leur responsabilité, de faire remettre par les receveurs municipaux, pour les conserver jusqu'aux époques d'échéance, les obligations des adjudicataires de coupes ordinaires. Mais le payement de ces obligations ou traites ne saurait être effectué valablement entre les mains du receveur particulier, il doit toujours avoir lieu à la caisse du receveur municipal.

2243. Lorsqu'une coupe de bois communal est indivise entre plusieurs communes, l'adjudicataire souscrit des obligations séparées pour la somme afférente à chaque commune, afin que les receveurs puissent en faire immédiatement recette dans leurs écritures.

2244. Les traites souscrites par les adjudicataires ne peuvent être négociées.

2245. Les trésoriers généraux poursuivent le payement des obligations par les moyens de poursuites autorisés par la loi du 12 septembre 1791 et par le décret du 11 thermidor an XII.

2246. A l'égard du recouvrement du produit des coupes ordinaires, il est poursuivi, dans les formes accoutumées, par les receveurs des communes propriétaires.

2247. Outre le prix principal de l'adjudication, il est payé par chaque adjudicataire un décime par franc de ce prix, et de plus les droits de timbre et d'enregistrement des actes et procès-verbaux et tous frais relatifs aux ventes. Le décime est versé dans la caisse de la commune ; les droits d'enregistrement et de timbre, dans la caisse du receveur des domaines.

2248. Après l'adjudication, il ne peut être fait aucun changement à l'assiette des coupes, et il n'y est ajouté aucun arbre ou portion de bois, sous quelque prétexte que ce soit, à peine, contre l'adjudicataire, d'une amende égale au triple de la valeur des bois non compris dans l'adjudication, et sans préjudice de la restitution de ces mêmes bois ou de leur valeur (3).

2249. Les adjudicataires ne peuvent commencer l'exploitation de leurs coupes avant d'avoir obtenu par écrit, de l'agent forestier local, le permis d'exploiter, à peine d'être poursuivis comme délinquants pour les bois qu'ils auraient coupés (4).

2250. Les adjudicataires ne peuvent effectuer aucune coupe ni enlèvement de bois avant le lever ni après le coucher du soleil, à peine de 100 francs d'amende (5).

2251. Les prorogations de délai de coupe ou vidange ne peuvent être accordées que par le directeur général des forêts. Il n'en est accordé qu'autant que les adjudicataires se soumettent d'avance à payer une indemnité calculée d'après le prix de la feuille et le dommage qui résulte du retard de la coupe ou de la vidange (6).

2252. Indépendamment du produit que les communes retirent de leurs coupes, il y a un assez grand nombre de produits accessoires.

(1) Ord. 26 nov. 1836.
(2) Ord. 1er août 1827, art. 86.
(3) C. for., art 21.
(4) C. for., art. 101.
(5) C. for., art. 20.
(6) C. for., art. 22.
(7) C. for. art. 23.
(8) C. for. art. 26.

(1) Ord. 1er août 1827, art. 89.
(2) Ord. 1er août 1827, art. 91.
(3) C. for., art. 29.
(4) C. for., art. 30.
(5) C. for. art. 35.
(6) Ord. 1er 1827, art. 96.

On considère ordinairement comme produits accessoires : 1° les bois provenant des recepages, essartements et élagages, et les chablis, c'est-à-dire les arbres déracinés ou rompus par les vents ou brisés sous le poids de la neige et du givre, lorsque l'estimation de ces bois n'excède pas 500 francs ; 2° les bois provenant de délits ; 3° les délivrances de plants, harts et fascines ; 4° les indemnités dues pour prolongation de délais d'exploitation ou vidange ; les indemnités pour réserves abattues ou endommagées par accident lors de l'exploitation des coupes ; 6° les redevances pour affectations et droits d'usage ; 7° les excédents de mesures sur les coupes ; 8° la glandée, c'est-à-dire la faculté d'introduire des porcs dans une forêt pour en manger le gland ; 9° le panage, c'est-à-dire le droit de faire manger par les mêmes animaux le gland, la faîne et les autres fruits ; 10° la paisson ou le pâturage ; 11° les mousses, bruyères et autres plantes ; 12° l'extraction de minerais, terres, pierres, sables, etc. ; 13° la location des scieries ; 14° les indemnités pour droit de passage, prise d'eau et autres servitudes foncières ; 15° la chasse ; 16° toutes les recettes imprévues provenant d'objets appartenant au sol forestier ou attribuées aux communes, à l'occasion de la gestion des forêts.

2253. En général, les produits accessoires sont l'objet d'une vente. Les uns, comme la glandée, le panage, la paisson, les chablis, les bois provenant de délits, de recepages, d'élagages ou d'essartements, sont adjugés à peu près dans les mêmes formes que les coupes ordinaires de bois (1) ; les autres sont cédés par menus marchés, dont l'administration règle le mode.

2254. Dans la huitaine, au plus tard, de la réception des décisions et des titres de perception, l'inspecteur des forêts en fait la remise au receveur des finances de l'arrondissement, pour que celui-ci les transmette au receveur municipal chargé de l'encaissement. Il n'est procédé à l'enlèvement des objets vendus ou livrés au comptant que sur la production, à l'agent forestier local, de la quittance du receveur municipal.

2255. A l'expiration de chaque trimestre, l'inspecteur des forêts adresse au conservateur une copie, en double expédition, du sommier des produits accessoires des forêts. Cette copie comprend les titres qui ont été enregistrés et adressés au receveur des finances dans le cours du trimestre. Le préfet en remet des extraits aux maires, par l'intermédiaire des sous-préfets, à l'effet de surveiller l'encaissement des produits.

2256. Il n'est imposé aucun supplément de prix, à titre de décime, sur les produits accessoires des bois des communes, autres que ceux qui sont vendus par adjudication.

2257. L'extraction des minerais, terres, pierres, sables, et des productions quelconques du sol dans les bois des communes, a lieu en vertu d'une autorisation formelle délivrée par les administrateurs des communes propriétaires, sauf l'approbation du directeur général des forêts qui règle les conditions et le mode d'extraction (2).

2258. Les extractions de matériaux ont quelquefois pour objet des travaux publics. Dans ce cas, les ingénieurs des ponts et chaussées désignent les lieux où elles doivent être faites, et déterminent, de concert avec les agents forestiers, les limites des terrains où l'extraction pourra être effectuée, le nombre, l'espace et les dimensions des arbres dont elle nécessitera l'abatage, ainsi que les conditions à imposer aux entrepreneurs (3).

2259. Le recouvrement des indemnités stipulées au profit des communes propriétaires s'opère conformément aux règles rappelées ci-dessus en ce qui concerne les autres produits accessoires des bois.

2260. Les maires sont autorisés à affermer le droit de chasse dans les bois communaux. Le conseil municipal discute le cahier des charges rédigé à cet effet, qui doit recevoir l'approbation du préfet.

2261. Mais le principal mode de jouissance des bois communaux consiste dans la coupe des bois dits d'affouage.

On appelle ainsi le bois distribué en nature aux habitants, soit pour le chauffage, soit pour la construction ou la réparation des bâtiments. Le bois de chauffage est pris dans les taillis ; le bois de construction parmi les futaies. Ce droit des habitants s'exerce ordinairement dans les bois des communes ; mais il existe aussi quelquefois, à titre d'usage, dans les bois de l'État et même dans ceux des particuliers.

De la différence de destination entre les bois de chauffage et ceux de construction, il résultait autrefois pour chacune de ces natures de bois des règles spéciales.

Mais une loi du 23 novembre 1883 a établi un même système de jouissance : jadis la délivrance des bois d'affouage était faite conformément aux dispositions de l'article 105 du Code forestier à moins qu'il n'existât des titres ou des usages contraires ; or l'existence prétendue d'usages contraires donnait lieu constamment à d'interminables contestations. La loi de 1883 a voulu faire cesser cet état de choses. L'article 105 du Code forestier dispose donc actuellement de la manière suivante :

S'il n'y a titre contraire, le partage de l'affouage, en ce qui concerne les bois de chauffage, se fait par feu, c'est-à-dire par chef de famille ou de maison, ayant domicile réel et fixe dans la commune avant la publication du rôle. Est considéré comme chef de famille ou de maison tout individu possédant un ménage ou une habitation à feu distincte, soit qu'il y prépare la nourriture pour lui et les siens, soit que, vivant avec d'autres à une table commune, il possède des propriétés divisées, qu'il exerce une industrie distincte ou qu'il ait des intérêts séparés.

En ce qui concerne les bois de construction, chaque année, le conseil municipal, dans sa session de mai, décide s'ils doivent être, en tout ou en partie, vendus au profit de la caisse communale ou s'ils doivent être délivrés en nature.

Dans le premier cas, la vente a lieu aux enchères publiques, par les soins de l'administration forestière ; dans le second, le partage a lieu suivant les formes et le mode indiqué pour le partage des bois de chauffage.

Les usages contraires à ce mode de partage sont abolis.

Les étrangers qui remplissent les conditions ci-dessus indiquées ne peuvent être appelés au partage qu'après avoir été autorisés conformément à l'article 13 du Code civil à établir leur domicile en France.

2262. Les diverses sections d'une même commune peuvent posséder des droits de propriété privativement l'une de l'autre. Il est donc facile de savoir, lorsqu'il s'agit de l'affouage, si les habitants de telle ou telle section doivent être portés au rôle de distribution, puisqu'il suffit d'examiner si cette section est ou non copropriétaire par indivis du fonds boisé, ou si elle y exerce un droit d'usage comprenant l'affouage.

2263. Mais il arrive souvent qu'une section est détachée d'une commune pour être réunie à une autre. Quelquefois on divise le territoire d'une commune pour en former deux. Dans aucun de ces cas la règle mentionnée ci-dessus ne doit fléchir. Ainsi, dans le premier cas, la section détachée n'acquiert pas de droit d'affouage dans sa nouvelle commune ; mais elle conserve soit celui qu'elle pouvait avoir dans l'ancienne commune à titre d'indivision ou d'usage, soit celui qui lui appartenait en propre sur les bois dont elle avait la possession exclusive. La législation, les auteurs et la jurisprudence sont d'accord sur ces divers points réglés, d'ailleurs, d'une manière générale.

2264. Lorsque les bois de chauffage se délivrent par coupe, l'exploitation en est faite, aux frais des usagers, par un entrepreneur spécial agréé par l'administration forestière.

2265. Aucun bois ne peut être partagé sur pied ni abattu par les usagers individuellement, et les lots ne peuvent être faits

---

(1) C. for., art. 53, Ord. 1er août 1827, art. 100 à 104 ; Gre. 23 juin 1830.
(2) Ord. 1er août 1827, art. 169.
(3) Ord. 1er août 1827, art. 170 et 171.

(1) L. 5 avril 1884, art. 7.

qu'après l'entière exploitation de la coupe, à peine de confiscation de la portion de bois abattu afférente à chacun des contrevenants.

2266. Les fonctionnaires ou agents qui auraient permis ou toléré la contravention sont passibles d'une amende de 50 francs, et demeurent en outre personnellement responsables, et sans aucun recours, de la mauvaise exploitation et de tous les délits qui pourraient avoir été commis (1).

2267. Toutefois, dans les départements où les communes avaient l'habitude d'exploiter elles-mêmes leurs coupes, il peut être permis à l'entrepreneur de s'entendre avec les habitants pour faire faire par eux l'exploitation. Mais l'entrepreneur est responsable, les habitants sont considérés alors comme ses ouvriers.

2268. Les entrepreneurs de l'exploitation des coupes affouagères doivent se conformer à tout ce qui est prescrit aux adjudicataires pour l'usance et la vidange des ventes ; ils sont soumis à la même responsabilité et passibles des mêmes peines en cas de délits ou contraventions. Les communes qui ont droit à l'affouage sont garants solidaires des condamnations prononcées contre lesdits entrepreneurs (2).

2269. Les dispositions qui précèdent s'appliquent aux coupes affouagères délivrées aux communes dans les bois de l'État, de même qu'aux coupes des bois communaux destinées à être partagées en nature pour l'affouage des habitants.

2270. Immédiatement après la délivrance de la coupe affouagère par les agents forestiers, le conseil municipal arrête la liste des affouagers, et le maire prend les dispositions nécessaires pour faire effectuer l'exploitation de la coupe, soit par voie d'adjudication publique, soit au moyen d'un traité de gré à gré avec un entrepreneur responsable.

Dans le premier cas, aussitôt après la réception du procès-verbal de balivage, il dresse un cahier des charges qu'il soumet à l'approbation du conseil municipal et qu'il transmet avec la délibération municipale au sous-préfet, pour être soumis à l'approbation du préfet.

Il procède ensuite à l'adjudication.

Dans le second cas, le maire passe un traité de gré à gré avec un entrepreneur de son choix. Il soumet ce traité au conseil municipal, et il le transmet au sous-préfet avec la délibération municipale.

2271. Après l'approbation du procès-verbal d'adjudication ou du traité de gré à gré, l'administration forestière accorde le permis d'exploiter, qui est remis au maire.

2272. Enfin, c'est d'après les règles indiquées par le cahier des charges qui a servi de base à l'adjudication, ou au traité de gré à gré, que la formation des lots ainsi que leur délivrance aux affouagistes sont faites par l'entrepreneur, sous la surveillance directe du maire, qui peut s'adjoindre deux membres du conseil municipal.

2273. Les actes relatifs aux coupes et arbres délivrés en nature sont visés pour timbre et enregistrés en débet, et il n'y a lieu à la perception des droits que dans le cas de poursuite devant les tribunaux (3).

2274. Les conseils municipaux des communes règlent la distribution, entre les habitants, des bois coupés à titre d'affouage. Le législateur n'ayant pas compris l'affouage dans la nomenclature des objets à l'égard desquels les délibérations du conseil municipal ne deviennent exécutoires qu'en vertu de l'approbation préfectorale en vertu de l'article 68, il s'ensuit que la répartition de l'affouage rentre dans la plénitude des pouvoirs réglementaires des conseils municipaux. Les délibérations qu'ils prennent à cet effet n'ont pas besoin d'approbation et ne sont annulables qu'en violation de la loi ou d'un règlement d'administration publique.

Il n'y a d'exception à cette règle que si la délibération contrevenait à des titres anciens, édits ou règlements, car alors il faudrait l'intervention du gouvernement pour rapporter les règlements établis par les édits ou ordonnances royales. Aujourd'hui, quelle que soit la nature de l'acte primitif, la décision a été transportée au préfet par le décret du 25 mars 1852, tableau n° 40. Sauf ce cas, le pouvoir du conseil municipal est entier.

2275. Les bois sont délivrés ordinairement sans autre rétribution, de la part des habitants, que celle des frais occasionnés par les coupes elles-mêmes ; ce n'est que dans le cas de nécessité que l'administration locale peut imposer, en sus des frais, le payement d'une somme à verser à la caisse municipale pour subvenir aux dépenses de la commune. (1)

2276. Lorsque l'affouage provient d'un bois domanial, le rôle ne doit jamais dépasser la somme strictement nécessaire à l'acquittement des frais d'exploitation. Les préfets sont tenus, le cas échéant, de réduire d'office le chiffre de la taxe assise sur chaque lot, de manière que le montant du rôle n'excède pas les frais dont il s'agit (2).

2277. Le conseil municipal dresse la liste provisoire des chefs de famille ou de maison qu'il a présumé être dans le cas de participer au taillis provenant de l'affouage.

Cette liste est annexée à la délibération du conseil municipal, et le maire avertit les habitants qu'ils peuvent en prendre connaissance, et que leurs réclamations, s'ils en ont à présenter, seront reçues pendant huit jours à la mairie, à dater de la publication.

2278. Un registre d'enquête est ouvert aussitôt par le maire, qui a soin de le clore à l'expiration du délai indiqué.

Dans le cas où il s'élève des réclamations, le procès-verbal d'enquête est communiqué au conseil municipal, qui prononce sur chaque réclamation, sauf recours au conseil de préfecture.

2279. La liste provisoire étant close, toute réclamation doit être rejetée par le maire sans formalité, la déchéance étant encourue de droit. Il ne peut plus être fait de rectifications à la liste des affouagistes qu'en vertu d'arrêtés du conseil de préfecture, et avant l'homologation du rôle.

2280. En cas de difficulté relative à la distribution de l'affouage, le conseil de préfecture peut, sur la demande des parties intéressées, nommer un expert pour procéder à un nouveau règlement.

2281. Les opérations de l'expert se font en présence du maire et des habitants de la commune auxquels peut appartenir ce droit, d'après les renseignements qui lui sont fournis (3).

2282. La répartition des taxes affouagères est faite au moyen de rôles ou d'états de distribution dressés par les maires, rendus exécutoires par le préfet, et recouvrables suivant les formes établies pour le recouvrement des contributions directes (4).

2283. Le préfet, immédiatement après avoir homologué le rôle d'affouage, le transmet au receveur municipal, par l'intermédiaire du receveur des finances de l'arrondissement. Le receveur municipal délivre à chaque ayant droit l'extrait qui le concerne, et dans lequel est indiqué le délai fixé pour le payement de la taxe. Ce délai est déterminé par l'arrêté d'homologation, de manière que tous les bois délivrés ou vendus puissent être enlevés avant l'expiration du terme des vidanges réglé par le cahier des charges.

2284. Nul habitant ne peut enlever sa portion d'affouage qu'en présence de l'entrepreneur de la coupe, qui n'y doit consentir que sur la représentation de la quittance du receveur municipal constatant le payement de la taxe, et du permis du maire apposé au dos de cette quittance ; les quittances délivrées sont soumises au timbre si elles excèdent 10 francs.

2285. A l'expiration du délai fixé, le receveur municipal transmet à l'entrepreneur de la coupe l'état, visé par le maire, tant des habitants en retard pour se libérer que de ceux qui ont acquitté la taxe, et cet entrepreneur demeure personnellement responsable, envers la commune, du payement des lots qui auraient été enlevés avant le payement, à moins qu'il n'ait

---

(1) C. for. art. 81 et 103.
(2) C. for. art. 82.
(3) C. for. art. 104

(1) Cons. d'Ét. 8 avril 1838 ; Circ. int. 10 janvier 1839.
(2) Cons. d'Ét. 29 mai 1838 ; Circ. int. 25 août 1840.
(3) Ord. 22 novembre 1815.
(4) L. 5 avril 1884, art. 140.

fait constater cet enlèvement, dans délai de trois jours, par des procès-verbaux réguliers, et qu'il ne les ait envoyés immédiatement au receveur municipal. Celui-ci doit alors diriger contre les débiteurs les poursuites autorisées par l'article 153 de la loi du 5 avril 1884, sans préjudice des poursuites criminelles auxquelles l'enlèvement furtif pourrait donner lieu, s'il présentait des circonstances qui lui donnassent le caractère d'un délit.

2286. Les poursuites administratives doivent être précédées d'une sommation gratis, laquelle, en cas de non-payement intégral, est promptement suivie d'une sommation avec frais, et il est procédé successivement au commandement, à la saisie et à la vente, avec les formalités et dans les délais prescrits.

2287. Les poursuites doivent s'étendre à la fois aux affouagistes signalés par les procès-verbaux d'enlèvement de lots, et à ceux qui, portés sur l'état dressé à l'expiration du délai fixé pour le payement des taxes, comme ne s'étant pas encore libérés, se seraient néanmoins emparés de leurs lots, sans que le fait eût été constaté à la diligence de l'entrepreneur, le tout sans préjudice du recours à exercer contre ce dernier.

2288. L'obligation imposée aux entrepreneurs des coupes, de ne délivrer les lots que sur la quittance du receveur municipal, au dos du permis du maire, est consignée dans les procès-verbaux d'exploitation. Les receveurs municipaux doivent se faire délivrer une expédition de ces procès-verbaux, qui forment le titre en vertu duquel ils auront à diriger les poursuites contre les entrepreneurs qui auraient encouru la responsabilité stipulée dans le cahier des charges.

2289. Les portions d'affouage non enlevées faute de payement de la taxe sont, à la diligence du receveur municipal, mises en vente séparément par le maire, dans la forme des adjudications publiques, mais seulement jusqu'à concurrence du montant des taxes non acquittées et des frais de vente. Le surplus est délivré, en nature, aux habitants auxquels ces mêmes portions auraient été attribuées.

2290. En général, les coupes affouagères ne sont pas considérées comme une ressource communale et ne doivent pas être détournées de leur destination, et fruits perçus en nature. Cependant il est des cas où des changements de destination peuvent être nécessaires. Aux termes du 2e paragraphe de l'article 109 du Code forestier, lorsque les coupes sont délivrées en nature pour l'affouage, et que les communes n'ont pas d'autres ressources, il doit être distrait une portion suffisante des coupes, qui est vendue aux enchères avant distribution, et le prix doit être employé au payement des charges inhérentes aux bois.

2291. Les communes peuvent aussi opérer de semblables prélèvements pour les besoins des établissements municipaux, tels que les mairies, les écoles, les corps de garde, et tous les locaux consacrés à un service communal, que les communes sont tenues de chauffer pendant l'hiver ou de réparer.

2292. Il y a lieu aussi à la vente des coupes affouagères lorsque les communes, possédant beaucoup de bois, ne sont pas dans l'usage d'employer la totalité de leurs coupes à la consommation des habitants. Elles doivent faire connaître à l'agent forestier local la quantité de bois qui est nécessaire, et il en est fait délivrance, soit par l'adjudicataire de la coupe, soit au moyen d'une réserve sur cette coupe (1).

2293. Dans les communes dont les ressources sont insuffisantes pour le payement de leurs gardes champêtres et forestiers, ou pour l'acquit des charges et des contributions établies sur leurs bois et autres biens en jouissance commune, les coupes affouagères, au lieu d'être distribuées entre les habitants, peuvent être vendues sous l'autorisation du préfet. Les conseils municipaux qui sont dans l'intention de faire vendre tout ou partie des coupes affouagères doivent en faire la demande dans la session de mai. La vente est faite alors par voie d'adjudication.

2294. Lorsque l'affouage provient d'un bois domanial, il est interdit aux usagers de vendre ou d'échanger les bois qui leur sont délivrés, et de les employer à aucune autre destination que celle pour laquelle le droit d'usage a été accordé. S'il s'agit de bois de chauffage, la contravention donne lieu à une amende de 10 à 100 francs. S'il s'agit de bois à bâtir ou tout autre bois non destiné au chauffage, il y a lieu à une amende double de la valeur des bois, sans que cette amende puisse être au-dessous de 50 francs (1).

2295. Lorsque les communes possèdent des bois peuplés en essences de chêne, il est d'usage de vendre les écorces affouagères, en déduction du montant des taxes à payer par les habitants. Ces ventes sont soumises aux mêmes règles que celles qui concernent les coupes ordinaires; elles ont lieu ordinairement dans la commune de la situation des bois, devant le maire, et en présence des agents forestiers et des agents de la commune appelés aux adjudications des coupes ordinaires. Cependant, à la différence de ce qui a lieu pour ces coupes, il n'est pas ordinairement souscrit de traités par les adjudicataires; le prix d'adjudication est payable en un ou deux termes, aux époques fixées par le cahier des charges de l'adjudication.

2296. Les communes qui veulent affranchir leurs bois de droits d'usage quelconques, par voie de cantonnement ou de rachat, en adressent la demande au préfet qui statue sur l'opportunité après avoir pris l'avis des agents forestiers.

2297. Les études préalables pour déterminer les offres de cantonnement ou de rachat sont faites par deux agents forestiers. Toutefois, sur la demande de la commune, il est adjoint aux deux agents forestiers un troisième expert, dont la désignation appartient à la commune. Ce troisième expert fait, concurremment avec les agents forestiers, les études nécessaires pour la détermination des offres.

2298. La commune est appelée par le préfet à déclarer si elle entend donner suite aux offres de cantonnement ou de rachat. Sur sa déclaration affirmative, les offres sont soumises au ministre de l'intérieur. En cas d'avis favorable, le ministre des finances statue sur la convenance et l'opportunité des offres.

Si l'usager déclare accepter les offres, il est passé entre le préfet et lui, en la forme administrative, un acte constatant son engagement sous réserve de l'homologation du chef de l'État.

Si l'usager propose des modifications au projet qui lui a été signifié, il en est référé au ministre des finances qui statue. Toutefois, les modifications qui seraient proposées par l'usager doivent être acceptées par la commune propriétaire, et approuvées par le ministre de l'intérieur, avant d'être soumises à l'homologation du chef de l'État par le ministre des finances.

Si l'usager refuse d'adhérer aux offres, il en est également référé au ministre des finances; mais l'action devant les tribunaux ne peut être intentée que par le maire suivant les formes prescrites par les lois.

2299. Les indemnités et frais auxquels les agents forestiers sont reconnus avoir droit, et les vacations du troisième expert, sont supportés en entier par les communes (2).

2300. Pour indemniser le Gouvernement des frais d'administration des bois communaux, le Code forestier avait décidé, article 106, qu'il serait ajouté annuellement à la contribution foncière établie sur les bois une somme équivalente à ces frais; que le montant en serait réglé chaque année par la loi des finances, et qu'elle serait répartie au marc le franc de la contribution et perçue de la même manière. Mais les inégalités de charges qu'entraînait ce mode de répartition ayant donné lieu à des réclamations nombreuses, on y a substitué une taxe fixée à 5 0/0 du prix de vente des produits principaux de ces bois et au vingtième de la valeur des

(1) Ord. 1er août 1827, art. 141.

(1) C. for. art. 83.
(2) Déc. 12 avril 1834.

mêmes produits délivrés en nature, sans que la somme remboursée ainsi puisse dépasser 1 franc par hectare (1).

Une décision ministérielle du 13 novembre 1874 a établi, par une interprétation favorable des termes de cet article, que les fractions d'hectares devaient être négligées dans le calcul de ce maximum.

2301. Au moyen de cette perception, toutes les opérations de conservation et de régie sont faites par les agents de l'administration forestière sans aucun frais. Il en est de même des poursuites pour délits ou contraventions, de la perception des restitutions, dommages-intérêts, etc., prononcés au profit des communes. En conséquence, on ne peut exiger de la commune aucun droit de vacation, ni d'arpentage, aucun décime ni prélèvement quelconque, aucun remboursement de frais d'instance, etc., (2).

Toutefois, il a été décidé par le conseil d'État que les frais de délimitation et d'aménagement constituent des dépenses extraordinaires à la charge des communes et auxquelles ne s'applique pas le produit de l'impôt remplacé aujourd'hui par le prélèvement du vingtième dont il vient d'être parlé (3).

2302. Les coupes ordinaires et extraordinaires sont principalement affectées au payement des frais de garde, de la contribution foncière et de la somme revenant au Trésor pour frais d'administration, comme il a été dit ci-dessus.

2303. Toutes les dispositions relatives à la conservation et à la régie des bois qui font partie du domaine de l'État, ainsi qu'à la poursuite des délits et contraventions commis dans ces bois, sont applicables aux bois indivis entre les communes et les particuliers.

2304. Aucune coupe ordinaire ou extraordinaire, exploitation ou vente, ne peut être faite par les possesseurs ou co-propriétaires, sous peine d'une amende égale à la totalité des bois abattus ou vendus ; toutes ventes ainsi faites sont déclarées nulles.

2305. Les frais de délimitation, d'arpentage et de garde sont supportés par le domaine et les co-propriétaires, chacun dans la proportion de ses droits.

2306. Pour éviter tout conflit entre les co-propriétaires, l'administration forestière nomme les gardes, règle leur salaire, et a seule le droit de les révoquer.

2307. Les co-propriétaires ont, dans les restitutions et dommages-intérêts, la même part que dans le produit des ventes, chacun dans la proportion de ses droits (4).

SECTION II.

DES AUTRES BIENS.

2308. Les biens, autres que les bois, dont les fruits appartiennent aux habitants des communes consistent : 1° en pâturages, marais et tourbières ; 2° en terres cultivées en allotissements ; 3° en varech, sart ou goémons.

2309. Avant 1789, la jouissance des biens communaux était généralement répartie en considération de la qualité de propriétaire ; mais de nombreuses dérogations avaient été introduites par les usages locaux, et dans l'Artois, par exemple : les communaux, concentrés dans un nombre limité de familles, passaient par héritage à leurs descendants, et ne faisaient retour à la commune qu'au cas où, les conditions n'étant plus remplies par la famille titulaire, il y avait lieu d'investir d'autres habitants des mêmes droits.

L'égalité absolue, qui était un des principes de la loi du 10 juin 1793, fit adopter alors le partage par tête qui était, aux termes de l'article 12 (sect. 3), le mode de jouissance légale en laissant toutefois aux habitants la liberté d'éta-

blir, pour leur jouissance, telles règles qu'ils aviseraient. La délibération qui déterminait la jouissance en commun devait être approuvée par l'administration départementale, sur l'avis de celle du district, et ne pouvait être ensuite révoquée pendant l'espace d'une année.

2310. Les changements dans le mode de jouissance des biens communaux furent ensuite l'objet du décret du 9 brumaire an XIII, et d'un avis du conseil d'État du 29 mai 1808.

Le décret du 9 brumaire an XIII distingua entre les communes qui avaient profité du bénéfice de l'article 12 (L. du 10 juin 1793, sect. 3°), pour régler le mode de jouissance et celles qui n'avaient pas usé de cette faculté.

Pour les premières, le mode de jouissance adopté par elle devait être exécuté provisoirement. Mais les conseils municipaux pouvaient en délibérer un nouveau, qui était, avec l'avis du sous-préfet, transmis au préfet, pour être, par lui, en conseil de préfecture, approuvé, rejeté ou modifié, sauf, de la part du conseil municipal, et même d'un ou plusieurs habitants ou ayant droit à la jouissance, le recours au conseil d'État.

Au contraire, à l'égard des communes qui, après la promulgation de la loi de 1793, avaient conservé l'ancien mode de jouissance, celui-ci ne pouvait être changé que par un décret impérial rendu sur la demande des conseils municipaux, et sur l'avis du sous-préfet de l'arrondissement et du préfet du département.

Toutefois, l'avis du conseil d'État du 29 mai 1808 décida que l'existence d'un acte fait en exécution de la loi de 1793, pour opérer un changement dans le mode de jouissance, et suivi d'exécution paisible et de bonne foi, cet acte ne fût-il pas parfaitement régulier, suffirait pour qu'un nouveau changement ne fût soumis qu'aux formalités imposées aux communes de la première catégorie.

2311. La loi de 1837 modifia cet état de choses, elle disposa que le mode de jouissance et la répartition des pâturages et fruits communaux seraient réglés par les conseils municipaux. Leur délibération était adressée par le maire au sous-préfet, qui en délivrait récépissé. Elle était exécutoire si, dans les trente jours de la date du récépissé, le préfet ne l'avait pas annulée. Toutefois, il pouvait encore en suspendre l'exécution pendant un autre délai de trente jours.

2312. La loi du 5 avril 1884 n'a établi aucune prescription spéciale, et le mode de jouissance des biens communaux n'est plus aujourd'hui déterminé que par le conseil municipal seul. C'est *une des affaires de la commune qu'il règle* par ses délibérations ; et celles-ci ne sont pas comprises au nombre de celles qui doivent être approuvées.

2313. Les conseils municipaux peuvent donc déterminer en quelle nature et de quelle manière les biens communaux seront livrés à la jouissance des habitants, s'ils seront conservés en nature de pâturage, ou labourés et ensemencés. Ils peuvent régler les époques du pâturage, déterminer les portions de terroirs qui y seront affectées selon les saisons, fixer le nombre des bestiaux que chaque ayant droit pourra y envoyer, établir des déchéances contre ceux qui ne se conformeraient pas aux prescriptions arrêtées ; enfin prendre toutes les mesures d'administration que les circonstances peuvent rendre nécessaires.

Le pouvoir du conseil municipal va jusqu'à enlever les biens communaux à la jouissance commune des habitants pour les donner à ferme, ou jusqu'à établir une cotisation sur les ayants droit à la jouissance.

2314. Mais ce premier point établi, doit-on dire que le conseil municipal, en réglant le mode de jouissance des biens communaux, peut, en même temps, partager cette jouissance entre les habitants ou certains habitants de la commune, dans les proportions et selon les conditions individuelles fixées par lui ? Non. Suivant l'expression de Toullier les biens communaux sont ceux dont la propriété appartient à la communauté, mais dont l'usage et les produits sont à tous les habitants et à chacun d'eux. Si la commune loue ses biens, les produits entrent dans la caisse municipale et profitent à tous ; si elle les laisse en jouissance communale, l'organisation du mode de jouis-

(1) L. 14 juillet 1856.
(2) C. for., art. 107.
(3) Cons. d'Et. 20 août 1839.
(4) C. for., art. 113, 114, 115, 116.

sance doit être telle que tous les ayants droit profitent ou puissent profiter de l'usage ou des produits (1).

2315. Il y a plus : le conseil municipal est tenu de respecter les droits acquis et ceux-ci peuvent porter soit sur le mode de jouissance des communes, soit sur leurs produits ou partie de leurs produits. Expliquons-nous.

Les biens communaux sont aujourd'hui possédés par les communes, soit par l'effet des lois attributives de 1789 à 1793 que nous avons fait connaître, soit en vertu de donations ou legs antérieurs ou postérieurs à la révolution, soit par suite de concessions royales ou seigneuriales ou d'événements connus ou inconnus. Lorsque ces biens sont le résultat des lois de 1789, leur possession et leur jouissance ne donnent lieu, en général, à aucunes difficultés particulières. Peu de droits particuliers ont pu être créés depuis et aucun usage méritant ce nom n'a pu être établi. Mais, lorsque les biens proviennent de donations ou de legs, des conditions ont pu être imposées par les donateurs ou testateurs, quant au mode de jouissance, et les conseils municipaux doivent les respecter, sous peine de porter atteinte à la loi du contrat.

Enfin, lorsque les biens ont leur origine dans des concessions remontant à l'ancien régime ou dans des événements de l'histoire communale antérieure à 1789, des obligations multiples ont pu être imposées aux communes propriétaires. Celles de ces obligations qui ont leur source dans le droit féodal ont été abolies par la loi de 1789, et elles ne doivent pas être respectées par les conseils municipaux. Mais il en est autrement de celles qui sont sorties des lois civiles et pénales en vigueur autrefois.

Sous l'ancien régime, la jouissance commune des biens communaux était réglée d'après les principes et les idées sur lesquels reposait l'organisation sociale, et les usages et les textes se modifièrent suivant les provinces et les localités. La loi du 10 juin 1793 voulut substituer à ce régime varié un système unique, mais la Convention, en l'édictant, n'entendait pas l'établir à l'encontre des droits régulièrement acquis déjà par les communes. Aussi la section 4 qui faisait l'attribution générale aux communes de toutes les terres vaines et vagues, gastes, garigues, landes, etc., etc., contenait-elle deux réserves contenues l'une dans l'article 5 et l'autre dans l'article 9.

Voici leur texte : Art. 5. La Convention nationale n'entend rien préjuger par le présent décret sur le parcours et la vaine

(1) Trib. civ., Guéret, 19 avril 1877, D., P., 78.3.47; Cass. civ. 17 mai 1881. — La Cour, Sur le premier moyen ; — Attendu que par l'effet de la loi de 1792, la propriété des terres vaines et vagues a été attribuée aux communes dans la circonscription sur laquelle elles se trouvaient, c'est-à-dire à la généralité même et non aux habitants « ut singuli » ; — Que si la loi du 10 juin 1793 a déclaré ces biens communaux susceptibles de partage entre les habitants, suivant les formes qu'elle a réglées, il ne suit nécessairement de cette faculté ni reconnue que la loi ait institué les habitants, à l'égard desdits biens, en état de co-propriété indivise, ni que toute possession pratiquée par l'un d'eux sur les mêmes biens soit nécessairement précaire; — Attendu que la loi des 9-19 ventôse an XII en édictant des dispositions nouvelles, tant dans le but de confirmer les partages accomplis régulièrement jusque-là, que de permettre à ceux des détenteurs des biens communaux, qui possédaient en vertu de partages irréguliers à en devenir néanmoins propriétaires incommutables, moyennant l'accomplissement des conventions précitées, n'a eu ni pour objet ni pour effet d'anéantir et de rendre inefficace en voie de la prescription, la possession individuelle antérieure de tout habitant qui se prétendrait propriétaire à tout autre titre qu'on partage ; — Que l'arrêt attaqué en décidant que la possession invoquée par le défendeur n'avait pas été précaire et que, réunissant d'ailleurs les autres conditions légales, elle avait pu servir de base à la prescription, n'a donc violé aucune disposition de loi ; — Sur le deuxième moyen ; — Attendu que si, au début du procès, Bamideaux avait fait valoir à l'appui de sa défense, un prétendu partage qui aurait été opéré en 1793, la cour d'appel, par un premier arrêt du 19 juin 1865, a formellement déclaré son incompétence pour statuer sur le mode d'acquisition, de même que sur l'effet d'une usurpation fondée sur un partage irrégulier dans les conditions prévues par l'article 3 de la loi des 9-19 ventôse an XII; — Qu'elle a retenu uniquement la connaissance de l'exception fondée sur la prescription trentenaire et a ordonné une expertise uniquement en vue de statuer sur cette exception ; — Qu'après l'apurement ordonné, elle s'est bornée à apprécier et à admettre la prescription du droit commun ; — Attendu qu'il est de principe que ces sortes de questions, débattues en dehors de tout acte administratif, sont essentiellement de la compétence des tribunaux civils, de même que l'appréciation des conditions et des caractères de la possession utile pour prescrire, et que l'ordonnance des 10-23 juin 1819, loin de déroger à ce principe, réserve au contraire expressément à l'autorité judiciaire le pouvoir d'en faire l'application. — Rejette.

pâture, dans les lieux où ils sont autorisés par les lois ou les usages ; elle renvoie à son comité d'agriculture pour lui faire incessamment un rapport sur cet objet.

Art. 9. L'esprit du présent décret n'étant point de troubler les possessions particulières et paisibles, mais seulement de réprimer les abus de la puissance féodale et les usurpations, il excepte des dispositions des articles précédents toutes concessions, ventes, collocations forcées, partages ou autres possesssions depuis et au-delà de quarante ans jusqu'à l'époque du 4 août 1789, en faveur des possesseurs actuels ou de leurs auteurs, mais non acquéreurs volontaires, ou donataires, héritiers ou locataires du fief à titre universel.

En un mot, la Convention, par la loi du 10 juin 1793, entendait donner aux communes des droits nouveaux, mais ne voulait pas modifier leurs droits déjà obtenus. Elle maintenait donc les modes de possession et de jouissance portant sur des biens déjà propriétés communales ; elle les conservait sans modification, conservant en même temps l'effet des titres divers qui les leur avait fait acquérir.

Lorsqu'en l'an IV, les communes perdirent le droit de partager leurs biens entre les habitants, la loi de 1793, abrogée en grande partie, subsista cependant quant aux parties relatives aux attributions des droits de propriété. Les articles 5 et 9 restèrent donc en vigueur, et ces articles sont toujours vivants. La jurisprudence administrative et civile et le gouvernement en tirèrent immédiatement cette conséquence que les usages anciens et les droits acquis par titre, plus de quarante années avant le 4 août 1789, devaient être respectés par les administrations communales toutes les fois que ces usages ou ces droits porteraient sur la jouissance des communaux. Aussi, dès le 9 fructidor an X, voit-on, intervenir un arrêté des consuls qui, pour des communes du département du Pas-de-Calais, ordonne d'en maintenir le mode de jouissance tel qu'il était établi dans l'Artois avant la Révolution (1).

Le 9 brumaire an XIII, le gouvernement intervenait d'une manière générale, en ordonnant que les modes de jouissance antérieurs à la loi du 10 juin 1793, continueraient de régir toutes les communes qui n'auraient pas profité de cette loi pour partager leurs biens, à moins qu'un décret impérial, rendu sur la demande des conseils municipaux, après avis du sous-préfet et du préfet, n'autorisât un changement. Le même décret permettait le changement, par le préfet, après délibération des conseils municipaux, des modes de jouissance arrêtés par les communes qui avaient exécuté la loi du 10 juin 1793.

Intervenait ensuite le décret du 4e jour complémentaire an XIII annulant les partages des biens communaux effectués, avant la loi du 10 juin 1793, en vertu d'arrêts du Conseil, d'ordonnances des états, etc., conformément aux usages établis ; puis l'avis du Conseil d'État du 29 mai 1808, inséré au Bulletin des lois qui confirmait en l'interprétant le décret du 9 brumaire an XIII.

En même temps la jouissance selon les titres et usages anciens était admise en matière forestière ; elle était consacrée par le Code de 1827.

De l'ensemble de cette législation, il résultait que les lois antérieures à celles de 1837, tout en permettant aux conseils municipaux de régler, sous l'approbation de l'autorité supérieure, les modes de jouissance des biens communaux, à eux attribués de 1789 à 1793 leur défendaient de modifier cette jouissance, lorsqu'elle se rapportait à des biens anciennement possédés, sans l'intervention du gouvernement.

La loi de 1837 n'apporta à cet état de choses aucune innovation intéressante (2). Elle laissait le pouvoir central statuer sur les modifications aux modes de jouissance des communaux que nous appellerons usagers, et si elle ne soumettait pas les délibérations des conseils municipaux portant sur la jouissance des communaux non usagers, à l'approbation pré-

(1) Arr. 9 fructidor an X.
(2) Cons. d'Ét. cont. 28 juillet 1853.

fectorale préalable, comme le voulait le décret de l'an XIII, elle permettait au préfet de les annuler soit d'office, soit sur la réclamation de tout intéressé.

Le décret du 25 mars 1852 transporta du chef de l'État au préfet, par l'article 1er, et le tableau A annexé (n° 40) le pouvoir de statuer sur le *mode de jouissance des biens communaux quelle que fût la nature de l'acte primitif qui ait approuvé le mode actuel.*

La loi du 1884 a-t-elle apporté un changement ? Le mode de jouissance des biens communaux est bien évidemment affaire de la commune, et, à ce titre, serait un des objets que réglerait, dans son droit absolu, le conseil municipal. Mais la loi municipale de 1884 n'a abrogé ni expressément, ni implicitement aucune des lois intervenues de l'an x à 1808 ; et expressément elle n'a supprimé dans le décret du 25 mars 1852 que les n° 13 et 21 de l'article 5 (1).

Rien ne nous paraît donc modifié dans la législation, telle qu'elle existe depuis 1852 : hâtons-nous de dire qu'aucun mot des discussions engagées soit devant le Sénat, soit devant la Chambre de 1884, ne peut faire présumer que le législateur ait voulu faire une œuvre nouvelle.

Bien qu'affaire de la commune, le mode de jouissance des biens communaux, quand il porte sur des biens usagers, ou sur des biens possédés, sous certaines conditions en vertu des titres, ne cesse pas d'être un des objets sur lesquels, aux termes du paragraphe 6 de l'article 70, ils sont seulement appelés par les lois et règlements à donner leur avis ; si le Conseil n'émet pas seulement un avis, mais prend une décision, celle-ci est nulle de plein droit en vertu de l'article 64.

Mais si le Conseil municipal ne peut modifier le mode d'exercice des droits acquis par l'usage ou par titres, il a qualité pour provoquer l'action de l'autorité supérieure, qui peut passer outre aux coutumes anciennes et aux prescriptions des actes antérévolutionnaires (2), sans que sa décision à cet égard soit susceptible d'être infirmée par les juridictions contentieuses (3).

2316. Cette faculté appartient au conseil municipal seul, et non au maire. Le règlement du mode de jouissance des biens communaux entre, en effet, dans les actes d'administration qui constituent les affaires de la commune, et non dans les matières de police municipale ou rurale (1).

2317. Mais si le préfet peut, sur l'avis du conseil municipal, modifier le mode de jouissance usager, il n'a pas le droit d'office de changer le règlement établi (2), et il excéderait ses pouvoirs s'il en arrêtait lui-même les conditions (3).

2318. Il est aussi indispensable de bien comprendre que le droit du préfet ne peut s'exercer que sur le *mode*, et non sur le *droit* de jouissance. Ce dernier échappe complètement à la réglementation administrative. Lors donc que l'arrêté relatif au mode de jouissance a pour effet de porter atteinte à des droits privatifs acquis, le préfet doit surseoir à statuer, jusqu'à ce que les réclamations des opposants ou des prétendants droits aient été appréciées par l'autorité judiciaire compétente (4).

---

(1) L. 5 avril 1884, article 168.
(2) Cons. d'Et. cont. 17 mars 1857. — Le Conseil, Sur le moyen tiré de ce qu'aux termes du décret du 9 brumaire an XIII, le mode de jouissance de la prairie des Jonquets qu'il n'avait pas été changé en exécution de la loi du 10 juin 1793 ne pouvait être modifié qu'avec l'autorisation du chef de l'État ; — Considérant que les dispositions du décret du 9 brumaire an XIII ont été abrogées par celles des articles 17, 18, 47 de la loi du 18 juillet 1837 et par celles du décret du 25 mars 1852 et des numéros 40 et 35 du tableau A annexé à ce décret ; — Qu'aux termes de ces dernières dispositions, c'est au préfet qu'il appartient dans tous les cas d'approuver le changement du mode d'administration et de jouissance des biens communaux que, dès lors, le préfet de l'Eure était compétent pour approuver la délibération du conseil municipal de la ville de Louviers qui a décidé que la prairie des Jonquets serait mise en ferme ; — Sur le moyen tiré de ce que le conseil municipal aurait excédé la limite de ses pouvoirs en substituant l'amodiation au mode de jouissance en nature établi au profit des habitants de la section ; — Considérant qu'il résulte des dispositions des articles 17, 18 de la loi du 18 juillet 1837, que les conseils municipaux ont le droit, sous le contrôle de l'autorité supérieure, de régler le mode d'administration et de jouissance des biens communaux appartenant soit aux communes, soit aux sections de communes ; — Que, toutefois, aux termes des articles 5 et 6 de la même loi, les sections de communes conservent la jouissance exclusive des biens qui leur appartiennent privativement et dont les fruits étaient perçus en nature au moment de leur réunion à la commune dont elles font partie ; — Qu'ainsi les pouvoirs du conseil municipal ne pourraient aller jusqu'à transférer à la commune entière, la jouissance qui, dans le cas prévu par les articles 5 et 6 de la loi précitée, est réservée exclusivement à la section, en affectant le produit de l'amodiation des biens de la section, au payement des charges générales de la commune ; — Mais, considérant que le conseil municipal de la ville de Louviers, en décidant que la prairie des Jonquets, propriété de la section de Saint-Jean, serait affermée, a déclaré qu'il prenait cette mesure dans le but d'employer le produit de l'amodiation à la satisfaction des besoins de la généralité des habitants de la section de Saint-Jean, et que le préfet de l'Eure a approuvé la délibération du conseil municipal, en se fondant principalement sur l'affectation spéciale que ce conseil déclarait vouloir donner aux produits de l'amodiation ; — Qu'ainsi les droits de jouissance exclusive attribués à la section par les articles 5 et 6 de la loi du 10 juillet 1837, ont été expressément réservés, et que les habitants de la section ne seraient fondés à réclamer que dans le cas où les produits de l'amodiation recevraient une destination qui leur a été assignée par la délibération précitée du conseil municipal. — Rejette.
(3) Cons. d'Et. 24 janvier 1856. — Napoléon, etc., Vu la délibération du 7 mai 1836 par laquelle le conseil municipal de Beaumont demande au préfet l'autorisation de clore au moyen de fossés les prés communaux, situés à Crois, et déclare que les prés provenant de l'ancienne paroisse

de Saint-Louaud, les habitants des cantons faisant autrefois partie de ladite paroisse et réunis actuellement à Beaumont auront seuls, et ce, à l'exclusion de tous autres, le droit de jouir desdits prés ; — Vu la loi des 7-14 octobre 1790, le décret du 9 brumaire an XIII et l'avis du Conseil d'État approuvé le 20 mai 1808 ; — En ce qui touche le recours contre l'arrêté du conseil de préfecture d'Indre-et-Loire du 13 juin 1854 ; — Considérant qu'aucune disposition législative n'a conféré aux conseils de préfecture le droit de connaître des arrêtés relatifs au mode de jouissance des biens communaux rendus en vertu de l'article 5 du décret du 9 brumaire an XIII par les préfets en conseil de préfecture ; — Que, dès lors, le conseil de préfecture du département d'Indre-et-Loire était incompétent pour statuer sur la demande de la commission syndicale tendant à l'annulation, pour excès de pouvoirs, de l'arrêté préfectoral du 30 mai 1826 ; — En ce qui touche le recours contre l'arrêté préfectoral ci-dessus visé ; — Considérant que la délibération prise le 7 mai 1836 par le conseil municipal de Beaumont, à l'effet d'obtenir du préfet l'autorisation de clore les prés communaux situés à Crois et provenant de l'ancienne paroisse de Saint-Louaud : — Que, si d'après l'article 5 du décret du 9 brumaire an XIII, il pouvait appartenir au préfet d'Indre-et-Loire d'approuver les changements projetés dans le mode de jouissance des prés communaux susdits, le préfet, en décidant, par l'arrêt attaqué, contrairement à ce qui avait été proposé par le conseil municipal, que tous les habitants de Beaumont, sans distinction, seraient admis à la jouissance des prés dont il s'agit, a statué sur une question de propriété dont l'autorité judiciaire avait seule le droit de connaître et qu'ainsi il a excédé ses pouvoirs. — Annule.
(1) Cass. crim. 11 octobre 1851. — La Cour, Sur le moyen tiré de la violation des articles 1er, 2 et 5 du titre II de la loi des 16-21 août 1790, 471 (n° 15) du Code pénal, en ce que le tribunal de police se serait déclaré incompétent pour statuer sur la poursuite ; — Attendu qu'il est constaté, en fait, par le jugement attaqué, que Chiffre et consorts ont défriché pour les ensemencer à leur profit, divers vacants en nature de bruyères, pâturages, passages, etc., appartenant à la commune de Pardaillan ; — Que le ministère public les avait fait citer devant le tribunal de simple police pour contravention à l'article 471 (n° 15) du Code pénal, à raison des faits constituant, d'après la poursuite, une infraction aux défenses portées soit par l'arrêté du maire de Pardaillan du 10 mars 1849, soit par l'arrêté du Conseil du 10 octobre 1756 ; — Attendu, en droit, en ce qui concerne l'arrêté municipal ci-dessus visé, que, si les conseils municipaux ont, aux termes de l'article 17 de la loi du 18 juillet 1837, le pouvoir de faire, en se conformant aux formes prescrites par cette loi, des règlements obligatoires pour le mode d'administration et le mode de jouissance des biens et fonds communaux, ce pouvoir ne saurait appartenir au maire, dans les attributions duquel il n'est placé ni par les articles 10 et 11 de ladite loi, ni par aucune autre disposition législative ; — D'où il suit qu'en ne faisant pas état, dans l'espèce, de l'arrêté municipal, le jugement attaqué s'est exactement conformé aux lois de la matière.
(2) Cons. d'Et. 24 janvier 1856 (Voy. *supra*, n° 2315).
(3) Cons. d'Et. cont. 1er février 1831 ; Cons. d'Et. 18 avril 1861. — Le Conseil, Vu la loi des 7-14 octobre 1790 ; — Vu la loi des 28 septembre-6 octobre 1791, la loi du 18 juillet 1837 et le décret du 25 mars 1852 ; — Considérant qu'il résulte des articles 18 et 20 de la loi du 18 juillet 1837, que, si les préfets ont le droit de donner ou de refuser leur approbation aux délibérations prises par les conseils municipaux sur le parcours et la vaine pâture, ils ne peuvent modifier ces délibérations ; — Considérant que, lorsque la délibération prise par le conseil municipal de Roëne-la-Grande, le 11 février 1850, relativement à la vaine pâture, a été soumise au préfet du département de la Meuse, le préfet n'a pas réservé son approbation en indiquant les conditions auxquelles il pourrait la donner ; — Qu'il a pris un arrêté par lequel il a approuvé la délibération, mais sous la condition que le nombre de têtes de gros bétail que les ayants droit pourraient envoyer à la vaine pâture serait porté à trois par hectare de terre exploitée, au lieu d'avoir 40 ares ; — Que, par cet arrêté, il a modifié la délibération du conseil municipal et qu'il a excédé ses pouvoirs ; — Que, dès lors, son arrêté et la décision par laquelle le ministre de l'intérieur les a approuvé doivent être annulés. — Annule.
(4) Cons. d'Et. 7 décembre 1831. — Vu l'édit de juin 1769, enregistré au parlement de Metz, le 6 juillet 1769 ; — Vu la loi du 10 juin 1793 ; — Vu le décret du 9 brumaire an XIII et l'avis du Conseil d'État, approuvé le 20 mai 1808 ; — Vu le décret du 25 mars 1852, article 1er, tableau A, numéro 40 ; — Vu la loi du 9 vendémiaire an XII (art. 6 et 8) et l'avis du conseil d'État du 3 juin 1809, approuvé le 8 août ; — Considérant que

2319. Lorsque des droits privatifs sont incontestés, l'autorité préfectorale doit les respecter. Ainsi, il a été maintes fois jugé que lorsque des biens sont la propriété non de la commune, mais d'une de ses sections, le conseil municipal et le préfet pouvaient bien substituer un mode à un autre mode de jouissance, par exemple, l'amodiation à la jouissance collective, mais à la condition expresse que le bien reste cependant spécialement affecté au service exclusif de la section. Le Conseil d'État a constamment déclaré nuls, pour excès de pouvoirs, et les délibérations et les arrêtés approbatifs qui décidaient que les fruits ou les produits des biens d'une section seraient versés dans la caisse communale pour être affectés au payement des charges de la commune (1). Si ce versement est opéré, il ne peut l'être que sous la condition de décharger les habitants de la section jusqu'à due concurrence (1).

2320. Quelle est l'autorité compétente pour statuer sur les contestations auxquelles donne lieu la jouissance des biens communaux ? Il faut distinguer entre celles qui portent sur le règlement du mode de jouissance, celles qui ont pour objet le droit, et enfin celles qui s'élèvent à raison de la jouissance elle-même ou de l'interprétation de l'acte réglementaire.

2321. Nous avons déjà vu (nº 2315 et suiv.) que l'autorité préfectorale avait qualité pour prononcer sur les règlements du mode de jouissance. Si le préfet ne donne pas satisfaction aux réclamants, ceux-ci peuvent s'adresser à l'autorité ministérielle, mais en faisant appel seulement au pouvoir qu'ont toujours les ministres de réformer les décisions des préfets qu'ils jugent inopportunément rendues. Aucun recours contentieux n'est admissible.

2322. Si la contestation porte sur le droit, il appartient à l'autorité judiciaire de la résoudre : c'est, en effet, celle-ci et celle-ci seule qui doit prononcer sur les questions de nationalité, d'état civil et de propriété ; c'est elle qui doit examiner l'aptitude à la jouissance d'un bien communal des individus, de même des sections de la commune. La jurisprudence du Conseil d'État et de la Cour de cassation sont

---

si le décret du 25 mars 1852, sur la décentralisation administrative, a donné aux préfets, le pouvoir qui, aux termes des articles 1 et 2 du décret du 9 brumaire an XIII, appartenait au chef de l'État, de changer le mode de jouissance des biens communaux quelle que puisse être la nature de l'acte primitif qui ait approuvé le mode existant, cette attribution n'est relative qu'aux biens communaux sur lesquels les habitants en possession actuelle de la jouissance ne prétendent pas avoir primitivement des droits acquis et irrévocables ; — Que l'opposition de certains habitants de la section de la commune de Longeville-les-Cheminot au projet de partage présenté par le conseil municipal, se fondait sur des droits privatifs, irrévocablement acquis, qui seraient dérivés à leur profit d'un partage antérieur opéré en exécution de l'édit de juin 1769 ; — Qu'en présence de réclamations de telle nature, le préfet devait surseoir à l'approbation d'un nouveau mode de partage, et renvoyer les parties devant l'autorité compétente, à l'effet de faire déterminer les conséquences du partage antérieur ; — Qu'ainsi, en déclarant mal fondées les réclamations des opposants, et en ordonnant que nonobstant leurs prétentions et avant jugement de leur mérite par l'autorité compétente, il serait passé outre à l'établissement d'un nouveau mode de partage, l'arrêté attaqué a commis un excès de pouvoirs ; — Annule.

Cons. d'Et. 14 juin 1855. — Le Conseil, Vu l'édit de juin 1769, enregistré au parlement de Metz, le 6 juillet suivant ; — Vu les lois des 10 juin 1793 et 9 ventôse an XII, le décret du 9 brumaire an XIII, l'avis du Conseil d'État, approuvé le 29 mai 1808 ; — Vu le décret du 25 mars 1852, article 1, tableau A, numéro 40 ; — Considérant que, si le décret du 25 mars 1852 sur la décentralisation administrative a donné aux préfets le pouvoir qui, aux termes du décret du 9 brumaire an XIII, appartenait au chef de l'État de changer le mode de jouissance des biens communaux, quelle que soit la nature de l'acte primitif qui a approuvé le mode existant, cette attribution n'est relative qu'aux biens communaux sur lesquels les habitants, en possession actuelle de la jouissance, ne prétendent pas avoir privativement des droits acquis et irrévocables ; — Considérant que l'opposition de certains habitants de la commune d'Ennery au projet du conseil municipal, relatif à la jouissance des biens communaux se fonde sur des droits privatifs irrévocablement acquis, qui seraient dérivés à leur profit d'un partage opéré en exécution de l'édit de 1769 ; — Qu'en présence de réclamations de cette nature, le préfet devait surseoir à l'approbation de ce projet et renvoyer les parties devant l'autorité compétente à l'effet de faire déterminer les conséquences du partage opéré en exécution de l'édit précité ; — Qu'ainsi en déclarant mal fondées les réclamations des opposants et en ordonnant que nonobstant leur prétentions et avant qu'elles eussent été jugées par l'autorité compétente, il serait passé outre à l'établissement d'un nouveau mode de jouissance, le préfet a excédé ses pouvoirs ; — Annule.

(1) Cons. d'Et. cont. 4 septembre 1856, D. P., 57.3.31 ; Cons. d'Et. cont. 5 mai 1859. — Napoléon, etc., Vu la loi du 18 juillet 1837, notamment les articles 5, 6, 17 et 18, 56 et 57 ; — En ce qui touche la disposition de la décision attaquée, par laquelle notre ministre a maintenu l'arrêté du préfet du département de Saône-et-Loire, en tant qu'il refuse d'instituer une commission syndicale ; — Considérant que les sieurs La Charrière et autres demandaient qu'une commission syndicale fut instituée, conformément à l'article 56 de la loi du 18 juillet 1837, pour représenter la section Marsonay, par le motif que le conseil municipal de la commune de La Chapelle-de-Guinchay en votant l'amodiation de terrains à la section et, en affectant pour partie le produit de cette amodiation au payement des charges générales de la commune, avait violé les droits de jouissance exclusive réservés aux habitants des sections par l'article 5 de la loi précitée ; — Qu'en refusant de faire droit à cette demande, par le motif que c'était à l'autorité aministrative dans l'exercice de son pouvoir de tutelle, qu'il appartenait exclusivement de statuer sur la réclamation formée par les requérants contre l'acte de gestion du conseil municipal, le préfet du département de Saône-et-Loire et notre ministre de l'intérieur ont excédé leurs pouvoirs.

En ce qui touche la disposition de la décision attaquée par laquelle notre ministre a maintenu l'arrêté du préfet, en tant qu'il approuve la délibération du conseil municipal, qui décide l'amodiation et fixe l'emploi de ses produits ; — Considérant que le conseil municipal de la commune de la Chapelle-de-Guinchay, par sa délibération en date du 5 mai 1857, a voté l'amodiation des biens, dont les habitants de la section de Massonay avaient jusqu'alors la jouissance en nature et a décidé que le produit de la mise en ferme serait employé pour une partie à la satisfaction des besoins particuliers de la section, et, pour le surplus, aux dépenses générales de la commune ; — Que si, dans une délibération en date du 9 mai 1858, il a réduit la partie affectée au payement général des dépenses de la commune, en la fixant proportionnellement au montant des quatre contributions directes payées par les habitants de la section, cette mesure n'a pas eu pour objet de décharger les habitants jusqu'à due concurrence des contributions auxquelles ils étaient imposées pour faire face aux dépenses communales ; — Considérant que d'après les articles 17 et 18 de la loi du 18 juillet 1837, les conseils municipaux ont le droit, sous le contrôle de l'autorité supérieure, de régler le mode de jouissance des biens communaux, appartenant soit aux communes, soit aux sections, mais qu'aux termes des articles 5 et 6 de la même loi, les sections de commune conservent la propriété de tous les biens non affectés à un service public qui leur appartenaient exclusivement et la jouissance exclusive des biens dont les fruits étaient perçus en nature au moment de leur réunion à la commune dont elles font partie ; — Qu'ainsi le conseil municipal de la commune de la Chapelle-de-Guinchay ne pouvait, en exerçant le pouvoir qui lui est attribué par les articles 17 et 18 de la loi précitée, transférer à la commune entière, soit en totalité, soit pour partie, la jouissance qui appartient exclusivement à la section ; — Que, dès lors, c'est à tort que notre ministre de l'intérieur a maintenu l'arrêté du préfet qui approuvait la délibération du conseil municipal, en date du 5 mai 1857, dans celles de ses dispositions qui fixe l'emploi du produit de l'amodiation.. — Annule.

(1) Cons. d'Et. cont. 21 novembre 1873. — Le Conseil, Vu la loi des 7-14 octobre 1790, celle du 18 juillet 1837, art. 5, 6, 17, 18 et 49 et le décret du 25 mai 1852, art. 1er. — Considérant qu'il résulte des dispositions des articles 17 et 18 de la loi du 18 juillet 1837, que les conseil municipaux ont le droit de régler le mode d'administration et de jouissance des biens communaux appartenant soit aux communes, soit aux sections de communes ; — Que si aux termes des articles 5 et 6 de la loi précitée, les sections de commune, réunies à une autre commune conservent la jouissance exclusive des biens qui leur appartiennent privativement et dont les fruits étaient percus en nature, au moment de leur réunion à la commune dont elles font partie, les droits consacrés par ces articles ne font pas obstacle à ce que les conseils municipaux usent, pour régler le mode de jouissance des biens des sections, des pouvoirs qui leur sont conférés par les articles 17 et 18 ci-dessus relatés, mais qu'il en résulte que lesdits conseils ne peuvent transférer à la commune entière la jouissance qui est réservée exclusivement à la section ; — Considérant que, si le conseil municipal de Saint-Wandrille-Rançon, après avoir décidé, en principe, l'amodiation aux enchères des biens de la section de Ganville, a émis l'avis, par ses délibérations des 5 novembre et 18 décembre 1868, et celles des 4 février et 10 juillet 1869, qu'une partie du produit de cette amodiation pourrait être employée à diverses dépenses au profit de la commune, ledit conseil municipal, sur la réclamation des habitants de la section de Ganville, a rétracté les délibérations ci-dessus avant tout commencement d'exécution, et que par ses délibérations ultérieures en date des 6 et 23 août 1869, 30 janvier et 6 juin 1870, qui ont réglé les conditions, soit de l'amodiation des biens litigieux, soit de la vente aux enchères de leurs produits, il a déclaré réserver les droits de la section sur l'intégralité du prix ; — Que sur les réclamations des habitants qui se plaignaient que cette réserve fut demeurée sans effet, le ministre de l'intérieur n'a maintenu les décisions du préfet qui ont approuvé ces délibérations, que sous la condition que le prix de l'amodiation serait employé annuellement, en premier lieu, à la satisfaction des besoins particuliers de la section, et lorsque ces besoins seraient satisfaits à contribuer aux dépenses générales de la commune, pour une part proportionnelle au montant des quatre contributions directes payées par les habitants de la section, en déchargeant les habitants jusqu'à due concurrence des contributions établies pour faire face aux dépenses communales ; — Considérant qu'il résulte de ce qui précède que les habitants de la section de Ganville ne sont pas fondés à soutenir que les actes attaqués porteraient atteinte aux droits qui leur appartiennent, comme habitants de la section de Ganville sur les biens communaux de ladite section, sauf à eux au cas où il ne serait pas fait emploi des fonds provenant de l'amodiation conformément aux dispositions ci dessus relatées, à faire valoir leurs droits devant les autorités compétentes. — Rejette.

unanimes en ce sens (1), malgré les controverses très vives auxquelles a donné lieu cette doctrine lorsqu'elle a été établie (1).

2323. Mais si la contestation porte sur le mode de jouissance des biens communaux et sur l'existence, la légalité ou la portée des conditions spéciales d'admission à cette jouissance qui auraient été établies, soit par des règlements administratifs, soit par d'anciens usages, c'est aux tribunaux administratifs qu'il appartient, d'après les lois des 10 juin 1793, et 9 ventôse an XII, et celles des 16-24 août 1790 et 16 fructidor an III, de reconnaître le mode de jouissance, de statuer sur sa légalité, de vérifier l'existence des conditions constatées et d'en déclarer le sens et la portée (2).

2324. L'autorité judiciaire est seule compétente pour examiner l'exception de prescription qui pourrait être soulevée dans une action en revendication de jouissance de biens communaux, s'il s'agit d'apprécier si la prescription a pu s'accomplir conformément aux règles du droit civil (3).

2325. Il a été expliqué plus haut que les conseils municipaux, en réglant l'usage des biens communaux, devaient respecter les droits acquis soit par des habitants, soit par des sections, et les coutumes et titres anciens. Les juridictions administratives ont eu souvent l'occasion de faire application de ce principe. Nous avons déjà vu que le Conseil d'État l'a rappelé chaque fois qu'il a été violé par l'autorité municipale et l'autorité préfectorale au préjudice d'une section et au

---

(1) Trib. conf. 12 juin 1850. — Le tribunal, Vu l'article 89 de la constitution, les lois des 3 mars 1849 et 4 février 1850; — Vu les articles 2 et 3, section 5 de la loi du 10 juin 1793; — Vu les arrêtés du 26 nivôse an II et 19 frimaire an X; — Vu l'article 105 du Code forestier; — Vu l'article 17 (n° 4) de la loi du 18 juillet 1837; — Vu le règlement du 26 octobre 1849, les ordonnances des 1er juin 1828 et 12 mars 1831; — Considérant que la revendication formée par le préfet de la Meuse, au nom de l'autorité administrative, est fondée sur les dispositions des lois des 10 juin 1793 et 18 juillet 1837; — Considérant que l'article 2, section 3 de la loi du 10 juin 1793, ne défère à l'autorité administrative que la connaissance des contestations qui peuvent s'élever sur le mode de partage des bois communaux; que, par ces expressions « le mode de partage » le législateur n'a pas entendu soumettre à l'autorité administrative les questions d'aptitude personnelle, desquelles dérive le droit individuel à l'affouage; — Considérant que la loi du 18 juillet 1837, en chargeant les conseils municipaux de régler les affouages par leurs délibérations, n'a pas dérogé aux règles établies par la législation antérieure, et au droit commun sur la compétence des tribunaux civils; — Considérant que la contestation engagée entre la commune de Thonne-la-Long et les sieurs Pierret et Fosti avait pour objet de faire reconnaître l'aptitude personnelle de ces particuliers pour être admis à prendre part aux affouages dans la commune de Thonne-la-Long. — Annule.

Cons. d'Et. cont. 30 novembre 1850. — Le Conseil, Vu l'édit de juin 1769; — Vu les lois des 10 juin 1793 et 9 ventôse an XII; — Les décrets des 9 brumaire et quatrième jour complémentaire de l'an XIII; — La loi du 28 pluviôse an VIII, article 15; — L'avis du Conseil d'Etat du 29 mai 1808; — La loi du 18 juillet 1837; — Considérant qu'il s'agissait, dans l'espèce, de savoir par application de l'édit de juin 1769, si la dame Méon était apte à recueillir la portion de biens communaux dont le sieur Triste, son père, avait disposée en sa faveur; — Considérant que, si l'article 2 de la section 5 de la loi du 10 juin 1793, l'article 6 de la loi du 9 ventôse an XII et l'article 2 du décret du quatrième jour complémentaire an XIII, défèrent à la juridiction administrative les contestations qui peuvent s'élever sur le partage des biens communaux et celles qui pourraient s'élever sur le mode de partage entre les co-partageants et les communes sur le maintien ou l'annulation des partages antérieurs ou postérieurs à la loi du 10 juin 1793, le législateur, par ces dispositions, n'a pas entendu soumettre à la compétence administrative les questions d'aptitude personnelle desquelles dérive le droit individuel à la jouissance, par voie de transmission, de lots de biens dont le partage n'a pas été contesté; — Que les dispositions, soit du décret du 9 brumaire an XIII, soit de l'article 17 de la loi du 18 juillet 1837, relative au changement ou au règlement du mode de jouissance des biens communaux, n'ont ni interverti l'ordre des juridictions, ni dérogé au droit commun sur la compétence des tribunaux civils; — Que dès lors, l'arrêt attaqué a été incompétemment rendu. — Annule.

Cons. d'Et. cont. 5 avril 1851; Cass. civ. 21 janvier 1852; Cons. d'Et. cont. 3 mars 1853; Cons. d'Ét. cont. 17 mai 1855; Cons. d'Et. cont. 16 avril 1863; Cons. d'Et. cont. 1er février 1871; Cass. Req. 19 avril 1880. — La Cour, Sur le moyen unique du pourvoi fondé sur la violation de la loi des 16-24 août 1790, titre II, article 13 sur la séparation des pouvoirs et des articles 1, 5, 6, 56 et 57 de la loi du 18 juillet 1837; — Attendu que les questions de propriété ou de droit d'usage qui s'agitent entre les particuliers et les communes, sont exclusivement de la compétence des tribunaux civils; — Que le droit de délimitation administrative des communes ou sections de communes appartient à l'administration, mais que cette délimitation faite dans l'intérêt principal de l'administration publique et communale, ne peut modifier les droits privés et patrimoniaux des communes ou sections de communes, ni les droits conférés aux habitants de ces communes ou sections; — Qu'il suit de là que cette délimitation n'est point, au préalable, nécessaire pour que les tribunaux puissent statuer sur les questions de propriété ou d'usage soulevées par les habitants de ces communes ou sections et apprécier les droits mis en question, soit par rapport à la résidence de ceux qui en réclament l'exercice; — Attendu que la cour de Caen, comme le constate l'arrêt attaqué a cherché à reconnaître si Tostain était dans les conditions d'aptitude personnelle, et notamment, de résidence voulues pour bénéficier des droits d'usage concédés aux habitants du hameau du Pommier, sur les marais de la Tourbe et les prés de Labbry; que cette cour n'a nullement entendu forcer les limites administratives de ce hameau; que par la mesure d'instruction qu'elle a ordonnée, elle s'est réservé uniquement de statuer sur les questions de droits d'usage qui lui étaient soumises et qui étaient de sa compétence; — Qu'elle n'a donc point violé les dispositions de loi précitée. — Rejette.

Cass. Req. 22 août 1881. — La Cour, Sur le moyen unique du pourvoi, tiré de la violation de l'article 13, titre II, de la loi des 16-24 août 1790, et du principe de la séparation des pouvoirs administratif et judiciaire, fausse application des avis du conseil d'Etat du 20 juillet 1807 et du 26 avril 1808, et de l'article 105 du Code forestier; — Attendu que le partage des biens indivis entre plusieurs communes doit, à défaut de titres spéciaux et contraires, être fait proportionnellement au nombre de leurs feux; — Qu'en cas de contestation sur le nombre et l'existence de ces feux, il appartient à l'autorité judiciaire, seule juge des questions d'aptitude personnelle résultant de l'état civil, de l'état de famille et du domicile, de vider ces contestations; — Que la cour de Bastia, à laquelle un litige de cette nature avait été spécialement renvoyé par arrêt du conseil d'Etat, avait dès lors compétence pour le juger; — Qu'ainsi l'arrêt attaqué a pu déclarer qu'un certain nombre de feux portés sur la liste de la commune de Propriano, devaient y être maintenus, malgré l'opposition de la commune de Fozzano, parce qu'aux termes des lois sur la matière, ils étaient attribués à des chefs de familles ayant des domiciles réels et fixes dans la commune; — Que pour le décider ainsi, la cour de Bastia n'était pas tenue de s'arrêter à des modes spéciaux de justification de domicile admis dans d'autres circonstances par le conseil de préfecture de la Corse; — D'où il suit qu'elle n'a violé aucune des lois. — Rejette.

(1) Sérigny, *De la compét. admin.*, t. II, p. 58; Dalloz Rec. Per., Note sous l'arrêt du 1er février 1871.

(2) Aucoc, p. 335. En ce sens, trib. conf. 5 décembre 1850. — Le tribunal, vu l'article 2, section 5 de la loi du 10 juin 1793. — Vu la loi du 28 pluviôse an VIII, art. 15; — Vu l'article 17 de la loi du 18 juillet 1837; — Vu le décret du 9 brumaire an XIII; — Vu l'article 89 de la constitution; la loi du 3 mars 1849, les ordonnances des 1er juin 1828 et 12 mars 1837.

Considérant que d'après l'article 2, section 3 de la loi du 10 juin 1793, l'autorité administrative doit connaître des contestations sur le mode de partage des biens communaux; — Que d'après les articles 15 de la loi du 28 pluviôse an VIII et 17 de celle du 18 juillet 1837, les conseils municipaux doivent régler, sous l'autorité et le contrôle de l'administration supérieure tout ce qui concerne le mode de jouissance des biens communaux et spécialement la répartition des affouages; que la contestation n'avait pas pour objet l'aptitude personnelle du demandeur, qui n'invoquait d'ailleurs aucun droit privatif sur les bois communaux; — Qu'il s'agissait de décider si la commune avait le droit de substituer au mode de jouissance de futaies par la répartition de l'affouage en nature, l'adjudication des coupes affouagères pour en appliquer le produit aux besoins de la commune; — Que la contestation portait donc sur le mode de jouissance d'un bien communal, c'est-à-dire sur les répartitions de futaies que la commune juge convenable de faire ou de ne pas faire aux habitants, d'après la nature des besoins; qu'aux termes des lois ci-dessus visées, il n'appartenait qu'à l'autorité administrative d'en connaître. — Confirme.

Cont. 24 avril 1856; Cons. d'Et. cont. 23 juillet 1857; Cons. d'Et. cont. 25 mai 1861; Cons. d'Et. cont. 27 février 1862; Cons. d'Et. cont. 31 juillet 1862; Cons. d'Et. cont. 12 juillet 1864; Cons. d'Et. cont. 5 mars 1868; Cons. d'Et. cont. 1er juin 1870; Cons. d'Et. cont. 15 juin 1870; Cons. d'Et. cont. 18 mai 1870. — Napoléon, etc., Vu la loi du 10 juin 1793, sect. 5, article 2, la loi du 9 ventôse an XII et celle du quatrième jour complémentaire de l'an XIII, article 1er. — Considérant, d'une part, que, devant le conseil de préfecture, le sieur Henneau père, prétendait que la part du marais qui avait été attribuée à son fils par un arrêté municipal du 6 septembre 1869, en sa qualité de fils aîné de la dame Henneau, ayant été indûment possédée par ladite dame aussi bien que par sa mère, la dame L. Herbaut, veuve Dubois, qui s'en était emparée sans droit en 1835, devait être réputée vacante depuis cette époque et qu'il avait droit à son attribution comme le plus anciennement domicilié non encore apportionné; — Que pour repousser sa demande, le sieur Henneau fils, à défaut d'un titre constatant que son aïeule maternelle avait été régulièrement envoyée en possession de ladite part de marais en 1835, a soutenu qu'il devait être maintenu dans une possession dont l'origine remontait au delà de 30 ans; — Considérant que d'après les lois ci-dessus visées, c'est au conseil de préfecture qu'il appartient de rechercher par interprétation de l'arrêt du conseil d'Etat du roi du 7 février 1779, qui est applicable aux marais d'Evin Malmaison, quelles sont les conditions de l'acquisition et de la transmission du droit de jouissance des lots entre lesquels ces marais ont été divisés; — Qu'il suit de là que, en statuant sur la contestation entre les sieurs Henneau père et fils, le conseil de préfecture n'a pas excédé les limites de sa compétence; — Considérant d'autre part, qu'aucune disposition de l'arrêt précité ne s'oppose à ce que le droit à la jouissance des parts de marais communaux, tel qu'il est réglé par cet arrêt ne puisse s'établir par le fait de la possession suivant les règles du droit commun; — Qu'il résulte de l'instruction que, de 1835 à 1867, pendant une durée de plus de trente ans, le droit litigieux a été exercé sans interruption et successivement par les auteurs du sieur G. Henneau et par lui-même; que, dès lors, c'est avec raison que le conseil de préfecture a maintenu le sieur Henneau fils en possession du droit dont il s'agit. — Rejette.

En ce sens, cons. d'Et. cont. 25 juillet 1872.

(3) Cass. civ. 17 mai 1881 (Voy *supra*, n° 2322).

profit de la commune en général. Mais, il en a été fait également de remarquables exemples à propos d'ordonnances de concessions des droits établis, sous l'ancien régime, en faveur des habitants de certaines provinces.

Dès le 9 fructidor an x, un arrêté des consuls maintenait, en principe, un arrêt du conseil du roi, du 25 février 1779, confirmatif d'actes plus anciens qui réglementaient dans l'Artois le droit de jouissance des communaux. Et depuis lors, un très grand nombre de décisions ont consacré les conditions particulières déterminées par les arrêts du Conseil (1). Il en a été de même pour les communaux situés dans l'ancienne province des Trois-Évêchés, où les droits de jouissance ont été fixés par un édit de juin 1769, dit édit perpétuel (2).

La doctrine administrative a établi des règles également fondées sur de vieux usages dans la Lozère formée de l'ancien Gévaudan (3), dans la Bourgogne où un édit de janvier 1774 avait consacré de vieux droits séculaires, dans le Languedoc (4), dans une partie des Flandres (5), etc.

2326. Nous venons de voir que le mode de jouissance des biens communaux devait être réglé soit d'après les usages et actes anciens, soit d'après les délibérations des autorités municipales, selon les cas; mais il nous reste à rechercher quels sont ceux qui, parmi les habitants de la commune, ont droit de participer à la jouissance elle-même.

2327. Lorsque les usages anciens ou les actes d'acquisition de propriété déterminent, pour les habitants de la commune, non seulement les modes de jouissance, mais les ayants droit à la jouissance, ce sont ces usages qui doivent servir de règle en vertu des dispositions du décret du 9 brumaire an xiii précité; c'est ainsi que la jurisprudence tant des tribunaux civils que du Conseil d'État a toujours statué chaque fois qu'une contestation a porté sur des biens communaux situés dans l'ancien Artois par exemple (6).

2328. Mais s'il n'y a ni titres, ni usages anciens, le droit à la jouissance s'établit par les dispositions des lois et des règlements sur la matière. Or, il ne faut pas se dissimuler que la question n'est pas sans difficulté.

La loi des 10-11 juin 1793 décidait que le partage de la *propriété* des biens communaux, autres que les bois, aurait lieu par tête d'habitant domicilié, de tout âge et de tout sexe, absent ou présent. Cette loi était étrangère à la *jouissance* des biens, mais les communes suivirent généralement le même mode de partage pour la distribution des biens à l'égard desquels elles admirent les habitants à la jouissance en nature sans partage de la propriété.

Lorsque la loi du 21 prairial an iv eut suspendu indéfiniment les partages de propriété, et le décret du 9 brumaire an xiii rétabli les anciens usages, on se demanda si la loi de 1793 devait être également maintenue en ce qui concernait la jouissance elle-même des biens communaux. Le Conseil d'État fut saisi de la question, et c'est alors qu'intervinrent deux avis en date des 20 juillet 1807 et 26 avril 1808, insérés au *Bulletin des lois*, et qui ont acquis une force législative. Ces avis substituèrent au partage par tête le partage par feux, c'est-à-dire par chef de famille ayant domicile (7).

2329. Mais qu'entend-on par *feu?* En disant que feu signifie chef de famille, ayant domicile, l'avis de 1808 a modifié les controverses qui s'étaient engagées antérieurement sur le mot *tête*, mais il n'en a diminué ni le nombre, ni la gravité. Qu'est-ce, en effet, qu'un chef de famille? Quand un habitant doit-il être considéré comme ayant domicile?

2330. Et d'abord peut-on être chef de famille dans une commune française quand on est étranger? La question a été été résolue par la loi du 18 juillet 1874, en faveur de l'étranger autorisé à établir son domicile, en matière d'affouage, mais elle n'a pas été tranchée en matière de jouissance des biens communaux autres que les bois.

D'un côté, on soutient que le droit de participer à la jouissance n'appartient qu'au Français ou à l'étranger naturalisé, et que l'étranger non naturalisé n'est pas investi de ce droit, alors même que, en vertu de l'article 13 du Code civil, il aurait été autorisé à établir son domicile en France. Le droit à la jouissance n'est pas autre que celui de l'associé, membre de la commune, sur les produits de l'objet mis en société. Il s'agit avant tout de savoir de quels membres se compose une commune et si les étrangers en font partie. Or, si on prend toutes les lois qui ont organisé le régime communal en France, on voit que toutes ont eu pour objet l'organisation des communautés composées d'habitants français seulement.

« Les citoyens français, disait le préambule de la constitution de 1791, considérés sous le rapport des relations locales qui naissent de leur réunion dans les villes et dans de certains arrondissements des campagnes, forment la commune. »

La loi du 10 juin 1793 disait de son côté : « La commune est une société de citoyens unis par des relations locales. »

Et la même loi de 1793 en fixant les conditions de partage par tête d'habitant domicilié, définissait l'habitant « tout citoyen français domicilié dans la commune. »

En 1807 et en 1808, les idées sur la constitution communale étaient les mêmes qu'en 1793 et un avis du Conseil d'État du 18 juillet 1810, rapporté par M. de Cormenin, se prononce même à cette époque d'une manière formelle contre l'admission des étrangers au partage de l'affouage.

Les avis du Conseil d'État du 20 juillet 1807 et du 26 avril 1808 n'ont apporté aucune modification à la législation de 1793, en ce qui concerne le point spécial qui nous occupe; ils ont procédé, en effet, par voie de substitution et non par voie d'abrogation, mettant en lieu et place du partage par tête le partage par feu.

Ce système a été adopté par la doctrine de l'administration active (1). Dans une lettre du ministère de la justice du

---

(1) Cons. d'Et. cont. 20 février 1835; Cons. d'Et. cont. 23 juin 1841; Cons. d'Et. cont. 22 avril 1842; Cons. d'Et. cont. 8 décembre 1842; Cons. d'Et. 9 janvier 1843; Cons. d'Et. cont. 19 mai 1843; Cons. d'Et. 12 mars 1846; Cons. d'Et cont. 27 mai 1847; Cons. d'Et. 28 mai 1852; Cons. d'Et. cont. 9 février 1872; Cons. d'Et. cont. 23 janvier 1874; Cons. d'Et. cont. 6 août 1878; Cons. d'Et. cont. 20 mai 1881; Cons. d'Et. cont. 8 juin 1883; D. P. 85.3.16.
(2) Cons. d'El. cont. 26 décembre 1837; Cons. d'Et. cont. 27 mai, 1846; Cons. d'Et. cont. 24 avril 1856; Cons. d'Et. cont. 5 mai 1868; L., p. 252. En ce sens, Metz, 16 juillet 1852. D. P. 54.5.130; Metz, 15 juin 1865. D. P. 65.2.188.
(3) Cons. d'Et. cont. 19 juillet 1826.
(4) Cons. d'Et. cont. 12 juillet 1864.
(5) Cons. d'Et. cont. 3 décembre 1864.
(6) Voy. notamment Cons. d'Et. cont. 9 février 1872; Cons. d'Et. cont. 23 janvier 1874; — Cons. d'Et. cont. 6 août 1878; Cons. d'Et. cont. 8 juin 1883.
(7) Cons. d'Et. 20 juillet 1807. — Le conseil d'État, qui, d'après le renvoi ordonné par Sa Majesté, a entendu le rapport de la section de l'intérieur sur celui du ministre de ce département sur la question de savoir quelle sera la base d'après laquelle deux communes propriétaires par indivis

d'un bien communal, et qui veulent faire cesser cet indivis, doivent le partager entre elle ; — Est d'avis: 1° que ce partage doit être fait en raison du nombre de feux par chaque commune, et sans avoir égard à l'étendue du territoire de chacune d'elles ; 2° Que le présent avis soit inséré au Bulletin des lois.
Cons. d'Et. 26 avril 1808. — Le conseil d'État, qui, d'après le renvoi ordonné par Sa Majesté, a entendu le rapport de la section de l'intérieur sur celui du ministre de ce département, entend à faire décider si l'on peut appliquer au partage des bois possédés en indivis par plusieurs communes l'avis du conseil d'État du 4 juillet 1807, approuvé par Sa Majesté le 20 du même mois, qui ordonne le partage, à raison du nombre de feux, les biens communaux dont les communes veulent faire cesser l'indivis, et s'il est nécessaire de rapporter à cet effet un arrêté du 19 frimaire an x, qui décide, article 4, que le partage des bois, autres que les futaies, doit se faire par tête d'habitant; — Vu la loi du 10 juin 1793, la loi du 26 nivôse an ii ; — Vu l'arrêté du 19 frimaire an x, le décret du 20 juin 1806, et l'avis du conseil d'État ci-dessus énoncé; — Vu l'article 542 du Code civil ; — Considérant que le décret du 20 juin 1806, et par l'avis du 20 juillet 1807, on est revenu au seul mode équitable de partage en matière d'affouages, puisqu'il proportionne les distributions aux vrais besoins des familles, sans favoriser exclusivement ni les plus gros propriétaires, ou les prolétaires, et que d'ailleurs l'article 542 du Code civil ne laisse aucune distinction à faire entre les bois des communes et les autres biens communaux, puisqu'il dit : « Les biens communaux sont ceux à la propriété ou au produit desquels les habitants d'une ou de plusieurs communes ont un droit acquis. » — Est d'avis que les principes de l'arrêté du 19 frimaire an x ont été modifiés par les décrets postérieurs, et qu'ainsi l'avis du conseil d'État 1807 est applicable au partage des bois comme à celui de tous autres biens dont les communes veulent faire cesser l'indivis; Qu'en conséquence, les partages se feront par feux, c'est-à-dire par chefs de famille ayant domicile.
(1) Bull. int. 1856, p. 114.

8 novembre 1825, adressée au ministère de l'intérieur, il est dit ce qui suit : « il faut être citoyen français pour jouir des bénéfices communaux. D'où il suit qu'il n'y a qu'un Français ou un étranger devenu Français par des lettres de déclaration de nationalité qui puisse participer à cette jouissance. » Ainsi, ni le seul fait d'une habitation prolongée, ni l'admission à jouir des droits civils ne font entrer l'étranger en partage des biens communaux. Ce que la loi prescrit, le simple esprit de justice, la raison, la prudence, l'auraient conseillé et fait accepter. Il ne serait ni juste, ni convenable que des étrangers quels qu'ils soient, qui viennent s'établir dans une commune du royaume, partagent avec les habitants de cette commune, des bénéfices qui sont propres à ces derniers. Admettre ce partage en principe, ce serait faire un appel à tous les indigents des pays limitrophes de venir résider en France. Une foule d'individus viendraient ainsi ravir aux régnicoles des avantages auxquels ils n'auraient d'autre titre qu'une année de résidence et en même temps qu'ils se fonderaient sur cette facile et légère condition, on les verrait, comme on les voit tous les jours, faire valoir leur qualité d'étrangers pour se soustraire à la loi du recrutement.

Le Conseil d'État a consacré par plusieurs arrêts importants l'interprétation que nous venons d'exposer. La théorie qui en résulte peut se résumer ainsi : en principe les étrangers n'ont, en France, d'autres droits que ceux qui dérivent du droit des gens. Quant aux droits civiques ou communaux, ils ne peuvent les exercer qu'en vertu d'une concession expresse (1).

Mais la jurisprudence des tribunaux civils s'est toujours prononcée en sens contraire. D'après la Cour de cassation, on ne devrait tenir aucun compte des dispositions de la loi de 1793 ; l'avis du Conseil d'état de 1808 ne parle que du chef de famille ayant domicile et de feux. Il y a eu dans la substitution du mot *feu* au mot *tête*, une modification radicale dans le système adopté par la loi du 10 juin : à l'individu, au citoyen on a substitué le foyer de la famille rurale, le fourneau comme on disait autrefois, et pour employer l'expression d'une ancienne charte de 1382, *ad illam finem quod cultura non deseratur, et sua domicilia non affogata dimittantur*, afin que, dans l'intérêt de la culture, les habitants soient attirés et retenus sur le sol (2).

2331. Mais cette dernière jurisprudence doit-elle être encore suivie, maintenant que la loi du 18 juillet 1874 sur l'affouage qui n'est, en réalité qu'une loi d'interprétation, a expressément limité le droit de l'étranger au cas où il a été régulièrement autorisé à établir son domicile en France ? Il nous semble difficile d'admettre que l'on puisse faire en matière de jouissance des bois ou des biens communaux une distinction que la nature des choses n'admet pas et que n'admettaient pas les termes originaires de l'article 105 du Code forestier et ceux de l'avis du Conseil d'État du 26 avril 1808.

2332. Le mot *feu*, selon l'avis de 1808, est synonyme de chef de famille. Il est regrettable que cette expression ait été introduite dans notre législation ; le terme ancien que nous avons rappelé plus haut, le *fourneau*, avec le sens déterminé et précis que l'usage et la jurisprudence lui avaient donné eût été préférable. Le *fourneau* désignait, en effet, le logis habité par l'individu maître de sa personne et de ses biens : c'est, sans doute, ce qu'a voulu dire le Conseil d'État en parlant du feu. L'expression nouvelle a été employée parce que le vieux vocable français ne paraissait point digne de figurer dans le dictionnaire du législateur. Quoiqu'il en soit nous devons rechercher ce que l'on doit comprendre sous le titre de chef de famille.

2333. La qualité du chef de famille résulte d'éléments complexes soumis à l'appréciation des tribunaux (1). Il est difficile de poser des règles fixes à cet égard. Le législateur a adopté un système mixte : il n'a pas pris pour base la circonstance matérielle de l'existence d'un foyer et il n'a pas voulu appeler à la jouissance tout individu majeur, en considération seule de ses qualités civiques, comme l'avait fait la loi de 1793. Il fait tout à la fois apprécier la qualité civile de l'usager et la manière dont il vit en réalité. Une décision ministérielle, dont nous ignorons la date précise (1853), dit que l'on doit considérer comme chef de famille tout habitant, homme ou femme, marié ou célibataire, faisant ménage à part (2). Le mot ménage (car il faut expliquer ici successive-

---

(1) Cons. d'Et. cont. 4 avril 1846, D. P. 46.3.130 ; Cons. d'Et. cont. 18 novembre 1846. — Le Conseil, Sur la compétence : — Considérant que la loi a chargé les conseillers municipaux du règlement des affouages sous le contrôle de l'autorité administrative ; — Que, s'il appartient à l'autorité judiciaire de statuer sur les questions de propriété qui peuvent s'élever à cette occasion, l'autorité administrative est seule compétente pour décider si les individus qui prétendent avoir droit à une part dans les affouages remplissent les conditions d'aptitude spéciale exigée par les lois et règlements ;

Au fond : — Considérant que, conformément aux lois et articles susvisés, les habitants ont seuls droit à la propriété ou à la jouissance des biens communaux ; — Qu'aux termes de l'article 105 du Code forestier, le partage des bois doit se faire par chef de famille ou de maison ayant domicile réel et fixe ; — Qu'il ne résulte pas de l'instruction que les sieurs Duceman, Vagné, Ponsart, Brosc et Philippot eussent, en 1845, un domicile réel et fixe dans la commune de Revin, que leur résidence dans ladite commune, en qualité de douaniers, ne suffisait pas pour leur donner droit à l'affouage. — Annule l'arrêté.

En ce sens, Foucart, *Cours de Droit admin.*, t. III, n° 93 ; Meaune, *Cod. for.*, t. II, n° 812 ; P. Dupont, *Dictionnaire municipal*, v° BIENS COMMUNAUX.

(2) Cass. crim. 11 mai 1838 ; Cass. civ. 31 décembre 1862. — La Cour, Sur les divers moyens du pourvoi : — Attendu que le Code forestier, en abrogeant pour l'avenir, par l'article 218, toutes lois, ordonnances, édits et tous règlements intervenus, à quelque époque que ce soit, sur les matières réglées par le présent Code, en ce qui concerne les forêts, a disposé, relativement à l'affouage, en l'article 105, dans les termes suivants : « S'il n'y a titre ou usage contraire, le partage des bois d'affouage, se fera par feu, c'est-à-dire par chef de famille ou de maison ayant domicile réel ou fixe dans la commune » ; — Attendu que les conditions énumérées en cet article, pour le partage des bois d'affouage sont complètes et exclusives de toutes les autres, et qu'ainsi on ne peut, au prétendant à l'affouage qui réunit les conditions exprimées audit article, imposer l'obligation de justifier, ce que le même article n'exige pas, qu'un individu Français ou naturalisé Français, ou que, étant resté étranger, il a obtenu du gouvernement français, l'autorisation d'établir son domicile en France, requis par l'article 13 du Code Napoléon pour la jouissance des droits civils en général ; — Attendu que l'arrêt attaqué a constaté, en fait, que C. Baumat, quoique Suisse d'origine et n'ayant obtenu du gouvernement français, ni lettre de naturalisation, ni l'autorisation d'établir son domicile en France, habite depuis plus de vingt ans la commune française de Trévilliers, qu'il s'y est marié avec une Française, qu'il y est propriétaire d'une maison et d'autres biens, meubles et immeubles, qu'il y exerce la profession de bourrelier, et qu'enfin il y est soumis à toutes les charges publiques et communales, contributions foncière, personnelle et de patente, prestation pour les chemins vicinaux ; — Qu'ainsi, il est dans cette commune chef de famille et de maison, qu'enfin il y a un domicile réel et fixe ; — Qu'il suit de là que l'arrêt attaqué, en accordant, dans ces circonstances et dans cet état des faits, à C. Baumat le droit d'affouage qu'il réclamait, loin de violer... — Rejette.

Cass. Req. 1er juillet 1817, D. P. 67. 1.389 ; Cass. civ. 22 février 1869. — La Cour, Vu l'article 105 du Code forestier : — Attendu que tous les habitants chefs de famille ou de maison ont le droit de prendre part à la jouissance de l'affouage sur les biens communaux réservés à cet effet, s'ils ont le domicile, réel et fixe dans la commune, exigé par l'article 105 du Code forestier, que cet article n'impose pas aux habitants d'origine étrangère de s'être fait naturaliser Français, ni celle d'avoir obtenu du gouvernement l'autorisation d'établir leur domicile en France ; — Que la loi du 10 juin 1843, section II, articles 1, 2, 3, qui exige la qualité de citoyen français, est ici sans application ; — Que ses dispositions se réfèrent uniquement au partage du fonds des biens communaux et laissent en dehors la simple jouissance ainsi qu'il résulte de l'article 15, section III. — Attendu qu'il a été déclaré, en fait, que Valentin Schmitt, né en Bavière, habite la commune de Pembach depuis plus de dix ans avant le jugement du tribunal de Wissembourg, qu'il s'y est marié avec une Française, qu'il y exerce sa profession, y élève une famille, y cultive une propriété, paye sa contribution, foncière, personnelle et mobilière et y est compris au rôle des chemins vicinaux, qu'ainsi, il réunit les conditions mises par l'article 105 du Code forestier à la jouissance du droit d'affouage ; — Qu'en lui déniant ce droit l'arrêté attaqué a violé ledit article... — Rejette. Lyon, 24 mai 1874, D. p. 78.2.259.

(1) Cass. Req. 8 mai 1883. — La Cour, Sur le deuxième moyen tiré de la violation de l'article 105 du Code forestier ; — Attendu qu'il n'était pas contesté que la commune d'Argirey devant les juges du fond que, bien que vivant sous le même toit que son frère et sœur, Epailly, le défendeur éventuel, avait cependant un logement séparé ; — Attendu, d'autre part, qu'il est constaté, par l'arrêt attaqué, que le fait d'avoir mangé à la même table ne saurait le faire considérer comme ayant abdiqué sa qualité de chef de maison, résultant de ce qu'il était propriétaire domicilié dans la commune d'Argirey, et vivant de ses revenus et payant sa cote personnelle, mobilière et foncière, qualité que lui avait d'ailleurs reconnue ladite commune en l'inscrivant pendant plusieurs années sur le rôle de l'affouage ; — Qu'en décidant dans cet état des faits, que c'était à tort que le sieur Epailly avait été privé de sa portion d'affouage pour l'année 1881 et condamnant par suite la commune d'Argirey à lui payer, pour lui en tenir lieu, la somme de 120 francs, l'arrêt attaqué n'a pas violé l'article de loi invoqué par le pourvoi... — Rejette.

(2) *Bull. off. int.* 1856, p. 171.

ment tous les mots que l'on emploie) est une acception générale qui désigne, au même titre, l'installation complète de la famille avec domestiques et terrain de culture et d'exploitation et la chambre meublée du simple lit et de la commode des prolétaires, pourvu qu'il y ait un foyer pour se chauffer, quand même on n'y cuirait pas d'aliments.

2334. La première condition est donc que l'on soit maître de ses droits et de sa personne. Le mineur, l'interdit, la femme mariée, le domestique, en principe, ne peuvent pas être chefs de famille. Mais il y a des exceptions.

Le mineur peut être émancipé, et ayant la facilité de se choisir un domicile et d'administrer ses biens, il a droit aux biens communaux.

2335. Il en est de même de la femme séparée de corps, divorcée ou veuve, car celle-ci a un domicile propre et l'administration de ses biens.

2336. La femme dont le mari est absent ; celle dont le mari est placé dans un établissement d'aliénés ou est interdit judiciairement, a la position de chef de famille, elle en a les charges, elle doit donc en avoir les avantages.

2337. De même encore le domestique ou serviteur à gages peut être considéré comme ayant un ménage, s'il a un domicile distinct de celui de son maître.

2338. La femme dont le mari seul est domestique a-t-elle un feu ? Plusieurs auteurs se sont prononcés pour l'affirmative (1), mais la négative nous semble seule acceptable. La femme non séparée, n'a point d'autre domicile que celui de son mari et elle n'est pas maîtresse de ses droits.

2339. Mais du moment que le réclamant-droits à la jouissance a une habitation propre, peut disposer de ses biens, il ne saurait être écarté de cette jouissance sous prétexte qu'il n'a pas de foyer à lui appartenant. Le Conseil d'État, dans son avis du 26 avril 1808, a consacré expressément le droit du *prolétaire*. On doit donc remettre sa part au jardinier qui habite la commune, au vigneron qui demeure dans la vigne qu'il cultive, au berger qui loge dans l'étable écartée.

2340. Le fermier, à plus forte raison, est habitant ayant feu et domicile (2). Mais le droit à la jouissance est-il attribué à la ferme ou au fermier. On s'est quelquefois posé la question et demandé, à ce propos, lorsqu'au cours d'une année la ferme changeait de main, qui devait profiter du communal, du fermier entrant ou du fermier sortant. Et à ce propos trois systèmes ont été soutenus ; l'un qui donne le droit au fermier entrant, parce que la jouissance des communaux appartient aux habitants et non aux étrangers ; l'autre qui le donne au fermier sortant parce qu'elle s'acquiert par le domicile, domicile que l'on reconnaît devoir être d'une durée d'un année ; le troisième qui le refuse à tous les deux.

C'est le dernier système que nous admettons. Nous avons

vu plus haut que la jouissance des biens communaux doit s'établir en comptant les feux et non les maisons. L'avis du Conseil d'État de 1808 parle des chefs de famille et non des bâtiments. Ainsi il peut y avoir plusieurs feux dans une maison et il ne saurait y en avoir un dans une maison inhabitée (1). Or le fermier qui quitte, s'il conserve le domicile même après son départ, n'a plus le feu, et le fermier qui entre, s'il a le feu, n'a pas encore le domicile.

2341. Les ouvriers peuvent jouir des biens communaux s'ils ont ménage à part, et s'ils sont assujettis aux charges communales (2); et cela quand bien même ils ne paieraient pas de contributions, quand bien même ils seraient logés dans les bâtiments de l'usine. Ils réunissent, en effet, la triple condition d'être maîtres de leurs biens, d'avoir habitation et professions distinctes (3).

---

(1) De la Grye, *Régime forestier*, p. 73.
(2) Déc. int. 1833. — Le droit de participation au partage des biens communaux est exclusivement attaché à la qualité d'habitant; le partage se fait par feux ou chefs de famille, et il est constant que les propriétaires ne peuvent valablement y participer lorsqu'ils sont domiciliés hors de la commune, ce à raison seulement de leurs propriétés; c'est ce qui résulte de l'article 3 de la section 2 de la loi du 10 juin 1793, qui déclare en propres termes que ces propriétaires non habitants n'ont aucun droit au partage. — Il ne peut être douteux, en conséquence, que les fermiers domiciliés, ayant feu et ménage ne doivent être admis à ce bénéfice, à l'exclusion de leurs propriétaires, non point en leur qualité de fermiers, mais parce que cette qualité suppose celle d'habitant, qui seule fait le droit.

Cass. Req. 1er juillet 1867.—La Cour, Sur le moyen tiré de la violation des articles 105 du Code forestier, 11, 13, 102 et suivants du Code Napoléon; — Attendu qu'aux termes de l'article 105 du Code forestier, s'il n'y a titre ou usage contraire, le partage des bois d'affouage doit se faire par feu, c'est-à-dire par chef de famille ou domicile réel et fixe dans la commune; — Attendu que les étrangers, pouvant, d'après les règles du droit commun, être propriétaires ou fermiers en France, c'est avec raison qu'ils n'ont pas été exclus par le Code forestier des répartitions affouagères, et qu'aucune distinction à cet égard n'a été faite entre eux et les régnicoles; — Attendu qu'il est constaté, en fait, par l'arrêt attaqué que le défendeur éventuel, né en Belgique, habite depuis plusieurs années, la commune d'Apremont, qu'il y exploite comme fermier un domaine considérable, qu'il y a marié plusieurs de ses enfants, qu'il y a le centre de ses affaires et de sa fortune et s'y est toujours soumis à toutes les charges publiques et communales; — Attendu que la Cour impériale de Metz, en tirant de ces faits, la preuve que Dave devait être considéré comme un chef de famille ayant un domicile réel et fixe... — Rejette.

(1) Déc. int. 1853. (Voy. *suprà*, n° 2333.)
(2) Dijon, 11 juillet 1833, Dal. *Rép.*, v° Forêts, n° 1807.
(3) Besançon, 8 novembre 1882. — La Cour, Attendu que les documents versés aux débats établissent, au profit des demandeurs, sans qu'il soit besoin de recourir au mode d'instruction complémentaire offert par leurs dernières conclusions, la qualité de chefs de famille ayant feu et ménage distincts, que la plupart, sinon tous les demandeurs, sont ou du moins étaient, au moment où ils ont régulièrement demandé leur inscription sur les listes d'affouage de la commune de Polaincourt, depuis plus de deux ans, en possession de logements séparés ou dans des bâtiments aménagés pour cet usage unique par le propriétaire de la tannerie dite de « Clairefontaine », commune de Polaincourt, qu'ils étaient non pas serviteurs à gages, mais ouvriers libres, payant un loyer proportionné à l'importance de leurs logements respectifs; — Attendu, néanmoins, que la commune défenderesse leur oppose que, même dans ces conditions, la résidence plus ou moins prolongée d'ouvriers travaillant dans une usine ne saurait équivaloir au domicile réel et fixe exigé par le texte de l'article 105 du Code forestier, alors surtout qu'ils ne payent aucune imposition, pas même leur cote personnelle. — Sur le premier moyen : Attendu qu'on méconnaîtrait à la fois et le texte et l'esprit de l'article 105 en exigeant des habitants ayant feu et ménage distincts, la justification d'une installation réunissant le dessein de se fixer à perpétuelle demeure dans la localité où ils résident depuis un temps suffisant pour avoir droit à l'affouage; — Qu'en effet, il est difficile de douter que la rédaction de cet article 105, adopté après de mûres délibérations, n'ait eu précisément en vue de faire cesser à l'avenir toutes controverses, tant sur ce point que sur celui de savoir si les citoyens non imposés aux rôles des contributions directes, de simples locataires, des prolétaires ou un mot avaient quant à la distribution des droits d'affouage, des droits égaux à ceux dont jouiraient les habitants, propriétaires fonciers, sur le territoire des communes dotées de forêts communales; — Attendu que Duranton, dans son *Commentaire du Code forestier*, ouvrage écrit bien peu de mois après la promulgation du Code, comme aussi dans les observations insérées dans la deuxième édition du *Traité du droit d'usage* de Proudhon, tout en critiquant vivement ce mode de répartition de l'affouage, reconnaît loyalement la netteté de la solution adoptée par les législateurs de 1827; — Que ce jurisconsulte, particulièrement hostile aux principes nouvellement admis, n'hésite pas à en proclamer la force dans les termes suivants : On ne saurait exiger le payement d'une contribution sans ajouter à la loi une condition qu'elle n'a pas imposée; — Attendu que le dernier moyen, plaidé dans l'intérêt de la commune, étant repoussé, il reste à faire, au regard de chacun des demandeurs, l'application pure et simple des règles tracées par l'article 105 du Code forestier, abstraction faite de tous titres ou usages contraires, que tout d'abord il y a lieu de déclarer mal fondé dans sa demande le sieur Schiller qui a reconnu être citoyen suisse et qui, n'ayant pas été autorisé à établir son domicile en France, se trouve sous le coup de l'exclusion prononcée par la loi du 25 juin 1874, qu'il y a lieu de rejeter aussi les conclusions prises au début à bon droit par un sieur Magot décédé au cours du procès, et au nom duquel ne se présente aucun héritier ayant repris l'instance; que MM. Moret et Ferd. Blanderin, doivent également succomber dans leur demande, faute d'avoir personnellement réclamé à temps utile leur inscription sur les listes affouagères, qu'enfin parmi les dix autres réclamants, il y en a cinq savoir : Roudgy, Zigrand, Cumine, Huninque et Pidor qui avaient cessé avant le 1er janvier 1881 d'habiter la commune de Polaincourt, que les conclusions de ces cinq demandeurs originaires ne pouvaient être accueillies qu'en ce qui a trait au préjudice par eux ressenti du fait de la non-délivrance de leur part d'affouage durant les années 1879-80, chaque part devant être évaluée à l'aide des documents que possède le tribunal à 10 francs par an.

Par ces motifs, déboute purement et simplement de toutes leurs fins et conclusions les sieurs Schiller, Magot, Moret et Bourdevin; — Dit qu'il n'y a lieu d'ordonner l'inscription sur la liste d'affouage au nom des sieurs Roudgy, Zigrand, Cumine, Huveninque et Pidor, mais condamne la commune de Polaincourt à payer à chacun des cinq susnommés à titre de dommages-intérêts pour indue privation de leur part d'affouage durant les années 1879-80, la somme de 20 francs; — Condamne ladite commune à inscrire sur les listes de répartition à l'affouage en 1882, les sieurs Bowzi, Henriot, Négrier, Lombart et Bizard; la condamne en outre à payer à chacun des cinq susnommés, à titre de dommages-intérêts pour indue privation des parts d'affouage durant les trois années 1871-80-81, la somme de 50 francs.

Appel par le maire de Polaincourt ès qualité; Arrêt. — Confirme.

2342. Les fonctionnaires publics, les employés et agents d'administrations publiques ou privées doivent prendre part à la jouissance des communaux de leur résidence, s'ils y ont d'ailleurs leur domicile. C'est ainsi que les droits des curés et desservants et des instituteurs et intitutrices a toujours été admis sans controverse sérieuse (1).

2343. Les militaires ne peuvent être considérés comme habitants d'une commune. Nous avons déjà vu qu'ils ne peuvent encourir aucune responsabilité à ce titre. Ils ne sont, en effet, ni maîtres de leurs domiciles, ni chefs de famille.

2344. Cependant, les gendarmes et les douaniers ont été admis par la jurisprudence civile aux partage des communaux. Les brigades de gendarmeries et de douanes, dit-on, sont établies d'une manière permanente dans certaines communes; les militaires qui les composent peuvent être considérés, en règle générale, comme y ayant un domicile fixe et réel; ils peuvent y posséder la qualité de chef de famille ou de ménage, car ils ont des intérêts distincts; ils sont souvent mariés et obligés de pourvoir aux besoins d'une famille. Il est, en outre, à remarquer que les uns et les autres veillent plus particulièrement à la sécurité des communes où ils résident. Leurs officiers y sont assujettis aux impôts directs, ils sont tenus des impôts et prestations en nature (2).

Nous ne saurions admettre ce système. Les gendarmes et les douaniers sont, sans aucun doute, des militaires de nature mixte, puisqu'ils dépendent tout à la fois des ministres de la guerre, de l'intérieur et des finances. Mais ils n'en sont pas moins assujettis aux règles de la discipline, aux lois rigoureuses qui lient les soldats au service. C'est la brigade de gendarmerie, c'est le poste de douanes qui sont établis dans les communes d'une manière fixe et permanente, les gendarmes et les douaniers ne sont pas des habitants sédentaires, ils résident parce qu'ils ont ordre de résider et non parce qu'ils le veulent bien; sans doute, des considérations budgétaires, des sentiments de bienveillance en modifient que rarement leurs garnisons personnelles, mais on en pourrait dire autant maintenant de presque tous les régiments de l'armée depuis 1870. Des arrêts de la Cour de cassation leur ont reconnu autrefois des droits électoraux, des décisions ministérielles leur ont compris souvent parmi les bénéficiaires de mesures locales, mais ces arrêts et ces actes ont été inspirés par des considérations d'ordre politique. Nous pensons, quant à nous, que la jurisprudence du Conseil d'État, plus rigoureuse sans doute, a été mieux fondée en droit quand elle a refusé aux corps de douanes toute participation aux communaux de leur résidence (3).

2345. La question de savoir si un habitant a ou n'a pas domicile est une question de fait abandonnée à l'appréciation des juges. Le Code forestier, pour l'affouage, exige un domicile réel et fixe, mais l'avis du Conseil de 1808 ne demande

(1) Déc. min. fin. 28 novembre 1826; Déc. min. fin. 29 décembre 1828; Circ. for. 31 décembre 1828.
(2) Dijon, 19 février 1873. — Considérant qu'aux termes de l'article 105 du Code forestier les bois d'affouage se distribuent par feux, c'est-à-dire par chef de famille ou de maison ayant un domicile réel et fixe dans la commune, que si le maire de Beaurepaire ne peut sérieusement contester aux gendarmes qui composent cette brigade, la qualité de chef de famille ou de maison, il leur refuse absolument la réalité et la fixité du domicile, parce que, assujettis à sa discipline militaire, ils sont sans cesse exposés à changer de résidence, que les fonctions qu'ils exercent sont révocables, qu'enfin ils ne participent point aux charges communales; — Considérant à cet égard, que si le corps de gendarmerie fait partie intégrante de l'armée, les dispositions générales des lois militaires ne lui sont cependant applicables qu'avec les modifications et les exceptions que nécessitent son organisation et la nature mixte de son service; que chargé d'assurer le maintien de l'ordre et l'exécution des lois et particulièrement destiné à la sécurité des campagnes, il se trouve placé dans les attributions non seulement du ministre de la guerre, mais encore des ministres de l'intérieur et de la justice avec lesquels il a des rapports divers et permanents; — Qu'astreints à la résidence dans le lieu qui leur est assigné par la lettre de service ou la fixité de la commission individuelle qu'ils ont reçue, les gendarmes ne sont point, comme les soldats en corps et en activité, tenus de servir en commun et exposés à changer de garnison; que les brigades sont établies d'une manière permanente dans les communes chefs-lieux de circonscription; que leur service est sédentaire et que, mariés pour la plupart et obligés de pourvoir aux besoins d'une famille, ils peuvent se créer un domicile réel et fixe.
(3) Cons. d'Ét. cont. 18 novembre 1846.

qu'un domicile. Dès lors, on doit dire que le domicile se confond souvent avec la simple résidence (1).

La Cour de cassation, en la matière qui nous occupe, a une jurisprudence instable et variable dont il est difficile de pénétrer le sens et de définir les règles. Un arrêt de la Chambre des requêtes (5 août 1872) attribue le droit à la jouissance communale, à la qualité de propriétaire d'une habitation (2). Un autre arrêt de la chambre civile (23 juillet 1834) décide que le propriétaire n'a point de droit, mais bien la propriété, et que le droit peut être exercé par l'occupant (3). Enfin, un arrêt de la Chambre criminelle (16 mai 1867) exige le domicile ou la résidence effective (4).

(1) Déc. min. 9 novembre 1832. — Quelques difficultés se sont élevées sur le sens de l'article 105 du Code forestier relativement aux conditions du domicile réel et fixe donnant droit à l'affouage. — Bien que l'administration des forêts fût sans intérêt dans la question du partage des bois d'affouage entre les habitants de la commune, elle fut consultée, et, sans prendre de conclusions formelles, elle émit l'opinion que le séjour d'une année était nécessaire pour avoir droit à l'affouage, en faisant toutefois remarquer que cette opinion n'avait pour elle aucune décision positive. — Cet avis fut adopté par une décision du ministre des finances du 30 août 1830, qui exige le domicile annal pour être admis à participer à l'affouage; mais une contestation de cette nature ayant été portée devant le tribunal de Mirecourt, il est intervenu le 25 mars 1831 un jugement qui décida la question dans un sens absolument opposé. — Sur le compte qui a été rendu à M. le ministre de la Justice, celui-ci a pensé que ce jugement était inattaquable et ne consacrait pas un faux système. — Le comité des finances également consulté a exprimé l'opinion qu'il n'appartenait qu'aux tribunaux de décider, d'après les circonstances, si un particulier a acquis le domicile réel et fixe exigé par le Code forestier et a pensé que l'instruction ministérielle du 30 août 1830, qui rappelle la nécessité d'un domicile annal, ne faisait pas obstacle à ce que les contestations fussent portées devant les juges ordinaires. — Le sens ne portant que sur une question de compétence et n'indiquant pas le moyen de concilier la règle de l'administration avec la jurisprudence des tribunaux, M. le ministre du commerce et des travaux publics a cru devoir consulter également le comité de l'intérieur et du commerce. — Celui-ci a fait remarquer que le domicile réel et fixe doit s'entendre de celui qui a tous les caractères d'une certitude légale, que cette certitude existe lorsque d'après les articles 103 et 104 du Code civil, le domicile est le résultat d'une double déclaration de changement de domicile et du fait d'une habitation réelle, mais lorsque cette certitude n'existe pas, faute de déclaration, le domicile dépend alors des circonstances, selon l'article 105 du même Code. En conséquence, il a été d'avis que le domicile réel et fixe, exigé par le Code forestier pour avoir droit à l'affouage, s'acquiert d'après les principes du droit commun posés dans les articles 103 et 104 du Code civil et que, dans le cas de l'article 105 de ce Code, il appartient aux tribunaux de décider, d'après l'usage et les circonstances, si le domicile est réel et fixe.
(2) Cass. Req. 5 août 1872.
(3) Cass. civ. 23 juillet 1834. — La Cour, vu l'article 542 du Code civil, le décret du 26 juin 1800, et les avis du Conseil d'État du 20 juillet 1807 et 26 avril 1808; — Attendu que si les biens communaux sont ceux à la propriété et au produit desquels les habitants d'une commune ont des droits acquis; que s'il faut nécessairement posséder une habitation, une maison, un feu dans une commune pour en être réputé habitant et avoir droit à la jouissance des biens communaux, l'exercice de ce droit n'est point personnel à ceux qui résident dans la commune, mais appartient en leur nom et de leur chef, aux fermiers ou métayers qui occupent ces maisons, habitants ou feux, et qu'en jugeant le contraire, la Cour royale de Paris a expressément violé... — Casse.
(4) Cass. crim. 16 mai 1867. — La Cour, vu l'article 17 de la loi du 18 juillet 1837, l'article 479 (n° 10) du Code pénal, l'article 15 de la loi des 28 septembre et 6 octobre 1791, et les articles 1-6 du règlement de la commune de Bagnières-en-Luchon; — Attendu en fait, qu'il résulte d'un procès-verbal régulier que, le 20 juin 1866, 14 bêtes à cornes, appartenant au sieur Bertrand Puget, propriétaire, domicilié à Frontignan, ont été trouvées pacageant, sans le faire réel, dans le terrain d'autrui, fait prévu et puni par l'article 479 (n° 10) du Code pénal; — Attendu que, par jugement attaqué du 11 août dernier, le sieur Puget a été relaxé de cette poursuite, par le motif qu'aux termes de l'article 15 de la loi des 28 septembre et 6 octobre 1791, pour pouvoir jouir du droit de pâturage dans une commune, il suffit d'y être propriétaire, alors même qu'on n'y serait pas domicilié; mais attendu que l'article 15 de la loi précitée n'est applicable qu'au cas où il s'agit de l'exercice du parcours ou de la vaine pâture, et que, le 20 juin 1866, ni le procès-verbal, ni le jugement attaqué ne constatant dans la commune de Luchon, l'existence d'une servitude de ce genre; — Attendu, au contraire, qu'il est reconnu que les terrains et pâturages dont il s'agit sont la propriété exclusive de ladite commune de Luchon, et d'où il suit que la jouissance n'en pouvait appartenir qu'aux habitants, suivant le mode réglé par délibération du conseil municipal, aux termes de l'article 17 de la loi du 18 juillet 1835; — Attendu que ce mode de jouissance a, en effet, été déterminé par une délibération du 20 mars 1863, et que, d'après cette délibération, les habitants seuls, à l'exclusion des propriétaires non domiciliés dans la commune, sont appelés à y participer, d'où il suit que c'est à tort que le jugement attaqué a admis le sieur Puget... — Casse.

Ces hésitations de la Cour suprême sont regrettables. Flottant entre la législation de 1793 et celle de 1808, elle a voulu tantôt concilier les textes et tantôt les opposer, et ce conflit ainsi engagé avec elle-même ne permet pas de connaître sa doctrine dernière.

2346. La jouissance des communaux constitue-t-elle un droit réel ou un droit personnel? La question n'est pas douteuse si on prend le texte de la loi de 1793.

« Les biens communaux, dit l'article 1er, sont ceux sur la propriété ou le produit desquels tous les habitants ont un droit commun. »

« Le partage des biens communaux sera fait par tête d'habitant domicilié », dit l'article 1er, section 2.

« Les propriétaires non habitants n'auront aucun droit au partage », dit l'article 2.

« Sera réputé habitant, tout citoyen domicilié », dit l'article 3.

« Les fermiers, métayers, etc., et généralement tout citoyen auront droit au partage, etc. », dit l'article 4.

La question ne présente non plus aucun doute si on étudie le texte de l'avis du Conseil de 1808. « Le partage des bois comme celui des biens se feront par feux, c'est-à-dire par chefs de famille ayant domicile. »

D'après ce texte, le droit au partage des biens communaux est personnel et quant au droit à la jouissance, il a le même caractère, puisque l'article 1er de la loi de 1793 et l'article 542 du Code civil assimilent l'un et l'autre la propriété et la jouissance.

Or, ce droit personnel est attribué à qui? au propriétaire? — Non. Les articles que nous venons de citer parlent, les premiers, du citoyen habitant, le second, du chef de famille *domicilié*. Les conditions essentielles pour le droit au partage consiste donc dans le fait d'habiter personnellement la commune. Il en est de même pour le droit à la jouissance, puisque, ainsi qu'il vient d'être dit, et la loi de 1793 et le Code civil s'expriment à l'égard de l'un et de l'autre dans les mêmes termes. La raison d'être de l'établissement de la jouissance commune veut, d'ailleurs, que les seuls habitants en soient bénéficiaires; comme le dit la vieille charte de 1382, il ne faut pas que la culture soit désertée et le foyer abandonné, parce qu'on manque de bois.

La Chambre des requêtes, pour consacrer le droit du propriétaire habitant ou non, si l'on en croit le rapport présenté à l'appui de son arrêt et rapporté dans les recueils spéciaux d'arrêts, a établi une distinction entre le droit au partage et le droit à la jouissance et tout en reconnaissant que ceux-là seuls peuvent partager la propriété qui sont domiciliés, elle a admis qu'il n'en était pas de même pour les droits à la jouissance, en se fondant sur une disposition d'un article 15 de la section 3 de la loi, aux termes duquel, dans le cas où l'assemblée des habitants de la commune a déterminé la jouissance en commun d'un communal, *les propriétaires non habitants qui jouissaient du droit d'y conduire leurs bestiaux, continueront d'en jouir comme les autres habitants.*

Mais la Chambre des requêtes n'a pas remarqué: 1° que cet article n'avait pour objet que de consacrer les usages existants et les droits acquis dans certains pays et dans certaines communes; 2° que cet article ne désigne que le droit de parcours qui, aux termes de l'article 14 de la section 2, ne donne aucun droit au partage soit des biens, soit des produits: 3° que le droit de conduire les troupeaux est réservé par la même loi à tous ceux qui l'avaient acquis sur tous les biens communaux, sans exception, susceptibles d'expropriation privée ou non, de jouissance individuelle ou commune (Sect. I, art. 6 ; sect. II, art. 14; sect. III, art. 15).

Nous estimons donc, quant à nous, que conformément à la jurisprudence de la chambre criminelle de la Cour de cassation, et à moins de titres ou usages contraires, pour être admis au partage des produits des communes, il faut être chef de famille domicilié dans la commune. Cette doctrine a été celle du Conseil d'Etat quant il reconnaissait sa com-

pétence (1), elle est celle de plusieurs cours d'appel (2).

2347. Tout chef de famille domicilié dans une commune a droit à la jouissance des biens communaux; il ne saurait

(1) Cons. d'Ét. cont. 16 mars 1836. — Le Conseil, vu les lois du 20 pluviôse an vii et 21 avril 1832. — Sur la compétence : — Considérant qu'il ne s'agit pas dans l'espèce, d'une question de domicile civil, mais d'un droit à des jouissances communales, déterminé par la qualité d'habitant; que dès lors le conseil de préfecture n'a pas excédé sa compétence;

Au fond : — Considérant qu'il résulte de l'instruction que le réclamant n'est plus inscrit depuis 1832 aux rôles des contributions personnelle et mobilière, et qu'il ne supporte aucune des charges communales attachées à la qualité d'habitant.

(2) Rouen, 12 juillet 1836. — La Cour, Considérant que l'article 1 de la loi du 10 juin 1793, a défini en quoi consistait le droit communal, soit parce qu'on avait la propriété du terrain sur lequel il s'exerce, soit parce qu'on jouissait du produit de ce terrain ; mais que la même loi a exigé que celui qui voudrait jouir du bénéfice droit communal fût habitant de la commune; — Considérant que le terrain des Hérichards dont il s'agit est enclavé dans le territoire des communes de Cussy, Sévies et Montreuil et borné par un côté, par un bois taillis appartenant au sieur Thomas de Bornelet; qu'une difficulté à l'occasion de ce terrain, s'étant élevée entre ces propriétaires et les communes une sentence arbitrale est intervenue le 28e frimaire an III, par laquelle il a été décidé que la propriété appartenait au sieur Thomas de Bornelet, mais que les habitants des trois communes jouiraient dudit terrain, en y envoyant dans les vaines pâtures, et que le propriétaire ne pouvait concéder le même droit à d'autres habitants des trois communes; que des habitants ne jouissant pas du produits des Hérichards ont droit au parcours sur une vaine pâture, mais à cause du droit communal qui leur a été concédé sur une vive pâture; — Considérant, qu'il ne suffit pas d'être propriétaire ou d'exploiter des terres entrées dans lesdites communes, pour être admis au nombre des usagers; que la condition *sine qua non* est d'être habitant, conformément à la loi du 10 juin 1793, et la sentence arbitrale du 28 frimaire an iii, qu'en un mot le fait qui domine toute la cause est le fait de l'habitation réelle dans l'une des trois communes pour celui qui veut participer à l'avantage de droit communal ; — Considérant qu'il a été constaté par procès-verbal des gardes champêtres, en date des 1er et 27 mai 1834, qu'un troupeau de 160 moutons, appartenant au sieur Jules Chaunitte, a été trouvé pâturant sur les Hérichards; — Considérant qu'il est reconnu au procès que ledit sieur Chaumitte habite la commune de Saint-Hellier, où il exploite une ferme importante ; que s'il fait valoir une autre ferme au hameau de Fréval dépendant des communes de Cropus et de Crésoy, il n'y a lieu d'approfondir, s'il y existe un chef-lieu d'habitation, et s'il est édifié sur la commune de Cropus ou Cressy, parce qu'il n'est point occupé par le sieur Chauvette et que le droit d'usage chez les Hérichards n'ayant été concédé qu'aux habitants de Cressy, Sévris et Cropus, ledit sieur Chaumitte n'a aucun droit pour envoyer un troupeau, quand même il se ferait héberger dans la commune de Cressy, n'étant pas compris au nombre des habitants de Cressy; que dans cet état de choses, et vu les motifs ci-dessous il n'y a pas lieu de s'occuper des conclusions subsidiaires des parties; — Considérant que, par l'envoi de son troupeau pour pâturer sur les Hérichards, il a causé un préjudice aux habitants desdites communes, qu'il est juste qu'il leur est dû une indemnité... — Confirme.

Chambéry, 27 décembre 1865 et 23 janvier 1866. — La Cour, Attendu qu'il est constant, en fait, que de temps immémorial et jusqu'en 1858, les deux communes de Lugrin et de Thollon jouissaient en commun des pâturages situés sur les montagnes de Chemise, Coignon et Blanchard; que par acte du 31 mars 1858, Gruz notaire, les deux communes, pour mettre fin aux contestations qui prenaient naissance dans cette promiscuité de jouissance, ont procédé au partage en deux lots égaux des susdites montagnes, pour c'est postérieurement à ce partage et nonobstant l'attribution faite à la commune de Thollon, que les appelants, tous habitants de cette dernière commune, ont prétendu conserver le droit, en leur qualité de propriétaires de fonds situés sur la commune de Lugrin, de conduire leur bétail sur le lot attribué à cette commune dans la proportion du fonds qu'ils y possèdent, qu'il est évident dès lors que les appelants ne pouvaient pas justifier leurs prétentions actuelles à la jouissance des pâturages attribués à Lugrin, qu'en se prévalant du mode de jouissance antérieur au partage; puisque c'était précisément à raison de droit quelconque d'habitant de l'un des deux communes entre lesquelles existait l'individision qu'ils étaient appelés à y prendre part; — Attendu qu'il ne peut y avoir le moindre doute à cet égard, car il appert des productions faites pour l'intéressé que, depuis les temps les plus reculés, les règlements en vigueur pour la jouissance en commun prescrivaient l'introduction dans tous les pâturages de tous bestiaux qui n'avaient pas été hivernés dans ces communes; — Attendu d'autre part, que les appelants n'ont produit ni même invoqué aucun titre particulier leur donnant droit à la propriété ou à la jouissance des pâturages dont il s'agit, qu'ainsi la question se réduit uniquement à savoir si leur seule qualité de propriétaires fonciers dans la commune de Lugrin, où ils n'habitent pas, suffit pour justifier leur prétention ; — Attendu qu'en présence des dispositions formelles de l'article 541 du Code Napoléon et la loi du 10 janvier 1793 et du décret du 20 juin 1806, l'on ne saurait admettre une telle prétention ; que ces dispositions comprennent les biens communaux quelle que soit leur nature et sans distinction entre eux, qu'il résulte que ceux-là seuls ont le droit d'en jouir qui habitent la commune, et que la communauté tout l'être moral qui en est propriétaire; que rien ne justifie donc la distinction que les appelants veulent établir entre les forêts et les prairies; qu'en effet, le pâturage est considéré comme l'affouage, un mode de jouissance des biens communaux; que l'on ne peut, en effet, comprendre un droit qui devrait prendre fin au moment même où les habitants ayant ser's droit au partage voudraient s'en

appartenir aux conseils municipaux d'établir des règles différentes entre les divers chefs de famille et de créer des classes d'usagers. L'administration supérieure n'a jamais toléré, par exemple, que l'on établit entre les anciens et les nouveaux domiciliés dans une commune une distinction qui exclurait ces derniers de tout ou partie des droits acquis aux habitants en général (1).

2348. M. Dalloz, dans son *Répertoire*, V° COMMUNE, n° 2326, émet l'opinion que la participation aux produits communaux constitue non seulement un droit personnel, mais un droit qui ne peut être exercé que par la personne de l'habitant. Nous ne savons sur quels textes et sur quelles autorités il se fonde à cet égard. Rien dans la loi de 1793, rien dans l'avis du Conseil de 1808 n'autorise une telle interprétation. Les produits des communes doivent être partagés entre les chefs de famille, mais il n'importe qu'ils les recueillent eux-mêmes ou les fassent recueillir en leur nom, pourvu que chacun ne prenne que la part à laquelle il a droit. Des deux arrêts de cassation qu'il cite comme favorables à sa thèse, l'un ne dit point ce qu'on lui fait dire, et l'autre s'applique exclusivement à la récolte des varechs et goémons qui ne sauraient être considérés comme des produits communaux, bien qu'un intérêt d'ordre public en ait fait abandonner par l'État le profit aux habitants des communes riveraines de la mer (Voy. n°s 2557 et suiv.).

2349. Il peut arriver que des biens indivis entre une commune et un particulier soient l'objet d'un acte de partage : le particulier jouit dès lors à titre privatif de la part à lui attribué par l'acte de partage, mais peut-il, d'autre part, prétendre à sa part de jouissance dans la portion du bien devenu propriété exclusive de la commune ? L'affirmative ne nous semble pas douteuse. A partir de l'acte de partage, le particulier a cessé d'être communiste pour devenir simple habitant de la commune ; il a tous les droits des autres habitants domiciliés. Un arrêt de la Cour d'Aix du 23 janvier 1878, maintenu par un arrêt de la Chambre des requêtes du 6 mai 1879 (2), dans une espèce spéciale s'est prononcé, il est vrai, dans un sens contraire ; mais sa décision peut s'expliquer par les faits de la cause : l'acte de partage avait pu être considéré comme formant tout à la fois acte de liquidation des droits indivis et transaction entre la commune et le particulier, contenant renonciation expresse de la part de ce dernier à revendiquer tout droit usager communal.

2350. Une section de commune ou un particulier, en vertu de titres, peuvent participer aux produits de communaux appartenant en propre à une autre section de la commune ou situés sur le territoire d'une commune autre que celle du domicile du particulier. Aucun acte administratif n'est nécessaire pour déterminer et juger les droits soit de la section, soit du particulier revendiquant ; c'est une simple question de propriété ou de droit d'usage qui s'agite et dont la décision appartient à l'autorité judiciaire seule. Et ni la commune, ni la section défenderesse ne sauraient présenter aucune exception tirée de ce qu'un règlement préfectoral, par exemple, ou une délimitation administrative ne seraient pas produits au préalable (1).

2351. Si les questions de savoir si un habitant a ou non domicile usager dans une commune est une question de fait et si le droit à la jouissance est un droit personnel sont controversées, on est cependant d'accord pour reconnaître que le droit acquis par un particulier peut être cependant transmis à ses ayants-droit lorsque ceux-ci, au moment où s'opère la transmission, se trouvaient d'ailleurs dans des conditions personnelles d'habitation et de domicile de nature à leur assurer la continuation de la situation juridique de leur auteur. Ainsi le fils qui habite avec le père, et qui devient par le décès de celui-ci chef de famille continue à jouir, comme son père, des biens communaux, et de même la femme qui devient veuve, etc. (2).

2352. La justification du domicile communal se fait par tous les moyens de nature à l'établir ; elle n'est pas subordonnée à la condition de l'inscription au rôle de l'une des quatre contributions. Cette inscription peut servir, sans doute, comme moyen de preuve, mais elle ne peut créer le droit, de même que l'omission ni peut ni le suspendre, ni le supprimer (3).

2353. Lorsqu'une commune, au lieu de livrer ses communaux à une jouissance commune, amodie à ses habitants par voie d'allotissement, les biens dont elle est propriétaire, elle nécessairement prendre pour base de cette opération le nombre des feux ou chefs de ménages, suivant la règle établie pour la répartition des fruits communaux, ou lui est-il loisible de procéder à l'amodiation par têtes, c'est-à-dire former autant de lots qu'il y a d'individus dans la commune ? La solution de cette question dépend des conditions attachées à la concession des lots. Si la commune n'exige des concessionnaires qu'une redevance inférieure à la valeur estimative des biens amodiés, l'opération prend le caractère d'un partage de jouissance, et, dans ce cas, il n'est pas douteux que la règle de la répartition par feux tracée par les décrets des 20 juin 1807 et 26 avril 1808 soit la seule applicable. Si, au contraire, le prix de location est exactement basé sur l'estimation des biens et qu'il s'agisse par conséquent de baux véritables, les habitants devenant des preneurs ordinaires, la commune ne se trouve plus liée par les décrets précités ; c'est en vertu de l'article 68 de la loi du 5 avril 1884, que le conseil municipal arrête les conditions de la mise en ferme, et rien ne s'oppose, dès lors, à ce que les biens amodiés soient divisés en autant de lots que la commune le juge conforme à ses intérêts (4).

2354. Une commune peut avoir des dépenses à faire soit pour la conservation, soit pour la garde de ses communaux ; elle a des contributions à payer : on s'est demandé si ces dépenses devaient être supportées par la totalité des contribuables ou par ceux-là seuls qui sont admis et participent à la jouissance des communaux. La question est assez délicate à résoudre. Aux termes de l'article 109 de la loi du 3 frimaire an VII, la contribution due pour les terrains connus sous le nom de biens communaux, tant qu'ils n'ont pas été partagés, est supportée par la commune et acquittée par ces habitants. — La contribution due pour les terrains qui ne seraient communs qu'à certaine portion des habitants d'une commune est acquittée par ces habitants.

---

prévaloir ; — Attendu que les appelants ne sont pas mieux fondés à invoquer les dispositions de la loi des 28 septembre et 6 octobre 1791 sur le parcours et la vaine pâture, qui consacrent des droits réciproques entre les communes ou entre particuliers ; — Attendu, en effet, qu'il n'y a pas lieu à réciprocité, quant à la jouissance des biens communaux entre les propriétaires qui habitent la commune et ceux qui n'y habitent pas.
En ce sens, (Pau), 21 janvier 1859.

(1) Cons. d'Ét., int. 12 janvier 1838. — La section, vu l'article 542 du Code civil, Considérant que, même en restreignant la qualité d'habitants à ceux qui sont domiciliés dans la commune, on ne pourrait, sans violer soit cet article, soit les articles 102 et suivants du même code, relatifs au domicile, établir, quant à la jouissance des biens communaux, entre les anciens et les nouveaux domiciliés, une distinction qui tendrait à exclure ces derniers de tout ou partie des droits acquis aux autres habitants en général ; que, par conséquent, dans le cas où des conseils municipaux auraient exclu, par leurs délibérations, les nouveaux domiciliés de la jouissance des droits acquis aux autres habitants, ou les auraient assujettis, à raison de cette circonstance, à des conditions plus onéreuses, il y aurait lieu, par les préfets, à prononcer l'annulation de ces délibérations, pour violation d'une loi, en vertu de l'article 18 de la loi du 18 juillet 1837, est d'avis, etc.
En ce sens, Circ. min. int. 28 mars 1838.
(2) Cass. Req. 6 mai 1879, D. P. 80.1.25.

(1) Cass. Req. 19 avril 1880 (Voy. *suprà*, n° 2322)
(2) Cass. Req. 14 décembre 1864. — Attendu qu'il est constaté, en fait, par l'arrêt attaqué, que Calmiche, demeurait à Deauville, chez la veuve Bouet, sa grand'mère, lorsqu'elle est décédée le 10 janvier 1859, que, depuis cette époque, Calmiche, qu'elle avait institué son légataire universel, a habité sa maison et continué son ménage ; — Attendu que, s'il manquait audit Calmiche 10 jours pour compléter l'année, il n'a fait que continuer en sa qualité de légataire universel, seul ayant-droit, la personne de la veuve Brouet, sa grand'mère, dont il a payé la contribution personnelle et mobilière, pendant ladite année 1859 ; qu'il a été inscrit nominativement au rôle de 1860 ; — Attendu que, dans cet état des faits, l'arrêt a pu, sans violer la loi, décider que Calmiche avait droit de participer à la répartition à faire de la somme de 400,000 francs, attribuée aux habitants de Deauville, par l'acte de vente du 1er décembre 1859, à raison de l'aliénation des marais, appartenant à cette commune.
(3) Cass. Req. 14 décembre 1864 (Voy. *suprà* n° 2351).
(4) Déc. min. int. 1857.

D'un autre côté, aux termes de la loi postérieure du 26 germinal an XI, lorsqu'une commune possède des domaines utiles dont chaque habitant profite également et qui ne sont pas susceptibles d'être affermés, comme bois, pacages et marais communs, et qu'elle n'a pas de revenus suffisants pour payer les contributions, celles-ci sont acquittées au moyen de centimes additionnels sur les contributions de tous les habitants. — Lorsque tous les habitants n'ont pas un droit égal à la jouissance, la répartition de la contribution assise sur ce bien est faite au prorata de la part qui en appartient à chacun. — Lorsqu'une partie seulement des habitants a droit à la jouissance, la répartition de la contribution n'a lieu qu'entre eux proportionnellement à leur jouissance respective.

La différence entre les deux systèmes consiste en ce que la loi de l'an VII ne tient compte que des droits de propriété, et celle de l'an XI, des droits à la jouissance. Or, on voit quelle est l'importance de la distinction. Si c'est le droit à la propriété qui doit être pris en considération, tous les contribuables de la commune domiciliés ou non, chefs de famille ou non doivent leur quote-part des frais d'impôt et de garde des biens communaux, puisque ces biens sont biens de la commune et par suite communs à tous, à moins d'exemption dans le titre ; si c'est le droit à la jouissance, tous les forains, tous les individus non chefs de famille quoique habitants ou ayant des biens, sont dispensés de toute participation.

En 1845, le ministre de l'intérieur et le ministre des finances, examinant la question, ont adressé à tous les agents dépendant de leurs administrations, une circulaire concertée, dans laquelle ils soutenaient que le principe de la loi de germinal an XI, était contraire aux règles admises en matière de comptabilité publique par les articles 39, 40 et 42 de la loi de finance du 15 mai 1818 et les articles 37 et 40 de la loi du 18 juillet 1837. D'après ces ministres, les contributions et les dettes contractées à raison des communaux devaient être considérées comme des dettes ordinaires des communes et soldées, à défaut de revenus suffisants, au moyen d'impositions extraordinaires portant sur toutes les contributions directes. La loi de germinal an XI était considérée comme explicitement abrogée (1).

Mais ce système très énergiquement soutenu par le ministre de l'intérieur a été condamné par le Conseil d'État. Par trois arrêts successifs des 9 août 1855, 4 mars 1858 et 4 mai 1877, Le Conseil a déclaré que la loi de l'an XI n'avait pas été abrogée par celle de 1837, et qu'il y avait lieu dès lors de combiner ses dispositions avec celles de la loi de l'an VII. Aux termes de la doctrine qu'il a établie, lorsqu'une commune possède des domaines utiles qui ne sont pas susceptibles d'être affermés, mais à la jouissance desquels chaque habitant a droit de participer, la contribution due doit être répartie entre tous les habitants, en centimes additionnels à leurs contributions directes ; mais si les biens ne sont pas susceptibles d'une jouissance générale et collective, et si des dépenses résultent des faits de jouissance, le conseil municipal peut réserver la charge de ces dépenses aux seuls habitants qui usent des biens et participent à la jouissance : ainsi, par exemple, l'acquit des contributions foncières doit être supporté par tous les habitants imposés de la commune, et le traitement du garde peut être soldé par une taxe spéciale sur les usagers (1).

_____

(1) Circ. int. 9 mai 1845. — *Instruction sur la marche à suivre pour le payement des contributions assises sur les biens communaux, lorsque les communes ne peuvent les acquitter avec leurs revenus.* — Monsieur le Préfet, des difficultés s'étaient élevées au sujet de l'application de la loi du 26 germinal an XI, relative au payement des contributions assises sur les biens communaux, dans les communes qui n'ont pas des revenus suffisants pour les acquitter. Il s'agissait principalement de savoir si, lorsque la jouissance des biens est égale entre tous les habitants, on peut en répartir la contribution sur le rôle général des contributions par voie d'addition à toutes les contributions directes payées dans la commune, ou s'il doit être dressé un rôle spécial.

D'une part on objectait contre le système d'une répartition générale, 1° que, dans la plupart des communes, il y avait des propriétaires forains qui, étant ordinairement exclus de la jouissance des biens communaux, ne devaient pas concourir au payement de la contribution de ces biens ; 2° que, dans tous les cas, une répartition dans le rôle général aurait l'inconvénient de transformer une portion de la contribution foncière en contribution mobilière, en sorte qu'il n'y aurait plus concordance entre les sommes réparties et les contingents foncier et mobilier assignés aux communes.

Mais, d'une autre part, on répondait, sur le premier point : qu'à supposer que la loi du 26 germinal an XI ait voulu réellement affranchir les propriétaires forains de l'obligation de concourir à l'acquittement des contributions dont il s'agit, elle se trouverait en désaccord avec la jurisprudence qui s'est établie depuis sur les rapports des forains avec les communes, touchant les dépenses de ces dernières ; qu'en effet, lorsqu'une commune acquiert un immeuble, fait des travaux, subit des condamnations judiciaires, et qu'elle n'a point de ressources pour se libérer, elle a recours à une imposition extraordinaire qui frappe indistinctement sur tous les contribuables, domiciliés ou forains, même dans le cas où il s'agit de biens communaux à la jouissance desquels les forains n'ont pas droit ; que ce principe a été formellement reconnu dans plusieurs circonstances par le conseil d'État ; que, d'ailleurs, l'équité ne s'oppose point à ce que les propriétaires forains soient compris au rôle de l'imposition, car ils retirent indirectement un profit des biens communaux par leurs fermiers ou leurs colons ; que, dès lors, on doit penser que les termes de la loi du 26 germinal an XI en expriment mal l'esprit, ou même que les dispositions en sont implicitement abrogées sur ce point, par celles des lois postérieures qui ont trait aux impositions communales, notamment les articles 39, 40, 42 de la loi de finances du 15 mai 1818 et les articles 39 et 40 de la loi du 18 juillet 1837 sur l'administration municipale, d'où il résulte que, lorsqu'une commune est sans ressources pour subvenir à des dépenses nécessaires, il y est pourvu au moyen d'une imposition

extraordinaire qui frappe sur tous les contribuables indistinctement. On ajoutait, à l'appui de cette dernière opinion, qu'en réfléchissant sur les motifs qui firent adopter la loi du 26 germinal an XI, on conçoit qu'à cette époque, faute de règles bien précises pour contraindre les communes à payer leurs dettes exigibles, on ait jugé nécessaire d'assurer les droits du trésor, en transportant l'obligation du corps moral de la commune sur tous et chacun de ses membres, et en donnant ainsi à l'administration des finances la faculté d'user contre les habitants, personnellement, des moyens de contrainte, de saisie et d'exécution qu'elle n'eût pu employer contre la commune ; mais qu'aujourd'hui la loi du 18 juillet 1837, en étendant, sous plusieurs rapports, le pouvoir des conseils municipaux, a, aussi, sous d'autres rapports, fortifié l'action de l'autorité supérieure sur les communes ; que, par exemple, elle a établi une distinction entre les dépenses communales obligatoires et celles qui sont simplement facultatives ; que, lorsque les conseils municipaux refusent de pourvoir aux premières, l'administration supérieure intervient et en assure le payement, en portant d'office les allocations nécessaires au budget, ou en établissant, au besoin, une imposition extraordinaire, ou enfin en prescrivant la vente d'une partie des biens communaux (art. 30, 39, 40 et 46) ; que les contributions établies sur les biens des communes sont comprises dans la nomenclature des dépenses obligatoires ; qu'ainsi, les intérêts du trésor se trouvent suffisamment garantis sans qu'il soit besoin de recourir à la loi du 26 germinal an XI.

Relativement à la seconde objection, touchant l'inconvénient de transformer une portion de la contribution foncière en contribution mobilière, on répondait que cet inconvénient serait avec peu de gravité, qu'au surplus, la loi du 26 germinal an XI avait prescrit elle-même le mode de répartition générale, puisqu'elle portait que la contribution assise sur les biens communaux, et que les communes ne pourraient payer, serait répartie en centimes additionnels à leurs contributions foncière, mobilière et somptuaire des habitants (art. 2).

Cette question intéressant le trésor public autant que les communes, j'ai cru me concerter avec M. le Ministre des finances pour en préparer la solution. Après avoir mûrement examiné les raisons invoquées de part et d'autre, nous avons reconnu qu'il y a lieu de considérer comme une dette ordinaire, constituant une dépense obligatoire, les contributions assises sur les biens des communes et que celles-ci ne peuvent acquitter avec leurs revenus ; que, dès lors, à défaut d'autre moyen de libération, c'est le cas de recourir à l'emploi qu'indiquent les articles 39 et 40 de la loi du 18 juillet 1837, c'est-à-dire à une imposition extraordinaire portant sur toutes les contributions directes payées dans la commune, conformément aux règles en vigueur.

En conséquence, monsieur le Préfet, si des communes de votre département se trouvaient dans l'impossibilité de payer les contributions de leurs biens autrement qu'avec le produit d'une imposition extraordinaire, cette imposition devrait être votée par le conseil municipal avec l'adjonction des plus imposés ; et comme il s'agirait d'une dépense obligatoire, vous seriez compétent, aux termes de l'article 40 de la loi du 18 juillet 1837, pour rendre exécutoire la délibération prise à ce sujet.

Si le conseil municipal refusait de voter l'imposition, vous auriez alors à m'adresser vos propositions, afin qu'il fût pourvu d'office au payement de la dépense, en vertu de l'article 39 de la même loi.

Dans tous les cas, vous veillerez à ce que le montant en soit réparti par voie d'addition au rôle général des contributions directes payées dans la commune.

Toutefois, si les contributions dues au Trésor étaient assises sur des biens appartenant privativement à une section de commune, l'addition ne devrait porter que sur les côtes des habitants et propriétaires de cette section, au moyen d'un rôle spécial dressé par le directeur des contributions et non pas par le maire. La raison en est qu'en pareille occurrence chaque section doit être considérée comme une commune distincte, dont tous les habitants jouissent également des biens communaux.

(1). Cons. d'Et. cont. 9 août 1855. — Napoléon, etc., Considérant qu'il résulte de l'instruction et qu'il est déclaré par le maire de la commune d'Aussurucq que les taxes auxquelles les sieurs Queheille et Etcheverry ont été imposés conformément à la délibération du conseil municipal de la commune d'Aussurucq en date du 1er mai 1837, étaient destinées à acquitter la contribution foncière établie sur les biens de ladite commune, à la jouissance desquels tous les habitants ont un droit égal ; — Considérant qu'aux termes de l'article 2 de la loi du 26 germinal an XI,

2355. Lorsqu'une commune est hors d'état de payer au Trésor, avec ses revenus ordinaires, les contributions assises sur ses bois, ne convient-il pas d'en assurer le payement par le moyen indiqué dans l'article 109 du Code forestier, c'est-à-dire en faisant distraire de la coupe ordinaire une portion suffisante de bois qui serait vendue aux enchères avant toute distribution d'affouage aux habitants?

Ce moyen peut certainement être employé puisqu'il est prescrit, en semblable occurrence, par le Code forestier.

---

lorsqu'une commune possède des domaines utiles dont chaque habitant profite également et qui ne sont pas susceptibles d'être affermés comme des bois et pacages communaux et qu'elle n'a pas des revenus suffisants pour payer la contribution due à raison desdits domaines, cette contribution doit être répartie en centimes additionnels ou en contributions directes; — Considérant que la taxe à laquelle les sieurs Qucheille et Etcheverry ont été imposés dans la commune d'Aussurucq a été établie contrairement à la disposition précitée de la loi du 20 germinal an xi, et aussi du nombre des bestiaux que les requérants envoyaient dans les pâturages de la commune d'Aussurucq, que dès lors les requérants étaient fondés à demander la décharge desdites taxes et que c'est à tort que le conseil de préfecture du département des Basses-Pyrénées a refusé de la leur accorder. — Annule.

Cons. d'Et. cont. 4 mars 1858. — Napoléon, Vu la loi du 26 Germinal an xi, (art. 2); — Vu la loi du 18 juillet 1837 (art. 17-44); — Vu la loi du 21 avril 1832 (art. 30);

Sur le moyen tiré de ce que la taxe aurait été établie contrairement aux dispositions de l'article 2 de la loi du 26 Germinal an xi; — Considérant qu'il résulte de la délibération ci-dessus visée du conseil municipal de la commune de Decize du 4 mai 1856, que la taxe à laquelle les requérants ont été imposés en raison du nombre de leurs bestiaux, était établie, en partie pour acquitter la contribution foncière, ainsi que les biens communaux autres que les bois; à la jouissance desquels tous les habitants ont un droit égal, et, en partie, pour acquitter le salaire du pâtre communal; — En ce qui touche la partie de la taxe établie pour acquitter la contribution foncière assise sur les biens communaux; — Considérant qu'aux termes de l'article 2 de la loi du 26 Germinal an xi, lorsqu'une commune possède des domaines utiles dont chaque habitant profite également, et qui ne sont pas susceptibles d'être affermés, comme des bois et des pacages communaux, et qu'elle n'a pas de revenus suffisants pour payer la contribution foncière, due à raison desdits domaines, cette contribution doit être répartie entre tous les habitants, en centimes additionnels à leurs contributions directes, que le conseil municipal de Decize a, au contraire, réparti le montant de cette contribution entre ceux des habitants qui envoyaient leurs bestiaux en pâturage, en raison du nombre de leurs bestiaux; qu'ainsi il a violé les dispositions de l'article 2 de la loi du 26 germinal an xi; — Que dès lors, les sieurs E. Forin, Claude Forin, Louis Prieur, Jean Collin sont fondés à demander la décharge de cette partie de la taxe; — En ce qui touche la partie de la taxe établie pour acquitter le salaire du pâtre communal; — Considérant qu'aux termes de l'article 17 de la loi du 18 juillet 1837, les conseils municipaux peuvent établir des taxes sur les habitants qui envoient leurs bestiaux dans les pâturages communaux et qu'aucune disposition de loi ne fait obstacle à ce que ces taxes ne soient destinées au payement du salaire du pâtre communal, qu'ainsi les requérants ne sont pas fondés à soutenir que cette partie de la taxe a été illégalement établie.

Sur le moyen tiré de ce que les requérants n'avaient pas envoyé leurs bestiaux pendant l'année 1856; — En ce qui touche les sieurs E. Forin, et Louis Prieur; — Considérant qu'il ne résulte pas de l'instruction que, pendant l'année 1856, les sieurs E. Forin et Forin Prieur aient fait pacager leurs bestiaux dans les pâturages communaux, que dès lors c'est à tort que le conseil de préfecture a rejeté leur demande en décharge sur la partie de la taxe à laquelle ils ont été imposés pour le salaire du pâtre communal; — En ce qui touche le sieur Claude Forin; — Considérant que le sieur E. Forin a reconnu, dans sa déclaration devant le conseil de préfecture, qu'il avait envoyé quelquefois, pendant les premiers mois de l'année 1856, ses bestiaux paître dans les pâturages communaux, que c'est seulement, le 9 mai 1856, qu'il a déclaré renoncer à la jouissance de ces pâturages, qu'une renonciation faite à cette époque ne peut le faire décharger d'une taxe établie pour l'année 1856, à raison des bestiaux envoyés en pâturage pendant ladite année; — Que dès lors, c'est avec raison, que le conseil de préfecture a rejeté la demande du requérant, tendant à obtenir la décharge de la partie de la taxe destinée au payement du salaire du pâtre communal; — En ce qui touche le sieur Julien Collin; — Considérant qu'il résulte de l'instruction que le sieur Estier a, pendant l'année 1856 fait pacager ses bestiaux dans les pâturages communaux; — Que dès lors, c'est avec raison que le conseil de préfecture a rejeté sa demande en décharge de la partie de la taxe destinée au payement du pâtre communal.

Art. 1er. Il est accordé aux sieurs E. Forin, Forin Prieur, décharge de la taxe de pâturage à laquelle ils ont été imposés sur le rôle de la commune de Decize pour l'année 1856.

Art. 2. Il est accordé aux sieurs Cl. Forin et Julien remise de la partie de la même taxe qui a été établie pour acquitter la contribution foncière passive des taxes des biens communaux.

Art. 3. Le surplus des conclusions est rejeté.

Cons. d'Et. cont. 4 mai 1877; — Le Conseil, Vu la loi du 8 frimaire an vii, (art. 109); — Vu la loi du 21 avril 1832; — Considérant que pour acquitter le payement des frais de garde et de la contribution foncière afférents aux forêts qu'ils ont abandonnées, en toute autre propriété, par voie de cantonnement aux communes de Guiche et de Montfort, les sieurs Vuillier ont été imposés comme les autres contribuables des autres communes, à des

Toutefois, avant d'y recourir, il convient de mettre le conseil municipal en demeure de délibérer sur le point de savoir s'il ne serait pas préférable d'asseoir sur chaque lot d'affouage une taxe assez élevée pour subvenir au paiement de la contribution dont il s'agit. C'est en cas de négative seulement qu'il y a lieu de faire l'application du 2e paragraphe de l'article 109 du Code forestier (1).

SECTION III.

DES PATURAGES.

2356. Une des formes les plus habituelles de l'usage commun des biens patrimoniaux est celle qui consiste dans l'exercice du droit de paturage sur les landes et prairies communales affectées à cet usage.

Le droit ne doit pas être confondu avec le parcours ou la vaine pâture (voy. infrà nos 2373 et suiv.), même lorsque, pour se conformer à un arrêté du conseil municipal, les habitants ne font paître aux bestiaux que ce qui reste après la récolte de la première ou de la seconde herbe. Ce serait abusivement que, dans cette dernière hypothèse, on appellerait vaine pâture l'envoi des troupeaux au pâturage sur les terres de la commune.

Le droit à cet usage appartient à tous les habitants de la commune, qui sont libres d'en user individuellement ou en commun. Néanmoins, le pâturage ne peut être exercé individuellement dans les forêts de l'Etat, des communes et des établissements publics; les bestiaux doivent être réunis dans ce cas sous la conduite d'un pâtre commun.

Les conseils municipaux peuvent régler par leurs délibérations le mode de jouissance et la répartition des pâturages communaux, ainsi que les conditions à imposer aux parties prenantes. Ils peuvent en exclure, par exemple, les propriétaires qui n'habitent pas la commune, quoique ceux-ci ne puissent, ainsi qu'on le verra, être exclus du droit de vaine pâture sur les terrains soumis à cet usage spécial (2).

2357. Le conseil municipal a le droit de distribuer les parties des communaux entre les diverses espèces de bétail admises au pâturage, en affectant un cantonnement à l'une ou plusieurs d'entre elles à l'exclusion des autres; on comprend, en effet, que l'intérêt de certaines cultures ou la conservation des prairies peuvent exiger que les moutons et les chèvres, par exemple, n'y soient pas admis. Le règlement municipal pris à cet effet constitue un arrêté de police administrative, et, ceux qui y contreviennent peuvent être punis de la peine portée en l'article 471no 15 du code pénal, sans préjudice, bien entendu, de l'action en dommages-intérêts que la commune pourrait engager contre ceux qui auraient introduit les animaux interdits dans le cantonnement réservé (3).

2358. Les droits de pâturage des biens communaux réservés à cet effet, sont des droits dont la jouissance appartient aux habitants; il s'ensuit que l'administration de l'enregistrement ne saurait exiger aucun droit, même le droit de location verbale, car les habitants qui profitent des pâturages communaux ne font qu'exercer leur droit propre. Il s'ensuit

centimes additionnels extraordinaires; que si, dans les conclusions prises par eux devant le tribunal de Carcassonne, au cours de la demande en cantonnement poursuivie contre les communes, les sieurs Vuillier ont déclaré renoncer à leurs droits de communiers, dans la jouissance des forêts cédées aux communes de Guiche et de Montfort, à la condition qu'ils seraient exonérés de leur part contributive des impositions afférentes à ces forêts, cette renonciation volontaire au droit de jouissance qui leur appartenait en qualité d'habitants, en admettant même qu'elle ait été acceptée par les rôles de la contribution extraordinaire, régulièrement établie, pour le payement d'une dépense obligatoire de ces communes, et qui devait être répartie sur tous les contribuables, au prorata, du principal de leur contribution. — Annule.

(1) Déc. min. Int. 17 juillet 1841.
(2) Cass. crim. 21 février 1863. (Bull. crim. p. 98.)
(3) Cass. crim. 11 novembre 1834.

encore que les taxes imposées par les communaux à ceux qui veulent jouir de l'exercice de ce droit sont affranchies de toute mesure fiscale (1).

2359. En outre, comme le droit appartient à la communauté des habitants, il suffit du fait d'un habitant pour conserver le droit de la commune elle-même. Donc, soit qu'il s'agisse du pâturage sur des biens communaux, ou de la jouissance d'un droit de pâturage appartenant à la commune, la prescription ne peut atteindre l'habitant qui, depuis plus de trente ans, aurait cessé d'envoyer ses bestiaux. Il ne s'agit pas là, en effet, d'une servitude mais d'une jouissance du fonds, laquelle ne peut se perdre que par la contradiction.

2360. Lorsque, d'après les usages d'une commune, chaque habitant peut envoyer gratuitement une certaine quantité de bestiaux dans un pâturage communal, des habitants qui se sont associés pour l'élève du bétail peuvent faire paître, sans être assujettis à la taxe, un nombre total égal à celui auquel chacun a droit (2).

2361. Pour assurer l'exercice régulier des pâturages dans les communaux, les conseils municipaux choisissent souvent un pâtre commun. Comme le pâturage ne profite pas à tous les habitants, celui-ci est payé par une taxe particulière établie sur les habitants qui profitent du pâturage communal (3).

Une instruction du 18 mai 1818 indique le mode d'établissement de ces taxes. D'après ses dispositions, les rétributions à payer par les habitants qui envoient paître leurs bestiaux dans les pâturages restés en jouissance commune doivent être établies à raison de l'espèce de bétail et du nombre d'animaux appartenant à chaque usager.

Une autre instruction du 31 juillet 1819 porte que les perceptions de cette nature ne peuvent être considérées que comme un prix de location, et que la répartition des taxes doit s'effectuer sur les bases posées pour le payement de la contribution des biens, par la loi du 26 germinal an XI.

2362. L'article 68, paragraphe 7, de la loi du 5 avril 1884, réservant à l'approbation préfectorale les tarifs de tous les droits à percevoir au profit de la commune, les délibérations fixant le taux des cotisations doivent toujours être homologuées par le Préfet.

2363. Chaque année, le rôle des taxes est dressé par le conseil municipal, d'après les déclarations des habitants, ou, à défaut, d'après les renseignements fournis par le garde champêtre ou le pâtre commun. Le rôle est adressé au sous-préfet, pour être soumis à l'approbation du préfet. Il parvient ensuite au receveur municipal par l'entremise du receveur particulier des finances.

2364. D'autres produits, tels que les marais tourbeux, par exemple, peuvent, selon la nature du sol et les usages locaux, donner lieu à l'établissement de taxes semblables, le but de la loi ayant été de laisser une entière latitude aux administrations municipales relativement au pouvoir de taxer la jouissance des fruits communs.

2365. Les dépenses du troupeau commun, salaires du pâtre, fournitures d'étalons, ne sont pas des dépenses communales et, si elles sont recouvrées, par application de la loi municipale, en vertu des rôles nominatifs et par assimilation aux contributions directes, ne doivent figurer sur ces rôles que les habitants qui ont profité des services que ces contributions ont pour but de rémunérer. Tout autre habitant serait admis à se pourvoir en décharge d'une taxe indûment imposée (1).

2366. Les taxes sont perçues suivant les formes établies pour le recouvrement des contributions directes et les questions contentieuses auxquelles la perception peut donner lieu sont jugées par les tribunaux administratifs (2).

2367. Les taxes de pâturage, comme toutes les contributions directes, doivent être établies pour l'année entière. Elles peuvent être perçues par douzièmes. Elles doivent donc être arrêtées et approuvées par les conseils municipaux avant le commencement de chaque exercice. On a jugé, par suite, que lorsque la taxe municipale à percevoir des habitants jouissant d'un pâturage communal était fixée au 1er janvier de l'année, et que le tarif existant au 1er janvier était encore en vigueur au moment de l'ouverture de la saison de pâturage, un habitant est fondé, nonobstant une délibération postérieure du conseil municipal qui a élevé la taxe, à soutenir que le nouveau tarif ne peut être appliqué en cours d'année aux habi-

---

(1) Déc. Enreg. 20 septembre 1881.
(2) Cons. d'Et. Cont. 21 avril 1882. Considérant qu'il résulte de l'instruction que les sieurs Dutech et Gailhard ont des intérêts communs pour l'élève des bestiaux et qu'ils n'ont pas usé des pâturages des Quatre-Vexiaux d'Aure, pendant 1878, pour plus de vingt barades chacun ; — Que dans ces circonstances, le syndicat, en admettant qu'il soit recevable, n'est pas fondé à soutenir que le sieur Dutech doit être imposé pour ladite année comme propriétaire d'animaux formant trente-sept barades. — Rejet.
(3) Cons. d'Et. Cont. juin 1849 ; — Le Conseil, au fond : — Considérant qu'il ne s'agit pas, dans l'espèce, de terrains soumis au parcours ou à la vaine pâture, mais d'une propriété communale livrée comme pâture vive et grasse au pâturage des bestiaux des habitants, qu'ainsi c'est avec raison que le sieur Lefèvre participant à la jouissance de cette propriété en qualité de possesseur de bestiaux, profitant dudit pâturage, a été porté au rôle de répartition de la taxe établie, comme condition de ladite jouissance, pour le paiement du salaire du pâtre commun et qu'il n'a d'ailleurs point contesté, même subsidiairement, le taux de cotisation mise à sa charge ; qu'enfin l'usage qu'il peut faire d'une pâture particulière ne saurait affranchir le requérant desdites cotisations, tant qu'il participera à la jouissance de la propriété communale dont il s'agit ; et qu'il n'y a pas lieu, dès lors, de le renvoyer devant les tribunaux pour y faire statuer sur le droit qu'il prétendait avoir acquis à cet égard en ladite qualité. — Rejette.

(1) Cons. d'Et. Cont. 19 janvier 1854, L. p. 36.
(2) L. 5 avril 1884, art 153 ; Déc. Min. int. 1er octobre 1841. — Un de MM. les préfets a demandé des instructions au sujet du mode qui doit être suivi pour le recouvrement des taxes de pâturage, dues par les habitants ou propriétaires qui envoient leurs bestiaux sur les biens communaux.
Cet administrateur reconnaît que ces taxes se trouvent soumises à l'application de l'article 44 de la loi du 18 juillet 1837, d'après lequel « les taxes particulières dues par les habitants ou propriétaires, en vertu des lois et des usages locaux, sont réparties par délibération du conseil municipal approuvée par le préfet, et perçues suivant les formes établies pour le recouvrement des contributions publiques. » Mais il pensait qu'il conviendrait de leur appliquer aussi les dispositions de l'article 63 de la même loi, afin que, dans le cas où les personnes taxées feraient opposition au recouvrement, la contestation pût être portée devant les tribunaux ordinaires.
M. le ministre a fait observer que les articles 44 et 63 de la loi du 18 juillet 1837 ne pouvaient être appliqués au même objet ; que le premier ordonne que les taxes communales seront perçues suivant les formes établies pour le recouvrement des contributions publiques ; que le second, au contraire, prévoyant le cas où les lois et règlements n'auraient pas prescrit un mode spécial pour le recouvrement de certaines recettes municipales, veut que ces recettes s'effectuent sur des états dressés par le maire, et que ces états deviennent exécutoires par le visa du sous-préfet, sauf, s'il y a des oppositions, en saisir les juges compétents, suivant la nature de la contestation ; qu'on ne saurait par cela seul que l'article 44 prescrit un mode spécial pour le recouvrement des taxes communales, appliquer aussi les dispositions de l'article 63, qui règle précisément le cas contraire, c'est-à-dire celui où il n'existe pas un mode spécial de recouvrement.
Ainsi, dès qu'on admet que les taxes de pâturage sont comprises dans la classe des taxes dont par l'article 44, on ne peut suivre pour leur recouvrement d'autre mode que celui prescrit pour les contributions publiques, sans aucun mélange des formalités établies par l'article 63 de la loi du 18 juillet 1837.
Cependant, il ne faudrait pas induire de ce qui précède que les règles du contentieux des contributions publiques fussent applicables à toutes contestations relatives aux taxes de pâturage ; déjà la circulaire ministérielle du 10 janvier 1839, sur le recouvrement des taxes d'affouage, avait expliqué que « les taxes assises sur la jouissance des biens communaux n'étant pas un impôt proprement dit, mais une redevance plus ou moins légère, destinée principalement à couvrir les charges inhérentes à ces biens, il n'y a aucun motif pour faire confectionner les rôles, ni pour instruire et juger les demandes en modération ou en décharge dans les mêmes formes que s'il s'agissait de contributions publiques.... Que l'assimilation établie par l'article 44 de la loi du 18 juillet 1837, doit être restreinte aux poursuites à exercer contre les débiteurs en retard d'acquitter les taxes ou qui refuseraient de les acquitter ; que, par conséquent, les conseils de préfecture n'ont point à connaître des demandes en modération ou en décharge de ces sortes de taxes. »
Cette doctrine, en établissant une distinction judicieuse entre le principe de la taxe et le mode de son recouvrement, ne préjuge rien, et ne doit rien préjuger, en effet, sur les questions de compétence qui feraient naître des refus de payement, attendu que ces questions peuvent varier suivant la nature diverse des contestations portant sur le principe ou l'étendue de l'obligation des personnes inscrites aux rôles des taxes ; et que, dès lors, il ne saurait y avoir lieu de les régler, par voie d'instructions générales, les points de compétence qui trouvent leur solution dans les lois en vigueur, à mesure que les difficultés se présentent avec le caractère propre à chaque espèce.
En ce sens, Cons. d'Et. Cont. 18 août 1849, L. p. 508 ; — Cons. d'Et. Cont. 22 décembre 1863, L. p. 843.

tants qui ont envoyé leur bétail aux prés sous l'empire de l'ancien tarif, et que, se trouvant dans ce cas, il doit être imposé d'après le tarif en vigueur au 1er janvier (1).

2368. Les taxes ne peuvent fixer de tarif progressif selon le nombre de bêtes, de telle sorte que la redevance s'accroisse ou diminue par tête au fur-et à mesure que s'accroît le nombre d'animaux que chaque habitant est autorisé à conduire. Le droit est égal, en effet, pour chaque chef de famille, au Conseil municipal en régler l'exercice, il ne dépend pas de lui de l'étendre au profit des uns et de le restreindre au détriment des autres, au moyen d'une taxe de jouissance qui ne serait pas déterminée d'une manière égale pour chaque tête, mais varierait avec le chiffre des bestiaux (2).

2369. D'après la jurisprudence constante du Conseil d'État le propriétaire qui a fait connaître l'intention de ne pas user des pâturages communaux pour ses troupeaux ne se trouve pas passible de la taxe par ce fait seul que son berger les y aurait conduits une fois. Mais ce fait peut donner à la commune le droit d'engager une action en dommages-intérêts, si elle peut justifier d'un préjudice (3).

(1) Cons. d'Et. Cont. 12 mai 1868.
(2) Déc. Min. Int. 1869. — Le conseil municipal de X... a pris une délibération portant que tout propriétaire ou chef de famille pourra envoyer paître sur les biens de la commune, pendant l'année courante, deux bêtes à laine par chaque hectare de terrain qui lui appartient, sous la condition de payer une taxe de 25 centimes par bête, et que celui qui possède plus de deux bêtes à laine par hectare de terrain dont il est propriétaire est tenu d'acquitter une taxe de 1 franc par bête.
La même délibération contient des dispositions analogues en ce qui touche la dépaissance des chèvres sur les biens communaux.
D'un autre côté, elle assujettit à une surtaxe les habitants ayant fait une déclaration inexacte des animaux qu'ils envoient dans les pâturages de la commune.
Enfin, elle impose à ceux qui font paître les chèvres sur leurs propriétés une taxe de 10 francs par chèvre s'ils ne prennent pas certaines précautions, notamment celle de faire conduire les chèvres par un gardien.
Consulté par le préfet au sujet de ces dispositions, le ministre de l'intérieur a reconnu qu'elles sont illégales. Sa décision est ainsi motivée : Les articles 542 du Code Napoléon et 105 du Code forestier, ainsi que les décrets impériaux des 20 juin 1809 et 5 juin 1811 reconnaissent à tout chef de ménage domicilié dans une commune le droit de participer à la jouissance des biens dont elle abandonne les produits aux habitants. Ce droit est égal pour chaque chef de famille, et s'il appartient au conseil municipal d'en régler l'exercice, il ne dépend pas de lui de l'étendre au profit des uns et de le restreindre au détriment des autres au moyen d'une taxe de jouissance. Or, tel est l'effet que produirait la délibération du conseil municipal de X... soit en excluant implicitement des pâturages communaux les chefs de famille de la localité qui n'y possèdent pas de terre, soit en faisant peser une taxe moins élevée sur les grands propriétaires que sur les petits.
Le conseil municipal a également excédé les limites de ses pouvoirs en imposant aux habitants faisant paître des chèvres sur leurs propriétés des obligations qui rentrent dans la catégorie des mesures de police, et, par suite, des attributions exclusives du maire. Enfin, il ne lui appartenait ni d'établir une taxe de 10 francs par chèvre comme sanction de ces obligations, ni d'assujettir à une surtaxe ceux qui déclareraient inexactement le nombre des animaux envoyés aux pâturages de la commune, cette taxe et cette surtaxe constituant de véritables amendes, c'est-à-dire des primes que le législateur seul peut édicter.
Le ministre a invité, en conséquence le préfet à refuser son approbation à la délibération du conseil municipal.
(3) Déc. Min. Int. 1869. (Voy. n° 2368).
Cons. d'Et. Cont. 26 décembre 1856, L. p. 726; Cons. d'Et. Cont. 25 mars 1865, L. p. 327; Cons. d'Et. 6 juillet 1855, L. p. 696; Cons. d'Et. Cont. 1er février 1878; Le Conseil, vu la loi du 18 pluviôse an VIII et l'article 17 de la loi du 18 juillet 1835; vu la loi de finances du 8 août 1875; Considérant que, par une délibération rendue exécutoire par le préfet, le conseil municipal de la commune de Chateuil a décidé que les propriétaires qui voudraient profiter, pour leurs bestiaux, des pâturages communaux, devraient en faire une déclaration, à la suite de laquelle ils seraient inscrits sur un rôle des taxes de pâturage, que les propriétaires de bestiaux qui ne voudraient pas user de cette faculté devraient également en faire la déclaration; enfin qu'un rôle supplémentaire serait dressé, en fin d'année, lequel comprendrait les propriétaires de bestiaux introduits en fraude dans les pâturages communaux; — Considérant que les sieurs Hughes ont été inscrits sur le rôle supplémentaire établi comme ci-dessus pour avoir introduit leurs bestiaux en fraude dans les pâturages communaux; — Mais considérant qu'aucune disposition de loi n'autorise une commune à imposer, par un rôle supplémentaire, les propriétaires qui ne figurent pas sur le rôle primitif, à raison des faits de pâturage qui leur sont attribués; — Qu'il ne pourrait résulter de ces faits que le droit pour la commune de réclamer devant l'autorité compétente, une indemnité en réparation du dommage qui lui a été causé, que dès lors c'est à tort que le conseil de préfecture des Basses-Alpes a maintenu... — Annule.
En ce sens, Cons. d'Et. 21 juillet 1882; — Cons. d'Et. 30 nov. 1883.

2370. Si, en vertu d'un règlement arrêté par le conseil, les propriétaires qui veulent faire pâturer sur les communaux ne sont pas tenus d'en faire la déclaration préalable, le fait de conduire ou de faire conduire des bestiaux rend passible de la taxe (1).

2371. L'individu qui n'est ni propriétaire, ni habitant, ne peut être imposé à la taxe lorsqu'il conduit ses troupeaux sur les communaux, mais il commet alors la contravention du § 10 de l'art. 479 C. P. et doit une indemnité à raison du dommage qu'il a occasionné (2).

2372. La taxe municipale de pâturage peut constituer un arrêté de police administrative, ainsi que nous venons de le voir, mais il ne saurait appartenir au conseil municipal d'en assurer l'observation par d'autres moyens que ceux que les lois sur les contributions directes, d'un côté, et le Code pénal de l'autre, mettent à sa disposition; par exemple, il n'est pas possible d'établir soit une surtaxe, soit une amende déterminée, contre les propriétaires qui feraient des déclarations inexactes et contreviendraient aux prescriptions de l'arrêté. Ces surtaxes ou amendes seraient de véritables peines que le législateur seul peut édicter (3).

SECTION IV.

DU PARCOURS ET DE LA VAINE PATURE.

2373. Les communes, en dehors des droits de pleine propriété qu'elles exercent sur les biens immobiliers, peuvent avoir la jouissance de servitudes de diverses natures. Nous avons déjà vu un exemple particulier de l'exercice de ces droits spéciaux dans la prohibition, que l'article 643 impose au propriétaire d'une source d'en détourner les eaux, si elle sert à l'alimentation des habitants; mais la principale de ces servitudes établies au profit des communes — ou plutôt des communautés d'habitants — consiste dans celle que l'on désigne sous le nom de *parcours* et de *vaine pâture*.

Le parcours est le droit qui appartient aux habitants de deux ou plusieurs communes de pousser, après l'enlèvement des récoltes, leurs bestiaux sur les terrains non clos de leurs circonscriptions respectives. Ce droit n'existe qu'à la condition d'être réciproque.

La vaine pâture est celui qui appartient aux habitants d'une seule commune d'envoyer, en troupeau commun ou séparément, leurs bestiaux sur les fonds des uns et des autres, lorsque ces fonds sont en jachère ou après qu'ils ont été dépouillés de leurs fruits.

La vaine pâture suppose donc entre les habitants de la même commune une association par laquelle chaque associé se soumet à subir sur ses propriétés l'exercice du droit dont il veut jouir sur les propriétés des autres. Il en résulte que le propriétaire dont les biens sont soumis au droit ne peut en user librement; il doit observer les clauses tacites du contrat commun; et pour citer un exemple frappant donné par la jurisprudence, le propriétaire de prairies soumises à la vaine pâture ne peut y faire pâturer ses bestiaux avant le

(1) Cons. d'Et. Cont. 19 mars 1880. — Le Conseil, vu les lois du 28 pluviôse an VIII et 18 juillet 1837; — Considérant, d'une part que le requérant ne justifie pas que les propriétaires qui introduisent leurs bestiaux dans les pâturages de la commune de Creisset soient tenus préalablement de déclarer leur intention d'user desdits pâturages; — Que, d'autre part, il résulte de l'instruction que, pendant l'année 1878, le sieur Reybaud a conduit plusieurs fois son troupeau dans les pâturages de la commune de Creisset; que, dans ces circonstances, c'est avec raison qu'il a été imposé et maintenu au rôle des taxes de pâturage de ladite commune. — Rejette.
(2) Cons. d'Et. Cont. 7 novembre 1873, D. P. 788; Cons. d'Et. Cont. 14 mars 1879. — Considérant qu'il résulte de ce qui précède que le requérant n'étant imposable ni en qualité d'habitant, ni en qualité de propriétaire, à la taxe de pâturage dans la commune de la Grave, il ne pourrait en résulter, dans le cas où cette commune justifierait avoir éprouvé un dommage, qu'une action en indemnité portée contre le sieur Jouffroy devant les juges compétents. — Annulation.
(3) Déc. Min. Int. 1869. (Voy. n° 2368).

temps fixé par l'autorité municipale pour l'exercice général de la servitude, de façon à n'apporter à la communauté que des terres épuisées (1).

2374. Ce qui distingue le parcours, c'est la réunion des trois circonstances suivantes : 1° il appartient toujours à une commune ; 2° s'exerce toujours sur le territoire d'une commune autre que celle qui en jouit ; il contient toujours une obligation *réciproque*, c'est-à-dire que la commune qui en jouit est soumise à l'obligation de souffrir que, sur son territoire, l'autre commune jouisse d'un pareil avantage (2).

Par suite du principe que la réciprocité est de l'essence du parcours, on a déclaré légal et obligatoire l'arrêté de l'autorité municipale, approuvé par le préfet, qui exclut du terrain de parcours sur un terrain communal les habitants d'une commune voisine qui, ayant aliéné ses communaux, *ne peut elle-même fournir la réciprocité de ce droit* (3).

Il résulte, de ce qui précède, que, si deux communes entre lesquelles existait un droit de parcours étaient réunies en une seule, le droit se transformerait immédiatement en un droit de vaine pâture. Et si une commune sur le territoire de laquelle la vaine pâture s'exerçait était réunie à une autre commune qui ne reconnût pas ce droit, les habitants de cette dernière seraient libres de soustraire leurs terres à la vaine pâture.

2375. Le parcours et la vaine pâture sont établis depuis un temps immémorial, dans les parties, du reste, assez restreintes du territoire français où l'on a coutume d'en jouir. Ils sont régis par les dispositions de la loi du 28 septembre et 6 octobre 1791, connu sous le nom de Code rural.

2376. On classe quelquefois le droit de parcours parmi les servitudes légales établies pour l'utilité communale et dont parlent les articles 649 et 652 du Code civil, mais il est difficile de leur attribuer ce caractère. Il est constant, dans tous les cas, que, si les propriétés de l'une des communes sont livrées au parcours, ce n'est pas par l'effet d'un droit de servitude qui s'exercerait au profit des propriétés situées sur l'autre commune : car ceux qui ne possèdent aucune propriété dans les deux communes peuvent envoyer des bestiaux au parcours, pourvu qu'ils soient domiciliés dans l'une d'elles.

Plusieurs anciennes coutumes qui avaient consacré explicitement le droit de vaine pâture et celui de parcours, ne les considéraient pas du reste comme de simples servitudes. Il nous semble qu'on devrait plutôt voir, dans le parcours, un droit d'usage s'exerçant activement et passivement tout à la fois, puisque la réciprocité est de son essence. Quoi qu'il en soit, la plupart des auteurs et la majorité des arrêts appliquent à ce droit les principes des servitudes sous plusieurs rapports.

2377. Si le parcours appartenait à l'une des communes, sans réciprocité pour l'autre, ce serait alors un droit *sui generis*, qui ne pourrait résulter que d'un titre.

2378. Il n'y a pas d'action possessoire en matière de vaine pâture. Cette action n'est ouverte qu'à celui qui exerce un droit de vive pâture (4). On considère, en effet, la vaine pâ-

ture comme n'étant que d'un usage discontinu, qui ne peut s'acquérir par la prescription (1).

2379. La vaine pâture pratiquée *animo domini* par des habitants d'une commune sur des terres vagues et incultes, jointe à d'autres actes de jouissance, tels que l'extraction de matériaux, moyennant redevance à la commune, et l'établissement de chemins, peut constituer une possession non précaire, de nature à faire acquérir la prescription et à autoriser l'action en complainte. Il importe peu que celui qui se prétend propriétaire desdites terres ait été porté comme tel par le maire sur le plan cadastral, en ait payé l'impôt, et que l'ancienne coutume locale ait considéré la vaine pâture comme essentiellement précaire (2). Ce n'est pas, en effet, l'exercice de la vaine pâture qui fait, en ces cas, prescrire, mais l'usage de l'ensemble des droits.

2380. Le droit de vaine pâture et celui de parcours ne doivent pas être confondus avec certains autres droits de pâturage, consistant dans la faculté d'envoyer ses troupeaux sur le terrain d'autrui. Les droits de pâturage n'en n'ont ni le caractère de communauté et de réciprocité, ni l'étendue. La commune au profit de laquelle le droit de pâturage est établi, l'exerce en vertu du titre et selon le titre qui la constitue ; et si elle réclame ainsi le parcours sur le territoire d'une autre commune, non à titre réciproque, mais à titre privatif, et en vertu d'un ancien titre, il n'y a point lieu à l'application de la loi de 1791, non plus qu'aux édits anciens ou aux lois récentes comme celle du 22 juin 1834, qui ont aboli ou le parcours ou la vaine pâture (3).

2381. Le droit de pâturage peut consister encore dans le droit de faire paître les secondes herbes ; c'est alors une véritable servitude ou un démembrement du droit de propriété (4).

2382. La loi suppose qu'une partie d'une commune peut en être détachée pour réunir à une autre commune soumise à des usages différents, au sujet, soit du parcours réciproque, soit de la vaine pâture, soit du troupeau en commun. Dans ce

---

(1) Cass. crim. 8 janvier 1857, *Bull. crim.*, p. 16.
(2) Montpellier, 3 mai 1855, D. P. 56.2.127 ; Dijon, 21 novembre 1861, D. P. 62.2.193 ; Cass. civ. 5 août 1853, D. P. 53.1.260.
(3) Cass. 1er juin 1838 (Lombard et Gardera) ; Cass. 11 février 1839 (même affaire).
Cons. d'Ét. 30 frimaire an XII. — Considérant qu'il résulte du texte de la loi de 1797, que l'exercice du droit de parcours, de la part d'une commune, suppose nécessairement la réciprocité en faveur de la commune sur le territoire de laquelle il a lieu ; — Que la ville de Paris n'offrant pas cette juste réciprocité, le parcours ne serait, pour les communes environnantes, qu'une servitude gratuite, une atteinte réelle aux droits de propriété, dont les bouchers retireraient seuls tout l'avantage, et que, par conséquent, l'exercice de ce droit est évidemment dans la nature de ceux que la loi ci-dessus citée a eu l'intention d'abolir ; — Est d'avis.
(4) Cass. Req. 6 janvier 1852. — Attendu que les sieurs Barbot et consorts ne réclamaient pas un droit de servitude sur les terrains dont il s'agit, mais un droit de copossession qui serait établi par une jouissance promiscue ; — Attendu que si la vaine pâture n'est qu'une servitude discontinue qui ne peut s'acquérir sans titre, aux termes de l'article 691 du Code civil, il n'en est pas de même de la grasse pâture qui, de sa nature, est prescriptible, et qui, dès lors, peut être réclamée par l'action de complainte, — Rejet.

(1) Amiens, 25 juin 1825 ; Cass. civ. 29 mai 1848.
(2) Cass. civ. 20 mai 1851.
(3) Cass. civ. 18 juin 1840 ; Pau, 14 avril 1886. — La Cour, En ce qui concerne les droits prétendus par les communes de Labassère, Astugne et Neuilh sur les montagnes appartenant à Trébons et situées sur le territoire de Bagnères-de-Bigorre : — Attendu que les prétentions de ces trois communes se réduisent aujourd'hui à demander qu'il leur soit reconnu le droit de faire, pendant le jour, pacager leurs troupeaux dans lesdites montagnes aux quartiers de Courades, Herrans, Culantousse, Tos et Ouscade sous la condition de les faire rentrer le soir dans leurs courtaux respectifs ; — Attendu que le droit prétendu par les appelants n'est pas un droit de vaine pâture ; qu'il ne représente pas « cette servitude réciproque de paroisse à paroisse connue sous le nom de parcours et qui entraîne avec elle le droit de vaine pâture » visé par la loi des 28 septembre et 6 octobre 1791 ; — Qu'il s'agit, en fait, de droits portant sur des propriétés particulières appartenant à une commune et situées hors de son territoire ; que ces droits ne s'exerceraient pas comme la vaine pâture sur des terrains dépouillés de leurs récoltes ; qu'au contraire ils s'exerceraient sur des terrains dans lesquels les habitants des communes mettent leurs bestiaux pour en consommer les produits pendant toute l'année ; d'où il suit que le droit revendiqué étant un droit de vive et grasse pâture, la loi de 1791, ne saurait, dans l'espèce, recevoir son application ; — Que, d'ailleurs, lors même qu'il s'agirait d'un droit de vaine pâture, comme il serait fondé sur titre et sur une possession ancienne ainsi qu'il sera dit plus loin, il ne serait pas aboli par la loi de 1791 ; — Attendu, du reste, qu'on se trouve en présence d'une servitude de pacage constituée sous l'ancien régime dans un pays de droit écrit, ayant pu s'acquérir par prescription et s'établissant, indépendamment de la preuve testimoniale, par des énonciations relevées dans les communes de Labassère, Astugne et Neuilh, ou viouse la justification complète des droits par elles réclamés ; que la charte de 1270, qui les a primitivement établis, se trouve confirmée et corroborée par la sentence rendue en 1577 par le juge-mage de la cour de la sénéchaussée de Bigorre qui, se fondant sur la charte précitée, reconnaît aux communautés de Labassère et d'Astugue le droit de pouvoir faire paître leurs bestiaux, mais seulement leur jour, sur les montagnes appartenant à Trébons, Tos, Culantousse et Ouscade, sauf à rentrer le soir dans leurs courtaux particuliers, leur faisant défense de pouvoir-troubler, fâcher ou molester dans lesdites jouissances ; — Attendu que l'acte notarié de 1669 portant le titre de transaction-échange reconnaît l'existence de ces droits au profit des trois communes ; que Neuilh, dans cet acte, échangeait avec Trébons la courtal qui lui avait été assigné et maintenait ses droits antérieurs de pâturage, tandis que Trébons faisait réserve des droits de Labassère et d'Astugne que cette convention aurait pu atteindre... — Infirme.
(4) Cass. 29 décembre 1840.

cas, elle dispose que la plus petite partie dans la réunion suivra la loi de la plus grande, sauf toutefois à l'égard des propriétés qui n'étaient pas sujettes au parcours ou à la vaine pâture, et qui, ne se trouvant pas enclavées dans les autres, pourraient être exceptées de cette règle sans gêner le droit d'autrui (1).

2383. La vaine pâture s'exerce sur les terres lorsque les récoltes ont été coupées et qu'elles ne portent ni semence ni fruit; sur les prairies naturelles, après leur seconde faux, quant à celles qui produisent deux herbes, ou au moins depuis le 15 octobre jusqu'au 15 mars; sur les terres vacantes non labourées ni cultivées, les landes, les chemins, haies et buissons; enfin sur tout champ qui n'a ni fossé, haie ou muraille, ni apparence de clôture ou de défense. — Mais il suffit que la terre produise un revenu qui ne soit pas à négliger et soit l'objet d'un genre de culture conforme à l'usage local, approprié à la nature du sol et de ses produits, pour que le pacage exercé sur elle ne doive pas être considéré comme étant une vaine pâture (2).

2384. On peut envoyer pacager les bestiaux en toutes saisons sur les friches, landes et chemins.

2385. Le droit étant attaché à l'exploitation des terres est incessible de la part de celui à qui il appartient. L'article 15 de la loi de 1791 dispose ainsi quant aux propriétaires ou fermiers exploitant des terres sur les communes sujettes au parcours et à la vaine pâture, et dans lesquelles ils ne sont pas domiciliés. Ces propriétaires ou fermiers ne peuvent céder leur droit à d'autres.

Tous les habitants d'une commune ont le même droit (3).

2386. Le parcours et la vaine pâture emportent avec eux l'usage de ce qui est nécessaire pour s'y livrer. Ainsi, le gardien des troupeaux peut être logé dans une cabane mobile.

2387. Ils n'ont pas lieu dans les bois. En effet, l'introduction des bestiaux à ce titre, dans un bois, pourrait causer de grands dommages à la personne à laquelle il appartient : une surveillance incessante étant presque impossible de la part de cette dernière, l'ar la nature même des choses, l'abus du droit serait plus préjudiciable pour le maitre d'une forêt que pour un propriétaire de domaine rural. Il faut ajouter que le pâturage dans les bois a lieu toute l'année, tandis que le parcours et la vaine pâture ne s'exercent qu'à certaines époques. Enfin, il serait presque toujours impossible de mettre les communes et aux particuliers de se mettre dans des rapports de réciprocité quant à la pâture avec les propriétaires de forêts.

2388. Il faut remarquer que ces droits ne peuvent s'exercer qu'au profit de l'agriculture et qu'ils n'ont pas lieu pour les bestiaux dont on fait commerce ou que l'on tient d'autrui à loyer pour les élever, nourrir et engraisser (4). Mais cette prohibition n'existe à l'égard des marchands domiciliés dans la commune, que si le conseil municipal a réglementé l'usage et fixé le nombre de bestiaux que chacun peut mener au pâturage (5).

2389. On n'admet généralement pas à la vaine pâture les oies, les chèvres, les porcs, ou du moins on ne les tolère que sur les jachères et sur les terres en friche, mais non sur les prés. L'article 18 du titre II du Code rural de 1791 porte : « Dans les pays qui ne sont sujets ni au parcours ni à la vaine pâture, pour toute chèvre qui sera trouvée sur l'héritage d'autrui contre le gré du propriétaire de l'héritage, il sera payé une amende de la valeur d'une journée de travail par le propriétaire de la chèvre. Dans les pays de parcours ou de vaine pâture où les chèvres ne sont pas assemblées et conduites en troupeau commun, celui qui aura des animaux de cette espèce ne pourra les mener aux champs qu'attachés, sous peine d'une amende de la valeur d'une journée de travail par tête d'animal. En quelque circonstance que ce soit, lorsqu'elles auront fait du dommage aux arbres fruitiers ou autres, haies, vignes, jardins, l'amende sera double sans préjudice du dédommagement dû au propriétaire. »

Mais le fait, d'avoir mené des animaux sur les prés, dans les pays où à lieu la vaine pâture, n'étant puni par aucun article de loi pénale, ne donne lieu qu'à une action civile; il ne peut constituer une contravention que si un réglement de police l'a interdit (1).

2390. Le parcours et la vaine pâture s'éteignent par le non usage pendant trente ans, nonobstant les dispositions contraires les plus expresses.

Mais il suffit d'avoir exercé une fois dans l'année le droit de vaine pâture de particulier à particulier pour que le droit soit conservé.

2391. Le propriétaire d'un fonds sur lequel la commune exerce un droit de parcours ne pourrait se soustraire à l'exercice du droit d'un des habitants qui n'y aurait pas participé pendant trente ans en invoquant la prescription contre lui, car le droit de ce dernier aurait été conservé par la jouissance des autres habitants.

---

(1) L. 22 septembre-6 octobre 1791, art. 18.
(2) Cass. civ: 20 novembre 1837 (Balguerie contre section de commune d'Andernos); Cass. 1er civ. juillet 1830 (Lamey contre commune de Saint-Magne).
(3) Paris, 27 août 1812.
(4) L. 28 septembre-6 octobre 1791, titre II, art. 25.
(5) Cass. crim. 15 mars 1862. — La Cour, Vu les édits 23, titre II de la loi du 6 octobre 1791, et 479 (n° 102) du Code pénal; —Attendu qu'il résulte du procès-verbal dressé par le garde champêtre de la commune d'Assenay que: le 18 septembre dernier, Garnier gardait son troupeau, composé de 50 à 60 moutons sur le territoire de ladite commune, au lieu dit les Grands-Champs, contrairement à une délibération du conseil municipal, qui avait limité à 30, le nombre de bêtes que ledit Garnier pouvait conduire à la vaine pâture; que le juge de police appelé à statuer sur cette contravention, a déclaré, à juste titre, que ladite délibération du conseil municipal ne pouvait obliger le prévenu, d'abord parce qu'elle ne lui avait pas été notifiée, et de plus, parce qu'elle n'avait pas été approuvée par le préfet, conformément aux dispositions de l'article 20 de la loi du 18 juillet 1837; que néanmoins, le tribunal de police a vu dans les faits constatés au procès-verbal, une contravention aux dispositions combinées des articles 23, titre II de la loi du 6 octobre 1791, et 479 (n° 10) du Code pénal, et en admettant certaines circonstances atténuantes, a condamné le prévenu à 5 francs d'amende; — Attendu que l'article 25 précité de la loi du 6 octobre 1791 ne s'applique qu'aux conducteurs de bestiaux qui, en traversant une commune à laquelle ils sont étrangers, y font pacager leurs bestiaux; — Que l'article 479 (n° 10) du Code pénal, ne punit de la peine qu'il édicte, que ceux qui mènent sans droit leurs bestiaux sur le terrain d'autrui; qu'il résulte du procès-verbal, et qu'il n'est pas méconnu par le jugement attaqué, que Garnier est propriétaire et cultivateur de la commune d'Assenay; que, dès lors, il a droit de conduire à la vaine pâture les moutons de son exploitation; que s'il est, en outre, marchand de moutons et conduit au pacage les bêtes sur lesquelles il trafique, cet abus ne pourrait être réprimé qu'autant qu'une délibération régulière du conseil municipal, approuvée par l'autorité supérieure déterminerait le nombre de moutons que chaque habitant peut, en raison de son exploitation, envoyer à la vaine pâture, et que ce nombre aurait été excédé; qu'en l'absence de tout règlement sur l'exercice de ce droit, les faits constatés au procès-verbal échappent à l'application de la loi pénale; — Que par suite en condamnant le sieur Garnier... — Casse.
(1) Cass. crim. 18 février 1881. — La Cour, Attendu qu'à la suite d'un procès-verbal dressé contre lui, le 13 avril 1880, et constatant qu'il avait fait pâturer ses moutons sur des terrains où le droit de la vaine pâture lui serait interdit et en dehors d'un cantonnement qui lui aurait été assigné, Bongrain a comparu volontairement devant le tribunal de simple police de Vitry-le-Français sous la prévention de contravention à l'article 471 (n° 15) du Code pénal; —Attendu qu'à défaut d'une citation régulière précisant la nature de l'inculpation dirigée contre Bongrain, il résulte du libellé du jugement attaqué, qu'à l'audience, les débats ainsi que le réquisitoire du ministère public et la défense de l'inculpé ont porté uniquement sur le point de savoir si Bongrain avait contrevenu à un arrêté municipal réglementant la vaine pâture dans la commune de Courdemanges et si, par suite, il y avait lieu de lui faire application de l'article 471 (n° 15) du Code pénal; — Que l'inculpation de contravention à l'article 477 (n° 10) pour avoir conduit ses bestiaux sur le terrain d'autrui en dehors d'un cantonnement qu'un usage local immémorial, n'a été ni soulevée, ni débattue devant le juge de police, et que, par suite, la jugement attaqué n'a pas eu à statuer à cet égard; — Attendu, dès lors, que l'unique question soumise à la Cour par le pourvoi de Bongrain est celle de savoir s'il a été fait dans la cause une juste application de l'article 471 (n° 15) du Code pénal, ou si comme le soutient le demandeur, le juge de police, lui appliquant ledit article, n'a pas excédé ses pouvoirs; — Attendu que, pour repousser l'inculpation portée contre lui, Bongrain soutenait qu'il n'existait ni délibération du conseil municipal de Courdemanges, ni arrêté du maire de cette commune, réglementant la vaine pâture et lui fixant un cantonnement pour l'exercice de ce droit; qu'il demandait, d'ailleurs, la production du règlement municipal auquel on lui reprochait d'avoir contrevenu; — Attendu que ce règlement n'a pas été produit, et que son existence n'est pas même établie et ne résulte pas des motifs du jugement attaqué; — Attendu que, dans ces conditions et alors qu'aucun règlement municipal ne lui était soumis, le juge de police ne pouvait faire à l'inculpé l'application de l'article 471 (n° 15) et qu'en statuant ainsi qu'il l'a fait, il a commis un excès de pouvoir et formellement violé l'article de loi susvisé. — Casse.

2392. La commune elle-même ne pourrait non plus prétendre, contre l'un des habitants qui pendant trente ans n'aurait pas envoyé de bestiaux, que le droit est éteint.

2393. Le parcours et la vaine pâture constituent des droits d'usage très durs et dont l'exercice est un obstacle permanent aux progrès de l'agriculture. Ils avaient été abolis déjà, avant 1789, dans un très grand nombre de provinces et de communes. L'Assemblée constituante, en 1791, cependant, n'osa pas le détruire, parce que, dans certaines parties de la France, par suite de la division du territoire, son maintien était nécessaire pour assurer la subsistance des troupeaux communaux. Mais la loi des 28 septembre-6 octobre 1791, en réglementant le droit, lui apporta certaines restrictions, destinées, par la suite des temps, à le faire disparaître complètement ; et le jour n'est peut être pas éloigné où il ne sera plus qu'un souvenir dans nos lois (1).

2394. Cette loi, brisant les usages anciens, a établi une jurisprudence générale qui a eu pour but de ménager les usages établis et de préparer l'affranchissement des propriétés.

Après avoir posé en principe que tout propriétaire est libre d'avoir chez lui telle quantité et telle espèce de troupeaux qu'il croit utile à la culture et à l'exploitation de ses terres, et de les y faire pâturer exclusivement, elle a ajouté que le droit de vaine pâture dans une commune, accompagné ou non de la servitude du parcours, ne peut exister que dans les lieux où il est fondé sur un titre particulier, ou autorisé par la loi ou par un usage local immémorial, et à la charge que la vaine pâture n'y sera exercée que conformément aux règles et usages locaux, qui ne contrarieront point les réserves portées par la loi (2).

Voici quelles sont les réserves exprimées, quant à la nature des terrains susceptibles ou non d'être ouverts à la vaine pâture :

« Dans aucun cas et dans aucun temps, le droit de parcours ou celui de vaine pâture ne peuvent s'exercer sur les prairies artificielles, et ne pourront avoir lieu sur aucune terre ensemencée ou couverte de quelque production que ce soit, qu'après la récolte. Partout où les prairies naturelles sont sujettes au parcours et à la vaine pâture, ils n'ont lieu provisoirement que dans le temps autorisé par les lois et coutumes, et jamais tant que la première herbe ne sera pas récoltée. — Dans les lieux de parcours ou de vaine pâture, comme dans ceux où ces usages ne sont point établis, les pâtres ou bergers ne pourront mener des troupeaux d'aucune espèce dans les champs moissonnés et ouverts, que deux jours après la récolte entière, sous peine d'amende. — Il est défendu de mener sur le terrain d'autrui des bestiaux d'aucune espèce, et, en aucun temps, dans les prairies artificielles, dans les vignes, oseraies, plants de câpriers, d'oliviers, de mûriers, dans tous les plants ou pépinières d'arbres fruitiers ou autres, faits de mains d'homme (3).

2395. Les prairies artificielles sont les luzernes, sainfoins, trèfles, etc., et l'on ne peut jamais y envoyer pâturer des troupeaux : Quant aux prairies naturelles, la loi a maintenu les anciens usages, sous la condition expresse toutefois que, dans aucun cas, la vaine pâture ne s'exercerait avant la récolte de la première herbe. Cette restriction générale peut même recevoir une extension plus ou moins grande, selon les localités ; ainsi, dans les années humides, où suivent les foins sont en partie avariés par l'abondance ou la continuité des pluies, il est d'un haut intérêt de ménager la récolte des regains ; l'autorité administrative a le droit, en pareille circonstance, de suspendre, là où il est en vigueur, l'exercice du droit d'envoyer paître les bestiaux dans les prés, immédiatement après la première fauchaison (4).

2396. La *première* culture donnée à un terrain suffit quoique *faible* et *imparfaite*, pour empêcher provisoirement l'exercice de la vaine pâture, si elle a été entreprise *sérieusement* et dans le but d'arriver à un défrichement.

Mais par un juste retour, le propriétaire est obligé de souffrir l'exercice du droit de vaine pâture jusqu'à ce que le travail qu'il a entrepris ait amené les terres à un commencement effectif de culture et si l'état de culture a cessé (1).

2397. Lorsqu'une commune veut mettre en culture des communaux en friche sur lesquels s'exerce le droit de vaine pâture, l'amodiation qu'elle en fait ne suffit pas pour mettre fin à la servitude, il faut une mise en culture effective, et les bestiaux peuvent aller paître tant que l'état de friche n'a pas cessé (2).

2398. Dans les pays où la vaine pâture est admise, un règlement public est nécessaire pour mettre les prés en réserve pour obtenir des regains. Autrefois, ces règlements étaient faits par les parlements. Un arrêté du comité de salut public du 25 thermidor an III avait d'abord décidé que l'usage de la vaine pâture dans les prés, quoique non clos, serait suspendu provisoirement jusqu'à la seconde levée des faux et à la levée des regains. Par décision du ministre de l'intérieur du 23 thermidor an IV, les administrations centrales ont été autorisées à se prononcer suivant les besoins, et actuellement encore les préfets, suivant les besoins du département, en général, ou de certaines localités, en particulier, interdisent la vaine pâture jusqu'à la récolte des regains.

2399. Chaque propriétaire a le droit de clore ses propriétés, nonobstant toutes les lois et coutumes contraires, et tout le temps qu'un terrain est clos, il se trouve affranchi du parcours et de la vaine pâture (3), mais si le terrain est ensuite déclos, il retombe sous l'empire du droit commun et est de nouveau soumis à l'exercice des droits (4).

---

les articles précités de la loi du 18 juillet 1837 ont eu pour but et pour effet de déterminer d'une manière plus complète le droit précédemment accordé à l'autorité de fixer, selon les besoins de l'agriculture et l'état des récoltes, l'époque de l'année pendant laquelle le droit de vaine pâture pourrait être exercé ; — Attendu, en effet, que les prairies naturelles étant par leur nature en état de production permanente dans toutes les saisons, et l'article 9, section IV, du Code rural portant que, dans aucun cas et dans aucun temps, le droit de vaine pâture ne pourrait avoir lieu, sur aucune terre ensemencée ou couverte de quelques productions que ce soit, qu'après la récolte, il était nécessaire que l'administration locale, représentée par les conseillers municipaux, pût fixer, selon l'usage ancien, l'époque où commencerait et cesserait chaque année son exercice : — Attendu que, par délibération régulière, en date du 16 juin 1884, approuvée le 23 du même mois par le préfet du département, le conseil municipal de la commune de Branne, prenant en considération la situation agricole de la commune et la pénurie de la récolte des fourrages, a décrété que tous les prés situés sur le terroir de Branne seraient laissés en regain pour l'année 1874, et qu'ils ne seraient livrés à la vaine pâture qu'à partir du 15 septembre de la même année ; — Attendu qu'en exécution de cette délibération le maire de la commune de Branne, par un arrêté en date du 24 juin 1874, régulièrement publié le même jour dans ladite commune, a défendu de conduire les bestiaux dans les prés situés sur le territoire de la commune de Branne pour les y faire paître, de quelque manière que ce soit, les prairies étant laissées en regain cette année et n'étant laissées au pâturage libre qu'à partir du 15 septembre de la même année ; — Attendu que, postérieurement à cet arrêté, du 13 juillet au 27 août 1874, 31 procès-verbaux ont été dressés par le garde champêtre de Branne contre Péchenard, Chameaux et divers autres habitants, pour avoir fait paître des chevaux et bestiaux sur les prairies de la commune, en contravention à l'arrêté précité; — Attendu que l'arrêté du maire de Branne, pris en vertu des articles précités de la loi du 18 juillet 1837, était légal et obligatoire à partir de sa publication ; — Que, cependant, le jugement attaqué a relaxé tous les prévenus en refusant de donner à cet arrêté la force légale, sur le motif que le maire ainsi que le conseil municipal auraient excédé leurs pouvoirs ; — Attendu qu'en statuant ainsi le jugement attaqué a méconnu les dispositions des articles 11 et 17 de la loi du 18 juillet 1837 et a formellement violé l'article 471 (n° 15) du Code pénal... — Casse.

(1) Cass. 4 décembre 1848; Aix, 9 mars 1854.
(2) Cass. crim. 25 mars 1839 (voy. *infra*, n° 2403); Cass. crim. 28 juin 1861, D. P. 61.5.521.
(3) L. 28 septembre-6 octobre 1791, articles 4 et 5; Nancy, 1er février 1849.
(4) Cass. crim. 4 novembre 1859. — Vu les articles 3, 5, 6, 11, section IV, titre 1er; L. 28 septembre-6 octobre 1791 et 479 (n° 40) du Code pénal ; — Vu la délibération du conseil municipal de la commune de Saint-Firmin du 27 avril 1854, approuvée par le préfet de l'Oise; — Attendu que l'article 3, section IV, titre 1er de la loi de 1791 a maintenu le droit de vaine pâture dans les lieux où il se trouvait fondé sur un titre particulier, ou autorisé

---

(1) Un titre du projet du Code rural, soumis aux Assemblées, supprime le parcours et restreint encore l'exercice de la vaine pâture.
(2) L. 28 septembre-6 octobre 1791, articles 1 et 3; Cass. 15 octobre 1851.
(3) L. 28 septembre-6 octobre 1791, articles 9, 10, 22 et 24.
(4) Cass. crim. 16 avril 1875. — La Cour, Vu l'article 9, titre XI, du Code rural des 28 septembre-6 octobre 1791, 10, 11, 12 de la loi des 10-22 juillet 1837, et l'article 471 (n° 15) du Code pénal ; — Attendu que

Mais en retour, celui qui a clos une partie de ses propriétés doit restreindre, dans la même proportion, le nombre de bêtes qu'il envoyait précédemment à la vaine pâture (1).

2400. Le droit dont jouit tout propriétaire, de clore ses héritages, existe pour toutes les propriétés, qu'elles soient en nature de culture naturelle ou artificielle, ou à l'état inculte, et quels que soient les usages locaux, alors même que, d'après un ancien usage par exemple, une fois la première récolte enlevée, la terre deviendrait *commune* aux habitants (2).

2401. Relativement au droit de parcours réciproque entre deux communes, si l'une d'elles restreint, par des clôtures, l'étendue de son territoire soumise à la servitude, l'autre commune ne peut prétendre à aucune indemnité ; mais elle a la faculté de renoncer au parcours réciproque et de s'affranchir ainsi entièrement de la servitude (3).

2402. La commune dont les prés sont assujettis à la vaine pâture ou au parcours n'est jamais grevée de telle manière qu'elle ne puisse changer la nature de son terrain ; par exemple, d'une lande, elle peut faire une terre labourable. Le droit peut toujours être anéanti par suite d'un mode différent d'exploitation (4), mais à la condition expresse que cette exploitation soit différente ; ainsi des communaux à l'état de friche, soumis à la vaine pâture, y demeurent encore soumis si la commune les loue, mais les laisse en friches (5). Le rachat est en quelque sorte une prime donnée à la conversion de terrains vagues en terres labourables.

2403. Le droit de rachat de la vaine pâture a été consacré par la loi de 1791 en faveur des particuliers, quand la servitude n'existe qu'à l'égard d'autres particuliers, mais quand celle-ci est établie au profit d'une commune, le rachat n'existe pas ; le propriétaire doit clore. De commune à particulier, quand le terrain n'est pas en défense, la loi n'admet que le cantonnement (6).

2404. La quantité de bétail à envoyer à la vaine pâture est fixée proportionnellement à l'étendue des terrains soumis à cette servitude, à raison de tant de bêtes par arpent, d'après les règlements et usages locaux ; à défaut de documents positifs, cet objet est réglé par le conseil municipal de a commune (1).

S'il n'y avait ni usage local reconnu ni règlement du conseil municipal fixant le nombre de bêtes que chaque propriétaire peut envoyer à la vaine pâture, les habitants pourraient en envoyer tel nombre que bon leur semblerait (2).

La fixation du nombre des animaux se fait en raison de tous les biens qu'on possède dans la commune, mais en prenant pour base ceux-là seulement qui sont susceptibles de parcours. On excepte, par conséquent, les bois, les vignes, les prairies artificielles et les terrains clos. D'après l'usage généralement adopté, on envoie au parcours une bête à laine par arpent.

2405. Néanmoins, tout chef de famille domicilié, non propriétaire ni fermier d'aucun des terrains sujets au parcours et à la servitude, et le propriétaire ou fermier qui n'en possèderait pas assez pour obtenir un plus grand avantage peut y envoyer, soit séparément, soit dans le troupeau commun, six bêtes à laine et une vache avec son veau (3).

2406. On peut participer au parcours ou à la vaine pâture soit en réunissant ses bestiaux au troupeau commun, soit en formant un troupeau séparé ; mais on ne pourrait établir dans une commune deux ou plusieurs troupeaux communs. Aussi est-il de jurisprudence que les propriétaires et fermiers ne peuvent user du droit de parcours et de vaine pâture qu'individuellement ou en mettant leur bétail dans le

---

par la loi ou par un usage immémorial ; — Attendu qu'il résulte de cette disposition que, dès l'instant qu'une propriété n'est pas close ou se trouve déclose, alors même qu'elle eût été close jusqu'en 1791, cette propriété est soumise à l'exercice du droit de vaine pâture, si ce droit est là le droit général de la contrée ; — Attendu néanmoins que, se fondant sur ce que le lieu dit parc d'Apremont avait été clos jusqu'en 1791, le jugement attaqué ou a tiré la conséquence légale que ce terrain n'aurait pu être soumis à un droit de vaine pâture qu'en vertu d'un titre régulier ; — Attendu que c'est là une fausse interprétation doctrinale du code rural de 1791 ; — Attendu qu'en fait les constatations des faits établissent que le parc d'Apremont était déclos ; que, dès lors, ce lieu était soumis à l'exercice des droits de vaine pâture ; qu'on relaxant... — Casse.

(1) L. 28 septembre-6 octobre 1791, article 16.
(2) Cass. civ. 19 juillet 1837.
(3) L. 28 septembre-6 octobre 1791, article 17.
(4) Jay, n° 100; Besançon, 18 novembre 1838; Cass. 24 mai 1842.
(5) Cass. crim. 25 mars 1859. — La Cour, Attendu que d'un procès-verbal régulier, dressé, le 3 décembre 1858, par le garde champêtre de la commune de Laignes, il résulte que ledit jour il a trouvé les nommés Egaly, Lavadet et Modot, habitants de la commune de Laignes, gardant leurs troupeaux et les faisant paître sur les friches des brosses communales de cette commune ; — Attendu qu'il est constaté par le jugement attaqué que le droit de vaine pâture existe, de temps immémorial, dans le territoire de Laignes, et que ses habitants ont, de tout temps, fait paître leurs troupeaux sur les friches dont il est question dans le procès-verbal ci-dessus ; — Attendu que, par délibération du conseil municipal de cette commune, dûment approuvée par le préfet du département, la vaine pâture sur ces friches a été affermée au sieur Goully... que cette amodiation, qui ne constitue qu'un simple acte de bonne administration des biens communaux, ne saurait avoir pour résultat de porter atteinte à des droits préexistants, ni, par conséquent, de priver les habitants de celui dont ils sont en possession d'envoyer leurs bestiaux paître sur ces mêmes friches, tant qu'elles sont en état de friches et, partant, soumises à la vaine pâture ; — Attendu qu'il est en effet de principe, aux termes des dispositions de la section IV, titre 1er, de la loi du 6 octobre 1791, que les terrains soumis à la vaine pâture ne peuvent en être affranchis que d'après les règles et dans les cas spécialement déterminés par les articles 5, 6, 7, 8 et 12 de ladite loi; qu'aucune de ces conditions n'ayant été remplie dans l'espèce, c'est, dès lors, à bon droit que le tribunal de police a refusé de faire application de l'article 471 (n° 15) du Code pénal... — Rejette.

En ce sens, Cass. crim. 28 juin 1861, *Bull. crim.*, p. 233.

(6) Cass. civ. 27 janvier 1829 ; Metz, 26 juin 1861. — La Cour, Attendu que la commune de Bistroff était régie par la coutume de l'évêché, que cette coutume, dans l'article 3 de son titre 14, autorise le vain pâturage sur les prairies dépouillées et les terres en friches; que l'article 3 de la section IV, titre 1er, de la loi des 28 septembre-6 octobre 1791 conserve le vain pâturage dans les lieux où il est autorisé par l'usage local immé-

morial ; — Attendu que cette loi règle le passé, en ce sens qu'elle ne permet désormais l'exercice de la vaine pâture que dans les lieux où cet exercice d'une sorte de droit commun était préexistant et acquis par la commune; mais qu'elle règle aussi l'avenir, dans son exécution de détail, en ce sens que le droit général étant établi dans une commune, ce droit, à partir de 1791, varie dans son application à tel immeuble, selon que cet immeuble subit une transformation qui l'arrache ou le soumet pour sa nature à l'exercice de la vaine pâture ; — Qu'ainsi il est certain, par exemple, que si un terrain qui aurait été dans la commune de Bistroff en nature de maison ou d'étang en 1791 est transformé en terre arable, il doit entrer dans la communauté par la vaine pâture à partir de sa transformation, comme aussi le terrain en est affranchi s'il passe de l'état de terre arable à l'état de maison ou d'étang; — Attendu que les deux droits auxquels se rapporte l'intimé ne se distingue nullement des cas généraux qu'on vient de supposer ; — Attendu que le droit résultant pour la commune du titre 1698, et racheté par Varis en 1857, pouvait bien, à cause de l'insuffisance de langue, porter le même nom que celui qui est aujourd'hui litigieux; mais que dans la réalité ces deux droits étaient très différents par leur origine, leur nature et leur objet; — Attendu que le droit écrit spécialement au bénéfice de la commune dans l'article de 1698 n'avait rien de réciproque; que c'était une servitude qui grevait le bois de Humetiadt, au profit de certains animaux qui pouvaient entrer dans le bois, et que cette servitude était rachetable à prix d'argent; — Attendu qu'il ne s'agit plus aujourd'hui d'une servitude de même nature, mais d'un droit dérivant d'une société tacite formée dans l'intérêt commun; que ce droit est établi non par son titre mais par la coutume; — Qu'il s'exerce sur des terres et non sur des bois ; — Qu'il profite d'autres animaux que ceux auxquels s'applique le titre de 1698, et qu'il ne comporte que la jouissance des fruits presque nuls et dont le rachat ne peut jamais donner lieu à une fixation en argent; — Attendu que les deux droits auxquels à successivement prétendu sont différents, le rachat de l'un de ces droits n'empêche pas l'exercice de l'autre, à moins qu'il ne convienne à Varis de se soustraire à cet exercice par la clôture; — Attendu qu'il est vrai que l'article de la loi de 1791 précité respecte le droit de vaine pâture quand il n'est établi par un titre particulier, et que s'il s'agissait aujourd'hui du même droit qu'a racheté Varis en 1857, ce droit jadis exercé sur le bois ne grèverait plus la terre, quand même le bois aurait été transformé en terre; mais que le titre de 1698 n'est point un de ces titres particuliers dont parle l'article 3 ; que cet article ne suppose que des titres particuliers qu'ils sont, ont établi un usage réciproque, résultant d'une communauté d'intérêts ; — Attendu que le titre de 1698 n'a point établi société tacite et cette réciprocité de dépaissance; qu'il a constitué un fonds servant, que la libération, acquise à prix d'argent par ce fonds, n'a pas débarrassé la terre qui le constitue de la soumission à une loi générale, qui régit certains immeubles de la commune de Bistroff et réunit ces immeubles à mesure qu'ils reçoivent le mode et la forme de culture qui les place sous l'empire de cette loi d'ordre général et de droit communal dans le pays où ces immeubles sont situés... — Réforme.

(1) L. 26 septembre-6 octobre 1891, art. 13 ; Cass. 7 septembre 1848; Cass. crim. 14 février 1874, voy. *infrà*, n° 2420.
(2) Cass. crim. 26 janvier 1846.
(3) L. 26 septembre-8 octobre 1791, art. 14.

troupeau commun du territoire; mais qu'il n'est pas permis à deux ou plusieurs particuliers de placer les animaux qui leur appartiennent sous la conduite d'un berger choisi par eux (1).

2407. Les propriétaires qui font paître leurs troupeaux séparément ne sont pas obligés de contribuer aux frais de garde du troupeau commun (2).

2408. Le règlement qui détermine le nombre de têtes de bétail que chaque propriétaire peut envoyer au parcours doit recevoir son exécution lorsque le bétail de la commune est réuni en troupeau commun, comme dans le cas où chaque propriétaire fait garder séparément son bétail (3).

2409. Le droit de vaine pâture ne comporte que celui de paître; et il ne saurait donner aux habitants de la commune la faculté de couper des herbes et de les emporter à domicile (4).

2410. Les dégâts que commet le troupeau commun envoyé au parcours n'entraînent aucune responsabilité pour chacun des propriétaires auxquels les bestiaux appartiennent. Le pâtre commun est seul responsable correctionnellement.

2411. Les communes sont responsables des amendes encourues par le pâtre, sauf à être fait administrativement une répartition ultérieure desdites amendes entre les propriétaires des bestiaux trouvés en délit (5).

2412. Il importe de bien déterminer quels sont en matière de réglementation les droits du conseil municipal. Ces droits ne consistent qu'à régler le pacage, eu égard aux possibilités des terrains soumis à la vaine pâture, mais non à déterminer le mode dont devra être opéré le pâturage dans la commune; ainsi nous avons vu que le conseil peut fixer le nombre et l'espèce des bêtes que chaque habitant envoie à la vaine pâture; mais il ne peut fixer ni le nombre, ni l'espèce des bêtes que chaque propriétaire peut faire paître sur des terrains à lui appartenant ou loués, qu'il exploite ou fait exploiter en prairies ou pâturages privés (6), et qui ne sont pas assujettis à la vaine

pâture : il ne peut, non plus, le soumettre, de ce chef, à l'observation de règles de police (1).

2413. Mais le droit du conseil est entier en ce qui concerne les terrains assujettis, et la délibération par laquelle il règle la quantité de bétail que chaque propriétaire du territoire aura la faculté d'en faire profiter est tout aussi obligatoire pour les possesseurs ou fermiers grevés de cette servitude, que pour les autres habitants de la commune. Par suite, le contrevenant à une telle délibération, qui a fait pacager sur une pièce de terre non close un nombre de bestiaux excédant celui qui lui était fixé par le conseil municipal ne peut être renvoyé de la poursuite par le motif qu'il est fermier de cette pièce (2).

2414. De même lorsqu'un arrêté municipal interdit d'une manière générale l'exercice de la vaine pâture avant l'époque qu'il détermine, le juge de police ne peut acquitter un prévenu par le motif que le contrevenant étant propriétaire des prairies sur lesquelles il avait envoyé ses bestiaux, il n'avait fait qu'user du droit qui lui appartient; ce propriétaire, en effet, ne peut être autorisé à envoyer paître ses bestiaux sur ses terres, pour n'apporter ensuite à la communauté que les terres épuisées (3).

2415. Le droit qui appartient aux conseils municipaux, de fixer le nombre des têtes de bétail par arpent qui seront en-

---

(1) Cass. civ. 9 février 1838 (voy. infrà, n° 2427); Cass. civ. 20 juillet 1839; Cass. civ. 2 décembre 1841.

(2) Cass. civ. 4 juillet 1821.

(3) Cass. 21 novembre 1833.

(4) Cass. crim. 27 avril 1860. — La Cour, Vu l'article 473, paragraphe 15, du Code pénal; — Vu également l'article 65 du même code; — Attendu que la dame Warnet avait été citée pour infraction à une disposition de cet article, et spécialement pour avoir coupé du trèfle dans le champ appartenant au sieur Quintinet; — Attendu que si, après que le procès-verbal, base des poursuites, avait été débattu par une preuve contraire, le jugement attaqué a déclaré que le trèfle existant sur la propriété de Quintinet n'avait pas été ensemencé, et qu'au tout cas il n'était pas établi que la femme Warnet ait coupé et dérobé ce trèfle, ce même jugement reconnaît, en fait, sur l'avis même de l'inculpée, qu'elle avait fait de l'herbe sur ladite propriété; — Attendu que l'article 475 (n° 15) punit comme fait de maraudage, non seulement l'enlèvement des récoltes, mais encore de toutes productions utiles de la terre qui, avant d'être soustraites, n'étaient pas détachées du sol; — Que les accrues naturelles d'herbes, trèfles, etc., rentrent évidemment dans la classe des productions utiles indiquées par la loi; — Attendu que si, par l'effet du droit de vaine pâture, dans les pays où ce droit peut être exercé, de telles productions sont, à certaines époques, laissées à la jouissance commune des habitants, cette jouissance a son mode et ses conditions, et n'est convertie qu'au profit des bestiaux même, pour la nourriture desquels elle est créée; — Attendu que la poursuite n'avait pas transformé en délit contre la femme Warnet un fait de cette nature; qu'elle lui imputait d'avoir, en s'introduisant personnellement dans le champ de Quintinet, dérobé du trèfle ou toute autre production utile de ce champ; — Que, sur ce point, il y avait aveu complet de sa part; — Que l'infraction ne disparaissait pas parce que le propriétaire avait négligé de mettre, par les signes d'usage, sa propriété en défense; — Qu'en décidant, dans de telles circonstances, que la femme Warnet n'avait fait qu'un acte licite, et en la renvoyant des poursuites le jugement... — Casse.

(5) Cass. 14 février an IX; Cass. 22 février 1811.

(6) Cass. Crim. 10 mars 1854. — Attendu qu'aux termes de l'article 1er, section IV, titre Ier, de la loi des 28 septembre-6 octobre 1791, tout propriétaire est libre d'avoir chez lui telle quantité et telle espèce de troupeaux qu'il croit utiles à la culture et à l'exploitation de ses terres, et de les y faire pâturer exclusivement, sauf ce qui est réglé relativement au parcours et à la vaine pâture; — Que si les dispositions de la loi relatives au parcours et à la vaine pâture peuvent modifier la faculté, pour chaque propriétaire, de faire pâturer exclusivement son troupeau sur ses terres, elles n'apportent aucune dérogation au principe en vertu duquel chaque habitant peut avoir chez lui la quantité de bétail qui lui convient; — Que l'autorité municipale ne peut ni supprimer ni restreindre un droit si formellement consacré par la loi; — Attendu que le maire de la commune de Villeneuve-de-Rivière n'a donc pu, sans con-

---

trevenir à la loi précitée, et, sans violer ses dispositions, ordonner que tout propriétaire ne pourrait avoir qu'une seule bête à laine par vingt-huit ares quarante-cinq centiares... — Casse.

En ce sens, Cass. crim. 17 décembre 1804.

(1) Cass. crim. 10 janvier 1873. — La Cour, Attendu qu'un procès-verbal régulier, en date du 14 mai 1871, énonçait que, ledit jour, le sieur Pascal, berger au service du sieur Melchior Rolland, avait fait dépaître son troupeau sur un terrain communal commis au droit d'esplèche (ou de vaine pâture) sans être muni d'une carte d'autorisation; — Attendu que, cité devant le tribunal de police du canton d'Arles, le sieur Melchin Rolland, comparaissant tant pour lui que pour son berger, a reconnu l'existence du fait matériel, mais soutenu que le sol sur lequel la dépaissance avait eu lieu lui étant affermé, il n'était pas soumis à la nécessité d'être muni d'une carte et de la représenter; qu'en conséquence il n'avait commis aucune infraction à l'arrêté municipal du 30 janvier 1859; — Attendu qu'il est certain et formellement reconnu par le demandeur en cassation que l'obligation d'être porteur d'une carte n'est point imposée à celui qui exerce le droit de dépaissance sur un terrain à lui appartenant ou à lui régulièrement affermé; — Attendu que le jugement attaqué déclare en fait que le coussoul sur lequel la dépaissance a eu lieu était affermé au sieur Melchior Rolland, en vertu d'un bail visé audit jugement, et qu'il énonce avoir été enregistré à la date du 22 décembre 1871, cinq mois avant la date du procès-verbal qui a servi de base aux poursuites; — Attendu qu'en prononçant le relaxe dans de telles circonstances le jugement attaqué n'a fait qu'apprécier une exception de fait opposée par l'inculpé à l'action publique, et que cette appréciation rentrait dans les pouvoirs souverains du juge de police; qu'il n'a donc commis, en statuant ainsi, aucune violation de loi... — Rejette.

(2) Cass. crim. 30 décembre 1840.

(3) Cass. crim. 8 janvier 1857. — La Cour, Vu l'article 22 de la loi du 6 octobre 1791; — Vu l'arrêté du 26 août 1841, dûment approuvé, par lequel le maire de la commune de Cléon, agissant en exécution d'une délibération du conseil municipal de cette commune, a fixé l'ouverture du droit de pâturage à la mi-septembre; — Vu l'article 471 (n° 15) du Code pénal; — Attendu qu'il résulte des procès-verbaux réguliers que les 27 à 28 août derniers, et par conséquent avant l'époque fixée pour l'ouverture du droit de vaine pâture, les sieurs Lefrancois, l'otel et Lesourd ont fait paître leurs bestiaux dans des prairies dépendant du territoire de la commune de Cléon; qu'il n'est point contesté que ces prairies fussent chargées d'une seconde herbe dont la récolte appartient exclusivement au propriétaire; — Que, dès lors, ce fait de vaine pâture constitue une contravention réprimée par les dispositions de l'article 471 (n° 15) du Code pénal; — Que le juge de police les a néanmoins relaxés des poursuites, sous prétexte qu'étant propriétaires des prairies sur lesquelles ils avaient envoyé leurs bestiaux, ils n'avaient fait qu'user du droit qui leur appartenait; — Attendu qu'en statuant ainsi le jugement attaqué a admis une infraction qui n'est ni dans les termes, ni dans l'esprit de l'arrêté; — Que cet arrêté interdit d'une manière générale l'exercice de vaine pâture avant la mi-septembre; — Qu'il a pour but, en établissant une règle uniforme pour l'exécution de l'article 22, titre 4, de la loi du 6 octobre 1791, de prévenir les dommages qui peuvent résulter de l'envoi des bestiaux au pacage avant l'entier enlèvement des récoltes; — Que les dommages sont les mêmes, soit que chaque propriétaire fasse pâturer ses bestiaux sur ses terres, soit que le pâturage ait lieu en commun; — Que dans les pays de vaine pâture il n'est pas possible d'admettre qu'il y ait successivement pâture privée et pâture commune; — Qu'avant le temps où la vaine pâture est permise le propriétaire ne peut être autorisé à envoyer paître ses bestiaux sur les terres dépouillées de leurs récoltes, pour n'apporter ensuite à la communauté que des terres épuisées; — Que celles-ci doivent conserver pour l'usage de la vaine pâture, les fourrages qui existent sur leurs terres ou prés, après la récolte; — Attendu que le jugement, en méconnaissant ces principes, a faussement interprété l'arrêté municipal du 26 août, et par suite violé l'article 471 (n° 15) du Code pénal... — Casse.

voyées au parcours comprend virtuellement celui de cantonner les diverses espèces sur les diverses parties du territoire, et les bestiaux de chaque habitant sur telles ou telles propriétés.

Il comprend également celui de faire varier le nombre des têtes d'après la saison et l'abondance des pâturages, ou de répartir les pâturages entre les troupeaux particuliers et le troupeau commun (1).

2416. Nul ne saurait envoyer à la vaine pâture une quantité de têtes de bétail supérieure à celle qu'il avait le droit de mettre dans le territoire cantonné, sous le prétexte que le nombre total des bêtes envoyées par les divers habitants n'excède pas celui déterminé par le règlement (2).

2417. Le droit de cantonnement dérive implicitement du droit de clôture. C'est l'affectation d'une étendue déterminée à la jouissance commune; il ne faut pas seulement y voir un moyen d'ordre et de surveillance, mais une voie de salut pour toutes les propriétés que leur affranchissement rend à la liberté de culture.

Dans les pays où les habitants avaient autrefois la faculté d'envoyer paître leurs bestiaux par troupeau séparé, il arrivait souvent que l'on divisait, selon des proportions déterminées, le territoire de la vaine pâture en cantonnements exclusivement attribués à chacun des usagers.

L'article 12 de la loi de 1791, rapproché de l'article 8, est venu depuis donner une base légale à ce système, et l'intérêt de l'agriculture en recommande trop vivement l'application à l'autorité municipale pour qu'elle ne s'empresse pas de le généraliser autant qu'il lui est possible.

En effet, lorsque les troupeaux de divers habitants vont, à garde séparée, sur les terres de la vaine pâture, il arrive que les bergers les conduisent à l'envi dans les lieux où ils doivent trouver une nourriture meilleure ou plus abondante; de là naissent des querelles et des rixes. S'il n'en est pas ainsi, c'est-à-dire si les troupeaux sont réunis, les conducteurs se réunissent ensemble et s'occupent de toute autre chose que de la surveillance qui leur est confiée : les troupeaux se mêlent, s'échappent sur les terrains ensemencés, et y causent des dommages, sans qu'on puisse savoir quels sont les gardiens ou propriétaires qui doivent en être rendus responsables.

Ce double inconvénient ne saurait avoir lieu lorsque les troupeaux paissent isolément sur des cantonnements dont les limites sont déterminées.

D'un autre côté, le système des cantonnements donne, comme on l'a déjà indiqué, le moyen de soustraire à la servitude de la vaine pâture des terrains que sait exploiter avec succès un propriétaire industrieux. Que ce propriétaire se fasse assigner sur son propre territoire un cantonnement proportionné au nombre de ses bestiaux, il les nourrira à l'étable, tandis que ses terres, devenues inaccessibles à tous les autres troupeaux, recevront dans le cours de l'année les différentes cultures dont elles sont susceptibles.

2418. Comme les moutons, en paissant, rasent l'herbe de beaucoup plus près que les autres bestiaux, il était d'usage, en diverses localités, de les cantonner exclusivement sur certaines terres de vaine pâture, en réservant le reste à la dépaissance des grands troupeaux, qui, sans cette précaution, risqueraient de ne point trouver une nourriture suffisante. Les communes ainsi que les particuliers peuvent demander le maintien de cet usage partout où il existait.

2419. En matière de vaine pâture, le cantonnement séparé, c'est-à-dire l'attribution, au profit de quelques habitants d'une commune, en raison de l'isolement de leurs habitations, du droit exclusif de jouir d'une certaine portion du territoire à leur portée, en échange duquel ils ont consenti l'abandon de la vaine pâture sur les terrains leur appartenant dans les cantons éloignés, n'a rien d'illégal et se concilie parfaitement avec la loi du 28 septembre 1791. Ce cantonnement, s'il est fondé sur un usage immémorial, a la même force juridique que s'il reposait sur un titre ou sur une loi; aussi n'est-il point révocable à volonté de la part de l'autorité administrative. Et les habitants de deux communes différentes qui ont obtenu de leur commune respective, à cause de l'éloignement de leurs habitations du centre communal, un cantonnement séparé pour la vaine pâture peuvent, par un arrangement entre eux, réunir les deux cantonnements en un seul : il n'y a pas là intervention de deux communes, et constitution de la servitude réciproque de parcours (1).

2420. En principe, le droit de vaine pâture et la servitude de parcours sur les terres qui y sont assujetties ne peuvent être exercés qu'à l'égard des troupeaux ou bestiaux appartenant aux individus qui sont domiciliés dans la commune. Toutefois, l'article 15 de la loi de 1791 a établi une exception en faveur de ceux qui, quoique n'habitant pas cette commune, y ont une ou plusieurs exploitations. Cet article dispose que : « Les propriétaires ou fermiers exploitant des terres sur les paroisses sujettes au parcours et à la vaine pâture, et dans lesquelles ils ne seraient pas domiciliés, auront le droit de mettre dans le troupeau commun, ou de faire garder par troupeau séparé, une quantité de têtes de bétail proportionnée à l'étendue de leur exploitation, et suivant les dispositions de l'article 13 de la présente section. »

Or, cette disposition est générale et absolue, et ne distingue pas entre les bestiaux qui appartiennent à une exploitation située dans la commune même et ceux qui seraient attachés à un ou à une métairie placée au dehors. Le propriétaire ou fermier puise son droit dans cette seule circonstance, qu'il cultive des terres dans la commune sur le territoire de laquelle il prétend l'exercer. L'application de ce principe a été faite par la Cour de cassation, qui a formellement décidé que le droit de parcours et celui de vaine pâture peuvent être exercés par un propriétaire ou fermier non domicilié dans une commune, à raison des terres qu'il y cultive, et alors même que les bestiaux qu'il y envoie au pâturage appartiennent à une exploitation dépendant d'une autre commune ou d'un autre cantonnement (2).

2421. Nous venons de voir que dans une commune assujettie à la vaine pâture les exploitants forains peuvent envoyer en pâturage leurs bestiaux aux mêmes époques et aux mêmes conditions que les exploitants domiciliés.

L'usage, même immémorial, qui permettrait aux seuls exploitants domiciliés de conduire leurs bestiaux sur les prés ouverts, aussitôt après la récolte de la première herbe, et interdirait aux exploitants forains d'y mener les leurs, encore que ceux-ci se fussent conformés à cet usage jusqu'à ce jour, contrarirait-il la disposition de l'article 15? L'arrêté municipal qui ferait la même distinction serait-il illégal, et par suite non obligatoire? A défaut d'arrêté municipal réglant l'exercice de la vaine pâture, quant à la quantité proportionnelle de têtes de bétail que chacun pourra y envoyer, eu égard à la quantité de terre qu'il exploite dans la commune, l'exploitant forain a-t-il le même droit que l'exploitant domicilié de faire pâturer sur les terres de la commune ses bestiaux, quel qu'en soit le nombre?

---

(1) Cass. civ. 14 novembre 1834; Cass. crim. 3 mai 1850 (voy. *infra* n° 2426); Cass. crim. 22 janvier 1859, D. P. 59.1.782; Cass. crim. 7 mai 1866, *Bull. crim.*, p. 227 ; Cass. crim. 31 janvier 1867.
(2) Cass. civ. 12 juin 1828, *Bull. crim.*, à sa date.

(1) Nancy, 9 février 1849.
(2) Cass. crim. 13 avril 1855 (voy. *infra* n° 2447); Cass. crim. 14 février 1874. — La Cour, Attendu que le droit de vaine pâture, dans la commune où il s'exerce, constitue une société tacite de pâturage sur les propriétés ouvertes, chaque propriétaire étant appelé à en jouir dans la mesure des avantages qu'il apporte à la communauté ; — Attendu que, conformément à ce principe, le maire de la commune de Domont, dans le territoire de laquelle existe le droit de vaine pâture, a, par un arrêté pris conformément à une délibération du conseil municipal et approuvé par le préfet du département, divisé en cantonnements les terrains qui y sont soumis ; — Attendu qu'il est constaté par le jugement que Fouquet est propriétaire de terrains dans deux de ces cantonnements et spécialement dans celui où ses bestiaux pacageaient lors du procès-verbal qui a déterminé la poursuite; qu'il usait donc de son droit en y envoyant son troupeau, peu importait la résidence habituelle de son exploitation dont le siège est dans la commune et celui qui appartient à une exploitation foraine; — Qu'il n'est d'ailleurs pas prétendu que le nombre de bestiaux envoyés à la vaine pâture excédât le nombre proportionnel fixé par l'arrêté municipal... — Rejette.

Si, en principe, le droit de vaine pâture sur les terres qui y sont assujetties appartient spécialement aux troupeaux et bestiaux des individus qui sont domiciliés dans la commune, l'article 15 du décret de 1791 a établi une exception en faveur de ceux qui, quoique non domiciliés dans la commune, y exploitent des terres, qu'ils en soient propriétaires ou seulement fermiers. La disposition de cet article accorde aux exploitants forains *le même droit* qu'aux habitants de la commune de mettre dans le troupeau commun, ou de faire garder par un troupeau séparé, la quantité proportionnelle de têtes de bétail fixée par le Conseil municipal, en vertu de l'article 13. Ces expressions : *le même droit*, ne laissent aucun doute sur son étendue. Il y a communauté de pâturage entre l'exploitant domicilié et l'exploitant forain, et tous ensemble, et au même titre, en jouissent, à raison des avantages que chacun d'eux apporte à la communauté.

Il ne faut pas perdre de vue que le droit au vain pâturage est fondé sur la règle équitable de la réciprocité, en sorte qu'en réalité il a pour base, non le domicile ou l'habitation, non pas même l'importance de l'exploitation proprement dite, mais l'étendue des terrains que chacun apporte à la communauté. Or, c'est précisément en vue de consacrer cette règle que le législateur de 1791 a édicté la disposition de l'article précité.

Le législateur n'a pas voulu que les cultivateurs étrangers à la commune, qui, en définitive, apportent leur contingent au vain pâturage, fussent plus maltraités que les exploitants domiciliés.

Or, s'il était admis que les exploitants forains n'auraient pas droit à la vaine pâture, ou qu'on pourrait ne leur accorder ce droit qu'à une époque beaucoup plus tardive de l'année, il en résulterait qu'un usage local pourrait singulièrement restreindre le droit de ceux-là même qui apportent souvent à la vaine pâture son plus fort contingent, en ne leur permettant d'y conduire leurs bestiaux que tardivement, c'est-à-dire alors que depuis longtemps déjà ceux des domiciliés, exploitants ou non, auraient profité du pacage. Un pareil usage serait aussi contraire à la raison qu'aux règles de la plus simple équité (1).

2422. Dans les localités soumises à l'usage du troupeau en commun, chaque propriétaire ou fermier peut renoncer à cette communauté et faire garder séparément son bétail (2).

2423. Le parcours et la vaine pâture sont compris parmi les objets sur lesquels le conseil municipal est appelé à délibérer (3). Les délibérations prises à ce sujet sont adressées au sous-préfet et deviennent exécutoires par l'approbation du préfet. Elles sont ensuite publiées par le maire sous forme de règlement municipal. Elles sont nulles à défaut d'observation de ces prescriptions, ainsi qu'il a été dit n°s 1012 et suiv. (4).

2424. Les droits du conseil s'étendent à tout ce qui concerne l'exercice du vaine pâture et du parcours au point de vue des mesures que l'on peut considérer comme constitutives du mode d'exploitation des terrains assujettis et du droit à l'usage. Le conseil, en un mot, est chargé de régler par ses délibérations le fonds du droit et l'économie de l'u-

sage. Et lorsque le préfet a approuvé le principe et fixé le mode d'exercice de la servitude, les délibérations qui interviennent ultérieurement sur les droits de chacun sont valables et obligatoires sans approbation spéciale, en vertu d'un simple arrêté pris par le maire (1).

2425. Mais, s'il n'appartient qu'aux conseils municipaux de régler par leurs délibérations l'exercice des droits de parcours et de vaine pâture, d'en déterminer le mode et la durée, de fixer l'époque de son ouverture, et d'opérer entre les ayants droit la répartition des bestiaux qui peuvent être envoyés au pâturage (2), il entre dans les attributions des maires de prendre des arrêtés pour porter à la connaissance des habitants de leurs communes les décisions prises à cet égard et d'en assurer l'exécution (3).

(1) En ce sens, Jay, n° 129.

(2) L. 28 septembre-6 octobre 1791, art. 12.

(3) Cass. crim. 18 février 1876; L. 5 avril 1884, art. 68.

(4) Cass. crim. 20 février 1857, *Bull. crim.*, p. 120; Cass. crim. 23 janvier 1862, *Bull. crim.*, p. 40; Cass. crim. 15 mars 1862 (voy. *suprà*, n° 2388); Cass. crim. 9 mai 1884. — La Cour, Sur le moyen tiré de la violation par refus d'application de l'article 571 (n° 15) du Code pénal; — Attendu, en droit, qu'aux termes de l'article 49 de la loi du 18 juillet 1837, les conseils municipaux délibèrent sur le parcours et la vaine pâture, et qu'aux termes de l'article 20 de la même loi les délibérations des conseils municipaux énoncées en l'article précédent sont exécutoires sur l'approbation du préfet; — Qu'il suit de là que les délibérations dont s'agit et les arrêtés pris par les maires en conséquence ne sont légalement exécutoires qu'après l'obtention de l'approbation exigée par l'article 20 précité; — Attendu, en fait, que la délibération du conseil municipal a été, dans l'espèce, prise à la date du 16 septembre 1880; que le procès-verbal de contravention à cette délibération a été dressé le 19 du même mois; que l'approbation du préfet de ladite délibération n'a eu lieu qu'à la date du 23, et que l'arrêté du maire pour son exécution a été pris le même jour; que dans ces circonstances, en relaxant la prévenue, le jugement attaqué, loin d'avoir violé... — Rejette.

(1) Cass. crim. 23 août 1867. — Sur le moyen pris de la fausse application de l'article 471 (n° 15) du Code pénal et de l'article 19 (n° 8) de la loi du 18 juillet 1837, et de l'illégalité prétendue des règlements sur lesquels est fondée la condamnation; — Attendu que, pour prononcer cette condamnation contre le demandeur, le jugement attaqué a constaté en fait que ledit demandeur avait envoyé à la vaine pâture un nombre de moutons supérieur à celui auquel il avait droit, et qui avait été déterminé, en ce qui le concerne, par la délibération du conseil municipal, en date du 31 décembre 1863; — Attendu que, par une délibération du 30 août 1816 dont le pourvoi ne conteste pas la légalité, le conseil municipal de la commune d'Hordencourt, procédant par voie de réglementation générale, avait fixé à cinq, par chaque hectare de terre qu'ils livreraient à la vaine pâture, le nombre des bêtes à laine que les propriétaires ou fermiers pourraient envoyer sur les terres d'autrui; que, postérieurement et à la date du 6 novembre 1864, une autre délibération du même conseil municipal a prescrit aux propriétaires de troupeaux une déclaration de la contenance détaillée des terres qu'ils entendaient livrer à la vaine pâture, déclaration qui devait être contrôlée par le maire, assisté de deux conseillers municipaux; — Attendu qu'il n'est pas contesté que cette déclaration a été dûment approuvée par le préfet de l'Eure, à la date du 24 novembre 1864; que, d'ailleurs, son caractère de légalité n'est pas douteux, puisque la réglementation des droits de vaine pâture appartient aux conseils municipaux, aux termes des lois de 1791 et de 1837, et que ces conseils ne peuvent régler l'exercice de ce droit sans s'assurer de la sincérité des déclarations qui servent à en déterminer la mesure; — Attendu que la délibération du 31 décembre 1863, qui a fixé à 80 le nombre des moutons que Lebugle pouvait envoyer à la vaine pâture, n'a été que l'application faite à l'un des coassociés, par mesure spéciale et temporaire, du principe posé par le précédent règlement du 20 novembre 1864, dûment approuvé; qu'en conséquence cette dernière délibération du 31 décembre 1863 n'avait pas besoin de recevoir une approbation spéciale de l'autorité supérieure... — Rejette.

(2) Cass. crim. 30 avril 1863, *Bull. crim.*, p. 223; Cass. crim. 19 décembre 1863. — La Cour, Attendu que l'arrêté pris par le maire de l'Abergement-les-Seurre, le 8 juin 1863, contient un véritable règlement sur l'exercice du droit de la vaine pâture dans les limites du territoire de la commune; qu'en effet, dans ces mesures utiles pour assurer la libre récolte des prairies, il reporte à une époque qu'il réserve de fixer le temps où pourra s'exercer la vaine pâture; — Attendu qu'aux termes des articles 19 et 20 de la loi du 18-22 juillet 1837, sur l'administration municipale, les conseils municipaux doivent toujours être appelés à délibérer sur le parcours et la vaine pâture; que leurs délibérations sur ces objets sont adressées et ne deviennent exécutoires que sur l'approbation du préfet; — Attendu que l'arrêté précité du maire de l'Abergement-les-Seurre n'a été précédé ni de la délibération du conseil municipal de cette commune, ni adressé avec cette délibération au sous-préfet, ni approuvé par le préfet; — Attendu qu'en déclarant, dans de telles circonstances, que cet arrêté, en tant que réglant l'exercice de la vaine pâture, manquait de force obligatoire, et en renvoyant les inculpés des poursuites... — Rejette.

(3) Cass. crim. 14 juillet 1854; Cass. crim. 19 août 1859, *Bull. crim.*, p. 349; Cass. crim. 19 décembre 1863 (voy. *supra*); Cass. crim. 2 décembre 1881. — La Cour, Sur la première branche du moyen, tirée de la fausse application de l'article 7 de ce règlement; — Attendu qu'aux termes dudit article, tout propriétaire qui veut user du bénéfice de l'article 12 de la loi des 28 septembre 1791 et former un ou plusieurs troupeaux séparés doit, dans le cours de novembre de chaque année, en faire la déclaration au maire, en lui indiquant le nombre d'hectares qu'il possède; — Attendu que Murgalé, qui n'avait pas fait cette déclaration à l'époque prescrite, a néanmoins formé un troupeau séparé qu'il a fait conduire à diverses reprises, au mois de mai dernier, dans les prairies soumises à la vaine pâture; que c'est à raison de ce fait, constaté par les procès-verbaux réguliers, qu'il a été condamné par le tribunal de police d'Ailly-sur-Noye; — Attendu que le demandeur prétend à tort que le règlement ne lui interdisait pas de former un troupeau séparé à une époque quelconque de l'année; que le texte de l'article 7 est net et précis; qu'il en résulte clairement que la déclaration exigée des propriétaires et fermiers doit être faite exclusivement dans le courant du mois de novembre; que, s'il en était autrement, les diverses mesures prescrites par le règlement ne pourraient être exécutées; qu'en effet, aux termes de l'article 3, le maire de la commune est tenu de dresser, le 31 décembre de chaque année, la liste des propriétaires et fermiers qui jouiront du droit de la vaine pâture; que, d'après l'article 9, cette liste est préparée par une commission de 6 membres, laquelle veille sur les droits de chacun, fait la répartition entre les ayants droit et est chargée d'organiser les troupeaux communs; que cette commission ne peut procé-

2426. En outre, les maires peuvent incontestablement pourvoir, par leurs arrêtés, aux mesures qu'il est d'ailleurs de leur devoir de prendre dans l'intérêt d'une bonne police, et dans le but d'assurer le bon ordre, la sûreté, la tranquillité et la salubrité des campagnes, objets qui, comme nous l'avons dit, sont confiés à leur vigilance et à leur autorité, et dont ils peuvent s'occuper sans le concours des conseils municipaux.

Ainsi il a été décidé qu'on doit considérer comme parfaitement légal l'arrêté d'un maire qui, pour faciliter la réglementation du droit de vaine pâture et la répartition confiée aux conseils municipaux, soumet chaque ayant droit à l'obligation de faire, à une époque déterminée, la déclaration par écrit, à la mairie, de la quantité de terre qu'il n'aura pas ensemencée (1).

2427. Le maire a le droit de prendre des arrêtés pour empêcher que le droit de parcours ou de vaine pâture ne s'exerce autrement que ne le prescrivent les lois; et les tribunaux de simple police ne peuvent pas méconnaître l'autorité de ces arrêtés. En effet, investissant l'autorité municipale du pouvoir d'ordonner les mesures de police rurale qu'elle juge nécessaires au profit de tous les habitants, ainsi que de nommer les pâtres communs, les articles 88 et 91 de la loi du 5 avril 1884 lui ont virtuellement conféré, par cela même, celui d'assurer l'exécution desdits articles et de faire cesser les infractions qui peuvent y être commises (2).

2428. L'arrêté municipal relatif à la dépaissance des bestiaux sur un chemin public est légal : il appartient à l'autorité municipale de maintenir la sûreté et la sécurité du passage, et de veiller à la conservation des chemins. Dès lors, un maire peut prohiber le fait de pâturage des bestiaux sur les chemins vicinaux de sa commune (1).

2429. Est obligatoire également l'arrêté municipal qui prescrit aux propriétaires qui mènent leurs troupeaux à la vaine pâture de faire la déclaration détaillée des terres qu'ils possèdent, en appuyer cette déclaration de pièces qui en attestent l'authenticité (2).

2430. Ces considérations marquent nettement la ligne de démarcation qui sépare les attributions des maires de celles des conseils municipaux. Toute mesure qui tend exclusivement à régler le mode d'exercice de la servitude ne peut être prise par l'autorité qui administre, qu'après qu'elle a été déclarée utile et votée par le corps délibérant; mais il en est autrement s'il s'agit d'une mesure de police proprement dite. Ainsi l'article 19, titre Ier, section IV, de la loi de 1791 oblige

---

fermier qui n'use pas *individuellement* de la faculté que le premier de ces articles lui donne, de participer, par troupeau séparé au droit de parcours ou de vaine pâture, ne peut en jouir qu'en mettant son bétail dans le troupeau commun du territoire; qu'il n'est point permis à deux ou plusieurs particuliers de rendre cette disposition inefficace en plaçant les animaux qui leur appartiennent sous la conduite d'un berger, par eux choisi, et de former ainsi un second troupeau commun, quand la loi n'a voulu en autoriser qu'un seul dans chaque localité, afin de rendre plus avantageux l'exercice de la compascuité, et de prévenir, dans l'intérêt général, les inconvénients qu'entraîne la garde séparée; — 2° qu'en investissant l'autorité municipale du pouvoir d'ordonner les mesures de police rurale qu'elle juge nécessaires au profit de tous les habitants, ainsi que de nommer les pâtres communs, les articles précités de la loi du 18 juillet 1837 lui ont virtuellement conféré, par cela même, celui d'assurer l'exécution dudit article 13 et de faire cesser les infractions qui peuvent y être commises; que l'arrêté pris a donc été légal... — Casse.
(1) Cass. crim. 1 décembre 1854. — La Cour, Vu l'article 50 de la loi des 14-22 décembre 1789, l'article 3 de la loi des 16-21 août 1790, titre XI, les articles 10 et 11 de la loi du 18 avril 1837; — Attendu que si, en dehors des cas prévus par les lois et règlements spéciaux concernant la pâture ou la dépaissance des bestiaux sur les terrains communaux et autres, les maires n'ont pas virtuellement conféré le droit de réglementer leur pâture ou celle de cette nature, il en est différemment lorsque la dépaissance a lieu sur un chemin public où l'autorité municipale a l'obligation de maintenir la sûreté et la sécurité du passage et de veiller à sa conservation; — Attendu que, par suite, le maire de Landomont a pu interdire et prohiber le fait de pâture sur les chemins vicinaux de sa commune... — Casse.
(2) Cass. crim. 1er juillet 1839. — La Cour, Sur le moyen tiré de l'illégalité prétendue de l'arrêté de 1810, en ce qu'il aurait pris pour la fraction du nombre de têtes de bétail à envoyer à la vaine pâture une autre base que celle tracée par le Code rural de 1791; — Attendu qu'il appartient à l'autorité municipale de prendre toutes les mesures qu'elle juge nécessaires pour assurer le droit de chacun à l'exercice de la servitude commune; — Que le conseil municipal de Silongny a pu, dès lors, par son arrêté de 1810, ordonner que les propriétaires de troupeaux feraient au secrétariat de la mairie la déclaration détaillée des terres qu'ils possèdent et seraient tenus d'appuyer cette déclaration de pièces qui en attestent l'authenticité; — Attendu que Maison n'a été poursuivi que parce que l'obligation imposée par le règlement n'a pas été remplie, et que la prévention n'a pas d'autre objet... — Rejette.
Cass. crim. 26 juin 1857.— La Cour, Vu l'article 13, titre Ier, section IV, du Code rural, des 28 septembre-6 octobre 1791, le règlement du maire de la commune de Saint-Fuscien sur l'exercice de la vaine pâture, en date du 25 juillet 1856, approuvé par le préfet, le 2 août suivant; Vu l'article 471 (n° 15) du Code pénal; — Attendu que du rapprochement des articles 1 et 2 du règlement susdaté il résulte que chaque propriétaire de la commune doit déclarer à la mairie la quantité de terres qu'il exploite, et que c'est sur cette déclaration ainsi déterminée, dans la proportion de six par hectares, le nombre de têtes à laine qu'il peut envoyer à la vaine pâture; — Attendu que le procès-verbal régulier constate que le 14 octobre dernier le sieur Bouffet, qui a, d'après sa déclaration, 4 hectares 55 ares de terres non closes, a conduit à la vaine pâture 78 têtes à laine, et que, pour justifier cet excédent, il a prétendu, devant le tribunal de simple police, avoir affermé d'un sieur Fauquelle, propriétaire, 8 hectares 61 ares de terres sur la commune de Saint-Fuscien; que le jugement attaqué, en réunissant ces 8 hectares 61 ares aux 4 hectares 55 ares déclarés à la mairie, en a conclu que Bouffet avait droit d'envoyer à la vaine pâture 79 bêtes à laines, et l'a en conséquence renvoyé des poursuites; — Mais attendu qu'il est résulté du procès-verbal et que Bouffet ne conteste pas que la déclaration à la mairie a pu comprendre plus de 4 hectares 55 ares; — Que même en admettant qu'au 14 octobre dernier, jour où le procès-verbal a été dressé, il ait été en pleine jouissance des terres qu'il lui affermées par le sieur Fauquelle, il n'a pu les comprendre parmi celles qui lui donnent le droit d'envoyer à la vaine pâture six bêtes par hectares, puisqu'il n'avait pas déclaré à la mairie que son exploitation se trouvait ainsi augmentée; que Bouffet a donc contrevenu aux articles 1 et 2 du règlement sus-daté en dépassant le nombre de bêtes que sa déclaration lui permettait d'envoyer au pâturage commun, et que le jugement attaqué, en le renvoyant des poursuites, a méconnu les dispositions... — Casse.

---

der utilement que s'il elle connaît le nombre de troupeaux séparés que les habitants se proposent de former; que c'est pour ce motif que le règlement général a déterminé l'époque à laquelle les propriétaires qui veulent user de ce droit doivent faire la déclaration; — Attendu, dès lors, que c'est à bon droit que le jugement attaqué a déclaré que le demandeur avait contrevenu aux prescriptions de l'article 7 du règlement susvisé. — Sur la seconde branche du moyen, tirée de la violation de l'article 471 (n° 15) du Code pénal, en ce que le règlement municipal qui a servi de base à la condamnation n'aurait pas été légalement pris; — Attendu qu'il est constant, en fait, que le droit de vaine pâture existe dans la commune d'Ailly-sur-Noye; que, pour en régler l'usage entre les habitants, le maire de cette commune, après la délibération du conseil municipal, approuvée par le sous-préfet de Montdidier, a pris un arrêté conformément à cette délibération; — Attendu qu'un tel arrêté rentrait essentiellement dans les pouvoirs de l'autorité municipale, et qu'il est régulier en la forme; que si l'article 7 dudit règlement impose aux propriétaires ou fermiers du déclarer à l'avance qu'ils entendent user de la faculté qui leur est attribuée par l'article 12 de la loi du 28 septembre 1791, cette prescription ne les empêche pas de former un ou plusieurs troupeaux séparés, et qu'en admettant même que la déclaration préalable qu'ils sont tenus de faire à une époque déterminée leur cause une certaine gêne, elle n'altère ni ne change le principe même de leur droit, qui est expressément réservé; — Attendu, dès lors, que l'arrêté pris par le maire d'Ailly-sur-Noye, le 11 mars 1857, est légal et obligatoire, et que, loin d'avoir violé les prescriptions de l'article 471 (n° 15) du Code pénal, le jugement a fait une juste application de la loi... — Rejette.
(1) Cass. crim. 3 mai 1850. — La Cour, Vu les articles 13, section IV, titre I, de la loi des 28 septembre-6 octobre 1791, 6 (n° 15) de la loi du 8 pluviôse an VIII, 19 et 20 de la loi des 18-22 juillet 1837, qui confèrent aux conseils municipaux le droit de fixer le nombre de têtes de bétail que chaque habitant est autorisé à envoyer à la vaine pâture, proportionnellement à l'étendue des terres par lui exploitées et non ensemencées; — Vu les articles 1, 2 et 8 de l'arrêté pris en conséquence de ces dispositions par le conseil municipal de la commune de Magnils-Rigniers, qui fixe à 15 têtes de brebis ou moutons, par hectare de terre, le nombre des animaux que chaque habitant peut envoyer à la vaine pâture, du 1er juillet au 1er décembre de chaque année, et à 12 du 1er décembre au 1er juillet, et qui soumet chaque habitant à l'obligation de déclarer par écrit, à la mairie, dans la seconde quinzaine de novembre, la quantité de terre qu'il n'aura pas ensemencée; — Vu enfin l'article 471 (n° 15) du Code pénal; — Attendu qu'il était constaté au procès et qu'il n'était pas dénié par les prévenus que Peplichaux avait fait pâturer, sur la vaine pâture de Guilbaud, son berger, sur la vaine pâture de la commune de Magnils-Rigniers, une quantité de brebis et moutons supérieure à celle qui était déterminée par l'arrêté, et sans avoir fait à la mairie de déclaration préalable; que cependant le tribunal de police du canton de Lucon a renvoyé des poursuites le pâtre et le propriétaire du troupeau, sous le prétexte que le conseil municipal aurait excédé ses pouvoirs en établissant une différence entre le nombre de têtes de bétail soumises au pâturage du 1er juillet au 1er décembre et celui qui était fixé pour la période de décembre à juillet; — Attendu que les lois précitées laissent aux conseils municipaux toute latitude dans la limitation de la quantité des animaux admis à la vaine pâture, et permettent de prendre en considération, comme l'a fait le conseil municipal de Magnils-Rignier, la plus ou moins d'abondance des pâturages selon les saisons; que l'arrêté pris par le conseil municipal l'avait été dans la sphère de son autorité, et qu'en ne prononçant pas la peine requise contre le prévenu, le jugement attaqué a violé... — Casse.
(2) Cass. crim. 9 février 1833. — Vu l'article 12 de la section 4, titre Ier, de la loi des 28 septembre-6 octobre 1791, ensemble les articles 10, 11, 13 de la loi du 18 juillet 1837; — Attendu, en droit : 1° que tout propriétaire ou

tout propriétaire ayant un troupeau malade à en faire immédiatement la déclaration à la municipalité, et dispose que la municipalité assignera, sur le terrain du parcours et de la vaine pâture, un espace où le troupeau malade pourra pâturer exclusivement, et le chemin qu'il devra suivre pour se rendre au pâturage.

2431. La disposition de l'article 20 du titre II de la même loi, rappelant sous ce rapport celle du n° 5 de l'article 3 du titre XI de la loi des 16-24 août 1790, porte que les corps administratifs emploieront particulièrement tous les moyens de prévenir et d'arrêter les épizooties et la contagion de la morve des chevaux.

Or, il est incontestable que la mesure du cantonnement, prescrite par l'article 19, mesure qui tend à assurer la salubrité et la conservation des troupeaux, en empêchant le mélange ou la simple réunion accidentelle des animaux sains et de ceux qui sont atteints de maladie contagieuse, rentre dans la catégorie de celles que le maire peut ordonner par ses arrêtés.

2432. Les maires ont également qualité : 1° pour ordonner que les bestiaux ne seront conduits au pâturage qu'autant qu'ils porteront une marque spéciale, à l'aide de laquelle il soit facile de reconnaître la personne à laquelle ils appartiennent ; 2° pour prescrire que le pâturage des bestiaux n'ait lieu que dans l'intervalle qui existe entre le lever et le coucher du soleil. Toutes ces mesures, en effet, n'ont d'autre objet que d'assurer le bon ordre, la santé, la tranquillité, la salubrité des campagnes, ou la conservation des récoltes ; elles ne constituent donc que des mesures de police, et, à ce titre, elles rentrent essentiellement et exclusivement dans le domaine du pouvoir réglementaire dont les maires sont investis.

2433. On se rappelle que, sauf l'exception ci-dessus mentionnée, les ayants droit au parcours ou à la vaine pâture, lorsqu'ils n'usent pas du droit de placer les bestiaux qu'ils y envoient sous la conduite d'un gardien particulier, doivent les mettre dans le troupeau commun, lorsqu'il y a un troupeau commun dans la localité, et qu'il leur est interdit de se réunir à deux ou un plus grand nombre pour confier la garde de ces bestiaux à un pâtre de leur choix. Or, ainsi que l'a décidé la Cour de cassation, une telle défense est légalement faite par un simple arrêté du maire, auquel la loi de 1884 confère le droit de nommer les pâtres communaux, sauf l'approbation du conseil municipal (1).

2434. Bien que le droit de parcours emporte, entre les communes qui en jouissent, l'idée nécessaire de la réciprocité, il ne s'ensuit pas que les mesures de police arrêtées par les autorités municipales de chacune doivent être réciproquement identiques. Sur son territoire, chaque maire peut prendre les dispositions de police qu'il a le droit de déterminer, quand bien même le maire de la commune voisine ne voudrait pas user de ses pouvoirs. Les usagers sont tenus d'y déférer, sauf à la municipalité qui les représente à se pourvoir en renonciation à la servitude de parcours, en vertu de l'article 46 de la loi de 1791, si les clauses de l'arrêté de police lui paraissent trop onéreuses (2).

2435. Les habitants d'une section de commune peuvent également mener paître leurs troupeaux sur une autre section tant que ce fait n'est pas interdit par l'acte administratif portant règlement du droit de vaine pâture. Il n'y a pas lieu, dans ce cas, de recourir à l'autorité administrative, alors qu'aucune difficulté relative à la vaine pâture ne s'est élevée entre les diverses sections de commune (1).

2436. Lorsque aucun règlement du conseil municipal n'a réglé l'exercice de la vaine pâture, on ne peut condamner un propriétaire de bestiaux ou son pâtre comme coupable d'infraction aux dispositions de la section IV, titre I, de la loi de 1791, qui ne prononcent aucune pénalité. S'il y a une délibération du conseil autorisée par le préfet, l'infraction est punissable par l'article 471 du Code pénal (n° 15).

2437. Un arrêté municipal ne peut prohiber le droit de vaine pâture dans les communes où il existe en vertu de la coutume confirmée par les règlements et arrêts.

Il n'appartient pas davantage à un conseil municipal de restreindre ou d'empêcher l'effet de cette servitude sur les terres qui y sont soumises (2).

---

(1) Cass. crim. 7 février 1838 (voy. *supra*, n° 2427); Cass. crim. 5 octobre 1838; Cass. 2 décembre 1841.

(2) Cass. crim. 17 mars 1876. — La Cour, Sur le deuxième moyen pris de la violation des articles 19 et 20 de la loi du 18 juillet 1837, 13 de la loi des 26 septembre-6 octobre 1791, 13, titre II, de la loi des 16-21 août 1790 et de l'article 471 (n° 15) du Code pénal, en ce que le jugement attaqué a refusé force obligatoire à un règlement sur le parcours et la vaine pâture, pris par un conseil municipal et approuvé par le préfet; — Vu lesdits articles et le règlement précité du 12 septembre 1871; — Attendu que, par délibération du conseil municipal de la commune de Gaillon, en date du 12 septembre 1871, portant règlement sur l'exercice du parcours et de la vaine pâture, il a été prescrit aux possesseurs de moutons de ne mener à la vaine pâture qu'un nombre correspondant à trois têtes par hectare de terres qu'ils font valoir et qui ne sont frappées de défense ni par la loi ni par l'usage; — Attendu que cette même délibération du maire a été invité à sanctionner ce règlement en forme d'arrêté municipal, que ladite délibération a été approuvée par le préfet, le 18 décembre 1873, que le maire, de son côté, a pris, le 25 du même mois, un arrêté conformément à la décision du conseil municipal, et que cet arrêté a été légalement approuvé; — Attendu que les défendeurs au pourvoi étaient

inculpés, en supposant que la commune de Saint-Aubin ait un droit de parcours sur les terres de celles de Gaillon, d'avoir contrevenu au règlement du conseil municipal précité, pour avoir mené ou fait mener au pâturage un nombre de moutons supérieur au nombre de moutons déterminé par ledit règlement; que le jugement attaqué a relaxé de ce chef, sur le motif que la délibération du conseil municipal n'était pas obligatoire pour les habitants de la commune de Saint-Aubin, cette commune n'ayant pas été appelée à y concourir; — Attendu que, aux termes des articles 19-20 de la loi du 18 juillet 1837, les délibérations des conseils municipaux sur le parcours et la vaine pâture sont exécutoires sur l'approbation du préfet; — Que, d'après l'article 13, section 4, titre 1er, de la loi des 28 septembre-6 octobre 1791, ces conseils sont appelés à fixer dans chaque commune, à tant de bêtes par hectare, proportionnellement à l'étendue du terrain, la quantité de bétail qui sera menée au parcours et à la vaine pâture; — Qu'il résulte de ces dispositions que la délibération du conseil municipal de Gaillon et l'arrêté d'approbation du préfet étaient pris dans les limites de leurs attributions; que cette délibération, ainsi approuvée, avait le caractère d'un règlement de police obligatoire, non seulement pour les habitants de la commune de Gaillon, mais encore pour les tribunaux et pour la commune de Saint-Aubin, faisant paître leurs troupeaux sur le territoire de ladite commune de Gaillon, tant que cette délibération n'avait pas été rapportée par l'autorité supérieure; — Que si la commune de Saint-Aubin était lésée dans son prétendu droit de parcours, c'était à elle de se pourvoir, conformément à l'article 46 de la loi des 14-22 juillet 1491, mais qu'il n'appartenait pas au juge de police de refuser force obligatoire à un règlement pris par le conseil municipal et approuvé par le préfet dans l'exercice de leurs attributions et, par suite, d'acquitter les prévenus de ce chef; en quoi faisant, il a violé les dispositions des lois susvisées. — Casse.

(1) Cass. crim. 28 avril 1846. — Attendu que la prévention contre Godet consiste en ce que, étant domiciliés sur l'ancienne section de Basville, ils avaient mené un troupeau de moutons sur la section de Berville, à la vaine pâture; — Attendu que, pour les condamner à l'amende, le jugement aurait dû constater de leur part la violation d'un règlement administratif; que le seul règlement de ce genre qui existe dans la cause est celui du 7 mars 1817 pour les communes réunies de Berville, Basville et Angeville; — Attendu que cet acte, loin de prohiber les faits de prévention, suppose, au contraire, les droits de vaine pâture d'une chaque section sur la totalité du territoire de la commune, et n'a d'autre objet que de régler le droit proportionnel de la vaine pâture... — Casse.

(2) Cass. crim. 7 septembre 1814 : Cass. crim. 4 mai 1848; Cass. crim. 10 mars 1854 (voy. *supra*, n° 2412); Cass. crim. 5 février 1859; Cass. crim. 19 août 1859, *Bull. crim.*, n° 349. Paris, 9 août 1860, D. G. 71.2.55, Cass. crim. 17 août 1883. — La Cour, Sur le moyen tiré de la violation pour refus d'application de l'article 471 (n° 15) du Code pénal, en ce que le jugement attaqué a relaxé indûment Massonnet, prévenu de contravention à un arrêté municipal interdisant l'exercice de la vaine pâture avant le 28 septembre-6 octobre 1790 et 18 juillet 1837, article 17 (n° 3), 19 (n° 8) et 20, le droit de réglementer la vaine pâture, d'en déterminer le mode d'exercice et la durée, de fixer l'époque de son ouverture, appartient au conseil municipal de la commune où ce droit peut s'exercer; que ce pouvoir de règlement sur l'exercice d'un droit reconnu par la loi ne s'étend pas jusqu'à permettre à l'autorité municipale de prendre des mesures qui auraient, directement ou indirectement, pour résultat de supprimer la servitude elle-même ou de la restreindre au delà des prévisions du législateur; — Attendu que, par délibération en date du 14 avril 1882, approuvée par le préfet du département de l'Ain le 9 mai suivant, le conseil municipal de B... a décidé que le droit de vaine pâture, qu'il reconnaît dans la commune, ne pourra avoir lieu sur les prairies naturelles produisant plusieurs récoltes, qu'après que la dernière récolte aura été faite; » — Attendu que cette délibération et l'arrêté du maire du 29 juin suivant, pris pour son exécution, en ajournant ainsi l'exercice de la vaine pâture jusqu'après la dernière récolte des prairies naturelles, sans aucune précision des terrains ni du nombre des récoltes, et sans aucune détermination d'époque, auraient pour effet de le rendre vain et d'exposer les ayants droit à l'arbitraire du proprié-

2438. Mais le conseil municipal qui, conformément à un usage, autorise les propriétaires à affranchir le tiers de leurs terres de la vaine pâture, en indiquant la réserve par des marques visibles et apparentes, n'excède point les attributions qui lui sont conférées par la loi. Un pareil arrêté, approuvé par le préfet, est pleinement obligatoire (1).

2439. Le droit qu'ont les préfets de donner ou de refuser leur approbation aux délibérations prises par les conseils municipaux dans les cas prévus par l'article 68 de la loi de 1884 ne comprend pas celui de modifier ces délibérations. On doit donc considérer, dès lors, comme entaché d'excès de pouvoir l'arrêté par lequel un préfet, en déclarant approuver une délibération prise par un conseil municipal, relativement à la vaine pâture, introduit des conditions nouvelles dans cette délibération (2).

2440. Lorsque le préfet a refusé d'approuver un règlement sur la vaine pâture, les tribunaux ne peuvent condamner le prévenu d'une contravention de cette nature en basant la condamnation sur un règlement identique antérieur : le refus d'approbation du second règlement emporte révocation du premier (3).

2441. Celui qui entrave le droit de vaine pâture, ou qui porte atteinte aux droits des propriétaires, ou qui contrevient aux arrêtés municipaux qui ont le parcours ou la vaine pâture pour objet, peut être responsable du dommage qu'il cause, sous deux rapports : d'abord, relativement à l'autorité municipale s'il enfreint les règlements ; ensuite, relativement aux habitants de la commune, aux individus qui souffrent de la contravention, soit en ce qu'on leur enlève une portion de ce qui leur revient dans les pâturages, soit en ce qu'on foule leurs champs et leurs propriétés et qu'on en consomme les produits à une autre époque que celle fixée par les règlements. De là naissent aussi deux actions, l'action publique et l'action civile.

2442. Toutes les contestations sur le droit de parcours entre communes ou entre communes et particuliers, ainsi que les contestations sur les droits de vaine pâture entre particuliers, sont de la compétence exclusive des tribunaux ordinaires, criminels ou civils, selon les cas, et des tribunaux ordinaires civils si le débat porte sur une question de propriété (4).

Mais s'il s'agit de modifications ou de changements à faire dans l'exercice de la vaine pâture, le gouvernement peut seul les ordonner dans les formes prescrites par le décret du 9 brumaire an XIII et l'avis du Conseil d'État du 7 mai 1868, lors même que ces modifications ou changements seraient le résultat d'une transaction, cette transaction ne pouvant avoir lieu qu'avec l'autorisation du gouvernement (5).

2443. L'action en vaine pâture est une action immobilière. Mais l'action en dommages-intérêts intentée par les habitants d'une commune, pour exercice illégal du droit de vaine pâture est purement mobilière (6).

2444. Le droit de parcours sur un terrain communal reconnu par arrêté municipal au profit des *habitants seuls* de la commune ne peut être réclamé et exercé par un habitant d'une commune voisine, quoiqu'il possède des biens et qu'il réside quelquefois dans la première (1).

2445. Toutes les contraventions aux règlements de vaine pâture peuvent être poursuivies. soit à la diligence des particuliers intéressés, soit à la diligence de l'autorité locale, devant les tribunaux de police correctionnelle ou de simple police, selon le cas.

2446. Les gardes champêtres sont spécialement chargés d'assurer l'exécution des règlements concernant le parcours et la vaine pâture, et de dresser procès-verbal contre les délinquants.

2447. L'individu qui conduit ses bestiaux au pâturage sur des terrains compris dans un cantonnement autre que celui qui lui est assigné par un règlement municipal commet-il une simple infraction à un règlement qui le rend punissable de l'amende prononcée par l'article 471 (n° 15) du Code pénal, ou bien est-ce là un fait de pacage sur le terrain d'autrui qui motive contre lui l'application de l'article 479 (n° 10) dont les pénalités sont plus sévères ?

Certains auteurs pensent que dès l'instant qu'on reconnaît au pouvoir municipal le droit d'affecter à chaque troupeau un cantonnement spécial et d'y interdire le pâturage aux autres troupeaux, on est forcé de reconnaître aussi que les héritages dont ce cantonnement se compose sont bien véritablement le terrain d'autrui dans le sens de la loi, puisque, cessant d'être commun, le pâturage y devient le domaine exclusif d'un seul ou de quelques-uns. Or, la disposition générale du numéro 15 de l'article 471 du Code pénal ne reçoit application qu'autant que la violation d'un règlement ou arrêté municipal ne constitue pas une contravention réprimée par une disposition spéciale de ce Code ou de toute autre loi (2).

Mais nous ne saurions accepter cette manière de voir. Le fait de faire paître un troupeau sur un terrain qui de sa nature est soumis à la vaine pâture ne peut constituer un pacage sur le terrain d'autrui, puisqu'en principe le pacage est licite. C'est la disposition de l'arrêté municipal qui le rend illicite. La contravention constitue donc un manquement à l'arrêté, et non un manquement au droit général de propriété (3).

---

taire, en même temps que d'exonérer indirectement ceux-ci de l'obligation de se clore, seul procédé légal pour dégager la propriété de l'assujettissement à la vaine pâture; qu'en déclarant, dans ces conditions, que la délibération du conseil municipal de B... et l'arrêté du maire qui l'a suivie, portant essentiellement atteinte à un droit légitime, n'étaient pas obligatoires, et en refusant, en conséquence, d'appliquer, dans l'espèce, la sanction pénale de l'article 471 (n° 5) du Code pénal, le jugement attaqué n'a... — Rejette.

(1) Cass. crim. 17 avril 1849, D. P. 49.5.391.

(2) Cons. d'Ét. 18 avril 1861. (Voy. *suprà*, n° 1021.) Voyez cependant Cons d'Ét. 10 avril 1860, L... p. 380; mais la doctrine de ce dernier arrêt ne nous paraît pas avoir été maintenue par le Conseil d'État.

(3) Cass. 15 novembre 1861. (Voy. *suprà*, n° 1401.)

(4) Cass. crim. 28 mars 1862 (voy. *suprà*, n° 1373); Cass. crim. 17 mars 1876 (Voy. *supra*, n° 2434).

(5) Cons. d'Ét. cont. 25 février 1845; Cons. d'Ét. cont. 22 juillet 1818.

(6) Cass. civ. 8 mai 1838, Dalloz, Rép., V° ACTION, n° 163.

---

(1) Cass. ch. réunies, 11 février 1839. — Vu la délibération prise le 13 mai 1821 par le conseil municipal de Peyrehorade, portant que les habitants sont les seuls qui aient droit au parcours sur les landes communales; — Vu l'article 471 (n° 15) du Code pénal; — Attendu que le règlement précité, approuvé par le préfet des Landes, a été rendu dans le cercle des attributions du pouvoir municipal, et qu'il doit conserver toute sa force tant que l'administration supérieure n'y a apporté aucune modification; — Attendu que cette délibération a eu pour objet de régler, non un droit de vaine pâture sur des propriétés ouvertes et privées, mais seulement un droit de parcours sur les landes appartenant à la commune de Peyrehorade; qu'il y est établi que la réciprocité du parcours entre cette commune et les communes voisines, notamment celle de Bélis, a cessé par le fait de celles-ci, qui ont aliéné leurs biens communaux; que cette circonstance, en ce qui concerne la commune de Bélis, est formellement attestée par son maire; — Attendu que pour refuser force et exécution au règlement municipal précité ce juge doit admettre au prétendu droit des propriétaires ou habitants à introduire des troupeaux étrangers sur la lande de Peyrehorade, le jugement attaqué s'est fondé vainement, d'une part, sur l'article 15, section 4, titre 1er, de la loi du 6 octobre 1791, lequel ne s'applique qu'aux parcours dans les propriétés privées et ouvertes formant le territoire d'une commune; de l'autre, sur une réciprocité entre communes qu'il n'appartenait pas au tribunal de police de reconnaître et de déclarer, alors qu'elle était niée par les autorités municipales compétentes et intéressées; — Attendu, en fait, qu'un procès-verbal régulier, dressé par le garde champêtre de Peyrehorade, et les explications des parties constatent que, le 11 mars dernier, un troupeau de trente-cinq bêtes à laine a été trouvé pacageant sur les landes de Peyrehorade; que ce troupeau était attaché à l'exploitation du domaine de Mocouent, situé commune de Bélis, qui appartient à la demoiselle de Gardésa, laquelle a son domicile dans la commune de Bélos; que ce fait constituait une contravention au règlement de 1821 et à l'article 471 (n° 15) du Code pénal; — Qu'en jugeant le contraire sous le prétexte que la demoiselle de Gardésa possède des propriétés sur la commune de Peyrehorade, où elle réside quelquefois, le tribunal de police a violé... — Casse.

(2) Cass. civ. 20 août 1824, Dalloz, Rép., V° CONTRAVENTION, n° 497.

(3) Cass. crim. 13 avril 1855.— Attendu que l'article 15, titre 1er, section IV, de la loi du 28 septembre 1791 donne aux propriétaires ou fermiers exploitant des terres dans les paroisses sujettes au parcours ou à la vaine pâture, et dans lequel ils ne sont pas domiciliés, le droit de mettre dans le troupeau commun ou faire garder dans un troupeau séparé une quantité de têtes de bétail proportionnée à l'étendue de leur exploitation; — Que cette disposi-

22

2448. Les règles que nous venons d'exposer ont cessé, pour la majeure partie du moins, d'être applicables au département de la Corse, où les deux servitudes de parcours et de vaine pâture ont été abolies par la loi du 22 juin 1854, avec cette exception, toutefois, que le délai pour cessation du droit de vaine pâture peut être prorogé, par arrêté du préfet, pour une ou plusieurs communes de ce département,

2449. Ce que dans les départements continentaux on appelle *parcours* n'était en Corse que l'irruption des troupeaux et des bestiaux de qui que ce soit sur toutes les communes voisines, sans distinction de limites ; c'était l'invasion, le passage qui s'opérait deux fois par an, à travers les territoires de toutes les communes, lors des migrations des troupeaux de la montagne à la plaine et de la plaine à la montagne, suivant les saisons.

C'était, en outre, la prétention, mise en pratique par tout individu à qui il plaisait d'avoir un troupeau, sans être propriétaire de la moindre parcelle de terrain, d'envoyer ce troupeau sur les terres de tous les cultivateurs, sans aucune précaution prise, même pour ménager les arbres.

Sous ces noms empruntés de *parcours* et de *vaine pâture*, des abus intolérables étaient commis sur le bien d'autrui, soumis, sans règle et sans répression possible, à la disposition des troupeaux de toute espèce, plutôt qu'à la jouissance paisible du véritable propriétaire.

Déjà, au mois de juillet de l'année 1771, un édit royal avait essayé de mettre un terme à tous ces désordres en abolissant la prétendue servitude de parcours en en réglementant l'exercice de la vaine pâture ; mais l'insoumission des populations, une possession incertaine et toujours contestée, ne permirent pas d'en appliquer les sages dispositions. Après la Révolution de 1789, époque à laquelle la Corse fut déclarée faire partie intégrante de la France continentale, la loi du 28 septembre 1791 tomba en désuétude et dans le plus complet oubli ; l'empire des habitudes resta, comme précédemment, sans frein ni mesure, et le droit des propriétaires fut plus que jamais méconnu par les détenteurs de troupeaux.

C'est cet état de choses, c'est ce mode de pâturage, qui n'était, en réalité, qu'une dévastation permanente, nuisible à tous les genres de culture et à toutes les productions, que la loi du 22 juin 1854 a eu pour but de faire cesser.

Nous en résumons les principales dispositions :

La servitude de parcours, maintenue provisoirement par l'article 2 de la section IV du titre Ier de la loi des 28 septembre-6 octobre 1791, est abolie dans le département de la Corse.

Le droit de vaine pâture, maintenu par l'article 3 de la section IV du titre Ier de la loi des 28 septembre-6 octobre 1791, a cessé de plein droit, dans le département de la Corse, un an après la promulgation de la loi.

Toutes contravention aux prescriptions de la loi est punie des peines portées en l'article 479 du Code pénal, et, en cas de récidive, de celles portées en l'article 482 du même Code.

— Il y a récidive, lorsqu'il a été rendu contre le contrevenant, dans les douze mois qui précèdent, un premier jugement pour contravention à la même loi.

Ainsi, comme on le voit, la loi du 22 juin, en ce qui concerne le département de la Corse, abolit définitivement et sans réserve la servitude de parcours, c'est-à-dire le pâturage réciproque de commune à commune, et elle fait cesser, dans toutes les communes, le droit simple de vaine pâture, c'est-à-dire le pâturage, sur les terrains assujettis, des bestiaux

appartenant à la localité ; elle autorise le préfet à ajouter, par ses arrêtés, aux restrictions que la loi de 1791 a elle-même apportées à l'exercice du droit ; enfin, assimilant avec raison les contraventions aux prescriptions qu'elle établit au fait de conduite de bestiaux sur le terrain d'autrui, que prévoit le numéro 10 de l'article 479 du Code pénal, elle les déclare punissables de l'amende édictée par cet article.

SECTION V.

DU PACAGE DANS LES TERRAINS EN MONTAGNE.

2450. Les communes situées dans les pays de montagne sont soumises, pour l'exploitation de leurs biens, à une législation spéciale résultant de la loi du 14 avril 1882. On sait que cette loi a eu pour objet de modifier, par le reboisement et le gazonnement des terrains en forte pente, le régime général des eaux en ralentissant leurs cours, en consolidant le sol et en restreignant ainsi à leur source les effets désastreux des inondations. Précisément parce que les terrains en montagne sont d'une culture difficile, qu'ils doivent être protégés contre les accidents météorologiques et que la surveillance y est difficile, la plupart, en 1789, étaient à l'état de terres vaines et vagues, ils ont donc été attribués aux communes par les lois de 1792 et de 1793. Le législateur entreprit à plusieurs reprises de contraindre les communautés propriétaires de ces vastes étendues incultes à les gazonner ou à les boiser. La loi du 28 juillet 1860 édicta les premières dispositions ; mais elle ne s'occupait que du reboisement. Aux termes de cette loi, quand la solidité d'une montagne se trouvait compromise, l'État pouvait prendre d'office les mesures nécessaires à la restauration des terrains. Si les communes refusaient d'exécuter les travaux, ceux-ci pouvaient être déclarés obligatoires par l'État, qui avait le droit de les effectuer.

L'État avait le droit d'occuper les terrains, d'en interdire la jouissance, d'y exécuter des travaux, en vertu d'un décret rendu en Conseil d'État. Puis, les travaux terminés, si la commune voulait reprendre ses terrains, elle devait rembourser à l'État le montant de ses avances ou lui abandonner la moitié de sa propriété.

L'application de la loi de 1860 souleva de très vives résistances parmi les populations pastorales. La loi du 8 juin 1864 fut alors présentée comme une satisfaction qui leur était donnée. La modification principale qu'elle apportait à la loi de 1860 consistait dans la faculté accordée aux communes de demander la substitution du gazonnement au reboisement. Les espérances que les auteurs de la loi fondaient sur cette innovation ne se réalisèrent pas.

C'est alors qu'a été proposée et votée la loi du 14 avril 1882. Nous n'avons pas à donner le commentaire détaillé de ses dispositions ; nous devons seulement en faire connaître les prescriptions générales, en insistant seulement sur les obligations qu'elles créent à l'égard des communes en matière de pâturage.

2451. Il est pourvu à la restauration et à la conservation des terrains en montagne, soit au moyen de travaux exécutés par l'État ou par les propriétaires, avec subvention de l'État, soit au moyen de mesures de protection.

2452. L'utilité publique des travaux de restauration rendus nécessaires par la dégradation du sol et par des dangers nés et actuels ne peut être déclarée que par une loi. La loi fixe le périmètre des terrains sur lesquels ces travaux doivent être exécutés.

2453. Elle est précédée : 1° d'une enquête ouverte dans chacune des communes intéressées ; 2° d'une délibération des conseils municipaux de ces communes ; 3° de l'avis du conseil d'arrondissement et de celui du conseil général ; 4° de l'avis d'une commission spéciale composée : du préfet ou de son délégué, président, avec voix prépondérante ; d'un membre du conseil général et d'un membre du conseil d'arrondissement autres que ceux du canton où se trouve le péri-

---

tion est générale et absolue ; — Que c'est à l'exploitation des terres dans la commune où il s'exerce qu'est attaché le droit de pâturage ; — Qu'en effet, la vaine pâture constitue une communauté tacite de pâturages sur les propriétés ouvertes ; — Que chacun doit en jouir dans la mesure des avantages qu'il apporte à la communauté ; — Que la seule limite apportée au droit du propriétaire ou fermier est celle qui résulte des règlements municipaux déterminant le nombre de têtes que chacun peut envoyer au pâturage, en égard à la quantité de terres qu'il exploite ; — Attendu que l'article 479 (n° 10) du Code pénal n'est pas applicable aux contraventions en matière de parcours ou de vaine pâture, exclusivement régies par la loi du 6 octobre 1791... — Reject.

mètre, délégués par leurs conseils respectifs et toujours rééligibles, et dans l'intervalle des sessions par la commission départementale ; de deux délégués de la commune intéressée, désignés dans les mêmes conditions par le conseil municipal ; d'un ingénieur des ponts et chaussées ou des mines, d'un agent forestier, ces deux derniers membres nommés par le préfet. Le procès-verbal de reconnaissance des terrains, le plan des lieux et l'avant-projet des travaux proposés par l'administration des forêts restent déposés à la mairie pendant l'enquête, dont la durée est fixée à trente jours. Ce délai court du jour de la signification de l'arrêté préfectoral qui prescrit l'ouverture de l'enquête et la convocation du conseil municipal.

2454. La loi est publiée et affichée dans les communes intéressées ; un duplicata du plan du périmètre est déposé à la mairie de chacune d'elles. Le préfet fait, en outre, notifier aux communes un extrait du projet et du plan contenant les indications relatives aux terrains qui leur appartiennent.

2455. Dans le périmètre fixé par la loi, les travaux de restauration sont exécutés par les soins de l'administration et aux frais de l'État, qui, à cet effet, acquiert, soit à l'amiable, soit par expropriation, les terrains reconnus nécessaires. Dans ce dernier cas, il est procédé, dans les formes prescrites par la loi du 3 mai 1841, à l'exception de celles qu'indiquent les articles 4, 5, 6, 7, 8, 9 et 10 du titre II, et qui sont remplacées par celles ci-dessus visées.

2456. Toutefois, les communes peuvent conserver la propriété de leurs terrains, si elles parviennent à s'entendre avec l'État avant le jugement d'expropriation, et s'engagent à exécuter dans le délai à eux imparti, avec ou sans indemnité, aux clauses et conditions stipulées, les travaux de restauration qui leur sont indiqués, et à pourvoir à leur entretien sous le contrôle et la surveillance de l'administration forestière.

2457. Dans les pays de montagne, en dehors même des périmètres établis conformément aux dispositions qui précèdent, des subventions sont accordées aux communes, à raison des travaux entrepris par elles pour l'amélioration, la consolidation du sol et la mise en valeur des pâturages. Ces subventions consistent soit en délivrance de graines ou de plants, soit en argent, soit en travaux.

2458. Le paragraphe 1er de l'article 244 du Code forestier, qui autorise le défrichement des jeunes bois pendant les vingt premières années de leur semis ou plantation, n'est applicable dans aucun cas aux reboisements effectués en exécution de la loi. Mais les bois ainsi créés bénéficient, sans exception, de l'exemption d'impôts établie pendant trente ans par l'article 226 du Code forestier.

2459. Telles sont les mesures qui ont pour objet la *restauration* des terrains de montagne : mais à côté de la restauration, il y a lieu de se préoccuper de la *conservation*. Les terrains en pente, ravinés par les eaux, doivent nécessairement être *reboisés*, si l'on veut que leur restauration soit durable et efficace. Mais sur les hauts plateaux ou sur les parties de montagnes situées au-dessus de la zone des forêts où se trouve la véritable région pastorale, le gazonnement est le principal procédé de restauration et de conservation du sol. Seulement, lorsque les travaux de gazonnement et de consolidation sont achevés, il importe essentiellement qu'ils ne soient pas endommagés ou détruits par le piétinement et la dent des animaux. C'est pour les préserver de ce danger que la loi a institué une mesure particulière : la défense de laisser pénétrer des troupeaux sur les terrains à conserver, autrement dit la *mise en défens*, pendant un temps plus ou moins long.

2460. La mise en défens ne peut résulter que d'un décret. En effet, elle constitue une véritable dépossession au moins temporaire, et elle atteint, dans une assez large mesure, l'industrie pastorale.

2461. L'administration des forêts peut requérir la mise en défens des terrains et pâturages en montagne appartenant aux communes, toutes les fois que l'état de dégradation du sol ne paraît pas encore assez avancé pour nécessiter des travaux de restauration. Cette mise en défens est prononcée par un décret rendu en Conseil d'État.

2462. L'administration des forêts est seule juge des circonstances qui provoquent l'application de la mesure : c'est à elle seule qu'il appartient d'en prendre l'initiative.

2463. Les formalités à suivre sont les mêmes que celles que nous avons indiquées plus haut pour la restauration (1).

2464. L'administration des forêts procède à la désignation des terrains dont elle estime que la mise en défens est nécessaire dans l'intérêt public. À cet effet, elle dresse un procès-verbal de reconnaissance des terrains et un plan des lieux.

2465. Le procès-verbal expose la configuration des lieux, leur altitude moyenne, les conditions dans lesquelles ils se trouvent au point de vue géologique et climatérique, l'état de dégradation du sol, les circonstances qui ont amené cet état, les dommages qui en sont résultés et les dangers qu'il présente. Il est accompagné d'un tableau parcellaire donnant, pour chaque parcelle ou portion de parcelle comprise dans le périmètre, le revenu imposable et le mode de jouissance imposé jusque-là.

Le plan des lieux est dressé d'après le cadastre et porte l'indication des sections et les numéros des parcelles.

L'avant-projet fait connaître la nature et l'importance des travaux ainsi que l'évaluation approximative de la dépense totale.

Le procès-verbal de reconnaissance indique, en outre, la nature, la situation et les limites des terrains à interdire au parcours, la durée de la mise en défens, sans qu'elle puisse excéder dix ans, et le délai pendant lequel les parties intéressées peuvent procéder au règlement des indemnités à accorder aux propriétaires pour privation de jouissance.

2466. Ces documents sont transmis par l'administration des forêts au préfet, qui fait procéder à l'enquête. Le préfet renvoie toutes les pièces de l'instruction, avec son avis motivé, au ministre de l'agriculture (2).

2467. L'enquête est faite en la forme suivante : les pièces sont adressées par l'administration des forêts au préfet, qui, dans le délai d'un mois au plus, ouvre, dans chacune des communes intéressées, l'enquête prescrite par la loi du 4 avril 1882.

L'arrêté prescrivant l'ouverture de l'enquête et la convocation du conseil municipal est signifié au maire de la commune intéressée, et, en même temps, porté à la connaissance des habitants par voie de publications et d'affiches. Toutes les pièces restent déposées à la mairie pendant trente jours à partir de la signification. Passé ce délai, un commissaire enquêteur, désigné par le préfet, reçoit au même lieu, pendant trois jours consécutifs, les déclarations des habitants sur l'utilité publique des travaux projetés.

Il est justifié de l'accomplissement de cette formalité, ainsi que de la publication et de l'affichage de l'arrêté du préfet, par un certificat du maire.

Après avoir clos et signé le registre des déclarations, le commissaire le transmet immédiatement au préfet avec son avis motivé et les pièces qui ont servi de base à l'enquête.

2468. Dans la huitaine après la clôture de l'enquête, le conseil municipal exprime son avis dans une délibération dont le procès-verbal est adressé immédiatement au préfet, pour être joint au dossier. Il désigne, en outre, deux délégués chargés de représenter la commune dans la commission spéciale instituée par l'article 2 de la loi du 4 avril 1882 ; ces délégués doivent être choisis en dehors des propriétaires de parcelles comprises dans le périmètre.

2469. Dans le cours de la session, le conseil d'arrondissement et le conseil général désignent chacun un de leurs membres, autres que ceux du canton où se trouve le périmètre, pour les représenter dans la commission spéciale.

_____

(1) L. 4 avril 1882, art. 7.
(2) L. 4 avril 1882, art. 2 ; Déc. 11 juillet 1882, art. 17 et 19.

Dans l'intervalle des sessions, le membre du conseil général et le membre du conseil d'arrondissement sont désignés par la commission départementale.

2470. Le préfet désigne, pour faire partie de la même commission, un ingénieur des ponts et chaussées ou des mines et un agent forestier, puis il convoque la commission ainsi complétée.

2471. Celle-ci se réunit au lieu indiqué par un arrêté spécial de convocation, dans la quinzaine de la date de cet arrêté. Elle examine séparément pour chaque commune les pièces de l'instruction, les déclarations consignées au registre de l'enquête, et, après avoir recueilli tous les renseignements nécessaires, elle donne son avis motivé tant sur l'utilité publique de l'entreprise que sur les mesures d'exécution indiquées dans l'avant-projet.

Cet avis doit être formulé sous forme de procès-verbal, dans le délai d'un mois à partir de l'arrêté de convocation (1).

2472. Ampliation du décret prononçant la mise en défens est transmise par l'Administration des forêts au préfet, qui le fait publier et afficher dans la commune de la situation des lieux, puis notifier sous forme d'extrait aux divers propriétaires intéressés. Cet extrait contient les indications spéciales relatives à chaque parcelle ; il fait connaître le jour initial et la durée de la mise en défens, qui ne peut excéder, ainsi qu'on l'a énoncé, dix années.

2473. Une indemnité est due aux communes propriétaires de terrains interdits au pâturage par privation de jouissance. Elle peut être réglée soit à l'amiable, soit par voie contentieuse, mais dans l'un et l'autre cas elle doit être évaluée par la perte réelle éprouvée, en tenant compte de tous les éléments de préjudice, et notamment, pour les communes, de la suspension du droit d'amodier les pâturages ou de les soumettre à des taxes locales. L'indemnité est calculée par annuité.

2474. Lorsque les communes intéressées acceptent les propositions d'indemnités formulées par l'administration, elles doivent faire connaître leur acceptation dans le délai fixé par le décret qui institue le périmètre de défens. Le montant en est définitivement fixé par le ministre de l'agriculture.

2475. En cas de désaccord sur le chiffre de l'indemnité, il est statué par le Conseil de préfecture, après expertise contradictoire, s'il y a lieu, sauf recours au Conseil d'Etat, devant lequel il est procédé sans frais dans les mêmes formes et délais qu'en matière de contributions publiques.

2476. Il peut n'être nommé qu'un seul expert.

2477. L'instance peut s'engager soit à la requête de la commune intéressée, soit à celle de l'administration.

Il est procédé à l'instruction et au jugement dans la forme ordinaire des instances en conseil de préfecture.

2478. L'indemnité court à partir du jour initial de la mise en défens et se calcule d'après le montant de l'annuité, fixée au prorata du nombre de mois et de jours écoulés. Elle est payée, par chaque année écoulée, dans le courant du mois de janvier de l'année suivante (2).

2479. Dans le cas où l'Etat voudrait, à l'expiration du délai de dix ans, maintenir la mise en défens, il est tenu d'acquérir les terrains à l'amiable ou par voie d'expropriation publique, s'il en est requis par les propriétaires (3).

2480. Si l'administration des forêts estime qu'il est nécessaire de maintenir les terrains en défens après l'expiration du délai fixé par l'article 8 de la loi du 4 avril 1882, elle notifie sa décision aux propriétaires de ces terrains avant la fin de la dernière année, et il est alors procédé conformément aux dispositions du chapitre 2 du titre 1er du décret, si le propriétaire le requiert dans le délai d'un mois à partir de la notification.

2481. Dans le cas où le délai fixé par le décret prononçant la mise en défens serait inférieur à dix ans, si l'administration

des forêts croit nécessaire de maintenir les terrains en défens jusqu'à l'expiration du délai de dix ans, elle notifie sa décision aux propriétaires de ces terrains, avant la fin de la dernière année du délai fixé par le premier décret; mais elle est tenue de faire rendre un nouveau décret pour obtenir cette prolongation (1).

2482. L'indemnité annuelle est versée à la caisse municipale.

La somme représentant la perte éprouvée par les communes, à raison de la suspension de l'exercice de leur droit d'amodier les pâturages ou de les soumettre à des taxes locales, est affectée aux besoins communaux, et le surplus et même le tout, s'il y a lieu, est distribué aux habitants par les soins du conseil municipal.

2483. Pendant la durée de la mise en défens, l'Etat peut exécuter, sur les terrains interdits, tels travaux que bon lui semble, pour parvenir plus rapidement à la consolidation du sol, pourvu que ces travaux n'en changent pas la nature, et sans qu'une indemnité quelconque puisse être exigée du propriétaire, à raison des améliorations que ces travaux auraient procurées à sa propriété (2).

2484. Mais il ne faut pas que des travaux, d'ailleurs nécessaires, par exemple pour prévenir les éboulements ou empêcher la formation des ravins, aient pour résultat de « changer la nature » de la propriété et de transformer un pâturage en bois ou en broussailles.

2485. La mise en défens, qui équivaut à la soumission au régime forestier, a pour but de placer la terre interdite sous la protection de la loi et la surveillance de l'administration ; par suite, elle doit suspendre, pendant sa durée, l'exercice de tous les attributs de la propriété. D'où la conséquence que toute introduction de bétail pendant la période assignée à la conservation, que cette introduction vienne du propriétaire ou d'autres, constitue un délit forestier.

2486. Les délits commis sur les terrains mis en défens sont constatés et poursuivis comme ceux commis dans les bois soumis au régime forestier. Il est procédé à l'exécution des jugements conformément aux articles 209, 211, 212, et aux paragraphes 1er et 2 de l'article 210 du code forestier (3).

2487. Mais, sans aller jusqu'à l'interdiction du pâturage, il peut y avoir lieu de protéger les terrains en montagne; la loi de 1882 autorise donc une réglementation du pâturage communal. L'abus du pâturage consiste à mettre dans un pâturage plus de bêtes qu'il ne peut normalement en nourrir, et à les y mettre avant le temps ou l'herbe et le sol sont en état de les nourrir. Le remède consiste à ne mener paître que l'espèce et la quantité de bêtes qu'ils peuvent nourrir sans excéder la possibilité, et lorsque l'herbe a poussé et que le sol est suffisamment débarrassé des neiges et consolidé par les rayons du soleil. Il est constant qu'en général les communes ne protègent pas suffisamment leurs pâturages contre les abus de jouissance provenant de leurs habitants. Le but de la loi de 1882 a été de fournir à celles qui ont des communaux situés en montagne les pouvoirs et l'autorité nécessaires pour les protéger et vaincre les résistances que les populations agricoles opposent souvent à l'initiative de l'administration supérieure.

2488. Chaque année, avant le 1er octobre, l'administration forestière inscrit, dans une liste dressée par décret rendu en Conseil d'Etat, la liste, par département, des communes qu'elle juge nécessaire d'assujettir à la réglementation du pâturage. Cette liste, dressée, est notifiée à chaque commune intéressée par le préfet, mais l'initiative de la réglementation appartient au conseil municipal (4).

2489. Avant le 1er janvier de chaque année, le maire de chaque commune assujettie à la réglementation du pâturage fait parvenir au préfet, en double minute, le projet de règlement pour l'exercice du pâturage sur les terrains apparte-

---

(1) Déc. 11 juillet 1881, art. 3, 4, 5 et 6.
(2) Déc. 11 juillet 1882, art. 20.
(3) L. 4 avril 1882, art. 8; Déc. 22 juin 1882, art. 22.

(1) Déc. 11 juillet 1882, art. 22. — En ce sens, Tetreau, p. 98.
(2) L. 4 avril 1882, art. 9 et 10.
(3) L. 4 avril 1882, art. 11.
(4) L. 4 avril 1882, art. 12.

nant à la commune et situés soit sur son territoire, soit sur celui d'une autre commune.

Le projet de règlement indique notamment : la nature, les limites, la superficie totale des terrains communaux soumis au pâturage ;

Les limites, l'étendue des cantons qu'il y a lieu d'ouvrir aux troupeaux dans le cours de l'année ;

Les chemins par lesquels les bestiaux doivent passer pour aller au pâturage ou au pacage et en revenir ;

Les diverses espèces de bestiaux et le nombre des têtes qu'il convient d'y introduire ;

L'époque à laquelle commence et finit l'exercice du pâturage suivant les cantons, et la catégorie des bestiaux ;

La désignation du pâtre ou des pâtres communs choisis par l'autorité municipale pour conduire le troupeau de chaque commune ou section de commune ;

Et toutes autres conditions d'ordre et de police relatives à l'exercice du pâturage.

Le préfet communique immédiatement ce projet de règlement au conservateur des forêts.

2490. Les projets de cahiers des charges et de baux concernant les pâturages communaux à affermer sont assimilés aux projets de règlements ; ils sont, en conséquence, soumis aux mêmes formalités et communiqués au conservateur des forêts. Le conservateur, après avoir pris l'avis des agents locaux, présente ses observations dans le mois.

2491. Le règlement délibéré par le conseil municipal est affiché dans la commune.

2492. Les intéressés peuvent adresser leurs réclamations au préfet dans le mois qui suit la publication de ce règlement, constatée par un certificat du maire (1).

2493. L'article 24 du décret du 11 juillet 1882, dont nous venons de rapporter les dispositions, fournit une énumération complète des indications générales que doit contenir un règlement de pâturage, et peut servir de base à l'établissement de règlements-types pour chaque contrée : les époques d'ouverture et de clôture du pâturage aux différentes altitudes (pâturages de printemps, d'été, d'automne), le nombre de bêtes à introduire à l'hectare, les principales dispositions réglementaires variant peu d'une commune à l'autre dans la même région. Mais il importe, en outre, que le règlement des pâturages, dans chaque commune, soit approprié aux besoins des divers groupes d'habitants ou hameaux ; d'un autre côté, un bon règlement doit avoir pour but non seulement de conserver mais d'améliorer les pâturages ; il doit s'inspirer, par suite, d'un étude approfondie du terrain et contenir l'indication de toutes les améliorations à réaliser, soit qu'elles s'appliquent au sol lui-même, comme l'enlèvement des pierres, l'extraction des plantes nuisibles le drainage, l'irrigation, etc., soit qu'elles s'appliquent au bétail et à l'utilisation de ses produits, comme les abris, chalets, fruitières, etc...

2494. Dans cet ordre d'idées, l'administration forestière, dont le rôle est purement consultatif en ce qui concerne la réglementation du pâturage, mais qui dispose, en exécution de l'article 5 de la loi du 4 avril 1882, des moyens de venir en aide aux communes, par des subventions, pour l'exécution des améliorations pastorales de toute nature, fait étudier par des agents spéciaux (service pastoral), pour chacune des communes soumises à la réglementation, un aménagement complet des pâturages communaux avec programme et devis d'améliorations, qui est soumis à l'approbation du conseil municipal et qui, dans le cas où il ne serait pas adopté, servirait tout au moins de base pour les observations à formuler, par le service forestier, lors de la présentation du règlement préparé par le conseil municipal ou dans le sein de la commission instituée par l'article 13 de la loi.

2495. Si, à l'expiration du délai fixé, les communes n'ont pas soumis à l'approbation du préfet le projet de règlement prescrit par le même article, il y est pourvu d'office par le préfet, après avis d'une commission spéciale, composée du secrétaire général ou du sous-préfet, président, d'un conseiller général, du plus âgé des conseillers d'arrondissement du canton, d'un délégué du conseil municipal de la commune et de l'agent forestier. Il en est de même dans les cas où les communes n'auraient pas consenti à modifier le règlement proposé par elles conformément aux observations de l'administration (1).

Le droit du préfet, dans l'un comme dans l'autre cas, porte sur le règlement tout entier, dont il peut arrêter toutes les dispositions.

2496. Les règlements mentionnés à l'article 13 ci-dessus sont rendus exécutoires par le préfet, si, dans le mois qui suit l'accusé de réception de la délibération du conseil municipal, ils n'ont donné lieu à aucune contestation.

2497. Après que le règlement délibéré par le conseil municipal a été rendu exécutoire, les deux minutes transmises par le maire sont visées par le préfet, qui retourne l'une de ces minutes à la commune et remet l'autre au conservateur des forêts.

2498. Les règlements établis ou modifiés par le préfet dans les conditions indiquées par l'article 13 de la loi du 4 avril 1882 sont exécutoires après notification au maire de la commune intéressée, conformément aux règles ordinaires admises, en matière forestière, pour les notifications administratives (2).

2499. Si le règlement donne lieu à une contestation, il y a lieu de se reporter au droit commun, en ce qui concerne la réserve du droit des tiers et le jugement des contestations elles-mêmes. Ces contestations peuvent, en effet, porter sur des droits particuliers de propriété ou de servitude qui échapperaient à la possibilité d'une réglementation administrative (3).

2500. Les contraventions aux règlements de pâturage sont constatées et poursuivies dans les formes prescrites par les articles 137 et suivants du Code d'instruction criminelle, et, au besoin, par tous les officiers de police judiciaire. Les contrevenants sont passibles des peines portées par les articles 471 du Code pénal, et 474, en cas de récidive, modifiées, s'il y a lieu, par l'application de l'article 463 (4).

2501. Dans les communes assujetties à l'application de la loi sur le reboisement, les gardes domaniaux, c'est-à-dire les gardes forestiers de l'Etat ou des communes, appelés à veiller à l'exécution et à la conservation des travaux dans les périmètres de reboisement et de gazonnement, sont chargés, en même temps, de la constatation des infractions aux mises en défens et aux règlements sur les pâturages, et de la surveillance des bois communaux (5).

SECTION VI.

DES MARAIS.

2502. La législation sur l'administration des biens communaux a été complétée par une loi du 28 juillet 1860 sur la mise en valeur des marais et terres incultes appartenant aux communes.

2503. Au nombre des améliorations agricoles dont l'initiative appartient au gouvernement, se trouve le desséchement et la mise en valeur des marais et des terres incultes appartenant aux communes. La loi du 16 septembre 1807, la loi du 28 juillet 1860 et le décret du 6 février 1861, portant

---

(1) Déc. 11 juillet 1882, art. 24 et 25.

(1) L. 4 avril 1882, art. 13.
(2) L. 4 avril 1882, art. 14 ; Déc. 11 juillet 1882, art. 26.
(3) En ce sens, Teireau, p. 122.
(4) L. 4 avril 1882, art. 15.
(5) Déc. 11 juillet 1882, art. 22.

règlement d'administration publique pour l'exécution de cette dernière loi, forment la législation en cette matière.

La loi de 1807 s'applique à tous les marais, quels qu'en soient les propriétaires ; elle donne au gouvernement le droit d'ordonner les dessèchements qu'il juge utiles et nécessaires, que les marais appartiennent à des communes ou à des particuliers. La loi du 28 juillet 1860 est relative exclusivement à la mise en valeur des marais et terres incultes appartenant aux communes (1). Nous n'avons pas à nous occuper ici de la première, qui n'est pas particulière à la matière qui nous occupe. Mais nous allons retracer les principales dispositions de la seconde.

2504. Aux termes de l'article 1er de la loi, les marais et les terres incultes appartenant aux communes ou sections de communes dont la mise en valeur a été reconnue utile doivent être desséchés, assainis, rendus propres à la culture des plantes ou bois.

2505. Lorsque le préfet estime qu'il y a lieu d'appliquer l'article dont s'agit, il doit adresser aux maires, représentants des communes et sections de communes intéressées, un arrêté par lequel le conseil municipal est mis en demeure de délibérer :

1° Sur la partie des biens à laisser à l'état de jouissance commune ;

2° Sur le mode de mise en valeur du surplus ;

3° Sur la question de savoir si la commune entend pourvoir par elle-même à cette mise en valeur.

2506. Avant de prendre cet arrêté de mise en demeure, il est nécessaire de faire procéder à une reconnaissance sommaire des lieux, pour rechercher quels sont les marais ou terrains incultes qui, au point de vue de la salubrité publique et de l'amélioration agricole, doivent d'abord fixer l'attention. Le préfet charge les ingénieurs des ponts et chaussées de procéder à cette reconnaissance et de désigner ceux de ces terrains qui doivent être l'objet d'études régulières. Il importe que les maires des communes intéressées assistent à cette première visite, afin de fournir à ces ingénieurs des renseignements sur l'intérêt de leur commune, et afin de faciliter leurs études ultérieures.

2507. Dans l'arrêté de mise en demeure, s'il s'agit d'une section de commune, le préfet fixe le nombre des membres qui devront composer la commission syndicale, chargée de représenter la section. L'élection de ces syndics doit être faite conformément à l'article 129 de la loi du 5 avril 1884.

2508. Dans le cas où les terrains à mettre en valeur appartiennent à une commune, la délibération du conseil municipal doit être prise dans le mois de la notification de l'arrêté de mise en demeure. Dans le cas où les terrains appartiennent à une section de la commune, la commission syndicale donne son avis préalable dans le délai d'un mois, à dater de la formation de la commission, et, à défaut par elle de le faire, il est passé outre par le conseil municipal. Faute par le conseil municipal d'avoir délibéré dans le délai d'un mois à dater de la réception soit de l'arrêté de mise en demeure, soit de la délibération de la commission syndicale ou de l'expiration du délai imparti à cette dernière pour émettre son avis, le conseil municipal est réputé avoir refusé de se charger de l'exécution des travaux d'amélioration.

2509. La loi du 28 juillet 1860 s'est exclusivement proposée, dans le double intérêt de la salubrité publique et de la production générale, l'amélioration de ceux des biens communaux qui, complétement stériles, ont besoin d'être desséchés ou assainis pour devenir propres à la culture. Elle ne serait donc pas applicable aux terrains incultes, mais susceptibles de production par une simple dation en location, et les communes ont conservé, relativement à l'amodiation de ces derniers, le droit d'initiative qu'elles tiennent de la loi communale (2).

2510. Y a-t-il lieu d'appliquer les dispositions de la loi de 1860 à des terrains qui sont simplement détériorés par l'abus du pacage ? En principe, il n'est pas nécessaire qu'un communal soit marécageux, malsain ou absolument improductif, pour rentrer dans les prévisions de la loi précitée. Il suffit qu'il soit susceptible d'acquérir par des travaux d'amélioration, faits-ils de l'ordre le plus simple, une plus-value considérable. Mais, en même temps, il est indispensable que la plus-value dépende de l'exécution des travaux ; toute l'économie de la loi du 28 juillet 1860 et du décret réglementaire du 6 février 1861 repose sur cette donnée. La question de principe se résout donc en une question de fait ; si, pour convertir en bonne prairie un pâturage, il faut y creuser une rigole d'irrigation ou quelque fossé d'écoulement des eaux ; s'il faut même seulement le défoncer pour labourer et l'ensemencer, le titre III du décret du 6 février 1861 est applicable, et il y a lieu, par l'administration supérieure, de passer outre aux résistances locales. Mais si toute l'amélioration désirable du communal peut être obtenue au moyen de la simple interdiction de laisser pâturer les bestiaux, c'est-à-dire par l'effet d'une sorte de mesure de police entraînant changement dans le mode de jouissance commune, le département des travaux publics n'a pas à intervenir ; il s'agit alors d'une simple question d'administration communale qui ressortit exclusivement au conseil municipal et au préfet, et l'État ne peut se substituer en ce cas à la commune, car il n'est pas question de la mise en valeur d'un communal dans le sens de la loi et du décret rendu pour son application (1).

2511. Les préfets ne peuvent se prévaloir des dispositions de la loi du 28 juillet 1860, vis-à-vis des communes, et mettre les conseils municipaux en mesure d'effectuer l'assainissement ou l'amélioration de leurs communaux, qu'autant que l'État serait fondé, au refus de ces conseils, à exécuter l'opération d'office. D'autre part, l'État ne peut agir que si l'opération comporte *des travaux nécessaires pour rendre les terrains propres à la culture*, telles que des routes, des clôtures, des fossés d'écoulement, etc., etc. Il doit donc être expressément entendu que les travaux ordinaires de culture proprement dite n'entrent pas dans les prévisions de la loi, et que la mise en valeur d'un communal qui n'exigerait pas d'autres travaux échapperait à son application, puisque l'État ne pourrait pas s'assurer d'office (2).

2512. Il a toujours été admis, depuis la promulgation de la loi du 28 juillet 1860, que, lorsqu'une commune est mise en demeure de pourvoir à l'assainissement ou à l'amélioration de terrains tombant sous l'application de la loi, et qu'elle déclare son intention de procéder à la vente de ces terrains, le gouvernement n'a plus à intervenir dans l'exécution des travaux qu'ils peuvent nécessiter.

La question s'est présentée de savoir s'il doit en être de même au cas où une commune se détermine pour le partage par lots entre tous les habitants chefs de ménage, à charge par les concessionnaires de payer à la caisse municipale soit une rente perpétuelle, fixe ou progressive, soit un capital déterminé. Il n'est pas douteux que le but de la loi du 28 juillet 1860 se trouve indirectement atteint par toute mesure qui fait passer les biens communaux incultes entre les mains des particuliers, les acquéreurs devenant nécessairement intéressés à les rendre productifs. D'un autre côté, les communes ne sont pas absolument tenues de recourir à la voie de l'adjudication pour la vente de leurs biens. C'est là une simple règle administrative qui souffre des exceptions, notamment dans le cas où elles préfèrent mettre chaque chef de ménage à même de devenir propriétaire d'un lot. Les deux modes d'aliénation sont donc également licites (3).

2513. Plusieurs communes ou sections de communes différentes peuvent être intéressées à la mise en valeur de terrains qui exigent des travaux d'ensemble. Dans le cas où les conseils municipaux sont d'accord pour l'exécution de

(1) Cons. d'Et. cont. 2 juin 1864, S., p. 544.
(2) Déc. min. int. et agric. 1863.

(1) Déc. min. int. et agric. 1865, *Bull. off.*, p. 29.
(2) Déc. int. et agric. 1863.
(3) Déc. min. int. 1863.

ces travaux, il est formé un syndicat pour donner de l'unité à l'action des diverses communes intéressées. Le mode de formation de cette commission syndicale et ses attributions sont réglés par les articles 161, 162, 163 de la loi de 1884. Si tous les conseils municipaux ne sont pas d'accord pour exécuter, aux frais des communes, les travaux de mise en valeur des marais et terres incultes qui leur appartiennent, il devient impossible de procéder en commun, par voie d'association syndicale ; de sorte que le refus ou l'abstention d'un seul conseil municipal oblige l'administration à procéder, par les soins de l'État, ainsi qu'il sera dit ci-après, à moins que les conseils municipaux, qui ont voté l'exécution des travaux, ne demandent, s'il s'agit de marais proprement dits, la concession du desséchement entier, conformément à la loi du 16 septembre 1807.

2514. Lorsque le conseil municipal déclare dans sa délibération qu'il entend pourvoir à la mise en valeur de ses marais et des terres incultes qui doivent être distraites de la jouissance commune, il doit faire connaître les mesures qu'il compte prendre à cet effet, et justifier des voies et moyens d'exécution. Il convient que ces justifications soient fournies par la délibération même qui contient l'adhésion du conseil municipal.

2515. Autant que possible, la mise en valeur des communaux incultes doit être entreprise par les communes elles-mêmes ; il est donc essentiel de leur faciliter la solution des voies et moyens. A cet effet, pour se procurer les fonds nécessaires à l'exécution des travaux, les communes peuvent soit procéder à des aliénations partielles de marais ou terrains communaux incultes, à charge par les acquéreurs d'en opérer par eux-mêmes la mise en valeur, soit recourir au crédit, pour réaliser des emprunts à long terme ; ces emprunts leur permettent de se libérer en principal et intérêts par annuités, c'est-à-dire avec une partie des fruits dus aux travaux mêmes qu'elles ont entrepris. Les communes peuvent aussi voter l'affermage de leurs communaux, ou, lorsque le morcellement n'a pas d'inconvénient, procéder par voie d'allotissement entre les habitants. Dans l'un et l'autre cas, la mise en valeur des terrains doit être imposée aux preneurs, comme condition de l'affermage ou de l'allotissement.

Le préfet doit assurer aux communes, dans le choix des mesures à prendre, toute la liberté compatible avec la conservation du patrimoine communal. C'est à lui, du reste, qu'il appartient d'approuver les dispositions auxquelles les conseils municipaux se sont arrêtés, sauf à pourvoir aux voies et moyens, conformément aux lois, lorsque ces conseils ont jugé nécessaire de procéder par des impositions extraordinaires ou par voie d'emprunts.

2516. Lorsque les communes procèdent par elles-mêmes à l'assainissement et à la mise en culture de leurs marais et terres incultes, les projets sont dressés et les travaux exécutés à la diligence du maire, représentant de la commune ; c'est donc à l'autorité municipale à choisir les hommes de l'art auxquels elle veut confier les études et la surveillance des travaux à entreprendre.

2517. Quand les projets ont été dressés, ils sont soumis aux enquêtes, dans les formes de l'ordonnance du 23 août 1835, lorsqu'il s'agit de travaux qui n'intéressent qu'une commune ou section de commune.

Si le travail projeté intéresse plusieurs communes, on se conforme aux dispositions de l'ordonnance du 18 février 1834.

2518. Les projets sont approuvés par le préfet, qui fixe le délai dans lequel les travaux doivent être commencés et terminés. Cependant, lorsque ces travaux donnent lieu à des expropriations, un arrêté préfectoral ne suffirait pas pour les autoriser ; les projets avec les pièces de l'enquête et les propositions de l'administration locale sont adressés au ministre de l'intérieur, à l'effet de provoquer le décret les déclarant d'utilité publique.

2519. Dans le cas où il s'agit de desséchement de marais, s'il y a discussion sur le choix du système de travaux à adopter ou si l'importance du travail paraît l'exiger, les projets sont préalablement examinés par l'administration du service hydraulique, conformément à la loi du 16 septembre 1807.

2520. L'autorité municipale est chargée de la conservation des travaux d'assainissement, de desséchement et de mise en valeur des terrains communaux, sous le contrôle et la vérification de l'administration. Dans le cas où le conseil municipal n'alloue pas les fonds nécessaires à l'entretien annuel, il y est pourvu par le préfet par l'inscription d'office au budget de la commune du crédit nécessaire, conformément aux articles 149 et 163 de la loi du 5 avril 1884.

2521. Après la réception des travaux, il est nécessaire d'assurer leur bon entretien. Lorsqu'il s'agit de desséchements, il y a lieu d'appliquer l'article 27 de la loi du 16 septembre 1807, notamment pour la répression des contraventions et la réparation des dommages qui doivent être poursuivis devant le conseil de préfecture, comme en matière de grande voirie.

2522. Dans le cas où le conseil municipal d'une commune déclare qu'il n'est pas dans l'intention d'entreprendre les travaux indiqués, ou à défaut d'engagement pris à cet égard dans le délai fixé, comme en cas d'inexécution de la délibération, ou d'abandon des travaux d'abord entrepris par les soins de la commune, enfin dans le cas où, pour des terrains appartenant à différentes communes, une ou plusieurs d'entre elles s'abstiendraient de répondre ou refuseraient d'entreprendre les travaux, le préfet charge les ingénieurs de l'État de dresser les projets de desséchement des marais et d'assainissement des terres incultes, dont le desséchement et la mise en valeur ont été reconnus nécessaires. Les crédits sont avancés sur les fonds du budget général.

2523. Chaque projet est soumis à une enquête ouverte, dans les communes intéressées, suivant les formes ci-dessus indiquées.

2524. Pendant la durée de l'enquête, le conseil municipal est appelé à délibérer. Dans cette nouvelle délibération, le conseil municipal donne son avis sur les projets produits, après avoir entendu, s'il y a lieu, les observations que les ingénieurs peuvent avoir à lui présenter. Il est d'ailleurs évident que le conseil municipal est admis à revenir sur son refus ou sur son abstention primitifs.

2525. Si, par cette seconde délibération, il déclare se charger de l'exécution des travaux, l'affaire rentre dans ceux dont la direction appartient aux communes. Si, au contraire, il se borne à donner son avis sur le projet, la délibération jointe au dossier est soumise à la commission d'enquête, s'il s'agit de plusieurs communes, ou au commissaire enquêteur, s'il s'agit d'un projet intéressant une seule commune.

2526. En vertu de l'article 3 de la loi du 28 juillet 1860, le conseil général du département doit donner son avis avant qu'un décret intervienne pour prescrire les travaux.

2527. Un décret, rendu en conseil d'État, après avis du conseil général du département, déclare, s'il y a lieu, l'utilité des travaux et prescrit soit leur exécution par l'État, soit la location, à charge de mise en valeur.

2528. La loi du 28 juillet 1860 ne parle que des terrains communaux, elle ne statue que sur cette nature de propriété. Mais dans la pratique il se présente fréquemment, en ce qui concerne les marais, cette circonstance que des marais particuliers sont enclavés dans les marais communaux, et que ces derniers ne peuvent être desséchés qu'au moyen d'une opération d'ensemble.

La question fut posée devant la commission du Corps législatif en 1860, et cette commission répondit dans les termes suivants : « Nous avons reconnu qu'en cas de résistance peu probable des propriétaires de ces marais particuliers à l'œuvre d'ensemble nécessitée par une semblable situation, le gouvernement possède déjà les moyens de la vaincre dans la législation, et qu'il est inutile d'y rien ajouter. Il est, du reste, bien évident que l'autorité qui aurait le droit d'exproprier les propriétaires de ces marais privés pourrait traiter amiablement avec eux sur les bases prévues par le projet de loi pour les marais des communes, soit se charger du desséchement de leurs terrains marécageux, à la charge par eux de rembourser ses avances, soit en argent, soit au moyen d'un abandon immobilier. »

Il a paru utile d'insérer dans le règlement d'administration publique une clause qui consacrât la marche indiquée par le Corps législatif. L'article 11 dispose, en conséquence, que, dans le cas prévu, en même temps que des mises en demeure sont adressées aux communes, les propriétaires de marais particuliers enclavés dans les marais communaux sont invités à déclarer s'ils consentent au desséchement, en se soumettant aux dispositions de la loi du 28 juillet 1860. Dans ce cas, il est statué sur l'ensemble de l'opération comme s'il ne s'agissait que de marais communaux.

Le règlement n'avait pas à s'occuper du cas où les particuliers déclarent consentir à opérer conjointement avec les communes l'assainissement et la mise en culture de leurs marais. Il est évident qu'il y a lieu de procéder alors au moyen d'une association syndicale, qui est réglée par arrêté préfectoral, si les parties sont d'accord pour l'exécution desdits travaux et la répartition des dépenses, et par un décret, si les parties, tout en voulant exécuter les travaux, ne sont pas d'accord sur la répartition de la dépense.

Enfin, il peut arriver que ni les communes ni les particuliers ne consentent à entreprendre les travaux, et que l'Etat doive procéder d'office par application de la loi du 28 juillet 1860. Dans ce cas, le refus ou l'abstention des particuliers ne peut pas entraver la marche de l'administration, et, lorsque l'intérêt public l'exige, le gouvernement, ainsi que l'a reconnu la commission du Corps législatif, puise, dans l'article 14 de la loi du 16 septembre 1807, le moyen de vaincre les résistances qui s'opposeraient à l'application de la loi de 1860.

2529. Dans le cas où l'assainissement et la mise en valeur doivent être exécutés par voie de mise en ferme, l'adjudication a lieu en présence des receveurs municipaux des communes intéressées, et conformément aux règles applicables aux biens communaux. La durée du bail ne peut excéder vingt-sept ans. Le soumissionnaire s'oblige à exécuter les projets approuvés pour la mise en valeur des terrains, conformément aux conditions déterminées par le cahier des charges dressé par le préfet sur l'avis des ingénieurs.

2530. Le préfet examine dans chaque cas s'il convient d'exiger un cautionnement des adjudicataires, qui doivent toujours s'engager à exécuter convenablement les travaux prévus au devis et à rendre, en fin de bail, les terrains dans un bon état de culture.

2531. En autorisant des baux d'une durée de 27 ans, le législateur a ménagé aux communes la possibilité de graduer le montant des fermages, de manière à faciliter pour les adjudicataires l'exécution des travaux de mise en valeur et à accroître progressivement les ressources des communes.

2532. Lorsque les travaux sont exécutés par l'Etat, on suit les formes usitées en matière de travaux publics. Les états de dépenses sont dressés conformément aux règles de la comptabilité des travaux publics. Il en est de même des états annuels d'entretien. Si les travaux intéressent plusieurs communes, la répartition de la dépense est faite dans la forme réglée par l'article 163 de la loi du 5 avril 1884.

2533. Chaque année, il est délivré aux communes et sections intéressées une expédition des comptes établissant la situation des dépenses mises à la charge de chacune d'elles. Après l'achèvement des travaux, un compte général des dépenses est arrêté par le ministre de l'agriculture. Il en est délivré copie au ministre de l'intérieur et aux communes ou sections de communes intéressées.

2534. La notification des comptes annuels et, après l'achèvement des travaux, la notification du compte général des dépenses doivent être faites aux maires dans la forme administrative.

2535. Par une mesure de faveur pour les communes, les sommes principales, montant des comptes, portent intérêt simple à 5 0/0, non pas à partir de l'époque des avances, mais seulement à dater de l'achèvement des travaux.

2536. Les travaux effectués par l'Etat sont entretenus par les soins de l'administration. Les avances faites pour cet objet, arrêtées chaque année par le ministre de l'agriculture, du commerce et des travaux publics, portent également intérêt simple à 5 0/0 par an. Copie de ce compte est délivrée au ministre de l'intérieur, aux communes et sections de communes intéressées, avec l'état des dépenses antérieures. Si, dans les six mois de la notification à elle faite des comptes annuels des dépenses d'établissement ou d'entretien des travaux, la commune ou section de commune ne s'est pas pourvue devant le conseil de préfecture, les comptes ne peuvent plus être attaqués.

2537. Après l'achèvement des travaux, remise des terrains est faite aux communes. Chaque commune est mise en demeure d'avoir à déclarer si elle entend user de la faculté à elle réservée de se libérer de toute répétition de la part de l'Etat en lui faisant l'abandon de moitié des terrains mis en valeur, ou si elle entend payer en argent les avances de l'Etat.

Cette mise en demeure est faite par le sous-préfet, et le conseil municipal doit être immédiatement appelé à en délibérer.

2538. Lorsque le conseil municipal a déclaré vouloir user de la faculté que lui réserve l'article 5 de la loi du 28 juillet 1860, le maire doit être mis en demeure d'assister au tirage au sort des lots. Un expert choisi par le maire, avec le concours du délégué de l'administration des domaines, dresse un projet de partage en des lots égaux en valeur pour être tiré au sort dans l'année qui suit l'achèvement des travaux. Il est dressé procès-verbal par le sous-préfet de cette opération, où le représentant de la commune est appelé à signer, et copie lui en est délivrée. Il est procédé d'ailleurs par les soins de l'administration des contributions directes aux mutations de cotes, sur les matrices cadastrales, afin d'opérer le dégrèvement de la commune pour les terrains abandonnés à l'Etat.

2539. Si une partie des travaux a été exécutée par la commune, après que le partage a été effectué, il est fait abandon par l'Etat d'une portion de terrain proportionnelle à la part de la commune dans l'ensemble de la dépense.

2540. Les immeubles qui forment définitivement le lot de l'Etat sont remis à l'administration des domaines pour être administrés ou vendus suivant les règles relatives aux propriétés domaniales.

2541. Si la commune déclare vouloir rembourser à l'Etat le montant de ses avances, elle doit justifier de ses ressources et faire à l'Etat telle délégation que de droit.

2542. Faute par la commune d'avoir réalisé l'abandon prévu par l'article 5 de la loi du 28 juillet 1860 dans l'année qui suit l'achèvement des travaux, ou d'avoir, dans le même délai, remboursé à l'Etat le montant de ses avances, l'administration provoque la mise en vente de la portion de terrains améliorés nécessaires pour couvrir l'Etat, en principal et intérêts des dépenses faites par lui.

Un expert désigné par le préfet doit visiter les terrains et préparer le lotissement et le cahier des charges de la mise en vente des lots à aliéner. Le projet de l'expert est communiqué au conseil municipal. Dès que le projet de lotissement est approuvé par le préfet, il est procédé à la vente publique des terrains. Les ventes sont effectuées par les soins de l'administration des domaines, en présence des receveurs municipaux des communes intéressées et jusqu'à concurrence de la créance de l'Etat. Les prix de vente sont recouvrés par l'administration des domaines; toutefois, lorsque la vente excède les avances de l'Etat, l'excédent est perçu par les receveurs municipaux.

2543. La loi du 28 juillet 1860 étant uniquement applicable aux marais et terres incultes appartenant aux communes, il faut avant tout s'assurer que les terrains dont on s'occupe ont réellement le caractère communal. De là la nécessité de la délimitation et du bornage de ces marais et terres incultes.

Un expert désigné par le préfet doit visiter les terrains à délimiter et à borner, afin d'y appliquer les matrices et plans cadastraux, ainsi que les titres produits tant par les communes que par les propriétaires.

Une grande publicité doit entourer la visite de l'expert, elle doit être annoncée au moins quinze jours à l'avance, dans chaque commune, par affiches posées à la porte des églises et des mairies.

Un procès-verbal dressé par le maire constate l'accomplissement de cette formalité.

Lors de la visite des lieux, l'expert ne se borne pas à recevoir les observations des parties intéressées et à enregistrer les dires respectifs. Il lui appartient de provoquer les éclaircissements qui lui paraissent de nature à faire reconnaître les limites réelles des landes, marais et terres incultes dont le bornage lui est confié ; il doit chercher à concilier les parties intéressées, et, si elles parviennent à s'entendre, il constate cet accord dans le procès-verbal de la visite des lieux.

Ce procès-verbal doit être dressé immédiatement ; lecture en est donnée aux parties intéressées, qui sont invitées à signer leurs observations. Mention y est faite des personnes qui n'auraient pas voulu ou qui n'auraient pas pu signer, ainsi que des motifs de ce refus, s'ils ont été déduits.

2544. Quand l'expert a terminé son opération, il en dépose les pièces à la mairie, avec des bulletins séparés dressés de manière à faire reconnaître à chaque propriétaire limitrophe quelles sont, vis-à-vis de sa propriété, les limites proposées pour les terrains communaux. La communication de ces bulletins individuels est faite en la forme administrative.

2545. Après cette instruction contradictoire, le conseil municipal doit être saisi de l'examen du travail de l'expert, afin qu'il soit ensuite statué.

2546. Si les limites des marais et terrains communaux restent douteuses, on doit s'abstenir de tout travail sur la zone litigieuse, et l'exécution des ouvrages est concentrée sur la partie dont la propriété n'est pas contestée aux communes.

2547. Lorsque les communes et les propriétaires limitrophes sont d'accord, il est procédé à un bornage par voie amiable.

Dans le cas contraire, la commune est autorisée ou à plaider ou à transiger.

2548. Des gardes particuliers, dont le traitement est imputé sur le fonds des travaux, peuvent être chargés de veiller à la conservation.

2549. Les contributions foncières des marais desséchés ne peuvent être augmentées pendant les vingt-cinq premières années après le dessèchement (1).

2550. La contribution des marais desséchés doit être établie d'après la valeur de ces marais avant l'époque du dessèchement, bien qu'à cette époque ils ne fussent pas imposés (2).

2551. Les travaux exécutés soit par les communes, soit par l'État, pour arriver à la mise en culture des marais sont des travaux publics ; à cet égard, les articles 3 et 6 de la loi du 1860 ne laissent aucun doute ; les contestations qu'ils soulèvent sont donc, aux termes de la loi du 28 pluviôse an VIII, de la compétence de la juridiction administrative ; mais l'exécution peut avoir pour effet de troubler des ayants droit divers dans une possession régulière, les débats qui peuvent alors s'élever ne sont pas considérés comme portant sur l'exécution même des travaux publics, leur jugement est remis aux autorités qui doivent en connaître. L'autorité judiciaire, par exemple, est compétente pour l'action qui serait intentée contre une commune par le fermier d'une portion de marais à elle appartenant et se prétendant troublé dans son exploitation par les travaux de mise en valeur : un bail à ferme de terres appartenant à une commune est un contrat civil, ainsi que cela a été dit, et c'est aux tribunaux civils qu'il appartient de prononcer sur les difficultés auxquelles il peut donner lieu.

Il résulte de ce que nous venons de dire qu'un même litige

peut donner lieu à deux sortes de compétence : les tribunaux civils peuvent être appelés à connaître d'instances qui s'élèvent entre des tiers et une commune, et les tribunaux administratifs, de procès qui s'agitent entre l'État et les communes ou entre l'État et les entrepreneurs de travaux (1).

SECTION VII.

DES TOURBIÈRES.

2552. Les communes possèdent souvent des tourbières communales. Leur exploitation est soumise aux prescriptions ordinaires. Elles ne peuvent en entreprendre ni continuer l'exploitation avant d'en avoir fait la déclaration à la sous-préfecture, et d'en avoir obtenu l'autorisation, qui est délivrée par le préfet, sur l'avis de l'ingénieur des mines.

2553. Un règlement d'administration publique détermine la direction générale des travaux d'extraction dans les terrains où sont situées les tourbes, celle des rigoles de desséchement, enfin toutes mesures propres à faciliter l'écoulement des eaux dans les vallées et l'atterrissement des entailles tourbées (2).

2554. Les ingénieurs des mines dirigent et surveillent les travaux concernant l'extraction des produits et l'assainissement des terrains (3).

2555. Les honoraires dus aux ingénieurs des mines sont réglés à raison de 50 centimes par pile de tourbes sèches de dix mètres cubes. Dans le cas où les terrains tourbeux sont vendus par adjudication ou autrement, sur devis estimatif dressé par les ingénieurs des mines, les ingénieurs qui ont procédé à la reconnaissance, à l'emparquement des terrains et au devis estimatif reçoivent 2 0/0 du produit de la vente, lorsque le montant ne dépasse pas 10,000 francs. Si ce produit est plus élevé, il est alloué aux ingénieurs 2 0/0 pour les dix premiers mille francs, et 1 0/0 pour le surplus.

2556. Les honoraires réglés peuvent être remplacés par des abonnements consentis par les communes ou d'après tout autre mode qui serait conforme à des usages locaux. Ces abonnements ou règlements particuliers ne doivent pas excéder une somme équivalente à la rémunération fixée plus haut, de 50 centimes par pile de tourbes sèches de dix mètres cubes ; ils doivent être approuvés par le ministre (3).

---

(1) L. 3 frimaire an VII, art. 111 ; Cons. d'Et. cont. 3 mai 1851.
(2) Cons. d'Et. cont. 12 mars 1847.

(1) Cons. d'Et. cont. 29 août 1865 ; — Napoléon, etc. Vu l'arrêté de conflit, etc. — Vu la loi des 16-24 août 1793, la loi du 11 juillet 1810, Vu la mise en valeur des marais et des terres incultes appartenant aux communes, et le règlement d'administration publique du 6 février 1811, pour l'exécution de ladite loi ; — Vu les ordonnances du 1er juin 1828 et 12 mars 1831 ; — Considérant que l'instance pendante devant le tribunal civil de Montpellier comprend, en même temps que l'action intentée par le sieur Bancal contre la commune de Vic, l'appel en garantie introduit par ladite commune contre l'État ; — En ce qui touche la demande introduite par le sieur Bancal contre la commune de Vic ; — Considérant que c'est comme fermier d'une portion des marais appartenant à la commune de Vic et comme se prétendant troublé dans son exploitation par les travaux de mise en valeur de ces marais, que le sieur Bancal a assigné ladite commune devant le tribunal civil de Montpellier, pour, indépendamment de la réparation des impenses perdues, faire prononcer la modification ou la résiliation de son bail ; — Considérant qu'un bail à ferme de terres appartenant à une commune, fait par elle, à titre de propriétaire, est un contrat civil, et que c'est aux tribunaux civils qu'il appartient de connaître des contestations auxquelles il peut donner lieu ; — Qu'il n'est dérogé à cette règle de compétence par aucune disposition de la loi du 28 juillet 1860, et que l'appel en garantie introduit contre l'État par la commune de Vic ne saurait avoir pour résultat de dessaisir du litige pendant entre le sieur Bancal et la commune de Vic les juges qui doivent en connaître ;

En ce qui touche l'appel en garantie introduit contre l'État par la commune de Vic ; — Considérant qu'il résulte des dispositions de loi du 20 juillet 1860 et du décret du 6 février 1811, portant règlement d'administration publique pour l'exécution de ladite loi, que les contestations qui peuvent s'élever entre l'État et les communes, à l'occasion des travaux de mise en valeur des marais et terres incultes appartenant aux communes, doivent être jugées par l'autorité administrative... — Annule.
(2) L. 21 avril 1810, art. 84.
(3) Déc. 18 novembre 1810, art. 39.
(4) Déc. 10 mai 1854, art. 6 et 7.

SECTION VIII.

DES VARECHS.

2557. Les habitants des communes riveraines de la mer ont le droit de récolter des herbes et plantes marines qui y croissent. Quoique les rivages de la mer soient choses du domaine public et à ce titre imprescriptibles et inaliénables, des usages plusieurs fois séculaires ont consacré, à cet égard, des tolérances qui sont aujourd'hui admises par l'autorité publique, et réglementées par elle (1).

2558. Le varech, sart ou goémon, est employé par les habitants des côtes pour l'engrais des terres. Il sert aussi à la fabrication de la soude.

2559. Les varechs ou goémons sont ainsi classés : 1° goémons de rive ; 2° goémons poussant en mer ; 3° goémons venant épaves à la côte. Les goémons de rive sont ceux qui tiennent au sol et que l'on peut atteindre du pied aux basses mers d'équinoxe ; les goémons poussant en mer, ceux qui, tenant aux fonds et aux rochers, ne peuvent être atteints du pied à la basse mer des marées d'équinoxe ; les goémons épaves, ceux qui, détachés par la mer, sont portés à la côte par le flot.

2560. La récolte des goémons de rive appartient aux habitants des communes riveraines. Tout habitant a droit de participer à cette récolte. Les propriétaires des terres situées dans les communes du littoral ont droit à la récolte des goémons de rive, sans être tenus de justifier du fait d'habitation.

2561. Les goémons attenant au sol dans l'intérieur des pêcheries à poissons appartiennent aux habitants des communes riveraines. Les goémons poussant dans l'intérieur des parcs et dépôts à coquillages appartiennent aux détenteurs de ces établissements.

2562. Du principe que les varechs et goémons sont choses du domaine public, il résulte qu'aucune prescription ne peut faire acquérir *de droits* à la récolte et que, par conséquent, aucun usage ancien ne saurait autoriser les habitants d'une commune à rechercher le varech sur le territoire des communes voisines, et au cas où, sur les limites de deux communes à marée basse, une contestation surgirait, il n'appartient pas aux tribunaux civils, mais à l'autorité administrative de prononcer (2).

2663. Deux coupes de goémons de rive peuvent être autorisées chaque année. Les époques et les jours consacrés à ces deux coupes sont fixés par l'autorité municipale, qui en donne avis au commissaire du quartier de l'inscription maritime dans lequel est située la commune. La coupe des goémons de rive ne peut être opérée la nuit. Des affiches apposées dix jours au moins à l'avance doivent faire connaître le jour de l'ouverture de la récolte. L'autorité municipale est chargée, sous l'approbation du préfet du département, de régler par des arrêtés les mesures d'ordre et de police relatives à l'enlèvement des goémons. Mais les prescriptions qu'elle édicte ne peuvent porter que sur des mesures de cette nature et non sur le fond du droit qui lui échappe. Ainsi, lorsqu'une commune a été divisée en deux communes distinctes par un décret réservant à chacune d'elles son droit à la récolte du goémon, le maire de l'une d'elles commet un excès de pouvoir en autorisant exclusivement ses habitants à opérer cette récolte. Les habitants de la commune détachée ont un droit évident de participer à cette récolte ; ils peuvent sans commettre, aucune contravention, l'opérer au même titre et en même temps que les habitants de l'autre commune (1).

2564. La récolte ou coupe des goémons poussant en mer est permise de jour pendant toute l'année. Elle ne peut être faite qu'au moyen de bateaux pourvus de rôles d'équipages. Néanmoins, pour la récolte de ceux de ces goémons qui sont destinés aux besoins particuliers des cultivateurs, ces derniers et leurs valets de ferme peuvent accidentellement s'adjoindre aux équipages réguliers des bateaux, sans toutefois que leur nombre excède deux individus par tonneau, non compris les hommes du bord.

2565. Il est permis à toute personne de recueillir en tout temps les goémons venant épaves à la côte. Les goémons épaves que la mer dépose dans l'intérieur des pêcheries, parcs et dépôts à coquillages appartiennent aux détenteurs de ces établissements.

2566. L'enlèvement des amendements marins et sables coquilliers ne peut avoir lieu que sur l'autorisation du préfet maritime, après avis du préfet du département. S'il s'agit de l'extraction des sables à bâtir, pierres et produits naturels autres que ceux qui sont considérés comme amendements marins, les autorisations sont délivrées par le préfet du département, après avis du préfet maritime.

2567. Les conseils municipaux règlent, comme en matière de biens communaux, la distribution des goémons de rive et les conditions à imposer aux parties prenantes.

2568. L'enlèvement, le transport et l'emploi des sels ou soude de varech sont soumis à des conditions spéciales, en vue de l'impôt sur le sel.

SECTION IX.

DES TERRAINS EN LANDES.

2569. Outre les lois générales qui ont statué sur la propriété et la jouissance des biens communaux en France, le

---

(1) Déc. 8 février 1868. (Voy. DOMAINES.)
(2) Cons. d'Et. cont. 3 août 1849, D. P. 49.3.86 ; Cass. 21 novembre 1851, D. G. 56.5.477; Cons. d'Et. cont. 14 décembre 1857, D. P. 58.3.57; Caen. 15 novembre 1858, D. P. 59.2.164 ; Cons. d'Et. cont. 31 mars 1865, D. P. 65.3.92; Cass. contin. 20 octobre 1885. — Sur le moyen unique du pourvoi pris de la violation, par refus d'application des articles 9 du décret du 9 janvier 1852 et 4 du décret du 8 février 1868 ; — Attendu que par décret, en date du 1er février 1867, le hameau de Gâvres, qui formait auparavant une section de la commune de Riantec, a été érigé en une commune distincte, et que l'article 4 de ce décret dispose que « les habitants de la commune de Riantec et les habitants de la commune de Gâvres participeront concurremment à la récolte du goémon attenant au rivage de chacune de ces communes » ; — Attendu qu'aux termes des articles 107 du décret du 4 juillet 1853 et 4 du décret du 8 février 1868, la coupe du goémon de rive ne peut avoir lieu que dans la période comprise entre le 1er octobre et le 31 mars ; que deux coupes peuvent être autorisées chaque année ; qu'il appartient à l'autorité municipale de fixer les époques consacrées à ces deux coupes, et que des affiches apposées dix jours au moins à l'avance doivent faire connaître le jour de l'ouverture de la récolte ; — Attendu qu'il résulte des constatations de l'arrêt attaqué qu'à la date du 15 février 1885, le maire de Gâvres a, par une lettre adressée au maire de Riantec, informé ce dernier qu'il venait de prendre un arrêté pour l'ouverture de la coupe du goémon sur la commune de Gâvres, mais pour les habitants de sa commune seulement ; que l'arrêt ajoute que, dans cette lettre, le maire de Gâvres avait vraisemblablement à dessein omis d'indiquer la date des jours pendant lesquels la coupe devait avoir lieu ; mais qu'en présence de cette lettre, laquelle a été

publiée le dimanche à la sortie de la messe, les habitants de Riantec ont dû croire la coupe du goémon sur la commune de Gâvres autorisée pendant une certaine période non déterminée, à partir du 15 février; — Attendu qu'en cet état des faits constatés, l'arrêt attaqué n'a pu, sans violer l'article 9 du décret du 9 janvier 1852, refuser d'appliquer ledit article et prononcer le relaxe du prévenu;—Attendu, en effet, d'une part, que, s'il entrait dans les attributions du maire de Gâvres, aux termes des décrets ci-dessus visés, de fixer l'époque de la coupe du goémon sur sa commune, il n'a pu, sans commettre un excès de pouvoir, autoriser cette coupe au profit des habitants de la commune seulement, à l'exclusion des habitants de la commune de Riantec, alors que l'article 4 susvisé du décret du 1er février 1867, attribue aux habitants des deux communes le droit de participer concurremment à la récolte du goémon; que l'ouverture de la coupe sur la commune de Gâvres, publiée par le maire de cette commune, autorisait tous les habitants de Riantec à participer à cette coupe, et qu'à ce premier point de vue la poursuite manquait de base légale ; — Attendu, d'autre part, que les vices signalés par le pourvoi, et dont peut être entaché l'arrêté du maire de Gâvres, ainsi que le mode irrégulier de sa publication dans les communes de Gâvres et de Riantec, ne sauraient engager la responsabilité pénale du prévenu ; que ce dernier, en présence d'un arrêté pris et publié par l'autorité compétente, a pu et dû croire à sa régularité, alors, d'ailleurs, que les prescriptions de l'article 4 du décret du 8 février 1868, quant au nombre des coupes et à la période pendant laquelle elles doivent avoir lieu, ont été exactement observées. — Rejette.

(1) Cass. crim. 20 octobre 1886 (Voy. *suprà*, n° 2562).

législateur est intervenu pour régler la situation de ces biens dans deux parties de la France où des considérations d'ordre public ont dû faire établir des dispositions particulières; il s'agit ici des communes situées dans les anciennes provinces de Bretagne et de Gascogne, à l'égard desquelles ont été édictées les lois du 6 décembre 1850 et du 19 juin 1857.

2570. On sait quel est, en Bretagne, l'empire des anciens usages : cette province, après son annexion à la couronne de France, a conservé son autonomie; ses lois féodales et civiles, ses coutumes étaient profondément entrées dans les mœurs locales, et si la Révolution les brisa presque toutes, cependant, en certaines matières secondaires, elle crut devoir faire une exception, notamment en matière de propriété de biens communaux.

La loi du 28 août 1792 en consacrant le droit de propriété des communes aux terres vaines et vagues créa une situation particulière pour la Bretagne.

« Dans les cinq départements qui composent la ci-devant province de Bretagne, disait l'article 10, les terres actuellement vaines et vagues non arrentées, afféagées ou accensées jusqu'à ce jour, connues sous le nom de communes, frosts, frostages, franchises, galois, etc., appartiendront exclusivement soit aux communes, soit aux *habitants des villages*, soit aux *ci-devant vassaux qui sont actuellement en possession des droits* de commuher, motoyer, coupes de landes, bois ou bruyères, pacager ou mener leurs bestiaux dans lesdites terres situées dans l'enclave ou le voisinage des ci-devant fiefs. »

Cette disposition exceptionnelle tirait son origine de la situation des seigneurs bretons vis-à-vis de leurs paysans. La coutume bretonne, article 328 s'exprimait ainsi : « nul ne peut tenir terre en Bretagne sans seigneur, parce qu'il n'y a aucun franc alleu à icelui pays. » C'était la maxime nulle terre sans seigneur aggravée, parce qu'elle ne permettait pas l'affranchissement de la terre. Les seigneurs étaient donc reconnus propriétaires de toutes les terres et notamment de ces immenses landes qui, en 1792, couvraient plus de 900,000 hectares sur les 3,000,000 qui composaient la province. De là l'usage s'était introduit d'inféoder les droits de motoyer et de communer en faveur des habitants. droits qui comprenaient en réalité toute la jouissance du fonds, le seigneur se réservait seulement le domaine politique ou la directe. Mais ces droits étaient inféodés, non à la *communauté* des habitants, mais à *chacun* des habitants. La loi de 1792 déclarant pour le reste de la France les terres vaines et vagues propriétés des communes, dut déclarer que celles de Bretagne seraient propriétés soit des communes, — c'était l'exception — soit des habitants, soit des anciens vassaux — c'était la règle. — Les terres vaines et vagues furent donc attribuées à tous les habitants du pays.

Mais alors surgit une controverse qui dura jusqu'en 1850. Les communes déclarées partout ailleurs propriétaires étaient-elles en Bretagne, déshéritées? Pouvaient-elles, au contraire, invoquer la présomption générale de la loi de 1792 établie par l'article 9 et venir en concurrence avec les afféagistes particuliers?

Nous n'entrerons pas ici dans le détail de cette controverse et des trop nombreux arrêts contradictoires qui intervinrent et qui partagèrent les cours de Rennes et de Nantes et la Cour de cassation; qu'il nous suffise de dire qu'après d'innombrables, et interminables procès, un arrêt de la Cour de Cassation du 10 août 1846 (1), décida que les communes bre-

tonnes avaient les mêmes droits communs que les autres communes de la France; qu'elles avaient été, de plein droit, substituées à la propriété des terres vaines et vagues; que seulement, par suite de la loi de 1792, leur droit général devait céder devant celui des particuliers qui justifiaient d'une inféodation ancienne, mais à la condition pour ces particuliers de prouver leurs droits. Cet arrêt reconnaissait donc le droit de propriété des communes, mais aussi les droits des habitants. Or les communes bretonnes ont, en général, une grande étendue de territoire et comptent plusieurs centaines et même plusieurs milliers d'habitants répandus dans un grand nombre de hameaux. Les 900,000 hectares de landes dont nous avons parlé étaient dans un état de copropriété indivise entre plusieurs centaines de communes et plusieurs centaines de mille de propriétaires. La conséquence de cette possession commune était l'état de stérilité, d'abandon et d'inculture des 900,000 hectares. Le législateur résolut d'intervenir et c'est dans ces circonstances qu'a été rendue la loi du 6 décembre 1850.

2571. La loi dont il s'agit est une loi de procédure. Elle ne devait avoir qu'une durée de vingt années, mais elle a été prorogée, en 1870, par une loi du 3 août pour dix années et le 1er janvier 1881 par une autre loi pour une nouvelle période de dix années. La loi a pour objet de simplifier la procédure ordinaire en matière de partage de terres indivises.

2572. Tout prétendant droit au partage peut le demander; mais au lieu de suivre une instance individuelle, la loi a institué une poursuite collective à l'égard de tous les défendeurs, et des notifications par voie d'affiches et de publications dont le résultat est de lier, quel que soit le nombre, la qualité des défendeurs et leurs moyens de défense, un débat réputé contradictoire. Des délais abrégés, une expertise sommaire rendent la décision plus courte et moins coûteuse. Nous n'entrerons pas dans le détail de ces dispositions qui appartiennent au droit civil bien plus qu'au droit administratif. Nous dirons seulement que la procédure organisée comprend deux phases distinctes et successives qu'il importe de ne pas confondre : la première, où le tribunal saisi de la demande décide, en principe, s'il y a lieu d'ordonner le partage, après qu'il a préalablement examiné et reconnu si les terrains ne seraient pas la propriété de quelque réclamant, à tout autre titre que celui de l'attribution faite par l'article 10 de la loi de 1792; la seconde où les questions de propriété ayant été jugées et le partage ordonné, il est procédé par experts au relevé des localités, à la vérification des titres des prétendants directs et par le tribunal à l'attribution définitive des parts. Ce n'est donc que lorsque la question de la propriété, si elle est contestée, a été vidée que la procédure de partage proprement dite peut être engagée (1).

---

de celle de 1793, — Attendu que toute disposition spéciale doit être renfermée dans ces limites ; — Attendu que le droit des communes n'était, d'après la jurisprudence locale, qu'un droit d'usage ou de jouissance proportionnale aux besoins du vassal et eu égard au nombre de bestiaux qu'il possédait ; — Que la loi de 1792 a eu pour but de changer le droit d'usage en droit de propriété, mais non de l'étendre au delà des limites qui avaient le droit de communer ; — Attendu que la demanderesse a son titre dans la règle générale et a, par conséquent, intérêt et qualité pour intervenir ; — Qu'en jugeant le contraire, l'arrêt attaqué a violé... — Casse.

(1) Cass. civ. 11 décembre 1867. — La Cour, Sur le premier moyen. À l'égard des terres vaines et vagues dépendant des anciens fiefs de Bruges, de la Sénéchaussée et de Volnis, Vu les articles 11, 12, 15 de la loi du 6 décembre 1870 ; — Attendu que de la combinaison de ces divers articles, il ressort que la procédure à fin de partage entre les ayants-droit, des terres vaines et vagues dans les départements représentant aujourd'hui l'ancienne province de Bretagne offre deux phases distinctes et successives qu'il importe de ne pas intervertir ; — La première, où le tribunal saisi de la demande décide, en principe, s'il y a lieu d'ordonner le partage après avoir préalablement examiné et reconnu si les terrains ne seraient pas la propriété de quelque réclamant à tout autre titre que celui de l'attribution contenue dans la loi du 21 août 1793 ; — La seconde, où les questions de propriété ayant été vidées et le partage ordonné, il est procédé par les experts commis au relevé du plan des localités à la vérification du titre des divers prétendants droit au partage et au projet de répartition, et par le tribunal à l'attribution définitive dans la proportion des droits constatés ; — Que c'est dans ce sens que se doit entendre le sixième paragraphe de l'article 10 de la même loi, portant que le jugement qui ordonne le partage ne confère aux parties en cause aucun droit sur les terrains à partager ; — Attendu que

---

(1) Cass. civ. 10 août 1846. — La Cour, Attendu que l'article 9 de la loi de 1792 établit, au profit des communes une présomption de propriété sur les terres vaines et vagues; que cette présomption a été convertie en une attribution directe et définitive par l'article 1er, section 4 de la loi de 1793, que cette législation constitue en cette matière, le droit commun du royaume; — Attendu que, si l'article 10 de la loi de 1792 attribue la propriété des autres terres situées dans les cinq départements qui composaient la ci-devant province de Bretagne soit aux communes, soit aux habitants des villages, soit aux ci-devant vassaux qui étaient en possession de communer à l'époque de la promulgation de la loi, cette disposition spéciale ne détruit pas la règle générale établie en faveur des communes par l'article 9 de la même loi et par l'article 1er, section 4

2573. Après le jugement ou l'arrêt qui statue sur les contredits, ou, à défaut de contredits, après l'expiration du délai fixé, les partages opérés ne peuvent être l'objet d'aucun recours de la part des intéressés, mineurs, interdits ou autres incapables qui prétendraient avoir des droits sur les terres partagées, eh vertu de l'article 2 de la loi du 28 août 1792, et qui n'auraient pas élevé de contredits sur le rapport définitif des experts. — Les réclamations présentées à tout autre titre ne peuvent donner lieu qu'à une indemnité contre les copartageants (1).

2574. Le ministère public est toujours entendu dans les instances en partages.

2575. Dans la quinzaine de la demande en partage, le conseil municipal doit délibérer sur les droits de la commune à la propriété de tout ou partie des terres à partager. — La délibération est soumise au préfet dans la huitaine. — A défaut, par la commune de faire valoir les droits qu'elle pourrait avoir, le préfet peut les exercer, devant le tribunal de 1re instance, de l'avis de trois jurisconsultes désignés conformément à l'article 420 du Code civil, le préfet ne peut interjeter appel ou se pourvoir en cassation, qu'après un nouvel avis obtenu dans la même forme. Le délai de l'appel et du pourvoi qui est un délai abrégé de un mois à l'égard de toutes les parties privées en cause, est, en ce qui concerne les communes, le délai ordinaire d'appel et de pourvoi.

2576. La déchéance que la loi prononce contre toutes les parties qui n'ont pas contredit dans l'instance et la forclusion d'appel qui en est la conséquence ne sont pas applicables aux communes, qui peuvent toujours intervenir à quelque moment de la procédure qu'elle se trouve, pourvu que le jugement qui l'a terminée n'ait pas encore acquis l'autorité de la chose jugée (2).

2577. Dans aucun cas, les jugements ou arrêts contradictoirement rendus ne peuvent être signifiés à partie. La signification à avoué produit tous les effets attachés par la loi à la signification à partie.

2578. Toute partie intéressée peut intervenir à tous les moments de l'instance en partage ; néanmoins les personnes qui n'auraient pas remis aux experts leurs titres et leurs demandes dans le délai fixé par l'article 14, supportent tous les frais de supplément d'expertise ou autres auxquels leur intervention tardive donnerait lieu.

Les parties intéressées peuvent se faire délivrer à leurs frais, soit des expéditions, soit des extraits, et ce qui les concerne, tant des rapports définitifs rendus exécutoires par ordonnance du président du tribunal, que des jugements et arrêts intervenus sur les contredits auxquels ces rapports auraient donné lieu.

2579. La déchéance, que prononce la loi de 1850 contre tous intéressés qui n'ont pas élevé de contredits dans le délai fixé, est absolue et s'applique à tous ceux non seulement qui avaient le droit de figurer au partage et qui n'y ont pas été compris, mais encore à ceux qui y sont restés et qui devaient y rester étrangers. Ainsi elle est applicable aux anciens vassaux d'une seigneurie dont les terres ont été comprises par erreur au partage, et ceux-ci, bien que n'ayant pas comparu et ne s'étant pas défendus, ne peuvent élever aucune revendication ni réclamer aucune indemnité (1).

---

article 20 contre les intéressés qui, dans le délai légal, n'ont pas contredit les opérations du partage, n'est applicable qu'aux ayants droit au partage qui, seuls ont intérêt à vérifier si le projet de partage présenté par les experts est conforme au droit de chacun d'eux : — Qu'il ne saurait en être de même dans les communes qui, étant présumées propriétaires des terres vaines et vagues situées dans leur territoire sont principalement appelées dans l'instance en partage pour revendiquer et faire distraire de la demande en partage les terres vaines et vagues qui y auraient été indûment comprises ; — Que, d'après la procédure organisée par la loi du 6 décembre 1850, les communes à qui la demande en partage doit être signifiée, peuvent, dans tout le cours de l'instance, faire valoir leurs droits alors même que le délai accordé aux ayants droit au partage pour contredire le rapport des experts serait expiré ; — Que si elles ne sont pas intervenues en première instance la tierce opposition n'étant pas admiso par ladite loi, elles peuvent encore exercer leurs droits, par la voie de l'appel formé contre le jugement qui statue sur les contredits et prononce définitivement sur le partage ; que c'est à cette fin que, dans l'article 19 on a ajouté la disposition portant que ce jugement serait signifié au maire de la commune où sont situées les terres à partager, et que l'on a retranché de l'article 20 la disposition qui, dans le projet de loi, étendait, même aux communes, la déchéance que cet article prononce entre les intéressés qui n'avaient pas élevé de contredit sur le rapport définitif des experts ; — Qu'il suit de là qu'en refusant l'appel de la commune de Guer, faute de contredit dans le délai légal, l'arrêt attaqué a fait une fausse application dudit article 20 et, par suite, violé tant cet article que l'article 19 de la loi ci-dessus visée. — Sur le deuxième moyen tiré de la violation des articles 19 et 20 de la loi du 5 décembre 1850, en ce que l'arrêt a rejo ó l'intervention des parties intéressées au partage, alors que l'existence du partage était mise en question par les conclusions de la commune de Guer, prises pour la première fois en appel ; — Attendu que l'appel de la commune ayant pour objet la revendication de soixante-dix parcelles de terres vaines et vagues qui ont été comprises dans le partage, peut avoir pour conséquence, si cette revendication est admise, de modifier l'économie de ce partage et les allotissements opérés par les experts ; — Que, dès lors, la cassation prononcée dans l'intérêt de la commune doit profiter aux ayants droit au partage. Pour ces motifs... — Casse.

(1) Cass. req., 2 décembre 1856. — La Cour, Sur la première branche du moyen tiré de la violation de l'article 474 du Code de procédure civile et des articles 15, 16, 20, 28 et 30 de la loi du 16 décembre 1870, sur le mode de partage des terres vaines et vagues de Bretagne ; — Attendu que, d'après l'article 20 et les articles 28, 29 de la loi du 6 décembre 1850, après le jugement et l'arrêt qui statuent sur les contredits ou à défaut de contredits, après l'expiration du délai fixé par l'article 19 de la même loi, les partages opérés conformément à ladite loi, ne peuvent être l'objet d'aucun recours de la part des intéressés qui prétendraient avoir des droits sur les terres partagées en vertu de l'article 10 de la loi du 28 août 1792 ; — Attendu que les demandeurs en cassation qui prétendent que, dans le partage des landes de la Lérays, des experts auraient compris des terres vaines et vagues qui leur appartiendraient par suite de la loi du 28 août 1792 comme comprises dans les fiefs de Frontière, Brondière, et Givrais n'ont élevé aucune réclamation dans le délai légal, contre le partage de la Lirays ; — Que, par suite ils ne pouvaient être admis à recourir contre ledit partage, par la voie de la tierce opposition au jugement du 12 février 1852, qui entérinait le partage fait par les experts, non plus que par tout autre moyen ; — Attendu que la publicité qui est exigée par la loi pour les opérations des experts chargés de procéder au partage des landes a eu pour but d'économiser les frais et d'éveiller l'attention de toutes les personnes qui pourraient avoir intérêt à prendre connaissance de ces opérations et de leur fournir les moyens de former leurs réclamations, si ce par-

cette interprétation de l'ensemble de la loi résulte de la nature des choses, et répond seule d'ailleurs à la pensée d'économie qui a dirigé le législateur, puisqu'on ne saurait ordonner qu'il soit passé outre aux longs et dispendieux préliminaires du partage proprement dit avant qu'il n'ait été reconnu qu'il y avait matière à partage, que dès lors, la règle tracée par la loi pour la marche et la direction de la procédure a le caractère d'une formalité substantielle qui doit être observée à peine de nullité ; — Attendu, en fait, qu'à la demande en partage des terres vaines et vagues ayant dépendu autrefois des quatre fiefs d'Orange, de Brays, de la Sénéchaussée et de Volnis, formée par la veuve Lebègue-Deschamps et consorts, la commune de Vienny avait répondu par des conclusions par lesquelles elle déclarait s'opposer audit partage, parce que les demandeurs étaient sans droit ni qualité pour le poursuivre, et parce qu'elle seule était investie d'un droit exclusif de propriété sur la totalité des terrains dont il s'agissait à trois titres différents, savoir : 1° en vertu d'un acte transactionnel passé le 21 juillet 1574 entre le seigneur d'Orange et la paroisse de Vienny et qui avait transporté à l'universalité des habitants la pleine et entière utile de ses suzerains ; 2° en vertu de la loi du 29 mars 1792 ; 3° en raison de la prescription acquise à la commune par une possession publique, paisible et non précaire, pendant un temps immémorial ou tout au moins depuis 1792 ; — Attendu que la commune articulait des faits de possession dont elle demandait subsidiairement à faire la preuve, et qu'elle concluait enfin à être reconnue et déclarée seule propriétaire des terres en litige ; — Attendu que la question préjudicielle de propriété se trouvait ainsi formellement posée devant la Cour de Rennes comme elle l'avait été devant le tribunal de la même ville ; — Que c'était donc un devoir pour elle de la résoudre avant d'ordonner le partage ; — Attendu que, si, pour s'éclairer sur le fond de la difficulté, il était nécessaire d'ordonner un avant faire droit, soit enquête, soit expertise, cette opération absolument liée à la première partie de l'instruction, devait être séparée en dehors de l'expertise spéciale exigée par la loi pour la seconde partie et qui a pour objet unique la vérification des titres donnant droit au partage et le projet préparatoire de répartition ; — Attendu cependant que, sans s'expliquer sur la valeur du titre de 1554 en regard de la commune de Vienny, non plus que sur le moyen de prescription par elle invoqué, et par conséquent sans décider la question préjudicielle de propriété dont elle était expressément saisie, la cour impériale de Rennes, interrvertissant et confondant les deux phases de l'instruction indiquée par la loi, a ordonné, dès à présent, le partage des terres vaines et vagues de la seigneurie de Bruges et chargé des experts, non seulement d'en préparer les bases, mais encore de dresser des projets de partage de celle des seigneuries de la Sénéchaussée et de Volnis, comme aussi de vérifier les titres et les faits de possession tendant à établir les droits de propriété invoqués par les parties en cause. — D'où il suit que l'arrêt attaqué a violé et méconnu les articles précités de la loi du 6 décembre 1850. — Casso.

(1) L. 6 décembre 1850, art. 20.

(2) Cass. civ., 17 août 1869. — La Cour, Sur le premier moyen, tiré de la violation des articles 19-20 de la loi du 6 décembre 1850, en ce que l'arrêt attaqué a rejeté l'appel de la commune sur le fondement qu'elle n'avait pas élevé de contredit sur le rapport des experts ; Vu les articles 19-20 de la loi du 6 décembre 1850 ; — Attendu que la déchéance prononcée par ledit

2580. La loi du 6 décembre 1850 comprend dans sa généralité toutes les terres désignées dans l'article 10 de la loi du 28 août 1792, soit que la propriété de ces terres soit établie par des titres antérieurs à la loi, soit qu'elle ne dérive que de la loi (1).

2581. Les formalités de procédure établies par la loi de 1850 doivent être observées avec rigueur et nous ne saurions, quant à nous, admettre la doctrine d'un arrêt de la Cour de cassation du 26 avril 1859 (2), qui a déclaré que la signification de la demande en partage à chacun des maires des communes de la situation des terres à partager n'était point

tage devait porter atteinte à leurs droits ; que la stabilité des partages des landes de la Bretagne que la loi avait voulu assurer exigeait que le recours contre les partages fût interdit aux intéressés qui prétendaient avoir des droits sur les terres partagées, en vertu de la loi du 28 août 1792, lorsqu'ils n'auraient pas contredit les opérations du partage dans le délai prescrit ; — Que, dans les expressions, *de la part des intéressés*, la loi a compris non seulement ceux qui prétendaient avoir part au partage mais ceux qui basant leurs droits comme les demandeurs, sur l'article 10 de la loi du 28 août 1792, pouvaient avoir intérêt à réclamer ; — Que cette interprétation s'induit de la pensée dominante de la loi, la stabilité des partages des terres vaines et vagues de Bretagne, et particulièrement des articles 13 et 14 de la même loi, lesquels placent au nombre des intéressés ceux qui ne sont pas en instance aussi bien que les parties en cause ; — Qu'en le jugeant ainsi, l'arrêt attaqué n'a violé aucune loi ; — Sur la deuxième branche : Attendu que les réclamations contre les co-partageants ne peuvent donner lieu à une indemnité, qu'autant qu'elles sont fondées sur leur autre titre de propriété que la loi du 28 août 1792 ; — Attendu que les demandeurs en cassation se prévalent d'autres titres pour prétendre à une indemnité, que celui résultant, pour eux, de l'article 10 de la loi du 28 août 1792 ; — Qu'ainsi aux termes des dispositions formelles de l'article 20 de la loi du 6 décembre 1870, leur demande en indemnité pour les terres vaines et vagues dont ils prétendent être privés, par l'effet du partage dont il s'agit, n'était point fondée. — Rejette.

(1) Cass. req. 10 août 1856. — La Cour, Attendu que l'article 1er de la loi du 6 décembre 1850, en établissant de nouvelles formes pour procéder à la vente des terres vaines et vagues indivises situées dans les départements de l'ancienne province de Bretagne, a compris, dans sa généralité, toutes les terres désignées par l'article 19 de la loi du 28 août 1792, soit que la propriété fût établie par des titres antérieurs à la loi de 1792, soit qu'elle ne dérivât que de cette loi ; — Qu'en effet, il est vrai de dire que la propriété de ces terrains quelle qu'en soit l'origine, entraîne l'application de l'article 1er de la loi de 1859 précité à toutes indistinctement ; — Que, pour toutes, le but de la loi est le même, celui de rendre facile et moins dispendieuse la vente des domaines indivisés, entre un grand nombre de propriétaires. — Rejette.

(2) Cass. Req. 26 avril 1859. — La Cour, Sur le moyen unique tiré de la violation de l'article 3 de la loi du 6 décembre 1850 et de l'article 474 du Code de proc. civ. ; — Attendu que la loi du 6 décembre 1850 sur la procédure relative au partage des terres vaines et vagues dans les cinq départements composant l'ancienne province de Bretagne, a organisé un mode spécial de procédure, entièrement différent des règles du droit commun, consacrées par le code de procédure civile ; — Que, dans le but de simplifier les procédures et d'économiser les frais, elle a substitué l'ajournement par publication à l'assignation individuelle prescrite par les lois de la procédure ordinaire ; — Que, d'un autre côté, les experts sont chargés de veiller aux intérêts de tous les intéressés, même de ceux qui ne sont pas dans l'instance ; — Qu'à la vérité, l'article 3 veut qu'une copie de la demande soit signifiée à chacun des maires des communes de la situation des terres à partager, mais qu'il n'en résulte pas que les maires qui n'ont pas reçu cette notification aient le droit de former tierce opposition au jugement lorsqu'ils ont été directement interpellés de produire leurs titres et de faire valoir leurs droits ; — Attendu qu'aux termes de l'article 20, après l'expiration du délai qu'il indique, les partages opérés ne peuvent être l'objet d'aucun recours de la part des intéressés, même des mineurs, interdits ou autres incapables qui n'ont pas élevé de contredit sur le rapport définitif des experts ; — Que cette conclusion s'explique et se justifie par la publicité donnée à la demande et aux principaux actes de la procédure et par la faculté accordée à toute partie d'intervenir et de constituer avoué à tous les moments de l'instance ; — Attendu qu'il résulte de l'arrêt attaqué que si la demande en partage n'a point été notifiée au maire de la commune de Savenay, c'est parce que les différents fiefs desquels dépendent les terres vaines et vagues qu'il s'agissait de partager étaient indiqués comme situés exclusivement sur le territoire de la commune de Malville ; mais qu'aussitôt qu'il a été reconnu que l'un des fiefs à partager pouvait s'étendre sur le territoire de la commune de Savenay, les experts ont fait afficher à Savenay et publier dans le journal de cette ville un avis portant qu'ils recevraient les titres et demandes de tous les intéressés ; — Qu'il est également constaté par l'arrêt que les experts ont directement interpellé le maire de Savenay, d'assister à l'application des titres aux travaux concernant les limites de Malville et de Savenay et qu'il a refusé de le faire ; — Qu'enfin, après le dépôt au greffe du rapport des experts, le maire profitant de la faculté que la loi lui accordait est intervenu au procès-verbal, mais au lieu de fournir des contredits, il s'est borné à faire des réserves ; — Attendu que, dans de telles circonstances, aucun intérêt n'a été sacrifié, que la commune a été mise en demeure de faire valoir les droits auxquels elle pouvait prétendre et qu'on ne pourrait admettre sa tierce opposition sans méconnaître l'esprit de la loi... — Rejette.

prescrite à peine de nullité, si d'ailleurs la demande avait été affichée et publiée. La loi de 1850 a eu pour objet de simplifier toutes les formalités judiciaires en cas de partage de terres vaines et vagues en Bretagne, cela est entendu ; elle s'est montrée rigoureuse à l'égard de tous ayants droit qui n'ont point défendu, quels que fussent d'ailleurs les motifs de leur abstention ; mais, précisément parce qu'elle a voulu rendre faciles les demandes de partage et définitifs les jugements intervenus, il ne faut pas que de graves irrégularités se glissent dans cette procédure rapide et il est nécessaire que les jugements n'interviennent qu'après vérification scrupuleuse par les juges que le petit nombre de formalités exigées ont été effectivement remplies.

2582. La loi du 19 juin 1857 a eu en vue l'amélioration des landes situées dans les départements de la Gironde et des Landes et que la fixation des dunes du littoral, œuvre de l'ingénieur Brémontier, avait déjà garanties contre les invasions et les corrosions de la mer. La superficie totale de ce territoire est de 640.000 hectares, dont près de la moitié 291.526 hectares appartenait, avant 1857, aux communes. Sur ces 291.526 hectares, 107.812 hectares dépendaient de la Gironde et 183.714 hectares des Landes.

Une couche de sable de 0^m,30 à 0^m,50, absolument dépourvue d'argile et de calcaire, et reposant sur un sol imperméable appelé dans le pays *alios*, voilà ce qu'on trouvait sur toute l'étendue de la vaste région dont il est ici question et ce qui constituait le sol des landes. La surface, étant d'ailleurs essentiellement inégale, mamelonnée et parsemée de dépressions, les eaux n'y trouvaient aucun écoulement, s'y accumulaient durant la saison pluvieuse et y demeuraient jusqu'à ce qu'elles eussent été évaporées par les chaleurs de l'été.

On ne pouvait songer à établir dans un pareil terrain d'autres cultures que des essences forestières ; mais ces cultures elles-mêmes étaient impossibles à cause de la stagnation des eaux pendant de longs mois. Par suite le pays était pauvre et insalubre.

2583. La loi du 19 juin 1857 s'est proposé de mettre fin à cette situation en provoquant la transformation des landes communales par l'exécution d'un système de fossés d'écoulement, par l'ensemencement ou la plantation en bois des terrains asséchés, enfin par la construction de voies de communication.

Il était à espérer qu'une fois ces travaux exécutés, les particuliers dont la tâche se trouverait ainsi facilitée, voudraient, à leur tour, placer leurs terrains dans les mêmes conditions que ceux des communes.

2584. L'économie de la loi était la suivante :

1° Dans les départements de la Gironde et des Landes, les terrains actuellement soumis au parcours du bétail seraient assainis, ensemencés ou plantés en bois aux frais des communes qui en sont propriétaires (1).

2° Dans le cas d'impossibilité ou de refus de la part des communes de procéder à ces travaux, il y serait pourvu par l'État qui se rembourserait de ses avances en principal et intérêts sur le produit des coupes et exploitations.

Le découvert provenant de ces avances ne pourrait excéder 6 millions (2).

3° Pour se couvrir de leurs sacrifices, les communes qui voudraient assurer par elles-mêmes l'amélioration de leurs terrains, pourraient, après les avoir assainis, en vendre ou en affermer une partie, à charge par les acquéreurs ou locataires de mettre en valeur la superficie vendue ou louée (3).

4° Les travaux ne pourraient être entrepris dans chaque commune qu'en vertu d'un décret rendu en Conseil d'État, après enquête et délibération du conseil municipal intéressé (4).

5° Des routes agricoles destinées à desservir les terrains

(1) Art. 1.
(2) Art. 2.
(3) Art. 4.
(4) Art. 5.

visés par la loi seraient construites aux frais du Trésor public. L'État les entretiendrait ensuite pendant cinq ans, puis elles seraient classées comme routes départementales, ou chemins vicinaux.

Les terrains nécessaires pour l'exécution de ces routes seraient fournis par les communes traversées (1).

6° La loi du 6 juin 1854 sur le libre écoulement des eaux par le drainage était applicable à l'établissement des fossés d'écoulement.

2585. Un règlement d'Administration publique du 28 avril 1858 et une instruction ministérielle du 8 août de la même année ont développé les prescriptions de la loi.

2586. Des décrets spéciaux sont ensuite intervenus pour en régler l'exécution dans chacune des communes intéressées. Ces décrets sont tous analogues à celui du 28 novembre 1866 concernant l'assainissement et la mise en valeur des landes communales d'Arboncave (Landes).

2587. Quant aux routes agricoles à construire, leur nombre a été fixé à vingt-deux dont l'établissement à été déclaré d'utilité publique par un décret du 4 août 1847. Leur exécution a été confiée à la Compagnie du Midi moyennant une somme fixe de 4 millions.

Aux termes de la loi, leur entretien ne devait être à la charge de l'État que pendant 5 ans à partir de leur achèvement. Mais une autre loi du 12 juillet 1865 a mis à la charge de l'État la moitié des frais d'entretien pendant une nouvelle période de 5 ans, commençant à l'expiration de la première.

2588. Il est d'abord à noter que l'article 2 de la loi de 1857, n'a jamais dû être appliqué. L'État s'est borné à fournir aux communes le concours gratuit des ingénieurs pour l'étude et la direction des travaux de canalisation. Mais il n'a rien eu à débourser pour le payement des travaux eux-mêmes et le fonds d'avances de 6 millions n'a pas été entamé, les communes ayant tenu à se charger de toutes les opérations prévues par la loi, dont l'exécution n'a d'ailleurs soulevé aucune difficulté sérieuse.

L'application de la loi du 6 juin 1854 n'a même pas été nécessaire. Un seul propriétaire a exigé, pour la traversée de son fonds par une rigole, une indemnité qui a été réglée.

2589. Au 1er janvier 1885, la situation était la suivante :

Dans la Gironde, après avoir assaini la totalité de leurs 107.842 hectares, les communes, en avaient aliéné une étendue de 65.934 hectares qui avaient été mis en valeur par les acquéreurs. Elles avaient conservé 41,878 hectares sur lesquels 18.161 hect. 58 restaient à mettre en valeur.

Dans les Landes, les communes s'écartant, en cela, des prescriptions de la loi, avaient aliéné 123.771 hectares sans les avoir assainis, laissant ce soin aux acheteurs qui d'ailleurs s'en étaient acquittés et avaient également mis en valeur les terrains à eux cédés. Les communes n'avaient conservé que 59.943 hectares sur lesquels 921 hectares restaient à assainir et 10.684 hectares 17 ares à mettre en valeur.

Au total, l'assainissement était donc terminé sur 290.605 hectares et la mise en valeur sur 262.679 hectares 25.

Cette mise en valeur a surtout consisté dans des plantations de pins maritimes et de chênes qui ont parfaitement réussi et dont les produits ont trouvé de nombreux débouchés.

Les travaux exécutés par les communes leur avaient coûté, savoir :

	fr.
Assainissement de 166,834 hectares	893,470
Mise en valeur de 72,875 hect. 25	681,611
Soit en tout	1,575,291

La dépense par hectare ressortait ainsi pour l'assainissement à 5 fr. 35; pour la mise en valeur à 9 fr. 25 et pour l'ensemble de l'opération à 14 fr. 70. Il est bon de noter qu'avant l'entreprise, la dépense totale par hectare avait été évaluée, par les ingénieurs à 20 fr. 45. Les prévisions sont donc loin d'avoir été atteintes.

Quant aux travaux d'assainissement et de mise en culture exécutés par les acquéreurs des 123.771 hectares vendus dans les Landes et à ceux de mise en culture seulement effectués sur les 65.934 hectares de terrains aliénés dans la Gironde, on ne saurait en indiquer exactement le coût. Mais il est vraisemblable qu'il n'a pas dépassé la dépense faite par les communes et, dans cette hypothèse, on peut l'évaluer ainsi qu'il suit :

	fr. c.
Assainissement : 123.771 hectares à 5 fr. 35.	664,974 85
Mise en valeur : 189.705 — à 9 fr. 35.	1,773,741 75

Ajoutons que les communes ont retiré de la vente des terrains aliénés par elles, la somme de 13,431,942 francs se décomposant ainsi :

Dans la Gironde 63.934 hectares à raison de 83 fr. 75 l'hectare ont produit 5,523,001 francs. Dans les Landes, où l'assainissement n'avait pas précédé les aliénations, le résultat a été un peu moindre. Les terrains ne se sont vendus que 64 fr. 45 et le produit total a été de 7,908,941 francs.

C'est ainsi que les communes ont pu se procurer les ressources dont elles avaient besoin pour l'accomplissement des dépenses qui leur incombaient, sans être forcées de recourir à l'État.

Ainsi qu'on l'avait espéré, un grand nombre de propriétaires, suivant l'exemple donné par les communes et par leurs acquéreurs et profitant des travaux de canalisation déjà exécutés, ont accompli, sur les landes particulières, les opérations dont les landes communales avaient déjà été l'objet.

2590. Quant aux routes agricoles le programme tracé par les lois de 1857 et de 1865 et par le décret du 4 août 1857 a été de tous points réalisé.

Les routes décrétées étaient nous l'avons dit, au nombre de vingt-deux, savoir : dix dans la Gironde et 12 dans les Landes. On en trouve l'énumération dans le décret de 1857.

Après avoir été construites par la Compagnie du Midi pour le compte de l'État, elles ont été entretenues ensuite par l'État lui-mêmes pendant un certain temps dans les conditions précédemment indiquées.

L'entretien par l'État a cessé dans la Gironde, le 21 juin 1871, dans les Landes, le 12 mai 1874. Les routes ont été ensuite classées soit dans le réseau départemental soit dans le réseau vicinal. Leur établissement et leur entretien ont coûté à l'État 6,415,394 francs.

2591. Avant 1857, l'hectare de terre dans les landes communales valait 64 fr. 45. Il vaut aujourd'hui d'après les renseignements fournis par les ingénieurs 268 fr. 56 et cette valeur grandit tous les jours.

L'excédent des naissances sur les décès s'est accru considérablement.

La vie moyenne s'est élevée de trente-quatre ans et neuf mois à trente-neuf ans.

Le bien-être général s'est augmenté.

Il en a été de même des produits des contributions publiques.

Assurément ces résultats n'ont pas pour cause unique la loi de 1857. Le desséchement des marais du littoral et dans un autre ordre d'idées, la construction des chemins de fer ont concouru, dans une mesure importante, à les produire. Mais il n'en est pas moins vrai que l'assainissement et la plantation en pins maritimes et en chênes d'un sol insalubre et qui ne produisait à peu près rien en ont été les facteurs principaux.

CHAPITRE III

ADMINISTRATION DES BIENS COMMUNAUX

SECTION PREMIÈRE.

ACQUISITIONS.

2592. Les communes peuvent acquérir des biens meubles et des biens immeubles. Les règles qui doivent être suivies dans ces diverses opérations varient selon la nature des biens.

2593. Les acquisitions de meubles et objets mobiliers sont au nombre des affaires que les conseils municipaux règlent souverainement par leurs délibérations, aux termes de l'article 61 de la loi de 1884.

2594. Aucun achat d'objets mobiliers ne peut être fait par les communes s'il n'a été préalablement pourvu au payement, soit par un article du budget, soit par un crédit supplémentaire.

2595. Les marchés de fournitures pour le compte des communes doivent, en règle générale, être l'objet d'une adjudication publique, ainsi que nous le verrons plus loin n° 2763. Toutefois, dans certaines circonstances prévues par l'ordonnance du 14 novembre 1837, les administrations municipales peuvent obtenir l'autorisation de passer des marchés à l'amiable.

2596. Rien ne s'oppose, d'ailleurs, à ce que, pour des achats peu importants, lorsque les administrateurs n'ont un affaire qu'à un fournisseur qui leur est bien connu, les achats soient faits au moyen de simples conventions verbales. Aucun inconvénient n'en peut résulter pour les communes et établissements, puisque, en tout cas, la fourniture n'est payée qu'après la livraison.

2597. Les acquisitions de cette nature constituent de simples marchés de fournitures, de la compétence incontestable de l'autorité judiciaire (1).

2598. L'autorisation administrative donnée à une demande d'acquisition ne constitue qu'un acte de tutelle administrative, non susceptible du recours contentieux (2), qui peut être rapporté, en principe, jusqu'à ce que l'acte de vente ait été régulièrement passé entre la commune et le vendeur (3). Si l'acte n'est pas resté à l'état de simple projet, si, par des circonstances de fait, il peut être considéré comme réalisé, l'autorisation ne peut plus être rapportée, la vente étant consommée (4). Il appartient, d'ailleurs, aux tribunaux civils de

statuer sur les contestations qui pourraient naître sur cette dernière question (1).

2599. Les conseils municipaux règlent par leurs délibérations les acquisitions d'immeubles à faire par les communes lorsque la dépense totalisée avec les dépenses de même nature, pendant l'exercice courant, ne dépasse pas les limites des ressources ordinaires et extraordinaires que les communes peuvent se créer sans autorisation spéciale (2).

2600. Le calcul des ressources ordinaires doit être fait, non sur le total des recettes ordinaires figurant au budget de l'exercice courant qui ne constitue qu'une simple prévision, mais sur la moyenne de ces recettes, établie d'après les comptes administratifs des trois dernières années (3).

Quant aux ressources extraordinaires dont il s'agit ici, ce sont celles énumérées dans les articles 139 et 141 de la loi du 5 avril 1884. Elles consistent : 1° dans les prorogations ou augmentations de taxes d'octroi pour une période de cinq ans n'excédant pas le maximum fixé par le tarif général et ne portant que sur des objets énoncés dans ce tarif (art. 139) ; 2° dans les contributions extraordinaires, n'excédant pas cinq centimes pendant cinq ans, que les conseils municipaux peuvent voter dans la limite fixée, chaque année, par le conseil général, indépendamment des trois centimes extraordinaires spéciaux de la vicinalité et des trois centimes extraordinaires exclusivement affectés aux chemins ruraux reconnus ; 3° dans les emprunts remboursables sur les produits de ces centimes quand leur amortissement ne dépasse pas trente ans.

2601. La délibération prise par le conseil municipal n'a pas besoin d'être affichée dans la commune, l'ordonnance du 18 décembre 1838 qui prescrivait cette formalité ayant été abrogée par l'article 168 de la loi du 5 avril 1884 qui supplée à cette disposition par la publicité des séances et par le compte-rendu qui doit être affiché conformément à l'article 56 de la nouvelle loi. Mais cette délibération, tout en n'ayant besoin d'aucune autorisation, doit néanmoins être envoyée, selon la règle ordinaire (Voyez n° 951 et s.) dans la huitaine, à la préfecture ou à la sous-préfecture.

2602. Les délibérations des conseils municipaux ayant pour objet des acquisitions dont la dépense excède la proportion ci-dessus déterminée, relatives aux acquisitions d'immeubles, quelle que soit la valeur de l'immeuble à acquérir, ne deviennent exécutoires que sur l'approbation du préfet (4).

2603. Les pièces à fournir pour l'instruction des demandes en autorisation d'acquisition soumises à l'approbation du préfet sont : 1° La délibération portant vote de la mesure, avec indication des voies et moyens pour le payement du prix d'acquisition ; 2° un procès-verbal d'expertise de la propriété dressé par une personne désignée par le sous-préfet et accompagné du plan figuratif de l'immeuble ; 3° une soumission du propriétaire portant engagement de vendre l'immeuble au prix d'estimation porté dans le procès-verbal d'expertise ; 4° un certificat du bureau des hypothèques, faisant connaître s'il existe des inscriptions sur l'immeuble ; 5° un procès-verbal d'information de commodo et incommodo dressé par un commissaire nommé par le sous-préfet ; 6° une nouvelle délibération sur le résultat de l'enquête ; 7° le budget et un état de la situation financière de la commune ou de l'établissement.

Toutes ces pièces sont adressées au préfet, par l'intermédiaire du sous-préfet, qui y joint son avis (5).

2604. Lorsque l'acquisition a été autorisée, le maire et le vendeur en passent l'acte soit dans la forme administrative, soit devant notaire. Il est toujours préférable de recourir à

(1) Cons. d'Et. cont. 8 juin 1850, D. P. 60.3 67; Cons. d'Et. cont. 26 février 1859, I..., p. 168; Cons. d'Et. cont. 10 janvier 1861. — Napoléon. La compétence; — Considérant que le marché dont le sieur Lamothe réclamait l'exécution devant le conseil de préfecture, avait pour objet le classement et la reliure des archives de la commune de Plagne, et la fourniture de divers registres et de tous les numéros manquants à la collection du Bulletin des lois et du Recueil des actes administratifs; — Que ce marché n'a pas pour objet une entreprise de travaux publics dont il appartient au conseil de préfecture de connaître, en vertu de l'article 4 de la loi du 28 pluviôse an VIII, et qu'il ne s'applique qu'à des fournitures; — Considérant qu'aucune disposition législative n'a réservé à l'autorité administrative la connaissance des contestations relatives aux marchés de fournitures passés avec les communes. — Annule.
(2) Cons. d'Et. cont. 7 juillet. 1853, L., p. 674.
(3) Cons. d'Et. cont. 9 août 1855, L., p. 597; Cons. d'Et. cont. 7 mai, 1857, L., p. 434; Cons. d'Et. cont. 17 juin 1881, L., p. 628.
(4) Cons. d'Et. cont. 26 mai 1866. — Considérant qu'en vertu de deux délibérations du conseil municipal de la commune de Lunac, en date des 29 janvier et 19 février 1865, approuvées par un arrêté pris par le préfet du département de l'Aveyron, le 10 avril suivant, le maire de cette commune a acquis des sieurs Nouviole père et fils, par un acte notarié du 30 avril de la même année, une parcelle de terre de quatorze ares vingt-quatre centiares, pour servir à l'établissement du nouveau cimetière de la commune de Lunac; — Que c'est seulement le 12 juillet 1865, et dès lors, après que l'acquisition autorisée était consommée, que

les sieurs Noly, Guilbert et autres, ont formé devant nous un recours, pour excès de pouvoir, contre l'arrêté d'approbation des délibérations précitées; — Que dans ces circonstances les sieurs Noly, Guilbert et autres ne sont pas recevables. — Rejet.
(1) Cons. d'Et. cont. 30 août 1871, L., p. 143.
(2) L. 5 avril 1884, art. 61 et 68.
(3) Circ. int. 3 août 1867.
(4) L. 5 avril 1884, art. 68.
(5) Circ. int. 5 mai 1852.

un notaire. L'acte une fois passé n'a pas besoin d'être revêtu de l'approbation préfectorale ; mais il doit toujours être envoyé au Préfet, afin que ce magistrat puisse vérifier si les conditions imposées par l'autorisation ont été bien remplies. Le maire engagerait gravement sa responsabilité en s'écartant de ces conditions dans le libellé de l'acte. L'acte doit être enregistré dans les vingt jours.

2605. Les acquisitions par les communes ont le caractère d'un emprunt lorsque le prix est payable à long terme avec intérêts ; et elles doivent alors être autorisées dans les formes prescrites par les articles 141, 142, 143 de la loi du 5 avril 1884.

2606. Lorsque les travaux projetés par une commune exigent l'acquisition de certains immeubles et qu'il y a impossibilité de traiter à l'amiable avec les propriétaires, le conseil municipal peut demander par une délibération que le projet soit déclaré d'utilité publique. Il est procédé, dans ce cas, d'après les règles établies par la loi du 3 mai 1841 ; toutefois, en ce qui concerne les chemins vicinaux, les dispositions spéciales des articles 15 et 16 de la loi du 24 mai 1836, n'ont pas été modifiées par la loi de mai 1841.

2607. A l'égard des acquisitions de terrains pour exécution des alignements de voirie urbaine résultant de l'application d'un plan d'alignement dûment approuvé, il n'est pas besoin d'autorisation spéciale, l'acte d'homologation du plan en tient lieu ; mais, lorsqu'il s'élève des contestations sur le chiffre des indemnités, ce chiffre est fixé par le jury d'expropriation conformément à la loi du 3 mai 1841.

2608. Le receveur ne peut payer le prix d'un immeuble, sauf en cas d'autorisation spéciale, comme il est dit ci-après, qu'après l'accomplissement des formalités prescrites pour la radiation et la purge des hypothèques. Ces formalités diffèrent selon que l'acquisition résulte d'une cession amiable d'après les règles du droit commun ou d'une expropriation pour cause d'utilité publique.

Dans le premier cas, le contrat d'acquisition est transcrit au bureau des hypothèques dans l'arrondissement duquel les biens sont situés. Jusqu'à la transcription, les droits résultant de ce contrat ne peuvent être opposés aux tiers qui ont des droits sur l'immeuble et qui les ont conservés conformément aux lois. A partir de la transcription, les créanciers privilégiés ou ayant hypothèque aux termes des articles 2123, 2127 et 2128 du Code civil ne peuvent prendre utilement inscription sur le précédent propriétaire (1).

La simple transcription des titres translatifs de propriété ne purge pas les hypothèques et privilèges établis sur l'immeuble. Il doit être procédé à cette purge dans les formes tracées par les articles 2183 à 2186 du Code civil. Il est nécessaire, en outre, de recourir aux formalités prescrites par les articles 2194 et 2195 du même Code pour la purge des hypothèques légales qui, étant dispensées de l'inscription, grèvent la propriété tant que ces formalités n'ont pas été remplies.

Lorsqu'il y a déclaration d'utilité publique, le jugement d'expropriation ou la convention amiable est transcrit immédiatement au bureau de la conservation des hypothèques de l'arrondissement. Dans la quinzaine de la transcription, les privilèges et les hypothèques conventionnelles, judiciaires ou légales, doivent être inscrits. A défaut d'inscription dans ce délai, l'immeuble exproprié est affranchi de tous privilèges et hypothèques, de quelque nature qu'ils soient, sans préjudice des droits des femmes, mineurs et interdits, sur le montant de l'indemnité, tant qu'elle n'a pas été payée ou que l'ordre n'a pas été réglé définitivement entre les créanciers (2).

2609. Le receveur, en cas d'expropriation, doit notamment s'assurer que, préalablement à la transcription des actes translatifs de propriété, le jugement a été publié et affiché, par extrait, dans la commune de la situation des biens, et inséré, en outre, dans l'un des journaux publiés dans l'arron-

dissement ; ou, s'il n'en existe aucun, dans l'un de ceux du département. Si la transcription n'avait pas eu lieu en temps utile, il devrait ne pas hésiter à exiger une transcription nouvelle et un nouveau certificat du conservateur, de manière que la date de la transcription fût toujours le point de départ du délai de quinzaine fixé pour l'inscription des privilèges et hypothèques.

2610. Les communes peuvent être dispensées, par délibération du conseil municipal, approuvée par le préfet, de procéder aux formalités de la purge des hypothèques lorsque le prix de cession n'excède pas 500 francs. En conséquence, le receveur peut acquitter les mandats délivrés pour le payement de ces acquisitions, pourvu que ces mandats indiquent la délibération approuvée, qui autorise à ne pas procéder à la purge des hypothèques. Mais cette dispense n'entraîne pas celle de la transcription, qui demeure obligatoire pour les acquisitions de droit commun.

2611. En cas d'acquisition sur saisie immobilière, le jugement d'adjudication, dûment transcrit, purge toutes les hypothèques, et les créanciers n'ont plus d'action que sur le prix. On n'a donc pas, dans ce cas, à remplir les formalités relatives aux hypothèques légales.

2612. S'il s'agit de biens dotaux ou d'incapables, les contrats d'acquisition doivent rappeler l'autorisation donnée par le tribunal pour accepter les offres de l'administration, et indiquer les mesures de conservation ou de remploi qu'il a jugées nécessaires. Si l'aliénation est permise par le contrat de mariage, l'autorisation judiciaire n'est pas exigée ; mais alors il est d'usage que le contrat de vente rappelle les conditions fixées pour le remploi du prix. A défaut de ce renseignement, le receveur doit se faire représenter, soit le contrat de mariage, afin d'y puiser les éclaircissements nécessaires sur l'étendue des droits du mari, soit un certificat de l'autorité qui a passé le contrat de vente, attestant, sur la déclaration des époux, que ces derniers se sont mariés sans contrat de mariage (1).

2613. Dans le cas où l'aliénation d'un bien dotal ne pourrait être faite, d'après le contrat de mariage, qu'à charge de remploi en immeubles ou en valeurs déterminées, le receveur municipal ne peut effectuer le payement que lorsqu'il est justifié d'un remploi conforme aux termes du contrat.

2614. Toutefois, le prix des immeubles appartenant en propre à des femmes mariées, même sous le régime dotal, peut être payé sans production du contrat de mariage, lorsque le montant de la créance est inférieur à 150 francs. La justification de remploi n'est pas exigée dans ce cas. Une circulaire de la comptabilité publique du 13 mars 1877 dispense les comptables d'exiger la production des contrats de mariage des femmes venderesses pour ces acquisitions inférieures à 500 francs, mais cette disposition ne paraît pas applicable à la comptabilité communale (2).

2615. Lorsqu'il existe des inscriptions hypothécaires ou oppositions qui empêchent que le payement puisse être fait au vendeur, le prix de vente est versé à la caisse des dépôts et consignations en vertu d'un arrêté du maire.

2616. Dans le cas prévu par l'article 53 de la loi du 3 mai 1841, c'est-à-dire lorsque la partie refuse l'indemnité réglée par le jury, le receveur municipal remet à l'huissier chargé de faire les offres réelles, lequel en donne reçu, la somme à offrir et les pièces ci-après : 1° l'arrêté du maire prescrivant et motivant les offres de la consignation ; 2° la sommation par huissier constatant le refus de l'indemnité réglée par le jury ; 3° un mandat du maire au profit de l'ayant droit.

2617. Si les offres réelles sont acceptées, il en est donné quittance, au bas du procès-verbal d'offres, par la partie prenante qui doit, en outre, acquitter le mandat par ordre et par duplicata.

Si, au contraire, les offres sont refusées, l'huissier en con-

(1) L. 23 mars 1853, art. 3 et 6.
(2) L. 3 mai 1841, art. 16 et 17.

(1) Inst. gén. fin., art. 1018.
(2) Circ. fin., 31 décembre 1862; Circ. fin. 13 mars 1877.

signe le montant dans les vingt-quatre heures, à moins que le maire ne l'en ait dispensé par écrit, conformément à l'article 5 de l'ordonnance du 3 juillet 1816, auquel cas il rend immédiatement au receveur municipal la somme offerte. Ce comptable demeure alors chargé d'opérer la consignation dans les vingt-quatre heures. Il peut, d'ailleurs, par mesure de prudence, assister aux offres.

Les pièces à fournir à l'appui de la consignation sont : 1° une ampliation de l'arrêté du maire qui la prescrit ; 2° l'original de la sommation constatant le refus de l'indemnité ; 3° l'original du procès-verbal d'offres ; 4° l'original du procès-verbal de consignation. Le récépissé délivré par le préposé de la caisse des dépôts doit contenir le détail de ces pièces.

2618. Quand la somme à offrir a quelque importance, il convient de charger un notaire de faire les offres (1).

2619. Les communes peuvent faire l'acquisition de rentes sur l'Etat ou de titres d'actions ou obligations industrielles.

Aux termes d'un avis du Conseil d'Etat du 22 novembre 1808 et des dispositions de l'article 6 de l'ordonnance du 2 avril 1817, l'emploi des capitaux des communes en rentes sur l'Etat n'a pas besoin d'être autorisé ; il l'est de droit ; il suffit d'une délibération du conseil municipal, approuvée ou non par le préfet, selon les distinctions établies plus haut pour les immeubles. En vertu de cette délibération, les capitaux disponibles sont versés au trésorier-payeur général, qui doit faire faire immédiatement l'achat des rentes au profit des communes et en remettre les inscriptions au receveur municipal. Ces achats sont effectués sans frais, sauf ceux de courtage justifiés par bordereaux d'agents de change.

2620. Les arrérages de rentes sur l'Etat sont payés, chaque trimestre, par les receveurs des finances entre les mains des receveurs municipaux.

2621. Les reçus délivrés par les receveurs des finances, en échange des versements qui leur sont faits pour des achats de rentes sur l'Etat, sont considérés comme valeurs dans les mains des receveurs municipaux jusqu'au moment de la remise des pièces fixant définitivement les sommes employées en rentes. Lorsque les achats sont effectués, leur montant est porté au débit du compte de la commune, sur un mandat du maire, auquel est joint une expédition de la délibération du conseil municipal, approuvée par le préfet.

2622. Les acquisitions de titres et valeurs industrielles constituent des acquisitions mobilières ordinaires.

2623. Les placements en titres nominatifs ne sont pas obligatoires pour les communes ; aucune loi ne les prescrit. Mais ces placements ont toujours été considérés par l'administration supérieure comme offrant plus de garantie que tous autres (2).

2624. Le jugement de la validité des actes d'acquisition passés par la commune appartient à l'autorité judiciaire et non à la juridiction administrative. On ne doit considérer les actes d'autorisation qui peuvent intervenir dans les cas déterminés, que comme des mesures de tutelle administrative, dont l'absence peut bien entraîner la nullité de l'acquisition, mais qui n'ont pas pour effet de modifier la compétence ordinaire (3).

2625. L'action en nullité ouverte aux communes en cas de dol, de fraude ou pour toute autre cause, est limitée pour les communes comme pour toutes les parties à dix années, en vertu de l'article 1304 du Code civil (1).

SECTION II.

DES DONS ET LEGS

2626. L'acquisition de biens communaux peut avoir lieu par les libéralités que font des donateurs ou des testateurs.

La donation est un acte par lequel le donateur se dépouille actuellement et irrévocablement d'une chose en faveur du donataire qui l'accepte. Le legs est une donation faite par un testament pour le temps où le testateur n'existera plus.

2627. Aux termes de l'article 900 du Code civil les conditions impossibles, celles qui sont contraires aux lois et aux mœurs sont réputées non écrites. Lorsque l'autorité administrative est appelée à statuer sur des libéralités subordonnées à des conditions de cette nature, elle ne refuse pas l'autorisation d'accepter, mais elle insère dans l'acte d'autorisation la mention que l'autorisation est donnée aux conditions imposées en tant qu'elles ne sont pas contraires aux lois. En l'absence de cette mention, l'article 900 du Code civil n'en recevrait pas moins son application (2).

---

(1) Inst. fin., art. 1019.
(2) Circ. min., 23 août 1876.
(3) Cons. d'Et. cont. 7 mai 1867. — Vu les lois des 7-11 octobre 1790, 18 juillet 1837 et 30 mai 1852 ; — Vu la loi des 16-24 août 1790 ; — Considérant que le pourvoi de la commune de Saint-Ouen a pour objet de faire rapporter notre décret du 31 juillet 1865, comme ayant approuvé l'acquisition de la maison Huré, qu'elle prétend avoir été faite en vertu de délibérations irrégulières du conseil municipal ; — Considérant que notre décret n'est qu'un acte de tutelle administrative autorisant la commune : 1° à acquérir la maison du sieur Huré pour y établir un presbytère ; 2° à contracter un emprunt ; 3° à s'imposer extraordinairement pour assurer le remboursement de cet emprunt ; que, dans ces circonstances, c'est à l'autorité judiciaire qu'il appartiendrait de statuer sur les contestations existant entre la commune et le sieur Huré relativement à la vente de la maison de ce dernier, et que la commune n'est pas recevable à nous demander de rapporter notre arrêté du 31 juillet 1865. — Rejet.

Trib. conf. 30 août 1871. — Le Conseil, Vu les lois des 16-24 août 1790, et du 16 fructidor an III ; — Vu la loi du 10 juillet 1837, articles 19, 20 ; — Vu l'ordonnance royale du 1er juin 1828 ; — Considérant que l'instance dans laquelle le préfet de la Haute-Garonne a élevé le conflit d'attribution qu'il s'agit d'apprécier est uniquement relative à l'exécution d'un contrat de vente d'immeubles passé, suivant acte notarié en date, à Toulouse, du 30 novembre 1868, entre le sieur Chavestang, d'une part, et la ville de Toulouse d'autre part, ladite ville représentée par son maire autorisé à cet effet par délibération de la commission municipale de Toulouse du 28 septembre 1868, approuvée par le préfet le 21 octobre suivant ; — Considérant que, à la suite de l'acte susénoncé, la ville de Toulouse a pris possession de l'immeuble à elle vendu et a payé une partie du prix stipulé ; — Considérant que le préfet de la Haute-Garonne, sans contester le caractère du dit contrat, ni le double fait de l'exécution partielle donnée par la ville elle-même audit contrat, se borne à prétendre qu'il y a lieu, par l'autorité judiciaire de surseoir à statuer jusqu'à ce qu'il ait été décidé par l'autorité administrative, si c'est avec raison et conformément aux dispositions de la loi, que la délibération et l'approbation susénoncées sont intervenues ; — Considérant que la solution de ces questions, à supposer qu'elles puissent être encore soulevées par la ville de Toulouse dans l'état des faits rappelés, ne peut avoir aucun effet sur l'issue du litige pendant entre ladite ville et le sieur Chavestang, lequel reste ainsi de la compétence exclusive de l'autorité judiciaire ; — Que dans ces circonstances, c'est à tort que le préfet a élevé le conflit... — Annule.

Cons. d'Et. cont. 15 novembre 1878. — Considérant que la vente de quatre parcelles qui a été consentie, le 6 mars 1870, par les époux Danser à la commune de Montastruc, constitue un contrat de droit civil ; que l'autorité judiciaire est seule compétente pour prononcer sur sa validité, sauf à cette autorité à surseoir à statuer au cas où sa décision serait subordonnée à la solution de questions préjudicielles par l'autorité administrative ; que les règles de Toulouse sont d'ordre public ; et que dès lors il y a lieu d'annuler... — Annulation.

(1) Cons. d'Et. cont. 15 juin 1877. — Considérant qu'aux termes de l'article 1304 du Code civil dans tous les cas où l'action en nullité ou en révision d'une convention n'est pas limité à un moindre temps par une loi particulière, cette action dure dix ans ; — Que cette disposition est générale et qu'elle ne peut recevoir d'autres exceptions que celles déterminées par la loi ; — Que l'article 227 soumet expressément les communes aux mêmes prescriptions que les particuliers ; — Qu'ainsi l'article 1304 s'applique aux conventions passées par les autorités municipales agissant en leur qualité et représentant les communes ; — Considérant que la ville de Chambéry, pour obtenir l'annulation de la convention du 24 août 1857, par laquelle le conseiller délégué agissant en vertu de la délibération du conseil municipal du 19 mai précédent, a prorogé, avec diverses modifications, le traité conclu le 29 mai 1837 avec la Société pour l'éclairage au gaz de la ville, a soutenu que d'après les lois alors en vigueur, en Savoie, cette convention aurait dû être approuvée par le ministre de l'intérieur, ou même par le roi au lieu de l'être par l'intendant général sur l'avis du conseil d'intendance, et qu'elle aurait dû être faite dans les formes des actes authentiques ; — Considérant qu'il n'est pas contesté que c'est en 1875, c'est-à-dire dix-huit ans après la convention que la ville de Chambéry a demandé pour la première fois l'annulation de l'acte précité... — Non recevable.

(Voy., en outre, les arrêts cités n° 1030.)
(2) Nous ne donnons ici que les notions premières de la matière.

2628. La loi du 5 avril 1884, par ses articles 111, 112 et 113 a sensiblement modifié la législation et la jurisprudence antérieures à l'égard des dons et legs faits aux communes.

En principe, les délibérations du conseil municipal portant acceptation de dons ou legs faits à la commune, ou à une ou plusieurs sections, sont exécutoires par elles-mêmes. Elles ne sont subordonnées à l'approbation de l'administration supérieure que lorsqu'il y a soit charges ou conditions, soit réclamation des héritiers ou lorsque les libéralités sont faites à un hameau ou quartier de la commune qui n'est pas encore à l'état de section ayant la personnalité civile (1).

L'approbation est donnée par le préfet en conseil de préfecture lorsque les libéralités faites à la commune ou à une section avec charges ou conditions ne soulèvent aucune réclamation de la part des personnes qui prétendent avoir droit à la succession de l'auteur des libéralités.

2629. Lorsqu'il y a réclamation des prétendants droit à la succession, quelles que soient la quotité et la nature de la donation ou du legs, l'autorisation ne peut être accordée que par décret rendu en conseil d'État (2). Il en est ainsi lorsqu'une réclamation est formée, soit contre l'ensemble des libéralités intéressant la commune ou la section et divers établissements publics, soit seulement une ou plusieurs des libéralités.

2630. Un décret est également nécessaire quand une convention ou transaction intervient entre les héritiers, la commune ou les établissements intéressés avant qu'il ait été statué par l'autorité supérieure sur l'acceptation des libéralités. Cette transaction ou convention suppose, en effet, une réclamation des prétendants droit à la succession et rend nécessaire une décision présidentielle.

2631. Un décret statuant sur l'ensemble des libéralités est encore nécessaire, même s'il n'y a pas réclamation d'héritiers, lorsqu'une ou plusieurs des libéralités concernent des établissements religieux et que le préfet n'est pas compétent pour en autoriser l'acceptation (3).

2632. Un décret rendu dans la forme des règlements d'administration publique est indispensable dans tous les cas, d'après le dernier paragraphe de l'article 111 de la loi du 5 avril 1884, quand les libéralités sont faites à un hameau ou quartier n'ayant pas le caractère de personne civile. Ce décret doit être précédé non seulement d'un vote du conseil municipal de la commune, mais encore d'une délibération prise par une commission syndicale organisée conformément à l'article 129 de la loi précitée. Cette exigence s'explique, car l'acceptation des libéralités dans ces circonstances n'a pas seulement pour résultat, quand elle est définitive, d'assurer des avantages plus ou moins considérables à une portion de commune et parfois de lui imposer des charges, mais aussi de la constituer en personne civile, pouvant ultérieurement, en remplissant les formalités légales ou réglementaires, recevoir de nouvelles libéralités, acquérir transiger ou plaider. Il était par suite, nécessaire de faire intervenir préalablement une représentation spéciale de la fraction de commune intéressée, et d'exiger une sanction émanant de l'autorité administrative supérieure (4).

2633. Lorsque la délibération porte refus de dons ou legs le préfet peut, par un arrêté motivé, inviter le conseil municipal à revenir sur sa première délibération. Le refus n'est définitif que si, par une seconde délibération, le conseil municipal déclare y persister (5).

2634. Lorsque le don ou legs est fait à une section de commune, si le conseil municipal est d'avis de le refuser, l'article 112, § 2, exige qu'il soit statué par un décret rendu dans la forme des règlements d'administration publique, à la suite de la délibération d'une commission syndicale élue par les habitants de la section selon les dispositions de l'ar-

ticle 129. Le décret, dans ce cas, peut autoriser, malgré l'opposition du conseil municipal, l'acceptation de la libéralité. La section se trouve ainsi protégée contre les sentiments de jalousie ou de convoitise qui pourraient amener le conseil municipal à exprimer un refus, afin de la priver des avantages dont toute la commune ne profiterait pas (1).

2635. Le maire peut toujours, à titre conservatoire, accepter les dons et legs et former, avant l'autorisation, toute demande en délivrance. Le décret du Président de la République, l'arrêté du préfet ou la délibération du conseil municipal qui interviennent ultérieurement ont effet du jour de cette acceptation (2).

2636. L'acceptation doit avoir lieu sans retard par acte notarié, et pour les donations, s'il est possible, dans l'acte même qui les constitue ; sinon, l'acte d'acceptation doit être notifié au donateur, conformément à l'article 932 du Code civil.

2637. La faculté d'accepter ou de répudier les legs ne se prescrit que par le laps de temps requis pour la prescription la plus longue des droits immobiliers, c'est-à-dire par trente ans (3).

2638. Les actes portant donation entre-vifs sont passés devant notaire dans la forme ordinaire des contrats. Le maire en demande une expédition, et le conseil municipal est appelé à délibérer sur l'acceptation de la donation.

2639. Si l'acceptation provisoire du maire n'a pas été insérée dans l'acte public de la donation, le maire remplit cette formalité dans la forme indiquée ci-dessus. Il fait ensuite, s'il y a lieu, procéder par un expert à l'estimation des immeubles ou objets mobiliers compris dans la donation.

Puis il transmet au sous-préfet les pièces de l'instruction, savoir : 1° l'acte de donation ; 2° le budget et un état de la situation financière de la commune ; 3° l'estimation des objets donnés ; 4° le certificat de vie du donateur ; 5° un autre certificat du maire contenant des renseignements aussi exacts que possible sur la position de fortune du donateur ; 6° la délibération du conseil municipal ou de la commission administrative sur l'acceptation provisoire de la libéralité.

2640. Tout notaire dépositaire d'un testament contenant un legs au profit d'une commune est tenu, lors de l'ouverture ou publication dudit testament, d'en donner avis au maire. Le maire réclame une expédition du testament qu'il communique au conseil municipal en l'appelant à délibérer sur l'acceptation du legs. L'expédition du testament est, en outre, communiquée au receveur municipal, et celui-ci doit, en attendant l'acceptation du legs, requérir dans l'intérêt des droits de la commune, tous les actes conservatoires qui seraient jugés nécessaires (4).

2641. Le maire fait ensuite, s'il y a lieu, procéder par un expert à l'estimation des immeubles ou des objets mobiliers mentionnés dans le testament.

2642. Enfin, il met les héritiers naturels en demeure de consentir à la délivrance du legs. Cette mise en demeure n'est autre, le plus souvent, qu'une lettre par laquelle le maire invite tous les héritiers à se présenter à la mairie, ou à lui adresser sur papier timbré leur consentement à la délivrance du legs. S'ils se présentent et s'ils ne font pas de réclamations, il leur fait signer une déclaration collective ; mais s'ils ne répondent point à l'invitation, il y a lieu, pour avoir la preuve de la mise en demeure, de leur faire notifier un acte extra-judiciaire par le ministère d'huissier.

2643. Les pièces nécessaires pour l'instruction de l'affaire et qui doivent être transmises à la sous-préfecture, sont les suivantes : 1° une expédition du testament ; 2° l'acte de décès du testateur ; 3° une délibération du conseil municipal ou de la commission administrative sur l'acceptation de l'objet légué ; 4° le rapport de l'expert chargé, s'il y a lieu, de l'estimation des immeubles ou objets mobiliers légués ; 5° le budget et

---

(1) L. 5 avril 1884, art. 61, 68 et 111.
(2) L. 5 avril 1884, article 111, paragraphe 2.
(3) Cons. d'Ét. 27 décembre 1855; Cons. d'Ét. cont. 15 décembre 1865.
(4) Circ. int. 15 mai 1884.
(5) L. 5 avril 1884, article 113, paragraphe 1.

(1) L. 5 avril 1884, article 112, paragraphe 2; Circ. 15 mai 1884.
(2) L. 5 avril 1884, article 113.
(3) C. civ., art. 789 et 2262.
(4) Ord. 2 avril 1817, art. 5; Ins. gén. fin. 20 juin 1859, art. 948.

un état de la situation financière de la commune ou de l'établissement; 6° l'adhésion des héritiers ou leur opposition à la délivrance du legs, ou du moins la preuve de leur mise en demeure; 7° un état des biens laissés par le testateur, et des renseignements sur la position de fortune des héritiers; 8° si l'objet légué est un immeuble, un certificat du bureau des hypothèques constatant s'il est libre ou s'il est grevé (1).

2644. Les droits de mutation auxquels donnent lieu les dons et legs doivent être payés dans les six mois qui suivent le jour où l'arrêté d'autorisation a été reçu à la mairie (2).

SECTION III.

DES ALIÉNATIONS.

2645. Les communes peuvent aliéner leurs biens soit pour se procurer des ressources, à l'effet de satisfaire aux nécessités d'une dépense justifiée par des travaux publics, soit pour parer aux déficits des recettes, soit pour obtenir de leurs biens meubles ou immeubles un emploi plus productif. Elles peuvent être contraintes de les vendre pour solder un créancier. Les règles administratives varient selon qu'il s'agit d'aliénation volontaire ou forcée. En principe, il est de bonne règle administrative que les communes, lorsque la nécessité les contraint d'aliéner, doivent plutôt vendre leurs biens immeubles que les titres de rentes qu'elles peuvent posséder (3).

2646. Les communes peuvent aliéner leurs biens de trois manières différentes, au moyen d'une vente par voie d'adjudication publique, par voie de vente directe, ou au moyen d'un échange.

Le premier mode est le plus employé; il a toujours été considéré par l'Administration comme le meilleur pour garantir les intérêts communs, en faisant vendre les biens à leur juste valeur et en mettant à l'abri de tout soupçon la réputation des administrateurs. Il n'existe cependant aucune disposition de loi ou de règlement qui en prescrive formellement l'usage.

2647. L'adjudication publique est exigée pour les baux des biens des communes, par l'ordonnance royale du 7 octobre 1818; elle est prescrite, en général, pour les fournitures

(1) Circ. int. 5 mai 1852.
(2) L. 21 avril 1832, art. 33; L. 18 avril 1833, art. 17.
(3) Cons. d'Ét. int. 17 février 1840. — Le comité de législation qui, sur le renvoi ordonné, etc..., a pris connaissance d'un projet d'ordonnance tendant : 1° à autoriser le trésorier de la fabrique de l'église succursale de Chanché (Vendée) à vendre au nom de cet établissement une rente de 72 francs sur l'État et à employer le produit de cette rente au payement d'une partie des dépenses des réparations de ladite église; 2° à affecter à la garantie de la fondation des services religieux dont ladite rente est grevée, des terrains d'une contenance totale de 2 hectares 43 ares 90 centiares, estimés ensemble 2,263 francs en capital et 82 fr. 80 en revenus, situés dans la commune de Boulogne et appartenant à ladite fabrique; — Vu les délibérations du conseil de fabrique en date des 6 octobre 1844 et du .. novembre 1845; — Vu les devis des travaux de réparations à faire à l'église; — Vu le budget de ladite fabrique pour l'année 1845; — Vu la délibération du conseil municipal de Chanché en date du 2 novembre 1845; — Vu l'avis, en date du 4 août 1845, des vicaires généraux capitulaires du diocèse de Luçon, le siège vacant; — Vu les avis du préfet de la Vendée, en date des 4-6 août 1845; — Considérant que, lorsqu'un établissement public qui possède des immeubles et des rentes sur l'État, se trouve dans la nécessité, pour pourvoir à des besoins extraordinaires, de réaliser une partie de ses ressources, il convient, autant que possible, d'autoriser l'aliénation des immeubles de préférence à l'aliénation des rentes; — Considérant que, dans l'espèce, il y a en outre un motif particulier d'agir conformément à cette règle générale; — Qu'en effet, les immeubles de la fabrique de Chanché ne sont grevés d'aucune charge, qu'au contraire, ladite rente de 72 francs sert de gage à une fondation de services religieux et que ce gage ne saurait être modifié sans inconvénients, et surtout transformé en une garantie hypothécaire dont l'établissement serait difficile et coûteux.
Est d'avis : — Qu'il y a lieu de ne pas adopter le projet d'ordonnance proposé.
(2) Nous ne saurions trop recommander à nos lecteurs de se reporter pour l'examen des questions diverses qui peuvent naître à l'occasion des ventes volontaires des biens communaux, à la remarquable étude publiée sur ce sujet, en 1861, par M. Léon Aucoc, alors maître des requêtes, dans l'École des communes, p. 143 et suiv.

et travaux à faire au compte des communes par l'ordonnance royale du 14 novembre 1837, mais c'est seulement la pratique de l'administration et l'avis du Conseil d'État qui ont imposé cet usage pour les aliénations,

Toutefois la jurisprudence et la législation ont admis certaines dérogations à la règle.

2648. Ainsi l'art. 53 de la loi du 16 septembre 1807 donne au propriétaire riverain d'un terrain retranché d'une voie publique un droit de préemption sur la partie de la voie publique qui borde sa propriété et situé au droit de celle-ci. Il en est de même aux termes de la loi du 21 mai 1836, pour les parties de chemins vicinaux abandonnés ou dont la direction est changée. En outre la loi du 20 août 1881, art. 17, a admis le même droit en faveur des propriétaires des chemins ruraux déclassés. (Voy. VOIRIE.)

2649. Enfin la jurisprudence de l'administration a admis qu'il pourrait y avoir lieu à vendre à l'amiable : 1° lorsque l'objet est d'une valeur minime; 2° dans le cas où il y a un avantage tellement évident pour les communes que la formalité des enchères devient tout à fait inutile; 3° lorsqu'il s'agit d'une vente faite par une commune à un établissement public (1).

2650. L'administration a encore étendu cette exception au cas où les communes procèdent au partage à titre onéreux, de tout ou partie de leurs biens communs entre tous les habitants ayant droits. Cette pratique qui a été cependant condamnée, en principe, par le Conseil d'État, a pour objet de favoriser l'aliénation des terrains communs improductifs qui existent en certaines régions. C'est ainsi que le Ministre de l'intérieur a admis qu'il pouvait être procédé aux aliénations des terrains vagues qui existent dans les départements des Landes ou de la Gironde, ou dans l'ancienne province de Bretagne. Les concessions ont été faites de deux manières, tantôt au moyen d'un tirage au sort qui assurait un lot à chaque ayant droit, tantôt en répartissant le terrain entre les habitants au prorata de la contribution foncière. Dans les deux cas on stipule que les concessionnaires qui ne se conforment pas aux conditions du cahier des charges, seront déchus de leurs droits, et leurs lots mis en adjudication pour être vendus aux enchères publiques.

2651. Aux termes de l'article 1596 du Code civil les administrateurs des communes ne peuvent se rendre adjudicataires des biens des communes. Cette disposition de la loi est absolue et entraîne la nullité de l'adjudication faite au profit du maire (2), nullité qui peut être poursuivie comme nous le ver-

(1) Vuillefroy et Mounier, Principes d'administration, p. 18 ; Davenne, Traité du régime administratif des communes, p. 44 ; Déc. min. int. Bull. off. p. 354.
(2) Rennes, 22 novembre 1870. — La Cour, Attendu que devant le tribunal de première instance comme devant la Cour, divers moyens ont été opposés par la ville de Lorient à la demande en revendication, formée contre elle par les consorts Odier, des terrains, objets de l'adjudication du 2 mai 1793, et que ces moyens reviennent à deux : l'un principal, tiré de la nullité de cette vente; l'autre subsidiaire, résultant de la prescription acquise au profit de la commune intimée; — Attendu, quant aux vues qui auraient inspiré cet acte du 2 mai, que les formalités essentielles à sa régularité étaient énoncées par les décrets des 14 décembre 1789, 29 mars et 5 août 1791; — Que les plus graves omissions relevées par les appelants auraient résulté de l'absence de l'avis préalable que devait donner le conseil du district et du défaut de surveillance directe exercée sur la vente par un membre ou un délégué du département; — Mais que, s'il peut exister quelque incertitude sur l'effet dirimant de ces formalités omises, il n'en peut subsister aucune quand on considère l'opinion des parties elles-mêmes touchant la mise à exécution de cette vente, qu'on voit, en effet, dans les procès-verbaux des séances du 15 août-19 septembre de la même année, la commune de Lorient, avec l'adhésion de tous les acquéreurs, prononcer la nullité de cet acte, faire procéder sur les lieux à de nouvelles expertises, attribuer aux adjudicataires de nouveaux lots, convenir avec eux de nouveaux prix, et, finalement, déléguer Odier lui-même avec un autre membre du conseil municipal pour aller faire constater par procès-verbal, devant notaire, la portion de terrain définitivement reconnue à chacun des acheteurs; — Que cette dernière résolution est elle-même restée à l'état de projet, la convention n'ayant jamais été effectuée par forme authentique ni autrement; — Quant à l'incapacité résidant dans la personne du sieur Odier, elle se tire de sa qualité de membre du bureau du conseil municipal de la commune de Lorient, d'où résultait pour lui la charge d'administrer les biens de la ville, de présider à la gestion de ses deniers, attributions qui lui étaient faites par le décret du 14 décembre 1789, lequel réglait l'organisation municipale en France et qui se trouvait en parfaite harmonie avec l'établissement politique de notre pays en 1793, on vit alors,

rons plus loin, devant les tribunaux civils (1), et la commune pour le poursuivre n'a qu'à justifier de la qualité de l'acquéreur et du fait de l'acquisition. Le maire, en ce cas, peut être réputé de mauvaise foi et il est soumis à l'obligation de restituer les fruits.

2652. A plus forte raison les maires ne peuvent-ils acquérir les biens communaux à l'amiable, même en offrant un prix supérieur à celui de l'estimation (2). Il y a là une règle de moralité publique à laquelle il ne peut être dérogé, alors même que l'intérêt de la commune serait engagé à la validité de l'acte.

2653. Toutefois, cette règle ne fait pas obstacle à ce qu'un maire use de son droit de préemption à l'égard d'un terrain retranché de la voie publique, rue, chemin vicinal ou chemin rural, dont il se trouve riverain, en vertu du droit accordé à tous les propriétaires riverains par les dispositions des lois de 1807, 1836 et 1881. Il ne serait pas juste de dépouiller le maire, à raison de ses fonctions, du droit de préférence que lui donne la loi à raison de sa situation de riverain. Il y a une raison de plus quand il s'agit de l'exécution des alignements des rues, car, dans ce cas, nous l'avons dit, la commune a le droit d'exproprier le propriétaire riverain qui ne consentirait pas à acheter. On ne peut admettre que le maire fût nécessairement condamné, en pareil cas, à être exproprié de son immeuble par suite de l'impossibilité où il se trouverait d'acquérir le terrain retranché de la voie publique (3).

2654. Il a été jugé qu'il en était de même au cas où le maire détenteur des biens communaux usurpés entendrait faire la soumission prescrite par la loi du 23 juin 1819. Mais cette question ne présente plus d'intérêt actuel (4).

2655. Un avis du comité de l'intérieur, du 28 janvier 1824, a décidé qu'un individu qui serait tout à la fois tuteur d'un mineur et maire de sa commune ne pourrait acquérir, au compte de celle-ci, dans une adjudication publique, les biens de son pupille. « Car, dit le comité, en supposant qu'un pareil acte ne puisse donner lieu à une résiliation de la vente, nonobstant l'article 596 du Code civil, il est certain que la position d'un maire, dans cette circonstance, serait fausse et inconvenante, puisqu'on pourrait lui supposer un intérêt à ce que le bien dont il a été administrateur fût porté à la plus grande valeur possible, et que cet intérêt serait en opposition directe avec celui de la commune pour le compte de laquelle il agirait (5).

2656. Les adjoints ne peuvent être considérés comme ayant la qualité d'administrateurs des biens de la commune que lorsqu'ils sont appelés à remplacer le maire, soit en vertu d'une disposition de la loi, soit par suite d'une délégation expresse. Ce n'est donc qu'en ce cas qu'ils peuvent être considérés comme atteints par les prescriptions de l'article 1596 du Code civil.

2657. Il en est de même des conseillers municipaux (1), lorsqu'ils ne sont pas désignés en vertu de l'article 89 de la loi du 5 avril 1884 pour assister le maire dans une adjudication. Dans ce dernier cas nous estimons qu'étant appelés à faire partie du bureau chargé de résoudre toutes les difficultés qui peuvent s'élever sur les opérations préparatoires de l'adjudication, ils doivent être compris parmi ceux que l'article 1596 désigne sous le nom d'administrateurs des biens des communes : leurs fonctions d'administrateurs, en effet, pour être momentanées n'en sont pas moins effectives (2).

2658. La qualité de sous-préfet de l'arrondissement dans lequel les biens vendus sont situés n'est pas non plus une cause de nullité prévue soit par l'article 1596 du Code civil, soit par les règlements administratifs, lorsque la vente n'a pas été faite par son ministère (3).

2659. Le receveur municipal pourrait-il se rendre adjudicataire ou acquéreur à l'amiable des biens de la commune? Il n'existe d'interdiction à son égard que pour les ventes des bois communaux. (Voy. Forêts.)

Pour les ventes des autres biens des communes, aucune disposition de loi ou de règlement ne l'empêche d'y prendre part. Sa présence à l'adjudication, conformément à l'article 89 de la loi du 5 avril 1884, présence qui, d'ailleurs, n'est pas indispensable, puisque la loi exige seulement qu'il y soit appelé, ne pourrait le rendre incapable de se rendre adjudicataire. En effet, il n'a pas, dans ces cas, à intervenir comme juge nécessaire dans les difficultés qui peuvent se soulever sur les opérations préliminaires de l'adjudication, difficultés que le maire et les conseillers municipaux qui l'assistent sont appelés à résoudre; il n'est que simple spectateur des opérations et conseil financier de la commune.

L'instruction du ministre des finances, en date du 20 juin 1859, sur le service des percepteurs et receveurs des finances, interdit bien, dans son article 1273, aux receveurs des communes et des établissements de bienfaisance, de se rendre adjudicataires des revenus qu'ils sont chargés de percevoir. Mais cette interdiction n'est qu'une prescription administrative et dans le cas où elle n'aurait pas été observée, ne pourrait entraîner la nullité d'un acte de vente, parce qu'elle n'est pas écrite dans la loi civile et ne s'applique qu'aux baux et non aux ventes. Il est vrai que les receveurs municipaux sont chargés de recouvrer le prix des ventes, aussi bien que le loyer des biens affermés; mais on comprend que l'administration ait vu plus d'inconvénients à laisser les receveurs entre leur intérêt et leur devoir, quand il s'agissait, non plus d'une opération une fois consommée, comme une vente, mais d'une série d'opérations qui peut se prolonger pendant un certain nombre d'années, comme celles qu'entraîne l'exécution d'un bail (4).

2660. Les aliénations, par la voie des enchères, doivent être précédées d'un certain nombre de formalités. L'accomplissement de celles-ci n'est prescrit par aucun texte de loi, mais des instructions adressées aux préfets ont fait à ces fonctionnaires un devoir de n'approuver les projets d'aliénation que lorsque l'on a suivi les prescriptions de l'arrêté du 7 germinal an IX, pour les contrats de louage à longue durée. Ces prescriptions consistent dans l'établissement d'un acte d'estimation, d'une délibération du conseil municipal, d'une en-

---

en effet, à tous les degrés, la pluralité substituée à l'unité d'agents dans l'administration, depuis le gouvernement central avec le comité de la Convention et les départements avec leurs directions, jusqu'aux districts avec leurs conseils et les corps municipaux avec leurs bureaux; la multiplicité de ces agents ne changeait pas la nature de leurs fonctions, qui, à cette époque ainsi qu'aujourd'hui, excluaient leur participation intéressée dans l'adjudication des immeubles qu'ils étaient chargés d'aliéner comme représentants de l'État ou de la commune, le principe universel de droit et de raison, qu'on ne peut être à la fois acheteur et vendeur, toujours consacré par la législation des peuples civilisés aussi bien que le Droit coutumier de la Bretagne que par les Novelles de Justinien ou l'article 1596 de notre Code civil, n'aurait pas d'ailleurs besoin d'être écrit, la sanction du bon sens et de la conscience pourrait suffire à sa garantie. — Confirme.

(1) Cons. d'Ét. cont. 2 septembre 1862. — Considérant que, par sa décision attaquée, notre ministre de l'intérieur s'est borné à approuver un arrêté du préfet du département de Seine-et-Oise, rendu en conseil de préfecture, le 31 décembre 1859, et portant autorisation pour la commune de Saulx-les-Chartreux de céder au sieur Lainné, maire de cette commune, les eaux existantes sous le sol du chemin vicinal du pré de la Mocenne, aux charges, clauses et conditions exprimées dans une délibération du conseil municipal de ladite commune, en date du 2 octobre de la même année; — Que cette délibération, dont la régularité n'est pas contestée avait été précédée d'une expertise faite par un expert désigné par le sous-préfet de l'arrondissement et d'une enquête ouverte dans la commune; — Que, dans ces circonstances, en maintenant l'arrêté précité du préfet du département de Seine-et-Oise, notre ministre a agi dans la limite de ses pouvoirs; — Considérant, d'ailleurs, que la décision attaquée n'est qu'un acte de tutelle administrative qui ne fait pas obstacle à ce que les sieurs Angiboust et autres demandeurs fassent valoir, s'ils s'y croient fondés, devant l'autorité compétente, le moyen de nullité tiré de la disposition de l'article 1596 du Code civil, qu'ils invoquent contre la concession consentie au profit du sieur Lainné. — Rejet...

(2) Déc. min. int., 1858, Bull. off., 1858, p. 18.
(3) Déc. min. int. 19 novembre 1841.
(4) Cons. d'Ét. int. 13 février 1833; Cass. civ. 11 janvier 1843.
(5) Vuillefroy et Mounier, p. 14.

(1) Colmar, 8 août 1838.
(2) Aucoc, L°. C°. Foucart, Él. de dr. ad. T. III, p. 509.
(3) Cons. d'Ét. 17 nov. 1819. — Considérant qu'aux termes de l'article 1596, Code Napoléon, la qualité de sous-préfet de l'arrondissement dans lequel les biens vendus sont situés n'est pas une cause de nullité prévue par les règlements administratifs lorsque la vente n'a pas été faite par le ministère dudit sous-préfet.
(4) Aucoc, L°. C°.

quête de *commodo et incommodo*, et enfin, d'un avis du sous-préfet de l'arrondissement. Toutes ces formalités n'ont pas la même valeur.

2661. Le maire doit, avant de saisir le conseil municipal, faire établir par un expert une estimation de la valeur du bien qu'il s'agit d'aliéner. L'expert est également appelé à dresser un plan et une description de l'immeuble qu'il joint à son estimation.

L'absence d'un mémoire estimatif ne saurait être invoqué comme cause de nullité de la vente; mais elle devrait amener, par l'administration supérieure, le refus d'examiner la proposition du conseil municipal, car l'estimation doit être faite pour éclairer tout à la fois les membres du conseil et l'administration préfectorale.

2662. Sur la proposition du maire et au vu de l'estimation faite par l'expert, le conseil municipal délibère et fixe les conditions de l'aliénation (1).

2663. Aux termes de l'article 21 de la loi du 5 mai 1855, les membres du conseil municipal ne peuvent prendre part aux délibérations relatives aux affaires dans lesquelles ils ont un intérêt soit en leur nom personnel, soit *comme mandataires*. Un membre du conseil municipal qui aurait demandé à acquérir un bien de la commune ne pourrait donc prendre part à la délibération qui aurait lieu sur sa soumission; mais cette disposition ne peut trouver d'application lorsque l'immeuble communal doit être vendu, par adjudication, aux enchères publiques, puisque l'on ne peut savoir au moment de la délibération quel sera l'adjudicataire.

2664. Si la délibération du conseil municipal est favorable à l'aliénation, le maire s'adresse au préfet ou au sous-préfet pour lui demander de prescrire une enquête de *commodo et incommodo* sur le projet d'aliénation, et de désigner le commissaire chargé de diriger l'enquête et de recevoir les observations auxquelles ce projet pourra donner lieu de la part des habitants ou des autres tiers intéressés.

2665. Les conditions de l'adjudication qu'il appartient au conseil municipal de fixer, sont d'abord celles auxquelles se fait toute vente d'après les règles et les usages du droit commun; puis celles dont la situation particulière de la commune peut avoir fait sentir la nécessité ou l'utilité. Ces conditions sont insérées dans le cahier des charges qui doit servir de base à l'adjudication.

2666. Le défaut de délibération du conseil municipal entraînerait la nullité de l'aliénation, cette délibération étant prescrite par la loi (2).

2667. Aucune disposition de loi ni de règlement n'a fixé les règles qui doivent être suivies dans l'enquête de commodo et incommodo. Pour un certain nombre d'enquêtes administratives prescrites par diverses lois, la loi elle-même ou des règlements d'administration publique, rendus par suite d'une délégation de la loi, ont fixé les conditions essentielles dans lesquelles il devait y être procédé; mais en notre matière c'est l'administration du ministre de l'intérieur seule qui a déterminé les formes par une circulaire du 20 août 1825 (3).

2668. L'enquête doit être annoncée huit jours à l'avance; elle dure ordinairement un jour. Les observations sont reçues par le fonctionnaire que le préfet ou le sous-préfet a désigné à cet effet. Après avoir clos l'enquête, le commissaire enquêteur donne son opinion personnelle sur le projet.

2669. Le commissaire enquêteur doit être un citoyen indépendant par sa position de toute subordination administrative et non intéressé à l'affaire (1).

2670. Les observations présentées à l'enquête doivent être inscrites sur le registre ouvert à cet effet; mais, si au lieu de rédiger leurs dires devant le commissaire enquêteur, des comparants croient devoir déposer des observations écrites, il nous paraît que le commissaire peut les recevoir et les annexer à son procès-verbal ; précisément parce que les formes de l'enquête n'ont point été déterminées par la loi, il est nécessaire que l'administration qui a établi celles que l'on suit se montre tolérante et libérale (2).

2671. L'enquête dure ordinairement un jour, à moins que le préfet n'ait donné un délai plus long. Le commissaire enquêteur pourrait-il prolonger de son autorité privée le délai accordé, parce qu'il ne lui paraîtrait pas possible de recevoir dans une seule journée la déclaration des habitants qui se présentent ? La question a été jugée dans le sens de l'affirmative par le Conseil d'Etat qui a pensé que, s'il y avait irrégularité, elle n'était pas de nature à causer préjudice à la commune dans l'intérêt de qui l'enquête est faite (3).

2672. Le défaut d'enquête serait-il une cause de nullité de l'aliénation accomplie? Nous ne le pensons pas. Comme, pour

---

acte n'est pas de nature à justifier ou à nécessiter, par son importance, des formalités onéreuses.

Elle doit être annoncée huit jours à l'avance, à son de trompe ou de tambour, et par voie d'affiches placardées au lieu principal de réunion publique, afin que les intéressés ne puissent en ignorer et parce que cette publicité autorise à compter le silence des absents comme un vote affirmatif.

J'ajouterai que l'annonce doit toujours être faite le dimanche, qui est le jour où les intéressés se trouvent habituellement réunis, et qu'à l'égard de l'exécution, le moment préférable est celui où la suspension du travail laisse plus de liberté à ceux qui doivent y prendre part.

Il est essentiel que le préambule du procès-verbal, dont il est donné communication aux déclarants, contienne un exposé exact de la nature des motifs et des fins du projet annoncé.

Tous les habitants appelés et admis sans distinction à émettre leur vœu sur l'objet de l'enquête, doivent expliquer librement ce qu'ils en pensent, et déduire les motifs de leur opinion, principalement quand elle est opposée aux vues de l'administration qui les consulte.

Les déclarations sont individuelles, et se font successivement ; elles sont signées des déclarants ou certifiées conformes à la déposition orale, pour ceux qui ne savent pas écrire, par la signature du commissaire enquêteur, qui les reçoit et en dresse immédiatement procès-verbal.

Lors même que les déclarations sont identiques, elles doivent être consignées distributivement dans le procès-verbal, indépendamment les unes des autres, avec leurs raisons respectives et, autant qu'il est possible, dans les termes propres aux déclarants.

Quant au commissaire enquêteur, l'inconvénient qui s'attache au choix du maire dans bien des circonstances est facile à sentir (les habitants pourraient, en effet, être gênés par la crainte de critiquer, en présence du maire, un projet qui émane ordinairement de son initiative). D'un autre côté, rien n'empêche que le soin de l'enquête ne soit confié au juge de paix, non comme juge, mais comme personne capable et habituée à ces sortes de fonctions.

Dans les communes où il n'y a pas de justice de paix, c'est au sous-préfet à déléguer tout autre fonctionnaire dont la capacité et le désintéressement personnel dans la cause lui sont assez connus pour garantir l'exactitude de sa mission.

(1) Cons. d'Et. Int. 6 décembre 1871. — La section de législation, justice, affaires étrangères, intérieur, instruction publique, cultes et beaux-arts de la commission provisoire chargée de remplacer le Conseil d'Etat a adopté le projet de décret qui, après deux enquêtes et l'absence d'opposition des propriétaires intéressés, déclare d'utilité publique l'acquisition d'un nouveau cimetière dans la commune de Sorey (Meuse). Mais elle croit devoir faire remarquer que la désignation du secrétaire de la mairie pour remplir les fonctions de commissaire à l'enquête d'utilité publique ne paraît pas répondre au vœu de l'ordonnance du 20 août 1825. — La situation du secrétaire de la mairie lui permet difficilement de donner son avis personnel et indépendant comme celui que l'autorité supérieure doit trouver dans l'instruction.

(2) En ce sens Aucoc, L⁰. C⁰.

(3) Cons. d'Et. Cont. 10 janvier 1856. — Napoléon etc. — Sur le moyen tiré de ce que le délai fixé pour recevoir les avis et observations des habitants dans l'enquête, aurait été prolongé d'un jour sans publication nouvelle, dans le but de recueillir des déclarations favorables au projet; — Considérant que si par suite du grand nombre d'habitants qui se sont présentés pour consigner sur le procès-verbal leurs observations, l'enquête a duré un jour de plus que ne l'annonçait l'affiche, cette circonstance n'est pas de nature à entraîner la nullité de l'opération et de l'arrêté préfectoral qui l'a suivie. — Rejette la requête.

---

(1) L. 5 avril 1884, art. 68.

(2) Cons. d'Et. Cont. 29 nivôse an x.

(3) Circ. Int. 20 août 1825. — Les enquêtes administratives de *commodo et incommodo* auxquelles il est procédé sur les demandes des conseils municipaux en autorisation d'aliéner les propriétés communales, ont pour objet de constater l'opinion des tiers intéressés au sort de cette propriété et d'éclairer l'autorité supérieure sur le mérite des projets qui lui sont soumis.

Il importe donc que les habitants, qui sont les tiers intéressés à la conservation des propriétés communales dont ils jouissent par des voies plus ou moins directes, soient mis à même de s'expliquer librement sur les inconvénients et les avantages des aliénations projetées, et que leurs déclarations soient assez motivées pour qu'on puisse y trouver le moyen de les apprécier à leur véritable valeur.

Les règles à suivre en cette circonstance sont d'ailleurs simples et n'ont rien qui puisse gêner l'administration dans aucune localité.

L'enquête dont il s'agit est faite par les moyens propres à l'autorité administrative et ordinairement sans frais, surtout lorsque l'objet de cet

les aliénations de biens communaux, il n'existe, ainsi que nous l'avons dit, aucune disposition de loi ni de règlement qui prescrive une enquête, et que cette prescription ne résulte que de simples circulaires ministérielles, l'omission de cette formalité pourrait bien et devrait arrêter l'instruction de l'affaire et empêcher l'administration supérieure de statuer; mais, la décision prise, cette irrégularité ne pourrait pas entraîner l'annulation de l'acte administratif qui aurait autorisé la vente, et encore moins celle de la vente elle-même.

2673. Dans le cas où l'enquête *de commodo et incommodo* soulèverait des oppositions par lesquelles serait contesté le droit de propriété de la commune, il devrait être sursis à la vente, jusqu'à ce que les tribunaux eussent décidé la question (1).

2674. Lorsque, dans le cours de l'enquête, il a été présenté des observations contraires au projet adopté par le conseil municipal, ce conseil doit être appelé à examiner de nouveau l'affaire, et sa délibération doit contenir une réponse aux critiques dirigées contre le projet. La jurisprudence du ministère de l'intérieur est établie en ce sens, et la pratique est d'ailleurs constante à cet égard.

2675. Après l'enquête et, s'il y a lieu, la nouvelle délibération du conseil municipal, les pièces de l'affaire sont adressées au sous-préfet pour être transmises au préfet. Le dossier doit contenir d'abord : 1° l'estimation de la valeur du bien qu'il s'agit d'aliéner ; 2° un plan et une description de l'immeuble; 3° la délibération en conseil municipal; 4° le cahier des charges préparé par le maire et adopté par le conseil municipal; 5° le procès-verbal de l'enquête *de commodo et incommodo;* 6° la nouvelle délibération du conseil municipal, dans le cas où, pendant l'enquête, il se serait produit des oppositions an projet d'aliénation. Le sous-préfet y joint son avis et l'adresse au préfet.

2676. C'est au préfet qu'il appartient actuellement, d'après les articles 68 et 69 de la loi du 5 avril 1884, d'autoriser ou de ne pas autoriser les aliénations consenties par les conseils municipaux. La loi nouvelle a ainsi résolu toutes les difficultés antérieures qui résultaient des distinctions établies par l'article 46 de la loi de 1837.

2677. Mais quels sont les pouvoirs du préfet? Peut-il modifier les conditions de l'aliénation votées par les conseils municipaux. Nous avons déjà dit (n° 1021) que le Conseil d'État n'admettait pas que, dans les matières où l'intérêt communal est débattu, le préfet puisse substituer son initiative à celle des pouvoirs municipaux. Le préfet peut, sans doute, provoquer une seconde délibération, il peut refuser son approbation, mais il ne saurait changer la solution arrêtée par les représentants de l'intérêt communal (2).

2678. L'arrêté du préfet peut être attaqué devant le ministre de l'intérieur (3), conformément à l'article 6 du décret du 25 mars 1852; le préfet lui-même pourrait revenir sur son autorisation (4). Mais l'arrêté ne pourrait être annulé par le

ministre ou rapporté par le préfet qu'autant qu'il n'aurait pas été exécuté par la réalisation de la vente qu'il autorise (1).

2679. Sans approbation préfectorale, il n'y a point d'aliénation valable à l'égard des communes. Mais la jurisprudence des tribunaux civils, assimilant les communes à des mineurs et faisant application des dispositions de l'article 1125 du code civil décide que la nullité ne peut être relevée que par les communes ou leurs représentants (2).

2680. Quand le conseil municipal a délibéré sur l'aliénation

---

a interdit d'en connaître, et *tant que ces arrêtés n'ont pas été exécutés ;* — Considérant que, si l'article 46 de la loi du 18 juillet 1837 a donné aux préfets le droit de rendre exécutoires les délibérations des conseils municipaux ayant pour objet des acquisitions d'immeubles d'une valeur n'excédant pas 3,000 francs, il ne résulte, ni de cet article ni d'aucune autre disposition législative, que les arrêtés pris par les préfets au cas dont il s'agit ne puissent être déférés au ministre de l'intérieur par les parties intéressées ; — Considérant que les offres faites, le 23 mai 1851, par la commune de Neuvilley, ensuite de l'arrêté pris, le 7 du même mois, par le préfet du département du Jura, n'avaient pas amené la réalisation de la vente lorsque cet arrêté a été déféré au ministre de l'intérieur par le sieur Aubert ; que, dès lors, notredit ministre a pu, sans excéder ses pouvoirs, connaître dudit arrêté et en prononcer l'annulation. — Rejette.

(3) Cons. d'Et. Cont. 4 avril 1861. — Napoléon ; vu la requête par le sieur Gourand de la Proustière, tendant à ce qu'il nous plaise d'annuler un arrêté en date du 12 février 1859, par lequel le préfet du département de la Vendée a, sur l'invitation du ministre de l'intérieur et pour faire droit à la réclamation du sieur Roulet, propriétaire à Monchamps, rapporté un arrêté, en date du 6 juillet 1858, qui autorise la commune de Monchamps à céder au sieur Gourand de la Proustière le sol de chemins ruraux qui bordaient sa propriété ; ce faisant et attendu que le préfet avait excédé ses pouvoirs en annonçant une vente déjà consommée et qu'en admettant que la décision attaquée ait été prise dans les limites du pouvoir du préfet, cette décision serait mal fondée ; qu'en effet aucune disposition de loi n'exige que, dans le cas où les conseils municipaux ont voté une aliénation, s'il se produit des oppositions dans l'enquête, ces conseils soient appelés de nouveau à délibérer sur lesdites oppositions et qu'ainsi l'instruction, à la suite de laquelle a été rendu l'arrêté du préfet en date du 12 février 1859, qui avait autorisé l'aliénation et l'arrêté en date du 30 du même mois, qui a approuvé l'acte de cession passé entre la commune et le requérant, soient maintenus avec toutes les conséquences de droit pour la validité et le maintien de la vente, et condamner aux dépens la commune de Monchamps et le sieur Roulet ; — Vu la loi du 10 juin 1837; — Considérant que, par la délibération du 9 mars 1858, le conseil municipal de la commune de Monchamps a autorisé la cession au sieur Gourand de la Proustière du sol de deux chemins ruraux qui bordaient sa propriété ; que, par un arrêté, en date du 8 juillet 1858, le préfet du département de la Vendée a approuvé cette délibération ; que l'acte de cession dudit terrain a été passé le 18 juillet 1850 entre l'adjoint au maire agissant au nom de la commune et le sieur Gourand de la Proustière ; que cet acte a été approuvé par le préfet le 30 du même mois et enregistré le 4 août suivant et que le sieur Gourand a payé postérieurement une partie du terrain cédé ; que c'est le 11 novembre 1860 que le sieur Roulet a formé son recours devant le ministre de l'intérieur contre l'arrêté par lequel le préfet avait approuvé la délibération du conseil municipal ; — Considérant que la vente passée antérieurement à ce recours entre la commune et le sieur Gourand de la Proustière avait créé au profit de ce propriétaire des droits auxquels l'autorité ne pouvait porter atteinte. — Que dès lors, en rapportant, sur l'invitation du ministre de l'intérieur, l'arrêté par lequel il avait approuvé la délibération du conseil municipal qui contenait la cession faite au sieur Gourand de la Proustière, le préfet de la Vendée a excédé ses pouvoirs. — Annule.

En ce sens; Cons. d'Et. Cont. 11 janvier 1860, L. p 7.

(1) Angers, 25 fév. 1867 ; Limoges, 22 mars 1870. — La Cour. — Considérant qu'il est certain et reconnu que la parcelle revendiquée par les héritiers de Prissac, et possédée aujourd'hui par Desproges, appartenait à la commune d'Aixe, comme faisant partie d'un chemin communal supprimé ; que Desproges ne prouve par aucun titre qu'il soit propriétaire du terrain litigieux, qu'il ne saurait invoquer la prescription décennale. — Considérant qu'en présence de la possession de Desproges, complètement dépourvue de titres, les héritiers de Prissac soutiennent que la propriété de la parcelle qu'il revendique leur a été transmise par la délibération d'Aixe; qu'ils invoquent: 1° un contrat de vente du 20 février 1848, enregistré le 29 mars de la même année ; 2° un acte en date du 13 septembre 1867, par lequel le maire de la commune d'Aixe reconnaît la vente du 20 février 1848; lequel acte, approuvé le 21 septembre par le préfet de la Haute-Vienne, a été enregistré le 20 du même mois, qu'il s'agit d'apprécier la valeur juridique de ces deux titres. — En ce qui touche le contrat de vente, — Considérant que cet acte n'est pas représenté, qu'on ne produit pas davantage la délibération du conseil municipal qui devrait autoriser l'aliénation d'une propriété communale, que les héritiers de Prissac produisent seulement un extrait de l'enregistrement, constatant qu'au 29 février 1848, la commune d'Aixe a cédé des terrains à leur auteur, ce qui n'est pas contesté; mais que les indications fournies par cet extrait sont vagues et ne s'appliquent pas d'une manière claire et précise à la parcelle revendiquée; que dès lors, il ne saurait en résulter pour les héritiers aucune preuve légale du droit qu'ils réclament. En ce qui touche l'acte du 13 septembre 1848. — Considérant que cet acte est clair et formel, que le maire d'Aixe y reconnaît de la manière la plus expresse que la parcelle litigieuse a été vendue au sieur de Prissac le 20 février 1843, mais que le sieur Desproges oppose que cet acte est sans valeur légale, que le maire a excédé ses pouvoirs, puisqu'il ne s'est

(1) Cons. d'Et. Int. 29 mars 1833 ; — Cons. d'Et. Int. 17 février 1834.
(2) Cons. d'Et. Cont. 18 avril 1861. (Voy. n° 101).
(3) Cons. d'Et. Cont. 2 février 1877. — Considérant que la vente des terrains de la ruelle Barnabé, autorisée par arrêté du préfet du Pas-de-Calais du 11 mai 1875, a été effectuée par acte notarié du 27 mai suivant; que cet acte constitue un contrat de droit civil sur la validité duquel l'autorité judiciaire est seule compétente pour statuer; qu'ainsi les sieurs Thilli et le sieur Souchy n'étaient pas recevables à attaquer l'arrêté ci-dessus visé ; — Considérant qu'il est vrai que par jugement du 16 août 1876, le tribunal civil de Montreuil-sur-Mer, saisi par les requérants d'une demande en nullité de l'acte de vente, a sursis à l'examen du fond jusqu'à ce que le Conseil d'État ait prononcé sur le pourvoi; — Mais considérant que la question, à raison de laquelle l'autorité judiciaire a jugé qu'il y avait lieu pour elle de surseoir à statuer sur le fond, est celle de l'appréciation de la régularité des actes administratifs qui ont autorisé la vente; que c'est au ministre de l'intérieur qu'il appartient de connaître de cette contestation, et que c'est seulement par la voie du recours formé contre la décision du ministre que la Conseil d'État peut en être saisi, sauf à l'autorité judiciaire à tirer ultérieurement de l'appréciation qui aura été faite des actes administratifs, telle conséquence que de droit au sujet de la validité de la vente. — Rejette.
(4) Cons. d'Et. Cont. 9 août 1853 ; — Considérant qu'en vertu des principes de la hiérarchie administrative, il appartient au ministre de l'intérieur de réformer les arrêtés pris par les préfets sur les matières qui ressortissent à son ministère, lorsque aucune disposition législative ne lui

du bien communal, qu'il a voté l'aliénation, qu'il a persisté dans son vote après l'enquête, que le préfet a approuvé l'aliénation et le cahier des charges de la vente, le maire doit procéder à l'adjudication dans la forme établie pour ces opérations administratives. (Voyez n°ˢ 1076 et suiv.)

2681. Ici se présente la question de savoir si le ministère des notaires est nécessaire, et dans le cas où cette question serait résolue négativement, celle de savoir quel est le caractère et quels sont les effets des actes d'adjudication passés par les maires sans l'intermédiaire des notaires.

En 1858, le préfet du département des Basses-Pyrénées ayant adressé aux maires de son département une circulaire dans laquelle il leur faisait connaître qu'ils pouvaient se dispenser ordinairement de recourir au ministère des notaires pour passer les actes de ventes et les baux des biens communaux, et que les contrats revêtus de leurs signatures auraient le caractère d'actes authentiques, cette circulaire souleva une controverse. Le président de la chambre des notaires de l'arrondissement de Pau adressa même au préfet des observations qui tendaient à établir : 1° que le ministère des notaires était obligatoire pour les baux et les aliénations des biens des communes en vertu d'une décision du 12 août 1807 et de l'ordonnance du 7 octobre 1818 ; 2° qu'en matière d'adjudication de biens communaux, le maire devait être considéré uniquement comme le représentant de la commune propriétaire, agissant comme un simple particulier, et qu'il n'avait, dès lors, pas le droit de prononcer l'adjudication, de garder la minute de l'acte ni d'en délivrer expédition ; que, dans tous les cas, les actes ainsi passés, s'ils étaient valables, n'avaient que la valeur d'actes sous seings privés, qui devaient, lorsqu'ils contenaient des conventions synallagmatiques, être rédigés en autant d'originaux qu'il y avait de parties ayant un intérêt distinct.

Mais on ne saurait admettre ces raisonnements ; aucune disposition de loi ou de règlement ne prescrit aux communes d'employer le ministère des notaires pour l'aliénation de leurs biens. Il est vrai que l'ordonnance royale du 7 octobre 1818, relative à la mise en ferme des biens communaux, dispose, dans son article 4, qu'il sera passé acte de l'adjudication devant le notaire désigné par le préfet, et que, en l'absence de dispositions législatives ou réglementaires sur les formes à suivre pour les ventes des biens des communes, on avait suivi dans la pratique, pour les ventes, les formes prescrites pour les baux ; mais l'administration supérieure pouvait renoncer à cette jurisprudence si elle le croyait convenable, et, d'autre part, l'article 16 de la loi du 18 juillet 1837 et l'article 89 de la loi du 5 avril 1884, qui fixent les règles relatives aux adjudications publiques faites pour le compte de la commune, sans distinguer entre les objets auxquels s'appliquent les adjudications (ventes, baux, marchés de travaux ou de fournitures, etc.) ont implicitement abrogé, même pour les

baux, les dispositions de l'article 4 de l'ordonnance royale du 7 octobre 1818, en ne rappelant pas la nécessité de l'intervention d'un notaire.

Sans doute l'administration supérieure, qui est chargée de la tutelle des communes, peut, quand elle y voit des avantages pour un cas particulier, prescrire au maire de faire passer acte de l'adjudication par-devant un notaire ; mais on comprend qu'elle n'impose pas fréquemment cette condition, parce que la rédaction des contrats passés par les communes est généralement peu compliquée, et qu'il importe d'éviter, autant que possible, des frais qui ne seraient pas indispensables (1).

2682. Lorsque l'intervention du notaire est jugée nécessaire, c'est au maire à désigner celui qui recevra l'acte. En cas de contestation à ce sujet entre le maire et le conseil municipal, le ministre de l'intérieur a décidé, le 31 janvier 1840, que le choix devait être fait par le préfet, mais cette décision ne nous semble pas juridique. Le choix doit, dans tous les cas, appartenir au maire.

2683. Lorsqu'une commune emploie le ministère d'un notaire, il est de règle que les formes à observer pour la validité de l'adjudication sont celles des actes en matière de ventes par-devant notaire. Le contrat en effet, tire son authenticité, non des dispositions de l'art. 89 de la loi de 1884, mais de celles des lois relatives aux actes notariés (2).

2684. Quant au caractère des actes d'adjudication signés par le maire procédant dans les formes prescrites par la loi de 1884, il ne nous paraît pas contestable qu'ils aient le caractère d'actes authentiques (3).

2685. Si une commune voulait obtenir une hypothèque sur les biens de son acquéreur pour garantie de sa créance, devrait-elle employer l'intermédiaire d'un notaire ? La question est fort douteuse. En effet, si, d'un côté, l'art 2127 code civil exige pour le contrat de constitution d'hypothèque l'intervention d'un acte authentique dressé par deux notaires ou par un

---

pas conforme aux articles 10, 19 et 26 de la loi du 11 juillet 1837, aucune délibération municipale n'étant intervenue.

En fait. — Considérant que les critiques de l'appelant sont fondées ; que le conseil municipal d'Aixe-n'a pris aucune délibération pour autoriser le maire soit à aliéner la parcelle litigieuse en 1848, soit à reconnaître l'aliénation en 1878, qu'il est certain que les formalités exigées par la loi du 17 juillet 1837 n'ont pas été observées.

Mais, en outre : — Considérant que les actes translatifs de propriété, même quand ils sont passés dans la forme administrative, n'en sont pas moins des actes de droit commun ; que, lors qu'ils sont produits sur une action en revendication, les tribunaux ont évidemment le droit de les apprécier, de les respecter et même de les considérer comme non avenus, s'ils ne contiennent pas les formalités exigées par la loi civile pour leur validité ; mais qu'il en est tout autrement quand un acte de cette nature est attaqué pour violation des formalités purement administratives et préalables à l'aliénation, par exemple, le défaut de délibération du conseil municipal ; que dans ce cas, l'autorité administrative a seule qualité pour statuer ; que Desproges n'a point attaqué par cette voie l'acte du 13 septembre 1838 ; qu'il ne demande pas le sursis pour se pourvoir ; qu'en cet état, le titre recognitif remplissant toutes les conditions de validité exigées par la loi civile et notamment par l'article 1337 du Code Napoléon, la cour doit l'appliquer et décider la demande en revendication bien fondée ; — Considérant, au surplus, que la violation des formes exigées par la loi du 19 juillet 1837, ne constituerait qu'une nullité relative ; que la commune d'Aixe dont le maire a excédé ses moyens, pourrait seule invoquer ce moyen, conformément à l'article 1125 Code Napoléon ; qu'à ce point de vue Desproges serait non recevable à exciper de cette nullité. — Confirme.

---

(1) Déc. Min. Int. 1863. — M. le ministre de l'agriculture, du commerce et des travaux publics, a consulté son collègue de l'intérieur à l'occasion de l'exécution de la loi du 27 juillet 1860, dans le département de la Meuse, sur le point de savoir si les actes constatant la vente des biens communaux doivent nécessairement être passés devant notaire. — Réponse.

Aucun texte de loi ou de règlement ne prescrit aux communes d'employer le ministère des notaires pour l'aliénation de leurs biens. L'ordonnance royale du 7 octobre 1818, concernant l'amodiation des propriétés communales, dispose, il est vrai, dans son article 4, qu'il sera passé acte de l'adjudication devant le notaire désigné par le préfet ; mais cette disposition est exclusivement applicable aux baux. D'ailleurs, l'article 16 de la loi du 18 juillet 1837, qui fixe les règles relatives aux diverses adjudications publiques faites pour le compte des communes, sans distinguer s'il s'agit de ventes ou de fournitures, de travaux ou de mise en ferme des biens, a implicitement abrogé l'article 4 de l'ordonnance du 7 octobre 1818, en ne rappelant pas la nécessité de l'intervention du notaire. Cette intervention ne saurait donc être considérée comme obligatoire pour les communes et ce qui touche les aliénations et même les baux de leurs biens.

(2) Déc. min. int. 1863. — Les adjudications faites au nom des communes par l'intermédiaire d'un notaire sont-elles valables lorsque les formalités prescrites par l'article 16 de la loi de 1837 n'ont pas été observées (assistance de deux conseillers municipaux et du receveur municipal) ?

M. le ministre de la justice, à qui son collègue de l'intérieur a cru devoir soumettre la question comme se rattachant au régime du notariat, estime que les notaires chargés de recevoir les enchères en matière de vente de biens communaux ne sont pas obligés, à peine de nullité de l'adjudication, de se faire assister de deux conseillers municipaux et du receveur de la commune.

En présence de cet avis, il semble qu'un préfet ne devrait pas refuser son approbation à une adjudication par le motif que les formalités prescrites par l'article 16 de la loi de 1837 n'ont pas été observées.

Toutefois, les dispositions édictées à cet égard sont générales et absolues ; elles ne distinguent pas entre le cas où la maire procède sous recourir au ministère d'un notaire et celui où il fait passer l'acte d'adjudication dans la forme notariée.

Le but que le législateur s'est proposé de mieux assurer aux communes les avantages de la libre concurrence n'est pas moins à atteindre dans la seconde hypothèse que dans la première.

Il convient dès lors, non-seulement pour prévenir toute difficulté, mais aussi dans l'intérêt des communes, de tenir la main à ce que deux conseillers municipaux et le receveur de la commune assistent, indépendamment du maire, aux adjudications des biens communaux, même lorsque les enchères sont reçues par un notaire.

Au surplus, il appartiendrait exclusivement à l'autorité judiciaire de prononcer, sur la demande de la commune intéressée, l'annulation d'un acte de vente, pour inaccomplissement des formalités prescrites par l'article 16 de la loi de 1837.

(3) En ce sens, Aucoc, loc. cit.

notaire et deux témoins, d'un autre côté, l'article 14 du titre II de la loi du 23 octobre 1790 sur les biens nationaux, décide que tous les actes d'administration, en matière domaniale emportent hypothèque et exécution parée (1). Mais il nous paraît que les communes agiraient avec prudence en réclamant l'intervention de l'officier public.

2686. L'adjudication est-elle définitive quand elle a été prononcée par le maire ou par le notaire ? Ici se soulèvent encore des questions délicates.

La première est celle de savoir si les surenchères sont admissibles en matière de vente de biens communaux.

Aucun texte de loi n'autorise la surenchère sur vente volontaire de biens des communes. Or, la surenchère est de droit exceptionnel, et elle n'est admise que dans les circonstances spéciales où elle a été expressément prévue et organisée par la loi ; ses formes et ses conditions ne sont d'ailleurs pas les mêmes dans toutes les circonstances. Elle doit être tantôt du quart, tantôt du sixième, tantôt du dixième, selon le cas ; elle doit être dénoncée dans un délai plus ou moins rapproché, en sorte qu'il serait difficile de savoir quelle surenchère on entendrait appliquer aux ventes des biens communaux. On a soutenu quelquefois que les communes doivent être assimilées aux mineurs et qu'ainsi c'est à l'article 955 du code de procédure civile qu'il faut se référer ; mais une assimilation absolue entre les communes et les mineurs manque de justesse à beaucoup d'égards, et l'analogie ne pourrait être invoquée, alors même qu'on pourrait, en pareille matière, raisonner par voie d'analogie.

Les ventes volontaires des biens des communes se trouvent donc régies à cet égard par le droit commun, qui exclut les surenchères. D'ailleurs l'autorité judiciaire est seule compétente pour résoudre cette question, ainsi que le conseil d'État l'a reconnu dans plusieurs arrêts (2).

2687. La seconde question est celle de savoir si les procès-verbaux d'adjudication doivent ou tout au moins peuvent être soumis à la formalité d'une approbation préfectorale, sans laquelle l'adjudication n'est pas valable ? La question a été longtemps fort controversée. Sous l'empire de la loi de 1837 on faisait remarquer que l'article 47 de cette loi exigeait que les actes des baux passés par le maire, après délibération du conseil municipal approuvée, fussent de nouveau approuvés par le préfet, et on prétendait que l'on ne pouvait moins exiger pour les aliénations que pour les simples amodiations. Le Ministre de l'Intérieur par une circulaire du 6 mars 1840, avait prescrit aux préfets de ne refuser leur approbation que dans le cas où les intérêts de la commune auraient été manifestement lésés. Mais cette doctrine n'a jamais été acceptée par le Conseil d'État qui, par plusieurs décisions, a annulé comme entachés d'excès de pouvoir, des arrêtés préfectoraux qui avaient refusé l'approbation à des procès-verbaux d'adjudication (1). Le Ministre de l'intérieur, par une circulaire du 24 février 1863, avait fini par admettre cette interprétation.

Mais la loi de 1884 ne nous paraît pas pouvoir laisser renaître le débat. Elle a effacé la disposition relative aux baux dont nous parlons ci-dessus. En outre, la Chambre des députés a écarté une proposition qui avait pour objet de soumettre à une nouvelle approbation les divers actes d'adjudication intervenus en conformité de l'article 89.

2688. Les actes d'adjudication d'immeubles communaux sont passibles de droits proportionnels d'enregistrement, en vertu des lois du 22 frimaire an VIII et du 18 avril 1831.

Dans le cas où les actes sont reçus par les notaires, ils doivent d'après l'article 20 de la loi du 22 frimaire an VIII, être enregistrés dans les dix jours de leur date, si les notaires résident dans la commune où le bureau est établi, et dans les quinze jours de leur date s'ils habitent une autre commune.

Quant aux actes d'adjudication passé par les maires dans la forme administrative, ils doivent être enregistrés dans le délai de vingt jours, aux termes de l'article 78 de la loi du 15 mai 1818.

2689. L'arrêté par lequel un préfet approuve la délibération d'un conseil municipal portant cession à un particulier d'une parcelle de terrain communal, ne peut être attaqué devant le conseil d'État par la voie contentieuse que pour cause d'excès de pouvoirs. Mais il y aurait excès de pouvoirs dans le cas où les formalités prescrites par la loi pour les aliénations de propriétés communales n'auraient pas été accomplies (2).

2690. Si les préfets ne doivent pas approuver, les procès-verbaux d'adjudication quand les actes ont été reçus par les maires ou les notaires, ils ne sauraient cependant être laissés dans l'ignorance des résultats auxquels les projets d'adjudi-

---

(1) Cons. d'Et. 12 août 1807. — Est d'avis que les baux précédemment passés aux enchères, soit devant les autorités administratives, soit devant les commissions des hospices, étant faits en vertu des lois existantes à l'observation desquelles ces établissements sont sujets, et dans les formes prescrites, emportent hypothèque, sont exécutoires sur les propriétés mobilières et donnent hypothèque sur les immeubles ; — qu'en conséquence, tous les actes conservatoires ou exécutoires et toutes inscriptions faites ou à faire en vertu desdits baux doivent avoir leur effet contre les débiteurs des hospices, comme s'ils avaient été faits par-devant notaire.

(2) Cons. d'Et. cont. 16 août 1835 ; Cons. d'Et. cont. 22 juin 1851, L. 1854, p. 584 ; Cons. d'Et. cont. 18 août 1856 L. p. 533 ; Cons. d'Et. cont. 4 juillet 1860. — Napoléon, Vu les lois des 16-24 août 1790, 7-14 octobre 1797 et 18 juillet 1837 — Sur les conclusions par lesquelles les sieurs Baudry de Nalèche et autres demandent l'annulation des arrêtés du préfet en date du 12 octobre et 16 décembre 1858 ; — Considérant que par son arrêté en date du 12 octobre 1858, le préfet, en approuvant le procès-verbal de l'adjudication des biens communaux mis en recette le 25 juillet 1858, a décidé que les 3e, 6e, 12e, 13e, 14e et 15e lots seraient soumis à une nouvelle adjudication sur une nouvelle mise à prix ; — Que cet arrêté a eu pour but de faire droit à la demande des sieurs Lerousseau Gomunot et autres qui avaient offert de surenchérir d'un quart ; — Considérant que le conseil municipal n'a pas été appelé à délibérer sur la question de savoir s'il devait être procédé à une nouvelle adjudication et quelles en devaient être les conditions ; — Considérant que l'arrêté, en date du 16 décembre 1858 par lequel le préfet a modifié son arrêté précédent, n'a réformé que la disposition qui portait que les adjudicataires primitifs et leurs commands ainsi que les surenchérisseurs seraient seuls admis à la nouvelle adjudication ; — Considérant qu'en annulant des offres de surenchère dans une vente de biens communaux faite devant un notaire et en ordonnant une nouvelle adjudication, sans que le conseil municipal en ait délibéré, le préfet a excédé la limite de ses pouvoirs ; — Sur les conclusions par lesquelles les sieurs Baudry de Nalèche, Duprat et autres nous demandent de déclarer définitives les ventes des 6e, 12e, 13e 14e et 15e lots qui ont eu lieu le 26 juillet 1858 et l'adjudication auxquelles il a été procédé pour ces mêmes lots 16-17 janvier 1859 ; — Considérant que les ventes qui ont été faites le 25 juillet 1858 et les 16-17 janvier 1859 sont des actes de droit civil et qu'il n'appartient pas à l'autorité administrative d'en apprécier la validité. — Annule.

En ce sens, Déc. min. int. 1863. — C'est un principe d'administration consacré implicitement par l'article 537 du Code Napoléon que les adjudications faites par les communes étant volontaires et soumises à des formalités spéciales, personne, à moins d'une réserve expresse dans le cahier des charges, n'a le droit de surenchérir après ces adjudications. On ne saurait invoquer les dispositions de la législation civile applicables aux ventes forcées et à celles de biens de mineurs, les communes n'étant jamais passibles de l'expropriation et ne se trouvant, d'un autre côté, assimilées aux mineurs que sous certains égards. S'il s'élevait, au surplus, une contestation à ce sujet, elle serait du ressort de l'autorité judiciaire.

En ce sens, Déc. min. int. 1869, Bull. off. 1869, p. 648.

---

(1) Cons. d'Et. cont. 6 juillet 1863, L., p. 510 ; Cons. d'Et. cont 28 juillet 1864. — Napoléon. — Sur les conclusions du sieur Baudry de Nalèche tendant à faire annuler, pour excès de pouvoirs les arrêtés du préfet de la Creuse ; — Considérant que, par arrêté, en date du 25 mai 1853 pris en conseil de préfecture, le préfet de la Creuse statuant en vertu de l'article 20 de la loi du 18 juillet 1837 et de l'article 1er, section A, no 41, du décret du 25 mars 1852, a approuvé la délibération par laquelle le conseil municipal de Moutier-Roseille avait voté l'aliénation aux enchères publiques, de diverses parcelles de terrain appartenant à plusieurs sections de cette commune ; — Qu'en exécution de cette délibération du conseil municipal et sur l'autorisation donnée par le préfet, il a été procédé, par-devant notaire, le 25 juillet 1858, à la vente aux enchères desdits terrains, notamment du lot qui a été adjugé au sieur Baudry de Nalèche. — Considérant qu'aucune disposition de loi ne subordonnait l'exécution de cet acte de vente à l'approbation du préfet, que la disposition ci-dessus visée de l'article 4 du cahier des charges n'a pu avoir pour résultat d'attribuer au préfet le droit d'annuler, en tout ou en partie, un contrat de droit civil ; — Que, dès lors le préfet de la Creuse a excédé la limite de ses pouvoirs : 1o en décidant que l'acte d'adjudication passé le 25 juillet 1858 n'était pas approuvé et serait considéré comme non avenu en ce qui concernait le 6e lot adjugé au sieur Baudry de Nalèche ; 2o en autorisant le maire de la commune de Moutier-Roseille à procéder à une nouvelle adjudication pour ce lot. — Que ce qui touche les conclusions du sieur Baudry de Nalèche, tendant à ce qu'il nous plaise de statuer sur la validité de la vente passée le 25 juillet 1858. — Considérant qu'il a été jugé, par notre décret rendu au contentieux le 4 juillet 1860, que ladite vente est un acte de droit civil et qu'il ne nous appartient pas d'en apprécier la validité... — Annule.

(2) Cons. d'Et. cont. 13 mars 1867.

cation qui leur ont été soumis ont pu aboutir. Aussi est-il de pratique en semblable matière, que les maires doivent adresser aux préfets deux copies du procès-verbal d'adjudication. L'une, destinée au receveur des finances, a pour objet de permettre à ce fonctionnaire de faire opérer en temps utile, le recouvrement des sommes dues aux communes ; l'autre, qui doit demeurer entre les mains de l'administration préfectorale donne le moyen de vérifier si toutes les clauses du cahier des charges soumis à l'approbation, ont été exactement observées(1).

2691. Les notaires quand ils passent les actes sont tenus de délivrer ces deux copies, qui, étant des documents destinés à l'administration sont dispensés du timbre (2), mais ils ont droit à une rémunération pour leur délivrance qui doit être celle fixée par l'article 174 des tarifs du 16 février 1807 (3).

2692. Les actes dressés pour constater les ventes de biens des communes faites soit par acte notarié, soit par adjudication publique, dans la forme administrative, sont des contrats de droit civil dont l'interprétation et l'application appartiennent à l'autorité judiciaire. La forme dans laquelle ils sont passés n'en change pas la nature. En conséquence, s'il s'élève une difficulté sur leur sens et leur portée, le tribunal civil, saisi de la contestation, ne doit pas surseoir à statuer jusqu'à ce que l'autorité administrative ait prononcé à cet égard (4).

---

(1) Circ. int. 27 octobre 1864. — Monsieur le Préfet, par ma dépêche du 24 février 1864, j'ai appelé votre attention sur un décret au contentieux du 6 juillet 1863, d'où il résulte que l'exécution des actes de vente de biens communaux adjugés aux enchères publiques par-devant notaire, n'était subordonnée par aucune loi à l'approbation de l'autorité préfectorale, la clause habituellement insérée dans les cahiers des charges pour lui réserver cette approbation est, aux yeux du Conseil d'État, inutile et sans valeur.

M. le ministre des finances m'a fait remarquer que, par suite de cette jurisprudence, les receveurs des finances pourraient ne plus avoir, par votre intermédiaire, connaissance en temps utile des sommes à recouvrer au profit des communes, et que les opérations dont il s'agit seraient ainsi soustraites à la surveillance que ces comptables doivent exercer sur le maniement des deniers communaux.

D'un autre côté, plusieurs de vos collègues ont exprimé la crainte qu'une fois affranchies de tout contrôle, les ventes n'aient souvent lieu à des conditions autres que celles prévues par les arrêtés d'autorisation.

Il me paraît facile d'obvier à ce double inconvénient, Monsieur le Préfet, en prescrivant aux maires de vous adresser, immédiatement, après la vente, deux copies sur papier libre du procès-verbal d'adjudication : l'une, que vous transmettrez sans délai au receveur des finances de l'arrondissement ; l'autre, qui vous permettra de vérifier si toutes les dispositions du cahier des charges préalablement soumis à votre approbation ont été exactement observées.

J'ajouterai, en même temps, pour dissiper toute incertitude à cet égard, que le principe posé par le décret du 6 juillet 1863 ne s'applique pas seulement aux procès-verbaux des adjudications de biens communaux opérées par les notaires, mais aux actes de toute espèce, notariés ou administratifs, concernant des ventes, acquisitions, partages, transactions, acceptation de dons et legs, etc., etc. En effet, du moment où ces actes ont été passés en vertu de délibérations des conseils municipaux approuvées par les préfets, dans la forme administrative, ces contrats de droit civil, et, comme tels, ne peuvent plus être annulés, soit en totalité, soit en partie, par l'autorité administrative.

(2) Déc. min. int. 1865. — Des terrains appartenant à la commune de *** ont été vendus aux enchères publiques, et le procès-verbal d'adjudication a été rédigé par le sieur N., notaire. Le maire ayant réclamé la délivrance de deux copies de ce procès-verbal sur papier libre pour les transmettre à la préfecture, en exécution de la circulaire du 27 octobre 1864, le sieur N. s'y est refusé, en objectant que les lois qui régissent le notariat lui interdisaient de les délivrer autrement que sur papier timbré.

Consulté sur la question, le ministre de l'intérieur a pensé que le refus du sieur N. n'était pas justifié, et que les copies dont il s'agit, devant être délivrées comme documents destinés à l'administration, échappaient à ce titre à l'impôt du timbre, suivant les dispositions de l'article 16 (n° 1er, § 2) de la loi du 13 brumaire, an VII, applicables au notariat.

Son Excellence a adressé des observations en ce sens à M. le ministre de la justice, qui y a complètement adhéré, et le sieur N. a reçu, par suite, du procureur général près la cour impériale de ***, l'invitation de ne pas persister dans son refus.

(3) Déc. min. int. 1861, Bull. off. 1861, p. 254.

(4) Cons. d'Ét. cont. 10 février 1859 ; Cons. d'Ét. cont. 4 juillet 1864, D. P. 60, 3, 52 ; Cons. d'Ét. cont. 12 mars 1863. — Napoléon ; — Vu la loi des 16-24 août 1790, la loi du 28 pluviôse an VIII, la loi du 18 juillet 1837 ; — Considérant que, la demande portée par le sieur Pouget devant le tribunal civil de Marvejols à l'effet de faire condamner les sieurs Barbrot et consorts à démolir une cave qu'ils auraient construite dans ou sous un terrain dont ils se prétendraient propriétaires, aux termes d'une vente à eux faite par la section chef-lieu de la commune de Charmar, suivant procès-verbal d'adjudication en date du 18 octobre 1858, le tribunal civil de Marvejols se fondant sur ce que cet article ne pouvait être interprété que par l'autorité administrative a renvoyé les parties devant le conseil de pré-

---

2693. Nous avons fait connaître plus haut dans quels cas il pouvait être procédé par les communes à une aliénation de gré à gré. Les formes à suivre sont à peu près les mêmes que lorsqu'il s'agit d'aliénation aux enchères. Il ne s'introduit dans la procédure qu'un élément nouveau : au lieu d'un cahier des charges, il y a lieu de faire signer par l'acquéreur un acte de soumission aux clauses et conditions de la vente. Il est ensuite procédé à l'expertise qui peut être contradictoire si la commune et le soumissionnaire ne sont pas d'accord sur la valeur du bien communal aliéné. Ajoutons qu'il y a un cas dans lequel la loi prescrit elle-même une expertise contradictoire, c'est celui où la commune cède le sol d'un chemin vicinal abandonné en totalité ou en partie aux propriétaires riverains. L'article 19 de la loi du 21 mai 1836, dispose que, dans ce cas, la valeur du sol abandonné sera fixé par les experts nommés dans la forme déterminée par l'article 17, et, aux termes de cet article 17, l'un des experts doit être nommé par le sous-préfet, l'autre par le propriétaire ; en cas de désaccord, un tiers expert est nommé par le conseil de préfecture. Ces formalités doivent être suivies également pour l'aliénation du sol des chemins publics non classés comme vicinaux, appelés ordinairement chemins ruraux.

La nécessité d'une expertise contradictoire, en pareil cas, s'explique par cette circonstance que le propriétaire riverain exerce un droit de préemption sur le sol qui lui est cédé par la commune.

Après l'expertise le Conseil municipal est appelé à délibérer.

2694. Toutes les règles que nous avons exposées relativement aux délibérations du conseil municipal, à l'enquête, à l'exercice des pouvoirs du préfet, sont applicables lorsqu'il s'agit de ventes par concession directe comme dans le cas où il s'agit de vente par adjudication publique. Il n'est pas nécessaire d'y revenir.

2695. Mais ici se présente la question de savoir si, après l'approbation donnée par le préfet ou par le chef de l'État, la commune est obligée de passer l'acte de vente ou d'échange. En effet, lorsqu'elle prépare une adjudication, la commune n'a pris d'engagement envers personne. Au contraire, quand il s'agit d'une concession directe ou d'un échange, le point de départ de toute l'instruction à laquelle il vient d'être procédé a été la soumission de celui qui demande à acquérir l'immeuble communal, cette soumission a été acceptée par le conseil municipal, sauf l'approbation du préfet. On peut se demander s'il y a entre la commune et le soumissionnaire un lien dont la réalisation est subordonnée à l'approbation de l'administration supérieure ou s'il n'y a encore qu'un projet auquel la commune peut renoncer lors même que l'autorisation interviendrait.

Il ne nous paraît pas que la procédure ainsi engagée ait créé aucun lien de droit ; en effet, tous les actes de l'instruction, soumission, expertise, délibération du conseil municipal sont de simples incidents de l'information administrative dont aucun n'a pour effet de pouvoir engager la commune, le maire seul par sa signature peut parfaire le projet et sa signature ne peut être valablement apposée que, lorsque le préfet, ayant approuvé le projet, le lui a retourné. Jusqu'à ce que la signature du maire ait été donnée, la commune peut donc

---

fecture du département de la Lozère pour y être procédé à ladite interprétation qui lui a été présentée ; que le conseil de préfecture, par l'arrêté susvisé du 21 juin 1861, s'est déclaré incompétent pour déterminer le sens et la portée du dit procès-verbal d'adjudication ; — Que de cet arrêté et du jugement susvisé du tribunal civil de Marvejols, il résulte un conflit négatif sur lequel il nous appartient de statuer ; — Considérant que le procès-verbal de la vente à laquelle il a été procédé, le 18 février 1858, d'un terrain dit Lon-Tarvas appartenant à la section chef-lieu de la commune de Chamar, et dont le sieur Pouget a été déclaré adjudicataire, quoique passé en la forme administrative est un contrat de droit civil dont l'interprétation appartient à l'autorité judiciaire ; qu'il suit de là que c'est à tort que le tribunal civil de Marvejols s'est déclaré incompétent et a renvoyé les parties devant l'autorité administrative pour interprétation du sens de cet acte.

En ce sens, Cons. d'Ét. cont. 4 août 1864, D. P. 65, 3, 43 ; Cons. d'Ét. cont. 13 mai 1887. — Considérant, qu'il appartient à l'autorité judiciaire seule de déterminer le sens et la portée des actes de vente dont l'interprétation est contestée. — — Sursoit.

renoncer à la proposition de vente sur laquelle il a été délibéré (1).

2696. L'acte de vente doit être passé par le maire au nom de la commune. Si c'est au maire que la cession doit être faite (Voy. n° 2653), c'est par l'adjoint que l'acte serait passé.

2697. En principe, lorsqu'une commune a l'intention d'aliéner ses biens à l'amiable, elle est libre, sauf l'autorisation du préfet, d'en choisir les acquéreurs. L'administration supérieure ne saurait exercer aucune contrainte à cet égard, son pouvoir de tutelle lui permettant seulement d'intervenir par voie de persuasion et d'accorder ou de refuser sa sanction à la mesure, selon qu'elle le juge conforme ou non aux intérêts de la commune (2).

2698. Les ventes des biens des communes doivent se faire dans les conditions générales de validité et de garantie (3) du droit commun établies par les articles 1582 et suivants du Code Napoléon. Nous n'avons qu'à les mentionner sans y insister davantage.

2699. Ainsi ce serait à tort qu'un conseil municipal voudrait, dans le cahier des charges d'une adjudication, stipuler que les habitants de la commune seraient seuls admis à l'adjudication. Un avis du comité de l'intérieur du Conseil d'État fait remarquer que l'exclusion des étrangers, loin d'être un avantage pour la généralité des habitants, serait un privilège en faveur des plus riches au préjudice des plus pauvres qui, ne se trouvant pas en situation d'enchérir, ont du moins intérêt à ce que la concurrence fasse vendre au prix le plus élevé possible les biens dont le produit doit augmenter les ressources communales (4).

2700. Les jugements des contestations relatives aux aliénations communales doivent être portés en principe devant la juridiction civile.

Il n'y a point de difficulté quand il s'agit d'actes passés devant notaire. A l'égard des actes passés dans la forme administrative, la doctrine ne s'est pas aussi facilement établie. La forme de ces actes a fait illusion sur leur véritable caractère, et l'on a été fréquemment porté à les considérer comme des actes administratifs dont l'autorité judiciaire ne pourrait connaître. Mais la jurisprudence du Conseil d'État leur a toujours restitué leur véritable caractère de contrats civils (5).

2701. Toutefois, si l'on constestait la validité d'une vente passée dans la forme administrative, en se fondant, non pas sur la violation des règles du droit civil, ou l'inobservation des formalités essentielles, mais sur l'application d'actes administratifs dont la légalité serait contestée ou qu'il serait nécessaire d'interpréter, ce débat préalable devrait être examiné par la juridiction administrative (1).

2702. Si les contestations, au lieu de porter sur l'acte de vente lui-même, portent sur les actes administratifs qui sont intervenus pour autoriser ou approuver la vente : délibération du conseil municipal, arrêté du préfet ou du chef de l'État, la juridiction administrative est seule compétente pour en connaître en vertu du principe de la séparation des pouvoirs, qui, cette fois, trouve son application.

Mais un recours contre ces actes ne serait recevable qu'autant qu'il serait fondé sur un excès de pouvoirs ou un vice de forme. Ce serait vainement qu'on prétendrait les faire annuler par le motif qu'ils auraient porté atteinte aux droits des tiers, ou qu'ils auraient autorisé une mesure contraire aux intérêts de la commune.

2703. En ce qui touche les intérêts de la commune, l'administration active a seule compétence pour les apprécier, et ses décisions à ce sujet ne peuvent être attaquées par la voie contentieuse (2).

2704. En ce qui touche les droits des tiers, ils ne peuvent jamais se trouver lésés par les autorisations émanées des préfets ou du chef de l'État, parce que ces actes ne sont que des actes de tutelle, dont le seul effet est de donner capacité à la commune pour contracter, et qu'ils ne font jamais obstacle à ce que les tiers qui se prétendent lésés fassent valoir leurs droits devant les tribunaux civils (3).

2705. La vente d'objets mobiliers appartenant aux communes doivent avoir lieu dans les mêmes formes, et en obtenant les mêmes autorisations que les ventes de biens immeubles.

2706. La vente des biens communaux ne peut être opérée par autorité de justice. Lorsqu'un créancier veut faire exécuter sur les biens meubles ou immeubles un titre exécutoire, il doit s'adresser à l'administration qui examine s'il y a lieu d'autoriser la vente des biens communaux, autres que ceux servant à un usage public, et qui, en cas d'affirmative, détermine par un décret les formes de l'aliénation (4).

---

(1) En ce sens, Aucoc, *loc. cit.*; Nancy, 14 mai 1833. — Considérant que si Nicolas Rigolot a promis à la commune de Godoncourt de lui vendre sa maison, il n'y a pas eu de la part de la commune promesse d'acheter; que la délibération du conseil municipal, du 15 avril 1830, d'où l'intimé veut faire ressortir un lien de nature à obliger la commune, n'est qu'un acte purement administratif, qui n'a rien de synallagmatique et qui pouvait toujours être révoqué; que le conseil municipal de la commune de Godoncourt qui, alors, était dépourvue d'autorisation, ne pouvait pas plus promettre d'acheter qu'acheter, car ces deux droits aboutissent l'un et l'autre à une aliénation de propriétés communales excédant les pouvoirs sagement départis à ces corps; que la délibération dont il s'agit ne contient qu'un simple projet qui ne saurait être confondu avec une promesse réciproque et irrévocable; — Que, quelles que soient les expressions qui se rencontrent dans cette délibération, la déclaration faite par les membres du conseil municipal présents, qu'ils ont accepté l'offre de la vente de la maison de Nicolas Rigolot ne peut s'entendre que d'une acceptation administrative, qui n'est qu'une opinion de conseil municipal, consignée dans un acte étranger à Rigolot et qui ne constitue pas à son égard un engagement; — Qu'il est improposable de vouloir qu'une commune vende ou achète par simple délibération; que, d'ailleurs, c'est le maire seul qui a droit de contracter au nom de la commune, et que le conseil municipal n'a qu'un droit de délibération, jamais un droit d'action; — Que l'ordonnance du roi du 26 novembre 1830, qui autorise la commune de Godoncourt à acquérir la maison de Rigolot, n'a pour résultat que de lever l'incapacité de cette même commune, mais qu'elle n'équivaut pas à un contrat, qu'elle met seulement la commune en situation de contracter; que tout ce qui peut résulter de cette ordonnance, c'est que sous son influence, le sieur Rigolot aurait pu passer vente ou promesse de vente, mais qu'il est impossible de la considérer comme ayant transformé une promesse de vente synallagmatique des actes qui n'ont été que de simples projets; — Met l'appellation et ce dont est appel au néant; déboute Rigolot de sa demande.

(2) Déc. min. int. 1861, *Bull. off.* p. 207.
(3) Cons. d'Et. cont. 9 juin 1859, L., p. 449; Cons. d'Et. cont. 14 décembre 1859, L., p. 720.
(4) Cons. d'Et. int. 17 juillet 1833.
(5) Cons. d'Et. cont. 3 décembre 1828; Cons. d'Et. cont. 20 juin 1835; Cons. d'Et. 17 août 1835; Cons. d'Et. 20 juin 1837; Cons. d'Et. cont. 21 décembre 1854; Cons. d'Et. cont. 10 février 1859. — Considérant que l'acte par lequel la commune de Moulins-le-Carbonnel a cédé au sieur Paul Ragot des parcelles de terrain retranchées de chemins communaux ne peut être considéré comme un acte administratif dont il serait interdit à l'autorité judiciaire de connaître, d'après les lois sur la séparation des pouvoirs; que cette convention, bien que passée dans la forme administrative, est un contrat de droit commun dont l'interprétation et l'application appartiennent à l'autorité judiciaire; qu'il suit de là que c'est à tort que le tribunal civil de Mamers a renvoyé les parties devant l'autorité administrative pour faire reconnaître le seul droit ou partie du terrain délaissé par suite de la rectification de la route nationale, n° 133, c'est à l'autorité judiciaire qu'il appartient de statuer sur sa réclamation. — Rejet.

En ce sens, Cons. d'Et. cont. 12 mars 1863 (voy *supra*, n° 2692); Cons. d'Et. cont. 4 août 1864 (voy. *supra*, n° 2692); Cons. d'Et. 9 janvier, L., p. 5; Cons. d'Et. cont. 23 janvier 1878; Cons. d'Et. cont. 7 mars 1878. — Considérant que si le requérant est fondé à soutenir que l'aliénation consentie par la commune au profit du sieur Lajoux, par acte notarié du 8 août 1872, n'a pas été précédée de l'enquête prescrite par la loi, notamment d'une enquête, s'il prétend, en outre, avoir des droits de propriété ou de préemption à exercer sur tout ou partie du terrain délaissé par suite de la rectification de la route nationale, n° 133, c'est à l'autorité judiciaire qu'il appartient de statuer sur sa réclamation. — Non recevable.

En ce sens, Cons. d'Et. cont. 31 janvier 1879, L., p. 93; Cons. d'Et. cont. 21 novembre 1879, L., p. 724; Cons. d'Et. cont. 19 décembre 1884. — Considérant que par sa délibération du 3 octobre 1880, approuvée par arrêté préfectoral du 30 septembre 1882, le conseil municipal de Bône-Albertos, a accepté la cession faite par les époux Delevean à la commune, d'un puits muni de pompes, d'un lavoir, d'un terrain et d'une source capitale nécessaire à l'achat d'une rente annuelle sur l'Etat de 25 francs, et leur a concédé d'autre part, le surplus des eaux, qui ne seraient pas utilisées par la population de la commune, d'une source à elle appartenant; — Considérant que ces conventions constituent un contrat de droit civil, et que l'arrêté par lequel le préfet des Bouches-du-Rhône les a approuvées ne pouvait faire un obstacle à ce que les requérants, s'ils s'y croyaient fondés, en demandassent l'annulation devant l'autorité judiciaire. — Non recevable.

(1) Cons.d'Et. cont. 9 janvier 1867, D. P. 68.5.84; Cons. d'Et. cont. 13 novembre 1874, L., p. 854; Cons. d'Et. cont. 15 novembre 1878, 79.3.28.
(2) Cons. d'Et. cont. 20 juillet 1836; Cons. d'Et. cont. 4 avril 1861; Cons. d'Et. cont. 26 décembre 1862.
(3) Cons. d'Et.cont. 14 décembre 1836; Cons. d'Et. cont. 18 décembre 1855.
(4) L. 5 avril 1884, art. 110.

En bonne règle administrative, la vente ne doit avoir lieu que lorsque les finances obérées de la commune ne permettent pas de désintéresser le créancier au moyen des excédents de recettes ou au moyen d'une imposition extraordinaire établie pour gager un emprunt contracté à cet effet.

SECTION IV.

DES ÉCHANGES.

2707. Les communes peuvent acquérir ou aliéner des biens mobiliers ou immobiliers par la voie d'un échange.

L'échange est un contrat par lequel les parties se donnent respectivement une chose pour une autre. L'échange diffère de la vente en ce que le prix n'est pas fixé en argent, chacune des choses, dans l'échange, est à la fois le prix de la chose vendue, et la chose vendue.

Il est procédé pour les échanges communaux comme pour les aliénations de gré à gré et les acquisitions. Les autorisations et les formalités sont celles que nécessitent chacune des deux autres (1). Mais il n'est pas besoin de dire qu'il ne saurait y avoir de cahier des charges et que la soumission de l'échangiste remplace la soumission de l'acquéreur. L'acte d'échange présente du reste tous les caractères d'un contrat civil, et est soumis aux mêmes règles de compétence que les contrats de vente (2).

SECTION V.

DES BAUX.

2708. Les baux des communes sont soumis à des règlements particuliers. On les appelle baux administratifs, parce que l'administration est toujours chargée de les passer et d'en surveiller l'exécution.

Les baux des communes diffèrent par la nature des objets auxquels ils s'appliquent, mais qui tous appartiennent au contrat de louage. Ainsi, les communes peuvent : 1° donner à loyer des bâtiments ou usines, ou à ferme, soit des biens ruraux, soit les droits de chasse ou de pêche, soit l'exploitation des sources d'eaux minérales ; 2° affermer des entreprises de fournitures ou services communaux, tels que la perception des droits d'octroi, des droits de location de places dans les halles et marchés, ou de pesage, mesurage et jaugeages publics, l'éclairage de la commune, l'entretien du pavé, le balayage, l'arrosage, l'enlèvement des boues et immondices, etc.; 3° enfin, prendre à loyer les immeubles qui leur sont nécessaires pour les services communaux.

Nous ne nous occuperons ici que des baux à ferme ou à loyer concernant les biens communaux proprement dits et des baux à prendre par les communes. Quant à ceux qui ont pour objet la perception de certaines taxes, ou des fournitures et services publics, les règles relatives à ces baux étant différentes pour chacun d'eux, il en sera traité plus loin.

2709. Les baux communaux à loyer se distinguent des baux communaux à ferme, en ce que les premiers concernent les maisons ou bâtiments, et les seconds des biens ruraux proprement dits.

La mise en ferme des biens communaux, et surtout des

biens ruraux, a été recommandée de tous temps par l'administration supérieure, comme le plus sûr moyen d'accroître les ressources communales en améliorant le fonds de la propriété. Il convient que la durée des baux ne dépasse que rarement 18 ans et n'excède jamais 30 années, afin que les communes ne soient pas privées trop longtemps de la libre disposition de leurs ressources et puissent ainsi réaliser les améliorations qui seraient commandées par l'intérêt public (1).

2710. Aux termes des articles 16 et 17 de la loi du 18 juillet 1837 et de la loi du 24 juillet 1867, le conseil municipal réglait par ses délibérations les conditions des baux à ferme ou à loyer dont la durée n'excédait pas 18 ans pour les biens ruraux et 9 ans pour les autres biens et, en outre, mais seulement lorsqu'il était d'accord avec le maire, les conditions des baux à loyer des maisons et bâtiments appartenant à la commune, et dont la durée excédait neuf ans, pourvu qu'elle ne dépassât pas dix-huit ans.

Dans ces deux cas, le maire devait avertir les habitants, par la voie des annonces et publications usitées dans la commune, qu'ils pouvaient se présenter à la mairie pour prendre communication de la délibération.

La loi du 5 avril 1884 a modifié cette législation. Des dispositions combinées des articles 61 et 68, il résulte qu'il n'y a plus de distinction à établir entre la ferme des biens urbains et des biens ruraux, et le conseil a le pouvoir de régler par ses délibérations tous les baux dont la durée n'excède pas dix-huit ans.

2711. Le pouvoir réglementaire du conseil cesse s'il s'agit d'un bail à ferme ou à loyer excédant dix-huit ans ; la délibération doit alors être soumise à l'approbation du préfet, qui statue en conseil de préfecture.

2712. La circulaire du ministre de l'intérieur du 5 mai 1852 recommandait aux préfets d'exiger que les baux des biens communaux soumis à leur approbation fussent précédés des formalités suivantes : enquête de commodo et incommodo, expertise, rédaction d'un cahier des charges, mise aux enchères publiques. Rien dans la loi du 5 avril 1884 ne modifie cette jurisprudence.

La mise en ferme des biens communaux de toute nature doit donc, à moins d'autorisation contraire, avoir lieu par adjudication publique, à la chaleur des enchères, sous les clauses et conditions insérées dans un cahier des charges dressé par le maire et homologué par le préfet, sur l'avis du sous-préfet. Le cahier des charges détermine le mode et les conditions du payement à faire par l'adjudicataire, ainsi que les garanties que celui-ci doit fournir. Il doit y être stipulé, conformément à la loi du 26 germinal an XI, que les fermiers ou locataires seront tenus de payer, à la décharge de la commune, le montant des impositions assises sur les biens.

2713. Le maire doit donner communication de ce document au receveur municipal (2). Il est même utile que le maire se concerte préalablement avec ce comptable, pour dresser les projets de cahiers des charges à soumettre à la délibération du conseil municipal.

2714. Aux termes de la loi du 5 novembre 1790, les baux sont annoncés un mois d'avance par des publications, de dimanche en dimanche, à la porte des églises paroissiales de la commune et à celles des principales églises les plus voisines, et par des affiches, de quinzaine en quinzaine, aux lieux accoutumés.

2715. Après que les publications nécessaires ont été faites, il est procédé à l'adjudication par le maire, conformément aux prescriptions de l'article 89 de la loi de 1884.

2716. La loi du 5 avril 1884, articles 61 et 68, a supprimé toute distinction au point de vue de l'autorisation entre les baux donnés à loyer ou ceux pris à ferme par la commune. Les uns comme les autres sont réglés par le conseil municipal, si leur durée ne dépasse pas dix-huit ans. L'approbation préfectorale n'intervient que si la durée du bail est plus longue ; elle doit alors être donnée en conseil de préfecture.

---

(1) L. 5 avril 1884, art. 68 et 90.
(2) Cons. d'Et. cont. 9 avril 1868, L. p. 395 ; Cons. d'Et. cont. 3 août 1877. — Sur les conclusions de la dame de Maucomble, tendant à l'annulation de l'arrêté du 8 mai 1875, par lequel le préfet a approuvé l'acte d'échange passé entre ladite dame et la commune de Lévis ; — Considérant que par cet arrêté, le préfet s'est borné à approuver l'échange ci-dessus mentionné, et que c'est aux tribunaux qu'il appartient de connaître des difficultés qui peuvent s'élever sur la validité et la portée de cette convention. — Rejet.

---

(1) Circ. int. 5 mai 1852.
(2) L. 5 avril 1884, art. 153 ; Inst. gén. fin., art. 855.

Dans ce cas, le bail est proposé par le maire au conseil municipal. Si le conseil approuve la proposition, il délibère sur les conditions et vote le crédit nécessaire pour payer le prix du loyer.

2717. Le maire fait souscrire une promesse de bail par le propriétaire de l'immeuble. La délibération du conseil municipal et la promesse de bail sont envoyées au sous-préfet, qui nomme un expert chargé de donner des renseignements sur l'état et la disposition de l'immeuble, ainsi que sur sa valeur locative, et fait ouvrir une enquête de *commodo et incommodo*, en désignant pour remplir les fonctions de commissaire enquêteur, une autre personne que le maire de la commune.

2718. S'il s'élève des réclamations ou oppositions, le procès-verbal d'enquête est communiqué au conseil municipal, qui modifie ou maintient sa première résolution.

2719. Le maire transmet ensuite au sous-préfet les délibérations du conseil municipal, le procès-verbal d'enquête, l'avis du commissaire enquêteur et le budget de la commune. Le sous-préfet y joint son avis, et, s'il y a lieu, le préfet autorise, par un arrêté, la commune à prendre l'immeuble à loyer. Cette approbation comme celle donnée en cas d'acquisition ou d'aliénation par la commune, n'est qu'un acte de tutelle administrative non susceptible de recours contentieux (1).

2720. Ces actes de baux doivent être enregistrés dans le délai de vingt jours, après celui où l'arrêté approbatif du préfet est parvenu à la marine (2).

2721. Les actes de location faits par la commune devaient, aux termes de l'article 4 de l'ordonnance du 7 octobre 1818, être passés par-devant notaire. Mais la loi de 1837, et celle de 1884 n'ayant pas reproduit cette disposition, on la considère comme abrogée. Les actes peuvent donc être constatés soit par des sous-seings privés, soit par des actes notariés, soit par des procès-verbaux d'adjudication, sauf à l'autorité supérieure, au cas où les conventions sont soumises à son approbation, à prescrire l'intervention des officiers ministériels dans les cas particuliers où elle lui semblerait nécessaire.

2722. Les communes sont autorisées à affermer le droit de chasse sur les biens et dans les bois qu'elles possèdent alors même que ces derniers sont soumis au régime forestier et le droit de pêche sur les cours d'eau et étangs qui leur appartiennent ; mais elles ne sauraient concéder gratuitement à des particuliers le droit de chasser sur leurs propriétés, alors que la location de ce droit, soit à l'amiable, soit par voie d'adjudication, peut devenir pour elles une source parfois importante de revenus (4).

2723. La location des droits de chasse a lieu comme celle de tous les biens communaux, c'est-à-dire dans la forme et avec les conditions prescrites par les lois et règlements relatifs aux baux administratifs des communes. L'adjudication est faite conformément à un cahier des charges dressé d'après la délibération du conseil municipal ou de la commission administrative qui a réglé les clauses et conditions du bail. Les baux sont ordinairement consentis pour neuf ans, du 1er juillet de la première année au 30 juin de la neuvième. Chaque adjudicataire est tenu de donner une caution reconnue solvable, laquelle s'oblige solidairement avec lui à toutes les clauses et conditions du bail, faute de quoi il est déchu de l'adjudication. Le prix du fermage est payé chaque année et d'avance dans la caisse du receveur de la commune ou de l'établissement en deux termes égaux, l'un le 1er juillet et l'autre le 1er janvier. —

2724. Les maires ainsi que les receveurs, ne peuvent se rendre adjudicataires des droits de chasse dans les bois des communes et établissements dont ils gèrent les revenus (1).

2725. Avant la signature du procès-verbal d'adjudication, les fermiers doivent désigner les personnes qu'ils ont l'intention de s'adjoindre dans la jouissance de leur bail, et il doit en être fait mention au procès-verbal.

2726. Les adjudicataires des droits de chasse n'ont pas le droit d'introduire, à titre particulier, des surveillants, quels qu'ils soient, dans les forêts. Les agents forestiers ont seuls mission d'assurer l'exécution des lois et des règlements sur la chasse et celles des clauses spéciales des adjudications de ce droit. Il importe que les administrateurs adressent aux agents forestiers locaux une expédition du procès-verbal d'adjudication des droits de chasse ainsi que les clauses qui les régissent afin de les mettre à même d'en assurer l'exécution (2).

2727. Les communes peuvent aussi affermer par le même acte ou séparément, le droit de chasse sur leurs propriétés autres que les bois et sur celles des propriétaires qui renoncent à ce droit au profit de la caisse municipale. L'acte par lequel plusieurs propriétaires, en renonçant à l'exercice personnel du droit de chasse sur leurs propriétés, donnent leur consentement à ce que ce droit soit affermé dans l'intérêt de la commune, n'est assujetti qu'à un droit fixe de 2 francs quel que soit le nombre des propriétaires qui y concourent.

2728. Les baux communaux constituent, malgré l'approbation administrative nécessaire à la validité, des contrats de droit commun qui ne peuvent être appréciés que par les tribunaux civils (3).

SECTION VI.

PARTAGES.

2729. Les communes ou les sections de communes peuvent posséder des biens indivis, soit avec des particuliers, soit avec d'autres communes, soit avec d'autres sections. En cette occurrence, l'administration, bien loin de s'opposer aux partages, les favorise : l'article 815 du Code civil, aux termes duquel nul n'est tenu de rester dans l'indivision a proclamé une règle sage, applicable aux personnes civiles aussi bien qu'aux individus.

Mais les règles qui doivent présider aux formations de lots sont différentes selon qu'il s'agit d'indivis existant entre les communes ou les sections et des particuliers, ou entre communes ou sections.

2730. Au premier cas, les seules règles applicables sont celles de la loi civile ; et quant au fond et quant à la forme on doit suivre les prescriptions de la section I, du chapitre VI, du livre III, du Code civil. Si les droits des parties sont fixés par des titres on exécute les stipulations qui y sont inscrites ;

---

(1) Cons. d'Ét. cont. 29 décembre 1858, L., p. 769.
(2) Ord. 7 octobre 1818, art. 5 ; Déc. min. int. 31 décembre 1838.
(3) Déc. min. 1863, *Bull. off.*, p. 174 (Voy. *Supra*, n° 1980).
(4) Déc. min. int. 1857, *Bull. off.* 1857, p. 259 ; Chambéry, 22 décembre 1886 ; Cass. crim. 4 mai 1835. — La Cour, Vu les articles 1 et 11 de la loi du 3 mai 1844 ; — Attendu, en droit, qu'aux termes de ces articles, nul ne peut chasser sur le terrain d'autrui, sans le consentement du propriétaire, sous peine de 16 à 100 francs d'amende ; — Attendu que les communes ne peuvent concéder des permissions qu'en observant les formes administratives, soit que l'on considère l'arrêté du 5 prairial an XIII, comme étant toujours en vigueur, soit qu'on admette son abrogation et son remplacement par la loi du 18 juillet 1837 ; — Attendu, en fait, qu'il était constaté par un procès-verbal régulier et qu'il a été tenu pour constant par le jugement attaqué, que l'Anorse et Capdeponi ont été trouvés chassant dans un bois soumis au régime forestier, appartenant à la commune de Saugnac ; — Que cependant, quoique les prévenus ne représentassent aucun acte dit administratif, portant concession à leur profit du droit de chasser dans cette forêt, le jugement attaqué les a relaxés des poursuites dirigées contre eux par l'administration forestière pour délit de chasse sans la permission du propriétaire, se fondant sur ce que la commune de Saugnac laissait depuis longtemps ses habitants chasser dans ses bois, ce qui encourageait les demandes de permis de chasse et profitait ainsi indirectement à la caisse communale ; — Attendu que, en donnant ainsi à une ancienne usage et à une tolérance abusive l'effet qui n'appartient qu'aux actes légalement dressés, le jugement attaqué (du tribunal correctionnel supérieur de Mont-de-Marsan, du 17 janvier 1885) a contrevenu aux règles administratives et violé en ne l'appliquant pas, l'article 11 de la loi du 3 mai 1844. — Casse.

(1) C. for., art. 101.
(2) Circ. min. int. 4 novembre 1850 ; Cir. ord. for. 30 octobre 1867.
(3) Trib. conf. 10 janvier 1851, L., p. 23 ; Cons. d'Et. cont. 1er février 1855, L., p. 89 ; Cons. d'Et. cont. 1er août 1867, L., p. 726. (Voy. *Supra*, n° 2092 et suiv.)

à défaut de titre déterminant les droits individuels, on partage par parties égales entre copartageants. Nous n'avons point de développements à donner à cet égard.

2731. Lorsqu'une commune se trouve dans l'indivision avec un particulier, le partage doit-il être fait en justice ? La commune, dûment autorisée par l'autorité administrative compétente, peut-elle figurer dans un partage amiable ? Sur ces questions, on trouve, dans des ouvrages pratiques, des notions qui ne nous paraissent pas exactes. On lit notamment dans un volume sur les liquidations et partages, publié il y a peu d'années, ce qui suit : « lorsque l'indivision existe entre un particulier et l'Etat, une commune, un hospice ou autre établissement public, en qualité de donataire, de légataire ou à tout autre titre, le partage ne peut être fait qu'en justice, en raison de ce que les établissements publics sont compris parmi les incapables : l'autorisation administrative serait insuffisante pour dispenser des formes judiciaires. »

Nous ne croyons pas cette opinion exacte. Il est bien vrai que la commune est, à certains points de vue, un incapable ; mais son incapacité est d'une nature particulière, et les règles à suivre pour habiliter la commune ou pour la forme des actes auxquels elle est intéressée doivent être puisées, non dans le droit commun, mais dans la législation spéciale. Ce serait évidemment une erreur juridique que de vouloir étendre aux commune à un mineur et de lui appliquer les règles ordinaires de la tutelle. Si la commune est soumise à une tutelle, c'est à la tutelle administrative, en ce sens que les représentants de la commune ne peuvent faire certains actes sans l'approbation et l'autorisation de l'autorité administrative supérieure. Voilà à quel point de vue la commune est incapable. Mais aucune disposition de la loi ne permet d'étendre aux communes les formes spéciales établies par la loi civile pour la vente des biens de mineurs, ou pour le partage, lorsque les mineurs y sont intéressés. On arriverait autrement à ce résultat de soumettre les communes à la fois aux formalités établies par les lois administratives et aux formalités établies par la loi civile, ce qui est inadmissible.

C'est donc la loi administrative seule que nous devons interroger pour déterminer les conditions de forme des actes dans lesquels la commune est intéressée. L'organisation municipale est aujourd'hui régie par la loi du 5 avril 1884, et cette loi contient, en ce qui touche les contrats auxquels la commune est partie, les dispositions suivantes. Aux termes de l'article 90, « le maire est chargé sous le contrôle du conseil municipal et la surveillance de l'administration supérieure..., 7° de passer, dans les mêmes formes (c'est-à-dire dans les formes établies par les lois et règlements, et par les articles 68 et 69 de la loi), les actes de vente, échange, partage, acceptation de dons ou legs, acquisition, transaction, lorsque ces actes ont été autorisés conformément à la présente loi. » Aux termes de l'article 68, un certain nombre d'actes, parmi lesquels nous relevons les aliénations et échanges des propriétés communale, ne peuvent être faits par le maire, en vertu de la délibération du conseil municipal, qu'autant que cette délibération a été approuvée par l'autorité supérieure, c'est-à-dire dans la plupart des cas par le préfet. Voilà la seule condition imposée à la commune pour l'aliénation des propriétés communales : la délibération du conseil municipal qui autorise le maire à consentir la vente doit être approuvée par l'autorité supérieure. Au surplus, la commune, régulièrement autorisée, peut vendre à l'amiable ou par adjudication en forme administrative, suivant les circonstances. Personne ne soutiendrait, en présence des dispositions de la loi, que la commune ne peut vendre ses immeubles qu'en suivant les formes établies par le Code civil ou le Code de procédure civile pour les ventes de biens de mineurs.

Cela étant, il n'est point admissible que le partage, qui est un acte d'une gravité moindre soit soumis à des formes plus solennelles. Et, en effet, on chercherait vainement soit dans la loi de 1884, soit dans d'autres dispositions législatives, un texte qui soumette les communes à l'obligation de procéder, dans tous les cas, à un partage judiciaire. Nous n'avons pas besoin d'ajouter que cette solution ne saurait s'induire des dispositions du Code civil (1).

2732. Au second cas, c'est-à-dire si l'indivision existe entre communes ou sections, les dispositions qui règlent tant le fond des droits que les formes de l'opération sont profondément différentes, et il y a lieu à l'application de lois spéciales.

Toute commune à laquelle préjudicie l'état d'indivision peut exiger qu'il y soit mis fin. C'est au conseil municipal qu'il appartient de prendre l'initiative de la mesure. La loi du 18 juillet 1837, article 19 et 20, et le décret du 25 mars 1852, soumettaient la délibération intervenue, à cet effet, à l'approbation du préfet qui pouvait, s'il le croyait préférable dans l'intérêt de la commune, la laisser dans l'indivision. M. Morgand, dans son commentaire de la loi municipale, estime que cette disposition est encore en vigueur. Nous ne le pensons pas. La loi de 1884 qui a déterminé les pouvoirs respectifs des conseils municipaux, des maires et des préfets, ne s'occupe des partages communaux que dans deux articles : l'article 90 qui charge le maire de préparer les actes de partage, et l'article 162 qui réserve aux conseils municipaux — en les enlevant aux commissions syndicales intercommunales (Voy. n° 2992) — l'approbation de la convention en autorisant seulement le président de la commission à passer l'acte. Dès lors la délibération tombe sous l'application de l'article 68, aux termes duquel le conseil municipal règle les affaires de la commune.

M. Morgand place sur la même ligne les délibérations de la demande de partage et celles qui ont pour objet soit une aliénation, soit un échange. Mais, en droit, on ne saurait accepter cette assimilation : les aliénations et les échanges comportent des mutations de propriété, et l'on comprend que les décisions des conseils soient subordonnées à une approbation préalable préfectorale; il n'en est pas de même du partage qui, d'après une jurisprudence bien établie, est simplement déclaratif et non attributif de propriété.

On comprend, d'ailleurs, que le législateur n'ait pas exigé un examen contradictoire de la part du préfet de la question de l'opportunité d'un partage, puisque toutes nos lois proclament que le partage est de droit, et que nos principes économiques affirment que l'indivision est un état contraire aux intérêts bien entendus des individus et des communautés propriétaires.

Nous croyons donc quant à nous que, lorsque le conseil municipal réclame qu'il soit procédé aux opérations de partage des biens indivis de la commune, l'autorité supérieure peut, sans doute, peser sur lui de ses conseils autorisés, mais ne saurait refuser une approbation qui n'est pas exigée.

2733. Quelles sont les bases sur lesquelles on doit procéder au partage des biens indivis des communes? Est-ce en raison de l'étendue des territoires, ou en raison de la population ? — Comme pour les biens dont l'usage collectif est attribué aux habitants de la commune, le partage doit avoir lieu par feux (2). C'est même à propos d'un partage de propriété de biens indivis qu'ont été rendus les deux avis du Conseil d'Etat du 20 juillet 1807 et du 26 avril 1808 dont nous avons dû examiner ci-dessus, n° 2328, la doctrine et l'histoire.

2734. Le nombre de feux qui doit être pris en considération est celui que compte chacune des communes indivises au moment où il est demandé le partage.

2735. Mais cette règle, pour les partages de fonds, comme pour les partages de jouissance, doit céder aux stipulations des titres des parties déterminant leurs droits respectifs. C'est ce que la Cour de cassation a constamment décidé (3).

2736. La possession peut elle suppléer aux titres? Cela ne nous semble pas douteux. La possession, quand elle s'est

(1) En ce sens, *Dictionnaire du Notariat*, Voy. COMMUNE.
(2) Cass. civ. 7 août 1849, D. S. 49.1.320.
(3) Cass. civ. 13 mai 1840; Cass. civ. 12 avril 1841; Cass. civ. 21 janvier 1852, D. P. 52.1.276; Cass. civ. 26 mai 1869, D. P. 69.1.319; Cass. civ. 17 décembre 1872, D. P. 73.5.111.

perpétuée *dans les conditions établies par la loi*, équivaut à un titre, or, nous savons que le partage est déclaratif et non attributif de propriété : *prescription vaut titre*, dit le brocard. Dès lors, on ne peut contester le droit de la commune qui revendique une part autre que celle que lui attribue la loi administrative, et nous ne devons pas admettre la doctrine suivie par la Cour de cassation dans divers arrêts (1).

2737. Dans le partage administratif on fait une exception à la règle du partage par feux que nous venons de rappeler, lorsque les biens à partager sont des biens à destination charitable déterminée par le titre constitutif de propriété. Dans ce cas, à raison de l'affectation spéciale des biens, le partage est opéré en tenant compte, non du nombre de feux, mais de celui des habitants (2). Les motifs de l'exception se comprennent et ils sont louables. Mais la mesure est-elle légale ? Nous en doutons.

2738. La législation ne contient qu'un très petit nombre de règles spéciales sur les formes à suivre en matière de partage de biens indivis entre communes et sections.

L'article 3 de la section IV de la loi du 10 juin 1793 porte que les communes copropriétaires nomment chacune leur expert, et l'article 4 ajoute que, en cas de division entre les deux experts, un tiers expert est nommé par le directoire du département.

Ces articles sont encore en vigueur et un préfet ne doit pas nommer les experts sans avoir mis chacune des communes en demeure de désigner le sien (1).

2739. Mais comment devrait-on procéder dans le cas où cinq ou six communes seraient copropriétaires d'un bien indivis ? Nous ne pensons pas que chacune d'elles dût désigner son expert. Une tierce expertise serait impossible s'il y avait plus de deux experts nommés par les communes. Elles devraient donc s'entendre pour désigner deux experts, et la serait seulement au cas où elles ne se seraient pas entendues que le préfet pourrait désigner ces deux experts et, en outre, au besoin, le tiers expert.

2740. Comment doivent être formés les lots ? doivent-ils être tirés au sort ? Peut-on, dans le silence des lois spéciales, suivre les règles de droit civil établies pour les partages de biens indivis entre les articles 832 à 835 du Code Napoléon ? Celles-ci, on le sait, se résument ainsi : on doit, dans la composition des lots, faire entrer autant que possible la même quantité d'immeubles ou de meubles de même nature et valeur. L'inégalité des lots en nature se compense par un retour ou soulte, soit en rente, soit en argent. Enfin, si les copropriétaires sont d'accord, les lots peuvent être faits en raison des convenances de chacun d'eux et répartis par voie d'attribution. Mais, s'il n'y a pas accord, ils doivent être tirés au sort.

Ces règles ne sauraient être strictement appliquées quand il s'agit de partager des biens indivis entre des communes ou sections. La situation spéciale des communes, qui ne sont pas maîtresses de leurs ressources comme les particuliers et qui ne peuvent, sans inconvénient, avoir des propriétés sur le territoire de communes voisines, surtout quand il s'agit de propriétés dont la jouissance en nature est laissée aux habitants, doit entraîner des dérogations aux règles du droit commun, qu'il appartient à l'administration supérieure d'indiquer selon les cas.

2741. Le projet de partage doit-il être soumis à une enquête de *commodo* et *incommodo* ? On a coutume d'y procéder. Mais nous ne saurions considérer que l'omission de cette formalité, qui peut toujours avoir lieu, puisse entraîner la nullité de la délibération municipale et être considérée comme constituant une violation de la loi aux termes de l'article 63 de la loi de 1884. En effet, l'enquête n'est prescrite par aucune loi ou règlement, et, en outre, comme la cessation de l'indivision peut être exigée comme un *droit*, il

---

(1) Cass. civ. 21 janvier 1852 ; Cass. civ. 26 août 1856. — La Cour, Sur le moyen relatif au chef qui concerne la propriété des îles et brotteaux en litige ; — Attendu que l'interprétation que l'arrêt attaqué a cru devoir donner aux termes de l'acte de concession de juin 1839 rentrait, par sa nature même, dans le domaine exclusif de la cour impériale et qu'elle échappe à la censure de la Cour de cassation ; — Que, d'ailleurs, ce n'est que surabondamment que cet acte a été invoqué par ledit arrêt qui a déclaré que, d'après d'autres titres anciens et les déclarations postérieures des biens et dettes des communes, on ne saurait douter que le hameau ou section de Châtillon-la-Palud avait sa part indivise, avec la commune de Saint-Maurice-de-Remens et la section de Bublanc dans les îles et brotteaux en litige ; — Attendu que si, après avoir ainsi reconnu aux titres cette communauté de droits de propriété indivise dans les terrains dont il s'agit entre les trois communes ou sections de communes précitées, l'arrêt attaqué pour repousser la prescription trentenaire prétendue sur ces mêmes terrains par la commune de Saint-Maurice-de-Remens à son profit et au profit de la commune de Bublanc, contre la section de Châtillon-la-Palud, a dit que la possession n'a pu, la commune est indivise qu'elle était entre les trois communes, devenir séparée et exclusive en faveur des deux premières communes, qu'en vertu d'un titre qui en aurait changé le caractère et la nature, ledit arrêt a immédiatement ajouté : « — Qu'il résulte, en outre, de l'enquête à laquelle il a été contradictoirement procédé, que lors même que les habitants de Châtillon-la-Palud n'auraient pas fait des actes de possession sur les communes dont il s'agit, aussi nombreux que ceux de la commune de Saint-Maurice-de-Remens et de Bublanc, il est toutefois certain qu'ils en ont fait quelques-uns, soit en y menant des bestiaux pâturer, soit en y coupant du bois, et surtout en y plantant des vergines, actes qui ne pouvait être fait qu'à titre de propriétaire. » — Attendu, en droit, que si, à la différence du fermier, de l'usufruitier, de l'usager, qui détiennent la chose à titre précaire, et ne peuvent se changer à eux-mêmes la cause et le principe de leur possession, la communauté qui, en cette qualité, possède la chose *animo domini* comme propriétaire n'a pas besoin d'un titre nouveau pour la prescrire en totalité au regard et au préjudice de son co-communiste, il faut du moins que sa possession ait été pendant tout le temps requis pour prescrire, exclusive de tous actes de possession de celui-ci ; — Attendu que tel n'a point été, d'après les faits constatés par l'arrêté attaqué et qui viennent d'être rappelés, le caractère de la possession de la commune de Saint-Maurice-de-Remens sur les îles et brotteaux en litige, et qu'ainsi ledit arrêt a pu, d'après ces faits, repousser l'exception de prescription invoquée par cette commune contre la commune de Châtillon-la-Palud relativement auxdites îles et brotteaux ; qu'en cela, ledit arrêt, loin de violer les articles 2220, 2230 et 2236 du Code Napoléon en a fait une juste application.

Mais en ce qui concerne le deuxième moyen du pourvoi dirigé contre les dispositions de l'arrêt attaqué, statuant sur le mode et les opérations de partage desdites îles et brotteaux entre les trois communes et sections de communes co-propriétaires ; — Vu l'article 1er, section 5 de la loi du 10 juin 1793, les articles 19, 46 de la loi du 18 juillet 1837, et la loi du 16 frimaire an III.—Attendu que l'autorité administrative est seule compétente pour statuer sur le mode de partage des biens communaux, ainsi que sur les opérations et les partages et sur les contestations auxquelles elles peuvent donner lieu. — Qu'en nommant pour faire le partage et à défaut de convention des communes sur ce point, des experts dont il a indiqué les opérations ou la mission, sauf aux communes à revenir devant le tribunal ou la cour pour faire statuer sur le mérite du rapport des experts et être envoyées en possession des parties des communaux qui seront attribuées à chacune d'elles, ou qui auront été rectifiées par le tribunal ou la cour, l'arrêt attaqué a excédé sa compétence et formellement violé les lois précitées. — Attendu que ce moyen qui intéresse l'ordre des juridictions, est d'ordre public ; que le tribunal et la cour impériale auraient dû le suppléer et qu'il peut être invoqué pour la première fois devant la cour de cassation, même par la commune de Saint-Maurice-de-Remens, quoi que ce soit celle qui, par des conclusions formelles, saisit le tribunal et la Cour de la connaissance du mode des opérations du partage. — Rejette le pourvoi en ce qui concerne le chef de l'arrêt attaqué rendu par la Cour impériale de Lyon, le 3 avril 1854, qui a déclaré que les habitants de la section de Châtillon-la-Palud co-propriétaires, avec la commune de Saint-Maurice-de-Remens et la section de Bublanc, des îles et brotteaux, que le partage était poursuivi entre ces deux dernières communes et les dispositions accessoires à ce chef. — Casse et annule.

En ce sens, Dijon, 9 août 1867, D.S. 70.1.150.
(2) Déc. min. Int. 1860. *Bull. off.* 1860, p. 73.

(1) Cons. d'Et. cont. 10 septembre 1864 ; Cons. d'Et. cont. 29 août 186., — Considérant, d'une part, que, d'après les articles 3 et 4 de la section 4 de la loi du 10 juin 1793, lorsqu'il s'agit de partager un bien indivis entre plusieurs communes, il doit être procédé à une expertise par deux experts désignés par les communes intéressées, et que, en cas de désaccord entre les deux experts, le préfet doit nommer un tiers expert ; — Considérant que, par son arrêté en date du 21 avril 1852, le préfet des Basses-Pyrénées, sans avoir mis les neuf communes co-propriétaires des montagnes Ancli, Arriels et Aumillacs, en demeure de s'entendre pour désigner leurs experts, a nommé trois experts pour procéder simultanément à l'estimation et à l'allotissement des terrains indivis entre les communes composant le syndicat du Bas-Orion ; — Que dès lors, l'expertise à laquelle il a été procédé en exécution de cet arrêt est irrégulière ; — Considérant d'autre part, que la commune d'Aridy a refusé d'accepter le lot qui lui était attaché dans le projet de partage préparé par les experts, en soutenant que ce lot n'avait pas une valeur proportionnée à ses droits dans la propriété indivise des montagnes dénommées ci-dessus ; qu'il n'appartient qu'à l'autorité judiciaire de prononcer sur cette contestation et que le préfet devait surseoir à l'approbation du partage jusqu'à ce que la réclamation de ladite commune eût été appréciée par l'autorité compétente, ou que les communes co-propriétaires se fussent mises d'accord à la suite d'une nouvelle expertise ; — Qu'il suit de ce qui précède que l'arrêté du préfet qui approuve le projet de partage proposé par les experts et accepté par la majorité des communes intéressées, et la décision de notre Ministre de l'Intérieur, qui confirme cet arrêté, doivent être annulés pour excès de pouvoirs. — Annulation.

semble difficile d'admettre que l'on doive nécessairement consulter les habitants sur l'opportunité (1).

2742. Quelle est l'autorité compétente pour statuer sur les contestations entre les communes et sections de commune au sujet du partage de leurs biens indivis ? Il y a à cet égard des distinctions à faire. L'autorité judiciaire et l'autorité administrative sont compétentes, selon les cas.

2743. Lorsqu'une des communes copropriétaires refuse de sortir de l'indivision, c'est l'autorité judiciaire seule qui peut ordonner le partage. Il s'agit ici d'appliquer la disposition de l'article 815 du Code civil, règle de droit civil qui peut être invoquée, comme nous l'avons dit, par tous les propriétaires, que ce soient des particuliers ou des établissements publics.

2744. A l'autorité judiciaire appartient aussi de régler les droits prétendus par les communes sur les biens indivis entre elles. L'article 4 de la section V de la loi du 10 juin 1793 le déclare expressément, et la jurisprudence du Conseil d'État comme celle de la Cour de cassation ont constamment appliqué cette règle (2).

2745. L'autorité judiciaire n'est pas seulement compétente pour reconnaître quelles sont les communes qui sont propriétaires par indivis ; elle a aussi le pouvoir de fixer la part à laquelle chacune d'elles a droit dans le partage lorsqu'elles invoquent des titres qui doivent faire déroger à la règle générale du partage par feux (3) ou lorsqu'elles élèvent une contestation sur le nombre de feux qui doivent servir de base au partage (4) ou lorsqu'elles forment une demande en garantie à raison des incidents de partage (5).

2746. Mais l'autorité administrative a le pouvoir de procéder aux opérations du partage des biens communaux et elle doit se réserver la connaissance des contestations qui peuvent s'élever à raison du mode de partage (6).

2747. Mais quelle est l'autorité administrative qui doit statuer ? Il faut distinguer.

S'il s'agit, après que l'autorité judiciaire a prononcé sur les droits des communes ou sections propriétaires par indivis, de fixer les bases du partage, alors que les parties n'invoquent pas de titres qui devraient faire déroger aux règles générales de la législation, c'est au conseil de préfecture qu'il appartient de statuer, parce qu'il y a là un véritable litige, et que, ainsi que la jurisprudence du Conseil d'État l'a établi, le Conseil de préfecture a hérité des attributions relatives aux matières contentieuses que la loi du 10 juin 1793 avait données aux directoires de département. Ainsi le Conseil d'État, statuant sur conflit, a renvoyé au Conseil de préfecture le jugement d'une contestation contre une commune et une section de cette commune sur le point de savoir si le produit de la vente du quart en réserve de bois communaux, dont la section avait été reconnue copropriétaire, devait être partagé entre cette section et la commune d'après le nombre des feux ou d'après les besoins respectifs des deux localités (1).

---

(1) En sens contraire cependant, Aucoc, *Ec. des Communes*, 1863, p. 232.

(2) Cons. d'Et. cont. 17 mai 1855. (Voy. *infra* n° 2749); Cons. d'Et. cont. 16 avril 1863. — Considérant que la contestation pendante entre la section de Blessac et celles de Courteix et de Villesauveix, au sujet du partage des biens communaux indivis entre elles, et que ces trois sections demandaient au conseil de préfecture l'autorisation de soumettre aux tribunaux civils, portait sur la question de savoir si vous les villages, composant l'ancienne commune de Blessac, avaient un droit de propriété avec les sections de Courteix et de Villesauveix sur les biens communaux à partager, ou si ce droit n'appartenait qu'au bourg de Blessac, et si, en conséquence, c'était en raison des feux du bourg ou en raison des feux de l'ancienne commune tout entière que devait être fait le partage des biens communaux entre lesdites communes ; — Considérant, d'une part, que le conseil de préfecture qui n'était appelé à statuer que sur une demande d'autorisation de plaider, ne pouvait, après avoir refusé cette autorisation, statuer sur le fond du litige qui ne lui a pas été soumis par les parties ; — Considérant, d'autre part, qu'aux termes des lois sur la matière, le conseil de préfecture n'était pas compétent pour prononcer sur la question de propriété débattue entre la section de Blessac et celles de Courteix et de Villesauveix ; — Arrêté annulé.

(3) Cons. d'Et. cont. 28 novembre 1809; Cons. d'Et. cont. 7 mai 1823; Cons. d'Et. cont. 20 juin 1844; Cons. d'Et. cont. 10 septembre 1864. — Cons. d'Et. cont. 29 août 1855 (Voy. *supra*, n° 2738).

(4) Cons. d'Et. cont. 1er février 1871 ; Cass. req. 22 août 1881.

(5) Cons. d'Et. cont. 11 août 1869. — Considérant que la commune de Carquebut soutenant que la loi qui formait sa part dans le partage du marais des Mottes avait été dépréciée par le classement du chemin vicinal de Hiesville à Carquebut, à travers ledit lot, et réclamait aux communes et copartageantes d'Hierville, Houesville et Biosville une indemnité de garantie en raison de cette dépréciation ; que la question à résoudre, est celle de savoir quelle indemnité peut être due à la commune de Carquebut par les communes copartageantes par suite de cet amoindrissement de la valeur de son lot ; — Que la connaissance de cette question rentrait dans les attributions de la juridiction du tribunal civil ; — Que dès lors, c'est avec raison que l'arrêté... — Arrêté maintenu et renvoi devant le tribunal civil de Valognes.

(6) Trib. conf. 2 mai 1850; Cass. civ. 21 janvier 1852; Cons. d'Et. cont. 17 mai 1855. — Napoléon, etc. Vu la loi des 28 août-14 septembre 1792, vu la loi du 10 juin 1795, vu la loi 9 ventôse an XII, article 6 ; — Vu le décret du 4me jour complémentaire de l'an XIII ; — Vu l'ordonnance du 23 juin 1871 ; — En ce qui touche la disposition par laquelle l'arrêt attaqué a déclaré valable et obligatoire le partage du 29 octobre 1814 ; — Sur la compétence ; — Considérant que les communes de Valergues, Saint-Geniès et Saint-Brès soutiennent que le partage des terres indivises entre les 12 communes comprises dans les limites de l'ancienne baronnie de Lunel, partage opéré administrativement de 1812 à 1837, ne peut être considéré comme valable et ne peut lier aujourd'hui les communes entre lesquelles, il a été fait ; — Considérant qu'en vertu de la loi du 10 juin 1793 (sect. 5, art. 1 et 2) de la loi de ventôse an XII, c'est au conseil de préfecture qu'il appartient de reconnaître et déclarer l'instance et les effets dans le partage de biens communaux ou indivis entre plusieurs

communes opéré par l'administration, que dès lors, c'est avec raison que le conseil de préfecture du département de l'Hérault a statué sur la demande à lui soumise par la commune de Lansargues à fin de déclarations de l'instance et des effets du partage des biens indivis entre les 12 communes que comprenait l'ancienne baronnie de Lunel ; — Sur la question de propriété en partage ; — Considérant que le partage opéré de 1812 à 1837 a été exécuté ; — Que, pour ordre de l'administration, il a été procédé au moyen de placement de terres, à la délimitation de chacun des lots et notamment, ainsi que le constate le procès-verbal ci-dessus visé du 22 avril 1817, à la délimitation du lot de la commune de Lansargues situé dans le territoire des communes de Vesargues, Valergues, Saint-Geniès et Saint-Brès, que 10 des communes copartageantes et notamment les communes de Valergues, Saint-Geniès et Saint-Brès, qui réclament aujourd'hui devant nous, sont en possession exclusive des lots que le partage leur avait assigné ; — Que, si la commune de Lansargues a récemment perdu la jouissance d'une partie des terrains qui forment son lot, cette circonstance ne saurait prévaloir contre l'exécution complète donnée à l'ensemble des dispositions de l'acte du 29 octobre 1814; que, dans ces circonstances, lesdites communes de Valergues, Saint-Geniès et Saint-Brès, sont non recevables à contester la validité d'un partage depuis longtemps exécuté ; — En ce qui touche la disposition par laquelle le conseil de préfecture s'est réservé de statuer sur le délaissement des terrains usurpés, sans renvoyer aux tribunaux, la connaissance du moyen de prescription opposé par les communes de Valergues, Saint-Geniès et Saint-Brès ; — Considérant que, si les communes de Valergues, Saint-Geniès et Saint-Brès allèguent que, postérieurement au partage dont elles les peuvent plus aujourd'hui contester la validité et la force obligatoire, elles ont acquis par prescription la propriété de terrains compris dans les lots attribués aux autres communes, c'est à l'autorité judiciaire qu'il appartient d'apprécier cette prétention.

Article 1er. Les conclusions des communes de Valergues, Saint-Geniès et Saint-Brès, à fin de déclaration de nullité du partage administratif accompli de 1812 à 1837 sont rejetées, sauf auxdites communes à se retirer devant l'autorité compétente pour soutenir si elles s'y croient fondées, que postérieurement au partage et contrairement à ces dispositions, elles ont acquis par prescription la propriété des terrains compris dans le lot de la commune de Lansargues ; — Article 2. — Réforme.

En ce sens, Cass. civ. 26 août 1856, D. P. 56.1.340; Cons. d'Et. cont. 14 mars 1860; Cass. civ. 11 décembre 1867. La Cour, Sur le deuxième moyen. — A l'égard des terres vaines et vagues dépendant de l'ancien fief d'Orange. — Vu les articles 1 et suivants de la loi du 6 décembre 1850, l'article 1, section V de la loi du 10 juin 1793, et la loi du 16 Fructidor an III. — Attendu qu'après avoir déclaré les défendeurs au pourvoi non recevables et mal fondés à demander *ut singuli* le partage des terres vaines et vagues de l'ancienne seigneurie d'Orange et avoir discuté la prétention de la commune de Vienmery à la propriété exclusive des autres terres, en restreignant les effets de l'acte transactionnel de 1854 à celle de ses sections (autrefois fractions de paroisse) avec lesquelles cette convention aurait été conclue, l'arrêt dénoncé a ordonné aux experts de préparer un projet de partage *ut universi* des landes dont s'agit entre les habitants de ces sections ; — Attendu qu'une semblable opération ne rentre pas dans les termes de la loi du 6 décembre 1850, mais se rattachent à un partage de terrains ayant le caractère de biens communaux, matière essentiellement soumise à l'autorité et à la juridiction administrative par la loi du 10 juin 1793 ; — D'où il suit qu'en statuant ainsi, l'arrêt attaqué a formellement violé les articles de loi précités. — Casse.

(1) Cons. d'Et. cont. 5 décembre 1837. — Considérant que les décrets de la section de la commune de Rouceux, réunie à la ville de Neufchâteau, dont la propriété et le produit du quart, en réserve des forêts appartenant à ladite commune de Rouceux, ont été formellement et définitivement reconnus et fixés par le jugement du tribunal de Neufchâteau du 6 mars 1828 et l'arrêt confirmatif de la Cour de Nancy du 15 juin 1829 ; — Que le seul objet de litige actuellement existant entre la commune de Rouceux et son ancienne section est de savoir si les sommes provenant dudit quart de réserve doivent être partagés, soit d'après les besoins respectifs des deux localités ainsi que le prétend la commune, soit d'après le nombre des feux, ainsi que le demande la section réunie à la ville de Neufchâteau ; — Que, réduit à ce point, la contestation ne présente, à décider qu'une question relative au mode de partage des produits d'un bien communal, et qu'aux termes de l'article 5 de la loi du 10 juin 1793, la solution de cette question appartient à l'autorité administrative. — Arrêté annulé.

Il a appliqué la même règle dans une affaire où une commune essayait de contester la compétence du conseil de préfecture, en se fondant sur ce que les droits respectifs des deux communes copropriétaires étaient réglés par un titre antérieur à 1789, mais ne produisait, pour justifier son allégation, qu'un titre qui se bornait à constater l'échange de deux parcelles indivises entre les communes (1).

Il a encore jugé que c'est au conseil de préfecture qu'il appartient de reconnaître et de déclarer l'existence, la validité et les effets d'un partage de biens indivis entre plusieurs communes ou sections qui a été opéré par l'administration (2).

---

(1) Cons. d'Ét. cont. 6 mai 1858. — Considérant que la commune de Saint-Aubin soutient que le bien communal, dont elle est propriétaire par indivis avec la commune de Saulcy-en-Barrois, doit être partagée entre elles à raison du nombre des feux de chaque commune, conformément à l'avis du conseil d'État du 20 juillet 1807; — Que la commune de Saulcy-en-Barrois prétend, au contraire, que le partage doit être fait par moitié, en se fondant sur l'acte susvisé du 19 avril 1747; — Considérant que, d'après l'article 1er de la section 5 de la loi susvisée du 10 juin 1793, c'est aux directoires de département remplacés à cet égard par les conseils de préfecture, qu'il appartient de statuer sur les contestations soulevées entre les communes, relativement au mode de partage de leurs biens communaux indivis; — Considérant que l'acte susvisé de 1747, se borne à constater l'échange de deux parcelles indivises entre les communautés, et n'a pas eu pour objet, de régler d'une manière générale, et pour l'avenir, leurs droits respectifs dans la propriété de leurs biens communaux indivis; — Que, dès lors, il s'agit uniquement de statuer sur une contestation relative au mode de partage du terrain indivis, entre les communes de Saulcy et de Saint-Aubin, et que le conseil de préfecture était compétent pour connaître de ladite contestation; — Au fond : Considérant qu'aux termes de l'avis susvisé du conseil d'État du 20 juillet 1807, le partage des biens communaux indivis entre deux communes, doit être fait en raison du nombre des feux de chacune d'elles; — Que, dès lors, c'est avec raison... — Rejette.

(2) Cons. d'Ét. cont. 17 mai 1853; Cons. d'Ét. cont. 19 juillet 1873. — Le Conseil, Vu la loi du 10 juin 1793 et celle du 9 ventôse an XII, la loi des 16-24 août 1790, la loi des 10-14 décembre 1791 et celle du 24 mai 1872; — Vu la loi du 18 juillet 1837; — Considérant que par l'arrêté du 24 février 1875, le préfet du Puy-de-Dôme a autorisé le partage des biens communaux indivis entre 11 sections de la commune de Saint-Pierre-la-Bourlhonne aux clauses et conditions indiquées dans le procès-verbal d'expertise dressé le 15 janvier 1874 et dans la délibération du conseil municipal de ladite commune du 15 février 1873; — Que ce partage a été effectué par acte authentique passé le 15 mars 1875, devant M. Duranton, notaire à Murat; — Considérant qu'en vertu de la loi du 10 juin 1790, section 3, articles 1 et 2, de la loi du 9 ventôse an XII, article 6, c'est au conseil de préfecture qu'il appartient, sauf recours au Conseil d'État, de statuer sur les contestations auxquelles donnent lieu les opérations des partages effectués en vertu des lois précitées, que l'arrêté préfectoral et la décision du ministre de l'intérieur susvisés ne font pas obstacle à ce que les sieurs Charvet et consorts saisissent le conseil de préfecture de l'examen de leurs réclamations contre la validité de ce partage; — Que, dès lors, lesdits sieurs Charvet et consorts ne sont pas recevables à se pourvoir directement pour excès de pouvoirs devant le Conseil d'État contre l'arrêté dont il s'agit et la décision du ministre de l'intérieur qui a été attaqué... — Rejette.

Cons. d'Ét. cont. du 10 mai 1884. — Le Conseil, Vu la loi du 10 juin 1793 et celle du 18 juillet 1837; — Vu la loi du 9 ventôse an XII; — Vu l'ordonnance royale du 28 septembre 1847;

Sur la compétence; — Considérant que les difficultés auxquelles peut donner lieu, à la suite d'une distraction de communes, le partage des biens communaux, doivent être soumises aux mêmes règles que toutes les contestations en matière de partage de biens indivis entre plusieurs communes; — Considérant qu'en vertu de la loi du 10 juin 1793 et de la loi du 9 ventôse an XII, c'est au conseil de préfecture qu'il appartient de reconnaître et de déclarer l'existence et les effets d'un partage de biens communaux opérés par l'administration; — Que, dès lors, il appartenait au conseil de préfecture d'examiner, à l'effet de reconnaître l'existence du partage invoqué devant lui par la commune de Mustapha, la légalité de l'arrêté, en date du 24 décembre 1874, par lequel le préfet du département d'Alger a réparti les ressources et les charges entre la ville d'Alger et la commune de Mustapha, et que c'est à tort qu'il s'est déclaré incompétent pour statuer sur la demande à lui soumise par cette dernière commune à l'effet d'obtenir le payement d'une quote-part des produits de l'abattoir qu'elle prétendait lui être due en vertu de l'arrêté précité.

Au fond : — Sur les conclusions de la commune de Mustapha tendant à ce que la ville d'Alger soit condamnée par application de l'arrêté du 24 décembre 1874, à lui payer la somme de 44,638 francs montant de sa quote-part dans le produit de l'abattoir; — Considérant qu'en vertu des ordonnances et arrêts ci-dessus visés, c'est par décret qu'en Algérie, une section de commune peut être érigée en commune; — Considérant qu'il est de principe qu'à moins de disposition contraire de la loi les conditions attachées à la distraction des communes doivent être réglées par l'autorité qui prononce cette distraction, sauf réserve de toutes les questions de propriété; — Considérant que la législation spéciale à l'Algérie ne contient aucune dérogation spéciale à cette règle; — Qu'ainsi à la suite du décret du 26 janvier 1871, qui a érigé en commune distincte la commune de Mustapha, il n'appartient au préfet d'Alger d'arrêter entre l'ancienne et la nouvelle commune la répartition de l'actif et du passif; — Que dès lors, la commune de Mustapha n'est pas fondée à se prévaloir de l'arrêté irrégulièrement pris par le préfet du département, à la date du 24 décembre 1874, pour demander la liquidation d'une quote part des produits de l'abattoir d'après les bases fixées par cet arrêté... — Rejette.

2748. Mais, s'il s'agit, au contraire, de prescrire les opérations administratives à effectuer pour parvenir au partage, d'apprécier les réclamations qui peuvent s'élever au sujet de la formation des lots, le Conseil de préfecture n'est plus compétent. Avant le décret du 25 mars 1852, c'était au préfet ou au chef de l'État, selon la valeur du bien à partager, qu'il appartenait de prononcer à cet égard. Depuis ce décret, c'est le préfet qui statue, sauf recours devant le ministre de l'intérieur, dans tout les cas, excepté lorsqu'il s'agit du partage de bois soumis au régime forestier. Le Conseil d'État l'a reconnu dans plusieurs arrêts (1).

SECTION VII.

AFFECTATIONS.

2749. L'affectation est l'acte par lequel l'autorité compétente détermine l'emploi qu'il sera fait d'une propriété publique et l'usage auquel elle sera employé. En principe, on peut dire que l'autorité compétente pour statuer est celle qui peut disposer de la propriété. Lorsqu'il s'agit d'une propriété communale, l'autorité qui peut fixer l'affectation est donc l'autorité communale sous les conditions établies généralement par la loi pour les aliénations ou amodiations des biens. Mais la question n'est point aussi simple cependant que le principe que nous venons d'émettre le semblerait établir.

En effet, la question se complique parce que des constitutions antérieures de services publics et des engagements peuvent être contractés par les communes et créer des droits qu'il n'est plus possible de méconnaître.

Quatre situations peuvent ainsi être établies :

Les immeubles communaux ne sont affectés à aucun service public.

Les immeubles sont déjà affectés à des services publics.

Les immeubles sont affectés à des établissements publics civils ou ecclésiastiques en dehors des prescriptions de la loi du 18 germinal an X.

Les immeubles sont affectés à des établissements civils ou ecclésiastiques en vertu de la loi du an X.

2750. Lorsque les immeubles sont libres de toute disposition générale, le conseil municipal trouve le pouvoir de les affecter à tel ou tel service qui lui convient dans les dispositions combinées de l'article 61 et de l'article 68 de la loi du 5 avril 1884. C'est là une des affaires de la commune qu'il règle, sous réserve de l'approbation préfectorale, si le résultat de l'affectation équivaut soit à une aliénation, soit à une location de plus de dix-huit années.

---

(1) Cons. d'Ét. cont. 7 mai 1823; Cons d'Ét. cont. 26 avril 1848; Cons. d'Ét. cont. 26 février 1863. — Considérant que les communes qui sont propriétaires par indivis de la lande dite de Pont-Long ont demandé que le partage des terrains désignés sous ce nom fût fait entre elles à raison du nombre de leurs feux; — Que les experts chargés de procéder au partage ont proposé d'attribuer à ces communes des lots qu'ils avaient formés en tenant compte tant du nombre des feux de chaque commune que de sa convenance; — Que le projet de partage proposé par les experts a été accepté par les communes d'Arudy, Castet, Izeste, Louvic-Juzon et Lys; — mais que les communes de Bescat, Buzy, Sevignac et Sainte-Colomne ont refusé d'y adhérer en soutenant qu'elles seraient lésées par l'attribution des lots tels qu'ils avaient été formés et ont demandé, par délibération des 8, 15 et 18 mai 1872, qu'il fût procédé à la formation des lots de façon qu'ils puissent être tirés au sort; — Considérant que les communes étant d'accord sur les bases du partage, les difficultés qui s'élevaient entre elles n'étaient pas de nature à être soumises au conseil de préfecture par application de l'article 1er de la section V de la loi du 10 juin 1793; que, aux termes des articles 19 et 20 de la loi du 18 juillet 1837, des articles 1 et 6 du décret du 25 mars 1852 et des disposition du du tableau A, annexé à ce décret, il appartient au préfet, sauf recours au ministre de l'intérieur, de donner ou refuser son approbation aux délibérations des conseils municipaux relatives au partage des biens indivis entre les communes; — Qu'en conséquence c'est par le préfet au département, sauf recours au ministre de l'intérieur, qu'il doit être procédé à la répartition des lots entre les communes de Bescat et autres, mais que l'arrêté préfectoral et la décision du ministre ne feront pas obstacle à ce que si les communes requérantes soutiennent que les lots qui leur seraient attribués n'ont pas une valeur proportionnelle aux droits qui leur appartiennent dans la propriété indivise de la lande à partager, cette contestation soit portée devant l'autorité judiciaire... — Annulé.

2751. Lorsque les immeubles sont déjà affectés à un service public, l'article 68 de la loi du 5 avril 1884 donne au conseil municipal le droit de délibérer sur le changement d'affectation sous réserve de l'approbation préfectorale. C'est donc le préfet qui, dans ce cas, dispose de l'affectation, non pas qu'il puisse faire une affectation, mais parce qu'il peut ne donner son approbation que lorsque le conseil a accepté les conditions qu'il impose au changement.

Mais ces dispositions de la loi du 5 avril 1884 doivent être combinées avec celles du décret du 23 avril 1810, lorsqu'il s'agit d'immeubles donnés aux communes en vertu de ce décret à l'effet de loger des troupes. La donation faite aux villes par l'État, dans ce cas, l'a été sous la condition spéciale fixée par l'article 5, que les casernes, hôpitaux, manutentions, corps de garde et autres bâtiments militaires donnés ne pourraient recevoir une affectation que sous l'approbation du chef de l'État.

2752. Lorsque les immeubles ont été affectés à des établissements civils ou ecclésiastiques en dehors de la loi concordataire du 18 germinal an x, l'article 116 de la loi du 5 avril 1884 s'exprime ainsi :

« Les conseils municipaux pourront prononcer la désaffectation totale ou partielle d'immeubles consacrés, en dehors des prescriptions de la loi organique des cultes du 18 germinal an x, et des dispositions relatives au culte israélite, soit aux cultes, soit à des services religieux ou à des établissements quelconques ecclésiastiques et civils. Ces désaffectations seront prononcées dans la même forme que les affectations. »

L'article semble ainsi créer en faveur des conseils municipaux un droit particulier, mais il n'en est rien en réalité : les conseils en *prononçant* la désaffectation ne peuvent le faire qu'en *la même forme* qu'a eu lieu l'affectation, c'est-à-dire que, si l'affectation a eu lieu par le conseil municipal, sans l'approbation du préfet, en vertu soit de l'article 19, paragraphe 3 de la loi du 1837 et de l'article 1er, paragraphe 8, de la loi du 24 juillet 1867, soit de l'article 68 de la loi du 5 avril 1884, le conseil *prononcera* bien la désaffectation ; mais si cette affectation a eu lieu par une autre autorité, c'est celle-ci seule qui pourra désaffecter. La *même forme*, implique les mêmes droits.

2753. Lorsque l'immeuble communal est affecté à un établissement civil ou ecclésiastique, en vertu de la loi concordataire du 18 germinal an x, le conseil municipal n'a plus aucun autre droit que celui d'émettre un vœu exprimé dans les termes des prescriptions de l'article 61 de la loi du 5 avril 1884. En cette situation, c'est alors le chef de l'État sur l'avis du Conseil d'État qui devient l'autorité dispensatrice du droit de désaffectation et d'affectation.

2754. Mais à côté des quatre catégories d'affectations d'immeubles communaux proprement dites que nous venons d'examiner, il y a des affectations qui n'ont pas été ou ne sont pas seulement le fait de l'autorité administrative compétente mais qui ont été établies en vertu d'actes synallagmatiques ou d'actes de libéralité. C'est le cas qui se présente lorsqu'il y a eu contrat entre une commune et des tiers, contrat dont l'affectation a été une des clauses essentielles, ou donation ou testament dont celle-ci a été une des raisons *impulsives* du donateur ou du testateur, alors l'affectation revêt un caractère, en quelque sorte, contractuel de droit privé ; à côté des droits de l'administration se placent les droits des tiers, et les actes d'affectation sont alors soumis, en dehors des règles de tutelle administrative, aux prescriptions du droit commun en matière de contrat (1).

_____

(1) Cass. Req. 17 août 1880. D. P. 81. 1.453; Cass. civ. 24 juillet 1882.— La Cour, Sur le troisième moyen fondé sur la violation des articles 492, 530 du Code Albertin, 578, 579, 619 du Code civil français; — Attendu qu'il résulte des considérations retenues par l'arrêt que le but unique poursuivi par les auteurs du contrat de 1844 a été de procurer à la population le bénéfice de l'enseignement tel que le donnait alors les Frères des Écoles chrétiennes; — Attendu que dans des conditions ainsi précisées, la concession aux Frères de la Doctrine chrétienne d'une portion d'immeuble située au Vernuy, avec affectation à un service spécial, alors considérée comme correspondant à un intérêt public, diffère essentiellement d'une constitution d'usufruit; que le droit de jouissance concédé aux Frères n'a

SECTION VIII.

CONSTRUCTIONS ET RÉPARATIONS.

2755. Les biens immobiliers des communes peuvent être et sont très souvent l'objet de travaux de construction de réparation et de reconstruction dont l'importance varie avec les ressources des communes et avec la nature même des travaux ou des monuments. En principe les travaux communaux sont des travaux publics et toutes les règles administratives de cette dernière matière leur sont applicables ; nous n'entrerons donc pas dans le détail de la législation des travaux publics communaux qui nécessiterait une longue étude. Mais nous devons ici donner un rapide exposé des attributions et des devoirs que la loi de 1884 a accordés et imposés aux autorités municipales lorsqu'elles croient devoir faire exécuter des constructions, des réparations et des reconstructions dans les immeubles communaux.

2756. Les administrations locales peuvent faire procéder, sur les crédits ouverts à leur budget, et sans autorisation préalable, aux travaux de réparation ordinaire et de simple

_____

point nécessairement pour principe l'usufruit tel qu'il est défini et réglé par les articles 578 et suivants du Code civil; — Qu'il peut se rattacher à des contrats d'un autre ordre; — Qu'il n'était, dans l'espèce, que l'accessoire de la destination donnée à l'immeuble concédé, et le moyen de réaliser l'œuvre à laquelle les Frères avaient fourni la prestation constante de leurs travaux personnels; — D'où il suit que le point de vue du pourvoi, la Cour d'appel a décidé, à bon droit, qu'aucun des textes invoqués ne l'autorisait à limiter à un nombre d'années déterminé, la durée de la jouissance accordée à la congrégation défenderesse; — Attendu que le pourvoi critique, en outre, l'arrêt attaqué, pour avoir reconnu au profit des défendeurs éventuels, un droit de jouissance d'une durée indéfinie et qui serait contraire aux principes sur lesquels repose l'organisation de la propriété; — Que ce grief, s'il était admis, aurait pour effet de faire considérer la convention litigieuse comme entachée d'une nullité substantielle, en tant qu'offrant un caractère de perpétuité prohibée, dans tous les cas, soit par la loi française, soit par la loi sarde sous l'empire de laquelle elle s'est formée; — Attendu que le grief ainsi formulé porte sur une question de nature complexe, qu'il n'a été ni explicitement ni implicitement soumis à l'examen des juges du fond; que la solution de cette question provoquerait nécessairement une nouvelle recherche de l'intention des parties, afin de caractériser le contrat, d'où il suit que le moyen est non recevable comme moyen nouveau; — Attendu, au surplus, qu'il est établi par les motifs qui précèdent qu'il ne s'agit point, dans la cause, de la concession d'un droit réel de la nature de ceux qu'atteindraient les principes invoqués par le pourvoi; — Que cette circonstance suffit pour mettre la décision attaquée en harmonie avec les exigences de la loi et pour écarter l'application des textes visés dans la formule du grief... — Rejette.

Cons. d'Ét. 29 juin 1883. — Vu l'ordonnance du 26 mars 1823, les délibérations du conseil municipal d'Auxerre, en date du 10 octobre 1822, 6 novembre 1879 et 9 février 1881; — Vu les lois des 7-14 octobre 1790 et 14 mai 1872, — Au fond : — Considérant que, par ses délibérations des 6-9 novembre 1879 et 9 février 1881, le conseil municipal d'Auxerre a déclaré rapporter sa délibération du 10 octobre 1822, qui avait mis l'ancien couvent des Saintes-Maries, propriété de la ville, à la disposition de l'archevêque de Sens pour être consacré à l'établissement d'un petit séminaire, sous la condition cependant que, dans le cas où cette destination cesserait d'avoir lieu, les bâtiments reviendraient dans l'état où ils seraient, sans aucune indemnité à la ville, dont, dans ce cas, en disposerait comme de choses à elle appartenant; — Que ledit conseil a, en outre, autorisé le maire à prendre les mesures nécessaires pour faire rentrer la ville en possession des bâtiments dont il s'agit, et a, à cet effet, sollicité l'approbation du décret d'approuver ses délibérations précitées à l'autorité supérieure; — Considérant que le décret n'a lieu d'approuver les délibérations précitées à l'autorité supérieure, mais qu'il a fait un acte de juridiction et que par ces motifs il doit être annulé; — Sur les conclusions tendant à l'allocation d'une indemnité et à la réintégration en possession dans l'immeuble; — Considérant que ces demandes ne sont pas de celles sur lesquelles il appartient au Conseil d'État de statuer par application des lois susvisées: 1° L'intervention de la ville d'Auxerre est admise; 2° le décret du 31 décembre 1881 est annulé... —

24

entretien dont la dépense n'excède pas 300 francs. Mais il est bien entendu que ces travaux, exécutés par économie, ne doivent pas dépasser 300 francs pour tout l'exercice. Ainsi, on ne pourrait fractionner les travaux et fournitures, soit par trimestre, soit en s'adressant à plusieurs entrepreneurs ou fournisseurs, de manière à éluder la règle générale, qui est l'adjudication ou le marché. Il ne faut pas non plus perdre de vue que, même pour les travaux dispensés de l'autorisation préfectorale, celle du conseil municipal demeure, dans tous les cas, indispensable, et que les maires deviendraient personnellement responsables des dépenses qu'ils auraient engagées sans l'assentiment préalable de ce conseil (1).

2757. Les conseils municipaux règlent, par leurs délibérations, les projets, plans et devis de construction, de reconstruction entière ou partielle, de grosses réparations et d'entretien, lorsque la dépense totalisée avec les dépenses de même nature pendant l'exercice courant ne dépasse pas les limites des ressources ordinaires et extraordinaires que les communes peuvent se créer sans autorisation spéciale en vertu de l'article 141, c'est-à-dire 5 centimes extraordinaires, d'une durée de cinq années dans la limite du maximum fixée par le conseil général, 3 centimes extraordinaires pour les chemins vicinaux et 3 centimes pour les chemins ruraux. Lorsque le conseil municipal est compétent pour voter les travaux, il l'est également pour voter les plans et devis (2).

2758. Lorsque la dépense excède la limite tracée par l'article 68 ou lorsque des lois spéciales ou des règlements exigent l'approbation de l'autorité supérieure comme pour les constructions scolaires par exemple, celle-ci est donnée par le préfet, conformément à l'article 68 et au 2e paragraphe de l'article 114 de la loi du 5 avril 1884 et au décret du 25 mars 1852.

2759. Si les travaux ne donnent lieu qu'à une dépense facultative, par exemple, l'établissement d'une halle ou d'une salle d'asile, l'administration supérieure accorde ou refuse son approbation à leurs délibérations, sans pouvoir aucunement les modifier. S'il s'agit au contraire d'une dépense obligatoire, les conseils municipaux doivent toujours, sans doute, être appelés à délibérer sur les plans et devis; mais l'administration n'est pas liée par leurs votes, et elle peut approuver d'office les travaux dont l'utilité lui serait démontrée, et qu'un conseil municipal rejetterait mal à propos. S'il en était autrement, la dépense ne serait plus obligatoire, puisqu'il serait loisible au conseil municipal de s'y soustraire en rejetant les projets les mieux étudiés (3).

2760. Lorsque la dépense a été votée par le conseil municipal, le maire fait dresser les projets et devis par un architecte ou par un homme de l'art. Le devis doit présenter un tableau exact et détaillé des divers travaux à exécuter, la nature et la qualité des matériaux, la mise en œuvre, ainsi que les honoraires de l'architecte et la somme à valoir pour travaux imprévus (4). Les devis et plans ne doivent être approuvés définitivement et exécutés qu'après que les voies et moyens ont été assurés (5).

2761. Enfin, les projets et devis étant approuvés, comme il

il est dit ci-dessus, le maire dresse un cahier des charges, indiquant les obligations de l'entrepreneur, les conditions de l'adjudication, le mode et les époques de payement. Le cahier des charges détermine aussi la nature et l'importance des garanties que les fournisseurs ou entrepreneurs ont à produire, soit pour être admis aux adjudications, soit pour répondre de l'exécution de leurs engagements, ainsi que l'action que l'administration exercera sur ces garanties en cas d'inexécution. Il est toujours et nécessairement stipulé que tous les ouvrages exécutés par les entrepreneurs en dehors des autorisations régulières, demeurent à la charge personnelle de ces derniers, sans répétition contre les communes (1).

Les formalités qui viennent d'être indiquées diffèrent, sous quelques rapports, lorsqu'il s'agit de grosses réparations à faire aux édifices du culte.

2762. En principe, les travaux communaux doivent être exécutés par voie d'entreprise, avec publicité et concurrence, c'est-à-dire par adjudication publique. Cette règle comporte, cependant, quelques exceptions.

2763. Il peut être traité de gré à gré, sauf approbation par le préfet, pour les travaux et fournitures dont la dépense n'excède pas 3,000 francs. Il peut également être traité de gré à gré, sous la même approbation, et à quelque somme que s'élèvent les travaux, pour les ouvrages et les objets d'art et de précision, dont l'exécution ne peut être confiée qu'à des artistes éprouvés; pour les travaux qui n'auraient été l'objet d'aucune offre aux adjudications, ou à l'égard desquels il n'aurait été proposé que des prix inacceptables (sauf à se renfermer, dans ce cas, dans un maximum de prix ou un minimum de rabais fixé d'avance); pour les travaux qui, dans les cas d'urgence absolue et dûment constatée, amenés par des circonstances imprévues, ne pourraient pas subir les délais des adjudications (2).

2764. Dans les villes ayant trois millions au moins de revenu, les traités à passer pour l'exécution, par entreprise, des travaux d'ouverture des nouvelles voies publiques et de tous autres travaux communaux déclarés d'utilité publique, sont approuvés par décrets rendus en conseil d'Etat (3).

2765. Ainsi qu'on l'a vu plus haut, les maires sont autorisés à faire exécuter, sous leur surveillance, par voie de régie économique, et sans aucune autorisation, les travaux de simple entretien dont la dépense n'excède pas 300 francs. Entre 300 francs et 1,000 francs, les travaux sur les chemins vicinaux peuvent encore être exécutés par voie de régie, mais seulement avec l'autorisation du préfet (4).

2766. Le mode d'exécution en régie est, en outre, employé lorsqu'il s'agit d'ateliers de charité, à quelque somme que s'élèvent les travaux.

2767. Un régisseur, délégué par le maire, est alors chargé de la direction et de la surveillance des travaux. Les dépenses sont mandatées au nom de cet agent, qui reste chargé de répartir les fonds et de produire, à l'appui du mandat, les

---

(1) Déc. 10 brumaire an XIV; Déc. 17 juillet 1808; Déc. min. int. 1862.
(2) L. 5 avril 1884, art. 68.
(3) Déc. min. 1862, Bul. off. 1862, p. 313.
(4) Circ. int. 10 février 1840 (voy. n° 2773.)
(5) Circ. int. 1er mai 1835. — Monsieur le préfet, le Conseil d'Etat, en examinant les projets de loi d'intérêt local qui, pendant la dernière session législative, ont été soumis à ses délibérations, a remarqué que plusieurs villes avaient demandé l'autorisation de contracter des emprunts et de s'imposer extraordinairement pour le payement des travaux entrepris, avec l'autorisation de l'administration départementale, avant qu'elles eussent préalablement justifié des voies et moyens d'exécution.
En présence des engagements pris par ces villes, le Conseil d'Etat n'a pas cru qu'on dût leur refuser les ressources nécessaires pour les remplir; mais il a appelé mon attention sur cette manière de procéder, contraire aux règles d'une bonne administration et à l'esprit du décret du 25 mars 1852 sur la décentralisation.
Ce décret vous confère, il est vrai, monsieur le préfet, le droit d'approuver les plans et devis des travaux des communes, quel que soit le montant de la dépense; mais, d'après les instructions contenues dans la circulaire ministérielle du 5 mai suivant, vous devez, sauf les cas d'une extrême urgence, n'accorder votre approbation qu'autant que

---

des ressources suffisantes sont réalisées ou, du moins, complètement assurées.
Je vous recommande de nouveau, monsieur le préfet, de ne pas vous écarter de cette règle salutaire. Autrement les communes, trop souvent disposées à se jeter dans des dépenses dont elles n'ont pas toujours bien calculé l'importance, pourraient compromettre leur situation financière en contractant des engagements qu'elles ne sauraient remplir qu'à l'aide de ressources extraordinaires. D'un autre côté, lorsque ces ressources ne peuvent être autorisées que par une loi ou par un décret, le gouvernement se trouverait dans la fâcheuse alternative, soit d'accueillir, sans liberté d'appréciation, les propositions des autorités locales, soit de les rejeter comme inadmissibles, sans tenir compte des embarras qui en seraient la suite.
Il importe, monsieur le préfet, de prévenir l'une et l'autre situation. Le moyen est très simple : quand la dépense à faire ne peut être payée qu'avec le produit d'un emprunt, ou d'une imposition extraordinaire, ou de toute autre mesure qui exige l'intervention de l'autorité supérieure, vous ne devez l'approuver que sous la réserve expresse qu'il sera sursis à tout engagement contractuel, jusqu'à ce que les voies et moyens soient régulièrement assurés.
(1) Ord. 14 novembre 1837, art. 30.
(2) Ord. 14 novembre 1837, art. 2; Déc. 25 mars 1852; Ins. gén. 6 décembre 1870 sur les chemins vicinaux; L. 5 avril 1884, art. 115.
(3) L. 5 avril 1884, art. 115 et 145.
(4) Ins. gén. 6 décembre 1870

quittances des créanciers réels et toutes autres pièces exigées. Dans ce cas, les mandats peuvent être acquittés sans justification, moyennant l'engagement écrit, pris par le régisseur, de rapporter les justifications complémentaires dans un délai qui est déterminé par le maire. Il appartient aussi à cet administrateur de fixer le maximum des avances à faire au régisseur.

2768. Les marchés de gré à gré sont passés entre le maire et l'entrepreneur, dans la forme d'un traité ou d'une soumission par lesquels l'entrepreneur s'engage à exécuter les travaux, conformément aux clauses et conditions qu'on lui impose, et moyennant un prix déterminé. Ces marchés sont soumis à l'adhésion du conseil municipal; ils sont adressés en double expédition, avec la délibération du conseil municipal, au sous-préfet pour être soumis à l'approbation du préfet.

2769. Ils doivent être enregistrés dans les vingt jours de la réception de la décision approbative du préfet.

2770. Les adjudications doivent être passées par le maire, conformément aux dispositions de l'article 89 de la loi de 1884 et en suivant les formalités que nous avons relatées nos 1073 et suivants. Les adjudications peuvent avoir lieu au chef-lieu de la sous-préfecture, à charge par le maire de s'y transporter accompagné de deux conseillers municipaux et du receveur de la commune. Le sous-préfet n'est pas tenu d'y assister (1).

2771. Les adjudications relatives à des travaux qui ne pourraient être, sans inconvénient, livrés à la concurrence illimitée, peuvent être soumises à des restrictions qui n'admettent à concourir que des personnes préalablement reconnues capables par l'administration, et produisant les titres justificatifs exigés par les cahiers des charges (2).

2772. Les soumissions doivent toujours être remises cachetées en séance publique. Un maximum de prix ou un minimum de rabais, arrêté d'avance par l'autorité qui procède à l'adjudication, doit être déposé cacheté, sur le bureau, à l'ouverture de la séance (3).

2773. Dans le cas où plusieurs soumissionnaires ont offert le même prix, il est procédé, séance tenante, à une adjudication entre ces soumissionnaires.

2774. Le maire veille à ce que les travaux soient exécutés conformément aux plans et devis approuvés.

2775. La police des chantiers appartient à l'architecte.

2776. L'entrepreneur peut être tenu à des dommages-intérêts envers la commune si les travaux ne sont pas terminés dans les délais prescrits. Les retenues à lui faire dans ces cas doivent être énoncées dans le cahier des charges. Le retard est constaté dans le procès-verbal de réception.

2777. Aucun travail supplémentaire ne peut être entrepris sans l'approbation du préfet, à moins qu'il n'ait un caractère d'urgence tel qu'il ne puisse être ajourné sans qu'il en résulte des inconvénients graves; même dans ce cas, les plans et devis doivent, avant l'achèvement des travaux, être soumis à l'approbation du préfet dans la même forme que les plans et devis primitifs.

2778. Les propositions tendant à l'approbation des travaux supplémentaires doivent indiquer les ressources applicables au payement de ces travaux, et être accompagnées d'un rapport circonstancié de l'architecte. Les travaux supplémentaires sont presque toujours exécutés par les entrepreneurs des travaux primitifs, aux clauses et conditions de leur marché (1).

2779. Lorsqu'il y a lieu d'entreprendre des travaux supplémentaires, les entrepreneurs sont tenus de souscrire, avant leur exécution, des soumissions complémentaires qui sont soumises au conseil municipal et à l'approbation du préfet.

2780. La réception des travaux a pour objet de vérifier si toutes les conditions imposées à l'entrepreneur ont été fidèlement remplies, si tous les travaux ont été régulièrement exécutés et si rien ne s'oppose au payement de la dépense, non plus qu'à la remise du cautionnement de l'entrepreneur.

2781. Les réceptions de travaux ont lieu aux époques indiquées par le cahier des charges. Elles sont faites par l'architecte, en présence du maire, de deux conseillers municipaux délégués par le conseil, de l'entrepreneur et de sa caution. Ces deux derniers sont appelés par écrit au moins huit jours à l'avance; en cas d'absence, il en est fait mention au procès-verbal.

2782. Il est procédé ensuite, par l'architecte, au règlement du compte général. Ce règlement est mis sous les yeux du conseil municipal pour qu'il en délibère. Le règlement et la délibération municipale sont approuvés par le préfet, après qu'il s'est assuré que toutes les conditions imposées à l'entrepreneur, par le cahier des charges, ont été fidèlement remplies, que tous les travaux ont été régulièrement exécutés, et que rien ne s'oppose ni au payement de la dépense, ni à la restitution du cautionnement à l'entrepreneur (2).

2783. Le payement des travaux ne peut être fait par les receveurs municipaux que sur la production : 1° de la décision approbative des travaux; 2° du procès-verbal d'adjudication publique dûment approuvé par le préfet; 3° de l'état d'avancement des constructions et des acomptes à payer,

(1) Déc. min. int. 18 août 1839. — En accusant réception de la circulaire relative à l'adjudication des travaux communaux, le préfet du département de... a demandé des explications sur la faculté qu'elle maintient de faire, comme par le passé, l'adjudication de ces travaux au chef-lieu du département ou de l'arrondissement, à charge de s'y transporter pour procéder lui-même à l'opération.
M. le préfet fait remarquer, à ce sujet, que la présence du sous-préfet paraît utile pour assurer aux communes les avantages résultant d'une plus grande concurrence et de l'observation des formalités destinées à protéger leurs intérêts.
M. le ministre de l'intérieur a répondu que les maires peuvent obtenir ces avantages sans l'assistance du sous-préfet, et que les instructions précises de la part du préfet devront suffire pour les assurer. Il faut reconnaître, d'ailleurs, que l'intervention de l'autorité supérieure ne saurait être officiellement requise à titre de simple assistance, et que, dans toute opération où elle est appelée légalement, ce ne peut être que pour présider, c'est-à-dire pour procéder à l'opération, en vertu du pouvoir qui lui est propre; or, les termes de la loi sont formels, et ne permettent pas que l'autorité municipale soit suppléée dans cette partie de ses fonctions. C'est donc le maire lui-même qui doit procéder à l'adjudication, au chef-lieu du département ou de l'arrondissement; c'est lui seul, par conséquent, qui doit présider.
Sur l'objection qu'un maire ne peut opérer légalement hors du territoire soumis à sa juridiction, M. le ministre ajoute que, cependant un maire exerce légalement ses fonctions en dehors des limites de sa commune, lorsqu'il se rend au chef-lieu de canton pour la revision des listes électorales et du jury, pour assister aux séances du conseil de revision, etc. La circulaire sur l'adjudication des travaux communaux a donc pu, sans déroger aux principes généraux de notre jurisprudence, charger le maire de se transporter au chef-lieu du département ou de l'arrondissement pour procéder aux adjudications, attendu qu'il agit en pareil cas dans l'intérêt de la commune dont il est le mandataire légal. C'est d'après ces principes que le préfet doit rédiger les instructions à adresser aux fonctionnaires placés sous ses ordres. (18 août 1839.)
(2) Ord. 14 novembre 1837, art. 3.
(3) Ord. 14 novembre 1837, art. 7.

(1) Circ. Int. 10 février 1840; Déc. min. int. 1850. — On a demandé : 1° s'il est admis que les communes et les établissements charitables, après avoir adjugé une entreprise de travaux moyennant un prix déterminé, puissent plus tard s'entendre avec l'entrepreneur pour l'exécution d'ouvrages additionnels, sans être obligés de procéder à une nouvelle adjudication; 2° quels sont, dans ce cas, les actes qui interviennent entre l'établissement et l'entrepreneur pour constater leurs nouvelles conventions, et quelle est la forme de l'approbation que l'autorité doit y donner pour assurer à l'entrepreneur le payement desdits ouvrages. Réponse :
Il arrive assez fréquemment que les devis de projets intéressant les communes ou les établissements charitables sont reconnus insuffisants en cours d'exécution, et que les architectes chargés de la direction des travaux constatent la nécessité de fournitures ou d'ouvrages supplémentaires. D'un autre côté, ces ouvrages et fournitures ne sont pas, en général, d'une grande importance et se rattachent étroitement, d'ailleurs, au projet primitif, on conçoit qu'ils ne fassent pas l'objet d'une adjudication spéciale et soient naturellement confiés à l'entrepreneur des travaux principaux.
Quant aux conventions à intervenir à cet égard entre l'établissement et l'adjudicataire, elles se trouvent suppléées, la plupart du temps, par une clause du cahier des charges qui oblige à l'avance ce dernier à se prêter dans une certaine mesure aux modifications dont le projet serait jugé susceptible durant l'exécution. Dans les autres cas, il suffit d'une soumission que souscrit l'adjudicataire, et qui est acceptée par le conseil municipal ou la commission administrative.
Enfin, le rôle de l'autorité supérieure consiste, en général, à approuver à la fois les travaux et fournitures supplémentaires, la délibération qui les a votés et l'inscription au budget communal ou charitable du crédit nécessaire pour en assurer le payement, mais il n'y a aucune forme particulière assignée à ses décisions.
(2) Circ. int. 10 février 1840.

certifié véritable par l'architecte chargé de la surveillance et de la direction des travaux, et visé par le maire. Quand c'est le solde total de la dépense qui doit être payé, ces pièces sont, en outre, accompagnées du procès-verbal de réception et de la décision par laquelle le préfet a définitivement réglé les comptes (1).

(1) Circ. int. 10 février 1849. — Monsieur le préfet, la circulaire du 9 juin 1838, relative à l'exécution de l'ordonnance royale du 14 novembre précédent, vous a tracé les règles à suivre pour les adjudications qui concernent les communes et les établissements charitables.

Mais cette circulaire ne s'est point occupée des formalités qui se rattachent spécialement à l'approbation des plans et devis, ainsi qu'à l'exécution des travaux; et il me paraît utile de compléter, sous ce rapport, les instructions qu'elle renferme. En effet, cette partie du service mérite beaucoup de sollicitude; et les plus fâcheuses conséquences résultent de l'inobservation trop fréquente des formalités requises en matière de travaux, pour la garantie des intérêts communaux et hospitaliers.

Je vous ferai observer d'abord, monsieur le préfet, que les plans et devis soumis à mon approbation, ne sont pas toujours accompagnés des documents exigés par les instructions et qui sont indispensables pour me mettre à même de prendre une décision. Ainsi, tantôt les plans ne sont pas basés sur des programmes déterminés, indiquant le système général et la destination des constructions projetées; tantôt les devis ne sont pas appuyés de sous-détails métriques et estimatifs qui justifient de la fixation des prix et de leur rapports avec les plans auxquels ils se rattachent; tantôt, enfin, on oublie de soumettre à mon examen les cahiers des charges qui doivent régler les clauses et conditions des adjudications et le mode d'exécution des travaux.

Il arrive aussi quelquefois que les administrations municipales ou charitables ne prennent pas suffisamment soin de justifier de l'utilité ou de la nécessité des travaux, et de l'existence de ressources disponibles pour faire face à leur dépense.

L'omission de ces formalités, qui sont nécessaires pour éclairer l'avis du conseil des bâtiments civils et ma propre décision, entraîne fréquemment le renvoi des plans et devis aux préfets; ce qui occasionne des délais extrêmement fâcheux, lorsqu'il s'agit de travaux urgents, et surtout lorsque l'examen ultérieur de ces plans et devis fait reconnaître la nécessité de les modifier et de les soumettre à une nouvelle étude. Il en résulte quelquefois un inconvénient plus grave encore : c'est que des devis définitivement approuvés, après une longue instruction, ne se trouvent plus en harmonie, au moment de l'adjudication des travaux, avec les prix courants des matériaux et de la main d'œuvre, et qu'on se trouve forcé de leur faire subir de nouvelles modifications, pour que les travaux puissent être adjugés.

Vous comprendrez donc, monsieur le préfet, combien il importe, dans l'intérêt des services communaux et hospitaliers, que l'instruction des affaires de ce genre soit toujours complète, et que vous n'omettiez l'envoi d'aucun des documents que je viens d'indiquer.

J'ai remarqué que les devis estimatifs ne contiennent pas toujours l'indication du montant des honoraires de l'architecte et de la somme à valoir pour travaux imprévus. Cette mention est indispensable, puisque les frais dont il s'agit font partie de la dépense totale des travaux, qui est à la charge des communes ou des établissements charitables, et que je dois approuver chaque devis dans les limites d'un chiffre déterminé qui serve de base à l'adjudication, et ne puisse pas être dépassé sans une autorisation supplémentaire. En règle générale, et sauf les exceptions motivées par des circonstances particulières, les sommes pour frais imprévus et pour les honoraires de l'architecte doivent être fixées, chacune, à un vingtième de la dépense totale des travaux.

L'ordonnance royale du 14 novembre 1837 exige, par son article 4, qu'il soit stipulé, dans les cahiers des charges, que tous les travaux exécutés en dehors des autorisations régulières resteront à la charge personnelle des entrepreneurs, et la circulaire du 9 juin 1838 a fait ressortir les avantages de cette disposition, qui a pour but de mettre un terme aux difficultés résultant de la responsabilité soulevée par l'exécution trop fréquente de travaux irréguliers. Cependant les administrations municipales et charitables ne sont pas toujours le soin de l'insérer dans les cahiers des charges, et elles privent ainsi les communes et les établissements dont la gestion leur est confiée d'une garantie qu'il importe essentiellement de leur assurer. Je ne saurais donc trop vous recommander, monsieur le préfet, de veiller à ce qu'on se conforme, sur ce point, aux prescriptions de l'ordonnance royale du 14 novembre 1837.

Quelques-uns de vos collègues continuant, par erreur, à soumettre à mon approbation les procès-verbaux d'adjudication des travaux que j'ai autorisés, je rappellerai que, d'après l'article 10 de la même ordonnance, l'approbation des préfets suffit pour valider les adjudications et les rendre définitives, quel que soit, d'ailleurs, le montant de la dépense des travaux. Seulement les magistrats doivent m'adresser, pour ordre, des copies des procès-verbaux d'adjudication, ainsi que je le leur a prescrit la circulaire du 9 juin 1838, en se référant à ces instructions antérieures.

Il arrive quelquefois que, pendant l'exécution de travaux approuvés par l'autorité préfectorale, dans la limite de ses attributions, on reconnaît la nécessité de travaux additionnels qui n'ont pas pu être prévus dans les plans et devis primitifs, ou qui élèvent le chiffre total de la dépense au-dessus de 30,000 francs pour les communes, et de 20,000 francs pour les établissements charitables. Dans ce dernier cas, et à moins d'une extrême urgence, des plans et devis supplémentaires doivent être dressés et soumis à mon approbation, avant de passer outre à l'exécution des travaux qui n'ont pas été régulièrement autorisés; et même, lorsque les constructions ne peuvent pas être suspendues sans de graves inconvénients cette formalité doit être remplie avant leur achèvement et leur réception par l'administration municipale ou charitable, afin de régulariser l'exécution de la totalité des travaux et le paiement du solde qui est dû à l'entrepreneur. Des plans et devis supplémentaires doivent vous être également soumis, monsieur le

2784. Aux termes de l'article 1792 du Code civil, si l'édifice construit à prix fait périt en tout ou en partie par le vice de construction, même par le vice du sol, les architectes et entrepreneurs sont responsables pendant dix ans. Cette responsabilité pèse toujours sur l'entrepreneur, lors même que la réception des travaux aurait eu lieu et que son cautionnement lui aurait été restitué (1).

CHAPITRE IV

ÉTABLISSEMENTS PUBLICS COMMUNAUX.

2785. Les communes, parmi les biens qu'elles possèdent, comptent souvent des établissements charitables auxquels une personnalité distincte a été attribuée, tels que les hospices, les bureaux de bienfaisance ; ces établissements sont administrés par des conseils d'administration indépendants de la commune ; mais la loi a conservé à cette dernière une surveillance et un contrôle généraux, qui, en laissant aux premiers une indépendance financière suffisante, permettent cependant à la seconde de conserver l'autorité administrative et morale qui doit justement lui appartenir. La loi municipale réglemente les rapports qui doivent exister entre eux. Sans entrer dans les dispositions qu'elle contient ou qui se trouvent dans la législation spéciale, nous devons donner

préfet, lorsque les travaux qui excèdent l'autorisation primitive ne s'élèvent point à une somme qui les fasse sortir de vos attributions. L'inexécution de ces formalités a souvent donné lieu à de graves difficultés, lors du règlement des comptes des travaux ; et je ne saurais trop vous recommander de veiller à ce qu'elles soient toujours remplies avec une extrême exactitude. La circulaire du 5 août 1828 s'est déjà élevée avec force contre l'abus des travaux supplémentaires, et elle a établi des règles précises sur la responsabilité qu'elle impose aux architectes et aux entrepreneurs. Je suis décidé, monsieur le préfet, à user, à l'avenir, de la plus grande sévérité dans l'application de ces règles, qui ont été trop souvent méconnues.

Je n'ai pas besoin d'ajouter que les travaux qui modifient les plans et devis primitifs doivent toujours être exécutés aux clauses et conditions, et moyennant le rabais de la première adjudication.

Une décision supplémentaire de l'autorité compétente est également nécessaire pour l'emploi des sommes qui restent disponibles sur le montant des devis approuvés, par suite des rabais des adjudications. En effet, ces sommes n'ont aucune application prévue et déterminée ; elles ne peuvent pas être confondues dans les fonds à valoir pour dépenses imprévues, puisque ceux-ci ont été approuvés dans les limites d'une fixation précise ; et, d'un autre côté, quand ces sommes doivent être affectées à des travaux additionnels, il en résulte, par le fait, dans les plans et devis, des modifications qui ne peuvent avoir lieu qu'en vertu d'une nouvelle autorisation.

Quant au règlement des comptes des travaux, aucune disposition ne fait rentrer cette formalité dans mes attributions spéciales ; et c'est à vous qu'il appartient de la remplir, par une conséquence naturelle de l'article 10 de l'ordonnance royale du 14 novembre 1837, qui vous a déféré l'approbation des procès-verbaux d'adjudication. En effet, de cette dernière disposition résulte pour vous le devoir de vous assurer que toutes les conditions imposées à l'entrepreneur et à l'architecte, par le cahier des charges, ont été fidèlement remplies ; que tous les travaux ont été régulièrement exécutés, et que rien ne s'oppose au payement de leur dépense, non plus qu'à la remise du cautionnement de l'entrepreneur, qui ne devra avoir lieu que lorsque votre décharge sera valable délivrée par vous. Ce n'est que dans le cas où la réception des travaux et le règlement de leurs comptes feraient reconnaître l'existence de travaux irréguliers, ou des contestations avec l'entrepreneur ou l'architecte, que vous vous trouveriez dans l'obligation d'en référer à mon autorité.

Enfin, je vous ferai observer, monsieur le préfet, que le payement des dépenses relatives aux travaux ne doit être fait, par les receveurs, que sur la production : 1° de la décision approbative de ces travaux ; 2° du procès-verbal d'adjudication publique, dûment approuvé par l'autorité préfectorale ; 3° de l'état d'avancement des constructions et des acomptes à payer, certifié véritable par l'architecte chargé de la surveillance et de la direction des travaux, et visé par le maire ou par l'administration charitable. Quand il s'agit du solde total de la dépense, ces pièces doivent, en outre, être accompagnées du procès-verbal de réception et de la décision par laquelle vous en aurez définitivement réglé les comptes. La responsabilité des receveurs se trouverait gravement engagée, s'ils ne réclamaient pas la production de toutes ces pièces, à l'appui des mandats présentés à leur caisse.

(1) Cons. d'Et. 2 août 1851 ; Cons. d'Et. cont. 2 août 1851. — Considérant qu'aux termes de l'article 1592 du Code civil, si l'édifice périt en tout ou en partie par le vice de sa construction, l'entrepreneur en est responsable pendant dix ans, et que l'article 2 du cahier des charges a spécialement déclaré l'entrepreneur responsable aux termes de la loi, que, dès lors, la réception définitive des travaux n'a pu avoir pour effet d'affranchir le sieur Desfossoux de la garantie du droit commun. — Annulé.

ici une notion générale de l'organisation de cette subordination administrative.

2786. Les établissements communaux de bienfaisance existant ordinairement, sont les bureaux de bienfaisance, les hospices et hôpitaux et les monts de piété, auxquels il faut ajouter parfois les caisses d'épargnes.

2787. Le bureau de bienfaisance est, dans l'organisation administrative communale, l'établissement de bienfaisance chargé de distribuer aux malheureux et aux indigents des secours à domicile.

2788. Les bureaux de bienfaisance ont été institués par la loi du 7 frimaire an v. Le but de leur institution est de faire distribuer à domicile et en nature, autant que possible, des secours aux personnes nécessiteuses, et de faire soigner au sein de leurs familles les indigents malades ou infirmes qui, sans ce secours, seraient obligés d'entrer dans les hôpitaux.

2789. La création des bureaux de bienfaisance est autorisée par décret (1) sur l'avis des conseils municipaux (2). L'autorisation n'est accordée qu'autant qu'une dotation de 50 francs au moins est assurée au bureau de bienfaisance (3).

2790. Une instruction du ministre de l'intérieur, en date du 10 février 1876, indique les moyens de pourvoir à la création de ces utiles établissements dans les communes qui en sont encore dépourvues (4).

2791. Les bureaux de bienfaisance sont administrés par des commissions administratives composées du maire et de six membres renouvelables (5), savoir : deux élus par le conseil municipal et quatre nommés par le préfet ou par le ministre de l'intérieur, en cas de création nouvelle ou de renouvellement intégral (6).

2792. Les bureaux de bienfaisance peuvent nommer, dans les divers quartiers des villes, pour les soins qu'il est jugé utile de leur confier, des adjoints et des dames de charité (7).

2793. Les bureaux de bienfaisance ont pour receveur le receveur municipal, mais ils ont droit à un receveur spécial lorsque leurs recettes ordinaires s'élèvent au-dessus de 30,060 francs; lorsqu'elles n'atteignent pas ce chiffre et qu'il y a dans la même commune un hospice, la recette du bureau est réunie de droit à celle de l'établissement hospitalier et c'est par les revenus cumulés des deux établissements que s'opère le calcul de 30,000 francs qui constituent aux termes de l'article 13 de l'ordonnance du 17 septembre 1837, la limite dans laquelle la recette des établissements de bienfaisance doit être ou non confiée aux receveurs municipaux.

2794. Les receveurs spéciaux sont nommés par les préfets, sur la proposition des commissions (8). Ils peuvent cumuler ces fonctions avec celles de secrétaire de la commission (8).

2795. Le service intérieur des bureaux de bienfaisance est fixé par des règlements particuliers dont les préfets doivent prescrire la rédaction partout où ils le jugent utile (9).

Ces règlements ont pour principal objet de déterminer : 1° le nombre et l'ordre des séances de la commission administrative; 2° le nombre et les attributions des agents ou employés; 3° le mode et les conditions d'admission aux se-

cours; 4° les règles à suivre pour leur répartition. Ils sont soumis par les bureaux de bienfaisance à l'approbation des sous-préfets (1).

Un modèle de règlement a été annexé à l'instruction ministérielle du 10 février 1876 (2).

2796. La dotation des bureaux de bienfaisance se compose : 1° des biens qui leur ont été rendus en exécution des lois des 16 vendémiaire et 30 ventôse an ix, et du décret du 12 juillet 1807, qui leur allouèrent les propriétés et rentes des anciennes institutions de bienfaisance, et même d'autres biens dans certains cas déterminés; 2° des biens qu'ils ont été autorisés à acquérir à titre onéreux; 3° des produits des dons et legs qu'ils ont été autorisés à accepter.

2797. Les bureaux de bienfaisance sont soumis, quant à la gestion de leurs biens, à toutes les règles qui concernent les communes, sauf en ce qui concerne les règles de compétence. Ces règles ont été un peu décentralisées pour les bureaux de bienfaisance par le décret du 13 avril 1861, qui donne aux sous-préfets le droit d'autoriser : 1° les conditions des baux et fermes, lorsque la durée n'excède pas 18 ans; 2° le placement des fonds; 3° les acquisitions, ventes et échanges d'objets mobiliers; 4° les acceptations de dons et legs d'objets mobiliers ou de sommes d'argent, lorsque leur valeur n'excède pas 3,000 francs et qu'il n'y a pas de réclamations d'héritiers. Les sous-préfets doivent, toutefois, rendre compte de ces autorisations aux préfets, qui peuvent les annuler ou réformer pour violation des lois et règlements.

Il est statué directement par les préfets sur la plupart des autres affaires, savoir : 1° condition des baux à ferme des biens de toute nature, lorsque la durée du bail excède dix-huit ans; 2° acquisitions, aliénations, échanges d'immeubles; 3° dons et legs d'objets mobiliers ou de sommes d'argent d'une valeur excédant 3,000 francs, ou d'immeubles quelle que soit leur valeur, lorsque deux l'un ou l'autre cas, il n'y a pas de réclamation des familles; 4° transactions sur toutes sortes de biens, quelle qu'en soit la valeur; 5° approbation des plans et devis de travaux, quelle qu'en soit l'importance; 6° assurances contre l'incendie (3).

Enfin, il est statué par décret du chef de l'État sur l'acceptation des dons et legs de toutes sortes de biens, lorsqu'il y a réclamation des familles.

Le conseil municipal est toujours appelé à donner son avis sur les autorisations d'acquérir, d'échanger, d'aliéner, de plaider ou de transiger demandées par les bureaux de bienfaisance, ou sur l'acceptation des dons et legs faits à ces établissements (4).

2798. En vertu de la circulaire du 5 mai 1852 sur l'application du décret du 25 mars, en cas d'aliénation d'immeubles

(1) L'abrogation de la loi du 24 juillet 1867 prononcée par l'article 168 de la loi du 5 avril 1884 a remis en vigueur la législation antérieure (décret du 25 mars 1852), aux termes de laquelle, la création des bureaux de bienfaisance, devait être fait par décret. Dans notre *Traité de l'Assistance publique* (n° 587), publiée avant la promulgation de la loi de 1884, nous avons indiqué que cette création avait lieu par arrêté préfectoral; mais cette indication doit être modifiée.
(2) L. 5 avril 1884, article 70.
(3) Circ. int. 3 août 1867.
(4) *Bull. off.* int. 1876, p. 146.
(5) Voy. pour l'organisation des Commissions administratives (*infra*, n° 2819 et suiv.)
(6) L. 5 août 1879, article 4 et 5.
(7) Ord. du 31 octobre 1821, article 4.
(8) L. 21 mai 1873, article 6.
(9) Ord. 31 octobre 1821, article 17.

(1) Circ. int. 8 février 1823, décret du 13 avril 1861.
(2) *Bull. off.* int. p. 148.
(3) Déc. 25 mars 1852; Cons. d'Ét. int. 2 juin 1885. — La section de l'intérieur, sur le renvoi ordonné par M. le ministre de l'intérieur a été saisie d'une demande d'avis sur la question de savoir si la loi du 5 avril 1884, a eu pour effet, de replacer les bureaux de bienfaisance sous l'empire de l'ordonnance du 6 juillet 1846, en ce qui concerne les aliénations, acquisitions, échanges, partages de terres, biens immobiliers et de supprimer la compétence des préfets tiennent de l'article du 25 mars 1852; — Vu l'ordonnance du 6 juillet 1846, le décret du 25 mars 1852, tableau A, paragraphes 41 et 55, le décret du 13 avril 1861, tableau A, paragraphes 48 et 67, la loi du 5 avril 1884; — Considérant que le pouvoir de statuer sur les aliénations, acquisitions, échanges, partages de biens, immobiliers, appartenant aux bureaux de bienfaisance, a été conféré aux préfets, par le paragraphe 55, du tableau A, du décret du 25 mars 1852, et non par le paragraphe 41; — Qu'en effet, le paragraphe 41 ne parle pas des établissements charitables, et paraît, dès lors, n'avoir trait qu'aux biens communaux, tandisque le paragraphe 55, donne aux préfets, une compétence générale sur tous les objets d'assistance publique, sauf certaines exceptions; — Considérant que la loi du 5 avril 1884, n'a pas eu pour but de modifier les règles de décentralisation, posées par les décrets du 25 mars 1852 et 13 avril 1861, que, notamment, a été maintenu aux sous-préfets le pouvoir de statuer sur les acquisitions, ventes et échanges d'objets mobiliers des bureaux de bienfaisance, que, par suite, rien n'autorise à penser que le législateur ait voulu modifier la compétence préfectorale en cette matière; — Est d'avis que la loi de 1884 n'a pas innové en ce qui concerne les aliénations, acquisitions, échanges, partages de biens immobiliers, appartenant aux bureaux de bienfaisance et que le préfet doit conserver sa compétence en cette matière.
(4) L. 5 avril 1884, article 70.

par les bureaux de bienfaisance et autres établissements hospitaliers, le dixième des arrérages de rentes à acquérir doit être capitalisé pour obvier à la dépréciation de la valeur monétaire.

2799. Les délibérations des commissions administratives des bureaux de bienfaisance, concernant un emprunt, sont exécutoires en vertu d'un arrêté du préfet, sur l'avis conforme du conseil municipal, lorsque la somme à emprunter ne dépasse pas le chiffre des revenus ordinaires de l'établissement, et que le remboursement doit être effectué dans un délai de douze années. Si la somme à emprunter dépasse ce chiffre ou si le délai de remboursement est supérieur à douze années l'emprunt ne peut être autorisé que par un décret du chef de l'Etat.

Le décret d'autorisation est rendu dans la forme des règlements d'administration publique, si l'avis du conseil municipal est contraire ou s'il s'agit d'un établissement ayant plus de 100,000 francs de revenus, c'est-à-dire lorsque les recettes ont atteint ce chiffre, d'après les comptes administratifs des trois derniers exercices (1).

L'emprunt ne peut être autorisé que par une loi, lorsque la somme à emprunter dépasse 500,000 francs, ou lorsque ladite somme, réunie au montant des autres emprunts non encore remboursés, dépasse 500,000 francs.

2800. Les bureaux de bienfaisance ne doivent être autorisés à contracter des emprunts que dans des cas tout exceptionnels. Les emprunts remboursables au moyen de l'aliénation d'une partie de la dotation entravent presque toujours l'action des établissements par les sacrifices qu'impose leur amortissement; il importe donc, en général, qu'ils ne soient autorisés que pour une durée de dix à douze ans au plus, et seulement lorsque leur remboursement peut s'effectuer facilement sur les revenus ordinaires, sans faire tort au service charitable (2).

2801. Quant à la réalisation des diverses opérations réalisées, comme il est dit ci-dessus, les règles à suivre sont les mêmes que celles qui ont été déterminées dans les mêmes cas pour les communes.

2802. L'article 120 de la loi du 5 avril 1884 a établi une règle nouvelle pour le cas où les commissions administratives, chargées de la gestion des établissements publics communaux, proposeraient soit de changer en totalité ou en partie l'affectation des locaux ou objets immobiliers ou mobiliers appartenant à ces établissements dans l'intérêt d'un service public ou privé quelconque, soit de les mettre à la disposition d'un autre établissement ou d'un particulier. Les délibérations des commissions administratives relatives à ces questions ne sont désormais exécutoires qu'après avis du conseil municipal, en vertu d'un décret rendu sur la proposition du ministre de l'intérieur.

2803. Les revenus des bureaux de bienfaisance sont divisés, comme ceux des communes, en revenus ordinaires et en revenus extraordinaires.

Les revenus ordinaires se composent généralement des produits dont l'indication suit, savoir: 1° prix de ferme des maisons et biens ruraux; 2° produits des coupes ordinaires de bois; 3° rentes sur l'Etat; 4° rentes sur particuliers; 5° intérêts des fonds placés au Trésor; 6° fonds alloués sur les octrois municipaux; 7° part attribuée aux pauvres dans le prix des concessions dans les cimetières; 8° produits des droits sur les spectacles, bals, concerts, etc.; 9° dons, aumônes et collectes; 10° amendes et confiscations; 11° recettes en nature; 12° prix de vente des denrées ou grains récoltés par l'établissement; enfin, des produits des troncs placés dans les églises, et des quêtes, souscriptions, collectes autorisées.

2804. Les revenus extraordinaires se composent: du prix des coupes extraordinaires de bois; des legs et donations en argent; des remboursements de capitaux; du prix de vente

des inscriptions de rentes sur l'Etat et des recettes accidentelles.

2805. Les bureaux de bienfaisance possèdent, en outre, des revenus propres à chaque localité; mais la perception ne doit en être opérée qu'en vertu de titres homologués par l'autorité compétente; les recettes se rattachent, suivant ces titres, aux deux classes de produits qui viennent d'être établies.

2806. Les dépenses des bureaux de bienfaisance sont divisées en dépenses ordinaires et en dépenses extraordinaires. Les premières consistent généralement dans les articles suivants: 1° traitements divers et appointements du receveur; 2° réparations et entretien des bâtiments; 3° frais de bureau et menues réparations des propriétés rurales; 4° contributions assises sur les biens; 5° distributions de secours aux indigents; 6° frais de bureau. On range également dans la classe des dépenses ordinaires les consommations de grains et denrées.

Les dépenses extraordinaires ont en général pour objet les constructions et grosses réparations; les achats de terrains et bâtiments; les achats de rentes sur l'Etat; les frais de procédure.

2807. Les règles tracées pour le payement des dépenses des communes sont applicables au payement des dépenses des bureaux de bienfaisance. Un des membres de la commission administrative est chargé des fonctions d'ordonnateur.

2808. Nous avons dit plus haut qu'aux termes de l'ordonnance du 21 octobre 1821, les bureaux de bienfaisance pouvaient se faire aider, pour la distribution des secours à domicile, par des adjoints et des dames de charité. Ils peuvent également se faire assister par des sœurs de charité vouées, par le but même de l'institut auxquels elles appartiennent, à l'accomplissement de cette mission. Des traités sont passés, à cet effet, entre les bureaux de bienfaisance et les communautés hospitalières sur les bases d'un modèle joint à la circulaire ministérielle du 26 septembre 1839, et qui détermine leurs droits et leurs obligations réciproques.

2809. L'indigence ne suffit pas pour donner le droit d'être secouru par le bureau de bienfaisance d'une commune; il faut avoir le domicile de secours dans cette commune. Ce domicile s'acquiert conformément aux dispositions du titre V de la loi du 24 vendémiaire an II. Jusqu'à l'âge de vingt et un ans, il est au lieu de naissance; après cet âge, il s'obtient par un séjour d'un an dans la commune.

2810. Les distributions de secours en nature ont lieu ordinairement au moyen de bons délivrés sur les fournisseurs. Les secours en argent sont distribués d'après les états nominatifs arrêtés par la commission administrative, contenant une colonne pour les quittances des parties prenantes ou les certificats de payement.

2811. Les quittances des indigents, pour les secours qui leur sont délivrés à ce titre, sont exemptes de timbre, à quelques sommes qu'ils s'élèvent. Il en est de même des comptes d'avances et des états récapitulatifs des aumônes distribuées par les sœurs de charité et que celles-ci doivent remettre au receveur de l'établissement.

2812. Les règles de la comptabilité des communes s'appliquent aux hospices et aux bureaux de bienfaisance, en ce qui concerne la durée et la division des exercices, la spécialité et la clôture des crédits, la perception des revenus, l'ordonnancement et le payement des dépenses, et, par suite, la formation des budgets, ainsi que le mode d'écritures et de comptes (1).

2813. Le budget des recettes et des dépenses à effectuer pour chaque exercice est délibéré par les commissions administratives dans leur session annuelle du mois d'avril, afin que les budgets des établissements auxquels les communes fournissent des subventions puissent être soumis aux conseils municipaux, dans la session de mai, et que ces conseils puis-

---

(1) L. 5 avril 1884, article 119.
(2) Circ. int. 3 août 1862.

(1)Inst. gén. fin., art. 1406.

sent délibérer sur les subventions à accorder par les communes. Le conseil municipal donne toujours son avis sur le budget, même lorsque la commune ne fournit aucune subvention. Si le conseil refuse ou néglige de donner son avis, il peut être passé outre (1). Les budgets sont réglés par le sous-préfet (2).

2814. Il est dressé chaque année des comptes des opérations du bureau : un compte d'administration par l'ordonnateur et un compte de gestion par le comptable.

Le compte d'administration est présenté à la commission administrative dans sa session ordinaire d'avril. Il est envoyé, immédiatement après l'examen fait par ce conseil, au sous-préfet de l'arrondissement qui est compétent pour l'arrêter.

Le compte du receveur est soumis à l'examen de la commission administrative et aux délibérations du conseil municipal (3), ainsi qu'à la vérification du receveur des finances de l'arrondissement. Après examen et vérification, le 31 août au plus tard, le compte, avec les pièces à l'appui et la délibération du conseil municipal, est adressé au conseil de préfecture ou à la Cour des comptes, suivant le cas.

2815. Les *hospices* sont des établissements dans lesquels sont admis et entretenus les vieillards, les infirmes incurables, les orphelins, les enfants trouvés ou abandonnés. Les *hôpitaux* sont des établissements dans lesquels sont reçus et traités les indigents malades. Il arrive souvent qu'un même établissement réunit les caractères d'hospice et d'hôpital : il prend alors le nom générique d'hospice.

On peut, d'après ces définitions, se rendre compte de la différence pratique qui sépare l'hôpital de l'hospice, à savoir : que le premier de ces établissements est destiné à recevoir des hôtes qui, en général, n'y séjournent pas longtemps et dont l'admission n'a lieu que pour une cause accidentelle, de sorte que leur séjour finit avec cette cause elle-même ; tandis que le second est destiné à recevoir, d'une manière définitive et pour une cause normale, permanente, des hôtes qui doivent presque toujours y demeurer.

2816. Dans l'état actuel de la législation, les hospices et hôpitaux sont, en général, des établissements publics communaux jouissant de l'existence civile, ayant, par conséquent, le pouvoir d'acquérir, de posséder, d'aliéner, en un mot, de faire, par l'intermédiaire de leurs agents légaux et avec l'approbation de l'autorité supérieure, tous les actes de la vie administrative (4).

2817. Leur administration se compose : d'une commission administrative, d'un secrétaire, d'un receveur, d'un économe, d'un certain nombre d'employés de bureau, d'un ou plusieurs médecins et chirurgiens, pharmaciens, aumôniers, de sœurs hospitalières, d'infirmiers et de servants. Tel est, du moins, le personnel complet des grands établissements. Mais les hospices et hôpitaux de moyenne ou minime importance ont un personnel plus restreint ; ainsi, beaucoup de petits hospices n'ont pas d'employés spéciaux, et le secrétaire de la mairie, qui est souvent le secrétaire de la commission administrative, s'acquitte à lui seul du travail général. De même, le curé de la paroisse ou le pasteur peuvent remplir les fonctions d'aumônier.

2818. L'administration des hospices et hôpitaux est confiée à des commissions administratives composées du maire et de six membres renouvelables. Deux des membres de chaque commission sont élus par le conseil municipal ; les quatre autres membres sont nommés par le préfet (5). Le nombre des membres renouvelables peut, en raison de l'importance des établissements et des circonstances locales, être augmenté par un décret spécial rendu sur l'avis du conseil d'État. Dans ce cas, l'augmentation a lieu par nombre pair, afin que le droit de nomination s'exerce, dans une proportion égale, par le conseil municipal et par le préfet (5).

2819. L'élection des délégués du conseil municipal a lieu au scrutin secret, à la majorité absolue des voix. Après deux tours de scrutin, la majorité relative suffit ; et, en cas de partage, le plus âgé des candidats est élu (1).

2820. Si l'élection des délégués du conseil municipal donne lieu à des contestations, on procède suivant les règles du droit commun : c'est donc au préfet qu'il appartient de statuer à ce sujet, sauf recours au ministre de l'intérieur et, en dernier ressort, au Conseil d'État. Mais, dans la plupart des cas, il est possible de faire régulariser l'élection, en appelant le conseil municipal à prendre une nouvelle délibération.

2821. Dans les communes où fonctionnent deux commissions administratives, l'élection des délégués pour l'hospice et celle des délégués pour le bureau de bienfaisance doivent donner lieu à des votes *distincts*. Mais rien ne s'oppose à ce que les mêmes personnes soient chargées de représenter le conseil municipal dans les deux commissions.

2822. Les conseils municipaux qui ne se sont pas trouvés en nombre à la première convocation pour nommer leurs délégués, ne doivent être convoqués qu'après un délai de huit jours (2).

2823. Les maires sont présidents-nés des commissions administratives. En cas de partage, leur voix est prépondérante (3).

2824. L'adjoint ne peut remplacer le maire dans les fonctions de président des commissions administratives, que dans le cas de l'*absence* de ce magistrat ; il ne peut le suppléer par délégation spéciale (4).

2825. Dans tous les autres cas où le maire serait empêché, la présidence est donnée au vice-président, élu tous les ans par la commission. En cas d'absence du maire et du vice-président, la présidence appartient au plus ancien des membres présents, et, à défaut d'ancienneté, au plus âgé (5).

2826. Les commissions choisissent dans leur sein un des membres qui, sous le titre d'*ordonnateur*, est chargé de la signature de tous les mandats à délivrer pour l'acquittement des quittances. Cette fonction peut être permanente.

2827. La garde du registre des délibérations est confiée au secrétaire de l'administration.

2828. La commission ne peut délibérer qu'à la majorité des membres qui la composent.

2829. Les membres au choix du préfet sont nommés pour quatre ans. Quant aux délégués du conseil municipal, ils suivent le sort de cette assemblée pour la durée de leur mandat ; mais, en cas de suspension ou de dissolution du conseil municipal, ce mandat est continué jusqu'au jour de la nomination des délégués par le nouveau conseil municipal. Chaque année, la partie de la commission nommée par le préfet se renouvelle par quart. Les membres sortants sont rééligibles. Si le remplacement a lieu dans le cours d'une année, les fonctions du nouveau membre expirent à l'époque où auraient cessé celles du membre remplacé (6).

2830. Aux termes de la loi du 5 août 1879, article 5, les commissions peuvent être dissoutes et leurs membres révoqués par le ministre de l'intérieur. En cas de dissolution ou de révocation, la commission doit être remplacée ou complétée dans le délai d'un mois. Les délégués des conseils municipaux ne peuvent, s'ils sont révoqués, être réélus pendant une année. En cas de renouvellement total ou de création nouvelle, les membres dont la nomination est attribuée au préfet par l'article 1er de la loi de 1879, sont, sur la proposition de ce fonctionnaire, nommés par le ministre de l'intérieur. Le renouvellement par quart est déterminé par le sort, à la première séance d'installation.

2831. Les fonctions des administrateurs des hospices sont essentiellement gratuites.

2832. Les séances de la commission administrative doi-

(1) L. 5 avril 1884, art. 70.
(2) Déc. 13 avril 1861, art. 6.
(3) L. 5 avril 1884, art. 70.
(4) Nous disons *en général*, parce qu'il y a des hospices nationaux, départementaux et privés.
(5) L. 5 août 1879, art. 1 et 2.

(1) L. 5 août 1879, art. 4.
(2) Circ. int. 14 novembre 1879.
(3) L. 21 mai 1873, art. 3.
(4) Circ. int. 16 septembre 1830 ; Déc. min. int. 17 mars 1832.
(5) L. 21 mai 1873, art. 3.
(6) L. 21 mai 1873, art. 4.

vent avoir lieu à des époques fixes déterminées par le règlement du service intérieur. En fait, les réunions sont ordinairement hebdomadaires.

2833. En principe, les hospices et hôpitaux situés dans une même ville sont administrés par une seule commission. Il se peut cependant que, dans une grande ville et par exception, la différence des destinations et des intérêts de ces établissements rende nécessaire la création de deux ou plusieurs commissions.

2834. Il arrive quelquefois qu'un établissement charitable ait été fondé par un conseil municipal ou par une commission dans une commune autre que celle où siège ce conseil ou cette commission. Dans ce cas, les pouvoirs de la commune ou commission fondatrice s'exercent exclusivement sur l'établissement ainsi fondé. Toutefois, si l'établissement charitable est situé dans un autre département, il peut y avoir partage d'attributions entre les deux préfets, l'un ayant les pouvoirs d'administration intérieure, l'autre les pouvoirs de police et de surveillance.

2835. Les attributions et fonctions des commissions administratives sont régies par la loi du 7 août 1851 et par l'article 7 de la loi du 21 mai 1873. Ces textes de loi confèrent aux commissions hospitalières, suivant les cas : 1° un droit de direction et de surveillance ; 2° un droit de réglementation sur certains objets, tantôt absolu, tantôt subordonné à l'approbation du préfet ; un droit de délibération restreint dans certains cas par la nécessité de l'adhésion du conseil municipal ; 4° un droit de nomination ; 5° un droit de gestion.

Ainsi la commission administrative est chargée de *diriger et de surveiller* le service intérieur et extérieur des établissements hospitaliers.

2836. La commission des hospices et hôpitaux règle par ses délibérations les objets suivants : le mode d'administration des biens et revenus des établissements hospitaliers ; les conditions des baux et fermes de ces biens, lorsque leur durée n'excède pas dix-huit ans pour les biens ruraux et neuf pour les autres, le mode et les conditions des marchés pour fournitures et entretiens dont la durée n'excède pas une année ; les travaux de toute nature dont la dépense ne dépasse pas 3,000 francs. Toute délibération sur l'un de ces objets est exécutoire si, trente jours après la notification officielle, le préfet ne l'a pas annulée, soit d'office pour violation de la loi ou d'un règlement d'administration publique, soit sur la réclamation de toute partie intéressée. Le droit des commissions administratives n'a reçu aucune atteinte du décret du 25 mars 1852, et l'article 8 de la loi de 1851 reste, en matière de baux, la règle des hospices et hôpitaux, *à l'exclusion des autres établissements de bienfaisance.*

2837. La commission arrête également, mais avec l'approbation du préfet, les règlements de service tant intérieur qu'extérieur et de santé, et les contrats à passer pour le service avec les congrégations hospitalières (1).

2838. La commission délibère sur les objets suivants : les budgets, comptes, et, en général, toutes les recettes et dépenses des établissements hospitaliers ; les acquisitions, échanges, aliénations des propriétés de ces établissements, leur affectation au service, et, en général, tout ce qui intéresse leur conservation et leur amélioration ; les projets de travaux pour constructions, grosses réparations ou démolitions dont la valeur excède 3,000 francs ; les conditions ou cahiers des charges des adjudications de travaux et marchés pour fournitures et entretien dont la durée excède une année ; les actions judiciaires et transactions ; les placements de fonds et emprunts ; les acceptations de dons et legs.

2839. Les délibérations comprises dans l'article précédent sont soumises à l'avis du conseil municipal (2), et suivent, quant aux autorisations, les mêmes règles que les délibérations de ce conseil. Néanmoins, l'aliénation des biens immeubles formant la dotation des hospices et hôpitaux ne peut avoir lieu que sur l'avis conforme du conseil municipal (1).

2840. Le président de la commission des hospices et hôpitaux peut toujours, à titre conservatoire, accepter, en vertu de la délibération de la commission, les dons faits aux établissements charitables. Le décret du pouvoir exécutif ou l'arrêté du préfet qui intervient a son effet du jour de cette acceptation (2).

2841. La commission, d'accord avec le conseil municipal et sous l'approbation du préfet, peut traiter de gré à gré ou par voie d'abonnement pour les fournitures des *aliments et objets de consommation* nécessaires aux établissements hospitaliers (3).

2842. L'un des administrateurs désigné par la commission exerce la tutelle des enfants assistés, et l'ensemble de la commission compose le conseil de tutelle.

2843. Lorsqu'il y a un quartier d'aliénés, la commission en a l'administration, sauf le concours d'un préposé responsable. Un de ses membres est désigné par elle pour remplir auprès des aliénés non interdits les fonctions d'administrateur provisoire.

2844. La comptabilité des hospices est régie par les mêmes principes et les mêmes règles que ceux de la comptabilité communale (4).

2845. Les recettes des hospices et autres établissements de bienfaisance sont divisées, comme celles des communes, en recettes ordinaires et recettes extraordinaires. Les produits dont elles se composent sont généralement ceux ci-après, savoir :

Recettes ordinaires : — 1° Prix de ferme des maisons et des biens ruraux ; 2° produit des coupes ordinaires de bois ; 3° rentes sur l'État ; 4° rentes sur particuliers ; 5° fonds alloués sur les octrois municipaux ; 6° produits des droits sur les spectacles, bals, concerts, etc. ; 7° journées de militaires ; 8° prix de vente des objets fabriqués par les individus admis dans chaque établissement ; 9° dons, aumônes et collectes ; 10° fonds alloués pour le service des enfants assistés ; 11° amendes et confiscations ; 12° recettes en nature ; 13° prix de vente des denrées ou grains récoltés par l'établissement et excédant ses besoins.

Recettes extraordinaires : — 1° Excédent des recettes sur les dépenses de l'exercice antérieur ; 2° intérêts des fonds placés au trésor public ; 3° prix des coupes extraordinaires de bois ; 4° legs et donations ; 5° remboursements de capitaux ; 6° prix de vente d'inscriptions de rentes sur l'État ; 7° emprunts ; 8° recettes accidentelles.

2846. Les établissements de bienfaisance possèdent, en outre, des revenus propres à chaque localité, et qui, suivant les titres homologués de l'autorité compétente, se rattachent aux deux classes de produits qui viennent d'être établies.

2847. Les recettes de ces établissements, pour lesquels les lois et règlements n'ont pas prescrit un mode spécial de recouvrement, s'effectuent sur des états dressés par le maire, sur la proposition de la commission administrative. Ces états sont exécutoires après qu'ils ont été visés par le sous-préfet. Les oppositions, lorsque la matière est de la compétence des tribunaux ordinaires, sont jugées comme affaires sommaires, et la commission administrative peut y défendre, sans autorisation du conseil de préfecture.

2848. Les receveurs des établissements hospitaliers recouvrent les divers produits aux échéances déterminées par les titres de perception ou par les règlements administratifs, et délivrent quittance de toutes les sommes qu'ils recouvrent, en se conformant aux règles tracées pour les recettes des communes.

2849. Ils doivent, comme les receveurs des communes, veiller à la conservation des domaines, droits, privilèges et hypothèques, requérir à cet effet les inscriptions nécessaires

---

(1) L. 21 mai 1873, art. 8.
(2) L. 21 mai 1873, art. 8.

(1) L. 21 mai 1873, art. 9 et 10 ; L. 5 avril 1884, art. 70.
(2) L. 21 mai 1873, art. 11.
(3) L. 21 mai 1873, art. 15.
(4) L. 7 août 1851, art. 12.

et en tenir registre. Mais ils ne peuvent donner main-levée des oppositions formées pour la conservation des droits des pauvres et des hospices, ni consentir à des radiations, changements ou limitations d'inscriptions hypothécaires, qui n'auraient pas été ordonnés par les tribunaux ou autorisés par les conseils de préfecture.

2850. Les dépenses des hospices et autres établissements de bienfaisance sont divisées également en dépenses ordinaires et dépenses extraordinaires.

Les premières consistent dans les articles suivants, savoir : 1° Traitements divers ; 2° gages des employés et servants ; 3° réparation et entretien des bâtiments ; 4° contributions assises sur ces bâtiments ; 5° entretien du mobilier et des ustensiles ; 6° dépenses du coucher ; 7° linge et habillement ; 8° achat de grains et denrées ; 9° blanchissage ; 10° chauffage ; 11° éclairage ; 12° achat de médicaments ; 13° pensions ou rentes à la charge de l'établissement ; 14° entretien et menues réparations des propriétés rurales ; 15° contributions assises sur ces propriétés ; 16° dépenses des mois de nourrice et pensions des enfants assistés ; 17° frais de layettes et vêtements de ces enfants.

Sont également rangées dans la classe des dépenses ordinaires les consommations de grains et denrées.

Les dépenses extraordinaires ont en général pour objet : 1° Les constructions et grosses réparations ; 2° les achats de terrains et bâtiments ; 3° les frais de procédures ; 4° les achats de rentes sur l'État.

2851. Les recettes et les dépenses des hospices ne peuvent être faites qu'en vertu du budget de chaque exercice ou des autorisations supplémentaires données par la même autorité qui règle le budget.

2852. L'exercice commence au 1er janvier et finit au 31 décembre de l'année qui lui donne son nom. Néanmoins, un délai de trois mois est accordé pour en compléter les opérations ; la clôture de l'exercice est donc fixée au 31 mars de la seconde année de l'exercice. A cette époque, l'exercice est clos définitivement.

2853. Le budget des recettes et dépenses est délibéré par les commissions administratives, dans une de leurs sessions du mois d'avril, afin que les budgets des établissements auxquels les communes fournissent des subventions sur leurs octrois ou sur toute autre branche de leurs revenus, puissent être soumis aux conseils municipaux dont la session a lieu du 1er au 15 mai, et que ces conseils puissent délibérer sur les subventions à accorder par les communes (1).

2854. Le conseil municipal est toujours appelé à donner son avis sur les budgets et les comptes des établissements de bienfaisance, même lorsque la commune ne leur fournit aucune subvention. A cet effet, le budget est adressé au maire, et c'est ce fonctionnaire qui le soumet directement au conseil municipal. Si le conseil municipal omettait ou refusait de délibérer sur le budget de l'hospice, il y aurait lieu de le mettre formellement en demeure ; et si, malgré cette mise en demeure, il ne fournissait pas d'avis, on pourrait passer outre après avoir officiellement constaté le refus (2). Après que le conseil municipal a émis son avis, le budget est renvoyé par le maire à la commission administrative qui détermine, s'il y a lieu, les modifications à y apporter. Dans les villes où il existe plusieurs hospices, le budget doit présenter séparément les dépenses de chaque établissement, mais de manière à ce qu'on puisse les additionner en un seul total. Les recettes sont portées en masse, sans distinction des établissements (3).

2855. Les budgets sont définitivement réglés par les préfets, quelle que soit la quotité des revenus des établissements. Toutefois, les budgets des établissements ayant trois millions au moins de revenus sont soumis à l'approbation du chef de l'État, sur la proposition du ministre de l'intérieur (4).

2856. Lorsque les crédits ouverts par le budget d'un exercice sont reconnus insuffisants, ou s'il doit être pourvu à des dépenses imprévues, lors de la formation de ce budget, on peut établir un budget supplémentaire, ou demander l'ouverture de crédits supplémentaires. Ces crédits doivent être, comme les budgets, approuvés par le préfet ou par décret, suivant la quotité des revenus des établissements. Les conseils municipaux sont également appelés à donner leur avis.

2857. Il est procédé au règlement définitif du budget de chaque exercice, à la clôture de cet exercice, et au report des restes à recouvrer et des restes à payer au budget de l'exercice suivant, selon les règles tracées pour les communes.

2858. La commission administrative désigne, comme nous l'avons dit ci-dessus, un de ses membres, lequel sous le titre d'ordonnateur, est spécialement et exclusivement chargé de la signature de tous les mandats à délivrer aux créanciers de l'établissement pour les dépenses régulièrement autorisées.

2859. Les écritures des ordonnateurs des établissements de bienfaisance doivent être tenues dans les mêmes formes que celles des maires ordonnateurs des communes. Les livres à tenir sont le journal, le grand-livre et les livres auxiliaires. Ces derniers livres sont établis au nombre et dans la forme déterminés par les préfets.

2860. Le compte d'administration de l'établissement, pour l'exercice clos, est présenté à la commission administrative, qui s'assemble en session ordinaire du 1er au 15 avril de chaque année. Ce compte doit nécessairement être examiné dans cette session par la commission administrative, afin qu'il puisse être soumis à la délibération du conseil municipal dans sa session ordinaire (1). Il est dressé dans la même forme que celui qui est rendu annuellement par le maire concernant l'administration communale. Il est adressé au sous-préfet, accompagné des pièces justificatives et de la délibération du conseil municipal, immédiatement après l'examen fait par ce conseil. Le sous-préfet transmet ensuite le compte et les pièces à l'appui, avec son avis, au préfet du département, à qui il appartient de l'arrêter (2).

2861. Les receveurs des établissements de bienfaisance ont seuls qualité pour recevoir et pour payer au nom de ces établissements. Les receveurs des établissements doivent également recevoir, comme il est réglé pour les receveurs des communes, une expédition en forme de tous les baux, contrats, jugements, déclarations, titres nouveaux et autres actes concernant les revenus dont la perception leur est confiée ; et ils sont autorisés à demander, au besoin, que les originaux de ces divers actes leur soient remis sur leur récépissé (3).

2862. Les règles qui concernent les écritures et les comptes des receveurs municipaux, sont entièrement applicables aux écritures et aux comptes des receveurs des établissements de bienfaisance. Ces comptes sont soumis à l'examen de la commission administrative et aux délibérations du conseil municipal. Les dispositions concernant la juridiction des conseils de préfecture et de la Cour des comptes sur les comptes des receveurs municipaux sont applicables à ceux des hospices et hôpitaux (4).

2863. Les règles relatives aux acquisitions, aux aliénations, aux emprunts, aux échanges, aux autorisations de plaider, aux transactions intéressant les bureaux de bienfaisance sont applicables aux mêmes contrats et aux mêmes actes lorsqu'ils intéressent les hospices (5).

2864. Les monts-de-piété ont pour destination de faciliter aux personnes dans le besoin le moyen de se procurer de l'argent contre des objets mobiliers qu'elles affectent, pour un temps déterminé, à la garantie de la somme prêtée.

Un décret impérial du 24 messidor an XII, en organisant le mont-de-piété de Paris, a décidé en principe, articles 14 et 15, la création de monts-de-piété au profit des pauvres, dans les lieux où il serait utile d'en former. Pour l'exécution

---

(1) Déc. 31 mai 1862, art. 551 ; L. 5 avril 1884, art. 70.
(2) L. 5 avril 1884, art. 70.
(3) Déc. 25 mars 1852.
(4) L. 5 avril 1884, art. 145.

(1) Déc. 31 mai 1862, art. 155 ; L. 5 avril 1884, art. 70.
(2) Déc. 25 mars 1852.
(3) Arrêté du 19 vendémiaire an XII.
(4) Déc. mai 1862, art. 560 et 561 ; L. 5 avril 1884, art. 70.
(5) L. avril 1884, art. 70 et 119.

de ce décret, le ministre de l'intérieur a adressé aux préfets, le 18 fructidor de la même année, un modèle de règlement qui est resté longtemps l'unique base de leur organisation administrative. Aujourd'hui celle-ci est régie par la loi du 24 juin 1851.

2865. Les monts-de-piété sont institués comme établissements d'utilité publique, et avec l'assentiment des conseils municipaux, par des décrets du chef de l'État.

2866. Les conseils d'administration des monts-de-piété sont présidés par le maire de la commune. Les membres en sont nommés par le préfet ; leurs fonctions sont gratuites. Ils doivent être choisis : un tiers dans le conseil municipal; un tiers parmi les administrateurs des établissements charitables ; un tiers parmi les autres citoyens domiciliés dans la commune. Les conseils d'administration sont renouvelés par tiers chaque année. Les membres sortants sont rééligibles. Le directeur, dans les monts-de-piété où cet emploi existe, ou agent responsable, est nommé par le préfet, sur la présentation du conseil d'administration.

2867. Les monts-de-piété sont, quant aux règles de comptabilité, assimilés aux établissements de bienfaisance (1).

TITRE IV.

DES ACTIONS JUDICIAIRES.

2868. La commune est un être moral qui peut posséder et par suite avoir à revendiquer ou à défendre des droits en justice.

Les actions judiciaires des communes ont été toujours soumises à l'autorité de l'administration supérieure, et les règles de cette matière ont été fixées ou rappelées à plusieurs époques dans des actes nombreux remplacés aujourd'hui par la loi du 5 avril 1884. Nous mentionnerons donc seulement la date de ces actes anciens qui sont principalement : l'édit d'août 1683, la déclaration du 10 octobre 1703, l'édit du mois d'août 1764, l'arrêt du Conseil du 8 août 1783, la loi du 14 décembre 1789, les lois des 29 vendémiaire et 24 brumaire an v, la loi du 28 pluviôse an viii, la loi du 18 juillet 1837, à quoi il convient d'ajouter l'article 1032 du Code de procédure civile.

Ces actes législatifs qui tous ont procédé du même esprit, et qui tous ont tendu vers le même but : protéger la commune contre les dangers des procès inconsidérés, ont établi un ensemble de doctrines et de règles, dont nous allons présenter, en quelques lignes, une analyse succincte avant d'aborder l'examen détaillé des articles de la loi du 1884, dans lesquels elles sont venues se fondre et par lesquels elles ont été consacrées.

Le conseil municipal délibère sur les actions judiciaires et sur les transactions de la commune.

Le maire est chargé, sous le contrôle du conseil municipal et la surveillance de l'administration supérieure, de représenter la commune en justice, soit en demandant, soit en défendant.

Nulle commune ou section ne peut ester en justice sans y être autorisée par le conseil de préfecture. Une nouvelle autorisation est nécessaire pour chaque degré de juridiction. Si la commune refuse ou néglige d'exercer une action, tout contribuable inscrit au rôle a le droit de la suivre pour elle, mais à ses frais et risques personnels, avec l'autorisation du conseil de préfecture. Dans ce cas, la commune est mise en cause, et la décision intervenue a effet à son égard.

Si l'autorisation est refusée, la commune, ou le contribuable, peut en appeler au Conseil d'État, par la voie administrative. Si l'action est intentée contre la commune, la loi établit des règles spéciales. Celui qui a l'intention d'actionner une commune est tenu d'en prévenir le préfet, et d'exposer l'objet et

les motifs de sa demande. Dès ce moment, sont interrompues, à son égard, la prescription et toutes déchéances. Le préfet transmet son mémoire au maire et l'invite à convoquer immédiatement le conseil municipal.

Quelle que soit la délibération du conseil municipal, elle doit être transmise au conseil de préfecture qui décide s'il y a lieu d'autoriser la commune à ester en justice. Mais, pour prévenir des lenteurs préjudiciables au demandeur, la loi exige que l'arrêté du conseil de préfecture soit pris dans un assez court délai.

En cas de refus d'autorisation, la commune peut se pourvoir devant le Conseil d'État, comme il a été dit ci-dessus. Mais, par une disposition spéciale, prise encore dans l'intérêt de l'adversaire de la commune, le Conseil d'État doit statuer dans un délai déterminé.

Ainsi, le demandeur contre la commune ne peut l'actionner avant la décision du conseil de préfecture et du Conseil d'État en cas d'appel, ou tout au moins avant l'expiration du délai dans lequel doivent intervenir ces décisions. Mais quelle que soit la décision intervenue, il peut intenter l'action.

Dans aucun cas, la commune ne peut défendre à l'action sans y avoir été expressément autorisée.

Cependant, il y a exception pour les actions possessoires et conservatoires. Le maire peut toujours, sans autorisation préalable, les intenter ou y défendre, et faire tous autres actes conservatoires ou interruptifs de déchéance.

La loi contient aussi des dispositions spéciales en ce qui concerne les sections de commune. Une section doit être représentée par un syndicat lorsqu'elle est dans le cas d'ester en justice contre la commune dont elle fait partie ; cette dernière est alors représentée par le conseil municipal, diminué des membres qui auraient le même intérêt que la section. Si le litige s'élève entre deux sections de la même commune, le conseil municipal ne doit représenter aucune des deux. Il est formé un syndicat pour chacune.

Enfin, la section, ou le particulier, qui obtient gain de cause contre une commune ou une section n'est pas tenu de contribuer au payement des frais et des dommages-intérêts qui résulteraient du procès.

2869. L'ensemble de la législation que nous venons de résumer présente, sans doute, une certaine rigueur ; il n'y en a point trop cependant, car rien n'est périlleux comme l'esprit processif, et il est certain que, si l'administration ne tenait pas la main avec une extrême fermeté à empêcher les instances inutiles, on verrait rapidement un grand nombre de communes ruinées par leurs administrateurs, qu'aviverait facilement l'ardeur d'une lutte dont ils ne seraient pas exposés à payer personnellement les frais.

Reprenons maintenant en détail chacune des prescriptions de la loi. Mais, avant tout examen, il importe de bien nettement établir que, dans toute action où est intéressée une commune quelle qu'elle soit, il est trois pouvoirs administratifs, qui, chacun, ont un rôle déterminé à remplir, et qui, tous les trois, à peine de nullité de l'instance engagée, doivent y marquer leur action : le conseil municipal, le maire, l'administration supérieure. Voyons le rôle de chacun.

CHAPITRE PREMIER.

INITIATIVE DU CONSEIL MUNICIPAL

2870. Un service essentiel et qui peut exercer une grande influence dans beaucoup de cas, c'est que les conseils municipaux ont l'initiative des actions judiciaires des communes, sauf l'unique exception admise en faveur des contribuables qui, à leur refus, peuvent exercer ces actions, lorsqu'ils consentent à en courir personnellement les risques.

Ce principe a toujours été en vigueur ; il était inscrit expressément dans l'article 19, n° 10 de la loi du 18 juillet 1837. Il n'est point formulé précisément dans la loi de 1884, mais il n'est pas douteux qu'il ait été dans la volonté du législateur de l'y mettre. En effet, il était inscrit dans le projet du gou-

---

(1) L. 5-24 juin 1851 ; L. 5 avril 1884, art. 70, 119 et 145.

verñement, dans un article qui est devenu l'article 68; la mention qui le concernait fut retirée, sur la demande d'un député, M. Lorois, pour être reportée à l'article 121 : elle fut oubliée. Mais toutes les références qui s'y rapportaient furent maintenues, et s'il n'existe plus en toutes lettres dans un texte, on peut dire qu'il est sous-entendu des articles 90, 121, 129, 125, 130. La jurisprudence qui avait été établie sous l'empire de l'ancienne loi doit donc être maintenue, et dans *toutes affaires*, même celles où le maire peut agir sans autorisation du conseil de préfecture, comme les actions possessoires, le conseil municipal doit délibérer et approuver l'instance (1).

2871. C'est ainsi que l'on doit dire qu'un maire n'est pas recevable à ester s'il n'y est autorisé par une délibération régulière (2); que l'adhésion individuelle donnée par des conseillers municipaux à une action intentée par le maire ne peut suppléer au défaut d'une délibération régulière du conseil municipal (3); que, lorsqu'un maire exerce une action en vertu d'une délibération irrégulière du conseil municipal, il doit être déclaré sans qualité et condamné personnellement aux dépens (4); que, lorsqu'un arrêté de conseil de préfecture a été rendu contre les prétentions de plusieurs habitants, agissant *ut singuli*, sans que la commune soit intervenue au débat, le maire est sans pouvoir ni qualité pour l'attaquer, et doit être condamné personnellement aux dépens du pourvoi (5);

que le maire qui intente une action, ou y défend, sans le vote préalable ou confirmatif du conseil municipal, est personnellement passible des dépens (1).

CHAPITRE II.

REPRÉSENTATION EN JUSTICE PAR LE MAIRE.

2872. Quand le conseil municipal a voté l'action, le maire seul a *qualité* pour l'exercer. C'est une conséquence de la règle générale touchant la gestion des propriétés et des affaires communales, sauf toujours l'exception qui permet à un contribuable de suppléer à l'inertie ou au refus du conseil municipal. Par suite de ce principe, il a été décidé :

Que le directeur général de l'administration communale et même le ministre de l'intérieur sont sans qualité pour se pourvoir au nom d'une commune (2);

Qu'un préfet ne peut, en vertu de l'article 15 de la loi du 18 juillet 1837, former un recours en cassation ni engager un procès au nom d'une commune (3);

Qu'un ou plusieurs habitants de la commune sont sans qualité pour intenter une action en son nom (4), à moins, cepen-

---

(1) Réverchon (n° 29); Cass. civ. 28 décembre 1864, D. P. 64.1.95; Cass. civ. 2 mars 1880. — La Cour, Sur le premier moyen du pourvoi ; — Vu les articles 1er, paragraphes 10 et 15 de la loi du 10 juillet 1837 ; — Attendu que le maire, lorsqu'il agit en justice pour la commune, n'est que le mandataire de celle-ci ; — Qu'il ne peut donc procéder, soit en demandant, soit en défendant, sans le concours et l'autorisation du Conseil municipal; que la disposition du paragraphe dixième de l'article 19 de la loi de 1837 est formelle à cet égard ; — Attendu que si, par dérogation aux règles générales sur la matière, l'article 55 de la même loi permet au maire d'intenter toute action possessoire et d'y défendre, sans autorisation préalable, cette exception ne s'applique qu'à l'autorisation du conseil de préfecture et non à celle du conseil municipal, qui est toujours nécessaire ; — Attendu que les conclusions de Jumeau en appel, visées dans le jugement attaqué, opposaient au maire de Champfond-du-Gatine un défaut de qualité, tiré de ce que celui-ci ne justifiait pas de l'autorisation du conseil municipal de la commune ; — Attendu néanmoins que le jugement attaqué a repoussé cette fin de non-recevoir, en se fondant uniquement sur ce qu'en matière d'actions possessoires, aux termes de l'article 55 de la loi de 1837, le maire était dispensé de toute autorisation: en quoi faisant ledit jugement a violé, par fausse application, l'article 55 et méconnu les dispositions de l'article 19, paragraphe 10 de la loi du 18 juillet 1837, ci-dessus visée... — Casse.

(2) Cons. d'Et. cont. 8 septembre 1819; Cons. d'Et. cont. 20 novembre 1832; Cons. d'Et. cont. 23 juin 1824; Cons. d'Et. 5 août 1829; Cons. d'Et. cont. 10 février 1863. — Le Conseil, Vu la loi du 28 pluviôse an VIII, celle du 16 septembre 1807 et la loi du 18 juillet 1837, art. 19, n° 10 ; — Sur le moyen tiré de ce que le conseil de préfecture a refusé d'annuler la procédure et l'expertise intervenues sans que le maire ait été autorisé à ce conseil municipal à défendre à l'action des sieurs Thébaut et autres, conformément à l'article 19, n° 10 de la loi du 18 juillet 1837; considérant que si le maire de la ville de Nantes a défendu à l'action intentée contre la ville de Nantes par les sieurs Thébaut et consorts avant d'avoir obtenu l'autorisation du conseil municipal, cette autorisation lui a été accordée par délibération intervenue au cours de l'instance, le 18 juin 1862 ; — Que dès lors, le conseil de préfecture était fondé à refuser d'annuler la procédure et l'expertise antérieures à cette délibération. — Sur le moyen tiré de la violation de l'article 57 de la loi du 16 septembre 1807 ; — Attendu que si l'article 57 de la loi précitée dispose que le contrôleur et le directeur des contributions directes doivent leur avis sur le procès-verbal d'expertise, l'omission de cette formalité n'est pas de nature, dans l'espèce, à entraîner l'annulation de l'arrêt attaqué... — Annule.

Cons. d'Et. cont. 13 décembre 1882. — Considérant que le sieur Eschas sériaux déclarait agir comme contribuable et comme maire de la commune de Thénac et qu'il ne produit d'ailleurs aucune délibération du conseil municipal de ladite commune autorisant le présent pourvoi; qu'il n'est pas recevable en lesdites qualités à demander l'annulation de la décision ci-dessus visée de la commission départementale du département de la Charente-Inférieure... — Rejette.

(3) Cons. d'Et. cont. 19 décembre 1884.

(4) Cons. d'Et. cont. 9 mars 1832. — Le Conseil, Vu la loi du 14 décembre 1789; — Considérant que la délibération du 1er juin 1839, en vertu de laquelle le sieur Ducoudray, maire de la commune de Curlu, se dit autorisé à former son pourvoi est irrégulière, puisqu'elle n'a été prise que par cinq des membres du conseil municipal de ladite commune, nombre inférieur à celui qui est prescrit par l'article 40 de la loi du 14 décembre 1789; — Considérant que la nouvelle délibération du 21 octobre 1830, transmise par le préfet, constate qu'il y a eu partage entre les membres présents du conseil municipal, et qu'ainsi elle ne peut avoir aucune influence dans la cause... — Rejette. Le sieur Ducoudray, en son nom personnel, est condamné aux dépens.

(5) Cons. d'Et. cont. 5 novembre 1823. — Le Conseil, Considérant que

l'arrêt attaqué a été rendu contre une collection d'habitants de Longeville agissant dans leur intérêt particulier ; — Que la commune de Longeville n'y a pas été partie ; — Qu'ainsi le maire n'a pas qualité pour se pourvoir ; — Qu'il n'a pas même été autorisé à le faire, par une délibération du conseil municipal... — Rejette. Le sieur Perrin, maire, est condamné personnellement aux dépens.

(1) Cons. d'Et. cont. 17 novembre 1841; Paris, 9 décembre 1825.

(2) Cons. d'Et. cont. 8 septembre 1819; Cons. d'Et. cont. 22 novembre 1829. — Le Conseil, Considérant que le ministre de l'intérieur n'avait pas qualité pour se pourvoir devant nous, en notre conseil, au nom de la ville de Paris, contre l'arrêté du conseil de préfecture qui a réglé l'indemnité due au sieur Dubail pour cession de terrain attenant à la voie publique; et que ce pourvoi ne pourrait être introduit que par la ville elle-même et par le ministre d'un avocat aux conseils... — Rejette.

(3) Cass. 28 juin 1843, D. P. 43 1.360; Cass. 27 mai 1850, D. P. 52.1.145; Cass. 7 juillet 1852, D. P. 52.1.206; Cass. 30 novembre 1863. — La Cour, Vu l'article 15 de la loi du 18 juillet 1837 ; — Attendu que le pouvoir conféré au préfet par l'article 25 de la loi du 18 juillet 1836 de procéder d'office, par lui-même ou par un délégué spécial, aux actes que le maire refuserait ou négligerait de faire, ne lui est donné que pour les cas où il s'agit d'actes prescrits au maire par la loi; — Attendu qu'aucune disposition de la loi ne prescrit au maire l'obligation d'ester en justice, contrairement à son opinion et à celle du conseil municipal, pour y défendre à une action intentée contre la commune; — Attendu que si l'on doit considérer comme prescrits par la loi les actes dont, aux termes de l'article 9, le maire est chargé sous l'autorité de l'administration supérieure, il n'en est pas de même des actes que la loi est bornée à placer sous la surveillance de cette administration, et que, dans le pouvoir de surveillance, n'est pas compris le pouvoir à action; — Attendu que c'est sous la surveillance de l'administration supérieure, et non sous son autorité, que le maire est chargé des attributions énumérées dans l'article 10 au nombre desquelles est celle de représenter la commune en justice, soit en demandant, soit en défendant; — Attendu que les décisions que le conseil de préfecture est, dans tous les cas, appelé à prendre aux termes de l'article 52, et en vertu desquelles la commune peut, contrairement à l'avis de son conseil municipal, être autorisée à ester en jugement, ont uniquement pour effet d'ouvrir à la commune une faculté dont celle-ci reste maîtresse de ne pas user, et ne constituent pas des injonctions lui imposant l'obligation d'ester en justice; — Attendu que la loi a prévu les inconvénients et les abus pouvant naître du pouvoir d'option ainsi laissé aux représentants ordinaires de la commune en consacrant, par l'article 47, sous les conditions que cet article détermine, le droit, pour tout contribuable inscrit au rôle, de prendre en main les actions de la commune que celle-ci aurait refusé ou négligé d'exercer; — Attendu, en fait, que, sur le refus du maire de Job et du conseil municipal de signifier le jugement rendu par le tribunal d'Ambert au profit de la commune de Job, le 17 août 1857, le préfet du Puy-de-Dôme, par arrêté du 4 janvier 1838, a nommé Paulin, percepteur à Ambert, son délégué spécial, pour faire notifier à qui de droit ledit jugement, et pour faire tous actes de procédure et remplir toutes autres formalités dans l'intérêt de la commune de Job; que c'est en vertu de ces pouvoirs que Paulin a formé opposition à l'arrêt rendu par défaut tant contre lui que contre la commune de Job, par la cour impériale de Riom, le 29 août 1860; — Que ne s'agissant point d'actes prescrits au maire par la loi, il n'y avait pas lieu à appliquer l'article 15 de la loi du 18 juillet 1837, et à ce que le préfet procédât d'office par lui-même ou par un délégué spécial, d'où il suit que l'arrêt attaqué, en recevant l'opposition formée par Paulin en ladite qualité, a faussement appliqué... — Casse.

Cass. d'Et. cont. 13 décembre 1824; Cons. d'Et. cont. 15 juin 1825; Cass. 25 juillet 1826; Cons. d'Et. cont. 5 août 1829; Cons. d'Et. cont. 3 mai 1832 ; Cass. 31 mars 1835 ; Cass. req. 24 juillet 1871. — La Cour, Sur le moyen unique tiré de la fausse application de l'article 49 de la loi du

dant, que ces habitants n'agissent en vertu de l'article 123 de la loi de 1884 et dans les formes prescrites par cet article (1) ;

Que les membres du conseil municipal eux-mêmes ne peuvent exercer l'action qu'ils ont votée et encore moins une fraction de ce conseil (2) ;

Qu'il ne peut être suppléé à la défense de la commune devant le conseil de préfecture par le maire ou l'adjoint au moyen d'un avis du sous-préfet ou d'une enquête, et qu'en pareil cas la décision rendue est susceptible d'opposition comme étant rendue par défaut contre la commune (3).

2873. Ce n'est pas seulement la commune que le maire doit représenter, c'est aussi les sections qui peuvent exister dans la commune, quand l'action engagée n'est pas contraire aux intérêts généraux de la commune ou d'une autre section. Nous trouvons là une application de principes que nous développerons plus loin et qui veut que la représentation et l'administration des intérêts sectionnaires soient placées dans l'administration générale municipale toutes les fois que ces intérêts sectionnaires ne sont pas en conflit avec ceux de la commune

elle-même ou des sections. Mais si le conflit existe, le maire, comme le conseil, cessent d'être les mandataires de la section (1).

2874. Mais il est des cas, cependant, où le maire ne peut représenter la commune ; ainsi, dans tous ceux prévus par l'article 84 de la loi municipale, c'est-à-dire vacance des fonctions de maire par suite d'absence, de décès, de démission, de suspension, de révocation ou de tout autre empêchement. La représentation des intérêts municipaux est alors confiée, comme nous l'avons vu, aux adjoints dans l'ordre de leur nomination, et à défaut de ceux-ci, au conseiller municipal désigné par le conseil, et, à défaut de désignation de conseiller municipal, suivant l'ordre du tableau.

2875. De même, le maire doit s'abstenir quand ses intérêts personnels sont en opposition avec ceux de la commune ou de la section. L'article 83 de la loi de 1884, par une disposition nouvelle, décide que, dans ce cas, ce ne sont pas les adjoints ou les conseillers dans l'ordre du tableau qui sont appelés et suppléés, mais un membre du conseil municipal, délégué spécialement à cet effet par une délibération particulière. Si, à défaut de cette délibération, l'adjoint, ou un conseiller municipal dans l'ordre du tableau, croyait pouvoir remplacer le maire, la procédure qu'il engagerait ou suivrait devrait être considérée comme nulle.

2876. De même encore c'est au préfet qu'est dévolu, par la loi du 6 décembre 1850, ainsi que nous l'avons vu n° 2575, le droit d'exercer les actions communales, en cas d'inaction des conseils municipaux, dans les procédures de partages des terres vaines et vagues dans les cinq départements qui formaient l'ancienne province de Bretagne.

2877. Mais il est d'autres cas où les intérêts communaux doivent être défendus, en vertu d'une disposition légale, par un autre représentant que le maire : c'est d'abord lorsqu'il s'agit d'une action relative aux intérêts collectifs des chemins de grande communication et des chemins d'intérêts communs. Cette matière ayant été placée par la loi du 21 mai 1836, art. 9, sous l'autorité du préfet, et aucun maire des communes intéressées ne pouvant exercer une action particulière, c'est au préfet qu'il appartient de centraliser la représentation des communes en cause, à l'occasion des contestations qui pourraient naître, à raison soit des travaux, soit des subventions promises ou imposées, alors même qu'une seule commune devrait plaider (2).

---

18 juillet 1837, en ce que l'arrêt attaqué aurait repoussé la demande des sieurs Baille et autres, sous prétexte que ces derniers n'avaient pas rempli les formalités prescrites par cet article, alors qu'ils agissaient *ut singuli*, dans leur intérêt personnel, et non pas en leur qualité d'habitants de la commune de Pratz-de-Mollo ; — Attendu que l'arrêt attaqué constate en fait que les sieurs Baille et autres, pour justifier le droit qu'ils prétendaient avoir d'envoyer paître leurs troupeaux sur le domaine du sieur Pagès Xatait, se sont fondés sur leur qualité d'habitants et propriétaires de la ville de Pratz et qu'aucun des demandeurs ne produit un titre qui lui soit personnel, tous les titres invoqués intéressant la communauté de Pratz tout entière ; — Attendu que ces constatations sont d'ailleurs conformes aux énonciations de l'assignation, des conclusions et des titres produits ; — Attendu qu'en tirant de ces faits ainsi constatés la conséquence que le droit dont ils réclamaient l'exercice ne leur appartiendrait, s'il était reconnu, que comme membres de la généralité des habitants ou propriétaires de la commune de Pratz qu'elle intéressait tout entière, et que, par suite ils ne pouvaient intenter cette action en leur nom sans avoir mis la commune en demeure de la suivre elle-même, si elle le jugeait convenable de la manière indiquée par l'article 49 de la loi du 18 juillet 1837, la Cour... — Rejette.

(1) Cas. civ. 23 mars 1878. — La Cour, Sur le premier moyen de pourvoi : Vu l'article 49 de la loi du 18 juillet 1837 ; — Attendu qu'il résulte de cet article que nul habitant d'une commune ne peut exercer, même à ses frais et risques, les actions qu'il croirait appartenir à cette commune qu'à la double condition de la mettre préalablement en demeure d'agir elle-même, et de l'appeler en cause en la personne de son maire; qu'il importe peu que l'habitant de la commune procède en son nom personnel dans la mesure de son intérêt particulier, si sa demande a en réalité pour base un droit communal, et qu'il appartient à la Cour de cassation d'apprécier le caractère du droit réclamé ; — Attendu que l'action possessoire intentée par les défenseurs, telle qu'elle était caractérisée par les termes mêmes de leur exploit introductif d'instance et par les motifs du jugement attaqué, était fondée sur un droit qui leur appartiendrait, en leur qualité d'habitants du village de Théran ; — Qu'en effet, pour justifier leur demande ils articulaient que, depuis un temps immémorial, ils vont, comme tous les habitants de Théran, chercher, au moyen de béals exécutés de main d'homme, des eaux qui naissent dans le pré de Sabathier et qui sont nécessaires aux besoins du village ; — Que le jugement déclare que le droit des habitants de Théran est consacré par un usage immémorial ; qu'il n'y a pas dans le village de sources ou puits pouvant suffire à leurs besoins et à l'abreuvage du gros bétail ; enfin que la rigole amenant au village les eaux litigieuses a été et est depuis un temp immémorial creusée et nettoyée par lesdits habitants; — Attendu que ce droit ainsi déterminé ne saurait être considéré comme personnel à chacun des défenseurs ; qu'il présente les caractères essentiels du droit collectif d'une agrégation ou généralité d'habitants, lequel ne peut être l'objet d'une action en justice de la part d'un ou de plusieurs membres de l'agrégation sans l'observation des formalités et des garanties prescrites par l'article 49 de la loi du 18 juillet 1837. — Qu'à la vérité, le jugement attaqué constate que plusieurs défendeurs sont propriétaires de prés arrosés par les eaux litigieuses, mais que l'action introduite par les divers réclamants n'était pas indivisible ; que la situation particulière de quelques-uns d'entre eux ne pouvait donc pas profiter aux autres, et que, dès lors, le jugement ne désignant pas individuellement ceux à qui appartiennent les prés, il devient superflu de rechercher si ces derniers avaient qualité pour poursuivre personnellement, au titre dont il s'agit, la répression du trouble dont ils se plaignaient; — Sans qu'il soit besoin de statuer... — Casse.

(2) Cass. civ. 17 juin 1834 ; Cons. d'Et. cont. 22 nov. 1835 ; Cass. civ. 2 novembre 1837 ; Cons. d'Et. cont. 22 janvier 1836. — Considérant que les sieurs Valette et autres, conseillers municipaux de la commune de Labastide-Marnhac, ne justifient pas d'intérêt direct et personnel qui puisse leur donner qualité pour déférer au Conseil d'État la décision en date du 16 avril 1885, par laquelle le conseil général du Lot a rejeté les réclamations contre une délibération de la commission départementale concernant la construction du chemin vicinal ordinaire n° 9... — Rejette.

(3) Cons. d'Et. Cont. 16 mai 1827.

(1) Cas. req. 29 juin 1868. — La Cour, Attendu qu'aux termes de l'article 20 de la loi du 18 juillet 1837, le maire représente la commune en justice, sont en demandant soit en défendant ; qu'il a pareillement qualité pour représenter les diverses sections, d'une part, et, d'autre part, la commune ou une autre section de la même commune, auquel cas il est pourvu par les articles 56, 57 et 58 de la loi précitée ; — Attendu, dans l'espèce, que l'action de la princesse de Rohan, dans le procès terminé par l'arrêt du 25 août 1847, était dirigée contre les habitants et corps communaux de la Marélie et de la Chalverie ; — Que c'est dans ces termes, qui s'appliquaient aussi bien aux sections qu'à la commune, que le maire avait été autorisé à y défendre ; — Que, spécialement dans l'autorisation de procéder sur appel, le maire avait été autorisé à prendre telles conclusions qu'il appartiendrait, tant dans l'intérêt de la commune que dans celui des sections de ladite commune ; — Attendu que les demandeurs en cassation étant intervenus dans le procès, nonobstant le refus d'autorisation du conseil de préfecture, reconnurent expressément, dans leurs conclusions du 17 juin 1845, que le maire, en sa qualité de représentant de toute la commune, défendait avec soin et intelligence tous les droits propres et exclusifs à certains villages, et que les habitants de la Marélie et de la Chalverie sont suffisamment représentés et défendus ; — D'où il suit que lesdites sections ayant été représentées par le maire dans l'instance terminée par l'arrêt de 1847, c'est à bon droit que l'arrêt attaqué décide que l'action était repoussée par l'autorité de la chose jugée. — Rejette.

(2) Cons. d'Et. cont. 16 novembre 1883. — Considérant qu'aux termes de l'article 9 de la loi du 21 mai 1836, les chemins vicinaux de grande communication sont sous l'autorité du préfet ; qu'il en est de même des chemins d'intérêt commun, assimilés, par diverses dispositions de la loi du 10 août 1871, aux chemins de communication ; qu'ainsi, c'est au préfet qu'il appartient d'agir au nom des communes intéressées aux chemins de grande communication et d'intérêt commun dans les contestations relatives aux subventions spéciales étant intervenus pour l'entretien desdits chemins, sans qu'il ait besoin de l'autorisation desdites communes... — Annulation.

Cons. d'Et. cont. 7 décembre 1883. — Considérant que c'est au préfet seul, sous l'autorité duquel sont placés les chemins de grande communication d'après l'article 9 de la loi du 21 mai 1836, qu'il appartient de

2878. Le maire doit-il seul représenter la commune? Ne peut-il lui être adjoint un délégué du conseil? L'article 90 de la loi de 1884, en appelant le contrôle du conseil municipal à s'exercer en ce cas, n'a pas spécifié les conditions sous lesquelles il aurait lieu et l'on peut admettre qu'il peut revêtir cette forme particulière de l'adjonction d'un mandataire spécial. On ne voit pas d'ailleurs qu'une telle façon d'opérer, qui peut être avantageuse à la défense des intérêts communaux, puisse occasionner aucun trouble dans l'ordre public. Elle a été admise par la jurisprudence de la Cour de cassation, par un arrêt du 21 décembre 1874, alors cependant que la loi n'admettait pas formellement le droit de contrôle du conseil municipal (1).

2879. Le maire peut-il déléguer, en conformité de l'article 82, son droit de représenter la commune en justice, soit à un adjoint, soit à un conseiller municipal? La loi ne dit rien de cette hypothèse spéciale et en présence des termes généraux et absolus de l'article 82 précité, il nous paraît que la délégation serait valable; mais la raison de douter vient de ce que la loi a déterminé les attributions du maire en cette matière, non seulement dans l'intérêt communal mais aussi dans celui des tiers qui plaident contre la commune. Cependant comme, d'une part, la possibilité d'une délégation ou du remplacement du maire est prévu par l'article 83 et par l'article 84; et comme, d'autre part, les arrêtés municipaux doivent être portés à la connaissance des intéressés, aux termes de l'article 96, soit par voie de publication et d'affiches si la délégation doit être générale, soit par voie de notification aux intéressés, si elle est spéciale à une affaire, il nous semble qu'il n'y a aucun inconvénient à ne point restreindre le droit conféré au maire par l'article 82.

2880. Aux termes de l'article 69, les assignations et les formalités relatives aux assignations sont applicables à tous les actes qui doivent être signifiés à partie : les assignations aux communes doivent être faites à la personne ou au domicile du maire; l'original doit être visé de celui à qui copie de l'exploit est laissé; et en cas d'absence ou de refus le visé est donné soit par le juge de paix, soit par le procureur de la République. Par une conséquence du principe qui attribue au maire seul qualité pour exercer les actions de la commune, les significations faites à celle-ci ne font courir les délais d'appel qu'autant qu'elles ont été visées par lui, ou, en son absence, par l'un des fonctionnaires indiqués par l'article 69 du Code de procédure civile (2).

2881. Toutefois, il a été décidé qu'en l'absence du maire, l'adjoint a qualité pour viser l'original de la signification d'un arrêté rendu contre la commune (3).

2882. Il suffit, du reste, que l'original de la signification, et non la copie, soit visé, pour la valider et faire courir les délais de l'appel (4).

2883. Mais une notification faite à la commune, en la personne de son maire, *partie intéressée*, ne peut faire courir les délais d'appel (1).

2884. En matière mobilière, lorsque le titre de la commune est exécutoire, les oppositions du débiteur sont jugées conformément à l'article 63 de la loi municipale. S'il y a lieu à contrainte, elle ne peut être exercée qu'en vertu d'un jugement, et c'est au maire à en former la demande (2).

2885. L'article 481 du Code de procédure civile, admet les communes à se pourvoir, par voie de requête civile, contre les jugements rendus contre elles en dernier ressort, si elles n'ont pas été défendues, ou si elles ne l'ont pas été valablement.

2886. Nous venons de voir que le maire, et le maire seul, à moins de circonstances exceptionnelles, avait pouvoir et devoir de représenter la commune en justice, soit en demandant, soit en défendant. Mais ici naît une difficulté très grave, que non seulement la doctrine, mais aussi la jurisprudence ont eu à résoudre : qu'advient-il aucas où le maire, manquant à ses fonctions et à ses devoirs, refuse volontairement ou néglige de faire les actes de procédure nécessaires au maintien des droits de la commune?

Deux hypothèses sont possibles : ou le maire est d'accord avec le conseil municipal qui ne veut pas suivre l'instance, ou il est en désaccord avec le conseil qui entend la défendre. Examinons l'une et l'autre hypothèse.

2887. Il n'est pas rare, malheureusement, que des conseils municipaux négligent ou refusent d'exercer les actions des communes, alors même que leur bonne cause est évidente. La raison en est ordinairement dans l'intérêt personnel de chacun des membres du conseil municipal; elle est aussi souvent dans leur intérêt politique. Si la commune doit être demanderesse, l'administration supérieure n'a aucun moyen direct de sauvegarder son droit, et si un contribuable inscrit au rôle, n'agit pas en vertu de l'article 123, il ne lui est possible d'user que de moyens indirects, tels que les remontrances, les conseils et la dissolution du conseil municipal. Si la commune est défenderesse, l'administration peut avoir une action plus efficace; en effet, ainsi que nous le verrons plus loin, dans ce cas, le conseil municipal est contraint de délibérer, et, quelque avis qu'il émette, le conseil de préfecture peut autoriser la commune à défendre. Mais le conseil municipal bien qu'autorisé à défendre peut ne le vouloir pas faire; et lo maire, qui seul a qualité pour représenter la commune en justice, d'accord avec le conseil, peut s'abstenir.

L'administration supérieure plaidera-t-elle en son lieu et place? Nous avons déjà vu que l'article 90 refuse ce pouvoir au préfet. Contraindra-t-elle le maire à agir en vertu de l'article 85 ainsi conçu : « Dans le cas où le maire refuserait ou négligerait de faire des actes qui lui sont prescrits par la loi, le préfet peut, après l'en avoir requis, y procéder d'office par lui-même ou par un délégué spécial? »

On soutient, dans un sens, que l'on doit considérer comme prescrits par la loi tous les actes que le maire est chargé de faire, soit sous la surveillance, soit sous l'autorité de l'administration supérieure. On doit ne voir, dans la délibération du conseil municipal contraire à celle du conseil de préfecture, qu'un avis provisoire, réservant à cette dernière tout le caractère de décision, ainsi, du reste, que l'expriment les articles 121 et 125 de la loi de 1884. Cette décision, qui contrairement à la délibération du conseil municipal ainsi revisée, autorise la commune à défendre, s'impose au maire; le maire n'a plus, dès lors, qu'à exécuter loyalement le mandat qu'il tient de son titre, et ne peut s'abstenir sans forfaire, ni colluder sans trahir. L'intervention d'office du préfet et la prépondérance de la décision du conseil de préfecture sont alors en parfaite harmonie avec ce principe de notre droit public qui, réputant les communes en état de perpétuelle minorité, leur assure, pour la conservation de leurs propriétés, toutes les garanties d'un contrôle vigilant, sous la tutelle des hauts pouvoirs publics.

représenter en justice les communes intéressées auxdits chemins; — Que, dès lors, la commune de Chavagnes-en-Paillers n'est pas recevable à se pourvoir en son nom personnel contre les arrêtés ci-dessus visés, qui, après avoir ordonné une expertise, ont condamné le préfet de la Vendée, comme représentant les communes intéressées au chemin de grande communication n° 6, à payer au sieur Jaguoneau une indemnité à raison du dommage que lui ont causé les travaux de rectification dudit chemin; que si la commune de Chavagne-en-Paillers allègue qu'elle avait, en vertu de stipulations particulières, pris à sa charge les indemnités auxquelles pouvaient donner lieu lesdits travaux, cette circonstance ne saurait suffire à lui donner qualité pour former appel contre lesdits arrêtés qui n'ont prononcé contre elle aucune condamnation... — Rejette.
(1) Cass. req. 21 décembre 1874. — La Cour, Sur le premier moyen, pris de la violation de l'article 10, paragraphe 8 de la loi du 18 juillet 1837; — Attendu que la délibération par laquelle le conseil municipal aurait désigné un ou plusieurs de ses membres pour suivre, conjointement avec le maire, une instance judiciaire intéressant la commune, n'est pas de nature à faire grief à la partie adverse et ne saurait lui fournir, lorsqu'elle a succombé, un moyen de nullité contre la procédure; — Attendu, d'ailleurs, que le demandeur en cassation ayant accepté le débat avec la commune, représenté par le maire et deux conseillers municipaux désignés à cet effet, est lié par le contrat judiciaire qu'il a librement formé... — Rejette.
(2) Cons. d'Et. cont. 23 juillet 1823; Cons. d'Et. cont. 7 avril 1824.
(3) Cons. d'Et. cont. 13 juillet 1825.
(4) Cons. d'Et. cont. 23 juin 1824; Cons. d'Et. cont. 16 juin 1831.

(1) Cons. d'Et. cont. 16 novembre 1835.
(2) Int. min. fin. et int. juin 1845.

Mais, dans un sens contraire, on fait observer que l'on donne à l'article 85 une portée et un sens qu'il ne saurait avoir. Il est de l'essence et de la nature des choses que les attributions des autorités municipales et celles de l'autorité supérieure diffèrent, et que chaque commune ait son existence propre et personnelle. L'autorité municipale représente les intérêts communs dans la gestion desquels la commune propriétaire et son conseil municipal qui le personnifie peuvent et doivent être surveillés, mais non annihilés, et dans laquelle il convient que la commune, qui sera responsable, ne soit pas tenue de faire ce qu'elle ne veut pas.

La loi distingue entre les actes que le maire doit accomplir, sous l'autorité de l'administration supérieure : ce sont ceux à l'égard desquels il a reçu délégation du pouvoir central, et ceux qu'il doit exécuter sous la surveillance de cette autorité, et qui sont ceux qui touchent aux intérêts communs. La surveillance diffère de l'autorité. On comprend que, pour les premiers, si le maire n'agit pas, le préfet intervienne; on ne l'admettrait pas pour les seconds. Or, parmi ceux-ci se trouve le devoir du maire de représenter la commune en justice. Le rôle du préfet étant borné, à cet égard, à une simple surveillance. Si le maire s'abstient, il peut le stimuler, le blâmer, mais non procéder à sa place. La mission du maire, en ce cas, et celle du conseil municipal, leur laissent la liberté d'agir selon leur manière de voir, et la faculté de s'abstenir s'ils le jugent convenable. L'article 85 n'a été édicté que pour les actes d'intérêt général, à l'égard desquels l'autorité de l'administration supérieure a été réservée. Lorsqu'en 1837 on a discuté l'article 15 de la loi (qui est devenu l'article 85 de celle de 1884), il a été formellement établi que cet article ne devrait trouver son application que lorsque le maire s'abstiendrait de faire un acte qui lui serait *prescrit* par la loi.

2888. La question, avons-nous dit, a été posée aux tribunaux. Le Conseil d'État n'a jamais hésité dans sa doctrine; il a toujours admis que les maires et les conseils municipaux, en la matière qui nous occupe, avaient un droit personnel qui ne pouvait être ni annulé, ni suppléé par le droit de surveillance de l'administration supérieure (1). Les tribunaux civils ont été plus hésitants; alors que la Cour de cassation admettait la doctrine de la juridiction administrative (2), les cours d'appel y faisaient une résistance générale et constante (3), et il a fallu que la question fût soumise aux débats solennels des chambres réunies de la Cour suprême, pour qu'une solution définitive fût admise. Mais aujourd'hui on doit considérer que la controverse n'a plus qu'un intérêt juridique et d'école; il est reçu que le maire ne peut être contraint de défendre à l'action si le conseil municipal s'y refuse (4).

2889. Il nous reste à examiner la seconde hypothèse, celle où le conseil municipal voulant défendre, le maire refuse ou s'abstient. On reprend ici la thèse que nous avons dû soutenir plus haut, pour établir les droits du préfet de choisir un délégué, et l'on ajoute que le maire ne doit être dans ce cas spécial que l'exécuteur des volontés du conseil, que la *loi* lui fait une obligation de les suivre, et qu'en cas d'inexécution de ces volontés, le préfet peut et doit intervenir (1). Mais nous ne saurions admettre cette manière de voir. Les expressions *actes qui lui sont prescrits par la loi*, employées dans l'article 85, ont toujours le même sens; du moment que ce sont les actes que le maire doit faire sous l'autorité du préfet, on ne doit pas y comprendre ceux qu'il doit faire sous sa surveillance; or, la représentation en justice remise au maire est un de ces derniers et non un des premiers. Sans cela on serait obligé de reconnaître au préfet le droit de déléguer un représentant si le maire ne dirige pas les travaux communs, ne passe pas les actes de vente, d'échange, de location, etc., etc., actes qu'il est chargé de faire sous la surveillance de l'administration supérieure. L'inaction du maire est, d'ailleurs, peu à redouter dans l'hypothèse que nous examinons, car le préfet n'aura pas seulement le droit de conseil et de remontrance, comme au cas précédent, mais celui de suspension et de révocation; il pourra ainsi mettre le conseil municipal à même de faire exécuter la délibération qu'il aura prise.

CHAPITRE III.

AUTORISATION DE PLAIDER.

SECTION PREMIÈRE.

COMMUNE DEMANDERESSE.

2890. Le premier acte de procédure que doit faire le maire quand le conseil a délibéré d'engager une instance, doit être de former, auprès de l'administration supérieure, une demande à fin d'autorisation de plaider. En effet, aux termes de l'article 121 de la loi de 1884, nulle commune ou section de commune ne peut ester en justice sans y être autorisée par le conseil de préfecture, sauf les cas prévus aux articles 122 et 154.

Toute commune ou section a besoin d'une autorisation, aussi bien quand elle défend à une action que lorsqu'elle

---

(1) Cons. d'Et. cont. 13 novembre 1810; Cons. d'Et. cont. 8 septembre 1819; Cons. d'Et. cont. 13 mars 1822; Cons. d'Et. cont. 5 août 1829; Cons. d'Et. cont. 24 janvier 1856. — Considérant que le maire de la commune d'Annoix n'a produit devant nous aucune délibération du conseil municipal, qui l'autorise à défendre au pourvoi sus-visé de la commune de Voray, et que, dès lors, le mémoire en défense présenté par ledit maire doit être considéré comme non avenu... — Rejette.
Cons. d'Et. cont. 10 février 1865. — Sur le moyen tiré de ce que le conseil de préfecture a refusé d'annuler la procédure et l'expertise intervenues sans que le maire ait été autorisé par le conseil municipal à défendre à l'action des sieurs Thibaut et consorts, conformément à l'article 19 de la loi du 18 juillet 1837; — Considérant que si le maire de Nantes a défendu à l'action intentée contre la ville par les sieurs Thibaut et consorts, avant d'avoir obtenu l'autorisation du conseil municipal, cette autorisation lui a été accordée par délibération intervenue au cours de l'instance du 18 juin 1862; — Considérant que, dès lors, le conseil de préfecture était fondé... — Rejette.
(2) Cass. req. 27 mai 1850, D. P. 52.1.245; Cass. civ. 7 juillet 1852, D. P. 52.1.206; Cass. civ. 30 novembre 1863, D. P. 63.1.448; Cass. civ. 28 décembre 1865, D. P. 64.1.95.
(3) Riom, 15 février 1848, D.P. 48.2.158; Bourges, 20 novembre 1860, D. P. 62.5.69; Bourges, 27 février 1861, D. P. 63.2.57; Bourges, 26 juillet 1864, D. P. 64.2.232.
(4) Cass. ch. réunies, 3 avril 1867. — La Cour, Sur le moyen pris d'une fausse application et d'une violation des articles 15 et 52 de la loi du 18 juillet 1837; — Vu ces articles; — Attendu que l'article 15 ne confère au préfet le droit de procéder par lui-même ou par un délégué spécial à un acte que le maire, de ce requis, refuse ou néglige de faire, que lorsque cet acte est prescrit au maire par la loi; — Attendu que, si l'article 10 (n° 8) charge le maire, sous la surveillance du préfet, de représenter en justice, soit en demandant, soit en défendant, la commune dûment autorisée, ni cet article ni aucune autre disposition législative ne prescrivent au maire de se pré-

senter pour la commune devant les tribunaux sans l'autorisation du conseil municipal; — Que, lorsqu'il s'agit d'une action intentée contre la commune, l'article 52 dispose, il est vrai, que la délibération du conseil municipal, dans quelque sens qu'elle ait été formulée, doit être transmise au conseil de préfecture, qui décide si la commune doit être autorisée à ester en jugement, mais que l'article n'ajoute pas que cette autorisation, si elle intervient contrairement à l'avis du conseil municipal, aura pour effet de s'imposer à ce dernier et au maire, de rendre la défense obligatoire et de contraindre le maire à la proposer, malgré la délibération contraire du conseil municipal; — Attendu, d'autre part, que l'acte auquel le maire refuse non seulement se rapporte dans la catégorie des actes d'intérêt général prévus par l'article 9, qui ne sont accomplis par le maire que sous l'autorité de l'administration supérieure et à l'égard desquels le préfet, entre les mains de qui l'autorité se trouve alors concentrée, peut incontestablement agir lui-même; — Attendu que de ces considérations il résulte que la représentation en justice de la commune défenderesse par le maire, en opposition avec la délibération du conseil municipal ne peut, sous aucun rapport, constituer l'acte prescrit au maire et motiver le recours à l'article 15; — Qu'en jugeant le contraire et en décidant que le préfet du Puy-de-Dôme avait eu le droit de recourir à l'article 15 et de nommer un délégué spécial à l'effet de le substituer au maire qui refusait de représenter en défense la commune de Job, poursuivie judiciairement en délaissement d'un immeuble dont elle était en possession, en attribuant illégalement à l'autorisation donnée par le conseil de préfecture à la commune de présenter sa défense, malgré l'opposition du conseil municipal, une autorité prépondérante et coercitive pour ce conseil, et en considérant, en ce cas, la représentation de la commune devant les tribunaux, comme un acte prescrit au maire par la loi, l'arrêt a faussement appliqué et violé les articles 15 et 52 précités. — Casse.
(1) Lefebvre, *Des actions judiciaires des communes*, p. 13.

yeut en introduire une ; c'est la conséquence du principe émis par l'article 1032 du Code de procédure civile, portant que les communes sont tenues, pour former une demande en justice, de se conformer aux lois administratives.

2891. Lorsque la commune veut *intenter* l'action, elle doit y être autorisée par le conseil de préfecture. Cependant cette obligation ne s'applique qu'à l'introduction d'instance proprement dite, ou aux demandes incidentes qui ont le caractère d'une action nouvelle et distincte, encore bien qu'elles se rattachent par quelques points à la première demande. Quant aux incidents qui n'auraient point ce caractère et aux suites naturelles de l'instance, comme, par exemple, l'exécution des jugements obtenus, une autorisation nouvelle n'est pas nécessaire (1).

Ainsi, d'un côté, le conseil de préfecture doit préalablement autoriser les instances en intervention en matière civile (2) ; les demandes reconventionnelles quand elles ont leur source en dehors du procès (3) ; les recours en garantie (4) ; les tierces oppositions (5) ; les demandes en désaveu ou en inscription de faux (6) ; les actions civiles intentées devant la juridiction criminelle (7) ; les demandes en interprétation (8).

D'un autre côté, l'autorisation n'est pas nécessaire pour les demandes accessoires ou incidentes (9) ; pour les demandes en reprise d'instance (10) ; pour les incidents sur exécution de jugement (11) ; pour les demandes reconventionnelles fondées sur l'action principale (12).

2892. L'autorisation est nécessaire quel que soit le défendeur. Ainsi, des communes plaidant l'une contre l'autre doivent être toutes deux autorisées ; il en est de même si l'action est engagée contre l'État (13).

2893. Il y a cependant des exceptions à cette nécessité d'une préalable autorisation : deux sont écrites dans la loi, la troisième, qui, à notre avis, y devrait être également inscrite, est basée sur une jurisprudence et une pratique constantes que l'on prétend établies par la nature même des choses.

En premier lieu, aux termes de l'article 122 de la loi de 1884, le maire peut toujours, sans autorisation préalable, intenter toute action possessoire ou y défendre, et faire tous actes conservatoires ou interruptifs de déchéances.

Pour les actions possessoires, cette exception se justifie parce que, d'un côté, la prescription de ces sortes de procès se produit assez vite, puisque l'action doit être engagée dans l'année du trouble, et parce que, d'un autre côté, le tribunal saisi doit être le juge de paix devant lequel la procédure est toujours fort rapide.

Pour les actes conservatoires et interruptifs de déchéance, le législateur eût, sans doute, pu se dispenser de formuler l'exception, elle eût été admise sans texte spécial. En effet, pour qu'une commune soit tenue de demander l'autorisation, il faut qu'il y ait *instance* engagée ou à engager ; il ne suffirait pas qu'une procédure ou une instruction judiciaire fût ouverte. Cela ressort de ces mots employés dans l'article 121 : *ester en justice*. Or, certaines procédures et instructions judiciaires ne sont pas corrélatives d'un débat devant

être terminé par un jugement portant condamnation. Ainsi, souvent le référé présente le simple caractère d'une mesure conservatoire ou exécutoire (1) ; il en est de même de la transcription des privilèges et hypothèques, de l'apposition des scellés après décès, de certaines expertises obligatoires, etc. ; il en est de même également, en matière criminelle, des informations qui peuvent s'ouvrir, sur la plainte de la partie lésée, avant toute constitution de partie civile, etc. Ces mesures conservatoires d'instruction auraient pu être faites par les maires sans autorisation préalable.

2894. La seconde exception exposée est celle mentionnée dans l'article 154 de la loi de 1884 ; elle est relative aux oppositions qui peuvent être formées contre les états exécutoires de recettes municipales dressés par le maire. On comprend que le législateur ait permis aux communes de poursuivre sans autorisation le recouvrement de leurs recettes.

2895. La troisième exception, que l'on dit tirée de la nature des choses, est celle qui existe lorsque la commune plaide devant une juridiction administrative. On dit qu'il serait illogique de demander au conseil de préfecture l'autorisation d'engager une instance devant lui, s'il doit être juge du débat, et qu'il serait contraire aux règles hiérarchiques administratives de permettre au conseil de préfecture, tribunal inférieur, de statuer sur l'opportunité d'une instance devant une juridiction supérieure, si le juge doit être le Conseil d'État. En conséquence, et bien que l'exception n'ait jamais été écrite dans aucune loi, une jurisprudence constante admet les communes à plaider soit devant le conseil de préfecture, soit devant le Conseil d'État. Cette règle est universellement acceptée et, en 1884, elle n'a pas reçu la sanction législative parce qu'on l'a crue évidente (2). Nous pourrions faire des réserves contre cette prétendue évidence, et démontrer qu'il s'en faut de beaucoup que le raisonnement que l'on produit soit ou exact, ou juridique, ou de bonne gestion, mais il nous paraît inutile d'engager une controverse qui, en présence de la pratique générale, n'aurait d'autre intérêt qu'une stérile discussion d'école.

2896. Aux termes de l'article 122 de la loi de 1884, le maire peut, sans autre autorisation, interjeter appel de tout jugement et se pourvoir en cassation, mais il ne peut ni suivre sur son appel, ni suivre sur le pourvoi, qu'en vertu d'une nouvelle autorisation.

2897. Il suit de là que dans le cas où, pour interrompre des déchéances, le maire aurait dû passer sur cette formalité, il aurait à provoquer, le plus tôt possible, une délibération municipale et à solliciter ultérieurement l'autorisation du conseil de préfecture pour régulariser la procédure. C'est, du reste, la consécration de la jurisprudence établie sous la législation antérieure.

2898. La mission du conseil de préfecture n'étant que tu-

---

(1) Cons. d'Ét. int. 12 octobre 1872.—Sur la demande de la commune de Coupray, tendant à être autorisée à appeler en garantie et à mettre en cause la commune de Cour-l'Évêque dans l'instance pendante entre la commune de Coupray et le sieur Agnus ; — Considérant que ladite commune de Coupray n'avait pas besoin d'autorisation nouvelle du conseil de préfecture pour poursuivre l'appel en garantie, admis par le tribunal civil de Chaumont, par jugement en date du 5 décembre 1871, et qui ne constitue qu'un incident à l'action principale pour laquelle elle avait été régulièrement autorisée à plaider... — Non lieu à statuer.
(2) Cons. d'Ét. cont. 8 juillet 1840.
(3) Cons. d'Ét. cont. 21 janvier 1843.
(4) Cons. d'Ét. cont. 21 janvier 1842 ; Trib. civ. Nevers 25 juin 1882.
(5) Cass. civ. 9 fructidor an v.
(6) En ce sens Reverchon, no 11.
(7) Cons. d'Ét. cont. 16 mai 1839 ; Cons. d'Ét. 2 octobre 1852, D. P. 54.3.80 ; Cons. d'Ét. 28 avril 1854, D. P. 55.3.39 ; Cons. d'Ét. cont. 8 novembre 1834, D. P. 53.3.39.
(8) Cons d'Ét. int. 20 avril 1882.
(9) Cass. civ. 25 juillet 1875.
(10) Cass. civ. 26 vendémiaire an VIII ; Cass. civ. 12 novembre 1832.
(11) Cass. 25 juillet 1878, D. P. 78.1.125 ; Cass. civ. 16 mai 1882.
(12) En ce sens Reverchon, *loi. cit.*
(13) Cons. d'Ét. int. 15 janvier 1850.

(1) Paris 27 juin 1868, D. P. 68.2.188 ; Dijon, 11 août 1869, D. P. 69.2.490 ; Cass. req. 10 avril 1872. — La Cour, Sur le premier moyen pris de la violation de l'article 51 de la loi du 18 juillet 1837 ; — Attendu que s'il article invoqué impose à quiconque veut intenter une action contre une commune l'obligation d'adresser préalablement au préfet un mémoire exposant les motifs de sa réclamation, cette disposition n'est pas susceptible d'être appliquée en matière de référé ; que, d'une part, la juridiction des référés est instituée pour tous les cas d'urgence sans distinction, et qu'il deviendrait impossible d'y recourir contre les communes s'il fallait d'abord remplir une formalité incompatible avec la célérité que la loi a eu en vue de procurer aux parties ; — Attendu, d'autre part, que le juge des référés ne devant prescrire que des mesures essentiellement provisoires, sans préjuger le fond et sans y préjudicier, la mesure de la loi protectrice 1837 devient sans intérêt... — Rejette.
(2) Sénat, séance du 12 mars 1884. — Messieurs, les observations de l'honorable M. Clément portent sur deux articles distincts de la loi. Sur l'article 122, l'honorable M. Clément a posé la question de savoir si la nécessité de l'autorisation pour ester en justice était imposée à une commune dans le cas où elle plaide, soit en demandant, soit en défendant devant le tribunal administratif. Dans la pratique, il est absolument reconnu que la commune peut aller devant le juge sans autorisation préalable. Nous sommes d'avis que la disposition que nous vous soumettons ne change absolument rien à la pratique constamment suivie. Par conséquent l'objection de M. Clément a pleine satisfaction.
M. Louis CLÉMENT. Ce n'est pas une objection que j'ai faite, c'est un éclaircissement que j'ai demandé.

télaire, il ne doit jamais se laisser entraîner à juger le fond même du litige, soit en faveur, soit au détriment de la commune ; car il statuerait incompétemment si le débat était du ressort des tribunaux civils, et, dans tous les cas, il jugerait *ultra petita* s'il n'était saisi que d'une question d'autorisation de plaider, quand bien même le fond du litige serait de son ressort (1).

2899. Mais il n'est pas interdit au conseil de préfecture de chercher à s'éclairer sur le bien fondé de la future action, et de demander à la commune les justifications, les renseignements et les documents nécessaires.

Peut-il, à son tour, consulter sur le point de droit, des jurisconsultes ? L'administration supérieure l'a longtemps admis ; elle autorisait les conseils de préfecture à prendre l'avis des avocats, et, sans considérer la dépense des honoraires nécessitée par cet appel fait à leurs lumières comme obligatoire, elle admettait cependant qu'elle pouvait être portée au budget de la commune (2). Mais le Conseil d'État a repoussé cette façon de procéder ; il a fait observer que les conseils de préfecture ayant été constitués par la loi, en cette matière, comme les tuteurs et les conseils légaux des communes, ils doivent être en mesure, par leurs seules lumières, d'émettre un avis sérieux, sinon ce serait la décision du conseil elle-même qu'il faudrait supprimer comme inutile, si celui-ci s'en remettait à des conseils juridiques de prononcer sur la question soumise (3).

2900. Il peut arriver que, lorsque la commune demande l'autorisation d'intenter une action, le litige présente une question préjudicielle dont la solution appartienne au conseil de préfecture lui-même. En pareil cas, lors même que les prétentions de la commune paraîtraient dénuées de fondement au conseil de préfecture, il ne devrait pas, par ce motif, refuser d'une manière absolue l'autorisation d'intenter l'action ; car il jugerait ainsi, sans en être saisi, la question contentieuse.

Il devrait se borner à surseoir sur la demande en autorisation, jusqu'à ce que la commune se fût pourvue devant lui sur la question préjudicielle (1). Cette distinction est essentielle pour empêcher qu'on ne confonde la juridiction contentieuse du conseil de préfecture avec ses attributions de tutelle, mais le sursis prononcé doit respecter les délais impartis par l'article 125 de la loi de 1884.

2901. L'autorisation est spéciale au cas pour lequel elle a été accordée (2) ; mais elle s'étend à tous les incidents de procédure qui peuvent naître des débats et des mesures d'instruction qui peuvent être ordonnées par le tribunal ; elle s'étend également aux litiges accessoires qui peuvent résulter soit de l'instance, soit de l'exécution du jugement intervenu (3).

2902. L'autorisation n'a d'effet qu'à l'égard de l'action à raison de laquelle elle a été sollicitée, et ne permet d'y défendre que devant la juridiction pour laquelle elle a été obtenue (4) ; elle est également particulière à la commune ou à

---

(1) Cons. d'Ét. 6 novembre 1817 ; Cons. d'Ét. cont. 27 octobre 1819 ; Cons. d'Ét. 7 avril 1846 ; Cons. d'Ét. cont. 10 février 1865. — Le Conseil, Sur les conclusions tendant à l'annulation des deux arrêtés du conseil de préfecture pour excès de pouvoirs ; — Considérant que dans l'instance sur laquelle est intervenu notre décret ci-dessus visé, en date du 26 février 1862, il a été établi que le chemin dit de Pougues à Germigny et au point Chavrault n'a point figuré parmi les chemins vicinaux de la commune de Pougues ; que l'arrêté du préfet en date du 29 août 1860 ; — Que cet arrêté n'avait d'autre objet que de prononcer, par application de l'article 15 de la loi du 21 mai 1836, le classement de ce chemin et de déterminer sa largeur comme s'il se fût agi d'un chemin public régulièrement reconnu ; — Que le sieur Massé ayant soutenu que ce chemin était sa propriété et ayant produit des titres à l'appui de ses prétentions, il a été décidé par le décret ci-dessus rappelé du 29 février 1862, que le préfet n'avait pu, sans excès de pouvoirs, procéder comme il l'avait fait avant que l'autorité judiciaire eût prononcé sur les droits de propriété contestés ; — Considérant, d'une part, que, postérieurement à ce décret, la commune de Pougues, pour obéir aux dispositions de la loi du 28 pluviôse an VIII et de celle du 18 juillet 1837, a présenté au conseil de préfecture du département de la Nièvre une demande à l'effet d'être autorisée à intenter une action judiciaire contre le sieur Massé ; — Qu'au lieu de se borner à accorder ou à refuser l'autorisation qui lui était demandée, conformément aux lois précitées, le conseil de préfecture, par son arrêté en date du 10 décembre 1862, a, au lieu de justifier devant lui de ses droits de propriété sur le chemin en litige, ou de se dessaisir dudit chemin au profit de la commune, si mieux il n'aimait introduire une action judiciaire contre la commune à l'effet de faire juger la question de la propriété ; — Considérant, d'autre part, que, par son arrêté en date du 29 avril 1863, le conseil de préfecture se fondant sur ce que le sieur Massé n'aurait pas obtempéré aux prescriptions de l'arrêté en date du 10 décembre 1862, a tranché la question de propriété au profit de la commune de Pougues, a condamné le sieur Massé à délaisser le chemin litigieux à cette commune, et a ordonné que celle-ci serait réintégrée dans la propriété dudit chemin ; — Que, de ce qui précède, il résulte que le sieur Massé est fondé à demander l'annulation pour excès de pouvoirs des deux arrêtés en date des 10 décembre 1862 et 29 avril 1863 ; — Sur les conclusions tendant à ce que le sieur Bect soit, en même temps que la commune de Pougues, condamné aux dépens ; — Considérant que la commune de Pougues est seule en cause ; — Que, dès lors, elle doit seule être condamnée aux dépens... — Annule.

(2) Déc. min. Inst. 1840.

(3) Cons. d'Ét. Int. 25 juin 1856. — Considérant qu'aucune loi n'autorise les conseils de préfecture à obliger les communes demanderesses en autorisation de plaider à soumettre leurs titres et des jurisconsultes, les déposeront avec avis entre les mains du sous-préfet, pour être ensuite par le sous-préfet soumis au comité consultatif ; — Qu'il est, au contraire, du devoir des conseils de préfecture, tout en respectant la faculté qu'ont les parties de s'entourer de conseils, d'apprécier par eux-mêmes les pièces produites, les faits et circonstances qui s'y rattachent, et de leur en appliquer, d'après leur conviction, les conséquences légales... — Annulation.

(1) Cons. d'Ét. 10 février 1840.

(2) Cons. d'Ét. 14 juillet 1847.

(3) Cass. 26 vendémiaire an VIII ; Cass. req. 11 juin 1817 ; Cass. req. 23 avril 1828 ; Cass. req. 11 janvier 1830 ; Cass. req. 7 janvier 1835 ; Cass. req. 1er décembre 1835 ; Cass. req. 26 février 1838 ; Cass. req. 12 décembre 1838 ; Cass. req. 7 mai 1840 ; Cass. req. 23 juin 1840 ; Cass. civ. 7 mars 1812 ; Lyon, 26 juin 1863 (voy. *infrà*, n° 2912) ; Cass. civ. 11 mars 1873. — La Cour, Sur la fin de non-recevoir, tirée d'un prétendu acquiescement : — Attendu qu'une commune ne peut valablement acquiescer dans le cas où elle serait inhabile à transiger, ni au sujet des droits dont elle n'a pas la libre disposition ; — Que, dès lors, elle ne pouvait, par un acquiescement formel ou tacite et sans l'accomplissement des formalités qui lui sont imposées pour une transaction, renoncer au droit de se pourvoir dans le délai légal contre un arrêt qui a statué sur la question dont elle avait été régulièrement représentée en justice.

Au fond, Sur le moyen de pourvoi tiré d'un prétendu défaut de qualité de Verdant pour représenter la commune d'Orcamps-Vennes : — Attendu qu'en intervenant dans la cause pendante entre les consorts Millot et ladite commune les défendeurs au pourvoi ont dû prendre la procédure dans l'état où elle se trouvait au moment de leur intervention ; — Que Verdant avait été maintenu dans la cause et qu'il continuait à y représenter la commune en exécution d'un précédent arrêt de la cour de Besançon du 11 juin 1867, rendu entre les demandeurs originaires, d'une part, et ladite commune d'autre part ; — Qu'en cet état la qualité dudit Verdant ès noms ne pouvait plus être remise en question, ni par nul ni contre les intervenants ; que c'est donc à bon droit que la cour de Besançon a rejeté l'exception dont il s'agit.

Sur le deuxième moyen : Attendu qu'après qu'une commune a été autorisée à ester en justice comme défenderesse à la demande principale, elle n'a pas besoin d'une nouvelle autorisation pour défendre aux interventions et autres incidents qui peuvent se produire au cours de l'instance, alors surtout que ces interventions se fondent, comme dans l'espèce sur les mêmes faits et titres que ceux de la demande principale ; — Que l'arrêt attaqué a donc pu juger que les défendeurs au pourvoi étaient valablement intervenus dans l'instance sans avoir envoyé préalablement à la préfecture du Doubs un mémoire exposant leur réclamation... — Rejette.

(4) Cons. d'Ét. 17 août 1862 ; Lyon 19 décembre 1873. — La Cour, Sur la fin de non-recevoir tirée des prétendues irrégularités dans l'autorisation de plaider et dans la délégation donnée au sieur Gay par le conseil de préfecture pour représenter la commune ; — Considérant que cette fin de non-recevoir n'a pas été opposée devant les premiers juges ; — Qu'on ne saurait voir dans les faits allégués par le conseil de fabrique une question d'ordre public susceptible d'être invoquée en tout état de cause ; — Qu'il n'y a pas lieu de s'arrêter à ce moyen.

En ce qui touche l'action dirigée contre les membres du conseil de fabrique pris *ut singuli* ; — Considérant que l'autorisation d'ester en justice accordée à la commune est parfaitement claire et précise ; — Qu'elle porte uniquement sur une action en revendication que la commune est autorisée à exercer contre le conseil de fabrique et le sieur Brame, marchand de curiosités à Paris ; — Qu'il n'y est fait question d'une action en responsabilité contre les membres du conseil de fabrique *ut singuli* ; — Que le procès en responsabilité est une action nouvelle, distincte de l'action en revendication, et qu'on ne peut y voir, comme on l'a soutenu, une suite naturelle et logique de l'instance primitive ; — Que l'appel, sur ce chef, doit être déclaré non recevable pour défaut d'autorisation ; que, en fût-il autrement et en admettant même que les membres du conseil de fabrique se soient mépris sur leurs droits et qu'ils aient outrepassé leurs pouvoirs, on ne saurait trouver, dans les faits qui ont précédé et accompagné la vente du 18 avril 1869, la faute lourde et manifeste qui pourrait seule, aux termes de l'article 1382 du Code civil, entraîner une responsabilité personnelle contre des administrateurs de bonne foi qui ont procédé à titre gratuit.

Sur l'intervention du sieur David ; — Considérant qu'il n'a pas signé l'acte de vente ; — Que les conclusions prises par la ville devant le tribunal ne portaient pas contre lui, qu'il n'a pas d'intérêt à faire valoir ou à défendre dans l'instance et ne pouvait, dès lors, en aucun cas, être admis à former tierce opposition ; que, dès lors, il n'est point autorisé à intervenir ; — Que c'est avec raison que le tribunal a déclaré son intervention non recevable et mis les dépens à sa charge ; — Mais considérant que la commune, dont les conclusions avaient été admises sur ce point, a cependant interjeté appel contre le sieur David personnellement ; — Que rien ne justifie cet appel et que la commune devra en supporter les frais.

la section qui l'a obtenue, de telle sorte que l'on ne peut, par des conclusions ou par des actes de procédure, substituer à l'action ancienne ou greffer sur elle une action nouvelle (1).

2903. L'autorisation peut-elle être limitée ou conditionnelle, de telle sorte que la commune ne puisse défendre que sur un point ou en présentant seulement certains moyens de défense? Certains auteurs, et quelques arrêts paraissent l'avoir admis (2). Mais nous ne pourrions accepter cette manière de voir. Le conseil de préfecture peut autoriser ou refuser à la commune d'ester en justice, mais il ne peut apprécier que le bien fondé de sa demande et les chances générales de son procès; quant à borner ses moyens de défense, quant à déterminer le terrain sur lequel devra porter le débat, la loi ne lui en donne pas le droit. Tous ceux qui ont acquis l'expérience des choses judiciaires et savent l'incertitude que présentent souvent les procès reconnaîtront combien une telle façon de faire pourrait être préjudiciable aux intérêts des communes, loin de les sauvegarder.

2904. La décision du conseil qui accorde ou refuse l'autorisation peut-elle être rapportée?

Après un refus d'autorisation, le conseil de préfecture peut revenir sur sa décision et accorder à la commune la permission d'ester en justice. Cette faculté tient à ce que ces sortes de décisions sont des actes de simple tutelle, et non pas des jugements entre parties; que, dès lors, le conseil de préfecture, mieux informé, doit pouvoir changer d'avis quand bien même l'arrêté de refus aurait été confirmé en appel par le Conseil d'État (3).

Il n'en faudrait pas conclure, néanmoins, que les conseils de préfecture auraient aussi le pouvoir de rétracter leur permission après l'avoir donnée. Aucune disposition expresse ne leur interdit, il est vrai, cette faculté; mais la raison indique, et la jurisprudence a, d'ailleurs, fixé la règle sur ce point (4).

2905. L'autorisation émane du conseil de préfecture et non du préfet; c'est en vertu d'un pouvoir propre que le premier agit, et le préfet ne peut, en cette matière, substituer son autorité personnelle à celle du Conseil. Toutes les fois qu'un conseil municipal demande à plaider, le préfet doit donc saisir le conseil de préfecture, et il ne peut se faire juge du fond ou de la forme de la demande pas plus que de sa régularité ou de son opportunité (1).

2906. Les adversaires des communes, les habitants agissant *ut singuli*, les tiers, à quelque titre que ce soit, sont sans qualité, soit pour discuter le mérite des autorisations de plaider accordées aux communes, soit pour les attaquer par la voie du recours au Conseil d'État. La raison en est sensible : ces autorisations sont des actes de simple tutelle qui ne préjugent jamais le fond du litige. Les adversaires des communes n'ont donc pas d'intérêt réel à les critiquer, et les habitants isolés ou les tiers sont évidemment sans mandat pour contredire en cette matière les décisions des conseils municipaux. Un très grand nombre de décisions ont consacré ce principe (2).

2907. Avant la loi du 18 juillet 1837, il s'était élevé plusieurs fois des controverses sur le point de savoir si une première autorisation donnée par le conseil de préfecture ne comprenait pas la faculté de suivre ou de porter le procès devant tous les degrés de juridiction. Aucun doute ne peut plus exister aujourd'hui en présence du deuxième paragraphe de l'article 49 de la loi de 1837, devenu le paragraphe 2 de l'article 121 de la loi de 1884, qui veut qu'après tout jugement intervenu la commune ne puisse se pourvoir devant un autre degré de juridiction qu'en vertu d'une nouvelle autorisation du conseil de préfecture.

Cependant, cette disposition ne s'applique évidemment qu'aux jugements définitifs, puisque, relativement aux décisions interlocutoires et aux questions incidentes, la première autorisation suffit pour pouvoir les suivre.

D'un autre côté, quoique le deuxième paragraphe de l'article 121 n'établisse aucune exception, la raison indique, néanmoins, que, lorsque la commune a obtenu gain de cause en première instance et que son adversaire interjette appel, elle n'a pas besoin d'une autorisation nouvelle pour y défendre. Il est évident, en effet, que si ses prétentions présentaient auparavant assez de chances favorables pour qu'elle ait dû être autorisée à les soutenir, il existe une présomption bien plus forte depuis que les premiers juges les ont admises. Il serait donc au moins inutile, dans ce cas, de les soumettre une seconde fois à l'appréciation du conseil de préfecture (3).

---

(1) Rennes, 8 juin 1816; Cass. civ. 23 juin 1858. — Vu les articles 51, 52 et 54 de la loi du 18 juillet 1837; — Attendu, en fait, qu'il résulte de l'arrêt attaqué et du jugement de première instance confirmé par cet arrêt : 1° que Gérard pour se conformer à l'article 51 de la loi du 18 juillet 1837, présenta au préfet de la Meuse un mémoire par lequel, se fondant sur le procès-verbal du 21 décembre 1853, portant adjudication à son profit de la futaie chêne et d'une portion du sol du bois de Vittarville, il demandait, aux termes de l'article 815 du Code Napoléon, d'après lequel nul n'est tenu de demeurer dans l'indivision, le cautionnement amiable dudit bois, ou l'autorisation de le poursuivre contre la commune de Vittarville; — 2° que sur le mémoire et les délibérations du conseil municipal de cette commune constatant cette prétention, le conseil de préfecture, par arrêté du 24 novembre 1854, autorisa la commune de Vittarville à ester en justice, à l'effet de défendre à l'action que Gérard se proposait de lui intenter pour obtenir le partage dudit bois; — 3° que, par exploit du 14 mai 1853, Gérard assigna la commune de Vittarville devant le tribunal de Montmédy, à l'effet de faire ordonner que par trois experts il soit procédé à la visite, reconnaissance et estimation du sol et de la superficie desdits bois, à l'effet de constater s'ils peuvent se comparer les lots, comme en cas d'impossibilité, le déclarer; — 4° qu'à l'audience, Gérard modifiant les termes de son exploit introductif d'instance, a conclu à ce qu'il plaisât au tribunal dire qu'il est au droit de la commune, qui n'est qu'usagère desdits biens, n'a droit, en cette qualité, qu'aux deux tiers de la futaie; en conséquence ordonner, par experts, la visite et estimation du sol et de la superficie en la lis ou futaies, à l'effet de déterminer quelle portion devait être attribuée à chacune des parties en toute propriété du sol et superficie pour représenter les droits ci-dessus déterminés; — Attendu qu'à la différence de ses conclusions premières par lesquelles Gérard reconnaissait la commune de Vittarville propriétaire du sol, d'une partie de bois en litige ne prétendait être lui-même propriétaire que de l'autre portion du sol, les conclusions ultérieures tendaient à ce qu'il fût déclaré propriétaire de la totalité dudit sol; et à ce que ladite commune fût déclarée n'être qu'usagère desdits biens; — Attendu que ces dernières conclusions n'étaient point un simple accessoire à la demande ordinaire sur laquelle la commune de Vittarville avait été autorisée à plaider, mais qu'elle constituait une demande différente et nouvelle à l'appui de laquelle Gérard avait produit de nouveaux titres en appel, et sur laquelle, conséquemment, la commune aurait dû être autorisée à plaider; — Qu'il suit de là l'arrêt attaqué... — Casse.

(2) Rennes, 19 février 1839; Cons. d'Ét. 29 janvier 1840; Cons. d'Ét. 5 janvier 1850. En ce sens, Lefebvre, p. 37; Blanche, *Dict d'Admin.*, p. 477.

(3) Cons. d'Ét. 13 février 1833; Cons. d'Ét. 22 février 1838; Cons. d'Ét. 10 février 1842.

(4) Cons. d'Ét. 12 février 1823.

(1) Cons. d'Ét. 23 juillet 1875. — Le Conseil, Vu la loi du 5 mai 1853, notamment les articles 21, 23, 24, la loi du 18 juillet 1837, articles, 19, 20, 49 et la loi du 24 juillet 1867 ; Vu la loi des 7-14 octobre 1790 et celle du 24 mai 1872. — Considérant qu'aux termes de l'article 49 de la loi du 18 juillet 1837, c'est aux conseils de préfecture qu'il appartient, sauf recours au Conseil d'État, d'accorder ou de refuser aux communes l'autorisation d'intenter ou de soutenir des actions judiciaires, et, par suite, d'apprécier, tant en la forme qu'au fond, les demandes qui leur sont soumises; que, par la délibération du 20 mai 1872, le conseil municipal de la ville de Lure s'est borné à conférer au maire de cette ville les pouvoirs nécessaires à l'effet d'obtenir du conseil de préfecture l'autorisation de poursuivre en justice le recouvrement des sommes que la ville prétendait lui être dues; qu'aucune disposition des lois ci-dessus visées ne donnait au préfet le droit d'annuler une délibération de cette nature; que dès lors, il y a lieu d'annuler pour excès de pouvoirs la décision du ministre qui a confirmé l'arrêté du préfet... — Annule.

(2) Cons. d'Ét. 31 juillet 1833; Cons. d'Ét. 3 février 1835; Cons. d'Ét. 8 juin 1843; Cons. d'Ét. int. 5 mai 1886. — Considérant qu'aux termes de l'article 126 de la loi du 5 avril 1884, c'est seulement dans le cas où le conseil de préfecture a refusé l'autorisation d'ester en justice que la commune sollicite cette autorisation a été refusée peut se pourvoir devant le Conseil d'État; — Considérant qu'en aucun cas ce recours n'est ouvert aux parties contre lesquelles la commune a engagé ou soutenu la décision de plaider...— Rejette.

(3) En ce sens, voyez déclarations au Sénat, séance du 12 mars 1884. Cass. req. 4 mai 1840 — La Cour, Statuant sur le premier moyen; — Attendu qu'il n'est pas contesté que les habitants de la commune de Tiercé fussent pourvus en première instance d'une autorisation pour contester la demande formée contre eux; — Attendu que les communes dûment autorisées à plaider en première instance ne sont pas tenues par la loi de se pourvoir d'une nouvelle autorisation pour défendre en appel un jugement qui leur est favorable... — Rejette Cass. req. juillet 1862 (voy. *infrà* n° 2909); Cass. req. 15 novembre 1854. — La Cour, Sur le premier moyen du pourvoi tiré de la violation des articles 49 et 54 de la loi du 18 juillet 1837, en ce que, devant la cour de Chambéry, la commune demanderesse avait plaidé sans autorisation, celle qu'elle avait obtenue pour défendre à l'action formée contre elle par la commune d'Albiez-le-Jeune n'étant que provisoire, et ne pouvant lui servir qu'au premier degré de juridiction; — Attendu qu'il est de principe que l'autorisation de plaider, qu'au début d'un procès une commune a

2908. Ce droit de la commune existe même au cas où, n'acceptant pas purement et simplement le jugement rendu en première instance, elle interjette appel incident. La jurisprudence a considéré que l'appel formé par l'adversaire de la commune ayant pour effet de mettre le débat tout entier en question, celle-ci pouvait relever appel incident afin d'opposer à la demande de son adversaire la totalité de ses moyens de défense personnels (1).

2909. La nécessité de l'autorisation préalable existe-t-elle aussi pour le cas où la commune veut exercer un recours devant la Cour de cassation ? A ne suivre que la lettre du deuxième paragraphe de l'article 121, il semble que l'on devrait adopter la négative; car la Cour de cassation ne constitue pas, à proprement parler, un degré de juridiction. Mais l'affirmative résulte de l'esprit de la disposition, expliqué par la discussion de la loi aux Chambres, en 1837 et en 1884. La jurisprudence est d'ailleurs formée en ce sens (2).

2910. Lorsqu'une commune, condamnée par un jugement, veut exécuter la décision judiciaire, elle peut, soit laisser signifier le jugement intervenu et écouler le délai d'appel, soit acquiescer avant toute signification. Mais il importe de remarquer que les formes de procéder diffèrent dans les deux cas. Une commune ne peut être contrainte à engager un procès, ainsi qu'on l'a vu ; si elle ne veut pas protester contre le jugement, elle peut demeurer passive : le jugement valablement signifié, le délai d'appel épuisé, la sanction devra être exécutée. Elle n'a besoin à cet effet d'aucune autorisation, et le conseil municipal délibérera dans la plénitude de ses pouvoirs. Mais si elle veut accepter la condamnation prononcée contre elle, c'est-à-dire acquiescer, soit afin d'éviter des frais, soit pour terminer plus tôt le litige, elle devra procéder comme s'il s'agissait d'une transaction. L'acquiescement est, en effet, assimilé, par la doctrine des auteurs et la jurisprudence, à la transaction : la délibération du conseil municipal devra donc être soumise, en vertu de l'article 68 de la loi de 1884, à l'approbation préfectorale (1).

2911. Une commune ne peut renoncer, par une convention au bénéfice du double degré de juridiction. Une renonciation semblable constituerait un véritable compromis qui est interdit par les articles 1003, 1004 et 87, Code de procédure civile (2).

2912. Il est difficile de donner les règles qui doivent décider les conseils de préfecture lorsqu'ils ont à accorder ou refuser une autorisation de plaider. Une pareille entreprise exigerait de longs développements, puisque les actions des communes, en ce qui concerne leurs droits de propriété, peuvent soulever la plupart des questions qui naissent de l'application des principes du droit commun. Nous nous bornerons donc à indiquer sommairement les règles principales que la jurisprudence a consacrées.

Et d'abord, du principe que les attributions des conseils de préfecture et du Conseil d'Etat, en cette matière, sont de pure tutelle, il suit que ces conseils ont le droit, que c'est même leur devoir, d'apprécier le degré d'intérêt et les chances de succès que présente l'action de la commune, soit en demandant, soit en défendant. Quant aux chances de succès, cela est évident. Relativement à l'intérêt, on conçoit aussi qu'il ne suffit pas toujours que le droit de la commune paraisse plus ou moins fondé. Pour peu que l'issue du procès présente des doutes, il est sage de refuser l'autorisation, si l'objet en litige est trop minime pour balancer les risques de l'action, ou si d'autres circonstances établissent que la commune a plus d'intérêt à rester dans l'état de choses que d'intenter l'action ou d'y intervenir.

2913. Dans tous les cas, il faut que la contestation soit du ressort des autorités judiciaires. Autrement, l'autorisation est

<hr>

obtenue, lui suffit pour répondre à l'appel interjeté contre elle. — Attendu que, par un arrêté du conseil d'intendance du 12 juin 1856, la commune demanderesse avait été autorisée à soutenir contre la commune d'Albiez-le-Jeune les droits qu'elle prétendait avoir sur un terrain litigieux entre elles, et qu'ayant obtenu gain de cause en première instance, elle ne figurait devant la Cour qu'en qualité d'intimée; — Attendu qu'à la vérité l'arrêt précité ne l'autorisait que provisoirement à plaider les faits de la preuve desquels dépendait la solution du procès ne pouvant être établis que par suite de l'instance; mais que ce serait exagérer la portée de cette restriction que d'en induire, avec le pourvoi qu'à chacune des diverses phases de la procédure une autorisation nouvelle était nécessaire à la demanderesse; qu'en n'accordant qu'une autorisation provisoire, le conseil d'intendance s'est réservé uniquement le droit de la retirer, et qu'il était présumé la maintenir aussi longtemps qu'il n'usait pas de ce droit; qu'on ne peut raisonnablement admettre que, dans la pensée du conseil, la commune qu'il autorisait tout d'abord, malgré l'obscurité dont il déclarait que les faits lui paraissaient encore enveloppés, devrait se pourvoir d'une autorisation nouvelle pour défendre contre l'appel de son adversaire au jugement qui aurait reconnu et consacré ses droits; que pour cette hypothèse, l'autorisation conservait toute sa valeur, et qu'ainsi le moyen tiré du défaut d'autorisation ne se justifie ni en fait ni en droit... — Rejette.

Cass. req. 7 août 1857. — La Cour, Attendu que si, après tout jugement intervenu, une commune ne peut se pourvoir devant un autre degré de juridiction qu'en vertu d'une nouvelle autorisation du conseil de préfecture, il résulte de l'expression se pourvoir, ainsi que de l'esprit de la loi et de la jurisprudence constamment suivie depuis l'édit de 1764, que la commune n'a besoin d'une nouvelle autorisation qu'autant qu'elle se porte demanderesse devant le tribunal supérieur et qu'elle est parfaitement capable d'y paraître et d'y conclure lorsqu'elle y figure comme intimée; — Attendu, en fait, qu'il résulte des qualités de l'arrêt attaqué que les communes demanderesses n'ont interjeté aucun appel du jugement du tribunal de Prades du 15 juillet 1864; qu'elles ont été appelées comme intimées devant la Cour par la commune de Llivia qui seule avait interjeté appel de ce jugement; qu'elles n'ont pris aucunes conclusions tendant à l'infirmation du jugement critiqué par la commune de Llivia; — D'où suit qu'elles n'avaient besoin d'aucune autorisation; — Attendu, d'ailleurs, qu'elles se sont bornées devant la cour impériale à demander que, pour le cas où, pour l'appel de la commune de Llivia, les droits d'usage seraient reconnus supérieurs à ceux du jugement, l'arrêt à intervenir, les fît profiter de cette réformation; que la commune de Llivia ayant réussi sur le deuxième chef de ses conclusions, les demanderesses en cassation ont été admises à en profiter ainsi qu'elles y avaient conclu; — D'où il suit que lesdites communes ayant obtenu tout ce qu'elles avaient demandé, sont non recevables à élever aucune critique contre l'arrêt attaqué, et qu'ainsi il n'échet d'examiner les divers moyens qu'elles soulèvent... — Rejette.

Cass. civ. 6 juin 1877. — La Cour, Sur le second moyen du pourvoi tiré de la violation de l'article 49 de la loi du 18 juillet 1837 ; — En ce qui concerne la commune de Bastolica; Attendu qu'elle était intimée devant la cour de Bastia et qu'elle s'est bornée à demander contre la commune de Cauvo, appelante, la confirmation du jugement en première instance; que, dans cette situation, elle n'avait pas besoin d'une autorisation nouvelle... — Casse.

(1) Cass. req. 12 décembre 1855, D. P. 54. 1.478; Cass. req. 24 décembre 1855, D. P. 56. 1.56; Cass. civ., 2 juillet 1862. — Sur le quatrième moyen; — Attendu qu'on ne doit pas considérer comme ayant besoin d'une autorisation nouvelle la commune qui, ayant gagné son procès en première instance sur la plus grande partie des chefs de conclusions par elle posés, est intimée en appel, et interjette alors appel incident à l'égard des chefs qui lui font grief; — que l'appel principal remettant tout en question, la commune, en se rendant incidemment appelante, ne fait qu'opposer ses moyens de défense, et qu'une autorisation spéciale n'est pas nécessaire à cette fin; qu'en le jugeant ainsi, l'arrêt attaqué n'a nullement violé les dispositions de l'article 49 de la loi du 18 juillet 1837... — Rejette.

(2) Cons. d'Et., 4 septembre 1840; Cons. d'Et. int. 26 janvier 1841; Cons. d'Et. int. 26 novembre 1858; Cons. d'Et. int. 21 novembre 1874; Cass., 25 mars 1844; Cass., 20 juillet 1873; Cass. civ. 9 janvier 1878.
— La Cour, statuant sur le pourvoi formé par le maire de la commune d'Azerat, demandeur en cassation d'une décision du jury spécial d'expropriation du canton de Thenon (Dordogne); — Attendu qu'une

commune ne peut ester en justice sans y avoir été autorisée, et qu'il n'est fait aucune exception à ce principe d'ordre public en ce qui concerne les pourvois en cassation; — Attendu qu'il n'est pas justifié que la commune d'Azerat ait obtenu l'autorisation de se pourvoir contre la décision du jury d'expropriation et l'ordonnance du magistrat directeur, rendue le 11 juin 1877, au profit d'Elie Cheynaud... — Déclare le pourvoi non recevable.

Cass. civ. 22 février 1887. — La Cour, Statuant sur le pourvoi du maire de la commune de Parlebosoq (Landes) attaquant, dans l'intérêt de ladite commune, la décision du 6 décembre 1886, rendue entre elle et le sieur Scinbes par le jury spécial d'expropriation de l'arrondissement de Mont-de-Marsan; — Attendu que la commune de Parlebosoq ne justifie pas avoir été autorisée à se pourvoir contre la décision rendue par le jury d'expropriation siégeant à Gabarret (Landes), le 6 décembre 1886... — Dit son pourvoi non recevable.

(1) Cass. req. 11 avril 1855, D. P. 55.1.181; Grenoble 10 février 1858, D. P. 61.1.124; Riom, 27 janvier 1869, D. P. 71.1.265.

(2) Cons. d'Et. cont. 11 juillet 1884. — Sur la fin de non-recevoir opposée par la ville d'Oran et tirée de ce que, aux termes de l'article 15 du traité du 18 septembre 1881, le conseil de préfecture serait seul appelé à trancher les difficultés qui pourraient survenir entre les parties à la prononcer la déchéance si elle était encourue; — Considérant, qu'il est de principe que toutes les décisions des conseils de préfecture peuvent être frappées d'appel; que si la disposition ci-dessus reproduite du traité du 18 septembre 1881 devait être entendue en ce sens que les parties contractantes ont renoncé au bénéfice des deux degrés de juridiction, cette renonciation constituerait un véritable compromis que la ville d'Oran n'avait pas le droit de faire et dont, par suite, elle ne pourrait se prévaloir pour soutenir que le pourvoi de la Compagnie requérante n'est pas recevable. — Rejet.

refusée, s'il s'agit d'intenter l'action ; si la commune est défenderesse, l'autorisation lui est accordée sans doute, puisqu'on ne peut empêcher l'instance, mais, en pareil cas, le conseil de préfecture limite l'autorisation à la faculté de décliner la juridiction des tribunaux civils, et de son côté, le préfet veille aux suites du procès, afin d'élever au besoin le conflit d'attributions. Quant au Conseil d'Etat, lorsque de semblables affaires lui sont déférées par la voie du recours, il se borne, pour ne pas préjuger le conflit qui pourrait survenir dans la même espèce, à autoriser la commune à défendre à l'action sous la réserve de toutes questions qui seraient du ressort de l'autorité administrative (1).

2914. Une autre condition essentielle de l'autorisation, c'est la qualité nécessaire pour exercer l'action. Il est évident, en effet, que le conseil de préfecture et le Conseil d'Etat doivent s'assurer si la commune a qualité pour ester en justice sur le point en litige, afin de ne pas l'exposer à des frais frustratoires.

2915. Il arrive que des contestations sont portées au Conseil d'Etat par la voie contentieuse comme ressortissant à la juridiction administrative, et que l'ordonnance qui intervient renvoie les parties devant les tribunaux civils, par le motif que le litige est de leur compétence. En pareil cas, si une commune se trouve au nombre des parties, la décision du Conseil d'Etat ne contient pas implicitement pour elle l'autorisation d'ester en justice ; ne tranchant ordinairement que la question de compétence, elle ne préjuge rien sur celle de l'autorisation. La commune est donc tenue de s'adresser au conseil de préfecture, comme dans les autres cas où elle ne peut plaider sans permission, à moins qu'il ne s'agisse d'une action ou de circonstances de nature à la dispenser de toute autorisation.

2916. Les tribunaux ordinaires sont compétents pour examiner si une commune qui se présente devant eux, soit en demandant, soit en défendant, y a été autorisée, et ils peuvent refuser de l'entendre si elle ne justifie pas de cette permission, car c'est là une question de qualité. Aussi, est-il de principe que le défaut d'autorisation n'est pas un motif suffisant pour élever le conflit d'attributions, lorsque le procès d'une commune s'instruit devant l'autorité judiciaire (2).

2917. Mais ils ne pourraient s'attribuer le droit de juger la régularité de l'autorisation produite, ni d'en interpréter le sens si elle présentait quelque ambiguïté. Le principe de la séparation des pouvoirs administratif et judiciaire s'y oppose (3).

Cependant, il a été décidé qu'une cour d'appel avait pu refuser de reconnaître qualité suffisante à un particulier pour plaider au nom d'une section de commune, encore bien que le conseil de préfecture, en accordant à la section la permission d'ester en justice, l'eût autorisée à se faire représenter, non par le maire, mais par un commissaire spécial. Mais il y avait dans l'espèce plus qu'une question de régularité ; on soulevait une question de qualité, et il était évident, d'après les termes formels des lois des 29 vendémiaire an v et 18 juillet 1837, que le maire seul a qualité pour exercer les actions des communes et sections de commune, à moins que ces der-

nières ne soient en procès avec leur propre commune. Or, l'autorité judiciaire étant, en principe, juge de la qualité des parties qui plaident devant elle, on conçoit qu'elle ait pu, dans l'espèce, statuer comme elle l'a fait sans porter atteinte à la règle de la séparation des deux pouvoirs (1).

2918. Lorsque le conseil municipal a délibéré de former une demande en autorisation ou de défendre à une action, c'est au maire qu'il appartient de former la demande en autorisation. Il doit y joindre, avec la délibération du conseil municipal, tous les documents et renseignements nécessaires pour la justifier. Cette demande doit être adressée au préfet, qui ne saurait, sous aucun prétexte, refuser d'en saisir le conseil de préfecture ; car il se rendrait par là indirectement l'arbitre d'une poursuite dont les lois ne lui ont pas donné l'appréciation (2).

2919. Le conseil de préfecture doit, soit que la commune soit demanderesse (art. 121), soit qu'elle soit défenderesse (art. 125), statuer dans les deux mois. A défaut de décision dans cet intervalle, la commune est autorisée à plaider. Le silence du conseil ou l'omission de statuer équivalent donc à une délibération affirmative. Sous l'empire de la loi de 1837, ce silence ou cette omission constituaient, au contraire, un refus d'autorisation ; mais le législateur n'a point voulu maintenir cet état de choses qui avait amené de graves inconvénients.

2920. Si la décision du conseil intervenait après les deux mois et était négative, il faudrait la considérer, désormais, comme non avenue. Nous avons vu, en effet, que le conseil de préfecture pouvait rapporter sa décision de refus, il n'en est pas de même de celle d'autorisation. Par cette dernière, en effet, il a créé, en faveur de la commune, un droit qu'il ne lui appartient plus de supprimer.

2921. Toute procédure est nécessairement suspendue pendant le délai de deux mois imparti au conseil de préfecture, ou tout au moins jusqu'à ce qu'il ait statué dans les cas où il autorise avant ce délai. En effet, tant que le délai de deux mois n'est pas expiré, ou tant que le conseil n'a pas autorisé, la commune est paralysée dans ses moyens de défense, et ne pouvant répondre aux actes de procédure dirigés contre elle, il est inadmissible qu'ils soient considérés comme valables. La nullité devrait donc en être prononcée par les tribunaux, et nous estimons même que cette nullité pourrait être prononcée d'office par le juge, l'ordre public nous paraissant intéressé à ce que les prescriptions de la loi, en la matière, ne soient pas enfreintes.

2922. Lorsqu'une commune est défenderesse, M. Morgand estime que le délai des deux mois court du jour où la demande d'autorisation formée par le conseil municipal, après communication du mémoire en demande, lui a été communiquée par

---

(1) Nous ne citons pas les décisions du Conseil d'Etat : elles sont trop nombreuses.

(2) Ord. 1er juin 1828 ; Cons. d'Et. 29 décembre 1819 ; Cons. d'Et. 16 janvier 1832.

(3) Cass. 29 juillet 1823. — La Cour, vu l'article 13, titre 2 de la loi des 16-24 août 1790, la loi du 16 fructidor an III et l'article 4 de la loi du 28 pluviôse an VIII ; — Considérant que le maire de la commune de Cirry ayant été autorisé à plaider par le conseil de préfecture du département de la Vienne, la Cour royale de Poitiers n'a pas eu à examiner si cette autorisation était ou non régulière et suffisante, quoique la question de savoir s'il était ou non de l'intérêt de la commune d'intenter l'action qui a été formée par le maire, en son nom, contre le fermier de l'octroi ; — qu'en se livrant à cet examen et en déclarant la commune non recevable, quant à présent, dans son action, faute d'autorisation suffisante, cette Cour s'est immiscée dans les fonctions du conseil de préfecture, a annulé un de ses actes, ce qui est un excès de pouvoir et une contravention aux lois précitées... — Casse.

(1) Cass. civ. 16 février 1841. — La Cour, Attendu qu'aux termes de la loi du 29 vendémiaire an V, article 1, le droit de former et de suivre les actions concernant les intérêts communaux n'appartient qu'au maire dûment autorisé ; — Qu'à défaut du maire, un adjoint, et à défaut d'adjoint le plus ancien conseiller municipal peuvent seuls remplacer le maire ; — Attendu que, par la réunion de Givrette à la commune de Domérat, les droits, intérêts, titres et papiers de Givrette ont passé dans celle de Domérat, sous l'administration de son maire qui, seul, aurait pu former la demande en restitution d'une partie du terrain de Maurepas, reconnu pouvoir être un communal ; — Qu'à ce titre, il ne pouvait être réclamé régulièrement, ni par les demandeurs, se disant seuls propriétaires, ni par le sieur Bouvel-Dubourix, en leur nom, comme le commissaire par eux choisi pour agir à leurs risques et périls ; — Que l'arrêté du conseil de préfecture devant n'a pu conférer la qualité nécessaire pour former, à l'exclusion du maire ou adjoint, la demande du 21 février 1835, surtout lorsque la commune de Domérat n'avait point d'intérêt contraire à celui de la section de Givrette ; — Que, d'ailleurs, rien ne pouvait autoriser le choix d'un commissaire spécial pour agir à la place des fonctionnaires institués par la loi ; — Qu'ainsi, la Cour royale, dans l'état de la cause et même d'après les articles 2 de la loi du 29 vendémiaire an V, 4 de la loi du 28 pluviôse an VIII, et d'après l'arrêté du 29 vendémiaire an XI, qui n'est pas applicable à l'espèce, a dû juger que les demandeurs n'étaient pas recevables, quant à présent ; qu'en jugeant ainsi, l'arrêt attaqué n'a point commis d'excès de pouvoir et de violation d'aucune loi... — Rejette.

(2) Cons. d'Et. 23 décembre 1835 ; Cons. d'Et. 23 juillet 1875. (Voy. suprà, n° 2906.)

le préfet ou le sous-préfet. Cette opinion est trop contraire au texte de l'article 125 de la loi pour que nous puissions l'admettre : la décision du conseil doit être rendue dans le délai de deux mois à *dater du dépôt* du *mémoire*. Il n'y a là aucune ambiguïté, et le texte est conforme à celui de l'article 121. Sans doute, il peut dépendre du conseil municipal d'abréger le temps que le conseil de préfecture pourra consacrer à l'examen de la demande d'autorisation, en ne pressant pas sa propre délibération, mais cet inconvénient, quelque grave qu'il puisse être, ne pourrait permettre une interprétation à laquelle la clarté de la disposition ne laisse aucune place.

2923. Toute décision du conseil de préfecture portant refus d'autorisation doit être motivée. En effet, les considérants de la décision, *en cas de refus*, sont nécessaires pour éclairer la commune sur les motifs du refus ; il importe qu'elle sache quelles objections sa demande soulève afin qu'elle puisse les réfuter si elles sont peu fondées.

Il n'en est pas de même quand il s'agit d'un arrêté d'autorisation ; déduire les motifs de fait ou de droit pour justifier sa décision en ce qui concerne l'autorisation qu'il accorde serait, en quelque sorte, de la part du conseil de préfecture, préjuger le fond et s'exposer à être contredit par la juridiction civile, seule compétente pour dire le droit ; cependant la dispositif seul constituant la décision, l'énoncé de motifs ne pourrait justifier l'annulation de l'arrêté (1).

SECTION II.

COMMUNE DÉFENDERESSE.

2924. Lorsqu'une commune doit défendre à une action, les règles qui ont été établies pour sauvegarder ses droits et ses intérêts reposent bien également sur la nécessité de l'autorisation préalable, mais elles ont dû se modifier dans leur application par la situation même que la commune occupe au procès.

« Aucune action judiciaire, dit l'article 124 de la loi de 1884, autre que les actions possessoires, ne peut, à peine de nullité, être intentée contre une commune qu'autant que le demandeur a préalablement adressé au préfet ou au sous-préfet un mémoire exposant l'objet et les motifs de sa réclamation. Il lui en est donné récépissé. — L'action ne peut être portée devant les tribunaux que deux mois après la date du récépissé, sans préjudice des actes conservatoires. — La présentation du mémoire interrompt toute prescription ou déchéance, si elle est suivie d'une demande en justice dans le délai de trois mois. »

2925. Si le demandeur est l'État, exigera-t-on aussi qu'il présente le mémoire préalable? M. Reverchon s'est prononcé pour la négative, il dit que, dans ce cas, il faut admettre une restriction que la force des choses commande et justifie. Il ne nous semble pas que cette opinion soit suffisamment motivée. L'État n'a aucun privilège à l'égard des communes lorsqu'il revendique contre elles un immeuble, par exemple, ou tout autre droit au sujet duquel les lois n'ont pas établi un mode spécial de poursuites. Nous pensons donc qu'en thèse générale il est tenu, comme un simple particulier, de se conformer à l'article 124 de la loi, quand il veut actionner une commune (2).

2926. Toute action, dit l'article 124, doit être précédée d'un mémoire. Avant la loi de 1884, la jurisprudence avait décidé que, malgré le caractère absolu des termes employés, l'obligation de produire un mémoire ne s'appliquait qu'aux actions introductives d'instance. Nous pensons que la même interprétation doit être donnée aujourd'hui. Le mémoire a pour objet

d'éclairer l'administration supérieure sur les droits des adversaires de la commune et les obligations de celle-ci. Si la commune succombe en première instance, il y a présomption que la demande formée contre elle était fondée, et la commune, avant d'interjeter appel, devra justifier, pour obtenir l'autorisation qui lui est nécessaire, de son droit et de son intérêt. L'adversaire de la commune n'a qu'un rôle passif. Si la commune triomphe, le conseil de préfecture n'a point d'autorisation à donner et, par conséquent, il n'y a pas lieu, par l'adversaire de la commune, de le renseigner à nouveau sur la valeur de ses prétentions.

2927. Il suit de là qu'il n'y a pas de dépôt de mémoire à effectuer avant de se pourvoir en cassation, ou de former appel, le pourvoi et l'appel n'étant pas introductifs d'instance.

2928. Le dépôt du mémoire ne peut, non plus, être exigé en référé, cette procédure n'ayant pour objet que de provoquer des mesures provisoires et d'urgence, incompatibles avec les lenteurs qui résulteraient de l'accomplissement de la formalité (1).

2929. Il en est de même au cas d'intervention d'un maire dans une instance entre particuliers ; cette intervention ne peut obliger celui contre qui elle se produit à fournir un mémoire, l'intervention ne l'astreignant pas à recommencer le procès (2).

2930. Quant aux actions possessoires, l'article 122 tranche également la question dans le sens de la non-nécessité du mémoire, puisqu'il autorise le maire à y défendre sans autorisation.

2931. Le mémoire n'a pas de raison d'être, par application des dispositions de l'article 154 de la loi du 5 avril 1884 en matière d'opposition au recouvrement de certaines recettes municipales.

2932. Il n'est pas nécessaire non plus quand l'administration de l'enregistrement poursuit le recouvrement d'une recette par la voie de la contrainte, parce que, dans ce cas, l'instance ne s'engage que par l'opposition formée par la commune débitrice à la signification de la contrainte ; mais il serait nécessaire si, au lieu de procéder par contrainte, l'administration de l'enregistrement agissait par action principale directe (3).

---

(1) Cons. d'Et. 14 janvier 1841.
(2) En ce sens, Blanche, *Dict. d'admin.*, p. 475.

---

(1) Cass. 10 avril 1872 (voy. *suprà*, n° 2896).
(2) Cass. 12 mai 1862. — La Cour, — En ce qui touche le premier moyen de cassation fondé sur ce que le tribunal de Pont-l'Évêque, en validant la procédure faite devant le juge de paix du canton de Dozulé et les jugements dont elle a été suivie, aurait contrevenu à la loi du 18 juillet 1837 ; — Attendu que les demandes formées par Duhamel, Duval et Exmotin contre Mathurin Foison, qualifié, dans l'exploit d'ajournement, de journalier à Buves, avaient pour objet la réparation du dommage qu'il avait causé à leurs champs et récoltes en levant et laissant levées, pendant plusieurs jours, les bandes placées le long de la digue de la rivière de la Dive, et en inondant ainsi leurs propriétés, que l'intervention dans l'instance ainsi engagée de Langlois, en sa qualité de maire de la commune de Buves, et de Desloge, en sa qualité de président de la commission syndicale des Marais de ladite commune, n'a pas changé le litige ; — Qu'elle a laissé subsister l'action, telle qu'elle avait été primitivement formée contre Foison ; — Qu'elle a sans doute rendu nécessaire pour la commune l'autorisation qui lui a été accordée de prendre fait et cause pour ledit Foison, et de défendre à l'action intentée contre lui ; mais qu'elle n'a pas soumis Duhamel et consorts à l'obligation de recommencer le procès et d'adresser au préfet le mémoire que l'article 51 de la loi de 1837 exige, à peine de nullité, préalablement à toute demande en justice de quiconque veut intenter une action contre une commune ; — Qu'elle n'aurait eu cet effet qu'autant que le tribunal aurait reconnu, ce qu'il n'a pas fait, que le procès intenté contre Foison l'avait été en réalité contre la commune de Buves, et que les assignations données à cet individu n'étaient qu'un moyen imaginé par les demandeurs pour se soustraire aux exigences de la loi de 1837 ; — Que, dès lors, le premier moyen doit être écarté.
(3) Cass. civ. 7 mars 1883. — La Cour, Sur le premier moyen, tiré de la fausse application de l'article 64 de la loi du 22 frimaire an vii, et de la violation des articles 51 et suivants de la loi du 18 juillet 1837 ; — Attendu d'une part, qu'aux termes de l'article 51 de la loi du 18 juillet 1837, « quiconque voudra intenter une action contre une commune sera tenu d'adresser préalablement au préfet un mémoire exposant les motifs de sa réclamation » ; — Qu'aux termes de l'article 54 « l'action ne pourra être intentée qu'après la décision du conseil de préfecture ; » mais attendu, d'autre part, qu'il résulte de l'ensemble des dispositions de l'article 64 de la loi du 22 frimaire an vii, que, pour la perception des droits d'enregistrement, c'est l'opposition motivée et signifiée à la Régie, avec assignation

2933. Le dépôt d'un mémoire serait nécessaire s'il s'agissait d'un pourvoi contre une décision du jury d'expropriation. La décision de ce jury est un acte administratif, non un jugement, et le pourvoi formé contre cet acte devient une véritable introduction d'instance pour laquelle le dépôt préalable du mémoire est exigé, de même qu'il doit être réclamé à ceux qui veulent actionner une commune aux termes de l'article 15 de la loi du 21 mai 1836 pour obtenir l'indemnité représentative du prix de terrains incorporés à un chemin vicinal.

2934. Le dépôt serait indispensable s'il s'agissait d'une instance ou requête civile engagée contre la commune à raison d'un jugement intervenu en sa faveur. Bien que la commune ne fasse que défendre à l'exécution d'une sentence définitive, on doit considérer que la requête civile n'est pas un appel ordinaire, et qu'elle peut être fondée sur des moyens tellement décisifs, qu'il importe que l'autorité supérieure soit mise à même d'examiner si la commune n'aurait pas intérêt à transiger ou même à acquiescer aux demandes de son adversaire, plutôt que de s'exposer aux chances d'un nouveau procès. Reconnaissons, toutefois, que l'opinion contraire peut être soutenue avec une certaine apparence de raison et qu'elle avait même été admise, avant la loi du 18 juillet 1837, par un arrêt de la Cour de cassation, du 25 novembre 1828.

2935. La nécessité de soumettre les actions des communes à la surveillance et à l'autorisation de l'administration supérieure est une règle d'ordre public. Aussi, l'omission de cette formalité vicie-t-elle de nullité les jugements rendus contre elles. Nous disons contre elles, parce que la nullité, malgré l'apparence résultant des termes employés dans l'article 124, n'est pas absolue, mais relative, en ce sens, que si la commune peut, en tout état de cause, attaquer les jugements pour ce motif, soit par la voie de la requête civile (1), soit par la voie du recours en cassation (2), son adversaire n'aurait pas la même faculté. La raison en est que la règle de l'autorisation préalable a été établie en faveur des communes, pour mieux garantir leurs intérêts, et que, dès lors, elles ne doivent jamais souffrir de l'inobservation de cette règle. On puise aussi un autre motif dans le principe que les personnes capables de s'engager ne peuvent opposer l'incapacité de celui avec qui elles ont contracté (3).

2936. Cette distinction n'a pas toujours été admise. Plusieurs arrêts de la Cour de cassation avaient considéré la nullité comme étant absolue, de sorte que l'adversaire de la commune pouvait l'invoquer contre celle-ci, en tout état de cause (4). Mais aujourd'hui, la jurisprudence est fixée. Nous citerons seulement les derniers arrêts de la Cour de cassation des 22 juillet 1851, 27 novembre 1872 et 12 novembre 1883, qui, avec un grand nombre d'autres arrêts antérieurs, établissent que, lorsque la commune a gagné le procès, son adversaire n'est pas recevable à arguer, pour la première fois, devant la Cour de cassation, de la nullité des jugements inter-

venus, par le motif que l'administration municipale n'avait pas été autorisée à plaider ; qu'il pouvait opposer ce moyen en première instance et en appel ; mais qu'il n'a plus cette faculté après le jugement définitif. La même objection peut être faite à une commune qui, régulièrement autorisée à ester en justice, a perdu sa cause contre une autre commune non autorisée (1).

2937. Le mémoire a pour but de mettre l'autorité administrative à même d'exercer sa tutelle sur les intérêts communaux et d'éviter aux communes l'inconvénient de soutenir des contestations mal fondées. Il sert d'avertissement et remplace le préliminaire de conciliation, dont sont dispensées les demandes qui intéressent les municipalités ; aussi, doit-il déterminer l'objet et les motifs de l'instance, aucunes conclusions autres que celles auxquelles la commune ou section aura été autorisée à défendre ne pouvant être prises soit en première instance, soit en appel (2).

2938. Il doit être délivré récépissé du dépôt de mémoire afin de bien fixer le départ du délai de deux mois passé lequel l'action peut être intentée et de faire courir la prescription.

2939. La décision du conseil de préfecture doit précéder le commencement de l'instance, si l'on est encore dans le délai de deux mois, mais la procédure entamée avant l'expiration de ce temps pourrait être postérieurement validée, en justifiant d'un arrêté d'autorisation ; les deux mois expirés sans que le conseil de préfecture ait statué, le demandeur peut toujours requérir un jugement par défaut.

2940. Avant la loi de 1884, la majorité des auteurs ne voyaient dans le dépôt du mémoire qu'une formalité administrative et non un acte de procédure ; ils considéraient que ce dépôt n'avait pas pour effet d'interrompre la prescription. La Cour de cassation, au contraire, donnait au dépôt du mémoire la valeur d'un acte interruptif de la prescription, à quelque époque que l'action fût ensuite engagée (3).

Le législateur a voulu mettre fin aux réclamations qui s'étaient produites, en faisant du dépôt du mémoire le premier acte de la procédure engagée contre les communes et en le déclarant interruptif de la prescription, si l'instance suit le dépôt du mémoire dans un délai de trois mois.

2941. Mais cet effet d'interrompre la prescription n'est accordé au dépôt du mémoire que lorsqu'il s'agit d'une action pétitoire. Si le demandeur agit au possessoire, la commune pouvant, exceptionnellement, procéder en justice, soit activement soit passivement, sans autorisation, le dépôt du mémoire devient inutile puisqu'il ne peut provoquer ni une autorisation ni un refus, non plus que retarder le jugement (4).

---

(1) Cass. req. 22 juillet 1851, D. P. 51.1.265 ; Cass. req. 27 novembre 1872, D. P. 73.1.216 ; Cass. req. 12 novembre 1883. — La Cour, Sur le moyen pris de la violation de l'article 49 de la loi du 18 juillet 1837, en ce que la commune, défenderesse à une action pétitoire, n'a pas été autorisée à interjeter appel ; — Attendu que ce moyen n'a pas été proposé avant l'arrêt définitif (Rennes, 22 août 1882) qui a donné gain de cause à la commune d'Auray ; — Que dans ces circonstances le demandeur en cassation adversaire de la commune, ne saurait être admis à proposer pour la première fois devant la Cour de cassation l'irrégularité résultant du défaut prétendu d'autorisation de plaider et à recommencer le procès contre la commune qui ne se plaint pas. — Rejette.
(2) Lyon, 29 janvier 1850.
(3) Cass. req. 21 août 1882, D. P. 82.1.409.
(4) Cass. 28 novembre 1864. — La Cour, Attendu qu'aux termes de l'article 23 du Code de procédure, les actions possessoires ne sont recevables qu'autant qu'elles ont été formées dans l'année du trouble ; — Qu'il est déclaré, en fait, par le jugement attaqué, que le trouble dont se plaignait Riguet avait eu lieu plus d'une année avant l'action par lui introduite ; Que Riguet opposait, il est vrai, que la prescription avait été interrompue par le dépôt à la préfecture d'un mémoire dans lequel, suivant un récépissé régulier, il annonçait l'intention d'intenter une action judiciaire contre la commune de Lamothe, pour se faire réintégrer en possession du chemin ou partie du chemin qui faisait l'objet du litige ; mais attendu qu'il a été déclaré que ce mémoire n'avait point été communiqué au tribunal, et que, dès lors, il n'était point établi que ce mémoire eût pour objet une action possessoire plutôt qu'une action pétitoire ; — Attendu, d'ailleurs, en droit, que si, aux termes des articles 49 et 51 de la loi du 18 juillet 1837, aucune commune ou section de commune ne peut ester en justice sans être autorisée par le conseil de préfecture, et que quiconque voudra intenter une action contre une commune ou section de commune sera tenu d'adresser préalablement au préfet un mémoire exposant les motifs de sa réclamation, cette autorisation n'est exigée que quand il s'agit de procéder au pétitoire, mais que l'article 55 contient une exception en matière possessoire : — Que cet article porte,

---

devant les juges compétents, qui constitue l'instance ; — D'où il suit que, par la contrainte qu'a décernée contre la ville de Bordeaux, l'administration de l'enregistrement et des domaines n'a point intenté d'action contre ladite commune et que le moyen manque par le fait qui lui sert de base... — Rejette.
(1) C. Pr. civ., art. 481.
(2) Cass. civ. 26 avril 1833, D. P. 33.1.456 ; Cass. civ. 30 juillet 1861, D. P. 61.1.322 ; Cass. civ. 5 novembre 1879. — La Cour, Donne défaut contre Mérard ; — Et sur le premier moyen du pourvoi : — Vu la loi du 18 juillet 1837, article 49 ; — Attendu qu'aux termes de cet article les communes autorisées à plaider sont obligées de se pourvoir d'une autorisation nouvelle lorsque, ayant gagné en première instance, elles veulent porter la cause en appel ; — Attendu que cette prescription de la loi est d'ordre public et que la nullité qui résulte de son inobservation peut être invoquée par la commune en tout état de cause ; — Et attendu, en fait, que la commune d'Écouen, autorisée par le conseil de préfecture de Seine-et-Oise à défendre sur l'action dirigée contre elle par Mérard, a, le 25 mars 1876, interjeté, sans autorisation nouvelle, appel du jugement du tribunal civil de Pontoise qui avait prononcé sur cet appel ; — Qu'aucune autorisation n'est ensuite intervenue pour l'habiliter à ester sur cet appel ; — Que cependant l'arrêt attaqué, après conclusions prises par les parties, a statué contre elles contradictoirement, en quoi il a expressément violé la disposition sus-visée... — Casse.
(3) C. civ. art. 1125.
(4) Cass. 6 nivôse an XII ; Cass. civ. 2 mai 1808

2942. L'effet interruptif n'est attaché qu'à la présentation d'un mémoire fait par le tiers qui veut actionner la commune ou section, celle-ci étant défenderesse (1). Il ne saurait donc s'attacher au dépôt du mémoire présenté par un contribuable dans l'intérêt de la commune.

2943. Doit-on conclure de ce que l'effet interruptif de la prescription produit par le mémoire ne se produit que, si la demande suit dans les trois mois le dépôt, que l'effet légal du dépôt soit périmé par cette période de trois mois, et que le demandeur qui veut assigner une commune soit contraint au dépôt d'un nouveau mémoire s'il la laisse passer sans agir? M. Morgand se prononce pour l'affirmative, mais sans donner de motifs à l'appui de son opinion. Nous ne saurions admettre, quant à nous, cette rigueur. Les nullités et les péremptions ne se présument pas et, nulle part, la loi n'a prononcé l'annulation du mémoire pour défaut d'instance subséquente ; elle s'est contentée de déclarer que l'effet suspensif de la prescription cesserait de se produire ; il ne faut pas aller plus loin, et on doit, dès lors, considérer le mémoire comme un acte ordinaire de procédure et lui appliquer les règles ordinaires, en matière de péremption, établies par les articles 377 et suivants du Code de procédure civile.

2944. Le préfet ou le sous-préfet adressent immédiatement le mémoire au maire, avec l'invitation de convoquer le conseil municipal dans le plus bref délai, pour en délibérer. La délibération du conseil municipal est transmise au conseil de préfecture, qui décide si la commune est autorisée à ester en justice (2).

2945. La délibération du conseil municipal doit être prise immédiatement ; elle constitue un élément essentiel de l'instruction administrative. Le préfet ne saurait se refuser à com-

muniquer le mémoire, ni le maire à convoquer le conseil. Ainsi que nous l'avons vu plus haut, en effet, le droit de statuer sur la suite à donner à une action est devenu un des droits incontestables des municipalités. Et toute décision du conseil de préfecture qui interviendrait en l'absence de cette mesure d'instruction serait annulable (1).

2946. Que la délibération du conseil municipal soit favorable ou non à l'autorisation, il n'appartient qu'au conseil de préfecture, en vertu de la haute tutelle qui lui est déférée, d'apprécier cette délibération, par laquelle il n'est, du reste, aucunement lié, puisque, dans le cas même où elle serait opposée à ce que la commune ou section fût autorisée à défendre, celle-ci pourrait néanmoins être autorisée à plaider, sans, toutefois, que cette autorisation donnée contrairement à l'avis des représentants de la commune puisse s'imposer à ceux-ci, rendre la défense obligatoire et contraindre le maire ou le syndic à la proposer (voy. *suprà* n° 2887 et suiv.) (2).

SECTION III.

POURVOIS.

2947. Le maire de la commune à laquelle l'autorisation a été refusée peut se pourvoir devant le Conseil d'Etat.

2948. Le pourvoi est introduit et, dit la loi de 1884, *jugé* en la forme administrative. Le mot employé ici est inexact. Les sections administratives du Conseil d'Etat ne *jugent* pas, elles délibèrent sur des projets de décrets qui sont signés par le chef de l'Etat. Les pourvois sur autorisation de plaider sont examinés par la section de l'intérieur, et la solution en est renvoyée au gouvernement avec les observations approbatives ou négatives du Conseil. S'il n'est pas d'usage, et s'il est même contraire à tous les précédents que le gouvernement n'adopte pas l'avis de la section, en droit strict cependant on doit dire que cet avis ne le lie pas.

2949. Le pourvoi doit, à peine de déchéance, être formé dans le délai de deux mois à dater de la notification de l'arrêté du conseil de préfecture. La notification dont il est parlé ici est une notification faite soit en la forme administrative, soit en celle extrajudiciaire (3).

2950. Le recours est ouvert à la commune, à la section de commune, ou au contribuable, auquel l'autorisation d'intenter ou de soutenir l'action a été refusée, mais ni les tiers, ni le préfet, ni le ministre, ne peuvent attaquer l'arrêté du conseil de préfecture (4).

2951. Les formes et la procédure du recours administratif sont assez simples. Il doit être écrit sur timbre, mais il n'est pas nécessaire qu'il soit enregistré. Il peut être adressé au Conseil d'Etat par l'intermédiaire du préfet ou directement par le maire au président du Conseil d'Etat. Il doit être appuyé : 1° de l'arrêté attaqué ; 2° de la délibération par laquelle ce que la conseil municipal a autorisé le maire à se pourvoir ; 3° des pièces utiles au procès. Il est dispensé du ministère d'un avocat aux conseils, ce qui ne veut pas dire que la commune ne puisse recourir à l'intervention d'un défenseur.

Le recours doit être parvenu au secrétariat de la section de l'intérieur dans le délai de deux mois à partir de la notification. Si des retards dans la transmission ont lieu, ils ne sauraient, même au cas où ils ne seraient pas imputables à la commune, la relever de la déchéance (5).

2952. Le recours peut être communiqué au ministre de l'intérieur pour avoir l'avis de ce dernier ou être l'objet d'une instruction supplémentaire, mais le délai assez court imparti au Conseil ne permet pas généralement de demander soit à

---

en effet, que le maire peut, toutefois, sans autorisation préalable, intenter toute action possessoire ou y défendre, et faire tous autres actes conservatoires ou interruptifs des déchéances ; — Attendu que cette disposition est des plus générales, et qu'en matière possessoire, elle comprend évidemment les actions actives et passives de toute espèce exercées ou suivies devant les deux degrés de juridiction ; — Qu'en admettant, d'après ces principes, que le mémoire de Riquet eût même été communiqué au tribunal, il n'aurait pu avoir pour effet d'interrompre la prescription, puisque, d'une part, il ne devait être suivi d'aucune réponse accordant ou refusant l'autorisation, et que, de l'autre, il ne pouvait retarder d'un seul instant le jugement de l'action ; qu'ainsi, en déclarant que le mémoire n'était pas nécessaire et que la prescription n'avait pas été interrompue, le jugement attaqué, loin de violer les articles précités de la loi du juillet 1837, en a fait, au contraire, une juste et saine application... — Rejette.

(1) Cass. civ. 23 février 1870. — La Cour donne défaut contre Jean Lacornin, au nom et comme maire de la commune de Segonzac, et statuant sur la demande de Durassier en cassation du jugement du tribunal civil de Cognac du 2 mai 1867 ; — Vu l'article 23 du Code de proc. civile et les articles 49 et 51 de la loi du 18 juillet 1837 ; — Attendu qu'aux termes de l'article 23 du Code de proc. civile, l'action possessoire n'est recevable qu'autant qu'elle aura été formée dans l'année du trouble ; — Attendu que, dans l'espèce, le trouble a eu lieu en décembre 1862, et que l'action possessoire n'a été formée par Sarnac et consorts que le 11 avril 1864 après l'expiration du délai d'un an ; — Attendu que Sarnac et consorts prétendent qu'agissant comme contribuables exerçant les droits de la commune en vertu de l'article 49 de la loi du 18 juillet 1837, la présentation par eux faite le 22 juillet 1863, au conseil de préfecture, d'un mémoire, à fin d'être autorisés à agir en complainte possessoire, aurait interrompu à leur profit toute prescription et toute déchéance ; — Attendu, d'une part, que l'article 51 de la loi du 10 juillet 1837 n'attache cet effet interruptif qu'à la présentation du mémoire faite par le tiers qui veut intenter une action contre la commune ; que l'article 49 de la même loi ne contient aucune disposition semblable relativement au contribuable agissant dans l'intérêt de la commune ; — Attendu que, pour éviter aux communes l'inconvénient de soutenir des contestations mal fondées, le législateur a imposé à celui qui veut les actionner l'obligation de faire connaître l'objet de sa réclamation dans un mémoire destiné à être soumis au conseil municipal et à l'autorité administrative ; — Mais que cette mesure introduite dans l'intérêt des communes ne devant pas préjudicier au tiers, le dépôt d'un mémoire a été assimilé à la citation en justice, pour protéger l'action des réclamants contre toute déchéance ; — Attendu que ce motif n'existe pas lorsqu'il s'agit d'une action intentée dans l'intérêt de la commune, soit par le maire, soit par le contribuable qui emprunte l'action de la commune ; — Attendu, d'autre part, que Sarnac et consorts n'ont pas procédé uniquement comme contribuables, en vertu de l'article 49 de la loi du 18 juillet 1837, mais aussi en leur propre et privé nom, et comme habitants de la commune éprouvant un trouble dans leur jouissance personnelle par le fait de Durassier ; qu'en cette dernière qualité, ils pouvaient agir sans aucune autorisation et qu'il n'y avait pas eu aucun empêchement à l'exercice de l'action possessoire dans l'année du trouble ; — D'où il suit qu'en rejetant la fin de non-recevoir opposée par Durassier à l'action de Sarnac et consorts, le jugement attaqué a violé... — Casse.

(2) L. 5 avril 1884, art. 125.

(1) Cons. d'Et. 29 janvier 1840.
(2) Voy. *Sénat*, 29 mars 1884.
(3) Cons. d'Et. int. (Jurisprudence constante).
(4) Cons. d'Et. 19 décembre 1821 ; Cons. d'Et. 22 novembre 1829.
(5) Cons. d'Et. 26 juin 1850 ; Cons. d'Et. 10 décembre 1877.

l'administration, soit à la commune des renseignements qui ne se trouvent pas au dossier.

2953. En général, les décrets rendus en Conseil d'Etat, en la matière qui nous occupe, ne sont pas motivés lorsqu'ils ont pour effet d'autoriser la commune à plaider. Sans être tenu par le texte de la loi, le Conseil d'Etat estime que les mêmes raisons de bon ordre qui interdisent aux conseils de préfecture de motiver leurs décisions affirmatives, ne lui permet pas de donner les raisons des siennes.

2954. Il doit être statué sur le pourvoi dans le délai de deux mois à partir du jour de son enregistrement au secrétariat général du Conseil d'Etat. A défaut de décision rendue dans le délai imparti, la commune est autorisée à ester en justice ; et le Conseil d'Etat ne peut plus statuer sur le pourvoi (1).

2955. En cas de pourvoi de la commune contre la décision du conseil de préfecture qui lui refuse l'autorisation de défendre, le demandeur peut néanmoins introduire l'instance ; mais l'instance est suspendue jusqu'à ce qu'il ait été statué par le Conseil d'Etat, ou jusqu'à l'expiration du délai de deux mois dans lequel le Conseil doit statuer (2).

2956. Les décisions qui refusent une autorisation de plaider peuvent-elles être déférées au Conseil d'Etat jugeant au contentieux ? En principe, il est évident que non, puisque la loi donne à la commune l'appel en la forme administrative. Mais l'arrêté du conseil de préfecture ou même le décret rendu sur l'avis de la section de l'intérieur peuvent renfermer un excès de pouvoirs ? Dans ce cas, il ne nous paraît pas douteux que le recours contentieux soit ouvert ; ce recours est, en effet, de droit commun en matière administrative et nous ne voyons aucun texte qui le puisse faire écarter en la matière qui nous occupe. L'annulation de la décision serait sans doute fort rare, puisque le Conseil d'Etat, statuant au contentieux, ne pourra pas connaître du pourvoi contre l'arrêté du conseil de préfecture, tant que le délai du recours administratif sera ouvert, et qu'il ne pourra pas apprécier le fonds même du droit. Il sera aussi très souvent sans intérêt et partant non recevable, puisque le pourvoi au contentieux n'a point d'effet suspensif et que l'arrêt du Conseil d'Etat interviendrait après le jugement du fonds. Mais l'hypothèse d'un pourvoi utile est possible (3).

2957. Aux termes de l'article 127 de la loi municipale, le pourvoi de la commune devant le Conseil d'Etat est suspensif de l'instance projetée contre elle ; mais, il n'y a suspension que s'il y a pourvoi, et on doit remarquer que, si la commune ne forme pas son recours, le demandeur n'est pas tenu d'attendre l'expiration du délai de deux mois fixé. Il peut introduire l'instance dès que le refus du conseil de préfecture lui est connu, ou aussitôt après l'expiration des deux mois accordés au conseil de préfecture pour statuer. C'est donc à la commune, si elle veut suspendre l'instance, à former immédiatement le recours au Conseil d'Etat, et à en justifier.

CHAPITRE IV.

DES TRANSACTIONS.

2958. La transaction, en ce qui concerne les communes, est, de même qu'à l'égard des particuliers, un contrat librement consenti, pour prévenir ou pour terminer un procès, et dans lequel chaque contestant fait le sacrifice d'une partie de ses prétentions sur des droits plus ou moins incertains. A l'origine on a pensé qu'il importait d'entourer les actes de transaction des communes de formalités particulières propres à garantir les intérêts, dans une matière où la diversité des questions de droit exige des connaissances spéciales que le plus grand nombre de conseils municipaux ne possèdent pas.

Ainsi, aux termes de l'arrêté du gouvernement du 24 frimaire an XII, tout projet de transaction devait être délibéré par le conseil municipal, rédigé en forme d'acte, soumis à l'examen de trois avocats désignés par le préfet, à celui du conseil de préfecture, puis transmis à l'administration supérieure, et enfin revêtu de l'approbation du chef de l'Etat. Le Code civil disposait également que les communes et les établissements publics ne pourraient transiger qu'avec l'autorisation du chef de l'Etat (1).

La loi du 18 juillet 1837 et le décret de décentralisation du 25 mars 1852 ont modifié ces dispositions, en décidant que ce serait au préfet qu'il appartiendrait désormais d'homologuer les transactions consenties par les communes, et la loi du 5 avril 1884, en abrogeant l'arrêté du 24 frimaire an XII et en supprimant la consultation préalable.

L'arrêté du préfet doit, d'ailleurs, être rendu en conseil de préfecture (2).

2959. Les communes ne peuvent, sous la forme d'une transaction, passer de compromis, attendu qu'en leur qualité de mineures, les dispositions des articles 1003 du Code de procédure civile et 1123 du Code civil leur sont applicables (3).

2960. Relativement au caractère des actes administratifs nécessaires pour l'instruction ou l'approbation des transactions, ces actes sont purement de tutelle. Par conséquent, on ne serait pas recevable à attaquer par la voie contentieuse un avis émis en cette matière par le conseil de préfecture, ni la décision qui aurait homologué une transaction (4). Mais, par le même motif, puisque ces actes sont faits dans l'intérêt exclusif de la commune, ils ne sauraient mettre obstacle aux actions en nullité que l'on croirait pouvoir porter devant les tribunaux, avec l'autorisation du conseil de préfecture, comme, par exemple, si elle prétendait que l'approbation a été donnée sur pièces irrégulières, ou que la transaction est entachée de fraude, etc. (5).

2961. Dans l'intervalle de la signature du projet de transaction à la décision approbative, le particulier qui a traité avec la commune peut-il se rétracter ? Non ; car, en principe, les personnes capables de s'engager ne peuvent opposer l'incapacité du mineur avec qui elles ont contracté. D'un autre côté, la commune, en souscrivant le projet, ne s'est engagée qu'autant qu'il dépendait d'elle, c'est-à-dire sous réserve d'une approbation. Par application de ce principe, il a été décidé qu'une transaction, nulle à l'égard d'un mineur, peut être opposée aux majeurs qui y ont été parties, et qu'il n'y a pas d'indivisibilité ; qu'une partie capable qui a transigé avec une commune n'est pas fondée, pour nier la validité du contrat, à opposer que la commune n'a pas été autorisée à transiger (6).

---

(1) L. 5 avril 1884, art. 127.
(2) L. 5 avril 1884, art. 127.
(3) Cons. d'Et. 30 mai 1868 ; Cons. d'Et. cont. 11 juillet 1884. — Considérant que le conseil de préfecture a autorisé la section de Loszalier à intenter, contre les sections d'Albenc, du Mozol et de la Prade, une action tendant à faire reconnaître ses droits de propriété et de jouissance exclusives sur les terrains communaux : — Que cet arrêté a été pris par application des articles 40 et suivants de la loi du 18 juillet 1837 et que les décisions rendues par les conseils de préfecture en matière d'autorisation de plaider, ne sont pas susceptibles de recours au Conseil d'Etat par la voie contentieuse ; — Considérant qu'aucune disposition de loi n'a attribué compétence au conseil de préfecture pour connaître, par la voie contentieuse, de réclamations formées contre les décisions rendues par lui et portant autorisation de plaider ; — Qu'ainsi le conseil de préfecture de la Lozère, en statuant sur la demande dont il a été saisi par le sieur Renouard, a excédé ses attributions... — Annulation.

(1) C. Civ. 2445.
(2) L. 5 avril 1884, art. 69.
(3) Déc. min. int. novembre 1831.
(4) Cons. d'Et. cont. 26 mai 1884 ; Cons d'Et. cont. 16 mars 1837. — Considérant que le recours de la commune de Baumenil, agissant dans l'intérêt de la section de Berval, est dirigé contre l'ordonnance royale du 5 août 1827, et que cette ordonnance est un acte de tutelle administrative qui n'est pas de nature à être déféré par la voie contentieuse ; — Mais qu'en homologuant la transaction du 31 mars 1829, elle ne fait pas obstacle à ce que la section de Berval fasse valoir devant qui de droit, si elle s'y croit fondée, tous les moyens de nullité qu'elle pourrait opposer à la transaction... — Rejette.
(5) Cons. d'Et. 6 juillet 1877. (Voy. infra, n° 2962.)
(6) Cass. civ. 3 mai 1841. — La Cour, Sur le deuxième moyen ; Attendu que, suivant les articles 54 et 56 de la loi du 14 décembre 1789, les communes ne peuvent faire aucune acquisition ni aliénation d'im-

2962. Les transactions qui interviennent entre les communes, ou entre les communes et des particuliers, sont des contrats civils dont l'autorité judiciaire seule peut apprécier le caractère et la validité. Si la sentence du juge civil doit dépendre de l'interprétation ou de la légalité d'un acte administratif qui ne peuvent être appréciées que par la juridiction administrative, le juge peut renvoyer devant qui de droit pour la solution de la difficulté, mais en retenant la décision du fonds du litige (1).

CHAPITRE V.

DROIT D'ACTION DES CONTRIBUABLES.

2963. Les communes sont malheureusement exposées, ainsi que nous l'avons déjà dit, à voir leurs intérêts sacrifiés par les citoyens chargés d'administrer leurs affaires, soit que ceux-ci aient des intérêts matériels ou politiques contraires à ceux de la commune, soit qu'ils se montrent négligents. La loi de 1837, article 49, avait déjà, dans le but de parer à ce danger, autorisé tout contribuable inscrit au rôle à exercer à ses frais et risques les actions qu'il croirait appartenir à la commune. La loi de 1884, article 153, a conservé le même principe, par une disposition ainsi conçue :

« Tout contribuable inscrit au rôle de la commune a le droit d'exercer, à ses frais et risques, avec l'autorisation du conseil de préfecture, les actions qu'il croit appartenir à la commune ou section, et que celle-ci, préalablement appelée à en délibérer, a refusé ou négligé d'exercer.

« La commune ou section est mise en cause et la décision qui intervient a effet à son égard. »

2964. C'est à ses frais et risques que le contribuable agit ; il ne peut donc, en aucun cas, recourir, pour avoir payement des dépenses qu'il a engagées, contre la commune. En outre, le conseil de préfecture doit examiner la solvabilité du contribuable, et au besoin, lui faire consigner les frais présumés de l'instance. En effet, comme la commune doit être nécessairement mise en cause et qu'elle peut être exposée à payer les frais de procès qu'elle n'avait pas jugé prudent d'intenter et de soutenir, elle doit être garantie contre toute éventualité à cet égard.

2965. Le droit du contribuable, tel qu'il est établi par la loi municipale, est absolu ; et il peut être exercé au nom de la commune, tant en défendant qu'en demandant, en première instance, en appel et en cassation, et devant la juridiction administrative, comme devant les tribunaux civils, commerciaux ou criminels.

2966. Le droit appartient à tout contribuable, habitant ou non la commune, l'habitation n'étant pas indispensable, de même qu'elle ne suffit pas sans l'inscription à un rôle quelconque des contributions établi pour la commune (1).

2967. La faculté ainsi accordée à un particulier de se substituer aux représentants des intérêts communaux vient de ce principe que, puisqu'il prend part aux charges communales, ses intérêts se confondent avec ceux de la commune et que, de là, doit découler pour lui la faculté de pouvoir revendiquer ou défendre des droits dont il profite. Il suit de là, encore, que, de même que pour agir au nom d'une commune, il faut être inscrit au rôle général de cette commune, de même, pour agir au nom d'une section, il faut être inscrit au rôle particulier de la section et justifier, ainsi, qu'on y a des intérêts qui peuvent être lésés, si la section n'agit pas.

2968. L'autorisation nécessaire au contribuable pour agir, et qui doit être donnée par le Conseil de préfecture, est, du reste, de même nature et de même origine que celle qui est imposée à la commune, cette autorisation doit être considérée comme produisant des effets identiques (2).

2969. Il y a lieu de remarquer que si les communes ou les sections de commune sont implicitement autorisées à ester en justice, si le conseil de préfecture n'a pas statué dans le délai de deux mois sur la demande dont il est saisi, il en est autrement quand il s'agit de la demande d'un contribuable. Les dispositions de l'article 121 sont exclusivement édictées en faveur des municipalités : elles ne sont pas applicables au contribuable et celui-ci ne peut jamais plaider au nom de la commune sans une autorisation formelle du conseil de préfecture.

2970. Du principe que l'autorisation préalable est nécessaire au contribuable comme à la commune, il semble il devrait être soumis comme elle à la nécessité d'une nouvelle

---

(1) Angers, 20 janvier 1843. — La Cour, Au principal : — Attendu que les énonciations erronées insérées dans l'assignation introductive d'instance donnée au maire de la commune du May ont été suffisamment rectifiées, d'abord par les qualités du défaut profit joint, où il est qualifié de représentant légal de la section de Begrolle, et par la signification qui lui a été faite de ce jugement, ensuite par les qualités, contradictoires avec lui, d'un autre jugement sur incident, où on lui donne cette même qualité, sans réclamation de sa part ; — Qu'en l'état de la cause, c'était bien au maire de May, et à lui seul, qu'il appartenait de représenter la fraction de cette commune qui devait figurer dans l'instance, puisque aucune opposition d'intérêt n'est signalée entre cette fraction et la commune entière, ni aucune autre des sections, et qu'il résulte même de la délibération du conseil municipal du 27 juin 1841, que cette opposition n'existe point ; — Attendu toutefois, en ce qui touche la régularité de l'action des appelants, que l'article 49 de la loi du 18 juillet 1837 ne donne qu'aux seuls contribuables inscrits au rôle de la commune le droit d'exercer les instances dont parle cet article ; — Qu'une pièce en forme probante, produite, tant en première instance qu'en appel, atteste que trente-deux d'entre eux ne payent aucune contribution dans la commune du May, d'où il suit qu'ils doivent être écartés de la cause, ce qui, au reste, ne préjudicie point à la validité de l'action des autres co-associés... — Confirme.

(2) Cass. civ. 8 juin 1869. — La Cour, En ce qui touche le premier moyen tiré de la violation des articles 49, paragraphe 2 et suivants de la loi du 18 juillet 1837 ; — Attendu que le contribuable qui exerce les droits de la commune à son défaut et sur son refus d'agir, aux termes de l'article 49 de la loi du 18 juillet 1837, est soumis, comme la commune, à l'obligation de demander l'autorisation du conseil de préfecture ; — Que cette autorisation est de même origine que celle imposée à la commune, qui, si elle est affranchie, dans ce cas, des risques de l'action exercée en son nom, en recueille néanmoins et a le droit d'en retenir le bénéfice, si elle réussit ; que, sans doute, avant le jugement, et pour en assurer la validité, la partie adverse de la commune peut exiger qu'il lui soit justifié de l'autorisation ; mais que, si elle n'a pas requis cette justification, elle ne peut plus après le jugement, relever une irrégularité qui n'a pas pu lui préjudicier et priver ainsi la commune du droit qui lui est acquis ; — Que la cour de Bordeaux a donc, avec raison, repoussé ce moyen de nullité invoqué pour la première fois devant elle par Linarès contre les trois jugements des 8 mars, 9 et 31 août 1865, et que, l'autorisation étant intervenue avant l'arrêt attaqué, cet arrêt est sous ce rapport, irréprochable ; — Que les frais sur lesquels serait fondé l'excès de pouvoir imputé à cet arrêt n'ont été présentés ni devant le tribunal de Bergerac ni devant la cour impériale de Bordeaux ; — Que ce moyen, mélangé de fait et de droit, ne peut pas être produit pour la première fois devant la Cour de cassation... — Rejette.

---

meubles, sans y être spécialement autorisées par une délibération du conseil général de la commune, approuvée par l'autorité supérieure ; — Mais attendu qu'il est de principe, en droit, que les personnes capables de s'engager ne peuvent, pour se dispenser de remplir leurs engagements, opposer l'incapacité de celle avec laquelle elles ont contracté, et que juger le contraire, ce serait faire tourner contre les incapables les précautions que la loi a prises dans leur intérêt ; — Qu'ainsi, en déclarant que les héritiers d'Albert ne pouvaient pas se prévaloir du défaut d'autorisation de la commune d'Arboux, pour faire prononcer la nullité de l'acte du 12 vendémiaire an III, la cour royale de Nîmes n'a violé ni les articles ci-dessus cités, ni aucune autre loi, et n'a fait que se conformer aux principes du droit commun ; — Sur le troisième moyen ; — Attendu que l'arrêt attaqué constate que l'acte du 12 vendémiaire an III a eu pour objet de mettre fin à une contestation élevée entre les auteurs des enfants d'Albert et les habitants d'Arboux sur la revendication faite par les habitants, de biens qu'ils prétendaient avoir été usurpés par l'effet de la puissance féodale, et qu'il a pu et dû en tirer la conséquence que cet acte n'était pas dénué de cause... — Rejette.

(1) Cons. d'Et. cont. 6 juillet 1877. — Considérant que l'acte passé, le 13 novembre 1874, par-devant Me Néforcy, notaire à Nantes, entre le sieur Saint-Père, d'une part, et le maire de l'Étang-Vergy, constitue un contrat de droit civil dont il appartient exclusivement à l'autorité judiciaire de déterminer le caractère et d'apprécier la validité, sauf aux tribunaux, au cas où il s'élèverait devant eux des questions préjudicielles touchant le sens et la portée, ainsi que la régularité des actes administratifs qui ont précédé ce contrat, à renvoyer, au besoin, devant l'autorité administrative, pour la solution de ces difficultés ; — Que, par suite, le ministre de l'intérieur n'avait pu, sans porter atteinte aux droits résultant de l'acte précité, rapporter l'arrêté du préfet autorisant ledit acte, et que, dès lors, les requérants ne sont pas fondés à demander, par application des lois ci-dessus visées des 7-14 octobre 1790 et 24 mai 1872, l'annulation de la décision par laquelle le ministre a rejeté leurs déclarations contre ledit arrêté... — Rejette.

autorisation, soit en appel, soit en cassation, lorsqu'il a perdu son procès, soit sur les incidents de la procédure. Mais après des hésitations, la jurisprudence a décidé que le contribuable pouvait, sans nouvelle autorisation, porter son action devant les divers degrés de juridiction. Le motif de cette doctrine est que la loi est muette; cela peut sembler une raison insuffisante, mais la doctrine est aujourd'hui constante (1). Nous devons dire cependant que le Conseil d'Etat, dans une affaire, a considéré que les conseils de préfecture doivent statuer sur les demandes formées par les contribuables, qui ayant perdu leur procès en première instance, sollicitent l'autorisation d'appeler (2).

2971. L'obligation d'une autorisation préalable est imposée au contribuable qui veut agir, au nom de la commune ou au nom d'une section, non seulement pour les actions pour lesquelles elle est nécessaire à la commune elle-même ou à la section, mais encore pour les actions d'un intérêt exclusivement moral et même, par dérogation particulière suffisamment justifiée à la règle générale, pour certaines actions pour lesquelles la commune ou le maire sont dispensés d'autorisation, comme une action administrative (3); une action possessoire (4); une action en complainte (2); une action en intervention, que la commune soit *demanderesse* (3), ou qu'elle soit *défenderesse* (4).

2972. C'est au contribuable, sous peine de voir sa demande déclarée non recevable, qu'il incombe de faire, devant le conseil de préfecture, la justification d'une délibération régulière (5) du conseil municipal. Cette délibération doit porter spécialement sur l'action déterminée qui lui est proposée (6) et contenir expressément le refus de procéder en justice.

---

(1) Reverchon; Morgand, art. 123; Cass. 27 mai 1846; Bourges, 15 février 1851; Cass. civ. 28 juillet 1856. — La Cour, Sur la première fin de non-recevoir opposée au pourvoi; — Attendu que le contribuable qui, aux termes de l'article 49 de la loi du 18 juillet 1837, a été autorisé par le conseil de préfecture à exercer, à ses frais et risques, une action qu'il croit appartenir à la commune au rôle de laquelle il est inscrit et qu'elle refuse ou néglige d'intenter, n'a plus besoin d'une nouvelle autorisation pour se pourvoir, soit par appel, soit en cassation contre la décision qui repousse cette action, que c'est ce qui résulte clairement de l'esprit et du texte dudit article dont le paragraphe 3 n'impose pas à ce contribuable la nécessité d'une autorisation nouvelle que le paragraphe 2 prescrit à la commune pour chaque degré de juridiction; — Que si l'article 50 de la même loi paraît mettre le contribuable sur la même ligne que la commune, c'est seulement quant au droit qu'il a de se pourvoir contre le refus de chacune des autorisations spéciales qui lui sont nécessaires; — Que d'ailleurs, et surabondamment, Adolphe Racquet a obtenu, le 15 avril 1856, du conseil de préfecture, l'autorisation de se pourvoir en cassation contre le jugement du 19 janvier 1853... — Rejette.

En ce sens, Pau 10 janvier 1872; Cass. civ. 16 mai 1882. — La Cour, Vu les articles 464 et 472 du Code de procédure civile, et 49 de la loi du 18 juillet 1837; — Attendu, en fait, que les époux Rolland, inscrits au rôle de la commune de Bouc-Albertas, ont été autorisés à exercer les actions pouvant appartenir à ladite commune contre Julien, à l'effet de faire réprimer les atteintes que les fouilles pratiquées par ledit Julien avaient pu porter aux sources qui alimentaient la fontaine communale et la propriété de la dame Rolland; — Attendu que les époux Rolland, agissant tant en vertu de cette autorisation qu'en leur propre nom, ont obtenu de la cour d'appel d'Aix, le 5 décembre 1877, un arrêt condamnant Julien à fermer, par un mur de deux mètres d'épaisseur, la galerie de fouille par lui pratiquée; — Que lesdits époux ayant voulu poursuivre l'exécution de cet arrêt, la commune a formé opposition en invoquant un traité par lequel elle cédait définitivement à Julien la jouissance des eaux de la source, et que la cour d'appel, saisie de la difficulté par les époux Rolland, a décidé, qu'à raison de l'intention manifestée par eux de se pourvoir contre l'approbation donnée au traité par l'autorité administrative, il serait sursis à l'arrêt du 5 décembre 1877, jusqu'au jour où le sort du traité serait définitivement fixé; — Attendu que le Conseil d'Etat ayant renvoyé la connaissance du litige à l'autorité judiciaire, les époux Rolland reprenant, toujours en la même et double qualité de contribuables autorisés à exercer les actions de la commune de Bouc-Albertas et de demandeurs en leur nom personnel, l'instance par eux primitivement engagée, ont demandé à la cour d'Aix de déclarer nulle l'opposition formée par la commune à l'exécution de l'arrêt du 5 décembre 1877, ainsi que le traité sur lequel cette opposition était fondée; — Attendu, en droit, d'une part, que l'autorisation du conseil de préfecture nécessaire pour donner à un contribuable la capacité de former une demande en justice au nom d'une commune, n'a pas besoin d'être renouvelée lorsqu'il s'agit de statuer sur l'exécution d'un arrêt rendu dans une instance où le contribuable a déjà figuré comme suffisamment autorisé et qu'il ne fait que reprendre; — Que d'autre part, les demandes tendant à l'exécution d'un arrêt précédent qui a infirmé en totalité ou en partie le jugement dont était appel sont directement portées devant la cour d'appel qui a rendu cet arrêt, sans avoir à passer devant le premier degré de juridiction, et que dans l'espèce, les conclusions des époux Rolland en nullité de l'acte de vente produit par leurs adversaires n'étaient qu'une défense à l'exception opposée par les consorts Julien à la demande principale desdits époux Rolland, et ne constituaient pas, par conséquent, une demande nouvelle; — Que dès lors, en déclarant irrecevable la demande des époux Rolland, sous le double prétexte qu'elle constituait un litige nouveau nécessitant une nouvelle autorisation et comportant l'accomplissement des formalités voulues par la loi pour plaider contre une commune, et que les époux Rolland avaient omis le premier degré de juridiction, l'arrêt attaqué a violé les articles de loi précités... — Casse.

(2) Cons. d'Et. int. 15 juin 1886. — Cette décision qui nous paraît isolée ne nous semble pas devoir faire jurisprudence.

(3) Cons. d'Et. 1er juin 1870; Cons. d'Et. int. 17 août 1882. — Considérant que l'action que le sieur Legrand demande l'autorisation d'exercer, à ses frais et risques, au nom de la commune de Donnemarie, contre le sieur Gendron, maire de ladite commune, est de la compétence de la juridiction administrative; — Que, par suite, c'est avec raison que le conseil de préfecture a autorisé le sieur Legrand à porter seulement devant la juridiction administrative l'action qu'il croit appartenir à la commune et que celle-ci a refusé d'exercer... — Rejette.

(1) Cass. 1er mars 1860, D. P. 60.1.109; Cass. civ. 20 février 1877. — La Cour, Statuant sur les deux moyens du pourvoi formé par les sieurs Rigand, Gonneau, Pierre et Etienne Sirot, tirés de la fausse application de l'article 49 de la loi du 18 juillet 1837, et de la violation de l'article 7 de la loi du 20 avril 1810; — Attendu qu'il résulte des actes introductifs d'instance et des conclusions des demandeurs, relevés par le jugement attaqué, qu'ils n'ont pas agi en leur nom personnel, mais bien comme contribuables de la commune de Marigny-sur-Yonne; — Qu'il s'ensuit qu'ils étaient non recevables dans leur action, à défaut d'une autorisation du conseil de préfecture; — Attendu qu'en statuant ainsi, le tribunal de Clamecy s'est livré à une juste appréciation des faits de la cause et a suffisamment motivé sa décision. . — Rejette.

(2) Cass. Req. 14 mai 1877. — La Cour, Sur le moyen unique, mais divisé en deux branches, tiré de la violation de l'article 49 de la loi du 18 juillet 1837 et de l'article 23 du Code de procédure civile : — Attendu, sur la première branche, que si, aux termes de l'article 49 de la loi du 18 juillet 1837, les riverains, troublés dans la jouissance d'un chemin public rural, ont non seulement, pour s'y faire maintenir ou réintégrer, leur action propre et individuelle, comme riverains, mais encore celle de la commune comme contribuables, ce n'est qu'à la condition, lorsqu'ils empruntent la seconde, de se conformer aux prescriptions de la disposition précitée; — Qu'il résulte, cependant, du jugement dénoncé, que les consorts Thivellier, usant à la fois de l'une et de l'autre par leur complainte, pour obtenir le rétablissement du chemin du Mas de Gous, supprimé par Manuel, ont mis en mouvement l'action communale, sans avoir préalablement rempli les formalités auxquelles son exercice était subordonné; — Qu'ainsi, leur demande, en tant qu'elle procédait au nom de la commune, n'avait pas été valablement formée... — Rejette.

(3) Cons. d'Et. int. 1er mai 1877.

(4) Cass. req. 2 mars 1875. — La Cour, Sur le moyen unique tiré de la violation de l'article 359 du Code de procédure civile et du titre 1er de la loi du 10 vendémiaire an IV et de la fausse application de l'article 49 de la loi du 18 juillet 1837; — Attendu que les demandeurs en cassation sont intervenus dans l'instance produite par Gaillard et consorts contre la ville de Lyon, en vertu de la loi du 10 vendémiaire an IV et ont opposé à la demande une exception que la commune pouvait faire valoir; — Attendu qu'aux termes du paragraphe 3 de l'article 49 de la loi du 18 juillet 1837, tout contribuable inscrit au rôle de la commune a le droit d'exercer à ses frais et risques, avec l'autorisation du conseil de préfecture, les actions qu'il croirait appartenir à la commune ou section, et que la commune ou section, préalablement appelée à en délibérer, aurait refusé ou négligé d'exercer; — Attendu que cette disposition plus spécialement relative par son texte au cas d'action à intenter, est également applicable au cas où il s'agit de défendre à une action intentée contre la commune, et que, par suite, elle doit régir les interventions de la nature de celle qui s'est produite au procès; — Attendu que la loi du 10 vendémiaire an IV ne comporte pas d'exception à cette règle, en ce sens qu'elle fonderait un droit propre aux habitants des communes assignées en responsabilité, conformément aux dispositions de ladite loi; — Que l'action, en effet, est ouverte et doit être suivie exclusivement contre la commune prise comme être moral et collectif, et constituée quant à cette procédure spéciale, mandataire et représentant légal de ses habitants; — Qu'il n'existe pas de lien de droit entre la partie qui réclame les dommages-intérêts et les habitants de la commune pris individuellement, et que ces derniers ne sauraient, au respect de la partie lésée, être considérés comme coobligés de la dette; — Attendu qu'il suit de là que les sieurs Feuillat et consorts n'avaient dans la cause, d'autre intérêt que celui de tout contribuable appelé à figurer dans la répartition ultérieure des sommes avancées par la commune, quel que soit d'ailleurs le mode de contribution pratiqué, et qu'en déclarant l'intervention des susnommés non recevable, faute par eux de rapporter l'autorisation prescrite par l'article 49 de la loi du 18 juillet 1837, l'arrêt attaqué a fait une juste application, tant des règles du droit commun que des dispositions spéciales de la loi du 10 vendémiaire an IV... — Rejette.

(5) Cons. d'Et. int. 15 novembre 1871.

(6) Cons. d'Et. int. 6 avril 1872. — Mais, considérant qu'aux termes de l'article 49 de la loi du 18 juillet 1837, le contribuable ne peut exercer à ses frais et risques, avec l'autorisation du conseil de préfecture, les actions qu'il croit appartenir à la commune, que si la commune a refusé ou négligé de les exercer après avoir été préalablement appelée à en délibérer; — Considérant que si le sieur Barbe a mis le maire en demeure, à la date du 27 juillet 1871, de déclarer si son intention était de poursuivre devant l'autorité compétente l'annulation de la délibération précitée du 19 du même mois, le conseil municipal n'a pas été appelé à délibérer

2973. La demande d'autorisation serait également repoussée s'il résultait de la délibération du conseil que la commune se prépare à agir directement (1).

2974. Pour qu'une commune ou une section soit considérée comme refusant d'agir, il faut que la délibération l'indique formellement. Mais l'abstention ou le défaut de délibération peut constituer un refus, si la négligence qu'apporte une commune ou une section dans la défense de ses intérêts en laissant, par exemple, écouler les délais pendant lesquels elle peut agir, permet au contribuable de prendre sa place (2).

2975. La tentative de transaction, non suivie d'effet, ne constitue ni un refus, ni une négligence (3) de la part de la commune. Quant à la transaction accomplie postérieurement par celle-ci, son effet est d'éteindre même l'action que le contribuable a été autorisé à intenter malgré la commune (4).

2976. La mise en cause doit être signifiée à la personne du maire ou du président de la commission syndicale, selon les cas, par un acte extrajudiciaire, afin que la commune ou section se trouve, personnellement, dans l'instance, pour y défendre ses intérêts : cette mise en cause leur ouvre le droit de poser, au besoin, des conclusions, le jugement pouvant, s'il est favorable, être invoqué par elles comme il pourrait leur être opposé, s'il était défavorable.

2977. Quant à cette obligation de l'appel en cause, qui peut avoir lieu aussi bien en cassation qu'en première instance ou en appel, elle est prescrite, à peine de nullité (5), et s'applique à toutes les instances, quels qu'en soit la nature et le caractère, aux actions pétitoires comme aux actions possessoires et autres (6).

2978. Nous avons dit plus haut (n° 2940) que le dépôt du mémoire, par la partie qui veut actionner une commune,

a pour effet d'interrompre les prescriptions qui pourraient courir contre lui ; la demande en autorisation de plaider formée par un contribuable ne produit pas le même effet à l'égard de la commune, en faveur de qui il se propose d'agir. L'obligation de déposer un mémoire, étant introduit dans l'intérêt des communes, ne doit pas préjudicier aux tiers et doit les protéger contre toute déchéance. Mais ce motif n'existe plus lorsqu'il s'agit d'une action intentée par un contribuable dans l'intérêt d'une commune, et les prescriptions doivent continuer de courir contre celle-ci tant qu'un acte de procédure ordinaire n'a pas prononcé l'interruption (1).

2979. Lorsque le conseil municipal se trouve réduit à moins du tiers de ses membres, par suite de l'abstention, prescrite par l'article 64, des conseillers municipaux qui sont intéressés à la jouissance des biens et droits revendiqués par une section, le préfet convoque les électeurs de la commune, déduction faite de ceux qui habitent ou sont propriétaires sur le territoire de la section, à l'effet d'élire ceux d'entre eux qui doivent prendre part aux délibérations aux lieu et place des conseillers municipaux obligés de s'abstenir (2).

2980. Sous le régime de la loi de 1837 (art. 56), on s'était demandé si les membres du conseil municipal intéressés à la jouissance des droits et biens revendiqués par une section devaient être remplacés dans les délibérations relatives au litige, alors que, malgré les exclusions, le conseil restait encore en nombre suffisant pour délibérer, ou s'il était nécessaire que le préfet désignât, parmi les électeurs municipaux, habitants ou propriétaires étrangers à la section, le nombre d'électeurs suppléant pour que les membres du conseil fussent portés à leur chiffre légal.

Cette obligation de convoquer les électeurs autres que ceux qui habitent ou sont propriétaires sur le territoire de la section n'existe plus aujourd'hui que si, par suite de l'abstention prescrite, le conseil se trouve réduit au tiers de ses membres.

2981. La section qui a obtenu une condamnation contre la commune ou une autre section n'est point passible des charges ou contributions imposées pour l'acquittement des frais et dommages-intérêts qui résultent du procès ; il en est de même à l'égard de toute partie qui plaide contre une commune ou une section de commune (3).

Il suit de là qu'un rôle spécial doit être fait de façon à ce que les frais du procès ou les dommages-intérêts soient acquittés par la commune ou la section seule qui aura succombé. De ce rôle sont nécessairement exclus les habitants de la section ou l'habitant qui ont obtenu la condamnation, le recours contentieux étant, bien entendu, réservé contre les contributions mises à leur charge, soit aux sections intéressées, soit aux habitants (4).

2982. L'exception établie par la loi, en faveur de l'habitant qui a gagné son procès contre la commune, lui est personnelle, et ne profite qu'à lui et à ses ayants-cause universels ou à titre universel, elle ne saurait être attribuée aux ayants-cause à titres particuliers qui lui succèdent dans la commune : ainsi l'acquéreur de la propriété, le légataire particulier, le donataire doivent être compris parmi les contribuables qui peuvent supporter la taxe spéciale (5).

---

sur une action déterminée que le sieur Barbe entendrait exercer contre l'entrepreneur ou tous autres, et à se prononcer en présence de l'intention manifestée par le requérant, sur le point de savoir s'il y a lieu d'intenter ou de refuser cette action ; — Que, dans ces circonstances... — Arrêté annulé.

(1) Cons. d'Et. 27 décembre 1875. — Considérant qu'aux termes de l'article 49 de la loi du 18 juillet 1837, les contribuables ne peuvent exercer, à leurs frais et risques, avec l'autorisation du conseil de préfecture, les actions qu'ils croiraient appartenir à la commune, que si la commune a refusé ou négligé de les exercer, après avoir été préalablement appelée à en délibérer ; — Considérant que le conseil municipal de Vorges n'a pas été appelé spécialement à délibérer sur le procès que les requérants se proposaient d'intenter contre le sieur Pierdon, mais qu'il résulte d'une délibération, en date du 14 janvier 1875, que le conseil municipal a invité le maire à poursuivre le sieur Pierdon en restitution du terrain communal qu'il aurait usurpé suivant les requérants ; — Que, dans ces conditions, la commune ne saurait être considérée comme ayant refusé ou négligé d'intenter l'action que les requérants demandent à poursuivre ; — Qu'il suit de là que la demande des requérants n'est pas recevable... — Rejette.

(2) Cons. d'Et. int. 8 janvier 1840 ; Cass. civ. 13 mai 1873. — La Cour, Sur la fin de non-recevoir opposée par les défendeurs ; — Attendu que le demandeur a été autorisé à agir au nom de la commune de Chanu par arrêté du conseil de préfecture du 24 février 1870, lequel constate que le demandeur est inscrit au rôle des contributions, et que la commune a été appelée à en délibérer... — Rejette.

(3) Cons. d'Et. int. 25 mars 1845.

(4) Pau 1er mai 1872. D. P. 74.5.105.

(5) Cass. req. 24 juillet 1874, D. P. 71.1.460 ; Montpellier, 24 mars 1873, D. P. 73.2.234 ; Cass. civ. 6 août 1879. — La Cour, Sur le premier moyen ; — Vu l'article 49 de la loi du 18 juillet 1837 ; — Attendu que Tirard et consorts, exerçant une action de la commune de Lacaine, sur le refus exprimé par le conseil municipal d'intenter lui-même cette action, s'étaient conformés à la loi en se faisant autoriser par le conseil de préfecture et en appelant en cause le maire de Lacaine pour que la décision à intervenir eût effet à l'égard de la commune ; — Qu'il s'agissait ainsi d'une action communale, qui, aux termes de la disposition susvisée, devait être suivie en présence du maire représentant la commune ; — Que, néanmoins, le tribunal de Caen, statuant sur les conclusions qualifiées d'intervention que le maire, appelé dans l'instance, avait cru devoir prendre, a déclaré ce dernier mal fondé, et l'a, des maintenant, mais hors de cause, condamné s'il était intervenu spontanément et à titre de partie privée ; — Que, sans doute, le tribunal aurait pu ne pas tenir compte desdites conclusions ou les rejeter si elles lui avaient paru non recevables ou mal fondées ; — Mais que le maire, appelé en première instance et intimé en appel des contribuables agissant au nom de la commune, n'en aurait pas moins dû être maintenu en cause comme partie nécessaire, aux termes de l'article 49 de la loi du 18 juillet 1837 : — D'où il suit, qu'en prononçant sa mise hors de cause en termes absolus, et sans aucune réserve, le tribunal civil de Caen a méconnu le caractère de la procédure dont il était saisi, et expressément violé la disposition de loi ci-dessus visée... — Casse.

(6) Cass. civ. 20 mars 1878 (voy. supra, n° 2872).

(1) Cass. civ. 1er février 1870 (voy. supra, n° 2940).

(2) L. 5 avril 1884, art. 130.

(3) L. 5 avril 1884, art. 131.

(4) Cons. d'Et., 30 avril 1870. — Le Conseil, considérant que, par le jugement ci-dessus visé, en date du 18 août 1866, le tribunal civil de Montpellier a déclaré que le sieur Bourguenod, propriétaire du terrain vendu au sieur Robert par la commune de Grubels, qu'il a débouté ladite commune, appelée en garantie par le sieur Robert, de toutes ses prétentions à la propriété du terrain dont il s'agit ; que, dès ce qui précède, il résulte que le sieur Bourguenod a obtenu gain de cause, en même temps contre la commune de Grubels que contre le sieur Robert, son dernier représentant ; que dès lors, aux termes de l'article 50 de la loi du 10 avril 1837, le requérant n'est point passible de la contribution extraordinaire imposée en vertu de l'arrêté préfectoral, en date du 28 juillet 1867, pour l'acquittement des frais et dommages-intérêts résultant du procès. — Art. 1er. L'arrêté est annulé. — Art. 2. Décharge.

(5) Déc. Min. Int. 1856, Bull. off. 1856, p. 162 ; Cons. d'Et. 27 décembre 1866 ; Cons. d'Et. 29 juillet 1881. — Considérant qu'aux termes de l'article 58 de la loi du 18 juillet 1837, toute partie qui aura obtenu une condamnation contre une commune ou une section de commune ne sera point

TITRE V.

DES COMMISSIONS INTERCOMMUNALES.

2983. Il arrive souvent que plusieurs communes sont respectivement intéressées à l'exécution et à l'entretien d'ouvrages dont chacune doit profiter, tel qu'un pont destiné à relier leurs rues ou leurs chemins, une digue indispensable pour protéger leurs territoires, un canal nécessaire soit pour assainir ou irriguer les terres comprises dans leurs circonscriptions, soit pour fournir aux habitants l'eau dont ils ont besoin. Elles peuvent également avoir intérêt à réunir leurs ressources pour la fondation de certaines institutions, notamment d'établissements de bienfaissance ou d'écoles professionnelles.

La loi du 18 juillet 1837 avait pourvu à l'administration de ces intérêts collectifs par l'organisation de commissions syndicales pour la gestion des biens communs. Lorsqu'un même travail intéressait plusieurs communes, elle chargeait le préfet de provoquer des délibérations de chacun des conseils municipaux sur la part de dépenses qu'il entendait assumer. En cas de désaccord, il statuait sur le partage de la dépense. Si les communes n'appartenaient pas au même département, il était statué par décret et la part assignée à chaque commune pouvait être inscrite d'office à son budget (1).

Si au lieu d'un travail intercommunal il s'agissait de la gestion des biens indivis entre plusieurs communes, la loi instituait des commissions syndicales chargées d'administrer pour le compte commun.

La loi de 1884 a profondément modifié cet état de choses : tout en conservant pour l'administration des biens indivis, des commissions syndicales, elle a diminué les pouvoirs qu'elles possédaient autrefois; en ce qui concerne les travaux et les établissements d'intérêt commun, elle a transporté le système des commissions d'intérêt commun, établi par la loi de 1871 pour les conseils généraux dans la législation municipale. Les articles 116, 117 et 118 de la loi du 5 avril sont la reproduction textuelle des articles 89, 90 et 91 de celle du 10 août 1871, avec la simple substitution du mot conseil municipal et du mot commune à ceux du conseil général et de départements inscrits dans la dernière.

2984. Quels résultats amènera cette création de commissions intercommunales ? Il est difficile de le dire. La loi de 1871 n'a encore été appliquée qu'une seule fois par les conseils généraux;

les municipalités se montreront-elles plus favorables au système d'études, de travaux et de dépenses communs. On doit le souhaiter. Mais on doit craindre que les rivalités de clocher et les méfiances locales n'empêchent une application fréquente de la faculté qu'offre la loi nouvelle.

Aux termes de l'article 116, c'est aux présidents des conseils municipaux, c'est-à-dire aux maires, qu'il appartient de provoquer, entre deux ou plusieurs conseils, une entente sur les travaux, les ouvrages ou les institutions intéressant à la fois leurs communes respectives. Un maire ne doit prendre l'initiative d'une entente de cette nature qu'autant qu'il y est autorisé par le conseil municipal de sa commune, et qu'il en a averti le préfet.

2985. La conférence peut s'établir entre communes de départements différents; dans ce cas, chaque maire doit, au préalable, avertir le préfet sous l'autorité duquel il est placé.

2986. La conférence intercommunale peut avoir lieu sans autorisation préalable préfectorale; la loi dit, en effet, que les maires *avertissent*, mais non qu'ils demandent l'autorisation.

2987. D'après l'article 117, les questions d'intérêt commun sur lesquelles il s'agit d'établir une entente doivent être débattues dans des conférences où chaque conseil municipal est représenté par une commission spéciale qu'il a choisie à cet effet dans son sein et composée de trois membres nommés au scrutin secret.

2988. Le préfet, dans l'arrondissement chef-lieu, le sous-préfet dans les autres arrondissements, ont le droit d'assister à ces conférences. Il nous paraît que le préfet peut se faire remplacer par le secrétaire général ou un conseiller de préfecture.

2989. La loi n'a fixé aucune règle pour la tenue des conférences. Qui les préside ? Quel sera le rôle du représentant de l'administration centrale ? Quels procès-verbaux seront tenus ? Quelle publicité pourra leur être donnée ? Par qui seront-elles convoquées ? Comment seront recueillis les votes ? Comment seront comptés les suffrages : par délégué ou par commune ? Le législateur, en reproduisant le texte de la loi, de 1871 a voulu évidemment s'en référer à ce qui est de pratique en matière départementale ; mais les conférences interdépartementales ont eu jusqu'à ce jour peu d'application. En outre, le législateur en 1871 avait pu négliger d'entrer dans le détail des formalités des opérations des commissions interdépartementales, parce que la loi donnait, d'une part, au conseil général le droit de faire son règlement intérieur, et, d'autre part, déterminait le mode de fonctionnement des commissions départementales et qu'elle admettait que les délégations des conseils généraux pourraient être formées des commissions départementales. Il n'y a rien de semblable pour les conseils municipaux.

2990. M. Morgand, dans son commentaire, estime qu'il y a lieu dans le silence du texte d'appliquer par analogie les règles fixées pour les séances des conseils municipaux. Nous croyons que ce procédé peut, en effet, être suivi. Les commissions intercommunales dont il s'agit ici présentent une analogie évidente avec les commissions syndicales intercommunales constituées par les articles 161 et suivants de la loi de 1884, et dont nous nous occuperons plus loin (voy. nos 3000 et suiv.), et l'article 161, § 4 soumet les délibérations desdites commissions syndicales à toutes les règles établies pour les délibérations des conseils municipaux. Comme il est prescrit en l'article 161, le président sera élu par les délégués : comme il est dit dans le même article, le pouvoir de délégation ne peut durer au delà du temps où le conseil municipal délégant exercera.

2991. Le rôle de l'administration supérieure ne doit pas se borner à un simple rôle d'assistance. Le droit que le législateur a donné au préfet et au sous-préfet comporte évidemment celui d'intervenir dans le débat et de peser de son autorité et de ses conseils sur les résolutions qui peuvent être prises.

2992 Les décisions qui sont prises dans la conférence ne peuvent être mises à exécution qu'après avoir été ratifiées par tous les conseils municipaux. Elles sont, en outre, subor-

passible des charges ou contributions imposées pour l'acquittement des frais et dommages-intérêts qui résulteraient des faits de procès; — Considérant qu'il résulte de l'instruction qu'à la suite de diverses condamnations prononcées par la Cour d'Agen contre la section de Saint-Pierre-la-Feuille au profit du sieur Pradel, une transaction est intervenue entre la commune de Maxou, au nom de ladite section et le sieur Pradel, à la date du 26 février 1820, et a été approuvée par ordonnance du 20 avril 1820; qu'en vertu de cet acte, la section de Saint-Pierre-la-Feuille a été autorisée à s'imposer une contribution extraordinaire, par voie de centimes additionnels aux contributions personnelles et mobilières, pour le payement au sieur Pradel d'une rente annuelle de 480 francs; que si, par application des dispositions législatives précitées, le sieur Pradel et ses héritiers, auxquels a été transmis le bénéfice de cette rente, n'étaient pas passibles de la contribution, à raison des immeubles qu'ils possédaient dans la section de Saint-Pierre-la-Feuille, cette immunité, personnelle au sieur Pradel et à ses héritiers, ne saurait être étendue aux tiers acquéreurs desdits immeubles; — Considérant que les sieurs Vaysnies et consorts sont inscrits au rôle de la contribution foncière, à raison des immeubles dont ils sont propriétaires sur le territoire de Saint-Pierre-la-Feuille, et que, dès lors, ils doivent concourir, comme tous les contribuables de la section au prorata de leurs contributions, au payement des charges que ladite section a été autorisée à s'imposer pour l'acquittement de sa dette; — Considérant, d'autre part, qu'on ne saurait déroger, par des conventions particulières, aux règles qui déterminent l'assiette et le recouvrement des contributions publiques; qu'ainsi les sieurs Vaysnières et consorts n'étaient pas fondés à se prévaloir, pour obtenir décharge de la contribution dont il s'agit, des conventions qui seraient intervenues entre eux et les héritiers du sieur Pradel; que c'est à tort,... — Annulation.

(1) L. 18 juillet 1837 art. 70, 71, 72 et 73.

données à la même sanction que les délibérations des conseils municipaux, dans les cas où ces délibérations ne sont exécutoires qu'en vertu de l'approbation résultant d'une loi spéciale, d'un décret du Président de la République, d'un arrêté préfectoral ou de la décision d'une autre autorité.

2993. Dans la plupart des cas, cette disposition de la loi ne saurait donner lieu à de graves difficultés. En effet, lorsque les délibérations des conseils municipaux ont sanctionné celles des commissions intercommunales, on se trouve en présence de décisions de conseils municipaux à l'égard desquelles on n'aura qu'à appliquer les dispositions des articles 61 et suivants de la loi de 1884.

2994. Mais des embarras graves pourront surgir lorsque les communes qui auront pris part à la conférence intercommunale appartiendront à des départements différents. Comment exécutera-t-on les décisions intervenues ? En cas de nécessité d'approbation préfectorale, quel préfet donnera la formule exécutoire ? Au cas où la délibération est de celles auxquelles le préfet doit opposer son *veto*, s'il ne veut pas qu'elle soit exécutée, qu'adviendra-t-il si un préfet annule et si l'autre laisse passer le délai, etc., etc.? A cet égard, il nous paraît que des instructions de l'administration centrale seraient indispensables pour empêcher la naissance de conflits graves.

2995. Aux termes de l'article 46, n° 23, de la loi du 10 août 1871, le conseil général statue définitivement sur les difficultés élevées au sujet de la répartition de la dépense des travaux qui intéressent plusieurs communes du département.

Cette prescription est également d'exécution facile quand il s'agit de communes du même département. Mais qu'adviendra-t-il si l'hypothèse se présente en matière de travaux intercommunaux intéressant des municipalités de deux départements ? Chaque conseil général statuera bien sur les résolutions prises par les conseils municipaux de son département ; mais qui statuera sur l'ensemble ? Il nous semble qu'il y aurait lieu de provoquer la réunion d'une commission interdépartementale. Mais l'initiative de cette réunion n'appartient qu'au conseil général.

2996. Quand des questions autres que celles prévues par l'article 116 sont mises en discussion dans une conférence intercommunale, l'article 118 charge le préfet de déclarer la réunion dissoute. Toute délibération qui serait prise après cette déclaration tomberait sous l'application des dispositions et pénalités énoncées à l'article 34 de la loi du 10 août 1871, c'est-à-dire, par référence, celles de l'article 258 du Code pénal, ainsi conçu : « Quiconque, sans titre, se sera immiscé dans des fonctions publiques civiles ou militaires, ou aura fait les actes d'une de ces fonctions, sera puni de deux ans à cinq ans d'emprisonnement. »

2997. Le préfet devrait, dès lors, par un arrêté motivé, déclarer la réunion illégale, prendre toutes les mesures nécessaires pour que l'assemblée se sépare immédiatement, et transmettre son arrêté au procureur général du ressort qui provoquerait, s'il y avait lieu, la condamnation aux peines déterminées par l'article 258 du Code pénal, en outre des pénalités ci-dessus visées de l'article 258 du Code pénal.

Les membres condamnés sont exclus du conseil municipal dont ils faisaient partie et sont inéligibles pendant trois années à partir de la condamnation (1).

2998. L'article 118 de la loi de 1884 donne au préfet du département où la conférence a lieu le droit de prononcer la dissolution de la réunion dans les cas voulus par la loi. Le préfet seul a ce pouvoir ; il est sans doute regrettable que le sous-préfet, qui peut assister à la réunion, n'ait pas cette faculté quand il voit commettre l'illégalité ; mais la loi est précise et ne donne lieu à aucune controverse. Il faut, d'ailleurs, remarquer que l'assimilation que la loi fait entre les commissions intercommunales et les conseils municipaux a sans doute motivé cette disposition. Le législateur n'admet qu'avec difficulté la dissolution d'un conseil municipal ; il faut un décret

---

(1) L. 10 août 1871, art. 34.

délibéré en conseil des ministres et inséré au *Journal officiel*. Il s'est montré un peu moins rigoureux pour la dissolution des commissions intercommunales ; mais il a exigé que l'autorité, qui seule peut suspendre les conseils, en cas d'urgence, pût seule aussi dissoudre la commission.

TITRE VI.

DES COMMISSIONS SYNDICALES.

2999. Nous avons déjà vu que les communes pouvaient avoir des intérêts communs à débattre ; nous avons vu également qu'elles avaient souvent des biens indivis à administrer ; la loi facilite le partage de ces derniers ; mais il en est que, à raison de leur nature, de l'objet auquel ils sont consacrés, de leur situation, de leur mode d'exploitation, elles peuvent avoir intérêt à conserver à l'état de jouissance ou d'exploitation commune.

La loi du 5 avril 1884, dans ses articles 116, 117 et 118, par des dispositions analogues à celles des articles 89, 90 et 91 de la loi du 10 août 1871 sur les conseils généraux, a déterminé les règles à suivre lorsqu'il s'agit de débattre, dans des conférences, les questions d'intérêt commun à deux ou plusieurs communes sur des objets d'utilité communale les intéressant à la fois (voy. n° 2983). Mais ces dispositions seraient presque toujours insuffisantes au cas où les communes possèdent des droits ou des biens indivis. Il serait difficile, sinon impossible, aux municipalités d'administrer directement, d'une manière utile, de pareils biens, même en recourant aux conférences régies par les articles 116, 117 et 118 de la nouvelle loi. Aussi le législateur de 1884, comme celui de 1837, a-t-il pensé qu'il y avait lieu d'instituer une représentation spéciale pour l'administration de ces biens et l'exécution des travaux qui s'y rattachent.

La loi du 18 juillet 1837, par ses articles 70, 71 et 72, avait organisé des commissions syndicales intercommunales, qu'elle avait chargé de la gestion de ces biens communs. La loi de 1884 a maintenu cette organisation, en y portant seulement de très légères modifications de détail.

3000. Aux termes de l'article 161 de la loi du 5 avril 1884, lorsque plusieurs communes possèdent des biens ou des droits indivis, un décret du Président de la République doit instituer, si l'une d'elles le réclame, une commission syndicale composée de délégués des conseils municipaux des communes intéressées. Chacun des conseils élit ensuite, dans son sein, au scrutin secret, le nombre de délégués qui a été déterminé par le décret présidentiel. Ces dispositions sont la reproduction des deux premiers paragraphes de l'article 70 de la loi de 1837.

3001. Deux conditions sont nécessaires pour qu'il y ait lieu à constitution d'une commission syndicale : il faut la possession *actuelle* de biens indivis ; il faut qu'une commune demande l'organisation d'une commission. Ces deux conditions sont indispensables.

3002. Si deux ou plusieurs communes voulaient soit acquérir des immeubles en commun, soit constituer un établissement commun d'utilité intercommunale ; il faudrait qu'elles employassent la procédure et le système des conférences intercommunales organisées par les articles 116 et suivants de la loi. Ce n'est qu'après cette acquisition ou l'institution faite que, le bien étant indivis, elles pourraient réclamer la formation d'une commission syndicale.

3003. Une commission syndicale ne peut pas non plus être imposée par l'administration supérieure, si aucune commune ne réclame à cet effet. La loi n'a pas voulu empêcher les conseils municipaux de tenter une gestion d'accord. Mais si un conseil municipal demande qu'il soit formé un syndicat, la formation devient un droit, et le gouvernement doit rendre le décret réglementaire.

3004. Le décret détermine le nombre de délégués que

chaque commune doit choisir : il n'y a point de règles fixes pour ce nombre. La loi n'a pas voulu que le chiffre des délégués fût fixé eu égard à celui de la population ; elle n'a pas voulu non plus qu'il fût toujours le même pour chaque conseil municipal. Pour l'établir, l'administration doit tenir compte uniquement de l'intérêt que peut avoir chacune des communes dans l'administration des biens indivis, en raison de la part plus ou moins grande qu'elle serait en droit, en cas de partage, de revendiquer dans la propriété de ces biens (1).

3005. L'élection des délégués par le conseil municipal a lieu au scrutin secret ; mais cette opération est faite en la forme ordinaire des délibérations, et le Conseil d'Etat a décidé qu'elle était soumise aux mêmes règles. On doit donc appliquer aujourd'hui les règles de l'article 51 de la loi de 1884, comme avant on appliquait celles de l'article 19 de la loi de 1855 (2) ; et l'élection faite n'est pas susceptible d'un recours contentieux, mais d'un recours administratif, en vertu des articles 64 et suivants.

3006. D'après le troisième paragraphe de l'article 161 de la nouvelle loi, la commission syndicale est présidée par un syndic élu par les délégués et pris parmi eux ; elle est renouvelée après chaque renouvellement des conseils municipaux, c'est-à-dire qu'elle est renouvelée en totalité si le renouvellement des conseils municipaux a été général, et qu'elle est renouvelée, *in parte qua*, si un seul conseil a été renouvelé par suite d'une circonstance locale. Ce paragraphe modifie l'article 71, paragraphe 1er, de la loi de 1837, qui laissait la nomination du syndic à l'autorité préfectorale, tandis que, d'après la loi nouvelle, le syndic est élu par les délégués.

3007. Le dernier paragraphe de l'article 161 de la loi de 1884 soumet la délibération de la commission syndicale à toutes les règles établies pour les délibérations des conseils municipaux ; c'est la reproduction du paragraphe 4 *in fine* de l'article 70 de la loi de 1837.

On doit donc appliquer aux commissions syndicales toutes les prescriptions et les obligations que la loi fait aux conseils municipaux dans les chapitres 2 et 3 du titre 2 et dans le titre 3.

3008. Sous l'empire de la loi de 1837, deux questions importantes avaient été soulevées. On se demandait d'abord si des syndicats intercommunaux pouvaient être dissous ou suspendus, et, en cas de suspension, remplacés momentanément par des syndicats provisoires ; si un syndic pouvait être révoqué, et si cette révocation devait être prononcée par décret ou par arrêté préfectoral.

Le Conseil d'Etat, dans un avis du 29 novembre 1859, avait déclaré que les syndics pouvaient être suspendus et révoqués par arrêté préfectoral, que les commissions pouvaient être dissoutes par décret et suspendues par arrêté préfectoral (3).

Enfin, le ministre de l'intérieur jugeait que l'on ne pouvait remplacer les commissions régulières par des commissions provisoires en cas de suspension (1).

Ces décisions tiraient leur argumentation des termes de la législation existante.

Les mêmes questions se posent aujourd'hui, mais la législation générale ayant changé, les solutions autrefois admises ne sauraient l'être dans les mêmes termes.

Les syndics ne peuvent plus être révoqués par arrêté préfectoral. En effet, c'est parce que les syndics étaient nommés par le préfet que le Conseil d'Etat estimait que ce fonctionnaire pouvait les révoquer. Or, les syndics sont nommés actuellement par les délégués eux-mêmes, comme les maires par les conseils municipaux. L'assimilation faite par l'article 161 indique qu'il faut, dès lors, appliquer les dispositions de l'article 86, c'est-à-dire que les syndics peuvent être suspendus par arrêté préfectoral et révoqués par décret.

Quant aux commissions syndicales, elles ne peuvent être dissoutes en conformité de l'article 43 que par décret motivé du Président de la République, rendu en conseil des ministres et inséré au *Journal officiel*. Le préfet peut les suspendre seulement provisoirement.

En cas de suspension provisoire, il n'y a pas lieu, comme on le décidait déjà en 1854, à une constitution d'une commission provisoire, puisque les conseils municipaux peuvent se réunir immédiatement pour déléguer une commission syndicale nouvelle.

3009. Si le personnel des commissions syndicales est sujet au renouvellement, la durée de la commission syndicale est indéfinie, et se perpétue jusqu'à ce que les causes de l'administration indivise des biens aient cessé elles-mêmes, soit par le partage, soit par la réunion des intérêts communs en une seule main.

3010. De l'obligation, imposée par l'article 161 aux commissions syndicales, de suivre dans leurs délibérations toutes les règles applicables aux conseils municipaux, il suit naturellement qu'elles doivent nommer un secrétaire, qu'elles doivent tenir séance publique, prendre les délibérations à la majorité, qu'elles doivent afficher par extrait leurs comptes rendus aux portes des mairies intéressées, que leurs décisions doivent être inscrites par ordre de date sur un registre coté et paraphé par le préfet ou le sous-préfet, que la communication de ces décisions est de droit, etc., etc. Sont également applicables aux délibérations des commissions syndicales, les causes de nullité et les voies de recours contre les délibérations des conseils.

3011. Dans l'article 162 de la loi du 5 avril 1884, le législateur définit et limite les attributions de la commission syndi-

---

(1) Circ. int. 15 mai 1861, art. 161.

(2) Cons. d'Et. cont. 3 juillet 1866, L., p. 758; Cons. d'Et. 7 août 1875. — Considérant que les élections par lesquelles les conseils municipaux procèdent, en vertu de l'article 70 de la loi du 18 juillet 1837 à la nomination de délégués pour la formation d'une commission syndicale chargée de l'administration des biens possédés par indivis par plusieurs communes, ne peuvent être assimilées aux élections que les citoyens sont appelés à faire pour la nomination des conseillers municipaux, et qu'au cas où il s'élèverait des contestations à l'occasion de la nomination de ces délégués, aucune disposition législative n'attribue aux conseils de préfecture la connaissance de ces contestations; qu'ainsi c'est avec raison que le conseil de préfecture s'est déclaré incompétent... — Rejet.

(3) Cons. d'Et. int. 29 novembre 1859. — La section consultée sur les questions suivantes : 1o Quelle autorité a le droit de suspendre ou de révoquer le syndic président d'une commission syndicale ? 2o A qui appartient le pouvoir de suspendre ou de dissoudre la commission syndicale ?

Sur la première question. — Considérant que le syndic président de la commission étant nommé par le préfet, c'est à ce magistrat qu'appartient le pouvoir de prendre toutes mesures de suspension et de révocation; que si les maires-nommés par les préfets dans les communes d'une population de moins de 3,000 âmes ne peuvent être néanmoins révoqués que par décret, cette disposition exceptionnelle de la loi s'explique par le caractère politique des maires, qui sont administrateurs des biens communaux comme les syndics, et, de plus, organes de gouvernement.

Sur la deuxième question, en ce qui touche la dissolution : — Considérant que les commissions syndicales sont instituées par un acte de l'autorité souveraine; qu'ainsi ces commissions ne peuvent être dissoutes que par un acte émané de la même puissance;

En ce qui touche la suspension : Considérant que la suspension n'a qu'un effet temporaire; qu'elle est déterminée par des circonstances ur-

gentes et imprévues, et rentre dès lors dans les attributions du préfet;

Est d'avis : 1o que les syndics peuvent être suspendus et révoqués par un arrêté de préfet; 2o qu'une commission syndicale ne peut être dissoute que par un décret, mais qu'elle peut être suspendue par un simple arrêté préfectoral.

(1) Déc. min. int. 29 novembre 1859. — Un préfet a demandé s'il avait le droit, comme pour les maires et les conseils municipaux, de nommer le syndic en dehors des membres de la commission, et, en cas de suspension ou de dissolution, s'il pouvait instituer une commission syndicale provisoire, sans être tenu de la choisir parmi les membres des conseils municipaux syndiqués. M. le ministre a fait à ce fonctionnaire la réponse suivante :

Les considérations qui ont fait attribuer à l'autorité supérieure le pouvoir de choisir le maire en dehors du conseil sont tirées de ce que ce fonctionnaire est spécialement un délégué de la puissance publique, tandis que le syndic est simplement chargé d'intérêts locaux, et questions de pure gestion de biens. On est donc amené à conclure que ce dernier doit toujours être pris parmi les membres des commissions.

Quant à l'institution d'une commission provisoire en remplacement de celle qui serait suspendue ou dissoute, il semble qu'elle ne serait pas mieux justifiée. On conçoit que des raisons politiques puissent rendre nécessaire la substitution momentanée de commissions spéciales à des conseils municipaux; mais on ne saurait invoquer les mêmes motifs à l'égard d'assemblées qui n'ont à s'occuper que d'intérêts de gestion de propriétés. D'ailleurs, si, pendant la suspension, il se présentait des affaires urgentes, les conseils municipaux des communes intéressées pourraient être appelés à en délibérer, et l'administration supérieure statuerait suivant les règles en vigueur. Enfin, si la recomposition d'une commission syndicale par les voies ordinaires ne paraissait pas devoir amener un résultat favorable, le préfet pourrait encore engager les communes indivises à provoquer le partage de leurs biens.

cale et de son président. Elles comprennent l'administration des biens et droits indivis et l'exécution des travaux qui s'y rattachent.

Elles sont les mêmes que celles des conseils municipaux et des maires en pareille matière. Mais les ventes, échanges, partages, acquisitions, transactions, demeurent réservés aux conseils municipaux, qui peuvent autoriser le président de la commission à passer les actes qui y sont relatifs.

Ces dispositions remplacent le paragraphe 2 de l'article 71 de la loi du 18 juillet 1837. Il en résulte que la commission syndicale et le syndic doivent se borner à administrer les biens et droits indivis, à voter et à surveiller l'exécution des travaux se rattachant exclusivement à ces biens.

Quant aux questions de propriété, elles sont absolument réservées aux conseils municipaux et lorsqu'ils sont d'accord sur la nécessité d'un échange, d'un partage, etc., ils peuvent, pour faciliter l'opération et éviter des lenteurs, substituer aux maires des communes le président de la commission et autoriser ce dernier à passer les actes.

3012. Dans l'article 163, la loi du 5 avril prévoit le cas où la commission syndicale peut avoir des dépenses à faire, soit pour l'administration des biens et droits indivis, soit pour l'exécution des travaux se rattachant à la jouissance de ces mêmes biens. Elle règle le mode de répartition de ces dépenses et indique les moyens à prendre quand il y a désaccord entre les conseils municipaux.

Les paragraphes 1 et 2 portent : « La répartition des dépenses votées par les commissions syndicales est faite entre les communes intéressées par les conseils municipaux. Leurs délibérations sont soumises à l'approbation du préfet. »

Ces dispositions sont empruntées à l'article 72 de la loi du 18 juillet 1837. Mais on doit remarquer toutefois que, d'après le paragraphe 1er de l'article 161, c'est la commission syndicale qui vote les dépenses relatives à l'administration des biens indivis et à l'exécution des travaux s'y rattachant. Les conseils municipaux n'ont pas à contester ce vote pris dans la limite des attributions de la commission syndicale, leur mandataire régulier. Ils ont seulement à établir la part qui doit incomber à chaque commune dans la dépense. Des propositions peuvent être soumises à ce sujet aux conseils municipaux par la commission syndicale ou, à défaut, par le préfet.

3013. La loi prévoit le cas de désaccord entre les conseils municipaux sur la répartition de la dépense. Dans cette hypothèse, l'article 46 (n° 23) de la loi du 10 août 1871 n'est pas applicable. D'après le paragraphe 3 de l'article 163 de la nouvelle loi municipale, le préfet prononce sur l'avis du conseil général ou, dans l'intervalle des sessions, de la commission départementale. Si les conseils municipaux appartiennent à des départements différents, il est statué par décret. La loi du 18 juillet 1837, article 72, paragraphe 2, contenait une disposition analogue. La nouvelle loi n'a pas maintenu la prescription qui exigeait l'avis préalable des conseils d'arrondissement. Il est en outre à remarquer qu'elle se contente de l'avis de la commission départementale dans l'intervalle des sessions du conseil général. Elle a voulu ainsi éviter les lenteurs qui pourraient résulter, pour l'instruction de ces affaires, du laps de temps considérable s'écoulant entre les sessions ordinaires des conseils généraux.

3014. Le paragraphe 4 de l'article 163 de la loi du 5 avril 1884 est rédigé de la même manière que l'article 72 de la loi de 1837. Il décide que la part de la dépense définitivement assignée à chaque commune est portée d'office aux budgets respectifs, conformément à l'article 149 de la nouvelle loi. Le législateur considère cette part comme rentrant toujours dans la catégorie des dépenses communales obligatoires. Il a donné par suite à l'autorité supérieure le pouvoir de vaincre la résistance des communes intéressées. Mais cette part ne peut être portée au budget des communes syndiquées que si les ressources des biens communs sont insuffisantes. *Ibi onus, ubi est emolumentum* (1).

TITRE VII.

DES SECTIONS DE COMMUNES.

3015. A diverses reprises, au cours de ce travail, nous avons écrit à côté du mot commune celui de section. Qu'est-ce qu'une section ? Quelle signification juridique, quelle valeur administrative a ce terme ?

La commune, dit M. Aucoc (1), a, dans notre législation, trois caractères bien distincts. Elle forme la dernière des circonscriptions administratives, entre lesquelles est partagé le territoire de l'empire. C'est aussi une sorte de société politique qui, dans certaines limites, prélève des impôts sur ses membres ; qui a son gouvernement, sa police et sa législation. Enfin, c'est un être moral qui a des biens et des droits communs aux citoyens qui la composent. En tant qu'être moral, la commune peut se subdiviser en sections, c'est-à-dire qu'il peut exister des villages, des hameaux qui, faisant partie de la circonscription d'une commune et régis par les mêmes magistrats municipaux, possèdent des biens et des droits exclusivement communs à leurs habitants.

Mais les mots de section de commune ne désignent pas seulement les portions des communes qui ont des droits, des biens distincts de ceux de la commune dont elles dépendent. Ils ont d'autres acceptions.

Ainsi, en cas de division ou de formation de communes, les portions de la ou des sections des communes détachées pour former une commune nouvelle sont appelées par les articles 3 et 4 de la loi du 5 avril 1884 : *section*, et par cette dénomination, il faut entendre toute portion habitée du territoire, qu'elle ait ou non des droits, des propriétés spéciales ou une origine distincte. (Voy. *suprà* n° 300 et suiv.)

Les lois électorales autorisent, lorsque la population d'une commune est trop considérable ou trop disséminée, à diviser les communes en *sections* en vue des opérations de vote, lesquels ne sont que des circonscriptions politiques ou de simples bureaux de vote. (Voy. *suprà* n° 424.)

Dans le langage administratif usuel, et même dans les actes gouvernementaux, on désigne aussi, sous le nom de *section*, les fractions de communes, qui, séparées par la mer ou par des obstacles du chef-lieu municipal, sont administrées, quant aux actes de l'état civil et à l'exécution des lois et règlements de police, par un adjoint spécial. (Voy. *suprà* n° 451.)

On appelle encore sections les circonscriptions de paroisses entre lesquelles le service du culte d'une commune est souvent partagé.

Enfin, l'administration des contributions directes classe, dans les opérations cadastrales, sous le nom de sections, des portions de communes dont le plan a été établi séparément pour faciliter les mesures de classification et de répartition définitives.

Mais toutes ces sections sont ainsi improprement dénommées. En réalité, il n'y a de véritables *sections* légales, ayant des droits et souvent des obligations distinctes, que les parties de communes, hameaux ou portions territoriales qui possèdent des biens exclusivement communs à leurs habitants. Les autres sections sont simplement des divisions ou des circonscriptions d'ordre administratif, dont l'existence à l'état de sections est limitée à l'accomplissement d'actes ou de fonctions temporaires.

3016. Il importe peu, dans un ouvrage de la nature de celui-ci, de rechercher les causes pour lesquelles certaines portions de communes ont des biens spéciaux à elles. Ces causes sont multiples : les unes sont des plus anciennes ; un grand nombre proviennent de la façon dont ont été formées les communes sous la Révolution ; quelques-unes sont récentes et sont nées de dispositions testamentaires ou de donations constitutives de droits. Le seul fait intéressant à cet égard est que, quelle que soit l'origine des droits sectionnaires, leur existence a été reconnue et consacrée par un ensemble de dispositions législatives qui ont toute leur valeur.

Ainsi, la loi du 10 juin 1793, titre II, établit le droit de propriété des sections : « Les biens communs, dit l'article 1er, sont ceux sur lesquels la propriété ou les produits desquels tous les habitants d'une ou plusieurs communes, ou d'une section de commune, ont un droit commun. » « Si une municipalité, dit l'article 2, est composée de plusieurs *sections* différentes, et que chacune d'elles ait des biens communs séparés, les habitants seuls de la *section* qui jouissait du bien communal auront droit au partage. » Enfin, « tous les biens communaux en général, dit l'article 1er du titre IV, connus, dans toute la République, sous les diverses noms de terres vaines et vagues, gastes, garrigues......, sont et appartiennent, de leur nature, à la généralité des habitants ou membres des communes ou des sections dans le territoire desquels ces communaux sont situés et, comme tels, lesdites communes et *sections de communes* sont fondées et autorisées à les revendiquer, sous les modifications et restrictions portées dans les articles suivants. »

Puis viennent successivement toutes les lois récognitives des droits ainsi établis en faveur des sections: la loi de 1793; le décret du 7 vendémiaire an IV, article 4, sur l'exercice du culte; la loi du 3 frimaire an VII, article 46, sur la contribution foncière; la loi du 14 ventôse, an VII, article 34, sur les domaines engagés; l'arrêté consulaire du 24 germinal an XI, sur les contestations entre sections; la loi du 28 juillet 1860, sur la mise en valeur des marais et terres incultes.

Enfin, les deux lois constitutives du droit communal, celle du 18 juillet 1837; et celle qui l'a remplacée, du 5 avril 1884, ont consacré et développé les droits reconnus aux sections.

3017. La section est une communauté territoriale et un être moral comme la commune; son existence tient à la possession de biens déterminés et distincts de ceux dont la commune tout entière a la jouissance. Seulement, il y a entre la commune et la section cette différence que, pour la commune, son territoire a une assiette nettement et officiellement fixée, tandis que, le plus souvent, il n'en est pas de même pour la section (1). Peu de sections ont été délimitées par des actes administratifs; le plus souvent l'autorité n'est intervenue par aucun arrêté réglementaire; la qualité de section appartient, par la force des choses, à toute société d'habitants unis par des droits privatifs. Aussi la jurisprudence a-t-elle pu déclarer qu'une commune ne saurait être fondée à opposer à un certain nombre d'habitants qui prétendraient former une section que le hameau auquel ils appartenaient n'a jamais été érigé en section par un acte administratif (2).

La reconnaissance d'une section est donc une question de fait qui peut être établie par des documents de toute nature et de toutes époques. Mais nous devons ajouter que cette reconnaissance, dans la plupart des cas, présente peu de difficultés, les circonstances et les traditions locales, la continuité des usages établis et les titres particuliers étant connus de tous les habitants des communes et des sections intéressés.

3018. L'existence de la section constatée, quels sont ses droits? Il faut considérer que les sections n'ont une action

distincte de celle de la commune à laquelle elles appartiennent que par un petit nombre de relations locales qui forment les événements de la vie des communes, c'est-à-dire par l'exercice de leurs droits de propriété privatifs. Pour tout le reste, la section n'est qu'une fraction territoriale et ne se distingue en rien des autres fractions: elle est régie par les mêmes agents municipaux soumis à la surveillance de mêmes autorités (1). A l'origine même, on considérait que les sections ne devaient avoir aucuns autres représentants de leurs intérêts que ceux de la commune elle-même.

3019. En principe donc, c'est au conseil municipal de la commune seul qu'il appartient exclusivement de gérer les biens de la section. A lui de délibérer sur le mode de jouissance des communaux et les changements qu'il y a lieu d'y apporter (2); à lui de décider de l'affectation aux services publics des im-

---

(1) Aucoc, n°s 42 et 44.
(2) Bourges; 19 décembre 1838. — La Cour, Considérant que la commune de Naucay oppose en vain à la section intimée son défaut de qualité pour agir, en ce que son existence comme section de commune n'est nullement établie, mais qu'à cette phase surtout de la procédure, et lorsque, depuis l'origine de la contestation, la qualité de section de commune n'a point été déniée à la partie intimée, et que la discussion qui la suppose a uniquement roulé sur le fond du droit, l'appelant n'est pas recevable lui-même à la repousser aujourd'hui; — Qu'aux termes des lois sur la matière et des décisions de la jurisprudence, la qualité de section de commune appartient à toute société d'habitants unis par des relations locales et des intérêts spéciaux et privatifs, bien qu'elle soit renfermée dans la circonscription plus vaste d'une commune proprement dite; — Qu'à cet égard, il faut bien se garder de confondre la dénomination ainsi appliquée avec les divisions administratives du territoire, uniquement destinées pour l'assiette de la contribution foncière qui ont aussi reçu le nom commun de sections; — Sans s'arrêter à la fin de non-recevoir... — Confirme.

(1) Cons. d'Ét. int. 15 avril 1874. — La section de l'intérieur, de la justice, de l'instruction publique, des cultes et des beaux-arts, du Conseil d'Etat, adoptant le projet du décret ci-joint a cru devoir en modifier la rédaction sur deux points; — D'une part il lui a paru qu'il était impossible d'autoriser la commune de Vieugy à aliéner un terrain qui appartient non pas à elle, mais à une de ses sections;— Le maire, au contraire, est le représentant légal de la section. La section l'a introduit en conséquence dans le décret; — D'autre part... — Déc. min. int. 3 avril 1839, *Bull. off.* 1840, p. 135; Déc. min. int. 1857, *Bull. off.* 1857, p. 245; Déc. min. int. 1858, *Bull. off.* 1858, p. 177; Déc. min. int. 1861, *Bull. off.* 1861, p. 254; Déc. int. 1862, *Bull. off.* 1862, p. 488; Cons. d'Ét. cont. 24 janvier 1856. — Napoléon, Vu les lois des 7-14 octobre 1790 et 18 juillet 1837 sur l'administration municipale; — Considérant qu'il résulte des dispositions de la loi du 18 juillet 1837 que les conseils municipaux ont le droit, sous le contrôle de l'autorité supérieure de régler le mode de jouissance des biens communaux, appartiennent soit aux communes, soit aux sections de communes; — Considérant que, par une délibération du 17 avril 1854 et par plusieurs autres délibérations prises antérieurement à cette susvisée, le conseil municipal de Beaumont a décidé que les produits des prés communaux, dont la section de Saint-Louand se prétend propriétaire, cesseraient à l'avenir d'être perçus en nature par tous les habitants de Beaumont, qu'il serait procédé soit à l'amodiation de ces prés, soit à la vente de leurs produits et que le prix de la vente et des fermages serait versé dans la caisse municipale; — Qu'il appartenait au préfet d'Indre-et-Loire d'approuver lesdites délibérations, nonobstant l'opposition de la section de Saint-Louand, que, dès lors, c'est avec raison que notre ministre de l'Intérieur a déclaré que le préfet avait agi dans la limite de ses pouvoirs; — Considérant, d'ailleurs, qu'en approuvant les délibérations du conseil municipal, le préfet d'Indre-et-Loire a expressément réservé les droits des tiers, et qu'ainsi ni les arrêtés préfectoraux ni la décision ministérielle approbative de ces arrêtés ne font obstacle à ce que la section de Saint-Louand se pourvoie, si elle s'y croit fondée, devant l'autorité compétente pour être statué ce qu'il appartiendra sur les droits que cette section peut avoir à la propriété et à la jouissance des prés communaux dont il s'agit... — Rejette.
Cons. d'Ét. cont. 17 mars 1857, L. p. 195; Cons. d'Ét. cont. 10 février 1859. — Considérant que, d'après les dispositions des articles 17 et 18 de la loi du 18 juillet 1837, les conseils municipaux ont le droit, sous le contrôle de l'autorité supérieure, de régler le mode de jouissance des biens communaux appartenant soit aux communes, soit aux sections de commune, et de fixer les conditions à imposer aux parties prenantes; — Mais qu'aux termes des articles 5 et 6 de la même loi, les sections de commune conservent la propriété de tous les biens non affectés à un service public qui lui appartenaient primitivement et la jouissance exclusive des biens dont elles font partie; — Qu'ainsi, les conseils municipaux ne peuvent, en exerçant le pouvoir qui leur est attribué par les articles 17 et 18 de la loi précitée, transférer à la commune entière la jouissance qui, dans les cas prévus par l'article 5 de la loi précitée, est réservée exclusivement à la section; — Considérant que le conseil municipal de la commune de Paisy-Cosdon, en décidant que les habitants de la section de Paisy et des Chainettes qui envoyaient leurs bestiaux aux pâturages du Marais, appartenant à cette section, seraient assujettis à payer une taxe annuelle de cinq francs par tête de vache ou de taureau, et que cette taxe serait payable entre les mains du receveur municipal, n'a pas réservé les droits de la section sur le produit de cette taxe; — Mais que le ministre de l'intérieur n'a maintenu la décision du préfet qui a homologué cette délibération qu'en se fondant sur ce que le préfet avait déclaré qu'il veillerait à ce que le produit de la taxe fût employé, en premier lieu, à la satisfaction des besoins particuliers de la section, et, lorsque ces besoins seraient satisfaits, à contribuer au payement des dépenses générales de la commune pour une part proportionnelle aux habitants de la section, en déchargeant ces habitants, jusqu'à due concurrence, des contributions établies pour faire face aux dépenses communales; — Que devant nous, la commune déclare qu'elle entend faire du produit de la taxe un emploi conforme à la décision du ministre et qui tourne au profit exclusif des habitants de la section;—Qu'ainsi les droits de jouissance exclusive attribués à la section par l'article 5 de la loi du 18 juillet 1837 sont expressément réservés, et que les habitants de la section ne seraient recevables à réclamer que dans le cas où les produits de la taxe ne recevraient pas la destination qui leur a été assignée par la décision de notre ministre de l'intérieur... — Rejette.

meubles; à lui de prononcer sur leur amodiation (1), ou même sur leur aliénation (2).

3020. Mais les sections peuvent avoir droit à une représentation directe et spéciale de leurs intérêts, quand ceux-ci sont en opposition avec ceux de la commune elle-même et que, par suite, le conseil municipal peut être mis en suspicion. Nous trouvons ainsi quatre cas où cette administration particulière leur est assurée.

3021. 1° Aux termes des articles 128 et 129 de la loi du 5 avril 1884, lorsque des sections sont dans la nécessité d'intenter ou de soutenir une action judiciaire contre la commune ou contre une autre section de la commune; ces articles disposent ainsi: .

« Art. 128. Lorsqu'une section se propose d'intenter ou de soutenir une action judiciaire, soit contre la commune dont elle dépend, soit contre une autre section de la même commune, il est formé, pour la section et pour chacune des sections intéressées, une commission syndicale distincte.

« Art. 129. Les membres de la commission syndicale sont choisis parmi les éligibles de la commune et nommés par les électeurs de la section qui l'habitent et par les personnes qui,

sans être portées sur la liste électorale, y sont propriétaires fonciers. — Le préfet est tenu de convoquer les électeurs dans le délai d'un mois pour nommer une commission syndicale, toutes les fois qu'un tiers des habitants ou propriétaires de la section lui adresse à cet effet une demande motivée sur l'existence d'un droit litigieux à exercer au profit de la section contre la commune ou une autre section de la commune. — Le nombre des membres de la commission est fixé par l'arrêté qui convoque les électeurs. — Ils élisent parmi eux un président chargé de suivre l'action. »

3022. 2° Aux termes des articles 3 et 4 de la loi du 5 avril 1884, lorsqu'elles sont intéressées dans des modifications de circonscriptions communales, ou dans des réunions, suppressions et divisions de communes.

Art. 4. Si le projet concerne une section de commune, un arrêté du préfet décidera la création d'une commission syndicale pour cette section, ou pour la section du chef-lieu, si les représentants de la première sont en majorité dans le conseil municipal, et déterminera le nombre des membres de cette commission. — Ils seront élus par les électeurs domiciliés dans la section. — La commission nomme son président. Elle donne son avis sur le projet.

3023. Dans les deux cas que nous venons d'examiner, le préfet ne peut se refuser à la constitution d'une commission syndicale. Dès que les habitants de la section s'adressent à lui, en justifiant que la section est dans le cas d'intenter une action contre la commune, le préfet doit instituer la commission. Cela ne veut pas dire, sans doute, que la section sera autorisée ensuite à plaider, mais elle a droit à une représentation légale, tout au moins, pour procéder aux formalités établies par la loi en faveur des communes qui ont des intérêts à débattre judiciairement (1).

3024. 3° D'après les dispositions de la loi du 28 juillet 1860, lorsqu'il s'agit de mettre en valeur des marais et terres incultes appartenant à des communes:

« Art. 2. Lorsque le préfet estime qu'il y a lieu d'appliquer aux marais et terres incultes d'une commune, la disposition de l'article 1er, il invite le conseil municipal à délibérer: 1° Sur la partie des biens à laisser à l'état de jouissance commune; 2° sur la question de savoir si la commune entend pourvoir par elle-même à cette mise en valeur. — S'il s'agit de biens appartenant à une section de commune, une commission syndicale, nommée conformément à l'article 3 de la loi du 18 juillet 1837, est préalablement constituée.

3025. 4° Lorsque des biens de sections ont été vendus ou amodiés, les sommes provenant de la vente ou de l'amodiation, doivent être employées au profit exclusif de la section et non à celui de la commune. Si les intérêts de la commune et de la section sont en opposition, la section doit avoir pour organe une commission syndicale (2).

3026. Dans son traité si remarquable des sections de communes, M. Aucoc compte un cinquième cas où les sections devraient avoir une représentation directe : ce serait, lorsqu'il s'agit d'établir une imposition extraordinaire qui doit peser exclusivement sur leurs habitants, parce qu'elle serait destinée à acquitter des dépenses exclusivement à leur charge. Dans ce cas, l'imposition devrait être établie par le conseil municipal,

---

(1) Déc. min. int. 1857, *Bull. off.* 1857, p. 213; Déc. min. int. 1866, *Bull. off.* 1866, p. 42; Cass. civ. 25 avril 1853. — La Cour, Attendu que dans la hiérarchie administrative, la commune, comme société locale, a son existence propre et constitue l'unité à laquelle se réduit la division territoriale du pays, que si elle peut se fractionner en sections, ce n'est que pour certains intérêts de propriété ou de jouissance, mais que, à cet égard même, la section ne forme pas un corps isolé ayant droit à une représentation particulière, car ce n'est qu'accidentellement et aux conditions restrictivement déterminées par le législateur, qu'ainsi, en règle générale, l'unité communale a pour conséquence l'unité administrative; — Attendu, en effet, que la section ne saurait être assimilée à un simple membre de la communauté et n'a pas à ce titre l'exercice du droit de propriété dans sa plénitude; — Que ses intérêts, ayant, comme les intérêts de la commune elle-même, un caractère collectif, sont soumis aux mêmes restrictions et aux mêmes garanties de tutelle administrative, en telle sorte que la section, tout comme la commune dont elle fait partie, ne peut gérer, disposer, agir, en ce qui concerne ses biens propres, que par des représentants légaux, lesquels ont tout pouvoir à cet effet, à condition de se renfermer dans les limites de leur mandat et d'observer les formes destinées à en réglementer l'exercice; — Attendu que la section étant à la commune ce que la partie est au tout, il ne se peut, en général du moins, que l'administration ou le représentant légal de la commune ne soit en même temps de la section; — Que l'administration municipale, en effet, représente au même titre avec les mêmes attributions et les mêmes pouvoirs toutes les fractions de l'unité communale nonobstant la diversité de leurs origines ou de leurs intérêts; — Attendu que si, par dérogation à ce principe d'unité, la loi consent à distinguer la section de la commune elle-même et à lui donner un organe autre que celui de la commune, cette nécessité exceptionnelle n'est admise par les articles 56 et 57 de la loi du 18 juillet 1837 qu'en matière d'actions judiciaires et de transactions, et dans les seuls cas d'antagonisme entre la commune et la section, qu'en toute autre matière, et en dehors de ces conditions la règle générale conserve son empire et ne permet pas à la section de former un centre d'administration locale; — Attendu que dans le système de la loi, les garanties de la section, pour la gestion ou la disposition de ses biens propres, consistent dans les formes à observer, dans la publicité qui précède et accompagne les adjudications à titre de bail ou à titre de vente, dans les enquêtes où tous les intérêts sont appelés à déposer leurs motifs de réclamation ou d'opposition, enfin et surtout dans la haute tutelle de l'autorité supérieure chargée d'apprécier la convenance et l'utilité de ces actes de gestion ou d'aliénation; — Attendu, dès lors, que les baux et les ventes dont il s'agit dans l'espèce ayant été l'objet d'adjudications régulières de la part de l'administration municipale dans les limites et dans les formes assignées à l'exercice de son mandat, et sans opposition, ni réclamation de la part des membres de la section de Saint-Noames, ne peuvent, vis-à-vis des adjudicataires, donner prétexte à aucune critique; — Attendu, d'ailleurs, que, selon les contestations même de l'arrêt dénoncé, il s'est agi entre la section demanderesse et la commune d'Huismes, non d'une question de propriété, mais de l'étendue des pouvoirs de l'administration municipale à l'effet d'affermer ou d'aliéner les biens de la section pour sa part contributive dans l'acquittement des charges extraordinaires de la commune, et de la proportion dans laquelle la section paraît être tenue de concourir, sur les prix des baux ou des aliénations, aux dépenses communales; que ces questions sont essentiellement de la compétence administrative; — D'où il suit qu'en déclarant dans l'état des faits de la cause, la section demanderesse non recevable et mal fondée soit en son action en nullité des actes de bail et de vente dont il s'agit au procès, soit en ses conclusions tendant à sa réintégration dans la possession des biens affermés ou vendus, la cour impériale d'Orléans, loin de violer les articles... — Rejette.

En ce sens, Cons. d'Et. cont. 5 mai 1859 (voy. *suprà*, n° 2319); Cons. d'Et. cont. 28 janvier 1863, L. p. 129; Cons. d'Et. cont. 21 novembre 1873 (voy. *suprà*, n° 2319).

(2) Déc. min. int. 1866, *Bull. off.* 1866, p. 165; Déc. min. int. 1870, *Bull. off.* 1870, p. 70; Cons. d'Et. 25 mars 1848; Cass. civ. 25 avril 1853. (Voy. *suprà*.)

(1) Cons. d'Et. cont. 4 septembre 1856, L. p. 572; Cons. d'Et. cont. 7 avril 1859, D. P. 59.3.73; Cons. d'Et. cont. 5 janvier 1860, L. p. 1; Cons. d'Et. cont. 11 juillet 1879. — Considérant que les sieurs Lécureau et autres, par leur lettre au préfet du 9 août 1878, demandaient qu'une commission syndicale fût instituée, conformément à l'article 56 de la loi du 18 juillet 1837, pour représenter la section de Prin et de Grange à l'effet d'attaquer, s'il y avait lieu, devant l'autorité compétente, les actes pour lesquels le conseil municipal de la commune de Peyrançon avait modifié le mode de jouissance des marais appartenant à cette section; qu'ils contestaient notamment la disposition par laquelle le conseil municipal avait établi une taxe au profit de la commune sur les habitants appelés à participer au partage des biens formés avec les biens de la section; qu'ainsi ils établissaient qu'il existait une opposition d'intérêts entre la commune et la section; que, dans ces circonstances, le préfet, sans avoir à apprécier si la section avait intérêt et était bien fondé à intenter une action contre la commune, devait instituer une commission syndicale, conformément à l'article 56 de la loi du 18 juillet 1837, et qu'il n'a pu rejeter la demande des sieurs Lécureau et consorts, sans excéder ses pouvoirs... — Annulation.

2) Déc. min. int. 1862, *Bull. off.*, 1862, p. 314.

mais avec l'adjonction des plus imposés pris parmi les habitants les plus imposés de la section. Cette règle serait établie par la jurisprudence du Conseil d'Etat et du ministère de l'intérieur (1). Nous ne saurions admettre la légalité de cette pratique : elle nous paraît avoir été irrégulière sous l'empire de la loi de 1837, elle serait aujourd'hui absolument illégale en présence des dispositions de la loi de 1884 et de celles de la loi du 5 avril 1882.

3027. Les sections des communes sont assujetties aux mêmes règles que les communes pour l'administration de leurs biens propres. Fractions de la commune, elles ne se distinguent pas du tout dont elles font partie. Elles sont représentées, avons-nous dit, par le conseil municipal dans tous les actes de gestion où leurs intérêts ne sont pas contraires à ceux de la commune. Elles possèdent de la même manière, elles sont tenues d'obéir aux mêmes règles relativement à la jouissance des biens en nature, à l'amodiation de ceux qu'elles louent, au partage des produits, au partage de la propriété, à l'aliénation, aux emplois, etc., etc. ; les questions de compétence sont les mêmes, et la surveillance de l'autorité supérieure s'exerce de la même façon. Si ce n'est que les produits leur en sont propres et ne tombent pas dans le patrimoine général communal, elles sont la commune elle-même. La personnalité civile sectionnaire ne commence à se révéler que lorsqu'une menace de main-mise se manifeste à son encontre, soit à l'égard de la propriété elle-même, soit à l'égard de la jouissance ou du produit des biens qui lui sont propres.

3028. L'autorité qui a droit de décider de l'existence d'une section, lorsque celle-ci se manifeste, est, en principe, l'autorité judiciaire, parce que les sections, ainsi qu'il a été dit plus haut, n'ont d'existence que par les droits qu'elles possèdent, à l'exclusion des autres sections de la commune (2). Mais cependant, il peut arriver que l'autorité administrative ait à faire cette même appréciation, par exemple au cas où une section demanderait à ester en justice pour y défendre ses droits (3), et dans le cas où elle prétendrait n'avoir point à supporter une charge qui incomberait au rôle de la commune, et dont l'autorité administrative, gracieuse ou contentieuse, aurait à apprécier la légalité et à fixer la répartition.

3029. A quelle autorité appartient-il de déterminer les limites territoriales d'une section. M. Aucoc estime que ce droit est du

ressort exclusif de l'autorité judiciaire, parce que la section ne constituerait un être moral distinct de la commune que lorsqu'il s'agit de ses droits de propriété ; il ne saurait être question jamais de délimitation du territoire sectionnaire, mais simplement de détermination de bornes des propriétés des sections (1). Nous ne saurions admettre cette thèse absolue. Sans doute, la délimitation territoriale administrative d'une section peut être rarement l'objet d'une contestation contentieuse, mais cette contestation est possible, et l'on peut prévoir un débat sur l'application de principes de l'article 4 de la loi de 1884, au cas d'élection d'une commission syndicale par les électeurs domiciliés sur le territoire de la section. La délimitation territoriale de la section devra, dans ce cas, être faite préalablement par l'autorité administrative, et cette délimitation appréciée par la justice administrative (2).

3030. La possession par les sections de droits privatifs de propriété et d'usage emporte, comme conséquence, l'existence de charges et de ressources propres.

Les charges sont de diverses natures : d'abord, elles doivent faire face aux dépenses qu'entraîne toute propriété, notamment acquitter les impôts dus pour leurs biens, les frais d'administration et de garde ; payer les travaux d'utilité publique qu'elles auraient demandé l'autorisation de faire pour leur service propre ; enfin elles ont à participer aux charges générales de la commune.

---

(1) Cons. d'Et. int. 12 janvier 1831 ; Cons. d'Et. int. 8 février 1854 ; Circ. Int. 27 mars 1837 ; Circ. int. 19 mai 1845.
(2) Cass. civ. 16 février 1859. — La Cour, Sur le premier moyen ; — Attendu que si, aux termes des articles 1er et suivants de la loi sur l'organisation municipale du 10 juillet 1837, les réunions, divisions ou formations de communes ne peuvent avoir lieu, suivant les circonstances, que par une loi ou un décret, la question de savoir si plusieurs habitants introduisant une action en justice, agissent dans un intérêt collectif qui leur est propre, ou comme exerçant des droits appartenant à la commune ou section de commune, est une question de fait et de droit qu'il appartient aux tribunaux saisis de résoudre d'après les documents du procès et les circonstances de la cause ; — Et attendu que, s'agissant de savoir si les défendeurs à la cassation, habitants du hameau des Cueillis, avaient revendiqué la possession des cours, mares et plateaux situés au centre de ce hameau comme formant une section de commune, au profit de cette section, le tribunal de première instance d'Auxerre a pu apprécier, en fait, d'une part, que leur exploit introductif d'instance, ils avaient agi seulement comme propriétaires co-intéressés et en leurs noms, d'autre part, enfin, que chacun des habitants figurant dans la cause avait personnellement récolté sa part des fruits et produits des biens litigieux ; que dans les actes de transmission des habitations du hameau, il était fait mention du droit à la jouissance des cours, chemins, mares et plateaux comme accessoires de la propriété ; qu'en tirant de ces faits la conséquence, en droit, que le hameau de Cueillis ne constituait pas une section de commune et que Vallée et consorts avaient agi dans un intérêt individuel, l'arrêt attaqué n'a violé aucune loi.
Sur le deuxième moyen : — Attendu que le jugement attaqué ayant reconnu et décidé, par les motifs y exprimés, que l'action intentée par Jean Vallée et consorts ne l'avait pas été par eux au nom et comme section d'une commune, mais personnellement et pour l'exercice de biens individuels, il n'y avait pas lieu d'examiner la question de savoir si, comme défendeur à l'action de commune ou ayant réclamé l'exercice des droits communaux, ils étaient tenus à la garantie des actes émanés du maire de la commune, que les motifs donnés sur le premier chef, s'appliquaient nécessairement à ce moyen et se confondaient avec lui... Rejette.
En ce sens, Cass. civ. 6 avril 1859, D. P. 59.1.223.
(3) Cons. d'Et. cont. 17 juin 1829 ; Cons. d'Et. cont. 10 janvier 1843, D. P. 43.3.19.

(1) Cass. civ. 29 juillet 1855. — La Cour, Sur le deuxième moyen, tiré de l'incompétence du tribunal et de la Cour de statuer sur la contestation, tant que l'autorité administrative n'avait pas elle-même limité les deux sections ; — Attendu que les questions de propriété qui s'agitent entre les communes limitrophes ou sections de communes sont exclusivement de la compétence des tribunaux ; que le droit seul de limitation administrative des communes appartient à l'autorité préfectorale ; que cette délimitation, faite dans l'intérêt de l'administration communale, ainsi que la réunion ou la séparation des sections de communes et leur délimitation nouvelle ne changent rien aux termes des articles 5 et 6 de la loi du 18 juillet 1837, lesquels ne sont que la reproduction des principes précédemment admis, aux droits des droits patrimoniaux des communes ou des sections de communes réunies ou séparées ; — Qu'il suit de là que la délimitation des communes limitrophes des sections réunies ou séparées n'est point un préalable nécessaire pour que les tribunaux soient compétents pour statuer sur les questions de propriété entre ces communes ou sections de communes ; — Attendu que la Cour de Besançon, ainsi qu'elle l'expriment les motifs de l'arrêt attaqué, a cherché à connaître les divers renseignements de la cause qui pouvaient servir à déterminer les limites patrimoniales des deux sections réunies de Chambéria et de Marzenay ; que, si elle a pensé que les anciennes limites de ces deux sections pouvaient aider à faire connaître la ligne séparative de leurs propriétés respectives elle a aussi interrogé les titres et les autres documents produits ; que la délimitation à laquelle elle est arrivée par le résultat de ses recherches s'applique seulement aux propriétés particulières de ces deux sections ; que les motifs et le dispositif de son arrêté sont en opposition avec la pensée d'une délimitation administrative ; — Qu'elle n'a voulu statuer en effet, que sur les questions de propriété qui lui étaient soumises et qui étaient de sa compétence... Rejette.
(2) Cons. d'Et. cont. 18 janvier 1851. — Le Conseil, en ce qui touche le chef de la demande du sieur Pacroz relatif à son admission à la jouissance des biens communaux de la section de Muratel :
Sur la question de savoir si l'habitation du sieur Pacroz est située dans la section de Muratel : — Considérant qu'il résulte du supplément d'information ordonné par la décision sus-visée du 16 juin 1849, que le tènement de Muratel sur lequel a été établie l'habitation de Pacroz, fait partie de la section de Muratel.
Sur la compétence, au fond : — Considérant que l'article 2 de la section 5 de la loi du 10 juin 1793, l'article 6 de la loi du 9 ventôse an XII et l'article 2 du décret du quatrième jour complémentaire an XII déférent à l'autorité administrative les contestations qui peuvent s'élever sur le mode de partage de biens communaux et celles qui pourraient s'élever entre les copartageants et les communes sur la question de l'annulation des partages antérieurs ou postérieurs à la loi du 10 juin 1793, le législateur, en n'exceptant pas de ces dispositions, n'a pas entendu soumettre à la compétence administrative les questions relatives aux conditions d'aptitude personnelle desquelles dérive le droit individuel à la jouissance des biens communaux ou de l'affouage ; que la loi du 18 juillet 1837, en chargeant les conseils municipaux de régler par leurs délibérations le mode de jouissance des biens communaux, n'a nui intervenir l'ordre des juridictions, ni dérogé au droit commun, ni sur la compétence des tribunaux civils ; qu'ainsi il n'appartenait pas au conseil de préfecture du Puy-de-Dôme de statuer au fond sur la demande formée par le sieur Sacro contre la section de Muratel, afin de participer à la jouissance des biens communaux de ladite section.
Art. 1er. L'arrêté du conseil de préfecture du Puy-de-Dôme, du 18 août 1846, est annulé en ce qu'il a décidé que l'habitation du sieur Sacros ne faisait pas partie de la section de Muratel, et en ce qu'il a statué au fond sur la question d'aptitude personnelle soulevée par la demande du sieur Sacros.

26

3031. Pour payer leurs charges personnelles, les sections ont des ressources également personnelles : celles-ci consistent d'abord dans les revenus de leurs biens ; puis, dans les taxes d'affouage et de pâturage qui peuvent être établies sur les habitants qui jouissent des bois ou des prés de la section ; enfin, dans les impositions extraordinaires ou les souscriptions volontaires à supporter par les ayants-droit.

3032. Enfin, la section peut trouver des ressources exceptionnelles dans le produit de l'aliénation de ses biens et dans les dons et legs qui peuvent lui être faits.

3033. Les sections valablement reconnues qui ont des ressources propres ont le droit incontestable de les consacrer à leur profit exclusif et à la jouissance également exclusive de leurs habitants. Les autres sections de la commune n'y sauraient aucunement prétendre, et, à cet égard, la jurisprudence de l'autorité et des tribunaux administratifs s'est montrée gardienne sévère de leurs possessions privatives. Si les biens sont aliénés, le produit de l'aliénation doit être réservé à la section ; si le conseil municipal change le mode de jouissance et amodie, par exemple, des prairies à l'usage des seuls habitants de la section, son pouvoir ne va pas jusqu'à transférer à la commune, soit pour la totalité, soit même pour partie, le produit de la location. Si ce produit est affecté aux dépenses générales communales, il doit être fait tout au moins, en faveur des habitants de la section, et jusqu'à due concurrence, une décharge des contributions auxquelles ils sont imposés pour les besoins communaux (1).

3034. Lorsqu'une section de commune est détachée d'une commune pour être réunie à une autre ou former une commune séparée, comme elle conserve la jouissance privative de ses biens personnels, elle opère sa mutation en emportant avec elle sa part proportionnelle des dettes dont était grevée la commune de laquelle elle est détachée ; mais, par une juste compensation, elle ne contribue pas à l'acquittement des dettes contractées antérieurement à sa réunion (2), par le chef-lieu auquel elle est réunie.

3035. Nous avons déjà vu que les sections pouvaient avoir des litiges à engager ou à soutenir pour la défense de leurs droits ; la loi de 1837, et, après elle, la loi de 1884, ont organisé, pour ce cas, et dans leur intérêt, une représentation spéciale, sur laquelle nous devons ici donner quelques détails.

3036. Lorsqu'une section se propose d'intenter ou de soutenir une action judiciaire, soit contre la commune dont elle dépend, soit contre une autre section de la même commune, il est formé pour la section et pour chacune des sections intéressées une commission syndicale distincte (3). Cette commission, sous l'empire de la loi de 1837, article 56, était nommée par le préfet parmi les électeurs de la section et parmi les personnes qui, sans être inscrites sur les listes électorales, étaient propriétaires fonciers dans la section, mais en vertu de l'article 129 de la loi du 5 avril 1884, les membres de la commission doivent être choisis parmi les éligibles de la commune et nommés par les électeurs de la section qui l'habitent et par les personnes qui, sans être portées sur la liste électorale, y sont propriétaires fonciers.

3037. Le préfet est tenu de convoquer les électeurs dans le délai d'un mois, toutes les fois qu'un tiers des habitants ou propriétaires de la section lui adresse à cet effet une demande motivée sur l'existence d'un droit litigieux à exercer au profit de la section contre la commune ou contre une autre section de la commune. Le nombre des membres de la commission est fixé par l'arrêté qui convoque les électeurs. Ils élisent parmi eux un président chargé de suivre l'action. Lorsque le conseil municipal se trouve réduit à moins du tiers de ses membres, par suite de l'abstention, prescrite par l'article 64, des conseillers municipaux qui sont intéressés à la jouissance des biens et

droits revendiqués par une section, le préfet convoque les électeurs de la commune, déduction faite de ceux qui habitent ou sont propriétaires sur le territoire de la section, à l'effet d'élire ceux d'entre eux qui doivent prendre part aux délibérations aux lieu et place des conseillers municipaux obligés de s'abstenir (1).

3038. La section qui a obtenu condamnation contre la commune ou une autre section n'est point passible des charges ou contributions imposées pour l'acquittement des frais et dommages et intérêts qui résultent du procès (2).

3039. Les règles qui viennent d'être exposées ne s'appliquent que si la section est en contestation, soit avec la commune elle-même, soit avec une autre section de la même commune. Lorsqu'il s'agit d'une action à intenter ou à soutenir par une section contre une autre section ne dépendant pas de la même commune ou contre une commune autre que celle dont elle fait partie, aucune commission syndicale ne doit intervenir ; chaque section intéressée est représentée exclusivement par le conseil municipal et le maire de la commune à laquelle elle appartient.

3040. La commission syndicale qui plaide au nom d'une section est tenue à l'observation de toutes les règles administratives et de toutes les formalités de procédure imposées à une commune qui a un procès, et que nous avons exposées ci-dessus n° 2868 et suiv. Il y a simplement, en notre cas spécial, remplacement du conseil par la commission syndicale.

3041. Les sections ont droit à la constitution d'une commission syndicale spéciale dans deux autres cas : lorsqu'au lieu de plaider, la section veut transiger, et lorsque des dons et legs qui doivent lui être propres lui sont faits.

3042. Pour les transactions, la loi n'a point expressément prescrit cette constitution. Mais toute transaction suppose nécessairement un procès né ou à naître, et, dès lors, on doit observer les prescriptions imposées par la loi de 1884 pour les litiges engagés. Les transactions des sections sont, d'ailleurs, soumises aux mêmes formalités extrajudiciaires et administratives que celles des communes.

3043. La nécessité d'une commission syndicale particulière, en cas de libéralité faite à une section, a été édictée par l'article 111 de la loi de 1884, on ne sait trop pourquoi ; mais on doit y déférer. L'article 111 est ainsi conçu :

« Si la donation ou le legs ont été faits à un hameau ou quartier de commune qui n'est pas encore à l'état de section ayant la personnalité civile, les habitants du hameau ou quartier seront appelés à élire une commission syndicale, conformément à l'article 129 ci-dessous. La commission syndicale délibérera sur l'acceptation de la libéralité, et, dans aucun cas, l'autorisation d'accepter ne pourra être accordée que par un décret rendu dans la forme des règlements d'administration publique. »

TITRE VIII.

DU BUDGET COMMUNAL.

CHAPITRE PREMIER.

ÉTABLISSEMENT DU BUDGET.

3044. Les administrations communales n'ont été astreintes qu'à une époque assez récente à prévoir dans un acte public leurs recettes et leurs dépenses : c'est dans un édit d'avril 1683 (3), un des derniers actes de Colbert, que nous

---

(1) Cons. d'Et. cont. 24 janvier 1856, D. P. 57.3 45 ; Cons. d'Et. cont. 4 septembre 1856, D. P. 57.3.31 ; Cons. d'Et. cont. 17 mars 1857, L. p. 405 ; Cons d'Et. cont. 5 mai 1859 (voy. supra, n° 2819). Cons. d'Et. cont. 28 janvier. 1865, L. p. 129 ; Cons. d'Et. cont. 21 novembre 1873, n°2319.
(2) Circ. int. 29 janvier 1848.
(3) L. 5 avril 1884, art. 128.

(1) L. 5 avril 1884, art. 130.
(2) L. 5 avril 1884, art. 131.
(3) Recueil des anciennes lois françaises, par Isambert, Durusy, Taillandier, t. XIX, p. 420.

voyons imposer pour la première fois aux communes l'obligation de dresser des états de prévision des dépenses ordinaires et des ressources destinées à y faire face : il est probable cependant, d'après les expressions de l'édit « si fait n'a été » que cette mesure de bonne administration avait été déjà adoptée par certaines communes.

L'édit de 1683, dans le but de restreindre la liberté trop grande que les villes et communautés avaient eue de s'endetter et de prévenir le retour des désordres auxquels avaient donné lieu la liquidation et l'acquittement des dettes communales, prescrivait aux maires, échevins, consuls et autres ayant l'administration des biens, droits et revenus communaux de remettre aux intendants et commissaires des généralités l'état de leurs revenus avec les baux des dix dernières années, les comptes qui en avaient été rendus et autres pièces nécessaires. Au vu de ces actes, les intendants et commissaires devaient dresser un état des dépenses ordinaires de chacune des communes ainsi que des autres dépenses nécessaires. Les revenus patrimoniaux des communes devaient être en première ligne affectés aux dépenses ordinaires; à leur défaut, les communes pouvaient recourir à des mesures extraordinaires, augmentation des impositions, emprunts ou aliénations.

Quelque incomplètes que fussent les nouvelles règles, puisque les états ne prévoyaient que les dépenses communales, et étaient dressés pour plusieurs années, elles contenaient déjà, en germe, le principe d'après lequel les communes ne peuvent recourir aux mesures extraordinaires qu'après avoir épuisé les revenus ordinaires, et celui d'après lequel les communes ne peuvent emprunter qu'après avoir assuré le remboursement de l'emprunt.

Les états qui excédaient certains chiffres déterminés d'après l'importance des communes, devaient être envoyés au conseil du roi pour y être pourvu ainsi qu'il appartiendrait.

Au mois d'août 1764 (1) intervint un autre édit dont l'article 13 dispose que, après que les dépenses qui auront été jugées nécessaires par les assemblées municipales auront été déterminées par lettres patentes, elle ne pourront plus être augmentées par la suite, si ce n'est dans les cas urgents et avec les formalités qui y auront été prescrites.

Un autre édit fut rendu au mois de mai 1765 (2) pour l'exécution de celui d'août 1764; les articles 49 et 50 ordonnent aux maires et échevins de dresser, dans le délai de deux mois après sa publication, des états de recettes et de dépenses; ensemble des états des différentes dettes exigibles d'avec les constituées, des capitaux des unes et des autres de leurs intérêts ou arrérages et de ce qui restait dû sur chacune d'elles; au vu de ces états, il devait être pourvu avec l'approbation du roi, aux moyens les plus propres de liquider et acquitter lesdites dettes.

Mais toutes ces dispositions ne s'appliquaient pas à toutes les communes : elles ne concernaient que les villes et gros bourgs fermés dont les services municipaux avaient, au point de vue de l'état, une plus grande importance. De plus, elles avaient plutôt pour but, en astreignant les communes à certaines prévisions de recettes et de dépenses, d'assurer l'extinction des dettes déjà contractées que de créer des règles certaines pour l'avenir.

3045. Pendant les premières années qui suivirent la Révolution française, la situation des communes devint de plus en plus obérée. La suppression des octrois (3) leur enleva la principale source de leurs revenus. Un décret du 24 août 1793 déclara dettes nationales toutes les dettes des communes contractées en vertu d'une délibération légalement autorisée; mais, en même temps, il déclara biens nationaux les biens des communes jusqu'à concurrence desdites dettes, et priva ainsi les communes des revenus de ces biens. Il devenait

de plus en plus nécessaire d'apporter l'ordre et la régularité dans la gestion des finances communales. La loi du 11 frimaire an VII avait essayé de diviser et de réglementer les dépenses communales : mais c'est dans l'arrêté du 4 thermidor an XI que nous trouvons le premier essai sérieux dans ce sens, et particulièrement dans l'établissement des prévisions de recettes et de dépenses.

Aux termes de cet arrêté, un aperçu des recettes et des dépenses devait être préparé par les maires, présenté au conseil municipal convoqué à cet effet du 15 au 30 thermidor, puis adressé en double expédition au sous-préfet; cet aperçu devait être divisé en autant de chapitres qu'il y avait de natures de rentes et de dépenses et un chapitre spécial était réservé pour les frais d'administration : il devait être réglé par le préfet et, pour les communes ayant plus de 20,000 fr. de revenus, approuvé par les consuls, le Conseil d'État entendu. L'article 8 déclare que la fixation de la dépense présumée des communes ne peut excéder le montant des revenus présumés. Un arrêté du 17 germinal an XI, concernant particulièrement les villes ayant plus de 20,000 francs de revenus, divise les dépenses en dépenses fixes et en dépenses variables; c'est dans cet arrêté que nous voyons apparaître pour la première fois le mot budget : il s'applique sur un considérant qui est à citer, parce qu'il définit exactement l'utilité des prévisions de recettes et de dépenses qui font l'objet d'un budget : « Considérant qu'il est instant de rétablir dans cette partie de l'administration publique l'ordre, l'uniformité, une économie sage qui empêchent les dépenses d'excéder les revenus, et qui applique ces revenus aux besoins réels des communes et aux objets d'utilité publique... »

Certaines municipalités opposaient des résistances à ces règles de bonne administration; un arrêté du 6 frimaire an XII interdit de payer les traitements des communes ayant plus de 20,000 francs de revenus qui n'auront pas envoyé leur budget avant le 1er pluviôse au ministre de l'intérieur; cette interdiction fut confirmée dans le décret du 12 août 1806 et par un avis du Conseil d'État du 26 mai 1813 (1).

3046. Le principe de l'établissement du budget communal était définitivement entré dans les prescriptions légales; après plusieurs essais, une circulaire du ministre de l'intérieur du 28 août 1806 détermine la forme à donner à cet acte; les recettes et les dépenses se divisaient en ordinaires et extraordinaires; un chapitre spécial était réservé à l'arriéré, la dette municipale et les renseignements administratifs sur la situation de la commune faisaient l'objet d'un titre particulier. Cette forme fut simplifiée par une instruction postérieure du 10 mai 1816; mais ce n'est qu'en 1835 (2), après que la période pendant laquelle devaient être exécutés les divers services prévus au budget eût été limitée, que fut donnée au budget communal la forme qu'il a encore aujourd'hui : d'un côté, la prévision des recettes et des dépenses pour une année, de l'autre le report des restes à payer et à recouvrer provenant du budget précédent.

La loi du 18 juillet 1837 réglementa d'une manière définitive le budget communal; elle divisa les recettes, en recettes ordinaires et recettes extraordinaires, les dépenses en dépenses facultatives et dépenses obligatoires; elle permit l'ouverture de crédits pour les dépenses non prévues au moment de l'établissement du budget, pourvu que ces crédits fussent couverts par les seules recettes ordinaires.

3047. Sauf quelques modifications résultant de l'application des idées de décentralisation administrative qui se firent jour une vingtaine d'années plus tard, la loi de 1837 est restée jusqu'en 1884 la régulatrice du budget des communes.

La loi du 5 avril 1884 qui l'a remplacée lui a emprunté la plus grande partie de ses dispositions, tout en étendant les droits des conseils municipaux : c'est cette loi qui doit servir de base à l'étude du budget communal.

---

(1) *Recueil des anciennes lois françaises*, par Isambert, Durusy, Taillandier, t. XXII, p. 407.
(2) *Ibid.*, t. XXII, p. 445.
(3) L. 25 février 1791.

(1) Dalloz, *Rép.* v° Commune, t. IX, p. 218.
(2) Circ. Min. int. 10 avril 1835.

SECTION PREMIÈRE.

DIVISION DU BUDGET.

3048. Le budget communal est l'acte par lequel sont prévues et autorisées les recettes et les dépenses annuelles de la commune (1).

Le budget est préparé et proposé par le maire, discuté et voté par le conseil municipal, et réglé par le préfet lorsque les revenus de la commune n'atteignent pas trois millions, par décret du Président de la République, sur la proposition du ministre de l'intérieur, lorsque ces revenus dépassent trois millions (2).

A la différence du budget départemental dont les opérations, quoique prévues et votées d'une manière indépendante par les conseils généraux, sont effectuées par les comptables du Trésor, et englobées, dans leurs écritures, avec les recettes et les dépenses de l'Etat, le budget communal a une existence absolument distincte, et l'exécution des opérations qu'il prévoit est confiée à un comptable particulier, qui rend personnellement compte de ses recettes et de ses dépenses et qu'on appelle receveur municipal.

« 3049. Les recettes et les dépenses prévues par le budget communal doivent, comme celles de l'Etat, être exécutées dans une période déterminée : cette période se nomme exercice ; l'exercice comprend toutes les ressources évaluées pour une année, d'après les droits constatés au profit de la commune, et, sous le nom de crédits, toutes les sommes affectées aux dépenses à effectuer au moyen de ces ressources pendant le cours de cette année ; l'exercice est désigné par le millésime de la même année.

Comme il est impossible, dans la pratique, que toutes les recettes soient entièrement réalisées et les dépenses payées au 31 décembre, la période d'exécution du budget ou l'exercice se prolonge jusqu'au 31 mars de l'année suivante. A cette date, l'exercice est dit clos ; les restes à recouvrer et les restes à payer sont reconnus et reportés à l'exercice suivant.

3050. Il doit être établi deux budgets pour le service de chaque exercice :

Le budget principal ou budget primitif est préparé par le maire au mois d'avril et voté, article par article, par le conseil municipal pendant la session du mois de mai de l'année qui précède l'ouverture de l'exercice ; la session pendant laquelle le budget est délibéré peut durer six semaines au plus ; aucune date n'est fixée pour l'ouverture des sessions ordinaires qui peuvent avoir lieu à une époque quelconque du mois (3).

Lorsqu'il a été réglé par l'autorité compétente, le budget primitif ne peut recevoir aucune modification, même par suite des recettes et des dépenses autorisées supplémentairement dans le cours de l'exercice.

Le maire dresse et soumet au conseil municipal un budget supplémentaire ou additionnel qui est également voté, article par article, dans la session de mai de l'année suivante (celle dont l'exercice porte le millésime) et comprend les recettes et les dépenses omises au moment de la formation du budget primitif ou autorisées dans l'intervalle, les restes à recouvrer et les restes à payer de l'exercice qui vient d'être clos le 31 mars précédent et enfin le solde de cet exercice.

§ 1. — Budget primitif.

3051. Le budget se divise en budget ordinaire et en budget extraordinaire (4).

3052. La loi du 12 juillet 1837 divisait les recettes seulement en recettes ordinaires et recettes extraordinaires. Quant aux dépenses, elles étaient distinguées d'après leur caractère obligatoire ou facultatif ; mais cette distinction ne permettait pas de se rendre un compte exact des charges annuelles de la commune, car certaines dépenses, tout en ayant un caractère obligatoire, ne se reproduisent pas chaque année, par exemple, les grosses réparations à faire aux édifices communaux. Cette distinction qui permettait à l'autorité supérieure d'inscrire d'office au budget certaines dépenses refusées par le conseil municipal ne fut pas maintenue dans l'ordre de la comptabilité. Une circulaire du ministre de l'intérieur du 18 octobre 1838 fit remarquer que la distinction établie par la loi de 1837 n'avait eu d'autre objet que de déterminer les dépenses obligatoires, c'est-à-dire les dépenses que le législateur considère comme étant d'intérêt général et auxquelles il doit être pourvu par les communes même au moyen de ressources extraordinaires ; mais l'administration demeurait libre d'adopter, pour les formes de la comptabilité, la classification qui lui paraîtrait la plus commode et la plus convenable.

3053. La division des recettes et des dépenses d'après le caractère ordinaire ou extraordinaire des opérations prévues au budget a d'ailleurs, dans plusieurs circonstances, un intérêt et une utilité incontestables.

Lorsque les revenus ordinaires ne couvrent pas les dépenses ordinaires et qu'il y a lieu de créer une imposition pour insuffisance de revenus, cette imposition est autorisée par arrêté du préfet lorsqu'il s'agit de dépenses obligatoires et par décret dans les autres cas (1). Mais les impositions extraordinaires et emprunts dont le produit est affecté à des dépenses extraordinaires d'utilité communale rentrent dans les attributions réglementaires du conseil municipal, sauf l'approbation du préfet ou du gouvernement suivant leur quotité et leur durée.

Si, pour une cause quelconque, le budget d'une commune n'a pas été réglé avant l'ouverture de l'exercice, les recettes et les dépenses ordinaires seules s'effectuent conformément au budget de l'année précédente (2).

Dans les communes dont les revenus ordinaires ne dépassent pas la somme de 30,000 francs, les fonctions de receveur municipal sont confiées au percepteur ; le conseil municipal, dans les communes dont les revenus ordinaires excèdent ce chiffre, peut demander que les fonctions de receveur municipal soient confiées à un receveur spécial (3).

Les comptes du receveur municipal sont apurés par le conseil de préfecture pour les communes dont les revenus ordinaires dans les trois dernières années n'excèdent pas 30,000 fr. Ils sont apurés par la Cour des comptes pour les communes dont le revenu est supérieur (4).

Enfin la distinction des recettes ordinaires détermine l'autorité à qui il appartient de régler le budget, le préfet, lorsque les revenus ordinaires de la commune n'atteignent pas trois millions, ou le gouvernement, lorsque ces revenus dépassent trois millions.

3054. Le budget communal comprend deux titres destinés, l'un aux prévisions de recettes, l'autre aux prévisions de dépenses.

Chacun de ces titres se subdivise en deux chapitres, le premier comprend les opérations ordinaires, le deuxième, les opérations extraordinaires.

La corrélation du chapitre premier des recettes et du chapitre premier des dépenses forme le budget ordinaire ; celle du chapitre deuxième de chaque titre forme le budget extraordinaire.

Article premier. — Budget ordinaire.

3055. Suivant la formule dont se sert le législateur dans

---

(1) D. 31 mai 1862, art. 5.
(2) L. 5 avril 1884, art. 90 (3°) et 145.
(3) Inst. Min. Int. 15 mai 1884.
(4) L. 5 avril 1884, art. 132.

(1) L. 5 avril 1884, art. 133 in fine.
(2) Ibid., art. 150.
(3) Ibid., art. 156.
(4) L. 5 avril 1884, art. 157.

paragraphe 14 de l'article 133 de la loi du 5 avril 1884, les recettes ordinaires sont celles qui ont le double caractère d'être à la fois annuelles et permanentes; ce sont les revenus constants et réguliers qui se reproduisent tous les ans, qu'il s'agisse des produits des biens communaux ou de ceux des contributions et taxes auxquelles sont assujettis les habitants de la commune.

3056. En principe, toutes les recettes inscrites au budget ordinaire sont à peu près exactement présumées, et il appartient au conseil municipal d'en faire l'évaluation aussi exacte que possible.

On comprend, en effet, que les bases des contributions directes et des taxes assimilées restant toujours les mêmes, la part revenant aux communes puisse être facilement connue d'avance, de même que le produit des taxes communales et des taxes locales qui varie d'après le nombre des personnes ou des objets soumis à la contribution, mais que chaque administration communale peut facilement déterminer d'avance.

3057. D'après la définition donnée par l'article 135 de la loi du 5 avril 1884, les dépenses du budget ordinaire comprennent les dépenses annuelles et permanentes d'utilité communale : ces dépenses doivent être avant toutes autres acquittées sur les ressources ordinaires du budget.

3058. Le législateur de 1884 a laissé aux conseils municipaux, sous le contrôle de l'autorité chargée du règlement du budget, le soin de désigner les dépenses ordinaires des communes; certaines dépenses peuvent, en effet, suivant l'importance de la commune, par exemple, les grosses réparations des édifices communaux, revêtir un caractère de dépenses ordinaires ou de dépenses extraordinaires; elles auront le caractère de dépenses ordinaires lorsqu'elles se reproduiront normalement tous les ans.

3059. Les dépenses se subdivisent en dépenses obligatoires et en dépenses facultatives.

Toute dépense qui peut affecter l'État et les intérêts généraux, ou qui est ordonnée par une loi, ou qui est l'accomplissement d'une obligation publique ou privée, ou enfin qui intéresse essentiellement l'existence même de la commune, est obligatoire.

Au contraire, toutes les dépenses que la commune entreprend pour accroître sa prospérité, pour donner une vie plus active aux intérêts communaux, mais qui ne sont pas des dépenses nécessaires dans le sens juridique du mot, sont facultatives.

L'administration municipale n'est pas libre de ne pas prévoir les ressources nécessaires et de ne pas ouvrir des crédits suffisants pour acquitter les dépenses obligatoires.

Les dépenses facultatives, au contraire, sont des dépenses que la commune est libre de faire ou de ne pas faire; c'est un emploi qu'elle peut régler à son gré des fonds qui restent disponibles sur son revenu, après avoir satisfait aux dépenses obligatoires, ou des ressources extraordinaires qu'elle serait autorisée à créer.

À défaut de vote du conseil municipal, les dépenses obligatoires peuvent être inscrites d'office au budget par l'autorité qui est appelée à le régler (1).

3060. Les recettes ordinaires doivent être affectées en principe aux dépenses de même nature : l'excédent seul de ces recettes, toutes les dépenses ordinaires payées, peut être employé pour les dépenses extraordinaires.

ARTICLE 2. — Budget extraordinaire.

3061. Le budget extraordinaire comprend, en recettes, toutes les recettes non susceptibles de se reproduire annuellement, comme un don ou un legs, d'autre part, toutes les recettes accidentelles ou temporaires, même les recettes annuelles d'une durée limitée.

3062. Il est très important de distinguer bien nettement, dans le budget, les recettes ordinaires des recettes extraordinaires, attendu que, d'après le décret du 27 juin 1876, les seuls revenus ordinaires servent de base à la révision des traitements des receveurs municipaux : le ministre de l'intérieur, dans la circulaire du 30 juin 1881 relative à cette révision, a signalé de nombreuses irrégularités commises, sous ce rapport, dans l'établissement des budgets communaux.

3063. Les dépenses du budget extraordinaire comprennent les dépenses accidentelles ou temporaires qui sont imputées sur les recettes extraordinaires ou sur l'excédent des recettes ordinaires.

3064. De même que dans le budget ordinaire, on distingue les dépenses extraordinaires en dépenses facultatives et dépenses obligatoires : quoiqu'il s'agisse d'une dépense extraordinaire, le caractère obligatoire prédomine, et une dépense de cette nature devrait être inscrite au budget de préférence à une dépense ordinaire purement facultative.

§ 2. — Budget supplémentaire.

3065. Après qu'il a été réglé par l'autorité compétente, le budget primitif ne peut recevoir aucune modification, par suite des recettes et des dépenses autorisées supplémentairement dans le cours de l'exercice; une fois approuvé et entré en exercice, il demeure invariable.

Si donc des dépenses non prévues au budget primitif sont reconnues, après coup, nécessaires, et qu'elles exigent la création de ressources nouvelles, ces ressources et les crédits correspondants sont autorisés spécialement et remis dans un document qui forme le complément du budget primitif et porte le nom de budget additionnel ou supplémentaire.

3066. Le budget supplémentaire est préparé par le maire et voté par le conseil municipal, dans la session de mai de l'année qui donne son nom à l'exercice auquel il se rapporte, c'est-à-dire un an après le budget primitif dont il est le complément.

Il se compose de deux chapitres qui viennent compléter les deux chapitres du budget primitif et qui sont intitulés, en recettes : recettes du budget supplémentaire; en dépenses : dépenses du budget supplémentaire.

3067. Ces deux chapitres comprennent (1):

En recettes : 1° le report de l'exercice précédent clos au 31 mars dans lequel se trouve le montant des sommes provenant des crédits ou portions de crédits annulés faute d'emploi ;

2° Les restes à recouvrer de l'exercice clos ;

3° Toutes les recettes, de quelque nature qu'elles soient, et qui, non prévues au budget primitif, seraient autorisées supplémentairement dans le cours de l'année telles, par exemple, qu'une donation ou un legs, un secours extraordinaire, un remboursement de capitaux, en un mot tout recouvrement qui ne rentrerait pas par sa nature dans l'un des articles de recettes portées au budget primitif. Mais les augmentations sur une recette déjà prévue au budget primitif ne forment pas une recette supplémentaire : ces augmentations sont simplement rattachées à l'article du budget primitif qu'elles concernent.

En dépenses : 1° l'excédent des dépenses de l'exercice clos, si le résultat constate un déficit;

2° Les restes à payer de l'exercice clos, c'est-à-dire les crédits ou portions de crédits qui correspondent à des dépenses faites avant le 31 décembre, mais qui n'ont pas été payées avant le 31 mars suivant ; si les dépenses n'ont pas été entreprises avant le 31 décembre, ces crédits ne peuvent être reportés au budget de l'exercice suivant qu'autant qu'ils ont été alloués de nouveau dans les formes réglementaires;

---

(1) L. 5 avril 1884, art. 149.

(1) Circ. Min. Int. 10 avril 1835 et 1er juillet 1837.

3° Les crédits non employés du même exercice et auxquels sont affectées certaines ressources spéciales (recettes de chemins vicinaux ou de l'instruction primaire, secours accordés par l'état ou par le département et non employés en temps utile, etc.);

4° Tous les crédits qui ont été ouverts depuis le règlement du budget primitif, et les crédits nouveaux jugés nécessaires pour dépenses à effectuer; les administrations municipales doivent réserver autant que possible les demandes de crédits supplémentaires pour l'époque de l'établissement du budget supplémentaire, sauf, en cas d'urgence, pour les dépenses qui ne pourraient être ajournées sans inconvénient.

3068. Le budget primitif ne doit pas être réglé en déficit, à moins qu'il ne soit démontré que ce déficit pourra être couvert au moyen des ressources de l'exercice précédent, lorsque le solde de ces ressources sera reporté au budget additionnel.

De même le budget supplémentaire ne peut être soldé en déficit, à moins que ce déficit ne soit couvert par un excédent de recettes provenant du budget primitif.

Si, de l'ensemble des deux budgets ressort un excédent de dépenses, le conseil municipal doit y pourvoir au moyen de la création de ressources nouvelles.

SECTION II.

VALEUR JURIDIQUE DU BUDGET.

3069. Les recettes et les dépenses des communes ne peuvent être faites qu'en vertu du budget de chaque exercice ou d'autorisations supplémentaires (1).

Toute recette, faite en dehors du cadre du budget, quand même il y aurait eu simple omission, au moment de l'établissement du budget, de la prévision de cette recette, est illégale et peut exposer le comptable à des poursuites devant les tribunaux ordinaires en vertu de l'article 174 du Code pénal.

Aucune dépense ne peut être acquittée par les receveurs municipaux, si elle n'a été préalablement ordonnancée sur un crédit régulièrement ouvert (2).

3070. L'inscription d'une recette parmi les prévisions du budget ne donne pas le droit d'effectuer cette recette, tant qu'elle n'a pas été autorisée dans les formes réglementaires, et que le receveur municipal n'est pas muni d'un titre de perception émis par qui de droit et en due forme.

Les actes mêmes de l'autorité supérieure par lesquels sont approuvés les budgets ne ont pas, au delà de leur objet financier, l'effet d'approuver les usages ou règlements municipaux qui pourraient servir de bases à des perceptions illégales (3).

Les crédits ne constituent que de simples prévisions de dépenses: l'ouverture qui en est faite ne donne pas par elle-même le droit d'effectuer la dépense à laquelle ils s'appliquent lorsque, d'après les règlements, une autorisation spéciale est nécessaire (4).

Ainsi, en matière de travaux communaux, lorsque l'on a obtenu par l'adjudication un rabais sur les prévisions du budget, la portion de crédit demeurée libre par suite de ce rabais, ne peut être employée sans une nouvelle autorisation.

Chaque crédit doit servir exclusivement à la dépense pour laquelle il a été ouvert (1). Un maire ne peut, par exemple, faire emploi du crédit, destiné à un traitement de secrétaire de mairie, à une dépense identique, s'il n'y a pas effectivement de secrétaire de mairie (2).

Les administrations locales ne peuvent changer la destination des crédits sans une décision de l'autorité compétente. Aucun virement d'un article à un autre, c'est-à-dire aucune opération consistant à prendre une somme sur un crédit, pour servir à l'acquittement d'une dépense prévue sur un autre crédit qui se trouve insuffisant, ne peut avoir lieu qu'en vertu d'une délibération du conseil municipal approuvée dans la même forme que le budget lui-même.

3071. De ce que les chiffres inscrits au budget ne sont que des évaluations, il résulte que les prévisions du budget ne peuvent préjudicier aux droits qui appartiendraient à la commune ni aux droits des tiers.

Ainsi la Cour de cassation a décidé que les budgets des

---

(1) Inst. gén. 20 juin 1859, art. 811.
(2) Ibid, art. 986.
(3) Cons. d'ÉT. cont. 18 décembre 1839. — Vu la loi du 28 pluviôse an VIII, l'arrêté du 11 germinal an IX, la loi du 18 juillet 1837. — Considérant qu'aux termes de la loi ci-dessus visée et notamment de l'article 1er, les règlements des arrêtés de l'administration municipale, relatifs aux objets qui, par la loi, sont confiés à sa vigilance, peuvent être annulés par l'autorité supérieure; — Considérant que l'effet des ordonnances portant règlement des budgets communaux ne s'étend pas au delà de leur objet purement financier; — Que, dès lors, notre ministre de l'intérieur n'a point excédé les limites de ses pouvoirs, en annulant l'arrêté du commissaire général de police du 24 brumaire an XI, et les autres actes d'administration municipale auxquels il a servi de base. — Rejet.
(4) Inst. gén., art. 981; Cons. d'Et. cont. 7 février 1867. — Le Conseil, vu la requête..... pour la commune de Saint-Denis-des-Monts, tendant à ce qu'il nous plaise d'annuler, pour excès de pouvoir, un arrêté du 22 juillet 1865, par lequel le préfet de l'Eure a ordonnancé au profit du

sieur Duvallet, et pour les travaux de pavage exécutés par cet entrepreneur dans l'intérieur de l'église de la commune de Saint-Denis-des-Monts, le payement d'une somme de 500 francs imputable sur un crédit de 610 francs ouvert au budget additionnel de la commune pour l'exercice 1863, et intitulé : « réparations et entretien de l'église »;—Attendu que, si au mois de mai 1863 une subvention de 500 francs a été accordée à la commune de Saint-Denis-des-Monts pour travaux à l'église de cette commune, le conseil municipal a postérieurement et notamment par une délibération du 20 février 1865, désigné les travaux au payement desquels cette somme devait être affectée, et qu'il ne pouvait appartenir au préfet de changer cette désignation en décidant que ladite somme serait employée au payement des travaux de pavage de l'église, ainsi que le conseil municipal l'avait demandé; — Attendu, enfin, que les travaux de pavage dont il s'agit n'ont pas été ordonnés par le conseil municipal, que leur dépense n'a pas été votée par le conseil, que cette dépense n'a donc pas été régulièrement autorisée, et que, par suite, le préfet n'avait pu en ordonnancer le payement sans méconnaître les prescriptions de l'article 61 de la loi du 18 juillet 1837; — Vu les observations du ministre de l'intérieur; — Vu la loi du 18 juillet 1837 et le décret du 30 décembre 1809 concernant les fabriques d'églises, notamment le chapitre 4; — Considérant que, d'après les dispositions des articles 37, 92, 94 du décret du 30 décembre 1809, 30 et 30 de la loi du 18 juillet 1837, aucune dépense relative à des réparations à faire dans les édifices consacrés au culte ne peut être mise à la charge d'une commune sans que le conseil municipal ait été préalablement appelé à délibérer sur la nécessité de cette dépense, et que, d'après l'article 61 de la loi du 18 juillet 1837, les dépenses régulièrement autorisées et liquidées peuvent seules être ordonnancées par le préfet dans le cas où le maire aurait refusé de les ordonnancer; — Considérant qu'il résulte de l'instruction que les travaux de pavage de l'église de Saint-Denis-des-Monts, pour le maire avait refusé d'ordonnancer la dépense, ont été exécutés sans que le conseil municipal ait été appelé à délibérer, soit sur la nécessité de leur exécution, soit sur la dépense qu'ils ont occasionnée; qu'ainsi cette dépense n'avait pas été régulièrement autorisée; que, dès lors, le préfet a excédé les pouvoirs qui lui sont conférés par l'article 61 de la loi du 18 juillet 1837, en ordonnançant la dépense qui est résultée de l'exécution des travaux de pavage. — Annule.

Cass. req. 7 juillet 1846. — La Cour, attendu, au fond, qu'en administration municipale ou départementale, le vote d'un crédit pour une dépense à faire ne constitue, pas plus que pour l'administration de l'Etat, en faveur de celui qui est ou pourra être chargé des travaux, le maire, le préfet, le ministre, pouvant, sous leur responsabilité, laisser le crédit sans emploi; — Attendu qu'il en est autrement des traités exigés des particuliers en observant toutes les formes administratives exigées, soit pour une subvention relative à un service public, soit pour un secours ou une indemnité, ou à tout autre titre définitif entre l'administration et un particulier; que l'administration ne peut, pas plus que l'ordonnateur, rompre la convention; — Attendu, en fait, que la Cour royale n'a point reconnu que le secours de 15,000 francs ait été voté pour un service à faire, ni sous la condition d'un service préalable, ni sous toute autre condition suspensive ou alternative; — Attendu qu'il est, au contraire, déclaré, en fait, que le secours a été demandé et accordé à titre d'indemnité comme secours extraordinaire, à cause des sinistres éprouvés, secours à des besoins urgents, secours destinés à solder l'arriéré des gages et à prévenir la clôture des théâtres; — Attendu, enfin, que l'arrêt dénoncé a considéré le tiers qui a fourni les fonds comme ayant suivi la foi de l'autorité municipale, en s'unissant dans l'intention que la convention positive entre le maire et le directeur des théâtres fût immédiatement exécutée; — Attendu, dès lors, qu'en jugeant que cette convention régulièrement approuvée devait être exécutée, la Cour royale de Lyon a fait une juste application des lois invoquées. — Rejette.

(1) Inst. gén., art. 982.
(2) Cour des comptes, 22 décembre 1870.

communes n'étant que des aperçus de recettes et de dépenses, prescrits pour l'ordre de la comptabilité, les actes de l'autorité supérieure ou du gouvernement portant approbation de ces budgets ne dépouillent pas les juridictions compétentes de la connaissance qui leur est attribuée des contestations élevées sur les impôts lorsque le fond du droit est contesté (1).

Ainsi, dans le cas où un maire refuserait de délivrer un mandat pour le payement d'une dépense prévue au budget, le préfet, qui est autorisé par l'article 152 de la loi du 5 avril 1884 à prendre, en conseil de préfecture, un arrêté qui tiendrait lieu de mandat, devrait surseoir, si la dépense n'était pas liquide ou si les droits du créancier étaient contestés par la commune (2).

Toutefois l'inscription au budget d'un crédit voté par le conseil municipal peut être considéré comme étant, en principe, une reconnaissance de la dette communale. Ainsi, le Conseil d'État, dans un arrêt du 3 juillet 1822 (3), a décidé que lorsqu'un conseil municipal a porté, au budget d'une commune, une somme pour le loyer du théâtre de la ville, il reconnaît par là même explicitement que ce loyer doit être à la charge de la ville.

CHAPITRE II.

RÈGLEMENT DU BUDGET.

SECTION PREMIÈRE.

POUVOIRS DE L'AUTORITÉ QUI RÈGLE LE BUDGET.

3072. Le budget communal proposé par le maire, voté par le conseil municipal est définitivement réglé par arrêté du préfet ou par décret du gouvernement (4). Ce n'est qu'après ce règlement, cette approbation de l'autorité supérieure que le budget peut être exécuté.

Le budget des villes dont le revenu est de 3 millions de francs au moins est toujours soumis à l'approbation du Président de la République sur la proposition du ministre de l'intérieur. Le revenu d'une ville est réputé atteindre 3 millions de francs lorsque les recettes ordinaires constatées dans les comptes se sont élevées à cette somme pendant les trois dernières années ; il n'est réputé être descendu au-dessous de 3 millions de francs que lorsque, pendant les trois dernières années, les recettes ordinaires sont restées inférieures à cette somme.

Lorsque les revenus de la commune n'atteignent pas 3 millions, c'est au préfet qu'il appartient de statuer.

Les pièces à produire pour le règlement des budgets sont les suivantes (1) :

1° Le compte administratif du maire et celui du receveur : ces deux documents qui se contrôlent l'un par l'autre sont utiles à consulter pour l'établissement du budget ;

2° Le règlement définitif des recettes et des dépenses de l'exercice clos : ce n'est, en effet, qu'après la clôture définitive de chaque exercice, que la situation financière des communes peut être établie de manière à prouver un excédent quelconque à transporter à l'exercice suivant ;

3° Le rapport du maire et les délibérations du conseil municipal : ces documents servent à éclairer l'administration supérieure sur la valeur et sur la régularité de l'inscription des différents articles du budget ;

4° Un cahier d'observations détaillées de l'administration municipale : ce cahier doit résumer , en suivant l'ordre des articles du budget, la nature et les motifs, tant des propositions du maire que des votes du conseil municipal sur chaque allocation, soit en recette, soit en dépense : les explications données dans ce cahier devront être assez détaillées pour que l'autorité supérieure puisse y trouver toutes les lumières nécessaires à l'examen approfondi qu'elle doit faire de toutes les parties du budget, des opérations qui exigent une autorisation spéciale, que cette autorisation ait été déjà obtenue, ou que la demande soit en cours d'instruction, et de la situation financière de la commune.

5° Le tableau du budget en triple expédition.

Ces pièces sont adressées à la préfecture par l'intermédiaire du sous-préfet qui donne son avis.

Lorsque le budget doit être réglé par décret, le préfet joint à ces pièces ses propres observations et les transmet au ministre de l'intérieur.

Les budgets qui ne seraient pas accompagnés des pièces ci-dessus indiquées devraient être considérés comme n'étant pas en état d'examen.

3073. Le règlement du budget par l'autorité supérieure a pour objet de vérifier et de déterminer d'une manière définitive les prévisions de recettes et les autorisations de dépenses.

En ce qui concerne les recettes, l'autorité qui règle le budget peut augmenter les prévisions qui lui paraîtraient insuffisantes et réduire celles qui seraient exagérées ; elle peut même ajouter des recettes qui auraient été omises par le conseil municipal, et supprimer celles dont la réalisation serait douteuse.

En ce qui concerne les dépenses, l'autorité qui règle le budget a également, en principe, le droit de réduire ou de rejeter les crédits ouverts par le conseil municipal ; de même, dans certain cas, le droit de les augmenter ou d'en ouvrir de nouveaux, mais les articles 145, 147 et 148 de la loi du 5 avril 1884 ont restreint ses droits de la manière suivante :

Lorsque le budget pourvoit à toutes les dépenses obligatoires et qu'il n'applique aucune recette extraordinaire aux dépenses, soit obligatoires, soit facultatives, ordinaires ou extraordinaires, les allocations portées au budget pour les dépenses facultatives ne peuvent être modifiées par l'autorité supérieure (art. 145) et, à plus forte raison, les allocations portées pour des dépenses obligatoires.

---

(1) Cass. civ. 25 mars 1840. — La Cour, En ce qui touche la fin de non-recevoir tirée de l'ordonnance portant approbation du budget de la ville de Besançon pour l'année 1837 ; — Attendu que les budgets des communes ne sont que des aperçus des recettes et des dépenses prescrits pour l'ordre de la comptabilité ; — Attendu qu'en réduisant à 23,770 francs le dixième du produit de son octroi qui se trouvait porté à 46,270 francs dans les budgets des années précédentes, la ville de Besançon n'a fait qu'énoncer une prétention sur laquelle il n'a pas pu être statué hors la présence de l'administration des contributions indirectes chargée du recouvrement du dixième attribué au Trésor public par l'article 253 de la loi du 20 avril 1810 ; — Attendu qu'il s'agissait d'une question élevée sur le fond du droit, et que les contestations de cette nature sont de la compétence des tribunaux ; qu'il suit de là qu'en se fondant sur l'ordonnance royale du 24 janvier 1837, pour rejeter par fin de non-recevoir la réclamation de la régie, le tribunal civil de Besançon a méconnu.... — Cassé.

(2) Cons. d'Ét. cont. 21 avril 1848. — Une contestation s'était élevée entre la ville de Nancy et la fabrique de l'église de Saint-Epvre, au sujet de l'indemnité du logement du curé de la paroisse. Une indemnité de logement de 600 francs avait été votée par le conseil municipal de Nancy. La fabrique soutenait qu'au cas même où il serait décidé que la ville ne devait pas payer le logement du curé, elle devait tout au moins payer la somme de 600 francs. — Arrêt : Sur les conclusions subsidiaires : — Considérant qu'il résulte de l'instruction que la fabrique de Saint-Epvre a refusé de justifier de l'insuffisance de son revenu pour l'exercice 1840, conformément aux prescriptions de l'article 93 du décret du 30 décembre 1809 ; que, dès lors, le maire de Nancy a pu refuser d'ordonnancer, au profit de ladite fabrique, la somme de 600 francs destinée à l'indemnité de logement du curé pour ledit exercice.... — Rejette.

(3) Cons. d'Ét. cont. 3 juillet 1822. — Considérant que le conseil municipal ayant proposé, par sa délibération du 10 août 1813, de porter dans son budget de 1814 la somme de 15,000 francs pour le loyer du Grand-Théâtre, a reconnu explicitement que ce loyer devait être à la charge de la ville ; que les payements qui ont eu lieu en 1814 et 1815 pour ces objets ont été faits sans réserve par la caisse de la ville ; qu'ainsi la ville de Marseille est non recevable dans ses réclamations contre les arrêtés du préfet, décisions ministérielles et allocations au budget, postérieurs à la délibération ci-dessus visée, qui mettaient à la charge de la commune les sommes dues pour l'arriéré de ces loyers... — Rejette.

(4) L. 5 avril 1884, art. 145.

(1) Circ. Int. 20 avril 1884.

La somme inscrite au budget pour dépenses imprévues ne peut être réduite ou rejetée qu'autant que les revenus ordinaires, après avoir satisfait à toutes les dépenses obligatoires, ne permettraient pas d'y faire face (art. 147) : il en serait de même si ce crédit était imputé sur des ressources extraordinaires, à condition que ces ressources ne fussent affectées qu'à des dépenses extraordinaires obligatoires et facultatives.

Enfin, l'autorité qui règle le budget ne peut augmenter les dépenses ou en introduire de nouvelles qu'autant qu'elles sont obligatoires : et encore l'exercice de ce droit est-il soumis à certaines formalités qui sont la garantie des communes. Mais, d'autre part, aucune disposition de loi ne limite à l'exercice courant le droit qui appartient à l'autorité supérieure d'inscrire d'office au budget d'une commune les dépenses obligatoires auxquelles le conseil municipal, dûment mis en demeure, a refusé de pourvoir, ou pour lesquelles il n'a alloué que des crédits insuffisants : l'inscription d'office peut donc s'appliquer à toute dépense obligatoire, même appartenant à un exercice clos (1).

Si, après le vote et l'approbation du budget communal, des crédits sont reconnus nécessaires, ils doivent, après avoir été votés par le conseil municipal, être soumis à l'approbation de la même autorité qui a réglé le budget.

Il en est de même des divers chapitres de recettes et de dépenses qui forment le budget additionnel; toutefois, en ce qui concerne les recettes, il ne s'agit que des ressources nouvelles que le conseil municipal aurait besoin de créer; les augmentations sur les prévisions de recettes du budget primitif doivent être rattachées, sans aucune autre formalité, à ce budget, quand même leur constatation permettrait d'introduire dans le budget additionnel de nouvelles dépenses.

Le budget primitif peut être réglé en déficit lorsqu'il est démontré que ce déficit pourra être couvert par les ressources que l'exercice précédent lui léguera au moment de sa clôture et qui figureront en recette au budget supplémentaire (1). Mais le budget supplémentaire ne peut être réglé en déficit, à moins que ce déficit ne puisse être couvert par l'excédent de recettes du budget primitif.

3074. S'il s'élève une contestation sur l'interprétation d'un article du budget, l'autorité compétente, pour donner cette interprétation, est celle qui a autorisé le budget : ainsi, elle sera donnée par décret, si le budget a été approuvé par décret, elle le sera par arrêté du préfet dans le cas contraire.

Le recours contre l'arrêté du préfet qui a prononcé par voie d'interprétation doit être porté devant le ministre de l'intérieur (2).

SECTION II.

ABSENCE DE BUDGET.

3075. Dans le cas où, pour une cause quelconque, le budget d'une commune n'aurait pas été définitivement réglé avant le commencement de l'exercice, les recettes et les dépenses ordinaires continuent, jusqu'à l'approbation de ce budget, à être faites conformément à celui de l'année précédente (3).

Cette disposition reçoit son application dans tous les cas où, par suite de circonstances exceptionnelles, voire même de négligence de la part des autorités municipales, le budget n'a pu être présenté à l'approbation du préfet ou du gouvernement, soit que le conseil municipal n'ait pas achevé en temps utile le vote du budget, soit même que cette opération n'ait pas été faite avant le 1er janvier.

Mais elle ne saurait être appliquée, au moins pour les dépenses, au cas où le conseil municipal aurait refusé d'une manière expresse de voter le budget : la règle à suivre, dans cette occurrence, est tracée dans l'article 149 de la loi du 5 avril 1884, dont nous nous occuperons plus loin, à l'occasion des inscriptions d'office : les dépenses obligatoires, seules, ordinaires ou extraordinaires, pourraient être inscrites d'office et après que le conseil municipal aurait été appelé, au préalable, à en délibérer.

3076. En autorisant, dans le cas où le budget n'a pas été réglé avant l'ouverture de l'exercice, la perception des recettes ordinaires, la loi n'a eu en vue que les ressources pour lesquelles l'autorisation nécessaire subsistait encore pour l'année nouvelle. Ainsi, un tarif d'octroi qui serait arrivé à terme au 31 décembre, ne pourrait servir de base à de nouvelles perceptions, bien que la recette ait été comprise dans le budget de l'année précédente parmi les recettes ordinaires.

D'un autre côté, les autorisations données dans le cours de l'année, bien que non comprises dans le budget de cette même année, pourront être appliquées, s'il s'agit de recettes ordinaires, dès le commencement de l'année suivante, dans le cas où le nouveau budget n'aurait pu être réglé en temps utile (4).

Quant aux dépenses ordinaires qui peuvent être effectuées conformément au budget de l'année précédente, ce sont celles qui ont un caractère annuel et permanent et dont l'exécution est indispensable à la vie communale.

3077. Dans le cas où il n'y aurait eu antérieurement aucun

(1) Cons. d'Ét. cont. 16 juillet 1875 (Toulon). — Le Conseil, Vu la loi du 15 mars 1850, articles 36 et 37; la loi du 10 avril 1867 et celle du 18 juillet 1837; — Vu la loi des 7-14 octobre 1790 et celle du 24 mai 1872; — Considérant qu'aux termes des articles 36 et 37 de la loi du 15 mars 1858 et 3 et 9 de la loi du 10 avril 1867 combinés, les communes sont tenues de fournir aux institutrices et aux adjointes, chargées des écoles communales où la gratuité est établie, un traitement dont les bases sont fixées par lesdits articles; — Considérant que la ville de Toulon soutient, il est vrai, qu'il résulterait soit d'un acte d'acquisition du 31 août 1711, soit d'une ordonnance royale du 10 décembre 1830 approbative d'une délibération du conseil municipal de Toulon des 4-11 juin précédents, dont l'interprétation appartiendrait aux tribunaux civils, que la jouissance de la maison où sont établies les écoles des dames de Saint-Maur leur a été concédée sous la condition de donner gratuitement l'enseignement aux jeunes filles pauvres de Toulon, et que la ville ne doit aucun traitement auxdites religieuses; — Mais, considérant que, jusqu'à ce que cette prétention de la ville ait été jugée par qui de droit, la dépense du traitement des sœurs attachées aux écoles communales constitue pour la ville une dépense obligatoire, et que le préfet, en constatant d'office cette dépense à laquelle le conseil municipal refusait de faire face, a usé des pouvoirs qu'il tient des articles 30 et 37 de la loi du 18 juil. et 1837; — Considérant, d'ailleurs, que la ville de Toulon n'allègue pas que le chiffre des traitements inscrits d'office par le préfet et qui est le même que celui qui était porté depuis plusieurs années au budget municipal, soit établi sur d'autres bases que celles qui sont fixées par la loi qu'il n'y a pas lieu, dès lors, d'annuler de ce chef et pour excès de pouvoirs l'arrêté préfectoral attaqué; — Considérant que la ville de Toulon soutient, en outre, que les traitements inscrits d'office sont afférents à des périodes pendant lesquelles les dames de Saint-Maur avaient cessé d'exercer leurs fonctions d'institutrices communales; — Considérant qu'il est établi par l'instruction qu'au moment où elles ont été dépossédées de leurs écoles par le maire de Toulon, en exécution d'une délibération du conseil municipal du 2 août 1871, approuvée le 29 du même mois par le préfet du Var, les dames de Saint-Maur dirigeaient en qualité d'institutrices communales, les écoles publiques gratuites de filles établies à Toulon, rue Bonnefoy et rue Saint-Roch, conformément à une décision du conseil départemental du Var, approuvée le 21 novembre 1868 par le ministre de l'instruction publique; — Considérant que les actes précités de l'autorité municipale et du préfet ont été annulés pour excès de pouvoirs par décision du Conseil d'État, en date du 24 janvier 1873, et qu'en décidant dans ces circonstances, par son arrêt attaqué, que les dames de Saint-Maur, qui n'ont pas été régulièrement privées de leur titre d'institutrices communales, ont droit au traitement que la loi assure aux institutrices publiques et en inscrivant d'office cette dépense au budget de la ville, le préfet du Var n'a fait que régler les conséquences de la décision précitée du Conseil d'État, et n'a pas, dès lors, excédé ses pouvoirs; — Considérant que la ville de Toulon soutient, en dernier lieu, que les traitements inscrits d'office au budget additionnel de 1873, correspondent pour partie à des exercices clos, et que les budgets ont été régulièrement approuvés; — Considérant qu'aucune disposition de loi ne limite à l'exercice courant le droit qui appartient à l'autorité supérieure, en vertu de l'article 39 de la loi du 18 juillet 1837, d'inscrire d'office au budget d'une commune les dépenses obligatoires auxquelles un conseil municipal dûment mis en demeure aurait refusé de pourvoir. — Rejette.

(1) Circ. int. 15 juin 1836.
(2) Cons. d'Ét. cont. 8 janvier 1836. — Vu la loi du 28 pluviôse an VIII, l'arrêté du 4 thermidor an x, et l'ordonnance du 21 août 1821. — Considérant qu'en interprétant un article du budget par lui approuvé, le préfet de Seine-et-Marne n'a pas excédé ses pouvoirs, et que l'arrêté par lui rendu ne pouvait être déféré directement qu'à notre ministre de l'intérieur. — Rejet.
(3) L. 5 avril 1884, art. 150.
(4) Déc. min. int. 22 janvier 1885 (Clermont-Ferrand).

budget établi (pour une commune de nouvelle création, par exemple), l'article 150 de la loi du 5 avril 1884 décide, que, si le budget n'a pu être réglé en temps utile il pourra être établi d'office par le préfet, statuant en conseil de préfecture. Dans ce cas, le budget peut comprendre des dépenses facultatives : il n'en serait pas de même, comme il a été dit plus haut (voy. n° 3075), si l'absence de budget résultait d'un refus formel du conseil municipal.

SECTION III.

INSCRIPTIONS ET IMPOSITIONS D'OFFICE.

3078. L'autorité qui règle le budget ne peut augmenter les dépenses portées au budget ou en introduire de nouvelles que dans les cas suivants :

Si un conseil municipal n'alloue pas les fonds exigés par une dépense obligatoire ou n'allouait qu'une somme insuffisante, l'allocation est inscrite au budget par décret du Président de la République pour les communes dont le revenu est de 3 millions et au-dessus, et par arrêté du préfet, en conseil de préfecture, pour les autres communes dont le revenu est inférieur à 3 millions (1).

Dans le cas où un conseil municipal rejette en bloc le budget, le préfet établit, en conseil de préfecture, un budget qui ne comprend que les dépenses obligatoires.

Mais la loi, en même temps qu'elle fournissait à l'autorité supérieure le moyen de triompher de la résistance ou de l'inertie d'un conseil municipal qui pouvait préjudicier aux intérêts de la commune, a voulu donner à la commune des garanties en soumettant l'exercice du droit conféré à l'autorité supérieure à des formalités particulières.

3079. Les seules dépenses qui puissent être inscrites ou augmentées d'office par le gouvernement ou le préfet sont les dépenses obligatoires, c'est-à-dire celles qui touchent à l'intérêt général, de telle sorte qu'on ne pourrait, sans inconvénient, les abandonner à l'appréciation arbitraire des conseils municipaux.

Le caractère obligatoire de la dépense ne doit pas être contesté et, à moins qu'il n'appartienne à l'autorité investie du droit d'inscription d'office, de trancher la difficulté, l'inscription d'office ne peut avoir lieu tant que l'obligation de la commune n'est pas définitivement établie. Si la contestation portant sur le caractère obligatoire de la dépense était de la compétence d'un autre tribunal ou d'une autre administration, le gouvernement ou le préfet devrait surseoir à l'inscription d'office, jusqu'à ce qu'il ait été statué par ce tribunal ou par cette administration. Cette difficulté peut se rencontrer principalement lorsque la contestation porte sur le point de savoir si la dépense a pour but de couvrir une dette exigible de la commune (2).

3080. Aucune inscription d'office ne peut être opérée sans que le conseil municipal ait été, au préalable, appelé à prendre une délibération spéciale à ce sujet (1).

Si le conseil municipal saisi d'une réclamation des ayants droit, même par le préfet, refuse de voter le crédit nécessaire pour l'inscription d'office : la loi de 1884, reproduisant les dispositions des lois qui l'ont précédée, exige que le préfet adresse au conseil municipal une mise en demeure l'avertissant que la dépense lui est réclamée comme obligatoire et l'invitant à délibérer à nouveau (2).

De plus, si, après cette mise en demeure, le conseil municipal refuse d'inscrire la dépense d'office à son budget, il doit y être pourvu, si le budget est réglé par le préfet, par un arrêté spécial pris en Conseil de préfecture, et si le budget est réglé par le gouvernement, par un décret spécial, le crédit nécessaire ne pourrait pas être compris dans l'arrêté ou le décret qui règle le budget.

---

(1) L. 5 avril 1884, art. 149.
(2) Cons. d'Et. cont. 10 février 1869, L. p. 136 ; Cons. d'Et. cont. 15 décembre 1869, L. p. 258 ; Cons. d'Et. cont. 22 novembre 1878. — Le Conseil, En ce qui concerne la contribution extraordinaire de vingt centimes additionnels au principal des contributions directes destinée à faire face aux intérêts d'un emprunt communal pour le payement du solde des travaux de l'église et les 20 centimes additionnels ajoutés à l'imposition de 65 centimes votée par le conseil municipal pour insuffisance de revenus et formant une des annuités destinées à rembourser un emprunt pour les dépenses de la défense nationale ; — Considérant qu'aux termes des articles 38 et 39 de la loi du 18 juillet 1837 les dépenses proposées au budget ne peuvent être augmentées, qu'il ne peut y en être introduit de nouvelles par arrêté du préfet qu'autant qu'elles sont obligatoires, et que le conseil municipal doit être préalablement appelé à en délibérer ; — Considérant que le conseil municipal de Générac n'a pas inscrit au budget des dépenses de la commune pour l'année 1875, les annuités nécessaires au remboursement des emprunts pour le payement des travaux de l'église et pour la défense nationale, et n'a pas porté au budget des recettes les centimes additionnels, dont la perception aurait été nécessaire pour subvenir à ces dépenses ; — Que, dans ces circonstances si le préfet du Gard reconnaissait aux dépenses dont il s'agit un caractère obligatoire, il ne pouvait inscrire d'office au budget, en vertu de l'article 39 de la loi précitée, les allocations nécessaires qu'après avoir mis le conseil municipal en demeure de délibérer à nouveau sur la question ; — Que dès lors, lesdites impositions n'ont pas été régulièrement autorisées et que les requérants sont fondés à en demander décharge. En ce qui concerne les 3 centimes 8 dixièmes additionnels inscrits au budget pour insuffisance de revenus ; — Considérant que ces centimes sont compris dans 65 centimes votés par le conseil municipal de Générac pour suppléer à l'insuffisance de revenus ; — Qu'ils ont été régulièrement établis, et que, dès lors, les requérants ne sont pas fondés à en demander décharge. — Accorde décharge de 40 centimes additionnels. Cons. d'Et. cont. 14 novembre 1879. — Le Conseil, Vu les lois des 7-14 octobre 1790 et 24 mai 1872 ; — Vu la loi du 18 juillet 1837 ; — Considérant qu'aux termes de l'article 39 de la loi du 18 juillet 1837, si le conseil municipal n'alloue pas les fonds exigés pour une dépense obligatoire, l'allocation nécessaire sera inscrite au budget de la commune par arrêté du préfet en conseil de préfecture ; — Mais que dans tous les cas, le conseil municipal devra être préalablement appelé à en délibérer ; — Considérant que, par délibération en date du 10 novembre 1875, le conseil municipal de la ville de Blois a refusé de porter à 4,200 francs le traitement des frères de l'école communale de la place Saint-Vincent, et a maintenu le crédit de 3,060 francs fixé lors du vote des dépenses de l'instruction primaire pour la ville de Blois, après avoir été appelé par le préfet, dans une lettre adressée le 9 août 1875 au maire de Blois, à délibérer sur une réclamation du supérieur général de l'Institut des frères des écoles chrétiennes au sujet du taux du traitement des frères de l'école communale ; — Que cette lettre n'avertissant pas le conseil municipal que cette dépense était réclamée par l'administration comme obligatoire ; et qu'elle ne saurait, dans les termes où elle était rédigée, être considérée comme la mise en demeure prescrite par l'article 39 de la loi du 18 juillet 1837 ; —. Que, par suite, la ville de Blois était fondée à demander l'annulation de l'arrêté du 20 décembre 1875 par lequel, le préfet a modifié au budget de la ville de Blois pour 1876, une somme de 1,200 francs, comme n'ayant pas été précédé de l'accomplissement des formalités exigées par l'article précité... — Annule. Cons. d'Et. cont. 21 novembre 1879. — Le Conseil, Vu le décret du 30 mai 1806, le décret du 30 décembre 1809 et la loi du 18 juillet 1837 ; — Vu l'ordonnance royale du 28 septembre 1847, notamment l'article 40 déclarant obligatoires pour les communes d'Algérie les dépenses du culte, mises à la charge des communes par les lois, ordonnances et arrêtés. Sur le moyen tiré de ce que l'arrêté attaqué aurait été pris en violation des dispositions de l'article 39 de la loi de 1837 ; — Considérant que l'article 50 de l'ordonnance du 28 septembre 1847 a rendu applicables en Algérie les dispositions de l'article 39 de la loi du 18 juillet 1837, aux termes duquel, si un conseil municipal n'alloue pas les fonds exigés pour une dépense obligatoire, l'allocation nécessaire peut être inscrite d'office au budget ; dans tous les cas, le conseil municipal doit être préalablement appelé à en délibérer ; — Considérant que, lors de la discussion du budget de la ville d'Alger pour l'exercice 1876, le conseil municipal, par sa délibération du 16 novembre 1875, a adopté les conclu-

(1) L. 5 avril 1884, art. 149.
(2) Cons. d'Et. cont. 21 mars 1879 (Saintes). — Considérant que, par la convention du 16 novembre 1857, la ville de Saintes s'était engagée à mettre gratuitement à la disposition des lignes télégraphiques un local convenable pour l'établissement d'une station télégraphique ; et qu'en exécution de cette convention, elle a loué, à cet effet, une maison dont le loyer, montant à 800 francs, a été annuellement inscrit à son budget ; mais qu'à l'expiration de ce bail, la direction des télégraphes, ayant déclaré ce local insuffisant, a loué une maison moyennant le prix annuel de 1,200 francs, et que le conseil municipal ayant refusé de prendre ledit loyer à sa charge, en se fondant sur ce que le bureau télégraphique, à raison du développement de son importance, avait cessé de répondre au but que la ville s'était proposé en 1857, le préfet de la Charente-Inférieure a inscrit d'office au budget de la ville de Saintes, pour l'exercice 1876, la somme de 1,200 francs ; — Considérant que la dépense dont il s'agit dans l'espèce n'est pas au nombre de celles, qui, d'après l'article 30 de la loi du 18 juillet 1837, sont obligatoires par nature, et ne pouvait devenir obligatoire que si elle constituait une dette exigible ; mais considérant qu'en l'absence d'une décision de l'autorité compétente pour statuer sur la contestation existant entre la ville de Saintes et l'administration des télégraphes, il n'appartenait pas au préfet de donner à ladite dépense le caractère d'une dette exigible ; — Que, dès lors, le préfet n'a pu, sans excéder ses pouvoirs, ordonner l'inscription de ladite dépense au budget de la ville de Saintes, par application de l'article 39 de la loi de 1837... —.Annule.

Dans les villes ayant plus de 40,000 habitants, si le conseil municipal n'allouait pas les fonds exigés pour la dépense du personnel chargé du service de la police, ou n'allouait qu'une somme insuffisante, l'allocation nécessaire serait inscrite au budget par décret du Président de la République, le Conseil d'Etat entendu (1). Cette disposition déroge au droit commun en matière d'inscription d'office en ce que, quel que soit le montant des ressources de la commune, le crédit nécessaire doit être inscrit par décret, et en ce que le Conseil d'Etat doit être entendu. (Voy. *supra*, n° 2085 et suiv.)

3081. S'il s'agit d'une dépense annuelle et variable de sa nature, le chiffre en est fixé sur sa quotité moyenne pendant les trois dernières années. S'il s'agit d'une dépense annuelle et fixe de sa nature ou d'une dépense extraordinaire, elle est inscrite pour sa quotité réelle (2).

On entend par dépenses fixes non seulement celles dont la quotité est invariablement déterminée par l'acte d'autorisation ou par un contrat passé avec la commune, mais encore celles dont la base est déterminée d'une manière certaine par des lois et règlements généraux ou locaux de telle manière qu'on puisse d'avance en établir le montant.

Les dépenses variables sont celles dont le chiffre ne peut être déterminé que par une appréciation des besoins de la commune ou des services municipaux.

3082. L'arrêté par lequel un préfet, en conseil de préfecture, met un conseil municipal en demeure d'inscrire d'office à son budget une dépense considérée comme obligatoire n'est qu'un acte d'administration non susceptible de recours au contentieux. Il n'en est pas de même des arrêtés préfectoraux ou des décrets portant inscription d'office. Ces actes peuvent être attaqués devant le Conseil d'Etat, si l'inscription d'office porte préjudice aux droits de la commune (1).

Lorsque des particuliers demandent au préfet d'inscrire d'office au budget d'une commune la somme nécessaire pour l'acquittement d'une dette qu'ils prétendent communale, le préfet a qualité pour examiner et statuer (2).

3083. La décision par laquelle le préfet refuse d'inscrire d'office une dépense au budget communal ne peut donner lieu à un recours contentieux : l'inscription d'office est une faculté dont l'autorité supérieure peut ne pas user (3). C'est une conséquence du principe qui avait été formulé dans la loi de 1837 (4) et d'après lequel la décision prononçant la radiation d'une dépense inscrite au budget communal est un acte de pure administration qui ne peut donner lieu à aucun recours.

3084. L'autorité supérieure, une fois la dépense inscrite d'office, a le droit d'assurer l'exécution de la décision qu'elle a prise en créant également d'office les ressources nécessaires pour l'acquittement de la dépense.

Si les ressources de la commune sont insuffisantes pour subvenir aux dépenses obligatoires inscrites d'office, il y est pourvu par le conseil municipal, ou, en cas de refus de sa part, au moyen d'une contribution extraordinaire établie d'office par un décret, si la contribution extraordinaire n'excède pas le maximum à fixer annuellement par la loi de finances, et par une loi spéciale, si la contribution doit excéder ce maximum (5).

---

sions d'un rapport tendant à n'inscrire aucun crédit pour les indemnités de logement des curés ; — Que, mis en demeure de pourvoir à cette dépense par la dépêche du préfet d'Alger, en date du 11 décembre 1875, il a délibéré de nouveau sur la question le 22 janvier 1876, et a refusé de se conformer à l'injonction du préfet ; — Que, dans ces circonstances, la ville d'Alger n'est pas fondée à soutenir que l'arrêté attaqué a été pris en violation des formes prescrites par l'article 39 de la loi du 18 juillet 1837. — Annule.

Cons. d'Et. cont. 13 février 1880. — Le Conseil, Vu la loi du 18 juillet 1837 ; — Vu les lois des 15 mars 1850, 10 avril 1867 et 19 juillet 1875 ; — Vu la loi de finances du 3 août 1875.

Sur le pourvoi du sieur Tridon : Considérant qu'il résulte de l'instruction et notamment de l'examen du budget de la commune de Charny, pour l'année 1876, que les recettes ordinaires ont présenté sur les dépenses, auxquelles elles étaient destinées à pourvoir, un déficit de 1,039 fr. 35 ; — Que le conseil municipal de Charny a voté les 3 centimes spéciaux de l'instruction primaire autorisés par l'article 40 de la loi du 15 mars 1850, les 4 centimes extraordinaires autorisés par l'article 8 de la loi du 10 avril 1867 pour l'établissement de la gratuité ; — Que les recettes spéciales au service de l'instruction primaire, même augmentées du produit du quatrième centime autorisé par la loi du 19 juillet 1875, n'ont pas dépassé la somme de 1,140 francs et ont été insuffisantes pour assurer le payement des institutrices et instituteurs montant à 3,700 francs ; — Que, pour combler le déficit provenant à la fois de l'insuffisance des recettes ordinaires et de l'insuffisance des recettes spéciales à l'instruction primaire, le conseil municipal de Charny a voté une imposition extraordinaire de plus de 40 centimes additionnels au principal des quatre contributions directes ; — Considérant que le conseil municipal, en votant, à titre d'imposition pour insuffisance de revenus, lesdits centimes additionnels dont le produit était destiné jusqu'à concurrence d'une somme de 2.560 francs à faire face aux dépenses de l'instruction primaire, a dépassé le maximum des centimes spéciaux dont la perception est autorisée par la loi de finances du 3 août 1875 ; — Que, dès lors, le sieur Tridon est fondé à demander décharge des centimes additionnels imposés pour insuffisance de revenus et affectés jusqu'à concurrence d'une somme de 2,560 francs au service de l'instruction primaire ; — Qu'ainsi c'est à tort que le conseil de préfecture lui a seulement accordé décharge de la part afférente à ces contributions dans l'imposition des centimes additionnels devant produire la somme de 1,014 fr. 45.

En ce qui concerne les centimes additionnels imposés extraordinairement pour le payement des réquisitions de guerre : — Considérant qu'aux termes des articles 38 et 39 de la loi du 18 juillet 1837 les dépenses proposées au budget ne peuvent être augmentées, qu'il ne peut y en être introduit de nouvelles par l'arrêté du préfet qu'autant qu'elles sont obligatoires, et que le conseil municipal doit être préalablement appelé à en délibérer ; — Considérant que le conseil municipal de Charny n'a pas inscrit au budget des dépenses de la commune pour l'année 1876 les annuités nécessaires au remboursement des avances faites pour le payement des réquisitions de guerre et n'a pas porté au budget des recettes les centimes additionnels dont la perception aurait été nécessaire pour subvenir à ces dépenses ; — Que, dans ces circonstances, si le préfet de l'Yonne reconnaissait aux dépenses dont il s'agit un caractère obligatoire, il ne pouvait inscrire d'office au budget en vertu de l'article 39 de la loi précitée, les allocations nécessaires qu'après avoir mis le conseil municipal en demeure de délibérer à nouveau sur la question ; — Que dès lors ladite imposition, ne pouvant être inscrite au budget que pour faire face au payement de ces annuités, n'a pas été régulièrement autorisée, et que c'est avec raison que le conseil de préfecture en a accordé décharge aux trente-cinq contribuables qui l'ont réclamée ; — Art. 1er. Il est accordé décharge au sieur Tridon, indépendamment des centimes additionnels dont il a été déchargé par le conseil de préfecture, des centimes additionnels au principal des quatre contributions directes qu'ont été votés par le conseil municipal de Charny à titre d'imposition pour insuffisance de revenus devant produire la somme de 1,545 fr. 35.

(1) L. 5 avril 1884, art. 103.
(2) L. 5 avril 1884, art. 149.

(1) Cons. d'Et. cont. 23 novembre 1850. — Le Conseil, Vu la loi du 18 juillet 1837, article 30, paragraphe 16, et article 19 ; — Considérant que l'arrêté en date du 10 septembre 1844, par lequel le préfet d'Indre-et-Loire, en conseil de préfecture, a mis le conseil municipal de Chinon en demeure d'inscrire d'office à son budget la somme nécessaire pour réparer les pavés du quai, n'est qu'un acte d'administration qui ne fait pas obstacle à ce que la ville de Chinon attaque devant qui de droit toute inscription d'office à son budget portant préjudice à ses droits. — Rejette.

(2) Cons. d'Et. cont. 19 octobre 1837. — Les sieurs Forbin d'Oppède, se prétendant créanciers, en vertu d'un titre remontant à 1733, de la commune de Cavaillon, demandèrent au préfet de Vaucluse d'inscrire au budget de la commune une somme nécessaire à l'acquittement de leur prétendue dette. Le préfet rejeta la demande par le motif que la dette était devenue nationale. — Pourvoi.

Le conseil, Vu la loi du 24 août 1793. — Considérant qu'il résulte de l'instruction que le préfet a été saisi par les réclamants de la question sur laquelle il a été statué par l'arrêt attaqué ; — Considérant qu'en rejetant la demande par le motif qu'il avait inscrit d'office au budget d'user du droit qui lui est conféré par la disposition précitée, l'administration supérieure accomplit dans la limite de ses pouvoirs, un acte qui n'est pas susceptible d'être déféré au Conseil d'Etat par la voie contentieuse. — Annule.

Cons. d'Et. cont. 4 août 1876. — Considérant que, par l'arrêté attaqué du 24 août 1875, le préfet du Doubs s'est borné, sur l'invitation qui lui a été adressée par le ministre de l'intérieur, à rapporter un précédent arrêté du 5 juin 1875, par lequel il avait inscrit d'office au budget de la commune d'Ecole un crédit de 230 francs, représentant le prix de vingt-trois permis de chasse délivrés à des habitants de la ville de Besançon sur l'avis du maire d'Ecole ; — Considérant que l'article 39 de la loi du 18 juillet 1837 donne à l'administration le droit d'inscrire d'office aux budgets des communes les dépenses obligatoires pour lesquelles les conseils municipaux n'allouaient pas les fonds exigés, le refus fait par l'administration d'user de cette faculté ne saurait donner ouverture à un recours contentieux au profit de ceux qui se prétendraient créanciers des communes ; — Que, dès lors, en rapportant son arrêté du 5 juin 1875, le préfet du Doubs a pris une décision qui n'est pas de nature à être déférée au conseil d'Etat par la voie contentieuse. — Rejet.

(4) L. 18 juillet 1837, art. 40.
(5) L. 5 avril 1884, art. 149.

Pour que l'autorité supérieure puisse recourir à l'imposition d'office, il est nécessaire que le conseil municipal ait été mis en demeure d'assurer le payement de la dépense inscrite d'office, et qu'il ait répondu par un refus formel, ou, si un délai lui a été fixé, qu'il n'ait pris aucune mesure à ce sujet.

D'ailleurs, l'imposition d'office peut être établie non seulement dans le cas où la dépense a été inscrite d'office au budget, mais encore lorsque, la dépense ayant été normalement comprise dans le budget après avoir été votée par le conseil municipal, ce dernier refuse de voter les ressources nécessaires pour y faire face.

3085. Lorsqu'il y a lieu d'établir d'office une contribution extraordinaire, il faut distinguer si cette contribution doit excéder le maximum autorisé annuellement pour cet objet par les lois de finances; ce maximum est, depuis un certain nombre d'années, fixé à 10 centimes additionnels, et à 20 centimes lorsqu'il s'agit de pourvoir à l'exécution de condamnations judiciaires. Si la contribution doit excéder ce maximum, une loi spéciale est nécessaire; dans le cas contraire, il y est pourvu par un décret du Président de la République.

Un arrêté du préfet suffit dans le cas prévu par l'article 5 de la loi du 21 mai 1836 sur les chemins vicinaux : si un conseil municipal n'a pas voté, dans la session désignée à cet effet, les prestations et centimes nécessaires pour faire face aux dépenses d'entretien des chemins vicinaux, le préfet peut, d'office, imposer la commune dans la limite du maximum déterminé par ladite loi, c'est-à-dire jusqu'à concurrence de trois journées de prestations et de 5 centimes additionnels.

Un avis de la section de l'intérieur du Conseil d'État du 28 décembre 1854 décide que dans le maximum autorisé annuellement par les lois de finances ne sont pas comprises les impositions spéciales qu'il y aurait lieu d'établir d'office pour les dépenses ordinaires des chemins vicinaux ou de l'instruction primaire, ou pour le salaire des gardes champêtres; ces impositions peuvent donc, quelle qu'en soit l'importance, être établies par décret (1).

Les mêmes formalités devraient être observées dans le cas où, un conseil municipal ayant rejeté le budget dans son entier, il deviendrait nécessaire de pourvoir par des impositions d'office au payement des dépenses obligatoires ou extraordinaires inscrites d'office par l'autorité supérieure.

3086. D'autres mesures coercitives peuvent être employées dans certains cas déterminés pour vaincre la résistance des communes à exécuter les dépenses obligatoires.

Ainsi, pour le payement des frais de construction et d'appropriation des maisons d'école louées ou acquises, et des frais d'acquisition du mobilier scolaire, à défaut d'un vote du conseil municipal ou sur son refus, le préfet, après avis du conseil général, et, si l'avis du conseil général est négatif, en vertu d'un décret du Président de la République rendu en Conseil d'État, pourvoit d'office à l'acquittement de cette dépense soit par un prélèvement sur les ressources disponibles de la commune, soit, en cas d'insuffisance de ces ressources, par un emprunt d'office (1).

L'emprunt d'office est une mesure exceptionnelle créée pour permettre l'installation des bâtiments scolaires; son emploi doit être absolument restreint à la situation prévue par la

---

(1) Cons. d'Et. int. 28 décembre 1854. — Vu la loi du 28 septembre-6 octobre 1791, titre Ier, section VII; — Vu le décret du 23 fructidor an XIII, sur le salaire des gardes champêtres, portant : « Article 1er. Dans toutes les communes où le salaire des gardes champêtres ne pourrait pas être acquitté sur les revenus communaux, en y comprenant le produit des amendes, et lorsque les habitants ne consentiront point à former le traitement ou complément de traitement de ces gardes par une souscription volontaire, la somme qui manquera sera, en conformité de l'article 3, section VII, de la loi du 28 septembre-6 octobre 1791, concernant les biens et les usages ruraux et la police rurale, répartie sur les propriétaires ou exploitants de fonds non enclos, au centime le franc de la contribution foncière de chacun d'eux; » — Vu l'article 26 de la loi du 17 août 1822, ainsi conçu : « Les rôles d'imposition sur les propriétaires ou exploitants de fonds non enclos, votés avec les formes prescrites par les articles 39 et 40 de la loi du 15 mai 1818, pour le traitement des gardes champêtres, pourront être rendus exécutoires pour les préfets; » — Vu l'article 19 de la loi de finances du 21 avril 1852, portant : « Il ne sera pas fait de rôles spéciaux pour les impositions relatives au traitement des gardes champêtres, les impositions votées dans les formes prescrites par les articles 39 et 40 de la loi du 15 mai 1818 sont comprises, à titre de centimes additionnels, dans le rôle de la contribution foncière, et porteront comme ces centimes, sur toutes les natures de propriété; » — Vu la loi du 18 juillet 1837 sur l'administration municipale; — Vu le décret du 25 mars 1852, article 5 (n° 31).

Considérant que le projet de décret propose de n'imposer sur la contribution foncière, dans la commune de Glinonze (Vienne), que dix centimes, tandis que le nombre de centimes qui serait nécessaire pour assurer, au taux fixé par l'arrêté du préfet, le traitement du garde champêtre s'élèverait à 0 fr. 16 9/10; — Que cette restriction serait fondée sur ce que l'article 3 de la loi de finances du 22 juin 1854 aurait fixé le nombre de dix centimes pour les contributions à imposer d'office aux communes, en vertu de l'article 39 de la loi du 18 juillet 1837; mais qu'en étendant la disposition de ces deux articles à la dépense du traitement des gardes champêtres l'administration ne paraît pas en faire une juste application; — Qu'en effet, depuis l'institution des gardes champêtres, la dépense de leur traitement n'a cessé d'être régie par des dispositions législatives spéciales, auxquelles il n'a été expressément dérogé par aucun des articles de la loi du 18 juillet 1837; — Que le ministre de l'intérieur reconnaît lui-même que l'article 39 de ladite loi, en comprenant dans les dépenses obligatoires des communes le traitement des gardes champêtres, n'a pas eu pour effet de confondre cette dépense avec les autres dépenses obligatoires, au payement desquelles il est pourvu, par l'article 39 de la même loi, puisque le projet de décret, modifiant en cela les propositions

du préfet, ne fait porter l'imposition d'office que sur la contribution foncière et non pas sur les quatre contributions directes; — Que si l'on admet que les dispositions législatives concernant le traitement des gardes champêtres subsistent au moins pour partie, il semble plus conforme à une bonne interprétation de la loi et aux exigences du service public de reconnaître que ces dispositions subsistent dans leur ensemble; — Qu'il résulte, en effet, de leur ensemble, que le législateur a voulu assurer pour chaque commune, d'une manière régulière et certaine, l'existence de ces fonctionnaires municipaux; que c'est dans ce but qu'il a stipulé qu'à défaut d'autres ressources leur traitement serait réparti au marc le franc de la contribution foncière et qu'il n'a pas fixé une limite à cette imposition, puisque le taux en dépend de ce chiffre du traitement et du nombre des gardes champêtres; — Qu'introduire dans ce système la limitation résultant de l'article 30 de la loi de 1837, ce serait en détruire l'efficacité, rendre souvent précaire un traitement que le législateur avait voulu assurer, et que l'on pourrait admettre un tel effet de la loi de 1837, que si cette loi l'avait formellement exprimé.

Considérant, enfin, qu'en vertu du décret du 25 mars 1852 les nominations des gardes champêtres appartiennent aux préfets; mais que cette attribution deviendrait illusoire si les conseils municipaux pouvaient en éviter indirectement l'application en refusant d'allouer volontairement un traitement qui, d'un autre côté, ne pourrait pas être intégralement recouvré par la voie d'une imposition d'office.

Est d'avis que les dispositions combinées des articles 39 de la loi du 18 juillet 1837 et 3 de la loi de finances du 22 juin 1854 ne sont pas applicables aux impositions d'office concernant le traitement des gardes champêtres, et qu'il y a lieu d'imposer sur la contribution foncière, dans la commune de Glinonze, le nombre de centimes nécessaires pour couvrir la dépense du garde champêtre à porter d'office au budget de cette commune.

(1) L. 20 mars 1883, art. 10; Cons. d'Et. 24 juillet 1884. — Le Conseil, Sur le renvoi ordonné par le ministre de l'intérieur, a pris connaissance d'un projet de décret portant qu'il serait pourvu d'office au payement des frais d'acquisition d'un mobilier scolaire destiné à l'école publique de filles de la commune de Pontchâteau (Loire-Inférieure), tout en adoptant le décret proposé, croit devoir appeler l'attention du ministre sur l'irrégularité dont a été suivie dans cette affaire : — En vertu de la loi du 20 mars 1883, en cas de dissentiment entre le préfet et le conseil municipal, relativement à l'acquisition des mobiliers scolaires, le débat doit être tranché par le gouvernement, qui fixe le montant de la dépense et décide qu'il y sera pourvu d'office; — Le décret rendu, il appartient au préfet d'inscrire d'office la dépense au budget et au besoin de nommer un délégué spécial, dans le cas où le maire se refuserait à faire l'acquisition (art. 83 de la loi du 5 avril 1884); — Dans l'espèce actuelle, et dans plusieurs analogues, il résulte de l'instruction que le préfet de la Loire-Inférieure a procédé d'office à l'acquisition des mobiliers scolaires avant d'avoir saisi le conseil général et sans que les formalités protectrices, ci-dessus rappelées, aient été remplies.

Ce faisant, ce fonctionnaire aurait pu engager sérieusement sa responsabilité personnelle; — Néanmoins, en l'état, la dépense effectuée ne paraissant pas exagérée l'adoption du décret devrait avoir pour effet de régulariser le fait accompli, sans porter atteinte à aucun droit, la section estime qu'il y a lieu d'adopter le décret, tout en signalant au ministre des inconvénients que pourrait présenter le mode de procéder de l'administration préfectorale.

loi du 20 mars 1883. On ne pourrait y recourir pour assurer le payement de dépenses de cette même nature déjà votées et exécutées par le conseil municipal.

Enfin, l'article 110 de la loi du 5 avril 1884 permet la vente des biens mobiliers et immobiliers des communes, autres que ceux servant à un usage public, sur la demande de tout créancier porteur d'un titre exécutoire, sous condition que cette vente sera autorisée par un décret du Président de la République, qui déterminera les biens dont l'aliénation présentera le moins d'inconvénients pour la commune et les formes de la vente. C'est l'application du principe posé par l'article 2092 du Code civil, que le débiteur répond de ses engagements sur tous ses biens présents et à venir, mais modifié par la situation de la commune au point de vue du droit civil et par les nécessités des services publics.

CHAPITRE III.

DES RESSOURCES ET DES CHARGES BUDGÉTAIRES.

SECTION PREMIÈRE.

RECETTES.

3087. Les ressources d'une commune peuvent être envisagées sous différents points de vue.

Sous le rapport du droit d'en effectuer le recouvrement, il est des ressources dont les communes bénéficient sans avoir besoin d'une autorisation préalable, soit qu'elles soient formées par les revenus du patrimoine communal, soit qu'elles aient été inscrites dans une disposition générale de la loi ; il en est d'autres, au contraire, qui doivent faire l'objet d'une approbation spéciale de l'autorité supérieure, sans laquelle le recouvrement ne pourrait s'effectuer, soit qu'il s'agisse de la création même de la ressource, soit d'un tarif ou d'une modification de tarif.

D'un autre côté, les ressources d'une commune ne sont pas toutes susceptibles d'être appliquées indifféremment à toute espèce de dépense : il en est qui constituent des fonds spéciaux, dont la destination est déterminée d'une manière expresse, et qui doit être toujours respectée.

3088 La loi du 5 avril 1884, comme celle du 18 juillet 1837, a considéré les ressources d'une commune sous le rapport de leur durée : si la ressource se reproduit annuellement et d'une manière permanente, elle est classée parmi les ressources ordinaires ; lorsqu'elle se présente d'une manière fortuite, ou qu'elle n'est créée que temporairement et pour un service déterminé, elle est classée parmi les ressources extraordinaires.

Toutes les ressources d'une commune, qu'il s'agisse des revenus tirés de ses propres biens ou des impositions que payent les habitants, sont désignées par la loi sous le nom générique de recettes.

Les recettes se divisent en recettes ordinaires et en recettes extraordinaires.

§ 1. — Recettes ordinaires.

3089. Les recettes du budget ordinaire se composent (1) :

1° Des revenus de tous les biens dont les habitants n'ont pas la jouissance en nature ;

2° Des cotisations imposées annuellement sur les ayants droit aux fruits, qui se perçoivent en nature ;

3° Du produit des centimes ordinaires et spéciaux affectés aux communes par les lois de finances ;

(1) L. du 5 avril 1884, art. 133.

4° Du produit de la portion accordée aux communes dans certains impôts et droits perçus pour le compte de l'État ;

5° Du produit des octrois municipaux affectés aux dépenses ordinaires ;

6° Du produit des droits de place perçus dans les halles, foires, marchés, abattoirs, d'après les tarifs dûment établis ;

7° Du produit des permis de stationnement et des locations sur la voie publique, sur les rivières, ports et quais fluviaux et autres lieux publics ;

8° Du produit des péages communaux, des droits de pesage, mesurage et jaugeage, des droits de voirie et autres droits légalement établis ;

9° Du produit des terrains communaux affectés aux inhumations, et de la part revenant aux communes dans le prix des concessions dans les cimetières ;

10° Du produit des concessions d'eau et de l'enlèvement des boues et immondices de la voie publique, et autres concessions autorisées pour les services communaux ;

11° Du produit des expéditions des actes administratifs et des actes de l'état civil ;

12° De la portion que la loi accorde aux communes dans les produits des amendes prononcées par les tribunaux de police correctionnelle et de simple police ;

13° Du produit de la taxe de balayage dans les communes de France et d'Algérie où elle sera établie, sur leur demande, conformément aux dispositions de la loi du 26 mars 1873, en vertu d'un décret rendu dans la forme des règlements d'administration publique ;

14° Et généralement du produit des contributions, taxes et droits dont la perception est autorisée par les lois, dans l'intérêt des communes.

Enfin les communes, dont les ressources annuelles, après avoir été inscrites au budget, se trouvent insuffisantes pour assurer le payement des dépenses ordinaires, sont autorisées à recourir à la voie de l'imposition pour parfaire la différence ; cette imposition est dénommée imposition pour insuffisance de revenus.

En résumé, les recettes ordinaires, affectées aux dépenses ordinaires, comprennent :

1° Les produits annuels et permanents des biens de la commune ;

2° La part revenant aux communes dans les contributions et revenus publics et dans divers droits dont le recouvrement est suivi par les comptables de l'État ;

3° Le produit des droits et taxes que les communes perçoivent, en vertu de lois générales qui ont déterminé un tarif uniforme ;

4° Le produit des droits et taxes que chaque commune, en particulier, peut être autorisée à établir et à percevoir, suivant un tarif déterminé par l'autorité municipale.

ARTICLE PREMIER. — Revenus des biens communaux.

3090. Les revenus des biens communaux qui font partie des recettes ordinaires peuvent se diviser de la manière suivante :

1° Loyers et fermages ;

2° Produits forestiers ;

3° Produits d'exploitations industrielles par la commune ;

4° Droits de chasse et de pêche ;

5° Rentes sur l'État et intérêts de valeurs diverses ;

6° Rentes sur particuliers ;

7° Intérêts de fonds placés au Trésor ou à la Caisse des dépôts.

3091. Les maisons, usines, prés et autres biens ruraux appartenant aux communes doivent, autant que possible, être loués ou affermés. Nous avons déjà indiqué, nos 2708 et suivants, les conditions générales de validité des baux communaux ; nous n'y reviendrons pas.

Les receveurs municipaux recouvrent, en vertu de l'acte d'adjudication, le payement aux échéances du prix stipulé en faveur de la commune ; en cas de retard dans le payement, ils emploient contre l'adjudicataire les moyens de poursuite suivants : d'abord, le commandement par ministère d'huissier, à la requête du maire ; ensuite, la saisie-exécution des meubles, en observant les formalités prescrites par le Code de procédure ; enfin, la vente, si le maire ne juge pas qu'il y a lieu de surseoir (1).

Les procès-verbaux d'adjudication n'emportent voie parée et exécutoire que lorsque l'adjudication a eu lieu avec l'assistance d'un notaire ; dans le cas contraire, les poursuites ne peuvent être exercées qu'en vertu d'un état des débiteurs en retard dressé par le maire et rendu exécutoire par le préfet.

Les communes peuvent mettre, ainsi que nous l'avons vu n° 1113, les salles de mairie, d'école et de justice de paix à la disposition des notaires, pour les adjudications publiques, moyennant une rétribution à leur profit, d'après un tarif uniforme de 5 francs pour une adjudication ou une tentative d'adjudication de 1,000 francs et au-dessus, quel que soit le nombre des lots, et de 2 fr. 50 si la somme est inférieure à 1,000 francs (2).

Les communes tirent encore un revenu de la vente des arbres et arbustes provenant des élagages sur les places et promenades publiques, des herbages, arbustes, buissons ou arbres qui ont crû spontanément dans les cimetières, des menus produits des propriétés communales non affermées ; le recouvrement en est fait au moyen d'un état dressé par le maire et rendu exécutoire par le préfet ou sous-préfet ; mais si la vente a une certaine importance, il y a lieu de procéder par voie d'adjudication.

3092. Les produits des biens communaux qui font partie des revenus ordinaires de la commune sont les coupes ordinaires et les produits accessoires.

1° Les coupes ordinaires de bois sont celles qui proviennent des bois taillis ou futaies appartenant aux communes et soumis à un aménagement régulier (voy. supra, nos 2213 et suiv.).

2° Les produits des bois communaux qui sont recouvrés en dehors des coupes ordinaires ou extraordinaires et dénommés produits accessoires (voy. supra, nos 2252 et suiv.). Un arrêté du ministre des finances du 1er septembre 1839 les a énumérés de la manière suivante : 1° les bois provenant des recépages ; 2° les portions d'affouage restant à vendre après la distribution faite aux habitants de la commune ; 3° les bois de délits ; 4° les délivrances de plants, harts et fascines ; 5° les indemnités dues pour prolongation des délais d'exploitation et de vidange ; 6° les indemnités dues pour réserves abattues ou endommagées par accident lors de l'exploitation des coupes ; 7° les excédents de mesures sur les coupes ; 8° la glandée ; 9° la récolte des faines, fruits et semences ; 10° le pâturage (les taxes auxquelles doivent être assujettis les bestiaux conduits en dépaissance sur les terrains soumis au régime forestier sont fixées par le préfet sur la proposition du maire); 11° les mousses, bruyères ou autres plantes ; 12° l'extraction de minerais, terres, pierres, sables, etc. ; 13° les indemnités pour droit de passage, prises d'eau et autres servitudes foncières ; 14° le produit des indemnités pour retard dans la remise des traites par les adjudicataires des coupes ; 15° et toutes recettes imprévues provenant d'objets appartenant au sol forestier, ou attribuées aux communes à l'occasion de la gestion de leurs biens.

La réalisation de ces produits a lieu avec le concours des agents forestiers, et le montant en est versé dans les caisses des communes propriétaires.

Les procès-verbaux de délivrance des objets vendus sur estimation ou expertise servent de titres pour opérer le recouvrement : ils sont signés par l'agent forestier qui opère la délivrance, par le garde du triage et par la partie prenante : ces actes sont visés pour timbre en débet : les droits de timbre et les droits proportionnels d'enregistrement sur la valeur des objets vendus sont à la charge de la partie prenante.

Pour tous les objets vendus par adjudication ou concédés temporairement par un bail ou tout autre acte en forme authentique, le recouvrement des sommes dues aux communes propriétaires s'opère sur une expédition des actes d'adjudication, baux ou autres titres.

Les indemnités pour prolongation de délai d'exploitation ou de vidange sont recouvrées, au vu de l'engagement pris par écrit et sur papier timbré, par l'adjudicataire, de payer les indemnités, et de la copie, certifiée par le conservateur, de la lettre de l'administration des forêts donnant avis de la décision.

Les indemnités pour les réserves abattues ou endommagées sont perçues au vu du procès-verbal d'estimation, dressé contradictoirement avec l'adjudicataire et approuvé par le conservateur.

Le recouvrement de la valeur des excédents de mesure constaté par le réarpentage s'effectue sur la production : 1° d'une expédition des procès-verbaux d'arpentage et de réarpentage, ou d'un extrait du plan d'aménagement, lorsqu'il s'agit d'un bois aménagé sur le terrain et dont les coupes ne sont pas soumises à l'arpentage ; 2° d'un extrait du procès-verbal d'adjudication : ces pièces sont visées pour timbre, avec mention que les droits de timbre de celles qui sont désignées sous le numéro 1er ci-dessus sont compris dans les 5 0/0 payés, lors de l'adjudication, en vertu de l'article 5 de la loi du 25 juin 1841, et que les droits de timbre de celle qui est désignée sous le numéro 2 seront acquittés par les adjudicataires ; 3° du décompte dressé par le conservateur des forêts.

Il n'est procédé à l'enlèvement des objets vendus ou délivrés au comptant que sur la production, à l'agent forestier local, de la quittance du receveur municipal (1).

3093. Bien qu'en bonne administration il ait toujours été établi en principe que les communes ne sauraient se livrer à aucune exploitation commerciale et industrielle, et notamment à la gestion d'une usine à gaz (voy. nos 818 et suiv., 1483 et suiv.), elles peuvent cependant, en fait, être contraintes de constituer des usines à gaz et de les exploiter, soit en ferme, soit en régie ; dans ce dernier cas, un directeur est, en général, placé à la tête de l'usine et secondé par un économe. Le directeur ordonnance les menues dépenses et dresse les états des sommes dues à la commune pour abonnements à la fourniture du gaz et pour prix de vente des autres produits de l'usine. L'économe tient la comptabilité-matières, paye les menues dépenses ordonnancées par le directeur et encaisse le prix des produits de l'usine vendus au comptant. Les états de produits, dressés par le directeur, après avoir été arrêtés par le maire et rendus exécutoires par le sous-préfet, sont remis au receveur municipal, qui assure le recouvrement des sommes qui y sont portées. Les sommes encaissées par l'économe sont versées dans la caisse municipale à la diligence du receveur municipal, en vertu d'états arrêtés par le maire et rendus exécutoires par le sous-préfet (2).

Les mêmes règles peuvent être observées pour les autres exploitations industrielles que la commune peut mettre en régie, sauf les modifications que comporte la nature de l'exploitation, par exemple au cas où des communes sont propriétaires de tramways, de bateaux à vapeur (Honfleur), et même de chemins de fer d'intérêt local (Langres).

Ces exploitations peuvent encore être concédées à un entrepreneur, à charge d'acquitter certaines obligations : un arrêté pris par le préfet approuve les comptes présentés par le concessionnaire et fixe la part revenant à la commune.

3094. Un certain nombre de communes ont fondé et entretiennent des collèges, dits collèges communaux, qui peuvent être subventionnés par l'État. Pour être autorisée à établir un collège communal, toute ville doit : 1° fournir un local approprié à cet usage et en assurer l'entretien ; 2° placer et entretenir dans ce local le mobilier nécessaire à la tenue des cours et à celle du pensionnat si l'établissement doit recevoir

(1) Inst. gén. fin., art. 850 et 858.
(2) Circ. min. int. 5 septembre 1882, Bull. off., 1882, p. 316.

(1) Inst. gén. fin., art. 876.
(2) Inst. min. int. 14 mars 1878.

des élèves internes ; 3° garantir pour cinq ans au moins le traitement fixe des fonctionnaires.

Les collèges communaux peuvent être administrés soit au compte des principaux et à leurs risques et périls, au moyen d'une subvention fixe payée par la commune ; soit en régie, c'est-à-dire au compte des villes ; dans ce dernier cas, il est remis au receveur municipal une copie certifiée du compte que le principal rend au bureau placé près de chaque collège, lequel compte fait ressortir le bénéfice ou la perte de la gestion annuelle du collège ; le bénéfice est encaissé comme revenu ordinaire de la commune.

3095. Le droit de chasse sur les propriétés communales n'appartient qu'à la commune considérée collectivement et non pas à chaque habitant de la commune. (Voy. nᵒˢ 2722 et suiv.)

Les communes sont autorisées à affermer le droit de chasse ; elles ne pourraient le concéder gratuitement. La location du droit de chasse a lieu dans la forme et avec les conditions prescrites pour les baux communaux ; l'initiative en appartient au conseil municipal, et non aux agents forestiers, bien que, lorsqu'il s'agit de bois soumis au régime forestier, les cahiers des charges doivent être approuvés par le ministre de l'agriculture.

Le prix du fermage est payé chaque année et d'avance à la caisse du receveur municipal, en deux termes égaux, l'un le 1ᵉʳ juillet et l'autre le 1ᵉʳ janvier.

Dans les rivières et canaux non navigables ni flottables, les propriétaires riverains ont, chacun de leur côté, le droit de pêche jusqu'au milieu du cours d'eau (1). Les communes ont, ainsi que les particuliers, le droit de pêcher sur les rives dont elles sont propriétaires ; mais elles doivent affermer ce droit par adjudication, et si elles négligeaient cette source de revenus, il ne s'ensuivrait pas que les habitants pussent exercer ce droit individuellement.

On suit, pour la mise en ferme des droits de pêche, les mêmes règles que lorsqu'il s'agit de la location du droit de chasse sur les propriétés communales. (Voy. supra, nᵒ 2722.)

3096. Les communes peuvent être propriétaires de rentes sur l'État, soit par suite de l'exécution de la loi du 20 mars 1813 qui a prescrit le payement en inscriptions de rentes du prix des biens communaux cédés ou vendus en vertu de cette loi, soit par l'emploi à l'achat de rentes de capitaux provenant de remboursements faits par des particuliers, d'aliénations de soultes d'échange, de legs ou de donations. (Voy. nᵒˢ 2619 et suiv.)

Le placement en rentes sur l'État s'opère en vertu d'une délibération du conseil municipal. Les communes doivent placer leurs capitaux en titres nominatifs, cette règle, qui ne résulte pas d'un texte formel de loi, est consacrée par la jurisprudence constante du conseil d'État. D'ailleurs, la conversion des rentes nominatives en rentes au porteur n'est pas admise par le Trésor public pour les inscriptions appartenant aux communes.

Les arrérages de rentes sur l'État sont payés par les receveurs des finances, sur la quittance à souche du receveur municipal.

L'emploi en rentes sur l'État doit être préféré à tout autre, et des placements en valeurs d'autres natures ne seraient pas approuvés, bien qu'un décret du 2 février 1852, art. 46, ait autorisé les communes à placer leurs fonds libres en obligations foncières du Crédit foncier. Mais les communes peuvent être, par l'effet de legs et de donations contenant des clauses formelles à ce sujet, propriétaires d'autres valeurs. S'il s'agit de valeurs au porteur, le ministre des finances, d'accord avec son collègue de l'intérieur, en prescrit le dépôt, par l'intermédiaire du trésorier-payeur général, à la caisse centrale du Trésor public, qui perçoit les arrérages et en transmet le montant par le même intermédiaire au receveur municipal.

Du reste, les communes ont le droit, comme les simples particuliers, de déposer leurs valeurs nominatives, comme leurs valeurs au porteur, à la Caisse des dépôts, moyennant un droit de garde de 1/8 0/0 de la valeur de chaque titre (1).

3097. Les rentes foncières dues aux communes par des particuliers sont établies par les titres constitutifs qui engagent ses particuliers. Après vingt-huit ans de la date du titre, le débiteur d'une rente peut être contraint de fournir à ses frais un titre nouveau à son créancier ou à ses ayants cause.

Aucune disposition légale n'interdit aux communes de placer leurs fonds en rentes sur particuliers, sauf l'exercice de la tutelle de l'administration supérieure au sujet des garanties à fournir par le débiteur de la rente.

Le recouvrement de ces rentes est poursuivi contre les débiteurs, d'après les règles ordinaires.

Le débiteur peut être contraint au rachat s'il cesse de remplir ses obligations pendant deux années.

3098. Toutes les sommes excédant les besoins du service municipal et qui s'élèvent à 100 francs au moins doivent être placées au Trésor, qui en paye un intérêt dont le taux est fixé annuellement par le ministre des finances (2) : ce taux, qui doit servir de base au calcul des intérêts, est fixé depuis 1880 à 2 0/0. Mais l'obligation pour le Trésor de servir un intérêt aux fonds libres des communes déposés à ses caisses ne comporte pas celle de recevoir avec intérêts les sommes provenant d'emprunts contractés pour des dépenses prévues, mais non encore réalisées ou terminées. Le ministre des finances a décidé, le 22 novembre 1879, qu'à partir du 1ᵉʳ janvier 1880 les sommes provenant d'emprunts, versées par les receveurs municipaux, ne seraient pas productives d'intérêts (3).

Le placement au Trésor des fonds des communes s'opère sous la surveillance du receveur des finances.

Les trésoriers-payeurs généraux, pour les fonds des communes de l'arrondissement chef-lieu, les receveurs particuliers, pour les fonds des communes de leur arrondissement, tiennent un compte courant au nom de chaque commune.

Les communes sont créditées de leurs placements, et y sont débitées des remboursements avec valeur au cinquième jour de la dizaine du mois pendant laquelle l'opération a été faite.

A la fin de chaque année, les trésoriers-payeurs généraux et les receveurs particuliers arrêtent les comptes ouverts à chaque commune, et dressent le décompte des intérêts à lui allouer ; les intérêts sont portés, au commencement de l'année suivante, au crédit du compte de la commune en augmentation des fonds placés.

Article 2. — Cotisations communales.

3099. Lorsque les biens communaux ne sont pas mis en ferme ou donnés à loyer et que les habitants reçoivent en nature leurs produits, la commune peut en retirer des ressources en imposant aux participants l'obligation de payer des cotisations dont le chiffre est fixé par les délibérations du conseil municipal.

3100. Parmi ces cotisations, dont l'assiette varie suivant la nature des biens possédés par la commune et sa situation géographique, on distingue principalement :

1° Les taxes d'affouage. (Voy. supra, nᵒ 2261 et suiv.)

Le conseil municipal procède au règlement de l'affouage en se conformant aux lois forestières ; il détermine par sa délibération le mode de distribution et la somme qui sera imposée sur les ayants droit.

Les taxes d'affouage doivent, en principe, être seulement la représentation des frais inhérents aux bois, mais elles peuvent, dans les cas d'extrême nécessité, être accrues pour subvenir à d'autres dépenses, la répartition de la somme à imposer est faite au moyen de rôles ou d'états de distribution dressés par les maires et rendus exécutoires par le préfet.

---

(1) L. 15 avril 1829,

(1) L. 28 juillet 1875 ; D. 15 décembre suivant.
(2) D. 27 février 1811, art. 4.
(3) Circ. compt. publ. 9 décembre 1879.

2° Les taxes de pâturage. (Voy. *supra*, n° 2355 et suiv.)

Des taxes de pâturage peuvent être établies dans les communes où le pâturage s'exerce en commun; la taxe est fixée par chaque tête de bétail, et elle peut être graduée selon l'espèce des animaux; le rôle de taxes doit être dressé par le maire, approuvé et rendu exécutoire par le préfet.

Lorsque des biens sont indivis entre plusieurs communes, les commissions syndicales instituées pour les administrer peuvent voter l'établissement d'une taxe de pâturage à percevoir sur les troupeaux qui y sont conduits; elles ont, à cet égard, les mêmes attributions que les conseils municipaux. (Voy. *supra*, n° 2999 et suiv.)

Les droits de parcours et de vaine pâture (voy. *supra*, n° 2373 et suiv.) sont de leur nature improductifs de revenus; cependant ils peuvent devenir une source de ressources, lorsqu'un arrangement en restreint l'exercice à une seule des communes, à la condition que celle-ci payera à l'autre commune une redevance annuelle.

3° Les redevances pour l'usage de tourbières communales. (Voy. *supra*, n° 2552.)

Lorsque des tourbières communales sont exploitées pour l'usage commun des habitants, ceux qui participent aux extractions peuvent être assujettis à acquitter une redevance au profit de la commune; cette redevance est répartie par délibération du conseil municipal approuvée par le préfet.

3101. Le recouvrement de ces diverses taxes a lieu suivant les formes établies pour le recouvrement des contributions publiques (1), en vertu de rôles nominatifs rendus exécutoires par le préfet. Les demandes en décharge ou réduction de taxes doivent être portées devant le conseil de préfecture, et présentées dans les trois mois qui suivent la publication des rôles.

Lorsqu'il y a lieu de poursuivre un redevable de ces taxes, le receveur des finances, sous la surveillance duquel sont placés les receveurs municipaux, décerne contrainte, et les poursuites s'exercent par voie de sommation avec frais, commandement, etc., signifiés par les porteurs de contraintes.

ARTICLE 3. — *Centimes additionnels.*

3102. On désigne sous le nom de centimes additionnels des centimes qui, s'ajoutant au principal des contributions directes, sont répartis au marc le franc du montant des taxes: sans déranger l'économie générale des impôts, ils permettent de créer des ressources qui sont affectées aux dépenses de l'État, du département ou de la commune.

Pour subvenir aux dépenses ordinaires des communes, le législateur a autorisé l'imposition de centimes additionnels qui sont ajoutés régulièrement tous les ans au principal des contributions sans qu'il y ait besoin d'une autre disposition particulière que l'insertion dans le tableau des impôts et taxes autorisées par les lois annuelles qui règlent le budget. Ces centimes font partie des ressources ordinaires de la commune; bien que, dans certains cas, les lois qui les ont autorisés les qualifient d'extraordinaires, les uns n'ont aucune affectation spéciale, les autres doivent être employés à une dépense déterminée (2).

3103. Conformément aux dispositions combinées des articles 31 de la loi du 15 mai 1818 et de l'article 133 de la loi du 5 avril 1884, il est imposé chaque année, dans toutes les communes, à l'exception de celles qui ont déclaré que cette imposition leur est inutile, cinq centimes additionnels au principal des contributions foncière et personnelle-mobilière pour être affectés aux dépenses communales ordinaires: le vote préalable du conseil municipal n'est pas nécessaire.

Ces centimes ont été créés par l'Assemblée constituante, dans le but de remplacer les droits d'octroi. Ces derniers ont été rétablis, et les centimes sont restés; mais comme presque

toutes les communes ont des revenus insuffisants pour faire face aux dépenses ordinaires, il s'ensuit que cette imposition ne fait que diminuer d'autant celle qui peut être proposée par le conseil municipal pour insuffisance de revenus.

3104. En cas d'insuffisance de leurs ressources, les communes sont tenues de s'imposer les centimes additionnels nécessaires pour les dépenses des chemins vicinaux. Le maximum de cette imposition est fixé à cinq centimes par l'article 2 de la loi du 21 mai 1836 et porte sur le principal des quatre contributions directes. Ces centimes peuvent être remplacés par des prestations en nature dont le maximum est fixé à trois journées de travail; mais les deux natures d'impositions peuvent être employées concurremment.

Ces centimes sont votés par le conseil municipal, sans qu'il y ait lieu de recourir à l'approbation de l'autorité supérieure.

En règle générale, les centimes additionnels spéciaux votés en vertu de l'article 2 de la loi du 21 mai 1836 ne peuvent être appliqués par les communes à des dépenses étrangères au service vicinal. Toutefois, les communes dans lesquelles les chemins vicinaux classés sont entièrement terminés peuvent, sur la proposition du conseil municipal et après autorisation du conseil général, appliquer aux chemins publics ruraux l'excédent disponible après avoir assuré l'entretien de leurs chemins vicinaux et fourni le contingent qui leur est assigné pour les chemins de grande communication et d'intérêt commun (1).

Les ressources créées par la loi de 1836 peuvent aussi être affectées en partie à la dépense des voies ferrées d'intérêt local par les communes qui ont assuré l'exécution de leur réseau vicinal subventionné et l'entretien de tous les chemins classés (2). (Voy. d'ailleurs *infra*, n°s 3189 et 3296.)

Une disposition de l'article 3 de la loi du 24 juillet 1867, reproduite dans l'article 141 de la loi du 5 avril 1884, autorise les conseils municipaux à voter 3 centimes extraordinaires exclusivement affectés aux chemins vicinaux: bien que qualifiés d'extraordinaires, ces centimes figurent dans les recettes ordinaires, lorsqu'ils sont imposés pour faire face aux dépenses ordinaires des chemins, entretien, menues réparations, etc. (Voy. d'ailleurs *infra*, n°s 3189 et suiv.)

3105. Les communes sont tenues de s'imposer, en cas d'insuffisance de leurs ressources, les centimes additionnels nécessaires pour les dépenses de l'instruction primaire. Le maximum de cette imposition, fixé d'abord à trois centimes par l'article 40 de la loi du 15 mars 1850, a été élevé d'un centime par l'article 7 de la loi du 19 juillet 1875. Ces centimes sont obligatoires et, à défaut du vote des conseils municipaux, ils peuvent être imposés d'office en vertu d'un décret du Président de la République. Cependant les communes dans lesquelles la valeur du centime additionnel au principal des quatre contributions directes est inférieur à 20 francs ont la faculté de s'exonérer de tout ou partie de cette imposition en inscrivant au budget, avec la même destination, une somme égale au produit des centimes supprimés et qui est prélevée soit sur le revenu des dons et legs spéciaux faits en faveur de l'enseignement primaire, soit sur les autres ressources ordinaires ou extraordinaires.(3).

Les communes dont le centime additionnel a une valeur supérieure à 20 francs sont tenues d'affecter, s'il en est besoin, aux dépenses ordinaires et obligatoires de l'enseignement le cinquième de leurs revenus ordinaires nets (4). Ce prélèvement porte exclusivement sur les ressources ci-après: 1° revenus en argent des biens communaux; 2° la part revenant à la commune sur la contribution des voitures, chevaux et mulets (1/20) et sur les permis de chasse; 3° la taxe sur les chiens; 4° le produit des taxes ordinaires d'octroi (les taxes additionnelles et les surtaxes ne doivent pas supporter le prélèvement) (4); 5° les droits de voirie et les droits de

(1) L. 5 avril 1884, art. 140.
(2) Discours du procureur général près la Cour des comptes, 1884.

(1) L. 21 juillet 1870.
(2) L. 11 juin 1880, art. 12.
(3) L. 1850, art. 40; L. 1881, art. 2.
(4) L. 16 juin 1881, art. 3; Circ. int. 4 juillet 1881.

location aux halles, foires et marchés. Mais, aux termes de l'article 21 de la loi de finances du 29 décembre 1882, ce prélèvement peut être remplacé par une imposition extraordinaire n'excédant pas quatre centimes additionnels au principal des quatre contributions directes.

Toutefois, tandis que le recouvrement des quatre centimes spéciaux autorisés par les lois de 1850 et de 1875 a lieu en vertu de la délibération du conseil municipal, sans qu'elle ait reçu au préalable l'approbation préfectorale, l'imposition extraordinaire autorisée par la loi de 1882 ne peut être recouvrée sans cette approbation. (Voy. *infra*, nos 3261 et suiv.)

3106. À défaut de ressources suffisantes, les communes peuvent s'imposer pour le traitement des gardes champêtres des centimes additionnels au principal des quatre contributions directes (1). La loi du 21 avril 1832, article 19, ne faisait porter ces centimes que sur la contribution foncière, les fonctions des gardes champêtres étant alors restreintes à la protection de la propriété foncière; mais l'article 20 de la loi du 24 juillet 1867 ayant autorisé les gardes champêtres à constater toutes les contraventions aux règlements de police municipale, il a paru équitable de faire porter sur tous les contribuables de la commune une dépense qui intéresse la généralité des habitants (2).

Ces centimes, dont le maximum n'est pas limité, sont mis en recouvrement sans qu'il soit besoin de l'autorisation préfectorale. (Voy. *supra*, n° 892, etc., et *infra*, nos 3250 et suiv.)

3107. Dans le but de donner des secours aux familles nécessiteuses des soldats de la réserve et de l'armée territoriale maintenus sous les drapeaux, les communes sont autorisées, en cas d'insuffisance de leurs ressources ordinaires et des centimes extraordinaires créés dans les limites du maximum fixé chaque année par les conseils généraux, à s'imposer annuellement et extraordinairement jusqu'à concurrence de trois centimes additionnels au principal des quatre contributions directes (3).

Cette imposition est recouvrée sur le vote du conseil municipal, sans qu'il y ait lieu de recourir à l'approbation spéciale de l'autorité supérieure.

3108. Les frais de perception de tous les centimes à recouvrer pour le compte des communes, sont ajoutés d'office sur les rôles, à raison de trois centimes par franc, au montant de ces impositions, pour être recouvrés avec elles et versés dans les caisses des communes, à la charge par ces dernières d'en tenir compte aux percepteurs comme dépenses communales.

Le montant de cette imposition entre dans les recettes des budgets communaux, parce qu'elle fait face à une dépense qui est à la charge de la commune et dont le montant est naturellement égal à celui de la recette.

Il est encore ajouté, pour dégrèvements et non-valeurs, au produit des centimes additionnels communaux ordinaires et extraordinaires, savoir : 1 centime par franc de ce produit sur les centimes afférents aux contributions foncière et personnelle-mobilière, 3 centimes par franc sur les centimes afférents à la contribution des portes et fenêtres, et 5 centimes par franc sur les centimes afférents à la contribution des patentes.

3109. Lorsque les ressources ordinaires d'une commune, après avoir été inscrites au budget, ne suffisent pas pour couvrir les dépenses ordinaires, il y a lieu, pour parfaire la différence, de recourir à un moyen d'équilibrer le budget que la loi du 5 avril 1884 qualifie : imposition pour insuffisance de revenus (4) : ce moyen ne peut être employé qu'après que le conseil municipal a inscrit tous les centimes spéciaux autorisés par la loi pour le service de l'instruction primaire le salaire des gardes champêtres, l'entretien des chemins vicinaux, et particulièrement les centimes pour l'entretien des chemins ruraux.

L'imposition pour insuffisance de revenus doit être autorisée par arrêté préfectoral, lorsqu'il s'agit de dépenses obligatoires, et approuvée par décret lorsqu'il s'agit de dépenses facultatives. (L. 5 avril 1884, art. 133, § dernier.) Elle porte sur le principal des quatre contributions directes et doit être égale au déficit que présentent les recettes ordinaires sur les dépenses de même nature, après que toutes les dépenses dont l'utilité ou l'urgence n'est pas suffisamment démontrée ont été ajournées.

3110. Toutes les impositions communales doivent être comprises dans les rôles primitifs. Lorsqu'une imposition n'a pu être autorisée avant la confection des rôles primitifs de l'année pour laquelle cette imposition a été votée, l'imposition est ajournée à l'année suivante, à moins d'une nécessité absolue, auquel cas ces impositions font l'objet de rôles spéciaux. La dépense de ces rôles spéciaux, fixée à trois centimes par article de rôle, est à la charge de la commune.

3111. Les forêts et les bois de l'État acquittent les centimes ordinaires et extraordinaires affectés aux dépenses des communes dans la même proportion que les propriétés privées(1). La loi du 5 avril 1884, consacrant les dispositions de celle du 8 mai 1869, est revenue purement et simplement à la législation équitable de la loi du 3 frimaire an VII, imposant au Trésor l'acquittement intégral des impositions départementales et communales concernant les bois et forêts de l'État : une loi du 19 ventôse an IX avait décidé que ces bois et forêts ne payeraient pas de contribution foncière, créant ainsi un privilège que rien ne justifiait ; les lois des 21 mai 1836, 12 juillet 1865 et 24 juillet 1867 avaient déjà singulièrement amoindri ce privilège en soumettant les bois et forêts de l'État aux impositions communales dans des proportions de plus en plus grandes.

3112. Les produits des centimes additionnels sont mis tous les mois, ou au moins tous les trois mois, à la disposition des communes dans la proportion des recouvrements effectués sur les contributions directes.

À l'époque du 31 mars de la deuxième année de chaque exercice, la totalité des sommes qui resteraient à allouer peut, par exception, être payée aux communes intéressées, pourvu que les restes à recouvrer sur les contributions de l'exercice ne s'élèvent pas à un douzième du montant des rôles. En conséquence, si la situation du recouvrement le permet, le receveur des finances établit, dans le courant du mois de mars, la situation des fonds restant à allouer aux communes sur les impositions communales de l'exercice expiré.

Dans le cas, au contraire, où la situation du recouvrement, ou tout autre motif, ne permet pas que la totalité des sommes revenant aux communes leur soit allouée à l'époque où doit avoir lieu la clôture de l'exercice dans la comptabilité municipale, les sommes non payées font alors partie des restes à recouvrer à reporter au budget communal de l'exercice courant, et la recette qui en est faite ultérieurement doit être appliquée au compte de ce dernier exercice par le receveur de la commune.

Sauf l'exception mentionnée plus haut, il est expressément interdit aux receveurs des finances d'allouer aux communes au delà des sommes qui leur sont dues d'après la proportion des recouvrements (2).

Article 4. — *Parts dans les impôts perçus au compte de l'État.*

3113. Indépendamment des sommes à verser aux communes pour centimes additionnels au principal des quatre contributions directes, une partie de certains impôts perçus au compte de l'État a été abandonnée aux communes et vient s'ajouter à leurs recettes ordinaires.

3114. L'article 36 de la loi du 15 juillet 1880 reproduisant

(1) L. 31 juillet 1867, art. 16.
(2) Circ. int. 3 août 1867.
(3) L. 21 décembre 1882, art. 4er.
(4) Art. 133, paragraphe dernier.

(1) L. 8 mai 1869, art. 7; L. 5 avril 1884, art. 144.
(2) Inst. gén , art. 199 à 203.

ane disposition antérieure de la loi du 25 avril 1844 (art. 32) attribue aux communes le produit de 8 centimes sur le principal de la contribution des patentes. Le produit de ces 8 centimes est calculé par les directeurs des contributions directes sur le principal compris dans les états annuels du montant des rôles.

3115. Les permis de chasse, accordés en vertu de la loi du 3 mai 1844, donnent lieu : 1° au payement d'un droit de 18 francs revenant au Trésor en acquit du prix de la formule du permis ; 2° au payement d'un droit de 10 francs au profit de la commune dans laquelle le demandeur du permis a son domicile ou sa résidence et dont le maire a donné son avis sur la délivrance de ce permis, conformément à l'article 5 de la loi précitée. Un particulier n'est pas tenu nécessairement de s'adresser, pour obtenir un permis de chasse, au maire de la commune où il a son domicile réel et fixe : ce permis peut être délivré sur l'avis du maire de la commune dans laquelle le demandeur veut se fixer temporairement pour la chasse (1).

3116. La loi de finances du 2 juillet 1862 avait établi un impôt sur les voitures et les chevaux que les lois suivantes ne maintinrent pas, mais qui a été remis en vigueur par la loi du 16 septembre 1871 : elle attribuait aux communes le dixième du produit de cet impôt, mais l'article 10 de la loi du 23 juillet 1872, qui régit aujourd'hui la contribution dont il s'agit, a réduit cette part au vingtième, déduction faite des cotes ou portions des cotes dont le dégrèvement aurait été accordé (2).

3117. Le produit des 8 centimes par franc attribués aux communes sur le principal des patentes est alloué aux communes dans la proportion des recouvrements effectués sur les contributions. À l'époque du 31 mars de la deuxième année de l'exercice, la totalité des sommes qui restent à allouer peut être payée aux communes intéressées, pourvu que les restes à recouvrer sur ces contributions de l'exercice ne s'élèvent pas à un douzième du montant des rôles : cette mesure permet aux receveurs municipaux de comprendre la totalité de l'attribution dans les recettes de l'exercice qui se termine au 31 mars. Dans le cas, au contraire, où la situation du recouvrement, ou tout autre motif, ne permettrait pas que la totalité des sommes revenant aux communes leur fût allouée à l'époque où doit avoir lieu la clôture de l'exercice, les sommes non payées feraient partie des restes à recouvrer à reporter au budget communal de l'exercice courant (3).

L'attribution du vingtième du produit net de la contribution sur les voitures, chevaux, mules et mulets a lieu dans les mêmes formes.

Les sommes attribuées aux communes sur le produit des permis de chasse sont encaissées immédiatement par la commune, si le receveur municipal est en même temps le percepteur qui a reçu les droits : dans le cas contraire, elles sont versées tous les dix jours au plus tard à la caisse municipale (4).

ARTICLE 5. — Des octrois (5).

3118. Les octrois, ainsi nommés de la formule d'approbation qui en autorisait l'établissement antérieurement à leur suppression par l'Assemblée constituante en 1791, sont des taxes indirectes et locales établies sur certains objets de consommation dans le but de subvenir aux dépenses des communes.

L'origine des octrois remonte aux premiers siècles de l'ancienne monarchie. Toutefois, le produit des taxes *octroyées* par le roi n'était pas comme aujourd'hui toujours destiné à faire face à des dépenses municipales : une partie variable suivant les temps et les circonstances était perçue au profit du trésor royal.

Les octrois furent supprimés par un décret de l'Assemblée constituante du 19 février 1791 ; mais cette mesure privait les communes d'une des branches les plus importantes de leurs revenus et les mettait dans l'impossibilité d'assurer l'exécution des services municipaux les plus indispensables ; la loi du 27 vendémiaire an VII rétablit l'octroi de la ville de Paris et affecta spécialement le produit de la perception « à l'acquit des dépenses locales, de préférence à celles de ses hospices et de secours à domicile » ; et le 11 frimaire suivant, une autre loi décida que dans les communes ayant au moins 5,000 habitants, en cas d'insuffisance des ressources pour subvenir à l'acquittement des dépenses, il y serait pourvu par l'établissement de taxes indirectes et locales, sauf autorisation spéciale du Corps législatif ; c'est ainsi que fut organisée dans plusieurs villes, sous le nom d'octroi, la perception de ces taxes, à partir du 5 ventôse an VIII, qui décida, en règle générale, qu'il serait établi des octrois sur les objets de consommation locale, dans toutes les villes dont les hospices n'avaient pas de revenus suffisants pour leurs besoins, et que le conseil municipal de chacune de ces villes serait tenu de présenter, dans le délai de deux mois, les projets de tarifs et de règlements convenables aux localités : ces projets devaient être soumis à l'approbation du gouvernement, et définitivement arrêtés par lui.

L'obligation d'établir des taxes d'octroi, en cas d'insuffisance des revenus, ne fut pas maintenue par la loi du 28 avril 1816, qui rendit aux conseils municipaux l'initiative de la mesure.

L'arrêté du 26 ventôse an XII, article 4, stipula que l'exécution des lois et arrêtés sur les octrois appartiendrait au ministre des finances, et l'arrêté du 5 germinal an XII chargea de ce soin la régie des *Droits réunis*.

Le décret du 17 mai 1809 accordait aux communes une certaine initiative pour la création des octrois et l'établissement des tarifs, mais il laissait subsister (art. 7) la faculté pour le gouvernement d'instituer des octrois d'office, lorsque les conseils municipaux refusaient de délibérer ou votaient négativement sur les créations jugées nécessaires. Ce même décret de 1809 édictait, en outre, un ensemble de mesures pour l'administration des octrois. La plupart de ses articles ont été reproduits, soit textuellement, soit avec des modifications, dans des dispositions ultérieures, mais les prescriptions relatives à la régie intéressée et à la ferme, comme modes de perception, sont encore en vigueur (art. 104 à 136).

Un décret du 8 février 1812 apporta un changement notable dans le régime des octrois, en ordonnant que la régie des contributions indirectes serait chargée de percevoir les droits d'octroi pour le compte des communes. Cet état de choses dura jusqu'à la loi du 8 décembre 1814, qui rendit aux maires l'administration et la perception des octrois, mais en n'admettant que les deux premiers modes de perception qui existaient avant le décret du 8 février 1812, c'est-à-dire la régie simple et la gestion par l'administration des impositions indirectes. Les deux derniers, la régie intéressée et la ferme, ne furent rétablis que par l'article 147 de la loi du 28 avril 1816.

L'ordonnance du 9 décembre 1814, qui reproduit en les complétant les anciennes lois et les règlements non abrogés par la loi du 8 du même mois, forme en réalité, avec la loi du 28 avril 1816 et le décret du 12 février 1870 (1),

---

(1) Déc. min. int., Bull. off.; 1864, p. 29.
(2) Il ressort du rapport de la commission législative qu'on a voulu conserver seulement aux communes les ressources qu'elles retiraient de l'allocation qui leur était faite par la loi de 1871, et la quotité de cette allocation a été réduite en prévision de l'accroissement des produits de la contribution.
(3) Inst. gén., art. 199 et 202. (Voy. n° 3112.)
(4) Inst. gén., art. 914.
(5) Nous ne donnons ici que les règles générales de la matière pouvant intéresser l'administration des communes. La législation relative aux octrois doit faire l'objet d'une étude approfondie et détaillée.

(1) Le décret du 12 février 1870 a été modifié, en ce qui concerne les matières nécessaires à la construction et à l'exploitation des lignes télégraphiques, par un décret du 8 décembre 1882.

27

le code des octrois. Si des lois subséquentes l'ont modifiée sur plusieurs points, ses principales dispositions subsistent toujours. Après avoir remis aux maires le service des octrois, cette ordonnance indique la marche à suivre pour l'établissement et la suppression des taxes, en maintenant au gouvernement, comme le décret du 17 mars 1809 l'avait fait, le droit d'établir des octrois d'office.

Les droits d'octroi ainsi rétablis ont été perçus en totalité au profit des communes jusqu'au 24 frimaire an XI, époque à laquelle le gouvernement ordonna un prélèvement de 5 0/0 des produits. Ce prélèvement, après avoir été porté à 10 0/0 par l'article 75 de la loi du 24 avril 1806 et étendu à toutes les communes par l'article 153 de la loi du 28 avril 1816, a été entièrement supprimé par l'article 25 du décret-loi du 17 mars 1852, à la condition que les taxes quelconques d'octroi, autres que les taxes additionnelles et temporaires, seraient simultanément et de plein droit réduites d'un dixième (1).

Dans la période qui s'écoula entre 1816 et 1842, les communes profitèrent largement des facilités que leur offrait ce système ; 1,070 d'entre elles furent bientôt soumises à des droits d'octroi, et sur ce nombre le tarif de 449 communes était grevé de surtaxes. Cependant, l'extension de ce genre d'impôts soulevait de vives répugnances dans les assemblées législatives. Les plaintes qui se produisirent en 1842 firent accueillir favorablement l'idée de limiter le droit absolu qu'avait eu jusque-là le gouvernement d'autoriser les octrois. La loi du 11 juin 1842, qui réalisa cette pensée, décida que, désormais, en cette matière, les ordonnances royales seraient rendues dans la forme des règlements d'administration publique, que les *droits d'octroi* établis sur les boissons en vertu de ces ordonnances *ne pourraient excéder* ceux qui seraient perçus *aux entrées* des villes au profit du Trésor (le décime non compris) ; que, dans les communes qui, à raison de leur population, n'étaient pas soumises au droit d'entrée sur les boissons, le droit d'octroi ne pourrait dépasser le droit d'entrée déterminé par la loi pour les villes d'une population de quatre mille âmes ; qu'il ne pourrait être établi de taxe d'octroi supérieure au droit d'entrée qu'en vertu d'une loi.

En outre, à partir du 1er janvier 1853, les surtaxes qui avaient été autorisées sans limitation de durée jusqu'à une époque plus éloignée, devaient cesser de plein droit, sans préjudice pour les communes de la faculté d'y renoncer avant cette époque.

Le 1er janvier 1853, tous les octrois devaient cesser. Mais le 17 mars 1852 le décret-loi les maintint en les réduisant seulement de moitié. Les communes perdaient ainsi près de la moitié de leurs ressources, mais la loi de finances du 22 juin 1854 intervint, qui abrogea l'article du décret de 1852 réduisant les taxes en disposant que les droits d'octroi sur les vins, cidres, poirés et hydromels ne pourraient être supérieurs *au double* des droits d'entrée déterminés par le tarif annexé au décret du 17 mars 1852 (le décime non compris) ; 2° que, dans les communes qui, à raison de leur population, ne seraient pas soumises à un droit d'entrée sur les boissons, le droit d'octroi ne pourrait dépasser *le double* du droit d'entrée déterminé par le décret du 17 mars 1852 pour les villes d'une population de quatre mille âmes ; 3° qu'il ne pourrait être établi aucune taxe d'octroi supérieure au double du droit d'entrée qu'en vertu d'une loi.

La loi du 24 juillet 1867 modifia profondément la législation en conférant, dans un but de décentralisation, aux conseils municipaux et aux préfets des pouvoirs exercés jusqu'alors par le gouvernement : mais elle maintint cependant le principe général posé par la législation antérieure, puisqu'elle n'autorisa les conseils municipaux à délibérer et les préfets à statuer que sur des objets spécialement énumérés et sous la condition de se renfermer dans la limite du maxi-

mum de droits et de la nomenclature des objets indiqués dans un tarif général qui serait édicté ultérieurement.

Ce tarif a été établi par un règlement d'administration publique en date du 12 février 1870.

D'après l'article 10 de la loi de 1867, étaient exécutoires, sur l'approbation des préfets, les délibérations ayant pour objet la prorogation des taxes additionnelles, l'augmentation des taxes principales au delà d'un décime, toujours dans la limite du maximum fixé par le tarif général qui devait être établi, après avis des conseils généraux, par un règlement d'administration publique.

Enfin, le gouvernement se réservait de statuer par décret, comme sur les créations d'octrois, relativement aux modifications, aux règlements et aux périmètres existants, à l'assujettissement à la taxe d'objets non encore imposés dans le tarif local, et à l'établissement ou au renouvellement des taxes sur les objets non compris dans le tarif général, ou des taxes excédant le maximum fixé.

La loi du 10 août 1871 n'apporta ni extension, ni restriction aux pouvoirs conférés aux conseils municipaux par la loi du 24 juillet 1867, mais elle donna aux conseils généraux le droit de statuer définitivement, en matière d'octroi, sur tous les objets qui avaient été réservés aux préfets ; elle autorisa également les assemblées départementales à délibérer sur certains points limitativement énumérés, laissant au gouvernement la faculté de suspendre les délibérations dans un délai de trois mois à partir de la clôture de la session, et lui maintenant implicitement le droit de statuer par décret sur les matières qui n'étaient pas attribuées par une disposition formelle aux conseils municipaux ou généraux.

La loi municipale du 5 avril 1884 a sensiblement modifié cet état de choses.

Les articles 137, 138 et 139 sont ainsi conçus :

« Art. 137. L'établissement des taxes d'octroi votées par les conseils municipaux, ainsi que les règlements relatifs à leur perception, sont autorisés par des décrets du Président de la République rendus en Conseil d'État, après avis du conseil général ou de la commission départementale dans l'intervalle des sessions.

« Il en sera de même de toute délibération portant augmentation ou prorogation de taxe pour une période de plus de cinq ans.

« Les délibérations concernant : 1° les modifications aux règlements ou aux périmètres existants ; 2° l'assujettissement à la taxe d'objets non encore imposés au tarif local ; 3° l'établissement ou le renouvellement d'une taxe excédant le maximum fixé par le tarif général ; 4° l'établissement ou le renouvellement d'une taxe excédant le maximum fixé par ledit tarif général, doivent être pareillement approuvées par décret du Président de la République rendu en Conseil d'État, après avis du conseil général ou de la commission départementale dans l'intervalle des sessions.

« Les surtaxes d'octroi sur les vins, cidres, poirés, hydromels et alcools, au delà des proportions déterminées par les lois spéciales concernant les droits d'entrée du Trésor, ne peuvent être autorisées que par une loi.

« Art. 138. Sont exécutoires, sur l'approbation du préfet, conformément aux dispositions de l'article 69 de la présente loi, mais toutefois après avis du conseil général ou de la commission départementale dans l'intervalle des sessions, les délibérations prises par les conseils municipaux concernant la suppression ou la diminution des taxes d'octroi.

« Art. 139. Sont exécutoires par elles-mêmes, les délibérations prises par les conseils municipaux prononçant la prorogation ou l'augmentation des taxes d'octroi pour une période de cinq ans au plus, sous la réserve toutefois qu'aucune des taxes ainsi maintenues ou modifiées n'excédera le maximum déterminé par le tarif général et ne portera que sur des objets compris dans ce tarif. »

3119. Quelles que soient les critiques dirigées contre le système des octrois, il faut reconnaître qu'il offre de sérieux avantages et serait, dans la plupart des cas, impossible à remplacer, car le plus grand nombre des communes manquent aujourd'hui de patrimoine productif de revenus, et,

---

(1) Les communes n'ont pas tardé, en revisant leurs tarifs, à reprendre la portion abandonnée par l'État. On ne doit pas confondre le prélèvement de 10 0/0 avec le prélèvement, par homme et par cheval, des communes ayant garnison militaire. (Voy. *infrà*, n° 3274.)

pour beaucoup d'entre elles, la limite raisonnable des centimes additionnels étant atteinte, et trop souvent dépassée, les taxes d'octroi sont le seul moyen de se créer des ressources. Mais l'octroi n'est acceptable en lui-même qu'à la condition que des taxes excessives ne viennent pas paralyser la consommation des objets de première nécessité et qu'il ne se transforme pas d'impôt purement local en une espèce de douane apportant des entraves à la liberté des transactions. C'est pourquoi l'Etat, tout en laissant l'initiative aux conseils municipaux en matière d'octroi, a réservé à la sanction de l'autorité supérieure toute création, augmentation, diminution, modification ou suppression de taxes de nature à réagir sur la consommation ou sur la liberté du commerce.

3120. Lorsque les revenus d'une commune sont insuffisants pour ses dépenses, il peut être établi, sur la demande du conseil municipal, un droit d'octroi sur les consommations (1).

L'octroi peut aussi avoir pour but de remplacer en tout ou en partie seulement la contribution personnelle et mobilière. En effet, aux termes de l'article 20 de la loi du 21 avril 1832 (budget des recettes), le contingent personnel et mobilier des villes ayant un octroi peut être payé en totalité ou en partie par la caisse municipale, sur la demande faite aux préfets par les conseils municipaux. Ces conseils déterminent la portion du contingent qui doit être prélevée sur les produits de l'octroi. La portion à percevoir au moyen d'un rôle est répartie en cote mobilière seulement, au centime le franc des loyers d'habitation, après déduction des faibles loyers que les conseils municipaux croient devoir exempter de la cotisation.

Le principe est que la création de taxes d'octroi ne doit avoir lieu que lorsque celles-ci sont nécessaires à l'acquittement des dépenses obligatoires ou facultatives (2).

Les municipalités doivent également examiner si les frais de perception seront en rapport avec les produits à encaisser. En règle générale, les frais de perception sont d'autant plus élevés que les communes assujetties à l'octroi sont moins importantes. Il est donc à désirer que les petites communes s'abstiennent autant que possible de recourir au produit des octrois pour mettre leur budget en équilibre. Un octroi dont la perception exige plus de 12 à 15.0/0 de frais est un impôt onéreux, et l'on ne doit pas y recourir lorsque tous les centimes dont la loi autorise la perception n'ont pas été déjà votés par le conseil municipal (3).

3121. Il importe de distinguer, au point de vue de la compétence, les rôles des diverses autorités appelées à statuer sur l'homologation. A cet égard, la loi du 5 avril 1884 a apporté d'importantes modifications à la législation établie par les lois de 1867 et 1871.

3122. D'après la loi du 5 avril, les affaires concernant les octrois peuvent être rangées dans quatre catégories différentes :

1° Certains votes des conseils municipaux ont force exécutoire par eux-mêmes ; 2° quelques délibérations sont exécutoires, sur l'approbation du préfet, dans les conditions de l'article 69 de la loi, mais toutefois après avis du conseil général ou de la commission départementale dans l'intervalle des sessions ; 3° un troisième ordre de délibérations doit être approuvé par décret du Président de la République, rendu en Conseil d'Etat après avis du conseil général ou de la commission départementale dans l'intervalle des sessions (4) ; 4° enfin, les surtaxes sur les vins, cidres, poirés, hydromels et alcools ne peuvent être autorisées que par une loi.

(1) L. 28 avril 1816, art. 147.
(2) Cons. d'Et. int. 25 mai 1885 (Gueugnon).
(3) Cons. d'Et. fin. 25 mai 1875 (Gueugnon).
(4) Cons. d'Et. int. et fin. 25 juin 1884. — Les sections réunies... 1° sur la question de savoir en quelles formes doivent être rédigés les décrets relatifs aux affaires d'octroi, prévues sous les nos 1, 2, 3 et 4 de l'article 137 de la loi du 5 avril 1884. — Les sections ont été d'avis que ces décrets devaient, en vertu des articles 63 et 137 de la loi municipale, approuver les délibérations des conseils municipaux intervenues dans les cas prévus ci-dessus, et non les tarifs et règlements prorogés ou modifiés, qui doivent d'ailleurs être annexés auxdites délibérations, conformément au principe pris par l'article 3 du décret du 12 février 1870.
2° Sur la question de savoir quelle conduite devait être tenue à l'égard

3123. Dans la première catégorie (délibérations exécutoires par elles-mêmes), figurent les délibérations prononçant la prorogation ou l'augmentation des taxes d'octroi pour une période de cinq ans au plus, sous la réserve toutefois qu'aucune des taxes ainsi maintenues ou modifiées n'excédera le maximum déterminé par le tarif général, et ne portera que sur les objets compris dans ce tarif (art. 139).

3124. Les délibérations rentrant dans la seconde catégorie, c'est-à-dire exécutoires sur l'approbation du préfet, mais toutefois après avis du conseil général ou de la commission départementale dans l'intervalle des sessions, sont celles qui concernent la suppression ou la diminution des taxes d'octroi (art. 138).

3125. La troisième catégorie d'affaires relatives aux octrois, sur lesquelles il est statué par des décrets du Président de la République, rendus en Conseil d'Etat, après avis du conseil général ou de la commission départementale dans l'intervalle des sessions, comprend les délibérations municipales concernant :

1° L'établissement des taxes d'octroi ; 2° l'augmentation ou la prorogation d'une ou plusieurs taxes pour une période de plus de cinq ans ; 3° les modifications aux règlements ou aux périmètres existants ; 4° l'assujettissement à la taxe d'objets non encore imposés au tarif local ; 5° l'établissement ou le renouvellement d'une taxe non comprise dans le tarif général ; 6° l'établissement ou le renouvellement d'une taxe excédant le maximum fixé par le tarif général (art. 137).

Il importe de remarquer qu'en ce qui concerne cette troisième catégorie d'affaires le conseil général ou la commission départementale n'ont qu'un simple avis à émettre. La

de la partie des délibérations des conseils municipaux rentrant dans les limites de compétence de leur pouvoir propre (art. 139 de la loi). — Les sections ont été d'avis que le Conseil d'Etat n'avait pas à en connaître, même au cas où ces délibérations renfermeraient des violations de lois ou de règlements ; qu'en vertu des articles 63 et 65 de la loi municipale, il appartenait au préfet de déclarer la nullité totale ou partielle des délibérations totalement ou partiellement illégales ; que rien ne s'oppose, d'ailleurs, à ce que, par les communications administratives, le Conseil d'Etat signale les violations de loi ou de règlement qui se rencontreraient dans les délibérations de l'espèce dont il s'agit.
3° Sur la question de savoir quelle était l'autorité compétente pour rendre exécutoire la partie des délibérations des conseils municipaux relative à des diminutions des tarifs d'octroi, lorsque le gouvernement est compétent pour statuer sur une autre partie de la délibération, en vertu de l'article 137 de la loi municipale. — Les sections ont été d'avis que lorsque les délibérations des conseils municipaux comporteraient le remaniement du tarif, au moyen d'atténuations et de suppressions, d'une part, et, d'autre part, au moyen d'additions d'objets ou d'augmentations de droits, le gouvernement, s'il devait être saisi, en vertu de l'article 137 de la loi municipale, aurait à connaître, par raison de connexité, de la partie de la délibération portant abaissement des taxes qui, en général, rentre dans la compétence prévue à l'article 138 de la loi municipale.
4° Sur la question de savoir quels sont les droits du gouvernement, lorsqu'il statue, en vertu de l'article 137 de la loi municipale, sur des taxes spécialement d'octroi, votées par les conseils municipaux, en conformité de l'article 134 de ladite loi. — Les sections ont été d'avis qu'il appartient au gouvernement de s'assurer si ces taxes spéciales sont réellement affectées à des besoins déterminés et temporaires, sans que, d'ailleurs, il puisse modifier le caractère desdites taxes. (Arrêt du Conseil d'Etat au contentieux du 16 décembre 1842, ville de Troyes, et 5 juin 1848, ville d'Auch). — Que, dans l'intérêt du bon ordre des finances communales et pour assurer l'exécution correcte du paragraphe 4 de l'article 3 de la loi du 16 juin 1881 sur la gratuité de l'enseignement primaire, il convient d'insérer dans les décrets d'approbation la clause suivante, empruntée à la jurisprudence ancienne du Conseil d'Etat : « L'administration municipale sera tenue chaque année de justifier, à la préfecture, de l'emploi des taxes spéciales au payement des dépenses en vues desquelles elles ont été autorisées. Le compte général de ce produit, tant en recette qu'en dépense, devra être présenté à l'expiration du délai fixé pour la perception des taxes.
5° Sur la question de savoir si la totalité de la taxe perçue sur un article déterminé pouvait être une taxe spéciale d'octroi, au sens de l'article 134 de la loi municipale ; — Les sections ont été d'avis que le législateur ayant voulu s'employer les expressions de taxes additionnelles ou de centimes additionnels aux taxes, rien ne s'oppose à ce que la totalité de la taxe frappant un objet déterminé soit une taxe spéciale.
6° Sur la question de savoir à quelle autorité il appartient de statuer sur les emprunts communaux remboursables au moyen de taxes spéciales d'octroi ; — Les sections ont été d'avis que, dans le silence de la loi du 5 avril 1884, le produit des emprunts remboursables au moyen de taxes spéciales d'octroi sont soumis aux mêmes règles de compétence que lesdites taxes ; — Que lorsque le Conseil d'Etat est saisi en vertu de l'article 137 de la loi municipale, il y a lieu, par raison de connexité, de le saisir en même temps de la question de l'autorisation de l'emprunt corrélatif.

loi du 5 avril 1884 modifie considérablement les attributions qui avaient été confiées à cet égard aux assemblées départementales par la législation précédente.

L'article 46 (25°) de la loi du 10 août 1871 donnait aux conseils généraux le pouvoir de statuer définitivement sur les délibérations des conseils municipaux ayant pour but la prorogation des taxes additionnelles d'octroi actuellement existantes, ou l'augmentation des taxes principales au delà d'un décime, le tout dans les limites du maximum des droits et de la nomenclature des objets fixés par le tarif général, établi conformément à la loi du 24 juillet 1867. De plus, l'article 48, paragraphe 4, les appelait à délibérer sur les demandes des conseils municipaux : 1° pour l'établissement et le renouvellement d'une taxe d'octroi sur les matières non comprises dans le tarif général indiqué à l'article 46 ; 2° pour l'établissement ou le renouvellement d'une taxe excédant le maximum fixé par le tarif ; 3° pour l'assujettissement à la taxe d'objets non encore imposés dans le tarif local ; 4° pour les modifications aux règlements ou aux périmètres existants. La loi de 1884 a abrogé ces dispositions et retiré tout pouvoir de décision au conseil général, pour réserver uniquement l'autorité du pouvoir central. Le conseil général n'émettant plus qu'un avis, le législateur a pensé qu'il était inutile de le convoquer pour le lui demander, s'il ne siégeait pas, au moment où la demande d'octroi se produit, et il a transféré ses droits, en ce cas, à la commission départementale, qui est en permanence.

3126. En principe, l'initiative des demandes d'octroi appartient au conseil municipal, mais cependant le préfet peut provoquer sa délibération lorsque la création de cette ressource lui paraît nécessaire (1).

3127. La désignation des objets imposés, le tarif, le mode et les limites de la perception sont également délibérés par les conseils municipaux et réglés de la même manière que les dépenses et revenus communaux. Il en est de même des projets de règlement. Nous verrons plus loin les règles à suivre pour le périmètre, le tarif, le règlement et le mode de perception.

3128. Les délibérations des conseils municipaux concernant l'établissement d'un octroi sont adressées par le maire au sous-préfet, et renvoyées par celui-ci avec ses observations au préfet, qui les transmet, avec son avis en forme d'arrêté, au ministre de l'intérieur, après avoir consulté le directeur des contributions indirectes du département (1).

Les pièces à produire à l'appui de la demande sont :
1° La délibération du conseil municipal ; 2° le budget primitif et le budget additionnel de l'exercice courant, ou, à défaut de ce dernier budget, celui de l'année précédente ; 3° un relevé présentant, d'après les trois derniers comptes administratifs, les recettes et les dépenses communales séparées en ordinaires et extraordinaires ; 4° un certificat du maire et du receveur municipal faisant connaître : les impositions extraordinaires qui peuvent grever la commune, avec indication de leur quotité, de leur durée et de leur objet ; les sommes restant dues en principal, sur les emprunts non remboursés ; les autres dettes communales ; 5° un exemplaire du règlement et du tarif de l'octroi projeté ; 6° le rapport du directeur des contributions indirectes ; 7° l'avis du conseil général ou de la commission départementale ; 8° l'avis motivé du préfet ; 9° un plan de la commune indiquant le périmètre de l'octroi dont l'emplacement des poteaux et des bureaux de perception ; 10° un certificat faisant connaître le nombre des habitants et l'étendue du territoire à comprendre dans le rayon de la perception ; 11° l'avis de l'autorité militaire, s'il s'agit d'une commune possédant une garnison, ou de l'autorité maritime, s'il s'agit d'une commune où se trouve un établissement maritime.

Les projets sont adressés par le ministre de l'intérieur à son collègue des finances, qui, après avoir pris l'avis de l'administration des contributions indirectes, fait statuer définitivement par un décret rendu en forme de règlement d'administration publique.

3129. Il est indispensable que la délibération du conseil municipal, qui est le document principal du dossier, ne laisse subsister aucun doute sur l'intention du conseil de faire porter ses propositions sur telle ou telle partie des actes de perception de l'octroi.

D'un autre côté, le Conseil d'Etat exige qu'il soit toujours fourni au tarif et règlement complet en trois expéditions, certifiées par le maire et destinées, l'une à demeurer aux archives du Conseil d'Etat, la seconde à celles du ministère, et la troisième à celles du conseil municipal, pour être annexée à la délibération.

3130. Aux termes de l'article 147 de la loi du 28 avril 1816, la désignation des objets à imposer, le tarif et les limites de la perception sont délibérés par le conseil municipal ; mais ce vote est subordonné à des conditions générales, par cette considération reproduite dans un avis du Conseil d'Etat du 4 avril 1848, que si les conseils municipaux sont appelés à proposer les droits qu'ils jugent convenable d'établir au profit de leur octroi, il appartient toujours au gouvernement d'examiner si l'intérêt général permet de les admettre ou de les modifier.

C'est en s'appuyant sur ces considérations que le décret du 12 février 1870 a édicté un tarif général qui classe les communes en six catégories, suivant leur population, et qui détermine pour chacune de ces catégories la nomenclature des objets imposables, ainsi que le maximum des taxes.

Ce n'est ni la population totale de la commune, ni même la population soumise à l'octroi qui doit servir de base au classement des communes dans les diverses catégories ; c'est la population municipale agglomérée, telle qu'elle est indiquée au dernier décret qui déclare authentiques les résultats du dénombrement de la population.

3131. Lorsque, dans une catégorie, aucune quotité n'est indiquée pour un article de la nomenclature, c'est que cet article ne peut figurer au tarif des octrois de cette catégorie. Cependant cette règle n'est pas absolue, car elle a surtout pour but d'éviter que les tarifs d'octroi ne soient surchargés d'objets dont l'introduction est tout à fait accidentelle et qui ne donneraient lieu en conséquence qu'à des perceptions insignifiantes. S'il est prouvé, au contraire, que, malgré le chiffre de la population, la consommation de ces objets a une certaine importance, il peut être utile de les imposer.

Il est nécessaire d'apporter une réserve beaucoup plus grande dans l'imposition d'objets non compris dans la nomenclature du tarif général. En effet, le décret du 12 février 1870 a écarté la plupart de ces objets, soit parce qu'ils sont déjà frappés de taxes au profit de l'Etat, et qu'il importe de ne pas en amoindrir la consommation en les assujettissant à des taxes locales trop élevées (cafés, sucres, denrées coloniales), soit parce qu'ils constituent des aliments de première nécessité (graines, farines, pain, légumes, lait), soit parce que leur inscription dans les tarifs serait contraire à ce principe que les taxes d'octroi ne doivent atteindre en aucun cas les objets qui ne sont pas à proprement parler des objets de consommation locale.

3132. Quelques règles générales régissent toute la matière :
1° Toute extension de tarif par analogie est expressément interdite. C'est l'une des règles fondamentales en matière d'octroi.
2° La perception ne doit atteindre que les objets destinés à la consommation locale ;
3° Les objets fabriqués, préparés ou récoltés dans l'intérieur de la commune doivent être soumis à la même taxe que les objets venant du dehors ;
4° Nulle personne, quelles que soient ses fonctions, ses dignités, son emploi, ne peut prétendre, sous aucun prétexte, à la franchise des droits d'octroi. Néanmoins, l'usage s'est établi d'exempter les objets adressés aux agents diplomatiques, en raison de la fiction d'après laquelle ils sont censés n'avoir pas quitté leur territoire national. (Voy. v° AGENT DIPLOMATIQUE, n°s 109 et 110.)

5° Les objets doivent être taxés au poids net et non au poids brut; les déductions à opérer pour l'emballage sont réglées par les usages locaux et débattues entre les municipalités et les contribuables;

6° Le droit ne doit être perçu que sur les quantités réellement introduites, et proportionnellement à leur importance;

7° Le droit ne peut être établi sur des quantités graduées d'après les usages locaux;

8° Des taxes différentielles ne sauraient être admises à aucun point de vue; elles doivent être perçues dans toute l'étendue du lieu sujet et sur la généralité des consommateurs;

9° Des taxations différentes de celle du tarif-type peuvent être admises dans le but de faciliter la perception; mais alors les municipalités doivent indiquer les bases de conversion du mode de taxation adopté en celui qui est réglementaire.

3133. Le décret du 12 février 1870 a maintenu dans la nomenclature des objets imposables les cinq grandes divisions déjà établies par l'article 11 de l'ordonnance du 9 décembre 1814, savoir: 1° boissons et liquides; 2° comestibles; 3° combustibles; 4° fourrages; 5° matériaux.

3134. Nous avons vu que l'établissement du périmètre est délibéré par le conseil municipal et soumis à l'approbation du gouvernement, qui statue par décret rendu en forme de règlement d'administration publique.

On ne saurait tracer à l'avance des règles invariables pour la détermination des périmètres. Cependant il faut autant que possible que le périmètre soit formé par des limites naturelles; on ne saurait admettre, pour le tracé général, une ligne idéale déterminée par sa distance en un point fixe. Il est à désirer également, dans les villes sujettes au droit d'entrée, que le rayon de perception de l'octroi ne s'écarte pas sensiblement de celui qui forme les limites de la perception des droits du Trésor, de telle sorte que le recouvrement des taxes puisse être facilement opéré par les mêmes agents pour le compte de la commune et pour le compte de l'État.

L'article 26 de l'ordonnance du 9 décembre 1814 avait formellement affranchi des droits d'octroi les dépendances rurales détachées du lieu principal. Les articles 147 et 152 de la loi du 28 avril 1816 n'ont pas maintenu cette immunité. Néanmoins, il y a lieu d'examiner si, en raison des dépendances rurales, le recouvrement des taxes ne présente pas des difficultés exceptionnelles. Dans ce cas, la meilleure solution consiste à restreindre les limites de l'octroi; mais, si les besoins financiers de la commune ou la nécessité de combattre plus efficacement la fraude exigent l'établissement de limites englobant les dépendances rurales, il est possible de le faire. Mais les principes généraux s'opposent à ce que les taxes ne frappent qu'une certaine catégorie de redevables, tels que les cabaretiers, les bouchers, etc., ou à ce que l'on exempte de certaines taxes les propriétaires ou fermiers récoltants.

Les délibérations des conseils municipaux relatives à la fixation ou à l'extension d'un périmètre doivent toujours être accompagnées d'un plan détaillé indiquant les limites anciennes et nouvelles de l'octroi, ainsi que l'emplacement des poteaux et des bureaux de perception.

Nous devons ajouter que les demandes d'extension des périmètres d'octroi ne sont accueillies qu'avec la plus grande difficulté, et seulement lorsqu'elles sont parfaitement motivées, lorsqu'il s'agit, par exemple, de faire concorder la limite de la taxe unique perçue au profit du Trésor avec le rayon de l'octroi. Le Conseil d'État repousse absolument les extensions qui auraient pour but de comprendre des habitations isolées ou des territoires inhabités.

De même, on ne saurait, lorsque la limite doit être formée par une voie publique, comprendre dans le rayon les maisons qui se trouvent sur le côté opposé à celui de l'agglomération. Le périmètre ne doit pas non plus traverser des propriétés closes de murs, et dans lesquelles il serait impossible de circuler. Il faut enfin qu'il soit bien démontré que les parcelles qu'il s'agit d'englober profitent de tous les avantages de l'agglomération.

3135. Indépendamment des lois organiques, l'ordonnance du 9 décembre 1814, jointe à quelques autres actes, notamment le décret du 12 février 1870, complété par celui du 8 décembre 1882, est le règlement fondamental de toute perception des droits d'octroi. Mais ces actes ont besoin d'un complément qui les résume et qui, affiché dans chaque bureau, les rappelle journellement aux contribuables, d'où la nécessité d'un règlement qui, outre les dispositions générales, indique avec précision les limites du périmètre de l'octroi; les chemins à suivre pour introduire dans la commune les objets imposés; l'emplacement des bureaux de déclaration et de payement; et, enfin, les dispositions particulières que commandent les localités.

Les règles à suivre pour établir ou modifier le règlement local d'un octroi sont les mêmes que celles usitées pour fixer le périmètre ou y apporter des changements.

Afin de faciliter la tâche des municipalités au point de vue de la rédaction des règlements, l'administration des contributions indirectes a rédigé deux types de règlement: le premier (modèle U), pour les octrois à bureaux périphériques, c'est-à-dire ceux dont les principales entrées de la commune, et le second (modèle V), pour les octrois à bureau unique, c'est-à-dire ceux où la perception s'opère à un bureau établi autant que possible au centre de la commune. Ces modèles contiennent toutes les dispositions législatives en matière d'octroi et sont constamment tenus à jour; les municipalités ont donc tout intérêt à adopter avec le moins de modifications possible ces textes qu'on a la certitude d'être conformes à la législation, et qui ont le mérite de l'expérience. Il arrive souvent, en effet, qu'en proposant une nouvelle stipulation les autorités locales ne s'aperçoivent pas qu'elle est en contradiction avec une disposition légale. D'autres soulèvent dans l'application de graves difficultés, ou mécontentent les redevables sans assurer plus complètement la rentrée de l'impôt.

Les règlements d'octroi ne doivent contenir aucune disposition contraire à celles des lois et règlements relatifs aux différents droits imposés pour le compte du Trésor, et il est défendu d'y insérer des mesures de police qui sont dans les attributions des maires et des préfets.

3136. Les règlements doivent s'appliquer aux objets ci-après:

1° Bureaux de perception; 2° contentieux; 3° dispositions générales; 4° entrepôt commercial; 5° entrepôt industriel; 6° formalités à la circulation; 7° passe-debout; 8° perception sur les objets de l'extérieur; 9° perception sur les objets de l'intérieur; 10° périmètre; 11° transit.

3137. Le conseil municipal peut demander qu'un octroi établi soit prorogé ou augmenté. Le pouvoir de décider varie suivant la durée, la quotité des droits et les objets imposés.

La décision est exécutoire par elle-même si la prorogation ou l'augmentation ne doit pas dépasser cinq années et si aucune des taxes maintenues ou modifiées n'excède le maximum déterminé par le tarif général du 12 février 1870 et ne porte des objets non compris en ce tarif. Le préfet saisi de la décision du conseil municipal doit se borner à transmettre à la direction générale des contributions indirectes une expédition de la délibération, appuyée des actes de procédure.

La délibération est soumise à l'approbation par décret si la prorogation doit avoir lieu pour plus de cinq années ou si elle comprend soit l'établissement d'une taxe nouvelle, soit l'établissement ou le renouvellement d'une taxe excédant le maximum fixé par le tarif général ou portant sur un objet non compris dans ce tarif.

En outre des pièces qui doivent être jointes aux demandes de création d'octroi, les dossiers de prorogation à établir par décret doivent comprendre: 1° un résumé des propositions municipales; 2° un relevé des taxes excédant les maxima du tarif général; 3° un relevé des taxes portant sur des objets non compris au tarif.

S'il s'agit d'une prorogation pure et simple, le résumé des propositions municipales doit indiquer pour chaque article de perception la taxe, les quantités imposées et produits des recettes d'après la moyenne des trois dernières années. S'il s'agit d'une modification, il doit faire ressortir la différence en plus ou en moins de la recette sur chaque article de perception. Les tableaux sont dressés par l'administration municipale et le service des contributions indirectes.

3138. Il résulte de l'ensemble des instructions de l'administration et des avis du Conseil d'Etat que les prorogations de taxe ne doivent pas, en général, dépasser cinq années. Ce n'est qu'autant qu'une demande d'imposition plus longue serait appuyée de très sérieuses justifications qu'elle aurait des chances d'être accueillie.

En fixant la limite de cinq ans, le législateur a voulu permettre, à des intervalles suffisamment rapprochés, la revision périodique des actes de perception, revision motivée non seulement par l'intérêt du Trésor, en raison de la connexité qui existe entre la plupart des taxes d'octroi et les impôts indirects perçus au profit de l'Etat, mais encore par l'intérêt des habitants de la commune, car il est juste de laisser autant que possible à chaque génération le soin de choisir les sources auxquelles elle entend puiser les revenus qui lui sont nécessaires.

De même que les prorogations pour une durée supérieure à cinq années, les prorogations anticipées doivent être autorisées par décret, lorsqu'elles ont pour effet de donner aux taxes d'octroi, à partir du jour de la prorogation, une durée sensiblement supérieure à cinq années. Mais si la prorogation, alors même qu'elle a lieu quelque temps avant l'expiration du terme assigné à l'octroi, assure uniquement la perception des taxes pendant une nouvelle période de cinq années, la délibération prise à ce sujet par le conseil municipal est exécutoire, ainsi qu'il a été dit plus haut, dans les conditions déterminées par la loi de 1884, lorsque aucune des taxes prorogées n'excède le maximum fixé par le tarif général et ne porte sur des objets non compris dans ce tarif.

Lorsqu'un tarif est revisé avant l'expiration et prorogé par anticipation, les taxes irrégulières peuvent continuer à être perçues jusqu'à l'époque pour laquelle elles avaient été autorisées.

Les actes constitutifs, pour lesquels il n'a pas été fixé de durée, sont considérés comme valables jusqu'au moment où ils sont l'objet de modifications ; leur durée est alors limitée à cinq ans, suivant l'usage.

Enfin, il est nécessaire que la date d'expiration coïncide avec la fin d'une année.

3139. Le gouvernement s'est réservé de statuer sur les demandes qui ont pour objet un changement au règlement ou au périmètre. L'instruction à laquelle il doit être procédé est, dans ce cas, la même que lorsqu'il s'agit d'établir le règlement ou le périmètre originaires, sauf quelques modifications indiquées par la nature même de l'affaire.

Au cas où la modification au règlement porte sur la création, le déplacement ou la suppression des bureaux de perception, il convient de fournir un plan du périmètre de l'octroi où l'on indique par des signes distincts l'emplacement actuel des bureaux et les nouveaux emplacements proposés.

S'il s'agit de modifier les articles du règlement, les délibérations des conseils municipaux doivent rappeler le texte des articles modifiés et celui des articles nouveaux, et préciser les modifications et additions proposées. Si cette condition n'est pas remplie, les changements introduits au règlement sont considérés comme nuls et non avenus (1).

S'il s'agit d'un périmètre, l'instruction doit produire un plan de la commune indiquant les limites de l'ancien périmètre et celles du nouveau ; un certificat faisant connaître le nombre des habitants, l'étendue et la nature du territoire à englober, ainsi que le résultat présumé de la mesure au point de vue des recettes d'octroi ; l'indication du rayon dans lequel est perçu le droit d'entrée établi au profit du Trésor public lorsque la commune y est soumise.

3140. La loi du 5 avril 1884 prévoit l'établissement et les modifications du règlement et du périmètre, mais elle ne prévoit pas les prorogations. Ceux qui ont été autorisés, étant une conséquence des décrets portant création de tarifs, conservent leur force exécutoire indéfiniment par suite de la prorogation même du droit de percevoir les taxes.

3141. Les surtaxes d'octroi ne peuvent être établies que par le pouvoir législatif. La dénomination de surtaxe s'applique à la partie du droit qui excède le maximum fixé par des lois spéciales, et non par le tarif général, pour certains objets soumis à un impôt au profit du Trésor public. Les objets pour lesquels le maximum de la taxe ordinaire est ainsi déterminé sont actuellement : les vins, les cidres, poirés, hydromels, les alcools, les huiles, autres que les huiles minérales, et les alcools dénaturés.

Jusqu'en 1842, ce fut le gouvernement qui, par voie d'ordonnance, autorisa les surtaxes ; depuis lors, elles ne peuvent plus être approuvées que par le pouvoir législatif. La loi du 11 juin 1842 dispose qu'une loi spéciale serait toujours nécessaire pour l'établissement d'une taxe d'octroi supérieure au droit d'octroi perçu au profit du Trésor public, et que dans les communes qui, à raison de leur population, ne sont pas soumises au droit d'entrée, le maximum du droit d'entrée serait le même que dans les villes de 4,000 habitants ; elle stipula, d'un autre côté, que ce serait le principal de ce droit, décimes non compris, qui servirait au calcul du maximum de la taxe d'octroi.

Ce n'est que dans des circonstances exceptionnelles et, en règle générale, lorsqu'elles ont à pourvoir à des dépenses extraordinaires, que les communes peuvent recourir aux surtaxes. Avant de surtaxer, on doit chercher si une révision des tarifs ne suffirait pas pour augmenter les ressources. Les formalités sont les mêmes que lorsqu'il y a lieu d'établir un octroi.

La surtaxe établie, la prorogation en peut être faite, mais à raison seulement de circonstances financières semblables à celles qui ont légitimé la surtaxe primitive.

3142. La loi du 5 avril 1884 n'oblige pas l'administration, quand elle veut autoriser une surtaxe, à consulter le conseil général ou la commission départementale. Comme le législateur doit statuer, cette formalité n'a pas été jugée nécessaire. Mais rien ne saurait empêcher un préfet de prendre l'avis du conseil général quand il prépare le dossier de l'instruction.

3143. Antérieurement à la loi du 5 avril 1884, on distinguait les droits d'octroi en taxes *principales* et en taxes *additionnelles*, que l'on appelait ainsi parce qu'elles venaient s'ajouter à une taxe principale déjà autorisée. Cette distinction avait eu sa raison d'être tant que le produit net des octrois était resté soumis, par application de l'article 153 de la loi du 28 avril 1816, à un prélèvement au profit du Trésor public, parce que les taxes principales seules subissaient ce prélèvement. Ce dernier ayant été supprimé par le décret du 1er mars 1852, la division n'offrait plus d'intérêt : elle avait été maintenue néanmoins par les lois du 24 juillet 1867 et du 10 août 1871.

La loi du 5 avril 1884 l'a supprimée : elle classe les produits de l'octroi parmi les recettes ordinaires (art. 133, n° 5) pour la partie de ces produits qui est affectée aux dépenses ordinaires ; parmi les recettes extraordinaires (art. 134, n° 7) lorsque les taxes ou surtaxes sont spécialement affectées à des dépenses extraordinaires et à des remboursements d'emprunts. Il n'y a donc plus que deux sortes de taxes : ordinaires ou spéciales (1).

Les taxes principales ont le caractère d'une perception annuelle ; elles doivent figurer parmi les recettes ordinaires. Les taxes spéciales ne sont que temporaires et leur produit doit toujours être spécialement affecté au payement de dépenses extraordinaires dûment autorisées et nettement déterminées. Il y a lieu de se placer dans le même ordre d'idées pour diviser le tarif d'un octroi. Aucune division en taxes principales et en taxes spéciales ne doit donc être opérée lorsque la totalité des recettes doit faire face aux dépenses ordinaires (2). Dans

---

(1) Circ. int. 16 mars 1880 ; Circ. fin. 12 juillet 1880 ; Cons. d'Et. fin. 20 décembre 1884 (Besançon) ; Cons. d'Et. fin. 23 décembre 1884 (Epinal).

(1) Cons. d'Et. 25 juin 1884. (Voy. *suprà*, n° 3122.)
(2) Cons. d'Et. fin. 3 décembre 1884 (Digne).

ces cas, il ne peut être établi que des taxes principales, alors même qu'elles dépasseraient les maxima réglementaires.

Cette distinction est absolument indispensable à observer, parce qu'aux termes de la loi du 16 juin 1881, dans les communes où la valeur du centième dépasse 20 francs, ce qui est le cas de toutes les communes à octroi, le cinquième du produit net des taxes ordinaires d'octroi doit être affecté aux dépenses de l'instruction primaire, tandis que les taxes spéciales n'y doivent pas concourir.

3144. D'après la jurisprudence, c'est au gouvernement qu'il appartient de s'assurer si les taxes spéciales sont réellement affectées à des dépenses extraordinaires ou à des remboursements d'emprunts. De là, il résulte que tout vote par un conseil municipal de taxes spéciales doit être justifié par la nécessité de faire face à des dépenses extraordinaires.

Donc, lorsque les conseils municipaux sont appelés à se prononcer sur l'établissement, le maintien ou l'élévation de droits d'octroi, il convient qu'ils examinent de quelle somme la commune a besoin pour assurer la marche des services municipaux. Pour se procurer cette somme, le conseil vote les taxes *principales* d'octroi qui ont un caractère annuel et permanent et dont le produit est inscrit au budget ordinaire de la commune.

Si, après la fixation de ces droits, la commune se trouve dans l'obligation de pourvoir à des dépenses extraordinaires, pour l'exécution d'entreprises ou pour le remboursement d'emprunts, le conseil municipal peut voter de nouveaux droits, soit au moyen de l'addition d'un ou de plusieurs décimes aux taxes principales, soit à l'aide de taxes extraordinaires frappant d'autres articles. Ces droits ne se confondent pas avec les taxes principales. Le conseil doit en déterminer l'affectation spéciale, et le produit en est porté au budget extraordinaire.

3145. Il appartient au conseil municipal de choisir entre quatre modes de recouvrement ou d'administration : la régie simple; la régie intéressée; le bail à ferme; l'abonnement avec l'administration des contributions indirectes.

La *régie simple* est la perception de l'octroi sous la direction immédiate du maire, lequel arrête à cet effet un ordre de service, en surveille l'exécution, résout les difficultés, transige sur les procès-verbaux avec les délinquants, et ordonne la suite des instances judiciaires.

La *régie intéressée*, système propre aux grandes villes exclusivement, consiste à traiter avec un régisseur, à la condition d'un prix fixe et d'une portion déterminée dans les produits excédant le prix principal et la somme abonnée pour les frais. La mise en régie intéressée a lieu par voie d'adjudication dans la forme indiquée ci-après pour la mise en ferme.

La *ferme* est l'adjudication pure et simple des produits de l'octroi, moyennant un prix convenu, sans partage de bénéfice et sans allocation de frais.

L'*abonnement* avec l'administration des contributions indirectes a pour effet de mettre la perception sous la direction de cette administration, moyennant une remise proportionnelle ou une somme fixe pour le traitement des employés, tous les autres frais restant à la charge de la commune.

Les maires conservent, comme pour la régie ordinaire, le droit de surveillance et celui de transiger sur les contraventions. Un modèle uniforme de traité a été adopté.

Les traités ainsi faits sont soumis à l'approbation du ministre des finances. Ils subsistent de plein droit jusqu'à ce que l'une des deux parties contractantes en ait notifié la cessation à l'autre partie six mois au moins à l'avance (2).

3146. Les adjudications en ferme ou en régie intéressée doivent être annoncées dans les journaux du département et par deux affiches au moins de quinzaine en quinzaine ; autrement elles seraient frappées de nullité. Elles se font à l'hôtel

de la mairie, en présence du maire et du directeur des contributions indirectes ou d'un employé de cette administration délégué par ce directeur, dans les villes de cinq mille âmes et au-dessus, et en la présence du sous-préfet dans les autres.

L'uniformité, en pareille matière, étant la garantie d'une bonne administration, un modèle de cahier des charges a été approuvé par le ministre des finances pour les baux à ferme ou régie intéressée. Dans l'application particulière, il est licite d'ajouter à ce cahier des charges certaines stipulations que commandent ou justifient les convenances des localités (1).

Les baux peuvent être faits pour trois ans, non compris, s'il y a lieu, la fraction de l'année commencée; ils sont approuvés par les préfets (2).

3147. Le refus fait par le préfet d'approuver l'adjudication d'un bail à ferme est un acte purement administratif qui n'est pas de nature à être déféré au Conseil d'État par la voie contentieuse (3).

3148. Après l'adjudication, aucune enchère n'est reçue si elle n'est faite dans les vingt-quatre heures et signifiée (par huissier) à l'autorité qui a procédé à cette adjudication, et s'il n'est offert un douzième en sus du prix auquel cette adjudication a été portée. Dans ce cas, c'est sur la dernière offre que les enchères sont ouvertes. On peut, cependant, s'il y a crainte de collusion ou de manœuvres combinées pour obtenir le bail à moindre prix, faire usage de soumissions cachetées, dûment signées et déposées au secrétariat de la commune (4).

3149. Nous n'avons point à entrer ici dans le détail des opérations de perception des octrois ; quel que soit le mode de recette adopté par le conseil municipal, les règles à suivre sont déterminées par la législation spéciale sur la matière qui doit faire l'objet d'une étude détaillée (v° Impôts indirects). Contentons-nous de dire ici que la déclaration et le recouvrement des droits s'effectuent principalement aux portes ou aux abords des communes, lorsque leur importance ou la nature des lieux permet d'établir plusieurs bureaux — on dit alors que l'octroi est à bureaux périphériques; — dans le cas contraire, la déclaration et la recette des droits sont faites à un bureau placé au centre de la commune — l'octroi est dit à bureau central.

Les contraintes contre les régisseurs, fermiers, receveurs et autres préposés à la recette sont décernées par le receveur municipal, visées par le maire et rendues exécutoires par le juge de paix (5).

Les contraintes contre les redevables pour les recouvrements des droits d'octroi sont décernées par le receveur, visées par le maire, et rendues exécutoires par le juge de paix. Les oppositions aux contraintes sont instruites et jugées par le juge de paix ; et la partie opposante est tenue de justifier, avant d'être entendue, de la consignation entre les mains du receveur du montant de la somme contestée (6).

3150. Lorsque l'octroi est en régie simple, ou lorsqu'il est perçu par voie d'abonnement avec l'administration des contributions indirectes, le versement des produits est fait, tous les cinq jours au moins, entre les mains du receveur municipal par les agents préposés aux portes et barrières et par ceux du bureau central.

3151. L'octroi établi peut être supprimé ou diminué sans intervention du gouvernement. Il en est de même d'une taxe. Nous savons, en effet, que cette mesure peut être prise par le préfet sur la simple délibération du conseil municipal et sur l'avis du conseil général ou de la commission départementale dans l'intervalle des sessions.

Sous l'empire de la loi du 24 juillet 1867, le conseil municipal réglait définitivement ces questions, et ce n'était qu'en

(1) L. 28 avril 1816, art. 47 ; Ins. gén. fin., art. 915.
(2) Ord. 9 décembre 1814, art. 94, 95, 96 ; L. 28 avril 1816, art. 158.

(1) Déc. 17 mai 1809, art. 110, 111 et 113; Ins. gén. fin. 6 novembre 1816; Int. fin. 14 août 1837.
(2) Déc. 12 février 1870, art. 5.
(3) Cons. d'Ét. cont. 16 janvier 1828.
(4) Déc. 16 mai 1809, art. 117; Circ. fin. 6 novembre 1816.
(5) Déc. 15 novembre 1810, art. 2.
(6) Ord. 9 décembre 1814, art. 81.

cas de désaccord entre le maire et le conseil que la délibération était soumise à l'approbation du préfet. La Chambre avait d'abord consacré de nouveau le pouvoir réglementaire du conseil en cette matière ; mais le Sénat, malgré l'opposition de MM. de Marcère et Le Bastard, a exigé que ces délibérations fussent soumises à l'approbation du préfet. Cette décision se justifie par le fait que, pour remplacer les taxes réduites ou supprimées, il faudrait nécessairement recourir à des centimes additionnels. Or, les droits d'octroi, ayant surtout pour but de subvenir aux besoins de l'agglomération, doivent peser uniquement sur la population agglomérée, qui profite des bénéfices de l'agglomération ; en remplaçant ces droits par des centimes, dont les étrangers à la commune sont forcément exemptés, on déplacerait la charge et on la ferait porter en grande partie sur les populations rurales, qui n'ont pas le même intérêt aux dépenses faites dans l'intérieur de l'agglomération que les étrangers et les habitants qui y résident. C'est afin d'éviter cette inégalité dans les charges que le législateur de 1884 a voulu réserver l'autorisation à l'administration supérieure, après avis du conseil général ou de la commission départementale, afin d'entourer la décision de toutes les garanties possibles de sincérité et d'examen sérieux de la demande.

Les pouvoirs des administrations locales ne sont pas cependant absolus. Dans leurs votes, les municipalités ne peuvent violer certains principes, tels que celui de la généralité de l'impôt. Un conseil municipal ne saurait, par exemple, supprimer ou diminuer la taxe sur les objets récoltés par une partie de la population, tandis que les objets venant de l'extérieur y resteraient soumis. Si les préfets approuvaient de telles décisions, nous n'hésitons pas à penser que leurs arrêtés pourraient être annulés pour excès de pouvoir.

ARTICLE 6. — *Droits de place.*

3152. Les communes ont la faculté de percevoir des droits pour les places occupées par les marchands dans les halles, foires et marchés. (Voy. *suprà*, nᵒˢ 1642 et suiv., 1872 et suiv.) Cette perception était déjà autorisée par la loi du 11 frimaire an VII (art. 6, nᵒ 3), les communes ayant été substituées par celle des 15-28 mars 1790 aux anciens seigneurs auxquels appartenaient, avant 1789, les bâtiments des halles ainsi que la faculté d'y percevoir à leur profit ce qu'on appelait alors les droits de *hallage*. Aujourd'hui, ces droits appartiennent exclusivement aux communes, et il est interdit aux particuliers de construire des marchés publics et d'y percevoir des taxes à titre de locations de place (1).

Il est de principe, et les termes de la loi le démontrent suffisamment, que le droit de place représente simplement le loyer d'occupation d'une partie du sol communal. Une circulaire du 17 décembre 1807 s'exprimait à cet égard en ces termes : « Le droit de place, devant être entièrement distinct de celui d'octroi, ne doit être établi qu'à raison du mètre de terrain que les marchands voudront occuper et non à raison de la marchandise qu'ils étaleront. »

En effet, dans aucun cas, le droit ne peut être établi sur la marchandise, car ce serait, en réalité, créer une sorte de taxe d'octroi en dehors des règles spéciales à cette nature d'impôt ; ce n'est donc ni sur la mesure, ni sur la quantité, ni sur la valeur des objets exposés en vente que doit porter la taxe, mais sur la superficie du terrain livré à l'étalagiste, qui demeure libre de placer sur ce terrain autant de marchandises qu'il en peut contenir, sauf au maire à fixer par le règlement de police relatif à la tenue du marché la hauteur des étalages qu'il importe de limiter en vue de prévenir les accidents. Il n'y a d'exception à cette règle que pour les bestiaux exposés vivants et qui peuvent être taxés par tête.

Toutefois, pour éviter l'inconvénient de faire payer aussi

(1) Circ. int. 8 août 1813.

cher les marchandises inférieures et d'un fort volume que celles qui ont plus de valeur et tiennent moins de place, les halles, marchés et autres lieux publics destinés à la vente doivent être divisés en catégories différentes, selon l'espèce des denrées et objets qui s'y débitent, et le tarif peut y appliquer des droits plus ou moins élevés en raison de la nature des marchandises.

Ajoutons que le droit n'est dû que par l'occupant et qu'on ne peut y soumettre les marchands qui colportent, ni ceux qui vendent dans leurs magasins et partout ailleurs que dans un lieu public ; mais il est dû, quel que soit le propriétaire du lieu public, État, département ou commune, si celui-ci est un marché constitué (1).

Il résulte d'un avis du comité de l'Intérieur du 16 mars 1831 qu'exiger un droit de place pour une marchandise vendue ailleurs qu'au marché public serait lever un impôt qu'aucune loi n'autorise.

Du reste, il n'y a de droit exigible que celui qui résulte du tarif réglé par délibération du conseil municipal. La commune n'a rien de plus à réclamer pour l'éclairage ou le nettoyage de la halle, par exemple, qui sont des frais de police à la charge de la caisse municipale. Elle ne peut non plus obliger les marchands à payer un prix de location pour les bancs, tables, échelles et autres objets mobiliers à l'usage des locataires d'emplacements ; ceux-ci doivent rester libres de se procurer ces objets comme ils l'entendent.

Le tarif des droits de place à percevoir dans les halles, foires et marchés est délibéré par le conseil municipal et approuvé par le préfet. Le conseil municipal peut comprendre, dans le tarif des droits de resserre et de magasinage des objets qui n'ont pas été vendus les jours de marché.

Les droits sont perçus par voie de régie simple, de régie intéressée ou de ferme.

Les époques du versement des produits aux caisses municipales sont déterminées par le cahier des charges. En cas de retard, les receveurs municipaux doivent poursuivre le recouvrement par les moyens ordinaires.

3153. Nous n'avons pas à étudier ici la législation particulière relative aux abattoirs, nous ne devons ici rappeler que les règles spéciales à notre matière. Ces sortes d'établissement sont, en général, des établissements communaux, dont les communes peuvent tirer un revenu, mais le produit ne doit avoir pour objet que de couvrir les frais faits pour la construction et l'entretien de l'abattoir ; ils ne doivent pas être assez élevés pour constituer soit une sorte de droit d'octroi, soit un supplément aux droits établis.

La création d'un abattoir public entraîne la suppression des tueries particulières. Elle peut donner lieu à un emprunt, à

(1) Cass. civ. 8 juillet 1884. — La Cour, Sur le deuxième moyen ; — Attendu qu'aux termes de l'article 31 de la loi du 11 juillet 1837 les recettes ordinaires des communes se composent notamment du produit des droits de place perçus dans les halles, foires, marchés et abattoirs, d'après les tarifs dûment autorisés, comme aussi du produit des permis de stationnement et des locations sur la voie publique, sur les ports, rivières et autres lieux publics ; — Attendu que la généralité de ces expressions, notamment en ce qui concerne les ports et rivières, ne permet pas de distinguer entre les dépendances du domaine public de l'État et les dépendances du domaine public communal ; — Qu'ici et là les emplacements occupés par les marchands peuvent motiver au profit des communes la perception des droits qui seraient fixés par des tarifs dûment autorisés ; — Attendu, en fait, qu'il s'agit dans la cause d'un bateau flottant, servant à usage de débit de café et de boissons, placé avec l'autorisation du capitaine du port de Cette dans le canal latéral à la gare sur la rive nord ; — Attendu que le règlement pour la perception du droit de hallage dans la ville de Cette, en date du 31 octobre 1861, régulièrement approuvé le 9 décembre suivant, prévoit expressément par son article 11 l'application dudit droit de hallage aux étalages des marchandises faits dans le port, le canal et sur les quais ; — Qu'il est de plus expliqué par la définition donnée de ce qu'il s'agit, qu'il doit être perçu sur les espaces qu'occupent soit dans les halles, soit à l'extérieur des halles, dans les rues quais et autres endroits publics, les denrées, marchandises et autres objets destinés à la vente en détail pour la consommation journalière des habitants ; — Attendu que le bateau flottant exploité par la dame Lacassin réunit toutes les conditions qui viennent d'être rappelées ; — Qu'il est situé dans un lieu public et qu'on y vend au détail des denrées pour la consommation journalière des habitants ; — D'où il suit qu'en accueillant l'action dirigée par le fermier de la ville de Cette contre les époux Lacassin le jugement attaqué a sainement... — Rejet.

des acquisitions, aliénations ou échanges de terrains, ou à une expropriation pour cause d'utilité publique. A défaut de ressources suffisantes pour subvenir aux frais d'acquisition et de construction, les communes ont la faculté de concéder, par voie d'adjudication, pour un temps plus ou moins long, le produit des droits d'abatage à un entrepreneur qui se charge, moyennant cette concession, d'exécuter les travaux nécessaires.

Les taxes perçues dans les abattoirs sont de deux sortes :

Les taxes d'abatage et les droits de place dans les locaux dépendant de ces établissements.

Les taxes d'abatage doivent être calculées de manière à ne pas dépasser les sommes nécessaires pour couvrir les frais annuels d'entretien et de gestion des abattoirs et pour tenir compte à la commune de l'intérêt du capital dépensé pour leur construction, et de la somme qui serait affectée à l'amortissement de ce capital.

Ces taxes ne peuvent dépasser le maximum de 0 fr. 015 (1 centime 5 millièmes) par kilogramme de viande de toutes espèces. Toutefois, lorsque les communes sont forcées de recourir à un emprunt ou à une concession temporaire pour couvrir les frais de construction des abattoirs, les taxes peuvent être portées à 2 centimes par kilogramme de viande, si ce taux est nécessaire pour pourvoir à l'amortissement de l'emprunt ou indemniser le concessionnaire de ses dépenses.

Lorsque l'amortissement est effectué, les taxes sont ramenées au taux nécessaire pour couvrir seulement les frais d'entretien et de gestion.

Les taxes d'abatage sont autorisées par le préfet, sur délibération du conseil municipal.

Si des circonstances exceptionnelles nécessitaient des taxes supérieures à celles qui viennent d'être indiquées, elles ne pourraient être imposées que par décret rendu en Conseil d'Etat (1).

Le droit d'abatage, d'étable et d'écurie à payer par les bouchers et charcutiers est perçu, aux barrières de l'octroi, simultanément avec le droit d'entrée, ou bien par le préposé à la garde de l'abattoir, qui en délivre quittance détachée d'un registre à souche, coté et paraphé par le maire. Les recettes sont versées, à la fin de chaque semaine, au receveur principal.

Le droit d'abatage ne peut être perçu sur les bestiaux morts introduits dans l'enceinte de l'octroi (2).

ARTICLE 7. — Droits de voirie.

3154. Les recettes du budget ordinaire énoncées au paragraphe 7 de l'article 133 de la loi du 5 avril 1884 consistent

dans le produit des permis de stationnement et des locations sur la voie publique, sur les rivières, ports et quais fluviaux et autres lieux publics.

La perception de ce produit en faveur des communes a été autorisée, pour la première fois, dans la législation moderne, par la loi du 11 frimaire an VII (art. 7). La loi du 18 juillet 1837 (art. 31, n° 7) l'a maintenue. Depuis, les lois annuelles de finances n'ont pas cessé de l'admettre. Elle est consacrée de nouveau par la loi du 5 avril 1884. Elle peut avoir lieu aujourd'hui, comme sous la législation antérieure, non seulement sur les dépendances de la petite voirie, mais encore sur celles de la grande. Toutefois, relativement aux dépendances de la grande voirie, il y a actuellement des restrictions qui n'existaient pas anciennement. En effet, la loi de finances du 20 décembre 1872 (art. 2) a réservé au profit de l'Etat les redevances à percevoir à titre d'occupation temporaire ou de location des plages et autres parties du domaine public maritime. La loi du 5 avril 1884 (art. 133, n° 7) exclut, en outre, des emplacements dont l'occupation peut donner lieu à la perception de redevances municipales, les ports et quais qui ne sont pas fluviaux. Par suite, ce n'est que dans le cas où l'Etat renoncerait en faveur des communes, dans les ports de mer ou sur les quais maritimes, à percevoir des redevances à titre d'occupation temporaire ou de location que les municipalités pourraient légalement y faire des perceptions de cette nature (1). Par ports maritimes, d'après l'esprit sinon d'après le texte de la nouvelle loi, il faut entendre, indépendamment des ports existant sur le rivage de la mer, ceux qui, dans les limites de l'inscription maritime, sont situés au bord d'un fleuve ou d'une rivière où pénètre le flux de la mer. Tels sont les ports de Bordeaux, de Nantes, de Rouen et autres moins importants, mais dans une situation analogue.

Dans un but d'intérêt général, la loi du 28 juillet 1882 a également réservé à l'Etat le droit d'user, sans indemnité, des voies diverses urbaines pour la construction et l'entretien des lignes télégraphiques (2).

---

(1) Déc. 1er août 1864.

(2) Cass. civ. 19 avril 1875. — La Cour, Sur le deuxième moyen ; — Attendu que les juges de paix chargés de statuer sur toutes les contestations relatives à l'application des tarifs et à la quotité des droits exigés par les receveurs des octrois municipaux sont nécessairement compétents pour apprécier la légalité des actes en vertu desquels la perception a été faite ; — Attendu que le droit d'abatage accordé aux villes qui établissent des abattoirs publics est le prix de location dû à la commune par les bouchers, pour les locaux qu'elle leur fournit à l'effet de tuer leurs bestiaux ; — Que tel est le caractère attribué à cette taxe par l'article 31 de la loi du 18 juillet 1837, qui la classe parmi les droits de place dont la perception est autorisée au profit des communes ; — Qu'il suit de là que le droit d'abatage ne peut être imposé sur les bestiaux introduits dans la ville après avoir été tués hors du territoire de la commune ; — Que ces bestiaux ou les viandes qui en proviennent peuvent, il est vrai, conformément à l'article 5 de la loi du 10 mai 1846, être frappés, à leur entrée dans les villes, d'une taxe égale aux droits d'abattoir et d'octroi que supportent les animaux tués à l'intérieur, mais que cette taxe, qui n'est qu'un droit d'octroi, ne peut être établie que suivant les formes prescrites par les lois du 5 vendémiaire an VIII et 4 juin 1842, pour l'établissement et les modifications des tarifs d'octroi ; — Attendu, en fait, que l'arrêté pris le 30 novembre 1858 par le maire de Périgueux, pour réglementer l'usage et la police de l'abattoir public établi dans cette ville, après avoir renseigné dans son article 47 les droits d'abatage à percevoir par chaque espèce de bestiaux suivant le tarif réglé par une ordonnance du 1er octobre 1855 contient la disposition suivante : « Art. 48. — Le droit d'abatage sera également perçu sur les bestiaux morts introduits dans la ville et les faubourgs et destinés à la consommation intérieure ; » — Attendu qu'en appliquant ainsi arbitrairement aux bestiaux tués hors de

la commune le droit d'abatage établi pour l'abattoir public de la ville le maire de Périgueux a excédé ses pouvoirs et créé en réalité une taxe d'octroi qui ne pouvait être établie par un simple arrêté municipal ; — D'où il suit que le juge de paix n'a pas dépassé la limite de ses attributions en déclarant illégale la perception... — Rejette.

(1) Cass. civ. 9 décembre 1885. — La Cour, Sur le premier moyen du pourvoi ; — Vu les articles 3, paragraphe 3, de la loi du 11 frimaire an VII, l'article 1er, paragraphe 5, de la loi du 24 juillet 1807 et les décrets du 25 mars 1852, article 1er, et du 13 avril 1861 ; — Attendu qu'en matière de taxes indirectes et locales les tribunaux sont compétents pour apprécier la valeur légale des actes dont on leur demande d'assurer l'exécution ; que leur compétence s'étend à l'examen de toutes les conditions de légalité desdits actes ; — Attendu que la loi du 11 frimaire an VII permet l'établissement des taxes pour la location de places dans les halles, les marchés, sur les rivières et les ports lorsque les administrations auront reconnu que cette location peut avoir lieu sans gêner la voie publique, la circulation et la liberté du commerce ; — Attendu que la loi du 18 juillet 1807 a placé la fixation de ces droits dans les attributions des conseils municipaux, sauf approbation de l'autorité supérieure ; — Que les décrets du 25 mars 1852 et du 13 avril 1861 ont donné au préfet le droit d'autoriser ces tarifs, mais seulement lorsqu'il s'agit d'objets touchant à un intérêt d'administration départementale ou communale ; — Qu'ils ont réservé au gouvernement le droit d'approbation quand il s'agit de l'intérêt général de l'Etat ; — Qu'il en est ainsi notamment quand il s'agit de droits de place et de stationnement sur les ports, quais, rivières et autres lieux dépendant de la grande voirie, à raison des intérêts généraux qui se rattachent à la liberté du commerce et de la navigation et que ces perceptions pourraient compromettre. — Et attendu que ces perceptions réclamées contre Cayla avaient pour objet des dépôts effectués sur la cale du faubourg Saint-Georges dans la ville de Cahors ; — Qu'il a été allégué par Cayla et non contredit par l'arrêt attaqué que cette cale est un lieu de débarquement sur la rampe de la rive gauche du Lot, dépendant du domaine de l'Etat ; — Attendu que l'arrêté du 18 décembre 1880, portant règlement du cahier des charges et tarif des droits de place de la ville de Cahors, en vertu duquel ces droits ont été réclamés a été approuvé par le préfet du Lot seulement ; que cette approbation ne suffisait pas à en assurer la légalité en ce qui concerne les dépendances du domaine de l'Etat ; — Attendu qu'en condamnant Cayla à payer... — Casse.

(2) Cons. d'Et. 19 janvier 1888. — Le Conseil d'Etat, qui, sur le renvoi ordonné par le ministre de l'intérieur, a examiné la question de savoir s'il appartient aux communes de percevoir des redevances à l'occasion de l'établissement, sur ou sous le sol des voies publiques communales, en dehors des égouts, des lignes télégraphiques ou téléphoniques construites par l'Etat et qui ne font point partie du réseau d'intérêt général.

Considérant que l'article 2 de la loi susvisée du 28 juillet 1885 dispose

3155. Des difficultés se sont élevées, sous la législation antérieure, sur le point de savoir quel est le caractère de l'occupation du domaine public national terrestre ou fluvial à raison de laquelle les communes peuvent être admises à faire les perceptions de la nature de celles prévues au paragraphe 7 de l'article 133 de la loi du 5 avril 1884. Le gouvernement crut devoir appeler le Conseil d'Etat à se prononcer sur ces difficultés. D'après un avis de principe exprimé le 30 novembre 1882, l'occupation entraînant une emprise du domaine public ou une modification de son assiette ne rentre pas dans la catégorie de celles à raison desquelles un droit de stationnement ou de location peut être perçu par la commune ; mais, dans les autres cas, au point de vue de la perception de ce droit, il n'y a pas à distinguer si l'occupation est seulement momentanée ou se prolonge plus ou moins longtemps (1).

Les dispositions des lois des 11 frimaire an VII et 18 juillet 1837, admettaient, ainsi que le Conseil d'Etat les a interprétées par ses avis des 6 décembre 1848 et 2 juin 1875, que les droits de stationnement sur les rivières pouvaient être établis en faveur des communes, avec l'autorisation préalable du gouvernement.

La loi municipale de 1884 a maintenu ces dispositions, sauf en ce qui touche les quais et ports compris dans les limites de l'inscription maritime. D'après la discussion dont elle a été

que l'Etat a le droit d'exécuter, sur ou sous le sol des chemins publics et de leurs dépendances, tous travaux nécessaires à la construction et à l'entretien des lignes télégraphiques ou téléphoniques qui lui appartiennent; que la loi impose ainsi aux communes, dans l'intérêt d'un service public, une servitude pour laquelle il n'est prévu ni stipulé aucune redevance ; — Que si, en vertu du paragraphe 2 dudit article, les fils télégraphiques et téléphoniques autres que ceux des lignes d'intérêt général ne peuvent être établis dans les égouts appartenant aux communes qu'après avis des conseils municipaux et si les communes le demandent, moyennant le payement d'une redevance dont le taux est déterminé par décret rendu dans la forme des règlements d'administration publique, aucune disposition de la loi précitée ne prévoit la perception de droits au profit des communes, quand ces lignes sont construites par l'Etat en dehors des égouts ; — Considérant que la distinction proposée par le ministre de l'intérieur dans la dépêche susvisée du 5 mars 1885, et qui consistait à exonérer des droits de voirie seulement les lignes affectées exclusivement à un service public, n'a point été insérée dans le texte de la loi du 28 juillet 1885, qui s'est bornée à réserver les droits des communes en ce qui touche les lignes d'intérêt privé qui empruntent les égouts.

Est d'avis : Que les communes ne sauraient percevoir, à titre de redevances, par application de l'article 133, paragraphe 7, de la loi du 5 avril 1884, des droits de voirie sur les lignes télégraphiques ou téléphoniques construites par l'Etat autres que celles qui empruntent les égouts, sans qu'il y ait lieu de distinguer entre les lignes ayant une certaine durée et celles qui ont un caractère intermittent et passager.

(1) Cons. d'Et. 30 novembre 1882. — Le Conseil d'Etat, qui, sur le renvoi ordonné par M. le ministre de l'intérieur, a examiné les questions suivantes :

1° Appartient-il aux communes, par préférence au Trésor public, de percevoir sur les dépendances du domaine public national, fluvial ou terrestre, des redevances pour les occupations temporaires autres que celles dont l'usage entraîne une incorporation au domaine public, et sans qu'il y ait lieu de distinguer entre les locations ayant une certaine durée et celles qui ont un caractère intermittent et passager ?

2° Convient-il de comprendre, parmi les occupations temporaires auxquelles s'applique la loi du 18 juillet 1837, les concessions d'emplacement pour les kiosques servant à la vente des journaux ou à la publicité ?

Considérant que l'article 7 de la loi du 11 frimaire an VII attribue aux communes le produit de la location des places dans les halles, les marchés et chantiers, sur les rivières, ports et promenades publiques, lorsque les administrations auront reconnu que cette location peut avoir lieu sans gêner la voie publique, la navigation, la circulation et la liberté du commerce ; — Que l'article 31, § 7, de la loi du 18 juillet 1837 range parmi les recettes ordinaires des communes le produit des permis de stationnement et des locations sur les ports, rivières et autres lieux publics ; — Considérant que ces dispositions législatives n'ont point donné aux communes le droit de percevoir des redevances à l'occasion des occupations qui entraînent une emprise sur le domaine national ou qui en modifient l'assiette ; — Mais qu'en ce qui concerne les locations, les lois susvisées n'établissent de distinction, ni à raison de la durée du bail, ni à raison du caractère plus ou moins précaire des droits qui en résultent.

En ce qui touche les locations des kiosques servant à la publicité ou à la vente des journaux : — Considérant que lorsque, à raison de la construction et de la solidité des travaux qui les relient au sol, ces kiosques ne peuvent pas être considérés comme des édifices modifiant l'assiette du domaine public, il y a lieu d'appliquer l'article 31 de la loi du 18 juillet 1837, et d'autoriser la perception des redevances au profit des communes ;

Est d'avis : Qu'il y a lieu de répondre aux questions posées par le ministre de l'intérieur dans le sens des observations qui précèdent.

l'objet, elle repousse implicitement, en dehors de ces limites, toute distinction, en matière de droits de place ou de stationnement, entre les occupations momentanées de domaine public national et les occupations d'une certaine durée. Le législateur de 1884 a entendu admettre les perceptions municipales pour les secondes au même titre que pour les premières, lors même qu'elles sont permanentes, comme celles qui résultent d'un dépôt de marchandises dans les ports ou de stationnement de pontons, de bateaux-lavoirs ou de bateaux pour bains sur les fleuves ou rivières.

L'occupation qu'entraîne un pareil stationnement ne saurait être considérée comme une emprise ou une modification de l'assiette du domaine public, car les pontons et bateaux dont il est question peuvent être déplacés instantanément, quand les crues des cours d'eau ou les besoins de la navigation rendent la mesure nécessaire. Un stationnement de cette nature ne diffère pas de celui des bateaux qui sont amarrés à la rive d'un fleuve pendant plusieurs mois pour la vente de leur chargement (1).

3156. Dans tous les cas, il est à remarquer que les perceptions faites au profit de la commune doivent avoir lieu en vertu d'un tarif régulièrement homologué.

Ce tarif est d'abord voté par le conseil municipal ; il est ensuite soumis à la sanction du préfet, s'il s'agit de droits de stationnement, de place ou de location à percevoir sur les dépendances de la petite voirie ou sur les rivières non navigables ou flottables. A cet égard, le conseil municipal n'a plus le pouvoir de décision propre que lui accordait l'article 1er de la loi du 24 juillet 1867, lorsqu'il y avait accord entre le maire et le conseil. Le législateur a pensé, relativement aux droits dont il est question, comme en ce qui touche les droits perçus dans les halles, foires ou marchés, que la création de semblables redevances exigeait l'intervention de l'administration supérieure pour sauvegarder les divers intérêts qui pourraient être lésés par l'établissement de taxes excessives.

Quant aux droits de stationnement, de place ou de location à percevoir sur les dépendances de la grande voirie, comme ils peuvent affecter directement les intérêts généraux de l'Etat, le pouvoir d'en autoriser la création et d'en approuver le tarif n'a pas été décentralisé. Il est exercé par le président de la République, sur le rapport du ministre de l'intérieur, après avis du ministre des travaux publics, au sujet des droits à percevoir soit sur les rivières navigables ou flottables, soit sur leurs berges. Le décret est contresigné par les deux ministres. Le ministre de l'intérieur statue lui-même, après avoir consulté le ministre des travaux publics, lorsque la perception doit s'opérer sur d'autres dépendances de la grande voirie (2).

Le préfet doit, par conséquent, adresser au ministre de l'in-

(1) Cons. d'Et. int. 30 novembre 1882. — Voyez le décret du ... 1883, approuvant la taxe de péage des pontons de bateaux omnibus de la ville de Lyon.

(2) Cons. d'Et. 2 juin 1875 ; Cass. civ. 9 décembre 1885 (Voy. supra n° 3154) ; Déc. int. 1858. — La question s'est élevée de savoir si, aux termes des dispositions du décret du 25 mars 1852, il appartient au préfet d'approuver la perception de droits de stationnement sur les ports, quais, grèves et autres lieux dépendant de la grande voirie.

Les départements de l'intérieur et des travaux publics ont résolu cette question de la manière suivante :

Le décret du 25 mars 1852 a, il est vrai, spécialement décentralisé les tarifs de droits de place dans les halles et marchés (Tableau A, n° 34), mais il a réservé d'une manière générale au gouvernement la décision de toutes les affaires pouvant affecter directement l'intérêt de l'Etat (art. 1er). Or, l'établissement des droits de stationnement sur les ports, quais et autres dépendances de la grande voirie présente ce caractère. Il pourrait, en effet, entraîner des inconvénients, soit pour la circulation ou la navigation, soit pour la liberté du commerce ou pour les revenus du trésor. D'où il suit que l'autorisation du ministre de l'intérieur, comme antérieurement au décret précité, est indispensable aux communes pour établir les taxes dont il s'agit. Mais, avant d'adresser à l'administration centrale le tarif voté par le conseil municipal, il convient d'abord de le communiquer aux ingénieurs des ponts et chaussées, pour qu'ils aient à présenter leurs observations sur les conditions de l'autorisation réclamée et sur les limites dans lesquelles elle peut être accordée ; puis de soumettre le projet à une enquête à l'effet de s'assurer que les taxes proposées ne sont pas de nature à nuire aux intérêts généraux de la navigation et du commerce. Enfin, le ministre de l'intérieur ne doit prononcer qu'après avoir pris l'avis de son collègue.

térieur, avec ses propositions, toutes les demandes par lesquelles une commune sollicite l'autorisation de percevoir des droits de stationnement, de place ou de location sur le domaine public national terrestre ou fluvial. A l'appui de sa demande, le conseil municipal doit produire le tarif de perception qu'il a voté, le procès-verbal de l'enquête à laquelle ce tarif a été soumis dans les formes déterminées par l'instruction ministérielle du 20 mars 1825, les documents faisant connaître la situation financière de la commune et les observations des ingénieurs des ponts et chaussées, au point de vue des intérêts de la circulation et de la navigation.

Les communes ne doivent être autorisées à percevoir des droits de stationnement, de place ou de location sur les dépendances de la petite voirie, comme sur celles de la grande, qu'autant qu'elles ont besoin de se créer des ressources pour subvenir à leurs dépenses ordinaires. D'un autre côté, l'administration supérieure a pour devoir de veiller à ce que ces droits soient modérés, afin de ne pas entraver le développement du commerce ou de l'industrie. En outre, comme ils représentent, ainsi que les droits de place dans les halles, foires et marchés, le prix de location d'emplacement, elle doit exiger que les uns et les autres soient calculés d'après la superficie de ces emplacements, et non à raison de la valeur des objets que l'on y dépose ou que l'on y fait stationner. Enfin, conformément aux dispositions de la loi du 11 frimaire an VII (art. 7) et de la nouvelle loi municipale (art. 98), l'administration supérieure compétente ne doit autoriser l'établissement des droits sur les dépendances de la grande ou de la petite voirie et homologuer le tarif de perception, qu'après avoir reconnu qu'il n'en résultera pas de sérieux inconvénients au point de vue des intérêts de la circulation ou de la navigation.

3157. Les droits de place et de stationnement sur la voie publique, les ports et rivières sont recouvrés conformément à l'article 154 de la loi du 5 avril 1884, c'est-à-dire sur des états dressés par le maire et visés par le préfet ou par le sous-préfet (1).

Les difficultés qui s'élèvent au sujet de ce recouvrement sont de la compétence des tribunaux judiciaires (2). Lorsque la perception des droits est affermée, il appartient également aux tribunaux judiciaires de prononcer non seulement sur les contestations auxquelles donne lieu l'application du tarif par le fermier, mais encore sur les demandes de celui-ci, tendant à faire condamner la commune à des dommages-intérêts pour inapplication des clauses du bail. Le conseil de préfecture n'est compétent que pour connaître des difficultés qui s'élèvent sur le sens et la portée de ces clauses entre la commune et le fermier. Il ne peut, d'ailleurs, être saisi d'une demande en interprétation qu'à titre préjudiciel, et sur le renvoi ordonné par l'autorité judiciaire (3).

3158. L'occupation résultant de l'établissement de kiosques qui servent, dans les rues ou sur les places dépendant de la grande voirie, à la publicité ou à la vente des journaux, ne doit pas, aux termes de l'avis du 30 novembre 1882, être considérée, par suite de la légèreté des travaux reliant ces édifices

au sol, comme une emprise du domaine public ou une modification de son assiette. Elle tombe, dès lors, sous l'application du paragraphe 7 de l'article 133 de la loi du 5 avril 1884.

3159. La délivrance des alignements et des permissions de bâtir ou réparer, les saillies fixes ou mobiles que les propriétaires sont autorisés à établir en dehors de la ligne d'aplomb de leurs édifices, donnent lieu à la perception des droits de voirie.

Le dépôt sur la voie publique de matériaux de démolition ou de construction, lorsqu'il y a un caractère de nécessité, donne lieu à la même perception ; mais il n'en est pas de même du dépôt sur la voie publique des matériaux destinés au commerce, qui ne peut donner lieu qu'à un droit de stationnement.

Les villes et communes perçoivent à leur profit les droits de voirie dus pour des alignements et les permissions données dans leur enceinte, sans égard à la classification des voies publiques, soit comme rues communales, soit comme portions de routes nationales ou départementales comprises dans la traverse des villes, bourgs et villages.

Aux termes de l'article 43 de la loi du 18 juillet 1837, le tarif voté par le conseil municipal ne devenait exécutoire qu'après avoir été sanctionné par une décision du chef de l'État, rendue dans la forme des règlements d'administration publique.

C'est au préfet, aujourd'hui, en principe, qu'il appartient d'homologuer le tarif des droits de voirie (2). Avant de statuer, il prend l'avis du conseil départemental des bâtiments civils. Il ne doit, d'ailleurs, intervenir en cette matière que par voie de persuasion et accorder ou refuser son approbation. Mais il est utile qu'il éclaire les administrations municipales sur le moyen d'accroître leurs ressources, lorsque la situation financière des communes rend cet accroissement nécessaire. Enfin, il ne doit homologuer que les tarifs dont les droits ne sont pas exagérés.

Il est admis qu'il n'y a pas lieu de percevoir les droits de voirie, dans une commune, sur du territoire où il n'existe pas d'habitations agglomérées. Mais, dans les agglomérations de cette nature, les droits de voirie sont applicables à toutes les constructions, quels qu'en soient les propriétaires, par exemple, aux bâtiments affectés par l'État, les départements ou les administrations particulières à des services publics (3).

Quand une permission de voirie qui donne lieu à la perception d'un droit n'a pas été suivie d'effet, il est équitable que le droit soit restitué. Il semble également juste que, dans le cas où la permission est seulement valable pour une année et où ce délai est prorogé, un nouveau droit ne soit pas perçu. D'un autre côté, lorsque les travaux sont modifiés, il y a lieu, soit à un supplément de droit, soit à une diminution, selon la nature de la modification.

3160. Les droits de voirie ne rentrent pas dans la catégorie des taxes exceptionnelles qui doivent être réparties par une délibération du conseil municipal, approuvée par le préfet, conformément aux dispositions de l'article 140 de la loi de 1884. Dès lors, ils ne sont pas, comme les taxes, recouvrables dans la même forme que les contributions directes. Ils tombent sous l'application de l'article 154, d'après lequel toutes les recettes municipales, pour lesquelles les lois et règlements n'ont pas prescrit un mode spécial de recouvrement, s'effectuent sur des états dressés par le maire et rendus exécutoires par le sous-préfet. Les oppositions à ces états, en matière de droits de voirie, ne doivent pas être déférées aux tribunaux administratifs, mais aux tribunaux judiciaires. Elles sont jugées comme affaires sommaires, et la commune peut y défendre sans autorisation du conseil de préfecture.

3161. Sous l'empire de la loi de 1887, les permissions de grande voirie étant accordées directement par l'autorité préfectorale, la loi de 1884 a modifié cet état de choses en exi-

(1) Cass. Req. 13 novembre 1882. — Sur les deux premiers moyens... — Attendu qu'aux termes des articles 31 de la loi du 18 juillet 1837 et 1er de la loi du 24 juillet 1867, il appartient aux communes de créer des taxes de stationnement ; — Attendu que, dans l'espèce, les juges du fond déclarent qu'en exécution d'une délibération du conseil municipal de Paris, le préfet de la Seine a soumis aux droits de stationnement les voitures de la compagnie des tramways sud et qu'en décidant que la ville de Paris, qui est restée étrangère à la concession accordée à cette compagnie, aurait pu seule affranchir lesdites voitures de ce droit, ce qu'elle n'a pas fait, ils n'ont ni violé, ni faussement appliqué... — Rejet.
(2) Cons. d'Et. cont. 12 août 1854 ; Cons. d'Et. cont 19 mai 1863, D. P. 66 3.59 ; Cons. d'Et. cont. 28 février 1866. D. P. 67.3.11 ; Cons. d'Et. cont. 19 février 1868. — Considérant que les droits de stationnement que les communes peuvent percevoir sur la voie publique, en vertu de l'art. 7 § 3 de la loi du 11 frimaire an VII et de l'article 31 § 7 de la loi du 18 juillet 1837, rentrent dans la catégorie de ceux qui sont énoncés dans l'article 2 de la loi des 7-11 septembre 1790 ; que, d'après cet article, en cas de contestation entre l'administration ou ses préposés et les particuliers sur la perception de ces droits, c'est à l'autorité judiciaire qu'il appartient de prononcer... — Rejet.
(3) Déc. 17 mai 1809, art. 136 ; Cons. d'Et. cont. 8 avril 1852, L. ; Cons. d'Et. cont. 16 novembre 1854 (Ajaccio).

(1) L. 22 juillet 1791 et 21 avril 1832.
(2) Déc. 25 mars 1852, art. 5. Tableau A ; L. 5 avril 1884, art. 68 § 7.
(3) Cons. d'Etat int. 11 janvier 1848.

geant, comme on l'a vu numéros 2065 et suivants, que le maire donnât, en toutes affaires, son avis préalable. Cette disposition permet aux municipalités d'exercer par le receveur municipal un contrôle facile sur les recettes à percevoir de ce chef. Il suffit, en effet, que le maire refuse tout avis favorable, s'il n'est pas justifié d'une quittance du receveur municipal.

3162. Nous avons vu n° 1851 et suivants, comment l'autorité municipale pouvait assurer, dans la commune, la fidélité de débit des marchandises, qui se vendent au poids et à la mesure, par l'établissement de bureaux publics de pesage, mesurage et jaugeage. Ces bureaux peuvent produire des revenus d'une certaine importance.

Les tarifs des droits à percevoir et les règlements y relatifs sont dressés par le conseil municipal et approuvés par le sous-préfet, d'après les conditions arrêtées pour chaque département par arrêté préfectoral (1).

Les tarifs doivent être calculés de manière, non seulement à couvrir les frais de régie, mais encore à produire un excédent de recette applicable aux dépenses communales. Mais on doit veiller à ce que les tarifs soient modérés, afin de faciliter les transactions commerciales et d'en assurer la sincérité (2).

Les préposés du poids public prêtent serment devant le président du tribunal de commerce, devant le juge de paix ou devant le maire, suivant les lieux où les bureaux sont établis. Les préposés de l'octroi peuvent être chargés du poids public.

Les livres de recette des droits de pesage, mesurage et jaugeage sont exempts de la formalité du timbre ; mais les quittances délivrées aux parties pour constater leur libération sont soumises au droit de timbre de 25 centimes, lorsqu'elles ont pour objet le payement de droits excédant 10 francs. Les quittances délivrées par le receveur municipal pour les versements faits par les préposés sont affranchies du timbre (3).

Les droits de pesage, mesurage et jaugeage, peuvent, suivant les convenances locales, être perçus par voie de régie simple, de régie intéressée, ou de bail à ferme.

En cas de retard dans les versements que les préposés, régisseurs ou fermiers sont tenus de faire à la caisse de la commune, le receveur municipal doit poursuivre la rentrée des produits suivant les règles ordinaires, et, si ces moyens sont insuffisants, décerner contre les retardataires une contrainte qui, après avoir été visée par le maire, est rendue exécutoire par le juge de paix.

ARTICLE 8. — *Péages communaux.*

3163. Les communes peuvent établir des droits de péage sur les ponts communaux. Ce droit autorisé originairement par la loi du 14 floréal an x, confirmé par celles des 21 décembre 1814, 25 mars 1817 et par les lois annuelles de finances, a pris rang parmi les recettes ordinaires des communes en vertu de l'article 31 de la loi de 1837 et 133, paragraphe 8, de la loi de 1884.

Deux circulaires ministérielles (6 juin 1816 et 16 avril 1817) ont réglé la marche à suivre pour faire autoriser régulièrement ces perceptions.

Toutes les fois que des réparations ou des constructions de ponts entraînent pour une commune des dépenses considérables qui ne pourraient être acquittées sur ses revenus ordinaires, ou qui lui imposeraient de trop grands sacrifices, il appartient au conseil municipal d'examiner s'il n'y aurait pas lieu d'établir des droits de péage qui seraient perçus par la commune pour subvenir à la dépense des ponts concédés à un entrepreneur comme prix intégral ou partiel des travaux.

Le recours à l'un ou à l'autre de ces moyens de payement

(1) Déc. 13 avril 1861, art. 6, § 11.
(2) Circ. int. 15 prairial an x ; circ. int. 18 mai 1861.
(3) Déc. fin. 20 février 1860.

ne devrait pas avoir lieu si l'établissement de droits de péage devait entraver considérablement les communications, si les frais de perception devaient être trop considérables en proportion des produits, enfin si la taxe présentait plus d'inconvénients que la création d'autres ressources.

3164. Lorsque le conseil municipal considère comme opportun ou nécessaire l'établissement de droits de péage, le tarif qu'il vote doit indiquer nominativement les objets et les personnes qui seront affranchis des droits en vertu d'exceptions consacrées par les lois ou l'usage.

Il convient, en outre, de le soumettre à une enquête qui peut porter, en même temps, sur les travaux projetés (1).

Le tarif ainsi établi ne devient exécutoire qu'après avoir été homologué par une décision du chef de l'État, rendue dans la forme des règlements d'administration publique.

Cette décision est provoquée par le ministre de l'intérieur, sur le rapport et les propositions qui lui sont adressés par le préfet. Un tarif approuvé sans l'avis préalable du Conseil d'État serait illégal (2).

Lorsque le tarif est modifié, il doit l'être dans les formes suivies pour son établissement et son homologation.

3165. Quand les droits à percevoir doivent être concédés

(1) Circ. int. 6 juin 1816; circ. int. 16 avril 1817.
(2) Cass. crim. 14 juin 1844. — La Cour, Vu les articles 9, 10 et 11 de la loi du 14 floréal, an x ; les articles 52 de l'acte constitutionnel du 22 frimaire, an viii, 124 de la loi des finances du 25 mars 1817, paragraphe 3 de la loi du 24 mai 1834, portant fixation du budget des recettes pour 1835, ensemble l'ordonnance du 14 décembre 1834 ; Vu aussi l'article 471, paragraphe 15 du Code pénal, et l'article 429, paragraphe dernier du Code d'instruction criminelle.

Attendu qu'il résulte d'un procès-verbal régulier que le 16 février dernier le demandeur s'est refusé à payer le droit de péage établi sur le pont de bateaux situé sur le Rhône dans la commune d'Arles, par ladite ordonnance du 14 décembre 1834; qu'il motive son refus sur ce que ladite ordonnance n'était point légalement faite, et par suite, n'était point obligatoire, et que, suivant lui devant les tribunaux de simple police à raison de ce refus considéré comme une contravention à ladite ordonnance, le prévenu a été condamné sur le fondement que cette ordonnance était essentiellement obligatoire.

Mais, attendu, en droit et en premier lieu, qu'il faut, pour l'application de l'article 471, paragraphe 15 du Code pénal que les règlements émanés de l'autorité administrative soient légalement faits, et que, les tribunaux n'excèdent point les limites de leur compétence, lorsque sans annuler des actes administratifs, ils refusent d'appliquer à titre de sanction pénale les dispositions dudit paragraphe 15 de l'article 471, aux contraventions envers les actes de cette nature lorsqu'ils ne sont pas légalement faits ; et, qu'on ne peut pas dire qu'une ordonnance qui aurait dû être rendue dans la forme d'un règlement d'administration publique, telle que celle forme a été réglée par l'article 52 de l'acte constitutionnel du 22 frimaire an viii, c'est à dire le Conseil d'État entendu, soit obligatoire, si elle est rendue dans toute autre forme, par exemple, sur le seul rapport d'un ministre à département; — Que cela est vrai surtout lorsqu'il s'agit d'un impôt dont la fixation a été déléguée au gouvernement sous certaines conditions par le pouvoir législatif seul en droit de concéder les impôts ; — En second lieu, qu'il résulte clairement des articles combinés 9, 10 et 11 de la loi du 14 floréal an x (4 mai 1802), que le gouvernement, qui devait pendant dix ans déterminer le nombre et la situation des bacs ou bateaux de passage et fixer le tarif de chaque bac, dans la forme arrêtée pour chaque règlement d'administration publique, devait suivre la même forme, quand il usait du droit à lui conféré par l'article 10 d'autoriser l'établissement des ponts à entreprendre par des particuliers et de fixer le tarif de la taxe à percevoir sur ces ponts ; — Que ces mots, de l'article 10 *dans la même forme*, s'appliquent plus nécessairement à la fixation du tarif qu'à l'autorisation d'établir; que cette interprétation est de plus en plus confirmée par les dispositions de l'article 124 de la loi des finances du 15 mars 1817, qui, en continuant au gouvernement l'autorisation donnée par les articles précités de la loi du 14 floréal an x, pour l'établissement des ponts, ajoute : « Il fixera les tarifs et le mode de perception dans la forme usitée pour les règlements d'administration publique et par l'article 5 de la loi des finances du 24 mai 1834, autorisant la continuation de la perception des droits de péage qui seraient établis conformément à la loi du 4 mai 1802. — Attendu, néanmoins, que ce fut cette même année et le 14 décembre 1830, que, par suite de l'expiration de la concession du droit de péage qui remontait au 25 prairial an xii, une ordonnance royale, celle dont la forme est en cause, fut prise, la cause, l'exécution contre ledit Marcellin, disposa en ces termes : « ancien tarif arrêté par le gouvernement, le 25 prairial an xii, pour la perception des droits de péage ou passage du pont de bateaux établi sur le Rhône est et demeure abrogé, à l'avenir ces droits seront perçus conformément au tarif annexé à la présente ordonnance. »

Mais que cette ordonnance, portant ainsi fixation d'un nouveau tarif, n'a été rendue que sur le rapport du ministre des finances, sans que le Conseil d'État ait été entendu ; qu'elle n'est donc pas revêtue des formes voulues par la loi; d'où la conséquence, que le demandeur a pu se refuser à son exécution, et qu'en l'y contraignant, le jugement attaqué en a faussement appliqué... — Casse.

à l'entrepreneur des travaux de construction ou de réparation d'un pont, cette concession est autorisée par le décret qui homologue le tarif.

Les difficultés qui s'élèvent entre le concessionnaire et la commune au sujet de l'exécution des conventions relatives à la concession, sont de la compétence du conseil de préfecture sauf recours au Conseil d'Etat. Mais les contestations avec les redevables soit le concessionnaire, soit lorsqu'il n'y a pas de concession, les agents de la commune, sur l'application ou l'interprétation du tarif, doivent être soumises aux tribunaux judiciaires.

Il n'appartiendrait pas d'ailleurs à ces tribunaux de statuer sur le débat qui s'élève entre l'administration et le concessionnaire sur le sens et la portée des clauses du tarif stipulant certaines exemptions. Un pareil débat rentre dans la catégorie des difficultés soulevées par l'exécution d'un marché de travaux publics sur lesquelles, le conseil de préfecture prononce aux termes de l'article 4 de la loi du 28 pluviôse an VIII.

Aux termes de l'article 2 de la loi du 30 juillet 1830, le rachat de la concession de tout pont à péage dépendant de la grande ou de la petite voirie peut être autorisé et déclaré d'utilité publique par décret rendu en Conseil d'Etat, après une enquête dans les formes déterminées par l'ordonnance du 18 février 1834. D'après l'article 3, à défaut d'arrangement amiable, si les droits du concessionnaire ne sont pas réglés soit par le cahier des charges, soit par une convention particulière, l'indemnité à allouer pour le rachat de la concession est fixée par une commission spéciale et composée conformément aux dispositions dudit article.

3166. Des subventions peuvent être allouées aux communes pour le rachat des ponts à péage, en vertu de l'article 7 de la loi du 30 juillet 1880 et pour les ponts construits avant la promulgation de ladite loi. La subvention est fixée à la moitié de la dépense par les communes qui font partie d'un département dont le produit du centime ne dépasse pas 20,000 francs; elle n'est que du tiers de la dépense, lorsque le produit du centime départemental est compris entre 20,000 et 40,000 francs et d'un quart, lorsque le centime dépasse 40,000 francs.

Article 9. — *Produits des inhumations* (1).

3167. Le paragraphe 9 de l'article 93 attribue aux communes le produit des terrains communs affectés aux inhumations, et de la part revenant aux communes dans le prix des concessions dans les cimetières. Cette disposition a besoin d'être expliquée. Les cimetières peuvent être l'occasion de deux sortes de revenus : les produits spontanés du sol et la concession temporaire ou perpétuelle des terrains consacrés aux inhumations.

Les produits spontanés avaient été attribués, par le décret du 30 décembre 1809, aux fabriques; ceux des concessions avaient été donnés, par le paragraphe 9 de l'article 31 de la loi de 1837, aux communes.

En outre, le décret réglementaire du 23 prairial an XII, article 11, qui avait permis de faire des concessions de terrains pour inhumations à des particuliers, avait décidé que ces concessions ne seraient faites qu'à ceux qui, en dehors d'un droit payé à la commune, feraient des fondations ou des donations en faveur des pauvres ou des hôpitaux. La loi du 18 juillet 1837 (art. 31, § 9) avait compté au nombre des recettes des communes les produits des concessions. Puis l'ordonnance du 5 décembre 1843 (art. 3) avait fixé au tiers du tarif des concessions la part de *donation* ou *fondation* réservée au pauvres et aux hôpitaux.

La loi du 5 avril 1884 a fait disparaître, en l'abrogeant expressément, la disposition du décret de 1809 qui remettait

aux fabriques les produits spontanés, elle les a déchargés de tous soins d'entretien en même temps, et a rendu aux communes ces produits spontanés, mais l'article 13, en édictant cette prescription nouvelle, a maintenu celle du décret de prairial et de l'ordonnance de 1843 relatives au tiers des hospices et des pauvres.

3168. Généralement, on entend par produits spontanés les herbages, arbustes et buissons qui croissent sans semence ni culture, ainsi que les arbres crus spontanément.

On doit entendre, en outre, comme produits des cimetières, les produits des arbres plantés suivant les prescriptions du décret du 23 prairial an XII.

Enfin, d'après une décision du ministre des finances du 18 décembre 1843, les matériaux provenant des tombes abandonnées à l'expiration des concessions à temps limité, et qui devraient, d'après les règles du Code civil, appartenir à l'État comme bien abandonnés, reviennent aux communes pour être employés à l'entretien des cimetières. Deux conditions, toutefois, sont imposées aux administrations municipales : la première, que les familles seront mises en demeure, par tous les moyens ordinaires de publicité, d'enlever ces matériaux et de ne prendre possession qu'après avis itératif et une année révolue; la seconde, de n'en faire emploi que pour l'entretien des cimetières sans pouvoir les vendre ni en disposer pour un autre usage.

3169. Le décret du 23 prairial an XII sur les sépultures dispose ainsi en ce qui concerne les concessions :

« Art. 10. Lorsque l'étendue des lieux consacrés aux inhumations le permettra, il pourra y être fait des concessions de terrains aux personnes qui désireront y posséder une place distincte et séparée pour y fonder leur sépulture et celle de leurs parents et successeurs et y construire des caveaux, monuments ou tombeaux.

« Art. 11. Ces concessions ne seront néanmoins accordées qu'à ceux qui offriront de faire des fondations ou donations en faveur des pauvres et des hôpitaux, indépendamment d'une somme qui sera donnée à la commune, et lorsque ces fondations ou donations auront été autorisées par le gouvernement dans les formes accoutumées, sur l'avis des conseils municipaux et la proposition des préfets.

Ces dispositions ont été complétées par les articles 3, 4 et 5 de l'ordonnance réglementaire du 6 décembre 1843, ainsi conçus :

« Art. 3. Les concessions de terrains dans les cimetières communaux, pour fondation de sépultures privées seront, à l'avenir, divisées en trois classes : 1° concessions perpétuelles; 2° concessions trentenaires; 3° concessions temporaires. Aucune concession ne peut avoir lieu qu'au moyen du versement d'un capital, dont deux tiers au profit de la commune et un tiers au profit des pauvres ou des établissements de bienfaisance. Les concessions trentenaires seront renouvelables indéfiniment à l'expiration de chaque période de trente ans, moyennant une nouvelle redevance qui ne pourra dépasser le taux de la première. A défaut du payement de cette nouvelle redevance, le terrain concédé fera retour à la commune; mais il ne pourra cependant être repris par elle que deux années révolues après l'expiration de la période pour laquelle il avait été concédé, et dans l'intervalle de ces deux années, les concessionnaires ou leurs ayants cause pourront user de leur droit de renouvellement. Les concessions temporaires seront faites pour quinze ans au plus et ne pourront être renouvelées.

Art. 4. Le terrain nécessaire aux séparations et passages établis autour des concessions devra être fourni par la commune.

Art. 5. En cas de translation d'un cimetière, les concessionnaires ont droit d'obtenir, dans le nouveau cimetière, un emplacement égal en superficie au terrain qui leur avait été concédé, et les restes qui y avaient été inhumés seront transportés aux frais de la commune. »

3170. L'instruction du 30 décembre 1843, relative à l'exécution de ce dernier règlement, indique dans quel sens il doit être entendu et appliqué. Le prix des concessions perpétuelles doit être tenu, en général, beaucoup plus élevé que celui des

---

(1) Pour la police des cimetières. (Voy. n°s 1788 et suiv.)

autres concessions; d'une part, afin d'éviter un trop prompt envahissement des cimetières, de l'autre, attendu que ce système constitue une sorte de privilège au profit des classes riches. Il est donc recommandé aux administrations locales de faire en sorte que la préférence des familles se porte sur les concessions trentenaires qui leur présente, à moins de frais, des avantages à peu près équivalents. Du reste, l'administration centrale ne peut, par voie de règlement général, déterminer, même approximativement, des prix qui varient nécessairement en raison de l'importance des localités et de la fortune relative des habitants. Seulement, il a été établi, et la circulaire du 30 décembre rappelle que les concessions faites à titre perpétuel ne sont pas des actes de vente et n'emportent pas un droit réel de propriété en faveur du concessionnaire, mais simplement un droit de jouissance et d'usage avec affectation spéciale et nominative. D'où cette conséquence que la valeur vénale du terrain concédé n'entre pour rien dans la fixation de la taxe, et qu'en cas de translation d'un cimetière, celui que la commune abandonne peut être aliéné dans les délais prescrits sous la seule condition indiquée par l'article 4 de l'ordonnance relativement au remplacement du terrain concédé. Les frais d'exhumation et de réinhumation des restes, ainsi que ceux du transport des matériaux des tombes sur le nouvel emplacement sont, dans ce cas, les seuls que les communes soient tenues de supporter, à charge par l'autorité municipale d'avertir les familles, afin que l'opération puisse avoir lieu par leurs soins ou avec leur concours. Les concessions dans les cimetières ne peuvent être données à l'entreprise. (1)

Un tarif présentant des prix gradués pour les trois classes de concession peut être réglé par délibération du conseil municipal, sauf l'accomplissement des formalités prescrites par l'article 68 de la loi du 5 avril 1884. Le prix des concessions doit être fixé invariablement pour chaque classe de concession sans distinction entre les individus qui les demandent, et basé exclusivement sur le nombre de mètres de terrain qu'elles comportent (2). Une fois ce tarif dressé et arrêté, le maire peut, sans autre formalité, accorder les concessions qui lui sont demandées ; mais, dans les communes où il n'existe pas de tarif, le conseil municipal doit délibérer séparément sur chaque demande de concession, et la délibération est, en ce qui concerne la redevance, soumise à l'homologation du préfet (3).

Le maire détermine dans un arrêté le nombre de mètres carrés concédés et les droits à acquitter. Un extrait dûment certifié de cet acte, est remis au receveur municipal, qui reste chargé de suivre le recouvrement de droits par les voies ordinaires.

Lorsque la concession est faite sur un emplacement non réservé aux sépultures particulières, sa durée a pour point de départ cinq ans après l'inhumation ; si, au contraire, elle existe sur une partie du cimetière exclusivement affectée aux concessions, elle confère à la famille une jouissance privative à partir du moment où le terrain est mis à leur disposition (4).

Quand il s'agit d'une concession gratuite d'un terrain pour la sépulture d'un citoyen qui a illustré sa ville natale en rendant des services au pays, il ne suffit pas du vote du conseil municipal. La délibération du conseil municipal doit, par application de l'ordonnance du 10 juillet 1816, être soumise à l'approbation du chef de l'Etat (5).

3171. Le tiers du produit des concessions destiné aux pauvres ou aux établissements de bienfaisance peut être attribué exclusivement, soit aux bureaux de bienfaisance, soit à l'hospice, ou réparti entre ces deux établissements, par portions égales ou inégales. Le droit de faire cette attribution appartient, sous l'approbation du préfet, au conseil municipal, qui

est chargé de proposer les tarifs de concession (1). Le prix des concessions réservées peut être remplacé par le don d'un terrain à la commune, mais la part destinée aux pauvres doit être payée par le donateur ou la commune.

Si le receveur municipal est, en même temps, receveur hospitalier, il fait recette séparément, au compte de la commune, des deux tiers du prix de la concession, et au compte de l'hospice ou du bureau de bienfaisance, du tiers attribué à cet établissement. Dans le cas contraire, il comprend parmi les opérations d'ordre ou en dehors du budget la portion revenant aux hospices, et il en verse le produit au receveur hospitalier, qui lui en délivre une quittance à souche.

S'il n'y a pas d'hospice ou de bureau de bienfaisance dans la commune, le receveur municipal doit faire figurer la part des pauvres dans les recettes générales du budget. Cette part constitue alors une ressource communale avec affectation spéciale, et le conseil municipal ne peut en disposer que pour des œuvres de bienfaisance.

3172. Lorsque deux communes sont propriétaires du cimetière et supportent les charges en raison de leurs droits, elles doivent partager dans la même proportion le produit des concessions de terrains (2).

Mais si une seule commune est propriétaire du cimetière, elle peut seule y concéder des terrains à titre temporaire ou perpétuel. Dès lors, aucune portion du prix de ces terrains ne saurait être attribuée à une autre commune admise par tolérance à faire usage du même cimetière (3).

Article 10. — Concessions diverses.

3173. Le paragraphe 9 de l'article 183 range parmi les revenus ordinaires des communes le produit des concessions des services communaux. On entend par concession, dans le langage administratif, l'attribution à un individu ou à une association du droit exclusif d'entreprendre un travail public ou de faire un service public déterminé, de se livrer à une exploitation soumise à l'agrément préalable de l'autorité ou de disposer d'une partie du domaine public : les principales concessions dont sont susceptibles les biens ou les services publics communaux sont celles qui consistent dans l'arrosage, le balayage et le service des eaux. Il en est, en outre, quelques-unes d'un ordre spécial qui peuvent exister dans quelques communes.

3174. L'article 133 de la loi municipale dans le paragraphe 9, range au nombre des recettes communales l'enlèvement des boues et dans le paragraphe 13 les produits des taxes de balayages. Le législateur aurait pu se dispenser de cette double mention. Nous avons déjà vu n°s 1430 et suivants, que l'obligation de nettoyer les rues des agglomérations de population était une servitude de police. Le code pénal, d'un côté, la loi municipale de l'autre, permettent aux municipalités d'imposer aux habitants de balayer : mais l'enlèvement des boues et des balayures est une charge municipale. Dans la plupart des communes, celle-ci constitue une source non de revenus, mais de dépenses : et on eût peut-être mieux compris qu'une mention fût faite parmi les dépenses obligatoires.

Mais, dans quelques communes, l'enlèvement des immondices peut être un produit municipal. Lorsque ce cas se présente, le recouvrement a lieu en vertu du procès-verbal d'adjudication, selon les règles tracées pour tous les revenus communaux qui sont l'objet d'une entreprise.

---

(1) Cons. d'Et., int. 7 sept. 1822.
(2) Déc. min. int. 1859.
(3) Déc. min. int. 1868.
(4) Déc. int. 1867, Bull. off., 1867, p. 210.
(5) Cons. d'Ét. int. 10 juin 1845.

(1) Voyez, cependant, en sens contraire, une décision ministérielle du 28 octobre 1874, insérée au Bulletin officiel de l'année 1875, page 234, où il est dit que le droit de régler le tarif n'emporte nullement avec lui le droit de répartition dont il s'agit; et qu'aucune disposition de loi ou de règlement n'ayant conféré cette dernière attribution aux conseils municipaux, c'est aux préfets à statuer en vertu du décret de décentralisation du 25 mars 1852, tableau A, paragraphe 55.
(2) Déc. int. 1859 ; Déc. int. 1864.
(3) Déc. int. 1864.

3175. Pour le balayage, nous avons déjà vu n⁰ˢ 1446 et suivants comment la taxe spéciale pouvait être établie et dans quelles conditions : on comprend moins encore que le législateur de 1884 l'ait comptée comme pouvant être l'occasion d'un revenu, puisqu'il est de l'essence de cette taxe qu'elle ne soit que la représentation de l'obligation individuelle qui incombe aux propriétaires d'immeubles bâtis en bordure des rues et places publiques.

3176. Un grand nombre de communes ont établi des aqueducs et des conduites pour amener les eaux destinées, non seulement au service public, mais encore aux besoins des particuliers. Le caractère juridique de ces eaux a été déterminé par la jurisprudence, ainsi que nous l'avons vu n⁰ˢ 2200 et suivants, aux termes de laquelle les eaux servant à l'alimentation des habitants font partie du domaine public municipal ; aucune distinction ne doit être faite entre les eaux nécessaires aux besoins communaux et les eaux superflues ou surabondantes. Le caractère domanial des eaux qui excèdent les besoins communaux n'empêche pas les concessions aux particuliers ; l'administration municipale peut conférer, moyennant redevances et sous des conditions déterminées, le droit de recevoir telle ou telle quantité d'eau : la concession n'emporte pas aliénation et le concessionnaire n'a qu'un droit précaire et révocable. Mais ce dernier dispense des eaux comme il l'entend, à moins que des conditions mises à la concession ne restreignent cette faculté ; l'administration municipale peut notamment exiger que les eaux concédées ne serviront qu'à certains usages déterminés ; qu'elles ne seront l'objet d'aucune espèce de spéculation.

Les concessions d'eau, par voie d'abonnement, sont consenties aux particuliers, d'après un règlement délibéré par le conseil municipal, conformément à l'article 68 de la loi du 5 avril 1884. Le prix de l'abonnement est fixé dans un tarif voté par le conseil municipal, et approuvé par le préfet.

Les receveurs municipaux recouvrent le produit de ces concessions en vertu des délibérations des conseils municipaux, et d'après des tarifs votés par les conseils municipaux et soumis à l'approbation.

3177. Mais une commune peut n'avoir pas à sa disposition des eaux suffisantes pour les besoins publics et particuliers. Rien ne l'empêche soit d'entreprendre par elle-même les travaux nécessaires pour en augmenter le volume, soit de concéder à des entrepreneurs le droit exclusif de placer sous les voies communales des tuyaux de conduite, pendant un certain nombre d'années, pour amener des eaux et les distribuer aux particuliers moyennant quelques avantages en faveur de la commune. La concession de ce privilège fait, dans ce cas, l'objet d'une adjudication publique ou d'un traité amiable.

Ces sortes de traités sont assez fréquents dans la pratique. Ils peuvent constituer une ressource communale.

Le traité par lequel un particulier s'engage à établir les ouvrages propres à la distribution des eaux et à fournir la quantité d'eau nécessaire à la consommation publique et privée pendant un nombre d'années déterminé, constitue un traité de concession et non un marché de travaux publics, et la ville ne peut le résilier en dehors des cas d'inexécution des conditions des autres cas qui auraient été prévus au cahier des charges (1).

Il faut bien s'entendre sur ce que peut être ce droit de concession fait par une municipalité à un particulier. Ce ne peut être un monopole dans le sens strict du mot. D'après les principes gé-

néraux, chacun est absolument libre de s'approvisionner d'eau auprès de qui il veut. Si la banalité du moulin a été abolie, comment la banalité de l'eau pourrait-elle être constituée ? Une ville ne saurait donc interdire à des propriétaires de sources de fournir leurs eaux moyennant redevance. Mais, si elle n'a pas ce droit, elle peut s'engager cependant vis-à-vis de son concessionnaire à ne donner à un autre que lui le droit d'établir des canalisations sous les voies communales. Elle ne saurait protester contre la construction d'un canal au travers des propriétés privées ; elle ne saurait non plus empêcher l'administration préfectorale d'autoriser des canalisations sous les voies départementales ou nationales. Elle ne peut donner un monopole, mais il lui est loisible de s'interdire de favoriser une concurrence (1).

3178. Nous avons vu, n⁰ˢ 1470 et suiv., que les communes pouvaient charger de l'éclairage public des concession-

(1) Cass. Req., 25 juillet 1882. — La Cour, Sur le troisième moyen tiré de la violation de l'article 1382 du Code civil, violation et fausse application de la loi des 16-24 août 1790, des lois des 22 décembre 1789, 8 janvier 1790, section II, article 2, 12-22 août 1790, chapitre VI, 28 octobre-6 septembre 1791, sur la police des eaux, et du décret du 30 juillet 1839, approbatif d'un traité passé le 7 avril précédent entre la commune de Maisons et la compagnie demanderesse, en ce que l'arrêt attaqué, d'une part, considère abusivement des articles administratifs autorisant les défendeurs à poser une canalisation, en ce sens que ceux-ci pourraient établir des branchements dans la commune, et se considère à tort comme incompétent pour ordonner d'enlever les branchements, et, d'autre part, refuse de donner par une condamnation à des dommages intérêts, une consécration légitime du monopole régulièrement attribué à la compagnie demanderesse, pour la distribution des eaux dans la commune, sous prétexte que nul ne peut être investi de la vente de l'eau, et que la commune n'ayant aucun droit sur le sol d'une route départementale qui la traverse, toute canalisation autorisée sur cette route pourrait fournir des branchements aux riverains ; — Attendu que, si les communes, pour assurer le service d'une distribution d'eau sur leur territoire, peuvent s'interdire dans les traités qu'elles souscrivent à cet effet, de conclure des conventions de même nature avec d'autres personnes et assurer, à ceux avec lesquels elles traitent, certains avantages, elles ne peuvent leur transférer un monopole de distribution d'eau qu'elles n'ont pas le droit de concéder, puisqu'elles ne peuvent le créer pour leur profit personnel ; — Qu'en conséquence, ces traités se peuvent appliquer de ces eaux disponibles d'en disposer en faveur des habitants de ces communes, à la charge de se conformer, pour la conduite des eaux, aux lois et arrêtés administratifs et notamment aux règlements de voirie ; — Que si la commune de Maisons, par son traité, s'est interdit, vis-à-vis du concessionnaire qu'elle a agréé, de donner des permissions de voirie à d'autres qu'à lui pour la canalisation, cette stipulation ne saurait, dans aucun cas, empêcher l'autorité départementale de donner des permissions de voirie pour la conduite des eaux sur des voies publiques dépendant de son administration et ne faisant pas partie de la voirie municipale ; — Et attendu, qu'il est constaté par l'arrêt attaqué que les habitants de Maisons, desservis par la Compagnie générale des eaux, le sont au moyen d'une canalisation régulièrement autorisée, qui n'emprunte pas les voies publiques dépendant de la voie municipale ; — Qu'il suit de là... — Rejette.

— Cons. d'Ét. cont. 17 novembre 1882. — Le Conseil, Vu la loi du 18 juillet 1837, le décret du 14 décembre 1789 et la loi des 16-24 août 1790 ; — Vu la loi du 28 pluviôse an VIII ; — Considérant que, si les communes, pour assurer le service d'une distribution d'eau sur leur territoire, peuvent concéder le droit exclusif d'établir une canalisation sous les voies publiques qui leur appartiennent, que si le traité départementale a seule le droit d'autoriser l'établissement de conduites d'eau sous le sol des voies nationales et départementales, que si le traité passé le 30 avril 1866, entre la commune de Courbevoie et le sieur de La Vallée auquel la Compagnie des eaux de la banlieue de Paris s'est substituée, avait pour objet la distribution de l'eau de Seine dans tous les quartiers de la commune, l'article 13 dudit traité n'a conféré au sieur de La Vallée le droit exclusif de poser des conduites que sous le sol des voies et rues communales, qu'aucune autre disposition dudit traité n'a eu pour but et n'a pu avoir pour effet d'assurer au concessionnaire l'établissement d'une canalisation sous des voies dépendant de la grande voirie ; qu'ainsi le maintien, sous la route nationale n⁰ 13 et sous les routes départementales n⁰ˢ 7, 8 et 33, des conduites appartenant à la Compagnie générale des eaux et les distributions d'eau faites aux riverains desdites routes au moyen de cette canalisation n'ont porté aucune atteinte aux droits que la Compagnie des eaux de la banlieue de Paris pouvait tenir du traité précité, et que, dès lors, c'est à tort que le conseil de préfecture a décidé qu'une indemnité était due à cette compagnie à raison desdites distributions ; — Considérant que l'annulation de l'arrêté attaqué, prononcée pour ce motif, à la requête de la Compagnie générale des eaux a pour conséquence, la matière étant indivisible, de faire décharger la commune de Courbevoie de la condamnation prononcée contre elle ; — Que, dans ces circonstances, il est sans intérêt de rechercher si le recours formé par cette commune contre la Compagnie des eaux est recevable... — Annule.

(1) Cons. d'Ét. cont. 8 février 1878. — Le Conseil, — Considérant que, par un arrêté, en date du 18 mars 1864, le maire de Bourges a concédé au sieur Pasquet, au nom de la ville, l'établissement et l'exploitation de la fourniture de l'eau nécessaire à la consommation publique et privée de la ville de Bourges pour une durée de trente et une années, moyennant le payement par la ville d'une annuité fixe de 35,000 francs et d'une annuité variable avec la représentation d'eau élevée jusqu'à concurrence prévue de 2,600 mètres cubes ; — Que ce traité ne constitue pas seulement un marché de travaux publics, dont la réalisation peut toujours être prononcée lorsque l'administration le juge à propos, sauf indemnité pour l'entrepreneur, mais qu'il porte concession au sieur Pasquet du droit d'exploiter le service des eaux de la ville pendant une période déterminée, et que le sieur Pasquet est fondé à soutenir que cette concession ne peut lui être retirée qu'autant qu'il aurait encouru la déchéance, soit

naires, et indiqué comment ces sortes de marchés spéciaux pouvaient être passés : il est possible que ces concessions soient l'objet de revenus, mais, en général, elles sont plutôt celui de dépenses, ou tout au moins le produit que tire la commune consiste-t-il uniquement, en échange des privilèges qu'elle attribue à l'entrepreneur, à obtenir pour l'éclairage public dont elle a charge des conditions pécuniaires moins onéreuses que si, personnellement, elle éclairait elle-même ses places publiques, ses rues et ses édifices communaux.

3179. Nous avons vu aussi, n° 1987, que les communes pouvaient concéder à des particuliers l'entreprise de la création ou de l'exploitation des bains et lavoirs public. Cette concession peut être productive de revenus pour le budget. Elle doit avoir lieu autant que possible par la voie de l'adjudication ; mais quel que soit le procédé, les instructions administratives recommandent aux conseils municipaux de stipuler que des places gratuites devront être réservées aux indigents.

3180. Quelques communes favorisées tirent de la possession de sources minérales ou de la proximité de stations thermales des revenus importants, soit en concédant les eaux qui leur appartiennent, soit en établissant ou faisant établir des casinos et des établissements balnéaires. Nous avons indiqué, n° 819, comment le personnel était nommé quand l'exploitation avait lieu par les soins directs de la commune.

Les conditions des concessions, quand concession il y a, varient nécessairement beaucoup, et nous ne saurions à cet égard entrer dans des détails développés ; nous devons faire seulement connaître les dispositions que l'ordonnance du 18 juin 1823 a établies.

Les établissements thermaux communaux sont mis en ferme, à moins que, sur la demande des autorités locales, le préfet n'en autorise la mise en régie (1).

En cas de mise en régie, le régisseur comptable et, s'il y a lieu, le receveur spécial sont, ainsi que les autres employés ou servants, nommés par le préfet, sur la présentation du maire ou de la commission charitable. Si l'établissement appartient à plusieurs communes, les présentations sont faites par le maire de la commune où l'établissement est situé. Les mêmes formes sont observées pour la fixation du traitement de ces divers employés (2).

Quand un établissement doit être affermé, le maire dresse un cahier de charges qui est soumis au vote du conseil municipal, et à l'approbation du préfet, l'inspecteur préalablement entendu. Le tarif des eaux en fait nécessairement partie, et l'on stipule qu'en cas de violation des conditions imposées à l'adjudicataire, la résiliation pourra être prononcée par le conseil de préfecture (3).

Les maires, les membres des administrations propriétaires, et les inspecteurs ne peuvent se rendre adjudicataires de la ferme ni y être intéressés (4).

Il est procédé pour les réparations, constructions, reconstructions et autres travaux, conformément aux règles prescrites pour le service communal et sur l'avis de l'inspecteur des eaux.

Dans le cas où des travaux sont nécessaires, les communes et les établissements charitables peuvent concéder, pour un certain temps, la perception des droits à un entrepreneur, à la condition qu'il se charge alors de tous les frais. Lorsqu'il s'agit de réparations d'entretien, la dépense peut être ordonnée et faite au compte de la régie. S'il s'agit de grosses réparations ou de travaux neufs, il y est pourvu selon les règles de l'administration communale, surtout lorsque la dépense doit être faite, non au moyen des revenus de l'établissement, mais sur les fonds communaux ou avec le produit d'un emprunt.

Le régisseur ne peut effectuer que les recettes et les dépenses courantes ; les recettes et dépenses extraordinaires doivent être faites par le receveur municipal.

(1) Ord. 18 juin 1823, art. 21; Ins. gén. fin., art. 859.
(2) Ins. gén., fin., art. 859.
(3) Ord. 18 juin 1823, art. 22.
(4) Déc. 28 janvier 1860.

Les produits des établissements d'eaux minérales appartenant aux communes et aux institutions charitables ne sont pas confondus avec les autres revenus communaux ou hospitaliers ; ils sont spécialement employés aux dépenses ordinaires et extraordinaires des établissements, sauf les excédents disponibles, après qu'il a été satisfait aux dépenses. Les budgets et les comptes sont aussi présentés et arrêtés séparément, selon les règles prescrites pour ces trois ordres de service. Le produit net de la gestion, c'est-à-dire l'excédent disponible de recettes, après qu'il a été satisfait à toutes les dépenses de l'établissement, doit être inscrit en recette au compte de la commune (1).

ARTICLE 11. — *Actes de l'état civil et actes administratifs.*

3181. Nous avons déjà vu, n°s 1195 et suivants, que tout citoyen avait le droit de demander copie et expédition des actes de l'état civil ; nous avons indiqué quel était le tarif perçu aux termes de la loi : ce tarif se compose de deux parties : un droit d'expédition, un droit de timbre. Le premier seul constitue une recette communale, puisque le timbre est payé par la commune au Trésor.

3182. Les communes peuvent et doivent faire recette également des expéditions d'actes administratifs qu'elles délivrent.

Les maires ou leurs adjoints ont seuls le droit de délivrer expédition des arrêtés et des délibérations des conseils municipaux et des autres pièces déposées dans les archives municipales.

Lorsqu'un administrateur délivre l'expédition d'un acte, il doit se borner à donner, sans aucune autre énonciation, une copie certifiée de la minute.

Les maires ne doivent pas délivrer à toute personne copie de toutes les délibérations et autres actes ; il en est qui n'intéressent pas le public, et que l'administration n'est pas tenue de lui livrer.

Il est donc des limites à imposer à la communication des actes des autorités municipales, et, lorsque la loi ne s'est pas expliquée d'une manière précise, le maire est appréciateur de ces limites, sauf aux intéressés à réclamer contre son refus, auprès du sous-préfet d'abord, du préfet ensuite, et enfin du ministre.

Les premières expéditions des actes administratifs sont délivrées gratuitement aux particuliers qu'elles intéressent ; mais les secondes ou ultérieures expéditions sont soumises à un droit de 75 centimes par rôle, en vertu de la loi du 7 messidor an II et de l'avis du conseil d'État du 18 août 1807. Ce même droit est dû pour toute expédition, même la première, de titres, pièces ou renseignements déposés dans les bureaux des mairies.

Les expéditions des actes, arrêtés et délibérations des autorités administratives, qui sont délivrées aux particuliers, ne peuvent être établies que sur papier timbré à 1 fr. 80. Il ne doit pas y avoir plus de vingt-cinq lignes par page, sauf compensation entre les pages d'une même feuille.

Les droits étant perçus par les employés des municipalités, le produit doit en être versé, à la diligence des maires, dans les caisses municipales. Les receveurs municipaux doivent réclamer ce versement à l'expiration de chaque trimestre.

ARTICLE 12. — *Produits des amendes.*

3183. L'amende est l'obligation d'acquitter une somme d'argent, soit définitivement à titre de peine, soit provisoirement à titre de garantie.

Dans le premier cas, elle porte le nom d'amende de contravention ou de condamnation parce qu'elle résulte de l'ap-

(1) Ins. gén. fin., art. 859.

plication du texte de la loi par un fonctionnaire compétent ou d'une condamnation prononcée par un juge.

Dans le second cas, on la désigne sous le nom d'amende de consignation, parce qu'elle est encourue par le seul fait du recours contre une décision judiciaire, et qu'elle n'est définitivement due que lorsque le tribunal chargé de connaître du recours a décidé qu'elle doit être maintenue; à défaut de quoi elle est restituée.

Le produit en principal des amendes et condamnations recouvrées est attribué, en totalité ou en partie, soit à l'État, soit aux communes, hospices et établissements publics, soit à la caisse des invalides de la marine, soit enfin aux gendarmes et agents qui ont constaté les contraventions. Cette attribution n'a lieu, toutefois, que sous la déduction de 5 0/0 qui restent acquis à l'État pour frais de régie et d'administration. La répartition des amendes entre les intéressés autres que l'État, constitue une dépense budgétaire, qui est imputée sur les crédits du budget du ministère des finances : « Répartition de produits d'amendes, saisies et confiscations attribués à divers ».

La répartition des amendes est déterminée par la loi dont le juge a fait application, en sorte qu'une même contravention peut donner lieu à une attribution différente, suivant que le tribunal s'est appuyé sur une loi spéciale ou sur les prescriptions du Code pénal.

3184. Les amendes attribuées aux communes sont soit remises directement à la caisse de celles-ci, soit versées à un fonds commun.

Le fonds commun est, à proprement parler, un fonds départemental, mais avec une destination spéciale. Il est, en effet, applicable à : 1° au remboursement des frais de poursuite tombés en non-valeur, soit en matière correctionnelle, soit en matière de simple police; 2° au service des enfants trouvés et abandonnés, jusqu'à concurrence du tiers du produit excédant lesdits frais; 3° pour les deux autres tiers, aux pauvres des communes qui éprouvent le plus de besoins, d'après la répartition qui en est faite par le préfet, sous contrôle du ministre de l'intérieur.

3185. L'article 11 de l'instruction de finances du 20 septembre 1875 a présenté un tableau spécial du détail de chacune des amendes, avec l'indication des services auxquels elles sont attribuées en tout ou en partie. Nous le reproduisons :

AMENDES DE CONDAMNATION.	ATTRIBUTIONS.
1° Amendes de police rurale et municipale;	Exclusivement aux communes où les délits ont été constatés. Au fonds commun.
2° Amendes de police correctionnelle sans attribution spéciale;	
3° Amendes concernant certaines fraudes dans la vente des marchandises;	Un tiers au fonds commun; deux tiers aux communes intéressées.
4° Amendes pour exercice illégal de la médecine et de la pharmacie;	Au département, pour le payement des dépenses extérieures des enfants assistés (mois de nourrice et de pension).
5° Amendes relatives à la profession d'agent de change ou de courtier;	
6° Amendes en matières de contrefaçon;	
7° Amendes concernant les logements insalubres;	En totalité au bureau de bienfaisance de la localité où sont situées les habitations.
8° Amendes de chasse;	Gratifications aux gendarmes; le reste à la commune sur le territoire de laquelle le délit a été constaté.
9° Amendes de roulage;	Un tiers à l'agent; les deux tiers soit à l'État, soit au département, soit aux communes.
10° Amendes de grande voirie;	Un tiers à l'agent; un tiers à la commune et un tiers à l'État.
11° Amendes concernant les affiches peintes, ainsi que l'emploi ou la vente de timbres mobiles ayant déjà servi;	Un quart à l'agent; trois quarts aux communes et hospices (fonds commun).

12° Amendes relatives au service des huissiers;

13° Amendes et confiscations pour contraventions aux lois et règlements maritimes;

14° Amendes relatives à la pêche du hareng;

15° Amendes concernant la pêche fluviale;

16° Amendes relatives à la conservation d'animaux affectés de maladies contagieuses;

17° Amendes prononcées en vertu du décret du 10 août 1853 sur le classement des places de guerre et sur les servitudes imposées à la propriété autour des fortifications, et en vertu de la loi du 22 juin 1854 sur les servitudes autour des magasins à poudre de la guerre et de la marine;

18° Amendes pour contraventions aux règlements sur les lignes télégraphiques;

19° Amendes en matière criminelle;

20° Amendes forestières;

21° Amendes pour délits de presse;

22° Amendes pour contraventions à la loi sur le travail des enfants dans les manufactures.

Un quart à la bourse commune des huissiers, trois quarts à l'État.

À la Caisse des invalides de la marine, qui se charge du payement de la part réservée aux agents.

Les unes à la Caisse des invalides de la marine; les autres: un tiers aux agents, un tiers à cette caisse, un tiers à l'État.

Gratification fixée au tiers de l'amende, sans pouvoir excéder 50 francs pour chaque contravention. Le reste à l'État.

À l'État, qui peut accorder un tiers au dénonciateur.

À l'État.

(Inst., art. 10.)

Au fonds de subvention affecté à l'enseignement primaire dans le budget de l'instruction publique. (Circ. compt. publ. 1er mai 1876.)

3186. Le produit des amendes attribuées soit aux communes, soit au fonds commun, ne se calcule que sur le principal de l'amende. On déduit du produit total deux décimes et demi qui ont été ajoutés par des lois successives du 1er prairial an VII, du 8 juin 1864, du 25 juillet 1870, du 23 août 1871, du 31 décembre 1873, à ce principal et qui sont perçus au profit de l'État seul.

ARTICLE 13. — Taxes diverses.

3187. Le paragraphe 14 de l'article 133 de la nouvelle loi municipale termine l'énumération des recettes du budget ordinaire, en déclarant qu'elle comprend, indépendamment des recettes indiquées dans les paragraphes qui précèdent, le produit des contributions, taxes et droits dont la perception est autorisée en faveur des communes :

Le produit de ces contributions, taxes et droits, consiste principalement dans celui des centimes pour insuffisance de revenus, et de la taxe municipale sur les chiens établie par la loi du 2 mai 1855 et réglementée par les décrets des 4 août 1855 et 3 août 1861;

Les subventions spéciales que les communes peuvent réclamer en vertu de l'article 14 de la loi du 21 mai 1836 sur les chemins vicinaux;

Les taxes pour travaux de salubrité, entrepris en vertu de l'article 36 de la loi du 16 septembre 1807 (Voy. supra nos 2502 et suiv.);

Les taxes que les communes peuvent établir sur les animaux présentés aux foires et marchés, pour se couvrir des frais de police sanitaire (Voy. n° 2056);

Les droits de magasinage, au cas où une ville a été autorisée à établir un entrepôt de douanes;

28

Les droits de marque sur les étoffes ;

Et enfin toutes les taxes dont la perception est autorisée par des lois spéciales et qui sont ainsi maintenues.

§ 2. — Recettes extraordinaires.

3188. La caractéristique des recettes ordinaires est qu'elles soient à la fois annuelles et permanentes : ce sont les termes employés par l'article 133, paragraphe 14. Si la recette, bien qu'annuelle, n'est pas permanente, comme celle qui résulterait d'une imposition faite pour rembourser un emprunt, d'une rente payée pendant la vie d'un débiteur, etc., ou si elle ne doit pas se reproduire comme celle qui provient d'un don ou d'un legs, elle doit être considérée comme extraordinaire, et ne doit pas figurer au nombre des recettes du budget ordinaire. L'article 134 de la loi du 5 avril 1884 a établi la nomenclature suivante :

1° Contributions extraordinaires dûment autorisées ;

2° Prix des biens aliénés ;

3° Dons et legs ;

4° Remboursement des capitaux exigibles et des rentes rachetées ;

5° Produits des coupes extraordinaires de bois ;

6° Produit des emprunts ;

7° Produit des taxes ou surtaxes d'octroi spécialement affectées à des dépenses extraordinaires et à des remboursements d'emprunts ;

8° Toutes autres recettes extraordinaires.

On voit donc que la loi a établi sept catégories de recettes extraordinaires, et a compris, en outre, toutes les autres dans une catégorie spéciale.

Examinons chacun de ces articles de recette.

ARTICLE PREMIER. — Contributions extraordinaires.

3189. Les seules contributions extraordinaires qui puissent être imposées aujourd'hui aux communes, depuis la loi du 5 avril 1884, sont les impositions affectées aux dépenses extraordinaires.

L'article 141 reconnaît aux conseils municipaux le droit de régler par un simple vote, non soumis à l'approbation préfectorale :

1° Dans la limite du maximum fixé chaque année par le conseil général, les contributions extraordinaires n'excédant pas cinq centimes pendant cinq années, pour en appliquer le produit à des dépenses extraordinaires d'utilité communale (1) ;

2° Trois centimes extraordinaires exclusivement affectés aux chemins vicinaux ordinaires et trois centimes extraordinaires exclusivement affectés aux chemins ruraux reconnus.

Les centimes communaux destinés aux dépenses annuelles obligatoires ou facultatives et les centimes votés en vertu des lois des 21 mai 1836 (chemins vicinaux) et 16 juin 1881 (instruction primaire) et de certaines lois spéciales ne se confondent pas avec les centimes extraordinaires que les conseils municipaux peuvent voter dans la limite du maximum fixé par le conseil général. On ne doit pas non plus considérer comme compris dans ce maximum les centimes affectés par le paragraphe 2 aux dépenses des chemins vicinaux ordinaires et des chemins ruraux reconnus, ni les centimes qui pourraient être imposés d'office sur la commune par application de l'article 149 de la loi.

3190. Nous verrons n° 3296, comment doivent être affectés spécialement aux dépenses des chemins vicinaux les ressources créées pour cet objet : mais il est nécessaire de donner ici les renseignements relatifs à cette création de ressources.

Les ressources applicables aux dépenses de la vicinalité communale se divisent en ressources ordinaires, extraordinaires et éventuelles.

Lorsque les communes possèdent des revenus ordinaires disponibles, les conseils municipaux doivent les affecter dans la session de mai aux dépenses de la vicinalité en proportion des besoins. Au cas où ils refuseraient ou négligeraient de le faire, le préfet les met en demeure d'y pourvoir et, si cette mise en demeure reste sans résultat, il inscrit d'office au budget des communes un crédit dans la limite des revenus ordinaires disponibles.

Mais il est très rare que les revenus des communes soient suffisants et la plupart du temps les conseils municipaux sont obligés de recourir subsidiairement aux centimes spéciaux et aux journées des prestations.

La loi du 21 mai 1836 fixe à cinq le maximum des centimes spéciaux ordinaires, que les conseils municipaux peuvent, en cas d'insuffisance des revenus ordinaires, être obligés d'affecter au service de la vicinalité. Ils sont votés par les conseils municipaux, soit concurremment, soit séparément, avec les prestations dans la session de mai. Ces centimes sont rangés par l'article 136, paragraphe 18 de la loi du 5 avril 1884, au nombre des dépenses obligatoires pour les communes. Ils n'ont pas le caractère d'une imposition extraordinaire et peuvent être imposés d'office par le préfet.

Ils s'appliquent additionnellement au principal des quatre contributions directes et sont recouvrés comme ces contributions.

En outre des centimes spéciaux, les contribuables des communes doivent supporter les prestations.

La prestation est une taxe spéciale représentative de l'usage des chemins. Elle s'applique à tous les habitants ou propriétaires, d'après l'utilité qu'ils retirent ordinairement des chemins vicinaux.

Les prestataires ont la faculté d'acquitter, soit en nature, soit en argent les prestations dont ils sont redevables. Ceux qui veulent se libérer en nature, doivent le déclarer dans le délai d'un mois à partir de la publication du rôle. A défaut de cette déclaration les prestations sont exigibles en argent. La valeur de chaque journée d'homme, de bête de somme, de trait ou de selle, de chaque voiture attelée est appréciée annuellement par le conseil-général sur les propositions du conseil municipal. Le recouvrement s'opère comme en matière de contributions directes par les soins du receveur municipal.

Les prestations en nature s'acquittent, soit à la journée, soit à la tâche.

Afin de permettre aux conseils municipaux d'augmenter les ressources de la vicinalité, qui sont en grande partie absorbées par les chemins de grande communication et d'intérêt commun, l'article 141 de la loi du 5 avril 1884 donne aux conseils municipaux le pouvoir de voter par addition au principal des quatre contributions directes, trois centimes extraordinaires exclusivement affectés aux chemins vicinaux ordinaires.

En cas d'insuffisance constatée des revenus ordinaires, des cinq centimes spéciaux ordinaires et des trois premières journées de prestations, mais en ce cas seulement, les conseils municipaux peuvent voter, outre les trois centimes spéciaux ordinaires qui sont exclusivement affectés aux chemins vicinaux ordinaires, des impositions extraordinaires par addition au principal des quatre contributions directes, lesquelles impositions extraordinaires peuvent servir aux dépenses non seulement des chemins vicinaux ordinaires, mais encore des chemins de grande communication et d'intérêt commun.

3191. Si les contributions extraordinaires dépassent cinq centimes sans excéder toutefois le maximum fixé par le conseil général et si leur durée excédant cinq années n'est pas supérieure cependant à trente ans, la délibération du conseil municipal doit être approuvée par le préfet.

3192. Lorsque la contribution extraordinaire dépasse le maximum fixé par le conseil général, la délibération du cou-

---

(1) Le maximum fixé par tous les conseils généraux est aujourd'hui de 20 centimes.

seil municipal n'est exécutoire que si l'imposition est autorisée par décret du Président de la République.

Et lorsque cette contribution est établie pour une durée de trente années, la loi exige que le décret du Président de la République soit rendu en conseil d'Etat.

Ces dispositions s'appliquent à toutes les communes, que les revenus de celles-ci soient inférieurs ou supérieurs à 100,000 francs ; la loi de 1884 n'a point maintenu une distinction qu'avait faite celle de 1837.

3193. Enfin il est indispensable de dire que toute contribution extraordinaire à établir sur une commune doit être supportée par *tous* les contribuables inscrits au rôle, qu'ils résident ou non dans la localité : il n'y a d'exception à cette règle que celle établie par l'article 106, paragraphe 2 de la loi de 1884, dont nous avons fait connaître les dispositions nos 2114 et suivants.

ARTICLE 2. — *Prix des biens aliénés.*

3194. Nous avons indiqué avec quelles formes, sous quelles autorisations et à quelles conditions, les communes pouvaient être autorisées à vendre leurs biens soit immeubles, soit meubles.

Les communes, comme les mineurs, ne peuvent aliéner leurs immeubles qu'en cas d'urgence absolue ou pour un avantage évident. Le motif que le produit actuel des biens communaux est inférieur à l'intérêt que rapporteraient les fonds placés en rentes sur l'Etat n'est pas suffisant pour légitimer une aliénation, si, d'ailleurs, la commune n'a pas de besoins urgents, ou si elle peut subvenir par d'autres moyens au déficit de son budget (1).

De même on ne saurait admettre qu'une commune dont les revenus normaux sont inférieurs à ses dépenses obligatoires satisfit à ces dernières par la vente de ses biens : c'est par la voie de l'impôt qu'il faut parer aux difficultés financières qui se produisent tous les ans.

3195. Il peut se faire qu'un acquéreur des biens communaux ne se trouve pas en mesure de payer son prix à l'échéance fixée par son contrat, et que ce défaut de payement non prévu au budget extraordinaire mette celui-ci en déficit. Le conseil municipal peut, sans doute, accorder des atermoiements, mais sa décision ne saurait être exécutoire si elle n'a pas été approuvée par le préfet : c'est, en effet, là, une suite du compte budgétaire. Il appartient dès lors à l'administration supérieure d'apprécier si la prorogation consentie par le conseil municipal n'est pas de nature à compromettre les intérêts de la commune et si elle jugeait qu'il n'y a pas lieu d'approuver le vote, l'exécution devrait être poursuivie par le receveur municipal (2).

ARTICLE 3. — *Dons et legs.*

3196. Nous avons vu, nos 2626 et suivants, quelles étaient les conditions générales auxquelles étaient soumises les acquisitions de biens par les communes au moyen de dons et legs. La donation ou le legs étant autorisés, il s'agit d'en

recueillir effectivement le bénéfice. Les communes sont autorisées d'abord à prendre toutes mesures conservatoires.

Le donateur en cas de donation et de testament, les héritiers du testateur, ou autres débiteurs d'un legs, sont personnellement tenus d'acquitter la donation et le legs, chacun au prorata de la part et portion dont ils profitent dans la succession. Ils en sont tenus hypothécairement pour le tout jusqu'à concurrence de la valeur des immeubles de la succession dont ils sont détenteurs. Les communes et les établissements publics légataires n'ont besoin d'aucune autorisation spéciale pour requérir les inscriptions hypothécaires.

Pour assurer le payement aux échéances des legs payables à terme, les receveurs doivent, au besoin, demander la séparation du patrimoine du défunt d'avec le patrimoine de l'héritier, conformément aux articles 872 et 2111 du Code civil. Les communes légataires conservent alors, à l'égard des héritiers ou représentants du défunt, leur privilège sur les immeubles de la succession au moyen des inscriptions faites sur les biens dans les six mois à compter de l'ouverture de la succession. Avant l'expiration de ce délai, aucune hypothèque ne peut être établie avec effet sur ces biens par les héritiers ou représentants, au préjudice des légataires. Quant aux meubles, il est indispensable pour assurer le droit résultant de la séparation des patrimoines, que les receveurs fassent dresser sans retard un inventaire et demandent une caution ; à défaut de cette caution, ils doivent exiger que les meubles soient vendus et que leur prix, ainsi que l'argent trouvé dans la succession, soit déposé à la Caisse des dépôts et consignations.

Toutefois, pour pouvoir exercer le privilège de la séparation des patrimoines, il faut :

A l'égard des meubles que les légataires n'aient pas accepté l'héritier pour débiteur personnel ; qu'il n'y ait pas eu confusion de fait des meubles héréditaires avec les meubles de l'héritier ; que les meubles héréditaires ne soient pas encore aliénés, ou que le prix en soit encore dû, ou qu'il existe quelque action en nullité de l'aliénation ; enfin, qu'il ne se soit pas écoulé plus de trois ans depuis l'ouverture de la succession ;

Pour les immeubles, que les légataires n'aient pas accepté l'héritier pour débiteur personnel ; que les biens ne soient pas aliénés, ou que le prix en soit encore dû, ou qu'il existe une action en reprise ; que les légataires prennent inscription dans les six mois de l'ouverture de la succession, s'il n'y a pas eu aliénation, ou, dans le cas contraire, dans la quinzaine de la transcription faite par l'acquéreur.

3197. Le montant des legs et donations en argent, légalement autorisés, en faveur des communes, doit être versé dans les caisses municipales ou hospitalières, à moins que le décret ou l'arrêté d'autorisation n'en prescrive le versement dans une autre caisse. Mais, dans ce dernier cas, les receveurs doivent se faire remettre une déclaration de versement par le comptable qui a reçu les fonds, et classer cette déclaration dans leur comptabilité, comme placements de fonds, après en avoir fait recette comme produit de legs et donations (1). Les receveurs doivent, dans tous les cas, requérir le versement, par les héritiers du donateur ou autres détenteurs, du montant des legs ou donations, l'article 153 de la loi du 5 avril 1884 attribuant à ces comptables seuls le droit et le devoir de poursuivre le recouvrement des créances des communes.

En cas de refus ou de retard de la part de ceux-ci, les receveurs doivent procéder contre eux par voie de commandement et de saisie, et si, malgré ces poursuites, les héritiers ou autres détenteurs se refusaient à la remise des fonds, les maires, avec l'autorisation du conseil de préfecture, en poursuivraient judiciairement la rentrée (2).

Le legs d'une somme d'argent porte intérêt du jour où la délivrance a été consentie par l'héritier ou le légataire uni-

---

(1) Cons. d'Et. int., 31 mai 1833 ; Cons. d'Et. int. 13 mars 1883. — Sur le renvoi ordonné par M. le ministre de l'intérieur, a pris connaissance du projet de décret tendant à autoriser la commune de Saint-Ismier à aliéner 4 hectares de bois ; — Vu les explications fournies par la commune en réponse à la note de la section, en date du 7 novembre 1882 ; — Vu la lettre de M. le ministre de l'intérieur, en date du 1er février 1883 ; Considérant que la commune ne justifie pas qu'elle ait eu à supporter, dans ces dernières années, des dépenses ayant un caractère exceptionnel ; — Considérant que les habitants de la commune ne supportent actuellement que 52 centimes extraordinaires ; qu'il n'est pas de bonne administration de permettre à une commune d'équilibrer son budget annuel au moyen d'aliénations excessives de son domaine, Est d'avis qu'il n'y a pas lieu de donner suite au projet de décret présenté.
(2) Déc. int. 1870.

(1) Inst. gén. fin., art. 949.
(2) Inst. gén. fin., art. 950.

versel, bien que, postérieurement, celui-ci ait soulevé, sur le sens du legs, des difficultés qui ont retardé la remise de la somme léguée, si d'ailleurs ces difficultés ont été jugées contre lui.

Une formalité essentielle doit être accomplie avant tout, c'est la demande en délivrance du legs, dans les cas où elle est prescrite par la loi. Cette demande, alors même qu'elle aurait été l'objet d'une sommation préliminaire à laquelle l'héritier n'aurait pas obtempéré, ne pourrait être introduite par un simple état exécutoire dressé en vertu de l'article 154 de la loi du 5 avril 1884 ou de l'article 13 de la loi du 3 août 1851 : on doit suivre la procédure ordinaire de la demande en délivrance, car le testament, même en forme authentique, n'en dispense pas. Lorsque la commune légataire y a été autorisée par le conseil de préfecture, la demande est portée devant le tribunal de première instance du lieu où la succession est ouverte.

Quant aux dons et legs consistant en immeubles ou en effets mobiliers, c'est aux maires qu'est délégué le soin d'en poursuivre la délivrance, sans préjudice des obligations imposées aux receveurs par les articles 849 et 948 de l'Instruction générale, pour le recouvrement des créances communales de toute nature (1). Lorsque les legs consistent en rentes sur l'Etat et obligations de chemin de fer, ce sont en principe les receveurs qui doivent en être dépositaires ; mais, lorsqu'il s'agit de recevoir les titres, c'est aux maires ou aux administrateurs des établissements à en prendre possession et à en donner décharge au notaire liquidateur.

3198. Les frais de la demande en délivrance sont à la charge de la succession, sans cependant qu'il puisse en résulter de réduction de la réserve légale. Les droits d'enregistrement sont dus par le légataire. Le tout s'il n'en a été autrement ordonné par le testament. Chaque legs peut être enregistré séparément, sans que cet enregistrement puisse profiter à aucun auteur qu'au légataire ou à ses ayants cause.

Ainsi, en ce qui concerne les legs faits au profit des établissements publics, les droits d'enregistrement, c'est-à-dire de mutation de la propriété, sont toujours à la charge de l'établissement institué légataire particulier. Quant aux autres frais, notamment ceux de rédaction et de conservation du testament, il importe de distinguer le cas où l'établissement institué légataire particulier se trouve en présence d'un légataire universel, ou, étant légataire universel ou particulier, il aurait à demander la délivrance aux héritiers naturels. Dans la première hypothèse, l'établissement légataire particulier est seulement passible des droits d'enregistrement et tous les autres frais incombent au légataire universel ; dans la seconde, les frais de rédaction et de dépôt du testament doivent être supportés par l'établissement.

Les communes, ainsi que tous les établissements publics et charitables, ont été replacées par l'article 17 de la loi du 18 janvier 1831 sous le régime du droit commun, en ce qui concerne la quotité des droits de mutation en matière de dons et legs. Les dons manuels qui s'établissent par la seule tradition sont exempts des droits de mutation. Mais à l'égard de ceux qui ont l'objet d'une délibération constatant l'acceptation ou d'un arrêté préfectoral en autorisant l'encaissement, la Cour de cassation a décidé qu'il y avait lieu à la perception du droit (2).

L'établissement légataire ne peut exiger, en aucun cas, que les héritiers supportent les frais de l'extrait du testament et de l'acte d'acceptation. Ces frais doivent rester à la charge de la caisse municipale.

Le délai de payement des droits de mutation ne court que du jour de l'arrivée dans la commune de l'arrêté ou du décret qui autorise l'acceptation (3). Les donations aux communes, acceptées à titre conservatoire avant l'autorisation, ne donnent pas lieu immédiatement au droit proportionnel ; ce droit

ne peut être exigé qu'après que les donations ont été autorisées (1).

Les personnes tierces à qui des dons et legs sont faits pour que le montant en soit distribué aux pauvres doivent, à moins d'une dispense formellement exprimée, rendre compte de l'emploi des fonds au bureau de bienfaisance, ou, à son défaut au maire de la commune. Dans tous les cas, les administrateurs et les receveurs doivent, autant que possible, surveiller cet emploi et faire les actes conservatoires nécessaires. La dispense de rendre compte n'affranchit pas les administrations charitables de ce devoir de surveillance (2).

ARTICLE 4. — *Remboursement et vente de rente et de capitaux.*

3199. Les rentes dues aux communes, par des particuliers, sont établies par les titres constitutifs qui engagent les particuliers. Le recouvrement doit en être poursuivi contre les débiteurs, d'après les règles ordinaires du droit civil (3). Le remboursement des capitaux placés sur des particuliers peut être fait aux communes quand les débiteurs le proposent ; mais ceux-ci doivent, un mois d'avance, avertir les administrations municipales, pour qu'elles puissent aviser aux moyens de placement (4). Les receveurs municipaux doivent recevoir par l'intermédiaire du receveur des finances l'autorisation d'accepter le remboursement des capitaux.

Pour les petites rentes, pour celles qui offrent peu de garantie et pour celles dont la perception est difficile, les remboursements peuvent être acceptés sous la déduction d'un cinquième du capital ; mais ces remboursements doivent être autorisés par un arrêté du préfet.

Le débiteur peut être contraint au rachat s'il cesse de remplir ses obligations pendant deux années. Lorsque la rente est quérable, il doit préalablement avoir été mis en demeure. De même, en cas de faillite ou de déconfiture du débiteur, le capital de la rente constituée en perpétuel devient aussi exigible.

Lorsqu'il y a lieu de donner aux débiteurs mainlevée des inscriptions hypothécaires prises sur les biens qui servaient de gage à la créance remboursée, cette mainlevée ne peut être définitivement prononcée qu'en vertu d'une délibération du conseil municipal habilitant le maire à consentir la radiation dans les formes prescrites par la loi (5).

3200. Lorsque les biens aliénés sont des rentes sur l'Etat, l'instruction générale des finances, dans son article 973, prescrit qu'elle ait lieu par l'entremise des trésoriers généraux et des receveurs des finances, qui en chargent la direction générale du mouvement des fonds. Cette direction fait opérer le transfert des inscriptions et adresse au trésorier général du département le bordereau qui lui est fourni par l'agent de change ; lorsque le produit de la vente est versé au Trésor, il est délivré un récépissé au nom du trésorier général, et le comptable en est crédité dans son compte cou-

---

(1) Inst. gen. fin. art. 951.
(2) Cass. civ., 19 mai 1874 ; Cass. civ., 1er février 1882.
(3) Inst. gén. fin., art. 952.

(1) Déc. min. fin., 9 avril 1860.
(2) Inst. gén. fin., art. 1073.
(3) Inst. gén. fin., art. 860.
(4) Cons. d'Et. 21 décembre 1808. — Le Conseil d'Etat, qui, d'après le renvoi ordonné par Sa Majesté, a entendu le rapport de la section de l'intérieur sur celui du ministre de ce département, relatif à la question de savoir en vertu de quelle autorisation le remboursement des rentes et créances des communes et fabriques peut avoir lieu, — Est d'avis : 1° que le remboursement des capitaux dus aux hospices, communes et fabriques, et autres établissements dont les propriétés sont administrées et régies sous la surveillance du gouvernement, peut toujours avoir lieu quand les débiteurs se présentent pour se libérer ; — Mais qu'ils doivent avertir les administrateurs un mois d'avance, pour que ceux-ci avisent, pendant ce temps, aux moyens de placement, et requièrent les autorisations nécessaires de l'autorité supérieure ; — 2° Que l'emploi des capitaux en rentes sur l'Etat n'a pas besoin d'être autorisé, et l'est de droit par la règle générale déjà établie ; — 3° Que l'emploi en biens-fonds, ou de toute autre manière, doit être autorisé par un décret rendu en Conseil d'Etat, sur l'avis du ministre de l'intérieur, pour les communes et hospices ; et du même ministre ou de celui des cultes, pour les fabriques.
(5) L. 5 avril 1884, art. 168.

rant. Aussitôt que le trésorier général a reçu avis de ce crédit, il opère le versement au Trésor, au nom de la commune intéressée. Le receveur municipal en fait recette comme de tous les autres produits municipaux.

ARTICLE 5. — *Coupes extraordinaires de bois.*

3201. On appelle coupes extraordinaires dans une forêt soumise au régime forestier, celles qui intervertissent l'ordre établi par l'aménagement, les coupes par anticipation et celles des bois ou portions de bois mises en réserve pour croître en futaie, et dont le terme d'exploitation n'aurait pas été fixé par l'ordonnance d'aménagement. Aucune coupe extraordinaire ne peut avoir lieu qu'en vertu d'un décret (1).

Aucune coupe extraordinaire des bois des communes ne peut être faite que pour cause de nécessité constatée, tels que le dépérissement, et pour subvenir à des dépenses extraordinaires (2).

Les propositions de coupes extraordinaires, soit par contenance, soit par pieds d'arbres, à exploiter pour l'année suivante, doivent être délibérées par les conseils municipaux dans leur session ordinaire du mois de mai, et être adressées au préfet avant le 15 juin, qui les remet au conservateur des forêts avant le 30 juin. Elles sont adressées par le préfet aux ministres de l'intérieur et de l'agriculture, et ce dernier, s'il y a lieu, provoque le décret nécessaire pour autoriser la coupe (3).

Lorsque l'administration forestière impose, comme conditions de la coupe à accorder, soit la suspension des délivrances ordinaires, soit un prélèvement sur le prix de vente destiné à assurer des travaux d'amélioration, le conseil municipal doit être à nouveau consulté (4).

L'adjudication des coupes autorisées sur le quart de réserve est faite dans les formes et selon les règles indiquées pour les coupes ordinaires (voy. n° 2226 et suiv.), mais les receveurs municipaux n'ont point à y intervenir; ce sont les trésoriers généraux qui sont chargés d'opérer le recouvrement du prix. Seulement, les receveurs municipaux recouvrent, à titre de produits accessoires des bois, les indemnités à payer par les adjudicataires, en cas de retard dans la remise de leurs traites.

La responsabilité et les obligations des receveurs des finances à cet égard sont les mêmes que celles qu'ils encourent pour le recouvrement du produit des coupes des bois de l'État. En conséquence, les trésoriers généraux discutent la solvabilité des cautions.

Les droits d'enregistrement et de timbre, ainsi que les frais accessoires à la charge des adjudicataires, sont perçus suivant le mode indiqué pour les coupes ordinaires.

3202. Pour le payement du prix principal des coupes, les adjudicataires souscrivent au profit des communes ou établissements propriétaires, des traites qui peuvent être stipulées payables au domicile des trésoriers généraux, et dont les échéances, déterminées par le cahier des charges, sont ordinairement fixées au 31 mars, 30 juin, 30 septembre et 31 décembre de l'année qui suit celle de l'adjudication.

Le prix des coupes, exploitées par économie ou par entreprise au rabais, est réglé en une ou plusieurs traites à six mois, ou plus, d'échéance, sans toutefois que l'échéance la plus éloignée puisse dépasser celle à laquelle serait portée la dernière traite, s'il s'agissait d'adjudications ordinaires. Toutefois, les trésoriers généraux n'ont à intervenir que pour les lots dont l'estimation excède 500 francs, et dont le prix ne serait pas payé comptant. Le prix des autres lots est recouvré par les receveurs municipaux (5).

Dès que les traites ont été reçues pour le compte des communes, les receveurs municipaux doivent constater la recette dans leurs écritures.

Les traites souscrites par les adjudicataires des bois des communes ne peuvent être négociées, à moins de besoin urgent et d'une autorisation spéciale du préfet.

À mesure de l'encaissement des traites aux échéances, le montant doit en être placé en compte courant au Trésor public, afin d'y rester à la disposition des communes, suivant le mode réglé pour tous les fonds qu'elles sont admises à placer au Trésor. Le compte de chaque commune doit être crédité à titre de placement de la somme recouvrée à son profit.

S'il est fait des payements sur le montant des traites avant leur échéance, ils sont annotés au dos des traites par le receveur des finances, qui en donne en même temps crédit aux communes; mais les effets ne peuvent être rendus aux souscripteurs que lorsqu'ils sont acquittés intégralement. En cas de retard dans le payement aux échéances, les trésoriers généraux n'en doivent pas moins, aussitôt ces échéances arrivées, faire placer le montant des traites au Trésor, au nom des communes propriétaires. Ils ont d'ailleurs contre les adjudicataires, leurs cautions et certificateurs de cautions, les mêmes droits que lorsqu'il s'agit des coupes de bois de l'État (1).

3203. Il importe de bien remarquer que les produits des coupes extraordinaires ne constituent pas un revenu, mais une recette, c'est une sorte d'aliénation du capital; il en résulte que, si un bois appartient non à la commune, mais à une de ses sections, le produit d'une coupe extraordinaire ne doit être affecté au payement des dépenses générales que dans la proportion de la part contributive de la section (2).

ARTICLE 6. — *Emprunts communaux.*

3204. Les communes peuvent être obligées de contracter des emprunts pour payer leurs dettes ou pour satisfaire à la nécessité des dépenses extraordinaires. Nous disons pour payer leurs dettes ou pour satisfaire à une nécessité extraordinaire; ce sont, en effet, les seules causes qui puissent justifier un emprunt communal. Les administrateurs des personnes civiles ont une tendance malheureuse à engager l'avenir, à réaliser des avantages présents : bien des raisons expliquent cette propension. On veut jouir et faire jouir ses administrés de résultats immédiats; on veut attacher son nom à des créations nouvelles; on veut démontrer que ses prédécesseurs ont négligé d'établir des institutions

---

(1) C. for., art. 16; Ord. 1er août 1827; art. 71.
(2) Ord. 1er août 1827, art. 140.
(3) Arr. fin. 4 février 1873, art. 1 et 4.
(4) Circ. fin. 18 mars 1863.
(5) Inst. gén. fin. art 956 à 959.

(1) Inst. gén. fin. 1859, art. 953 et 964.
(2) Voy. *suprà*, n° 3025; Cons. d'Ét. cont. 10 juillet 1869. — Considérant qu'aux termes des articles 5 et 6 de la loi du 18 juillet 1837, les sections de commune conservent la propriété des biens qui leur appartenaient privativement au moment de leur réunion à la commune dont elles font partie; — Que si, aux termes de ces mêmes articles, les revenus de ces biens, lorsqu'ils sont perçus en argent, sont versés dans la caisse municipale pour être employés aux dépenses générales de la commune, il n'en est pas de même du produit des coupes du quart de réserve de leurs bois; — Que ces coupes ne peuvent être considérées comme constituant un revenu; qu'elles sont rangées par l'article 32 de la loi de 1837 au nombre des ventes extraordinaires; qu'aux termes de l'article 140 de l'ordonnance du 1er août 1827, elles ne doivent être autorisées qu'en cas de dépérissement du quart de réserve ou pour cause de nécessité bien constatée, et à défaut d'autres moyens de pourvoir à cette nécessité; — Qu'il suit de là que les habitants de la section de Montmartin ont des droits exclusifs à la propriété et à la jouissance du quart de réserve des biens appartenant à la dite section, et qu'ils sont fondés à soutenir que le produit des coupes qui y ont été faites ne doit être affecté au payement des dépenses générales de la commune que dans la proportion de leur part contributive aux dépenses. — Considérant qu'il résulte de l'instruction que, si le produit des coupes faites depuis 1858, dans le quart de réserve de Montmartin, a été employé en partie à couvrir des dépenses faites dans l'intérêt général des habitants de cette section, une autre partie de ce produit a servi à acquitter intégralement des dépenses faites dans l'intérêt général de la commune, notamment le prix des travaux exécutés à l'église paroissiale; — Que dans ces circonstances, c'est à tort... — Annulation.

utiles ou d'élever des monuments durables ; on pense que quelques centimes extraordinaires ajoutés au principal des contributions directes ne constitueront pas un excès de charges : l'emprunt est là. On emprunte et on engage les finances communales. Il faut savoir résister à cet entraînement, il faut surtout que l'administration supérieure ait la fermeté de le modérer. Les circulaires ministérielles n'ont jamais fait défaut, mais les instructions sages ne sont pas assez écoutées. Sur les 36,000 communes de France, plus de 20,000 supportent plus de 30 centimes extraordinaires et 3,000 seulement ne sont pas endettées (1).

3205. L'article 141 de la loi du 5 avril 1884 reconnaît aux conseils municipaux le droit de régler, par un simple vote, les emprunts remboursables au moyen d'une contribution extraordinaire, votée dans la limite du maximum fixé chaque année par le conseil général, et n'excédant pas cinq centimes pendant cinq années, ou au moyen de ressources ordinaires, quand l'amortissement, en ce dernier cas, ne dépasse pas trente ans.

Aux termes des dispositions combinées de l'article 68, § 11 et des articles 142 et 143 de la même loi, les conseils municipaux votent sauf approbation du préfet les emprunts remboursables sur les contributions extraordinaires qui dépassent cinq centimes sans excéder le maximum fixé par le conseil général et dont la durée, excédant cinq ans, n'est pas supérieure à trente ans, ou sur les revenus ordinaires dans un délai excédant trente années.

Les emprunts remboursables sur contributions extraordinaires dépassant le maximum fixé par le conseil général sont autorisés par décret du Président de la République. Si la durée d'amortissement de l'emprunt doit excéder trente ans, le décret est rendu en conseil d'État.

Il importe de remarquer que ce n'est plus, comme sous l'empire de la loi du 24 juillet 1867, d'après le chiffre des revenus communaux qu'est déterminée la nécessité de recourir à l'intervention du conseil d'État, mais bien d'après la durée de l'amortissement de l'emprunt.

Il est statué par une loi si la somme à emprunter dépasse un million, ou si, réunie aux chiffres d'autres emprunts non encore remboursés, elle dépasse un million.

De l'ensemble de ces dispositions, il résulte que l'on doit considérer comme délai normal de remboursement des emprunts municipaux celui de trente années et que ce ne doit être qu'exceptionnellement que la période peut dépasser cette limite (2).

3206. Toute demande tendant à autoriser une commune à contracter un emprunt doit être accompagnée des pièces suivantes :

1° Copie de la délibération par laquelle le conseil municipal a voté l'emprunt projeté : la délibération doit mentionner le mode et les époques de remboursement ;

2° Certificat du maire faisant connaître le chiffre officiel de la population et le nombre des membres du conseil municipal en exercice ;

3° Le budget de la commune de l'exercice courant : si le budget additionnel du même exercice a déjà été voté et régulièrement approuvé, il doit également être produit ; dans le cas contraire, on produit celui de l'exercice précédent ; le chiffre du principal des quatre contributions directes de la commune doit être indiqué sur le budget ;

4° Certificat du maire et du receveur municipal constatant : les impositions communales de toute nature qui peuvent grever la commune, avec indication de leur durée, les emprunts non encore remboursés que la commune peut avoir été autorisée à contracter, les autres dettes communales, le montant des fonds de la commune placés au Trésor et leur destination ;

5° Les pièces justificatives de la dépense en vue de laquelle l'emprunt a été voté : telles que mémoires, plans et devis régulièrement dressés ;

6° Un tableau d'amortissement de l'emprunt, et un état présentant dans trois colonnes : 1° les sommes à payer chaque année, jusqu'à complète libération, pour le service des emprunts et des dettes antérieurement contractées ; 2° les ressources extraordinaires affectées annuellement à l'extinction de ce passif ; 3° les prélèvements à opérer sur les revenus ordinaires, pour compléter les annuités de remboursement. Si le remboursement doit être effectué, en tout ou en partie, au moyen d'une coupe extraordinaire de bois, le dossier doit contenir l'avis affirmatif de l'administration forestière ;

7° Un relevé présentant, d'après les trois derniers comptes, les recettes et les dépenses communales séparées en ordinaires et en extraordinaires ;

8° L'avis motivé du préfet (1).

3207. Les communes sont autorisées à traiter pour leurs emprunts : avec la Caisse des dépôts et consignations (2) ; avec le Crédit foncier de France (3) ; avec la Caisse des chemins vicinaux (4) ; avec la Caisse des lycées, collèges et écoles primaires (5) ; de gré à gré avec les particuliers ou par voie d'adjudication avec publicité et concurrence (6) ; par voie de souscription publique avec émission d'obligations (7).

---

(1) Il résulte de la dernière statistique publiée par le ministère de l'intérieur (1887) que : 3,880 communes sont imposées au-dessous de 15 centimes c'est-à-dire non endettées ; 7,915 communes sont imposées de 15 à 30 centimes ; 9,508 communes sont imposées de 31 à 50 centimes ; 10,630 communes sont imposées de 51 à 100 centimes ; 4,078 communes sont imposées au-dessus de 100 centimes.

Il y a une progression constante. Dans l'année 1886 : 334 communes ont vu augmenter leurs charges.

(2) Circ. int. 29 août 1885. — ... En réservant, soit au préfet, lorsque le remboursement doit avoir lieu sur les revenus, soit au gouvernement statuant en Conseil d'État, lorsque le service des annuités exige la création de ressources extraordinaires, le droit de statuer sur les emprunts dont la durée dépasse 30 ans, le législateur a montré que, dans sa pensée, les emprunts à une longue échéance ne doivent être admis que dans le cas de nécessité bien établie, tel que celui où il s'agirait de pourvoir à une entreprise considérable dont la dépense excéderait les forces contributives de la génération présente. Ces opérations sont, en effet, dangereuses et onéreuses pour les finances municipales ; dangereuses parce qu'elles séduisent facilement les municipalités, qui y trouvent le moyen d'alléger les charges du présent, en les reportant sur l'avenir ; onéreuses, parce qu'elles ont pour résultat d'imposer aux communes par l'accumulation des intérêts, une charge qui peut s'élever à un chiffre hors de proportion avec l'importance du capital emprunté. D'ailleurs, le remboursement à long terme, soit qu'il nécessite l'établissement de contributions communales, soit qu'il doive s'effectuer seulement au moyen des ressources normales des budgets, a l'inconvénient, en engageant l'avenir, de mettre les générations futures dans l'impossibilité de réaliser, à leur tour, si ce n'est au prix des plus lourds sacrifices, les améliorations successives dont le besoin fait sentir à chaque époque de la vie communale.

Aussi le gouvernement, d'accord avec le conseil d'État, a-t-il pris pour règle, en ce qui concerne, de considérer la durée de 30 ans comme la limite extrême à assigner à la période d'amortissement des emprunts des communes. Ce n'est que dans des circonstances tout à fait exceptionnelles, qu'il croit pouvoir dépasser cette limite, sans d'ailleurs l'excéder notablement.

Bien que cette règle ait été souvent rappelée aux administrations préfectorales, elle est encore fréquemment perdue de vue, et plusieurs de vos collègues continuent à appuyer, auprès de l'autorité centrale, des opérations de cette nature qui ne se justifient ni par l'urgence, ni par l'importance des entreprises à réaliser, et qui ne peuvent dès lors être approuvées par le gouvernement.

J'ai eu l'occasion de constater plus d'une fois que certaines municipalités se préoccupent moins de savoir si les dépenses qu'elles se proposent d'entreprendre répondent à des besoins véritablement urgents, que de rechercher la combinaison qui, pour une annuité de remboursement d'un chiffre donné, mettra à leur disposition la somme la plus élevée. Je ne saurais trop vous recommander de prémunir les assemblées communales contre les entraînements auxquels elles peuvent être exposées ; de leur rappeler que l'emprunt constitue une mesure extrême, à laquelle on ne doit recourir qu'en vue de dépenses véritablement urgentes, et qu'il doit toujours être restreint dans les plus étroites limites, non seulement quant à son chiffre, mais encore quant à sa durée, afin de ne pas absorber en payement d'intérêts prolongés, les ressources communales sans une nécessité absolue.

(1) Circ. int. 15 mai 1884.
(2) Inst. gén. fin., art. 970.
(3) L. 6 juillet 1860.
(4) L. 11 juillet 1868.
(5) L. 1er juin 1878 et 3 juillet 1880.
(6) Inst. gén. fin., art. 970.
(7) Règl. fin. 23 juin 1879.

3208. Nous n'avons pas à faire connaître ici les détails des conditions imposées, par la Caisse des dépôts et consignations, aux communes qui contractent des emprunts auprès d'elle : nous les résumons ici rapidement.

Le taux de l'intérêt, après avoir varié entre 4 et 6 0/0, est actuellement fixé à 4 1/2 et le délai maximum de remboursement, longtemps maintenu à douze ans, est de quinze ans (1).

Les demandes de prêts sont adressées au directeur général de la Caisse, appuyées de toutes les pièces de nature à faire connaître sous son véritable jour la situation financière de l'emprunteur. L'examen de tout dossier est subordonné à une condition indispensable, c'est que la commune ait été régulièrement autorisée à contracter un emprunt et que les termes de cette autorisation se concilient avec les conditions des prêts de la Caisse.

La Caisse ne s'engage que pour des prêts dont le montant doit être mis immédiatement à la disposition de la commune qui souscrit. Chaque fraction d'un emprunt est considérée comme un emprunt distinct, qui doit être soumis aux conditions en vigueur lors de la demande de réalisation.

Les pièces dont la production est généralement exigée à l'appui d'une demande, formée par une commune sont celles qui ont été indiquées ci-dessus plus une copie de l'acte d'autorisation de l'emprunt et des ressources affectées à son amortissement en capital et intérêts pour toute sa durée, certifiée conforme par le préfet ou le sous-préfet, revêtue du cachet de la préfecture ou de la sous-préfecture.

La délibération du conseil municipal doit en outre adhérer à la condition spéciale de payer, le cas échéant, au taux légal de 5 0/0, des intérêts de retard sur toutes les valeurs qui, souscrites en garantie de l'emprunt, ne seraient pas acquittées à Paris, aux échéances convenues.

Après avoir reconnu que les ressources offertes en garantie de l'emprunt sont régulièrement votées et de nature à assurer le payement des annuités d'amortissement, le directeur général donne son consentement au prêt demandé.

Ce consentement ne résulte pas d'un contrat accompagné d'un échange de signatures, mais d'une simple lettre d'avis adressée par le directeur général à l'emprunteur, à laquelle est joint un des doubles du tableau d'amortissement.

La réalisation des fonds est subordonnée à l'envoi, au moins dix jours avant la date fixée pour cette réalisation, des valeurs souscrites à l'ordre du caissier général de la Caisse des dépôts et consignations, en représentation du capital et des intérêts de l'avance consentie. Ces valeurs, établies sur des formules dont le modèle est adopté par la Caisse, consistent en annuités égales comprenant à la fois le capital et les intérêts à 4 1/2. Lorsque les ressources affectées à l'amortissement de l'emprunt ne sont pas annuellement égales pendant toute la période de remboursement, le remboursement se fait au moyen d'obligations annuelles pour le capital seul, plus des coupons semestriels d'intérêts.

Les consentements donnés sont considérés comme nuls si, en ne transmettant pas les valeurs, la commune n'a pas réalisé l'emprunt dans les six mois qui suivent la lettre d'avis de consentement.

Les valeurs, exemptées du payement du droit de transmission établi par les lois des 23 juin 1857 et 16 septembre 1871, sont frappées du droit de timbre créé par la loi du 5 juin 1850. Ce sont les seuls frais qu'entraîne la réalisation des emprunts, la Caisse prenant à sa charge la taxe de 3 0/0 qui frappe le revenu des valeurs mobilières, en vertu de la loi du 29 juin 1872.

Les sommes prêtées sont mises à la disposition de la commune et versées au Trésor public les 5, 16 et 25 de chaque mois, au crédit du trésorier-payeur général.

Le remboursement des emprunts se fait par le payement des annuités souscrites à leur échéance, sans avis préalable

(1) Délibér. com. de surv. 3 avril 1884.

de la direction générale. L'annuité part du jour du versement des fonds au Trésor public.

Le simple retard de payement à l'échéance fait courir les intérêts moratoires au taux de 5 0/0.

Le payement doit être effectué à Paris entre les mains du caissier général de la Caisse des dépôts et consignations, conformément aux instructions données aux emprunteurs par la lettre d'avis de consentement.

3209. Nous ne saurions étudier ici les conditions des prêts réalisés par le Crédit foncier, nous les résumons :

Les prêts sont consentis avec ou sans affectation hypothécaire, et remboursables soit à long terme, par annuités, soit à court terme, avec ou sans amortissement. Ils sont réalisables en numéraire.

Le Crédit foncier prête, dans les conditions de la loi du 20 juin 1885, moyennant une annuité comprenant à la fois l'amortissement et les intérêts, qui varie dans une proportion décroissante entre 6 francs, 178,990, et 5 francs, 490,322, suivant que le remboursement doit s'effectuer entre 30 et 40 ans.

La commune doit, après avoir été autorisée à emprunter, transmettre au Crédit foncier : 1° copie de la délibération par laquelle l'emprunt a été voté ; 2° ampliation de l'acte approbatif de l'emprunt (loi ou décret) ; 3° le relevé des recettes et des dépenses de la commune d'après le compte rendu des trois derniers exercices ; 4° un état certifié des dettes ; 5° copie de la délibération dûment approuvée par le préfet, portant que l'emprunt sera réalisé auprès du Crédit foncier ; 6° copie du budget de l'exercice.

Lorsque les pièces sont parvenues au Crédit foncier, la demande d'emprunt est soumise au Conseil d'administration de la Société. Un avis de la décision du Conseil est donné au maire aussitôt qu'elle a été rendue.

L'annuité, comprenant l'intérêt et l'amortissement, commence à courir le 31 janvier ou 31 juillet qui suit l'époque du consentement du prêt.

L'annuité est calculée sur la totalité de la somme prêtée. Si la commune doit toucher par portion le montant de l'emprunt, les sommes qu'elle laisse entre les mains de la société, après l'époque fixée comme point de départ des annuités, produisent au profit de la commune un intérêt qui est de 3 1/3 0/0, si le dépôt ne se prolonge pas au delà d'une année ; s'il se prolonge au delà, il n'est payé que l'intérêt servi par le Crédit foncier sur les sommes remisées dans ses caisses en compte courant.

La réalisation de l'emprunt est constatée par un ou plusieurs récépissés du receveur municipal, visés par le maire.

Le transport des fonds est effectué aux risques et périls de la commune.

3210. La Caisse des dépôts et consignations a été chargée de la gestion d'une caisse spéciale, créée par une loi du 11 juillet 1868, à l'effet de faciliter l'établissement du réseau complet des chemins vicinaux.

Le rôle de la Caisse des chemins vicinaux consiste presque uniquement à mettre à la disposition des communes, les emprunts qu'elles ont été régulièrement autorisées à contracter. La Caisse n'a pas à examiner si les emprunteurs sont régulièrement autorisés ; elle n'a pas à constater la régularité du vote, à vérifier l'existence de la disponibilité des ressources qui doivent leur permettre de remplir les engagements vis-à-vis d'elle. C'est au ministre de l'intérieur seul qu'il incombe de faire l'étude des dossiers produits à l'appui des demandes d'emprunts.

Lorsque les pièces ont été reconnues régulières, le ministre transmet à la Caisse des demandes, accompagnées des deux contrats signés par le maire, et d'un bordereau des sommes dont il autorise l'avance par la caisse.

Le contrat synallagmatique énonce les conditions de l'emprunt, la durée de l'amortissement, le chiffre des annuités à payer.

Cette pièce qui a tous les caractères d'un acte administratif n'est pas soumise au droit de timbre de dimension et au droit d'enregistrement, par la combinaison des articles 78 et 80 de la loi du 15 mai 1818.

Elle doit être revêtue du cachet de la mairie, mais elle est datée par le directeur général de la Caisse des dépôts au moment où il y appose sa signature.

Un seul contrat suffit pour la totalité de l'emprunt, quelles que soient les époques de réalisation des différentes portions, les emprunteurs ne devant demander la mise à leur disposition que des sommes dont ils ont un besoin actuel.

Les emprunts doivent être contractés en chiffres ronds de 100 francs au moins, et par multiples de 100 francs. Les fractions excédant 50 francs sont évaluées à 100 francs, tandis qu'il n'est pas tenu compte des fractions inférieures ou égales à 50 francs.

Les avances sont mises à la disposition des emprunteurs le premier de chaque mois, pour les payements à faire en vertu de la loi du 11 juillet 1868, et, le 5, pour ceux afférents à la loi du 10 avril 1879.

Les sommes mises à la disposition des communes sont remises aux receveurs municipaux par les receveurs particuliers, en vertu d'autorisations envoyées aux trésoriers payeurs généraux par le directeur général. Des lettres d'avis sont, en même temps, adressées aux maires avec une expédition du contrat revêtue de la signature du directeur général ; mais le tableau d'amortissement qui doit rester entre les mains du receveur municipal, n'est transmis au maire que lorsque la direction générale a eu connaissance par les relevés mensuels de ses préposés, de la date de l'encaissement de l'avance. C'est en effet à partir de cette date que court le délai d'amortissement.

Les communes doivent avoir soin de faire encaisser par le receveur municipal le montant des avances consenties, dès que la direction générale leur a fait connaître leur ordonnancement.

Lorsqu'une commune n'est plus en mesure de faire l'emploi de l'avance réalisée, l'excédent disponible doit être versé à un compte spécial *sans intérêts* à la recette particulière, sauf pour le maire à en effectuer le retrait au fur et à mesure de la marche des travaux.

Il incombe aux préfets de veiller à l'exécution des travaux pour lesquels les emprunts ont été contractés. En cas de négligence de la part d'une commune, le préfet est libre de refuser l'autorisation nécessaire pour la réalisation des portions de l'emprunt non encore versées.

Les communes se libèrent du montant de leurs emprunts par le payement de 30 annuités de 4 0/0 du capital avancé, intérêts et amortissement compris ; ce qui fait ressortir à un peu moins de 1 1/4 (1,21908263) l'intérêt annuel. Le défaut de payement à l'échéance d'une annuité emporte avec lui l'obligation pour la commune de payer un intérêt moratoire de 5 0/0.

Il peut arriver que, par suite de circonstances imprévues, la commune demande soit l'annulation d'un emprunt seulement autorisé ou d'un emprunt partiellement réalisé, soit une réduction après la réalisation totale ou partielle d'un emprunt. Sauf dans le premier cas, qui suppose que le contrat n'a pas été signé par le directeur général, les modifications apportées au contrat primitif doivent faire l'objet d'une délibération spéciale du conseil municipal. Cette pièce est transmise par le ministre de l'intérieur au directeur général de la Caisse chargé de régler, avec le maire, les formalités nécessitées par l'annulation ou la réduction de l'emprunt.

3211. Comme la Caisse des chemins vicinaux, la Caisse des lycées, collèges et écoles primaires est administrée par la Caisse des dépôts et consignations ; elle est chargée de faire aux communes régulièrement autorisées les avances nécessaires pour l'acquisition, la construction et l'appropriation des lycées et collèges de garçons et de jeunes filles, la construction des écoles primaires et des écoles normales d'instituteurs et d'institutrices et l'acquisition des mobiliers scolaires.

Les demandes d'emprunts ne doivent être adressées à la Caisse des dépôts et consignations que lorsque les plans et devis des constructions projetées ont reçu l'approbation du ministre de l'instruction publique, et que celui-ci a donné un avis favorable à la réalisation de l'emprunt. Le ministre notifie cet avis, tant au préfet ou au maire, suivant le cas, qu'au directeur général avec lequel sont réglées les conditions d'amortissement de l'emprunt.

Tandis que la réalisation des emprunts à la caisse des chemins vicinaux est exclusivement subordonnée à l'appréciation du ministre de l'intérieur, c'est au directeur général de la Caisse des dépôts seul qu'il appartient d'examiner si la situation financière de la commune lui permet de se grever de la nouvelle charge résultant de la réalisation de l'emprunt demandé ; c'est à lui qu'il incombe de discuter les ressources offertes par l'emprunteur en garantie de l'amortissement régulier de l'avance à consentir.

Les demandes d'emprunt doivent être accompagnées de pièces attestant que la commune est régulièrement autorisée à emprunter, et de justifications donnant les indications exactes sur les ressources du budget communal ou départemental, avec le détail des charges qui le grèvent.

Ces différentes pièces sont celles que la Caisse des dépôts et consignations exige à l'appui des demandes de prêts qu'elle est autorisée à faire aux communes, comme mode d'emploi de ses fonds disponibles.

Chaque portion d'un emprunt régulièrement voté est considérée comme un emprunt distinct, dont la réalisation est subordonnée à l'autorisation du ministre et donne lieu à un contrat spécial.

Les emprunts contractés à la Caisse des lycées ne donnent pas lieu à la souscription de valeurs : ils font l'objet d'un contrat synallagmatique signé par le préfet ou le maire et par le directeur général de la Caisse des dépôts et consignations, agissant au nom de la Caisse des lycées. Ce contrat règle les conditions auxquelles l'emprunt est consenti et énonce la quotité et les termes d'exigibilité des payements semestriels ; en outre, il contient une clause stipulant que le simple retard du payement à l'échéance d'un semestre fait courir des intérêts moratoires au taux de 5 0/0, au profit de la Caisse des lycées.

Le contrat est exempté des droits de timbre et d'enregistrement.

Le premier terme d'amortissement devenant exigible six mois à partir du jour du versement des fonds au Trésor public, le contrat n'est renvoyé signé au maire ou au préfet qu'avec la lettre les avisant de ce versement.

Les avances, consenties par la Caisse des lycées, sont remboursables au moyen d'un payement semestriel de 2 francs pour chaque 100 francs prêtés, y compris l'amortissement du capital et des intérêts conformément au tarif déterminé par la Caisse.

Le délai maximum dans lequel le remboursement doit s'effectuer est de 30 ans, mais des termes plus courts peuvent être stipulés par l'emprunteur, à la condition que les versements semestriels soient calculés de manière à tenir compte à la Caisse d'un intérêt de 1 1/4 0/0 en plus de l'amortissement.

Les sommes dont l'avance est consentie par la Caisse des lycées sont, comme les prêts de la Caisse des chemins vicinaux, versés au Trésor public, les 5, 15 et 25 de chaque mois, par le caissier général de la Caisse des dépôts et consignations sur l'autorisation du directeur général. Portées au compte du trésorier-payeur général du département, elles sont mises à la disposition des receveurs municipaux des communes situées dans les arrondissements autres que l'arrondissement chef-lieu, par l'intermédiaire des receveurs particuliers.

Les versements semestriels s'effectuent sans avis préalable de la direction générale, à leur échéance, à la caisse du receveur particulier de l'arrondissement, par les soins du receveur municipal.

3212. Les communes peuvent contracter des emprunts de gré à gré avec des particuliers. Les conditions en doivent être débattues entre les parties. Aux termes du décret du

13 avril 1861, tableau A, n° 49, les préfets devaient approuver ces conventions dans toutes les communes n'ayant pas cent mille francs de revenus. Ces prescriptions étaient conformes à la législation existant alors; mais on doit faire application désormais de celles de la nouvelle loi municipale, c'est-à-dire des articles 141, 142 et 143, dont nous avons fait connaître la disposition *suprà*, n° 3205.

3213. Lorsque l'emprunt doit être soumis à l'adjudication publique, le maire dresse le cahier des charges et le soumet à l'approbation du conseil municipal. La demande d'emprunt et le cahier des charges sont ensuite soumis, s'il y a lieu, à l'approbation du préfet ou du gouvernement.

3214. Lorsque les communes sont autorisées à contracter leurs emprunts par voie de souscription, les conditions des souscriptions à ouvrir doivent être préalablement soumises à l'approbation du préfet.

Les communes peuvent, pour leurs emprunts, être autorisées à émettre des obligations au porteur ou transmissibles par voie d'endossement. Toutefois, cette faculté n'est accordée que dans le cas où la réalisation de l'emprunt par les voies ordinaires ne semble pas assurée. Les obligations sont souscrites au nom des communes par les receveurs municipaux; elles doivent être extraites d'un registre à souche, et elles sont soumises au droit du timbre de 1 0/0, lequel peut être converti en un abonnement annuel de 5 centimes par 100 francs pour toute la durée des titres.

Les listes de souscription à ces emprunts, de même que le traité par lequel un particulier s'obligerait à verser une somme déterminée en représentation de laquelle il recevrait les obligations communales créées pour effectuer l'emprunt, ne constituent pas des actes distincts de l'emprunt lui-même et ne donnent pas lieu à un droit d'enregistrement particulier outre le droit de timbre proportionnel auquel les obligations sont soumises par la loi du 5 juin 1850 (1).

Les titres d'emprunt sont passibles du droit de transmission créé par la loi du 22 juin 1857. Ce droit a été fixé, par la loi du 29 juin 1872, à 50 centimes par 100 francs pour la transmission ou la conversion des titres nominatifs, et à une taxe annuelle de 20 centimes par 100 francs pour les titres au porteur. Ce droit n'est pas soumis au décime. Il est perçu sur la valeur négociée, déduction faite des versements à effectuer sur les titres non libérés (2).

_____

(1) Cass. civ. 27 mai 1862, D. P. 62.1.236.
(2) Règl. 27 juin 1879, concernant la comptabilité des emprunts communaux. — Art. 1er. Les opérations de comptabilité relatives aux emprunts régulièrement autorisés des départements, communes, hospices et établissements publics, sont soumises aux dispositions ci-après, lorsque le cahier des charges a décidé l'émission d'obligations transmissibles en dehors des conditions déterminées par l'article 1690 du Code civil.

PREMIÈRE PARTIE.

SERVICE MUNICIPAL ET HOSPITALIER.

TITRE PREMIER.

ÉMISSION, FORME ET TRANSMISSION DES TITRES.

§1. — Souscription et émission des titres.

Art. 2. Les souscriptions aux emprunts des communes résultent soit d'engagements signés par les prêteurs, soit de versements en numéraire. Dans ce dernier cas, elles sont constatées par une quittance dite *de souscription*, délivrée par le receveur municipal et extraite d'un registre à souche.

Art. 3. Tout titre d'obligation, soit provisoire, soit définitif, doit porter, avec la signature du receveur municipal, le maire ou d'un conseiller municipal spécialement délégué. Cette dernière signature est accompagnée du cachet de la mairie. Le maire ou son délégué doivent tenir une note exacte des pièces qu'ils contresignent.

Art. 4. Les titres sont détachés d'un registre à souche, conformément à l'article 28 de la loi du 5 juin 1830; ils portent un numéro d'ordre pris dans une série spéciale pour chaque emprunt et chaque nature de titres.

Art. 5. Les formules imprimées qu'il serait nécessaire de préparer à l'avance pour les titres d'obligations sont établies par les soins du maire et remises au receveur municipal, en échange d'une reconnaissance

3215. Les communes cherchent souvent à profiter de l'abaissement du taux de l'intérêt pour diminuer les charges de leurs dettes en convertissant les emprunts anciens dont elles sont grevées en emprunts nouveaux contractés à un taux

signée par lui. Dans les trois jours qui suivent ladite remise, le maire adresse au receveur des finances un avis faisant connaître le nombre et la nature des formules délivrées. Les formules dont il n'a pas été fait emploi sont restituées par le comptable au maire, contre décharge, après la clôture des opérations, et aussitôt annulées. Il est joint au procès-verbal de caisse, en fin d'année ou de gestion, un compte d'emploi de ces formules présentant le nombre et la nature : 1° des formules existant au commencement de l'année ou de la gestion; 2° de celles prises en charge par le receveur; 3° de celles affectées aux titres d'obligations ou restituées au maire; 4° de celles existant à la fin de l'année ou de la gestion. Ce compte est signé par le maire et par le comptable.

Art. 6. Les opérations relatives aux emprunts nécessitent la tenue, par le receveur municipal, de deux registres distincts : l'un, pour la constatation des souscriptions; l'autre, pour leur liquidation. Le premier de ces livres indique la date et le numéro de chaque souscription, le nom et le domicile des souscripteurs, le nombre des obligations souscrites et le montant des sommes versées. Le second registre est destiné à retracer, dans l'ordre où se présentent les porteurs de quittances de souscription, les résultats de la liquidation pour chaque ayant droit. Il contient en regard de chaque souscription : la date et le numéro de la liquidation, le nom et le domicile de la partie, le nombre d'obligations qui lui est attribué, la somme correspondant à ce nombre, qui est, dès lors, définitivement acquise à la commune; la somme formant l'excédent de versement qui doit être remboursée au souscripteur; enfin, le nombre et les numéros des titres provisoires ou définitifs remis au souscripteur en échange de la quittance de souscription.

Art. 7. Les sommes provenant des souscriptions sont constatées en recette à un compte des services hors budget, et il est fait dépense à ce même compte, après la liquidation des souscriptions : 1° des excédents de versement remboursés aux souscripteurs; 2° des sommes définitivement acquises à la commune et portées en recette aux services budgétaires. Les remboursements d'excédents sont appuyés d'un bordereau individuel de liquidation revêtu de la quittance de la partie prenante. Les sommes appliquées en recette au budget de la commune sont justifiées au moyen d'un état certifié par le maire, constatant le montant de cette application et accompagné de la quittance à souche du receveur municipal.

Art. 8. Les titres, soit provisoires, soit définitifs, sont remis, aussitôt après leur création, au receveur municipal qui en fait recette pour la valeur de leur capital nominal, aux services hors budget. Le maire donne avis de cette remise au receveur des finances. Lorsque, dans le cas prévu à l'article 5, les opérations auxquelles donne lieu l'échange des quittances de souscription contre les titres provisoires ou définitifs, et, s'il y a lieu, celui des titres provisoires contre les titres définitifs, sont classées dans les mêmes services. Les recettes sont justifiées devant l'autorité chargée du jugement des comptes au moyen d'états certifiés par le maire; les dépenses sont appuyées des titres échangés (quittances de souscription ou titres provisoires), lesdits titres dûment annulés et accompagnés de la décharge des parties prenantes.

Art. 9. Il est tenu, pour chaque service, par le receveur municipal, un registre matricule, par ordre numérique, de toutes les obligations délivrées. Ce registre, qui est établi au moment de la liquidation des souscriptions, présente, en regard du numéro de chaque obligation, le numéro correspondant du registre de liquidation. On y consigne successivement, s'il y a lieu, la date et le montant des versements complémentaires, ainsi que l'échange des titres provisoires contre les titres définitifs; enfin, on y inscrit le remboursement des obligations amorties, avec la mention de l'acte en vertu duquel est fait ce remboursement, ainsi qu'il est prescrit aux articles 51 et 52.

§ 2. — Forme et transmission des titres.

Dispositions communes.

Art. 10. Le cahier des charges décide si l'émission comprendra exclusivement soit des titres au porteur, soit des titres nominatifs transmissibles par voie de simple endossement; ces titres seront ou non munis de coupons; ou enfin s'ils seront de l'une ou de l'autre de ces différentes sortes, au choix des souscripteurs. Lorsque les titres seront munis de coupons, chacun des coupons doit reproduire le numéro de l'obligation et porter l'indication de l'échéance ainsi que du montant des intérêts auxquels il se rapporte. Ces différentes mentions, dans le cas où elles ne seraient pas imprimées, doivent être certifiées par les mêmes signatures que le titre lui-même.

Art. 11. Pendant toute la durée de l'emprunt et jusqu'à l'époque du remboursement, les titres ne doivent subir aucune modification, si ce n'est celle résultant des endossements, lorsque ce mode de transmission leur est applicable; ils ne peuvent être échangés ni remplacés par d'autres, sauf dans le cas prévu par les articles 15 et 16 de la loi du 15 juin 1872, sur les titres perdus.

Dispositions spéciales concernant le dépôt des titres.

Art. 12. Toutefois, les communes peuvent, si elles le jugent utile à leur crédit, mais à la condition de se conformer aux dispositions des articles 17 à 23 du présent règlement, recevoir les titres en dépôt et en délivrer en échange aux déposants des certificats nominatifs qui peuvent

d'intérêt et d'amortissement moins élevé. Elles se heurtent parfois à la résistance des établissements de crédit auxquels elles s'étaient adressées, qui soutiennent que l'exception de l'article 1187 du Code civil existe en leur faveur, attendu que

les circonstances dans lesquelles sont intervenus les prêts faits aux communes, et le mode suivant lequel ces prêts ont été effectués sont de nature, à défaut de stipulations contraires formellement exprimées dans l'acte, à procurer à l'établisse-

être collectifs et sont susceptibles d'être transmis par transfert ou convertis de nouveau contre les obligations déposées, au gré des titulaires.

Art. 13. La faculté de dépôt est accordée par une délibération du conseil municipal soumise à l'approbation du ministre de l'intérieur. Elle doit être concédée, d'une manière générale, à tous les propriétaires d'obligations du même emprunt.

Art. 14. Les titres au porteur à échanger contre un certificat nominatif sont déposés à la recette municipale avec un bordereau indiquant le nombre et les numéros des titres à convertir, les nom, prénoms, qualité et domicile de la personne au nom de qui le certificat doit être délivré. Ce bordereau est signé par le déposant et fait connaître son domicile. Le déposant reçoit, au moment du dépôt, une reconnaissance extraite du même registre à souche que les quittances de numéraire. Le certificat nominatif est remis ultérieurement en échange de la reconnaissance dûment déchargée par le titulaire ou par le déposant. Si la même personne dépose des obligations de plusieurs emprunts, il doit être établi autant de bordereaux et il est délivré autant de reconnaissances et de certificats qu'il y a d'emprunts.

Art. 15. La même marche est suivie lorsque le propriétaire d'obligations transmissibles par voie d'endossement en réclame l'échange contre un certificat nominatif de dépôt; mais, dans ce cas, le certificat ne peut être délivré que sur la demande et au nom du titulaire sous du dernier endos, soit de l'obligation elle-même, si elle n'a été encore l'objet d'aucun endossement.

Art. 16. Les certificats de dépôt, signés par le receveur municipal et par le maire, sont extraits d'un registre à souche et portent un numéro d'ordre. Ils sont munis de coupons, lorsque les titres qu'ils représentent en sont munis eux-mêmes. Ces coupons sont établis comme il est dit à l'article 10. Les certificats sont disposés de manière à servir pour le payement des intérêts pendant une période n'excédant pas dix ans. Le renouvellement ou la réunion ne peuvent être faits au même nom que sur la demande écrite du titulaire lui-même, dont la signature doit être certifiée par un agent de change ou un notaire. Les signatures de ces officiers ministériels sont elles-mêmes, s'il y a lieu, soumises à la légalisation, conformément aux lois et règlements en vigueur.

Art. 17. La partie qui veut obtenir la restitution intégrale ou partielle des titres représentés par un certificat nominatif de dépôt remet à la recette municipale : 1° une demande de retrait signée par le titulaire du certificat de dépôt, par son fondé de pouvoirs ou par ses ayants cause ; 2° s'il y a lieu, les pièces établissant la qualité du fondé de pouvoirs ou des ayants cause; 3° le certificat de dépôt lui-même revêtu d'une déclaration d'annulation signée comme la demande de retrait. Les signatures doivent être certifiées suivant les règles tracées à l'article 16.

Art. 18. Il est procédé de la même manière pour le transfert des obligations représentées par un certificat nominatif de dépôt. Le bordereau de transfert est établi comme la demande de retrait; il présente, en outre, l'indication des nom, prénoms et domicile du cessionnaire. Si les obligations déposées auxquelles s'applique le transfert sont transmissibles par endossement, leur cession doit être constatée sur les obligations elles-mêmes par le signataire du transfert.

Art. 19. Lorsque, après le décès du titulaire d'un certificat nominatif, la restitution des titres ou la mutation est demandée, il est fait application des dispositions des articles 17 et 18 concernant le retrait et le transfert.

Art. 20. Dans les cas prévus par les trois articles qui précèdent, la partie qui requiert la restitution, le transfert ou la mutation des titres déposés reçoit, au moment de la remise du certificat annulé, accompagné soit de la demande de retrait, soit des bordereaux du transfert ou de mutation, une reconnaissance du receveur municipal, semblable à celle dont il est parlé à l'article 14. Les titres ou certificats de dépôt réclamés sont ensuite livrés en échange de cette reconnaissance dûment déchargée. En cas de retrait ou de transfert partiel, il est délivré de nouveaux certificats nominatifs pour les obligations maintenues en dépôt ou non transférées.

Art. 21. Les bordereaux de dépôt, de transfert ou de mutation et les demandes de retrait, avant leur remise au receveur municipal, doivent être soumis, par les parties intéressées, au visa du maire ou d'un agent délégué par lui et agissant sous sa responsabilité. Ceux-ci s'assurent de la régularité des opérations; ils prennent note du nombre et des numéros des obligations déposées, restituées ou transférées. Avis des dépôts est adressé au receveur des finances dans le délai prescrit à l'article 5.

Art. 22. Les demandes de dépôt, de retrait, de mutation ou de transfert ne peuvent être reçues dans les dix jours qui précèdent chacune des échéances d'arrérages de l'emprunt auquel elles se rapportent.

Art. 23. Les titres déposés sont conservés, sous une double serrure, dans des armoires ou caisses disposées à cet effet chez le receveur municipal par les soins du maire et aux frais de la commune. La clef d'une des serrures est entre les mains du receveur municipal, celle de l'autre entre les mains du maire ou de son délégué.

Art. 24. Aucune manipulation des titres ne peut s'être faite qu'en la présence simultanée du receveur municipal et du maire ou d'un agent délégué par lui. Chaque opération est mentionnée par le receveur municipal sur un sommier où sont consignés, pour chaque dépôt, la date et le numéro des certificats, le nom des titulaires, le nombre et le numéro des obligations entrées ou sorties. Toute mention sur ce sommier doit être certifiée par la signature du maire ou de son délégué. La remise au receveur municipal des titres dont le retrait a été demandé est

portée à la connaissance du receveur des finances, de la manière prescrite à l'article 5.

Art. 25. Le maire, à la fin de chaque année ou de chaque gestion, s'assure de la présence de tous les titres mentionnés au sommier comme restant en dépôt. Il en délivre, sous sa responsabilité, un certificat qui est annexé au procès-verbal de caisse.

Art. 26. Le receveur municipal constate dans ses écritures, au moyen de comptes hors budget, toutes les opérations de dépôt, retrait, mutation ou transfert, en portant les titres pour leur valeur et leur capital nominal. Il les justifie, devant l'autorité chargée de juger ses comptes, par la production des reconnaissances provisoires de dépôt dûment déchargées, des certificats nominatifs de dépôt dûment annulés, ainsi que les bordereaux, actes de cession, procuration et autres pièces qui en établissent la régularité. La remise au receveur municipal de l'emploi des formules destinées aux certificats de dépôt sont soumis aux règles énoncées dans l'article 5.

Art. 27. Tout dépôt de titres, tout échange ou transfert, en dehors des conditions qui viennent d'être déterminées, sont absolument interdits.

TITRE II.

PAYEMENT DES INTÉRÊTS.

§ 1. — Payement et description des opérations dans les écritures.

Art. 28. Le maire dresse, d'après les écritures tenues conformément aux articles 3 et 21, et remet au receveur municipal des registres dits d'émargement, où sont portées, suivant leur ordre numérique, toutes les obligations dont les intérêts sont dus par la commune. Il classe distinctement, par emprunt, les titres au porteur, les titres transmissibles par endossements et les certificats nominatifs de dépôt, en indiquant le nombre et les numéros des coupons de ceux qui en le sont pas.

Art. 29. Ces registres peuvent n'être pas dressés spécialement pour chaque échéance. Dans ce cas, ils contiennent, pour l'émargement, autant de colonnes que la période pendant laquelle ils doivent servir embrasse d'échéances.

Art. 30. Dans le même cas, les parties des registres qui concernent les titres au porteur ou ceux transmissibles par voie d'endossement comprennent toutes les obligations, même celles déposées et représentées par des certificats de dépôt, lesquelles continuent de figurer à leur rang tant qu'elles ne sont pas amorties. Au moment de chaque échéance, le receveur municipal opère la radiation des obligations amorties; il effectue sur la partie des registres relative aux certificats de dépôt, les modifications résultant des conversions ou transferts; enfin il émarge, sur les parties affectées aux obligations au porteur ou transmissibles par voie d'endossement, les intérêts des obligations représentées par des certificats de dépôt. Cet émargement est fait par la mention, dans la colonne réservée à l'échéance, du numéro du certificat auquel chaque obligation correspond.

Art. 31. Dans les trois jours qui précèdent l'échéance, le maire, soit par lui-même, soit par un délégué agissant sous sa responsabilité, s'assure de l'exactitude des mentions ou modifications opérées sur les registres conformément à l'article précédent. Après cette vérification, il remet au receveur municipal un état indiquant sommairement le montant des payements à faire pour l'échéance, tant sur les certificats nominatifs de dépôt que sur les titres primitifs non déposés.

Art. 32. Les coupons présentés au payement doivent être récapitulés par ordre numérique sur un bordereau dit de payement, signé du déposant, qui fait connaître son nom et son domicile. Un bordereau spécial est établi pour chaque emprunt, chaque échéance et chaque nature de titres. Le déposant doit s'assurer que tous les coupons compris dans ses bordereaux sont exigibles et ne dépendent pas d'obligations déjà remboursables.

Art. 33. Au fur et à mesure qu'ils sont remis au receveur municipal avec les coupons, les bordereaux de payement reçoivent un numéro d'ordre commun à tous ceux du même dépôt, qui est emprunté à une série renouvelée chaque année.

Art. 34. Le receveur municipal, en la présence du déposant, vérifie la régularité matérielle du bordereau de payement et en constate la concordance avec les coupons, quant à leur nombre et à leur désignation. Toutefois, lorsque les coupons présentés par un même porteur sont au nombre de plus de cinquante, le receveur municipal peut exiger qu'ils soient déposés, en même temps que les bordereaux correspondants, pour être vérifiés hors de la présence du déposant et à ses risques et périls. Le dépôt donne lieu à la remise d'une reconnaissance extraite du registre à souche, en échange de laquelle le payement est ultérieurement effectué.

Art. 35. Les coupons vérifiés sont immédiatement annulés et réunis par liasses formant chacune le bordereau, à chacune desquels est jointe une fiche reproduisant le numéro du bordereau. Ces liasses sont rangées dans un ordre méthodique et il ne doit pas y être touché avant leur production au juge des comptes, si ce n'est pour les vérifications du contrôle.

Art. 36. Au moyen du bordereau reconnu exact, le receveur municipal émarge les registres. À cet effet, il porte, en regard du numéro de chacun des titres non déposés ou de chacun des certificats de dépôt,

ment prêteur le bénéfice du terme aussi bien qu'à l'emprunteur. Il se peut aussi que les créanciers primitifs émettent la prétention de n'être pas remboursés par anticipation, et comme alors c'est à l'autorité judiciaire qu'il appartient de statuer, il

le numéro du bordereau et l'indication de l'année pendant laquelle le payement est fait.

Art. 37. L'émargement doit, en principe, être préalable au payement. Lorsque, en raison de l'affluence du public aux époques d'échéances, il n'aura pas pu le précéder, il devra le suivre d'aussi près que possible. Les coupons qui ont été l'objet d'un dépôt, en vertu de l'article 34, doivent toujours être émargés avant le payement.

Art. 38. Au moment de l'établissement des comptes, le receveur municipal, en présence du maire ou d'un agent délégué par lui, détache des titres en dépôt les coupons correspondant à ceux des certificats nominatifs qui ont été payés. Les coupons ainsi détachés sont immédiatement annulés et réunis aux coupons des certificats nominatifs de dépôt auxquels ils correspondent.

Art. 39. Le payement des intérêts afférents aux titres non munis de coupons est fait sur la présentation des titres eux-mêmes, accompagnés de bordereaux quittancés qui sont retenus par le comptable. Il est constaté sur les titres au moyen d'un timbre-estampille. Les règles qui précèdent, concernant l'établissement et le numérotage des bordereaux, ainsi que le mode d'émargement, sont applicables au payement des intérêts de titres non munis de coupons. Le dépôt préalable peut être exigé lorsque ces titres sont au nombre de plus de cinquante (art. 34).

Art. 40. Les payements d'intérêts d'emprunts, quelle que soit la forme des titres, sont effectués sans ordonnancement préalable. Ils sont provisoirement inscrits par le receveur municipal à un compte d'avances, et ne sont rejetés sur les crédits budgétaires qu'après avoir été ordonnancés par le maire.

Art. 41. Lorsque des titres ou des coupons sont déposés conformément aux articles 34 et 39, des comptes hors budget constatent, d'une part, le dépôt par les parties ; d'autre part, l'admission des coupons en dépense et la remise aux parties des titres payés ou des coupons rejetés.

§ 2. — Contrôle des payements et justification dans les comptes.

Art. 42. Le maire est chargé du contrôle des payements ; il exerce cette fonction par lui-même ou par un délégué agissant sous sa responsabilité.

Art. 43. A cet effet, le maire vérifie l'exactitude des bordereaux et des émargements pour tous les payements d'intérêts d'emprunts, soit au moment même où les opérations sont effectuées, soit postérieurement, à des intervalles de trois jours au plus pendant le mois qui suit chaque échéance, et de quinze jours pendant les autres mois. Dans les communes qui n'ont pas de receveur spécial, ces vérifications peuvent n'être faites qu'à des intervalles d'un mois, lorsque le percepteur chargé du service municipal ne réside pas dans la commune.

Art. 44. Les coupons, bordereaux, quittances et registres émargés sont mis à la disposition du maire, au siège de la recette municipale et sans déplacement. Le classement des pièces, notamment celui des coupons, ne doit pas être modifié.

Art. 45. Le maire appose une marque personnelle sur les coupons et les bordereaux ou quittances vérifiés par lui. Il prend note des résultats qu'il a reconnus exacts.

Art. 46. Au fur et à mesure des vérifications, le maire ordonnance le montant des intérêts contrôlés. L'ordonnancement doit être de la somme nette à payer aux obligataires, déduction faite de la retenue pour les droits acquittés au Trésor (art. 59). Le montant des coupons de certificats de dépôt est ordonnancé seulement après que les coupons des titres déposés auxquels ils correspondent y ont été rattachés, conformément à l'article 38. Des mandats distincts sont délivrés pour chaque échéance, chaque emprunt et chaque nature des titres (titres au porteur, titres transmissibles par endossement et certificats nominatifs de dépôt ; titres munis de coupons et titres non munis de coupons).

Art. 47. A la fin de l'exercice, le comptable dresse, d'après le dépouillement des registres d'émargement, et remet au maire : 1° l'état détaillé, par nature de titres, de tous les payements restant à faire pour intérêts sur chacune des échéances non atteintes par la prescription quinquennale ; 2° un état sommaire présentant, pour chacune desdites échéances et pour chaque nature de titres, le nombre des obligations dont les intérêts sont échus et le montant des intérêts à payer ; le montant des payements faits sur chaque exercice depuis l'échéance et le nombre des obligations auxquelles ils s'appliquent ; enfin les sommes restant à payer et le nombre des obligations qui y correspond. Les intérêts des obligations sont portés sur ces états pour leur montant net, déduction faite de la retenue pour droits payés au Trésor (art. 59). Dans le cas où les états de restes à payer sont établis d'après le dépouillement de registres d'émargement communs à plusieurs échéances (art. 29 et suivants), les intérêts des obligations représentées par des certificats nominatifs de dépôt, étant compris dans la partie des états réservée à cette sorte de titres, sont déduits de celle qui concerne les titres originaires au porteur ou transmissibles par voie de simple endossement.

Art. 48. Les états de restes à payer sont contrôlés par le maire, au moyen des écritures tenues pour constater les résultats des vérifications faites conformément aux articles 43 et 45.

Art. 49. Le receveur municipal produit à l'autorité chargée de juger ses comptes, comme justification des dépenses budgétaires : 1° les mandats délivrés par le maire ; 2° des états récapitulatifs présentant, pour chacun des mandats, le détail des payements individuels, avec indication du numéro et du montant de chaque bordereau, et permettant ainsi de rapprocher les mandats avec les payements individuels ; 3° les borde-

reaux quittancés par les parties, pour les payements sur titres non munis de coupons, et, pour les payements sur les autres titres, les coupons eux-mêmes classés comme il est dit à l'article 35 ; 4° l'état sommaire mentionné à l'article 47, visé et certifié par le maire. Les bordereaux de payement afférents aux coupons peuvent être conservés par le comptable. Les coupons des certificats de dépôt doivent, conformément à l'article 38, être accompagnés des coupons détachés des titres déposés. Lorsque les titres dépendant d'un même emprunt ne sont pas tous munis ou tous dépourvus de coupons, il est rapporté à l'appui de chacun des comptes un état, certifié par le maire, présentant sommairement le nombre et la désignation des titres non munis de coupons.

Art. 50. Les opérations hors budget relatives aux dépôts de coupons et de titres effectués en vertu des articles 34 et 39 sont justifiées, en ce qui concerne la recette, au moyen de certificats du maire, et, à l'égard de la dépense, par la production des reconnaissances de dépôt, dûment déchargées par les déposants au moment soit du payement, soit de la restitution des titres ou coupons.

TITRE III.

REMBOURSEMENT DES OBLIGATIONS.

Art. 51. Le maire remet au receveur municipal, huit jours au moins avant les époques fixées pour le remboursement des obligations, deux ampliations dûment certifiées des procès-verbaux de tirage au sort ou autres actes qui ont déterminé les obligations à rembourser. Le receveur municipal mentionne en regard de chacune desdites obligations, sur le registre matricule dont il est parlé à l'article 9, la date de l'acte en vertu duquel doit être opéré le remboursement.

Art. 52. Le remboursement des obligations est effectué, contrôlé et justifié de la même manière et suivant les mêmes règles que le payement des intérêts (art. 42 à 50), sauf les modifications ci-après : 1° l'émargement est fait sur le registre matricule de l'emprunt ; 2° les titres ou certificats nominatifs doivent porter, en dehors du signe d'annulation apposé par l'agent du payement, les acquits des titulaires ; 3° les états de restes, détaillés ou sommaires, doivent comprendre les obligations remboursables depuis moins de trente ans dont le remboursement n'a pas encore été effectué ; 4° il doit être produit, pour la justification des payements afférents aux remboursements d'obligations, outre les titres amortie, une copie de l'acte qui a désigné les obligations comme remboursables. A cet effet, le receveur municipal transmet à l'autorité chargée de juger ses comptes l'une des deux expéditions qui lui ont été remises conformément à l'article 51.

Art. 53. Lorsque l'obligation remboursable a été déposée en échange d'un certificat nominatif, le remboursement est fait au titulaire sur la présentation de ce certificat dûment déchargé. Le titre originaire est, pour l'ordre de la comptabilité, retiré des titres en dépôt selon les formes établies en cas de retrait, immédiatement annulé, puis rattaché par le receveur municipal aux pièces justificatives du remboursement.

Art. 54. Dans le cas des obligations sont remboursables avec lot, le remboursement ne peut en être fait que sur un mandat préalable et individuel délivré par le maire et quittancé par la partie.

Art. 55. Les obligations présentées au remboursement doivent être munies de tous les coupons non exigibles à l'époque fixée pour l'amortissement. En cas d'absence d'un ou de plusieurs coupons, il est retenu une somme équivalente à leur montant. Le receveur municipal remet à la partie une reconnaissance extraite de son registre à souche indiquant le nombre, l'échéance, le montant et les numéros des coupons qui donnent lieu à la retenue. La restitution de cette retenue ne peut être opérée que sur la représentation des coupons retrouvés ou, en échange de la reconnaissance dûment quittancée, après l'expiration d'un délai de cinq ans à courir du jour où les coupons seraient échus, lorsque pendant cet intervalle ils n'ont pas été payés.

Art. 56. Le capital de l'obligation à laquelle s'applique la retenue est intégralement porté en dépense. Il est fait ultérieurement dépense, au même compte, des restitutions opérées ou de l'application aux recettes du budget des sommes non réclamées dans l'année qui suit l'expiration du délai de cinq ans mentionné à l'article précédent.

Art. 57. Les opérations de ce compte sont justifiées, en recette par des certificats détaillés du maire et, en dépense, soit par les quittances à souches constatant l'application aux recettes du budget, soit par les quittances de retenue dûment déchargées ou par les coupons retrouvés, ainsi qu'il est dit à l'article 55. Les titres amortis sont accompagnés de mentions de référence permettant de contrôler l'inscription en recette des retenues.

TITRE IV.

DISPOSITIONS CONCERNANT LES DROITS A PAYER AU TRÉSOR PUBLIC POUR LE COMPTE DES OBLIGATAIRES.

Art. 58. Les droits établis par la loi du 23 juin 1857, article 6, et par la loi du 16 septembre 1871, article 11, sur les transmissions de valeur

térêts des sommes qui leur seraient avancées par les nouveaux prêteurs, sommes dont cependant elles seraient dans l'impossibilité de faire immédiatement usage. Aussi, pour éviter ce grave inconvénient, doit-on insérer au traité une clause portant que l'emprunt sera réductible du montant de la somme à couvrir, dans le cas où le remboursement anticipé ne serait pas accepté (1).

Les règles administratives veulent que les fonds provenant d'un emprunt ne reçoivent pas d'autre destination que celle à laquelle ils sont affectés par l'acte d'autorisation ; les changements d'affectation doivent être approuvés par une délibération du conseil municipal, par un décret ou par une loi, selon que l'emprunt primitif a été autorisé par l'un ou l'autre de ces actes.

3216. Les administrations municipales ont souvent la tendance de couvrir des emprunts destinés à solder des dépenses diverses sous la forme de contrats à long terme. C'est ainsi notamment que, pour leurs acquisitions ou l'exécution de leurs travaux, en employant la forme des contrats de vente ou d'entreprise, elles stipulent que le payement sera effectué au moyen d'annuités.

La jurisprudence constante du Conseil d'État et de l'administration a toujours assimilé ces sortes de conventions à des emprunts et exigé, pour leur validité, l'accomplissement des formalités prescrites pour ceux-ci (2).

3217. D'après la pratique constante du ministère de l'intérieur, du Conseil d'État et des Chambres législatives, le recours, soit au préfet, soit au gouvernement, soit au législateur, est nécessaire toutes les fois qu'un emprunt, soit seul, soit réuni aux sommes restant dues sur de précédents emprunts non remboursés, dépasse le taux auquel s'arrête la compétence exclusive du conseil municipal, quelles que soient la nature des ressources affectées au remboursement et à la durée de l'amortissement.

3218. Quelquefois des communes demandent l'autorisation de proroger le payement des sommes dues sur des emprunts antérieurement contractés. Aux termes d'un avis du comité de l'intérieur du Conseil d'État, rappelé dans une circulaire du ministre de l'intérieur du 12 août 1840, toute prorogation d'emprunt ayant pour effet d'étendre la durée d'amortissement au delà du terme fixé par l'acte d'autorisation constitue une obligation nouvelle qui exige une autorisation spéciale rendue dans les formes usitées pour l'emprunt lui-même.

ARTICLE 7. — *Surtaxes d'octroi et taxes avec destination spéciale.*

3219. Depuis la promulgation du tarif général du 12 février 1870, la distinction entre les taxes principales et les taxes additionnelles n'a plus sa raison d'être, car les taxes additionnelles sont devenues, pour ainsi dire, de simples augmentations de taxes principales. Le caractère des recettes de l'octroi : taxes principales, additionnelles ou surtaxes dépend

---

nominatives par transfert, sont perçus, pour le compte du Trésor, préalablement au transfert, par le receveur municipal qui fait l'opération. L'encaissement des droits et leur versement au Trésor font l'objet d'un compte hors budget, dont la recette est justifiée par des certificats décomptés du maire, et la dépense par les quittances du receveur de l'enregistrement.

Art. 59. Les droits annuels établis sur les titres au porteur et les autres valeurs transmissibles sans transfert, par les lois précitées des 23 juin 1857 et 16 septembre 1871, ainsi que l'impôt de trois pour cent sur le revenu des valeurs mobilières, créé par les lois des 29 juin 1872 et 21 juin 1875, sont versés au Trésor par le receveur municipal pour le compte des obligataires, conformément auxdites lois. Les versements sont faits au Trésor chaque trimestre et d'avance en vertu de mandats du maire ; ils sont imputés sur un crédit spécial ouvert au budget de la commune. Lors de chaque échéance, les sommes à retenir aux obligataires sont prélevées sur le crédit affecté aux intérêts de l'emprunt et inscrites en recette à un article distinct des droits budgétaires. Il est procédé de la même manière pour les droits de timbre établis par les articles 27 et 31 de la loi du 5 juin 1850, lorsque la commune ne garde pas le payement de ces droits à sa charge.

(1) Circ. int. 28 juillet 1880 ; Cons. d'Et. int. 19 octobre 1881 ; Cons. d'Et. 18 février 1888. — Considérant que, si d'après les principes généraux du droit, le terme est toujours présumé stipulé en faveur du débiteur, cette présomption disparaît lorsqu'il résulte de la stipulation ou des circonstances que ce terme a été aussi convenu en faveur du créancier ; que l'application de ces principes aux divers contrats et aux obligations qui en dérivent fournit des solutions qui diffèrent profondément ; qu'ainsi, dans les contrats qui ont pour instruments la lettre de change et le billet à ordre, le terme est légalement réputé stipulé en faveur du créancier comme en faveur du débiteur ; que, si dans le contrat de prêt le terme est, le plus souvent, réputé en faveur du débiteur, la doctrine et la jurisprudence réservent néanmoins le bénéfice de ce terme au créancier si le débiteur lorsque le prêt peut être regardé comme un placement de fonds intentionnellement réalisé pour un temps déterminé ; qu'elles tendant à adopter cette solution lorsque le prêt est représenté par des titres négociables comportant un service périodique d'intérêts et un tableau d'amortissement ; qu'il convient, dès lors, pour répondre aux questions de droit posées par le ministre des finances, d'examiner distinctement et en détail les circonstances de fait dans lesquelles sont nées pour l'État les obligations auxquelles correspondent les allocations prévues aux chapitres 14, 15 et 16 du projet de budget ; our 1888, à l'effet d'en préciser le caractère et la portée au point de vue de l'application des principes qui viennent d'être rappelés.

(2) Circ. int. 11 mai 1864 ; Circ. int. 1884 ; Cons. d'Et. int. 6 septembre 1871. — La section a pris connaissance d'un projet d'arrêté ayant pour objet d'autoriser la fabrique de l'église succursale de Beaumont-Laud à Angers à acquérir une maison destinée à servir d'emplacement à la nouvelle église paroissiale ; — elle a remarqué que le prix d'acquisition devait être payé en partie, à l'aide d'une subvention municipale à prélever en 11 ans sur l'excédant des ressources, sur les revenus de la commune ; — Nous ces conditions, l'engagement de la ville d'Angers constitue, d'après la jurisprudence du Conseil d'État et les avis de la Cour des Comptes, un véritable emprunt qui exige, aux termes de l'article 7 de la loi du 24 juillet 1837, un acte législatif, les emprunts communaux non remboursés dépassant le chiffre de 1 million.

Cons. d'Et. cont. 14 août 1863. — Le Conseil, Vu la requête, etc ; — Vu les délibérations du conseil municipal de la commune de Beaumont-en-Véron des 1er février, 4 et 23 octobre 1860, 17 avril et 20 mai 1865 ; — Vu la loi des 7 et 14 octobre 1790 ; Vu la loi du 18 juillet 1837, article 40 et 41.

Considérant qu'aux termes des articles 40 et 41 de la loi ci-dessus

visé du 18 juillet 1837, lorsqu'il s'agit, pour une commune ayant moins de 100,000 francs de revenus de contracter un emprunt, les plus imposés au rôle de la commune doivent être appelés à délibérer avec le conseil municipal, en nombre égal à celui des membres en exercice et la délibération doit être approuvée par un décret rendu dans les formes des règlements d'administration publique ; — Considérant qu'après que l'assemblée composée du Conseil municipal de la commune de Beaumont-en-Véron et des plus imposés avait repoussé le projet proposé par le maire, pour faire face aux dépenses de la restauration de l'église de Beaumont-en-Véron, le conseil municipal, sans adjonction des plus imposés, a, par délibération en date du 4 octobre 1863, décidé que la dépense serait payée à l'entrepreneur au moyen d'annuités dont les dernières produiraient intérêt à 5 0/0 au profit de l'entrepreneur, à partir de la réception définitive des travaux, que cette délibération a été approuvée par arrêté du préfet d'Indre-et-Loire, le 11 juillet 1861 ; — Considérant que, dans ces circonstances, le mode de payement arrêté par le conseil municipal, qui a d'ailleurs pour conséquence d'entraver la libre concurrence dans l'adjudication, constitue, en réalité, un emprunt ; que l'on réduisant par voie de délibération du 26 mai 1865, approuvée par le préfet, le 27 mai suivant, le nombre des annuités de dix à sept, le conseil municipal n'a pas enlevé à l'opération, par suite du mode de payement par lui adopté, le caractère d'un emprunt ; — Considérant que le conseil municipal en procédant sans le concours, par les délibérations précitées et le préfet du département d'Indre-et-Loire, en approuvant lesdites délibérations, ont méconnu les art... — Annule.

Cons. d'Et. cont. 29 juin 1869. — Le Conseil, Vu les lois des 7 et 14 octobre 1790 et du 18 juillet 1837 ; — Considérant que par la délibération en date du 9 février 1862, approuvée par le préfet le 4 juin de la même année, le conseil municipal d'Aix-en-Othe a décidé : 1° qu'il y avait lieu d'acquérir un immeuble dans cette commune, à l'angle nord-ouest de la place Notre-Dame, et qui appartenait au sieur Aubrat ; 2° que le prix de cet immeuble, fixé à la somme de 24,000 francs, serait payé seulement en 1837, avec le produit d'une vente extraordinaire de bois communaux, et qu'en attendant, les intérêts de ce prix seraient servis sur les revenus ordinaires de la commune, et qu'il est reconnu par notre ministre de l'intérieur, que cette délibération a été prise sans l'adjonction des plus imposés de la commune, contrairement aux dispositions des articles 41 et 42 de la loi du 18 juillet 1837 ; — Considérant qu'il résulte de l'instruction que la délibération précitée a reçu son exécution en ce qui concerne l'acquisition de l'immeuble appartenant au sieur Aubrat, que les bâtiments édifiés sur cet immeuble, après avoir été livrés à la commune, ont été démolis par elle, et que le terrain a été réuni au sol de la voie publique ; qu'en cet état de choses, si les requérants entendaient contester la validité de la vente faite en exécution de la délibération du conseil municipal c'est devant l'autorité judiciaire qu'ils devaient se pourvoir, mais qu'en ce qui concerne le mode de payement, la délibération du conseil municipal n'a pas reçu d'exécution définitive ; que cette partie de la délibération peut être annulée à nouveau, et que les moyens de libération de la commune vis-à-vis de son vendeur peuvent être modifiés s'il s'en trouve de plus avantageux que ceux qui ont été adoptés ; que dès lors, les sieurs Richer, Foucher, Jamara et autres, sont recevables et fondés à demander l'annulation sur ce point, tant de la délibération précitée, que de l'arrêté par lequel le préfet a approuvé cette délibération. — Réforme.

En ce sens, Cons. d'Et. cont. 5 février 1875.

aujourd'hui de l'affectation qui en est faite par les conseils municipaux. Les recettes affectées à des dépenses ordinaires sont des recettes ordinaires ; celles affectées à des dépenses extraordinaires sont des recettes extraordinaires. (Voy. *suprà* n⁰ˢ 3112 et suiv.)

Les opérations concernant, d'une part, les taxes principales, de l'autre, les taxes additionnelles extraordinaires, doivent être présentées séparément dans la comptabilité de l'octroi et du receveur municipal.

3220. Sous l'empire de la loi du 5 avril 1884, articles 133 et 134, lorsque les conseils municipaux sont appelés à se prononcer sur l'établissement, le maintien ou l'élévation des droits d'octroi, il convient qu'ils examinent de quelle somme la commune a besoin pour assurer la marche des services municipaux. Pour se procurer cette somme, le conseil vote les taxes municipales d'octroi qui ont un caractère annuel et permanent dont le produit est inscrit au budget ordinaire de la commune. Si, après la fixation de ces droits, la commune se trouve dans l'obligation de pourvoir à des dépenses extraordinaires pour l'exécution d'entreprises ou pour le remboursement d'emprunts, le conseil municipal peut voter de nouveaux droits, soit au moyen de l'addition d'un ou de plusieurs décimes aux taxes principales, soit à l'aide de taxes extraordinaires frappant d'autres articles. Ces droits ne se confondent pas avec les taxes principales. Le conseil doit en déterminer l'affectation spéciale et le produit en est porté au budget extraordinaire.

La distinction entre ces deux catégories de taxes a une très grande importance, car, aux termes de l'article 3 de la loi du 16 juin 1881, le cinquième du produit des taxes ordinaires d'octroi devant être affecté aux dépenses de l'instruction primaire, le classement au budget ordinaire de taxes qui devraient, en réalité, figurer au budget extraordinaire aurait pour conséquence d'accroître les charges imposées aux communes par cette loi.

3221. La loi du 11 frimaire an VII, qui détermine le mode administratif des recettes et dépenses départementales et municipales, porte (art. 4, § 2) que l'entretien du pavé, pour les parties qui ne sont pas grande route, est une dépense communale. D'après cette disposition, on avait d'abord été porté à penser que les propriétaires de maisons ne pouvaient, en aucun cas, être tenus à contribuer à cette dépense, mais la loi précitée a été interprétée dans un sens moins absolu, par un avis du Conseil d'État, approuvé le 25 mars 1807, et portant qu'à l'égard du pavage des villes on doit continuer l'usage établi dans chaque localité, jusqu'à ce qu'il ait été statué, par un règlement général, sur cette partie de la police publique ; qu'en conséquence, dans les villes où les revenus ordinaires ne suffisent pas à l'établissement, restauration ou entretien du pavé, la dépense peut en être autorisée à la charge du propriétaire, ainsi qu'il s'est pratiqué avant la loi du 11 frimaire an VII (1). Ces anciens usages font donc peser sur les propriétaires, selon les lieux, intégralement ou partiellement, soit l'établissement, l'entretien et la réfection du pavage, soit seulement une ou deux de ces dépenses. Tantôt ils les obligent à payer les travaux sans leur donner la faculté de les exécuter eux-mêmes, tantôt ils leur laissent cette faculté. Les usages dont nous nous occupons s'appliquent, non seulement aux rues proprement dites, mais encore aux autres voies publiques de communication intérieure ayant la même destination, telles que les places, les carrefours, les boulevards. A moins d'une exception formelle, ils ne s'appliquent pas à une voie publique ayant seulement le caractère de chemin rural. Ils sont également inapplicables, en principe, aux rues formant la traverse des routes.

3222. L'exécution des travaux par les propriétaires riverains entraîne divers inconvénients, en ce qui touche non seulement le moment où ils sont entrepris, mais encore le choix et la nature des matériaux, et la manière dont ils sont employés. Pour y obvier, le législateur a voulu que les communes pussent toujours exiger, en remplacement des travaux, une redevance en numéraire. Aux termes de l'article 28 de la loi du 25 juin 1841, dans les villes où, conformément aux usages locaux, le pavage de tout ou partie des rues est à la charge des propriétaires riverains, l'obligation qui en résulte peut, en vertu d'une délibération du conseil municipal et sur un tarif approuvé par décret, être convertie en une taxe payable en numéraire et recouvrable comme les cotisations municipales, c'est-à-dire comme les contributions directes. Le décret du 25 mars 1852 (art. 1ᵉʳ, tableau A, n⁰ 55) a conféré au préfet le droit d'homologuer le tarif dont nous venons de parler. Il appartient au préfet d'appeler l'attention des conseils municipaux sur les avantages de la conversion. Mais elle ne saurait toutefois être imposée. Elle ne peut avoir lieu qu'autant qu'elle est votée par le conseil municipal. Lorsque la conversion est établie régulièrement, les frais résultant des travaux sont recouvrés sur les propriétaires riverains à l'aide d'un rôle dressé conformément au tarif voté par le conseil municipal et approuvé par l'administration supérieure. Le rôle doit être homologué par le préfet. Il n'est pas nécessaire qu'il soit préalablement communiqué au conseil municipal. Quand les travaux, d'après les anciens usages, doivent être exécutés par la commune et payés par les propriétaires riverains dans une proportion plus ou moins considérable, le conseil municipal arrête le rôle de répartition de la dépense des travaux projetés. Il est ensuite soumis à la sanction du préfet. Les travaux achevés, un nouveau rôle déterminant la dépense réellement faite, est approuvé par le préfet, qui le rend exécutoire, sans qu'il soit besoin d'une nouvelle délibération préalable du conseil municipal. Ce rôle indique le nom des propriétaires, l'étendue de leurs façades, celle du pavé à leur charge et la somme à payer par chacun d'eux. S'il n'y a qu'un seul propriétaire passible de la dépense, il est invité par le maire à payer. En cas de refus, le préfet prend un arrêté pour rendre exécutoire l'état des frais. Les formalités que nous venons de rappeler doivent être remplies pour la rédaction et la mise en recouvrement des rôles ou états des frais de pavage incombant aux propriétaires riverains, non seulement lorsque les anciens usages ne leur donnent pas la faculté d'exécuter eux-mêmes leurs travaux, mais encore, lorsque, ayant cette faculté qu'elle leur soit enlevée par application de la loi du 25 juin 1841, ils ont mis l'administration municipale dans la nécessité de faire exécuter les travaux, par suite de leur refus ou de leur négligence.

3223. A côté des taxes de pavage, on doit compter les taxes de trottoirs. Les trottoirs ont une utilité incontestable. De là le pouvoir accordé aux communes, par une loi du 7 juin 1845, d'imposer aux propriétaires riverains l'obligation de contribuer aux frais de leur établissement. Ce pouvoir, d'ailleurs, est subordonné à diverses conditions qui le limitent et empêchent de le rendre abusif. En effet, s'il peut être exercé dans toute la commune, quel que soit le chiffre de sa population, il ne saurait cependant être appliqué qu'à l'égard de rues et places dont l'assiette est fixée d'une manière précise, c'est-à-dire pour lesquelles il existe un plan d'alignement régulièrement homologué. Le conseil municipal désigne parmi ces rues et places celles qu'il convient de garnir de trottoirs. Il est tenu d'adopter un devis de travaux indiquant, non seulement les bordures, mais encore pour le milieu des trottoirs, plusieurs espèces de matériaux entre lesquels les propriétaires riverains ont la faculté de faire un choix. Il répartit la dépense entre la commune et les propriétaires riverains, sans qu'il puisse appeler ceux-ci à en supporter plus de la moitié. La loi exige, en outre, qu'il soit procédé à une enquête *de commodo et incommodo* pour éclairer l'administration supérieure sur la nécessité ou l'opportunité des trottoirs projetés. Cette enquête, d'après l'instruction du ministre de l'intérieur du 5 mars 1852, a lieu suivant les règles tracées par l'ordonnance royale du 23 août 1835. Le conseil municipal se prononce sur les observations et réclamations reçues par le commissaire enquêteur et consignées dans le procès-verbal de l'information. Le sous-préfet et les ingénieurs des ponts et chaussées donnent leur avis. Enfin, les

---

(1) Nous ne faisons que rappeler les règles admises en matière de taxes de pavage ; les questions relatives à cet important objet devant être examinées en détail.

délibérations prises par le conseil municipal ne deviennent exécutoires qu'en vertu d'un arrêté par lequel le préfet déclare l'établissement des trottoirs d'utilité publique, approuve le devis des travaux et la répartition de la dépense. La part contributive des riverains est recouvrée dans la même forme que les contributions directes, au moyen d'un rôle voté par le conseil municipal et approuvé par le préfet.

Toutes les formalités que nous venons d'indiquer ne sont pas remplies, lorsque la commune supporte seule la dépense.

La loi du 7 juin 1845 ne s'applique pas à l'entretien ni à la reconstruction des trottoirs établis conformément à ses dispositions. Mais les dépenses à faire pour entretenir ou reconstruire ces trottoirs, peuvent incomber aux propriétaires riverains dans une proportion plus ou moins grande, en vertu d'un ancien usage sur les trottoirs. D'un autre côté, les trottoirs devant être considérés comme un pavage perfectionné, l'ancien usage, qui met à la charge des propriétaires riverains l'entretien et la reconstruction du pavage, est applicable aux dépenses de même nature concernant les trottoirs.

Article 8. — Recettes accidentelles.

3224. Sous le nom de recettes accidentelles, la loi a compris tous les produits non spécifiés par ses dispositions ou dans l'ordre ordinaire du budget communal. Tout ce qui entre dans la caisse de la commune, en dehors des prévisions de la loi, est donc une recette accidentelle. Ainsi, il faut considérer comme telles les dommages-intérêts accordés aux communes, les débets mis à la charge des comptables communaux, le prix des terrains retranchés de la voie publique, l'excédent du produit des recettes sur les dépenses, etc. Mais, en dehors de ces sortes de recettes véritablement accidentelles, on en compte un certain nombre d'autres qui, sans se reproduire régulièrement, doivent et peuvent cependant entrer dans les prévisions des budgets normaux de certaines communes, ou tout au moins faire l'objet d'un article particulier du budget de certaines années : ce sont principalement les produits des subventions et secours donnés aux communes par l'État ou les départements, et les subventions particulières souscrites par des habitants à l'occasion de travaux.

3225. L'État et les départements peuvent accorder aux communes, sous le nom de subventions, des secours pécuniaires pour subvenir à l'insuffisance de leurs ressources dans des cas déterminés. En général, ces secours s'appliquent aux établissements scolaires, aux églises ou aux chemins vicinaux.

L'encaissement et l'emploi de ces différentes allocations sont soumis à des règles particulières.

Les secours sont accordés par l'État aux communes, sur leur demande, et sur la proposition du conseil général (1). Si le conseil général refusait de classer une demande de subvention pour constructions scolaires, ou s'il ne se prononçait pas dans la session qui suit celle dans laquelle il a été dûment saisi, la subvention pourrait être accordée par décret rendu après avis du Conseil d'État (2).

L'autorité qui alloue les secours ou subventions en détermine l'emploi ; néanmoins, cet emploi ne peut avoir lieu qu'en vertu d'un crédit préalablement ouvert par une délibération du conseil municipal, approuvée par le préfet. Une copie ou un extrait de la décision qui a alloué le secours doit être remis au receveur municipal, pour lui servir d'autorisation supplémentaire de recette.

3226. Il arrive assez fréquemment que des particuliers, après avoir consenti des souscriptions ouvertes par une commune pour exécuter des travaux, se refusent à réaliser leurs engagements, alors que les travaux sont commencés ou même achevés, en invoquant des irrégularités qui peuvent

avoir vicié, à l'origine, le contrat intervenu entre eux et la fabrique ou la commune. Ces contestations soulèvent des questions délicates sur lesquelles le Conseil d'État a eu plusieurs fois l'occasion de se prononcer.

Entre le souscripteur et l'établissement public au profit duquel la souscription est consentie, il se forme un lien de droit, un contrat. Ce contrat a-t-il les caractères d'une donation conditionnelle, et, par suite, est-il régi par les règles applicables aux donations ? La Cour de cassation a jugé à plusieurs reprises que l'acte par lequel un particulier s'engageait à contribuer, pour une somme déterminée, à l'exécution d'un travail public, ne constituait pas une donation, par le motif que ce particulier, en prenant un tel engagement, stipulait aussi bien dans son intérêt propre que dans l'intérêt de la généralité des citoyens et que, dès lors, cet acte devait être rangé dans la catégorie des contrats commutatifs. Au point de vue théorique, il y aurait ici des distinctions à faire, et le contrat en question peut avoir, suivant les cas, le caractère d'une donation ou celui d'un contrat commutatif. Mais la distinction ne présente aucun intérêt pratique puisque la jurisprudence civile reconnaît la validité des donations qui, au lieu de revêtir les formes spéciales de ce genre de contrat, empruntent celles des divers contrats à titre onéreux.

La souscription, du moment qu'elle n'est pas une donation, peut être constatée par acte sous seings privés : elle est affranchie des formes de l'authenticité exigées pour les donations par l'article 931 du Code civil, elle n'est pas soumise aux droits d'enregistrement applicables aux donations ; elle n'est pas réductible ou révocable dans les mêmes cas que les donations ; et, en outre, elle peut être acceptée par l'établissement public au profit duquel elle est consentie, sans que celui-ci soit tenu de se pourvoir des autorisations administratives qui lui seraient nécessaires pour l'acceptation d'une libéralité entre vifs ou testamentaire.

Enfin l'acceptation peut n'être pas notifiée aux souscripteurs (1) ; elle peut même n'être qu'implicite et résulter, par exemple, de ce que les souscriptions portées sur ces listes ont constamment figuré parmi les ressources affectées à un travail en vue duquel elles ont été consenties (2) ; de ce que la commune a entrepris les travaux dont l'exécution a été la condition de la souscription (3), de ce qu'une loi a approuvé les travaux (4).

Une formalité essentielle à remplir pour la commune au profit de laquelle une souscription a été consentie, c'est de procéder à une acceptation régulière. Tant que cette formalité n'a pas été accomplie, la souscription ne constitue qu'une offre qui peut être retirée (5), le contrat qui se forme entre le

---

(1) L. 10 août 1871, art. 68.
(2) L. 20 mars 1888, art. 40. § 5.

---

(1) Cons. d'Ét. cont. 21 juillet 1870 ; Cons. d'Ét. cont. 31 mars 1882. — Le Conseil, Sur le moyen tiré de ce que le payement de ladite subvention ne pouvait pas être réclamé, par suite de l'inexécution des conditions auxquelles il était subordonné ; — Considérant que, par délibération du 11 décembre 1867, le conseil de la commune de Cours a accepté l'offre pure et simple faite par le sieur Maillebiau d'une somme de 1,000 francs, pour subvenir à la construction du chemin vicinal ordinaire n° 1, que par suite de l'approbation donnée par le préfet à cette délibération, le 27 décembre 1867, l'offre du sieur Maillebiau est devenue définitive et irrévocable, et que d'ailleurs, aucune disposition de loi n'oblige l'administration à notifier à ce propriétaire l'acceptation de sa souscription ; qu'ainsi, le requérant n'est pas fondé à soutenir que ledit sieur Maillebiau a pu, à la date du 22 janvier 1868, subordonner le payement de sa souscription à diverses conditions.
Sur les conclusions subsidiaires tendant à ce que le sieur Maillebiau (Albert) ne soit tenu à payer que la moitié de la somme souscrite par son père, par le motif qu'il ne serait héritier de celui-ci que pour moitié ; Considérant que par l'arrêt attaqué, en date du 10 janvier 1880, le conseil de préfecture s'est borné à statuer sur l'existence de la dette du sieur Maillebiau père ; que la présente décision ne fait pas obstacle à ce que, dans le cas où le recouvrement intégral de la dette contractée par son père serait poursuivi contre lui, le sieur Maillebiau (Albert) soutienne devant la juridiction compétente, qu'il n'est en tenu que pour sa part et portion ; que dans ces circonstances, il n'est pas fondé à soutenir que c'est à tort que le conseil de préfecture a décidé que la somme de 1,000 francs, que le sieur Maillebiau père avait souscrite était due à la commune de Cours... — Rejette.
(2) Cons. d'Ét. cont. 16 janvier 1878.
(3) Cons. d'Ét. cont. 27 juin 1865.
(4) Cons. d'Ét. cont. 45 novembre 1851.
(5) Cons. d'Ét. cont. 4 février 1869 ; Cons. d'Ét. cont. 27 juin 1884. — Le Conseil, Vu les lois des 28 pluviôse an VIII et du 18 juillet 1837 ;

souscripteur et l'établissement bénéficiaire ne devient définitif que par l'acceptation ; c'est seulement lorsque l'acceptation a eu lieu, que le souscripteur est lié, et que la commune peut poursuivre en justice soit contre le souscripteur, soit contre ses représentants, l'exécution du contrat (1).

L'acceptation doit être faite, par ses représentants légaux, en vertu d'une délibération du conseil qui préside à son administration. Mais la formalité remplie, le contrat devient inéluctable, et il oblige le signataire et ses héritiers.

Mais alors même que l'acceptation aurait eu lieu, si les souscripteurs ont subordonné leurs engagements à certaines conditions particulières, il est bien entendu qu'ils peuvent se refuser à les exécuter, tant que les conditions n'ont pas été remplies (2).

3227. Nous avons dit que la souscription était un contrat commutatif ; il faut ajouter qu'elle constitue, en outre, un contrat administratif ayant les caractères d'un marché de travaux publics, et que les difficultés auxquelles son exécution peut donner lieu doivent être portées, par application de la loi du 28 pluviôse an VIII, devant le conseil de préfecture, sauf appel devant le Conseil d'Etat. La jurisprudence de la Cour de cassation et celle du Conseil d'Etat sont d'accord sur ce point ; et ces jurisprudences ont été confirmées par une décision formelle du Tribunal des conflits (3).

3228. Néanmoins, par une exception à la règle générale, si, au lieu de s'engager à verser une somme d'argent, un particulier s'était engagé à contribuer à l'exécution d'un travail public par la cession gratuite d'un terrain, les questions litigieuses qui pourraient s'élever relativement à cet engagement, devraient être examinées par les tribunaux ordinaires (1).

On pourrait critiquer cette distinction admise par la jurisprudence ; car, en définitive, que la souscription ait pour objet une somme d'argent ou une cession de terrain, la nature du contrat n'est pas modifiée dans son principe ; ce contrat n'en conserve pas moins le caractère d'un contrat administratif, d'un marché de travaux publics. La distinction que nous signalons ne s'explique que par l'application de ce principe général, consacré par de nombreuses dispositions législatives, en vertu duquel la propriété immobilière est placée en France sous la protection de la juridiction civile.

Le recouvrement des souscriptions peut être effectué au moyen d'états dressés par le maire et rendus exécutoires par le sous-préfet (2).

Les particuliers qui se chargent d'opérer le recouvrement et le faire emploi de souscriptions destinées à une dépense communale et comprises dans le budget municipal, se constituent *ipso facto* comptables de deniers publics. Par suite, c'est au conseil de préfecture qu'il appartient de statuer sur la demande en reddition de compte dirigée par la commune contre ces particuliers (3).

SECTION II.

DÉPENSES.

3229. Nous avons eu l'occasion (voy. n° 253) de définir la commune et d'indiquer son rôle complexe : dans l'étendue de ce travail, et à plusieurs reprises, nous avons établi son rôle multiple dans le fonctionnement des services publics. Résumons une dernière fois ici les considérations générales que nous avons dû présenter.

Les communes ne sont pas seulement des circonscriptions

Considérant que si, à la date du 9 février 1881, les sieurs Des Cars et Guédon ont souscrit, l'un pour la somme de 200 francs et l'autre pour une somme de 20 francs à l'établissement d'un puits sur la place publique de Montamisé, il résulte de l'instruction que la liste des souscriptions ainsi recueillies n'a été soumise que le 15 avril 1881 au Conseil municipal pour recevoir son approbation ; qu'au cours de cette séance, les sieurs Des Cars et Guédon ont déclaré qu'ils ne maintiendraient leurs offres précédentes qu'à la condition que le conseil municipal consentirait à modifier l'emplacement du puits et que sur le refus dudit conseil de faire droit à leur demande, ils ont retiré les offres qu'ils avaient faites, avant leur acceptation par le conseil municipal ; que dans ces circonstances, c'est à tort que le conseil de préfecture a décidé que la commune de Montamisé était fondée à exiger des sieurs Des Cars et Guédon le payement du montant de leurs souscriptions... — Annule.

(1) Cons. d'Et. cont, 28 novembre 1883. — Le Conseil ; Vu la loi du 28 pluviôse an VIII ; — Considérant que les sieurs Malgrain, Lamprière, Lemaitre et Dumesnil se sont respectivement inscrits pour une somme de 1,000, de 300, de 200 et 100 francs sur la liste des souscriptions recueillies pour la fabrique de Mézières, en vue de la reconstruction de la tour de l'église ; que ces souscriptions ont été acceptées par le conseil municipal le 3 mars 1877, et par le conseil de fabrique le 10 mai suivant, antérieurement aux actes par lesquels les requérants ont fait connaître à ce dernier conseil qu'ils retiraient leurs offres de concours ; — Que les engagements dont il s'agit sont ainsi devenus définitifs ; que l'approbation du préfet de l'Eure n'a été donnée que le 25 mars 1881, cette circonstance ne saurait avoir pour effet de dispenser les souscripteurs de l'exécution de leurs obligations ; — Considérant d'autre part (sans intérêt)... — Qu'il suit de là que c'est avec raison que le conseil de préfecture de l'Eure a décidé que les sieurs Malgrain, Lampérière, Lemaitre et Dumesnil étaient restés les débiteurs de la fabrique de Mézières, jusqu'à concurrence du montant de leurs souscriptions... — Rejette.

(2) Cass. d'Et. cont. 18 février 1851 ; Cons. d'Et. cont. 12 novembre 1880., D.P.82.3.30.

(3) Cass. civ. 20 avril 1870, D.P. 71.1.41 ; Cass. civ. 4 mars 1872, D.P. 72.1.440 ; Cass. civ. 19 mars 1884. — La Cour, Sur le premier moyen du pourvoi ; — Vu l'article 4 de la loi du 28 pluviôse an VIII ; — Attendu que les souscriptions consenties par les particuliers pour la construction des travaux publics, l'acceptation de ces souscriptions par l'administration constituent un contrat administratif, que toutes les contestations qui peuvent s'élever à l'occasion de ce contrat sont de la compétence des conseils de préfecture, aux termes de la loi susvisée ; — Attendu, en fait, que les souscriptions dont il s'agit ont été provoquées et acceptées par la commune de Vias avec l'approbation du préfet pour la construction d'une école communale et par conséquent pour un travail public, et qu'en statuant sur une demande formée par les souscripteurs, en restitution du montant de leurs souscriptions, l'arrêt attaqué a méconnu les limites de sa compétence judiciaire et violé l'article 4 de la loi précitée... — Casse.

Cons. d'Et. cont. 21 juin 1855 ; Cons. d'Et. cont. 20 février 1874. — Sur la compétence ; — Considérant qu'il résulte de l'instruction que les conventions intervenues entre la dame Dubuisson et la commune de Favril avaient pour objet l'exécution d'un travail public ; — Que d'autre part la contestation élevée entre les parties ne porte que sur le sens et l'exécution desdites conventions ; — Que dès lors, aux termes de l'article 4 de la loi du 28 pluviôse an VIII, le conseil de préfecture était compétent pour statuer sur la réclamation qui lui a été soumise par la commune de Favril... — Rejette.

Trib. confl. 16 mai 1874. — La Cour, Vu la loi des 16-21 août 1790, titre II, article 30 ; la loi du 16 brumaire, an III : la loi du 26 pluviôse an VIII ; — Vu la loi du 24 mai 1872, notamment les articles 25 à 28 ; la loi du 4 février 1850 ; le règlement du 26 octobre 1849 et les ordonnances royales du 1er juin 1828 et du 12 mars 1841 ; — Considérant que devant le tribunal civil de Lyon, le sieur Dubois n'a pas contesté la régularité des

---

poursuites dirigées contre lui au nom de la commune d'Ampuis ; — Qu'il s'est borné à soutenir qu'en s'engageant à concourir pour une somme de 200 francs aux travaux de rectification du chemin vicinal, n° 12, il avait subordonné son engagement à la condition que le terrain qu'il toucherait qu'une seule fois sa vigne et ses terres et que, cette condition n'ayant pas été réalisée, la commune n'était pas fondée à le faire poursuivre pour le recouvrement du montant de sa souscription ; — Considérant que la souscription consentie par le sieur Dubois pour concourir aux travaux de rectification du chemin vicinal n° 12, et son acceptation par le conseil municipal de la commune d'Ampuis, ont constitué un contrat ayant pour objet l'exécution d'un travail public, que, en vertu des lois ci-dessus visées, la juridiction administrative est seule compétente pour statuer sur les contestations relatives à l'exécution et aux effets de ce contrat que, dès lors, c'est avec raison que le préfet du Rhône a revendiqué pour la juridiction administrative la connaissance du litige porté par le sieur Dubois devant le tribunal de Lyon. — Confirme.

(1) Cons. d'Et. cont. 17 juillet 1847 ; Cons. d'Et. cont. 1er août 1873. — Le Conseil, Vu les lois des 16-21 août 1790 et 7-14 septembre de la même année ; Vu la loi du 28 pluviôse an VIII ; — Vu la loi du 21 mai 1836, notamment l'article 7 et la loi du 3 mai 1841 ; — Considérant que le pourvoi du sieur Abbadie est dirigé contre l'arrêté du conseil de préfecture de la Charente en tant que cet arrêté a décidé que le requérant était tenu, aux termes des offres faites par lui, de céder gratuitement, à la commune de la Couronne, le terrain à lui appartenant nécessaire pour l'assiette du chemin d'intérêt commun n° 11, dans la partie comprise dans la Couronne et le chemin de Magnon suivant le tracé à l'encre bleu du plan ; — Considérant que les parcelles de terrain dont s'agit avaient été portées sur l'état dressé, en vertu de l'article 4 de la loi du 3 mai 1841 et que c'est par une déclaration consignée audit tableau qui a servi de base à l'enquête prescrite par l'article 5 de ladite loi que le sieur Abbadie a déclaré céder gratuitement son terrain ; — Qu'enfin les parcelles dont s'agit avaient été portées sur l'état dressé après par le préfet à la date du 29 mai 1865 ; — Considérant, que l'offre faite par le sieur Abbadie, sur la relation ci-dessus visé soumis à l'enquête, avait pour objet la cession d'un terrain reconnu nécessaire à l'exécution du chemin n° 11 ; — Que c'est aux tribunaux qu'il appartient de reconnaître l'existence et de déterminer le sens et la portée des engagements qui pourraient résulter de l'offre du sieur Abbadie, de la déclaration dont s'agit... — Annule.

(2) Déc. min. Int. 1858.

(3) Cons. d'Et. cont. 12 août 1848.

territoriales; elles sont des agglomérations d'intérêts unis entre eux dans une véritable communauté. A ce titre, elles forment des personnes morales dont l'existence ne saurait se confondre avec celle des individus qui font partie de la communauté. Elles se perpétuent et existent à toutes les époques, abstraction faite de la vie ou décès de chacun de leurs membres. Leur existence politique et administrative se manifeste sous deux rapports différents.

Ce sont d'abord les corps administratifs faisant partie de l'administration générale de la France. A ce point de vue, elles forment le dernier terme de la hiérarchie administrative. Le maire et les adjoints qui composent la représentation active de l'administration générale sur son territoire les lois et les mesures d'ordre public et général.

D'autre part, comme siège de l'administration municipale, la commune a une existence indépendante, et elle n'appartient plus à l'administration générale. Elle a des intérêts distincts, une administration qui lui est propre. Elle forme un corps spécial dont les intérêts sont surveillés et défendus par un corps délibérant et par des magistrats municipaux.

Les communes sont, en outre, des personnes *civiles* capables de tous les actes de disposition que la loi permet aux simples particuliers. Elles peuvent être propriétaires, créancières et débitrices; elles perçoivent leurs revenus par l'intermédiaire de leurs représentants. Elles plaident en demandant et en défendant.

La loi a dû prévoir et elle a prévu les moyens par lesquels toute commune devrait s'acquitter des charges et des obligations que sa triple personnalité nationale, communale, civile, lui impose de remplir. Voici les principes qu'elle a posés:

Les conseils municipaux ont le droit de régler les dépenses communales, d'en augmenter ou d'en réduire le nombre et l'importance. C'est leur principale attribution. Mais à côté du droit de la commune se trouve le droit général de l'Etat et l'intérêt de l'avenir, dont l'Etat est aussi le défenseur et le gardien. Toute dépense qui peut affecter l'Etat et les intérêts généraux est nécessaire et peut être exigée de la commune. Elle doit pourvoir également à celles qui ont pour objet l'exécution d'une loi, l'accomplissement d'une obligation publique ou privée. Enfin, pour les dépenses communales, le gouvernement a le droit d'imposer celles qui intéressent essentiellement l'existence même de la commune, et dont le refus suspendrait, si l'on peut s'exprimer ainsi, la vie communale.

Hors de ces catégories dans lesquelles une juste part est faite à toutes les nécessités, la commune rentre dans son droit et ne peut être obligée par l'administration à aucune dépense qui n'aurait pas son aveu.

3230. La loi a donc divisé les dépenses des communes en obligatoires et en facultatives: les dépenses obligatoires sont celles que l'administration peut imposer aux communes malgré elles, et à l'égard desquelles leur vote — sinon leur délibération — n'est pas nécessaire; elles sont tenues de les acquitter; en cas de refus, le budget peut recevoir une inscription d'office, et l'administration a droit d'établir des contributions extraordinaires pour en assurer le payement. La désignation des dépenses qui ont ce caractère a dû être faite, on le comprend, avec réserve et scrupule.

3231. Cela ne veut pas dire que les dépenses non obligatoires ou facultatives soient d'ordre somptuaire ou même secondaire. Parmi les dépenses facultatives, beaucoup sont utiles, nécessaires même, et leur suppression pourrait, du moins pour quelques-unes, exposer les habitants de la commune à une existence difficile; mais la loi a estimé qu'il y avait lieu pour elle de s'en rapporter aux convenances locales et à l'intérêt des conseils municipaux; les objets sur lesquels elles portent peuvent contribuer au bien-être des habitants, mais elles ne présentent pas le caractère d'absolue nécessité qui seul peut commander l'intervention du législateur.

3232. Pour mieux accentuer cette manière de voir, la loi du 5 avril 1884, en établissant la distinction entre les dépenses des communes, a expressément déclaré qu'elle n'entendait rien prescrire, d'ailleurs, pour les formes de la comptabilité. Aux termes de l'article 135 de la loi du 5 avril 1884,

les dépenses du budget communal s'entendent des dépenses du budget ordinaire et de celles du budget extraordinaire; celles du budget ordinaire comprennent les dépenses annuelles et permanentes d'utilité communale, et les dépenses du budget extraordinaire les dépenses accidentelles ou temporaires qui sont imputées sur les recettes énumérées à l'article 134, ou sur l'excédent des recettes ne figurant pas dans les lois antérieures.

Mais les dépenses ordinaires sont celles qui ont lieu chaque année, et qui tiennent aux services ordinaires de l'administration municipale. Elles doivent être classées dans les budgets, et les comptes communaux dans un ordre qui correspond aux subdivisions suivantes: 1° frais d'administration, traitements et salaires des agents et employés communaux; 2° entretien des biens communaux, contributions et prélèvements sur les biens et revenus, salubrité, sûreté, voirie; 3° établissements de charité, secours, pensions; 4° instruction publique, beaux-arts; 5° cultes, fêtes publiques, dépenses imprévues.

Les dépenses extraordinaires sont celles qui ne sont pas de nature à se reproduire périodiquement, et qui sont momentanément à la charge des communes pour frais relatifs à des produits extraordinaires, pour travaux communaux de toute nature qui ne pourraient être considérés comme étant de simple entretien, pour indemnités, secours ou subventions extraordinaires, pour l'amortissement des emprunts, etc.

§ 1. — Dépenses obligatoires.

3233. En établissant entre les dépenses une distinction qui consiste à rendre les unes obligatoires et les autres facultatives, la loi de 1884 n'a point créé une disposition arbitraire, mais simplement consacré une règle inhérente à l'état des communes dans tous les temps et dans tous les pays. L'existence et le fonctionnement de la commune constituent des nécessités d'ordre public qui ne sauraient être mises en péril par la négligence, l'incurie ou l'insubordination soit des habitants de la commune, soit des administrateurs chargés de gérer ses intérêts. Il y a des dépenses qui sont indispensables, que l'on considère la commune soit comme partie intégrante de l'Etat, soit comme une gestion d'intérêts et de besoins locaux. La liste des dépenses indispensables nécessaires peut varier plus ou moins, et elle peut comprendre certains objets que la loi peut sans doute indiquer ou non; mais d'une manière générale, tout ce qui tient aux dépenses nécessaires à l'entretien de la vie communale, à l'accomplissement des services publics et à l'acquittement des engagements pris volontairement ou imposés régulièrement doivent être considérés comme indispensables et imposés à la communauté municipale.

La loi du 5 avril 1884 a dressé, par son article 136, la nomenclature de ces dépenses qu'elle considère comme obligatoires de la manière suivante:

Art. 136. Sont obligatoires pour les communes les dépenses suivantes:

1° L'entretien de l'hôtel de ville, ou si la commune n'en possède pas, la location d'une maison ou d'une salle pour en tenir lieu;

2° Les frais de bureau et d'impression pour le service de la commune, de conservation des archives communales et du recueil des actes administratifs du département; les frais d'abonnement au *Bulletin des communes* et, pour les communes chefs-lieux de canton, les frais d'abonnement et de conservation du *Bulletin des lois*;

3° Les frais de recensement de la population; ceux des assemblées électorales qui se tiennent dans les communes et ceux des cartes électorales;

4° Les frais de registres de l'état civil et des livrets de famille, et la portion de la table décennale des actes de l'état civil à la charge des communes;

5° Le traitement du receveur municipal, du préposé en chef de l'octroi et les frais de perception;

6° Les traitements et autres frais du personnel de la police municipale et rurale et des gardes des bois de la commune;

7° Les pensions à la charge de la commune, lorsqu'elles ont été régulièrement liquidées et approuvées ;

8° Les frais de loyer et de réparation du local de la justice de paix, ainsi que ceux d'achat et d'entretien de son mobilier dans les communes chefs-lieux-de canton ;

9° Les dépenses relatives à l'instruction publique conformément aux lois ;

10° Le contingent assigné à la commune, conformément aux lois, dans la dépense des enfants assistés et des aliénés ;

11° L'indemnité de logement aux curés et desservants et ministres des cultes salariés par l'Etat, lorsqu'il n'existe pas de bâtiments affectés à leur logement, et lorsque les fabriques ou autres administrations préposées aux cultes ne pourront pourvoir elles-mêmes au payement de cette indemnité ;

12° Les grosses réparations aux édifices communaux, sauf, lorsqu'ils sont consacrés aux cultes, l'application préalable des revenus et ressources disponibles des fabriques à ces réparations, et sauf l'exécution des lois spéciales concernant les bâtiments affectés à un service militaire.

S'il y a désaccord entre la fabrique et la commune, quand le concours financier de cette dernière est réclamé par la fabrique dans les cas prévus aux paragraphes 11 et 12, il est statué par décret sur les propositions des ministres de l'intérieur et des cultes ;

13° La clôture des cimetières, leur entretien et leur translation dans les cas déterminés par les lois et règlements d'administration publique ;

14° Les frais d'établissement et de conservation des plans d'alignement et de nivellement ;

15° Les frais et dépenses des conseils de prud'hommes pour les communes comprises dans le territoire de leur juridiction et proportionnellement au nombre des électeurs inscrits sur les listes électorales spéciales à l'élection, et les menus frais des chambres consultatives des arts et manufactures pour les communes où elles existent ;

16° Les prélèvements et contributions établis par les lois sur les biens et revenus communaux ;

17° L'acquittement des dettes exigibles ;

18° Les dépenses des chemins vicinaux dans les limites fixées par la loi ;

19° Les dépenses occasionnées par l'application de l'article 85 de la loi, et généralement toutes les dépenses mises à la charge des communes par une disposition de loi.

Reprenons en détail les articles de cette énumération.

ARTICLE PREMIER. — Hôtel de ville.

3234. L'Hôtel de ville, la Mairie, la Maison commune sont une seule et même chose désignant l'édifice où siège l'administration municipale. Nous avons déjà eu l'occasion (n° 2186 et s.) de nous expliquer sur le caractère de domanialité publique que pouvait présenter cet édifice lorsqu'il existait ; mais toutes les communes n'en possèdent pas un. La loi du 18 juillet 1837 obligeait les communes à entretenir leur maison commune lorsqu'elles en avaient, mais elle ne les obligeait pas à louer un local lorsqu'elles en manquaient. On se trouvait donc dans cette situation singulière, dans un certain nombre de localités, que le logement personnel du maire était la maison commune. La loi de 1884 a voulu faire cesser cet état de choses. Toute commune doit être nantie d'une mairie qu'elle en soit propriétaire, ou qu'elle en soit locataire ; mais la mairie ne doit jamais être, même quand elle est établie dans la maison du maire, ni le logement de celui-ci, ni celui du secrétaire ou de l'instituteur communal ; ce doit toujours être un local indépendant, loué par acte spécial.

Les communes sont tenues, non pas seulement des frais de construction ou de location des bâtiments, mais aussi de l'entretien du mobilier nécessaire à l'installation du service de la mairie. Si la maison commune appartient à la commune, celle-ci doit faire exécuter tous les travaux nécessaires à son bon état et solder toutes les fournitures nécessaires. Si la maison commune est louée, l'obligation de la commune varie nécessairement suivant les conditions du bail passé avec le propriétaire.

Lorsque le maire affecte une partie de sa propre habitation au service de l'administration communale, nous n'avons pas besoin de rappeler que le bail doit être souscrit au nom de la commune par son adjoint, le maire qui signe comme bailleur se trouvant empêché.

Une circulaire du 13 novembre 1810 a disposé que les bâtiments servant de maison commune doivent être affectés en entier à la tenue des séances du conseil municipal, aux bureaux de la mairie et aux besoins publics ; que dans aucun cas et sous aucun prétexte ils ne peuvent être occupés par les fonctionnaires pour des services particuliers. Mais, depuis, il a été admis qu'un logement peut être accordé au secrétaire en chef des bureaux et à divers employés. L'usage de loger ces secrétaires dans les bâtiments de la mairie s'est introduit dans beaucoup de villes et peut se justifier par les avantages qui en résultent pour le bien du service et la surveillance des dépôts. Ces avantages ne sont pas moins appréciables dans les communes rurales qui possèdent une maison commune et n'ont pas les ressources suffisantes pour y entretenir un concierge. Mais nous n'avons pas besoin de dire que le logement du secrétaire de mairie ne saurait jamais être compris au nombre des dépenses obligatoires.

ARTICLE 2. — Frais de bureau et d'abonnement.

3235. Le premier article dont le numéro 2 de l'article 136 impose obligatoirement les dépenses à la commune, est celui qui est désigné sous l'appellation de : frais de bureau et d'impression pour le service de la commune. Cet article constituait déjà une dépense obligatoire aux termes de l'article 30 de la loi du 18 juillet 1837.

Les frais classés parmi les dépenses obligatoires consistent dans les achats de papier, registres, imprimés ; dans les frais de reliure, de correspondance, d'éclairage, de chauffage, d'entretien des bureaux et du mobilier de la mairie.

Les frais de bureau sont payés sur mandats du maire appuyés des factures ou mémoires (sur papier timbré) réglés par le maire et quittancés par les ouvriers ou fournisseurs, à moins que, la dépense n'excédant pas 10 francs, le maire n'ait dispensé les créanciers de produire une facture ou un mémoire timbré, en énonçant dans le corps du mandat le détail des fournitures.

Le maire doit justifier des menues dépenses par lui faites pour le compte de la commune, par un état détaillé de ses avances, et y joindre autant que possible, les mémoires des marchands. Cet état, bien que quittancé par le maire, est exempt du timbre, mais les mémoires des ouvriers ou fournisseurs, s'il en est produit, doivent être sur papier timbré.

Lorsque la somme inscrite au budget pour frais de bureau est allouée, par abonnement, au maire, qui reste chargé de la fourniture de tous les objets nécessaires au bureau, ainsi que de l'entretien du local de la mairie, la dépense est ordonnancée par douzième à la fin de chaque mois, ou par quart à la fin de chaque trimestre ; dans ce cas, la quittance délivrée par le maire au receveur municipal est soumise au timbre de 10 centimes, lorsque la somme allouée annuellement excède 10 francs (1).

Parmi les frais obligatoires de bureau, on doit également comprendre les traitements des secrétaires et employés de la mairie, qui forment cependant ordinairement un article distinct au budget communal. Et il a toujours été admis que si un conseil municipal refusait de porter au budget un crédit pour le traitement dont il s'agit, le préfet pourrait l'inscrire d'office.

Le maire fixe les traitements du secrétaire et des employés de la mairie, et le conseil municipal en vote le montant (2).

(1) Déc. min. fin. 31 mars 1824.
(2) Déc. min. int. 1869, Bull. off., 1869, p. 619.

29

Le payement des traitements des employés de la mairie se fait par mois ou par trimestre. On joint au mandat la quittance ou un état émargé des parties prenantes énonçant leur nom, leur grade et leur emploi, le montant de leurs traitements par année et par mois et par trimestre, les retenues pour pensions de retraite (s'il y a lieu) et le restant net à payer (1).

Les impressions sont celles qui servent ordinairement aux opérations administratives ou comptables et qui sont fournies par les préfets, au fur et à mesure des besoins.

Les pièces que les communes sont le plus habituellement dans le cas de se procurer ainsi, à leurs frais, sont les suivantes : — listes des électeurs communaux, procès-verbaux d'élection, listes de scrutin, cartes électorales pour les élections communales ; — mouvement de la population, feuilles de recensement de la population ; — tableaux statistiques de toute nature sur les cultures, les bestiaux, les consommations, etc., mercuriales ; — avis des journées à fournir pour les chemins vicinaux, listes de souscription pour les chemins de grande communication ; règlement pour les écoles primaires ; — comptes administratifs de l'exercice clos, chapitres additionnels au budget de l'exercice courant, budgets de l'exercice à régler, mandats de payement, mandats de retrait des fonds du Trésor ; — répartitions de la coupe affouagère, rôles de la taxe sur le bétail ; — cadres de délibération à l'usage des conseils municipaux ; — registres à tenir en exécution de la loi du 22 juin 1854 et du décret du 30 avril 1855 sur les livrets d'ouvriers ; — confections d'un certain nombre de livrets dont les ouvriers doivent rembourser le prix ; — imprimés relatifs à l'établissement de la taxe sur les chiens ; livrets de famille (2).

Cette nomenclature n'est pas limitative ; elle contient seulement des indications générales pour les imprimés que, par analogie, les préfets doivent considérer comme pouvant être mis à la charge des communes.

Le contingent de chaque commune dans le payement des frais d'impression est fixé proportionnellement à la quantité des imprimés qui lui sont fournis; cette quantité étant à peu près la même pour toutes les communes, il en résulte que les frais d'impression sont d'ordinaire répartis également entre toutes les communes d'un même département. Le contingent assigné à chaque commune est versé à la recette des finances de l'arrondissement, à titre de cotisation municipale.

La dépense est justifiée dans les comptes des communes par le mandat de payement appuyé du récépissé du receveur des finances ou de la pièce qui en tient lieu, et d'un extrait de l'arrêté du préfet qui a fixé le contingent.

Outre les imprimés qui leur sont fournis par la préfecture, les maires en emploient ordinairement d'autres qu'ils se procurent directement chez les imprimeurs. Le prix de ces imprimés doit être payé sur le crédit ouvert au budget pour frais de bureau, et non sur le crédit relatif aux frais obligatoires d'impression dont il vient d'être question.

3236. A côté des frais de bureau, la loi place les frais de conservation des archives communales et du *Recueil des actes administratifs* du département, et les impressions.

Les titres et les papiers de l'administration municipale sont entre les mains du maire ; mais celui-ci n'en est que le dépositaire dans l'exercice de ses fonctions (Voy. *suprà*, n° 774). Le *Bulletin des lois* et les registres de l'état civil ont été payés par la commune. Les contrats anciens, les titres de propriété, les actes des conseils municipaux et les arrêtés du maire, les décisions de l'administration ou des tribunaux, plans du cadastre, tant anciens que nouveaux, les tableaux des chemins vicinaux, etc., contiennent les preuves des droits des communes et intéressent en même temps ceux des particuliers. Ces actes et documents doivent être constamment à

la disposition des officiers municipaux en exercice, ainsi que la correspondance et les instructions de l'autorité supérieure indispensables pour l'expédition prompte et régulière des affaires. Il suit de là que les archives doivent être transmises exactement d'un fonctionnaire à l'autre, toutes les fois qu'il s'opère des mutations dans le personnel. Suivant ce qui résulte de l'arrêté du gouvernement du 19 floréal an VIII, le maire qui cesse ses fonctions doit faire la remise de tous les papiers et registres relatifs à l'administration, entre les mains de son successeur, au moment où il l'installe, ou si ce dernier n'est pas nommé, entre les mains du fonctionnaire qui exerce provisoirement.

Le premier soin des autorités municipales doit donc être de mettre les papiers à l'abri de l'humidité, de l'incendie et de toutes les autres causes d'altération et de destruction. Il faut prendre aussi les précautions nécessaires pour que ces papiers soient placés hors de la portée de toute main étrangère et ne puissent être soustraits ou égarés.

Dans les communes qui ont un hôtel de ville, il est toujours possible d'affecter aux archives une salle ou un cabinet pourvu de tablettes, de casiers, de cartons et fermant à clef.

Quand le local de la mairie ne se compose que d'une seule salle consacrée à la fois au greffe et aux séances du conseil municipal, il peut être établi une armoire suffisamment profonde, garnie de rayons et pourvue de cartons. Elle doit, autant que possible, être divisée en deux parties : l'une, destinée à recevoir les pièces les plus anciennes et les plus précieuses, qu'on ne consulte que rarement, est habituellement fermée ; l'autre reçoit les papiers et registres relatifs aux affaires courantes.

Dans les communes rurales qui ne possèdent pas de mairie, les archives communales peuvent être déposées à la maison d'école et confiées à la garde de l'instituteur, tout en restant placées sous l'autorité et sous la surveillance directe du maire (1).

Dans ce cas, comme lorsque c'est l'habitation personnelle du maire qui doit recevoir le dépôt des archives, il est encore nécessaire qu'un meuble spécial les renferme.

Le timbre de la mairie doit être appliqué sur tous les papiers et documents appartenant à la commune.

3237. Pour assurer la connaissance des lois, un acte de la Convention du 11 frimaire an II, a ordonné la publication d'une collection officielle des lois et des actes du gouvernement.

Le *Bulletin des lois* est envoyé d'office aux communes chefs-lieux de département, d'arrondissement ou de canton. Le prix de l'abonnement est de 6 francs, et le payement en est effectué dans les premiers mois de chaque année, par le receveur municipal, entre les mains du receveur particulier des finances de l'arrondissement, pour être transmis par le trésorier général au directeur de l'Imprimerie nationale. Le récépissé du receveur des finances est joint au mandat de payement.

Le prix de la table décennale n'est pas compris dans celui de l'abonnement; l'achat de cette table est facultatif. Les numéros détachés dont les communes peuvent avoir besoin leur sont vendus à prix réduit (2).

La loi de 1837 rangeait les frais d'abonnement au *Bulletin des lois* parmi les dépenses obligatoires de toutes les communes. Mais le décret du 12 février 1852 restreignit cette obligation aux communes chefs-lieux de canton et remplaça, pour les autres, le *Bulletin des lois* par le *Moniteur des communes*, feuille officielle rédigée par les soins et sous la surveillance du ministre de l'intérieur et contenant les lois, les décrets et les instructions du gouvernement ou une analyse sommaire de ces divers actes. Le *Moniteur des communes* dura jusqu'en 1871, époque à laquelle le gouvernement, par décret du 27 décembre, créa une publication nouvelle qui prit le nom de *Bulletin* ou *Journal officiel des communes*, dont le prix d'abonnement est de 4 francs.

---

(1) Voy. sur la question de l'organisation des bureaux de mairie et sur les diverses questions que cette organisation peut soulever, *suprà*, nᵒˢ 784 et suiv.
(2) Circ. int. 17 janvier 1837. Circ. int. 5 août 1863.

(1) Circ. int. 25 septembre 1868.
(2) Arr. 29 prairial an VIII; Circ. int. 8 messidor an VIII ; Déc. 1ᵉʳ février 1852; Inst. gén. fin., art. 1151.

La loi du 5 avril, en consacrant le caractère obligatoire de l'abonnement à cette feuille pour les communes qui ne sont pas chefs-lieux de canton, les dispense formellement de s'abonner au *Bulletin des lois*.

Le *Bulletin des communes* paraissant en placards destinés à l'affichage est remplacé chaque semaine par un nouveau numéro et par suite nécessairement détruit.

Mais le *Bulletin des lois* doit former aux chefs-lieux de canton une collection qu'il importe de conserver avec soin de manière à ce qu'elle puisse toujours être consultée. Le meilleur mode de conservation est la reliure par semestre des volumes de la collection.

Mais le *Bulletin des lois* comme le *Bulletin des communes* ne présentent que le texte aride des actes législatifs, et ne font pas connaître les modifications que chaque loi apporte à la législation antérieure. Le ministre de l'intérieur, reconnaissant l'utilité qu'il peut y avoir, pour les communes, à ne pas laisser interrompues leurs collections, et à posséder un recueil moins cher et plus facile à consulter, a invité les préfets à signaler aux maires, comme pouvant servir à les compléter à peu de frais, un recueil intitulé : *Bulletin annoté des lois*, publié par les ordres de son ministre, et dont le prix est de 3 francs par année (1). Les sommes dues par les communes pour cet abonnement sont centralisées aux caisses des receveurs des finances et recouvrées sur des états arrêtés par les préfets; les recouvrements se classent parmi les cotisations, sous le titre de : Fonds destinés aux abonnements à diverses publications (2).

A côté de ce recueil on en trouve un autre, le *Bulletin officiel du ministère de l'intérieur* qui, fondé en 1838, contient : 1° toutes les instructions générales de ce ministère ; 2° les instructions et circulaires émanées des autres ministères et qui ont un intérêt départemental ou communal ; 3° les arrêts du Conseil d'État et de la Cour de cassation qui se rattachent à l'administration départementale ou communale; 4° les décisions ministérielles intervenues sur des objets d'intérêt général et les instructions qu'ont provoquées, dans ce même intérêt, les actes des préfets, des sous-préfets et des maires. Le prix d'abonnement est de 4 francs par an pour les communes, et il est recouvré, comme celui du *Bulletin annoté des lois*, par les soins des receveurs des finances.

Mais l'abonnement au *Bulletin annoté des lois* non plus qu'au *Bulletin du ministère de l'intérieur* ne saurait être considéré comme obligatoire.

Article 3. — *Frais de recensement.*

3238. La population sert de base à diverses combinaisons législatives, administratives et financières, notamment pour déterminer la représentation de chaque département dans la Chambre des députés, pour l'application des lois relatives à l'organisation et à l'administration municipales, pour le recrutement de l'armée et pour l'assiette d'une partie des contributions directes ou indirectes. Il importe donc que le dénombrement de la population soit fait avec exactitude dans chaque commune.

Le décret du 22 juillet 1791, qui a prescrit primitivement, dans un intérêt de police et de bon ordre, le dénombrement de la population, a chargé les maires de cette opération, et ils y procèdent sous l'autorité de l'administration supérieure comme délégués du gouvernement.

Le mouvement de la population est constaté officiellement de deux manières : 1° par des dénombrements périodiques; 2° par un relevé annuel des registres de l'état civil.

Une instruction ministérielle règle tous les détails de l'opération. Les systèmes employés ayant plusieurs fois varié, nous ne les indiquons pas ici, nous référant aux prescriptions de la circulaire ministérielle précédant chaque recensement.

(1) Circ. int. 1er janvier 1842; Circ. int. 31 mars 1858.
(2) Inst. gén. fin., art. 626.

L'article 136, § 3, de la loi du 5 avril 1884 reproduisant le § 4 de l'article 30 de la loi de 1837 classe, parmi les dépenses obligatoires à la charge des communes, les frais de recensement de la population.

Par dépenses obligatoires du dénombrement, dans le sens de la loi, il ne faut pas entendre seulement les frais du matériel, c'est-à-dire les fournitures d'imprimés, mais encore toutes les dépenses quelconques que nécessite l'opération; notamment les frais d'auxiliaires ou de délégués municipaux dont le concours est indispensable dans les grandes villes, quand les maires n'ont pas pu obtenir gratuitement ce concours (1).

En outre du recensement quinquennal et général de la population, tous les ans, dans les premiers jours de janvier, les maires doivent préparer, conformément au modèle qui leur est transmis par le préfet, en exécution des circulaires ministérielles, le tableau des naissances, mariages et décès qui ont été inscrits sur les registres de l'état civil dans le cours de l'année précédente. Ce tableau est rédigé en double exemplaire. L'un de ces doubles est déposé dans les archives de la commune, l'autre est adressé au préfet. L'établissement de ce tableau du mouvement annuel de la population dressé dans un intérêt de statistique ne saurait être rangé au nombre des dépenses obligatoires de la commune.

3239. La loi a mis à la charge des communes les frais des opérations électorales qui se tiennent dans leurs communes et ceux des cartes électorales nécessaires à la constitution des corps électoraux.

La loi du 7 août 1830 avait déjà mis les frais de tenue des assemblées à la charge des communes dans lesquelles se fait l'élection. L'article 2 de cette même loi ajoutait : « Ces dépenses seront comprises au nombre de celles qu'énumère l'article 30 de la loi du 18 juillet 1837. » La loi du 5 avril n'a donc pas innové sur ce point, mais la disposition relative aux cartes électorales est entièrement nouvelle. Pour donner une sanction à la disposition de l'article 13 qui oblige le maire à délivrer une carte à chaque électeur, l'article 136 a rendu cette dépense obligatoire.

3240. La loi ne distingue pas entre les diverses natures d'élections, qu'il s'agisse, soit d'une élection politique, soit d'une élection départementale, ou autre, la commune doit subvenir aux frais de tenue de l'assemblée et à ceux des cartes électorales, du moment que le collège électoral se tient dans la commune. M. Morgand, à ce propos (2), émet l'opinion que la loi de 1884 n'a établi le caractère obligatoire de la dépense des cartes que pour celles de ces cartes qui se rapportent aux élections municipales. Il donne pour raison que la loi de 1884, article 13, qui est la seule qui ait assigné aux municipalités la nécessité de distribuer des cartes au cas d'élections, ne vise que les élections communales. Mais le texte de la loi est absolu. La dépense est obligatoire pour les frais de *toutes* les cartes électorales, quand il en devra être délivré. Quant à la question de savoir s'il doit être délivré des cartes électorales pour une élection, elle n'a, il est vrai, été résolu par la loi que pour les élections municipales, mais elle doit également être tranchée dans le sens de l'affirmative toutes les fois que la loi a abandonné les conditions d'exécution d'une opération électorale à la réglementation préfectorale et ministérielle, ce qui a lieu dans la plupart des cas.

Article 4. — *Tenue de l'état civil.*

3241. Nous avons déjà vu, nos 1147 et suivants, que dans toutes les communes les registres de l'état civil qui doivent servir à constater les naissances, les décès et les mariages sont à la charge des municipalités et figurent au rang des dépenses obligatoires. Les frais comprennent, outre le prix des registres, le coût du timbre, du transport et de la reliure (3).

(1) Circ. int. 4 mars 1851; Circ. int. 19 novembre 1881.
(2) Morgand, t. II, p. 336.
(3) Circ. int. 18 août 1825 ; Circ. int. 7 août 1872.

Pour que les registres soient uniformes, les préfets les font généralement confectionner pour le compte des communes. C'est ce qui a déterminé l'inscription des frais de registres de l'état civil et de confection des tables décennales au nombre des cotisations municipales (1). Par suite, la portion de dépense afférente à chaque commune dans la fourniture des registres, le timbre, le transport, le salaire des autre greffiers pour les tables décennales, est fixée en vertu d'états de répartition arrêtés par les préfets. Ces contingents sont versés aux receveurs municipaux aux recettes des finances. La dépense est justifiée dans le compte du receveur municipal par les récépissés du receveur des finances, accompagnés d'un extrait de l'arrêté préfectoral qui a déterminé le chiffre du contingent afférent à la commune.

Lorsque, par exception, les registres ou suppléments de registres ont été achetés directement par la mairie, la dépense est alors justifiée comme celle de toute autre fourniture de bureau. La quittance du prix du timbre délivrée par le receveur qui a perçu les droits n'est pas sujette au timbre.

3242. Nous avons vu également, n° 1210, que la loi imposait aux officiers de l'état civil l'obligation de constater sur un livret, dit livret de famille, remis gratuitement aux parties intéressées, les déclarations principales concernant l'état civil des personnes, chaque fois qu'une déclaration était faite. L'article 136 déclare cette dépense obligatoire pour les communes; elle est, du reste, fort minime, le prix de ces livrets étant, en général, des plus modiques.

3243. Enfin nous avons dit que, tous les dix ans, les tables annuelles de l'état civil devaient être fondues en une table générale dressée en triple expédition. La loi du 5 avril 1884 reproduisant la disposition de l'article 30 de la loi du 18 juillet 1837 a maintenu comme dépense obligatoire la portion de la table décennale des actes de l'état civil à la charge des communes. Expliquons-nous. Les frais qui incombent de ce chef aux communes sont déterminés par le décret du 20 juillet 1807.

Les tables décennales sont établies dans les six premiers mois de la onzième année (2), par les greffiers des tribunaux de première instance. Elles sont écrites sur papier timbré, et certifiées par les dépositaires respectifs, en triple expédition pour chaque commune, l'une reste au greffe, la seconde est adressée au préfet du département, et la troisième à chaque mairie du ressort du tribunal.

Les expéditions faites pour la préfecture sont payées aux greffiers des tribunaux sur les fonds destinés aux dépenses administratives du département, à raison de un centime par nom, non compris le droit du timbre. Chaque feuille contient quatre-vingt-seize noms ou lignes.

Les expéditions destinées aux communes sont payées par chacune d'elles, et sont conformes aux autres.

Pour l'expédition de celle qui doit rester au tribunal, il n'est remboursé au greffier, à titre de frais judiciaires, que le prix du papier timbré.

ARTICLE. 5. — *Traitement du receveur municipal et frais de perception.*

3244. Les recettes et les dépenses communales s'effectuent par un comptable chargé, seul, et sous sa responsabilité, de poursuivre la rentrée de tous les revenus de la commune et de toutes les sommes qui lui seraient dues, ainsi que d'acquitter les dépenses ordonnancées par le maire, jusqu'à concurrence des crédits régulièrement ouverts (3).

Toute personne, autre que le receveur municipal, qui, sans autorisation légale, se serait ingérée dans le maniement des deniers de la commune, est, par ce seul fait, constituée

comptable; elle peut, en outre, être poursuivie en vertu de l'article 258 du Code pénal, comme s'étant immiscée sans titre dans des fonctions publiques (1).

Les percepteurs remplissent les fonctions de receveur municipal des communes de leur circonscription, et, dans les cas de vacance d'une recette municipale spéciale, le service doit leur en être immédiatement remis, sans qu'il y ait lieu de réclamer l'intervention de l'autorité administrative.

Néanmoins, dans les communes dont les revenus ordinaires excèdent 30,000 francs, ces fonctions sont confiées, si le conseil municipal le demande, à un receveur spécial, lequel, si le revenu ne dépasse pas 300,000 francs, est nommé par le préfet, sur une liste de trois candidats présentés par le conseil municipal, et par décret si le chiffre du revenu est supérieur à 300,000 francs. Dans ce dernier cas, la liste de présentation est transmise au ministre des finances par le préfet, avec son avis et celui du sous-préfet. En cas de refus, le conseil municipal doit faire de nouvelles présentations (2).

A l'égard des recettes municipales spéciales déjà existantes, le pouvoir des préfets s'exerce sans contrôle; mais quand il s'agit d'en créer de nouvelles, il doit en être préalablement référé au ministre, afin que l'exactitude des chiffres produits à l'appui de la demande en disjonction des deux services puisse être vérifiée.

Le receveur spécial, une fois nommé, continue ses fonctions, lors même que plus tard les revenus de la commune cesseraient de s'élever à 30,000 francs.

Le revenu ordinaire d'une commune est réputé atteindre 30,000 francs ou 300,000 francs lorsque les recettes ordinaires, constatées dans les comptes, se sont, suivant le cas, élevées à l'une de ces sommes pour trois exercices consécutifs. Il n'est réputé être descendu au-dessous que lorsque, pendant les trois dernières années, les recettes ordinaires sont restées inférieures à ces mêmes sommes (3).

Dans les villes divisées en plusieurs arrondissements de perception, le receveur des finances responsable désigne, pour prendre le service en cas de vacance de la recette municipale, celui des percepteurs de la ville qui lui paraît offrir le plus de garanties matérielles et d'aptitudes, sauf, s'il ne voit pas de motif de préférence, à se concerter avec l'autorité locale (4).

Les percepteurs, appelés de plein droit à prendre le service des recettes spéciales vacantes, gèrent dans ce cas comme titulaires et non comme intérimaires. En conséquence, ils ont droit à la totalité des remises afférentes à leurs opérations. Quant à la retenue du premier douzième d'augmentation, elle ne devrait être opérée que si la gestion se prolongeait assez pour qu'il y eût lieu d'obliger le percepteur à verser le cautionnement afférent à la recette municipale (5).

Les receveurs municipaux sont, de droit, receveurs des hospices et autres établissements de bienfaisance de leur commune, lorsque les revenus ordinaires de ces établissements ne dépassent pas le chiffre de 30,000 francs; dans le cas contraire, la recette des établissements peut être confiée à un receveur spécial. Les recettes provenant du service de l'économat, lorsque le receveur est chargé de ce service, sont comptées pour leur valeur dans le chiffre des revenus ordinaires de l'établissement.

S'il existe dans la même commune un hospice et un bureau de bienfaisance, le receveur de l'hospice est, de droit, receveur de ce dernier établissement; le montant des revenus de l'hospice et celui des revenus du bureau de bienfaisance sont réunis pour déterminer si la gestion des deux établissements rentre, ou non, dans les attributions du receveur municipal.

Les rémunérations des receveurs municipaux ont consisté à l'origine en un traitement fixe dont la moyenne était seule

---

(1) Inst. gén. fin., art. 611.
(2) La première période décennale a commencé le 21 septembre 1802 et s'est terminée le 1er janvier 1813, où a été établie la première table.
(3) L. 5 avril 1884, art. 153.

(1) L. 5 avril 1884, art. 155.
(2) L. 5 avril 1884, art. 156; Décr. 25 mars 1852, art. 5, § 13.
(3) Inst. gén. fin., art. 1217.
(4) Inst. gén. fin., art. 1218.
(5) Circ. fin. 12 février 1861.

fixée, la quotité réelle étant déterminée par l'autorité chargée d'approuver le budget. Tel était le système qui résultait de l'arrêté du 17 germinal an II, et des décrets du 22 frimaire an XIII et 24 août 1812.

Les ordonnances royales des 17 avril et 23 mars 1839 rémunérèrent les receveurs des communes, des hospices et des bureaux de bienfaisance au moyen de remises proportionnelles, portant sur les recettes et les dépenses. Ces remises étaient calculées suivant un tarif décroissant et les conditions déterminées par lesdites ordonnances ont fait l'objet des articles 1239 à 1242 de l'instruction générale du 20 juin 1859.

Ces remises portaient sur les recettes et sur les dépenses, tant ordinaires qu'extraordinaires, et étaient calculées ainsi qu'il suit, savoir :

Sur les premiers 5,000 francs, à 2 francs 0/0 sur les recettes.
raison de.................... 2 francs 0/0 sur les dépenses.
Sur les 25,000 francs, suivants à 1 fr. 50 0/0 sur les recettes.
raison de.................... 1 fr. 50 0/0 sur les dépenses.
Sur les 70,000 francs suivants, à 0 fr. 75 0/0 sur les recettes.
raison de.................... 0 fr. 75 0/0 sur les dépenses.
Sur les 100,000 francs suivants, 0 fr. 33 0/0 sur les recettes.
jusqu'à 1,000,000 à raison de.. 0 fr. 33 0/0 sur les dépenses.
Sur toutes sommes excédant 0 fr. 12 0/0 sur les recettes.
1,000,000, à raison de....... 0 fr. 12 0/0 sur les dépenses.

Mais ce système de rémunération donnant lieu à de fréquentes difficultés, surtout lorsqu'il s'agissait de discerner si telle ou telle opération devait être considérée comme conversion de valeurs non passible de remises, l'administration est revenue au système primitif et a adopté le traitement fixe qui a été rétabli par un décret du 27 juin 1876.

Ce traitement fut déterminé à cette époque par l'application du tarif des ordonnances des 17 avril et 3 mai 1839, et du décret du 7 octobre 1850, à la moyenne des opérations, tant ordinaires qu'extraordinaires, de recettes et de dépenses, effectuées pendant les exercices 1867, 1868, 1869, 1872 et 1873, déduction faite des opérations non passibles de remises pendant les mêmes exercices et sans tenir compte du dixième en plus ou en moins dont les conseils municipaux et les commissions administratives avaient pu augmenter ou réduire le tarif des ordonnances et décret précités (1).

Les conseils municipaux et les commissions administratives peuvent, avec l'approbation du préfet, et sur l'avis du trésorier-payeur général, élever d'un dixième le traitement de leur receveur (2). Mais cette augmentation ne peut être qu'une récompense accordée pour des travaux exceptionnels ou pour de longs et honorables services. Elle est essentiellement personnelle au comptable qui l'a obtenue, et s'il vient à être remplacé dans le cours de l'année, son successeur n'en profite pas de plein droit. La délibération du conseil municipal ou de la commission administrative conserve son effet jusqu'à ce qu'une nouvelle délibération en ait décidé autrement. L'augmentation du dixième, une fois accordée par une délibération spéciale, peut donc, les années suivantes, être mandatée au profit des receveurs comme le traitement lui-même, sans autre formalité que le vote et l'approbation du crédit (3). L'allocation du dixième est, comme le traitement fixe dont elle est un supplément, soumise aux retenues prescrites par la loi du 9 juin 1853 sur les pensions civiles.

Il est à remarquer que si l'administration municipale a la faculté d'accorder aux comptables, dans certains cas, une augmentation de traitement, elle n'a plus, comme sous l'empire des ordonnances de 1839, le droit inverse d'abaisser d'un dixième le chiffre de ce traitement.

Les traitements des receveurs des communes sont revisables. S'il importe, en effet, que les situations respectives des comptables des communes soient à l'abri des oscillations passagères résultant de causes accidentelles, il est juste d'un autre côté, de ne pas laisser la rétribution indéfiniment im-

muable au milieu des modifications qui viennent affecter d'une manière permanente l'importance financière de la commune en changeant les conditions de travail et de responsabilité des receveurs. Mais un remaniement trop fréquent aurait détruit tous les avantages de la fixité ; il eût été une cause d'agitation parmi les intéressés et d'embarras pour l'administration. On a donc pensé que la revision ne devait avoir lieu qu'après l'achèvement d'une période de cinq ans au moins, à partir de la première fixation ou de chacune des revisions successives. Suivant cette règle, le traitement fixé au 1er janvier 1877, a pu recevoir des modifications les 1er janvier 1882 et 1887.

La revision ne s'opère pas de plein droit. Elle doit être réclamée par les intéressés.

Elle peut être demandée chaque fois que la moyenne des revenus ordinaires des cinq derniers exercices est supérieure ou inférieure d'un dixième à celle des exercices qui ont servi à établir le traitement dont on demande la revision.

L'article 7 du décret a donc posé le principe de la revision. Il est ainsi conçu : « Chaque fois que la moyenne des revenus ordinaires des cinq derniers exercices sera supérieure ou inférieure d'un dixième à celle des exercices qui auront servi à l'établir, le traitement pourra, sur la demande de la commune, de l'établissement ou du receveur, être revisé par le préfet sauf recours au ministre de l'intérieur. L'augmentation ou la réduction du traitement sera déterminée au moyen de l'application du tarif doublé des ordonnances des 17 avril et 23 mai 1839 à tous les revenus ordinaires quels qu'ils soient, formant la différence en plus ou en moins. Ce tarif sera employé suivant les tranches dans lesquelles tomberaient lesdits revenus, et si l'on avait à calculer des remises conformément aux ordonnances précitées.

« La première revision ne pourra avoir lieu avant le 1er janvier 1882. »

Pour l'exécution de ces dispositions, le ministre de l'intérieur a adressé aux préfets, le 30 juin 1881, des instructions sur le mode de rédaction et d'introduction, des demandes de revision, leur jugement et l'exécution des décisions rendues (1).

_____

(1) Circ. int. 30 juin 1881. — Monsieur le Préfet, l'article 7 du décret du 27 juin 1876 dispose que le traitement des receveurs des communes, des hospices et des bureaux de bienfaisance pourra, sur la demande des intéressés, être revisé par le préfet dans les conditions qu'il déterminera. Cet article est ainsi conçu :
« Chaque fois que la moyenne des revenus ordinaires des cinq derniers exercices sera supérieure ou inférieure d'un dixième à celle des exercices qui auront servi à l'établir, le traitement pourra, sur la demande de la commune ou de l'établissement ou du receveur, être revisé par le préfet, sauf recours au Ministre de l'intérieur. »
« L'augmentation ou la réduction du traitement sera déterminée au moyen de l'application du tarif doublé des ordonnances des 17 avril et 23 mai 1839 à tous les revenus ordinaires, quels qu'ils soient, formant la différence en plus ou en moins. Ce tarif sera employé suivant les tranches dans lesquelles tomberaient lesdits revenus, si l'on avait à calculer des remises conformément aux ordonnances précitées. »
« La première revision ne pourra avoir lieu avant le 1er janvier 1882. »
Bien que, aux termes de cette dernière disposition, la revision ne doive avoir effet qu'à partir du 1er janvier 1882, il importe de tracer dès maintenant les règles que comporte l'exécution de cette mesure ; afin que les administrations préfectorales puissent statuer en temps utile sur les demandes qui leur seraient présentées dans le cours de la présente année. C'est l'objet des instructions qui vont suivre.
Les demandes formulées par les receveurs seront accompagnées d'un décompte dans la forme du modèle ci-annexé. Ce décompte comprendra deux tableaux. Le premier, désigné sous la lettre A, indiquera, d'une part, les recettes ordinaires des exercices 1867, 1868, 1869, 1872 et 1873, et, d'autre part, les recettes de même nature effectuées pendant les cinq derniers exercices de 1876 à 1880. Pour les recettes de la première période, on reproduira exactement les chiffres portés au tableau A du décompte établi en exécution de la circulaire du 1er août 1876 et qui a servi de base à la fixation du traitement actuel. Quand aux recettes ordinaires de la seconde période, elles seront relevées sur les comptes des communes ou établissements, en ayant soin de rétablir exactement la distinction entre les opérations ordinaires et les opérations extraordinaires.
J'ai eu, en effet, l'occasion de remarquer plus d'une fois que cette distinction, notamment en ce qui concerne les impositions communales, n'était pas régulièrement faite dans les budgets. Ainsi, les impositions pour insuffisance de revenus, c'est-à-dire celles qui sont destinées à pourvoir au payement des dépenses annuelles et qui constituent pour certaines communes des ressources ordinaires, se trouvent, dans certains budgets, classées parmi les recettes extraordinaires. Les impositions destinées à l'entretien des écoles primaires et au traitement des instituteurs et institutrices, les

_____

(1) Déc. 27 juin 1876, art. 2.
(2) Déc. 27 juin 1876, art. 5.
(3) Circ. int. 30 juin 1881; Circ. fin. 9 juillet 1881.

Les demandes formulées par les receveurs doivent être accompagnées d'un décompte qui comprend deux tableaux. Le premier désigné par la lettre A, indique d'une part les recettes ordinaires des exercices des cinq années précédant la dernière revision, et d'autre part les recettes de même nature effectuées pendant les cinq derniers exercices. Pour les recettes de la première période, on reproduit exactement les chiffres portés au tableau A du décompte qui a servi de base à la fixation du traitement actuel. Quant aux recettes ordinaires de la seconde période, elles sont relevées sur les comptes des communes en ayant soin de rétablir exactement la distinction entre les opérations ordinaires et les opérations extraordinaires.

Le classement des recettes en ordinaires et extraordinaires

---

centimes pour la gratuité, comme les quatre centimes spéciaux autorisés par les lois des 15 mars 1850 et 19 juillet 1875, rentrent également parmi les recettes ordinaires. Il en est de même des centimes pour le salaire des gardes champêtres, ainsi que des cinq centimes spéciaux pour la vicinalité et des trois journées de prestations.

D'autres fois, en sens inverse, des impositions destinées à pourvoir au payement de dépenses extraordinaires, telles que le remboursement d'un emprunt, l'acquisition d'un immeuble, la construction d'un édifice, l'établissement d'un chemin, sont inexactement désignées sous le titre d'impositions pour insuffisance de revenus et inscrites au nombre des recettes ordinaires, alors qu'elles ont manifestement le caractère extraordinaire, de même que les dépenses auxquelles elles sont affectées.

Le produit des trois centimes extraordinaires que les conseils municipaux peuvent voter, en vertu de la loi du 24 juillet 1867, pour les chemins vicinaux ordinaires, et celui de sa quatrième journée de prestations qui peut être établie en vertu de la loi du 11 juillet 1868, constituent des recettes ordinaires s'ils ont pour objet de pourvoir aux dépenses d'entretien, et des recettes extraordinaires lorsqu'ils sont affectés à l'établissement, à l'achèvement ou autres dépenses extraordinaires des chemins,

Des doutes se sont aussi élevés quelquefois sur le classement des subventions accordées aux communes, soit pour la vicinalité, soit pour les dépenses afférentes au service de l'instruction primaire. Les premières n'ont qu'un caractère temporaire et sont d'ailleurs accordées principalement en vue de dépenses extraordinaires : les travaux d'achèvement des chemins vicinaux ; elles constituent, à ce double titre, des recettes extraordinaires.

Il en est de même pour les subventions destinées à la construction ou à l'acquisition des maisons d'école ; mais celles qui sont allouées pour l'entretien des écoles et le traitement des instituteurs ou institutrices, ayant pour objet des dépenses annuelles, ont pour corrélation le caractère de recettes ordinaires.

Il y a grand intérêt à rectifier les erreurs de classement qui ont pu se produire, puisque ce n'est plus l'ensemble des opérations, mais les seuls revenus ordinaires qui doivent servir de base au calcul de l'augmentation des traitements.

Une observation analogue doit être faite pour les hospices et les bureaux de bienfaisance.

En ce qui concerne les hospices, pour lesquels la distinction n'est pas toujours facile à établir, il conviendra de se reporter à la circulaire du 10 mai 1876 qui contient des modèles de budget.

On devra d'ailleurs ajouter aux recettes du chapitre 1er celles du chapitre III (restes à recouvrer et recettes supplémentaires) qui auraient le caractère des opérations ordinaires.

L'établissement du tableau A ne présentera pas généralement d'autres difficultés que celles relatives à l'exacte distinction des recettes ordinaires et extraordinaires, difficultés qui seront aisément résolues d'après cette considération que par recettes ordinaires on entend celles qui sont à la fois annuelles et permanentes, tandis que le caractère des recettes extraordinaires est d'être accidentelles ou temporaires.

Dans certains cas, cependant, on ne pourra pas se borner à reporter dans le tableau le relevé des recettes ordinaires constatées par les comptes des exercices 1876 à 1880. C'est ce qui arrivera, notamment, s'il est survenu dans l'étendue de la circonscription d'une commune quelque changement de nature à modifier l'importance de la gestion financière. Ainsi, on peut supposer qu'une section de commune, postérieurement à la fixation du traitement en 1879 par exemple, a été distraite de la commune dont elle faisait partie jusque-là, et qu'elle a été soit réunie à une autre commune, soit érigée en commune distincte. Si, dans ce cas, on comprenait dans la seconde partie du tableau A, pour la commune diminuée, la totalité des recettes ordinaires accusées par les comptes de 1876, 1877 et 1878 antérieurs à la distraction, on opérerait sur une base manifestement inexacte, eu égard à la situation actuelle. Il conviendra alors de procéder ainsi qu'il suit :

On inscrira les opérations pour leur quotité réelle dans un tableau annexe. Puis on les répartira proportionnellement au montant des revenus ordinaires attribués à chaque fraction du territoire lors de la séparation, et ce sont les résultats ainsi obtenus qu'on reportera respectivement dans les décomptes propres à chacune des nouvelles communes. Une copie du tableau annexe restera jointe aux décomptes particuliers à ces dernières pour en faciliter la vérification.

En ce qui concerne les recettes des exercices 1879 et 1880, postérieurs à la distraction, elles seront portées au décompte telles qu'elles figurent aux comptes de gestion et par application des règles générales que j'ai exposées en commençant.

Je n'ai pas à rappeler ici le mode d'opérer quant aux chiffres de recettes à inscrire dans la première partie du tableau pour les exercices 1867, 1868, 1869, 1872 et 1873. La division a dû en être faite entre les deux nouvelles circonscriptions communales, par un précédent arrêté, en exécution de la circulaire du 1er août 1876, lorsqu'il s'est agi de fixer la part du traitement à la charge de l'ancienne commune et la portion incombant soit à la section érigée en commune nouvelle, soit à la commune voisine à laquelle cette section aurait été rattachée. Si cette division n'avait pas eu lieu, il serait nécessaire d'y procéder préalablement à la revision, en se conformant aux prescriptions de la circulaire précitée de 1876.

Une seconde situation anormale mérite d'être prévue. Il s'agit du cas où un hospice ou un bureau de bienfaisance n'aurait été créé qu'à une date postérieure à 1867 et où, par conséquent, le décompte qui a servi de base à la fixation du traitement ne comprendrait aucune opération de recette et de dépense pour un ou plusieurs des cinq exercices de la première période. Aux termes de la circulaire du 1er août 1876, le traitement a dû être déterminé dans ce cas, en prenant pour base soit les comptes déjà existants, à l'exclusion seulement de ceux de 1870 et 1871, soit même les budgets de 1876. Ce seront alors ces éléments qui serviront de point de comparaison pour apprécier l'accroissement qui s'est produit depuis, dans les revenus ordinaires, et l'augmentation de traitement qui doit en résulter à l'expiration des cinq années à partir desquelles la revision peut être réclamée.

Je n'insisterai pas davantage sur le calcul des recettes ordinaires dans ces situations exceptionnelles. Vous résoudrez aisément les difficultés qu'elles peuvent présenter, si vous voulez bien considérer que désormais l'importance de la gestion financière des communes et établissements, au point de vue de la rémunération des comptables, doit s'apprécier d'après le chiffre moyen des revenus ordinaires pendant cinq années consécutives, comparativement aux revenus de même nature afférents à la période antérieure, prise pour base du calcul du traitement qu'il s'agit de reviser.

Lorsque les chiffres des recettes ordinaires auront été ainsi déterminés pour chacune des deux périodes quinquennales, on prendra les moyennes correspondantes à chaque période, et si la seconde présente sur la première une différence en plus, égale ou supérieure à un dixième, la demande en revision se trouvera justifiée. Il ne restera plus qu'à calculer l'augmentation que devra subir le traitement. Ce sera l'objet du tableau B.

Pour obtenir cette augmentation, on appliquera à la différence des deux moyennes le tarif doublé de l'ordonnance du 23 mai 1839, suivant les tranches dans lesquelles tombera le chiffre de cette différence. A cet effet, on reportera dans la colonne 2 du tableau B, en la divisant par fractions correspondantes aux tranches de l'ordonnance, la moyenne des recettes ordinaires inscrites dans la première partie du tableau A. On reportera également dans la colonne 4 du tableau B, en la divisant de la même manière, la moyenne des recettes ordinaires afférentes à la période de 1876 à 1880 et rappelées à la seconde partie du tableau A. On fera ressortir ensuite dans la colonne 4, en regard de chaque tranche, les différences de la colonne 3 sur la colonne 2 ; puis on multipliera ces différences par la proportion correspondante du tarif indiqué dans la colonne 5, et le résultat s'inscrira dans la colonne 6.

Si l'on suppose, par exemple, que les recettes ordinaires d'une commune ou d'un établissement aient été en moyenne de 28,500 francs pendant la période qui a servi de base à la fixation du traitement actuel, et qu'elles se soient élevées à 32,000 francs pendant les cinq derniers exercices, la comparaison des deux chiffres fait ressortir un accroissement de 3,500 francs supérieur au dixième (2,850 francs) des revenus primitifs et motive la revision. Cet accroissement est compris pour 1,500 francs dans la seconde tranche de l'ordonnance et pour 2,000 francs dans la troisième ; l'augmentation de traitement correspondante se calculera à raison de 3 p. 0/0 sur 1,500 francs, et de 1 fr. 50 p. 0/0 sur 2,000 francs ; elle sera de 45 francs, plus 30 francs, soit de 75 francs.

La demande en revision sera adressée au receveur des finances qui, après vérification du décompte, la transmettra au trésorier général, chargé de la faire parvenir avec ses propositions à la préfecture.

Elle fera l'objet d'un nouvel examen de votre part et sera ensuite communiquée à l'administration locale pour être soumise aux délibérations du conseil municipal ou de la commission administrative. Dès qu'elle vous aura été retournée avec une expédition de la délibération qui sera intervenue, vous statuerez ce qu'il appartiendra, après avoir provoqué, s'il y a lieu, les explications du comptable en réponse aux observations des administrations intéressées.

Enfin, vous notifierez votre arrêté, d'une part, au receveur par la voie hiérarchique, et, d'autre part, au maire de la commune ou au président de la commission administrative de l'hospice ou du bureau de bienfaisance.

Le comptable ou les administrations locales pourront se pourvoir contre vos arrêtés devant le Ministre de l'intérieur dans le délai de deux mois à partir de la notification, conformément aux dispositions combinées des articles 4 et 7 du décret du 27 juin 1876. Ces pourvois pourront m'être adressés directement ou par l'intermédiaire de votre préfecture ; mais il serait préférable, dans leur intérêt même, que les parties adoptassent ce dernier mode. Il vous permettrait de réunir immédiatement les documents nécessaires pour la solution de chaque affaire, et supprimerait les retards qu'une instruction incomplète rend inévitables.

Dans le cas où le recours serait déposé à la préfecture, vous devriez en délivrer récépissé ainsi que des pièces qui y seraient jointes.

Vos arrêtés devant avoir effet à partir du 1er janvier prochain, il conviendrait que les demandes fussent, autant que possible, formées, instruites et jugées dans les délais suivants :

Ces demandes seraient formulées par les comptables avant le 1er août et transmises, à cette date, à la recette des finances, qui les vérifierait et les ferait parvenir à la préfecture pour le 1er septembre.

doit attirer tout particulièrement l'attention des comptables qui ne doivent éprouver d'ailleurs, à ce sujet, aucune difficulté réelle, si conformément aux indications de la circulaire du ministre de l'intérieur du 30 juin 1881, ils se préoccupent de cette considération que par recettes ordinaires on entend celles qui sont à la fois annuelles et permanentes, tandis que le caractère des recettes extraordinaires est d'être accidentelles ou temporaires.

Les articles 484; 485, 548 et 549 du décret du 31 mai 1862 désignent d'une façon précise les recettes ordinaires et extra-

---

Les conseils municipaux seraient appelés à délibérer pendant le mois de septembre et votre décision pourrait être prise et notifiée aux intéressés avant le 1er novembre, de façon à devenir définitive au 1er janvier, si elle n'a fait l'objet d'aucun recours à l'administration centrale, dans les deux mois à dater de la notification.

Les comptables qui auront fait reviser leur traitement en exécution des instructions qui précèdent, ne pourront obtenir une seconde revision qu'à l'expiration d'une nouvelle période quinquennale.

Quant à ceux qui ne se trouveraient pas en situation de demander la revision dès l'année courante, ils ne seront pas tenus d'attendre encore pendant cinq ans; ils pourront formuler leurs demandes, dans l'une quelconque des années qui suivront, pourvu qu'ils remplissent les conditions indiquées par le décret du 27 juin 1876, c'est-à-dire que les recettes ordinaires de la commune ou de l'établissement pour cinq années consécutives aient dépassé d'un dixième celles des années qui ont servi de base pour la fixation des traitements actuels.

J'ai supposé jusqu'ici que la demande en revision était présentée par un comptable en vue d'une augmentation de traitement. Ces demandes, en effet, seront les plus fréquentes, et vraisemblablement, il arrivera assez rarement que les revenus d'une commune ou d'un établissement diminuent dans une proportion suffisante pour motiver la réduction du traitement du receveur. Toutefois, si le cas se produisait, si pendant les cinq dernières années les revenus ordinaires avaient subi une diminution d'un dixième au moins, la revision pourrait avoir lieu sur la demande de la commune ou de l'établissement intéressé.

La demande serait alors adressée par l'administration locale à la préfecture, soit directement dans l'arrondissement chef-lieu, soit par l'intermédiaire du sous-préfet dans les autres arrondissements. Elle devrait d'ailleurs être communiquée, par la voie hiérarchique, au comptable, qui aurait à fournir ses observations,

La réduction du traitement sera calculée sur le chiffre représentant la diminution moyenne des recettes ordinaires, de la même manière que l'augmentation de traitement dans la situation inverse, et il suffira d'apporter dans la formule du décompte ci-annexé quelques modifications qui se révèlent d'elles-mêmes.

Ici se terminent les instructions qu'il m'a paru utile de vous adresser en ce qui concerne la revision du traitement des receveurs des communes, des hospices et des bureaux de bienfaisance.

Mais, à cette occasion, je crois devoir revenir sur un point qui a déjà été traité par un de mes prédécesseurs, dans la circulaire du 1er août 1876. Je veux parler de l'augmentation du dixième qui, aux termes de l'article 5 du décret du 27 juin précédent, peut être allouée aux receveurs en sus de leurs traitements, par les conseils municipaux et les commissions hospitalières. Mon prédécesseur avait pensé qu'il convenait que, indépendamment de l'inscription au budget du crédit correspondant, cette augmentation fît, en outre, chaque année, l'objet d'une délibération et d'une approbation spéciales. Cette formalité ne paraît pas présenter d'intérêt réel, et l'expérience a démontré qu'elle n'était pas toujours sans inconvénient. Souvent, en effet, les comptables les plus méritants hésitent à provoquer, pour des sommes généralement minimes, les délibérations spéciales qu'ils doivent produire annuellement à l'appui du payement, et ils se trouvent ainsi privés d'une rémunération que les administrations locales avaient entendu leur attribuer, en l'inscrivant au budget.

J'ai décidé, en conséquence, qu'à l'avenir, l'augmentation du dixième, une fois qu'elle aura été accordée par une délibération spéciale, pourra, les années suivantes, être mandatée au profit des receveurs, comme le traitement lui-même, sans autre formalité que le vote et l'approbation du crédit. Ainsi les délibérations prises en 1881 continueront à avoir leur effet en faveur du comptable, sans qu'il soit besoin de les renouveler. Toutefois l'augmentation du dixième restera, comme par le passé, personnelle au receveur qui l'aura obtenue; et, en cas de mutation de comptables, le successeur n'en profitera pas de plein droit. Une nouvelle délibération deviendra alors nécessaire, et cette délibération dûment approuvée par le préfet sera jointe au premier mandat.

Je n'ai pas besoin d'ajouter, d'ailleurs, que l'allocation dont il s'agit conservera le caractère d'une dépense purement facultative pour la commune ou l'établissement; le conseil municipal et la commission administrative pourront toujours la supprimer lors du vote des budgets annuels, si elle ne leur semble plus suffisamment justifiée.

Je ferai remarquer cependant à ce sujet que la revision et l'augmentation de traitement qui en pourra résulter au profit des comptables ne devraient pas, en général et par elles seules, être considérées par les administrations municipales comme un motif suffisant de supprimer l'allocation du dixième en plus. La revision, dans les conditions qui y ont été apportées par le décret du 27 juin 1876, n'a pour objet que de maintenir la rémunération des receveurs en rapport avec le travail et la responsabilité que leur impose l'accroissement des opérations normales des communes et des établissements publics. Mais, dans certains cas, surtout dans les grandes villes, en dehors de ces opérations, d'autres se rencontrent qui ont un caractère véritablement exceptionnel et qui ne trouvent pas toujours leur rémunération dans le traitement normal; c'est ce qui se produit, notamment, pour le service des emprunts, lorsqu'ils sont représentés par des obligations communales. Le service de ces emprunts, on doit le reconnaître, est devenu pour les comptables, surtout depuis le règlement du 23 juin 1879, l'occasion d'un surcroît de travail considérable, en même temps que de nouvelles et plus lourdes responsabilités. Dans les villes où cette situation se présentera, les conseils municipaux se feront un devoir, je n'en doute pas, d'indemniser le receveur en lui conservant l'allocation du dixième, indépendamment de l'augmentation du traitement normal résultant de la revision.

Circ. fin. 9 juillet 1887. — ... Tout d'abord, la distinction entre les recettes ordinaires et les recettes extraordinaires doit être établie d'une manière correcte, puisque c'est le classement régulier des recettes ordinaires qui servira de base à la revision du traitement; par conséquent, il est important que les comptables s'inspirent pour cette opération du principe ci-après, rappelé par le ministre de l'intérieur : on doit entendre par *recettes ordinaires* celles qui sont à la fois *annuelles et permanentes*, et par *recettes extraordinaires*, celles qui sont *accidentelles ou temporaires*.

C'est ainsi que devront être classés dans les recettes ordinaires des communes : les centimes ordinaires; les centimes pour l'entretien des chemins vicinaux; les centimes pour l'instruction primaire; les centimes pour frais de perception des impositions communales; le vingtième de la contribution des chevaux et voitures; le produit des huit centimes sur le principal des patentes; les impositions pour le salaire des gardes champêtres; les impositions pour insuffisance de revenus; le montant du rôle des prestations; le montant des rôles de la rétribution scolaire; les subventions pour l'instruction primaire, et généralement toutes les recettes annuelles et permanentes telles qu'elles sont indiquées par l'article 484 du décret du 31 mai 1862.

Toutefois, une distinction doit être faite en ce qui concerne les trois centimes extraordinaires autorisés par la loi du 14 juillet 1867 pour les chemins vicinaux ordinaires, ainsi que la quatrième journée de prestation qui peut être établie en vertu de la loi du 11 juillet 1868.

Lorsque ces impositions sont destinées à subvenir à l'entretien des chemins, il convient de les classer parmi les recettes ordinaires; lorsqu'elles ont pour objet l'établissement, l'achèvement, le redressement ou l'élargissement des chemins, elles ont le caractère de recettes extraordinaires.

Enfin, seront classées parmi les recettes ordinaires de l'exercice, les recettes supplémentaires qui auront le caractère d'opérations ordinaires; par exemple, les restes à recouvrer sur les recettes ordinaires des exercices précédents, ainsi que les recettes ordinaires qui auraient été omises au budjet primitif.

Les recettes ordinaires des hospices et des bureaux de bienfaisance sont indiquées dans l'article 548 du décret du 31 mai 1862.

Pour l'exécution de cette partie du tableau A (annexe nº 2) relative à la deuxième période et pour l'exercice du contrôle des receveurs des finances, les comptables dresseront, par commune et par établissement, un cadre distinct présentant le détail des recettes ordinaires pour chacune des années 1876, 1877, 1878, 1879 et 1880.

Ce cadre (annexes nos 4 et 5), établi dans le sens des observations qui précèdent, et conformément aux dispositions des articles 484 et 518 du décret du 31 mai 1863, avec des indications plutôt énonciatives que limitatives, sera dressé en minute et deux expéditions.

Les expéditions seront jointes à la demande de revision; l'une d'elles sera conservée par la trésorerie générale, l'autre sera transmise au préfet avec le dossier.

Afin d'éviter toute perte de temps pour la vérification des demandes, les receveurs des finances les adresseront au fur et à mesure à la trésorerie générale qui procédera de la même manière pour ses envois à la préfecture lesquels devront être terminés le 1er septembre.

Le calcul de l'augmentation que pourra éprouver le traitement du receveur se fera au moyen du tableau B (annexe nº 3).

Je n'ai rien à ajouter aux instructions données à ce sujet par le ministre de l'intérieur. Je me bornerai à appeler l'attention des comptables sur l'application, aux excédents de recettes ordinaires de la seconde période sur celles de la première et suivant les tranches auxquelles ils appartiennent, du tarif doublé des ordonnances des 17 avril et 23 mai 1839.

Ce tarif doublé a pour objet de remunérer les dépenses correspondant aux recettes constatées et qui n'entrent pas dans le calcul de l'excédent.

Une modification importante a été introduite dans le mode d'allocation du dixième en sus du traitement. Aux termes de l'article 5 de la circulaire du ministre de l'intérieur, en date du 1er août 1876, la délibération du conseil municipal ou de la commission administrative accordant ce dixième n'avait d'effet que pour une année. Dorénavant, le dixième une fois voté sera acquis au comptable, personnellement, pour toute la durée de sa gestion, à moins qu'une nouvelle délibération n'ait annulé la précédente.

La délibération prise en 1881 pour 1882 continuera a avoir son effet pour les années suivantes conformément aux dispositions ci-dessus.

Aux termes de l'article 7 du décret du 27 juin 1876, la revision du traitement pouvant être demandée chaque fois que la moyenne des revenus ordinaires des cinq derniers exercices aura été supérieure ou inférieure d'un dixième à celles des exercices qui auront servi à l'établir, les comptables qui n'auront pas été à même de demander cette revision pour 1882, pourront la provoquer en 1883 ou les années suivantes, lorsque les conditions de l'article 7 du décret du 27 juin 1876 seront remplies.

Il en sera de même après toute période de cinq années à dater de la dernière revision.

Les imprimés relatifs à la revision seront à la charge des comptables qui auront provoqué cette mesure. Ces imprimés sont les tableaux A et B (annexes nos 2 et 3) et les états présentant le développement des recettes ordinaires des cinq derniers exercices (annexes nos 4 et 5).

ordinaires des communes et des établissements de bienfaisance, dont les articles 133 et 134 de la loi du 5 avril 1884 donnent également le classement.

La circulaire du 30 juin et diverses décisions ministérielles ont, de leur côté, précisé la nature de certaines recettes.

La circulaire n'a imposé d'autre condition à l'admission de la demande de revision que d'avoir été sollicitée par les intéressés et de réunir les conditions réglementaires. Ces conditions sont formelles comme le droit à revision qui en découle.

Le préfet ne peut arguer, pour refuser la revision, que l'augmentation des revenus communaux serait due en grande partie à des subventions (telles que celles pour l'instruction primaire) si ces subventions ont le caractère de recettes ordinaires, et de ce que leur encaissement n'a pas eu pour effet immédiat d'augmenter sensiblement le travail et la responsabilité du comptable. Le décret du 27 juin 1876, en basant la revision *sur tous les revenus ordinaires, quels qu'ils soient, a imposé* une méthode pratique et donné un moyen facile de mettre le traitement municipal en rapport avec l'ensemble des recettes et des dépenses de chaque emploi ; il n'a pas eu en vue de faire calculer le traitement d'après l'importance des seules opérations engageant effectivement la responsabilité des receveurs. S'il en avait été ainsi, il eût fallu tenir compte notamment des emprunts et autres créations de ressources extraordinaires, des acquisitions d'immeubles, des travaux de construction de mairies, de maisons d'école, de chemins vicinaux, d'égouts, de pavage, de remboursement d'emprunts, opérations de recette et de dépense qui, malgré un développement incessant et souvent considérable, ne sont aujourd'hui productives d'aucune rémunération en faveur des comptables.

Le préfet, ne peut, en conséquence, refuser arbitrairement de soumettre à l'instruction la demande de revision qui lui est transmise par le receveur ou par la commune.

Le droit à revision n'est ouvert au bout de cinq ans que si le minimum du dixième a été atteint. Dans le cas contraire, il n'est pas nécessaire d'attendre pour l'exercer une nouvelle période de cinq ans si, avant ce délai, le minimum exigé peut être obtenu par les résultats de cinq exercices consécutifs.

La demande de revision est examinée par le préfet et communiquée ensuite à l'administration locale intéressée, pour être soumise aux délibérations du conseil municipal ou de la commission administrative. Dès qu'elle lui est renvoyée, le préfet qui a déjà entre les mains les observations du trésorier général, statue après avoir provoqué les explications du comptable s'il y a lieu.

L'arrêté est notifié, d'une part, au receveur par la voie hiérarchique, d'autre part, au maire de la commune.

Les arrêtés préfectoraux qui admettent la revision ne peuvent avoir d'effet rétroactif. Ils ne reçoivent leur application qu'à partir du 1er janvier de l'année qui suit celle de l'arrêté de revision (1).

Dans le cas de deuxième revision, les règles pour l'établissement des états de recettes ordinaires sont les mêmes que celles ci-dessus.

Les demandes de revision doivent être formulées par les comptables au plus tard le premier août et transmises à cette date à la recette des finances, chargée de les vérifier et de les faire parvenir par la trésorerie générale à la préfecture avant le 1er septembre.

Les conseils municipaux sont appelés à délibérer pendant le mois de septembre, et la décision préfectorale doit être prise et notifiée aux intéressés avant le 1er novembre, de façon à devenir définitive au 1er janvier suivant, si elle n'a fait l'objet d'aucun recours.

Les comptables et les administrations locales peuvent se pourvoir contre les arrêtés des préfets, devant le ministre de l'intérieur, dans le délai de deux mois, à partir de la notification, conformément aux dispositions combinées des articles 4 et 7 du décret du 27 juin 1876. Ces pourvois peuvent être adressés directement au ministre ou par l'intermédiaire de la préfecture. La décision ministérielle qui repousse l'arrêté préfectoral a un effet rétroactif.

Dans le cas où le recours est déposé à la préfecture, le préfet doit en délivrer récépissé ainsi que des pièces jointes.

La revision n'a pas pour effet de faire perdre *ipso facto* aux comptables le bénéfice du dixième en sus qui aurait pu leur être alloué. Elle ne doit pas non plus, être considérée par les administrations municipales comme un motif suffisant pour supprimer l'allocation de ce dixième (1). Les comptables n'ont donc pas à provoquer une nouvelle délibération du conseil municipal ou de la commission administrative pour continuer à toucher le dixième. Il suffit qu'il soit inscrit au budget.

Lorsque les chiffres des recettes ordinaires ont été déterminés pour chacune des deux périodes quinquennales on prend les moyennes correspondantes à chaque période, et si la seconde présente sur la première une différence en plus égale ou supérieure à un dixième de cette première moyenne, la demande en revision se trouve justifiée. Il ne reste alors qu'à calculer l'augmentation que doit subir le traitement.

Pour calculer l'augmentation de traitement qui doit résulter de la comparaison des deux périodes, on applique à la différence des deux moyennes le tarif doublé de l'ordonnance du 23 mai 1839, suivant les tranches dans lesquelles tombe le montant de cette différence.

La demande en revision doit être adressée par le comptable au receveur des finances qui, après vérification du décompte, la transmet au trésorier général chargé de la faire parvenir avec ses propositions à la préfecture.

Lorsque la demande de revision formulée par la commune ou par le comptable l'a été dans les conditions de l'article 7 du décret du 27 juin 1876, le préfet ne peut refuser de lui donner la suite qu'elle comporte.

Le traitement fixe est obligatoire pour les communes. Il est payable sur mandat du maire, par mois ou par trimestre, au choix du comptable, et supporte, en ce qui concerne les receveurs percepteurs, dans la proportion des trois quarts, les retenues spécifiées par la loi du 6 juin 1853 sur les pensions civiles ; un quart étant toujours considéré comme destiné à faire face aux frais de bureau.

3245. L'article 136 de la loi de 1884 ne range pas expressément les frais de bureaux des receveurs municipaux parmi les dépenses obligatoires des communes. Mais il n'y a qu'une omission apparente ; en réalité, ces sortes de dépenses rentrent à trois titres différents pour celles que la loi impose aux administrations communales. En premier lieu, en effet, la totalité du traitement du receveur municipal est obligatoire à la charge de la municipalité, et le décret du 27 juin 1876, article 6, attribue à un quart de ce traitement le caractère de frais de bureau ; en outre, le même article décide que si les frais dépassent ce quart, le surplus est à la charge de la commune ; enfin le paragraphe 2 de l'article 136 (voy. *supra*, n° 3235 et suiv.), range parmi les dépenses obligatoires les frais de bureau pour le service de la commune, or le service de la perception des deniers communaux est manifestement communal.

Les frais de bureau des receveurs municipaux ne sont supportés par ces comptables que jusqu'à concurrence du quart de leur traitement ; le surplus, avons-nous dit, est à la charge de la commune. En cas de désaccord entre le comptable et la commune sur l'établissement sur le chiffre de ces frais, le préfet statue, après avoir pris l'avis du trésorier payeur-général et sauf recours au ministre de l'intérieur (2).

Le montant des frais de bureau dont les receveurs municipaux doivent être indemnisés par les communes, peut être fixé à forfait, et lorsque ces frais ont été ainsi réglés par le préfet, il n'appartient pas au conseil de préfecture de rejeter la dépense du compte, par le motif qu'elle serait excessive,

---

(1) Déc. min. fin. 3 avril 1886 ; Déc. min. fin. 16 août 1883.

(1) Circ. int. 30 juin 1881.
(2) Déc. 27 juin 1876, art. 6.

et que les frais dont il s'agit n'ont pas excédé le quart du traitement fixe qui y est affecté (1).

3246. Aux termes de l'article 121 de la loi du 8 décembre 1814, l'administration et la perception des octrois rentrent dans les attributions des maires, sous la surveillance immédiate des sous-préfets et sous l'autorité du gouvernement. Pour faciliter la surveillance de l'administration supérieure, dans les communes où le produit annuel de l'octroi s'élève à 20,000 francs au moins, il peut être établi un préposé en chef remplissant la double fonction d'agent de la commune et de commissaire du gouvernement (2).

Le préposé en chef est nommé par le préfet, sur une liste de trois candidats formée par le maire (3).

Quoique payé sur les deniers communaux, le préposé en chef prend rang dans l'administration des contributions indirectes, à laquelle il rend compte de sa gestion. Son traitement est déterminé par le directeur général de cette administration, et il est soumis à la retenue pour le service des pensions civiles (4).

Les fonctions de préposé en chef, surtout dans les villes de peu d'importance, peuvent être remplies par un employé des contributions indirectes, moyennant nomination dans la forme ci-dessus indiquée.

Mais l'indemnité qui, dans ce cas, est accordée à l'employé faisant fonction de préposé en chef n'est pas sujette à retenue.

3247. Les frais de perception des recettes communales constituent une dépense obligatoire. Les frais comprennent les dépenses de l'octroi comme celles qui sont nécessaires pour la recette de tous les revenus communaux dont le recouvrement peut s'effectuer directement par le receveur municipal.

Les dépenses d'octroi consistent principalement dans les frais de perception, lesquels comprennent les frais de premier établissement, les dépenses du personnel et du matériel d'exploitation, l'indemnité allouée à la régie des contributions indirectes pour les exercices faits en commun chez les contribuables soumis à la fois aux droits du Trésor et aux taxes municipales, les frais de gestion en cas de traité avec la régie pour l'administration directe de l'octroi, enfin les prix des fournitures d'impressions et d'instruments.

On doit ranger aussi parmi les dépenses de l'octroi les prélèvements effectués sur ces produits, tels que : l'indemnité payée à l'État pour frais de casernement et d'occupation de lits militaires ; le versement au Trésor d'une portion de l'octroi, qui remplace, dans plusieurs villes, la contribution personnelle et mobilière : les allocations aux établissements de bienfaisance.

Ces diverses dépenses sont effectuées conformément aux règles indiquées ci-après.

Les frais de premier établissement concernent l'achat des bureaux, la construction des portes et barrières, la mise en état des lieux, et généralement toutes les fournitures, une fois faites, pour la mise en activité de l'octroi. Les règlements locaux doivent indiquer le mode de conservation de tous les objets, qui sont confiés à la charge et garde des employés, prescrire la formalité des inventaires au bas desquels ils s'en chargent, et prévenir les dilapidations, quelle que soit d'ailleurs la forme d'administration de l'octroi.

Les frais de perception, proprement dits frais d'exploitation, se composent, non seulement des appointements fixes ou éventuels des employés, mais encore des frais de loyer et entretien des bâtiments, meubles et ustensiles, des frais d'impression et de bureau, de versement (s'il y a lieu d'en allouer), de procédure, des dépenses imprévues, etc.

Les frais de premier établissement de régie et de perception des octrois sont arrêtés par le préfet, qui transmet à l'administration des contributions indirectes une ampliation

de son arrêté, avec copie de la délibération du conseil municipal (1).

Une approbation nouvelle n'est pas obligatoire tant que les autorités locales jugent à propos de maintenir au budget le crédit régulièrement fixé pour les frais de perception.

Dans aucun cas, et sous aucun prétexte, les maires ne peuvent excéder les frais alloués, sous peine d'en répondre personnellement (2). Mais la responsabilité encourue par le maire, dans le cas où il excéderait le crédit alloué pour frais de perception, ne dégage pas celle du receveur pour les payements qu'il aurait faits sur mandats du maire en excédent de ce crédit (3).

Les dépenses du matériel sont payées d'après les règles établies pour les autres dépenses de même nature faites par les communes.

Il en est de même pour le matériel, lorsque la gestion de l'octroi est confiée à l'administration des contributions indirectes ; mais, quant au traitement des préposés, le receveur municipal verse la somme convenue par l'acte d'abonnement pour ce traitement entre les mains du receveur principal de la régie, qui demeure exclusivement chargé de tout payement à faire aux employés.

Les employés de la régie étant exclusivement chargés, à l'intérieur du lieu sujet au droit d'entrée, des exercices chez les entrepositaires de boissons, les brasseurs et les distillateurs, il doit être tenu compte par l'octroi, à la régie, de la partie des dépenses qu'occasionnent ces exercices (4).

L'indemnité dont il s'agit est fixée d'après le tarif décroissant, ci-après (5) :

4 0/0	sur les constatations de	10,000 francs et au-dessous.	
3 1/2 0/0	—	de 10,001 à 20,000 francs.	
3 0/0	—	de 20,001 à 50,000	—
2 1/2 0/0	—	de 50,001 à 100,000	—
2 0/0	—	de 100,001 à 200,000	—
1 1/2 0/0	—	au-dessus de 200,000	—

Cette indemnité ne peut être convertie en une somme fixe et annuelle ou abonnement. Elle ne peut non plus être compensée avec les remises que paye le Trésor pour la perception du droit d'entrée par les employés de l'octroi (6).

Le payement en est fait au receveur municipal de la régie, à l'expiration de chaque trimestre, sur mandat du maire appuyé d'un décompte établissant la quotité de la portion de frais à la charge de la commune. La quittance, revêtue du timbre spécial de la régie, est jointe au mandat, qui doit être, en outre, quittancé par duplicata.

La régie des contributions indirectes détermine le mode de comptabilité des octrois et fait faire la fourniture de toutes les impressions nécessaires, sur la demande des maires (7).

Il en est de même des instruments de vérification, tels que sondes, jauges, aéromètres, etc.

La moitié des frais d'achat et d'impression des registres communs au double service des droits du Trésor et des droits d'octroi est, en outre, à la charge de la commune (8). Le payement de ces fournitures et frais est effectué par le receveur municipal, sur la production de mémoires dressés par la régie et approuvés par le ministre des finances, lesquels sont joints au mandat du maire avec la quittance du receveur de la régie.

Les dépenses du personnel comprennent celles du traitement et des diverses indemnités allouées aux agents chargés de la perception de la surveillance.

Nous avons déjà vu comment était nommé le préposé en

(1) C. des C. 2 juin 1882.
(2) L. 28 avril 1816, art. 155.
(3) Déc. 25 mars 1852, art. 5.
(4) L. 28 avril 1816, art. 155, § 2; Cons. d'Et. fin. 24 janvier 1861.

(1) Déc. 12 février 1870, art. 6.
(2) Inst. gén. fin., art. 985.
(3) C. des C. 20 juillet 1837.
(4) Ord. 9 décembre 1814, art. 91.
(5) Déc. min. 20 novembre 1889.
(6) Déc. min. fin. 30 juillet 1817.
(7) Ord. 9 décembre 1814, art. 68.
(8) Ord. 9 décembre 1814, art. 69.

chef. Quant aux simples préposés d'octroi, ils sont nommés par le sous-préfet, sur la présentation du maire, pour les octrois en régie simple ; sur la présentation de l'adjudicataire, s'il y a ferme ou régie intéressée ; ou sur celle du directeur des contributions indirectes, si la commune a traité avec lui de la gestion de l'octroi (1).

Tous les préposés comptables sont tenus, sans exception, de fournir un cautionnement en numéraire, qui est fixé par le ministre des finances à raison du vingt-cinquième brut de la recette présumée ; toutefois, le minimum de la fixation est de 200 francs. Ce cautionnement est versé au Trésor, qui en paye les intérêts au taux de 3 0/0 (2).

Lorsque l'octroi est mis en ferme, tous les droits et frais de perception sont imposés à l'adjudicataire par le cahier des charges.

Lorsque les communes ont été autorisées à faire gérer l'exploitation de leur octroi par l'administration des contributions indirectes, les conventions à faire entre la régie et les communes ne portent que sur les traitements fixes ou éventuels des préposés : tous les autres frais généralement quelconques sont intégralement acquittés par les communes sur les produits bruts des octrois. La conséquence de ces conventions est de remettre la perception et le service de l'octroi entre les mains des employés ordinaires des contributions indirectes. Cependant, lorsqu'il est nécessaire, les villes sont autorisées à conserver des préposés affectés spécialement au service de l'octroi. Les maires conservent le droit de surveillance sur ces préposés et celui de transiger sur les contraventions (3).

Les receveurs versent le montant de leurs recettes, pour le compte de l'octroi, dans la caisse municipale, sous la déduction des frais de perception convenus par le traité (4).

Article 6. — *Frais de police.*

3248. Nous avons déjà vu (n°ˢ 824 et suiv., 863 et suiv., 2085) quelle était l'organisation, dans la commune, du service de sûreté, dit de police ; nous avons vu également (n°ˢ 926 et suiv.) que la loi forestière faisait aux municipalités une obligation de faire garder leurs bois par un personnel spécial de gardes forestiers. L'article 136 met au nombre des dépenses obligatoires celles qui sont nécessitées par l'établissement et l'entretien des divers agents chargés de ces fonctions, obligations qui résultaient également de dispositions inscrites dans les paragraphes 7 et 8 de l'article 30 de la loi du 18 juillet 1837.

Le personnel de la police proprement dite comprend le commissaire ou les commissaires de police, établis en vertu de la loi du 28 pluviôse an VIII (voy. n°ˢ 825 et suiv.), et les agents ou préposés de police. L'entretien s'entend des diverses dépenses nécessitées pour assurer le service de la police : frais de bureau, d'uniforme des agents, et menus frais. Les frais judiciaires de chaque instruction criminelle n'y sont pas compris ; ils sont réglés et liquidés sur le budget spécial de l'Etat.

Nous avons exposé quelles étaient les fonctions des commissaires de police, leurs droits, leurs devoirs et comment ils étaient nommés ; nous avons vu également quels étaient leurs traitements. Tous ces points échappent à la réglementation municipale. La loi impose la charge aux communes ; mais elle n'a pas voulu que le soin d'assurer la tranquillité publique fût remis aux fluctuations des délibérations des assemblées communales.

Mais les administrations municipales peuvent se soumettre à plus d'obligations que la loi ne leur en impose ; c'est ainsi, par exemple, que les villes de moins de 5,000 habitants

peuvent demander à avoir un commissaire de police, et que les communes d'un canton peuvent s'associer à l'effet d'entretenir un de ces magistrats et le personnel qui doit l'assister. Dans ce cas comme dans l'autre, il n'y a pas obligation pour les communes de créer ou de maintenir la fonction, mais la fonction établie et maintenue, il y a obligation d'en supporter la dépense.

La somme nécessaire pour subvenir au traitement et aux frais de bureau d'un commissaire de police cantonal, là où cette institution est conservée du consentement des communes, est répartie entre les communes comprises dans la circonscription du commissariat (1). La commune chef-lieu de canton ou autre, dans laquelle est fixée la résidence du commissaire cantonal, doit toujours contribuer à la dépense pour un contingent qui ne peut être moindre de 300 francs par an, pour les communes dont la population est au-dessous de 1,500 habitants ; de 500 francs, pour les communes dont la population est de 1,500 à 3,000 habitants, et de 600 francs pour les communes dont la population est de 3,000 à 5,000 habitants. Si les contingents sont insuffisants, la somme nécessaire est complétée sur les fonds de l'Etat (2).

La centralisation au fonds des cotisations municipales des contingents communaux et des subventions de l'Etat, destinés au payement des traitements des commissaires de police, est nécessaire à raison de la diversité des ressources dont la réunion constitue le traitement de ces agents. Cette marche appliquée aux contingents obligatoires est la seule régulière (3).

Le versement des contingents communaux est fait au receveur des finances de l'arrondissement, qui en délivre des récépissés à talon. Ce système de centralisation est appliqué à tous les commissariats de police, sans distinction (4).

Par suite, les traitements et frais de bureau des commissaires de police sont acquittés au moyen de mandats que le préfet délivre sur la caisse du trésorier général, qui peut, en visant ces mandats, faire faire le payement par les percepteurs et autres comptables de la résidence des parties prenantes.

Afin d'abréger, pour les grandes villes, le mandatement et le payement des traitements et autres répartitions de fonds auxquelles auraient droit plusieurs agents, il peut être formé des états d'émargement pour les diverses catégories d'agents du service de la police ; un seul mandat est alors délivré au nom de l'un d'entre eux, lequel est chargé de faire émarger les états et de répartir les fonds (5).

Les quittances des commissaires de police pour leurs traitements sont sujettes au droit de timbre de 10 centimes. Il en est de même à l'égard des quittances pour dépenses de police, de toute nature, même les quittances des sommes

---

(1) L. 28 avril 1816, art. 56 ; Ord. 9 décembre 1814, art. 56 et 93.
(2) L. 28 avril 1816, art. 159 ; L. 4 août 1844, art. 7.
(3) Ord. 9 décembre 1814, art. 95.
(4) Ord. 9 décembre 1814, art. 97.

(1) Cons. d'Et. 4 juillet 1860. — Le Conseil, Considérant qu'aux termes de l'article 7 du décret du 28 mars 1852, les contingents assignés aux communes pour acquitter le traitement et les frais de bureau des commissaires de police cantonaux peuvent être répartis entre les communes chef-lieux et les autres communes du canton à qui leurs ressources permettent de participer à cette dépense ; — Considérant que, réglée par le préfet en conseil de préfecture ; — Considérant qu'il appartient qu'à l'administration d'apprécier la part que doit supporter chaque commune en raison de ses ressources et de l'intérêt qu'elle peut avoir à être surveillée par le centenaire de police, et que les décisions prises par le préfet et par notre ministre de l'intérieur pour la répartition de cette dépense ne sont pas de nature à être attaquées par la voie contentieuse ; — Considérant qu'aux termes de l'article 10, n° 8, de la loi du 18 juillet 1837 la dépense du traitement et des frais de bureau des commissaires de police, telle qu'elle est déterminée par les lois, est rangée parmi les dépenses obligatoires des communes ; — Considérant qu'il n'est pas contesté que le préfet du département de la Somme ait observé les formalités prescrites par l'article 39 de la loi du 18 juillet 1837 pour l'inscription d'office au budget des communes des dépenses obligatoires que les conseils municipaux refusent de voter ; que dès lors, en inscrivant d'office au budget de la commune d'Argoeuvres la somme de 396 francs pour acquitter le contingent qui lui avait été assigné conformément à l'article 7 du décret du 28 mars 1852, dans les frais du commissariat de police cantonal pendant les années 1856 et 1857, le préfet du département de la Somme n'a pas excédé la limite de ses pouvoirs... — Rejette.
(2) Déc. min. int. 10 septembre 1870.
(3) Circ. fin. 28 mai 1873.
(4) Circ. int. 21 septembre 1855.
(5) Inst. gén. fin, art. 622.

allouées aux préfets à titre d'abonnement pour frais de bureau, dans les budgets des villes chefs-lieux de département ayant plus de 40,000 habitants (1).

3249. Quant aux villes de 5,000 habitants où doit être établi un commissaire de police- et à celles de plus de 40,000 âmes, où l'organisation du service de police est réglée, sur l'avis du conseil municipal, par décret du Président de la République, les dépenses de la police sont purement et simplement obligatoires. Sans doute, les villes peuvent contester qu'elles ont ou moins de 5,000 ou moins de 40,000 habitants ; mais ce point admis, si le conseil municipal n'alloue pas les crédits nécessaires pour l'acquittement des dépenses ou n'alloue qu'une somme insuffisante, l'allocation nécessaire est inscrite au budget et le mandatement opéré par le préfet pour les communes de plus de 5,000 habitants, et de moins de 40,000, en vertu de l'article 149, et par décret du Président de la République pour celles de plus de 40,000 habitants, en vertu de l'article 103 de la loi de 1884 (2).

Quand une ville doit-elle être considérée comme ayant plus de 5,000 ou plus de 40,000 âmes ? Nous avons vu (n° 442), qu'il y avait dans chaque commune deux sortes de *populations* : la population *totale générale* et la population *normale*. Nous avons vu également que, pour fixer le nombre des membres du conseil municipal, on ne devait compter que la population normale, c'est-à-dire la population de la commune, défalcation faite des militaires, des prisonniers, des habitants des asiles d'aliénés, etc. Il n'en est pas de même lorsqu'il s'agit de décider qu'une commune doit avoir un commissaire de police ou un régime de police organisé par décret. La population que l'on doit prendre en compte, en ces cas, est la population *totale générale*, c'est-à-dire la population normale plus la population mobile comptée à part dans les recensements. On comprend, en effet, que les raisons de décider

ne soient pas les mêmes lorsqu'il s'agit d'appliquer la loi sur l'organisation municipale, ou celles sur la sûreté publique : l'action de la police s'exerce indirectement sur toutes les catégories d'individus qui habitent dans l'étendue de la commune, que ceux-ci soient ou non compris comme faisant partie de la population normale (1).

Quoique le chiffre et la nature des dépenses de police soient déterminés d'une manière particulière en vertu de la loi du 28 pluviôse an VIII, du décret du 25 février 1855, du décret du 10 janvier 1883 et de l'article 103 de la loi du 5 avril 1884, le conseil municipal doit cependant être toujours consulté, et la dépense ne peut être inscrite au budget communal par décision de l'autorité supérieure qu'après refus de l'inscription volontaire de la somme nécessaire.

L'article 68 exige que le conseil municipal délibère toujours sur le budget communal et l'article 149, qu'avant toute inscription d'office une délibération spéciale ait été provoquée : ce sont là des règles générales dont, en aucun cas, on ne saurait se départir (2). L'article 103 de la loi de 1884 demande que les dépenses de police, dans les villes de 40,000 âmes, ne soient établies par décret du Président de la République qu'après avis du Conseil d'État ; mais cet avis ne doit intervenir que lorsque le conseil municipal a délibéré. C'est une garantie supplémentaire et non supplétoire que la loi a donnée aux grandes communes.

Un dernier mot à ce sujet : dans les villes dont la population est inférieure à 40,000 habitants, les dépenses obliga-

---

(1) L. 28 août 1871. Ins. gén. fin., art. 631.

(2) Cons. d'Et. 26 décembre 1885. — *Première espèce*. — Le Conseil, Vu la loi du 24 mai 1872, la loi du 5 avril 1884, notamment les articles 136 paragraphe 6 et 149, et celle du 28 pluviôse an VIII, le décret du 25 mars 1852, article 5 et celui du 27 février 1855 ; Considérant que l'article 136 paragraphe 6, de la loi du 5 avril 1884 range parmi les dépenses obligatoires des communes les traitements et autres frais du personnel de la police normale et rurale et que, d'après l'article 12 de la loi du 28 pluviôse an VIII, il peut y avoir un commissaire dans les villes de 5,000 habitants et au-dessus, et que le décret du 27 février 1855 fixe à 1,800 francs les traitements et les frais de bureau des commissaires de police de la dernière classe ; que, en présence du refus du conseil municipal de la commune de Saint-Junien, qui a 8,002 habitants d'allouer pour le traitement et les frais de bureau du commissaire de police la somme fixée par le décret du 27 février 1855, le préfet a pu sans excéder ses pouvoirs, inscrire d'office au budget de l'année 1885 l'allocation nécessaire pour compléter lesdits traitements et frais de bureau... — Rejette.

Deuxième espèce. — Le Conseil, Considérant que l'article 136 (comme dans la première espèce) ; Que dès lors, en présence du refus du conseil municipal de la commune de Buzençais qui a 5,189 habitants, de porter à son budget de l'année 1885 le crédit nécessaire aux traitements et frais de bureau du commissaire de police, le préfet a pu y faire inscrire d'office une somme de 1,800 francs pour lesdits traitements et frais de bureau ; — Considérant, d'ailleurs, que, pour faire face à cette dépense inscrite d'office, le préfet n'a eu qu'à rectifier les évaluations de recettes admises par le conseil municipal, et qu'il a pu ainsi équilibrer le budget en recettes et en dépenses sans recourir à la création de ressources nouvelles... — Rejette.

Troisième espèce. — Le Conseil, Considérant que l'article 136 (comme dans la première espèce) ; — Considérant, d'autre part, que, aux termes de l'article 152 de la loi du 5 avril 1884, si le maire refuse d'ordonnancer une dépense régulièrement autorisée et liquide, il est prononcé par le préfet en conseil de préfecture, et l'arrêté préfectoral tient lieu du mandat du maire ; — Considérant que le conseil municipal de la ville de Remiremont qui compte 8,121 habitants, avait primitivement inscrit à l'article 9 des dépenses du budget de l'année 1885 une somme de 1,800 francs pour le traitement et les frais de bureau du commissaire de police et que ce budget avait été approuvé par arrêté préfectoral en date du 17 février 1885 ; que si, ultérieurement, par délibération en date du 17 février 1885, le conseil municipal a entendu réduire à 1,300 francs lesdits traitements et frais de bureau, la délibération prise à cet effet, qui n'a pas été approuvée par le préfet ne pouvait modifier l'allocation primitivement fixée pour le traitement et les frais de bureau du commissaire de police, qui constituait une dépense obligatoire ; que, dans ces circonstances, le préfet a pu, sans excéder ses pouvoirs, sur le refus du maire de la ville de Remiremont d'ordonnancer le traitement du commissaire de police pour les quatre premiers mois de l'année 1885 d'après le chiffre de 1,800 francs, prendre en conseil de préfecture un arrêté pour mandater au profit du commissaire de police la somme nécessaire pour compléter son traitement... — Rejette.

---

(1) Cons. d'Et. cont. 15 septembre 1848 ; Cons. d'Et 6 janvier 1849. — Le Conseil, Vu la requête présentée par la ville de Tours, tendant à l'annulation d'une ordonnance du 5 juin 1846, portant règlement du budget pour l'année 1845, qui a inscrit d'office aux dépenses obligatoires le traitement d'un troisième commissaire de police ; Vu la loi du 28 pluviôse an VIII ; Vu la loi du 18 juillet 1837. — Considérant qu'aux termes des articles 30 et 38 de la loi du 18 juillet 1837 sont obligatoires pour les communes le traitement et les frais du bureau des commissaires de police tels qu'ils sont déterminés par les lois ; qu'aux termes de l'article 12 de la loi du 28 pluviôse an VIII, dans les villes dont la population excède 30,000 habitants, il y aura trois commissaires de police ; qu'ainsi la loi, en déterminant le chiffre qui doit servir de base pour fixer le nombre des commissaires de police, a fait pas de distinction entre la population mobile et la population sédentaire ; Considérant qu'il résulte de l'instruction que la population de la ville de Tours excède 30,000 habitants ; que dès lors, l'ordonnance du 5 juin 1846 portant règlement du budget de la ville de Tours pour ladite année, a pu valablement inscrire d'office audit budget, et comme dépense obligatoire le traitement d'un troisième commissaire de police... — Rejette.

Cons. d'Et. 16 juin 1885. — Le Conseil, Vu les lois des 28 pluviôse an VIII, 5 avril 1884 et 24 mai 1872 ; Vu le décret du 27 février 1855 ; Considérant que, d'une part, les traitements et autres frais de la police municipale sont mis au nombre des dépenses obligatoires pour les communes, par l'article 136 paragraphe 6 de la loi du 5 avril 1884, et que, d'autre part, les villes de 5,000 à 40,000 habitants doivent avoir un commissaire de police, conformément aux prescriptions de la loi du 28 pluviôse an VIII ; — Considérant que la population de la ville de Mamers étant supérieure à 5,000 habitants ainsi que cela résulte du tableau de recensement, il appartenait au préfet de la Sarthe de procéder à l'inscription d'office au budget de cette ville des sommes affectées au traitement du commissaire de police et que, dès lors, l'arrêt attaqué n'est pas entaché d'excès de pouvoir... — Rejette.

(1) Cass. civ. 3 mai 1875. — La Cour, Vu les articles 30 de la loi du 18 juillet 1837 et 50 de la loi du 5 mai 1855 ; — Attendu qu'en conférant au préfet, dans certaines chefs-lieux de département, les fonctions de préfet de police et en déclarant dépenses obligatoires les allocations nécessaires aux services dont les maires cessaient d'être chargés, l'article 50 précité (aujourd'hui abrogé par l'art. 23 de la loi du 24 juillet 1867) n'a apporté aucune modification aux règles générales en conformité desquelles les dépenses de cette nature doivent être inscrites au budget communal ; que, sous l'empire de la loi de 1855, comme sous l'empire de la loi du 18 juillet 1837, articles 38 et 39, aucune dépense obligatoire n'a pu y être augmentée ni introduite qu'après délibération préalable du conseil municipal et sur arrêté du préfet ou, suivant les cas, sur ordonnance ou décret du chef du Gouvernement ; — Attendu, en fait, que les fournitures dont Deluc et Reclus poursuivent le payement contre la ville de Bordeaux ont été faites pour l'habillement et l'équipement des sergents de ville et gardes municipaux à cheval, en vertu d'un traité passé par ces services avec le préfet de la Gironde, sans que le conseil municipal de ladite ville eût été appelé à en délibérer préalablement, et sans qu'il soit intervenu aucun décret impérial, le Conseil d'État entendu, ordonnant d'office l'inscription au budget de l'allocation nécessaire ; qu'à défaut de l'accomplissement des formalités protectrices des droits et des intérêts de la commune, la dépense dont il s'agit, quel que soit son caractère facultatif ou même obligatoire, ne peut, par le seul effet de la convention intervenue, lui être régulièrement imposée, ni le remboursement en être légalement poursuivi contre elle, qu'en défendant le contraire... — Casse.

toires de la police municipale ne comprennent que les traitements et les frais de bureau des commissaires de police.

Les villes ayant plus de 40,000 habitants doivent, en outre, pourvoir à la dépense du personnel inférieur de la police municipale (inspecteurs, brigadiers, sous-brigadiers et agents).

Enfin, bien que les traitements et frais de bureau des commissaires de police soient mis, par la loi du 5 avril 1884, à la charge des communes, l'État peut contribuer à la dépense par des subventions (1).

Les villes qui pourvoient seules aux traitement et frais et bureau des commissaires de police, sans recevoir pour ce service aucune subvention de l'État, peuvent acquitter directement la dépense entre les mains des ayants droit.

3250. La police rurale est principalement confiée aux gardes champêtres. Nous avons exposé, nos 863 et suiv., quelles étaient les fonctions de ces officiers de police judiciaire et fait connaître quels étaient leurs devoirs et leurs droits. Avant la loi de 1884, la loi du 20 messidor an III avait imposé à toute commune l'obligation d'avoir un garde champêtre ; la dépense était donc obligatoire. En outre, l'article 16 de la loi du 31 juillet 1867, avait autorisé les communes à pourvoir à leur traitement au moyen d'une imposition extraordinaire. La loi de 1884 a malheureusement changé cet état de choses, et apporté dans cette organisation qui avait fonctionné sans difficulté pendant quatre-vingt-dix années, un trouble profond.

En effet, d'un côté, l'article 102 a substitué la faculté à l'obligation, pour toute commune, d'avoir un garde champêtre, au moins ; d'un autre côté, l'article 136 range au nombre des dépenses obligatoires les traitements et frais de police rurale, ce qui ne peut se comprendre que des traitements et frais nécessités pour l'entretien du garde champêtre, et l'article 133 place au nombre des recettes du budget des communes : 3° les produits des centimes ordinaires et spéciaux affectés aux communes par les lois de finances, c'est-à-dire, en l'espèce, par la loi du 31 juillet 1867.

Tout cela, on en conviendra, est assez contradictoire. Pour expliquer ces résolutions opposées, le législateur s'est exprimé ainsi : « La commune est libre d'avoir ou de n'avoir pas de garde champêtre ; et quand la commune s'est donnée un garde, elle est libre, par une délibération postérieure, de supprimer cet office sur son territoire. Quand une commune s'est donnée un garde champêtre, tant qu'elle éprouve le besoin d'avoir cet agent dans la police municipale, tant qu'elle le conserve, elle n'a pas la faculté de supprimer son traitement. » Ce qui revient à dire que le législateur n'a pas reconnu aux municipalités le droit d'avoir des gardes champêtres sans les payer.

Ceci dit, résumons en quelques mots l'état juridique de la question :

L'institution des gardes champêtres est facultative pour les communes ; mais, lorsque la commune l'a décidée, leur traitement est au nombre des dépenses obligatoires des communes, qui ont reconnu la nécessité d'avoir un ou plusieurs gardes champêtres de quelque titre qu'elle le dénomme (2).

Le traitement des gardes champêtres est voté par le conseil

(1) Circ. min. int., 8 mai 1875.
(2) Cons. d'Et. cont. 13 novembre 1885 ; Cons. d'Et. cont. 16 juin 1886. — Le Conseil, Vu la loi du 5 avril 1884, notamment les articles 63, 102, 136 et 149 ; — Considérant qu'aux termes de l'article 102 de la loi du 5 avril 1884, le préfet seul peut révoquer les gardes champêtres et qu'aux termes de l'article 136, paragraphe 6, de la même loi, sont obligatoires, pour les communes, les traitements et autres frais du personnel de la police municipale et rurale et des gardes des bois de la commune ; — Considérant qu'il résulte de l'instruction que, si le conseil municipal de la ville de Soustons a, par sa délibération du 25 mai 1884, supprimé l'emploi de garde champêtre dans la commune, cette suppression n'a été pour but qu'un moyen détourné de retirer son emploi à son titulaire, puisque, par la même délibération, le conseil municipal a, en réalité, rétabli la fonction dont il s'agit tout en la désignant sous un autre nom ; — Que, dans ces circonstances, ladite délibération constituait une véritable révocation du garde champêtre, révocation qu'il n'appartenait pas au conseil municipal de prononcer ;— Qu'ainsi c'est avec raison que, par l'application des dispositions précitées, le préfet des Landes a inscrit d'office au budget de la commune de Soustons, pour l'année 1885, une somme destinée à assurer le traitement de cet agent... — Rejette.

municipal et porté annuellement au budget ; en cas d'insuffisance de leurs revenus, les communes doivent y pourvoir au moyen d'une imposition extraordinaire qui, à l'origine, ne portait que sur la contribution foncière, mais qui, depuis 1867, doit être recouvrée en addition aux quatre contributions directes sans limitation de la quotité des centimes (1).

(1) Déc. 23 fructidor an XIII ; L. 21 avril 1832, art. 19 ; L. 31 juillet 1867, art. 16 ; Cons. d'Et. int. 28 décembre 1886. — Vu la loi du 28 septembre, 6 octobre 1791, titre 1er, section VII ; Vu le décret du 23 fructidor, an XIII, sur le salaire des gardes champêtres, portant : article 1er. Dans toutes les communes où le salaire des gardes champêtres ne pourrait pas être acquitté sur les revenus communaux, en y comprenant le produit des amendes, et lorsque les habitants ne consentiront point à former le traitement ou complément de traitement de ces gardes par une souscription volontaire, la somme qui manquera sera, en conformité à l'article 3, section VII de la loi du 20 septembre et 6 octobre 1790, concernant les biens et les usages ruraux et la police rurale, répartie sur les propriétaires ou exploitants de fonds non enclos, au continue le franc de la contribution foncière de chacun d'eux ; — Vu l'article 26 de la loi du 17 août 1822 ainsi conçu : les rôles d'imposition sur les propriétaires ou exploitants de fonds non enclos votés avec les formes prescrites par les articles 39 et 40 de la loi du 15 mai 1878, pour le traitement des gardes champêtres, pourront être rendus exécutoires par le préfet ; — Vu l'article 19 de la loi des finances du 21 avril 1832 portant : il ne sera pas fait de rôles spéciaux pour les impositions relatives au traitement des gardes champêtres, les impositions votées dans les formes prescrites par les articles 39 et 40 de la loi du 15 mai 1818, sont comprises à titre de centimes additionnels dans le rôle de la contribution foncière et porteront comme ces centimes sur toutes les natures de propriété ; — Vu la loi du 18 juillet 1837 sur l'administration municipale ; — Vu le décret du 23 mars 1852, article 5, n° 27.

Considérant que le projet de décret propose de n'imposer que la contribution foncière dans la commune de Glénouze (Vienne) que 0 fr. 10, tandis que le nombre de centimes qui serait nécessaire pour assurer, au taux fixé par l'arrêté du préfet pour le traitement des gardes champêtres, s'élèverait à 16 fr. 10 environ ; — Que cette restriction serait fondée sur ce que l'article 3 de la loi des finances du 22 juin 1854 aurait fixé le nombre de 10 centimes pour les contributions à imposer d'office aux communes, en vertu de l'article 39 de la loi du 18 juillet 1837 ; mais qu'en étendant la disposition de ces deux articles à la dépense du traitement des gardes champêtres, l'administration ne paraît pas en faire une juste application ; — Qu'en effet, depuis l'institution des gardes champêtres, la dépense de leur traitement n'a cessé d'être régie par des dispositions législatives spéciales, auxquelles il n'a été expressément dérogé par aucun des articles de la loi du 18 juillet 1837 ; — Que le ministre de l'intérieur reconnaît lui-même que l'article 30 de ladite loi, en comprenant dans les dépenses obligatoires des communes le traitement des gardes champêtres, n'a pas eu pour effet de confondre cette dépense avec les autres dépenses obligatoires, au payement desquelles il est pourvu, en cas d'imposition d'office, par l'article 39 de la même loi, puisque le projet de décret, modifiant en cela les propositions du préfet, ne fait porter l'imposition d'office que sur la contribution foncière et non pas sur les contributions directes ;— Que s'il l'on admet que les dispositions législatives concernant le traitement des gardes champêtres subsistent au moins pour partie, il semble plus conforme à une bonne interprétation de la loi et aux exigences du service public de reconnaître que ces dispositions subsistent dans leur ensemble ; — Qu'il résulte en effet, de leur ensemble que le législateur a voulu assurer, pour chaque année, d'une manière régulière et certaine, le traitement des fonctionnaires municipaux ; — Que c'est dans ce but qu'il a stipulé qu'à défaut d'autres ressources, leur traitement serait réparti au franc de la contribution foncière et qu'il n'a pas fixé une limite à cette imposition, puisque le taux en dépend et du chiffre du traitement et du nombre des gardes champêtres ; — Qu'introduire dans ce système la limitation résultant de l'article 39 de la loi de 1837, ce serait en détruire l'efficacité, rendre souvent précaire un traitement que le législateur avait voulu assurer, et qu'on ne pourrait admettre un tel effet de la loi de 1837, que si cette loi l'avait formellement exprimé.

Considérant que le système mixte proposé conduirait à des conséquences qui pourraient embarrasser l'administration ; que l'effet l'imposition de 0 fr. 10 proposée par le décret ne doit porter que sur la contribution foncière, il en résulterait pour le cas d'une nouvelle dépense obligatoire à convenir d'office que le gouvernement ne pourrait plus faire porter l'imposition que sur les trois autres contributions directes ce qui serait contraire au vœu de la loi; mais que cette difficulté disparaît si l'on admet que les dispositions des lois qui ont réglé la dépense des traitements des gardes champêtres subsistent dans leur intégralité et que l'article 39 de la loi du 18 juillet 1837 n'est pas applicable en cette matière ; — Considérant enfin, qu'en vertu du décret du 25 mars 1852, la nomination des gardes champêtres appartient aux préfets, mais que cette attribution deviendrait illusoire, si les conseils municipaux pouvaient en éviter indirectement l'application en refusant d'allouer volontairement un traitement qui, d'un autre côté, ne pourrait pas être intégralement recouvré par la voie d'une imposition d'office.

Est d'avis : que les dispositions combinées des articles 39 et 40 du 18 juillet 1837 et 3 de la loi des finances du 12 juin 1854 ne sont pas applicables aux impositions d'office concernant le traitement des gardes champêtres, et qu'il y a lieu d'imposer sur la contribution foncière dans la commune de Glénouze le nombre de centimes nécessaires pour couvrir la dépense des gardes champêtres à porter d'office au budget de cette commune.

(Un décret du 3 février 1855, conformément à cet avis, a imposé d'office sur la commune de Glénouze, une somme de 300 francs, représentant environ 17 centimes additionnels à la contribution foncière.)

Dans ce cas, le conseil municipal doit fixer, dans sa session ordinaire du mois de mai, la somme qu'il y a lieu d'imposer sur les rôles généraux de l'année suivante pour le salaire des gardes champêtres, et indiquer la quotité correspondante des centimes additionnels (1).

Les centimes spéciaux sont votés par le conseil municipal sauf approbation par le préfet. Ils doivent figurer parmi les recettes ordinaires du budget, lorsque la commune en fait usage tous les ans.

Le produit de ces centimes, recouvré par les percepteurs cumulativement avec les autres contributions directes, est mis successivement à la disposition des communes, selon le mode indiqué pour les centimes additionnels ordinaires imposés à leur profit.

À défaut par le conseil municipal de voter la dépense relative au traitement des gardes champêtres, soit sur les ressources ordinaires, soit au moyen de centimes additionnels, le préfet peut l'inscrire d'office au budget.

Le traitement des gardes champêtres est payable par douzième à la fin de chaque mois, ou par quart à la fin de chaque trimestre.

3251. Nous avons vu, n°s 926 et suivants, comment était organisé le service de la conservation des bois communaux et, n°s 2213 et suivants, comment était constitué celui de l'exploitation. Que le garde forestier des bois de la commune soit mixte (n° 932) ou simplement communal (n° 927), il échappe, en réalité, à la direction et à la surveillance de l'autorité municipale pour demeurer exclusivement sous celle de l'administration forestière générale; mais le traitement et les frais de garderie sont à la charge du budget communal et constituent un salaire obligatoire.

Le salaire des gardes forestiers des communes est réglé par le préfet, sur la proposition du conseil municipal et l'avis du conservateur. Lorsque plusieurs communes sont intéressées dans la dépense, il est acquitté proportionnellement par chacune d'elles.

Le produit des coupes ordinaires et extraordinaires est principalement affecté au payement des frais de garde et des autres charges des bois. Lorsque les coupes sont délivrées en nature pour l'affouage, et lorsque les communes n'ont pas d'autres ressources, il doit être distrait une portion suffisante des coupes pour être vendue aux enchères avant toute distribution et le prix en être employé au payement des charges. Dans ce cas, le préfet, sur les propositions de l'agent forestier local et du maire, détermine la portion de coupe affouagère qui doit être vendue (2).

Les fonds nécessaires au salaire des gardes forestiers des communes et des établissements publics sont centralisés à la trésorerie générale et mandatés par le préfet au profit des gardes, au verso d'un état de liquidation établi pour chacun d'eux, à l'expiration de chaque trimestre, par les agents forestiers chefs de service.

Ainsi que le règle l'article 624 de l'Instruction générale, le service dont il s'agit doit être rattaché à la subdivision du compte des cotisations municipales affectées aux travaux d'intérêts communaux et à divers salaires. Les receveurs municipaux n'ont à intervenir que pour le payement des mandats.

Il est fait, sur le traitement des gardes communaux, des retenues destinées à être placées à la caisse des retraites pour la vieillesse (Voy. Caisse des Dépôts et Consignations, n°s 459 et suiv.). On excepte de cette disposition les gardes mixtes et les gardes auxquels les communes ou les établissements publics auraient assuré une pension de retraite et les gardes dont le traitement est inférieur à 300 francs. Cependant, les préposés de cette dernière catégorie peuvent se soumettre volontairement aux retenues (3).

Quant aux gardes forestiers mixtes, qui sont de véritables agents domaniaux, ils sont soumis aux règles établies pour le service des pensions des fonctionnaires de l'État.

(1) Circ. int., 22 septembre 1867.
(2) C. for. art. 109, § 2; Ord. 1er août 1827, art. 144.
(3) Régl. dir. gén. des forêts, 19 novembre 1859, art. 1er.

Si les produits de la vente ne suffisent pas à l'acquittement du salaire, la dépense intégrale n'en devrait pas moins être inscrite au budget de la commune et il y a lieu d'y pourvoir au moyen de centimes additionnels (1). Toutefois, une circulaire du ministre de l'intérieur, du 18 mai 1818, fait observer que, dans ce cas, les bois devenant une charge pour les communes, il y a avantage à les aliéner et à en employer le prix à l'achat de rentes sur l'État (2).

Article 7. — *Pensions* (3).

3252. Les fonctionnaires et employés municipaux n'ont pas droit en principe à une pension de retraite. Ce droit n'existe pour eux que dans deux cas : 1° lorsque les communes ont établi une caisse de retraites en faveur des employés remplissant les conditions de service et ayant subi les retenues auxquelles est subordonnée l'allocation d'une pension; dans ce cas, la liquidation de la pension est faite conformément aux dispositions de la caisse de retraites; 2° lorsque les communes, bien que n'ayant pas de caisse de retraites concèdent des pensions sur les fonds municipaux par délibérations régulièrement approuvées. Ces dernières pensions sont alors liquidées conformément au décret du 4 juillet 1806 sur les pensions des employés du ministère de l'intérieur, rendu applicable aux employés des administrations municipales par un avis du Conseil d'État du 17 septembre 1811.

Dans un cas comme dans l'autre les pensions régulièrement concédées constituent une dépense obligatoire pour les communes.

Aux termes du décret du 25 mars 1852, tableau A, n° 38, c'est aux préfets qu'il appartient de statuer sur les liquidations de pensions, mais les règlements de caisses municipales sont toujours approuvés par décret rendu en Conseil d'État.

Sans qu'il y ait à cet égard de règles fixes, voici quelle est, en général, la constitution des caisses de retraite communales.

Les recettes des caisses de retraite des employés des mairies se composent: 1° d'une retenue de cinq centimes par franc sur les traitements et indemnités à titre de gratification; 2° de la retenue du premier mois d'appointements de tout employé nouvellement nommé; 3° de la retenue pendant le premier mois de la portion de traitement qui est accordée à titre d'augmentation; 4° des retenues sur les appointements des employés en congé.

Les employés peuvent obtenir une pension de retraite après trente ans de service effectif. La pension peut cependant être accordée avant trente ans de service à ceux que des accidents

(1) L. 22 mars 1806, art. 1er; Cons. d'Et. cont. 11 juin 1870; — Le Conseil, Vu les articles 105 et 109 C. for.; Vu la loi du 28 pluviôse an VIII et celle du 18 juillet 1837; Considérant que l'article 109 C. for. porte que les coupes ordinaires et extraordinaires des bois communaux sont principalement affectées au payement des frais de garde de la contribution foncière et des sommes qui reviennent au Trésor, en vertu de l'article 106, et que, si les coupes sont délivrées en nature par l'affouage et que les communes n'aient pas d'autres ressources, il doit en être distrait une portion suffisante pour être vendue aux enchères avant toute distribution, et le produit en être employé au payement des charges; que, pour y subvenir, les communes sont autorisées à recourir à une imposition extraordinaire; — Considérant que le conseil municipal de la commune de Vérel-de-Pragondran s'est borné à imposer aux affouagistes pour l'année 1869, sur le produit des portions de coupes qui leur était délivrées, avec taxe dont le total s'est élevé seulement à la somme de 1,5 francs et qu'il résulte de l'instruction que la valeur de la coupe effectuée durant cette année était de 600 francs au moins, que le conseil municipal aurait dû, conformément aux dispositions de l'article 109 précité du C. for., ordonner la distraction et la vente de tout ou partie de cette coupe, pour le produit en être employé à l'acquittement des frais de garde de la contribution foncière et au prélèvement à effectuer au profit de l'État, mais que, faute par lui de consacrer à cette dépense les ressources qui y sont principalement affectées par la loi, il ne pourrait recourir à une imposition extraordinaire pour y subvenir, que par suite le sieur Chabert était fondé à demander décharge de cette imposition... — Rejette.
En ce sens, Cons. d'Et. cont. 4 mai 1877. (Voy. supra, n° 2354.)
(2) Morgand, t. II, p. 351.
(3) Nous ne pouvons développer ici les règles générales et commenter la législation relative aux pensions.

ou des infirmités rendent incapables de continuer leurs fonctions, ou qui se trouvent réformés après dix ans et plus de service par le fait de la suppression de leur emploi.

Pour déterminer le montant de la pension, il est fait une année moyenne du traitement fixe dont les réclamants ont joui pendant les trois dernières années de leur service. Les gratifications qui leur ont été accordées pendant ces trois ans ne font point partie de ce calcul.

La pension accordée après trente ans de service ne peut excéder la moitié de la somme réglée par l'article précédent. Elle s'accroît du vingtième de cette moitié pour chaque année de service au-dessus de trente ans. Le maximum de la retraite ne peut excéder les deux tiers du traitement annuel de l'employé réclamant.

La pension accordée avant trente ans de service est du dixième du traitement pour dix ans et au-dessous. Elle s'accroît du soixantième du traitement pour chaque année de service au-dessus de dix ans, sans pouvoir excéder la moitié du traitement.

Les pensions et secours aux veuves et orphelins ne peuvent excéder la moitié de celle à laquelle le décédé aurait eu droit. Elles ne sont accordées qu'aux veuves et orphelins des employés décédés en activité de service ou ayant droit à une pension. Les veuves n'y ont droit qu'autant qu'elles ont été mariées depuis cinq ans et non divorcées, et n'ont point contracté un nouveau mariage.

Nul employé démissionnaire n'a droit de prétendre au remboursement des retenues exercées sur son traitement, ni aucune indemnité en conséquence; mais si, par la suite, il est réintégré dans son emploi, le temps de son premier service compte pour la pension.

Tel est le système qui est appliqué à la plupart des caisses de retraite créées au profit des employés municipaux. Quelques communes seulement ont adopté un mode de rémunération qui constitue une sorte de caisse d'épargne et de prévoyance; mais ce mode, bien que recommandé par une circulaire du ministre de l'intérieur du 15 juillet 1835, ne paraît pas avoir présenté jusqu'ici des avantages suffisants pour le faire préférer à celui qui résulte du décret du 4 juillet 1806.

3253. **Tous les employés municipaux sans distinction,** secrétaire de mairie, commis écrivain, gardes champêtres, appariteurs, peuvent, lorsqu'il existe une caisse de retraites, faire valoir leur droit à la pension s'ils remplissent les conditions voulues. Les commissaires de police, bien que la loi du 5 avril 1884, article 136, ne les mentionne pas spécialement, jouissent de ce privilège comme les autres employés municipaux, la loi du 9 juin 1853 ne leur est pas applicable. Les employés d'octroi participent aussi aux bénéfices de la caisse des retraites, et lorsqu'il n'en existe pas, leurs pensions peuvent aux termes de l'ordonnance du 4 septembre 1830, lorsque les communes en font la demande, être liquidée par application des titres II, III et IV de l'ordonnance 12 juillet 1825 relative aux pensions des fonctionnaires et employés du ministère des finances.

Indépendamment des employés municipaux proprement dits, certains fonctionnaires rétribués en partie sur les fonds communaux, bien que soumis au point de vue de la retraite aux dispositions de la loi du 9 juin 1853 sur les pensions civiles peuvent obtenir leur adjonction aux caisses locales de retraite dans les communes où il en existe. Ils acquièrent ainsi des droits à une double pension. Tels sont les instituteurs, les percepteurs-receveurs municipaux, les préposés en chefs des octrois.

Enfin on ne peut terminer cette énumération sans rappeler que les pensions liquidées, par application de la loi du 5 avril 1851 en faveur des sapeurs-pompiers blessés, ou des veuves et orphelins des sapeurs-pompiers tués au feu sont également obligatoires pour les communes.

Les sommes provenant des retenues exercées en vertu d'autorisations légales, sur les traitements des employés des mairies et des octrois pour former des fonds de pensions ou caisses de retraites, sont versées à la caisse des dépôts et consignations, par les receveurs des communes. Les receveurs sont tenus de faire ce versement aussitôt après que les retenues ont été exercées, ou au moins tous les mois, et ils en sont libérés par un récépissé du préposé de la caisse des dépôts. Il en est de même des produits accidentels que les receveurs seraient autorisés à retenir pour former un premier fonds de retraite, ou le compléter. Les bordereaux qui sont remis aux préposés de la caisse des dépôts, lors de chaque versement, doivent faire connaître l'origine, la nature et la quotité de chacun des produits versés.

La caisse des dépôts ouvre à chaque commune un compte de fonds de retraites, qu'elle crédite des sommes qui lui appartiennent; et celles de ces sommes qui restent au crédit du compte à la fin de chaque année, après le payement des retraites, sont employées en achats d'inscriptions de rentes sur l'État, dont les arrérages sont perçus par la même caisse au nom de la commune, et accroissent d'autant les fonds destinés aux pensions dont elle est chargée. Cette caisse tient à la disposition des communes les fonds non employés, ainsi que les inscriptions de rentes acquises; et, lorsque les sommes restant en caisse sont insuffisantes pour subvenir au payement des pensions, la caisse, sur la demande des administrations, fait procéder à la vente des rentes, jusqu'à concurrence de la somme nécessaire.

Dès que la caisse des dépôts a employé les fonds de retenues à l'acquisition de rentes sur l'État au nom de chaque commune propriétaire, ou qu'en cas d'insuffisance de fonds elle a fait vendre des rentes, elle en donne avis au maire qui le communique au receveur, afin qu'il constate ces opérations sur ses livres.

Ce comptable constate de même, mais sans avis préalable de la caisse des dépôts, le recouvrement des arrérages de rentes que cette caisse perçoit chaque trimestre.

Le payement des pensions ou retraites a lieu tous les trois mois, et s'effectue, pour les pensionnaires domiciliés dans la commune de la résidence du receveur municipal, sur des mandats payables par ce comptable et dont l'envoi doit être fait par le maire à la caisse des dépôts et consignations, qui autorise le ministre des finances à en verser le montant au receveur municipal contre un reçu de ce dernier comptable.

Lorsque des pensions doivent être payées ailleurs que dans la commune, le maire envoie à la caisse des dépôts, au lieu de mandats, des états indiquant les noms, prénoms et résidence des pensionnaires, la somme à payer à chacun d'eux et les justifications à produire. La caisse des dépôts adresse aussitôt aux trésoriers généraux des départements où résident les ayants droit l'autorisation de liquider les pensions, et, dès que les quittances des pensionnaires ont été envoyées, elle les fait parvenir au receveur municipal, qui fait, à la fois, recette et dépense de leur montant. La quittance à souche est immédiatement envoyée à la caisse des dépôts.

Dans le courant du mois de février de chaque année, la caisse des dépôts adresse une copie de son compte courant à chaque administration communale. Ce compte est communiqué au receveur, qui le vérifie en le rapprochant de celui qu'il tient lui-même, et en fait une copie pour la produire à l'appui de son compte de gestion.

Aux termes du décret du 25 mars 1852 sur la décentralisation administrative, le préfet est compétent pour approuver les liquidations de pensions sur les caisses spéciales de retraites au profit des employés communaux et hospitaliers.

Les pièces à produire à l'appui des demandes de liquidation sont: 1° une copie du règlement de la caisse de retraites; 2° un certificat du maire constatant le nombre d'années de service et la moyenne du traitement pendant les trois dernières années; 3° s'il y a des services militaires un certificat délivré par le ministre de la guerre constatant le nombre d'années de service dans l'armée; 4° si l'employé compte dans d'autres administrations publiques des services admissibles, un certificat constatant le nombre d'années de service ; 5° si la demande de pension a pour cause des infirmités, un certificat du médecin délégué à cet effet par le préfet ou le sous-préfet, constatant que l'employé est atteint de telles infirmités qui l'empêchent de continuer ses fonctions, et que ces infirmités sont le résultat de l'exercice desdites fonctions ; 6° une copie de la délibération par laquelle le conseil municipal a fixé le montant de la pension.

Lorsqu'il s'agit de la pension d'une veuve, on doit produire outre les pièces qui établissent les droits du mari à la pension : 1° un extrait de l'acte de mariage ; 2° un certificat du maire constatant qu'il n'a pas existé de séparation de corps entre les époux ; 3° un extrait de l'acte de naissance de la veuve ; 4° s'il y a des enfants mineurs qui donnent droit à une augmentation, les actes de naissance de chacun de ces enfants ; 5° un extrait de l'acte de décès du mari ; 6° enfin, la délibération par laquelle le conseil municipal ou la commission administrative a fixé le montant de la pension.

ARTICLE 8. — *Justice de paix.*

3254. Les menues dépenses des justices de paix, telles que le chauffage et l'éclairage, les frais d'impression et les fournitures de bureau sont à la charge des départements (1). Mais le loyer et l'entretien des prétoires, ainsi que les frais d'achat et d'entretien de leur mobilier, sont au nombre des dépenses obligatoires des communes chef-lieux de canton (2).

On suit, pour ces dépenses, les règles relatives aux dépenses analogues des mairies.

Dans les communes divisées en plusieurs cantons, il doit être fourni autant de prétoires qu'il y a de justices de paix.

ARTICLE 9. — *Enseignement public.*

3255. « Il sera créé et organisé, disait la Constitution de 1791, une instruction publique, commune à tous les citoyens, gratuite à l'égard des parties d'enseignement indispensables pour tous les hommes, et dont les établissements seront distribués graduellement, dans un rapport combiné avec la division du royaume. » C'est sous cette forme simple que les législateurs de l'Assemblée nationale présentaient les principes qui devaient présider à l'organisation de l'instruction publique en France. Mais quels qu'aient été les efforts de certains hommes et de certains gouvernements, on peut dire que cette organisation n'a été constituée complètement que depuis quelques années seulement. Et ce sera, dans l'histoire de notre

(1) L. 10 août 1871, art. 60, n° 3 ; Déc. 28 janvier 1883.
(2) Cons. d'Ét., 13 décembre 1869. — Considérant que le pourvoi de la ville de Carcassonne tend à déclarer : — 1° que la dépense nécessaire à l'achat et à l'entretien du mobilier de la cour d'assises et de la justice de paix du canton ouest n'était pas obligatoire ; — 2° qu'en tout cas, avant de procéder à l'inscription d'office au budget de 1869 de cette dépense, le préfet aurait dû appeler le conseil municipal à en délibérer de nouveau ; — Considérant que, par application du décret du 27 février 1811 et de l'article 3 paragraphe 10 de la loi du 18 juillet 1837, les communes sont tenues de fournir les locaux nécessaires au logement du président de la cour d'assises et à la justice de paix, mais encore de l'entretenir la maison desdits locaux ; — Considérant qu'il résulte de la délibération du conseil municipal du 28 novembre 1848, que si, au moyen de la subvention de 25,000 francs par elle payée pour concourir à la dépense de la construction du palais de justice, la ville s'est exonérée de l'obligation de fournir le local nécessaire au logement du président de la cour d'assises et de la justice de paix de l'un des deux cantons qui la composent, elle n'a stipulé aucune condition relativement à l'achat et à l'entretien du mobilier desdits locaux ; que dès lors, conformément au décret précité du 27 février 1811 et à la loi du 18 juillet 1837, ils restent exclusivement à sa charge ; — Mais considérant qu'aux termes de l'article 39 paragraphe 2 de la loi précitée de 1837, l'inscription d'office au budget communal d'une dépense obligatoire pour laquelle le conseil municipal a refusé d'allouer les fonds nécessaires ne peut avoir lieu qu'après une nouvelle et préalable délibération dudit conseil ; — Considérant dès lors que, c'est à tort que par l'arrêté attaqué le préfet de l'Aude a inscrit d'office au budget de la ville de Carcassonne la somme de... sans avoir préalablement appelé le conseil municipal à délibérer de nouveau sur lesdites dépenses... — Annulation.

pays, l'éternelle gloire de M. Jules Ferry d'y avoir attaché son nom. On comprend que nous ne traitions pas ici, même sommairement, la question de l'enseignement public. Un semblable sujet doit faire l'objet d'une étude approfondie, et nous ne pouvons, à propos de notre organisation communale, que rappeler en quelques mots les obligations pécuniaires que les lois existantes mettent à la charge des municipalités.

L'enseignement public se divise en *enseignement supérieur, enseignement secondaire* et *enseignement primaire.*

L'enseignement supérieur est donné dans les *facultés* et dans d'autres établissements, tels que le *Collège de France,* le *Muséum d'histoire naturelle,* l'*École pratique des hautes études* et toutes nos écoles supérieures, comme l'École polytechnique, l'École centrale, etc., etc.

L'enseignement secondaire se donne dans les *lycées* de l'État et les *collèges* communaux.

Enfin, l'enseignement primaire est donné dans les *écoles primaires.*

Les dépenses ordinaires relatives à l'instruction publique présentent le caractère obligatoire comprennent, tout d'abord, les dépenses annuelles de l'enseignement primaire ; mais elles peuvent aussi comprendre quelques-unes de celles ayant trait à l'enseignement secondaire et à l'enseignement supérieur.

L'instruction supérieure comprend les établissements d'enseignement supérieur appelés *Facultés.* On compte aujourd'hui cinq ordres de Facultés, savoir : Facultés de théologie, de droit, de médecine, des sciences et des lettres. Il y a aussi des *facultés mixtes* de médecine et de pharmacie. Dans l'ordre des sciences, il y a des *écoles préparatoires* à l'enseignement supérieur des sciences et des lettres. A l'ordre de la médecine se rattachent les *écoles supérieures de pharmacie, les écoles préparatoires de médecine* et les *écoles dites de plein exercice.*

En principe, l'enseignement supérieur est à la charge de l'État ; mais les lois spéciales permettent d'associer à ses efforts ceux des départements, des communes et même ceux des particuliers.

Aux termes de l'article 10 de la loi du 10 juin 1854, le local de l'Académie, le mobilier du conseil académique et des bureaux du recteur sont fournis par la ville chef-lieu. La fourniture du local n'incombe toutefois aux villes que lorsqu'il n'existe pas de bâtiments affectés au service des diverses Facultés. Dans le cas contraire, l'obligation des communes consiste à entretenir les bâtiments (1).

De plus, s'il s'agit de bâtiments dont elles ont la propriété, soit pour les avoir fait construire à leurs frais, soit pour en avoir obtenu la concession gratuite, en vertu du décret du 9 avril 1811, les villes sont tenues de pourvoir aux frais de grosses réparations (2).

Les villes qui ne sont pas sièges de facultés et qui ont établi des cours municipaux sur quelques parties des sciences et des lettres, peuvent obtenir que ces cours prennent le titre et le rang d'écoles préparatoires à l'enseignement supérieur des sciences et des lettres, à la charge de fournir un local convenable et une subvention annuelle pour le traitement des professeurs et les dépenses du matériel (3).

3257. Les écoles préparatoires de médecine et de pharmacie sont des établissements communaux. Les villes, sièges d'écoles préparatoires, doivent s'engager à prendre entièrement à leur charge les traitements des professeurs, fonctionnaires et agents inférieurs. Elles doivent, en outre, couvrir les dépenses occasionnées par le chauffage et l'éclairage, l'entretien du bâtiment et du mobilier, les frais de bureau, les frais de cours, de laboratoire et de manipulations se rapportant à la physique, à la chimie, à la pharmacie et à l'histoire naturelle, à la matière médicale et à la physiologie, aux travaux pratiques d'anatomie, à l'entretien du jardin botanique, à l'entretien du matériel de clinique, à la bibliothèque (achats de livres, abonnements, reliure). Elles doivent également four-

(1) Déc. 17 septembre 1808.
(2) Déc 9 avril 1811, art.1
(3) Déc. 22 août 1854, art.

nir deux amphithéâtres pour les cours, un cabinet pour le directeur, un local pour le secrétariat, des salles de conférences et d'examens, une bibliothèque et une salle de lecture, des salles de collections d'histoire naturelle médicale, d'anatomie et d'arsenal de chirurgie, trois laboratoires de chimie (un pour la préparation des cours, un pour les travaux pratiques, un pour le professeur), un cabinet et deux laboratoires de physique (un pour le professeur, un pour les travaux pratiques), un laboratoire de pharmacie, un laboratoire de physiologie, les salles de dissection pour les élèves, des cabinets pour le professeur d'anatomie, le chef des travaux anatomiques et le professeur, un laboratoire anatomique, une salle de nécropsie, une salle pour les exercices de médecine opératoire, un laboratoire d'histologie. Les services cliniques doivent avoir à leur disposition deux amphithéâtres de cours, l'un pour l'enseignement médical, l'autre pour la clinique chirurgicale. De plus, chaque professeur de clinique doit avoir, dans les dépendances de son service, un cabinet de travaux réunissant les moyens d'analyses et d'études pratiques les plus usuellement employés en clinique. Les frais de ces divers services sont évalués à un minimum de 18,000 francs par an, et cette somme doit être augmentée de 6,000 francs par chaque accroissement de cent élèves au-dessus du chiffre de trois cents (1).

Cependant le conseil municipal, en prenant l'engagement de concourir aux dépenses de l'école, peut se réserver le droit de faire cesser ultérieurement ce concours, si l'essai qu'il entend faire ne réussit pas. Dans ce cas, lorsque le conseil déclare en temps utile vouloir user du droit qu'il s'est réservé, la dépense cesse d'être obligatoire pour la commune (2).

3258. Les lycées sont fondés et entretenus par l'État, avec le concours des départements et des villes (3). Lorsqu'une commune demande que son collège soit érigé en lycée, elle doit faire les dépenses de construction et d'appropriation requises à cet effet, fournir le mobilier et les collections nécessaires à l'enseignement, assurer l'entretien et la réparation des bâtiments. Les villes qui veulent établir un pensionnat près du lycée doivent fournir le local et le mobilier nécessaires et fonder pour dix ans, avec ou sans le concours du département, un certain nombre de bourses fixé de gré à gré avec le ministre de l'instruction publique.

A l'expiration de ces dix ans, les villes et les départements sont libres de supprimer les bourses, sauf les droits acquis aux boursiers en jouissance de leur bourse.

Dans le cas où l'État veut conserver le pensionnat, le local et le mobilier restent à sa disposition et ne font retour à la commune que lors de la suppression de cet établissement (4).

Pour les lycées dont la création est antérieure à la loi de 1850, les communes sont également tenues de pourvoir à l'entretien des bâtiments, et comme les bâtiments sont d'ailleurs la propriété des communes, par suite de la concession résultant du décret du 9 avril 1814, celles-ci doivent, en outre, subvenir aux grosses réparations, de même que pour les édifices construits à leurs propres frais (1).

3259. Les collèges communaux sont fondés et entretenus par les communes.

Pour établir un collège, les communes doivent satisfaire aux conditions suivantes :

Fournir un local approprié à cet usage et en assurer l'entretien.

Placer et entretenir dans ce local le mobilier nécessaire à la tenue des cours et à celle du pensionnat, si l'établissement doit avoir des élèves internes.

Garantir pour dix ans au moins les traitements maxima du personnel de l'établissement, qui sont considérés comme une dépense obligatoire pour la commune, en cas d'insuffisance des revenus propres du collège, de la rétribution collégiale payée par les externes et du produit du pensionnat (2).

Les traitements sont fixés comme suit pour les professeurs (3) :

1er ordre	1re classe	2,500 fr.
	2e classe	2,300
	3e classe	2,100
2e ordre	1re classe	2,300
	2e classe	2,100
	3e classe	1,800
3e ordre	1re classe	2,000
	2e classe	1,800
	3e classe	1,600

Les communes qui possédaient déjà des collèges communaux lors de la promulgation du décret du 4 janvier 1881, ont dû prendre l'engagement de garantir, pendant dix ans, les traitements du personnel de l'établissement, tels qu'ils sont inscrits au budget de 1880. Les sommes nécessaires pour porter ces traitements au minimum de la troisième classe sont fournies par l'État, qui a pris également à sa charge les augmentations des dépenses résultant des promotions à une classe supérieure, dans la limite des crédits mis à sa disposition par la loi des finances (4).

3260. La loi du 21 décembre 1880 autorise la création d'établissements destinés à l'enseignement secondaire des jeunes filles. Ces établissements sont ou des lycées de l'État ou des collèges communaux. Leur régime est l'externat. Toutefois, des internats peuvent y être annexés sur la demande des conseils municipaux et après entente entre eux et l'État; ils sont au compte des municipalités.

Pour obtenir la fondation d'un lycée, les villes doivent, conformément à la loi du 15 mars 1850, article 73, faire les dépenses de construction et d'appropriations requises à cet effet, fournir le mobilier et les collections nécessaires à l'enseignement, assurer l'entretien et la réparation des bâtiments. Les villes qui veulent établir un pensionnat près du lycée doivent fournir le local et le mobilier nécessaires et fonder, pour dix ans, avec ou sans le concours du département, un nombre de bourses fixé de gré à gré avec le ministre de l'instruction publique.

A l'expiration des dix ans, les communes, les villes et les départements sont libres de supprimer les bourses, sauf le droit acquis aux boursières en jouissance de leur bourse (5).

Pour établir un collège communal de jeunes filles, toute ville doit fournir un local approprié à cet usage et en assurer l'entretien, placer et entretenir dans ce local le mobilier nécessaire à la tenue des cours et à celle du pensionnat, s'il y en a un.

Elle doit, en outre, garantir, pour une période de dix ans

---

(1) Déc. 14 juillet 1875, art. 13.
(2) Cons. d'Ét. cont. 23 novembre 1850. — En ce qui touche l'ordonnance du 14 août 1847; — Considérant que, si aucune loi n'impose aux communes l'obligation de pourvoir ou de concourir à la fondation et à l'entretien des écoles secondaires de médecine et de pharmaciens, il résulte de la délibération du conseil municipal d'Orléans, du 26 août 1842, que ledit conseil a demandé la création d'une école de cette nature dans cette ville, sans y mettre aucune condition de temps, mais en se réservant le droit de cesser ultérieurement de contribuer aux dépenses de cet établissement si l'essai qu'il entendait faire ne réussissait pas; que, par la même délibération, il a voté pour subvenir aux dépenses, une somme de 8,000 francs; qu'il a également voté la même allocation pendant les années suivantes, jusque et y compris 1846, et qu'à l'époque où il a refusé de le voter pour l'année 1847, il n'était plus à temps de se délier, pour ladite année, d'un engagement dont l'exécution même était commencée; qu'ainsi c'est avec raison que, par suite de ce refus, le crédit nécessaire pour l'acquittement des dépenses de l'école de médecine et de pharmacie, qui constituaient une dette exigible de la ville d'Orléans, pour l'année 1847, a été inscrite d'office.
En ce qui touche l'ordonnance du 3 janvier 1848, — Considérant qu'il résulte de l'instruction que le conseil municipal d'Orléans avait fait connaître en temps utile à l'administration son refus de continuer à contribuer pour 1848 aux dépenses de l'école secondaire de médecine et de pharmacie, et que lesdites dépenses n'étant pas obligatoires, elles ne pouvaient être inscrites d'office au budget de la ville..., — Rejet et annulation.
(3) L. 15 mars 1850, art. 72.
(4) L. 15 mars 1850, art. 73.

(1) L. 11 floréal an x, art. 40; Déc. 17 septembre 1808, art. 13; Déc. 15 novembre 1811, art. 3.
(2) L. 15 mars 1850, art. 72 et 73; Déc. 4 janvier 1881, art. 9.
(3) Déc. 4 janvier 1881, art. 3.
(4) Déc. 4 janvier 1881, art. 7.
(5) Déc. 28 juillet 1881, art. 1, 2, 3, 5 et 11.

au moins, les traitements fixes du personnel chargé soit de l'administration, soit de l'enseignement. Ces traitements sont considérés comme une dépense obligatoire pour la commune, en cas d'insuffisance des ressources propres de l'établissement.

L'administration municipale est responsable du payement des traitements des professeurs et des autres fonctionnaires des collèges communaux de jeunes filles, quel que soit le mode de gestion.

Si l'établissement est en régie, elle est responsable également de tout déficit qui se produit dans la gestion.

3261. L'instruction primaire est donnée dans les *Ecoles maternelles*, qui ne sont autre chose que les anciennes salles d'asile ; dans les *Classes enfantines*, mentionnées par les articles 6 et 7 de la loi du 16 juin 1881 (sur la gratuité absolue de l'enseignement primaire) ; dans les *Ecoles de hameau ;* dans les *Ecoles primaires* communales, publiques ou libres, soit de garçons, soit de filles, soit mixtes ; dans les *Ecoles manuelles d'apprentissage* instituées par la loi du 11 décembre 1880 ; dans les *Cours d'adultes ;* dans les *Cours complémentaires* (écoles d'un an annexées aux écoles élémentaires organisées par l'article 1er du décret du 15 janvier 1881), et dans les *Ecoles primaires supérieures* (même décret, même article). Les *Ecoles normales primaires* et les *Ecoles normales supérieures* d'instituteurs et d'institutrices sont destinées à recruter et à former le personnel enseignant (1).

3262. Les dépenses d'entretien des écoles publiques ont été considérées, jusqu'en 1881, comme des dépenses essentiellement communales. On a toujours admis que les ressources communales devaient y faire face. A partir de 1833, pour favoriser les progrès de l'instruction, l'Etat est venu en aide aux communes dont les ressources étaient insuffisantes. Les lois de 1850, de 1867, de 1875, ont régularisé, dans cet ordre d'idées, la situation financière des communes et fixé leurs rapports avec le département et avec l'Etat. Dès lors, les ressources affectées à l'entretien des écoles primaires se présentaient dans l'ordre suivant : 1° fondations, dons et legs ; 2° revenus ordinaires de la commune ; 3° produit de la rétribution scolaire ; 4° produit de 4 centimes additionnels au principal des contributions directes ; 5° subvention du département ou de l'Etat, mais l'Etat n'arrivait qu'en dernier lieu et à défaut du département. L'article 40 de la loi du 15 mars 1850, reproduisant l'article 13 de la loi du 28 juin 1833, décidait que la commune devait épuiser ses revenus ordinaires avant de recourir à l'imposition spéciale. Cette imposition, lorsqu'elle devenait nécessaire, était établie par décret, si le conseil municipal ne la votait pas.

La loi du 16 juin 1881, en proclamant la gratuité de l'enseignement, a supprimé la rétribution scolaire, et, par conséquent, mis les dépenses de l'enseignement à la charge des communes, des départements et de l'Etat. Ces dépenses sont de deux sortes : les unes sont relatives au traitement des instituteurs ; les autres, à la construction, l'entretien et l'appropriation des maisons d'école, ainsi qu'à l'acquisition du mobilier scolaire.

La suppression de la rétribution scolaire a eu pour effet de mettre en principe le traitement des instituteurs à la charge des communes. D'après le texte de la loi cité plus haut, les communes sont tenues d'affecter à cette dépense : 1° le produit des dons et legs ; 2° les quatre centimes spéciaux de l'instruction primaire ; 3° en cas d'insuffisance de ces ressources, un prélèvement pouvant aller jusqu'au cinquième des revenus communaux désignés par la loi. Telle est l'obligation légale qui incombe aux communes, et elles ne devraient être appelées rigoureusement à profiter des subventions de l'Etat qu'après emploi complet et insuffisance constatée de toutes ces ressources.

Mais dans le but d'alléger les charges que la loi sur la gratuité imposait aux communes, le parlement inscrivit dans la loi de finances de 1882 un crédit de 15 millions pour dispenser les communes les moins riches du prélèvement du cinquième. Le décret du 26 octobre 1881 a établi la base de répartition de ce crédit entre les communes en décidant :

1° Que les communes où le produit du centime est inférieur à 25,000 francs, et où les revenus annuels n'atteignent pas 5 millions, recevraient en 1882 une subvention extraordinaire destinée à leur rembourser la totalité du prélèvement du cinquième ordonné par la loi du 16 juin 1881 ;

2° Que les communes où le produit du centime est supérieur à 25,000 francs, et où les revenus annuels atteignent 5 millions, ne recevraient en 1882 de subvention qu'après acquittement des allocations imposées en vertu des dispositions de l'article précédent.

Dans ce cas, la somme disponible est répartie entre elles proportionnellement au montant du prélèvement fixé par la loi du 16 juin 1881, et déterminé comme il vient d'être dit.

Il n'y a que cinq communes où le produit du centime dépasse 25,000 francs et où les revenus annuels soient supérieurs à 5 millions. Ce sont celles de Paris, Lyon, Marseille, Bordeaux et Lille.

Depuis, chaque année, ce crédit de 15 millions figure dans la loi de finances, et la plupart des communes sont ainsi dispensées en fait du prélèvement du cinquième. Mais cette dispense n'a qu'un caractère absolument précaire et annuel qui n'efface pas l'obligation du prélèvement, ne s'applique qu'à la dépense du traitement et n'exempte pas les communes des autres obligations que la loi leur impose.

3263. Il ne faut pas se dissimuler que ces lois, que nous venons de résumer exactement, avaient créé une situation financière fort embrouillée aux communes, aux départements et à l'Etat. Le législateur a dû chercher à y remédier.

A cet effet, une nouvelle législation financière scolaire est en formation : la loi du 30 octobre 1886 a déterminé les règles qui doivent être désormais suivies en ce qui concerne l'organisation matérielle ; une autre loi, en discussion encore devant le Parlement, en fixera les dispositions en ce qui concerne l'organisation du personnel (1).

---

(1) Les modifications certaines qui vont être très prochainement apportées à la législation relative à l'organisation budgétaire de l'enseignement primaire nous font une loi de ne donner ici que des détails très sommaires sur l'organisation actuelle, puisque celle-ci ne doit pas et ne saurait être maintenue.

(1) Voici les dispositions probables de la législation prochaine :

Art. 1er. Les dépenses ordinaires de l'enseignement primaire public et des écoles normales primaires sont à la charge de l'Etat, des départements et des communes suivant les règles édictées par la loi.

Art. 2. Sont à la charge de l'Etat : 1° les traitements du personnel de l'inspection, de l'administration et de l'enseignement dans les écoles normales et dans les écoles primaires, y compris les traitements prévus aux articles 7 et 8 ; 2° les frais de tournées des fonctionnaires de l'inspection ; 3° les frais d'entretien des élèves dans les écoles normales et, en général, les dépenses de ces écoles non prévues à l'article suivant ; 4° L'indemnité de première installation, allouée aux élèves des écoles normales, lorsqu'ils entrent en fonction dans l'enseignement primaire public ; 5° l'allocation afférente à la médaille d'argent prévue à l'article 43 de la loi.

Art. 3. Sont à la charge des départements : 1° l'indemnité de résidence prévue à l'article 20 ; 2° l'entretien et, s'il y a lieu, la location des bâtiments des écoles normales ; 3° l'entretien et le renouvellement du mobilier de ces écoles et du matériel de l'enseignement ; 4° le loyer et l'entretien du local et du mobilier destinés au service départemental de l'instruction publique ; 5° les frais de bureau de l'inspecteur d'académie et des délégations cantonales ; 6° les indemnités aux délégations et à l'administration académique.

Art. 4. Sont à la charge des communes : 1° l'indemnité de résidence prévue à l'article 11 ; 2° l'entretien et, s'il y a lieu, la location des bâtiments des écoles primaires ; le logement des maîtres ou les indemnités représentatives ; 3° les frais de chauffage, d'éclairage et de nettoyage des classes dans les écoles primaires ; 4° la rémunération des gens de service dans les écoles maternelles publiques, et, si le conseil municipal décide qu'il y a lieu, dans les autres écoles primaires publiques ; 5° l'acquisition, l'entretien et le renouvellement du mobilier scolaire et du matériel d'enseignement ; 6° les registres et imprimés à l'usage des écoles ; 7° les allocations aux chefs d'atelier, contremaîtres et ouvriers chargés par les communes de l'enseignement industriel dans les écoles régies par la loi du 11 décembre 1880.

Art. 9. Indépendamment de leur traitement les instituteurs et les institutrices titulaires ont droit : 1° au logement ou à une indemnité représentative fixée par arrêtés préfectoraux ; 2° à une indemnité de résidence variant selon la population des communes.

Art. 11. L'indemnité de résidence est fixée pour les maîtres désignés à : ...

Art. 24. Il est pourvu aux dépenses incombant à l'Etat, au moyen des

30

3264. Toute commune doit être pourvue au moins d'une école primaire publique. Toutefois, le conseil départemental peut, sous réserve de l'approbation du ministre, autoriser une commune à se réunir à une ou plusieurs communes voisines, pour l'établissement et l'entretien d'une école.

Un ou plusieurs hameaux dépendant d'une commune peuvent être rattachés à l'école d'une commune voisine.

Cette mesure est prise par délibérations des conseils municipaux des communes intéressées. En cas de divergence, elle peut être prescrite par décision du conseil départemental.

Lorsque la commune ou la réunion de communes compte 500 habitants et au-dessus, elle doit avoir au moins une école spéciale pour les filles, à moins d'être autorisée par le conseil départemental à remplacer cette école spéciale par une école mixte.

La circonscription des écoles de hameau créées par application de l'article 8 de la loi du 20 mars 1883 peut s'étendre sur plusieurs communes.

Les communes intéressées contribuent aux frais de construction et d'entretien de ces écoles dans les proportions déterminées par les conseils municipaux, et, en cas de désaccord, par le préfet, après avis du conseil départemental (1).

Le conseil départemental de l'instruction publique, après avoir pris l'avis des conseils municipaux, détermine, sous réserve de l'approbation du ministre, le nombre, la nature et le siège des écoles primaires publiques de tout degré qu'il y a lieu d'établir ou de maintenir dans chaque commune, ainsi que le nombre des maîtres qui y sont attachés.

Le conseil départemental peut, après avis conforme du conseil municipal, autoriser un instituteur ou une institutrice à recevoir des élèves internes en nombre et dans les conditions déterminés (2).

3265. L'établissement des écoles primaires élémentaires publiques, créées par application des articles 11, 12 et 13 de la loi, est une dépense obligatoire pour les communes.

Sont également des dépenses obligatoires, dans toute école régulièrement créée :

Le logement de chacun des membres du personnel enseignant attaché à ces écoles ;

L'entretien ou la location des bâtiments et de leurs dépendances ;

L'acquisition et l'entretien du mobilier scolaire ;

Le chauffage et l'éclairage des classes et la rémunération des gens de service, s'il y a lieu (3).

Sont mises au nombre des écoles primaires publiques, donnant lieu à une dépense obligatoire pour la commune, à la condition qu'elles soient créées conformément aux prescriptions de l'article 13 de la loi :

1° Les écoles publiques de filles déjà établies dans les communes de plus de 400 âmes ;

2° Les écoles maternelles publiques qui sont ou seront établies dans les communes de plus de 2,000 âmes et ayant au moins 1,200 âmes de population agglomérée ;

3° Les classes enfantines publiques, comprenant des enfants des deux sexes et confiées à des institutrices (1).

3266. Dans le but de favoriser l'enseignement primaire et de stimuler le zèle des particuliers, la loi du 10 avril 1867 avait décidé, par son article 15, qu'il pourrait être créé dans chaque commune une caisse des écoles, destinée à encourager et à faciliter la fréquentation de l'école par des récompenses aux élèves assidus et par des secours aux élèves indigents ; que ces caisses pourraient recevoir des subventions des départements et de l'État, et qu'enfin plusieurs communes pourraient se réunir pour la formation et l'entretien d'une même caisse.

Malgré ces facilités et ces avantages, très peu de caisses s'étaient organisées : en 1880, on ne comptait, pour l'ensemble de la France, que 511 caisses fonctionnant régulièrement. La loi du 28 mars 1882 (art. 17) a rendu l'institution de la caisse obligatoire pour chaque commune. Et non seulement la création de la caisse a été rendue obligatoire, mais il en a été de même en ce qui concerne la subvention de l'État.

Les caisses des écoles des communes sont créées par une délibération du conseil municipal et approuvées par le préfet (2).

Les conseils municipaux étant les meilleurs juges des services à rendre par la caisse des écoles, eu égard aux besoins de la localité, et par suite de l'organisation qu'il convient de lui donner, ont toute latitude pour la rédaction des statuts. Mais le ministre a joint à sa circulaire du 29 mars 1882 un modèle de statuts, qui peut servir de guide dans les communes non encore dotées d'une caisse des écoles.

La dotation de la caisse des écoles se compose de cotisations volontaires et de subventions de la commune et de l'État. Elle peut, en outre, recevoir, avec l'autorisation du préfet, des dons et legs. La loi du 28 mars 1882 a décidé qu'à l'avenir, dans les communes subventionnées dont le centime n'excède pas 30 francs, la caisse aura droit, sur le crédit ouvert pour cet objet au ministère de l'instruction publique, à une subvention au moins égale au montant des subventions communales. Le préfet transmet, à cet effet, des propositions collectives au ministre. Afin d'éviter tous frais inutiles, le service de la caisse des écoles est fait gratuitement par le percepteur.

Aux termes de l'article 17, la répartition des secours à distribuer par la caisse se fait par les soins de la commission scolaire.

Article 10. — Assistance publique.

3267. Le principe fondamental posé par la Révolution française est, en matière d'exercice de la bienfaisance publique et légale, que chaque commune doit avoir la charge de ses pauvres. Mais, avons-nous dit également au cours de cette même étude, ce principe n'a été sanctionné efficacement que lorsqu'il s'agit de la protection de l'enfance et de l'assistance des aliénés. En effet, les lois générales n'ont fait que poser la règle ; quant aux lois spéciales intervenues, elles ne l'ont consacrée qu'à l'égard de ces deux services. La loi du 5 avril 1884, suivant les mêmes errements, restreint l'obligation imposée à la commune (3) à ces mêmes objets : n'est considéré, comme dépense obligatoire, que le contingent assigné à la commune, conformément aux lois, dans la dépense des enfants assistés et des aliénés. Encore n'y a-t-il d'obligatoire que le contingent déterminé, c'est-à-dire, ainsi que nous l'allons voir, au premier cas, le cinquième des dépenses extérieures, et, au second cas, la part attribuée par le conseil général. Les dépenses particulières que soit l'État, soit les départements peuvent faire, dans l'intérêt d'un enfant ou d'un aliéné résidant dans une commune, ne sont pas obligatoirement rem-

---

crédits annuels inscrits au budget du ministère de l'instruction publique. — Il est pourvu aux dépenses incombant aux départements et aux communes, au moyen des crédits ouverts annuellement à leurs budgets, à titre de dépenses facultatives, dans les conditions prévues par les paragraphes 1 et 2 de l'article 61 de la loi du 10 août 1871 et par l'article 149 de la loi du 5 avril 1884.

Art. 23. A partir du 1er janvier 1888, il sera perçu 8 centièmes additionnels généraux portant sur les quatre contributions directes et dont le produit sera inscrit au budget de l'État. — A partir de la même date, il sera perçu, en addition au principal des quatre contributions directes, 12 centièmes de centime, représentant les frais de perception des 4 centimes antérieurement perçus au profit des communes. — Le produit des 8 centimes 12 centièmes, prévus aux paragraphes précédents, supportera les centimes spéciaux pour fonds de dégrèvement et de non-valeurs suivant les taux actuellement à chaque contribution.

Art. 26. Les 4 centimes communaux et les 4 centimes départementaux, affectés aux dépenses obligatoires de l'enseignement primaire par les lois des 10 avril 1867, 19 juillet 1875 et 16 juin 1881, sont supprimés. — Est également supprimé le prélèvement du cinquième institué par la loi du 16 juin 1881.

(1) L. 30 octobre 1886, art. 11 et 12.
(2) L. 30 octobre 1880, art. 13.
(3) L. 30 octobre 1880, art. 14.

(1) L. 30 octobre 1886, art. 13.
(2) L. 10 avril 1867, art. 15.
(3) L. 5 mai 1869, art. 5 ; L. 30 juin 1838, art. 28.

boursées sur le budget communal, à moins de conventions particulières.

Nous n'entrerons pas dans le détail du service des enfants assistés, qui a fait l'objet d'une étude complète (v° ASSISTANCE PUBLIQUE; n°s 232 à 468). Rappelons seulement ici les dispositions générales de l'organisation du service.

De l'ensemble des textes législatifs, l'assistance peut être donnée à l'enfant dans cinq cas :

1° Lorsqu'il est abandonné matériellement par ses parents ;
2° Lorsqu'il est orphelin ;
3° Lorsqu'il est nourri par sa mère ;
4° Lorsqu'il est abandonné moralement ;
5° Lorsqu'il est confié à une nourrice.

Les recettes du service des enfants assistés aux termes de l'article 5 de la loi du 5 mai 1869, se composent :

1° Du produit des fondations, dons et legs spéciaux faits à tous les hospices du département au profit des enfants assistés ;
2° Du produit des amendes de police correctionnelle — nous ajouterons à la loi : *réservées pour cet objet par les lois spéciales* ;
3° Des ressources du budget départemental ;
4° Du contingent des communes réglé chaque année par le conseil général, et qui ne peut excéder le cinquième des dépenses extérieures ;
5° De la subvention de l'État égale au cinquième des dépenses intérieures (voy. ASSISTANCE PUBLIQUE, n°s 355 et suiv.).

Les dépenses du service des enfants assistés se divisent en : dépenses intérieures, dépenses extérieures, dépenses d'inspection et de surveillance (1).

Les dépenses intérieures comprennent : 1° les frais occasionnés par le séjour des enfants à l'hospice ; 2° les dépenses de nourrices sédentaires ; 3° les layettes.

Les dépenses extérieures comprennent : 1° les secours temporaires destinés à prévenir ou à faire cesser l'abandon ; 2° le prix de pension et les allocations réglementaires exceptionnelles concernant les enfants placés à la campagne dans les établissements spéciaux, les primes aux nourrices, les frais d'école, s'il y a lieu, et les fournitures scolaires ; 3° les frais de vêture ; 4° les frais de déplacement, soit des nourrices, soit des enfants, et au besoin les frais relatifs à l'engagement des nourrices ; 5° les registres et imprimés de toute nature, les frais de livrets et les signes de reconnaissance établis par les règlements ; 6° les frais de maladie et d'inhumation des enfants placés en nourrice ou en apprentissage.

Les dépenses d'inspection comprennent les traitements et frais de tournée des inspecteurs et sous-inspecteurs, et généralement les frais occasionnés par la surveillance du service (1).

Aux termes de l'article 46, paragraphe 19, de la loi du 10 août 1871, la part de la dépense extérieure mise à la charge des communes et les bases de la répartition à faire entre elles, sont fixées définitivement par le conseil général.

Il est procédé à la répartition de la manière suivante : le conseil général désigne, d'abord, les communes qui doivent, s'il y a lieu, être exemptées de la taxe ; il divise ensuite en catégories, suivant leur population et leurs revenus, les communes susceptibles de concourir à la dépense, et fixe la proportion du concours à exiger des communes placées dans chacune de ces catégories (2).

Les contingents à payer par les communes et les hospices pour les dépenses des enfants assistés doivent être versés aux receveurs des finances, mois par mois, ou au moins par trimestre (3).

Les mandats sont, par conséquent, délivrés au nom des receveurs. Les produits ainsi réalisés sont rattachés au budget départemental.

Rappelons ici seulement qu'il résulte de deux avis du Conseil d'État des 11 mars 1880 et 5 juillet 1883, qu'en principe le contingent des communes doit être calculé sur l'ensemble des dépenses du service, réduits par les produits des fondations, dons et legs et les amendes de police correctionnelle, et qu'en principe également le contingent à fournir par les communes doit être prélevé sur *toutes* les communes du département, déduction faite seulement de toutes celles qui n'ont pas les moyens de supporter la dépense, que l'on ne doit pas considérer les charges effectives que chacune d'elles impose au service commun (1).

3268. Chaque département est tenu d'avoir un établissement public, spécialement destiné à recevoir et soigner les aliénés, ou de traiter, à cet effet, avec un établissement public ou privé, soit de ce département, soit d'un autre département (2).

Les aliénés traités dans les asiles publics ou privés forment deux catégories : l'une comprend les aliénés qui y sont placés volontairement par leurs familles, et dont le prix de pension est réglé amiablement entre elles et l'administration de l'asile ; l'autre catégorie se compose des aliénés dont le placement est ordonné par l'autorité publique. C'est de cette dernière catégorie et des dépenses y relatives qu'il sera exclusivement question ici, le recouvrement des pensions et autres dépenses des aliénés de la première catégorie devant être opéré directement par les receveurs des asiles, comme celui de toute autre créance des établissements.

Après avoir fait au département une obligation rigoureuse d'avoir à sa disposition un établissement où les aliénés doivent être reçus et soignés, la loi lui laisse la liberté du choix entre les divers modes qui lui sont offerts pour remplir cette obligation : le département peut, ou avoir un établissement public qui lui soit propre, ou traiter avec un établissement public ou privé, soit du département, soit d'un autre département. C'est au conseil général qu'il appartient d'apprécier la convenance du parti à prendre en cette occasion et de donner son approbation aux traités passés avec les établissements publics ou privés.

C'est dans l'établissement appartenant à un département, ou dans celui avec lequel il a traité, que doivent être conduits les aliénés dont le placement a été ordonné par le préfet, et dont les familles n'ont pas demandé l'admission dans un autre établissement (3).

Si l'aliéné dont le placement est ordonné d'office ne se trouve pas dans la localité de l'établissement, il doit, soit jusqu'à ce qu'il soit dirigé sur cet établissement, soit pendant le trajet qu'il fait pour s'y rendre, être déposé dans les hospices ou hôpitaux de sa commune ou des communes qu'il traverse. Dans les lieux où il n'en existe pas, les maires doivent pourvoir au logement des aliénés, soit dans une hôtellerie, soit dans un local loué à cet effet. Dans aucun cas, les aliénés ne peuvent être ni conduits avec les condamnés ou les prévenus, ni déposés dans une prison (4).

Cette dernière disposition, qui s'explique seulement par le souvenir d'un triste passé, est applicable à tous les aliénés sans exception, dirigés par l'administration sur un établissement public ou privé.

La dépense du transport des aliénés est arrêtée par le préfet, sur le mémoire des agents préposés à ce transport (5).

De ce que le placement d'un aliéné a été effectué d'office, il ne s'ensuit pas que l'aliéné ou sa famille, qui n'a été pour rien dans ce placement, qui, peut-être s'y est opposée, se trouve, par cela même, déchargée de la dépense du traitement de l'aliéné dans l'asile. Les dépenses relatives aux aliénés dont le placement est ordonné par l'autorité publique sont, en principe, à la charge des aliénés eux-mêmes ou des personnes qui leur doivent des aliments (6).

---

(1) L. 5 mai 1860, art. 1, 2, 3 et 4.
(2) Circ. int., 21 août 1859.
(3) Inst. gén. fin., art. 616.

(1) Voy. ces deux avis, v° ASSISTANCE PUBLIQUE, n°s 358 et 359.
(2) L. 30 juin 1838, art. 1er.
(3) L. 30 juin 1838, art. 25.
(4) L. 30 juin 1838, art. 24.
(5) L. 30 juin 1838, art. 26.
(6) Cons. d'Et. 8 août 1882. — Le Conseil, Vu le décret du 24 vendémiaire an II et la loi du 30 juin 1838 ; Vu les lois des 7-14 octobre 1790 et 24 mai 1872.
Sur le moyen tiré de ce que la commune requérante ne saurait être tenue de supporter les frais d'entretien dans l'asile de Clermont de la

La dépense de l'entretien, du séjour et du traitement des personnes placées dans les hospices ou établissements publics d'aliénés est réglée d'après un tarif arrêté par le préfet. La dépense de l'entretien, du séjour et du traitement des personnes placées par les départements dans les établissements privés est fixée par les traités passés par le département. Le tarif peut établir diverses classes et divers prix de pension.

A défaut de ressources de la part de l'aliéné ou de sa famille, la bienfaisance publique intervient, et il est pourvu à ses dépenses sur les centimes affectés, par la loi de finances, aux dépenses du département auquel l'aliéné appartient. Appliquant ainsi définitivement une disposition qui figurait déjà dans les lois de finances de 1836 et 1837, la loi du 30 juin 1838 a fait de la dépense des aliénés une dépense départementale, mais à laquelle concourt dans une certaine proportion la commune du domicile de l'aliéné, et que viennent aussi diminuer, dans certains cas, les indemnités des hospices. Les contingents de l'État et des communes pour le service des aliénés, celui des familles, et l'indemnité que les hospices peuvent avoir à fournir en exécution de la loi, entrent dans les recettes du budget ordinaire départemental.

3269. Aux termes du décret de décentralisation du 25 mars 1852, il appartient aux préfets de statuer sur le règlement de la part des dépenses des aliénés à mettre à la charge des communes, et sur les bases de la répartition à faire entre elles. Ce concours devant être proportionné aux ressources de la commune, sans jamais pouvoir recevoir une importance telle qu'il cessât d'être un simple concours, et sans que la dépense, de départementale qu'elle était d'après la loi, pût ainsi devenir communale. Aux termes des circulaires du 5 août 1839 et du 6 août 1840, dans aucun cas, les communes ayant 100,000 francs de revenus et au-dessus ne devaient être appelées à supporter plus d'un tiers de la dépense de leurs aliénés indigents ; les communes ayant 50,000 francs de revenus et au-dessus, plus d'un quart ; les communes ayant 20,000 francs de revenus et au-dessus, plus d'un cinquième ; les communes ayant 5,000 francs de revenus et au-dessus, plus d'un sixième ; enfin, les communes ayant moins de 5,000 francs de revenus ne devaient être tenues de concourir à cette dépense que dans une proportion moindre qu'un sixième et qu'autant qu'elles pouvaient fournir ce concours sans compromettre leurs autres services. La dépense des aliénés, dans les limites que nous venons d'énoncer, constituait pour les communes une dépense obligatoire. Si donc un conseil municipal refusait de la voter, elle devait être portée d'office au budget de la commune par un arrêté pris par le préfet, en conseil de préfecture, ou par un décret par lui provoqué à cet effet. Au cas, d'ailleurs, où une modération dans ce concours devenait nécessaire, le préfet pouvait faire à cet égard, au ministre de l'intérieur, une proposition sur laquelle celui-ci se réservait de statuer (1).

femme Cavitte parce que la famille de l'aliénée dont il s'agit serait en état de subvenir à cette dépense ; — Considérant que si, par les arrêtés attaqués, le préfet de Seine-et-Marne a ordonné l'inscription au budget de la ville de Provins et le versement par celle de la somme de 504 fr. 04 pour frais d'entretien de la femme Cavitte, ces décisions ne font pas obstacle à ce que, par application des articles 25 à 28 de la loi du 30 juin 1838, la ville de Provins, si elle s'y croit fondée, fasse valoir devant la juridiction compétente les droits qu'elle peut avoir au remboursement de la somme susindiquée ;

Sur le moyen tiré de ce que l'aliénée Cavitte ayant acquis le domicile de secours dans la ville de Paris, c'est à ladite ville et non à la ville de Provins que devrait incomber la dépense d'entretien ; — Considérant que la ville de Provins soutient que la femme Cavitte, bien que mariée à Provins ayant épousé un officier de la garde de Paris, a été réputée domiciliée à Paris, du jour même de son mariage en vertu de la présomption légale de l'article 108 du Code civil. — Mais considérant que le domicile de secours est régi par le décret du 24 vendémiaire an II et non par les dispositions du titre III du Code civil et qu'aux termes de l'article 4 du titre V dudit décret, pour acquérir le domicile de secours, il faut un séjour d'un an dans une commune ; — Considérant, d'autre part, qu'il résulte de l'instruction que la femme Cavitte n'a quitté Provins, qu'elle habitait depuis plus de quatre ans, que dans les derniers jours de novembre 1867 et qu'elle n'a été enfermée à l'hospice de Clermont que le 23 septembre 1868 c'est-à-dire moins d'un an après son départ de Provins, que dès lors, elle a conservé son domicile de secours dans ladite ville... — Rejeté.

(1) Circ. Int. 5 août 1840. — Monsieur le préfet, la loi du 30 juin 1838

La loi du 10 août 1871, sur les attributions des conseils généraux, a modifié, sinon les règles administratives que nous venons de rappeler et qui subsistent toujours comme règles de sage administration, mais le fond même du droit, en transportant, des préfets aux conseils généraux, le pouvoir de fixer la part contributive des communes. « Le conseil général, dit

statue que les diverses dépenses occasionnées par les aliénés seront à la charge de ces aliénés eux-mêmes ; à défaut, à la charge des personnes auxquelles il peut être demandé des aliments, aux termes des articles 205 et suivants du Code civil ; enfin, qu'à défaut, ou en cas d'insuffisance de ces ressources, il y sera pourvu sur les centimes affectés par la loi des finances aux dépenses ordinaires du département auquel l'aliéné appartient, sans préjudice du concours de la commune du domicile de l'aliéné, d'après les bases proposées par le conseil général, sur l'avis du préfet, et approuvées par le gouvernement.

Dans la discussion de la loi au sein des chambres législatives, il avait été formellement reconnu et plusieurs fois exprimé que la dépense du traitement et de l'entretien des aliénés, lorsqu'elle ne pouvait être acquittée par eux-mêmes ou par leurs familles, constituait une dépense essentiellement départementale, et que le département devait toujours en payer la plus grande partie. On avait fait observer avec beaucoup de raison, que cette dépense était de nature, notamment par l'effet du hasard qui accumulerait plusieurs insensés dans la même localité, à devenir trop considérable pour être laissée principalement à la charge des communes, d'autant qu'elle se prolonge le plus souvent pendant de longues années.

Ces principes furent rappelés dès la première instruction donnée pour l'application de la loi. La circulaire du 23 juillet 1838 invita les préfets, en faisant aux conseils généraux les propositions convenables pour l'exécution de l'article 28 de cette loi, à ne pas perdre de vue que le concours de la commune du domicile devait s'entendre dans le sens d'une subvention déterminée d'après des bases équitables, et non pas de manière à laisser la dépense tout entière à la charge de la caisse municipale. La circulaire ajoutait que cette dernière interprétation ne serait conforme ni à l'esprit ni au texte de la loi, et qu'une semblable répartition de cette dépense ne saurait être approuvée. . . . . . .

Je vous rappellerai donc, monsieur le préfet, que, dans aucun cas, les communes ayant 100,000 francs de revenus et au-dessus ne doivent être appelées à supporter plus d'un tiers de la dépense de leurs aliénés indigents ; les communes ayant 50,000 francs de revenus et au-dessus, plus d'un quart ; les communes ayant 20,000 francs de revenus et au-dessus, plus d'un cinquième ; les communes ayant 5,000 francs de revenus et au-dessus, plus d'un sixième ; qu'enfin les communes ayant moins de 5,000 francs de revenus ne doivent être tenues de concourir à cette dépense que dans une proportion moindre qu'un sixième, et qu'autant qu'elles pourront fournir ce concours sans compromettre leurs autres services. Je regarde l'observation de ces proportions comme importante essentiellement aux intérêts bien entendus de tous les départements ; et je crois devoir, en conséquence, déclarer dès à présent que toutes propositions de concours qui dépasseraient les limites ci-dessus n'obtiendront pas l'approbation du gouvernement.

Les proportions dont je viens de vous entretenir, monsieur le préfet, sont fondées sur le chiffre du revenu communal. Cette base, en effet, a toujours paru la plus équitable, et celle qui, dans la pratique, offre le moins de difficultés d'application. Les classifications de communes, les fixations de proportions de concours que l'on tenterait de faire d'après les diverses circonstances particulières, et pour ainsi dire individuelles, dans lesquelles chaque commune se trouve placée, présenteraient toujours beaucoup d'arbitraire ; elles donneraient lieu à beaucoup plus de critiques et de réclamations, et souvent ces réclamations seraient extrêmement difficiles à juger.

Quelques préfets avaient pensé que la richesse des communes devait s'apprécier beaucoup moins d'après le chiffre de leurs revenus ordinaires que d'après le montant de leurs fonds libres après leurs dépenses payées. Cette opinion ne m'a pas paru pouvoir être admise ; elle consacrerait les inégalités que l'on veut éviter. Ainsi, par exemple, ce sont généralement les communes les plus riches qui contractent des emprunts. D'un autre côté, il dépendrait toujours du conseil municipal d'employer toutes les ressources de la commune, et par là de changer l'aspect de sa situation financière : le chiffre des revenus ordinaires au contraire, ne peut être arbitrairement modifié, et reste dès lors un terme de comparaison toujours exact.

Les observations qui précèdent ont principalement pour objet d'empêcher qu'une trop forte part de la dépense des aliénés ne soit mise à la charge des communes ; mais, d'autre part, il ne convient pas d'exempter trop facilement ces communes de tout concours à cette dépense. Il importe qu'elles y restent intéressées pour quelque portion. Ce concours sera une garantie contre les abus qui tendraient à s'introduire, et qui pourraient accroître indéfiniment les charges départementales ; il préviendra la trop grande facilité qu'auraient peut-être les autorités locales à attester l'état, soit d'aliénation, soit d'indigence, d'individus qui ne seraient pas véritablement indigents ou aliénés. Le droit de dégrever les communes appartient sans doute aux conseils généraux ; mais ce droit ne doit être exercé qu'avec une sage réserve. Ainsi, je serais disposé à regarder comme trop générale la dispense de concourir accordée dans plusieurs départements à toutes les communes qui se trouvent sans ressources après leurs dépenses obligatoires acquittées, ou qui, pour acquitter en entier leur contingent, seraient forcées de s'imposer extraordinairement. Je pense qu'il ne faudrait exempter que les communes réellement hors d'état de subvenir à cette dépense nouvelle.

Je n'ai pas besoin de vous dire, monsieur le préfet, que la dépense des aliénés étant mise à la charge des communes par la loi du 30 juin

l'article 46, n° 20, statue définitivement sur la part de la dépense des aliénés qui sera mise à la charge des communes et les bases de la répartition à faire entre elles. » Il résulte de cette disposition que les conseils généraux ont la faculté d'élever, dans la mesure où ils le jugent convenable, la part proportionnelle des communes (1).

La portion des dépenses qui est supportée par les départements est mandatée sur la caisse des trésoriers-payeurs généraux, au profit des receveurs des asiles. Quant aux sommes qui sont à la charge des communes, elles sont recouvrées par les soins des receveurs des finances ou des receveurs de l'enregistrement et centralisées au budget départemental, pour être ensuite mandatées par les préfets au profit des asiles (2).

Les contingents des communes sont, dans tous les cas, recouvrés par les receveurs des finances sur des états que fait dresser le préfet, d'après les bases de répartition arrêtées par le conseil général.

La commune qui doit contribuer aux frais d'entretien d'un aliéné est celle de son domicile de secours, tel qu'il a été fixé par la loi du 24 vendémiaire an II, titre V (3).

ARTICLE 11. — *Indemnité de logement aux ministres du culte et grosses réparations aux édifices religieux.*

3270. Nous n'avons pas à examiner ici les graves et nombreuses questions auxquelles donne lieu la nécessité d'en-

tretenir les cultes dans chaque commune. Cette étude demande des développements, et il importe de la faire d'ensemble, de façon à dégager tous ses éléments juridiques et administratifs de ceux que les passions politiques et religieuses tendent à y mêler incessamment. Nous n'avons à reproduire ici, en quelques mots, que les dispositions de la loi du 5 avril 1884 à établies dans les numéros 11 et 12 de l'article 136.

Le décret du 30 décembre 1809 imposait aux communes l'obligation de fournir aux ministres des cultes un logement en nature ou une indemnité de logement. L'article 30 de la loi du 18 juillet 1837 maintenait la même règle. La loi du 5 avril 1884, article 136, a conservé également l'obligation, mais en la subordonnant à l'insuffisance constatée des ressources disponibles des fabriques ou autres administrations préposées aux cultes. C'est donc l'établissement religieux qui doit assurer le logement ; l'obligation n'incombe que subsidiairement aux communes. La commune est toujours libre de fournir le logement en nature, soit dans un bâtiment communal spécialement affecté au presbytère, soit dans un autre immeuble pris en location, ou de fournir une indemnité de loyer en argent.

Lorsque plusieurs communes sont réunies pour le culte, elles contribuent toutes à l'indemnité de logement due au curé. Si l'une d'elles achète un presbytère, et si une autre se refuse à contribuer à cette acquisition, cette dernière doit donner tous les ans, à la première commune, sa part proportionnelle de l'indemnité de logement due au curé (4).

Lorsqu'une commune loge un ministre du culte dans un presbytère, les dispositions de l'ordonnance du 3 mars 1825 sont toujours applicables. Rappelons-en les prescriptions :

Dans les succursales vacantes où le binage a lieu, les curés, desservants ou vicaires autorisés à biner ont droit à la jouissance du presbytère tant qu'ils exercent ce double service. Ils peuvent en louer tout ou partie avec l'autorisation de l'évêque.

Dans les succursales vacantes où le binage n'a pas lieu, les presbytères et dépendances peuvent être loués, sous la condition expresse de les rendre immédiatement, s'il est nommé un desservant, ou si l'évêque y autorise le binage.

Le produit de la location, dans ces dernières circonstances, appartient à la fabrique, si le presbytère lui a été remis en exécution de la loi du 8 avril 1802, de l'arrêté du gouvernement du 8 juillet 1803, des décrets du 30 mai et 3 juillet 1806, si elle en a fait l'acquisition sur ses propres ressources, ou s'il lui est échu par legs ou donation. Le produit en appartient à la commune, quand le presbytère et les dépendances ont été acquis ou construits de ses deniers, ou quand il lui en a été fait legs ou donation.

Lorsque le presbytère ou ses dépendances sont trop étendus pour les besoins du curé, la commune peut obtenir l'autorisation d'en distraire les parties superflues pour un autre service. La délibération par laquelle le conseil municipal demande cette distraction doit être adressée au préfet, accompagnée d'un plan qui figure le logement à laisser au curé ou desservant, et la distribution à faire pour isoler ce logement. Les demandes en distraction, qui ne seraient fondées que sur le désir d'augmenter sans nécessité les ressources de la commune ne seraient pas admises ; il faut que la distraction soit réclamée par un service public, et qu'elle puisse s'opérer sans réduire le presbytère à des proportions trop exiguës.

Le préfet est compétent pour autoriser la distraction, lorsqu'il n'y a pas opposition de la part de l'autorité diocésaine. En cas d'opposition, le préfet transmet les pièces de l'affaire au ministre de l'intérieur, et il statue par un décret rendu en Conseil d'État.

Lors de la prise de possession de chaque curé ou desservant, il est dressé, aux frais de la commune et à la diligence du maire, un état de situation du presbytère et de ses dépendances. Le curé ou desservant n'est tenu que des simples

<hr/>

1838, constitue pour ces communes, aux termes de l'avant-dernier paragraphe de l'article 39 de la loi du 18 juillet 1837, sur l'administration municipale, une dépense obligatoire. Si donc un conseil municipal refusait le vote de cette dépense dans les limites du concours régulièrement fixé, elle devrait être portée d'office au budget de la commune, par un arrêté pris par vous en conseil de préfecture, ou par une ordonnance royale que je provoquerais à cet effet.

La jurisprudence de l'administration a admis que les communes pouvaient être appelées à supporter, dans l'entretien des aliénés non dangereux, une part plus forte que dans celui des aliénés placés d'office. Toutefois, cette part ne doit pas dépasser non plus de justes proportions et pour les communes les plus riches, la limite de moitié.

Quant à la marche à suivre par vous dans l'application de ces diverses règles, je ne puis, monsieur le préfet, que vous rappeler les indications contenues à cet égard dans l'instruction du 5 août 1839. Vous aurez donc à déterminer d'abord quelles sont les communes qui doivent, s'il y a lieu, être exemptées de tout concours ; puis, après cette première distinction établie, à diviser les communes susceptibles de concourir en diverses catégories, suivant ce qui a été indiqué ci-dessus, et à fixer la proportion du concours à exiger des communes placées dans chacune de ces catégories. Vous ferez en même temps une évaluation approximative des sommes qui devront résulter de ces bases de concours, d'après le nombre et l'origine des aliénés existant déjà, et de ceux que vous présumerez devoir être placés jusqu'à la fin de l'année.

Les communes étant exposées à subir des pertes et des dépenses accidentelles et imprévues, et, d'une autre côté, plusieurs cas d'aliénation mentale pouvant se déclarer souvent dans la même famille, il a paru, en général, convenable de laisser au préfet, même après la répartition opérée, la faculté de dispenser du concours, en totalité ou en partie, mais seulement pour des motifs graves et sous mon autorisation, les communes qu'il déterminera. Je ne doute pas que le conseil général de votre département ne soit porté à vous donner cette marque de confiance. Ce pouvoir, en vous permettant de dégrever, en parfaite connaissance de cause, les communes dont les ressources réelles ne seraient pas en rapport avec le chiffre de leurs revenus ordinaires, est de nature à concilier tous les intérêts.

(1) Cons. d'Et. cont. 22 juin 1883. — Le Conseil, Vu les lois des 30 juin 1888 et du 10 août 1871 ; Vu les lois des 7-14 octobre 1790 et 24 mai 1872.

Considérant que, pour demander l'annulation de la délibération du 20 août 1879, par laquelle le conseil général des Bouches-du-Rhône a fixé à 72 0/0 la contribution de la ville de Marseille à la dépense de ses aliénés indigents, ladite ville se fonde sur ce que la proportion mise à sa charge n'aurait pas dû excéder 50 0/0 du montant de la dépense ; Considérant qu'aucune disposition de la loi du 30 juin 1838 ne détermine la proportion dans laquelle les communes doivent concourir aux dépenses des aliénés indigents et que l'article 46 paragraphe 9 de la loi du 10 août 1871 dispose que le conseil général statue définitivement sur la part de la dépense des aliénés qui sera mise à la charge des communes ; qu'ainsi la ville de Marseille n'est pas fondée à soutenir que le conseil général des Bouches-du-Rhône, en prenant la délibération du 20 août 1879, n'a pas agi dans la limite des pouvoirs qui lui sont conférés par les lois du 30 juin 1838 et du 10 août 1871... — Rejette.

En ce sens, Cons. d'Et. cont. 7 août 1883, D. P. 85,3.318.

(2) L. 30 juin 1838, art. 27 et 28 ; Int. gén. fin., art. 617 ; Circ. fin. 31 janvier-25 novembre 1872.

(3) Cons. d'Et. cont. 9 novembre 1870, D. P. 71.3.46. Cons. d'Et. cont. 8 août 1882. (Voy. *supra* 3268.)

(1) Cons. d'Et. int. 30 mai 1833.

réparations locatives et des dégradations survenues par sa faute.

Lors de la réorganisation du culte, les édifices nécessaires à sa célébration ont été mis par l'État à la disposition des évêques. En conséquence, les préfets ont, par arrêtés, affecté au service de chaque cure ou succursale un des édifices anciennement consacrés au culte. A l'égard des paroisses où il n'y avait pas d'anciens édifices disponibles, le préfet et l'évêque se sont concertés pour la désignation d'un édifice convenable.

Mais la question ne tarda pas à s'élever de savoir qui, des fabriques ou des communes, étaient propriétaires des églises affectées au culte par application de la loi du 18 germinal an x. Cette question de propriété a été formellement résolue en faveur des communes par les avis du Conseil d'État des 3 nivôse et 4 pluviôse an xiii, avis approuvés et publiés et ayant par conséquent force de lois. Depuis le Concordat, et sur l'avis précité du Conseil d'État, un grand nombre d'églises nouvelles ont été construites, soit à l'aide d'impositions locales et des secours accordés sur le fonds de l'État, soit à l'aide des ressources des fabriques et des oblations volontaires des fidèles.

Il ne peut s'élever aucune difficulté au sujet de la propriété des édifices qui ont été construits soit par la fabrique seule, soit par la fabrique à l'aide de la commune et de l'État.

La fabrique est évidemment propriétaire de l'église construite avec ses deniers propres ; mais, du moment que la commune est intervenue dans la dépense, c'est elle qui est propriétaire de l'édifice.

Mais que la fabrique soit ou non propriétaire, toutes les dépenses d'entretien, de réparations ou de construction et reconstruction de l'église paroissiale sont à sa charge. Et ce n'est que subsidiairement, en cas d'insuffisance des revenus de la fabrique, que la loi du 5 avril 1884 impose à la commune les grosses réparations, après l'application préalable des revenus et ressources disponibles des fabriques à ces réparations. S'il y a désaccord entre la fabrique et la commune quand le concours financier est réclamé, de cette dernière est réclamé, il est statué par décret sur les propositions du ministre de l'intérieur et des cultes (1).

De même, lors de la réorganisation du culte, la jouissance des presbytères et jardins y attenant, qui n'avaient pas été aliénés, a été rendue aux curés et desservants. Les presbytères, ainsi restitués, sont propriétés communales. Mais, sous l'empire de la nouvelle législation, par suite de l'abrogation des articles 36, paragraphes, 4, 39, 49, 92 à 103 du décret de 1809, la commune ne peut jamais être contrainte à construire ou reconstruire un presbytère, cette dépense reste pour elle purement facultative (2).

Les règles applicables aux constructions, reconstructions et grosses réparations d'églises sont également applicables aux presbytères.

Le mobilier du presbytère n'est pas à la charge de la fabrique ou de la commune ; c'est au curé ou desservant à y pourvoir.

Il importe de bien remarquer que, à la différence de ce qui se passait sous l'empire de la loi du 18 juillet 1837 et du décret du 30 décembre 1809, l'obligation subsidiaire des grosses réparations n'incombe aux communes que dans le cas où les bâtiments leur appartiennent en propre. Les communes n'ont plus aucune obligation à l'égard des édifices qui sont propriétés des fabriques. De plus, l'obligation des communes est encore ici subordonnée à l'insuffisance constatée des ressources disponibles des fabriques, qui doivent d'abord être appliquées à ces réparations.

Il est admis, en principe, que lorsqu'il s'agit de simples travaux d'entretien, d'appropriation ou d'embellissement, il appartient, dans tous les cas, à la fabrique de les faire exécuter, avec l'autorisation de l'évêque, en vertu des dispositions combinées de la loi du 18 germinal an x et du décret du 30 décembre 1809 (1). Lorsqu'au contraire il s'agit de travaux plus importants pouvant modifier la disposition primitive de l'édifice ou compromettre la solidité, la fabrique, simple usufruitière, n'est pas en droit de les entreprendre sans que le conseil municipal, organe de la commune propriétaire, ait été appelé à délibérer sur les projets préalablement soumis à l'approbation de l'autorité compétente.

Les dispositions de l'article 92 du décret du 30 décembre 1809, qui obligeaient les communes à pourvoir à l'insuffisance des revenus des fabriques pour les travaux de construction, ayant été abrogées par l'article 168 § 5 de la loi du 5 avril 1884, le concours des communes pour le payement des dépenses de construction et de reconstruction est désormais purement facultatif. Aussi, tant qu'une église ancienne peut être réparée, son ancienneté, à défaut d'autres motifs, doit décider la commune à la conserver. Si elle est devenue absolument insuffisante pour les besoins de la population, il faut étudier les moyens de l'améliorer en conservant les parties essentielles et ne les sacrifier que dans le cas de nécessité absolue. Ce n'est donc que lorsque les travaux de réparation et d'agrandissement ont été reconnus impossibles qu'on doit recourir à une reconstruction ou à une construction nouvelle.

Si un désaccord s'élève entre une commune et une fabrique au sujet du concours que réclame cette dernière pour subvenir soit à l'indemnité de logement, soit à la dépense des

---

(1) La loi de 1884 abroge expressément les dispositions anciennes de la loi de 1837 et du décret du 30 décembre 1809 relatives à la matière qui nous occupe.

(2) Cons. d'Ét. cont. 27 novembre 1885. — Vu la requête présentée par la fabrique de l'église de Saint-Bernard de la Chapelle à Paris, tendant à ce qu'il plaise, annuler son arrêté du 11 mai 1887, par lequel le conseil de préfecture de la Seine a rejeté sa demande, tendant à faire condamner la ville de Paris à faire continuer les travaux du presbytère de la paroisse Saint-Bernard ; Vu la loi du 28 pluviôse an viii et le décret du 30 octobre 1809.

Considérant qu'aucune disposition de loi n'impose aux communes l'obligation de construire des presbytères pour l'habitation des curés ou desservants ; — Que, par sa délibération du 6 avril 1886, approuvée par arrêté du préfet de la Seine du 19 avril suivant, le conseil municipal a décidé, il est vrai, qu'il y avait lieu d'exécuter le projet présenté par l'administration en vue de la construction d'un presbytère pour la paroisse Saint-Bernard, d'acquérir les terrains indiqués audit projet et d'accepter l'offre faite par la fabrique de l'église Saint-Bernard de contribuer à la dépense jusqu'à concurrence d'une somme de 50,000 francs payables en 20 annuités à partir de l'entrée en jouissance du presbytère ; mais que la délibération ainsi prise par le conseil municipal ne constituait pas un engagement de la part de la ville de Paris, de faire exécuter les travaux dont il s'agit, que le contrat intervenu entre la fabrique et la Ville n'a pas eu d'autre objet que l'acceptation de l'engagement pris par la fabrique de concourir à la dépense, dans le cas où les travaux projetés seraient complètement exécutés, que la ville de Paris n'a fait qu'user de son droit en renonçant à la construction du presbytère, et que, dans ces circonstances, c'est avec raison que le conseil de préfecture a décidé que la ville n'est tenue de payer aucune indemnité à la fabrique ; — Considérant d'autre part qu'il ne pouvait appartenir au conseil de préfecture d'imposer à l'administration de la ville de Paris l'obligation d'exécuter les travaux... — Rejette.

(1) Cons. d'Ét. 4 juin 1880. — Le Conseil. Vu le décret du 30 décembre 1800. Vu la loi du 18 juillet 1837. Vu les lois des 7-14 octobre 1790 et la loi du 24 mai 1872, article 9. Vu le décret du 2 novembre 1804.

Considérant que la ville s'étant soutenu que, par ces décisions des 2 février et 29 mars 1877 qui ont autorisé la fabrique de l'église de Saint-Cyr à entreprendre la reconstruction partielle de ladite église, le ministre des cultes a excédé ses pouvoirs et qu'elle se fonde pour demander l'annulation des actes de cession sur ce que, l'église étant une propriété communale, il ne pouvait appartenir au conseil de fabrique d'y faire exécuter et à l'administration supérieure d'autoriser les travaux de reconstruction malgré le conseil municipal, et sur ce que d'autre part, l'engagement pris par la fabrique de ne pas recourir au budget municipal n'offre pas à la ville d'Issoudun des garanties suffisantes eu égard au chiffre peu élevé de la somme dont dispose la fabrique et aux travaux imprévus que pourra entraîner l'achèvement des travaux entrepris ; — Considérant que les décisions du ministre des cultes n'ont eu ni pour but, ni pour effet de porter atteinte soit au droit de propriété de la ville d'Issoudun sur l'église, soit au droit qui appartient à l'administration municipale de veiller à la conservation des propriétés communales, mais seulement de pourvoir aux besoins du culte dans l'église Saint-Cyr ; et que, si les communes peuvent être appelées à contribuer aux réparations et reconstructions des églises, aucune disposition de loi n'impose au conseils de fabrique de les faire exécuter, à leurs frais, sous l'approbation de l'autorité supérieure ; que d'ailleurs l'administration a reconnu la nécessité des travaux à faire dans l'église de Saint-Cyr; qu'enfin le conseil de fabrique justifie de ressources suffisantes pour couvrir la dépense prévue, et que l'autorisation donnée à l'exécution des travaux ne peut avoir pour résultat d'engager les finances de la ville d'Issoudun... — Rejette.

grosses réparations, il est statué par décret, sur la proposition des ministres de l'intérieur et des cultes. La loi de 1884 n'a prévu que le conflit entre la fabrique et la commune ; mais il peut y avoir conflit entre deux communes lorsqu'une paroisse s'étend sur plusieurs : le règlement de la difficulté est alors réservé au conseil général en conformité des prescriptions de l'article 46 n° 23 de la loi du 10 août 1871, s'il s'agit de travaux, et au préfet, en vertu du décret du 25 mars 1852 (tableau, n° 55), s'il s'agit de l'indemnité de logement.

3274. Les dépenses du culte ne constituent, pour les communes, qu'une obligation subsidiaire et subordonnée à l'insuffisance des ressources des établissements religieux. Sous l'empire de la loi de 1837, les fabriques qui demandaient le *secours* de la commune devaient justifier de cette insuffisance par leurs comptes et revenus ; cette justification n'ayant lieu qu'au moment et à l'occasion de la demande de secours, il en résultait que les conseils municipaux n'avaient que d'une façon très insuffisante connaissance de la réalité des recettes et des dépenses des fabriques : et le Conseil d'État avait même jugé que les conseils de fabrique pouvaient se refuser au déplacement de leurs registres et pièces de comptabilité (1). La loi de 1884 a modifié cet état de choses en inscrivant dans l'article 70 l'obligation, pour les conseils municipaux, de donner leur avis sur les comptes et budgets des fabriques, de la même manière que sur ceux des hospices et autres établissements communaux. Chaque année, le conseil municipal doit donc prendre communication du budget dressé par le conseil de fabrique et des pièces comptables à l'appui. Le conseil de fabrique ne saurait se refuser dès lors au déplacement des documents de comptabilité et ce n'est qu'après que le conseil municipal a donné son avis (1), que le budget doit être adressé à l'évêque afin que celui-ci procède à son règlement.

La loi de 1884 a apporté en la matière qui nous occupe, une autre innovation fort importante. Aux termes des articles 92 et suivants du décret du 30 décembre 1809, en cas de désaccord entre le conseil municipal et la fabrique, sur la question de savoir si la fabrique justifiait ou non de ressources suffisantes, la décision appartenait selon les cas, dès lors qu'il s'agissait de la dépense du culte, du logement du curé ou de grosses réparations, tantôt à l'évêque, tantôt au préfet, tantôt au gouvernement. Le Conseil d'État admettait qu'un contentieux pouvait naître toutes les fois qu'il n'y avait pas accord entre le préfet et l'évêque. La loi de 1884 a introduit un système nouveau : « S'il y a désaccord, dit-elle, entre la fabrique et la commune, quand le concours financier de cette dernière est réclamé par la fabrique, dans les cas prévus par les §§ 11 et 12, il est statué par décret sur les propositions des ministres de l'intérieur et des cultes. »

De ce texte, il résulte que tout contentieux, autre que celui qui peut naître d'un excès de pouvoir, est supprimé : le texte est formel. Le préfet ni l'évêque n'ont plus de pouvoirs propres. *S'il y a désaccord, il est statué par décret* (2). La décision appartient donc au pouvoir exécutif.

La loi a créé cependant une grave innovation constitutionnelle. Il ressort, en effet, de sa disposition que le Président de la République statue sur les rapports des ministres de l'intérieur et des cultes. S'il y a accord entre les deux ministres, il n'y aura pas de difficultés. Mais il peut y avoir désaccord.

---

(1) Cons. d'Ét. 14 juin 1878. — Le Conseil, Vu le décret du 30 décembre 1809 et la loi du 18 juillet 1837 ; Vu la loi des 7-14 décembre 1790 et celle du 24 mai 1872, article 9.

Sur les conclusions de la ville de Moulins tendant à faire décider que le préfet n'avait pu inscrire d'office à son budget aucune subvention en faveur des fabriques des trois églises paroissiales, alors que les conseils de fabrique avaient refusé de produire leurs registres et avaient déclaré qu'ils ne pouvaient qu'en donner communication sans déplacement ; — Considérant que les conseils de fabrique ne contestent pas qu'ils doivent fournir au conseil municipal, en outre de leurs comptes et budgets, les pièces qui justifient de l'insuffisance de leurs ressources pour pourvoir aux dépenses énumérées dans l'article 37 du décret du 30 décembre 1809, et que la contestation entre eux et le conseil municipal porte uniquement sur la forme dans laquelle ils sont tenus de mettre ces pièces à la disposition dudit conseil ; — Considérant qu'en l'absence de toute disposition contraire de loi ou de règlement, le conseil municipal n'est pas fondé à exiger du trésorier qu'il se dessaisisse des documents dont la conservation lui est confiée et qu'il suffit, pour l'exécution de l'article 30 de la loi du 18 juillet 1837, que les documents soient communiqués audit conseil dans des conditions qui permettent de vérifier l'exactitude des comptes ;

Sur les conclusions de la ville tendant à faire décider que, pendant l'année 1809, les ressources des fabriques n'étaient pas insuffisantes pour faire face aux dépenses auxquelles les communes peuvent être obligées de contribuer, aux termes de l'article 92 du décret du 30 décembre 1809 et de l'article 30 de la loi du 18 juillet 1837 — En ce qui concerne la fabrique de l'église de Notre-Dame ; — Considérant que la ville soutient en premier lieu, que c'est à tort que le budget de l'année 1876, ne porte pas en recettes un excédent de 2198 fr 65 résultant des comptes approuvés pour l'exercice 1874. — Mais considérant que, si le budget ne porte pas cette somme au chapitre des recettes, d'autre part il ne porte pas au chapitre des dépenses le déficit des années antérieures s'élevant à 4,009 fr. 50 ; qu'il résulte de l'instruction, notamment des comptes de l'année 1874 et de la délibération du 4 avril 1875 par laquelle le conseil de fabrique a approuvé lesdits comptes, que l'excédent provient de ce que la ville a payé en 1874, les subventions dues pour les années antérieures ; que dès lors, c'est avec raison que le conseil de fabrique a affecté cet excédent à l'éteindre, jusqu'à due concurrence le déficit résultant des comptes des années auxquelles les subventions étaient applicables ; — Considérant que la ville soutient en second lieu qu'une somme de 280 francs allouée au vicaire qui célèbre la messe à midi, les dimanches et jours de fête, doit être retranchée des comptes de l'année 1874, pour le motif qu'elle ne serait tenue de fournir à ce vicaire aucune rémunération en sus du traitement dont le maximum est fixé à 500 francs par l'article 40 du décret du 30 décembre 1809 ; — Considérant que la somme de 280 francs figurait au budget de l'année 1874 ; que ce budget a été soumis au conseil municipal qui, sans contester qu'elle constituât une dépense du culte, a demandé qu'elle fût réduite à 100 francs, que cette demande a été repoussée par l'évêque et que le recours motivé par le pouvoir dirigé contre l'arrêté préfectoral, formé d'office au budget pour l'année 1874, la subvention demandée par la fabrique a été rejeté par décision du conseil d'État au contentieux du 21 mai 1875 ; que de ce qui précède, il résulte que la ville n'est pas recevable à contester actuellement à l'occasion des comptes de 1874, cet article de dépense ; — Considérant, enfin que la ville demande, d'une part, la suppression d'un crédit de la même somme de 280 francs porté pour le même objet, au budget de l'année 1876 et d'autre part la réduction à 1,500 francs de la somme de 1,790 francs portée aux comptes de 1874 pour le traitement de trois vicaires ; — Considérant que, d'après le budget de 1876, l'insuffisance des ressources de la fabrique pour pourvoir aux dépenses auxquelles la ville peut être tenue de contribuer s'élevait à la somme de 2319 fr. 50, que, néanmoins la fabrique s'est bornée à demander une subvention de 1,500 francs, qu'en admettant qu'il y ait lieu de retrancher les deux sommes de 280 francs et de 200 francs, la subvention allouée conformément à la demande de la fabrique reste encore inférieure à celle que la ville pouvait être tenue de fournir.

En ce qui concerne la fabrique de l'église de Saint-Pierre ; — Considérant qu'il est établi par l'instruction que la fabrique a employé dans le courant de l'année 1874 une somme de 1262 fr. 70 soit à des achats de linge et d'ornements pour lesquels aucun crédit n'était inscrit au budget, soit à des réparations qui n'étaient pas davantage prévues au budget, et pour lesquelles les formalités prescrites par les articles 94 et 95 du décret du 30 décembre 1809 n'avaient pas été accomplies ; que la ville de Moulins est fondée à soutenir qu'elle n'est pas tenue de contribuer à des dépenses ainsi engagées irrégulièrement ; qu'en supprimant des comptes de 1874 la somme de 1,262 fr. 90, le budget de 1876 ne présente plus de déficit, et que, dès lors, la subvention de 1,200 francs inscrite d'office au budget de la ville, pour ladite année ne peut y être maintenue.

En ce qui concerne la fabrique de l'église du Sacré-Cœur ; — Considérant que les comptes de l'année 1874 portent une somme de 900 francs pour le traitement des vicaires, alors que pendant ladite année, un seul vicaire avait été régulièrement institué dans la paroisse, que la ville est fondée à soutenir qu'elle n'est pas tenue de contribuer au payement de la rémunération allouée à un ecclésiastique qui n'avait pas la qualité de vicaire et inscrite d'office à son budget ;

Art. 1er. — Annule pour excès de pouvoirs l'arrêté du préfet.
Art. 2. — Rejette.

(1) Il importe de bien remarquer que le conseil municipal n'a pas à donner son approbation.

(2) Cons. d'Ét. int. 6 août 1885. — La section qui, sur le renvoi ordonné par M. le ministre de l'instruction publique, des beaux-arts et des cultes, a été consultée sur l'interprétation de l'article 136 (n° 12) *in fine* ; — Vu les pièces du dossier notamment le rapport adressé à M. le Président de la République par le ministre de l'instruction publique, des beaux-arts et des cultes ; — Vu le décret du 30 décembre 1809 ; — Vu l'article 136 (n° 12) *in fine* de la loi du 5 avril 1884.

Considérant qu'il résulte de l'article 136 susvisé que les difficultés qui s'élèvent entre les fabriques et les communes au sujet des dépenses relatives au logement des curés et desservants et aux grosses réparations des édifices communaux consacrés au culte doivent être réglées par décret ; — Considérant que cette disposition n'a fait aucune distinction entre le cas où les ministres sont d'accord pour proposer soit l'admission soit le rejet de la demande de la fabrique et le cas où les ministres eux-mêmes sont en désaccord, que toutes les fois qu'il y a désaccord entre la fabrique et la commune, il est statué par décret ;

Est d'avis qu'un décret rendu sur les propositions des ministres de l'intérieur et des cultes, doit toujours intervenir lorsqu'il y a désaccord entre la commune et la fabrique relativement aux dépenses prévues au paragraphe 4 de l'article 136 de la loi du 5 août 1884.

Dans ce cas, il départage les deux ministres. C'est là un droit nouveau imprévu par la Constitution, qui exige que tout décret soit revêtu du contreseing d'un ministre responsable. Qui donnera le contreseing, le ministre dont le Président aura suivi l'avis, ou bien les deux ministres? La décision présidentielle doit-elle intervenir après avis du Conseil d'État? Le texte ne le dit pas. Il nous semble cependant que cette haute assemblée pourra et devra être consultée. Nous ne connaissons pas dans nos lois d'autre prescription qui donne au Président de la République un pouvoir d'arbitrage entre les ministres; c'est une sorte de pouvoir judiciaire qui lui est personnellement attribué, dans une matière elle-même quasi-judiciaire; il nous semble donc que le Conseil d'État devra être appelé à formuler la résolution présidentielle. C'est lui qui est, d'ordinaire, appelé à vider, par ses avis, les conflits qui naissent entre des administrations ressortissant à des départements ministériels différents; c'est lui qui est le tuteur supérieur des communes et des fabriques; c'est lui qui est le juge ordinaire des contestations d'ordre administratif. Mais il est bien entendu que le Conseil d'État auquel sera soumis le différend est l'assemblée statuant administrativement et non l'assemblée statuant contentieusement.

Quand une commune se compose de plusieurs sections formant autant de paroisses distinctes, elle est tenue, en cas d'insuffisance des ressources des fabriques, de pourvoir aux frais du culte ci-dessus énumérés dans chacune des paroisses. La dépense ne saurait être mise à la charge exclusive des habitants de la section ou de la paroisse. C'est, en effet, une dépense communale et non une obligation frappant les biens des sections (1).

3272. L'appréciation de la question de savoir si une fabrique a ou non des revenus et des ressources disponibles est toujours très délicate; elle ne peut se faire que par une étude très attentive de la situation financière.

L'examen du budget doit toujours être accompagné de celui du compte de l'exercice précédent où doivent figurer les résultats des exercices clos et les reports des bonis et déficits s'il y en a.

Une circulaire de la direction générale des cultes du 21 novembre 1879 recommande de dresser le budget avec le plus grand soin dans les formes prescrites par l'article 45 du décret du 30 décembre 1809.

Le chapitre des recettes ordinaires est, en général, composé de 12 articles; sont classés sous les paragraphes 1, 2 et 3, les revenus des différents biens que peuvent posséder les fabriques, soit des rentes, soit des loyers.

Le numéro 4 comprenait le produit spontané des cimetières; il n'a plus aujourd'hui de raison d'être.

Les numéros 5 et 6 s'appliquent au prix du revenu des bancs et de la location des chaises dans l'église.

Les numéros 7 et 8, aux produits des quêtes et des troncs.

Le numéro 9, à celui des oblations volontaires.

Sous le numéro 10 sont rangés les droits perçus par les fabriques sur tous les services religieux et le produit qui leur revient sur les frais d'inhumation.

Le chapitre 11 complète le budget des recettes par l'énonciation des recettes extraordinaires, c'est-à-dire de toutes celles qui sont accidentelles ou temporaires, telles que les produits des dons ou legs, les subventions de la commune et de l'État, le produit des emprunts régulièrement autorisés.

Enfin, un douzième article doit contenir l'évaluation en argent de la cire revenant à la fabrique et au curé; ces articles doivent être suivis de toutes les recettes spéciales aux localités et impossibles à prévoir.

Les dépenses de fabrique se divisent, comme les recettes, en dépenses ordinaires et en dépenses extraordinaires; mais il est nécessaire néanmoins, tout en maintenant cette classification, d'observer, autant que possible, la distinction en dépenses obligatoires et en dépenses facultatives.

Cette distinction fait ressortir aux yeux des conseils municipaux, et, en cas de mesures coercitives, aux yeux des préfets, la légitimité des demandes adressées aux communes.

Les dépenses obligatoires comprennent : 1° celles énumérées dans les articles 37 et 92 §§ 1er et 2 du décret du 30 décembre 1809, savoir : les frais ordinaires du culte, ornements, vases sacrés, pain, vin, luminaire, réparation des meubles et ustensiles, payement des officiers et serviteurs de l'église, honoraires des prédicateurs, traitements des vicaires légalement institués, les frais de réparations locatives et d'entretien des édifices religieux, etc.;

2° Toutes les dépenses ordinaires ou extraordinaires votées par le conseil de fabrique, et admises après avis du conseil municipal, par les autorités compétentes, ainsi qu'il a été dit ci-dessus.

Toutes les autres dépenses sont facultatives.

Le chapitre des dépenses ordinaires est clos par le relevé des fondations et charges provenant des biens que l'établissement religieux a été régulièrement autorisé à posséder.

Les dépenses extraordinaires s'ouvrent ensuite par l'indication des travaux de grosses réparations et de constructions de l'église ou du presbytère, qui, à la suite des formalités

---

(1) Cons. d'Ét. int. 4 décembre 1858. — Le conseil d'État, qui, sur le renvoi ordonné par M. le ministre de l'intérieur, a pris connaissance d'un projet de décret ayant pour objet d'autoriser la section de Nieulle, commune de Saint-Sornin (Charente-Inférieure) à contracter un emprunt et à s'imposer extraordinairement pour la construction d'un presbytère; — Vu la délibération, en date du 6 février 1855, par laquelle le conseil municipal de Saint-Sornin, assisté des plus imposés de la section de Nieulle, a voté pour la construction d'un presbytère audit Nieulle, un emprunt de 7,500 francs remboursable en 12 annuités, et une imposition extraordinaire de 9983 fr. 50 à percevoir en 12 ans sur les contribuables de ladite section seulement; — Vu le budget de la fabrique de Nieulle pour l'année 1856. — Vu les budgets de la commune de Saint-Sornin pour les années 1856, 1857; — Vu l'avis du préfet de la Charente-Inférieure, en date du 6 février 1857; — Vu les autres pièces du dossier; — Vu la loi du 28 germinal an x; — Vu le décret du 30 décembre 1809; — Vu la loi du 14 février 1810 et son exposé des motifs; — Vu la loi du 15 mai 1827; — Vu enfin la loi du 18 juillet 1837 et notamment les articles 2, 3, 6, 21, 30, 49 et 58 de cette loi.

Considérant qu'il existe dans la section de Nieulle, dépendant de la commune de Saint-Sornin, une église érigée en succursale, mais que cette section n'a pas de presbytère ; — Considérant que, pour subvenir aux frais de construction d'un presbytère à Nieulle, le conseil municipal de Saint-Sornin, assisté des plus imposés de la ville de Nieulle, a voté un emprunt et une imposition extraordinaire à percevoir sur les contribuables de cette section seulement ; — Considérant que les sections de communes n'ont d'existence distincte et séparée que dans les cas spécialement déterminés par la loi ; — Qu'aux termes de l'article 6 de la loi du 18 juillet 1837, tous les édifices et autres immeubles servant au public et situés sur le territoire d'une section, deviennent, de plein droit, par la réunion, propriété de la commune entière ; — Que si des sections de communes sont autorisées à conserver, même après leur réunion, la jouissance de certains droits immobiliers, droits d'usage ou autres, qui leur appartenaient exclusivement avant cette réunion, et si cette situa-

tion particulière semble donner à une section de commune une sorte d'existence séparée, il faut bien se garder d'étendre à des cas non prévus ce que la loi n'a admis que pour des cas exceptionnels ; — Considérant que si un ou arriverait à créer une commune dans la commune ; — Considérant que la loi du 18 juillet 1837, dans ses articles 2, 3, 6, 49 à 58 a prévu les cas dans lesquels les sections peuvent agir en leur propre nom; que si le législateur de 1837 eût entendu qu'une section pût, exclusivement au reste de la commune, être tenue extraordinairement pour le payement des dépenses du culte ou autres dépenses analogues, il eût exprimé cette intention; — Considérant que le décret du 30 décembre 1809, sur les fabriques, et la loi du 14 février 1810, sur leurs revenus, ne contiennent aucune disposition concernant les sections de communes dotées d'une église, et qui autorise ces dernières à s'imposer pour les frais du culte, en cas d'insuffisance des revenus de la fabrique ; — Que ce décret et cette loi prescrivent au contraire, dans ce cas de recourir à la commune; — Que ce principe est aussi consigné dans l'article 2 du décret du 5 mai 1806 relatif aux cultes réformés; — Qu'à la vérité, le décret de 1809 et la loi de 1810 admettent qu'en cas d'insuffisance des revenus de la fabrique et des revenus communaux il peut être fait des *taxes extraordinaires sur la paroisse*, mais que l'exposé des motifs de la loi de 1810, laquelle a interprété et complété le décret de 1809, démontre que le législateur a employé le mot *paroisse* dans le sens du mot *commune* ; — Considérant que la distinction proposée par le ministre de l'intérieur entre les dépenses qui devraient peser sur la commune toute entière, et les dépenses facultatives qui pourraient être mises à la charge d'une section seule, en vertu du vote du conseil municipal auquel seraient adjoints les plus imposés de la section, ne saurait être admise ; — Que cette distinction s'appuie sur aucune disposition légale, et que les motifs qui s'opposent à ce que les sections supportent des dépenses obligatoires s'appliquent avec plus de force encore qu'aux dépenses facultatives.

Est d'avis: qu'il n'y a pas lieu d'adopter le projet de décret proposé.

prescrites, ont pris le caractère de dépenses obligatoires. Ces travaux forment deux articles, ceux auxquels la fabrique pourvoit elle-même sur l'excédent de ses revenus, et ceux pour lesquels elle réclame le concours de la commune.

Une fabrique ne doit être réputée n'avoir pas de revenus ou ressources disponibles que lorsque les recettes ordinaires ne présentent aucun excédent sur les dépenses nécessitées par l'exercice du culte et par l'entretien des édifices paroissiaux. Mais, d'un autre côté, on ne saurait considérer comme ressources disponibles les immeubles et le capital productifs de rentes dont les revenus sont consacrés à satisfaire aux dépenses ordinaires du culte. Ces immeubles et ces capitaux sont, au contraire, des ressources disponibles lorsqu'ils ont été donnés aux fabriques avec affectation spéciale à l'entretien de l'édifice religieux (1).

ARTICLE 12. — Grosses réparations des édifices communaux et des bâtiments militaires.

3273. Les communes doivent administrer les biens qui leur appartiennent en bon père de famille. Leur intérêt bien entendu leur en fait une obligation ; la loi aurait pu ne pas la leur imposer. Cependant l'article 136 met au nombre des dépenses obligatoires l'entretien de l'hôtel de ville, de la justice de paix et des églises (2) : il les astreint, en outre, à faire les grosses réparations nécessaires à tous les autres immeubles communaux (3).

Les réparations des bâtiments sont de trois sortes : les réparations locatives, les réparations d'entretien, les grosses réparations. Les réparations locatives ou de menu entretien dont le locataire est tenu, s'il n'y a clause contraire, sont celles désignées comme telles par l'usage des lieux, et, entre autres, les réparations à faire aux âtres, contre-cœurs, chambranles et tablettes de cheminées ; au recrépissage du bas des murailles des appartements et autres lieux d'habitation à la hauteur d'un mètre ; aux pavés et carreaux des chambres, lorsqu'il y en a seulement quelques-uns de cassés ; aux vitres, à moins qu'elles ne soient cassées par la grêle, ou autres accidents extraordinaires ou de force majeure ; aux portes, croisées, planches de cloisons, gonds, targettes et serrures.

On appelle réparations d'entretien le rétablissement des

(1). Cons. d'Et. int., 2 juillet 1884. — La section de l'intérieur etc., qui, sur le renvoi ordonné par M. le ministre de la justice et des cultes, a pris connaissance du projet de décret ci-joint relatif à une aliénation de rentes pour la fabrique d'Epigné-les-Bois ; — Vu la délibération en date du 7 janvier 1883, par laquelle le conseil de fabrique d'Epigné-les-Bois demande l'autorisation d'aliéner un titre de rente de 42 francs pour subvenir aux dépenses de reconstruction du presbytère, qui, d'après toutes les pièces du dossier, paraît appartenir à la commune ; — Vu la lettre de l'archevêque de Tours, en date du 7 février 1883 ; — Vu la délibération du conseil municipal d'Epigné-les-Bois en date du 23 mars 1884 ; — Vu l'ordonnance du 14 janvier 1831 et la loi du 5 avril 1884. — Considérant que, d'après l'article 136 de la loi du 5 avril 1884, les grosses réparations aux édifices consacrés au culte, constituent des dépenses obligatoires pour la commune, quand ces bâtiments lui appartiennent, sauf l'application préalable des revenus et ressources des fabriques à ces réparations ; — Considérant que la rente d'un immeuble ou d'un titre de rente non grevé de charges ne saurait être considéré comme une ressource disponible de la fabrique, tant qu'il n'est entendu par ressources disponibles que les excédents des recettes sur les dépenses nécessitées pour l'exercice du culte et pour l'entretien des édifices paroissiaux ou le montant des libéralités spécialement affectées aux réparations desdits édifices, que telle est du reste la doctrine qui résulte tant de la circulaire ministérielle du 15 mai 1884 que de la discussion qui a eu lieu devant le parlement ; — Considérant que, s'il en était autrement ou que si les fabriques devaient vendre tous leurs immeubles ou leurs titres de rente non grevés de charges, avant de pouvoir s'adresser aux communes, conformément à l'article 106 susvisé, les ressources ordinaires de ces établissements diminueraient chaque jour et seraient bientôt insuffisantes pour satisfaire aux dépenses ordinaires du culte, qui ne sont plus mises, même subsidiairement, à la charge des communes.

Est d'avis qu'il n'y a pas lieu d'adopter le projet de loi présenté.

En ce sens, Cons. d'Et. int. 6 août 1884 ; Cons. d'Et. int. 16 mars 1886 ; Cons. d'Et. int. 23 juin 1886 (Wasnes au Aac) ; Cons. d'Et. int. 26 mars 1886 (Bekenbos.)

(2) Art. 136, nos 1, 8 et 9.
(3) Art. 136, no 12 (voy. supra, nos 2755 et suiv.).

parties de couvertures, des digues, des murs de soutènement ou de clôture, attendu que leur restauration n'est réputée grosse réparation qu'autant qu'elles sont à faire en entier.

Quant aux grosses réparations elles comprennent : la restauration partielle des gros murs et des voûtes, le rétablissement des poutres et des couvertures entières ; celui des digues et des murs de soutènement et de clôture aussi tout entier ; celui des cloisons et des pans de bois. Les réparations réputées locatives sont aussi rangées dans la catégorie des grosses réparations lorsqu'elles sont occasionnées par la vétusté, ou proviennent d'une force majeure (1).

3274. L'article 136 en comptant aux nombre des dépenses obligatoires celles des grosses réparations aux bâtiment communaux fait une exception à l'égard des bâtiment militaires. Quelques explications sont nécessaires à cet égard.

La charge du logement des gens de guerre a, de tout temps, été imposée aux communes et aux habitants. Un décret de l'Assemblée nationale du 23 janvier 1790 y assujettissait tous les habitants.

Mais les inconvénients du logement des militaires à domicile ayant fait sentir la nécessité d'une meilleure organisation de ce service, un décret impérial du 7 août 1810, en considération des bénéfices que les consommations de la troupe procurent aux communes, chargea celles qui percevaient des droits d'octroi du loyer d'occupation des bâtiments militaires. Peu de temps auparavant, un autre décret du 23 avril 1810, avait conféré aux villes la propriété des casernes, hôpitaux, manutentions, corps de garde et autres bâtiments militaires, à charge par elles de les entretenir, et, à cet effet, d'allouer dans leurs budgets les sommes nécessaires pour couvrir la dépense des travaux, lesquels devaient être exécutés par les officiers du génie dans les places de guerre, et par les ingénieurs ou architectes dans les autres villes. Ce concours d'agents dépendant d'administrations diverses entraînant des complications et des embarras inévitables, on reconnut le besoin d'adopter d'autres principes, et la loi de finances du 15 mai 1818, résolut (art. 46) la difficulté en ces termes : « Il ne sera fait, à l'avenir, aucun prélèvement sur les revenus communaux, à l'exception : 1° du dixième du produit des octrois ; 2° des dépenses du casernement et des lits militaires, qui ne pourront, dans aucun cas, s'élever par chaque année au-dessus de 7 francs par homme et de 3 francs par cheval pendant la durée de l'occupation, au moyen de quoi les réparations et loyer des casernes et de tous autres bâtiments ou établissements militaires, ainsi que l'entretien de la literie et l'occupation des lits militaires, seront à la charge du gouvernement. »

Une ordonnance royale du 5 août 1818, en confirmant (art. 12) le décret du 23 avril 1810, par suite duquel les établissements et terrains militaires sont devenus la propriété des communes, déclara toutefois que les cessions absolues de bâtiments et terrains qui faisaient l'objet d'un bénéfice et d'une charge déterminés ne seraient maintenues qu'autant que la condition prescrite se trouverait entièrement remplie, à défaut de quoi les villes seraient tenues d'exécuter cette condition ou de renoncer à la propriété. L'article 13 de la même ordonnance expliqua que les bâtiments et terrains cédés aux villes par le décret de 1810, à charge de conserver leur destination, rentreraient pour leur conservation et police comme pour leurs dépenses, sous l'administration directe et exclusive du ministre de la guerre, mais que les communes en conserveraient la nue propriété pour en être remises en possession, si, par suite de leur inutilité absolue, ils étaient abandonnés par le département de la guerre.

Le prélèvement du dixième sur le produit des octrois fut supprimé par décret du 17 mars 1852 (art. 25).

De l'ensemble de ces dispositions, deux conséquences essentielles, résultent à savoir : 1° que les charges qui étaient imposées aux villes, concernant l'entretien des bâtiments

(1) C. civ., art. 606.

militaires, sont réduites aujourd'hui à un simple prélèvement de 7 francs par homme et de 3 francs par cheval, prélèvement dû pour l'armée navale comme pour l'armée de terre (1), pour les troupes logées hors du périmètre d'octroi comme pour celles logées dans l'enceinte (2), moyennant lequel elles sont désormais exonérées de toute obligation, tant relativement aux frais de conservation et d'entretien, qu'en ce qui concerne l'exécution des travaux; 2° que la loi du 15 mai 1818 et l'ordonnance du 5 août suivant ont virtuellement abrogé toutes les lois et tous les règlements antérieurs qui avaient déterminé le concours des communes dans l'administration des établissements nécessaires au casernement des troupes en garnison. La régie procède au prélèvement des fonds d'abonnement. S'il y a contestation, la réclamation du maire est adressée au préfet, qui la transmet au ministre de la guerre. Sur la décision de ce dernier, la régie poursuit le payement des décomptes, si la ville est en débet. L'abonnement s'étend à toutes les troupes, quels que soient leur service et leur destination (3).

3275. Comme on le voit, les frais de casernement sont la représentation de la charge qui pèse sur les communes pour le casernement de la garnison. S'ils ne sont prélevés que sur les villes qui ont des octrois c'est que l'on suppose que les ressources de celles qui n'en ont pas ne leur permettraient pas de s'acquitter (4). L'abonnement individuel est réglé suivant le nombre des journées d'occupation d'hommes et de chevaux; ce nombre est établi d'après les états de service dressés par l'intendance militaire. Le recouvrement est poursuivi par l'administration des contributions indirectes.

Il résulte de ce qui précède que c'est sur les journées de présence réelle de la garnison que doit être fait le calcul (6).

On doit compter comme présents réellement toutes les troupes et tous les chevaux de la garnison, quelle que soit leur position. Les officiers et agents militaires logés en ville, les hommes malades ou emprisonnés, les chevaux que les officiers et agents sont tenus d'entretenir doivent donc être compris sur le décompte, qu'ils soient logés ou non dans les bâtiments militaires. La jurisprudence qui avait longtemps hésité (1) est aujourd'hui fixée en ce sens (2). En effet, bien qu'en fait des militaires soient logés hors des bâtiments militaires, ils doivent être considérés comme y habitant, du moment que le logement leur est dû. Les règlements particuliers qui interviennent entre l'administration militaire et eux ne sauraient influer en rien sur les obligations militaires de l'État et des communes.

L'abonnement individuel peut être remplacé par un abonnement fixe ou abonnement à taux réduits, établi par décret (3).

Les villes peuvent obtenir des dégrèvements fondés sur des exceptions qui résulteraient, soit d'événements de force majeure légalement constatés, soit de l'excédent du montant annuel des décomptes sur les charges que les communes sont en état de supporter sans lésion, d'après leurs revenus ou leurs ressources. Il est statué, dans ce cas, par décret rendu sur le rapport du ministre de l'intérieur (4).

En cas d'abonnement fixe et d'une fraction constante du produit de l'octroi, cet abonnement forme entre l'État et les communes un contrat aléatoire dont les chances favorables ou contraires doivent être également supportées par les parties. Une commune ne pourrait obtenir un dégrèvement en invoquant des circonstances accidentelles qui auraient réduit momentanément la garnison, de même que l'État ne serait point fondé à réclamer une augmentation dans le taux de l'abonnement, si la garnison était augmentée (5).

---

(1) Cons. d'Et. cont. 1er juin 1849.
(2) Cons. d'Et. cont. 20 juillet 1846, D. P. 47.3.49; Cons. d'Et. cont. 10 janvier 1873. — Le Conseil, Vu les lois du 10 juillet 1791 et du 23 mai 1792; — Vu l'avis du Conseil d'État approuvé par l'Empereur le 29 mars 1811 et le décret du 15 septembre 1811; — Vu la loi du 15 mai 1818 et l'ordre royal du 5 août suivant; —
Considérant qu'aux termes de l'article 46 de la loi du 15 mai 1818 les communes n'ont été déchargées des frais de casernement et des dépenses concernant les lits militaires que moyennant un prélèvement au profit de l'État, qui peut s'exercer aussi bien sur les droits d'octroi que sur les centimes ordinaires, extraordinaires et facultatifs auxquels elles sont imposées ou sur leurs autres revenus; — Que ce prélèvement a raison, pour chaque année d'occupation, de 7 francs par homme et de 3 francs par cheval, y compris toutes les troupes logées par l'État, sans distinguer entre celles qui sont casernées dans les limites de l'octroi des villes et celles qui sont casernées hors du rayon de leur octroi; — Que si l'ordonnance du 5 août 1818, rendue pour l'exécution de l'article 46 de la loi précitée, n'a soumis à ce prélèvement que les villes qui perçoivent des octrois, cette disposition ne peut être invoquée par la ville de Lourdes, pour se faire exempter du prélèvement, puisque cette ville perçoit des droits d'octroi; d'où il suit que c'est avec raison que le ministre de la guerre a maintenu et compris dans les décomptes des journées d'occupation de logement les troupes casernées hors du rayon de l'octroi de la ville de Lourdes, sauf à ladite ville à demander, s'il y a lieu, la transformation de la redevance calculée sur l'effectif en un abonnement fixe par application de l'article 10 de l'ordonnance ci-dessus visée du 5 août 1818… — Rejette.
(3) Cons. d'Et. cont 15 septembre 1831. — Le Conseil, Vu l'article 46 de la loi du 15 mai 1848; — Vu l'ordonnance royale du 5 août 1818 pour l'exécution de l'article ci-dessus.
Considérant que le prélèvement autorisé sur les revenus des communes par l'article 46 précité s'étend à toutes les troupes qui composent les garnisons des places de guerre quels que soient leur destination et leur service dans lesdites places; d'où il suit que la ville de Rochefort n'est pas fondée à restreindre ledit prélèvement sous prétexte du service de l'arsenal et de la marine… — Rejette.
(4) Cons. d'Et. 29 avril 1834; Circ. hn. 8 août 1818; Circ. int. 15 juillet 1833.
(5) Ordonnance, 5 août 1818, art. 6.
(6) Cons. d'Et. fin. 7 mars 1876. — Le Conseil, Considérant qu'en émettant l'avis que le premier paragraphe de l'article 3 de l'ordonnance du 5 août 1818 avait fait une juste application de la loi, les sections réunies du Conseil d'État n'ont pas voulu infirmer implicitement les dispositions des paragraphes suivants du même article et notamment celles du paragraphe 5 qui sont spéciales aux officiers et agents militaires; — Est d'avis qu'il y a lieu de se conformer, pour l'établissement des états de journée, au texte littéral et complet de l'article 3 de l'ordonnance du 5 août 1818, tout en tenant compte de l'avis des sections réunies du Conseil d'État du 17 mai 1833 pour la radiation des hommes à l'hôpital ou en prison, et spécialement de ceux qui seraient répartis chez les habitants par l'autorité municipale, et qu'il y a lieu, en conséquence, de comprendre dans les décomptes de l'intendance tous les

officiers et agents militaires, qu'ils soient logés dans les bâtiments militaires ou qu'ils reçoivent l'indemnité représentative des frais de logement.
Cons. d'Et. 16 février 1863. — Le Conseil, Vu les lois des 8-10 avril 1791 et 23 mai 1792; — Vu les décrets des 23 avril et 7 août 1810 et 6 septembre 1811; — Vu la loi du 15 mai 1818, article 46, et l'ordonnance royale du 5 août 1818; — Vu la loi du 24 mai 1872;
Considérant que l'article 46 de la loi du 15 mai 1848 n'a déchargé les communes des frais de casernement et de dépenses concernant les lits militaires, que leur incombaient antérieurement, que moyennant un prélèvement au profit de l'État, tant sur le produit des droits d'octroi que sur l'ensemble de leurs autres revenus, dont le chiffre annuel est fixé au maximum à 7 francs par homme et 3 francs par cheval; — Que cette disposition avait, pour objet de comprendre, dans une faible mesure d'ailleurs, le surcroît de dépenses résultant pour l'État, dès que l'administration de la guerre prenait à sa charge pour l'avenir les dépenses de toute sorte concernant le logement des troupes qui était auparavant à la charge des localités et que le prélèvement qu'elle institue s'applique, dès lors, à l'ensemble, sans distinction, de l'effectif en hommes et en chevaux dont le logement, comme l'instruction constitue désormais une charge de l'État.
Considérant que les officiers étaient, antérieurement à la loi des 8-10 juillet 1791, logés aux frais des localités; — Que d'après les principes de l'organisation militaire tels qu'ils sont établis tant par ladite loi que par celle du 23 mai 1791, l'État doit aux officiers, aussi bien qu'aux hommes de troupe sans distinction, le logement en nature, ou, à défaut de ce logement, une indemnité représentative des frais qu'il comporte; — Qu'ainsi le logement des officiers constitue une des charges que l'État a prise à son compte en vertu de l'article 46 ci-dessus relaté du 15 mai 1818, en même temps qu'il en déchargeait les villes; — Qu'il en est de même du logement des chevaux que ces officiers sont tenus d'entretenir en vertu des règlements et pour lesquels des rations de fourrage leur sont allouées par l'État; — Considérant, enfin, que si l'administration de la guerre fournit aux officiers, au lieu du logement en nature, une indemnité représentative des frais dudit logement, soit d'ailleurs que cette indemnité s'ajoute à la solde ou qu'elle y soit comprise sans y figurer sous un titre distinct, cette disposition, qui concerne exclusivement les rapports de l'autorité militaire avec ses subordonnés, ne peut être invoquée par les villes comme un motif de dégrèvement de tout ou partie des obligations que la loi leur a imposées à l'égard de l'État relativement aux dépenses du logement des troupes; — Qu'il résulte de ce qui précède que le logement des officiers et des chevaux qu'ils possèdent en exécution des règlements est une des charges que l'article 46 de la loi du 15 mai 1818 a eues en vue; — Que, dès lors, la ville de Lorient n'est pas fondée… — Rejette.
(1) Cons. d'Et. int. 17 mai 1833.
(2) Cons. d'Et. fin. 7 mai 1876; Cons. d'Et. cont. 16 février 1863. (D. P. 84).
(3) Ord. 5 août 1818, art. 10.
(4) Ord. 5 août 1818, art. 10.
(5) Cons. d'Et. int. 19 juin 1885.

Rappelons qu'en dehors de l'abonnement légal, les communes, pour s'assurer les avantages d'une garnison habituelle, peuvent, avec l'autorisation royale, s'imposer des subventions volontaires et d'une somme déterminée, pour contribuer aux frais de casernement (1).

Le prélèvement opéré sur les octrois étant la représentation des frais de casernement que l'État a pris à sa charge au lieu et place des communes, ne doit pas s'opérer, bien entendu, sur les troupes qu'il n'est pas chargé de loger, telles que la gendarmerie dont les frais de casernement incombent aux départements, ou les corps de pompiers et gardes municipaux qui sont entretenus par les municipalités.

ARTICLE 13. — Frais d'inhumation.

3276. Aux termes de l'article 136, § 13, sont obligatoires pour les communes les dépenses concernant les cimetières, c'est-à-dire celles qui résultent de leur clôture, de leur entretien et leur translation, dans les cas déterminés par les lois et règlements d'administration publique.

Ces dispositions reproduisent celles du paragraphe 17 de l'article 30 de la loi du 18 juillet 1837. Mais le sens qu'elles avaient dans cette dernière est profondément modifié; en effet, sous l'empire de cette dernière et du décret de 1809, la jurisprudence s'appuyant sur les articles 86, § 4, du décret du 30 décembre 1809, qui comprenait au nombre des revenus de la fabrique les produits spontanés des lieux de sépultures, et 37, § 4, du même décret, qui la chargeait de l'entretien des cimetières, considérait la dépense comme devant être acquittée en première ligne par les fabriques et subsidiairement par les communes. Les fabriques trouvaient une compensation dans la perception des produits spontanés. La loi nouvelle a transféré des fabriques aux communes les produits; elle a, en même temps, transféré à ces dernières, et, dans tous les cas et sans recours, la totalité de la dépense d'établissement et d'entretien.

Dans l'état actuel de la législation, les cimetières communaux sont régis par le décret du 23 prairial an XII interprété et complété, dans quelques-unes de ses dispositions, par une ordonnance réglementaire du 6 décembre 1843 et par quelques textes postérieurs (2).

Le décret de l'an XII, après avoir défendu toute inhumation dans les églises, temples, synagogues et autres lieux consacrés au culte, ainsi que dans l'enceinte des villes, bourgs et villages, décide qu'il y aura, hors de ces centres d'habitations et à la distance de trente-cinq à quarante mètres au moins de leur enceinte, des terrains consacrés à l'inhumation des morts; que les terrains les plus élevés et exposés au nord seront choisis de préférence; qu'ils seront clos de murs de deux mètres au moins d'élévation et plantés d'arbres, sauf à prendre les précautions convenables pour ne pas gêner la circulation de l'air. Le même décret a réglé la dimension et l'espacement des fosses. Chaque inhumation, dit l'article 4, aura lieu dans une fosse séparée, d'un mètre cinq décimètres à deux mètres de profondeur sur huit décimètres de largeur, laquelle sera ensuite remplie de terre bien foulée. Les fosses seront distantes les unes des autres de trois à quatre décimètres sur les côtés et de trois à cinq décimètres à la tête et aux pieds. Puis, pour éviter le danger qu'entraîne le renouvellement trop rapproché des fosses, il est dit que l'ouverture de celles-ci, pour de nouvelles sépultures, n'aura lieu que de cinq en cinq ans; et qu'en conséquence les terrains destinés à servir de cimetières doivent être cinq fois plus étendus que l'espace nécessaire pour y déposer le nombre présumé des morts qui peuvent y être enterrés chaque année.

En principe, les communes doivent avoir les terrains con-

sacrés aux inhumations sur leur propre territoire. Toutefois, lorsqu'une commune n'a pas assez d'importance pour se procurer elle-même un lieu de sépulture, ou se trouve dans l'impossibilité d'avoir sur son territoire un terrain qui remplisse les conditions exigées par le décret du 23 prairial an XII, il n'y a pas d'obstacle légal à ce qu'elle obtienne l'autorisation de faire usage du cimetière d'une autre commune, moyennant un prix de location établi d'après le chiffre de la population de chacune d'elles (1), ou à ce qu'elle soit autorisée à acquérir un terrain sur le territoire d'une autre commune. Mais il est toujours nécessaire que le conseil municipal de cette dernière soit consulté, et qu'une enquête soit ouverte à la mairie du lieu où doit se faire l'acquisition (2).

3277. Les communes qui sont obligées d'abandonner leurs cimetières actuels et de s'en procurer de nouveaux, hors de l'enceinte de leurs habitations, peuvent, en s'y faisant autoriser, acquérir les terrains qui leur sont nécessaires, en remplissant les formalités requises. Ces formalités ont été modifiées d'abord par l'effet de l'article 46 de la loi du 18 juillet 1837, lorsque la dépense de l'acquisition du nouvel emplacement n'excédait pas 3,000 francs, cas auquel l'autorisation d'acquérir devait être accordée par le préfet; ensuite par les décrets dits de décentralisation de 1852 et 1861, tableau A, n° 48, aux termes desquels les préfets statuent désormais sur les acquisitions de biens de toute nature, quelle qu'en soit la valeur. L'ordonnance du 6 décembre 1843 avait donné déjà plus d'extension au pouvoir de ces fonctionnaires. Voici dans quels termes elle dispose à cet égard : « Art. 1er. Les dispositions des titres Ier et II du décret du 25 prairial an XII, qui prescrivent la translation des cimetières hors des villes et bourgs, pourront être appliquées à toutes les communes du royaume. — Art. 2. La translation du cimetière, lorsqu'elle deviendra nécessaire, sera ordonnée par un arrêté du préfet, le conseil municipal entendu. Le préfet déterminera également le nouvel emplacement du cimetière, sur l'avis du conseil municipal et après enquête de commodo et incommodo. »

Lorsque le conseil municipal reconnaît la nécessité d'établir un nouveau cimetière, il délibère sur le choix de l'emplacement et sur les frais d'établissement. La délibération est transmise au préfet, qui prescrit l'ouverture d'une enquête de commodo et incommodo sur le choix de l'emplacement. L'enquête a lieu conformément à la circulaire du ministre de l'intérieur du 20 août 1825, à moins qu'il n'y ait lieu de procéder à l'expropriation, auquel cas l'enquête a lieu dans les formes de l'ordonnance du 23 août 1835. Le procès-verbal

---

(1) Ord. 5 août, 1818, art. 11.

(2) Nous n'examinerons pas en détail la législation relative aux cimetières (voy. supra, sur la police des cimetières, nos 1788 et suiv.).

---

(1) Déc. min. int. 1856 et 1857; Cons. d'Ét. cont. 29 mai 1867, D. P. 68.3.81; Cons. d'Ét. cont. 4 décembre 1871. — Le Conseil, Vu l'ordonnance du 23 août 1835 et celle du 6 décembre 1843; — Vu le décret du 23 prairial an XII; — Vu la loi des 7-14 octobre 1790 et celle du 24 mai 1871 ;

Sur le moyen tiré de ce que, dans les enquêtes qui ont précédé l'arrêté préfectoral par lequel a été autorisée la translation du cimetière de Ladon, les délais prévus par l'article 3 de l'ordonnance du 23 août 1835 n'auraient pas été observés; — Considérant qu'il résulte du texte même de l'ordonnance précitée que ces dispositions ne sont applicables qu'aux enquêtes qui doivent précéder les entreprises de travaux exécutées par la voie de l'expropriation pour cause d'utilité publique dans un intérêt communal, et que, dans l'espèce, il n'y avait pas lieu de recourir à l'expropriation pour cause d'utilité publique à l'effet d'opérer la translation du cimetière de Ladon;

Sur le moyen tiré de ce qu'en vertu des articles 2 et 3 du décret du 23 prairial an XII et de l'article 1er de l'ordonnance du 6 décembre 1843, un cimetière ne peut, à moins de cas d'absolue nécessité, être établi sur le territoire d'une commune autre que celle au service de laquelle il est affecté; — Considérant que le décret du 23 prairial an XII et l'ordonnance du 6 décembre 1843, qui règlent les conditions dans lesquelles les cimetières doivent être créés ne contiennent aucune disposition en vertu de laquelle il serait interdit à une commune d'établir son cimetière sur le territoire d'une commune voisine, au cas où elle ne trouverait pas d'emplacement favorable sur son territoire; — Que l'administration reste chargée d'apprécier les circonstances dans lesquelles il peut y avoir lieu d'autoriser un cimetière placé dans ces conditions; — Qu'il suit de là que le préfet du Loiret a pu, après l'accomplissement des formalités prescrites par les lois ci-dessus visées, autoriser la commune de Ladon à établir son cimetière sur un terrain dépendant du territoire de la commune de Villemoutiers, et que cette dernière commune n'est pas fondée à demander l'annulation pour excès de pouvoirs dudit arrêté ni celle de la décision par laquelle le ministre de l'intérieur l'a confirmé... — Rejette.

(2) Déc. min. int. 1861. Bull. off., p. 256.

d'enquête et les réclamations qui ont pu se produire séparément sont communiqués au conseil municipal, afin qu'il émette son avis ; puis le préfet détermine par un arrêté l'emplacement du nouveau cimetière ; si le terrain n'appartient pas à la commune, l'acquisition en est faite soit à l'amiable, suivant les règles ordinaires, soit par voie d'expropriation.

Le préfet peut aussi prendre l'initiative d'un déplacement de cimetière, et s'il ne trouve pas l'administration municipale disposée à reconnaître l'opportunité de cette mesure, il charge des experts de constater les inconvénients que présente l'emplacement actuel ; puis le rapport des experts est communiqué au conseil municipal (1), et si cette assemblée n'en adopte pas les conclusions, le préfet peut prononcer, par un arrêté, la suppression du cimetière actuel et déterminer un nouvel emplacement (2). S'il est nécessaire de recourir à

l'expropriation, le préfet provoque la déclaration d'utilité publique.

Les formes à suivre pour l'agrandissement d'un cimetière sont les mêmes que celles pour la translation, à la différence, toutefois, que le plan des lieux doit figurer le cimetière existant, ainsi que le terrain qu'il est question d'y ajouter, et indiquer exactement la contenance de l'un et de l'autre.

3278. L'agrandissement d'un cimetière existant ne peut avoir lieu que lorsque le cimetière et le terrain qui doit y être réuni sont situés en dehors de la masse des habitations agglomérées de la commune, à plus de 35 mètres de ces habitations. L'administration ne peut, sans excéder ses pouvoirs, autoriser l'agrandissement des cimetières qui ne se trouvent pas dans ces conditions (1).

Mais la prohibition d'agrandissement ne s'applique pas aux cimetières situés à plus de 35 mètres en dehors de l'enceinte des villes, villages et bourgs, alors même qu'il y aurait dans le voisinage des maisons d'habitation situées à moins de 35 mètres, à plus forte raison encore si, au lieu d'une habitation, il ne se trouve que des jardins clos (2).

L'arrêté ordonnant la translation, lorsqu'il a été pris après l'accomplissement des formalités prescrites par l'ordonnance du 6 décembre 1843, et que notamment le conseil municipal a été entendu tant sur la nécessité de la translation que sur le choix du nouvel emplacement, peut, sans excès de pouvoir, décider qu'à partir de l'ouverture du nouveau cimetière, on ne pourra plus enterrer dans le cimetière actuel que les membres des familles possédant des concessions trentenaires ou à perpétuité, sans que de nouvelles concessions puissent être accordées (3).

En cas de translation d'un cimetière, les concessionnaires ont droit d'obtenir, dans le nouveau cimetière, un emplace-

---

(1) Cons. d'Et. cont. 12 juillet 1866. — Le Conseil, Considérant qu'aux termes de l'article 2 de l'ordonnance du 6 septembre 1848, le préfet ne peut ordonner la translation d'un cimetière sans avoir préalablement pris l'avis du conseil municipal ; — Que si, en vertu des pouvoirs qui lui sont conférés par la loi des 22 décembre 1789-8 janvier 1790, il lui appartient, en vue de prévenir un péril imminent, de prescrire la fermeture d'un cimetière, cette mesure ne doit avoir qu'un caractère provisoire ; — Qu'en effet, elle ne saurait être rendue définitive sans amener la translation, dans un autre cimetière, des concessions perpétuelles existantes, et que, dès lors, les dispositions de l'ordonnance précitée, qui commande de prendre l'avis du conseil municipal doivent être appliquées ; — Considérant qu'il est établi par l'instruction que le préfet, chargé de l'administration du département des Bouches-du-Rhône, en décidant, par son arrêté en date du 10 décembre 1862, que le cimetière de Saint-Charles serait supprimé à partir du 1er juin 1865, et qu'il ne pourrait plus y être fait d'inhumation à dater de cette époque et en renvoyant ainsi à près de dix-huit mois l'exécution dudit arrêté, n'a pu avoir en vue que prévenir un péril imminent pour la santé publique ; — Qu'il suit de là qu'en ordonnant cette suppression sans avoir préalablement pris l'avis du conseil municipal de la ville de Marseille, le sénateur, chargé de l'administration du département des Bouches-du-Rhône, a méconnu... — Annule.

(2) Cons. d'Et. cont. 13 décembre 1878. — Le Conseil, Vu le décret du 23 prairial an XII, relatif à la distance à laquelle les cimetières doivent être établis de l'enceinte des bourgs et villages, et l'article 6 relatif à l'étendue du terrain qu'ils doivent occuper ; — Vu l'ordonnance du 6 octobre 1843, notamment l'article 2 ainsi conçu : « La translation d'un cimetière, lorsqu'elle sera jugée nécessaire, sera ordonnée par un arrêté du préfet, le conseil municipal de la commune entendu. Le préfet déterminera également le nouvel emplacement du cimetière sur l'avis du conseil municipal et après enquête de commodo et incommodo. » — Vu les lois des 7-14 octobre 1790 et 24 mai 1872 ;

En ce qui touche les arrêtés du préfet de l'Oise des 21 janvier 1876 et 14 avril 1877 et celui du 9 mars 1878, qui a remis en vigueur les deux arrêtés précédents ;

Sur l'intervention des sieurs Mazaud et consorts : — Considérant que les sieurs Mazaud et consorts ont intérêt au maintien des arrêtés attaqués ; — Que, dès lors, leur intervention au pourvoi des sieurs Anty et consorts est recevable ;

Sur les conclusions du sieur Anty et consorts, tendant à l'annulation des arrêtés précités : — Considérant que le préfet de l'Oise a pris, à la date des 21 janvier 1876 et 14 avril 1877, deux arrêtés par lesquels il a, en premier lieu, autorisé la commune de Fontaine-Saint-Lucien à acquérir un terrain en vue de la suppression de son cimetière, en second lieu, interdit définitivement le cimetière dont il s'agit, en décidant que les inhumations se feraient désormais dans le terrain destiné à remplacer le cimetière actuel ; — Que ces arrêtés ont été rendus après l'accomplissement des formalités prescrites par l'article 2 ci-dessus énoncé de l'ordonnance du 6 décembre 1843 ; — Considérant qu'il appartenait au préfet, en vertu de la disposition précitée de l'ordonnance du 6 décembre 1843, d'ordonner la translation du cimetière de Fontaine-Saint-Lucien par application du décret du 23 prairial an XII ; — Que, d'autre part, il n'est pas contesté que les sieurs Anty et consorts que le terrain désigné par le préfet pour le nouvel emplacement du cimetière remplit les conditions prescrites par les articles 2 et 6 dudit décret en ce qui touche la distance des habitations et les conditions qui y sont déterminées ; — Qu'il suit de là qu'en prenant les arrêtés dont il s'agit, le préfet n'a fait qu'user des pouvoirs que lui appartenaient et que les sieurs Anty et consorts ne sont pas fondés à demander l'annulation desdits arrêtés par application des lois des 7-14 octobre 1790 et 24 novembre 1872 ; — Considérant que si le préfet de l'Oise a pris, à la date du 30 août 1877, un arrêté portant que les arrêtés précités des 21 janvier 1876 et 14 avril 1877 sont rapportés, ce second arrêté, qui n'a pas été précédé de l'accomplissement des formalités prescrites par l'ordonnance du 6 décembre 1843, a pu être rapporté par l'arrêté du 9 mars 1878, qui n'a fait que remettre en vigueur les deux arrêtés précédents ;

En ce qui touche l'arrêté du préfet de l'Oise du 30 août 1877 ; — Considérant qu'il résulte de ce qui précède que le pourvoi des sieurs Mazaud et consorts contre l'arrêté du préfet de l'Oise ci-dessus est demeuré sans objet ; — Art. 1er. Il n'y a lieu de statuer sur le pourvoi des sieurs Mazaud et consorts contre l'arrêté du préfet de l'Oise du 20 août 1877. — Art. 2. L'intervention des sieurs Mazaud et consorts au pourvoi des sieurs Anty et consorts contre les arrêtés du préfet des 21 janvier 1877, 14 avril 1877 et 9 mars 1878, est admise... — Rejette.

(1) Cons. d'Et. cont. 19 mai 1865, D. P., 67.3.39 ; Cons. d'Et cont. 4 août 1870, D P., 72.3.12 ; Cons. d'Et. cont. 2 juillet 1875, D. P. 76.3.30. (2) Cons. d'Et. cont. 10 janvier 1856, D. P. 56.3.43 ; Cons. d'Et. cont. 7 janvier 1869, D. P. 70.3.6 ; Cons. d'Et. cont. 13 avril 1881. — Le Conseil, Vu le décret du 23 prairial an XII et l'ordonnance du 6 décembre 1843 ; — Vu les lois des 7-14 octobre 1790 et 24 mai 1872, article 9.

Au fond : — Considérant qu'il résulte des dispositions du décret du 23 prairial an XII et de l'ordonnance du 6 décembre 1843, qu'il ne peut pas être procédé à l'agrandissement des cimetières situés à moins de 35 mètres de l'enceinte des villes ou communes ; mais que cette prohibition ne s'applique pas aux cimetières situés à plus de 35 mètres en dehors de ladite enceinte, alors même qu'il y aurait, dans le voisinage des maisons isolées situées à moins de 35 mètres ; — Considérant que le cimetière de la commune de Nesle et le terrain qui y sera réuni par suite de l'acquisition qu'a autorisée l'arrêté attaqué, sont situés en dehors de la masse des habitations agglomérées de la commune, à plus de 35 mètres de ces habitations ; que la propriété du sieur Lallouette, qui d'ailleurs ne fait pas partie de la masse des habitations est séparée du terrain qu'il s'agit d'annexer par un jardin qui ne fait pas partie intégrante de la maison d'habitation appartenant au requérant ; — Que dans ces circonstances, le sieur Lallouette n'est pas fondé à demander l'annulation... — Rejette.

(3) Cons. d'Et. cont. 17 juin 1881. — Le Conseil, Vu les lois des 7-14 octobre 1790 et 24 mai 1872 ; — Vu le décret du 23 prairial an XII et l'ordonnance du 6 décembre 1843 ;

Considérant qu'aux termes de l'article 2 de l'ordonnance du 6 décembre 1843, le préfet ordonne, lorsqu'elle devient nécessaire, la translation d'un cimetière, le conseil municipal entendu, et qu'il détermine également le nouvel emplacement du cimetière, sur l'avis du conseil municipal et après enquête de commodo et incommodo, qu'ainsi ladite ordonnance laisse au préfet, sous l'autorité du ministre de l'intérieur, le droit de fixer le moment où la translation doit être opérée ; — Considérant qu'il résulte de l'instruction que l'arrêté attaqué a été pris après l'accomplissement des formalités prescrites par l'article 2 précité de l'ordonnance du 6 décembre 1843, et que, notamment, le conseil municipal de la commune de Saint-Amand a été entendu, tant sur la nécessité de la translation que sur le choix du nouvel emplacement ; — Considérant que si, d'après l'article 8 du décret du 23 prairial an XII, aussitôt que les nouveaux emplacements sont disposés à recevoir les inhumations, les cimetières existants sont fermés, cette prescription ne s'applique qu'au cas, prévu par l'article 1er dudit décret, où les lieux de sépulture sont situés dans l'enceinte des villes, et que l'instruction que l'ancien cimetière de la commune de Saint-Amand ne se trouve pas dans ces conditions ; — Qu'il suit de là qu'en décidant qu'à partir du moment où le nouveau cimetière de ladite commune serait en état de recevoir les inhumations, on ne pourrait plus enterrer dans le cimetière actuel que les membres des familles possédant des concessions trentenaires ou à perpétuité sans que de nouvelles concessions puissent être accordées, le préfet du département du Nord n'a fait qu'user des pouvoirs qui lui appartenaient, en vertu de l'article 2 ci-dessus rappelé de l'ordonnance du 6 décembre 1843 et que dès lors, les requérants ne sont pas fondés... — Rejette.

ment égal en superficie au terrain qui leur avait été concédé, et les restes qui y avaient été inhumés sont transportés aux frais de la commune (1).

Lorsqu'un ancien cimetière a cessé d'être utile, il doit être fermé et rester dans l'état où il se trouve, sans que l'on puisse en faire usage, pendant cinq ans à partir de la dernière inhumation ; après cinq ans, les terrains peuvent être affermés par la commune, à la condition qu'ils ne seront qu'ensemencés ou plantés, et qu'on ne pourra y faire aucune fouille ou fondation pour des constructions de bâtiments pendant cinq autres années ; c'est seulement à l'expiration d'une période de dix ans qu'il est permis d'y faire des fouilles ou fondations pour construire des bâtiments (2).

Article 14. — *Plans d'alignement et de nivellement* (3).

3279. L'article 136, paragraphe 14, de la loi de 1884 met au nombre des dépenses obligatoires des communes les frais d'établissement et de conservation des plans d'alignement et de nivellement. Quelques mots très rapides sont ici nécessaires afin d'établir la portée et l'intérêt de cette disposition, sans que nous ayons à entrer cependant dans le détail de la législation relative à la voirie.

Tout le système de viabilité de la France se divise en grande et petite voirie.

La grande voirie comprend le classement, la création, l'entretien et la police, tant des routes nationales et départementales que des canaux et rivières navigables, les bacs et bateaux mis à la charge de l'administration publique, les ports maritimes de commerce, et généralement tout ce qui concerne les grandes communications par terre et par eau. La grande voirie comprend encore les rues qui, dans les villes, font partie des routes nationales et départementales, ainsi que les quais des villes sur les rivières navigables.

L'administration, en matière de grande voirie, appartient aux préfets ou au ministre, soit directement, soit sous la haute autorité du Président de la République statuant par décret.

La petite voirie se subdivise en deux branches : la voirie vicinale ou rurale, qui concerne spécialement les chemins vicinaux et les chemins ruraux, et la voirie urbaine ou communale, dont le régime s'applique aux rues et places des villes, bourgs et villages, qui ne font pas partie d'une route nationale ou départementale.

Aux termes de la loi de 1884, article 90, « le maire est chargé, sous le contrôle du conseil municipal et la surveillance de l'administration supérieure, de pourvoir aux mesures relatives à la voirie municipale».

Cette disposition est conforme à l'esprit des lois des 14 décembre 1789, 16-24 août 1790 et 19-22 juillet 1791, et de l'article 970 de la loi de 1884, qui ont fait entrer dans le domaine du pouvoir réglementaire, confié à l'autorité municipale, tout ce qui concerne la sûreté et la commodité du passage dans les rues, places et voies publiques.

Les voies publiques prennent le caractère légal de rue, de place, etc., soit de l'usage qui le leur donne, soit d'une décision qui le leur imprime formellement ou implicitement. Beaucoup de rues, de places, de ruelles et autres voies de communication intérieure se sont formées insensiblement par la construction de maisons le long de chemins publics ou de terrains livrés à la circulation et dépendant du domaine communal, par suite de titres ou de la prescription. Lorsque ces chemins ou ces terrains se sont trouvés bordés, de chaque côté, d'un nombre assez considérable d'édifices ou de bâti-

ments, ils ont pris, conformément à un usage très ancien, le caractère légal de rue, place, etc., bien qu'aucune autorité ne le leur eût attribué formellement. Cet usage a été consacré par des arrêts de la Cour de cassation, aux termes desquels les voies publiques n'ont pas besoin, pour être considérées comme rues, qu'il existe des décisions du pouvoir administratif leur donnant cette qualité. Il y a sur ce point une différence essentielle entre les rues et les chemins vicinaux, ces chemins ne pouvant exister légalement qu'en vertu d'une décision de l'autorité compétente qui en a prononcé le classement comme voies vicinales.

La décision par laquelle l'autorité compétente imprime d'une manière formelle le caractère légal de rue, de place, etc., à une voie publique existante ou à ouvrir, est désignée sous le nom de classement. Elle intervient le plus souvent à l'égard d'une voie qui existe, soit pour faire cesser les doutes ou les difficultés sur son caractère légal de rue, de place, etc., soit pour lui donner ce caractère en la faisant passer du domaine privé dans le domaine public.

C'est au préfet, en règle générale, qu'il appartient de prononcer le classement des rues, places, etc., à moins que ces rues et places ne fassent partie de la grande voirie, auquel cas le droit de classer appartient au gouvernement. Dans tous les cas, la décision qui prononce le classement doit être précédée d'une enquête. Cette enquête a pour but de faire connaître à l'autorité appelée à statuer les avantages et les inconvénients que peut présenter la mesure projetée. Le recours contre les arrêtés préfectoraux portant classement d'une rue, d'une place, etc., est porté devant le ministre de l'intérieur, sous la haute autorité duquel se trouvent placées l'administration et la police de la voirie urbaine. Les parties intéressées ont, en outre, la faculté de déférer au Conseil d'État, statuant au contentieux, les arrêtés dont il s'agit, pour cause d'excès de pouvoirs ou omission des formalités essentielles.

Les principales formalités essentielles, en matière de classement de rues, de places, etc., sont la délibération par laquelle le conseil municipal vote le classement, et l'enquête à laquelle il doit être procédé avant la décision qui le prononce.

Quant aux pouvoirs du préfet et du Président de la République, ils leur donnent le droit de prononcer le classement ou de s'y refuser, selon qu'ils le jugent opportun ou inopportun. Ils ne leur permettent jamais de l'imposer à la commune, les dépenses que la mesure entraîne n'étant par rangées par la loi dans la catégorie des dépenses communales obligatoires. L'autorité compétente imprime implicitement aux voies publiques existantes qui ne l'ont pas le caractère légal de rue, de place, promenade, etc., lorsqu'elle homologue ou approuve les plans d'alignement sur lesquels ces voies figurent comme rues, places, promenades, etc.

Les plans d'alignement, soit généraux, soit partiels, ne sauraient produire les effets légaux qui y sont attachés, qu'après avoir été homologués ou approuvés par l'autorité compétente. Cette autorité est le préfet, en règle générale. Le préfet cesse d'être compétent, lorsqu'il s'agit des rues formant la traverse soit d'une route nationale ou départementale, soit d'un chemin vicinal. Le chef de l'État a seul le pouvoir d'homologuer les plans d'alignement de ces derniers. Quant aux plans d'alignement des rues formant le prolongement d'un chemin vicinal, c'est au conseil général ou à la commission départementale qu'il appartient de les approuver, selon que le chemin est une ligne soit de grande communication, soit d'intérêt commun, ou un chemin vicinal ordinaire (1). Dans tous les cas, la décision qui homologue les plans d'alignement est précédée de diverses formalités. Pour les rues qui appartiennent à la voirie urbaine, comme pour celles qui font partie de la voirie vicinale, tout plan, rédigé par un agent voyer, un architecte ou autre homme de l'art, doit être dressé en plusieurs expéditions, suivant les indications de tracé prescrites par la circulaire du ministre de l'intérieur, en date du 2 octobre 1815. Il est soumis à l'examen du conseil municipal, qui

(1) Ord. 6 décembre 1843, art. 5.
(2) L. 15 mai 1791, art. 9 ; Déc. 23 prairial an XII, art. 8 et 9 ; Cons. d'Ét. 15 nivôse an XIII.
(3) Nous n'avons à donner ici que quelques notions fort sommaires de l'organisation de la voirie communale.

(1) Déc. 25 mars 1852.

donné son avis sur les alignements proposés. Une enquête a lieu ensuite dans les formes prescrites par l'ordonnance royale du 23 août 1835. Le conseil municipal est appelé à examiner et à discuter les réclamations qui sont consignées ou annexées au procès-verbal de l'enquête. Toutes les pièces de l'affaire sont adressées par le maire au sous-préfet, qui les transmet avec son avis au préfet, dans le plus bref délai. Le préfet consulte le conseil départemental des bâtiments civils sur le mérite graphique du plan. Enfin, sur l'avis de ce conseil, l'autorité compétente, c'est-à-dire le Président de la République, le préfet, le conseil général ou la commission départementale, selon les cas, prend, s'il y a lieu, pour homologuer le plan, une décision.

Les plans des rues formant la traverse des routes nationales ou départementales sont soumis aux formalités applicables à la grande voirie.

D'un autre côté, on doit remplir les formalités prescrites par le décret du 16 août 1853, en matière de travaux mixtes, quand il s'agit de plans d'alignement de rues qui servent, dans les enceintes fortifiées, de communications directes entre les places publiques, les établissements militaires et les remparts ; de rues, de places d'une ville fortifiée ou non fortifiée, comprise dans la zone frontière, soit lorsque ces rues ou ces plans bordent les établissements de la guerre, de la marine, ou sont consacrées aux exercices et rassemblements de troupes, soit lorsqu'elles servent de communication directe entre les gares d'un chemin de fer et les établissements militaires.

Un plan d'alignement, plus ou moins ancien, peut toujours recevoir des changements motivés par l'intérêt public. Mais ils ne sont valables qu'après avoir été approuvés par l'autorité qui serait compétente pour homologuer le plan lui-même, s'il ne l'était pas ; cette approbation doit, en outre, être précédée des formalités à remplir avant l'homologation des plans.

Peu de temps après la promulgation du décret-loi du 25 mars 1852, aux termes duquel les préfets sont compétents pour homologuer les plans d'alignement des villes, on a élevé la question de savoir s'ils avaient également qualité pour sanctionner les modifications apportées aux plans d'alignement des rues de la voirie urbaine précédemment arrêtés par un acte du chef du pouvoir exécutif. La question fut soumise à la section de l'intérieur du Conseil d'État, qui la résolut affirmativement par un avis en date du 10 avril 1852.

Lorsqu'un plan d'alignement est régulièrement remplacé par un autre, les servitudes qui en résultent cessent d'exister. Dès lors, si les constructions, qui devaient être reculées d'après l'ancien plan, pour élargir la voie publique, ne doivent pas l'être d'après le nouveau, ces constructions se trouvent affranchies de la servitude de reculement. L'administration municipale n'a, dans aucun cas, la faculté d'opter entre l'application de l'ancien plan et celle du nouveau. Elle est tenue d'appliquer le plan homologué en dernier lieu.

Toute décision qui homologue un plan d'alignement ou les changements qu'il a reçus n'est obligatoire pour les personnes intéressées qu'autant qu'elle a été portée à leur connaissance, soit par une publication dans les formes ordinaires, soit par une notification individuelle ou un acte équivalent. Les frais qu'entraîne la confection ou la modification des plans d'alignement de rues formant la traverse d'une route incombent à l'État ou au département, selon que la route est nationale ou départementale. Les frais des plans d'alignement des autres rues sont à la charge de la commune et font partie de ses dépenses obligatoires.

Les plans d'alignement doivent ordinairement comprendre toutes les voies urbaines, au moyen d'un nombre plus ou moins considérable de feuilles qu'il convient de relier en atlas ; mais les communes peuvent, par suite de circonstances particulières, être autorisées à les restreindre à certaines voies, sauf à les compléter ultérieurement.

La loi du 16 septembre 1807 (art. 52) n'ayant pas prescrit la confection de plans d'alignement que pour les villes, on s'est demandé si la loi du 18 juillet 1837 (art. 30, n° 18) et, après elle, celle de 1884 ont consacré purement et simplement cette

prescription, en mettant les frais de confection de plans d'alignement à la charge des villes, ou si elles l'ont étendue à toutes les communes, quelle que soit leur population. Plusieurs auteurs pensent que la loi du 18 juillet 1837 n'a pas dérogé à celle du 16 septembre 1807, et n'a pas mentionné la confection de plans d'alignement comme une dépense obligatoire pour les communes auxquelles la loi de 1807 n'impose pas cette charge (1). Une pareille interprétation ne saurait être admise. En effet, le projet qui est devenu la loi du 18 juillet 1837 mentionnait en ces termes la dépense des plans d'alignement :

« Les frais des plans d'alignement prescrits par la loi. »

M. Vivien, rapporteur d'une des commissions chargées par la Chambre des députés d'examiner le projet, demanda la suppression des mots « prescrits par la loi ». Il fit remarquer que la loi du 16 septembre 1807 exigeait les plans d'alignement seulement pour les villes ; que cependant il était à désirer qu'il en fût dressé partout, et que ce but ne pouvait être atteint que si l'on donnait à l'administration le pouvoir de contraindre les communes à supporter la dépense nécessaire. C'est par suite de ces observations, qui furent également présentées à la Chambre des députés par le baron Monnier, rapporteur de l'une de ces commissions, que les mots dont nous venons de parler ne figurèrent pas dans la loi de 1837. Cette suppression montre que le législateur a voulu étendre à toutes les communes l'obligation imposée aux villes par la loi de 1807, en ce qui touche les plans d'alignement. Le ministre de l'intérieur et le Conseil d'État ont ainsi interprété la loi du 11 juillet 1837 (2). Toutefois, l'administration a toujours pensé que la loi ne devait pas être appliquée rigoureusement aux communes non réputées villes (3).

3280. Outre un plan d'alignement, il doit y avoir dans chaque commune un plan de nivellement. On appelle nivellement l'opération qui consiste à déterminer par des chiffres et des signes graphiques le niveau que présentent ou doivent présenter les voies publiques. La fixation du niveau assigné aux voies publiques offre de sérieux avantages. Elle permet d'entreprendre et d'exécuter avec des vues d'ensemble, après des études plus approfondies, pour une plus grande réparation, et par suite à moins de frais, les remblais ou déblais qui peuvent être nécessaires, soit pour faciliter la circulation dans les rues ou sur les places, soit pour les assainir. Elle fournit, en outre, des indications précieuses pour l'établissement des accès et des issues des fonds riverains sur les voies publiques. Elle assure à chaque propriétaire le moyen de ne pas voir ses constructions en contre-haut ou en contre-bas du sol d'une rue ou d'une place, le lendemain du jour où il les a élevées au niveau de cette rue ou de cette place.

L'autorité, compétente pour approuver les plans d'alignement, l'est également pour arrêter les cotes de nivellement. Elle peut statuer en même temps sur les uns et sur les autres, car, ces deux opérations se complétant l'une l'autre, il suffit toujours de faire figurer à l'indication des pentes ou des rampes les cotes de nivellement sur les plans d'alignement, en représentant par des chiffres le niveau actuel, et par d'autres chiffres le niveau futur ou officiel.

Les formalités d'enquête sont les mêmes que pour les plans d'alignement. Enfin, toute décision qui homologue un plan d'alignement doit être publiée avec celle-ci ou séparément.

Depuis la promulgation de la loi du 5 avril 1884, les propriétaires riverains qui veulent construire en bordure de la voie publique sont tenus, d'après la jurisprudence du ministère de l'intérieur, de demander, indépendamment de l'alignement individuel, l'indication des cotes de nivellement, et de s'y conformer (4).

(1) Trolley, Droit administratif, t. IV, n° 1846 ; Serigny, Questions de droit administratif, p. 70.
(2) Cons. d'Ét. int. 14 décembre 1842 ; Déc. min. int. 26 janvier 1841. — En ce sens, Guillaume, de la Voirie urbaine, p. 32.
(3) Circ. int. 25 octobre 1837 ; Circ. int. 5 mai 1832.
(4) Circ. int. 15 mai 1884. — En sens contraire, Morgand, t. II, p. 383.

ARTICLE 15. — Conseils de prud'hommes et Chambres consultatives.

3281. Le paragraphe 15 de l'article 136 déclare obligatoires les frais et dépenses des conseils de prud'hommes pour les communes comprises dans le territoire de leur juridiction, et proportionnellement au nombre des électeurs inscrits sur les listes électorales spéciales à l'élection; et les menus frais des chambres consultatives des arts et manufactures, pour les communes où elles existent.

La loi du 18 juillet 1837 (art. 30, n° 19) mettait les frais et dépenses des conseils de prud'hommes à la charge des seules communes où ils siégeaient. La loi nouvelle répartit cette dépense entre les diverses communes comprises dans le territoire de la juridiction des conseils.

Les dépenses auxquelles la loi fait allusion sont celles que mentionnent les articles 58 et 59 du décret du 11 juin 1809, modifié par l'avis du Conseil d'Etat du 20 février 1810, c'est-à-dire le local donné au conseil pour la tenue de ses séances, les dépenses de premier établissement, le chauffage, l'éclairage et les autres menus frais.

Dans ces dépenses sont aussi comprises les médailles que les prud'hommes doivent porter dans l'exercice de leurs fonctions, ainsi que les dépenses occasionnées par les élections, quelle que soit la circonscription du conseil.

Les allocations sont ordonnancées au profit et au nom des créanciers eux-mêmes et sont justifiées dans la comptabilité communale selon les règles indiquées pour les frais de bureau, de loyer et d'entretien de la mairie.

3282. En ce qui concerne les chambres consultatives, les communes doivent fournir un local convenable pour la tenue des séances et acquitter les menus frais de bureaux auxquels celles-ci peuvent donner lieu (1).

ARTICLE 16. — Contributions sur les biens des revenus communaux.

3283. Les communes peuvent supporter, sur les recettes de leurs budgets, trois sortes de prélèvements : les uns ne sont qu'un procédé d'acquittement de certaines dépenses communales; les autres constituent de véritables contributions imposées aux communes; les autres, enfin, sont les modes de rachat ou de conversion de certains impôts spéciaux.

On peut ranger au nombre des premiers le prélèvement pour les dépenses ordinaires de l'instruction primaire, établi par la loi du 16 juin 1881 (voy. n° 3262);

Le prélèvement pour frais d'exercice sur les recettes des octrois, établi par l'ordonnance du 9 décembre 1814 (voy. n° 3247);

Le prélèvement pour frais d'administration des bois communaux, constitué par les articles 106 du Code forestier, 5 de la loi du 25 juin 1841, 6 de la loi du 19 juillet 1845 et 14 de la loi du 14 juillet 1856 (voy. n° 2300);

Le prélèvement des 3 centimes extraordinaires pour les frais de police rurale, autorisé par la loi du 31 juillet 1867 (voy. n° 3250).

Comme on le voit, ces diverses sortes de prélèvements ne sont qu'une remise que font les communes à l'Etat, sur les recettes, moyennant laquelle il se charge de l'exécution des services publics communs.

Les prélèvements de second ordre, ayant le caractère de véritables impôts, ne consistent plus aujourd'hui que dans celui de 7 francs par homme et de 3 francs par cheval sur le produit des octrois établi par la loi du 15 mai 1818 (voy. n° 3274). Tous les autres, établis par des lois spéciales, ont été supprimés par cette même loi.

Enfin, la troisième catégorie comprend ceux que les communes, en certains cas, sont autorisées à faire sur leurs recettes pour tenir lieu d'impôts à la charge des contribuables. Nous citerons notamment le prélèvement sur les octrois, opéré pour payer le contingent personnel et mobilier et l'abonnement des villes relativement aux droits de détail sur les boissons, ou aux droits d'entrée sur les vendanges.

3284. Dans les villes ayant un octroi, le contingent personnel et mobilier peut être payé en totalité par les caisses municipales, sur la demande qui en est faite aux préfets par les conseils municipaux. Ces conseils déterminent la portion du contingent qui doit être prélevée sur les produits de l'octroi. La portion à percevoir au moyen d'un rôle est répartie en cotes mobilières seulement (1).

Cette répartition, en vertu de délibérations des conseils municipaux, est faite, après déduction de faibles loyers que ces conseils ont jugé devoir être exempts de toute cotisation; soit au centime du franc des loyers d'habitation, soit d'après un tarif gradué en raison de la progression ascendante de ces loyers. Les délibérations des conseils municipaux ne peuvent recevoir leur exécution qu'après avoir été approuvées par un décret (2).

3285. L'abonnement, au point de vue fiscal, est la faculté réservée aux communes (et à divers redevables) de se libérer moyennant une redevance fixée à forfait des dépenses ou des redevances éventuelles auxquelles les habitants sont assujettis. Il dispense conséquemment les redevables des formalités de l'exercice (3).

Dans les communes vignobles, d'une population de quatre mille âmes et au-dessus, un droit d'entrée ou de taxe unique sur les vendanges est perçu soit au moment de l'introduction, soit par voie d'inventaire ; c'est le système général. Mais, dans les communes où le nombre des récoltants est considérable, l'application de ce système est de nature à soulever des difficultés. En effet, l'introduction des vendanges s'accomplit dans un très court espace de temps, au mois de septembre ou octobre, et si les récoltants étaient obligés de s'arrêter au bureau d'octroi pour faire des déclarations et souffrir les vérifications, il se produirait des retards fort gênants pour eux, et même des encombrements nuisibles à la circulation publique. D'un autre côté, une grande partie des vins fabriqués dans la ville, devant être ultérieurement livrée au dehors, les récoltants ne pourraient, dans le système général, être exonérés du payement des taxes locales sur les quantités ainsi exportées, qu'à la condition de se placer sous le régime de l'entrepôt qui entraîne l'exercice. Enfin, ils seraient tenus de déclarer leurs fabrications.

Pour les affranchir de ces inconvénients ou de ces formalités, l'article 40 de la loi du 21 avril 1832 a décidé que, dans les communes vignobles où les conseils municipaux voudront remplacer soit l'inventaire des vins nouveaux, soit le payement immédiat, ou par douzième, du droit sur les vendanges, il devra, sur leur demande, être consenti un abonnement général pour l'équivalent des sommes qui seraient dues pour l'année entière sur la consommation des vins fabriqués dans l'intérieur, moyennant que la commune s'engage à verser dans les caisses de la régie, par vingt-quatrième, de quinzaine en quinzaine, la somme convenue pour l'abonnement, sauf à elle à s'imposer pour le recouvrement de cette somme, comme elle est autorisée à le faire pour les dépenses communales.

Ces abonnements sont discutés, dans le mois qui précède la récolte, entre le conseil municipal et le directeur des contributions indirectes ou son délégué. Ils ont pour base la quantité de vins que les récoltants auront payé le droit d'entrée dans une année de récolte complète, avec réduction, s'il y a lieu, dans la proportion des produits apparents de la récolte de l'année.

En cas de dissidence entre le conseil municipal et le directeur, le préfet prononce.

---

(1) Arrêté 10 thermidor an XI, art. 4 ; L. 7 août 1830, art. 1 et 2.

(1) L. 21 avril 1832, art. 20.
(2) L. 21 avril 1832, art. 20 ; L. 3 juillet 1846, art. 5.
(3) L. 28 avril 1816.

Les abonnements sont provisoirement exécutés en vertu de l'autorisation du préfet, mais ils ne sont définitifs qu'après l'approbation du ministre des finances.

En cas de défaut de payement, des poursuites sont exercées par voie de contrainte sur le receveur municipal, et même par la saisie des deniers et revenus de la commune, conformément à l'article 75 de la loi du 28 avril 1816.

Sous le régime de l'abonnement, l'introduction des vendanges et la fabrication des vins par les récoltants sont libres. Les récoltants n'ont que le droit de circulation ou le droit de détail à payer ou à garantir sur les quantités de vins qu'ils vendent, soit à l'intérieur, soit à l'extérieur de la ville.

Dans les communes abonnées, l'inventaire après la récolte est également supprimé.

L'abonnement n'est autorisé que relativement aux vins provenant de vendanges introduites ou récoltées à l'intérieur. Il ne peut recevoir son application en ce qui concerne les cidres et poirés (1).

3286. A côté des prélèvements, l'article 136 range pour les dépenses obligatoires les contributions établies par les lois sur les biens communaux.

Les contributions dont il s'agit sont :

1° La contribution foncière (propriétés non bâties et propriétés bâties) ;

2° La taxe sur les biens de mainmorte qui constitue un accessoire de la contribution précédente ;

3° La contribution des portes et fenêtres ;

4° La contribution des patentes.

3287. En principe, toute propriété immobilière dont la commune *tire un revenu* est assujettie à l'impôt foncier et est, à ce titre, cotisée et inscrite sur les matrices. Mais les propriétés communales *affectées à un service d'utilité publique et non productives de revenu* sont affranchies de la contribution foncière. Le principe de cette exemption, posé dans la loi du 3 frimaire an vii, a été confirmé par un décret inédit, en date du 11 août 1808, qui n'a pas été inséré au *Bulletin des lois*, mais qui est constamment visé par le Conseil d'Etat. Ce décret exempte expressément d'impôt les églises et les temples consacrés à un culte public, les cimetières, les presbytères et les jardins y attenant, les maisons communales et les maisons d'école appartenant aux communes.

On comprend, étant donnée la multiplicité des charges qui incombent aux municipalités, qu'il soit souvent difficile d'établir avec précision qu'un immeuble affecté à un service public est productif de revenus. Quel peut être le critérium ? Si les charges sont égales aux produits, y a-t-il revenus ? Si les revenus sont supérieurs aux charges de l'immeuble imposé, mais inférieurs à celles de l'ensemble des immeubles de même nature affectés à des services semblables ou identiques, y a-t-il revenus ? Si les revenus sont inférieurs aux charges, mais si le service est d'ordre purement facultatif, y a-t-il revenus ? Autant de questions délicates que la jurisprudence, à défaut de la doctrine, doit trancher. Nous ne pouvons guère citer que les exemples.

Le Conseil d'Etat a jugé que l'on devait considérer comme imposables :

1° Les abattoirs (2) (voy. *suprà*, n° 3153) ;

2° Les bains et lavoirs où des places sont accordées moyennant rétribution au profit de la caisse municipale (3) (voy. *suprà*, n° 3179) ;

3° Les bâtiments affectés aux halles, aux entrepôts ou aux marchés (4) (voy. *suprà*, n° 3152) ; une halle appartenant à

la ville de Gap (1) ; des abris fixés au sol par des piliers en fer, et affectés par la Ville de Paris à l'usage des marchés aux fleurs (2) ;

4° Les établissements pour le conditionnement des laines;

5° Les théâtres et les salles de spectacle (3) ;

6° Les usines pour la distribution des eaux (4) (voy. n°s 3176 et 3177.)

Un avis du Conseil d'Etat du 27 avril 1830 avait décidé que les halles couvertes, mais non closes, devaient bénéficier de l'exemption d'impôt foncier édictée par l'article 103 de la loi du 3 frimaire an vii, en ce qui touche les rues, les places publiques servant aux foires et aux marchés, alors même que les communes percevraient dans ces halles des droits de place. Mais la jurisprudence du Conseil d'Etat n'a pas sanctionné cette décision.

En effet, un arrêt du 11 février 1857 a maintenu à la contribution foncière une halle qui n'était close qu'en partie et qui était accessible à tout venant (5).

3288. La taxe des biens de mainmorte, établie par la loi du 20 février 1849, est due par les communes pour les immeubles leur appartenant, quand ils sont passibles de la contribution foncière. Tous les immeubles auxquels s'appliquent les décisions mentionnées ci-dessus sont donc passibles de la taxe de mainmorte.

3289. En ce qui concerne la contribution des portes et fenêtres, la loi du 4 frimaire an vii (art. 5) a établi des dispositions plus favorables. L'exemption est déterminée par l'affectation ou la non-affectation à un service public. C'est ainsi que le Conseil d'Etat a affranchi de la contribution des immeubles que nous avons vus passibles de la contribution foncière, ainsi les halles et les abattoirs, établissements qui doivent être considérés comme servant à assurer un service d'utilité générale (6).

Mais le Conseil d'Etat a maintenu à la contribution :

Les bains et lavoirs publics (7) ;

Les bâtiments affectés au service de la distribution des eaux si une compagnie est concessionnaire du service (8), l'exemption devenant acquise si la commune exploite elle-même (9) ;

Les salles de spectacle (10).

Lorsque les établissements affectés à un service d'utilité générale renferment des logements habitables, les fonctionnaires, les ecclésiastiques et les employés et, *à fortiori*, les locataires logés gratuitement ou non sont nominativement imposables pour les ouvertures des parties de bâtiments servant à leur habitation personnelle (11).

3290. Il est de jurisprudence que les communes qui exercent un commerce, une industrie, une profession au sens de l'article 1er de la loi du 15 juillet 1880 sur les patentes, doivent être assujetties à la contribution.

Tout commerce, industrie ou profession non compris dans les exceptions déterminées par la loi étant soumis à la patente, les communes ne peuvent, en effet, invoquer l'exemption de cette contribution pour les faits constituant l'exercice d'une profession imposable et ne rentrant pas, comme, par exemple, le balayage, la perception des droits sur les marchés, etc., dans la catégorie des services publics qu'elles sont chargées d'assurer.

---

(1) Say, *Dict. des fin.* v° ABONNEMENT.
(2) Cons. d'Et. cont. 19 juillet 1837 (Tessier et Cie); Cons. d'Et. cont. 5 septembre 1840 (Caen) ; Cons. d'Et. cont. 12 décembre 1851 (Reims); Cons. d'Et. cont. 13 mai 1865 (Amboise) ; Cons. d'Et. cont. 28 juin 1865 (Caen).
(3) Cons. d'Et. cont. 14 juin 1866 (Berard).
(4) Cons. d'Et. cont. 20 octobre 1836 (Alençon) ; Cons. d'Et. cont. 3 mars 1837 (Beuzeville) ; Cons. d'Et. cont. 30 octobre 1848 (Beaune); Cons. d'Et. cont. 3 mai 1851 (Brest) ; Cons. d'Et. cont. 5 août 1854 (Lille); Cons. d'Et. cont. 11 février 1857 (Mortagne); Cons. d'Et. cont. 20 septembre 1865 (Saint-Gaudens); Cons. d'Et. cont. 16 avril 1863 (Passant et Cie).

(1) Cons. d'Et. cont. 26 juillet 1878 (Gap).
(2) Cons. d'Et. cont. 4 janvier 1884 (Paris).
(3) Cons. d'Et. cont. 11 mai 1838 (Variétés de Bordeaux); Cons. d'Et. cont. 10 mai 1851 (théâtre de Bordeaux); Cons. d'Et. cont. 26 août 1846 (théâtre de Toulon); Cons. d'Et. cont. 27 mars 1865 (théâtre de Chartres).
(4) Cons. d'Et. cont. 17 juillet 1857 (Châteauroux); Cons. d'Et. cont. 24 juillet 1868 (Niort).
(5) Cons. d'Et. cont. 11 février 1857 (Versailles).
(6) Cons. d'Et. cont. 26 avril 1844 (Nantes).
(7) Cons. d'Et. cont. 14 juin 1866 (Berard).
(8) Cons. d'Et. cont. 14 décembre 1859 (Nantes).
(9) Cons. d'Et. cont. 14 juillet 1867 (Châteauroux).
(10) Cons. d'Et. cont. 26 août 1846 (Toulon); Cons. d'Et. cont. 27 mars 1865 (Chartres); Cons. d'Et. cont. 12 janvier 1865 (Nantes).
(11) L. 21 avril 1832, art. 27.

Ainsi divers arrêts du Conseil d'Etat ont déclaré passibles de cette contribution :

Une commune qui exploite et vend les produits d'une tourbière lui appartenant (1);

Une ville qui exploite un établissement de bains et de lavoirs publics lui appartenant et dans lesquels elle fait percevoir des rétributions(2). Le maire de Nantes soutenait que les bains et lavoirs publics dont il s'agit avaient été établis avec le concours du Gouvernement pour les besoins de la population ouvrière; qu'ils constituaient une création toute philanthropique dans laquelle la spéculation n'avait eu aucune part; que les indigents y étaient gratuitement admis et que les autres personnes étaient admises à des prix très réduits; qu'enfin, l'établissement, loin d'être productif de revenu, était au contraire, onéreux pour la ville.

Le Conseil d'Etat n'a pas adopté cette manière de voir et a maintenu la patente contestée ;

Une commune qui exploite directement, pour son compte, un bureau de conditionnement pour les soies et y perçoit à son profit des rétributions analogues à celles qui sont perçues dans les établissements privés, alors même que le produit de ces rétributions, porté à son budget annuel comme recette ordinaire, serait employé à solder des dépenses communales (3);

Une commune qui, dans une usine qu'elle exploite, ne se borne pas à fabriquer du gaz pour assurer les besoins du service municipal, mais fournit en même temps aux habitants le gaz nécessaire à leur propre consommation (4).

Mais le Conseil d'Etat n'a pas considéré comme passible de la contribution des patentes :

Une commune pour un service de la distribution dont elle a l'entreprise, alors même que des concessions d'eau seraient accordées à des particuliers moyennant un prix d'abonnement, ce service étant de sa nature un service communal (5).

3291. Lorsque des contributions sont dues sur des biens appartenant privativement à une section de commune, il a été réglé entre les ministres des finances et de l'intérieur que ces contributions doivent faire l'objet d'un rôle spécial dressé par le directeur des contributions directes, et dans lequel doivent seuls être compris les habitants et propriétaires de cette section. La contribution doit être répartie entre eux par addition au principal de toutes les contributions auxquelles ils sont imposés dans le rôle général de la commune (6).

ARTICLE 17. — Dettes exigibles.

3292. On doit considérer comme dette communale toute dépense faite dans l'intérêt communal et légalement autorisée dans les formes réglementaires (7), toute dépense faite dans l'intérêt communal par le maire en cas de nécessité (1), toute dépense imposée par une loi et, enfin, toute dépense mise à la charge d'une commune en vertu d'un jugement passé en force de chose jugée. Mais de ce qu'une dette est communale, il n'en résulte pas qu'elle doive être considérée comme dette exigible et comprise parmi les dépenses obligatoires. Il en est, à cet égard, des communes comme des particuliers, qui peuvent être débiteurs, mais qui ne peuvent pas toujours être contraints à payer leur dette.

Pour qu'une dette communale puisse être inscrite au nombre des dépenses obligatoires, elle doit être certaine, liquide et exigible. Les circonstances auxquelles on peut reconnaître que ces caractères existent, peuvent varier et ne sont pas les mêmes que celles qui les établissent lorsqu'il s'agit de dettes contractées par des particuliers. Les communes, en effet, ne s'obligent pas comme des particuliers ; en outre, les règles de leur responsabilité ne sont pas celles du droit commun, ainsi qu'on l'a déjà vu. Dès lors, on comprend qu'elles ne soient tenues au payement de leurs dettes que si celles-ci ont été constatées par des actes ayant à leur égard force exécutoire. Ces actes peuvent être d'ordre civil ou d'ordre administratif, par exemple, un jugement d'une autorité judiciaire ou administrative définitif, un contrat authentique civil ou administratif. Les conventions sous signature privée n'ont pas la force exécutoire, mais elles peuvent créer des dettes certaines, liquides et exigibles : à cet égard, il y a une appréciation à faire. Si la commune conteste sa dette, il est nécessaire d'attendre la solution judiciaire qui doit intervenir (2).

---

(1) Cons. d'Et. cont. 24 mars 1860 (Hesdin).
(2) Cons. d'Et. cont. 8 avril 1869 (Nantes); Cons. d'Et. cont. 11 février 1870 (Nantes).
(3) Cons. d'Et. cont. 3 janvier 1881 (Aubenas).
(4) Cons. d'Et. cont. 19 mai 1882.
(5) Cons. d'Et. cont. 27 avril 1877 (Poitiers); Cons. d'Et. cont. 28 décembre 1877 (Carpentras).

Il importe de remarquer que l'article 133 classe parmi les recettes communales le produit des concessions d'eau. (Voy. suprà.)
(6) Circ. int. 9 mai 1855; Ins. gén. fin., art. 65.
(7) Cons. d'Et. cont. 9 avril 1873. — Le Conseil, Considérant que si le crédit de 30,000 francs voté par le conseil municipal de Nîmes, dans sa séance du 18 août 1867, pour les travaux du puits communal de la plaine du Vistre, a été dépassé de plus de 16,000 francs, il résulte de l'instruction que les travaux ont été effectués, sous les ordres du sieur Gérin, agent-voyer de la ville, et conformément à la délibération du 10 août 1867, sous l'autorité de l'administration municipale, qu'il n'y a eu ni adjudication ni devis réguliers; que dans les conditions où ils ont donné leur concours à la ville de Nîmes, les sieurs Angely et consorts ne pouvaient savoir si les crédits alloués par le conseil municipal étaient dépassés ; — Considérant que le chiffre des sommes réclamées n'est contesté ni par le conseil municipal ni par le maire; — Considérant que les matériaux appartenant aux défendeurs et qui n'avaient pas été utilisés pour les travaux... — Rejette.

(1) Cass. civ. 27 janvier 1858, D. P. 58.1.66; Cass. civ. 15 janvier 1866, D. P. 66.1.74; Cass. civ. 14 mars 1870. — La Cour, Attendu que les juges n'ont pas méconnu les règles relatives à la gestion des finances municipales ; — Qu'en effet, si le maire, au nom de la municipalité, a traité soit avec Raynaud, soit avec Rozès, pour des fournitures de bois, il a agi dans ses attributions de police qui l'autorisaient à prendre et à faire exécuter d'urgence les mesures nécessaires au maintien de l'ordre et de la sûreté publics, sans avoir recours aux formalités prescrites dans les cas ordinaires où il s'agissait d'engager le budget municipal ; — Attendu, au surplus, qu'il est reconnu, en fait, par la Cour impériale, que les fournitures livrées ont concouru à l'ensemble des fêtes, dont le résultat a augmenté les recettes de la caisse municipale, et que ces fournitures ont ainsi profité à la ville dans une proportion supérieure à leur valeur; — D'où il suit qu'en condamnant la ville de Toulouse, envers Rozès et Raynaud, au payement, à son choix, à dire d'experts, soit d'une indemnité de location des bois fournis, soit du prix représentatif de leur valeur, les arrêts dénoncés ont suffisamment leur décision... — Rejette.

Cass. civ. 15 juillet 1873, D. P. 73.1.497; Cass. civ. 19 décembre 1877. — Sur le moyen unique du pourvoi, pris de la violation et de la fausse interprétation des articles 50 de la loi du 5 mai 1855, 23 de la loi du 24 juillet 1867, 13,34 et 39 de la loi du 18 juillet 1837, 412 de l'ordonnance du 31 mai 1838, 457 du règlement du 31 mai 1862, de l'ordonnance du 14 novembre 1837 et de la loi du 16 fructidor an III : — Attendu qu'il est constaté en fait par l'arrêt attaqué, que les fournitures dont il s'agit au procès ont profité à la ville de Bordeaux, et que l'utilité que la ville en a retirée peut être évaluée à la somme de 1,879 francs ; — Que, par suite, c'est à bon droit que l'arrêt, appliquant les principes de la gestion d'affaires, a mis ladite somme à la charge de la ville, quoique la dépense eût été faite sans avis préalable du conseil municipal; — Que l'autorité judiciaire qui était compétente pour statuer sur la demande en payement de fournitures faites à une commune, était par là-même compétente pour déterminer si, et dans quelle mesure, la commune avait profité desdites fournitures; — Que, d'ailleurs, l'arrêt attaqué réserve expressément le droit qui appartient exclusivement à l'autorité administrative de régler ou de modifier le budget communal, et délaisse Delud et Decius a se pourvoir administrativement, et comme ils l'aviseront, en payement de la somme dont ils sont reconnus créanciers; — Que, dès lors, l'arrêt attaqué n'a violé ni les dispositions invoquées à l'appui du pourvoi ni relatives à la comptabilité communale, ni le principe de la séparation des pouvoirs ; — Rejette.

(2) Conseil d'Et. cont. 8 mai 1856. — Le Conseil, Considérant que, par son arrêté ci-dessus visé du 12 juillet 1855, le préfet de la Meuse a déclaré la commune de Remoiville, débitrice envers le sieur Coche de 606 francs, montant des honoraires que ce médecin prétend lui être dus par ladite commune pour les soins qu'il aurait donnés à ses habitants, en 1854, pendant l'invasion du choléra, sur la demande de l'autorité municipale, et que, par délibération susvisée du 24 juin 1855, le conseil municipal de Remoiville, mis en demeure d'allouer la somme de 606 francs, réclamée par le sieur Coche, a voté seulement celle de 366 francs; — Considérant que, d'après l'article 39 de la loi du 28 juillet 1837, les dépenses obligatoires sont les seules qui puissent être inscrites d'office au budget municipal; — Considérant que la dépense, dont il s'agit dans l'espèce, n'est pas au nombre de celles qui, d'après l'article 39 de la loi du 18 juillet 1837, sont obligatoires par leur nature.

Cons. d'Et. cont. 13 mars 1867 (Puget-Théniers). — En ce qui touche les budgets de 1862 et 1863 ; — Considérant que la commune refusait de payer ses anciennes dettes en se fondant sur ce qu'elles étaient deve-

31

Mais d'autres actes, bien que ne constituant pas des conventions dans le sens strict du mot, peuvent établir à l'égard d'une commune une créance certaine, liquide et exigible : ce sont principalement les délibérations arrêtées par les conseils municipaux, quand elles sont exécutoires par elles-mêmes ou valablement approuvées par l'autorité supérieure compétente et quand elles sont de nature à faire titres à l'égard d'autres administrations publiques ou de particuliers (1) ; ce sont également les décisions de l'autorité supérieure quand elles sont légalement prises ou qu'elles n'ont pas été frappées d'un recours devant les juridictions à ce connaissant, selon les cas

nues nationales par l'effet de la loi du 24 août 1793 ; — Qu'ainsi ces dettes ne pouvaient être considérées comme liquides et exigibles, et qu'aux termes des articles 30 et 39 de la loi du 18 juillet 1837, elles ne constituaient pas une dépense obligatoire pouvant donner lieu à des inscriptions de crédits faites d'office. — Annulation.
Cons. d'Ét. cont. 6 décembre 1878. — Le Conseil, Vu les lois des 15 mars 1850, 10 avril 1877 et 19 juillet 1875 ; — Vu les lois des 7-14 octobre 1798 et 24 mai 1872 ; — Considérant que si les traitements des instituteurs communaux congréganistes constituent, pour les communes, une dépense obligatoire, ces traitements, à défaut de convention passée avec la congrégation, ne peuvent être inscrits d'office à leur budget que d'après les bases fixées par les lois pour les instituteurs et adjoints des écoles publiques ; — Considérant qu'aux termes de l'article 34 de la loi du 15 mars 1850, c'est au conseil départemental qu'il appartient de déterminer le nombre des instituteurs et adjoints, et qu'il n'est pas contesté que ce nombre pour les trois écoles, dirigées par les Frères, de la ville de Grenoble, a été fixé à douze par le conseil départemental ; — Considérant, en ce qui touche le traitement de trois directeurs, que sous le régime de l'article 9 de la loi du 10 avril 1867, relatif aux communes où la gratuité est établie, le traitement de l'instituteur public est composé d'un élément fixe et d'éléments variables calculés d'après le nombre des élèves de l'école, et que l'article 1er de la loi du 18 juillet 1875 s'est borné à élever à 900 francs le minimum de ce traitement ; — Considérant, en ce qui touche le traitement des instituteurs adjoints, que, d'après l'article 1er précité et l'article 9 de la même loi combinés, le traitement minimum était de 600 francs en 1876 et 700 francs en 1877 ; — Considérant que le préfet de l'Isère, en inscrivant d'office au budget de la ville de Grenoble, pour les années 1876 et 1877, pour la dépense des écoles congréganistes, une somme supérieure à celle qui avait été votée par le conseil municipal, ne s'est pas fondé sur ce que la somme votée serait insuffisante pour pourvoir au payement des traitements dus aux Frères, d'après les dispositions des lois rappelées ci-dessus, qu'il s'est fondé sur ce que la somme portée au budget serait inférieure à celle qui serait due aux Frères en vertu des conventions passées entre l'Institut et la ville ; — Que la ville contestait la validité et même l'existence de ces conventions ; — Qu'il n'appartenait qu'à l'autorité judiciaire de connaître de cette contestation et que, tant qu'aucun jugement n'était intervenu, le préfet ne pouvait, sans excès de pouvoir, déclarer que l'exécution des conventions prétendues était obligatoire pour la ville ; — Que, de tout ce qui précède, il résulte que la ville est fondée à demander l'annulation des arrêtés attaqués... — Annule ; — Rejette.
Cons. d'Ét. cont. 21 mars 1879. — Le Conseil, Vu la convention du 16 novembre 1837, la ville de Saintes s'était engagée à mettre gratuitement à la disposition de la direction des lignes télégraphiques un local convenable pour l'établissement d'une ligne télégraphique et, qu'en exécution de cette convention, elle a loué, à cet effet, une maison dont le loyer, montant à 800 francs, a été annuellement inscrit à son budget ; — Mais, qu'à l'expiration de ce bail, la direction des télégraphes, ayant déclaré le local insuffisant, a loué une maison moyennant le prix annuel de 1,280 francs, et que le conseil municipal, ayant refusé de prendre ledit loyer à sa charge, en se fondant sur ce que le bureau télégraphique, à raison du développement, de son importance, avait cessé de répondre en but que la ville s'était proposé en 1837, que le préfet de la Charente-Inférieure a inscrit d'office au budget de la ville de Saintes, pour l'exercice 1876, ladite somme de 1,280 francs ; — Considérant que la dépense dont il s'agit, dans l'espèce, n'est pas au nombre de celles qui, d'après l'article 30 de la loi du 18 juillet 1837 sont obligatoires par nature et ne pouvait devenir obligatoire que si elle eût constitué une dette exigible ; — Mais considérant qu'en l'absence d'une décision de l'autorité compétente pour statuer sur la contestation existant entre la ville de Saintes et l'administration des télégraphes, il n'appartenait pas au préfet de donner à ladite dépense le caractère d'une dette exigible ; — Que, dès lors, le préfet n'a pu, sans excéder ses pouvoirs, ordonner l'inscription de ladite dépense au budget de la ville de Saintes par application de l'article 30 de la loi du 19 juillet 1837. — Annule.
(1) Cass. Req. 7 juillet 1846 (Voy. suprà, n° 3070) ; Cons. d'Ét. cont. 23 novembre 1850. — Pour ce qui touche l'ordonnance du 14 août 1847 ; — Considérant que si aucune loi n'impose aux communes l'obligation de pourvoir ou de concourir à la fondation ou à l'entretien des écoles secondaires de médecine et de pharmacie, il résulte de la délibération du conseil municipal d'Orléans, du 26 août 1842, dûment approuvée, que ledit conseil a demandé la création d'une école de cette nature dans cette ville, sans y mettre aucune condition de temps, mais en se réservant le droit de cesser ultérieurement de contribuer aux dépenses de cet établissement, si l'essai qu'il entendait faire ne réussissait pas ; que, par la même délibération, il a voté, pour subvenir auxdites dépenses pendant la première année, une somme de 8,000 francs ; qu'il a également voté la même allocation pendant les années suivantes, jusque et y compris 1846, et qu'à cette époque il a refusé de le voter pour 1847, il n'était plus à temps de se délier, pour ladite année, d'un engagement dont l'exécution même était commencée ;

particuliers ; ce sont enfin les dispositions des lois et règlements qui imposent à une commune une obligation déterminée (1).
On comprend que nous ne puissions pas entrer dans des détails développés. Chaque obligation prétendue contre une commune constitue une espèce particulière qui doit être examinée en elle-même, selon les règles applicables à la matière à laquelle elle serait intervenue. Nous ne pouvons citer que des exemples.
L'autorité chargée de déclarer qu'une dette est communale et, en outre, certaine, liquide et exigible, varie selon la nature et l'espèce même de la dette. M. Dalloz, dans son *Répertoire* (2), soutient que cette autorité est toujours celle des tribunaux civils ; nous ne saurions accepter cette idée. Les juges administratifs prononcent des condamnations au même titre que les juges civils ; et, en un très grand nombre de matières d'ordre exclusivement administratif, le pouvoir de décision appartient à l'autorité active.

3293. La dette d'une commune étant certaine, liquide et exigible, le payement doit en être porté au nombre des dépenses obligatoires. Entendons-nous bien sur le sens et sur la portée de ces mots.
Les communes sont, quant au payement de leurs dettes, placées en dehors du droit commun. Le créancier qui a en mains un titre exécutoire, soit qu'il lui ait été volontairement consenti, soit qu'il résulte d'un jugement ou d'une décision de l'administration supérieure, ne peut en poursuivre judiciairement l'exécution ; il doit la poursuivre administrativement, parce que le payement n'est pas subordonné au bon et au mauvais vouloir de son débiteur, mais à la résolution de l'autorité supérieure sans l'agrément de laquelle la commune ne peut rien payer et qui, au contraire, peut toujours, en vertu de son droit de tutelle, l'imposer d'office. De là, la nécessité de distinguer, dans l'exercice des droits appartenant aux créanciers des communes, la faculté qu'ils ont d'obtenir contre elles une condamnation en justice, et les actes qui ont pour but de mettre leur titre à exécution. L'obtention de la première ne dépend que d'eux, l'exécution ne dépend que de l'administration supérieure.
Les communes n'ont pas la disposition des fonds qui leur sont attribués par le budget ; tous ont une destination dont l'ordre ne peut être interverti. Il faut donc que la dette soit inscrite au budget de la commune, et rien ne peut être payé par une commune, à un titre quelconque, en dehors des règles de la comptabilité publique. Ce principe repose sur toutes les lois de la matière. Il a été posé par l'arrêté du 19 ventôse an X et il a été consacré par un avis du Conseil d'État du 12 août 1807 et par un autre avis du 26 mai 1813 (3), publiés

qu'ainsi c'est avec raison que, par suite de ce refus, le crédit nécessaire pour l'acquittement des dépenses de l'école secondaire de médecine et de pharmacie, qui constituaient une dette exigible de la ville d'Orléans pour l'année 1847 a été inscrit d'office, en vertu et par application de l'article 30, § 21, et de l'article 39 de la loi du 18 juillet 1837, de ladite ville ; — Rejet de ce chef.
(1) Cons. d'Ét. cont. 17 mai 1855. — Considérant qu'aux termes de l'article 69 de la loi du 22 mars 1831, les communes sont responsables envers l'État des armes qu'il leur a délivrées pour le service de leurs gardes nationales ; — Considérant que par décision de notre ministre de l'Intérieur, prévue dans l'exercice des pouvoirs qui lui appartiennent, la somme de 11,019 francs à laquelle revient la dégradation des armes délivrées à la garde nationale de Cambrai, a été réduite à la somme de 5,510 francs et mise, par application de l'article 69 précité, à la charge de la ville de Cambrai, laquelle en a été ainsi constituée débitrice ; — Considérant que cette décision n'a pas été attaquée ; — Considérant que, dès lors, pour l'inscrivant au budget de 1854 de la ville de Cambrai, cette dépense obligatoire, le préfet du département du Nord a usé des droits résultant pour lui des articles 30 et 39 de la loi du 18 juillet 1837 et de l'article 1er du décret du 22 mars 1852 et qu'il n'a pas excédé ses pouvoirs. — Rejet.
Ce cas se confond avec celui qui fait l'objet du numéro 20 de l'article 136.
(2) Dalloz, v° Commune, nos 2606 et suiv.
(3) Cons. d'Ét. 12 août 1807. — Le Conseil d'État, qui, d'après le renvoi ordonné par Sa Majesté, a entendu le rapport des sections des finances et de l'intérieur sur celui du ministre des finances, sur la question de savoir si la caisse d'amortissement doit admettre des oppositions de la part des particuliers sur les fonds des communes dont elle est dépositaire ; — Considérant que, dans l'exercice des droits des créanciers des communes, il faut distinguer la faculté qu'ils ont d'obtenir contre elles

tous deux au *Bulletin des Lois*, et par une jurisprudence aujourd'hui bien établie (1).

Lors donc qu'une dette communale est certaine, liquide et exigible, le créancier doit en demander le payement. Mais il ne peut *exécuter* la commune. Le conseil municipal délibère. Au cas où le conseil, refusant de s'incliner devant la chose jugée ou devant la nécessité de remplir son obligation, ne consentirait pas à voter la somme au payement de laquelle la commune a été condamnée, le créancier doit s'adresser au préfet pour qu'il l'inscrive d'office au budget de la commune, et le préfet doit ordonnancer d'office si, la somme étant inscrite au budget de la commune, le maire négligeait d'en faire l'ordonnancement. Si le préfet ne voulait pas opérer cette inscription, le créancier pourrait se pourvoir devant le ministre de l'intérieur.

Le payement peut être opéré soit au moyen d'une imposition extraordinaire établie en vertu de l'article 149 de la loi de 1884, imposition dont cette loi ne fixe pas la quotité maxima, mais que la jurisprudence administrative n'élève jamais au delà de vingt centimes additionnels, soit au moyen de la vente de biens communaux, ainsi qu'il a été dit *suprà* n° 2706.

L'autorité supérieure peut, tout en reconnaissant la validité du titre, refuser de contraindre, au moins immédiatement, la commune, si elle ne possède pas les ressources nécessaires, ou si la dette était tellement considérable que, pour l'acquitter, il fallût imposer la commune pour des sommes excessives ou pour un temps indéfini, l'administration serait dans la nécessité de regarder la commune comme insolvable : car,

d'un côté, on ne peut imposer à une commune des sacrifices qu'elle ne pourrait raisonnablement supporter ; d'une autre, l'autorité supérieure ne peut autoriser l'établissement d'impositions locales dont l'effet serait d'épuiser la matière imposable, et, par suite, de nuire à la rentrée des contributions publiques (1).

L'administration supérieure, en effet, n'a jamais admis que les contribuables d'une commune fussent tenus d'acquitter les dettes communales, quelle que fût leur importance, et d'y employer au besoin tout ce qu'ils possèdent. Quand le montant de l'obligation de la commune lui paraît excéder toute proportion avec le principal des contributions, elle doit refuser son concours au créancier. Les lois de la matière ne lui commandent pas de faire payer en tout état de cause les dettes des communes ; elles ont un autre but, celui de fixer une limite aux droits de la contrainte, quand il faut recourir à la voie d'une imposition extraordinaire. On conçoit, d'ailleurs, cette précaution si l'on considère que les services publics de la commune et les intérêts mêmes du Trésor se trouveraient compromis si, par un respect aveugle des droits privés, l'administration pouvait forcer les contribuables à payer intégralement les dettes des communes, sans se préoccuper du rapport existant entre le montant de ces dettes et les possibilités contributives de la localité.

La décision que prend, en pareil cas, l'administration supérieure n'est pas susceptible d'un recours contentieux. Sans doute, l'appréciation qu'elle peut faire des possibilités communales est fort délicate, mais la mission qu'elle a reçue de la loi ne saurait être l'objet d'un contrôle judiciaire. C'est ce qu'a jugé le Conseil d'Etat (2), et nous ne saurions partager

---

une condamnation en justice, et les actes qui ont pour but de mettre leur titre à exécution ; — Que pour l'obtention du titre il est hors de doute que tout créancier d'une commune peut s'adresser aux tribunaux dans tous les cas qui ne sont pas spécialement attribués à l'administration ; mais que, pour obtenir un payement forcé, le créancier d'une commune ne peut jamais s'adresser qu'à l'administration ; que cette distinction, constamment suivie par le Conseil d'Etat, est fondée sur ce que, d'une part, les communes ne peuvent faire aucune dépense sans y être autorisées par l'administration ; que, de l'autre, les communes n'ont que la disposition des fonds qui leur sont attribués par leur budget, et qui tous ont une destination dont l'ordre ne peut être interverti ; — Considérant, en outre, que, d'après l'arrêté du gouvernement du 19 ventôse an x, qui a constitué la caisse d'amortissement dépositaire des fonds appartenant aux communes, elle ne peut les mettre à leur disposition sans une décision du ministre de l'intérieur ; — Que cette précaution a pour but de prévenir tout abus dans l'emploi des fonds et de régler la disposition de la manière la plus avantageuse aux communes ; — Considérant enfin que la caisse d'amortissement doit être regardée non comme débitrice des communes, mais seulement comme dépositaire de leurs fonds, et comme leur caisse particulière destinée à conserver une partie désignée de leur actif ; — Est d'avis que la caisse d'amortissement ne doit point recevoir des oppositions de la part des particuliers sur les fonds appartenant aux communes ; sauf aux créanciers à se pourvoir auprès de l'administration pour obtenir, s'il y a lieu, la décision exigée par l'arrêté du 19 ventôse an x.

Cons. d'Et. 26 mai 1813. — Le Conseil d'Etat, qui, d'après le renvoi ordonné par Sa Majesté, a entendu le rapport de la section de l'intérieur sur celui du ministre de l'intérieur et du département, par lequel, en présentant le budget de la ville d'Enghien, il expose que le ministre des finances a prescrit des poursuites pour faire acquitter par les communes des frais de poursuites exercées contre elles pour payement de registres civils fournis de l'an v à l'an x, et présente la question de savoir si la régie de l'enregistrement et des domaines peut poursuivre, pour en obtenir un payement, une commune qui ne peut payer que par son receveur, lequel receveur ne peut lui-même rien acquitter qu'en vertu d'allocation à son budget, — Est d'avis qu'il est constant et reconnu que les communes ne peuvent rien payer qu'après qu'elles y ont été autorisées par leur budget annuel ; — Que tout payement fait sans cette autorisation est laissé au compte du receveur, d'après les dispositions précises de plusieurs décrets ; — Qu'en conséquence, lorsqu'une commune est débitrice d'une administration, il n'y a lieu ni à délivrance ni contrainte contre le receveur, ni à citation devant les tribunaux, ni à saisie-arrêt entre les mains du receveur de sa commune ou des débiteurs de la commune, puisque le receveur ne peut rien payer qu'en vertu d'autorisation au budget annuel ; mais que le directeur de la régie doit se pourvoir par-devant le préfet, pour qu'il porte au budget, s'il y a lieu, la somme réclamée contre la commune, afin que le payement par le receveur soit autorisé.

(1) Cons. d'E. cont. 11 août 1808. — Le Conseil, Sur le rapport de notre ministre de l'intérieur, tendant à confirmer l'arrêté de conflit élevé par le préfet du département du Mont-Tonnerre, le 12 décembre 1807 et à faire déclarer comme non avenus le jugement rendus par le juge de paix d'Edenkoben et le tribunal de première instance de Spire, en date du 31 décembre 1806 et 20 août 1807 ; — Vu ces jugements, par lesquels Pierre Adam Kirschmer, percepteur des revenus des biens communaux, fut condamné à payer 77 fr. 19 à Georges Schwab, pour honoraires à lui

dus en son ancienne qualité de membre de la justice de Graiden-Giwcht ; — Vu l'arrêté précité du préfet ; — Considérant qu'il s'agissait au jugement d'une dette communale, qu'elle ne pouvait être acquittée par un comptable des deniers publics qui d'après les ordres de l'autorité administrative, article 1er... — Confirme.

Cons. d'Et. cont. 15 janvier 1809. — Le Conseil, Vu le jugement du tribunal civil de Caen, qui, le 3 fructidor an vii, a ordonné qu'il serait passé outre à la vente des effets saisis sur l'agent de la commune de Saint-Jouain jusqu'à concurrence de la somme due par cette commune ; l'arrêté du préfet du Calvados du 17 juillet 1807 par lequel il élève le conflit ; — Considérant que le tribunal civil était compétent pour juger à quelle somme s'élevait la dette de la commune de Saint-Jouin, mais qu'aux termes des arrêtés des 12 brumaire an vii et 9 frimaire an xii, à l'autorité administrative seule appartient de régler la manière dont les communes acquittent leurs dettes : Art. 1er. Le conflit élevé par l'arrêté du préfet est confirmé. — En conséquence, les jugements des 22 thermidor an v et 3 fructidor an vii sont regardés comme non avenus, en ce qu'ils ont statué sur la manière dont la commune de Saint-Jouin acquitterait la somme.

Cons. d'Et. cont. 19 octobre 1825. — Le Conseil, Sur le rapport du comité du contentieux ; — Vu les avis du Conseil d'Etat des 15 mars 1807 et 26 mai 1873 dûment approuvés et insérés au *Bulletin des lois* ; — Considérant que les créanciers des communes ne peuvent agir par voie de saisie-arrêt pour obtenir le jugement de leurs créances reconnues en justice, qu'ils doivent s'adresser aux préfets, seuls chargés d'indiquer les fonds affectés à ces jugements et de prendre des mesures propres à les effectuer ; — Considérant qu'il résulte même de l'énoncé du jugement que les communes ne peuvent rien payer qu'autant qu'elles y ont été autorisées par leur budget annuel ; — L'arrêté de conflit pris par le préfet du département de l'Hérault, le 3 mars 1825, est confirmé ; — Le jugement du tribunal civil de Lodève du 22 novembre 1824 sera considéré comme non avenu.

Cass. civ. 23 octobre 1809. — La Cour, Vu l'article 13 de la loi du 24 août 1790, titre ii ; — Attendu que la cour d'appel de Nancy, en ordonnant au maire des communes de Valois et Sans-Valois de dresser un rôle des redevables et de le remettre au sieur Bresson et à la dame Normand, leur a imposé une obligation à laquelle ils ne sont pas assujettis par les lois qui ont réglé et déterminé leurs fonctions ; — Que si ce rôle est nécessaire pour assurer le jugement de la somme dont il s'agit, l'ordre de le dresser et de l'expédier ne pouvait être donné que par l'autorité administrative, seule compétente pour décider ce que les maires doivent faire comme administrateur des communes, d'où il suit que la cour d'appel a violé l'article précité et excédé ses pouvoirs. — Casse.

En ce sens, Cass. req. 19 décembre 1877.
(1) Cons. d'Et. 23 août 1836. Cons. d'Et. cont. 29 mars 1853. (Voy. *infrà*.)

(2) Cons. d'Et. cont. 29 mars 1853. — Le Conseil, Considérant que si le paragraphe 4 de l'article 39 de la loi du 18 juillet 1837 dispose qu'en cas d'insuffisance des ressources ordinaires des communes au moyen d'une imposition extraordinaire établie par un décret ou une loi, il appartient au gouvernement seul de reconnaître si, eu égard aux facultés contributives des communes, il peut lui être fait application des dispositions de cet article ; — Considérant, dès lors, qu'en déclarant qu'il ne

à cet égard l'avis qu'a émis M. Ducrocq dans son *Cours de droit administratif* (1).

Lorsqu'un jugement commun à plusieurs communes les condamne à payer une dette, c'est à l'administration qu'il appartient de fixer la quote-part de chacune (2).

Un dernier mot : la déchéance de cinq ans édictée par la loi pour les dettes de l'État, n'est pas applicable aux dettes communales. Ces dettes sont, sous le rapport des règles relatives à la prescription, soumises au droit commun de la loi civile.

ARTICLE 18. — *Chemins vicinaux.*

3294. Les dépenses des chemins vicinaux, dans les limites posées par la loi, sont comprises au nombre des dépenses obligatoires des communes. Pas plus que pour les dépenses scolaires, on comprendra que nous ne pouvons entrer ici dans une étude approfondie. La législation relative aux chemins vicinaux c'est celle de la petite voirie et le sujet doit faire l'objet d'un traité particulier et développé. Nous ne pouvons ici que donner un résumé très sommaire.

Les chemins vicinaux sont des voies publiques établies en vertu d'un acte de l'autorité compétente pour mettre en communication, soit une commune avec un ou divers points de son territoire, soit plusieurs communes entre elles. Ils appartiennent, en principe, à la commune dans la circonscription territoriale de laquelle ils sont situés. Ils se divisent, d'après leur importance, en chemins de grande communication, chemins d'intérêt commun et chemins ordinaires.

Les chemins vicinaux étant soumis à des règles spéciales, il importe de ne pas les confondre avec les autres voies publiques. L'ensemble des voies de communication est désigné sous le nom de voirie. La voirie se divise en grande et petite voirie.

La grande voirie embrasse les voies de communication les plus importantes, telles que les rivières navigables, les canaux de navigation, les chemins de fer, les routes nationales, les routes départementales, les rues et places faisant suite à ces deux sortes de routes, les rues et places de Paris. La petite voirie se compose de toutes les rues et places autres que celles qui viennent d'être indiquées, des chemins vicinaux et des chemins publics ruraux. Elle se divise en voirie urbaine, voirie vicinale et voirie rurale. La première comprend les rues ou places qui ne sont pas le prolongement d'une route, soit nationale, soit départementale ou d'un chemin vicinal ; la seconde, les chemins vicinaux ; la troisième, les chemins publics ruraux.

Les voies de communication comprises dans la petite voirie sont moins importantes que celles qui composent la grande voirie. Les premières appartiennent, en principe, aux communes, tandis que les secondes sont, en général, la propriété de l'État ou des départements. Ce qui distingue surtout les chemins vicinaux des autres voies de la petite voirie, c'est qu'ils ne sauraient exister légalement qu'en vertu d'un acte de l'autorité compétente : les rues, les chemins ruraux peuvent avoir une existence légale sans qu'aucune autorité soit intervenue pour leur ouverture. Une autre différence essentielle, c'est que l'entretien, et, dans certains cas, l'établissement des chemins vicinaux constituent une dépense obligatoire pour les communes, dans le sens de l'article 136 de la loi de 1884, tandis que la création des rues, l'entretien de celles qui ne sont pas le prolongement des chemins vicinaux, l'ouverture ou l'entretien des chemins ruraux sont des dé-

penses facultatives, c'est-à-dire des dépenses ne pouvant donner lieu aux mesures coercitives, édictées par l'article 149 de la même loi.

Les chemins vicinaux tels que nous les avons définis, n'ont formé une catégorie particulière de chemins publics que depuis la révolution de 1789. L'une des premières lois qui puissent être considérées comme consacrant leur existence est celle des 28 septembre-6 octobre 1791.

Depuis lors sont intervenues plusieurs dispositions législatives qui ont commencé à organiser le service de la vicinalité : l'arrêté du 23 messidor an v ; la loi du 11 frimaire an VII ; la loi du 4 thermidor an x ; et la loi du 9 ventôse an XIII.

Mais c'est la loi du 28 juillet 1824 qui a, la première, édicté un ensemble de règles concernant l'établissement et l'entretien des chemins vicinaux.

Cette loi a été remplacée, sauf dans quelques-unes de ses dispositions, par la loi du 21 mai 1836, qui contient les éléments les plus nombreux et les plus importants du régime auquel la voirie vicinale est soumise.

La loi du 21 mai 1836 a été modifiée ou complétée par les lois 24 mai 1842, 4 mai 1864, 8 juin 1864, 12 juillet 1865, 18 juillet 1866 (art. 1, 5 et 8), 24 juillet 1867 (art. 3), 11 juillet 1868, 21 juillet 1870, 10 août 1871, 25 juillet 1873 et 15 août 1876.

3295. Notre législation, dès l'origine des chemins vicinaux, a mis les dépenses qui les concernent à la charge des communes. La loi des 28 septembre-6 octobre 1791 (titre Ier, section VI, art. 2) déclarait que les chemins reconnus par le directoire de district pour être nécessaires à la communication des paroisses seraient rendus praticables et entretenus par les communautés sur le territoire desquelles ils étaient établis. Elle ajoutait qu'il pourrait y avoir à cet effet une imposition au marc la livre de la contribution foncière. Elle voulait que, sur la réclamation d'une des communautés ou sur celle des particuliers, le directoire du département, après avoir pris l'avis de celui du district, ordonnât l'amélioration des mauvais chemins, afin que la communication ne fût interrompue dans aucune saison.

Elle décidait, en outre (titre II, art. 41), que les dommages causés aux propriétés riveraines par le passage des voyageurs qui les auraient décloses, lorsque les chemins publics étaient impraticables, seraient à la charge de la communauté.

La loi du 11 frimaire an VII rangeait les dépenses de la voirie et des chemins vicinaux parmi celles des communes faisant partie d'un canton ou formant à elles seules un canton (art. 4 et 10). L'arrêté des consuls du 4 thermidor an x disposait que les chemins vicinaux étaient à la charge des communes ; que les conseils municipaux émettraient leur vœu sur le mode qu'ils jugeraient le plus convenable pour parvenir à leur réparation, et qu'ils proposeraient à cet effet l'organisation qui leur paraîtrait devoir être préférée *pour la prestation en nature.* (Art. 6.)

La loi du 28 juillet 1825 (art. 1er) portait que les chemins reconnus, par arrêté du préfet, sur une délibération du conseil municipal, pour être nécessaires à la communication des communes, étaient à la charge de celles sur le territoire desquelles ils étaient établis.

Sous l'empire de ces diverses dispositions, les communes étaient bien obligées, en principe, d'entretenir les chemins vicinaux ; mais elles remplissaient rarement cette obligation. Les administrations de département, les préfets ensuite, la leur rappelaient souvent ; l'action de l'autorité supérieure ne pouvait aller plus loin.

En 1836, le législateur, éclairé par l'expérience, ne se borna pas à déclarer que les chemins vicinaux légalement reconnus seraient à la charge des communes ; il décida que si elles refusaient ou négligeaient d'entretenir ces chemins, les préfets pourraient les y contraindre, soit en les imposant d'office, soit en faisant exécuter les travaux (1).

---

peut être actuellement pourvu, au moyen d'une imposition extraordinaire, au payement des sommes dont la section de la Brousse a été reconnue débitrice envers la dame du Rome, le ministre de l'intérieur n'a pas excédé ces pouvoirs, et que ladite déclaration ne peut nous être déférée en matière de Conseil d'État par voie contentieuse. — Rejette.

(1) Ducrocq, t. II, n° 1477.
(2) Cormenin, *Quest. de dr. adm.*, § 54 ; Dalloz, *Rép.*, v° COMMUNE, n° 2630.

(1) L. 21 mai 1836, art. 5.

Toutefois, il est à remarquer que les dépenses de la voirie vicinale, qui sont obligatoires pour les communes, ne sauraient donner lieu à des mesures coercitives que jusqu'à concurrence des ressources qui seront indiquées plus loin.

3296. Les ressources applicables aux dépenses des chemins vicinaux se divisent, sous le rapport de leur origine, en ressources ordinaires ou extraordinaires créées par les communes et en ressources éventuelles ayant le caractère de subventions ou souscriptions.

Les ressources ordinaires comprennent :

1° Les revenus ordinaires (1) ; 2° les centimes spéciaux ordinaires (2) ; 3° trois journées de prestations (3).

Les ressources extraordinaires comprennent :

1° Les centimes spéciaux extraordinaires (4) ; 2° une quatrième journée de prestation, autorisée par la loi du 11 juillet 1868 (5) ; 3° les impositions extraordinaires et les emprunts (6) ; 4° les allocations sur le produit de la vente de biens, de coupes de bois, etc. (7).

Les ressources éventuelles sont :

1° Les subventions spéciales ou industrielles (8) ; 2° les prestations par suite de condamnations judiciaires (9) ; 3° les souscriptions particulières ; 4° les subventions départementales, non seulement sur les centimes spéciaux et sur les centimes extraordinaires (10), mais encore sur impositions extraordinaires ou sur emprunts ; 5° les subventions de l'Etat sur les fonds créés par la loi du 11 juillet 1868 ou sur d'autres fonds.

Les ressources de la voirie vicinale se partagent, au point de vue de leur affectation, en ressources des chemins vicinaux ordinaires, ressources des chemins vicinaux d'intérêt commun et ressources des chemins vicinaux de grande communication.

En principe, les ressources de la vicinalité ne peuvent être appliquées légalement qu'aux chemins vicinaux. Par exception à cette règle, la loi du 11 juin 1880 (11) autorise les communes et les départements à affecter aux dépenses des chemins de fer d'intérêt local une partie des ressources créées en vertu de la loi du 21 mai 1836. La loi du 21 juillet 1870 avait accordé également aux communes, sous certaines restrictions, la faculté d'appliquer des prestations disponibles aux chemins publics ruraux. Enfin, aux termes de la loi du 10 août 1871 (Art. 60), les départements qui, pour assurer le service des chemins vicinaux, n'ont pas besoin de faire emploi de la totalité des centimes spéciaux établis en vertu de la loi du 21 mai 1836, ont la faculté d'appliquer le surplus aux autres dépenses de leur budget ordinaire. En dehors de ces trois exceptions, tout emploi des ressources de la vicinalité à des dépenses étrangères aux chemins vicinaux est entaché d'illégalité. A ce titre, il doit être rejeté des comptes où il figure. Il peut, en outre, donner lieu à une action en dommages-intérêts contre le fonctionnaire qui l'a ordonné et l'agent qui l'a réalisé.

3297. A quelles dépenses de la vicinalité les communes peuvent-elles être contraintes d'appliquer leurs ressources ?

A celles qui ont pour objet :

1° L'entretien, la réparation ou la conservation des chemins des trois classes ;

2° L'ouverture, le redressement et l'élargissement des chemins vicinaux de grande communication ou d'intérêt commun ;

3° L'élargissement des chemins ordinaires, lorsque cette opération n'a pas le caractère d'une ouverture ou d'un redressement (12).

Quant aux frais d'ouverture et de redressement de ces derniers chemins, on doit les considérer comme rentrant dans la catégorie des dépenses communales facultatives.

L'article 1er de la loi du 20 août 1881 définit les chemins ruraux, les chemins appartenant aux communes, affectés à l'usage du public et qui n'ont pas été classés comme chemins vicinaux.

L'affectation d'un chemin à l'usage du public consiste dans la faculté accordée ou laissée à chacun de s'en servir. Aux termes de l'article 2, cette affectation peut s'établir notamment par la destination du chemin, jointe soit au fait d'une circulation générale et continue, soit à des actes réitérés de surveillance et de voirie de l'autorité municipale.

Tout chemin ainsi affecté à l'usage public est présumé, jusqu'à preuve contraire, appartenir à la commune sur le territoire de laquelle il est situé. Cette présomption est toujours subordonnée aux conditions de publicité du chemin assurant des garanties suffisantes à la propriété privée.

La loi admet deux classes de chemins ruraux : les chemins *reconnus* et les chemins *non reconnus*.

Aux termes de l'article 10 de la loi du 20 août 1881, l'autorité municipale pourvoit à l'entretien des chemins ruraux reconnus dans la mesure des ressources dont elle peut disposer.

3298. En cas d'insuffisance des ressources ordinaires, les communes sont autorisées à pourvoir aux dépenses des chemins ruraux reconnus à l'aide, soit d'une journée de prestation, soit de centimes extraordinaires en addition au principal des quatre contributions directes. L'article 141 de la loi du 5 avril 1884 autorise, en effet, les conseils municipaux à voter trois centimes extraordinaires exclusivement affectés aux chemins ruraux.

Il importe de remarquer que la disposition de l'article 10 de la loi du 20 août 1881, tout en laissant intactes les ressources de la vicinalité, n'empêche pas les communes d'appliquer aux chemins ruraux, conformément à la loi du 21 juillet 1870, l'excédent de prestations disponibles imposées en vertu de la loi du 21 mai 1836, sur les chemins vicinaux et que de plus elle n'autorise pas les conseils municipaux à voter concurremment pour les dépenses des chemins ruraux reconnus, une journée spéciale de prestation et de centimes ordinaires ; elle leur confère seulement le pouvoir de choisir entre ces deux genres de ressources (1).

ARTICLE 19. — *Dépenses mises par la loi à la charge des communes.*

3299. Nous avons déjà vu (nos 1121 et suiv.) que lorsque le maire se refusait à accomplir les actes que la loi lui imposait, le préfet pouvait, aux termes de l'article 85 de la loi du 5 avril 1884, y procéder lui-même ou y faire procéder par un délégué spécial. Cette disposition existait sous l'empire de la loi du 18 juillet 1837.

On s'était demandé, sous l'empire de l'ancienne législation, si les frais de délégation pouvaient être mis à la charge de la commune ; mais l'administration supérieure avait toujours hésité à autoriser cette imputation, la dépense n'étant pas énumérée parmi celles que la loi déclarait obligatoires pour les communes.

La loi du 5 avril tranche la question. Les dépenses qu'occasionneront les délégations spéciales pourront être inscrites d'office ; mais la circulaire du 15 mai 1884 recommande aux préfets, autant que possible, d'user de la faculté que leur confère le numéro 20 de l'article 136, en désignant, toutes les fois que cela se peut, un délégué qui consente à se charger gratuitement de cette mission. L'administration estime que l'on rencontrera facilement le concours parmi les membres des corps élus, maires ou adjoints des communes voisines, conseillers municipaux, d'arrondissement ou généraux, et que

---

(1) L. 21 mai 1836, art. 2 ; L. 20 août 1881.
(2) L. 21 mai 1836, art. 2.
(3) L. 21 mai 1836, art. 2.
(4) L. 24 juillet 1867, art. 3 ; L. 20 août 1881 ; L. 5 avril 1884, art. 141.
(5) L. 11 juillet 1868, art. 3.
(6) L. 21 mai 1836 ; L. 5 avril 1884, art. 142.
(7) L. 18 juillet, art. 33 et 34 ; L. 24 juillet 1867, art. 15.
(8) L. 21 mai 1836, art. 14.
(9) L. 18 juillet 1859.
(10) L. 21 mai 1836, art. 8.
(11) L. 11 juin 1880, art. 12.
(12) L. 21 mai 1836, art. 2 ; L. 10 août 1871, art. 44 et 46.

(1) Circ. int. 23 août 1881.

ce ne sera qu'en cas de nécessité absolue que l'on devra désigner un mandataire salarié, pour l'accomplissement d'un acte que la loi a confié à des fonctionnaires, dont elle déclare le mandat gratuit. Nous craignons que ce ne soit là une illusion administrative.

3300. Le dernier paragraphe de l'article 136 met au nombre des dépenses obligatoires des communes, par une formule générale, toutes les dépenses qui sont mises à leur charge par un texte de loi.

Ces dépenses sont assez nombreuses, et, sans en donner une nomenclature complète, nous pouvons énumérer les principales.

3301. Nous avons dit (n° 1821) que les municipalités étaient tenues de faire inhumer le corps des personnes mortes subitement ou trouvées mortes sur le territoire de la commune, par exemple des naufragés ou assassinés. La dépense qui résulte est obligatoire, aux termes des dispositions de l'article 93 de la loi du 5 avril 1884, de l'article 26 du décret du 23 prairial an XII, et de l'article 3, paragraphe 4 du décret du 18 juin 1811. Mais les frais obligatoires pour les communes peuvent être recouvrés contre les familles.

3302. Nous avons déjà vu (n° 1911) que les maires et adjoints devaient visiter ou faire visiter, une fois au moins par an, les fours et cheminées de leur commune, afin de s'assurer qu'ils étaient ramonés. Les frais de la visite sont réputés dépenses obligatoires.

3303. Dans les communes où se tiennent les assises, le magistrat chargé de les présider doit être logé à l'hôtel de ville ou au palais de justice, s'il s'y trouve des appartements communaux, soit dans une maison particulière (1).

3304. Une commune peut n'avoir point de corps de sapeurs-pompiers ; mais, aux termes de l'article 6 du décret du 29 décembre 1875, toute commune qui veut obtenir l'autorisation d'en former, doit s'engager à subvenir, pendant une période minimum de cinq ans, aux dépenses nécessaires. Ces dépenses consistent en celles ci-après : 1° les frais d'habillement et d'équipement des sous-officiers, caporaux et sapeurs pompiers qui ne peuvent s'habiller et s'équiper à leurs frais ; 2° l'achat des tambours ou clairons ; 3° le loyer, l'entretien, le chauffage, l'éclairage et le mobilier du corps de garde ; 4° le loyer du local où sont remisées les pompes ; 5° la solde des tambours ou clairons ; 6° les réparations, l'entretien et le prix des armes détériorées ou détruites, sauf recours contre les sapeurs-pompiers ; 7° les frais de registres, livrets, papiers, contrôle et tous les menus frais de bureau ; 8° les secours ou pensions alloués aux sapeurs pompiers victimes de leur dévouement dans le service, ainsi qu'à leurs veuves et à leurs enfants, conformément aux dispositions de la loi du 5 avril 1851 ; 9° les frais de réintégration des armes, s'il y a lieu, dans les arsenaux de l'Etat.

Ces dépenses sont réglées par le maire, sur mémoires visés par le chef de corps, et acquittées de la même manière que les autres dépenses municipales (1).

3305. Le décret du 26 mars 1852, relatif à l'organisation des sociétés de secours mutuels, a imposé aux communes certaines charges.

Les sociétés de secours mutuels ont pour but d'assurer des secours temporaires à leurs membres malades, blessés ou infirmes, et de pourvoir à leurs frais funéraires ; elles peuvent aussi, en certains cas, constituer à leur profit des pensions de retraite.

On classe les sociétés de secours mutuels en trois catégories : 1° les sociétés libres, c'est-à-dire celles qui sont simplement autorisées par les préfets, en vertu des lois relatives aux associations en général ; 2° les sociétés reconnues par le gouvernement comme établissements d'utilité publique, conformément à la loi du 15 juillet 1850 et au décret réglementaire du 14 juin 1851 ; 3° les sociétés approuvées en vertu du décret organique du 26 mars 1852.

Les obligations des communes se réduisent à la fourniture gratuite du local et du mobilier nécessaires aux réunions, et à celles des imprimés pour l'administration et la comptabilité.

La salle de la mairie, celle de la justice de paix ou même de l'école primaire communale suffit aux réunions soit du bureau, soit de la société elle-même.

Les imprimés à la charge des communes sont les suivants : 1° un registre matricule, divisé en colonnes, pour les associés participants, renfermant à la fin quelques pages blanches pour recevoir les noms des membres honoraires ; 2° un journal pour le trésorier, sur lequel sont inscrites toutes les dépenses et toutes les recettes de la société, avec indication de leurs dates respectives ; un registre en blanc, pour y consigner les procès-verbaux des délibérations du bureau et des assemblées générales, et les comptes rendus financiers ; 4° livrets à l'usage des sociétaires, de la même dimension que le diplôme, afin que livret et diplôme puissent être réunis et cartonnés ensemble ; 5° feuilles de visite contenant tous les éléments nécessaires pour déterminer ce qui est dû au malade, et pour assurer une surveillance exacte du service des malades (2).

Lorsque les ressources disponibles des communes ne peuvent suffire à la dépense, le ministre de l'intérieur leur vient en aide pour la partie des frais qu'elles ne peuvent couvrir. Les demandes formées dans ce but doivent être accompagnées d'un bordereau détaillé des dépenses, rédigé par le maire et certifié par le préfet. Ce bordereau est accompagné, pour les sociétés nouvelles, des pièces indiquées ci-après : 1° un état détaillé des dépenses faites par la société pour frais de premier établissement ; 2° un état approximatif des ressources de la société ; 3° la liste nominative des membres honoraires ; 4° celle des membres participants, avec indication de l'âge et de la profession de chacun d'eux (3).

3306. Il est procédé par l'Etat à l'exécution des travaux destinés à mettre les villes à l'abri des inondations. Les départements, les communes et les propriétaires concourent aux dépenses de ces travaux dans la proportion de leur intérêt respectif. Les travaux sont autorisés par décrets rendus dans la forme des règlements d'administration publique. Ces décrets déterminent, pour chaque entreprise, la répartition des dépenses entre l'Etat, les départements, les communes et les

---

(1) D. 27 février 1811, sur le logement et les honneurs dus aux présidents des cours d'assises. — Art. 1er. Dans toute commune où se tiendront les assises, le magistrat qui les présider sera logé, soit à l'hôtel de ville, soit au palais de justice, s'il s'y trouve des appartements commodes et meublés ; dans le cas contraire, dans une maison particulière et meublée, qui aura été d'avance désignée par le maire. — Art. 2. Pour éviter toute charge qui retomberait souvent sur le même individu, le maire sera tenu de désigner successivement les principales maisons de la commune qui offrent la possibilité de disposer d'un appartement décent et commode, sans que le propriétaire ou principal locataire de ladite maison soit obligé de l'abandonner. — Art. 3. Une brigade de gendarmerie se portera cent pas en avant de la ville, au-devant du président de la cour d'assises, et l'escortera jusqu'à son domicile : une brigade de gendarmerie l'escortera de même à son départ. — Art. 4. Le maire et ses adjoints le recevront au haut de l'escalier de la maison qui lui est destinée, et l'y installeront ; il sera reçu, dans l'intérieur de son appartement, par le tribunal en corps.

Cons. d'État, 13 octobre 1812. — Le Conseil d'État, qui, d'après le renvoi ordonné par sa majesté, a entendu le rapport de la section de l'intérieur sur celui du ministre de la guerre, faisant naître les trois questions suivantes sur les prérogatives accordées aux présidents des cours d'assises, par le décret du 27 février 1811 : 1° Si un conseiller d'une cour impériale, désigné pour présider une cour d'assises, a droit aux prérogatives de président de ladite cour d'assises, avant le moment de son entrée en fonctions de l'installation de la cour qu'il préside ; 2° si le président d'une cour d'assises a droit aux honneurs qui lui sont accordés par le décret du 27 février 1811, hors de la ville où se tiennent les assises ; 3° si les honneurs accordés au magistrat qui préside une cour d'assises lui sont dus dans la ville où siège la cour impériale ;

Est d'avis : sur la première question, que le moment de l'installation du président d'une cour d'assises est celui où le président est arrivé dans la ville où se tiennent les assises, et a été reçu d'après les formes déterminées par les lois et décrets, et notamment par celui du 27 février 1811 ; sur la seconde question, qu'un président de cour d'assises, hors de la ville où elles se tiennent, n'a plus de prérogatives à réclamer : le décret du 27 février 1811, qui règle les honneurs qui lui sont dus, les renferme dans la commune où se tiennent les assises ; sur la troisième question, que, lorsque les assises se tiennent dans la ville où siège la cour impériale, les membres des cours d'assises n'ont d'autre rang que celui qu'ils occupent dans la cour impériale même.

(1) Déc. 29 déc. 1875, art. 29.
(2) Circ. min. int. 15 et 20 avril 1853.
(3) Circ. int. 2 juillet 1855.

propriétaires intéressés. La part de dépense mise à la charge des départements ou des communes est inscrite au budget départemental ou communal comme dépense obligatoire (1).

3307. Lorsque des communes possèdent des marais et des terres incultes propres à la culture, nous avons déjà vu que l'Etat pourrait ou les contraindre de les assainir, ou de les mettre en culture, ou procéder lui-même à ces opérations. (Voy. nᵒˢ 2502 et suiv.) Les frais nécessités par les travaux sont mis à la charge des communes récalcitrantes et comptés au nombre des dépenses obligatoires. (Voy. nᵒˢ 252 et suiv.) Il en est de même des frais d'entretien annuels.

3308. Un arrêté du 23 vendémiaire an vi a donné aux communes la faculté de présenter des malades pauvres pour aller prendre les eaux minérales dans les établissements appartenant à l'Etat; mais les dépenses et frais de route des indigents qui se présentent sont à la charge des communes qui les ont adressés, comme objets de dépense communale. Les communes doivent y pourvoir sur les revenus de leurs établissements de secours à domicile, et, en cas d'insuffisance, sur les fonds affectés aux dépenses municipales. Ce n'est que dans des cas exceptionnels que le gouvernement s'est réservé d'autoriser l'allocation des sommes votées par les conseils généraux sur les fonds départementaux, pour subvenir à ces frais spéciaux (2).

3309. Aux termes de l'article 20 de la loi du 21 juillet 1881 sur la police sanitaire des animaux, les municipalités des ports de mer ouverts à l'importation du bétail doivent fournir des quais particuliers de débarquement, munis des agrès nécessaires, ainsi qu'un bâtiment destiné à recevoir, à mesure du débarquement, les animaux mis en quarantaine par mesure sanitaire.

Les locaux devront être préalablement agréés par le ministre de l'agriculture et du commerce.

Pour se rembourser de ces frais, les municipalités peuvent établir des taxes spéciales sur les animaux importés.

3310. Il existe au chef-lieu de chaque canton une commission de statistique dont les membres sont nommés par le préfet. Dans les villes qui comprennent plusieurs cantons, il ne doit y avoir qu'une seule commission; toutefois, à Paris et à Lyon, il y a une commission par arrondissement communal. Les fonctions des membres des commissions de statistique sont gratuites; mais les dépenses de matériel que peuvent exiger leurs travaux sont à la charge de la commune chef-lieu de canton.

Ces dépenses consistent dans les fournitures de bureaux et les frais, nécessairement très minimes, de chauffage et d'éclairage que peuvent nécessiter les réunions (3).

3311. Dans le cas de réunion d'une commune à une autre commune, les évolutions cadastrales des propriétés comprises dans les territoires réunis doivent être modifiées de manière à maintenir par chaque parcelle le chiffre de la cotisation foncière principale qu'elle supportait antérieurement. La loi du 12 août 1856 a mis les frais à la charge de la commune à laquelle des territoires sont annexés, à moins que le conseil général n'en autorise le prélèvement sur les fonds départementaux.

§ 2. — Dépenses facultatives.

3312. Toutes autres dépenses sont facultatives, disait la loi de 1837, après avoir énuméré les dépenses obligatoires. La loi de 1884 n'a point répété cette disposition : elle n'avait pas besoin, en effet, d'être inscrite dans un texte précis et se déduisait de l'énumération même qui était faite par l'article 136. Mais qu'est-ce qu'une dépense facultative ? — Nous avons déjà expliqué (nᵒ 3,330) que cette expression n'indiquait pas une nature de dépense somptuaire, mais simplement une dépense qui n'intéressait essentiellement ni l'Etat, ni l'existence communale, ni l'avenir de la cité. Les dépenses facul-

tatives sont, au contraire, très souvent des dépenses nécessaires, si nécessaires même que ni le législateur, ni l'administration n'ont fait, du classement des dépenses en facultatives et obligatoires, une règle de comptabilité. Dans la pratique, les dépenses communales sont, suivant leur nature ordinaire ou extraordinaire, distribuées en deux chapitres, lesquels se subdivisent en groupes, d'après leur analogie entre elles, sans avoir égard à leur caractère obligatoire ou facultatif.

Les dépenses annuelles facultatives ne laissent pas que d'être nombreuses et comme elles varient de commune à commune, on ne saurait en donner une nomenclature complète. Une circulaire du 7 août 1842 en avait dressé la liste suivante :

Entretien du pavé ; — entretien des promenades publiques; — entretien des pompes à incendie ; — dépenses de l'éclairage ; — salaire du cantonnier ; — fonds accordés aux hospices; — bureau de charité ; — indemnité à la sage-femme ; — traitement et indemnité de logement de l'instituteur ; — supplément de traitement à l'instituteur ; — supplément de traitement au desservant ; — fêtes publiques; — dépenses imprévues.

Cette nomenclature se ressentait du temps où elle a été dressée. L'instruction générale des finances de 1859 en a détaillé un autre plus simple.

Dans les budgets des grandes villes, le chapitre des dépenses ordinaires est subdivisé en sections ou paragraphes, dans l'ordre suivant : 1ᵒ frais d'administration ; 2ᵒ entretien des biens communaux, salubrité, sûreté, voirie ; 3ᵒ établissements de charité, secours, pensions ; 4ᵒ instruction publique, beaux-arts ; 5ᵒ culte ; 6ᵒ fêtes publiques, dépenses imprévues.

Le modèle destiné aux communes d'une moindre importance a été simplifié autant que possible ; il n'offre pas de subdivisions de chapitre, mais les dépenses sont classées dans un ordre qui répond aux subdivisions admises dans les grands budgets.

Un espace est réservé à la suite de chaque chapitre ou subdivision de chapitre pour y inscrire à la main les articles qui, n'étant pas de nature à se présenter dans toutes les communes, n'ont pas dû être admis dans la nomenclature, mais qui peuvent intéresser certaines localités. La nomenclature du modèle n'étant pas limitative, il va sans dire que les administrations municipales peuvent la compléter elles-mêmes de tous les articles que comporte leur service.

Reprenons les divers chefs de dépense ci-dessus visés.

3313. *Frais d'administration.* — Les frais d'administration obligatoires sont composés des suivants : 1ᵒ l'entretien de la maison commune ; 2ᵒ les frais de bureau et traitement des employés de la mairie ; 3ᵒ les frais d'impression ; 4ᵒ l'abonnement au *Bulletin des lois* ou au *Journal officiel*, édition des communes ; 5ᵒ les frais de recensement de la population ; 6ᵒ les frais des registres de l'état civil et de la portion des tables décennales à la charge des communes.

Les frais facultatifs ordinaires comprennent : 1ᵒ les abonnements aux divers publications administratives ; 2ᵒ les indemnités accordées aux maires pour frais de représentation ; 3ᵒ le remboursement des frais nécessités par l'exécution des mandats spéciaux confiés aux conseillers municipaux ; 4ᵒ les frais d'entretien des horloges publiques.

La plupart des communes sont abonnées à divers recueils périodiques consacrés aux matières d'administration municipale, dont le but est de faciliter les travaux des mairies. Au premier rang de ces publications, on doit placer : le *Bulletin annoté des lois*, le *Bulletin officiel du ministère de l'intérieur*, l'*Ecole des communes* et le *Mémorial des percepteurs*. Ces quatre recueils contiennent, sans exception, tous les documents utiles aux maires : 1ᵒ la loi ; 2ᵒ les instructions ministérielles nécessaires pour son application ; 3ᵒ la jurisprudence qui résulte des arrêts du Conseil d'Etat et de la Cour de cassation, ainsi que des décisions émanées des divers ministères (1).

---

(1) L. 28 mai 1858, art. 1, 2, 3 et 4.
(2) Arr. 29 floréal an vii, art. 6.
(3) Déc. 1ᵉʳ juillet 1852, art. 1, 4, 5 et 22.

(1) Aux termes d'une circulaire ministérielle du 5 avril 1853, les rem-

3314. L'article 74 de la loi du 5 avril 1884 autorise le conseil municipal à voter au maire, sur les ressources ordinaires de la commune, des frais de représentation. La nécessité de ces allocations ne se rencontre que dans quelques grandes villes où les fonctions municipales sont très onéreuses, et où il peut être équitable d'indemniser le maire des dépenses exceptionnelles qu'entraîne sa situation, mais il ne faut pas perdre de vue que le législateur n'a entendu donner aux conseils municipaux qu'une simple faculté dont ils sont toujours libres de ne pas user, et, en second lieu, que l'indemnité accordée au maire ne doit pas être un traitement déguisé et ne peut être accordée que sur les fonds du budget ordinaire (1).

Les fonctions de maire, d'adjoint et de conseiller municipal sont gratuites. Tel est le principe de l'ancienne législation qui a été maintenu d'une façon expresse par la loi du 5 avril 1884 (art. 74). Mais, en même temps, on a jugé nécessaire d'inscrire dans la loi certains tempéraments qui étaient, d'ailleurs, précédemment passés en usage et qui ne sont pas en contradiction avec le principe même de la gratuité.

Ainsi les maires, adjoints et conseillers municipaux ont droit au remboursement des frais que nécessite l'exécution des mandats spéciaux qui peuvent leur être confiés, tels que les frais de voyage et autres du même genre qu'ils exposent pour les affaires municipales.

Ce que la loi a entendu interdire, c'est que les personnes dénommées à l'article 58 retirent de leurs fonctions municipales un profit personnel et soient indemnisées du temps et du travail qu'elles consacrent aux affaires de la commune. Mais il ne leur est pas interdit de réclamer le remboursement de leurs avances, sur pièces justificatives, sans qu'aucune allocation de ce genre puisse leur être accordée par voie d'abonnement.

3315. Au nombre des dépenses que leur utilité recommande à l'attention des maires et des conseils municipaux, se trouve l'entretien des horloges communales. Une circulaire du ministre de l'intérieur, en date du 18 février 1839, contient des instructions pour le règlement des horloges publiques d'après un système uniforme. Ces horloges sont réglées tantôt d'après le temps moyen, tantôt d'après le temps vrai, tantôt d'après un système mixte, et souvent même on ne suit aucun système.

Le crédit alloué dans les budgets communaux pour l'entretien des horloges publiques comprend, outre la somme présumée nécessaire aux réparations, la rétribution de l'agent qui est chargé de monter et de régler les horloges.

3316. *Entretien des biens communaux.* — La loi ne compte au nombre des dépenses obligatoires d'entretien des biens communaux que celles qui concernent la maison commune, la justice de paix, les écoles, les édifices destinés au culte, les murs de cimetière et les grosses réparations des édifices communaux.

Les dépenses d'entretien des autres biens et les menues réparations des édifices communaux comptent au nombre des dépenses facultatives. C'est surtout à propos de dépenses de cette nature qu'a été exprimée la pensée qu'il n'y avait pas nécessité de les imposer aux conseils municipaux, quoiqu'elles intéressassent souvent le fonds même de la propriété et par conséquent l'avenir communal, et que l'on trouvait une g... antie suffisante dans l'avantage même des habitants qui ch...ssent les conseils municipaux. Nous avons déjà vu, d'ailleurs, comment étaient assurés la garde, la conservation et le bon usage des biens de toutes sortes possédés par les communes (2).

3317. *Salubrité.* — Nous avons indiqué (nos 1558 et suiv., 1634 et suiv., 1788 et suiv., 1872 et suiv., 1943 et suiv., 2016 et suiv., 2027 et suiv., 2037 et suiv.) quelles étaient les mesures de police

dont la loi avait remis la surveillance aux municipalités. Les maires sont les principaux agents chargés du soin de la santé publique. Il est donc nécessaire que, dans chaque commune, le budget prévoie, selon l'importance de la population et de ses agglomérations diverses, un chapitre des dépenses nécessitées par les soins de la salubrité. Sauf les dépenses d'entretien des cimetières, aucune n'a le caractère obligatoire, et, à cet égard, il y a peut-être une lacune dans la loi. Mais les principales dépenses doivent consister à assurer le service des épidémies, celui des logements insalubres, l'examen des subsistances, et l'enlèvement des vidanges. Selon la richesse des communes, la nature et le caractère des mesures prises doivent varier, et toutes sont possibles suivant les cas, depuis l'organisation de services complets municipaux soldés par le budget jusqu'à la simple exécution des prescriptions de police par les soins du garde champêtre.

3318. *Sûreté.* — Les dépenses de sûreté publique sont, en général, soldées par l'État, comme les dépenses de la gendarmerie, ou soldées par les communes comme celles de la police municipale ou rurale. La loi de 1884 a rangé presque toutes ces dernières parmi celles obligatoires ainsi qu'on l'a vu ; mais elles peuvent être facultatives, comme celles de l'entretien des gardes champêtres ou des agents de police ou des gardiens de marchés ou de promenades publiques. Nous avons indiqué (nos 824 et suiv., 863 et suiv., 2085 et suiv.), comment les services pouvaient être constitués, quels étaient les droits et les devoirs des agents et comment ils pouvaient être choisis et nommés : nous n'y reviendrons pas.

3319. *Voirie.* — Le service de la voirie municipale est des plus importants, et aucune commune ne saurait négliger ni l'entretien de ses voies de communication, quelque nom qu'elles portent, ni leur surveillance et le soin de leur propreté et de leur libre circulation. La loi de 1884 et les lois spéciales sur la grande voirie, la voirie départementale ou la voirie vicinale, n'ont pas laissé d'ailleurs que de prescrire les mesures indispensables et d'assurer le payement des dépenses. Le législateur n'a point pris les mêmes précautions pour les rues des villes et des agglomérations qui ne font pas partie de la grande voirie ou de la voirie vicinale ; il a cru devoir s'en rapporter à cet égard à l'initiative et à la vigilance municipales.

Les principales dépenses facultatives de voirie consistent : 1° Dans le traitement des architectes, agents voyers et cantonniers communaux (1) ; 2° l'entretien des chemins ruraux (2) ; 3° l'établissement et l'entretien du pavage des rues (3) ; 4° l'entretien des trottoirs (4) ; 5° le balayage (5) ; 6° l'éclairage (6) ; 7° l'arrosage (7) ; 8° la construction et l'entretien des égouts (8) ; 9° l'entretien des promenades publiques.

3320. *Établissements de charité.* — L'Assistance publique est essentiellement une charge communale ; elle a été ainsi qualifiée par les lois sur la matière et le principe est aujourd'hui établi. Mais, sauf en ce qui concerne les enfants assistés et les aliénés (voy. *supra*, nos 3267 et suiv.), la dépense n'est pas obligatoire. Cependant les communes peuvent et doivent l'assurer. A cet égard, les principaux services qu'elles peuvent organiser sont ceux des bureaux de bienfaisance (9), des hospices et hôpitaux (10), des monts-de-piété (11), des caisses d'épargne, de la médecine gratuite et de l'entretien des malades ou des enfants pauvres dans les établissements d'eaux

---

(1) Voy. *supra*, nos 803 et suiv., 807 et suiv.
(2) Voy. *supra*, n° 3298.
(3) Voy. *supra*, n° 3222.
(4) Voy. *supra*, n° 3223.
(5) Voy. *supra*, nos 1430 et suiv.
(6) Voy. *supra*, nos 1470 et suiv.
(7) Voy. *supra*, n° 1469.
(8) Voy. *supra*, nos 2005 et suiv.
(9) Voy. *supra*, nos 2787 et suiv.
(10) Voy. *supra*, nos 2815 et suiv.
(11) Voy. *supra*, n° 2864.

---

boursements des abonnements à ces publications peuvent avoir lieu soit directement aux ayants droit, soit sur le fonds des cotisations municipales.
(1) Cir. Int. 15 mai 1884.
(2) Voy. *supra*, liv. III, tit. IV.

minérales (1) ou dans les sanatoria des montagnes ou des bords de la mer.

3321. *Secours.* — En dehors des secours que les communes peuvent délivrer par l'intermédiaire des bureaux de bienfaisance, un crédit de secours peut être voté par les conseils municipaux pour les employés de la commune, leurs veuves ou leurs enfants, lorsque ceux-ci n'ont pas droit à pension. Des subventions peuvent également être attribuées à l'effet de parer aux malheurs généraux qui surviennent comme les incendies, les inondations, les avalanches, les tremblements de terre, etc.

3322. *Instruction publique.* — Nous avons vu, n°s 3255 et suivants, quelles étaient les charges obligatoires que les lois sur l'enseignement imposaient aux communes; mais rien n'empêche que celles-ci, en dehors de leur participation légale, ne prennent à leur compte l'entretien d'établissements d'enseignement, comme des cours scientifiques ou littéraires subventionnés.

Au premier rang de ces établissements se trouvent les cours d'adultes, les cours complémentaires, les écoles primaires supérieures et enfin les bibliothèques.

Aux termes de la loi du 20 avril 1867, il peut être créé des cours d'adultes pour permettre aux jeunes gens de compléter leur instruction ou pour en donner les premiers éléments aux illettrés. Un arrêté ministériel du 22 juillet 1884 a réglé leur organisation.

Tout conseil municipal qui a l'intention d'ouvrir un ou plusieurs cours d'adultes et de solliciter en leur faveur des subventions de l'État, fait connaître cette intention par une délibération adressée au préfet avant le 15 juin. Cette délibération est soumise à l'examen du conseil départemental, qui décide la création d'un cours subventionné, sous réserve de l'approbation ministérielle.

Aucun instituteur public ne peut être contraint de diriger un cours d'adultes. Les conditions de rémunération sont fixées de gré à gré entre la commune et l'instituteur.

Les classes d'adultes comprennent les cours destinés aux illettrés et les cours spéciaux pour les jeunes gens qui désirent compléter leur instruction.

Les cours sont ouverts au moins cinq mois pendant l'année; les dates d'ouverture et de clôture de ces cours sont fixées par le maire, sur la proposition de l'instituteur.

Une feuille de présence est déposée le 1er du mois dans chaque cours d'adultes. Elle contient les noms et prénoms des élèves et renferme autant de colonnes qu'il y a de jours de classe dans le mois. Les élèves y apposent leur signature, chaque jour, à leur arrivée en classe. A la fin de chaque mois, ces feuilles sont adressées par l'instituteur ou l'institutrice à l'inspecteur primaire; elles doivent servir en fin d'année de pièce justificative pour le payement de la subvention due aux cours d'adultes.

Il est attribué à l'instituteur, pour tout élève comptant au moins 50 présences dans l'année, une rétribution annuelle de 12 francs. Toutefois, le montant total de l'indemnité ne saurait excéder 150 francs par cours et par an.

La dépense, quel qu'en soit le chiffre, est répartie entre les communes et l'État, conformément à l'article 2 du décret susvisé.

A la clôture des cours, l'inspecteur d'Académie dresse, d'après les documents fournis par l'inspecteur primaire, l'état des indemnités à payer, avec indication de la part afférente aux communes; il transmet cet état avec les pièces justificatives au préfet, qui l'adresse au ministre, en y joignant ses propositions pour la répartition de la subvention de l'État.

On distingue deux catégories d'établissements d'enseignement primaire supérieur : 1° les écoles d'un an annexées à l'école élémentaire qui prennent le nom de cours complémentaires; le cours complémentaire doit toujours être fait dans une salle distincte; ces écoles ont été organisées par le décret du 7 juillet 1885; et 2° les écoles primaires supérieures pro-

prement dites, ayant un personnel distinct et comprenant au moins deux années d'études. Elles sont dites de plein exercice, si elles en comprennent trois ou plus.

Ces écoles doivent avoir autant de salles distinctes qu'elles comportent d'années d'études, et en outre, une salle de dessin, un atelier et ses dépendances requises pour les établissements primaires. L'école de plein exercice doit avoir un gymnase.

Il ne peut être créé de cours complémentaire que dans les écoles où le cours supérieur de l'enseignement primaire élémentaire est organisé conformément au programme et à l'arrêté du 27 juillet 1885. L'école primaire supérieure doit compter vingt élèves au moins, le cours complémentaire dix élèves au moins par chaque année d'études. Le cours complémentaire est supprimé, si, pendant toute une année scolaire, l'effectif reste au-dessous du nombre de dix élèves.

Les communes qui sollicitent le concours de l'État pour leurs écoles primaires supérieures doivent remplir les conditions suivantes :

1° Être pourvues d'écoles primaires ordinaires dont le nombre soit en rapport avec les prescriptions de la loi et dont l'installation satisfasse aux conditions exigées par le règlement pour la construction et l'ameublement des maisons d'école;

2° S'engager à entretenir l'école primaire supérieure pour une durée de cinq années au moins;

3° Assurer à tous les élèves la gratuité de l'enseignement (les frais de pension seulement dans les internats restant à la charge des familles);

4° Voter pour le directeur un traitement de 2,800 francs au moins, dont les deux tiers sont couverts par les ressources communales.

L'État intervient de son côté :

1° Par des concessions de bourses d'internat, de demi-pensions, ou familiales, données au concours ouvert entre les élèves pourvus du certificat d'études primaires (1);

2° Par des concessions de matériel d'enseignement, soit en nature, soit sous forme de subventions (pour la gymnastique, la musique, la géographie, les sciences physiques et naturelles);

3° Par des subventions pour les dépenses du personnel. Ces subventions consistent, pour les cours complémentaires annexés à des écoles publiques, en une allocation de 300 francs pouvant s'élever par augmentations successives à 600 francs, comme supplément au traitement du directeur de l'école. Pour les écoles primaires supérieures proprement dites, la subvention est destinée à former le traitement d'un maître sur deux ou de deux maîtres sur trois. Elle représente aussi le tiers du traitement du directeur (2).

Près de deux cents villes de France ont leurs bibliothèques ouvertes au public. Les règlements pris par l'autorité municipale sur le service de ces bibliothèques doivent être adressés au ministre de l'instruction publique. Il est établi, par le ministre de l'instruction publique, dans toutes les villes qui possèdent une bibliothèque, sous la présidence du maire, un comité d'inspection de la bibliothèque et d'achat des livres, chargé de déterminer l'emploi des fonds consacrés aux acquisitions, la confection des catalogues, les conditions des échanges proposés. Tous les ans, à l'époque des vacances, l'état des acquisitions doit être adressé au ministre de l'instruction publique. Toute aliénation par les villes des livres, manuscrits, chartes, diplômes, médailles contenus en leurs bibliothèques, est interdite.

3323. *Beaux-Arts.* — Sans être jamais obligatoires, les dépenses des Beaux-Arts peuvent faire un des objets du budget communal. Des écoles de dessin, de peinture, d'ornementation peuvent être ouvertes; les places et promenades publiques peuvent être embellies par des statues ou des monuments. Enfin, un grand nombre de communes ont coutume de

(1) Voy. *suprà*, n° 3308.

(1) Déc. 3 janvier 1882.
(2) Déc. 15 janvier 1886, art .6.

payer des pensions aux jeunes gens sans fortune qui paraissent devoir se signaler par leurs travaux artistiques.

3324. *Fêtes publiques.* — Dans un grand nombre de communes, les fêtes nationales et les fêtes locales sont célébrées avec pompe. D'antiques usages, de vieux souvenirs consacrent souvent certains jours de l'année; l'ouverture des foires ou de certains marchés, le tirage au sort, des cérémonies religieuses, sont l'occasion de manifestations populaires auxquelles les pouvoirs municipaux ont coutume de se joindre. Des crédits particuliers peuvent être ouverts à cet égard.

La fête nationale du 14 Juillet doit aussi être célébrée avec l'éclat que son caractère particulier lui donne.

3325. *Dépenses imprévues.* — Les conseils municipaux peuvent porter au budget un crédit pour dépenses imprévues. La somme inscrite pour ce crédit ne peut être réduite ou rejetée qu'autant que les revenus ordinaires, après avoir satisfait à toutes les dépenses obligatoires, ne permettraient pas d'y faire face. Le crédit pour dépenses imprévues est employé par le maire sans autorisation préalable (1).

3326. Le fonds des dépenses imprévues ne peut être employé à payer des dépenses qui auraient été faites pendant un exercice autre que celui pour lequel le fonds a été alloué, non plus que des dépenses rejetées du projet de budget. En général, aucune dépense ne peut y être imputée, si elle est interdite par la loi ou si elle est soumise à des formes spéciales, et sans que celles-ci aient été suivies. Le fonds des dépenses imprévues doit servir principalement au payement des portions de dépenses qui excèdent les crédits ouverts primitivement au budget.

CHAPITRE IV.

FORMES ET PUBLICATION DU BUDGET.

SECTION PREMIÈRE.

FORMES DU BUDGET.

3327. Le budget de chaque commune est préparé par le maire (2). Si celui-ci négligeait de le dresser ou de le soumettre au conseil, le préfet, après l'en avoir requis, pourrait y procéder par un délégué spécial (3).

Le budget communal est dressé, sous forme de tableaux disposés de manière à présenter, dans des colonnes distinctes, et pour chaque article, soit de recette, soit de dépense: 1° le numéro d'ordre de l'article; 2° la nature de la recette ou de la dépense; 3° le montant de la recette ou de la dépense constatée par l'article correspondant au compte du dernier exercice; 4° le chiffre des propositions du maire; 5° le chiffre de la recette admise ou de la dépense votée par le conseil municipal; 6° le chiffre des propositions du sous-préfet; 7° le chiffre des recettes admises et des crédits alloués par l'autorité qui règle le budget; une dernière colonne pour recevoir des notes explicatives et des observations.

En tête du budget doivent être relatés le principal des quatre contributions directes de la commune et le chiffre de sa population d'après le dernier recensement officiel (4).

3328. Le budget communal se divise, comme nous l'avons déjà dit, en budget primitif et budget supplémentaire; et le budget primitif lui-même en budget ordinaire et budget extraordinaire (voy. *suprà* n° 3048 et suiv.). Suivant l'impor-

tance de la commune et la variété plus ou moins grande de ses recettes et de ses dépenses, le budget ordinaire et le budget extraordinaire peuvent eux-mêmes être partagés en chapitres plus ou moins nombreux, correspondant à des groupes de recettes et de dépenses similaires, subdivisés en articles, ou bien être simplement divisés en articles distincts (1).

3329. Les recettes et les dépenses de chaque budget sont

---

(1) Nous donnons ici une nomenclature à peu près complète des articles du budget d'une commune de moyenne importance.

RECETTES ORDINAIRES.

Produit des 5 centimes additionnels ordinaires.
Attribution sur la contribution des patentes.
Attribution sur la contribution des voitures et chevaux.
Attribution sur les amendes de la police municipale, rurale, etc.
Attribution sur les produits des permis de chasse.
Attribution sur les amendes pour délits de chasse.
Attribution sur les amendes de grande voirie.
Produit des taxes principales d'octroi.
Part revenant à la commune sur les amendes d'octroi.
Droits de location de places aux halles, foires, marchés et abattoirs.
Droits de stationnement sur la voie publique.
Droits de pesage, mesurage et jaugeage.
Prix de location des maisons communales.
Prix de location des terrains communaux.
Rentes sur l'État.
Rentes sur les particuliers et intérêts des capitaux placés.
Intérêts de fonds placés au Trésor.
Produit de concessions de terrains dans les cimetières.
Produit de concessions d'eau.
Produit de l'enlèvement des boues.
Produit des expéditions des actes de l'état civil et des actes administratifs.
Indemnité pour rédaction des actes d'engagements volontaires.
Droits de voirie.
Taxe sur les chiens.
Remboursement des frais d'expertise à la suite de réclamations en matière de contributions directes.

Ressources destinées à suppléer à l'insuffisance des revenus ordinaires.

Centimes additionnels pour le salaire des gardes champêtres.
Centimes additionnels pour l'entretien des chemins vicinaux.
Évaluation des prestations en nature pour l'entretien des chemins vicinaux.
Subside départemental pour l'entretien des chemins vicinaux.
Centimes additionnels extraordinaires pour les dépenses des chemins vicinaux (en cas d'affectation à l'entretien).
Centimes additionnels pour l'entretien des chemins ruraux.
Centimes additionnels obligatoires pour l'instruction primaire.
Centimes additionnels extraordinaires votés pour les dépenses de l'enseignement primaire en remplacement du cinquième des ressources mentionnées à l'article 3 de la loi du 16 juin 1881.
Subside départemental pour l'instruction primaire.
Centimes additionnels pour secours aux familles nécessiteuses des réservistes et des soldats de l'armée territoriale.
Imposition pour frais de perception des centimes additionnels communaux.
Centimes additionnels pour dépenses facultatives annuelles.
Centimes additionnels pour dépenses obligatoires annuelles.

RECETTES EXTRAORDINAIRES.

Centimes additionnels extraordinaires pour les dépenses des chemins vicinaux (en cas d'affectation à des dépenses extraordinaires.)
Impositions extraordinaires, emprunts, souscriptions volontaires pour dépenses extraordinaires.

DÉPENSES ORDINAIRES.

§ 1er. — *Administration communale.*

Traitement du secrétaire et des employés de la mairie.
Gages des garçons de bureau et du concierge.
Habillement du concierge et des garçons de bureau.
Frais de bureau.
Chauffage.
Abonnement au *Bulletin des lois.*
Abonnement au *Journal officiel* (édition des communes.)
Registres de l'état civil.
Impressions et abonnements divers.
Confection et renouvellement des matrices générales des rôles des contributions directes.
Timbre des mandats de payement.
Remises au receveur municipal.

---

(1) L. 5 avril 1884, art. 147.
(2) L. 5 avril 1884, art. 145.
(3) L. 5 avril 1884, art. 85.
(4) Circ. int. 13 décembre 1842.

totalisées séparément, et le budget se termine par une récapitulation générale des unes et des autres et une balance destinée à faire ressortir soit l'excédent des recettes sur les dépenses prévues, soit celui des dépenses sur les recettes.

Services de police.
Salaires des gardes champêtres.
Habillement des appariteurs et gardes champêtres.
Salaire du gardien du cimetière.
Frais de constatation des décès.
Frais de perception dans les halles, foires, marchés et abattoirs.
Frais de perception des droits de stationnement sur la voie publique.
Traitement de l'agent-voyer communal.

§ 2. — Administration de l'octroi.

Personnel.
Gratifications.
Location des bureaux.
Entretien des bureaux.
Entretien du mobilier et du matériel.
Chauffage et éclairage des bureaux.
Frais d'impression et de bureau.
Menus frais.
Indemnité à la régie des contributions indirectes pour frais d'exercice chez les habitants.
Habillement des employés.
Frais de procédure en matière d'octroi.
Restitution de droits indûment perçus.

§ 3. — Voirie en dehors des chemins vicinaux.

Entretien de chemins ruraux, par application :
1° Du produit des centimes spéciaux ou des prestations rachetées en argent;
2° De subventions en particulier;
3° De prélèvements sur les recettes ordinaires de la commune.
Prestations fournies en nature pour les chemins ruraux.
Frais de confection des rôles de prestations.
Entretien du pavé des rues.
Salaire des cantonniers.
Entretien des ponts communaux.
Entretien des promenades publiques et plantations communales.
Éclairage des voies publiques.
Entretien des appareils d'éclairage.
Enlèvement des boues et balayage.
Curage des cours d'eau, aqueducs et égouts.
Entretien des plans d'alignement.
Acquisition de terrains par suite d'alignement.
Entretien des ouvrages servant à la distribution des eaux.

§ 4. — Dépenses diverses.

Contribution des biens communaux.
Taxe des biens de mainmorte.
Loyer de la maison commune.
Entretien du mobilier de la maison commune.
Entretien et montage de l'horloge.
Entretien des halles, marchés et abattoirs.
Entretien des lavoirs, abreuvoirs, fontaines, puits et mares.
Entretien du cimetière.
Entretien des bâtiments communaux autres que l'église, le presbytère, la mairie et les écoles.
Assurances des propriétés communales contre l'incendie.
Visites des fours et cheminées.
Frais d'actes d'enrôlements volontaires.
Aliénés.
Enfants assistés.
Frais de confection des rôles de la taxe sur les chiens.
Indemnité au percepteur pour sa participation à la confection des états-matrices des rôles de la taxe sur les chiens.
Vidanges des fosses des bâtiments communaux.
Honoraires d'architectes pour règlement de mémoires.
Location du bureau télégraphique.
Frais de casernement.

§ 5. — Pompiers.

Loyer, entretien, chauffage, etc., du corps de garde.
Entretien du mobilier.
Solde des tambours et clairons.
Indemnité à l'instructeur.
Assurance ou secours et pensions en faveur des sapeurs pompiers blessés, de leurs veuves ou de leurs enfants.
Habillement et équipement.
Frais de registres, livrets, papiers, etc.
Frais de déplacement, indemnités ou gratifications.
Rachat de la prestation individuelle des pompiers.
Loyer et entretien de la remise des pompes.

Entretien des pompes et accessoires.
Subvention à la caisse des retraites des sapeurs-pompiers.

§ 6. — Service de charité.

Secours au bureau de bienfaisance.
Subvention à la caisse des écoles.
Secours aux familles nécessiteuses des soldats de réserve et de l'armée territoriale.
Frais de route aux indigents et transport des malades aux hôpitaux.

§ 7. — Rentes et pensions.

§ 8. — Instruction primaire.

Traitement des instituteurs et institutrices, directrices et sous-directrices d'écoles maternelles.
Gages des femmes de service des écoles maternelles.
Indemnités de logement.
Locations d'écoles.
Impressions.
Indemnités pour cours d'adultes.
Entretien des bâtiments scolaires.
Entretien du mobilier.
Fournitures et livres classiques pour les élèves.
Prix et récompenses aux élèves.
Chauffage des écoles.
Éclairage des écoles.
Traitement du maître de chant.
Traitement du professeur de dessin.
Traitement du professeur de gymnastique.
Gage des concierges des écoles.
Entretien de la bibliothèque scolaire.

§ 9. — Chemins vicinaux.

Entretien des chemins vicinaux ordinaires par application :
1° Du produit des centimes ordinaires spéciaux;
2° Du produit des prestations rachetées en argent;
3° Du produit des centimes extraordinaires spéciaux;
4° De subventions de particuliers;
5° De subsides du département;
6° De prélèvements sur les recettes ordinaires de la commune.
Prestations fournies en nature.
Frais de confection des rôles de prestations.
Salaires des cantonniers des chemins vicinaux.
Contingent communal pour l'entretien des chemins vicinaux de grande communication.
Acquisition de terrains par suite d'alignement.

§ 10. — Service de l'église.

Indemnité de logement du curé ou du desservant.
Supplément de traitement.
Traitement du vicaire.
Secours à la fabrique.
Entretien de l'église.
Entretien du presbytère.

§ 11. — Frais de perception des impositions communales.

Emploi du produit des trois centimes pour frais de perception des impositions communales.
Frais d'expertise à la suite de réclamations en matière de contributions directes (avance à faire par la commune.)

§ 12.

Fêtes publiques.
Dépenses imprévues.

§ 13. — Traitement du receveur municipal.

DÉPENSES EXTRAORDINAIRES.

§ 1er. — Amortissement d'emprunts. Placement de capitaux.

§ 2. — Acquisition et échange d'immeubles.

§ 3. — Travaux de grosses réparations.

§ 4. — Constructions et travaux neufs.

Construction d'établissements et édifices communaux.
Pavage et assainissement des rues.
Mise en état de viabilité des chemins vicinaux.

SECTION II.

PUBLICATION DU BUDGET.

3330. Le budget, voté par le conseil municipal et réglé par l'autorité compétente, doit être porté à la connaissance des administrés. La loi de 1837, article 69, qui ne considérait guère comme *ayant droit* dans les communes que les contribuables, ne permettait qu'à ces derniers de prendre connaissance des divers documents budgétaires qui devaient rester déposés à la mairie. La loi de 1884 a prescrit l'obligation du dépôt à la mairie, la publicité, par la voie de l'affiche, dans les communes ayant plus de 100,000 francs de revenus et la publication facultative pour toutes les autres.

3331. Mais il ne faudrait pas croire que, dans ces dernières communes, si le conseil municipal ne prescrivait pas la publication, les habitants ne pourraient avoir connaissance du projet de recettes et de dépenses qu'on se transportant dans les bureaux de la municipalité. En effet, il résulte de la combinaison des articles 54, 56 et 57, que nous avons déjà eu occasion d'étudier, *suprà* n° 577, que les délibérations des conseils où sont préparés et votés les budgets sont publiques et que le compte rendu en doit être affiché par extrait, enfin que l'on peut prendre copie totale ou partielle et pu-

blier sans autorisation les budgets arrêtés. Le législateur a pensé qu'il devait assurer, par tous les moyens possibles, la faculté pour chaque habitant de s'assurer de l'état des finances communales.

3332. En outre de la publicité qui doit être donnée au budget par les soins de l'autorité municipale, il appartient à l'autorité préfectorale de le rendre exécutoire. A cet effet, une expédition approuvée est transmise par le préfet au receveur des finances qui la fait parvenir, avant le commencement de l'exercice, au conseil municipal chargé d'en assurer l'exécution. Une seconde expédition est, en même temps, envoyée au maire par l'intermédiaire du sous-préfet.

3333. C'est ce double envoi qui permet au maire et au receveur municipal de pourvoir aux nécessités des services ordinaires, qui sont indispensables. Mais s'il n'était pas fait en temps utile, les services publics ne seraient pas arrêtés. L'article 150 de la loi de 1884 en garantit la marche en autorisant la perception des revenus et le payement des dépenses sur la base des articles correspondants autorisés par le budget de l'année antérieure. La vie communale est ainsi assurée en toute circonstance par la loi. Le législateur n'a pas voulu que cette personne légale qu'on appelle une commune pût jamais être exposée soit à périr par une négligence ou une incurie, soit à vivre en faisant de la nécessité même de vivre, une cause de violer la légalité.

LÉGISLATION

LÉGISLATION

---

4 août 1789. — *Décret qui abolit les privilèges particuliers des villes et communautés d'habitants* (art. 10).

10 août 1789. — *Décret qui charge les municipalités de veiller au maintien de la tranquillité publique.*

14 décembre 1789. — *Décret relatif à la constitution des municipalités.*

22 décembre 1789 - janvier 1790. — *Décret sur la constitution des assemblées financières et des assemblées administratives. (Division du royaume en départements, districts, cantons et municipalités.)*

29-30 décembre 1789 - 6 janvier 1790. — *Décret relatif aux fonctions municipales et à la tenue des assemblées primaires.*

20 janvier 1790. — *Décret sur la réunion des villes, paroisses et communautés mi-parties en une seule municipalité.*

23-26 février 1790. — *Décret concernant la sûreté des personnes, des propriétés et la perception des impôts.*

26 février-4 mars 1790. — *Décret sur la division administrative du royaume en départements.*

15-28 mars 1790. — *Décret relatif à la suppression des droits féodaux* (art. 13, 14, 15, 16, 19, 21, 23, 24, 30, 31, 35).

19-20 avril 1790. — *Décret relatif aux rangs et marques distinctives des maires et officiers municipaux.*

3 mai 1790. — *Décret relatif au service des officiers municipaux.*

3 mai 1790. — *Décret relatif au mode de liquidation et de rachat des droits féodaux appartenant aux communes.*

14-16 mai 1790. — *Décret qui, à l'égard de l'achat des écharpes, déclare qu'il ne doit point faire partie des charges communales.*

30 mai-13 juin 1790. — *Décret relatif aux attributions des maires et officiers municipaux au sujet des demandes d'admission dans les ateliers de secours et secours de route.*

16-24 août 1790. — *Loi sur la police municipale* (tit. II).

6-12 octobre 1790. — *Décret portant que l'indemnité des dégâts de sédition et d'attroupement sera prise d'abord sur les biens des coupables, et subsidiairement supportée par les communes qui ne les auraient pas empêchés.*

16 octobre 1790-30 janvier 1791.— *Déclaration relative à la propriété des hôtels de ville, palais de justice et édifices publics servant à loger les ci-devant commissaires départis, commandants et autres fonctionnaires publics.*

Art. 1er. Les édifices qui servaient à loger les commissaires départis, les gouverneurs, les commandants et autres fonctionnaires publics, ainsi que les hôtels destinés à l'administration des ci-devant pays d'État, que les villes justifieront avoir construits sur leurs terrains et à leurs frais seuls, ou avoir acquis sans contribution de province, continueront à appartenir aux villes qui pourront en disposer; et, dans le cas où ils auraient été construits sur un terrain national, il sera procédé à une ventilation d'après les règles reçues : à l'égard des autres, ils seront vendus comme biens nationaux; et, en conséquence, la nation se charge des dettes encore existantes, qui ont été contractées par les provinces pour la construction desdits édifices.

Art. 2. Les hôtels de ville continueront à appartenir aux villes où ils sont situés; et lorsqu'ils seront assez considérables pour recevoir le directoire du district ou celui du département, ou tous deux à la fois, lesdits directoires s'y établiront. Ils se réuniront dans la même enceinte quand le local pourra le permettre, et seront tenus des réparations pour la portion de l'édifice qui sera par eux occupée.

Art. 3. Les palais de justice ordinaires continueront à servir à l'usage auquel ils étaient destinés, et seront, ainsi que les prisons, à la charge des justiciables. Quant aux édifices occupés par les tribunaux d'exception, autres que lesdits palais de justice et les juridictions consulaires, ils seront tous mis en vente; n'entend l'Assemblée nationale comprendre les palais fournis par les ci-devant seigneurs laïques.

Art. 4. Lesdits palais de justice ordinaires recevront aussi les corps administratifs, si l'emplacement est assez vaste pour les contenir, et les hôtels de ville insuffisants : lesdits corps administratifs en supporteront les réparations dans la proportion qui vient d'être déterminée; et s'il s'élève des difficultés à raison des divers arrangements et convenances relatives, les directoires de département y statueront provisoirement et sans délai, à la charge d'en rendre compte au Corps législatif, pour y prononcer définitivement.

18-19 décembre 1790. — *Décret sur le rachat des rentes et redevances foncières appartenant à des communautés d'habitants.*

31 décembre 1790-5 janvier 1791. — *Décret relatif à l'acquisition des domaines nationaux par les municipalités.*

6-19 janvier 1791. — *Décret abolissant les droits de messageries sur terre ou rivières possédées par des communautés d'habitants.*

13-19 janvier 1791. — *Décret qui charge les municipalités de la police des théâtres.*

. . . .

Art. 6. Les entrepreneurs ou les membres des différents théâtres seront, à raison de leur état, sous l'inspection des municipalités; ils ne recevront des ordres que des officiers municipaux, qui ne pourront arrêter ni défendre la représentation d'une pièce, sauf la responsabilité des auteurs et des comédiens, et qui ne pourront rien enjoindre aux comédiens, que conformément aux lois et règlements de police; règlements sur lesquels le comité de constitution dressera incessamment un projet d'instruction. Provisoirement, les anciens règlements seront exécutés.

Art. 7. Il n'y aura, au spectacle qu'une garde extérieure, dont les troupes de ligne ne seront point chargées, si ce n'est dans le cas où les officiers municipaux leur en feraient la réquisition formelle. Il y aura toujours un ou plusieurs officiers civils dans l'intérieur des salles, et la garde n'y pénétrera que dans le cas où la sûreté publique serait compromise, et sur la réquisition expresse de l'officier civil, lequel se conformera aux lois et aux règlements de police. Tout citoyen sera tenu d'obéir provisoirement à l'officier civil.

25 janvier 1791. — *Décret qui déclare incompatibles les fonctions de maire et d'officier municipal avec celles de juge de paix ou de greffier.*

5-11 février 1791. — *Décret qui défend aux communautés de faire des baux pour plus de neuf ans.*

7 février 1791. — *Décret qui prescrit les déclarations à faire par les corps administratifs relativement aux édifices nécessaires à leur établissement et qui leur défend de faire aucun emprunt, ni établir aucune imposition pour subvenir aux frais de cet établissement, sans autorisation.*

15-27 mars 1791. — *Décret qui défend aux corps municipaux d'envoyer à d'autres municipalités des arrêtés.*

29 mars 1791. — *Décret relatif aux revenus et charges des municipalités et aux moyens de pourvoir provisoirement à leurs besoins.*

13 avril 1791. — *Décret qui fixe les conditions auxquelles les communes seront propriétaires des arbres plantés par des seigneurs sur les biens communaux.*

18 mai 1791. — *Décret qui fixe les cas dans lesquels les citoyens peuvent requérir la convocation de la commune.*

14-17 juin 1791. — *Décret qui interdit aux corps municipaux de recevoir aucune pétition des ouvriers.*

19-22 juillet 1791. — *Décret sur la police municipale.*

27 juillet-3 août 1791. — *Décret sur les droits, devoirs et responsabilité des communes en cas d'attroupement séditieux.*

5-10 août 1791. — *Décret relatif aux dettes contractées par les villes et communes et aux besoins qu'elles peuvent avoir.*

6 août 1791. — *Décret portant suppression des privilèges et exemption des droits de douanes dont jouissent certaines communautés.*

3-14 septembre 1791. — *Constitution de la République française, portant définition de la commune (tit. II).*

Art. 8. Les citoyens français, considérés sous le rapport des relations locales qui naissent de leur réunion dans les villes et dans de certains arrondissements du territoire des campagnes, forment les *communes*. — Le pouvoir législatif pourra fixer l'étendue de l'arrondissement de chaque commune.

Art. 9. Les citoyens qui composent chaque commune, ont le droit d'élire à temps, et suivant les formes déterminées par la loi, ceux d'entre eux qui, sous le titre d'*officiers municipaux*, sont chargés de gérer les affaires particulières de la commune. — Il pourra être délégué aux officiers municipaux quelques fonctions relatives à l'intérêt général de l'État.

Art. 10. Les rôles que les officiers municipaux seront tenus de suivre dans l'exercice, tant des fonctions municipales que de celles qui leur auront été déléguées pour l'intérêt général, seront fixées par les lois.

5 septembre 1791. — *Décret sur le mode de statuer sur les droits de propriété ou d'usages prétendus ou reconnus appartenir aux communes dans les bois et sur les terrains nationaux de l'île de Corse.*

15 septembre 1791. — *Décret relatif à l'administration des biens des communes.*

16 septembre 1791. — *Décret sur le levé des plans du territoire des communautés.*

24-29 septembre 1791. — *Décret qui crée des commissaires de police.*

28 septembre-6 octobre 1791. — *Code rural.*

. . . .

SECTION IV.

DES TROUPEAUX, DES CLÔTURES, DU PARCOURS ET DE LA VAINE PATURE.

Art. 1er. Tout propriétaire est libre d'avoir chez lui telle quantité et telle espèce de troupeaux qu'il croit utiles à la culture et à l'exploitation de ses terres, et de les y faire pâturer exclusivement, sauf ce qui sera réglé ci-après relativement au parcours et à la vaine pâture.

Art. 2. La servitude réciproque de paroisse à paroisse, connue sous le nom de *parcours*, et qui entraîne avec elle le droit de vaine pâture, continuera provisoirement d'avoir lieu avec les restrictions déterminées à la présente section, lorsque cette servitude sera fondée sur un titre ou sur une possession autorisée par les lois et les coutumes : à tous autres égards, elle est abolie.

Art. 3. Le droit de vaine pâture dans une paroisse, accompagné ou non de la servitude du parcours, ne pourra exister que dans les lieux où il est fondé sur un titre particulier, ou par un usage local immémorial, et à la charge que la vaine pâture n'y sera exercée que conformément aux règles et usages locaux qui ne contrarieront point les réserves portées dans les articles suivants de la présente section.

Art. 4. Le droit de clore et de déclore ses héritages, résulte essentiellement de celui de propriété, et ne peut être contesté à aucun propriétaire. L'Assemblée nationale abroge toutes lois et coutumes qui peuvent contrarier ce droit.

Art. 5. Le droit de parcours et le droit simple de vaine pâture ne pourront, en aucun cas, empêcher les propriétaires de clore leurs héritages; et, tout le temps qu'un héritage sera clos de la manière qui sera déterminée par l'article suivant, il ne pourra être assujetti ni à l'un ni à l'autre droit ci-dessus.

Art. 6. L'héritage sera réputé clos, lorsqu'il sera entouré d'un mur de quatre pieds de hauteur avec barrière ou porte, ou lorsqu'il sera exactement fermé et entouré de palissades ou de treillages, ou d'une haie vive, ou d'une haie sèche, faite avec des pieux ou cordelée avec des branches, ou de toute autre manière de faire les haies en usage dans chaque localité, ou enfin d'un fossé de quatre pieds de large au moins à l'ouverture, et de deux pieds de profondeur.

Art. 7. La clôture affranchira de même du droit de vaine pâture réciproque ou non réciproque entre particuliers, si ce droit n'est pas fondé sur un titre. Toutes lois et tous usages contraires sont abolis.

Art. 8. Entre particuliers, tout droit de vaine pâture fondé sur un titre, même dans les bois, sera rachetable à dire d'experts suivant l'avantage que pourrait en retirer celui qui avait ce droit s'il n'était pas réciproque, ou eu égard au désavantage qu'un des propriétaires aurait à perdre la réciprocité, si elle existait; le tout sans préjudice du droit de cantonnement, tant pour les particuliers que pour les communautés, confirmé par l'article 8 du décret des 17, 19 et 20 septembre 1790.

Art. 9. Dans aucun cas et dans aucun temps, le droit de parcours ni celui de vaine pâture ne pourront s'exercer sur les prairies artificielles, et ne pourront avoir lieu sur aucune terre ensemencée ou couverte de quelques productions que ce soit, qu'après la récolte.

Art. 10. Partout où les prairies naturelles sont sujettes au parcours ou à la vaine pâture, ils n'auront lieu provisoirement que dans le temps autorisé par les lois et coutumes, et jamais tant que la première herbe ne sera pas récoltée.

Art. 11. Le droit dont jouit tout propriétaire de clore ses héritages, a lieu, même par rapport aux prairies, dans les paroisses où, sans titre de propriété et seulement par l'usage, elles deviennent communes à tous les habitants, soit immédiatement après la récolte de la première herbe, soit dans tout autre temps déterminé.

Art. 12. Dans les pays de parcours ou de vaine pâture soumis à l'usage du troupeau en commun, tout propriétaire ou fermier pourra renoncer à cette communauté, et faire garder, par troupeau séparé, un nombre de têtes de bétail proportionné à l'étendue des terres qu'il exploitera dans la paroisse.

Art. 13. La quantité de bétail, proportionnellement à l'étendue du terrain, sera fixée dans chaque paroisse à tant de bêtes par arpent, d'après les règlements et usages locaux; et, à défaut de documents positifs à cet égard, il y sera pourvu par le conseil général de la commune.

Art. 14. Néanmoins, tout chef de famille domicilié, qui ne sera ni propriétaire ni fermier d'aucun des terrains sujets au parcours ou à la vaine pâture, et le propriétaire ou fermier à qui la modicité de son exploitation n'assurerait pas l'avantage qui va être déterminé, pourront mettre sur lesdits terrains, soit par troupeau séparé, soit en troupeau en commun, jusqu'au nombre de six bêtes à laine et d'une vache avec son veau, sans préjudicier aux droits desdites personnes sur les terres communales, s'il y en a dans la paroisse, et sans entendre rien innover aux lois, coutumes ou usages locaux et de temps immémorial, qui leur accorderaient un plus grand avantage.

Art. 15. Les propriétaires ou fermiers exploitant des terres sur les paroisses sujettes au parcours ou à la vaine pâture, et dans lesquelles ils ne seraient pas domiciliés, auront le même droit de mettre dans le troupeau commun, ou de faire garder par troupeau séparé, une quantité de têtes de bétail proportionnée à l'étendue de leur exploitation, et suivant les dispositions de l'article 13 de la présente section; mais, dans aucun cas, ces propriétaires ou fermiers ne pourront céder leurs droits à d'autres.

Art. 16. Quand un propriétaire d'un pays de parcours ou de vaine pâture aura clos une partie de sa propriété, le nombre de têtes de bétail qu'il pourra continuer d'envoyer dans le troupeau commun, ou par troupeau séparé, sur les terres particulières des habitants de la communauté, sera restreint proportionnellement et suivant les dispositions de l'article 13 de la présente section.

Art. 17. La communauté dont le droit de parcours sur une paroisse voisine sera restreint par des clôtures faites de la manière déterminée à l'article 6 de cette section, ne pourra prétendre à cet égard à aucune espèce d'indemnité, même dans le cas où son droit serait fondé sur un titre; mais cette communauté aura le droit de renoncer à la faculté réciproque qui résultait de celui de parcours entre elle et la paroisse voisine : ce qui aura également lieu, si le droit de parcours s'exerçait sur la propriété d'un particulier.

Art. 18. Par la nouvelle division du royaume, si quelques sections de paroisse se trouvent réunies à des paroisses soumises à des usages différents des leurs, soit relativement au parcours ou à la vaine pâture, soit relativement au troupeau en commun, la plus petite partie dans la réunion suivra la loi de la plus grande, et les corps administratifs décideront des contestations qui naîtraient à ce sujet. Cependant, si une propriété n'était point enclavée dans les autres, et qu'elle ne gênât point le droit provisoire du parcours ou de vaine pâture auquel elle n'était point soumise, elle serait exceptée de cette règle.

Art. 19. Aussitôt qu'un propriétaire aura un troupeau malade, il sera tenu d'en faire la déclaration à la municipalité : elle assignera sur le terrain du parcours ou de la vaine pâture, si l'un ou l'autre existe dans la paroisse, un espace où le troupeau malade pourra pâturer exclusivement, et le chemin qu'il devra suivre pour se rendre au pâturage. . . . .

SECTION VII.

DES GARDES CHAMPÊTRES.

Art. 1er. Pour assurer les propriétés et conserver les récoltes, il pourra être établi des gardes champêtres dans les municipalités, sous la juridiction des juges de paix, et sous la surveillance des officiers municipaux. Ils seront nommés par le conseil général de la commune, et ne pourront être changés ou destitués que dans la même forme.

Art. 2. Plusieurs municipalités pourront choisir et payer le même garde champêtre, et une municipalité pourra en avoir plusieurs. Dans les municipalités où il y a des gardes établis pour la conservation des bois, ils pourront remplir les deux fonctions.

Art. 3. Les gardes champêtres seront payés par la communauté ou les communautés, suivant le prix déterminé par le conseil général; leurs gages seront prélevés sur les amendes qui appartiendront en entier à la communauté. Dans le cas où elles ne suffiraient pas au salaire des gardes, la somme qui manquerait serait répartie au marc le livre de la contribution foncière, mais serait à la charge de l'exploitant : toutefois les gages des gardes des bois communaux seront prélevés sur le produit de ces bois, et séparés des gages de ceux qui conservent les autres propriétés rurales.

Art. 4. Dans l'exercice de leurs fonctions, les gardes champêtres pourront porter toutes sortes d'armes qui seront jugées leur être nécessaires par le directoire du département. Ils auront sur le bras une plaque de métal ou d'étoffe, où seront inscrits ces mots : LA LOI, le nom de la municipalité, celui du garde.

Art. 5. Les gardes champêtres seront âgés au moins de vingt-cinq ans; ils seront reconnus pour gens de bonnes mœurs, et ils seront reçus par le juge de paix; il leur fera prêter le serment de veiller à la conservation de toutes les propriétés qui sont sous la foi publique, et de toutes celles dont la garde leur aura été confiée par l'acte de leur nomination.

Art. 6. Ils feront, affirmeront et déposeront leurs rapports devant le juge de paix de leur canton, ou l'un de ses assesseurs, ou feront devant l'un ou l'autre leurs déclarations. Leurs rapports ainsi que leurs déclarations, lorsqu'ils ne donneront lieu qu'à des réclamations pécuniaires, feront foi en justice pour tous les délits mentionnés dans la police rurale, sauf la preuve contraire.

Art. 7. Ils seront responsables des dommages, dans le cas où ils négligeront de faire, dans les vingt-quatre heures, les rapports des délits.

. . . .

TITRE II.

DE LA POLICE RURALE.

Art. 1er. La police des campagnes est spécialement sous la juridiction des juges de paix et des officiers municipaux, et sous la surveillance des gardes champêtres et de la gendarmerie nationale.

. . . .

Art. 9. Les officiers municipaux veilleront généralement à la tranquillité, à la salubrité et à la sûreté des campagnes : ils seront tenus particulièrement de faire, au moins une fois par an, la visite des fours et cheminées de toutes maisons et de tous bâtiments éloignés de moins de cent toises d'autres habitations : ces visites seront préalablement annoncées huit jours d'avance. Après la visite, ils ordonneront la réparation ou la démolition des fours et cheminées qui se trouveront dans un état de délabrement qui pourrait occasionner un incendie, ou d'autres accidents; il pourra

y avoir lieu à une amende au moins de 6 livres et au plus de 24 livres.

. . . .

28 septembre-16 octobre 1791. — *Décret sur les assemblées primaires, électorales, municipales, de district et de département.*

29 septembre - 14 octobre 1791. — *Décret sur l'organisation de la garde nationale.*

6 - 12 février 1792. — *Décret relatif aux propriétaires d'offices, charges, cautionnements et autres créances exigibles sur l'État (art. 7 et 8).*

13 mars 1792. — *Décret relatif aux canonniers et sapeurs de la garde nationale.*

20 - 26 mars 1792. — *Décret concernant la contribution foncière de 1792.*

13 avril 1792. — *Décret sur l'élection des officiers municipaux aux places de maires.*

14-22 avril 1792. — *Décret relatif à la fabrication provenant du métal des cloches.*

23 mai 1792.—18 janvier 1793. — *Décret relatif au logement et casernement des troupes et des fonctionnaires militaires (art. 8, 10 et suiv., 24 et suiv.).*

1 — 8 juin 1792. — *Décret relatif à l'élection des commissaires de police dans les lieux où ils sont jugés nécessaires.*

26 juin 1792. — *Décret portant qu'il sera élevé dans chaque commune un autel à la patrie.*

3 - 8 juillet 1792. — *Décret qui étend aux municipalités et aux tribunaux la défense faite aux corps administratifs d'entretenir des agents auprès du roi et du Corps législatif.*

4 - 5 - 8 juillet 1792.—*Décret qui fixe les mesures à prendre quand la patrie est en danger.*

17-25 juillet 1792. — *Décret relatif au remboursement, par les communes, des frais occasionnés par le déplacement de la force publique.*

11 août 1792. — *Décret qui charge spécialement les municipalités des fonctions de la police générale.*

14 août 1792. — *Décret portant que toute commune a le droit de former des municipalités.*

14 août 1792. — *Décret relatif au partage des biens et usages communaux.*

L'Assemblée nationale, sur la motion d'un de ses membres, après avoir décrété l'urgence, décrète : 1° que, dès cette année, immédiatement après les récoltes, tous les terrains et usages communaux, autres que les bois, seront partagés entre les citoyens de chaque commune; 2° que ces citoyens jouiront en toute propriété de leurs portions respectives; 3° que les biens connus sous le nom de *sursis et vacants*, seront également divisés entre les habitants; 4° que, pour fixer le mode de partage, le comité d'agriculture présentera dans trois jours le projet de décret.

32

15-20 août 1792. — *Décret relatif au compte à rendre des produits de la vente des biens communaux.*

16-17 août 1792. — *Décret portant que les séances des municipalités seront publiques.*

25-28 août 1792. — *Décret relatif aux droits féodaux.*

28 août-14 septembre 1792. — *Décret relatif au rétablissement des communes et des citoyens dans les propriétés et droits dont ils ont été dépouillés par l'effet de la puissance féodale.*

L'Assemblée nationale, considérant qu'il est instant de rétablir les communes et les citoyens dans les propriétés et droits dont ils ont été dépouillés par l'effet de la puissance féodale, décrète ce qui suit :

Art. 1er. L'article 4 du titre XXV de l'ordonnance des eaux et forêts de 1669, ainsi que tous édits, déclarations, arrêts du conseil et lettres-patentes qui, depuis cette époque, ont autorisé le triage, partage, distribution partielle ou concession de bois et forêts domaniales et seigneuriales, au préjudice des communautés usagères, soit dans les cas, soit hors des cas permis par ladite ordonnance, et tous les jugements rendus et actes faits en conséquence, sont révoqués, et demeurent à cet égard comme non avenus. — Et pour rentrer en possession des portions de leurs biens communaux dont elles ont été privées par l'effet de ladite ordonnance et desdits édits et déclarations, arrêts, lettres-patentes, jugements et actes, les communautés seront tenues de se pourvoir, dans l'espace de cinq ans, par-devant les tribunaux, sans pouvoir prétendre aucune restitution des frais perçus et sans qu'il puisse y avoir lieu contre elles à aucune action en indemnité pour cause d'impenses.

Art. 2. Les édits, déclarations, arrêts du conseil, lettres-patentes, et tous les jugements rendus et actes faits en conséquence, qui, depuis la même année 1669, ont distrait, sous prétexte du tiers-denier, au profit de certains seigneurs des ci-devant provinces de Lorraine, du Barrois, du Clermontois et autres où ce droit pourrait avoir eu lieu, des portions de bois et autres biens dont les communautés jouissent à titre de propriété ou d'usage, sont également révoqués; et les communautés pourront, dans le temps et par les voies indiquées par l'article précédent, rentrer dans la jouissance desdites portions, sans aucune répétition des fruits perçus, sauf aux ci-devant seigneurs à percevoir le droit de tiers-denier sur le prix des ventes de bois et autres biens dont les communautés ne sont qu'usagères, dans le cas où ce droit se trouvera réservé dans le titre primitif de concession de l'usage, qui devra être représenté.

Art. 3. Les dispositions portées par les deux articles précédents n'auront lieu qu'autant que des ci-devant seigneurs se trouveront en possession actuelle desdites portions de bois et autres biens dont les communautés auront été dépossédées; mais elles ne pourront exercer aucune action en délaissement, si les ci-devant seigneurs ont vendu lesdites portions à des particuliers non seigneurs, par des actes suivis de leur exécution.

Art. 4. Si les ci-devant seigneurs n'ont pas reçu le prix desdites portions de biens vendus dans le cas exprimé par l'article précédent, ce prix tournera au profit des communautés, avec les intérêts qui pourraient se trouver dus; et dans le cas où lesdites portions auraient été aliénées à titre de bail à cens, emphytéose, ou de tout autre bail à rente, les rentes stipulées, ainsi que les arrérages et le prix du rachat, tourneront également au profit des communautés.

Art. 5. Conformément à l'article 8 du décret des 19 et 20 septembre 1790, les actions en cantonnement continueront d'avoir lieu dans les cas de droit, et le cantonnement pourra être demandé, tant par les usagers que par les propriétaires.

Art. 6. Et néanmoins tous les cantonnements prononcés par édits, déclarations, arrêts du conseil, lettres-patentes et jugements, ou convenus par transaction et autres actes de ce genre, pourront être revisés, cassés ou réformés par les tribunaux de district. Tous jugements, accords ou transactions qui, sans prononcer de cantonnement, auraient statué sur des questions de propriété et d'usage entre les ci-devant seigneurs et les communautés, ainsi que tous arrêts du conseil, jugements, accords ou transactions qui auraient ordonné ou autorisé des arpentements, agrimensations, bornages ou repassements de chaînes entre les communautés ou les particuliers et les ci-devant seigneurs, ou qui, à ce sujet, auraient adjugé des revenants-bons à ces derniers, pourront être également revisés, cassés et réformés; et pour l'effet des dispositions ci-dessus, les communautés seront tenues de se pourvoir, dans le délai de cinq ans, par-devant les tribunaux ordinaires.

Art. 7. Les communes sont autorisées à revendiquer la propriété et jouissance des biens-fonds qui, depuis le mois d'août 1669, auront été adjugés, lors du remboursement de leurs bans, aux ci-devant seigneurs, à titre de blanc ou déshérence, ainsi que ceux qui leur auront été cédés pour se rédimer de l'exercice ou effet de ce droit.

Art. 8. Les communes qui justifieront avoir anciennement possédé des biens ou droits d'usage quelconques, dont elles auront été dépouillées en totalité ou en partie par des ci-devant seigneurs, pourront se faire réintégrer dans la propriété et possession desdits biens ou droits d'usage, nonobstant tous édits, déclarations, arrêts du conseil, lettres-patentes, jugements, transactions et possessions contraires, à moins que les ci-devant seigneurs ne représentent un acte authentique qui constate qu'ils ont légitimement acheté lesdits biens.

Art. 9. Les terres vaines et vagues ou gastes, landes, biens hermes ou vacants, garrigues, dont les communautés ne pourraient pas justifier avoir été anciennement en possession, sont censés leur appartenir, et leur seront adjugés par les tribunaux, si elles forment leur action dans le délai de cinq ans, à moins que les ci-devant seigneurs ne prouvent par titres, ou par possession exclusive, continuée paisiblement et sans trouble pendant quarante ans, qu'ils en ont la propriété.

Art. 10. Dans les cinq départements qui composent la ci-devant province de Bretagne, les terres anciennement vaines et vagues non arrentées, afféagées ou accensées jusqu'à ce jour, connues sous le nom de *communes, frost, frostages, franchises, galois, etc.*, appartiendront exclusivement, soit aux communes, soit aux habitants des villages, soit aux ci-devant vassaux qui sont actuellement en possession du droit de communer, motoyer, couper des landes, bois ou bruyères, pacager ou mener leurs bestiaux dans lesdites terres situées dans l'enclave ou le voisinage des ci-devant fiefs.

Art. 11. Celles des terres mentionnées dans les deux articles précédents qui ne se trouveraient pas circonscrites dans le territoire particulier d'une commune ou d'une ci-devant seigneurie, sont censées appartenir à la nation, sans préjudice des droits que les communautés ou les particuliers pourraient y avoir acquis, et qu'ils seront tenus de justifier par titres ou par possession de quarante ans.

Art 12. Pour statuer sur les demandes en revision, cassation ou réformation de cantonnement, ou sur des questions de propriété, de servitude ou d'usage, s'il y a concours de plusieurs titres, le plus favorable aux communes et aux particuliers sera toujours préféré, sans avoir égard au plus ou moins d'ancienneté de leur date, ni même à l'autorité de la chose jugée en faveur des ci-devant seigneurs.

Art. 13. Si les biens mentionnés dans les articles 6, 7 et 8 ci-dessus ont été vendus par les ci-devant seigneurs; si le prix ne leur en a pas été payé, ou si lesdits biens ont été par eux aliénés à titre de cens, emphytéose, ou à titre de tout autre bail à rente, les droits respectifs des parties intéressées seront réglés conformément aux dispositions des articles 3 et 4 du présent décret.

Art. 14. Tous les arbres existant actuellement sur les chemins publics, autres que les grandes routes nationales, et sur les rues des villes, bourgs et villages, sont censés appartenir aux propriétaires riverains, à moins que les communes ne justifient en avoir acquis la propriété par titre ou possession.

Art. 15. Tous les arbres actuellement existant sur les places des villes, bourgs et villages, ou dans des marais, prés et autres biens dont les communautés ont ou recouvreront la propriété, sont censés appartenir aux communautés, sans préjudice des droits que des particuliers non seigneurs pourraient y avoir acquis par titre ou possession.

Art. 16. Dans les cas mêmes où les arbres mentionnés dans les deux articles précédents, ainsi que ceux qui existent sur les fonds mêmes des riverains, auraient été plantés par les ci-devant seigneurs, les communautés et les riverains ne seront tenus à aucune indemnité ni à aucun remboursement pour frais de plantation ou autres.

Art. 17. Dans les lieux où les communes pourraient être dans l'usage de s'approprier les arbres épars sur les fonds des propriétaires particuliers, ces derniers auront la libre disposition desdits arbres.

Art. 18. Jusqu'à ce qu'il ait été prononcé relativement aux arbres plantés sur les grandes routes nationales, nul ne pourra s'approprier lesdits arbres et les abattre : leurs fruits seulement, les bois morts, appartiendront aux propriétaires riverains. Il en sera de même des émondages, quand il sera utile d'en faire : ce qui ne pourra avoir lieu que de l'agrément des corps administratifs, à la charge par lesdits riverains d'entretenir lesdits arbres et de remplacer les morts.

Art. 19. Il est dérogé aux lois antérieures en tout ce qu'elles renferment de contraire aux dispositions du présent décret.

14-15 septembre 1792. — *Décret portant que les municipalités ne pourront donner d'ordres, ni envoyer de commissaires, ni exercer aucune fonction municipale que dans leur territoire.*

5 novembre 1792. — *Décret qui déclare que le service des pompiers de ville est un objet de dépense locale.*

17-19 novembre 1792. — *Décret relatif aux demandes formées par un grand nombre de municipalités, à l'effet d'obtenir des payements et avances sur le montant du bénéfice qui leur échoit, des ventes de biens nationaux aliénés en leur faveur.*

17-19 novembre 1792. — *Décret relatif aux demandes formées par des municipalités et les corps administratifs, à l'effet d'être autorisés à acquérir des bâtiments, maisons et domaines nationaux.*

23 novembre 1792. — *Décret qui détermine le mode d'apurement de jugement des comptes arriérés des villes.*

23-25 février 1793. — *Décret qui autorise les communes à convertir leurs cloches en canons.*

21-23 mars 1793. — *Décret qui ordonne l'établissement, dans chaque commune, d'un comité chargé de recevoir les déclarations des étrangers qui y résident ou qui pourraient y arriver.*

28 mars-5 avril 1793. — *Décret concernant les peines portées contre les émigrés.*

4-8 avril 1793. — *Décret qui ordonne la division et la vente des grandes propriétés nationales et autorise la cession des parties de ces domaines nécessaires à la sûreté publique et à l'agrandissement des voies et places publiques des villes et communes (art. 17, 18, 19).*

14-17 avril 1793. — *Décret concernant les marques distinctives des membres des conseils généraux des communes (ruban tricolore).*

24 avril-2 mai 1793. — *Décret relatif à la vente des meubles et immeubles provenant des émigrés.*

. . . .

Art. 21. Il est expressément défendu à toutes les communes ou municipalités d'acheter aucun immeuble sans y avoir été préalablement autorisées par un décret de la Convention, sous peine de nullité de la vente, et d'une amende égale au tiers du prix d'adjudication contre les officiers municipaux qui auraient concouru à l'acquisition. Il leur est défendu de faire de pareilles acquisitions sous des noms empruntés, sous les mêmes peines.

Art. 22. Seront réputées conventions frauduleuses, et punies comme telles, les associations de tous ou de partie considérable des habitants d'une commune pour acheter les biens mis en vente, et en faire ensuite la répartition ou division entre lesdits habitants.

Art. 23. Les communes qui se seront permis de former de pareilles coalitions avant la promulgation de ce décret, éviteront les peines qu'elles ont encourues, à la charge par elle, de déclarer dans la quinzaine qui suivra cette promulgation, qu'elles renoncent aux ventes qui leur ont été faites; en ce cas, elles s'adresseront à l'administrateur des domaines nationaux, par l'intermédiaire des directoires de district et de département, pour obtenir le remboursement des sommes qu'elles auront payées.

11 juin 1793. — *Décret concernant le mode de partage des biens communaux.*

SECTION PREMIÈRE.

Art. 1er. Les biens communaux sont ceux sur la propriété ou le produit desquels tous les habitants d'une ou de plusieurs communes, ou d'une section de commune, ont un droit commun.

Art. 2. Une commune est une société de citoyens unis par des relations locales, soit qu'elle forme une municipalité particulière, soit qu'elle fasse partie d'une autre municipalité, de manière que si une municipalité est composée de plusieurs sections différentes, et que chacune d'elles ait des biens communaux séparés, les habitants seuls de la section qui jouissait du bien communal, auront droit au partage.

Art. 3. Tous les biens appartenant aux communes, soit communaux, soit patrimoniaux, de quelque nature qu'ils puissent être, pourront être partagés, s'ils sont susceptibles de partage, dans les formes et d'après les règles ci-après prescrites, et sauf les exceptions qui seront prononcées.

Art. 4. Sont exceptés du partage les bois communaux, lesquels seront soumis aux règles qui auront été ou qui seront décrétées pour l'administration des forêts nationales.

Art. 5. Seront pareillement exceptés du partage, les places, promenades, voies publiques et édifices à l'usage des communes, et ne sont point compris au nombre des biens communaux, les fossés et remparts des villes, les édifices et terrains destinés au service public, les rivages, lais et relais de la mer, les ports, les havres, les rades et en général toutes les portions du territoire qui, n'étant pas susceptibles d'une propriété privée, sont considérées comme une dépendance du domaine public.

Art. 6. Les communes ou les citoyens qui ont joui jusqu'à présent du droit d'y conduire leurs bestiaux, continueront à en jouir comme par le passé.

Art. 7. Lorsque, d'après les visites et procès-verbaux des agents de l'administration forestière, auxquels seront joints les officiers municipaux, il demeurera constant que tout ou portion de ces bois n'est pas d'un produit suffisant pour rester en cette nature, l'exception portée en l'article précédent n'aura pas lieu pour cette partie, après que lesdits procès-verbaux auront été autorisés par le directoire du département, sur l'avis de celui de district; mais il sera délibéré et statué sur son partage, ou son repeuplement, par l'assemblée des habitants et dans la forme qui sera ci-après prescrite.

Art. 8. Si le sol des communaux est submergé en tout ou en partie, et que le dessèchement ne puisse s'opérer que par une entreprise générale, le partage de la partie submergée sera suspendu jusqu'à ce que le dessèchement soit exécuté.

Art. 9. Seront tenus en réserve les terrains qui renfermeraient des mines, minières, carrières et autres productions minérales, dont la valeur excéderait celle du sol qui les couvre, ou qui seraient reconnues d'une utilité générale, soit pour la commune, soit pour la République.

Art. 10. Les communes seront tenues de justifier qu'elles ont pourvu à l'acquittement de leurs dettes, conformément au décret du 5 août 1791, avant de pouvoir procéder à aucun acte relatif au partage de leurs biens patrimoniaux.

SECTION II.

(Abrogé par les avis du Conseil d'État des 20 juillet 1807 et 26 avril 1808) (1).

SECTION III (Abrogé).

Art. 1er. Tous les biens communaux en général, connus dans toute la République sous les divers noms de *terres vaines et vagues, gastes, garrigues, landes, pacages, pâtis, ajoncs, bruyères, bois communs, hermes, vacans, palus, marais, marécages, montagnes*, et sous toute autre dénomination quelconque, sont et appartiennent de leur nature à la généralité des habitants ou membres des communes ou des sections de commune dans le territoire desquelles ces communaux sont situés; et, comme tels, lesdites communes ou sections de commune sont fondées et autorisées à les revendiquer sous les restrictions et modifications portées par les articles suivants.

Art. 2. Lorsque plusieurs communes seront en possession concurremment, depuis plus de trente ans, d'un bien communal, sans titre de part ni d'autre, elle auront la même faculté de faire ou de ne pas faire le partage ou la partition des terrains sur lesquels elles ont un droit ou un usage commun, que les habitants d'une commune relativement au partage de leurs communaux entre eux.

Art. 3. Dans le cas du partage ou de la partition arrêtée par ces communes, elles seront tenues de nommer de part et d'autre des experts à l'effet de ce partage; ces experts dresseront procès-verbal de leurs opérations, lequel sera déposé aux archives du district, et expédition en forme en sera délivrée à chacune des communes copartageantes, pour être aussi déposée dans leurs archives.

Art. 4. En cas de division entre lesdits experts, il sera procédé sans délai à la nomination d'un tiers-expert par le directoire du département.

(1) Voy *suprà*, n° 2330.

Art. 5. La Convention nationale n'entend rien préjuger par le présent décret sur les parcours et la vaine pâture, dans les lieux où ils sont autorisés par les lois ou les usages; elle renvoie à son comité d'agriculture pour lui faire incessamment un rapport sur cet objet.

Art. 6. Tout partage, antérieur à la publication du présent décret et contraire à ses dispositions, est déclaré nul et de nul effet.

Art. 7. Les partages faits en vertu du titre 1er du décret du 13-20 avril 1791, sont maintenus, ainsi que les possesseurs des terrains desséchés et défrichés, aux termes et en exécution de l'édit et de la déclaration des 14 juin 1764 et 13 avril 1766.

Art. 8. La possession de quarante années exigée par le décret du 28 août 1792, pour justifier la propriété d'un ci-devant seigneur, sur les terres vaines et vagues, gastes, garrigues, landes, marais, biens hermes, vacans, ne pourra en aucun cas suppléer le titre légitime, et ce titre légitime ne pourra être celui qui émanerait de la puissance féodale, mais seulement un acte authentique qui constate qu'ils ont légitimement acheté lesdits biens, conformément à l'article 8 du décret du 28 août 1792.

Art. 9. L'esprit du présent décret n'étant point de troubler les possessions particulières et paisibles, mais seulement de réprimer les abus de la puissance féodale et les usurpations, il excepte des dispositions des articles précédents toutes concessions, ventes collocations forcées, partages ou autres possessions depuis et au delà de quarante ans, jusqu'à l'époque du 4 août 1789, en faveur des possesseurs actuels ou de leurs auteurs, mais non acquéreurs volontaires, ou donataires, héritiers ou légataires du fief à titre universel.

Art. 10. Et à l'égard de ceux qui ne possèdent lesdits biens communaux ou partie d'iceux que depuis quarante ans, jusqu'à ladite époque du 4 août 1789, il sera fait cette distinction entre eux: — Les citoyens qui posséderont avec un titre légitime, et de bonne foi, et qui ont défriché, par leurs propres mains ou celles de leurs auteurs, les terrains par eux acquis et actuellement en valeur, ne seront tenus que de payer à la commune les redevances auxquelles ils s'étaient soumis envers le seigneur ou tous autres, s'ils ne s'en sont entièrement libérés par quittance publique; — Les possesseurs qui n'auront point de titre ou dont le titre ne sera pas légitime ou régulier, ou qui les constituerait en mauvaise foi, comme si les officiers municipaux avaient passé les titres sans le consentement des habitants réunis en assemblée de commune, comme si encore le ci-devant seigneur avait stipulé pour lui *la non-garantie*, etc., de même que les acquéreurs qui n'ont fait défricher lesdits terrains que par la main d'autrui à leurs frais, ou qui les ont mis en valeur sans défrichement, quel que soit leur titre, seront dépossédés desdits terrains communaux, en quelque état qu'ils soient, sauf la préférence qui leur sera donnée pour possession de ces mêmes terrains, s'ils sont du nombre des copartageants, en payant à la commune le surplus de la valeur de leur lot dûment estimé; sauf encore leur garantie envers les vendeurs, s'il y échoit.

Art. 11. Par aucune des dispositions des articles précédents, la Convention nationale n'entend préjudicier aux droits des communes ou des ci-devant vassaux qui étaient en instance ou litige devant les tribunaux, sans égard à aucune péremption à l'époque du décret du 28 août 1792; ces procès seront jugés sur les mêmes droits et prétentions, et sur les mêmes titres et preuves d'après les principes établis par le présent décret.

Art. 12. La Convention nationale décrète que les parties des communaux possédés ci-devant, soit par des bénéficiers ecclésiastiques, soit par des monastères, communautés séculières ou régulières, ordre de Malte et autres corps et communautés, soit par les émigrés, soit par le domaine, à quelque titre que ce soit, appartiennent à la nation: et comme tels ils ne peuvent appartenir aux communes ou sections de commune dans le territoire desquelles ils sont situés, soit que ces communaux aient été déjà vendus, soit qu'ils soient encore à vendre au profit de la nation.

Art. 13. Le droit d'enregistrement de partage des biens communaux, soit entre commune et commune, soit entre les habitants d'une seule et même commune entre eux, sera de vingt sous pour cette fois seulement.

Art. 14. Par toutes les dispositions précédentes, ni par aucune autre du présent décret sur les communaux, il n'est porté aucun préjudice aux communes, pour les droits de rachat à elles accordés par les décrets précédents sur les biens communs et patrimoniaux par elles aliénés forcément en temps de détresse, lesquels seront exécutés dans leurs vues bienfaisantes, selon leur forme et teneur.

SECTION V.

Art. 1er. Les constatations qui pourront s'élever à raison du mode de partage entre les communes, seront terminées sur simple mémoire par le directoire du département, d'après l'avis de celui du district.

Art. 2. Le directoire du département, sur l'avis de celui du district, prononcera, pareillement sur simple mémoire, sur toutes les réclamations qui pourront s'élever à raison du mode de partage des biens communaux.

Art. 3. Tous les procès actuellement pendants ou qui pourront s'élever entre les communes et les propriétaires, à raison des biens communaux ou patrimoniaux, soit pour droits, usages, prétentions, demandes en rétablissement dans les propriétés dont elles ont été dépouillées par l'effet de la puissance féodale, ou autres réclamations généralement quelconques, seront vidés par la voie de l'arbitrage.

Art. 4. Les procès qui ont ou qui auront lieu entre deux ou plusieurs communes, à raison de leurs biens communaux ou patrimoniaux, soit qu'ils aient pour objet la propriété ou la jouissance desdits biens, seront terminés pareillement par la voie de l'arbitrage.

Art. 5. Il sera procédé de la même manière pour les actions exercées ou à exercer par les communes contre des citoyens, pour usurpations, partages illicitement faits, concessions, défrichements, dessèchements, et généralement pour toutes les contestations qui auront pour objet les biens communaux ou patrimoniaux.

Art. 6, et suiv. (Abrogés par la loi du 9 ventôse an IV et les articles 1003 et 1004 du Code de procédure civile.)

24 juin 1793. — *Acte constitutionnel de la République française* (art. 78 à 84).

28 juin-8 juillet 1793. — *Décret relatif à l'organisation des secours à accorder annuellement aux enfants, aux vieillards et aux indigents.*

30 juin 1793. — *Décret concernant la recette, la comptabilité et l'emploi des fonds provenant de la vente des bois communaux.*

26 juillet 1793. — *Décret contre les accapareurs.*

8-13 août 1793. — *Décret interprétatif d'un article du décret du 10 juin sur le mode de partage des biens communaux.*

La Convention nationale déclare, sur la motion d'un membre, que l'article 12 de la section IV du décret du 10 juin sur le mode de partage des biens communaux, ne porte aucune atteinte aux droits qui résultent aux communes des dispositions des décrets des 25 et 28 août 1792, relatifs aux droits féodaux et au rétablis-

sement des communes dans les propriétés et droits dont elles ont été dépouillées par l'effet de la puissance féodale.

14-15 août 1793. — *Décret portant que chaque commune a la faculté d'établir des foires et marchés.*

15 août 1793. — *Décret relatif aux dettes des communes.*

24 août-13 septembre 1793. — *Décret qui ordonne la formation d'un grand-livre pour inscrire et consolider la dette publique, et qui reconnaît les dettes des communes comme dettes nationales* (art. 82 à 92).

10 septembre 1793. — *Décret qui prescrit les moyens de pourvoir, par les municipalités, à la culture des terres négligées par les propriétaires ou fermiers requis pour le service des armées ou abandonnées.*

20 octobre 1793. — *Décret qui ordonne que les procès des communes, à raison de biens communaux et patrimoniaux, seront jugés par la voie de l'arbitrage.*

18-20 vendémiaire an II. — *Décret qui maintient les anciens marchés existant avant 1789.*

25-26 vendémiaire an II. — *Décret relatif au changement de noms de différentes communes.*

10 brumaire an II. — *Décret qui supprime les dénominations de ville, bourg et village, et y substitue celle de commune.*

19 brumaire an II. — *Décret relatif au mode de partage des biens communaux.*

2-10 nivôse an II. — *Décret qui enjoint aux habitants des communes où il a éclaté des mouvements séditieux de déposer les armes.*

26 nivôse-1er pluviôse an II. — *Décret relatif au partage de la coupe des bois communaux.*

28 nivôse-3 pluviôse an II. — *Décret interprétatif de ceux des 23-28 août 1792 et 9 brumaire an II, relatifs aux droits féodaux.*

8 pluviôse an II. — *Décret qui maintient provisoirement les baux des bois et forêts dans la propriété desquels les communes sont rentrées ou rentreront.*

28 ventôse an II. — *Décret sur le partage par tête des bois dépendant des biens communaux.*

24 prairial an II. — *Décret qui annule tout partage fait par les communes de lais ou relais de la mer.*

13 messidor an II. — *Décret qui ordonne le versement à la trésorerie nationale, des fonds provenant de la vente des quarts de réserve des bois appartenant aux communes.*

23 messidor an II. — *Décret qui proroge le délai pour la remise des titres de créance sur les communes.*

7 brumaire an III. — *Décret qui suspend toute exploitation de bois dans laquelle des communes seraient entrées en vertu de sentences arbitrales.*

25 brumaire an III. — *Décret concernant les émigrés et chargeant les conseils généraux des communes de délivrer les certificats de non-émigration.*

29 frimaire an III. — *Décret qui étend aux créanciers des communes les dispositions relatives à ceux des hôpitaux.*

1ᵉʳ ventôse-10 floréal an III. — *Décret qui supprime les comités révolutionnaires dans les communes au-dessous de 50,000 habitants.*

25 ventôse an III. — *Décret interprétatif de celui des 7 brumaire et 25 ventôse an III, concernant la suspension des coupes de bois communaux.*

29 floréal an III. — *Décret concernant les bois dont les communes ont été mises en possession.*

16 prairial an III. — *Décret qui rend les communes responsables des pillages de grains et subsistances.*

20 messidor an III. — *Décret qui ordonne l'établissement de gardes champêtres dans toutes les communes rurales.*

Art. 1ᵉʳ. Il sera établi immédiatement après la promulgation du présent décret, des gardes champêtres dans toutes les communes rurales de la République ; les gardes déjà nommés, dans celles où il y en a, pourront être réélus d'après le mode suivant.

Art. 2. Les gardes champêtres ne pourront être choisis que parmi les citoyens dont la probité, le zèle et le patriotisme seront généralement reconnus ; ils seront nommés par l'administration du district, et sur la présentation des conseils généraux des communes ; leur traitement sera aussi fixé par le district, d'après l'avis du conseil général, et réparti au marc la livre de l'imposition foncière.

Art. 3. Il y aura au moins un garde par commune, et la municipalité jugera de la nécessité d'y en établir davantage.

Art. 4. Tout propriétaire aura le droit d'avoir pour ses domaines un garde champêtre ; il sera tenu de le faire agréer par le conseil général de la commune, et confirmer par le district ; ce droit ne pourra l'exempter néanmoins de contribuer au traitement du garde de la commune.

Art. 5 et suiv. *(abrogés).*

4 thermidor an III. — *Décret portant établissement de patentes pour l'exercice de toute espèce de commerce.*

. . . .

Art. 19. Les officiers municipaux et de police, les habitants où se tiennent les foires et marchés, sont spécialement chargés d'y maintenir l'ordre et la liberté du commerce, à peine, en cas de troubles, de suppression des marchés et de demeurer personnellement responsables des événements, dans le cas où il serait constaté qu'ils n'ont pas fait tout ce qui était en leur pouvoir pour prévenir et arrêter le désordre.

5 fructidor an III. — *Décret sur les moyens de terminer la Révolution (tit. 7).*

21 fructidor an III. — *Décret relatif aux fonctions des corps municipaux.*

1ᵉʳ vendémiaire an IV. — *Décret relatif aux poids et mesures qui charge les municipalités de la visite des poids et mesures* (abrogé par la loi du 4 juillet 1837).

10 vendémiaire an IV. — *Décret sur la police intérieure des communes* (abrogé par la loi du 5 avril 1884)

3 frimaire an IV. — *Code des délits et des peines.*

4 frimaire an IV. — *Loi contenant des mesures pour empêcher la désertion.*

29 frimaire an IV. — *Arrêté qui détermine les attributions des municipalités relativement aux contributions directes.*

11 pluviôse an IV. — *Loi concernant la résidence des commissaires du pouvoir exécutif près les administrations municipales, dont les chefs-lieux n'ont pas une population de plus de 2,000 âmes.*

21 prairial an IV. — *Loi portant qu'il sera provisoirement sursis aux poursuites résultant de l'exécution du décret du 10-11 juin 1793 sur le partage des biens communaux.*

Le conseil..., après avoir entendu le rapport de sa commission chargée d'examiner les diverses réclamations à lui adressées contre la loi du 10 juin 1793, sur le partage des biens communaux, — Considérant que l'exécution de la loi du 10 juin 1793, relative au partage des biens communaux, a donné lieu à de nombreuses réclamations, soit auprès de la Convention nationale, soit auprès du Corps législatif ; — Que l'examen de toutes les difficultés qu'a fait naître cette loi, et des mesures qui doivent être prises pour concilier le respect dû aux propriétés privées avec l'intérêt public, celui résultant d'un plus grand nombre de défrichements et de l'amélioration de l'agriculture, exigera une discussion longue, et tous les délais des formes constitutionnelles ; qu'il est cependant instant d'arrêter les funestes effets de l'exécution littérale de la loi du 10 juin 1793, dont plusieurs inconvénients majeurs se sont déjà fait sentir... — Approuve l'urgence et prend la résolution suivante :

Art. 1ᵉʳ. Il est sursis provisoirement à toutes actions et poursuites résultant de l'exécution de la loi du 10 juin 1793, sur le partage des biens communaux.

Art. 2. Sont provisoirement maintenus dans leur jouissance tous possesseurs actuels desdits terrains.

28 messidor an IV. — *Loi qui divise les dépenses publiques et détermine la manière dont elles seront acquittées* (art. 3).

30 messidor an IV. — *Loi qui fixe un terme pour la production des titres de créances sur les communes.*

29 vendémiaire an V. — *Loi qui règle la manière de suivre les actions dans lesquelles les communes sont seules intéressées.*

7 frimaire an V. — *Loi qui charge les administrations municipales d'établir des bureaux de bienfaisance.* (Voy. vᵉ ASSISTANCE PUBLIQUE.)

17 pluviôse an V. — *Arrêté qui prescrit les règles à suivre dans les correspondances respectives des agents municipaux et des administrations municipales.*

5 ventôse an V. — *Loi et instruction sur les assemblées primaires communales électorales.*

28 germinal an V. — *Loi qui détermine l'époque annuelle de l'entrée en exercice des fonctionnaires publics nommés par le peuple.*

25 floréal an V. — *Loi qui fixe à vingt-quatre ans l'âge requis pour exercer les fonctions de secrétaire greffier d'une administration municipale.*

2 prairial an V.—*Loi qui ôte aux communes la faculté d'aliéner ou d'échanger leurs biens.*

21 prairial an V. — *Loi relative à la circulation des grains dans l'intérieur de la République.*

17 thermidor an V. — *Loi qui alloue des fonds pour les dépenses communales.*

15 frimaire an VI. — *Loi sur la comptabilité publique et notamment sur celle des communes.*

24 nivôse an VI. — *Loi qui met aux frais des communes le remplacement de l'arbre de la liberté.*

28 pluviôse an VI. — *Loi relative à la tenue des assemblées primaires communales et électorales.*

18 ventôse an VI. — *Loi contenant instruction sur la tenue des assemblées primaires et communales.*

5 prairial an VI. — *Loi qui déclare nationales les dettes des communes des neuf départements réunis de la Belgique.*

4 messidor an VI. — *Loi relative aux terrains défrichés et desséchés de l'ancien Languedoc.*

13 fructidor an VI. — *Loi qui charge les administrations municipales de la célébration des décadis.*

28 brumaire an VII. — *Loi relative aux jugements arbitraux qui ont adjugé à des communes la propriété de forêts prétendues nationales, à l'exploitation desquelles il était sursis.*

11 frimaire an VII. — *Loi qui détermine le mode administratif des recettes et dépenses départementales, municipales et communales.* (Voy. COMPTABILITÉ.)

11 frimaire an VII. — *Loi relative à l'acquit des dépenses mises à la charge des communes, cantons et départements.*

4 nivôse an VII. — *Loi relative aux adjudications de domaines nationaux faites à des communes avant la promulgation de la loi du 24 avril-2 mai 1791.*

19 nivôse an VIII. — *Arrêté concernant la nomination des membres des bureaux centraux des commissaires de police et des officiers de paix.*

28 pluviôse an VIII. — *Loi concernant la division du territoire français et l'administration* (tit. II, § 3).

5 ventôse an VIII. — *Loi relative à l'établissement d'octrois municipaux.*

27 ventôse an VIII. — *Loi relative aux fonctions du ministère public par les tribunaux de police.*

17 floréal an VIII. — *Arrêté qui règle le costume des maires.*

19 floréal an VIII. — *Arrêté relatif à la nomination des maires et adjoints des communes au-dessous de 5,000 habitants.*

29 prairial an VIII. — *Arrêté relatif à l'envoi du Bulletin des Lois aux maires et aux fonctionnaires publics, au moyen d'un abonnement annuel.*

8 messidor an VIII. — *Arrêté relatif au costume des maires.*

9 messidor an VIII. — *Arrêté relatif aux conseils municipaux des communes dont la population est de 100,000 habitants et au-dessus.*

7 thermidor an VIII. — *Arrêté qui fixe aux décadis le jour de publication des mariages.*

25 vendémiaire an IX. — *Arrêté relatif à la composition des conseils municipaux.*

7 brumaire an IX. — *Arrêté relatif à l'établissement de bureaux de pesage, mesurage et jaugeage publics.*

Art. 1er. Dans toutes les villes où le besoin du commerce l'exigera, il sera établi par le préfet, sur la demande des maires et adjoints, approuvée par le sous-préfet, des bureaux de pesage, mesurage et jaugeage publics, où tous les citoyens pourront faire peser, mesurer et jauger leurs marchandises, moyennant une rétribution juste et modérée, qui, en exécution de l'article 21 de la loi du 15-28 mars 1790, sera proposée par les conseils généraux des municipalités, et fixée au Conseil d'État, sur l'avis des sous-préfets et préfets.

Art. 2. Nul ne pourra exercer les fonctions de peseur, mesureur et jaugeur, sans prêter le serment de bien et fidèlement remplir ses devoirs : ce serment sera reçu par le président du tribunal de commerce, ou devant le juge de police du lieu.

Art. 3. Dans les lieux où il ne sera pas nécessaire d'établir des bureaux publics, les fonctions de peseur, mesureur et jaugeur, seront confiées, par le préfet, à des citoyens d'une probité et d'une capacité reconnues, lesquels prêteront le serment.

Art. 4. Aucune autre personne que lesdits employés ou préposés ne pourra exercer, dans l'enceinte des marchés, halles et ports, la profession de peseur, mesureur et jaugeur, à peine de confiscation des instruments destinés au mesurage.

Art. 5. L'enceinte desdits marchés, halles et ports, sera déterminée et désignée d'une manière apparente par l'administration municipale, sous l'approbation du sous-préfet.

Art. 6. Les citoyens à qui les bureaux ou les fonctions de peseurs ou mesureurs publics seront confiés, seront obligés de tenir les marchés, halles et ports garnis des instruments nécessaires à l'exercice de leur état, et d'employés en nombre suffisant; faute de quoi, il y sera pourvu à leurs frais par la police, et ils seront destitués. Ils ne pourront employer que des poids et mesures dûment étalonnés, certifiés, et portant l'inscription de leur valeur.

Art. 7. Il sera délivré aux citoyens qui le demanderont, par les peseurs et mesureurs publics, un bulletin qui constatera le résultat de leur opération.

Art. 8. L'infidélité dans les poids employés au pesage public sera punie, par voie de police correctionnelle, des peines prononcées par les lois contre les marchands qui vendent à faux poids ou fausse mesure.

11 frimaire an IX. — *Loi relative aux jugements arbitraires obtenus par les communes, touchant la propriété des forêts prétendues nationales.*

2 pluviôse an IX. — *Arrêté qui détermine les fonctions des maires relativement au conseil municipal.*

9 fructidor an IX. — *Arrêté relatif à la dénomination des communes.*

25 fructidor an IX. — *Arrêté relatif à la nomination des gardes champêtres.*

17 vendémiaire an X. — *Arrêté relatif aux formalités nécessaires pour intenter action contre des communes,*

26 brumaire an X. — *Arrêté qui rétablit les communes dans la jouissance des amendes de police.*

19 frimaire an X. — *Arrêté relatif au mode de partage des bois communaux d'affouage.*

3 ventôse an X. — *Arrêté relatif à l'assiette des contributions publiques, et à l'exercice de la police dans les communes dont le territoire s'étend sur deux départements.*

. . . .

Art. 2. Lorsqu'une commune aura des portions de territoire situées dans la circonscription d'un département autre que celui où elle a son chef-lieu, l'autorité administrative que pourra exercer sur ces territoires le département dans les limites duquel ils se trouvent, ne consistera que dans la faculté d'exercer des actes de simple police répressive, tels que la dispersion d'attroupements, la surveillance du brigandage, la poursuite des prévenus à la clameur publique, et l'arrestation en cas de flagrant délit.

Art. 4. Les officiers de police des départements respectifs peuvent en conséquence exercer concurremment, et pour ces seules parties de leurs attributions, leurs fonctions sur ces parties de territoire.

Art. 5. Les départements du Gard et des Bouches-du-Rhône seront délimités, seulement pour l'exercice de cette police, par le milieu du Rhône. — La ville de Vallabrègues appartiendra au département du Gard, conformément aux procès-verbaux de délimitation. — Le département de Vaucluse sera délimité par la rive gauche du fleuve : ceux de l'Ardèche et de la Drôme le seront par le milieu de ce fleuve.

. . . .

Art. 6. Tous les habitants d'une commune, sur quelque département que soit situé le territoire qu'ils habitent, seront citoyens du département où sera le chef-lieu de leur commune. — Ils devront, en conséquence, faire dans ce dernier leurs actes civils et y exercer leurs droits politiques.

Art. 7. Les articles 5, 6 et 7 de l'arrêté du directoire exécutif du 29 nivôse an VII seront rapportés.

19 ventôse an X. — *Arrêté relatif à l'administration des bois communaux.*

13 floréal an X. — *Arrêté relatif aux publications de mariage.*

18 floréal an X. — *Loi relative à la nomination d'adjoints de maires dans les parties de communes dont les communications avec le chef-lieu seraient difficiles, dangereuses ou temporairement impossables.*

28 floréal an X. — *Loi relative aux justices de paix.*

. . . .

Art. 11. L'affirmation des procès-verbaux des gardes champêtres et forestiers continuera d'être reçue par le juge de paix : ses suppléants pourront néanmoins la recevoir pour les délits commis dans le territoire de la commune où ils résideront, lorsqu'elle ne sera pas celle de la résidence du juge de paix. — Les maires, et, à défaut des maires, leurs adjoints, pourront recevoir cette affirmation, soit par rapport aux délits commis dans les autres communes de leurs résidences respectives, soit même par rapport à ceux commis dans les lieux où résident le juge de paix et ses suppléants, quand ceux-ci seront absents.

4 thermidor an X. — *Arrêté relatif aux dépenses et recettes des communes.*

16 thermidor an X. — *Sénatus-consulte organique* (art. 10, 11, 12 et 13).

8 fructidor an X. — *Sénatus-consulte qui désigne les villes dont les maires seront présents à la prestation de serment du premier consul.*

19 fructidor an X. — *Arrêté contenant règlement pour l'exécution du sénatus-consulte du 16 thermidor relativement aux collèges électoraux des communes.*

6 nivôse an XI. — *Arrêté relatif aux baux à ferme des eaux minérales communales.*

14 nivôse an XI. — *Arrêté sur le renouvellement des conseils municipaux.*

28 ventôse, 8 germinal an XI. — *Loi relative aux droits de pâturage, paçage et autres droits d'usage revendiqués dans les forêts nationales par les communes.*

11-21 germinal an XI. — *Loi relative aux prénoms et changements de noms.*

TITRE PREMIER.

DES PRÉNOMS.

Art. 1er. A compter de la publication de la présente loi, les noms en usage dans les différents calendriers, et ceux des personnages connus de l'histoire ancienne, pourront seuls être reçus, comme prénoms, sur les registres de l'état civil destinés à constater la naissance des enfants ; et il est interdit aux officiers publics d'en admettre aucun autre dans leurs actes.

Art. 2. Toute personne qui porte actuellement comme prénom, soit le nom d'une famille existante, soit un nom quelconque qui ne se trouve pas compris dans la désignation de l'article précédent, pourra en demander changement, en se conformant aux dispositions de ce même article.

Art. 3. Le changement aura lieu d'après un jugement du tribunal d'arrondissement, qui prescrira la rectification de l'acte de l'état civil. — Ce jugement sera rendu, le commissaire du gouvernement entendu, sur simple requête présentée par celui qui demandera le changement, s'il est majeur ou émancipé, et par ses père et mère ou tuteur, s'il est mineur.

17 germinal an XI. — *Arrêté relatif aux dépenses des communes.*

19-29 germinal an XI. — *Loi concernant les communes auxquelles les tribunaux ont adjugé des droits de propriété ou d'usage dans les forêts domaniales.*

9 floréal an XI. — *Loi relative au régime des bois appartenant aux particuliers et aux communes.*

24 frimaire an XII. — *Arrêté relatif aux formalités à observer pour les transactions entre des communes et des particuliers.*

5 nivôse an XII. — *Arrêté relatif aux remboursements de rentes dues aux communes qui ont été effectués dans les caisses publiques du 24 août 1793 au 2 prairial an V.*

17 nivôse an XII. — *Arrêté relatif au mode de payement des salaires des gardes des bois communaux.*

9-19 ventôse an XII. — *Loi relative au partage des biens communaux effectués en vertu du décret du 10-11 juin 1793.*

30 ventôse an XII. — *Code civil.*

29 germinal an XII. — *Arrêté concernant la revision annuelle des tarifs d'octrois municipaux et des comptes des villes dont le revenu excède un million.*

23 prairial an XIII. — *Décret sur les sépultures.* (Voy. SÉ-PULTURES.)

9 messidor an XII. — *Décret contenant désignation des villes qui assistent au serment de l'Empereur.*

24 messidor an XII. — *Décret sur les préséances.* (Voy. DIS-TINCTIONS HONORIFIQUES.)

9 brumaire an XIII. — *Décret relatif au mode de jouissance des biens communaux.*

Art. 1er. Les communautés d'habitants qui, n'ayant pas profité du bénéfice de la loi du 10 juin 1793, relative au partage des biens communaux, ont conservé, après la publication de cette loi, le mode de jouissance de leurs biens communaux, continueront de jouir de la même manière desdits biens.

Art. 2. Ce mode né pourra être changé que par un décret impérial, rendu sur la demande des conseils municipaux, après que le sous-préfet de l'arrondissement et le préfet auront donné leur avis.

Art. 3. Si la loi du 10 juin 1793 a été exécutée dans les communes, et qu'en vertu de l'article 12, section III de cette loi, il ait été établi un nouveau mode de jouissance, ce mode sera exécuté provisoirement.

Art. 4. Toutefois, les communautés d'habitants pourront délibérer, par l'organe des conseils municipaux, un nouveau mode de jouissance.

Art. 5. La délibération du conseil sera, avec l'avis du sous-préfet, transmise au préfet, qui l'approuvera, rejettera ou modifiera, en conseil de préfecture ; sauf, de la part du conseil municipal, et même d'un ou plusieurs habitants ou ayants droit à la jouissance, le recours au conseil d'État.

6 frimaire an XIII. — *Décret concernant l'envoi des budgets des communes.*

17 nivôse an XIII. — *Décret relatif au mode de jouissance des droits de pâturage des communes dans les forêts.*

25 prairial an XIII. — *Décret qui autorise les maires à affermer les droits de chasse dans les bois communaux.*

25 thermidor an XIII. — *Décret sur le mode de réformation des cent plus imposés.*

4e jour complémentaire an XIII. — *Décret additionnel à celui du 9 ou 12 ventôse sur le partage des biens communaux.*

14 février 1806. — *Décret qui fixe les sessions municipales du 1er au 15 mai.*

21 mars 1806. — *Décret qui ordonne, pour la formation d'un fonds commun de travaux publics, un prélèvement sur les produits des coupes des quarts en réserve des bois communaux.*

22 mars 1806. — *Loi relative au payement des gardes des bois des communes.*

15 avril 1806. — *Décret qui fixe l'époque du renouvellement des maires.*

4 juin 1806. — *Décret relatif aux conseils municipaux.*

12 août 1806. — *Décret qui fixe l'époque à laquelle doivent être envoyés les budgets des communes ayant plus de 20,000 fr. de revenus.*

28 mars 1807. — *Décret concernant le budget des villes au-dessous de 20,000 francs.*

20 juillet 1807. — *Décret concernant les tables alphabétiques des actes de l'état civil.*

Art. 1er. Les tables alphabétiques des actes de l'état civil continueront à être faites annuellement, et refondues tous les dix ans pour n'en faire qu'une seule par commune, à compter du dernier jour complémentaire an x (21 septembre 1802) jusqu'au 1er janvier 1813, et ainsi successivement de dix en dix ans.

Art. 2. Les tables annuelles seront faites par les officiers de l'état civil, dans le mois qui suivra la clôture du registre de l'année précédente : elles seront annexées à chacun des doubles registres ; et, à cet effet, nos procureurs impériaux veilleront à ce qu'une double expédition soit adressée par les maires au greffe du tribunal, dans les trois mois de délai.

Art. 3. Les tables décennales seront faites dans les six premiers mois de la onzième année, par les greffiers des tribunaux de première instance.

Art. 4. Les tables annuelles et décennales seront faites sur papier timbré, et certifiées par les dépositaires respectifs.

Art. 5. Les tables décennales seront faites en triple expédition pour chaque commune ; l'une restera au greffe ; la seconde sera adressée au préfet du département, et la troisième à chaque mairie du ressort du tribunal.

Art. 6. Les expéditions faites pour la préfecture seront payées aux greffiers des tribunaux sur les fonds destinés aux dépenses administratives du département, à raison d'un centime par nom, non compris le prix du timbre. Chaque feuille contiendra quatre-vingt-seize noms ou lignes.

Art. 7. Les expéditions destinées aux communes seront payées par chacune d'elles, et seront conformes aux autres.

Art. 8. Pour l'expédition de celle qui doit rester au tribunal, il ne sera remboursé au greffier, à titre de frais judiciaires, que le prix du papier timbré.

Art. 9. La table décennale sera faite dans la forme qui suit :

DÉPARTEMENT d	Table décennale des actes de mariage de la commune d.... du 21 septembre 1803 au 1er janvier 1813, dressée en exécution du décret du 20 juillet 1807.	
ARRONDISSEMENT d		
COMMUNE d	NOMS ET PRÉNOMS DES MARIÉS.	DATES DES ACTES ou DES REGISTRES.
An 1803 à l'an 1813.	AUBERT (Claude), marié à Françoise CHALAIS.	Le 2 vendémiaire an II, ou le 3 janvier 1806, etc.

Art. 10. Il sera fait des tables distinctives, mais à la suite les unes des autres, des actes de naissance, de mariage, de divorce et de décès, soit annuelles, soit décennales.

1-6 septembre 1807. — *Loi sur les comptes des communes.*

3 février 1809. — *Décret relatif aux gardes-bois des communes.*

17 mai 1809. — *Règlement relatif aux actions municipales.*

17 mai 1809. — *Décret sur les armoiries des villes.*

1er juillet 1809. — *Décret sur les amendes de police à attribuer aux communes.*

23 avril 1810. — *Décret portant donation aux villes de casernes et autres bâtiments militaires, à la charge de les entretenir.*

Art. 1er. Les casernes, hôpitaux, manutentions, corps-de-garde et autres bâtiments militaires portés dans l'état annexé au présent décret, sont donnés en toute propriété aux villes où ils sont situés.

Art. 2. La remise desdits bâtiments et établissements militaires sera faite en vertu de décrets spéciaux qui seront rendus pour chaque ville, sur le rapport de notre ministre de la guerre, et d'ici au 1er juin.

Art. 3. Au 1er juillet prochain, les villes entreront en possession desdits bâtiments : elles seront chargées de leur entretien; et, à cet effet, elles devront porter, dans leur budget, une somme au moins pareille à celle qui est indiquée dans l'état pour les réparations.

Art. 4. Les officiers du génie ne seront chargés de la direction des travaux à faire aux établissements militaires, que dans les places de guerre. Les ingénieurs des ponts et chaussées en seront chargés dans les villes de l'intérieur, et les architectes dans les grandes villes.

Art. 5. Les villes ne pourront disposer, sans notre autorisation, d'aucun des bâtiments militaires. Toutes les fois qu'elles les emploieront à une autre destination que celle qui leur est affectée, elles seront chargées de pourvoir au logement des troupes qui se trouveront dans leur enceinte.

(*Suit l'état des casernes remises aux communes.*)

16 juillet 1810. — *Décret qui règle le mode d'autorisation pour l'emploi des produits des remboursements faits aux communes.*

27 février 1811. — *Décret relatif à la comptabilité des revenus des communes.*

9 avril 1811. — *Décret portant concession gratuite aux départements, arrondissements et communes, de la pleine propriété des édifices et bâtiments nationaux actuellement occupés pour le service de l'administration, des cours et tribunaux, et de l'instruction publique.*

Art. 1er. Nous concédons gratuitement aux départements, arrondissements ou communes, la pleine propriété des édifices et bâtiments nationaux actuellement occupés pour le service de l'administration, des cours et tribunaux, et de l'instruction publique.

Art. 2. La remise de la propriété desdits bâtiments sera faite par l'Administration de l'enregistrement et des domaines aux préfets, sous-préfets ou maires, chacun pour les établissements qui le concernent.

Art. 3. Cette concession est faite à la charge, par lesdits départements, arrondissements ou communes, chacun en ce qui les concerne, d'acquitter à l'avenir la contribution foncière, et de supporter aussi à l'avenir les grosses et menues réparations, suivant les règles et dans les proportions établies pour chaque local par la loi du 11 frimaire an VII sur les dépenses départementales, municipales et communales, et par l'arrêté du 27 floréal an VIII, pour le payement des dépenses judiciaires.

Art. 4. Il ne pourra, à l'avenir, être disposé d'aucun édifice national, en faveur d'un établissement public, qu'en vertu d'un décret impérial.

29 juin 1811. — *Décret sur les octrois.*

24 août 1812. — *Décret relatif au traitement des receveurs municipaux des communes qui ont plus de 10,000 francs de revenu.*

28 août 1812. — *Décret concernant les biens des communes.*

31 janvier 1813. — *Décret sur les salaires des gardes des bois communaux.*

20 mars 1813. — *Loi concernant les finances qui cède les biens communaux à la caisse d'amortissement.*

6 novembre 1813. — *Décret sur la fixation et le mode de payement à faire aux communes, de l'équivalent de revenu net de leurs biens cédés à la caisse d'amortissement.*

6-16 juin 1814. — *Ordonnance concernant la vente des biens communaux.*

16-28 juin 1814. — *Ordonnance qui autorise le ministre de l'intérieur à régler les budgets des communes dont le revenu s'élève à 10,000 francs et au-dessus.*

8-28 juillet 1814. — *Ordonnance portant que les communes qui ont changé l'ancien nom qu'elles avaient antérieurement à 1790 et qui ont conservé cette nouvelle dénomination, reprendront cet ancien nom.*

23 septembre 1814. — *Loi de finances (art. 13, 14, 18, 20).*

26 septembre 1814. — *Ordonnance qui permet aux communes de reprendre leurs anciennes armoiries.*

8 décembre 1814. — *Loi de finances (art. 121 à 127).*

28 janvier 1815. — *Ordonnance relative à la comptabilité des communes.*

14 avril 1815. — *Décret qui annule l'ordonnance du 8 juillet 1814 relative aux noms des communes.*

30 avril 1815. — *Décret relatif à l'élection des maires et adjoints dans les communes dont les municipalités sont à la nomination des préfets.*

29 février 1816. — *Ordonnance qui autorise les maires à délivrer les alignements dans les villes pour lesquelles des plans généraux d'alignement n'ont pas été arrêtés au Conseil d'État.*

16 mars 1816. — *Ordonnance relative au règlement des budgets des villes ayant au moins 30,000 francs de recettes.*

20 avril 1816. — *Loi de finances qui rapporte la loi du 20 mars 1813.*

28 avril 1816. — *Loi de finances relative aux octrois (art. 75 et suiv., 147 et suiv.).*

7 mars 1817. — *Ordonnance relative aux coupes de réserve des bois communaux.*

25 mars 1817. — *Loi de finances (art. 44 et suiv.).*

2 avril 1817. — *Loi qui donne aux préfets le droit d'accepter les dons et legs faits aux communes qui n'excèdent pas 300 francs.*

15 mai 1818. — *Loi de finances (art. 27 et suiv., 40 et suiv.).*

5 août 1818. — *Ordonnance sur le logement et le casernement des troupes.*

TITRE PREMIER.

FIXATION ET PERCEPTION DE L'ABONNEMENT.

Art. 1er. Dans les villes qui perçoivent des octrois, les fonds nécessaires au payement de l'abonnement stipulé par l'article 46 de la loi du 15 mai dernier, pour le *casernement et l'occupation des lits militaires*, seront compris chaque année au budget des communes, sur le pied des fonds alloués pour cet objet dans le budget de l'exercice précédent. Si la dépense réelle de l'abonnement excédait la *dépense allouée*, il serait pourvu par voie de rappel de cet excédent dans le budget de l'année suivante.

Art. 2. La régie des contributions indirectes est chargée d'opérer le prélèvement des fonds d'abonnement, d'après le mode suivi pour le prélèvement du dixième de l'octroi. Le prélèvement ne se fera néanmoins qu'à raison d'un quinzième par mois de la somme allouée au budget pour l'abonnement annuel, sauf la restriction prévue par l'article 7 ci-après, et les moyens additionnels de recouvrement qu'il comporte.

Art. 3. Au commencement de chaque trimestre, l'intendant militaire fera dresser par les sous-intendants, pour chacune des villes soumises au prélèvement dans sa division, d'après les états de revues, le compte *du nombre effectif* des journées d'occupation des hommes et chevaux qui, pendant le trimestre précédent, auront été logés dans les bâtiments ou établissements militaires. Seront compris dans l'état de décompte, pour le nombre effectif de leur journée d'occupation : 1° Tous les officiers et agents militaires de tout grade qui, en vertu des règlements, ont droit au logement en nature, comme les officiers de garnison, soit qu'ils logent ou non dans les bâtiments militaires; 2° les chevaux des officiers des troupes de cavalerie, ainsi que ceux du train d'artillerie, du train du génie et des équipages et autres ayant droit à la ration de fourrages en nature.

Art. 4. Les sous-intendants militaires adresseront à l'intendant de la division les revues qu'ils auront arrêtées pour constater le nombre des journées des hommes et des chevaux. L'intendant dressera, à la suite du décompte des journées d'occupation, le décompte trimestriel de l'abonnement, à raison de *sept francs* pour trois cent soixante-cinq journées d'hommes et de *trois francs* pour trois cent soixante-cinq journées de cheval. Il transmettra ces décomptes, arrêtés par lui, aux préfets des départements de la division militaire, lesquels les communiqueront aux maires des communes débitrices pour être admis ou contestés. Dans le premier cas, la feuille de décompte, dûment visée par le préfet, sera remise, par ses soins, au directeur des contributions indirectes, pour servir aux mêmes fins qu'un rôle exécutoire.

Art. 5. Une autre expédition de la feuille des décomptes sera transmise par l'intendant militaire à notre ministre de la guerre, qui en fera l'envoi au directeur général des contributions indirectes, afin qu'il fasse poursuivre, au besoin, le recouvrement des sommes dues sur les décomptes admis.

Art. 6. Dans le cas prévu de contestation par le maire, celui-ci s'adressera au préfet du département, qui transmettra la réclamation à notre ministre de la guerre, pour être statué sur ladite réclamation, s'il s'agit du nombre des journées d'occupation. Quand la contestation portera sur le payement même des décomptes, il y sera statué comme pour le dixième de l'octroi. Le point de contestation une fois jugé par décision ministérielle, le payement des décomptes, si la ville est en débet, sera poursuivi par la régie, sauf le recours de droit à nous en notre conseil, selon les règlements.

Art. 7. Si, par le résultat du décompte, le quinzième du fond alloué par le budget, et prélevé, suivant l'article 2, par la régie, sur chaque mois du trimestre précédent auquel le décompte appartient, est inférieur à la *dépense effective* du même trimestre, la somme qui restera due sera prélevée par la régie à raison d'un tiers, à la fin de chacun des mois du trimestre suivant. Lorsque le montant total des décomptes des trois premiers trimestres démontrera l'insuffisance du fonds alloué pour l'abonnement, la somme qui restera disponible sur ce même fonds sera prélevée par *tiers* sur chaque mois du dernier trimestre de l'année.

Art. 8. Au moyen des dispositions qui précèdent, toutes les dépenses que l'abonnement représente, et qui sont relatives au service principal et accessoire du casernement, rentreront à la charge et sous l'administration exclusive du département de la guerre, à compter du présent exercice. En conséquence, les villes demeurent libérées, moyennant le mode de remboursement qui sera prescrit ci-après, titre III, de toutes les charges quelconques qu'elles avaient à supporter pour les diverses parties de cet objet de service, sans exception de celle relative aux champs de manœuvres et autres, en vertu des décrets, arrêtés et règlements précités de 1810 et 1811, et des autres actes du gouvernement qui leur en ont fait l'application spéciale.

Art. 9. Le logement chez l'habitant des troupes autres que celles de passage, n'étant qu'une *prestation individuelle*, et non une charge communale, notre ministre de la guerre fera pourvoir au payement des indemnités fixées pour cette prestation par la loi du 23 mai 1792, si elles sont réclamées dans le délai de six mois, fixé pour la production des titres de créance l'article 3 du décret du 13 juin 1806, au nom des habitants, par le maire de la commune, qui devra joindre, à l'appui de sa demande, les certificats exigés par l'article 54 du règlement annexé à cette loi, ainsi qu'un état de répartition dûment émargé de la signature de chaque partie prenante.

Art. 10. Nous nous réservons de statuer, d'après le rapport de notre ministre de l'intérieur et les avis respectifs de nos ministres de la guerre et des finances, s'il y a lieu, sur les projets de lois ou d'ordonnances qui seront à proposer pour l'homologation des votes, ou pour l'admission des demandes des conseils municipaux, tendant : 1° A convertir *en abonnement fixe* et d'une fraction constante de l'octroi, le produit moyen de l'abonnement déterminé par le présent titre; 2° A obtenir des dégrèvements fondés sur des exceptions qui résulteraient, soit d'événements de force majeure légalement constatés, soit de l'excédent du montant annuel des décomptes de l'abonnement sur les charges que les communes sont en état de supporter sans lésion, d'après leurs revenus ou leurs ressources.

Art. 11. Nous nous réservons aussi d'admettre, sur le rapport de notre ministre de la guerre et d'après les avis de nos ministres de l'intérieur et des finances, le vote des conseils municipaux qui aurait pour but de contribuer volontairement, et pour une somme déterminée, à la restauration ou à la construction d'un établissement militaire destiné à leur assurer une garnison habituelle dans l'assiette du casernement, soit que ces prestations volontaires se fassent sur leurs revenus ordinaires, ou sur des recettes extraordinaires, dans le sens et suivant le mode des dispositions facultatives des articles 39, 40, 41, 42 et 43 de la loi du 15 mai dernier.

7-26 octobre 1818. — *Ordonnance du roi qui autorise, aux conditions y exprimées, la mise en ferme des biens communaux qui ne seraient pas nécessaires à la dépaissance des troupeaux.*

Sur le rapport de notre ministre secrétaire d'État de l'intérieur :

— Voulant faciliter la mise en ferme des biens communaux qui, n'étant pas nécessaires à la dépaissance des troupeaux, pourraient, par des locations avantageuses, suppléer à l'insuffisance des revenus affectés aux dépenses des communes, et obvier à l'inconvénient des impositions locales, dont le montant, onéreux aux contribuables, est également nuisible au recouvrement des contributions ordinaires ; — Voulant d'ailleurs favoriser tout ce qui peut concourir à l'augmentation de nos moyens de subsistance par la mise en culture des terrains qui en sont susceptibles ; — Vu l'article 13 du titre II de la loi du 5 novembre 1790, et les dispositions de la loi du 11 février 1791, relative aux établissements publics qui ont conservé l'administration de leurs biens ; — Vu aussi les décrets des 28 mars 1801 (7 germinal an IX), 31 octobre 1804 (9 brumaire an XIII) et 12 août 1807 ; — Notre Conseil d'État entendu, — Nous avons ordonné et ordonnons ce qui suit :

Art. 1er. Les biens des communautés d'habitants restés en jouissance commune depuis la loi du 10 juin 1793, et que les conseils municipaux ne jugeront pas nécessaires à la dépaissance des troupeaux, pourront être affermés, sans qu'il soit besoin de recourir à notre autorisation, lorsque la durée des baux n'excédera pas neuf années ; à l'effet de quoi, il est spécialement dérogé aux dispositions du décret du 31 octobre 1804 (9 brumaire an XIII).

Art. 2. La mise en ferme de ces biens ne pourra se faire qu'après avoir été délibérée par le conseil municipal, et que sous les clauses, charges et conditions insérées au cahier des charges qui en sera préalablement dressé par le maire et homologué par le préfet sur l'avis du sous-préfet.

Art. 3. Il sera procédé par le maire à l'adjudication des baux desdits biens, en présence des adjoints et d'un membre du conseil municipal désigné par le préfet, à la chaleur des enchères, et d'après affiches et publications faites dans les formes prescrites, tant par l'article 13 de la loi du 5 novembre 1790 et par les dispositions de la loi du 11 février 1791, que par le décret du 12 août 1807.

Art. 4. Conformément à l'article 1er du décret du 12 août 1807, il sera passé acte de l'adjudication par-devant le notaire désigné par le préfet.

Art. 5. L'adjudication ne sera définitive qu'après l'approbation du préfet ; et le délai pour l'enregistrement sera de vingt jours après celui où elle aura été donnée, conformément à l'article 78 de la loi du 15 mai dernier.

Art. 6. En cas d'opposition légale de la part des habitants au changement de jouissance, le préfet sursoira à l'approbation de l'adjudication, et il en rendra compte à notre ministre secrétaire d'État de l'intérieur, pour, sur son rapport, être par nous statué ce qu'il appartiendra.

Art. 7. Les baux des communaux et des biens patrimoniaux des communes pour une durée excédant neuf années, continueront d'être soumis aux règles prescrites par le décret du 28 mars 1801 (7 germinal an IX).

7-26 octobre 1818. — *Ordonnance qui autorise, aux conditions y exprimées, la mise en ferme des biens communaux.*

23 juin-10 juillet 1819. — *Ordonnance relative à la réintégration des communes dans leurs droits sur les biens communaux usurpés.*

19 février 1820. — *Ordonnance qui affecte les deux tiers des amendes de police aux communes.*

23 avril 1821. — *Ordonnance fixant le rang des bonnes villes de France.*

8-21 août 1821. — *Ordonnance contenant des modifications aux règles actuelles de l'administration des villes et communes.*

29 septembre 1821. — *Ordonnance sur le placement des fonds provenant des coupes communales.*

14 septembre 1822. — *Ordonnance sur la comptabilité des communes.*

23 avril 1823. — *Ordonnance relative à la comptabilité des communes.*

23 avril 1823. — *Ordonnance qui étend à toutes les communes de France les prescriptions du numérotage des rues.* (Voy. VOIRIE.)

26 novembre-8 décembre 1823. — *Ordonnance portant règlement sur la vérification des registres de l'état civil.*

Art. 1er. La vérification des registres de l'état civil, prescrite par l'article 53 du Code, sera faite par nos procureurs près les tribunaux de première instance, dans les quatre premiers mois de chaque année. Le procès-verbal destiné à constater cette vérification sera rédigé conformément au modèle annexé à la présente ordonnance. Ce procès-verbal sera divisé par cantons, et subdivisé par communes et par nature de registres. Il désignera les actes défectueux par le numéro correspondant du registre dont ils feront partie, et indiquera les contraventions en énonçant les articles du Code civil dont les dispositions auront été violées.

Art. 2. Les procès-verbaux de vérification seront adressés, dans la première quinzaine du mois de mai, à nos procureurs généraux, qui les transmettront, avec leurs observations, à notre garde des sceaux, dans la première quinzaine du mois suivant.

Art. 3. Aussitôt que cette vérification aura été terminée, nos procureurs adresseront aux officiers de l'état civil de leur arrondissement, des instructions sur les contraventions qui auront été commises dans les actes de l'année précédente, et sur les moyens de les éviter. Ils enverront copie de ces instructions à nos procureurs généraux.

Art. 4. Afin que la vérification puisse être achevée dans le délai ci-dessus fixé, nos procureurs près les tribunaux de première instance veilleront à ce que les registres soient déposés au greffe dans le mois de janvier de chaque année, conformément aux articles 43, 44 et 63 du Code civil. Ils avertiront, et, en cas de retard, ils poursuivront devant le tribunal les maires qui n'auraient pas déposé les registres de leur commune. Ils apporteront le même soin pour le dépôt de la table alphabétique annuelle des actes, prescrite par l'article 2 du règlement du 20 juillet 1807.

Art. 5. Nos procureurs pourront, lorsqu'ils le jugeront nécessaire, se transporter sur les lieux et vérifier les registres de l'année courante. Ils pourront, dans le même cas, déléguer le juge de paix du canton dans lequel sera située la commune dont les registres devront être vérifiés.

30 décembre 1823.-10 février 1824. — *Ordonnance relative à la répartition des amendes de simple police.*

21 mai 1827. — *Code forestier.*

31 août-17 septembre 1830. — *Ordonnance portant que le prix des acquisitions immobilières faites par les communes pourra, s'il n'excède pas 100 francs, être payé sans que les formalités pour la purge des hypothèques soient accomplies.*

21-23 mars 1831. — *Loi sur l'organisation municipale.*

22-25 mars 1831. — *Loi sur la garde nationale.*

26 mars 1831. — *Loi sur la contribution personnelle et mobilière.*

10-11 avril 1831. — *Loi contre les attroupements.*

6 novembre 1831. — *Loi qui accorde 5 millions aux villes pour travaux d'utilité communale.*

1er mars 1835. — *Ordonnance sur la comptabilité communale.*

25-30 mai 1835. — *Loi relative aux locations de biens des communes.*

18-22 juillet 1837. — *Loi sur l'administration municipale.*

17 septembre 1837. — *Ordonnance sur le mode de surveillance des receveurs des communes.*

14 novembre-12 décembre 1837. — *Ordonnance du roi portant règlement sur les entreprises pour travaux et fournitures au nom des communes et des établissements de bienfaisance.*

Art. 1er. Toutes les entreprises pour travaux et fournitures au nom des communes et des établissements de bienfaisance seront données avec concurrence et publicité, sauf les exceptions ci-après.

Art. 2. Il pourra être traité de gré à gré, sauf approbation par le préfet, pour les travaux et fournitures dont la valeur n'excédera pas 3,000 francs.

Il pourra également être traité de gré à gré, à quelque somme que s'élèvent les travaux et fournitures, mais avec l'approbation du ministre de l'intérieur : 1° pour les objets dont la fabrication est exclusivement attribuée à des porteurs de brevets d'invention ou d'importation; 2° pour les objets qui n'auraient qu'un possesseur unique; 3° pour les ouvrages et les objets d'art et de précision dont l'exécution ne peut être confiée qu'à des artistes éprouvés; 4° pour les exploitations, fabrications et fournitures qui ne seraient faites qu'à titre d'essai; 5° pour les matières et denrées qui, à raison de leur nature particulière et de la spécialité de l'emploi auquel elles sont destinées, doivent être achetées et choisies aux lieux de production ou livrées sans intermédiaires par les producteurs eux-mêmes; 6° pour les fournitures ou travaux qui n'auraient été l'objet d'aucune offre aux adjudications, et à l'égard desquels il n'aurait été proposé que des prix inacceptables : toutefois, l'administration ne devra pas dépasser le maximum arrêté conformément à l'article 7; 7° pour les fournitures et travaux qui, dans les cas d'urgence absolue et dûment constatée, amenés par des circonstances imprévues, ne pourraient pas subir les délais des adjudications.

Art. 3. Les adjudications publiques relatives à des fournitures, à des travaux, à des exploitations ou fabrications qui ne pourraient être sans inconvénient livrés à une concurrence illimitée, pourront être soumises à des restrictions qui n'admettront à concourir que des personnes préalablement reconnues capables par l'administration, et produisant les titres justificatifs exigés par les cahiers des charges.

Art. 4. Les cahiers des charges détermineront la nature et l'importance des garanties que les fournisseurs ou entrepreneurs auront à produire, soit pour être admis aux adjudications, soit pour répondre de l'exécution de leurs engagements; ils détermineront aussi l'action que l'administration exercera sur ces garanties, en cas d'inexécution de ces engagements. Il sera toujours nécessairement stipulé que tous les ouvrages exécutés par les entrepreneurs en dehors des autorisations régulières demeureront à la charge personnelle de ces derniers, sans répétition contre les communes ou les établissements.

Art. 5. Les cautionnements à fournir par les adjudicataires seront réalisés à la diligence des receveurs des communes et des établissements de bienfaisance.

Art. 6. L'avis des adjudications à passer sera publié, sauf les cas d'urgence, un mois à l'avance, par la voie des affiches et par tous les moyens ordinaires de publicité. Cet avis fera connaître : 1° le lieu où l'on pourra prendre connaissance du cahier des charges; 2° les autorités chargées de procéder à l'adjudication; 3° le lieu, le jour et l'heure fixés pour l'adjudication.

Art. 7. Les soumissions devront toujours être remises cachetées en séance publique. Un *maximum* de prix ou un *minimum* de rabais, arrêté d'avance par l'autorité qui procède à l'adjudication, devra être déposé cacheté sur le bureau à l'ouverture de la séance.

Art. 8. Dans le cas où plusieurs soumissionnaires auraient offert le même prix, il sera procédé, séance tenante, à une adjudication entre ces soumissionnaires seulement, soit sur de nouvelles soumissions, soit à l'extinction des feux.

Art. 9. Les résultats de chaque adjudication seront constatés par un procès-verbal relatant toutes les circonstances de l'opération.

Art. 10. Les adjudications seront toujours subordonnées à l'approbation du préfet, et ne seront valables et définitives, à l'égard des communes et des établissements, qu'après cette approbation.

31 mai 1838. — *Ordonnance sur la comptabilité publique* (art. 433 à 498).

15 septembre-10 octobre 1838. — *Ordonnance relative à la vente des chablis des bois communaux.* (Voy. FORÊTS.)

18 décembre 1838-1er janvier 1839. — *Ordonnance concernant les délibérations prises par les conseils municipaux sur des objets énoncés en l'article 17 de la loi du 18 juillet 1837.*

17 avril-17-23 mai 1839. — *Ordonnance relative au traitement des receveurs des communes et des établissements de bienfaisance.*

31 mai-15 juin 1840. — *Ordonnance qui modifie l'ordonnance du 17 septembre 1837.*

15-28 juillet 1840. — *Ordonnance relative aux délibérations des conseils municipaux ayant pour objet d'autoriser les maires à donner mainlevée des hypothèques inscrites au profit des communes.*

24 août-8 septembre 1840. — *Ordonnance relative à la vente des coupes ordinaires et extraordinaires des bois communaux.*

24 janvier-6 février 1843. — *Ordonnance relative à la comptabilité des communes.*

2 février-1er mars 1844. — *Ordonnance relative à la vente des coupes de bois communaux.*

3 juillet 1848. — *Décret qui abroge les dispositions des lois des 21 mars 1831 et 22 juin 1833, incompatibles avec le nouveau régime établissant le suffrage universel.*

6-15 décembre 1850. — *Loi sur la procédure relative au partage des terres vaines et vagues, dans les cinq départements composant l'ancienne province de Bretagne.*

CHAPITRE PREMIER.

DE LA PROCÉDURE EN PREMIÈRE INSTANCE.

Art. 1er. Dans les cinq départements composant l'ancienne province de Bretagne, la procédure, pour parvenir au partage des terres vaines et vagues dont la propriété, reconnue par l'article 10 de la loi du 28 août 1792, est restée indivise jusqu'à ce jour, sera suivie conformément aux dispositions ci-après.

Art. 2. La demande en partage sera notifiée par voie d'affiches et publications.

Elle contiendra la mention expresse qu'elle vaut ajournement à l'égard de tous les prétendants droit, et la désignation des terres à partager.

Art. 3. Une copie de la demande sera signifiée à chacun des maires des communes de la situation des terres à partager.

Une autre copie sera affichée à la porte de la mairie.

Une dernière copie sera adressée au préfet; elle tiendra lieu, à l'égard des communes intéressées, du mémoire exigé par l'article 51 de la loi du 18 juillet 1837.

La demande sera en outre publiée, à l'issue de la messe paroissiale, les deux dimanches qui suivront l'apposition de l'affiche.

L'accomplissement de cette dernière formalité sera constaté, sans frais, par un certificat du maire.

Art. 4. L'avoué du demandeur fera insérer dans l'un des journaux qui s'impriment dans le lieu où siège le tribunal devant lequel la demande est portée, et, s'il n'y en a pas, dans l'un de ceux publiés dans le département, un extrait de la demande signée de lui et contenant : 1° la date de la demande; 2° les nom, profession et domicile de l'un des demandeurs; 3° les nom et domicile de l'avoué constitué pour les demandeurs; 4° l'objet de la demande; 5° le tribunal qui doit connaître de la demande et le délai pour comparaître; 6° la désignation des terres à partager.

Il sera justifié de cette insertion de la manière prescrite en l'article 698 du Code de procédure civile.

Art. 5. Semblable extrait sera imprimé et affiché en forme de placard : 1° à la porte de la principale église de chacune des communes où sont situées les terres à partager; 2° au lieu où se tient le principal marché de chacune de ces communes, et, s'il n'y en a pas, au marché le plus voisin; 3° à la porte de l'auditoire du juge de paix de chacun des cantons de la situation desdites terres; 4° à la porte extérieure du tribunal devant lequel le partage est poursuivi.

Ces dispositions seront constatées par un procès-verbal d'huissier, rédigé et visé conformément à l'article 699 du Code de procédure civile.

Art. 6. Un mois après la dernière des publications, insertions et affiches ci-dessus prescrites, l'audience sera poursuivie par un simple acte d'avoué à avoué, soit par le demandeur, soit, à sou-défaut, par les défendeurs qui auront constitué avoué.

Avant de statuer, soit sur les exceptions, soit sur le fond, le tribunal vérifiera si toutes les formalités prescrites par la présente loi ont été remplies.

Si l'une ou plusieurs de ces formalités n'ont pas été remplies, le tribunal ordonnera, même d'office, qu'il y soit procédé dans le plus bref délai, et condamnera l'officier ministériel qui serait en faute aux frais causés par sa négligence.

Art. 7. Les exceptions seront proposées par un simple acte. Les avoués des parties qui voudront contester seront seuls admis à conclure.

Art. 8. Les jugements rendus sur les exceptions autres que celles d'incompétence seront en dernier ressort.

Art. 9. L'exception prévue par l'article 174 du Code de procédure civile ne pourra être invoquée; la défense à l'action en partage n'emportera pas attribution de qualité.

Art. 10. Le décès ou le changement d'état de l'un des défendeurs ne donnera lieu à aucun délai pour reprise de l'instance.

En cas de décès ou de changement d'état de l'un des demandeurs, l'instance devra être reprise par ceux qui le représentent dans les huit jours qui suivront la notification du décès ou du changement d'état, sans qu'il soit besoin d'assignation à cette fin.

En cas de décès, démission, interdiction ou destitution de l'un des avoués de la cause, les parties pour lesquelles il occupait seront tenues, dans les quinze jours, de constituer un nouvel avoué.

Après l'expiration de ces délais, l'instance suivra son cours, à la requête de la partie la plus diligente.

Art. 11. Si aucune exception n'est proposée, ou après le jugement des exceptions, chaque avoué sera tenu de conclure.

Les conclusions signifiées ne pourront excéder six rôles. Il ne sera admis aucune requête en réponse.

Un mois après le premier appel de la cause, le tribunal rendra son jugement; ce jugement ne sera susceptible d'opposition ni de la part des parties qui n'auront pas constitué avoué, ni de la part de celles qui, ayant constitué avoué, n'auront pas déposé leurs conclusions. Le tribunal ordonnera, s'il y a lieu, le partage demandé; il nommera d'office un ou plusieurs experts, et déterminera les bases de leurs opérations; les experts prêteront serment devant le président du tribunal ou devant un juge de paix commis par lui, à la requête et en présence de l'avoué du demandeur.

Le tribunal pourra ne commettre qu'un seul expert, lors même que des mineurs ou autres incapables seraient intéressés au partage.

Le jugement qui aura ordonné le partage ne conférera aux parties en cause aucun droit sur le terrain à partager.

Art. 12. La partie assignée ou intervenante qui revendiquera, à tout autre titre que l'attribution contenue dans la loi du 28 août 1792, la propriété, en tout ou en partie, du terrain qui fait l'objet de la demande en partage, proposera ses moyens par des conclusions motivées, notifiées à tous les avoués en cause.

Les avoués dont les parties voudront contester seront seuls admis à conclure.

Les conclusions, tant en demande qu'en défense, ne pourront excéder douze rôles.

Art. 13. Les parties qui auront constitué avoué seront prévenues par de simples lettres des experts, qu'elles doivent leur remettre, dans le délai de quinze jours au plus tard, leurs titres de propriété et l'indication des immeubles à raison desquels elles demandent à être admises au partage.

Les experts feront en outre afficher : 1° à la porte de la mairie et à celle de la principale église des communes où sont situés les biens à partager; 2° aux autres endroits mentionnés aux n°s 2, 3 et 4 de l'article 5, un avis portant qu'ils recevront les titres et demandes de tous les intéressés, même de ceux qui ne sont pas dans l'instance.

Cet avis sera en outre publié, à l'issue de la messe paroissiale des communes de la situation, le dimanche qui suivra l'apposition de ces affiches.

Il sera, de plus, inséré dans le journal dans lequel aura été publié l'extrait de la demande, conformément à l'article 4 qui précède.

Les experts feront mention, dans leur rapport, de l'accomplissement de ces formalités.

Art. 14. Les experts donneront leur avis, tant sur les demandes ou prétentions des parties en cause, que sur les droits des intéressés qui ne seraient pas dans l'instance, et qu'ils croiraient devoir être admis d'office au partage. Conformément à cet avis et aux bases déterminées par le tribunal, ils dresseront le projet de partage.

Leur rapport sera terminé dans les quatre mois de la sommation faite en exécution de l'article 307 du Code de procédure civile, à moins que le jugement qui les a commis n'ait fixé un délai plus long; ce délai expiré, ils seront passibles de dommages-intérêts, s'il y a lieu.

Le rapport sera déposé au greffe, où toute personne pourra en prendre communication : il ne sera ni expédié, ni signifié.

Art. 15. L'avoué du demandeur dénoncera le dépôt du rapport par acte d'avoué à avoué, avec sommation de contredire dans le mois.

Avis du dépôt, avec semblable sommation à tous les intéressés de contredire dans le même délai, sera, par les soins du demandeur, affiché, publié et inséré comme il est dit en l'article 13;

Cet avis ne contiendra point le nom des parties.

Il sera justifié de cette insertion et de ces affiches dans les formes tracées aux articles 698 et 699 du Code de procédure civile.

Art. 16. Les contredits seront inscrits sommairement par l'avoué à la suite du rapport, dans le délai susénoncé, à peine de forclusion.

Le demandeur, ceux qui auront contredit, et les parties dont les droits seraient contestés, seront seuls en cause.

Les conclusions ne pourront excéder six rôles.

La cause sera portée à l'audience sur un simple acte.

Art. 17. Après le jugement des contestations, ou s'il n'a été fait dans le mois aucun contredit, les experts procéderont immédiatement au partage.

Le partage aura lieu par attribution de lots.

Art. 18. Le rapport définitif des experts sera déposé au greffe ; il ne sera ni expédié, ni signifié : toutefois, les intéressés pourront s'en faire délivrer, à leurs frais, soit une expédition, soit des extraits.

Les avoués seront sommés de prendre communication et de contredire, s'il y a lieu.

Les contredits devront être inscrits à la suite du rapport, de la manière et dans le délai prescrits par l'article 16.

Il sera statué sur ces contredits conformément au même article.

Art. 19. Le jugement qui statue sur les contredits prononce définitivement sur le partage. Il ne pourra être signifié qu'aux avoués des parties qui auront pris part au débat sur les contredits. Le jugement sera en outre signifié, dans l'intérêt de tous les ayants droit, par le demandeur, où, à son défaut, par la partie la plus diligente, au maire de la commune de la situation des terres à partager, et au préfet du département.

S'il n'est fourni dans le mois aucun contredit, le partage demeure définitivement arrêté, conformément aux propositions des experts. Leur rapport sera rendu exécutoire par une ordonnance du président du tribunal. Cette ordonnance ne sera susceptible ni d'opposition, ni d'appel.

Art. 20. Après le jugement ou l'arrêt qui statue sur les contredits, ou, à défaut de contredits, après l'expiration du délai fixé par l'article précédent, les partages opérés conformément à la présente loi ne pourront être l'objet d'aucun recours de la part des intéressés, mineurs, interdits ou autres incapables qui prétendraient avoir des droits sur les terres partagées, en vertu de l'article 10 de la loi du 28 août 1792, et qui n'auraient pas élevé de contredit sur le rapport définitif des experts.

Les réclamations élevées à tout autre titre ne pourront donner lieu qu'à une indemnité contre les copartageants.

CHAPITRE II.

DE LA PROCÉDURE EN APPEL.

Art. 21. L'appel des jugements rendus dans l'instance en partage des terres vaines et vagues devra être interjeté dans le mois de la signification du jugement.

Ne pourront être intimés sur l'appel que les parties qui auront conclu, devant les premiers juges, sur les chefs qui donnent lieu à l'appel.

L'acte d'appel sera notifié au domicile de l'avoué ; il ne lui sera laissé qu'une seule copie, quel que soit le nombre des parties qu'il représente.

Art. 22. L'affaire sera instruite et jugée, en cause d'appel, dans les formes et suivant la procédure tracée par les articles précédents pour les tribunaux de première instance.

CHAPITRE III.

DISPOSITIONS GÉNÉRALES.

Art. 23. Le ministère public sera toujours entendu dans les instances réglées par la présente loi.

Art. 24. Dans la quinzaine de la demande en partage, le conseil municipal délibérera sur les droits de la commune à la propriété de tout ou partie des terres à partager. Sa délibération sera soumise au préfet dans la huitaine.

A défaut, par la commune, de faire valoir les droits qu'elle pourrait avoir, le préfet pourra les exercer devant le tribunal de première instance, de l'avis de trois jurisconsultes désignés conformément à l'article 420 du Code civil.

Le préfet ne pourra interjeter appel, ou se pourvoir en cassation, qu'après un nouvel avis obtenu dans la même forme.

Le délai de l'appel et du pourvoi, en ce qui concerne les communes, continuera à être de trois mois.

Art. 25. Dans aucun cas, les jugements ou arrêts contradictoirement rendus ne pourront être signifiés à partie.

La signification à avoué produira tous les effets attachés par la loi à la signification à partie.

Il ne sera signifié à chaque avoué qu'une seule copie des jugements et arrêts, quel que soit le nombre des parties qu'il représente.

Art. 26. Toute partie intéressée pourra intervenir à tous les moments de l'instance en partage ; néanmoins, les personnes qui n'auraient pas remis aux experts leurs titres et leurs demandes dans le délai fixé par l'article 14, supporteront tous les frais de supplément d'expertise ou autres auxquels leur intervention tardive donnerait lieu.

Art. 27. Les parties intéressées pourront se faire délivrer, à leurs frais, soit des expéditions, soit des extraits, en ce qui les concerne, tant des rapports définitifs rendus exécutoires car ordonnance du président du tribunal, que des jugements et arrêts intervenus sur les contredits auxquels ces rapports auraient donné lieu.

19 juin 1851. — *Loi relative à l'agglomération lyonnaise.*

4 septembre 1851. — *Décret qui détermine les attributions réservées aux maires dans les communes énumérés dans la loi du 19 juin 1851.*

24 mars 1852. — *Décret relatif à la commune de Lyon.*

17 juin 1852. — *Décret sur les attributions des maires et adjoints des arrondissements municipaux de la ville de Lyon.*

10 juin 1853. — *Loi relative à la conversion des dettes actuelles des communes.*

22-26 juin 1854. — *Loi portant abolition de la servitude de parcours et du droit de vaine pâture dans le département de la Corse.*

Art. 1er. La servitude de parcours, maintenue provisoirement par l'article 2 de la section IV du titre 1er de la loi du 28 septembre-6 octobre 1791, est abolie dans le département de la Corse.

La suppression du parcours ne donne lieu à une indemnité que si le droit a été acquis à titre onéreux.

L'indemnité ne peut avoir pour base que le profit que la commune créancière retire de l'exercice actuel de son droit.

Le montant de l'indemnité est réglé par le conseil de préfecture.

Art. 2. Le droit de vaine pâture, maintenu par l'article 3 de la section IV du titre 1er de la loi des 28 septembre-6 octobre 1791, cessera de plein droit, dans le département de la Corse, un an après la promulgation de la présente loi.

Art. 3. Le délai fixé par l'article précédent peut être prorogé, pour une ou plusieurs communes du département, par arrêté du préfet, rendu en conseil de préfecture, soit d'office, soit sur la demande des conseils municipaux.

Cette prorogation de délai ne peut être prononcée que pour une durée de trois ans; mais elle peut être renouvelée par un arrêté rendu dans les mêmes formes.

Indépendamment des restrictions apportées, par la loi des 28 septembre, 6 octobre 1791, à l'exercice de la vaine pâture, l'arrêté de prorogation peut imposer telle autre réserve ou restriction qui serait exigée par l'intérêt public.

Art. 4. Les dispositions de la section IV du titre 1er de la loi précitée continuent à régler l'exercice de la vaine pâture jusqu'à l'expiration des délais énoncés aux articles 2 et 3 de la présente loi.

Art. 5. Toute contravention aux prescriptions de la présente loi est punie des peines portées en l'article 479 du Code pénal, et, en cas de récidive, de celles portées en l'article 482 du même code.

Il y a récidive lorsqu'il a été rendu contre le contrevenant, dans les douze mois qui précèdent un premier jugement pour contravention à la présente loi.

Art. 6. Il n'est pas dérogé aux dispositions de l'article 8 de la section IV du titre 1er de la loi des 28 septembre-6 octobre 1791, ni à celles du Code forestier relatives aux droits d'usage dans les bois et forêts.

5 mai 1855. — *Loi sur l'organisation municipale.*

19-25 juin 1857. — *Loi relative à l'assainissement et à la mise en culture des landes de Gascogne.*

Art. 1er. Dans les départements des Landes et de la Gironde, les terrains communaux, actuellement soumis au parcours du bétail, seront assainis et ensemencés ou plantés en bois aux frais des communes qui en sont propriétaires.

Art. 2. En cas d'impossibilité ou de refus de la part des communes de procéder à ces travaux, il y sera pourvu aux frais de l'État, qui se remboursera de ses avances, en principal et intérêts, sur le produit des coupes et des exploitations.

Le découvert provenant de ces avances ne pourra excéder six millions de francs (6,000,000 fr.).

Art. 3. Les ensemencements ou plantations ne pourront être faits annuellement, dans chaque commune, que sur le douzième, au plus, en superficie, de ses terrains, à moins qu'une délibération du conseil municipal n'autorise les travaux sur une étendue plus considérable.

Art. 4. Les parcelles de terrains communaux qui seront susceptibles d'être mises en culture seront, après avoir été assainies, vendues ou affermées par la commune.

Les avances qui auraient été effectuées par l'État seront prélevées sur le prix.

Art. 5. Les travaux prescrits par les articles précédents ne pourront être entrepris qu'en vertu d'un décret impérial, rendu en conseil d'État, qui en réglera l'exécution.

Ce décret sera précédé d'une enquête et d'une délibération du conseil municipal intéressé.

Des routes agricoles, destinées à desservir les terrains qui font l'objet de la présente loi, seront exécutées aux frais du Trésor public. Le réseau de ces routes sera déterminé par décrets rendus en conseil d'État.

Art. 7. Les terrains nécessaires à l'établissement de ces routes seront fournis par les communes traversées.

Si elles n'en sont pas propriétaires, ils seront acquis par elles dans les formes déterminées par la loi du 21 mai 1836 pour les chemins vicinaux.

Art. 8. L'entretien de ces routes restera à la charge de l'État pendant cinq ans, à partir de leur exécution; et ultérieurement à la charge, soit du département, soit des communes, suivant le classement qui en aura été fait en routes départementales ou en chemins vicinaux de grande communication.

Art. 9. Un règlement d'administration publique déterminera : 1° les règles à observer pour l'exécution et la conservation des travaux; 2° le mode de constatation des avances qui seraient faites par l'État et les mesures propres à assurer leur remboursement principal et intérêts; 3° les formalités préalables à la mise en vente ou en location des terrains assainis et destinés à la culture, conformément à l'article 4; 4° enfin, toutes les autres dispositions propres à assurer l'exécution de la présente loi.

Art. 10. La loi du 10 juin 1854, relative au libre écoulement des eaux provenant du drainage, est applicable aux travaux qui seront exécutés en vertu de la présente loi.

28 avril-7 mai 1858. — *Décret portant règlement d'administration publique pour l'exécution de la loi du 19 juin 1857, relative à l'assainissement et à la mise en culture des landes de Gascogne.*

TITRE PREMIER.

MESURES TENDANT A ASSURER L'EXÉCUTION DES TRAVAUX D'ASSAINISSEMENT, D'ENSEMENCEMENT ET DE MISE EN CULTURE DES LANDES.

Art. 1er. Les projets de travaux relatifs à l'assainissement, à l'ensemencement et à la mise en culture des landes de Gascogne, seront dressés ou vérifiés par les soins du ministère de l'agriculture, du commerce et des travaux publics.

Chaque projet comprendra : 1° un plan général; 2° les dispositions principales des ouvrages; 3° des profils avec l'indication des sondages destinés à faire connaître la nature du sol et du sous-sol et la qualité des eaux souterraines; 4° l'estimation de la dépense; 5° un mémoire descriptif indiquant le but de l'entreprise et les avantages qu'on peut en espérer.

Art. 2. Chaque projet est soumis à une enquête ouverte dans les communes intéressées et suivant les formes prescrites par les articles 2 et 3 de l'ordonnance du 23 août 1835.

Art. 3. Le préfet prend un arrêté par lequel le conseil municipal de chaque commune intéressée est mis en demeure de délibérer sur le projet, et de déclarer s'il entend en suivre l'exécution aux frais de la commune.

Dans le cas où le conseil municipal déclare prendre à la charge de la commune l'exécution des travaux projetés, il est tenu de justifier, par la même délibération, des voies et moyens d'exécution.

Art. 4. La délibération du conseil municipal doit être prise dans le mois de la date de l'arrêté de mise en demeure. Faute par le conseil municipal d'avoir délibéré dans le délai d'un mois, il sera réputé avoir refusé de se charger de l'exécution desdits projets.

Art. 5. Dans chaque commune, les délibérations sont prises par le conseil municipal augmenté des plus forts imposés, pris en nombre égal à celui des conseillers municipaux en exercice.

Art. 6. Un décret impérial, rendu en conseil d'État, prescrit, s'il y a lieu, l'exécution des travaux, soit aux frais de la commune, soit aux frais de l'État, en cas d'impossibilité ou de refus de la part de la commune.

Dans le premier cas, le décret fixe le délai dans lequel les travaux doivent être commencés et terminés.

TITRE II.

DE L'EXÉCUTION ET DE LA CONSERVATION DES TRAVAUX PAR LES COMMUNES INTÉRESSÉES.

Art. 7. — Lorsque l'exécution doit être faite par la commune, si le conseil municipal n'alloue pas chaque année les fonds nécessaires pour mener l'opération à fin dans les délais prescrits, le préfet, après une mise en demeure restée sans résultat, inscrit d'office l'allocation au budget de la commune, conformément à l'article 39 de la loi du 18 juillet 1837.

Art. 8. L'exécution des travaux intéressant une seule commune est dirigée par le maire de ladite commune, dans les formes admises pour les travaux publics communaux. Si les travaux intéressent plusieurs communes, ils sont exécutés dans les formes voulues par les articles 72 et 73 de la loi du 18 juillet 1837.

Dans tous les cas, ces travaux seront vérifiés par les soins de l'administration de l'agriculture, du commerce et des travaux publics.

Art. 9. L'autorité municipale est chargée de la conservation des travaux d'assainissement et d'ensemencement des landes, sous le contrôle et la vérification de l'administration.

A cet effet, il est procédé à une visite annuelle des travaux, et en cas d'insuffisance des fonds votés par les conseils municipaux, conformément à l'article ci-dessus, l'allocation nécessaire est inscrite d'office au budget des communes intéressées.

TITRE III.

DE L'EXÉCUTION ET DE LA CONSERVATION DES TRAVAUX PAR L'ÉTAT, DES MESURES PROPRES A CONSTATER SES AVANCES ET EN ASSURER LE REMBOURSEMENT.

Art. 10. Lorsque les travaux seront exécutés par l'État, on suivra les formes usitées en matière de travaux publics.

Les états de dépense seront dressés conformément aux règles de la comptabilité des travaux publics.

Il en sera de même des états annuels des dépenses d'entretien.

Art. 11. Si les travaux intéressent plusieurs communes, la répartition de la dépense sera faite dans la forme réglée par l'article 72 de la loi du 18 juillet 1837.

Chaque année il sera délivré aux communes intéressées une expédition des comptes établissant la situation des dépenses mises à la charge de chacune d'elles.

Après l'achèvement des travaux, un compte général des dépenses est arrêté par le ministre de l'agriculture, du commerce et des travaux publics; il en est délivré copie aux communes intéressées.

Les sommes principales formant le montant de ce compte portent, de plein droit, intérêt simple à cinq pour cent, à partir de l'achèvement des travaux.

Art. 12. Les travaux effectués par l'État sont entretenus par les soins de l'administration.

Les avances de l'État pour cet objet, arrêtées chaque année par le ministre de l'agriculture, du commerce et des travaux publics, portent également, de plein droit, intérêt simple à cinq pour cent par an.

Copie de ce compte est délivrée aux communes intéressées, avec l'état des dépenses antérieures.

Art. 13. Si, dans les six mois de la notification à elle faite des comptes annuels des dépenses d'établissement ou d'entretien des travaux, la commune ne s'est pas pourvue devant le conseil de préfecture, les comptes ne peuvent plus être attaqués.

Art. 14. — Il sera statué, par un décret impérial, sur l'époque à laquelle remise sera faite des plantations et semis au département des finances, pour être régis et administrés par lui.

Un règlement concerté entre ce département et celui de l'agriculture, du commerce et des travaux publics, déterminera, sur l'avis des communes intéressées : 1° l'époque et les conditions de l'introduction du bétail dans les plantations et semis; 2° l'époque et les conditions de l'exploitation de la résine; 3° les locaux où pourront être établies les charbonnières.

Art. 15. Le compte des produits et celui des dépenses sont faits et arrêtés chaque année par le ministre des finances; copie en est notifiée aux communes intéressées.

Dans les six mois, elles peuvent, comme pour le compte des travaux, exercer le recours indiqué dans l'article 13.

Le prix de ces produits est imputé sur les intérêts dus à l'État, et subsidiairement sur les dépenses principales faites tant pour travaux de premier établissement que pour travaux d'entretien.

Art. 16. A toute époque qui suit l'exécution des travaux, les communes peuvent rentrer dans la possession de tout ou partie des terrains compris dans le périmètre des travaux exécutés par l'État, à charge de rembourser le montant des dépenses en principal et intérêts, d'après les comptes successivement arrêtés par le ministre de l'agriculture, du commerce et des travaux publics, et par le ministre des finances.

Art. 17. Lorsque l'État est entièrement remboursé de ses avances au moyen, soit des produits qu'il a perçus, soit des payements faits par la commune, cette dernière est remise immédiatement en possession des terrains administrés pour elle par l'État.

TITRE IV.

DES FORMALITÉS PRÉALABLES A LA MISE EN VENTE OU EN LOCATION DES TERRAINS ASSAINIS ET DESTINÉS A LA CULTURE.

Art. 18. Après l'achèvement des travaux d'assainissement exécutés, soit par les communes, soit par l'État, les parcelles assainies sont visitées par un expert désigné par le préfet. Ledit expert dresse le périmètre des terrains susceptibles d'être mis en culture, et désigne les parcelles qu'il reconnaît devoir être vendues ou affermées, conformément à l'article 4 de la loi du 19 juin 1837.

Le conseil municipal est appelé à donner son avis sur les propositions de l'expert.

Art. 19. Sur le vu du procès-verbal d'expertise et de la délibération du conseil municipal, le préfet arrête le périmètre des terrains susceptibles d'être mis en culture, suivant les dispositions de l'article 4 de la loi du 19 juin 1837.

Art. 20. Les communes sont immédiatement appelées à faire leur choix entre la vente et l'affermage des terrains assainis et reconnus propres à la culture.

Faute par les conseils municipaux d'avoir, dans les deux mois de la mise en demeure à eux adressée par le préfet, délibéré sur la vente ou l'affermage, il est statué d'office par le préfet.

Lorsque les terrains ont été assainis par l'État, il est procédé, soit à la vente, soit à l'affermage, par les soins de l'administration des domaines, en présence des receveurs municipaux des communes intéressées, et conformément aux règles applicables aux biens de l'État. Les prix de vente ou de ferme sont recouvrés par la même administration, et d'après les mêmes règles.

Art. 21. Les fermiers ou acquéreurs de terrains assainis seront tenus, outre le prix de vente ou le prix de ferme, de supporter les frais d'entretien des travaux d'assainissement exécutés, soit par les communes, soit par l'État.

33.

Cet entretien est poursuivi d'office, s'il y a lieu, conformément à la loi du 14 floréal an XI.

TITRE V.

DISPOSITIONS DIVERSES.

Art. 22. Avant de procéder à l'assainissement et à la plantation de landes appartenant à des communes, il est procédé à la délimitation et, au besoin, au bornage desdites landes.

Art. 23. En conséquence, un expert à ce désigné par le préfet visite les lieux, à l'effet d'appliquer aux landes communales les matrices et plans cadastraux et les titres produits tant par les communes que par les propriétaires voisins.

Art. 24. La visite des lieux est annoncée, au moins quinze jours à l'avance, dans chaque commune, par affiches placées à la porte des églises et des mairies.

Les résultats de l'expertise sont communiqués par bulletin particulier à tous les propriétaires limitrophes des landes communales, avec invitation de faire connaître leurs observations.

Art. 25. Le travail de l'expert et les observations des parties intéressées sont soumis aux délibérations des conseils municipaux, et adressés au préfet avec l'avis desdits conseils.

Art. 26. Lorsque les communes et les propriétaires limitrophes sont d'accord, il est procédé au bornage par la voie amiable.

Dans le cas contraire, la commune est autorisée, conformément aux lois, à plaider ou à transiger avec les propriétaires voisins.

Art. 27. Suivant les besoins, les gardes particuliers, dont le traitement est imputé sur le fonds des travaux, pourront être chargés de veiller à la conservation des travaux exécutés par application de la loi du 19 juin 1857.

7 juillet 1858. — *Décret qui fait remise aux communes des sommes dont elles sont débitrices envers l'État pour réparation des armes des gardes nationales.*

8 juillet-4 août 1860. — *Loi relative à la mise en valeur des marais et des terres incultes appartenant aux communes.*

Art. 1er. Seront desséchés, assainis, rendus propres à la culture ou plantés en bois, les marais et les terres incultes appartenant aux communes ou sections de communes, dont la mise en valeur aura été reconnue utile.

Art. 2. Lorsque le préfet estime qu'il y a lieu d'appliquer aux marais ou terres incultes d'une commune les dispositions de l'article 1er, il invite le conseil municipal à délibérer : 1° sur la partie des biens à laisser à l'état de jouissance commune; 2° sur le mode de mise en valeur du surplus; 3° sur la question de savoir si la commune entend pourvoir à cette mise en valeur. S'il s'agit de biens appartenant à une section de commune, une commission syndicale nommée conformément à l'article 3 de la loi du 18 juillet 1837 est préalablement consultée.

Art. 3. En cas de refus ou d'abstention par le conseil municipal, comme en cas d'inexécution de la délibération par lui prise, un décret impérial rendu en conseil d'État, après avis du conseil général, déclare l'utilité des travaux et en règle le mode d'exécution. Ce décret est précédé d'une enquête et d'une délibération du conseil municipal prise avec l'adjonction des plus imposés.

Art. 4. Les travaux sont exécutés aux frais de la commune ou des sections propriétaires. — Si les sommes nécessaires à ces dépenses ne sont pas fournies par les communes, elles sont avancées par l'État, qui se rembourse de ses avances, en principal et intérêts, au moyen de la vente publique d'une partie des terrains améliorés, opérée par lots, s'il y a lieu.

Art. 5. Les communes peuvent s'exonérer de toute répétition de la part de l'État, en faisant l'abandon de la moitié des terrains mis en valeur. — Cet abandon est fait, sous peine de déchéance, dans l'année qui suit l'achèvement des travaux. — Dans le cas d'abandon, l'État vend les terrains à lui délaissés, dans la forme déterminée par l'article précédent.

Art. 6. Le découvert provenant des avances faites par l'État pour l'exécution des travaux prescrits par la présente loi ne pourra dépasser en principal la somme de dix millions (10,000,000 de francs).

Art. 7. Dans les cas prévus par l'article 3 ci-dessus, le décret peut ordonner que les marais ou autres terrains communaux soient affermés. — Cette location sera faite aux enchères, à la charge par l'adjudicataire d'opérer la mise en valeur des marais ou terrains affermés. — La durée du bail ne peut excéder vingt-sept ans.

Art. 8. La loi du 10 juin 1854, relative au libre écoulement des eaux provenant du drainage, est applicable aux travaux qui seront exécutés en vertu de la présente loi.

Art. 9. Un règlement d'administration publique déterminera : 1° les règles à observer pour l'exécution et la conservation des travaux; 2° le mode de constatation des avances faites par l'État, les mesures propres à assurer le remboursement en principal et intérêts, et les règles à suivre pour l'abandon des terrains que le premier paragraphe de l'article 5 autorise la commune à faire à l'État; 3° les formalités préalables à la mise en vente des portions de terrain aliénées en vertu des articles qui précèdent; 4° toutes les autres dispositions nécessaires à l'exécution de la présente loi.

6 février-15 mars 1861. — *Décret portant règlement d'administration publique pour l'exécution de la loi du 28 juillet 1860, relative à la mise en valeur des marais et des terres incultes appartenant aux communes.*

TITRE PREMIER.

MESURES TENDANT A ASSURER L'EXÉCUTION DES TRAVAUX DE DESSÈCHEMENT ET DE MISE EN VALEUR DES MARAIS ET DES TERRES INCULTES APPARTENANT AUX COMMUNES ET SECTIONS DE COMMUNES.

Art. 1er. Lorsque le préfet estime qu'il y a lieu d'appliquer l'article 1er de la loi du 28 juillet 1860 aux marais ou terres incultes appartenant à une commune ou section de commune, il prend un arrêté par lequel le conseil municipal est mis en demeure de délibérer : 1° sur la partie des biens à laisser à l'état de jouissance commune; 2° sur le mode de mise en valeur du surplus; 3° sur la question de savoir si la commune entend pourvoir par elle-même à cette mise en valeur. S'il s'agit de biens appartenant à une section de commune, le préfet, par le même arrêté, fixe le nombre des membres qui doivent composer une commission syndicale chargée de représenter ladite section.

Art. 2. Dans le cas où les terrains à mettre en valeur appartiennent à une commune, la délibération du conseil municipal doit être prise dans le mois de la notification de l'arrêté de la mise en demeure. Dans le cas où lesdits terrains appartiennent à une section de commune, la commission syndicale donne son avis préalable dans le délai d'un mois, à dater de la formation de ladite commission, et, à défaut par elle de le faire, il est passé outre par le conseil municipal. Faute par le conseil municipal d'avoir délibéré dans le délai d'un mois à dater de la réception, soit de l'arrêté de mise en demeure, soit de la délibération de la commission syndicale instituée comme il est dit ci-dessus, ou de l'expiration du délai imparti à ladite commission syndicale pour émettre son avis, le conseil municipal est réputé avoir refusé de se charger de l'exécution des travaux d'amélioration.

Art. 3. Si les terrains appartiennent à plusieurs communes, et que leur mise en valeur exige des travaux d'ensemble, lorsque tous les conseils municipaux déclarent se charger de l'opération, il est créé, conformément à la loi du 18 juillet 1837, une commission syndicale à l'effet d'en poursuivre l'exécution. En cas de refus ou d'abstention d'une ou plusieurs des communes intéressées, il sera procédé, s'il y a lieu, conformément aux dispositions de l'article 10 ci-après.

Art. 4. Lorsque le conseil municipal déclare qu'il entend pourvoir à la mise en valeur des parties de marais et terres incultes qui doivent être distraites de la jouissance commune, il fait connaître les mesures qu'il compte prendre à cet effet, et est tenu de justifier des voies et moyens d'exécution. La délibération du conseil municipal est soumise à l'approbation du préfet, et il est ensuite pourvu aux voies et moyens, conformément aux lois.

TITRE II.

DE L'EXÉCUTION ET DE LA CONSERVATION DES TRAVAUX PAR LES COMMUNES OU SECTIONS DE COMMUNES INTÉRESSÉES.

Art. 5. Dans le cas prévu à l'article précédent, les projets des travaux qui peuvent être nécessaires pour l'assainissement et la mise en culture des terrains sont dressés et les travaux sont exécutés à la diligence du maire de la commune, ou du président de la commission syndicale des communes intéressées, dans les formes admises par les travaux publics communaux.

Art. 6. Chaque projet est soumis à une enquête ouverte dans les communes intéressées, et suivant les formes prescrites par l'ordonnance du 23 août 1835, ou conformément à l'ordonnance du 18 février 1834, s'il s'agit de travaux intéressant plusieurs communes.

Art. 7. Le préfet approuve les projets et fixe le délai dans lequel les travaux doivent être commencés et terminés.

Art. 8. L'autorité municipale est chargée de la conservation des travaux d'assainissement, de desséchement et de mise en valeur des terrains communaux, sous le contrôle et la vérification de l'administration. Dans le cas où le conseil municipal n'allouerait pas les fonds nécessaires à l'entretien annuel, il y sera pourvu par le préfet, par l'inscription d'office, au budget de la commune, du crédit nécessaire, conformément à l'article 39 de la loi du 18 juillet 1837.

TITRE III.

DE L'EXÉCUTION ET DE LA CONSERVATION DES TRAVAUX PAR L'ÉTAT, DES MESURES PROPRES A CONSTATER SES AVANCES ET A EN ASSURER LE REMBOURSEMENT.

Art. 9. En cas de refus ou d'abstention du conseil municipal, comme en cas d'inexécution de la délibération par lui prise ou d'abandon des travaux commencés, les projets des travaux de desséchement des marais et d'assainissement des terres incultes, dont le desséchement ou la mise en culture ont été reconnus nécessaires par le préfet, sont dressés ou vérifiés par les soins du ministre de l'agriculture, du commerce et des travaux publics. Chaque projet est soumis à une enquête ouverte dans les communes intéressées, conformément à l'article 6 ci-dessus. Le conseil municipal est appelé à en délibérer avec l'adjonction des plus imposés.

Art. 10. Un décret impérial rendu en conseil d'État, après avis du conseil général du département, déclare, s'il y a lieu, l'utilité des travaux, et prescrit, soit leur exécution par l'État, soit la location des terrains, à charge de mise en valeur.

Art. 11. Lorsque des marais communaux ne pourront être desséchés qu'au moyen d'une opération d'ensemble comprenant des marais particuliers, en même temps que les mises en demeure sont adressées aux communes, les propriétaires desdits marais sont invités à déclarer s'ils consentent au desséchement, en se soumettant aux dispositions de la loi du 28 juillet 1860. S'ils donnent ce consentement, le décret prévu à l'article précédent statue sur l'ensemble de l'opération.

Art. 12. Dans le cas où, conformément à l'article 10 ci-dessus, l'assainissement et la mise en valeur doivent être exécutés par voie de mise en ferme, l'adjudication a lieu en présence des receveurs municipaux des communes intéressées, et conformément aux règles applicables aux biens communaux. Le soumissionnaire s'oblige à exécuter les projets approuvés pour la mise en valeur des terrains, conformément aux conditions déterminées par le cahier des charges, qui sera dressé par le préfet, sur l'avis des ingénieurs.

Art. 13. Lorsque les travaux seront exécutés par l'État, on suivra les formes usitées en matière de travaux publics. Les états de dépenses seront dressés conformément aux règles de la comptabilité des travaux publics. Il en sera de même des états annuels des dépenses d'entretien. Si les travaux intéressent plusieurs communes, la répartition de la dépense sera faite dans la forme réglée par l'article 72 de la loi du 18 juillet 1837.

Art. 14. Chaque année, il est délivré aux communes et sections intéressées une expédition des comptes établissant la situation des dépenses mises à la charge de chacune d'elles. Après l'achèvement des travaux, un compte général des dépenses est arrêté par le ministre de l'agriculture, du commerce et des travaux publics. Il en est délivré copie au ministre de l'intérieur et aux communes ou sections de communes intéressées. Les sommes principales formant le montant de ce compte portent, de plein droit, intérêt simple à 5 0/0, à partir de l'achèvement des travaux.

Art. 15. Les travaux effectués par l'État sont entretenus par les soins de l'administration. Les avances faites pour cet objet, arrêtées chaque année par le ministre de l'agriculture, du commerce et des travaux publics, portent également intérêt simple à 5 0/0 par an. Copie de ce compte est délivrée au ministre de l'intérieur, aux communes et sections de communes intéressées, avec l'état des dépenses antérieures.

Art. 16. Si, dans les six mois de la notification à elle faite des comptes annuels des dépenses d'établissement ou d'entretien des travaux, la commune ou section de commune ne s'est pas pourvue devant le conseil de préfecture, les comptes ne peuvent plus être attaqués.

Art. 17. Après l'achèvement des travaux, remise des terrains est faite aux communes intéressées, pour être conservés par elles, ainsi qu'il est dit à l'article 8 ci-dessus. Chaque commune est mise en demeure d'avoir à déclarer si elle entend user de la faculté à elle réservée par l'article 5 de la loi du 28 juillet 1860, de se libérer de toute répétition de la part de l'État, en lui faisant abandon de moitié des terrains mis en valeur, ou si elle entend payer en argent les avances de l'État.

Art. 18. Lorsque la commune a opté pour l'abandon de moitié des terrains mis en valeur, un expert choisi par le maire, avec le concours d'un délégué de l'administration des domaines, dresse un projet de partage en deux lots égaux en valeur, pour être tirés au sort dans l'année qui suit l'achèvement des travaux. Il est procédé à cette opération devant le sous-préfet de l'arrondissement. Si une partie des travaux a été exécutée par la commune, il lui en est tenu compte, dans le partage, par une réduction proportionnelle dans le lot de terrains auquel l'État a droit.

Art. 19. Si la commune déclare vouloir rembourser à l'État le montant de ses avances, elle doit justifier de ses ressources et faire à l'État telle délégation que de droit.

TITRE IV

FORMALITÉS PRÉALABLES A LA MISE EN VENTE DES TERRAINS QUI DOIVENT ÊTRE ALIÉNÉS.

Art. 20. Faute par la commune d'avoir réalisé l'abandon prévu à l'article 5 de la loi du 28 juillet 1860, dans l'année qui suit l'achèvement des travaux, ou d'avoir, dans le même délai, remboursé à l'État le montant de ses avances, l'administration provoque la mise en vente, dans les formes indiquées à l'article 4 de la loi du 28 juillet 1860, de la portion de terrains améliorés nécessaire pour couvrir l'État, en principal et intérêts, des dépenses par lui faites. A cet effet, un expert nommé par le préfet est chargé de préparer le lotissement et le cahier des charges de la mise en vente des lots à aliéner. Le projet de l'expert est communiqué au conseil municipal pour avoir ses observations. Dès que le projet de lotissement est approuvé par le préfet, il est procédé à la vente publique desdits terrains. Ces ventes sont effectuées par les soins de l'administration des domaines, en présence des receveurs municipaux des communes intéressées, et jusqu'à concurrence de la créance de l'État. Les prix de vente sont recouvrés par l'administration des domaines; toutefois, lorsque la vente excède les avances de l'État, cet excédent sera perçu par les receveurs municipaux.

TITRE V.

DISPOSITIONS DIVERSES.

Art. 21. Avant de procéder à l'assainissement et au desséchement des marais communaux et des terrains incultes appartenant aux communes, il est procédé à la délimitation, et, au besoin, au bornage desdits marais et terrains incultes.

Art. 22. En conséquence, un expert, à ce désigné par le préfet, visite les lieux à l'effet d'appliquer aux marais ou terrains incultes dont il s'agit les matrices et plans cadastraux et les titres produits tant par les communes que par les propriétaires voisins.

Art. 23. La visite des lieux est annoncée, au moins quinze jours à l'avance, dans chaque commune, par affiches placées à la porte des églises et des mairies. Les résultats de l'expertise sont communiqués, par bulletin particulier, à tous les propriétaires limitrophes des propriétés communales, avec invitation de faire connaître leurs observations.

Art. 24. Le travail de l'expert et les observations des parties intéressées sont soumis aux délibérations des conseils municipaux ou des syndicats représentant les sections de communes, et adressés au préfet avec l'avis desdits conseils ou syndicats.

Art. 25. Lorsque les communes et les propriétaires limitrophes sont d'accord, il est procédé à un bornage par voie amiable. Dans le cas contraire, s'il y a lieu, la commune est autorisée, conformément aux lois, ou à plaider ou à transiger avec les propriétaires voisins.

Art. 26. Suivant les besoins, des gardes particuliers, dont le traitement est imputé sur le fonds des travaux, pourront être chargés de veiller à la conservation des travaux exécutés par application de la loi du 28 juillet 1860.

24 juillet 1867. — *Loi sur les conseils municipaux.*

18 août 1869. — *Décret qui supprime les remises des receveurs municipaux sur les subventions accordées par l'État pour les chemins vicinaux.*

12 février 1870. — *Décret portant règlement d'administration publique sur les octrois.*

Art. 1er. Le maximum des taxes d'octroi que les conseils municipaux peuvent établir et la nomenclature des objets sur lesquels ils peuvent maintenir ces taxes, dans les conditions des articles 8, 9 et 10 de la loi du 24 juillet 1867, sont fixés conformément au tarif général ci-annexé.

Art. 2. Les communes devront choisir entre les divers modes de tarification admis par le tarif général pour les objets qui sont de nature à être imposés, soit d'après le poids, soit d'après la mesure, soit à raison du nombre. — Elles ont le droit de détailler et de subdiviser les articles, dans les cas où la désignation au tarif général d'un objet imposable comprend plusieurs espèces ou variétés de nature à comporter des taxes différentes dans la limite du maximum.

Art. 3. Toutes les fois qu'une commune aura prorogé son octroi ou modifié les taxes de son tarif dans les limites déterminées par les articles 9 et 10 de la loi du 24 juillet 1867, le maire adressera au préfet, dans le délai de trente jours, la délibération du conseil municipal et trois exemplaires du tarif prorogé ou modifié. — Le premier de ces exemplaires sera conservé par le préfet, qui remettra le second au directeur des contributions indirectes du département et transmettra le troisième au directeur général des contributions indirectes. — Le maire continuera d'ailleurs, conformément à l'article 71 de l'ordonnance du 9 décembre 1814, de remettre au préposé supérieur de l'administration des contributions indirectes résidant dans la localité, qui les transmettra au directeur du département, les états et bordereaux de recettes et dépenses de l'octroi.

Art. 4. Les abonnements collectifs que les communes sont autorisées à consentir avec certaines classes de redevables seront désormais exécutoires sur l'approbation des préfets. — Une ampliation de chacun de ces traités sera remise au directeur des contributions indirectes du département, qui la fera parvenir à la direction générale des contributions indirectes, avec l'arrêté du préfet qui l'aura approuvée.

Art. 5. Les communes qui auront adopté la ferme comme mode de perception continueront à procéder à l'adjudication de cette ferme dans la forme prescrite par le décret du 17 mai 1809. — Les préfets transmettront au directeur des contributions indirectes du département et au directeur général des contributions indirectes ampliation de l'arrêté par lequel ils auront approuvé l'adjudication, après en avoir reconnu la régularité, et copie du procès-verbal d'adjudication et du cahier des charges.

Art 6. Les frais de premier établissement, de régie et de perception des octrois, qui étaient soumis à l'approbation de notre ministre des finances, aux termes de l'article 10 de l'ordonnance du 9 décembre 1814, seront désormais arrêtés par le préfet, qui transmettra à la direction générale des contributions indirectes une ampliation de son arrêté, avec une copie de la délibération du conseil municipal.

Art. 7. Les marchands en gros ou en demi-gros pourront jouir de l'entrepôt à domicile, alors même qu'ils feraient dans les mêmes magasins des ventes au détail.

Art. 8. Les combustibles et les matières premières à employer dans les établissements industriels et dans les manufactures de l'État sont admis à l'entrepôt à domicile. — Toutefois, l'entrepôt ne sera pas accordé pour les matières premières dans le cas où la somme à percevoir à raison des quantités pour lesquelles elles entrent dans un produit industriel n'atteindrait pas un quart pour cent de la valeur de ce produit. — Décharge sera accordée aux entrepositaires pour toutes les quantités de combustibles et de matières premières employés, dans ces établissements, à la préparation ou à la fabrication de produits qui ne sont frappés d'aucun droit par le tarif de l'octroi du lieu sujet, pourvu que l'emploi ait été préalablement déclaré et qu'il en ait été justifié aux préposés de l'octroi chargés de l'exercice des entrepôts, à défaut de quoi le droit sera perçu sur les quantités manquantes. — Si le produit industriel à la préparation ou à la fabrication duquel sont employés les combustibles ou les matières premières est imposé au tarif de l'octroi, l'entrepositaire n'en obtiendra pas moins l'affranchissement pour le combustible et la matière première employés à la fabrication; mais il payera le droit dû par les produits industriels pour ceux de ces produits qu'il ne justifiera pas avoir fait sortir du lieu sujet.

Art. 9. Lorsque des droits d'octroi auront été acquittés à l'entrée pour des combustibles ou des matières premières qui, dans l'intérieur du lieu sujet, seront employés à la préparation ou à la fabrication d'un produit industriel livré à la consommation intérieure et imposable, s'il est régulièrement justifié de ce payement, le montant desdits droits sera précompté sur celui des droits dus pour le produit fabriqué. — Toutefois, il n'y aura jamais lieu à remboursement d'aucune portion des droits payés à l'entrée, dans le cas où ils se trouveraient excéder ceux qui sont dus pour le produit fabriqué lui-même.

Art. 10. En aucun cas, les objets inscrits au tarif ne pourront être soumis à des taxes différentes à raison de ce qu'ils seraient récoltés ou fabriqués dans l'intérieur du lieu sujet. — L'article 14 de l'ordonnance du 9 décembre 1814 est abrogé.

Art. 11. Ne seront soumis à aucun droit d'octroi : les approvisionnements en vivres destinés au service de l'armée de terre ainsi que de la marine militaire ou marchande, et qui ne doivent pas être consommés dans le lieu sujet ; les bois, fers, graisses, huiles et généralement toutes les matières employées pour la confection et l'entretien du matériel de l'armée de terre, dans les constructions navales ou pour la fabrication d'objets servant à la navigation ; les combustibles et toutes autres matières embarquées sur les bâtiments de l'État et du commerce pour être consommées ou employées en mer. — Ces approvisionnements et matières seront introduits dans les magasins de la guerre, de la marine impériale et de la marine marchande de la manière prescrite pour les objets

en entrepôt. — Le compte en sera suivi par les employés et préposés désignés à cet effet, et les droits d'octroi ne seront dus que sur les quantités enlevées pour l'intérieur du lieu sujet et pour toute autre destination que celle qui est spécifiée ci-dessus.

Art. 12. Les charbons de terre, le coke et tous autres combustibles employés, tant par l'administration de la guerre pour la fabrication ou l'entretien du matériel de guerre et pour la confection d'objets destinés à être consommés hors du lieu sujet que par la marine impériale et par la marine marchande pour la confection d'objets destinés à la navigation, seront, comme ceux qui sont employés dans les établissements industriels pour la préparation ou la fabrication d'objets destinés au commerce général, affranchis, au moyen de l'entrepôt, du payement de tous droits d'octroi.

Art. 13. Les combustibles et matières destinés au service de l'exploitation des chemins de fer, aux travaux des ateliers et à la construction de la voie seront affranchis de tous droits d'octroi. — En conséquence, les dispositions relatives à l'entrepôt à domicile des combustibles et matières premières employés, dans les établissements industriels, à la préparation et à la fabrication des objets destinés au commerce général sont applicables aux fers, bois, charbons, coke, graisses, huiles, et en général à tous les matériaux employés dans les conditions ci-dessus indiquées. — En dehors de ces conditions, tous les objets portés au tarif qui seront consommés dans les gares, salles d'attente et bureaux seront soumis aux taxes locales.

Art. 14. L'abonnement annuel pourra être demandé pour les combustibles et matières admis à l'entrepôt aux termes des articles 8, 11, 12 et 13. — Les conditions de l'abonnement seront réglées de gré à gré entre le maire et le redevable.

Art. 15. Tout règlement d'octroi aujourd'hui en vigueur qui ne contiendrait pas des dispositions conformes à celles des articles 8, 9, 10, 11, 12, 13, et 14 ci-dessus, cessera d'avoir son effet à l'expiration de la durée fixée pour cet octroi par le décret qui l'aurait autorisé.

Art. 16. Le présent décret n'est pas applicable à l'octroi de Paris.

Tarif général dressé en exécution de l'article 9 de la loi du 24 juillet 1867, sur les conseils municipaux.

NOMENCLATURE des objets qui peuvent être imposés.	MESURES, poids ou nombres.	MAXIMUM DES TAXES DANS LES VILLES						OBSERVATIONS.
		de 4,000 âmes et au-dessous. (1re catégorie.)	de 4,001 à 10,000 âmes. (5e catégorie.)	de 10,001 à 20,000 âmes. (3e catégorie.)	de 20,001 à 50,000 âmes. (4e catégorie.)	de 50,001 à 100,000 âmes. (2e catégorie.)	au-dessus de 100,000 âmes. (6e catégorie.)	
		fr. c.	fr. c.	fr. c.	fr. c.	fr. c.	fr. c.	La catégorie à laquelle appartient chaque commune est déterminée à raison de sa population municipale agglomérée, constatée par la dernière colonne du tableau n° 3 annexé au décret impérial qui déclare authentiques les tableaux de la population de l'Empire.
BOISSONS ET LIQUIDES.								Lorsque, dans une catégorie, aucune quotité n'est indiquée pour un article de la nomenclature, c'est que cet article ne peut figurer au tarif des octrois de cette catégorie.
Vins en cercles et en bouteilles, cidres, poirés, hydromels (1 et 2).	L'hectolitre.	Les maxima fixés par l'article 18 de la loi du 22 juin 1854.						
Alcool pur contenu dans les eaux-de-vie et esprits en cercles, eaux-de-vie et esprits en bouteilles, liqueurs et fruits à l'eau-de-vie (3)	Idem.	Les maxima fixés par l'article 9 de la loi du 11 juin 1842.						(1) Le maximum est le double du droit d'entrée perçu au profit du Trésor, et, pour les communes au-dessus de 4,000 âmes où le Trésor ne perçoit pas de droit d'entrée, le double du droit d'entrée déterminé pour les villes de 4,000 âmes.
Alcools dénaturés (4)	Idem.	Les maxima fixés par l'article 2 de l'ordonnance royale du 19 août 1845 et par le tableau n° 2 annexé à cette ordonnance.						
Bières. 1° Dans les départements suivants : Aisne, Ardennes, Marne, Marne (Haute-), Meurthe, Meuse, Moselle, Nord, Oise, Pas-de-Calais, Rhin (Bas-), Rhin (Haut-), Somme, Vosges. 2° Dans les départements suivants : Allier, Aube, Calvados, Charente-Inférieure, Cher, Côtes-du-Nord,	Idem.	3 »	4 »	4 50	5 »	5 50	6 »	(2) Les vendanges et les fruits à cidre ou à poiré seront soumis au droit d'octroi à raison de 3 hectolitres de vendange pour 2 hectolitres de vin, et 5 hectolitres de pommes ou poires

NOMENCLATURE des objets qui peuvent être imposés.	MESURES, poids ou nombres.	MAXIMUM DES TAXES DANS LES VILLES						OBSERVATIONS.
		de 4,000 âmes et au-dessous (1re catégorie.)	de 4,001 à 10,000 âmes. (2e catégorie.)	de 10,001 à 20,000 âmes (3e catégorie.)	de 20,001 à 50,000 âmes (4e catégorie.)	de 50,001 à 100,000 âmes. (5e catégorie.)	au-dessus de 100,000 âmes. (6e catégorie.)	
		fr. c.	fr. c.	fr. c.	fr. c.	fr. o.	fr. c.	
Bières (suite). Creuse, Eure, Eure-et-Loir, Finistère, Ille-et-Vilaine, Indre, Indre-et-Loire, Loire-Inférieure, Loir-et-Cher, Loiret, Maine-et-Loire, Manche, Mayenne, Morbihan, Nièvre, Orne, Puy-de-Dôme, Sarthe, Seine, Seine-et-Marne, Seine-et-Oise, Seine-Inférieure, Sèvres (Deux-), Vendée, Vienne (Haute-), Yonne.................... 3° Dans les départements suivants : Ain, Alpes (Basses-), Alpes (Hautes-), Alpes-Maritimes, Ardèche, Ariège, Aude, Aveyron, Bouches-du-Rhône, Cantal, Charente, Corrèze, Corse, Côte-d'Or, Dordogne, Doubs, Drôme, Gard, Garonne (Haute-), Gers, Gironde, Hérault, Isère, Jura, Landes, Loire, Loire (Haute-), Lot, Lot-et-Garonne, Lozère, Pyrénées (Basses-), Pyrénées (Hautes-), Pyrénées-Orientales, Rhône, Saône-et-Loire, Saône (Haute-), Savoie, Savoie (Haute-), Tarn, Tarn-et-Garonne, Var, Vaucluse.	Idem......	4 »	5 »	5 50	6 »	6 50	7 »	pour 2 hectolitres de cidre ou de poiré. Les fruits secs destinés à la fabrication du cidre et du poiré seront imposés à raison de 25 kilogrammes de fruits pour 1 hectolitre de cidre ou de poiré. (3) Le droit d'octroi ne peut être supérieur au droit d'entrée perçu au profit du Trésor, et, dans les communes où le Trésor ne perçoit pas de droit d'entrée, il ne peut être supérieur, au droit d'entrée déterminé pour les villes de 4,000 âmes. (Voir le tableau annexé à la loi du 12 décembre 1830, qui détermine les droits d'entrée sur les alcools.) (4) Voir les articles 2 et 3 de la loi du 24 juillet 1843. (5) Les vinaigres concentrés, acides acétiques, pyroligneux, ainsi que les vinaigres de toilette, pourront être soumis à des taxes sept fois plus fortes que celles mentionnées ci-contre. (6) Pour les viandes dépecées : Lorsque l'animal vivant est imposé au poids, les taxes portées aux tarifs seront doublées pour les bœufs, taureaux, vaches et moutons, chèvres, agneaux et chevreaux, augmentées d'un tiers pour les veaux et d'un cinquième pour les porcs; Lorsque l'animal vivant est imposé par tête, si la taxe par tête est de 8 francs, maximum fixé par la loi du 10 mai 1846, le maximum de la taxe pour les bœufs, taureaux, vaches et génisses ne pourra excéder 4 francs par 100 kilogrammes; si la taxe par tête sur les mêmes animaux est inférieure à 8 francs, le droit sera établi proportionnellement et d'après la base ci-dessus indiquée, de telle sorte que les 100 kilogrammes ne payent jamais plus que la moitié de la taxe par tête. Quant aux animaux autres que les bœufs, taureaux, vaches et génisses, pour obtenir le droit afférent au kilogramme de viande dépecée, la taxe établie par tête sera divisé par le poids moyen de l'animal, tel qu'il est déterminé ci-après : Moutons et chèvres....... 54 kilogr. Agneaux et chevreaux....... 16 — Veaux........... 85 — Porcs........... 105 — Cochons de lait........ 10 — Le résultat sera doublé pour les moutons, chèvres, agneaux et chevreaux, augmenté d'un tiers pour les veaux et d'un cinquième pour les porcs. (7) Dans les communes où l'on voudra imposer les volailles, les lapins domestiques ou le gibier de toute espèce par tête ou à la dizaine, on établira les calculs de conversion d'après les poids ci-après : Par tête. 1° Dindes ou oies grosses........ 5k000 2° Poulets gras et ordinaires, canards, barboteaux............ 1,000 3° Dindes et oies communes, chapons gras, canards gras, lapins domestiques............ 2,500 4° Pigeons de volière et bizets...... 0,250 5° Cerfs, biches et sangliers....... 55,000 6° Chevreuils et daims............ 20,000 7° Lièvres............. 3,000 8° Lapins de garenne............. 1,000 9° Coqs de bruyère........... 2,500 10° Oies et canards sauvages, faisans (coqs ou poules)........ 1,000 11° Pilots et râles rouges.......... 0,500 12° Bécasses, perdrix, pigeons, râmiers, poules d'eau, sarcelles........ 0,400 13° Bécassines, cailles, grives, merles, pluviers, plongeons, râles de genêts et vanneaux............ 0,125 14° Alouettes et ortolans (les dix).... 0,300
Vinaigres de toute espèce et conserves au vinaigre (5).........	Idem......	5 »	6 »	6 50	7 »	7 50	8 »	
Limonades gazeuses................	Idem......	1 50	2 »	3 »	4 »	4 50	5 »	
COMESTIBLES.		4 »	5 »	6 »	7 »	7 »	8 »	
Animaux vivants (6). Bœufs, vaches, taureaux, génisses.	Les 100 kil. Par tête.	2 50	3 »	4 »	5 »	6 »	7 »	
Moutons...................	Les 100 kil. Par tête.	3 » 1 »	4 » 1 30	4 50 1 50	5 » 1 70	6 » 2 »	7 » 2 30	
Chèvres..................	Les 100 kil. Par tête.	1 » » 35	1 30 » 45	1 30 » 50	1 70 » 55	2 » » 65	2 30 » 80	
Agneaux et chevreaux......	Les 100 kil. Par tête.	3 50 » 50	5 » » 80	5 » » 80	6 » 1 »	7 » 1 10	8 » 1 30	
Veaux...................	Les 100 kil. Par tête.	3 » 2 55	4 » 3 40	5 » 4 25	7 » 6 »	8 » 6 80	8 » 6 80	
Porcs...................	Les 100 kil. Par tête.	2 90 2 60	3 90 3 70	4 50 4 75	6 » 6 30	6 50 6 80	7 » 7 35	
Cochons de lait...........	Les 100 kil. Par tête.	3 » » 30	4 » » 40	5 » » 50	5 » » 60	6 » » 70	7 » » 80	
Charcuterie................	Les 100 kil.	7 »	9 »	9 »	10 »	10 »	10 »	
Graisse, lards et viandes salées..	Idem....	5 »	6 »	6 »	7 »	7 »	7 »	
Abats et issues................	Idem....	2 »	3 »	3 50	4 »	4 50	5 »	
Truffes, volailles et gibier truffés, pâtés et terrines truffés.......	Le kilog...	» »	» 60	» 75	1 »	1 »	1 20	
Volailles de toute espèce et lapins domestiques (7).	Idem........	0 05	» 10	» 15	» 15	» 20	» 25	
Poissons de mer (8)...........	Le kilog...	» 05	» 05	» 10	» 15	» 20	» 25	
Huîtres fraîches ou marinées (9)..	Idem........	» »	» 05	» 05	» 10	» 10	» 10	
Poissons d'eau douce...........	Le cent..	» »	1 10	1 10	» 90	» 90	2 20	
Gibier (10)...............	Le kilog...	» 05	» 05	» 10	» 15	» 15	» 15	
Beurre de toute espèce, frais ou fondu, salé ou non............	Idem........	» 10	» 15	» 20	» 25	» 30	» 30	
Fromages secs...............	Idem........	» 05	» 05	» 10	» 10	» 10	» 10	
Conserves et fruits confits, olives, fruits secs de table, tels que raisins, figues, dattes, pruneaux, etc.................	Idem........	» 05	» 05	» 10	» 10	» 10	» 10	
Huiles comestibles de toute espèce.	Idem........	» 05	» 10	» 10	» 10	» 15	» 20	
Oranges, citrons et limons.......	Les 100 kil. ou l'hect..	8 »	11 »	13 »	15 »	16 »	16 »	
COMBUSTIBLES.	Les 100 kil.	» »	» »	5 »	6 »	6 »	6 »	
Bois à brûler (11) { dur.......... { tendre........	Le stère.... Idem....	» 50 » 40	» 80 » 65.	1 » » 90	1 25 1 10	1 50 1 20	1 80 1 40	
Fagots et cotrets................	Le cent.....	1 »	2 »	2 50	2 50	2 50	2 50	

NOMENCLATURE des objets qui peuvent être imposés	MESURES, poids ou nombres	MAXIMUM DES TAXES DANS LES VILLES					
		de 4,000 âmes et au-dessous (1re catégorie).	de 4,001 à 10,000 âmes (2e catégorie).	de 10,001 à 20,000 âmes (3e catégorie).	de 20,001 à 50,000 âmes (4e catégorie).	de 50,001 à 100,000 âmes (5e catégorie).	au-dessus de 100,000 âmes (6e catégorie).
		fr. c.	fr. c.	fr. c.	fr. c.	fr. c.	fr. c.
Charbon de bois et ses dérivés	Les 100 kil.	» 50	1 »	1 25	1 70	2 »	2 »
	L'hectolitre.	» 40	» 20	» 25	» 35	» 40	» 40
Charbon de terre, tourbe, anthracite, lignite et tous les autres combustibles minéraux	Les 100 kil.	» 45	» 25	» 30	» 35	» 40	» 40
	L'hectolitre.	» 10	» 20	» 25	» 30	» 30	» 30
Coke (12)	Les 100 kil.	» 20	» 30	» 35	» 40	» 45	» 45
	L'hectolitre.	» 10	» 10	» 45	» 20	» 20	» 20
Huiles à brûler, animales ou végétales, à l'exception du dégras et de l'huile de poisson	Les 100 kil. ou l'hect.	4 »	5 »	5 50	7 »	8 »	10 »
Huiles à brûler minérales	Idem.	2 »	2 50	2 75	3 50	4 »	5 »
Chandelles	Les 100 kil.	5 »	6 »	7 »	8 »	10 »	10 »
Suifs de toute espèce (13)	Idem.	5 »	6 »	7 »	8 »	10 »	10 »
Cires, blanches ou jaunes	Idem.	12 »	15 »	18 »	23 »	25 »	25 »
Spermaceti brut	Idem.	4 50	6 »	7 »	8 »	9 »	9 »
Spermaceti raffiné	Idem.	9 »	12 »	14 »	16 »	18 »	18 »
Bougie stéarique, acides stéarique et margarique et autres substances pouvant remplacer la cire	Idem.	10 »	13 »	15 »	16 »	21 »	21 »
FOURRAGES.							
Foin, sainfoin, trèfle, luzerne et autres fourrages (14)	Idem.	» 30	» 40	» 50	» 55	» 60	» 80
Pailles de toute espèce	Idem.	» 25	» 30	» 35	» 45	» 50	» 60
Avoine	Idem.	» 80	1 »	1 20	1 75	2 »	2 50
	L'hectolitre.	» 35	» 45	» 55	» 90	1 »	1 45
Sons et recoupes	Les 100 kil.	» 65	» 80	1 »	1 50	1 60	2 »
	L'hectolitre.	» 20	» 20	» 25	» 40	» 40	» 45
Orge	Les 100 kil.	» »	» 50	» 70	» 80	1 25	1 50
	L'hectolitre.	» »	» 30	» 45	» 50	» 80	1 »
MATÉRIAUX.							
Chaux et mortier de toute espèce (15)	Les 100 kil. ou l'hect.	» 15	» 25	» 30	» 40	» 40	» 45
Ciments de toute espèce	Les 100 kil.	» 45	» 80	» 90	1 20	1 60	1 60
	L'hectolitre.	» 25	» 50	» 55	» 75	1 »	1 »
Plâtre	Les 100 kil. ou l'hect.	» 20	» 30	» 40	» 50	» 60	» 70
Moellons, plâtras, pavés et meulières de toute dimension, travaillés ou non	Le m. cube.	» 25	» 35	» 45	» 55	» 60	» 65
Pierres de taille dures	Idem.	1 »	2 »	2 50	3 »	3 50	3 50
Pierres de taille tendres	Idem.	» 80	1 60	2 »	2 40	2 80	2 80
Dalles et carreaux de pierre de toute espèce	Le m. sup.	» 15	» 25	» 40	» 60	» 65	» 65
Marbres et granits (16)	Le m. cube.	» »	6 »	10 »	12 »	14 »	15 »
Fers de toute espèce, Zinc, Plomb, Cuivre, Fonte. (Destinés à la construction des bâtiments, façonnés ou non (17))	Les 100 kil.	» »	1 50	2 »	2 50	2 50	2 50
Ardoises pour toitures	Le mille.	2 »	3 »	3 »	3 50	4 »	4 »
Briques, tuiles, carreaux, mitres, tuyaux et poteries destinés à la construction des bâtiments	Idem.	1 50	2 »	2 70	3 »	3 50	4 »
Argile, terre glaise, sable, gravois et cailloux (18)	Le m. cube.	» 15	» 20	» 25	» 30	0 33	» 40
Bois de charpente ou de menuiserie (19) dur	Le m. cube.	2 »	3 »	4 »	4 50	5 »	5 50
Bois de charpente ou de menuiserie (19) tendre	Idem.	1 50	2 25	3 »	3 50	3 75	4 »
Bois en grume dur	Idem.	1 50	2 25	3 »	3 50	3 75	4 »
Bois en grume tendre	Idem.	1 20	1 80	2 25	2 60	2 80	3 »
Verres à vitres	Les 100 kil.	1 »	1 50	2 »	2 50	3 »	4 »
Glaces	Idem.	» »	» »	6 »	7 50	9 »	12 »
OBJETS DIVERS							
Savons (20)	Idem.	» »	4 »	6 »	8 »	8 »	8 »
Vernis de toute espèce autres que ceux à l'alcool, blanc de céruse et de zinc et autres couleurs, essences de toute nature, goudrons liquides, résidus de gaz et autres liquides pouvant être employés comme essences	Les 100 kil. ou l'hect.	2 »	4 »	6 »	8 »	8 »	9 »

OBSERVATIONS.

(8) La morue salée, le maquereau salé, le stockfish, le hareng saur ou salé ne peuvent pas être imposés.

(9) Les huîtres d'Ostende et de Marennes pourront être imposées au double.

(10) Voir la note 7.

(11) Les bois ou planches de déchirage seront imposés comme bois à brûler tendre.

(12) Le coke fabriqué à l'intérieur avec du charbon qui aura payé le droit sera affranchi de la taxe.

(13) Pour les suifs bruts ou en branches, les taxes devront être inférieures d'un cinquième à celles du suif fondu.

(14) Les fourrages verts ne peuvent pas être imposés.

(15) Les pierres à chaux ou à plâtre seront imposées en raison de la chaux ou du plâtre qu'elles contiennent.

(16) Lorsque le cubage du marbre présentera des difficultés, la taxe sera appliquée au poids, à raison de 2,700 kilogrammes par mètre cube. Les marbres qui font partie des meubles ne seront pas imposables, pas plus que les meubles eux-mêmes.

(17) Pour les cuivres, les taxes pourront être doublées.

(18) Le sable, les cailloux et gravois destinés à la confection et à la réparation des chemins publics sont affranchis de la taxe.

(19) Les lattes, treillages, voliges, échalas, barreaux, perches de toute nature pourront être imposés comme bois tendre et au conci, en tenant compte du rapport avec le mètre cube.

(20) Pour les savons de parfumerie, les taxes pourront être élevées au triple.

22 juillet 1870. — *Loi relative à la nomination des maires et des adjoints.*

16 septembre 1870. — *Décret relatif à l'élection des conseils municipaux et à la nomination des maires et adjoints.*

20 septembre 1870. — *Décret sur la dissolution des conseils municipaux.*

24 septembre 1870. — *Décret qui suspend les élections municipales.*

6 décembre 1870. — *Décret sur les ouvertures de crédits votés par les conseils municipaux dans les départements envahis.*

14 avril 1871. — *Loi fixant la durée des conseils municipaux et donnant à ces conseils le droit d'élire le maire et les adjoints, sauf dans les villes de plus de 20,000 âmes et dans les chefs-lieux d'arrondissement et de département.*

27 décembre 1871. — *Décret créant un Bulletin des communes.*

26 mars 1873. — *Loi qui convertit en une taxe municipale l'obligation imposée aux riverains des voies publiques de balayer le sol livré à la circulation.*

Art. 1er. A partir de la promulgation de la présente loi, la charge qui incombe aux propriétaires riverains des voies de Paris livrées à la circulation, de balayer, chacun au droit de sa façade, sur une largeur égale à celle de la moitié desdites voies, et ne pouvant toutefois excéder 6 mètres, est et demeure convertie en une taxe municipale obligatoire, payable en numéraire, suivant un tarif délibéré en conseil municipal, après enquête, et approuvé par un décret rendu dans la forme des règlements d'administration publique, tarif qui devra être revisé tous les cinq ans.

Il ne sera pas tenu compte, dans l'établissement de la taxe, de la valeur des propriétés, mais seulement des nécessités de la circulation, de la salubrité et de la propreté de la voie publique.

La taxe totale ne pourra d'ailleurs dépasser les dépenses occasionnées à la ville de Paris par le balayage de la superficie mise à la charge des habitants.

Le recouvrement de cette taxe aura lieu comme en matière de contributions directes.

Art. 2. Le payement de ladite taxe n'exemptera pas les riverains des voies publiques des obligations qui leur sont imposées par les règlements de police en temps de neige et de glace.

20 janvier 1874. — *Loi sur la nomination des maires et des adjoints et les attributions de police municipale.*

25 mars 1874. — *Loi qui proroge les pouvoirs des conseils municipaux.*

7 juillet 1874. — *Loi relative à l'électorat municipal.*

11 juillet 1874. — *Décret relatif à la formation des listes électorales municipales.*

27 juin 1876. — *Décret réglant la rémunération des receveurs des communes.*

Art. 1er. A partir du 1er janvier 1877, les receveurs des communes, des hospices et des bureaux de bienfaisance seront rémunérés au moyen d'un traitement fixe, arrêté par le préfet, sur la proposition du trésorier-payeur général et d'après les bases indiquées à l'article 2.

Art. 2. Ce traitement sera déterminé par l'application du tarif

des ordonnances des 17 avril et 23 mai 1839 et du décret du 7 octobre 1850 à la moyenne des opérations tant ordinaires qu'extraordinaires de recettes et de dépenses, effectuées pendant les exercices 1867, 1868, 1869, 1872 et 1873, déduction faite des opérations reconnues non passibles de remises pendant les mêmes exercices, et sans tenir compte du dixième en plus ou en moins dont les conseils municipaux et les commissions administratives auraient augmenté ou réduit le tarif des ordonnances et décrets précités.

Art. 3. Si, pendant un ou plusieurs des cinq exercices énumérés à l'article 2, des opérations exceptionnelles ont été exécutées par les communes et les établissements, le préfet, pour la fixation du traitement, pourra, sur la demande des communes ou des établissements, distraire ces opérations du décompte.

Art. 4. Les réclamations formées par les receveurs, les communes et les établissements contre le chiffre du traitement arrêté par le préfet, seront soumises au ministre de l'intérieur, qui statuera définitivement. — Elles devront être présentées dans le délai de deux mois à partir de la notification de l'arrêté du préfet.

Art. 5. Les conseils municipaux et les commissions administratives pourront, avec l'approbation du préfet, et sur l'avis du trésorier-payeur général, élever d'un dixième le traitement de leur receveur, fixé comme il vient d'être dit.

Art. 6. Les frais de bureau ne seront supportés par les receveurs que jusqu'à concurrence du quart de leur traitement; le surplus sera à la charge de la commune ou de l'établissement. — En cas de désaccord entre le comptable et la commune ou l'établissement sur le chiffre de ces frais, le préfet statuera, après avoir pris l'avis du trésorier-payeur général et sauf recours au ministre de l'intérieur.

Art. 7. Chaque fois que la moyenne des revenus ordinaires des cinq derniers exercices sera supérieure ou inférieure d'un dixième à celles des exercices qui auront servi à l'établir, le traitement pourra, sur la demande de la commune, de l'établissement ou du receveur, être revisé par le préfet, sauf recours au ministre de l'intérieur. — L'augmentation ou la réduction du traitement sera déterminée au moyen de l'application du tarif doublé des ordonnances des 17 avril et 23 mai 1839 à tous les revenus ordinaires, quels qu'ils soient, formant la différence en plus ou en moins. Ce tarif sera employé suivant les tranches dans lesquelles tomberaient lesdits revenus, si l'on avait à calculer des remises conformément aux ordonnances précitées. — La première revision ne pourra avoir lieu avant le 1er janvier 1882.

Art. 8. En cas de création d'un établissement de bienfaisance, le traitement du receveur sera fixé par le préfet, sauf le recours indiqué à l'article 4, en prenant pour base le chiffre des revenus ordinaires prévus au budget du nouvel établissement, et en appliquant le tarif doublé des ordonnances de 1839. — Le traitement ainsi fixé pourra être revisé, dans les conditions déterminées par l'article 7, à partir de l'expiration des cinq premiers exercices.

Art. 9. Le présent décret n'est applicable ni aux villes de Paris et de Lyon, ni à l'administration générale de l'assistance publique à Paris, déjà soumises pour le traitement de leur receveur à un régime spécial.

Art. 10. Les dispositions antérieures contraires au présent décret cesseront d'être en vigueur à partir du 1er janvier 1877.

12 août 1876. — *Loi relative à la nomination des maires et des adjoints.*

12-17 août 1876. — *Loi concernant le transport de la contribution foncière dans le cas de réunion de communes.*

Article unique. Dans le cas de réunion d'une commune ou d'une portion de commune à une autre commune, les évaluations cadastrales des propriétés bâties et non bâties comprises dans les territoires réunis doivent être modifiées de manière à maintenir pour chaque parcelle le chiffre de la cotisation foncière en principal qu'elle supportait antérieurement, sans préjudice des changements que pourrait éprouver cette cotisation, soit par suite d'une nouvelle répartition des contingents entre les communes, soit par suite du renouvellement total ou partiel des opérations cadastrales. — Les frais nécessités par les opérations effectuées en exécution de ces dispositions sont supportés par les communes auxquelles les territoires en question ont été annexés, à moins que le conseil général n'en autorise le prélèvement sur les fonds départementaux. — Sont et demeurent confirmées les opérations exécutées conformément aux dispositions du paragraphe 1er ci-dessus, dans les communes qui ont fait l'objet de réunions, antérieurement à la promulgation de la présente loi.

30 mars 1878. — *Loi prescrivant la publication d'un état de la situation financière des communes.*

4 janvier 1881. — *Loi qui proroge, pour dix nouvelles années, la loi du 6 décembre 1850 sur la procédure relative au partage des terres dans l'ancienne province de Bretagne.*

28 mars 1882. — *Loi qui abroge l'article 2 de la loi du 12 août 1876.*

5 avril 1882. — *Loi qui abroge les dispositions législatives concernant l'adjonction des plus imposés.*

4 avril 1882. — *Loi relative à la restauration et à la conservation des terrains en montagne.*

TITRE PREMIER. (Voy. Forêts.)

. . . .

TITRE II.

CONSERVATION DES TERRAINS EN MONTAGNE.

CHAPITRE PREMIER.

DE LA MISE EN DÉFENS.

Art. 7. L'administration des forêts pourra requérir la mise en défens des terrains et pâturages en montagne appartenant aux communes, aux établissements publics et aux particuliers, toutes es fois que l'état de dégradation du sol ne paraîtra pas encore assez avancé pour nécessiter des travaux de restauration. Cette mise en défens est prononcée par un décret rendu en Conseil d'État.

Art. 8. Ce décret est précédé des enquêtes, délibérations et avis prescrits par le troisième paragraphe de l'article 2 de la présente loi. Il détermine la nature, la situation et les limites du terrain à interdire. — Il fixe, en outre, la durée de la mise en défens, sans qu'elle puisse excéder dix ans, et le délai pendant lequel les parties intéressées pourront procéder au règlement amiable de l'indemnité à accorder aux propriétaires pour privation de jouissance. En cas de désaccord sur le chiffre de l'indemnité, il sera statué par le conseil de préfecture, après expertise contradictoire, s'il y a lieu, sauf recours au Conseil d'État, devant lequel il sera procédé sans frais dans les mêmes formes et délais qu'en matière de contributions publiques. Il pourra n'être nommé qu'un seul expert. Dans le cas où l'État voudrait, à l'expiration du délai de dix ans, main-

tenir la mise en défens, il sera tenu d'acquérir les terrains à l'amiable ou par voie d'expropriation publique, s'il en est requis par les propriétaires.

Art. 9. L'indemnité annuelle sera versée à la caisse municipale. La somme représentant la perte éprouvée par les communes, à raison de la suspension de l'exercice de leur droit d'amodier les pâturages ou de les soumettre à des taxes locales, sera affectée aux besoins communaux, et le surplus et même le tout, s'il y a lieu, sera distribué aux habitants par les soins du conseil municipal.

Art. 10. Pendant la durée de la mise en défens, l'État pourra exécuter, sur les terrains interdits, tels travaux que bon lui semblera, pour parvenir plus rapidement à la consolidation du sol, pourvu que ces travaux n'en changent pas la nature, et sans qu'une indemnité quelconque puisse être exigée du propriétaire, à raison des améliorations que ces travaux auraient procurées à sa propriété.

Art. 11. Les délits commis sur les terrains mis en défens seront constatés et poursuivis comme ceux commis dans les bois soumis au régime forestier. Il sera procédé à l'exécution des jugements conformément aux articles 209, 211, 212 et aux paragraphes 1er et 2 de l'article 210 du Code forestier.

CHAPITRE II.

DE LA RÉGLEMENTATION DES PATURAGES COMMUNAUX.

Ar. 12. Dans l'année qui suivra la promulgation de la présente loi, et à l'avenir avant le 1er janvier de chaque année, les communes dont les noms seront inscrits au tableau annexé au règlement d'administration publique, prévu par l'article 23, devront transmettre au préfet du département un règlement indiquant la nature et les limites des terrains communaux soumis au pacage, les diverses espèces de bestiaux et le nombre de têtes à y introduire, l'époque du commencement et de la fin du pâturage, ainsi que les autres conditions relatives à son exercice.

Art. 13. Si, à l'expiration du délai fixé par l'article précédent, les communes n'ont pas soumis à l'approbation du préfet le projet de règlement prescrit par le même article, il y sera pourvu d'office par le préfet, après avis d'une commission spéciale, composée du secrétaire général ou du sous-préfet, président, d'un conseiller général et du plus âgé des conseillers d'arrondissement du canton, d'un délégué du conseil municipal de la commune et de l'agent forestier. Il en sera de même dans les cas où les communes n'auraient pas consenti à modifier le règlement proposé par elles conformément aux observations de l'administration.

Art. 14. Les règlements mentionnés à l'article 13 ci-dessus seront rendus exécutoires par le préfet, si, dans le mois qui suivra l'accusé de réception de la délibération du conseil municipal, ils n'ont donné lieu à aucune contestation.

Art. 15. Les contraventions aux règlements de pâturage intervenus dans les conditions fixées par les articles ci-dessus seront constatées et poursuivies dans les formes prescrites par les articles 137 et suivants du Code d'instruction criminelle, et au besoin, par tous les officiers de police judiciaire. Les contrevenants seront passibles des peines portées par les articles 471 du Code pénal et 474 en cas de récidive, modifiées, s'il y a lieu, par l'application de l'article 463.

TITRE III.

DISPOSITIONS TRANSITOIRES.

Art. 16. Les lois du 28 juillet 1860 et du 8 juin 1864 sont abrogées. Toutefois, les périmètres décrétés jusqu'à ce jour sont provisoirement maintenus. Ils seront revisés dans les trois ans à partir de la promulgation de la présente loi. Pendant ce délai, l'administration des forêts devra notifier aux propriétaires la liste des parcelles qu'elle se propose d'acquérir pour en former de nouveaux périmètres. Les sommes représentant dans les règlements à intervenir, le prix desdites parcelles porteront intérêt au taux légal, au profit des propriétaires, à partir de l'expiration du délai de trois ans ci-dessus mentionné.

Art. 17. A l'expiration de ce délai, les communes, les établissements publics et les particuliers rentreront dans la pleine propriété et jouissance des parcelles qui ne figureront pas sur cette liste. Ils ne pourront en être dépossédés de nouveau qu'après l'accomplissement des formalités prescrites par la présente loi.

Art. 18. Dans les cinq ans à partir de la promulgation de la présente loi, l'administration devra traiter avec les communes, les établissements publics et les particuliers, pour l'acquisition des parcelles maintenues dans les périmètres de gazonnement et de reboisement.

Art. 19. Si les propriétaires des parcelles que l'État se propose d'acquérir n'acceptent pas les prix qui leur seront offerts, il sera procédé ainsi qu'il est prescrit par le premier paragraphe de l'article 4 de la présente loi.

Art. 20. L'État fait abandon des créances qu'il aurait à faire valoir contre les communes et les établissements publics, en vertu des lois 28 juillet 1860 et du 8 juin 1864. Toutefois, la plus-value résultant des travaux effectués en vertu de ces mêmes lois, sera prise en considération par le jury dans l'évaluation du montant du prix des terrains à exproprier.

11 juillet 1882. — *Règlement d'administration publique pour l'exécution de la loi du 4 avril 1882.*

TITRE PREMIER. (Voy. Forêts.)

. . . .

CHAPITRE III.

TRAVAUX FACULTATIFS. — SUBVENTIONS.

Art. 14. Les propriétaires des terrains en montagne qui désirent prendre part aux subventions accordées par l'État, aux termes de l'article 5 de la loi du 4 avril 1882, doivent en adresser la demande au conservateur des forêts. S'il s'agit d'une commune, d'une association pastorale, d'une fruitière ou d'un établissement public, la demande doit être adressée au préfet, qui la transmet au conservateur avec son avis motivé. Ces subventions, qui consistent, soit en délivrance de graines ou de plants, soit en argent, soit en travaux, sont accordées par le ministre de l'agriculture.

Art. 15. Les subventions en graines ou plants allouées aux communes, aux associations pastorales, aux fruitières, aux établissements publics et aux particuliers, sont estimées en argent. Avant la délivrance, l'estimation est notifiée aux propriétaires et acceptée par eux. Les travaux entrepris à l'aide de subventions de l'État sont exécutés sous le contrôle et la surveillance des agents forestiers. Les subventions en argent sont payées après l'exécution des travaux, au vu d'un procès-verbal de réception dressé par l'agent forestier local et sur l'avis du conservateur. Le montant des subventions en graines ou plants peut être répété par l'État, en cas d'inexécution des travaux, de détournement d'une partie des graines ou des plants, ou de mauvaise exécution constatée comme au paragraphe 3 de l'article 12 du présent décret.

Art. 16. Sont soumis de plein droit au régime forestier les terrains appartenant aux communes et aux établissements publics, sur lesquels des travaux de reboisement sont entrepris à l'aide de sub-

ventions de l'État. La restitution des subventions peut être requise dans le cas où les terrains à restaurer viendraient à être distraits du régime forestier. Cette restitution est ordonnée par un arrêté du préfet.

TITRE II.

CONSERVATION DES TERRAINS EN MONTAGNE.

CHAPITRE PREMIER.

FIXATION DU PÉRIMÈTRE DES TERRAINS A METTRE EN DÉFENS. INDEMNITÉS POUR PRIVATION DE JOUISSANCE.

Art. 17. L'administration des forêts procède à la désignation des terrains dont elle estime que la mise en défens est nécessaire dans l'intérêt public. A cet effet, elle dresse un procès-verbal de reconnaissance des terrains et un plan des lieux.

Art. 18. Les documents mentionnés ci-dessus sont établis conformément aux dispositions de l'article 2 du présent décret. Le procès-verbal de reconnaissance indique, en outre, la nature, la situation et les limites des terrains à interdire au parcours, la durée de la mise en défens, sans qu'elle puisse excéder dix ans, et le délai pendant lequel les parties intéressées peuvent procéder au règlement des indemnités à accorder aux propriétaires pour privation de jouissance.

Art. 19. Les documents énoncés en l'article précédent sont transmis par l'administration des forêts au préfet, qui fait procéder, dans la forme et les délais prescrits par les articles 3, 4, 5, 6 et 7 du présent décret, à l'accomplissement des formalités mentionnées dans le paragraphe 1er de l'article 8 de la loi du 4 avril 1882. Le préfet renvoie toutes les pièces de l'instruction, avec son avis motivé, au ministre de l'agriculture.

Art. 20. Ampliation du décret prononçant la mise en défens est transmise par l'administration des forêts au préfet, qui le fait publier et afficher dans la commune de la situation des lieux, puis notifier sous forme d'extrait aux divers propriétaires intéressés. Cet extrait contient les indications spéciales relatives à chaque parcelle; il fait connaître le jour initial et la durée de la mise en défens, ainsi que le délai pendant lequel il pourra être procédé au règlement amiable de l'indemnité annuelle due pour privation de jouissance.

Art. 21. En cas d'accord avec le propriétaire, le montant de l'indemnité annuelle est définitivement fixé par le ministre de l'agriculture. Si, à l'expiration du délai fixé par le décret prononçant la mise en défens, l'accord ne s'est pas établi, il est procédé alors au règlement de l'indemnité conformément aux prescriptions de l'article 8 de la loi du 4 avril 1882. L'indemnité court à partir du jour initial de la mise en défens et se calcule d'après le montant de l'annuité fixée, au prorata du nombre de mois et de jours écoulés. Elle est payée, par chaque année écoulée, dans le courant du mois de janvier de l'année suivante.

Art 22. Si l'administration des forêts estime qu'il est nécessaire de maintenir les terrains en défens après l'expiration du délai de dix ans fixé par l'article 8 de la loi du 4 avril 1882, elle notifie sa décision aux propriétaires de ces terrains avant la fin de la dernière année, et il est alors procédé conformément aux dispositions du chapitre 2 du titre 1er du présent décret, si le propriétaire le requiert dans le délai d'un mois à partir de la notification. Dans le cas où le délai fixé par le décret prononçant la mise en défens serait inférieur à dix ans, si l'administration des forêts croit nécessaire de maintenir les terrains en défens jusqu'à l'expiration du délai de dix ans, elle notifie sa décision aux propriétaires de ces terrains, avant la fin de la première année du délai fixé par le premier jour.

CHAPITRE II.

RÉGLEMENTATION DE L'EXERCICE DU PATURAGE SUR LES TERRAINS COMMUNAUX.

Art. 23. Sont inscrites sur le tableau prévu par l'article 12 de la loi du 4 avril 1882, et assujetties à la réglementation prescrite par cet article, les communes sur le territoire desquelles des périmètres de restauration obligatoire ou de mise en défens ont été établis par des lois ou des décrets. Notification de ce tableau est préalablement faite par le préfet à chaque commune intéressée, en ce qui la concerne. Ce tableau est revisé annuellement et, au plus tard, le 1er octobre de chaque année, sur la proposition de l'administration des forêts. Les modifications qu'il convient d'y apporter sont arrêtées par décret rendu dans la forme des règlements d'administration publique. Dans le délai d'un mois, les modifications introduites dans la liste sont notifiées par le préfet à chaque commune intéressée, en ce qui la concerne.

Art. 24. Avant le 1er janvier de chaque année, le maire de chaque commune assujettie à la réglementation du pâturage fait parvenir au préfet, en double minute, le projet de règlement pour l'exercice du pâturage sur les terrains appartenant à la commune, et situés soit sur son territoire, soit sur celui d'une autre commune. Le projet de règlement indique notamment : la nature, les limites, la superficie totale des terrains communaux soumis au pâturage; les limites, l'étendue des cantons qu'il y a lieu d'ouvrir aux troupeaux dans le cours de l'année; les chemins par lesquels les bestiaux doivent passer pour aller au pâturage ou au passage et en revenir; les diverses espèces de bestiaux et le nombre de têtes qu'il convient d'y introduire; l'époque à laquelle commence et finit l'exercice du pâturage suivant les cantons et la catégorie des bestiaux; la désignation du pâtre ou des pâtres communs choisis par l'autorité municipale pour conduire le troupeau de chaque commune ou section de commune; et toutes autres conditions d'ordre et de police relatives à l'exercice du pâturage. Le préfet communique immédiatement ce projet de règlement au conservateur des forêts. Les projets de cahiers des charges et de baux concernant les pâturages communaux à affermer sont assimilés aux projets de règlement; ils sont, en conséquence, soumis aux mêmes formalités et communiqués au conservateur des forêts.

Art. 25. Le règlement délibéré par le conseil municipal, conformément à l'article 12 de la loi du 4 avril 1882, est publié et affiché dans la commune. Les intéressés peuvent adresser leurs réclamations au préfet dans le mois qui suivra la publication de ce règlement, constatée par un certificat du maire.

Art. 26. Après que le règlement délibéré par le conseil municipal aura été rendu exécutoire, les deux minutes transmises par le maire sont visées par le préfet, qui retourne l'une de ces minutes à la commune et remet l'autre au conservateur des forêts. Les règlements établis ou modifiés par le préfet, dans les conditions indiquées par l'article 13 de la loi du 4 avril 1882, sont exécutoires après notification au maire de la commune intéressée.

TITRE III.

DISPOSITIONS TRANSITOIRES ET DISPOSITIONS GÉNÉRALES.

CHAPITRE PREMIER.

DISPOSITIONS TRANSITOIRES.

Art. 27. La revision des périmètres décrétés antérieurement au 4 avril 1882 est opérée par les agents forestiers et constatée par un procès-verbal. Les terrains qui font l'objet de cette revision sont divisés en trois catégories, savoir : 1° terrains dont la restauration est reconnue nécessaire ou doit être continuée, et qu'il y a lieu pour l'État d'acquérir pour en former de nouveaux périmètres; 2° terrains qu'il convient de rendre à la libre jouissance des ayants droit; 3° terrains boisés ou partiellement boisés appartenant aux communes ou aux établissements publics, et qui doivent être maintenus sous le régime forestier, conformément aux dispositions de l'article 90 du Code forestier.

Art. 28. Le procès-verbal de revision indique, pour chaque parcelle, le numéro du plan cadastral, la contenance et le nom du propriétaire tel qu'il est désigné à la matrice des rôles. Il est accompagné d'un plan des lieux dressé d'après le cadastre.

Art. 29. Ampliation du procès-verbal de revision, approuvé par le directeur des forêts, est transmise au préfet, qui est chargé de notifier à chaque propriétaire un extrait de cet acte concernant les parcelles lui appartenant. Un duplicata du plan précité est déposé à la mairie de la commune de la situation des lieux.

Art. 30. Le mode de payement par annuités prévu par l'article 21 de la loi du 4 avril 1882, pour les acquisitions faites par l'État, est applicable à tous les terrains compris dans les périmètres décrétés avant le 4 avril 1882, ou institués postérieurement à cette date.

Art. 31. Pendant le délai de trois ans fixé par l'article 16 de la loi du 4 avril 1882, pour la revision des périmètres décrétés antérieurement à cette loi, les délits constatés par les gardes préposés à la surveillance de ces périmètres continuent à être poursuivis comme les délits commis dans les bois soumis au régime forestier.

5 avril 1884. — *Loi sur l'organisation municipale.*

TITRE PREMIER.

DES COMMUNES.

Art. 1er. Le corps municipal de chaque commune se compose du conseil municipal, du maire et d'un ou de plusieurs adjoints.

Art. 2. Le changement de nom d'une commune est décidé par décret du Président de la République, sur la demande du conseil municipal, le conseil général consulté et le conseil d'État entendu.

Art. 3. Toutes les fois qu'il s'agit de transférer le chef-lieu d'une commune, de réunir plusieurs communes en une seule, ou de distraire une section d'une commune, soit pour la réunir à une autre soit pour l'ériger en commune séparée, le préfet prescrit dans les communes intéressées une enquête sur le projet en lui-même et sur ses conditions.

Le préfet pourra ordonner cette enquête lorsqu'il aura été saisi d'une demande à cet effet, soit par le conseil municipal de l'une des communes intéressées, soit par le tiers des électeurs inscrits de la commune ou de la section en question. Il pourra aussi l'ordonner d'office.

Après cette enquête, les conseils municipaux et les conseils d'arrondissement donnent leur avis, et la proposition est soumise au conseil municipal.

Art. 4. Si le projet concerne une section de commune, un arrêté du préfet décidera la création d'une commission syndicale pour cette section ou pour la section du chef-lieu, si les représentants de la première sont en majorité dans le conseil municipal, et déterminera le nombre des membres de cette commission.

Ils seront élus par les électeurs domiciliés dans la section.

La commission nomme son président. Elle donne son avis sur le projet.

Art. 5. Il ne peut être procédé à l'érection d'une commune nouvelle qu'en vertu d'une loi, après l'avis du conseil général et le conseil d'État entendu.

Art. 6. Les autres modifications à la circonscription territoriale des communes, les suppressions et les réunions de deux ou de plusieurs communes, la désignation des nouveaux chefs-lieux sont réglées de la manière suivante :

Si les changements proposés modifient la circonscription du département, d'un arrondissement ou d'un canton, il est statué par une loi, les conseils généraux et le conseil d'État entendus.

Dans tous les autres cas, il est statué par un décret rendu en conseil d'État, les conseils généraux entendus.

Néanmoins, le conseil général statue définitivement s'il approuve le projet, lorsque les communes ou sections sont situées dans le même canton et que la modification projetée réunit, quant au fond et quant aux conditions de la réalisation, l'adhésion des conseils municipaux et des commissions syndicales intéressées.

Art. 7. La commune réunie à une autre commune conserve la propriété des biens qui lui appartenaient.

Les habitants de cette commune conservent la jouissance de ceux de ces mêmes biens dont les fruits sont perçus en nature.

Il en est de même de la section réunie à une autre commune pour les biens qui lui appartenaient exclusivement.

Les édifices et autres immeubles servant à un usage public et situés sur le territoire de la commune ou de la section de commune réunie à une autre commune, ou de la section érigée en commune séparée, deviennent la propriété de la commune à laquelle est faite la réunion ou de la nouvelle commune.

Les actes qui prononcent des réunions ou des distractions de communes, en déterminent expressément toutes les autres conditions.

En cas de division, la commune ou la section de commune réunie à une autre commune ou érigée en commune séparée, reprend la pleine propriété de tous les biens qu'elle avait apportés.

Art. 8. Les dénominations nouvelles qui résultent soit d'un changement de chef-lieu, soit de la création d'une commune nouvelle, sont fixées par les autorités compétentes pour prendre ces décisions.

Art. 9. Dans tous les cas de réunion ou de fractionnement de communes, les conseils municipaux sont dissous de plein droit. Il est procédé immédiatement à des élections nouvelles.

TITRE II.

DES CONSEILS MUNICIPAUX.

CHAPITRE PREMIER.

FORMATION DES CONSEILS MUNICIPAUX.

Art. 10. Le conseil municipal se compose de 10 membres dans les communes de 500 habitants et au-dessous;

De 12 dans celles de		501 à	1,500 habitants.
16	—	1,501	2,500 —
21	—	2,501	3,500 —
23	—	3,501	10,000 —
27	—	10,001	30,000 —
30	—	30,001	40,000 —
32	—	40,001	50,000 —
34	—	50,001	60,000 —
36	—	60,001 et au-dessus.

Dans es villes divisées en plusieurs mairies, le nombre des conseillers sera augmenté de trois par mairie.

Art. 11. L'élection des membres du conseil municipal a lieu au scrutin de liste pour toute la commune.

Néanmoins la commune peut être divisée en sections électorales, dont chacune élit un nombre de conseillers proportionné au chiffre des électeurs inscrits, mais seulement dans les deux cas suivants :

1° Quand elle se compose de plusieurs agglomérations d'habitants distinctes et séparées ; dans ce cas, aucune section ne peut avoir moins de deux conseillers à élire;

2° Quand la population agglomérée de la commune est supérieure à 10,000 habitants. Dans ce cas, la section ne peut être formée de fractions de territoire appartenant à des cantons ou à des arrondissements municipaux différents. Les fractions de territoire ayant des biens propres ne peuvent être divisées entre plusieurs sections électorales.

Aucune de ces sections ne peut avoir moins de quatre conseillers à élire.

Dans tous les cas où le sectionnement est autorisé, chaque section doit être composée de territoires contigus.

Art. 12. Le sectionnement est fait par le conseil général, sur l'initiative soit d'un de ses membres, soit du préfet, soit du conseil municipal ou d'électeurs de la commune intéressée.

Aucune décision en matière de sectionnement ne peut être prise qu'après avoir été demandée avant la session d'avril ou au cours de cette session au plus tard. Dans l'intervalle entre la session d'avril et la session d'août, une enquête est ouverte à la mairie de la commune intéressée, et le conseil municipal est consulté par les soins du préfet.

Chaque année, ces formalités étant observées, le conseil général, dans sa session d'août, prononce sur les projets dont il est saisi. Les sectionnements ainsi opérés subsistent jusqu'à une nouvelle décision. Le tableau de ces opérations est dressé chaque année par le conseil général dans sa session d'août. Ce tableau sert pour les élections intégrales à faire dans l'année.

Il est publié dans les communes intéressées avant la convocation des électeurs, par les soins du préfet, qui détermine d'après le chiffre des électeurs inscrits dans chaque section le nombre des conseillers que la loi lui attribue.

Le sectionnement, adopté par le conseil général, sera représenté par un plan déposé à la préfecture et à la mairie de la commune intéressée. Tout électeur pourra le consulter et en prendre copie.

Avis de ce dernier dépôt sera donné aux intéressés par voie d'affiche à la porte de la mairie.

Dans les colonies régies par la présente loi, toute demande ou proposition de sectionnement doit être faite trois mois au moins avant l'ouverture de la session ordinaire du conseil général. Elle est instruite par les soins du directeur de l'intérieur dans les formes indiquées ci-dessus.

Les demandes et propositions, délibérations de conseils municipaux et procès-verbaux d'enquête sont remis au conseil général à l'ouverture de la session.

Art. 13. Le préfet peut, par arrêté spécial publié dix jours au moins à l'avance, diviser la commune en plusieurs bureaux de vote qui concourront à l'élection des mêmes conseillers.

Il sera délivré à chaque électeur une carte électorale. Cette carte indiquera le lieu où doit siéger le bureau où il devra voter.

Art. 14. Les conseillers municipaux sont élus par le suffrage direct universel.

Sont électeurs tous les Français âgés de vingt et un ans accomplis, et n'étant dans aucun cas d'incapacité prévu par la loi.

La liste électorale comprend : 1° tous les électeurs qui ont leur domicile réel dans la commune, où y habitent depuis six mois au moins ; 2° ceux qui auront été inscrits au rôle d'une des quatre contributions directes ou au rôle des prestations en nature, et, s'ils ne résident pas dans la commune, auront déclaré vouloir y exercer leurs droits électoraux. Seront également inscrits, aux termes du présent paragraphe, les membres de la famille des mêmes électeurs compris dans la cote de la prestation en nature, alors même qu'ils n'y sont pas personnellement portés, et les habitants qui, en raison de leur âge ou de leur santé, auront cessé d'être soumis à cet impôt; 3° ceux qui, en vertu de l'article 2 du traité du 10 mai 1871, ont opté pour la nationalité française et déclaré fixer leur résidence dans la commune, conformément à la loi du 19 juin 1871; 4° ceux qui sont assujettis à une résidence obligatoire dans la commune en qualité soit de ministres des cultes reconnus par l'État, soit de fonctionnaires publics.

Seront également inscrits les citoyens qui, ne remplissant pas les conditions d'âge et de résidence ci-dessus indiquées lors de la formation des listes, les rempliront avant la clôture définitive.

L'absence de la commune, résultant du service militaire, ne portera aucune atteinte aux règles ci-dessus édictées pour l'inscription sur les listes électorales.

Les dispositions concernant l'affichage, la libre distribution des bulletins, circulaires et professions de foi, les réunions publiques électorales, la communication des listes d'émargement, les pénalités et poursuites en matière législative, sont applicables aux élections municipales.

Sont également applicables aux élections municipales les paragraphes 3 et 4 de l'article 3 de la loi organique du 30 novembre 1875 sur les élections des députés.

Art. 15. L'assemblée des électeurs est convoquée par arrêté du préfet.

L'arrêté de convocation est publié dans la commune, quinze jours au moins avant l'élection, qui doit toujours avoir lieu un dimanche. Il fixe le local où le scrutin sera ouvert, ainsi que les heures auxquelles il doit être ouvert et fermé.

Art. 16. Lorsqu'il y aura lieu de remplacer des conseillers municipaux élus par des sections conformément à l'article 11 de la présente loi, ces remplacements seront faits par les sections auxquelles appartiennent ces conseillers.

Art. 17. Les bureaux de vote sont présidés par le maire, les adjoints, les conseillers municipaux, dans l'ordre du tableau, et, en cas d'empêchement, par des électeurs désignés par le maire.

Art. 18. Le président a seul la police de l'assemblée. Cette assemblée ne peut s'occuper d'autres objets que de l'élection qui lui est attribuée. Toute discussion, toute délibération, lui sont interdites.

Art. 19. Les deux plus âgés et les deux plus jeunes des électeurs présents à l'ouverture de la séance, sachant lire et écrire, remplissent les fonctions d'assesseurs. Le secrétaire est désigné par le président et les deux assesseurs. Dans les délibérations du bureau, il n'a que voix consultative. Trois membres du bureau, au moins, doivent être présents pendant tout le cours des opérations.

Art. 20. Le scrutin ne dure qu'un jour.

Art. 21. Le bureau juge provisoirement les difficultés qui s'élèvent sur les opérations de l'assemblée. Ses décisions sont motivées.

Toutes les réclamations et décisions sont insérées au procès-verbal; les pièces et les bulletins qui s'y rapportent y sont annexés, après avoir été paraphés par le bureau.

Art. 22. Pendant toute la durée des opérations, une copie de la liste des électeurs, certifiée par le maire, contenant les noms, domicile, qualification de chacun des inscrits, reste déposée sur la table autour de laquelle siège le bureau.

Art. 23. Nul ne peut être admis à voter s'il n'est inscrit sur cette liste. Toutefois, seront admis à voter, quoique non inscrits, les électeurs porteurs d'une décision du juge de paix ordonnant leur inscription, ou d'un arrêt de la Cour de cassation annulant un jugement qui aurait prononcé leur radiation.

Art. 24. Nul électeur ne peut entrer dans l'assemblée porteur d'armes quelconques.

Art. 25. Les électeurs apportent leurs bulletins préparés en dehors de l'assemblée. Le papier du bulletin doit être blanc et sans signe extérieur. L'électeur remet au président son bulletin fermé. Le président le dépose dans la boîte du scrutin, laquelle doit, avant le commencement du vote, avoir été fermée à deux serrures, dont les clefs restent l'une entre les mains du président, l'autre entre les mains de l'assesseur le plus âgé.

Le vote de chaque électeur est constaté sur la liste, en marge de son nom, par la signature ou le paragraphe avec initiales de l'un des membres du bureau.

Art. 26. Le président doit constater, au commencement de l'opération, l'heure à laquelle le scrutin est ouvert. Le scrutin ne peut être fermé qu'après avoir été ouvert pendant six heures au moins.

Le président constate l'heure à laquelle il déclare le scrutin clos; après cette déclaration, aucun vote ne peut être reçu.

Art. 27. Après la clôture du scrutin, il est procédé au dépouillement de la manière suivante : La boîte du scrutin est ouverte, et le nombre de bulletins vérifié. Si ce nombre est plus grand ou moindre que celui des votants, il en est fait mention au procès-verbal. Le bureau désigne parmi les électeurs présents un certain nombre de scrutateurs. Le président et les membres du bureau surveillent l'opération du dépouillement. Ils peuvent y procéder eux-mêmes, s'il y a moins de 300 votants.

Art. 28. Les bulletins sont valables, bien qu'ils portent plus ou moins de noms qu'il n'y a de conseillers à élire. Les derniers noms inscrits au delà de ce nombre ne sont pas comptés.

Les bulletins blancs ou illisibles, ceux qui ne contiennent pas une désignation suffisante, ou dans lesquels les votants se font connaître, n'entrent pas en compte dans le résultat du dépouillement, mais ils sont annexés au procès-verbal.

Art. 29. Immédiatement après le dépouillement, le président proclame le résultat du scrutin.

Le procès-verbal des opérations est dressé par le secrétaire; il est signé par lui et les autres membres du bureau. Une copie également signée du secrétaire et des membres du bureau en est aussitôt envoyée, par l'intermédiaire du sous-préfet, au préfet, qui en constate la réception sur un registre et en donne récépissé. Extrait en est immédiatement affiché par les soins du maire.

Les bulletins autres que ceux qui doivent être annexés au procès-verbal sont brûlés en présence des électeurs.

Art. 30. Nul n'est élu au premier tour de scrutin s'il n'a réuni : 1° la majorité absolue des suffrages exprimés; 2° un nombre de suffrages égal au quart de celui des électeurs inscrits. Au deuxième tour de scrutin, l'élection a lieu à la majorité relative, quel que soit le nombre des votants. Si plusieurs candidats obtiennent le même nombre de suffrages, l'élection est acquise au plus âgé.

En cas de deuxième tour de scrutin, l'assemblée est de droit convoquée pour le dimanche suivant. Le maire fait les publications nécessaires.

Art. 31. Sont éligibles au conseil municipal, sauf les restrictions portées au dernier paragraphe du présent article et aux deux articles suivants, tous les électeurs de la commune et les citoyens inscrits au rôle des contributions directes ou justifiant qu'ils devaient y être inscrits au 1er janvier de l'année de l'élection, âgés de vingt-cinq ans accomplis.

Toutefois, le nombre des conseillers qui ne résident pas dans la commune au moment de l'élection ne peut excéder le quart des membres du conseil. S'il dépasse ce chiffre, la préférence est déterminée suivant les règles posées à l'article 49.

Ne sont pas éligibles les militaires et employés des armées de terre et de mer en activité de service.

Art. 32. Ne peuvent être conseillers municipaux : 1° Les individus privés du droit électoral; 2° Ceux qui sont pourvus d'un conseil judiciaire; 3° Ceux qui sont dispensés de subvenir aux charges communales et ceux qui sont secourus par les bureaux de bienfaisance; 4° Les domestiques attachés exclusivement à la personne.

Art. 33. Ne sont pas éligibles dans le ressort où ils exercent leurs fonctions : 1° Les préfets, sous-préfets, secrétaires généraux, conseillers de préfecture; et, dans les colonies régies par la présente loi, les gouverneurs, directeurs de l'intérieur et les membres du conseil privé; 2° Les commissaires et les agents de police; 3° Les magistrats des cours d'appel et des tribunaux de première instance, à l'exception des juges suppléants auxquels l'instruction n'est pas confiée; 4° Les juges de paix titulaires; 5° Les comptables des deniers communaux et les entrepreneurs de services municipaux; 6° Les instituteurs publics; 7° Les employés de préfectures et de sous-préfectures; 8° Les ingénieurs et les conducteurs des ponts et chaussées, chargés du service de la voirie urbaine et vicinale et les agents voyers; 9° Les ministres en exercice d'un culte salarié; 10° Les agents salariés de la commune, parmi lesquels ne sont pas compris ceux qui, étant fonctionnaires publics ou exerçant une profession indépendante, ne reçoivent une indemnité de la commune qu'à raison des services qu'ils lui rendent dans l'exercice de cette profession.

Art. 34. Les fonctions de conseiller municipal sont incompatibles avec celles : 1° de préfet, de sous-préfet et de secrétaire général de préfecture; 2° De commissaire et d'agent de police; 3° de gouverneur, directeur de l'intérieur et de membre du conseil privé dans les colonies.

Les fonctionnaires désignés au présent article qui seraient élus membre d'un conseil municipal auront, à partir de la proclamation du résultat du scrutin, un délai de dix jours pour opter entre l'acceptation du mandat et la conservation de leur emploi. A défaut de déclaration adressée dans ce délai à leurs supérieurs hiérarchiques, ils seront réputés avoir opté pour la conservation dudit emploi.

Art. 35. Nul ne peut être membre de plusieurs conseils municipaux.

Un délai de dix jours, à partir de la proclamation du résultat du scrutin, est accordé au conseiller municipal nommé dans plusieurs communes pour faire sa déclaration d'option. Cette déclaration est adressée aux préfets des départements intéressés.

Si dans ce délai, le conseiller élu n'a pas fait connaître son option, il fait partie de droit du conseil de la commune où le nombre des électeurs est le moins élevé.

Dans les communes de 501 habitants et au-dessus, les ascendants et les descendants, les frères et les alliés au même degré ne peuvent être simultanément membres du même conseil municipal.

L'article 49 est applicable aux cas prévus par le paragraphe précédent.

Art. 36. Tout conseiller municipal qui, pour une cause survenue postérieurement à sa nomination, se trouve dans un cas d'exclusion ou d'incompatibilité prévus par la présente loi, est immédiatement déclaré démissionnaire par le préfet, sauf réclamation au conseil de préfecture dans les dix jours de la notification et sauf recours au Conseil d'État, conformément aux articles 38, 39 et 40 ci-après.

Art. 37. Tout électeur et tout éligible a le droit d'arguer de nullité les opérations électorales de la commune.

Les réclamations doivent être consignées au procès-verbal, sinon être déposées, à peine de nullité, dans les cinq jours qui suivent le jour de l'élection, au secrétariat de la mairie, où à la sous-préfecture, ou à la préfecture. Elles sont immédiatement adressées au préfet, et enregistrées par ses soins au greffe du conseil de préfecture.

Le préfet, s'il estime que les conditions et les formes légalement prescrites n'ont pas été remplies, peut également, dans le délai de quinzaine, à dater de la réception du procès-verbal, déférer les opérations électorales au conseil de préfecture.

Dans l'un et autre cas, le préfet donne immédiatement connaissance de la réclamation, par la voie administrative, aux conseillers dont l'élection est contestée, les prévenant qu'ils ont cinq jours pour tout délai, à l'effet de déposer leurs défenses au secrétariat de la mairie, de la sous-préfecture ou de la préfecture, et de faire connaître s'ils entendent user du droit de présenter des observations orales. Il est donné récépissé soit des réclamations, soit des défenses.

Art. 38. Le conseil de préfecture statue, sauf recours au Conseil d'État. Il prononce sa décision dans le délai d'un mois, à compter de l'enregistrement des pièces au greffe de la préfecture, et le préfet le fait notifier dans la quinzaine de sa date. En cas de renouvellement général, le délai est porté à deux mois.

S'il intervient une décision ordonnant une preuve, le conseil de préfecture doit statuer définitivement dans le mois à partir de cette décision.

Les délais ci-dessus fixés ne commencent à courir, dans le cas prévu à l'article 39, que du jour où le jugement sur la question préjudicielle est devenu définitif.

Faute par le conseil d'avoir statué dans les délais ci-dessus fixés, la réclamation est considérée comme rejetée. Le conseil de préfecture est dessaisi, le préfet en informe la partie intéressée, qui peut porter sa réclamation devant le Conseil d'État. Le recours est notifié dans les cinq jours au secrétariat de la préfecture par le requérant.

Art. 39. Dans tous les cas où une réclamation, formée en vertu de la présente loi, implique la solution préjudicielle d'une question d'état, le conseil de préfecture renvoie les parties à se pourvoir devant les juges compétents, et la partie doit justifier de ses diligences dans le délai de quinzaine, à défaut de cette justification, il sera passé outre, et la décision du conseil de préfecture devra intervenir dans le mois à partir de l'expiration de ce délai de quinzaine.

Art. 40. Le recours au Conseil d'État contre la décision du conseil de préfecture est ouvert soit au préfet, soit aux parties intéressées. Il doit, à peine de nullité, être déposé au secrétariat de la sous-préfecture ou de la préfecture dans le délai d'un mois qui court, à l'encontre du préfet, de la décision, et, à l'encontre des parties, à partir de la notification qui leur est faite.

Le préfet donne immédiatement, par voie administrative, connaissance du recours aux parties intéressées, en les prévenant qu'elles ont quinze jours pour tout délai, à l'effet de déposer leurs défenses au secrétariat de la sous-préfecture ou de la préfecture.

Aussitôt ce nouveau délai expiré, le préfet transmet au ministre de l'intérieur, qui les adresse au Conseil d'État, le recours, les défenses, s'il y a lieu, le procès-verbal des opérations électorales, la liste qui a servi aux émargements, une expédition de l'arrêté attaqué et toutes les autres pièces visées dans ledit arrêté : il y joint son avis motivé.

Les délais pour la constitution d'un avocat et pour la communication au ministre de l'intérieur sont d'un mois pour chacune de ces opérations, et de trois mois en ce qui concerne les colonies.

Le pourvoi est jugé comme affaire urgente et sans frais, et dispensé du timbre et du ministère de l'avocat.

Les conseillers municipaux proclamés restent en fonctions jusqu'à ce qu'il ait été définitivement statué sur les réclamations.

Dans le cas où l'annulation de tout ou partie des élections est devenue définitive, l'assemblée des électeurs est convoquée dans un délai qui ne peut excéder deux mois.

Art. 41. Les conseils municipaux sont nommés pour quatre ans. Ils sont renouvelés intégralement le premier dimanche de mai, dans toute la France, lors même qu'ils ont été élus dans l'intervalle.

Art. 42. Lorsque le conseil municipal se trouve, par l'effet des vacances survenues, réduit aux trois quarts de ses membres, il est dans le délai de deux mois, à dater de la dernière vacance, procédé à des élections complémentaires.

Toutefois, dans les six mois qui précèdent le renouvellement intégral, les élections complémentaires ne sont obligatoires qu'au cas où le conseil municipal aurait perdu plus de la moitié de ses membres.

Dans les communes divisées en sections, il y a toujours lieu à faire des élections partielles quand la section a perdu la moitié de ses conseillers.

Art. 43. Un conseil municipal ne peut être dissous que par décret motivé du Président de la République, rendu en conseil des ministres, et publié au *Journal officiel*, et dans les colonies régies par la présente loi, par arrêté du gouverneur en conseil privé, inséré au *Journal officiel de la colonie*.

S'il y a urgence, il peut être provisoirement suspendu, par arrêté motivé du préfet, qui doit en rendre compte immédiatement au ministre de l'intérieur. La durée de la suspension ne peut excéder un mois. Dans les colonies ci-dessus spécifiées, le conseil municipal peut être suspendu par arrêté motivé du gouverneur. La durée de la suspension ne peut excéder un mois.

Le gouverneur rend compte immédiatement de sa décision au ministre de la marine et des colonies.

Art. 44. En cas de dissolution d'un conseil municipal ou de démission de tous ses membres en exercice, et lorsqu'aucun conseil municipal ne peut être constitué, une délégation spéciale en remplit les fonctions.

Dans les huit jours qui suivent la dissolution ou l'acceptation de la démission, cette délégation spéciale est nommée par décret du président de la République, et dans les colonies par arrêté du gouverneur.

Le nombre des membres qui la composent est fixé à trois dans les communes où la population ne dépasse pas 35,000 habitants. Ce nombre peut être porté jusqu'à sept dans les villes d'une population supérieure.

Le décret ou l'arrêté qui l'institue en nomme le président, et, au besoin, le vice-président.

Les pouvoirs de cette délégation spéciale sont limités aux actes de pure administration conservatoire et urgente. En aucun cas, il ne lui est permis d'engager les finances municipales au delà des ressources disponibles de l'exercice courant. Elle ne peut ni préparer le budget communal, ni recevoir les comptes du maire ou du receveur, ni modifier le personnel ou le régime de l'enseignement public.

Art. 45. Toutes les fois qu'un conseil municipal a été dissous, ou que, par application de l'article précédent, une délégation spéciale a été nommée, il est procédé à la réélection du conseil municipal dans les deux mois à dater de la dissolution ou de la dernière démission.

Les fonctions de la délégation spéciale expirent de plein droit dès que le conseil municipal est reconstitué.

CHAPITRE II.

FONCTIONNEMENT DES CONSEILS MUNICIPAUX.

Art. 46. Les conseils municipaux se réunissent en session ordinaire quatre fois l'année : en *février, mai, août* et *novembre*.

La durée de chaque session est de quinze jours ; elle peut être prolongée avec l'autorisation du sous-préfet.

La session pendant laquelle le budget est discuté peut durer six semaines.

Pendant les sessions ordinaires, le conseil municipal peut s'occuper de toutes les matières qui rentrent dans ses attributions.

Art. 47. Le préfet ou le sous-préfet peut prescrire la convocation extraordinaire du conseil municipal. Le maire peut également réunir le conseil municipal chaque fois qu'il le juge utile. Il est tenu de le convoquer quand une demande motivée lui est faite par la majorité en exercice du conseil municipal. Dans l'un et l'autre cas, en même temps qu'il convoque le conseil, il donne avis au préfet ou au sous-préfet de cette réunion et des motifs qui la rendent nécessaire.

La convocation contient alors l'indication des objets spéciaux et déterminés pour lesquels le conseil doit s'assembler, et le conseil ne peut s'occuper que de ces objets.

Art. 48. Toute convocation est faite par le maire. Elle est mentionnée au registre des délibérations, affichée à la porte de la mairie et adressée par écrit et à domicile, trois jours francs au moins avant celui de la réunion.

En cas d'urgence, le délai peut être abrégé par le préfet ou le sous-préfet.

Art. 49. Les conseillers municipaux prennent rang dans l'ordre du tableau.

L'ordre du tableau est déterminé, même quand il y a des sections électorales : 1° par la date de la plus ancienne des nominations ; 2° entre conseillers élus le même jour, par le plus grand nombre de suffrages obtenus ; 3° et, à l'égalité de voix, par la priorité d'âge.

Un double du tableau reste déposé dans les tableaux de la mairie, de la sous-préfecture et de la préfecture, où chacun peut en prendre communication ou copie.

Art. 50. Le conseil municipal ne peut délibérer que lorsque la majorité de ses membres en exercice assiste à la séance.

Quand, après deux convocations successives, à trois jours au moins d'intervalle et dûment constatées, le conseil municipal ne s'est pas réuni en nombre suffisant, la délibération prise après la troisième convocation est valable, quel que soit le nombre des membres présents.

Art. 51. Les délibérations sont prises à la majorité absolue des votants. En cas de partage, sauf le cas de scrutin secret, la voix du président est prépondérante. Le vote a lieu au scrutin public sur la demande du quart des membres présents ; les noms des votants, avec la désignation de leurs votes, sont insérés au procès-verbal.

Il est voté au scrutin secret toutes les fois que le tiers des membres présents le réclame ou qu'il s'agit de procéder à une nomination ou présentation.

Dans ces derniers cas, après deux tours de scrutin secret, si aucun des candidats n'a obtenu la majorité absolue, il est procédé à un troisième tour de scrutin et l'élection a lieu à la majorité relative ; à égalité de voix, l'élection est acquise au plus âgé.

Art. 52. Le maire, et à défaut celui qui le remplace, préside le conseil municipal.

Dans les séances où les comptes d'administration du maire sont débattus, le conseil municipal élit son président.

Dans ce cas, le maire peut, même quand il ne serait plus en fonctions, assister à la discussion ; mais il doit se retirer au moment du vote. Le président adresse directement la délibération au sous-préfet.

Art. 53. Au début de chaque session, et pour sa durée, le conseil municipal nomme un ou plusieurs de ses membres pour remplir les fonctions de secrétaire.

Il peut leur adjoindre des auxiliaires pris en dehors de ses membres, qui assisteront aux séances, mais sans participer aux délibérations.

Art. 34. Les séances des conseils municipaux sont publiques. Néanmoins, sur la demande de trois membres ou du maire, le conseil municipal, par assis et levé, sans débats, décide s'il se formera en comité secret.

Art. 35. Le maire a seul la police de l'assemblée. Il peut faire expulser de l'auditoire ou arrêter tout individu qui trouble l'ordre. En cas de crime ou de délit, il en dresse un procès-verbal, et le procureur de la République en est immédiatement saisi.

Art. 36. Le compte rendu de la séance est, dans la huitaine, affiché par extrait à la porte de la mairie.

Art. 37. Les délibérations sont inscrites par ordre de date sur un registre coté et paraphé par le préfet ou le sous-préfet. Elles sont signées par tous les membres présents à la séance, où mention est faite de la cause qui les a empêchés de signer.

Art. 38. Tout habitant ou contribuable a le droit de demander communication sans déplacement, de prendre copie totale ou partielle des procès-verbaux du conseil municipal, des budgets et des comptes de la commune, des arrêtés municipaux. Chacun peut les publier sous sa responsabilité.

Art. 39. Le conseil municipal peut former, au cours de chaque session, des commissions chargées d'étudier les questions soumises au conseil, soit par l'administration, soit par l'initiative d'un de ses membres.

Les commissions peuvent tenir leurs séances dans l'intervalle des sessions. Elles sont convoquées par le maire, qui en est le président de droit, dans les huit jours qui suivent leur nomination, ou, à plus bref délai, sur la demande de la majorité des membres qui les composent. Dans cette première réunion, les commissaires désignent un vice-président qui peut les convoquer et les présider, si le maire est absent ou empêché.

Art. 60. Tout membre du conseil municipal qui, sans motifs reconnus légitimes par le conseil, a manqué à trois convocations successives, peut être, après avoir été admis à fournir ses explications, déclaré démissionnaire par le préfet, sauf recours, dans les dix jours de la notification, devant le conseil de préfecture.

Les démissions sont adressées au sous-préfet ; elles sont définitives à partir de l'accusé de réception par le préfet, et, à défaut de cet accusé de réception, un mois après un nouvel envoi de la démission constatée par lettre recommandée.

CHAPITRE III.

ATTRIBUTIONS DES CONSEILS MUNICIPAUX.

Art. 61. Le conseil municipal règle par ses délibérations les affaires de la commune. Il donne son avis toutes les fois que cet avis est requis par les lois et règlements, ou qu'il est demandé par l'administration supérieure. Il réclame, s'il y a lieu, contre le contingent assigné à la commune dans l'établissement des impôts de répartition. Il émet des vœux sur tous objets d'intérêt local. Il dresse chaque année une liste contenant un nombre double de celui des répartiteurs et des répartiteurs suppléants à nommer ; et, sur cette liste, le sous-préfet nomme les répartiteurs visés dans l'article 9 de la loi du 3 frimaire an VII et les cinq répartiteurs suppléants.

Art. 62. Expédition de toute délibération est adressée, dans la huitaine, par le maire au sous-préfet, qui en constate la réception sur un registre et en délivre immédiatement récépissé.

Art. 63. Sont nulles de plein droit : 1° Les délibérations d'un conseil municipal portant sur un objet étranger à ses attributions ou prises hors de sa réunion légale ; 2° Les délibérations prises en violation d'une loi ou d'un règlement d'administration publique.

Art. 64. Sont annulables les délibérations auxquelles auraient pris part des membres du conseil intéressés, soit en leur nom personnel, soit comme mandataires, à l'affaire qui en a fait l'objet.

Art. 65. La nullité de droit est déclarée par le préfet en conseil de préfecture. Elle peut être prononcée par le préfet et proposée ou opposée par les parties intéressées, à toute époque.

Art. 66. L'annulation est prononcée par le préfet en conseil de préfecture. Elle peut être provoquée d'office par le préfet dans un délai de trente jours à partir du dépôt du procès-verbal de la délibération à la sous-préfecture ou à la préfecture. Elle peut aussi être demandée par toute personne intéressée et par tout contribuable de la commune.

Dans ce dernier cas, la demande en annulation doit être déposée, à peine de déchéance, à la sous-préfecture ou à la préfecture, dans un délai de quinze jours à partir de l'affichage à la porte de la mairie. Il en est donné récépissé.

Le préfet statuera dans le délai d'un mois. Passé le délai de quinze jours sans qu'aucune demande ait été produite, le préfet peut déclarer qu'il ne s'oppose pas à la délibération.

Art. 67. Le conseil municipal et, en dehors du conseil, toute partie intéressée peut se pourvoir contre l'arrêté du préfet devant le Conseil d'État. Le pourvoi est introduit et jugé dans les formes du recours pour excès de pouvoir.

Art. 68. Ne sont exécutoires qu'après avoir été approuvées par l'autorité supérieure, les délibérations portant sur les objets suivants : 1° les conditions des baux dont la durée dépasse dix huit ans ; 2° les aliénations et échanges de propriétés communales ; 3° les acquisitions d'immeubles, les constructions nouvelles, les reconstructions entières ou partielles, les projets, plans et devis des grosses réparations ou d'entretien, quand la dépense totalisée avec les dépenses de même nature pendant l'exercice courant dépasse les limites des ressources ordinaires et extraordinaires que les communes peuvent se créer sans autorisation spéciale ; 4° les transactions ; 5° le changement d'affectation d'une propriété communale déjà affectée à un service public ; 6° la vaine pâture ; 7° le classement, le déclassement, le redressement ou le prolongement, l'élargissement, la suppression, la dénomination des rues et places publiques, la création et la suppression des promenades, squares ou jardins publics, champs de foire, de tir ou de course, l'établissement des plans d'alignement et de nivellement des voies publiques municipales, les modifications à des plans d'alignement adoptés, le tarif des droits de voirie, le tarif des droits de stationnement et de location sur les dépendances de la grande voirie, et généralement les tarifs des droits divers à percevoir au profit des communes en vertu de l'article 133 de la présente loi ; 8° l'acceptation des dons et legs faits à la commune lorsqu'il y a des charges ou conditions, ou lorsqu'ils donnent lieu à des réclamations des familles ; 9° le budget communal ; 10° les crédits supplémentaires ; 11° les contributions extraordinaires et les emprunts, sauf dans le cas prévu par l'article 141 de la présente loi ; 12° les octrois dans les cas prévus aux articles 137 et 138 de la présente loi ; 13° l'établissement, la suppression ou les changements de foires et marchés autres que les simples marchés d'approvisionnement.

Les délibérations qui ne sont pas soumises à l'approbation préfectorale ne deviendront néanmoins exécutoires qu'un mois après le dépôt qui en aura été fait à la préfecture ou à la sous-préfecture. Le préfet pourra, par un arrêté, abréger ce délai.

Art. 69. Les délibérations des conseils municipaux sur les objets énoncés à l'article précédent sont exécutoires, sur l'approbation du préfet, sauf le cas où l'approbation par le ministre compétent, par le conseil général, par la commission départementale, par un décret ou par une loi est prescrite par les lois et règlements.

Le préfet statue en conseil de préfecture dans les cas prévus aux nos 1, 2, 4, 6 de l'article précédent.

Lorsque le préfet refuse son approbation ou qu'il n'a pas fait connaître sa décision dans un délai d'un mois à partir de la date du récépissé, le conseil municipal peut se pourvoir devant le ministre de l'intérieur.

Art. 70. Le conseil municipal est toujours appelé à donner son avis sur les objets suivants : 1° les circonscriptions relatives aux cultes ; 2° les circonscriptions relatives à la distribution des secours publics ; 3° les projets d'alignement et de nivellement de grande voirie dans l'intérieur des villes, bourgs et villages ; 4° la création des bureaux de bienfaisance ; 5° les budgets et les comptes des hospices, hôpitaux et autres établissements de charité et de bienfaisance, des fabriques et autres administrations préposées aux cultes dont les ministres sont salariés par l'État ; les autorisations d'acquérir, d'aliéner, d'emprunter, d'échanger, de plaider ou de transiger, demandées par les mêmes établissements ; l'acceptation des dons et legs qui leur sont faits ; 6° enfin, tous les objets sur lesquels les conseils municipaux sont appelés par les lois et règlements à donner leur avis, et ceux sur lesquels ils seront consultés par le préfet.

Lorsque le conseil municipal, à ce régulièrement requis et convoqué, refuse ou néglige de donner son avis, il peut être passé outre.

Art. 71. Le conseil municipal délibère sur les comptes d'administration qui lui sont annuellement présentés par le maire, conformément à l'article 151 de la présente loi. Il entend, débat et arrête les comptes de deniers des receveurs, sauf règlement définitif, conformément à l'article 157 de la présente loi.

Art. 72. Il est interdit à tout conseil municipal, soit de publier des proclammations et adresses, soit d'émettre des vœux politiques, soit, hors les cas prévus par la loi, de se mettre en communication avec un ou plusieurs conseils municipaux.

La nullité des actes et des délibérations prises en violation de cet article est prononcée dans les formes indiquées aux articles 63 et 65 de la présente loi.

TITRE III.

DES MAIRES ET DES ADJOINTS.

Art. 73. Il y a dans chaque commune un maire et un ou plusieurs adjoints élus parmi les membres du conseil municipal.

Le nombre des adjoints est d'un dans les communes de 2,500 habitants et au-dessous, de deux dans celles de 2,501 à 10,000. Dans les communes d'une population supérieure, il y aura un adjoint de plus par chaque excédant de 25,000 habitants sans que le nombre des adjoints puisse dépasser douze, sauf en ce qui concerne la ville de Lyon où le nombre des adjoints sera porté à dix-sept.

La ville de Lyon continue à être divisée en six arrondissements municipaux. Le maire délègue spécialement deux de ses adjoints dans chacun de ces arrondissements. Ils sont chargés de la tenue des registres de l'état civil et des autres attributions déterminées par le règlement d'administration publique du 11 juin 1881, rendu en exécution de la loi du 21 avril 1881.

Art. 74. Les fonctions de maires, adjoints, conseillers municipaux, sont gratuites. Elles donnent seulement droit au remboursement des frais que nécessite l'exécution des mandats spéciaux. Les conseils municipaux peuvent voter, sur les ressources ordinaires de la commune, des indemnités aux maires pour frais de représentation.

Art. 75. Lorsqu'un obstacle quelconque ou l'éloignement rend difficiles, dangereuses ou momentanément impossibles les communications entre le chef-lieu et une fraction de la commune, un poste d'adjoint spécial peut être institué, sur la demande du conseil municipal, par un décret rendu en Conseil d'État.

Cet adjoint, élu par le conseil, est pris parmi les conseillers, et, à défaut d'un conseiller résidant dans cette fraction de commune, ou s'il en est empêché, parmi les habitants de la fraction. Il remplit les fonctions d'officier de l'état civil, et il peut être chargé de l'exécution des lois et des règlements de police dans cette partie de la commune. Il n'a pas d'autres attributions.

Art. 76. Le conseil municipal élit le maire et les adjoints parmi ses membres, au scrutin secret et à la majorité absolue.

Si, après deux tours de scrutin, aucun candidat n'a obtenu la majorité absolue, il est procédé à un troisième tour de scrutin et l'élection a lieu à la majorité relative. En cas d'égalité des suffrages, le plus âgé est déclaré élu.

Art. 77. La séance dans laquelle il est procédé à l'élection du maire est présidée par le plus âgé des membres du conseil municipal.

Pour toute élection du maire ou des adjoints, les membres du conseil municipal sont convoqués dans les formes et délais prévus par l'article 48 ; la convocation contiendra la mention spéciale de l'élection à laquelle il devra être procédé.

Avant cette convocation, il sera procédé aux élections qui pourraient être nécessaires pour compléter le conseil municipal. Si, après les élections complémentaires, de nouvelles vacances se produisent, le conseil municipal procédera néanmoins à l'élection du maire et des adjoints, à moins qu'il ne soit réduit aux trois quarts de ses membres. En ce cas, il y aura lieu de recourir à de nouvelles élections complémentaires. Il y sera procédé dans le délai d'un mois, à dater de la dernière vacance.

Art. 78. Les nominations sont rendues publiques dans les vingt-quatre heures de leur date, par voie d'affiche à la porte de la mairie. Elles sont, dans le même délai, notifiées au sous-préfet.

Art. 79. L'élection du maire et des adjoints peut être arguée de nullité dans les conditions, formes et délais prescrits pour les réclamations contre les élections du conseil municipal. Le délai de cinq jours court à partir du vingt-quatre heures après l'élection.

Lorsque l'élection est annulée ou que, pour toute autre cause, le maire ou les adjoints ont cessé leurs fonctions, le conseil, s'il est au complet, est convoqué pour procéder au remplacement dans le délai de quinzaine.

S'il y a lieu de compléter le conseil, il sera procédé aux élections complémentaires dans la quinzaine de la vacance et le nouveau maire sera élu dans la quinzaine qui suivra. Si, après les élections complémentaires, de nouvelles vacances se produisent, l'article 77 sera applicable.

Art. 80. Ne peuvent être maires ou adjoints ni en exercer même temporairement les fonctions :

Les agents et employés des administrations financières, les trésoriers payeurs généraux, les receveurs particuliers et les percepteurs ; les agents des forêts, ceux des postes et des télégraphes, ainsi que les gardes des établissements publics et des particuliers. Les agents salariés du maire ne peuvent être adjoints.

Art. 81. Les maires et adjoints sont nommés pour la même durée que le conseil municipal. Ils continuent l'exercice de leurs fonctions, sauf les dispositions des articles 80, 86, 87 de la présente loi, jusqu'à l'installation de leurs successeurs.

Toutefois, en cas de renouvellement intégral, les fonctions de maire et d'adjoints sont, à partir de l'installation du nouveau conseil jusqu'à l'élection du maire, exercées par les conseillers municipaux dans l'ordre du tableau.

Art. 82. Le maire est seul chargé de l'administration ; mais il peut, sous sa surveillance et sa responsabilité, déléguer par arrêté, une partie de ses fonctions à un ou plusieurs de ses adjoints, et, en l'absence ou en cas d'empêchement des adjoints, à des membres du conseil municipal. Ces délégations subsistent tant qu'elles ne sont pas rapportées.

Art. 83. Dans les cas où les intérêts du maire se trouvent en opposition avec ceux de la commune, le conseil municipal désigne un autre de ses membres pour représenter la commune soit en justice, soit dans les contrats.

34

Art. 84. En cas d'absence, de suspension, de révocation ou de tout autre empêchement, le maire est provisoirement remplacé, dans la plénitude de ses fonctions, par un adjoint, dans l'ordre des nominations, et, à défaut d'adjoints, par un conseiller municipal désigné par le conseil, sinon pris dans l'ordre du tableau.

Art. 85. Dans le cas où le maire refuserait ou négligerait de faire un des actes qui lui sont prescrits par la loi, le préfet peut, après l'en avoir requis, y procéder d'office par lui-même ou par un délégué spécial.

Art. 86. Les maires et adjoints peuvent être suspendus par arrêté du préfet pour un temps qui n'excédera pas un mois et qui peut être porté à trois mois par le ministre de l'intérieur. Ils ne peuvent être révoqués que par décret du Président de la République.

La révocation emporte de plein droit l'inéligibilité aux fonctions de maire et à celles d'adjoint pendant une année à dater du décret de révocation, à moins qu'il ne soit procédé auparavant au renouvellement général des conseils municipaux.

Dans les colonies régies par la présente loi, la suspension peut être prononcée par arrêté du gouverneur pour une durée de trois mois. Cette durée ne peut être prolongée par le ministre.

Le gouverneur rend compte immédiatement de sa décision au ministre de la marine et des colonies.

Art. 87. Au cas prévu et réglé par l'article 44, le président, et, à son défaut, le vice-président de la délégation spéciale remplit les fonctions de maire. Ses pouvoirs prennent fin dès l'installation du nouveau conseil.

Art. 88. Le maire nomme à tous les emplois communaux pour lesquels les lois, décrets et ordonnances actuellement en vigueur ne fixent pas un droit spécial de nomination. Il suspend et révoque les titulaires de ces emplois. Il peut faire assermenter et commissionner les agents nommés par lui, mais à la condition qu'ils soient agréés par le préfet ou le sous-préfet.

Art. 89. Lorsque le maire procède à une adjudication publique pour le compte de la commune, il est assisté de deux membres du conseil municipal désignés d'avance par le conseil ou, à défaut de cette désignation, appelés dans l'ordre du tableau.

Le receveur municipal est appelé à toutes les adjudications.

Toutes les difficultés qui peuvent s'élever sur les opérations préparatoires de l'adjudication sont résolues, séance tenante, par le maire et les deux assistants à la majorité des voix, sauf le recours de droit. Il n'est pas dérogé aux prescriptions du décret du 17 mai 1809 relatives à la mise en ferme des octrois.

Art. 90. Le maire est chargé, sous le contrôle du conseil municipal et la surveillance de l'administration supérieur : 1° de conserver et d'administrer les propriétés de la commune et de faire, en conséquence, tous actes conservatoires de ses droits; 2° de gérer les revenus, de surveiller les établissements communaux et la comptabilité communale; 3° de préparer et proposer le budget et ordonnancer les dépenses; 4° de diriger les travaux communaux; 5° de pourvoir aux mesures relatives à la voirie municipale; 6° de souscrire les marchés, de passer les baux des biens et les adjudications des travaux communaux dans les formes établies par les lois et règlements et par les articles 68 et 69 de la présente loi; 7° de passer dans les mêmes formes les actes de vente, échange, partage, acceptation de dons ou legs, acquisition, transaction, lorsque ces actes ont été autorisés conformément à la présente loi; 8° de représenter la commune en justice, soit en demandant, soit en défendant; 9° de prendre, de concert avec les propriétaires ou les détenteurs du droit de chasse dans les buissons, bois et forêts, toutes les mesures nécessaires à la destruction des animaux nuisibles désignés dans l'arrêté du préfet pris en vertu de l'article 9 de la loi du 3 mai 1844; de faire, pendant le temps de neige, à défaut des détenteurs du droit de chasse à ce dûment invités, détourner les loups et sangliers remis sur le territoire; de requérir, à l'effet de les détruire, les habitants avec armes et chiens propres à la chasse de ces animaux; de surveiller et d'assurer l'exécution des mesures ci-dessus et d'en dresser procès-verbal; 10° et d'une manière générale, d'exécuter les décisions du conseil municipal.

Art. 91. Le maire est chargé, sous la surveillance de l'administration supérieure, de la police municipale, de la police rurale et de l'exécution des actes de l'autorité supérieure qui y sont relatifs.

Art. 92. Le maire est chargé, sous l'autorité de l'administration supérieure : 1° de la publication et de l'exécution des lois et règlements; 2° de l'exécution des mesures de sûreté générale; 3° des fonctions spéciales qui lui sont attribuées par les lois.

Art. 93. Le maire, ou à son défaut, le sous-préfet, pourvoit d'urgence à ce que toute personne décédée soit ensevelie et inhumée décemment, sans distinction de culte ni de croyance.

Art. 94. Le maire prend les arrêtés à l'effet : 1° d'ordonner les mesures locales sur les objets confiés par les lois à sa vigilance et à son autorité; 2° de publier de nouveau les lois et règlements de police et de rappeler les citoyens à leur observation.

Art. 95. Les arrêtés pris par le maire sont immédiatement adressés au sous-préfet, ou, dans l'arrondissement du chef-lieu du département, au préfet. Le préfet peut les annuler ou en suspendre l'exécution.

Ceux de ces arrêtés qui portent règlement permanent ne sont exécutoires qu'un mois après la remise de l'ampliation constatée par les récépissés délivrés par le sous-préfet ou le préfet. Néanmoins, en cas d'urgence, le préfet peut en autoriser l'exécution immédiate.

Art. 96. Les arrêtés du maire ne sont obligatoires qu'après avoir été portés à la connaissance des intéressés, par voie de publication et d'affiches, toutes les fois qu'ils contiennent des dispositions générales; et, dans les autres cas, par voie de notification individuelle.

La publication est constatée par une déclaration certifiée par le maire.

La notification est établie par le récépissé de la partie intéressée, ou à son défaut par l'original de la notification conservé dans les archives de la mairie.

Les arrêtés, actes de publication et de notification sont inscrits à leur date sur le registre de la mairie.

Art. 97. La police municipale a pour objet d'assurer le bon ordre, la sûreté et la salubrité publiques.

Elle comprend notamment : 1° tout ce qui intéresse la sûreté et la commodité du passage dans les rues, quais, places et voies publiques, ce qui comprend le nettoiement, l'éclairage, l'enlèvement des encombrements, la démolition ou la réparation des édifices menaçant ruine, l'interdiction de rien exposer aux fenêtres ou autres parties des édifices qui puisse nuire par sa chute, ou celle de rien jeter qui puisse endommager les passants ou causer des exhalaisons nuisibles; 2° le soin de réprimer les atteintes à la tranquillité publique, telles que les rixes et disputes accompagnées d'ameutement dans les rues, le tumulte excité dans les lieux d'assemblée publique, les attroupements, les bruits et rassemblements nocturnes qui troublent le repos des habitants et tous actes de nature à compromettre la tranquillité publique; 3° le maintien du bon ordre dans les endroits où il se fait de grands rassemblements d'hommes, tels que les foires, marchés, réjouissances et cérémonies publiques, spectacles, jeux, cafés, églises et autres lieux publics; 4° le mode de transport des personnes décédées, les inhumations et exhumations, le maintien du bon ordre et de la décence dans les cimetières, sans qu'il soit permis d'établir des distinctions ou des prescriptions particulières à raison des croyances ou du culte du défunt ou des circonstances qui ont accompagné sa mort; 5° l'inspection sur la fidélité du débit des denrées qui se vendent au poids ou à la mesure, et sur la salubrité des comestibles exposés en vente; 6° le soin de prévenir, par des précautions convenables, et celui de faire cesser, par la distribution des secours nécessaires, les accidents et les fléaux calamiteux, tels que les incendies, les inondations, les maladies épidémiques ou contagieuses, les épizooties, en provoquant, s'il y a lieu, l'intervention de l'administration supérieure; 7° le soin de prendre provisoirement les mesures nécessaires contre les aliénés dont l'état pourrait compromettre la morale publique, la sécurité des personnes ou la conservation des propriétés; 8° le soin d'obvier ou de remédier aux événements fâcheux qui pourraient être occasionnés par la divagation des animaux malfaisants ou féroces.

Art. 98. Le maire a la police des routes nationales et départementales, et des voies de communication, dans l'intérieur des agglomérations, mais seulement en ce qui touche à la circulation sur lesdites voies.

Il peut, moyennant le payement de droits fixés par un tarif dûment établi, sous les réserves imposées par l'article 7 de la loi du 11 frimaire an VII, donner des permis de stationnement ou de dépôt temporaire sur la voie publique, sur les rivières, ports et quais fluviaux et autres lieux publics.

Les alignements individuels, les autorisations de bâtir, les autres permissions de voirie sont délivrés par l'autorité compétente, après que le maire aura donné son avis dans le cas où il ne lui appartient pas de les délivrer lui-même.

Les permissions de voirie à titre précaire ou essentiellement révocable sur les voies publiques qui sont placées dans les attributions du maire et ayant pour objet, notamment, l'établissement dans le sol de la voie publique des canalisations destinées au passage ou à la conduite, soit de l'eau, soit du gaz, peuvent, en cas de refus du maire non justifié par l'intérêt général, être accordées par le préfet.

Art. 99. Les pouvoirs qui appartiennent au maire, en vertu de l'article 91, ne font pas obstacle au droit du préfet de prendre, pour toutes les communes du département ou plusieurs d'entre elles, et dans tous les cas où il n'y aurait pas été pourvu par les autorités municipales, toutes mesures relatives au maintien de la salubrité, de la sûreté et de la tranquillité publiques.

Ce droit ne pourra être exercé par le préfet à l'égard d'une seule commune qu'après une mise en demeure au maire restée sans résultat.

Art. 100. Les cloches des églises sont spécialement affectées aux cérémonies du culte.

Néanmoins, elles peuvent être employées dans les cas de péril commun qui exigent un prompt secours, dans les circonstances où cet emploi est prescrit par des dispositions de lois ou règlements, ou autorisés par les usages locaux.

Les sonneries religieuses, comme les sonneries civiles, feront l'objet d'un règlement concerté entre l'évêque et le préfet, ou entre le préfet et les consistoires, et arrêté, en cas de désaccord, par le ministre des cultes.

Art. 101. Une clef du clocher sera déposée entre les mains des titulaires ecclésiastiques, une autre entre les mains du maire, qui ne pourra en faire usage que dans les circonstances prévues par les lois ou règlements.

Si l'entrée du clocher n'est pas indépendante de celle de l'église, une clef de la porte de l'église sera déposée entre les mains du maire.

Art. 102. Toute commune peut avoir un ou plusieurs gardes champêtres. Les gardes champêtres sont nommés par le maire. Ils doivent être agréés et commissionnés par le sous-préfet, ou par le préfet dans l'arrondissement du chef-lieu. Le préfet ou le sous-préfet devra faire connaître son agrément ou son refus d'agréer dans le délai d'un mois. Ils doivent être assermentés. Ils peuvent être suspendus par le maire. La suspension ne pourra durer plus d'un mois. Le préfet seul peut les révoquer.

En dehors de leurs fonctions relatives à la police rurale, les gardes champêtres sont chargés de rechercher, chacun dans le territoire pour lequel il est assermenté, les contraventions aux règlements et arrêtés de police municipale. Ils dressent des procès-verbaux pour constater ces contraventions.

Art. 103. Dans les villes ayant plus de 40,000 habitants, l'organisation du personnel chargé du service de la police est réglée, sur l'avis du conseil municipal, par décret du Président de la République.

Si un conseil municipal n'allouait pas les fonds exigés pour la dépense ou n'allouait qu'une somme insuffisante, l'allocation nécessaire serait inscrite au budget par décret du président de la République, le Conseil d'État entendu.

Dans toutes les communes, les inspecteurs de police, les brigadiers et sous-brigadiers et les agents de police nommés par le maire doivent être agréés par le sous-préfet ou par le préfet. Ils peuvent être suspendus par le maire, mais le préfet seul peut les révoquer.

Art. 104. Le préfet du Rhône exerce dans les communes de Lyon, Caluire et Cuire, Oullins, Sainte-Foy, Saint-Rambert, Villeurbanne, Vaux-en-Velin, Bron, Venissieux et Pierre-Bénite, du département du Rhône, et dans celle de Sathonay du département de l'Ain, les mêmes attributions que celles qu'exerce le préfet de police dans les communes suburbaines de la Seine.

Art. 105. Dans les communes dénommées à l'article 104, les maires restent investis de tous les pouvoirs de police conférés aux administrations municipales par les paragraphes 1, 4, 5, 6, 7 et 8 de l'article 97.

Ils sont en outre chargés du maintien du bon ordre dans les foires, marchés, réjouissances et cérémonies publiques, spectacles, jeux, cafés, églises et autres lieux publics.

Art. 106. Les communes sont civilement responsables des dégâts et dommages résultant des crimes ou délits commis à force ouverte ou par violence sur leur territoire par des attroupements ou rassemblements armés ou non armés, soit envers les personnes, soit contre les propriétés publiques ou privées.

Les dommages-intérêts dont la commune est responsable sont répartis entre tous les habitants domiciliés dans ladite commune, en vertu d'un rôle spécial comprenant les quatre contributions directes.

Art. 107. Si les attroupements ou rassemblements ont été formés d'habitants de plusieurs communes, chacune d'elles est responsable des dégâts et dommages causés, dans la proportion qui sera fixée par les tribunaux.

Art. 108. Les dispositions des articles 106 et 107 ne sont pas applicables : 1° lorsque la commune peut prouver que toutes les mesures qui étaient en son pouvoir ont été prises à l'effet de prévenir les attroupements ou rassemblements, et d'en faire connaître les auteurs; 2° dans les communes où la municipalité n'a pas la disposition de la police locale ni de la force armée; 3° lorsque les dommages causés ont les résultats d'un fait de guerre.

Art. 109. La commune déclarée responsable peut exercer son recours contre les auteurs et complices du désordre.

TITRE IV.

DE L'ADMINISTRATION DES COMMUNES.

CHAPITRE PREMIER.

DES BIENS, TRAVAUX ET ÉTABLISSEMENTS COMMUNAUX.

Art. 110. La vente des biens mobiliers et immobiliers des communes, autres que ceux servant à un usage public, peut être autorisée sur la demande de tout créancier, porteur de titre exécutoire, par un décret du Président de la République qui détermine les formes de la vente.

Art. 111. Les délibérations du conseil municipal ayant pour objet l'acceptation de dons et legs, lorsqu'il y a des charges ou conditions, sont exécutoires sur arrêté du préfet, pris en conseil de préfecture.

S'il y a réclamation des prétendants droit à la succession, quelles que soient la quotité et la nature de la donation ou du legs, l'autorisation ne peut être accordée que par décret rendu en Conseil d'État.

Si la donation ou le legs ont été faits à un hameau ou quartier d'une commune qui n'est pas encore à l'état de section ayant la personnalité civile, les habitants du hameau ou quartier seront appelés à élire une commission syndicale, conformément à l'article 127 ci-dessous. La commission syndicale délibérera sur l'acceptation de la libéralité, et, dans aucun cas, l'autorisation d'accepter ne pourra être accordée que par un décret rendu dans la forme des règlements d'administration publique.

Art. 112. Lorsque la délibération porte refus de dons ou legs, le préfet peut, par un arrêté motivé, inviter le conseil municipal à revenir sur sa première délibération. Le refus n'est définitif que si, par une seconde délibération, le conseil municipal déclare y persister.

Si le don ou legs a été fait à une section de commune et que le conseil municipal soit d'avis de refuser la libéralité, il sera procédé comme il est dit au paragraphe 3 de l'article 111.

Art. 113. Le maire peut toujours, à titre conservatoire, accepter les dons ou legs et former avant l'autorisation toute demande en délivrance.

Le décret du Président de la République, l'arrêté du préfet ou la délibération du conseil municipal, qui interviennent ultérieurement, ont effet du jour de cette acceptation.

Art. 114. Aucune construction nouvelle ou reconstruction ne peut être faite que sur la production des plans et devis approuvés par le conseil municipal, sauf les exceptions prévues par des lois spéciales.

Les plans et devis sont, en outre, approuvés par le préfet dans les cas prévus par l'article 68, paragraphe 3.

Art. 115. Les traités de gré à gré à passer dans les conditions prévues par l'ordonnance du 14 novembre 1837 et qui ont pour objet l'exécution, par entreprise, des travaux d'ouverture des nouvelles voies publiques et de tous autres travaux communaux, sont approuvés par le préfet, ou par décret, dans le cas prévu par l'article 145, paragraphe 3.

Il en est de même des traités portant concession à titre exclusif, ou pour une durée de plus de trente années, des grands services municipaux, ainsi que des tarifs et traités relatifs aux pompes funèbres.

Art. 116. Deux ou plusieurs conseils municipaux peuvent provoquer entre eux, par l'entremise de leurs présidents, et après en avoir averti les préfets, une entente sur les objets d'utilité communale compris dans leurs attributions et qui intéressent à la fois leurs communes respectives.

Ils peuvent faire des conventions à l'effet d'entreprendre ou de conserver à frais communs des ouvrages ou des institutions d'utilité commune.

Art. 117. Les questions d'intérêt commun seront débattues dans des conférences où chaque conseil municipal sera représenté par une commission spéciale nommée à cet effet et composée de trois membres nommés au scrutin secret.

Les préfets ou leurs sous-préfets des départements et arrondissements comprenant les communes intéressées pourront toujours assister à ces conférences. Les décisions qui y seront prises ne seront exécutoires qu'après avoir été ratifiées par tous les conseils municipaux intéressés et sous les réserves énoncées au chapitre 3 du titre IV de la présente loi.

Art. 118. Si des questions autres que celles que prévoit l'article 116 étaient mises en discussion, le préfet du département où la conférence a lieu déclarerait la réunion dissoute.

Toute délibération prise après cette déclaration donnerait lieu à l'application des dispositions et pénalités énoncées à l'article 34 de la loi du 10 août 1871.

Art. 119. Les délibérations des commissions administratives des hospices, hôpitaux et autres établissements charitables communaux concernant un emprunt sont exécutoires en vertu d'un arrêté du préfet, sur avis conforme du conseil municipal, lorsque la somme à emprunter ne dépasse pas le chiffre des revenus ordinaires de l'établissement et que le remboursement doit être effectué dans un délai de douze années.

Si la somme à emprunter dépasse ledit chiffre ou si le délai de remboursement excède douze années, l'emprunt ne peut être autorisé que par un décret du Président de la République.

Le décret est rendu en conseil d'État si l'avis du conseil municipal est contraire ou s'il s'agit d'un établissement ayant plus de 100,000 francs de revenu.

L'emprunt ne peut être autorisé que par une loi, lorsque la somme à emprunter dépasse 500,000 francs ou lorsque ladite somme, réunie aux chiffres d'autres emprunts non encore remboursés, dépasse 500,000 francs.

Art. 120. Les délibérations par lesquelles les commissions administratives chargées de la gestion des établissements publics communaux changeraient en totalité ou en partie l'affectation des locaux ou objets immobiliers ou mobiliers appartenant à ces établissements, dans l'intérêt d'un service public ou privé quelconque, ou mettraient à la disposition, soit d'un autre établissement public ou privé, soit d'un particulier, lesdits locaux et objets, ne sont exécutoires qu'après avis du conseil municipal, et en vertu d'un décret rendu sur la proposition du ministre de l'intérieur.

CHAPITRE II.

DES ACTIONS JUDICIAIRES.

Art. 121. Nulle commune ou section de commune ne peut ester en justice, sans y être autorisée par le conseil de préfecture, sauf les cas prévus aux articles 122 et 154 de la présente loi.

Après tout jugement intervenu, la commune ne peut se pourvoir devant un autre degré de juridiction qu'en vertu d'une nouvelle autorisation du conseil de préfecture.

Dans les cas prévus par les deux paragraphes précédents, la décision du conseil de préfecture doit être rendue dans les deux mois, à compter du jour de la demande en autorisation. A défaut de décision rendue dans ledit délai, la commune est autorisée à plaider.

Art. 122. Le maire peut toujours, sans autorisation préalable, intenter toute action possessoire ou y défendre, et faire tous actes conservatoires ou interruptifs des déchéances. Il peut, sans autre autorisation, interjeter appel de tout jugement et se pourvoir en cassation ; mais il ne peut ni suivre sur son appel, ni suivre sur le pourvoi qu'en vertu d'une nouvelle autorisation.

Art. 123. Tout contribuable inscrit au rôle de la commune a le droit d'exercer, à ses frais et risques, avec l'autorisation du conseil de préfecture, les actions qu'il croit appartenir à la commune ou section, et que celle-ci, préalablement appelée à en délibérer, a refusé ou négligé d'exercer.

La commune ou section est mise en cause et la décision qui intervient a effet à son égard.

Art. 124. Aucune action judiciaire autre que les actions possessoires ne peut, à peine de nullité, être intentée contre une commune qu'autant que le demandeur a préalablement adressé au préfet ou au sous-préfet un mémoire exposant l'objet et les motifs de sa réclamation. Il lui est donné récépissé.

L'action ne peut être portée devant les tribunaux que deux mois après la date du récépissé, sans préjudice des actes conservatoires.

La présentation du mémoire interrompt toute prescription ou déchéance, si elle est suivie d'une demande en justice dans le délai de trois mois.

Art. 125. Le préfet ou sous-préfet adresse immédiatement le mémoire au maire, avec l'invitation de convoquer le conseil municipal dans le plus bref délai, pour en délibérer.

La délibération du conseil municipal est transmise au conseil de préfecture, qui décide si la commune doit être autorisée à ester en justice.

La décision du conseil de préfecture doit être rendue dans le délai de deux mois à dater du dépôt du mémoire.

Art. 126. Toute décision du conseil de préfecture portant refus d'autorisation doit être motivée.

La commune, la section de commune ou le contribuable auquel l'autorisation a été refusée peut se pourvoir devant le Conseil d'État.

Le pourvoi est introduit et jugé en la forme administrative. Il doit, à peine de déchéance, être formé dans le délai de deux mois, à dater de la notification de l'arrêté du conseil de préfecture.

Il doit être statué sur le pourvoi dans le délai de deux mois, à partir du jour de son enregistrement au secrétariat général du Conseil d'État.

Art. 127. En cas de pourvoi de a commune ou section contre la décision du conseil de préfecture, le demandeur peut néanmoins introduire l'action; mais l'instance est suspendue jusqu'à ce qu'il ait été statué par le Conseil d'État, ou jusqu'à l'expiration du délai dans lequel le Conseil d'État doit statuer. A défaut de décision rendue dans les délais ci-dessus impartis, la commune est autorisée à ester en justice. Mais, en cas d'appel ou de pourvoi en cassation, il doit être procédé comme il est dit à l'article 121.

Art. 128. Lorsqu'une section se propose d'intenter ou de soutenir une action judiciaire, soit contre la commune dont elle dépend, soit contre une autre section de la même commune, il est formé, pour la section et pour chacune des sections intéressées, une commission syndicale distincte.

Art. 129. Les membres de la commission syndicale sont choisis parmi les éligibles de la commune et nommés par les électeurs de la section qui l'habitent et par les personnes qui, sans être portées sur la liste électorale, y sont propriétaires fonciers.

Le préfet est tenu de convoquer les électeurs dans le délai d'un mois pour nommer une commission syndicale, toutes les fois qu'un tiers des habitants ou propriétaires de la section lui adresse à cet effet une demande motivée sur l'existence d'un droit litigieux à exercer au profit de la section, contre la commune ou une autre section de la commune.

Le nombre des membres de la commission est fixé par l'arrêté qui convoque les électeurs.

Ils élisent parmi eux un président chargé de suivre l'action.

Art. 130. Lorsque le conseil municipal se trouve réduit à moins du tiers de ses membres, par suite de l'abstention prescrite par l'article 64, des conseillers municipaux qui sont intéressés à la ouissance des biens et droits revendiqués par une section, le préfet convoque les électeurs de la commune, déduction faite de ceux qui habitent ou sont propriétaires sur le territoire de la section, à l'effet d'élire ceux d'entre eux qui doivent prendre part aux délibérations au lieu et place des conseillers municipaux obligés de s'abstenir.

Art. 131. La section qui a obtenu une condamnation contre la commune ou une autre section n'est point passible des charges ou contributions imposées pour l'acquittement des frais et dommages-intérêts qui résultent du procès.

Il en est de même à l'égard de toute partie qui plaide contre une commune ou une section de commune.

CHAPITRE III.

DU BUDGET COMMUNAL.

SECTION PREMIÈRE.

RECETTES ET DÉPENSES.

Art. 132. Le budget communal se divise en budget ordinaire et en budget extraordinaire.

Art. 133. Les recettes du budget ordinaire se composent:

1° Des revenus de tous les biens dont les habitants n'ont pas la jouissance en nature; 2° des cotisations imposées annuellement sur les ayants droits aux fruits qui se perçoivent en nature; 3° du produit des centimes ordinaires et spéciaux affectés aux communes par les lois de finances; 4° du produit de la portion accordée aux communes dans certains impôts et droits perçus pour le compte de l'État; 5° du produit des octrois municipaux affectés aux dépenses ordinaires; 6° du produit des droits de place perçus dans les halles, foires, marchés, abattoirs, d'après les tarifs dûment établis; 7° du produit des permis de stationnement et de location sur la voie publique, sur les rivières, ports et quais fluviaux et autres lieux publics; 8° du produit des péages communaux, des droits de pesage, mesurage et jaugeage, des droits de voirie et autres droits légalement établis; 9° du produit des terrains communaux affectés aux inhumations et de la part revenant aux communes dans le prix des concessions dans les cimetières; 10° du produit des concessions d'eau et de l'enlèvement des boues et immondices de la voie publique et autres concessions autorisées pour les services communaux; 11° du produit des expéditions des actes administratifs et des actes de l'état civil; 12° de la portion que les lois accordent aux communes dans les produits des amendes prononcées par les tribunaux de police correctionnelle et de simple police; 13° du produit de la taxe de balayage dans les communes de France et d'Algérie où elle sera établie sur leur demande, conformément aux dispositions de la loi du 26 mars 1873, en vertu d'un décret rendu dans la forme des règlements d'administration publique; 14° et généralement du produit des contributions, taxes et droits dont la perception est autorisée par les lois dans l'intérêt des communes et de toutes les ressources annuelles et permanentes; en Algérie et dans les colonies, des ressources dont la perception est autorisée par les lois et décrets.

L'établissement des centimes pour insuffisance de revenus est autorisée par arrêté du préfet, lorsqu'il s'agit de dépenses obligatoires. Il est approuvé par décret dans les autres cas.

Art. 134. Les recettes du budget extraordinaire se composent: 1° Des contributions extraordinaires dûment autorisées; 2° du prix des biens aliénés; 3° des dons et legs; 4° du remboursement des capitaux exigibles et des rentes rachetées; 5° du produit des coupes extraordinaires de bois; 6° du produit des emprunts; 7° du produit des taxes ou des surtaxes d'octroi spécialement affectée à des dépenses extraordinaires et à des remboursements d'emprunt; 8° et de toutes les autres recettes accidentelles.

Art. 135. Les dépenses du budget ordinaire comprennent les dépenses annuelles et permanentes d'utilité communale.

Les dépenses du budget extraordinaire comprennent les dépenses accidentelles ou temporaires qui sont imputées sur des recettes énumérées à l'article 134 ou sur l'excédant des recettes ordinaires.

Art. 136. Sont obligatoires pour les communes les dépenses suivantes:

1° L'entretien de l'hôtel de ville, ou si la commune n'en possède pas, la location d'une maison ou d'une salle pour en tenir lieu; 2° les frais de bureau et d'impression pour le service de la commune, de conservation des archives communales et du recueil des actes administratifs du département; les frais d'abonnement au Bulletin des communes et, pour les communes chefs-lieux de canton, les frais d'abonnement et de conservation du Bulletin des lois; 3° les frais de recensement de la population; ceux des assemblées électorales qui se tiennent dans les communes et ceux des cartes électorales; 4° les frais de registres de l'état civil et des livrets de famille, et la portion de la table décennale des actes de l'état civil à la charge des communes; 5° le traitement du receveur municipal, du préposé en chef de l'octroi et les frais de perception; 6° les traitements et autres frais du personnel de la police municipale et rurale et des gardes des bois de la commune; 7° les pensions à la charge de la commune, lorsqu'elles ont été régulièrement liquidées et approuvées; 8° les frais de loyer et de réparation du local de la justice de paix, ainsi que ceux d'achat et d'entretien de son mobilier dans les communes chefs-lieux de canton; 9° Les dépenses relatives à l'instruction publique conformément aux lois; 10° le contingent assigné à la commune, conformément aux lois, dans la dépense des enfants assistés et des aliénés; 11° l'indemnité de logement aux curés et desservants et ministres des autres cultes salariés par l'Etat, lorsqu'il n'existe pas de bâtiments affectés à leur logement, et lorsque les fabriques ou autres administrations préposées aux cultes ne pourront pourvoir elles-mêmes au payement de cette indemnité; 12° les grosses réparations aux édifices communaux, sauf, lorsqu'ils sont consacrés aux cultes, l'application préalable des revenus et ressources disponibles des fabriques à ces réparations, et sauf l'exécution des lois spéciales concernant les bâtiments affectés à un service militaire. S'il y a désaccord entre la fabrique et la commune, quand le concours financier de cette dernière est réclamé par la fabrique dans les cas prévus aux paragraphes 11° et 12°, il est statué par décret sur les propositions des ministres de l'intérieur et des cultes; 13° la clôture des cimetières, leur entretien et leur translation dans les cas déterminés par les lois et règlements d'administration publique; 14° les frais d'établissement et de conservation des plans d'alignement et de nivellement; 15° les frais et dépenses des conseils de prud'hommes pour les communes comprises dans le territoire de leur juridiction et proportionnellement au nombre des électeurs inscrits sur les listes électorales spéciales à l'élection et les menus frais des chambres consultatives des arts et manufactures pour les communes où elles existent; 16° les prélèvements et contributions établis par les lois sur les biens et revenus communaux; 17° l'acquittement des dettes exigibles; 18° les dépenses des chemins vicinaux dans les limites fixées par la loi; 19° dans les colonies régies par la présente loi : le traitement du secrétaire et des employés de la mairie; les contributions assises sur les biens communaux; les dépenses pour le service de la milice qui ne sont pas à la charge du Trésor; 20° les dépenses occasionnées par l'application de l'article 85 de la présente loi, et généralement toutes les dépenses mises à la charge des communes par une disposition de loi.

Art. 137. L'établissement des taxes d'octroi votées par les conseils municipaux, ainsi que les règlements relatifs à leur perception, sont autorisés par des décrets du Président de la République rendus en Conseil d'Etat, après avis du conseil général ou de la commission départementale dans l'intervalle des sessions.

Il en sera de même de toute délibération portant augmentation ou prorogation de taxe pour une période de plus de cinq ans.

Les délibérations concernant : 1° les modifications aux règlements ou aux périmètres existants; 2° l'assujettissement à la taxe d'objets non encore imposés au tarif local; 3° l'établissement ou le renouvellement d'une taxe non comprise dans le tarif général; 4° l'établissement ou le renouvellement d'une taxe excédant le maximum fixé par le tarif général :

Doivent être pareillement approuvées par décret du Président de la République rendu en conseil d'Etat, après avis du conseil général ou de la commission départementale dans l'intervalle des sessions.

Les surtaxes d'octroi sur les vins, cidres, poirés, hydromels et alcools, au delà des proportions déterminées par les lois spéciales concernant les droits d'entrée du Trésor, ne peuvent être autorisées que par une loi.

Art. 138. Sont exécutoires, sur l'approbation du préfet, conformément aux dispositions de l'article 69 de la présente loi, mais toutefois après avis du conseil général ou de la commission départementale dans l'intervalle des sessions, les délibérations prises par les conseils municipaux concernant la suppression ou la diminution des taxes d'octroi.

Art. 139. Sont exécutoires par elles-mêmes, les délibérations prises par les conseils municipaux prononçant la prorogation ou

l'augmentation des taxes d'octroi pour une période de cinq ans au plus, sous la réserve toutefois qu'aucune des taxes ainsi maintenues ou modifiées n'excédera le maximum déterminé par le tarif général et ne portera que sur des objets compris dans ce tarif.

Art. 140. Les taxes particulières dues par les habitants ou propriétaires en vertu des lois et des usages locaux sont réparties par une délibération du conseil municipal approuvée par le préfet. Ces taxes sont perçues suivant les formes établies pour le recouvrement des contributions publiques.

Art. 141. Les conseils municipaux peuvent voter, dans la limite du maximum fixé chaque année par le conseil général, des contributions extraordinaires n'excédant pas cinq centimes pendant cinq années, pour en affecter le produit à des dépenses extraordinaires d'utilité communale. Ils peuvent aussi voter trois centimes extraordinaires exclusivement affectés aux chemins vicinaux ordinaires, et trois centimes extraordinaires exclusivement affectés aux chemins ruraux reconnus. Ils votent et règlent les emprunts communaux remboursables sur les centimes extraordinaires votés comme il vient d'être dit au premier paragraphe du présent article, ou sur les ressources ordinaires, quand l'amortissement, en ce dernier cas, ne dépasse pas trente ans.

Art. 142. Les conseils municipaux votent, sauf approbation du préfet; 1° les contributions extraordinaires qui dépasseraient cinq centimes, sans excéder le maximum fixé par le conseil général, et dont la durée excédant cinq années ne serait pas supérieure à trente ans ; 2° les emprunts remboursables sur les mêmes contributions extraordinaires ou sur les revenus ordinaires dans un délai excédant, pour ce dernier cas, trente ans.

Art. 143. Toute contribution extraordinaire dépassant le maximum fixé par le conseil général, et tout emprunt remboursable sur cette contribution, sont autorisés par décret du Président de la République. Si la contribution est établie pour une durée de plus de trente ans, ou si l'emprunt remboursable sur les ressources extraordinaires doit excéder cette durée, le décret est rendu en Conseil d'Etat.

Il est statué par une loi si la somme à emprunter dépasse un million, ou si, réunie aux chiffres d'autres emprunts non encore remboursés, elle dépasse un million.

Art. 144. Les forêts et les bois de l'Etat acquittent les centimes additionnels ordinaires et extraordinaires affectés aux dépenses des communes dans la même proportion que les propriétés privées.

SECTION II.

VOTE ET RÈGLEMENT DU BUDGET.

Art. 145. Le budget de chaque commune est proposé par le maire, voté par le conseil municipal et réglé par le préfet.

Lorsqu'il pourvoit à toutes les dépenses obligatoires et qu'il n'applique aucune recette extraordinaire aux dépenses, soit obligatoires, soit facultatives, ordinaires ou extraordinaires, les allocations portées audit budget pour les dépenses facultatives ne peuvent être modifiées par l'autorité supérieure.

Le budget des villes dont le revenu est de 3 millions de francs au moins est toujours soumis à l'approbation du Président de la République, sur la proposition du ministre de l'intérieur.

Le revenu d'une ville est réputé atteindre 3 millions de francs lorsque les recettes ordinaires, constatées dans les comptes, se sont élevées à cette somme pendant les trois dernières années.

Il n'est réputé être descendu au-dessous de 3 millions de francs que lorsque, pendant les trois dernières années, les recettes ordinaires sont restées inférieures à cette somme.

Art. 146. Les crédits qui seront reconnus nécessaires après le règlement du budget, seront votés et autorisés conformément à l'article précédent.

Art. 147. Les conseils municipaux peuvent porter au budget un crédit pour les dépenses imprévues. La somme inscrite pour ce crédit ne peut être réduite ou rejetée qu'autant que les revenus ordinaires, après avoir satisfait à toutes les dépenses obligatoires ne permettraient pas d'y faire face. Le crédit pour dépenses imprévues est employé par le maire.

Dans la première session qui suivra l'ordonnancement de chaque dépense, le maire rendra compte au conseil municipal, avec pièces justificatives à l'appui, de l'emploi de ce crédit. Ces pièces demeureront annexées à la délibération.

Art. 148. Le décret du Président de la République ou l'arrêté du préfet qui règle le budget d'une commune peut rejeter ou réduire les dépenses qui y sont portées, sauf dans les cas prévus par le paragraphe 2 de l'article 143 et par le paragraphe 2 de l'article 147; mais il ne peut les augmenter ni en introduire de nouvelles qu'autant qu'elles sont obligatoires.

Art. 149. Si un conseil municipal n'allouait pas les fonds exigés par une dépense obligatoire, ou n'allouait qu'une somme insuffisante, l'allocation serait inscrite au budget par décret du Président de la République, pour les communes dont le revenu est de 3 millions et au-dessus, et par arrêté du préfet en conseil de préfecture pour celle dont le revenu est inférieur.

Aucune inscription d'office ne peut être opérée sans que le conseil municipal ait été, au préalable, appelé à prendre une délibération spéciale à ce sujet; s'il s'agit d'une dépense annuelle et variable, le chiffre en est fixé sur sa quotité moyenne pendant les trois dernières années; s'il s'agit d'une dépense annuelle et fixe de sa nature ou d'une dépense extraordinaire, elle est inscrite pour sa quotité réelle; si les ressources de la commune sont insuffisantes pour subvenir aux dépenses obligatoires inscrites d'office, en vertu du présent article, il y est pourvu par le conseil municipal ou, en cas de refus de sa part, au moyen d'une contribution extraordinaire établie d'office par un décret, si la contribution extraordinaire n'excède pas le maximum à fixer annuellement par la loi des finances, et par une loi spéciale si la contribution doit excéder ce maximum.

Art. 150. Dans le cas où, pour une cause quelconque, le budget d'une commune n'aurait pas été définitivement réglé avant le commencement de l'exercice, les recettes et les dépenses ordinaires continuent, jusqu'à l'approbation de ce budget, à être faites conformément à celui de l'année précédente. Dans le cas où il n'y aurait eu aucun budget antérieurement voté, le budget serait établi par le préfet en conseil de préfecture.

CHAPITRE IV.

DE LA COMPTABILITÉ DES COMMUNES.

Art. 151. Les comptes du maire, pour l'exercice clos, sont présentés au conseil municipal avant la délibération du budget; ils sont définitivement approuvés par le préfet.

Art. 152. Le maire peut seul délivrer les mandats. S'il refusait d'ordonnancer une dépense régulièrement autorisée et liquide, il serait prononcé par le préfet en conseil de préfecture, et l'arrêté du préfet tiendrait lieu du mandat du maire.

Art. 153. Les recettes et dépenses communales s'effectuent par un comptable, chargé seul et sous sa responsabilité de poursuivre la rentrée de tous revenus de la commune et de toutes sommes qui lui seraient dues, ainsi que d'acquitter les dépenses ordonnancées par le maire, jusqu'à concurrence des crédits régulièrement accordés.

Tous les rôles de taxe, de sous-répartitions et de prestations locales doivent être remis à ce comptable.

Art. 154. Toutes les recettes municipales pour lesquelles les lois et règlements n'ont pas prescrit un mode spécial de recouvrement s'effectuent sur les états dressés par le maire. Ces états sont exécutoires après qu'ils ont été visés par le préfet ou le sous-préfet.

Les oppositions, lorsque la matière est de la compétence des tribunaux ordinaires, sont jugées comme affaires sommaires, et la commune peut y défendre sans autorisation du conseil de préfecture.

Art. 155. Toute personne autre que le receveur municipal qui, sans autorisation légale, se serait ingérée dans le maniement des deniers de la commune, sera par ce seul fait constitué comptable et pourra, en outre, être poursuivie en vertu du Code pénal, comme s'étant immiscée sans titre dans les fonctions publiques.

Art. 156. Le percepteur remplit les fonctions de receveur municipal. Néanmoins, dans les communes dont les revenus ordinaires excèdent 30,000 francs, ces fonctions peuvent être confiées, sur la demande du conseil municipal, à un receveur municipal spécial.

Ce receveur spécial est nommé sur une liste de trois noms présentée par le conseil municipal. Il est nommé par le préfet dans les communes dont le revenu ne dépasse pas 300,000 francs, et par le Président de la République, sur la proposition du ministre des finances, dans les communes dont le revenu est supérieur. En cas de refus, le conseil municipal doit faire de nouvelles présentations.

Art. 157. Les comptes du receveur municipal sont apurés par le conseil de préfecture, sauf recours à la Cour des comptes pour les communes dont les revenus ordinaires dans les trois dernières années n'excèdent pas 30,000 francs. Ils sont apurés et définitivement réglés par la Cour des comptes pour les communes dont le revenu est supérieur. Ces distinctions sont applicables aux comptes des trésoriers des hôpitaux et autres établissements de bienfaisance.

Art. 158. La responsabilité des receveurs municipaux et les formes de la comptabilité des communes sont déterminées par des règlements d'administration publique.

Les receveurs municipaux sont assujettis, pour l'exécution de ces règlements, à la surveillance des receveurs des finances.

Dans les communes où les fonctions de receveur municipal et de percepteur sont réunies, la gestion du comptable est placée sous la responsabilité du receveur des finances d'après les conditions déterminées par un règlement d'administration publique.

Art. 159. Les comptables qui n'ont pas présenté leurs comptes dans les délais prescrits par les règlements peuvent être condamnés, par l'autorité chargée de juger lesdits comptes, à une amende de 10 à 100 francs par chaque mois de retard pour les receveurs et trésoriers justiciables des conseils de préfecture, et de 50 à 300 francs également par mois de retard, pour ceux qui sont justiciables de la Cour des comptes.

Ces amendes sont attribuées aux communes ou établissements que concernent les comptes en retard. Elles sont assimilées, quant au mode de recouvrement et de poursuites, aux débets de comptables des deniers de l'État, et la remise ne peut être accordée que d'après les mêmes règles.

Art. 160. Les budgets et les comptes des communes restent déposés à la mairie; ils sont rendus publics dans les communes dont le revenu est de 100,000 francs et au-dessus, et dans les autres quand le conseil municipal a voté la dépense de l'impression.

TITRE V.

DES BIENS ET DROITS INDIVIS ENTRE PLUSIEURS COMMUNES

Art. 161. Lorsque plusieurs communes possèdent des biens ou des droits indivis, un décret du Président de la République instituera, si l'une d'elles le réclame, une commission syndicale composée de délégués des conseils municipaux des communes intéressées.

Chacun des conseils élira dans son sein, au scrutin secret, le nombre des délégués qui aura été déterminé par le décret du Président de la République.

La commission syndicale sera présidée par un syndic élu par les délégués, et pris parmi eux. Elle sera renouvelée après chaque renouvellement des conseils municipaux.

Art. 162. Les attributions de la commission syndicale et de son président comprennent l'administration des biens et droits indivis et l'exécution des travaux qui s'y rattachent. Ces attributions sont les mêmes que celles des conseils municipaux et des maires en pareille matière.

Mais les ventes, échanges, partages, acquisitions, transactions, demeurent réservés aux conseils municipaux, qui pourront autoriser le président de la commission à passer les actes qui y sont relatifs.

Art. 163. La répartition des dépenses votées par la commission syndicale est faite entre les communes intéressées par les conseils municipaux : leurs délibérations sont soumises à l'approbation du préfet.

En cas de désaccord entre les conseils municipaux, le préfet prononcera sur l'avis du conseil général, ou dans l'intervalle des sessions de la commission départementale. Si les conseils municipaux appartiennent à des départements différents, il sera statué par décret.

La part de la dépense définitivement assignée à chaque commune sera portée d'office aux budgets respectifs conformément à l'article 149 de la présente loi.

TITRE VI.

DISPOSITIONS RELATIVES A L'ALGÉRIE ET AUX COLONIES.

Art. 164. La présente loi est applicable aux communes de plein exercice de l'Algérie, sous réserve des dispositions actuellement en vigueur concernant la constitution de la propriété communale, les formes et conditions des acquisitions, échanges, aliénations et partages, et sous réserve des dispositions concernant la représentation des musulmans indigènes.

Par dérogation aux articles 5 et 6 de la présente loi, les érections de communes, les changements projetés à la circonscription territoriale des communes, quand ils devront avoir pour effet de modifier les limites d'un arrondissement, seront décidés par décret pris après avis du conseil général.

Par dérogation à l'article 74, les conseils municipaux peuvent allouer aux maires des indemnités de fonctions, sauf approbation du gouverneur général.

Art. 165. La présente loi est également applicable aux colonies de la Martinique, de la Guadeloupe et de la Réunion, sous les réserves suivantes :

Un arrêté du gouverneur en conseil privé tiendra lieu du décret du Président de la République, dans les cas prévus aux articles 110, 145, 148 et 149.

Les attributions dévolues au ministre de l'intérieur par les articles 40, 69 et 120, au ministre des cultes par l'article 100, et au ministre des finances par l'article 156 de la présente loi, sont conférées au ministre de la marine et des colonies.

Les attributions conférées au ministre de l'intérieur et aux préfets par les articles 4, 13, 15, 36, 40, paragraphe 4; 46, paragraphe 2 ; 47, 48, 60, paragraphe 1; 65, 66, 67, 69, 70, 85, 95, paragraphes 2 et 4; 98, paragraphe 4; 100, 111, 112, 113, 114, 115, 116, 117, 118, 119, 124, 129, 130, 133, paragraphe 15; 140, 142, 143, paragraphe 1 ; 146, 148, 149, 150, 151, 152 et 156 de la présente loi sont dévolues au gouverneur.

Les attributions dévolues aux préfets et aux sous-préfets par les articles 12, 29, 37, 38, 40, paragraphes 1, 2 et 3; 49, para-

graphe 3; 52, 57, 60, paragraphe 2; 61, 62, 78, 88, 93, 95, paragraphes 1 et 3; 102, 103, 125 et 154 sont remplies par le directeur de l'intérieur.

Les attributions conférées aux conseils de préfecture par les articles 36, 37, 38, 39, 40 et 60 sont dévolues au conseil du contentieux administratif.

Les attributions dévolues aux conseils de préfecture par les articles 65, 66, 111, 121, 123, 125, 126, 127, 152, 154, 157 et 159 sont conférées au conseil privé.

Les attributions dévolues à la Cour des comptes par les articles 157, paragraphes 2 et 159, sont conférées au conseil privé, sauf recours à la Cour des comptes.

Les recours au conseil d'État formés par l'administration contre les décisions du conseil du contentieux administratif sont transmis par le gouverneur au ministre de la marine et des colonies, qui en saisit le conseil d'État.

Les dispositions du décret du 12 décembre 1882, sur le régime financier des colonies, restent applicables à la comptabilité communale en tout ce qui n'est pas contraire à la présente loi.

Art. 166. Les dispositions de la présente loi relatives aux octrois municipaux ne sont pas applicables à l'octroi de mer, qui reste assujetti aux règlements en vigueur en Algérie et dans les colonies.

TITRE VII.

DISPOSITIONS GÉNÉRALES.

Art. 167. Les conseils municipaux pourront prononcer la désaffectation totale ou partielle d'immeubles consacrés, en dehors des prescriptions de la loi organique des cultes du 18 germinal an X, et des dispositions relatives au culte israélite, soit aux cultes, soit à des services religieux ou à des établissements quelconques ecclésiastiques et civils. Ces désaffectations seront prononcées dans la même forme que les affectations.

Art. 168. Sont abrogés : 1° Le titre XI, article 3, de la loi des 16-24 août 1790 ; 2° Les articles 1, 2, 3 et 5 de la loi du 20 messidor an III; 3° Les titres I, IV et V de la loi du 10 vendémiaire an IV; 4° La loi du 29 vendémiaire an V, la loi du 17 vendémiaire an X, l'arrêté du 21 frimaire an XII; 5° Les articles 36, n° 4; 39, 49, 92 à 103 du décret du 30 décembre 1809, la loi du 14 février 1810; 6° La loi du 18 juillet 1837 ; 7° L'ordonnance du 18 décembre 1838 ; 8° L'ordonnance du 15 juillet 1840 ; 9° L'ordonnance du 7 août 1842; 10° La loi du 19 juin 1851, à l'exception de l'article 5 ; 11° Le décret des 4-11 septembre 1851; 12° L'article 5, n° 13 et 21, du décret du 25 mars 1852 ; 13° La loi du 5 mai 1855; 14° Le décret du 13 avril 1861, tableau A, n° 42, 48, 50, 51, 56, 59 ; 15° La loi du 24 juillet 1867, à l'exception de la disposition de l'article 9 relative à l'établissement du tarif général et de l'article 17, qui reste en vigueur provisoirement, mais seulement en ce qui concerne la ville de Paris ; 16° La loi du 22 juillet 1870 ; 17° Les articles 1, 2, 3, 4, 5, 6, 8, 9, 18, 19 et 20 de la loi du 14 avril 1871; le paragraphe 25 de l'article 46 et le paragraphe 4 de l'article 48 de la loi du 10 août 1871; 18° La loi du 4 avril 1873 ; 19° La loi du 20 janvier 1874; 20° La loi du 12 août 1876; 21° La loi du 21 avril 1881 ; 22° La loi du 28 mars 1882.

Sont abrogés également pour les colonies, en ce qu'ils ont de contraire à la présente loi : 23° Le décret colonial du 12 juin 1827 (Martinique); 24° Le décret colonial du 20 septembre 1837 (Guadeloupe); 25° L'arrêté du 12 novembre 1848 (Réunion); 26° Le décret du 29 juin 1882 (Saint-Barthélemy); 27° L'article 116 du décret du 20 novembre 1882 sur le régime financier des colonies, pour les colonies soumises à la présente loi; 28° Et, en outre, toutes dispositions contraires à la présente loi, sauf celles qui concernent la ville de Paris.

TABLE ALPHABÉTIQUE

INDEX BIBLIOGRAPHIQUE

.... Collection des ordonnances de police. 6 vol. in-8°.

ALF. BLANCHE .... École des communes.

ARNAL .... Administration communale et tenue des registres de l'état civil. 1 vol. in-18; 1878.

AUCOC .... Traité des sections de commune. 1 vol. in-12; 1861.

BLANCHE .... Dictionnaire général d'administration. 2 vol. in-8°; 1878.

BRAFF .... Administration financière des communes. 2 vol. in-8°; 1869.

BRUNEL .... Le budget communal. 1 vol. in-8°; 1874.

CAFFIN .... Du droit de propriété des communes et des sections de communes sur les biens communaux. 1 vol. in-8°; 1868.

CHAMPAGNY (DE) ...... Traité de la police municipale. 4 vol. in-8°; 1863.

CROISSY (DE) .... Dictionnaire municipal. 2 vol. in-8°; 1885.

DALLOZ .... Code administratif, v° COMMUNE. 1. vol. in-4°; 1888.

DUCROCQ .... Études sur la loi municipale. 1 vol. in-8°; 1887.

FERRAND .... De la propriété communale. 1 vol. in-8°.

FERRIER .... Manuel pour les receveurs municipaux. 1 vol. in-8°; 1878.

LESCUYER .... Manuel pratique d'administration communale. 1 vol in-8°; 1884.

MERCIER .... Traité théorique et pratique des actes de l'état civil, 1 vol. in-8°.

MORGAND ... . Commentaire de la nouvelle loi de l'organisation municipale. 2 vol. in-8°; 1885.

RAMEL (DE) .... Commentaire de la loi de l'organisation municipale. 1 vol. in-8°; 1885.

RENDU .... Code municipal. 2 vol. in-8°; 1884.

SOUVIRON .... Manuel des conseillers municipaux. 1 vol. in-8°; 1884.

YMBERT .... Dictionnaire des formules. 2 vol. in-8°; 1887.

VERDALLE .... Comptabilité des communes, 1 vol. in-8°; 1885.

Paris. — Société d'Imprimerie PAUL DUPONT, 24, rue du Bouloi (Cl.) 90.10.88.

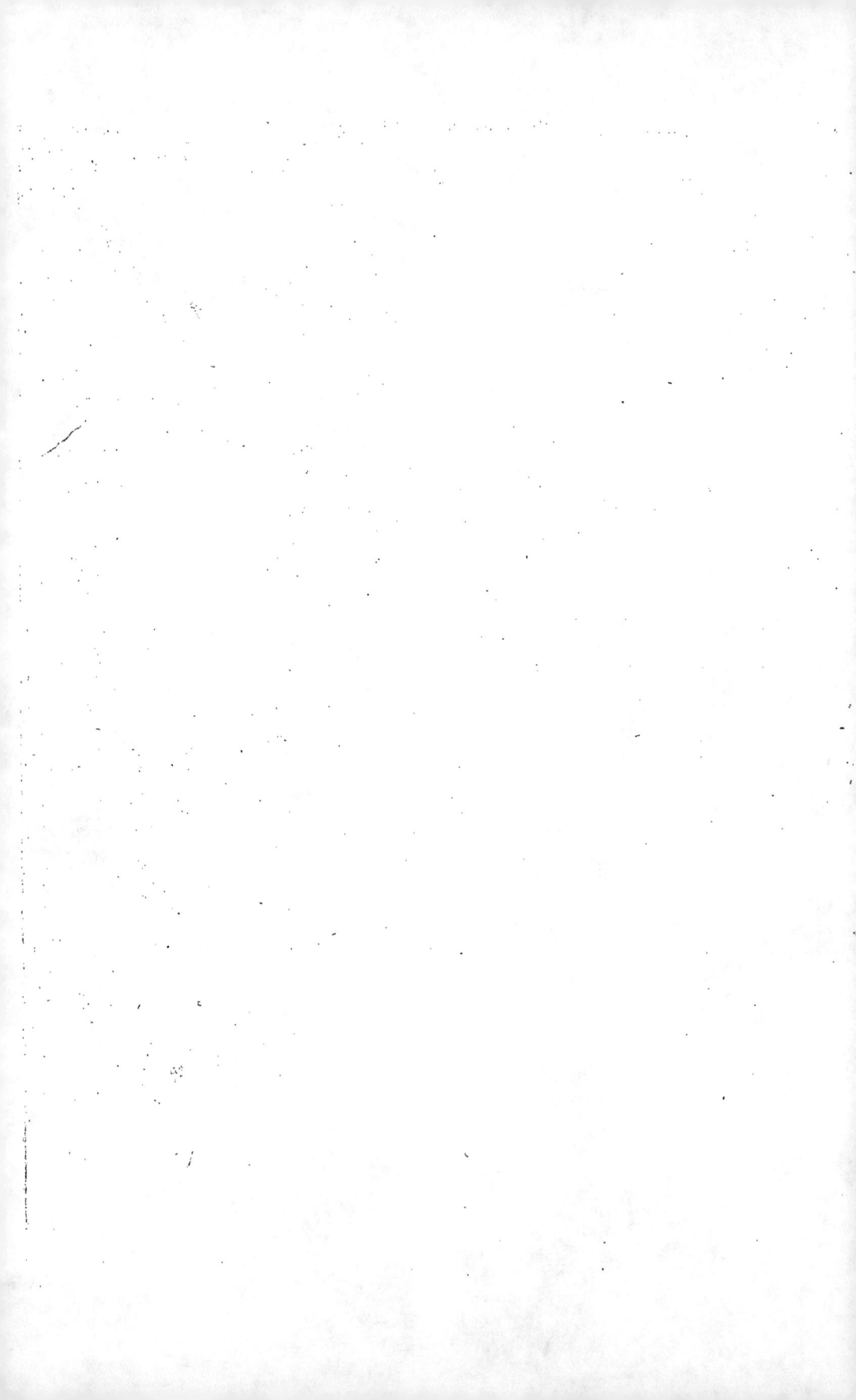